Jakob Ebner
Wörterbuch historischer Berufsbezeichnungen

Jakob Ebner

Wörterbuch historischer Berufsbezeichnungen

DE GRUYTER

ISBN 978-3-11-061179-3
e-ISBN (PDF) 978-3-11-040315-2
e-ISBN (EPUB) 978-3-11-040321-3

Library of Congress Cataloging-in-Publication Data
A CIP catalogue record for this book has been applied for at the Library of Congress

Bibliografische Information der Deutschen Nationalbibliothek
Die Deutsche Nationalbibliothek verzeichnet diese Publikation in der Deutschen Nationalbibliografie; detaillierte bibliografische Daten sind im Internet unter http://dnb.dnb.de abrufbar

© 2018 Walter de Gruyter GmbH, Berlin/Boston
Dieser Band ist text- und seitenidentisch mit der 2015 erschienenen gebundenen Ausgabe.
Satz: Dörlemann Satz GmbH & Co. KG, Lemförde
Druck und Bindung: Hubert & Co. GmbH & Co. KG, Göttingen
∞ Gedruckt auf säurefreiem Papier
Printed in Germany

www.degruyter.com

Vorwort

Die Anregung zu diesem Wörterbuch geht auf den Verlag de Gruyter und den damaligen Cheflektor Dr. Heiko Hartmann zurück. Ausgangspunkt der Überlegungen war, dass man auf Reisen in verschiedenen Städten Straßennamen oder anderen Einrichtungen begegnet, die nach alten Berufen benannt sind. Tatsächlich sind die Berufsbezeichnungen, wo und in welcher Form sie auch auftauchen, ein Spiegel der Wirtschafts- und Sozialgeschichte. Sie zeigen, welche Produkte und somit welche Berufe in einer historischen Epoche vorrangig waren, lassen die Handelswege der Rohstoffe nachvollziehen, sie zeigen die erstaunlichen Spezialisierungen in manchen Berufen und den Wandel von Berufsbildern.

Berufsbezeichnungen sind somit auch eine wichtige Quelle für die Lokal- und Regionalgeschichte. Die Häufigkeit von Berufsbezeichnungen für z. B. *Flickschuster, Abdecker* oder *Flurwächter,* die vielen Anstellungsverhältnisse an einem Fürstenhof oder bei der Jagd sowie die Abhängigkeitsverhältnisse der unfreien Bauern lassen sozialgeschichtliche Schlüsse zu. In diesem Zusammenhang sind Berufsbezeichnungen auch für die Sprachgeschichte aufschlussreich. Abgesehen von den historischen und regionalen Wortformen sind auch die Bedeutungsfelder für zentrale Themen wie *Knecht, Herr, Meister, Vogt* sowohl von sprach- als auch sozialgeschichtlicher Bedeutung.

Die Ausbildung der Familiennamen hängt zu einem großen Teil mit den Berufen zusammen, wobei die Verbreitung der Berufsnamen ebenso eine wichtige Quelle bildet wie die Frage, welche Berufe für die Namenbildung, d.h. noch vor der Ausbildung der Familiennamen, eine Rolle spielten. Daher befasste sich auch die Genealogie besonders mit den alten Berufen.

Ein Mangel an Verzeichnissen alter Berufe besteht nicht. Die meisten dieser vorwiegend familienkundlich orientierten Listen begnügen sich mit einer einfachen Übersetzung. Das vorliegende Wörterbuch möchte die Bezeichnungen in einen größeren sprachlichen Zusammenhang stellen. Es sammelt die Bedeutungen eines Wortes, die in Regionen und Berufszweigen verschieden sein können, es stellt die Wörter in den Zusammenhang mit den entsprechenden Synonymen und der Wortbildung, gibt die Etymologie an und verzeichnet die daraus abgeleiteten Familiennamen, in Auswahl auch die in den Quellen vorkommenden lateinischen Entsprechungen.

Zielgruppe des Wörterbuchs sind sprachlich Interessierte, besonders aber auch linguistisch nicht vorgebildete Historiker, Archivare, Museumskustoden, Ausstellungskuratoren und Namenforscher. Daher strebt das Wörterbuch eine sprachwissenschaftlich fundierte, aber auch für Laien leicht lesbare Form an.

Für Hilfen bei der Abfassung des Wörterbuchs danke ich den vielen nicht näher genannten Bibliothekaren, den Mitarbeitern des Instituts für Dialekt- und Namenlexika der Österreichischen Akademie der Wissenschaften in Wien, Herrn Dr. Fritz

Reder für die Durchsicht der lateinischen Bezeichnungen und besonders Dr. Helga Ebner für Hilfen bei der Exzerption der Quellen, bei etymologischen Recherchen und bei der Manuskriptkorrektur.

Linz, im Frühjahr 2015

Inhalt

Vorwort —— V

Hinweise für die Benutzung —— 1
    Gegenstand des Wörterbuchs und Terminologie —— 1
    Artikelstruktur —— 2

Literatur und Quellen —— 7

Abkürzungen und Zeichen —— 29

Wörterbuch —— 31

Register der Familiennamen —— 871

Register der lateinischen Bezeichnungen —— 925

Rückläufiges Verzeichnis aller Wortformen —— 934

Hinweise für die Benutzung

Gegenstand des Wörterbuchs und Terminologie

„Historische" Berufsbezeichnungen können von Benutzern unterschiedlich eingeschätzt werden. Eine Bezeichnung kann je nach Alter und Berufserfahrung als noch bekannt oder längst verschwunden wahrgenommen werden. Als „historisch" werden daher auch Bezeichnungen aus einem nahezu ausgestorbenen, aber noch in musealen Zusammenhängen, wie in Ausstellungsdemonstrationen, ausgeübten Handwerken angesehen. Auch noch heute vorkommende, aber veraltete oder nur regional verbreitete Wörter wurden aufgenommen, wenn es der Zusammenhang als sinnvoll erscheinen ließ. (Für die Abgrenzung der Wörter vom aktuellen Gebrauch dient als Maßstab die Kennzeichnung „veraltet" im Duden-Universalwörterbuch oder im Großen Wörterbuch der deutschen Sprache.)

„Historisch" kann sich auf die Bedeutung eines Wortes, d.h. auf die Sache beziehen. So kommen auch Wörter vor, die es noch heute offiziell als Berufsbezeichnung gibt, aber in einer modernen Bedeutung. Relevant ist in diesem Wörterbuch nur die historische Bedeutung. (Gelegentlich wird auf eine moderne Bedeutung im industriellen Umfeld hingewiesen.) Es gibt folgende Fälle:
- Wort und Sache sind historisch, z.B. *Jagdfröner* 'Bauer oder Pächter, der zu Frondienst bei der Jagd verpflichtet ist'
- die Sache ist historisch, das Wort gibt es noch heute, z.B. Bezeichnungen für mittelalterliche Verhältnisse, wie *Harnisch, Lehensherr*
- für ein heute gebräuchliches Wort gibt es auch eine historische Bedeutung, z.B. *Pfleger* für 'Verwalter'
- die Sache gibt es noch heute (eventuell regional), aber die Bezeichnung ist historisch, z.B. *Schattilier* 'Tischler'

Berufsbezeichnung wird in diesem Wörterbuch in einem weiten Sinn ausgelegt. Berücksichtigt werden historische Bezeichnungen für Berufe und Helfer, die im Sinne der Arbeitsteilung bestimmte Tätigkeiten verrichten und Funktionen im Arbeitsprozess haben. Dazu gehören auch nebenberufliche oder ehrenamtliche Tätigkeiten, also nicht nur die traditionellen Handwerksberufe. Auch Tätigkeiten im herrschaftlichen Dienst, im Zusammenhang mit den Lehensverpflichtungen, im Militär, in den Kirchen und in der Verwaltung sind Thema des Wörterbuchs. Nicht aufgenommen wurden reine Funktionsbezeichnungen (z.B. *Schiedsrichter*) oder militärische Ränge, Beamtentitel u.Ä. Ebenso wurden Wörter mit Zugehörigkeitspräfixen, wie *Stadt-, Landes-, Dorf-, Hof-*, nicht bzw. nur als Grundwort aufgenommen, sofern nicht eine neue Bedeutungskomponente dazukommt.

Dieses Wörterbuch ist kein Berufslexikon, sondern gibt sprachliche Auskünfte, wobei in den Bedeutungserklärungen natürlich auch Sachinformationen geboten werden. *Berufsbezeichnung* als Bezeichnung für einen Beruf ist zu unterscheiden vom *Berufsnamen*, der einen von einem Beruf abgeleiteten Familiennamen angibt.

Die Stichwörter werden in vielfältiger Weise in ihren sprachlichen Zusammenhängen erklärt. Dazu gehören:
- die Anführung von historischen Schreib- und Formvarianten. Linguistische Laien finden vielfach Wortformen, die für sie nicht erklärbar sind. Durch die Variantenangaben bzw. die Verweise von Varianten auf einen Wörterbuchartikel in einer normalisierten Form wird oft erst die Bedeutung eines Wortes klar. Allein alte Schreibungen wie *Both* für *Boot* können ein Hindernis für das Verständnis eines historischen Textes sein.
- gegebenenfalls eine Erklärung der Wortgeschichte oder des regionalen Sprachgebrauchs,
- gegebenenfalls eine regionale Zuordnung
- die etymologischen Formen
- Angabe der Synonyme und eventuell Antonyme sowie Verweis auf andere Komposita
- Angabe von lateinischen Entsprechungen
- Angabe von Familiennamen, die von einem Beruf abgeleitet sind (oder sein können)

Im Anhang des Wörterbuchs befinden sich drei **Register**:
ein Register der *Familiennamen*, ein Register der *lateinischen Formen* (beide mit Verweis auf den Wörterbuchartikel, in dem das Wort vorkommt), sowie ein *rückläufiges Register* aller Wortformen (dieses ermöglicht die Suche nach bestimmten Grundwörtern, nach Suffixen und anderen Wortausgängen und bildet die Basis für weitere sprachwissenschaftliche Untersuchungen).

Artikelstruktur

1 Arten der Artikel

Das Wörterbuch unterscheidet Hauptartikel, Bezugsartikel und Zentralartikel. Dazu kommen die reinen Verweisartikel.

Die **Hauptartikel** erklären die Bezeichnungen und enthalten die erwähnten inhaltlichen und sprachlichen Informationen.

Die **Bezugsartikel** sind Artikel, bei denen eine größere Zahl von Synonymen zusammengefasst sind. Z. B. *Nagelschmied*: Hier laufen die Synonyme *Buthelor, Cloutier, Nagler, Neiler, Neilschmied, Zweckschmied* zusammen. Grundsätzlich wird von jedem Synonym auf alle anderen Synonyme verwiesen. Bei großen Synonymgruppen werden die Synonyme bei einem Stichwort zusammengefasst, von dem man die weiteren Synonyme erschließen kann. Diese **Bezugswörter** sind typographisch durch Kapitälchen gekennzeichnet. Unter den Synonymen eines Wortes kann wieder ein Wort in Kapitälchen vorkommen, wodurch ersichtlich ist, dass es eine weitere Synonymgruppe repräsentiert. Als Bezugswörter werden zentrale oder leicht verständliche Synonyme herangezogen. Wenn sich kein derartiges Wort anbietet, wird ein modernes Wort als Bezugswort eingeführt, z. B. UHRMACHER, KLEINBAUER. Solche nicht historischen Wörter sind durch * gekennzeichnet. Nicht gekennzeichnet sind jedoch Wörter, die zwar zum heutigen Wortschatz gehören, die aber in einer historischen Bedeutung angeführt sind oder in einen wortgeschichtlichen Zusammenhang gestellt werden, z. B. *Schmied*. – Bezugsartikel, deren Lemma auch heute noch üblich ist, werden nicht durch eine Definition erklärt, sondern es wird in einem kurzen kommentierenden Text auf die Wortgeschichte oder die Bedeutungsgliederung eingegangen.

Zentralartikel: Die Aufzählung der Komposita ermöglicht hier einen Überblick über die Wortfamilie. Grundsätzlich wird von jedem Kompositum auf ein **Zentralwort** (das Simplex) verwiesen, und vom Zentralwort wiederum auf alle Komposita (ausgenommen die Komposita mit *-macher*). Bei großen Gruppen wird der Zentralartikel typographisch durch kursive Kapitälchen gekennzeichnet.

Ist ein Lemma sowohl Bezugs- als auch Zentralwort, wird es im Druck durch kursive Kapitälchen gekennzeichnet, z. B. *BAUER*. Wörter, die sowohl Synonym als auch Kompositum sind, werden nur unter den Komposita angeführt. Beispiel: Im Artikel *BAUER* stehen unter den Komposita sowohl solche, die zugleich Synonyme sind (z. B. *Großbauer*) als auch solche, die zu einer anderen Bedeutung gehören (z. B. *Zugstuhlbauer* für einen Hersteller von Webstühlen).

Verweisartikel sind Verweise von einer Nebenform (Variante) auf den Hauptartikel. Sie stehen in der alphabetischen Reihenfolge der Wörterbuchartikel. Die Verweise von den lateinischen Bezeichnungen und von den Familiennamen finden sich in Registern im Anhang.

2 Aufbau der Hauptartikel

- Hauptlemma
- Variantenfeld: Nebenlemmata, eventuell lateinische Entsprechung, Femininum, Plural
- Bedeutungserklärung (mit Kommentar)
- etymologische Formen
- Familiennamen
- Verweise: Synonyme, Wortbildung (Kompositum/Simplex), Gegensatz, Vergleich
- Literaturangaben

Das **Hauptlemma** führt nach Möglichkeit die Vielfalt von historischen und regionalen Varianten auf eine etymologisch erklärbare Form zurück und ermöglicht dem Leser eine Zuordnung. Unter den **Nebenlemmata** finden sich sowohl gleichberechtigte

Formvarianten als auch rein historische oder verworrene Schreibvarianten. Unabhängig davon werden im Variantenfeld aus wörterbuchpraktischen Gründen auch Wortbildungsvarianten angeführt, z.B. bei Wörtern auf *-er* und *-macher,* wie *Feitler* bei *Feitelmacher,* oder Formen mit eliminiertem Zwischenglied, wie *Agtfischer* bei *Agtsteinfischer, Messerschalenmacher* bei *Messerbeschaler, Multermacher* bei *Multerer.* Dies ist aber nur möglich, wenn sie sich nicht durch unterschiedliche Angaben (zu Etymologie, Literatur usw.) unterscheiden.

Die **lateinischen** Entsprechungen sind vor allem mittellateinische Formen, in einer Auswahl zu den häufigsten Benennungen. Die Formen werden nur bei den zentralen Stichwörtern angegeben, nicht bei allen Synonymen. Auf eine vollständige Angabe wurde verzichtet, weil sich in den Nachschlagewerken viele ungenaue und unspezifische Entsprechungen finden, die schwer einem bestimmten Lemma zuzuordnen sind.

Feminina sind nur in seltenen Fällen angegeben, und zwar wenn das Femininum nicht auf *-in* bzw. *-inn* endet. Der Lemmaansatz ist in diesem Wörterbuch nicht als natürliches Maskulinum, sondern als grammatische Grundform zu verstehen. In historischen Zusammenhängen ist z.B. auch bei Feminina meist nicht zu unterscheiden, ob es sich um eine Handwerkerin oder um die Frau des Handwerkers handelt. Eine Anführung von Tausenden Femininumsformen auf *-in* und *-inn* (im Wörterbuch finden sich fast nur deutsche Bezeichnungen) hat weder einen Informations- noch einen Demonstrationswert. Allerdings sind reine oder vorwiegende Frauenberufe als solche gekennzeichnet, entweder durch einen Ansatz im Femininum (z.B. *Näherin* im Ggs. zum männlichen *Schneider*), oder es wird im Artikel darauf hingewiesen, dass die Tätigkeit vor allem von Frauen ausgeübt wurde. Bei Wörtern auf *-frau, -weib, -mädchen, -magd* versteht sich das Femininum von selbst.

Auch der **Plural** wird nur in seltenen Fällen angegeben, und zwar wenn sich die Form nicht von selbst aus der deutschen Grammatik ergibt.

Die Bedeutungserklärung besteht meist aus zwei Teilen: einer **Definition** im engeren Sinn (unter halben Anführungszeichen) und einem durch Semikolon getrennten **Kommentar** mit Zusatzinformationen. – Die Bedeutungserklärungen sind möglichst einfach gehalten und beginnen mit einer ersten Zuordnung, z. B. *Handwerker, der ...; Beamter, der ...; in den Salzbergwerken ...* Getrennt durch Semikolon folgt ein kleiner Kommentar mit zusätzlichen Sachhinweisen, Areal- oder Zeitangaben, Wortschatzzusammenhängen, zur Wortgeschichte u.Ä. Wenn sich der Kommentar nicht nur auf eine Bedeutung bezieht, sondern auf alle Bedeutungen, ist er durch Gedankenstrich gekennzeichnet. – Genauere Sachinformationen über Arbeitsvorgänge, rechtliche Verhältnisse usw. können naturgemäß in einem sprachlichen Wörterbuch nicht geboten werden, dafür gibt es Literaturhinweise auf ausführlichere Lexika oder Sachbücher.

Die **Etymologie** (gekennzeichnet durch das Zeichen ❖) besteht aus der Angabe der mittelhoch- oder mittelniederdeutschen Formen, wobei die Bedeutungsangaben aus LEXER und SCHILLER-LÜBBEN in der originalen Formulierung übernommen werden. Bei Lehnwörtern oder Fremdwörtern werden die Herkunftssprachen (z. B. französisch, niederländisch, polnisch, mittellateinisch, lateinisch, evtl. griechisch) angegeben. Bei Wörtern aus dem heutigen deutschen Grundwortschatz wird meist auf eine Etymologie verzichtet. Ebenso wird bei Komposita auf eine Etymologie verzichtet, wenn ein Verweis auf das Simplex, wo die etymologische Angabe zu finden ist, unmittelbar folgt.

Die Anführung der **Familiennamen** (gekennzeichnet durch **FN**) ermöglicht aufschlussreiche Erkenntnisse für Kulturgeschichte und Namenkunde, allerdings mit der Einschränkung, dass bei einem Großteil der Namen die Ableitung von einem Beruf wahrscheinlich oder möglich, aber nicht sicher ist. Sehr viele Namen sind von Orten abgeleitet. Es kann nur in einzelnen Fällen auf diese genaueren Zusammenhänge eingegangen werden.

Unter den Verweisen finden sich die **Synonyme** (gekennzeichnet durch **Syn**). Dabei ist der Begriff des Synonyms weit gefasst, d. h. es sind nicht nur bedeutungsgleiche Wörter angeführt, sondern auch bedeutungsverwandte Wörter oder solche aus dem gleichen Sinnbereich. Die Synonyme beziehen sich oft nicht auf das gesamte Wort, sondern nur auf eine einzelne Bedeutung. Daher ist immer der gesamte Wörterbuchartikel durchzusehen.

Zu den **Komposita** (gekennzeichnet durch **W**) zählen hier auch Wörter mit Präfix (z. B. *Ausschläger* zu *Schläger*). Der Verweis auf ein Kompositum bedeutet im Allgemeinen ein Verweis auf einen Wörterbuchartikel. Es gibt aber auch Komposita, die nicht als Wörterbuchartikel ausgeführt sind, weil sie für den Zusammenhang zwar interessant, aber selbsterklärend sind. Diese Komposita ohne Artikel sind durch ein kleines Ringlein gekennzeichnet (z. B. °*Tapetenwirker*).

In einzelnen Fällen folgen ein **Antonym** (Gegenwort, gekennzeichnet durch **Ggs.**) oder ein **Vergleich** (**Vgl.**), ein Hinweise auf vergleichbare Fälle.

Im klein gedruckten Feld **Literatur** (**Lit.**) finden sich einerseits Angaben über Wörterbücher und Texte, in denen das Stichwort vorkommt, andererseits Werke, in denen der Sachverhalt näher erklärt wird. Die angeführten Titel sind nicht unbedingt Angaben über benützte Literatur, sondern zum größeren Teil bloße Informationen für Benutzer, wo des Stichwort genannt oder erklärt wird. Einige wesentliche Wörterbücher sind systematisch verzeichnet (GRIMM, ADELUNG, KRÜNITZ), andere je nach Relevanz (ZEDLER, SCHMELLER u. a.); alle mittelhochdeutschen Formen sind – wenn nicht anders angegeben – aus LEXER, daher ist dieses Wörterbuch nicht eigens zitiert. Bei mehrbändigen Werken steht die Bandzahl und, durch Doppelpunkt getrennt, die Seiten- oder Spaltenzahl. Für die Familiennamen sind systematisch drei unterschiedliche Werke angeführt (GOTTSCHALD, DUDEN FAMILIENNAMEN, LINNARTZ), bei Bedarf auch andere (z. B. BRECHENMACHER).

Wörtersammlungen, die nur die Stichwörter geliefert haben, sind nicht eigens zitiert, sondern in der Bibliographie in einem **Quellenverzeichnis** zusammengestellt. Zum großen Teil sind die Einträge in diesen meist genealogisch ausgerichteten Wortsammlungen identisch und von denselben Vorlagen abgeschrieben.

3 Der Lemmaansatz

Bei der Fülle von Varianten und Schreibweisen ist es nötig, Lemmata in einem Artikel zusammenzufassen. Die vielen teils verworrenen Schreibformen müssen dazu in eine etymologisch und semantisch sinnvolle Form übergeführt werden. Alle Formen treten aber als Verweisartikel auf.

Dazu folgende Prinzipien:

Umlaut- und Ablautformen werden zusammengefasst: *Schäffler/Schaffler/Scheffler, Sadelmann/Sedelmann*. Sehr weit auseinanderklaffende Formen, die für Benutzer nicht unbedingt einsichtig sind, werden in getrennten Artikeln behandelt, z.B. bei *Auler, Euler, Ohler, Uller* (Uhrmacher).

Umlautformen werden auch bei den Zentralartikeln zusammengefasst, z.B. finden sich die Komposita mit *-trager* und *-träger* im gleichen Zentralartikel.

Niederdeutsche Formen sind mit den mittel- und oberdeutschen Formen zusammengefasst. Ausnahmen gibt es dort, wo sich die Formen stark unterscheiden oder wenn bei sehr großen Gruppen von Varianten eine Trennung zwecks Übersichtlichkeit sinnvoll erscheint, z.B. bei *-gießer* und *-geter*; *Schöffe, Schöppe, Schöpf*.

Konsonanten in unterschiedlicher **Wortbildung** sind in getrennten Lemmata angesetzt, z. B. *Spenger/Spengler, Kammmacher/Kamplmacher, Hei/Heier*. Hier gibt es aber öfter Ausnahmen, um das System zu vereinfachen. So können in singulären Fällen auch Varianten zusammengefasst werden, z.B. *Blechner/Blechler, Torwart/Torwartel; Wachsbosser* und *Wachsbosseler* unter *Wachsbossierer*. Wörter mit dem **Präfix Ge-** stehen normalerweise beim einfachen Wort als Variante, z.B. *Gestatel/Statel, Schosser/Geschosser*. Ausnahmen gibt es bei deutlichem Verwendungsunterschied, z.B. *Bauer/Gebauer*, oder wenn die *Ge*-Form eine dominierende Form ist: *Gehegereiter/Hegereiter*.

Literatur und Quellen

1 Literatur

(Das Verzeichnis enthält Wörterbücher und Fachliteratur, die Informationen zum Stichwort oder Nachweise für Belegstellen enthalten. In den Wörterbuchartikeln werden die Werke mit Namen und Jahreszahl zitiert. Andere abgekürzte Zitierungen werden in diesem Literaturverzeichnis aufgelöst.)

Abraham a Santa Clara (1699): Etwas für Alle. Würzburg
Abraham a Santa Clara (1835): Judas der Erzschelm für ehrliche Leut', oder eigentlicher Entwurf und Lebensbeschreibung des Iscariotischen Böswicht. Passau
Adelung, Johann Christoph (1811): Grammatisch-kritischen Wörterbuch der Hochdeutschen Mundart mit beständiger Vergleichung der übrigen Mundarten, besonders aber der Oberdeutschen. 4 Bde. Wien. (1. Auflage in 5 Bänden 1774–1786, 2. Auflage 1793–1801)
Adelung = Adelung, Johann Christoph (1778): Kurzer Begriff menschlicher Fertigkeiten und Kenntnisse so fern sie auf Erwerb des Unterhalts, auf Vergnügen, auf Wissenschaft, und auf Regierung der Gesellschaft abzielen. 4 Bde. Leipzig
Albrecht, Hans (1915): Das Lübecker Braugewerbe bis zur Aufhebung der Brauerzunft 1865. Lübeck
Conversations-Lexikon = Allgemeine deutsche Real-Encyklopädie für die gebildeten Stände (Conversations-Lexikon) in zwölf Bänden. 7. Aufl. Brockhaus, Leipzig 1830
Allgemeines Intelligenzblatt der Stadt Nürnberg, 77. Jahrgang 1824
Alte Berufe. Uni Halle. https://blogs.urz.uni-halle.de/alteberufe/ (2011)
Altstaedt, Karl Heinrich (2011): Schauerlüd, Schutenschupser und Kaitorten: Arbeiten im Hamburger Hafen. Erfurt
Ammon/Bickel/Ebner u. a. (2004): Variantenwörterbuch des Deutschen. Die Standardsprache in Österreich, der Schweiz und Deutschland sowie Liechtenstein, Luxemburg, Ostbelgien und Südtirol. Berlin–New York
Anderson, Robert Ralph / Goebel, Ulrich / Reichmann, Oskar: Frühneuhochdeutsches Wörterbuch. Berlin
Apostelgeschichte. Luthertextausgabe von 1912
Archiv für das Handelsrecht. Eine Sammlung praktischer, wichtiger, vor dem Hamburger Handelsgerichte verhandelter Rechtsfälle, Bände 1–4. Hamburg 1818
Arnold, Ernst (1987): Alte Berufsbezeichnungen in Regensburger Familiennamen. Regensburg
Asmussen, Karl (1966): Das Wirtschaftsleben und die Bevölkerung Glückstadts von der Gründung bis 1869, in: Glückstadt im Wandel der Zeiten, Bd. 2, Glückstadt 1966, S. 161–236
Ast Hiltraud und Wilhelm / Katzer Ernst (1970): Holzkohle und Eisen. Beitrag zur Volkskunde, Wirtschafts- und Sozialgeschichte des Raumes Gutenstein. Linz. (Niederösterreichische Volkskunde Bd. 6)
Ast, Hiltraud (1977): Die Kalkbrenner am Ostrand der Alpen. Augsburg
Ast, Hiltraud (1981): Die Schindelmacher im Land um den Schneeberg. Beiträge zur Kulturgeschichte des niederösterreichischen Viertels unter dem Wienerwald. Augsburg
Badstübner, Ernst / Albrecht, Uwe (2001, Hg.): Backsteinarchitektur in Mitteleuropa: neue Forschungen; Protokollband des Greifswalder Kolloquiums 1998. Berlin
Bahlow, Hans (1967): Deutsches Namenlexikon. Familien- und Vornamen nach Ursprung und Sinn erklärt. Keyserische Verlagsbuchhandlung, München
Balthasar, Josef Anton Felix (1785): Historische, Topographische und Oekonomische Merkwürdigkeiten des Kantons Luzern, seinen Mitbürgern gewidmet. Luzern

Baltisches RWB = Baltisches Rechtswörterbuch 1710–1940, hg. von der Baltischen Historischen Kommission, Göttingen (http://www.balt-hiko.de/online-publikationen/baltisches-rechtswörterbuch/)
Bartel, Constanze (2006): Die Entwicklung des Langlaufs in Deutschland vor und nach der Wiedervereinigung unter besonderer Berücksichtigung des Marathonlaufs. GRIN Verlag, München
Barth, Johann Heinrich (2006): Genealogisch-Etymologisches Lexikon. Band 1: Deutsch. Reichelsheim
Barth, Johann Heinrich (2007): Genealogisch-Etymologisches Lexikon. Band 2: Latein und Französisch. Reichelsheim
Becher, Siegfried (1841): Statistische Übersicht der Bevölkerung der österreichischen Monarchie nach den Ergebnissen der Jahre 1834 bis 1840. Cotta, Stuttgart–Tübingen
Beck, Ludwig (1884–1903): Geschichte des Eisens in technischer und kunturgeschichtlicher Beziehung. 5 Bde. Braunschweig
Becker, Johann Nikolaus (1804): Actenmässige Geschichte der Räuberbanden an den beyden Ufern des Rheins, 2 Bde. Köln
Beckmann, Johann (1791): Beyträge zur Oekonomie, Technologie, Polizey- und Cameralwissenschaft. 12 Bde (1777–1791). Göttingen
Behrens, Heinrich Ludwig / Behrens, Carl G. (1829): Topographie und Statistik von Lübeck und dem mit Hamburg gemeinschaftlichen Amte Bergedort: ein Beitrag zur topographisch-statistisch-historisch-politischen Beschreibung der Freien Hansestadt Lübeck und dem Landgebiete derselben, Band 1. Lübeck
Behrens, Heinrich Ludwig / Behrens, Carl G. (1839): Topographie und Statistik von Lübeck und dem mit Hamburg gemeinschaftlichen Amte Bergedort: ein Beitrag zur topographisch-statistisch-historisch-politischen Beschreibung der Freien Hansestadt Lübeck und dem Landgebiete derselben, Band 2. Lübeck
Beier, Adrian / Struve, Friedrich Gottlieb (1722): Allgemeines Handlungs- Kunst- Berg- und Handwercks-Lexicon. Jena
Benecke-Müller-Zarncke: Mittelhochdeutsches Wörterbuch. 3 Bände (in 4 Teilen), Leipzig 1854–1861
Benker, Gertrud (1974): Der Gasthof. München
Benvenuti, Oliver (1996): Altes Handwerk in Vorarlberg. 2. Aufl. Hohenems
Benzler, Georg S. (1792): Lexikon der beim Deich- und Wasserbau auch beim Deich- und Dammrecht vorkommenden fremden und einheimischen Kunstwörter und Ausdrücke wobey der Gebrauch der Sachen selbst erkläret und zugleich Anleitung zum praktischen Deich- und Wasserbau gegeben wird mit dazu nöthigen Kupfern. 2 Bde in einem Band. Leipzig. (Auch Nachdruck 2012)
Berchtel, Rudolf (1990): Alpwirtschaft im Bregenzerwald. Innsbruck (Innsbrucker geographische Studien, Bd. 18)
Bereuter, Elmar (2011): Schwabenkinder-Wege Oberschwaben. München
Bergius, Johann Heinrich Ludwig (1780): Neues Policey- und Cameral-Magazin nach alphabetischer Ordung. 6 Bde. Leipzig.
Bergmännisches Wörterbuch. Darinnen die deutschen Benennungen und Redensarten erkläret und zugleich die in Schriftstellern befindlichen lateinischen und französischen angezeiget werden. Chemnitz 1778
Berndt, Friedrich (1959): Die Weiß-Ircher oder Weißgerber und Sämischmacher von Steyr. Veröffentlichungen des Kulturamtes der Stadt Steyr H. 19 (1959), S. 11–15
Bezirksmuseum: siehe Dimitz, Erich
Blaese, Hermann: Baltisches Rechtswörterbuch 1710–1940. Redaktion: Otto-Heinrich Elias, Alfred Schönfeldt. Online-Publikation der Baltischen Historischen Kommission, Berlin
Blechschmidt, Manfred / Walther, Klaus (1985): Vom Blaufarbenwerk Niederpfannenstiel zum volks-

eigenen Betrieb Nickelhütte Aue – Episoden und Bilder aus 350 Jahren Geschichte. Lößnitz, Rockstroh
Blumhof, Johann Georg Ludolph (1816–1821): Versuch einer Enzyklopädie der Eisenhüttenkunde und dere davon abhängenden Künst und Handwerke ..., 4 Bde. Gießen
BMZ = Benecke-Müller-Zarncke
Bock, Ernst (1926): Alte Berufe Niedersachsens, Hannover (Reprint: Hildesheim 1981)
Bonacker, Wilhelm (1966): Kartenmacher aller Länder und Zeiten. Stuttgart
Bothe, Friedrich (1906): Beiträge zur Wirtschafts- und Sozialgeschichte der Reichsstadt Frankfurt. Leipzig
Brandenburg, Hajo (1990): Bürgerbuch der Stadt Altona nach den Sondersteuerregistern von 1789. Hamburg
Brandl, Bruno / Creutzburg, Günter (1976): Die Zunftlade. Das Handwerk vom 15. bis 19. Jahrhundert im Spiegel der Literatur. 2. Aufl. Berlin
Braun, Harry (2012): Im Hamburger Hafen: Die Anfänge im 17. bis 19. Jahrhundert. Erfurt
Brechenmacher, Josef Karlmann (1957): Etymologisches Wörterbuch der Deutschen Familiennamen. 2. Aufl. Limburg/Lahn
Brentano, Clemens (2012): Italienische Märchen. tredition classics. Hamburg
Brinckmeier E. (1850): Glossarium diplomaticum zur Erläuterung schwieriger lateinischer hoch- und besonders niederdeutscher Wörter
Brohm, Ulrich (2001): Findlinge als Pflastersteine. Straßenbau in der Lüneburger Heide vom 16. bis 20. Jh. Museumsdorf Hösseringen, Landwirtschaftsmuseum Lüneburger Heide. Hösseringen
Brüggemann, Ludwig Wilhelm (1784) Ausführliche Beschreibung des gegenwärtigen Zustandes des Königl. Preußischen Herzogthums Vor- und Hinter-Pommern: Welcher die Beschreibung der zu dem Gerichtsbezirk der Königl. Landescollegien in Stettin gehörigen Hinterpommerschen Kreise enthält, Band 2,Ausgabe 1. Stettin
Bücher, Karl (1914): Die Berufe der Stadt Frankfurt a. M. Leipzig
Buchner, Georg (1926): Bayerische Familiennamen aus ehemaligen Berufsbezeichnungen. In: Silvae Monacenses. Festschrift zur 50jährigen Gründungsfeier des philologisch-historischen Vereins an der Universität München. München–Berlin 1926
Bühler, Adolf (1870): Berchtesgaden und seine Umgebung. Reichenhall
Burnadz, J. M. (1970): Die Gaunersprache der Wiener Galerie. Lübeck
Busch, Gabriel Christoph Benjamin (1801–1822): Handbuch der Erfindungen, 12 Bände, 4. Aufl. Eisenach
Campe, Joachim Heinrich (1807): Wörterbuch der Deutschen Sprache. 5 Bde. Braunschweig
Comenius, Johann (1659). Amos: Orbis sensualium pictus. Nürnberg 1659. dto. 1666, dto. 1669
Comenius, Johann Amos (1769): Orbis sensualium picti pars prima, Nürnberg 1769, pars secuda (von Wolfg. Christ. Deßler). Nürnberg
Cordes, Albrecht / Lück, Heiner / Werkmüller, Dieter / Schmidt-Wiegand, Ruth (2008): Handwörterbuch zur deutschen Rechtsgeschichte, 2. Aufl., Bd. 1, Berlin
Corvinus, Gottlieb Siegmund (1739): Nutzbares, galantes und curiöses Frauenzimmer-Lexicon ... Frankfurt und Leipzig
Csendes, Peter / Opll, Ferdinand (Hg.) (2006): Wien. Geschichte einer Stadt von 1790 bis zur Gegenwart, Bd 3. Wien–Köln–Weimar
Csendes, Peter / Opll, Ferdinand / Vocelka, Karl (Hg.) (2003): Die frühneuzeitliche Residenz (16.–18. Jahrhundert). Wien. Geschichte einer Stadt von 1790 bis zur Gegenwart, Bd 2. Wien–Köln–Weimar
Damen Conversations Lexikon (1834–1838). Herausgegeben im Verein mit Gelehrten und Schriftstellerinnen von C. Herlosssohn. 10 Bde. Leipzig
Delling, Johann von (1820): Beiträge zu einem baierischen Idiotikon. München
de Luca, Ignaz (1787): Wiens gegenwärtiger Zustand unter Josephs Regierung. Wien

Denecke, Dietrich (2002): Göttingen: Vom Dreissigjährigen Krieg bis zum Anschluss an Preussen – der Wiederaufstieg als Universitätsstadt (1648–1866). Göttingen

Dennert, Herbert (1979): Quellen zur Geschichte des Bergbaus und des Hüttenwesens im Westharz von 1524–1631. (Auch im Internet: www.gbv.de/dms/clausthal/E_BOOKS/2007/2007EB412/Dennert-Quellen.pdf

Denzel, Markus A. (1998): Professionen und Professionisten. Die Dachsbergsche Volksbeschreibung Im Kurfurstentum Baiern (1771–1781). Steiner, Wiesbaden

Der Oesterreichische Zuschauer. Zeitschrift für Kunst, Wissenschaft und geistiges Leben. Herausgegeben von J. S. Ebersbeg. Bd. 4, Wien 1839, Nr. 133, 6. November 1839, S. 1354

Der Sammler für Geschichte und Statistik von Tirol. Zeitschrift, 5 Bde. Innsbruck 1806–1809

Deutsches Rechtswörterbuch. Wörterbuch der älteren deutschen Rechtssprache. Hg. von der Heidelberger Akademie der Wissenschaften. Bisher 13 Bde. Seit 1932. Weimar

Dickelberger, Alois (2004): Sagt der Altbayer Weißbier oder Weizenbier? In: Linzerschnitten. Beiträge zur 8. Bayerisch-österreichischen Dialektologentagung in Linz, September 2001. Adalbert-Stifter-Institut des Landes Oberösterreich, Linz

Die Juden in Linz. Festschrift anlässlich des fünfzigjährigen Bestandes des Linzer Tempels. Hg. von der Jüdischen Kultusgemeinde in Linz, 26. Mai 1927

Diefenbach = Diefenbach, Lorenz von (1857): Glossarium latino-germanicum mediae et infimae aetatis. Frankfurt a. M. (Reprographischer Nachdruck Wissenschaftliche Buchgesellschaft, Darmstadt 1997)

Diefenbach, Lorenz (1885): Hoch- und niederdeutsches Wörterbuch der mittleren und neueren Zeit: zur Ergänzung der vorhandenen Wörterbücher insbesondere des der Brüder Grimm. Basel

Dietz, Alexander (1921): Frankfurter Handelsgeschichte, Bd 2. Frankfurt

Dimitz, Erich: Die Milchmädchen am Naschmarkt. In: Die Wiener Bezirksmuseen / Geschichtstexte. Inernet: http://www.bezirksmuseum.at

Dimt, Gunter (2008): Schnitzer, Drechsler, Löffelmaler. Altmünster 2008

Döllinger, Georg Ferdinand (1817): Repertorium der Staats-Verwaltung des Königreichs Baiern. Bd. 6: Polizei-Gegenstände. München

Dorr, Heidrun (1970): Auszug aus Unger–Khull, Steirischer Wortschatz (Graz 1903). In: Das steirische Handwerk. Katalog zur 5. Landesausstellung der Steiermark, 1970, Teil I, S. 159–190

Dossmann, Ernst (1998): Vom „Affengießer" bis zum „Zeitungssinger": alte Berufsbezeichnungen geben uns oft Rätsel auf. Artikel in: Beiträge zur Heimatkunde für Iserlohn und den märkischen Raum 14, 1998/99, S. 155–158

Dreyer, Johann Carl Henrich (1769): Einleitung zur Kenntniß der im geist-, bürgerlichen-, Gerichts-, Handlungs-, Polizey- und Kammer-Sachen von E. Hochw. Rath der Reichsstadt Lübeck von Zeit zu Zeit ergangenen allgemeinen Verordnungen, Mandaten, Normalien, Decreten, wie auf der dahie einschlagenden Rechts-Urkunden ... Lübeck

DRW = Deutsches Rechtswörterbuch

du Cange C. D: Glossarium ad scriptores mediae et infimae latinitatis. 10 Bde. 1883–87

DudenEtym = Duden. Das Herkunftswörterbuch. Etymologie der deutschen Sprache. 5. Aufl. Mannheim u. a. 2014

DudenFW = Duden. Das große Fremdwörterbuch. Herkunft und Bedeutung der Fremdwörter. 4. aktualisierte Auflage. Dudenverlag, Mannheim u. a. 2007

DudenGWDS = Duden. Das Große Wörterbuch der deutschen Sprache. 4. Aufl. 2012. (Nur als Online-Ausgabe)

DudenFN = Duden – Familiennamen siehe Kohlheim

DudenUW = Duden – Deutsches Universalwörterbuch. 7., überarbeitete und erweiterte Auflage. Mannheim u. a. 2011

Eberhard, Johann August / Maass, Johann Gebahrd Ehrenreich / Gruber, Johann Gottfried (1827): Versuch einer allgemeinen teutschen Synonymik in einem kritisch-philosophischen Wörterbuche der sinnverwandten Wörter der hochteutschen Mundart. 6 Bde, 3. Ausgabe. (1. Ausgabe 1795 1802.) Halle

Eberth, Werner (2003): Berufsbezeichnungen und Handwerke, die man heute nicht mehr kennt: dargestellt nach den Kissinger Adressbüchern ab 1838, Würzburg 2003. In: Frankenland <Würzburg>, hrsg. im Auftrag des Frankenbundes, 55 (2003),6, S. 447–453

Echo Online, Tirol 2012: Simon Stampfer (www.echoonline.at/submenu-content/geschichte/die-sternenjaeger/stampfer/)

Ebner, Jakob (1998): Wie sagt man in Österreich? Wörterbuch des österreichischen Deutsch. Dudenverlag, Mannheim, 3., völlig neu bearbeitete Aufl.

Ebner, Jakob (2009): Wie sagt man in Österreich? Wörterbuch des österreichischen Deutsch. Dudenverlag, Mannheim, 4., völlig neu bearbeitete Aufl.

Ehrhardt, Siegismund Justus (1783): Presbyterologie des Evangelischen Schlesiens. Liegnitz

Eiselen, Johann Christoph (1802): Handbuch oder Anleitung zur Kenntniß des Torfwesens, Bd 1, 2. Aufl. Berlin

Eisermann, Sonja Iris (2004): Berufsbezeichnungen für Frauen vom 16.–19. Jahrhundert: eine sprachhistorische Untersuchung insbesondere des in-Derivationsmorphems unter Berücksichtigung prototypensemantischer Aspekte beim Bedeutungswandel. Online-Ressource

Ekström, Carl Ulrich / Creplin, Friedrich Heinrich (1835): Die Fische in den Scheeren von Mörko. Berlin

ElsässWb = Wörterbuch der elsässischen Mundarten. 2 Bde. Straßburg 1899–1907

Erb, Teja (1978): Die Handwerkerbezeichnungen im Mittellatein – Ergebnisse einer Wortschatzanalyse. Als Ms. vervielfältigt. Berlin. (Linguistische Studien: Reihe A, Arbeitsberichte; 46)

Erb, Teja (1986): Mittellateinische Handwerkerbezeichnungen. In: Philologus, Bd. 130, Heft 2, S. 221–313

Ersch, Johann Samuel / Gruber, Johann Gottfried u. a. (Hg.) (1818–1889): Allgemeine Encyklopädie der Wissenschaften und Künste. 3 Sectionen (zu je 99, 43, 25 Bänden). Leipzig

Eytelwein, Johann Albert (1800): Praktische Anweisung zur Konstrukzion der Faschinenwerke und den dazu gehörigen Anlagen an Flüssen und Strömen. Berlin

Fechner, Gustav Theodor (1837): Das Hauslexikon: Vollständiges Handbuch praktischer Lebenskenntnisse für alle Stände. Bd. 6: Nabelbruch – Rindvieh-Zucht. Leipzig

Feldhaus, Franz Maria (1914): die Technik der Vorzeit, der geschichtlichen Zeit und der Naturvölker. Leipzig

Feldhaus, Franz Maria (1924): Ruhmesblätter der Technik, Bd. 112. Leipzig 1924. dto. Kulturgeschichte der Technik (Bd. 112), Berlin 1928

Feldhaus, Franz Maria (1928): Kulturgeschichte der Technik. Berlin. Reprograph. Nachdruck Hildesheim 1976

Fellner, Alois (1999): Bergmännisches Handwörterbuch. Für Fachausdrücke im Salzbergbau- und Sudhüttenwesen. Wien

Fischer, Hermann: Schwäbisches Wörterbuch, Tübingen 1904–1924

Fischer, Konrad (1790): Geschichte des deutschen Volksschullehrerstandes: Bd. 1. Von dem Ursprunge der Volksschule bis 1790, Hannover

Follmann, Michael Ferdinand (1909): Wörterbuch der deutsch–lothringischen Mundarten. Leipzig

Foltz, Max (1912): Geschiche des Danziger Stadthaushalts. Danzig

Forcellini: Totius latinitatis lexicon. 6 Bde. 1858–79

Freese, Johann Conrad (1789): Ueber die Vehne oder Torfgräbereien. Aurich

Frey, Manuel (1997): Der reinliche Bürger: Entstehung und Verbreitung bürgerlicher Tugenden in Deutschland 1760–1860. Göttingen

Frischbier, H.: Preussisches Wörterbuch. Ost- und Westpreussische Provinzialismen in alphabetischer Folge. 2 Bde. Berlin 1883

Frühmittellat. RWb = siehe Köbler, Gerhard (1999): Liber Exquisiti Xenii
Frühnhd. Wb = Frühneuhochdeutsches Wörterbuch. Hg. von der Akademie zu Göttingen. Berlin (seit 1989, bisher 7 Bde)
Götze, Alfred (1930): Frühneuhochdeutsches Glossar. 2. Aufl. Berlin
Galler, Werner (1979, Hg.): Weingartenhüter. Ausstellung der volkskundlichen Sammlung des niederösterreichen Landesmuseums. Wien 1979
Galler, Werner (1981): Die Kunst der Zuckerbäcker. Ausstellung der Volkskundlichen Sammlung des niederösterreichischen Landesmuseums. Wien
Galler, Werner (1984): Kirtag in Niederösterreich. St. Pölten. (Wissenschaftliche Schriftenreihe Niederösterreich)
Gamillscheg, Ernst: Etymologisches Wörterbuch der französischen Sprache. 2 Bde. Nachdruck. Heidelberg 1997
Garney, Johan Carl (1801): Abhandlung vom Bau und Betrieb der Hochöfen in Schweden. Zwey Theile. Freyberg
Garzone, Thomas (1659): Piazza universale oder Allgemeiner Schawplatz aller Künst, Professionen und Handwercken. Merian, Frankfurt am Main
Gatterer, Christoph Wilhelm Jakob (1790–1794): Technologisches Magazin. 3 Bde, Memmingen bzw. Heidelberg
Gegel, Georg Jakob (1769): Sammlung derer Kayserlichen- Chur- und Reichsfürstlich-Landesherrlichen Verordnungen und Rescripten, welche in Regierungs, Justitz, Cameral, und Finanz, auch Synodal, Militar, Policey, Oeconomie und Commerz-Sachen im Jahr 1767. Im Druck ergangen sind: Nebst beygefügten Anmerkungen, Band 1. Hanau
Gehl, Hans (2000): Wörterbuch der donauschwäbischen Baugewerbe. Stuttgart. (Schriftenreihe des Instituts für donauschwäbische Geschichte und Landeskunde Bd. 7)
Gehl, Hans (1997): Wörterbuch der donauschwäbischen Bekleidungsgewerbe. Sigmaringen. (Schriftenreihe des Instituts für donauschwäbische Geschichte und Landeskunde Bd. 12)
Gehl, Hans (2003): Wörterbuch der donauschwäbischen Landwirtschaft. Wiesbaden. (Schriftenreihe des Instituts für donauschwäbische Geschichte und Landeskunde Bd. 12)
Gehl, Hans (2005): Wörterbuch der donauschwäbischen Lebensformen. Stuttgart. (Schriftenreihe des Instituts für donauschwäbische Geschichte und Landeskunde Bd. 14)
Gehl, Hans (1999): Kommentierte donauschwäbische Texte. Stuttgart. (Zeitschrift für Dialektologie und Linguistik. Beihefte 103)
Gemoll, Wilhelm (1923): Griechisch–deutsches Schul- und Handwörterbuch. 2. Aufl. Wien
Genesis, Marita (2006): Scharfrichter in der Stadt Brandenburg. Betrachtung eines Berufsbildes. Magisterarbeit, Potsdam (Inernet)
Georges K. E.: Ausführliches großes lateinisch–deutsches Lexikon. 4 Bde. 1882–1918
Gerholz, Heinrich: Gerholz-Kartei: eine Sammlung alter Berufsbezeichnungen. Lübeck: Selbstverl. des Vereins für Familienforschung, Lübeck 2005
Gerstner, Franz Joseph / Gerstner, Franz Anton (1834): Handbuch der Mechanik: Beschreibung und Berechnung grösserer Maschinenanlagen, vorzüglich jener, welche bey dem Bau-, Berg- und Hüttenwesen vorkommen, Band 3. Wien
Gesetze und Dekrete des Großen und Kleinen Raths des Cantons Bern 1803/04 (1805)
Girtler, Roland (2012): Aschenlauge. Bergbauern im Wandel. Wien–Köln–Weimar
Girtler, Roland (2006): Abenteuer Grenze. Von Schmugglern und Schmugglerinnen, Ritualen und „heiligen" Räumen. Wien
GLOGEMIS = Glossar zur Geschichte der Mittelalterlichen Stadt. Projekt Universität Hamburg. http://webapp6.rrz.uni-hamburg.de/GLOGEMIS/index.php/projektpraesentation-glossar
Goerke, Heinz (1987): Arzt und Heilkunde. Vom Asklepiospriester zum Klinikarzt. 3000 Jahre Medizin. 2. Aufl., Callwey, München

Goethe Wörterbuch, hg. von der Berlin–Brandenburgischen Akademie der Wissenschaften, der
Akademie der Wissenschaften Göttingen und der Heidelberger Akademie der Wissenschaften.
Stuttgart 1978 ff.
Gottschald, Max (2006): Deutsche Namenkunde. Mit einer Einführung in die Familiennamenkunde
von Rudolf Schützeichel. 6. Aufl. Berlin–New York
Grattenauer, Kartl Wilhelm Friedrich (1810): Repertorium aller der Kriegslasten, Kriegsschäden und
Kriegseinquartierungen betreffenden neueren Gesetze und Verordnungen, nebst vollständi-
ger Literatur: Ein Handbuch für Juristen, Kameralisten, Einquartierungs- Munizipal- Cervis- und
Polizeibeamte. Bd 1. Breslau
Grimm, Jacob und Wilhelm: Deutsches Wörterbuch. 16 Bde in 32 Teilbänden. Leipzig 1854–1961
Groeben, Georg Dietrich von der (1781): Neue kriegsbibliothek: oder, Gesammlete beyträge zur
kriegswissenschaft. 10 Bde. Breslau
Grönhoff, Johann (1966): Litzenbrüder Prachervögte und andere vergessene Berufe im alten Kiel
Groth, Klaus J. (1999): Weltkulturerbe Lübeck – Denkmalgeschützte Häuser. Lübeck
Grotian, Tilman (2001): Wasser, Wiesen, Wischenmaker. Von Suderburg in alle Welt: Bewässerungs-
wiesen der Lüneburger Heide. Suderburg–Hössingen
Gruber, Fritz / Karl, Heinz Ludwig (1982): Salzburger Bergbaugeschichte. Salzburg–München
Gruenbaum, Moriz R. v. (1946): Seltsame Berufsbezeichnungen aus den Sterbelisten des Wieneri-
schen Diariums, der Wiener Zeitung und den Tauf- und Totenprotokollen Wiener Pfarrämter von
1740 bis 1828. Eine Kulturhistorische Untersuchung. In: Unsere Heimat N.F. XVII., 1946/8,
6. Heft, Seite 191ff.
Grünn, Helene (1960): Die Pecher. Volkskunde aus dem Lebensraum des Waldes. Wien–München
Grünn, Helene (1968): Fassbinder – Fassboden. Wien–München
Grünn, Helene (1978): Wäsche waschen. Volkskunde aus dem Lebensraum der Donau. Wien
(Niederösterreichische Volkskunde Bd. 10)
Haas, Walter (1994): Provinzialwörter. Idiotismensammlungen des 18. Jahrhunderts. Berlin
Habel, Edwin (1931): Mittellateinisches Glossar. Paderborn
Habel, Edwin / Gröbel, Friedrich (1989): Mittellateinisches Glossar. 2. Aufl., Paderborn
Haberkern, Eugen / Wallach, Joseph Friedrich (2001): Hilfswörterbuch für Historiker. Mittelalter und
Neuzeit. 2 Bde. 9. Aufl. Tübingen–Basel
Haemmerle, Albert: Alphabetisches Verzeichnis der Berufs- und Standesbezeichnungen vom ausge-
henden Mittelalter bis zur neueren Zeit. München 1933. (Reprint: Hildesheim 1998)
Hahnemann, Samuel (1799): Apothekerlexikon. 4 Theile in 2 Bänden. Leipzig 1793–1798
Haid, Hans (1986): Vom alten Leben. Vergehende Existenz und Arbeitsformen im Alpenbereich.
Wien
Halle, Johann Samuel (1762): Werkstäte der heutigen Künste oder die neue Kunsthistorie.
Brandenburg – Leipzig
Hamburg. Wb = Henning, Beate / Meier, Jürgen (2000): Hamburgisches Wörterbuch. Neumünster
Hammel-Kiesow, Rolf (2008): Die Hanse. 4. Aufl. München
Hammer-Purgstall, Joseph Freiherr von (1822): Constantinopolis und der Bosporos: örtlich und
geschichtlich, 2 Bde. Pest
hams-online: Die Harke am Sonntag, Nienburg, 13.11.2013: Jugendstilvillen auf Zichorienfeldern.
https://www.hams-online.de/Artikel/Lokales/6817/Jugendstilvillen_auf_Zichorienfeldern/
Handwb der Rechtsgesch. = Cordes, Albrecht / Lück, Heiner / Werkmüller, Dieter / Schmidt-Wiegand,
Ruth (2008): Handwörterbuch zur deutschen Rechtsgeschichte, 2. Aufl., Bd. 1, Berlin
Hanisch, Hans (1905): Deutschlands Lederproduktion und Lederhandel. Tübingen (Zeitschrift für die
gesamte Staatswissenschaft, Ergänzungsheft XVI)
Hansen, Hans Jürgen (1975): Schiffe, Häfen, Meere und Matrosen. Eine Geschichte der Schifffahrt und
des Seeverkehrs. Oldenburg–Hamburg

Hartig, Georg Ludwig (1827): Lehrbuch für Förster und die es werden wollen: Welcher von der Forst-Taxation und Forst-Benutzung handelt. 3 Bde. Wien (1. Aufl. 1809–1814)

Hartmann, Anna (1998): Erinnerungen einer alten Wienerin. hg., bearbeitet und mit einer Einleitung versehen von Erika Flemmich. Wien–Köln–Weimar

Hausbücher der Nürnberger Zwölfbrüderstiftungen.Stadtbibliothek Nürnberg / Germanisches Nationalmuseum (www.nuernberger-hausbuecher.de)

Häuser-Verzeichniß und Adressen-Buch von Gmunden. 1885. (urn:nbn:at:AT-OOeLB-919866)

Häußler, Theodor (2008): Weinbau in Altbayern: der Baierwein einst und heute. Norderstedt (Books on Demand)

Heilfurth, Gerhard (1981): Der Bergbau und seine Kultur. Zürich

Heimatkundlicher Arbeitskreis Weenermoor – Möhlenwarf – St. Georgiwold – Beschotenweg. Internet: www.heimatkundlicher-arbeitskreis.de/Verschiedenes/Dollartfluten/Vetkoper.htm

Heinse, Gottlieb Heinrich (1793–1804): Encyklopädisches Wörterbuch oder alphabetische Erklärung aller Wörter aus fremden Sprachen, die im Deutschen angenommen sind: wie auch aller in den Wissenschaften, bei den Künsten und Handwerken üblichen Kunstausdrücke. 11 Bde. Zeitz und Naumburg

Heinsius, Theodor: Vollständiges Wörterbuch der Deutschen Sprache mit Bezeichnung der Aussprache und Betonung für die Geschäfts- und Lesewelt. 4 Bde. Wien 1828–1830

Heintze, Albert (1922): Die deutschen Familiennamen. Geschichtlich, geographisch, sprachlich. 5. Aufl. Bremen (Nachdruck 2010)

Henkel, Karl (1992): Berufe und Begriffe im alten Bergbau, ... und Münzwesen. Mitteilungen der Westdeutschen Gesellschaft für Familienkunde

Hamburg. Wb = Henning, Beate / Meier, Jürgen (2000): Hamburgisches Wörterbuch. Neumünster

Hennig, Beate (1991): Von adelmüetern und züpfelnunnen. Weibliche Standes- und Berufsbezeichnungen in der mittelhochdeutschen Literatur zur Zeit der Hanse. In: Vogel, Barbara (Hg.): Frauen in der Ständegesellschaft. Leben und Arbeiten in der Stadt vom späten Mittelalter bis zur Neuzeit. Hamburg, S. 117–146

Henning, Friedrich Wilhelm (1969): Dienste und Abgaben der Bauern im 18. Jahrhundert. Stuttgart

Hennings, Johann (1942): Niederdeutsche Berufsbezeichnungen [aus Lübeck], in: Sippe der Nordmark, 1942, S. 62–70

Henschke, Ekkehard (1974): Landesherrschaft und Bergbauwirtschaft. Zur Wirtschafts- und Verwaltungsgeschichte des Oberharzer Bergbaugebietes im 16. und 17. Jahrhundert. Berlin (Studien zur Wirtschafts- und Sozialgeschichte Bd 23)

Herders Conversations-Lexikon. Freiburg im Breisgau 1854

Hermann-Winter, Renate (2003): Plattdeutsch–hochdeutsches Wörterbuch für den mecklenburgisch-vorpommerschen Sprachraum. 5. Aufl. Rostock

Hermann-Winter, Renate (1995): Kleines mecklenburg-vorpommersches Wörterbuch. Leipzig

Hermbstaedt, Sigismund Friedrich (1815): Museum des Neuesten und Wissenswürdigsten aus dem Gebiete der Naturwissenschaft, der Künste, der Fabriken, der Manufakturen, der technischen Gewerbe, der Landwirthschaft, der Produkten-, Waaren- und Handelskunde, und der bürgerlichen Haushaltung: für gebildete Leser und Leserinnen aus ..., Band 6. Insgesamt 15 Bde ab 1814. Berlin

Heydenreuter, Reinhard / Pledl, Wolfgang / Ackermann, Konrad (2010): Vom Abbrändler zum Zentgraf. Wörterbuch zur Landesgeschichte und Heimatforschung in Bayern. 3. Aufl. München 2010

Heyne, Moritz (1903): Körperpflege und Kleidung bei den Deutschen. Von den ältesten geschichtlichen Zeiten bis zum 16. Jahrhundert. Leipzig (Auch Nachdruck als book on demand 2012)

Heyne, Moritz (1908): Das altdeutsche Handwerk. Straßburg

Heyne, Moritz (1905): Deutsches Wörterbuch. Leipzig

Hill, Christian / Kösling, Barbara (2012): Jenaer Tischgeschichten: Eine kulinarische Reise durch fünf Jahrhunderte. Erfurt

Hinze, Kurt (1963): Die Arbeiterfrage zu Beginn des modernen Kapitalismus in Brandenburg–Preussen 1685–1806. Berlin
Hirschbiegel, Jan / Wettlaufer, Jörg (2005): Höfe und Residenzen im spätmittelalterlichen Reich. Bilder und Begriffe. Hg. von Werner Paravicini, bearb. von Jan Hirschbiegel und Jörg Wettlaufer. Residenzenforschung 15 II, Teilbd. 1+2, Ostfildern
Historisches Lexikon der Schweiz (Internet)
Hoedl, Gerhard (2003): Thurm- und Feuerwächterwesen. Stadt Wels
Höfer, Matthias (1815): Etymologisches Wörterbuch der in Oberdeutschland, vorzüglich aber in Oesterreich üblichen Mundart. 2 Bde. Linz
Hoffmann, Wilhelm (1871): Vollständiges Wörterbuch der deutschen Sprache, wie sie in der allgemeinen Literatur, der Poesie, den Wissenschaften, Künsten, Gewerben, dem Handelsverkehr, Staats- und Gerichtswesen etc. etc. gebräuchlich ist ... 6 Bde. Leipzig
Holsteinisches Idioticon: siehe Schütze, Johann Friedrich
Höpfner, Ludwig Julius Friedrich: Deutsche Encyclopädie oder Allgemeines Real-Wörterbuch aller Künste und Wissenschaften. 24 Bde. Frankfurt 1778–1807
Hormayr zu Hortenburg, Joseph von (1823–1825): Wien, seine Geschicke und Denkwürdigkeiten. Wien
Hornung, Maria (1989): Lexikon der österreichischen Familiennamen. St. Pölten–Wien
Hornung, Maria (2002): Wörterbuch der Wiener Mundart. 2. Aufl. Wien
Hoyer, Johann G. von (1797): Geschichte der Kriegskunst seit der ersten Anwendung des Schießpulvers zum Kriegsgebrauch bis an das Ende des achtzehnten Jahrhunderts. 2 Bde. Göttingen
Hübner, Johann / Zincke, Georg Heinrich (1762): Curieuses und reales Natur-Kunst-Berg-Gewercke- und Handlungs-Lexikon, darinne nicht nur die in der Physic, Medicin, Botanic, Chymie, Anatomie, Chirurgie und Apotheker-Kunst, wie auch in der Mathematic, Astronomie Music, Mechanic, Bürgerlichen und Kriegs-Bau-Kunst, Artillerie, Schiffahrten etc. ... beschrieben werden. Leipzig
Hübbe, Karl Johann Heinrich (1824): Ansichten der freien Hansestadt Hamburg und ihrer Umgebungen. Frankfurt am Main
100 Jahre Linzer Schiffswerft 1840–1940. Linz–Donau 1940
Idiotikon = Schweizerisches Idiotikon. Wörterbuch der schweizerdeutschen Sprache. Frauenfeld (bisher 16 Bde seit 1881)
Immigrant Ships Transcribers Guild – Passengers and Captains – Including Names. Internet: http://www.immigrantships.net/v7/surnamesv7/spls_v7.htm
Isenberg, Heinrich (o. J.): Das Gesellenwandern und was damit zusammenhing. Münster i.W.
Jacobsen, Heinrich F. (1839): Geschichte der Quellen des Kirchenrechts des Preußischen Staats mit Urkunden und Regesten. 2 Bde. Königsberg
Jacobson, Johann Karl Gottfried (1781–1784): Technologisches Wörterbuch, oder alphabetische Erklärung aller nützlichen mechanischen Künste, Manufakturen, Fabriken und Handwerker. 4 Bde. Berlin und Stettin
Jäger, Erika (1948): Synonymik der Berufsnamen für den Wagenbauer. Diss., Marburg
Jahn, Joachim / Hartung, Wolfgang (1991, Hg.): Gewerbe und Handel vor der Industrialisierung. Regionale und überregionale Verflechtung im 17. und 18. Jh. Sigmaringendorf
Jahrbücher für die preußische Gesetzgebung, Rechtswissenschaft und Rechtsverwaltung, hg. vom Justizministerium Preußen, Band 55, 1840
Matheus, Michael (2003): Weinproduktion und Weinkonsum im Mittelalter. Stuttgart. (Geschichtliche Landeskunde Bd. 51)
Jirlow, Ragnar (1926): Zur Terminologie der Flachsbereitung in den germanischen Sprachen. Teil 1. Göteborg
Juden in Linz siehe Die Juden in Linz

Jungmair, Otto / Etz, Albrecht (1978): Wörterbuch der oberösterreichischen Volksmundart. Hg. vom Stelzhamerbund der Freunde oberösterreichischer Mundartdichtung. Linz

Jutz, Leo (1960–1965): Vorarlbergisches Wörterbuch mit Einschluss des Fürstentums Liechtenstein. 2 Bde. Wien

Kaak, Heinrich / Schattkowsky, Martina (2003): Herrschaft: Machtentfaltung über adligen und fürstlichen Grundbesitz in der Frühen Neuzeit. Köln–Weimar

Kahnt, Helmut / Knorr, Bernt (1987): Alte Maße, Münzen und Gewichte. Mannheim–Wien–Zürich

Kainz, Friedrich (1974): Klassik und Romantik. In: Maurer, Friedrich / Rupp, Heinz (1974): Deutsche Wortgeschichte. Band II, 3. Aufl., Seite 245–491. Berlin–New York

Kaiser, Gerhard (2000): Rußlandfahrer. Aus dem Wald in die Welt. Facharbeiter aus dem Thüringer Wald in der UdSSR, 1930–1965. Tessin

Kaiser, Johann A. (1833). Die Heilquelle zu Pfäfers: ein historisch-topographischer und heilkundiger Versuch. 2. Aufl. Chur

Kaltschmidt, Jakob Heinrich (1870): Neuestes und vollständiges Fremdwörterbuch zur Erklärung aller aus fremden Sprachen entlehnten Wörter und Ausdrücke. 7. Aufl. Leipzig

Kapsner, Alois (1978, 2005): „Kälbermensch" und „Gsottschneider": alte Berufsbezeichnungen und andere Ausdrücke des Bairischen. Passau. In: Altbairischer Volks- und Heimatkalender, S. 122–126

Kastner, Otfried (1974): Ranzen, Gürtel, Federkiel. Alte volkstümliche Lederkunst. Linz

Kaufbold, Karl Heinrich / Reininghaus, Wilfried (2000): Stadt und Handwerk in früher Neuzeit. (Städteforschung Reihe A, Darstellungen; Bd. 54). Köln–Weimar

Keess, Stephan von (1824): Darstellung des fabriks- und gewerbswesens in seinem gegenwärtigen zustande: vorzüglich in technischer, mercantilischer und statistischer beziehung. 2 Bde. Wien

Kehr, Kurt (1964): Die Fachsprache des Forstwesens im 18. Jahrhundert. Eine wort- und sachgeschichtliche Untersuchung zur Terminologie der deutschen Forstwirtschaft. Gießen (Beiträge zur deutschen Philologie)

Keil, Martha: Die Wiener jüdische Gemeinde im 17. Jahrhundert. Politische Geschichte und Siedlungsgeschichte. Internet: http://www.misrachi.at/index.php/geschichte/geschichte-der-juden-in-wien/68-politische-geschichte-und-siedlungsgeschichte-der-juedischen-gemeinde-in-wien-im-17-jahrhundert

Keller, Katrin (2005): Hofdamen: Amtsträgerinnen im Wiener Hofstaat des 17. Jahrhunderts. Böhlau, Wien

Kirnbauer, Franz (1964): Der Tiroler Landreim (1558). Wien, Vers 217. (Digitale Version: http://www.sagen.at/doku/bergbau/tiroler_landreim.html)

Kleineres conversations-Lexicon: oder Hülfswörterbuch für diejenigen, welche über die, beim Lesen sowohl, als in mündlichen Unterhandlungen vorkommenden, mannichfachen Gegenstände näher unterrichtet sein wollen. 4 Bde. Leipzig 1813–1815

Kleinschmidt, Wolfgang (2000): ... Dem Jungen undt Kehrichführer ... Zu Lidlohn Versprochen und Zalt: Berufsbezeichnungen und Lidlohn im Spital St. Georg der Reichsstadt Speyer. Köln–Weimar–Wien, S. 505–522, Sonderdruck

Klepsch, Alfred (2004): Westjiddisches Wörterbuch. Auf der Basis dialektologischer Erhebungen in Mittelfranken. 2 Bde. Tübingen

Kleyle, F. J. (1814): Rückerinnerungen an eine Reise in Oesterreich und Steyermark im Jahre 1810. Wien

Klöntrup, Johann Ägidius (1783): Von den Erbexen und Gutsherrn in Rücksicht auf das Markenrecht. Osnabrück

Kluge = Kluge, Friedrich (2011): Etymologisches Wörterbuch der deutschen Sprache. Bearbeitet von Elmar Seebold. 25. Aufl. Berlin–Boston

Kluge, Friedrich (1911, Hg.): Seemannssprache. Wortgeschichtliches Handbuch deutscher Schifferausdrücke älterer und neuerer Zeit. Halle

Köbler, Gerhard (2003): Altfriesisches Wörterbuch, 3. Aufl. Auch online: http://www.koeblergerhard.de/afrieswbhinw.html

Köbler, Gerhard (1999): Liber Exquisiti Xenii. Lexikon frühmittelalterlicher Rechtswörter für Freunde frühmittelalterlicher Rechtsgeschichte. Gießen (Arbeiten zur Rechts- und Sprachwissenschaft, Band 46) bzw. online unter http://homepage.uibk.ac.at/~c30310/liberexq.html

Koeniger, Albert Michael (1907): Die Sendgerichte in Deutschland, Band 1. München

Kohlheim, Rosa (1999): Mittelbare Berufsnamen im spätmittelalterlichen Regensburg. In: Onomastik. Akten des 18. Internatinalen Kongresses für Namenforschung, Trier, 12.–17. April 1933. Band III: Namenssoziologie, S. 227–236. Tübingen

Kohlheim, Rosa und Volker (2005): Duden – Familiennamen. Herkunft und Bedeutung. Mannheim

Köhn, Gerhard (1970): Die Bevölkerung der Gründungs-, Residenz-, Garnison- und Exulantenstadt Glückstadt von 1616 bis 1652, Materialband, maschinschr., Hamburg 1970

Koller, Engelbert (1970): Forstgeschichte des Salzkammergutes. Eine forstliche Monographie. Wien

Kopetz, Wenzel Gustav (1829): Allgemeine östreichische Gewerbsgesetzkunde, oder systematische Darstellung der gesetzlichen Verfassung der Manufacturs- und Handelsgewerbe in den deutschen, böhmischen, galizischen, italienischen und ungarischen Provinzen des östreichischen Kaiserstaates. Wien

Korn, Wilhelm Gottlieb (1774): Erläuterungen zum Verstande der Schifffahrt und des See-Kriegs. Breslau

Kötztinger Geschichte(n) (2013), Internet: http://koetzting.blogspot.co.at/2013/01/glossar.html

Krackowizer, Ferdinand (1906): Der erste Linzer Buchdrucker Hans Planck und seine Nachfolger im 17. Jahrhundert. Linz, 1906 (Bausteine zur Kultur- und Literaturgeschichte von Österreich ob der Enns)

Krautgartner, Maria (1963): Das Sammeln von Ameiseneiern im Ötschergebiet. In: Unsere Heimat, Nr. 34 (1963), Wien, S. 64–70

Kretschmer, Paul (1916/1917): Wortgeographie der hochdeutschen Umgangssprache. Göttingen

Kropatschek, Joseph (1793): Sam[m]lung der Gesetze, welche unter der glorreichsten Regierung des Kaiser Franz des II. In den säm[m]tlichen K.K. Erblanden erschienen sind: In einer Chronologischen Ordnung. Enthält die 2te. Hälfte des Jahres 1793, Band 3. Wien

Krünitz, Johann Georg: Oeconomische Encyclopädie oder allgemeines System der Land-, Haus- und Staats-Wirthschaft: in alphabetischer Ordnung. 242 Bde. Berlin 1773–1858

Ktn Wb = Lexer, Matthias (1862): Kärntisches Wörterbuch. Leipzig

Kubelka, Claudia (2008): Zur Wirtschaftsgeschichte Annabergs in Niederösterreich. Diplomabreit. Hiostorisch-Kulturwissenschaftliche Fakultät der Universität Wien. http://othes.univie.ac.at/731/1/05-29-2008_7916597.pdf

Kühne, Andreas (1998): Ziegler in Mittelfranken: Arbeits- und Lebensverhältnisse um 1900 im Spiegel archivalischer Quellen. Passau

Kunze, Konrad (1998): dtv-Atlas Namenkunde. Vor- und Familiennamen im deutschen Sprachgebiet. München

Küpper, Heinz (1966): Wörterbuch der deutschen Umgangssprache, Band IV, Berufsschelten und Verwandtes. Hamburg

Kürtz, Jutta (1980): Von Stutenfrauen, Speckschneidern und Deichgrafen. Bilder berichten von alten Berufen an der Waterkant. Lübeck

Kuske, Bruno (1904): Das Schuldenwesen der deutschen Städte im Mittelalter. Tübingen

Langenheim, Kurt / Prillwitz, Wilhelm (1962): Ratzeburg 900 Jahre – 1062–1962. Ratzeburg

Lehnemann, Wingolf (1993): Geschichte der Stadt Lünen bis 1806. Internet: http://www.luenen.de/medien/archiv/dok/Stadtgeschichte18Jh.pdf

Lengerke, Alexander von (1838): Landwirthschaftliches Conversations-Lexikon für Praktiker und Laien. 3. Band, Prag

Lexer, Matthias (1872–1878): Mittelhochdeutsches Handwörterbuch. 3 Bände. Leipzig

Lexer, Matthias (1862): Kärntisches Wörterbuch. Leipzig

Lindow, Wolfgang (1984): Plattdeutsches Wörterbuch. Leer

Linke, Wolfgang (1982): Altes Hauswerk und Handwerk auf dem Lande. Teil 1. Die Flachsverarbeitung. Münster

Linnartz, Kaspar (1958): Unsere Familiennamen. Band I: Zehntausend Berufsnamen im Abc erklärt. 3. Aufl. Bonn

Linzer Regesten, hg. von den Städtischen Sammlungen Linz, Schriftleitung: Hanns Kreczi, bearbeitet von Georg Grüll. Linz 1954

Lipp, Franz Carl (1989): Vom Flachs zum Leinen. Linz

Löffler, Günter (1976): Studien zur genetischen Wirtschaftsgeographie im ländlichen Siedlungsbereich des ehemaligen Amtes Eutin. Diss., Kiel

Lothr. Wb = Follmann, Michael Ferdinand (1909): Wörterbuch der deutsch-lothringischen Mundarten. Leipzig

Lötzsch, Ronald (1992): Jiddisches Wörterbuch. 2. Aufl. Mannheim

Lübben, August / Walther, Christoph (1979): Mittelniederdeutschen Handwörterbuch. Darmstadt

Ludovici, Carl Günther (1739–1754): Grosses vollständiges Universal-Lexicon aller Wissenschafften und Künste. 64 Bde. Leipzig–Halle

LuxWb = Luxemburger Wörterbuch. 5 Bde. Luxemburg 1950–54

Lueger, Otto (1906): Lexikon der gesamten Technik und ihrer Hilfswissenschaften. 8 Bde. Stuttgart–Leipzig

Luther, Martin: Die Bibel oder die ganze heilige Schrift des alten und Neuen Testaments: Apostelgeschichte 19, 24

Macher, Mathias (1847): Handbuch der k. k. Sanität-Gesetze und Verordnungen mit besonderer Beziehung auf die innerösterreichischen Provinzen, Zweiter Band. Vom Jahre 1813 bis Ende 1833. Graz–Laibach–Klagenfurt

Mager, Friedrich (1960): Der Wald in Altpreussen als Wirtschaftsraum, Band 7,Teil 1. Köln–Graz

Marks, Alfred (1950): Das Leinengewerbe und der Leinenhandel im Lande ob der Enns von Anfängen bis in die Zeit Maria Theresias. Sonderabdruck aus dem Jahrbuch des Oberösterreichischen Musealvereins 95/1950

Maurer, Friedrich / Rupp, Heinz (Hg.) (1977): Deutsche Wortgeschichte. 3. Aufl. Berlin

Mayer, Horst Friedrich / Winkler, Dieter (2002): Als die Alpen schiffbar wurden. Geschichte der österreichischen Binnensee-Schiffahrt. Wien

Megerle von Mühlfeld, Johann G. (1824–1830): Handbuch für alle kaiserlich-königlichen, ständischen und städtischen Beamten, deren Wittwen und Waisen: Oder Darstellung aller ihnen durch die neuesten allerhöchsten Gesetze vom Jahre 1806 bis 1822 zustehenden Rechte und obliegenden Verbindlichkeiten. 3 Bde. Wien

Meindl, Konrad (1878): Geschichte der Stadt Wels im Mittelalter. 2 Bde. Wels

Mensing, Otto (1925–1935): Schleswig-Holsteinisches Wörterbuch. 5 Bände. Neumünster

Mering, Friedrich Ev. von / Reischert, Ludwig (1840): Zur Geschichte der Stadt Köln am Rhein. Von ihrer Gründung bis zur Gegenwart. Bd 4. Köln

Meyer, Carl (1877): Sprache und Sprachdenkmäler der Langobarden. Paderborn

Meyer, Kurt (2006): Schweizer Wörterbuch. So sagen wir in der Schweiz. Frauenfeld

Meyer-Lübke W. (2009): Romanisches Etymologisches Wörterbuch, 7. Aufl. Heidelberg

MEL = Meyers Enzyklopädisches Lexikon, 25 Bde. Mannheim 1971–79

Meyers Lexikon = Meyers Grosses Konversationslexikon. Ein Nachschlagewerk des allgemeinen Wissens. 6., gänzlich neubearbeitete und vermehrte Auflage. Leipzig und Wien 1905–1909

Mitgutsch Helmut (2000): Erdwurzln. Aigen Schlägl
Mittelaltergazette: Prostitution im Mittelalter. Internet: http://mittelaltergazette.de/9001/wissens wertes/prostitution-immittelalter/ (9. 6. 2013)
Mittelhochdeutsches Wörterbuch online: www.mhdwb-online.de
Moeck, Hermann / Mönkemeyer, Helmut (1973): Zur Geschichte des Zinken. Celle
Mohrmann, Ruth-E. (1977): Volksleben in Wilster im 16. und 17. Jahrhundert, Neumünster (Studien zur Volkskunde und Kulturgeschichte Schleswig-Holsteins Bd. 2)
Molle, Fritz (1975): Wörterbuch der Berufs- und Berufstätigkeitsbezeichnungen. 2. überarb. Aufl. des „Wörterbuch der Berufsbezeichnung". Wolfenbüttel
Momsen, Ingwer E (1989): Handwerk und Manufaktur in Flensburg 1769. Statistische Aufbereitung der Volks- und Berufszählung, in: Rundbrief des Arbeitskreises für Wirtschafts- und Sozialgeschichte Schleswig-Holsteins, 47/1989, S. 25–31
Momsen, Ingwer E. (1982): Bevölkerung und Berufsstruktur Ottensens 1769. In: Rundbrief des Arbeitskreises für Wirtschafts- und Sozialgeschichte Schleswig-Holsteins, 20/1982, S. 21–29
Müller, Johann N. (1792): Anweisung zur ökonomischen Rechenkunst für Anfänger in Stadt- und Dorf-Cantor-Schulen. Göttingen
Nas, Johannes (1573): Postilla Minorum, Das ist, Die kleiner Postill und kürzeste Auslegung der heiligen Evangelien: Sambt etlichen besundern Aduentspredigen. So auff die Suntäg vnnd fürnembsten Fest, vom Aduent biß auff Ostern, Catholisch gepredigt werden. Ingolstadt
Neues Conversations-Lexicon oder Encyclopädisches Handwörterbuch für gebildete Stände, 12 Bde. Köln und Bonn 1824–1830 (ab 3. Bd. Rheinisches Conversationslexikon ...)
Neues Rheinisches Conversations-Lexicon: oder Encyclopädisches Handwörterbuch für gebildete Stände. 12 Bde. Köln 1830–1836
Neuestes Conversations-Lexicon; oder, Allgemeine deutsche Real-Encyclopaedie fuer gebildete Staende, 18 Bde und Supplementband. Wien 1825–1836
Neuheuser, Annette (1984): Altes Hauswerk und Handwerk auf dem Lande. Teil 4: Der Blaudruck. Münster
Neweklovsky, Ernst (1952): Die Schiffahrt und Flößerei im Raume der oberen Donau. Bd. 1. Linz. (Schriftenreihe des Instituts für Landeskunde von Oberösterreich, Bd 5)
Neweklovsky, Ernst (1954): Die Schiffahrt und Flößerei im Raume der oberen Donau. Bd. 2. Linz. (Schriftenreihe des Instituts für Landeskunde von Oberösterreich, Bd 6)
Neweklovsky, Ernst (1964): Die Schiffahrt und Flößerei im Raume der oberen Donau. Bd. 3. Linz. (Schriftenreihe des Instituts für Landeskunde von Oberösterreich, Bd 16)
Niemann, August (1799): Handbuch der schleswig-holsteinischen Landeskunde: topographischer Theil. Herzogthum Schleswig. Schleswig
Offen, Claus-Hinrich (1983): Diensteinkünfte lübeckischer Beamter und Angestellter um 1825, in: Rundbrief des Arbeitskreises für Wirtschafts- und Sozialgeschichte Schleswig-Holsteins, 27/1983, S. 11–18
Offen, Claus-Hinrich (1990): Schule in einer hanseatischen Bürgergesellschaft. Zur Sozialgeschichte des niederen Schulwesens in Lübeck (1800–1866), Lübeck (Veröffentlichungen zur Geschichte der Hansestadt Lübeck, Reihe B, Band 17)
OÖ. Hbl = Oberösterreichische Heimatblätter. Hg. von der Landeskulturdirektion. Linz
OÖWb = Jungmair, Otto / Etz, Albrecht (1978): Wörterbuch der oberösterreichischen Volksmundart. Hg. vom Stelzhamerbund der Freunde oberösterreichischer Mundartdichtung. Linz
Österreich-Lexikon. Wien 1995
Outzen, Nicolaus (1837): Glossarium der friesischen Sprache, besonders der nordfriesischen Mundart. Kopenhagen
Pachler, Helmut (1999): Johann Beer. Versuch einer Annäherung an seine Zeit, seine Person und sein literarisches Werk. St. Georgen im Attergau

Palla, Rudi (1994): Verschwundene Arbeit. Ein Thesaurus der untergegangenen Berufe. Wien–München (Die Andere Bibliothek)

Palla, Rudi (2010): Verschwundene Arbeit. Von Barometermachern, Drahtziehern, Eichmeistern, Lustfeuerwerkern, Nachtwächtern, Planetenverkäufern, Roßtäuschern, Seifensiedern, Sesselträgern, Wäschermädeln und vielen anderen untergegangenen Berufen. Wien–München

Patocka, Franz (1987): Das österreichische Salinenwesen. Eine Untersuchung zur historischen Terminologie. Wien–Köln–Graz 1987 (Schriften zur deutschen Sprache in Österreich, Bd. 15)

Paul, Hermann (1992): Deutsches Wörterbuch. 9. Aufl. Tübingen

Paulinyi, Akos (1987): Das Puddeln: ein Kapitel aus der Geschichte des Eisens in der industriellen Revolution. Oldenbourg–München

Paulus, Heinrich Eberhard Gottlob (1837): Conversations-Saal und Geister-Revüe. Ein Panorama interessanter Personen, Gedanken und Zeitmaterien, für Menschenkenntniss und Wissenschaft. Stuttgart

Perger, Rudolf: Pfarrrgemeinde, Stiftungen und Bruderschaften bis 1626. Wien

Petri, Friedrich Erdmann (1865): Handbuch der Fremdwörter in der deutschen Schrift- und Umgangssprache, neu bearbeitet von Wilhelm Hoffmann. 12. Aufl. Leipzig

PfälzWb = Pfälzisches Wörterbuch. 6 Bde. und ein Beiheft. Stuttgart 1965–1998

Pfeifer = Pfeifer, Wolfgang (1995): Etymologisches Wörterbuch des Deutschen. dtv, München

Pfeiffer, Johann Friedrich (1783): Grundsätze der Universal-Cameral-Wissenschaft oder deren vier wichtigsten Säulen: nämlich der Staats-Regierungskunst, der Policey-Wissenschaft, der allgemeinen Staats-Oekonomie, und der Finanz-Wissenschaft, zu akademischen Vorlesungen und zum Unterricht, angehender Staatsbedienten. Frankfurt/Main

Pfister, Ludwig (1812): Aktenmässige Geschichte der Räuberbanden an den beiden Ufern des Mains, im Spessart und im Odenwalde. Heidelberg

Pierer's Universal-Lexikon der Vergangenheit und Gegenwart oder Neuestes encyckopädisches Wörterbuch der Wissenschaften, Künste und Gewerbe. 19 Bde. 4. Aufl. Altenburg 1857–1865

Pies, Eike (1977): Ich bin der Doktor Eisenbarth. Arzt der Landstraße. Eine Bildbiographie über das Leben und Wirken des volkstümlichen und berühmten Chirurgen Johann Andreas Eisenbarth (1663–1727) nach zeitgenössischen Quellen und Zeugnissen bearbeitet und vorgestellt. Genf

Pies, Eike (2001): Scharfrichter und Schindersippen. Geschichte einer „unehrlichen" Berufsgruppe vom 16. bis zum 18. Jahrhundert, dargestellt am Beispiel des ehemaligen Kurfürstentums und Erzstifts Trier sowie in den angrenzenden Herrschaften. Solingen

Pies, Eike (2002a): Baumeister und Bauhandwerker. Solingen

Pies, Eike (2002b): Die Weiße und die Schwarze Kunst. Berufe rund ums Buch. Solingen

Pies, Eike (2002c): Bader und Barbiere, Ärzte und Apotheker. Solingen

Pies, Eike (2002d): Müller und Bäcker, Metzger und Köche Solingen

Pies, Eike (2005): Zünftige und andere Berufe mit 222 zeitgenössischen Illustrationen und Zunftwappen. Solingen

Hüster Plogmann, Heide (Hg., 2006): Fisch und Fischer aus zwei Jahrtausenden. Eine fischereiwirtschaftliche Zeitreise durch die Nordwestschweiz. Augst

Pohl, Hans (2005): Das Eisengewerbe in der Eifel und im Hunsrück. In: Wirtschaft, Unternehmen, Kreditwesen, soziale Probleme Ausgewählte Aufsätze. Vierteljahrschrift für Sozial- und Wirtschaftsgeschichte. Bd. 1, S. 153–178

Pohl, Heinz-Dieter (2007): Die österreichische Küchensprache. Ein Lexikon der typisch österreichischen kulinarischen Besonderheiten (mit sprachwissenschaftlichen Erläuterungen). Wien (Studia Interdisciplinaria Aenipontana Bd 11)

Pohl, Heinz-Dieter / Schwaner, Birgit (2007): Das Buch der österreichischen Namen. Ursprung, Eigenart, Bedeutung. Wien–Graz–Klagenfurt

Popowitsch, Johann Siegmund Valentin (2004): Vocabula Austriaca et Stiriaca. Nach einer Abschrift von Anton Wasserthal herausgegeben und eingeleitet von Richard Reutner. 2 Bde. Frankfurt/Main

Popowitsch, Johann Siegmund Valentin (1780): Versuch einer Vereinigung der Mundarten von Teutschland als eine Einleitung zu einem vollständigen Teutschen Wörterbuche: mit Bestimmungen der Wörter und beträchtlichen Beiträgen zur Naturgeschichte. Wien

Poppe, Johann Heinrich (1839): Ausführliche Volks-Gewerbs-Lehre oder allgemeine und besondere Technologie zur Belehrung und zum Nutzen für alle Stände: nach dem neuesten Zustande der technischen Gewerbe und deren Hilfswissenschaften bearbeitet. 4. Aufl. in einem Band. Stuttgart

Poppe, Johann Heinrich (1816–1820): Technologisches Lexicon oder: genaue Beschreibung aller mechanischen Künste, Handwerke, Manufakturen und Fabriken der dazu erforderlichen Handgriffe, Mittel, Werkzeuge und Maschinen. 5 Bde. Stuttgart–Tübingen

Pritz, Franz Xaver (1837): Beschreibung und Geschichte der Stadt Steyer und ihrer nächsten Umgebungen: nebst mehreren Beylagen, betreffend die Geschichte der Eisengewerkschaft und der Klöster Garsten und Gleink. Linz

Puchner, Karl / Stadler, Josef Klemens (1936): Lateinische Berufsbezeichnungen in Pfarrmatrikeln und sonstigen orts- und familiengeschichtlichen Quellen. 2. Aufl. Hirschenhausen (Südostbayrische Heimatstudien 14)

Radlof, Johann Gottlieb (1821–1822): Mustersaal aller teutschen Mundarten: enthaltend Gedichte, prosaische Aufsaetze und kleine Lustspiele, 2 Bde. Bonn

Rauschnick, Gottfried Peter (1829): Das Bürgerthum und Städtewesen der Deutschen im Mittelalter. 3 Bde. Dresden

Raveling, Jakob (1983): Familiennamen aus Berufsbezeichnungen: Sammlung und Erklärung solcher in Ostfriesland vorkommenden Namen. In: Unser Ostfriesland. Leer

Reallexikon der Germanischen Altertumskunde, 2. Aufl., hg. von Johanne Hoops, Heinrich Beck. Berlin 1994 ff.

Reichskammergericht = Rechtsprechung des Reichskammergerichts. Prozessakten. Forschungsprojekt der Ruhr-Universität Bochum. www.hoechstgerichtsbarkeit.rub.de/

Redding, Wolfgang F. (2000): Bader, Medicus und Weise Frau. Wege und Erfolge der mittelalterlichen Heilkunst. München

Reiner, Ludwig (1996): Die vergessenen Berufe der Glashütten im Bayerischen Wald. Quarzschürfer, Pochermänner, Aschenbrenner, Flußsieder, Scheiterhacker, Scheiterdörrer, Schürer, Ofenbauer, Hafenmacher und Schmelzer. 2. Aufl. Riedlhütte

Reith, Reinhold (1990, Hg.): Lexikon des alten Handwerks. Vom Spätmittelalter bis ins 20. Jahrhundert. München

Reith, Reinhold (1999): Lohn Und Leistung: Lohnformen im Gewerbe 1450–1900. Vierteljahrschrift für Sozial- und Wirtschaftsgeschichte: Beihefte, Band 151. Stuttgart

Reith, Reinhold (2008, Hg.): Das alte Handwerk. Von Bader bis Zinngießer. München

RepÖstRG = Repertorium digitaler Quellen zur österreichischen Rechtsgeschichte in der Frühen Neuzeit: Kärnten. Internet: http://repoestrg.info/wp/territorien/karntner-rechtsquellen/weistumer-literatur-und-links/bischoff-bericht/

RheinWb = Rheinisches Wörterbuch. 9 Bde. Bonn und Berlin 1928–1971

Ribbe, Wolfgang / Henning, Eckart (1975): Taschenbuch für Familiengeschichtsforschung. Begründet von Friedrich Wecken. 8. Auflage, Neustadt/Aisch

Richey, Michael (1755): Idioticon Hamburgense oder Wörter-Buch zur Erklärung der eigenen, in und um Hamburg gebräuchlichen niedersächsischen Mundart. Hamburg

Rieder, Walter (2006): Salinenort Ebensee 1607–2007. 2 Bde. 1. Band: Von der Ortsentstehung bis 1898. Bad Ischl

Riepl, Reinhard (2009): Wörterbuch zur Familien- und Heimatforschung in Bayern und Österreich. 3. Aufl. Waldkraiburg

Riesener, Dirk (1991): Arbeiter auf dem Land. Ein Beitrag zur Sozialgeschichte des ländlichen Gesindes, der Häuslinge und Tagelöhner in der Lüneburger Heide vom 17. bis 20. Jahrhundert. Uelzen

Rigele, Brigitte (1995): Sardellendragoner und Fliegenschütz: vom Pferd im Alltag der Stadt. Wien. (Veröffentlichungen des Wiener Stadt- und Landesarchivs: Reihe B, Ausstellungskataloge, Bd. 45)

Ring, Uli (2008): Substantivderivation in der Urkundensprache des 13. Jahrhunderts: Eine historisch-synchrone Untersuchung anhand der ältesten deutschsprachigen Originalurkunden. Berlin

Rink, Eucharius Gottlieb (1709): Leopolds des Grossen, Röm. Käysers, wunderwürdiges Leben und Thaten: Aus geheimen nachrichten eröffnet und in vier Theile getheilet, Band 1. Leipzig

Rinmann, Swen (1785): Versuch einer Geschichte des Eisens mit Anwendung für Gewerbe und Handwerker. Bd. 1. Berlin

Rüther, Wolfgang (1999): Hausbau zwischen Landes- und Wirtschaftsgeschichte. Die Bauernhäuser der Krummhörn vom 16. bis zum 20. Jahrhundert. Diss. Münster (Internet)

Salzburger Exulanten Index. Internet: Rootsweb: http://www.rootsweb.ancestry.com/~autwgw/exul/sn1.htm

SalzbWb = Ziller, Leopold (1995): Was nicht im Duden steht. Ein Salzburger Mundart-Wörterbuch. 2. Auflage. St. Gilgen

Sammlung der Gesetze für das Erzherzogthum Oesterreich unter der Ens, Jahr 1830, Band 12. Wien 1835

Sammlung der lübeckischen Verordnungen und Bekanntmachungen. Lübeck 1822

Sanford, Gerlinde (1975): Wörterbuch von Berufsbezeichnungen aus dem siebzehnten Jahrhundert. Gesammelt aus den Wiener Totenprotokollen der Jahre 1648–1668 und einigen weiteren Quellen. Bern (Europäische Hochschulschriften 1, 136)

Sastrow, Bartholomäus / Mohnike, Gottlieb Christoph Friedrich (1824): Herkommen, Geburt und Lauff seines gantzen Lebens: auch was sich in dem Denckwerdiges zugetragen, so er mehrentheils selbst gesehen und gegenwärtig mit angehöret hat. Greifswald

Schaer, Alfred (1901): Die altdeutschen Fechter und Spielleute: Ein Beitrag zur deutschen Kulturgeschichte. Strassburg. (Auch BoD 2013)

Schäffer, Jacob Christian (1760): Der Gichtschwamm mit grünschleimigem Hut beschrieben und mit Kupfertafeln erläutert. Regensburg

Schatz, Josef (1955, 1956): Wörterbuch der Tiroler Mundarten. 2 Bde. Innsbruck (Nachdruck 1993)

Schellenberg, Alfred (1933): Bortenwirker, Seiden- und Perlenhefter in Schlesien vom 14. bis 17. Jahrhundert

Scherz, Johann Georg (1781): Glossarium Germanicum Medii Aevi Potissimum Dialecti Suevicae / Edidit, Illustravit, Supplevit Jeremias Jacobus Oberlinus. 2 Bde. Strassburg

Scheuchenstuel, Carl v. (1856): Idioticon der österreichischen Berg- und Hüttensprache. Zum besseren Verständnisse des Österr. Berg-Gesetzes und dessen Motive. Wien

Schild, Wolfgang (1997): Die Geschichte der Gerichtsbarkeit. Vom Gottesurteil bis zum Beginn der modernen Rechtssprechung. Hamburg

Schiller, Christiane (2012): Berufsnamen im Preußisch-Litauischen. In: Acta Linguistica Lithuanica LXVI, S. 48–63

Schiller-Lübben = Schiller, Karl / Lübben, August (1875–1881): Mittelniederdeutsches Wörterbuch. 6 Bde. Bremen

Schimmelpfennig, Friedrich Gustav (1831): Historische Darstellung der Grundsteuer-Verfassungen in den preussischen Staaten. Berlin

Schindler, Norbert (2001): Wilderer im Zeitalter der Französischen Revolution: ein Kapitel alpiner Sozialgeschichte. München

Schirmer, Alfred (1911): Wörterbuch der deutschen Kaufmannssprache auf geschichtlicher Grundlage. Straßburg

Schlegel, Johann Fürchtegott (1824): Über Schulpflichtigkeit und Schulzwang: nebst einer kurzen Geschichte des Schulwesens zunächst in Absicht der Hannoverschen Lande. Hannover
Schmeller, Johann Andreas (1872–1877): Bayerisches Wörterbuch. 2. Aufl., bearbeitet von Georg Karl Fromman. München
Schmid, Johann Christoph (1831): Schwäbisches Wörterbuch mit etymologischen und historischen Anmerkungen. Stuttgart
Schmieder, Eberhard (1931): Das Fährwesen in Sachsen. Leipzig
Schnabel, Georg Norbert (1826): Statistische Darstellung von Böhmen. Prag
Schneider, Karin (2010): Der Wiener Hof in der franzisko-josephinischen Zeit. Organisation, Personal und Hierarchien. In: Telesko, Werner / Kurdiovsky, Richard / Niehaus, Andreas (Hg.) (2010): Die Wiener Hofburg und der Residenzbau in Mitteleuropa im 19. Jahrhundert: monarchische Repräsentation zwischen Ideal und Wirklichkeit. Wien. S. 63–85
Schneller, Franz Julius Borgias (1819): Staatengeschichte des Kaiserthums Österreich von der Geburt Christi an bis zum Sturze Napoleon Bonoparte's: Bundes-Anbeginn von Ungarn, Böhmen, Östreich, Steyermark in den Jahrhunderten der Rohheit: Zeitraum von 1526 bis 1711. Insgesamt 4 Bände 1817–1819. Graz
Schönecker, Josef: Unsere Hauptschule in der Dorfgemeinschaft. Innviertler Heimathefte, Heft 1/1958, Heft 2/1964. Taufkirchen
Schönfeldt, Alfred (1965): Räumliche und historische Bezeichnungsschichten in der der deutschen Synonymik des Schlächters und Fleischers. Gießen
Schrambke, Renate (2004): Ausdrucksvarianz in alemannischen Berufsbezeichnungen. In: Václab Bok, Ulla Williams und Werner Williams-Krapp (Hg.): Studien zur deutschen Sprache und Literatur. Festschrift für Konrad Kunze zum 65. Geburtstag. Hamburg
Schraml, Carl (1930): Die Entwicklung des oberösterreichischen Salzbergbaues im 16. und 17. Jahrhundert. Mit Berücksichtugung der drei Reformationslibelle. In: Jahrbuch des Oberösterreichischen Musealvereines, Band 83, Seite 153–242
Schraml Karl (1932): Das oberösterreichische Salinenwesen vom Beginne des 16. bis zur Mitte des 18. Jahrhunderts. Wien (Studien zur Geschichte des österr. Salinenwesens, Bd. 1)
Schraml Karl (1934): Das oberösterreichische Salinenwesen von 1750 bis nach den Franzosenkriegen. Wien (Studien zur Geschichte des österr. Salinenwesens, Bd. 2)
Schubert, Ernst (1995): Fahrendes Volk im Mittelalter. Bielefeld
Schuberth, Ottmar (1955): Das Bühnenbild. Geschichte, Gestalt, Technik. München
Schulz, Hans / Basler, Otto (1995 ff.): Deutsches Fremdwörterbuch. 2. Auflage. Berlin (bisher 7 Bände)
Schütze, Johann Friedrich (1801–1806): Holsteinisches Idioticon, ein Beitrag zur Volkssittengeschichte oder Sammlung plattdeutscher, alter und neugebildeter Worte, Wortformen, Redensarten, Volkwitzes, Sprichwörter, Spruchreime, Wiegenlieder, Anekdoten und aus dem Sprachschatze erklärter Sitten, Gebräuche, Spiele, Feste der alten und neuen Holsteiner. 4 Bde. Hamburg
SchwäbWb = Schwäbisches Wörterbuch. Bearbeitet von Hermann Fischer. Zu Ende geführt von Wilhelm Pfleiderer. 6 Bde + Nachträge. Tübingen 1901–1936
Schwark, Thomas (1990): Lübecks Stadtmilitär im 17. und 18. Jahrhundert. Untersuchungen zur Sozialgeschichte einer reichsstädtischen Berufsgruppe, Lübeck (Veröffentlichungen zur Geschichte der Hansestadt Lübeck, Reihe B Band 18)
Schweickhardt, Franz Xavier Joseph (1836): Darstellung des Erzherzogthums Oesterreich unter der Ens: durch umfassende Beschreibung aller Burgen, Schlösser, Herrschaften, Städte, Märkte, Dörfer, Rotten &c. &c. topographisch-statistisch-genealogisch-historisch bearbeitet und nach den bestehenden vier Kreisvierteln gereihet. Viertel Ober-Wienerwald Bd. 4. Wien
Schweickhardt, Franz Xavier Joseph (1834): Darstellung des Erzherzogthums Oesterreich unter der Ens: ... Viertel unterm Wienerwald Bd. 2. Wien

Schweickhardt, Franz Xavier Joseph (1839): Darstellung des Erzherzogthums Oesterreich unter der Ens ... Viertel Ober-Manhardsberg Bd. 4. Wien

Schweizerisches Idiotikon. Wörterbuch der schweizerdeutschen Sprache. Frauenfeld (bisher 16 Bde seit 1881)

Sedlmaier, Johanna (1999): Von der guten alten Zeit zur guten neuen Zeit. Niederstraubing (Books on Demand)

Seebach, Helmut / Halfer, Manfred (1991): Haardt. Rebleute, Wingertknechte, Winzertagner, Weinrufer, Weinstecher, Weinläder, Weinschröter, Eichmeister, Küfer, Ungelder & Winzer in der Pfalz. Mainz–Gonsenheim

Sonnleitner, Alois (1983): Der Böhmerwald. Seele und Pulsschlag einer Landschaft. Linz

Spessart-Projekt. Europäische Kulturlandschaft Spessart. Internet: http://www.spessartprojekt.de/spessartprojekt/index.php

Splett, Jochen (1993): Althochdeutsches Wörterbuch. Berlin–New York

Stadler-Planzer, Hans (1989): Die Bruderschaft der Urner Amts- und Spielleute. Altdorf

Starke, Karl (1991): Kohlenbergbau im oberösterreichischen Hausruck. Frühzeit 1760–1872. Wien–Zürich

Staßewski, Kurt / Stein, Robert (1991): Was waren unsere Vorfahren? Amts-, Berufs- und Standesbezeichnungen aus Altpreußen. Verein für Familienforschung in Ost- und Westpreußen. Nachdruck der 1. Aufl. Königsberg 1938 (Sonderschriften des Vereins für Familienforschung in Ost- und Westpreußen 18)

SteirWb = Unger / Khull (1903): Steirischer Wortschatz. Graz

Stiewe, Heinrich (1996): Hausbau und Sozialstruktur einer niederdeutschen Kleinstadt. Blomberg zwischen 1450 und 1870. Detmold

Stifter, Adalbert (2005): Wien und die Wiener. Wien

Stöckl, Wolfgang (2008): Die Mundart zwischen Hausruck und Mondsee. Grunddialekt und Berufssprachen. Vöcklabruck (Wörterbuch)

Stöger, Georg (2011): Sekundäre Märkte? Zum Wiener und Salzburger Gebrauchtwarenhandel im 17. und 18. Jahrhundert. Wien–München (Sozial- und wirtschaftshistorische Studien Bd. 35)

Stolberg, Lukas (1979): Die steirischen Uhrmacher. Graz

Stopsack, Hans-Hermann (2000): Berufbezeichnungen im Amt Hemer um 1900. o. O.

Stubenrauch, Franz Xaver Anton (1795): Geschicht- und Aktenmäßige Darstellung des Ursprungs, Fortganges und Umsturzes der von weiland Sr. Kurfürstl. Durchleucht in Baiern Maximilian Joseph Glorw. And. In dem Landhause zu Hepperg nächst Ingolstadt errichteten Real-Land-Schule für arme Landeskinder: Actenmäßige Geschichte der im Jahre 1771 zu Heppberg errichteten Real-Landschule. o. O.

Stutzer, Dietmar (1988): Altes Handwerk in Bayern. Arbeit und Technik vom 8. bis ins 19. Jh. Weilheim

SudWb = Sudetendeutsches Wörterbuch. 8 Bde (seit 1988). Gießen

Sulzenbacher, Gudrun (2002): Altes Handwerk und ländliches Leben. Wien–Bozen

Thesaurus Professionum – Datenbank frühneuzeitlicher Berufsbezeichnungen (Internet)

Thiele, Ottomar (1905): Salpeterwirtschaft und Salpeterpolitik. Eine volkswirtschaftliche Studie über das ehemalige europäische Salpeterwesen. Tübingen (Zeitschrift für die gesamte Staatswissenschaft, Ergänzungsheft XV)

Thiermair, Franz Ignaz (1679): Kurtzer Vnderricht In jetzt Besorglich- vnnd gefährlichen Seuchen, So wol für die Krancke Inficirte, als andere Personen, Die den Krancken beystehen sollen: Sambt vorhergehenden Praeservatif-Mittlen, vnd hernach folgender Instruction, wie bey begebendem Fahl, alle Inficirte Sachen wider zu rainigen. München

TirWb = Schatz, Josef (1955, 1956): Wörterbuch der Tiroler Mundarten. 2 Bde. Innsbruck (Nachdruck 1993)

Trachsel, C. Tr. (1873): Glossarium der Berlinischen Wörter und Redensarten. Berlin
Treffer, Günter (1981): Weißes Gold. 3000 Jahre Salz in Österreich. Wien–München–Zürich–New York
Trenkle, Johann Baptist (1874): Geschichte der Schwarzwälder Industrie von der frühesten Zeit bis auf unsere Tage. Karlsruhe
Tschinkel, Walter (1973, 1976): Wörterbuch der Gottscheer Mundart. 2 Bde. Wien
Ulm, Gerlinde (1962): Alte Wiener Berufsnamen aus der Zeit von 1648–1667. Diss. (masch.) Wien. (Vgl. Sanford, Gerlinde)
Unger, Theodor / Khull, Ferdinand (1903): Steirischer Wortschatz als Ergänzung zu Schmellers Bayerischem Wörterbuch. Graz
Vargha, Julius (1897): Die Abschaffung der Strafknechtschaft: Studien zur Strafrechtsreform. II. Teil. Graz
Veith, Heinrich: Deutsches Bergwörterbuch mit Belegen. Breslau 1871 (unveränderter Neudruck Wiesbaden 1961)
Vieser, Michaela / Schautz, Irmela (2010): Von Kaffeeriechern, Abtrittanbietern und Fischbeinreißern. Berufe aus vergangenen Zeiten. München
Vilmar, August Friedrich Christian (1868): Idiotikon von Kurhessen. Marburg
Volckmann, Erwin (1901): Das deutsche Nahrungswesen. Straßburg
Volckmann, Erwin (1903): Körperpflege und Kleidung bei den Deutschen. Leipzig
Volckmann, Erwin (1908): Das altdeutsche Handwerk. Straßburg
Volckmann, Erwin (1921): Alte Gewerbe und Gewerbegassen. Deutsche Berufs-, Handwerks- und Wirtschaftsgeschichte älterer Zeit. Würzburg. (Reprint Zentralantiquariat der Deutschen Demokratischen Republik, Leipzig 1977)
VorarlbWb = Jutz, Leo (1960–1965): Vorarlbergisches Wörterbuch mit Einschluss des Fürstentums Liechtenstein. 2 Bde. Wien
VWB = Ammon / Bickel / Ebner u. a. (2004): Variantenwörterbuch des Deutschen. Die Standardsprache in Österreich, der Schweiz und Deutschland sowie Liechtenstein, Luxemburg, Ostbelgien und Südtirol. Berlin–New York
Wagner, Johann Augustin (1792–94): Ammian Marcellin, aus dem Lateinischen übersetzt und mit erläuternden Anmerkungen begleitet. 3 Bde. Frankfurt
Wagner, Vincenz August (1835): Zeitschrift für österreichische Rechtsgelehrsamkeit und politische Gesetzkunde, Jahrgang 1835, Band 1. Wien
Wagner, Adolf (1962): Beiträge zur Geschichte des Salzhandels von Linz nach Böhmen. In: Historisches Jahrbuch der Stadt Linz 1962, S. 85–104
Wagnitz, Heinrich Balthasar (1791–94): Historische Nachrichten und Bemerkungen über die merkwürdigsten Zuchthäuser in Deutschland: Nebst einem Anhange über die zweckmässigste Einrichtung der Gefängnisse und Irrenanstalten. 3 Bde. Halle
Wallerius, Johan Gottschalk / Leske, Nathanael / Hebenstreit, Ernst Benjamin Gottlieb (1783): Mineralsystem, worin die Fossilien nach Klassen, Abtheilungen, Gattungen, Arten und Spielarten angeordnet, beschrieben und durch Beobachtungen und Versuche erläutert werden. Zweiter Theil: Erze und Steinwüchse. Berlin (Bd 1: 1781)
Walter, Hans-Henning u. a. (2011): Johann Thölde / um 1565 – um 1614: Alchemist, Salinist, Schriftsteller und Bergbeamter. Freiberg
Wander, Karl Friedrich Wilhelm: Deutsches Sprichwörter-Lexicon. 5 Bde. Leipzig 1866–1880
WBÖ = Wörterbuch der bairischen Mundarten in Österreich. bisher 5 Bde, seit 1963. Wien
Weber, Friedrich Benedikt (1838): Allgemeines deutsches terminologisches ökonomisches Lexicon und Idioticon; oder, Erklärendes Verzeichniss aller im gebiete der gesammten Landwirthschaft, der Acker- Wiesen-, Garten-, Forst-, Vieh-, Jagd-, Fischeren- und Hauswirthschaft, in Deutschland und den Einzelnen deutschen Provinzen. 2 Bde. Leipzig
Webster's Third New International Dictionary of the English Language unabridged. Chicago 1961

Weigand, Friedrich Ludwig (1881): Deutsches Wörterbuch. 4 Bde. Gießen
Weitzel, Jürgen (1985): Dinggenossenschaft und Recht. Wien–Köln
Wendel, Georg (1923): Der deutsche Handwerker in der Vergangenheit. Wien
Werner, Paul (1981): Almen. Bäuerliches Wirtschaftsleben in der Gebirgsregion. München
Werner, Paul (2000): Das Bundwerk in Bayern. Berchtesgaden
Wernet, Karl Friedrich (1967): Wettbewerbs- und Absatzverhältnisse des Handwerks in historischer Sicht, Band 1: Nahrung, Getränke, Genussmittel. Berlin
Westenrieder, Lorenz von (1783): Jahrbuch der Menschengeschichte in Bayern. Band 1, 2. Teil. München
Wiarda, Tileman Dothias (1800): Ueber deutsche Vornamen und Geschlechtsnamen. Berlin–Stettin
Wiener Berufe. Aus den Sterbeeintragungen der Wiener Zeitung 1703–1899. http://familia-austria.net/forschung/index.php?title=WIENER_BERUFE_-_LEXIKON
WienerWb = Hornung, Maria (2002): Wörterbuch der Wiener Mundart. 2. Aufl. Wien
Wiesand, Georg Stephan (1762): Juristisches Hand-Buch, worinnen die teutschen Rechte sowohl der alten als der neuern Zeiten aus ihren Quellen hergeleitet, der Verstand dunkler Wörter und Redensarten erkläret die merkwürdigsten Sachen aber in alphabetischer Ordnung kürzlich erörtert werden. Hildburghausen
Wiesenhofer, Franz / Weiß, Hermann / Wiesenhofer, Hildegard: Projekt „Das Triftwesen auf der Großen Erlauf". www.eisenstraße.info/fileadmin.Triftwesen-Erflauf.pdf
Wiesinger Ferdinand (1937): Die Schwarzhafner und die Weißhafner in Oberösterreich. In: Jahrbuch des Oö. Musealvereins, Linz, Bd. 87, S. 90ff.
Wiesinger, Peter (2006): Sprachnorm und Sprachgebrauch. Dargestellt an den österreichischen Handwerkernamen. In: Wiesinger, Peter (2006): Das österreichische Deutsch in Gegenwart und Geschichte. Wien, S. 94f.
wikiling mnd. = wikiling (http://www.koeblergerhard.de/): Zentrissimum integrativer europäischer Legistik, Universität Innsbruck; Wikiling Mittelniederdeutsch
Witt, Artur: Die Verlehnten in Lübeck, in: ZLGA, 18 (1916), S. 157–197; 19 (1918), S. 39–92, S. 191–245 „Beschreibung alter Berufsstände, im Druck verfertigt zu Franckfurt am Mayn – 1567"
Witte, Ulrich (1985): Herkunft und Ausbreitung niederdeutscher Böttcherbezeichnungen vor 1600. München. In: Text- und Sachbezug in der Rechtssprachgeographie / hg. von Ruth Schmidt-Wiegand, 1985, S. 123–145 (Münstersche Mittelalter-Schriften, 52)
Wolf, Sigmund A. (1956): Wörterbuch des Rotwelschen. Deutsche Gaunersprache. Mannheim
Wolff, Carl (1902): Die Kunstdenkma·ler der Provinz Hannover. III. Regierungsbezirk Lüneburg. Hannover
Wörterbuch der bairischen Mundarten in Österreich. bisher 5 Bde, seit 1963. Wien
Wossidlo, Richard / Teuchert, Hermann: Mecklenburgisches Wörterbuch. 7 Bde. 1937–1992
Wutzel, Otto (1992): Handwerksherrlichkeit. Das Handwerk in Vergangenheit und Gegenwart. Linz
Zanthier, Hans Dietrich von / Hennert, Carl Wilhelm (1799): Abhandlungen über das theoretische und praktische Forstwesen. 2 Bde. Berlin
Zedler, Johann Heinrich: Großes vollständiges Universal-Lexicon aller Wissenschaften und Künste. 64 Bde und 4 Supplementbände. Halle–Leipzig 1732–1754
Zehetner, Ludwig (2005): Bairisches Deutsch. Lexikon der deutschen Sprache in Altbayern. 3. Aufl. Regensburg
Zeller, Kurt (2013): Bezirkshauptmannschaft Hallein – Geschichte des Bezirks. http://www.salzburg.gv.at/themen/bezirke/bh-hallein/bhha-allgemeines/bhha-geschichte.htm
Zeller, Ph. (1831): Die Forst-, Jagd- und Fischerei-Polizei in den Preußischen Staaten. Ein Handbuch für höhere und niedere Forstbeamte, Justizbehörden, Magisträte und Gutsbesitzer. 2. Teil. Quedlinburg–Leipzig
Ziller, Leopold (1995): Was nicht im Duden steht. Ein Salzburger Mundart-Wörterbuch. 2. Auflage. St. Gilgen

Zimmer, Horst (2005): Geschichte des deutschen Handwerks. Mannheim
Zincke, Georg Heinrich (1755): Anfangsgründe der Cameralwissenschaft: Worinne dessen Grundriß weiter ausgeführet und verbessert wird. Leipzig
Zirngibl, Roman (1817): Geschichte des baierischen Handels: sowohl mit rohen Produkten, als mit Fabrikaten, von den ältesten Zeiten angefangen bis auf die gegenwärtige Zeit (1806), mit Anführung der darüber von Zeit zu Zeit ergangenen Geseze, landesherrlichen Verordnungen und Landesverträgen, und ihres vortheilhaften, oder schädlichen Einflusses auf den Handel selbst, oder mittelbar auf die Landesindustrie. München
Zwahr, Hartmut (1990): Herr und Knecht. Figurenpaare in der Geschichte. Leipzig

2 Quellen

(Unabhängig von den unter „Literatur" genannten Werken wurden verschiedene Sammlungen von Berufsbezeichnungen zur Auswahl der Stichwörter herangezogen. Diese werden bei den einzelnen Artikeln nicht ausdrücklich angegeben; in vielen Fällen sind die Einträge in diesen Sammlungen identisch, also voneinander oder von gemeinsamen Vorlagen abgeschrieben. Wenn aus einer dieser Sammlungen eine Hauptinformation gewonnen wurde, wird sie ausnahmsweise im Artikel unter „Literatur" angeführt. Quellen mit besonderer Ausführlichkeit und Information sind im folgenden Quellenverzeichnis durch Fettdruck hervorgehoben.)

Campe, Joachim Heinrich (1807): Wörterbuch der Deutschen Sprache. 5 Bde. Braunschweig
Eisermann, Sonja Iris (2004): Berufsbezeichnungen für Frauen vom 16.–19. Jahrhundert: eine sprachhistorische Untersuchung insbesondere des in-Derivationsmorphems unter Berücksichtigung prototypensemantischer Aspekte beim Bedeutungswandel. Online-Ressource
GenWiki. genealogie.net. (Verein für Computergenealogie e. V.)
Gerholz, Heinrich (2005), Gerholz-Kartei. Eine Sammlung alter Berufsbezeichnungen. Selbstverlag des Vereins für Familienforschung, Lübeck
Haemmerle, Albert (1933): Alphabetisches Verzeichnis der Berufs- und Standesbezeichnungen vom ausgehenden Mittelalter bis zur neueren Zeit. München. (Reprint: Hildesheim 1998)
Hasenneger, Bolettenweiber und Rosstäuscher – Alte Berufe Uni Halle (Internet)
Heydenreuter, Reinhard / Pledl, Wolfgang / Ackermann, Konrad (2010): Vom Abbrändler zum Zentgraf. Wörterbuch zur Landesgeschichte und Heimatforschung in Bayern. 3. Aufl. Volk Verlag, München
Karstens, Andreas: Ahnenforschung: http://www.andreas-karstens.de/startseite.html
Kleinzel-Schön, Fritz: Siebenbürger-Sachsen Beufsnamen (Internet)
List of Old German Professions. In: Euroean Roots Genealogy. Internet, 2007
Lorenzen-Schmidt, Klaus-Joachim (1996): Lexikon historischer Berufe in Schleswig-Holstein und Hamburg, Zusammengestellt unter Mitwirkung mehrerer Fachkollegen. Kiel 1996. (Kleine Schriften des Arbeitskreises für Wirtschafts- und Sozialgeschichte Schleswig-Holsteins, 2). Internet: http://www.akvz.de/dwl/BERUFE.pdf
Pucher, Karl / Stadler, Klemens (1936): Lateinische Berufsbezeichnungen in Pfarrmatrikeln und sonstigen orts- und familiengeschichtlichen Quellen. 2. Aufl. Hirschenhausen.
Riepl, Reinhard (2009): Wörterbuch zur Familien- und Heimatforschung in Bayern und Österreich. 3. Aufl. Waldkraiburg
Sanford, Gerlinde (1975): Wörterbuch von Berufsbezeichnungen aus dem siebzehnten Jahrhundert. Gesammelt aus den Wiener Totenprotokollen der Jahre 1648–1668 und einigen weiteren Quellen. Bern (Europäische Hochschulschriften 1, 136)

Staßewski, Kurt / Stein, Robert (1991): Was waren unsere Vorfahren? Amts-, Berufs- und Standesbezeichnungen aus Altpreußen. Verein für Familienforschung in Ost- und Westpreußen. Nachdruck der 1. Aufl. Königsberg 1938 (Sonderschriften des Vereins für Familienforschung in Ost- und Westpreußen 18)
Thesaurus professionun. Datenbank frühneuzeitlicher Berufsbezeichnungen (Uni Marburg, Internet)
Verdenhalven, Fritz (2008): Familienkundliches Wörterbuch. 3., überarb. u. erw. Aufl. Grundwissen Genealogie Bd. 3. Neustadt a. d. Aisch
Verein für Genealogie in Nordwürttemberg–Heilbronn–Franken: Berufe-Index (Internet)
Wasmansdorff, Erich (1988): Alte deutsche Berufsnamen und ihre Bedeutung. 2. Aufl. erweitert und überarbeitet von Bernhard Gondorf. Limburg/Lahn

Abkürzungen und Zeichen

Adj.	Adjektiv
ahd.	althochdeutsch (ca. 750 bis 1050)
bair.	bairisch (den Sprachraum betreffend)
bayr.	bayerisch (den Freistaat Bayern betreffend)
bes.	besonders
DB	Datenbank
d. h. / d. i. / d. s.	das heißt / das ist / das sind
engl.	englisch
f.	Femininum
Fem.	Femininum
FN	Familienname
fränk.	fränkisch
franz.	französisch
frühnhd.	frühneuhochdeutsch (ca. 1350 bis 1650)
Ggs.	Gegensatz
griech.	griechisch (altgriechisch)
i. S. v.	im Sinne von
idg.	indogermanisch
ital.	italienisch
Jh.	Jahrhundert
jmd. / jmdn. / jmdm. / jmds.	jemand / jemanden / jemandem / jemandes
lat.	lateinisch (antikes Latein)
m.	Maskulinum
mhd.	mittelhochdeutsch (ca. 1050 bis 1350)
mitteldt.	mitteldeutsch
mittelniederld.	mittelniederländisch (ca. 1150 und 1500)
mlat.	mittellateinisch (mittelalterliches Latein)
mnd.	mittelniederdeutsch
n.	Neutrum
niederdt.	niederdeutsch (als Sprachraum)
niederld.	niederländisch
norddt.	norddeutsch (vor allem geografisch)
nordwestdt.	nordwestdeutsch
oberdt.	oberdeutsch (süddeutsch, österreichisch, schweizerisch)
ostdt.	ostdeutsch
österr.	österreichisch
Österr.	Österreich
ostmitteldt.	ostmitteldeutsch
poln.	polnisch
russ.	russisch
schwäb.	schwäbisch
schweiz.	schweizerisch
slaw.	slawisch
span.	spanisch
spätlat.	spätlateinisch (spätantikes Latein)
süddt.	süddeutsch

südostdt.	südostdeutsch
südwestdt.	südwestdeutsch
svw.	so viel wie
Syn	Synonym
tschech.	tschechisch
urspr.	ursprünglich
westdt.	westdt.
westmitteldt.	westmitteldeutsch
❖	kennzeichnet die etymologischen Angaben
' '	halbe Anführungszeichen kennzeichnen eine Bedeutungserklärung
↗	siehe
;	trennt Bedeutungserklärung von Kommentar (wird aber auch sonst zur Gliederung verwendet)
—	Kommentar, der sich auf alle Bedeutungen bezieht
[ ]	fakultativ
:	der Doppelpunkt trennt in den Literaturangaben den Band von der Seite bzw. Spalte
°	zu diesem Kompositum gibt es keinen eigenen Wörterbuchartikel
*	dieses Wort ist kein historisches Wort, sondern dient als Bezugswort für eine Gruppe von Wörtern
BÖNHASE	Stichwort in Kapitälchen: hier wird eine größere Zahl von Synonymen zum Lemma zusammengestellt
Brenner	Kursives Stichwort: hier wird eine größere Zahl von Komposita zum Lemma zusammengestellt
BAUER	kursives Kapitälchen: hier werden Synonyme und Komposita zusammengestellt

Wörterbuch

¹Aalrep Ahlreip, Ahlrep 'Fischer, der Aale fängt'; niederdt.; nach dem Fanggerät ❖ zu mnd. *âlrêp* 'Aalreuse'
FN: Ahlrep, Ahlreep
Syn: Aalstecher

Lit: DudenFN 84; Gottschald 80; Schiller-Lübben 1:59

²Aalrep ↗ Aalstecher

Aalstecher Aalsticker, Alesteker, Alsteker 'Fischer, der Aale mit einem Stock oder Dreizack fängt'; norddt. ❖ zu mnd. *âl* 'Aal', mnd. *steken* 'stechen, stecken'
W: Aalrep, Stecher
Syn: Aalrep

Lit: Barth 1:9; Schiller-Lübben 1:49; Schiller-Lübben 4:379; Volckmann (1921) 12

Aalsticker ↗ Aalstecher

Abbauer 1. 'Pächter mit geringem eigenem Grundbesitz'. **2.** 'Bauernsohn, meist der Zweitgeborene, der vom elterlichen Hof wegzieht'. **3.** 'Bauer, der sich im Dorf auf einem von einem Hof abgetrennten Grundstück niedergelassen hat'. **4.** 'Bergarbeiter, der mineralische Rohstoffe aus den Lagerstätten abbaut' — 1.–3. gehört zu *abbauen* 'getrennt, entfernt bauen; ein Grundstück abtreten'; 4. zu *abbauen* 'Erze, Mineralien fördern'
W: BAUER

Lit: Barth 1:10; DRW 1:7; Fellner 10 (abbauen); Pies (2005) 24; Riesener (1991); Veith 2 (abbauen)

Abclehrer Abc-Lehrer 'Lehrer für die Grundkenntnisse im Lesen'; ähnliche Wörter sind *Abcschütze* 'Schüler', *Abcbuch* 'Fibel'
W: LEHRER*

Lit: Barth 1:10 (Abc-Schütze); Grimm 1:18

Abc-Lehrer ↗ Abclehrer

Abdecker 'Person, die Tierkörper beseitigt und verwertet'; die seit dem 16. Jh. übliche und heute gesamtdeutsche standardsprachliche Bezeichnung für den nicht mehr vorhandenen Beruf — zu *Decke* in der Bedeutung 'Haut des menschlichen Körpers', wörtlich 'der die Haut abzieht'
Syn: SCHINDER

Lit: Adelung 1:18; Barth 1:10; Höfer 1:2; Krünitz 1:37; Palla (2010) 11; Pies (2001) 35; Pies (2005) 10; Vieser/Schautz (2010) 185; Zedler 34:1597; Zedler Suppl 1:110

Abenteurer Abenture, Abenturer, Abentürer, Abentuwerer, Adventurier, Ebenteurer, Ebentheurer, Ebenthürer, Ebenturer, Ebentürer, Obenthürer, Obentürer, Ofentürer, Wenturier 1. 'Marktfahrer, Wanderhändler, Kaufmann auf Reisen'. **2.** 'Spielmann'. **3.** 'Söldner'; schweiz. **4.** 'Händler mit Juwelen und Luxuswaren'. **5.** 'Juwelier' — Die Grundbedeutung liegt (ausgehend von dem mittelalterlichen Begriff der *aventiure* 'gewagtes Beginnen') in dem nicht ortsfesten Leben und entwickelte sich vom fahrenden Volk zum wandernden Händler (mit Edelsteinen) und zum Juwelier. Als Abenteurer, bes. in der engl. Form *adventurer*, wurden auch die englischen Überseekaufleute bezeichnet ❖ mhd. *âventiuræ*ære 'der auf ritterliche Wagnisse auszieht; umherziehender Kaufmann, Juwelenhändler'

Lit: Adelung 1:27; Barth 1:10; DRW 1:45; Grimm 1:28; Grimm 3:16 (Ebenteurer); Idiotikon 16:750; Pies (2005) 67; Schmeller 1:12; Volckmann (1921) 141, 219

Abenture ↗ Abenteurer

Abenturer ↗ Abenteurer

Abentürer ↗ Abenteurer

Abentuwerer ↗ Abenteurer

Abfinder 'Beisitzer im niedersächsischen Volksgericht' ❖ mnd. *affinder* 'Abfinder'; als Rechtswort bedeutet *abfinden* 'ein Urteil finden; zu einer Strafe verurteilen; einen Rechtsanspruch befriedigen'
Syn: Dingvogt, DINGWART

Lit: DRW 1:71

Abhelfer 'Salinenarbeiter im Salzlager, der den Fuderträgern die Last abnimmt und sie aufschichtet'
W: Helfer*

Lit: Fellner 20; Schraml (1932) 321

Ablader **Abläder 1.** 'Kaufmann oder Transportunternehmer, der ein Schiff befrachtet'. **2.** 'Arbeiter, der bei der Be- oder Entladung von Gütern beschäftigt ist'
W: *Lader*
Syn: Gropper

Lit: Adelung 1:62; Barth 1:12; DRW 1:143; Girtler (2012) 187; Grimm 1:66

Abläder ↗ Ablader

Ablasser ↗ Ablässer

Ablässer **Ablasser, Ableser** 'amtlicher Böttcher, der den Wein ablässt und misst sowie die Maße eicht'

Lit: Adelung 1:63 (ablassen); DRW 1:149; Krünitz 1:107 (ablassen)

Ableger 1. 'Arbeiter, der bei der Be- oder Entladung von Gütern beschäftigt ist'. **2.** 'Spediteur'. **3.** 'Bote'
Syn: *Lader*, SPEDITEUR*

Lit: DRW 1:161

¹Ableser 'Arbeiter, der Trauben pflückt'
Syn: Leser

Lit: Adelung 1:69; Grimm 1:73 (ablesen); Krünitz 1:112 (Ablese)

²Ableser ↗ Ablässer

Abnahmefrau ↗ Abnahmemann

Abnahmemann Fem. **Abnahmefrau** 'Bauer, der den Hof übergeben und sich aufs Altenteil zurückgezogen hat'
W: *Mann*
Syn: ALTBAUER

Lit: Pies (2005) 24

Abnehmer 'Bauer, der den Hof übergeben und sich aufs Altenteil zurückgezogen hat'
Syn: ALTBAUER

Lit: Pies (2005) 24

Abpäutscher ↗ Abpeitscher

Abpeitscher **Abpäutscher** 'Henker, Scharfrichter'; er hatte auch die Pflicht, Verbrecher mit Ruten zu schlagen, daher *Peitscher*
Syn: SCHARFRICHTER

Lit: DRW 1:200; Idiotikon 4:1933

Abrichter 'Facharbeiter bei der Sensenherstellung, der das Sensenblatt genau einrichtet'
W: *Richter*

Lit: Grimm 1:90 (abrichten)

Abscheider 'Facharbeiter im Hüttenwerk, der Gold vom Silber durch Scheidewasser trennt'; zu mhd. *schîden, scheiden* 'scheiden, trennen'
W: *Scheider*

Lit: Adelung 1:90; Barth 1:13; Grimm 1:97; Krünitz 141:672

Abschieder 'Bauer, der den Hof übergeben hat und sich aufs Altenteil zurückgezogen hat'; der *Hufenabschieder* zieht sich aus seiner *Hufe, Hube* zurück
W: °Hufenabschieder
Syn: ALTBAUER

Lit: Barth 1:13; DRW 1:250

Abschiedsfrau ↗ Abschiedsmann

Abschiedsmann Fem. **Abschiedsfrau** ↗ 'Abschieder'
W: *Mann*
Syn: ALTBAUER

Lit: Pies (2005) 24

Abschiener Abschiner 'Berbauingenieur, der Vermessungen durchführt; Markscheider'
W: *Schiener*
Syn: Schienmeister

Lit: Adelung 1:91 (abschienen); Barth 1:13; Fellner 28; Veith 9

Abschiner ↗ Abschiener

Abschreiber 'Person, die berufsmäßig Texte und Dokumente abschreibt'
Syn: Bogenschreiber, Kopist, Tagschreiber

Lit: Adelung 1:100; Barth 1:13, DRW 1:265; Grimm 1:109

Abstreifer Abstreiffer 'Person, die Tierkörper beseitigt und verwertet; Schinder, Abdecker'; zu *abstreifen* i. S. v. 'die Haut abziehen'
Syn: SCHINDER

Lit: Barth 1:14; Pies (2001) 38; Pies (2005) 10

Abstreiffer ↗ Abstreifer

Abtreiber 1. 'Bergmann, der Gestein durch Abklopfen oder durch Pfähle lockert und Grubenbaue herstellt'. **2.** 'Hüttenarbeiter, Schmelzer, der die Metalle (bes. Silber) vom Gestein trennt'. **3.** 'Ackerbauer in einer fremden Gemeinde' ❖ zu mhd. *trîber* 'Treiber'; zu mhd. *abe-* und *trîben* '(ver)treiben, bes. auch absondern, ausscheiden von Metallen'
W: Seigerabtreiber, Silberabtreiber, Treiber
Syn: Schmelzer

Lit: Barth 1:14; DRW 1:318; Kluge 11 (abtreiben); Veith 12 (abtreiben)

Abtrittanbieter 'Person, die an öffentlichen Orten zur Verrichtung der Notdurft einen Umhang o. Ä. als Sichtschutz und einen Eimer anbietet'; wurde aktuell, als sich im 18. Jh. das Peinlicheits- und Geruchsempfinden änderte; bis zur Einrichtung öffentlicher Bedürfnisanstalten im 19. Jh. ❖ *Abtritt* zu mhd. *abe trëten* 'abweichen, abfallen'; steht für jede Art von Trennung (Abfall, Tod, Rücktritt vom Amt sowie für den Abort), vgl. ↗ Abtrittfeger

Lit: Grimm 1:144; Palla (2010) 11; Vieser/Schautz (2010) 13

Abtrittfeger Abtrittler 'Person, die (nachts) die Abtritte reinigt und den Unrat entfernt' ❖ zu *Abtritt* 'Weggang, abgelener Ort', zu *abtreten* 'weggehen'; erst im 16. Jh. Einengung der Bedeutung auf 'Toilette'
W: *Feger*
Syn: ABTRITTRÄUMER

Lit: Barth 1:14; Grimm 1:144 (Abtritt); Kluge 11 (Abtritt)

Abtrittler ↗ Abtrittfeger

ABTRITTRÄUMER lat. *cloacarius, latrinarum mundator, purgator cloacarum , purgator latrinarum* 'Person, die (nachts) die Abtritte reinigt und den Unrat entfernt; Kanalräumer' ❖ zu mhd. *rûmen, roumen* 'räumen, freien Raum schaffen'; zu *Abtritt* ↗ Abtrittfeger
Syn: Abtrittfeger, Bachfeger, Bachstecher, Brunnenfeger, Cloaksäuberer, Goldgräber, Grabenfeger, Grubenmann, Häusleinfeger, Heimlichkeitsfeger, Kehrichtlader, Kotführer, Mehrungknecht, Mehrungräumer, Nachtarbeiter, Nachtführer, Nachtkönig, Nachtmann, Nachtmeister, Pappenheimer, Poltmeister, Racker, Schachtfeger, Schundfeger, Schundkönig, Sekretfeger, Sekretgräber

Lit: Barth 2:59; Diefenbach 128; Volckmann (1921) 288; Zedler 6:442

Abzieher 'Person, die Tierkörper beseitigt und verwertet; Schinder, Abdecker' ❖ zu *abziehen* i. S. v. 'die Haut abziehen'
FN: Abzieher
Syn: SCHINDER

Lit: Barth 1:15; DudenFN 79

Accessist ↗ Akzessist

Acciseeinnehmer ↗ Akziseeinnehmer

Acciseherr ↗ Akziseherr

Accisekontrolleur ↗ Akzisekontrolleur

Accisemeister ↗ Akzisemeister

Accoucheur 'Wundarzt mit zusätzlicher Ausbildung zum Geburtshelfer' ❖ zu franz. *accoucher* 'niederkommen, entbinden'
Syn: Hebarzt, WUNDARZT

Lit: Grönhoff (1966) 74; Kaltschmidt 9; Petri 10; Pies (2002c) 11

Accoucheuse 'Hebamme'; seltene weibliche Form zu ↗ Accoucheur
Syn: HEBAMME*

Lit: Kaltschmidt 9; PetriFWb 11

Achsenmacher 'Wagner, Stellmacher'; häufiger ist die niederdt. Form ↗ Assenmacher
Syn: WAGNER

Lit: Barth 1:16

Achtmann Achtsmann 1. 'Beisitzer oder Schöffe bei einem Gericht'. 2. 'Bevollmächtigter in einem Rügegericht, in dem ein Vergehen gegen die öffentliche Ordnung aufgezeigt und gegebenenfalls bestraft wird'. 3. 'gerichtlicher Schätzer, Wertsachverständiger'. 4. 'Mitglied eines [achtköpfigen] Ausschusses in Bürgerschaft, Kirche oder Zunft'. 5. 'Bauer, der ein freies Gut innehat' ❖ 1.–3.: zu mhd. *âhte, æhte* 'öffentlich gebotene Verfolgung'; mnd. *achtesman* 'der zur Beratung gezogen wird, Teilnehmer der Acht, Schöffe'; 4. zu mhd. *aht* '8'
FN: Achtmann
W: *Mann*
Syn: DINGWART

Lit: Adelung 1:155; Barth 1:17; DRW 1:407; DudenFN 79; Gottschald 81; Grimm 1:170; Linnartz 17; Schiller-Lübben 1:12

Achtsmann ↗ Achtmann

Achtstündner 'Bergarbeiter, der eine Schicht von acht Stunden arbeitet'
Vgl: Zehnstündner, Zwölfstündner

Lit: Fellner 37; Veith 14

Ackerbürger 'Bauer in einer Kleinstadt, der von der Landwirtschaft lebt und eine Hube bewirtschaftet'
W: *Bürger*
Syn: BAUER, Gärtner, Ökonomiebürger, Pflugbürger

Lit: Adelung 1:158; Barth 1:17; DRW 1:441; Grimm 1:173; Volckmann (1921) 1

Ackerer 1. 'Bauer'. 2. 'Landarbeiter, der pflügt'. 3. ↗ 'Ackerbürger' ❖ mhd. *ackerer* 'Pflüger'
FN: Ackerer, Acker, Äcker, Aecker, Ackerl, Äckerle, Aeckerle, Ackers
Syn: BAUER

Lit: DudenFN 80; Gottschald 81; Grimm 1:173; Linnartz 17; Pies (2005) 24

Ackerknecht 'Landarbeiter bei einem Ackerbauern, der bes. für die Bestellung der Äcker zuständig ist'
FN: Ackerknecht (bes. in Rheinland-Pfalz)
W: *KNECHT*
Syn: Pflugknecht, Wagenknecht
Ggs: Fuhrknecht

Lit: Adelung 1:159; DudenFN 80; Gottschald 81; Grimm 1:174; Linnartz 17

Ackermann Ackersmann; lat. *ruricola* 1. 'Bauer'. 2. 'Vollbauer, der einen ganzen Hof und auch Pferde besitzt'. 3. 'leibeigener Bauer im Dienst des Grundherrn' ❖ mhd. *ackerman* 'Ackerbauer'
FN: Ackermann, Achermann
Syn: BAUER, VOLLBAUER

Lit: Adelung 1:160; Barth 1:17; Barth 2:244; Diefenbach 504; DRW 1:425; Gottschald 81; Grimm 1:174; Linnartz 17

Ackersmann ↗ Ackermann

Ackerswirt ↗ Ackerwirt

Ackervogt 1. 'Betriebsleiter für die Ackerwirtschaft eines Gutes und Vorgesetzter der Fröner und Landarbeiter'. 2. 'Flur-, Feldwächter'
W: *Vogt*
Syn: FLURSCHÜTZ

Lit: Adelung 1:162; Barth 1:17; DRW 1:426; Grimm 1:175

Ackerwirt Ackerswirt, Ackerwirth 1. 'Bauer'; selten. 2. ↗ 'Ackerbürger'
W: *WIRT*

Lit: Barth 1:17; DRW 1:427

Ackerwirth ↗ Ackerwirt

Acteur ↗ Akteur

Actrice ↗ Akteur

Adept lat. *adeptus* 'Goldmacher'; eigentlich 'jemand, der in die Geheimnisse einer Wissenschaft eingeweiht ist', daraus später 'Schüler, Anhänger einer Lehre', im Besonderen auf die Alchemie bezogen, daher auch 'Goldmacher' ❖ lat. *adeptus*, substantiviertes 2. Partizip von *adipisci* 'erfassen, erlangen'

Lit: Adelung 1:165; Adelung 2:749; Barth 1:20; Barth 2:35; DudenFW 41

Aderlasser Aderlater; lat. *minutor* 'Bader, der auch zur Ader lässt'; das *Aderlassen* galt als Allheilmittel für veschiedenste Krankheiten ❖ mhd. *âderlâʒer, âderlâʒære* 'Aderlässer'; die Form *Aderlater* ist niederdt.
W: *Lasser*

Lit: Barth 1:20; Barth 2:173; Diefenbach 362

Aderlater ↗ Aderlasser

Adjunct ↗ Adjunkt

Adjunkt Adjunct; lat. *adiunctus* 'Beamter, der einem Amtsträger zur Unterstützung zugeordnet ist; Assistent'; z.B. einem höheren Beamten, einem Professor, Superintendenten; ein kranker oder alter Lehrer oder Pfarrer erhielt einen Adjunkten als Hilfe zur Seite gestellt. Oft war damit eine Anwartschaft auf die Amtsnachfolge verbunden; in Österr. noch bis 1979 als Amtstitel für eine niedere Beamtenstufe, als Ausnahme hier noch erhalten in *Forstadjunkt* (Förster in der Praxisausbildung), in der Schweiz noch als 'Beamter oder Angestellter im höheren Dienst' ❖ aus lat. *adiunctus*, Partizip von *adiungere* 'beiordnen, zuordnen'
W: °Kanzleiadjunkt, °Pfarradjunkt, °Schuladjunkt
Syn: Adstant

Lit: Adelung 1:169; Barth 1:21, 896 (Schuladjunkt); Barth 2:13; DRW Belegarchiv (Pfarradjunkt); DudenGWDS; Thesaurus professionum

Adoucisseur Adoussisseur 'Handwerker, der den Grundschliff auf Glas, Holz oder Metallen durchführt; Spiegel-, Glasschleifer' ❖ franz. *adoucisseur*, zu franz. *adoucir* 'polieren, schleifen', aus lat. *dulcis* 'süß, angenehm'
Syn: Schleifer

Lit: Barth 2:310; DudenFW 46; Kaltschmidt 17

Adoussisseur ↗ Adoucisseur

Adstant 'Gehilfe des Lehrers, Hilfslehrer' ❖ Partizip zu lat. *adstare, astare* 'dabeistehen, sich hinstellen, zur Seite stehen, aufwarten, aufrecht stehen'
W: °Schuladstant
Syn: Adjunkt, Behelfer, Provisor, Schulgehilfe, Schulgeselle

Adventurier ↗ Abenteurer

Advocat ↗ Advokat

Advokat Advocat; lat. *advocatus, advocatus fisci* 'Rechtsanwalt'; regional noch gebräuchlich (bes. Schweiz, Südtirol), sonst

veraltet; urspr. ein persönlicher Beistand in Rechtsfragen, erst später ein juristischer Beruf. Der *advocatus fisci* ist ein 'Berater in Rechtsfragen und Vertreter des Amtes vor Gericht' ❖ im 14. Jh. aus lat. *advocatus*, 2. Partizip zu *advocare* 'herbeirufen'
W: Armenadvokat, Winkeladvokat
Syn: Afteranwalt, Anweiser, Fürsprech, Prokurator, Rabulist, Sachführer, Sollizitator

Lit: Barth 1:23; Barth 2:15; Frühmittellat. RWb; Kluge 18; Patocka (1987) 12; Pies (2001) 24; Pies (2005) 10; Schraml (1932) 3

Aedil Edilis; lat. *aedilis, edilis* 1. 'Beamter, Baumeister, der für das Bauwesen zuständig ist'. 2. 'kirchlicher Bauherr, der Kirchenbauten organisiert und die Bauarbeiten überwacht' ❖ lat. *aedilis* 'röm. Obrigkeit unterschiedlicher Art, bes. auch für die Erhaltung der Tempel und religiöse Feierlichkeiten zuständig', von *aedes* 'Tempel'

Lit: Barth 1:203 (Edilis); Barth 2:16; Diefenbach 195; Frühmittellat. RWb

Aetzer ↗ Ätzer

Aetzmaler ↗ Ätzmaler

Affengießer 'Gießer kleinerer Metallgefäße, bes. liturgischer Gefäße, wie Handwasserbecken, Taufbecken, Weihrauchgefäße, kleinerer Glocken u. Ä.' ❖ mittel- und oberdt. Form für niederdt. ↗ Apengeter; mit *Affen* ist jedes figürliche Zierat auf den Produkten der Metallgießer gemeint
W: *Gießer*
Syn: Apengeter, Apengießer, ROTGIESSER

Lit: Barth 1:23

Afstöter Offstoszer, **Uffstoszer** 'Arbeiter in der Gerberei, der die Haare von den Fellen entfernt'; niederdt. ❖ mnd. *afstoter* 'Gesellen der Lederarbeiter, welche das Haar von den Fellen abstoßen', zu mnd. *affstoten* 'abstoßen'
Syn: GERBER*

Lit: Schiller-Lübben 1:39

Afteranwalt 'von einem Anwalt bestellter Vertreter' ❖ zu mhd. *after* 'hinter, nachfolgend; hinten'; als abwertender erster Wortbestandteil in zusammengesetzten Substantiven
Syn: Advokat

Lit: Adelung 1:177; Barth 1:24; DRW 1:453; Grimm 1:185

Afterarzt 1. 'nicht als Arzt Ausgebildeter, Pfuscher, Quacksalber'. 2. 'Apotheker'; selten ❖ zu mhd. *after* 'hinter, nachfolgend; hinten'; als abwertender erster Wortbestandteil in zusammengesetzten Substantiven
W: ARZT*

Lit: Barth 1:24; DRW 1:453; Grimm 1:186

Afterhebamme 'Gehilfin der Hebamme, Säuglingsschwester' ❖ zu mhd. *after* 'hinter, nachfolgend; hinten'; als abwertender erster Wortbestandteil in zusammengesetzten Substantiven
Syn: HEBAMME*

Afterläufer 'Bergarbeiter, der die Abfälle bei der Erzaufbereitung wegschafft'; *das After* ist in verschiedenen Bereichen der zurückbleibende schlechtere Teil, Abfall, z. B. im Bergbau das schlechtere Erz, in der Mühle das schlechte Mehl, bei den Fleischern der Fleischabfall ❖ zu mhd. *after* 'hinter, nachfolgend; hinten'
W: *Läufer*

Afterlehner 'Bauer, der ein Afterlehen bewirtschaftet'; d. i. ein von einem Lehensnehmer weiterverliehenes Lehen ❖ zu mhd. *after* 'hinter, nachfolgend; hinten'
W: *Lehner*
Syn: HÖRIGER

Lit: Adelung 1:179; Barth 1:24; DRW 1:460; Grimm 1:187 (Afterlehen); Krünitz 69:94 (Afterlehen)

Afterreiter 'letzter Reiter in einem Schiffszug'; stromaufwärts führende Schiffszüge erforderten eine Reihe von Zugpferden, wobei aber nur das erste und das letzte einen Reiter trug ❖ zu mhd. *after* 'hinter, nachfolgend; hinten'

Syn: Steurer
Ggs: Naureiter, Vorreiter
Vgl: Nauferge

Lit: Fellner 37; Neweklovsky (1952) 123

Agsteinfischer ↗ Agtsteinfischer

Agtfischer ↗ Agtsteinfischer

Agtschleifer 'Bernsteinschleifer' ❖ ↗ Agtsteinfischer
W: Schleifer

Lit: Barth 1:26; Grimm 1:190

Agtsteinfischer Agsteinfischer, Agtfischer 'Person, die den auf dem Wasser schwimmenden Bernstein mit Netzen oder Keschern sammelt; Bernsteinfischer' ❖ zu mhd. *agestein, agetstein* 'Bernstein', bes. oberdt.; mnd. *aget, agetenstên*; im 18. Jh. von *Bernstein* verdrängt; aus griech. *achátes*, lat. *achates* 'Achat, Magnetstein'
FN: Agsteiner, Augstein (für den Bearbeiter von Bernstein, kann aber auch von *Augustin* kommen)
W: Fischer*
Syn: Kesser

Lit: Adelung 1:183; Barth 1:26; DudenFN 99; Gottschald 84; Grimm 1:190 (Agstein), 816 (Augstein); Kluge 12 (Achat), 111 (Bernstein); Krünitz 4:242; Schiller-Lübben 1:45

Ahlenschmidt ↗ Ahlenschmied

Ahlenschmied Ahlenschmidt, Ahlschmied 'Schmied, der Ahlen und Nadeln für Schuster, Buchbinder, Sattler usw. herstellt'
W: Schmied
Syn: NADLER, Pfriemenmacher

Lit: Adelung 1:184 (Ahlenmacher); Barth 1:27; Palla (2010) 12; Riepl (2009) 22; Zedler 1:854

Ahlreip ↗ Aalrep

Ahlrep ↗ Aalrep

Ahlschmied ↗ Ahlenschmied

Ahmdammacher ↗ Amidammacher

Ahmer ↗ Ohmer

Aicher ↗ Eicher

Aichmeister ↗ EICHMEISTER

Aja Aya 'Erzieherin eines adeligen Kindes, Gouvernante, Kinderfrau' ❖ ital. *aia*, span. *aya* 'Erzieherin'
Syn: KINDERMAGD

Lit: Adelung 1:191; Höfer 1:12; Kaltschmidt 25, 94; Meyers Lexikon 1:215

Ajo Ayo 'Erzieher eines Prinzen' ❖ ital. *aio*, span. *ayo* 'Erzieher'

Lit: Höfer 1:12; Kaltschmidt 25, 94; Meyers Lexikon 1:216

Akteur Acteur; Fem. **Actrice, Aktrice** 'Schauspieler'; heute veraltet, gelegentlich noch bildungssprachlich verwendet ❖ franz. *acteur*, aus lat. *actor* 'wer handelt, etwas vollbringt; Vortragender, Schauspieler', zu lat. *agere* 'handeln, tun'; franz *actrice* 'Schauspielerin'
Syn: Komödiant, Mimus

Lit: Adelung 1:163; Barth 2:310; DudenFW 66; Kaltschmidt 12

Aktrice ↗ Akteur

Aktuar lat. *actuarius* 'Verwaltungsbeamter, der die Akten des Gerichts führt'; juristischer Beamter an einem Landgericht und Stellvertreter des Landrichters; 19. Jh.; heute noch als Berufsbezeichnung für 'Versicherungs- und Wirtschaftsmathematiker' ❖ lat. *actuarius* 'Schnellschreiber (bei Verhandlungen)'
Syn: Gerichtsschreiber, Nachgangsschreiber, Pflegschreiber, Schrannenschreiber, Stuhlschreiber

Lit: Barth 1:31; Diefenbach 11; Frühmittellat. RWb; Zedler 1:4270

Akzessist Accessist 'Anwärter für einen Posten im Verwaltungs- oder Gerichtsdienst'; z.B. in den Salinen ❖ zu mlat. *accessorius*, lat. *accessum*, 2. Partizip von *accedere* 'hinzukommen'

Syn: Assessor, Auskultant, Auskultator, Diätar, Diurnist

Lit: Schraml (1932) 81, 85

Akzisecontrolleur ↗ Akzisekontrolleur

Akziseeinnehmer Acciseeinnehmer 'Steuerbeamter, der die städtischen Verbrauchssteuern einkassiert' ❖ zu altfranz. *assisse* 'Auflage', nach niederld. Muster zu *accise* 'Verbrauchssteuer, bes. auf niederländische Waren' verändert; die mnd. Form *Zise* breitete sich über Norddeutschland aus; seit dem 20. Jh. besteht die eingedeutschte Form *Akzise*, die auf lat. *accidere* 'anschneiden, vermindern' oder lat. *accensere* 'zurechnen' zurückgeht
W: Einnehmer
Syn: STEUEREINNEHMER, Ziesemeister

Lit: DRW 1:475; Gamillscheg 1:7; Kaltschmidt 8 (Accise); Kluge 27 (Akzise)

Akziseherr Acciseherr, Syseherr, Ziseherr 'Ratsherr, der für die Einhebung der Steuern verantwortlich ist' ❖ mnd. *zisehêre*; ↗ Akziseeinnehmer
W: Herr

Lit: Barth 1:16; DRW 1:475; wikiling mnd.

Akziseknecht Ziseknecht 'Hilfskraft der ↗ Akziseherren'
W: KNECHT

Lit: wikiling mnd.

Akzisekontrolleur Accisekontrolleur, Akzisecontrolleur 'Aufsichtsbeamter bei der Steuerbehörde für Verbrauchssteuern' ❖ ↗ Akziseeinnehmer
Syn: Akzisevogt

Akzisemeister Accisemeister ↗ 'Akziseherr'
W: Meister

Lit: DRW 1:476; Lehnemann (1993) 6

Akzisevogt Zisevogt 'Beamter, der den Warenverkehr und die Einnahmen aus den Verbrauchsstern kontrolliert' ❖ mnd. *zisevôget*; ↗ Akziseeinnehmer

W: Vogt
Syn: Akzisekontrolleur

Lit: DRW 1:476; wikiling mnd.

Alabasterarbeiter ↗ Alabasterer

Alabasterer Alabasterarbeiter; lat. *alabastrarius* 'Kunsthandwerker, der aus Alabaster Andachts- oder Gebrauchsgegenstände herstellt' ❖ zu lat. *alabaster* 'Edelgips; Salbenflasche aus Edelgips', aus griech. *alábastros*, nach der alten oberägypt. Stadt *Alabastron*

Lit: Barth 2:19; Grimm 1:200; Isenberg ; Zedler 1:898

Alabasterschneider ↗ 'Alabasterer'
W: SCHNEIDER

Alaunbereiter ↗ 'Alaunsieder'
W: Bereiter
Syn: Alaunsieder

Lit: Krünitz 1:468 (Alaun); Wallerius (1783) 32

Alaungärber ↗ Alaungerber

Alaungerber Alaungärber 'Gerber, der Leder auf ungarische Art mit Alaun und Talg herstellt' ❖ zu mhd. *alûn* 'Alaun', über franz. *alun* aus lat. *alumen*
W: GERBER*
Syn: Ungarischgerber, Weißgerber

Lit: Adelung 1:194; Kluge 28 (Alaun)

Alaunsieder 'Handwerker, der aus Alaunerzen durch Sieden Alaun gewinnt' ❖ zu mhd. *alûn* 'Alaun', über franz. *alun* aus lat. *alumen*
W: Sieder
Syn: Alaunbereiter

Lit: Adelung 1:195; Barth 1:31; Grimm 1:200 (Alaunsiederei)

Alchemist Alchimist, Alchimyst, Alchymist 'Person, die danach forscht, wie man künstlich Gold herstellen kann'; in der Antike waren die Alchemisten Forscher für Chemie und Umwandlung von Metallen, daraus entwickelte sich das Bestreben, Metall in Gold oder Silber umzuwandeln, und zu-

gleich den Stoff zu finden, der alle Krankheiten heilt. Sie sahen ihr Bestreben immer im Einklang mit Naturwissenschaft und Philosophie. Sie gaben aber auch vom Mittelalter bis in die Neuzeit Anstöße, die später in der Chemie fruchtbar wurden. Schließlich ging es vor allem um Methoden, Gold zu erzeugen, was auch zu unseriösen Verfahren und zu einer heute oft negativen Bewertung des Wortes führte ❖ mhd. *alchamiste* 'Alchymist', aus mlat. *alchimia*, aus altfranz. *alkimia*, span. *alquimia*, arab. *al-kīmiyā* 'Kunst des Legierens', vielleicht beeinflusst von griech. *chymeia, chemeia* '(Kunst der) Metallmischung', zu *chýma* 'Bleilegierung', eigentlich 'Guss', zu *chein* 'gießen'
Syn: Goldmacher
Lit: Barth 1:32; DudenGWDS; Kluge 29 (Alchimie)

Alchimist ↗ Alchemist

Alchimyst ↗ Alchemist

Alchymist ↗ Alchemist

Aldermann ↗ Ältermann

Alesteker ↗ Aalstecher

Allmendherr 'Person, die die Aufsicht über das Gemeindegut an Wiesen, Weiden, Wäldern, Fischereigründen u. Ä. führt'; im Ggs. zum Privateigentum ❖ mhd. *almeinde, almende* 'Gemeindetrift', aus *all* und *Gemeinde*
W: *Herr*
Syn: Allmendmeister, Allmendpfleger
Lit: Barth 1:34; DRW 1:485; Grimm 1:237 (Allmende); Zedler Suppl 1:1127 (Allmenden)

Allmendmeister ↗ 'Allmendherr'
W: *Meister*
Syn: Allmendherr, Allmendpfleger
Lit: DRW 1:485; Idiotikon 4:514

Allmendpfleger ↗ 'Allmendherr'
W: Pfleger
Syn: Allmendherr, Allmendmeister
Lit: Barth 1:34

Allmendsvogt 'Aufseher und Vertreter der Gemeinde in Angelegenheiten der Allmende, des Gemeindewaldes'
W: *Vogt*
Syn: Markrichter, Scharherr, Scharmann, Scharmeister, Währmeister
Lit: Barth 1:34; DRW 1:486

Almosenier 'Beamter von Fürsten oder Klöstern, der für die Verteilung der Almosen zuständig ist'; bes. in Frankreich ein hoher geistlicher Würdenträger ❖ aus franz. *aumônier* 'Leiter des Armenwesens'
Syn: Almosenpfleger, Armenpfleger, Armenvater, Kirchendeche, Spendeherr, Spendmeister, Spendvogt
Lit: Adelung 1:221; Barth 1:34; Diefenbach 198; DRW 1:508; Frühmittellat. RWb; Meyers Lexikon 1:357

Almosenpfleger lat. *eleemosynarius, elemosynarius* 'Verwalter der Armenkasse, der Armenstiftungen sowie Organisator der Almosenverteilung'
W: Pfleger
Syn: Almosenier, Armenpfleger, Armenvater, Kirchendeche, Spendeherr, Spendmeister, Spendvogt
Lit: Adelung 1:221; Barth 1:34; Diefenbach 198; DRW 1:509; Frühmittellat. RWb; Grimm 1:245 (Almosenpflege)

Almosenschreiber 'Verwalter beim Almosenamt, bei der Armenkasse'
W: *Schreiber*
Lit: DRW 1:510; Idiotikon 9:1536

Älperweibel 'mit der Verwaltung einer Alpgenossenschaft Beauftragter'; schweiz. ❖ ↗ Weibel, Alpmeier
W: *Weibel*
Lit: Idiotikon 15:404

Alpmeier 'Verwalter eines Bauernhofs auf der Alp' ❖ zu *Alpe*, alemannische Form von *Alm* 'Bergweide'; mhd. *albe*, ahd. *alba*, vermutlich 'Berg', verwandt mit dem Gebirgsnamen der *Alpen*; schon früh volksetymologisch an lat. *albus* 'weiß' angelehnt
W: *Meier*
Lit: Adelung 1:225; Idiotikon 4:11

Alpmeister 1. 'Vorsteher und Rechnungsführer einer Almgenossenschaft'. 2. 'Aufsicht über die Almen und den Almauf- und Abtrieb' ❖ ↗ Alpmeier
W: Meister
Syn: Alpschirmer, Alpvogt, Weidgaumer
Lit: DRW 1:514; Grimm 1:246

Alpputzer 'Arbeiter, der die Alm von Holz, Steinen usw. säubert' ❖ ↗ Alpmeier
W: Putzer
Lit: Idiotikon 4:2025

Alpschirmer 'Aufseher über eine Alpe' ❖ zu mhd. *schirmære, schërmære* 'Schützer, Verteidiger, Schirmherr'; ↗ Alpmeier
Syn: Alpmeister, Alpvogt, Weidgaumer
Lit: Idiotikon 8:1300

Alpuzzer ↗ Altbüßer

Alpvogt 1. 'Aufseher über eine Alpe'. 2. 'Vorsteher einer Alpgenossenschaft' ❖ ↗ Alpmeier, ↗ Vogt
W: Vogt
Syn: Alpmeister, Alpschirmer, Weidgaumer
Lit: Idiotikon 1:705; Werner (1981) 40

Alsteker ↗ Aalstecher

Altarist lat. *altarista* 1. 'Person, die Dienste am Altar verrichtet, Ministrant oder Mesner, Küster'. 2. 'Kaplan'. 3. 'Priester, der eine auf einen bestimmten Altar bezogene und mit bestimmten Pflichten und Einnahmen verbundene Pfründe (Altarpfünde) innehat oder einen Pfündner vertritt' ❖ zu lat. *altare* 'erhöhter Aufsatz; Brandaltar'
Syn: KÜSTER
Lit: Adelung 1:236; Barth 1:35; Diefenbach 26; DRW 1:523; Grimm 1:266

Altarmann 1. 'Helfer am Altar und beim Abendmahl in evangelischen Kirchen'. 2. 'Mitglied des Kirchenvorstands'
W: Mann
Lit: Adelung 1:236; Barth 1:35; Grimm 1:266

ALTBAUER lat. *alendus, excolonus* 'Bauer, der den Hof übergeben und sich aufs Altenteil zurückgezogen hat'; in einer agrarisch dominierten Gesellschaft war die Versorgung der Altbauern ein materielles und rechtliches Problem. Daher gibt es eine große Zahl von meist regional begrenzten Synonymen
Syn: Abnahmemann, Abnehmer, Abschieder, Abschiedsmann, Altenteiler, Altnachbar, Altsasse, Altsitzer, Altvater, Ausgedinger, Ausnehmer, Austrägler, Austragsbauer, Auszügler, Auszugsbauer, Auszugsmann, Leibgedinger, Leibtümer, Leibzüchter, Verlehensmann
Lit: Barth 1:35; Barth 2:199; DudenGWDS; Pies (2005) 24

Altbinder Oldbinner, Oltbinder 'Böttcher, Fassbinder, der Fässer und andere Holzgefäße ausbessert'; die Formen mit Olt-, Old- sind niederdt.
W: Binder
Syn: BÖTTCHER
Lit: Adelung 1:237; Barth 1:35; Grimm 1:266

Altbletzer ↗ Bletzer

Altbüez ↗ Altbüßer

Altbüezer ↗ Altbüßer

Altbüßer Alpuzzer, Altbüez, Altbüezer, Altbüsser, Altbutzer, Altbuzer, Altputzer; lat. *sutor veteramentarius, veteramentarius* 'Flickschuster' ❖ mhd. *altbüeʒer* 'Schuhflicker', zu *Büßer* 'Wiederhersteller, Ausbesserer' (heute nur noch im religiösen Sinn gebraucht)
FN: Altbüßer, Albiez, Albietz, Albeißer, Altbießer, Altbutzer
W: Büßer
Syn: FLICKSCHUSTER, Oltbuter, Renovator
Lit: Barth 1:35; Barth 2:275; Diefenbach 570; Gottschald 139; Grimm 1:266; Idiotikon 4:2034; Linnartz 18; Schmeller 1:296; Volckmann (1921) 61

Altbüsser ↗ Altbüßer

Altbutzer ↗ Altbüßer

Altbuzer ↗ Altbüßer

Altenteiler 'Bauer, der den Hof übergeben und sich aufs Altenteil zurückgezogen hat'; Ableitung von *Altenteil* 'was der Übernehmer eines Bauerngutes dem Vorbesitzer zur Versorgung lebenslang anweist'
Syn: ALTBAUER

Lit: Adelung 1:237 (Altenteil); Barth 1:35; DRW 1:526; DudenGWDS; Pies (2005) 24

Altermann ↗ Ältermann

Ältermann Aldermann, Altermann, Eltermann, Oldermann 1. 'Vorsteher einer Zunft, eines Amtes, eines Kirchenrats, einer geistlichen Bruderschaft'. 2. 'mit gewissen Vorrechten ausgestatteter älterer Vertreter' — norddt.; die Form *Aldermann* ist aus dem Englischen übernommen und bedeutet dort 'Vertreter des Königs in den Grafschaften' ❖ mnd. *aldermann, oldermann* 'Ältermann, Vorsteher'
FN: Altermann, Oldermann, Ollermann, Eltermann, Eldermann
W: *Mann*
Syn: ZUNFTMEISTER

Lit: Adelung 1:239; Barth 1:32, 36; DudenFN 88, 222, 490; Gottschald 86; Grimm 1:203, 270; Grimm 3:418; Linnartz 18, 164; Schiller-Lübben 1:51; Schiller-Lübben 3:233

Altflicker 1. 'Handwerker, der Altes (Kleidung usw.) flickt'. 2. 'Flickschuster' ❖ zu mhd. *vlicken* 'flicken, ausbessern'. *Alt-* bezieht sich auf die Arbeit mit gebrauchten Schuhen
W: *Flicker*
Syn: FLICKSCHUSTER

Lit: Adelung 1:240; Barth 1:37; Diefenbach 570; Grimm 1:271

Altfrau Altfrouwe 1. 'Haushälterin, Wirtschafterin'. 2. 'Mutter des Fürsten'
W: *Frau*

Lit: Adelung 1:395 (Ausgeber), 1029 (Haushälter); DRW 1:531

Altfrouwe ↗ Altfrau

Altgesell ↗ Altgeselle

Altgeselle Altgesell 1. 'ältester Geselle einer Werkstatt, Geschäftsführer des Betriebs'. 2. 'ältester Geselle in einer Innung'. 3. 'Vorsteher einer Gesellenvereinigung'
W: *Geselle*
Syn: STÜCKMEISTER, Ürtengeselle

Lit: Adelung 1:241; Barth 1:37; DRW 1:531; Grimm 1:272; Hartmann (1998) 109; Idiotikon 7:722; Pies (2002b) 16; Pies (2002d) 10, 13

Altgewander Altgewänder, Altgewender, Altwender; lat. *vestimentarius* 1. 'Schneider, der nur Ausbesserungsarbeiten durchführt'. 2. 'Trödler, der mit Altkleidern handelt'
W: *Gewander*
Syn: Flickschneider, Mäntler, TRÖDELMANN

Lit: Barth 1:37, 38; Grimm 1:272; Volckmann (1921) 63

Altgewänder ↗ Altgewander

Altgewender ↗ Altgewander

Althäuer 'ausgelernter, voll entlohnter Bergarbeiter, der zugleich junge Hauer ausbildet'
W: HAUER

Lit: Fellner 39; Veith 267

Altkitter ↗ Oldkitter

Altknecht 1. 'ältester und zugleich oberster Landarbeiter eines Bauernhofs'. 2. ↗ 'Altgeselle'; selten
W: KNECHT

Lit: Adelung 1:241; Barth 1:37; Grimm 1:273

Altlapper Oltlapper 'Flickschuster'; *Alt-* bezieht sich auf gebrauchte Schuhe ❖ zu mnd. *lapper* 'Flicker'
W: Lapper
Syn: FLICKSCHUSTER

Lit: Adelung 1:241; Barth 1:37; Diefenbach 570; Grimm 1:273

Altmacher Oltmaker 'Schuster, der nur Ausbesserungsarbeiten durchführt' ❖ zu *alt*, da sie nur geflickte Schuhe verkauften oder alte Schuhe flickten; parallele Bildung zu *Altreiß, Altmacher, Altbüßer* usw.; mnd. *oltmaker* 'Flicker, Ausbesserer'
Syn: FLICKSCHUSTER

Lit: Adelung 1:242; Barth 1:37; Diefenbach 570; Grimm 1:273; Krünitz 148:750 (Schuhflicker); Pies (2005) 154; Schiller-Lübben 3:226; Zedler 1:1600

Altmeister 1. 'Flickschuster'. 2. 'Vorsteher einer Zunft; ältester Meister' — *Alt-* bezieht sich in 1. auf die alte Ware, in 2. auf das Alter und die Erfahrung der Person
W: *Meister*
Syn: FLICKSCHUSTER
Ggs: Jungmeister

Lit: Adelung 3:1672 (Schuhflicker); Barth 1:37; Grimm 1:273

Altmetzger 'Fleischer, der Altvieh schlachtet'; d.s. Ochsen und alte Kühe
W: METZGER
Ggs: Jungmetzger

Lit: Schmeller 1:70

Altnachbar 'Bauer, der den Hof übergeben und sich aufs Altenteil zurückgezogen hat'; *Nachbar* bedeutet regional svw. 'Bürger, Mitglied der Gemeinde'
Syn: ALTBAUER

Lit: Adelung 3:364 (Nachbar); Grimm 13:22 (Nachbar)

Altplacker 'Handwerker, der Altes (Kleidung usw.) flickt' ❖ zu mhd. *placken* 'flicken, ausbessern'; mnd. *placke* 'ein Stück eines Ganzen; Lappen, Fetzen'
Syn: Flickschneider

Lit: Grimm 13:1872; Volckmann (1921) 61

Altputzer ↗ Altbüßer

Altreis ↗ Altreiß

Altreise ↗ Altreiß

Altreiser ↗ Altreiß

Altreiß Altreis, Altreise, Altreiser, Altreißer, Altreuser, Altreuß, Altreußen, Altreusz, Oltrüse 1. 'Altwarenhändler, Trödler'. 2. 'Flickschuster' — *Oltrüse* ist eine niederdt. Form ❖ mhd. *altriuʒe* 'Schuhflicker'. Weitere Herkunft unklar, daher viele verschiedene Schreibformen: angelehnt an *Altreiß* 'Trödler' (zur Vertriebsart), an *Rist* 'Rücken des Fußes' und an *Rister* 'Flecken, mit denen Schuhe geflickt werden'. Die Bedeutung von einem 'Handwerker, der Waren flickt' ging in 'Händler mit alten Waren' über
W: Bücheraltreiß
Syn: FLICKSCHUSTER, KRÄMER, TRÖDELMANN
Vgl: Reuß

Lit: Adelung 1:242; Barth 1:37; Grimm 1:273; Krünitz 148:750; Pies (2005) 154; Schmeller 2:144, 161 (Rister); Volckmann (1921) 62; Zedler 1:1600

Altreißer ↗ Altreiß

Altreuser ↗ Altreiß

Altreuß ↗ Altreiß

Altreußen ↗ Altreiß

Altreusz ↗ Altreiß

Altsasse 'Bauer, der den Hof übergeben und sich aufs Altenteil zurückgezogen hat' ❖ vgl. mhd. *altsëʒʒe* 'der seit langer Zeit angesessene Einwohner'
W: *Sasse*
Syn: ALTBAUER

Lit: Grimm 14:1803 (Sasse); Schmeller 2:331

Altschuster Oltschöster 'Flickschuster' ❖ zu *alt*, da sie nur geflickte Schuhe verkauften oder alte Schuhe flickten; *Oltschöster* ist die niederdt. Form
Syn: FLICKSCHUSTER

Altsitzer ↗ 'Altsasse'; zu *Altsitz* 'Altenteil'
Syn: ALTBAUER

Lit: Adelung 1:242; Barth 1:38; DRW 1:535; Grimm 1:274; Pies (2005)

Altvater 'Bauer, der den Hof übergeben und sich aufs Altenteil zurückgezogen hat'
Syn: ALTBAUER
Lit: Adelung 1:242; DRW 1:536

Altwalker 'Handwerker, der altes Tuch aufkauft, neu aufbereitet und wieder verkauft'; bes. südwestdt., schweiz.
W: Walker
Lit: Hist. Lexikon d. Schweiz; Volckmann (1921) 63

Altwender ↗ Altgewander

Altwerker 'Trödler, der Altkleider und Pelze aufkauft und damit handelt'
W: Werker
Syn: Flickschneider
Lit: Idiotikon 16:1294

Aman ↗ Ammann

Ambachtsknecht 'untergeordneter Beamter bei einer Behörde oder bei Gericht' ❖ mhd. ambahte 'Amt, Dienst, Beruf'; alte Form für Amt
W: KNECHT
Syn: Amtsdiener, BÜTTEL

Ambachtsschreiber Ambachtsschriever, Ambachtsschriver 'Verwaltungsbeamter' ❖ ↗ Ambachtsknecht
W: Schreiber
Syn: Amtsschreiber

Ambachtsschriever ↗ Ambachtsschreiber

Ambachtsschriver ↗ Ambachtsschreiber

Ambossschmied ↗ Schmied

Ambtmann ↗ Amtmann

Ambubaya 1. 'Angestellte einer Badeanstalt, die die Badegäste bedient, abreibt und massiert'. 2. 'Prostituierte in einer Badeanstalt' ❖ lat. ambubaia 'Hetäre im alten Rom, die auch als Sängerin auftrat', eigentlich 'Flötenspielerin', zu syrisch abbub 'Pfeife, Flöte'

Syn: Badefrau, Bademagd, Badeweib, Badreiberin, FEILDIRNE, Reiberin
Lit: DudenFW 86; Grimm 14:571 (Reiberin); Zedler 1:1706

Amdammacher ↗ Amidammacher

Ameisler 'Person, die Puppen der Ameisen sammelt und in der Stadt als Futter für Käfigvögel oder Zierfische verkauft'; außerdem sammelte sie Harzkörner in den Ameisenhaufen und verkaufte sie Bauern als Waldrauch, ein Ersatz für Weihrauch
Lit: Ast/Katzer (1970) 68; Kubelka (2008) 96; Palla (1994) 22; Vieser/Schautz (2010) 29

Amer ↗ Ohmer

Amidammacher Ahmdammacher, Amdammacher, Amidammaker, Amidonmacher 'Handwerker, der Stärkemehl herstellt'; zu Amidam 'Stärkemehl, weiße Stärke' ❖ franz. amidon 'Stärke, Stärkemehl', aus lat. amylum, griech. amylon 'Ungemahlenes'; eingedeutscht Amelmehl
Syn: Stärkemacher
Lit: Adelung 1:249; Kaltschmidt 38; Krünitz 1:677

Amidammaker ↗ Amidammacher

Amidonmacher ↗ Amidammacher

Amman ↗ Ammann

Ammann Aman, Amman 1. 'Beamter unterschiedlichen Grades'. 2. 'Bewirtschafter eines als Lehen verpachteten Meierhofes'. 3. 'Vertreter einer Grundherrschaft oder eines Vogts, zugleich Verwalter der niedrigen Gerichtsherrschaft' — in der Schweiz noch heute Bezeichnung verschiedener politischer Funktionen, z.B. Bürgermeister, Regierungschef eines Kantons, Vollstreckungsbeamter ❖ mhd. amman, zusammengezogene Form zu mhd. ambetman 'Diener, Beamter, Verwalter; Vorsteher einer Gemeinde'
FN: Amman, Ammann, Amann, Aman, Ammon, Amon

W: *Mann*
Syn: Amtmann, PFLEGER

Lit: Barth 1:39; DRW 1:537; DudenFN 90; Gottschald 87; Idiotikon 4:246; Linnartz 19; Schmeller 1:78

Ammeister Ammmeister 1. 'Vorsitzender einer Zunft'. 2. 'Titel hoher politischer Funktionsträger' ❖ mhd. *ammanmeister, ammeister* 'Bürgermeister', gekürzt aus *ambahtmeister*
FN: Ammeister
Syn: ZUNFTMEISTER

Lit: Barth 1:40; Gottschald 87; Grimm 1:279; Linnartz 19

Ammmeister ↗ Ammeister

Amplatzer 'Abdecker'; zu südbair *anplätzen* 'die Rinde eines Baumes verletzen, abschälen', zu *pletzen* 'einen Baum durch Abschlagen eines Rindenstückes kennzeichnen; an-, abschlagen' ❖ mhd. *bletzen* 'flicken, einen Baum anhauen, kennzeichnen'
Syn: SCHINDER

Lit: Grimm 1:421 (anplätzen); SteirWb 18 (anplätzen); WBÖ 1:318, 395

Amsler 'Amselfänger, Vogelfänger'
FN: Amsler, Amschler, Amschl, Amschel

Lit: DudenFN 90; Gottschald 87; Linnartz 19

Amtfrau Amtsfrau 1. 'Nonne, die eine Funktion im Kloster innehat'. 2. 'Hebamme'
Syn: HEBAMME*

Lit: Adelung 1:253; DRW 1:565; Grimm 1:281

Amtgegenschreiber ↗ Amtsgegenschreiber

Amtherr Amtsherr 1. 'Ratsherr, der ein öffentliches Amt innehat'. 2. 'Ratsherr, der die Aufsicht über die Zünfte hat'. 3. 'mit einem Amt betrauter Vasall'; im Mittelalter. 4. 'Mönch, der eine Funktion im Kloster innehat' ❖ mhd. *ambethërre* 'ritterlicher, mit einem Amt betrauter Dienstmann'
W: *Herr*

Lit: DRW 1:571; Patocka (1987) 75

Amtmann Ambtmann; lat. *praefectus, prefectus* 1. 'Beamter unterschiedlichen Grades als Verwalter oder Vorsteher eines Amtsbezirkes sowie Organ der Rechtssprechung'. 2. 'grundherrlicher Beamter, Ministeriale, der als Verweser, Vogt und Ortsrichter fungiert'. 3. 'städtischer Beamter, der als Stadtrichter oder Bürgermeister fungiert'. 4. 'Polizeidiener, Scherge, Büttel, der von Polizeiaufgaben bis zu Feuerbeschau unterschiedlichste Aufgaben zu erfüllen hat'; als solcher gehörte er zu den unehrenhaften Berufen. 5. 'Bewirtschafter eines herrschaftlichen Gutes' ❖ mhd. *ambtman, amtman* 'der ein Amt zu verwalten hat, Diener, Officialis'
FN: Amtmann
W: Bußamtmann, Eisenamtmann, Kastenamtmann, *Mann*, Mühlenamtmann, Rentamtmann, Salzamtmann, °Stadtamtmann, Stubenamtmann
Syn: Ammann, PFLEGER

Lit: Adelung 1:254; Diefenbach 453; DRW 1:576; DudenFN 90; Frühmittellat. RWb; Grimm 1:282; Höfer 1:27; Patocka (1987) 11; Pies (2001) 23; Pies (2005) 153

Amtschreiber ↗ Amtsschreiber

Amtsdiener 1. 'Gerichtsdiener bei einem Amt'. 2. '[untergeordneter] Beamter in herrschaftlichen Ämtern'. 3. 'Handwerksgeselle, der einer Zunft angehört'
W: *Diener*
Syn: Ambachtsknecht, BÜTTEL

Lit: Adelung 1:255; DRW 1:561; Grimm 1:282

Amtsdrab 1. 'Amtsbote'. 2. 'Gerichts- und Polizeibediensteter'
W: Drab
Syn: BÜTTEL

Amtsfrau ↗ Amtfrau

Amtsgaugraf ↗ Gaugraf

Amtsgegenschreiber Amtgegenschreiber 'dem Verwalter als Mitamtmann und zur Kontolle beigestellter Beamter'; im Gmundner Salzamt für die kaiserliche Verwaltung

des Salzbergbaus und Salzhandels im oberösterr. Salzkammergut
W: °Einnehmeramtsgegenschreiber, *Gegenschreiber*, °Kassieramtsgegenschreiber, °Mautamtsgegenschreiber, °Salzmeieramtsgegenschreiber, °Steueramtsgegenschreiber
Syn: Mitamtmann

Lit: DRW 2:1435 (Einnehmeramtsgegenschreiber); Patocka (1987) 11; Schraml (1932) 79

Amtshauptmann 'hoher Verwaltungsbeamter, der die Aufsicht über die Beamtenschaft und die Verwaltung innehat'
W: Hauptmann
Syn: Drost

Lit: Adelung 1:256; Barth 1:41; DRW 1:570; Grimm 1:283

Amtsherr ↗ Amtherr

Amtskeller 1. 'Aufsicht über den Weinkeller'. 2. 'Beamter'; allgemeiner Beamtentitel (direkt unter dem Amtmann), Beisitzer bei Gericht, oft für Wirtschaft und Finanzen zuständig
W: Keller

Lit: Adelung 1:256; Barth 1:41; Grimm 1:284

Amtsknecht lat. *pedellus* 1. 'Amtsdiener für verschiedene Aufgaben, wie Botgengänge, Steuerkassieren u.Ä.'. 2. 'Gerichtsdiener'
W: KNECHT
Syn: Pedell

Lit: Adelung 1:256; Barth 1:41; Diefenbach 420; Grimm 1:284

Amtspedell ↗ Pedell

Amtsschöppe ↗ Schöppe

Amtsschösser ↗ Schosser

Amtsschreiber Amtschreiber 1. 'Verwaltungsbeamter, Leiter der Behörde eines Amtsbezirks oder einer Gemeinde'; war bes. auch für Finanzen und Steuern zuständig. 2. 'Amtsleiter einer Gemeinde'. 3. 'Schriftführer einer Zunft'
W: *Schreiber*
Syn: Ambachtsschreiber

Lit: Adelung 1:258; Barth 1:42; DRW 1:589; Idiotikon 9:1536

Amtsschütze ↗ Schütze

Amtsverweser 1. 'Verwalter, der für wirtschaftliche Angelegenheiten zuständig ist'. 2. 'geschäftsführender Stellvertreter eines adeligen Amthauptmannes'. 3. 'Vorsteher und Verwalter eines kleineren Amtsbezirks'
W: Verweser

Lit: Adelung 1:259; Barth 1:42; Grimm 1:284

Amtsvogt 1. 'Vorgesetzter der untersten Verwaltungsbehörde'. 2. 'Gerichtsdiener, Polizeidiener'
W: *Vogt*
Syn: Bruchvogt, BÜTTEL, Pakmor

Lit: Adelung 1:259; Barth 1:42; DRW 1:596

Amtsweibel ↗ Weibel

Anbauer 'Kleinbauer oder Pächter, der sich auf Neuland ansiedelt'
W: BAUER
Syn: Kolonist, Neubauer, Neugebauer

Lit: Adelung 1:268; DRW 1:600; Grimm 1:291

Anbieder ↗ Anbieter

Anbieter Anbieder, Anbüther 'Gerichtsdiener' ❖ zu *anbieten* 'entbieten, gebieten, befehlen, gerichtlich vorladen'; mhd. *anbieten* 'vor Gericht laden'
Syn: BÜTTEL

Lit: Adelung 1:269 (anbiethen); DRW 1:604 (anbieten)

Anbüther ↗ Anbieter

Anckerschmed ↗ Ankerschmied

Anfanger ↗ Anfänger

Anfänger Anfanger, Anfenger 'Glasbläser, der ein Werkstück mit der Pfeife vorbläst und es dann zur Fertigstellung weitergibt'

Syn: Vorbläser
Vgl: Fertigmacher

Anfenger ↗ Anfänger

Angelmacher ↗ Angelschmied

Angelschmied Angelmacher ↗ 'Nadler, der Angelhaken herstellt'
W: Schmied
Lit: Adelung 1:304

Angerhäusler 'Bewohner, der in einem Haus auf dem Anger ansässig und dafür der Grundherrschaft verpflichtet ist'; bes. oberdt. ❖ zu mhd. *anger* 'Grasland, Ackerland'
W: Häusler
Syn: Brinkköter, Brinklieger, Brinksitzer, KLEINBAUER*
Lit: Adelung 1:305; Barth 1:44; DRW 1:645; Grimm 1:349

Angießer 'Beamter im Eichwesen, der die Kontrolle über die für den öffentlichen Ausschank bestimmten Gefäße innehat'
Syn: Zimenter
Lit: Grimm 1:354 (angießen); Palla (1994) 24

Angstmann 'Henker, Scharfrichter'
W: Mann
Syn: SCHARFRICHTER
Lit: Adelung 1:311; Barth 1:44; DRW 1:653; Grimm 1:363; Pies (2001) 38

Anisölbrenner 'Handwerker, der das ätherische Öl aus Anissamen durch Destillation gewinnt'; es wird für Kosmetika oder Liköre verwendet
W: Brenner
Lit: Palla (1994) 24

Ankenführer 'Butterhändler'; zu *Führer* i. S. v. 'Händler' ❖ ↗ Ankenmann
W: Führer
Syn: Ankengrempler, Ankenmann
Lit: Idiotikon 1:983

Ankengrämpler ↗ Ankengrempler

Ankengrempler Ankengrämpler, Ankenkrämpler 'Butterhändler' ❖ ↗ Grempler, ↗ Ankenmann
W: Grempler
Syn: Ankenführer, Ankenmann
Lit: Idiotikon 2:738

Ankenkrämpler ↗ Ankengrempler

Ankenmann 'Butterhändler' ❖ zu mhd. *anke* 'Butter, bes. frische Butter', nur noch im Alemannischen erhalten, geht auf die idg. Wurzel in der Bedeutung 'schmieren, Salbe, Fett' zurück, lat. *unguen* 'Fett, Salbe, Schmiere'
W: Mann
Syn: Ankenführer, Ankengrempler, KRÄMER
Lit: DRW 1:664 (Anken); Grimm 1:378; Idiotikon 4:252; Krünitz 2:77 (Ancken)

Ankensaumer ↗ Ankensäumer

Ankensäumer Ankensaumer 'Wanderhändler, der die Butter auf dem Rücken transportiert; Butterträger' ❖ ↗ Ankenmann
W: Säumer
Lit: Idiotikon 7:952

Ankerschmid ↗ Ankerschmied

Ankerschmied Anckerschmed, Ankerschmid, Ankersmid 'Grobschmied, der Schiffsanker und verschiedene Beschläge für Schiffe herstellt'
W: °Schiffsankerschmied, Schmied
Lit: Adelung 1:323; Barth 1:45; Grimm 1:380; Krünitz 147:8; Linnartz 19

Ankersmid ↗ Ankerschmied

Anmenger 'Arbeiter in der Glasfabrik, der die Materialien abwiegt und mischt' ❖ zu mhd. *mengen* 'mischen'; vgl. aber *Menger* für 'Händler'
W: Menger
Lit: Grimm 1:407 (anmengen); Idiotikon 4:329

Anrichter 1. 'Schichtmeister im Hüttenwerk, der die Metalle prüft und die Anlage be-

schickt'. **2.** 'Bediener an einem herrschaftlichen Hof, der die Tafel für das Mahl vorbereitet'
W: Seigeranrichter

Lit: Adelung 1:350; Barth 1:46; DRW 1:704; Grimm 1:429; Zedler 2:437

Ansager 1. 'Person, oft ein Amtmann, der amtliche Mitteilungen an entlegenen Orten verkündet'. **2.** 'Person, die die Einladungen zu Hochzeiten überbringt, Hochzeitlader'. **3.** 'Beamter im Eichwesen, der die Kontrolle über die für den öffentlichen Ausschank bestimmten Gefäße innehat'. **4.** 'Arbeiter im Salzhandel, der an der Mautstelle die ausgelieferte Salzmenge ansagt' ❖ zu mhd. *ansagen* 'verkünden'
W: Fuderansager, Klagansager, Konduktansager, Schiffsansager
Syn: Ausklinger, Ausscheller

Lit: Fellner 52; Grimm 1:433; Patocka (1987) 278; Schmeller 2:234 (Ansage)

Anschaffer 1. 'Aufsichtsorgan, Aufseher, der Anordnungen zu geben hat'. **2.** 'Verwalter' — zu südt.-österr. *anschaffen* 'befehlen, anordnen'
W: Schaffer

Lit: Adelung 1:353 (anschaffen); Barth 1:46; DRW 1:712; Grimm 1:434

Anschläger 1. 'Arbeiter, der das Füllen der Förderhunde oder Förderkübel mit dem Material ausführt'. **2.** 'Bergarbeiter, der durch Anschlagen das Signal zur Beförderung des Materials oder zum Aufziehen der Kübel gibt'. **3.** 'Person, die unter dem Stadttor die ankommenden Reiter und Wagen mit Glockenschlägen ankündigt'. **4.** 'Tischler, Schreiner, der das Werkstück an Ort und Stelle montiert'
Syn: Schläger

Lit: Adelung 1:359; Agricola (1969) 1:570; Fellner 53; Grimm 1:443; Idiotikon 9:391; Pies (2005) 28; Veith 23

Ansitzer 1. 'Bergmann, der vor Ort arbeitet'. **2.** 'Bergmann, der in einem fremden Feld einen Grubenbau beginnt'. **3.** 'Taglöhner, der gegen freie Wohnung arbeitet' ❖ mhd. *ansitzer* 'Beiwohner, Aufseher'

Lit: Adelung 1:372; DRW 1:730; Fellner 54; Grimm 1:464; RheinWb 8:177; Veith 25

Anspanner ↗ Anspänner

Anspänner Anspanner **1.** 'Vollbauer, Großbauer, der eigene Zugtiere, Gespanne halten kann'. **2.** 'Bauer, der Pferde für den Frondienst beim Gutsherrn hält'. **3.** 'bäuerlicher Landarbeiter oder Taglöhner, der auf einem Gut die Pferde betreut' — zu *anspannen* 'ein Tier vor den Wagen spannen'
W: *Spänner*
Syn: BAUER, FUHRMANN, VOLLBAUER

Lit: Adelung 1:373; Barth 1:46; DRW 1:730; Grimm 1:464; Pies (2005) 24

Anstecker 'Gehilfe des Markscheiders'; zur Arbeit des *Ansteckens* gehörten das Ansetzen einer Bohrung im Gestein, das Anbringen der Pfähle in der Grubenzimmerung usw.

Lit: Fellner 54; Veith 27

Antistes lat. *antistes* **1.** 'gewählter Vertreter der evangelischen Kirchengemeinde, der die finanzielle Gebarung und soziale Aufgaben übernimmt'. **2.** 'erster Geistlicher an Schweizer reformierten Stadtkirchen, der den Vorsitz der Synode führt und die Kirche nach außen vertritt' ❖ lat. *antistes* 'Vorsteher [eines Heiligtums]'
Syn: Pfaffe

Lit: Barth 2:26; Diefenbach 38; Frühmittellat. RWb; Pies (2005) 113

Anwald ↗ Anwalt

Anwalt Anwald **1.** 'bevollmächtigter Stellvertreter oder Abgesandter eines Fürsten oder Landesherrn'. **2.** 'Beamter mit bestimmten Aufgaben'. **3.** 'Vertreter einer Gemeinschaft; Dorfvorsteher'. **4.** 'Rechtsvertreter vor Gericht, Rechtsanwalt' ❖ mhd. *anwalte* 'Anwalt'; ahd. *anawalto* 'der Gewalt hat, Gebieter'; im Ahd. ist noch der urspr. Zusammenhang mit *Gewalt* erkennbar; seit dem 14. Jh. entsteht die Bedeutung 'Beam-

ter, Bevöllmächtigter', im Frühnhd. bedeutet das Wort bereits 'Rechtsbeistand', wobei statt *Rechtsanwalt* noch bis ins 19. Jh. eher *Advokat* üblich war
Syn: Anweiser

Lit: Adelung 1:400; Barth 1:49; DRW 1:766; Grimm 1:513; Idiotikon 15:1607; Paul 48; Pies (2005) 10

Anwater 'erster ↗ Scharrer in der Gruppe der Arbeiter, die die Fahrrinne für Schiffe vertiefen'; ↗ Einscharrer, ↗ Mittelscharrer, ↗ Nachigeher; zu *[voran]waten* '[durch Wasser] voranschreiten' ❖ zu mhd. *waten* 'schreiten, gehen'
Syn: SCHARRER

Lit: Neweklovsky (1964) 51

Anweiser Anwiser 1. 'Lehrer, Erzieher'. 2. 'Kurator für Unmündige, Vormund'. 3. 'Rechtsanwalt'. 4. 'in der Flößerei der Verantwortliche für die Holzzusammenstellung' ❖ mhd. *anwîser* 'Anweiser; Beiständer'
Syn: Advokat, Anwalt

Lit: Adelung 1:401; Barth 1:50; Grimm 1:518; Pies (2005) 10

Anwiser ↗ Anweiser

Anzettler 'Arbeiter in der Weberei, der das Garn der Länge nach spannt'; schon im 19. Jh. nur noch in der übertragenen Bedeutung 'der die Fäden zieht, Anstifter' verzeichnet
Syn: Scherer, TUCHSCHERER

Lit: Adelung 1:4078; Barth 1:50

Apengeiter ↗ Apengeter

Apengeter Apengeiter, Apengheter 'Metallgießer von Handwassergefäßen, Bütten, Taufbecken, Weihrauchgefäßen, Fingerhüten, auch kleinerer Glocken u. Ä.' ❖ mnd. *apengeter* 'eine Art Kannengießer; Rotgießer'; *Apen* bedeutet wörtlich 'Affen', womit jeder figürliche Zierrat auf den Produkten der Metallgießer gemeint ist
FN: Apengeter
W: *Geter*

Syn: Affengießer, Apengießer, ROTGIESSER

Lit: Barth 1:50; Linnartz 20; Pierer 14:394; Schiller-Lübben 1:120; Volckmann (1921) 142

Apengheter ↗ Apengeter

Apengießer 'Metallgießer kleinerer Metallgefäße, bes. litugischer Gefäße, wie Handwasserbecken, Taufbecken, Weihrauchgefäße, kleinere Glocken u. Ä.' ❖ Mischform aus niederdt. *Apengeter* und mitteldt.-oberdt. *Affengießer*
W: *Gießer*
Syn: Affengießer, Apengeter, ROTGIESSER

Lit: Barth 1:50

Apfelhöker Appelhöker 'Detailhändler mit Äpfeln'; die Formen mit *Appel-* sind niederdt.
W: Höker
Syn: Obsthöker

Äpfelmenger Appelmenger, Epfelmenger, Eppelmenger 'Apfel-, Obsthändler'
W: *Menger*

Apfelmoj 'rumänischer Wanderhändler aus Gebirgsgegenden'; im Herbst fuhren die Bauern mit ihrem Obst auf die Märkte ❖ zu *-moj*, entstellte Entlehnung aus der rumänischen Interjektion *mǎi* 'he, du!', die als Auffälligkeit für alle Rumänen verallgemeinert wurde

Lit: Gehl (2003) 37

Apodekher ↗ Apotheker

Apoteker ↗ Apotheker

Apothekenherr 'Ratsherr, der die Aufsicht über die Apotheken innehat'
W: Herr

Apotheker Apodekher, Apoteker, Apteker, Aptheker, Atteiker; lat. *apothecarius, herbarius, pharmacopoeus, pharmacopola, pigmentarius* Die Apotheker handelten urspr. mit Kräutern, Gewürzen, Duftwässern, Süßigkeiten und verschiedenen Luxusgütern und stellten Pillen und Pulver her. Sie wurden seit dem späten Mittelalter den Stadtärzten unterstellt ❖ zu griech. *apotithenai* 'weglegen', griech. *apothēkē*, lat. *apotheca* 'Niederlage, Magazin', später eingeengt auf Magazin für Spezereien

FN: Apteker, Apteiker, Aptheker, Abteker, Appentegger

Syn: DROGIST, Herbarius, Salbenhändler, Salbenkrämer, Specionarius, Spezereihändler, Spezereikrämer, Spezial, Spezier, Statzauner

Lit: Adelung 1:415; Barth 1:51; Barth 2:207; Diefenbach 42, 50, 225, 275, 434; Grimm 1:537; Kluge 54; Linnartz 20; Pies (2002c) 46; Reddig (2000); Volckmann (1921) 205; Zedler 2:928

Appareilleur 'Arbeiter, der Seide so zubereitet, dass sie in der Manufaktur oder Fabrik als Tuch für Bekleidung verwendet werden kann' ❖ zu franz. *appareiller* 'zubereiten', aus vulgärlateinisch *appariculum* 'Zubereitung'

Lit: Gamillscheg 1:43; Kaltschmidt 63; Zedler Suppl 2:52

Appelhöker ↗ Apfelhöker

Appelmenger ↗ Äpfelmenger

Appreturmeister 'Handwerker, der das Pressen des Tuches durchführt; Appreteur'; das Tuch wurde nach dem Scheren gebürstet und dann in einer heißen Presse geglättet

W: Meister

Syn: Rahmmeister, Schermeister

Lit: Reith (1999) 151

Apteker ↗ Apotheker

Aptheker ↗ Apotheker

Aquavitabrenner ↗ Aquavitbrenner

Aquavitbrenner Aquavitabrenner 'Branntweinbrenner, der Aquavit herstellt'; *Aquavit* ist ein aus Korn hergestellter, abgezogener und versüßter Branntwein, sowohl innerlich als auch äußerlich als Stärkungsmittel angewandt ❖ lat. *aqua vitae* 'Lebenswasser'

W: Brenner

Lit: Adelung 1:417 (Aquavit); Barth 1:53; Kaltschmidt 65 (Aquavit); Krünitz 2:361 (Aquavit)

Arbeiter lat. *laborator, operarius* Unter *Arbeit* verstand man im Mittelalter vor allem die 'Mühe, Anstrengung, Strapaze', die Bedeutung ging langsam über in 'produktive Tätigkeit', bis sich seit Luther die positive Bewertung durchsetzte und das Wort schießlich ein gesellschaftlich-ökonomischer Begriff wurde. Schon seit dem späten Mittelalter konnte *Arbeit* auch für geistige und künstlerische Tätigkeit angewandt werden. Der *Arbeiter* war daher ein im Handwerk, Bergbau und auch Hausindustrie tätiger Mensch. Erst im 19. Jh. entstand die Bedeutung 'abhängiger, nicht an den Produktionsmitteln Beteiligter und für die Tätigkeit Entlohnter'. – In historischen Bezeichnungen steht *Arbeiter* in vielen Komposita in verschiedenen Bedeutungszusammenhängen: das verwendete Material (z.B. *Alabaster-, Bein-, Blech-, Seidenarbeiter*), der Arbeitsbereich (z.B. *Gestein-, Hütten-, Bann-, Mühlenarbeiter*), das Produkt (z.B. *Hosen-, Galanterie-, Draht-, Crepinarbeiter*), der Zeitraum (z.B. *Jahr-, Nacht-, Schichtarbeiter*), für wen gearbeitet wird (z.B. *Herren-, Hofarbeiter*) ❖ mhd. *arbeiter* 'Arbeiter, Handwerker', Ableitung von *arbeit, arebeit* 'Mühe, Mühsal, Not', weitere Herkunft ungeklärt

FN: Arbeiter, Arbter

W: Aufsatzarbeiter, Bannarbeiter, Beiarbeiter, Beinarbeiter, Bodenarbeiter, Büttarbeiter, Crepinarbeiter, Drahtarbeiter, Erzarbeiter, Feuerarbeiter, Galanteriearbeiter, Gedingarbeiter, Gesteinarbeiter, Haararbeiter, Hammerarbeiter, Herrenarbeiter, Hofarbeiter, Hornarbeiter, Hosenarbeiter, Hüttenarbeiter, Jahrarbeiter, Kunstarbeiter, Lehmarbeiter, Mühlenarbeiter, Pariserarbeiter, Putzarbeiterin, Raucharbeiter, Rockarbeiter, Schichtarbeiter, Schirrarbeiter, Seidenarbeiter, Seifenarbeiter, Spitzarbeiter, Stahlarbeiter, Stockarbeiter, Stollenarbeiter, Weilarbeiter, Westenarbeiter, Wollarbeiter

Lit: Barth 1:53; Diefenbach 314, 397; DudenFN 94; Frühmittellat. RWb; Gottschald 91; Grimm 1:543; Linnartz 20; Patocka (1987) 76; Paul 51; Pfeifer 56; Zedler 2:1151

Arbeitsfrau Arbetsfrau 'Taglöhnerin, die Hausarbeiten verrichtet'
W: *Frau*

Lit: Barth 1:54; Grimm 1:544; RheinWb 1:233

Arbeitsmann Arbetsmann 'manuell arbeitender Arbeiter oder Handwerker'
W: *Mann*

Lit: Adelung 1:421; Barth 1:54; DRW 1:809; Grimm 1:545; Idiotikon 4:252

Arbesshändler 'Erbsenhändler' ❖ ahd. *arawîʒ*, mhd. *arwîʒ* 'Erbse'
Syn: Erweißer

Lit: Grimm 1:538 (Arbeiß); Schmeller 1:135

Arbetsfrau ↗ Arbeitsfrau

Arbetsmann ↗ Arbeitsmann

Arbiter lat. *arbitrator* 1. 'Schöffe, Beisitzer vor Gericht'. 2. 'Gutachter, Sachverständiger'. 3. 'Schiedsrichter' ❖ mlat. *arbiter* 'Richter'

Lit: Diefenbach 44; Kaltschmidt 67; Pies (2005) 118

Archer ↗ Arker

Archiater 'erster Arzt einer Stadt oder Gemeinde, Oberarzt, Leibarzt' ❖ griech. *archiatrós* 'Erzarzt', Titel antiker Hofärzte; aus *archi*-Präfix mit der Bedeutung 'Haupt-, Oberster', zu griech. *árchein* 'der Erste sein', *archós* 'Anführer'; griech. *iatrós* 'Arzt', zu *iasthai* 'heilen'
Syn: ARZT*

Lit: Barth 1:54; Idiotikon 1:434; Kaltschmidt 68; Kluge 64 (Arzt); Petri 76

Archidiakon 1. 'Vorgesetzter der Diakone und Assistent des Bischofs in Güterverwaltung und Jurisdiktion'; seit dem 5. Jh. bis zum Konzil von Trient. 2. 'Vertreter des Bischofs in einem Diözesansprengel (Archidiakonat)'. 3. 'Titel für den zweiten Diakon einer Stadtkirche'; in der lutherischen Kirche; noch heute in der anglikanischen Kirche 'Vorsteher eines Sprengels mit eigener Gerichtsbarkeit' ❖ kirchenlat. *archidiaconus*, griech. *archidiákonos*, aus griech. *archi*- 'Haupt-, Ober-, Erster' und kirchenlateinisch *diaconus*, griech. *diákonos* 'Diener'; mhd. *diaken*

Lit: Meyers Lexikon 1:705

Archipresbyter 1. 'Stellvertreter des Bischofs bei liturgischen Handlungen'. 2. 'an Taufkirchen angestellter Priester, der die Aufsicht über die kleineren Kirchen führt' — bis zum Konzil von Trient ❖ zu kirchenlat. *presbyter* 'Gemeindeältester; Priester', griech. *presbýteros* 'der (verehrte) Ältere', Komparativ von *présbys* 'alt; ehrwürdig'; zu Archi- ↗ Archidiakon
Syn: Erzpriester

Lit: DudenGWDS; Kaltschmidt 68

Arkebusier Arquebusier; lat. *arcibusarius* 1. 'Schütze mit der Arkebuse'; die *Arkebuse, Arquebuse* ist eine Feuerwaffe des 15./16. Jh., eine leichtere, auch von Reitern verwendbare Weiterentwicklung der *Hakenbüchse*, die nach einem eisernen Haken unter dem Lauf benannt ist, mit dem die Waffe auf der Unterlage fixiert werden konnte. 2. 'Büchsenmacher, Büchsenschmied' ❖ franz. *arquebusier* aus franz. *arquebuse* 'Hakenbüchse'; das aus dem Niederländischen entlehnte *haakbus* 'Hakenbüchse' wurde im Deutschen französisiert; die lateinische Form *arcibusarius* wurde aus franz. *arquebuse* latinisiert und volksetymologisch an lat. *arcus* 'Bogen' angelehnt
Syn: BÜCHSENSCHMIED, Hakenschütze

Lit: Adelung 1:428 (Arkebuse); Barth 1:57; Kluge 59; Meyers Lexikon 1:772; Zedler 4:1840

Arker Archer 'vereidigter Fachmann für das Vermessen eines Holzstoßes und die Prüfung der Qualität'; fränkisch; eine *Arke* ist ein Holzstoß in bestimmter Größe und wichtiges Maß für den Holzverkauf; zu *Arche*

i. S. v. 'aufgeschichteter Haufen von Brettern usw.' ❖ mhd. *arke, arche* 'Arche Noah; Fahrzeug, Kiste; großer Haufen'
W: °Holzarker

Lit: Barth 1:54; RheinWb 1:242

Armborsterer ↗ Armbruster

Armbosterer ↗ Armbruster

Armbriester ↗ Armbruster

Armbruster Armborsterer, Armbosterer, Armbriester, Armbrüster, Armbrustierer
1. 'Armbrustmacher'. 2. 'Armbrustschütze, Bogenschütze' ❖ mhd. *armbruster*, aus mlat. *arbalista*, spätlat. *arcubalista* 'Bogenschleuder', zu lat. *arcus* 'Bogen' und *ballista* 'Wurfmaschine'; mnd. *armborsterer, armbosterer* 'Armbrustmacher'
FN: Armbrust, Armbruster, Armbrüster, Armbröster, Armbrister, Armborst, Armster, Armburster
Syn: ARMBRUSTMACHER

Lit: Adelung 1:431; Barth 1:57; Diefenbach 67; DudenFN 95; DudenGWDS 292; Gottschald 91; Grimm 1:557; Linnartz 21; Palla (2010); Pies (2005); Schiller-Lübben 1:127; Volckmann (1921) 114

Armbrüster ↗ Armbruster

Armbrustierer ↗ Armbruster

Armbrustmacher lat. *balistarius, balistifex, balistrarius, ballistarius, ballistrarius* 'Handwerker, der Armbrüste, eine aus dem Bogen hervorgegangene Schusswaffe, herstellt' ❖ mhd. *armbrust*, ↗ Armbruster
Syn: Armbruster, Ballester, Ballestermacher, Bogenmacher, Bogenschmied, Bogner, Rüstmeister

Lit: Barth 1:57; Grimm 1:557 (Armbrust); Pies (2005); Reith (2008); Schmeller 1:145

Armenadvokat 'von der Obrigkeit eingesetzter Rechtsanwalt zur unentgeltlichen Vertretung von Armen; Armenanwalt'
W: Advokat

Lit: DRW 1:826

Armenarzt 'von der Gemeinde oder der Armenfürsorge zur Betreuung der Armen eingestellter Arzt'
W: ARZT*

Lit: DudenGWDS 292; Grimm 1:558

Armenaufseher 'Person, die die Aufsicht über die Armenanstalten und die Versorgung der Armen innehat'
W: Aufseher

Lit: Grimm 1:558

Armendeche ↗ Deche

Armendiener ↗ 'Bettelvogt'; im 19. Jh. statt *Armenvogt* eingeführt
W: Diener

Lit: Barth 1:58

Armenpfleger 1. 'von der Behörde eingesetzter oder gewählter Verwalter der Armenfürsorge'. 2. 'freiwilliger Helfer in der Betreuung der Armen'
W: PFLEGER
Syn: Almosenier, Almosenpfleger, Armenvater, Kirchendeche, Spendeherr, Spendmeister, Spendvogt

Lit: Adelung 1:433; Barth 1:58; DRW 1:828; Idiotikon 5:1234

Armenvater 1. ↗ 'Armenpfleger'. 2. 'Aufseher im Armenhaus'
W: Vater
Syn: Almosenier, Almosenpfleger, Armenpfleger, Kirchendeche, Spendeherr, Spendmeister, Spendvogt

Lit: Adelung 1:434; Barth 1:58; DRW 1:829

Armenvogt 'städtischer Beamter oder Polizeidiener, der Bettler und unstete Personen überwacht bzw. das Betteln verhindern soll'
W: Vogt
Syn: BETTELVOGT

Lit: Barth 1:58; DRW 1:829; Grimm 1:558

Armenwächter ↗ 'Armenvogt'
W: *Wächter*
Syn: BETTELVOGT
Lit: DRW 1:829

Arner Ärner 1. 'Taglöhner'. 2. 'Schnitter'; Taglöhner wurden vor allem in der Erntezeit benötigt ❖ mhd. *arnære, arner* 'Schnitter, Taglöhner überhaupt', zu mhd. *arnen* 'ernten, verdienen'
FN: Arner, Erner
Lit: DRW 1:832; DudenFN 95; Grimm 1:564; Linnartz 21

Ärner ↗ Arner

Ärnleute 'Taglöhner bei der Ernte' ❖ zu mhd. *arn* 'Ernte'; *arnære, arner* 'Schnitter, Taglöhner'
Lit: DRW 1:832; RheinWb 1:257; Schmeller 1:146

Arquebusier ↗ Arkebusier

Arsete ↗ Arste

Arste Arsete 'Arzt' ❖ zusammengezogen aus *arzete*; mhd. *arzât, arzet* 'Arzt'
Syn: ARZT*
Lit: Schiller-Lübben 1:130

Artilleriebedienter 'Artillerist'
W: *Bedienter*

Artillerieherr 'Aufsicht über die Artillerie'
W: *Herr*

Artillerieknecht 'Soldat der Artillerie'
W: KNECHT

Artist 1. 'Angehöriger der philosophischen Fakultät'. 2. 'Künstler'. 3. 'Kunstkenner'. 4. 'Handwerker, Meister seines Faches' — Die heutige Bedeutung 'Künstler in Zirkus und Varieté, der Geschicklichkeitsübungen vorführt' entstand im 19. Jh. unter franz. Einfluss ❖ mlat. *artista* 'Kunst, Handwerk oder Wissenschaft Ausübender', zu lat. *ars* 'Kunst, Wissenschaft, Geschick'
Syn: *Künstler*
Lit: Diefenbach 51; Frühmittellat. RWb; Kaltschmidt 76; Kluge 63

Artmann 'Bauer' ❖ mhd. *art* 'Ackerbau sowie dessen Ertragnis'; mhd. *artland* 'Bauland, Ackerland', zu mhd. *ern, eren* 'ackern, pflügen'
FN: Artmann
W: *Mann*
Syn: BAUER
Lit: DudenFN 96; Gottschald 920; Linnartz 21; Schmeller 1:129

Artzt ↗ ARZT*

Arzat ↗ ARZT*

ARZT* Artzt, Arzat Historisch gesehen gehört der Arzt zu den handwerklich ausgebildeten Berufen und somit in die Reihe mit *Chirurg* und *Bader*, im Ggs. zum universitär ausgebildeten *Medicus* oder *Physikus*. Auch bloß aus Erfahrung Heilkundige auf dem Land wurden als *Arzt* bezeichnet. Erst mit der Regelung der medizinischen Ausbildung im 19. Jh. wurde der *Arzt* zum medizinischen Akademiker ❖ mhd. *arzât, arzet* 'Arzt', aus mlat. *archiater*, aus griech. *archiatrós* 'Erzarzt', Titel antiker Hofärzte; zu griech. *iatrós* 'Arzt', zu *iasthai* 'heilen'
FN: Arzt, Artzt, Artz, Arz, Arzet, Arztmann
W: Afterarzt, Armenarzt, Brucharzt, Feldarzt, Hebarzt, Irrenarzt, Landarzt, Leibarzt, Mühlarzt, Mundarzt, Pestarzt, Schneidarzt, Seelenarzt, Siechenscherer, Stadtarzt, °Wanderarzt, WUNDARZT, Wurmarzt
Syn: Archiater, Arste, CHIRURG, Externist, Heiler, Internist, Knochenflicker, Okulist
Ggs: Medicus
Lit: Barth 1:60; DudenFN 96; Gottschald 92; Grimm 1:577; Linnartz 21; Pies (2005); Vieser/Schautz (2010) 143

Aschbraacker ↗ Aschbracker

Aschbracker Aschbraacker, Aschbraker, Aschwraker 'Prüfer der Pottasche, die für Seifenherstellung und in Glashütten benö-

tigt wird'; niederdt. ❖ zu mnd. *wraker*, zu *wraken* 'erklären, verwerfen; Waren auf die Güte hin untersuchen und das Schlechte aussondern'
W: Bracker

Lit: Schiller-Lübben 5:776

Aschbraker ↗ Aschbracker

Aschbrenner ↗ Aschenbrenner

Aschebrenner ↗ Aschenbrenner

Aschenberner ↗ Aschenbrenner

Aschenborner ↗ Aschenbrenner

Aschenbrenner Aschbrenner, Aschebrenner, Aschenberner, Aschenborner, Aschenburner, Eschelbrenner, Eschenbrenner 'Person, die in Wäldern Holzabfälle verbrennt, um Asche zu gewinnen'; Abnehmer sind die Glashütten und die Seifen- und Pottaschesieder ❖ mnd. *aschenbernen* 'Aschenbrennen'; zu mhd. *burnen, bornen* 'brennen'
FN: Aschenbrenner, Aschbrenner, Aschenberner, Eschenbrenner
W: Brenner
Syn: Äscherer, Escher
Vgl: Flammenrußbrenner

Lit: Adelung 1:447; Barth 1:60, 227; DudenFN 97; Gottschald 92; Grimm 1:581; Grimm 3:1141; Linnartz 21; OÖ. Hbl 1967, H. 1:29; Palla (2010) 15; Pies (2005) 89; Schiller-Lübben 1:132; Zedler 1:687

Aschenburner ↗ Aschenbrenner

Aschenmann Aschmann 'Person, die in den Häusern die Holzasche einsammelt'; die Asche wurde an Seifensieder oder an Hausfrauen für die Gewinnung von Aschenlauge verkauft; Wiener Volkstype; der Wiener *Naschmarkt* geht auf den *Aschenmarkt* zurück
W: Mann
Vgl: Aschfrau

Lit: Barth 1:61; Hartmann (1998) 201; Palla (2010) 15

Aschenschweler ↗ 'Aschenbrenner' ❖ zu mnd. *swelen* 'dörren; langsam ohne Flamme brennen'
W: Schweler

Lit: Heinsius 1:124; Hoffmann Wb 1:227

Aschenweib 'Person, die in den Häusern die Holzasche einsammelt'; ↗ Aschenmann
W: Weib
Syn: Aschfrau

Lit: Grünn (1978) 14

Ascher ↗ Äscherer

Ascherer ↗ Äscherer

Äscherer Ascher, Ascherer, Äschner 'Person, die in Wäldern Holzabfälle verbrennt, um Asche zu gewinnen'; Ableitung von *Asche*
Syn: Aschenbrenner

Lit: Adelung 1:449; Barth 1:60; Grimm 1:584; Zedler 1:687

Aschfrau 'Person, die in den Häusern die Holzasche einsammelt'
W: Frau
Syn: Aschenweib
Vgl: Aschenmann

Lit: Adelung 1:449

Aschknecht 'Arbeiter in der Schmelzhütte, der die Asche vorbereitet'
W: Knecht

Lit: Adelung 1:449; Barth 1:61; Grimm 1:585

Aschmann ↗ Aschenmann

Aschmesser 'Arbeiter in der Schmelzhütte, der für die Aschenvorräte verantwortlich ist'
W: Messer

Lit: Adelung 1:450; Grimm 1:585; Hoffmann Wb 1:227

Äschner ↗ Äscherer

Aschwraker ↗ Aschbracker

Asega 'Rechtssprecher und Urteilfinder bei den Friesen' ❖ mnd. *asige, asege, asge* 'Rechtssprecher, Richter'; aus fries. *â*, mhd. *ê* 'Recht, Gesetz' und friesisch *sega* 'Sager, Sprecher'
Syn: *Richter*
Lit: Barth 1:61; Meyers Lexikon 1:850; Schiller-Lübben 1:133

Asemaker ↗ Assenmacher

¹Asenmacher 'Handwerker, der Holzrahmen und -gestelle herstellt'; Holzstangengerüste wurden über dem Stubenofen zum Trocknen von Kleidern oder in der Tenne zum Trocknen von Wäsche und Holz montiert ❖ zu einer idg. Wurzel *as-* 'brennen', verwandt mit *Esse*
Lit: Barth 1:61; Grimm 1:587 (Assel); Volckmann (1921) 177; WBÖ 1:394

²Asenmacher ↗ Assenmacher

Assemaker ↗ Assenmacher

Assemeker ↗ Assenmacher

Assenhauer Aßhauer, Aßheuer, Asshauer 'Handwerker, der das Holz für den Wagner zurichtet'; norddt. ❖ zu niederdt. *ass*, mnd. *asse* 'Achse'; ↗ Hauer
FN: Asshauer, Aßhauer, Assheuer, Aßheuer
W: Hauer
Lit: Barth 1:62; DudenFN

Assenmacher Asemaker, Asenmacher, Assemaker, Assemeker 'Wagner, Stellmacher' ❖ zu niederdt. *ass*, mnd. *asse* 'Achse'
FN: Assmacher, Asemacher, Assenmacher, Assemaker
Syn: *Esser*, Wagner
Lit: Barth 1:62; DudenFN 97; Gottschald 81, 93; Lindow 22; Linnartz 21; RheinWb 2:33 (Ächser)

Assessor lat. *assessor* 1. 'Anwärter der höheren Beamtenlaufbahn nach der zweiten Staatsprüfung'. 2. 'Beisitzer bei einer Behörde oder bei Gericht'. 3. 'gewählter Obergeselle bei den Buchdruckern' ❖ lat. *assessor* 'Beisitzer, Gehilfe', zu lat. *assessum*, 2. Partizip zu *assidere* '(als Berater) zur Seite sitzen'
W: °Kanzleiassessor, °Stadtassessor
Syn: Akzessist, Auskultant, Auskultator, Diätar, Diurnist
Lit: Adelung 1:453; Barth 1:62; Diefenbach 55; DudenGWDS; Kaltschmidt 80; Zedler Suppl 2:553

Aßhauer ↗ Assenhauer

Asshauer ↗ Assenhauer

Aßheuer ↗ Assenhauer

Associé 'Teilhaber, Kompagnon'; kommt im veralteten Sprachgebrauch noch vor ❖ franz. *associé* 'Mitarbeiter', zu franz. *associer* 'zugesellen', aus lat. *associare*
Lit: Barth DB; DudenFW 149; Gamillscheg 1:56

Atte Ette 'Richter oder Geschworener eines friesischen Gerichts, der bes. auch für die Erhaltung der Deiche zuständig ist' ❖ altfriesisch *aththa, atha, atta, ettha* 'Geschworener'
Syn: *Richter*
Lit: DRW 1:843; Köbler 18

Atteiker ↗ Apotheker

Ätzer Aetzer 'Kunsthandwerker, der Zeichnungen in Kupfer, Eisen oder in Glas, bes. Waffen, graviert' ❖ Ableitung von *ätzen*; zu mhd. *atzen, etzen*, Veranlassungwort zu *essen* und bedeutet somit 'essen, verzehren lassen, verköstigen, weiden, füttern'; seit dem 15. Jh. übertragen als technisches Fachwort für 'durch Säure einzeichnen, ein Muster machen', wörtlich 'die Säure einfressen lassen'
FN: Etzer
W: °Eisenätzer, °Glasätzer
Syn: *Ätzmaler*
Lit: Barth 1:64; Gottschald 95; Grimm 1:597; Pies (2005) 37; Reith (2008) 56

Ätzmaler Aetzmaler, Etzmaler 'Handwerker, der Ornamente in Metall graviert und diese bemalt oder vergoldet'; verziert wurden bes.

Schmuckstücke, Waffen und Rüstungen; das Handwerk ist sowohl den Malern als auch den Schmieden benachbart ❖ ↗ Ätzer
W: *Maler*
Syn: Ätzer

Lit: Barth 1:64; DudenEtym 54; Pies (2005) 94; Reith (2008) 143

Aubergier ↗ Aubergist

Aubergist Aubergier 'Gastwirt' ❖ franz. *aubergiste* 'Gastwirt', zu franz. *auberge* 'Herberge', aus ahd. *heriberga* 'Herberge', vgl. ital. *albergo*
Syn: WIRT

Lit: Barth 1:65; Gamillscheg 1:60; Petri 93

Auchter Äuchter 'Hirt, der das Vieh zur Nacht- oder Frühweide führt' ❖ zu mhd. *uhte, uohte* 'Morgendämmerung; Nachtweide Weide'; mhd. *uhtweide* 'Nachtweide'; pfälzisch *Auchtweide* 'freie Weide im Herbst'
FN: Auchter, Auch, Auchner, Eichter
Syn: FLURSCHÜTZ

Lit: DudenFN 98, 216; Gottschald 500; Linnartz 21, 247; PfälzWb 1:360; Schmeller 1:31 (Uechtweide)

Äuchter ↗ Auchter

Auengärtner Augärtner 'Besitzer eines kleinen landwirtschaftlichen Grundstücks am Dorfbach'; zu *Gärtner* i. S. v. 'Kleinbauer ohne Vieh' ❖ ↗ Auenhäusler
W: *Gärtner*
Syn: Auenhäusler, KLEINBAUER*

Lit: DRW 1:847

Auenhäusler Auhäusler 'Kleinbauer mit kleinem Landbesitz, der am Dorfbach gelegen ist' ❖ zu mhd. *ouwe* 'von Wasser umflossenen Land; wasserreiches Wiesenland, Aue', hier in der speziellen Bedeutung 'am Wasser liegendes Grundstück'
W: *Häusler*
Syn: Auengärtner, KLEINBAUER*

Lit: DRW 1:847

Auer 'Uhrmacher' ❖ die urspr. Bedeutung 'Uhr' wurde auf den Uhrmacher übertragen; mhd. *ûr, ûre* 'Stunde', über das Kompositum *ôrglocke* erfolgt die Übertragung auf die *Uhr*. Die Form *Auer* entspricht der Diphthongierung von mhd. *-û-* zu *au*, wie in *bûr* 'Bauer', hat sich aber nicht durchgesetzt
Syn: Auermacher, UHRMACHER*

Lit: Barth 1:65; Grimm 1:602; Pies (2005) 172; Volckmann (1921) 130

Auermacher Aurmaker 'Uhrmacher' ❖ ↗ Auer
Syn: Auer, UHRMACHER*

Lit: Linnartz 21; Pies (2005) 172; Volckmann (1921) 130

Aufbatzer 'Arbeiter in der ersten maschinellen Ziegelpresse, der den Lehmbatzen auf die Presse legt'; der Batzen wird in der Presse geformt, getrocknet und gebrannt (19. Jh.) ❖ zu mhd. *batze* 'kleine Münze', aus *batzen* 'zusammenkleben', daraus entstanden die alten Bezeichnungen für 'Dickpfennig' und 'Klumpen'

Lit: Werner (2000)

Aufdinger Offdinger, Uffdinger 1. 'Beamter, der die Beförderung der Schiffslasten organisiert'. 2. 'Person, die jemanden oder etwas zusammenruft, auffordert, z.B. ein Heer einberuft und ausrüstet, vor Gericht vorladet, als Arbeitskraft einstellt'. 3. 'Markthelfer, Auflader bei einem Spediteur' ❖ mhd. *ûfdinger* 'der etwas aufbietet', zu mhd. *dingen* 'Gericht halten; vor Gericht laden; vertragsmäßig abschließen, ausbedingen'
Syn: GUTFERTIGER

Lit: DRW 1:851; Volckmann (1921) 237

Auferg ↗ Auferge

Auferge Auferg 'Schiffs-, Floßführer' ❖ aus ↗ *Nauferge*, wobei vermutlich das anlautende *N-* als unorganisch interpretiert und weggelassen wurde
Syn: Nauferge

Lit: Schmeller 1:3

Aufgarber Aufgerber 1. 'Erntearbeiter, der die Garben auf den Wagen hebt'; zu *aufgarben* 'in Garben zusammenbinden und einfahren'. 2. 'Arbeiter, der Waren auflädt'

Lit: Grimm 1:651 (aufgarben)

Aufgeber 1. 'Arbeiter im Hüttenwerk, der Kohle und Eisensteine in den Hochofen schüttet'. 2. 'Person, die die Waren an die Fuhrleute übergibt'
W: Salzaufgeber
Syn: Aufläufer

Lit: Adelung 1:493; DRW 1:871

Aufgerber ↗ Aufgarber

Aufgießer 'Arbeiter im Hammerwerk, der während des Schmiedens Wasser über das glühende Eisen und den Hammer gießt, um sie abzukühlen'
W: *Gießer*
Syn: HAMMERSCHMIED

Lit: Adelung 1:495; DRW 1:874; Grimm 1:658

Aufhaber ↗ Aufheber

Aufhacker 'Arbeiter in der Fleischerei, der das Tier zerlegt und das Fleisch zerhackt' ❖ mhd. *ûf hacken* 'aufhacken'
W: Hacker

Aufhauer 'Taglöhner, der den Boden aufhackt und lockert' ❖ zu mhd. *ûf houwen* 'aufhauen, brechen; zerhacken, zerteilen'
W: HAUER

Lit: Idiotikon 2:1814

Aufheber Aufhaber 1. 'Arbeiter im Salzbergbau, der das Salz in die Kufen zum Weitertransport schaufelt'. 2. 'Beamter beim Salzbergbau, der die Händler und Fuhrleute bei der Übernahme des Salzes kontrolliert' — zu *aufheben, aufhaben* i. S. v. 'einnehmen, erheben, empfangen' ❖ zu mhd. *ûf heben* 'in die Höhe heben; einfordern'; mhd. *haben* Nebenform zu *heben*
W: Heber
Syn: Zukehrer

Lit: DRW 1:879; Fellner 67; Patocka (1987) 217

Aufhelfer 1. 'Arbeiter, der hilft, die Säcke zu schultern'. 2. 'im Salzbergbau der Helfer des ↗ Aufschaffers' ❖ zu mhd. *ûf helfen* 'einem aufstehen helfen'
W: Helfer*

Lit: DRW 1:883; Fellner 67

Auflader 'Arbeiter, der Waren in der Kaufhalle auf- und ablädt oder für den Transport auf Wagen fachgerecht packt'
W: *Lader*
Syn: Aufleger, Schmierer, Truhenlader
Ggs: Auslader

Lit: Adelung 1:505; Barth 1:66; DRW 1:889; Grimm 1:680

Aufläufer 1. 'Arbeiter im Hüttenwerk, der Erz und Kohlen in den Schmelzofen schüttet'. 2. 'angehender, unerfahrener Seemann'
W: *Läufer*
Syn: Aufgeber, Aufträger

Lit: Adelung 1:507; DRW 1:894

Aufleger Upleger 1. 'Arbeiter, der bei der Be- oder Entladung von Waren beschäftigt ist'. 2. 'Begleiter eines Schiffszugs, der zu Fuß mitgeht und das Zugseil über die Hindernisse hebt'. 3. 'Zollbeamter, der den zu entrichtenden Zoll festsetzt' ❖ 1., 2.: mhd. *ûfleger* 'Auflader'; 3.: zu *auferlegen*; zu mnd. *upleggen* 'auflegen'
FN: Aufleger, Upleger, Uppleger, Upplegger
Syn: Auflader, Schmierer

Lit: Barth 1:66; DRW 1:896; DudenFN 99, 682; Gottschald 94; Grimm 1:685; Linnartz 21; Neweklovsky (1964) 121; Schiller-Lübben 5:116; SteirWb 33

Aufmerker 1. 'Aufseher'. 2. 'Zeuge vor Gericht' ❖ mhd. *ûfmerker* 'Aufpasser'

Lit: DRW 1:902; Grimm 1:691

Aufmützerin 1. 'Putzmacherin'. 2. 'Haubenstickerin' ❖ zu mhd. *ûf mutzen, ûf mützen* 'schmücken'; mhd. *mutzen* 'schmücken, putzen'; vgl. schweiz. *mutzen* 'schmücken, putzen, schniegeln'; weitere Herkunft unklar; bes. im 16. Jh. gebäuchlich; hängt nicht mit *Mütze* zusammen

Lit: Adelung 1:512 (aufmutzen); Grimm 1:692 (aufmutzen), 695; Idiotikon 4:619 (mutzen); Schmeller 1:1706 (mutzen)

Aufnehmer 1. 'Beamter, der Zölle und Abgaben einhebt'. **2.** 'Arbeiter in der Papiermühle, der die Papierbogen vom Filz abnimmt'
Syn: Einnehmer, STEUEREINNEHMER

Lit: DRW 1:918; Grimm 1:697

Aufpasser 1. 'Person, die an den Stadttoren die ankommenden Waren überprüft, Torwächter'. **2.** 'Sittenwächter' ❖ zu mnd. *passen up* 'auf etwas acht geben'

Lit: Adelung 1:515; Barth 1:66; DRW 1:921; Grimm 1:699; Schiller-Lübben 3:308

Aufsatzarbeiter 'Arbeiter am Holzlagerplatz der Saline'; unter *Aufsatz* versteht man die 'Aufschichtung des Holzes'; die Salinen benötigten eine große Menge Holz, das auf einem Lagerplatz so aufgeschichtet wurde, dass es vermessen und verrechnet werden konnte und zugleich richtig austrocknete
W: *Arbeiter*

Lit: Patocka (1987) 275 (Aufsatz); Schraml (1932) 196

Aufsatzknecht ↗ Aufsatzarbeiter
W: KNECHT

Lit: Rieder (2006) 1:30; Schraml (1932) 213

Aufsäuberer 'Bergarbeiter, der das gewonnene Erz und das lose Gestein wegschafft'
W: *Säuberer*

Lit: Barth DB; Fellner 70 (aufsäubern); Grimm 1:719

Aufschaffer 1. 'Salinenarbeiter, der die Salzstöcke im Pfieselhaus (in der Dörr- und Trockenstube) zum Trocknen aufstellt'. **2.** 'Aufseher im Salzwerk'
W: *Schaffer*

Lit: DRW 1:935; Fellner 70

Aufschlageinnehmer Aufschlagseinnehmer 'Beamter, der die Steuern oder die Steuerzuschläge kassiert'
W: Einnehmer
Syn: STEUEREINNEHMER

Lit: DRW 1:938

Aufschläger Upslager **1.** 'Zollbeamter, der die indirekten Steuern einhebt'; z.B. Aufschläge für Bier, Wein, Fleisch. **2.** 'Leiter einer Versteigerung, Auktionator'. **3.** 'Handwerker, der bei der Arbeit auf etwas schlägt'; bei verschiedenen Arbeiten, z.B. Feingoldschläger. **4.** 'Zimmermann'; er schlägt ein Haus auf, d.h. setzt Balken für Balken auf, im Ggs. zum gemauerten Haus. **5.** 'Arbeiter, der auf einen Wagen auflädt'. **6.** 'Bäcker, der das Brot in den Backofen einschießt' ❖ zu mhd. *ûfslac* 'Aufschlag, Erhöhung des Preises, der Abgaben etc'; zu mnd. *upslach, upslân* 'Aufschlag, aufschlagen'
FN: Aufschläger, Aufschlaeger, Aufschlager, Ufschlag, Uffschlag
W: °Bieraufschläger, °Weinaufschläger
Syn: STEUEREINNEHMER

Lit: Adelung 1:528; Barth 1:67; DRW 1:940; Gottschald 94; Grimm 1:725; Linnartz 21; Pies (2005) 165; Schiller-Lübben 5:131

Aufschlaggegenschreiber ↗ 'Gegenschreiber, der die Steuereinnahmen kontrolliert'; ↗ Aufschläger
W: *Gegenschreiber*, °Getreideaufschlagsgegenschreiber

Aufschlagseinnehmer ↗ Aufschlageinnehmer

Aufschneiter 'Arbeiter, der gefällte Baumstämme von Ästen befreit'; das Reisig von Nadelbäumen wurde als Streu für den Stall verwendet ❖ *schneiten* ist eine Intensivform zu *schneiden*
FN: Aufschnaiter

Lit: Grimm 15:1286 (schneiten, Schneitler); Hornung (1989) 38

Aufschüttkassier 'Leiter des bürgerlichen Salzmagazins'; die Stadt Gmunden, Oberös-

terreich, hatte das Recht auf den Verkauf von Salz, wozu ein bürgerliches Salzmagazin *(Aufschütt)* zur Aufbewahrung des Salzes gegründet wurde; zu *aufschütten* '(Getreide, Salz o. Ä.) zum Lagern oder Trocknen auf einen geeigneten Boden schütten'
Syn: Salzaufgeber

Lit: Fellner 423; Schraml (1932) 321

Aufschwemmer 'Flößer, der das Floßholz an Land zieht' ❖ zu mhd. *swemmen* 'ins Wasser tauchen; aufschwemmen'

Lit: Adelung 1:533 (aufschwemmen); Grimm 1:733 (aufschwemmen); Heinsius 1:159

Aufseher 1. 'Vormund, Pfleger'. 2. 'für die Hunde bei der Jagd Zuständiger'. 3. 'Vorgesetzter, der die Aufsicht führt und für eine Sache verantwortlich ist' — heute als Bewacher über Personengruppen (Schule, Gefängnis, Museum usw.) üblich, historisch war das Wort häufig i. S. v. 'Vorgesetzter, der für eine Sache verantwortlich ist', z. B. für eine Produktionsstätte, einen Damm, einen Wald, das Bettelwesen, die Steuereinhebung ❖ mhd. *ûfseher* 'Aufseher'
W: Armenaufseher, Gefällaufseher, Holzaufseher, Maischaufseher, Mautaufseher, Packhausaufseher, Rabischaufseher, Waldaufseher, Zollaufseher

Lit: Adelung 1:534; Barth 1:67; DRW 1:945; Grimm 1:734; Idiotikon 7:552; Krünitz 2:772

Aufsetzer 1. 'Bergarbeiter, der das Holz in der richtigen Weise aufschichtet'. 2. 'Beamter, der Zahlungen festsetzt und eintreibt'. 3. 'Warenauslader im Hafen'. 4. 'amtlicher Münzprüfer' — zu *aufsetzen*, regional für 'aufschichten'
W: Holzaufsetzer, Setzer, Stuhlaufsetzer
Syn: Probierer

Lit: Adelung 1:536; Barth 1:67; Grimm 1:738; Grimm 7:1652; Idiotikon 7:1652; Zedler 13:694

Aufspieler 'Musikant, der bei Hochzeiten, Festen usw. spielt' ❖ zu *aufspielen*
Syn: Spielmann

Lit: Barth 1:67; Grimm 1:742 (aufspielen); Pies (2005) 104

Aufsteckerin ↗ 'Putzmacherin, die bes. Hauben mit Bändern, Blumen usw. aufputzt' ❖ zu *aufstecken* 'mit einer Stecknadel befestigen'
Syn: Haubenmacher, Haubenstecker, Hauber, Hüllenmacher, Hüllenweber, Hüller

Lit: Adelung 3:872 (Putzmacherin); Barth 1:67; Grimm 1:746 (aufstecken)

Aufstutzer 'Handwerker, der Hüte u. Ä. zum Tragen bereit macht, aufstaffiert'; *aufstutzen* bedeutet wörtlich 'eine verkürzte Krempe in die Höhe biegen', allgemein auch 'aufputzen' ❖ zu mhd. *stuz, stutz* 'Stoß'
W: Hutaufstutzer
Syn: Staffierer

Lit: Adelung 1:545; Grimm 1:755; Kluge 896 (Stutzer)

Aufträger 1. 'Bedienter, der beim Mahl die Speisen aufträgt'. 2. 'Wirt, der ein Speiselokal führt'. 3. 'Arbeiter im Hüttenwerk, der Erz und Kohlen in den Schmelzofen schüttet' ❖ mhd. *ûftrager* 'Aufträger, der Wein aufträgt'
W: Träger
Syn: Aufläufer

Lit: Adelung 1:547; Barth 1:67; DRW 1:961; Grimm 1:762

Aufwarter ↗ Aufwärter

Aufwärter Aufwarter, Aufwarther, Aufwärther, Aufwärtter 1. 'Person, die jemanden bedient'; in einem herrschaftlichen Haushalt oder einem Ratskollegium. 2. 'Kellner'; kommt im veralteten Sprachgebrauch vereinzelt noch vor ❖ zu mhd. *warten* 'Acht haben, ausschauen nach, sorgen für'
W: Wärter
Syn: Gastknecht, Kredenzer, Markör
Vgl: Aufwärterin

Lit: Adelung 1:551; Barth 1:67; DRW 1:965; Grimm 1:769

Aufwärterin lat. *ancilla, famula* 'Frau, die andere bedient'; ↗ Aufwärter
Vgl: Aufwärter

Lit: Barth 1:67; Barth 2:23, 108; Diefenbach 33, 224; Frühmittellat. RWb; Grimm 1:772

Aufwarther ↗ Aufwärter

Aufwärther ↗ Aufwärter

Aufwärtter ↗ Aufwärter

Augärtner ↗ Auengärtner

Augenschneider 'Augenoperateur, Augenarzt'
W: SCHNEIDER
Lit: Idiotikon 9:1132

Äugler 'Mitarbeiter im Salzbergbau von Halle, der die Aufsicht über die Brunnen und die ↗ Bornknechte hat'
Syn: Bornmeister
Lit: Adelung 1:1127 (Bornmeister); Barth 1:68; DRW 1:980; Grimm 1:815

Auhäusler ↗ Auenhäusler

Auhüter ↗ Hüter

Aulenbäcker Aulenbecker 'Töpfer' ❖ zu mhd. *ûle* 'Topf', aus lat. *olla, aula* 'Topf'; *backen* i. S. v. 'glühend heiß machen, brennen', z. B. Ziegel backen
W: BÄCKER*
Syn: TÖPFER
Vgl: Ulenbäcker
Lit: Barth 1:67; Pies (2005) 168

Aulenbecker ↗ Aulenbäcker

Auler Aulner, Äulner 'Töpfer'; westdt. ❖ zu mhd. *ûle* 'Topf', aus lat. *olla, aula*
FN: Aul, Auler, Aulner, Aulmann
Syn: Euler, Ohler, TÖPFER, Ulner
Lit: Barth 1:69; DudenFN 99; Gottschald 94; Grimm 1:817; Linnartz 22; Pies (2005) 168; RheinWb 1:334 (Aulner)

Aulner ↗ Auler

Äulner ↗ Auler

Aumann 'Aufseher über die Auwälder'
W: *Mann*
Lit: DRW 1:981

Aurmaker ↗ Auermacher

Ausbereiter ↗ Ausbreiter

Ausberer ↗ Auspehrer

Ausbraiter ↗ Ausbreiter

Ausbreiter Ausbereiter, Ausbraiter 1. 'Gold- oder Silberschmied, der die endgültigen Fertigungsarbeiten bei den Gold- und Silberarbeiten durchführt'. 2. 'Kupfer-, Kesselschmied'
Syn: KESSELSCHMIED, KUPFERSCHMIED
Lit: Barth 1:69; Pierer 3:139, 140; Reith (2008) 106

Auscultant ↗ Auskultant

Auscultator ↗ Auskultator

Ausfaut Außfaut 1. 'Vogt, der für die außerhalb liegenden Vogteien zuständig ist und die fälligen Steuern und Abgaben einhebt'. 2. 'oberster Verwaltungsbeamter der Vogtei'
W: Faut
Lit: PfälzWb 2:441

Ausferg ↗ Ausferge

Ausferge Ausferg 'Schiffsführer, der den Salztransport mit den Schifferzillen leitet'; bes. den Transport des Halleiner Salzes von Hallein bis Lauffen ❖ zu mhd. *ver, vere, verje, verige, verge* 'Schiffer, Fährmann'
W: Ferge
Syn: Nauferge
Lit: Fellner 84; Schmeller 1:754; Schraml (1932)

Ausgeber 1. 'Verwalter, bes. eines Warenlagers'. 2. 'Person, die die [Lebensmittel]vorräte an das Gesinde zum Gebrauch herausgibt'. 3. 'städtischer Finanzbeamter'. 4. 'Zahlmeister an einem Fürstenhof' ❖ mhd. *ûʒgëber* 'Austeiler, Auszahler, Schaffner'

Syn: Beschließer
Vgl: Ausgeberin
Lit: Adelung 1:395; Barth 1:70; DRW 1:1025; Grimm 1:868; Krünitz 3:226

Ausgeberin 1. 'Frau, die die Schlüsselgewalt hat und die Vorräte an das Gesinde zum Gebrauch herausgibt'. 2. 'Haushälterin, Wirtschafterin'
Syn: Beschließerin
Vgl: Ausgeber
Lit: Adelung 1:395; DRW 1:1026; Grimm 1:868; Krünitz 3:226

Ausgedinger Ausgedingler 'Bauer, der den Hof übergeben und sich aufs Altenteil zurückgezogen hat'; regional, bes. österr., Ableitung zu *Ausgedinge*, wörtlich 'was man sich (für das Altenteil) ausbedungen hat'
Syn: ALTBAUER
Lit: Pies (2005) 24

Ausgedingler ↗ Ausgedinger

Ausgeher 'Bote, der von Firmen oder Behörden Schriftstücke zustellt oder abholt'; bes. süddt., kommt im veralteten Sprachgebrauch noch vor
Syn: BOTE*
Lit: Barth 1:70

Aushauer 'Fleischer, Schlächter, der das geschlachtete Tier zum Verkauf zerlegt'; zu *aushauen*, regional für 'ein Schlachttier zerlegen'
W: HAUER
Lit: DudenGWDS; Grimm 1:882 (aushauen)

Ausklinger 'Bote, der Mitteilungen des Rates oder der Gemeinde verkündet; Ausrufer'
Syn: Ansager, Ausscheller
Lit: Riepl (2009) 44

Auskoch 'Koch, Wirt, der warme Mahlzeiten führt'; zu *auskochen* 'warme Mahlzeiten anbieten' (im Ggs. zu bloß kalter Küche), bes. bayr.-österr., kommt im veralteten Sprachgebrauch noch vor

Syn: Garbereiter, Garbrater, Garkoch, Garküchner, Sudelkoch, Sudler
Lit: DRW 1:1045 (Auskochwirt); Ebner (2009) 51 (auskochen)

Auskultant Auscultant 1. 'Beisitzer bei Gericht ohne Stimmrecht'. 2. 'Anwärter auf das Richteramt, Rechtspraktikant' — österr.; in der Rechtssprache ❖ zu lat. *auscultans*, Partizip zu *auscultare* 'zuhören'
Syn: Akzessist, Assessor, Auskultator, Diätar, DINGWART, Diurnist
Lit: Barth 1:70; DudenFW 162; Kaltschmidt 90

Auskultator Auscultator; lat. *auscultator*
↗ 'Auskultant'
W: °Kammerauskultator
Syn: Akzessist, Assessor, Auskultant, Diätar, Diurnist
Lit: Barth 1:70; Barth 2:35; DudenFW 162; Kaltschmidt 90

Auslader 'Arbeiter, der bei der Entladung von Gütern beschäftigt ist'
W: *Lader*
Ggs: Auflader
Lit: Adelung 1:608; Grimm 1:899; Hartmann (1998) 184

Ausläufer 1. 'Bote, der von Firmen oder Behörden Schriftstücke zustellt oder abholt'. 2. 'Bergarbeiter, der mit einem Fördergefäß oder -wagen das Material aus dem Schacht herausbefördert'
W: *Läufer*
Syn: BOTE*
Lit: Adelung 1:612; Barth 1:71; Fellner 89; Veith 43

Ausmärker 'außerhalb der Dorfgemarkung ansässiger Teilhaber an der Markgenossenschaft'; zu *Mark* in der Bedeutung 'Wohn- und Nutzungsbereich einer Siedlung als Gemeinbesitz der Mitglieder (Mark-, Hof-, Dorfgenossen)'
W: Märker
Syn: MARKGENOSSE
Ggs: Inmärker
Lit: Adelung 1:618; Barth 1:71; Grimm 1:917

Ausmeiner ↗ Ausmiener

Ausmiener Ausmeiner, Ausmünder 'Auktionator, Versteigerer' ❖ niederdt.; zu *ausmeinen, meinen* 'etwas kaufen, bes. bei öffentlichen Verkaufsaktionen; ersteigern'; niederdt. *Utmieneret* 'Versteigerung'; zu mhd. *mînen* 'sich als Eigentum zueignen, innehaben'; in der niederdt. Form mit Monophthong *-i-*
Syn: Ganter, Gantmeister, Verganter

Lit: DRW 1:1064, 1065; DRW 9:454 (meinen); Lindow 230

Ausmünder ↗ Ausmiener

Ausnehmer 'Bauer, der den Hof übergeben und sich aufs Altenteil zurückgezogen hat'; Ableitung von *Ausnahme* 'Ausgedinge'
Syn: ALTBAUER

Lit: Barth 1:71; DRW 1:1068; Ebner (2009) 52; Pies (2005) 24

Auspeerer ↗ Auspehrer

Auspehrer Ausberer, Auspeerer ↗ 'Pehrer'
W: Pehrer
Syn: Ordner, Zupehrer, Zuzieher

Lit: Fellner 91; Patocka (1987) 209, 219; Treffer (1981) 114

Auspfänder 'Gerichtsvollzieher, Exekutor' ❖ zu *auspfänden* 'pfänden'
W: Pfänder
Syn: EXEKUTOR

Lit: DRW 1:1070

Auspracker 'Handwerker, der Silberblech zu feinen Blättchen schlägt' ❖ zu mhd. *bræchen, præchen*, mhd.-bair. *braeken* 'prägen'; auch spätmhd. *bräcken* 'Lärm schlagen' kann hereinspielen
W: Silberauspracker
Syn: Silberschlager

Lit: WBÖ 1:706 (auspracken)

Ausraiter Ausreiter 1. 'Beamter des Rechungswesens'. 2. 'Beamter, der die Salzverkaufsstellen (↗ Salzseller) kontrolliert' ❖ zu mhd. *reite* 'Rechnung, Abrechnung, Rechnungslegung'; *-rait-* ist die etymologische bair. Schreibung, bair. *raiten* 'rechnen, Rechnung stellen'
W: Raiter
Syn: Beraiter

¹**Ausreiter** Ausreuter, Utrider 1. 'reitender Bote, Diener'. 2. 'berittener Polizist'. 3. 'Beamter, der die Befolgung der königlichen Verordnungen kontrolliert'. 4. 'Ausrüster'. 5. 'Ausbieter beim öffentlichen Verkauf' ❖ 1.–3.: mhd. *ûʒrîter* 'abequis'; mhd. *rîter* 'Reiter, Ritter'; mnd. *ûtrider* 'reitender Diener'; 4., 5.: mnd. *ûtreder* 'Ausrüster', zu mnd. *ûtreden* 1. 'bereiten, zahlen', 2. 'bereiten, fertig machen, ausrüsten'. Die beiden Bedeutungsstränge sind nicht immer klar zu trennen.
W: Ökonomieausreiter, Ratsausreiter, Reiter, Salzausreiter
Syn: BOTE*

Lit: Adelung 1:625; Barth 1:71; DRW 1:1074; Schiller-Lübben 5:167

²**Ausreiter** ↗ Ausreuter, Ausraiter

¹**Ausreuter** Ausreiter 'Person, die eine Waldfläche rodet; Sträucher usw. ausreißt, aushackt' ❖ zu mhd. *riuten* 'reuten, ausreuten, urbar machen'; mhd. *ûʒriutunge* 'Rodung'
W: Reuter

Lit: Adelung 1:626 (ausreuten); Barth 1:71; DRW 1:1075; Grimm 1:934 (ausreuten, Ausreutung); Krünitz 3:243 (ausreuten)

²**Ausreuter** ↗ Ausreiter

Ausrichter 1. 'Verwalter'. 2. 'Bergarbeiter, der einen Gang findet'. 3. 'Bergarbeiter, der das Seil und die Fördergefäße beim Ausfördern richtet'. 4. 'Schiffer, der die verschiedenen Ladstätten an der Traun mit Salz beliefert' ❖ mhd. *ûʒrihter* 'Ausrichter, Vollführer'
W: Salzausrichter
Syn: Meisterknecht

Lit: Adelung 1:627; DRW 1:1078; Fellner 92; Veith 45

Aussacker 'Arbeiter, der Säcke trägt und entleert'; z.B. in Mühlen
W: Sacker

Lit: Adelung 1:629 (aussacken); Grimm 1:942 (aussacken)

Ausscheller 'Bote, der Mitteilungen des Rates oder der Gemeinde verkündet; Ausrufer'; nach der Glocke (Schelle), mit der die Mitteilung angekündigt wurde ❖ vgl. mhd. *ûʒschellic* 'bekannt, verlautbart'
Syn: Ansager, Ausklinger

Lit: Grimm 1:948 (ausschellen)

Ausschläger 1. 'Bergarbeiter, der das Erz mit einem Fausthammer herausschlägt und nach Beschaffenheit sortiert'. 2. 'Bergarbeiter, der die mit Erz gefüllten Kübel ausschüttet'
W: Erzausschläger, *Schläger*

Lit: Bergmännisches Wb 47; Fellner 94; Grimm 1:954; Pies (2005) 28; Veith 46

Außfaut ↗ Ausfaut

Ausspänner 'Vollbauer, Großbauer, der eigene Zugtiere, Gespanne halten kann'
W: *Spänner*
Syn: VOLLBAUER

Lit: Adelung 1:652; Grimm 1:975

Ausspeiser 1. 'Beamter an einem Fürstenhof, der Lebensmittel und Getränke an das Küchenpersonal ausgibt'. 2. 'Beamter, der für die Verpflegung der Bevölkerung, bes. der Kinder, zuständig ist' ❖ zu mhd. *spîsære, spîser* 'der Speisen verabreicht oder austeilt'
W: Speiser

Lit: Adelung 1:651 (ausspeisen); Barth 1:72; DRW 1:1109; Ebner (2009) 55 (ausspeisen)

Ausstürzer 1. 'Bergarbeiter, der nicht mehr genützte Baue mit nicht erzhaltigem Gestein ausfüllt'. 2. 'Bergarbeiter, der die Fördergefäße entleert' ❖ zu *ausstürzen*, zu mhd. *stürzen, sturzen* 'fallen machen, stürzen; umwendend setzen oder decken'
W: Stürzer
Vgl: Kohlenstürzer, Zustürzer

Lit: Adelung 1:660 (ausstürzen); Fellner 98; Pies (2005) 28; Veith 47

Austragbauer ↗ Austragsbauer

Austrägler 'Bauer, der den Hof übergeben und sich aufs Altenteil zurückgezogen hat'; Ableitung von *Austrag* 'Ausgedinge', wörtlich: was man sich *ausgetragen* 'ausbedungen' hat
Syn: ALTBAUER

Lit: Barth 1:73; DRW 1:1124; Ebner (2009) 55; Pies (2005) 24; Schmeller 1:655; Zehetner (2005) 58

Austragsbauer Austragbauer ↗ 'Austrägler'; selten
Syn: ALTBAUER

Lit: Ebner (2009) 55; Zehetner (2005) 58

Ausvogt ↗ 'Ausfaut'
W: *Vogt*

Lit: DRW 1:1131; PfälzWb 1:487

Auswechselhauer 'Zimmermann im Bergwerk, der die Zimmerung der Stollen erneuert'
W: HAUER
Syn: Zimmerhäuer

Lit: Veith 267

Ausweißer 'Tüncher, Anstreicher'; zu *ausweißen* '(einen Raum) ausmalen, streichen' ❖ zu mhd. *wîʒen* 'weiß machen, tünchen; weiß sein, werden'
Syn: TÜNCHER, Weißer

Lit: Adelung 1:667 (ausweißen); Grimm 1:1014; Pies (2005) 94

Auszahler 'Beamter, der für das Finanzwesen zuständig ist und Auszahlungen durchführt'; bes. beim Militär
Syn: Zahlmeister

Lit: DRW 1:1143

Auszüger ↗ Auszügler

Auszügler Auszüger 'Bauer, der den Hof übergeben und sich aufs Altenteil zurückgezogen hat'; zu *Auszug* in der alten Rechtsbedeutung 'Vorbehalt, Vorbedingung'
Syn: ALTBAUER

Lit: Barth 1:73; DRW 1:1154 (Auszug), 1156; Pies (2005) 24; Zehetner (2005) 59

Auszugsbauer 'Bauer, der den Hof übergeben und sich aufs Altenteil zurückgezogen hat'; süddt., österr.; ↗ Auszügler
Syn: ALTBAUER

Lit: Ebner (2009) 57

Auszugsmann 'Bauer, der den Hof übergeben und sich aufs Altenteil zurückgezogen hat': ↗ Auszügler
W: *Mann*
Syn: ALTBAUER

Lit: DRW 1:1157

Aya ↗ Aja

Ayo ↗ Ajo

Ayrer ↗ Eierer

B

Baader ↗ Bader

Baar 1. 'Matrose, der nur als Handwerker arbeitet'. **2.** 'unerfahrener Matrose [der den Äquator noch nicht passiert hat]' – niederdt. ❖ aus dem Niederländischen und hier aus malaiisch *beharoe* 'neu, unerfahren'

Lit: Barth 1:75; DRW 1:1159; Kluge, Seemannssprache 50

Baarmeister ↗ Barmeister

Baas 1. 'Herr, Meister und Aufseher über eine Arbeitsgruppe'. **2.** 'Verantwortlicher für die Deiche'. **3.** 'Hausherr, Geschäftsinhaber' — niederdt. ❖ aus mittelniederld. *baas, baes*, weitere Herkunft unsicher
FN: Baas, Bas, Baasch, Baß, Bass
W: Deichbaas, Hellingbaas, Heuerbaas, Schlafbaas, Schlafbaas, Schutenbaas, Stauerbaas

Lit: Altstaedt (2011) 7; Barth 1:75; DRW 1:1159; DudenFN 101; Gottschald 95; Kluge 80; Linnartz 22

Babyrer ↗ Papierer

Bacher ↗ BÄCKER*

Bachfeger 1. 'Person, die einen Bach reinigt'. **2.** 'Person, die den Abtritt reinigt' ❖ *Bach* hier in der Bedeutung 'Abzugsrinne, -graben'
Syn: ABTRITTRÄUMER, Bachstecher
Vgl: Grabenfeger

Lit: Adelung 1:680; Palla (1994) 105

Bachmeister 1. 'Anführer einer Gruppe von Holzarbeitern, die Baumstämme mit Flößen transportieren'. **2.** 'Beamter, der die Aufsicht über den Stadtbach führt'. **3.** 'Beamter, der die Aufsicht über die Wildbäche führt'
W: *Meister*

Lit: Barth 1:76; DRW 1:1160; Grimm 1:1062; Idiotikon 4:519; Neweklovsky (1964) 546

Bachstecher Bachstecker 'Person, die den Abtritt reinigt'; *Bach* hier in der Bedeutung 'Abzugsrinne, -graben'
Syn: ABTRITTRÄUMER, Bachfeger

Lit: Adelung 1:681

Bachstecker ↗ Bachstecher

Bäck ↗ Beck

Backenmeister ↗ Bakenmeister

Backer ↗ BÄCKER*

BÄCKER* Bacher, Backer, Bakker, Becker, Beker; lat. *furnarius, panifex, pistor* Ausgangsform für die Bezeichnungen für den Beruf des Bäckers ist *Beck*. Im nord- und mitteldt. Raum entstand seit dem 12. Jh. die Form *Becker* analog zu anderen Berufsbezeichnungen auf -er. Dadurch ergab sich eine Zweiteilung des Sprachgebiets mit einem nord- und mitteldt. Raum mit *Becker* und einem oberdt. Raum (und einigen mitteldt. Gegenden) mit *Beck*. Dazu kommen kleinräumige Gebiete wie westmitteldt. *Pfister*. Die Schreibung *Bäcker* entstand im 16. Jh. durch Ableitung vom Verb *backen*. Daher sind in den schon vorher entstandenen Familiennamen *Becker* und *Beck* stark vertreten, aber nur selten *Bäcker*; die starke Spezialisierung des Berufs spiegelt sich in

den vielen Synonymen und Komposita. – Die Form *Bacher*, die nur in Komposita vorkommt, ist eine Ableitung von *bachen*. Der *Bacher* ist jemand, der gerade, vorübergehend backt, im Gegensatz zum *Beck*, dem berufsmäßigen Bäcker ❖ mhd. *becker* 'Bäcker'; mhd. *bachen* 'backen'
FN: Becker, Bäcker (selten), Beckers, Backer, Backert, Bakker, Bekker, Bäkker, Beckert, Beckerth
W: Aulenbäcker, Bestandbäcker, Brezelbäcker, Brotbäcker, Daubäcker, Dorfbäcker, Düppenbäcker, Einhausbäcker, Eisenkuchenbäcker, Erdbäcker, Fastbäcker, Feilbäcker, FEINBÄCKER, Feldbäcker, Festbäcker, Fladenbäcker, Formenbäcker, Freibäcker, Frischbäcker, Gäubäcker, Gnadenbäcker, GROBBÄCKER, Großbäcker, Hausbäcker, Heimbäcker, Hippenbäcker, Hofbäcker, Hohlhippenbäcker, Honigkuchenbäcker, Innebäcker, Kachelbäcker, Kannenbäcker, Käsebäcker, Kleinbäcker, Klüttenbäcker, Kommissbäcker, Konfektbäcker, Krapfenbäcker, Krugbäcker, Kuchenbäcker, Küchleinbäcker, Landbäcker, LEBKUCHENBÄCKER, Leibbäcker, Losbäcker, Mandolettibäcker, Mundbäcker, Mutzenbäcker, Pannenbäcker, Pastetenbäcker, Pfannenbäcker, Pfefferkuchenbäcker, Pfeifenbäcker, Platzbäcker, Plinsenbäcker, Pottbäcker, Reisehofbäcker, Roggenbäcker, Sauerbäcker, Schlechtbäcker, Schönbäcker, Schwarzbäcker, Semmelbäcker, Stadtbäcker, Steinbäcker, Stollenbäcker, Straubenbäcker, Strützelbäcker, Stutenbäcker, Sudelbäcker, Süßbäcker, Tortenbäcker, Ulenbäcker, Uzbäcker, Wätschelbäcker, Weckbäcker, Weißbäcker, Weizenbäcker, Ziegelbäcker, ZUCKERBÄCKER, Zutschenbäcker
Syn: Beck, Feiler, Flader, Forgetzer, Hipper, Küchler, Pfister, Pogatscher, Roggener, Semmler, Wegglibeck
Lit: Adelung 1:685; Barth 1:76; Diefenbach 104, 253, 436; DudenFN 117, 118; Frühmittellat. RWb; Gottschald 97, 106; Grimm 1:1076, 1216; Linnartz 23; Pies (2002d) 25; Pies (2005) 22; Reith (2008) 22; WBÖ 2:23 (pachen), 791 (Pecker); Zedler 3:872

Bäckerknecht Beckenknecht, Beckerknecht, Peckenknecht 'Bäckergehilfe, -geselle'
W: KNECHT
Lit: Adelung 1:686; Barth 1:76, 736; Grimm 1:1216; Idiotikon 3:727; WBÖ 2:792

Bäckler ↗ Bechermacher

Backmann 'Bäcker'
W: Mann
Lit: Barth DB

Backmeister Bacmeister 1. 'Vorsteher der Bäckerei, Oberbäcker in Hof- oder Klosterküchen'. 2. 'Bäckermeister'. 3. 'Hausmeister in einem Krankenhaus'
FN: Backmeister, Bakmeister, Bacmeister
W: Meister
Lit: Adelung 1:687; DRW 1:1164; DudenFN 102; Gottschald 97; Grimm 1:1068; Linnartz 23

Bacmeister ↗ Backmeister

Badefrau Badfrau 1. 'Hebamme'. 2. ↗ 'Bademagd'
W: Frau
Syn: Ambubaya, Bademagd, Badeweib, Badreiberin, HEBAMME*, Reiberin
Lit: Adelung 1:689; Grimm 1:1070

Badeknecht Baderknecht, Bäderknecht, Badknecht, Bederknecht, Padknecht 'Angestellter in einer Badstube, der Badegäste beim Baden und Abtrocknen bedient und massiert'
W: KNECHT
Syn: Badreiber, Reiber, Wasserzieher
Vgl: Bademagd
Lit: Barth 1:76; Diefenbach; Reith (2008) 18; Zedler 2:93

Bademagd Bädermeid, Bedermeit 'Angestellte in einer Badstube, die Badegäste beim Baden und Abtrocknen bedient und sie massiert' ❖ mhd. *bademeit* 'balneatrix'
W: Magd
Syn: Ambubaya, Badefrau, Badeweib, Badreiberin, Reiberin
Vgl: Badeknecht
Lit: Barth 1:76; DRW 1:1167; Grimm 1:1071

Bademedicus 'Badearzt'; als ↗ Medicus ein akademisch ausgebildeter Arzt
W: Medicus
Lit: Adelung 1:690

Bademeister Badermeister, Badmeister 1. ↗ 'Bader'. 2. 'Bader, der eine eigene Badstube besitzt' — im Ggs. zur heutigen Bedeutung 'Aufseher in einem Schwimmbad'
W: Meister
Syn: Bader, Badstuber, Balneator, Stavener, Stupenator
Lit: Adelung 1:689; Barth 1:76; DRW 1:1167; Grimm 1:1071, 1074

Bademöhme ↗ Bademuhme

Bademome ↗ Bademuhme

Bademöme ↗ Bademuhme

Bademuhme Bademöhme, Bademome, Bademöme, Badmuhme 'Hebamme' ❖ zu mhd. *muome* 'Schwester der Mutter'; mnd. *bademome* 'Hebamme'
W: Muhme
Syn: HEBAMME*
Lit: Barth 1:76; DRW 1:1167; Grimm 1:1071; Schiller-Lübben 1:1390

Bademutter Badmutter 1. 'Hebamme'. 2. 'Frau des Inhabers einer Badstube, die Gäste betreut'; selten ❖ mhd. *bademuoter* 'Hebamme'; das Baden des Neugeborenen gehörte zu den Aufgaben der Hebamme
W: Mutter
Syn: HEBAMME*
Lit: Adelung 1:690; Barth 1:76; DRW 1:1167; Grimm 1:1071; Reddig (2000) 133; Schmeller 1:207

Badener ↗ Bader

Bader Baader, Badener, Bater, Bedder, Beder, Beider; lat. *balneator* 1. 'Inhaber oder Pächter einer Badstube'; diese war eine von der Öffentlichkeit geförderte Einrichtung für Körperpflege und einfache medizinische Behandlung; sie war aber auch Unterhaltungsstätte mit Alkoholausschank, Tanz, sexuellen Kontaktmöglichkeiten. Die *Bader* besaßen daher geringes gesellschaftliches Ansehen. Die Bäder waren nach den Kreuzzügen aufgekommen, einerseits weil man die orientalische Bäderkultur kennen gelernt hatte, andererseits weil man Baden als Vorbeugung gegen den eingeschleppten Aussatz ansah. Das Ende des Badens und des Berufs des *Baders* setzte im 16. Jh. wegen moralischer Bedenken und wegen der Gefahr von Ansteckung durch Syphilis ein. 2. 'Person, die in der Badstube die Gäste bei der Körperpflege betreut sowie einfache ärztliche Tätigkeiten, wie Schröpfen oder Aderlass, verrichtet; Heilpraktiker'. 3. 'Barbier' ❖ mhd. *badære, bader* 'der die im Badhaus Badenden besorgt', Ableitung von Bad
FN: Bader, Bäder, Baeder, Baader, Bahder, Pader, Beder. (Die Häufigkeit des Namens spiegelt die weite Verbreitung der Badstuben bis ins 16. Jh.)
W: Brechbader
Syn: Bademeister, Balneator, BARBIER, Bartscherer, CHIRURG, Flietner
Lit: Adelung 1:690; Barth 1:76; Diefenbach 67; DRW 1:1166; DudenFN 102; Goerke (1987); Gottschald 97; Grimm 1:1033; Hornung (1989) 39; Linnartz 23; Palla (2010) 15; Pies (1977) 24; Pies (2002c); Pies (2005) 16; Reddig (2000) 117; Reith (2008) 17

Baderknecht ↗ Badeknecht

Bäderknecht ↗ Badeknecht

Bädermeid ↗ Bademagd

Badermeister ↗ Bademeister

Badeweib 1. 'Hebamme'. 2. ↗ 'Bademagd'
W: Weib
Syn: Ambubaya, Badefrau, Bademagd, Badreiberin, HEBAMME*, Reiberin
Lit: Barth DB; Grimm 1:1075

Badewirt ↗ Badwirt

Badfrau ↗ Badefrau

Badknecht ↗ Badeknecht

Badmeister ↗ Bademeister

Badmuhme ↗ Bademuhme

Badmutter ↗ Bademutter

Badreiber 1. 'Angestellter in der Badstube, bes. zum Trockenreiben und Massieren'. 2. 'Inhaber einer Badestube'
W: Reiber
Syn: Badeknecht, Wasserzieher
Vgl: Badreiberin

Lit: Barth 1:76; Idiotikon 6:65

Badreiberin 1. 'Angestellte in der Badstube, bes. zum Trockenreiben und Massieren'. 2. 'Prostituierte'
Syn: Ambubaya, Badefrau, Bademagd, Badeweib, FEILDIRNE, Reiberin
Vgl: Badreiber

Lit: Götze 20; Idiotikon 6:65

Badstäver ↗ Badstuber

Badstieber ↗ Badstuber

Badstover ↗ Badstuber

Badstöver ↗ Badstuber

Badstubener ↗ Badstuber

Badstuber Badstäver, Badstieber, Badstover, Badstöver, Badstubener, Badstüber, Badstübner, Bathstovere, Batstover; lat. *balneator* 'Bader, der eine eigene Badstube besitzt'; wegen der hohen Gebäude- und Einrichtungskosten waren die Badstuben meist in kommunalem Besitz und von den Badern nur gepachtet ❖ zu mhd. *badestube*, *batstube* 'Badstube, Badehaus'; zu mhd. *stube* 'heizbarer Raum; Baderaum'; mnd. *badestover, badestover, -staver, bastover* 'Bader';
FN: Badstuber, Badstieber, Badstübner, Pottstüber, Bardstübner, Botstiber, Bortstieber; (der Familienname kann auch von der Badstube i. S. v. 'Flachsdörre' kommen)

Syn: Bademeister, Balneator, Stavener, Stuber, Stupenator

Lit: Adelung 1:691 (Badstube); Barth 1:76; DRW 1:1167; DudenFN 103; Gottschald 97; Götze 20; Grimm 1:1074 (Badestube), 1075 (Badstüblein); Hornung (1989) 39; Idiotikon 10:1147; Linnartz 23; Palla (2010) 16; Pies (2005) 16; Reith (2008) 17; Schiller-Lübben 1:140

Badstüber ↗ Badstuber

Badstübner ↗ Badstuber

Badwirt Badewirt 1. 'Inhaber eines Kurbades'. 2. 'Pächter einer [städtischen] Badestube'
W: WIRT

Lit: Idiotikon 16:1648

Bagenmacher ↗ Bogenmacher

Bahnarbeiter ↗ Bannarbeiter

Bahnenwärter ↗ Bahnwärter

Bahnknecht ↗ Bannknecht

Bahnschreiber 'Büroangestellter bei der Eisenbahn'
W: *Schreiber*

Lit: Altstaedt (2011) 18

Bahnwarter ↗ Bahnwärter

Bahnwärter Bahnenwärter, Bahnwarter 1. 'Person, die an Fürstenhöfen für die Reitbahnen verantwortlich ist'. 2. 'Mitarbeiter der Eisenbahn, der Bahnschranken bedient und die Gleise kontrolliert'; Ende 20. Jh. weitgehend abgeschafft
W: *Wärter*

Lit: Adelung 1:693; Barth 1:77; Grimm 1:1079; Idiotikon 16:1613

Bahrmeister ↗ Barmeister

Bailer ↗ Beiler

Bainringler ↗ Beinringler

Bakenmeister Backenmeister 1. 'Verantwortlicher für das Feuer im Leuchtturm'. 2. 'Beamter, der die Steuer für die Leuchttürme (Bakengeld) einhebt'. 3. 'Aufseher beim Flachsbrecheln oder beim Klopfen der Gerste' ❖ 1., 2.: zu mnd. *bake* 'Fackel; Feuerzeichen, Leuchtfeuer [für Schiffe]' aus altfriesisch *baken, beken* 'Zeichen'; mnd. *vûrbake* 'Leuchtfeuer'; 3.: zu mnd. *baken, boken* 'den getrockneten Flachs durch Klopfen weich machen', verwandt mit *pochen*
W: Meister

Lit: Barth 1:78; DRW 1:1171; Grimm 1:1080; Schiller-Lübben 1:142, 375

Bakker ↗ Bäcker*

Bäkler ↗ Bechermacher

Balbeeder ↗ Barbier

Balberer ↗ Barbier

Balbier ↗ Barbier

Balbierer ↗ Barbier

Balestermacher ↗ Ballestermacher

Balgentreter Bälgentreter, Bälgetreter, Balgtreter, Belgentreter, Belligentreder 'Person, die den Blasbalg einer Orgel betätigt' ❖ zu mhd. *blâsebalc, blâsbalc* 'Blasebalg'
Syn: Kalkant, Orgeltreter

Lit: Adelung 1:700; Barth 1:79; Grimm 1:1078

Bälgentreter ↗ Balgentreter

Balger 1. 'Person, die von Ort zu Ort ziehend für Geld Fechtkämpfe ausführt'. 2. 'Abdecker' ❖ zu mhd. *balc* 'Balg, Haut', beide i. S. v. 'abgezogene Haut', zu 1. zum Verb *balgen*, 'ringen, sich raufen', eigentlich 'jmdm. die Haut abziehen, das Fell gerben'; zu 2. die konkrete Bedeutung des Häutens von Tieren
Syn: Fechter, Schinder

Lit: Adelung 1:700; Barth 1:79; DRW 1:1173; Grimm 1:1087; Kluge 85 (balgen); Meyers Lexikon 2:571

Bälgetreter ↗ Balgentreter

Balgmacher 1. 'Handwerker, der Blasbälge herstellt'. 2. 'Handwerker, der Puppen und Spielzeugtiere herstellt' ❖ zu mhd. *balc* 'Balg, Haut', bei 2. die übertragene Bedeutung 'Leib, Körper'
Syn: Blasbalgmacher

Balgtreter ↗ Balgentreter

Balier ↗ Polier*

Balierer ↗ Polierer

Balkenhauer 'Zimmermann, der Holz für den Schiffsbau zurechthackt' ❖ zu mhd. *houwen* 'hauen, schlagen'
W: Hauer
Syn: Balkenschläger

Lit: Adelung 1:702; Grimm 1:1090

Balkenschläger ↗ 'Balkenhauer'
W: Schläger
Syn: Balkenhauer

Lit: Adelung 1:702 (Balkenhauer); Grimm 1:1090

Ballastböter 'Bootsunternehmer, der Sand und Steine, die als Ballast benötigt werden, zu den leeren Schiffen transportiert'; norddt. ❖ *-böter* ist eine Ableitung von mnd. *bôt* 'Boot'
Syn: Ballastfahrer

Lit: Schiller-Lübben 1:404

Ballaster 'Arbeiter, der Ballast mit dem Karren zu den Schiffen bringt' ❖ mnd. *ballaster* 'Ballastschieber, der Ballast in die Schiffe bringt'
Syn: Ballastfahrer

Lit: Schiller-Lübben 1:146

Ballastfahrer Ballastführer, Ballastschieber 'Fuhrunternehmer, der Sand und Steine, die als Ballast benötigt werden, zu den leeren Schiffen transportiert'; norddt. ❖ zu mnd. *ballast* 'schlechte Schiffsfracht, die man nur ladet, um dem Schiffe den nötigen Tiefgang zu geben'

Syn: Ballastböter, Ballaster, Sandböter, Sandfahrer, Sandführer

Lit: DRW 1:1175 (Ballastführer); Schiller-Lübben 1:146 (Ballast)

Ballastführer ↗ Ballastfahrer

Ballastmeister 'Aufsichtsbeamter, der das Beladen der Schiffe mit Ballast überwacht'
W: Meister

Ballastschieber ↗ Ballastfahrer

Ballenbinder Palbinder, Pallenbinder 'Arbeiter in Handelsstädten, der Waren verpackt und zum Transport vorbereitet' ❖ mhd. *ballenbinder* 'Ballenbinder', zu mhd. *balle* 'Warenballen', Nebenform zu *Ball*
W: Binder
Syn: Kramknecht, Litzenbruder, Packer, Packknecht, Spanner, Stauer, Wagenbestäter

Lit: Adelung 1:705; Barth 1:79; DudenEtym 66; Idiotikon 4:1354, 1354; Linnartz 23; Zedler 3:231

Ballenmeister ↗ 'Buchdrucker, der für das Anreiben der Farben und den gleichmäßigen Farbauftrag auf die Druckerballen verantwortlich ist' ❖ zu mhd. *balle* 'Warenballen', unter Einfluss von franz. *balle* 'Ballen'
W: Meister
Syn: Buchdrucker

Lit: Adelung 1:705; Kluge 86 (Ballen); Pies (2002b) 38; Pies (2005)

Ballester 1. 'Schütze, der eine Armbrust oder Schleuder bedient'. 2. 'Aufseher über Geschütze und Armbrust- und Schleuderschützen einer Burg'. 3. 'Armbrustmacher'. 4. 'Büchsenmacher' ❖ mlat. *ballistarius* 'Schütze mit der Balliste', zu lat. *ballista* 'Wurfgeschütz', aus griech. *bállein* 'werfen, schleudern'
FN: Ballester, Balster, Balist, Ballist, Balistier, Pallester, Belstner, Belstler, Pelster
Syn: ARMBRUSTMACHER, BÜCHSENSCHMIED, BÜCHSENSCHÜTZE

Lit: Diefenbach 67; DudenFW 179; Gottschald 99; Linnartz 23

Ballestermacher Balestermacher, Palestermacher 1. 'Handwerker, der Armbrüste herstellt'. 2. 'Büchsenmacher'; nach Abkommen der Armbrüste ging die Berufsbezeichnung auf die Büchsenmacherei über
❖ ↗ Ballester
Syn: ARMBRUSTMACHER

Lit: Pies (2005) 35

Ballettierer 1. 'Person, die für die höfische Unterhaltung und Festgestaltung zuständig ist'. 2. 'Spaßmacher, Entertainer, Conferencier' ❖ franz. *ballotter* 'hin und her hüpfen, schwanken', von franz *baller* 'tanzen'

Lit: Gamillscheg 1:76

Ballier ↗ Polierer, Polier*

Ballierer ↗ Polierer

Ballmeister 1. 'Vorsteher des Ballhauses'; darin wurden seit dem Mittelalter Ballspiele veranstaltet; eine mit Stoff oder Leder überzogene Kugel wurde mit Racketts oder mit der Faust über eine Mauer geschlagen (Jeu de paume). 2. 'Organisator von Ballspielen in Fürstenhöfen'. 3. 'Lehrer im Ballspiel'
W: Meister

Lit: Adelung 1:706; Barth 1:79; Grimm 1:1093; Krünitz 3:447

Ballonenmacher Ballonmacher 'Handwerker, der Lederbälle herstellt'; ein *Ballon* ist ein großer luftgefüller Ball, mit dem das Ballonspiel gepflegt wurde, dazu gab es den *Ballonplatz*. Der *Ballonschuh* war ein Holz, mit dem der Ball geschlagen wurde ❖ franz. *ballon* aus ital. *pallone* Vergrößerungsform von *palla* 'Ball, Kugel'. Die Form *Ballonen* dürfte italienisch beeinflusst sein

Lit: Adelung 1:706; Grimm 1:1093; Krünitz 3:451 (Ballon)

Ballonmacher ↗ Ballonenmacher

Ballottierer 'Tierkastrierer' ❖ zu franz. *balle* 'Kugel'; *ballottieren* 'durch Stimmkugeln entscheiden'; übertragen auf die abgeschnittenen Hoden (Bälle)

Vgl: KASTRIERER

Lit: Adelung 1:706; Kaltschmidt 98

Balneator Walneator; lat. *balneator* **1.** ↗ 'Bademeister, ↗ Bader'. **2.** 'Besitzer einer Badstube' ❖ lat. *balneator*, Ableitung von *balneum* 'Bad'
Syn: Bademeister, Bader, Badstuber, Stavener, Stuber, Stupenator

Lit: Barth 2:38; Diefenbach 67; Pies (2005) 16; Zedler 3:239

Bältzer ↗ Pelzer

Bammert ↗ Bannwart

Bandbereiter Pantbereiter ↗ 'Bandweber' ❖
↗ Bereiter
W: *Bereiter*
Syn: WEBER

Lit: Barth 1:80

Bandelkramer ↗ Bandkrämer

Bandelkrämer ↗ Bandkrämer

Bändelweber ↗ Bandweber

Bänder ↗ Bender

Bänderkrämer ↗ Bandkrämer

Bandhauer 'Handwerker, der Bänder aus Weidenholz oder Fassreifen für den ↗ Böttcher herstellt' ❖ mnd. *banthouwer* 'Bandhauer'
FN: Bandhauer, Bendheuer
W: HAUER
Syn: Bandmacher, Bandreißer, Bandschneider, Reifenmacher, Reifschneider

Lit: Barth 1:80; DudenFN 106; Gottschald 100; Linnartz 24

Bandkrämer Bandelkramer, Bandelkrämer, Bänderkrämer, Bandlkramer 'wandernder Händler mit Kurzwaren, wie Bänder, Zwirn, Schnüre' ❖ *Bandlkramer* ist die bair. Form; in Wien nannte man das Waldviertel im nördlichen Niederösterreich, aus dem viele dieser Händler kamen, das *Bandlkramerland*
Syn: Brüchler

Lit: Barth 1:80; Grimm 1:1101 (Bandkrämer); Hartmann (1998) 194; Palla (2010) 19

Bandlkramer ↗ Bandkrämer

Bandlmacher ↗ Bandmacher

Bandmacher Bandlmacher, Bandmaker, Bendelmacher, Bendelmaker, Bentmaker **1.** 'Handwerker, der Zwirn herstellt'. **2.** 'Handwerker, der Schnüre und Borten einfacher Art herstellt'; wichtigstes Arbeitsgerät war der *Bandstuhl*, eine Art Webstuhl mit Tretantrieb, oder später die *Bandmühle*, mit der gleichzeitig mehrere Bänder gewebt wurden. **3.** 'Handwerker, der Bänder aus Weidenholz oder Fassreifen herstellt'
W: °Seidenbandmacher
Syn: Bandhauer, Bandreißer, Bandschneider, POSAMENTIERER, Reifenmacher, Reifschneider

Lit: Adelung 1:713; Barth 1:80, 97, 98; Palla (2010) 166; Reith (2008) 38

Bandmaker ↗ Bandmacher

Bandreißer Bandriter ↗ 'Bandschneider' ❖ zu mhd. *rîʒen* 'reißen, zerreißen'; oder zu mnd. *riten* 'reißen'
W: *Reißer*
Syn: Bandhauer, Bandmacher, Bandschneider, Reifenmacher, Reifschneider

Lit: Palla (1994) 31; Reith (2008) 35; Schiller-Lübben 3:490

Bandriter ↗ Bandreißer

Bandschmied 'Schmied, der eiserne Reifen für Fässer herstellt'; *Band* bezeichnet alles, was bindet, so auch Eisenteile, die Türen, Fässer usw. zusammenhalten ❖ mhd. *bande* 'Binde, Streifen'
W: *Schmied*

Lit: Grimm 3:368 (Eisenband)

Bandschneider Bendsnider, Bentschneider, Bentsnider **1.** 'Handwerker, der Bänder aus Weidenholz oder Fassreifen herstellt'; Zulieferer für ↗ Böttcher, ↗ Fassbinder. **2.** ↗ 'Kaltschmied, der aus Blechen eiserne Bänder für Truhen und Türen zurechtschneidet und -schlägt' ❖ mnd. *bentsnider* 'Bandschneider'
FN: Bendschneider, Bentschneider
W: *Schneider*
Syn: Bandhauer, Bandmacher, Bandreißer, Reifenmacher, Reifschneider

Lit: Barth 1:80, 98; Gottschald 100; Linnartz 24; Palla (1994) 31; Schiller-Lübben 1:235

Bandweber Bändelweber 'Handwerker, der Schnüre und Borten einfacher Art herstellt'
W: °Seidenbandweber, *Weber*
Syn: Posamentierer

Lit: Barth 1:81; Grimm 1:1101; Idiotikon 15:104, 104; Palla (2010) 166; Reith (1990) 40

Bandwirker ↗ Bandweber
W: *Wirker*
Syn: Posamentierer

Lit: Barth 1:81; Grimm 1:1101; Palla (2010) 166; Pies (2005) 114

Bangart ↗ Bannwart

Bänhase ↗ Bönhase

Banitzmaker ↗ Bannismaker

Bänkelkrämer 'Hausierer mit Kurzwaren' ❖ zu *Bänkel*, ostmitteldt. Form zu *Bank*; die Waren wurden auf hölzernen Bänken feilgeboten (vgl. das Wort *Bänkelsänger* für 'Moritatensänger auf Jahrmärkten')
W: *Krämer*

Lit: Grimm 1:1110

Bankknecht Benkknecht 'Fleischergeselle, der in der Fleischerei verkauft'; im Ggs. zum Gäuknecht, der beim Kunden die Tiere aushackt; zu *Bank*, verkürzt aus *Fleischbank*
W: *Knecht*

Lit: DRW 1:1189; Schmeller 1:250; SteirWb 49

Bankmeister 1. 'Handwerker, der berechtigt ist, seine Waren auf dem Markt (auf der Bank) zu verkaufen'. **2.** 'Gastwirt' ❖ *Bank* in der Bedeutung 'Verkaufstisch der Kaufleute und Gewerbetreibenden auf dem Markt'
W: *Meister*

Lit: Adelung 1:719; Barth 1:82; DRW 1:1189; Grimm 1:1112

Bankzöger "Drahtzieher', der auf der Drahtziehbank sitzend arbeitet' ❖ die Form *-zöger* ist eine Ablautform zu *ziehen – zog*
Syn: Drahtzieher

Bannarbeiter Bahnarbeiter, Paanarbeiter 'Holzarbeiter in den Salinen, der den Heizer der Sudpfanne mit ofengerechtem Holz versorgt'; *Bann-* vermutlich aus dem verkürzten *Bannwald*, wobei das Bestimmungswort wegen des häufigen Auftretens als Bezeichnung für Holzwesen, Holzarbeit interpretiert und auch in anderen Komposita für *Wald* eingesetzt wurde ❖ zu mhd. *ban* 'Gebot, Aufgebot', daraus die Bedeutung 'Gerichtsbarkeit, Rechtsbezirk' und 'grundherrliche Gewalt in einem bestimmten Bezirk'
W: *Arbeiter*

Lit: Fellner 103 (Bahnarbeiter); Koller (1970) 546; Patocka (1987) 275; Schraml (1930) 189; Schraml (1932) 406

Bannerhauptmann ↗ Hauptmann

Bannerherr 1. 'Bannerträger, Fähnrich beim Heer'; bes. schweiz. **2.** 'eine politische Funktion in manchen Schweizer Kantonen'. **3.** 'lehenspflichtiger Grundherr mit bestimmten Rechten, z.B. Gerichtsbarkeit' ❖ zu mhd. *baniere, banier* 'Banner, Fahne als führendes Zeichen einer Schar', aus franz. *bannière* 'Fahne des Heeres'
W: *Herr*
Vgl: Bannherr

Lit: Adelung 1:719; Barth 1:82; DRW 1:1210; Idiotikon 2:1537

Bannert ↗ Bannwart

Bannherr 1. 'Gerichtsherr, der die Bannrechte in einem bestimmten Gebiet („Bann") innehat'; d.h. die Einwohner mussten die Lebensmittel und Waren des täglichen Bedarfs beim Bannherrn kaufen. **2.** 'Kirchenvorsteher, Kirchenältester'; schweiz. ❖ mhd. *banhërre* 'Herr des Banns, der Gerichtsbarkeit', zu *ban* 'Aufgebot, Befehl, Bann'
W: *Herr*
Vgl: Bannerherr

Lit: Barth 1:82; DRW 1:1214; Idiotikon 2:1538

Bannholzer 'Aufseher über den Bannwald' ❖ zu mhd. *banholz* 'Bannforst'; mhd. *banholzære* 'Anwohner eines Bannwaldes'
FN: Bannholzer, Banholzer, Bahnholzer, Bonholzer, Panholzer
W: *Holzer*
Syn: Bannmeister, Bannvogt, Bannwaldvogt, Bannwart

Lit: Barth 1:82; DRW 1:1217 (Bannholz); DudenFN 107, 496; Gottschald 100; Grimm 1:1117 (Bannholz); Linnartz 24; MhdWb

Bannismaker Banitzmaker, Bannissmaker, Bonnettenmaker, Bonnitmaker, Bonnitzmaker 'Handwerker, der mit Schnüren verzierte Hüte herstellt' ❖ zu mnd. *bonit*, *bonet* 'Hut', oder zu mhd. *bônît* 'Mütze', aus franz. *bonnet* 'Tuch, aus dem Hüte gemacht werden' (12. Jh.), 'Mütze, Haube' (15. Jh.)
Syn: HUTMACHER*

Lit: Gamillscheg 1:126; Krünitz 6:207 (Bonnetier); Schiller-Lübben 1:386

Bannissmaker ↗ Bannismaker

Bannknecht Bahnknecht, Paanknecht 'Holzarbeiter in der Saline, der das für die Sudpfanne benötigte Holz kliebt und an das Pfannhaus liefert' ❖ ↗ Bannvogt
W: KNECHT

Lit: Fellner 103; Patocka (1987) 275

Bannmeister Paanmeister **1.** 'Person, die im Auftrag des Bannherrn den Bannzwang überwacht'. **2.** 'Aufseher über ein Stadtviertel'. **3.** 'vereidigter Förster, der das Revier überwacht' ❖ Salinenangestellter, der mit seinen Gehilfen den Transport des Brennholzes zur Pfanne besorgt ↗ Bannvogt
W: *Meister*
Syn: Bannholzer, Bannvogt, Bannwaldvogt, Bannwart, WALDHÜTER

Lit: Adelung 1:721; Barth 1:83; DRW 1:1219; Grimm 1:1118; Rieder (2006) 1:30; Schraml (1932) 491; SteirWb 49

Bannmüller 'Müller, der eine Mühle mit Mahlzwang bewirtschaftet'; dem Müller sind die Bauern, für die er mahlen muss, in einem bestimmten Bezirk zugewiesen ❖ ↗ Bannvogt
FN: Bannmüller
W: *Müller*

Lit: Adelung 1:721 (Bannmühle); Barth 1:1; Grimm 1:1118 (Bannmüle); Linnartz 24; MhdWb; PfälzWb 1:558

Bannrichter 1. 'Richter, der die Gerichtsbarkeit innehat, die über Leib- und Lebensstrafen entscheidet'. **2.** 'Landrichter, im Ggs. zum Dorf- oder Marktrichter' ❖ mhd. *banrihter* 'Richter für Kriminalfälle; Richter in einem Banteiding, wo an einem Gerichtstag nach den üblichen Gesetzen geurteilt wird', ↗ Bannvogt
Syn: Blutrichter, Halsrichter, Malefizrichter, Offenrichter
Vgl: Zentgraf

Lit: Adelung 1:722; Barth 1:83; DRW 1:1221; Grimm 1:1118; Paul 92 (Bann); Schmeller 1:243 (Banntaiding)

Bannvogt 1. 'Aufseher über den Bannwald'; schweiz. **2.** 'Beamter, der die Ortsgrenze bewacht'. **3.** 'Feld-, Flur-, Weinberghüter' ❖ zu mhd. *bannen* 'unter Strafandrohung ge- oder verbieten; jmdn. vor Gericht bringen, vorladen'; mhd. *ban* 'Gebot, Aufgebot', daraus die Bedeutung 'Gerichtsbarkeit, Rechtsbezirk' und 'grundherrliche Gewalt in einem bestimmten Bezirk'; das Wort hat sich im Kompositum *Kirchenbann* länger erhalten
W: *Vogt*
Syn: Bannholzer, Bannmeister, Bannwaldvogt, Bannwart, FLURSCHÜTZ

Vgl: WALDHÜTER

Lit: Adelung 1:722; Barth 1:83; DRW 1:1225; Duden-Etym 68; Idiotikon 1:707; Meyers Lexikon 2:353; Paul 92

Bannwaldvogt ↗ Bannvogt
W: *Vogt*, Waldvogt
Syn: Bannholzer, Bannmeister, Bannvogt, Bannwart, FLURSCHÜTZ

Lit: DRW 1:1225; Idiotikon 1:709

Bannwart Bammert, Bangart, Bannert
1. 'Gerichtsdiener bei einem Bannrichter'.
2. 'Flur-, Feldwächter, vor allem in einem Wald oder Weingarten'; bes. schweiz. ❖ ↗ Bannvogt
FN: Bannwart, Bannwarth, Bammert, Banner, Bannert
W: °Feldbannwart, Gartenbannwart, °Holzbannwart, Rebbannwart, Stadtbannwart, *Wart*
Syn: Bannholzer, Bannmeister, Bannvogt, Bannwaldvogt, FLURSCHÜTZ, WALDHÜTER

Lit: Adelung 1:722; Barth 1:83; DRW 1:1226; DRW 3:471 (Feldbannwart); DudenFN 107; Gottschald 100; Grimm 1:1118; Idiotikon 16:1582; Linnartz 24; Schmeller 2:1007

Bansimmacher ↗ Baumseidenmacher

Bantoffelmacher ↗ Pantoffelmacher

Bappiermacher ↗ Papiermacher

Barber ↗ BARBIER

Barberer ↗ BARBIER

BARBIER Balbeeder, Balberer, Balbier, Balbierer, Barber, Barberer, Barbierer, Palbierer; lat. *barbirasor, barbitonsor, tonsor* 'Person, die in den Badstuben körperliche Reinigung, Arbeiten der Friseure (Kopfwäsche, Haarschnitt, Rasur) und einfachere Aufgaben der Wundärzte (Aderlassen, Schröpfen, Klistiere und Salben Verabreichen bis zu Zahnziehen) durchführt' ❖ mhd. *barbierer* 'Bartscherer', aus altfranz. *barbier* 'Friseur', dieses aus mlat. *barberius*, Ableitung von lat. *barba* 'Bart'. Die Kurzform *Barbier* entstand erst im 16. Jh. nach franz. Vorbild. Die Formen mit *-l-* entstanden durch Dissimilation des *-r-* vor *-b-*. Die Form *Barber* ist niederdt. – *barbirasor* ist eine Zusammensetzung aus lat. *barba* 'Bart' und einer Ableitung auf *-or* (nach lat. Muster) von franz. *raser* aus vulgärlat. *rasare*, das auf lat. *radere*, Partizip Perfekt *rasum* 'kratzen, schaben' zurückgeht; *barbitonsor* ist eine Zusammensetzung aus lat. *barba* 'Bart' und lat. *tonsor* 'Scherer', also eigentlich 'Bartscherer'
FN: Barber, Barbier, Balbier, Balbierer
W: Pestbarbier
Syn: Bader, Bartputzer, Bartscherer, Haarscherer, Schaber, Tonsor, Trockenscherer

Lit: Barth 1:84; Barth 2:39, 282; Diefenbach 68, 587; DudenFN 108; Frühmittellat. RWb; Gottschald 102; Grimm 1:1125; Idiotikon 4:1188 (Balbier); Kluge 91; Krünitz 3:571; Linnartz 24; Palla (2010) 15; Pies (2002c) 18; Pies (2005) 16; Reith (2008) 17; Volckmann (1921) 63, 65; Zedler 3:417

Barbierer ↗ BARBIER

Barbknecht Barfknecht 'Barbiergehilfe' ❖ zusammengezogen aus *barba* oder *Barbier* und *Knecht*
FN: Barbknecht, Barfknecht, Bartknecht
W: KNECHT

Lit: DudenFN 108; Gottschald 102; Linnartz 24

Barchanter ↗ Barchenter

Barchenmacher ↗ Barchentweber

Barchenter Barchanter, Parchanter, Parchenter 'Weber, der Barchent herstellt' ❖ mhd. *barchanter* 'Barchentweber'
Syn: Barchentweber, Barchner, Schwabenweber, WEBER

Lit: Barth 1:84; Palla (2010) 20

Barchentmacher ↗ Barchentweber

Barchentschauer 'Textilprüfer, der hauptsächlich Barchentstoffe prüft'
W: SCHAUER

Lit: Barth 1:84; DRW 1:1232; Grimm 1:1126 (Barchentschau)

Barchentweber Barchenmacher, Barchentmacher, Barchenweber, Barchetweber, Parchendweber, Parchenmacher, Parchentmacher, Parchetweber 'Weber, der Barchent herstellt'; d.i. ein einseitig aufgerauter Stoff aus Leinen und Baumwolle in Köperbindung, in Deutschland seit dem 14. Jh. hergestellt ❖ zu mhd. *barchant, barchât, barchet* 'Barchent', aus mlat. *barchanus*
W: WEBER
Syn: Barchenter, Barchner, Schwabenweber
Lit: Adelung 1:730 (Barchent); Barth 1:84; Grimm 1:1126 (Barchent, Barchenweber); Palla (2010) 20; Pies (2005) 179; Reith (2008) 248; Volckmann (1921) 74; Zedler Suppl 3:6

Barchenweber ↗ Barchentweber

Barchetweber ↗ Barchentweber

Barchner Parchener, Parchner ↗ 'Barchentweber'
Syn: Barchenter, Barchentweber, Schwabenweber, WEBER
Lit: Palla (2010) 20; Pies (2005) 179; Reith (2008) 250; Volckmann (1921) 74

Bardenhauer ↗ Bartenhauer

Bareler 'Böttcher, Fassbinder'; kleinräumig in urspr. keltisch besiedelten Gegenden ❖ zu *Baril* 'ein Tonnengefäß, Fässchen', aus altfranz. *baril* 'Fässchen', mlat. *barillus*, mhd. *barël, parël* 'Pokal, Becher, Fässchen, Flasche'
Syn: BÖTTCHER
Lit: PetriFWb 107; Pies (2005) 34; Volckmann (1921) 166

Bärenführer 'Person, die dressierte Bären herumführt und sie als Volksbelustigung Kunststücke und Tänze aufführen lässt'
W: *Führer*
Syn: Bärenleiter, Bärentrecker
Lit: Adelung 1:731; Grimm 1:1127

Bärenhäuter 'Abdecker' ❖ *Bärenhäuter* war ein allgemeines Schimpfwort für einen Nichtsnutz und wird daher auch für den verachteten Beruf des *Schinders* angewandt
W: Häuter
Syn: SCHINDER
Lit: Grimm 1:1128

Bärenleiter ↗ 'Bärenführer'
Syn: Bärenführer, Bärentrecker
Lit: Adelung 1:731 (Bärenführer); Schiller-Lübben 1:153

Bärentrecker Bärentrekker ↗ 'Bärenführer'; niederdt. ❖ zu mnd. *trecken* 'ziehen, schleppen'
W: Trecker
Syn: Bärenführer, Bärenleiter
Lit: Adelung 1:731 (Bärenführer); Schiller-Lübben 1:153

Bärentrekker ↗ Bärentrecker

Baretkramer ↗ Barettkrämer

Baretkrämer ↗ Barettkrämer

Baretmacher ↗ Barettmacher

Barett-Crahmer ↗ Barettkrämer

Barettkramer ↗ Barettkrämer

Barettkrämer Baretkramer, Baretkrämer, Barett-Crahmer, Barettkramer 'Händler, der Barette und andere Kopfbedeckungen sowie Kleidungsstücke und Accessoires verkauft'
W: KRÄMER
Lit: Adelung 1:738; Zedler 22:678

Barettmacher Baretmacher, Barretmacher, Biretmacher, Paretmacher, Piretmacher
1. 'Handwerker, der Barette herstellt, eine flache Kopfbedeckung mit rundem oder viereckigem Deckel und Krempe'; seit dem 16. Jh. als Kopfbedeckung für Adelige und höhergestellte Bürger üblich sowie als Amtstracht der protestantischen Geistlichen und Universitätsprofessoren. 2. 'Händler mit Baretten, Handschuhen, Strümpfen, Rau-

waren u. Ä.' ❖ ital. *baretta, beretta* 'Barett', aus mlat. *barretum, birretum* aus lat. *birrus* 'Überwurf mit Kapuze, Mantel'
Syn: Bonnetier

Lit: Adelung 1:737; Barth 1:84; Grimm 1:1131; Palla (2010) 21; Pies (2005) 167; Reith (2008) 227; Zedler 40:1086

Barfknecht ↗ Barbknecht

Barillenmacher ↗ Brillenmacher

Barmeister Baarmeister, Bahrmeister, Barmester 1. 'Richter, der für Salzangelegenheiten zuständig ist'. 2. 'Vorgesetzter der Salinenarbeiter, der die Kasse der Salinenbetreiber für allgemeine Zwecke *(Barkasse, Barkaste)* verwaltet'. 3. 'Verantwortlicher für das Tiergehege eines Schlosses' ❖ 1., 3.: zu *Barre* 'Querstange, Schranke, Absperrung', mhd. *barre, bar, bâr* 'Riegel, Schranke, Balken'; bei 1. ist es der Gerichtsschranken zwischen Richterbank und zuhörender Menge, bei 3. die Umzäunung des Geheges; 2.: zu *bar* i. S. v. bares Geld
W: *Meister*
Syn: Sodmeister

Lit: DRW 1:1171, 1238; Grimm 1:1080 (Bahrrecht, Bahrgericht); Krünitz 3:322; Pfeifer 97

Barmester ↗ Barmeister

Barmhändler 'Hefehändler'; niederdt. ❖ zu mnd. *barm, berm* 'Hefe'

Lit: Schiller-Lübben 1:153

Bärnschneider ↗ Bärschneider

Barretmacher ↗ Barettmacher

Barrierenpächter 'Pächter der Zolleinnahmen, die an einem Schlagbaum an der Stadtgrenze eingehoben werden'; norddt.
Syn: Baumpächter

Bärsauter Bersuder, Bersuter, Berzauter 'Schweinekastrierer' ❖ mhd. *sûter* 'Näher, Schneider, Schuster', lat. *sutor* 'Flickschuster'; übertragen auf den ↗ Sauschneider; schwäb. *Barsau* 'Hauptschwein'

FN: Bersuder, Bersuter, Bersauter, Biersauter
W: Sauter
Syn: Bärstecher, KASTRIERER

Lit: Barth 1:102; Gottschald 102; SchwäbWb 1:652

Barschalk ↗ Parschalk

Bärschmied ↗ Bohrerschmied

Bärschneider Bärnschneider, Behrschneider, Bernschneider, Berschneider, Bierschneider 'Schweinekastrierer' ❖ zu mhd. *bêr* 'Zuchteber'
FN: Berschneider, Beerschneider, Bierschneider, Bernschneider
W: SCHNEIDER
Syn: KASTRIERER

Lit: Barth 1:93, 102; DudenFN 127; Gottschald 102; Linnartz 29, 31

Barsemeester ↗ Barsemeister

Barsemeister Barsemeester, Barsemester 1. 'Seemann auf einer Barse'; d.i. ein kleines Lastschiff ohne Mast. 2. 'Beamter, der für die Schifffahrtszeichen (Tonnen und Baken) verantwortlich ist' ❖ zu mnd. *barse, basse, bardese* 'Barke, kleines Last- oder Kriegsschiff'
W: *Meister*

Lit: Schiller-Lübben 1:154

Barsemester ↗ Barsemeister

Bärstecher Berenstecher, Bierstecher 'Schweinekastrierer' ❖ *Bär* verkürzt aus *Saubär*, mhd. *bêr* 'Zuchteber'
FN: Berstecher, Bärstecher, Beerstecher, Behrenstecher, Behrstecher, Bernstecher
W: Stecher
Syn: Bärsauter, KASTRIERER

Lit: Barth 1:99; DudenFN 127; Gottschald 102; Linnartz 29

Bartenhauer Bardenhauer, Bartenheuer, Barthauer 'Handwerker, der Hieb- und Stoßwaffen (Hellebarden, Piken u. Ä.) oder Beile herstellt'; im Mittelalter ❖ zu mhd.

barte 'Beil, Streitaxt', bildlich zu *Bart*, eigentlich *die Bärtige*; mnd. *barde* 'breites Beil'
FN: Barthauer, Bartenheuer, Bardenheuer, Bartheuer, Bartenheier, Barthenheier, Bardenheier, Bartheier, Bartenhewer, Bardenhewer, Barthewer, Badenheuer
W: HAUER
Syn: Bartenschlager, Bartenwerker

Lit: Adelung 1:739 (Barte); Barth 1:85; DRW 1:1242; Gottschald 103; Grimm 1:1143 (Barte); Linnartz 25; Palla (2010) 23; Volckmann (1921) 113

Bartenheuer ↗ Bartenhauer

Bartenschlager Bortenschlager, Bortenschläger 1. ↗ 'Bartenhauer'. 2. 'Handwerker, der mit dem Beil schlachtet; Fleischer'
FN: Bartenschlager, Bortenschlager, Bartenschläger
W: *Schläger*
Syn: Bartenhauer, Bartenwerker

Lit: Barth 1:85; DudenFN 110; Gottschald 103; Hornung (1989) 42; Linnartz 25, 37

Bartenwerker Bartenwerper, Bartwerker ↗ 'Bartenhauer' ❖ *-werper* ist eine dissimilierte Form von *-werter*, und diese von *-werker*
FN: Bardenwerper, Bartenwerper, Bardenwerfer, Bartenwerffer (die Formen mit *-werfer* sind verhochdeutscht)
W: *Werker*
Syn: Bartenhauer, Bartenschlager

Lit: Barth 1:85; DudenFN 108; Gottschald 103; Linnartz 25; Palla (2010) 23

Bartenwerper ↗ Bartenwerker

Barthauer ↗ Bartenhauer

Bartputzer ↗ 'Bartscherer'; abwertend
W: Putzer
Syn: BARBIER

Lit: Adelung 1:741; Grimm 1:1145

Bartscher ↗ Bartscherer

Bartscherer Bartscher, Bartzwicker 1. ↗ 'Barbier'. 2. ↗ 'Bader' – oft abwertend; umfasste ebenso wie *Barbier* die Berufe vom Friseur bis zum Arzt, entwickelte sich aber später zu einem eigenständigen Beruf ❖ mhd. *bartschërer* 'Bartscherer', vgl. ↗ Scherer
FN: Bartscherer, Bartscher, Bartscheer
W: Scherer
Syn: Bader, BARBIER

Lit: Adelung 1:741; Barth 1:86; DudenFN 111; Gottschald 429; Grimm 1:1146; Idiotikon 8:1136; Linnartz 25; Pies (2005) 16

Bartwerker ↗ Bartenwerker

Bartzwicker ↗ Bartscherer

Barucker ↗ Peruquier

Bassuner ↗ Posauner

Bassunmacher Bassunmaker 'Posaunenmacher' ❖ zu *Basuner, Bassuner* 'Posaunenbläser', mhd. *basûne, busîne, busûne* 'Posaune', über altfranz. *buisine* aus lat. *bucina* '(Signal)horn'
FN: Bassüner, Baßüner

Bassunmaker ↗ Bassunmacher

Bastgerber 'Gerber, der Felle gerbt' ❖ *Bast* in der Bedeutung 'Haut, Fell', mhd. *bast* 'Rinde, Bast'
W: GERBER*

Lit: Grimm 1:1148

Bataillenmaler 'Maler, der Kriegs- und Schlachtenszenen, oft in verherrlichenden Bildern, darstellt; Schlachtenmaler'; in der Fachsprache noch erhalten; zu *Bataille* 'Schlachtgemälde' ❖ zu mhd. *batalje, batelle*, franz. *bataille* 'Kampf'
W: *Maler*

Lit: Conversations-Lexikon 2:174; GoetheWb 2:88 (Bataille)

Bater ↗ Bader

Baterleinmacher ↗ Patermacher

Bathstovere ↗ Badstuber

Batstover ↗ Badstuber

Bauconducteur ↗ Baukondukteur

BAUER Bawer, Pawr; lat. *agrestis, agricola, colonus, cultor, rusticus* In einer vor allem landwirtschaftlich ausgerichteten Gesellschaft ist das Bezeichnungsfeld für *Bauer* besonders ausdifferenziert. Daher werden die Bezeichnungen in der Regel nach den maßgebenden Faktoren gruppiert: nach der Abhängigkeit (*Freibauer, Höriger, Stavener, Bestandmann, Dienstbauer, Zinsbauer* usw.), bei dienstpflichtigen Betrieben nach der Größe (*Vollbauer, Halbbauer, Drittelbauer, Viertelbauer*) oder alleine nach der Größe (*Kleinbauer, Großbauer*), nach unterschiedlichen sozialen oder wirtschaftlichen Bedingungen (*Kolonist, Neubauer, Ackerbürger, Zehentbauer* usw.). Die Bezeichnungen *Hofer, Huber, Hüfner, Lehner* können je nach Region und zeitlicher Festschreibung unterschiedlichen Gruppen angehören. Die Bezeichnungen sind regional und zeitlich sehr unterschiedlich, sodass die Bedeutungen stark divergieren. – *Bauer* kann als Grundwort in Zusammensetzungen auch von *bauen* i. S. v. 'erbauen, herstellen' abgeleitet sein (z. B. *Beckenbauer, Zugstuhlbauer*) ❖ mhd. *bûre, bûr* 'Bauer'
FN: Bauer, Baur, Pauer, Paur, Bur (niederdt.), Buhr (niederdt.), Pur (schweiz.)
W: Abbauer, Anbauer, Beckenbauer, Beibauer, Breinbauer, Dienstbauer, Domänenbauer, Dreiviertelbauer, DRITTELBAUER, Fallbauer, Feldbauer, Festebauer, Fischbauer, Freibauer, Großbauer, Grottenbauer, Gültbauer, HALBBAUER, Halbscheidbauer, Hochzinser, Hofbauer, Holzbauer, Hörndlbauer, Jagdbauer, Jodelbauer, Kabisbauer, Kalkbauer, Kapitelsbauer, Kastenbauer, KLEINBAUER*, Körndlbauer, Lassbauer, Lohnbauer, Neubauer, Ochsenbauer, Patrimonialbauer, Pfahlbauer, Pfarrbauer, Pferdebauer, Rossbauer, Schaluppenbauer, Scharwerksbauer, Schatullbauer, Strandbauer, Traunbauer, VIERTELBAUER, Waidbauer, Wiesenbauer, Zehentbauer, Zeiselbauer, Zinsbauer, Zugstuhlbauer
Syn: Ackerbürger, Ackerer, Ackermann, Anspänner, Artmann, Baumann, Beständer, Bestandmann, DRITTELBAUER, Falger, Freibauer, Gebauer, Hälftner, Hauländer, Hausmann, Hausmeier, Hofmeier, Hofstätter, HÖRIGER, Hubenwirt, Hufenwirt, *Hüfner*, Kolonist, Kühbauer, Landmann, Landsasse, *Lehner*, Ökonomiebürger, Stavener, VIERTELBAUER, VOLLBAUER

Lit: Barth 1:87; Barth 2:19, 77, 244; Diefenbach 19, 504, 504; Frühmittellat. RWb; Pies (2005) 24; Riepl (2009) 194; WBÖ 2:587

Bauermeister Bauernmeister, Burmeister
1. 'Bürgermeister'. 2. 'Dorfrichter'. 3. 'Gemeindeangestellter, der als Amtsdiener und -bote eingesetzt wird'. 4. 'Beamter, der Maße und Gewichte kontrolliert' ❖ mhd. *bûrmeister* 'Vorsteher der Dorfgemeinde'; mnd. *bûrmester* 'Bürgermeister, Schulze'
FN: Bauermeister, Baurmeister, Buhrmeister, Burmeister, Burmester, Bauwermeister
W: *Meister*
Syn: Burmeister, Dorfmeister, Dorfrichter, Dorfschultheiß, Dorfschulze, Feldrichter, Kedde, Zentgraf, Zentrichter

Lit: Adelung 1:756; Barth 1:87; DRW 1:1275; DudenFN 112; Gottschald 105; Grimm 1:1180; Linnartz 26

Bauernmeister ↗ Bauermeister

Bauernschneider Bauerschneider, Paurschneider 1. 'Schneider, der innerhalb der Bannmeile einer Stadt arbeiten durfte, ohne in der Zunft organisiert zu sein'. 2. 'Landschneider ohne Konzession'; *Bauern-* steht für *Land-* im Ggs. zur Stadt
W: *SCHNEIDER*
Syn: Gäuschneider, Störschneider

Lit: Idiotikon 9:1133

Bauernschuster Bauerschuster 1. 'Schuster, der innerhalb der Bannmeile einer Stadt arbeiten darf, ohne in der Zunft organisiert zu sein'. 2. 'Landschuster ohne Konzession'; *Bauern-* steht für *Land-* im Ggs. zur Stadt
W: *SCHUSTER*
Syn: Gäuschuster, Störschuster

Bauernvogt ↗ Vogt

Bauerschneider ↗ Bauernschneider

Bauerschuster ↗ Bauernschuster

Bauervogt ↗ Vogt

Bauknecht Buwknecht 1. 'Landarbeiter, der für bestimmte Bereiche zuständig ist, z.B. für Fuhren und Pferde oder für den Ackerbau'. 2. 'oberster Landarbeiter in einem Hof und zugleich rechte Hand des Bauern'; je nach Gegend unterschiedliche Bedeutung. 3. 'Hilfskraft bei einem Baumeister' ❖ mhd. *bûkneht* 'Ackerknecht'
FN: Bauknecht
W: KNECHT
Lit: Adelung 1:759; Barth 1:88; DRW 1:1296; DudenFN 113; Grimm 1:1187; Linnartz 26

Baukondukteur Bauconducteur 1. 'Bauleiter und -aufseher'. 2. 'Landvermesser'
W: Kondukteur
Syn: FELDSCHEIDER
Lit: Barth 1:88; Krünitz 3:657

Baumann Bawmann, Buwemann, Buwman, Buwmann 1. 'freier Bauer auf eigenem Grund'. 2. 'abgabenpflichtiger Bauer, Pächter'. 3. 'leitender Landarbeiter, ↗ Großknecht'. 4. 'Winzer'. 5. 'leitender Arbeiter, Verwalter in einem Weinberg' ❖ mhd. *bûman* 'Ackermann, Bauer, Pächter eines Bauerngutes'
FN: Baumann, Baumanns, Paumann, Bauwmann, Bamann, Bahmann
W: Mann
Syn: BAUER, Baumeister, Freibauer, WEINGÄRTNER
Lit: Adelung 1:760; Barth 1:88; DRW 1:1301; DudenFN 113; Gottschald 104; Grimm 11:1189; Hornung (1989) 40; Idiotikon 4:270; Linnartz 26; Pies (2005) 24; Schmeller 1:186

Baumeister Buwemeister; lat. *aedilis*, *edilis* 1. 'leitender Knecht oder Gutsverwalter in einem Bauerngut'. 2. 'städtischer Aufsichtsbeamter über die öffentlichen Bauten'. 3. 'Aufseher über das im Gemeindebesitz stehende Land; Dorfvorsteher'; schweiz. 4. 'Bauunternehmer'. 5. 'Architekt'. 6. 'Leiter des Burgwesens und Verantwortlicher für Bauten und Befestigung der Burg'; im Mittelalter. 7. 'Aufseher über den Weinberg'; schweiz. ❖ mhd. *bûmeister* 'Baumeister; Leiter der städtischen Bauten; Oberknecht'
FN: Baumeister, Burmeister, Burmester
W: Kriegsbaumeister, *Meister*, Mühlenbaumeister
Syn: Baumann
Lit: Adelung 1:761; Barth 1:89; Diefenbach 195; DRW 1:1304; DudenFN 113; Gottschald 105; Grimm 1:1190; Idiotikon 4:521; Linnartz 26; Pies (2005) 28

Baumer ↗ Bäumer

Bäumer Baumer 1. 'Obstgärtner'. 2. 'Beamter, der die Schlagbäume an den Zollstellen bedient' ❖ 1.: zu mhd. *boumen* 'mit Bäumen bepflanzen'; 2.: mnd. *bomer* 'Baumwärter, der den Schlagbaum zu öffnen und zu schließen hat'
FN: Baumer, Bäumer, Bäumler, Baumers, Bäumers, Baumert, Bäummer, Pamer, Pammer, Böhmer, Bömers
Syn: Baumgärtner, Obster
Lit: Barth 1:89; DRW 1:1307; DudenFN 113, 115, 496; Gottschald 105; Linnartz 26, 126; Schiller-Lübben 1:382

Baumgart ↗ Baumgärtner

Baumgärtl ↗ Baumgärtner

Baumgartner ↗ Baumgärtner

Baumgärtner Baumgart, Baumgärtl, Baumgartner; lat. *arborator* 1. 'Beamter, der die Aufsicht über die Allmendbäume hat'. 2. 'Inhaber oder Geschäftsführer einer Baumschule oder eines Obstgartens' ❖ mhd. *boumgartenære* 'Baumgärtner'; vgl. mnd. *bômgarde* 'Baumgarten'
FN: Baumgartner, Baumgärtner, Baumgarten, Baumgart, Baumgarte, Baumgarth, Baumgardt, Baumgard, Baumgartl, Baumgärtel, Baumgertel, Paumgartner, Paumgarten, Paumgartten, Boomgarn, Bohmgarn, Bongart, Bongardt; Bongarts, Bongartz,

Bongarten, Bongert, Bungard, Bungart, Bungert, Bungarten, Bungartz, Bungatz
W: *Gärtner*
Syn: Bäumer, Obster

Lit: Adelung 1:763; Barth 1:89; DRW 1:1307; DudenFN 113, 114, 146, 164; Gottschald 105, 199; Grimm 1:1192; Linnartz 26; Schiller-Lübben 1:383

Baumhauer Baumheier, Baumheuer, Baumhöer, Baumhovere, Bomhauer 1. 'Holzfäller; Holzarbeiter, der gefällte Bäume abastet'. 2. 'Zimmermann, der die Sattelbäume herstellt'; d.s. gekrümmte Holzstücke, die das Gestell für einen Sattel bilden ❖ mnd. *bômhower* 'derjenige, der Sattelbäume macht'
FN: Baumhauer, Baumheier, Baumheyer, Baumheuer, Baumhower
W: HAUER
Syn: HOLZHAUER, ZIMMERMANN

Lit: Barth 1:89; DudenFN 113; Gottschald 105; Idiotikon 2:1814; Linnartz 26; Schiller-Lübben 1:383

Baumheier ↗ Baumhauer

Baumheuer ↗ Baumhauer

Baumhöer ↗ Baumhauer

Baumhovere ↗ Baumhauer

Baumpächter 'Pächter der Zolleinnahmen, die an einem Schlagbaum an der Stadtgrenze eingehoben werden'
Syn: Barrierenpächter

Baumschließer Baumschlüsser 1. 'Beamter, der die Absperrungen der Hafeneinfahrt besorgt; Schlagbaumwärter'. 2. 'Zollbeamter, der an einem Schlagbaum den Zoll erhebt' ❖ zu mhd. *boum* 'Baum; Schrankenstange'; mhd. *slieʒen* 'schließen'
W: *Schließer*
Syn: Baumschreiber, TORSCHREIBER

Lit: Adelung 1:766; Barth 1:89; DRW 1:1310; Grimm 1:1194

Baumschlüsser ↗ Baumschließer

Baumschreiber 'Grenzbeamter und Zolleinnehmer am Schlagbaum'; zu *Baum* i. S. v. 'Schlagbaum'
W: *Schreiber*
Syn: Baumschließer, TORSCHREIBER

Lit: Barth 1:89; DRW 1:1310

Baumseidenmacher Bansimmacher, Baumsiedemacher, Bohmsidenmaker, Bomseidenmacher, Bomseinmacher, Bomsidenmacher, Bomsidenmaker, Bomsiedmacher, Bomsienmacher, Bomsydenmaker ↗ 'Baumseidenweber' ❖ die niederdt. Formen zu mnd. *bomson, bimside* 'ein gewebtes Zeug mit baumwollenem (oder garnenem) Aufzug und wollenem Einschlag'
Syn: Baumseidenweber

Lit: Adelung 1:766 (Baumseide); Barth 1:89; Grimm 1:1195 (Baumseide); Heinsius 1:262; Reith (2008) 251; Schiller-Lübben 1:384

Baumseidenweber 'Weber, der Baumseide herstellt'; d.i. ein Mischgewebe aus Baumwolle und Schafwolle
W: *WEBER*
Syn: Baumseidenmacher

Lit: Adelung 1:766 (Baumseide); Barth 1:89; Heinsius 1:262; Krünitz 4:93

Baumsiedemacher ↗ Baumseidenmacher

Baumwärter 1. 'Forstaufseher, Förster'. 2. 'Grenz-, Zollbeamter, Beamter am Schlagbaum'
W: *Wärter*
Syn: TORSCHREIBER

Lit: Adelung 1:767; Barth 1:89; DRW 1:1310; Grimm 1:1196

Baumwollküper 'Hafenarbeiter, der Baumwollballen zur Kontrolle öffnen, reparieren und fachgerecht verschließen kann'
W: *Küper*

Lit: Altstaedt (2011) 18

Baumwollstreicher ↗ Wollstreicher

Bauschreiber 1. 'Kontrollbeamter und Rechnungsführer bei öffentlichen Bauten'.

2. 'Schreiber bei der Baubehörde oder beim Gericht für Baustreitigkeiten'
W: *Schreiber*

Lit: Adelung 1:769; Barth 1:90; DRW 1:1315; Grimm 1:1199; Idiotikon 9:1548; Krünitz 7:749

Bauschulte ↗ Bauschulze

Bauschulze Bauschulte, Boschulte 1. 'Besitzer eines großen Bauernhofes, Schulzenhofes'. **2.** 'Verwalter eines Bauerngutes' ❖ niederdt. *bowschulte, boschulte*, zu mnd. *buw, buwe* 'Haushalt, Vieh, Leute'
FN: Bauschulte, Bohschulte, Boschulte, Boschulze
W: *Schulze*
Syn: VOLLBAUER

Lit: DRW 1:1315; Lindow 35; Linnartz 27

Bauübergeher ↗ Übergeher

Bauvogt 1. 'größerer Bauer, der zugleich Bürgermeister ist'. **2.** 'Beamter, der die Aufsicht über das Bauwesen hat' ❖ 1.: zu *Bauer*, mnd. *buvoget* 'Bauvogt, d.i. Bauervogt, Bürgermeister'; 2.: zu *bauen, Bau*
W: *Vogt*

Lit: Barth 1:90; DRW 1:1322; Grimm 1:1210

Bawer ↗ BAUER

Bawmann ↗ Baumann

¹Becherer Bekerer 1. 'Böttcher, Fassbinder, der kleine hölzerne Gefäße für den Haushalt herstellt, wie Kannen, Becher, Eimer, Kübel'. **2.** 'Drechsler'. **3.** 'Handwerker, der Zinnbecher herstellt' ❖ mhd. *becherære* 'Hersteller von (Holz)bechern', mnd. *bekerer* 'Bechermacher', aus mlat. *bicarium* 'Weingefäß'
FN: Becher, Becherer, Böcherer, Pecherer, Bekerer (diese können auch mit *Pech, Pechsammler* zusammenhängen)
Syn: Bechermacher, DRECHSLER, KANNENGIESSER, Kelcher, KLEINBÖTTCHER*

Lit: Barth 1:91; Barth 2:45, 208; Diefenbach 433; DudenFN 115; Gottschald 106; Linnartz 27, 28; Reith (2008) 34; Volckmann (1921) 40

²Becherer ↗ Pecher

Bechermacher Bäckler, Bäkler, Bechler, Bekenmacher, Bekermaker; lat. *becharius, califex, craterarius, faber vascularius, picariator, picator, vascularius* 'Böttcher, Fassbinder, der kleine hölzerne Gefäße für den Haushalt herstellt, wie Kannen, Becher, Eimer' ❖ mnd. *bekermaker, bekerer* 'Bechermacher'
Syn: Becherer, Bitschenmacher, KANNENGIESSER, KLEINBÖTTCHER*

Lit: Barth 1:91, 96; Diefenbach 155, 607; Reith (2008) 34; Schiller-Lübben 1:212; Volckmann (1921) 169

Bechler ↗ Pecher, Bechermacher

Beck Bäck, Becke, Becken, Böck, Peckh, Pek 'Bäcker'; bes. oberdt. ❖ mhd. *becke* 'Bäcker'
FN: Beck, Becke, Beckh, Peck, Beckle, Back, Böck, Boeck, Böckh, Boeckh (im Niederdeutschen gehören *Beck* und *Böck* zu *Bach*)
W: *Nudelbeck, Wegglibeck*
Syn: BÄCKER*

Lit: Barth 1:91; Diefenbach 104, 436; DudenFN 116; Frühmittellat. RWb; Gottschald 106; Grimm 1:1215; Linnartz 23; Pies (2005) 23; WBÖ 2:766

Beckdrechsel ↗ Beckendrechsler

Beckdrechsler ↗ Beckendrechsler

Becke ↗ Beck

Becken ↗ Beck

Beckenbauer 'Bauer, der zugleich Bäcker ist' ❖ mhd. *becke* 'Bäcker', Näheres siehe ↗ Bäcker
FN: Beckenbauer
W: *BAUER*

Lit: DudenFN 116; Kunze 111

Beckendrechsel ↗ Beckendrechsler

Beckendrechsler Beckdrechsel, Beckdrechsler, Beckendrechsel 'Handwerker, der Metallgefäße (Kupferkessel, Schüsseln, Mes-

singteller) herstellt' ❖ mhd. *beckedrëhsel, pekdrechsel* 'Beckendrechsler'
W: Drechsler
Syn: Beckenschläger, Kesselschmied

Lit: Altstaedt (2011) 141; Isenberg

Beckenknecht ↗ Bäckerknecht

Beckenmacher 'Handwerker, der Gefäße aus Metall (bes. Messing, Kupfer) herstellt'
Syn: Beckendrechsler, Kesselschmied

Lit: Altstaedt (2011) 141

Beckenschlager ↗ Beckenschläger

Beckenschläger Beckenschlager, Beckenslager, Beckschlager, Beckschläger; lat. *faber pastellarum, faber patellarum, patellarius, pelvifex* 1. ↗ 'Spengler'. 2. 'Handwerker, der aus Metall (bes. Messing, Kupfer) Schüsseln, Schalen, Barbierbecken, Kochpfannen usw. herstellt'. 3. 'Musiker, der in der türkischen Musik oder Janitscharenmusik die Becken, Tschinellen spielt' ❖ mhd. *beckeslaher, beckenslaher* 'Beckenschläger, Kupferschmied', zu mhd. *becke, becken* 'Becken, Schale, Waschbecken; ein Instrument der Spielleute', aus lat. *bacinum, baccinium* 'Wassergefäß', aus gallisch *bacca*
FN: Beckenschlager
W: *Schläger*
Syn: Beckendrechsler, Kesselschmied, Klempner*

Lit: Adelung 1:776; Barth 1:90; Diefenbach 416, 422 (peluis); Frühmittellat. RWb (pelvis); Gottschald 106; Grimm 1:1216; Kluge 100; Krünitz 4:137 (Becken); Linnartz 27; Pies (2005) 139; Zedler 3:872

Beckenslager ↗ Beckenschläger

Beckenwerchter ↗ Beckenwerker

Beckenwerker Beckenwerchter, Beckenwerte, Beckenwerter 1. 'Kupferschmied'. 2. ↗ 'Spengler' ❖ zu mhd. *becke, becken* 'Becken, Schale, Waschbecken; ein Instrument der Spielleute', aus lat. *bacinum, baccinium* 'Wassergefäß'; mhd. *wërker* 'Arbeiter, Handwerker'
W: *Werker*
Syn: Kesselschmied, Klempner*

Lit: Barth 1:91; DRW 1:1333; Linnartz 27

Beckenwerte ↗ Beckenwerker

Beckenwerter ↗ Beckenwerker

Becker ↗ Bäcker*

Beckerknecht ↗ Bäckerknecht

Beckibinder 'Handwerker, der Tongefäße repariert'; zu schweiz. *Becki* 'irdenes Becken, flache Schüssel ohne Glasur'
W: Binder

Lit: Idiotikon 4:1113, 1354

Beckschlager ↗ Beckenschläger

Beckschläger ↗ Beckenschläger

Bedder ↗ Bader

Beder ↗ Bader

Bederknecht ↗ Badeknecht

Bedermeit ↗ Bademagd

Bedienter lat. *servus* 1. 'Person, meist Beamter, der in einem bestimmten Bereich tätig ist; Angestellter, Beschäftigter'; fast nur in Zusammensetzungen, z.B. *Amtsbedienter, Dammbedienter, Gerichtsbedienter, Grenzbedienter, Küchenbedienter, Postbedienter, Salzwerksbedienter, Schiffsbedienter*. 2. 'Diener'; kommt im veralteten Sprachgebrauch noch vor
W: Artilleriebedienter, Bergbedienter, Deichbedienter, Federbedienter, Floßbedienter, Forstbedienter, Geleitsbedienter, Handlungsbedienter, Hebungsbedienter, Hofbedienter, Hüttenbedienter, Jagdbedienter, Kammerbedienter, Kassabedienter, Kirchenbedienter, Lederbedienter, Leichenbedienter, Lohndiener, Mautbedienter, Münz-

bedienter, Schulbedienter, Strandbedienter, Zollbedienter

Lit: Adelung 1:781; Barth 1:92; DudenGWDS; Grimm 1:1232; Zedler Suppl 3:434

Beenhase ↗ BÖNHASE

Beerförer ↗ Bierführer

Beerhüter 'Flurhüter, der Weinberge bewacht'
❖ zu mhd. *ber* 'Beere'
W: *Hüter*
Syn: FLURSCHÜTZ

Lit: Adelung 1:787; Grimm 1:1244

Beerspünder ↗ Bierspünder

Beflissener lat. *studiosus* **1.** 'Student'. **2.** 'Gehilfe, Lehrling, der noch ausgebildet wird; jmd., der eine Position anstrebt' — häufig als Grundwort in Komposita; Substantivierung zu *beflissen*, Partizip zu *befleißen* 'sich um etwas eifrig bemühen, etwas anstreben'; ❖ zu mhd. *vlîzen* 'eifrig sein, mit Eifer und Sorgfalt beschäftigt sein, streben, sich bemühen, befleißen'
W: Handlungsbeflissener, Schreibereibeflissener

Lit: Barth 1:92; Diefenbach 557

Behangmaler 'Maler, der mit Leimfarben Imitate von Wandbehängen und Wandteppichen malt; Wandmaler, Dekorationsmaler'
W: *Maler*
Syn: Dekorationsmaler, Hausschreiber, Theatermaler

Lit: Barth 1:93; Pies (2005) 94; Reith (2008) 144

Behelfer 'Hilfslehrer'; selten; *Behelf* 'Notlösung, unzureichendes Mittel' ist österr. und schweiz. noch in der Bedeutung 'Hilfsmittel, Arbeitsunterlage' gebräuchlich ❖ mhd. *behëlfære* 'Helfershelfer'
W: Helfer*
Syn: Adstant, Provisor, Schulgehilfe, Schulgeselle

Behrer ↗ Pehrer

Behrschneider ↗ Bärschneider

Beiarbeiter 1. 'Hilfsarbeiter, Gehilfe'. **2.** 'Handwerker, der gemeinsam mit anderen arbeitet'
W: *Arbeiter*

Lit: Barth 1:93; DRW 1:1458; Grimm 1:1358; Luther, Apostelgeschschte

Beibauer 'kleiner Bauer, der nicht dieselben Rechte wie die Großbauern hat'
W: BAUER

Lit: Barth 1:94; DRW 1:1457; Grimm 1:1358

Beider ↗ Bader

Beiermann 'Glöckner, der für den Gottesdienst die Glocken läutet, indem er mit dem Klöppel oder einem Hammer anschlägt und dabei verschiedene Rhythmen und Tonfolgen erzeugt'; im Ggs. zum Läuten, bei dem die Glocke bewegt wird ❖ zu mnd. *beieren* 'die eine Seite der Glocke mit dem Klöppel anschlagen'
FN: Beiermann, Beyermann
W: *Mann*

Lit: DRW 1:1461; Grimm 1:1368 (beiern); Holsteinisches Idioticon 1:79 (beiern); Kluge 105 (beiern); RheinWb 1:587; Schiller-Lübben 1:207 (beiern)

Beiknecht Beyknecht 'Gehilfe oder Stellvertreter eines Bauernknechts'
W: KNECHT
Vgl: Beimagd

Lit: Adelung 1:984; Barth 1:94; DRW 1:1465; Grimm 1:1375

Beiläufer Beyläufer **1.** 'Gehilfe bei Botengängen, Stellvertreter eines Dieners'. **2.** 'Handlanger, Mitarbeiter für untergeordnete Arbeiten'
W: *Läufer*
Syn: Handreicher, Opfermann, Pflegsmann

Lit: Adelung 1:985; Barth 1:94; DRW 1:1466; GoetheWb 2:296; Grimm 1:1377

Beiler Bailer **1.** 'Beamter, der Fässer eicht und vermisst'. **2.** 'Taglöhner'. **3.** 'Zimmermann'. **4.** 'Schmied, der Beile herstellt' ❖ **1.** mhd. *beiel, beigel, beil, beile* 'Untersuchen, Visie-

ren der Fässer; Eichstempel'; aus der niederdt. Seemannssprache; mnd. *pegel, peil* 'Pegel, Merkzeichen in Gefäßen für Flüssigkeiten, Maß zur Bestimmung des Wasserstandes'; weitere Herkunft unklar, vielleicht zu lat. *pagella* 'Messstab' von lat. *pagina* 'Seite'; 2.–4.: zu mhd. *bîl, bîle* 'Beil'
FN: Beiler, Beil, Bailer, Bail, Bailner, Beigler, Beikler, Baigler, Pailer, Payler, Peiler
Syn: EICHMEISTER, Schmied

Lit: Barth 1:94; DRW 1:1470; DudenEtym 596; DudenFN 103; Gottschald; Grimm 1:1380; Idiotikon 4:1166; Linnartz 23, 28; PfälzWb 1:663 (Beiel); Schiller-Lübben 3:312

Beilschmied 'Schmied, der bes. Beile und Äxte herstellt'; der Arbeitsbereich überschneidet sich oft mit dem Hufschmied ❖ zu mhd. *bîl, bîle* 'Beil'; *Beiel* ist eine alte Schreibform
FN: Beilschmied, Beilschmidt, Beielschmidt
W: Schmied

Lit: Barth 1:94; DudenFN 120; Gottschald 107; Linnartz 28; Reith (2008) 110

Beimagd 'Gehilfin oder Stellvertreterin einer Magd'
Vgl: Beiknecht

Lit: Barth 1:94; Grimm 1:1380

Beinarbeiter 'Drechsler, der mit Knochen, Horn oder Elfenbein arbeitet'
W: Arbeiter
Syn: Beindrechsler, Beindreher, Beinringler

Lit: Adelung 1:822; Grimm 1:1385

Beinberger 'Waffenschmied, der Beinschienen herstellt' ❖ zu mhd. *beinbërge* 'Beinschiene', zu mhd. *bërge* 'Bergung', in Komposita vorkommend; zu mhd. *bërgen* 'in Sicherheit bringen'
FN: Beinberger
Syn: Beingewander, Beinschienenmacher
Vgl: Halsberger

Lit: Barth 1:95

Beindrechsel ↗ Beindrechsler

Beindrechsler Beindrechsel, Beintrexler 'Drechsler, der aus Knochen Gebrauchsgegenstände herstellt'; verwendet wurden Pferde- und Rinderknochen sowie Knochen von Elefanten oder Walen ❖ zu mhd. *bein* 'Knochen, Elfenbein'
W: DRECHSLER
Syn: Beinarbeiter, Beindreher, Beinringler

Lit: Adelung 1:822; Barth 1:95; Palla (2010) 24; Reith (2008) 65

Beindreher ↗ 'Beindrechsler'
W: Dreher
Syn: Beinarbeiter, Beindrechsler, Beinringler

Lit: Barth 1:94; Pies (2005) 49

Beindressler ↗ Dressler

Beinerweib 'Frau, die Knochen in den Haushalten sammelt und verkauft'; die Knochen wurden ausgekocht und sortiert: schöne Stücke kaufte der ↗ Beinschneider (für Klaviertasten, Griffe, Knöpfe), schlechte wurden wieder ausgekocht und kamen zum ↗ Seifensieder; in Wien
W: Weib

Lit: Hartmann (1998) 201

Beingewander Beingewender 'Waffenschmied, der Beinschienen herstellt' ❖ zu mhd. *beingewant* 'Beinkleidung', zu mhd. *gewanden, gewenden* 'Kleidung, Rüstung'
W: Gewander
Syn: Beinberger, Beinschienenmacher

Lit: Barth 1:95 (Beingewandmacher); Grimm 1:1386 (Beingewand); Volckmann (1921) 111

Beingewender ↗ Beingewander

Beinhase ↗ BÖNHASE

Beinrichter 'Person, die Verletzungen der Extremitäten, wie Brüche, Verrenkungen, Zerrungen, heilt'; entweder als Kurpfuscher oder mit behördlicher Bewilligung; häufig von Frauen ausgeübt ❖ zu mhd. *bein* 'Knochen'; *richten* in der Bedeutung 'einrichten'
W: Richter

Lit: OÖ. Hbl 1990, H. 1:31; OÖ. Hbl 1996, H. 2:172

Beinringler Bainringler 'Drechsler, der aus Knochen oder Elfenbein Gebrauchsgegenstände herstellt'; z.B. Ringe, Reifen, Rosenkranzperlen ❖ zu mhd. *bein* 'Knochen, Elfenbein'
Syn: Beinarbeiter, Beindrechsler, Beindreher
Lit: Barth 1:95; Grimm 14:1012 (Ringler); Schmeller 2:121

Beinschienenmacher 1. 'Handwerker, der den Schutz der Beine als Teil der Rüstung herstellt'. **2.** 'Handwerker, der dünne Hölzer zum Schienen verletzter Beine herstellt'
Syn: Beinberger, Beingewander
Lit: Barth 1:95; Grimm 1:1388 (Beinschiene)

Beinschienenplattner ↗ Plattner

Beinschneider Beinschnitzer 'Handwerker, der aus Elfenbein oder anderen Knochen (Wal-, Nilpferdzähne) Schnitzwerke herstellt'; Produkte waren vor allem Buchdeckel, Tierfiguren, kleine Statuen, Armringe, Griffe, Schmuckkassetten u. Ä. ❖ zu mhd. *bein* 'Knochen, Elfenbein'
W: SCHNEIDER
Lit: Palla (2010) 25

Beinschnitzer ↗ Beinschneider

Beinsieder 'Person, die Knochen sammelt und durch Sieden daraus Fett gewinnt'; dieses wurde an Seifensieder verkauft; der Abfall konnte für Beinschwarz, eine schwarze Farbe, verwendet werden; der Beruf ist mit den Leimsiedern verwandt ❖ zu mhd. *bein* 'Knochen, Elfenbein'; zu mhd. *sieden*, heute meist durch das Lehnwort *kochen* ersetzt
W: *Sieder*
Lit: SteirWb 63

Beintrexler ↗ Beindrechsler

Beisasse Beisäßer **1.** 'Einwohner einer Stadt ohne Bürgerrecht'. **2.** 'Neubürger einer Gemeinde ohne Anteil am Gemeindegut'; schweiz. **3.** 'unter der [adeligen] Grundherrschaft stehender [Klein]bauer'. **4.** 'Beisitzer [bei Gericht]'
W: *Sasse*
Syn: DINGWART, KLEINBAUER*
Lit: Barth 1:95; DRW 1:1475; Grimm 1:1390; Idiotikon 7:1363

Beisäßer ↗ Beisasse

Beischreiber Beyschreiber 'Gehilfe des Schreibers, der Schriftstücke kopiert; untergeordneter Beamter'
W: *Schreiber*
Lit: Adelung 1:989; DRW 1:1478; Grimm 1:1392

Beitelschmied 'Handwerker, der Stechbeitel, Stemmeisen herstellt'; wird zu den Kleinschmieden gezählt ❖ Herkunft unklar; zu mhd. *beiȝel* 'Griffel, Stichel' (aus einer Verbalwurzel abgeleitet), unter Einfluss von *Beutel* oder niederdt. *bötel, botel* 'ein Schlagwerkzeug'
W: *Schmied*
Syn: Kleinschmied
Lit: Kluge 106 (Beitel); Schiller-Lübben 1:405

Beitler ↗ BEUTLER

Beizer 1. 'Jäger, der die Jagd mit Falken betreibt'. **2.** 'Tuchmacher, der die Beize über die Felle streicht'; heute eine Berufsbezeichnung in der Holzverarbeitung ❖ 1.: mhd. *beiȝære, beiȝer* 'der mit Falken jagt'; 2.: zu mhd. *beize* 'Beize, Lauge', eigentlich 'die Beißende'
Syn: Rötzer
Lit: Barth 1:96; DRW 1:1491; Kluge 107 (Beize); Krünitz 4:175 (Beize)

Bekenmacher ↗ Bechermacher

Beker ↗ BÄCKER*

Bekerer ↗ Becherer

Bekermaker ↗ Bechermacher

Belehnter 1. 'Person, der etwas geliehen, als Lehen gegeben wurde'. **2.** 'städtischer Beamter, dem zur Versorgung ein Amt mit ent-

sprechenen Einkünften verliehen wurde' ❖ zu mhd. *belêhenen* 'belehnen'
W: Schalbelehnter

Lit: Barth 1:97; DRW 1:1521; Grimm 1:1442 (belehnen)

Belgentreter ↗ Balgentreter

Bellenmacher 'Handwerker, der Schellen, Glöckchen herstellt' ❖ zu mnd. *belle* 'Schelle'
Syn: Rollenmacher, Schellengießer, Schellenschmied

Lit: Barth 1:97; Schiller-Lübben 1:226

Belligentreder ↗ Balgentreter

Belter 'Handwerker, der Riemen, Gürtel, Beutel u. Ä. herstellt'; norddt. ❖ aus dem Skandinavischen, mnd. *belter* 'Lederarbeiter'; mittelenglisch, altenglisch *belt* 'Gürtel', altnordisch *belti*; verwandt mit ahd. *balz, belt*; ein prähistorisches germanisches Wort, entlehnt aus lat. *balteus* 'Gürtel'
FN: Belter
Syn: Riemer

Lit: Barth 1:97; DudenFN 121; Webster 202

Bendelmacher ↗ Bandmacher

Bendelmaker ↗ Bandmacher

Bender Bänder 1. 'Böttcher, Fassbinder'; nordwestdt. **2.** 'Maler, Anstreicher'; kurz für *Weißbender*; Ablautform zu *Binder*
FN: Bender
W: Bodenbender
Syn: *Binder*, BÖTTCHER, Weißbinder

Lit: Barth 1:80; DudenFN 121; Grimm 1:1466; Pies (2005) 34

Bendsnider ↗ Bandschneider

Benkknecht ↗ Bankknecht

Bennemacher ↗ Bennenmacher

Bennenfahrer ↗ Bennenführer

Bennenführer Bennenfahrer 'Kutscher, der eine Benne, einen zweirädrigen Korbwagen, fährt' ❖ ↗ Benner
W: *Führer*
Syn: Bennenmacher

Lit: Barth 1:98

Bennenmacher Bennemacher 'Wagner, der zweirädrige Korbwagen (Bennen) herstellt' ❖ ↗ Benner
FN: Bennemacher, Bennenmacher
Syn: Bennenführer, WAGNER

Lit: Barth 1:98; Gottschald 109; Grimm 1:1473 (Benne); Höfer 2:315; Idiotikon 4:1289; Linnartz 28; Schmeller 1:245

Benner 1. 'Böttcher, Fassbinder'; bes. norddt. **2.** 'Handwerker, der Korbwagen herstellt'; bes. oberdt. ❖ zu *Benne* 'Korbwagen auf zwei Rädern; Sitzkasten auf dem Wagen oder Schlitten', aus lat. *benna*, dort keltisches Lehnwort
FN: Benner, Bennert (für den Korbwagenmacher)
Syn: BÖTTCHER, WAGNER

Lit: Adelung 1:851 (Benne); Barth 1:98; DudenFN 122; Gottschald 109; Linnartz 28; Schmeller 1:245 (Bennen); WBÖ 1:1012

Benseler ↗ Penseler

Bentmaker ↗ Bandmacher

Bentschneider ↗ Bandschneider

Bentsnider ↗ Bandschneider

Beraiter 1. 'Rechnungsführer'. **2.** 'Steuereinnehmer' ❖ zu mhd. *reite* 'Rechnung, Abrechnung, Rechnungslegung'; bair. *raiten* 'rechnen, Rechnung stellen'; *-rait-* ist die etymologische bair. Schreibung
W: Bergberaiter, Raiter
Syn: Ausraiter
Vgl: *Bereiter*

Lit: Schmeller 2:170; Zehetner (2005) 276 (raiten)

Bereider ↗ *Bereiter*

Bereiter **Bereider, Bereitter, Bereuter, Beryder, Pfreiter 1.** 'Facharbeiter, der etwas für die Bearbeitung oder Produktion vorbereitet'; meist in Zusammensetzungen, z.B. *Tuch-, Lederbereiter*. **2.** 'Person, die etwas zubereitet, vorbereitet'; z.B. *Bereiter* eines Gastmahls, Festes. **3.** 'Person, die für die Instandhaltung zuständig ist'; z.B. *Damm-, Schleusenbereiter*. **4.** 'Beamter, der seine Kontrollen zu Pferde durchführt'; z.B. *Zoll-, Salzbereiter*. **5.** 'Reiter, der Pferde abrichtet und bei Vorführungen reitet'; fachsprachlich noch heute üblich. **6.** 'Stallmeister, Stallknecht' ❖ 1.–3.: Ableitung von mhd. *bereiten* 'bereit machen, ausrüsten'; 4.–6.: mhd. *bereiter* 'Pferdeknecht, Bereiter' und *berîter*, zu *berîten* 'reiten auf (Weg, Pferd); reitend besichtigen'
FN: Bereiter
W: Alaunbereiter, Bandbereiter, Dammbereiter, Fellwerkbereiter, Flachsbereiter, FORSTBEREITER, Garbereiter, Gehegebereiter, Geleitsbereiter, Gewandbereiter, Grenzbereiter, Haarbereiter, Hanfbereiter, Hegebereiter, Jagdbereiter, Kastenbereiter, Kesselbereiter, Korduanbereiter, Lakenbereiter, Landbereiter, Lederbereiter, Messerbereiter, Messingbereiter, Mühlbereiter, Mühlenbereiter, *Reiter*, Rossbereiter, Salbenbereiter, Salzbereiter, Sämischbereiter, Schleusenbereiter, Seidenbereiter, Steigbereiter, Straßenbereiter, TUCHBEREITER, Waldbereiter, Wandbereiter, Wegebereiter, Wildnisbereiter, Wollbereiter, Zehentbereiter, Zeugbereiter, Zollbereiter
Vgl: Beraiter

Lit: Adelung 1:860; DudenFN 123; Gottschald 110; Grimm 1:1500; Krünitz 4:229; Linnartz 28; Pfeifer 121; Schmeller 1:456; Zedler Suppl 3:747

Bereitter ↗ *Bereiter*

Berenstecher ↗ Bärstecher

Berer ↗ Pehrer

Bereuter ↗ *Bereiter*

Bergamener ↗ Pergamenter

Bergamenter ↗ Pergamenter

Bergaminter ↗ Pergamenter

Bergbedienter 'Beamter im Bergbau'; man unterschied *Bergbediente vom Leder* 'Beamte, die den Dienst in der Grube verrichten' (sie trugen einen Lederschurz) und *Bergbediente von der Feder* 'Beamte in der Verwaltung'
W: Bedienter

Lit: Adelung 1:864; Barth 1:100; DRW 1:1582; Grimm 1:1507

Bergberaiter 'Rechnungsprüfer für Bergwerke' ❖ zu mhd. *reiten* 'bereiten, zählen, rechnen, berechnen'; *-rait-* ist die etymologische bair. Schreibung
W: Beraiter

Bergbinder 'Bergarbeiter, der die Zimmermannsarbeiten verrichtet'; er baut die Stollen mit Holz aus; *Berg* hier im bergmännischen Sinn als nicht erzhaltiges Gestein
W: Binder
Syn: Zimmerhäuer

Lit: Veith 70

Bergbote Bergbothe **1.** 'Angestellter im Bergbau für Boten- und andere Hilfsdienste'. **2.** 'Bote, der die Beiträge der Gewerken (Zubußen) einzieht und zustellt'
W: BOTE*
Syn: Silberbote

Lit: Adelung 1:865; Grimm 1:1507; Veith 71

Bergbothe ↗ Bergbote

Bergefohr ↗ Bergenfahrer

Bergenfahrer Bergefohr **1.** 'norddeutscher Kaufmann, der in Bergen (Norwegen) eine Handelsniederlassung hat'. **2.** 'Schiffer, der Fahrten nach Bergen durchführt' ❖ mnd. *bergevarer, bergenvarer* 'ein Schiffer, der seine Fahrten nach Bergen zu machen pflegt'
W: Fahrer
Syn: Bergenhändler

Lit: Adelung 1:866; Barth 1:100; DRW 1:1587; Schiller-Lübben 1:245

Bergenhändler 'Kaufmann, der Fahrten nach Bergen durchführt'
Syn: Bergenfahrer
Lit: Adelung 1:866

Bergfactor ↗ Bergfaktor

Bergfaktor Bergfactor 'kaufmännischer Beamter der Bergwerksverwaltung'
W: *Faktor*
Lit: DRW 1:1588; GoetheWb 2:407

Berggegenschreiber 'Beamter, der das Grundbuch für Bergwerke führt'
W: *Gegenschreiber*
Lit: Adelung 1:869; DRW 1:1591; Veith 76

Berggeschworener Berggeschworner 1. 'Beamter im Bergbau, der Mitglied eines Bergamts ist und die Aufsicht in einem bestimmten Distrikt führt'. 2. 'Vorsteher über die Gemeindewaldungen'; schweiz.; *Berg* bezeichnete auch die Waldungen
W: *Geschworener*
Lit: Adelung 1:869; Barth 1:100; Fellner 119; Grimm 1:1511 (berggeschworen); Idiotikon 9:2113; Patocka (1987) 78; Veith 76, 231

Berggeschworner ↗ Berggeschworener

Berggeselle 1. 'Bergarbeiter'. 2. 'Bergmann, der in Gemeinschaft mit anderen eine Zeche baut'
W: *Geselle*
Syn: Eigenlehner
Lit: Fellner 119; Grimm 1:1511; Veith 76

Berghauptmann ↗ Hauptmann

Bergherr 1. 'Inhaber eines Bergwerks bzw. des Bergregals (der Bergbaurechte)'. 2. 'Landesherr des Gebietes, in dem sich ein Bergwerk befindet'. 3. 'höherer Beamter in einem Bergwerk'
W: *Herr*
Lit: Adelung 1:870; Barth 1:100; Fellner 120; Grimm 1:1512; Idiotikon 2:1539; Veith 78

Berginspektor 'Betriebsführer eines Bergwerks'
Lit: Fellner 120; Veith 78

Bergknapp ↗ Bergknappe

Bergknappe Bergknapp 1. 'Bergmann, der in der Grube arbeitet'. 2. 'junger Bergmann'; kommt im veralteten Sprachgebrauch noch vor ❖ zu mhd. *knappe* 'Knabe, junger Mann in dienender Stellung; Knecht, Geselle bes. bei Tuchmachern und Bergleuten'
W: Knappe
Syn: HAUER
Lit: Adelung 1:871; Barth 1:100; DRW 2:1; Fellner 121; Grimm 1:1514; Pies (2005) 28; Veith 78

Bergknecht 'Bergarbeiter, der vor allem bei der Förderung des Erzes beschäftigt ist'
W: KNECHT
Lit: Adelung 1:872; Barth 1:100; DRW 2:1; Veith 78

Bergmeister Perckhmaister, Perckmeister, Pergmaister 1. 'technischer Leiter eines Bergwerks'. 2. 'leitender Beamter, Betriebsleiter eines Bergwerks'; auch mit dem Titel *Obrister Bergmeister*. 3. 'Beamter der Gutsherrschaft, der die Weinberge beaufsichtigt'. 4. 'Aufsichtsbeamter über Steinbrüche'. 5. 'Aufsichtsbeamter über Forst und Jagd'. 6. 'Aufseher über Almen und Milchwirtschaft' ❖ mhd. *bércmeister* 'der Vorgesetzte eines Bergwerkes, eines Weinberges'
FN: Bergmeister
W: *Meister*
Syn: Eisenmeister, Hauptmann
Lit: Adelung 1:874; Barth 1:100; DRW 2:5; DudenFN 124; Fellner 128; Gottschald 110; Grimm 1:1515; Heilfurth (1981) 29; Hornung (1989) 41; Idiotikon 4:520; Linnartz 29; Patocka (1987) 96; Schraml (1930) 186, 225; Veith 83

Bergprobierer ↗ Probierer

Bergrichter 1. 'Richter oder Beisitzer eines Berggerichts'. 2. 'Beamter, der für Verwaltung und Rechtspflege eines Bergwerks zuständig ist'. 3. 'Beamter, der die Aufsicht über die Steinbrüche führt'. 4. 'Aufsicht

oder Schiedsrichter in einem Weinberg' ❖ mhd. *bërcrihter* 'der Richter über Bergleute'
W: *Richter*
Syn: DINGWART
Lit: Adelung 1:876; Barth 1:101; DRW 2:17; Grimm 1:1516; Idiotikon 6:457

Bergschaffer 'Vorarbeiter im Bergbau, der die Arbeiten in der Grube leitet und beaufsichtigt; Steiger'
W: *Schaffer*
Syn: Einfahrer, Fahrsteiger, Hutmann, Steiger
Lit: DRW 2:2; Fellner 131; Patocka (1987) 37, 96; Schraml (1930) 187, 225; Veith 88

Bergschmid ↗ Bergschmied

Bergschmied **Bergschmid** 'Schmied, der Werkzeuge und Eisengeräte für den Bergbau anfertigt und repariert'; zu *Berg-* in der Bedeutung 'Bergbau'
W: *Schmied*
Syn: Zeugschmied
Lit: Adelung 1:878; Barth 1:101; DRW 2:20; Grimm 1:1517; Heilfurth (1981) 53; Patocka (1987) 40, 97; Schraml (1930) 185, 225

Bergschreiber 1. 'dem ↗ Bergmeister zugeteilter Beamter in der Bergwerksverwaltung'. 2. 'juristischer Beirat in der Bergwerksverwaltung'. 3. 'Angestellter einer Alpgenossenschaft, der die Messung und Abrechnung der abgelieferten Milch durchführt'; schweiz.
W: *Schreiber*
Lit: Adelung 1:878; Barth 1:99; DRW 2:20; Fellner 132; Grimm 1:1517; Idiotikon 9:1548; Veith 88

Bergvogt 1. 'vom Landesherrn eingesetzter oberster Verwalter über die Bergwerke'. 2. ↗ 'Bergrichter, ↗ Berggeschworener'. 3. 'dem Bergmeister zugeordneter Beamter'
W: *Vogt*
Lit: Adelung 1:879; Barth 1:101; DRW 2:26; Grimm 1:1519; Veith 90

Bergwardein 'Beamter, der den Erzgehalt des Gesteins untersucht'
W: *Wardein*
Lit: Adelung 4:1387 (Wardein); Barth 1:11; DRW 2:26

Bergzehentner **Bergzehntner** 'Beamter, der Bergzehent einhebt'; d.i. der Anteil der gewonnenen Mineralien, der abgeliefert werden musste, meist der zehnte Teil
W: ZEHENTNER
Lit: Adelung 1:880; Barth 1:101; Fellner 137 (Bergzeh(e)nte); Grimm 1:1520; Veith 94 (Bergzehnt)

Bergzehntner ↗ Bergzehentner

Bergzimmerling ↗ Bergzimmermann

Bergzimmermann **Bergzimmerling** 'Zimmermann im Bergbau, der die Wasserräder, die die Wasserhebemaschine antreiben, herstellt'
W: *Mann*
Syn: ZIMMERMANN
Lit: Adelung 1:881

Bergzuseher ↗ Zuseher

Berittschulz ↗ Berittschulze

Berittschulze **Berittschulz** 'Vorgesetzter der Schulzen, der die Befolgung der königlichen Anordnungen und den Frondienst überwacht'; in Preußen 18./19. Jh. ❖ zu mhd. *beriten* 'beritten, zu Pferd'. Der *Beritt* ist ein als Aufsicht abzureitender Bezirk
W: *Schulze*
Lit: Grimm 1:1525

Bermenter ↗ Pergamenter

Bermiter ↗ Pergamenter

Bermitter ↗ Pergamenter

Bermuterer ↗ Pergamenter

Bernschneider ↗ Bärschneider

Bernsteindrechsler ↗ *Drechsler*

Bernsteindreher **Birnsteindreher** 1. 'Drechsler, der mit Bernstein arbeitet'. 2. 'Rosenkranzmacher'; Rosenkranzperlen waren ein häufiges Produkt der Bernsteindrechsler

Syn: Patermacher, Paternostermacher

Lit: Adelung 1:1541 (Dreher); Palla (2010) 32; Vieser/Schautz (2010) 135; Volckmann (1921) 171

Bernsteindreier ↗ Dreier

Bernsteinleser 'Bernsteinsammler' ❖ zu mhd. *lësen* 'auswählend sammeln, aufheben, an sich nehmen'
W: Leser

Berschneider ↗ Bärschneider

Berspinner ↗ Bierspünder

Berspünder ↗ Bierspünder

Berspünner ↗ Bierspünder

Bersuder ↗ Bärsauter

Bersuter ↗ Bärsauter

Bervorer ↗ Bierführer

Beryder ↗ *Bereiter*

Berzauter ↗ Bärsauter

Beschaler 'Handwerker, der Messergriffe anfertigt' ❖ zu mhd. *schale, schâle* 'Schale, Schale des Messers'
W: MESSERBESCHALER

Lit: Adelung 1:892; Barth 1:103; Volckmann (1921) 112; Zedler Suppl 3:971

Beschälknecht 'Pferdeknecht, der die Zuchthengste betreut' ❖ zu mhd. *schële, schël* 'Beschäler, Zuchthengst'
W: KNECHT

Lit: Adelung 1:892; Fechner (1837) 6:369; Grimm 1:1545

Beschauer 'Kontrolleur, amtlicher Prüfer von Lebensmitteln und Handelswaren'; während *Beschau* für 'Kontrolle, Überprüfung' bes. im amtlichen Gebrauch üblich ist, wird *Beschauer* heute i. S. v. 'Betrachter' verwendet. *Beschauer* ist heute veraltet oder nur in einigen Komposita vorhanden, z.B. Leichenbeschauer
W: °Bierbeschauer, Brotbeschauer, Deichbeschauer, Feuerbeschauer, °Fischbeschauer, Güterbeschauer, °Holzbeschauer, Leinwandbeschauer, Mautbeschauer, Mehlbeschauer, °Metbeschauer, Mühlenbeschauer, Rebenbeschauer, Schiffbeschauer, Schweinbeschauer, Straßenbeschauer, Totenbeschauer, Tuchbeschauer, Unschlittbeschauer, °Weinbeschauer
Syn: SCHAUER, VISIERER

Lit: Adelung 1:893; Barth 1:103; DRW 2:320 (Bierbeschauer); DRW 3:551 (Fischbeschauer); Idiotikon 8:1620; Schmeller 2:350 (Bierbeschauer); SchwäbWb 2:1520 (Fischbeschauer)

Bescheider 'Verwalter, Vorarbeiter, bes. erster Müllergeselle' ❖ zu mhd. *bescheiden* 'zuweisen, anweisen, bestimmen'
W: °Mühlenbescheider

Lit: Grimm 1:1558; Pies (2002d) 13; Pies (2005) 102; Reith (2008) 166

Beschlager ↗ Beschläger

Beschläger Beschlager, Beschleger 1. 'Handwerker, der Metallbeschläge für Türen, Bücher, Gürtel usw. herstellt'. 2. 'Arbeiter, der Fässer für den Transport verschließt, bes. die Küfel (Salzfässer)' ❖ 1.: zu mhd. *beslahen* 'auf etwas schlagen; schlagend befestigen'; 2. mhd. *beslaher* 'Packer in einem Salzhofe'
W: Küfelbeschlager, Schatullenbeschläger

Lit: Fellner 138; Idiotikon 9:474; Patocka (1987) 278; Schraml (1932) 222

Beschlagmacher Beschlägmacher 'Handwerker, der Metallbeschläge herstellt'
W: Ringbeschlagmacher, Taschenbeschlagmacher
Syn: GÜRTLER

Lit: Barth 1:103

Beschlägmacher ↗ Beschlagmacher

Beschleger ↗ Beschläger

Beschließer lat. *claviger* 'Pförtner, Hausverwalter, der auch die Schlüssel verwahrt'; *beschließen* in der älteren Bedeutung 'ab-, verschließen'
Syn: Ausgeber, Sommelier

Lit: Barth 1:104; Diefenbach 126; DRW 2:103; Grimm 1:1580; Idiotikon 9:718

Beschließerin 'Frau, die den Haushalt führt und die Vorräte verwaltet'; bes. in größeren Haushalten und Klöstern; im mittelalterlichen ritterlichen Haushalt eine verantwortliche Position, der die gesamte Organisation im Haushalt und auf Reisen oblag und von Adeligen oder Freien ausgeübt wurde
Syn: Ausgeberin

Lit: Adelung 1:902; Idiotikon 9:718; Wiener Berufe

Beschneider 1. 'Arbeiter bei den Goldschlägern, der die gepressten Stücke zurechtschneidet'; meist von Frauen ausgeführt. 2. 'Person, die die Beschneidung bei den Juden durchführt'

Lit: Barth 1:104; Grimm 1:1588; Reith (2008) 100

Beseher 1. 'Beamter, der die aus- und eingehenden Waren kontrolliert'. 2. 'Zollbeamter'. 3. 'Beamter, der Menschen mit Verdacht auf ansteckende Krankheiten untersucht' ❖ mhd. *besëher* 'Beschauer'
W: °Fischbeseher, °Zollbeseher
Syn: Visierer

Lit: Adelung 1:910; Barth 1:104, 1169; DRW 2:131; DRW 3:552; Grimm 32:50 (Zollbeseher); Krünitz 242:80 (Zollbeseher); Volckmann (1921) 302

Beseherin 1. 'Hebamme'. 2. 'Wärterin der Wöchnerin' ❖ zu mhd. *besëhen* 'auf etwas sehen, für etwas sorgen'
Syn: Hebamme*

Lit: Grimm 1:1612; Höfer 1:80

Besembinder ↗ Besenbinder

Besemer Besmer 'Besenbinder und -händler' ❖ zu mhd. *bëseme, bësme, bësem* 'Kehrbesen'

FN: Besmer, Besemer, Bessemer
Syn: Besenbinder, Bürstenbinder

Lit: DudenFN 128; Gottschald 111; Grimm 1:1615; Linnartz 29; Pies (2005) 45; Volckmann (1921) 295

Besenbinder Besembinder, Besenbinner, Bessenbinner; lat. *scoparius* 'Handwerker, der Besen, Bürsten, Pinsel u. Ä. herstellt'
W: *Binder*
Syn: Besemer, Bürstenbinder, Rutenbinder

Lit: Adelung 1:911; Barth 1:104; Diefenbach 519; Grimm 1:1616; Haid (1968) 240; Krünitz 4:293; Pies (2005) 45

Besenbinner ↗ Besenbinder

Besetzer 1. 'Straßenpflasterer'. 2. 'Beisitzer bei Gericht'. 3. 'Steuerschätzer' — zu *besetzen* in der Bedeutung 'belegen'
W: Gassenbesetzer
Syn: Dingwart

Lit: DRW 2:138; Grimm 1:1620; Idiotikon 7:1706

Besmer ↗ Besemer

Bessenbinner ↗ Besenbinder

Besserspitzer ↗ 'Nadler, der die Nadelspitzen auf einer feinen Scheibe poliert'
Syn: Feinspitzer

Lit: Adelung 1:921; Grimm 3:1464 (Feinspitzer)

Bestäder ↗ Bestäter

Bestandbäcker 'Bäcker, der den Betrieb [von der Gemeinde] gepachtet hat' ❖ zu *Bestand* i. S. v. 'Pacht;' ↗ Beständer
W: Bäcker*

Beständer Beständner 'Pächter, der ein Anwesen bewirtschaftet, aber kein Eigentumsrecht hat'; bes. oberdt., *Bestand* für 'Pacht' ist noch in der österr. Amtssprache üblich ❖ mhd. *bestant* 'Bestand, Dauer; Pacht, Miete', zu mhd. *bestân, bestên* 'bestehen bleiben; auf sich nehmen, mieten, in Pacht nehmen'

W: Fährbeständer

Syn: BAUER, Bestandmann

Lit: Adelung 1:922; Barth 1:104; DRW 2:167; Ebner (2009) 69; Grimm 1:1653; Krünitz 4:307; Linnartz 29; Pies (2005) 24

Bestandfischer 'Pächter eines Fischgewässers' ❖ ↗ Beständer

W: Fischer*

Lit: DRW 2:167

Bestandjäger 'Jagdpächter' ❖ ↗ Beständer

W: *Jäger*

Lit: DRW 2:172; Grimm 1:1653 (Bestandjagd)

Bestandmann Bestandsmann 'Pächter' ❖ ↗ Beständer

W: *Mann*

Syn: BAUER, Beständer

Lit: DRW 2:171; Grimm 1:1655

Bestandmüller 'Müller, der den Betrieb [von der Gemeinde] gepachtet hat' ❖ ↗ Beständer

W: *Müller*

Lit: Adelung 1:921 (Bestand); DRW 2:172; Grimm 1:1651 (Bestand); Krünitz 4:307

Beständner ↗ Beständer

Bestandschmied 'Schmied, der den Betrieb [von der Gemeinde] gepachtet hat' ❖ ↗ Beständer

W: *Schmied*

Bestandsmann ↗ Bestandmann

Bestandwirt 'Wirt, der den Betrieb [von der Gemeinde] gepachtet hat' ❖ ↗ Beständer

W: WIRT

Lit: DRW 2:174; Wiener Berufe

Bestäter Bestäder, Bestätter, Bestätterer, Besteder, Bestetter 1. 'Handelsmakler oder Aufsichtsbeamter [im Kaufhaus, im Hafen], der die ankommenden und abgehenden Güter kontrolliert und ihren Abtransport organisiert und bestätigt'; er regelte den geschäftlichen Verkehr mit einzelnen Kaufleuten, hob Zölle ein, fertigte Frachtbriefe aus usw. 2. 'Spediteur'. 3. 'Bauherr eines Schiffes, Reeder'. 4. 'Verwalter, Vertreter'; im Bergbau. 5. 'Makler, der Arbeitskräfte vermittelt' ❖ zu mhd. *bestæten* 'bestätigen, bekräftigen'; mnd. *bestaden, besteden* 'bekräftigen, bestätigen und festmachen' und weitere Bedeutungen

W: Güterbestäter, Sustbestäter

Syn: GUTFERTIGER, MAKLER, SPEDITEUR*

Lit: Adelung 1:923; Barth 1:105; DRW 2:184; Grimm 1:1656; Idiotikon 11:1833; Krünitz 4:297; Pies (2005) 80; Volckmann (1921) 237

Bestätter ↗ Bestäter

Bestätterer ↗ Bestäter

Besteder ↗ Bestäter

Bestetter ↗ Bestäter

Bestmann 1. 'Arbeiter auf einem schwimmenden Getreideheber, der die Anlage bewacht und das Feuer für den Dampfbetrieb unterhält'. 2. 'Matrose, der berechtigt ist, ein kleines Küstenschiff ohne Steuermann zu lenken'

W: *Mann*

Lit: Altstaedt (2011) 18; DRW 2:202; Meyers Lexikon 2:763

Betenmacher Betermacher, Bethenmacher, Bettenmacher, Bettermacher, Petenmacher, Pettenmacher, Pöttenmacher 'Handwerker, der Rosenkränze herstellt'; bair. ❖ zu mhd. *bëte, bët* 'Bitte, Gebet'; der Rosenkranz war der Inbegriff des gemeinsamen Betens und die Rosenkranzschnur Sinnbild dieses Betens, daher konnte die Bedeutung auf das Gerät übergehen

Syn: Rosenkranzmacher

Lit: Reith (2008) 128; Wiener Berufe

Betermacher ↗ Betenmacher

Bethenmacher ↗ Betenmacher

Bettelrichter lat. *iudex mendicantium* ↗ 'Bettelvogt'

Syn: BETTELVOGT

Lit: Barth 1:106; DRW 2:233; Grimm 1:1731

BETTELVOGT Bettlervogt 'städtischer Beamter oder Polizeidiener, der Bettler und unstete Personen überwacht bzw. das Betteln verhindern soll'; oft abwertend
W: *Vogt*
Syn: Armenvogt, Armenwächter, Bettelrichter, Gassenvogt, Häscher, Landjäger, Prachervogt, Sterzermeister

Lit: Adelung 1:951; Barth 1:107; DRW 2:234; Grimm 1:1733; Idiotikon 1:707; Volckmann (1921) 322

Bettelwirt 'Wirt oder Verwalter einer Bettlerherberge'
W: *WIRT*
Syn: Jakobswirt

Lit: Barth 1:107; Grimm 1:1733; Idiotikon 16:1649

Bettenmacher ↗ Betenmacher

Bettermacher ↗ Betenmacher

Bettlervogt ↗ BETTELVOGT

Bettlitzenmacher ↗ Podlitzenmacher

Bettmeister 1. 'Person, die an Fürstenhöfen für die Betten und Bettwäsche verantwortlich ist'; er hatte einen *Bettschreiber* als Assistenten sowie Mägde für die Wäsche. 2. 'Beamter, der Vormundschaftsrechnungen überprüft'; vielleicht zu *Bett* i. S. v. 'Schlafplatz'
W: *Meister*

Lit: Adelung 1:953; Barth 1:107; Diefenbach-Wülcker (1885) 234; DRW 2:236; Grimm 1:1738; Krünitz 4:337

BETTZIECHENWEBER Bettziehenweber 'Weber, der Bettüberzüge herstellt'; ↗ Ziechner
FN: Bettziech, Bettziehe, Bettzüge
W: *WEBER*

Syn: Bührenweber, Decklakener, Decktucher, Ziechenweber, Ziechner

Lit: Barth 1:107; DudenFN 129; Grimm 1:1740 (Bettzieche); Pies (2005) 179; Reith (2008) 248; Volckmann (1921) 73

Bettziehenweber ↗ BETTZIECHENWEBER

Beuntler ↗ Beuntner

Beuntner Beuntler, Pointler, Pointner 'Besitzer einer Beunde'; d. i. ein kleines Bauernhaus mit angrenzendem oder eingezäuntem Grundstück, vgl. *Bündt;* bair. ❖ zu mhd. *biunte, biunte* 'freies, besonderem Anbau vorbehaltenes und eingehegtes Grundstück'
FN: Pointner, Poitner, Peintner, Paintner, Beuntner, Beutner, Beunder
Syn: KLEINBAUER*

Lit: DRW 2:240; Gottschald 136; WBÖ 2:1178

Beurtfahrer ↗ Börtfahrer

Beurtmann ↗ Börtmann

Beutelherr 'Verwalter der Finanzen' ❖ mhd. *biutel* 'Beutel' in der Bedeutung 'Geldbeutel'
W: *Herr*
Syn: SCHATZMEISTER

Lit: Adelung 1:959; Barth 1:107; DRW 2:244; Grimm 1:1752

Beutelmacher 'Handwerker, der feine Lederwaren, wie Beutel, Taschen, Handschuhe, anfertigt'
Syn: BEUTLER

Lit: Barth 1:107; Grimm 1:1752; Palla (1994) 52

Beutelschneider Budelsnyder 'Schneider, der Taschen und Beutel anfertigt'; meist übertragen für 'jmd., der andere übervorteilt' (nach dem Dieb, der den außen am Gürtel getragenen Geldbeutel abschneidet) ❖ die niederdt. Form gehört zu zu mnd. *budelsnidere* 'Beutelschneider, Taschendieb'
W: *SCHNEIDER*
Syn: BEUTLER, Fickelscherer, Ficker

Lit: Barth 1:107; Grimm 1:1753; Schiller-Lübben 1:445

Beutener ↗ Beutner

BEUTLER Beitler, Pautler, Peidtler, Peutler; lat. *bursarius* 'Handwerker, der feine Lederwaren, wie Beutel, Taschen, Handschuhe, anfertigt' ❖ mhd. *biutelære, biuteler* 'Beutelmacher'
FN: Beutler, Beutel, Peutler, Baitler, Beitler, Peitler, Beitl, Peidtler
Syn: Beutelmacher, Beutelschneider, Büdeler, Büdelmaker, Fickelscherer, Ficker, Handschuhmacher, Kalitenmacher, Portefeuillemacher, Säckelschneider, Sacker, Säckler, Taschner, Wätschgermacher

Lit: Adelung 1:960; Barth 1:107; Diefenbach 85; DRW 2:247; DudenFN 129; Gottschald 112; Grimm 1:1755; Linnartz 30; Palla (1994) 52; Pies (2005) 30; Reith (2008) 183; SteirWb 73; Zedler 3:1591

Beutner Beutener, Büthener; lat. *apiarius* 'Bienenzüchter, Imker' ❖ zu *Beute* 'Backmulde, -trog, -brett; Bienenstock'; zu mhd. *biute* 'Backmulde; Bienenstock', ahd. *biod* 'Tisch, Opfertisch', ahd. *biuta* 'Bienenstock'
FN: Beutner, Beuter, Beuthner, Beutter, Beuther, Beuttner
Syn: ZEIDLER

Lit: Barth 1:107; DRW 2:242 (Beute); DudenFN 129; Frühmittellat. RWb; Gottschald 112; Grimm 1:1755; Kluge 117 (Beute); Linnartz 30; MhdWb; PfälzWb 1:773 (Beute); RheinWb 1:666 (Beute); Schmeller 1:304 (Beute); WBÖ 2:1179 (Peute)

Beyknecht ↗ Beiknecht

Beyläufer ↗ Beiläufer

Beyschreiber ↗ Beischreiber

Bickelmeister 'Person, die für die Straßenpflasterung und die Pflasterer verantwortlich ist'; zu *Pickel* 'Spitzhacke' (Werkzeug zur Arbeit am Straßenpflaster) ❖ mhd. *bickelmeister* 'Aufseher beim Würfelspiel; Platzmeister'
W: *Meister*

Lit: Barth 1:109; DRW 2:315; Grimm 1:264; Idiotikon 4:519

Bidner ↗ Büttner

Bienenmeister 'Bienenzüchter, Imker'
W: *Meister*
Syn: ZEIDLER

Lit: Adelung 1:1006; Grimm 1:1819

Bienenvater 'Bienenzüchter, Imker'; *Vater* i. S. v. 'Beschützer, Betreuer'
W: *Vater*
Syn: ZEIDLER

Lit: Adelung 1:1007; Grimm 1:1820

Biener 'Bienenzüchter, Imker' ❖ Ableitung von *Biene*, mhd. *bin, bine*
FN: Biener, Bienert
Syn: ZEIDLER

Lit: Adelung 1:1008; DudenFN 132; Gottschald 113; Grimm 1:1820; Linnartz 31

Bieraufschläger ↗ Aufschläger

Bierbeschauer ↗ Beschauer

Bierböter Bierböther 'Schiffer, der Bier transportiert'; norddt. ❖ *-böter* ist eine Ableitung von mnd. *bôt* 'Boot'
W: *-böter*

Lit: Schiller-Lübben 1:404

Bierböther ↗ Bierböter

Bierbrau ↗ BIERBRAUER*

Bierbräu ↗ BIERBRAUER*

BIERBRAUER* Bierbrau, Bierbräu, Bierbräuer, Bierbrüejer, Bierbruer, Bierbruher, Bierbruwer, Bierpreu, Bierprew, Birbriwer, Birbruher, Pierbrew; lat. *brasiator, braxator, cambasius, cerevisiarius, praxator*
Bierbrauen war urspr. in jedem Haushalt üblich, mit der Zeit aber zu aufwändig, sodass seit dem Hochmittelalter eigene Brauhäuser entstanden. Wegen der begrenzten Haltbarkeit des obergärigen Bieres wurde nur im Winterhalbjahr gebraut, deshalb waren meist saisonale Lohnbrauer unter Aufsicht des Brauherren beschäftigt. Erst seit dem 17. Jh. war eine geregelte Ausbildung für Gesellen und Braumeister üblich.

W: *Brauer*, Braunbierbrauer, Konventbierbrauer, Rotbierbrauer, Weißbierbrauer
Syn: Bierbrenner, Biereigen, Braueigen, Frillenbrauer, Keutenbrauer, Keuter, Kretschmer, Zythopola

Lit: Barth 1:109; Diefenbach 81, 451; Grimm 1:1823; Idiotikon 5:557; Pies (2005) 31; Reith (2008) 29

Bierbräuer ↗ BIERBRAUER*

Bierbrenner 'Bierbrauer' ❖ Herkunft unklar; vielleicht als Parallelform zu *Wein-, Schnapsbrenner* oder als Bierbrauer, der auch Schnaps brennt. Als Berufsbezeichnung kaum noch belegt, aber ein häufiger Familienname
FN: Bierbrenner
W: Brenner
Syn: BIERBRAUER*

Lit: Idiotikon 5:636

Bierbrüejer ↗ BIERBRAUER*

Bierbruer ↗ BIERBRAUER*

Bierbruher ↗ BIERBRAUER*

Bierbruwer ↗ BIERBRAUER*

Biereige ↗ Biereigen

Biereigen Biereige, Biereigner 'Person, die in ihrem Haus die Berechtigung zum Bierbrauen und -ausschenken hat; Hausbrauer' ❖ zu *Eigen* i. S. v. 'Eigentum, Eigentumsrecht', mhd. *eigen*
Syn: BIERBRAUER*

Lit: Adelung 1:1009; DRW 2:319; Grimm 1:1823 (Biereigenhof); Pies (2005) 31

Biereigner ↗ Biereigen

Bierfaktor ↗ *Faktor*

Bierfiedler 'Musikant ohne Konzession, der gegen geringes Entgelt in Bierwirtschaften auftritt'
W: Fiedler

Syn: Kilbigeiger, Krugfiedler, Schergeiger, Scherzelgeiger

Lit: Adelung 1:1009; Barth 1:109; Grimm 1:1823

Bierfuhrer ↗ Bierführer

Bierführer Beerförer, Bervorer, Bierfuhrer, Bierfurer, Bierfürer, Bührführer 'Bierhändler, der das Bier von der Brauerei an die Abnehmer verkauft' ❖ die niederdt. Formen *Bervorer, Beerförer* zu mnd. *bêr* 'Bier', mnd. *vorer, vorere* 'Führer'
W: *Führer*

Lit: Schiller-Lübben 1:237; Schiller-Lübben 5:350; Volckmann (1921) 225

Bierfurer ↗ Bierführer

Bierfürer ↗ Bierführer

Bierhake 'Kleinhändler, der Bier vertreibt'
FN: Bierhake
W: Hake
Syn: Bierhöker, Schenker

Lit: Barth 1:109; DudenFN 133; Gottschald 113; Linnartz 31

Bierhöker 'Bierhändler; Zwischenhändler zwischen Brauherren und Verbrauchern'
W: Höker
Syn: Bierhake, Schenker

Bierleitgeb Bierleitgebe, Bierleutgeb 'Bierwirt' ❖ mhd. *lîtgëbe* 'Schenkwirt', zu mhd. *lît* 'Obstwein, Gewürzwein; geistiges Getränk'
W: Leitgeb

Lit: Barth 1:110; DRW 2:322; Linnartz 31

Bierleitgebe ↗ Bierleitgeb

Bierleutgeb ↗ Bierleitgeb

Biermann 1. 'Bierwirt, -verkäufer'. 2. 'Braumeister'
FN: Biermann (kann auch zu *Bär* gehören), Behrmann
W: Mann

Lit: Barth 1:110; DRW 2:322; DudenFN 133; Gottschald 113; Palla (1994) 376

Bierpreu ↗ BIERBRAUER*

Bierprew ↗ BIERBRAUER*

Bierrufer 'Person, die den Brauer, der frisches Bier verkauft, und dessen Preis verkündet'
Vgl: Weinrufer
Lit: Adelung 1:1010; Barth 1:110; DRW 2:323; Grimm 2:1; Linnartz 31

Bierschenk Bierschenker 'Gastwirt, der hauptsächlich Bier ausschenkt' ❖ zu mhd. *bierschenke* 'Bierschenke'
FN: Bierschenk
W: Schenk
Lit: Barth 1:110; DudenFN 133; Gottschald 113; Grimm 2:1; Linnartz 31; Pies (2005) 185

Bierschenker ↗ Bierschenk

Bierschneider ↗ Bärschneider

Bierschreiber 1. 'Rechnungsführer in einer Brauerei'. 2. 'Polizeibeamter, der das Biermaß überwacht'. 3. 'höherer Beamter, der die Brauereien und die von ihnen versorgten Gasthäuser kontrolliert'
W: *Schreiber*
Lit: Barth 1:110; Grimm 2:1; Linnartz 31

Bierschröder ↗ Bierschröter

Bierschröter Bierschröder, Bierschrötter 1. 'Biertransporteur'. 2. 'Person, die das Bier in den Kellern lagert und von dort aus an die Wirte vertreibt' ❖ mhd. *bierschrôter* 'Bierlader'
FN: Bierschröder
W: Schröter
Syn: Kneveler, Zippler
Vgl: Weinschröter
Lit: Adelung 1:1011; Barth 1:110; DudenFN 133; Gottschald 113; Grimm 2:1; Linnartz 31

Bierschrötter ↗ Bierschröter

Bierseller 'konzessionierter Bierhändler im Einzelhandel' ❖ zu mnd. *sellen* 'als Eigentum übergeben; veräußern, im Einzelnen verkaufen', aus engl. *to sell*
W: Seller
Lit: Barth 1:110

Bierspunder ↗ Bierspünder

Bierspünder Beerspünder, Berspinner, Berspünder, Berspünner, Bierspunder ↗ 'Bierschröter' ❖ zu mhd. *spunt* 'Spund, Spundloch, Zapfen an einer Brunnenröhre'; *Beer* niederdt. Form für 'Bier'
W: Spünder
Lit: Adelung 1:1011; Grimm 2:2; Volckmann (1921) 40

¹Bierstecher Biersticher, Biersticker 'Beamter, der das Bier prüft und die Steuern festsetzt'
W: Stecher
Syn: VISIERER
Vgl: Weinstecher
Lit: DRW 2:324

²Bierstecher ↗ Bärstecher

Biersticher ↗ Bierstecher

Biersticker ↗ Bierstecher

Bierversilberer Pierversilberer 'Bierhändler, -verkäufer'; *versilbern* bedeutet wörtlich 'zu Silber (Geld) machen'; bes. ostösterreichisch
W: Versilberer
Syn: Schenker
Lit: Hartmann (1998) 271; OÖ.Hbl 1992, H. 3:314

Bierwirt 'Wirt, der vor allem Bier ausschenkt'
FN: Bierwirt, Bierwirth, Bierwert, Bierwerth, Bierwirtz
W: WIRT
Lit: Barth 1:110; DRW 2:325; DudenFN 133; Gottschald 113; Grimm 2:2; Linnartz 31

Bierzapf ↗ Bierzapfer

Bierzapfer Bierzapf, Bierzäpfl, Bierzapfler 1. 'Wirt oder Kellner, der Bier ausschenkt'.

2. 'Wirt, der das Recht auf Bierausschank hat, ohne Brauer zu sein'
W: Zapfer
Lit: Adelung 1:1011; Barth 1:110; DRW 2:325; Grimm 2:2; Linnartz 31

Bierzäpfl ↗ Bierzapfer

Bierzapfler ↗ Bierzapfer

Bildergießer ↗ Bildgießer

Bildermann 'Händler mit gemalten Karikaturen, Witzblättern, Unterhaltungsbroschüren'; er hängte sie für den Verkauf entlang einer Hausmauer an einer Schnur auf; in Wien
W: Mann
Lit: Hartmann (1998) 191

Bildgießer Bildergießer 1. 'Künstler, der aus Wachs, Gips, Zucker oder Metall Bilder, Reliefs gießt'. 2. 'Handwerker, der aus Metall Statuen, Standbilder oder Büsten herstellt' – eng verwandt mit den Glockengießern; die Werke wurden im Hohlguss hergestellt, d.h. in einen Hohlraum zwischen Kern (Metall) und einen Mantel (meist aus Ton) wurde das flüssige Metall eingegossen
W: Gießer
Lit: Adelung 1:1017; Barth 1:110; Grimm 2:18; Idiotikon 2:471; Krünitz 5:297; Palla (2010) 33; Pies (2005) 64; Reith (2008) 95

Bildgraber 'Künstler, der Bilder aus einer Fläche vertieft herausarbeitet im Ggs. zum Relief'; dazu gehören z.B. Steinschneider, Kupferstecher, Formschneider
W: Gräber
Lit: Adelung 1:1017; Barth 1:110; Grimm 2:18; Krünitz 5:298; Pierer 2:780

Bildleinmaler ↗ Maler

Bildnismaler ↗ Maler

Bildstecher lat. *caelator, celator* 'Künstler, der Bilder aus einer Fläche vertieft herausarbeitet; Graveur'
W: Stecher
Lit: Barth 1:111; Diefenbach 110

Billeter ↗ Billetier

Billeteur ↗ Billetier

Billetherr ↗ Billetierherr

¹Billetier Billeter, Billeteur, Billetier, Billetierer 1. 'Quartiermeister beim Militär; Beamter, der das Einquartierungswesen leitet'. 2. 'Beamter an Maut- oder Zollstellen, der eine Bestätigung über den bezahlten Betrag ausstellt'. 3. 'Verkäufer von Lotterielosen'; heute nur noch als 'Platzanweiser, Eintrittskartenkontrolleur' üblich ❖ den vielfältigen Bedeutungen von *Billett* liegt die Grundbedeutung 'kurzer Brief, kurzes Schriftstück' zugrunde; franz. *billet de logement* 'Einquartierungsschein für Soldaten'; vgl. ital. *bolletta* 'Zollbescheinigung'; lat. *bulla* 'Blase', mlat. *bulla*, mhd. *bulle* 'Siegel einer Urkunde, Urkunde, päpstliche Verordnung'
Syn: Billetmeister
Lit: DRW 2:334; Kaltschmidt 113; Linnartz 32

²Billetier ↗ Billetier

Billetierer ↗ Billetier

Billetierherr Billetherr, Billetsherr, Billettierherr 'Leiter des städtischen Einquartierungsamtes' ❖ ↗ Billetier
W: Herr
Lit: DRW 2:334

Billetmeister 'Quartiermeister beim Militär' ❖ ↗ Billetier
W: Meister
Syn: Billetier
Lit: DRW 2:334

Billetschreiber Billettierschreiber 'Beamter beim städtischen Einquartierungsamt' ❖ ↗ Billetier
W: Schreiber
Lit: DRW 2:334

Billetsherr ↗ Billetierherr

Billettierherr ↗ Billetierherr

Billettierschreiber ↗ Billetschreiber

Binder Binner Im Böttcherhandwerk ist mit *binden* das Zusammenstellen der Dauben und das Verbinden durch eiserne Reifen oder Reifen aus Weiden- oder Haselruten gemeint; *binden* bedeutet hier svw. 'durch Verbinden herstellen'. *Binder* kann selten auch eine Kurzform für *Weißbinder* sein und dann 'Anstreicher' bedeuten ❖ mhd. *binder* 'Fassbinder', zu mhd. *binden* 'binden, fesseln; verbinden; umwinden'.
FN: Binder, Binner, Vietor (latinisiert)
W: Altbinder, Ballenbinder, Beckibinder, Bergbinder, Besenbinder, Blattbinder, Buchbinder*, Bürstenbinder, Büttenbinder, Dichtbinder, Drahtbinder, Fassbinder, Flachsbinder, Garbenbinder, Glasbinder, Grobbinder, Großbinder, Hafenbinder, Hartbinder, Heckenbinder, Heringsbinder, Heubinder, Holzbinder, Kannenbinder, Karrenbinder, Kleinbinder, Kränzelbinder, Muldenbinder, Rastelbinder, Reifbinder, Riedbinder, Rotbinder, Rutenbinder, Schaffbinder, Schwarzbinder, Tonnenbinder, Topfbinder, Tubbekenbinder, Weichbinder
Syn: Bender, BÖTTCHER

Lit: Adelung 1:1023; Barth 1:80, 111; Diefenbach 618; DudenFN 134; Gottschald 115, 506; Grimm 2:34; Höfer 1:86; Hornung (1989) 41; Linnartz 32, 250; Patocka (1987) 286; Pies (2005) 34; Reith (2008) 33

Binner ↗ *Binder*

Birbriwer ↗ BIERBRAUER*

Birbruher ↗ BIERBRAUER*

Biretmacher ↗ Barettmacher

Birmenter ↗ Pergamenter

Birnsteindrechsler ↗ *Drechsler*

Birnsteindreher ↗ Bernsteindreher

Birnsteindreier ↗ Dreier

Birschmeister ↗ Pirschmeister

Bisser Bissmacher, Gebissmacher, Pisser, Pissmacher 'Kleinschmied, der das eiserne Mundstück des Zaumzeugs (Trense) herstellt' ❖ mhd. *biʒʒer* 'Riemenschneider'; mhd. *biʒmacher* 'Riemenschneider'
FN: Bisser
Syn: Bissschmied, Zaumschmied

Lit: Barth 1:112; Grimm 4:1789 (Gebissmacher); Linnartz 32; SteirWb 87 (Bissmacher)

Bissmacher ↗ Bisser

Bissschmied 'Kleinschmied, der das eiserne Mundstück des Zaumzeugs (Trense) herstellt' ❖ mhd. *biʒ* 'Gebiss des Pferdes'; zu *Biss* 'Trense; worauf das Pferd beißt'
W: *Schmied*
Syn: Bisser

Lit: Grimm 2:48; SteirWb 87

Bitger ↗ Böttger

Bitner ↗ Büttner

Bitschenmacher 'Böttcher, Fassbinder, der kleine hölzerne Gefäße für den Haushalt herstellt, wie Kannen, Becher, Eimer' ❖ zu mhd. *butsche, pütsche* 'Gefäß, Salzkufe', aus dem Romanischen
W: °Holzbitschenmacher
Syn: Bechermacher, KLEINBÖTTCHER*

Lit: Barth 1:112; Diefenbach 433; Grimm 2:51 (Bitsche); Grimm 13:2280 (Pütsche); Idiotikon 4:1934 (Butsch); Schmeller 1:312 (Bütschen); WBÖ 3:1527 (Putsch), 1538 (Pütscher)

Bittner ↗ Büttner

Bitzler 'Holzschnitzer, der kleinere Holzgeräte und -werkzeuge herstellt' ❖ zu *pitzeln* 'zerkleinern, in kleine Stücke schneiden', weitere Herkunft unklar

W: °Holzbitzler
Syn: SCHNITZLER

Lit: Grimm 2:58 (bitzeln); Idiotikon 4:1992 (bitzelen); Schmeller 1:318 (bützeln); SteirWb 82; WBÖ 3:246 (Pitzler)

Bixenmacher ↗ Büchsenmacher

Bixenmeister ↗ Büchsenmeister

Bixenschifter ↗ Büchsenschifter

Bläer ↗ Bläher

Bläher Bläer, Bleier, Bleyer, Pläyer, Pleier, Pleyer 'Hüttenarbeiter, der für das Schmelzen des Erzes zuständig ist'; dazu musste der Schmelzofen angefacht und belüftet werden ❖ zu mhd. *blæjen* 'blasen, blähen; im angeblasenen Feuer schmelzen und durch Schmelzen bereiten'
Syn: Schmelzer

Lit: Schmeller 1:320; SteirWb 89; WBÖ 3:251

Blähmeister Blämeister 'Meister im Hüttenwerk, der für das Schmelzen des Erzes zuständig ist' ❖ ↗ Bläher
W: *Meister*
Syn: Frischmeister, Schmelzmeister

Lit: Schmeller 1:320

Blaicher ↗ Bleicher

Blaichknecht ↗ Bleichknecht

Blämeister ↗ Blähmeister

Blankschmied 'Schmied, der glänzend polierte Waren herstellt, z.B. Spaten, Schaufeln, Klingen'; im Ggs. zum Hufschmied ❖ zu mhd. *blanc* 'blinkend, weiß, glänzend'
W: *Schmied*

Lit: Grimm 2:66

Blankwaffenschmied 'Schmied, der Waffen mit polierter Oberfläche herstellt, z.B. Dolche, Messer'
W: *Schmied*, Waffenschmied

Lit: Reith (2008) 127

Blasbälger ↗ Blasbalgmacher

Blasbalgmacher Blasbälger, Blasbelger, Blasebalgmacher, Blaßbalkmecker 'Handwerker, der Blasbälge herstellt'; sie werden für Orgeln oder in der Schmiede verwendet ❖ zu mhd. *blâsebalc, blâsbalc* 'Blasebalg'
Syn: Balgmacher

Lit: Barth 1:113; Grimm 2:68

Blasbelger ↗ Blasbalgmacher

Blasebalgmacher ↗ Blasbalgmacher

Bläseur ↗ Blüser

Blaßbalkmecker ↗ Blasbalgmacher

Blatner ↗ Plattner

Blattbinder Blätterbinder 1. 'Arbeiter, der Schilf und Schilfgras abschneidet und bündelt'; ↗ Riedbinder. 2. 'Handwerker, der Schilfblätter für Webstühle herstellt'; ↗ Blattmacher
W: *Binder*
Syn: Blattmacher, Blattsetzer, Riedbinder

Lit: Barth 1:113; SteirWb 87; WBÖ 3:186

Blattener ↗ Plattner

Blätterbinder ↗ Blattbinder

Blättermacher ↗ Blattmacher

Blättersetzer ↗ Blattsetzer

Blattervater 'Verwalter des Krankenhauses [für ansteckende Krankheiten]'; zu *Blattern* 'Pocken' ❖ mhd. *blâtere* 'Blase; Pocke, Pustel'
W: *Vater*

Lit: Barth 1:113

Blattgoldschlager ↗ Goldschlager

Blattierer ↗ Plattierer

Blattmacher Blättermacher 'Handwerker, der die Blätter aus Schilf oder Draht für Webstühle herstellt'; ein *Blatt* oder *Riedblatt* ist ein schmaler Rahmen, zwischen dessen langen Seiten Stifte aus Schilf oder Draht stehen. Zwischen den Stiften werden die Längsfäden durchgezogen. Je dünner die Stifte und je enger sie stehen, desto feiner das Blatt und desto feiner die Leinwand. Der Weber bestellt beim Blattmacher das entsprechende Blatt, berechnet nach den vorgesehenen Gängen. Das Schilfrohr wird vom Blattmacher mit einem Messer und einem speziellen Hobel präpariert. Spanisches Rohr war qualitativ besser als inländisches deutsches. Der Blattmacher war schon beim Bau des Webstuhls gemeinsam mit dem Tischler beteiligt
Syn: Blattbinder, Blattsetzer, KAMMMACHER

Lit: Adelung 1:1052; Grimm 2:73 (Blatt 8. (des Weberbaums)); Idiotikon 4:53; Krünitz 5:578; Reith (2008) 255

Blattmüller ↗ Plättmüller

Blättmüller ↗ Plättmüller

Blattsetzer Blättersetzer, Plettersetzer 'Handwerker, oft Weber, der die Blätter aus Schilf oder Draht für Webstühle herstellt'
Syn: Blattbinder, Blattmacher, KAMMMACHER

Lit: Adelung 1:1050 (Blätterbinder); Barth 1:113; Grimm 2:81; Reith (2008) 255; Zedler Suppl 3:1353 (Blatt, Blätter-Setzer)

Blaudrucker 1. 'Handwerker, der Gewebe im Negativdruck mit blau eingefärbten Modeln bedruckt'; Kunden waren meist Bauern. 2. ↗ 'Blaufärber'; ältere Bezeichnung; im 17. Jh. löste der Blaudruck das Färben ab
W: *Drucker*
Syn: Blauer, *Färber**

Lit: Barth 1:113; Krünitz 5:617 (Blaue Leinwand); Neuheuser (1984); Pies (2005) 52

Blauer ↗ 'Schönfärber, der Seiden- und Wollstoffe blau färbt'; er bereitete dazu in der Blauküpe (Kupferkessel) die blaue Farbe zu
Syn: Blaudrucker, *Färber**

Lit: Adelung 1:1055; Barth 1:114; Grimm 2:83; Krünitz 5:657 (Blauküpe)

Blaufarbenmacher 'Arbeiter in einem Werk, in dem blaue Glasfarben aus Kobalt hergestellt werden'; das Farbmehl wurde zur Bemalung von Keramik und Porzellan benötigt
Syn: Blaufarbenmeister, Blaufarbenwerker, Farbenbrenner

Blaufarbenmeister 1. 'Betriebsleiter eines Blaufarbenwerkes'. 2. ↗ 'Blaufarbenmacher'
W: Farbenmeister, *Meister*
Syn: Blaufarbenmacher, Blaufarbenwerker, Farbenbrenner

Lit: Adelung 1:1055 (Blaufarbe)

Blaufarbenwerker ↗ 'Blaufarbenmacher'; bes. Arbeiter in dem historischen Blaufarbenwerk Niederpfannenstiel in Aue (Sachsen)
W: *Werker*
Syn: Blaufarbenmacher, Blaufarbenmeister, Farbenarbeiter, Farbenbrenner

Lit: Blechschmidt/Walther (1985)

Blaufarber ↗ Blaufärber

Blaufärber Blaufarber 'Färber, der vor allem blaue Stoffe färbt'; man sprach von einem ↗ Schwarzfärber, wenn er als gewöhnlicher Färber die bei der einfachen Bevölkerung üblichen blauen Stoffe herstellte, oder vom ↗ Schönfärber, wenn er feine Stoffe, wie Seide, färbte
W: *Färber**
Syn: Waidfärber

Lit: Adelung 1:1055; Barth 1:114; Grimm 2:83; Neuheuser (1984) 16; Pies (2005); Reith (2008) 71; Volckmann (1921) 85

Blecharbeiter ↗ 'Spengler'; norddt.
Syn: KLEMPNER*

Blechenschläger ↗ Blechschläger

Blechenschmied ↗ Blechschmied

Blechler ↗ Blechner

Blechmeister 'Vorgesetzter der Arbeiter, die an einem Blechhammer arbeiten'
W: *Meister*

Lit: Adelung 1:1058; Grimm 2:86; Zedler 4:121

Blechner Blechler ↗ 'Spengler'; südwestdt.; Benennung nach dem verarbeiteten Material
FN: Blechner
Syn: KLEMPNER*

Lit: Barth 1:114; DudenFN 138; Linnartz 33; Palla (2010) 111; Pies (2005) 84; Reith (2008) 120; Volckmann (1921) 126

Blechschläger Blechenschläger 1. ↗ 'Spengler'. **2.** 'Handwerker, der Brustpanzer, Harnische, Arm- und Beinschienen herstellt; Plattner'. **3.** 'Arbeiter, der an einem Blechhammer bei der Blechherstellung arbeitet' — Benennung nach dem verarbeiteten Material, siehe auch ↗ Schläger
W: *Schläger*
Syn: Blechschmied, KLEMPNER*, Pfannenschläger, Pfannenschmied, Pfanner

Lit: Adelung 1:1058; Grimm 2:86; Hoffmann Wb 1:503; Linnartz 33; Pies (2005) 84; Reith (2008) 120

Blechschmid ↗ Blechschmied

Blechschmied Blechenschmied, Blechschmid, Plechschmied; lat. *laminarius* **1.** ↗ 'Spengler'. **2.** 'Handwerker, der Gegenstände, Gefäße, Wannen aus Blechplatten durch Schlagen mit dem Hammer oder einem Hammerwerk herstellt' — südwestdt.; Benennung nach dem verarbeiteten Material, siehe auch ↗ Schmied
FN: Blechschmidt, Blechschmied, Blechschmid
W: *Schmied*
Syn: Blechschläger, KLEMPNER*, Pfannenschläger, Pfannenschmied, Pfanner

Lit: Adelung 1:1059; Diefenbach 316; DudenFN 138; Gottschald 439; Grimm 2:86; Kretschmer 283; Krünitz 5:659; Linnartz 33; Palla (2010) 34; Reith (2008) 120

Bleckenschläger ↗ Blickenschläger

Bleeker ↗ Bleker

Bleicher Blaicher, Playcher, Pleicher; lat. *albator, apricator, candidarius* 'Handwerker, der aus Wachs, Garn und Gewebe die Farbe entfernt'; dies geschieht durch Ausbreiten auf der Wiese und Einwirken von Sonne und Wasser (Oxydation). Rohleinwand konnte auch durch Asche gebleicht werden. Das Gewerbe ging aus der Färberei hervor, später übernahmen Bleicher auch die Wäscherei. Das Bleichen wurde im industriellen Zeitalter durch Chlorbleiche abgelöst ❖ mhd. *bleicher, bleichære* 'Bleicher'
FN: Bleicher, Bleichert, Blaicher
W: °Flachsbleicher, °Leinenbleicher, Wachsbleicher
Syn: Bleker, Weißfärber

Lit: Adelung 1:1064; Barth 1:114; Diefenbach 94; DudenFN 138; Gottschald 118; Grimm 2:98; Hartmann (1998) 171; Linnartz 33; Pies (2005) 33; Schmeller 1:322 (Blaikerin); Volckmann (1921) 73

Bleichknecht Blaichknecht 'Arbeiter, der in der Bleiche beschäftigt ist; Gehilfe des ↗ Bleichmeisters'
W: KNECHT

Bleichmeister 'städtischer Beamter, der die Bleiche überwacht'; d.i. der öffentliche Platz zum Bleichen des Leinens
W: *Meister*

Lit: DRW 2:367; Grimm 2:99

Bleidecker Bleydecker, Blidecker, Blydecker 'Dachdecker'; urspr. für Dächer und Dachröhren aus Blei, im Mittelalter bei Großbauten, wie Kirchen, die übliche Deckung; als *Bleidachdecker* noch die aktuelle Berufsbezeichnung
W: *Decker*

Lit: Adelung 1:1431 (Decker); Grimm 2:99; Volckmann (1921) 271

Bleidenmeister Blidemeister, Blidenmeester, Blidenmeister, Blidenmester 'Kommandant der Wurfmaschinen bei der Belagerung' ❖ ↗ Bleidner
FN: Bleimeister, Bliemeister
W: *Meister*

Lit: DRW 2:367; DudenFN 139; Gottschald 118; Idiotikon 4:522; Linnartz 33, 34

Bleidner Pleitner 'Militärtechniker, der Wurfmaschinen baut und bedient' ❖ zu mhd. *blîde* 'Steinschleuder'
FN: Bleidner, Bliedtner, Bliedner, Bleitner, Bleidtner, Bleydner, Pleidner, Pleitner

Lit: DudenFN 138, 139; Gottschald 118; Grimm 2:99 (Bleide); Linnartz 33; Volckmann (1921) 116

¹Bleier Bleyer 'Handwerker, der mit Blei arbeitet; Bleigießer, Bleischmelzer; Bleiarbeiter' ❖ zu mhd. *blî* 'Blei'
FN: Bleier, Pleyer
Syn: Bleigießer

Lit: Barth 1:114; DRW 2:367; DudenFN 139; Palla (1994) 413

²Bleier ↗ Bläher

Bleigießer Bleygießer; lat. *plumbarius* 1. 'Handwerker, der Gegenstände aus Blei herstellt, bes. Gewehrkugeln, Platten'. 2. 'Handwerker, der für sein Produkt auch Blei verwendet'; z.B. Glaser, Zinngießer, Knopfmacher
W: *Gießer*
Syn: Bleier

Lit: Adelung 1:1068; Barth 1:114; Diefenbach 442; Grimm 2:100; Krünitz 5:696

Bleiglaser Bleyglaser 1. 'Glaser, der Butzenscheiben oder Fensterscheiben in Blei einsetzt'. 2. ↗ 'Fenstermacher'; norddt.
W: *Glaser**
Syn: Fenstermacher

Lit: Adelung 1:1068; Barth 1:114; Pies (2005) 61; Reith (2008) 93; SteirWb 92

Bleiweißschneider 'Handwerker, der schwarzes Bleiweiß (Wasserblei) durch Schaben und Schneiden aus Grafit gewinnt und damit Beistiftminen herstellt'
W: *SCHNEIDER*

Lit: Adelung 1:1071 (Bleyweiß); Barth 1:115; Krünitz 5:704 (Bleiweiß); Pierer 3:662

Bleiweißsteftmacher ↗ Bleiweißstiftmacher

Bleiweißstiftmacher Bleiweißsteftmacher 'Bleistiftmacher'; die Minen bestanden aus schwarzem Bleiweiß
W: Stiftmacher

Lit: wikipedia

Bleker Bleeker ↗ 'Bleicher'; niederdt. ❖ zu mnd. *blêken* 'bleichen'
FN: Bleker, Bleeker, Blecker (auch zu dem verwandten Wort *Bleke* für 'Dorfanger')
Syn: Bleicher

Lit: DudenFN 138; Gottschald 118; Linnartz 33; Schiller-Lübben 1:355

Blendelmacher ↗ Blendenmacher

Blendenmacher Blendelmacher, Blentenmacher, Blentlmacher 1. 'Handwerker, der Pferdeblenden herstellt'. 2. 'Handwerker, der Frauenhauben [mit seitlich an den Schläfen vorragenden Stoffstücken] herstellt'

Lit: SteirWb 92

Blentenmacher ↗ Blendenmacher

Blentlmacher ↗ Blendenmacher

Bletzer 1. 'Handwerker, der etwas repariert'; z.B. Kleidungsstücke, Pfannen, Fenster. 2. 'Flickschuster'. 3. 'Flickschneider' ❖ mhd. *bletzer* 'Flicker; Pelz-, Mantelflicker', zu mhd. *blez* 'Lappen, Flicken, Fetzen'; mnd. *pletz* 'Lappen, Stück Tuch'
FN: Bletzer, Pletzer, Bletz, Pletz
W: °Altbletzer, Hosenbletzer, Pfannenbletzer, Schuhbletzer, °Wannenbletzer

Syn: Bletzlischneider, Flickschneider, FLICKSCHUSTER

Lit: DudenFN 138; Gottschald 118; Grimm 2:110; Idiotikon 5:289; Linnartz 33; Pies (2005) 154; Schmeller 1:464

Bletzlischneider 'Schneider, der nur Ausbesserungsarbeiten durchführt'; schweiz. ❖ zu mhd. *bletzelîn*, Diminutiv zu mhd. *bletz* 'Lappen, Flicken, Fetzen'
W: SCHNEIDER
Syn: Bletzer, Flickschneider

Lit: Idiotikon 9:1133; Schmeller 1:464 (Pletz)

Bleydecker ↗ Bleidecker

Bleyer ↗ Bleier, Bläher

Bleygießer ↗ Bleigießer

Bleyglaser ↗ Bleiglaser

Blickenschläger Bleckenschläger, Blickensleger, Blickslager, Blicksleger, Blikkenslegher ↗ 'Spengler'; niederdt. Form für *Blechschläger* ❖ niederdt. *Blick* '(Eisen)blech', zu mnd. *blik, bleck* 'Blech'
FN: Blickschlager, Blikslager
W: *Schläger*
Syn: KLEMPNER*

Lit: Gottschald 117; Lindow 34; Linnartz 33; Schiller-Lübben 1:353; Wiarda (1800) 124

Blickensleger ↗ Blickenschläger

Blickslager ↗ Blickenschläger

Blicksleger ↗ Blickenschläger

Blidecker ↗ Bleidecker

Blidemeister ↗ Bleidenmeister

Blidenmeester ↗ Bleidenmeister

Blidenmeister ↗ Bleidenmeister

Blidenmester ↗ Bleidenmeister

Blikkenslegher ↗ Blickenschläger

Blinzenbäcker ↗ Plinsenbäcker

Blockdrechsler ↗ 'Blockdreher'
W: DRECHSLER
Syn: Blockdreher, Blockdreier, Blockmacher

Blockdreher 'Handwerker, der Holzblöcke und Flaschenzüge herstellt'; *Block* hatte im Norddt. unterschiedliche, aber verwandte Bedeutungen: das Gehäuse eines Flaschenzugs und der Flaschenzug selbst, der Holzstock einer Pumpe und die Pumpe selbst u.Ä. ❖ zu niederdt. *Block* 'Holzklotz; Flaschenzug'; mnd. *block* 'Klotz; Block, in den man Beine eines Gefangenen steckte; blockähnliche Kiste'
W: *Dreher*
Syn: Blockdrechsler, Blockdreier, Blockmacher

Lit: Grimm 2:127; Lindow 36 (Block); Schiller-Lübben 1:360 (Block)

Blockdreier Blockdreyer ↗ 'Blockdreher'; niederdt. ❖ mnd. *dreien, dreigen* 'drehen', zu *Block*
W: *Dreier*
Syn: Blockdrechsler, Blockdreher, Blockmacher

Lit: Schiller-Lübben 1:570 (dreien)

Blockdreyer ↗ Blockdreier

Blockmacher Blokmaker ↗ 'Blockdreher'
Syn: Blockdrechsler, Blockdreher, Blockdreier

Blokmaker ↗ Blockmacher

Blüsener ↗ Blüser

Blüser Bläseur, Blüsener 'Feuerwärter an der Küste, der das Leuchtfeuer betreut' ❖ mnd. *blüser* 'Feuerwärter, der die Blüse zu unterhalten hat', mnd. *blas* 'brennende Kerze, Fackel'; *blüse* 'Feuerturm, Warte'

Lit: Grimm 2:169 (Blüse); Schiller-Lübben 1:352, 366

Blutfogt ↗ Blutvogt

Blutredner ↗ 'Blutschreier'
Syn: Blutschreier, Zeterschreier

Lit: Adelung 1:1099 (Blutschreyer); Barth 1:117; DRW 2:384

Blutrichter 1. 'Richter, der für ein Vergehen zuständig ist, auf das die Todesstrafe steht'. 2. 'Scharfrichter, Henker'; in dieser Bedeutung nicht rechtssprachlich
Syn: Bannrichter, Halsrichter, Malefizrichter, Offenrichter, SCHARFRICHTER

Lit: Adelung 1:1098; Barth 1:116; DRW 2:384; Grimm 2:188; Idiotikon 6:457; Vieser/Schautz (2010) 177

Blutscherge 'Gehilfe des Henkers'; *Blut* zeigt einen Zusammenhang mit Todesstrafe an (z. B. Blutgerichtsbarkeit)
W: Scherge

Lit: DRW 2:387; Vieser/Schautz (2010) 177

Blutschreier Blutschreyer 'Gerichtsbote, der beim Halsgericht das Zetergeschrei über einen Mörder erhebt'; das *Zetergeschrei* ist ein Klageruf der älteren Rechtssprache, entweder als Ritual bei Gericht, oder bei Abwesenheit des Beschuldigten eine Art öffentliche Vorladung
Syn: Blutredner, Zeterschreier

Lit: Adelung 1:1099; Barth 1:117; DRW 2:387; Zedler 61:1813

Blutschreyer ↗ Blutschreier

Blutvogt Blutfogt 1. 'Richter mit Entscheidungsbefugnis über Leben und Tod'. 2. 'Scharfrichter, Henker' ❖ frühnhd. *blutfogt* 'Scharfrichter'
W: *Vogt*
Syn: SCHARFRICHTER

Lit: Barth 1:117; DRW 2:389; Frühnhd. Wb 4:676; Götze 37

Blydecker ↗ Bleidecker

Böck ↗ Beck

Böcker ↗ Böker

Bockfahrer ↗ Buchführer

Bockforer ↗ Buchführer

Boddeck ↗ Boddeker

Boddek ↗ Boddeker

Boddeker Boddeck, Boddek, Bodeker, Bödeker 'Böttcher, Fassbinder'; niederdt. Form zu *Böttcher* ❖ mnd. *bodeker, bodiker* 'Böttcher'
FN: Bodecker, Bodeker, Bödecker, Böddeker, Bödeker, Boedeker, Böddecker, Boeddecker, Bödiker, Bödicker, Boedicker, Böddicker, Büdeker, Buedeker, Bädeker, Baedeker, Bädker
Syn: BÖTTCHER, GROSSBÖTTCHER*

Lit: Barth 1:118; DudenFN 151; Gottschald 125; Linnartz 34; Pies (2005) 34; Schiller-Lübben 1:368

Bodeker ↗ Boddeker

Bödeker ↗ Boddeker

Bodel ↗ BÜTTEL

Bodenarbeiter 1. 'Schuhmacher, der den Unterteil von Schuhen, Sohlen, Stöckeln, Absätzen herstellt'. 2. 'Arbeiter, der in einem Frachtraum der Bahn oder in einem Getreideboden beschäftigt ist'
W: *Arbeiter*

Lit: Grimm 2:214 (Bodenarbeit); SteirWb 98

Bodenbender 'Böttcher, Fassbinder' ❖ zu mnd. *bodene, boden, bode, bodde, budde, butte* 'offenes Fass, Bottich, Wanne u.Ä.'; ↗ Bender
FN: Bodenbender
W: Bender
Syn: BÖTTCHER

Lit: DudenFN 142; Linnartz 34

Bodener ↗ Büdner

Bödener ↗ Büdner

Bodenknecht 1. 'Arbeiter im Sudhaus, der das Salz aus der Salzpfanne herauszieht und in die Kufen füllt'; *Boden* bezeichnet im Salzbergbau den Unterbau eines Stollens, auch *Sohle* genannt. 2. 'Angestellter im Badhaus, der das Wasser aufgießt'; vermutlich Formvariante zu *Bottich* nach der dialektalen Aussprache
W: KNECHT
Lit: Barth 1:118; Fellner 142; Grimm 2:215; Patocka (1987) 217

Bodenmeister 'Verantwortlicher für die Lagerung des Getreides in den Speichern' ❖ *Boden* i. S. v. 'Fläche für die Lagerung von Getreide u. Ä.'
W: *Meister*

Bodker ↗ BÖTTCHER

Bödner ↗ Büdner

Boelsmann ↗ Bolsmann

Bogener ↗ Bogner

Bogenmacher Bagenmacher, Bogenmecker 1. 'Handwerker, der Bogen, Armbrüste herstellt'. 2. 'Handwerker, der gewölbte Steinbögen, Überbau über der Feuerstelle herstellt' ❖ mhd. *bogen*, mnd. *bage* 'Bogen'
FN: Bogenmacher
Syn: ARMBRUSTMACHER
Lit: Adelung 1:1114 (Bogener); Barth 1:118; Grimm 2:220; Lindow 23 (Bagen); Linnartz 35; Schiller-Lübben 1:140

Bogenmecker ↗ Bogenmacher

Bogenschmied 'Handwerker, der Bögen und Armbrüste herstellt; Bogenmacher'; heute noch gebräuchlich im Bereich des Bogenschießens als Sport
W: *Schmied*
Syn: ARMBRUSTMACHER

Bogenschreiber 'Kopist, der pro Bogen bezahlt wird'; zu *biegen*, urspr. die zusammengebogenen (gefalteten) Blätter
W: *Schreiber*
Syn: Abschreiber, Kopist, Tagschreiber
Lit: DRW 2:401

Bogner Bogener, Pogener, Pogner; lat. *arbalista, arcuarius, arcufex, sagittarius* 1. 'Handwerker, der Bogen, Armbrüste herstellt; Bogenmacher'. 2. 'Bogenschütze' ❖ mhd. *bogenære, bogener* 'Bogenschütze'
FN: Bogner, Bogener, Bögner, Boger, Böger, Boeger, Bogler, Bögler, Boegler, Bogel, Bögel, Bögl, Bögle, Pogner, Pögner
Syn: ARMBRUSTMACHER
Lit: Adelung 1:1114; Barth 1:118; DudenFN 143, 513; Gottschald 121; Grimm 2:222; Hornung (1989) 42; Krünitz 6:106; Linnartz 35, 174; Palla (2010); Pies (2005) 35; Volckmann (1921) 114; Zedler 32:1777

Bohlsmann ↗ Bolsmann

Böhmer ↗ Bömer

Bohmsidenmaker ↗ Baumseidenmacher

Böhnhaas ↗ BÖNHASE

Böhnhase ↗ BÖNHASE

Bohrenschmidt ↗ Bohrerschmied

Bohrer* 'Handwerker, der Bohrungen durchführt, bes. für Holzröhren' ❖ mhd. *borer* 'Bohrer'; mnd. *bor* 'Bohrer'
FN: Bohr, Bohrer, Böhrer
W: Pfeifenbohrer, Pumpenbohrer, Rohrbohrer, Teuchelbohrer
Syn: Teuchler
Lit: DudenFN 144; Linnartz 35

Bohrerschmied Bärschmied, Bohrenschmidt, Bohrschmied 'Schmied, der vor allem Bohrer herstellt' ❖ zu mhd. *born* 'bohren', mnd. *baren* 'bohren'
W: *Schmied*

Syn: Eberschmied, Naber, Naberschmied, Nabiger, Neigerschmied

Lit: Adelung 1:1119; Barth 1:118; Holsteinisches Idioticon 1:67 (baren, Barer); Krünitz 6:175; Pies (2005) 132; Reith (2008) 258

Bohrschmied ↗ Bohrerschmied

Bohrtenmacher ↗ Bortenmacher

Boickforer ↗ Buchführer

Bokbinner ↗ Buchbinder*

Bokdrucker ↗ Buchdrucker

Bokedrucker ↗ Buchdrucker

Böker Böcker 'Böttcher, Fassbinder'; niederdt., zusammengezogene Form von ↗ Bödeker
FN: Böker, Böcker, Boecker
Syn: BÖTTCHER

Lit: Barth 1:118; DudenFN 145; Linnartz 35

Bolsmann Boelsmann, Bohlsmann 'Vollbauer, Großbauer'; norddt. ❖ zu mnd. *bôl*, *bolt* 'Stück Landes, Landgut'
W: Mann

Lit: Schiller-Lübben 1:377

Boltendreiger ↗ Bolzendreher

Boltendreyer ↗ Bolzendreher

Bolzdreger ↗ Bolzendreher

Bolzdreher ↗ Bolzendreher

Bolzendrechsler ↗ 'Bolzendreher'
W: DRECHSLER
Syn: Bolzendreher, Bolzer

Lit: Barth 1:119; Reith (2008) 64

Bolzendreher Boltendreiger, Boltendreyer, Bolzdreger, Bolzdreher 'Drechsler, der Bolzen für die Armbrust herstellt' ❖ zu mhd. *bolz, bolze* 'Bolzen, gefiederter Pfeil, der mit der Armbrust geschossen wird'; mnd. *bolte,* *bolten* 'Bolz, Pfeil; runder Stab'. Die Formen mit *bolt-* sind niederdt.
W: DREHER
Syn: Bolzendrechsler, Bolzer

Lit: Barth 1:119; Grimm 2:234 (Bolz); Pies (2005) 49; Schiller-Lübben 1:381; Volckmann (1921) 115

Bolzer Polzer, Polzmacher, Pölzner ↗ 'Bolzendreher'; bes. oberdt.; als Berufsbezeichnung kaum belegt, aber als Familienname erhalten
FN: Bolzer, Polzer, Bolz, Polz, Bolter, Boltz, Boltzer, Boltzner, Bölzel, Polzmacher
Syn: Bolzendrechsler, Bolzendreher

Lit: DudenFN 514; Gottschald 122, 389; Grimm 13:1994; Linnartz 175

Bombardier Bombardierer, Bumberd 'Artillerist, der Bomben und Geschütze verwaltet und bedient sowie für die Munition verantwortlich ist' ❖ Ableitung von franz. *bombarder* 'mit Bomben beschießen', aus franz. *bombarde* 'Geschütz, mit dem Steine geschleudert werden; ein Blasinstrument', aus mlat. *bombus* 'Lärm'
Syn: Bombardista

Lit: Barth 1:119; Gamillscheg 1:125; Grimm 2:236; Kaltschmidt 118; Meyers Lexikon 3:188

Bombardierer ↗ Bombardier

Bombardista 1. 'Büchsenschütze; Soldat, der Schleudergeschütze bedient'. 2. 'Büchsenschmied' ❖ zu ital. *bombarda* 'Belagerungsgeschütz'
Syn: Bombardier, BÜCHSENSCHMIED, BÜCHSENSCHÜTZE

Lit: Meyers Lexikon 3:187 (Bombarde)

Bombengießer ↗ Gießer

Bomer ↗ Bömer

Bömer Böhmer, Bomer 'Angestellter, der den Schlagbaum bedient'; niederdt. ❖ mnd. *bomer* 'Baumwärter, der den Schlagbaum zu öffnen oder zu schließen hat', zu mnd. *bôm* 'Baum; Schlagbaum'

FN: Böhmer (in Süddeutschland gehört der Name zu *Böhmen*), Bömer, Boemer, Bomer

Lit: DudenFN 144; Gottschald 122; Linnartz 36

Bomhauer ↗ Baumhauer

Bomseidenmacher ↗ Baumseidenmacher

Bomseinmacher ↗ Baumseidenmacher

Bomsidenmacher ↗ Baumseidenmacher

Bomsidenmaker ↗ Baumseidenmacher

Bomsiedmacher ↗ Baumseidenmacher

Bomsienmacher ↗ Baumseidenmacher

Bomsydenmaker ↗ Baumseidenmacher

Bond ↗ Bonde

Bonde Bond 'Bauer, der seine Güter erbberechtigt besitzt, Freibauer, Freisasse'; norddt. ❖ mnd. *bunde, bunne, bonde* 'freier Bauer', vgl. auch dänisch *bonde* 'freier Bauer'
FN: Bonde, Bunde
W: Bondenköter
Syn: Freibauer, VOLLBAUER

Lit: Adelung 1:1124; Barth 1:119; DRW 2:405; Schiller-Lübben 1:450

Bondenkäthner ↗ Bondenköter

Bondenkätner ↗ Bondenköter 'Kleinbauer, der eine Kate bewohnt, die einem ↗ Bonden gehört'
W: Bonde
Syn: KLEINBAUER*

BÖNHASE Bänhase, Beenhase, Beinhase, Böhnhaas, Böhnhase, Bühnhase 'Handwerker, der seine Arbeit [ohne Berechtigung und] ohne Zunftzugehörigkeit ausübt'; entweder in der Werkstatt eines Meisters oder als herumziehender Handwerker. Für die Handwerker bedeutete das oft eine große Konkurrenz. Bes. betroffen waren das Schuster- und das Schneiderhandwerk, da dafür keine großen Investitionen nötig waren ❖ zu mnd. *bonhasen* 'ohne das Meisterrecht erlangt zu haben heimlich in dem Hause des Arbeitgebers sein Handwerk betreiben'; eigentlich *Bühnenhase*, zu *Bühne* für 'Dachboden'; Scherzbezeichnung für die Katze, daraus Scherzwort für unzünftigen Handwerker, da er sich heimlich auf den Dachboden verkriecht; zu mnd. *bone* 'Bühne; jede bretterne Erhöhung'; ins Mittel- und Oberdeutsche als *Beinhase* übernommen
Syn: Buhler, Eschweihe, Fellnapper, Fretter, Hudler, Humpler, Lästerer, Ludler, Pfuscher, Schotte, Störer, Stümpler, Wätschelbäcker, Zunäther

Lit: Adelung 1:1118; Barth 1:119; DRW 2:406; Grimm 2:237; Kluge 140; Meyers Lexikon 3:201; Pies (2005) 8, 146, 154; Schiller-Lübben 1:384, 385

Bonne 'Kindermädchen'; kommt im veralteten Sprachgebrauch noch vor ❖ franz. *bonne*, aus der Anrede *ma bonne* 'meine Gute', zu franz. *bon* 'gut'
Syn: KINDERMAGD

Lit: Barth 1:119; DudenGWDS

Bonnetier 1. 'Hutmacher, der bes. Barette herstellt'. **2.** 'Strumpfwirker, Strumpfhändler'; kommt im veralteten Sprachgebrauch noch vor ❖ franz. *bonnetier* 'Mützenhersteller, Strumpfwirker', aus franz. *bonnet* 'Tuch, aus dem Hüte gemacht werden' (12. Jh.), 'Mütze, Haube' (15. Jh.)
Syn: Barettmacher, HUTMACHER*

Lit: DudenFW 213; Kaltschmidt 120; Zedler Suppl 4:174

Bonnettenmaker ↗ Bannismaker

Bonnitmaker ↗ Bannismaker

Bonnitzmaker ↗ Bannismaker

Böödner ↗ Büdner

Bookdrücker ↗ Buchdrucker

Bootknecht ↗ Bootsknecht

Bootsgesell Bothsgesell ↗ 'Bootsknecht'
W: *Geselle*
Lit: Adelung 1:1139; DRW 2:407

Bootsknecht Bootknecht, Bothsknecht 'Matrose, Arbeiter am Schiff beim Tau- und Segelwerk'
W: KNECHT
Lit: Adelung 1:1139; Barth 1:120; DRW 2:407; Grimm 2:238

Boppenmaler ↗ Puppenmaler

Bordeler 'Bortenmacher, Posamentierer'; niederdt. ❖ zu mnd. *borde* 'Band, Saum, Leiste, Einfassung, Besatz'
Syn: POSAMENTIERER
Lit: Schiller-Lübben 1:391

Bordenmaker ↗ Bortenmacher

Bordenwerker ↗ Bortenwirker

Bordenwirker ↗ Bortenwirker

Bordierer 'Handwerker, der Bordüren und Borten herstellt' ❖ zu franz. *bordure* 'Borte, Kante', zu franz. *bord* 'Rand, Besatz'
Syn: POSAMENTIERER
Lit: DudenFW 215

Bordmacher 'Handwerker, der mit Zwirn überzogene Knöpfe herstellt'; auch in der Form *Bord- und Knaufmacher* üblich ❖ zu mnd. *borde* 'Band, Saum, Leiste, Einfassung, Besatz'
Syn: KNOPFMACHER
Lit: Schiller-Lübben 1:391

Borduirwirker ↗ Bortenwirker

Borkmöller ↗ Borkmüller

Borkmüller Borkmöller 1. 'Gerber, der die schweren Tierhäute mit pflanzlichen Gerbstoffen aus junger Eichen- und Fichtenrinde (Lohe) gerbt'. 2. 'Müller, der Eichenrinde zu Gerberlohe mahlt' ❖ zu mnd. *bork, borke* 'Rinde'

W: *Müller*
Syn: GERBER*, Lauer, Loher, Lohgerber, Lohmüller, Rotgerber
Lit: Lindow 37

Bornemaker ↗ Bornmacher

Bornfeger Burnfeger 'Brunnenreiniger' ❖ zu mnd. *born, borne* 'Brunnen'
W: *Feger*
Syn: Brunnenfeger
Lit: Barth 1:120; Schiller-Lübben 1:397; Volckmann (1921) 285

Borngräber Borngreber 'Handwerker, der Brunnen gräbt; Brunnenbauer' ❖ zu mnd. *born, borne* 'Brunnen'
W: *Gräber*
Syn: Bornmacher, Brunnengräber, Püttmacher
Lit: Barth 1:120; PfälzWb 1:1108; Volckmann (1921) 285

Borngreber ↗ Borngräber

Bornherr 1. 'Beamter, der die Aufsicht über die Salzbrunnen innehat'. 2. 'Beamter, der für die städtischen Brunnen zuständig ist und die Brunnengebühr einhebt'
W: *Herr*
Syn: Bornmeister, Brunnenmeister
Lit: Adelung 1:1128; Barth 1:120; DRW 2:414; Grimm 2:245

Bornholmfahrer 1. 'norddeutscher Kaufmann, der in Bornholm eine Handelsniederlassung hat'. 2. 'Fernhändler'
W: *Fahrer*

Bornknecht 'Arbeiter in den Salzwerken, der die Sole aus dem Brunnen zieht'
W: KNECHT
Syn: Brunnenknecht
Lit: Adelung 1:1128; Barth 1:120; DRW 2:415; Grimm 2:245

Bornmacher Bornemaker, **Bornmecher, Bornmecker** ↗ 'Borngräber'
Syn: Borngräber, Brunnengräber, Püttmacher
Lit: Barth 1:120; Riepl (2009) 66

Bornmecher ↗ Bornmacher

Bornmecker ↗ Bornmacher

Bornmeister 1. 'Mitarbeiter im Salzbergbau, der die Aufsicht über die Brunnen und die Wassermenge für die Sole hat'; in der Arbeitshierarchie der sächsischen Salzwerke gibt es den *Oberbornmeister* und den *Unterbornmeister*. 2. 'Vorgesetzter eines Salzwerks'. 3. 'Verantwortlicher für die [städtischen] Brunnen' ❖ mhd. *burnmeister* 'Brunnenmeister', zu mhd. *born, burne* 'Brunnen'
W: *Meister*
Syn: Äugler, Bornherr, Brunnenmeister, Gabenherr, Seiger, Sodmeister
Lit: Adelung 1:1128; Barth 1:120; DRW 2:415; Grimm 2:245; Schmeller 1:280; Zedler 10:10

Bornschlegel 1. 'Abdecker'; bes. in Oberfranken. 2. 'Brunnenarbeiter'; arbeitet mit dem Schlägel (schwerer Hammer) ❖ zu mhd. *slegel* 'Werkzeug zum Schlagen (Schlägel, Keule, schwerer Hammer)'; zu mhd. *born* 'Brunnen'
FN: Bornschlegel, Bornschlegl, Bornschlegell, Bonschlegel, Ponschlegel
Syn: SCHINDER
Lit: Adelung 3:1473 (Schinder); Barth 1:121; Gottschald 124, 435; Krünitz 144:582 (Schinder)

Bornschreiber 'Verwaltungsbeamter an einem Salzamt'; er führte über Einnahmen und Ausgaben Buch und listete die geförderten Salzmengen auf
W: *Schreiber*
Lit: Adelung 1:1128; Barth 1:121; DRW 2:415

Bornzieher 'Person, die Wasser aus dem Brunnen pumpt und die Haushalte mit Wasser versorgt' ❖ zu mnd. *born, borne* 'Brunnen'
W: *Zieher*
Lit: Barth 1:121

Borstenbender ↗ Bürstenbinder

Borstenbinder ↗ Bürstenbinder

Bortenmacher Bohrtenmacher, Bordenmaker, Portenmacher 'Handwerker, der Schnüre und Borten als Besatz für Kleider oder Möbel herstellt' ❖ zu mhd. *borte* 'Rand, Einfassung; Band, Borte aus Seide und Goldfäden, Besatz von Kleidungsstücken'
Syn: POSAMENTIERER
Lit: Adelung 1:1131; Barth 1:121; Diefenbach 330; Grimm 2:247; Linnartz 37; Palla (2010) 166; Pies (2005) 114; Reith (2008) 38

Bortenschlager ↗ Bartenschlager

Bortenschläger ↗ Bartenschlager

Bortenwircker ↗ Bortenwirker

Bortenwirker Bordenwerker, Bordenwirker, Borduirwirker, Bortenwircker, Bortenwürkher, Portenwürker ↗ 'Bortenmacher'
W: *Wirker*
Syn: POSAMENTIERER
Lit: Adelung 1:1131; Barth 1:120; Grimm 2:247; Krünitz 115:650; Linnartz 37; Palla (2010) 166; Reith (2008) 38; Zedler 4:783

Bortenwürkher ↗ Bortenwirker

Börtfahrer Beurtfahrer, Börtschiffer 'Schiffer, der regelmäßig zwischen bestimmten Orten und mit anderen Booten in einem bestimmten Turnus fährt' ❖ zu niederdt. *Bört* 'Reihe, Ordnung; Reihendienst, Reihenfahrt'
W: *Fahrer*
Syn: Reihefahrer, Reihefuhrmann, Rollfuhrmann
Lit: DRW 2:417; Holsteinisches Idioticon 1:131 (Bört)

Börtmann Beurtmann 'Eigentümer eines Schiffes, das in einer Bört, einem Turnus, fährt; Mitglied der Bört'; ↗ Börtfahrer

W: *Mann*

Lit: DRW 2:417; Holsteinisches Idioticon 1:131 (Börtlüde)

Börtschiffer ↗ Börtfahrer

Boschulte ↗ Bauschulze

Bosselierer ↗ Bossler

Boßementier ↗ Posamentierer

Bössenbinner ↗ Bürstenbinder

Bossengießer ↗ Büchsengießer

Boßenmecker ↗ Büchsenmacher

Bossenreißer ↗ Possenreißer

Bosser ↗ Bossierer

Bossertfetzer Boßhartvetzer 'Fleischer'; Gaunersprache ❖ zu jidd. *bossor*, frühnhd. *boßhart* 'Fleisch', *boßhartfezer* 'Fleischer' **Syn:** Metzger

Lit: Burnadz 25; Götze 38; RheinWb 3:884 (Bossert); WBÖ 3:667 (Possert)

Boßhartvetzer ↗ Bossertfetzer

Bossierer Bosser, Possierer, Pousierer, Poussierer, Poussirer; lat. *fictor, sculptor* 1. 'Arbeiter, der durch Abschlagen von grobem Material oder Gussformen eine Plastik herausarbeitet'; das kann Wachs für Wachsbildner, Stein für Bildhauer, Ton für Keramikreliefs, Stuckateure usw. sein. Als fachsprachliche Berufsbezeichnung noch heute gebäuchlich. 2. 'Spaßmacher, Possenreißer, Gaukler' ❖ 1.: zu franz. *bosse* 'Beule, Anschwellung', franz. *bosseler* 'erhabene Arbeiten machen, Beulen schlagen', dies über das Galloromanische aus dem Germanischen. 2.: zu *Posse*
W: *Wachsbossierer*
Syn: Gaukler

Lit: Barth 1:121; Diefenbach 233, 521; DudenFW 215 (bossieren); Frühmittellat. RWb; Grimm 2:266

Boßler ↗ Bossler

Bossler Boßler, Bosselierer, Bössler, Poßler, Poßilirer, Possler, Postler 1. 'Hausknecht, Hilfskraft, Arbeiter für minderwertige Nebenarbeiten; Gehilfe des Meisters'. 2. 'Salinenarbeiter im Sudhaus, der das feuchte, aus der Pfanne gehobene Salz in die Fuderformen füllt; gehört zu den ↗ Ordnern'. 3. 'Handwerker, der kleine Feinarbeiten verrichtet, Schnitzer beim Altarbau, auch als *Bossenhauer* bezeichnet' ❖ zu mhd. *bôʒeln*, Iterativbildung zu *bôʒen* 'klopfen, schlagen', vermischt mit *bochseln* 'poltern; pochen'; vgl. *Bochsel-, Bosselarbeit* 'geräuschvolle, mühsame Arbeit, Handlangerarbeit'; frünhd. *posselarbeit* 'geringe Nebenarbeit'
FN: Boßler, Bossler, Bosler, Bößler, Boeßler, Bösler, Boesler, Posler, Possler, Poßler, Pößler, Bossel, Boßel, Bostler, Postler, Bochsler
Syn: *Faktor, Familiant, Hausknecht,* Schnitzler

Lit: Barth 1:121, 765; DudenFN 149, 515; Fellner 148; Gottschald 120, 124; Götze 38; Grimm 2:200, 264, 265; Idiotikon 1:423; Idiotikon 4:998, 1735; Linnartz 37; Patocka (1987) 216; Pies (2002d) 28; Zedler 28:1783

Bössler ↗ Bossler

Bote* Bothe; lat. *nuntius* Boten spielten vor der Einführung des Telefon- und Telegrammverkehrs für die Kommunikation eine große Rolle, zumal auch Briefe vielfach durch Boten direkt zugestellt wurden. Daher ist das Wortfeld zu *Bote* stark ausdifferenziert: vor allem nach der Fortbewegungsart (z. B. *Ausreiter, Ausgeher, Ausläufer, Fußbote*) oder nach dem Zweck der Übermittlung (z. B. *Klagbote, Gaffelbote, Schuldenbote, Bergbote*)
FN: Bote, Bott, Bode, Both, Bothe, Böttle
W: *Bergbote, Dienstbote, Dingbote, Fußbote, Gaffelbote, Hausbote, Klagbote, Landbote, Schuldenbote, Waldbote, Wallbote, Waltbote, Weisbote*
Syn: *Ausgeher, Ausläufer, Ausreiter, Drab, Expresser, Silberbote*

Lit: Barth 1:121; DRW 2:426; DudenFN; Gottschald 124; Linnartz 37

Botenmeister Bothenmeister, Pottenmaister **1.** 'Beamter, der die Aufsicht über die öffentlichen Boten, Gerichtsboten, Postkutschen und Postboten hat'. **2.** 'Postmeister'
W: *Meister*

Lit: Adelung 1:1138; Barth 1:122; DRW 2:432; Grimm 2:276

-boter ↗ -böter

-böter **-boter, -buter** Die niederdt. Zusammensetzungen mit *-böter* gehören entweder 1. zu 'Boot' *(Ballastböter, Bierböter, Sandböter)*, 2. zu 'Feueranzünder', niederdt. *boten, buten* 'Feuer machen' *(Feuerböter, Fürböter)* oder 3. zu *Büßer* 'Flicker', niederdt. *Buter, Boter, Böter (Kesselbuter, -böter, Oldbuter* 'Altbüßer, Flickschuster') ❖ 1.: zu mnd. *bôt* 'Boot'; 2.: zu mnd. *boten, buten* 'Feuer machen, anzünden'; 3.: zu mnd. *boter* 'Besserer, Flicker'
W: Bierböter, Feuerböter, Kesselbüßer, Oltbuter, Sandböter

Lit: Schiller-Lübben 1:404, 406

Bötger ↗ Böttger

Bothe ↗ Bote*

Bothenmeister ↗ Botenmeister

Bothner ↗ Büttner

Bothsgesell ↗ Bootsgesell

Bothsknecht ↗ Bootsknecht

Bötjer ↗ Böttger

Botker ↗ Böttger

Bottcher ↗ BÖTTCHER

BÖTTCHER Bodker, Bottcher, Bötticher; lat. *doleator, doliator, vietor, vinctor* Das urspr. nord- und mitteldt. Wort breitete sich über den großen Teil des Sprachgebiets aus und wurde in Deutschland Ende des 19. Jh. zur allgemeinen Bezeichnung. – *Böttcher* gehört etymologisch nicht zu dem süddt. Wort *Bottich*, sondern zu dem niederdt. Wort *bode, bodde, budde, butte*, von dem auch nhd. *Bütte* kommt, mit dem niederdt. Suffix *-ker*. Die lat. Wurzel *butina* führte also im Deutschen zu zwei verschiedenen etymologischen Strängen: einerseits über *Bütte* zu *Böttcher*, andererseits über *Bottich* zu *Bötticher*. – Die zahlreichen regionalen Wortformen zeigen die große Bedeutung dieses Handwerks, denn die Holzfässer waren das gängige Transportgefäß für alle Arten von Waren, z. B. auch von Büchern. Die urspr. regionalen Grundtypen für das Handwerk sind *Böttcher* (Norden), *Küfer* (Westen, Südwesten), *Schäffler* (Süden), *(Fass)binder* (Südosten) sowie jeweils verschiedene Varianten. Die Berufsbezeichnungen entsprechen den regional vorrangigen Produktbezeichnungen: *Bode* (norddt.), *Tonne* (niederdt.), *Kufe* (südwestdt.), *Fass* (südostdt.), *Schaff* (süddt., österr.) — Das Handwerk unterscheidet grundsätzlich zwischen *Großböttchern*, die große geschlossene Gebinde mit Dauben herstellten *(Bödeker, Tonnenmacher, Tunnenmaker, Tonnenbinder, Küper, Küfer, Fassbinder, Fassbender, Fasshauer, Fässler, Schaffmacher, Schaffler, Schäffler, Scheffler, Schedler, Schädler, Schwarzbinder)* und *Kleinböttchern* für kleinere offene Gebinde *(Bechermacher, Becherer, Büttenmacher, Büttebinder, Kübler, Lägeler, Legeler, Weißbinder, Rotbinder)*, weiters nach der Arbeit mit Dauben *(Daubenhauer, Daugenhauer, Kimker, Kimmer)* sowie weitere Bezeichnungen nach speziellen Produkten *(Moldenhauer, Multer, Gelter, Geldenhauer, Tippenhauer, Schoppenhauer, Schüssler, Schüttler, Schießler, Sesterer, Himptenmacher, Simmermacher).* – Als altes Handwerk, das vor der Festlegung der Namen bereits existiert hat, ist es auch in vielen Familiennamen vertreten
FN: Böttcher, Vietor (latinisiert)
W: GROSSBÖTTCHER*, KLEINBÖTTCHER*
Syn: Altbinder, Bareler, Bender, Benner, Binder, Boddeker, Bodenbender, Böker, Böttger, Bötticher, Bottichmacher, Büttenbinder, Büttenmacher, Büttner, Daubenmacher, Dichtbinder, Einleger, Fassbinder, Fas-

selmacher, Fasser, Fässler, Gantner, Grobbinder, Himptenmacher, Kieper, Kimker, Kimmer, Kopenschopper, Kübelmacher, Küfelknecht, Küfelmacher, Küfelmeister, Kufenmacher, Kufer, Küfer, Küfler, Küfner, Küper, Schaffbinder, Scheffel, Scheffelmacher, Scheffler, Schoffner, Schwarzbüttner, Sesterer, Tonnenbinder, Tonnenmacher, Tubbekenbinder, Wannenmacher, Wanner, Weinküfer, Weißküfer

Lit: Adelung 1:1139; Altstaedt (2011) 167; Barth 1:122; Diefenbach 189, 618; DudenFN 149, 687; Gottschald 125, 506; Kretschmer 142; Kunze 123; Linnartz 37, 250; Pfeifer 161; Pies (2005) 34; Reith (2008) 33

Bottelier 'Proviantmeister auf Schiffen, der für die Verteilung von Nahrungsmitteln und Alkohol zuständig ist'; die Lager- und Ausgabestelle wurde *Bottlerey* genannt; in der Seemannssprache noch als 'Kantinenverwalter auf Kriegsschiffen' gebäuchlich ❖ niederld. *botelier* 'Kellermeister', aus franz. *bouteiller* von franz. *bouteille* 'Flasche', spätlat. *butulica* 'Fässchen'
Syn: Butigler, Buttler, Schenk

Lit: Adelung 1:1139; DudenFW 216; Gamillscheg 1:142; Meyers Lexikon 3:270

Böttger Bitger, Bötger, Bötjer, Botker, Böttker, Büttger 'Böttcher, Fassbinder'; niederdt. Variante zu *Böttcher*
FN: Böttger, Böttjer, Bättger
Syn: BÖTTCHER

Lit: Barth 1:122; DudenFN 151; Gottschald 125; Krünitz 6:85; Linnartz 37

¹Bötticher Bottiger, Bottinger, Butticher, Podtinger 'Böttcher, Fassbinder' ❖ zu mhd. *boteche, botech, botige, boting* 'Bottich', ahd. *botega* 'großes Fass', dieses aus dem Romanischen, vielleicht zu mlat. *butica* 'Gefäß, Behälter'; urspr. bair. und Femininum; vgl. das nicht direkt verwandte ↗ Böttcher
Syn: BÖTTCHER

Lit: Barth 1:122; Volckmann (1921) 165

²Bötticher ↗ BÖTTCHER

Bottichmacher 'Böttcher, Fassbinder' ❖ ↗ Bötticher
Syn: BÖTTCHER

Lit: Adelung 1:1139 (Böttcher); Barth 1:122; Pfeifer 162 (Bottich)

Bottiger ↗ Bötticher

Bottinger ↗ Bötticher

Böttker ↗ Böttger

Bottner ↗ Büttner

Böttner ↗ Büttner

Bouquetier 'Handwerker, der aus Federn Sträuße für Hüte usw. herstellt' ❖ franz. *bouquetier* 'Händler mit Blumensträußen', zu franz. *bouquet* 'Blumenstrauß; Wäldchen', aus einem Diminutiv zu *bois* 'Wald'
Syn: FEDERSCHMÜCKER

Lit: Krünitz 6:278; Zedler Suppl 4:350

Brachvogt ↗ Prachervogt

Bracker Braker 1. 'amtlicher Warenprüfer, der bes. Flachs, Hanf oder Vieh vor der Ausfuhr begutachtet'. 2. 'Handelsvermittler, Viehhändler' ❖ mitteldt. Form zu ↗ *Wracker*
FN: Bracker, Bräcker, Bräker
W: Aschbracker, Flachsbracker, Heringsbracker, Hopfenbracker
Syn: VISIERER, Wracker
Vgl: Braker

Lit: Adelung 1:1145; Barth 1:122; Grimm 2:290; Linnartz 38

Brädtlpradter ↗ Bratelbrater

¹Braker 'Arbeiter, der beim Flachsbrechen beschäftigt ist'; niederdt. ❖ zu mnd. *braken* 'Flachs brechen', *brake* 'Gerät, mit dem man Flachs bricht; Brechel'
Vgl: Bracker

Lit: Hermann-Winter (2003) 52 (Brak, braken); Lindow 38 (Braak); Schiller-Lübben 1:413 (Brake, braken)

²Braker ↗ Bracker

Brämelmacher Bremelmacher, Bremelsmaker, Bremlitzmaker 'Bortenmacher'; niederdt. ❖ zu mnd. *bremen* 'verbrämen, mit einem (Pelz)besatz versehen'
Syn: POSAMENTIERER

Lit: Barth 1:123; Reith (2008) 38; Schiller-Lübben 1:421; Volckmann (1921)

Brandewiner ↗ Branntweiner

Brandherr 'Person, die die Aufsicht über die Löscharbeiten bei einem Brand führt; Brandmeister'
W: *Herr*

Lit: Adelung 1:1152; Barth 1:123; Grimm 2:298

Brandmetzger 1. 'Fleischer, der die Berechtigung hat, Tiere bei den Bauern auf dem Hof zu schlachten und zu verarbeiten'. 2. 'vereidigter Fleischbeschauer auf dem Land'; zu der Viehkrankheit *Lungenbrand*; Tiere durften erst nach einer gesundheitspolizeilichen Untersuchung in Hinblick auf Seuchen geschlachtet werden
W: METZGER
Syn: HAUSSCHLACHTER, Pflasterstecher

Lit: Barth 1:123; DRW 2:448; Schmeller 1:360

Branntweiner Brandewiner, Brantweiner, Prantweiner 'Wirt mit Lizenz zum Brennen und Ausschenken von Branntwein; Branntweinbrenner'; noch österr. amtlich
Syn: Wasserbrenner, Weinbrenner

Lit: Barth 1:123; Ebner (2009) 79; Kretschmer 170

Branntweinroyer ↗ Royer

Brantweiner ↗ Branntweiner

Brasilholzstoßer Brasilholzstößer, Prisilgstoßer 'Handwerker, der Brasilholz zu Pulver zerkleinert'; daraus wurde der rote Farbstoff *Brasil* gewonnen, der im Mittelalter bes. für die Buchmalerei verwendet wurde ❖ zu mhd. *prisiljenholz* 'Presilgenholz'
W: *Stößer*

Lit: Hausbuch der Nürnberger Zwölfbrüderstiftungen

Brasilholzstößer ↗ Brasilholzstoßer

Bratelbrater Brädtlpradter, Brätelbrater 'Fleischer, der seine Fleischwaren nur zu bestimmten Anlässen im Freien braten und verkaufen darf' ❖ zu mhd. *brâtære, brâter* 'Bratenwender'; *Bratl* bair. Diminutiv zu *Braten* 'Schweinebraten'
W: *Bräter*

Lit: Ebner (2009) 79 (Bratl); Hartmann (1998) 150; Schmeller 1:368 (Brätleinbrater); SteirWb 106; WBÖ 3:760

Brätelbrater ↗ Bratelbrater

Bratenkehrer ↗ 'Bratenwender'; oberdt. ❖ zu mhd. *kêren* 'kehren, wenden, umwenden'
W: *Kehrer*

Lit: Adelung 1:1159 (Bratenwender); Heinsius 1:402; Zedler Suppl 4:517

Bratenmeister Bratmeister 'in herrschaftlichen Küchen für die Braten zuständiger Oberkoch'
W: *Meister*

Lit: Adelung 1:1160; Barth 1:124; Grimm 2:311; Krünitz 6:528

Bratenwender 'Person, die in Großküchen den Braten über dem Feuer wendet und dreht, damit das Fleisch gleichmäßig gebraten wird'; für diese Arbeit wurden auch Vorrichtungen für eine automatische Drehung erfunden, die entweder wie ein Uhrwerk oder durch Wasserrad angetrieben wurden; auch Tiere (Hunde, Katzen, Gänse) sollen über ein Tretrad eingesetzt worden sein
Syn: Spießdreher, Spießtreiber, Spießwender

Lit: Adelung 1:1159; Grimm 2:311; Krünitz 6:534

Brater ↗ Bräter

Bräter Brater, Prater; lat. *assator* 1. ↗ 'Bratenwender'. 2. 'Person, die etwas brät' oberdt.; meist in Zusammensetzungen
W: *Bratelbrater, Garbrater, Kestenbrater, Kestenbraterin*

Lit: Barth 1:124; Schmeller 1:368

Bratmeister ↗ Bratenmeister

Brau ↗ *Brauer*

Bräu ↗ *Brauer*

Braueige ↗ Braueigen

Braueigen Braueige, Braueigner 'Besitzer einer Brauberechtigung' ❖ zu mhd. *eigen* 'Eigentum; ererbtes Grundeigentum im Ggs. zum Lehen'
Syn: BIERBRAUER*

Lit: Grimm 2:321

Braueigner ↗ Braueigen

Brauer Brau, Bräu, Bräuer, Breuer, Bruer, Bruwer, Prew 1. 'Person, die Bier braut; Braumeister'; seltener auch für andere Getränke verwendet, da zum Bierbrauen auch würzende Zutaten verwendet wurden. 2. 'Inhaber einer Brauberechtigung oder eines Brauhauses' ❖ mhd. *briuwer* 'Brauer', zu mhd. *brûwen, briuwen, brouwen* '(Bier) brauen, (Gewürzwein) mischen'; mnd. *bruwer, bruer* 'Brauer', zu mnd. *bruwen, bruen, browen* 'brauen'; die Formen mit Umlaut sind die urspr. oberdt., die nicht abgeleiteten, wie *Bräu*, sind die älteren Formen
FN: Brauer, Bräuer, Breuer, Preuer, Breuers, Breier, Preyer, Bräu, Breu, Preu, Brey, Prey, Breuel, Bruer, Brewers, Brauwer, Brauwers, Brawer, Brüwer
W: BIERBRAUER*, Essigbrauer, Mälzenbräuer, Metbrauer, Schoppenbrauer, Wasserbrauer
Syn: Gruter, Mälzer

Lit: Adelung 1:1163; Barth 1:124; Diefenbach 81, 92, 451; DRW 2:460; DudenEtym 110; DudenFN 153; Gottschald 127; Grimm 2:313, 323; Hornung (1989) 43; Linnartz 39; Pies (2005) 31

Bräuer ↗ *Brauer*

Brauerknecht ↗ Brauknecht

Brauherr 1. 'Person, die in ihrem Haus die Berechtigung zum Bierbrauen und -ausschen- ken hat'. 2. 'Person, die Bier braut oder das Brauen beaufsichtigt'
W: *Herr*

Lit: Adelung 1:1164; Barth 1:124; Grimm 2:323

Brauknecht Brauerknecht, Bräuknecht, Brawerknecht, Preuknecht 1. 'Fachkraft oder Hilfskraft in der Bierbrauerei'. 2. 'Brauer, der für die Malzaufbereitung zuständig ist; Mälzer'
W: KNECHT
Syn: Einbörner

Lit: Barth 1:124; DRW 2:460; Grimm 2:323; Zedler 4:1127

Bräuknecht ↗ Brauknecht

Braukrüger 'Wirt mit Brauberechtigung'; norddt.; Ableitung von *Braukrug* 'Braugasthof'
W: Krüger
Syn: Brauwirt

Lit: Heinsius 1:404 (Braukrug)

Bräumeister Preumeister 'Braumeister'; *Bräu-* ist die oberdt. Form zu *Brau-*
W: *Meister*

Braumüller 'Müller, der eine Malzmühle betreibt'
FN: Braumüller, Braumueller, Braumiller
W: *Müller*
Syn: Malzbrecher, Malzmahler, Malzmüller, Schrotmüller

Lit: Bahlow (1967) 78; Linnartz 39

Braunbierbrauer 'Bierbrauer, der Braunbier braut'; d. i. das gewöhnliche untergärige Bier, heute dem dunklen Bier vergleichbar, auch *Rot-* oder *Schwarzbier*. Die Bezeichnung wird vor allem verwendet, wenn der Ggs. zum *Weißbier* bzw. *Weizenbier* betont werden soll ❖ zu mhd. *brûn* 'braun; dunkelfarbig'
W: BIERBRAUER*
Syn: Rotbierbrauer
Ggs: Weißbierbrauer

Lit: Adelung 1:1165 (Braunbier); Barth 1:124; Dicklberger 539; Grimm 2:325 (Braunbier); Krünitz 6:550

Bräuner Brüner 'Färber'; schweiz. ❖ zu schweiz. *brünen* 'bräunen, braun färben' und allgemein 'färben'
Syn: *Färber**

Lit: Idiotikon 5:651

Brauverwandter 'selbstständiger Brauer und Mitglied einer Brauinnung'
W: Verwandter

Brauwirt Brauwirth 'Wirt mit Brauberechtigung'
W: WIRT
Syn: Braukrüger

Lit: Adelung 1:1171; Grimm 2:339

Brauwirth ↗ Brauwirt

Brawerknecht ↗ Brauknecht

Brechbaader ↗ Brechbader

Brechbader Brechbaader 'Bader oder Arzt, der Pestkranke behandelt und die Leichenschau durchführt' ❖ ↗ Brechvater
W: Bader
Syn: Pestarzt, Pestbarbier

Lit: Thiermair (1679) 109

Brechenmacher 'Handwerker, der eine Flachsbreche herstellt'; d.i. ein Gerät zum Zerbrechen der Flachsstängel; auch *Brechel* ❖ zu mhd. *brëche* 'Flachsbreche'
FN: Brechenmacher, Brechmacher, Brechelmacher

Lit: Barth 1:125; DudenFN 155; Gottschald 127; Grimm 2:342 (Breche); Linnartz 39

Brechvater 'Verwalter eines Krankenhauses für ansteckende Krankheiten' ❖ *Brech-* ist eine Verkürzung von *Gebrech*; zu mhd. *gebrëche* 'Mangel; Krankheit'; *brëchen* 'Gebrechen, Mangel'; seit dem 19. Jh. eingeschränkt auf gesundheitlichen Mangel. In der österr. Amtssprache steht *Gebrechen* noch für '(technischer) Schaden'
W: Vater

Lit: DRW 2:482; Ebner (2009) 139; Grimm 4:1839 (Gebrech); Paul 315; SchwäbWb 6:1689

Bredtschneider ↗ BRETTSCHNEIDER

Brefmaler ↗ Briefmaler

Breinbauer 'Bauer, der Hirse anbaut' ❖ ↗ Breinmüller
FN: Breinbauer, Brainbauer
W: BAUER

Lit: Gottschald 127

Breinmüller 'Müller, der Hirse mahlt' ❖ zu mhd. *brî, brîe* 'Brei', seit dem 15. Jh. im Bair. auch in der Bedeutung 'Hirse'
W: Müller
Syn: Graupenmüller, Grützmüller

Lit: Barth 1:125; Grimm 2:355 (Brein); Linnartz 40; WBÖ 3:823 (Prei(n))

Breiser Breisler, Breisser, Brieser, Briser 1. 'Bortenmacher, Posamentierer'. 2. 'Hersteller von Schuhbändern' ❖ zu mhd. *brîse, brîsem* 'Einfassung, Einschnürung an Kleidungsstücken', mhd. *brîsen* 'schnüren, einschnüren, einfassen'. *Breise* 'Saum des Hemdärmels' ist in manchen Dialekten noch erhalten
Syn: POSAMENTIERER

Lit: Barth 1:125, 128; Grimm 2:355 (Breis, breisen); Idiotikon 5:791; PfälzWb 1:1188; RheinWb 1:957; Schmeller 1:364; Volckmann (1921) 94

Breisler ↗ Breiser

Breisser ↗ Breiser

Breitmacher ↗ Breittuchmacher

Breittuchmacher Breitmacher 'Weber, der feine Leinwand in breitem Format herstellt'
W: TUCHMACHER
Syn: WEBER

Lit: Grimm 2:361 (Breittuch)

Brelnmecker ↗ Brillenmacher

Bremelmacher ↗ Brämelmacher

Bremelsmaker ↗ Brämelmacher

Bremlitzmaker ↗ Brämelmacher

Bremser 1. 'Bergarbeiter, der bei der Förderung in Bremsbergen die Bewegung drosselt'; bei einem *Bremsberg* wird in der Weise gefördert, dass gefüllte Fördergefäße in einer Art Aufzug im Schacht langsam herabgelassen und zugleich leere Gefäße hinaufgezogen werden. 2. 'Eisenbahner, der mit dem Zug mitfährt und manuell die Bremsen eines Zuges betätigt'; vor Einführung der Druckluftbremse

Lit: Barth 1:125; Grimm 2:364; Veith 117

Brenner 1. 'Arbeiter in Schmelzwerken, der für das Feuer zuständig ist'. 2. 'Person, die den Brennofen in einer Steingutfabrik bedient'. 3. 'Person, die Branntwein brennt'. 4. 'Hüttenarbeiter, der Silber durch Schmelzen reinigt; Silberbrenner' — außerdem als Verkürzung verschiedener Zusammensetzungen mit -brenner ❖ mhd. *brennære, brenner* 'der etwas anzündet'; zu mhd. *brennen* 'durch Brennen abziehen, destillieren; durch Brennen schmelzen, läutern'; mnd. *bernen* 'brennen'
FN: Brenner, Prenner, Birner (mitteldt.; kann aber auch zu 'Birnenverkäufer, Obsthändler' gehören)
W: Anisölbrenner, Aquavitbrenner, Aschenbrenner, Bierbrenner, Farbenbrenner, Flammenrußbrenner, Gipsbrenner, Glasbrenner, Harzbrenner, Irdenzeugbrenner, KALKBRENNER, Kienrußbrenner, Kohlenbrenner, Mennigbrenner, Messingbrenner, Ölbrenner, PECHBRENNER, Pechölbrenner, Pfeifenbrenner, Pottaschebrenner, Rahmbrenner, Rosogliobrenner, Rostbrenner, Rußbrenner, Schildbrenner, Schwarzballbrenner, Silberbrenner, Stahlbrenner, Steinbrenner, Teerbrenner, Tiegelbrenner, Tranbrenner, Weinbrenner, Zichorienbrenner

Lit: Adelung 1:1186; Barth 1:125; DRW 2:488; DudenFN 135, 156; Gottschald 128; Grimm 2:369; Hornung (1989) 43; Linnartz 32, 40; SteirWb 115; WBÖ 3:887; Zedler 4:1254

Brennerknecht Brennknecht 'Gehilfe eines Brenners, Beschäftigter in einer Brennerei oder Schmelzhütte'
W: KNECHT

Lit: Adelung 1:1187; Grimm 2:370

Brennknecht ↗ Brennerknecht

Brennmeister 1. 'Hüttenbeamter, welcher die Aufsicht über das Brennen an der Roststätte hat'. 2. 'Betriebsführer in einer Brennerei'
W: Meister

Lit: Adelung 1:1188; Barth 1:125; Grimm 2:371; Heinsius 1:411

Brenntlerin ↗ Brentlerin

Brentler Prenter 1. 'Arbeiter, der die Milch zur Käserei trägt'. 2. 'Senne, der auf der Alm die Wirtschaft führt' ❖ zu *Brente* 'Holzgefäß verschiedener Art', vorromanisches Alpenwort, vermutlich aus dem Lombardischen übernommen
FN: Prentler, Prenter
Vgl: Brentlerin

Lit: Grimm 2:371; Hornung (1989) 109; Idiotikon 5:760; Schmeller 1:362 (Brente); WBÖ 3:896

Brentlerin Brenntlerin 'Magd, die [auf der Alm] das Vieh betreut und Käse herstellt' ❖ ↗ Brentler
Vgl: Brentler

Lit: Höfer 1:114; WBÖ 3:896

Bressenmacher Bressenmaker, Bretzenmacher 'Handwerker, der Broschen und Spangen aus Messing herstellt' ❖ mnd. *brace, brase, brasse, braetzeme, brece, brese, bresse, bretze* 'Brosche'; zu franz. *bracelet* 'Armband', von altfranz. **bracel* aus lat. *brachiale* 'Armspange'; vgl. engl. *brace* 'Schnalle'
Syn: GÜRTLER

Lit: Gamillscheg 1:143; Schiller-Lübben 1:410; Volckmann (1921) 142

Bressenmaker ↗ Bressenmacher

Bretmeister ↗ Brettmeister

Bretschneider ↗ BRETTSCHNEIDER

Bretsnider ↗ BRETTSCHNEIDER

Bretterschneider ↗ BRETTSCHNEIDER

Brettmeister Bretmeister, Pretmeister
1. 'Schustergeselle, der für eine Witwe die Werkstatt führt'; er führt die heikelste und wichtigste Facharbeit durch, nämlich den Zuschnitt des Leders auf der Tafel oder auf dem *Brett*. 2. 'Finanzvorsteher einer Gemeinde oder Organisation; Zahlmeister'; schweiz.; zu *Brett* i. S. v. 'Brett als Unterlage beim Geldzählen; Ort, wo Zahlungen an die Obrigkeit durchgeführt werden'
W: *Meister*
Syn: SCHUSTER

Lit: Adelung 1:1190; Barth 1:126; DRW 2:492; Grimm 2:377; Idiotikon 4:522; Zedler 4:1316

Brettmüller 1. 'Betreiber eines Sägewerks'. 2. 'Arbeiter, der Baumstämme zu Bettern schneidet'
W: *Müller*
Syn: BRETTSCHNEIDER

Lit: Grimm 2:378 (Bretmüle); Zedler 2:1316

Brettsäger 1. ↗ 'Brettschneider'. 2. ↗ 'Brettmüller'
Syn: BRETTSCHNEIDER

BRETTSCHNEIDER Bredtschneider, Bretschneider, Bretsnider, Bretterschneider; lat. *serrator* 1. 'Arbeiter, der Baumstämme zu Brettern, Balken oder Kanthölzern schneidet'. 2. ↗ 'Brettmeister'
FN: Bretschneider, Brettschneider
W: Fibelbrettschneider, SCHNEIDER
Syn: Brettmüller, Brettsäger, Dielensäger, Dielenschneider, Dieler, Holzmüller, Holzschneider, HOLZSPALTER, Sägemeister*, Sägemüller, Sägensschneider, Säger, Schneidemüller

Lit: Adelung 1:1191; Barth 1:126; DudenFN 156; Gottschald 128; Grimm 2:378 (Bretschneider); Krünitz 6:657; Linnartz 40

Brettschütz 'Meistergeselle bei Schuhmachern, der am Brett arbeitet, d.h. das Leder zuschneidet'; *Schütz* in der Bedeutung 'Geschäftsinhaber, Meister bei Schuhmachern, Schreinern, Küfern'
W: *Schütze*

Lit: Idiotikon 5:895; Idiotikon 8:1740

Bretzelbäcker ↗ Brezelbäcker

Bretzelbeck ↗ Brezelbäcker

Bretzenbäcker ↗ Brezelbäcker

Bretzenmacher ↗ Bressenmacher

Breuer ↗ *Brauer*

Brezelbäcker Bretzelbäcker, Bretzelbeck, Bretzenbäcker 'Bäcker, der vor allem Brezel herstellt'; *Brezel* kann in Gegenden, in denen die *Breze(n)* üblich ist, auch als Diminutiv aufgefasst werden ❖ zu mhd. *prēze, prēzel, brêzel, prēzile* 'Brezel', aus ital. 'bracciatello', Diminutiv zu lat. *bracchia* 'Arme', Benennung nach der Form der gekreuzten Arme
W: BÄCKER*

Lit: Adelung 1:1191 (Brezel); Barth 1:126; Grimm 2:379 (Bretze, Bretzel); Kluge 151 (Brezel); Reith (2008) 25; WBÖ 2:772

Briechler ↗ Brüchler

Briefbesteller 'Briefträger' ❖ zu mhd. *bestellære* 'Besteller, Besorger'

Lit: Grimm 2:380

Briefdrucker 1. ↗ 'Briefmaler, der seine Produkte über Druckverfahren herstellt'. 2. 'Drucker, der Holzschnitte druckt'
W: *Drucker*
Syn: BRIEFMALER

Lit: Reith (2008) 160; Schmeller 1:351

Briefer Briefler 'Kunsthandwerker, der Briefbogen und Urkunden mit Verzierungen herstellt'
Syn: BRIEFMALER

Lit: Barth 1:126; Pies (2005) 38

Brieffmaler ↗ Briefmaler

Briefkramer Prieffkramer 'Bilderhändler' ❖
↗ Briefmaler
W: KRÄMER
Lit: Barth 1:126; Reith (2008) 159

Briefler ↗ Briefer

Briefmahler ↗ Briefmaler

BRIEFMALER Brefmaler, Brieffmaler, Briefmahler, Prieffmaller 1. 'Kunsthandwerker, der Briefbogen und Urkunden mit Verzierungen herstellt'. **2.** 'Schreiber, der populäre Schriften (Andachtsbücher, Kalender, Spielkarten, Heiligenbilder usw.) anfertigt, sie mit Malereien verziert und auf Jahrmärkten absetzt'; wegen gesteigerten Bedarfs wurde die Herstellung durch Schablonenkolorierung und später durch Drucken mit der Druckerpresse rationalisiert. **3.** ↗ 'Formschneider' ❖ zu mnd. *brêf, breif* 'alles Geschriebene; Urkunde'
W: *Maler*
Syn: Briefdrucker, Briefer, Buchmaler, FORMSCHNEIDER, Heiligenmaler, Illuminator, Illuminierer, Illuminist, Kartenmacher, Kartenmaler, Patronierer

Lit: Adelung 1:1194; Barth 1:127; Grimm 2:381; Meyers Lexikon 3:414; Palla (2010) 36; Pies (2005) 38; Reith (2008) 160; Schiller-Lübben 1:422; Schmeller 1:351; Volckmann (1921) 257

Briefsteller 1. 'Person, die für andere Briefe aufsetzt'; im Mittelalter waren öffentliche Briefschreiber verbreitet. **2.** 'Kaufmann, der einen Wechsel ausstellt' — heute gebräuchlich als 'Anleitung, Mustersammlung für das Briefeschreiben'

Lit: Adelung 1:1194; Barth 1:127; Grimm 2:381; Krünitz 6:704; Meyers Lexikon 3:416

Brieser ↗ Breiser

Brillenmacher Barillenmacher, Brelnmecker, Parillenmacher 'Handwerker, der Brillengestelle aus Metall oder Horn herstellt und Gläser schleift'; die Halterung der Gläser machte im Lauf der Geschichte verschiedene Versuche durch, von Gläsern mit Stiel, Befestigung an Mützen, über den Kopf geschnallten Lederriemen oder Stirnreifen bis zur Drahtbrille, die hinter dem Ohr befestigt wird
Syn: Perspektivmacher

Lit: Adelung 1:1196; Barth 1:128; Grimm 2:383; Palla (2010) 36; Pies (2005) 39; Volckmann (1921) 298; Zedler Suppl 4:664

Brillenträger 'Brillenhändler'; zu *Träger* i. S. v. 'herumziehender Kleinhändler'; der Handel wurde weitgehend durch von Haus zu Haus gehende Händler abgewickelt
W: *Träger*

Lit: Idiotikon 14:566

Brinkköter Brinkköthner ↗ 'Brinksitzer'
W: Köter
Syn: Angerhäusler, Brinklieger, Brinksitzer, KLEINBAUER*

Lit: Barth 1:128; DRW 2:513; Grimm 2:391

Brinkköthner ↗ Brinkköter

Brinklieger Brinkligger ↗ 'Brinksitzer'
Syn: Angerhäusler, Brinkköter, Brinksitzer, KLEINBAUER*

Lit: Adelung 1:1200; Barth 1:128; DRW 2:513; Grimm 2:391

Brinkligger ↗ Brinklieger

Brinksitzer 'Kleinbauer, der ein Haus am Rande der Dorfflur bewohnt'; meist mit Garten, aber ohne Acker; bes. norddt. ❖ zu mnd. *brink* 'Rand; Rand des Ackers, Rain; angeschwemmter Rand am Flussbett oder Meeresstrand; Rand eines Hügels, Hügel', daraus 'Rand eines Gehöftes wo die Kleinbauern siedeln'
Syn: Angerhäusler, Brinkköter, Brinklieger, KLEINBAUER*

Lit: Adelung 1:1200; Barth 1:128; DRW 2:513; Grimm 2:391; Schiller-Lübben 1:424 (brink)

Briser ↗ Breiser

Britschenmeister ↗ Pritschenmeister

Britschmeister ↗ Pritschenmeister

Brockfoged ↗ Bruchvogt

Brodmaister ↗ Brotmeister

Brodsitzer ↗ Brotsitzer

Brodtsitzer ↗ Brotsitzer

Brokfoged ↗ Bruchvogt

Brotbäcker Brotbeck, Brotbecker 'Brotbäcker (im Ggs. zum Kuchenbäcker)' ❖ mhd. *brôtbecke* 'Brotbäcker'
FN: Brodbeck, Brodtbeck, Brotback, Brodback
W: BÄCKER*
Lit: Barth 1:129; DRW 2:516; DudenFN 158; Gottschald 130; Linnartz 41; WBÖ 2:771

Brotbeck ↗ Brotbäcker

Brotbecker ↗ Brotbäcker

Brotbeschauer Brotschauer; lat. *aedilis cerealis* 'Beamter, der die Aufsicht über die Bäckereien führt, das Gewicht des Brotes überprüft und den Preis bestimmt' ❖ mhd. *brôtschouwære* 'Brotpolizei'
W: *Beschauer*
Syn: Brotschätzer, Brotschneider, Brotwäger
Lit: Adelung 1:1208; Barth 1:129; DRW 2:517, 521; Grimm 2:405; Idiotikon 8:1620, 1628; SteirWb 118

Brotführer 'Brothändler, der als Hausierer unterwegs ist'
W: *Führer*
Lit: DRW 2:518; Idiotikon 1:984

Brotgrempler ↗ Grempler

Brothöker ↗ Höker

Brotmeister Brodmaister 1. 'Vorsteher einer großen Bäckerei, eines Brothauses'. 2. 'Beamter, der den Brotverkauf überwacht'
W: *Meister*
Lit: Barth 1:129; Idiotikon 4:523

Brotschätzer ↗ 'Brotbeschauer' ❖ mhd. *brôtschetzer* 'Brottaxierer'
W: *Schätzer*
Syn: Brotbeschauer, Brotschneider, Brotwäger
Lit: Adelung 1:1208; Barth 1:129; DRW 2:521; Grimm 2:405; Idiotikon 8:1692

Brotschauer ↗ Brotbeschauer

Brotschneider 1. ↗ 'Brotbeschauer'. 2. 'Person, die Brot vorschneidet' ❖ mhd. *brôtsnîder* 'Brotschneider'
W: SCHNEIDER
Syn: Brotbeschauer, Brotschätzer, Brotwäger
Lit: Adelung 1:1208; Grimm 2:406

Brotsitzer Brodsitzer, Brodtsitzer 'Brotverkäufer an einem festen Stand'; im Ggs. zu Brotträgern, die zum Kunden gehen; oft ehemalige Bäcker, die aus Alters- oder Gesundheitsgründen den Beruf nicht mehr ausüben können und denen von der Zunft eine Existenz als Brotverkäufer ermöglicht wurde
Lit: DRW 2:522; Höfer 1:121; SteirWb; Wiener Berufe

Brotträger 'Brotverkäufer, der das Brot auf das Land zu den Kunden bringt'
W: *Träger*

Brotwäger Brotwieger ↗ 'Brotbeschauer' ❖ zu mhd. *wæger* und *wiger*; Ableitung von *wægen* und *wigen*, urspr. 'bewegen, [die Waage] bewegen, das Gewicht haben', dann in der Bedeutung differenziert zwischen 'das Gewicht bestimmen' und 'das Gewicht haben'; *wiegen* eine verallgemeinerte Form des Verbs *wägen* nach dem Muster von *du wiegst, er wiegt*
W: *Wäger*
Syn: Brotbeschauer, Brotschätzer, Brotschneider
Lit: DRW 2:522 (Brotwäger, -wieger); Grimm 2:407; SteirWb 119

Brotwieger ↗ Brotwäger

Brucharzt 'Chirurg, Wundarzt, der vor allem Unterleibsbrüche operiert'
W: ARZT*
Syn: Brüchler, Bruchschneider, CHIRURG
Lit: Adelung 1:1211; Barth 1:130; Grimm 2:411

Brüchler Briechler, Brüechler, Priechler **1.** 'Leinwandhändler'. **2.** 'wandernder Händler mit Kurzwaren, wie Bänder, Zwirn, Schnüre'. **3.** 'Hosenschneider'. **4.** 'Chirurg, Wundarzt, der vor allem Unterleibsbrüche operiert' ❖ **1.**–**3.**: zu mhd. *bruoch* 'Hose um Hüfte und Oberschenkel'; möglicherweise verfertigten die Leinenhändler zugleich Leinenhosen; *Briechler* ist eine entrundete Form; **4.**: zu mhd. *bruch* 'Bruch, Riss'
Syn: Bandkrämer, Brucharzt, Bruchschneider, CHIRURG
Lit: Barth 1:130; Grimm 2:413; Palla (2010) 19; Schmeller 1:343; SteirWb 120

Bruchschneider Bruchschnitter **1.** ↗ 'Chirurg, der vor allem Brüche im Unterleib operiert'; auch allgemein für *Chirurg, Wundarzt*, oft in der Form *Bruch- und Steinschneider*. **2.** 'Tierkastrierer, Hodenschneider'. **3.** 'Hosenschneider' ❖ **1.**, **2.**: zu *Leistenbruch*, mhd. *bruch* 'Bruch, Riss', zu *brechen*. **3.**: zu *Bruch* 'kurze Hose', mhd. *bruoch* 'Hose um Hüfte und Oberschenkel'
W: SCHNEIDER
Syn: Brucharzt, Brüchler, CHIRURG, KASTRIERER
Vgl: Steinschneider
Lit: Adelung 1:1213; Barth 1:130; Grimm 2:413; Idiotikon 9:1133; Pies (1977); Pies (2005); SteirWb 120

Bruchschnitter ↗ Bruchschneider

Bruchvogt Brockfoged, Brokfoged, Brüchvogt, Bruchvoigt 'untergeordneter Polizeibeamter, Gerichtsdiener' ❖ zu *Bruch* 'Geldstrafe, Zahlung an die öffentliche Gewalt'; mnd. *broke, brôk, breke, brek* 'Gebrechen, Mangel, Abgang', im juristischen Sinn 'Mangel bei Leistungen von Zahlungen'
W: *Vogt*
Syn: Amtsvogt, BÜTTEL
Lit: DRW 2:531; Schiller-Lübben 1:428

Brüchvogt ↗ Bruchvogt

Bruchvoigt ↗ Bruchvogt

Brückenhei ↗ Bruckhei

Brückenkieper ↗ Brückenküper

Brückenkipper ↗ Brückenküper

Brückenknecht Bruggknecht **1.** 'Beamter an der Schiffsbrücke, der die Zugbrücke in Ordnung hält und bewacht'. **2.** 'Gehilfe des Brückenmeisters, der Durchfahrts- und Hafengebühren einhebt'
W: KNECHT
Lit: DRW 2:535; Idiotikon 3:728

Brückenküper Brückenkieper, Brückenkipper, Bruggekiper, Brüggenkipper **1.** 'Aufseher über eine Brücke, einen Hafen; Zolleinnehmer'. **2.** 'Fischmeister' ❖ zu niederdt. *keipe, kiep, kiepe* 'Korb, Sack; Fischreuse'
W: Küper
Syn: Brückenmeister
Lit: DRW 2:535

Bruckenmeister ↗ Brückenmeister

Brückenmeister Bruckenmeister, Pruckmeister **1.** 'Beamter, der für die Verwaltung einer Brücke und die Zolleinnahmen zuständig ist'. **2.** 'Beamter, der den Warenumschlag an der Schiffbrücke misst und den Hafen beaufsichtigt'. **3.** 'Zimmermeister, der auf Brückenbau spezialisiert ist' ❖ mhd. *bruckenmeister* 'Brückenmeister, der die Brücken zu beaufsichtigen und auszubessern hat'
W: Meister
Syn: Brückenküper, Bruckhei, Bruckner, Brückner
Lit: Adelung 1:1215; Barth 1:130; DRW 2:535; Grimm 2:416

Brückenschreiber Pruckschreiber 'Beamter, der den Brückenzoll einhebt'
W: *Schreiber*
Syn: Brückenvogt

Lit: Adelung 1:1215; Barth 1:130; DRW 2:536; Grimm 2:417

Brückenvogt Brüggevogt 'Beamter, der für die Verwaltung einer Brücke und die Zolleinnahmen zuständig ist'
W: *Vogt*
Syn: Brückenschreiber, Bruckhei

Brucker ↗ Bruckner

Brücker ↗ Brückner

Bruckhay ↗ Bruckhei

Bruckhei Brückenhei, Bruckhay, Bruckheie 1. 'Beamter, der für die Verwaltung einer Brücke und die Zolleinnahmen zuständig ist'. 2. 'Beamter, den Warenumschlag an der Schiffbrücke misst und den Hafen beaufsichtigt' ❖ ↗ Bruckner, ↗ Hei; mhd. *bruckheie* 'Brückenhüter'
FN: Bruckhei, Bruckhey, Bruckeier, Bruggeier, Bruggaier, Bruggey
W: *Hei*
Syn: Brückenmeister, Brückenvogt, FLURSCHÜTZ

Lit: Gottschald 242; Heintze (1922) 139; Linnartz 42; Schmeller 1:795

Bruckheie ↗ Bruckhei

Bruckknecht 1. 'Brückenwärter, Gehilfe des Brückenmeisters'. 2. 'Mitglied eines Schiffszugs, der für die Landung verantwortlich ist'. 3. 'Gehilfe des Fleischers, der die Tiere schlachtet' ❖ 2.: zu *Bruck* als Kurzform von *Menbruck* 'Uferstelle, an der getriftetes Holz mit Pferden an Land gezogen wird'; 3.: zu *Bruck* i. S. v. 'Bretterboden' in verschiedenster Verwendung, hier zu *Schlachtbruck* 'Boden, Bühne, Raum, in dem Vieh geschlachtet wird'
W: KNECHT

Syn: TREIDLER

Lit: Idiotikon 3:728; Neweklovsky (1964); SteirWb 120; WBÖ 3:1138, 1141

Bruckner Brucker, Brugger 1. 'Zimmermeister, der auf Brückenbau spezialisiert ist; Brückenbauer'. 2. 'Steinsetzer, Pflasterer, der Brücken und befestigte Wege baut' ❖ 1.: zu mhd. *brucke, brücke, brügge* 'Brücke'; die Formen ohne Umlaut sind vor allem oberdt.; 2.: mnd. *brugger* 'Pflasterer'
FN: Bruckner, Brucker, Brugger, Pruckner
Syn: Brückenmeister, Brückner

Lit: Barth 1:130; DudenFN 159; Gottschald 131; Kunze 103, 165; Linnartz 42; Volckmann (1921) 285

Brückner Brücker, Brügger; lat. *caduceator* 1. 'Brückenwärter'. 2. 'Zimmermeister, der auf Brückenbau spezialisiert ist; Brückenbauer' ❖ zu mhd. *brucke, brück, brügge* 'Brücke'; mhd. *brucker* 'Einnehmer des Brückengeldes'
FN: Brückner, Brückler, Brücker, Prückner
Syn: Brückenmeister, Bruckner

Lit: Barth 1:130; Diefenbach 87; DudenFN 159; Gottschald 131; Linnartz 42

Brudermeister 1. 'Beamter, der für die Krankenverpflegung verantwortlich ist'. 2. 'Vorsteher einer Bruderschaft, einer Kirchengemeinde'. 3. 'Handwerksmeister, der einer Zunft vorsteht'
W: *Meister*

Lit: Barth 1:131; DRW 2:540; Idiotikon 4:522

Brüechler ↗ Brüchler

Bruer ↗ *Brauer*

Brüger ↗ Brüher

Bruggekiper ↗ Brückenküper

Brüggenkipper ↗ Brückenküper

Brugger ↗ Bruckner

Brügger ↗ Brückner

Brüggevogt ↗ Brückenvogt

Bruggknecht ↗ Brückenknecht

Brüher Brüger 'Handwerker, der das Entfernen der Borsten durch Brühen bei der Schweineschlachtung besorgt' ❖ zu mhd. *brüejen, brüen* 'brühen, sengen, brennen'
W: °Saubrüher

Lit: Palla (1994) 59; Volckmann (1921) 29

Brunenpalier ↗ Brunnenpolier

Brunenpolier ↗ Brunnenpolier

Brüner ↗ Bräuner

Brunnenbalier ↗ Brunnenpolier

Brunnenchirurg 'Arzt, der auf Urindiagnose spezialisiert ist' ❖ zu mhd. *brunne* 'Brunnen; Quellwasser; Harn'; *brunneglas* 'Uringlas'
W: CHIRURG

Lit: Idiotikon 5:659 (Brunnen)

Brunnenfeger 1. 'Person, die Brunnenrohre oder Ziehbrunnen reinigt'. 2. 'Person, die (nachts) die Abtritte reinigt und den Unrat entfernt'
W: *Feger*
Syn: ABTRITTRÄUMER, Bornfeger

Lit: Adelung 1:1223; Barth 1:132; Grimm 2:435; Hoffmann Wb 1:573; Volckmann (1921) 285

Brunnengraber ↗ Brunnengräber

Brunnengräber Brunnengraber, Brunngraber 'Arbeiter, der Brunnen durch Graben oder Bohren in die Tiefe anlegt'
W: *Gräber*
Syn: Borngräber, Bornmacher, Püttmacher

Lit: Adelung 1:1223; Barth 1:132; Grimm 2:435; Volckmann (1921) 285; Zedler Suppl 4:818

Brunnenknecht Brunnknecht 1. 'Gehilfe des ↗ Brunnenmeisters'. 2. 'Gehilfe des Baders, der das Wasser für die Badestube besorgt'. 3. 'Arbeiter in den Salzwerken, der die Sole aus dem Brunnen zieht und für die Wartung der Soleleitungen und -pumpen zuständig ist'
W: KNECHT, °Stadtbrunnknecht
Syn: Bornknecht

Lit: DRW 2:546; Wiener Berufe

Brunnenmeister Brunnmeister; lat. *aquarius* 'Beamter, der die Aufsicht und Wartung der öffentlichen Brunnen, Wasserleitungen und Wasserspiele hat'
FN: Brunnmeister, Brunnenmeister, Brunmeister, Brunenmeister
W: *Meister*, °Stadtbrunnenmeister
Syn: Bornherr, Bornmeister, Brunnenpolier, Brunnenvogt, Grabenherr, Rohrmeister, Sodmeister

Lit: Adelung 1:1223; Barth 1:132; DRW 2:546; Frühmittellat. RWb; Gottschald 133; Grimm 2:436; Idiotikon 4:522; Krünitz 7:124; Linnartz 53; Zedler 10:53

Brunnenpalier ↗ Brunnenpolier

Brunnenpolier Brunenpalier, Brunenpolier, Brunnenbalier, Brunnenpalier 'Person, die die Aufsicht über den Bau und die Wartung der öffentlichen Brunnen, Wasserleitungen und Wasserspiele hat'
W: Polier*
Syn: Brunnenmeister

Lit: Barth 1:132

Brunnenvogt 'Aufsichtsperson über die öffentlichen Brunnen einer Gemeinde'; schweiz.
W: *Vogt*
Syn: Brunnenmeister

Lit: DRW 2:545; Idiotikon 1:708

Brünner 'Handwerker, der Brustharnische herstellt' ❖ mhd. *brünner* 'der Brustharnische macht'
FN: Brünner (meist aber zu *Brunnengräber*)
Syn: Panzerschmied

Lit: Grimm 2:435 (Brünne); Palla (2010) 150; Stolberg (1979) 80

Brunngraber ↗ Brunnengräber

Brunnknecht ↗ Brunnenknecht

Brunnmeister ↗ Brunnenmeister

Brustschneider 'Korsettschneider'; die Mode mit Korsett wurde im 18. Jh. üblich. Mit *Brust* bezeichnete man auch die Bekleidung des Oberkörpers (Leib, Leibchen) oder die ärmellose, mit Schnüren versehene Kleidung des Busens (Schnürleib, Schnürbrust, Mieder)
Syn: SCHNEIDER

Lit: Barth 1:132; Grimm 2:443; Idiotikon 9:1134

Brütschenmeister ↗ Pritschenmeister

Bruwer ↗ Brauer

Bubenmeister 'Schullehrer' ❖ *Meister* in der wörtlichen Übersetzung von lat. *magister* 'Lehrer'
W: *Meister*
Syn: Hofmeister, Informator, Kinderlehrer, Kindermeister, Schulmeister

Lit: Barth 1:133

Buchbender ↗ Buchbinder*

Buchbinder* Bokbinner, Buchbender; lat. *bibliopegus, glutinator, ligator* Das Handwerk des Buchbindens bestand im Mittelalter darin, die handgeschriebenen Bücher kunstvoll einzubinden. Erst mit der Erfindung des Buchdrucks wurde es seit dem 15. Jh. zu einem eigenen zunftmäßig organisierten Handwerk. Bei der Handbuchbinderei wurden zuerst die Blätter oder Bögen durch Falzen und Heften zu einem Buchkern gebündelt, der dann geleimt, beschnitten und mit dem Abpresshammer am Rücken gerundet wurde; dann wurden Bucheinband und -rücken gestaltet und schließlich wurde der Buchkern in den Einband eingehängt
FN: Buchbinder, Buchbender
W: *Binder*
Syn: Kleiber, Leimer

Lit: Adelung 1:1236; Barth 1:133; DudenFN 161; Gottschald 134; Grimm 2:469; Krünitz 7:160; Pies (2005) 40; Reith (2008) 42; Zedler 10:1706

Buchdrucker Bokdrucker, Bokedrucker, Bookdrücker, Buchdrücker Ursprünglich umfasste der Beruf des Buchdruckers, der mit der Erfindung des Buchdrucks im 16. Jh. entstand, die gesamte Arbeit der Buchherstellung: *Schriftgießer, Schriftsetzer, Verleger* und *Buchhändler*. Mit der steigenden Buchproduktion entfalteten sich daraus selbstständige Berufe. Der *Drucker* richtete die Seiten in der Druckform zu und färbte die Druckformen ein, der *Presser* oder *Pressmeister* betätigte die Presse, während der *Ballenmeister* für das Anreiben der Farben und den gleichmäßigen Farbauftrag zuständig war
FN: Buchdrucker
W: *Drucker*
Syn: Ballenmeister, Cornut, Prenter, Presser, Pressmeister, Typograph

Lit: Adelung 1:1237; Barth 1:133; DRW 2:554; DudenFN 161; Gottschald 134; Krünitz 7:171; Linnartz 43; Pies (2002b) 39; Pies (2005) 41; Reith (2008) 46; Schiller-Lübben 1:374 (bôk, boke); Zedler 4:1754

Buchdrücker ↗ Buchdrucker

Bücheraltreis ↗ Bücheraltreiß

Bücheraltreiß Bücheraltreis, Bücheraltreiss, Bücheraltreißer, Bücheraltreisz 'Antiquar'; zu *Altreiß* 'Trödler, Altwarenhändler'
W: *Altreiß*

Lit: Barth 1:133; Grimm 1:273 (Altreise)

Bücheraltreiss ↗ Bücheraltreiß

Bücheraltreißer ↗ Bücheraltreiß

Bücheraltreisz ↗ Bücheraltreiß

Bücherschätzer 'Zensor von Druckschriften'; bes. schweiz.
W: *Schätzer*

Lit: DRW 2:555; Idiotikon 8:1692

Buchfeller Buchfelner, Puchfeller, Puchveler 'Handwerker, der Pergament herstellt'

❖ zu mhd. *buochvël* 'Pergament', wörtlich 'Buchfell'
FN: Buchfeller, Buchfellner, Buchfelner
Syn: GERBER*, Pergamenter

Lit: DudenFN 161; Gottschald 134; Linnartz 43; Palla (2010) 160; Pies (2002b) 7; Pies (2005) 111

Buchfelner ↗ Buchfeller

Buchfihrer ↗ Buchführer

Buchführer **Bockfahrer, Bockforer, Boickforer, Buchfihrer**; lat. *bibliopola* 1. '[fahrender] Buchhändler'; im 16. Jh. entwickelte sich der Buchdruck so stark, dass die Buchdrucker nicht mehr alle Bereiche der Buchproduktion abdecken konnten. So entstand einerseits das Verlagswesen, andererseits ein Buchvertrieb, der von Wanderhändlern durchgeführt wurde. 2. 'Buchhalter' ❖ zu *führen* i. S. v. 'transportieren'; mnd. *bokevorer* 'Buchhändler', zu mnd. *bôk, buk* 'Buch'
W: *Führer*

Lit: Adelung 1:1238; Barth 1:134; Barth 2:41; DRW 2:555; Grimm 2:474; Idiotikon 1:984; Pies (2002b) 53; Pies (2005) 44; Reith (2008) 49; Volckmann (1921) 265

Buchmaler 'Künstler, der Handschriften illustriert'; in der Antike und im Mittelalter; als Fachausdruck noch heute gebräuchlich
W: *Maler*
Syn: Briefmaler, Guldenschreiber, Illuminator, Illuminierer, Illuminist, Initialenmaler, Miniator, Miniaturmaler, Rotmaler, Rubrikator

Lit: Reith (2008) 159

Büchsendrechsler ↗ Drechsler

Büchsendreher ↗ Dreher

Büchsenfasser 'Handwerker, der die hölzernen Schäfte und andere Holzteile der Gewehre herstellt' ❖ zu mhd. *vaʒʒen* 'mit Gold, Farbe u. dgl. überziehen'
W: *Fasser*
Syn: Büchsenschäfter

Lit: Reith (2008) 56

Büchsengießer **Bossengießer, Bussengeter, Bussengießer** 1. 'Handwerker, der Büchsen, Gewehre herstellt, wartet und repariert'; unter *Büchsen* verstand man ursprünglich alle Geräte, die mit Schießpulver bestückt wurden. 2. 'Handwerker, der Rohre für Geschütze herstellt' ❖ zur niederdt. Form *Bussengeter*: mnd. *busse* 'Büchse; Kanone'; ↗ Geter
W: *Gießer*
Syn: Büchsenmeister, Geschützgießer, Geter, Mörsergießer, Stückgießer

Lit: Barth 1:134; Grimm 2:477; Linnartz 46; Schiller-Lübben 1:460

Büchsenherr 1. 'Kassenverwalter, Schatzmeister einer Zunft oder Bruderschaft'. 2. 'städtischer Aufsichtsbeamter über die Büchsen- und Pulvermacher' ❖ ↗ Büchsenmeister
W: *Herr*
Syn: SCHATZMEISTER

Lit: DRW 2:558

Büchsenknecht **Bussenknecht** 1. 'Kassenverwalter einer Zunft'. 2. 'Landsknecht, der Feuerwaffen hat' ❖ ↗ Büchsenmeister
W: KNECHT

Lit: DRW 2:557

Buchsenmacher ↗ Büchsenmacher

Büchsenmacher **Bixenmacher, Boßenmecker, Buchsenmacher, Bussemaker, Bußmaker, Pixenmacher** 'Handwerker, der Gewehre, Pistolen usw. herstellt'; ursprünglich waren es vor allem Feuerschlossmacher, die von den Rohrschmieden die Rohlinge erhielten und mit anderen Handwerkern, z.B. den Schäftemachern, die Waffen zusammenstellten; seit dem 17. Jh. setzte mit der Massenproduktion ein Übergang zu Manufaktur ein ❖ ↗ Büchsenmeister; mnd. *busse* 'Büchse; Kanone'
Syn: BÜCHSENSCHMIED, Hakenmacher

Lit: Adelung 1:1241; Diefenbach 67; Krünitz 7:356; Palla (2010) 38; Pies (2005) 35; Reith (2008) 54; Schiller-Lübben 1:460; Zedler 4:1840

Büchsenmeister Bixenmeister, Bussenmeister, Bussenmester, Puchsenmeister, Püchsenmeister **1.** 'freiberuflicher Kriegshandwerker, Artillerist, der die Wurfgeschütze und Mörser bedient; Büchsenschütze, Geschützführer'. **2.** 'Handwerker, der Büchsen, Gewehre herstellt, wartet und repariert'. **3.** 'städtischer Aufsichtsbeamter über die Büchsen- und Pulvermacher'. **4.** 'Kassenverwalter, Schatzmeister einer Zunft oder Bruderschaft' ❖ mhd. *bühsenschütze*, zu mhd. *bühse* 'Büchse; Feuerrohr', mnd. *busse* 'Büchse; Kanone'; aus lat. *puxis*, griech. *pyxís* 'Dose aus Buchsbaumholz'; die Übertragung auf Feuerwaffen erfolgte wegen der Form des Laufes. Die Grundbedeutung von *Büchse* ist ein 'gedrehtes Gefäß', auch die 'Geldbüchse', und von dort übertragen auf 'Kasse' und 'Kassenverwaltung'
FN: Büchsenmeister, Bichsenmeister
W: *Meister*
Syn: Büchsengießer, BÜCHSENSCHMIED, BÜCHSENSCHÜTZE, Ladenmeister, SCHATZMEISTER, STÜCKMEISTER

Lit: Adelung 1:1241; Barth 1:134; DRW 2:558; DudenFN 162; Gottschald 134; Grimm 2:478; Idiotikon 4:519; Linnartz 44; Palla (1994) 61; Schiller-Lübben 1:460; Stolberg (1979) 79; Volckmann (1921) 148

Büchsenpfleger 'Kassenverwalter einer Bruderschaft oder Zunft' ❖ ↗ Büchsenmeister
W: *PFLEGER*
Syn: SCHATZMEISTER

Lit: DRW 2:558

Büchsenschäffter ↗ Büchsenschäfter

Büchsenschafter ↗ Büchsenschäfter

Büchsenschäfter Büchsenschäffter, Büchsenschafter, Büchsenschäftler **1.** 'Handwerker, der die hölzernen Schäfte und andere Holzteile der Gewehre herstellt'. **2.** 'Gewehr-, Büchsenmacher'; sie wurden auch zur Bedienung der Geschütze verpflichtet ❖ ↗ Schäfter, ↗ Büchsenmeister
W: *Schäfter*
Syn: Büchsenfasser, Büchsenschifter, Lademacher, Rohrschäfter

Lit: Barth 1:135; Grimm 2:478; Idiotikon 8:399; Krünitz 7:358; Palla (2010) 39; Pies (2005) 35; Reith (2008) 55; Volckmann (1921) 117; Zedler 4:1840

Büchsenschäftler ↗ Büchsenschäfter

Büchsenschießer **1.** 'Gehilfe des Geschützmeisters oder Feuerwerkers'. **2.** 'einfacher Artilleriesoldat auf Schiffen'
W: Schießer

Lit: Adelung 1:1242

Büchsenschifter Bixenschifter, Büchsenschüffter, Büxenschüffter, Pixenschiffter ↗ 'Büchsenschäfter' ❖ zu mhd. *schiften, scheften* 'einen Schaft machen, mit einem Schaft versehen'
Syn: Büchsenschäfter, Rohrschäfter

Lit: Barth 1:135; Idiotikon 8:418; Stolberg (1979) 79

Büchsenschmidt ↗ BÜCHSENSCHMIED

BÜCHSENSCHMIED Büchsenschmidt, Bussensmed, Büssensmit; lat. *balistarius, balistifex, balistrarius, ballistarius, ballistrarius, faber sclopetarius* 'Handwerker, der Handfeuerwaffen (Kanonen, Feuerrohre, Gewehre, Pistolen) herstellt'; das Handwerk entwickelte sich im 15. Jh. mit der Erfindung des Schießpulvers aus der Grobschmiede ❖ zu mhd. *bühse* 'Dose; Feuerrohr'
FN: Büchsenschmidt
W: *Schmied*
Syn: Arkebusier, Ballester, Bombardista, Büchsenmacher, Büchsenmeister, Feuerschlossmacher, Läufenschmied, Laufschmied, Reparierer, Rohrmacher, Rohrrüster, Rohrschmied

Lit: Adelung 1:1242; Barth 1:135; Diefenbach 67; DudenFN 162; Gottschald 134; Grimm 2:478; Krünitz 7:365; Palla (2010) 39; Pies (2005) 35; Zedler 4:1840

Büchsenschüffter ↗ Büchsenschifter

Büchsenschütz ↗ BÜCHSENSCHÜTZE

BÜCHSENSCHÜTZE Büchsenschütz, Bussenschutte, Bussenschütte; lat. *sclopetarius* 'mit Gewehr ausgerüsteter Soldat; Kanonier' ❖ ↗ Büchsenmeister; mnd. *schutte* 'Schütze'
FN: Büchsenschütz, Büchsenschuß, Büchsenschuss, Büchsenschutz, Büssenschütt
W: Schütze
Syn: Ballester, Bombardista, Büchsenmeister, Musketier

Lit: Barth 1:135; DudenFN 162; Gottschald 134; Grimm 2:478; Krünitz 149:689; Linnartz 44; Schiller-Lübben 4:155

Büchsenspanner 'Gehilfe, der für seinen Herrn bei der Jagd oder bei einer Schützengesellschaft das Gewehr laden muss'; ältere Gewehre vor Erfindung der Flintenschlösser mussten beim Laden gespannt werden
FN: Büchsenspanner

Lit: Adelung 1:1242; Barth 1:135; DudenFN 162; Grimm 2:478

Büchsenwärter 'Verwalter der [herrschaftlichen] Gewehrkammer'
W: Wärter
Syn: Büchsner

Lit: Adelung 1:1242

Buchsetzer Buchstabensetzer, Puchsetzer 'Schriftsetzer'
W: Setzer

Lit: Barth 1:135; Idiotikon 7:1719; LuxWb 1:162

Büchsner 1. 'Dosenmacher'. 2. 'Verwalter der Gewehre' ❖ mhd. *bühsener* 'Kassierer'; zu mhd. *bühse* 'Büchse; Feuerrohr', aus lat. *puxis*, griech. *pyxís* 'Dose aus Buchsbaumholz'; Übertragung auf Feuerwaffen wegen der Form des Laufes. Die Grundbedeutung von *Büchse* ist 'gedrehtes Gefäß'
Syn: Büchsenwärter

Lit: Barth 1:134; Grimm 2:479

Buchstabengießer ↗ Gießer

Buchstabensetzer ↗ Buchsetzer

Buckelmacher Puckelmacher 1. 'Handwerker, der den Metallbeschlag in der Mitte des Schilds anfertigt'; ein *Buckel* ist eine hervortretende Verzierung aus Metall, besonders in der Mitte von Schilden. 2. 'Handwerker, der Zierelemente aus Metall herstellt'; z. B. ein Gürtler ❖ mhd. *buckel* 'halbrund erhabener Metallbeschlag in der Mitte des Schildes', aus altfranz. *boucle* 'Schnalle am Sattelzeug, Ring, Schildknauf', aus lat. *buccula* 'Backe, ausgebuchtetes Stück am Helm'
Syn: GÜRTLER

Lit: Gamillscheg 2:130; Krünitz 7:244 (Buckel); Wolff (1902) 212

Buckelsamer ↗ Buckelsäumer

Buckelsaumer ↗ Buckelsäumer

Buckelsäumer Buckelsamer, Buckelsaumer 'Wanderhändler, der die Waren, bes. Salz, auf dem Rücken transportiert' ❖ zu mhd. *buckel* 'Buckel', aus altfranz. *boucle* 'Schildknauf, Ausbuchtung am Schild'; im Oberdeutschen die übliche Bezeichnung für 'Rücken'; ↗ Säumer
W: Säumer
Syn: KRÄMER

Lit: Girtler (2006) 356; Wagner (1962) 85

Budeler ↗ Büdeler

Büdeler Budeler 'Handwerker, der feine Lederwaren, wie Beutel, Taschen, Handschuhe, anfertigt'; niederdt. Form zu *Beutler* ❖ mnd. *budeler* 'Beutelmacher, Täschner', zu *budel* 'Beutel, Geldbeutel'
Syn: BEUTLER

Lit: Schiller-Lübben 1:445; Volckmann (1921) 157

Budelmaker ↗ Büdelmaker

Büdelmaker Budelmaker ↗ 'Beutler'; niederdt. ❖ mnd. *budelmaker* 'Beutelmacher, Täschner'
Syn: BEUTLER

Lit: Schiller-Lübben 1:445

Budelsnyder ↗ Beutelschneider

Büdener ↗ Büdner

¹Büdner Bodener, Bödener, Bödner, Böödner, Büdener 1. 'Kleinbauer, Kätner'. 2. 'Besitzer eines kleinen Wohnhauses oder eines kleinen als Arbeitsstätte o. Ä. dienenden Hauses'. 3. 'Besitzer einer Verkaufsbude; Kleinkrämer'. 4. 'Schankwirt' – norddt. ❖ zu mnd. *bode* 'kleines, von Handwerkern bewohntes Haus im Ggs. zum Giebelhaus, Brauhaus und Kaufhaus; Verkaufs- und Arbeitsbude der Handwerker'; mhd. *buode* 'Hütte, Gezelt, Bude'; verwandt mit mhd. *bûwen* 'wohnen, Landwirtschaft betreiben, bauen'
FN: Büdner, Buder, Buderus (latinisiert)
W: Glücksbüdner, Hakenbüdner, Wachbüdner
Syn: KLEINBAUER*

Lit: Adelung 1:1246; Barth 1:135; DRW 2:561; DudenFN 163; Gottschald 135; Grimm 2:490; Lindow 36; Linnartz 44; Schiller-Lübben 1:368

²Büdner ↗ Büttner

Bueßambtmann ↗ Bußamtmann

Buffer ↗ Puffer

Buhldirne 'Prostituierte' ❖ zu mhd. *buolen* 'lieben', *buole* 'Geliebte'; mhd. *dierne, diern, diren, dirn* 'Dienerin, Magd; Mädchen; feile Person, Dirne'
W: Dirne, FEILDIRNE

Lit: Grimm 2:498

Buhler 'Handwerker, der seine Arbeit [ohne Berechtigung und] ohne Zunftzugehörigkeit ausübt'; bes. bei den Fleischern; Nebenbedeutung zu 'Geliebter; Verwandter; Amtsbruder' ❖ mhd. *buole, bûle* 'naher Verwandter, Geliebter, Liebhaber'
Syn: BÖNHASE

Lit: Adelung 1:1250; DRW 2:562; Grimm 2:503; Krünitz 112:473; Zedler Suppl 4:979

Buhnenmeister ↗ Bühnenmeister

Bühnenmeister Buhnenmeister 'Verwalter der *Bühne* in der Schifffahrt'; d.i. die 'Uferbefestigung, an der die Schiffe be- und entladen werden'; heute Berufsbezeichnung für eine Person, die für den Ablauf der Theatervorstellung verantwortlich ist ❖ zu mhd. *bün, büne* 'Erhöhung des Fußbodens durch Bretter; Bühne an einem Schiff'
W: *Meister*

Lit: Adelung 1:1252; Grimm 2:510; RheinWb 1:1109 (Buhnenmeister)

Bühnhase ↗ BÖNHASE

Buhrenweber ↗ Bührenweber

Bührenweber Buhrenweber, Bürenweber 'Weber, der Bettwäsche herstellt'; niederdt. ❖ mnd. *bure* 'Bühre, Zieche'; niederdt. veraltend *Bür* 'Bettbezug, bes. für das Kopfkissen', zu mhd. *bürn* 'erheben', verwandt mit mhd. *bërn* 'tragen'
W: WEBER
Syn: BETTZIECHENWEBER

Lit: Grimm 2:511 (Bühre); Hermann-Winter (2003) 57; Holsteinisches Idioticon 1:187 (Bühre); Pies (2005) 179; Schiller-Lübben 1:454

Bührführer ↗ Bierführer

Bulgennäher Pulgennäher 'Handwerker, der die Bulgen näht'; d.s. die aus Rinderhäuten hergestellten und mit einem Eisenring versehenen Lederbeutel, mit denen die Sole aus den Gruben oder Wasser geschöpft oder Erz transportiert wird ❖ zu mhd. *bulge* 'Sack von Leder', spätlat. *bulga* 'Ledersack'; zu *bëlgen* 'aufschwellen'; verwandt mit *Balg*
W: Näher

Lit: Fellner 378; Grimm 2:511 (Bulge); Patocka (1987) 134 (Bulge); Veith 123 (Bulge)

Bumberd ↗ Bombardier

Bundfutter ↗ Buntfütterer

Bundfütterer ↗ Buntfütterer

Bundmacher ↗ Buntmacher

Bungenmacher 'Handwerker, der Trommeln oder Pauken herstellt' ❖ zu mhd. *bunge* 'Trommel, Pauke', abgeleitete Form zu mhd. *bingen* 'schlagen, klopfen'

Lit: DRW 2:573 (Bunge, Bünger); Grimm 2:524 (bungen)

Bungenschlager Bungenslager 'Trommler, Pauker' ❖ mhd. *bungensleger* 'timpanista', mnd. *bungensleger* 'Trommelschläger'
W: *Schläger*
Syn: Bunger, Paukenschläger

Lit: Grimm 2:524; Schiller-Lübben 1:451; Volckmann (1921) 311

Bungenslager ↗ Bungenschlager

Bunger Bünger 'Trommler, Pauker' ❖ mnd. *bunger* 'Pauken-, Trommelschläger'
FN: Bunger, Bünger, Bungers, Bungert, Büngner, Büngeler, Buengeler, Büngener, Buengener
Syn: Bungenschlager, Paukenschläger

Lit: DRW 2:574; DudenFN 164; Gottschald 136; Linnartz 45; Schiller-Lübben 1:451; Volckmann (1921) 311

Bünger ↗ Bunger

Buntfoder ↗ Buntfütterer

Buntfoderer ↗ Buntfütterer

Buntfuetterer ↗ Buntfütterer

Buntfutter ↗ Buntfütterer

Buntfutterer ↗ Buntfütterer

Buntfütterer Bundfutter, Bundfütterer, Buntfoder, Buntfoderer, Buntfuetterer, Buntfutter, Buntfutterer 'Kürschner, der Kleidungsstücke u.Ä. mit Pelzen anderer Farbe verbrämt oder füttert'; er verarbeitete dazu feinere Felle von Wild, Eichhörnchen usw., aber keine Lammfelle. Das Gewerbe spaltete sich später von den Kürschnern ab ❖ mnd. *buntvoder(er)* 'Kürschner'

Syn: KÜRSCHNER

Lit: Adelung 1:1258; Barth 1:137; Grimm 2:530; Palla (2010) 42; Reith (2008) 130; Schiller-Lübben 1:452; Volckmann (1921) 54

Buntmacher Bundmacher, Buntmaker
↗ 'Buntfütterer' ❖ mnd. *buntmaker* 'Kürschner'
Syn: KÜRSCHNER

Lit: Barth 1:137; Grimm 2:530; Palla (2010) 42; Pies (2005) 90

Buntmaker ↗ Buntmacher

Buntwerker Buntwirker, Buntwörter 'Kürschner'; *Buntwerk* bezeichnet zweifarbiges Pelzwerk, aber auch allgemein Pelzwerk ❖ zu mhd. *buntwërc* 'Buntwerk, Pelzwerk'
W: *Werker*
Syn: KÜRSCHNER
Ggs: Grauwerker

Lit: Adelung 1:1259; Barth 1:137; Grimm 2:531; Schmeller 1:251

Buntwirker ↗ Buntwerker

Buntwörter ↗ Buntwerker

Burenmetzger 'Fleischer, der im Winter Tiere bei den Bauern auf dem Hof schlachtet'; schweiz. ❖ zu mhd. *bûr* 'Haus', ahd. *bûr* 'Haus, Kammer'
W: METZGER
Syn: HAUSSCHLACHTER

Lit: Idiotikon 4:628

Bürenweber ↗ Bühren weber

Bürger lat. *civis* 'Bewohner einer Stadt oder eines Marktes, der das Recht hat, ein Gewerbe auszuüben, ein Amt zu übernehmen und Grund und Boden zu besitzen'; im Ggs. zu den *Inwohnern* ohne Bürgerrecht; entsprechend den politischen und gesellschaftlichen Verhältnissen hat das Wort in der Neuzeit eine Bedeutungserweiterung erfahren ❖ mhd. *burgære, burger* 'Verteidiger, Bewohner einer Burg'
FN: Bürger, Burger, Borger, Borgers, Börger

W: Ackerbürger, Ökonomiebürger, Pfahlbürger, Pflugbürger, Vollbürger
Ggs: Inwohner

Lit: Barth 1:137; Diefenbach 125; DudenFN 165; Frühmittellat. RWb; Gottschald 138; Grimm 2:537; Krünitz 7:377; Linnartz 45; Riepl (2009) 74

Bürgerhauptmann ↗ Hauptmann

Burgerknecht ↗ Bürgerknecht

Bürgerknecht Burgerknecht 1. 'Angestellter der Stadtverwaltung'. 2. 'Hilfskraft bei einem Bürger'
W: KNECHT

Lit: Barth 1:139; DRW 2:598; Idiotikon 3:727

Bürgerschütze ↗ Schütze

Bürgervorsprach ↗ Fürsprech

Burggraf 1. 'militärischer Befehlshaber einer befestigten Stadt'. 2. 'Person, die Verwaltung und Gerichtsbarkeit in einer Stadt ausübt'. 3. 'Verwalter einer Burg' ❖ mhd. *burcgrâve* 'Burggraf, Stadtrichter, Kämmerer'
FN: Burggraf, Burggraaf, Burggraaff, Burggräfe, Burggraeve, Burggrebe, Burggrefe, Burggreve, Burkraf, Borggräfe, Borggrefe, Borggräwer
W: *Graf*
Syn: Hausvogt, Kastellan, Kasteller, Schlossaufseher

Lit: Adelung 1:1266; Barth 1:140; DRW 2:623; DudenFN 165; Gottschald 138; Grimm 2:543; Linnartz 45

Burghauptmann ↗ Hauptmann

Burgherr 1. 'Befehlshaber oder Besitzer einer Burg'. 2. 'Grundherr'. 3. 'Leiter der Burgverwaltung' ❖ mhd. *burchërre* 'Burgherr, Lehensherr'
W: *Herr*

Lit: Adelung 1:1267; Barth 1:140; DRW 2:627; Grimm 2:543

Burgknecht Bürgknecht, Purgknecht, Pürgknecht 1. 'Arbeiter, Hilfskraft auf einer Burg'. 2. 'Burgverwalter'; bes. österr. 3. 'Arbeiter, Taglöhner in einem Weinberg'
FN: Burgknecht
W: KNECHT

Lit: DRW 2:628; Idiotikon 3:727; Linnartz 45

Bürgknecht ↗ Burgknecht

Burgmann 1. 'Lehensinhaber einer Burg'. 2. 'Befehlshaber oder Soldat einer Burg'. 3. 'Stadtrichter' ❖ mhd. *burcman* 'Beamter, dem die Obhut einer landesfürstlichen Burg anvertraut war; der seine Burg von einem Herrn zu Lehen nimmt; in der Burg wohnender Diener des Burgherren'; mnd. *borchmann* 'Burgmann, der im Dienst eines Burgherrn ist, Inhaber eines Burglehens'
FN: Burgmann, Borgman, Borkmann, Bochmann, Börgmann, Bormann, Borrmann, Burrmann, Purrmann, Pormann
W: *Mann*
Syn: Burgmeister

Lit: Adelung 1:1267; Barth 1:140; DudenFN 165; Gottschald 138; Linnartz 45

Burgmeister 1. 'Lehensinhaber einer Burg'. 2. 'Bürgermeister, Stadtoberhaupt' ❖ mhd. *burcmeister* 'Burgermeister, Vorsteher einer Stadtgemeinde'
FN: Burgmeister
W: *Meister*
Syn: Burgmann

Lit: Adelung 1:1268; DRW 2:631; Grimm 1:1268

Burgvogt lat. *castellanus, castrensis* 1. 'Verwalter und Richter einer Burg'. 2. 'Schloss-, Gutsverwalter'. 3. 'Verwalter eines großen Haushalts, der die Aufsicht über das Personal führt; Haushofmeister'
W: *Vogt*

Lit: Adelung 1:1268; Diefenbach 105; DRW 2:642; Grimm 2:544; Idiotikon 1:707

Burmeester ↗ Burmeister

¹Burmeister Burmeester, Burmester 'Dorfvorsteher'; niederdt. und alemannische

Form von ↗ Bauermeister ❖ mhd. *bûrmeister* 'Bauermeister, Vorsteher einer Dorfgemeinde'; mnd. *bûrmester* 'Schulze, Vorsteher der Dorfschaft'; zu mhd., mnd. *bûr* 'Bauer, Einwohner'
FN: Burmeister, Burmester
W: *Meister*
Syn: Bauermeister

Lit: Barth 1:141; DudenFN 166; Gottschald 138; Schiller-Lübben 1:452

²**Burmeister** ↗ Bauermeister

Burmester ↗ Burmeister

Burnfeger ↗ Bornfeger

Bürschmeister ↗ Pirschmeister

Bürstebinder ↗ Bürstenbinder

Burstenbender ↗ Bürstenbinder

Bürstenbinder Borstenbender, Borstenbinder, Bössenbinner, Bürstebinder, Burstenbender; lat. *setarius* 'Handwerker, der aus Borsten Bürsten herstellt'; beim Reinigen der Borsten entstand gesundheitsschädigender Staub, der für den bei den Bürstenbindern sprichwörtlichen Durst und ihren Ruf als notorische Trinker verantwortlich war ❖ zu mhd. *bürste*, eine verwandte Form mit anderer Stammbildung zu *Borste*; mnd. *borstel* 'Borste, Bürste (jetzt: *bössel*')
W: *Binder*
Syn: Besemer, Besenbinder, Wedeler

Lit: Adelung 1:1271; Barth 1:141; Diefenbach 531; DRW 2:649; Grimm 2:552; Idiotikon 4:1354; Kluge 142 (Borste); Krünitz 7:415; Pies (2005) 45; Reith (2008) 58; Schiller-Lübben 1:400; Zedler 4:1883

Buschwächter 'Waldaufseher, Flurwächter'
W: *Wächter*
Syn: FLURSCHÜTZ

Lit: DRW 2:653

Bußamtmann Bueßambtmann 1. 'Wärter der Strafgefangenen, Gerichtsdiener'. 2. 'Gehilfe des Henkers' ❖ zu mhd. *buoze* 'geistliche und rechtliche Buße: Besserung, Heilmittel, Vergütung, Strafe'; *Buße* i. S. einer '[Geld]strafe' ist heute noch in der Schweiz, informell auch in Deutschland, gebäuchlich, sonst nur noch im religiösen Sinn üblich („Buße tun").
W: *Amtmann*
Syn: BÜTTEL

Lit: DRW 2:654; Schmeller 1:79; VWB 157

Bussemaker ↗ Büchsenmacher

Bussendreier Büssendreier, Bussendreiger, Büssendreiger, Büssendreyer 'Drechsler, der Gewehre herstellt; Büchsendreher, -drechsler' ❖ zu mnd. *busse* 'Büchse; Kanone', ↗ Dreier
W: *Dreier*

Lit: Schiller-Lübben 1:460

Büssendreier ↗ Bussendreier

Bussendreiger ↗ Bussendreier

Büssendreiger ↗ Bussendreier

Büssendreyer ↗ Bussendreier

Bussengeter ↗ Büchsengießer

Bussengießer ↗ Büchsengießer

Bussenknecht ↗ Büchsenknecht

Bussenmeister ↗ Büchsenmeister

Bussenmester ↗ Büchsenmeister

Bussenschutte ↗ BÜCHSENSCHÜTZE

Bussenschütte ↗ BÜCHSENSCHÜTZE

Bussensmed ↗ BÜCHSENSCHMIED

Büssensmit ↗ BÜCHSENSCHMIED

Büßer Büszer 1. 'Handwerker, der etwas ausbessert, flickt'; meist in Zusammensetzungen; zu *Büßer* 'Wiederhersteller, Ausbesse-

rer' (heute nur noch im religiösen Sinn gebraucht). 2. 'Beamter, der die vom Stadtrat verhängten Geldstrafen einkassiert'; schweiz. ❖ mhd. *büeʒer* 'Büßer'
W: Altbüßer, Kesselbüßer, Ratsbüßer, Scheidenbüßer, Schuhbüßer

Lit: Barth 1:142; Idiotikon 4:1755

Bußmaker ↗ Büchsenmacher

Büszer ↗ Büßer

Bütenbinder ↗ Büttenbinder

Butendreger ↗ Buttenträger

-buter ↗ -böter

Butgenmaker ↗ Büttenmacher

Butheler ↗ Buthelor

Buthelor **Butheler** 'Schmied, der eiserne Nägel herstellt'; zu franz. *bout* 'Ende, Spitze', *bouter* 'stoßen, schlagen', *bouterolle* 'Schellhammer, Kopfstempel'; vgl. engl. *butteris* 'a steel instrument für paring the hoofs of horses'
Syn: NAGELSCHMIED

Lit: Pies (2005) 132; Volckmann (1921) 105; Webster 305

Büthener ↗ Beutner

Butigler **Puttigler**; lat. *buticularius* 1. 'an Fürstenhöfen für die Getränke verantwortlicher Hofbeamter; Mundschenk'. 2. 'Aufsichtsperson über die Bienenzüchter' ❖ mhd. *putigler, butiglære, bütiglære* 'Schenk, Mundschenk; hatte über die Forst- und Zeidelmeister zu richten'; sie lieferten den Rohstoff für den Met; aus mlat. *buticularius* 'Mundschenk, Kellermeister', mlat. *buticula* 'Trinkgefäß'
Syn: Bottelier, Buttler, Schenk

Lit: Barth 2:43; DRW 2:662; Frühmittellat. RWb; Kaltschmidt 132; Krünitz 4:460; Krünitz 7:432

Bütmacher ↗ Büttenmacher

Bütmeister 'Person, die die Verteilung der Beute im Krieg überwacht'; schweiz., 16. Jh. ❖ zu mhd. *biutemeister* 'Aufseher über die Beute', mhd. *biute* 'Beute'
W: *Meister*

Lit: Idiotikon 4:521

Butner ↗ Büttner

Bütner ↗ Büttner

Büttarbeiter ↗ 'Büttgeselle' ❖ zu mhd. *büte, bütte* 'Gefäß'; aus mlat. *butina* 'Flasche, Gefäß'
W: *Arbeiter*
Syn: Büttgeselle, Büttknecht

Lit: Barth 1:143; Grimm 2:579

BÜTTEL Bodel; lat. *apparitor, praeco* 1. 'Beamter, der im Auftrag des Rates oder des Gerichts Botendienste und andere untergeordnete Dienste verrichtet; Gerichtsdiener'; er hatte oft auch Polizeibefugnis, musste Verbrecher festnehmen oder Häftlinge nach der Verurteilung ins Gefängnis bringen. 2. 'Nachtwächter'; gelegentlicher zusätzlicher Aufgabenbereich ❖ mhd. *bütel* 'Gerichtsbote, Büttel', zu mhd. *bieten* 'gebieten, durch gerichtliches Gebot in Acht tun'; mnd. *bodel, boddel* 'Büttel, Gerichtsdiener, Henker'
FN: Büttel, Bittel, Bitel, Bidel, Bidtel, Bidell, Pittel, Pittl
W: Zentbüttel
Syn: Ambachtsknecht, Amtsdiener, Amtsdrab, Amtsvogt, Anbieter, Bruchvogt, Bußamtmann, Dingweibel, Fänger, Freibote, FRONBOTE, Frone, Fronknecht, Gerichtsdiener, Gerichtsfrone, Gerichtsknecht, Gerichtsvogt, Gerichtsweibel, Häscher, Heimbürge, Huissier, Jagdlandknecht, Kettenvogt, Knebler, Landbote, Landknecht, Landscherge, Nachvogt, Profos, Rottler, Schaderer, Scherge, Selknecht, Weibel, Weisbote, Wetteknecht

Lit: Barth 1:142; Diefenbach 42, 452; DRW 2:663; DudenFN 167; Frühmittellat. RWb; Gottschald 139; Grimm 2:581; Linnartz 46; Pies (2001) 32; Pies (2005) 46; Schiller-Lübben 1:368

Büttemacher ↗ Büttenmacher

Büttenbender ↗ Büttenbinder

Büttenbinder Bütenbinder, Büttenbender 'Böttcher, Fassbinder' ❖ ↗ Büttner, ↗ Binder
FN: Büttenbender, Buettenbender, Buttenbender, Budenbender, Büdenbender, Büdenbinder
W: *Binder*
Syn: BÖTTCHER
Lit: Barth 1:142; Gottschald 139; Linnartz 46

Büttenmacher Butgenmaker, Bütmacher, Büttemacher, Buttkenmaker 'Böttcher, Fassbinder' ❖ ↗ Büttner
Syn: BÖTTCHER, Büttner
Lit: Barth 1:142

Buttenträger Butendreger, Büttenträger 'wandernder Händler, der seine Ware in einem Traggestell auf dem Rücken mit sich führt' ❖ zu mhd. *büte, bütte* 'Gefäß, Bütte', mhd.-bair. *putte* 'Holzgefäß', aus spätromanisch *butta* und romanisch *buttis* 'Fass'
W: *Träger*
Syn: Hafenreffer, KRÄMER, Refftträger, Tabulettkrämer
Lit: Adelung 1:1282; Barth 1:143; Grimm 2:582; WBÖ 3:1538

Büttenträger ↗ Buttenträger

Buttergrempler ↗ Grempler

Buttermenger ↗ Menger

Butterträger 'Kleinhändler, der Butter von Haus zu Haus oder auf dem Markt verkauft'
W: *Träger*
Syn: KRÄMER

Büttger ↗ Böttger

Büttgeselle 'Arbeiter in der Papiermühle, der an der Bütte, dem Bottich, in dem die Lumpen eingeweicht werden, tätig ist'; zum Arbeitsbereich Papiermühle gehören der ↗ Gautscher, der ↗ Schöpfer und der ↗ Leger ❖ zu *Bütte* 'rundes Holzgefäß aus Dauben und Reif'; mhd. *büte, bütte* 'Gefäß' aus mlat. *butina* 'Flasche, Gefäß'; vgl. *Böttcher*
W: *Geselle*
Syn: Büttarbeiter, Büttknecht, Eintaucher, Gautscher, Leger, Schöpfer
Lit: Barth 1:143; Grimm 2:581; Pies (2002b) 16, 18; Pies (2005) 110

Butticher ↗ Bötticher

Buttkenmaker ↗ Büttenmacher

Büttknecht ↗ 'Büttgeselle'
W: KNECHT
Syn: Büttarbeiter, Büttgeselle
Lit: Barth 1:143; Pies (2002b) 16; Pies (2005) 110

Buttler 1. 'Brauereiarbeiter, der das Malz, die Gerste und andere Zutaten in Butten herbeiträgt'. 2. 'Arbeiter bei der Weinlese, der die Butten trägt'. 3. 'Kellermeister'. 4. 'Hausierer mit Kurzwaren'; er trägt die Waren in einer Butte. 5. 'Dorfwirt'. 6. 'Proviantverwalter auf Schiffen, ↗ Bottelier' ❖ 1.–4.: zu *Butte*; mhd. *büte, bütte* 'Gefäß, Bütte', mhd.-bair. *putte* 'Holzgefäß', aus spätromanisch *butta* und romanisch *buttis* 'Fass'; 5.–6.: spätlat. *butticula, buticula* 'Fässchen, Krug', niederld. *bottelier* 'Kellermeister', franz. *bouteiller* von franz. *bouteille* 'Flasche'
FN: Buttler, Butler, Büttler, Buttlar
Syn: Bottelier, Butigler, Schenk
Lit: Bahlow (1967) 87; DudenFN 168; Höfer 1:131; Linnartz 46; SteirWb 125; WBÖ 3:1566

Buttner ↗ Büttner

Büttner Bidner, Bitner, Bittner, Bothner, Bottner, Böttner, Büdner, Butner, Bütner, Buttner, Puetner, Putner, Pütner, Puttner, Püttner; lat. *doleator, doliator, vietor, vinctor* 1. 'Böttcher, Fassbinder'; bes. ostfränkisch. 2. ↗ 'Büttgeselle' ❖ zu *Bütte* 'rundes Holzgefäß aus Dauben und Reif'; mhd. *bütenære, bütener* 'Büttner', zu mhd. *büte,*

bütte 'Gefäß' aus mlat. *butina* 'Flasche, Gefäß'; vgl. *Böttcher*
FN: Büttner, Büttener, Püttner, Bittner, Pittner, Böttner
W: Schwarzbüttner, Weißbüttner
Syn: Böttcher, Büttenmacher

Lit: Adelung 1:1285; Barth 1:143; DRW 2:670; DudenFN 168; Gottschald 139; Grimm 2:279, 587; Kluge 166; Kretschmer 144; Krünitz 7:416; Linnartz 46; Pies (2005) 34; Reith (2008) 34; Schmeller 1:310; SteirWb 126

Buttnerknecht ↗ Büttnerknecht

Büttnerknecht Buttnerknecht 'Gehilfe des Böttchers, Fassbinders'
W: Knecht

Lit: SteirWb 126

Butzer 'Schweinekastrierer'; schweiz. ❖ zu *butzen* 'verschneiden, kastrieren', entlehnt aus lat. *putare* 'reinigen'
Syn: Kastrierer

Lit: Idiotikon 4:2025

Buwemann ↗ Baumann

Buwemeister ↗ Baumeister

Buwknecht ↗ Bauknecht

Buwman ↗ Baumann

Buwmann ↗ Baumann

Büxenschüffter ↗ Büchsenschifter

C

Cabinettsmaler ↗ Kabinettsmaler

Cabinettssmahler ↗ Kabinettsmaler

Cafetier Caffetier, Coffetier; Fem. **Cafetière**
'Person, die Kaffee zubereitet und ausschenkt; Inhaber eines Cafés'; heute veraltet, aber noch in Österreich und der Schweiz üblich ❖ franz. *cafetier*; *Kaffee* ist ein Lehnwort aus dem Arabischen, das über türkisch *kahve* in Südeuropa als *caffé* entlehnt wurde; parallel dazu führte die niederld. Entlehnung *koffie* zur Form *Coffee* wie auch in engl. *coffee*
Syn: Kaffeeschenk, Kaffeesieder, Kaffeewirt
Lit: DudenEtym 378; Ebner (2009) 87; Kaltschmidt 136

Cafetière ↗ Cafetier

Caffamacher ↗ Kaffamacher

Caffawirker ↗ Kaffawirker

Caffeesieder ↗ Kaffeesieder

Caffetier ↗ Cafetier

Cafiller ↗ Kafiller

Calamalmacher ↗ Kalamalmacher

Calcant ↗ Kalkant

Calculator ↗ Kalkulator

Cambsnider ↗ Kammschneider

Cambsnidere ↗ Kammschneider

Cammermeister ↗ Kammermeister

Cammerschreiber ↗ Kammerschreiber

Canditer ↗ Kanditor

Cangkenmaker ↗ Kannenmacher

Cannevaßweber ↗ Kanevasweber

Cantzeleyverwandter ↗ Kanzleiverwandter

Canzellar ↗ Kanzler

Canzellist ↗ Kanzlist

Canzlist ↗ Kanzlist

Capellenschläger ↗ Kapellenschläger

Capitolsherr ↗ Kapitelsherr

Cargadeur Cargador, Carrigardör 'Makler, der Schiffstransportraum vermittelt und zugleich Bevollmächtigter des Warenabsenders ist'; in Hamburg ❖ Ableitung von *Cargo* 'Schiffsladung', über engl. *cargo* aus span. *cargo* 'Ladung', aus spätlat. *carricare* zu lat. *carrus* 'Karren'
Syn: MAKLER, Schiffsabrechner, Schiffsklarierer, Supercargo
Lit: DudenFW 695 (Kargadeur); Krünitz 7:663; Petri 146

Cargador ↗ Cargadeur

Carpe ↗ Karpe

Carrigardör ↗ Cargadeur

Cartundrucker ↗ Kattundrucker

Cassabediener ↗ Kassabediener

Castellan ↗ Kastellan

Castellanus ↗ Kastellan

Castenknecht ↗ Kastenknecht

Castenschreiber ↗ Kastenschreiber

Castner ↗ Kastner

Cattundrucker ↗ Kattundrucker

Cauwercini ↗ Kawerz

Caviller ↗ Kafiller

Cemmer ↗ Kämmerer

Cemmerer ↗ Kämmerer

Centgraf ↗ Zentgraf

Centschöffe ↗ Zentschöffe

Chagrinmacher 'Handwerker, der Chagrinleder herstellt'; das Leder wurde aus dem Rücken von Pferden, Eseln oder Kamelen hergestellt und als Überzug von Futteralen, Säbel-, Schwert- und Messerscheiden, für Frauenhauben und Bucheinbände verwendet ❖ franz. *chagrin* 'Eselshaut', aus türk. *sağrı* 'Haut über der (Pferde)kruppe'

Lit: DudenFW 245 (Chagrin); Palla (2010) 42

Chaisenmacher 'Wagner, der zwei- oder vierrädrige halboffene Kutschen herstellt' ❖ zu franz. *chaise* 'Stuhl' aus lat. *cathedra* 'Stuhl', ins Deutsche in der Bedeutung 'Sessel' entlehnt und dann auf diese Form der Kutsche, die an einen Tragsessel angelehnt war, übertragen
Syn: WAGNER

Chakutier ↗ Charcutier

Chalupner ↗ Kaluppner, Schaluppner

Chaluppner ↗ Kaluppner

Charcutier Chakutier, Charkutier, Schacketier, Schakutier, Scharcutié 1. 'Fleischer, bes. für Schweine'. 2. 'Händler, Geschäftsinhaber für Wurstwaren und feine Fleischwaren' — süddt., kommt im veralteten Sprachgebrauch noch vor ❖ franz. *charcutier* 'Fleischer'
Syn: METZGER

Lit: Barth 1:149; DudenFW 249; Kretschmer 417; Schmeller 2:446

Charkutier ↗ Charcutier

Chausseeeinnehmer Chausseegeldeinnehmer 'Beamter, der die Benützungsgebühr der Landstraße kassiert' ❖ zu norddt. *Chaussee*, veraltend für 'befestigte Landstraße', aus franz. *chaussée*, zu lat. *calcatum*, Partizip von *calcare* '[mit den Füßen] ein-, feststampfen', zu *calx* 'Ferse, Straße [mit festgestampften Steinen]'
W: Einnehmer

Chausseegeldeinnehmer ↗ Chausseeeinnehmer

Chemicus Chemikus, Chimicus, Chymicus, Chymiker, Chymist, Cimicus; lat. *chemicus* 'Chemiker' ❖ zu griech. *chēméia* 'Kunst der Metallverwandlung', mlat. *chemia, chymia*; die Formen *Chymie, Chymia* bestehen seit dem 17. Jh., die Form *Chemie* setzte sich endgültig im 19. Jh. durch
Syn: Scheidekünstler

Lit: Barth 2:54, 55; Kaltschmidt 173, 180; Pfeifer 192

Chemifeger ↗ Kaminfeger

Chemikus ↗ Chemicus

Chilbigeiger ↗ Kilbigeiger

Chilchmeier ↗ Kilchmeier

Chimicus ↗ Chemicus

Chirorgus ↗ CHIRURG

CHIRURG Chirorgus, Chirurgus, Chyrurg, Chyrurgus, Ratschirurg; lat. *chirurgus, chirologus* 'handwerklich ausgebildeter Arzt für chirurgische Eingriffe, wie Operationen oder Amputationen, nicht aber für Behandlungen innerer Leiden'; der Beruf entwickelte sich aus den Badern, daher war auch *Bader und Chirurg* die volle Berufsbezeichnung. Außer Spezialisten, die auch komplizierte Eingriffe vornahmen, lebten die meisten Chirurgen vom Rasieren und von gering vergüteten Arbeiten, wie Schröpfen, Aderlassen oder Zahnziehen. Nach der Trennung zwischen Schul- und Handwerksmedizin im späten Mittelalter gehörte der Chirurg zum Handwerk (noch immer in der Nähe zum Bader) ❖ über lat. *chirurgus* aus griech. *cheirourgós* 'Wundarzt', wörtlich 'Handwerker' (zu griech. *cheir* 'Hand' und *érgon* 'Tätigkeit, Werk')
W: Brunnenchirurg, Feldchirurg, °Leibchirurgus, Medicochirurg, °Pestchirurg
Syn: ARZT*, Bader, Brucharzt, Brüchler, Bruchschneider, Hodenschneider, Operateur, Steinschneider, WUNDARZT
Ggs: Medicus

Lit: Adelung 1:1328; Barth 1:151; Diefenbach 123, 127; DudenEtym 126; Goerke (1987) 142; Krünitz 8:71 (Chirurgus); Krünitz 86:530; Pies (1977) 24; Pies (2002c) 24; Pies (2005) 16; Reith (2008) 18

Chirurgus ↗ CHIRURG

Chorag lat. *choragus* ↗ 'Chorführer im antiken Theater' ❖ griech. *chorēgós*, lat. *choragus*, aus griech. *chorós* 'Reigen, Tanzplatz' und *ágein* 'treiben, führen'
Syn: Chorführer

Lit: Barth 2:55; Grimm 2:618; Kaltschmidt 178

Choralis ↗ Choralist

Choralist Choralis 1. 'Chorsänger, der den Choral singt'; im Mittelalter. 2. 'Leiter des Kirchengesangs'. 3. 'Chorschüler, Chorist'

Lit: Adelung 1:1329

Chorführer 1. 'Anführer des Chores in der antiken Tragödie'. 2. 'Sponsor und Produzent einer griechischen Theateraufführung'. 3. 'Kostümausstatter einer römischen Theateraufführung' ❖ zu griech. *chorós* 'Reigentanz, Tanzplatz, Tänzergruppe', lat. *chorus*, mlat. auch 'Chorlied, Chorgesang'
W: *Führer*
Syn: Chorag

Lit: Barth 1:152; Grimm 2:618; Pfeifer 194

Chorrichter Korrichter 'Richter in einem Chorgericht'; d.i. ein geistliches oder gemischtes Gericht in Ehesachen; auch Gericht mit vergleichbaren Kompetenzen in der Gemeinde bes. in der Schweiz, wurde urspr. im Chor der Kirche abgehalten
W: Chorweibel, *Richter*
Syn: Chorschreiber, Ehegaumer, Eherichter, Sittengaumer, Sittenrichter

Lit: DRW 2:675; Grimm 11:1841; Idiotikon 6:453

Chorschreiber Korschreiber 'Schriftführer in einem Chorgericht'; d.i. ein geistliches oder gemischtes Gericht in Ehesachen; ↗ Chorrichter
W: *Schreiber*
Syn: Chorrichter, Ehegerichtsschreiber

Lit: DRW 2:676; Idiotikon 9:1542

Chorweibel 'Richter oder Gerichtsbediensteter bei einem Chorgericht'; schweiz.
W: Chorrichter, Weibel

Lit: Idiotikon 15:127

Chymicus ↗ Chemicus

Chymiker ↗ Chemicus

Chymist ↗ Chemicus

Chyrurg ↗ CHIRURG

Chyrurgus ↗ CHIRURG

Cimicus ↗ Chemicus

Circkelschmidt ↗ Zirkelschmied

Claiber ↗ Kleiber

Clauber ↗ Kleiber

Clausurenmacher ↗ Klausurmacher

Clausurmacher ↗ Klausurmacher

Clausurmaker ↗ Klausurmacher

Cleiber ↗ Kleiber

Clieber ↗ Klieber

Cloaksäuberer 'Person, die (nachts) die Abtritte reinigt und den Unrat entfernt' ❖ zu lat. *cloaca* 'Latrine'
Syn: ABTRITTRÄUMER
Lit: Adelung 1:1339 (Cloak); Grimm 2:629 (Cloak)

Clocgheter ↗ Klockengeter

Clocghiter ↗ Klockengeter

Clockengeiter ↗ Klockengeter

Cloutier 'Schmied, der eiserne Nägel herstellt' ❖ franz. *cloutier* aus älterem *clouetier*, Ableitung von *clou* 'Nagel', aus lat. *clavus* 'Nagel'
Syn: NAGELSCHMIED
Lit: Barth 2:324; Gamillscheg 1:238; Kaltschmidt 189

Coffeschenk ↗ Kaffeeschenk

Coffetier ↗ Cafetier

Collaborator ↗ Kollaborator

Collecteur ↗ Kollektor

Collector ↗ Kollektor

Collega ↗ Kollega

Collettschneider ↗ Kollettschneider

Cölmer ↗ Kölmer

Colonist ↗ Kolonist

Colorator ↗ Kolorist

Colorist ↗ Kolorist

Colporteur ↗ Kolporteur

Comißschreiber ↗ Kommisschreiber

Commercierender ↗ Kommerzierender

Commercirender ↗ Kommerzierender

Commis ↗ Kommis

Commisbäcker ↗ Kommissbäcker

Commissbäcker ↗ Kommissbäcker

Commißbecker ↗ Kommissbäcker

Comödiant ↗ Komödiant

Compasmacher ↗ Kompastmacher

Compasmaker ↗ Kompastmacher

Compastor ↗ Kompastor

Concipist ↗ Konzipist

Conductansager ↗ Konduktansager

Conductor ↗ Kondukteur

Conduktor ↗ Kondukteur

Confectbäcker ↗ Konfektbäcker

Confettner ↗ Conterfeier

Confiturier 'Konditor, Hersteller von Zuckerwaren' ❖ franz. *confiturier* 'Konditor', von *confiture* 'Eingemachtes', zu *confire* 'zubereiten', aus lat. *conficere* 'fertig machen'
Syn: ZUCKERBÄCKER
Lit: Kaltschmidt 210; Krünitz 8:320

Constabel ↗ Konstabler

Constabler ↗ Konstabler

Constafler ↗ Konstabler

Constofler ↗ Konstabler

Consumptionsschreiber ↗ Consumtionsschreiber

Consumtionsschreiber Consumptionsschreiber 'Steuerbeamter'; vgl. *Consumtions-Accise* 'Verbrauchssteuer' ❖ zu *Consumtion* 'Verzehrung, Verbrauch, Bedarf', zu lat. *consumptum*, Partizip zu *consumere* 'verwenden, verbrauchen, verzehren', zu lat. *sumere* 'zu sich nehmen, verbrauchen'
W: *Schreiber*

Lit: Barth 1:159; Krünitz 8:331 (Consumtion)

Conterfehter ↗ Conterfeier

Conterfeier Confettner, Conterfehter, Conterfeiter, Conterfetter, Conterfettner, Conterfeyer, Contrafeyer, Contrefeier, Konterfeier, Konterfetter, Kunterfector, Kunterfektor 'Portraitmaler'; er stand zwischen Künstler und Handwerker ❖ zu *Konterfei*, mhd. *conterfeit*, *kunterfeit* 'nachgemacht, falsch', aus altfranz. *contrefait* 'Nachahmung, Abbild; nach der Natur verfertigtes Gemälde'; aus lat. *contrafactio* 'Gegenüberstellung, Vergleichung'; zu lat. *contra* 'gegen' und *facere* 'machen'; vgl. mhd. *kunterfeit*, *gunterfeit*, *conterfeit* 'unreines, vermischtes, verfälschtes Gold, Metall' aus altfranz. *contrefait* 'entstellt, nachgemacht'

Lit: Adelung 1:1347; Barth 1:159, 568; Barth 2:327; Grimm 2:635 (conterfeien); Pfeifer 711

Conterfeiter ↗ Conterfeier

Conterfetter ↗ Conterfeier

Conterfettner ↗ Conterfeier

Conterfeyer ↗ Conterfeier

Contrafeyer ↗ Conterfeier

Contrefeier ↗ Conterfeier

Conventbrauer ↗ Konventbierbrauer

Conzipist ↗ Konzipist

Copiist ↗ Kopist

Copist ↗ Kopist

Corber ↗ KÖRBER

Cordewander ↗ Korduaner

Cordewaner ↗ Korduaner

Corduanbereiter ↗ Korduanbereiter

Corduaner ↗ Korduaner

Corduangerber ↗ KORDUANGERBER

Corduanmacher ↗ Korduanmacher

Cornut Kornut, Kornute 'Buchdruckerlehrling, der zwar ausgelernt hat, aber noch nicht unter den Gesellen aufgenommen wurde'; Geselle wurde er erst durch das Postulat, einen Antrag auf Ernennung zum Gesellen, vorher musste er einen Anteil seines Verdienstes an die Gesellen abliefern. Kennzeichen eines Lehrlings ist der mit Hörnern verzierte Cornutenhut, der bei der Aufnahme abgestoßen wurde ❖ zu lat. *cornu* 'Horn', wörtlich 'Hörnerträger'
Syn: Buchdrucker

Lit: Adelung 1:1351; Barth 1:160, 546; Grimm 11:1831; Krünitz 8:392; Pies (2005) 43; Zedler 4:1755 (Buchdrucker)

Corsener ↗ Korsener

Corsenwerchte ↗ Korsenwerker

Cossat ↗ Kossat

Coventbrauer ↗ Konventbierbrauer

Cowertsch ↗ Kawerz

Cowerz ↗ Kawerz

Cramer ↗ Krämer

Cranatensetzer ↗ Granatrosensetzer

Credenzer ↗ Kredenzer

Cremer ↗ Krämer

Crepinarbeiter Crepinmacher, Krepinarbeiter 'Handwerker, der Bänder, Quasten, Banderolen, Gehänge für Musikinstrumente und Säbel usw. sowie mit Seide übersponnene Knöpfe herstellt'; in Berufsbezeichnungen oft in der Form *Knopf- und Crepinmacher* ❖ zu franz. *crepine* 1. 'eine Art Fransen aus Gold, Silber, Seide, Zwirn usw., die oben breit und durchbrochen gewirkt sind und lange herabhängende Fäden haben', als Verzierung an Möbeln, Kirchenornaten, Kutschen usw. 2. 'kleine silberne oder goldene Figuren als Besatz an Kleidern'; aus franz. *crépine* 'Franse, Netz', Ableitung von *crespir* 'kräuseln', aus lat. *crispus* 'kraus'

W: *Arbeiter*
Syn: Knopfmacher
Lit: Gamillscheg 1:282; Krünitz 8:457; Pies (2005); Reith (2008) 128

Crepinmacher ↗ Crepinarbeiter

Creutzschmied ↗ Kreuzschmied

Cruder ↗ Krudener

Curschmid ↗ Kurschmied

Curtzenwerter ↗ Korsenwerker

Custer ↗ Kustos

Custerer ↗ Kustos

Custos ↗ Kustos

Cygeler ↗ Ziegler

Cziegler ↗ Ziegler

Czismenmacher ↗ Zischmenmacher

D

Dabecker ↗ Daubäcker

Dächlimacher ↗ Dachmacher

Dachmacher Dächlimacher '[Regen]schirmmacher' ❖ verkürzt für *Regendachmacher*
Syn: Numerellmacher, Parapluiemacher, Parasolmacher, Schirmmacher

Lit: Idiotikon 4:53

Dachsteinstreicher 'Ziegelstreicher, der Dachziegel formt'
W: *Streicher*
Syn: Ziegelstreicher

Lit: Badstübner (2001) 279; Grimm 2:668 (Dachstein)

Daentler ↗ Tandler

Daguerreotypist 'Maler oder Fotograf, der Daguerrotypien herstellt'; das war die Frühform der Fotografie, die 1837 von dem franz. Maler J. Daguerre (1787–1851) entwickelt wurde ❖ franz. *daguerréotype* 'Lichtbild nach dem Verfahren Daguerres'; zu: *type* aus griech. *týpos* 'Typ'

Lit: Barth 1:163; DudenGWDS

Dallinger Dalljone 1. 'Henker'. 2. 'Abdecker' ❖ rotwelsch; aus jiddisch *taljen* 'Henker'
FN: der FN *Dallinger* ist eine Ableitung von dem Ortsnamen *Dalling*

Lit: Burnadz 29; Grimm 2:700; Lötzsch 168; Pies (2001) 43

Dalljone ↗ Dallinger

Damaschierer ↗ Damaszierer

Damascierer ↗ Damaszierer

Damasculierer ↗ Damaszierer

Damaszierer Damaschierer, Damascierer, Damasculierer, Masculierer 'Kunsthandwerker, der Gewehre mit Gold- oder Silberverzierungen schmückt; Tauschierer'; Damascener Arbeit ist eine orientalische und durch die Kreuzzüge in Europa eingeführte Technik der Metallbearbeitung, die das Metall hart werden lässt, was zugleich durch Ätzen eine wolkige Oberfläche ergibt, sodass man goldene oder silberne Verzierungen einlegen kann; *damaszieren* ist in der Fachsprache heute noch üblich ❖ franz. *damasquineur, damasquiner* 'Damaszierer, damaszieren', aus ital. *damaschino* zu *Damasco* die Stadt 'Damaskus'

Lit: Adelung 1:1375 (damasciren); Barth 1:163; Grimm 2:701 (damascieren); Krünitz 8:643 (Damascener); Pies (2005) 37; Reith (2008) 56

Dammbereiter 'Person, die die Arbeiten an Deichanlagen überwacht'
W: *Bereiter*

Lit: DRW 2:690; Krünitz 8:728

Dammeister ↗ Dammmeister

Dammgeschworener Dammgeschworner
↗ 'Deichgeschworener'
Syn: Deichgeschworener, Wassergeschworener

Lit: DRW 2:991

Dammgeschworner ↗ Dammgeschworener

Dammmeister Dammeister 'Beamter, der die Arbeiten am Damm, Deich beaufsichtigt'
W: *Meister*
Syn: Deichbaas, Deichmeister, Hauptmann
Lit: Adelung 1:1380; Barth 1:164; Grimm 2:713; Krünitz 8:729

Dammsetzer 'Handwerker, der Straßen mit Steinen pflastert' ❖ norddt., zu nordostdt. *Damm* in der Bedeutung 'Fahrbahn, Straße'; mnd. *dam* 'Damm, bes. Straßenpflaster'
W: *Setzer*
Syn: Steinbrücker, Steiner, Steinsetzer
Lit: Adelung 1:1380; Barth 1:164; Grimm 2:713; Krünitz 8:729

Damoiselle ↗ Demoiselle

Dandel ↗ Tandler

Dander ↗ Tandler

Dandl ↗ Tandler

Dängler ↗ Dengler

Dantler ↗ Tandler

Däntler ↗ Tandler

Dantzmeister ↗ Tanzmeister

Darrer 1. 'Besitzer einer Darre'; d.i. eine Anlage zum Dörrren von Malz, Getreide oder Früchten. 2. 'Arbeiter in einer Darre' ❖ zu mhd. *darre* 'Gestell oder Vorrichtung zum Dörren'
Vgl: Dörrer
Lit: Grimm 2:786 (Darre); Krünitz 8:750 (Darre)

Däschler ↗ Taschner

Daschner ↗ Taschner

Datz ↗ Täzer

Daubäcker Dabecker, Daubecker, Dobecker 'Bäcker, der Brot für die Armen backt' ❖ Herkunft unklar; vielleicht ein Gebäck, das an die Armen abgegeben wurde; zu *darben* 'Not leiden', mhd. *darben* 'entbehren, ermangeln'
FN: Dobecker, Darbecker
W: BÄCKER*
Lit: Volckmann (1921) 19

Daubecker ↗ Daubäcker

Daubenhauer Dauenhauer 'Handwerker, der Fassdauben herstellt' ❖ zu mhd. *dûge* 'Fassdaube', aus mlat. *doga, duga* 'Gefäß'; die Form mit *-b-* entstand unter Einfluss von franz. *douve*
FN: Dauenhauer
W: HAUER
Lit: Barth 1:164; DudenEtym 135; DudenFN 179; Linnartz 52; Volckmann (1921) 168

Daubenmacher 1. 'Handwerker, der Fassdauben herstellt'. 2. 'Böttcher, Fassbinder'
Syn: BÖTTCHER, Daugenmacher
Lit: Barth 1:164

Dauenhauer ↗ Daubenhauer

Dauer ↗ Tauer

Daugenmacher 'Handwerker, der Fassdauben herstellt'; ältere Form für *Daubenmacher*, bes. alemannisch ❖ zu mhd. *dûge* 'Fassdaube', aus mlat. *doga, duga* 'Gefäß'
Syn: Daubenmacher
Lit: Grimm 2:844 (Dauge); PfälzWb 2:159; Schmeller 1:492 (Dauge)

Däzer ↗ Täzer

Debitant 'Kaufmann, der Waren im Detail, nach und nach verkauft' ❖ franz. *débit* 'Kleinhandel', franz. *débitant* 'Kleinhändler, Detailhändler'
Syn: KRÄMER
Lit: Barth 2:330; Kaltschmidt 256; Krünitz 9:3

Dechantinne ↗ Dechentinne

Deche Dechen, Dechent 'Vorgesetzter, Verwalter einer sozialen Einrichtung, eines

Stiftes'; norddt.; zu *Dekan, Dechant* ❖ frühnhd. *dechen, dechet,* mhd. *tëchan, dëchan, dëchân, tëchant, dëchant* 'Dekan'; niederdt. *deken, decken* 'Rottmeister'; aus lat. *decanus* 'Vorgesetzter über zehn Soldaten, Mönche usw.'
W: °Armendeche, Kirchendeche, °Schuldeche
Vgl: Dechentinne

Lit: Diefenbach 167; Grimm 2:880

Dechen ↗ Deche

Dechent ↗ Deche

Dechentinne Dechantinne, Techentinne 'Nonne in einem Frauenkloster, die für die Wirtschaftsverwaltung zuständig ist'; meist die zweit- oder dritthöchste Funktionärin im Nonnenkloster; zu *Dechantin* ❖ ↗ Deche
Vgl: Deche

Lit: DRW 2:740 (Dechantin); Ring (2008) 280

Deckducker ↗ Decktucher

Deckelecher ↗ Decklakener

Deckenflechter 'Handwerker, der aus Stroh, Bast, Binsen, Wolle Decken herstellt'
Syn: Deckenmacher, Salunenmacher, Schalaunenmacher, Schalauner

Lit: Adelung 1:1431; Grimm 2:891; Krünitz 9:42

Deckenmacher Deckmacher 'Handwerker, der aus (Abfall)wolle Decken, Lodenmäntel, Teppiche u. Ä. herstellt'
Syn: Deckenflechter, Salunenmacher, Schalaunenmacher, Schalauner

Lit: Adelung 1:1431; Barth 1:166; Grimm 2:891; Krünitz 9:43

Decker Deckler, Deckner, Dekker; lat. *tector* **1.** 'Dachdecker'; Kurzform für Dach-, Ziegel-, Schieferdecker usw. **2.** 'Weber, der Decken herstellt' ❖ mhd. *decker* 'Dachdecker'
FN: Decker, Deckner, Deck, Deckert, Deckers, Dekker, Deckler, Deckner, Dekner
W: Bleidecker, Lehmdecker, Leiendecker, Schaubdecker, Schieferdecker, Schindeldecker, Steindecker, Strohdecker, Tafeldecker, Ziegeldecker

Lit: Adelung 1:1431; Barth 1:166; Diefenbach 574; DudenFN 181; Gottschald 148; Grimm 2:892; Linnartz 53

Decklacher ↗ Decklakener

Decklakener Deckelecher, Decklacher, Decklecher, Decklocher 'Weber, der Decklaken (Bettdecken) oder Bettüberzüge herstellt' ❖ norddt. vgl. mhd. *deckelachen, declachen* 'Betttuch, Bettdecke'
Syn: BETTZIECHENWEBER, WEBER

Lit: Grimm 2:892 (Decklaken, Decklach); Volckmann (1921) 73

Decklecher ↗ Decklakener

Deckler ↗ *Decker*

Decklocher ↗ Decklakener

Deckmacher ↗ Deckenmacher

Deckner ↗ *Decker*

Decktucher Deckducker 'Weber, der Decklaken (Bettdecken) oder Bettüberzüge herstellt'
Syn: BETTZIECHENWEBER, WEBER

Lit: Grimm 2:894 (Decktuch)

Deckweber 'Weber, der Decken und Teppiche herstellt' ❖ zu frühnhd. *Decke* 'Textilgegenstand, der etwas bedeckt', vor allem 'Bettdecke'; selten 'Tischdecke, Pferdedecke, Wandbehang'
W: WEBER

Lit: Frühnhd. Wb 5:332; Götze 48

Degener 'Schmied, der vor allem Degen und Klingen herstellt'
FN: der Familienname *Degener* hängt nicht mit der Waffe *Degen* zusammen, sondern mit alten Rufnamen *Degenhart* oder *Degenher*
Syn: Messerschmied, SCHWERTFEGER

Lit: Barth 1:167; DudenFN 181; Pies (2005) 132

Degenschmied 'Schmied, der vor allem Degen und Klingen herstellt' ❖ zu mhd. *degen* 'Dolch, Messer, Degen'
FN: Degenschmidt, Degenschmid
W: *Schmied*
Syn: Klingenschmied, Messerschmied, SCHWERTFEGER

Lit: Barth 1:167; Grimm 2:901; Idiotikon 9:864; Krünitz 9:63; Pies (2005) 132

Dehlenträger ↗ Dielenträger

Deibler ↗ Täuber

Deichamtsrichter 'Mitglied des Deichamts'; d.i. die Behörde, die die Aufsicht über die Deiche innehat ❖ ↗ Deicher
W: *Richter*

Lit: Adelung 1:1436; DRW 2:754 (Deichamt); Grimm 2:905 (Deichamt); Krünitz 9:73 (Deichamt)

Deichannehmer 'Unternehmer, der die Herstellung und Erhaltung eines Deiches übernimmt'

Lit: Adelung 1:1436; DRW 2:754; Grimm 2:905; Krünitz 9:73

Deichbaas Deichbas, Teichbase 1. 'Person, die die Arbeiten am Damm, Deich beaufsichtigt'. 2. 'Unternehmer, der Ausbesserungsarbeiten an Deichen ausführt' ❖ ↗ Deicher; ↗ Baas
W: *Baas*
Syn: Dammmeister, Deichmeister

Lit: Barth 1:167; DRW 2:754; DudenEtym 138; Grimm 2:905 (Deichbasen); Schiller-Lübben 1:516

Deichbas ↗ Deichbaas

Deichbedienter 'Beamter in der Deichverwaltung'
W: *Bedienter*

Lit: Barth 1:167; DRW 2:755; Grimm 2:905

Deichbeschauer Deichschauer 'behördlich beauftragter Kontrolleur der Deiche' ❖ zu mhd. *beschouwære, beschouwer* 'der auf obrigkeitlichem Geheiß etwas besichtigt'; ↗ Deicher
W: *Beschauer*
Syn: DEICHGRAF

Lit: Adelung 1:1436; Barth 1:167, 168; DRW 2:771; Grimm 2:905, 907; Krünitz 9:73

Deichbote Deichbothe 'niedriger Beamter im Deichamt; Bote der Deichverwaltung'
Syn: Deichläufer

Lit: Adelung 1:1436; DRW 2:756; Grimm 2:905; Krünitz 9:74

Deichbothe ↗ Deichbote

Deichedige ↗ Deicheidiger

Deicheidiger Deichedige 'beeidigter Aufseher über das Deichwesen'
Syn: Deichgeschworener

Lit: Adelung 1:1436; Barth 1:168; DRW 2:757; Grimm 2:905; Krünitz 9:74

Deicher Dieker 1. 'Arbeiter an einem Deich'. 2. 'Besitzer eines Deiches oder eines Anteils an einem Deich'. 3. 'zu Leistungen an der Erhaltung eines Deiches durch Arbeit oder Abgaben Verpflichteter'. 4. 'Person, die das Deichvorland, das vor einem Deich zwischen Küste und Ufer liegende begrünte Land, mit einem Deich umgibt' ❖ mnd. *diker* 'Deicher; der Arbeiter und der Eigentümer', zu mnd. *dîk* 'Damm; Teich,' aus dem Niederld.; im 15. Jh. zu spätmhd. *tîch* 'Deich, Damm; (Fisch)teich'; erst später erfolgte die Differenzierung von Bedeutung und Schreibung von *Deich* und *Teich*; urspr. umfasste das Wort beide Bedeutungen. Auch im Plattdeutschen bedeutet *Diek* sowohl 'Teich' als auch 'Damm'

Lit: Adelung 1:1437; Barth 1:168; DRW 2:758; Grimm 2:906; Kluge 186 (Deich); Lindow 48; Schiller-Lübben 1:518

Deichgeschworener Deichgeschworner, Teichgeschworener 1. 'Beamter, der die Aufsicht über das Deichwesen führt'. 2. 'Beisitzer in einem Deichgericht'; d.i. ein Gericht, das in Deichangelegenheiten urteilt
W: *Geschworener*

Syn: Dammgeschworener, Deicheidiger, Deichheimrat, DINGWART, Heimrat, Wassergeschworener

Lit: Adelung 1:1437; Barth 1:168; DRW 2:761; Krünitz 9:75

Deichgeschworner ↗ Deichgeschworener

Deichgräber 'Hilfsarbeiter, Taglöhner beim Deichbau'
W: *Gräber*

Lit: Barth 1:168; Grimm 2:906

DEICHGRAF Deichgräfe, Deichgrebe, Deichgrefe, Diekgräfe, Diekgreve, Dikgrever 'Vorsteher und Aufseher über die Deiche eines Deichbezirks'; er konnte gewählt oder ernannt werden ❖ mnd. *dīkgreve* 'Vorstand des Deichwesens in einem bestimmten Distrikte'
W: *Graf*
Syn: Deichbeschauer, Deichhauptmann, Deichrichter, Deichschulze, Krippgraf, Krippmeister, Wegschauer

Lit: Adelung 1:1437; Barth 1:168; DRW 2:762; Grimm 2:906; Krünitz 9:75; Schiller-Lübben 1:518

Deichgräfe ↗ DEICHGRAF

Deichgrebe ↗ DEICHGRAF

Deichgrefe ↗ DEICHGRAF

Deichhauptmann 'oberster Beamter, der das Deichwesen in einem größeren Bezirk beaufsichtigt'
W: *Hauptmann*
Syn: DEICHGRAF

Lit: Adelung 1:1437; Barth 1:168; DRW 2:764; Grimm 2:906; Krünitz 9:75

Deichheimrat Deichheimrath 'Mitglied eines Deichgerichts oder der Deichverwaltung'
W: *Heimrat*
Syn: Deichgeschworener

Lit: Adelung 1:1437; DRW 2:764; Grimm 2:906; Krünitz 9:75

Deichheimrath ↗ Deichheimrat

Deichläufer 'Bote der Deichverwaltung'
W: *Läufer*
Syn: Deichbote

Lit: Adelung 1:1437; Barth 1:168; DRW 2:766; Grimm 2:907; Krünitz 9:75

Deichler ↗ Teuchler

Deichmeister 1. 'Unternehmer, der Ausbesserungsarbeiten an Deichen ausführt'. 2. 'technischer Beamter, der die Arbeiten am Damm, Deich beaufsichtigt'
W: *Meister*
Syn: Dammmeister, Deichbaas, Hauptmann
Vgl: Teichmeister

Lit: Adelung 1:1438; Barth 1:168; DRW 2:766; Grimm 2:907 (nur übertragen); Krünitz 9:76

Deichmesser 'Beamter, der Deiche vermisst'
W: *Messer*

Lit: Adelung 1:1438; DRW 2:767; Grimm 2:907; Krünitz 9:76

Deichpfennigmeister ↗ Pfennigmeister

Deichrat Deichrath 1. 'Beisitzer bei einem Deichgericht'. 2. 'Mitglied der Deichverwaltung in einem Deichverband'
W: *Rat*
Syn: DINGWART

Lit: Adelung 1:1438; Barth 1:168; DRW 2:768; Grimm 2:907

Deichrath ↗ Deichrat

Deichrentmeister ↗ RENTMEISTER

Deichrichter 'Richter in einem Deichgericht'
W: *Richter*
Syn: DEICHGRAF

Lit: Adelung 1:1438; Barth 1:168; DRW 2:769; Grimm 9:207; Krünitz 9:77

Deichschauer ↗ Deichbeschauer

Deichschreiber 'Beamter für den Schriftverkehr beim Deichgericht oder in der Deichverwaltung'
W: *Schreiber*

Lit: DRW 2:773; Grimm 2:907

Deichschulze 'Aufseher über das Deichwesen'
W: *Schulze*
Syn: DEICHGRAF

Lit: Adelung 1:1439; DRW 2:773; Grimm 2:907; Paul 166

Deichschütt ↗ Deichschütter

Deichschutter ↗ Deichschütter

Deichschütter Deichschütt, Deichschutter
1. 'Wächter über die Deiche, der bes. das Vieh einzutreiben und zu pfänden hat, das unerlaubterweise auf den Deichen weidet'.
2. 'Deichbeamter' ❖ zu mnd. *schutter* 'der das Vieh schuttet'; mnd. *schutten* 'schützen, d. i. einschließen, einfrieden, um etwas vor Angriffen oder gegen Entweichen zu bewahren, hindern, wehren', daraus die Bedeutung 'fremdes Vieh, das Schaden tut, einsperren, als Pfand zurückhalten', ein *Schütter* ist somit auch ein 'Pfänder'
W: *Schütter*
Syn: Deichschütz

Lit: Adelung 1:1439; DRW 2:773; Grimm 2:904; Schiller-Lübben 4:156

Deichschütz ↗ 'Deichschütter' ❖ mhd. *schütze* 'Wächter, Flur-, Waldschütze', entweder von 'schütten', mnd. *schutten* 'schützen, einschließen; einfrieden, um etwas vor Eindringen oder Entweichen zu hindern', oder von mnd. *schütten* 'stauen, einsperren, abwehren'; ↗ Deicher
W: *Schütze*
Syn: Deichschütter

Lit: Adelung 1:1439; Barth 1:168; Grimm 2:907; Krünitz 9:78

Deichseler ↗ Deichsler

Deichsler Deichseler, Deixler 1. 'Handwerker, der Deichseln (Wagenstangen) herstellt'. 2. 'Wagner, Stellmacher'. 3. 'Fuhrmann' ❖ zu mhd. *dîhsel* 'Deichsel', urspr. verwandt mit *ziehen*
FN: Deichsler, Deichsel, Deychsler, Deixler, Deisler, Deissler, Deißler, Daißler

Syn: FUHRMANN, WAGNER

Lit: Barth 1:168, 169; DudenFN 182; Gottschald 149; Grimm 2:908; Linnartz 53

Deichvogt 'Beamter in der Deichverwaltung'
W: *Vogt*

Lit: Adelung 1:1440; Barth 1:168; DRW 2:777; Grimm 2:909

Deixler ↗ Deichsler

Dekker ↗ *Decker*

Dekorationsmaler 'Maler, der Dekorationen an Häusern, in Wohnungen, Kirchen oder Kulissen ausführt'; oft wurde Scheinarchitektur durch Malerei dargestellt; der Dekorationsmaler oder Bühnenmaler wurde zu Beginn des 20. Jh. auf dem Theater vom Bühnenbildner, der den ganzen Raum gestaltet, abgelöst
W: *Maler*
Syn: Behangmaler, Hausschreiber, Stubenmaler, Theatermaler

Lit: Barth 1:169; Meyers Lexikon 4:599 (Dekoration); Reith (2008) 146; Schuberth (1955) 102

Delenschneider ↗ Dielenschneider

Deler ↗ Dieler

Delsnider ↗ Dielenschneider

Demoiselle Damoiselle 'junge unverheiratete Frau aus höherer Gesellschaftsschicht, die in einem größeren Haushalt als Hausdame o. Ä. angestellt ist und gesellschaftlich zur Familie zählt'; urspr. Anrede für eine unverheiratete Dame aus dem höheren Bürgertum (bis Mitte 19. Jh.) ❖ franz. *demoiselle*, aus mlat. *dominicella* 'Edelfräulein', ein Diminutiv zu lat. *domina* 'Herrin'

Lit: DudenFW 310; Meyers Lexikon 4:442

Dengeler ↗ Dengler

Dengler Dängler, Dengeler, Dingler; lat. *malleator* 'Handwerker, der Sensen, Sicheln oder Pflugseche (Teil des Pflugs, der die

Erde aufreißt) durch Hämmern schärft'; beim Dengeln wird die Schneide durch Hämmern mit einem speziellen Hammer (Dengelhammer) auf einem kleinen Amboss (Dengelstock) kalt gehämmert; in traditioneller bäuerlicher Arbeit noch eine übliche Tätigkeit ❖ mhd. *tengeler* 'Dengler', zu *tengen, tengelen* 'schlagen, klopfen'
FN: Dengler, Dangler, Denkler, Tengel, Dingler, Tingler
W: °Formendengler

Lit: Barth 1:170; Diefenbach 344; Frühmittellat. RWb; Grimm 2:925; Grimm 3:1901 (Formendengler); Linnartz 52 (Dängler); Pies (2005) 132; Volckmann (1921) 118

Dentler ↗ Tandler

Depner ↗ Töpfer

Deppner ↗ Töpfer

Deptner ↗ Töpfer

Deschener ↗ Taschner

Deschenmacher ↗ Taschner

Deschenmecker ↗ Taschner

Descher ↗ Döscher, Taschner

Deschler ↗ Taschner

Desener ↗ Taschner

Dessinateur Dessinatör 1. 'Zeichner von Plänen beim Bau oder Militär'. 2. 'Musterzeichner in der Keramikproduktion'; heute noch als Musterzeichner in der Textilindustrie ❖ franz. *dessinateur* 'Musterzeichner'
Lit: DudenFW 321

Dessinatör ↗ Dessinateur

Deubler ↗ Täuber

Deuchelbohrer ↗ Teuchelbohrer

Deuchler ↗ Teuchler

Diätar Diätarius; lat. *dietarius* 1. 'Beamter, der als Anwärter auf eine Anstellung ohne festes Gehalt arbeitet'. 2. 'Arbeiter, der als Tagelöhner arbeitet' — kommt im veralteten Sprachgebrauch noch vor ❖ zu *Diäten* 'Tagegeld', aus mlat. *dieta, diaeta* 'festgesetzter Tag, Versammlung', zu lat. *dies* 'Tag'
Syn: Akzessist, Assessor, Auskultant, Auskultator, Diurnist

Lit: Diefenbach 180; DudenFW 331; Meyers Lexikon 4:872; Schulz-Basler 4:526

Diätarius ↗ Diätar

Dichtbinder Dichtmacher, Dichtmaker 'Böttcher, Fassbinder, der Transportfässer so abdichtet, dass man auch Flüssigkeiten transportieren kann'; bis in die frühe Neuzeit wurden auch feste Waren in Fässern transportiert
W: *Binder*
Syn: Böttcher

Dichtmacher ↗ Dichtbinder

Dichtmaker ↗ Dichtbinder

Dickenweber 'Weber von dickem Tuch'; er erzeugte entweder *Dicktuch* 'ein starkes wollenes Zeug' oder *Dickzüge* 'eine Art Leinwand mit blauen und rosa Streifen', zu *Züge* 'Kissenüberzug'
W: Weber

Lit: Grimm 2:1084; Pies (2005) 179

Diebler ↗ Dübler

Diehler ↗ Dieler

Dieker ↗ Deicher

Diekgräfe ↗ Deichgraf

Diekgreve ↗ Deichgraf

Dielensäger Dillenseger, Dillsäger ↗ 'Dielenschneider'
Syn: Brettschneider

Lit: Barth 1:176, 179; Grimm 2:1103; Krünitz 9:248

Dielenschneider Delenschneider, Delsnider, Dielenschnitter, Dillschneider, Thielenschnitter 'Arbeiter, der Baumstämme zu dicken Brettern, Balken oder Kanthölzern schneidet' ❖ zu mnd. *dele* 'dickes Brett, Planke'; mhd. *dil, dille* 'Brett, Diele, Fußboden'
FN: Dielenschneider, Dielschneider, Dillschneider
W: SCHNEIDER
Syn: BRETTSCHNEIDER
Lit: Barth 1:176, 179; DudenFN 188; Gottschald 155; Krünitz 9:248 (Diele); Linnartz 55

Dielenschnitter ↗ Dielenschneider

Dielenträger Dehlenträger, Dilendreger 'Lastträger am Hafen, der Dielen, dicke Bretter, verlädt'; norddt. ❖ mnd. *dele* 'Diele'
W: *Träger*
Lit: Schiller-Lübben 1:499 (Dele, Deile)

Dieler Deler, Diehler, Diller, Tiller 1. 'Arbeiter, der Baumstämme zu Brettern, Dielen, schneidet'. 2. 'Henker, Scharfrichter'; rotwelsch; nach der als *Diele* bezeichneten Vorrichtung für die Hinrichtung, bei der ein zwischen Balken aufgezogenes Brett auf einen Block fallen gelassen wird ❖ zu mhd. *dil* 'Brett, Diele'; mhd. *dillen* 'mit Brettern decken, aus Brettern machen'
FN: Dieler, Diehler, Diller, Tiller, Dill, Düll
W: Lehmdieler
Syn: BRETTSCHNEIDER, SCHARFRICHTER
Lit: Barth 1:176; DRW 2:836; DudenFN 192; Genesis (2006) 26; Gottschald 155; Grimm 2:1103; Linnartz 55; Pfeifer 424; Pies (2001) 38; SchwäbWb 2:208

Diener lat. *servus* 1. 'Beamter oder Angestellter im öffentlichen Dienst'; z.B. *Amtsdiener, Fleckendiener, Armendiener, Polizeidiener, Ratsdiener, Reitendiener, Salzdiener, Schuldiener*. 2. 'Bedienter eines herrschaftlichen Haushalts'; z.B. *Herrendiener, Kammerdiener, Silberdiener, Tafeldiener*. 3. 'Hilfskraft, bes. im Handel'; z.B. *Gewölbediener, Heildiener, Kaufdiener, Kellerdiener, Ladendiener, Lagerdiener, Lohndiener; Kirchendiener* ❖ mhd. *dienære, diener* 'Diener'
FN: Diener, Dienert, Dieners
W: Amtsdiener, Armendiener, Fleckendiener, Gerichtsdiener, Gewölbediener, Heildiener, Herrendiener, KAMMERDIENER, Kaufdiener, °Kellerdiener, Kirchendiener, Ladendiener, °Lagerdiener, Lohndiener, Polizeidiener, Ratsdiener, Reitendiener, Salzdiener, Schuldiener, Silberdiener, Tafeldiener, Wasserdiener, Wettediener
Lit: Adelung 1:1486; Barth 1:177; Diefenbach 530; DudenFN 189; Frühmittellat. RWb; Gottschald 151; Grimm 2:1109; Krünitz 9:251

Dienstbauer 'Bauer, dem vom Grundherrn ein Bauernhof zur Nutzung überlassen wird und der statt Zins Arbeitsdienst verrichtet'
W: BAUER
Syn: Scharwerksbauer
Lit: DRW 2:882

Dienstbot ↗ Dienstbote

Dienstbote Dienstbot, Dienstbothe 1. 'Person, die angestellt ist, Befehle und Botschaften zu überbringen'; im Mittelalter. 2. 'Arbeitskraft, die zum Personal eines Haushalts oder eines Bauernhofs gehört'; *Dienst* in der speziellen Bedeutung 'Ausübung der Arbeitspflichten'; meist im Plural *Dienstboten* heute noch üblich ❖ zu mhd. *dienest, dienst* 'Verehrung, Aufwartung; Dienstbereitschaft; Abgabe, Lehensleistung'
W: BOTE*
Syn: Ehehalt
Lit: Adelung 1:1489; Barth 1:177; DRW 2:883; Grimm 2:1123; Palla (2010) 42; Schmeller 1:308, 310

Dienstbothe ↗ Dienstbote

Dienstjunge 1. 'junge männliche Hilfskraft für Haushalt und Geschäft'. 2. 'jüngstes Mitglied des bäuerlichen Gesindes'. 3. 'Lehrjunge, männlicher Lehrling' — norddt.
W: *Junge*
Lit: Barth 1:177; DRW 2:900

Dienstknecht 1. 'Beamter, der seinen Dienst am Hof des Herrschers ausübt; Ministeriale'; im Mittelalter; Knechte konnten am

Hof in den Dienstadel aufsteigen. 2. 'Person, die gegen Bezahlung bestimmte Tätigkeiten ausübt'; z.B. Botengänge, Gepäcktransport am Bahnhof. 3. 'Person, die im Haushalt oder Geschäft diverse gröbere Arbeiten verrichtet'
W: *KNECHT*
Syn: Dienstmann, Ministeriale

Lit: Adelung 1:1490; Barth 1:177; Grimm 2:1127

Dienstmagd 'Frau, die als Hilfskraft in einem Haushalt beschäftigt ist'; diese Bedeutung entsteht im 18. Jh. Im Mittelalter ist es eine Standesbezeichnung für eine Jungfrau aus dem Stand der Ministerialen. Selten auf eine Magd auf dem Bauernhof bezogen ❖ zu mhd. *dienest, dienst* 'Verehrung, Aufwartung; Dienstbereitschaft; Abgabe, Lehensleistung'; mhd. *maget, magt* 'Mädchen, Dienerin, Jungfrau'
W: *Magd*
Syn: Hausmagd

Lit: Adelung 1:1490; Barth 1:178; Diefenbach 33, 224; DRW 2:905; Frühmittellat. RWb; Grimm 2:1130; Kretschmer 175; Krünitz 9:310

Dienstmann 1. 'Vasall, der zum Kriegsdienst verpflichtet ist'; im frühmittelalterlichen Rechtssystem. 2. 'Inhaber eines Hoflehens, Ministeriale, der zu bestimmten Hofdiensten verpflichtet ist'; im Mittelalter. 3. 'Untertan des Gutsbesitzers, der zu Frondiensten verpflichtet ist'; bes. in Norddeutschland. 4. 'Person, die gegen Bezahlung bestimmte Tätigkeiten ausübt'; z.B. Botengänge, Gepäcktransport am Bahnhof; Mitte des 19. bis Mitte des 20. Jh. ❖ mhd. *dienestman* 'Diener; der sich in den Dienst eines andern begeben hat, Dienstmann, Ministeriale, allgemeine Bedeutung bes. in den Rechtsdenkmälern'
FN: Dienstmann, Dienzmann
W: *Mann*
Syn: Dienstknecht

Lit: Adelung 1:1490; Barth 1:178; DudenFN 189; Gottschald 152; Grimm 2:1130; Krünitz 9:310; Linnartz 55; Schmeller 1:515; Zedler 7:837

Dikasteriant 'Beamter'; in der österr. Amtssprache für 'Beamter', allgemein bedeutete *Dikasterium* 'Gerichtshof' ❖ zu mlat. *dicasterium* aus griech. *dikasterion* 'Gerichtshof'
Syn: Diurnist

Lit: DudenFW 336; Kainz (1974) 478; Kaltschmidt 292

Dikgrever ↗ DEICHGRAF

Dilendreger ↗ Dielenträger

Dillenseger ↗ Dielensäger

Diller ↗ Dieler

Dillsäger ↗ Dielensäger

Dillschneider ↗ Dielenschneider

Dingbote Dingbothe 'Gerichtsbote'; zusammengezogen aus *Dinghofbote*; der *Dinghof* war die 'Gerichtsstelle eines grundherrlichen Bezirks' ❖ zu mhd. *dinc* 'Gerichtshof, Gericht; Verhandlung, Vertrag; Ding, Sache'; die verhandelte Sache wurde zu einem Oberbegriff für den Gegenstand verallgemeinert
W: *BOTE**

Lit: DRW 2:971; Kluge 201 (Ding)

Dingbothe ↗ Dingbote

Dinggraf Dinggräf 1. 'Richter oder Vorsitzender in einem Dinggericht'. 2. 'Gerichtsbote'
FN: Dinggreve, Dinkgräve, Dinkgraeve, Dinkgrefe, Dinkgreve, Dinkgräfe
W: *Graf*

Lit: Adelung 1:1501; Barth 1:179; DRW 2:968; DudenFN 193; Gottschald 155; Grimm 2:1173; Krünitz 9:320; Linnartz 55

Dinggräf ↗ Dinggraf

Dingler ↗ Dengler

Dingmann 1. 'Schöffe, Beisitzer bei Gericht'. 2. 'Bürger, der bei Gericht seine Meinung zu äußern hat und damit zur Urteilsfindung beiträgt'; Hamburg, 14. Jh. 3. 'Angehöriger eines stehenden Heeres'; angelsächsisch ❖

zu mhd. *dinc* 'rechtliche und gerichtliche Verhandlung'
W: *Mann*
Syn: Dingwart

Lit: Barth 1:179; DRW 2:980; Grimm 2:1175; Krünitz 9:320; Schild (1997)

Dingschreiber Tingschreiber 'Schriftführer bei Gericht'
W: *Schreiber*

Lit: DRW 2:991

Dingvogt Dingvoigt 1. 'Richter beim Dinggericht'; in Holstein. 2. 'Verwalter einer geistlichen Grundherrschaft'; im Rheinland ❖ zu mhd. *dinc* 'rechtliche und gerichtliche Verhandlung'; mhd. *voget, vogt* 'Rechtsbeistand, Verteidiger, Fürsprecher'
W: *Vogt*
Syn: Abfinder

Lit: Adelung 1:1502; DRW 2:1002; Grimm 2:1177; Krünitz 9:320; Paul 174

Dingvoigt ↗ Dingvogt

Dingwaibel ↗ Dingweibel

Dingwart 'Beisitzer bei Gericht, Schöffe' ❖ zu mhd. *dinc* 'Gerichtshof, Gericht; Verhandlung, Vertrag; Ding, Sache'; die verhandelte Sache wurde zu einem Oberbegriff für den Gegenstand verallgemeinert; zu mhd. *wart, warte* 'Wärter' (bereits mhd. schon vor allem in Komposita)
W: *Wart*
Syn: Abfinder, Achtmann, Auskultant, Beisasse, Bergrichter, Besetzer, Deichgeschworener, Deichrat, Dingmann, Feldschöppe, Gerichtsverwandter, Hofrat, Holzrichter, Landrichter, Rachinbürge, Ratmann, Rechtsitzer, Sandmann, Schöffe, Schöpf, Schöppe, Schrannensitzer, Wassergraf

Lit: DRW 2:1003; Grimm 2:1177

Dingweibel Dingwaibel 'Gerichtsdiener' ❖ ↗ Dingbote
W: *Weibel*
Syn: Büttel

Lit: DRW 2:1004

Dingwerker 'Akkordarbeiter, Arbeiter um Stücklohn' ❖ zu mhd. *wërker* 'Arbeiter, Handwerker'; zu mhd. *dinc* 'Gerichtshof, Gericht; Verhandlung, Vertrag; Ding, Sache'
W: *Werker*

Lit: DRW 2:1005; Grimm 2:1177

Dinneker ↗ Donneker

Dintener ↗ Tintener

Dinter ↗ Tintener

Dirn 'Landarbeiterin in einem bäuerlichen Dienstbotenverhältnis'; bes. bair., heute noch dialektal oder veraltet; bis ins 19. Jh. auch in der älteren Form *Dirne*; nicht zu verwechseln mit *Dirne* 'Prostituierte' oder norddt. *Dirn* 'Mädchen' ❖ mhd. *diern, dierne* 'Mädchen, Jungfrau, Dienerin', weitere Herkunft ungeklärt
W: *Dritteldirn, Großdirn, Kleindirn, Knüppeldirn, Mitterdirn, Oberdirn, Schossdirn*
Syn: Magd
Vgl: Dirne, Knecht

Lit: Barth 1:181 (Dirne); Höfer 1:156; Schmeller 1:541; WBÖ 5:57

Dirne 1. 'Magd, Dienstmädchen'; bes. norddt. 2. 'Prostituierte'; heute eine stilistisch gehobene Bezeichnung ❖ ↗ Dirn
W: *Buhldirne, Feildirne, Lehrdirne, Lustdirne*
Syn: Magd
Vgl: Dirn

Lit: Adelung 1:1503; Barth 1:181; Grimm 2:1185; Krünitz 9:328

Dirreteier ↗ Tirteier

Dirtheuer ↗ Tirteier

Dispensator lat. *dispensator* 1. 'Verwalter und Schatzmeister'. 2. 'Person, die Waren, bes. Arzneien, ausgibt' ❖ lat. *dispensator* 'Haushofmeister, Wirtschafter, Schatzmeister', aus lat. *dispensare* 'austeilen'
Syn: Schatzmeister

Lit: Barth 2:90; Diefenbach 186; Frühmittellat. RWb; Grimm 2:1190; Kaltschmidt 299

Distelweber 'Handwerker, der Wolle reinigt und die Fasern lockert und gleichmäßig verteilt, indem er sie mit einem Bogen (Wollbogen) schlägt und mit einer Kardätsche streicht, sodass die Fasern in einer Richtung liegen'; wichtigstes Arbeitsgerät war die Weberdistel (Weberkarde)
W: WEBER
Syn WOLLSCHLÄGER

Distler 1. 'Person, die Weberkarden, -disteln sammelt'. **2.** 'Wagner, Stellmacher'; eigentlich 'Deichselmacher'; regional, bes. norddt. ❖ 1.: zu mhd. *distel* 'Distel, Weberkarde'; 2.: zu mnd. *dissel, distel* 'Deichsel'
FN: Distler, Diestler, Distel, Diestel, Disteler, Tistel
Syn WAGNER

Lit: DudenFN 190, 193; Gottschald 149, 156; Linnartz 55; Schiller-Lübben 1:526

Diurnist 1. 'untergeordneter Verwaltungsbeamter in der josephinischen Verwaltung'; kommt im veralteten Sprachgebrauch der österr. Amtssprache noch vor; wörtlich 'Tagebuch-, Journalschreiber'. **2.** 'Arbeiter im Taglohn; auf Zeit Angestellter' ❖ Ableitung von *Diurnum* 'Tagegeld', zu lat. *diurnus* 'täglich', lat. *diurnum* 'tägliche Ration'
Syn: Akzessist, Assessor, Auskultant, Auskultator, Diätar, Dikasteriant

Lit: Barth 1:183; DudenFW 351; Ebner (1998) 84; Kaltschmidt 302; Meyers Lexikon 5:63; Palla (1994) 67

Dobecker ↗ Daubäcker

Döbler ↗ Dübler

Dochtschnäuzer Dochtschneuzer 'Arbeiter, der im Theater oder in anderen öffentlichen Einrichtungen für die Funktion und Reinigung der Lichtquellen verantwortlich ist'; dazu gehört u.a. auch das Kürzen der Lampendochte. Das Wort bezeichnet auch ein Gerät zum Dochtkürzen
Syn: Lichtputzer

Lit: Vieser/Schautz (2010)

Dochtschneuzer ↗ Dochtschnäuzer

Dockenmacher Dockenmaker, Döckhmacher, Tockenmacher 'Handwerker, der Puppen herstellt'; die dialektalen Verwendungen von *Docke* zeigen die Materialien, aus denen Puppen hergestellt wurden: Strohbündel, Holzklötzchen ❖ zu mhd. *tocke* 'Puppe der Kinder und im Puppenspiel; walzenförmiges Stück Holz; Bündel, Büschel'
W: Tragantdockenmacher

Lit: Adelung 1:1508 (Dockenmacher); Barth 1:184; Grimm 2:1214; Schiller-Lübben 1:529 (Docke); Schmeller 1:488 (Docken, Tocke); WBÖ 5:119 (Tocke)

Dockenmaker ↗ Dockenmacher

Dockenspieler 'Puppenspieler' ❖ ↗ Dockenmacher

Lit: DRW 2:1012; Grimm 2:1214 (Dockenspiel)

Döckhmacher ↗ Dockenmacher

Dockscherer ↗ TUCHSCHERER

Dodenbidder ↗ Totenbitter

Dodenbitersche ↗ Totenbitter

Doeppengiesser ↗ Düppengießer

Dokbereder ↗ TUCHBEREITER

Dokscherer ↗ TUCHSCHERER

Dollenschriver ↗ Zollschreiber

Dollmutter ↗ Tollmutter

Dollvater ↗ Tollvater

Domainenrath ↗ Domänenrat

Domänenbauer 'Bauer, der ein Domänengut bewirtschaftet'; eine *Domäne* ist ein bewegliches oder unbewegliches Gut eines Landesherrn oder Königs, das mit seinen Erträgen (Abgaben und Erträgnissen) in erster

Linie zur Bestreitung der Ausgaben für herrschaftliche Hofhaltungen, aber auch für besondere Staatsbedürfnisse dient; seit dem 18. Jh. für *Kammergut;* im frühen 18. Jh. in den meisten deutschen Staaten zum Staatseigentum erklärt im Ggs. zum Privatbesitz des Fürsten ❖ zu franz. *domaine* 'Gut im landesherrlichen Besitz', aus mlat. *domanium*, lat. *dominium* 'Eigentum, Herrschaft, Herrengut', zu lat. *dominus* 'Herr'
W: *Bauer*

Lit: DRW 2:1018; Krünitz 9:368 (Domäne); Meyers Lexikon 5:95 (Domäne)

Domänenrat Domainenrath 'höherer Beamter in der Domänenverwaltung, der für die Bewirtschaftung und Abrechnung der Domänen verantwortlich ist'; ↗ Domänenbauer
W: Rat

Lit: Adelung 1:1513; DRW 2:1018; Krünitz 9:368

Dombackschläger ↗ Tombakschlager

Domvogt 'Verwalter der Besitzungen eines Bischofs oder einer Domkirche'
W: *Vogt*

Lit: Barth 1:187; DRW 2:1024; Grimm 2:1236

Donaufähring ↗ Fehring

Döncker ↗ Donneker

Donkeyman ↗ Donkeymann

Donkeymann Donkeyman 'Hafenarbeiter, der den Donkey bedient und wartet'; d.i. eine schwimmende Dampfwinde auf einer Schute, um den Warenumschlag auch ohne Kran zu beschleunigen; von Mitte des 19. bis Mitte 20. Jh. ❖ zu engl. *donkey* 'Esel; Hilfskessel zum Betrieb der Hebevorrichtung auf Handelsschiffen'
W: *Mann*

Lit: Altstaedt (2011) 18; DudenGWDS

Dönkter ↗ Donneker

Donnecker ↗ Donneker

Donneker Dinneker, Döncker, Dönkter, Donnecker, Dönnicher 1. 'Tüncher, Anstreicher'. 2. 'Handwerker, der das Fachwerk mit nassem Lehm, vermischt mit gehäckseltem Stroh, füllt und verstreicht' ❖ mnd. *donneker* 'Lehmarbeiter, Mauermann'; mnd. *donneken, denneken, donken* 'mit Kalk bekleiden, tünchen'
Syn: Lehmer, Tüncher

Lit: Schiller-Lübben 1:542

Dönnicher ↗ Donneker

Doppeler ↗ Doppler

Doppelhauer ↗ Doppelhäuer

Doppelhäuer Doppelhauer 'Bergmann, der doppelt so viele Stunden arbeitet'; das sind 6 bis 8 Stunden statt der üblichen vier
W: *Hauer*

Lit: Adelung 1:1520; Barth 1:188; Grimm 2:1264; Veith 267

Doppelsoldner ↗ Doppelsöldner

Doppelsöldner Doppelsoldner 'Söldner, der besser bewaffnet ist (auch mit eigener Büchse) und wegen des größeren Risikos doppelt besoldet wird'; die Rüstung besteht aus Harnisch und Sturmhaube, der Einsatz ist an vorderster Linie
W: *Söldner*

Lit: Barth 1:188; DRW 2:1030; Grimm 2:1271; Idiotikon 7:861; Pies (2005) 161

Doppelspänner 'Besitzer eines ganzen Bauernhofes, ↗ Vollbauer, der mit seinem Gespann Dienst leisten muss'
W: *Spänner*
Syn: Vollbauer

Doppengießer ↗ Düppengießer

Döppengießer ↗ Düppengießer

Doppenschneider Doppensnyder 'Handwerker, der Würfel für das Würfelspiel herstellt' ❖ ↗ Doppler

W: SCHNEIDER
Syn: Doppler, Würfeler, Würfelmacher
Lit: Götze 52

Doppensnyder ↗ Doppenschneider

Doppler **Doppeler, Toppeler** 'Handwerker, der Würfel für das Würfelspiel herstellt'; gehört zu den Drechslern; auch der Würfelspieler wurde als *Doppeler* bezeichnet ❖ zu mhd. *topel, toppel, doppel* 'Würfelspiel'; *topelære, topeler* 'Würfelspieler'
FN: Doppler (aber im Oberdeutschen meist zu *Tobel* 'Schlucht, Tal')
Syn: Doppenschneider, Würfeler, Würfelmacher
Lit: Barth 1:188; DRW 2:1032; DudenFN 198; Volckmann (1921) 173

Dorfbäcker **Dorfbecker, Dorffbecker** 'Schwarzbäcker, der keiner Zunft angehört und nur unter bestimmten Auflagen Brot in die Stadt bringen darf'
W: BÄCKER*
Syn: Landbäcker, Sudelbäcker, Wätschelbäcker
Lit: Adelung 1:1523 (Dorfbäcker); Grimm 2:1297; Krünitz 9:400; WBÖ 2:772; Zedler 7:1297

Dorfbecker ↗ Dorfbäcker

Dorffbecker ↗ Dorfbäcker

Dorfführer ↗ Dorfvierer

Dorfgeschworener **Dorfgeschworner** 'Mitglied des Gemeindevorstandes'
W: Geschworener
Lit: DRW 2:1048; Idiotikon 9:2114

Dorfgeschworner ↗ Dorfgeschworener

Dorfhauptmann ↗ Hauptmann

Dorfmeier 'Gemeindevorsteher'; schweiz.
W: Meier
Syn: Dorfvierer
Lit: DRW 2:1055; Grimm 2:1282; Idiotikon 4:14

Dorfmeister 1. 'Vorsteher und Richter einer Dorfgemeinde'. 2. 'Verwalter des Gemeindevermögens'. 3. 'Handwerker, der auf einem Dorf Meister geworden ist und im Dorf als Meister arbeiten darf'
FN: Dorfmeister
W: Meister
Syn: Bauermeister
Lit: Adelung 1:1523; Barth 1:189; Grimm 2:1283; Idiotikon 4:531; Krünitz 9:411; Linnartz 56

Dorfrichter 1. 'Gemeindevorsteher, Dorfschulze'. 2. 'Richter, der die niedere Gerichtsbarkeit auf dem Land ausübt'
W: Richter
Syn: Bauermeister
Lit: Adelung 1:1523; Barth 1:189; DRW 2:1063; Grimm 2:1284; Krünitz 9:428

Dorfschuldheiß ↗ Dorfschultheiß

Dorfschulmeister 'Lehrer an einer (deutschen) Landschule'; sie hatten meist weitere Aufgaben, wie Organist, oder übten auch ein Handwerk aus
W: Schulmeister
Lit: DRW 2:1066; Grimm 2:1285

Dorfschultheiß **Dorfschuldheiß** 'Vorsteher und Richter einer Dorfgemeinde'; für die Dorfgemeinde verwendete man meist *Schulze*, für die Stadt das ältere und höherwertige *Schultheiß*
W: Schultheiß
Syn: Bauermeister
Ggs: Stadtschultheiß
Lit: Adelung 1:1524; Barth 1:189; Grimm 2:1285; Krünitz 9:428; Pies (2005) 152; Schmeller 2:403

Dorfschulze 1. 'Vorsteher und Richter einer Dorfgemeinde'. 2. 'Bauer, der von Dorfgenossen für eine gewisse Periode zum Schulzen gewählt wurde'
W: Schulze
Syn: Bauermeister, Hufenrichter, Zentgraf, Zentner
Ggs: Stadtschultheiß
Vgl: Setzschulze
Lit: Barth 1:189; Grimm 2:1285; Krünitz 9:152; Pies (2005)

Dorfvierer Dorfführer 1. 'Mitglied des Gemeindevorstandes'. **2.** 'Gemeindevorsteher'; urspr. nach einem Ausschuss mit vier Mitgliedern, später auch an das dialektal vielfach gleichlautende Wort *Führer* angelehnt
W: *Vierer*
Syn: *Dorfmeier*

Lit: DRW 2:1070; Idiotikon 1:924

Dorfvogt 1. 'Gemeindevorsteher, bes. als Vertreter des Grundherrn'. **2.** 'Gemeindeangestellter für niedere Dienste'
W: *Vogt*

Lit: DRW 2:1070

Dörrer 1. 'Salinenarbeiter, der für das Trocknen der Salzstücke verantwortlich ist'. **2.** 'Arbeiter, der den Flachs in der Darre röstet, die Färberröte u. Ä. dörrt' ❖ zu mhd. *derren* 'dörren, austrocknen'
FN: Dörrer, Derrer
W: °*Holzdörrer, Salzdörrer*
Syn: *Dörrmann*
Vgl: *Darrer*

Lit: Grimm 2:1303; Patocka (1987) 207

Dörrmann 'Arbeiter bei der Flachsgewinnung, der für das sachgemäße Flachsdörren verantwortlich ist'; vom Dörren hängt die Qualität des Leinens ab ❖ zu mhd. *derren* 'dörren, austrocknen'
FN: Dörrmann
W: *Mann*
Syn: *Dörrer*

Lit: Jirlow (1926)

Dorwarter ↗ *Torwart*

Döscher Descher 'Drescher'; niederdt. ❖ zu niederdt. *döschen* 'dreschen; schlagen, klopfen'

Lit: Adelung 1:1543; Hermann-Winter (2003) 68

Dosenmacher 'Drechsler, der hölzerne Behältnisse herstellt'
Syn: DRECHSLER

Dosenmaler 'Kunsthandwerker, der Schnupftabak- oder Schmuckdosen aus Porzellan o. Ä. sowie Spieluhren bemalt'
W: *Maler*

Drab 1. 'Bote'. **2.** 'Aufseher über die Feldarbeiter'. **3.** 'Verwalter in einem Bauernhof' — ostösterr.; in Mähren und im nördlichen Wald- und Weinviertel waren viele tschechische Taglöhner beschäftigt ❖ tschech. *dráb* 'Gerichtsdiener, Büttel'
W: *Amtsdrab*
Syn: BOTE*

Lit: SudWb 3:281; WBÖ 5:219

Drächsel ↗ *Drechsler*

Drachsl ↗ *Drechsler*

Drachsler ↗ *Drechsler*

Drächsler ↗ *Drechsler*

Dragehtmacher ↗ *Tragholzmacher*

Dragehtmaker ↗ *Tragholzmacher*

Drager ↗ *Träger*

Dräger ↗ *Träger*

Drahtarbeiter 1. 'Handwerker, der feine Arbeiten aus Draht herstellt'; bes. feine durchbrochene Arbeiten aus Gold und Silber. **2.** 'Facharbeiter in einer Drahtzieherei'
W: *Arbeiter*
Syn: DRAHTZIEHER

Lit: Barth 1:191; Grimm 2:1328

Drahtbinder lat. *reparator sitularum* 'umherziehender Handwerker, der Blechgeschirr, Pfannen u. Ä. ausbessert, indem er sie mit Drahtgeflecht umwickelt, und zugleich seine Waren verkauft'
W: *Binder*
Syn: PFANNENFLICKER

Lit: Barth 1:191; Diefenbach 492 (reparator); Grimm 2:1329; Kretschmer 270; Palla (2010) 47

Drahtmüller 'Eigentümer einer Wassermühle, in der Draht gezogen wird'
W: *Müller*
Syn: DRAHTZIEHER

Lit: Grimm 2:1330 (Drahtmühle); Krünitz 9:487 (Drahtmühle)

Drahtrichter 'Arbeiter bei den ↗ Nadlern, der den Draht vor der weiteren Bearbeitung gerade richtet, indem er ihn durch ein Richtholz zieht'
W: *Richter*

Lit: Adelung 1:1535; Barth 1:191; Grimm 2:1330

Drahtschmied Dratschmid, Drattsmed, Drotsmit 'Handwerker, der die Metallstangen herstellt, die dann vom Drahtzieher zu Draht geformt werden' ❖ mhd. *drâtsmit* 'Drahtschmied'; mnd. *drâtsmede* 'Drahtzieher'
FN: Drahtschmid, Drahtschmied, Drahtschmidt, Dratschmidt
W: *Schmied*
Syn: DRAHTZIEHER, Grobddrahtzieher

Lit: Barth 1:191; DudenFN 201; Gottschald 159; Idiotikon 9:864; Linnartz 57; Palla (1994) 71; Schiller-Lübben 1:567; Volckmann (1921) 124

Drahtschneider 'Arbeiter bei der Nadelherstellung, der den Draht in Nadellänge zuschneidet'
W: SCHNEIDER

Lit: Adelung 1:1536; Barth 1:191; Grimm 2:1330

Drahttrecker ↗ 'Drahtzieher' ❖ zu mnd. *trecken* 'ziehen, schleppen'
W: *Trecker*
Syn: DRAHTZIEHER

Lit: Schiller-Lübben 4:607 (trecken)

DRAHTZIEHER Dratzieher, Drotzoger, Tratzircher 'Handwerker, der Draht herstellt'; Metallstäbe werden durch die konischen Löcher einer Stahlplatte gezogen, wodurch der Draht je nach Bedarf immer dünner und länger wird. Der Drahtzieher sitzt auf einer Schaukel und erhält dadurch den Schwung, um den Draht durch die Öse zu ziehen. Als seltener Beruf noch heute vorhanden. Leonische / Lionische / Lyonische Drahzieher waren Golddrahtzieher
FN: Dratzieher
W: °Eisendrahtzieher, Feindrahtzieher, Golddrahtzieher, Grobddrahtzieher, Kleindrahtzieher, °Leonische Drahtzieher, °Lionischer Drahtzieher, °Lyonischer Drahtzieher, °Messingdrahtzieher, Mitteldrahtzieher, Schwarzdrahtzieher, Silberdrahtzieher, °Stahldrahtzieher
Syn: Bankzöger, Drahtarbeiter, Drahtmüller, Drahtschmied, Drahttrecker, Leiernzieher, Leirenzieher, Reidemeister, Scheibenreißer, Scheibenzieher, Schockenzieher

Lit: Barth 1:191, 2120 (Eisendrahtzieher); DRW 2:1077; Palla (2010) 48; Pies (2005) 48, 137; Reith (2008) 60; Zedler 7:1407

Draietmacher ↗ Tragholzmacher

Drangfahrer ↗ Trankfahrer

Drankfahrer ↗ Trankfahrer

Drapener ↗ Drapier

Drapenier ↗ Drapier

Draper ↗ Drapier

Drapier Drapener, Drapenier, Draper, Drapierer, Drappier, Draver 1. 'Handwerker, der Tuche herstellt; Wollenweber'. 2. 'Tuchhändler'. 3. 'Kleidermeister bei den Ritterorden, bes. der Gewandmeister für nicht militärische Bekleidung des Deutschen Ordens' — niederdt. ❖ 1., 2.: im 18. Jh. neu aus dem Französischen entlehnt: franz. *drapier* 'Tuchmacher', zu franz. *drap* 'Tuch'; vgl. engl. *draper* 'Textilkaufmann'; 3.: mhd. *trappierer*, *trappier* 'der für die Garderobe (mhd. *trapperîe*) zu sorgen hat', aus altfranz. *draperie* 'Tuch, Erzeugung und Handel mit Tuch'
FN: Drapier, Draper
Syn: WEBER

Lit: Barth 1:191; DudenFW 361; Gamillscheg 1:332; Kaltschmidt 311; Krünitz 9:491; Linnartz 57; Pfeifer 241

Drapierer ↗ Drapier

Drappier ↗ Drapier

Dratschmid ↗ Drahtschmied

Drattsmed ↗ Drahtschmied

Dratzieher ↗ DRAHTZIEHER

Draver ↗ Drapier

DRECHSLER Drächsel, Drachsl, Drachsler, Drächsler, Drexler, Träxel, Träxl, Trexler; lat. *tornarius*, *tornator* Drechsler stellten Essgeschirr, Spinnräder, Kegel und Kugeln, Nudelwalker, Bierkrüge, Apothekerbüchsen, Kleiderhaken, Stiele, Schemel u. Ä. her. Die Komposita mit -drechsler beziehen sich auf das bearbeitete Material *(Holz-, Bein-, Knochen-, Elfenbein-, Horn-, Hirschhorn-, Stein-, Korallen-, Perlmutter-, Bernstein-, Metall-, Eisen-, Silberdrechsler)* oder auf das Produkt *(Block-, Büchsen- Kannen-, Pfeifen-, Ring-, Spinnraddrechsler)* ❖ zu mhd. *dræhseln*, *drehseln*, abgeleitet von der Handwerkerbezeichnung *dræhsel* 'Drechsler', die auf ein mit lat. *torquere* 'drehen, winden' verwandtes Wort zurückgeht. Die Form mit dem Suffix *-ler* verdrängte die ältere mit *-el*. *Drechsler* und *Dreher* gehören nicht unmittelbar zusammen, da das *-h-* in *drehen* ein später erfolgter orthografischer Einschub ist. Die nicht umgelauteten Formen (mit *-a-*) sind bairisch
FN: Drechsler, Drachsler, Drachsel, Drächsler, Draxler, Dräxler, Draschl, Trachsler, Trachsel, Traxel, Traxl, Traxler, Träxler, Trexler, Troxler, Drögsler
W: Beckendrechsler, Beindrechsler, °Bernsteindrechsler, °Birnsteindrechsler, Blockdrechsler, Bolzendrechsler, °Büchsendrechsler, °Eisendrechsler, °Elfenbeindrechsler, Heftdrechsler, °Hirschhorndrechsler, °Holzdrechsler, °Horndrechsler, °Kannendrechsler, °Knochendrechsler, °Korallendrechsler, Kunstdrechsler, °Metalldrechsler, °Perlmutterdrechsler, °Pfeifendrechsler, °Ringdrechsler, Rotschmieddrechsler, °Silberdrechsler, °Spindeldrechsler, °Spinnraddrechsler, °Steindrechsler, Wildrufdrechsler
Syn: Becherer, Dosenmacher, Dressler, Hornarbeiter, Hornschneider, Kopfdreher, Korallenmacher, Pfeifenschneider, Rader, Rädermacher, Rädker, Schachter, Schachtschneider, Spinnradmacher
Vgl: *Dreher*, Dreier

Lit: Adelung 1:1539; Barth 1:101, 433; DudenEtym 155; DudenFN 200, 201, 202, 674; Frühmittellat. RWb; Gottschald 160; Hornung (1989) 48; Krünitz 25:272 (Horndrechsler); Palla (2010) 24 (Beindrechsler), 104 (Horndrechsler), 160; Paul 180; Pies (2005) 49; Reith (2008) 64; SteirWb 164; Sulzenbacher (2002) 17; Volckmann (1921) 170

Dreckfaged ↗ Dreckvogt

Dreckfeger 'Arbeiter, der die Straßen und Wege von Schmutz reinigt; Straßenkehrer'
W: *Feger*
Syn: Drecktrecker, Dreckvogt, Horbfeger

Dreckmeister 'Beamter, der für die Straßenreinigung zuständig ist'
W: *Meister*
Syn: Gassenvogt, Horbmeister, Viertelmeister

Lit: DRW 2:1080

Drecktrecker 'Straßenkehrer, der Straßen- und Hausabfälle beseitigt' ❖ zu mnd. *trecken* 'ziehen, schleppen'
W: *Trecker*
Syn: Dreckfeger, Dreckvogt, Horbfeger

Dreckvogt Dreckfaged 'Person, die die Sauberkeit in der Stadt überwacht, Straßenkehrer'; norddt.
W: *Vogt*
Syn: Dreckfeger, Drecktrecker, Horbfeger

Lit: DRW 2:1080

Dreger ↗ *Träger*, Dreier

Dreghere ↗ *Träger*

Dreher lat. *tornarius*, *tornator* 'Drechsler'; das Wort kommt vor allem in Komposita vor, diese beziehen sich meist auf das Produkt

(*Block-, Bolzen-, Flaschen-, Heft-, Pillen-, Spindel-, Stuhl-, Wildrufdreher* u.a.). Heute als Berufsbezeichnung für Facharbeiter an der Drehbank üblich ❖ zu mhd. *dræjen, dræhen* 'drehen, sich drehend bewegen, drechseln'; auch ↗ Drechsler
FN: Dreher, Dreer, Draier
W: Beindreher, Blockdreher, Bolzendreher, °Büchsendreher, °Eisendreher, °Elfenbeindreher, Fingerleindreher, Flaschendreher, Heftdreher, °Holzdreher, °Horndreher, Kabeldreher, °Knochendreher, Kopfdreher, Körnleindreher, Kunstdreher, Lurdendreher, °Marmordreher, °Messingdreher, °Metalldreher, Moluckendreher, Pfeifendreher, Pillendreher, °Porzellandreher, Ringdreher, Ringleindreher, Schüsseldreher, Seidendreher, Seildreher, Spießdreher, Spillendreher, °Spinnraddreher, Strohseildreher, Stuhldreher, °Tellerdreher, °Uhrglockendreher, Wehldreher, Weißdreher, Wildrufdreher, °Zwirndreher
Syn: Hornarbeiter, Ringler
Vgl: DRECHSLER, Dreier

Lit: Barth 1:192, 433; Diefenbach 588; DudenFN 201; Frühmittellat. RWb; Gottschald 160; Grimm 2:1366; Linnartz 57; Pies (2005) 49; Reith (2008) 241; Schiller-Lübben 1:570; Volckmann (1921) 170

Dreier Dreger, Dreiger, Dreyer 'Drechsler'; niederdt. Form zu *Dreher*. Die Variantenformen *Dreiger, Dreger, Dreyer* gelten auch für die Komposita ❖ mnd. *dreier* 'Dreher, Drechsler', zu mnd. *dreien, dreigen* 'drehen'
FN: Dreier, Dreyer, Drayer, Dreger, Dregger, Dreiger
W: °Bernsteindreier, °Birnsteindreier, Blockdreier, Bussendreier, Flaschendreier, Kleindreier, Kopfdreier, Lurdendreier, Lyrendreier, Pipendreier, °Ringdreier, Spekendreier, Spillendreier, °Spindeldreier, Stuhldreier, Wehldreier
Vgl: *Drechsler, Dreher*

Lit: Adelung 1:1539 (Drechseler); Barth 1:193; DudenFN 201; Linnartz 57; Schiller-Lübben 1:570

Dreiger ↗ Dreier

Dreihüfner 'Bauer, der drei Hufen besitzt';
↗ Hüfner
W: *Hüfner*
Lit: Barth 1:192

Dreispänner 'Bauer, der mit drei Pferden oder Zugtieren fährt'
W: *Spänner*
Lit: Barth 1:192; DRW 2:1097; Grimm 2:1391

Dreiviertelbauer 'Bauer, der eine Dreiviertel Hufe besitzt'
W: BAUER
Syn: VIERTELBAUER
Lit: Barth 1:193; DRW 2:1105; Pies (2005) 24

Dreiviertelspänner ↗ 'Dreiviertelbauer'
W: *Spänner*
Syn: VIERTELBAUER
Lit: Barth 1:193; Pies (2005) 24

Drellweber Drillweber 'Weber, der Drillich herstellt'; d.i. ein dichtes Baumwoll- oder Leinengewebe in Köperbindung; niederdt. Form ❖ zu mnd. *drell, drelle* 'Drell, Drillich'; eigentlich 'dreifach gedrehter Faden'
W: WEBER
Syn: Dreyerweber
Lit: Grimm 2:1399 (Drell); Holsteinisches Idioticon 1:245; Krünitz 9:505

Dreschgärtner 1. 'Kleinbauer oder Pächter, der auf dem Gutshof Dienstleistungen beim Dreschen erbringen muss'. 2. 'Taglöhner, der beim Dreschen arbeitet und nach Druschertrag entlohnt wird'
W: Gärtner
Lit: Barth 1:193; Krünitz 9:621

Dressler Drießeler ↗ 'Drechsler'; niederdt. Form
FN: Dresler, Dreseler, Dresseler, Dressler, Drössler, Drößler, Drißler, Drissler, Drißner, Drissner, Dressel, Drössel, Drösler, Droesler
W: °Beindressler
Syn: DRECHSLER
Lit: Barth 1:193; DudenFN 202, 203; Gottschald 160; Hornung (1989) 48; Linnartz 57

Drexler ↗ *Drechsler*

Dreyer ↗ *Dreier*

Dreyerweber 'Weber, der ein festes, dreibündiges Gewebe, den Drillich, herstellt'
W: WEBER
Syn: Drellweber
Lit: Pies (2005) 179

Driakelstunnekenmaker ↗ Triakelstunnekenmaker

Drießeler ↗ Dressler

Drillmaister ↗ Drillmeister

Drillmeister Drillmaister, Trillmeister, Trüllmeister 'Person, bei der Soldaten und Mitglieder einer Bürgerwehr den Waffengebrauch einüben'; auch als militärischer Dienstgrad
W: *Meister*
Lit: Barth 1:194; DRW 2:1110; Grimm 2:1413; Idiotikon 4:532; PfälzWb 2:517

Drillweber ↗ Drellweber

Drischelmacher 'Handwerker, Wagner, der Dreschflegel oder den Schlagkolben des Dreschflegels herstellt' ❖ zu mhd. *drischel* 'Dreschflegel'
Lit: Grimm 2:1421 (Drischel); Krünitz 9:635; WBÖ 5:527 (Drischel)

DRITTELBAUER 1. 'Bauer, dessen Pachtzins auf ein Drittel des Wachstums festgelegt ist'. 2. 'dienstpflichtiger Bauer, der die Fuhrleistungen mit ca. zwei Pferden leistet'. 3. 'Bauer, der ein Drittel einer Hufe besitzt'
W: BAUER
Syn: BAUER, Drittelhüfner, Drittellehner, Drittler
Lit: Barth 1:194; DRW 2:1130; Grimm 2:1424; SchwäbWb 6:1777

Dritteldiern ↗ Dritteldirn

Dritteldirn Dritteldiern, Dritteldirne 'bäuerliche Landarbeiterin, die in der Rangordnung der Dienstboten an dritter Stelle steht'
❖ in Bayern
W: Dirn
Syn: Drittler
Lit: Barth 1:194; DRW 2:1130; Grimm 2:1424; Schmeller 1:564

Dritteldirne ↗ Dritteldirn

Drittelhufner ↗ Drittelhüfner

Drittelhüfner Drittelhufner 'Kleinbauer, der nur ein Drittel einer Hufe besitzt'; ↗ Hüfner
W: *Hüfner*
Syn: DRITTELBAUER, KLEINBAUER*

Drittelknecht 'bäuerlicher Landarbeiter, der in der Rangordnung der Dienstboten an dritter Stelle steht'
W: KNECHT
Syn: Drittler
Lit: Barth 1:194; DRW 2:1131; Grimm 2:1424; Schmeller 1:564

Drittellehner 'abhängiger Bauer, der seine Abgaben nur alle drei Jahre entrichten muss'; ↗ Lehner
W: *Lehner*
Syn: DRITTELBAUER
Lit: Barth 1:194; DRW 2:1131; Grimm 2:1424; Schmeller 1:564

Drittl ↗ Drittler

Drittler Drittl 1. ↗ 'Drittelknecht, ↗ Dritteldirn'. 2. 'Bauer, der einen Drittelhof bewirtschaftet'; d.i. ein kleinerer Hof als eine Hufe
Syn: DRITTELBAUER, Dritteldirn, Drittelknecht
Lit: Adelung 1:1555; Barth 1:194; Grimm 2:1425; Krünitz 9:637; Schmeller 1:564

Drogenhändler Droguenhändler ↗ 'Drogist'; die moderne Bedeutung 'Rauschgifthändler' entstand im 20. Jh. unter dem Einfluss von engl. *drug* 'Arzneimittel; Rauschgift'

Syn: DROGIST

Lit: Barth 1:195

Drogist Droguist; lat. *aromatarius, aromatopola, herbarius* Das Wort bezeichnete urspr. eine Person, die mit Materialien und Gewürzen handelte, die für Arzneiherstellung, Küche oder zum Färben verwendet wurden. Später wurde der Bedeutungsumfang eingeschränkt, zuerst auf Arznei und Färbung, dann auf Apotheker für die Arzneimittelherstellung, da diese besondere Aufsicht erfordert. Andererseits bezeichnete man mit *Drogereien* oder *Drogistereien* gedörrte oder gerocknete Waren, die wegen des langen Transportes aus Indien durch Trocknen haltbar gemacht wurden ❖ franz. *droguiste*, 17. Jh., dieses aus franz. *drogue* 'tierischer oder pflanzlicher Rohstoff', über niederld. *droog* zu niederdt. *droge*, das verwandt mit *trocken* ist

Syn: Apotheker, Drogenhändler, Dürrkräutler, Krautkrämer, Kräutler, Krautnierer, Krudener, Materialist, Mithridatmacher, Pigmentarius, Spezereihändler, Spezereikrämer, Spezier, Wurzmann, Wurzmenger

Lit: Barth 1:195; Diefenbach 50; DudenEtym 157; Krünitz 9:638; Pies (2002c) 49; Pies (2005) 78

Drögscherer ↗ 'Tuchscherer für einfache, grobe Stoffe'; niederdt. ❖ mnd. *druge, druge,* niederdt. *dröög* 'trocken'
W: Scherer
Syn: TUCHSCHERER

Lit: Adelung 4:716; Lindow 54; Schiller-Lübben 1:579

Droguenhändler ↗ Drogenhändler

Droguist ↗ DROGIST

Drost Droste 1. 'Vorsteher der Hofverwaltung, Truchseß'. 2. 'adeliger Verwalter einer Vogtei oder eines Bezirks und Vertreter des Landesherrn'; im Mittelalter. 3. 'Verwaltungsbeamter, der die Aufsicht über die Beamtenschaft und die Verwaltung innehat'; auch als Ehrentitel ❖ mnd. *drossete, droste,* niederdt. Form zu 'Truchsess'

FN: Droste (in Adelsnamen), Drost, Drosten, Drosse
W: Landdrost
Syn: Amtshauptmann

Lit: Adelung 1:1558; Barth 1:195; DRW 2:1143; DudenFN 203; Gottschald 161; Grimm 2:1437; Krünitz 9:644; Kunze 62; Linnartz 58; Pies (2005) 118; Schiller-Lübben 1:584

Droste ↗ Drost

Drotsmit ↗ Drahtschmied

Drötter ↗ Treter

Drotzoger ↗ DRAHTZIEHER

Druckenlader ↗ Trockenlader

Drucker Drücker 1. ↗ 'Buchdrucker'; im engeren Sinn, d. h. der das Einrichten der Druckform und das Anpressen der Druckstöcke verrichtet. 2. 'Handwerker, der Leinwand, Kattun u. a. Stoffe mithilfe von Modeln mit Mustern bedruckt' ❖ zu mhd. *drücken, drucken* 'drücken, pressen'; die oberdeutsche nicht umgelautete Form *drucken* ist für den Buchdruck fest geworden
FN: Drucker
W: Blaudrucker, Briefdrucker, Buchdrucker, Kattundrucker, Kupferdrucker, Leindrucker, Papierdrucker, Schwammdrucker, Seidendrucker, Steindrucker, Tuchdrucker, Zeugdrucker, Zitzdrucker

Lit: Adelung 1:1561; Barth 1:196; Gottschald 161; Linnartz 58; Pies (2005) 41; Reith (2008) 46; Zedler 7:1480

Drücker ↗ Drucker

Druckhenlader ↗ Trockenlader

Drummeter ↗ Trummeter

Drumpeter ↗ Trummeter

Drygettmacher ↗ Tragholzmacher

Dubbekenbinder ↗ Tubbekenbinder

Dübler Diebler, Döbler, Tübler 1. 'Zimmermann, Wagner, der die Balken mit Holzdübeln oder Wagenteile mit Zapfen verbindet'. 2. 'Handwerker, der Holzdübel herstellt' ❖ zu mhd. *dübel, tübel* 'Pflock, Zapfen, Nagel'
FN: Dübler
Syn: WAGNER, ZIMMERMANN

Lit: Barth 1:184, 196; Gottschald 162; Linnartz 58

Duchbereider ↗ TUCHBEREITER

Duchgewender ↗ Tuchgewander

Duchknappe ↗ Tuchknappe

Duchmann ↗ Tuchmann

Duchplanerer ↗ Planierer

Duchscherer ↗ TUCHSCHERER

Ducker Dücker 'Taucher'; niederdt. ❖ mhd. *tûchære, tûcher*, niederdt. *Düker* 'Taucher'

Lit: Grimm 2:1495; Lindow 55

Dücker ↗ Ducker

Düncher ↗ Tüncher

Duncker ↗ Dunker

Dunker Duncker 'Weber'; nach dem *Dunk*, dem unterirdischen Arbeitsraum des Webers ❖ zu mhd. *tunc* 'unterirdisches (wegen der Wärmehaltung mit Dünger bedecktes) Gemach zur Winterwohnung, zum Weben, zur Aufbewahrung der Feldfrüchte', zu mhd. *tunge* 'Dung, Dünger'
Syn: WEBER

Lit: Grimm 2:1532 (Dunk); Schmeller 1:525; Wendel (1923) 78

Dünnschlager ↗ 'Goldschlager, der die Metallplättchen dünn schlägt'; dazu wurden sie zwischen die Blätter einer Pergamentform (Dünnschlagform, Goldschlagerhaut) gelegt
W: *Schläger*
Syn: Goldschlager, Silberschlager

Lit: Palla (2010) 87; Pies (2005) 66; Reith (2008) 100

Düpeherr 'Person, die im Auftrag des Rates die Abwässerungsgräben und die Baggerungen in den schiffbaren Kanälen beaufsichtigt'; norddt. ❖ mnd. *dupe* 'Tiefe'; niederdt. *Düp* 'Tiefe eines Gewässers'
W: *Herr*

Lit: Hermann-Winter (2003) 74; Schiller-Lübben 1:599

Düppenbäcker Düppenbecker 'Töpfer'; westmitteldt. ❖ zu den rheinischen Dialektwörtern *Düppen* 'bauchiges irdenes Gefäß', *Düppenbäcker*, *Döppenbecker* 'Töpfer'; mnd. *duppe, doppe* 'kleines Gefäß, gewöhnlich aus Holz'; *backen* hier i. S. v. 'glühend heiß machen, brennen, z. B. Ziegel backen'
FN: Düppenbecker, Dueppenbäcker, Döppenbäcker, Döppenbecker, Doeppenbecker
W: BÄCKER*
Syn: TÖPFER

Lit: Barth 1:198; DudenFN 205; Gottschald 163; Grimm 2:1567 (Düppen); Linnartz 59; RheinWb 1:1574; Schiller-Lübben 1:600

Düppenbecker ↗ Düppenbäcker

Duppengießer ↗ Düppengießer

Düppengießer Doeppengiesser, Doppengießer, Döppengießer, Duppengießer 'Handwerker, der gusseiserne Töpfe herstellt' ❖ ↗ Düppenbäcker
FN: Düppengießer, Düppengiesser, Döppengießer, Doeppengiesser
W: *Gießer*
Syn: TÖPFER

Lit: DudenFN 206; Gottschald 163; Grimm 2:1567; Linnartz 59; Volckmann (1921) 143

Düppenträger 'hausierender Kleinhändler, der Düppen verkauft'; d.s. Töpfe aus Ton oder Gusseisen, ↗ Düppenbäcker
W: *Träger*
Syn: KRÄMER

Lit: Barth 1:198; Grimm 2:1567

Durner ↗ Türmer

Dürrkräutler 'Händler mit Heilkräutern'; das einträgliche Geschäft wurde auch von Medizinern mit abgebrochenem Studium betrieben
W: Kräutler
Syn: DROGIST

Lit: Grimm 2:1745 (Dürrkraut); Hartmann (1998) 155

Dürrobsthändler 'Händler, der gedörrtes Obst verkauft'; Obst wurde durch Dörren haltbar gemacht und in kleinen Spalten verkauft; erst später kam das Dünsten von Obst auf; gedörrtes Obst wurde mit Zucker und Gewürzen gekocht und kalt serviert. Der Dürrobsthandel ging später in der Delikatessenhandlung auf
Syn: *KRÄMER*

Lit: Grimm 2:1746 (Dürrobst); Hartmann (1998) 154

E

Ebenist 'Schreiner, Tischler, Drechsler, der Arbeiten aus Ebenholz oder anderen exotischen Hölzern verfertigt' ❖ zu mhd. *ebênus* 'Ebenholzbaum', aus lat. *ebenus, hebenus* 'Ebenholz(baum)'; wurde über das Griechische aus dem Ägyptischen entlehnt
Syn: Ebentischler, TISCHLER

Lit: Barth 1:200; Grimm 3:15; Palla (1994) 73; Pfeifer 258; Pies (2005) 150; Reith (2008) 214

Ebenteurer ↗ Abenteurer

Ebentheurer ↗ Abenteurer

Ebenthürer ↗ Abenteurer

Ebentischler 'Schreiner, Tischler, Drechsler, der Arbeiten aus Ebenholz oder anderen exotischen Hölzern verfertigt' ❖ ↗ Ebenist
W: TISCHLER
Syn: Ebenist

Lit: Adelung 1:1631; Barth 1:200

Ebenturer ↗ Abenteurer

Ebentürer ↗ Abenteurer

Eberschmid ↗ Eberschmied

Eberschmied Eberschmid 'Schmied, der vor allem Bohrer herstellt' ❖ aus *Neberschmied*, Nebenform zu ↗ Naberschmied; das anlautende *N-* wurde vermutlich als Teil des Artikels interpretiert und daher die Form *Eberschmied* gebildet
W: Schmied
Syn: Bohrerschmied, Naberschmied

Lit: Gerholz-Kartei 65

Eckenschuhmacher Eggenschuhmacher 'Schuster, der Schuhe aus Tuchstreifen, Tuchsaum herstellt' ❖ *Ecke* in der Bedeutung 'Endstück, Rand; Zipfel, Saum des Kleides'
W: Schuhmacher
Syn: SCHUSTER

Lit: Grimm 3:22 (Ecke)

Eckernmacher 'Handwerker, der Zierknöpfe oder Quasten herstellt'; dabei wurden Holzknöpfe mit Bändern und Fäden umstrickt; nach der Form des Holzkerns, der einer Eichel oder Buchecker ähnelte ❖ zu mnd. *ecker, acker* 'Eichel'
Syn: KNOPFMACHER

Lit: Schiller-Lübben 1:624

Edelknecht 'Schildträger und Gehilfe eines Ritters; Knappe'; im Mittelalter; später auch als höfliche Unterwerfungsbezeichnung gegenüber dem Kaiser ❖ mhd. *edelknëht* 'Edelknabe, Diener aus einem edeln Geschlechte, der Ritter werden kann', *Edel-* ist eine Ableitung von *Adel-*
W: KNECHT

Lit: Adelung 1:1637; Barth 1:202; DRW 2:1197; Grimm 3:29; Krünitz 10:48

Edelschmied 'Schmied, Kunsthandwerker, der Waren aus Edelmetallen oder Messing herstellt; Gold-, Silberschmied' ❖ *edel* hat eine allgemein aufwertende Bedeutung
W: Schmied
Syn: Geschmeidegießer, Geschmeidemacher, Geschmeidler

Lit: Barth 1:202; DRW 2:1197; Pies (2005) 67

Edelsteinhauer 'Künstler, der figürliche oder plastische Darstellungen aus Edel- und Halbedelsteinen herausschneidet; Graveur'
W: Hauer
Syn: Steinschneider, Steinwerker, Wappenschneider

Edelsteinwirker Edelsteinwürker 1. 'Kunsthandwerker, der Edelsteine bearbeitet oder Schmuckgegenstände aus Edelstein anfertigt'. 2. 'Edelsteinhändler, Juwelier'
Lit: Barth 1:202; Grimm 3:30

Edelsteinwürker ↗ Edelsteinwirker

Edilis ↗ Aedil

Eggenschuhmacher ↗ Eckenschuhmacher

Ehalt ↗ Ehehalt

Ehegaumer Ehegäumer, Ehegoumer 'Mitglied des Kirchgemeinderates, das die Kontrolle über das sittliche Verhalten der Gemeindemitglieder ausübt; Sittenrichter'; bes. schweiz. und in reformierten Kirchen ❖ zu mhd. *goumen* 'Aufsicht haben, Wache halten', mhd. *goumel, goumer* 'der Acht gibt, Aufseher, Hüter'
W: Gaumer
Syn: Chorrichter, Eherichter, Sittengaumer, Sittenrichter
Lit: Barth 1:205; DRW 2:1216; Grimm 3:41

Ehegäumer ↗ Ehegaumer

Ehegerichtsschreiber 'Schriftführer beim Ehegericht'; schweiz.
W: Gerichtsschreiber, *Schreiber*
Syn: Chorschreiber
Lit: DRW 2:1220

Ehegoumer ↗ Ehegaumer

Ehehalt Ehalt 'Arbeitskraft, die zum Personal eines Haushalts oder eines Bauernhofs gehört'; urspr. 'vertraglich gebundener Hausgenosse', bes. bair. ❖ mhd. *êhalte* 'der das Gebot eines andern hält, ein Vertragsverhältnis beobachtet, Dienstbote'; zu mhd. *ê, êwe* 'altherkömmliches Gewohnheitsrecht, Recht, Gesetz'
FN: Ehalt, Ehehalt
Syn: Dienstbote
Lit: Adelung 1:1645; Barth 1:205; DRW 2:1231; DudenFN 213; Gottschald 167; Grimm 3:43; Höfer 1:174; Krünitz 10:169; Linnartz 60; Paul 194 (Ehe)

Eherichter ↗ 'Ehegaumer'
W: *Richter*
Syn: Chorrichter, Ehegaumer, Sittengaumer, Sittenrichter
Lit: DRW 2:1216; Idiotikon 6:445

Eibenschütz Eibenschütze 'Bogenschütze'; Armbrust und Bogen bestanden aus dem biegsamen Eibenholz
FN: Eibenschütz, Eibenschuetz, Eibenschutz, Eibschütz, Einschütz (auch als Herkunftsname von der mährischen Stadt *Eibenschütz (Ivančice)* möglich)
W: Schütze
Lit: Barth 1:208; DudenFN 215; Gottschald 168, 169; Grimm 3:78; Krünitz 10:205; Linnartz 60

Eibenschütze ↗ Eibenschütz

Eicher Aicher, Eichner, Ycher, Ychher ↗ 'Eichmeister' ❖ mhd. *îcher* 'Eicher, Visierer'; *Ycher* ist eine oberdt. Form
FN: Eicher, Aicher, Eichert, Icher, Ycher (nur historisch)
W: Traneicher
Syn: Eichherr, EICHMEISTER
Lit: Adelung 1:1664; Barth 1:208; Brechenmacher 1:387; DRW 2:1299; DudenFN 216; Gottschald 169; Grimm 3:81; Linnartz 60, 267; Palla (2010) 49; Pies (2005) 175

Eichherr ↗ 'Eicher'
FN: Eichherr
W: *Herr*
Syn: Eicher, EICHMEISTER
Lit: Adelung 1:1664; Barth 1:208; Grimm 3:81; Krünitz 10:307

EICHMEISTER Aichmeister 'Beamter, der die Aufgabe hat, Maße und Gewichte der Kaufleute sowie die städtischen Waagen zu kon-

trollieren' ❖ zu mhd. îchen 'abmessen, eichen, visieren'
FN: Eichmeister
W: *Meister*
Syn: Beiler, Eicher, Eichherr, Fächter, Fecker, Ohmer, Sinner, Visitator

Lit: Adelung 1:1664 (Eicher); Barth 1:208; DRW 2:1300; Gottschald 169; Linnartz 60; Palla (2010) 49; Pies (2005) 175

Eichner ↗ Eicher

Eierer Ayrer, Eirer 'Eierhändler' ❖ mhd. *ieræere* 'Eierverkäufer'
FN: Eierer, Eyerer, Eyrer, Aierer, Ayrer

Lit: Barth 1:74, 208; DudenFN 84, 101, 216; Gottschald 168; Grimm 3:359; Linnartz 22, 60; SteirWb 197

Eierkäufler ↗ *Käufler*

Eiermenger ↗ *Menger*

Eigenkätner ↗ Eigenköter

Eigenköter Eigenkätner, Eigenkötter 'Kleinbauer, Kätner mit einer kleinen Kate, die auf fremdem Grund errichtet wurde'; ostdt.; er zahlte für sein Anwesen Zins, konnte aber darüber frei verfügen
W: *Köter*
Syn: KLEINBAUER*

Lit: Barth 1:208; DRW 2:1338; Meyers Lexikon 6:741

Eigenkötter ↗ Eigenköter

Eigenlehner Eigenlöhner 1. 'Bauer, der nur ein Haus und etwas Ackerland besitzt, Viertelhofbesitzer'. 2. 'Bergmann, der an dem Bergwerk, das er besitzt oder an dem er beteiligt ist, selbst manuell mitarbeitet'; die Schreibung kann sich auf *Lohn* (Eigenlohn) oder, eher anzunehmen, auf *eigenes Lehen* beziehen ❖ zu mhd. *lêhen* 'geliehenes Gut, Lehen'
W: *Lehner*
Syn: Berggeselle, VIERTELBAUER

Lit: Adelung 1:1673; Barth 1:208; DRW 2:1338; Grimm 3:99; Pies (2005) 24; Veith 136

Eigenlöhner ↗ Eigenlehner

Eimermacher 'Böttcher, Fassbinder, der kleinere Holzgefäße herstellt' ❖ zu mhd. *eimer, eimber, einber* 'Eimer' aus lat. *amphora* 'Gefäß mit zwei Handhaben'
FN: Eimermacher
Syn: Emmermacher, KLEINBÖTTCHER*

Lit: Barth 1:209; Kluge 233 (Eimer); Linnartz 60; Volckmann (1921) 168

Einbörner 1. 'Einheizer, bes. in Badstuben und Brauereien'. 2. 'Brauarbeiter, der das Feuer betreut, Malz in die Darre bringt und andere Arbeiten verrichtet' ❖ zu mnd. *bernen, barnen, burnen* 'brennen'
Syn: Brauknecht

Lit: Schiller-Lübben 1:249

Einfahrer 1. 'Bergbeamter, der mehrere Gruben beaufsichtigt und den Grubenbau bestimmt'; auch als Titel der Berggeschworenen verwendet. 2. 'Vorgesetzter über mehrere Berggeschworene und Verantwortlicher für den Bergbau in einem bestimmten Revier'
W: *Fahrer*
Syn: Bergschaffer, Fahrsteiger, Hutmann, Steiger

Lit: Adelung 1:1695; DRW 2:1376; Fellner 169; GoetheWb 2:1444; Grimm 3:170; Krünitz 10:372; Patocka (1987) 136 (einfahren); Veith 139

Einfüller 1. 'Bergarbeiter, der das gewonnene Mineral oder Salz in die Transportgefäße einfüllt'. 2. ↗ 'Goldschlager, der das Goldband zum Schlagen herrichtet'; meist von Frauen durchgeführt

Lit: Fellner 170; Reith (2008) 100

Einfüllschreiber 'im Salzvertrieb Beschäftigter, der in den Ladstätten dafür sorgt, dass schwarz gewordenes Salz durch einwandfreies ersetzt und als Viehsalz vermarktet wird'
W: *Schreiber*

Lit: Fellner 170; Schraml (1932) 300

Eingewinner Eingewünner, Ingwünner, Yngwinner, Yngwünner 'Beamter, der Steuern berechnet und einkassiert' ❖ mhd. *in gewinnen* 'zum Besitz nehmen, eintreiben'
Syn: STEUEREINNEHMER

Lit: DRW 2:1394; Grimm 3:191

Eingewünner ↗ Eingewinner

Einhänger 'Bergmann, der bei der Seilförderung beschäftigt ist'; er muss z.B. Kübel mit Material oder Tragkörbe für den Mannschaftstransport in die Seile einhängen

Lit: DRW 2:1398; Fellner 170

Einhausbäcker Inhausbäcker 'Bäcker, der Schwarzbrot aus dem von den Kunden mitgebrachten Mehl oder Teig backt'; vermutlich zu *Eigenhaus* ('der im eigenen Haus backt')
W: BÄCKER*
Syn: Hausbäcker, Innebäcker

Lit: Gerholz-Kartei 67

Einheber 'Person, die Geld kassiert'; zu *einheben* in der älteren, noch österr. Bedeutung 'einziehen, kassieren'
W: Heber

Lit: DRW 2:1397; Ebner (2009) 106 (einheben)

Einhüfner 'Vollbauer, der eine ganze Hufe besitzt'
W: *Hüfner*

Einlaßer ↗ Einlasser

Einlasser Einlaßer 1. 'Pförtner, Torwart'. 2. 'Beamter, der das Einlagern und Herausschaffen der Fässer und den Umsatz eines Weinkellers überwacht'; schweiz. 3. 'Arbeiter beim Dreschen, der das Getreide in die Dreschmaschine einschiebt'

Lit: Barth 1:210; DRW 2:1415; Grimm 3:221; Idiotikon 3:1414; PfälzWb 2:798; SchwäbWb 2:623

Einleger 1. 'Beamter, der den Umsatz eines Weinkellers überwacht'. 2. 'Beamter, der die öffentliche Waage beaufsichtigt'. 3. 'Beamter, der die Wolle und die Wollhändler kontrolliert'. 4. 'Böttcher, Fassbinder'; Herkunft unklar, vermutlich vom Arbeitsvorgang: Dauben in die Vertiefungen (Kerben) einlegen und dadurch aneinanderreihen und befestigen. 5. 'Transportarbeiter, der schwere Lastwagen belädt'. 6. 'Person, die Gelder der Pflegschaften einhebt und verwahrt'
Syn: BÖTTCHER

Lit: Adelung 1:1719; Barth 1:210; DRW 2:1422; Krünitz 10:437; Pies (2005) 34

Einlieger 'Tagelöhner oder Handwerker ohne Grund- und Hausbesitz und ohne Bürgerrecht'; sie hatten eine Unterkunft in Dörfern bei Bauern oder in städtischen Herrschaftshäusern; Hauptbedeutung von *Einlieger* ist 'Mieter'

Lit: Adelung 1:1720; Barth 1:210; DRW 2:1426; Grimm 3:2280; Meyers Lexikon 5:461

Einnehmer lat. *perceptor, receptor* 1. 'Beamter, der Steuern, Zölle und andere Abgaben einkassiert'. 2. 'Beamter, der für die Rechnungsführung des Salzamtes zuständig ist' — kommt im veralteten Sprachgebrauch noch vor ❖ mhd. *innëmære* 'Einnehmer'
W: Akziseeinnehmer, Aufschlageinnehmer, Chausseeeinnehmer, Gefälleinnehmer, Geleitseinnehmer, Intradeneinnehmer, Kontributionseinnehmer, Lizenteinnehmer, Salzzahleinnehmer, Schosseinnehmer, STEUEREINNEHMER, Zolleinnehmer
Syn: Aufnehmer, Säckelmeister

Lit: Adelung 1:1725; Barth 1:210; Diefenbach 424; DRW 2:1434; DudenGWDS; Frühmittellat. RWb; Grimm 3:239; Krünitz 10:447; Patocka (1987) 11; Schraml (1932) 234

Einnehmeramtsgegenschreiber ↗ Einnehmergegenschreiber, Amtsgegenschreiber

Einnehmergegenschreiber Einnehmeramtsgegenschreiber 'Schreiber, der als Kontrolleur die Einnahmen mitverrechnet und die Gegenrechnung führt'
W: *Gegenschreiber*

Lit: Patocka (1987) 11; Schraml (1932) 15

Einscharrer 'Person, die in der Schifffahrt Geröll und Sandbänke aus der Fahrrinne wegräumt'; an der oberen Donau, Traun, Save. Näheres ↗ Scharrer
W: SCHARRER
Lit: Neweklovsky (1964) 51

Einschläger 1. 'Bergmann, der nach Erzen schürft'. **2.** 'Bergmann, der das für den Bergbau nötige Holz schlägert'. **3.** 'Bergmann, der die Fördergefäße füllt'. **4.** 'Arbeiter, der Getreide u. Ä. in Gefäße füllt oder auf Schiffe verlädt'; norddt.
W: Holzeinschläger
Lit: Adelung 1:1739; Fellner 174; Grimm 3:276; Veith 143

Einschlagmacher 1. 'Arbeiter im Weinkeller, der in den Wein zur Verbesserung von Farbe und Geschmack einen Einschlag hängt'; d.s. meist mit Schwefel überzogene Leinen- oder Papierstreifen. **2.** 'Arbeiter in der Weberei, der das Jaquardmuster herstellt'
Lit: Adelung 1:1738 (Einschlag); Grimm 3:272; Krünitz 10:454 (Einschlag); Palla (1994) 74; Wiener Berufe

Einspänner 1. 'Besitzer eines ganzen Bauernhofes'. **2.** 'Kleinbauer, der keine Spann-, sondern nur Handdienste leistet'; die Angaben über Besitzgrößen divergieren regional stark. **3.** 'Fuhrknecht, der die Pferde einspannt'. **4.** 'Besitzer eines Bergwerks, der eine Zeche auf eigene Kosten baut und der selbst mitarbeitet'
W: Spänner
Syn: Einspänniger, KLEINBAUER*, VOLLBAUER
Lit: Barth 1:211; DRW 2:1462; Grimm 3:300; Pies (2005) 24; Veith 144

Einspänniger Einspänninger, Einspenniger **1.** 'Reiter, der als Geleitreiter oder Bote an Fürstenhöfen beschäftigt ist'. **2.** 'berittener Beamter der Polizei'. **3.** 'Ratsdiener'. **4.** 'Fuhrmann, der mit nur einem Pferd fährt'. **5.** 'im Bergbau Besitzer eines Bergwerks, der eine Zeche auf eigene Kosten baut und der selbst mitarbeitet'
Syn: Einspänner, Heinzeler
Lit: Adelung 1:1748 (Einspänner); Barth 1:211; Grimm 3:301 (einspännig); Krünitz 10:461; Veith 144

Einspänninger ↗ Einspänniger

Einspenniger ↗ Einspänniger

Eintaucher 'Arbeiter in der Papiermühle, der den Brei aus Lumpen mit einem Sieb aus der Bütte in die Form schöpft'
Syn: Büttgeselle, Gautscher, Leger, Schöpfer
Lit: Grimm 3:319

Eintreiber 'Beamter, der Zwangsvollstreckungen durchführt'
W: Treiber
Syn: EXEKUTOR
Lit: Barth 1:211; DRW 2:1474; Grimm 3:329

Einungsmeister 1. 'Flurwächter'. **2.** 'Richter, der für Beschädigungen innerhalb des Dorfes zuständig ist' — zu *Einung* in vielfältiger Bedeutung, z. B. 'Einheit; Vertrag, Bündnis; Gemeinde, Gemeindeland; Bürgerrecht; Strafe; städtische Polizei- und Gerichtsbehörde'
W: Meister
Syn: FLURSCHÜTZ, *Richter*
Lit: Barth 1:211; DRW 2:1481; Idiotikon 4:514

Einzeler ↗ Heinzeler

Eirer ↗ Eierer

Eisenamtmann 1. 'unterer Beamter in der Exekutive eines Pflegegerichts; Polizeibeamter'. **2.** 'Gefängniswärter'. ❖ zu mhd. *îsen* 'Eisen'; schon mhd. in der Bedeutung 'aus Eisen Gerfertigtes', z. B. Schwert, Pflugschar, hier 'Fessel, Kette'; bayr. *die Eisen* 'Gefängnis für Personen niedrigen Standes'
W: Amtmann
Syn: KERKERMEISTER, Stubenamtmann
Lit: DRW 2:1503; Grimm 3:364 (Eisen); Schmeller 1:163

Eisenätzer ↗ Ätzer

Eisendrahtzieher ↗ Drahtzieher

Eisendrechsler ↗ Drechsler

Eisendreher ↗ Dreher

Eisenfaktor ↗ Faktor

Eisenführer Eysenfurer, Ysenfurer, Ysenführer 'Eisenhändler'
FN: Eisenführ, Eisenführer
W: *Führer*
Syn: Eisenkrämer

Lit: DudenFN 218; Palla (1994) 382

Eisengraber ↗ Eisengräber

Eisengräber Eisengraber, Eisengreber, Isegraber, Isengraber, Isengreber 1. 'Graveur, der Prägestempel für Münzen herstellt'. 2. 'Graveur, der die Verzierungen in Metall anfertigt, Metallstecher' ❖ mhd. *îsengraber* 'Münzstempelgräber', ↗ Gräber
FN: Eisengraber, Eisengräber
W: *Gräber*
Syn: EISENSCHNEIDER

Lit: Barth 1:212; DRW 2:1504; DudenFN 218; Gottschald 170; Götze 63; Idiotikon 2:658; Linnartz 61; SteirWb 197; Volckmann (1921) 135

Eisengreber ↗ Eisengräber

Eisenhalter 'Beamter, der für die Prägung und Verwahrung der Münzen verantwortlich ist'
W: *Halter*
Syn: Münzer, Münzherr, Münzmeister

Lit: DRW 2:1505; Grimm 3:370

Eisenhammerschmied ↗ Hammerschmied

Eisenhauer ↗ Eisenhäuer

Eisenhäuer Eisenhauer 'Bergmann, der das Gestein herausarbeitet und die Grubenbaue herstellt'; bedeutet dasselbe wie *Häuer*; *Eisen* verweist auf das verwendete Werkzeug ❖ mhd. *îsen* 'Eisen als Metall, aus Eisen Gefertigtes' und mhd. *houwer* 'Erzhauer im Bergwerk'
FN: Eisenhauer, Eisenheuer, Eisenhower
W: °Erbeisenhäuer, HAUER

Lit: Barth 1:212; DRW 2:1505; DudenFN 219; Gottschald 170; Linnartz 61; Patocka (1987) 37, 98; Schraml (1930) 185, 225, 232; Schraml (1932) 158

Eisenherr 1. 'Besitzer oder Geschäftsführer einer Eisenhütte'. 2. 'Ratsherr, der für die Eisenhütten zuständig ist'
W: *Herr*

Lit: Barth 1:212; DRW 2:1505; Idiotikon 2:1529

Eisenhuter Eisenhüter, Isenhuder, Ysenhuter 'Handwerker, der Helme oder Sturmhauben aus Drahtgeflecht als Kopfschutz (Ringelsturmhauben) herstellt' ❖ zu mhd. *îsenhuoter* 'der îsenhüete (Eisenhüte, Kopfbedeckung aus Blech) verfertigt'
FN: Eisenhut, Eisenhuth
Syn: HAUBENSCHMIED

Lit: Adelung 1:1771 (Eisenhütchen); Barth 1:212; DudenFN 219; Idiotikon 2:1785 (Isenhut); Linnartz 61; Palla (2010) 95; Pies (2005) 132; Volckmann (1921) 109

Eisenhüter ↗ Eisenhuter

Eisenknecht 1. 'Gehilfe des Gefängnisaufsehers'. 2. 'Gehilfe des Baders, der immer in der Badstube bleibt'. 3. 'unzünftiger Bader, der an einem Ort bleiben muss' — Die Hauptbedeutung von *Eisenknecht* ist 'schmales Eisen auf dem Ambossstock, auf dem Kupferbleche ausgehämmert werden können' ❖ ↗ Eisenamtmann
W: KNECHT
Syn: KERKERMEISTER

Lit: Adelung 1:1772; Grimm 3:372; Heinsius 1:641; Krünitz 10:687; Schmeller 1:163

Eisenkramer ↗ Eisenkrämer

Eisenkrämer Eisenkramer 'kleiner Eisenhändler'
FN: Eisenkramer, Eisenkrämer, Eisenkraemer, Eisenkremer
W: KRÄMER

Syn: Eisenführer

Lit: Adelung 1:1772; Barth 1:212; DRW 2:1506; DudenFN 219; Gottschald 170; Grimm 3:372; Krünitz 10:687

Eisenkuchenbäcker Eisenkuchenbecker 'Bäcker, der dünnes Gebäck in einer eisernen Form mit langem Griff backt; Waffelbäcker'
W: *BÄCKER**, Kuchenbäcker

Lit: Adelung 1:1772; Grimm 3:372 (Eisenkuchen); Krünitz 10:688

Eisenkuchenbecker ↗ Eisenkuchenbäcker

Eisenmanger ↗ Eisenmenger

Eisenmeister 1. 'Gefängniswärter'; Benennung nach den eisernen Ketten oder Fesseln der Gefangenen. **2.** 'leitender Beamter eines Bergwerks' ❖ zu 1. ↗ Eisenamtmann
W: *Meister*
Syn: Bergmeister, KERKERMEISTER

Lit: Barth 1:213; DRW 2:1506; Götze 63; Grimm 3:372; Schmeller 1:1205

Eisenmenger Eisenmanger 'Eisenhändler' ❖ mhd. *îsenmenger* 'Eisenhändler'
FN: Eisenmenger, Eisemenger
W: *Menger*

Lit: Barth 1:212; DRW 2:1506; DudenFN 219; Gottschald 340

Eisenscherg ↗ Eisenscherge

Eisenscherge Eisenscherg **1.** 'unterer Beamter in der Exekutive eines Pflegegerichts; Polizeibeamter'. **2.** 'Gefängniswärter eines Gefängnisses für Schwerverbrecher' ❖ ↗ Eisenamtmann
W: *Scherge*
Syn: KERKERMEISTER

Lit: Barth 1:213; Schmeller 1:163

Eisenschmied lat. *faber ferrarius* 'Schmied, der Eisen verarbeitet'; im Ggs. zum Blech-, Kupfer- oder Goldschmied; der Grundtyp des Schmieds bzw. des Handwerkers überhaupt
FN: Eisenschmied, Eisenschmid, Eisenschmidt, Eisenschmitt

W: *Schmied*
Syn: Grobschmied
Vgl: Stahlschmied

Lit: Adelung 1:1774; Barth 1:213; DudenFN 219; Grimm 3:373; Linnartz 61; Palla (2010) 50; Volckmann (1921) 105

EISENSCHNEIDER Isensnyder **1.** 'Graveur, der die Verzierungen an Feuerwaffen anfertigt'. **2.** 'Graveur, der Stempel aus Stahl zur Prägung von Münzen und Medaillen anfertigt'. **3.** 'Schmied, der Rüstungen anfertigt'
FN: Eisenschneider
W: *SCHNEIDER*
Syn: Eisengräber, Eisentreiber, Grabner, Punzmeister, Stahlschneider, Stempelschneider, Stempelstecher

Lit: Adelung 1:1774; Barth 1:213; Grimm 3:373; Idiotikon 9:1132; Krünitz 10:691; Pies (2005) 37; Reith (2008) 56

Eisenstricker 'Handwerker, der Metallgeflechte für Zäune, Rüstungen usw. herstellt'
W: *Stricker*
Syn: Gatterstricker

Lit: SteirWb 198

Eisentreiber ↗ 'Eisenschneider' ❖ zu *treiben* in der Bedeutung 'hämmern, klopfen'
W: *Treiber*
Syn: EISENSCHNEIDER
Vgl: Kupfertreiber

Lit: Reith (2008) 56

Eisenvater 'Gefängniswärter eines Gefängnisses für Schwerverbrecher'
W: *Vater*
Syn: KERKERMEISTER

Lit: Schmeller 1:163

Eiser 1. 'Händler mit Eisen oder Eisenwaren'. **2.** 'Schmied, der Eisen verarbeitet'. **3.** 'Person, die die Bäche eisfrei halten muss' ❖ 1., 2.: zu mhd. *îsen* 'Eisen als Metall' oder mhd. *îsern* 'das verarbeitete Eisen, Waffen'; 3.: zu mhd. *îs* 'Eis'
FN: Eiser, Iser
Syn: Eisler

Lit: DRW 2:1508; DudenFN 219; Palla (1994) 396

Eisler Eisner, Isler 'Händler mit Eisen oder Eisenwaren'; er lieferte das Roh- oder Alteisen an Hammerwerke und Schmiede ❖ zu mhd. *îsen* 'Eisen'
FN: Eisler, Eisner, Eisele
Syn: Eiser

Lit: Adelung 1:1771 (Eisenhändler); DRW 2:1510; DudenFN 219; Gottschald 170; SteirWb 199

Eisner ↗ Eisler

Elementarlehrer 'Grundschullehrer'; heute noch bes. schweiz.; urspr. Lehrer in den unteren Klassen für die Elementarfächer Lesen, Schreiben und Rechnen; zu *elementar*, seit dem 17. Jh. in der Bedeutung 'urwüchsig, naturbedingt', aus lat. *elementarius* 'zu den Anfangsgründen gehörend'
W: LEHRER*

Lit: Barth 1:214; DudenEtym 177; Grimm 3:405; Meyers Lexikon 5:698

Elfenbeindrechsler ↗ Drechsler

Elfenbeindreher ↗ Dreher

Ellenhändler ↗ Ellenwarenkrämer

Ellenkrämer ↗ Ellenwarenkrämer

Ellenwarenhändler ↗ Ellenwarenkrämer

Ellenwarenkrämer Ellenhändler, Ellenkrämer, Ellenwarenhändler 'Kaufmann, der Stoffe in einzeln abgeschnittenen Stücken (Ausschnittware im Ggs. zu ganzen Ballen) verkauft'; nach der Elle, dem Maßstab der Schneider und Tuchhändler
W: KRÄMER

Lit: Grimm 3:416

Eltermann ↗ Ältermann

Emmerer 1. 'Handwerker, der Eimer herstellt'. 2. 'Arbeiter in einer Weinkellerei' ❖ ↗ Emmermacher; zu *Emmer*, 'Flüssigkeitsmaß unerschiedlichen Qantums'; zu mnd. *emmer, ammer* 'Eimer'
FN: Emmerer
W: Weinemmerer
Syn: Emmermacher, KLEINBÖTTCHER*

Lit: Barth 1:209, 216; Kahnt/Knorr (1987) 80 (Eimer); Schmeller 1:75

Emmermacher 'Böttcher, Fassbinder, der kleinere Holzgefäße herstellt'; niederdt. ❖ zu mnd. *emmer, ammer* 'Eimer'
FN: Emmermacher
Syn: Eimermacher, Emmerer, KLEINBÖTTCHER*

Lit: Linnartz 61; Schiller-Lübben 1:658

Englandfahrer 'norddeutscher Kaufmann, der in England eine Handelsniederlassung hat'; auch für ein Schiff, das für die Fahrten ausgerüstet wird; die Englandfahrer-Gesellschaft hatte das Privileg auf den Englandhandel
W: *Fahrer*

Lit: DRW 2:1357

Engrosfactor ↗ Engrosfaktor

Engrosfaktor Engrosfactor 'Angestellter in einem Großhandel' ❖ zu franz. *en gros* 'in großen Stücken'; lat. *factor* 'Macher, Verfertiger', zu lat. *facere* 'machen, tun'
W: *Faktor*

Enk ↗ Enke

Enke Enk 'bäuerlicher Landarbeiter, der unter dem Großknecht steht'; mitteldt. ❖ mhd. *enke* 'Vieh-, Ackerknecht', vermutlich verwandt mit lat. *anculus, ancilla* 'Aufwärter, Magd'
FN: Enke
W: Großenke, Kleinenke, Oberenke, Unterenke
Syn: Kleinknecht

Lit: Adelung 1:1813; Barth 1:217; DRW 2:1538; DudenFN 225; Gottschald 172; Grimm 3:483; Linnartz 62

Entensteller 'Gehilfe bei der Wasserjagd, der die erlegten Tiere zurückbringt'; zu *stellen*

in der Bedeutung 'zum Stehen bringen und einfangen'
Vgl: Vogelsteller
Lit: Grimm 18:2235 (stellen)

Epfelmenger ↗ Äpfelmenger

Ephor Ephorus; lat. *ephorus* 1. 'einer der fünf gewählten höchsten Beamten'; im antiken Sparta . 2. 'Aufsichtsbeamter in Kirche und Schule'; heute noch Leiter eines evangelischen Predigerseminars ❖ mlat. *ephorus* 'Vorsteher, Aufseher', aus griech. *éphoros* 'Aufseher', aus *ephorān* 'auf etwas schauen'
Lit: Barth 1:219; DudenGWDS; Kaltschmidt 338

Ephorus ↗ Ephor

Epistler 1. 'Verfasser von Briefen; Sekretär'. 2. 'Lektor, Vorleser der Epistel in der Liturgie; Diakon oder Subdiakon' ❖ zu lat. *epistola, epistula* 'Brief, Antrag'
Lit: Adelung 1:1845; Barth 1:220; Grimm 3:679

Eppelmenger ↗ Äpfelmenger

Erbeisenhäuer ↗ Eisenhäuer

Erbex ↗ Erbexe

Erbexe Erbex, Erfex, Erfexe 1. 'Landbesitzer, der keinem Grundherren, sondern nur dem Landesherrn untersteht'. 2. 'Hofeigentümer, der an einer Mark beteiligt und auch im Markgericht vertreten ist' — bes. in Westfalen und am Niederrhein ❖ Etymologie unklar; entweder zu *Axt, Erbaxt* ('Berechtigung im Wald zu fällen'; die Waffe steht für die Person) oder zu altsächsisch *esco* 'Eigner, Grundbesitzer', das über ein Kompositum *erbiesco* zu *Erbexe* führt (nach Grimm)
Syn: MARKGENOSSE
Lit: Adelung 1:1861; Barth 1:211; DRW 3:59; Grimm 3:718; Klöntrup (1783); Krünitz 11:151

Erbfeuerherr ↗ Feuerherr

Erbförster 'Waldbesitzer mit Erbrecht, der zugleich auch Aufsicht über den Wald führt'; meist adeliger Gutsbesitzer
Lit: Adelung 1:1861; DRW 3:64; Grimm 3:720; Kehr (1964) 188

Erbgerichtsherr ↗ Gerichtsherr

Erbhäuer 'ausgelernter und voll entlohnter Bergmann'
W: HAUER
Lit: Adelung 1:1862; Veith 269

Erbhofmeister ↗ Hofmeister

Erbkämmerer ↗ Kämmerer

Erbköter ↗ Köter

Erbmann ↗ *Mann*

Erbmeier ↗ *Meier*

Erbrichter ↗ *Richter*

Erbschatzmeister ↗ SCHATZMEISTER

Erbschenk ↗ Schenk

Erbschulze ↗ *Schulze*

Erbstäbelmeister ↗ Stäbelmeister

Erbstollner ↗ Stöllner, Stöllner

Erbstöllner ↗ Stöllner, Stöllner

Erbstosser ↗ Stößer

Erbstösser ↗ Stößer

Erbtorhüter ↗ Torhüter

Erbtruchsess ↗ Truchsess

Erbtürhüter ↗ Türhüter

Erbvogt ↗ *Vogt*

Ercher ↗ Ircher

Erchmacher Erchmaker, Erchmeker 'Weißgerber, Sämischgerber'; niederdt. ❖ mnd. *erchmaker* 'Erchmacher, Ercher, Ircher', zu mnd. *erch, erech* 'weiß gegerbtes Leder'; mhd. *ërch, irch* 'weißgegerbtes (Bocks)leder, bes. von Gämsen, Hirschen, Rehen'
Syn: GERBER*, Ircher

Lit: Barth 1:223; Grimm 3:744 (Erch); Grimm 10:2154 (Irch); Schiller-Lübben 1:714

Erchmaker ↗ Erchmacher

Erchmeker ↗ Erchmacher

Erdbäcker Erdebäcker 'Töpfer' ❖ *Erde* hat hier die Bedeutung 'Tonerde', vgl. mnd. *erdgroper, erden groper* 'Töpfer'; *backen* i. S. v. 'glühend heiß machen, brennen', z.B. Ziegel backen
W: BÄCKER*
Syn: TÖPFER

Lit: Barth 1:223; DRW 3:164; Linnartz 62; Schiller-Lübben 1:716

Erdebäcker ↗ Erdbäcker

Erdkäufler ↗ Käufler

Erdmesser ↗ Erdreichsmesser

Erdreichmesser ↗ Erdreichsmesser

Erdreichsmesser Erdmesser, Erdreichmesser, Erdrichsmesser, Erdtrichsmeser, Ertrichsmesser 'Geometer, Feldmesser'; *Erdreich* bedeutet heute nur 'Erde als Grundlage des Pflanzenwachstums, Humus', hatte früher aber einen größeren Bedeutungsbereich, der auch 'die Erde als Wohnort der Menschen, Land, Region' umfasste, im religiösen Sinn auch Gegensatz zu *Himmelreich*
W: Messer
Syn: FELDSCHEIDER

Lit: Barth 1:223; Grimm 3:774, 777

Erdrichsmesser ↗ Erdreichsmesser

Erdtrichsmeser ↗ Erdreichsmesser

Erfex ↗ Erbexe

Erfexe ↗ Erbexe

Ertengeselle ↗ Ürtengeselle

Erthgesell ↗ Ürtengeselle, Ürtengeselle

Ertrichsmesser ↗ Erdreichsmesser

Ertzknappe ↗ Erzknappe

Erweißer 'Erbsenhändler' ❖ zu mhd. *areweiʒ, arwîʒ, arwîs* 'Erbse'
FN: Erweißer
Syn: Arbesshändler

Lit: Barth 1:225; Gottschald 173; Linnartz 62; Schmeller 1:135; WBÖ 1:377

Erzarbeiter 1. 'Bergmann [im Erzbergwerk]'. 2. 'Handwerker in der Metallverarbeitung, Eisen-, Kupferschmied' ❖ zu *Erz* i. S. v. 'Metall, bes. Eisen, Bronze', mhd. *ërze, erze* 'Erz'
W: *Arbeiter*

Lit: Barth 1:225; GoetheWb 3:451; Grimm 3:1079

Erzausschlager ↗ Erzausschläger

Erzausschläger Erzausschlager 'Bergmann, der das Erz vom Gestein durch Schlagen mit einem Hammer trennt' ❖ zu mhd. *ërze, erze* 'Erz'
W: Ausschläger
Syn: Erzscheider, Klauber, Scheidejunge

Lit: Adelung 1:1958; Barth 1:226; Bergmännisches Wb 163; Grimm 3:1079

Erzgraber ↗ Erzgräber

Erzgräber Erzgraber 'Bergmann' ❖ zu mhd. *ërze, erze* 'Erz'
W: *Gräber*

Lit: Barth 1:226; Grimm 3:1090; Idiotikon 2:658

Erzkämmerer ↗ Kämmerer

Erzkanzler ↗ Kanzler

Erzklauber ↗ Klauber

Erzknappe Ertzknappe 'Bergknappe, Bergmann im Erzbergwerk' ❖ zu mhd. *erze, erze* 'Erz'
W: Knappe
Syn: Erzmann

Lit: Barth 1:227; DRW 3:319; Grimm 3:1096

Erzmann 'Bergmann in einem Erzbergwerk' ❖ zu mhd. *erze, erze* 'Erz'
FN: Erzmann, Ertzmann
W: Mann
Syn: Erzknappe

Lit: Barth 1:227; Gottschald 175; Grimm 3:1097; Veith 164

Erzmarschall ↗ Marschall

Erzmüller 'Betreiber einer Erzmühle'; d.i. eine Vorrichtung, in der Erz zu Sand zermahlen wird
W: *Müller*

Lit: Grimm 3:1097

Erzpocher Erzpucher 'Bergmann, der die Erze mit dem Stempel (rundes Holz zum Zerstampfen) zerkleinert' ❖ zu mhd. *erze, erze* 'Erz'
W: Pocher

Lit: Barth 1:227; Bergmännisches Wb 165; Grimm 3:1098

Erzpriester lat. *archipresbyter* **1.** 'Vorgesetzter Priester in bestimmten Diözesen'. **2.** 'Vorsitzender eines evangelischen Kirchenkreises; Superintendent' ❖ mhd. *erzepriester, erzpriester* 'Vicarius des Bischofs'
Syn: Archipresbyter

Lit: Adelung 1:1962; Barth 1:227; Diefenbach 46; DRW 3:320; Frühmittellat. RWb; Grimm 3:1098; Meyers Lexikon 6:98

Erzpucher ↗ Erzpocher

Erzscheider 'junger Arbeiter oder Knabe, der das Erz vom tauben Gestein durch Klopfen trennen muss' ❖ zu mhd. *schîden, scheiden* 'scheiden, trennen'
W: Scheider
Syn: Erzausschläger, Klauber, Scheidejunge

Lit: Barth 1:227; Bergmännisches Wb 165; Grimm 3:1099

Erzschlitter Erzschlittner 'Arbeiter, der Erz auf Schlitten ins Tal transportiert'; bes. in der Schweiz ❖ zu mhd. *erze, erze* 'Erz'

Lit: Heilfurth (1981) 48; Idiotikon 9:783

Erzschlittner ↗ Erzschlitter

Erzteiler Erztheiler 'Beamter im Bergwerk, der die Erze an die Gewerken verteilt' ❖ zu mhd. *erze, erze* 'Erz'

Lit: Adelung 1:1963; Bergmännisches Wb 165

Erztheiler ↗ Erzteiler

Erztruchsess ↗ Truchsess

Erzwäscher 'Bergmann, der die nutzbaren Mineralien aus Ablagerungen von Gebirgsmassen mit Hilfe von fließendem Wasser gewinnt' ❖ zu mhd. *erze, erze* 'Erz'
W: Wäscher
Syn: Seifer

Lit: Adelung 4:32 (Seifener), 1397 (Wäscher)

Eschai ↗ Eschhei

Eschaid ↗ Eschhei

Eschat ↗ Eschhei

Escheie ↗ Eschhei

Eschelbrenner ↗ Aschenbrenner

Eschenbrenner ↗ Aschenbrenner

Escher **1.** 'Flur-, Feldwächter'. **2.** 'Seifensieder, Lohgerber'. **3.** 'Person, die in Wäldern Holzabfälle verbrennt, um Asche zu gewinnen' ❖ 1.: zu mhd. *eschheie, ezzischheie* 'Flur-

hüter'; 2.: zu mhd. *escher* 'ausgelaugte Asche'
FN: Esch, Escher, Ösch, Oesch
Syn: Aschenbrenner, Eschhei, FLURSCHÜTZ
Vgl: Eschhirt

Lit: Adelung 2:96 (Feldhüter); Barth 1:227; DudenFN 229; Gottschald 175; Linnartz 62

Eschhai ↗ Eschhei

Eschhay ↗ Eschhei

¹Eschhei Eschai, Eschaid, Eschat, Escheie, Eschhai, Eschhay, Eschhei, Eschheie, Eschhey, Esshei, Öscheie 'Wächter der zu einem Dorf gehörenden Getreidefelder'; der *Esch* ist eine Gruppe von nebeneinander liegenden, nicht eingezäunten Äckern, die zur gleichen Zeit bebaut oder abgeerntet wurden ❖ mhd. *eschheie, ezzischheie* 'Flurhüter'; mhd. *ezzisch* 'Saat, Saatfeld'
FN: Esch, Eschay, Eschey
W: Hei
Syn: Escher, FLURSCHÜTZ
Vgl: Eschhirt

Lit: Barth 1:227; DRW 3:323; DudenFN 229; Gottschald 175; Grimm 3:1142; Krünitz 11:513 (Esche); Schmeller 1:167

²Eschhei ↗ Eschhei

Eschheie ↗ Eschhei

Eschhey ↗ Eschhei

Eschhirt 'Wächter, der Fluren vor Eindringlingen bewacht oder Tiere am Entweichen aus Einfriedungen hindert; Flur-, Feldwächter' ❖ ↗ Eschhei
W: *Hirt*
Syn: FLURSCHÜTZ
Vgl: Escher, Eschhei

Lit: DRW 3:323

Eschscheider 'Landvermesser' ❖ zu mhd. *ezzisch* 'Saat, Saatfeld'; zu mhd. *schîden* 'scheiden, entscheiden'

W: Scheider
Syn: FELDSCHEIDER

Lit: DRW 3:324; SchwäbWb 2:867

Eschwart 'Flur-, Feldwächter' ❖ mhd. *ezzisch* 'Saat, Saatfeld'; mhd. *wart, warte* 'Wärter'
W: *Wart*
Syn: FLURSCHÜTZ

Lit: DRW 3:324

Eschweihe 'Handwerker, der seine Arbeit [ohne Berechtigung und] ohne Zunftzugehörigkeit ausübt'; bes. bei den Raschwebern ❖ Herkunft ungeklärt
Syn: BÖNHASE

Lit: Grimm 3:1143; Krünitz 11:542

Essekehrer ↗ Essenkehrer

Essenfeger 'Handwerker, der den Ruß aus Schornsteinen entfernt' ❖ ↗ Essenkehrer
W: *Feger*
Syn: SCHORNSTEINFEGER*

Lit: Barth 1:228; Kretschmer 443; VWB 224 (Essenkehrer)

Essenkehrer Essekehrer 'Handwerker, der den Ruß aus Schornsteinen entfernt'; noch heute im Ostmitteldt. gebräuchlich ❖ zu mhd. *ësse* 'Esse, Feuerherd des Metallarbeiters'; von der Feuerstelle später auf den Schornstein übertragen
W: Feueressenkehrer, Kehrer
Syn: SCHORNSTEINFEGER*

Lit: Adelung 1:1974; Barth 1:228; Kretschmer 443; VWB 224

Esser 'Wagner, Stellmacher'; niederdt., bes. Niederrhein ❖ zu niederdt. *ass*, mnd. *asse* 'Achse'; wörtlich 'Achsenmacher'
FN: Esser, Eßer, Essers
Syn: Assenmacher, WAGNER

Lit: Barth 1:228; DudenFN 230; Gottschald 175; Linnartz 63; Pies (2005) 176; RheinWb 2:201

Esshei ↗ Eschhei

Essigbrauer Essigbrouwer 'Person, die aus Wein und Bier Essig herstellt'

W: *Brauer*
Syn: Essigsieder, Hefner
Lit: Adelung 1:1974

Essigbrouwer ↗ Essigbrauer

Essigmenger ↗ Menger

Essigsieder 'Person, die aus Wein und Bier Essig herstellt'
W: *Sieder*
Syn: Essigbrauer, Hefner
Lit: PfälzWb 2:982

Essmeister Oßmeister 'Facharbeiter in der Sensenschmiede, der für die Esse zuständig ist'
W: *Meister*
Lit: SteirWb 207

Estimateur Estimator 'Schätzer, der den Wert von Waren oder Gütern schätzt' ❖ zu franz. *estimer* 'schätzen', aus lat. *aestimare* 'schätzen'
Syn: Schätzer
Lit: Barth 2:17; Gamillscheg 1:396; Kaltschmidt 346

Estimator ↗ Estimateur

Estrichgießer ↗ Gießer

Etoffemacher Etoffenmacher, Etoffenmaker 'Weber, Tuchmacher' ❖ zu *Etoffe* 'Stoff, Zeug', von *etoffieren* 'ausstatten, ausstaffieren', aus franz. *étoffer*, dies über altfranz. *estofer* 'ausstopfen', vermutlich Lehnwort aus dem Germanischen
Syn: WEBER
Lit: Barth 1:230; DudenFW; Kaltschmidt 348

Etoffenmacher ↗ Etoffemacher

Etoffenmaker ↗ Etoffemacher

Ette ↗ Atte

Etzmaler ↗ Ätzmaler

Euler Eulner 'Töpfer'; westdt. ❖ zu mhd. *ûle* 'Topf', aus lat. *olla* 'Topf'
FN: Euler, Eulner, Eulers, Eiler
Syn: Auler, Ohler, TÖPFER, Ulner
Lit: Barth 1:230; DudenFN 231; Gottschald 176; Grimm 3:1196; Linnartz 63; Pies (2005) 168; Reith (2008) 230; Volckmann (1921) 181

Eulner ↗ Euler

Everfahrer ↗ Ewerführer

Everführer ↗ Ewerführer

Ewerfahrer ↗ Ewerführer

Ewerführer Everfahrer, Everführer, Ewerfahrer 'Führer eines leichten Schiffes, mit dem die Ladung eines großen Frachtschiffes an Land transportiert wird'; an der Nordsee; die Ewerführerei ist noch in Resten vorhanden ❖ zu niederdt. *Ewer, Ever* 'kleines flaches Boot zum Transport von Waren; Fischereifahrzeug für küstennahen Fischfang'; die Herkunft von *Ewer* ist unklar, vermutet wird von niederdt. *envare* 'Einfahrer' oder von *Elve*, dem Namen des Flusses *Elbe*
W: *Führer*
Syn: SCHIFFMEISTER, Schutenschiffer
Lit: Altstaedt (2011) 12, 19; Lindow 63; Volckmann (1921) 239 (Ewer)

Executant ↗ EXEKUTOR

Executor ↗ EXEKUTOR

EXEKUTOR Executant, Executor, Exkuter; lat. *executor* 1. 'Beamter, der Befehle, Urteile, Strafen vollstreckt, Gerichtsvollzieher'. 2. 'Pfändungsbeamter'; heute noch in Österr. 3. 'Scharfrichter, Henker' ❖ zu lat. *executor, exsecutor* 'Vollzieher, Vollstrecker', aus lat. *exsequi* 'verfolgen, strafen, ermitteln'
W: °Testamentsexekutor
Syn: Auspfänder, Eintreiber, Exequierer, Feldläufer, Feldvogt, Gantrichter, Pfänder,

SCHARFRICHTER, Schuldenbote, Schuldenprokurator, Schuldenschreiber, Schuldvogt

Lit: Barth 1:232; Ebner (2009) 116; Kaltschmidt 354; Krünitz 182:291 (Testaments-); Lindow 63

Exequierer Exequirer 'Pfändungsbeamter'; kommt im veralteten Sprachgebrauch noch vor ❖ zu lat. *exequi, exsequi* 'vollziehen, vollstrecken'

Syn: EXEKUTOR

Lit: DudenGWDS; Kaltschmidt 355

Exequirer ↗ Exequierer

Exerciermeister ↗ Exerziermeister

Exerziermeister Exerciermeister 'Ausbildner, der die Grundausbildung der Rekruten durchführt'; kommt im veralteten Sprachgebrauch noch vor ❖ zu lat. *exercere* 'üben'

W: Meister

Lit: Barth 1:233; DudenGWDS; Kaltschmidt 355; Meyers Lexikon 6:212

Exkuter ↗ EXEKUTOR

Expeditor lat. *expeditor* **1.** 'in der Hofkanzlei hoher Beamter, der für Protokollierung und Registrierung des Schriftverkehrs und Taxen für Amtsgeschäfte zuständig ist'. **2.** 'Angestellter, der Waren abfertigt und versendet; Expedient'; noch bes. österr. **3.** 'Hilfskraft in der Verwaltung' ❖ lat. *expedire* 'in Bewegung setzen, entwickeln, in Ordnung bringen'

W: °Kanzleiexpeditor, °Kriegsratexpeditor

Lit: Barth 1:233; Diefenbach 218; DudenGWDS; Ebner (2009) 117; PfälzWb 2:997

Expresser 'Eilbote für einen Einzelauftrag, Lohnbote' ❖ zu *express* 'extra, eigens eingesetzt', aus lat. *expressus* 'ausgedrückt, ausdrücklich', Partizip von *exprimere* 'ausdrücken'

Syn: BOTE*

Lit: Barth 1:233; GoetheWb 3:504; Grimm 3:1208; Kaltschmidt 358

Externist 'handwerklich ausgebildeter Wundarzt, im Ggs. zu einem an einer Universität wissenschaftlich ausgebildeten Arzt' ❖ zu lat. *externus* 'außen befindlich'

Syn: ARZT*, WUNDARZT

Ggs: Internist

Lit: Barth 1:234; Pies (2005) 14

Eysenfurer ↗ Eisenführer

F

Faber 1. 'Schmied'; er ist die Urform des Handwerkers. 2. 'Person, die Tierkörper beseitigt und verwertet; Schinder'. 3. 'Henker, Scharfrichter' ❖ 1. lat. *faber* 'Handwerker, der aus harten Stoffen (Metall, Holz, Stein) Gegenstände anfertigt', später allgemein für 'Handwerker'; der Familienname *Faber* ist eine humanistische Übersetzung von *Schmitt* ins Lateinische; 2., 3.: rotwelsch
FN: Faber, Fabert, Fawer, Faaber
Syn: SCHARFRICHTER, SCHINDER, *Schmied*

Lit: Diefenbach 221; DRW 3:341; DudenFN 232; Frühmittellat. RWb; Gottschald 176; Hornung (1989) 53; Kunze 117, 171; Linnartz 63; Pies (2001) 42; Wolf (1956) 90

Fabrikintendant ↗ Intendant

Fabrikmeister 1. 'Handwerksmeister, der die Produktion in einer Manufaktur oder Fabrik beaufsichtigt'. 2. 'Mitglied des Stadtrats, der das öffentliche Bauwesen beaufsichtigt'; schweiz. 3. 'Verwalter des Kirchengutes'; urspr. für die bauliche Erhaltung der Gebäude zuständig ❖ 1., 2.: zu franz. *fabrique* 'Herstellung, Gebäude für die Produktion', aus lat. *fabrica* 'Herstellung', zu lat. *faber* 'Handwerker'; 3.: zu *Fabrik* in der Bedeutung 'Kirche als Vermögensmasse'
W: *Meister*

Lit: DRW 3:341; Idiotikon 4:515

Facher 'Hutmacher, der zur Vorbereitung des Materials die Wolle krämpelt oder mit dem Fachbogen bearbeitet, sodass eine flaumige Oberfläche entsteht' ❖ zu mhd. *vach* 'Stück, Teil; Falte des Schleiers, Hemdes', vgl. schweiz. *Fach* 'Bestandteil eines zusammengedrehten Fadens, von Garn, einer Schnur', *fächlen* 'das Haar kämmen'
Syn: HUTMACHER*

Lit: Adelung 2:6; Barth 1:235; Diefenbach 102; Grimm 3:1223; Idiotikon 1:637 (Fach); Krünitz 12:8 (fachen)

Fachter ↗ Fächter

Fächter Fachter 1. 'Person, die Maße kontrolliert und eicht'. 2. 'Aufsichtsperson, die bei der Eisenverarbeitung die gelieferte Kohle übernimmt' ❖ mhd. *phehter* 'Pächter; öffentlicher Abmesser; Eicher'; mhd. *pheht* 'das Eichen', zu *phahten* 'in Gesetzesform bringen, gesetzlich oder vertraglich bestimmen'
W: °Kohlfachter
Syn: EICHMEISTER

Lit: Ast/Katzer (1970); DRW 3:344 (Fächt); Grimm 3:1226 (fächten); Grimm 13:1581 (Pfachter); Idiotikon 1:661 (Fächt, Fecht); Schmeller 1:687 (fachten)

Fächtermeister ↗ *Meister*

Factor ↗ *Faktor*

Fadenmacher 'Handwerker, der aus Flachs, Hanf oder Seide Garn herstellt'
Syn: Zwirner

Lit: Barth 1:236

Fadenzähler 'Person, die auf dem Markt die Garnbündel kontrolliert'

Lit: Barth 1:236; DRW 3:349; Grimm 3:1235

Fahnenschmid ↗ Fahnenschmied

Fahnenschmied Fahnenschmid, Fahnschmid, Fahnschmidt, Fahnschmied 'Hufschmied der Reiterei beim Militär' ❖ zu *Fahne* in der Bedeutung 'militärische Einheit, die durch eine Fahne, Standarte erkennbar ist'
FN: Fahnenschmidt, Fahnschmidt
W: *Schmied*
Syn: Reitschmied

Lit: Adelung 2:14; Barth 1:237; DudenFN 233; Gottschald 177; Grimm 3:1243; Linnartz 63; Zedler 9:97

Fahnschmid ↗ Fahnenschmied

Fahnschmidt ↗ Fahnenschmied

Fahnschmied ↗ Fahnenschmied

Fährbeständer Fahrbeständner 'Pächter einer Fähre' ❖ zu mhd. *bestant* 'Bestand, Dauer, Pacht, Miete'
W: Beständer

Lit: Adelung 2:14; Barth 1:237; Grimm 3:1246

Fahrbeständner ↗ Fährbeständer

Fahrbursche 'dem ↗ Steiger beigeordneter Bergmann'
Syn: Untersteiger

Lit: RheinWb 2:250; Veith 166

Fahrender 'Person, die als herumziehender Spielmann, Gaukler, Seiltänzer usw. die Menschen unterhält'; oft in der Sammelbezeichnung *fahrende Leute*
Syn: Gaukler

Lit: Barth 1:237; DRW 3:365 (fahren 1); Grimm 3:1258; Palla (2010) 52

Fahrensmann lat. *marinarius* 'Seemann, Matrose, (Fluss)schiffer'; die Wortbildung mit *-mann* ist typisch für die Seemannssprache
W: *Mann*
Syn: Naufahrer

Lit: Barth 1:237; Diefenbach 349; RheinWb 2:250

Fahrer 1. 'Kaufmann, der im Fernhandel tätig ist und geschäftlich zur See oder über Land reist'; häufig in Komposita mit Angabe eines Zweckes oder Ziels der Handelsfahrt. 2. 'Fuhrmann' ❖ mhd. *varer*, in *lant-*, *er-*, *über-*, *vorvarer*
W: Bergenfahrer, Bornholmfahrer, Börtfahrer, Einfahrer, Englandfahrer, Flandernfahrer, Frachtfahrer, Fürfahrer, Grönlandfahrer, Islandfahrer, Kauffahrer, Moorfahrer, Nachtfahrer, Naufahrer, Nordenfahrer, Nowgorodfahrer, Ostindienfahrer, Revalfahrer, Russlandfahrer, Schonenfahrer, Seilfahrer, Stockholmfahrer, Torfahrer, Trankfahrer, Überfahrer, Vorfahrer
Syn: *Führer*
Vgl: Osterling

Lit: Adelung 2:18; Grimm 3:1259

Fährer Ferer 'Führer einer Fähre; Fährmann' ❖ zu mhd. *ver, vere, verje* 'Schiffer, Fährmann'
FN: Fährer, Fehrer

Lit: Brechenmacher 1:440; DRW 3:377; DudenFN 238; Schmeller 1:742

Fahrhäuer 1. 'Bergmann, der die Grube nach schlagenden Wettern untersucht und sie gegebenenfalls vor der Einfahrt der Bergleute anzündet'. 2. 'älterer erfahrener Bergmann'
W: Hauer
Syn: Feuermann

Lit: Fellner 176; Veith 184

Fährherr 'Besitzer, Betreiber einer Fähre'
W: *Herr*

Lit: DRW 3:380

Fähring ↗ Fehring

Fährkrüger 'Wirt, dessen Betrieb an einer Fähre liegt und der für den Fährbetrieb verantwortlich ist'; norddt.
W: Krüger

Fährschreiber 'Beamter, der eine von der öffentlichen Hand betriebene Fähre verwaltet'
W: *Schreiber*

Lit: Schmieder (1931) 94

Fahrsteiger 'Bergbeamter, der mehrere Gruben beaufsichtigt und den Grubenbau bestimmt'; fachsprachlich noch heute üblich
W: *Steiger*
Syn: Bergschaffer, Einfahrer, Hutmann
Lit: Adelung 2:20; Barth 1:237; Grimm 3:1263

Fahrtknecht Vartknecht 'Bauarbeiter, Gehilfe des ↗ Fahrtmeisters in der Saline'
W: KNECHT
Lit: Bergmännisches Wb 168

Fahrtmeister Vartmeister, Vartmester 'Zimmermeister in der Saline, der die horizontalen Gänge mit Holz abstützt'; zu *Fahrt* in der Bedeutung 'die unterirdischen, mit Holzkonstruktionen gestützten Leitungen in der Saline; Leiter, auf der der Bergmann in den Schacht steigt; niedriger Stollen' ❖ zu mhd. *vart* 'Fahrt, Reise; Gang, Weg, Fährte'; mnd. *vart* 'Gang, Weg, Reise'
W: *Meister*
Lit: Fellner 195; Schiller-Lübben 5:207

Failbeck ↗ Feilbäcker

Faktor Factor; lat. *factor* **1.** 'Handlungsbevollmächtigter, Vertreter einer Handelsgesellschaft; Leiter einer Handelsniederlassung'. **2.** 'Geschäftsführer, bes. einer Buchdruckerei'. **3.** 'Mittelsmann in der Hausindustrie, der den Verkehr zwischen dem Unternehmer und dem Hausindustriellen bezüglich Auftragerteilung, Lieferung, Materialzuteilung usw. regelt'; z.B. vermittelt der *Strumpffaktor* zwischen Unternehmer und dem hausindustriellen *Strumpfwirker*. **4.** 'Vertreter eines nicht am Ort des Bergwerks wohnenden Bergbauunternehmers'. **5.** 'Bergmann, der im Stollenbau oder Hüttenwerk für die Berechnung und Anschaffung der benötigten Materialien zuständig ist'. **6.** 'Hausknecht und Botengänger eines Kaufmanns' ❖ seit dem 16. Jh., aus lat. *factor* 'Macher, Verfertiger', zu lat. *facere* 'machen, tun'
FN: Faktor
W: Bergfaktor, °Bierfaktor, °Eisenfaktor, Engrosfaktor, °Glasfaktor, Hoffaktor, Holzfaktor, Hüttenfaktor, Salzfaktor, °Strumpffaktor, °Weinfaktor
Syn: Bossler, Familiant, Hausknecht
Lit: Adelung 2:8; Barth 1:212 (Eisenfaktor), 238; DRW 2:1503 (Eisenfaktor); DRW 3:395; DudenEtym 202; Fellner 195; Gottschald 178; Kaltschmidt 363; Krünitz 12:20; Linnartz 64; Veith 170

Falger 'Bauer, Landarbeiter, der im Ggs. zum späteren tiefen Pflügen ein Stoppelfeld nach der Ernte seicht aufreißt'; zu *falgen, felgen* '[ein zweites Mal] pflügen'; zu *Falge, Felge* 'Brachland nach dem ersten Umpflügen' ❖ zu mhd. *valgen, velgen* 'umackern, umgraben'
FN: Falger, Felger, Falgner, Fallger
Syn: BAUER
Lit: Adelung 2:23 (falgen); Barth 1:251 (Felger); DRW 3:491 (Felge, Felget, Falge); DudenFN 233, 240; Gottschald 178; Hornung (1989) 53; Krünitz 12:537 (Felge); Linnartz 64; Schmeller 1:713

Falkener ↗ Falkner

Falkenier ↗ Falkonier

Falkenirer ↗ Falkonier

Falkenmeister 'Leiter einer Falknerei'; ein wichtiges Hofamt
W: *Meister*
Lit: Adelung 2:24; Barth 1:238; DRW 3:396; Grimm 3:1271

Falkner Falkener, Velkener 'Jäger, der Jagdfalken betreut und sie für die Jagd einsetzt'; vom 14. bis 17. Jh. war die Beizjagd ein Hauptvergnügen des Adels ❖ mhd. *valkenære, valkener* 'Falkner'; mnd. *velkener* 'Falkner'
FN: Falkner, Falgner, Folgner, Falchner, Fälker, Fälkner, Falk, Falke
Syn: Falkonier
Vgl: Hachmeister
Lit: Adelung 1:24; Barth 1:238; DRW 3:396; DudenFN 234; Gottschald 178; Grimm 3:1271; Krünitz 12:149; Linnartz 64; Palla (2010) 55; Schiller-Lübben 5:227; Schmeller 1:714

Falkonier Falkenier, **Falkenirer** 1. ↗ 'Falkner'. 2. 'Soldat an einem Feldgeschütz mit kleinem Kaliber' ❖ 1.: zu ital. *falconeria* 'Falknerei, Falkenzucht', zu ital. *falcone* Vergrößerungsform zu ital. *falco* 'Falke'; 2.: zu *Falkaune, Falkonett* 'Kanone; Feldschlange (Feldgeschütz mit relativ langem Rohr)', zu ital. *falconetto* 'kleiner Falke'
Syn: Falkner

Lit: Adelung 2:24 (Falkenier); Barth 1:238; DudenFW 445; Kaltschmidt 364; Krünitz 12:149

Fallbauer 'Bauer, der für den Schiffstransport flussaufwärts über den Wasserfall an der Traun in Oberösterreich ständig Pferde für den Gegenzug bereit halten muss'; die Verpflichtungen und Vergütungen waren durch Verträge mit der Salzbehörde geregelt
W: *BAUER*
Syn: Rossbauer, Traunbauer

Lit: Neweklovsky (1952) 84, 489; Schraml (1934) 272; WBÖ 2:584

Fallknecht 'Gehilfe des Abdeckers'
W: *KNECHT*
Syn: SCHINDER

Lit: Grimm 3:1288

Fallmeister 1. 'Abdecker'; er hat mit *gefallenen* (verendeten) Tieren zu tun. 2. 'Facharbeiter, der für die Überwindung und Verbauungen eines Wasserfalls zuständig ist'; bes. am für den Salztransport wichtigen Traunfall in Oberösterreich, der durch einen hölzernen Fahrkanal überwunden wurde
W: *Meister*
Syn: SCHINDER

Lit: Adelung 2:32; Barth 1:238; Grimm 3:1288; Palla (2010) 57; Pies (2001) 35; Pies (2005) 10; Schraml (1932) 245

Familiant 'Diener, Hausknecht als Mitglied des Hausgesindes' ❖ zu lat. *familia, familias* 'Dienerschaft, Gesinde, Hausgenossen'
FN: Familiant
Syn: Bossler, *Faktor*, Hausknecht

Lit: Barth 1:239

Famula ↗ Famulus

Famulus Fem. **Famula** 1. 'Gehilfe, Diener'. 2. 'bewaffneter Knecht, Schildknappe'. 3. 'Assistent eines Hochschullehrers'; heute eingeengt auf 'Medizinstudent im Krankenhauspraktikum' ❖ lat. *famulus* 'Diener, Helfer'

Lit: Barth 1:242; Diefenbach 224; Frühmittellat. RWb

Fänger 1. oft für *-fischer* oder *-jäger* in Zusammensetzungen. 2. 'Person, die Kriminelle jagt; Gerichtsdiener'
W: Hühnerfänger, Perlenfänger, Rattenfänger, Scherfanger, Schossfänger
Syn: BÜTTEL

Lit: Barth 1:242

Farbbrenner ↗ Farbenbrenner

Färbeholzhauer 'Holzhauer, der Färbeholz für die Färberei bereitstellt'; *Färbeholz* ist jedes Holz, das für die Färberei verwendet wird, insbesondere Campecheholz, Brasil und Fernambuk
W: HAUER

Lit: Adelung 2:43 (Färbeholz); Grimm 3:1324 (Färbeholz); Krünitz 12:49 (Färbeholz)

Färbeholzmüller 'Müller, der Farbpulver aus Färbeholz herstellt'; ↗ Färbeholzhauer
W: *Müller*

Lit: Grimm 3:1324; Krünitz 12:49

Farbenarbeiter 'Arbeiter in einem Blaufarbenwerk'; in Sachsen
Syn: Blaufarbenwerker

Lit: Adelung 2:44; Barth 1:242

Farbenbrenner Farbbrenner 1. 'Facharbeiter, der aus dem Kobalterz blaue Farbe gewinnt'. 2. 'Arbeiter in der Töpferei, der Farben in Keramikprodukte brennt'
W: Brenner
Syn: Blaufarbenmacher, Blaufarbenmeister, Blaufarbenwerker

Lit: Volckmann (1921) 183

Farbenmacher Farbmacher, Farvenmaker
↗ 'Farbenreiber'
Syn: Farbenreiber

Lit: Palla (2010) 57

Farbenmeister 'Betriebsleiter in einem Farbenwerk'
W: Blaufarbenmeister, *Meister*

Lit: Adelung 2:44; Grimm 3:1327

Farbenreiber Farbreiber 'Hilfskraft des Malers, der die Farben aus den Rohstoffen zubereitet'; die Herstellung der Farben war in der Regel Aufgabe des Malers selbst. Bei größeren Betrieben beschäftigte der Maler eine eigene Kraft für die Farbherstellung. Die Farben wurden aus natürlichen Erdfarben auf einer Steinplatte mit einem konischen Glasreiber gemischt
W: Reiber
Syn: Farbenmacher

Lit: Adelung 2:44; Barth 1:242; Grimm 3:1328; Palla (2010) 57; Pies (2002b) 11; Pies (2005) 95; Reith (2008) 145

Farbentrager 'Kleinhändler, Hausierer, der Farben verkauft'
W: *Träger*

Lit: Idiotikon 14:574

Färber* Farffer, Farver, Ferber, Ferver, Ferwer, Varver, Verber, Verwer; lat. *carinarius, colorator, infector, tinctor* Die Komposita zu der auch heute noch üblichen Berufsbezeichnung spiegeln die Entwicklung der Färbetechnik: Sie zeigen die Objekte, die gefärbt wurden (*Garn-, Leinwand-, Seiden-, Wollfärber* usw.) oder auf welche Farbe oder auf welches Färbemittel die einzelnen Betriebe spezialisiert waren (*Schwarz-, Grün-, Krapp-, Blau-, Waid-, Ruß-, Scharlachfärber* usw.). Für das Rotfärben wurden z.B. Rotholz, Krapp, Scharlach, Karmesin verwendet, für Gelb z.B. Safran und die Färberdistel, für Grün z.B. Brasilholz, Wacholder, für Schwarz z.B. Eisenoxyd oder Gerbsäure. Klare Unterscheidungen zwischen den Sparten der Färberei zeigen die Bezeichnungen *Schwarzfärber, Schlechtfärber* bzw. *Schönfärber, Kunstfärber* ❖ zu mhd. *varwære*, abgeleitet aus mhd. *varwe* 'Farbe'
FN: Färber, Farber, Farwer, Ferber, Verber, Verwer, Ververs, Fervers, Ferfers
W: Blaufärber, °Federfärber, °Garnfärber, Graufärber, Grobgrünfärber, Grünfärber, °Holzfärber, Hudelfärber, Krappfärber, Kunstfärber, °Lederfärber, °Leinenfärber, °Leinwandfärber, °Lodenfärber, Marderfärber, °Papierfärber, °Plüschfärber, Rauchfärber, Rauschfärber, Rotfärber, Rußfärber, Saffianfärber, Scharlachfärber, Schlechtfärber, Schönfärber, Schwarzfärber, °Seidenfärber, °Trachtenfärber, Tuchfärber, Waidfärber, Wandfärber, Wasserfärber, Weißfärber, °Wollenfärber, °Wollfärber, Zobelfärber
Syn: Blaudrucker, Blauer, Bräuner, Fläminger, Mangmeister, Waider, Waidgießer

Lit: Adelung 2:45; Barth 1:242; Benvenuti (1996) (Trachtenfärber); Diefenbach 101, 584; DudenFN 234, 241; Gottschald 179; Grimm 12:1116 (Lodenfärber); Krünitz 80:124 (Loden); Linnartz 64; Neuheuser (1984) 19; Palla (2010) 58; Pies (2005) 52; Reith (2008) 68; Zedler 36:1482 (Seidenfärber)

Färberknecht 'Fachkraft oder Hilfskraft in der Färberei'
W: KNECHT

Lit: Adelung 2:45; Barth 1:243; Grimm 3:1330

Farbmacher ↗ Farbenmacher

Farbreiber ↗ Farbenreiber

Farcher Farchner, Ferler, Verler 'Schweinehändler' ❖ zu mhd. *varch* 'Schwein, Ferkel'
FN: Farcher (bes. österr.)
Syn: Sautreiber, Schweintreiber

Lit: Barth 1:243; Grimm 3:1331 (Farch); Schmeller 1:755 (Fark); Volckmann (1921) 2130

Farchner ↗ Farcher

Farffer ↗ Färber*

Färge ↗ Ferge

Farvenmaker ↗ Farbenmacher

Farver ↗ *Färber**

Fasanenmeister Fasanmeister 'Jäger, der für die Aufzucht und Pflege der Fasane zuständig ist'
W: *Meister*
Syn: Fasanenwärter
Lit: DRW 3:426; Krünitz 12:258

Fasanenwärter lat. *phasianarius* ↗ 'Fasanenmeister'
W: *Wärter*
Syn: Fasanenmeister
Lit: Barth 2:207; Frühmittellat. RWb; Grimm 3:1336; Krünitz 12:258

Fasanmeister ↗ Fasanenmeister

Fassbäcker ↗ Fastbäcker

Fassbender ↗ Fassbinder

Fassbinder Fassbender 'Böttcher'; heute süddt.-österr., früher weiter verbreitet, bes. auch im Nordwesten
FN: Faßbinder, Fassbinder, Faßbind, Fassbind, Faßbender, Fassbender, Faßbänder, Faßbaender
W: *Binder*
Syn: BÖTTCHER, GROSSBÖTTCHER*
Lit: Adelung 2:52; Barth 1:243; DudenFN 235; Gottschald 179; Grimm 3:1361; Haid (1968) 295; Idiotikon 4:1354; Kretschmer 143; Krünitz 12:276; Kunze 123; Pies (2005) 34; Reith (2008) 34; Zedler 15:2024

Fasselmacher 'Böttcher, Fassbinder, der hölzerne Kufen, in die das Salz gefüllt wird, herstellt'; in den Salinen im Salzkammergut
Syn: BÖTTCHER
Lit: Schraml (1932) 233

Fasselstößer 'Arbeiter in der Saline, der das Salz zerkleinert und in die Salzfässer füllt' ❖ zu mhd. *stôzer, stoezer* 'der das Salz in die Kufen stößt'
W: *Stößer*
Lit: Fellner 197

Fasser Fässer, Fassner, Vasser 1. 'Arbeiter [in der Saline], der das Salz auf Fuhrwerke und Schiffe verlädt'. 2. 'Böttcher, Fassbinder'. 3. 'Kunsthandwerker, der Gegenstände mit Gold überzieht oder sie bemalt'. 4. 'Goldschmied, der Schmucksteine einfasst' ❖ 1., 2.: zu *Fass*, mhd. *vaʒ*; mhd. *vaʒʒer* 'der das Ein- und Ausladen der Schiffe zu besorgen hat'; mhd. *vaʒʒen* '(er)fassen, ergreifen, ein-, zusammenfassen, zusammenpacken und aufladen'; 3., 4.: zu *einfassen* 'mit Gold, Farbe u. dgl. überziehen', mhd. *vaʒʒen*
FN: Fasser, Faßer, Fässer, Fäßer, Vasser, Fesser (kann sich sowohl auf *Fassbinder* als auch auf *Transportarbeiter* beziehen)
W: *Büchsenfasser, Fuderfasser, Spatauffasser*
Syn: BÖTTCHER, Fassmaler, Heber, Steinsetzer
Lit: Barth 1:243; DudenFN (235); Gottschald 179; Grimm 3:1340 (fassen); Linnartz; Patocka (1987) 279; Schmeller 1:765

Fässer ↗ Fasser

Fassführer 'Händler, der Fässer und ähnliche Behälter vertreibt'; *Führer* in der Bedeutung 'Händler'
W: *Führer*

Fasshauer Vathouwer 'Handwerker, der für den Böttcher die Dauben und Bodenbretter herstellt' ❖ ↗ Hauer; *Vathouwer* zu mnd. *vat* 'Fass, Gefäß'
FN: Fasshauer, Faßhauer, Faßauer, Fassauer
W: HAUER
Syn: GROSSBÖTTCHER*
Lit: Barth 1:243; DudenFN 235; Gottschald 179; Linnartz 65; Schiller-Lübben 5:213

Fassküper 'Böttcher, Fassbinder, der im Hafen die Kontrolle über Mais und Öle innehat und die Transportfässer öffnen, schließen und reparieren kann'; eine wichtige Facharbeit, da die meisten Waren in Fässern transportiert wurden
W: *Küper*
Lit: Altstaedt (2011) 19

Fässler Feßler 'Böttcher, Fassbinder' ❖ zu mhd. *vaʒ* 'Fass, Gefäß'
FN: Fässler, Fäßler, Faßler, Fesseler, Feßler, Vesseler
Syn: BÖTTCHER, GROSSBÖTTCHER*

Lit: Adelung 1:1139; Barth 1:243; DudenFN 236; Gottschald 179; Linnartz 65; Pies (2005)

Faßmaler ↗ Fassmaler

Fassmaler Faßmaler; lat. *deaurator* 'Maler, der Werke der Bildhauer sowie Fenster und Statuen der Kirchen bemalt und einfasst' ❖ zu mhd. *vaʒʒen* '(er)fassen, ergreifen; mit Gold, Farbe u.dgl. überziehen'
W: *Maler*
Syn: Fasser

Lit: Barth 1:243; Idiotikon 4:153; Pies (2005) 94; Reith (2008) 143

Fassner ↗ Fasser

Faßzieher ↗ Fasszieher

Fasszieher Faßzieher 1. 'Arbeiter, der die Transportfässer aus den Schiffen zieht oder sie belädt'. 2. 'Markthelfer, der Fässer auf- und ablädt' ❖ mhd. *vaʒzieher* 'Auflader'
W: *Zieher*
Syn: Kneveler, Leiterer, Schröter, Weinschröter, Weinverlasser, Weinzieher, Zuckwerker

Lit: Barth 1:244; Grimm 3:1362; Palla (2010) 62

Fastbäcker Fassbäcker, Fastbecker, Vastbeker 'Bäcker, der nur Schwarz-, Roggenbrot backen darf'; niederdt.; *Fastbäcker* wird aber auch als Synonym zu *Weißbäcker* genannt ❖ mnd. *vast* 'fest' für 'festes Brot', mhd. *vast* 'fest, stark, befestigt'
W: BÄCKER*
Syn: GROBBÄCKER
Ggs: Losbäcker, Weißbäcker

Lit: Adelung 2:55; DRW 3:432; Krünitz 12:282; Pies (2002d) 26; Schiller-Lübben 5:209

Fastbecker ↗ Fastbäcker

Fastenknecht 'Gehilfe des Abdeckers'; er ist in der Fastenzeit in der Stadt unterwegs, um herrenlose Hunde zu töten
W: KNECHT
Syn: SCHINDER

Lit: Barth 1:244; DRW 3:433; Grimm 3:1353; Schmid, Schwäb. Wb 182

Fatzelwirker 'Handwerker, der feine Schleier (durch Wirken oder Stricken) herstellt'; meist von Frauen ausgeführt ❖ zu mhd. *fatzanetlîn* 'Sacktuch', zu *Fetzen*, 'Fetzentüchlein, Schnupftuch'; vielleicht beeinflusst von ital. *fazzoletto* 'Taschentuch'; vgl. tirolisch *fatzle* 'Fransen am Tuch, kleine Fetzen'; mhd. *wirker, würker, wirkerinne, würkerinne* 'wer etwas ins Werk setzt, schafft', zu *wirken, würken* 'tätig sein, wirken' in der speziellen Bedeutung 'nähend, stickend, webend verfertigen'
W: *Wirker*
Syn: Schleiermacher, Schleierwirker, Schmalweber

Lit: Grimm 3:1365 (Fatzenet, Fatzilet); Reith (2008) 254; Schmeller 1:780 (Fazilett); TirWb 1:159

Faud ↗ Faut

Faulhäker ↗ Vollhöker

Faustrichter 'Henker, Scharfrichter'; von der Vorstellung, dass der Henker mit der Hand, Faust richtet
Syn: SCHARFRICHTER

Lit: DRW 3:438; Grimm 3:1384

Faustschmid ↗ Faustschmied

Faustschmied Faustschmid 'Handwerker, der Eisen verarbeitet'; vor der Einführung der Wasserhämmer; später auch für Schlosser und Hufschmiede
W: *Schmied*

Lit: Ast/Katzer (1970) 196; SteirWb 215

Faut Faud, Fauth 'Vogt'; ältere Schreibung ❖ mhd. *faut* 'Vogt'
W: *Ausfaut*

Syn: *Vogt*

Lit: Barth 1:245; Grimm 3:1385; PfälzWb 2:1078; Schmeller 1:690; Zedler 9:341

Fauth ↗ Faut

Fayencemaler ↗ *Maler*

Fazenetliweber 'Weber, der kleine Tüchlein, Taschentücher herstellt'; schweiz. ❖ zu mhd. *fatzanet, fatzanetlîn* 'Sacktuch', aus ital. *fazzoletto* 'Taschen-, Halstuch'
W: WEBER

Lit: Idiotikon 15:102

Fechler ↗ Fechner

Fechner Fechler 'Kürschner, der wertvolle Pelze, bes. von Hermelin, verarbeitet' ❖ zu *Feh* 'sibirisches Eichhörnchen'. Aus ahd. *fêh* 'bunt' wird mhd. *vêch* 'buntes Pelzwerk' und schließlich 'Hermelin'
FN: Fechner, Fechler, Feher, Fehr
Syn: KÜRSCHNER

Lit: Barth 1:245; Gottschald 180; Grimm 3:1386 (fech); Heydenreuter (2010) 71; Kluge 283 (Feh); Linnartz 65; Palla (1994) 88; Volckmann (1921) 56

FECHTER lat. *gladiator, pugnator* 1. 'Person, die berufsmäßig zur öffentlichen Unterhaltung Fechtkämpfe ausführt'; sie waren rechtlos und traten im Mittelalter auf Jahrmärkten auf. 2. 'Soldat' ❖ mhd. *vehter* 'Fechter, Kämpfer; herumziehender, kampfsuchender Ritter'
FN: Fechter, Fecht, Fechte, Fechtler, Vächter
W: Klopffechter, Kunstfechter, Lohnfechter, Schaufechter
Syn: Balger, Kämpfer, Katzenritter, Merzmann, Schirmer, Voltisierer

Lit: Barth 1:245; Diefenbach 264, 471; DRW 3:441; DudenFN 237; Frühmittellat. RWb; Gottschald 180; Grimm 3:1390; Linnartz 65; Schaer (1901) 13, 205

Fechtmeister lat. *lanista* 'Lehrer im Degen- und Säbelfechten'; Fechten war eine wichtige Ausbildung der adeligen Jugend; heute noch für die Ausbildung von Schauspielern oder für studentisches Fechten gebräuchlich
W: Meister
Syn: Schirmmeister
Vgl: Tanzmeister

Lit: Adelung 2:64; Barth 1:245; Diefenbach 317; Frühmittellat. RWb; GoetheWb 3:618; Grimm 3:1392

Fecker 'Person, die Maße kontrolliert und eicht'; verwandt mit ↗ Fächter; zu *fecken, erfecken* 'messen, prüfen, eichen' ❖ durch Lautumstellung entstanden aus *fächten*, mhd. *phahten* 'in Gesetzesform bringen, gesetzlich oder vertraglich bestimmen' und *fechten* 'wetteifern, um die Wette arbeiten'
W: Messfecker, Milchfecker, °Waagfecker
Syn: EICHMEISTER

Lit: DRW 3:441; Idiotikon 1:728

Fedeler ↗ Fiedler

Federbeamter ↗ Federbediener

Federbediener Federbeamter 'Bergbauangestellter in der Verwaltung im Ggs. zu den im Bergwerk Arbeitenden'; auch in der Form *Beamter von der Feder*
W: Bediener
Syn: Lederbeamter
Ggs: Lederbediener

Federfärber ↗ *Färber**

Federläufer 'Händler, der Bettfedern aufbereitet und vertreibt' ❖ *Läufer* i. S. v. 'Ausläufer, Händler'
W: Läufer
Syn: Federstäuber

Lit: Adelung 2:68; Heinsius 1:76

Federnschneider ↗ Federschneider

Federputzer 'Handwerker, der Federn färbt und daraus Verzierungen für Kleider, Hüte usw. herstellt' ❖ zu mhd. *vëdere, vëder* 'Feder'; mhd. *butzen* 'putzen, aufschmücken'
Syn: FEDERSCHMÜCKER

Lit: Palla (2010) 62

Federputzmacher ↗ 'Federputzer'
W: Putzmacher
Syn: FEDERSCHMÜCKER
Lit: Barth 1:246

Federschleißer 'Person, die Flaumfedern für Betten abreißt'; meist von Frauen ausgeübt ❖ zu mhd. *slīzen* 'spalten, reißen, zerreißen'
Lit: Barth 1:246; Grimm 3:1406

Federschmucker ↗ FEDERSCHMÜCKER

FEDERSCHMÜCKER Federschmucker; lat. *plumarius* 'Handwerker, der Federn färbt und daraus Verzierungen für Kleider, Hüte usw. herstellt'; die Federn wurden für Hutschmuck, Besatz an Damenkleidern, Federbüsche für Uniformen, Schals, Quasten u. Ä. verwendet ❖ zu mhd. *vëdere, vëder* 'Feder'; ↗ Schmücker
W: Schmücker
Syn: Bouquetier, Federputzer, Federputzmacher, Federstutzer, Federweiler, Panachier, Plumassier
Lit: Adelung 2:69; Barth 1:246; Diefenbach 442; Frühmittellat. RWb; Grimm 3:1406; Krünitz 12:394; Palla (2010) 62

Federschneider Federnschneider 'Handwerker, der aus Gänsefedern Schreibfedern herstellt'; verwendet wurden vor allem die äußeren Schwungfedern; Gänsekiele waren vom 13. bis 19. Jh. das übliche Schreibgerät und wurden dann erst durch Stahlfedern abgelöst
W: °Kielfedernschneider, SCHNEIDER
Syn: Kalamalmacher, Posenschaber
Lit: Barth 1:246; Palla (2010) 64

Federschütz Federschütze 1. 'auf Federwild und Kleintiere spezialisierter Jäger'. 2. 'Jäger mit besonderer Geschicklichkeit, Tiere im Flug zu treffen' ❖ zu mhd. *schütze* 'Schütze, Bogen-, Büchsen-, Armbrustschütze', abgeleitet von *schießen*
W: Schütze
Syn: Feldjäger, Feldschütz, Flugschütz, Reisejäger
Lit: Adelung 2:69; Grimm 3:1406; Krünitz 12:415

Federschütze ↗ Federschütz

Federstäuber 'Händler, der Bettfedern vertreibt'; vermutlich scherzhafte Übertragung von *Federstäuber* in der konkreten Bedeutung 'Federbesen, Staubwedel'
Syn: Federläufer
Lit: Adelung 2:69; Grimm 3:1409; Krünitz 12:393; Pierer 6:156

Federstutzer ↗ 'Federschmücker' ❖ die Bedeutung hängt wohl mit dem Verb *stutzen* für 'kurz schneiden' (vgl. *Stutzen* für etwas Abgeschnittenes: Trinkgefäß, Gewehr, Kniestrumpf) zusammen, bezieht sich möglicherweise auf ein abgeschnittenes modisches Kleidungsstück
Syn: FEDERSCHMÜCKER
Lit: Adelung 2:69; Barth 1:246; Götze 212; Grimm 3:1409; Kluge 896 (Stutzen)

Federweiler ↗ 'Federschmücker'; oft Nebenarbeit der Hutstaffierer, Barettkrämer u.a. ❖ zu *Weil* 'Nonnenschleier', mhd. *wîl, wîle* 'Schleier, bes. Nonnenschleier, -haube', aus lat. *velum* 'Segel; Decke, Vorhang'
Syn: FEDERSCHMÜCKER
Lit: Adelung 2:70; Grimm 3:1410; Grimm 28:762; Krünitz 12:395

Fege ↗ *Feger*

Feger Fege; lat. *scoparius* 1. 'Person, die etwas reinigt'; in Zusammensetzungen. 2. 'Straßenkehrer'. 3. ↗ 'Schwertfeger' ❖ zu mhd. *vegen* 'fegen, reinigen, putzen, scheuern'
FN: Feger (für den *Schwertfeger* oder *Schornsteinfeger*), Veeger, Fegers, Fegert
W: Abtrittfeger, Bornfeger, Brunnenfeger, Dreckfeger, Essenfeger, Feuermauerfeger, Gassenfeger, Grabenfeger, Häusleinfeger, Heimlichkeitsfeger, Hellefeger, Horbfeger, Kaminfeger, Kemmetfeger, Kemmichfeger, Kenderfeger, Rahmfeger, Schachtfeger, Schlotfeger, SCHORNSTEINFEGER*, Schundfeger, SCHWERTFEGER, Sekretfeger, Winkelfeger
Lit: Adelung 2:71; Barth 1:246; DudenFN 237; Gottschald 180; Grimm 3:1415; Linnartz 65

Fehmer ↗ Femer

Fehmgraf ↗ Femgraf

¹Fehmmeister 'Person, die die zur Fehme getriebenen Tiere beaufsichtigt'; norddt.; Bauern konnten gegen eine Gebühr die Schweine zur Mast (*Fehme*) in die [Eichen]wälder treiben ❖ zu mnd. *veme* 'Eichelmast'
  W: *Meister*
  Syn: Mastmeister
  Lit: DRW 3:451 (Fehme); Krünitz 12:424 (Fehm); Schiller-Lübben 5:231

²Fehmmeister ↗ Femmeister

Fehmrichter ↗ Femrichter

Fehring Fähring, Ferig 'Fährmann, Flößer' ❖ mhd. *ver, vere, verje, verige, verge* 'Schiffer, Fährmann'
  W: °Donaufähring
  Syn: Ferge, Urfahrer
  Lit: DRW 9:257 (Marktfähring); Neweklovsky (1964) 346

Feilbacher ↗ Feilbäcker

Feilbäck ↗ Feilbäcker

Feilbäcker Failbeck, Feilbacher, Feilbäck, Feilbeck 'Bäcker, der Brot aus eigenem Mehl für den Verkauf im eigenen Laden backt, im Ggs. zum bestellten, ins Haus gelieferten Brot'; oberdt. ❖ mhd. *veilbecker* 'Bäcker, der Brot zum Feilhaben verkauft', zu mhd. *veile, veil* 'feil, käuflich'
  W: BÄCKER*
  Syn: Feiler
  Ggs: Heimbäcker
  Vgl: Feilmetzger, Feilschlächter
  Lit: Adelung 2:82; Barth 1:247; DRW 3:458; Grimm 3:1448; Idiotikon 4:961; Krünitz 12:478; Schmeller 1:707 (Failbeck); WBÖ 2:772

Feilbeck ↗ Feilbäcker

FEILDIRNE lat. *meretrix* 'Prostituierte' ❖ zu mhd. *dierne, diern, diren, dirn* 'Dienerin, Magd; Mädchen; feile Person, Dirne'; mhd. *veile, veil* 'feil, käuflich'
  W: Buhldirne, Dirne, Lustdirne
  Syn: Ambubaya, Badreiberin, Freitochter, Gliede, Glunte, Hübscherin, Metze, Slune
  Lit: Barth 2:170; Diefenbach 357; Frühmittellat. RWb

Feilehauer ↗ Feilenhauer

Feilenhauer Feilehauer, Feilhauer, Felehauwer, Feulenhauwer, Velehauer; lat. *faber limarum* 'Schmied, der Feilen und Raspeln herstellt'; wegen der besonderen Techniken des Schlagens der Oberfläche und der Härtung des Metalls entstand eine eigene Berufsgruppe ❖ mhd. *vîlenhouwer* 'Feilenhauer', zu mhd. *vîle* 'Feile'
  FN: Feilhauer, Veelhauer, Fehlhauer, Vielhauer
  W: HAUER
  Syn: Feilenschmied, Feiler, Raspelhauer
  Lit: Adelung 2:83; Barth 1:247; DudenFN 238; Gottschald 181; Grimm 3:1449; Krünitz 12:502; Linnartz 66; Palla (2010); Pies (2005) 53; Reith (2008) 74; Zedler 9:433

Feilenschmid ↗ Feilenschmied

Feilenschmied Feilenschmid, Feilschmied
  ↗ 'Feilenhauer'
  W: *Schmied*
  Syn: Feilenhauer, Feiler, Raspelhauer
  Lit: Barth 1:247; Linnartz 66; Pies (2005) 53; Reith (2008) 74

Feiler Feilner; lat. *limator* 1. ↗ 'Feilenhauer'. 2. ↗ 'Feilbäcker' ❖ 1.: mhd. *vîler* 'Feilenhauer', 2.: zu mhd. *veile, veil* 'feil, käuflich'
  FN: Feiler, Feilner, Failer, Failner, Feyler, Feuler, Feulner, Veiler, Föhl, Föhler
  W: Messingfeiler, Rinkenfeiler, Rohrfeiler, Sägenfeiler, Zeugfeiler
  Syn: BÄCKER*, Feilbäcker, Feilenhauer, Feilenschmied, Raspelhauer
  Lit: Diefenbach 329; DudenFN 238; Frühmittellat. RWb; Gottschald 181; Grimm 3:1449; Idiotikon 1:774 (Verb); Linnartz 66

Feilhauer ↗ Feilenhauer

Feilkäufler 1. 'Pfandleiher'. 2. 'Trödler, Altwarenhändler' ❖ zu mhd. *veil, veile* 'käuflich'
W: *Käufler*
Lit: DRW 3:462

Feilmetzger 'Fleischer, der für den Verkauf im eigenen Laden und auf eigene Rechnung arbeitet'
W: METZGER
Syn: Feilschlächter
Vgl: Feilbäcker
Lit: Barth 1:247

Feilner ↗ Feiler

Feilschlächter ↗ 'Feilmetzger'
W: Schlachter
Syn: Feilmetzger
Vgl: Feilbäcker
Lit: DRW 3:463

Feilschmied ↗ Feilenschmied

Feilträger 1. 'Hausierer'. 2. 'Altwarenhändler'. 3. 'Pfandleiher' ❖ zu mhd. *veile, veil* 'feil, käuflich'
W: *Träger*
Syn: KRÄMER
Lit: Barth 1:247; DRW 3:464; Grimm 3:1450

FEINBÄCKER 'Bäcker, der Brot und Gebäck aus Weizenmehl herstellt'; heute Berufsbezeichnung für *Konditor*
W: BÄCKER*
Syn: Fladenbäcker, Flader, Kuchenbäcker, Küchleinbäcker, Küchler, Losbäcker, Mandolettibäcker, Schönbäcker, Süßbäcker, Weißbäcker, Weizenbäcker
Ggs: GROBBÄCKER
Vgl: ZUCKERBÄCKER
Lit: Barth 1:247; Reith (2008) 25; Volckmann (1921) 18

Feindrahtzieher ↗ 'Drahtzieher, der dünne Drähte herstellt'
W: DRAHTZIEHER

Syn: Kleindrahtzieher
Ggs: Grobddrahtzieher
Lit: Reith (2008) 61

Feinfiltmacher ↗ Filzmacher

Feinspitzer ↗ 'Nadler, der die Nadelspitzen auf einer feinen Metallscheibe poliert'
Syn: Besserspitzer
Lit: Adelung 2:88; Grimm 3:1464

Feirschlosmacher ↗ Feuerschlossmacher

Feirschlosmaker ↗ Feuerschlossmacher

Feitelmacher Feitler 'Handwerker, Messerschmied, der Taschenfeiteln herstellt'; d.s. einfache Taschenmesser mit einer umklappbaren Klinge, in traditioneller Handwerkskunst hergestellt; eigentlich *Fältelmesser* zu *Faltmesser*
Syn: Messerschmied
Lit: Museumsdorf Trattenbach (Internet); OÖWb 79 (Feitl); SteirWb 217

Feitler ↗ Feitelmacher, Pfeidler

Felbaweber ↗ Felbenweber

Felbenweber Felbaweber, Felberweber 'Handwerker, der mit Weiden Körbe u.Ä. flicht' ❖ zu mhd. *vëlwer, vëlwe, fëlber, fëlbe* 'Weide, Weidenbaum'
W: WEBER
Syn: KÖRBER
Lit: Barth 1:247; Grimm 3:1474; Schmeller 1:710 (Felber)

Felbereder ↗ Fellwerkbereiter

Felberweber ↗ Felbenweber

Feldarzt 'Bader, Wundarzt beim Militär'
W: ARZT*
Syn: Feldchirurg, Feldmedicus, Feldscherer
Lit: Adelung 2:92; Barth 1:248; Grimm 3:1480; Pies (2005) 20

Feldbäck ↗ Feldbäcker

Feldbäcker Feldbäck, Feldbecker 'Bäcker für die Truppenversorgung während des Krieges' ❖ *Feld* hier in der Bedeutung 'Schlachtfeld'
W: *BÄCKER**

Lit: Adelung 2:92; Barth 1:248; Grimm 3:1480; WBÖ 2:792

Feldbannwart ↗ Bannwart

Feldbauer 1. 'Bauer im Flachland im Ggs. zum Bergbauern'. 2. 'Bergmann'; zu *Feldbau:* Abbau in einem *Abbau-, Grubenfeld,* d.i. 'ein an der Erdoberfläche abgegrenzter Bereich für den unterirdischen Abbau' ❖ mhd. *vëltbûwære* 'Bergmann'
W: *BAUER*
Syn: HAUER

Lit: Adelung 2:92; Barth 1:248; DRW 3:472; Grimm 3:1480; Heilfurth (1981) 144; Krünitz 12:512; Veith 183

Feldbecker ↗ Feldbäcker

Feldchirurg Feldchirurgus 'handwerklich ausgebildeter Arzt für chirurgische Eingriffe, wie Operationen oder Amputationen, beim Militär'
W: *CHIRURG*
Syn: Feldarzt, Feldmedicus, Feldscherer

Lit: Adelung 2:93; Grimm 3:1480 (Feldchirurgus); Höfer 1:209 (Feldchirurgus)

Feldchirurgus ↗ Feldchirurg

Feldgärtner lat. *semirusticus* 1. 'Landarbeiter'. 2. 'Kleinbauer mit einem kleinen abgegrenzten Stück Land'
Syn: KLEINBAUER*, *Knecht,* Graser, Rattei, Schinagel

Lit: Barth 1:248; DRW 3:476; Grimm 3:1482 (Feldgarten)

Feldgerichtsschreiber 'Schriftführer an einem Militärgericht'; schweiz.
W: Gerichtsschreiber, *Schreiber*

Lit: DRW 3:477; Idiotikon 9:1550

Feldgeschworener Feldgeschworner 1. 'Geschworener im Feldgericht'; d.i. ein Gericht, das im Gebiet der Gemeinde abgehalten wird und oft Grenzstreitigkeiten behandelt. 2. 'beeidetes Gemeindemitglied, das für die Richtigkeit der Grenzsteine zuständig ist'
W: *Geschworener*
Syn: Feldrichter, FELDSCHEIDER, Märker

Lit: Barth 1:248; DRW 3:475; Grimm 3:1482; Krünitz 12:514 (Feldgericht)

Feldgeschworner ↗ Feldgeschworener

Feldhay ↗ Feldhei

Feldhei Feldhay, Feldhey 'Wächter, der Fluren vor Eindringlingen bewacht oder Tiere vor dem Entweichen aus Einfriedungen hindert; Flur-, Feldwächter' ❖ mhd. *vluorheie* 'Flurschütze', zu mhd. *heie* 'Hüter, Pfleger', *heien* 'wachsen, aufziehen, hegen'
W: *Hei*
Syn: Flurhei, FLURSCHÜTZ

Lit: DRW 3:479

Feldhey ↗ Feldhei

Feldhirt Feldhirte 'Flur-, Feldwächter' ❖ mhd. *vëlthirte* 'Feldhirt'
W: *Hirt*
Syn: FLURSCHÜTZ

Lit: Adelung 2:96

Feldhirte ↗ Feldhirt

Feldhüter 1. 'Wächter, der Fluren vor Eindringlingen bewacht oder Tiere vor dem Entweichen aus Einfriedungen hindert; Flur-, Feldwächter'. 2. 'Pfändungsbeamter'; im Zusammenhang mit der Tätigkeit als Flurwächter, da er das Recht auf Pfändung hatte
Syn: FLURSCHÜTZ, Pfänder

Lit: Adelung 2:96; Barth 1:249; Grimm 3:1484; Krünitz 12:519; Schmeller 1:711

Feldjäger 1. 'auf Federwild und Kleintiere spezialisierter Jäger'. 2. 'leicht bewaffneter Sol-

dat mit Jägerausrüstung'; im militärischen Sinn nach Zeit und Ort in unterschiedlicher Bedeutung, oft als Kurier. In Preußen bestand das Feldjägerkorps aus gelernten Forstbeamten
W: *Jäger*
Syn: Federschütz, Feldschütz, Flugschütz, Reisejäger

Lit: Adelung 2:96; Barth 1:249; DRW 3:480; Grimm 3:1485

Feldknecht 1. 'Gehilfe des Abdeckers'. 2. 'Wächter, der Fluren vor Eindringlingen bewacht oder Tiere vor dem Entweichen aus Einfriedungen hindert; Flur-, Feldwächter'
W: KNECHT
Syn: FLURSCHÜTZ, SCHINDER

Lit: DRW 3:480

Feldkurat 'katholischer Militärgeistlicher'; bes. österr.; kommt im veralteten Sprachgebrauch noch vor ❖ zu mlat. *curatus*, aus lat. *curatus* Partizip Perfekt von *curare* 'Sorge tragen; heilen'; *Feld* i. S. v. 'Kriegsschauplatz'

Lit: DudenGWDS

Feldläufer 'Flur-, Feldwächter (mit Recht auf Pfändung)'; häufiger in der Bedeutung 'Flurbuch, Grundstücksverzeichnis' und als Vogelart belegt
W: *Läufer*
Syn: EXEKUTOR, FLURSCHÜTZ

Lit: Adelung 2:98; DRW 3:480; Grimm 3:1486

Feldmedicus 'Militärarzt'
W: Medicus
Syn: Feldarzt, Feldchirurg, Feldscherer

Feldmeister Feldtmeister, Feltmeister 'Abdecker'; die Arbeit wurde auf freiem Feld durchgeführt
W: *Meister*
Syn: SCHINDER

Lit: Adelung 2:99; Barth 1:250; DRW 3:482; Grimm 3:1486; Höfer 1:9; Krünitz 12:522; Pies (2001) 38; Pies (2005) 10

Feldmetzger Veldmezger 'Abdecker, ↗ Feldmeister'
W: METZGER
Syn: SCHINDER

Lit: DRW 3:483

Feldmetzler Feltmetzeler ↗ 'Feldmetzger'
W: Metzler
Syn: SCHINDER

Feldpfeifer ↗ Pfeifer

Feldrichter 1. 'Gemeindefunktionär, der für Gemeindegelder und -güter verantwortlich ist'. 2. ↗ 'Dorfrichter'. 3. 'Militärrichter, Auditor' ❖ mhd. *veltrihter* 'Vorsitzender des Feldgerichts'
Syn: Bauermeister, Feldgeschworener

Lit: Grimm 3:1488; Idiotikon 6:450; Krünitz 12:529

Feldschärer ↗ Feldscherer

FELDSCHEIDER Feldschieder; lat. *geometra*, *geometricus*, *mensor* 1. 'Landvermesser'. 2. 'Beamter, der die Gemeinde- und Flurgrenzen und Wege beaufsichtigt'. 3. ↗ 'Feldgeschworener' ❖ zu mhd. *schîden*, *scheiden* 'scheiden, trennen'
W: Scheider
Syn: Baukondukteur, Erdreichsmesser, Eschscheider, Feldgeschworener, Feldungergänger, Grenzscheider, Landscheider, Märker, Pfähler, Pfahlherr, Siebner, Steiner, Steinsetzer, Umgänger, Untergänger

Lit: Adelung 2:101; Barth 2:121, 169; Diefenbach 260, 356; DRW 3:486 (Feldscheide); Frühmittellat. RWb; Grimm 3:1487; Krünitz 12:527; Zedler 9:483, 826 (Agrimensores)

Feldscher ↗ Feldscherer

Feldscherer Feldschärer, Feldscher, Feldtscherer, Fellscherer, Felscher, Veltscheerer 'Bader, Wundarzt beim Militär'; er hatte die Soldaten ärztlich zu versorgen, zu rasieren und ihnen die Haare zu schneiden ❖ zu *Feld* i. S. v. '(Schlacht)feld des Kampfes, des Heerlagers'; zu mhd. *schërn* 'schneiden, ab-

schneiden, (Haare, Bart) scheren'; urspr. waren die Feldschere hauptsächlich Barbiere
W: Scherer
Syn: Feldarzt, Feldchirurg, Feldmedicus

Lit: Adelung 2:101; Barth 1:250; DRW 3:486; Goerke (1987) 142; Grimm 3:1488; Höfer 1:209; Palla (2010) 66; Pies (1977); Pies (2005) 20; Reddig (2000) 114; Reith (2008) 20

Feldschieder ↗ FELDSCHEIDER

Feldschöppe 'Schöffe oder Beisitzer eines Feldgerichts'; d.i. auf dem Feld der Gemeinde abgehaltenes Gericht bes. über Grenzstreitigkeiten ❖ ↗ Schöppe
W: Schöppe
Syn: DINGWART

Lit: Adelung 2:102; DRW 3:475 (Feldgericht)

Feldschreiber 1. 'Sekretär der im Feld befindlichen Truppe; Regimentssekretär'. 2. 'Militärbeamter, der bei der militärischen Musterung das Protokoll führt'. 3. 'Militärbeamter, der das Verzeichnis über Truppen, Bewaffnung und Ausstattung führt'
W: Schreiber
Syn: Musterschreiber, Zeugschreiber

Lit: Adelung 2:102; Barth 1:250; DRW 3:487; Grimm 3:1489; Idiotikon 9:1538

Feldschuldheiß ↗ Feldschultheiß

Feldschultheiß Feldschuldheiß 'Militärrichter, Auditor'
W: *Schultheiß*

Lit: DRW 3:487; Grimm 3:1489

Feldschütz Feldschütze 1. 'Flur-, Feldwächter'. 2. 'Beamter mit juristischen Vollmachten (Pfändungsbeamter, Richter) im Zusammenhang mit der Tätigkeit als Flurschütz' ❖ mhd. *schütze* 'Wächter, Flur-, Waldschütze'
W: Schütze
Syn: Federschütz, Feldjäger, Flugschütz, FLURSCHÜTZ

Lit: Adelung 2:102; Barth 1:250; DRW 3:487; Grimm 3:1489; Krünitz 12:534; Linnartz 66

Feldschütze ↗ Feldschütz

Feldtmeister ↗ Feldmeister

Feldtscherer ↗ Feldscherer

Feldtwaibel ↗ Feldweibel

Felduntergänger 'Beamter oder beeidetes Gemeindemitglied, das Grundstücksgrenzen festsetzt und Grenzstreitigkeiten beilegt' ❖ ↗ Untergänger
W: Gänger, Untergänger
Syn: FELDSCHEIDER

Lit: DRW 3:489

Feldvogt 1. 'Betriebsleiter für die Ackerwirtschaft eines Gutes und Vorgesetzter der Fröner und Landarbeiter'. 2. 'Flur-, Feldwächter'. 3. 'Beamter mit juristischen Vollmachten (Pfändungsbeamter, Richter)'
W: *Vogt*
Syn: EXEKUTOR, FLURSCHÜTZ, Stoppelvogt

Lit: Adelung 2:103; DRW 3:490; Grimm 3:1491; Krünitz 12:535

Feldwächter ↗ 'Feldhüter'
W: *Wächter*
Syn: FLURSCHÜTZ

Lit: Adelung 2:103; Barth 1:250; Grimm 3:1491

Feldwaibel ↗ Feldweibel

Feldwebel ↗ Feldweibel

Feldweibel Feldtwaibel, Feldwaibel, Feldwebel, Veldwaibl, Veltweywel; lat. *optio* 1. 'Unteroffizier, der ein Fähnlein befehligt; Feldwebel'. 2. 'Ausbilder der Soldaten'. 3. 'Feld-, Flurhüter'; schweiz. ❖ mhd. *weibel* 'Gerichtsbote, -diener'; *Feld* i. S. v. Schlachtfeld; die Form *-webel* ist urspr. mitteldt.
W: Weibel
Syn: FLURSCHÜTZ

Lit: Adelung 2:103; Barth 1:251; DRW 3:490; Frühmittellat. RWb; Idiotikon 15:122; Kluge 286; Pies (2005) 161

Feldweider Feltweider 'Abdecker'
   Syn: SCHINDER

Feldweidleute ↗ Feldweidmann

Feldweidmann Feltweidmann; Plural: *Feldweidleute* 'Abdecker'; sie verrichteten ihre Arbeit auf dem Feld (außerhalb der Stadt)
   W: *Mann*, Weidmann
   Syn: SCHINDER
   Lit: DRW 3:490 (Feldweidleute); Grimm 3:1492 (Feldweidleute)

Feldwundarzt ↗ WUNDARZT

Felehauwer ↗ Feilenhauer

Felgenhauer Fellhauer 'Wagner, Stellmacher'; zur Bedeutung ↗ Wagner; die Form *Fell-* ist zusammengezogen aus *Felgen* ❖ mhd. *velgenhouwer* 'Felgenmacher'
   FN: Felgenhauer, Felgenheuer, Felgenheier, Felgenauer, Felgeneyer, Fellhauer
   W: HAUER
   Syn: WAGNER
   Lit: Adelung 2:105; Barth 1:251; DudenFN 239; Gottschald 181; Grimm 3:1494; Krünitz 12:539; Linnartz 66

Felger Felgner 'Wagner, Stellmacher'; urspr. ein Handwerker, der das Rad mit Felgen versah, dann allgemein für 'Wagner' ❖ zu mhd. *vëlge* 'Radfelge'
   FN: Felger, Felgener, Felgner, Fellger, Felgler
   Syn: WAGNER
   Lit: Barth 1:251; DRW 3:491 (Felget); DudenFN 239, 240; Gottschald 181; Linnartz 66

Felgner ↗ Felger

Fellbereiter ↗ Fellwerkbereiter

¹Fellhauer Fellhauwer 1. 'Arbeiter in der Gerberei, der das Fell enthaart und glättet'. 2. 'Gerber' ❖ zu mhd., mnd. *vel* 'Haut, Fell'; mhd. *houwen* 'hauen, hacken, umhauen, bearbeiten'; mhd. *houwer* 'jmd., der haut'
   W: HAUER
   Syn: GERBER*
   Lit: Reith (2008) 83

²Fellhauer ↗ Felgenhauer

Fellhauwer ↗ Fellhauer

Fellnapper Fellnäpper, Fellnepper 1. 'Gerber, der mit seinen Fellen hausieren geht'; vielfach abwertend, da häufig Betrügereien im Spiel waren. 2. 'Handwerker, der seine Arbeit [ohne Berechtigung und] ohne Zunftzugehörigkeit ausübt' ❖ Herkunft unsicher; vielleicht zu mhd., mnd. *noppen* 'die Wollflocken, Fäden, Unreinlichkeiten von den Fellen entfernen; rupfen, zupfen'; oder zu mhd. *gnaben, gnappen* 'wackeln, hinken'
   Syn: BÖNHASE, Fellträger
   Lit: Adelung 2:106; Barth 1:252; DRW 3:492; Grimm 3:1499; Krünitz 12:544; Schiller-Lübben 3:196

Fellnäpper ↗ Fellnapper

Fellnepper ↗ Fellnapper

Fellpflücker 'Arbeiter in der Gerberei, der das Fell enthaart' ❖ zu *pflücken* in der Bedeutung 'zupfen, reißen'
   Syn: GERBER*
   Lit: Grimm 13:1771 (pflücken); Reith (2008) 84

Fellscherer ↗ Feldscherer

Fellschlachter 'Abdecker'; er verarbeitet auch Häute und Felle
   W: Schlachter
   Syn: SCHINDER

Fellschmitzer 'Färber, der vor allem Felle und Leder färbt' ❖ zu *schmitzen* 'färben (dass es wie Samt aussieht)', zu mhd. *smuz* 'Schmutz'
   W: Schmitzer
   Syn: Schwarzfärber
   Lit: Adelung 2:107; Barth 1:252; Krünitz 12:544; Schmeller 2:562 (Schmitzen [Farbe])

Fellträger 'herumziehender Fellhändler'

W: *Träger*
Syn: Fellnapper
Lit: Barth 1:252; DRW 3:492; SteirWb 219

Fellwerkbereiter Felbereder, Fellbereiter, Velbereider **1.** 'Kürschner'. **2.** 'Handwerker, der Kleidungsstücke u.Ä. mit Pelzen anderer Farbe verbrämt oder füttert' — zu *Fellwerk* 'Pelz-, Rauchware' ❖ zu mhd., mnd. *vel* 'Haut, Fell'
W: *Bereiter*
Syn: GERBER*, KÜRSCHNER
Lit: Adelung 2:107 (Fellwerk); Barth 1:252; Grimm 3:1499; Hoffmann Wb 2:292

Felscher ↗ Feldscherer

Feltmeister ↗ Feldmeister

Feltmetzeler ↗ Feldmetzler

Feltweider ↗ Feldweider

Feltweidmann ↗ Feldweidmann

Femegraf ↗ Femgraf

Femer Fehmer, Vemer **1.** 'Henker, Scharfrichter'. **2.** 'Richter in einem Femegericht' ❖ mhd. *vëmer* 'Nachrichter, Henker', zu mhd. *vëme* 'Strafe, Verurteilung'
Syn: SCHARFRICHTER
Lit: DRW 3:493; Grimm 3:1517; Schmeller 1:719

Femgraf Fehmgraf, Femegraf 'Vorsitzender des Femgerichtes' ❖ mhd. *vëmegrâve* 'Vorsitzender des Femgerichtes'
W: *Graf*
Lit: DRW 3:495; Grimm 3:1517

Femmeister Fehmmeister 'Scharfrichter, Henker' ❖ mhd. *vëmemeister* 'Nachrichter, Henker'
W: *Meister*
Syn: SCHARFRICHTER
Lit: DRW 3:495

Femrichter Fehmrichter 'Richter in einem Femegericht' ❖ mhd. *vëmerihter*

W: *Richter*
Syn: Stuhlherr
Lit: DRW 3:496

Fenstermacher lat. *fenestrarius* **1.** ↗ 'Glaser'. **2.** 'Tischler, der auch Fenster verglast'; nach der Abspaltung der Tischler von den Zimmerleuten ergab sich eine Zusammenarbeit mit den verwandten Berufen Schnitzer und Glaser. **3.** 'Glaser, der Butzenscheiben oder Fensterscheiben in Blei einsetzt'; norddt.
FN: Fenstermacher
Syn: Bleiglaser, Glaser*, TISCHLER
Lit: Barth 1:252; Diefenbach 229; DudenFN 240; Reith (2008) 93, 212

Ferber ↗ Färber*

Ferche ↗ Ferge

Ferer ↗ Fährer

Ferg ↗ Ferge

Ferge Färge, Ferche, Ferg, Ferger, Förge, Vercher, Verge 'Fährmann, Schiffs- oder Floßführer'; im gehobenen, veralteten Sprachgebrauch noch erhalten ❖ mhd. *ver, vere, verje, verige, verge* 'Schiffer, Fährmann'
FN: Ferg, Ferge, Ferger, Ferch, Ferche, Fercher, Fergg, Fehre, Föhr, Förg, Vörg, Voerch
W: Ausferge, Nauferge, °Seeferge, Urfahrferge
Syn: Fehring, Urfahrer
Lit: Adelung 2:112; Barth 1:253; DudenFN 241; Gottschald 182; Grimm 3:1529; Krünitz 12:610; Linnartz 67; Schmeller 1:754

Ferger ↗ Fergger, Ferge

Fergger Ferger, Fergker **1.** 'Spediteur'; schweiz. **2.** 'Geschäftsmann, der zwischen Kleinbetrieben und Verleger vermittelt'; bes. in der Textilindustrie; er lieferte die rohe Ware und übernahm und prüfte die verarbeitete Ware . **3.** 'Angestellter in der Fabrik, der die Ware zum Versand vorbereitet'. **4.** 'Hausierer, Trödler'; schweiz. ❖ zusammengezogen aus *Fertiger*; mhd. *vertiger, ferker* 'Salzsender'

W: Gutfergger, Seidenfergger
Syn: GUTFERTIGER

Lit: Barth 1:253; DRW 3:502; Grimm 3:1530; Idiotikon 1:1011

Fergker ↗ Fergger

Ferig ↗ Fehring

Ferler ↗ Farcher

Fertiger 'Unternehmer im Salzbergbau, der für Verpackung, Transport und Vertrieb des Salzes verantwortlich ist'; er hatte das Salz in die Verpackungsgefäße (Küfel) umzupacken, die Transportmittel (Schiffe) und das Verpackungsmaterial zu organisieren und seine Helfer zu bezahlen. Die Entlohnung erfolgte nach der Menge der abgefertigten Salzküfel; im oberösterr. Salzkammergut und in Salzburg, auf der Traun und auf der Donau; zu *abfertigen* 'abschicken, fertig machen' ❖ mhd. *vertiger* 'Salzsender'
W: GUTFERTIGER, Salzfertiger

Lit: Adelung 2:117 (fertigen); Barth 1:253; DRW 3:507; Neweklovsky (1964) 368; Palla (1994) 97; Patocka (1987) 294; Schraml (1932) 325 (u.a.)

Fertigmacher 'Glasbläser, der den vom Vorbläser angefangenen Stücken die endgültige Form gibt'
Syn: Glasaufbläser
Vgl: Anfänger, Vorbläser

Lit: Reith (2008) 90

Ferver ↗ *Färber**

Ferwer ↗ *Färber**

Fesselschneider Vezzelsneider 'Handwerker, der Riemen anfertigt, mit denen Pferde auf der Weide oder im Lager angebunden werden'; im Mittelalter ❖ zu mhd. *vezzel* 'Band; Teil des Pferdebeines zwischen Huf und unterstem Gelenk, wo man das Pferd beim Weiden anzubinden pflegt'; mhd. *vezzeler* 'Gürtler'
W: SCHNEIDER

Lit: Hormayr (1825) 7:206; Palla (1994) 98

Feßler ↗ Fässler

Festbäcker Festbecker 'Bäcker, der schwarzes, festes Brot backt'; im Ggs. zum weißen, lockeren Brot ❖ mhd. *vest, veste* 'nicht weich, fest, hart'
W: BÄCKER*
Syn: GROBBÄCKER
Ggs: Losbäcker, Weißbäcker

Lit: Barth 1:253; Krünitz 12:634

Festbecker ↗ Festbäcker

Festebauer 'Bauer, der sein Gut auf Dauer als Lehen innehat'; norddt. ❖ zu mnd. *veste* 'Handfeste, Dokument'; mnd. *vesten, vestenen* 'befestigen; bekräftigen, beglaubigen'
W: BAUER
Syn: Landsasse

Lit: Adelung 2:121; DRW 3:513; Grimm 3:1563 (festen); Schiller-Lübben 5:246

Fettenhauer ↗ Pfettenhauer

Fettkäufer ↗ Vetkoper

Fetzentandler 'Gebraucht-, Altwarenhändler mit Textilien'; bayr.-österr. ❖ zu spätmhd. *vetze* 'Fetzen, Lumpen'
W: Tandler
Syn: Kleiderhöker

Lit: Ebner (2009) 123; Grimm 3:1575 (Fetze); WBÖ 4:566

Fetzer Pfätzer, Pfetzer 1. 'Folterer, Henker'. 2. 'Abdecker' ❖ rotwelsch *fetzen* 'schneiden; abdecken, schinden; hauen, stechen, verwunden'. *Fetzer* bedeutet im Rotwelschen 'Metzger'; zu *Pfetzer* vgl. rotwelsch *pfetzen* 'plagen', mhd. *pfetzen* 'zwicken, stechen'
FN: Pfetzer, Fetzer, Fezer, Fetzner
Syn: SCHINDER

Lit: Gottschald 384; Grimm 3:1576 (fetzen); Idiotikon 5:1207 (Pfetzer); Klepsch 1:565; Linnartz 67; Pies (2001) 38; Wolf (1956) 95, 244

Feuerarbeiter 'Handwerker, der Eisen verarbeitet und dazu Feuer verwendet'; z.B. Schlosser, Schmied; im Ggs. zu den ↗ Kaltschmieden
W: *Arbeiter*

Lit: Adelung 2:129 (Feuerarbeit); Ast/Katzer (1970) 107; Grimm 3:1588

Feuerbeschauer **Feuerschauer** 'Kontrolleur der Feuerstätten, Rauchabzüge und der Brennstofflagerung' ❖ mhd. *viurschouwer* 'der die *viurbeschouwe* (Feuerbeschau) zu halten hat'
W: *Beschauer*

Lit: DRW 3:526, 531; Grimm 2:907 (Feuerschau); Idiotikon 8:1620, 1623

Feuerbeuter ↗ Feuerböter

Feuerböter **Feuerbeuter, Füerböter, Fürböter, Vurboter** 'Feueranzünder, Heizer' ❖ zu mnd. *boten, buten* 'Feuer machen, anzünden'; mnd. *vûr* 'Feuer'; niederdt. *füer, füür* 'Feuer'
FN: Fürböter, Fürböther
W: -böter

Lit: DudenFN 263; Gottschald 124; Grimm 3:1589; Hermann-Winter (2003) 38; Lindow 73; Linnartz 73; Schiller-Lübben 1:406; Schiller-Lübben 5:562

Feueressenkehrer 'Handwerker, der den Ruß aus Schornsteinen entfernt'; unter *Feueresse* verstand man sowohl den gemauerten Teil des Hauses mit dem Schornstein als auch eine Esse in der Schmiede
W: *Essenkehrer, Kehrer*
Syn: SCHORNSTEINFEGER*

Lit: Barth 1:255; Grimm 3:1590; Krünitz 3:234 (Feueresse)

Feuergeschworener 'beeidete Person, die für Feuerbeschau und -schutz verantwortlich ist'
W: *Geschworener*
Syn: Feuergraf, Feuerherr, Feuermeister, Feuerreiter

Lit: DRW 3:528; Grimm 3:1593

Feuergraf **Feuergref, Feuergreve, Feurgref, Führgreff** 1. 'Beamter, der für Feuerbeschau und -schutz verantwortlich ist'. 2. 'Person, die Brandschäden schätzt'
W: *Graf*
Syn: Feuergeschworener, Feuerherr, Feuermeister, Feuerreiter

Lit: DRW 3:528

Feuergref ↗ Feuergraf

Feuergreve ↗ Feuergraf

Feuerherr 'behördlich beauftragte Person, die für das Feuerlöschwesen zuständig ist und die Brandbekämpfung beaufsichtigt' ❖ mhd. *viurhërre* 'der dem Feueramt vorsteht'
W: °*Erbfeuerherr, Herr*
Syn: Feuergeschworener, Feuergraf, Feuermeister, Feuerreiter

Lit: Adelung 2:132; Barth 1:255; DRW 3:529; Grimm 3:720, 1594

Feuerknecht 1. 'Mitglied einer Feuerwehr'. 2. 'Heizer, Feueranzünder'
W: KNECHT

Lit: Adelung 2:132; DRW 3:529

Feuerkünstler 1. 'Arbeiter, der das Feuer richtig einsetzen kann, bes. in der Chemie'. 2. 'Hersteller von Feuerwerkskörpern und Gestalter von Feuerwerken'
W: *Künstler*
Syn: Feuerwerker

Lit: Adelung 2:133 (Feuerkunst); Barth 1:255; Grimm 3:1596

Feuerläufer 'Bote, der zu Fuß benachbarte Orte bei einer Feuersbrunst verständigt und um Hilfe ruft'
W: *Läufer*
Syn: Feuerreiter

Lit: Adelung 2:133; Barth 1:255; DRW 3:529; Grimm 3:1596; Idiotikon 3:1146 (Fürläufer)

Feuermaler 'Maler, der Farben mit Hilfe von Feuer auf verschiedenen Materialien

(Email, Porzellan, Glas) aufbringt; Email-, Glas-, Porzellanmaler, Emailleur'
W: *Maler*

Lit: Pierer 6:243

Feuermann 1. 'Bergmann, der vor der Einfahrt der Kumpel die Grube nach schlagendem Wetter untersucht und sie gegebenenfalls anzündet'; eine Vorsichtsmaßnahme vor der Erfindung der Sicherheitslampen. **2.** 'Heizer'. **3.** 'Arbeiter am Schmelzofen'. **4.** 'Nachtwächter, der die Stadt in Hinblick auf ausbrechende Feuer beobachtet und Feuer meldet'. **5.** 'Mitglied der Feuerwehr'
FN: Feuermann
W: *Mann*
Syn: Fahrhäuer, Feuerwächter

Lit: Barth 1:255; Gottschald 183; Grimm 3:1596; Linnartz 67; Veith 184

Feuermauerfeger ↗ 'Feuermauerkehrer'
W: *Feger*

Feuermauerkehrer Feuermäuerkehrer, Feyermeyerkehrer 'Handwerker, der den Ruß aus Schornsteinen entfernt'; die *Feuermauer* war urspr. der gemauerte Teil eines Gebäudes, in dem der Rauch abgeführt wurde; die heutige Bedeutung 'Brandmauer' ist jünger ❖ zu mhd. *viurmûre* 'Kamin'
W: *Kehrer*
Syn: SCHORNSTEINFEGER*

Lit: Adelung 2:133; Barth 1:255; DRW 3:530; Grimm 3:1597; Krünitz 13:247; Pies (2002a) 51

Feuermäuerkehrer ↗ Feuermauerkehrer

Feuermeister 1. 'Beamter, der für Feuerbeschau und -schutz verantwortlich ist'. **2.** 'Person, die für ein Leuchtfeuer verantwortlich ist' ❖ mhd. *viurmeister* 'der dem Feueramt vorsteht; Feuerherr'
W: *Meister*
Syn: Feuergeschworener, Feuergraf, Feuerherr, Feuerreiter

Lit: Barth 1:255; DRW 3:530; Grimm 3:1597

Feuerreiter 1. 'Bote, der benachbarte Orte bei einer Feuersbrunst zu Pferd verständigt und um Hilfe ruft'. **2.** 'Beamter, der für Feuerbeschau und -schutz verantwortlich ist'
W: *Reiter*
Syn: Feuergeschworener, Feuergraf, Feuerherr, Feuerläufer, Feuermeister

Lit: Barth 1:255; DRW 3:531; Idiotikon 6:1701

Feuerschauer ↗ Feuerbeschauer

Feuerschlossmacher Feirschlosmacher, Feirschlosmaker, Feurschloßmacher 'Handwerker, der Gewehre herstellt'; ein Feuer- oder Flintenschloss ist der bewegliche Teil an Handfeuerwaffen mit dem Zündmechanismus, in älterer Form wurde es mit einem stählernen Rad gespannt
W: *Schlossmacher*
Syn: BÜCHSENSCHMIED

Lit: Adelung 2:135 (Feuerschloß); Barth 1:255; Grimm 3:1602; Krünitz 146:136; Reith (2008) 54

Feuerwächter 1. 'Nachtwächter, der die Stadt in Hinblick auf ausbrechende Feuer bewacht'. **2.** 'Bergmann, der beim Feuersetzen das Feuer entzündet und überwacht'; beim Feuersetzen wurde das Gestein durch Feuer erhitzt, sodass es zertrümmert oder brüchig wurde und so abgebaut werden konnte
W: *Wächter*
Syn: Feuermann

Lit: Adelung 2:137; Barth 1:255; Grimm 3:1607; Hoedl (2003); Veith 185

Feuerwercker ↗ Feuerwerker

Feuerwerker Feuerwercker; lat. *pyrotechnicus* **1.** 'Techniker oder Handwerker, der Feuerwerke anfertigt und abbrennt'. **2.** 'Artillerist, der Wurfgeschoße und Kanonen bedient'. **3.** 'Unteroffizier, der die Munition anfertigt und die Artillerie überwacht' ❖ zu mhd. *viurwërc* 'Brennmaterial', seit dem 16. Jh. entstanden die Bedeutungen für militärischen Geschütze und höfische Lichteffekte

W: Lustfeuerwerker
Syn: Feuerkünstler, STÜCKMEISTER

Lit: Barth 1:256; Grimm 3:1608; Idiotikon 16:1196; Zedler 9:773

Feulenhauwer ↗ Feilenhauer

Feurgref ↗ Feuergraf

Feurschloßmacher ↗ Feuerschlossmacher

Feyermeyerkehrer ↗ Feuermauerkehrer

Fhormann ↗ FUHRMANN

Fiarant ↗ Fierant

Fibelbrettschneider 'Tischler, Schreiner, der Bücherborde herstellt'; *Fibel* ist eine entstellte Form von *Bibel*; die *Fibel* (Erstlesebuch) war die allgemeine Bezeichnung für 'Buch'; auch in der Form *Fibel- und Bücherbrettschneider*
W: BRETTSCHNEIDER, *SCHNEIDER*
Syn: TISCHLER

Lit: Grimm 3:1611 (Fibel); Kluge 292; Schiller-Lübben 5:250 (Fibel)

Fickelscher ↗ Fickelscherer

Fickelscherer Fickelscher, Fickenscherer ↗ 'Ficker'; niederdt.; selten, meist in Familiennamen ❖ mnd. *ficke* 'Tasche'; mnd. *scheren* 'schneiden'
FN: Fickelscheer, Fickelscher, Fickelscherer, Ficklscherer, Fickenscher, Fickentscher, Fikenscher, Fickentscher, Fichelscher, Fichtlscherer
W: Scherer
Syn: Beutelschneider, BEUTLER, Ficker

Lit: Barth 1:257; DudenFN 243; Gottschald 183; Grimm 3:1617; Linnartz 67; Schiller-Lübben 4:77; Schiller-Lübben 5:20

Fickenscherer ↗ Fickelscherer

Ficker Fickler 'Schneider, der [Hosen]taschen und Beutel anfertigt' ❖ zu mnd. *ficke* 'Tasche'

FN: Ficker, Vicker, Fickler, Fickert, Fikker (auch Zugehörigkeit zu *ficken* 'reiben' ist möglich)
Syn: Beutelschneider, BEUTLER, Fickelscherer

Lit: Adelung 2:143 (Ficke); Bahlow (1967) 139; Barth 1:257; DudenFN 243; Gottschald 183; Grimm 3:1619; Linnartz 67; Schiller-Lübben 5:250

Fickler ↗ Ficker

Fiddeler ↗ Fiedler

Fideler ↗ Fiedler

Fiedeler ↗ Fiedler

Fiedler Fedeler, Fiddeler, Fideler, Fiedeler, Fittler, Fydeler, Veddeler, Veder; lat. *figellator* 1. 'Musiker, der die Fidel, ein der Geige ähnliches mittelalterliches Saiteninstrument, spielt'. 2. 'Geigenspieler'; das Wort erfuhr hier eine Bedeutungsverschlechterung, zuerst zu '[Geige spielender] Straßenmusikant' und schließlich allgemein zu 'schlecht Geige Spielender' ❖ mhd. *videl, videle* 'Fiedel'; mnd. *veddeler* 'Geiger, Fiedler'
FN: Fiedler, Fiedeler, Fiedlers, Fidler, Fideler, Fiddeler, Vedeler, Fedeler, Feddeler
W: Bierfiedler, Krugfiedler

Lit: Barth 1:258; Diefenbach 234; DudenFN 244; Gottschald 183; Grimm 3:1624; Linnartz 67; Schiller-Lübben 5:216; Volckmann (1921) 312

Fiehrer ↗ Vierer

Fierant Fiarant 'Lebensmittelhändler auf dem Markt'; noch bayr., österr. im veralteten Sprachgebrauch ❖ ital. *fierante*, zu ital. *fiera* 'Jahrmarkt', aus mlat. *feria* 'Gebetsfeiertag; Wochentag', Singular von lat. *feriae* 'Festtage, geschäftsfreie Tage'
W: °Marktfierant
Syn: KRÄMER

Lit: Barth 1:258; DudenFW 457; Ebner (2009) 124; WienerWb 376

Figurenschneider Figurschneider 1. 'Künstler, der Figuren in Holz- oder Stahltafeln

schneidet oder sticht, die auf Papier oder Stoff gedruckt werden'. **2.** 'Holzschnitzer'
W: SCHNEIDER
Syn: FORMSCHNEIDER

Lit: Adelung 2:150

Figurimann '[italienischer] herumziehender Händler, der exotisch anmutende Gipsfiguren verkauft, die mit dem Kopf nicken'; die Figuren waren meist oberitalienische Produkte; sie stellten Pagoden, Mohren, Juden usw. in typischer Kleidung oder auch Tiere dar ❖ ital. *figurina* 'Gipsfigur'
W: Mann

Lit: Hartmann (1998) 194; WienerWb 378

Figurist 1. 'Bildhauer, der körperliche Plastiken (und nicht nur Verzierungen) herstellt'. **2.** 'Handwerker, der Gipsfiguren herstellt'. **3.** 'Tänzer in Figurentänzen'. **4.** 'Statist beim Theater oder Film'. **5.** 'Sänger im Figuralgesang, einem mit verschiedenen Verzierungen ausgeschmückten mehrstimmigen Gesang' ❖ zu franz. *figuriste* 'Gipsfigurengießer', aus lat. *figura* 'Figur, Form, Körper'

Lit: Adelung 1:149; Barth 1:258; Grimm 3:1631; Kaltschmidt 374; Krünitz 13:341; LuxWb 1:369; Meyers Lexikon 6:561; Pies (2005) 32

Figurschneider ↗ Figurenschneider

Filler Füller, Gefiller 1. 'Abdecker'. **2.** 'Henker' ❖ mhd. *viller* 'Schinder', zu mhd. *villen* 'das Fell abziehen, schinden'
FN: Filler, Fillner, Viller, Vilder
W: Flintfiller
Syn: SCHINDER
Vgl: Kafiller

Lit: Barth 1:259; DRW 3:536, 1423; DudenFN 244; Gottschald 184, 506; Grimm 3:1631; Pies (2001) 38; Pies (2005) 10; Scherz (1781) 1:495

Fillerknecht 'Gehilfe des Abdeckers' ❖ ↗ Filler
W: KNECHT

Filter Filterer, Vilter, Viltere 1. 'Handwerker, der aus Wolle Filz herstellt'. **2.** ↗ 'Hutmacher, bes. Filzhutmacher'; niederdt. ❖ mnd. *vilter* 'Filzhutmacher', zu mnd. *vilt* 'Filz'
FN: Filter, Vilter
W: Hutfilter
Syn: HUTMACHER*

Lit: Barth 1:259; DudenFN 244; Gottschald 184; Linnartz 68; Pies (2005) 115; Reith (2008) 114

Filterer ↗ Filter

Filtmacher ↗ Filzmacher

Filzer 1. 'Handwerker, der aus Wolle Filz herstellt'. **2.** ↗ 'Hutmacher, bes. Filzhutmacher' ❖ zu mhd. *vilz* 'Filz', aus mlat. *filtrum* 'Gewebe'
FN: Filzer, Filser, Vilser, Filz
Syn: HUTMACHER*

Lit: Adelung 2:152; Barth 1:259; DudenFN 245; Gottschald 184; Grimm 3:1635; Linnartz 68; Pies (2005) 115

Filzmacher Filtmacher 'Handwerker, der aus Wolle und Haaren Filz herstellt' ❖ mhd. *vilzmacher* 'Filzmacher'; zu mnd. *vilt* 'Filz'
W: °Feinfiltmacher
Syn: HUTMACHER*

Lit: Adelung 2:152; Barth 1:259; Krünitz 13:355; Reith (2008) 114

Finantzer ↗ Finanzer

Finanzer Finantzer 'Finanz- und Zollbeamter'; heute noch ugs. österr.; sonst im übertragenen abwertenden Gebrauch 'Wucherer' ❖ ital. *finanziere* 'Zollbeamter, Steuerfahnder; Finanzfachmann'
W: °Grenzfinanzer

Lit: Barth 1:260; DRW 3:538; Ebner (2009) 124, 132; Grimm 3:1640; Krünitz 13:357 (Finanz)

Fingeler Fingerler 'Handwerker, der Fingerringe herstellt'; *Fingeler* bedeutet auch 'Ringfinger' ❖ zu mhd. *vingerer* 'Ringfinger'; mhd. *vingerlîn* 'Fingerring'; mnd. *vinger, vingerîn* 'Fingerring'
FN: Finger, Fingerl, Fingerle, Finderlin, Finderling

Syn: Ringdreher

Lit: DudenFN 245; Gottschald 184; Grimm 3:1649; Schiller-Lübben 5:256

Fingerhuter ↗ Fingerhüter

Fingerhüter Fingerhuter 'Handwerker, der Fingerhüte herstellt'; er gehörte als Metallbearbeiter zu den Gelbgießern; das Handwerk ist als Spezialisierung aus den Gürtlern hervorgegangen
FN: Fingerhut
W: *Hüter*

Lit: Adelung 2:159 (Fingerhutmacher); Barth 1:260; Grimm 3:1658; Palla (1994) 98, 384; Pies (2005) 70; Reith (2008) 110

Fingerleindreher 'Handwerker, der Fingerringe herstellt'; *Fingerlein* in der alten Bedeutung 'Ring', *Dreher* in der Bedeutung 'Drechsler' ❖ zu mhd. *vingerlîn*, Diminutiv zu *vinger*, 'Fingerring'
W: *Dreher*
Syn: Ringdreher

Lit: Grimm 3:1658 (Fingerlein)

Fingerler ↗ Fingeler

Fingermacher Fingermaker 'Handwerker, der Fingerringe herstellt' ❖ zu mhd. *vinger* 'Fingerring'
Syn: Ringdreher

Fingermaker ↗ Fingermacher

Fingerringmacher ↗ Ringmacher

Finkeler ↗ Finkler

Finker ↗ Finkler

Finkler Finkeler, Finker 'Vogelfänger'; Finken gehörten zu den am häufigsten gefangenen Vögeln
FN: Finkler, Finkner, Finkener, Finkel, Finkl
Syn: Vogelsteller, Vogler

Lit: Barth 1:260; Diefenbach 59; DudenFN 245; Frühmittellat. RWb; Gottschald 184; Grimm 3:1664; Linnartz 68; Volckmann (1921) 7

Fiscal ↗ Fiskal

Fischbauer Fischerbauer 'Bauer, der auch Fischerei betreibt'
W: *BAUER*

Lit: DRW 3:551, 553; Hartmann (1998) 203

Fischbeinreißer 'Handwerker, der aus den Barten des grönländischen Wals elastische Stangen aus Fischbein herstellt'; die Barten wurden gereinigt, in heißem Wasser weich gemacht und aufgespalten. Verwendet wurden sie für Mieder, Reifröcke und Hüte in der Damenmode, außerdem für Sonnen- und Regenschirme und verschiedene Galanteriewaren
W: *Reißer*

Lit: Grimm 3:1681; Krünitz 13:541; Palla (2010) 68; Vieser/Schautz (2010) 53

Fischbeinrockmacher 'Handwerker, der Reifröcke aus Fischbein herstellt'

Lit: Adelung 2:168 (Fischbein); Grimm 3:1682 (Fischbeinrock); Krünitz 13:543 (Fischbeinrock)

Fischbeinsieder ↗ 'Fischbeinweicher' ❖ zu mhd. *sieden* 'sieden, wallen, kochen'
W: *Sieder*
Syn: Fischbeinweicher

Lit: Adelung 2:168 (Fischbein); Grimm 3:1682 (Fischbeinsieden); Krünitz 13:541

Fischbeinweicher 'Handwerker, der das rohe Fischbein weich macht'; die rohen Barten (das Fischbein) wurden in langen Kupferkesseln in heißem Wasser weich gemacht und dann mit eisernen Werkzeugen zu Stäben und Stangen gerissen und gespalten ❖ zu mhd. *weichen* 'weich werden, weich machen'
Syn: Fischbeinsieder

Lit: Krünitz 13:541

Fischbeschauer ↗ *Beschauer*

Fischbeseher ↗ *Beseher*

Fischenzenschaffner 'Verwalter der Fischpacht'; zu schweiz. *Fischenz* 'Fischpacht'

❖ mhd. *vischenze, vischenz* 'Ort, wo gefischt wird, das Recht zu fischen'
W: *Schaffner*

Lit: DRW 3:552; Grimm 3:1683 (Fischenz); Idiotikon 8:347

Fischer* Fisker, Vischer, Vysker, Vysscher; lat. *piscator* Die Bezeichnungen für den Berufsfischer geben meist Auskunft über die Art zu fangen (z. B. *Grünfischer*), das Werkzeug (z. B. *Reusenfischer, Sackfischer, Rutenfischer*) oder rechtliche Bedingungen (z. B. *Bestandfischer, Freifischer*); im übertragenen Sinn auch über andere Dinge, die aus dem Wasser geholt werden (z. B. *Agtsteinfischer*). – Die Variantenformen sind niederdt.
FN: Fischer, Fischers, Vischer, Vissscher, Fischler, Fischl, Fischel
W: Agtsteinfischer, Bestandfischer, Freifischer, Grünfischer, Keitelfischer, Rutenfischer, Sackfischer, Segenfischer
Syn: Senker, Water, Weidmann

Lit: Barth 1:261; Diefenbach 438; DudenFN 246; Frühmittellat. RWb; Gottschald 185; Grimm 3:1683; Linnartz 68; Pies (2005) 54; Reith (2008) 78

Fischerbauer ↗ Fischbauer

Fischermeister ↗ Fischmeister

Fischerschulze ↗ 'Schulze, der die Aufsicht über die Fischerei hat'
W: *Schulze*

Lit: DRW 3:555

Fischfratschler ↗ Fratschler

Fischführer 1. 'Fischhändler'. 2. 'Fischtransporteur' — *Führer* in der Bedeutung 'Händler'
W: *Führer*
Syn: Fischhöker, Fischmenger

Lit: DRW 3:556; Idiotikon 1:983

Fischhai ↗ Fischhei

Fischhei Fischhai, Fischheie 'Aufseher über Fischgewässer' ❖ ↗ Hei
FN: Fischhei, Fischhey
W: Hei
Syn: FLURSCHÜTZ

Lit: DRW 3:557; Gottschald 242; Heintze (1922) 139; Linnartz 68; Schmeller 1:1022

Fischheie ↗ Fischhei

Fischherr 1. 'Ratsherr oder Beamter, der die Aufsicht über das Fischereiwesen hat'. 2. 'Inhaber der Fischrechte'
W: *Herr*
Syn: Fischmeister, Weihermeister

Lit: Adelung 2:171; DRW 3:557; Grimm 3:1686

Fischhocke ↗ Fischhöker

Fischhöker Fischhocke 'Fischhändler'
W: *Höker*
Syn: Fischführer, Fischmenger

Lit: Grimm 3:1686

Fischkäufel ↗ Käufel

Fischkeuffler ↗ Käufler

Fischmeister Fischermeister 1. 'Beamter, der die Aufsicht über die öffentlichen Fischrechte hat'. 2. 'Geschäftsführer oder Inhaber einer größeren Fischerei, Inhaber der Garne und Netze'
W: *Meister*
Syn: Fischherr, Keiper, Weihermeister

Lit: Adelung 2:172; Barth 1:261; Grimm 3:1687; Schraml (1932) 3

Fischmenger lat. *piscarius* 'Fischhändler' ❖ ↗ Menger
W: *Menger*
Syn: Fischführer, Fischhöker

Lit: Adelung 2:171; Barth 1:261; Diefenbach 438; DRW 3:559; Frühmittellat. RWb; Grimm 3:1687

Fischselcher 'Handwerker, der Fische räuchert'; zu bayr.-österr. *selchen* 'räuchern'
W: *Selcher*

Lit: Kopetz (1829) 123

Fischseller ↗ Seller

Fischtrager ↗ Träger

Fischträger ↗ Träger

Fischvogt 'Beamter, der die Aufsicht über die Fischwässer hat'
W: Vogt

Fischweeker ↗ Fischweicher

Fischweicher Fischweeker, Fischweker, Vischweker 1. 'Fischer, der die getrockneten und gesalzenen Dörrfische aufweicht, küchenfertig macht und verkauft'. **2.** 'Kleinhändler für Dörrfische' ❖ mnd. *vischweker* 'Fischweicher, der getrocknete Fische, bes. Stockfische, aufweicht, zubereitet und verkauft'
W: Weicher
Lit: DRW 3:562; Schiller-Lübben 5:261; Volckmann (1921) 34, 213

Fischweker ↗ Fischweicher

Fiskal Fiscal 1. 'Amtsträger, der vor Gerichten die (vermögenswerten) Rechte des Kaisers oder eines Landesherrn vertritt'. **2.** 'öffentlicher Ankläger, Staatsanwalt'. **3.** 'Finanzbeamter' ❖ zu lat. *fiscalis* 'die Staatskasse betreffend', zu lat. *fiscus* '[Geld]korb'
W: °Kammerfiskal
Lit: Barth 1:261; DudenFW 462; Pies (2001) 24

Fisker ↗ Fischer*

Fistelschneider 1. 'Arzt, der Fistelgeschwüre aufschneidet'. **2.** 'Wundarzt' — Das Wort bezeichnet häufiger das Fistelmesser ❖ zu mhd. *fistel* 'ein in Röhren oder Gängen tiefgehendes Geschwür', aus lat. *fistula* 'röhrenförmiges Geschwür'
W: SCHNEIDER
Syn: WUNDARZT
Lit: Grimm 3:1691; Heinsius 1:805

Fittler ↗ Fiedler

Fitzer 'Weber, der Stoffe mit kunstvollem Muster webt' ❖ zu mhd. *vitzen* 'Schleier, denen kunstvolle Muster eingewebt sind'; *vitzelîn* 'Fädchen'
FN: Fitzer
Syn: WEBER
Lit: Gottschald 185; Grimm 3:1696; Linnartz 68; Palla (1994) 385

Flachmahler ↗ Flachmaler

Flachmaler Flachmahler 1. 'Maler, der Malereien ohne plastische Wirkung in Wohnräumen oder Decken herstellt, bes. Imitationen von Holz, Marmor, Ornamenten oder Intarsien'. **2.** 'Maler, der Wände ohne Verzierungen streicht; Anstreicher, Tüncher'; *flach* in der Bedeutung 'ohne künstliches Licht und ohne Schatten', also *Flächenmalerei*
W: Maler
Syn: Grobmaler, TÜNCHER
Lit: Adelung 2:178; Barth 1:262; Grimm 3:1700; Krünitz 14:3; Lueger 4:47 (Flachmalerei); Pierer 6:323; Pies (2005); Reith (2008) 143; Zedler 9:1114

Flachsbereiter 'Handwerker, der Flachs verarbeitet; Leinenweber'
W: Bereiter
Syn: Flachsmann
Lit: Barth 1:262; Grimm 3:1702

Flachsbinder Flasbinder, Flaßbinner 'Arbeiter beim ↗ Flachsbracker, der den Flachs sortiert und bindet'
W: Binder

Flachsbleicher ↗ Bleicher

Flachsbracker 'Flachsprüfer' ❖ zu mnd. *wraker*, zu *wraken* 'erklären, verwerfen; Waren auf die Güte hin untersuchen und das Schlechte aussondern'
W: Bracker
Lit: DRW 3:564

Flachschmid ↗ Flachschmied

Flachschmied Flachschmid, Flachsmit 'Schmied, der Verzierungen in Metall her-

stellt'; auf flachen Metallplatten im Ggs. zu plastischen Gegenständen; meist trifft das auf den Kupferschmied zu ❖ mhd. *vlachsmit* 'Kupferschmied'
W: *Schmied*

Lit: Pies (2005) 133

Flachshechler ↗ Hechler

Flachsmann 1. 'Bauer, der Flachs anbaut und bearbeitet'. **2.** 'Flachshändler' ❖ zu mhd. *vlahs*, mnd. *vlas* 'Flachs'
FN: Flachsmann, Vlasmann, Vlasman, Wlassmann, Flaßmann
W: *Mann*
Syn: Flachsbereiter, Flechser

Lit: Barth 1:262; DudenFN 246; Gottschald 185; Grimm 3:1704; Linnartz 69

Flachsmit ↗ Flachschmied

Flacker ↗ Flocker

Fladenbäcker Fladenbecker; lat. *placentarius* 'Kuchenbäcker' ❖ zu mhd. *vlade* 'breiter, dünner Kuchen'
W: BÄCKER*
Syn: FEINBÄCKER, Flader

Lit: Barth 1:262; Diefenbach 439; Frühmittellat. RWb; Grimm 3:1707 (Fladenbecke); Volckmann (1921) 20

Fladenbecker ↗ Fladenbäcker

Fladener ↗ Flader

Flader Fladener, Fladner, Fledener **1.** 'Bäcker, der flache Kuchen backt'. **2.** 'Händler, der flache Kuchen oder Fladenbrote verkauft' ❖ mhd. *vlader* 'Kuchenbäcker'
FN: Flader, Fladerer, Fladner, Fleder, Flad, Fladt, Flaadt, Fledl, Fledler
Syn: BÄCKER*, FEINBÄCKER, Fladenbäcker

Lit: Barth 1:262; Gottschald 185; Grimm 3:1708; Linnartz 69; Pies (2002d) 26; Pies (2005) 22; Reith (2008) 25; Volckmann (1921) 20

Fladner ↗ Flader

Flämiger ↗ Fläminger

Fläming ↗ Fläminger

Fläminger Flämiger, Fläming **1.** '[flämischer] Tuchfärber'. **2.** 'aus Flandern zugewanderter Tuchhändler' ❖ zu *Flamen* 'Bewohner von Flandern'; *Fläming* 'Region östlich der Elbe, die nach der Gründung der Mark Brandenburg 1157 von Flamen besiedelt wurde'
Syn: *Färber**

Lit: Grimm 3:1711; Pies (2005) 52; SteirWb 238; Volckmann (1921) 84, 88

Flammenrußbrenner 'Person, die aus harzreichen Nadelhölzern, Holzteer und Rückständen aus der Teerproduktion Kienruß herstellt'; dieser wurde als schwarzer Farbstoff für Buchdruck, Kupferdruck, Schuhwichse und Leimfarben verwendet
W: *Brenner*
Vgl: Aschenbrenner

Lit: Grimm 3:1721 (Flammenruß); Palla (2010) 69

Flandernfahrer 'Kaufmann, der geschäftlich zur See oder über Land reist'; bes. Mitglied der Flandernfahrer-Gesellschaft, die das Privileg des Handels mit Flandern hatte
W: *Fahrer*

Flasbinder ↗ Flachsbinder

Flaschendreher Flaschentreher 'Drechsler, der hölzerne Flaschen herstellt'
W: *Dreher*
Syn: Flaschendreier

Lit: Barth 1:263

Flaschendreier Flaschendreiger, Flaschendreyger, Flaskendreiger, Vlaschendreyger 'Drechsler, der hölzeren Gefäße herstellt'
W: *Dreier*
Syn: Flaschendreher

Flaschendreiger ↗ Flaschendreier

Flaschendreyger ↗ Flaschendreier

Flaschenfuttermacher 'Handwerker, der Flüssigkeitsbehälter für Reisen herstellt'; bei *Flaschenfutter* handelt es sich wohl um ein viereckiges hölzernes Behältnis, in dem die Glas- oder Steingutflaschen mit engem Hals, die auf Reisen mitgeführt wurden, sicher transportiert werden konnten. Auch anderes Geschirr wurde in solchem Flaschenfutter aufbewahrt. Das Wort hängt mit *Unterfutter* und den weiteren Bedeutungen von 'Scheide, Futteral' zusammen, nicht mit 'Nahrung' ❖ zu mhd. *vuoter* 'Nahrung; Futteral, Schwertscheide'

Lit: Adelung 2:187 (Flaschenfutter); Grimm 3:1727 (Flaschenfutter); Kluge 326 (Futter); Krünitz 14:49 (Flaschenfutter); Zedler 9:1170

Flaschenglasmacher ↗ Glasmacher

Flaschenmacher 'Handwerker, der Pulverflaschen, Kannen u.a. Metallgefäße herstellt'; Glasflaschen gehörten nicht zu seinem Arbeitsbereich
Syn: Flaschenschmied, Flaschner

Lit: Barth 1:263; Grimm 3:1727

Flaschenschmid ↗ Flaschenschmied

Flaschenschmied Flaschenschmid, Fleschenschmit 1. ↗ 'Spengler'. 2. 'Handwerker, der Kannen, Hohlmaße, Trichter u. Ä. herstellt' ❖ mhd. *vlaschensmit* 'Flaschner, Klempner'
W: *Schmied*
Syn: Flaschenmacher, Flaschner, KLEMPNER*

Lit: Barth 1:263; Linnartz 69

Flaschentreher ↗ Flaschendreher

Flaschner Fläschner, Flescher, Fleschner; lat. *ampullarius* 1. ↗ 'Spengler'. 2. 'Handwerker, der blecherne Trinkgefäße herstellt'; bes. südwestdt.; nach dem vorrangigen Produkt dieses Handwerks: Feldflaschen für Soldaten ❖ mhd. *vlaschener* 'Flaschner, Klempner'
FN: Flaschner, Pflaschner, Fleschner, Flöschner, Pflöschner

Syn: Flaschenmacher, Flaschenschmied, KLEMPNER*

Lit: Adelung 2:187; Barth 1:263; DudenFN 247; Gottschald 185; Grimm 3:1728; Kretschmer 283; Krünitz 14:59; Linnartz 69; Pies (2005) 84; Reith (2008) 120; Volckmann (1921) 120; Zedler 9:1171

Fläschner ↗ Flaschner

Flaskendreiger ↗ Flaschendreier

Flaßbinner ↗ Flachsbinder

Flechser Flexer 1. 'Handwerker, der Flachs verarbeitet; Flachsspinner'. 2. 'Flachshändler' ❖ mhd. *vlehser* 'Flachsverkäufer', Ableitung mit Ablaut zu mhd. *vlahs*.
FN: Flechsler, Flechsner, Fleßner, Flexler, Flachsner, Flächsner
Syn: Flachsmann

Lit: DudenFN 247; Gottschald 185; Linnartz 69

Flechtenmacher Vlechtemaker 'Korbflechter'; bes. für flache Obstkörbe oder Wagenkörbe ❖ zu mhd. *vlehte* 'Flechte, Flechtwerk'
FN: Flechtenmacher
Syn: Flechter, KÖRBER

Flechter Flechtner 'Handwerker, der aus Weidenruten Geflechte für Körbe, Stühle, Wagenkörbe, geflochtene Schnüre u. Ä. herstellt' ❖ mhd. *vlëhter* 'Zaumflechter'
FN: Flechter, Flechtner
W: Rohrflechter, Strohflechter, Stuhlflechter
Syn: Flechtenmacher

Lit: Barth 1:263; DudenFN 247; Gottschald 186; Grimm 3:1740; PfälzWb 2:1436

Flechtner ↗ Flechter

Fleckendiener 'Gemeindediener in einem Dorf'; zu *Flecken-* ↗ Fleckenschmied
W: *Diener*

Lit: DRW 3:569; SchwäbWb 2:1552

Fleckenmüller 'Müller in einer Dorfgemeinde'; ↗ Fleckenschmied
W: *Müller*

Fleckenpfarrer 'Dorfpfarrer'; ↗ Fleckenschmied

Lit: DRW 3:569

Fleckenrichter 'Dorfrichter'; ↗ Fleckenschmied
W: *Richter*

Lit: DRW 3:569

Fleckenschmid ↗ Fleckenschmied

Fleckenschmied Fleckenschmid 'Dorfschmied'; *Flecken* ist der nach außen offene Ort oder Markt (Markt*flecken*) im Ggs. zur bewehrten Stadt ❖ zu mhd. *vlëc* 'Stück Landes, Platz, Stelle, Marktflecken'
W: *Schmied*

Lit: DRW 3:569

Fleckenschütz 1. 'Flur-, Feldwächter eines Dorfes'. 2. 'Gemeindediener, Büttel' ❖ zu mhd. *vlëc, vlëcke* 'Fleck, Stück; Marktflecken'; mhd. *schütze* 'Wächter, Flur-, Waldschütze'
W: *Schütze*
Syn: FLURSCHÜTZ

Lit: DRW 3:569

Flecksieder 'Fleischer, der die essbaren Eingeweide der Tiere und Kuhwänste (Kaldaunen) reinigt und verkauft'; *Fleck* kommt bes. oberdt. in Speisebezeichnungen vor, z.B. österr. *Fleckerl* 'Teigstück', *Fleckerlspeise* 'Teigwaren mit Wurst- oder Fleischstückchen', *Zwetschkenfleck* 'flacher Kuchen'. Bei den Bezeichnungen steht entweder der Arbeitsvorgang des Waschens (*Kuttelwascher*) oder die Zubereitung der Kaldaunen (*[Kuttel]flecksieder*) im Vordergrund
W: *Kuttelflecksieder, Sieder*
Syn: Kuttler

Lit: Adelung 2:194; Barth 1:264; Palla (2010) 69; SteirWb 239; Volckmann (1921) 24

Fledener ↗ Flader

Fleetenkieker ↗ Fleetkieker

Fleetkieker Fleetenkieker 1. 'Beamter der Hafenverwaltung, der die Wasserstraßen in Hinblick auf Wassertiefe und Beschiffung kontrolliert'. 2. 'Kanalreiniger, der die trockengelegten Kanäle von Abfall säubert' ❖ zu niederdt. *Fleet* 'Wasserlauf, Kanal (bes. in Hamburg; häufig auch in Orts- und Flurnamen)'; mnd. *kiker* 'Zuschauer, Zuseher'

Lit: Barth 1:264; Lindow 69 (Fleet); Schiller-Lübben 2:461

Fleetküper Flethküper 'Böttcher, der Fässer für die Ausrüstung von Fangschiffen herstellt'; niederdt., bes. in Hamburg ❖ zu *Fleet* 'schiffbarer Kanal', aus mnd. *vlêt, vlete* 'Fluss, künstliches oder natürliches Gerinne'
W: *Küper*

Lit: Schiller-Lübben 5:271

Fleetschauer Flethschauer 'Beamter, der den Zustand der Wasserstraßen kontrolliert'; in Hamburg ❖ zu mnd. *vlêt, vlete, vlite* 'Fluss, Rinnsal, Flut'; ↗ Fleetkieker
W: SCHAUER

Lit: Lindow 69 (Fleet); Schiller-Lübben 5:271

Fleischhack ↗ Fleischhacker

Fleischhacker Fleischhack, Fleischhackl, Fleischhäckl, Fleischhaeckel, Fleyschhacker 'Fleischer'; vor allem in Ostösterreich verbreitet, heute dialektal ❖ mhd. *vleischacker, fleischacker*, zu *hacken* i. S. v. 'durch Hacken, mit dem Beil zerlegen', österr. *aushacken* '(ein geschlachtetes Tier) zerlegen'
FN: Fleischhacker, Fleischhaker, Fleischacker, Fleischhackl, Fleischhäckl, Fleischheckel
W: *Gäufleischhacker*
Syn: METZGER

Lit: Adelung 2:200; Barth 1:264; DudenFN 249, 250; DudenGWDS; Ebner (2009) 197; Gottschald 186; Grimm 3:1759; Kretschmer 414; Krünitz 14:221; Linnartz 69; Pies (2002d) 35; Pies (2005) 97; Reith (2008) 153; Schmeller 1:798

Fleischhackl ↗ Fleischhacker

Fleischhäckl ↗ Fleischhacker

Fleischhaeckel ↗ Fleischhacker

Fleischhauer Vleshower 'Fleischer'; das Wort war im 13. und 14. Jh. in Mittel- und Norddeutschland verbreitet. Im niederdt. Gebiet wurde es schon im 15. bis 17. Jh. von *Knochenhauer* verdrängt, im westlichen Mitteldeutschland von *Metzger*, im Ostmitteldeutschen von *Fleischer*. Daher ist *Fleischhauer* nicht mehr basisdialektal vertreten. Wohl aber wurde es in Österreich, das urspr. wie das ganze Bairische dialektal zum Gebiet von *Fleischhacker* gehörte, in die Verwaltungssprache eingeführt (gestützt durch das Vorkommen in Adelungs Wörterbuch) und bildet seither als typischer Austriazismus einen standardsprachlichen Überbau über die Dialektwörter *Fleischhacker* (im Osten) und dem im 16. Jh. eingedrungenen *Metzger* (im Westen), das sich gegen Ende des 20. Jh. auch weiter Richtung Osten in der regionalen Standardsprache zu etablieren beginnt, wodurch *Fleischhauer* weiter nach Ostösterreich abgedrängt wird ❖ mhd. *vleischhouwer, fleischouwer*; *vleshowere* (13. Jh., niederdt.), *vleischhouwer* (14. Jh., ostmitteldt.), *vleischhouwer* (15. Jh., westmitteldt.), *fleischhouwer* (oberdt., 15. Jh., selten); zu *hauen* i. S. v. '(Schlachtvieh) fachgerecht zerlegen'; die niederdt. Form *vleshower* aus mnd. *vlêshouwer* 'Fleischer, Schlächter', meist übertragen für 'Henker' verwendet
FN: Fleischhauer, Fleischauer (Entsprechend der Wortgeschichte kommt *Fleischhauer* als Familienname vor allem in Norddeutschland vor, fehlt aber wegen des späten Auftretens des Wortes in Österreich fast völlig)
W: HAUER
Syn: METZGER
Vgl: Weinhauer

Lit: Adelung 2:199 (Fleischer); Barth 1:264; DudenFN 249, 250; Ebner (2009) 128; Gottschald 186; Grimm 3:1759; Kretschmer 414; Krünitz 14:221; Linnartz 69; Pies (2002d) 35; Pies (2005) 97; Schiller-Lübben 5:271; Schönfeldt (1965); Volckmann (1921) 24; VWB 251; Wiesinger (2006) 94

Fleischherr 'Beamter, der das Fleisch auf dem Markt prüft und den Preis festsetzt'
W: *Herr*
Syn: Fleischschätzer

Lit: DRW 3:573

Fleischmanger ↗ Fleischmenger

Fleischmann 1. 'Fleischer'. 2. 'Fleischverkäufer'. 3. 'Person, die im Auftrag der Obrigkeit Diebe verfolgt; Häscher' ❖ mhd. *vleischman* 'Fleischer'
FN: Fleischmann (bes. bayr.)
W: *Mann*
Syn: METZGER

Lit: Adelung 2:401; Barth 1:264; DudenFN 249; Gottschald 186; Grimm 3:1761; Linnartz 69; Schmeller 1:798

Fleischmenger Fleischmanger 'Fleischer, Fleischhändler'; bei den Bezeichnungen für den *Fleischer* wird manchmal zwischen dem Handwerker, der schlachtet, und dem Fleischverkäufer unterschieden, manchmal wird das eine oder das andere als Gesamtbezeichnung für das Handwerk verwendet, in diesem Fall ist es der Verkäufer
W: *Menger*
Syn: METZGER

Lit: Adelung 2:199 (Fleischer); Barth 1:264; DRW 3:574; Kretschmer 417; Volckmann (1921) 24

Fleischschätzer 'Beamter, der das Fleisch auf dem Markt prüft und den Preis festsetzt; Fleischschauer' ❖ mhd. *vleischschetzer* 'Fleischschätzer'
W: *Schätzer*
Syn: Fleischherr, Fleischsetzer

Lit: Adelung 2:201; DRW 3:575; Grimm 3:1761; Idiotikon 8:1691; Krünitz 14:223; SteirWb 241

Fleischselcher 'Fleischer, der auch Fleisch räuchert und verkauft'; veraltend noch österr.; zu bayr.-österr. *selchen* 'räuchern' ❖ zu mhd. *selhen* 'trocken, dürr machen'
W: *Selcher*

Lit: Ebner (2009) 128; Kretschmer 417; Volckmann (1921) 34

Fleischsetzer ↗ 'Fleischschätzer'
W: Setzer
Syn: Fleischschätzer

Lit: Adelung 2:201; DRW 3:576; Grimm 3:1762; SteirWb 241

Fleschenschmit ↗ Flaschenschmied

Flescher ↗ Flaschner

Fleschner ↗ Flaschner

Flesser ↗ Flößer*

Flethküper ↗ Fleetküper

Flethschauer ↗ Fleetschauer

Fletzbodenmacher 'Estrichmacher' ❖ zu mhd. *vletze, vlez* 'geebneter Boden: Tenne, Hausflur, Vorhalle, Stubenboden; Stelle, Platz'

Lit: Adelung 2:222 (Flötz); SteirWb 239; WBÖ 3:535 (Fletzboden)

Fletzer ↗ Flößer*

Fleugenschütz ↗ Fliegenschütze

Flexer ↗ Flechser

Fleyschacker ↗ Fleischhacker

Flicker Flickner; lat. *sarcinator* 1. 'Handwerker, der beschädigte Dinge ausbessert, z.B. Kessel, Körbe'. 2. 'Flickschuster'. 3. 'Flickschneider' ❖ zu mhd. *vlicken* 'flicken, ausbessern'
FN: Flicker, Flick, Flickinger
W: Altflicker, Hasenflicker, Kannenflicker, Kesselflicker, Knochenflicker, PFANNENFLICKER, Pusterflicker, Schuhflicker, Zainenflicker
Syn: Flickschneider, FLICKSCHUSTER

Lit: Barth 1:264; Diefenbach 512; DudenFN 250; Gottschald 186; Grimm 3:1776; Linnartz 69

Flickner ↗ Flicker

Flickschneider lat. *renovator* 'Schneider, der nur Ausbesserungsarbeiten durchführt'
W: SCHNEIDER
Syn: Altgewander, Altplacker, Altwerker, Bletzer, Bletzlischneider, *Flicker*, Hasenflicker, Hosenbletzer, Renovator, Stepper, Stopfer
Vgl: FLICKSCHUSTER, Schuhflicker

Lit: Barth 1:265; Diefenbach 492; Pies (2005) 148; Reith (2008) 201

FLICKSCHUSTER lat. *renovator* 'Schuster, der nur Ausbesserungsarbeiten durchführt'
W: SCHUSTER
Syn: Altbüßer, Altflicker, Altlapper, Altmacher, Altmeister, Altreiß, Altschuster, Bletzer, *Flicker*, Lapper, Oldeschomaker, Oldkitter, Oltbuter, Refler, Renovator, Resler, Reuß, Schuhbletzer, Schuhbüßer, Schuhflicker, Schuhlapper
Vgl: Flickschneider

Lit: Barth 1:265; Diefenbach 492; Grimm 3:1777; Pies (2005) 154; Reith (2008) 217

Fliedner ↗ Flietner

Fliegenschütz ↗ Fliegenschütze

Fliegenschütze Fleugenschütz, Fliegenschütz 1. 'Mietkutscher'. 2. 'Fuhrmann für schwere Transporte mit Planenwagen, Holzfuhrmann'. 3. 'Abfallentsorger' — bes. österr. ❖ Herkunft unklar; vielleicht urspr. scherzhaft, weil Kutscher die Fliegen von den Pferden abwehren
W: Schütze

Lit: Csendes/Opll 3:80; Grimm 3:1773, 1788; Höfer 1:231; Rigele (1995); Schmeller 1:789; SteirWb 242

Flierl ↗ Flürl

Flietner Fliedner; lat. *flebotomator* 1. 'Bader, der zur Ader lässt'. 2. 'Wundarzt'; zu *Fliete, Fliede* 'Messer des Wundarztes zum Aderlassen; Lasseisen' ❖ zu frühnhd. *fliedner* 'Wundarzt'; mhd. *vliedeme, vlieme* 'Aderlasseisen, Fliete'; aus mlat. *phlebotonum* 'Aderlassmesser'

FN: Fliedner, Fliedener, Flietner, Flitner, Flittner, Flidtner, Fliethner
Syn: Bader, WUNDARZT

Lit: Adelung 2:211 (Fliete); Barth 1:265; Diefenbach 239; DudenFN 251; Gottschald 186; Götze 86; Grimm 3:1797 (Fliete); Linnartz 86; Schmeller 1:787 (Flieden, Flied)

Flinderer Geflinderer, Geflinterer ↗ 'Flitterschlager, ↗ Flinderschlager' ❖ *Flinder* ist eine frühnhd. Lautvariante zu *Flitter* durch Nasalierung und eingeschobenes *-n-*
Syn: FLITTERSCHLAGER

Lit: Adelung 2:211; Barth 1:265; Götze 87; Grimm 3:1799; SteirWb 272

Flinderleinschlager ↗ Flinderschlager

Flinderleinschläger ↗ Flinderschlager

Flinderschlager Flinderleinschlager, Flinderleinschläger, Flinderschläger 'Handwerker, der Flitter (kleine Plättchen aus Messing, Silber oder Rauschgold) herstellt'; zu mhd. *flinderlîn* 'Flitter, Flinder'; ↗ Flinderer
W: Schläger
Syn: FLITTERSCHLAGER

Lit: Adelung 2:211 (Flinder); Barth 1:265; DudenGWDS; Grimm 3:1799 (Flinderlein), 1800; Isenberg ; Krünitz 14:265 (Flinder); Krünitz 121:337

Flinderschläger ↗ Flinderschlager

Flinserlschlager 'Handwerker, der Flitter herstellt'; Ohrringe mit Silberplättchen wurden von Männern als Vorbeugung gegen Augenleiden getragen ❖ zu mhd. *vlins* 'Kiesel, harter Stein, Feuerstein', zu mhd. *vlinsen* 'zittern, schimmern'
W: Schläger
Syn: FLITTERSCHLAGER

Lit: Gruenbaum (1946); Wiener Berufe; WienerWb 385

Flintfiller 'Steinmetz'; niederdt. ❖ zu mnd. *villen* 'das Fell abziehen', mnd. *vlins, vlinstên* 'Kieselstein'; ostfries. *Flint* 'Findling, großer Feldstein, Kiesel'
W: Filler

Lit: Lindow 70; Schiller-Lübben 5:275

Flitterer ↗ 'Flitterschlager' ❖ zu mhd. *vlitteren* 'kichern; flüstern, liebkosen', *Flitter* urspr. eine kleine Blechmünze, dann glänzende Metallplättchen
Syn: FLITTERSCHLAGER

Lit: Barth 1:265

FLITTERSCHLAGER Flitterschläger 1. 'Handwerker, der Flitter (kleine Plättchen aus Messing, Silber oder Rauschgold) herstellt'. 2. 'Handwerker, der kleine Blechmünzen (Rechenpfennige) herstellt' ❖ zu mhd. *vlitteren* 'kichern; flüstern, liebkosen', *Flitter* urspr. eine 'kleine Blechmünze, dann glänzende Metallplättchen'
Syn: Flinderer, Flinderschlager, Flinserlschlager, Flitterer, Goldplätter, Goldschlager, Lahngoldmacher, Lahngoldschlager, Laugoldschläger, Plätter, Plattierer, Plättmüller, Rechenpfennigschlager, Tombakschlager

Lit: Adelung 2:214; Barth 1:266; Grimm 3:1807; Krünitz 14:269; Krünitz 121:337; Palla (1994) 100

Flitterschläger ↗ FLITTERSCHLAGER

Flocker Flacker 1. 'Arbeiter, der Wolle reinigt und die Fasern zu Flocken lockert'. 2. 'Hofbedienter' ❖ 1.: zu mhd., mnd. *vlocke* 'Flocke; Flockwolle; flockiger Abgang bei den Tuchscherern'; 2.: zum niederdt. Rechtsausdruck *vlocken und vlusen*, zu mnd. *vlus* 'Feldertrag'; die Bedeutung von *vlocken* in diesem Zusammenhang ist unklar
Syn: WOLLSCHLÄGER

Lit: Adelung 2:215; DRW 3:586; Grimm 3:1705, 1812; Schiller-Lübben 5:278, 280, 289

Florwirker 'Weber, der vor allem Flor, ein feines, zartes durchsichtiges Gewebe, herstellt; Florweber'
W: Wirker

Lit: Stubenrauch (1795) 3:10

Floßbedienter 'von der Behörde Angestellter bei der Holzflöße'
W: *Bedienter*
Syn: Floßbestallter

Lit: Adelung 2:218; DRW 3:587; Grimm 3:1820; Krünitz 14:355

Floßbestallter Floßbestellter 'von der Behörde Angestellter bei der Holzflöße'
Syn: Floßbedienter

Lit: DRW 3:587

Floßbestellter ↗ Floßbestallter

Floßer ↗ Flößer*

Flößer* Flesser, Fletzer, Floßer, Flösser, Flößler, Flözer, Fluser **1.** 'Person, die ein Floß steuert'. **2.** 'Holzarbeiter, der Holz in Wasser weiterbefördert' — Die verschiedenen Formen für *Flößer* sind dialektal bedingt ❖ mhd. *vlœʒer* 'Flößer'
FN: Flößer, Flösser, Flößner, Vlosser, Flötzer, Floetzer, Flözer
W: Nauflößer, Vorflößer
Syn: Trifter

Lit: Barth 1:266; DRW 3:580; DudenFN 251, 252; Gottschald 187; Idiotikon 1:1215; Linnartz 70; Neweklovsky (1964); Palla (2010) 70; Schmeller 1:796

Flösser ↗ Flößer*

Floßherr 'Eigentümer eines Floßes mit Berechtigung zum Flößen'
W: *Herr*

Lit: Adelung 2:220; Barth 1:266; DRW 3:588; Grimm 3:1822

Floßknecht 'Arbeiter, Tagelöhner bei der Flößerei'
W: Knecht

Lit: Adelung 2:220; Barth 1:266; DRW 3:588; Grimm 3:1822; Krünitz 14:356

Flößler ↗ Flößer*

Floßmann 'Führer eines Floßes; Flößer' ❖ mhd. *vlôʒman* 'Flößer'
FN: Flossmann, Floßmann, Flottmann
W: *Mann*

Lit: Adelung 2:220; Barth 1:266; DRW 3:589; DudenFN 251; Gottschald 187; Grimm 3:1822; Hornung (1989) 55; Linnartz 70

Floßmeister 1. 'Vorgesetzter der Flößer und Floßknechte'. **2.** 'in der Saline für die Organisation des Holzes und die Zusammenstellung der Flöße Verantwortlicher'. **3.** 'Arbeiter in der Saline, der die Verschmutzungen aus der Sole entfernt'. **4.** 'Arbeiter im Schmelzwerk, der Zinn zur Reinigung umschmilzt' ❖ **1.**: zu *Floß, flößen*. **2.–4.**: zu *fließen*, mhd. *vlieʒen* 'fließen, strömen; sich ergießen, wegspülen', mnd. *vloten, flotten* 'flößen; das Wasser über etwas leiten'
W: *Meister*

Lit: Adelung 2:220; Barth 1:266; DRW 3:589; Neweklovsky (1964); Schiller-Lübben 5:285; Zedler 9:1334

Floßschreiber 'Person, die die Buchhaltung der Flößerei führt und die Aufsicht über Holzarbeiter und Flößer innehat'
W: *Schreiber*

Lit: Adelung 2:221; DRW 3:589; Grimm 3:1822

Flözer ↗ Flößer*

Flucher lat. *conviciator* 'fahrender Sänger oder Spaßmacher, der gegen Bezahlung öffentliche Rügen erteilt, bes. gegen säumige Schuldner'; Sonderbedeutung, sonst allgemein als 'Fluchender, Gotteslästerer' belegt ❖ mhd. *vluocher* 'wer flucht'
Syn: Gaukler, Schelter, Tadler

Lit: DRW 3:591; Grimm 3:1830; Volckmann (1921) 313

Fluderer 'Flößer'; zu *Flude, Fluder* 'Gerinne'; *fludern* 'flößen' ❖ mhd. *vlôder, vlûder* 'Gerinne einer Mühle, Floß aus Baumstämmen, Fracht auf dem Floß'
FN: Fluder, Fluderer, Flother, Flöder, Floeder, Flöther
Syn: Fludermann, Fludermeister

Lit: DRW 3:595; Fellner 204 (Fluder); Gottschald 186; Grimm 3:1837; Linnartz 70; Schmeller 1:789

Fludermann Plural: *Fludermänner* 'Flößer auf einem Fluder'; d.i. ein Floß auf dem Fluss Regen in Bayern
W: *Mann*
Syn: Fluderer, Fludermeister

Lit: Neweklovsky (1964) 271; Schmeller 1:788 (Fluder)

Fludermänner ↗ Fludermann

Fludermeister 'Holzflößer'; ↗ Fluderer
W: *Meister*
Syn: Fluderer, Fludermann

Fluerer ↗ Flurer

Fluerwächter ↗ Flurwächter

Flügelmeister 'Jäger, der einen der beiden Flügel in der Anordnung der Jagd befehligt'; zu *Flügel* im militärischen Sinn als 'äußerer Teil einer aufgestellten Truppe'
W: *Meister*

Lit: Adelung 2:228; Grimm 3:1843

Flugschütz 'Jäger mit besonderer Geschicklichkeit, Vögel im Flug zu treffen' ❖ zu mhd. *schütze* 'Schütze, Bogen-, Büchsen-, Armbrustschütze', von *schießen*
W: *Schütze*
Syn: Federschütz, Feldjäger, Feldschütz, Reisejäger

Lit: Adelung 2:230; Grimm 3:1849; Krünitz 14:360 (Flugschießen)

Fluhr ↗ Flurer

Fluhrer ↗ Flurer

Flurer Fluerer, Fluhr, Fluhrer 1. 'Wächter, der Fluren vor Eindringlingen bewacht oder Tiere vor dem Entweichen aus Einfriedungen hindert; Flur-, Feldwächter'. 2. 'Abdecker' ❖ 1.: mhd. *vluorer* 'Flurschütze'; 2.: zu mhd. *vluor* 'Flur, Saat', die Arbeit des Abdeckers wurde auf freiem Feld durchgeführt
FN: Flurer, Fluhrer, Flohrer, Pflurer, Fluhr, Flürl, Flierl

Syn: FLURSCHÜTZ, SCHINDER

Lit: Adelung 2:231; Barth 1:267; DudenFN 252; Gottschald 187; Grimm 3:421; Krünitz 14:371; Linnartz 70; Schmeller 1:795

Flurhay ↗ Flurhei

Flurhei Flurhay, Flurhey 'Wächter, der Fluren vor Eindringlingen bewacht oder Tiere vor dem Entweichen aus Einfriedungen hindert; Flur-, Feldwächter' ❖ mhd. *vluorheie* 'Flurschütze', zu mhd. *heie* 'Hüter, Pfleger', *heien* 'wachsen, aufziehen, hegen'
W: *Hei*
Syn: Feldhei, FLURSCHÜTZ

Lit: Barth 1:268; Gottschald 187; Linnartz 70; Schmeller 1:795

Flurhey ↗ Flurhei

Flürl Flierl 'Flur-, Feldwächter'; Verkleinerung zu *Flurer*
FN: Flurl
Syn: FLURSCHÜTZ

Lit: Gottschald 187

FLURSCHÜTZ Flurschütze; lat. *bannarius, custos agrorum, jaculator, saltuarius* 'Wächter, der Fluren vor Eindringlingen bewacht oder Tiere vor dem Entweichen aus Einfriedungen hindert; Flur-, Feldwächter' ❖ zu mhd. *vluor* 'Flur, Feldflur, Saatfeld'; mhd. *schütze* 'Wächter, Flur-, Waldschütze'
FN: Flurschütz, Flurschutz, Florschütz, Flohrschütz, Florschuetz
W: *Schütze*
Syn: Ackervogt, Auchter, Bannvogt, Bannwaldvogt, Bannwart, Beerhüter, Bruckhei, Buschwächter, Einungsmeister, Escher, Eschhei, Eschhirt, Eschwart, Feldhei, Feldhirt, Feldhüter, Feldknecht, Feldläufer, Feldschütz, Feldvogt, Feldwächter, Feldweibel, Fischhei, Fleckenschütz, Flurer, Flurhei, Flürl, Flurwächter, Gartenbannwart, Geschosser, Grünhüter, *Hüter*, Keuler, Keulmann, Kornharder, Kornhüter, Kornwächter, Kornwärter, Kreiser, Pfändemann, Pfänder, Rasselwächter, Rebbannwart, Saltner, Schosser, Schossmeister, Schütte,

Schütter, Stadtbannwart, Übergeher, Wieshei, Wildkehrer, Wingertschütz

Lit: Adelung 2:231; Barth 1:268; Diefenbach 282; DudenFN 251; Gottschald 187; Grimm 3:1852; Krünitz 14:371; Linnartz 70; Palla (1994) 102

Flurschütze ↗ FLURSCHÜTZ

Flurwächter Fluerwächter 'Wächter, der die Weinberge zur Zeit der Ernte bewacht'; bes. schweiz.
W: *Wächter*
Syn: FLURSCHÜTZ

Lit: Barth 1:268; Grimm 3:1852; Idiotikon 15:405

Fluser ↗ Flößer*

Flusssieder ↗ 'Pottaschesieder'; in der Bergmannssprache bezeichnet *Fluss* auch einen Zusatz zum Erz, um es leichter zum Schmelzen zu bringen
W: *Sieder*
Syn: Pottaschesieder

Lit: DRW 3:601 (Flusssieden); Grimm 3:1857 (Fluss)

Fluthknecht ↗ Flutknecht

Flutknecht Fluthknecht 'Arbeiter in der Saline, Hilfskraft des ↗ Flutners'
W: KNECHT

Lit: Adelung 2:236; Barth 1:268; Grimm 3:1862; Zedler 9:1399

Flutner 1. 'Bergarbeiter, der beim Fluten das abgefallene, ausgeschiedene Erz einsammelt'; die *Flut* ist das vom Pochwerk abfließende Wasser. 2. 'Inhaber eines Flutwerkes'; d.i. eine Anlage zur Gewinnung von Zinnseifen ❖ zu mhd. *vluot* 'Flut; überströmende Menge'

Lit: Adelung 2:236; Barth 1:268; DRW 3:602; Grimm 3:1862

Fochazer ↗ Forgetzer

Fochenzer ↗ Forgetzer

Focher Fochler 'Bergmann, der den Blasbalg bedient, um den Stollen mit Frischluft zu versorgen'; meist von Knaben ausgeführt ❖ zu mhd. *focher* 'Fächer', aus lat. *focarius* 'Gerät zum Anfachen des Feuers'

Lit: Fellner 205; Grimm 3:1863 (Focher (Blasbalg)); Idiotikon 1:655; Patocka (1987); Treffer (1981) 113; Veith 190 (Focher (Wetterrad))

Fochler ↗ Focher

Folterknecht lat. *tortor* 'Gehilfe des Scharfrichters, der die Folter ausführt'
W: KNECHT
Syn: Marterer, Peiniger, Peinlein, Racker

Lit: Barth 1:269; Diefenbach 589; Frühmittellat. RWb; Schild (1997)

Förderer Fördermann 'Bergmann, der die gewonnenen Mineralien an die Oberfläche schafft' ❖ zu mhd. *vürdern, vurdern* 'vorwärts bringen, befördern'

Lit: Fellner 205; Pies (2005) 28; Schraml (1934) 127; Veith 190, 191

Förderknecht 'bergmännischer Hilfsarbeiter bei der Förderung, der das Gestein oder Erz in Karren transportiert'
W: KNECHT
Syn: Huntläufer, Huntstößer, Karrenläufer, Karrer

Lit: Heilfurth (1981) 40

Fördermann ↗ Förderer

Förge ↗ Ferge

Forgetzer Fochazer, Fochenzer 1. 'Bäcker, der Weißbrot bestimmter Art und oft zu bestimmten Zeiten backt'; er backt regional unterschiedlich allgemein 'Weißbrot', bes. zu Ostern ein 'verziertes Weizenbrot', das verschenkt wird, oder 'Weizenbrot, das ohne Hefe gebacken wird'. 2. 'Bäcker, der das von Kunden mitgebrachte Korn mahlen lässt und davon eine bestimmte Anzahl Brotlaibe backt'; schweiz. ❖ zu mhd. *vochenze, vochenz* 'eine Art Kuchen oder Weißbrot', ahd. *fochanza*, mlat. *focacia*, aus lat. *focaccia*; vgl. *Fochaz* 'verziertes Gebäck, das Ostern oder Allerheiligen hergestellt wird' (in Südtirol)

Syn: BÄCKER*

Lit: Idiotikon 1:654; KtnWb 100; Schmeller 1:685; TirWb 1:182; Volckmann (1921) 18; VWB 256

Forier ↗ Fourier

Forierer ↗ Fourier

Forierschitz ↗ Fourierschütz

Formenbäcker 'Töpfer, der Formen (Modeln) herstellt' ❖ zu *backen* i. S. v. 'glühend heiß machen, brennen', z.B. Ziegel *backen*
W: BÄCKER*
Syn: TÖPFER

Lit: Pies (2005) 168; Reith (2008) 234

Formendengler ↗ Dengler

Formenschneider ↗ FORMSCHNEIDER

Formensnider ↗ FORMSCHNEIDER

Formenstecher ↗ Formstecher

FORMSCHNEIDER Formenschneider, Formensnider **1.** 'Künstler, der Figuren in Holz- oder Stahltafeln schneidet oder sticht, die auf Papier oder Stoff gedruckt werden'; typische Produkte waren Stoffdrucke, Papiertapeten, Spielkarten. Man unterscheidet *Holzschneider* und *Stahlschneider*. **2.** 'Graveur, der Handstempel und Wappen in Stein einschneidet' — Das Handwerk ist heute noch in Resten vorhanden, die Arbeit wurde weitgehend von Automaten übernommen
W: SCHNEIDER
Syn: BRIEFMALER, Figurenschneider, Formstecher, Holzschneider, Modelmacher, Modelreißer, Modelschneider, Modelstecher, PETSCHIERER, Schriftschneider, Schriftstecher, Stahlschneider

Lit: Adelung 2:347; Barth 1:269; Grimm 3:1903; Krünitz 14:488; Palla (2010) 71; Pies (2002b) 29; Pies (2005) 56; Reith (2008) 160; Zedler 9:1499

Formstecher Formenstecher ↗ 'Formschneider'
FN: Formstecher
W: Stecher
Syn: FORMSCHNEIDER

Lit: Barth 1:269; Linnartz 71

Forstbedienter 'Beamter oder Angestellter in der Forstverwaltung'
W: Bedienter

Lit: Adelung 2:250; DRW 3:635; GoetheWb 3:823; Kehr (1964) 184; Krünitz 14:524

FORSTBEREITER Forstbereuter 'berittener Forstaufseher'
W: Bereiter
Syn: Forstreiter, Gehegebereiter, Gehegereiter, Hegebereiter, Hegereiter, Heidebereiter, Heidereiter, Holzreiter, Jagdbereiter, Überreiter, Waldbereiter, Waldreiter

Lit: Barth 1:270; Grimm 4:5; Kehr (1964) 188; Krünitz 14:555

Forstbereuter ↗ FORSTBEREITER

Forstgraf ↗ 'Holzgraf'
W: Graf
Syn: HOLZGRAF

Lit: Adelung 2:251; Barth 1:270; DRW 3:641; Grimm 4:6; Kehr (1964) 188; Krünitz 14:613; Pierer 6:430

Forstherr 1. 'Grundherr oder Eigentümer eines Waldes'. **2.** 'Beamter in der Forstverwaltung'
W: Herr
Syn: Holzherr, Waldherr

Lit: Adelung 2:252; Barth 1:270; DRW 3:642; Grimm 4:6; Kehr (1964) 186

Forsthuber Forsthübner 'Bauer, der eine Hufe im Wald bewirtschaftet und zugleich die Aufsicht über den Forst führt'; er ist Mitglied des Gerichtskollegiums, das Waldstreitigkeiten schlichtet, und hebt die Abgaben für den Grundherrn ein; *-ḫuber* ist die bes. bair. Form
FN: Forsthuber
Syn: Forsthüfner

Vgl: Hubjäger

Lit: Grimm 4:6; Kehr (1964) 188; Linnartz 71; OÖ. Hbl 1989, H. 2:122

Forsthübner ↗ Forsthuber

Forsthufer ↗ Forsthüfner

Forsthüfner Forsthufer 1. 'Förster, der für einen bestimmten Distrikt zuständig ist und zugleich eine Landwirtschaft mit einer Hufe bewirtschaftet'. **2.** 'Bauer, der eine Hufe im Wald bewirtschaftet'
W: *Hüfner*
Syn: Forsthuber

Lit: Adelung 2:252; DRW 3:643; Kehr (1964) 118 (Forsthufe)

FORSTKNECHT 1. 'Gehilfe des Försters bei der Aufsicht über den Forst'. **2.** 'Holzarbeiter'. **3.** 'Arbeiter im Salzbergbau, der das für die Saline benötigte Holz fällt' ❖ mhd. *vorsterknëht*
W: Fußknecht, Heideknecht, Holzknecht, KNECHT, Waldknecht
Syn: Forstläufer, Heideläufer, Holzaufseher, HOLZHAUER, Holzmeier, Stockförster, Waldschaffer

Lit: Adelung 2:252; Barth 1:271; DRW 3:643; Grimm 4:6; Idiotikon 3:723; Kehr (1964); Krünitz 14:640; Schraml (1932) 393; Schraml (1934) 395

Forstlaufer ↗ Forstläufer

Forstläufer Forstlaufer 1. 'Gehilfe des Försters'. **2.** 'Waldhüter' ❖ zu *laufen* 'zu Fuß gehen' im Ggs. zum *Forstreiter*
W: *Läufer*
Syn: FORSTKNECHT, Heideläufer, WALDHÜTER

Lit: Adelung 2:252; DRW 3:644; Grimm 4:6; Kehr (1964) 189; Krünitz 14:614

Forstmeister Forstnermeister 1. 'hoher Beamter, der größere Waldungen oder mehrere Reviere beaufsichtigt und teils auch für das Jagdwesen zuständig ist'. **2.** 'Beamter im Salzbergbau, der für die Salinenforste zuständig ist' — heute eine Berufsbezeichnung für einen Forstbeamten im höheren Dienst mit abgeschlossenem Studium als Leiter eines Forstamtes
W: *Meister*
Syn: Waldmeister

Lit: Adelung 2:252; Barth 1:271; DRW 3:645; DudenGWDS; Kehr (1964) 186; Schraml (1932) 401

Forstnermeister ↗ Forstmeister

Forstreiter ↗ 'Forstbereiter'
W: *Reiter*
Syn: FORSTBEREITER

Lit: DRW 3:647

Forstrüger 'Person, die behördlich beauftragt ist, Übertretungen der Forstgesetze zu ahnden' ❖ zu mhd. *rüegære, rüeger* 'Ankläger, gerichtlich bestellter Angeber'
W: Rüger
Syn: Waldrüger

Lit: Krünitz 14:689 (Forstrüge)

Forstschreiber 'Verwaltungsbeamter und Rechnungsführer in der Forstverwaltung'
W: *Schreiber*
Syn: Holzschreiber, Waldschreiber

Lit: Adelung 2:253; Barth 1:271; Grimm 4:6; Kehr (1964) 187; Krünitz 14:689

Forstübergeher ↗ Übergeher

Forstwart 'Forstaufseher'; heute eine Berufsbezeichnung für einen an einer Forstschule ausgebildeten Forstbeamten im mittleren Dienst
W: *Wart*
Syn: WALDHÜTER, Waldwart

Lit: Barth 1:271; DudenGWDS; Grimm 4:7; Kehr (1964) 188

Fourier Forier, Forierer, Furier, Furierer; lat. *metator* **1.** 'Bediener an einem Fürstenhof, der für Versorgung und Quartier der ankommenden Gäste verantwortlich ist und auch verschiedene zeremonielle Verpflichtungen hat'. **2.** 'Soldat oder Militärbeamter, der für Nachschub an Verpflegung und Pferdefutter sowie für Quartier zuständig ist'; heute noch

in der Schweiz üblich für 'höherer Unteroffizier, der für die Verpflegung und Buchhaltung einer Einheit verantwortlich ist'. In Deutschland meist in der Schreibung *Furier* ❖ franz. *fourrier*, altfranz. *fuerre* 'Viehfutter'
W: Fourierschütz, °Hoffurier, °Kammerfurier, °Milizfourier, °Reisefurier
Syn: Proviantkommissar, Proviantmeister

Lit: Adelung 2:367; Barth 1:285; Diefenbach 369; DudenFW 475; Frühmittellat. RWb; Grimm 4:751; Idiotikon 1:939; Krünitz 15:473; Schmeller 1:744; Zedler 9:1586, 1587

Fourierschütz Forierschitz, Fourierschütze, Furierschütz **1.** 'Soldat, der den Fourier zur Dienstleistung begleitet und unterstützt'. **2.** 'Soldat in einer Kompagnie von Fußsoldaten, der dem Hauptmann zum Schutz und zur persönlichen Bedienung beigestellt ist; Offiziersbursch' ❖ mhd. *schütze* 'Schütze, Bogen-, Büchsen-, Armbrustschütze', von *schießen*; ↗ Fourier
W: Fourier, Schütze

Lit: Grimm 4:753; Idiotikon 8:1737; Krünitz 15:473; Schmeller 2:494; Zedler 9:1587

Fourierschütze ↗ Fourierschütz

Fournierschneider ↗ Furniersäger

Frachter Frächter **1.** 'Fuhrmann'. **2.** 'Spediteur, der Waren durch einen Fuhrmann versendet'; in der Form *Frächter* heute noch österr. für 'Spediteur' gebräuchlich ❖ zu mnd. *vracht* 'Fracht, Lohn für die Fracht', aus dem Friesischen
Syn: SPEDITEUR*

Lit: Adelung 2:261; Barth 1:271; Ebner (2009) 130; Grimm 4:47; Krünitz 14:737; Pies (2005) 80

Frächter ↗ Frachter

Frachtfahrer Frachtführer 'Fuhrmann, der regelmäßig auf bestimmten Strecken Waren transportiert'
W: *Fahrer*

Lit: Barth 1:271; Meyers Lexikon 6:812 (Frachtführer)

Frachtführer ↗ Frachtfahrer

Frachtfuhrmann ↗ FUHRMANN

Fragler ↗ Fragner

Fragner Fragler, Pfragner, Pfregner, Pfretzner, Vrägner 'Inhaber eines kleinen Geschäftes für den täglichen Bedarf, bes. Lebensmittel; Kleinhändler'; bes. bayr.-österr. ❖ mhd. *vragenære, vragener, phragener* 'Kleinhändler, Viktualienhändler', zu mhd. *phragen, vragen* 'Markt', zu ahd. *phraginâri* 'Marktaufseher', ahd. *phragina* 'Schranke'
FN: Fragner, Fragler, Fratzer, Fratzscher, Fratschner, Fretzer, Frätzer, Frätschner, Fretschner, Frötschner, Frötscher, Fröschner, Pfragner, Pfrogner, Pfretzscher, Pfretzschmer, Pfrötschner
Syn: KRÄMER

Lit: Barth 1:272; DudenFN 254, 255, 508; Gottschald 188, 189, 385; Höfer 1:2; Linnartz 71; Palla (1994) 103; Pies (2005); Schmeller 1:812; Volckmann (1921) 205, 210; Zehetner (2005) 130

Fratschelweib Fratschlerweib 'Kleinhändlerin'
W: *Weib*
Syn: Fratschler, KRÄMER

Lit: Barth 1:273; DRW 3:667; Grimm 4:68

Fratschler Frätschler **1.** '[Markt]händler, der Lebensmittel [und Altwaren] verkauft'; meist von Frauen ausgeübt und daher vor allem in der weiblichen Form *Fratschlerin*. **2.** 'Zwischenhändler im Lebensmittel-Kleinhandel'. **3.** 'Inhaber eines Bierlokals'; Tirol, 19. Jh. ❖ zu *fratscheln*, Iterativform zu *fragen* 'wiederholt ausfragen, beim Kauf aufschwatzen'
W: °Fischfratschler
Syn: Fratschelweib, KRÄMER

Lit: Barth 1:273; DRW 3:668; Grimm 4:68; Hartmann (1998) 137; Höfer 1:239; Palla (2010) 72; SteirWb 249; Volckmann (1921) 206

Frätschler ↗ Fratschler

Fratschlerweib ↗ Fratschelweib

Fratzenmahler ↗ Fratzenmaler

Fratzenmaler Fratzenmahler 'Karikaturenzeichner' ❖ zu *Fratze*, gekürzt aus *Fratzengesicht* 'Spaßmachergesicht', zu frühnhd. *fratzen* 'Späße, Unsinn; albernes Gerede', aus ital. *frasche* 'Possen, Unsinn'
W: *Maler*

Lit: Barth 1:273; Grimm 4:70

Frau Urspr. bezeichnet *Frau* eine weibliche Person höheren Standes, das Statusmerkmal verliert sich aber immer mehr, und seit dem 18. Jh. verdrängt es weitgehend das Wort *Weib*. Im Zusammenhang mit Berufstätigkeit wird es parallel zu *Weib* verwendet, und zwar in den Bedeutungen 'Haushälterin, Zofe' (z. B. *Altfrau, Kammerfrau*), 'Händlerin' (z. B. *Aschfrau, Grünfrau, Milchfrau, Trödelfrau*) sowie 'Hebamme' (z. B. *Wartefrau, Wehfrau, Weisfrau, weise Frau, Badefrau*) ❖ mhd. *vrouwe, vrowe*, in der Anrede und vor Namen *vrô, vrou* 'Herrin, Gebieterin, Geliebte; Frau von Stand, Dame; Gemahlin'
W: Altfrau, Arbeitsfrau, Aschfrau, Badefrau, Grünfrau, Kammerfrau, Milchfrau, Trödelfrau, Wartefrau, Wehfrau, Weisfrau

Lit: Grimm 4:71; Paul 289

Frauenmeister 'Betreiber oder Verwalter des Frauenhauses (Bordells)'
W: *Meister*
Syn: Frauenwirt, Gliedenfetzer, Gliedenfetzerin, Hurenweibel, Hurenwirt, Ruffer, Ruffian, Scholderer

Lit: DRW 3:676

Frauenwirt 'Betreiber eines Bordells'
W: Wirt
Syn: Frauenmeister, Gliedenfetzer, Gliedenfetzerin, Hurenweibel, Hurenwirt, Ruffer, Ruffian, Scholderer

Lit: Barth 1:275; DRW 3:679; Grimm 4:83; Idiotikon 16:1644; Volckmann (1921) 326

Freibäcker Freibecker, Freybäcker, Freybecker, Vriebecker ↗ Freimeister ❖ zu mhd. *vrî* 'frei, nicht gebunden'; mnd. *vribecker* 'Bäcker, der nicht in der Zunft ist'
W: Bäcker*
Syn: Gnadenbäcker

Lit: Barth 1:275; Schiller-Lübben 5:531

Freibauer Freybauer; lat. *liber rusticus, libertinus* 1. 'Bauer, der von Verpflichtungen gegenüber dem Grundherrn befreit ist'. 2. 'Bauer in einem reichsfreien, direkt dem Kaiser und Reich unterstehenden Dorf'
W: Bauer
Syn: Bauer, Baumann, Bonde, Freimann, Freisasse, Freisitzer, Hofbauer, Kölmer, Stavener

Lit: Barth 1:275; Diefenbach 236; DRW 3:712; Frühmittellat. RWb; Grimm 4:101; Krünitz 15:38

Freibecker ↗ Freibäcker

Freibot ↗ Freibote

Freibote Freibot, Freyboth 1. 'Bote des Gerichts, der das Urteil zu überbringen hat; Vollstreckungsorgan in Straf- und Zivilsachen'. 2. 'Gerichtsdiener' ❖ mhd. *vrîbote* 'unverletzlicher Gerichtsbote'
Syn: Büttel, Fronbote

Lit: DRW 3:715; Höfer 1:346

Freifischer Freyfischer 'Fischer, der zeitweise mit Sondererlaubnis ohne Zunftverpflichtung fischen darf'; ↗ Freimeister
W: Fischer*

Freifleischer Freyfleischer ↗ Freimeister
Syn: Keuler

Lit: Barth 1:276; Grimm 4:109; Krünitz 15:53

Freifron Freyfron 'Bote eines Freigerichts oder Femegerichts'; ein *Freigericht* ist ein ordentliches Gericht über freie Leute ❖ zu mhd. *vrôn, vrône* 'Gerichtsbote, Büttel'; mhd. *vrî* 'frei, ungebunden'
Syn: Fronbote

Lit: Barth 1:276; DRW 3:740; Krünitz 15:53

Freigärtner Freygärtner 'vom Frondienst befreiter Kleinbauer'; *Gärtner* hier in der Bedeutung 'Kleinbauer ohne Vieh'
W: *Gärtner*
Syn: KLEINBAUER*

Lit: Barth 1:276; DRW 3:741

Freigraf Freygraf, Frigravius 'Vorsitzender eines Freigerichts'; d.i. ist ein ordentliches Gericht über freie Leute, dem vom Kaiser das Recht auf Blutsgerichtsbarkeit verliehen wurde ❖ mhd. *vrîgrâve* 'Vorstand des Freigerichts'
W: *Graf*

Lit: Barth 1:276; DRW 3:746; Grimm 4:110; Krünitz 15:54

Freigrübler Freigrübner 1. 'Bergmann, der in verlassenen Gruben zurückgebliebenes Erz sucht'. 2. 'Mitglied einer Gruppe von Bergleuten, denen ein Teil eines Grubenfeldes gegen einen vereinbarten Gewinnanteil zum Abbau zugewiesen wird'

Lit: DRW 3:748; Veith 200

Freigrübner ↗ Freigrübler

Freihandmaler 'Maler, der nur als Gemälde- oder Kunstmaler arbeiten darf'; d.h. er durfte nur mit freier Hand, ohne Zirkel oder Lineal, arbeiten
W: *Maler*
Syn: Handmaler

Lit: Barth 1:276

Freihüfner Freyhüfner 'Bauer, der von den Dienstleistungen (Scharwerk) befreit ist'
W: *Hüfner*

Lit: Adelung 2:297 (Freyhufe); DRW 3:779 (Freihufe); Grimm 4:115 (Freihufe)

Freiknecht 1. 'Abdecker'. 2. 'Landsknecht, der ohne Bezahlung kämpft und nur von der Beute lebt'
FN: Freiknecht
W: KNECHT
Syn: SCHINDER

Lit: Barth 1:277; Grimm 4:116; Pies (2001) 38; Pies (2005) 10

Freimann Freymann 1. 'Henker, Scharfrichter'. 2. 'Abdecker'. 3. 'Besitzer eines freien Bauerngutes'. 4. 'Handwerker, der nicht oder nur eingeschränkt in die Zunft aufgenommen ist' ❖ mhd. *vrîman* 'freier Mann; Scharfrichter'
FN: Freimann
W: *Mann*
Syn: Freibauer, Freimeister, SCHARFRICHTER, SCHINDER

Lit: Barth 1:277; DudenFN 256; Gottschald 189; Grimm 4:117; Höfer 1:246; Krünitz 15:74; Linnartz 71; Pies (2001) 38; Pies (2005) 10; Schmeller 1:816

Freimärker ↗ Freimärkter

Freimärkter Freimärker, Freymärker 'Handwerker auf dem Dorf oder Land, der seine Waren in der Stadt verkaufen darf' ❖ zu mhd. *vrîmarket* 'Freimarkt, Freimarktskauf'
Syn: Gassler

Lit: Adelung 2:299; DRW 3:800; Krünitz 15:60

Freimeister Freymeister 1. 'nicht einer Zunft angehörender oder mit Einschränkungen in die Zunft aufgenommener Handwerker'; z.B. *Freibäcker, Freifischer, Freifleischer, Freischlachter, Freischmied, Freischneider, Freischuster*. 2. 'Scharfrichter, Henker'
W: *Meister*
Syn: Freimann, Gnadenmeister

Lit: Adelung 2:299; Barth 1:277; DRW 3:801; Grimm 4:118; Höfer 1:246; Krünitz 15:75

Freireiter Freyreiter, Freyreuter 1. 'Offiziersdiener'. 2. 'einzeln angeworbener berittener Söldner'. 3. 'Person, die in der Kirchengemeinde zu Festen, wie Taufen, Beerdigungen, einlädt'; er war urspr. beritten
W: *Reiter*

Lit: DRW 3:805; Grimm 4:

Freisaß ↗ Freisasse

Freisäß ↗ Freisasse

Freisasse Freisaß, Freisäß, Freiseß, Freysaß 1. 'persönlich freier Bauer, dessen Land aber einem Grundherrn gehört'; urspr. war

das Gut auf Widerruf, später mit Erbrecht verliehen; bes. bayr.-österr. **2.** 'Einwohner einer Stadt oder eines Marktes, der nicht Bürger und trotzdem von Gebühren befreit ist'; dazu regional unterschiedliche Sonderbedeutungen. **3.** 'Person aus der Umgebung, die sich als Knecht oder Lohnarbeiter in der Stadt aufhält'; schweiz. ❖ mhd. *vrîsâꝫe, vrîsæꝫe* 'Freisasse'
W: *Sasse*
Syn: Freibauer

Lit: Barth 1:277; DRW 3:809; DudenGWDS; Grimm 4:119; Idiotikon 7:1351; Schmeller 2:331; SteirWb 253

Freischlachter Freischlächter, Freyschlachter, Freyschlächter, Freyschlechter ↗ Freimeister
W: *Schlachter*

Lit: Barth 1:277; DRW 3:814; Krünitz 15:85

Freischlächter ↗ Freischlachter

Freischmied Freyschmid, Freyschmied ↗ Freimeister
W: *Schmied*

Freischneider Freyschneider ↗ Freimeister
W: SCHNEIDER

Lit: Adelung 2:299 (Freymeister); Barth 1:277

Freischulze 'Dorfschulze, der sein Amt als Lehen innehat, also nicht gewählt wird' ❖ zu mhd. *vrî* 'frei, unabhängig'
W: *Schulze*

Lit: Barth 1:277; Grimm 4:120; Krünitz 149:29

Freischuster Freyschuster ↗ Freimeister
W: SCHUSTER

Lit: Adelung 2:300; Barth 1:277; Grimm 4:120

Freiseß ↗ Freisasse

Freisitzer 'Bauer, der einen privilegierten, von Abgaben befreiten Bauernhof besitzt'
Syn: Freibauer

Lit: Barth 1:278; DRW 3:819

Freitochter Freytochter 'Prostituierte'
Syn: FEILDIRNE

Lit: DRW 3:832

Fretter Frötter **1.** 'Handwerker, der seine Arbeit [ohne Berechtigung und] ohne Zunftzugehörigkeit ausübt'. **2.** 'Spediteur, der mit eigenem Pferd und Wagen Waren zwischen Berg und Tal transportiert'; schweiz.; im Oberdt. ist *Fretter* noch üblich für 'Mensch, der sich mühsam durchbringt' ❖ zu mhd. *vreten, vretten* 'wund reiben, entzünden; quälen, plagen, herumziehen'
FN: Fretter
Syn: BÖNHASE, SPEDITEUR*

Lit: Barth 1:278; DRW 3:864; Gottschald 190; Grünn (1968) 42; Idiotikon 1:1339; Linnartz 72; OÖ. Hbl 1986, H. 1:77; Stolberg (1979)

Frevelrichter 'Richter im Frevelgericht'; d. i. ein Gericht für geringfügige Vergehen ❖ zu mhd. *vrevel, vrevele* 'Kühnheit, Mut; Verwegenheit; rechtliches Vergehen, bes. ein geringeres, geldsühnbares Vergehen, Geldstrafe dafür'
W: *Richter*

Lit: Adelung 2:287; Grimm 4:175 (Frevelgericht); Krünitz 15:33

Frevelsammler 'Person, die Geldstrafen einzieht'; zu *Frevel* i. S. v. 'Strafzahlung; Einkünfte aus der Strafgerichtsbarkeit'

Lit: DRW 3:892

Frevelvogt 'Ankläger in einem Frevelgericht'; ↗ Frevelrichter

Lit: Adelung 2:287; DRW 3:893; Krünitz 15:33

Freybäcker ↗ Freibäcker

Freybauer ↗ Freibauer

Freybecker ↗ Freibäcker

Freyboth ↗ Freibote

Freyfischer ↗ Freifischer

Freyfleischer ↗ Freifleischer

Freyfron ↗ Freifron

Freygärtner ↗ Freigärtner

Freygraf ↗ Freigraf

Freyhüfner ↗ Freihüfner

Freymann ↗ Freimann

Freymärker ↗ Freimärkter

Freymeister ↗ Freimeister

Freyreiter ↗ Freireiter

Freyreuter ↗ Freireiter

Freysaß ↗ Freisasse

Freyschlachter ↗ Freischlachter

Freyschlächter ↗ Freischlachter

Freyschlechter ↗ Freischlachter

Freyschmid ↗ Freischmied

Freyschmied ↗ Freischmied

Freyschneider ↗ Freischneider

Freyschuster ↗ Freischuster

Freytochter ↗ Freitochter

Frigravius ↗ Freigraf

Frillenbrauer **Frillenbrouwer** 'Brauer, der Bleichbier (zwischen Braun- und Weißbier) herstellt'; norddt. ❖ nach dem Namen des Erfinders Hans Frille in Lübeck
Syn: BIERBRAUER*
Lit: Albrecht (1915) 8

Frillenbrouwer ↗ Frillenbrauer

Frimberger ↗ Frümmwerker

Frimschlosser ↗ Frümmschlosser

Frimwerger ↗ Frümmwerker

Frimwerkschlosser ↗ Frümmschlosser

Frischbäcker **Frischbecker** 'Bäcker, der im Turnus an der Reihe ist, frisches Brot zu backen'
W: BÄCKER*
Lit: Adelung 2:310

Frischbecker ↗ Frischbäcker

Frischer 'Arbeiter in der Eisenhütte, der beim Frischen beschäftigt ist'; beim *Frischen* wird Roheisen in Stahl oder schmiedbares Eisen umgewandelt
Syn: HAMMERSCHMIED, Zerrenner
Lit: Adelung 2:311; Grimm 4:213; Krünitz 15:129; Zedler 9:2134

Frischknecht 'Arbeiter in der Eisenhütte, Gehilfe des ↗ Frischers oder ↗ Frischmeisters'
W: KNECHT
Lit: Grimm 4:214; Krünitz 15:129

Frischmeister 'Meister in der Eisenhütte, der für das Schmelzen des Erzes zuständig ist'
W: *Meister*
Syn: Blähmeister, Schmelzmeister

Frisiermamsell ↗ Mamsell

Frittmacher 'Arbeiter in der Glashütte, der die Fritte herstellt'; d.i. eine erste Mischung der für die Glasherstellung nötigen Materialien, wie Kieselerde, Sand, Pottasche ❖ ital. *fritta* 'Glasmasse', aus lat. *frictus*, Partizip zu *frigere* 'rösten', vgl. franz. *fritter* 'Glasmasse zubereiten'
Lit: Adelung 2:313 (Fritte); Krünitz 15:158; Reith (2008) 90

Frohn ↗ Frone

Frohnbote ↗ FRONBOTE

Frohnbothe ↗ Fronbote

Frohne ↗ Frone

Frohner ↗ Frone, *Fröner*

Fröhner ↗ *Fröner*

Frohnknecht ↗ Fronknecht

Frohnvogt ↗ Fronvogt

Fromberger ↗ Frümmwerker

Frommwerker ↗ Frümmwerker

Fron ↗ Frone

Fronbot ↗ Fronbote

Fronbote Frohnbote, Frohnbothe, Fronbot, Fronpot **1.** 'Gerichtsdiener, Gehilfe des Gerichts bei der Vorbereitung der Verhandlung'. **2.** 'Bote des Gerichts, der das Urteil zu überbringen hat, Vollstreckungsorgan in Straf- und Zivilsachen'. **3.** 'Vertreter des Richters, Richter in geringfügigen Sachen'. **4.** 'Gefängnisaufseher'. **5.** 'Aufseher der Stadtbefestigung' ❖ mhd. *vrônbote, vrônebote* 'Bote Gottes; unverletzlicher Bote (auch Stellvertreter) des Richters, Amts-, Gerichtsbote, Büttel'
Syn: Büttel, Freibote, Freifron, Fußknecht, Gerichtsfrone, Kerkermeister, Klagbote, Weibel

Lit: Adelung 2:317; Barth 1:280; DRW 3:974; Grimm 4:233; Krünitz 15:161; Pierer 6:757; Pies (2001) 37; Pies (2005) 46; Schmeller 1:820; Volckmann (1921) 332

Frönder ↗ *Fröner*

Frone Frohn, Frohne, Frohner, Fron **1.** 'Beamter im herrschaftlichen Dienst'. **2.** 'Gerichtsdiener'. **3.** 'Scharfrichter' — als Personenbezeichnung *der Fron(e)* selten, meist als Femininum für die Arbeitsleistung ❖ ↗ Froner
FN: Frohn, Frohne, Fron, Frone
W: Gerichtsfrone

Syn: Büttel, *Fröner*, Scharfrichter, Tagwaner

Lit: Barth 1:280; Gottschald 192; Grimm 4:233; Krünitz 15:160; Linnartz 72

Froner ↗ *Fröner*

Fröner Frohner, Fröhner, Frönder, Froner; lat. *angarus* **1.** 'Bauer oder Pächter, der zu Dienstleistungen (Frondiensten) für die Herrschaft verpflichtet ist'. **2.** 'Arbeiter oder Beamter im herrschaftlichen Dienst'. **3.** 'Gerichtsvollzieher'. **4.** 'Beamter, der die Abgaben aus den Fronverpflichtungen einzieht' ❖ mhd. *vrœner, vrôner* 'Fröner, Arbeiter im herrschaftlichen Dienste; Diener, Beamter, Pfänder', aus ahd. *frô* 'Herr'
FN: Frohner, Fröhner, Frohnert, Fröhnert, Fronius (latinisiert), Froning, Frohning, Fröhning
W: Handfröner, Jagdfröner, Leibfröner, Pferdefröner, Spannfröner, Zehentfröner
Syn: Frone, Roboter, Tagwaner

Lit: Adelung 2:318; Barth 1:280; DRW 3:986, 987; DudenFN 261; Gottschald 192; Linnartz 72; Schmeller 1:821; Veith 205

Fronknecht Frohnknecht **1.** 'unfreier Bauer oder Pächter, der zu Frondiensten verpflichet ist'. **2.** 'Gerichtsdiener'
W: Knecht
Syn: Büttel, Höriger

Lit: Barth 1:280; DRW 3:999; Grimm 4:238

Fronpot ↗ Fronbote

Fronvogt Frohnvogt **1.** 'Aufseher über die Arbeiter im Frondienst; Gutsverwalter'. **2.** 'Gerichtsbeamter'
W: Vogt

Lit: Adelung 2:320; Barth 1:280; DRW 3:1010; Grimm 4:239; Krünitz 15:164

Frötter ↗ Fretter

Fruchtmesser lat. *mensurator frumentorum* 'Beamter, der Getreide und andere Früchte beim Kauf oder Verkauf misst' ❖ zu mhd.

vruht aus lat. *fructus* 'Frucht' in der Bedeutung 'Feldfrucht, Getreide'
W: *Messer*
Syn: KORNMESSER

Lit: Barth 1:281; DRW 3:1022; Grimm 4:277; PfälzWb 2:1618

Fruchtschätzer 'amtlich eingesetzte Person, die den Wert des zum Verkauf gebrachten Getreides bestimmt'
W: *Schätzer*
Syn: KORNMESSER

Lit: Barth 1:281; Grimm 4:278; Idiotikon 8:1691

Fruchtschreiber 'Verwaltungsangestellter im städtischen Kornhaus, Gehilfe des ↗ Kornmeisters' ❖ ↗ Fruchtmesser
W: *Schreiber*
Syn: Kornschreiber

Lit: DRW 3:1023; Volckmann (1921) 197

Fruchttrager ↗ Fruchtträger

Fruchtträger Fruchttrager 1. 'Getreideträger auf dem Markt'. 2. 'Händler für importierte Lebensmittel (Südfrüchte, Öl, Kaffee u. Ä.)'; urspr. *Welschen-Fruchttrager*
W: *Träger*

Lit: Schmeller 1:806

Frühmesser Frühmessner; lat. *primissarius* 'katholischer Priester, der den Gottesdienst am frühen Morgen halten muss'; oft aufgrund einer bestimmten Stiftung ❖ frühnhd. *frümesser* 'Kaplan, der die erste Messe zu lesen hat'
FN: Frühmesser
Syn: Primissar

Lit: Barth 1:282; Diefenbach 459; DRW 3:1026; Götze 91; Grimm 4:318; Idiotikon 4:450

Frühmessner ↗ Frühmesser

Frümmschlosser Frimschlosser, Frimwerkschlosser 'Schlosser, der Vorhangschlösser herstellt'; Bedeutung nicht eindeutig zu klären, vielleicht wegen der Arbeit mit Nieten im Ggs. zum Löten; vgl. *Frimeisen* 'eine Sorte von Eisen' ❖ ↗ Frümmwerker

W: *Schlosser*
Syn: Gelötschlosser, Lötschlosser

Lit: Kropatschek (1793) 267; Pritz (1837) 30; SteirWb 254; Stolberg (1979) 82

Frümmwerker Frimberger, Frimwerger, Fromberger, Frommwerker, Frumwerker, Frümwerker 'Handwerker, der Waren auf Bestellung herstellt'; es ist der Handwerker im eigentlichen Sinn; er stellt selbst die Rohstoffe und Betriebsmittel und legt die Preise fest (Preiswerk im Ggs. zum Lohnwerk) ❖ mhd. *vrumwërc* 'bestellte Arbeit'; *vrumwerker* 'Handwerker, der auf Bestellung arbeitet'; zu *frommen* 'nützen, helfen'; in bair. Dialekten noch länger nachweisbar in dem Verb *frimmen, anfrimmen* 'bestellen' oder in dem Substantiv *Frümmung* 'Bestellung'
W: *Werker*

Lit: Barth 1:282; DRW 3:963, 1028; Grimm 4:327; KtnWb 103; Haberkern/Wallach 2:491; Riepl 147; Schmeller 1:820; SteirWb 255; Stolberg (1979) 82; TirWb 1:191

Frumwerker ↗ Frümmwerker

Frümwerker ↗ Frümmwerker

Fucker Fuckerer, Fugger 1. 'Großhändler'. 2. 'Kaufmann mit großem Geschäftsumfang und Geldgeschäften'; auch übertragen auf 'Wucherer'; dies aus dem Verb *fuckern, fuggern*, das in verschiedenen Dialekten 'Handel treiben, schachern' bedeutet, oft mit dem Nebensinn von 'veruntreuen'; nach der Augsburger Kaufmannsfamilie der *Fugger* zu einem Appellativ *Fucker, Fugger* geworden und bedeutet seit dem frühen 16. Jh. 'Großhändler', eine *Fuckerei* ist eine 'Handelsgesellschaft'
FN: Fucker, Fugger
Syn: Grossierer, Legerherr, Niederläger

Lit: Barth 1:283; DRW 3:1030, 1041, 1042 (fuggern); Grimm 4:362, 394; Maurer / Rupp (1977) 1:452; PfälzWb 2:1632; RheinWb 2:871; Schmeller 1:698; SchwäbWb 2:1820; Volckmann (1921) 197

Fuckerer ↗ Fucker

Fuderansager 'Arbeiter im Salzhandel, der an der Mautstelle die ausgelieferte Menge an Salzfuder ansagt'; ein *Fuder* ist im Bergbau ein Maß unterschiedlicher Größe für Erz und Kohle, im Salzbergbau ein 'kegelförmiger Salzstock' von durchschnittlich 60 kg, kleinere Ausführungen mit ca. 15 kg wurden *Füderl* genannt
W: Ansager

Lit: DRW 3:1031 (Fuder), 1035 (Füderl); Fellner 212; Patocka (1987) 51, 53 (Fuder); Schraml (1934) 322; Veith 206 (Fuder)

Fuderaustrager ↗ Fudertrager

Fuderer ↗ Fütterer

Fuderfasser 'Salinenarbeiter, der die Salzstöcke dem Fudertrager auf die Schulter oder von der Schulter hebt'; zu *Fuder* ↗ Fuderansager
W: Fasser

Lit: Fellner 213

Fuderführer 'Fuhrmann, der Salz transportiert'; zu *Fuder* ↗ Fuderansager
W: *Führer*

Lit: Fellner 213; Schraml (1932) 259

Fuderhacker 'Salinenarbeiter, der die Salzstöcke zerkleinert, damit sie zum Transport in die Küfel gepresst werden können'; zu *Fuder* ↗ Fuderansager
W: Hacker

Lit: Fellner 214; OÖ. Hbl 2010, H. 1:27; Schraml (1932) 220

Fuderheber 'Salinenarbeiter, der die Salzfuder aus den Schiffen auf die Schultern der ↗ Fudertrager hebt'; zu *Fuder* ↗ Fuderansager
W: Heber
Syn: Pfieselknecht

Lit: Fellner 213; Schraml (1932) 321

Fuderltrager ↗ Fudertrager

Füderltrager ↗ Fudertrager

Füderlträger ↗ Fudertrager

Fudersetzer 'Salinenarbeiter, der den ↗ Fudertragern die aus dem Pfannhaus in der Dörrstube gebrachten Salzstöcke (Fuder) abnimmt, um sie zum Trocknen auf die vorgesehenen Dielen zu setzen'; zu *Fuder* ↗ Fuderansager
W: Setzer

Lit: Fellner 215; Patocka (1987) 217; Schraml (1930) 189

Fuderstößer 'Arbeiter in der Saline, der die Verpackungsgefäße (Küfel) füllt'
W: Stößer

Lit: Schraml (1934) 231

Fudertrager **Fuderaustrager, Fuderltrager, Füderltrager, Füderlträger** 'Salinenarbeiter, der die nassen Salzfuder zur Dörre und die getrockneten Fuder in die Schiffe oder Lagerstätten schafft'; zu *Fuder* ↗ Fuderansager
W: *Träger*
Syn: Pfieselknecht

Lit: DRW 3:1036; Fellner 214, 215; Patocka (1987) 207, 217; Schraml (1930) 189; Schraml (1932) 321

Füerböter ↗ Feuerböter

Fugger ↗ Fucker

Führer 1. 'Person, die Waren zu Kunden bringt; Händler'; aus der Bedeutung 'Transporteur, Fahrer' entstand über 'eine Ware transportieren' die Bedeutung 'Händler'; z.B. *Ankenführer, Bierführer, Brotführer, Buchführer, Gewandführer, Topfführer, Weinführer*. 2. 'Person, die etwas transportiert; Fahrer; Fuhrmann'; *Karrenführer, Kotführer, Leimenführer, Nachtführer, Postführer, Sackführer, Salzführer, Widführer*. 3. 'Lenker [eines Schiffes]'; z.B. *Geschirrführer, Jollenführer, Bennenführer, Ewerführer, Nauführer, Prahmführer, Schmackenführer, Schutenführer, Zillenführer*. 4. 'Anführer, Leiter'; *Chorführer, Gangführer, Geleitsführer, Kürführer, Passführer*; ❖ mhd. *vüerer* 'einer, der führt', zu mhd. *vüeren* 'fahren machen, in Bewe-

gung setzen, treiben, fortschaffen, führen, leiten, herbeiführen, bringen, ausführen, -üben, tun, stiften'
FN: Führer; (auch in Komposita:) Kornführer, Brodführer
W: Ankenführer, Bärenführer, Bennenführer, Bierführer, Brotführer, Buchführer, Chorführer, Eisenführer, Ewerführer, Fassführer, Fischführer, Fuderführer, Geleitsführer, Geschirrführer, Gestführer, Gewandführer, Gläserführer, Hopfenführer, Jollenführer, Kahnführer, Karrenführer, Kernführer, Kesselführer, Kotführer, Kotzenführer, Krückelführer, Kunstführer, Kürführer, Ladenführer, Leimenführer, Luftführer, Nachtführer, Nauführer, Passführer, Postführer, Prahmführer, Sachführer, Sackführer, Salzführer, Sandführer, Scheibenführer, Schmackenführer, Schutenführer, Topfführer, Wagenführer, Wasserführer, Weinführer, Widführer, Zillenführer
Syn: *Fahrer*, KRÄMER

Lit: DudenFN 262; Gottschald 194; Grimm 4:460

Führgreff ↗ Feuergraf

Fuhrknecht Furknecht **1.** 'Gehilfe, Angestellter eines Fuhrmanns'. **2.** 'Landarbeiter auf einem Gut, der für Transporte und Zugtiere zuständig ist'
W: KNECHT
Syn: Reiseknecht, Wagenknecht
Ggs: Ackerknecht

Lit: Adelung 2:346; Barth 1:283; DRW 3:1054; Grimm 4:476; Krünitz 15:426

FUHRMANN Fhormann, Furmann, Vorman, Vormann; lat. *auriga, carrucarius, raedarius, redarius, rhedarius, vector* **1.** 'Person, die ein Zugtier vor dem Fuhrwerk lenkt'. **2.** 'Unternehmer, der Warentransporte mit einem Pferdegespann durchführt'. **3.** 'Bauer, der eigene Zugtiere, Gespanne halten kann' — veraltend noch gebräuchlich ❖ mhd. *vuorman* 'Fuhrmann'; mnd. *vôrman* 'Fuhrmann'
FN: Fuhrmann, Fuhrmanns, Vormann (niederdt.), Vohrmann (niederdt.)
W: °Frachtfuhrmann, *Mann*, Reihefuhrmann, Rollfuhrmann, Salzfuhrmann, Salzrodfuhrmann, °Sandfuhrmann
Syn: Anspänner, Deichsler, Gropper, GUTFERTIGER, Hauderer, Heinzeler, Hürdler, Leiterer, Roller, SPEDITEUR*, Wagenlader, Wagenmann

Lit: Adelung 2:347; Barth 1:283; Diefenbach 62, 103; DRW 3:1055; DudenFN 262, 692; Frühmittellat. RWb; Gottschald 194; Grimm 4:47 (Frachtfuhrmann), 468; Krünitz 15:426; Linnartz 252; Pies (2005); Schiller-Lübben 5:403; Volckmann (1921) 221

Fuller Füller; 'Betreiber einer Walkmühle' ❖ lat. *fullo* 'Tuchwalker'
FN: Fuller, Füller, Völler, Voller, Vollert, Volles
Syn: Walkmüller
Vgl: Fullone

Lit: Adelung 2:350; Barth 1:284; Diefenbach 251; DudenFN 263; Frühmittellat. RWb; Grimm 4:513; Krünitz 15:460; Linnartz 73

¹Füller 'Bergarbeiter, der das Material zum Abtransport in Fördergefäße füllt' ❖ mhd. *vüller* 'der den Mörtel einfüllt und den Maurern zuträgt'
FN: Füller
Syn: SCHINDER

Lit: Barth 1:284; Gottschald 194; Grimm 3:563; Heilfurth (1981) 42; Pies (2001) 38; Pies (2005) 10; Schraml (1934) 231; Veith 207

²Füller ↗ Fuller, Filler

Fullone 'Wäscher, der Urin als Waschmittel verwendet'; in der römischen Antike ❖ zu lat. *fullo* 'Tuchwalker'
Syn: Urinwäscher
Vgl: Fuller

Lit: Barth 2:117; Diefenbach 251; Frühmittellat. RWb; Vieser/Schautz (2010) 63

Fundgrüber ↗ Fundgrübner

Fundgrübner Fundgrüber **1.** 'Person, die eine Fundgrube als Lehen innehat oder besitzt'; eine *Fundgrube* ist eine Grube, in der ein umfangreicher Erzfund bloß gelegt wurde.

2. 'selbstständiger Erbauer eines Bergwerks'.
3. 'Betreiber eines Bergwerks allgemein'
Ggs: Maßner, Stöllner

Lit: Adelung 2:353; DRW 3:1064; Grimm 4:541; Krünitz 15:461; Veith 209

Fünfkammacher ↗ Fünfkammmacher

Fünfkammmacher Fünfkammacher
↗ 'Kammmacher, der Fünfkamm herstellt'; d.i. ein Tuch, für dessen Herstellung drei Kämme Leinen und zwei Kämme Wolle verwendet werden
W: KAMMMACHER

Lit: Grimm 4:567

Fürböter ↗ Feuerböter

Fürdinger Fürgedinger, Vordinger 1. 'Waldarbeiter, der eine Arbeit gegen im Voraus abgesprochene Entlohnung verrichtet'. 2. 'Vorsitzender der Schöffen in einem Dinggericht'; zu *vordingen, fürdingen* 'etwas vorher vereinbaren' ❖ mhd. *vürdinger* 'Vorsitzender der Schöffen'

Lit: DRW 3:1084; Fellner 217; Grimm 4:721; SteirWb 259

Fürfahrer 1. 'Person, die einem Fuhrwerk oder Fahrzeug zum Schutz oder zur Erkundung des Weges vorausfährt'. 2. 'Schiffer, der einem Schiffszug vorausfährt, um die Fahrtrinne zu markieren' ❖ zu mhd. *vür* 'vor'
W: Fahrer
Syn: Wasserseher

Lit: Grimm 4:725

Fürgedinger ↗ Fürdinger

Furier ↗ Fourier

Furierer ↗ Fourier

Furierschütz ↗ Fourierschütz

Fürkäufer ↗ Fürkäufler

Fürkäuffer ↗ Fürkäufler

Fürkäuffler ↗ Fürkäufler

Fürkaufler ↗ Fürkäufler

Fürkäufler Fürkäufer, Fürkäuffer, Fürkäuffler, Fürkaufler 'Zwischenhändler, der auf dem Land Lebensmittel einkauft und sie in die Städte bringt'
W: *Käufler*
Syn: Vorkäufer

Lit: Barth 1:285; Grimm 4:755; Höfer 1:254; Idiotikon 3:173

Furknecht ↗ Fuhrknecht

Fürläufer ↗ Vorläufer

Furmann ↗ FUHRMANN

Fürmeister 'Vorsitzender unter den Handwerksmeistern'; ältere Form für *Vormeister*
❖ zu mhd. *für* 'vor'
W: Meister
Syn: ZUNFTMEISTER
Vgl: Vormeister

Lit: Adelung 2:368; Grimm 4:772; Krünitz 15:455

Furniersäger Fourniersneider, Furnierschneider 'Arbeiter, der Edelhölzer zu feinen und dünnen Furnieren sägt'; vor der Erfindung entsprechender Maschinen eine Präzisionsarbeit für Spezialisten
W: Säger

Lit: Grimm 4:783 (Furniersäge); Krünitz 15:474 (Furnier); Palla (2010) 74

Furnierschneider ↗ Furniersäger

Fürschneider 'Hofbeamter, der Speisen schneidet und vorlegt'; da mit den Fingern gegessen wurde, mussten die Speisen vorher entsprechend tranchiert werden ❖ zu mhd. *vür* 'vor'
W: SCHNEIDER
Syn: Vorschneider

Lit: Barth 1:285; Grimm 4:801; Pies (2002d) 40; Pies (2005) 87

Fürsprach ↗ Fürsprech

Fürsprech Fürsprach, Fürsprecher, Vorsprach, Vorsprache, Vorsprake, Vorsprech, Vorsprecher; lat. *advocatus, apologista, procurator, prolocutor* **1.** 'Rechtsbeistand vor Gericht, Parteienvertreter'; bes. schweiz. **2.** 'Schöffe'. **3.** 'Wortführer für eine Gruppe, Gemeinde' ❖ mhd. *vürspreche, vorspreche* 'der jmd. sprechend vertritt, Fürsprecher, bes. Verteidiger vor Gericht, Anwalt'
W: °Bürgervorsprach, °Ratsvorsprach
Syn: Advokat

Lit: Barth 1:285; Diefenbach 15, 462, 464; DRW 3:1087; Grimm 4:833, 837; Pies (2001) 24; Pies (2005) 10

Fürsprecher ↗ Fürsprech

Fuscher ↗ Pfuscher

Fußbote Fußbothe 'Bote, der seine Botengänge zu Fuß macht'
W: Bote*

Lit: Barth 1:288; DRW 3:1109; GoetheWb 3:1052; Grimm 4:1016

Fußbothe ↗ Fußbote

Fußknecht Voetknecht **1.** 'Fußsoldat, Infanterist'. **2.** 'Gehilfe des Försters, Waldhüter, der nicht beritten ist'. **3.** 'Gerichtsbote'. **4.** 'Gefängniswärter'
W: Forstknecht, Knecht
Syn: Fronbote, Kerkermeister

Lit: Adelung 2:376; Barth 1:288; DRW 3:1112; Grimm 4:1032; Kehr (1964); Krünitz 15:564

Füßler ↗ Füssler

Füssler Füßler 'Fleischer, der die essbaren Eingeweide der Tiere und Kuhwänste (Kaldaunen) reinigt und verkauft' ❖ zu mhd. *veʒʒel, fissel* 'Fessel; unterer Teil des Fußes zwischen Mittelfuß und Huf'. *Fissel* ist eine Ablautform zu *Fessel*; *Füssel* ist die hyperkorrekte Schreibung des durch Entrundung von -*ü*- entstandenen -*i*-. Die Fesseln gehörten demnach zu den von den Kuttlern verwerteten Teilen

Syn: Kuttler

Lit: Grimm 3:1691 (Fissel); Pies (2002d) 36; Pies (2005) 98; Reith (2008) 157; Schmeller 1:767

Fußrobather ↗ Fußroboter

Fußroboter Fußrobather 'Bauer, der zu Fuß (ohne Zugtier und Wagen) den Frondienst zu leisten hat' ❖ zu tschech. *robota* 'Arbeit; Frondienst'
W: Roboter

Lit: DRW 3:1113; Grimm 4:1039 (Fußrobot)

Fütter ↗ Fütterer

Futteralmacher 'Handwerker, der Behältnisse für Besteck, Schmuck, optische Geräte usw. herstellt'; geht aus den Buchbindern hervor, da diese dieselben Materialien (Pappe, Holz, zum Ausfüttern Leder, Papier, Seide usw.) verwendeten, oft wurde die Buchbinderarbeit auch von den Buchdruckern selbst ausgeführt ❖ zu mlat. *fotrale*, das als *Futter* in der Bedeutung 'Unterfutter, Futteral' entlehnt wurde
W: °Spiegelfutteralmacher
Syn: Gadelmacher, Schachtelmacher, Stattelmacher

Lit: Barth 1:288; Grimm 4:1076; Kluge 326 (Futteral); Palla (2010) 74; Pies (2002b) 48; Pies (2005) 40; Reith (2008) 46

Futterer ↗ Fütterer

Fütterer Fuderer, Fütter, Futterer **1.** 'Person, die beim Militär das Futter auftreibt'. **2.** 'Landarbeiter, der für die Fütterung des Viehs zuständig ist'. **3.** 'Händler mit Viehfutter'. **4.** ↗ 'Buntfütterer'. **5.** ↗ 'Futteralmacher' ❖ mhd. *vuoterære, vüeterære, vüeterer* 'Fütterer; der im Kriege Futter auftreibt'
FN: Fütterer, Futterer, Fytterer, Fuderer, Fütter, Futter
Syn: Krämer, Kürschner

Lit: Adelung 2:379; Bahlow (1967) 156; Barth 1:289; DudenFN 263; Gottschald 195; Grimm 4:1078; Höfer 1:239, 256; Krünitz 15:458; Linnartz 74; Palla (1994) 105; Volckmann (1921) 235

Futterhemdstricker 'Handwerker, der Futterhemden herstellt'; ein *Futterhemd* ist 1. ein hemdartiges leinernes Kleidungsstück ohne Knöpfe, das bis zu den Hüften reicht und oft von Fuhrleuten oder bei der Fütterung getragen wurde (zu *Futter* 'Nahrung'), 2. ein Kleidungsstück aus Wollstoff, das über dem Hemd und unter der Weste getragen wurde (zu *Futter* 'Unterfutter')
W: Stricker

Lit: Adelung 2:380 (Futterhemd); Grimm 4:1081 (Futterhemd); Zedler 15:584 (Futterhemd)

Futterknecht lat. *pabularius, pabulator* 'Landarbeiter oder Angestellter eines Fürstenhofes, der für die Fütterung des Viehs zuständig ist'
FN: Futterknecht
W: KNECHT

Lit: Adelung 2:380; Barth 1:289; Diefenbach 404; Gottschald 195; Grimm 4:1083; Krünitz 15:584; Linnartz 74

Futtermacher 'Weber, der Futterstoffe (Flanell, Rasch u. Ä.) herstellt'
Syn: WEBER

Lit: Adelung 2:380; Barth 1:289; Grimm 4:1085; Krünitz 15:577

Futtermarschalk ↗ Futtermarschall

Futtermarschall Futtermarschalk 'Beamter an einem Fürstenhof, der für Futterbeschaffung und -zuteilung sowie die Abrechnung zuständig ist'
W: Marschall
Syn: Futtermeister

Lit: Adelung 2:380; Barth 1:289; DRW 3:1119; Grimm 4:1085; Krünitz 15:589

Futtermeister 1. 'Heeresbeamter, der für die Beschaffung des Futters für die Pferde zuständig ist'. 2. 'Angestellter in einem Gutshof, der für Futter und Fütterung des Viehs zuständig ist'. 3. ↗ 'Futtermarschall'
FN: Futtermeister
W: Meister
Syn: Futtermarschall

Lit: Adelung 2:380; Barth 1:289; DRW 3:1119; Grimm 4:1085; Krünitz 15:590

Futterschneider 'Landarbeiter, der das Stroh als Hackfutter fein schneidet, bes. für die Pferde'
FN: Futterschneider
W: SCHNEIDER

Lit: Adelung 2:382; Barth 1:289; Gottschald 195; Grimm 4:1095; Linnartz 74

Futterschreiber 1. 'Hofbeamter in der Verwaltung, der dem ↗ Futtermeister oder dem ↗ Futtermarschall zugeordnet ist'. 2. 'Beamter, der auf dem Markt den Mehl- und Getreidehandel beaufsichtigt'
W: Schreiber

Lit: Adelung 2:382; DRW 3:1120; Grimm 4:1095; Krünitz 15:590

Fydeler ↗ Fiedler

G

Gaarkoch ↗ Garkoch

Gabeler ↗ Gabler

Gabelmacher 'Handwerker, der hölzerne Gabeln u.ä. Holzwaren herstellt'
Syn: Gabler
Vgl: Löffelmacher, Tellermacher

Lit: Barth 1:290; Grimm 4:1122; OÖ. Hbl 1996, H. 2:206; Schraml (1934) 416

Gabenherr Gabenherre, Gabherr **1.** 'Mitarbeiter im Salzbergbau, der die Aufsicht über die Brunnen hat'. **2.** 'Mitglied des Rates, der die Steuern festsetzt und einzieht' ❖ zu *Gabe* i. S. v. 'was jmdm. gegeben wird, gebührt, zugeteilt wird'; zu mhd. *gâbe* 'Gabe, Geschenk; Abgabe'
Syn: Bornmeister

Lit: Adelung 2:386; Barth 1:290; DRW 3:1126; Grimm 4:1124; Zedler 10:10

Gabenherre ↗ Gabenherr

Gabherr ↗ Gabenherr

Gabler Gabeler, Gäbler, Gepeller **1.** 'Arbeiter, der mit der Gabel arbeitet'. **2.** 'Handwerker, der Gabeln u.ä. landwirtschaftliche Werkzeuge herstellt'. **3.** 'Henker, Scharfrichter'. **4.** 'Grenzbeamter'; urspr. Beamter, der die Salzsteuer einhebt — in den meisten Wörterbüchern, wie Grimm, Adelung, Krünitz, nur für einen Hirsch oder einen Fisch verzeichnet ❖ **1.**, **2.**: Ableitung von [Heu]gabel; **3.**: zu *Gabel* in der Bedeutung 'Folterwerkzeug; Galgen'; **4.**: franz. *gabeleur* von *gabelle* 'Salzsteuer'

FN: Gabler, Gäbler, Gaebler, Gebler, Gahbler, Gapler, Gäpler
Syn: Gabelmacher, SCHARFRICHTER

Lit: Barth 1:290; DRW 3:1133; DudenFN 264; Gottschald 196; Hornung (1989) 59; Linnartz 74

Gäbler ↗ Gabler

Gadamer ↗ Gademer

Gaddemmann ↗ Gademmann

Gadelmacher 'Handwerker, der Spanschachteln herstellt'; norddt. ❖ zu franz. *cade* 'ein Gefäßmaß', engl. *cade* 'Fass bestimmter Größe für den Handel', aus lat. *cadus*, griech. *kádos* 'Krug, Eimer, Fass'
Syn: Futteralmacher, Schachtelmacher, Stattelmacher

Lit: Grimm 11:16 (Kad); Schmeller 1:1224 (Kadel)

Gademann ↗ Gademmann

Gademeister ↗ Gadenmeister

Gademer Gadamer, Gädemer, Gädemler, Gadener, Gedemler **1.** 'Handwerker, der Einwohner einer Stadt ist, aber kein Bürgerrecht besitzt'. **2.** 'Kleinhändler, Trödler, Inhaber einer Verkaufsbude'. **3.** 'Kleinbauer'. **4.** 'Zimmermann' — Die Grundbedeutung von *Gadem* ist vielfältig, aber immer auf Räume bezogen: 'Haus, Kate, Zimmer, Raum für gelagerte Waren, Verkaufsraum'. Davon leiten sich die unterschiedlichen Bedeutungen ab ❖ mhd. *gademer* 'Zimmermann; Haushalter'; mhd. *gadem* 'Haus mit nur einem Gemach; Kammer; Stockwerk';

mnd. *gadem, gâm* 'angebautes Häuschen, Bude; Kaufladen; Stockwerk'
FN: Gadamer, Gademer, Gadner, Gader, Gäder
W: Salzgademer, Zehrgademer
Syn: KLEINBAUER*, KRÄMER, ZIMMERMANN

Lit: Adelung 2:386 (Gaden); Barth 1:290; DudenFN 264; Gottschald 196; Grimm 4:1134; Linnartz 74; Schiller-Lübben 2:3; Schmeller 1:872

Gädemer ↗ Gademer

Gädemler ↗ Gademer

Gademmann Gaddemmann, Gademann, Gadenmann; Fem. **Gadenfrau** 'Kleinhändler; Inhaber einer Verkaufsbude' ❖ ↗ Gademer
FN: Gademann, Gadenmann, Gädemann, Gaedemann
W: Mann
Syn: KRÄMER

Lit: Barth 1:290; DRW 3:1137; DudenFN; Gottschald 196; Grimm 4:1134; Linnartz 74; Volckmann (1921) 194

Gadener ↗ Gademer

Gadenfrau ↗ Gademmann

Gadenmann ↗ Gademmann

Gadenmeister Gademeister 'Person, die Sennhütten beaufsichtigt'; zu *Gaden* 'wirtschaftlich genutztes kleineres Nebengebäude; Raum zur Aufbewahrung von Vorräten' ❖ mhd. *gadem* 'Haus mit nur einem Gemach; Kammer; Stockwerk'
W: Meister

Lit: Idiotikon 4:515

Gaffelbote Gaffelbothe 1. 'Bediensteter, Bote einer Zunft'. 2. 'Person, die Todesfälle verkündet, zur Beerdigung einlädt und das Begräbnis organisiert'; der Zunftbediente hatte auch Begräbnisse von Mitgliedern zu organisieren ❖ zu frühnhd. *gaffel* 'Zunft' aus mlat. *gabella* 'Steuer, Zoll, bes. Salzsteuer, Salzmagazin'; ital. *gabella* 'Steuer, Gebühr', franz. *gabelle* 'Salzsteuer', niederld. *gabelle* 'Abgabe'; vermutlich frühe Internationalismen des Handelswesens, die auf das Mittellateinische zurückgehen; *gaffel* für 'Zunft' aus 'Abgabe, Steuer' verhält sich wie *Gilde*, das ebenfalls aus *Geld* hervorgeht
W: BOTE*
Syn: Gaffelknecht, LEICHENBITTER

Lit: Barth 1:291; DRW 3:1138; Götze 94; Grimm 4:1135 (Gaffel); Meyers Lexikon 6:247

Gaffelbothe ↗ Gaffelbote

Gaffelherr 'Ratsherr, der an den Zunftversammlungen teilnimmt' ❖ ↗ Gaffelbote
W: Herr

Lit: Adelung 2:387 (Gaffel); Barth 1:291; Grimm 4:1135 (Gaffel); Meyers Lexikon 6:253 (Gaffel)

Gaffelknecht 'Bediensteter der Zunft' ❖ ↗ Gaffelbote
W: KNECHT
Syn: Gaffelbote

Lit: Adelung 2:387 (Gaffel); Barth 1:291; DRW 3:1139

Gaffelmeister 'Vorsitzender einer Zunft'
W: Meister
Syn: Stubenmeister

Lit: Barth 1:291; DRW 3:1139

Gählgeter ↗ Gelgeter

Gahrmacher ↗ Garmacher

Gahrnwinder ↗ Garnwinder

Gaimann Geimann 'Hafenarbeiter an einem Flaschenzug, der den Ladebaum auf kleinen Schiffen bewegt'; niederdt.; *Gai* ist eine Talje oder ein Seil, das Schwingungen beim Laden verhindern soll; *geien* 'Segel festzurren'
W: Mann

Lit: Altstaedt (2011) 19, 168; Lindow 76 (Gei, geien)

Gaißer ↗ Geißer

Gaißerer ↗ Geißer

Galanteriearbeiter 'Handwerker, der feine modische Gebrauchsgegenstände, modische Accessoires herstellt'; kommt im veralteten Sprachgebrauch noch vor ❖ zu franz. *galanterie* 'Liebenswürdigkeit', aus franz. *galant* 'liebenswürdig'
W: *Arbeiter*
Syn: Galanteriespengler, Pariserarbeiter, Stahlarbeiter

Lit: Adelung 2:390 (Galanterie); Barth 1:291; Grimm 4:1159; Krünitz 15:653 (Galanterie)

Galanteriekrämer 'Kaufmann, der mit Galanteriewaren, modischen Accessoires, handelt'
W: KRÄMER
Syn: Putzhändler

Lit: Adelung 2:390 (Galanterie); Barth 1:291; Grimm 4:1159

Galanteriespengler ↗ 'Galanteriearbeiter'; in Österreich noch heute als Berufbezeichnung üblich
W: *Spengler*
Syn: Galanteriearbeiter, Pariserarbeiter, Stahlarbeiter

Lit: Ebner (2009) 136

Galgenmeister 'Henker' ❖ mhd. *galgenmeister* 'Henker'
W: *Meister*
Syn: SCHARFRICHTER

Lit: DRW 3:1146; Grimm 4:1176; Idiotikon 4:515

Galterer ↗ Galthirt

Galtgreber ↗ Goldgräber

Galthirt Galterer, Galtihirt 'Hirt, Senner für das Galtvieh'; das sind Kühe, die wegen Trächtigkeit keine Milch geben, oder Jungvieh ❖ zu mhd. *galt* 'keine Milch gebend, unfruchtbar'
W: *Hirt*

Lit: DRW 3:1149; Grimm 4:1206 (galt), 1207 (Galtvieh); Idiotikon 2:1648; Schmeller 1:903

Galtihirt ↗ Galthirt

Gälzenschneider ↗ Gelzenschneider

Galzer ↗ Gelzer

Galzler ↗ Gelzer

Gandtner ↗ Gantner

Gängeler ↗ Gänger

Gänger Gängeler, Gangler, Gängler, Gengeler, Gengler 1. 'Hausierer, Wanderhändler'. 2. 'Person, die Todesfälle verkündet, zur Beerdigung einlädt und das Begräbnis organisiert' — bes. schweiz. ❖ mhd. *gengelære* 'Wanderer', mhd. *gengære* 'Gänger, Umherstreicher'
FN: Gänge, Gänger, Genger, Gengler, Gangler, Gangeler, Gängler
W: Felduntergänger, Hofgänger, Kumpgänger, Nachgänger, Umgänger, Wachtgänger, Zehentgänger
Syn: KRÄMER, LEICHENBITTER

Lit: Barth 1:293; DRW 3:1158; Gottschald 198; Grimm 4:1251; Idiotikon 2:358, 361; PfälzWb 3:25; SchwäbWb 3:45

Ganghauer Ganghäuer, Gänghäuer 'Bergmann, der in den Erzgängen (im erzhaltigen Gestein) arbeitet' ❖ mhd. *ganc* 'Gang, Weg'
W: HAUER
Vgl: Schrämhauer

Lit: Barth 1:293; Grimm 4:1249; Krünitz 16:17; Veith 268

Ganghäuer ↗ Ganghauer

Gänghäuer ↗ Ganghauer

Gangler ↗ Gänger

Gängler ↗ Gänger

Ganser Ganserer, Gänßler 1. 'Geflügelhändler'. 2. 'Gänsehirt'. 3. 'Gänsezüchter' ❖ zu mhd. *ganzer, ganze* 'Gänserich'
FN: Ganser, Gansler, Gansner, Gansener, Genser, Gensler, Genseler, Gänsler, Gänßler, Gänzler, Ginzler, Gonser

Lit: Barth 1:293; DudenFN 265, 272; Gottschald 198; Grimm 4:1276; Linnartz 74; Palla (1994) 386

Ganserer ↗ Ganser

Gänßler ↗ Ganser

Ganter 'Auktionator, Versteigerer'; oberdt.; kommt im veralteten Sprachgebrauch noch vor ❖ zu *Gant* 'Versteigerung', aus mlat. *in quantum* 'wie viel, wie hoch?' (Frage des Auktionators)
FN: Ganter, Ganther, Gantner, Gentner
Syn: Ausmiener, Gantmeister, Verganter

Lit: Barth 1:294; DRW 3:1162; DudenFN 265, 266, 272; Hornung (1989) 61; Idiotikon 2:379; Linnartz 75, 77

Ganthauer 'Handwerker, der Brunnentröge herstellt' ❖ ↗ Gantner
W: HAUER

Lit: Barth 1:294

Gantier 'Handschuhmacher' ❖ zu franz. *gant* 'Handschuh'
Syn: Handschuher, Handschuhmacher, Hänschenknütter, Hantscher

Lit: Kaltschmidt 393

Gantknecht 1. 'Bediensteter eines Auktionshauses'. 2. 'Beamter bei einer Zwangsversteigerung' ❖ ↗ Ganter
W: KNECHT

Lit: Barth 1:294; DRW 3:1164; Grimm 4:1286; Idiotikon 3:723; Schmeller 1:926

Gantmeister 1. 'Auktionator, Versteigerer'. 2. 'Beamter zur Aufsicht über Zwangsverkäufe' ❖ ↗ Ganter
W: Meister
Syn: Ausmiener, Ganter, Stadtkäufler, Verganter

Lit: Adelung 2:405 (Gant); Barth 1:294; DRW 3:1165; Idiotikon 4:515

Gantner Gandtner 'Böttcher, Fassbinder' ❖ zu mhd. *ganter, kanter* 'Gestell aus Holzkanten als Lager für Fässer'; vgl. dazu *Ganter* für 'Gefäß, Bütte', das in bair. Dialekten belegt ist; zu lat. *cantharus* urspr. 'Käfer', dann alles in der Form eines Käfers, z.B. 'bauchiges Gefäß', und *cantherius* 'Balkengestell', aus griech. *kántharos* 'eine Käferart'

FN: Gantner
Syn: BÖTTCHER

Lit: Barth 1:294; DudenFN 265; Höfer 1:271; KtnWb 108; Linnartz 74; Pies (2005) 34; Schmeller 1:926 (Ganter); SteirWb 266; TirWb 1:204 (Gante)

Gantrichter 1. 'Richter in einem Pfändungsgericht'. 2. 'Pfändungsbeamter' ❖ ↗ Ganter
W: *Richter*
Syn: EXEKUTOR

Lit: DRW 3:1166

Gantschreiber 'Protokollführer bei einer Versteigerung' ❖ ↗ Gantner
W: *Schreiber*

Lit: Barth 1:294; DRW 3:1166; Idiotikon 9:1540

Ganzhöfler ↗ Ganzhüfner

Ganzhüfner Ganzhöfler 'Bauer, der eine ganze Hufe besitzt'; ↗ Hüfner
W: *Hüfner*
Syn: Ganzlehner, VOLLBAUER
Ggs: Halbhüfner

Lit: Adelung 2:409; Grimm 4:1309; Krünitz 16:121

Ganzlehner Ganzlöhner 'abhängiger Bauer, der ein ganzes Lehen besitzt und so viele Güter hat, dass er die Robot mit vier Pferden oder Ochsen verrichten kann'; bes. österr. ❖ ↗ Lehner
W: *Lehner*
Syn: Ganzhüfner, VOLLBAUER
Ggs: Halblehner

Lit: Adelung 2:410; Barth 1:294; DRW 3:1170; Grimm 4:1311

Ganzlöhner ↗ Ganzlehner

Garbenbinder 'Erntearbeiter, der geschnittenes oder gemähtes Getreide zu Garben bindet'; häufig von Frauen durchgeführt, dann in der weiblichen Form *Garbenbinderin*; heute wird unter *Garbenbinder* vor allem eine Maschine zum Garbenbinden verstanden
W: *Binder*
Syn: Knebler

Lit: Adelung 2:414; Barth 1:294; Grimm 4:1340; WBÖ 3:187

Garber ↗ GERBER*

Gärber ↗ GERBER*

Garbereder ↗ Garbereiter

Garbereiter Garbereder ↗ 'Garbrater' ❖ zu mnd. *bereden* 'fertigmachen, bereiten'
W: Bereiter
Syn: Auskoch, Garbrater, Garkoch, Garküchner, Sudelkoch, Sudler
Lit: Schiller-Lübben 1:242

Garberin Garbin 'Landarbeiterin auf dem Bauernhof, bes. die Arbeiten auf Wiese, Acker und im Haus fertigstellt'; bair. ❖ zu mhd. *garwen, gerwen* 'gar machen, bereiten, zubereiten'; verwandt mit *Gerber*
Syn: Magd
Lit: Barth 1:294; Grimm 4:1340; Schmeller 1:934; Ziller (1995) 70

Garbin ↗ Garberin

Garbrader ↗ Garbrater

Garbrater Garbrader, Garbräter, Garbreder; lat. *assator* 'Koch, der gekochte Speisen verkauft'; bes. norddt. ❖ zu mhd. *gar, gare* 'bereit gemacht, gerüstet, bereit'
W: Bräter
Syn: Auskoch, Garbereiter, Garkoch, Garküchner, Sudelkoch, Sudler
Lit: Adelung 2:414; Barth 1:294; DRW 3:1172; Grimm 4:1340; Krünitz 16:124; Volckmann (1921) 32

Garbräter ↗ Garbrater

Garbreder ↗ Garbrater

Garknecht 'Arbeiter in der Kupferherstellung, Gehilfe des ↗ Garmachers'
W: KNECHT
Lit: Adelung 2:416; Barth 1:295; Grimm 4:1359

Garkoch Gaarkoch; lat. *cocus, propinator* 'Koch, der eine einfache Speisegaststätte (Garküche) betreibt und ständig warme Speisen anbietet'; bes. norddt., veraltend auch heute noch gebräuchlich ❖ zu mhd. *gar, gare* 'bereit gemacht, gerüstet, bereit'
Syn: Auskoch, Garbereiter, Garbrater, Garküchner, Sudelkoch, Sudler
Lit: Adelung 2:416; Barth 1:295; Diefenbach 465; DRW 3:1173 (Garküche); Pies (2005) 87; Volckmann (1921) 33

Garküchner 'Inhaber einer Garküche'; d.i. eine einfache Speisegaststätte oder eine Bude auf Märkten, in denen Gekochtes oder Gebratenes angeboten wird ❖ ↗ Garkoch
Syn: Auskoch, Garbereiter, Garbrater, Garkoch, Sudelkoch, Sudler
Lit: Barth 1:295; DRW 3:1173 (Garküche); Grimm 4:1360

Garmacher Gahrmacher 'Arbeiter in der Kupferherstellung, der aus Schwarzkupfer gereinigtes (rotes) Kupfer herstellt' ❖ zu *gar* i. S. v. 'fertig zum Gebrauch, rein'; zu mhd. *gar, gare* 'bereit gemacht, gerüstet, bereit'
Vgl: Seigerabtreiber
Lit: Adelung 2:417; Barth 1:295; Krünitz 16:127; Zedler 10:63

Garneknecht ↗ Garnknecht

Garnemeister ↗ Garnmeister

Garnemester ↗ Garnmeister

Garneweber ↗ Garnweber

Garnfärber ↗ Färber*

Garngrempler ↗ Grempler

Garnherr 1. 'Händler mit Baumwollgarn'. 2. 'Fischer, der Großnetze besitzt'
W: Herr
Syn: Garnmeister
Lit: DRW 3:1174; Idiotikon 2:1530

Garnknecht Garneknecht 'Gehilfe des ↗ Garnmeisters'
W: KNECHT
Lit: Barth 1:295

Garnmeister Garnemeister, Garnemester 1. 'Fischer, der mit großen Netzen fischt'. 2. 'Fischer oder Fischerknecht, der für die Netze zuständig ist' ❖ zu mhd. *garn* 'Faden; Netz'
W: *Meister*
Syn: Garnherr

Lit: Adelung 2:418; Barth 1:295; DRW 3:1174; Grimm 4:1371; Krünitz 16:141

Garnschreiber 'Rechnungsführer in der Fischerei für den Ertrag der großen Netze'
W: *Schreiber*

Lit: DRW 3:1174

Garnsieder 'Handwerker in der Weberei, der das Garn reinigt und durch eine warme und scharfe Aschenlauge zieht, bevor es gebleicht und gefärbt wird'
W: *Sieder*

Lit: Grimm 4:1372; Krünitz 16:135; Pies (2005) 180; Reith (2008) 250

Garnstricker 'Handwerker, der aus Flachs Garn und Netze für Fischer und Jäger herstellt'
W: *Stricker*
Syn: Garnzieher

Lit: Adelung 2:418; Barth 1:296; Grimm 4:1372

Garnweber Garneweber 'Weber, der aus gesponnenem Flachs oder Hanf Leinen herstellt'
W: Weber
Syn: Leinenweber, Sartuchweber
Ggs: Wollweber

Lit: Adelung 2:418; Barth 1:296; Grimm 4:1373; Krünitz 16:143

Garnwinder Gahrnwinder 'Handwerker, der Garn zum Nähen und Weben herstellt und aufspult'
W: *Winder*
Syn: Garnzieher

Lit: Adelung 2:418 (Garnwinde); Barth 1:296; Grimm 4:1373 (Garnwinde); Krünitz 16:142 (Garnwinde)

Garnzieher 'Handwerker, der Garn zum Nähen und Weben herstellt und aufspult'; meist von Frauen ausgeübt
W: *Zieher*
Syn: Garnstricker, Garnwinder

Lit: Barth 1:296; Pies (2005) 179; Reith (2008) 249

Gartenbannwart 'Feld-, Flurhüter'; schweiz.
W: Bannwart, *Wart*
Syn: Flurschütz

Lit: DRW 3:1177; Idiotikon 16:1582

Gartenherr 1. 'Verwalter eines öffentlichen Gartens'. 2. 'Gartenbesitzer'
W: *Herr*

Lit: Grimm 4:1407

Gartenierer Gartnierer 'Gärtner, der herrschaftliche Ziergärten und Parks gestaltet'; französisierende Bildung, da franz. Kunstgärten als Vorbild dienten

Lit: Barth 1:296; RheinWb 2:1037

Gartenknecht 'Gärtnergehilfe'
W: Knecht

Lit: Adelung 2:422; Barth 1:296; GoetheWb 3:1110; Grimm 4:1408; Krünitz 16:396

Gartenkondukteur 'Leiter der Hofgärten, Gartenbaudirektor'
W: *Kondukteur*

Gartenmeister Gartmeister 1. 'Gärtner in höherem Rang im Dienste des Hofes oder als Angestellter der Gemeinde'. 2. 'Klosterbruder, der als Gärtner arbeitet'
W: *Meister*

Lit: Adelung 2:423; Barth 1:296; DRW 3:1178; GoetheWb 3:1111; Grimm 4:1410; Krünitz 16:397

Gärtler ↗ Gärtner

Gartmeister ↗ Gartenmeister

Gartner ↗ Gärtner

Gärtner Gärtler, Gartner, Gherdener 1. 'Kleinbauer ohne Vieh'; er hatte nur ein kleines Grundstück um das Haus für Gemüse- und

Obstbau und war der Grundherrschaft zu bestimmten Handdiensten verpflichtet, wofür er Naturalien erhielt. **2.** ↗ 'Ackerbürger ohne Vieh'. **3.** 'Fleischer oder Bauer, der Fleisch auf den Markt bringt, ohne der Zunft anzugehören'. **4.** ↗ 'Hausschlachter'. **5.** 'herrschaftlicher Gartengestalter'. **6.** 'Verwalter des Vorratshauses für Gemüse, Fleisch, Fisch *(Zehrgarten)'* ❖ mhd. *gartenære, gartnære* 'Gärtner; Weingärtner'; zu mhd. *garte*. Zu 1., 2.: *Garten* bezeichnete das abgegrenzte Stück Land unmittelbar um das Haus, im Ggs. zu den landwirtschaftlich genutzten Wiesen und Äckern; zu 3., 4.: nach dem Ort der Schlachtung, nämlich im Freien
FN: Gärtner, Gartner, Gartler, Gardeler, Gardener, Gardler, Gertner, Gertler, Gärtler, Görder, Görner
W: Auengärtner, Baumgärtner, Dreschgärtner, Freigärtner, Großgärtner, Hofgärtner, Kaufgärtner, Kleingärtner, Kohlgärtner, Küchengärtner, Kunstgärtner, Lustgärtner, WEINGÄRTNER, °Zehrgärtner
Syn: Ackerbürger, HAUSSCHLACHTER, Ökonomiebürger

Lit: Adelung 2:424; Barth 1:297; DRW 3:1181; DudenFN 266; Gottschald 199; Grimm 4:1420; Krünitz 15:639; Linnartz 75; Volckmann (1921) 2; Zedler 10:364

Gartnierer ↗ Gartenierer

Garwer ↗ GERBER*

Gassenbesetzer Gassenpsetzer 'Wegmacher, der die Straßen auszubessern hat; Straßenpflasterer'; schweiz.
W: Besetzer

Lit: DRW 3:1184; Grimm 4:1448, 1452; Idiotikon 7:1706

Gassenfeger ↗ 'Gassenkehrer'
W: *Feger*
Syn: Gassenkehrer

Lit: Barth 1:297

Gassenhauptmann 'Beamter, der einem Stadtviertel vorsteht und Feuerwache und Polizei beaufsichtigt'
W: Hauptmann

Syn: Gassenmeister

Lit: DRW 3:1185; Grimm 4:1451; Krünitz 16:406

Gassenkehrer 'Straßenreiniger'; galt als unehrenhafter Beruf ❖ *Gasse* wurde wie das heutige *Straße* verwendet, so noch vielfach im österr. Deutsch
W: Kehrer
Syn: Gassenfeger

Lit: Adelung 2:427; Barth 1:297; DRW 3:1185; Ebner (2009) 138; Grimm 4:1451; Palla (1994) 105

Gassenknecht **1.** 'Gehilfe des ↗ Gassenhauptmannes'. **2.** 'Angestellter der Straßenpolizei'
W: KNECHT
Syn: Stadtknecht

Lit: Barth 1:297; DRW 3:1185; Grimm 4:1451; SchwäbWb 3:81

Gassenmeister 'Beamter, der einem Stadtviertel vorsteht und die soziale Betreuung überwacht'
W: *Meister*
Syn: Gassenhauptmann

Lit: Adelung 2:427; Barth 1:297; DRW 3:1185; Grimm 4:1452; Krünitz 16:406

Gassenpsetzer ↗ Gassenbesetzer

Gassenschlachter ↗ Gassenschlächter

Gassenschlächter Gassenschlachter, Gassenschlachtiger 'Fleischer, der keine Gewerbeberechtigung oder Zunftzugehörigkeit hat und daher nur bei den Bauern auf dem Hof oder in Privathäusern schlachtet'
Syn: HAUSSCHLACHTER

Lit: Barth 1:297; DRW 3:1186

Gassenschlachtiger ↗ Gassenschlächter

Gassenschleifer 'herumziehender Handwerker, der Scheren und Messer schleift'; meist mit einem drehbaren Schleifstein; *Gasse* in der älteren Bedeutung 'Straße', also im Freien im Ggs. zu einem Geschäftslokal
W: Schleifer
Syn: Messerschleifer, Scherenschleifer

Lit: Barth 1:297

Gassenvogt 'Beamter, der für die Ordnung auf den Straßen der Stadt zuständig ist'; betrifft Straßenreinigung, Bettelverbote, Ordnung und Kriminalität; oft gleichgesetzt mit *Bettelvogt*
W: *Vogt*
Syn: BETTELVOGT, Dreckmeister, Horbmeister, Viertelmeister

Lit: Adelung 2:428; Barth 1:297; DRW 3:1186; Grimm 4:1453; Idiotikon 1:705

Gassenwirt 'Gastwirt, der nur Getränke im Straßenverkauf ausschenkt'; *Gasse* in der älteren Bedeutung 'Straße', Verkauf „über die Gasse" noch heute oberdt. üblich
W: WIRT

Lit: Barth 1:298; DRW 3:1187; Ebner (2009) 138

Gaßler ↗ Geisler, Gassler

¹Gassler Gaßler 1. 'Dorffleischer, der nur kleines Vieh schlachten darf'. 2. 'Handwerker auf dem Dorf oder Land, der seine Waren in der Stadt verkaufen darf'; *Gasse* in der älteren Bedeutung 'Straße', also im Freien im Ggs. zu einem Geschäftslokal
Syn: Freimärkter

Lit: Adelung 2:299 (Freymärker)

²Gassler ↗ Geisler

Gast 1. 'Matrose, der bestimmte Arbeitsaufträge zu erledigen hat'; z.B. *Flaggengast, Bootsmannsgast, Kochsgast, Rudergast*. 2. 'freier Lohnarbeiter'. 3. 'Handwerksgeselle, der vorübergehend bei einem Meister arbeitet'. 4. 'fremder Kaufmann, der sich in der Stadt aufhält' — Die vielfältigen Bedeutungen von *Gast*, die sich auf einen Beruf beziehen, spiegeln das Spannungsfeld zwischen *Gast* im heutigen Sinn und *Fremder*. Im Norddeutschen bedeutet *Gast* auch '(netter) Bursch' ❖ mhd. *gast* 'Fremder; feindlicher Krieger; Gast'
W: Raumgast, Rojgast, Rudergast, Schrannengast, Waidgast

Lit: Barth 1:298; DRW 3:1189; Grimm 4:1454; Meyers Lexikon 6:378

Gastalde Gastaldio; lat. *gastaldus* 1. 'Gutsverwalter eines königlichen Gutes'; urspr. Domänenverwalter, Haushofmeister der langobardischen Könige, gleichbedeutend dem *Domesticus* oder *Graf* der fränkischen Könige. 2. 'Vogt, Schultheiß' ❖ langobardisch *gastald, gastaldo* 'königlicher Finanzverwalter' (es waren mächtige, begüterte Leute); zu *gastalden* 'erwerben, besitzen'; in dieser Bedeutung auch altbair. *castaldius* und mlat. *gastaldus* 'Pfleger, Gestellter, Bestallter'
Syn: Meier, Vogt

Lit: Barth 2:120; Diefenbach 258; DRW 3:1190; Frühmittellat. RWb; Handwb der Rechtsgesch. 1:1935; Meyer (1877) 288; Meyers Lexikon 6:378

Gastaldio ↗ Gastalde

Gastgeb Gastgeber 'Gastwirt, bes. Speisewirt'; die heutige Form *Gastgeber* ist eine verdeutlichende Form für ↗ *Gastgeb*, als der Wortbestandteil *-geb* nicht mehr verstanden wurde ❖ mhd. *gastgëbe* 'der Nachtherberge gibt, Gastwirt, Wirt', zu dem nur als Kompositum vorkommenden Wort *gëbe* m. 'Geber', vgl. auch *gëbe* f. 'Gabe, Geschenk'
FN: Gastgeb
Syn: WIRT

Lit: Adelung 2:430; Barth 1:298; DRW 3:1192; DudenFN 267; Gottschald 200; Grimm 4:1477; Krünitz 16:464; Linnartz 75

Gastgeber ↗ Gastgeb

Gasthalter 'Betreiber einer Gastwirtschaft oder einer Herberge'
W: Halter
Syn: WIRT

Lit: Adelung 2:430; Barth 1:298; DRW 3:1194; Grimm 4:1479; Idiotikon 2:1241; Krünitz 16:464; Pies (2005) 185

Gasthausmeister ↗ Gastmeister

Gastknecht 1. 'Bediensteter, der Gäste und Fremde versorgt'. 2. 'Kellner'
W: KNECHT
Syn: Aufwärter, Kredenzer, Markör

Lit: DRW 3:1195; Grimm 4:1482

Gastmeister Gasthausmeister, Gastmester **1.** 'Gastwirt'. **2.** 'Mönch, der für die Aufnahme und Bewirtung von Gästen zuständig ist'. **3.** 'Vorsteher eines Kranken- oder Armenhauses'
W: Meister

Lit: Adelung 2:431; Barth 1:299; DRW 3:1195, 1196; Grimm 4:1481, 1484; Krünitz 16:465

Gastmester ↗ Gastmeister

Gastmutter 'Krankenpflegerin, bes. in einem Pflegeheim'
W: Mutter

Lit: Adelung 2:431; Barth 1:299; DRW 3:1197; Grimm 4:1484

Gastrichter 'Richter im Fremdengericht'; d.i. ein schnelles Rechtsverfahren für Fremde, bes. für Kaufleute gegen Einheimische
W: Richter

Lit: DRW 3:1197; Grimm 4:1485; Schmeller 1:953

Gatterstricker 'Handwerker, der Drahtgitter für Zäune, Wurfgitter usw. herstellt'
W: Stricker
Syn: Eisenstricker

Lit: Steir. Handwerk 175; Wiener Berufe

Gäubäck ↗ Gäubäcker

Gäubäcker Gäubäck, Gaubeck, Gäubeck 'Landbäcker im Ggs. zu einem Bäcker in einer Stadt oder einem Markt'; zu *Gau* in der Bedeutung 'Geschäftsbezirk, Revier' ❖ mhd. *göu, gou* 'Gegend, Landschaft'
W: BÄCKER*

Lit: DRW 3:1206; Grimm 4:1524; Schmeller 1:855; SteirWb 269; WBÖ 2:772

Gaubeck ↗ Gäubäcker

Gäubeck ↗ Gäubäcker

Gäuchler ↗ GAUKLER

Gäufleischhacker 'Landfleischer im Ggs. zu einem Fleischer in einer Stadt oder einem Markt'; er kann zwar in der Stadt schlachten, aber nur auf dem Land verkaufen
W: Fleischhacker
Syn: Gäumetzger

Lit: DRW 3:1208; Meindl (1878) 2:44; SteirWb 270

Gaugraf Gograf, Gogreve, Hogrefe **1.** 'Vorsitzender des Gaugerichts'; es war für kleinere Vergehen zuständig. **2.** 'Vertreter, Vogt des Amtmanns' ❖ mnd. *gogreve* 'Gaugraf, gewählter oder bestellter Vorsitzender des Gaugerichts'; *Graugraf* ist die mitteldeutsche-oberdeutsche Form zu niederdt. *Gogreve*; *hogreve* ist eine dissimilierte Form zu *Gogreve*
FN: Hogrefe, Hogrebe, Hogreve, Hogrewe, Hochgraf, Hochgreve, Hogräfer, Gaugrebe, Gogrefe, Gogreve, Gogräfe
W: °Amtsgaugraf, Graf

Lit: Adelung 2:436; Barth 1:41, 300; DRW 3:1209; Gottschald 218; Grimm 4:1548; Krünitz 16:481; Linnartz 76, 80; Schiller-Lübben 2:130

Gaukelmann 'berufsmäßiger Narr und Spaßmacher, Hanswurst'; im Ggs. zu der umfassenderen Bezeichnung *Gaukler* für 'fahrende Leute'
Syn: GAUKLER

Lit: Barth 1:300; Grimm 4:15520; Volckmann (1921) 314

GAUKLER Gäuchler, Gäukler, Geuchler 'herumziehender Komödiant und Artist, der bes. auf Jahrmärkten unterschiedliche Kunststücke vorführt'; umfasst ein weites Feld fahrender Leute, von Zauberkünstlern, Tierführern, Ärzten bis Schauspielern ❖ mhd. *goukelære gougelære* 'Zauberer, Gaukler, Taschenspieler'
Syn: Bossierer, Fahrender, Flucher, Gaukelmann, Hämmerlein, Histrione, Hofierer, Katzenritter, Kloterer, Lotter, Messkünstler, Mimus, Minstrel, Possenreißer, Rippelreier, Schellenträger, Schelter, Scherzer, Schnurrer, Seilfahrer, Spielmann, Springer, Tadler, Trüller, Wicker, Zeitungssänger

Lit: Adelung 2:437; Barth 1:300; Barth 2:141; DRW 3:1211; DudenFN; Idiotikon 2:171; Pies (1977); Pies (2005) 125; Volckmann (1921) 314

Gäukler ↗ GAUKLER

Gaulichter Gäulichter, Golichter, Gudelichter, Gudelider, Gulichter, Guliecher, Gulister, Gulliechter 'Kerzengießer, der Talg-, Unschlittlichter herstellt' ❖ Etymologie unklar, das Wort stellt einen Ggs. zum weißen Kerzenlicht dar
Syn: KERZENZIEHER

Lit: Barth 1:301; Grimm 4:1572 (Gaulicht, Golicht); Grimm 8:878 (Gollicht); Grimm 9:1071 (Gulicht); Schmeller 1:893; Volckmann (1921) 292

Gäulichter ↗ Gaulichter

Gäumaister ↗ Gäumeister

Gäumeister Gäumaister, Geimeister 'Handwerksmeister auf dem Land im Ggs. zum Stadtmeister'; bair., ↗ Gäubäcker
W: *Meister*
Syn: Landmeister

Lit: Barth 1:301; DRW 3:1212; Grimm 4:1576; Schmeller 1:855

Gaumel ↗ Gäumel

Gäumel Gaumel, Geimel 1. 'Aufseher über Arbeiter oder Dienstboten'. 2. 'Verwalter eines Hofes'. 3. 'Hausmeister einer Arbeiterunterkunft; Bergmann, der die Quartiere der Bergknappen in Ordnung hält'. 4. 'jüngstes Mitglied einer Holzarbeiterpartie, der die Holzknechtstube in Ordnung hält, Feuer macht usw.'. 5. 'Wächter in einem Haus oder Schloss' ❖ mhd. *goumel, goumer* 'der Acht gibt, Aufseher, Hüter'
Syn: Gaumer

Lit: DRW 3:1212; Fellner 223; Grimm 4:1576; Rieder (2006) 1:36; Schmeller 1:913; Schraml (1930) 231

Gaumer Gäumer, Gäumler, Ladengaumer 1. 'Aufseher, Hüter'; in Bezug auf Kinder, Vieh, Wald und Flur oder bei den Keltern; oft auch im Femininum *Gaumerin*. 2. 'Aufseher über die Bevölkerung in Hinblick auf Religion und sittliches Verhalten; Sittenrichter' — schweiz. ❖ zu mhd. *goumen* 'Aufsicht haben, Wache halten', mhd. *goumel, goumer* 'der Acht gibt, Aufseher, Hüter'
FN: Gaumer
W: Ehegaumer, °Holzgäumer, Kühgaumer, Sittengaumer, Waldgaumer, Weidgaumer
Syn: Gäumel

Lit: Barth 1:301; DRW 3:1212; DudenFN 267; Gottschald 201; Idiotikon 2:303, 305 (Ladengaumer), 306; Schmeller 1:914

Gäumer ↗ Gaumer

Gaumetzger ↗ Gäumetzger

Gäumetzger Gaumetzger 'Landfleischer im Ggs. zu einem Fleischer in einer Stadt oder einem Markt'
W: METZGER
Syn: Gäufleischhacker

Lit: Barth 1:301; Schmeller 1:855

Gäumler ↗ Gaumer

Gäuschneider 'auf dem Land [in der Stör] arbeitender Schneider'; zu *Gau* in der Bedeutung 'Geschäftsbezirk, Revier' ❖ mhd. *göusnîder* 'Schneider auf dem Lande'
W: SCHNEIDER
Syn: Bauernschneider, Störschneider

Lit: DRW 3:1214; Grimm 4:1587

Gäuschuster 'auf dem Land [in der Stör] arbeitender Schuster' ❖ zu *Gau* in der Bedeutung 'Geschäftsbezirk, Revier'; mhd. *göuschuoster* 'Schuster auf dem Lande'
W: SCHUSTER
Syn: Bauernschuster, Störschuster

Lit: Grimm 4:1518 (Gau, gäu); SteirWb 270

Gautscher Kautscher 'in der Papiermühle der ↗ Büttgeselle, der das vom ↗ Schöpfer geschöpfte Papier auf den Filz (das Gautschbrett) presst' ❖ vermutlich aus franz. *coucher* 'niederdrücken, niederlegen; eine Schicht auftragen', seit dem 14. Jh.; in Anlehnung an schwäbisch *gautschen* 'wiegen, schaukeln'; die Schwaben waren in der Papiermacherei führend

Syn: Büttgeselle, Eintaucher, Leger, Schöpfer

Lit: Adelung 2:439; Barth 1:301; Grimm 4:1592; Hoffmann Wb 2:480; Kluge 336 (gautschen); Pies (2002b) 18; Pies (2005) 110; Reith (2008) 178

Gäuweber 'auf dem Land [in der Stör] arbeitender Weber' ❖ ↗ Gäuschuster
W: WEBER
Syn: Störweber

Lit: Schmeller 1:855

Gäuwirt 'Wirt auf dem Land'
W: WIRT

Lit: Barth 1:301; DRW 3:1215; Grimm 4:1592

Gebauer Gebawer, Gebuwer 'Bauer'; historische Form; die kollektivische Vorsilbe Ge- kennzeichnet noch das Gemeinsame der im Landbau Tätigen ❖ mhd. gebûr, gebûre 'Miteinwohner, Mitbürger; Nachbar; Dorfgenosse, Bauer'
FN: Gebauer, Gehbauer, Gepauer, Gabauer, Gahbauer, Gebauhr, Kapaurer, Gbur, Gebor, Gebuhr, Gebür, Gebühr
W: Neugebauer
Syn: BAUER

Lit: Barth 1:301; DRW 3:1221; DudenFN 268; Gottschald 201; Grimm 4:1657; Kunze 110, 111; Linnartz 76

Gebawer ↗ Gebauer

Gebissmacher ↗ Bisser

Gebuwer ↗ Gebauer

Gedemler ↗ Gademer

Gedingarbeiter Gedingearbeiter 'Akkordarbeiter im Bergbau' ❖ ↗ Gedinghäuer
W: Arbeiter
Syn: Gedinger, Gedinghäuer

Lit: Adelung 2:466 (Gedingearbeit); Barth 1:304; DRW 3:1366; Fellner 220 (Gedingearbeit); Grimm 4:2025 (Gedingearbeit)

Gedingearbeiter ↗ Gedingarbeiter

Gedingehäuer ↗ Gedinghäuer

Gedinger 'Bergmann, der im Akkord arbeitet'
Syn: Gedingarbeiter, Gedinghäuer

Lit: Barth 1:304; DRW 3:1369; Grimm 4:2030; Veith 225

Gedinghauer ↗ Gedinghäuer

Gedinghäuer Gedingehäuer, Gedinghauer 'Bergmann, der eine Arbeit im Akkord gegen einen vereinbarten Lohn übernimmt' ❖ zu mhd. gedinge 'Übereinkunft, Vertrag; Versprechen, versprochene Sache, Versprechen einer Zahlung'; vgl. dingen 'in Dienst nehmen'
W: HAUER
Syn: Gedingarbeiter, Gedinger

Lit: Adelung 2:466; Barth 1:304; DRW 3:1370; Grimm 4:2030; Schraml (1934) 126; Veith 268

Geelgeter ↗ Gelgeter

Geeter ↗ Geter

Gefällaufseher Gefällsaufseher 'Beamter der Grenz- und Zollwache'; die Gefällenwache in Österreich war als Grenzwache sowohl für Sicherheits- als auch Zollangelegenheiten (bes. für Tabak und Salz) zuständig
W: Aufseher

Lit: Becher (1841) 430; DRW 3:1400

Gefälleeinnehmer ↗ Gefälleinnehmer

Gefälleinnehmer Gefälleeinnehmer 'Beamter, der fällige Abgaben einhebt; Finanz-, Zollbeamter'; zu Gefälle 'Ertrag eines Grundstücks; Abgaben, die einem Grundherrn oder dem Staat davon zu entrichten sind'; Gefalle 'fälliger Zins; indirekte Steuern', z.B. Zoll-, Forst-, Domänensteuern ❖ mhd. gevelle 'abschüssiges Gelände, Sturz; Gefälle, Abgaben'
W: Einnehmer, °Rossgefälleinnehmer
Syn: STEUEREINNEHMER

Lit: Barth 1:305; DRW 3:1400

Gefällenpächter ↗ Gefällpächter

Gefällpächter Gefällenpächter 'Pächter, der Einnahmen aus bestimmten Abgaben, bes. Verbrauchssteuern erzielt'; er zahlte dem Staat einen festen Betrag und konnte dafür die Abgaben für sich einkassieren; ↗ Gefälleinnehmer

Lit: Wiener Berufe

Gefällsaufseher ↗ Gefällaufseher

Gefällverwalter 'Beamter der Finanzverwaltung; Kassenverwalter'; ↗ Gefälleinnehmer
Syn: Gefällverweser

Lit: DRW 3:1400

Gefällverweser 'Einnehmer und Verwalter der *Gefälle*'; ↗ Gefälleinnehmer
W: Verweser
Syn: Gefällverwalter

Gefiller ↗ Filler

Geflinderer ↗ Flinderer

Geflinterer ↗ Flinderer

Gegenhandler Gegenhändler 1. ↗ 'Gegenschreiber'. 2. 'Kontrolleur der Verwaltung und des Rechnungswesens'; bes. im Salzbergbau; zu *handeln* 'tun, tätig sein' ❖ mhd. *handeler, handler* 'der etwas tut, vollbringt, verrichtet; Verhandler'
W: Mautgegenhandler, Steuergegenhandler
Syn: Gegenrechner, Gegenschreiber

Lit: Adelung 2:484; DRW 3:1448; Grimm 5:2242; Krünitz 16:618; Schraml (1932) 79, 288

Gegenhändler ↗ Gegenhandler

Gegenrechner ↗ 'Gegenschreiber'
W: Rechner
Syn: Gegenhandler, Gegenschreiber

Lit: Barth 1:306; Grimm 5:2251

Gegenschreiber lat. *antigrapheus, antigraphus* 'Verwaltungsbeamter, der als Kontrolleur mitverrechnet und das Gegenbuch, die Gegenrechnung führt'; diese Funktion gab es beim Militär, in Klöstern, bei den Zoll- und Steuerbehörden sowie im Bergbau bei der Bergbauverwaltung und beim Berggericht ❖ mhd. *gegenschrîber* 'Gegenrechner, Kontrolleur'
W: Amtsgegenschreiber, Aufschlaggegenschreiber, Berggegenschreiber, Einnehmergegenschreiber, °Kastenamtmannsgegenschreiber, °Kastengegenschreiber, Mautgegenschreiber, °Münzgegenschreiber, Pflegschaftsgegenschreiber, °Proviantgegenschreiber, °Rentgegenschreiber, Salzgegenschreiber, *Schreiber*, Ungeldgegenschreiber, Zehentgegenschreiber, °Zollgegenschreiber
Syn: Gegenhandler, Gegenrechner

Lit: Adelung 2:485; Barth 1:306, 490 (Kastengegenschreiber), 673 (Münzgegenschreiber); Diefenbach 38; DRW 3:1458; Fellner 222; Grimm 5:2258; Patocka (1987) 21, 77; Schraml (1932); Veith 227

Gehägebereiter ↗ Gehegebereiter

Gehägereiter ↗ Gehegereiter

Gehegbereiter ↗ Gehegebereiter

Gehegebereiter Gehägebereiter, Gehegbereiter ↗ 'Gehegereiter'
W: *Bereiter*
Syn: FORSTBEREITER

Lit: Adelung 2:490; DRW 3:1481; Grimm 5:2338; Kehr (1964); Krünitz 16:628

Gehegereiter Gehägereiter, Gehegereuter 'berittener Forstangestellter, der Gehege und Jagdreviere beaufsichtigt; Forstwart'
W: *Reiter*
Syn: FORSTBEREITER

Lit: Grimm 5:2338; Kehr (1964) 189

Gehegereuter ↗ Gehegereiter

Geheimrat Geheimrath 'Mitglied eines Beratungsgremiums von Vertrauenspersonen in Regierungs- und Verwaltungsangelegenheiten'; auch *Geheimer Rat*; später als Eh-

rentitel verliehen; zu *geheim* i. S. v. 'vertraulich' ❖ zu frühnhd. *geheim* 'vertraut'
Syn: Hofrat

Lit: Götze 98; Grimm 5:2366

Geheimrath ↗ Geheimrat

Geheimschreiber lat. *secretarius* 'Sekretär'; bes. Privatsekretär eines Fürsten; zu *geheim* i. S. v. 'vertraulich'; dazu *Geheimschreiberei* für 'Kanzlei'
W: *Schreiber*
Syn: Sekretär

Lit: Adelung 2:493; Barth 1:307; Diefenbach 523; DRW 3:1485; Grimm 5:2369; Krünitz 16:633

Gehrmeister ↗ Germeister

Geimann ↗ Gaimann

Geimeister ↗ Gäumeister

Geimel ↗ Gäumel

Geischelmacher ↗ Geißelmacher

Geiseler ↗ Geisler

Geiser ↗ Geißer

Geisler Gaßler, Gassler, Geiseler, Geißeler, Geißler, Gyseler 1. 'Fleischer, der nur Kleinvieh schlachtet und das Fleisch verkauft'. 2. 'Viehhändler, bes. von Kleinvieh' — ostdt. ❖ Etymologie unklar, vielleicht slawisch
Syn: METZGER

Lit: Adelung 2:428; Barth 1:308; DRW 3:1526; Grimm 5:2622; Linnartz 76; Volckmann (1921) 24, 25

Geißeler ↗ Geisler

Geißelmacher Geischelmacher 'Handwerker, der Peitschen herstellt'; er gehörte zu den Lederarbeitern; zu *Geißel* oberdt. für 'Peitsche' ❖ zu mhd. *geisel, geischel* 'Peitsche'
Syn: Geißler, Peitscher, Schmitzer

Lit: Barth 1:308; DRW 3:1596 (Geißel); Grimm 5:2607 (Geischel), 2615 (Geisel); Krünitz 16:696 (Geißel); Volckmann (1921) 158

Geißer Gaißer, Gaißerer, Geiser, Geisser, Geißerer, Geißner 'Ziegenhirt, Geißhirt'; oberdt. ❖ mhd. *geizer* 'Ziegenhirt'
FN: Geisser, Geißer, Geiß, Geiss, Gais, Gaiser, Gaiß, Gaiss, Gaißer, Gaisser, Gaißert, Gaissert, Geiser, Geisler, Geiseler, Geißler, Geissler (häufiger von *Geißel* 'Peitsche' oder *Geisel* 'Gefangener'), Geißner

Lit: Barth 1:308; DudenFN 270; Gottschald 204; Grimm 5:2804; Linnartz 76; Schmeller 1:946

Geisser ↗ Geißer

Geißerer ↗ Geißer

¹Geißler 'Handwerker, der Peitschen herstellt'
FN: Geißler, Geissler (die Namen gehören aber meist zur Bedeutung 'Flagellant')
Syn: Geißelmacher

Lit: Barth 1:308; DudenFN 270

²Geißler ↗ Geisler

Geißner ↗ Geißer

Gekrätzschmelzer 'Arbeiter im Hüttenwerk, der das *Gekrätz* reinigt, bevor es wieder eingeschmolzen wird'; das *Gekrätz* ist der Abfall beim Schmelzen des Erzes oder bei der künstlerischen Metallarbeit; zu *kratzen*
W: *Schmelzer*

Lit: Adelung 2:519; Grimm 5:2836 (Gekrätz); Krünitz 16:717

Gelait ↗ Geleitsbedienter

GELBGIEßER 'Metallgießer, der Gegenstände aus Messing und anderen Legierungen herstellt, z. B. Schnallen, Beschläge, kleine Glocken, Knöpfe; Messinggießer'; die Arbeitsbereiche des Gelbgießers überschneiden sich zum Teil mit denen des Rotgießers und des Gürtlers; oft auch synonym mit *Rotgießer* verwendet
W: *Gießer*

Syn: Gelgeter, GÜRTLER, Messingschläger, Messingschmied, ROTGIESSER

Lit: Adelung 2:525; Barth 1:310; Diefenbach; Grimm 5:2886; Krünitz 16:736; Meyers Lexikon 6:510; Palla (2010) 77; Pies (2005) 69; Reith (2008) 107; Volckmann (1921) 142

Geldenschneider ↗ Geltschneider

Geldgewerber 'Geldwechsler; Person, die Geldgeschäfte betreibt'; schweiz.
W: Gewerber
Syn: Geldmakler, Geldwechsler, Kawerz, Lombarde, Wechsler

Lit: Grimm 5:2913 (Geldgewerb); Idiotikon 16:1140

Geldkauderer 'unbefugter und oft betrügerischer Wechsler von verschiedenen Münzsorten'
W: Kauderer

Lit: DRW 3:1562; Schmeller 1:1224; Volckmann (1921) 216

Geldkipper ↗ Kipper

Geldmacher ↗ Geltmacher

Geldmakler Geldmäkler **1.** 'Finanzkaufmann, Kreditvermittler'. **2.** 'Geldwechsler'
W: MAKLER
Syn: Geldgewerber, Geldwechsler, Kawerz, Lombarde, Wechsler

Lit: Adelung 2:527; Barth 1:310; DRW 3:1563; Grimm 5:2917; Krünitz 17:58

Geldmäkler ↗ Geldmakler

Geldner ↗ Gelter

Geldschneider ↗ Geltschneider

Geldwechsler lat. *argentarius, campsor, nummularius* **1.** 'Kaufmann, der durch Umwechseln und Prüfen von Münzen Geschäfte macht'. **2.** 'Bankier'
W: Wechsler
Syn: Geldgewerber, Geldmakler, Kawerz, Lombarde

Lit: Adelung 2:528; Barth 1:311; Diefenbach 47, 93, 385; Frühmittellat. RWb; Grimm 5:2926; Pies (2005) 78, 174

Geleitknecht ↗ Geleitsknecht

Geleitreiter ↗ Geleitsreiter

Geleitsbedienter Gelait 'Beamter im *Geleitamt* (Zollamt), der den Straßenzoll einhebt'; zu *Geleit*: aus der Bedeutung 'Sicherheit und Schutz auf Straßen' entwickelte sich die Bedeutung 'Begleitung zum Schutz' und 'Entgelt für die Begleitung', schließlich, vermischt mit Zoll, ein 'Amt zur Verwaltung und Einhebung der Schutzgebühr und der Zölle' ❖ mhd. *geleit* 'Leitung, Führung; Begleitung, Geleit, Schutz; Geleitsgeld'
W: *Bedienter*

Lit: Adelung 2:533; Barth 1:311; DRW 3:1589; Grimm 5:3000; Krünitz 17:109; Schmeller 1:529 (Geleit)

Geleitsbereiter 'berittener Beamter zur Aufsicht über die Straßen'; zu *Geleit* ↗ Geleitsbedienter
W: *Bereiter*

Lit: Adelung 2:533; Barth 1:311; DRW 4:3; Grimm 5:3000

Geleitseinnehmer 'Beamter, der das Entgelt für das sichere Geleit einhebt'; zu *Geleit* ↗ Geleitsbedienter
W: Einnehmer

Lit: Adelung 2:533; Barth 1:311; DRW 3:1591; Grimm 5:3001; Heydenreuter (2010) 83; Krünitz 17:109

Geleitsführer Gleitsführer, Gleytsfürer 'Führer eines Geleitzuges, der Reisende zu ihrem Schutz begleitet'
W: *Führer*

Lit: Barth 1:311

Geleitsherr 1. 'Beamter, der die Aufsicht über das Warengeleit innehat'. **2.** 'Person, die das Geleitrecht in einer Gegend hat'; die *Geleitherren* erhielten die Einkünfte aus den Geleitgebühren, waren aber dafür zum Schutz der Kaufleute und anderer Reisender verpflichtet und mussten Schadenersatz

leisten, wenn einem Geleitnehmer ein Schaden widerfuhr
W: *Herr*

Lit: Adelung 2:534; Barth 1:311; DRW 3:1598; Grimm 5:3001; Heydenreuter (2010)

Geleitsknecht Geleitknecht 'bewaffnete Person, die einen Transport zum Schutz begleitet'; arbeitet im Dienst eines ↗ Geleitherrn
W: KNECHT

Lit: Barth 1:312; DRW 3:1598; Grimm 5:3002

Geleitsmann Glaitsmann 1. 'Person, die Reisende zum Schutz begleitet'. 2. 'Beamter in der Geleitverwaltung und Kassier des Geleitgeldes' ❖ ↗ Geleitsbedienter
W: *Mann*
Syn: Geleitsreiter

Lit: Adelung 2:534; Barth 1:312 (Geleitsleute); DRW 3:1599; Grimm 5:3002

Geleitsreiter Geleitreiter 'berittener Beamter zur Aufsicht über die Straßen'; zu *Geleit* ↗ Geleitsbediente
W: *Reiter*
Syn: Geleitsmann

Lit: Adelung 2:534; Barth 1:312; DRW 4:3; Grimm 5:

Gelgeter Gählgeter, Geelgeter 'Messinggießer, Gelbgießer'; niederdt. Form ❖ mnd. *gel* 'gelb'; mnd. *geter* 'Gießer'
W: *Geter*
Syn: GELBGIESSER

Lit: Adelung 2:525 (Gelbgießer); Krünitz 16:736; Schiller-Lübben 2:37, 89

Gelötmacher Gletmacher 1. 'Schlosser, Kleinschmied, der gelötete Gegenstände herstellt'. 2. 'Spengler' — Die Form *Glet-* ist eine dialektale entrundete Form zu *Gelöt-*
Syn: Gelötschlosser, Kleinschmied, Lötschlosser, Schlossschmied

Lit: DRW 4:24; Stolberg (1979) 82; Zedler 10:1647 (Glette)

Gelötschlosser Glötschlosser, Glöttschlosser 'Handwerker, der Vorhangschlösser herstellt, ↗ Lötschlosser' ❖ zu mhd. *gelœte* 'eine Menge Blei'
W: *Schlosser*
Syn: Frümmschlosser, Gelötmacher, Kleinschmied, Lötschlosser, Schlossschmied

Lit: Grimm 8:219 (Glöt)

Geltenschneider ↗ Geltschneider

Gelter Geldner 'Schweinekastrierer'; niederdt. Form zu *Gelzer* ❖ mnd. *gelte* 'verschnittenes Mutterschwein'
FN: Geldner
Syn: Gelzer, KASTRIERER

Lit: DudenFN 270; Linnartz 77; Schiller-Lübben 2:49

Geltmacher Geldmacher 1. 'Handwerker, der Kübel herstellt'. 2. 'Schweinekastrierer' ❖ 1.: zu mnd. *gelte* 'Gefäß für Flüssigkeiten, z.B. Bier'; 2.: zu mnd. *gelte* 'verschnittenes Mutterschwein'
FN: Geldmacher
Syn: KASTRIERER, KLEINBÖTTCHER*

Lit: DudenFN 270; Linnartz 77; Schiller-Lübben 2:49

Geltschneider Geldenschneider, Geldschneider, Geltenschneider 'Schweinekastrierer' ❖ zu mnd. *gelte* 'verschnittenes Mutterschwein'
W: SCHNEIDER
Syn: KASTRIERER

Lit: Barth 1:312

Geltzenleuchter ↗ Gelzenleichter

Geltzer ↗ Gelzer

Gelzenleichter Geltzenleuchter, Gelzenleuchter, Gelzenlichter, Göltzenleuchter, Gölzenleichter 'Tierkastrierer'
W: Leichter
Syn: KASTRIERER

Lit: Barth 1:313; Grimm 8:882; Volckmann (1921) 10

Gelzenleuchter ↗ Gelzenleichter

Gelzenlichter ↗ Gelzenleichter

Gelzenschneider Gälzenschneider, Gülzenschneider 'Schweinekastrierer'
Syn: KASTRIERER

Lit: Adelung 2:543; Barth 1:313; Krünitz 17:127; Schmeller 1:910

Gelzer Galzer, Galzler, Geltzer, Gelzler, Golzer, Gölzer; lat. *castrator* 'Schweinekastrierer' ❖ zu mhd. *gelze, gelz, galze* 'verschnittenes Schwein', mhd. *gelzen* 'entmannen'
FN: Gelzer, Galzer, Galz, Gölzer, Gelser
Syn: Gelter, KASTRIERER

Lit: Adelung 2:542 (gelzen); Barth 1:313; DudenFN 270; Gottschald 197, 205; Grimm 5:3121; Idiotikon 2:296; Krünitz 17:127; Linnartz 77; Volckmann (1921) 10

Gelzler ↗ Gelzer

Gemeindemeister 1. 'Vorsteher der Dorfgemeinde; Mitglied des Gemeindevorstands'. 2. 'Person, die für die Verwaltung und die Güter der Kirche verantwortlich ist'
W: Meister
Syn: KIRCHENÄLTESTER

Lit: Adelung 2:550; Barth 1:314; DRW 4:155; Grimm 5:3244; Krünitz 17:138

Gemeindepfleger 'Verwalter und Rechnungsführer des Gemeindevermögens'
W: PFLEGER

Lit: DRW 4:157

Gemeindschaffner ↗ Gemeinschaffner

Gemeindschreiber ↗ Gemeinschreiber

Gemeinhirt 'Hirt, der Tiere der Dorfgemeinschaft betreut'
W: Hirt

Lit: Adelung 2:551; Barth 1:315; Grimm 5:3257; Krünitz 17:136

Gemeinknecht 'Gemeindebeamter für bestimmte Organisations- und Kontrollaufgaben'; schweiz.
W: KNECHT

Lit: Idiotikon 3:726

Gemeinschaffner Gemeindschaffner 'Verwalter der Gemeindekasse'; schweiz.
W: Schaffner

Lit: Idiotikon 8:347

Gemeinschreiber Gemeindschreiber 'Büroleiter einer Gemeinde- oder Stadtverwaltung; öffentlicher Notar'
W: Schreiber

Lit: Adelung 2:552; Barth 1:315; DRW 4:195; Grimm 5:3269; Idiotikon 9:1559; Krünitz 17:136

Gendarm Gendsdarm 1. 'Soldat der Kavallerie mit schwerer Bewaffnung'. 2. 'Polizist eines militärisch organisierten, aber der Zivilverwaltung unterstellten Sicherheitskörpers'; meist ab 1809 nach franz. Vorbild gebildet; Hauptaufgabe war der Schutz der Bevölkerung; in Österreich war bis 2002 die *Gendarmerie* die Polizeiorganisation auf dem Land ❖ franz. *gendarm* 'Polizeisoldat', aus franz. *gents d'arme*, jünger *gens d'armes* 'bewaffnete Männer'
Syn: Hartschier

Lit: Barth 1:316; DudenFW 499; GoetheWb 3:1441; Petri 342

Gendsdarm ↗ Gendarm

Generalgewaltiger 'oberster Militärrichter bzw. Polizeioffizier bei den Landsknechten'; er hatte das Recht auf Bestrafung an Ort und Stelle, später der Verhaftung
W: Gewaltiger
Syn: Profos

Lit: Adelung 2:562; Barth 1:320; DRW 4:214; Meyers Lexikon 6:551

Gengeler ↗ Gänger

Gengler ↗ Gänger

Genoss ↗ Genosse

Genosse Genoss 1. 'Person, die gemeinsam mit anderen eine Sache nutzt oder ein Nutzungsrecht hat'; z.B. eine Weide, einen Wald, ein Bergwerk; die Genossen hatten Rechte und Pflichten in der gemeinsamen Sache. 2. 'Mitglied einer geschlossenen

Gruppe, Vereinigung von gleicher Interessenslage, z.B. einer Zunft, einer Gilde' ❖ mhd. *genôʒ, genôʒe* 'Genosse, Gefährte, eigentlich der mitgenießt'
W: Gereutgenosse, Handelsgenosse, Handwerksgenosse, Holzgenosse, Salzgenosse

Lit: Barth 1:323; DRW 4:226; GoetheWb 3:1473; Grimm 5:3474

Gepeller ↗ Gabler

Geraider ↗ Gereuter

Geraidgenoss ↗ Gereutgenosse

Gerbensider ↗ Germsieder

Gerbensieder ↗ Germsieder

GERBER* Garber, Gärber, Garwer, Gerwer; lat. *cerdo, coreator, coriarius* Der Beruf des Gerbers war im Spätmittelalter stark spezialisiert, wodurch eine große Zahl von Synonymen entstand, die auf den unterschiedlichen Herstellungsverfahren beruhen, mit denen die Haare von der Haut getrennt wurden, um das Leder zu erhalten. Die wesentlichen Gruppen von Gerbern waren: 1. die *Rotgerber* (auch *Lohgerber, Loher, Lauer, Lederer*), die mit Lohe, die aus Eichen- oder Fichtenrinde gewonnen wurde, arbeiteten (vegetabilische Gerbung); sie erzeugten schweres Leder für Sohlen, Schuhe oder Sattel. 2. die *Weißgerber*, die mit Salz und Alaun arbeiteten (mineralische Gerbung) und leichtes Leder (Schaf, Ziege, Kalb) für Bekleidung herstellten. 3. die *Sämischgerber* (auch *Ircher, Irher*), die durch Walken mit Fett und Tran wasserdichtes Leder auf dieselbe Art wie Weißgerber herstellten. 4. Spezialfälle sind *Schwarzfärber* (oder *Rußgerber*), die schwarzes Leder, die *Rotlöscher* (oder *Rotlascher, Löschmacher*), die rotes Leder, die *Korduangerber* (auch *Korduaner, Corduaner, Kurdewanner*), die feines Leder (Ungarisch- oder Juchtenleder) herstellten, sowie die *Pergamenter* (auch *Pirmenter*), die ohne Gerbprozess Pergament aus Tierhäuten herstellten. – Die Gerbung verlief in drei Abschnitten: 1. Vorbereitung der Gerbung in der Wasserwerkstatt, 2. die eigentliche Gerbung in den Gruben (bei den Rotgerbern) oder in Bottichen (bei den Weißgerbern), 3. das Zurichten der gegerbten Felle für die jeweiligen Zwecke oder die Beschaffenheit des Leders. – Wegen der langen Dauer des Gerbvorganges über mehrere Monate und des großen Platzbedarfs für die Lagerung in den einzelnen Phasen war das Gerberhandwerk kapitalintensiv; wegen des Wasserverbrauchs und der Geruchsbelästigung waren die Gerber meist außerhalb der Stadt angesiedelt ❖ zu mhd. *gerwer* 'Gerber', aus *gerwen, garwen* 'gar machen, zubereiten', die Bedeutung wurde später auf *gerben* im heutigen Sinn eingeengt
FN: Gerber, Gärber, Garber, Garb, Gerwer, Garver (eine *Gerbergasse* gibt es in vielen Städten)
W: Alaungerber, Bastgerber, KORDUANGERBER, Lohgerber, Rotgerber, Saffiangerber, Sämischgerber, Schwarzgerber, Splittgerber, Ungarischgerber, Weißgerber
Syn: Afstöter, Borkmüller, Buchfeller, Erchmacher, Fellhauer, Fellpflücker, Fellwerkbereiter, Germeister, Ircher, Korduaner, Korduanmacher, Kräuter, Lauer, Lederbereiter, Lederer, Ledertauer, Lober, Loher, Löscher, Löschmacher, Pergamenter, Pergamentmacher, Rindsuter, Rohleder, Rössler, Rotlöscher, Rußfärber, Sämischlederer, Sämischmacher, Schwödler, Suter, Tauer, Ungarischleder, Weißkircher, Weißlederer, Witlöscher

Lit: Adelung 2:414; Barth 1:325; Diefenbach 114, 151; DRW 2:262; DudenFN 273; Gottschald 207; Grimm 4:1340 (Garber); Grimm 5:3590; Hanisch (1905); Krünitz 15:632; Linnartz 77; Pies (2005) 57; Reith (2008) 82; Volckmann (1921) 149; Zedler 10:1071

Gereidegenosse ↗ Gereutgenosse

Gereidengenosse ↗ Gereutgenosse

Gereuter Geraider ↗ 'Gereutgenosse' ❖ zu mhd. *riuten* 'reuten, ausreuten, urbar machen'; mhd. *geriute* 'durch *riuten* urbar gemachtes Land'

Syn: Gereutgenosse, MARKGENOSSE

Lit: Adelung 2:583 (Gereut); DRW 4:294 (Gereute); Grimm 5:3632 (Gereute)

Gereutgenoss ↗ Gereutgenosse

Gereutgenosse Geraidgenoss, Gereidegenosse, Gereidengenosse, Gereutgenoss 'Mitglied einer Genossenschaft; Teilhaber an einem Gereute, einer gemeinsamen, neu gerodeten Waldung' ❖ zu mhd. *genôʒ* 'Genosse, Gefährte; Mitglied einer Genossenschaft'
W: *Genosse*
Syn: Gereuter, MARKGENOSSE

Lit: Barth 1:326; DRW 4:294 (Gereute); Grimm 5:3632 (Gereute)

Gereutmaier ↗ Gereutmeier

Gereutmeier Gereutmaier 'Bauer in einem einzelnen, abseits liegenden Hof' ❖ ↗ Gereuter
W: *Meier*

Lit: DRW 4:295; Grimm 5:3633; Schmeller 2:181

Gerichtschreiber ↗ Gerichtsschreiber

Gerichtsdiener lat. *lixinarius* 'Beamter, der im Auftrag des Gerichts Botendienste und andere untergeordnete Dienste verrichtet'; kommt im veralteten Sprachgebrauch bzw. in manchen Gerichten noch vor
W: *Diener*
Syn: BÜTTEL

Lit: Adelung 2:587; Grimm 5:3658; Krünitz 17:385; Pies (2001) 24; Schild (1997)

Gerichtsfrohn ↗ Gerichtsfrone

Gerichtsfrohne ↗ Gerichtsfrone

Gerichtsfrone Gerichtsfrohn, Gerichtsfrohne 'Gerichtsdiener, Gerichtsbote'; als Personenbezeichnung Maskulinum; häufiger als Femininum *die Gerichtsfrone* für die 'Dienstpflicht, die Untertanen für das Gericht zu leisten hatten', z.B. Hilfestellung bei der Suche und Verhaftung von Verbrechern, Hilfe bei Katastrophen ❖ ↗ Froner

W: Frone
Syn: BÜTTEL, FRONBOTE

Lit: Barth 1:327; DRW 4:334; Grimm 5:3659

Gerichtshalter 1. 'Person, die an Stelle eines Richters oder im Auftrag des Gutsherrn Gericht hält'. 2. 'Amts-, Bezirksrichter [auf dem Land]'
W: Halter
Syn: Justitiar

Lit: Adelung 2:587; Barth 1:327; DRW 4:341; Grimm 5:3662; Grönhoff (1966) 14; Krünitz 17:386

Gerichtsherr Richtherr 1. 'Richter'. 2. 'Verwalter des Gerichts, der auch den Richter unterstützen und kontrollieren soll'. 3. 'Grundherr als Inhaber der [niederen] Gerichtsbarkeit'
W: °Erbgerichtsherr, Halsgerichtsherr, *Herr*
Syn: Gerichtsmann, Stuhlherr, Stuhlrichter, Zwingverwalter

Lit: Adelung 2:588; Barth 1:327; Idiotikon 2:1540; Schild (1997)

Gerichtsknecht 'Gerichtsdiener, -bote'
W: KNECHT
Syn: BÜTTEL

Lit: Adelung 2:588; Barth 1:327; DRW 4:350; Grimm 5:3665; Krünitz 17:386

Gerichtsleute ↗ Gerichtsmann

Gerichtsmann Plural: *Gerichtsleute* 1. 'Mitglied eines [Dorf]gerichts, Schöffe'. 2. 'Verwalter des Gerichts'. 3. 'Untertan eines Gerichts, Einwohner eines Gerichtsbezirks'
W: *Mann*
Syn: Gerichtsherr, Stuhlherr, Stuhlrichter

Lit: Adelung 2:588; Barth 1:327; DRW 4:358; Idiotikon 4:276

Gerichtsschaut ↗ Schaut

Gerichtsschirmer 'bewaffnetes Organ, das für die Sicherheit im Gericht sorgt'
Syn: Schirmer

Lit: DRW 4:369; Idiotikon 8:1300

Gerichtsschöffe ↗ Schöffe

Gerichtsscholz ↗ Gerichtsschulze

Gerichtsschöppe ↗ Schöppe

Gerichtsschreiber Gerichtschreiber; lat. *cancellarius, graphiarius* 'Beamter bei einem Gericht, der die Korrespondenz und die Protokolle des Gerichts führt'; heute noch in der Schweiz ein 'Jurist, der für die Kanzleigeschäfte eines Gerichts verantwortlich ist' ❖ mhd. *gerihtschrîber* 'Gerichtsschreiber'
W: Ehegerichtsschreiber, Feldgerichtsschreiber, *Schreiber*
Syn: Aktuar, Nachgangsschreiber, Pflegschreiber, Schrannenschreiber, Stuhlschreiber
Lit: Adelung 2:589; Barth 1:328; Diefenbach 94; DRW 4:370; Frühmittellat. RWb; Grimm 5:3673; Idiotikon 9:1549; Krünitz 17:387; Meyer (2006) 133; Pies (2005) 10

Gerichtsschuldheiß ↗ Gerichtsschultheiß

Gerichtsschultheiß Gerichtsschuldheiß 1. 'Beamter, der im Auftrag eines Fürsten oder Adeligen das Richteramt ausübt'. 2. 'Jurist, der als Ankläger oder Verteidiger bei Militärgerichten tätig ist'
W: *Schultheiß*
Syn: Gerichtsschulze, Gerichtsverwalter, Gerichtsverweser, Gerichtsvogt
Lit: Adelung 2:589; Barth 1:328; Grimm 5:3674; Krünitz 17:387

Gerichtsschulz ↗ Gerichtsschulze

Gerichtsschulze Gerichtsscholz, Gerichtsschulz 1. 'Gerichtsvorsitzender, der ein Verfahren organisatorisch abwickelt; Auditor'. 2. 'Richter' — Die Funktionen als Verwalter und Richter fallen in manchen Gegenden zusammen
W: *Schulze*
Syn: Gerichtsschultheiß, Gerichtsverwalter, Gerichtsverweser, Gerichtsvogt
Lit: Adelung 2:589; Barth 1:328; Krünitz 17:

Gerichtsverwalter 'Jurist, der im Namen des Gerichtsherrn das Gericht leitet und Recht spricht'; meist nur in einem kleineren Gericht auf dem Land
Syn: Gerichtsschultheiß, Gerichtsschulze, Gerichtsverweser, Gerichtsvogt
Lit: Adelung 2:589; Barth 1:328; Grimm 5:3683; Krünitz 17:369

Gerichtsverwandter 1. 'Person, die einem Gericht angehört'. 2. 'Schöffe, Beisitzer eines Gerichts'
W: *Verwandter*
Syn: Dingwart
Lit: Barth 1:328; DRW 4:385; Grimm 5:3684

Gerichtsverweser 1. 'Verwalter eines Gerichts'. 2. 'Beamter, der im Auftrag eines Fürsten oder Adeligen das Richteramt ausübt'
W: *Verweser*
Syn: Gerichtsschultheiß, Gerichtsschulze, Gerichtsverwalter, Gerichtsvogt
Lit: Adelung 2:590; Barth 1:328; DRW 4:386; Grimm 5:3684

Gerichtsvogt Richtevoget 1. 'Verwalter und Leiter eines Gerichts'. 2. 'Beamter, der im Auftrag eines Fürsten oder Adeligen das Richteramt ausübt'. 3. 'Büttel, Gerichtsdiener, der den Gerichtsvollzug überwacht'
W: *Vogt*
Syn: Büttel, Gerichtsschultheiß, Gerichtsschulze, Gerichtsverwalter, Gerichtsverweser
Lit: Adelung 2:590; Barth 1:328; DRW 4:386; Grimm 5:3684; Krünitz 17:390; Schiller-Lübben 3:474

Gerichtswaibel ↗ Gerichtsweibel

Gerichtswardein ↗ Wardein

Gerichtsweibel Gerichtswaibel 'Gerichtsdiener' ❖ zu mhd. *weibel* 'Gerichtsbote, -diener'
W: *Weibel*
Syn: Büttel
Lit: Barth 1:328; DRW 4:387; Grimm 5:3685

Gerillhändler 'Altwaren-, bes. Alteisenhändler'; *Gerill* ist die entrundete Form zu äl-

terem *Gerülle, Gerüll*, das im übertragenen Gebrauch 'Gerümpel, unbrauchbarer Hausrat' bedeutet; in der Bergmannssprache bezeichnet *Gerülle* das 'lockere, immer nachfallende Gestein, Geröll' ❖ zu mhd. *rollen* 'rollen'
Syn: KRÄMER

Lit: Adelung 2:598 (Gerülle); Barth 1:329; DRW 4:397 (Geröllich); GoetheWb 3:1518 (Gerill); Grimm 5:3689 (Gerille), 3770 (Gerülle); Krünitz 17:449

Germeister Gehrmeister 1. 'Gerbermeister'. 2. 'Verwalter einer Zunft' ❖ 1. zu mnd. *gerer* 'Gerber'; 2. zu mhd. *garwe, gerwe* 'Ausrüstung, Kleidung, bes. die priesterliche'; mnd. *gere-, ger-, gerwe-, garwekamer* 'Ort, wo man die Ausrüstung verwahrt, Sakristei, Archiv'
W: Meister
Syn: GERBER*, ZUNFTMEISTER

Lit: DRW 4:396; Schiller-Lübben 2:68, 70

Germsieder Gerbensider, Gerbensieder 'Handwerker, der Malz zu Backhefe kocht'; Nebengewerbe der süddeutschen Kleinbrauereien; die Form *Germ* ist bair. und durch Assimilation und Kontraktion entstanden; heute ist *Germ* bes. österr. für 'Backhefe' ❖ zu mhd. *gerwen* 'gar machen, bereiten, zubereiten; gerben', zu mhd. *gern* 'gären'.
W: Sieder

Lit: Barth 1:329; Grimm 5:3589, 3718; Schmeller 1:935; Volckmann (1921) 40; Zehetner (2005) 144

Germträger 'hausierender Händler mit Backhefe'; *Träger* i. S. v. 'Händler' ❖ zu *Germ* ↗ Germsieder
W: Träger

Lit: Barth 1:329; Grimm 5:3718; Schmeller 1:935

Germweib Jeringweib 'herumziehende Händlerin, die Backhefe verkauft'; zu *Germ* ↗ Germsieder; die Form *Jering* ist bairisch
W: Weib

Lit: Adelung 2:593 (Germ); Grimm 5:3716 (Germ); Krünitz 17:406 (Germ); OÖWb 141; Schmeller 1:934 (Germ)

Gerümpeler ↗ Gerümpler

Gerümpler Gerümpeler 1. 'Altwarenhändler, Trödler'. 2. 'Kleinhändler' — nach dem Lärm, der beim Transport alten Krams entsteht ❖ zu mhd. *rumpeln* 'mit Ungestüm, geräuschvoll sich bewegen, lärmen, poltern'
Syn: KRÄMER, TRÖDELMANN

Lit: DRW 4:407 (Gerümpelmarkt); Grimm 5:3774; Idiotikon 6:946

Gerwer ↗ GERBER*

Geschaumeister 'vereidigte Person, die Waren vor dem Verkauf kontrolliert, bes. Lebensmittel, Tuch'; in amtlichen Zusammenhängen wird *Schau* 'Kontrolle' oft mit den Vorsilben *Be-* oder *Ge-* gebildet
W: Meister
Syn: Schaumeister, VISIERER

Lit: Barth 1:331; DRW 4:430; Grimm 5:3837

Gescheider ↗ Gescheidherr

Gescheidherr Gescheider, Gescheidsherr, Gscheider, Gscheidherr 'Mitglied eines *Gescheids*'; d. i. ein Schiedsgericht über Fluren und Grenzstreitigkeiten; schweiz. ❖ zu mhd. *gescheide* 'Grenze'
W: Herr
Syn: Gescheidmeier

Lit: Barth 1:331; DRW 4:434; Grimm 5:3851; Idiotikon 2:1543; Idiotikon 8:227

Gescheidmeier Gscheidmeier 'Vorsitzender des *Gescheids*'; schweiz.
W: Meier
Syn: Gescheidherr

Lit: Barth 1:331; DRW 4:434; Grimm 5:3852; Idiotikon 4:13

Gescheidrichter Gscheidrichter 'Richter in einem *Gescheid*'; ↗ Gescheidherr
W: Richter

Lit: DRW 4:434; Idiotikon 6:459

Gescheidsherr ↗ Gescheidherr

Gescheidweibel Gscheidweibel 'untergeordneter Angestellter beim Gescheid'; ↗ Gescheidherr
W: Weibel

Lit: Idiotikon 15:132

Geschichtmahler ↗ Geschichtsmaler

Geschichtsmaler Geschichtmahler 'Maler, der historische Begebenheiten darstellt; Historienmaler'; parallele Bildung zu *Geschichtsschreiber*
W: Maler

Lit: Adelung 2:605; Barth 1:332; Grimm 5:3869; Krünitz 17:474

Geschirrführer 1. 'Lenker eines Pferdegespanns'. 2. 'Fuhrmann, Pferdeknecht' ❖ zu mhd. *geschirre* 'Geschirr, Gerät, Werkzeug'
W: *Führer*

Lit: Barth 1:332; Grimm 5:3895

Geschirrmacher 1. 'Handwerker, der Küchengeschirr herstellt'. 2. 'Handwerker, der das Geschirr der Zugtiere herstellt; Riemer'. 3. 'Arbeiter, der Geschirre und Kämme der Weber herstellt' ❖ zu mhd. *geschirre* 'Geschirr, Gerät, Werkzeug'
W: Heugeschirrmacher
Vgl: Schirrmacher

Lit: Barth 1:332; Grimm 5:3896

Geschirrmaister ↗ Geschirrmeister

Geschirrmeister Geschirrmaister 1. 'Person, die die Aufsicht über die herrschaftlichen Küchen und das Küchengeschirr hat'. 2. 'Person, die die Aufsicht über den Wagenpark und das Geschirr auf Gütern, bei der Post oder beim Militär hat; Schirrmeister'. 3. 'Jäger, der die Aufsicht über Jagdgerät, Fuhrpark oder die Plachen (grobes Tuch) führt' ❖ zu mhd. *geschirre* 'Geschirr, Gerät, Werkzeug'
W: Meister
Vgl: Schirrmeister

Lit: Barth 1:332; Grimm 5:3896; Krünitz 17:477; Schmeller 2:457

Geschirrschreiber 'Verwalter über das Küchengeschirr in Fürstenhöfen' ❖ zu mhd. *geschirre* 'Geschirr, Gerät, Werkzeug'
W: *Schreiber*
Vgl: Schirrschreiber

Lit: Adelung 2:609; Barth 1:332; Grimm 5:3896; Krünitz 17:477

Geschirrtrager Geschirrträger 'hausierender Töpferwaren-, Geschirrhändler'; *Träger* i. S. v. 'Händler'
W: *Träger*

Lit: Barth 1:332; Grimm 5:3896; Idiotikon 14:590

Geschirrträger ↗ Geschirrtrager

Geschirrtreiber 1. 'Mitglied eines Schiffzugs; Treidler, der ein Pferd führt'. 2. 'Pfannenschmied, der Metallgeschirre herstellt'; 1.: zu *Geschirr* i. S. v. 'Pferdegespann'; 2.: zu *treiben* i. S. v. 'ausgewalztes Metall in kaltem Zustand mit dem Hammer formen, gestalten' ❖ mhd. *trîber* 'Treiber'
W: Treiber
Syn: TREIDLER

Lit: Müller (1792) 184; Neweklovsky (1952) 340

Geschlachtgewandner ↗ Schlachtgewandner

Geschlachtgewandtner ↗ Schlachtgewandner

Geschlachtwander ↗ Schlachtgewandner

Geschlachtwanderer ↗ Schlachtgewandner

Geschmeidegießer ↗ 'Geschmeidemacher'
W: *Gießer*
Syn: Edelschmied, Geschmeidemacher, Geschmeidler

Lit: Ersch/Gruber (1832) 2:290

Geschmeidemacher Geschmeidmacher, Schmeidmacher 1. 'Kunsthandwerker, der Waren aus Edelmetallen oder Messing herstellt; Gold-, Silberschmied'; bes. bair. 2. 'Schmied, der Werkzeuge unterschied-

licher Art, blecherne Flaschen, Büchsen u.Ä. herstellt' ❖ ↗ Geschmeidler
Syn: Edelschmied, Geschmeidegießer, Geschmeidler

Lit: Adelung 2:614; Barth 1:333, 334; DRW 4:451; Grimm 5:3942; Krünitz 17:487; Schmeller 2:544; Volckmann (1921) 135; Zedler 10:1230

Geschmeidler Gschmeidler, Schmeidler **1.** 'Schmied, Kunsthandwerker, der Waren aus Edelmetallen oder Messing herstellt; Gold-, Silberschmied'. **2.** 'Händler, der Eisenwaren, wie Geschirr, Leuchter, Messer usw., herstellt und vertreibt' — bes. bayr.-österr. ❖ zu dem veralteten Wort *Geschmeide* 'kostbarer Schmuck'; mhd. *gesmîde* 'Schmiede-, Metallarbeit; Waffen; Schmuck', Kollektivum zu *smîden* 'schmieden'
FN: Gschmeidler, Schmeidler, Schmeidl
Syn: Edelschmied, Geschmeidegießer, Geschmeidemacher

Lit: Barth 1:334; Grimm 5:3941; Höfer 1:289; Kluge 353 (Geschmeide); Linnartz 78; Palla (1994) 420; Paul 342; Pies (2005) 67; Schmeller 2:544; SteirWb 547; Volckmann (1921) 135

Geschmeidmacher ↗ Geschmeidemacher

Geschossdirn ↗ Schossdirn

Geschosser Geschösser, Geschoßner, Gschosner, Gschossner, Schosser **1.** 'Landarbeiter auf der Alm, der für die Beseitigung des Mists und für Reinigung zuständig ist; Helfer des Melkers'; bayr.-österr. **2.** 'Flur-, Feldwächter, der unberechtigt weidendes Vieh beschlagnahmt'. **3.** 'Steuereinnehmer' ❖ 1., 2.: zu mhd. *schoʒʒen* 'keimen, sprießen, aufschießen', urspr. '(die Alm) von sprießenden Stauden reinigen'; 3.: zu *Schoss* 'Steuer'; zu *schießen*, Näheres ↗ Schosser
Syn: FLURSCHÜTZ, Schosser, Schossmann, STEUEREINNEHMER

Lit: Barth 1:334; DRW 4:455; Grimm 5:3962; Schmeller 2:478; TirWb 2:550

Geschösser ↗ Geschosser

Geschosserin ↗ Schosserin

Geschoßherr ↗ Schossherr

Geschossmann ↗ Schossmann

Geschoßner ↗ Geschosser

Geschützgießer Geschützgiesser; lat. *fusor tormentarius, fusor tormentorum* 'Handwerker, der Kanonen, Mörser u.Ä. gießt'; auch in der Verbindung *Glocken- und Geschützgießer*
W: Gießer
Syn: Büchsengießer, Mörsergießer, Stückgießer

Lit: Barth 1:334; Palla (2010) 83; Pies (2005) 64; Reith (2008) 94

Geschützgiesser ↗ Geschützgießer

Geschworener 1. 'Beamter oder Beauftragter, der in verschiedenen Bereichen eine Kontrollfunktion ausübt, z.B. im Deichwesen, im Wald, Wasser und am Strand, im Feuerschutz, in der Kirchengemeinde'. **2.** 'Bergbeamter, der Mitglied eines Bergamtes ist und unter dessen spezieller Aufsicht der Bergbau eines Distriktabschnitts steht'; Helfer des *Bergschaffers* und *Bergmeisters* bei der Bewertung der Leistung der einzelnen Häuer je nach Schwierigkeitsgrad; Beisitzer in einem Gericht
W: Berggeschworener, Deichgeschworener, Dorfgeschworener, Feldgeschworener, Feuergeschworener, Gottshausgeschworener, Holzgeschworener, Kirchengeschworener, Leichnamsgeschworener, Pochgeschworener, Schiefergeschworener, Schlickgeschworener, Seegeschworener, Sielgeschworener, Sinkergeschworener, Stollengeschworener, Strandgeschworener, Waldgeschworener, Waschgeschworener, Wassergeschworener
Syn: Zuseher

Lit: Barth 1:335; Fellner 227; Patocka (1987) 78; Schraml (1932) 147; Veith 231

Geselle lat. *sodalis* **1.** 'Handwerker nach abgeschlossener Lehrzeit'; heute veraltend noch üblich; Gesellen lebten gewöhnlich im Haushalt des Meisters. **2.** ↗ 'Berggeselle'. **3.** 'Gehilfe eines Handwerkers,

Schulmeisters, Pfarrers o. Ä.'. **4.** ↗ 'Gesellenpriester' ❖ mhd. *geselle* 'Gefährte', urspr. 'der im gleichen *Saal* wohnt', später 'Handwerksgeselle'
W: Altgeselle, Berggeselle, Bootsgesell, Büttgeselle, Handelsgeselle, Hausgeselle, Jahrgeselle, Kaufgeselle, Meistergeselle, Pfarrgeselle, Schulgeselle, Sitzgeselle, Ürtengeselle, Wochengeselle

Lit: Barth 1:336; Diefenbach 540; DRW 4:489; Fellner 227; Frühmittellat. RWb; Grimm 5:4025; Veith 231

Gesellenpriester Gsöllpriester 'Hilfspriester, Kaplan'

Lit: DRW 4:499; Schweickhardt (1839) 159

Gesellenwirt 1. 'Betreiber einer Gesellenherberge'. **2.** 'Verwalter und Bewirtschafter eines Gemeindehauses [mit Gastronomiebetrieb]'; schweiz.
W: WIRT

Lit: Barth 1:336; DRW 4:502; Grimm 5:4044; Idiotikon 16:1649

Gesellschafterin 'Frau, die zur Unterhaltung oder Beschäftigung einer Person angestellt ist'; der Beruf starb Anfang des 20. Jh. aus

Lit: Barth 1:336; DRW 5:512; Grimm 5:4061; Grönhoff (1966) 71

Gesellschaftsmaler 'Maler, der vor allem Gesellschaftsgemälde malt'; das sind Gemälde mit Figuren im Ggs. zum Landschaftsmaler
W: Maler

Lit: Adelung 2:624; Grimm 5:4066

Gesperrmacher 'Handwerker, der Buchschließen und andere Schließhaken herstellt' ❖ mhd. *gesperre* 'das Sperrende, Schließende, Spange'
Syn: GÜRTLER

Lit: Adelung 2:632 (Gesperre); Grimm 5:4150; Krünitz 17:722

Gestattelmacher ↗ Stattelmacher

Gesteinarbeiter Gesteinsarbeiter 'Bergmann, der bei der Arbeit am Gestein selbst und an der Aufschließung der Lagerstätten beschäftigt ist'
W: *Arbeiter*

Lit: Fellner 229; Grimm 5:4220; Veith 236

Gesteinsarbeiter ↗ Gesteinarbeiter

Gestellmacher 'Wagner, Stellmacher'; urspr. die hochsprachliche Form; *Stellmacher* galt im 18. Jh. noch als umgangssprachlich, die kürzere Form hat sich aber durchgesetzt
Syn: WAGNER
Vgl: Stellmacher

Lit: Adelung 2:637; Grimm 5:4226; Krünitz 17:737

Gestführer 'Händler, der Hefe als Rückstand bei der Bierbrauerei aufkauft und an Bäcker weiterverkauft'; norddt. ❖ zu mnd. *gest* 'Hefe'
W: *Führer*
Syn: Gesthöker

Lit: Schiller-Lübben 2:83

Gesthöker 'Hefehändler' ❖ zu mnd. *gest* 'Hefe'
W: Höker
Syn: Gestführer

Gestütmeister Gestütsmeister 'Geschäftsführer eines Gestüts'
W: Meister

Lit: Adelung 2:640 (Gestüte); Grimm 5:4271

Gestütsmeister ↗ Gestütmeister

Geter Geeter, Geyter, Gieter ↗ 'Gießer'; niederdt. Form ❖ mnd. *geter* 'Gießer'
W: Apengeter, Gelgeter, Gropengeter, Kannengeter, Kerzengeter, Klockengeter, Pottgeter, Rotgeter, Tinnegeter
Syn: Büchsengießer, *Gießer*

Lit: Barth 1:346; Schiller-Lübben 2:89

Getränkeleitungsreiniger 'Fachmann für die Reinigung von Bierleitungen (vom Fass zum Zapfhahn), später auch für andere Getränke'; um 1880 entstandene Berufsgruppe

Lit: Palla (1994) 106

Getreideaufschlagsgegenschreiber ↗ Aufschlaggegenschreiber

Getreidemenger ↗ Menger

Geuchler ↗ GAUKLER

Gewalthaber 1. 'bevollmächtigter Vertreter in Rechtsverfahren; Rechtsanwalt'. 2. 'Vorsteher einer Gemeinde' — Die Bedeutung spiegelt die ältere Bedeutung 'Stellvertreter, Beauftragter', wörtlich 'der die Vollmacht erhalten hat' wider, bevor der Bedeutungswandel zum negativ besetzten 'Gewaltherrscher' eingesetzt hat ❖ mhd. *gewalthaber* 'Stellvertreter, Bevollmächtigter'

Lit: Barth 1:339; DRW 4:700; Grimm 6:5103

Gewaltiger 1. 'Militärpolizist'. 2. 'Scharfrichter' — Ableitungen von der Grundbedeutung 'Gewalttätiger; Bevollmächtigter' ❖ zu mhd. *gewaltec, gewaltic, geweltic* 'Gewalt habend, mächtig'; *die gewaltigen* 'die ein hohes städtisches Amt bekleiden, der Rat'
W: Generalgewaltiger
Syn: Profos, SCHARFRICHTER

Lit: Barth 1:339; DRW 4:709; Grimm 6:5178; Krünitz 18:93

Gewaltmeister 'Polizeibeamter'; zu *Gewalt* i. S. v. 'Vollmacht' ❖ mhd. *gewaltmeister*
W: Meister

Lit: DRW 4:311; Grimm 6:5195

Gewaltrichter ↗ 'Gewaltmeister in richterlicher Funktion, der über tätliche Übergriffe urteilt'
W: Richter

Lit: Adelung 2:654; Barth 1:339; DRW 4:712; Grimm 6:5198; Krünitz 18:93; Mering/Reischert (1840) 202

Gewandbereiter 'Handwerker, der das Tuch presst, appretiert und oft auch färbt' ❖ zu mhd. *gewant* 'Kleidung; Gewandstoff, Zeug'; mhd. *bereiten* 'bereit machen'
W: Bereiter
Syn: TUCHBEREITER

Lit: Barth 1:339; Grimm 6:5283; Rauschnick (1829) 2:115

Gewander Gewänder, Gewender 'Tuchhändler' ❖ mhd. *gewander, gewender* 'der Gewand, Tuchwaren verkauft'
W: Altgewander, Beingewander, Tuchgewander

Lit: DRW 4:721; Grimm 6:5288; SchwäbWb 3:601

Gewänder ↗ Gewander

Gewandführer 'Tuchhändler'; bes. als Kleinhändler
W: Führer
Syn: TUCHHÄNDLER

Lit: Barth 1:340; DRW 4:721; Grimm 6:5291; Schmeller 2:941

Gewandmacher ↗ Wandmacher

Gewandmeister lat. *vestiarius* 1. 'Verwalter der Kleiderkammer in einem Fürstenhof oder in einem Kloster'. 2. 'Handwerker, der Wollstoffe webt'. 3. 'Kleiderverkäufer'
W: Meister
Syn: TUCHMACHER, Watmeister

Lit: Barth 1:340; Diefenbach 616; DRW 4:723; Grimm 6:5298

Gewandschlachter ↗ Schlachtgewandner

Gewandschneider Gewanschneider, Gewantsnider, Gwandtschneider 'Tuchhändler, der berechtigt ist, die Stoffe nach Maß (ellenweise) abzuschneiden und zu verkaufen' ❖ mhd. *gewantsnîder* 'Tuch-, Schnitthändler'; urspr. bedeutete *Gewand* das Tuch, den Stoff, und war klar getrennt von mhd. *wât* 'Kleidung'. Erst in mittelhochdeutscher Zeit trat *Gewand* an die Stelle von *wât* und bezeichnete die Kleidung. In dieser Bedeutung ist das Wort noch im Oberdeutschen üblich. *Gewandschneider* ist daher kein Schneider, sondern repräsentiert einen alten Sprachzustand wie z. B. auch *Gewandhaus* ('Tuchhaus')
W: SCHNEIDER
Syn: TUCHHÄNDLER, Tuchschneider, Wandschneider
Vgl: Lederschneider, Leinwandschneider

Lit: Adelung 2:656; Barth 1:340; Diefenbach; Grimm 6:5298; Idiotikon 9:1135; Krünitz 18:102; Paul 350; Pies (2005) 170; Volckmann (1921) 193

Gewandstreicher Beamter, der Tuch und Leinwand prüft; Aufsicht über den Tuchhandel ❖ zu mhd. *gewant* 'Kleidung; Gewandstoff, Tuch'
W: *Streicher*
Syn: Wandstreicher

Lit: Barth 1:340

Gewanschneider ↗ Gewandschneider

Gewantsnider ↗ Gewandschneider

Gewelbherr ↗ Gewölbeherr

Gewender ↗ Gewander

Gewerbemann ↗ Gewerbsmann

Gewerber 1. 'Kleinunternehmer, Gewerbetreibender'. 2. 'Händler' — schweiz. ❖ zu mhd. *gewërben* 'sich umtun, tätig sein, handeln, verfahren'
W: *Geldgewerber, Salzgewerber, Viehgewerber, Weingewerber*

Lit: DRW 4:743; Grimm 6:5576; Idiotikon 16:1139

Gewerbmann ↗ Gewerbsmann

Gewerbsmann Gewerbemann, Gewerbmann 1. 'Kaufmann, Geschäftsmann'. 2. 'Gewerbetreibender, Handwerker' ❖ seit dem 15. Jh. angelehnt an *Kaufmann, Handelsmann*, seit dem 18. Jh. eingeengt auf das Handwerk
W: *Mann*
Syn: KRÄMER

Lit: Barth 1:342; DRW 4:744; Grimm 6:5612

Gewerk ↗ Gewerke

Gewerke Gewerk 1. 'Unternehmer oder Teilhaber im Bergwerks- und Hüttenwesen'. 2. 'Betreiber eines Hammerwerks'. 3. 'Geselle' ❖ mhd. *gewërke* 'Handwerks-, Zunftgenosse; Teilhaber an einem Bergwerk'
W: *Hammergewerke, Salzgewerke*

Lit: Ast/Katzer (1970) 147;; Barth 1:343; Diefenbach 508; DRW 4:750; Grimm 6:5642; Heilfurth (1981) 55

Gewerkherr Gewerksherr 1. 'Besitzer oder Leiter eines Bergwerks'. 2. 'Fabrikant'. 3. 'Zunftvorstand' ❖ zu mhd. *gewërke* 'Handwerks-, Zunftgenosse; Teilhaber an einem Bergwerk'
W: *Herr*

Lit: DRW 4:754; Grimm 6:5657; Heinsius 2:112

Gewerkmeister Gewerksmeister 'Handwerksmeister'; Vorsitzender einer Zunft; zu *Gewerk* i. S. v. 'Gewerbe', vereinzelt auch für 'Zunft'
W: *Meister*
Syn: ZUNFTMEISTER

Lit: Adelung 2:660 (Gewerk); Barth 1:343; Grimm 6:5658; Krünitz 18:168 (Gewerk)

Gewerksherr ↗ Gewerkherr

Gewerksmeister ↗ Gewerkmeister

Gewölbediener Gewölbsdiener 1. 'Hilfskraft im Geschäft, Verkäufer'. 2. 'Hilfskraft in der Verwaltung eines Archivs'
W: *Diener*
Syn: Ladendiener
Vgl: Gewölbeherr

Lit: Barth 1:344; Grimm 7:6684; Wiener Berufe

Gewölbeherr Gewelbherr, Gewölbherr 1. 'Großkaufmann'; zu *Gewölbe* i. S. v. 'Verkaufsraum, Warenlager'. 2. 'Verwalter des städtischen Archivs und anderer Wertgegenstände'; zu *Gewölbe* i. S. v. 'Aufbewahrungsort für Archivalien, Schatzkammer' ❖ zu mhd. *gewelbe* 'Gewölbe'
W: *Herr*
Syn: KRÄMER
Vgl: Gewölbediener

Lit: Barth 1:344; DRW 4:829; Grimm 7:6685

Gewölber Gwelwer 'Klein-, Detailhändler' ❖ *Gewölbe* i. S. v. 'Verkaufsraum, Warenlager' zu mhd. *gewelbe* 'Gewölbe'
Syn: KRÄMER

Lit: Grimm 7:6644 (Gewölbe)

Gewölbherr ↗ Gewölbeherr

Gewölbsdiener ↗ Gewölbediener

Gewürtzkrämer ↗ GEWÜRZKRÄMER

Gewürzhöker ↗ Höker

Gewürzkramer ↗ GEWÜRZKRÄMER

GEWÜRZKRÄMER Gewürtzkrämer, Gewürzkramer; lat. *condimentarius* 'Gewürzhändler'
W: KRÄMER
Syn: Imber, Lorbeerer, Pulverträger, Spezial, Wurzer, Würzhändler, Würzkrämer, Wurzmann
Lit: Adelung 2:675; Barth 1:345; Grimm 7:6862; Krünitz 18:364; Pies (1977); Pies (2005) 30

Geyter ↗ Geter

Gezeltschneider ↗ Zeltschneider

Gherdener ↗ Gärtner

Ghordere ↗ Gordeler

Gieser ↗ Gießer

Gießer Gieser, Gyser; lat. *flator, fusor* Die Metallgießer wurden nach dem Farbton des Metalls bezeichnet: *Rotgießer* (Kupfer), *Gelbgießer* (Messing), *Schwarzgießer* (Eisen). Unter dem seltener gebrauchten einfachen Wort *Gießer* wurde oft der *Rotgießer* verstanden ❖ zu mhd. *giezen* 'gießen, Metall gießen, bilden'
FN: Gießer, Gieser, Giesser
W: Affengießer, Apengießer, Aufgießer, Bildgießer, Bleigießer, °Bombengießer, Büchsengießer, °Buchstabengießer, Düppengießer, °Estrichgießer, GELBGIEẞER, Geschmeidegießer, Geschützgießer, °Glockengießer, Gropengießer, Hafengießer, Hagelgießer, Kännelgießer, KANNENGIEẞER, °Kanonengießer, Kerzengießer, °Kleinglöckleingießer, Knopfgießer, Kupfergießer, Lichtgießer, Mörsergießer, Pottgießer, °Röhrengießer, ROTGIEẞER, Schellengießer, Schriftgießer, Schwarzgießer, Stückgießer, Sulengießer, Tiegelgießer, Wachsgießer, Waidgießer, Weißgießer, Zinngießer*
Syn: Geter
Lit: Barth 1:345, 518 (Kleinglöckleingießer); Diefenbach 254; Gottschald 209; Grimm 7:7413; Krünitz 18:423; Linnartz 78

Gieter ↗ Geter

Giganweber ↗ Gingangweber

Gildeknecht 1. 'Bediensteter der Gilde, Zunft, bes. im Schankbetrieb'. 2. 'Beamter, der in Seestädten die Schiffe nach Warenprüfung und Zollkontrolle abfertigt' ❖ zu mnd. *gilde* 'Gesellschaft, Bruderschaft, bes. der Kaufleute und Handwerker'
W: KNECHT
Lit: Barth 1:347; DRW 4:897; Grimm 7:7499; Schiller-Lübben 2:110

Gildemeister 'Vorsteher einer Gilde, Zunft' ❖ mnd. *gildemester* 'Innungsvorsteher'
W: Meister
Syn: ZUNFTMEISTER
Lit: Adelung 2:690; Barth 1:347; Grimm 7:7499; Krünitz 18:534; Schiller-Lübben 2:11

Giltherr ↗ Gültherr

Gimpenstricker 'Handwerker, der Waren aus Gimpe herstellt'; *Gimpe* oder *Gimf* ist ein aus mehreren Baumwollfäden gedrehter Zwirn, der mit Seide umsponnen wird, auch Borte; norddt. ❖ engl. *gimp* 'schmales Band aus Seide oder Wolle als Besatz von Kleidungsstücken, Vorhängen usw.', urspr. aus dem Niederländischen oder Französischen. Mit dem engl. Handelsprodukt ins Deutsche gelangt
W: Stricker
Syn: POSAMENTIERER
Lit: Adelung 2:689 (Gimf); Grimm 7:7511 (Gimpe)

Gingangweber Giganweber 'Weber, der Gingang-Gewebe herstellt'; *Gingang* ist ein unterschiedlich hergestelltes Gewebe: aus Baumwolle mit einem Faden von Baum-

rinde oder Bast oder halb Seide und halb Bast; bei den Leinenwebern ein einfärbiges Leinen mit Baumwollstreifen, das *Schürzenzeug* genannt wurde; als Leinengewebe heute noch fachsprachlich gebraucht ❖ engl. *gingham* aus malaiisch *ginggang* 'gestreift'
W: WEBER

Lit: DudenGWDS; Krünitz 18:538; Pies (2005) 179

Gippenschneider 'Schneider, der Jacken verfertigt' ❖ zu mhd. *gippe* 'Jacke', aus mlat. *jupa*, ital. *giubba*, franz. *jupe*, verwandt mit *Joppe, Juppe*.
W: SCHNEIDER

Lit: Grimm 7:7535; Idiotikon 3:53; Schmeller 1:928

Gipsbrenner 'Handwerker, der den wasserhaltigen natürlichen oder bereits gebrauchten Gips zu leicht abbindendem Gips durch Erhitzen herstellt'; dazu wurde ein spezieller Brennofen angelegt
W: Brenner

Lit: Barth 1:347; Krünitz 20:476 (Gypsbrennen)

Gipsmelber 'Händler, der Gipsmehl vertreibt'
W: Melber

Gipsstoßer 'Handwerker, der den wasserhaltigen natürlichen oder bereits gebrauchten Gips zu leicht abbindendem Gips durch Erhitzen herstellt und zu Pulver zerkleinert'; Gipspulver wurde u.a. bei der Glasherstellung benötigt, da die Glas- und Spiegelplatten auf den Poliertischen mit Gipspulver befestigt wurden
W: Stößer

Girschner ↗ Kürschner

Girtler ↗ Gürtler

Gitterleinmacher 'Handwerker, der Drahtgeflechte oder kleine Eisengitter herstellt'
Lit: Grimm 7:7581 (Gitterlein)

Gläfner ↗ Glefener

Glaitsmann ↗ Geleitsmann

Glasätzer ↗ Ätzer

Glasaufbläser 'Glasbläser, der den vom Vorbläser angefangenen Stücken die endgültige Form [als Hohlglas] gibt'
Syn: Fertigmacher

Glasballier ↗ Glaspolierer

Glasbinder 'Arbeiter in der Glasfabrik, der das fertige Glas reinigt und in Stroh und in Fässer verpackt'; häufig von Frauen durchgeführt
W: Binder

Glasbrenner 1. 'Arbeiter in einer Glashütte'.
2. ↗ 'Glasschmelzer'
FN: Glasbrenner, Glassbrenner
W: Brenner
Syn: Glaser*, Glaskugler, Glasmacher, Glasmann, Glasschmelzer, Glaswerker

Lit: Barth 1:348; DudenFN 278; Gottschald 211; Grimm 7:7673; Linnartz 79

Glasemacher ↗ Glasmacher

Glasemaker ↗ Glasmacher

Gläser ↗ Glaser*

Glaser* Gläser, Glaserer, Gläsker, Gläsner, Gläßner, Gleser; lat. *fenestrarius, vitrarius, vitriarius, vitriator, vitrifactor, vitrifex* 1. 'Handwerker, der Glas verarbeitet und damit handelt'. 2. 'Handwerker, der Glasscheiben einsetzt' ❖ mhd. *glasære, glaser* 'Glaser'
FN: Glaser, Gläser, Glässer, Glasner, Gläsner, Gläsener, Gläsel, Glassl, Glaßner, Glaßer, Gleßner, Gleser
W: Bleiglaser, Pfeifenglaser
Syn: Fenstermacher, Glasbrenner, Glaskugler, Glasmacher, Glasschmelzer, Glaswerker, Kitter, Scheibenreißer, Strecker

Lit: Barth 1:348; Diefenbach 229, 624; DudenFN 278; Gottschald 211; Grimm 7:7675; Krünitz 18:764; Linnartz 79; Palla (2010) 77; Pies (2002a) 45; Pies (2005) 61; Reith (2008) 89; Volckmann (1921) 276; Zedler 10:1589

Glaserer ↗ Glaser*

Gläserführer Glasführer 'Händler, der Glaswaren vertreibt'; *Führer* i. S. v. 'Händler'
W: *Führer*
Syn: Glasmann, Glasträger
Lit: DRW 4:909; Idiotikon 1:984

Gläserträger ↗ Glasträger

Glaserwerker ↗ Glaswerker

Glasewerder ↗ Glaswerker

Glasewerke ↗ Glaswerker

Glasewerker ↗ Glaswerker

Glasewerter ↗ Glaswerker

Glasfaktor ↗ Faktor

Glasführer ↗ Gläserführer

Gläsker ↗ Glaser*

Glaskugler 'Glasbläser, der vor allem optische Geräte herstellt'
W: *Kugler*
Syn: Glasbrenner, Glaser*, Glasmacher, Glasschmelzer, Glaswerker
Lit: Jahn/Hartung (1991)

Glaskünstler 1. 'Glasbläser, Fachmann für hochwertige Glasprodukte, bes. optische und meteorologische Instrumente'. 2. 'Kunsthandwerker, Künstler, der Gegenstände aus Glas herstellt'
W: *Künstler*
Lit: GoetheWb 4:250; Grimm 7:7689 (Glaskunst)

Glasmacher Glasemacher, Glasemaker 1. 'Arbeiter in der Glashütte, der die Glasrohmasse herstellt'. 2. 'Arbeiter, der aus der Glasmasse Glaswaren (Hohl- und Flachglas) herstellt; Glasbläser'; hergestellt wurden vielfältige Glaswaren, wie Hohl- und Flachglas, teils auch künstlerisch hochwertige Produkte sowie Kristallglas
FN: Glasmacher, Glasemacher
W: °Flaschenglasmacher, Kreideglasmacher, °Spiegelglasmacher, °Tafelglasmacher, °Trinkglasmacher, Wetterglasmacher
Syn: Glasbrenner, Glaser*, Glaskugler, Glasmann, Glasschmelzer, Glaswerker
Lit: Adelung 2:697; Barth 1:348; DudenFN 279; Gottschald 211; Grimm 7:7690; Krünitz 18:693; Palla (2010) 78; Reith (2008) 89; Volckmann (1921) 277

Glasmann 1. 'Glashändler'. 2. 'Arbeiter in der Glashütte, Glasbläser'
W: *Mann*
Syn: Glasbrenner, Gläserführer, Glasmacher, Glaswerker
Lit: Adelung 2:698; Barth 1:348; GoetheWb 4:250; Grimm 7:7691; Krünitz 18:668

Glasmeister 1. 'Eigentümer oder Betriebsleiter einer Glashütte'. 2. 'Meister im Glaserhandwerk, Glasermeister' ❖ mhd. *glasmeister* 'Person, die für die Erhaltung der Glasfenster in der Kirche zu sorgen hat'
W: *Meister*
Lit: Barth 1:348; DRW 4:909; GoetheWb 4:250; Grimm 7:7691; Jahn/Hartung (1991) 185; Krünitz 18:708

Glasmenger ↗ Menger

Gläsner ↗ Glaser*

Glaspalier ↗ Glaspolierer

Glaspolierer Glasballier, Glaspalier 'Arbeiter in der Glashütte, der die Glastafeln mit Eisenrot poliert'; dabei rotieren die Gläser auf mit Gips bestreuten Tellern; als offizielle Berufsbezeichnung noch heute gültig
W: *Polierer*
Lit: Krünitz 18:713 (Glaspolieren); Riepl (2009) 167

Glasschmelzer 1. 'Facharbeiter in der Glashütte, der für die Mischung der Rohstoffe, aus denen das Glas geschmolzen wird, und das Schmelzen der Glasrohmasse zuständig ist'; als Beruf in der Glasindustrie heute noch üblich. 2. 'Arbeiter in den Blaufarbenwerken, der das Farbenglas schmilzt'
W: *Schmelzer*

Syn: Glasbrenner, Glaser*, Glaskugler, Glasmacher, Glaswerker

Lit: Adelung 2:698; Barth 1:348; Grimm 7:7694; Zedler 10:1601

Glasschneider 'Kunsthandwerker, der vertiefte Figuren in Gläser schneidet oder schleift sowie Verzierungen eingraviert'
W: *Schneider*
Syn: Kugelschneider

Lit: Adelung 2:698; Barth 1:349; Grimm 7:7694; Krünitz 18:751; Pies (2005) 62; Reith (2008) 92

Glasschreiber Glasschriver 'Maler, der Inschriften und Zeichnungen auf Gläser und Glasscheiben graviert; Glasmaler' ❖ zur niederdt. Form: mnd. *schriver* 'Schreiber'
W: *Schreiber*

Lit: Grimm 7:7694; Schiller-Lübben 4:139

Glasschriver ↗ Glasschreiber

Glasschürer 'Arbeiter in der Glashütte, der für den Schmelzofen zuständig ist und das geschmolzene Glas aussticht' ❖ zu mhd. *schürn* 'antreiben, reizen; brennen machen, entzünden, das Feuer schüren'
W: Schürer

Lit: Adelung 2:698; Krünitz 18:760

Gläßner ↗ Glaser*

Glastrager ↗ Glasträger

Glasträger Gläsertrager, Glastrager; lat. *vitriferus* 'hausierender Glashändler'; *Träger* i. S. v. 'Händler'
W: *Träger*
Syn: Gläserführer

Lit: Adelung 2:698; Barth 1:349; Idiotikon 14:566; SteirWb

Glasverleger ↗ Verleger

Glaswerker Glaserwerker, Glasewerder, Glasewerke, Glasewerker, Glasewerter, Glazewerte, Glazewerter, Glazewerth
1. 'Handwerker, der Glas herstellt; Glasbläser'. 2. 'Glasschmelzer' ❖ zu mhd. *glaswërc* 'Gewerbe des Glasers und Glasmalers'; mnd. *glasewerchte, glasewert, glaseweter* 'Glasarbeiter, Glaser'
FN: Glasewerter
W: *Werker*
Syn: Glasbrenner, Glaser*, Glaskugler, Glasmacher, Glasmann, Glasschmelzer

Lit: DRW 4:909; Gottschald 211; Linnartz 79; Pies (2002a) 45; Pies (2005) 61; Schiller-Lübben 2:117; Volckmann (1921) 245, 276

Glatmacher ↗ Glattmacher

Glätter 1. 'Papiermacher, der das Papier mit einer Tuchrolle glättet'. 2. 'Färber, der die Stoffe glättet und appretiert'. 3. 'Handwerker, der Metallteile, z.B. Harnische, poliert'
W: Tuchglätter
Syn: Klanderer, Lüstrierer, Polierer

Lit: Adelung 2:700; Barth 1:349; Diefenbach 50; Grimm 7:7751; Krünitz 18:576; Pies (2002b) 16; Reith (2008) 180; Zedler 10:1594

Glattmacher Glatmacher, Glettmacher 'Handwerker, der Werkstücke schleift und glättet'
Syn: Polierer

Lit: Grimm 7:7757

Glazewerte ↗ Glaswerker

Glazewerter ↗ Glaswerker

Glazewerth ↗ Glaswerker

Glefener Gläfner, Glefner, Glener, Glever 'berittener Söldner, der mit Lanzen bewaffnet ist und von mehreren Soldaten begleitet wird'; benannt nach der *Glefe* oder *Gleve*, einer Stangenwaffe mit Hieb- und Stichklinge; in der Heraldik bezeichnet *Glefe*, *Gleve* das Zeichen einer 'Schwertlilie' ❖ zu mhd. *glëve, glavîn, glavîe* 'Lanze; Reiter, der eine Lanz führt'; altfranz. *glaive* aus lat. *gladius* 'Schwert'

Lit: Barth 1:349; Grimm 7:7592, 7935

Glefner ↗ Glefener

Gleicher 'Schmied oder Arbeiter in der Eisenindustrie, der Blech oder Stabeisen gerade hämmert' ❖ zu *gleichen* als technischer Ausdruck i. S. v. 'gerade richten' zu mhd. *gelīchen* 'gleich machen, gleich stellen'
FN: Gleicher
Syn: HAMMERSCHMIED

Lit: Adelung 2:713; Gottschald 211; Grimm 7:8056; Krünitz 19:48; Linnartz 79; Zedler 10:834

Gleide ↗ Gliede

Gleitsführer ↗ Geleitsführer

Glener ↗ Glefener

Gleser ↗ Glaser*

Gletmacher ↗ Gelötmacher

Glettmacher ↗ Glattmacher

Glever ↗ Glefener

Gleytsfürer ↗ Geleitsführer

Glidenvetzerin ↗ Gliedenfetzerin

Glied ↗ Gliede

Gliede Gleide, Glied, Glyd 'Prostituierte' ❖ Herkunft unklar; vermutlich rotwelsch
Syn: FEILDIRNE

Lit: Grimm 7:8282; Grimm 8:1

Gliedenfetzer seltene männliche Form zu ↗ Gliedenfetzerin
Syn: Frauenmeister, Frauenwirt, Hurenweibel, Hurenwirt, Ruffer, Ruffian, Scholderer

Gliedenfetzerin Glidenvetzerin 'Betreiberin eines Bordells' ❖ ↗ Gliede, ↗ Fetzer
Syn: Frauenmeister, Frauenwirt, Hurenweibel, Hurenwirt, Ruffer, Ruffian, Scholderer

Glockengießer ↗ *Gießer*

Glockenschmied lat. *aerarius, erarius*
1. 'Schmied, der Glocken herstellt'. 2. 'Uhrmacher, der große Glocken für Wände und Türme herstellt' — selten
W: *Schmied*

Lit: Barth 1:350; Diefenbach 207; Grimm 8:178

Glond ↗ Glunte

Glonde ↗ Glunte

Glossenmaker ↗ Klotzenmacher

Glötschlosser ↗ Gelötschlosser

Glöttschlosser ↗ Gelötschlosser

Glotzenmacher ↗ Klotzenmacher

Glotzkenmacher ↗ Klotzenmacher

Glücksbüdner ↗ 'Glückshafner'; zu *Glücksbude*
W: Büdner
Syn: Glückshafner, Glückstöpfer, Lückpötter

Lit: Krünitz 19:211

Glückshafener ↗ Glückshafner

Glückshäfer ↗ Glückshafner

Glückshafner Glückshafener, Glückshäfer
1. 'Person, die Lotterielose verkauft und den Gewinn auszahlt'. 2. 'Person, die einen Glückshafen (Glückstopf) veranstaltet'; d.i. eine kleine Lotterie mit Warenpreisen ❖ zu mhd. *haven* 'Topf'
W: Hafner
Syn: Glücksbüdner, Glückstöpfer, Lückpötter

Lit: Adelung 2:734 (Glückstopf); DRW 4:961; Grimm 8:371; Krünitz 19:220

Glückstöpfer ↗ 'Glückshafner'
W: TÖPFER
Syn: Glücksbüdner, Glückshafner, Lückpötter

Lit: Grimm 8:409; Krünitz 19:222

Glufener ↗ Glufner

Glufenmacher Klufenmacher ↗ 'Glufener'
❖ zu mhd. *glufe, gufe* 'Stecknadel'
Syn: Glufner, Gufener, NADLER, Stecknadler

Lit: Barth 1:351; Grimm 8:435; Idiotikon 2:608; Zedler 39:1429

Glufer ↗ Glufner

Glufner Glufener, Glufer 'Handwerker, der Strecknadeln herstellt' ❖ zu mhd. *glufe, gufe* 'Stecknadel'
FN: Glufer, Glufner
Syn: Glufenmacher, Gufener, NADLER, Stecknadler

Lit: Barth 1:351; Gottschald 212; Linnartz 79

Glunde ↗ Glunte

Glunt ↗ Glunte

Glunte Glond, Glonde, Glunde, Glunt, Klunte 'Prostituierte'; bes. südwestdt., westmitteldt.; allgemein abwertend für 'Frau', übertragene Bedeutung von *Klumpen*; der Bedeutungsübergang zwischen 'schmutziger Frau', 'leichtfertiger, liederlicher Frau' und 'Prostituierte' ist fließend; *Klunte* ist niederdt., mitteldt. ❖ Herkunft unklar; rotwelsch, gaunersprachlich; für das Rheinland kommt auch franz. *glonde* 'koitieren' aus lat. *glondianus* 'Zuhälter' in Frage
Syn: FEILDIRNE

Lit: Burnadz 45; Grimm 8:192, 476; Grimm 11:1301; Idiotikon 3:661; Krünitz 41:56; PfälzWb 4:815; RheinWb 4:815; Weigand 1:961

Glutschöpfer 'Salinenarbeiter, der für die Befeuerung der Salzpfanne sorgt'
W: Schöpfer

Glyd ↗ Gliede

Gnadenbäcker Gnadenbecker 'Bäcker, der aufgrund eines Gnadenakts des Landesherrn ohne Zunftverpflichtung backen darf'
W: BÄCKER*
Syn: Freibäcker

Gnadenbecker ↗ Gnadenbäcker

Gnadenmeister 'Handwerksmeister, der bei erlassenen Zulassungsbedingungen gnadenhalber oder auf obrigkeitlichen Befehl in die Zunft aufgenommen wurde oder ohne Zunftzugehörigkeit das Handwerk ausüben darf'; *Gnade* im profanen Sinn als 'Nachlass einer Verpflichtung' im Ggs. zu *Recht*
W: Meister
Syn: Freimeister

Lit: Barth 1:351; DRW 4:981; Grimm 8:580

Goelschenweber ↗ Kölschenweber

Gograf ↗ Gaugraf

Gogreve ↗ Gaugraf

Goldblätter ↗ Goldplätter

Golddrahtspinner ↗ Goldspinner

Golddrahtzieher Goldzieher ↗ 'Drahtzieher, der Golddrähte herstellt'; unechte Golddrähte (vergoldete Kupfer- und Messingdrähte), heute noch Fachwort der Textilindustrie, werden als *leonische Golddrähte* bezeichnet, die Hersteller als *leonische / lionische / lyonische Golddrahtzieher*. Die Schreibung *lyonisch* kommt daher, dass das Wort urspr. mit der Stadt *Lyon* in Zusammenhang gebracht wurde ❖ *leonisch* nach der nordspan. Stadt *León*
W: DRAHTZIEHER

Lit: Barth 1:352, 354; DudenFW 804; Grimm 8:726; Krünitz 19:484 (Golddraht, Goldfabrik); Krünitz 79:384 (lionisch); Krünitz 82:109 (Lyonische Drahtzieher); Reith (2008) 60; Wiener Berufe

Golder ↗ Gulder

Gölder ↗ Gulder

Goldgräber Galtgreber, Goltgreber; lat. *aurilegulus, aurilegus* 1. 'Bergarbeiter, der in einem Goldbergwerk arbeitet'. 2. 'Person, die (nachts) die Abtritte reinigt und den Unrat entfernt; Kanalräumer'; scherzhaft, verhüllend

W: *Gräber*
Syn: ABTRITTRÄUMER

Lit: Barth 1:353; Diefenbach 62; DRW 4:993; Frühmittellat. RWb; Grimm 8:786

Goldhefter 'Handwerker, der goldene Accessoires, wie Spangen, Broschen, Ziernadeln, herstellt'; oft in der Verbindung *Gold- und Silberhefter*
W: Hefter

Goldmacher lat. *aurifaber, aurifex* 'Person, die danach forscht, wie man künstlich Gold herstellen kann'
Syn: Alchemist

Lit: Adelung 2:749; Barth 1:353; Diefenbach 62; DRW 4:996; Frühmittellat. RWb; Grimm 8:812; Krünitz 19:534; Volckmann (1921) 140

Goldplätter Goldblätter, Goldplattner 'Handwerker, der die Gold- und Silberfäden für Posamentierer plättet, d.h. zu dünnem, breit gewalztem Gold- und Silberdraht (Lahn) schlägt'; oft in der Verbindung *Gold- und Silberplätter* ❖ zu mhd. *pletten* 'plätten, platt machen'
Syn: FLITTERSCHLAGER

Lit: Adelung 2:749; Barth 1:353; Grimm 8:819; Krünitz 19:554; Schiller-Lübben 3:346

Goldplattner ↗ Goldplätter

Goldscheider 'Handwerker, der Gold vom Silber trennt'; oft in der Verbindung *Gold- und Silberscheider* ❖ zu mhd. *schîden, scheiden* 'scheiden, trennen'
W: Scheider
Syn: Goldschmelzer
Vgl: Silberscheider

Lit: Adelung 2:750; Barth 1:353; Grimm 8:831

Goldschlager Goldschläger, Goldslaher, Goldsleger, Goldslegher, Goltschlager; lat. *bractearius, bracteator* 'Handwerker, der in Handarbeit Blattgold herstellt; Goldschläger'; ältere und regionale Form zu *Goldschläger*. Das heute noch in geringem Maß vorhandene Handwerk stellte Blattgold als Material für Goldspinner, Vergolder, Buchbinder, Drahtzieher usw. her
FN: Goldschläger, Goldschlager
W: °Blattgoldschlager, °Rauschgoldschlager, *Schläger*
Syn: Dünnschlager, FLITTERSCHLAGER
Vgl: Silberschlager

Lit: Barth 1:113; Diefenbach 80; DRW 4:996; Gottschald 214; Grimm 8:833; Idiotikon 9:493; Krünitz 19:555; Linnartz 80; Palla (2010) 87; Pies (2005) 66; Reith (2008) 97; Zedler 11:140

Goldschläger ↗ Goldschlager

Goldschmelzer 'Handwerker, der Gold von Silber durch Schmelzen trennt'; auch in der Verbindung *Gold- und Silberschmelzer*
W: Schmelzer
Syn: Goldscheider
Vgl: Silberschmelzer

Lit: de Luca (1787) 91

Goldslaher ↗ Goldschlager

Goldsleger ↗ Goldschlager

Goldslegher ↗ Goldschlager

Goldspinner Golddrahtspinner 'Handwerker, der seidene Fäden mit einem feinen Golddraht überspinnt'; Material für die Posamentierer, die Tressen, Borten usw. verfertigen. Häufig in der Verbindung *Gold- und Silberspinner*
W: Spinner
Syn: Goldsticker, Goldwirker, Silberspinner, Silbersticker

Lit: Adelung 2:751; Barth 1:354; DRW 4:999; Grimm 8:847; Krünitz 19:580

Goldsticker Goldstücker; lat. *barbaricarius, barbaricus* 'Person, die Verzierungen mit Goldfäden auf Textilien stickt'; häufig in der Form *Gold- und Silbersticker*
W: Sticker
Syn: Goldspinner, Goldwirker, POSAMENTIERER, Silberspinner, Silbersticker

Lit: Adelung 2:751; Frühmittellat. RWb; Grimm 8:851; Krünitz 19:580; Volckmann (1921) 96

Goldstücker ↗ Goldsticker

Goldwäscher 1. 'Arbeiter in den Hüttenwerken, der das Gold vor der Verarbeitung wäscht'. 2. 'Person, die in Flüssen Gold sucht'
W: *Wäscher*

Lit: DRW 4:1000; Grimm 8:865; Neweklovsky (1964)

Goldwirker 'Handwerker oder Künstler, der mit Goldfäden durchwirkte Stoffe herstellt'
W: *Wirker*
Syn: Goldspinner, Goldsticker, Silberspinner, Silbersticker

Lit: Adelung 2:751; Barth 1:354; Grimm 8:866

Goldzieher ↗ Golddrahtzieher

Golichter ↗ Gaulichter

Gollermacher ↗ Kollermacher

Gollerschneider ↗ Kollermacher

Gollerstepper ↗ Kollerstepper

Gollerstöpper ↗ Kollerstepper

Gollerwascher ↗ Kollerwäscher

Golschenweber ↗ Kölschenweber

Gölschenweber ↗ Kölschenweber

Golterer ↗ Kolterer

Goltermacher ↗ Koltenmacher

Goltgreber ↗ Goldgräber

Goltschlager ↗ Goldschlager

Göltzenleuchter ↗ Gelzenleichter

Gölzenleichter ↗ Gelzenleichter

Golzer ↗ Gelzer

Gölzer ↗ Gelzer

Göpelist ↗ Göpeltreiber

Göpeltreiber Göpelist 'Arbeiter im Bergwerk, der den Antrieb des Göpels durch Tiere leitet'; der *Göpel* ist eine Fördermaschine mit einer stehenden Welle, die durch im Kreis gehende Tiere angetrieben wird; urspr. im sächsischen Bergbau für die Förderung aus dem Schacht verwendet, später auch bis Mitte des 20. Jh. in der Landwirtschaft zum Antrieb von Maschinen (z. B. Dreschmaschinen) verwendet ❖ Herkunft nicht eindeutig geklärt, vermutlich aus einem sorbischen Wort für ein Bewegungswerkzeug
W: *Treiber*

Lit: Adelung 2:755; Grimm 8:957; Heilfurth (1981) 42; Kluge 367 (Göpel); Pfeifer 462; Veith 248

Gordeler Ghordere, Gördeler, Gorteler
1. 'Handwerker, der Gürtel herstellt'. 2. 'Seiler' — niederdt. ❖ mnd. *gorde, gordel* 'Gürtel', *gordelen* 'gürten, binden'
FN: Gördeler, Gordeler
W: °Gordelermeister
Syn: Riemer, SEILER

Lit: Barth 1:355; Gottschald 226; Grimm 8:961 (Gorde); Linnartz 80; Pies (2005) 157; Schiller-Lübben 2:133

Gördeler ↗ Gordeler

Gordelermeister ↗ Gordeler

Gorteler ↗ Gordeler

Gortelselder ↗ Gorteseller

Gortemaker 'Müller, der Grütze mahlt'; niederdt. ❖ mnd. *gortemaker* 'Grützmacher', zu *gorte* 'Grütze, Brei'
Syn: Gorteseller, Graupner, Gruttemaker, Grützmacher, Grützmüller, Grützner

Lit: Barth 1:355; Grimm 8:970 (Gorte); Schiller-Lübben 2:134

Gorteseller Gortelselder 'Person, die Grütze verkauft' ❖ mnd. *gorteseller* 'Grützmacher, -verkäufer'
W: Seller

Syn: Gortemaker, Gruttemaker, Grützmacher, Grützmüller, Grützner
Lit: Schiller-Lübben 2:134

Gotteshausgeschworener Gotteshausgeschworner 'Mitglied eines Gotteshausgerichts'; d.i. ein Gericht über die Abhängigen einer klösterlichen Grundherrschaft; bes. schweiz.
W: *Geschworener*
Lit: DRW 4:1020; Grimm 8:1257 (Gotteshausgericht); Idiotikon 9:2113

Gotteshausgeschworner ↗ Gotteshausgeschworener

Gotteshausleute ↗ Gotteshausmann

Gotteshausmann Plural: *Gotteshausleute* 1. 'Verwalter einer kirchlichen oder klösterlichen Grundherrschaft'. 2. 'Angestellter in der Verwaltung einer evangelischen Kirche; Kirchenpfleger'. 3. 'von einer klösterlichen Grundherrschaft Abhängiger' — schweiz.
W: *Mann*
Lit: Barth 1:356 (Gotteshausleute); DRW 4:1022; Grimm 8:1258; Idiotikon 4:264

Gotteshausrichter 'Richter in einem Gotteshausgericht'; d.i. ein Gericht einer klösterlichen Grundherrschaft; bes. schweiz.
W: *Richter*
Lit: DRW 4:1025; Grimm 8:1257; Idiotikon 6:451

Gottesvater 'Vorsteher einer evangelischen Kirchengemeinde; Kirchenrat'
W: *Vater*
Lit: Barth 1:356; DRW 4:396

Gouvernante Gouvernantin 1. 'Haushaltsangestellte, die größere Kinder betreut und erzieht; Hauslehrerin'; im veralteten Sprachgebrauch sowie übertragen abwertend für 'altjüngferliche, bevormundende, belehrende Frau' noch erhalten; früher auch als Rollenfach auf dem Theater; urspr. übernommen in der femininen Form *Gouvernantin*, die seit dem 19. Jh. durch *Gouvernante* ersetzt wurde. 2. 'Statthalterin'; nur in Bezug auf die Niederlande ❖ franz. *gouvernante*, substantiviertes Partizip Präsens (Fem.) von *gouverner* 'lenken, leiten', aus lat. *gubernare* 'lenken, leiten'
Lit: Barth 1:356; GoetheWb 4:413; Grimm 8:1472; Grönhoff (1966) 70

Gouvernantin ↗ Gouvernante

Gouverneur 1. 'Statthalter, höchster Exekutivbeamter'; in dieser Bedeutung auch heute noch verwendet. 2. 'militärischer Befehlshaber einer Festung oder Garnison'. 3. 'Hauslehrer, Erzieher' ❖ franz. *gouverneur* 'Statthalter; Erzieher; Steuermann', aus lat. *gubernator* 'Lenker'
Lit: Barth 1:356; Grimm 8:1474

Gowertsch ↗ Kawerz

Grabbitter Grabebitter 'Person, die Todesfälle verkündet, zur Beerdigung einlädt und das Begräbnis organisiert'
Syn: LEICHENBITTER
Lit: Barth 1:357; DRW 4:1041; Grimm 8:1541

Grabebitter ↗ Grabbitter

Grabener ↗ Grabner

Grabenfeger 'Person, die einen Bach, der durch die Stadt fließt, reinigt'; zu *Graben* in der Bedeutung 'Abzugsrinne, -graben'; da in den Stadtgräben oft auch Fäkalien entsorgt wurden, kommt die Bezeichnung auch in den Bereich ↗ Abtritträumer
W: *Feger*
Syn: ABTRITTRÄUMER
Vgl: Bachfeger
Lit: Barth 1:357; Grimm 8:1588; Volckmann (1921) 286

Grabenherr Grabherr 1. 'Ratsherr, dem die städtischen Gräben, Wälle und Befestigungen unterstellt sind'. 2. 'Aufseher über die Brunnen' ❖ zu mhd. *grabe* 'Graben'; seit dem 18. Jh. auch Bezeichnung für Belagerungs- und Verteidigungsanlagen
FN: Grabher

W: *Herr*
Syn: Brunnenmeister
Lit: Barth 1:357; DRW 4:1044; Grimm 8:1588

Grabenmacher lat. *fossator* **1.** 'Arbeiter, der die Stadtbefestigungen mit den Stadtgräben anlegt und betreut'. **2.** 'Arbeiter, der die Wassergräben der Stadt anlegt'. **3.** 'Totengräber'. **4.** 'Person, die für die Anlage und Instandhaltung der Fischgräben zuständig ist'
Lit: Barth 1:357; Diefenbach 244; DRW 4:1045; Grimm 8:1592; Volckmann (1921) 286

Grabenmeister Gräbermeister, Grabmeister, Gravenmester **1.** 'technischer Leiter beim Bau und bei der Instandhaltung der Wälle, Stadtgräben'. **2.** 'Aufseher über die Bewässerungsgräben' ❖ mhd. *grabenmeister* 'der den Bau des Stadtgrabens leitet; Aufseher über den Schießgraben'; mnd. *gravemester* 'Grabenmeister'
W: *Meister*
Lit: Barth 1:357; DRW 4:1045; Grimm 8:1588, 1592; Schiller-Lübben 2:141; Volckmann (1921) 286

Grabenreiter 1. 'berittener Beamter, der die Grenze und Grenzsoldaten beaufsichtigt'. **2.** 'berittener Beamter, der in der Stadt Polizeiaufgaben erfüllt'
W: *Reiter*
Lit: Barth 1:357; DRW 4:1040; Grimm 8:1593

Grabensteiger 'Bergmann, der die Kunst- und Flößgräben beaufsichtigt'
W: *Steiger*
Lit: Adelung 2:767; GoetheWb 4:417; Grimm 8:1593; Krünitz 19:611; Zedler 11:467

Graber ↗ *Gräber*

Gräber Graber **1.** 'Arbeiter, der Erdarbeiten an Gräben, Deichen, Befestigungen ausführt'. **2.** 'Totengräber'. **3.** 'Bergmann, der in der Gräberei, der Lagerstätte an der Oberfläche, beschäftigt ist' ❖ mhd. *grabære, greber* 'Totengräber'
FN: Graber, Gräber, Greber, Gröber, Grabert
W: Bildgraber, Borngräber, Brunnengraber, Deichgräber, Eisengräber, Erzgräber, Goldgräber, Kipfengraber, Kuhlengräber, Ofengräber, Petschiergraber, Saliterграber, Salpetergräber, Schanzgräber, Seegräber, Sekretgräber, Siegelgräber, Teichgräber, Wurzelgraber
Lit: Barth 1:357; DRW 4:1046; DudenFN 286, 288, 291; Gottschald 217; Grimm 8:1546 (graben), 1594; Hornung (1989) 63; Krünitz 19:617; Linnartz 80, 81; Veith 249

Gräbermacher ↗ Grabmacher

Gräbermeister ↗ Grabenmeister

Grabherr ↗ Grabenherr

Grabmacher Gräbermacher **1.** 'Totengräber'. **2.** 'Erbauer eines Grabmals'
Lit: Grimm 8:1621; Idiotikon 4:51

Grabmeister ↗ Grabenmeister

Grabner Grabener, Grebener 'Graveur'; zu dem Verb *graben*, das schon im Germanischen die Bedeutung 'gravieren' hatte im Unterschied zu *schneiden, ritzen, schnitzen, hauen* ❖ mhd. *grabære, greber* 'Graveur'
FN: Grabner, Gräbner, Grebner, Grabmer
Syn: EISENSCHNEIDER
Lit: Barth 1:357; DudenFN 286, 289; Gottschald 217; Linnartz 80

Gradelträger 'Hausierer, der Gradel verkauft'; d.i. ein Leinen- und Wollgewebe mit eingewebtem Muster; heute noch süddt. und österr.; zu *Träger* i. S. v. 'Händler' ❖ Herkunft ungeklärt
W: *Träger*
Lit: Grimm 8:1685 (Gradel)

Graf Gräfe, Gref, Grefe, Greff, Greve, Groif **1.** 'königlicher Beamter und Richter'; im Frühmittelalter als Lehensmann des Königs; ab dem 11. Jh. wurde aus dem Amtstitel ein Ehrentitel; als die Grafschaften dem Landesherrn unterstellt wurden, fungierten sie als Reichsfürsten und wurden zu Verwaltern und Befehlshabern (*Landgraf, Pfalzgraf, Markgraf, Burggraf*). **2.** 'Dorfvor-

steher'; bes. in der Form *Grefe*, in Hessen. **3.** 'Vorsteher eines Deichbezirks'; z.B. *Deichgraf, Krippgraf*. **4.** 'Vorsitzender und Richter in einem Gerichtsbezirk'; z.B. *Dinggraf, Zentgraf, Gaugraf*. **5.** 'Vorsitzender und Richter in einer [genossenschaftlichen] Organisation'; z.B. *Salzgraf, Holzgraf, Wassergraf, Kammergraf* ❖ mhd. *grâve* 'königlicher Gerichtsvorsitzender', aus mlat. *grafio* 'Polizeibeamter; königlicher Beamter und Richter'; Herkunft ungeklärt; mnd. *greve, grave* 'Graf; Vorsteher'. Ein im Altsächsischen vorhandenes *-i-* in der Form *grâvio* hat im Mitteldeutschen einen Umlaut zu *-ä-*, *Gräf*, im Norddeutschen zu *-e-*, *Greve* bewirkt.
FN: Graf, Grafe, Gräf, Graef, Gräfe, Graefe, Graff, Graffe, Gräff, Gräffe, Grew, Grewe, Greve, Greven, Greff, Gräve, Grav, Grave, Greeven, Grefen
W: Burggraf, DEICHGRAF, Dinggraf, Femgraf, Feuergraf, Forstgraf, Freigraf, Gaugraf, Handgraf, Hansgraf, Hochgraf, Hofgraf, HOLZGRAF, Kammergraf, Krippgraf, Landgraf, Markgraf, Mühlgraf, Rheingraf, Rügegraf, Salzgraf, Spielgraf, Wassergraf, Wikgraf, Zentgraf
Syn: Grebe

Lit: Adelung 2:770; Barth 1:357; DRW 4:1051; DudenFN 286, 287, 290; Gottschald 218; Grimm 8:1698; Kehr (1964) 188; Krünitz 19:695; Kunze 133, 164, 165; Linnartz 82; Pfeifer 467; Schiller-Lübben 2:146

Gräfe ↗ *Graf*

Grampelmacher ↗ Krämpelmacher

Grämpelmacher ↗ Krämpelmacher

Grampler ↗ Grempler

Grämpler ↗ Grempler, Krämpler

Granatenrosenschleifer ↗ Granatrosenschleifer

Granatenrosensetzer ↗ Granatrosensetzer

Granatenschleifer ↗ Granatrosenschleifer

Granatenschneider ↗ Granatrosenschneider

Granatrosenschleifer Granatenrosenschleifer, Granatenschleifer, Granatschleifer
↗ 'Granatrosensetzer'
W: Schleifer
Syn: Granatrosenschneider, Granatrosensetzer

Lit: Grimm 8:1833

Granatrosenschneider Granatenschneider, Granatschneider ↗ 'Granatrosensetzer'
W: SCHNEIDER
Syn: Granatrosenschleifer, Granatrosensetzer

Granatrosensetzer Cranatensetzer, Granatenrosensetzer, Granatsetzer 'Handwerker, der Granatschmuck herstellt' ❖ zu *Granat*, ein zu den Edelsteinen gerechnetes braunrotes Mineral, mhd. *grânât* 'Granat', aus mlat. *granatus*, lat. *(lapis) granatus* 'mit Steinen durchsetzter Edelstein'. *Granatrose* vielleicht nach der Blüte des Granatapfelbaumes
W: Setzer
Syn: Granatrosenschleifer, Granatrosenschneider

Lit: Grimm 8:1833

Granatschleifer ↗ Granatrosenschleifer

Granatschneider ↗ Granatrosenschneider

Granatsetzer ↗ Granatrosensetzer

Granitzer 'Grenzsoldat' ❖ zu *granica* 'Grenze', aus dem Slawischen (russ., poln., kroatisch *granica*)
Syn: Grenzwächter, Markmann

Lit: Adelung 2:776; Grimm 8:1869

Gränzbereiter ↗ Grenzbereiter

Gränzförster ↗ Grenzförster

Gränzmesser ↗ Grenzmesser

Gränzscheider ↗ Grenzscheider

Gränzschütz ↗ Grenzschütz

Gränzwächter ↗ Grenzwächter

Grapengeter ↗ Gropengeter

Grapengießer ↗ Gropengießer

Grapengiesser ↗ Gropengießer

Gräper ↗ Groper

Grappfärber ↗ Krappfärber

Grasemagd ↗ Grasmagd

Graser Gräser 1. 'Landarbeiter, der [mit der Sichel] Gras für die Fütterung schneidet'. **2.** 'Landarbeiter, der vor allem für die Wiesen und die Heuernte zuständig ist' ❖ zu mhd. *graserîn, graserinne* 'Graserin, Jäterin'
FN: Graser, Gräser, Gräsel, Gräsle, Gräsler, Grässer, Gresser
Syn: Grasmagd, *Knecht*, Feldgärtner, Rattei, Schinagel

Lit: Adelung 2:781; Barth 1:359; DRW 4:1071; DudenFN 288; Gottschald 219; Grimm 8:1959; Linnartz 81

Gräser ↗ Graser

Grasmagd Grasemagd 'Landarbeiterin, die für das Vieh und die Futterbeschaffung zuständig ist'
W: *Magd*
Syn: Graser

Lit: Adelung 2:783; Grimm 8:1986

Grateltrager ↗ Grätelträger

Grätelträger Grateltrager, Grätheltrager 'Händler mit Schuhmacherzubehör'; dazu gehörten Draht, Pech, Leisten, Nägel, Leder; *Träger* i. S. v. 'Händler'
W: *Träger*

Lit: Hartmann (1998) 154

Grätheltrager ↗ Grätelträger

Grattler ↗ Krattler

Graufärber 'Färber, der Lodenstoffe färbt'; zum Graufärben verwendete man Kupferwasser und Gallus
W: *Färber**

Lit: Barth 1:359; Grimm 8:2100 (graufärben); Krünitz 19:792; Pies (2005) 52; Reith (2008) 69

Graupenmüller 'Müller, der Graupen mahlt'; d.s. enthülste Gersten- oder Weizenkörner, Rollgerste ❖ zu slaw. *krupa* 'Getreidekraupe; Hagelschloße'
W: *Müller*
Syn: Breinmüller, Grützmüller

Lit: Grimm 8:2168 (Graupe), 2170 (Graupenmühle); Krünitz 19:809 (Graupenmühle)

Graupner Gräupner, Greupner 'Händler mit Graupen, Hülsenfrüchten und Getreide' ❖ zu slaw. *krupa* 'Getreidegraupe; Hagelschloße'
FN: Graupner, Gräupner, Graeupner, Kraupner, Grauber, Graubner, Greupner
Syn: Gortemaker, Gruttemaker, Grützmacher, Grützmüller, Grützner

Lit: Barth 1:359; DudenFN 288; Gottschald 219; Grimm 8:2174; Linnartz 81

Gräupner ↗ Graupner

Gräusler ↗ Greißler

Gräußler ↗ Greißler

Grautucher Grautücher; Plural: *Grautücher* 'Weber, der grobe ungefärbte Wollstoffe herstellt'
Syn: *WEBER*

Lit: Adelung 2:792; Barth 1:360; Grimm 8:2099; Palla (1994) 124; Pies (2005) 179; Reith (1990) 256; Volckmann (1921) 76, 192

Grautücher ↗ Grautucher, Grautucher

Grauwerker Grauwerksmacher, Grawerksmaker 'Kürschner'; *Grauwerk* ist das Fell des sibirischen Eichhörnchens, das im Winter grau wird. Es wurde bes. für Unterfutter und Aufschläge verwendet ❖ zu mhd. *grâwerc* 'Grauwerk'

W: *Werker*
Syn: KÜRSCHNER
Ggs: Buntwerker

Lit: Adelung 2:792 (Grauwerk); Barth 1:360 (Grauwerk); DudenGWDS; Grimm 8:2233; Pies (2005) 90; Reith (2008) 130; Schiller-Lübben 2:142

Grauwerksmacher ↗ Grauwerker

Gravenmester ↗ Grabenmeister

Grawerksmaker ↗ Grauwerker

Grebe 'dem Gerichtsherrn unterstellter Dorfvorsteher, Bürgermeister'; bes. in Hessen; mitteldt. Form von *Graf* ❖ mhd. *grâve* 'königlicher Gerichtsvorsitzender'; das urspr. vorhandene -*i*- in altsächsisch *grâvio* hat im Norddeutschen einen Umlaut zu -*e*- bewirkt
FN: Grebe, Greb, Grab, Gräb
Syn: *Graf, Schultheiß*

Lit: Barth 1:360; DudenFN 288; Gottschald 218; Kunze 164, 165; Linnartz 82

Grebener ↗ Grabner

Greder Gredler, Grednr 'Verwalter des Lagerhauses oder Kornspeichers'; zu *Gredhaus*, dem städtischen Lagerhaus, meist mit Stadtwaage; *Grede* ist in Dialekten weit verbreitet als '[gepflasterter] Vorplatz oder Gang um den Bauernhof' oder 'Unterlage, Gerüst für Waren' ❖ zu mhd. *grêde* 'Stufe, Treppe an oder in einem Gebäude; stufenartiges Unterlager für Waren; Warenniederlage'; entlehnt aus mlat. *grada* 'Stufe, Bank, Freitreppe'
FN: Greder, Gredler, Grednr, Grädler, Greter, Gretler, Gräter, Graeter, Kredner, Credner

Lit: Barth 1:360; DRW 4:1080; Gottschald 218, 220; Grimm 9:2 (Grede), 4; Linnartz 82; Ziller (1995) 80 (Gred)

Gredknecht Grettknecht 'Arbeiter im Lagerhaus oder Kornspeicher, der die Waren abwiegt, verpackt und verlädt'; ↗ Greder
W: KNECHT

Lit: Barth 1:360; DRW 4:1081; Grimm 9:2 (Grede); Idiotikon 3:723; Schmeller 1:986; Ziller (1995) 80 (Gred)

Gredler ↗ Greder

Gredmeister Grettmeister 'Verwalter des Lagerhauses oder Kornspeichers'; ↗ Greder
W: *Meister*

Lit: Barth 1:360; DRW 4:1082; Idiotikon 4:516; Schmeller 1:986; SchwäbWb 3:818

Gredner ↗ Greder

Gref ↗ *Graf*

Grefe ↗ *Graf*

Greff ↗ *Graf*

Greisler ↗ Greißler

Greißler Gräusler, Gräußler, Greisler, Greußler, Grießler, Kreisler 'Inhaber eines kleinen Geschäftes für den täglichen Bedarf, bes. Lebensmittel; Kleinhändler'; heute noch ostösterr.; urspr. 'Händler für Kornfrüchte, Getreide' ❖ zu mhd. *grûʒ* 'Sand-, Getreidekorn', *griuʒe* 'enthülste Körner, Grütze', mhd. *griuʒeler* 'der mit *griuʒe* handelt'; aus *griuʒe* entstand folgerichtig *Gräußler* und dann durch Entrundung *Greißler*
FN: Greisler, Greißler, Greissler, Greiser, Greußer, Groiser
Syn: KRÄMER

Lit: Barth 1:361; Gottschald 221; Grimm 8:2230; Grimm 9:93; Höfer 1:319; Kretschmer 269; Linnartz 82; Palla (1994) 389; Schmeller 1:1010; Volckmann (1921) 17

Gremp ↗ Grempler

Grempe ↗ Grempler

Grempelmacher ↗ Krämpelmacher

Gremper ↗ Grempler

Grempler Grampler, Grämpler, Gremp, Grempe, Gremper, Krämpe, Krämper 'Händler, bes. Altwarenhändler, Trödler' ❖ mhd. *grempeler, grempler* 'Kleinhändler, Trödler', mhd. *grempeln, grempen* 'Handel

im Kleinen treiben, trödeln'; aus ital. *cromprare* aus *comprare* 'kaufen'
FN: Gremper, Grempe, Gremp, Gramp, Grampp, Grempel, Grempler, Grempner, Krämper, Krämpler, Krämpner, Krempler, Krempl, Kremper, Krempner, Krempel, Kremp
W: Ankengrempler, °Brotgrempler, °Buttergrempler, °Garngrempler, °Hanfgremper, °Käsegrempler, °Korngrempler, Mulchengrempler, Salzgrempler
Syn: KRÄMER
Vgl: Krämpler

Lit: Adelung 2:796; Barth 1:358, 361; DRW 2:519 (Brotgrempler); DRW 3:1174 (Garngrempel); DRW 5:174; DudenFN 289; Gottschald 220, 303; Grimm 11:2007, 2008, 2010; Idiotikon 2:738, 739; Linnartz 81, 82; Palla (1994) 389; Volckmann (1921) 218

Grenzbereiter Gränzbereiter 'berittener Grenz- und Zollbeamter'
W: *Bereiter*

Lit: Adelung 2:777; DRW 4:1095; Grimm 9:120

Grenzfinanzer ↗ Finanzer

Grenzforster ↗ Grenzförster

Grenzförster Gränzförster, Grenzforster 'an den Grenzen eines großen Forstes wohnender und mit der Überwachung der Grenze beauftragter Förster'

Lit: Adelung 2:778; DRW 4:1098; Grimm 9:160; Kehr (1964) 188

Grenzmesser Gränzmesser 'vereidigter Feldmesser, der in Streitfällen die Grundstücksgrenzen vermisst'
W: *Messer*

Lit: Adelung 2:778; DRW 4:1101; Grimm 9:171; Hoffmann Wb 2:692

Grenzscheider Gränzscheider 'Feldmesser, der Grundstücksgrenzen vermisst und Grenzstreitigkeiten entscheidet' ❖ zu mhd. *schîden, scheiden* 'scheiden, trennen'
W: Scheider
Syn: FELDSCHEIDER, Landscheider

Lit: Adelung 2:779; Barth 1:361; DRW 4:1103; Grimm 9:178; Krünitz 19:691

Grenzschütz Gränzschütz, Grenzschütze 'Jäger, der für ein an der Jagdgrenze liegendes Revier zuständig ist [und der bes. das überwechselnde Wild abschießen soll]' ❖ mhd. *schütze* 'Schütze, Bogen-, Büchsen-, Armbrustschütze', von *schießen*
W: Schütze

Lit: Adelung 2:779; Grimm 9:180; Krünitz 19:691

Grenzschütze ↗ Grenzschütz

Grenzwächter Gränzwächter 1. 'Soldat, der die Grenze bewacht'. 2. 'Zöllner an der Grenze'
W: *Wächter*
Syn: Granitzer, Markmann

Lit: DRW 4:105; Grimm 9:192; Idiotikon 15:406

Gressierer Kressierer, Kressirer 'Arbeiter in einem Steinbruch' ❖ franz. *grésier* 'Steinbrucharbeiter', zu franz. *grès* 'Sandstein', aus mlat. *gresum* 'Gestein'
FN: Gressierer, Gressirer, Kressierer, Kressirer, Cressierer, Cressirer
Syn: Steinbrecher

Lit: Barth 1:361; Gamillscheg 1:497; Gottschald 221; Linnartz 51, 82

Grettknecht ↗ Gredknecht

Grettmeister ↗ Gredmeister

Greupner ↗ Graupner

Greußler ↗ Greißler

Greve ↗ *Graf*

Griesknecht ↗ Grießknecht

Griesmaister ↗ Grießmeister

Griesmeister ↗ Grießmeister

Griesmetzger 'Abdecker'; zu *Gries* 'grober Sand, Ufersand', am Ufer oder auf einer Sandbank wurde oft die Arbeit des Abdeckers verrichtet ❖ zu mhd. *grieʒ* 'Sand, Kiessand'

W: *Metzger*
Syn: Schinder

Grießknecht Griesknecht 'Arbeiter in der Saline, der das angeschwemmte Holz am Holzrechen aus dem Fluss schafft'; z.B. in Hallein an der Salzach ❖ ↗ Grießmeister
W: Knecht

Lit: DRW 4:1109; Grimm 9:283; Schmeller 1:1012

Grießler ↗ Greißler

Grießmeister Griesmaister, Griesmeister 'Verwalter der Holztrift in Salinenorten'; ihm unterstanden die ↗ Grießknechte ❖ zu mhd. *grieʒ* 'Sandkorn, Sand, Kiessand; Sand am Ufer und am Grunde des Wassers; sandbedeckter Platz, Kampfplatz'. Das Wort konnte über die Bedeutung 'Sandplatz' sowohl zum 'Lagerplatz für Holz' als auch zu 'Kampfplatz im Turnier' führen
W: *Meister*

Lit: Barth 1:362; DRW 4:1109; Neweklovsky (1964) 545; Schmeller 1:1012

Grießwart Grießwärtel, Griesswarter, Grießwärter, Grieswärtel; lat. *agonitheta, agonotheta* 'Kampfrichter bei einem Turnier'; wenn der Zweikampf zu hitzig wurde oder ein Teilnehmer den Abbruch forderte, trennten die *Grießwarte* die Kämpfenden mit den *Grießstangen* ❖ mhd. *grieʒwart, grieʒwarte, grieʒwartel, grieʒwarter* 'Aufseher und Richter der gerichtlichen (auf dem *grieʒ* 'Sand, Kiessand' stattfindenden) Zweikämpfe'
W: *Wart, Wärter*

Lit: Adelung 2:801; Barth 1:362; Diefenbach 19; DRW 4:1109; Frühmittellat. RWb; Grimm 9:285; Idiotikon 16:1613; Krünitz 20:20; Schmeller 1:1012

Grießwärtel ↗ Grießwart

Griesswarter ↗ Grießwart

Grießwärter ↗ Grießwart

Grieswärtel ↗ Grießwart

Grobbäcker 'Bäcker, der nur Roggenbrot backen darf'; *Grobbäcker* gehörten nicht zur Zunft; jeder Besitzer einer Backgerechtigkeit konnte Roggenbrot herstellen, was oft im Nebenerwerb geschah ❖ *grob* in der Bedeutung 'grobkörnig', bezogen auf Mehl und dann auf das Schwarzbrot; mhd. *grop, grob* 'groß, dick'
FN: Grobbecker, Grobecker
W: Bäcker*
Syn: Fastbäcker, Festbäcker, Roggenbäcker, Roggener, Schwarzbäcker
Ggs: Feinbäcker
Vgl: Großbäcker

Lit: Barth 1:362; Grimm 9:409; Grönhoff (1966) 18; Linnartz 83; Palla (1994) 389; Pies (2002d) 26; Reith (2008) 25; Volckmann (1921) 18

Grobbinder 'Böttcher, Fassbinder, der größere, schwere Fässer herstellt'
W: *Binder*
Syn: Böttcher

Lit: Barth 1:362; Pies (2005) 34

Grobddrahtzieher ↗ 'Drahtzieher, der dicken, starken Draht herstellt'
W: Drahtzieher
Syn: Drahtschmied
Ggs: Feindrahtzieher, Kleindrahtzieher, Scheibenzieher

Lit: Adelung 2:808; Barth 1:362; Krünitz 20:108; Reith (2008) 60

Grobgrünfärber 'Färber, der Grobgrün, einen Seiden- oder Wollstoff mit groben und dicken Fäden, färbt' ❖ ↗ Grobgrünmacher
W: *Färber**

Lit: Krünitz 20:108; Pies (2005) 52; Reith (2008) 68; Riepl (2009)

Grobgrünmacher Groffgrünmacher, Groffmaker, Grofgreinmaker 'Weber, der grobes Woll- oder Seidentuch mit dicken Fäden herstellt [und färbt]'; das Tuch wurde gewalkt und für dicke Überröcke verwendet ❖ volksetymologisch umgedeutet zu franz. *grosgrain* 'starkfädiger Wollstoff', aus franz *gros* 'grob' und *graine* 'Korn', aus lat. *granum* 'Korn', also 'grobkörnig'; mnd. *grofgrön* 'grobes, gewirktes Zeug, eine Art Rasch', zu mnd. *grof* 'groß, stark; unfein, plump'

Syn: WEBER

Lit: Adelung 2:808 (Grobgrün); Barth 1:363; Grimm 9:412 (grobgrün); Krünitz 20:108 (grob-grün); Schiller-Lübben 2:150

Grobklieber Grobklüber 'Böttcher oder Holzhacker, der aus dem groben Holz die für die Böttcherarbeit benötigten Holzstücke spaltet'
W: Klieber
Syn: HOLZSPALTER
Ggs: Kleinklieber

Lit: Grimm 9:419; Zedler 11:973

Grobklüber ↗ Grobklieber

Grobmaler 1. 'Tüncher, der mit dicken Pinselstrichen einfache Flächen und Wände grob streicht'. 2. 'Maler, der kunstlos, ohne Verzierung, malt'
W: Maler
Syn: Flachmaler, TÜNCHER

Lit: Barth 1:363; Grimm 9:423

Grobriemer 'Gerber, der geschwärztes [Rinds]-leder herstellt'
W: Riemer
Syn: Schwarzriemer
Ggs: Weißriemer

Lit: Grimm 9:424

Grobschleifer Gropschleifer 'Schleifer, der nur große und grobe Gegenstände schleift, z.B. Äxte, große Messer' ❖ zu mhd. *grop*, *grob* 'an Masse dick und stark'
W: Schleifer
Syn: Rauschleifer

Lit: Barth 1:363; Grimm 9:408 (grobschleifen)

Grobschmid ↗ Grobschmied

Grobschmidt ↗ Grobschmied

Grobschmied Grobschmid, Grobschmidt, Grobzeugschmied, Groffschmidt; lat. *faber ferrarius*, *faber grossarius* 'Schmied, der nur gröbere Arbeiten mit Eisen verrichtet und nur mit Hammer und Amboss, nicht mit Feilen arbeitet; Hufschmied, Waffenschmied'; bei der Differenzierung des Schmiedehandwerks spalteteten sich die verschiedenen Formen ab, und der Grobschmied blieb als Grundtypus übrig, sodass die Bezeichnung *Schmied* heute dem *Grobschmied* entspricht; häufig in der Verbindung *Grob- und Hufschmied* ❖ zu mhd. *grop* 'grob'
W: Schmied
Syn: Eisenschmied
Ggs: Kleinschmied

Lit: Adelung 2:809; Barth 1:363; Diefenbach 231 (ferrarius, Adj.); Frühmittellat. RWb (ferrarius, Adj.); Grimm 9:424; Pies (2005) 172; Reith (2008) 111, 259; Volckmann (1921) 117

Grobtuchmacher 'Handwerker, der grobe Stoffe, z.B. für Säcke, herstellt'
W: TUCHMACHER
Syn: WEBER

Lit: Grimm 9:426 (grobtuchen)

Grobzeugschmied ↗ Grobschmied

Grodrichter 'Richter in einem *Grodgericht*'; d.i. ein Gericht eines Dorfvorstehers (Starost); in Ostdeutschland und Polen ❖ zu poln. *gród* 'Burg, Burggericht, Schlossgericht'
W: Richter

Lit: Adelung 2:809 (Grod); Barth 1:363; DRW 4:1114; Grimm 9:427; Krünitz 20:110 (Grod)

Grodschreiber 'Gerichtsschreiber an einem *Grodgericht*'; ↗ Grodrichter
W: Schreiber

Groffgrünmacher ↗ Grobgrünmacher

Groffmaker ↗ Grobgrünmacher

Groffschmidt ↗ Grobschmied

Grofgreinmaker ↗ Grobgrünmacher

Groif ↗ Graf

Gromer ↗ KRÄMER

Grönhöker ↗ Grünhöker

Grönlandfahrer 1. 'Seemann, der an arktischen Fahrten teilnimmt'; auch für ein Schiff, das für diese Fahrten ausgerüstet wird. **2.** 'Walfänger, Fachmann für Robben- und Waljagd'
W: *Fahrer*

Lit: Barth 1:363; Grimm 9:444

Gröönhöker ↗ Grünhöker

Gröpeler ↗ Groper

Gropengeter Grapengeter, Gropengheter, Gropengieter 'Handwerker, der dreibeinige eiserne Töpfe oder Kessel durch Gießen herstellt'; niederdt. ❖ mnd. *gropengeter* 'Topf-, Kesselgießer, Kupferschmied', zu mnd. *grope, gropen, grape, grapen* 'irdener Topf, Kupferkessel'
FN: Grabengeter, Grapengeter
W: *Geter*
Syn: Gropengießer

Lit: Barth 1:363; Gottschald 219; Linnartz 81; Schiller-Lübben 2:154

Gropengheter ↗ Gropengeter

Gropengießer Grapengießer, Grapengiesser, Groppengießer; lat. *ollifusor* 'Handwerker, der dreibeinige eiserne Töpfe oder Kessel (Grapen) durch Gießen herstellt'; norddt. ❖ zu mnd. *grope, gropen, grape, grapen* 'irdener Topf, Kupferkessel'
FN: Grapengießer, Grapengiesser, Gropengießer, Gropengiesser, Grobengieser, Gruppengießer
W: *Gießer*
Syn: Gropengeter

Lit: Adelung 2:779 (Grapen); Barth 1:363; Grimm 9:446; Linnartz 81; Reith (2008) 95, 263; Volckmann (1921) 143

Gropengieter ↗ Gropengeter

Groper Gräper, Gröpeler, Gröper, Gröpler 'Töpfer'; norddt. ❖ zu mnd. *grope, gropen, grape, grapen* 'irdener Topf, Kupferkessel'
FN: Gröper, Groeper, Gröpler, Groepler, Gropner, Gropius (latinisiert), Gropper, Gröpper, Groppner, Gröppner, Groeppner, Gräper, Graeper
Syn: Töpfer

Lit: Barth 1:363; DudenFN 292; Gottschald 219; Linnartz 83; Pies (2005); Schiller-Lübben 2:152; Volckmann (1921) 181

Gröper ↗ Groper, Gropper

Gröpler ↗ Groper

Groppengießer ↗ Gropengießer

Gropper Gröper, Gröpper, Groppner, Gröppner **1.** 'Arbeiter, der Waren auf- und ablädt oder diese Arbeiten beaufsichtigt'. **2.** 'Fuhrmann' — bes. auf den Salztransport bezogen ❖ zu ital. *groppone* 'Rücken, Buckel'; ital. *piegare il groppone* 'hart arbeiten'
FN: Gropper, Groppner, Gröpper, Groepper, Gröppner (können auch zu *Groper* 'Töpfer' oder *Gropper* 'Groppenfischer' gehören)
Syn: Ablader, Fuhrmann, *Lader*, Roller

Lit: DRW 4:1115; Grimm 9:446; Linnartz 83; Neweklovsky (1964); Schmeller 1:1007; Volckmann (1921) 224

Gröpper ↗ Gropper

Groppner ↗ Gropper

Gröppner ↗ Gropper

Gropschleifer ↗ Grobschleifer

Grosierer ↗ Grossierer

Großbäcker Großbeck, Großbecker **1.** 'Bäcker, der nur Roggenbrot backen darf'. **2.** 'Bäcker, der berechtigt ist, an einem öffentlichen Marktstand zu verkaufen'
FN: Großbeck, Grossbeck, Großbecker, Grossbecker
W: *Bäcker**
Syn: Großbänker
Vgl: Grobbäcker

Großbänker 'Handwerksmeister, bes. Bäcker, der berechtigt ist, seine Ware an einem großen öffentlichen Marktstand zu verkaufen'

❖ zu mhd. *banc* 'Bank, Tisch'; *Bank* in der Bedeutung 'Tisch, Bude für ausgebreitete Waren'
Syn: Großbäcker
Ggs: Kleinbänker

Lit: Adelung 2:813; Barth 1:363; DRW 4:1125; Grimm 1:1105 (Bank); Grimm 9:519; Hoffmann Wb 2:701; Krünitz 20:132; Paul 92 (Bank)

Großbauer 'Besitzer eines vollwertigen, mit allen Rechten ausgestatteten Gutes mit Pferdegespannen'; seit dem 19. Jh. Bezeichnung eines Bauern mit großem Besitz, auch als sozialer Status
FN: Großbauer, Grossbauer
W: BAUER
Syn: VOLLBAUER
Ggs: KLEINBAUER*

Lit: Adelung 2:814; Barth 1:363; DRW 4:1125; Grimm 9:520; Krünitz 20:132; Linnartz 83

Großbeck ↗ Großbäcker

Großbecker ↗ Großbäcker

Großbinder 'Böttcher, Fassbinder, der große Gefäße, bes. große Eichenfässer, herstellt'
W: Binder
Ggs: Kleinbinder

Lit: Adelung 2:814; Barth 1:363; Grimm 9:510; Krünitz 20:132

GROSSBÖTTCHER* 'Böttcher, der große Gefäße mit Dauben, wie Fässer, Bottiche, herstellt'
W: BÖTTCHER
Syn: Boddeker, Fassbinder, Fasshauer, Fässler, Küfer, Küper, Schädler, Scheffler, Schwarzbinder, Tonnenbinder, Tonnenmacher
Ggs: KLEINBÖTTCHER*

Lit: Deya (2013) 85

Großdirn Große Dirn 'Landarbeiterin, die in der Rangordnung der bäuerlichen Dienstboten an erster Stelle steht'; bair.
W: Dirn
Syn: Großmagd, Oberdirn
Ggs: Kleindirn

Lit: WBÖ 5:64

Große Dirn ↗ Großdirn

Große Magd ↗ Großmagd

Großenke 'Landarbeiter, der in der Rangordnung der bäuerlichen Dienstboten an erster Stelle steht'; bes. ostmitteldt.; ↗ Enke
W: Enke
Syn: GROSSKNECHT

Lit: Adelung 2:815; Barth 1:364; DRW 4:1127; Grimm 9:534; Krünitz 20:133

Großgärtner 'Kleinbauer mit kleinem Ackerland von einem Achtel Hufe'; *Gärtner* hier in der Bedeutung 'Kleinbauer ohne Vieh'
W: Gärtner
Syn: KLEINBAUER*
Ggs: Kleingärtner

Lit: Adelung 2:815; DRW 4:1128

Großhirt 'Viehhirt auf der Alm, der für den Weidebetrieb zuständig ist'; auf größeren Almen im Ggs. zum Senner, der für die Milchverarbeitung zuständig ist; er musste über das Gelände und die Pflanzen gut informiert sein
W: Hirt
Syn: Großhüter
Ggs: Kleinhirt

Lit: DRW 4:1131; Werner (1981) 39

Großhüter 'Viehhüter für Rinder und Pferde'
W: Hüter
Syn: Großhirt
Ggs: Kleinhüter

Großierer ↗ Grossierer

Grossierer Großierer, Grosierer 'Großhändler, Grossist' ❖ franz. *grosserie* 'Großhandel', von franz. *grossier* 'grob' aus lat. *grossus* 'dick'
Syn: Fucker, Legerherr, Niederläger

Lit: Adelung 2:816; Barth 1:365; DRW 4:1131; Kaltschmidt 413

GROSSKNECHT 'Landarbeiter, der in der Rangordnung der bäuerlichen Dienstboten an erster Stelle steht'

W: *Knecht*
Syn: Großenke, Meisterknecht, Oberenke, Oberknecht, Schaffer, Vorknecht

Lit: Adelung 2:817; Barth 1:365; Grimm 9:551

Großköter Großköther, Großkötner, Großkötter 'Kleinbauer mit etwas größerem Besitz im Vergleich zum ↗ Kleinköter'
W: *Köter*
Syn: Kleinbauer*

Lit: Adelung 2:1735 (Kothsaß); Barth 1:366; DRW 4:1133; Grimm 9:552

Großköther ↗ Großköter

Großkötner ↗ Großköter

Großkötter ↗ Großköter

Großkufenhandler ↗ Großkufenhändler

Großkufenhändler Großkufenhandler, Kufenhändler 'Beamter am Gmundner Salzamt, der die Salzlieferungen nach Böhmen in großen Kufen (Salzfässern) abwickelt'; er hatte einen Gegenschreiber, der eine Kontrollfunktion ausübte. Die Behörde war das *Großkufenhandelsamt;* ↗ Kufenmacher

Lit: Fellner 242; Patocka (1987) 12; Schraml (1932) 323

Großmagd Große Magd 'Landarbeiterin, die in der Rangordnung der bäuerlichen Dienstboten an erster Stelle steht'
W: *Magd*
Syn: Großdirn, Oberdirn
Ggs: Kleinmagd

Lit: Barth 1:366; DRW 4:1134; Grimm 9:561

Großuhrmacher 'Uhrmacher, der große Wand- und Turmuhren herstellt'
W: *Uhrmacher**
Ggs: Kleinuhrmacher

Lit: Barth 1:367; Grimm 9:506; Krünitz 20:143; Pies (2005) 173; Reith (2008) 240

Grotmaker ↗ Gruttemaker

Grottenbauer 1. 'Baumeister, Künstler, der in barocken Parkanlagen künstliche Grotten anlegt'. 2. 'Gestalter von religiösen Mariengrotten'
W: *Bauer*
Syn: Grottier

Lit: Grimm 9:597 (Grottenwerk)

Grottenkünstler ↗ Grottenmeister

Grottenmeister Grottenkünstler 1. 'Künstler, der Grotten mit Mosaiken u.a. ausschmückt'. 2. 'Künstler, der Kunstwerke aus Mosaiken, Muscheln, Kristallen, Steinen gestaltet'
W: *Meister*

Lit: Grimm 9:597 (Grottenkünstler); Krünitz 20:146 (Grotte)

Grottier 1. ↗ 'Grottenbauer'. 2. 'Aufseher über die Grotten und Wasserspiele in barocken Lustgärten' ❖ zu franz. *grotte* 'Grotte', aus ital. *grotta*
Syn: Grottenbauer, Wasserkünstler

Lit: Adelung 2:820

Grubenhüter Grubenhüther, Grubenhütter 'Bergmann, der die Aufsicht über das Bergwerk während der Betriebsruhe innehat'; er wohnte im Grubenhaus und war für die Reinigung und Heizung der Unterkünfte sowie Verpflegung der Bergleute zuständig
W: *Hüter*

Lit: Barth 1:367; DRW 4:1145; Fellner 247; Grimm 9:620; Krünitz 20:159; Veith 252

Grubenhüther ↗ Grubenhüter

Grubenhütter ↗ Grubenhüter

Grubenjunge 'jugendlicher Arbeiter in einem Bergwerk'
W: *Junge*

Lit: Adelung 2:822; Barth 1:367; DRW 4:1145; Fellner 247; Grimm 9:620; Krünitz 20:159; Veith 252

Grubenköhler 'Köhler, der Kohle herstellt, indem der Reisig und Kleinholz in Gruben ver-

kohlt'; im Ggs. zum Köhler, der Meiler betreibt
Ggs: Meilerköhler
Lit: Barth 1:367; Grimm 9:621; Krünitz 20:162 (Grubenkohle)

Grubenmann 1. 'Bergmann'. 2. 'Person, die die Hausjauche abholt und auf die Felder ausbringt'; schweiz.
W: *Mann*
Syn: ABTRITTRÄUMER
Lit: Barth 1:367; Grimm 9:621; Idiotikon 4:258

Grubenmeister 1. 'Besitzer eines Bergwerks'. 2. 'Person, die ein Bergwerk im Auftrag des Besitzers verwaltet oder es als Lehen bewirtschaftet'
W: *Meister*
Lit: Barth 1:367; DRW 4:1145; Grimm 9:621; Veith 254

Grubensteiger 1. 'Bergbeamter, der die Aufsicht über die Gruben führt'. 2. 'Angestellter einer Grube, Zeche'
W: *Steiger*
Ggs: Tagsteiger
Lit: Adelung 2:823; Barth 1:367; Fellner 250; Grimm 9:621; Krünitz 20:160; Veith 255

Gruder 'Bergmann, meist Junge, der das Feuer unterhält, indem er das Stroh unter den Pfannen nachschiebt' ❖ zu mhd. *grude* 'heiße Asche'
Lit: Adelung 2:823; Barth 1:367; Grimm 9:627 (Grude); Krünitz 20:161 (Grude, gruden); Schiller-Lübben 2:157; Zedler 11:1103 (gruden)

Grundherr 1. 'Landbesitzer im Rahmen der vom Mittelalter bis ins 19. Jahrhundert geltenden Grundherrschaft'; Besitzer waren vor allem der Adel und die Kirche; sie erzielten die Einkünfte in Form von Abgaben und Dienstleistungen der abhängigen Bauern; die Grundherrschaft war oft verbunden mit politischen oder richterlichen Funktionen. 2. 'im Bergbau Grundbesitzer, der den Bergbaubetrieb auf seinem Grund gestatten muss'
FN: Grundherr
W: *Herr*
Lit: Adelung 2:823; Barth 1:368; DRW 4:1189; Fellner 252; Grimm 9:825; Krünitz 20:282; Linnartz 83

Grundhold ↗ Grundholde

Grundholde Grundhold, Grundholder 'Bauer, der dem ↗ Grundherrn untertan und zu Abgaben verpflichtet ist'; sie hatten ihr Gut als meist erbliches Lehen und waren zu Abgaben in Form von Geld, Naturalien oder Dienstleistungen verpflichtet ❖ zu mhd. *holde* 'Freund; Dienstmann; der einem treu dient'
Syn: HÖRIGER
Vgl: Zehentholde
Lit: Adelung 2:833; Barth 1:369; DRW 4:1199; Höfer 1:330

Grundholder ↗ Grundholde

Grundsasse 'Bauer, der dem Grundherrn durch Belehnung abgabenpflichtig ist'
W: *Sasse*
Syn: HÖRIGER
Lit: Barth 1:369; DRW 4:1214; Schmeller 2:331

Grundschreiber 'Beamter, der das Grundbuch verwaltet; Grundbuchführer'
W: *Schreiber*
Lit: Adelung 2:836; Barth 1:369; DRW 4:1215; Grimm 9:899; Krünitz 20:286

Grünfärber 'Färber, der Gründrucke herstellt'; dazu wurden die Stoffe zuerst zitronengelb gefärbt und dann in ein Bad mit Brasil, Grünspan oder Chromkali gelegt
W: *Färber**
Lit: Gehl (1997) 376; Grimm 9:666 (grünfärben); Krünitz 20:190 (Grün-Färben)

Grünfischer 'Fischer, der die Fische lebend, frisch, verkauft im Ggs. zu den gesalzen verkauften' ❖ zu mhd. *grüene* 'grün; frisch, roh'
W: *Fischer**
Lit: Barth 1:370; DRW 4:1221; Grimm 9:950; Pies (2005) 55; Reith (2008) 79

Grünfrau 'Gemüsehändlerin'; *Grün* als allgemeine Bezeichnung für vegetatives Grün
W: *Frau*
Syn: Grünhöker
Lit: Barth 1:370; Grimm 9:950

Grünhöker Grönhöker, Gröönhöker 1. 'Gemüsehändler'. 2. 'Gemüsegärtner' — niederdt.
W: *Höker*
Syn: Grünfrau
Lit: Grimm 9:952; Lindow 82

Grünhüter 'Person, die einen Weinberg bewacht'; bes. österr.
W: *Hüter*
Syn: FLURSCHÜTZ
Lit: DRW 4:1221; SteirWb 311

Grutemaker ↗ Gruttemaker

Gruter Grüter, Grütter 1. 'Person, die die Bierwürze (Grut, Gruit) herstellt'. 2. 'Bierbrauer, der Grutbier herstellt'; niederdt; der *Grut* wurde aus wildem Rosmarin, vermischt mit der Rinde des Gagels, hergestellt und ersetzte den Hopfen ❖ zu mhd. *grût* 'wilder Rosmarin, Porst, der zum Bierbrauen gebraucht wird; das damit gebraute Bier'; mnd. *gruten* 'Bier brauen'
FN: Gruter, Grüter, Grütter, Grüters, Gruiter, Gruyter, Greuter
Syn: *Brauer*
Lit: Barth 1:370; DRW 4:1229; DudenFN 295; Gottschald 224; Linnartz 83; Schiller-Lübben 2:160

Grüter ↗ Gruter

Grutherr 'Beamter, der die Aufsicht über das Brauwesen einer Stadt innehat'; niederdt. ❖ mnd. *grûthere* 'Ratsherr, der die Aufsicht über das Bier hat', vgl. *Gruter*
W: *Herr*
Lit: Schiller-Lübben 2:160

Grütmaker ↗ Gruttemaker

Gruttemacher ↗ Gruttemaker

Gruttemaker Grotmaker, Grutemaker, Grütmaker, Gruttemacher ↗ 'Grützmacher'; niederdt. ❖ mnd. *grutte* 'Grütze, Grützbrei'
Syn: Gortemaker, Gorteseller, Graupner, Grützmacher, Grützmüller, Grützner
Lit: Barth 1:370; Schiller-Lübben 2:161; Volckmann (1921) 16

Grütter ↗ Gruter

Grützmacher Grützmahler 'Person, die auf einer Handmühle Grütze herstellt und sie verkauft; d.i. grob gemahlenes und von Hülsen gereinigtes Getreide ❖ zu mhd. *grütze* 'Grützbrei, Grütze', mhd. *griuʒe* 'enthülste Körner'; mnd. *grutte* 'Grütze'
FN: Grützmacher, Grützemacher, Gritzmacher
Syn: Gortemaker, Gorteseller, Graupner, Gruttemaker, Grützmüller, Grützner
Lit: Barth 1:370; DudenFN 295; Gottschald 224; Grimm 9:1024; Linnartz 84; Schiller-Lübben 2:160

Grützmahler ↗ Grützmacher

Grützmüller 1. 'Müller, der Grütze mahlt und zugleich mit Grütze handelt'. 2. ↗ 'Grützmacher'
FN: Grützmüller, Grüzmüller
W: *Müller*
Syn: Breinmüller, Gortemaker, Gorteseller, Graupenmüller, Graupner, Gruttemaker, Grützmacher, Grützner
Lit: Barth 1:370; Gottschald 224; Grimm 9:1024; Linnartz 84

Grützner lat. *grutarius* 1. 'Person, die auf einer Handmühle Grütze herstellt und sie verkauft'. 2. 'Lebensmittelhändler, Produktenhändler'
FN: Grützner, Grötzner, Grütter, Grütters, Grüttner, Krüzner, Krützner, Kritzler, Kritzner
Syn: Gortemaker, Gorteseller, Graupner, Gruttemaker, Grützmacher, Grützmüller
Lit: Barth 1:370; Diefenbach 270; DudenFN 294, 295; Gottschald 224; Grimm 9:1026; Linnartz 84; Volckmann (1921) 18

Gscheider ↗ Gescheidherr

Gscheidherr ↗ Gescheidherr

Gscheidmeier ↗ Gescheidmeier

Gscheidrichter ↗ Gescheidrichter

Gscheidweibel ↗ Gescheidweibel

Gschlachtgwandtner ↗ Schlachtgewandner

Gschmeidler ↗ Geschmeidler

Gschosner ↗ Geschosser

Gschoßmann ↗ Schossmann

Gschossner ↗ Geschosser

Gschossnerin ↗ Schosserin

Gsöllpriester ↗ Gesellenpriester

Gstadelmacher ↗ Stattelmacher

Gstadlmacher ↗ Stattelmacher

Guardein ↗ Wardein

Gubernator Gubernierer; lat. *gubernator* 1. 'Statthalter'. 2. 'Meister, Anführer, Fachmann'; norddt.; in lat. Berufsbezeichnungen, z. B. *gubernator cranonis* 'Kranmeister', *gubernator fossati* 'Grabenmeister', *gubernator navis* 'Schiffsführer' ❖ franz. *gouverneur* 'Statthalter', aus lat. *gubernator* 'Steuermann, Lenker'

Lit: Barth 1:371; Diefenbach 270; Frühmittellat. RWb; Grimm 9:1027; Kaltschmidt 358

Gubernierer ↗ Gubernator

Guckkastenmann 'Besitzer eines Guckkastens und Vorführer von Dioramen'
W: *Mann*
Lit: Grimm 9:1044

Guckkastenträger Guckkästner 'herumziehender Vorführer von Dioramen im tragbaren Guckkasten'
W: *Träger*
Lit: Grimm 9:1044; Grönhoff (1966) 66

Guckkästner ↗ Guckkastenträger

Gudelichter ↗ Gaulichter

Gudelider ↗ Gaulichter

Gufener Gufenmacher, Gufer, Guffener, Guffer, Gufner 'Handwerker, der Stecknadeln herstellt' ❖ mhd. *gufe, glufe* 'Stecknadel'
FN: Gufer, Guffer, Gufler, Gufner, Guffner (können auch zu *Kofel* 'Bergkuppe' oder zu *Gufel* 'Höhle' gehören)
Syn: Glufenmacher, Glufner, NADLER, Stecknadler
Lit: Barth 1:371; Gottschald 225; Grimm 9:1045 (Gufe), 1047; Hornung (1989) 65; Idiotikon 4:50; Kunze 97; Linnartz 84; Pies (2005) 106; Volckmann (1921) 122

Gufenmacher ↗ Gufener

Gufer ↗ Gufener

Guffener ↗ Gufener

Guffer ↗ Gufener

Gufner ↗ Gufener

Gugelbruder Kagelbruder 'Großhändler, der mit Heringen und anderen Fischen handelt'; urspr. einer der vier Lüneburger Stände, zu dem Kaufleute und andere vornehme Bürger gehörten. Der mittelalterlichen Kleiderordnung gemäß trugen sie eine *Gugel*, eine kapuzenartige Kopfbedeckung mit einem weiten kragenartigen Schulterstück ❖ Herkunft unsicher, vermutlich zu mnd. *kogel, kagel* 'Kapuze, die man über den ganzen Kopf ziehen kann', aus lat. *cuculla* 'Kapuze, Mönchsgewand aus Mantel mit Kapuze'; mhd. *gugel, kugel, kogel* 'Kapuze über dem Kopf, am Rock oder Mantel'

Syn: Heringshöker, Heringsmenger

Lit: Barth 1:473; DRW 4:1235; Schiller-Lübben 2:512

Gugler Kugler 'Handwerker, der Gugeln, Kugeln herstellt'; d.i. eine Kapuze oder ein Kapuzenmantel ❖ mhd. *gugel, kugel, kogel* 'Kapuze über dem Kopf, am Rock oder Mantel'; *gugelære, gugler* 'der eine Gugel trägt', aus lat. *cuculla* 'Kapuze, Kutte, Mantel'
FN: Kugler, Kügler, Kugeler, Kügeler, Gogler, Gögler, Gugler, Gugeler, Gugel, Kögler
Syn: SCHNEIDER

Lit: Barth 1:564; DudenFN 296, 405; Gottschald 225, 309; Grimm 11:564; Linnartz 79, 84, 130

Guldenschreiber Guldenschriber 1. 'Künstler, der Zierschriften und goldene Initialen in Handschriften und Büchern gestaltet'. 2. 'Lehrer im Schreiben und Rechnen'. 3. 'Schreiber, der gegen Gebühr Schriftstücke und Akten anfertigt' ❖ mhd. *guldenschrîber, goltschrîber* 'aurigraphus, Goldschreiber', zu mhd. *guldîn* 'aus Gold'
W: *Schreiber*
Syn: Buchmaler, Schulmeister, Winkelschreiber

Lit: Barth 1:371; DRW 4:1251; Grimm 9:1068; Idiotikon 9:1539

Guldenschriber ↗ Guldenschreiber

Gulder Golder, Gölder 1. 'Vergolder'. 2. 'Goldgräber' ❖ zu mhd. *guldîn* 'golden'; *gulden* ist die ältere Form für *golden*, die sich seit dem 18. Jh. durchsetzte
FN: Gulder, Guldner, Güldner, Güler, Goldner, Göldner, Golder, Goldener, Golderer, Göller, Göllner

Lit: Barth 1:371; DudenFN 281, 282, 297; Idiotikon 2:226; Linnartz 84

Gulichter ↗ Gaulichter

Guliecher ↗ Gaulichter

Gulister ↗ Gaulichter

Gulliechter ↗ Gaulichter

Gültbauer 'Bauer, der zu Abgaben- und Zinszahlungen verpflichtet ist' ❖ ↗ Gültherr
W: BAUER
Syn: HÖRIGER

Lit: Adelung 2:845; DRW 4:1253; Grimm 9:1081; Krünitz 20:313

Gültherr Giltherr 1. 'Grundherr, dem Naturalabgaben als Zins bezahlt werden müssen'. 2. 'Beamter am Rentamt, Finanzbeamter'; zu *Gülte* 'Zahlung, Abgabe, Leistung eines Verpflichteten; Einnahmen aus Zins und Ertrag' ❖ zu mhd. *gülte, gilte* 'was zu gelten ist oder gegolten wird; Schuld, Zahlung'
W: *Herr*
Syn: Rentamtmann

Lit: Adelung 2:846; DRW 4:255, 1267; Grimm 9:10892; Krünitz 20:313

Gülzenschneider ↗ Gelzenschneider

Gumpenmacher Gumper 1. 'Handwerker oder Kunsthandwerker, der Puppen herstellt'. 2. 'Handwerker, der Pumpen herstellt' ❖ 1.: zu mhd. *gumpen* 'hüpfen, springen'; *gumpelman* 'Springer, Possenreißer'; übertragen auf Puppen, vermutlich handelt es sich urspr. um Hampelmänner o. Ä.; 2.: zu *Gumpe* 'Kolben des Brunnens oder der Pumpe; Brunnen', bildlich von *gumpen* 'hüpfen, springen' nach der Bewegung des Kolbens. Die beiden Bedeutungen haben dieselbe Wurzel

Lit: Barth 1:372; Grimm 9:1099

Gumper ↗ Gumpenmacher

Gümpler 'Kleinkrämer, Trödler'; zu *gumpeln* 'trödeln, mit minderwertigen Sachen handeln'; abgeleitet von *gumpen* 'hüpfen, springen'
Syn: KRÄMER

Lit: ElsässWb 1:220; Grimm 9:1099 (gumpeln); Schmeller 1:914 (gumpen, gumpeln)

Gumpostmacher ↗ Kompostmacher

Gunkelmacher ↗ Kunkelmacher

Gurteler ↗ Gürtler

Gürtelmagd 'Kammerzofe'; das Lösen oder Umbinden des *Gürtels* steht sinnbildlich für das An- oder Auskleiden, eine Arbeit, die nur einer Vertrauten vorbehalten war ❖ mhd. *gürtelmaget, gürtelmeit* 'Kammerjungfer'
W: *Magd*
Lit: Adelung 2:1486 (Kammerjungfer); DRW 4:1282; Grimm 9:1185

Gürtelwirker 'Handwerker, der Beschläge für Gürtel herstellt'
W: *Wirker*
Syn: GÜRTLER
Lit: Grimm 9:1188

GÜRTLER Girtler, Gurteler; lat. *cingularius, cingulator, fibularius, fibulator, zonarius* 'Handwerker, der Metallbeschläge für Kutschen und Pferdegeschirre, für Gürtel und Wehrgehänge, Knöpfe, Schnallen und Schließen, metallische Verzierungen sowie Fingerhüte oder Bügeleisen herstellt'; nicht zu verwechseln mit einem *Gürtelmacher*; sein Werkstoff ist Messing, Kupfer, Gold und Silber; das Handwerk überschneidet sich teilweise mit den Silberschmieden und Klempnern ❖ mhd. *gürtelære* 'Gürtler'
FN: Gürtler, Girtler, Giertler, Gürteler, Gürtner, Görtler, Gertler
Syn: Beschlagmacher, Bressenmacher, Buckelmacher, GELBGIESSER, Gesperrmacher, Gürtelwirker, Klausurmacher, Knopfgießer, KNOPFMACHER, NADLER, Nestelbeschlager, Nestelmacher, Nestler, Nüscheler, Riemenmacher, Riemenschläger, Riemer, Ringbeschlagmacher, Rinkenfeiler, Senkler, Spangenmacher
Lit: Adelung 2:851; Barth 1:373; Diefenbach 120, 233, 635; DudenFN 298; Gottschald 226; Grimm 9:1194; Idiotikon 2:447; Krünitz 20:322; Linnartz 84; Palla (2010) 92; Pies (2005) 69; Reith (2008) 107; Volckmann (1921) 156

Güterbeschauer 'Beamter, der Waren kontrolliert'
W: *Beschauer*
Lit: DRW 4:1326; Grimm 9:1416

Güterbestäter Güterbestätter, Güterbestättiger, Güterbestetter, Gutherbestetter, Güherbestetter 1. 'Person, die ankommende Waren begutachtet und für den Weitertransport sorgt, Transportvermittler'. 2. 'Packer und Paketzusteller bei der Post'
W: *Bestäter*
Syn: GUTFERTIGER, SPEDITEUR*
Lit: Adelung 2:861; Grimm 9:1417

Güterbestätter ↗ Güterbestäter

Güterbestättiger ↗ Güterbestäter

Güterbestetter ↗ Güterbestäter

Güterknecht 'Landarbeiter für die Feldarbeit'; schweiz.
W: *KNECHT*
Lit: Idiotikon 3:723

Gutferger ↗ Gutfergger

Gutfergger Gutferger, Gutfergker, Gutferker 'Fuhrmann oder Schiffsunternehmer, der Güter transportiert' ❖ mhd. *ver, vere, verje, verige, verge* 'Schiffer, Fährmann'
W: *Fergger*
Syn: GUTFERTIGER
Lit: Barth 1:374; DRW 4:1346; Grimm 9:1423; Idiotikon 1:1011

Gutfergker ↗ Gutfergger

Gutferker ↗ Gutfergger

GUTFERTIGER Gutsfertiger 1. 'Person, die ankommende Waren begutachtet und für den Weitertransport sorgt'. 2. 'Spediteur' — zu *Gut* 'Ware für den Transport' und *abfertigen* 'abschicken, fertig machen'; häufig in Fügungen wie *italienischer Gutfertiger* für 'Frächter nach Italien'
W: *Fertiger*
Syn: Aufdinger, Bestäter, Fergger, FUHRMANN, Güterbestäter, Gutfergger, Harrer, Litzenbruder, Salzfertiger, SPEDITEUR*, Wagenbestäter
Lit: Adelung 2:861; Barth 1:374; DRW 4:1346; Grimm 9:1423; Krünitz 20:407; Pies (2005) 80

Gutherbestetter ↗ Güterbestäter

Gütherbestetter ↗ Güterbestäter

Gütler lat. *bonitor* 'Besitzer eines kleinen Bauernhofs'; zu *Gut* i. S. v. 'unbeweglicher Besitz, Grundbesitz, Vieh' ❖ zu mhd. *guot* 'Besitz; Landgut, Land'
FN: Gütler, Güttler, Gütl, Gütle, Güttel
Syn: KLEINBAUER*

Lit: Barth 1:374; Barth 2:42; DRW 4:1336; DudenFN 299; Gottschald 227; Grimm 9:1456; Linnartz 84; Schmeller 1:965

Gutscher ↗ Kutscher*

Gutschi ↗ Kutscher*

Gutschier ↗ Kutscher*

Gutsfertiger ↗ GUTFERTIGER

Gvardian ↗ Wardein

Gwandtschneider ↗ Gewandschneider

Gwardein ↗ Wardein

Gwardiknecht 'Gardist'; schweiz. ❖ zu *Gwardi* 'Wache, Garde'; aus franz. *garde* 'Bewahrung, Wächter, Wache', aus altfranz. *garder* 'beobachten'
W: KNECHT

Lit: Barth 1:375; Gamillscheg 1:468; Idiotikon 3:723

Gwardin ↗ Wardein

Gwelwer ↗ Gewölber

Gymnasiarch 1. 'Leiter einer Schule für Leibesübungen'. 2. 'Leiter eines Gymnasiums' ❖ griech. *gymnasíarchos* 'Leiter der Feste in Athen, der die Athleten für die Festspiele vorzubereiten hat'

Lit: Grimm 9:1496

Gyseler ↗ Geisler

Gyser ↗ *Gießer*

Haak ↗ Hake

Haaker ↗ Hake

Haalknecht ↗ Hallknecht

Haalmeister ↗ Hallmeister

Haararbeiter 1. 'Perückenmacher'. 2. 'Kunsthandwerker, der Haarbilder aus Haaren Verstorbener zu ihrem Andenken anfertigt'
W: *Arbeiter*
Syn: Parukenmacher, Peruquier
Lit: WBÖ 1:301 (Haararbeit)

Haarbereiter 1. 'Handwerker, der Menschen- oder Tierhaare für die weitere Bearbeitung vorbereitet'. 2. 'Arbeiter bei der Flachsgewinnung und -verarbeitung' ❖ 1.: zu mhd. *hâr* n. 'Haar'; 2.: zu mhd. *har* m. 'Flachs'
W: *Bereiter*
Lit: Adelung 2:869; Barth 1:376; DRW 4:1357 (Haarbereiterin); Grimm 10:24; Krünitz 20:530

Haardeckenmacher Hardeckmacher 'Handwerker, der Haardecken herstellt'; d.s. Decken aus Tierhaaren, bes. von Pferden, oft vermischt mit Rinder- oder Wildhaaren
Syn: Haarmaker
Lit: Barth 1:376 (Haarmacher); Grimm 10:26; Krünitz 20:531 (Haardecke); Volckmann (1921) 92

Haarer ↗ Harrer

Haarmaker Harmaker 1. 'Handwerker, der Haare bearbeitet'. 2. 'Handwerker, der Decken aus Tierhaaren, bes. Pferdehaaren, herstellt' — niederdt. ❖ mnd. *harmaker* 'Haarbearbeiter, bes. Haardeckenmacher'
Syn: Haardeckenmacher
Lit: Schiller-Lübben 2:208; Volckmann (1921) 92

Haarmaler 'Maler, der mit Menschenhaaren (einzeln oder in Büscheln) Federzeichnungen, Ornamente, Blätter usw. nachahmt'
W: *Maler*
Lit: Damen Conversations Lexikon 5:100 (Haarmalerei); Palla (2010) 93

Haarscherer 'Friseur' ❖ mhd. *schërn* 'abschneiden, scheren'
W: Scherer
Syn: BARBIER
Lit: Barth 1:376; Grimm 10:36

Haarsieber Harrsüber 'Handwerker, der feine Siebe aus Pferdehaaren herstellt'; unter *Haarsieben* versteht man heute Siebe aus feinstem Drahtgeflecht
W: Sieber
Lit: Adelung 2:873 (Haarsieb); GoetheWb 4:602; Grimm 10:38 (Haarsieb); Krünitz 20:544 (Haarsieb); SteirWb 316

Haartuchweber 'Weber, der Haartuch, ein feines Gewebe aus (Pferde)haaren oder Wollstoff zum Durchseihen von Flüssigkeiten, herstellt'
W: WEBER
Lit: Grimm 10:39 (Haartuch); Krünitz 20:546 (Haartuch)

Habermann 1. 'Bauer, der Hafer anbaut'. 2. 'Händler, der Hafer vertreibt'. 3. 'Handwerker, der Hafergrütze herstellt' — *Haber* ist die historische, heute noch oberdeutsch dialektale Form von *Hafer* ❖ zu mhd. *haber, habere* 'Hafer'

FN: Habermann
W: *Mann*
Lit: Barth 1:376; DudenFN 300; Linnartz 85; Volckmann (1921) 212

Habermenger 'Haferhändler' ❖ zu mhd. *haber, habere* 'Hafer'; mhd. *mangære, mengære manger, menger* 'Händler', aus lat. *mango* 'Händler'
W: *Menger*

Hachelmacher Hächelmacher, Hächlmacher, Heychlmacher 'Handwerker, der Flachsriffeln (Hecheln) herstellt'; *Hachel* ist eine bair. Nebenform zu *Hechel*, nicht zu verwechseln mit *Hachel* i. S. v. 'Krauthobel' ❖ zu mhd. *hächel, hechel* 'Hechel'
Lit: Ebner (2009) 160; Schmeller 1:1041 (Hächel); SteirWb 318

Hächelmacher ↗ Hachelmacher

Hacher ↗ Haher

Hächer ↗ Haher

Hächler ↗ Hechler

Hächlmacher ↗ Hachelmacher

Hachmeister 'höfischer Jäger, der für die Jagdhabichte verantwortlich ist'; zusammengezoen aus *Habichtmeister* ❖ zu mhd. *habech, habich* 'Habicht'
FN: Hachmeister, Hameister, Hachmester, Hachemeister, Hackmeister
W: *Meister*
Vgl: Falkner
Lit: Gottschald 228; Linnartz 85; Volckmann (1921) 13

Hacke ↗ Hacker

Hackelschneider ↗ Häckselschneider

Hackenschmid ↗ Hackenschmied

Hackenschmied Hackenschmid, Hakenschmied 'Schmied, der Beile, Schaufeln u.a. Werkzeuge zur Erdbearbeitung herstellt; Beilschmied' ❖ zu mhd. *hacke* 'Axt'; *Hacke* bedeutet heute noch bayr.-österr. 'Beil'
FN: Hackenschmied, Hackenschmid, Hackenschmidt
W: *Schmied*
Syn: Hauenschmied
Lit: DudenFN 301; Ebner (2009) 160; Linnartz 85

¹**Hacker** Hacke, Häcker, Haker, Häker, Hecker; lat. *campensis* 1. 'Winzer'; fränk., schwäb. 2. 'Kleinbauer, Landarbeiter, der das Feld mit Hacken bearbeitet'; im Ggs. zum pflügenden Großbauern ❖ zu *hacken*; mhd. *hecker* '(Holz)hacker; Weinhacker, Weinbauer'
FN: Hacker, Hackel, Häckel, Hackl, Häcker, Hackert, Hecker (können sich auf verschiedene Bedeutungen von *Hacker* beziehen)
W: Aufhacker, Fuderhacker, PECHHACKER, Scheithacker, Weinhäcker, Widhacker
Syn: WEINGÄRTNER
Lit: Adelung 2:883; DRW 4:1383; DudenFN 301; Gottschald 228; Grimm 10:183, 749; Idiotikon 2:1113; Krünitz 20:589; Linnartz 85, 87; Nas (1573) 1:260; SchwäbWb 3:1012; Volckmann (1921) 1

²**Hacker** ↗ Hake, Haker

Häcker ↗ Hacker, Haker

Häckerlingschneider ↗ Häckselschneider

Häckler ↗ Hake

Häckselschneider Hackelschneider, Häckerlingschneider, Hakkelsnyder, Heckselschneider, Hexelschneider 'Arbeiter in der Landwirtschaft, der Stroh zu Häcksel schneidet'; auch mit einer tragbaren Vorrichtung von Haus zu Haus ziehend; mittel- und norddt.; Ableitung zu *hacken* nach der Arbeitsweise, mit dem Suffix *-sel*
W: SCHNEIDER
Lit: Adelung 2:884; DRW 4:1384; Grimm 10:106 (Häckerling), 108; Krünitz 20:592; Paul 380 (Häckerling, Häcksel)

Haderer 'Händler mit Alttextilien, die für die Papierherstellung benötigt werden' ❖ zu

mhd. *hader* 'zerrissenes Stück Zeug, Lumpe, Lappe'
FN: Haderer, Hader
Syn: LUMPENSAMMLER

Lit: Barth 1:377; DRW 4:1387; Grimm 10:113; Palla (1994) 390

Hadernkrämer 'Person, die mit Textilabfällen handelt und diese an die Papiermühlen liefert' ❖ zu mhd. *hader* 'zerrissenes Stück Zeug, Lumpe, Lappe'
W: *KRÄMER*
Syn: LUMPENSAMMLER

Lit: Pies (2002b) 18

Hadernsammler 'Person, die Textilabfälle und andere Altmaterialien sammelt und an die Papiermühlen liefert'; Textilien wurden an Papiermühlen verkauft, Eisen und Glas an Eisenhändler bzw. Schmelzöfen
Syn: LUMPENSAMMLER

Lit: Hartmann (1998) 202

Hafenbinder Häfenbinder, Hefenbinder 'umherziehender Handwerker, der Blechgeschirr, Pfannen u. Ä. sowie Glasgefäße ausbessert'; oberdt. ❖ zu mhd. *haven* 'Topf'
W: *Binder*
Syn: PFANNENFLICKER

Lit: Barth 1:378; Grimm 10:124; Idiotikon 4:1354; Kretschmer 270; Schmeller 1:1055; SteirWb 320; Volckmann (1921) 296; WBÖ 3:187

Häfenbinder ↗ Hafenbinder

Hafencapitän ↗ Hafenkapitän

Hafener ↗ Hafner

Hafengießer 'Handwerker, der eisernes Kochgeschirr gießt'; ↗ Hafner
W: *Gießer*

Lit: Barth 1:378; Idiotikon 2:471; Schmeller 1:1055

Hafenkapitän Hafencapitän 'Offizier in Seestädten, der für die Sicherheit im Hafen verantwortlich ist'; in Kriegshäfen hatte er auch Aufsicht über die Truppen
Syn: Hafenmeister

Lit: Adelung 2:886; Barth 1:378; DRW 4:1392; Krünitz 21:85

Hafenmacher 1. 'Arbeiter in der Glasfabrik, der die feuerbeständigen Schmelztiegel herstellt'. 2. 'Töpfer' ❖ ↗ Hafner
Syn: TÖPFER

Lit: Barth 1:378; DRW 4:1392; Grimm 10:125; Idiotikon 4:51; OÖ. Hbl 1967, H. 1:26

Hafenmeister Hauemester, Havenmeister 1. 'Beamter, der die Aufsicht über die Hafenanlagen innehat'. 2. 'Beamter, der die Zölle für die Waren einnimmt'
W: *Meister*
Syn: Hafenkapitän, Kaimeister

Lit: Adelung 2:887; Barth 1:378; DRW 4:1392; Grimm 10:125; Meyers Lexikon 6:604; Zedler 9:153

Hafenreffer 'herumziehender Händler, der Töpferwaren auf dem Traggestell trägt' ❖ zu *Ref* 'Rückentragkorb', mhd. *rëf* 'Stabgestell zum Tragen auf dem Rücken', weitere Herkunft unklar
FN: Hafenreffer
Syn: Buttenträger, Hafenträger, *KRÄMER*, Reffträger, Tabulettkrämer

Lit: Barth 1:378; Grimm 10:126 (Hafenreff); Linnartz 86

Hafenschreiber Hafferschriffer 'Verwaltungsbeamter im Hafen, dem die Buchführung und das Einkassieren der Hafengebühren obliegt'
W: *Schreiber*
Syn: Lizenteinnehmer, Portorienverwalter

Lit: Barth 1:378; DRW 4:1392; Grimm 10:126

Hafenträger Hefentrager, Heffentrager 'herumziehender Kleinhändler mit Geschirrwaren'; zu *Hafen*, oberdt. für 'Topf, Gefäß', *Träger* i. S. v. 'Händler' ❖ zu mhd. *haven* 'Hafen, Topf'
Syn: Hafenreffer, *KRÄMER*

Lit: DRW 4:1393

Haferkastner ↗ Haferkästner

Haferkästner Haferkastner 'Beamter, der die Vorratsspeicher für Pferdefutter verwaltet' ❖ zu mhd. *kastenære, kastener, kastner* 'Verwalter des Kornkastens'
W: Kästner

Lit: Adelung 2:888; DRW 4:1397 (Haferkasten)

Hafferschriffer ↗ Hafenschreiber

Haffner ↗ Hafner

Häfftleinmacher ↗ Heftelmacher

Hafner Hafener, Haffner, Häfner, Haftner, Hefener, Hefner 1. 'Töpfer'. 2. 'Ofensetzer' — oberdt. ❖ mhd. *havenaere, hevenaere, havener* 'Töpfer'
FN: Hafner, Haffner, Häfner, Häffner, Hefner, Heffner, Häfele, Hefele
W: Glückshafner, Schwarzhafner, Weißhafner
Syn: TÖPFER

Lit: Adelung 2:890; Barth 1:379; Diefenbach 234; DudenFN 302; Frühmittellat. RWb; Gottschald 229; Grimm 10:127; Idiotikon 2:1018; Kretschmer 535; Linnartz 86; Pies (2005) 168; Reith (2008) 230; Schmeller 1:1055

Häfner ↗ Hafner

Haftelmacher ↗ Heftelmacher

Häftleinmacher ↗ Heftelmacher

Haftler ↗ Hefter

Häftler ↗ Hefter

Häftlimacher ↗ Heftelmacher

Haftlmacher ↗ Heftelmacher

Haftner ↗ Hafner

Hägbereiter ↗ Hegebereiter

Hägebereiter ↗ Hegebereiter, Hegereiter

Hagelgießer 'Handwerker, der Schrotkugeln gießt' ❖ zu mhd. *hagel* 'Hagel', in der älteren Bedeutung 'kleine Kugeln, Schrotkugeln'
W: Gießer

Lit: Grimm 10:145; Krünitz 21:158 (Hagel)

Hagemann Hagenmann 'abhängiger Bauer, der in einem umzäunten Grund wohnt'; im Ggs. zum *Hofmann*, der zum Herrenhof gehört; vor allem in Namen häufig ❖ zu mhd. *hac* 'Gebüsch; Einfriedung eines Ortes zum Schutze und zur Verteidigung; umfriedeter Ort'
FN: Hagemann, Hagmann
W: Mann
Syn: HÖRIGER

Lit: DRW 4:1424; DudenFN 302; Gottschald 232; Grimm 10:149; Linnartz 86

Hagemeister ↗ Hagenmeister

Hagenmann ↗ Hagemann

Hagenmeister Hagemeister, Hagmeister 1. 'Beamter, der die Aufsicht über die Dorfflur innehat'. 2. 'Vorsteher und Richter über ein Hagendorf'; ein *Hagendorf* oder eine *Hägersiedlung* war eine mit besonderen Rechten ausgestattete mittelalterliche Siedlung, die durch Waldrodung und Eingrenzung mit einer Hecke entstanden ist ❖ zu mhd. *hac* 'Gebüsch; Einfriedung eines Ortes zum Schutze und zur Verteidigung; umfriedeter Ort'; *Hag* bedeutet noch dichterisch und schweiz. 'Zaun; Hecke; umfriedeter Wald'
FN: Hagmeister, Hagemeister, Hachmeister
W: Meister

Lit: DRW 4:1424, 1429 (Häger); DudenFN 301, 302, 303; Linnartz 85

¹**Häger** Heger 'Kleinbauer, der eine Haken- oder Hägerhufe bewirtschaftet und dem Grundherrn zu gewissen Handdiensten verpflichtet ist' ❖ mhd. *heger* 'Hüter, Aufseher eines Geheges; eine Art kleiner Lehnsleute'; zu mhd. *hac* 'Gebüsch; Einfriedung eines Ortes zum Schutze und zur Verteidigung; umfriedeter Ort'; *Hag* bedeutet noch dichterisch und schweiz. 'Zaun; Hecke; umfriedeter Wald'

FN: Hager, Häger, Haeger, Hägi, Heger, Hegi, Hagen, Hagener, Hagner (die Namen beziehen sich auf die allgemeine Bedeutung 'Einzäunung, Hecke')
Syn: Hägermann, Haker, KLEINBAUER*
Vgl: Heger

Lit: DRW 4:1429; DudenFN 303; Gottschald 231; Grimm 10:782 (Heger); Krünitz 20:635; Linnartz 86

²**Häger** ↗ Heger

Hägereiter ↗ Hegereiter

Hägerherr Hegerherr 'Grundherr eines Hagengutes'; ↗ Häger
W: Herr

Lit: DRW 4:1430; Grimm 10:783; Krünitz 20:636

Hägermann Hegermann 'Kleinbauer, der eine Haken- oder Hägerhufe bewirtschaftet und dem Grundherrn zu gewissen Handdiensten verpflichtet ist'; ↗ Häger
W: Mann
Syn: Häger, Haker, KLEINBAUER*

Lit: Adelung 2:899; DRW 4:1431; Krünitz 20:636

Haggenmacher ↗ Hakenmacher

Haggenschmied ↗ Hakenschmied

Hagmeister ↗ Hagenmeister

Hägreiter ↗ Hegereiter

Haher Hacher, Hächer, Häher, Hauher, Hoher 'Henker' ❖ mhd. *hâhære, hâher* 'Henker', zu *hâhen, hôhen* 'hängen, aufhängen'
Syn: SCHARFRICHTER

Lit: DRW 4:1431; Grimm 10:158; Schmeller 1:1072

Häher ↗ Haher

Hai ↗ Hei

Hailer ↗ Heiler

Hake Haak, Haaker, Hacker, Häckler, Haken, Häker 'Kleinhändler, bes. für Lebensmittel und Haushaltswaren, mit einem Laden oder auf dem Marktplatz'; niederdt. ❖ mnd. *hake* 'Höker, Kleinhändler'
FN: Haack, Haacke, Haacker, Haak, Haake, Hak, Hake
W: Bierhake, Lichthake
Syn: Hakenbüdner, Höker, KRÄMER

Lit: Barth 1:380; DRW 4:1384 (Häckler); DudenFN 300; Gottschald 233; Hermann-Winter (2003) 107; Kunze 127; Linnartz 86; SchwäbWb 3:1013

Haken ↗ Hake

Hakenbüdner 'Kleinhändler, bes. für Lebensmittel, der in einem Häuschen auf dem Marktplatz seine Waren verkauft'; niederdt. ❖ mnd. *hake* 'Höker, Kleinhändler'
W: Büdner
Syn: Hake, KRÄMER

Lit: Schiller-Lübben 2:175

Hakenmacher Haggenmacher 1. 'Handwerker, der Hakenbüchsen herstellt'; d.s. Gewehre, an deren Schaft ein Haken angebracht war, mit dem sie auf einem Gestell befestigt werden konnten; Vorläufer der Muskete. 2. 'Handwerker, der Nadeln mit einem Haken herstellt, mit denen die Stärke des Metalls an einem Geschütz gemessen wird'. 3. 'Handwerker, der Haken und Ösen herstellt' ❖ frühnhd. *haken, hakenbüchse* 'Flinte mit Stützgestell'
FN: Hakenmacher, Haggenmacher
Syn: Büchsenmacher, Heftelmacher

Lit: Adelung 2:906 (Haken); Barth 1:380; Götze 114 (Haken); Idiotikon 4:51; Krünitz 21:212 (Hakenbüchse); Poppe 3:

Hakenrichter 'Richter und Vogt über die Landbevölkerung'; in Estland ❖ zu mnd. *hake* 'ein gewisses Landmaß; ein auf einem Haken angesiedelter Bauer'
W: Richter
Vgl: Haker

Lit: Adelung 2:908; Baltisches RWB; DRW 4:1438

¹**Hakenschmied** Haggenschmied 'Schmied, der die Läufe für die Hakenbüchse herstellt'; ↗ Hakenmacher
W: Schmied

²**Hakenschmied** ↗ Hackenschmied

Hakenschutte ↗ Hakenschütze

Hakenschütze Hakenschutte 'Schütze mit der Hakenbüchse'; ↗ Hakenmacher
W: Schütze
Syn: Arkebusier

Lit: Adelung 2:908; Barth 1:380; Grimm 10:182; Krünitz 21:258

¹**Haker Hacker, Häcker, Häker, Hakler, Häkler, Häkner** 'Kleinbauer, der eine *Hakenhufe* bewirtschaftet und dem Grundherrn zu gewissen Handdiensten verpflichtet ist'; norddt; ein *Haken* ist ein bestimmtes Maß für Ackerflächen; Felder werden urspr. mit dem *Hakenpflug* bearbeitet ❖ zu mnd. *hake* 'ein gewisses Landmaß; ein auf einem Haken angesiedelter Bauer'
W: Halbhäker
Syn: Häger, Hägermann, KLEINBAUER*
Vgl: Hakenrichter

Lit: Adelung 2:908; Baltisches RWB; Barth 1:380; DRW 4:1438; Grimm 10:183; Schiller-Lübben 2:175; Volckmann (1921) 2

²**Haker** ↗ Hacker

Häker ↗ Hacker, Haker, Hake

Hakkelsnyder ↗ Häckselschneider

Hakler ↗ Haker

Häkler ↗ Haker

Häkner ↗ Haker

Halbartier ↗ Hellebardier

Halbartierer ↗ Hellebardier

HALBBAUER lat. *partiarius* 1. 'Pächter, der für ein Gut oder Grundstück die Hälfte des Ertrags statt einer Pachtzahlung entrichtet'. 2. 'abhängiger Bauer, der nur die Hälfte eines vollen Bauerngutes besitzt'
FN: Halbbauer, Hallbauer, Halbaur, Hallbaur, Halbgebauer, Hallgebauer
W: BAUER
Syn: Halbhäker, Halbhöfner, Halbhüfner, Halblehner, Halbmann, Halbmeier, Halbpächter, Halbspänner, Halbwinner, Halfe, Inwerker

Lit: Adelung 2:912; Barth 1:380; Barth 2:199; DRW 4:1443; DudenFN 304; Gottschald 233; Grimm 10:194; Krünitz 21:261; Linnartz 87; Pies (2005) 24

Halbbierschenker 'Wirt, der Halbbier ausschenkt'; *Halbbier* ist nachgebrautes, minderwertiges Bier (auch *Konventbier*)
W: Schenker
Syn: Konventbierbrauer, Wasserbrauer

Lit: Barth 1:380; Grimm 10:195 (Halbbier); Krünitz 21:261 (Halbbier)

Halbhäker Halbhäkner 'abhängiger Bauer, der einen halben Haken (↗ Haker) besitzt'; norddt;
W: Haker
Syn: HALBBAUER

Lit: Baltisches RWB; DRW 4:1441

Halbhäkner ↗ Halbhäker

Halbhöfler ↗ Halbhöfner

Halbhöfner Halbhöfler 'abhängiger Bauer, der einen halben Hof besitzt'
W: Höfner
Syn: HALBBAUER

Lit: DRW 4:1451

Halbhuber ↗ Halbhüfner

Halbhüfener ↗ Halbhüfner

Halbhüfner Halbhuber, Halbhüfener 'Bauer, der nur eine halbe Hufe besitzt'; ↗ Hüfner
FN: Halbhuber, Halhuber, Hallhuber
W: *Hüfner*
Syn: HALBBAUER
Ggs: Ganzhüfner

Lit: Adelung 2:914; Barth 1:381; DRW 4:1452; Gottschald 233; Grimm 10:204

Halblahner ↗ Halblehner

Halblähner ↗ Halblehner

Halblehner Halblahner, Halblähner, Halblöhner 'abhängiger Bauer, der ein halbes Lehen besitzt und die Robot mit zwei Pferden oder Ochsen verrichten kann'; bes. österr. ❖ ↗ Lehner
W: *Lehner*
Syn: HALBBAUER
Ggs: Ganzlehner

Lit: Adelung 2:915; Barth 1:381; DRW 4:1454; Grimm 10:208

Halblöhner ↗ Halblehner

Halbmann Halfmann 'Pächter, der für ein Gut oder Grundstück statt einer Pachtzahlung die Hälfte des Ertrags entrichtet'
FN: Halbmann, Halfmann, Hallmann, Halmann
W: *Mann*
Syn: HALBBAUER

Lit: Adelung 2:15; Barth 1:381, 382; DRW 4:1456; DudenFN 304; Gottschald 233; Grimm 10:208; Krünitz 21:265; Linnartz 87

Halbmeier Halfmeier 'abhängiger Bauer, der nur die Hälfte eines vollen Bauerngutes besitzt'; ↗ Meier
FN: Halbmeyer, Halbmair, Halbmaier, Hallmeier, Hallmeyer, Hallmayer, Hallmaier, Halmeyer
W: *Meier*
Syn: HALBBAUER

Lit: Adelung 2:915; Barth 1:381, 382; DRW 4:1458; DudenFN 304; Gottschald 233; Linnartz 87; Pies (2005) 24

Halbmeister 1. 'Abdecker'. 2. 'Gehilfe des Abdeckers; Untergebener des ↗ Feldmeisters'. 3. 'Henker ohne die Rechte der Meister'
FN: Halbmeister, Hallmeister
W: *Meister*
Syn: SCHARFRICHTER, SCHINDER

Lit: Adelung 2:915; Barth 1:381; DudenFN 304; Gottschald 2334; Grimm 10:209; Krünitz 12:522; Krünitz 20:265; Linnartz 87

Halbpachter ↗ Halbpächter

Halbpächter Halbpachter 'Pächter, der für ein Gut oder Grundstück die Hälfte des Ertrags statt einer Pachtzahlung entrichtet'
Syn: HALBBAUER, Halbwinner, Inwerker

Lit: Adelung 2:916; Barth 1:381; DRW 4:1459; Grimm 10:210; Krünitz 21:265

Halbscheidbauer 'Bauer, der mit einem anderen je zur Hälfte ein Gut bearbeitet oder pachtet'; zu *Halbscheid* 'Hälfte', aus *halb* und *scheiden* 'trennen, teilen'
W: *BAUER*
Syn: Hälftner

Lit: DRW 4:1462 (Halbscheidgut)

Halbschulze 'Stellvertreter des Schulzen'
W: *Schulze*

Lit: DRW 4:1463

Halbspänner 1. 'Bauer, der eine halbe Hufe besitzt'. 2. 'Bauer, der ein halbes Anspanngut besitzt'; d.i. ein Gut, das zu Spanndiensten verpflichtet; der Halbspänner leistete im Allgemeinen die Dienste mit zwei Pferden
W: *Spänner*
Syn: HALBBAUER, KLEINBAUER*

Lit: Adelung 2:916; Barth 1:382; DRW 4:1464; Pies (2005) 24

Halbwinne ↗ Halbwinner

Halbwinner Halbwinne, Halfwinner 'Pächter, der für ein Gut oder Grundstück statt einer Pachtzahlung die Hälfte des Ertrags entrichtet' ❖ zu mnd. *winner* 'Gewinner; Landmann'
Syn: HALBBAUER, Halbpächter, Inwerker

Lit: Barth 1:382; DRW 4:1469; Grimm 10:220; Schiller-Lübben 5:732

Haldenmann 'Bergarbeiter, der die tauben Gesteinsmassen auf die Halden vor dem Stollen schafft' ❖ zu mhd. *halde* 'Abhang, Bergabhang'
FN: Haldemann
W: *Mann*

Lit: Gottschald 233; Veith 259

Halder ↗ Halter

Halfe Halfer 1. 'abhängiger Bauer, der nur die Hälfte eines vollen Bauerngutes besitzt'; verkürzt für ↗Halfwinner. 2. 'Person, die mit Pferden Güter schleppt'
FN: Halfe, Halfer, Half, Halfen
Syn: HALBBAUER

Lit: Barth 1:382; DRW 4:1471; Gottschald 233; Grimm 10:223; Linnartz 87

Halfer ↗Halfe

Halfmann ↗Halbmann

Halfmeier ↗Halbmeier

Hälftner 'Bauer, der mit einem anderen je zur Hälfte ein Gut bearbeitet oder pachtet'
Syn: BAUER, Halbscheidbauer

Lit: DRW 4:1474

Halfwinner ↗Halbwinner

Hallbursch 'junger Arbeiter in der Saline' ❖ ↗Hallmeister
Syn: Hallinger, Hallknecht, Hallor

Lit: Adelung 2:919; DRW 4:1475; Grimm 10:229

Hallhauptmann 'Direktor eines Salzwerks'
W: Hauptmann
Syn: Hallmeister

Lit: DRW 4:1478; SchwäbWb 3:1069

Hallinger Hällinger 1. 'Beschäftigter in der Saline'; in verschiedenen Funktionen oder Arbeitsbereichen. 2. 'Pächter der Salzpfannen oder des Salzwerks'
Syn: Hallbursch, Hallknecht

Lit: DRW 4:14790; Patocka (1987) 14; SteirWb 324

Hällinger ↗Hallinger

Hallknecht Haalknecht 'Arbeiter in der Saline'
W: KNECHT
Syn: Hallbursch, Hallinger, Hallor

Lit: Barth 1:382; Grimm 10:235

Hallmeister Haalmeister 'Facharbeiter und Leiter eines Sudhauses im Salzbergbau'; zu *Hall* für 'Salz', verkürzt aus *Halle* für die *Salzhallen* 'Salzlagerstätten'
W: Meister
Syn: Hallhauptmann

Lit: Barth 1:382; DRW 4:1479; Grimm 10:227 (Hall), 235

Hallor Hallore 'Salinenarbeiter in den Salinen von Sachsen-Anhalt' ❖ scherzhaft nach der Stadt Halle, lat. *hallo*; verkürzt aus dem Genitiv Plural *hallorum*
Syn: Hallbursch, Hallknecht, Salzwerker

Lit: Adelung 2:921; Barth 1:382; DRW 4:1479; Fellner 259; Grimm 10:236; Kluge 389; Krünitz 21:276; Patocka (1987) 14; Schmeller 1:1075; Volckmann (1921) 199

Hallore ↗Hallor

Hallschreiber 1. 'Verwaltungsbeamter, Buchhalter im Salzbergwerk'. 2. 'Beamter im Salzgericht, der Oberbehörde im Salzwerk' ❖ ↗Hallmeister
W: Schreiber

Lit: Barth 1:382; DRW 4:1478; Patocka (1987) 18; SchwäbWb 4:1478

Halsberger 1. 'Waffenschmied, der die *Halsberge* (den Halsschutz) herstellt'. 2. ↗Harnischmacher' ❖ zu mhd. *halsbërc, halsbërge* 'Teil der Rüstung, der mit dem Halse zugleich den Oberkörper deckt (birgt)'
Syn: Harnischer, Harnischfeger, Harnischmacher, Kniescheibenmacher, Küraßmacher, Plattner
Vgl: Beinberger

Lit: Barth 1:382; Grimm 10:257; Linnartz 87; Pies (2005) 132; Volckmann (1921) 111

Halsgerichtsherr Halsherr 'oberster Richter in einem Halsgericht; Inhaber der Gerichtsbarkeit'; d.i. ein Gericht, das über Leben und Tod entscheiden kann ❖ mhd. *halshërre* 'Herr über den Hals- oder Leibeigenen'
W: Gerichtsherr, Herr

Lit: Adelung 2:925 (Halsgericht); Barth 1:383; DRW 4:1497; Grimm 10:262

Halsherr ↗Halsgerichtsherr

Halsrichter 'Richter, der für Vergehen zuständig ist, auf die die Todesstrafe steht' ❖ zu mhd. *halsgerichte* 'Befugnis, über den Hals zu richten, obere Gerichtsbarkeit'; *Hals* in juristischen Wendungen in der Bedeutung 'über Leben und Tod', *bî dem halse* 'bei Todesstrafe'
Syn: Bannrichter, Blutrichter, Malefizrichter, Offenrichter
Lit: Barth 1:1500; Grimm 10:266; Idiotikon 6:451

Halter Halder, Hälter 1. 'Viehhirt'; urspr. die Hauptbedeutung, heute noch bayr.-österr. 2. 'Pächter'; Westpreußen. 3. 'Inhaber einer Funktion, eines Amtes'; in Zusammensetzungen, z.B. *Posthalter, Gerichtshalter, Statthalter* ❖ mhd. *haltære, halter* 'Hirt; Inhaber, Bewahrer'
FN: Halter
W: Eisenhalter, Gasthalter, Gerichtshalter, Haushälter, Kosthalter, °Kuhhalter, °Sauhalter, °Schafhalter, °Schafhälter, Schiffhalter, Schulhalter, Stabhalter, Wagenhalter, Worthalter
Syn: Wasserhalter
Lit: Adelung 2:934; Barth 1:383; DRW 4:1524; DudenFN 304; Gottschald 234; Grimm 10:300; Grimm 14:2038 (Schafhalter); Hartmann (1998) 170; Höfer 2:24; Krünitz 21:319

Hälter ↗ Halter

Hamacher ↗ Hamenmacher

Hamaker ↗ Hamenmacher

Hamecker ↗ Hamenmacher

Hamenmacher Hamacher, Hamaker, Hamecker, Hamenmaker, Hammacher, Hammecher, Hammenmacher, Hammmacher 1. 'Handwerker, Sattler, der Pferdegeschirr, bes. das Kummet, herstellt'. 2. 'Handwerker, der Hamen (beutelförmige Fangnetze für Fischer, Kescher) herstellt' ❖ mnd. *ham* 'Decke, Hülle, Hülse', *hame* 'kleines Netz zum Fischen'; mhd. *ham, hame* 'Haut, Hülle; sackförmiges Fangnetz'. Die Herkunft ist unklar, Grundbedeutung ist wohl 'Hülle' und letztlich verwandt mit *Hemd*
FN: Hammacher, Hamacher, Hamaker, Hamacker, Hamecher, Hameker, Hamaekers
Vgl: SATTLER
Lit: Adelung 2:935; Barth 1:383; DudenFN 304; Gottschald 234; Grimm 10:306; Kluge 390 (Hamen); Krünitz 21:322; Linnartz 87; Pfeifer 502; Pies (2005) 122; RheinWb 3:185; Schiller-Lübben 2:183

Hamenmaker ↗ Hamenmacher

Hammacher ↗ Hamenmacher

Hammecher ↗ Hamenmacher

Hammelknecht lat. *vervicarius* 'Schafhirte, der bes. für die Hammel zuständig ist' ❖ zu mhd. *hamel* 'Hammel'
W: KNECHT
Syn: Lämmerknecht, Schafknecht
Lit: Adelung 2:938; Barth 1:384; DRW 4:1533; Frühmittellat. RWb; Grimm 10:312

Hammenmacher ↗ Hamenmacher

Hammerarbeiter 'Arbeiter in einer Hammerschmiede oder in einer Eisenhütte' ❖ zu mhd. *hamer* 'Hammer; Hammerwerk'
W: Arbeiter
Syn: Hammerknecht
Lit: Barth 1:384; DRW 4:1535; Grimm 10:316

Hammerer Hämmerer 1. 'Schmied, der das Metall nur mit Hammer u.a. Werkzeugen, aber ohne Feuer bearbeitet'. 2. 'Schmied, der in einem Hammerwerk arbeitet' ❖ mhd. *hamerære* 'Hämmerer'
FN: Hammerer, Hämmerer, Hammerl, Hammerle, Hammerer, Hammerling, Hammersen, Hämmerl, Hämmerle, Hämmerling, Hemmer, Hemmerle, Hemerlein, Hemmerling, Hamer, Hamerl, Hamerle
Syn: HAMMERSCHMIED, Kaltschmied
Lit: Barth 1:384; DudenFN 305; Gottschald 234; Grimm 10:317; Linnartz 88

Hämmerer ↗ Hammerer

Hammergewerke 'Betreiber eines Hammerwerks oder einer Hammerschmiede' ❖ zu mhd. *hamer* 'Hammer; Hammerwerk'; mhd.

gewërke 'Handwerks-, Zunftgenosse; Teilhaber an einem Bergwerk'
W: Gewerke

Lit: Ast/Katzer (1970) 147; DRW 4:1536

Hammerherr 'Besitzer eines Hammerwerks oder einer Hammerschmiede'
W: *Herr*
Syn: Hammermeister

Lit: Adelung 2:939; Barth 1:384; DRW 4:1536; Grimm 10:317; Krünitz 21:247

Hammerknecht 'Hilfsarbeiter in einer Hammerschmiede oder in einer Eisenhütte'
W: Knecht
Syn: Hammerarbeiter

Lit: Barth 1:384; DRW 4:1536

Hammerkupferschmied ↗ Kupferhammerschmied

Hämmerlein Hämmerling, **Hemmerlein, Hemmerling** 1. 'Henker, Scharfrichter'; scherzhaft, oft in der Verbindung *Meister Hämmerlein/Hämmerling*. 2. 'Possenreißer, Gaukler'. 3. 'Marionettenspieler, der seine Figuren in einem tragbaren Kasten mit den Fingern bewegt'; Ausgangspunkt für diese Bedeutung ist vermutlich *Hämmerlein* als verhüllende Bezeichnung für den Teufel, übertragen auf Personen, die Teufelskünste betrieben, dann auf Gaukler, auf die Figur des Hanswurst im Marionettentheater und schließlich auf den Spieler
FN: Hämmerlein, Haemmerlein, Hemmerlein, Hemerlein, Hämmerling, Hämerling, Hemmerling
Syn: Gaukler, Scharfrichter

Lit: Adelung 2:939; Barth 1:384; DRW 4:1537; Grimm 10:317; Krünitz 20:647; Pies (2001) 38; Schmeller 1:1107

Hämmerling ↗ Hämmerlein

Hammermeister 'Besitzer, Pächter oder Betriebsleiter in einem Hammerwerk' ❖ mhd. *hamermeister* 'Besitzer eines Hammerwerkes'
FN: Hammermeister, Hemmermeister

W: *Meister*
Syn: Hammerherr

Lit: Adelung 2:939; Barth 1:384; DRW 4:1537; DudenFN 305; Gottschald 235; Grimm 10:319; Krünitz 21:253; Linnartz 88

Hammerschmid ↗ Hammerschmied

Hammerschmidt ↗ Hammerschmied

Hammerschmied Hammerschmid, **Hammerschmidt**; lat. *malleator* 1. 'Schmied, der das Rohmaterial mit Hämmern, die über Wellen mit Wasserkraft betrieben werden, bearbeitet'. 2. 'Schmied, der in einem Hammerwerk arbeitet, z.B. der *Vorschmied*, der *Frischer*, der *Aufgießer*, der *Gleicher*, der *Urweller*, der *Ziener*'. 3. ↗ 'Hammermeister'. 4. 'Silberschmied' ❖ mhd. *hamersmit* 'Schmied in einem Hammerwerk'
FN: Hammerschmied, Hammerschmidt
W: °Eisenhammerschmied, *Schmied*, Schwarzhammerschmied
Syn: Aufgießer, Frischer, Gleicher, Hammerer, Herdschmied, Stabschmied, Stangenschmied, Urweller, Vorschmied, Zainer, Zainschmied

Lit: Adelung 2:940; Barth 1:384; Diefenbach 344; DRW 4:1538; DudenFN 305; Frühmittellat. RWb; Grimm 10:320; Krünitz 147:15; Linnartz 88; Pies (2005) 133; Reith (2008) 136; Zedler 8:625

Hammmacher ↗ Hamenmacher

Handdienster 'abhängiger Bauer, der zu Dienstleistungen durch Handarbeit verpflichtet ist'; im Ggs. zu Großbauern, die zu Fuhrwerks- und Pferddiensten verpflichtet waren
Syn: Handfröner, Handköter, Höriger, Kleinbauer*
Ggs: Spanndienster

Lit: Adelung 2:946 (Handdienst); Barth 1:386; DRW 5:6; Grimm 10:367

Handelsgenoß ↗ Handelsgenosse

Handelsgenoss ↗ Handelsgenosse

Handelsgenosse Handelsgenoß, Handelsgenoss 'Teilhaber in einem Geschäft, Kompagnon'; zu *Genosse* in der urspr. Bedeutung 'der einen Besitz oder Ertrag gemeinsam nutzt', Ablaut zu *genießen*
W: *Genosse*
Syn: Handelsgeselle

Lit: Adelung 2:949; Grimm 10:381; Krünitz 21:725

Handelsgeselle 1. 'Teilhaber in einem Geschäft, Kompagnon'. 2. 'Gehilfe eines Kaufmanns'
W: *Geselle*
Syn: Handelsgenosse, Kaufdiener, Kaufgeselle, Kommis

Lit: Adelung 2:949; Barth 1:386; DRW 5:33; Grimm 10:381

Handelsherr lat. *mercator* 'Inhaber eines größeren Kaufhauses, Großkaufmann'
W: *Herr*
Syn: Kaufherr

Lit: Adelung 2:950; Barth 1:386; DRW 5:34; Grimm 10:382; Krünitz 21:741

Handfröhner ↗ Handfröner

Handfrönder ↗ Handfröner

Handfroner ↗ Handfröner

Handfröner Handfröhner, Handfrönder, Handfroner 'Bauer oder Pächter, der zu manuellen Arbeiten als Dienstleistungen (Frondienste) für die Herrschaft verpflichtet ist'
W: *Fröner*
Syn: Handdienster, Handköter, HÖRIGER, KLEINBAUER*

Lit: Adelung 2:951; Barth 1:386; DRW 5:49; Grimm 10:388; Zedler 21:447

Handgraf 'landesfürstlicher Beamter, der als Vorsteher der Behörde für Gewerbe- und Kaufmannsangelegenheiten eingesetzt ist'; in Österreich; jüngere Nebenform *Hansgraf*; die Behörde war das *Handgrafenamt*; dieses hob neben den Mauten und Zöllen auch zahlreiche „handgräfliche Gefalle" ein, d.s. Aufschläge, wie *Viehaufschlag, Rossaufschlag, Getreideaufschlag, Fleischaufschlag, Fleischkreuzer, Weinaufschlag, Bieraufschlag, Papieraufschlag* etc.
W: *Graf*
Syn: Hansgraf

Lit: Adelung 2:952; DRW 5:65; Heinsius 2:237; Schmeller 1:1134; Zedler 41:449

Handgrafenamtsüberreiter 'berittener Kontrollbeamter über das Marktwesen und den Handel'; in Wien ❖ zu mhd. *überrîten* 'darüber reiten', wohl nicht zu mhd. *überreiter* 'Verrechner, Rentamtmann'
W: *Reiter*, Überreiter

Lit: DRW 5:66

Handköter Handkötner, Handkötter 'Besitzer einer Kate; Kleinbauer, der zu manueller Arbeit bei der Gutsherrschaft verpflichtet ist'
W: *Köter*
Syn: Handdienster, Handfröner, HÖRIGER, KLEINBAUER*

Lit: DRW 5:81

Handkötner ↗ Handköter

Handkötter ↗ Handköter

Handlungsbedienter 'kaufmännischer Angestellter'; zu ↗ Bedienter i. S. v. 'Angestellter, Beschäftigter'
W: *Bedienter*
Syn: Handlungsbeflissener, Handlungskommis

Lit: Barth 1:387; Grimm 10:407

Handlungsbeflissener 'Handelsgehilfe, kaufmännischer Angestellter in noch untergeordneter Position'; ↗ Beflissener; *Handlungs-* ist älter als *Handels-*
W: *Beflissener*
Syn: Handlungsbedienter, Handlungskommis

Lit: Barth 1:387; Grimm 10:407

Handlungscommis ↗ Handlungskommis

Handlungscommiss ↗ Handlungskommis

Handlungskommis Handlungscommis, **Handlungscommiss** 'kaufmännischer Angestellter, Handelsgehilfe' ❖ franz. *commis*, Ableitung von *commettre* 'beauftragen', aus lat. *committere* 'verbinden, anvertrauen'; *Handlung* in der älteren Verwendung für 'Handelsunternehmen, Geschäft'
W: Kommis
Syn: Handlungsbedienter, Handlungsbeflissener

Handmaler 1. 'Kunstmaler'. 2. 'mit freier Hand, ohne Zirkel oder Lineal, arbeitender Maler, Zeichner'
W: *Maler*
Syn: Freihandmaler

Lit: Barth 1:388; Grimm 10:409; Pies (2005) 94

Handrecher ↗ Handreicher

Handreicher Handrecher 1. 'Helfer eines Handwerkers, Handlanger'. 2. 'Verwalter'; Ableitung zu *handreichen* 'darreichen; aushändigen, einhändigen, leisten'
Syn: Beiläufer, Opfermann, Pflegsmann

Lit: DRW 5:112; Grimm 10:412; Idiotikon 6:146

Handrobather ↗ Handroboter

Handroboter Handrobather 'Bauer im Frondienst, der Handarbeit zu leisten hat'
W: Roboter

Lit: DRW 5:114

Handschneider 'Tuchhändler, der berechtigt ist, die Stoffe selbst abzuschneiden und in kleinen Stücken zu verkaufen'
W: SCHNEIDER
Syn: TUCHHÄNDLER

Lit: DRW 5:122; Palla (1994) 297; SteirWb 327

Handschuher ↗ 'Handschuhmacher'
FN: Handschuh, Handschuher, Handschuer, Handschu, Handschuch
Syn: Gantier, Handschuhmacher, Hänschenknütter, Hantscher

Lit: Barth 1:388; Palla (1994) 391; Volckmann (1921) 59

Handschuhmacher Hantschenmacher, Hentschuhmacher; lat. *chirothecarius* 'Handwerker, der feine Handschuhe herstellt'; fällt meist mit dem ↗ Beutler zusammen ❖ mhd. *hantschuochmacher* 'Handschuhmacher'
FN: Handschuhmacher, Handschumacher
Syn: BEUTLER, Gantier, Handschuher, Hänschenknütter, Hantscher

Lit: Adelung 2:959; Barth 1:388; DRW 5:131; DudenFN 306; Gottschald 235; Grimm 10:418; Krünitz 21:466; Linnartz 88; Volckmann (1921) 59

Handwerksgenosse 1. 'Handwerker, der einen Betrieb gemeinschaftlich mit einem anderen führt'. 2. 'Berufskollege, Mitglied der derselben Zunft' ❖ zu mhd. *genôȝ* 'Genosse, Gefährte; Mitglied einer Genossenschaft'
W: Genosse

Lit: DRW 5:157; GoetheWb 4:696; Grimm 10:427

Hanfbereiter 'Arbeiter, der Hanffasern zur weiteren Verarbeitung im Gewerbe bearbeitet'
W: *Bereiter*
Syn: Hänfer

Lit: Barth 1:389; Grimm 10:4330

Hänfer 'Arbeiter, der den Hanf durch Brechen und Hecheln zum Spinnen herrichtet'; Ableitung zu *Hanf* ❖ mhd. *hanef, hanif, hanf* 'Hanf'
Syn: Hanfbereiter

Lit: Barth 1:389; Grimm 10:434; PfälzWb 3:648

Hanfgremper ↗ Grempler

Hanfschwinger 'Arbeiter, der den Flachs reinigt, indem er ihn mit einem flachen Brett oder Eisen schlägt, wodurch die Holzreste abfallen'; bes. im Baltikum; zu *schwingen* 'Flachs, Hanf von Holzresten befreien', in der technischen Sonderbedeutung 'schlagen' ❖ zu mhd. *swingen* 'schwingend bewegen; mit geschwungenem Dinge schlagen'

Lit: Baltisches RWB ((Pating); Grimm 15:2689

Hanfspinner Hennepspinner 'Handwerker, der als Zulieferer zu den Reepschlägern

oder Seilern Fasern aus Hanf zu Fäden und Schnüren dreht'; meist von Frauen ausgeführt; *Hennepspinner* ist eine niederdt. Form ❖ mnd. *hennep* 'Hanf', mnd. *hennepspinner* 'Hanfspinner'
W: *Spinner*

Lit: Grimm 10:435; Reith (2008) 190; Schiller-Lübben 2:241; Volckmann (1921) 99

Hängebanksteiger 'Steiger, der die Aufsicht über die Arbeiter an der Hängebank führt'; die *Hängebank* ist die Vorrichtung über dem Schacht, an der die Kübel ausgeschüttet werden
W: *Steiger*

Lit: DudenGWDS; Grimm 10:438 (Hängebank); Krünitz 20:694; Veith 460

Hänschenknötter ↗ Hänschenknütter

Hänschenknütter Hänschenknötter 'Handschuhstricker' ❖ zu niederdt. *Handschen, Hanschen* 'Handschuh', *knütten* 'knoten, knüpfen, stricken'; mnd. *knutten* 'knüpfen, stricken'
W: Knütter
Syn: Gantier, Handschuher, Handschuhmacher, Hantscher

Lit: Lindow 86 (Han(d)schen), 112 (knütten); Schiller-Lübben 2:507 (knutten)

Hansegraf ↗ Hansgraf

Hansegrebe ↗ Hansgraf

Hansgraf Hansegraf, Hansegrebe 1. 'landesfürstlicher Beamter, der als Vorsteher der Behörde für Gewerbe- und Kaufmannsangelegenheiten eingesetzt ist'; in Österreich; vgl. ↗ Handgraf. 2. 'Richter in Handelssachen, Beamter für Markt- und Handelsangelegenheiten'; in Regensburg. 3. 'Beamter für Angelegenheiten der Hanse'; in England, Frankreich und Niederlanden; zu *Hanse* in der Bedeutung 'Genossenschaft der Kaufleute', aus der sich später die Bezeichnung des norddeutschen Städtebundes entwickelte ❖ zu mhd. *hanse* 'kaufmännische Vereinigung' mit bestimmten richterlichen Befugnissen, Kaufmannsgilde; mnd. *hanse,* *hense* 'Gesellschaft, bes. Gilde der Kaufleute und Handwerker'
W: *Graf*
Syn: Handgraf

Lit: Adelung 2:970; Barth 1:390; DRW 5:197; Grimm 10:463; Hammel-Kiesow (2008); Krünitz 22:10; Palla (1994) 132; Schiller-Lübben 2:242; Schmeller 1:1134; Volckmann (1921) 185

Hansknecht 'Assistent des ↗ Hansgrafen, z. B. als Kontrolleur'
W: KNECHT

Hantsche ↗ Hantscher

Hantschenmacher ↗ Handschuhmacher

Hantscher Hantsche, Hentscher ↗ 'Handschuhmacher' ❖ mhd. *hansch* 'Handschuh', zusammengezogen aus *hantschuoch*
FN: Hantsch, Hantsche, Handsch, Hentscher, Henschler
Syn: Gantier, Handschuher, Handschuhmacher, Hänschenknütter

Lit: Gottschald 235; Linnartz 88; LothWb 1:228; Pies (2005) 30; Volckmann (1921) 59

Hapmacher ↗ Happenmacher

Happenmacher Hapmacher, Happmacher, Hippenmacher 'Handwerker, der Sensen, Winzermesser und Sicheln herstellt' ❖ zu mhd. *happe, heppe, hepe* 'sichelförmiges Messer für Gärtner, Hippe'
FN: Happenmacher, Hapmacher
Syn: Sensenschmied, Sichelschmied

Lit: Barth 1:390; DRW 5:1079; Gottschald 247; Grimm 10:472 (Happe); Kluge 418 (Hippe); Krünitz 23:581 (Hippe); Linnartz 88, 96; Palla (1994) 391; Pies (2005) 132; Volckmann (1921) 118

Happmacher ↗ Happenmacher

Harasser 'Person, die Flachs röstet'; häufig in Hofnamen ❖ zu mhd. *har* 'Flachs' und mhd. *rœsten* 'auf den Rost legen, rösten'
FN: Harasser, Harrasser (bes. in Tirol)

Lit: Bahlow (1967) 208; Hornung (1989) 69

Hardeckmacher ↗ Haardeckenmacher

Harder Härder, Herde, Herder 'Hirt, Viehhüter der Gemeindeherde'; niederdt. ❖ zu mnd. *herder* 'Hirte'
FN: Herder, Herter, Herde, Herderer, Harder, Harde, Hörter
W: Kornharder, Quickharder
Syn: *Hirt*

Lit: Barth 1:412; DRW 5:758; DudenFN 324, 326; Gottschald 248; Grimm 10:1079; Lindow 86; Linnartz 94; Schiller-Lübben 2:246

Härder ↗ Harder

Hardesvogt 'Beamter, der einer Harde vorsteht'; niederdt.; eine *Harde* ist ein Verwaltungsbezirk in Schlesweg-Holstein, der mehrere Höfe oder Dörfer umfasst ❖ zu mnd. *harde, herde* 'Unterabteilung eines Kreises oder Amtes (in friesischen Gegenden, bes. in Schleswig)'; aus dem Altnordischen
W: *Vogt*

Lit: Barth 1:390; DRW 5:211; DudenGWDS (Harde); Grimm 10:474; Schiller-Lübben 2:244 (Herde)

Harincwescher ↗ Heringswäscher

Haringer ↗ Heringer

Häringer ↗ Heringer

Haringhwascher ↗ Heringswäscher

Häringshöke ↗ Heringshöker

Häringshöker ↗ Heringshöker

Harmaker ↗ Haarmaker

Harnascher ↗ Harnischer

Harnäscher ↗ Harnischer

Harnaschmaker ↗ Harnischmacher

Harnaschter ↗ Harnischer

Harnischer Harnascher, Harnäscher, Harnaschter, Harnischter ↗ 'Harnischmacher'
❖ zu mhd. *harnas, harnasch* 'Harnisch', aus altfranz. *harnais* 'Rüstung'
FN: Harnischer, Harnascher, Harnisch, Harnasch, Hornischer, Harnes, Harnest, Harnister, Harnaß
Syn: Halsberger, Harnischfeger, Harnischmacher, Kniescheibenmacher, Küraßmacher, Plattner

Lit: Adelung 2:977; Barth 1:391; DudenFN 308; Gottschald 236; Grimm 10:491; Kunze 119; Linnartz 89; Volckmann (1921) 108

Harnischfeger lat. *politor* 1. ↗ 'Harnischmacher'. 2. 'Waffenschmied, der Harnische und getriebene Arbeiten poliert'
FN: Harnischfeger, Harnisfeger
Syn: Halsberger, Harnischer, Harnischmacher, Harnischpolierer, Harnischwischer, Kniescheibenmacher, Küraßmacher, Plattner

Lit: Barth 1:392; Gottschald 236; Grimm 10:490; Linnartz 89; Volckmann (1921) 108

Harnischmacher Harnaschmaker, Harnschmakere, Harnsmaker; lat. *lorarius, loricarius, lorifex* 'Schmied, der Harnische, Ketten- und Ringpanzer u.a. Rüstungsteile herstellt' ❖ zu mhd. *harnas, harnasch* 'Harnisch', aus altfranz. *harnais* 'Rüstung'; mnd. *harnschmaker, harnaschmaker* 'Harnischmacher'
FN: Harnischmacher
Syn: Halsberger, Harnischer, Harnischfeger, Kniescheibenmacher, Küraßmacher, Plattner

Lit: Adelung 2:977; Barth 1:392; Diefenbach 336; DRW 5:218; Gottschald 236; Grimm 10:491; Krünitz 22:36; Linnartz 89; Pies (2005) 132; Reith (2008) 122; Schiller-Lübben 2:208; Volckmann (1921) 108; Zedler 28:747

Harnischmeister 1. 'Schmied, der Harnische, Ketten- und Ringpanzer u.a. Rüstungsteile herstellt'. 2. 'Verwalter des Waffenarsenals auf einer Burg' ❖ ↗ Harnischer
W: *Meister*

Lit: Barth 1:392; DRW 5:218; Grimm 10:491

Harnischpolierer 'Handwerker, der Harnische, die nicht vergoldet oder geschwärzt wurden, mit Eisenrot poliert'
W: Polierer
Syn: Harnischfeger, Harnischwischer
Lit: Adelung 2:802 (Polierer); Barth 1:392

Harnischter ↗ Harnischer

Harnischwischer Harnswysker 1. 'Handwerker, der roh geschmiedeten Schwertern und Degen den Feinschliff gibt'. 2. 'Handwerker, der Harnische mit Eisenrot poliert' ❖ mnd. *harnaschwischer, harnschwischer* 'Schwertfeger'
Syn: Harnischfeger, Harnischpolierer, SCHWERTFEGER

Harnschmakere ↗ Harnischmacher

Harnsmaker ↗ Harnischmacher

Harnswysker ↗ Harnischwischer

Harrer Haarer 1. 'Angestellter einer Schifffahrtsgesellschaft, der die Schiffe abfertigt'. 2. 'Flachsbauer'. 3. 'Flachshändler' ❖ 1.: zu *harren* 'auf das Schiff warten'; mhd. *harren* 'harren, warten, sich aufhalten'; 2., 3.: zu mhd. *har* m. 'Flachs'
FN: Harrer, Haarer (zu *Flachsbauer, -händler*)
Syn: GUTFERTIGER
Lit: Barth 1:392; DRW 5:219; DudenFN 308; Grimm 10:496; Hornung (1989) 69; Linnartz 89; Volckmann (1921) 237

Harrsüber ↗ Haarsieber

Hartbinder 'Böttcher, Fassbinder, der Gefäße, Fässer aus Eichenholz herstellt'; nach dem verwendeten Hartholz
W: Binder
Syn: Schwarzbinder
Ggs: Weichbinder
Lit: Gehl (2000) 113

Härter 'Arbeiter in den Büchsenschmieden, der Metallteile, wie Klingen, Ladstöcke usw., härtet'
Lit: Pies (2005) 136

Hartschier Hatschier, Hatschierer, Hertschier; lat. *doryphoros, praetorianus* 1. 'Leibwächter'; bes. berittener kaiserlicher Leibwächter in Wien. 2. 'Angehöriger der Residenzwache des bayerischen Königs'; ab 1802. 3. 'mit Hellebarde bewaffneter Fußsoldat'; im 18. Jh. 4. 'Angehöriger der Landgendarmerie' ❖ ital. *arcire* 'Bogenschütze', zu *arco* 'Bogen', aus lat. *arcus* 'Bogen'
Syn: Gendarm
Lit: Adelung 2:987; Barth 1:394; DRW 5:236 (Hatschierhauptmann); DudenFW 545; Frühmittellat. RWb (praetorianus Adj.); Grimm 10:559; Heydenreuter (2010) 95; Krünitz 22:248; Riepl (2009) 182; Weigand 1:775

Harttrager 'Arbeiter in der Saline, der die trockenen, „harten", Salzscheiben aus den Trockenkammern auf die die Schiffe trägt'
W: *Träger*
Ggs: Weichtrager
Lit: Schmeller 2:833

Harzbrenner 'Person, die in den Pechhütten oder Harzöfen das von den Bäumen gesammelte Harz weiterverarbeitet'; bes. in der Pfalz; das harzhaltige Holz wurde auf einen Gitterrost gelegt, und durch Feuer wurde das Harz flüssig gemacht, wodurch es in einen Auffangbehälter rann
W: Brenner
Syn: PECHBRENNER
Lit: Barth 1:393

Harzer Härzer, Herczer 'Person, die Harz sammelt und verarbeitet' ❖ Ableitung von mhd. *harz* 'Harz, Pech'
FN: Harzer, Herzer, Härzer, Hartzer
Syn: PECHBRENNER, PECHHACKER
Lit: Barth 1:393; DudenFN 310; Gottschald 237; Grimm 10:521; Grünn (1960) 21; Hornung (1989) 71; Kehr (1964)

Härzer ↗ Harzer

Harzreißer 'Person, die Harz sammelt und verarbeitet'; mit *Harz reißen* ist oft der dem Sammeln vorausgehende Arbeitsgang des Aufreißens gemeint, während das eigent-

liche Sammeln *Harz scharren* oder *Pech hauen* genannt wurde
Syn: PECHHACKER, Scharrer
Lit: Adelung 2:989; Barth 1:393; DudenFN 574; Kehr (1964) 252; Krünitz 22:98

Harzschaber 'Person, die Harz mit einem Werkzeug von den Bäumen schabt' ❖ zu mhd. *harz* 'Harz, Pech'. Weitere Herkunft unklar; zu mhd. *schaben* 'kratzen, radieren, scharren'
Syn: Harzscharrer, PECHHACKER, Scharrer
Lit: Adelung 2:989; Grimm 14:1951 (Schaber); Kehr (1964)

Harzscharrer **Harzscherer** 'Person, die Harz mit einem Werkzeug von den Bäumen scharrt' ❖ zu mhd. *harz* 'Harz, Pech'. Weitere Herkunft unklar; zu mhd. *scharren* 'scharren, kratzen'
W: Scharrer
Syn: Harzschaber, PECHHACKER
Lit: Adelung 2:989; Barth 1:393; Grimm 10:523; Grünn (1960) 72; Kehr (1964); Krünitz 22:98

Harzscherer ↗ Harzscharrer

Hascher ↗ Häscher

Häscher **Hascher** 1. 'Gerichtsbeamter, der in amtlichem Auftrag jemanden verfolgt, hetzt und zu ergreifen versucht'. 2. 'städtischer Beamter oder Polizeidiener, der die Bettler und unsteten Personen überwacht bzw. das Betteln verhindern soll' — im veralteten Sprachgebrauch oder pejorativ noch bekannt ❖ Ableitung von mhd. *(er)haschen* 'ergreifen'; spätmhd. *haschen* '(nach Verfolgung) einfangen, festnehmen'
Syn: BETTELVOGT, BÜTTEL, Scherge
Lit: Adelung 2:989; Barth 1:393; DRW 5:223; GoetheWb 4:722; Grimm 10:526; Krünitz 20:816; Paul 390; Volckmann (1921) 332

Hasenflicker 'Handwerker, der Hosen und Strümpfe flickt'; niederdt. Form zu *Hosenflicker* ❖ zu mnd. *hase* 'Bekleidung der Beine und der Füße, Hose'
W: Flicker
Syn: Flickschneider

Hasenhaarschneider 'Handwerker, der die Haare von Hasenbälgen schneidet'; die Haare wurden, mit Baumwolle und Seide vermischt, als Material für Filzhüte verwendet
W: SCHNEIDER
Lit: GoetheWb 4:724 (Hasenhaar); Grimm 10:537 (Hasenhaar); Krünitz 22:186 (Hasenhaar)

Hasenheger 1. 'Betreuer eines Hasengeheges'; d.i. ein abgegrenzter Bereich für die Hasenjagd. 2. 'Jagdaufseher' ❖ zu mhd. *heger* 'Hüter, Aufseher eines Geheges'
W: Heger
Lit: DRW 5:227; Grimm 10:537

Hasenknütter **Hosenknütter** 'Handwerker, der lange Strümpfe herstellt'; niederdt. ❖ zu mnd. *hase* 'Bekleidung der Beine und der Füße'; mnd. *knutten* 'knüpfen, stricken', zu mnd. *knutte* 'Knoten'
W: Knütter
Syn: Hasennäher, Hosenlismer, Hosenstricker, Hoser, Leinhösler
Lit: Grimm 11:1536 (knütten); Schiller-Lübben 2:507

Hasennäher **Hasenneger**, **Hosennäher**, **Hosenneger** 'Handwerker, der lange Strümpfe herstellt'; niederdt. ❖ zu mnd. *hase* 'Bekleidung der Beine und der Füße'
W: Näher
Syn: Hasenknütter, Hosenlismer, Hosenstricker, Hoser, Leinhösler
Lit: Barth 1:394; DRW 5:1567 (Hosennäher); Schiller-Lübben 2:305; Volckmann (1921) 51

Hasenneger ↗ Hasennäher

Hasenvogt 1. 'Aufseher über die Niederjagd'. 2. 'Forstaufseher'. 3. 'Treiber bei der Hasenjagd'
W: Vogt
Lit: DRW 5:229

Haspeler **Häspeler**, **Haspler**, **Häspler**, **Hespeler** 1. 'Arbeiter, der eine Seilwinde betätigt'; z.B. ein Bergarbeiter, der die Haspel, mit der das Material gefördert wird, bedient, ein Arbeiter in der Glashütte, der den Quarz

aus dem Schacht fördert. 2. 'Arbeiter in der Textilindustrie, der die Haspel, mit der das Garn aufgewickelt wird, bedient' ❖ zu mhd. *haspel* 'Haspel; Fördermaschine, Förderschacht'
FN: Haspel, Haspeler, Haspler, Hespel, Hespeler
Syn: Haspelknecht, Haspelzieher, Hornstätter

Lit: Adelung 2:997; Barth 1:394; DRW 5:230; Fellner 264; Gottschald 238; Grimm 10:544; Krünitz 22:246; Linnartz 90; Veith 266; Zedler 12:720

Häspeler ↗ Haspeler

Haspelknecht 'Bergarbeiter, der die Haspel, mit der das Material gefördert wird, bedient'
W: *KNECHT*
Syn: Haspeler, Haspelzieher, Hornstätter

Lit: Adelung 2:997; Barth 1:394; Grimm 10:545; Heilfurth (1981) 57; Krünitz 22:246; Veith 295; Zedler 20:720

Haspelmeister 'Vorgesetzter der ↗ Haspeler'
W: *Meister*

Lit: Grimm 10:545; Veith 265

Haspelzieher 'Bergarbeiter, der die Haspel, mit der das Material gefördert wird, bedient'
W: *Zieher*
Syn: Haspeler, Haspelknecht, Hornstätter

Lit: Adelung 2:997; Barth 1:394; Fellner 264; Grimm 10:546; Heilfurth (1981) 53; Krünitz 22:246; Veith 266

Haspler ↗ Haspeler

Häspler ↗ Haspeler

Hatschier ↗ Hartschier

Hatschierer ↗ Hartschier

Haubener ↗ Hauber

Haubenmacher Haubenmecher, Hubenmacher, Hubenmecher 1. 'Handwerker, der Sturmhauben herstellt'. 2. 'Handwerker, der Kopfbedeckungen und -schmuck für Frauen herstellt'; meist in der weiblichen Form *Haubenmacherin* ❖ zu mhd. *hoube, hûbe* 'Haube, Mütze, Kopfbedeckung'
Syn: Aufsteckerin, HAUBENSCHMIED, Haubenstecker, Hauber, Hüllenmacher, Hüllenweber, Hüller

Lit: Adelung 2:1002; Barth 1:395; Krünitz 22:260; Linnartz 90; Volckmann (1921) 94

Haubenmecher ↗ Haubenmacher

Haubenschachtelmacher ↗ Schachtelmacher

Haubenschmid ↗ HAUBENSCHMIED

HAUBENSCHMIED Haubenschmid, Hubenschmied, Hubensmid 1. 'Handwerker, der Helme herstellt'. 2. 'Handwerker, der Sturmhauben aus Drahtgeflecht als Kopfschutz (Ringelsturmhauben) herstellt' – Der Helm als Kopfschutz der Ritter wurde durch ein Drahtgeflecht (Haube) ergänzt oder ersetzt. Später wurden von den Haubenschmieden auch andere Kopfbedeckungen aus Leinen für Frauen hergestellt
W: *Schmied*
Syn: Eisenhuter, Haubenmacher, Haubenstricker, Hauber, Helmer, Helmschläger, Helmschmied, Pickeleinmacher, Pickeler, Stülpner, Visierschneider

Lit: Barth 1:395; Linnartz 90; SteirWb 331; Volckmann (1921) 110

Haubenstecker 'Handwerker, der die Hauben und Kopfputz für Frauen herstellt'; meist von Frauen ausgeübt, in der Form *Haubensteckerin* ❖ zu *stecken* i. S. v. 'befestigen, aufstecken'
Syn: Aufsteckerin, Haubenmacher, Hauber, Hüllenmacher, Hüllenweber, Hüller

Lit: Adelung 2:1002; GoetheWb 4:730; Grimm 10:567; Krünitz 22:259

Haubenstricker Hubenstricker; lat. *retiarius* 'Handwerker, der Sturmhauben oder Helme aus Metallringen herstellt'; *Stricker* bezieht sich auf das Flechten von Metalldrähten oder -ringen

W: Stricker
Syn: HAUBENSCHMIED

Lit: Barth 1:395; Grimm 10:567; Volckmann (1921) 110

Hauber Haubener, **Haubner, Hubener** 1. 'Handwerker, der Sturmhauben aus Drahtgeflecht als Kopfschutz (Ringelsturmhauben) herstellt'. 2. 'Handwerker, der Kopfbedeckungen und -schmuck [für Frauen] herstellt' ❖ zu mhd. *hoube, hûbe* 'Haube, Mütze, Kopfbedeckung'
FN: Hauber, Haubner, Heuber, Heubner, Heubel, Häubl, Heibel
Syn: Aufsteckerin, Haubenmacher, HAUBENSCHMIED, Haubenstecker, Hüllenmacher, Hüllenweber, Hüller

Lit: Barth 1:395; DudenFN 311; Gottschald 238; Linnartz 90; Palla (1994) 392; Volckmann (1921) 109

Haubner ↗ Hauber

Hauder ↗ Hauderer

Hauderer Hauder 'Fuhrmann oder Kutscher, der gegen Bezahlung [überregionalen] Frachtverkehr betreibt'; bes. im Rheinland; oft nebenberuflich von Bauern durchgeführt, regional auch von der Obrigkeit organisiert, dass an bestimmten Stationen Pferde für den Weitertransport zur Verfügung stehen müssen; zum Verb *haudern* 'schlecht, langsam, unbequem reisen', urspr. 'kleine Schiffe vom Ufer aus mit gespannten Seilen und Pferden fortbewegen, treideln', eigentlich 'rütteln, schütteln', verwandt mit *schaudern* (mit abgefallenem Anlaut) ❖ niederdt. *hudern, hudeln* 'schauern, vom Frost geschüttelt werden'
Syn: FUHRMANN

Lit: Barth 1:395; DRW 5:241; GoetheWb 4:732; Grimm 10:572; Krünitz 22:261; PfälzWb 3:699; Pies (2005); RheinWb 3:311

Hauemester ↗ Hafenmeister

Hauenschmied 'Schmied, der Werkzeuge zur Erdbearbeitung herstellt' ❖ zu mhd. *houwe* 'Haue, Hacke'; *Haue* steht heute noch im österr. Deutsch für 'Hacke', während *Hacke* 'Beil' bedeutet
FN: Haunschmied, Haunschmid, Haunschmidt
W: *Schmied*
Syn: Hackenschmied

Lit: Adelung 2:1003 (Haue); Ebner (2009) 165 (Haue); Grimm 10:573 (Haue)

HAUER Häuer; lat. *caesor* 1. 'Bergmann, der direkt am Gestein mit Meißel und Hammer arbeitet, unterirdische Gänge baut und das Material abbaut'. 2. 'Handwerker, der mit Hammer und Meißel Werkstücke bearbeitet'. 3. 'Winzer'; österr. 4. 'Holzfäller'; *Hauer* entwickelte sich zur Bezeichnung verschiedener manueller Berufe, wie *Erzhauer, Steinhauer, Fleischhauer, Weinhauer* usw. Die umgelautete Form ist älter und bes. in Österreich zur Unterscheidung von *Hauer* als 'Fleisch-, Weinhauer' und *Häuer* als 'Bergmann' üblich. Die Bedeutung 'Winzer' gehört zu *hauen* i. S. v. 'hacken, den Boden bearbeiten' ❖ mhd. *houwen* 'hauen, hacken, umhauen, bearbeiten'; mhd. *houwer* 'jmd., der haut'
FN: Hauer
W: Althäuer, Assenhauer, Aufhauer, Aushauer, Auswechselhauer, Balkenhauer, Bandhauer, Bartenhauer, Baumhauer, Daubenhauer, Doppelhäuer, Edelsteinhauer, Eisenhäuer, Erbhäuer, Fahrhäuer, Färbeholzhauer, Fasshauer, Feilenhauer, Felgenhauer, Fellhauer, Fleischhauer, Ganghauer, Ganthauer, Gedinghäuer, Heidhauer, HOLZHAUER, Junghäuer, Kerbhäuer, Knochenhauer, Kopenhauer, Lattenhauer, Lehenhäuer, Lehrhäuer, Muldenhauer, Nabenhauer, Orthäuer, Pechhauer, Pfettenhauer, Raspelhauer, Rinnenhauer, Schachthauer, Schafthauer, Scheithauer, Schichthäuer, Schieferhauer, Schildhauer, Schindelhauer, Schlägelhauer, Schlitzhäuer, Schoppenhauer, Schrämhauer, Schwellenhauer, Spanhauer, Spitzhäuer, Staffhauer, Steinhauer, Streckenhäuer, Strossenhäuer, Vollhäuer, Vorhauer, Weinhauer, Zimmerhäuer
Syn: Bergknappe, Feldbauer, Heuer, Schmeißer, WEINGÄRTNER, *Wirker*

Lit: Adelung 2:1005; Barth 1:395; DudenFN 311; Frühmittellat. RWb; Gottschald 239; Heilfurth (1981) 52, 58; Linnartz 90; Patocka (1987) 38, 98; Pies (2005) 28; Reith (2008) 74; Schraml (1930) 185, 225; Veith 267

Häuer ↗ HAUER

Häuerling ↗ Heuerling

Häuermann ↗ Heuermann

Haufensetzer Hauffensetzer 1. 'Arbeiter in der Saline, der das feuchte Salz in der Sudpfanne zu Haufen aufschichtet'. 2. 'Arbeiter bei der Torfgewinnung, der das gewonnene Torf aufschichtet'
W: Setzer

Lit: Eiselen (1802) 6; Riepl (2009) 183

Hauffensetzer ↗ Haufensetzer

Hauher ↗ Haher

Hauländer 'Bauer, Siedler, der ein Stück Ödland oder Wald erwirbt, das erst gerodet werden muss'; in Preußen; manchmal zu Holländer entstellt; zu hauen 'hacken'
Syn: BAUER

Lit: Barth 1:395 (Hauland); DRW 5:253 (Hauland)

Haumeister 'Vorgesetzter der Waldarbeiter' ❖ zu mhd. houwen 'hauen, schlagen'
W: Meister

Lit: Barth 1:395; DRW 5:253

Haupthüfener ↗ Haupthüfner

Haupthüfner Haupthüfener 'Bauer, der ein vollständiges, nicht in Stückhufen geteiltes, Bauerngut besitzt'
W: Hüfner
Syn: VOLLBAUER

Lit: Adelung 2:1015; DRW 5:303; Grimm 10:617; Krünitz 22:282

Hauptlehrer 'Leiter einer Dorfschule'; bes. im alemannischen protestantischen Raum
W: LEHRER*

Syn: Oberlehrer

Lit: Barth 1:396; Grimm 10:619; Schrambke (2004)

Hauptmann Hovedman; lat. *capitaneus*
1. 'oberster Beamter oder Vorgesetzter der Verwaltung einer Stadt, eines Stadtviertels oder eines Landes'; in Zusammensetzungen wie *Landeshauptmann* (noch heute Bezeichnung für den Minsterpräsidenten eines Bundeslandes in Österreich), *Stadthauptmann, Gassenhauptmann, Amtshauptmann*.
2. 'Dorfvorsteher'. 3. 'oberster Beamter des Bergwesens'; z.B. *Berghauptmann, Hallhauptmann*. 4. 'Vorsitzender einer Handwerkerzunft oder einer Vereinigung'; z.B. *Schützenhauptmann*. 5. 'Befehlshaber einer städtischen militärischen Ordnungstruppe oder militärischen Besatzung einer Burg'; zugleich oft mit Verwaltungsaufgaben; z.B. *Bürgerhauptmann, Schlosshauptmann, Burghauptmann, Rumorhauptmann* (↗ *Rumormeister), Stadthauptmann*. 6. 'Beamter, der für Befestigungs-, Deichbauten zuständig ist'; z.B. *Deichhauptmann*. 7. 'Anführer mehrerer Fähnlein bei den Landsknechten'; 16. Jh. 8. 'Führer einer Söldnertruppe, Bande'; z.B. *Trosshauptmann, Wagenhauptmann, Bannerhauptmann* — heute noch als Bezeichnung für einen militärischer Rang
❖ mhd. *houbetman* 'der oberste Mann, die Hauptperson einer Vereinigung; die Hauptperson eines rechtlichen Verhältnisses oder Handels; Anführer im Kriege'
FN: Hauptmann, Haubtmann, Haupmann
W: Amtshauptmann, °Bannerhauptmann, °Berghauptmann, °Bürgerhauptmann, °Burghauptmann, Deichhauptmann, °Dorfhauptmann, Gassenhauptmann, Hallhauptmann, °Kreishauptmann, °Landeshauptmann, °Schlosshauptmann, °Schützenhauptmann, °Stadthauptmann, Stückhauptmann, °Trosshauptmann, Wagenhauptmann
Syn: Bergmeister, Dammmeister, Deichmeister, *Schultheiß*, Stadtvogt, ZUNFTMEISTER

Lit: Adelung 2:1016; Barth 1:396; Diefenbach 97; DRW 5:313; DudenFN 312; Frühmittellat. RWb; Gottschald 239; Grimm 10:621; Grimm 15:778; Idiotikon 4:262; Krünitz 22:483; Krünitz 146:408; Linnartz 90; Pies (2005) 161

Hausbäcker Hausbeck, Husbecker 1. 'Bäcker, der Schwarzbrot aus dem von den Kunden mitgebrachten Mehl oder Teig backt'. 2. 'Bäcker, der im Haus des Kunden den Teig ausbackt'
W: BÄCKER*
Syn: Einhausbäcker, Heimbäcker, Innebäcker

Lit: Barth 1:396; DRW 5:382; Grimm 10:653; Volckmann (1921) 18

Hausbeck ↗ Hausbäcker

Hausbote Hausbothe 'Angestellter der Stadtverwaltung, der Vorladungen zustellt und Anweisungen der Obrigkeit an die Stadt übermittelt'; norddt.
W: BOTE*

Lit: Adelung 2:1024; DRW 5:384

Hausbothe ↗ Hausbote

Häuselfeger ↗ Häusleinfeger

Hausgeselle 'Handwerksgeselle [eines Webers], der als Heimarbeiter in seiner eigenen Wohnung für den Meister arbeitet'; Gesellen wohnten üblicherweise im Haus des Meisters
W: Geselle
Syn: Hausknappe

Lit: Barth 1:397; DRW 5:415; Grimm 10:667

Haushalter ↗ Haushälter

Haushälter Haushalter 1. 'Person, die einen größeren [herrschaftlichen] Haushalt verwaltet und führt'. 2. 'Bergmann, der die Unterkünfte reinigt und betreut' ❖ zu mhd. *hûshalten* 'ein Hauswesen führen, hausen'
W: Halter

Lit: Adelung 2:1029; Barth 1:397; DRW 5:423; GoetheWb 4:788; Grimm 10:671

Haushofmeister 'Angestellter eines Adeligen, der die Aufsicht über den Haushalt hat'
W: Hofmeister, Meister

Lit: Adelung 2:1247 (Hofmeister); Barth 1:398; DRW 5:429; GoetheWb 4:790; Grimm 10:647; Krünitz 22:389

Hausjungfer Hausjungfrau 1. 'unverheiratete Frau, die einen Haushalt führt; Haushälterin'. 2. 'Mädchen, Tochter des Hausherrn, die den Haushalt führt'
W: Jungfer

Lit: Adelung 2:1031; Barth 1:398; DRW 5:433; Grimm 10:675; Krünitz 22:390

Hausjungfrau ↗ Hausjungfer

Hauskeller Hauskellner 'Verwalter der herrschaftlichen Kellerei, Kellermeister'; zu ↗ Keller i. S. v. 'Verwalter des Wein- oder Bierkellers'
W: Keller

Lit: Adelung 2:1031; Barth 1:398; DRW 5:434; Grimm 10:675

Hauskellner ↗ Hauskeller

Hausknappe 'Geselle [eines Webers], der in seinem eigenen Haus für den Meister arbeitet'; Gesellen wohnten üblicherweise im Haus des Meisters
W: Knappe
Syn: Hausgeselle

Lit: DRW 5:435

Hausknecht Hußknecht; lat. *domesticus, mediastinus* 1. 'Angestellter, bes. in Gast- und Geschäftshäusern, für verschiedene Arbeiten'. 2. 'Landarbeiter, der für Arbeiten im Haus (im Ggs. zur Feldarbeit) eingesetzt ist'
❖ mhd. *hûsknëht* 'Knecht, Hausknecht'
W: KNECHT
Syn: Bossler, *Faktor*, Familiant

Lit: Adelung 2:1031; Barth 1:398; Diefenbach 189, 353; DRW 5:435; Frühmittellat. RWb (Adj.); Grimm 10:676; Krünitz 22:390

Hausküper 'Verwalter des Speichers und Verantwortlicher für die Verladung [der Fässer]'
W: Küper

Lit: Hübbe (1824) 1:204

Häusleinfeger Häuselfeger, Häuslfeger, Huselfeger 'Person, die den Abtritt reinigt'; *Häusl, Häuslein*, Diminutiv zu *Haus*, in der Bedeutung 'Abtritt'

W: *Feger*
Syn: ABTRITTRÄUMER

Lit: Barth 1:398; Grimm 10:679 (Häuslein); Volckmann (1921) 288

Häusler 1. 'Kleinstbauer, der ein Haus ohne oder mit nur wenig Grund besitzt'; war zugleich als Taglöhner tätig. 2. 'Einwohner eines Dorfes, der kein eigenes Haus besitzt, sondern in Miete wohnt'; lebte im Ggs. zum Grundbesitzer meist als Taglöhner oder Handwerker ❖ zu mhd. *hiuselîn* 'Häuschen'
FN: Häusler, Häussler, Häußler, Hausler, Heißler, Heusler
W: Angerhäusler, Auenhäusler, Leerhäusler, Tropfhäusler, Zinshäusler
Syn: Häusling, KLEINBAUER*

Lit: Adelung 2:1032; Barth 1:399; DRW 5:439; DudenFN 313; Gottschald 240; Grimm 10:679; Linnartz 61; Pies (2005) 24

Häuslfeger ↗ Häusleinfeger

Häusling 'Einwohner eines Dorfes, der kein eigenes Haus besitzt, sondern in Miete wohnt'
W: °Landhäusling
Syn: Häusler, KLEINBAUER*

Lit: Adelung 2:1032; Barth 1:399; Grimm 10:682; Krünitz 20:832; Riesener (1991)

Hausmagd 'Haushaltsangestellte für gröbere Arbeiten'; im Unterschied zu einem Stubenmädchen bzw. einer Stallmagd
W: *Magd*
Syn: Dienstmagd

Lit: Adelung 2:1033; Barth 1:399; GoetheWb 4:794; Grimm 10:682; Krünitz 22:397

Hausmaler 1. 'Maler, der Zimmer mit Leimfarben streicht; Anstreicher'. 2. 'Porzellanmaler in Heimarbeit'
W: *Maler*
Syn: Stubenmaler

Lit: Pies (2005) 94

Hausmann Husman, Husmann 1. 'Bauer, der ein Haus und einen Hof besitzt'. 2. 'Angestellter in einem städtischen Haus, der das Haus instand hält; Hausmeister'. 3. 'Dorfbewohner mit einem Haus und nur wenig Grund; Kleinbauer'. 4. 'Turmwächter auf einer Burg' – niederdt. ❖ mhd. *hûsman* 'Hausbewohner, Mieter; Burgwart, der auf dem Wartturme wohnte'; mnd. *hûsman* 'Hausmann, Bauer; der ein Haus zu besorgen hat'
FN: Hausmann, Haussmann, Haußmann, Häussermann, Huesmann, Huismann, Husemann
W: *Mann*
Syn: BAUER, KLEINBAUER*, Türmer

Lit: Adelung 2:1033; Barth 1:399; DRW 4:443; DudenFN 313; Gottschald 240; Grimm 10:682; Hornung (1989) 70; Krünitz 22:397; Linnartz 91; Schiller-Lübben 2:341

Hausmarschall 'Bediener an einem herrschaftlichen Hof, der die Wohngebäude und Schlösser verwaltet'; unterstand gewöhnlich einem Hofmarschall
W: *Marschall*
Vgl: Hofmarschall

Lit: Adelung 2:1034; Barth 1:399; DRW 5:448; GoetheWb 4:794; Grimm 10:683; Krünitz 22:400

Hausmeier 1. 'Verwalter des königlichen Haushalts'; im frühen Mittelalter; urspr. Aufsicht über die Hörigen und das Hofgesinde; unter den Merowingern stiegen die Hausmeier (Karolinger) zum Königtum auf. 2. 'Bauer'; selten ❖ Übersetzung von lat. *majordomus*
Syn: BAUER, Majordomus

Lit: DRW 5:448; Grimm 10:6840

Hausmeister 1. 'Aufseher über die Dienerschaft des Hauses'. 2. 'Hausverwalter'. 3. 'für Reinigung u.Ä. zuständiger unterster Diener, Hausknecht'; bes. in Wien; auch heute noch ist im österr. Deutsch mit *Hausmeister* eine untergeordnete Position gemeint, während in Deutschland eher ein Haustechniker, -verwalter zu verstehen ist ❖ mhd. *hûsmeister* 'Hausherr'
W: *Meister*
Syn: Hauspfleger

Lit: Adelung 2:1034; Barth 1:399; DRW 5:448; Ebner (2009) 167; Grimm 10:684; Idiotikon 4:517; Krünitz 22:401

Hausmetzger 'Fleischer, der die Berechtigung hat, Tiere bei den Bauern auf dem Hof zu schlachten und zu verarbeiten'
W: METZGER
Syn: HAUSSCHLACHTER

Hauspfleger 'Hausverwalter'
W: PFLEGER
Syn: Hausmeister

Lit: DRW 5:452; Grimm 10:685 (Hauspflege)

HAUSSCHLACHTER Hausschlächter, Hausschlechter 'Fleischer, der die Berechtigung hat, Tiere bei den Bauern auf dem Hof zu schlachten und zu verarbeiten'
W: Schlachter
Syn: Brandmetzger, Burenmetzger, Gärtner, Gassenschlächter, Hausmetzger, Küter, Pflastermetzger
Ggs: Scharnschlächter

Lit: Barth 1:400; Grimm 10:689; Kretschmer 418

Hausschlächter ↗ HAUSSCHLACHTER

Hausschlechter ↗ HAUSSCHLACHTER

Hausschreiber 1. 'Maler, der mit Leimfarben Imitate von Wandbehängen und Wandteppichen malt'. 2. 'zum Haus oder Amt gehörender Schreiber, Kopist'
W: Schreiber
Syn: Behangmaler, Dekorationsmaler, Stubenmaler, TÜNCHER

Lit: Barth 1:400; Grimm 10:689; Pies (2005) 94; Reith (2008) 144

Hausvogt 1. 'Verwalter eines Hauses, der auch die Aufsicht über die Haushaltung hat'. 2. 'Verwalter eines fürstlichen Schlosses oder einer Burg'. 3. 'Verwalter des Rathauses, der die Aufsicht über die Gefangenen führt'. 4. 'Aufsichtsbeamter über die landesherrlichen Besitzungen'. 5. 'kurfürstlicher Richter in Berlin, dem die Aufsicht über die Justiz und über die Gefangenen obliegt'
W: Vogt
Syn: Burggraf, Kastellan, Kasteller, Schlossaufseher

Lit: Adelung 2:1037; Barth 1:400; DRW 5:477; Grimm 10:696; Krünitz 22:430

Hautboist Hoboist 1. 'Militärmusiker der deutschen Infanterie bis zum 1. Weltkrieg'. 2. 'Musiker, der berufsmäßig Oboe spielt, Oboist' ❖ zu franz. *hautbois* wörtlich 'hoch klingendes Holz' bzw. ital. *oboe*

Lit: Barth 1:401; DudenFW 546; GoetheWb 4:1292; Grimm 10:1590; Kaltschmidt 422

Häutekäufer Hudekoper, Hüdekoper, Hüdeköper 'Händler mit Häuten und Fellen'; *Käufer* in der allgemeinen Bedeutung 'Händler' ❖ mnd. *hudekoper* 'Häutekäufer'
W: Käufer

Lit: DRW 5:492; Schiller-Lübben 2:325; Volckmann (1921) 152

Häuter 'Person, die die Haut abzieht; Gerber, Lederer'; *Häuter* bezeichnet auch ein altersschwaches Pferd, das dem Schinder „um die Haut" zugefallen ist
W: Bärenhäuter, Tierhäuter

Lit: DRW 5:492; Schmeller 1:1188

Havenmeister ↗ Hafenmeister

Hay ↗ Hei

Hayduckh ↗ Heiduck

HEBAMME* Hefamme, Hefang, Höfang; lat. *obstetrix* Hebammen durften nur erfahrene Frauen sein, die selbst schon geboren hatten. Das Wissen wurde mündlich durch Assistieren bei erfahrenen Hebammen weitergegeben. Erst Ende 18. Jh. wurden Hebammenschulen eingerichtet. Hebammen konnten auch Neugeborenen die Taufe spenden bzw. Müttern die Beichte abnehmen, falls Lebensgefahr bestand. Bei unehelichen Geburten sollten sie den Kindesvater feststellen. Geburtshilfe war eine weibliche Domäne, allerdings bemühten sich Ärzte und Obrigkeit um eine genaue Regulierung der Tätigkeit, so mussten Hebammen einen Diensteid ablegen. Da Geburt gesellschaftlich tabuisiert war und sie neben der Geburtshilfe auch über Abtreibung oder Kindstötung Bescheid wussten, entstand – bes. von Seiten der Kirche – ein Misstrauen gegen die Hebammen, das schließlich in den Verdacht der Hexerei mündete. – Die Formen *Hefang* und *Höfang* sind bair. dialektal

Syn: Accoucheuse, Afterhebamme, Amtfrau, Badefrau, Bademuhme, Bademutter, Badeweib, Beseherin, Hebemutter, Kammerweib, Kindermutter, Kinderweib, Krammoder, Wehfrau, Wehmutter, Weisfrau, Weismutter

Lit: Adelung 2:1041; Barth 1:401; Diefenbach; Frühmittellat. RWb; Grönhoff (1966) 72; Pies (2005) 71; Reddig (2000) 133; Schmeller 1:1057

Hebarzt 'Arzt, der als Geburtshelfer fungiert' ❖ zu *heben* i. S. von 'das Neugeborene aufheben', parallele Bildung zu *Heb*amme
W: ARZT*
Syn: Accoucheur

Lit: Adelung 2:1041; Barth 1:401; Goerke (1987) 145; Grimm 10:717; Krünitz 22:560

Hebemutter 'Hebamme' ❖ mhd. *hebemuoter* 'Hebamme'; zu *heben* i. S. von 'das Neugeborene aufheben'; vgl. ↗ Bademutter
Syn: HEBAMME*

Lit: DRW 5:499; Grimm 10:720

Heber 1. 'Arbeiter in der Saline, der das Salz auf Schiffe oder Fuhrwerke verlädt'. 2. 'Lastenträger'. 3. 'Beamter, der Steuern u.ä. Leistungen einhebt' ❖ mhd. *heber* 'Anstifter; Karrenheber'
FN: Heber, Höber
W: Aufheber, Einheber, Fuderheber, Wasserheber, Zollheber
Syn: Fasser

Lit: Adelung 2:1044; Barth 1:402; DRW 5:503; DudenFN 313; Fellner 267; Gottschald 241; Grimm 10:732; Linnartz 91; Patocka (1987) 280

Hebungsbeamter 'Beamter, der Steuern u.a. Abgaben einkassiert'
Syn: STEUEREINNEHMER

Lit: DRW 5:505

Hebungsbedienter 'Person, die beauftragt ist, Steuern u.a. Abgaben einzukassieren'; zu *heben* in der Bedeutung 'wegheben, erheben, entnehmen in Bezug auf Geld, Steuern und Abgaben'
W: *Bedienter*
Syn: STEUEREINNEHMER

Lit: Barth 1:402; DRW 5:505; Grimm 10:721 (heben)

Hechler **Hächler** 'Arbeiter in der Flachsbearbeitung, der den Flachs durch die *Hechel* zieht'; häufig von Frauen ausgeübt; die *Hechel* ist ein bürstenartiges Gerät mit eng angeordneten Metallspitzen, mit dem die Fasern vom Werg getrennt, geglättet und gerade ausgerichtet werden ❖ zu mhd. *hechel, hachel* 'Hechel'
FN: Hechler, Hachler, Hächler, Hächel
W: °Flachshechler

Lit: Adelung 2:1045 (Hechelfrau); Barth 1:262, 402; DudenFN 314; Gottschald 241; Grimm 3:1703 (Flachshechel); Grimm 10:738; Idiotikon 2:971; Linnartz 91

Hechtreißer 'Person, die Hechte zerlegt, einsalzt und verschickt'; bes. in Brandenburg, zunftmäßig organisiert ❖ zu mhd. *rîzen* 'reißen, zerreißen'
W: Reißer

Lit: Adelung 2:1046; Grimm 10:741; Krünitz 22:617

Heckenbinder 'Arbeiter in der Landwirtschaft, der aus Dornensträuchern und Reisern einen Zaun herstellt' ❖ zu mhd. *hecke, hegge, heck* 'Hecke'
W: Binder

Lit: Adelung 2:1048; Barth 1:402; Grimm 10:747; Krünitz 22:652

Heckenkramer ↗ Heckenkrämer

Heckenkrämer **Heckenkramer, Heggekramer** 'Krämer, der nicht Zunftmitglied ist und seine Ware nur an Markttagen anbieten kann'; *Hecke* oft als abwertendes Bestimmungswort für etwas Minderwertiges, vgl. Wörter wie *Strauchdieb, Buschbäcker* für 'unzünftiger Bäcker', *Heckenadvokat* für 'Winkeladvokat'
W: KRÄMER

Lit: DRW 5:508

Heckenwirt 'Wirt, der vorübergehend das Recht auf Ausschank von Wein oder Most hat und als Zeichen der Berechtigung ein Büschel, einen Kranz o. Ä. aussteckt'; in anderen Regionen als *Straußwirtschaft, Besenwirtschaft, Heuriger* bezeichnet ❖ zu *Hecke* 'Dorngebüsch', nach den ausgesteckten Zweigen; zu mhd. *hecke, hegge* 'Hecke, Umzäunung'
W: WIRT

Lit: Barth 1:403; DRW 5:510

Hecker ↗ Hacker

Heckselschneider ↗ Häckselschneider

Heeler ↗ Heiler

Heerdschmidt ↗ Herdschmied

Hefamme ↗ HEBAMME*

Hefang ↗ HEBAMME*

Hefenbinder ↗ Hafenbinder

Hefener ↗ Hefner, Hafner

Hefentrager ↗ Hafenträger

Heffentrager ↗ Hafenträger

Heffner ↗ Hefner

Heffter ↗ Hefter

¹Hefner Hefener, Heffner 1. 'Händler mit Wein- und Bierhefe'. 2. 'Handwerker, der Essig herstellt'. 3. 'Handwerker, der Branntwein brennt' ❖ mhd. *hefener* 'Hefensieder'
Syn: Essigbrauer, Essigsieder

Lit: Adelung 2:1056; DRW 5:541; DudenFN 315; Grimm 10:765; Krünitz 22:699

²Hefner ↗ Hafner

Heftdrechsler 'Handwerker, der Messergriffe aus Holz, Knochen oder Horn herstellt' ❖ zu mhd. *hefte* 'woran etwas befestigt ist; Griff am Messer oder Schwert'
W: DRECHSLER
Syn: MESSERBESCHALER

Lit: Grimm 10:766 (Heft); OÖ. Hbl 1990, H. 1:51; OÖ. Hbl 1998, H. 1:92

Heftdreher ↗ 'Heftdrechsler'
W: Dreher
Syn: MESSERBESCHALER

Heftelmacher Häfftleinmacher, Haftelmacher, Häftleinmacher, Häftlimacher, Haftlmacher, Heftleinmacher; lat. *acicularius, ligularius* 'Handwerker, der Heftnadeln, Mantelverschlüsse, Haken, Ösen u. Ä. herstellt'; die Formen mit *Haft-* sind süddt., die mit *Heft-* eher norddt. Die häufige Redewendung *aufpassen wie ein Haftelmacher* bezieht sich auf die konzentrierte Arbeit dieses Handwerks ❖ zu mhd. *heftel, heftelîn* 'Spange, Agraffe'
Syn: Hakenmacher, Hefter, NADLER, Nestler

Lit: Adelung 2:1057 (Heftel); Barth 1:403; Gottschald 242; Höfer 2:10; Idiotikon 4:51; Palla (2010) 93; Pies (2005) 106; Reith (2008) 168; Volckmann (1921) 123; Zedler 39:1429

Hefter Haftler, Häftler, Heffter, Heftler; lat. *fibularius, fibulator* 'Handwerker, der Heftnadeln und Accessoires, wie Spangen, Broschen, Ziernadeln, herstellt' ❖ zu mhd. *heftel, heftelîn* 'Spange, Agraffe'
FN: Heftler, Heftner, Hefter, Hefftler, Hefter, Hafter, Haft, Haftel
W: Goldhefter, Perlenhefter
Syn: Heftelmacher, NADLER

Lit: Barth 1:404; Diefenbach 233; DudenFN 315; Gottschald 242; Linnartz 92; Volckmann (1921) 123

Heftleinmacher ↗ Heftelmacher

Heftler ↗ Hefter

Hegebereiter Hägbereiter, Hägebereiter 'berittener Forstaufseher' ❖ zu mhd. *heger* 'Hüter, Aufsehen eines Geheges', mhd. *hegen* 'hegen, pflegen, bewahren', eigentlich 'mit einem Hag (Zaun) umgeben'

W: *Bereiter*
Syn: FORSTBEREITER
Lit: Adelung 2:895; DRW 5:545; Grimm 10:776; Kehr (1964); Krünitz 22:709

¹Heger Häger 'Person, die den Wald und das Wild versorgt; Förster' ❖ mhd. *heger* 'Hüter, Aufseher eines Geheges'
FN: Heger, Höger, Heyer, Heeger, Hegers
W: Hasenheger
Syn: Heier, WALDHÜTER
Vgl: Häger
Lit: Adelung 2:1060; Barth 1:404; DRW 5:555; DudenFN 315; Gottschald 242; Grimm 10:782; Linnartz 92

²Heger ↗ Häger

Hegereiter Hägebereiter, Hägereiter, Hägreiter, Hegereuter, Hegerreuter ↗ 'Hegebereiter'
W: *Reiter*
Syn: FORSTBEREITER
Lit: Adelung 2:895, 898; Barth 1:404; Grimm 10:783; Kehr (1964); Krünitz 22:709

Hegereuter ↗ Hegereiter

Hegerherr ↗ Hägerherr

Hegermann ↗ Hägermann

Hegerreuter ↗ Hegereiter

Heggekramer ↗ Heckenkrämer

Hei Hai, Hay, Heie, Hey 'Wächter, der die Felder und Wälder bewacht' ❖ zu mhd. *heie* 'Hüter, Pfleger', *heien* 'wachsen, aufziehen, hegen'
FN: Hei, Hey
W: Bruckhei, Eschhei, Feldhei, Fischhei, Flurhei, Holzhei, Waldhei, Wieshei
Lit: Barth 1:418; DudenFN 328; Gottschald 242; Grimm 10:812; Linnartz 92, 95; Schmeller 1:1022

Heidebereiter 'berittener Forstaufseher'; norddt.; zu *Heide* in der Bedeutung 'kleinerer Nadelwald auf Sandboden' ❖ mhd. *heide* 'ebenes, unbebautes, wildbewachsenes Land, Heide'
W: *Reiter*
Syn: FORSTBEREITER, Heidereiter
Lit: Adelung 2:1064; Barth 1:404; DRW 5:564; Grimm 10:802; Kehr (1964); Krünitz 22:739

Heideknecht Heidenknecht 1. 'Gehilfe des Försters bei der Aufsicht über die Wälder'. 2. 'Holzarbeiter' ❖ norddt.; zu *Heide* in der Bedeutung 'kleinerer Nadelwald auf Sandboden'
W: FORSTKNECHT, KNECHT
Lit: Adelung 2:1064; DRW 5:565; Grimm 10:802; Krünitz 22:727

Heideläufer 1. 'Gehilfe des Försters'. 2. 'Waldhüter'; norddt.; zu *Heide* in der Bedeutung 'kleinerer Nadelwald auf Sandboden', und *Läufer* i. S. v. 'nicht beritten'
W: *Läufer*
Syn: FORSTKNECHT, Forstläufer
Lit: Adelung 2:1064; Barth 1:404; Grimm 10:803; Kehr (1964) 189; Krünitz 22:739

Heidenknecht ↗ Heideknecht

Heidenswerker ↗ Heidenwirker

Heidenwerker ↗ Heidenwirker

Heidenwirker Heidenswerker, Heidenwerker 'Handwerker, der Teppiche, Wandbehänge u. Ä. webt oder stickt'; oft nach orientalischem Vorbild, vermutlich daher als „Heidenwerke" bezeichnet
Syn: WEBER
Lit: Barth 1:404

Heidereiter Heidereuter, Heidreiter ↗ 'Heidebereiter'
FN: Heidenreiter, Heidenreuther
W: *Reiter*
Syn: FORSTBEREITER, Heidebereiter
Lit: Adelung 2:1066; Barth 1:404; DRW 5:567; Gottschald 243; Grimm 10:808; Grimm 22:739; Kehr (1964)

Heidereuter ↗ Heidereiter

Heidewärter 'Waldhüter'; norddt.; zu *Heide* ↗ Heideläufer
W: *Wärter*
Syn: WALDHÜTER

Heidhauer 'Arbeiter, der mit der Hacke Heidekrautsoden zwecks Verbesserung des Bodens ausgräbt'; norddt.; zu *Heide* ↗ Heideläufer
W: HAUER

Heidreiter ↗ Heidereiter

Heiduck **Hayduckh, Heiducke, Heyducke** 'Bedienter, bes. als Kutschen- oder Sänftenbegleiter, in der folkloristischen Tracht der Heiducken'; urspr. Angehörige des in Ungarn beheimateten Volkes, die in Ungarn und Polen Kriegsdienste leisteten; seit 18. Jh. Begleiter ungarischer Magnaten in Tracht, später auch an deutschen Fürstenhöfen ❖ ungarisch *hajdúk*, Plural von *hajdú* 'Viehhirt'
W: Kammerheiduck

Lit: Adelung 2:1067; Grimm 10:812; Krünitz 22:758; Pfeifer 522

Heiducke ↗ Heiduck

Heie ↗ Hei

Heier 1. 'Heger, Pfleger'. 2. 'Hirt, Wächter, der das Wild von den Feldern verscheucht'. 3. 'Gutsverwalter' ❖ zu mhd. *heie* 'Hüter, Pfleger', *heien* 'wachsen, aufziehen, hegen'
FN: Heier, Heyer, Hayer
Syn: Heger

Lit: DudenFN 317; Gottschald 242; Grimm 10:814; Linnartz 92, 95

Heikenmacher ↗ Hoiker

Heiker ↗ Hoiker

Heildiener 'Gehilfe eines Chirurgen [im Lazarett]'; bes. in Preußen nach dem Medizinalgesetz von 1852
W: *Diener*

Lit: Barth 1:404; DudenGWDS 1714; Grimm 10:823; Pies (2002c); Pies (2005)

Heiler **Hailer, Heeler** 1. 'Tierkastrierer'. 2. 'Arzt, Tierarzt' ❖ mhd. *heilære, heiler* 'Heiler, Arzt'. Bedeutung 1 geht auf *heilen* in der Bedeutung 'dem Tier die Wildheit nehmen' zurück
FN: Heiler, Hailer, Hoyler, Heuler, Heyler (alle nach dem Kastrierer)
Syn: ARZT*, KASTRIERER

Lit: Barth 1:404; DudenFN 317; Gottschald 244; Linnartz 92

Heiligenmacher ↗ Heiligenmaler

Heiligenmaker ↗ Heiligenmaler

Heiligenmaler **Heiligenmacher, Heiligenmaker, Helgenmoler, Hilgenmaler** 'Kunsthandwerker, der Briefbogen und Urkunden mit Verzierungen herstellt'; da die Herstellung von Heiligenbildern einen großen Produktionsanteil einnahm, bürgerte sich die Bezeichnung *Heiligenmaler* auch für den *Briefmaler* ein ❖ *Hilgen-* zu mnd. *hillich, hillig*, kontrahiert zu *hilge* 'heilig'
W: *Maler*
Syn: BRIEFMALER

Lit: Lindow 90; Pies (2005) 38; Reith (1990) 160; Reith (2008) 159; Schiller-Lübben 2:266

HEILIGENMEIER 1. 'Verwalter des Kirchenvermögens und kirchlicher Stiftungen'. 2. 'Kirchenvorsteher, Kirchenältester einer evangelischen Kirche' — *heilig* in bestimmten Wendungen für den Eigentümer einer kirchlichen Stiftung und das Vermögen der Stiftung; oft als Bestimmungswort für *Kirchen-*
W: *Meier*
Syn: Heiligenmeister, Heiligenpfleger, Kilchmeier, Kirchenvogt, Kirchmeier

Lit: Barth 1:405; DRW 5:579; Götze 118; Grimm 10:831, 840

Heiligenmeister 1. 'Verwalter des Kirchenvermögens und kirchlicher Stiftungen'. 2. 'Kirchenvorsteher, Kirchenältester einer evangelischen Kirche' ❖ mhd. *heiligenmeister* 'Verwalter des Kirchenvermögens'
W: *Meister*
Syn: HEILIGENMEIER

Lit: Barth 1:405; DRW 5:579

Heiligenpfleger Heiligpfleger, Heilingpfleger 1. 'Verwalter des Kirchenvermögens und kirchlicher Stiftungen'. 2. 'Kirchenvorsteher, Kirchenältester einer evangelischen Kirche' ❖ mhd. *heiligenphlëger* 'Verwalter des Kirchenvermögens'
W: PFLEGER
Syn: HEILIGENMEIER

Lit: Barth 1:405; Götze 118; Grimm 10:840

Heiligenschneider Hilgensnider 'Bildschnitzer'; Heiligenfiguren waren die überwiegende Arbeit der Schnitzer
W: SCHNEIDER
Syn: SCHNITZLER

Lit: DRW 5:561

Heiligpfleger ↗ Heiligenpfleger

Heilingpfleger ↗ Heiligenpfleger

Heimbäck ↗ Heimbäcker

Heimbäcker Heimbäck, Heimbeck 'Bäcker, der um Lohn backt und das Brot ins Haus bringt oder im Haus des Kunden backt' ❖ mhd. *heimbecke* 'Bäcker, der zu Hause backt'
W: BÄCKER*
Syn: Hausbäcker
Ggs: Feilbäcker

Lit: DRW 5:590; Linnartz 93

Heimbeck ↗ Heimbäcker

Heimberge ↗ Heimbürge

Heimberger ↗ Heimbürge

Heimbürge Heimberge, Heimberger, Heimburger, Heimbürger 1. 'untergeordneter ↗ Vogt, der vor allem für Wald- und Flurangelegenheiten zuständig ist'. 2. 'Gemeindevorsteher, Schultheiß auf dem Lande'. 3. 'Bediensteter der Stadtpolizei und des Gerichts'. 4. 'städtischer Beamter, der Märkte, Maße und Gewichte überwacht'. 5. 'Person, die eine Leiche versorgt und für die Bestattung vorbereitet'; oft von Frauen ausgeübt, dann weiblich *die Heimbürge, Heimbürginn* ❖ mhd. *heimbërge, heimbirge, heimbürge, heimburger* 'Gemeindevorsteher; Mark- und Waldaufseher'; wörtlich 'Schützer des Heims'
FN: Heimberger, Heimbürger, Heimburg, Heimburger, Hemburger, Heimbürge, Hamburger, Hamberger (die Namen können auch Herkunftsnamen zu *Hamburg, Hamberg, Haimburg* sein)
Syn: BÜTTEL, Knappe, *Schultheiß*, Stadtknecht

Lit: Adelung 2:1077; Barth 1:406; DRW 5:590, 592 (Heimbürge); Gottschald 245; Grimm 10:867; Kunze 85; Linnartz 93; Pies (2001) 24

Heimburger ↗ Heimbürge

Heimbürger ↗ Heimbürge

Heimlichkeitfeger ↗ Heimlichkeitsfeger

Heimlichkeitsfeger Heimlichkeitfeger 'Person, die den Abtritt reinigt'; verhüllend; *Heimlichkeit* in der übertragenen Bedeutung 'heimlicher, verborgener Ort', die zur Bedeutung 'Abtritt' führte ❖ zu mhd. *heimelîcheit, heimlîcheit* 'Vertraulichkeit; Geheimnis; Gemach, in dem nur Vertraute Zugang haben; Abtritt'
W: *Feger*
Syn: ABTRITTRÄUMER

Lit: Barth 1:407; Grimm 10:879

Heimrat Heimrater, Heimrath 'Mitglied eines Deichgerichts oder der Deichverwaltung'; norddt.; zu *Heim* i. S. v. 'durch Gräben eingefriedetes Land'
W: Deichheimrat
Syn: Deichgeschworener

Lit: Adelung 2:1082; DRW 5:586 (Heim), 632; Grimm 10:881; Krünitz 22:773

Heimrater ↗ Heimrat

Heimrath ↗ Heimrat

Heinzeler Einzeler, Heinzler, Heizeler, Heizler, Hensler, Henzler 'städtischer Fuhrmann, der leichte Frachten mit einem einzelnen Pferd mit Gespann transportiert';

aus *Einzeler* 'Einzelspänner'; er durfte mit nur einem Pferd fahren bzw. ausnahmsweise mit zwei hintereinandergespannten Pferden, vermutlich aus verkehrstechnischen Gründen ❖ mhd. *heinzeler, heitzeler, hênzeler* 'Wagen, einspänniger Wagen, Fuhrmann eines solchen'
FN: Heitzler, Haitzler, Hainzler, Heinzler, Heinzeler, Heintzeler, Henzeler
Syn: Einspänniger, FUHRMANN

Lit: Barth 1:407; DRW 5:653; Gottschald 245; Grimm 3:350 (Einzeler); Grimm 10:890; Linnartz 93; Pies (2005) 80; Volckmann (1921) 223

Heinzensteiger 'Bergmann, Steiger, der eine *Heinzenkunst* (Wasserhebemaschine) anlegt und betreut' ❖ zu *Heinz*: die Bedeutung 'Kobold, der die Hausarbeiten ohne Mühe für die Hausbewohner erledigt' wurde auf verschiedene nützliche Geräte übertragen, u.a. auch auf die Wasserhebemaschine im Bergbau
W: *Steiger*

Lit: Fellner 268 (Heinzenkunst); Grimm 10:891 (Heinzenkunst); Veith 271 (Heinz)

Heinzler ↗ Heinzeler

Heirathsmann ↗ Heiratsmann

Heiratsmann Heirathsmann 1. 'Heiratsvermittler'. **2.** 'Person, die die Einladungen zu Hochzeiten überbringt [und die Hochzeit organisiert], Brautführer'
W: *Mann*
Syn: HOCHZEITBITTER

Lit: Barth 1:408; DRW 5:665; Grimm 10:895; PfälzWb 3:791

Heitzer ↗ Heizer

Heizeler ↗ Heinzeler

Heizer Heitzer; lat. *calefactor, calfactor* **1.** 'Bedienter in einem großen Haus, der die Öfen heizt und die Kamine reinigt'. **2.** 'Arbeiter, der in einer [industriellen] Anlage einen Ofen heizt'; z.B. einen Ziegelofen, eine Dampfmaschine ❖ mhd. *heizer, heizære* 'Heizer'
FN: Heitzer

W: Ofenheizer, Pfieselheizer, Stubenheizer

Lit: Adelung 2:1094; Barth 1:408; Diefenbach 90; DudenFN 320; Grimm 10:929; Hansen (1975); Krünitz 22:812; Linnartz 93; Pies (2005) 149

Heizler ↗ Heinzeler

Helfer* 1. 'Hilfskraft im Gewerbe oder in der Landwirtschaft'. **2.** 'Gehilfe eines Lehrers oder Pfarrers' ❖ mhd. *hëlfære, hëlfer* 'Helfer, Gehilfe'
FN: Helfer, Helffer, Helfert
W: Abhelfer, Aufhelfer, Behelfer, °Markthelfer

Lit: Barth 1:408; DRW 5:697; DudenFN 320; Gottschald 245; Grimm 10:958; Linnartz; Patocka (1987) 216, 218; Pies (2002d) 28

Helgenbaas ↗ Hellingbaas

Helgenmoler ↗ Heiligenmaler

Hellebardier Halbartier, Halbartierer, Hellebardierer 'Soldat, der mit der Hellebarde kämpft' ❖ Ableitung von *Hellebarde* zu mhd. *hellebarte, helmbarte* aus mhd. *barte* 'Beil, Streitaxt'; mnd. *barde* 'breites Beil'; und mhd. *helm, halm* 'Handhabe, Stiel', also 'Beil mit Stiel'
FN: Halbarter, Hallenbarter

Lit: Barth 1:409; DRW 5:703; DudenGWDS; Gottschald 246; Idiotikon 4:1622; Krünitz 22:825; Linnartz 87

Hellebardierer ↗ Hellebardier

Hellefeger Höllefeger 'Handwerker, der den Ruß aus Schornsteinen entfernt'; zu *Hölle* i. S. v. 'Feuerstätte, Ofenloch, Herd' ❖ zu mhd. *hele* 'Hölle'; frühnhd. *helle* auch 'Ofenwinkel'
W: *Feger*
Syn: Hellekehrer, SCHORNSTEINFEGER*

Lit: Barth 1:409; DRW 5:1428; Götze 119; Pies (2002a) 51; Pies (2005) 149; Volckmann (1921) 271

Hellekehrer 'Handwerker, der den Ruß aus Schornsteinen entfernt'
W: *Kehrer*
Syn: Hellefeger, SCHORNSTEINFEGER*

Hellingbaas Helgenbaas 1. 'leitender Schiffszimmermann'. 2. 'Werftbesitzer'; norddt., bes. Seemannssprache ❖ zu mnd. *hellink, hellinge, helge* 'Schiffswerft', zu mnd. *helle, helde* 'Abschüssigkeit, Geneigtheit, Abdachung'; *Baas* 'Herr, Meister, Aufseher, Vermittler'; aus niederld. *baas*, mittelniederld. *baes*
W: Baas

Lit: Barth 1:409; DudenGWDS; Grimm 10:975 (Helling); Kluge 80 (Baas); Schiller-Lübben 2:232

Helmer Helmmacher ↗ 'Helmschmied'
FN: Helmer
Syn: HAUBENSCHMIED

Lit: Barth 1:410; DudenFN 321; Linnartz 93; Palla (2010) 95; Pies (2005) 132; Volckmann (1921) 109

Helmmacher ↗ Helmer

Helmschläger Helmslegher ↗ 'Helmschmied'
FN: Helmschläger
Syn: HAUBENSCHMIED

Lit: DRW 5:714; Linnartz 93

Helmschmied lat. *faber galearum* 'Handwerker, der Helme für Ritter herstellt'; das Handwerk wurde wegen der kunstvollen Ausgestaltung der Helme zu den Kunsthandwerken gezählt
FN: Helmschmied, Helmschmid, Helmschmidt
W: Schmied
Syn: HAUBENSCHMIED

Lit: Barth 1:410; DudenFN 322; Gottschald 246; Palla (2010) 95; Volckmann (1921) 109

Helmslegher ↗ Helmschläger

Hembder Hemeter, Hemptler ↗ 'Hemdenmacher' ❖ zu mhd. *hemde, hemede* 'Hemd', ↗ Hemdenmacher
Syn: Hemdenmacher, Hemdenspinner, Pfeidler

Lit: Barth 1:410

Hemdenmacher Hemdmacher; lat. *indusiarius* 'Handwerker, der lange leinerne Unterkleider herstellt'; das *Hemd* war im Mittelalter ein langes, faltiges Unterkleid im Ggs. zum Mantel. Es bestand aus ungefärbtem Leinen und wurde als Arbeitskleid getragen. Vgl. *Pfeit*. Die urspr. Bedeutung ist noch in *Chorhemd, Totenhemd* erhalten.
Syn: Hembder, Hemdenspinner, Pfeidler

Lit: Barth 1:410; Höfer 2:44 (Hemet); Volckmann (1921) 50

Hemdenspinner Hemdspinner, Hemmichspinner 1. ↗ 'Hemdenmacher'. 2. 'Weber, der Leinen für Hemden herstellt'
W: Spinner
Syn: Hembder, Hemdenmacher, Pfeidler

Lit: Barth 1:410

Hemdmacher ↗ Hemdenmacher

Hemdspinner ↗ Hemdenspinner

Hemeter ↗ Hembder

Hemmerlein ↗ Hämmerlein

Hemmerling ↗ Hämmerlein

Hemmichspinner ↗ Hemdenspinner

Hemptenmacher ↗ Himptenmacher

Hemptler ↗ Hembder

Hengstmann 1. 'Angestellter in einem Gestüt, der für das Beschälen der Stuten zuständig ist'. 2. 'Person, die einen Deckhengst hält und mit diesem von Hof zu Hof reitet und die Stuten decken lässt'
FN: Hengstmann, Hingstmann
W: Mann
Syn: Hengstmeister, Wildenhirt, Wildenmeister

Lit: Adelung 2:1106; Barth 1:410; Gottschald 247; Grimm 10:987; Krünitz 23:14; Linnartz 94

Hengstmeister 'Angestellter in einem Gestüt, der für die Hengste zuständig ist'
W: Meister

Syn: Hengstmann, Wildenhirt, Wildenmeister
Vgl: Stutenmeister

Lit: DRW 5:719

Henkersknecht 1. 'Gehilfe des Henkers, Scharfrichters'. 2. 'Gehilfe des Abdeckers'
W: KNECHT
Syn: SCHARFRICHTER

Lit: Adelung 2:1108; Barth 1:411; Grimm 10:995; Schild (1997)

Hennepspinner ↗ Hanfspinner

Hensler ↗ Heinzeler

Hentscher ↗ Hantscher

Hentschuhmacher ↗ Handschuhmacher

Henzler ↗ Heinzeler

Hepfer ↗ Höpfner

Herbarius 'Apotheker, der auf Kräuter spezialisert ist' ❖ zu lat. *herba* 'Pflanze, Kraut'
Syn: Apotheker
Vgl: Specionarius

Lit: Pies (2002c) 46; Reddig (2000) 37

Herberger Herbergier, Herbergierer, Herbergist 'einfacher Gastwirt, der eine Herberge betreibt' ❖ zu mhd. *herbërge* 'Ort oder Haus zum Übernachtbleiben für Fremde'
FN: Herberger, Heerberger, Herberg
Syn: Herbergsvater, WIRT

Lit: Barth 1:411; DudenFN 324; Gottschald 247; Grimm 10:1063, 1064; Linnartz 94

Herbergier ↗ Herberger

Herbergierer ↗ Herberger

Herbergist ↗ Herberger

Herbergsvater Herbergvater 1. 'Wirt eines Gasthauses mit Übernachtung'. 2. 'Betreiber einer einfachen Unterkunft für sozial Schwache'
W: *Vater*
Syn: Herberger, WIRT

Lit: Barth 1:411; DRW 5:742; Grimm 10:1046; PfälzWb 3:844; RheinWb 3:540; SchwäbWb 3:1453

Herbergvater ↗ Herbergsvater

Herczer ↗ Harzer

Herde ↗ Harder

Herder ↗ Harder

Herdschläger 'Ofensetzer, der die Innenwände eines Backofens mit Lehm festschlägt und glättet'
W: *Schläger*

Lit: Krünitz 104:382

Herdschmid ↗ Herdschmied

Herdschmied Heerdschmidt, Herdschmid 'Arbeiter im Eisenwerk, der an der Esse arbeitet'
W: *Schmied*
Syn: HAMMERSCHMIED

Lit: DRW 5:764; Grimm 10:1082; Zedler 12:1086

Heringbinder ↗ Heringsbinder

Heringer Haringer, Häringer 1. 'Heringsfischer'. 2. 'Heringshändler' ❖ zu mhd. *herinc* 'Hering'; bis ins 18. Jh. überwiegt die Schreibung *Häring*
FN: Heringer, Haring
W: °Hofhäringer
Syn: Heringhöker, Heringmenger

Lit: Barth 1:412; DudenFN 325; Gottschald 247; Grimm 10:1106; Krünitz 20:813 (Häringer); Linnartz 94; Volckmann (1921) 213; Wiener Berufe (Hofhäringer)

Heringmenger ↗ Heringsmenger

Heringsbinder Heringbinder 'Böttcher, Fassbinder, der die Heringsfässer vor dem Transport verschließt'
W: *Binder*

Heringsbracker Heringsbraker, Heringswracker 'amtlicher Warenprüfer, der Heringe begutachtet'
W: Bracker
Syn: VISIERER

Lit: DRW 5:772

Heringsbraker ↗ Heringsbracker

Heringsheger ↗ Heringshöher

Heringshöfer ↗ Heringshöher

Heringshöger ↗ Heringshöher

Heringshöher Heringsheger, Heringshöfer, Heringshöger 'Arbeiter, der die Heringfässer auffüllt, damit sie vollgepackt sind'

Lit: DRW 5:772; Grimm 10:1711 (Höher)

Heringshoke ↗ Heringshöker

Heringshöker Häringshöke, Häringshöker, Heringshoke 'Heringshändler'
W: Höker
Syn: Gugelbruder, Heringer

Lit: DRW 7:172; Grimm 10:1106; Hoffmann Wb 1:781

Heringsmenger Heringmenger 'Heringshändler'
W: Menger
Syn: Gugelbruder, Heringer

Lit: Barth 1:412; Volckmann (1921) 213

Heringspacker 'Arbeiter, der die Heringe für den Transport in die Fässer packt und die Fässer auffüllt'
W: Packer

Lit: Barth 1:412; Hansen (1975)

Heringswascher ↗ Heringswäscher

Heringswäscher Harincwescher, Haringhwascher, Heringswascher 'Arbeiter, der die gefangenen Heringe auf dem Schiff wäscht und für den Verkauf vorbereitet'
W: Wäscher

Lit: Barth 1:412; Erb (1986) 240

Heringswracker ↗ Heringsbracker

Herold 1. 'wappenkundiger Hofbeamter'. 2. 'Beamter auf Fürstenhöfen, der für das Hofzeremoniell zuständig und als Ausrufer und Bote tätig ist'; im Mittelalter. 3. 'Mitglied des Heerwesens, der als Abgesandter des Staates Botschaften überbringt, z.B. Kriegserklärungen'; in germanischer Zeit ❖ spätmhd. *heralt, heralde* 'Herold', aus altfranz. *heraut*, latinisiert mlat. *heraldus*, dieses aus dem Germanischen entlehnt (Zusammensetzung aus *Heer* und *walten*)
FN: Herold, Hereth, Herete, Hiereth, Hieret, Höreth, Höret
W: Wappenherold

Lit: Adelung 2:1129; Barth 1:413; DudenFN 325; DudenGWDS; Krünitz 23:69; Linnartz 94; Palla (1994) 134

Herr Das Wort *Herr* bezeichnet seit dem 10. Jh. einen 'Gebieter über Abhängige' (als Ggs. zu *Knecht*). Im Hochmittelalter entwickelte sich daraus eine Standesbezeichnung für freie Vasallen, Ritter, kirchliche und weltliche Funktionsträger (z.B. *Ratsherr, Pfarrherr, Domherr*), später Adelsbezeichnung, bis es vom Bürgertum übernommen wurde und als *Herr* und *Dame* das höhergestellte Pendant zu *Mann* und *Frau* bildete. Im 13. bis 18. Jh. wird *Herr* schon als Besitzer und Eigentümer ohne Rücksicht auf Stand und Würde verwendet, z.B. *Fabriksherr* 'Fabrikant', *Kaufherr* 'Kaufmann'. *Herr* ist immer einer adeligen oder städtischen Oberschicht zuzuordnen. – In Berufsbezeichnungen spielt es in zwei Bereichen eine Rolle: als 'Unternehmer und Besitzer', z.B. *Bergherr, Brauherr, Hammerherr, Mühlherr, Schiffherr, Tuchherr, Waldherr*, oft als 'Kaufmann', z.B. *Spitzenherr* 'Kaufmann mit Spitzen', wobei er aber auch Produzent sein konnte. Die zweite Bedeutung ist 'Vorgesetzter, Aufsicht führender Beamter', z.B. *Gerichtsherr, Kirchherr, Marktherr, Schulherr, Spitalherr, Stadtherr, Zeugherr, Zunftherr* ❖ mhd. *hêrre, hêrre* 'Herr allgemein, und zwar Gebieter, Herr gegenüber den Untergebenen jeder Art; Gemahl; vornehmer Vasall oder Dienstmann'

FN: Herr, Herre, Herrl, Herrle, Herrel, Herrchen
W: Akziseherr, Allmendherr, Amtherr, Apothekenherr, Artillerieherr, Bannerherr, Bannherr, Bergherr, Beutelherr, Billetierherr, Bornherr, Brandherr, Brauherr, Büchsenherr, Burgherr, Düpeherr, Eichherr, Eisenherr, Fährherr, Feuerherr, Fischherr, Fleischherr, Floßherr, Forstherr, Gaffelherr, Garnherr, Gartenherr, Geleitsherr, Gerichtsherr, Gescheidherr, Gewerkherr, Gewölbeherr, Grabenherr, Grundherr, Grutherr, Gültherr, Hägerherr, Halsgerichtsherr, Hammerherr, Handelsherr, Holzherr, Hospitalsherr, Hüttenherr, Kammerherr, Kapitelsherr, Kastenherr, Kaufherr, Kellerherr, Kelterherr, KIRCHHERR, Klageherr, Klöpplherr, Körnerherr, Kornherr, Lassherr, Legerherr, Lehensherr, Lohnherr, Losungsherr, Markherr, Marktherr, Marstallherr, Morgenspracheherr, Mühlherr, Müllerherr, Münzherr, Musterherr, Pachtherr, Pagamentsherr, Pfahlherr, Pfannenherr, Pfeifenherr, Pfundherr, Pochherr, Prüfeherr, Quartierherr, Raitherr, Ratsherr, Rechenherr, Salzherr, Schanzenherr, Scharherr, Schätzherr, Schauherr, Schiffherr, Schlachtherr, Schlüsselherr, Schulherr, Seidenherr, Sendherr, Siedeherr, Sodherr, Speicherherr, Spendeherr, Spitalherr, Spittelherr, °Spitzenherr, Stäbelherr, Stadtherr, Stallherr, Sterbeherr, Steuerherr, Strandherr, Stubenherr, Stuhlherr, Sültherr, Sustherr, Tafelherr, Teidingsherr, Tiefherr, Torherr, Treibeherr, Tuchherr, Turmherr, Ungeldherr, Urfahrherr, Verspruchsherr, Vogteiherr, Vorwerksherr, Waageherr, Waidherr, Waisenherr, Waldherr, Wechselherr, Weinherr, Wetteherr, Zehentherr, Zentherr, Zeugherr, Ziegelherr, Zinsherr, Zollherr, Zunftherr, Zwingherr

Lit: Adelung 2:1131; Barth 1:413 (-herr), 414, 956 (Spitzenherr); DRW 5:781; DudenFN 325; Gottschald 248; Paul 403

Herrenarbeiter 1. 'Bergarbeiter, der für den Gewerken gegen festen Tages- oder Wochenlohn arbeitet'. **2.** 'abhängiger Bauer, der Arbeiten für den Grundherrn verrichtet'
W: Arbeiter

Syn: HÖRIGER
Lit: Adelung 2:1134; Barth 1:411; Veith

Herrendiener 'Diener eines Herren, bes. des Rates, des Grundherrn oder eines vornehmen Hauses'
W: Diener
Lit: Barth 1:414; Grimm 10:1137

Herrengünster ↗ Herrengünstler

Herrengünstler Herrengünster 'Besitzer eines Lassgutes'; d.i. ein auf lange Frist auf Widerruf und gegen bestimmte Dienstleistungen oder Abgaben überlassenes Gut
Lit: Adelung 2:1135; Barth 1:414; DRW 5:823; Krünitz 23:81

Herrgottskramer ↗ Herrgottskrämer

Herrgottskrämer Herrgottskramer 'herumziehender Händer, der im Auftrag eines Verlags geschnitzte Devotionalien, meist Kruzifixe, vertreibt'; bayr.; *Herrgott* i. S. v. 'Kruzifix'
W: KRÄMER

Hertschier ↗ Hartschier

Hespeler ↗ Haspeler

¹Hetzläufer Hitzläufer 'Eilbote zu Fuß' ❖ zu mhd. *hetzen* 'hetzen, jagen, antreiben'
W: Läufer

²Hetzläufer ↗ Hitzläufer

Hetzmeister 1. 'Beamter an einem Fürstenhof, der für Jagd und Wildgehege zuständig ist und herrschaftliche Jagden organisiert'. **2.** 'Organisator einer Tierhetze als öffentliches Schauspiel'; in Wien; Tierhetzen als Volksbelustigung gab es Wien in der Barockzeit, daher bedeutet *Hetz* im österr. Deutsch auch 'Spaß, Vergnügen' ❖ zu mhd. *hetzen* 'hetzen, jagen, antreiben'
W: Meister
Lit: Ebner (2009) 173; Oesterreichische Zuschauer (1839) 1354; Wander

Heubinder 1. 'Heuarbeiter, der das Heu zu Bündeln bindet, bevor es auf den Markt kommt'. **2.** 'Arbeiter am Schloss oder Gutshof, der für das Heu zur Pferdefütterung sorgt'
W: *Binder*

Lit: Barth 1:417; Krünitz 23:285 (Heubund); WBÖ 3:187

Heuer Heuger **1.** 'Landarbeiter, der das Heu mäht und einbringt'; dazu die bair. dialektale Nebenform *Heuger*. **2.** 'Pächter'. **3.** 'Bergmann'; mitteldt. Form von *Häuer* ❖ 1.: mhd. *höuwer, houwer* 'Mäher', zu *höu, höuwe, houwe* 'Heu, Gras'; 2.: zu *Heuer* 'Miete, Lohn für Seeleute', mnd. *hure* 'Heuer, Miete, Pachtgeld'; 3.: mhd. *houwer* 'Erzhauer im Bergwerk'
FN: Heuer
W: Wildheuer
Syn: HAUER

Lit: Barth 1:417; DRW 5:900; DudenFN 327; Gottschald 249; Grimm 10:1283; Linnartz 95; Schmeller 1:1029; Werner (1981) 52

Heuerbaas Heuerbas 'Stellenvermittler für Seeleute'; niederdt.
W: Baas
Syn: Wasserdiener

Lit: Barth 1:417; DRW 5:900; Meyers Lexikon 6:289

Heuerbas ↗ Heuerbaas

Heuerkutscher Huerkutscher 'Kutscher, der Kunden gegen Bezahlung transportiert; Mietkutscher'; norddt. ❖ mnd. *hure* 'Heuer, Miete, Pachtgeld'
W: Kutscher*
Syn: Lohnkutscher, Mietkutscher

Lit: DRW 5:903 (Heuerkutsche); Grimm 10:1285 (Heuerkutsche); RheinWb 3:602

Heuerling Häuerling, Heurling **1.** 'Arbeiter an einem Gutshof, der gegen Arbeitsleistung ein kleines Haus als Wohnung, Garten und etwas Ackerland als Pächter nutzen kann'; bes. in Niedersachsen; sie waren nicht als Bauern anerkannt und hatten auch wegen der Zunftordnung keinen Zugang zum Handwerk. Viele arbeiteten im Sommer als Saisonarbeiter in Holland. Das System der Heuerlinge bestand seit dem Spätmittelalter bis in die 1960er Jahre. **2.** 'Söldner' ❖ Ableitung von *Heuer*, aus niederdt. *hure* 'Heuer, Miete, Pacht'
Syn: Heuermann, KLEINBAUER*, Mietling, Mietmann

Lit: Barth 1:417; DRW 5:904; Grimm 10:1285; Krünitz 23:293; Riesener (1991); Schiller-Lübben 2:336

Heuermann Häuermann, Heuersmann **1.** ↗ 'Heuerling'. **2.** 'Person, die Pferde vermietet'
FN: Heuermann
W: Mann
Syn: Heuerling, KLEINBAUER*

Lit: Barth 1:417; DRW 5:905; DudenFN 328; Gottschald 249; Grimm 10:1286; Krünitz 23:293; Linnartz 95

Heuersmann ↗ Heuermann

Heuger ↗ Heuer

Heugeschirrmacher 'Handwerker, der Werkzeuge für die Heuarbeit herstellt, d.s. Rechen und Gabeln'; bes. in Südwestdeutschland und Vorarlberg; oft als Störarbeit (Arbeit am Bauernhof) ausgeübt ❖ zu mhd. *geschirre* 'Geschirr, Gerät, Werkzeug'
W: Geschirrmacher

Lit: Benvenuti (1996); Bereuter (2011) 203

Heukenmacher ↗ Hoiker

Heumeister 'Beamter an einem Fürstenhof, der für das im Pferdestall benötigte Heu zuständig ist'
W: Meister

Lit: Adelung 2:1163

Heumesser 'Beamter, der den Heustock zu messen hat'
FN: Heumesser
W: Messer

Lit: DRW 5:914; Idiotikon 4:459; SchwäbWb 3:1557

Heurling ↗ Heuerling

Hexelschneider ↗ Häckselschneider

Hey ↗ Hei

Heychlmacher ↗ Hachelmacher

Heyducke ↗ Heiduck

Heykenmacher ↗ Hoiker

Heyker ↗ Hoiker

Hiebler ↗ Huber

Hienertrager ↗ Hühnerträger

Hiepenbäcker ↗ Hippenbäcker

Hiepenbecker ↗ Hippenbäcker

Hiersknauer ↗ Hirseknauer

Hiersknäuer ↗ Hirseknauer

Hierskneuer ↗ Hirseknauer

Hilgenmaler ↗ Heiligenmaler

Hilgensnider ↗ Heiligenschneider

Himmeter ↗ Himpter

Himptenmacher Hemptenmacher, Himptenmaker, Himtenmacher 'Böttcher, der ein hölzernes Getreidemaß herstellt'; in Niedersachsen; zu *Himpten, Himpen*, ein Getreidehohlmaß regional unterschiedlicher Größe ❖ zu mnd. *hemete* 'Himten'; Herkunft unsicher, vielleicht zu mlat. *emina*, Bezeichnung für verschiedene Hohlmaße
FN: Hemptenmacher, Himptenmacher, Himptemacher, Hemptenmaker, Hindemacher
Syn: BÖTTCHER, Himpter
Lit: Adelung 2:1180 (Himpten); Barth 1:419; Diefenbach 200; DRW 5:981; Gottschald 246; Grimm 10:1371; Linnartz 94, 96; Volckmann (1921) 164

Himptenmaker ↗ Himptenmacher

Himpter Himmeter, Himptler ↗ Himpenmacher
FN: Hemmeter, Hemeter, Hempter, Hemtler
Syn: Himptenmacher
Lit: Barth 1:419; DRW 5:980 (Himpten); Gottschald 246; Linnartz 94

Himptler ↗ Himpter

Himtenmacher ↗ Himptenmacher

Hindersaß ↗ Hintersasse

Hinersäßer ↗ Hintersasse

Hingeber 1. 'Verkäufer, Übergeber'. 2. 'Salzverkäufer, -auslieferer'; im engeren Sinn ❖ zu *hingeben* in der Bedeutung 'durch Verkauf veräußern'
Syn: SALZHÄNDLER*
Lit: Barth 1:420; DRW 5:1010; Fellner 271; Grimm 10:1435 (hingeben), 1437; Schraml (1932) 250

Hinterfürmacher 'Handwerker, der eine Art von Kopfbedeckungen für Frauen herstellt'; sie bestand aus dicht aneinander gesetzten Bandschleifen, die den Haarwuchs größer erscheinen ließen, manchmal auch mit Pelz verbrämt und daher ähnlich einer Bärenmütze; da sie *hinten* und *vorn* gleich aussah, konnte sie von hinten oder vorn aufgesetzt werden; bes. schweiz. ❖ zu mhd. *hinder, hinter* und *vür, vüre* 'vor, nach vorne'
Syn: HUTMACHER*
Lit: DRW 5:1041; Idiotikon 1:964; Idiotikon 4:50

Hintersaß ↗ Hintersasse

Hintersäß ↗ Hintersasse

Hintersasse Hindersaß, Hinersäßer, Hintersaß, Hintersäß, Hintersässer 1. 'Kleinbauer, der ein Haus ohne oder mit nur wenig Grund besitzt'. 2. 'unter der [adeligen] Grundherrschaft stehender [Klein]bauer'; ein Abhängigkeitsverhältnis „hinter" einer Herrschaft kann ein freier Bauer unter dem Vogt oder ein Lehensnehmer unter dem Grundherrn sein ❖ mhd. *hindersæʒe, hin-*

dersëȝȝe 'der hinter jemand, in dessen Schutz angesessen ist, Hintersasse'
W: *Sasse*
Syn: Hintersiedler, KLEINBAUER*

Lit: Adelung 2:1198; Barth 1:420; DRW 5:1052; Idiotikon 7:1352; Pies (2005) 24; Schmeller 2:331

Hintersässer ↗ Hintersasse

Hintersattler ↗ Hintersiedler

Hintersättler ↗ Hintersiedler

Hintersedel ↗ Hintersiedler

Hintersedler ↗ Hintersiedler

Hintersiedel ↗ Hintersiedler

Hintersieder ↗ Hintersiedler

Hintersiedler Hintersattler, Hintersättler, Hintersedel, Hintersedler, Hintersiedel, Hintersieder 'vom Grundherrn abhängiger Kleinbauer' ❖ mhd. *hindersidele* 'Hintersasse'; die Varianten sind regionale Ausprägungen
Syn: Hintersasse, KLEINBAUER*

Lit: Adelung 2:1199; Barth 1:420; DRW 5:1057, 1059; Grimm 10:1515, 1517; Krünitz 23:576, 577; Meyers Lexikon 6:356; Pies (2005)

Hipp ↗ Hipper

Hippe ↗ Hipper

Hippemann ↗ Hippenmann

Hippenbäcker Hiepenbäcker, Hiepenbecker, Hüppenbacher 'Bäcker, der Hippen (Oblaten, zusammengerollte Waffeln) backt' ❖ zu mhd. *hipe* 'Waffel; zusammengerollter oblatenförmiger Kuchen'
FN: Hüpenbecker
W: *BÄCKER**
Syn: Hippenmacher, Hipper, Hohlhippenbäcker, Hohlhipper

Lit: Barth 1:420; DRW 5:1079; Gottschald 252; Grimm 10:1553; Krünitz 23:580 (Hippe)

¹**Hippenmacher** ↗ 'Hippenbäcker'
Syn: Hippenbäcker, Hipper, Hohlhippenbäcker, Hohlhipper

Lit: Barth 1:420

²**Hippenmacher** ↗ Happenmacher

Hippenmann Hippemann, Hippmann 'Hippenverkäufer' ❖ mhd. *hipenman* 'Hippenbäcker, -verkäufer'
W: *Mann*
Syn: Hipper, Hohlhipper

Lit: Barth 1:4210; DRW 5:1079

Hipper Hipp, Hippe, Hippler, Hippner 'Hippen-, Waffelbäcker, -verkäufer' ❖ zu mhd. *hipe* 'Waffel; zusammengerollter oblatenförmiger Kuchen'
FN: Hipper, Hippler, Hippner, Hipp, Hippe, Hiepler, Hipler
Syn: BÄCKER*, Hippenbäcker, Hippenmacher, Hippenmann, Hohlhippenbäcker, Hohlhipper

Lit: Barth 1:421; DRW 5:1079; DudenFN 331; Gottschald 252; Linnartz 96

Hippler ↗ Hipper

Hippmann ↗ Hippenmann

Hippner ↗ Hipper

Hirschhorndrechsler ↗ *Drechsler*

Hirseknauer Hiersknauer, Hiersknäuer, Hierskneuer, Hirsknauer, Hirsknäuer 'Person, die Hirse dörrt und in einer Stampfmühle zerstampft, bis sich die Schale löst' ❖ zu *knauen* 'stampfen' (oberdt.)

Lit: Adelung 2:1210; Barth 1:421; Grimm 10:1572; Grimm 11:1365 (knauen); Krünitz 23:811; Pies (2002d) 14, 22

Hirsknauer ↗ Hirseknauer

Hirsknäuer ↗ Hirseknauer

Hirt Hirte, Hirter; lat. *armentarius, pastor* Urspr. bezeichnet *Hirt* allgemein eine Person, die über Personen oder Sachen wacht, später eingeengt auf die Aufsicht über Haustiere (Vieh, Pferde, Schweine, Schafe). Im Besonderen ist der *Hirt* ein 'Angestellter der Gemeinde oder Markgenossenschaft' ❖ mhd. *hirt, hirte* 'Hirte', Ableitung von *Herde*
FN: Hirt, Hirte, Hirter, Hirth, Hirthe, Hirtl
W: Eschhirt, Feldhirt, Galthirt, Gemeinhirt, Großhirt, Kleinhirt, Kobelhirt, Nachthirte, Sauhirt, Schmalhirt, Taghirte, Wildenhirt, Wildhirt
Syn: Harder, Hutmann, Masthirt, Quickharder

Lit: Adelung 2:1210; Barth 1:421; Diefenbach 49, 416; DRW 5:1083; DudenFN 331; Frühmittellat. RWb; Gottschald 252; Grimm 10:1572; Krünitz 24:1; Linnartz 96; Pies (2005)

Hirte ↗ *Hirt*

Hirter ↗ *Hirt*

Histrione 'Schauspieler, Komödiant'; in der römischen Antike ❖ lat. *histrio*, Genitiv *histrionis* 'Schauspieler'
Syn: GAUKLER, Spielmann

Lit: Barth 2:128; Diefenbach 279; DudenGWDS; Frühmittellat. RWb

¹Hitzläufer Hetzläufer, Hitzlöper 'Bernsteinsammler'; Bernstein wurde auf Sandbänken (*Hitzbank*) der friesischen Inseln bei Ebbe gesammelt ❖ aus *Hitzsand* 'Sandbank', zu friesisch *hitz* 'weiß'
W: Läufer

Lit: Barth 1:422; Meyers Lexikon 9:386

²Hitzläufer ↗ Hetzläufer

Hitzlöper ↗ Hitzläufer

Hobeman ↗ Hofmann

Hoboist ↗ Hautboist

Hochgraf Hochgreve 'übergeordneter Richter, Oberrichter; ↗ Gaugraf mit hoher Gerichtsbarkeit'
W: *Graf*

Lit: Adelung 2:1225; DRW 5:1123; Grimm 10:1622; Krünitz 24:64

Hochgreve ↗ Hochgraf

Hochwirker 1. 'Holzarbeiter im Hochgebirge'. 2. 'Frächter, der das für den Salzbergbau erforderliche Holz mit Ochsenfuhrwerken von einem Lagerplatz zum Salzberg transportiert'
W: *Wirker*

Lit: DRW 5:1145; Fellner 272

HOCHZEITBITTER Hochzeitsbitter 'Person, die die Einladungen zu Hochzeiten überbringt [und die Hochzeit organisiert]'; zu *bitten* i. S. v. 'bitten zu kommen, mitzufeiern'
Syn: Heiratsmann, Hochzeitlader, Köstenbitter, Leutbitter, Platzmeister, Prokurator, Umbitter, Umsäger

Lit: Barth 1:424; DRW 5:1151; WBÖ 3:239

Hochzeitlader Hochzeitslader; lat. *paranymphus, procurator* 'Person, die die Einladungen zu Hochzeiten überbringt [und die Hochzeit organisiert]' ❖ zu mhd. *lader* 'der einladet (zum Tanze)'
Syn: HOCHZEITBITTER

Lit: Barth 1:424; Diefenbach 412; Grimm 10:1645; Idiotikon 3:1046; Schmeller 1:1045

Hochzeitsbitter ↗ HOCHZEITBITTER

Hochzeitslader ↗ Hochzeitlader

Hochzinser 'abhängiger Bauer, der nur mit dem Zins für die Hufe, nicht aber mit Arbeitsleistungen belastet ist' ❖ zu mhd. *zins* 'Abgabe, Tribut, Zins'; mhd. *zinsære, zinser* 'Zinsgeber, Zinspflichtiger'
W: *BAUER*, Zinser

Lit: Barth 1:424; DRW 5:1159

Hocke ↗ Höker

Höcke ↗ Höker

Hockener ↗ Höker

Hocker ↗ Höker

Höcker ↗ Höker

Hodel ↗ Hodler

Hödel ↗ Hodler

Hodeler ↗ Hodler

Hodenschneider Hodensnyder **1.** 'herumziehender Chirurg, der Hoden- und Bruchoperationen durchführt'. **2.** 'Tierkastrierer'
W: SCHNEIDER
Syn: CHIRURG, KASTRIERER
Lit: Barth 1:424; DRW 5:861; Idiotikon 9:1132

Hodensnyder ↗ Hodenschneider

Hodler Hodel, Hödel, Hodeler, Hödler, Hödlinger **1.** 'herumziehender Kleinhändler'. **2.** 'Händler mit landwirtschaftlichen Produkten, bes. Getreide'. **3.** 'Fuhrmann, Säumer'. **4.** 'im Salzbergbau Träger, der das Salz [mit Saumtieren] abtransportiert'. **5.** 'Händler mit Alttextilien, Lumpensammler' ❖ zu *hodeln* 'handeln, bes. mit Getreide; Kleinhandel treiben'; vgl. mhd. *hodelros* 'Saumpferd'; 5.: auch zu mhd. *hudel, huder* 'Hader', *hader* 'zerrissenes Stück Zeug, Lumpe, Lappe'
FN: Hodler, Hödler, Hödl, Hodl
Syn: Hudler, LUMPENSAMMLER, Säumer
Lit: Barth 1:424; DRW 5:1160, 1161; DudenFN 332; Fellner 272; Gottschald 254; Grimm 10:1654 (Hode); Hornung (1989) 91; Idiotikon 2:991; Linnartz 97; Schmeller 1:1054; Volckmann (1921) 215

Hödler ↗ Hodler

Hödlinger ↗ Hodler

Hodtmaker ↗ HUTMACHER*

Hodtstofferer ↗ Hutstaffierer

Hodwalker ↗ Hutwalker

Hoedemaker ↗ HUTMACHER*

Hoedtfiltere ↗ Hutfilter

Hoedtstofferer ↗ Hutstaffierer

Hoefemann ↗ Hofmann

Hoeter ↗ Huter

Hoetfilter ↗ Hutfilter

Hoetstaffirer ↗ Hutstaffierer

Hoetvilter ↗ Hutfilter

Hofagent **1.** 'Geschäftsführer an einem Fürstenhof, der auch für Verwaltung und Wareneinkauf zuständig ist'; auch als Titel. **2.** 'Parteienvertreter bei Hof in Verwaltungsangelegenheiten' ❖ zu ital. *agente* 'Geschäftsträger' aus lat. *agens*, Partizip zu *agere* 'tun, handeln'
Syn: Hoffaktor, Hofjude, Kammerknecht
Lit: Adelung 2:1235; Barth 1:425; DRW 5:1179; GoetheWb 4:1324; Krünitz 24:140; Meyers Lexikon 6:414

Höfang ↗ HEBAMME*

Hofarbeiter **1.** 'Bauer, der als Leibeigener oder Abhängiger auf dem Hof der Herrschaft Frondienst leistet'. **2.** 'Arbeiter, der an einem herrschaftlichen Hof Arbeiten verrichtet'
W: Arbeiter
Lit: Adelung 2:1236; DRW 5:1182

Hofbäcker Hofbecker **1.** 'Bäcker, der für den Hof eines Fürsten backt'. **2.** 'Bäcker, der unter dem Schutz des Hofes backt'
W: BÄCKER*, Reisehofbäcker
Ggs: Mundbäcker
Lit: Adelung 2:1236; Barth 1:425; Grimm 10:1659; Krünitz 24:141

Hofbauer lat. *villicus* **1.** 'Bauer, der als Abhängiger zum Gut eines Grundherrn oder zu einem adeligen Hof gehört'. **2.** 'freier Bauer, der einen ganzen Hof besitzt oder in Pacht hat' ❖ mhd. *hovebûr* 'Pächter eines Hofgutes'

FN: Hofbauer
W: *Bauer*
Syn: Freibauer, Höriger, Vollbauer

Lit: Adelung 2:1236; Barth 1:425; Diefenbach 619; DRW 5:1185; DudenFN 332; Frühmittellat. RWb; Gottschald 254; Grimm 10:1660; Hornung (1989) 72

Hofbecker ↗ Hofbäcker

Hofbedienter 'Angestellter an einem herrschaftlichen Hof; Hofbeamter'
W: *Bedienter*

Lit: Barth 1:425; DRW 5:1186; Grimm 10:1660

Hofdame 'adelige Frau im Dienste einer Fürstin'

Lit: Barth 1:425; DRW 5:1195; Grimm 10:1661

Hofegärtner ↗ Hofgärtner

Hofeman ↗ Hofmann

Hofemann ↗ Hofmann

Hofener ↗ Höfner

Höfener ↗ Höfner

Hofer Höfer 1. 'Besitzer eines Bauernhofes einer bestimmten bäuerlichen Grundeinheit'. 2. 'Bauer, der zu einem herrschaftlichen Hof gehört' ❖ mhd. *hovære, hoffer, höffer* 'Inhaber eines Hofes', ausgehend von einem 'überhöhten, eingezäunten Platz' entwickelte sich die Bedeutung 'bäuerliches Anwesen' und später unter Einfluss von franz. *cour* 'fürstliche Residenz'
FN: Hofer, Höfer, Hoffer, Höffer, Hoferer
W: *Sedelhöfer*

Lit: Barth 1:425; DRW 5:1202; DudenFN 332, 333; Gottschald 255; Grimm 10:1664; Hornung (1989) 72; Krünitz 24:133 (Hof); Linnartz 97

Höfer ↗ Hofer

Hoffactor ↗ Hoffaktor

Hoffaktor Hoffactor 1. 'technischer Leiter und Geschäftsführer an einem Fürstenhof, der auch für den Wareneinkauf zuständig ist'. 2. 'Kaufmann, der Fürsten Kapital, Waren und Luxusgüter bereitstellt'; häufig Juden, die dafür Schutzrechte erhielten (sogenannte ↗ Hofjuden wie z.B. Josef Oppenheimer, genannt Jud Süß)
W: *Faktor*
Syn: Hofagent, Hofjude, Kammerknecht

Lit: Barth 1:426; DRW 5:1204; GoetheWb 4:1326

Hoffener ↗ Höfner

Hoffmann ↗ Hofmann

Höffner ↗ Höfner

Hoffsmitt ↗ Hufschmied

Hoffurier ↗ Fourier

Hofgänger 'im Dienst eines ↗ Inmannes stehender landwirtschaftlicher Hilfsarbeiter'
W: *Gänger*
Syn: Inmann

Lit: Barth 1:426; Meyers Lexikon 6:428

Hofgärtner Hofegärtner 1. 'von Hofdiensten befreiter Kleinbauer'; bes. in Schlesien. 2. 'Landschaftsarchitekt an herrschaftlichen Höfen'; ihre Aufgabe war die Planung der Gärten sowie die Verwaltung einschließlich Anbau von Obst und Gemüse für den Hof. Bildungsreisen zu in- und ausländischen Gartenanlagen gehörten zur Ausbildung. Oft war ein Hofgärtnerhaus im Park gesellschaftlicher Treffpunkt
FN: Hofgärtner
W: *Gärtner*
Syn: Kleinbauer*

Lit: Barth 1:426; DRW 5:1213; Gottschald 254; Krünitz 46:284

Hofgraf Hofgräf, Hofgräff 'Richter im kaiserlichen Hofgericht'
W: *Graf*

Lit: Adelung 2:1241; Grimm 10:1680; Krünitz 24:164

Hofgräf ↗ Hofgraf

Hofgräff ↗ Hofgraf

Hofhäringer ↗ Heringer

Hofierer 'Musikant, Spielmann, Vortänzer'; zu *hofieren* 'sich höfisch benehmen; durch Künste und Unterhaltung den Hof machen; tanzen, musizieren' ❖ mhd. *hovierer, hofierer* 'Spielmann'
Syn: GAUKLER, Spielmann
Lit: DRW 5:1245; Grimm 10:1681

Hofintendant ↗ Intendant

Hofjude 1. 'jüdischer Kaufmann und Finanzfachmann, der an einem Fürstenhof Waren- und Geldgeschäfte abwickelt'; er stand dafür unter dem Schutz des Fürsten. **2.** 'Juwelier im Dienst des Hofes'. **3.** 'Jude, der als Viehhändler und Makler sowie nebenbei auch als Heiratsvermittler tätig ist'
Syn: Hofagent, Hoffaktor, Kammerknecht
Lit: Adelung 2:1244; DRW 5:1248; Grimm 10:1686; Krünitz 24:166

Hofkastner 1. 'Verwalter des Vorratslagers eines Hofes'. **2.** 'Beamter, der die Salzlagerstätten verwaltet und die An- und Ablieferung des Salzes kontrolliert sowie für die Versorgung der Arbeiter mit Getreide und Lebensmitteln zuständig ist'
W: Kastner
Lit: DRW 5:1264; Patocka (1987) 12; Schraml (1932) 3

Hofkörer ↗ Körer

Hofmann Hobeman, Hoefemann, Hofeman, Hofemann, Hoffmann, Hofsmann **1.** 'selbstständiger oder abhängiger Besitzer oder Pächter eines Bauernhofes'. **2.** 'Gutsverwalter'. **3.** 'Angestellter auf einem herrschaftlichen Hof' ❖ mhd. *hoveman* 'Diener am Hofe eines Fürsten; der zu einem Hof Gehörige, ein Gehöft bewohnender Bauer'
FN: Hofmann, Hoffmann, Hovemann, Hohmann, Havemann
W: Mann
Syn: Höfner

Lit: Adelung 2:11246; Barth 1:427; DRW 5:1282; DudenFN 333; GoetheWb 4:1346; Gottschald 255; Grimm 10:1692; Krünitz 24:168; Kunze 71, 111, 133; Linnartz 97; Pies (2005) 9

Hofmarschall 1. 'hoher Beamter eines herrschaftlichen Hofes, der für die gesamte Verwaltung zuständig ist'; die Behörde ist das *Hofmarschallamt*; in späterer Zeit ein Ehrentitel. **2.** 'Beamter, der für die Bewirtung der Gäste des Hofes zuständig ist'
W: Marschall
Syn: Saalmeister
Vgl: Hausmarschall
Lit: Adelung 2:1247; Grimm 10:1693; Krünitz 85:63; Palla (1994) 136

Hofmeier Hofmeyer **1.** 'Verwalter eines Landguts oder der herrschaftlichen Meierhöfe'. **2.** 'Bauer, der einen Hof als Lehen bewirtschaftet'
W: Meier
Syn: *BAUER*, Hofmeister, *Lehner*, Major
Lit: Adelung 2:1247; Barth 1:427; DRW 5:1296; Grimm 10:1693; Krünitz 24:168

Hofmeister Hovemester **1.** 'Angestellter an einem Fürstenhof, der die Aufsicht über die Verwaltung und den Hofstaat hat'. **2.** 'Richter an einem preußischen Hofgericht'. **3.** 'Verwalter eines Landgutes'. **4.** 'Erzieher und Hauslehrer der Kinder in einem herrschaftlichen Haushalt'. **5.** 'Privatlehrer in einer bürgerlichen Familie'. **6.** 'auf Schiffen der Verwalter eines Decks'. **7.** 'Verwalter eines kirchlichen Krankenhauses oder Frauenklosters' ❖ mhd. *hovemeister* 'Aufseher über die Hofdienerschaft, über den Hofhalt eines Fürsten, eines Klosters; Oberknecht'; mnd. *hovemester* 'Aufseher (über eine Hofhaltung)'
FN: Hofmeister, Hoffmeister, Homeister, Hopfmeister, Havemeister, Havemester (beide niederdt.)
W: °Erbhofmeister, Haushofmeister, *Meister*, Pagenhofmeister
Syn: Bubenmeister, Hofmeier, Informator, Kinderlehrer, Kindermeister, Major, *Meier*, Sittenmeister

Lit: Adelung 2:11247; Barth 1:427; DudenFN 333; Gottschald 255; Grimm 10:1693; Idiotikon 4:516; Krünitz 24:169; Linnartz 97; Palla (1994) 136; Schiller-Lübben 2:313

Hofmeyer ↗ Hofmeier

Höfner Hofener, Höfener, Hoffener, Höffner, Hovener, Hövener 1. 'Bauer, der einen ganzen Bauernhof besitzt'; meist mit dem Besitz von Pferdegespannen verbunden. 2. 'Höriger an einem Herrenhof'; in Westfalen ❖ mnd. *hovener* 'Hüfner, Hübner'
FN: Höfner, Hofner, Höffner
W: Halbhöfner, Vollhöfner
Syn: Hofmann, *Hüfner*

Lit: Adelung 2:1237; Barth 1:425; DudenFN 333; Gottschald 255; Grimm 10:1664; Krünitz 24:104; Schiller-Lübben 2:314

Hofpfeifer ↗ Pfeifer

Hofprediger lat. *concionator [aulicus]*, *contionator* 'an einem adeligen Hof angestellter Prediger'

Lit: Adelung 2:1249; Barth 1:427; Diefenbach 139; Grimm 10:1695; Krünitz 24:210

Hofrat Hofrath 1. 'Beisitzer an einem Hofgericht'. 2. 'Mitglied eines Beratungsgremiums des Fürsten in Regierungs- und Verwaltungsangelegenheiten'; später als Titel verliehen, bes. noch in Österreich als Amts- und Ehrentitel ❖ mhd. *hoverât* 'Rat eines Fürsten'
Syn: DINGWART, Geheimrat

Lit: Adelung 2:1249; Barth 1:427; Grimm 10:1693; Krünitz 24:210; Palla (1994) 138

Hofrath ↗ Hofrat

Hofrichter 1. 'Richter an einem Hofgericht'; d.i. das oberste Gericht des Kaisers oder eines Landesfürsten. 2. 'vom Grundherrn eingesetzter Richter auf einem adeligen Gutshof (Sedelhof)' ❖ mhd. *hoverihter* 'Hofrichter', mnd. *hovesrichter* 'Richter eines Sedelhofes'
FN: Hofrichter, Hoffrichter, Hoferichter
W: *Richter*

Lit: Adelung 2:1249; Barth 1:427; DudenFN 333; Gottschald 255; Idiotikon 6:451; Linnartz 97; Palla (1994) 139; Riepl (2009) 159; Schiller-Lübben 2:317; Schraml (1932)

Hofschmid ↗ Hofschmied

Hofschmied Hofschmid 1. 'Schmied, der in der Saline auf dem Pfannhausgelände arbeitet'; er war für die Herstellung der Sudpfannen und das Auswechseln abgenutzter Teile verantwortlich. 2. 'Schmied, der für den Fürstenhof oder in seinem Schutz arbeitet' ❖ zu mhd. *hof* 'Hof, umschlossener Raum beim Haus'
W: *Schmied*

Lit: Adelung 2:1242 (Hofhandwerker); Patocka (1987) 208; Schraml (1932) 209

Hofschreiber 1. 'Verwaltungsbeamter, Sekretär an einem herrschaftlichen Hof'. 2. 'Verwaltungsbeamter an einem Gutshof eines Grundherrn'. 3. 'Betriebsleiter des Salzerzeugungsbetriebs in Hallstatt und Leiter des gesamten Salzwesens im Salzkammergut'; er unterstand dem Salzamt in Gmunden
W: *Schreiber*
Syn: PFLEGER, Salzmeier, Salzverweser

Lit: Idiotikon 9:1540; Patocka (1987) 34, 78, 82; Schraml (1932) 122

Hofslagher ↗ Hufschläger

Hofsleger ↗ Hufschläger

Hofslegher ↗ Hufschläger

Hofsmann ↗ Hofmann

Hofsmid ↗ Hufschmied

Hofstädter ↗ Hofstätter

Hofstätter Hofstädter 1. 'abhängiger Bauer, der ein Haus ohne Acker besitzt und die Robot nur durch manuelle Arbeit verrichtet'; bes. in Österreich. 2. 'Besitzer einer Hofstatt'; d.i. der Grund und Boden, auf dem der Bauernhof mit den dazugehörigen Gebäuden steht ❖ mhd. *hovestat, hofstat*

'Grund und Boden, worauf ein Hof mit den dazugehörigen Gebäuden steht oder stehen könnte; ein Flächenmaß'
FN: Hofstätter, Hofstädter, Hofstetter, Hofstötter
Syn: *BAUER*, HÖRIGER
Lit: Adelung 2:1250; Barth 1:428; DRW 5:1360; DudenFN 333; Gottschald 254; Grimm 10:1701; Krünitz 24:213; Linnartz 98

Hofsvogt ↗ Hofvogt

Hofvogt Hofsvogt **1.** 'Vorgesetzter der Hörigen eines Hofes, der auch die Rechte des Leibeigentums für den Herrn wahrnimmt'. **2.** 'Verwalter eines herrschaftlichen Hofes'
W: *Vogt*
Lit: Adelung 2:1250; Barth 1:428; DRW 5:1366; Grimm 10:1703; Krünitz 24:214

Hogke ↗ Höker

Hogrefe ↗ Gaugraf

Höhenpilot 'Steuermann, der die Schiffe auf das hohe Meer hinaus- oder von dort hereinführt'; im Ggs. zu den Lotsen in Küstennähe
Lit: Adelung 2:1253; Grimm 10:1711; Krünitz 24:114

Hoher ↗ Haher

Hohlhippenbacher ↗ Hohlhippenbäcker

Hohlhippenbäcker Hohlhippenbacher 'Bäcker, der Hohlhippen herstellt'; d.s. gerollte, innen hohle Waffeln; gleichbedeutend mit *Hippe*; bes. in Österr.
W: *BÄCKER**
Syn: Hippenbäcker, Hippenmacher, Hipper, Hohlhipper
Lit: Ebner (2009) 178 (Hohlhippe)

Hohlhipper Hohlhippler **1.** 'herumziehender Verkäufer von Hohlhippen'. **2.** 'Waffelbäcker, der Hohlhippen herstellt'
Syn: Hippenbäcker, Hippenmacher, Hippenmann, Hipper, Hohlhippenbäcker
Lit: DRW 5:1401; Grimm 10:1718; Palla (1994) 139

Hohlhippler ↗ Hohlhipper

Hoicker ↗ Höker

Hoikenmacher ↗ Hoiker

¹Hoiker Heikenmacher, Heiker, Heukenmacher, Heykenmacher, Heyker, Hoikenmacher, Hoikmacher 'Handwerker, der Mäntel herstellt'; *Hoiken* sind bis zu den Füßen reichende und über den Kopf gezogene glockenförmige Mäntel, auch als Amts- und Standeskleidung üblich ❖ zu mnd. *hoike*, *heike*, *huke*, *hoke* 'Mantel, sowohl des Mannes als auch der Frau'; mhd. *hoike* 'glockenförmiger Mantel mit Kappe'
Syn: *SCHNEIDER*
Lit: DRW 5:1409; Grimm 10:1731; Meyers Lexikon 6:467 (Hoike); Schiller-Lübben 2:281

²Hoiker ↗ Höker

Hoikmacher ↗ Hoiker

Hoke ↗ Höker

Höke ↗ Höker

Höker Hocke, Höcke, Hockener, Hocker, Hogke, Hoicker, Hoiker, Hoke, Höke, Hokker, Mehlhöker; lat. *institor*, *penesticus* 'Kleinhändler mit einem Laden oder auf dem Marktplatz, bes. für Lebensmittel'; niederdt. ❖ zu mhd. *hucke* 'Traglast; Verkaufsladen, -platz'; mnd. *hoke*, *hoken*, *hoker* 'Kleinhändler, Krämer'
FN: Hoke, Höker, Höke, Hökner, Hooke, Hock, Hocke, Hocker, Hockler, Höck, Höcke, Höckel, Höckl, Höckler, Höcker, Höckner, Hoeckner, Heckner
W: Apfelhöker, Bierhöker, °Brothöker, Fischhöker, Gesthöker, °Gewürzhöker, Grünhöker, Heringshöker, °Käsehöke, °Käsehöker, Kleiderhöker, °Kohlhöker, Obsthöker, Schmerhöker, °Tobakshöke, Vollhöker, Vorhöker, Weinhöker
Syn: Hake, Hucker, *KRÄMER*
Lit: Adelung 2:1261; Barth 1:429, 646; Diefenbach 302, 422; DRW 5:1410; DudenFN 332; Frühmittel-

lat. RWb; Gottschald 253; Grimm 10:1651; Krünitz 24:115; Linnartz 96; Pies (2005) 78; Reith (2008) 79; Volckmann (1921) 6

Hokker ↗ Höker

Höllefeger ↗ Hellefeger

Hollenweber ↗ Hüllenweber

Holschemacher ↗ HOLZSCHUHMACHER

Holscher Hölscher, Holtscher, Hultscher 'Holzschuhmacher'; niederdt. ❖ zu mnd. *holske, holtsche, holsche* 'Holzschuh'
FN: Hölscher, Holscher, Hülscher, Hilscher, Hiltscher, Hultsch, Höltschi, Heltscher, Höllischer (diese Namen sind zum Teil direkt aus *Holzschuher* abgeleitet)
Syn: Holzschuher, HOLZSCHUHMACHER
Lit: Barth 1:429; DudenFN 336; Gottschald 257; Linnartz 99; Schiller-Lübben 2:288; Volckmann (1921) 162

Hölscher ↗ Holscher

Holskemaker ↗ HOLZSCHUHMACHER

Holtforster ↗ Holzförster

Holthawer ↗ HOLZHAUER

Holthouwer ↗ HOLZHAUER

Holtsager ↗ Holzsäger

Holtschenmaker ↗ HOLZSCHUHMACHER

Holtscher ↗ Holscher

Holtschomaker ↗ HOLZSCHUHMACHER

Holtsmit ↗ Holzschmied

Holtsnider ↗ Holzschneider

Holtvoged ↗ Holzvogt

Holtzeinschläger ↗ Holzeinschläger

Holtzschreiber ↗ Holzschreiber

Holzarker ↗ Arker

Holzaufseher 1. 'niedriger Forstbeamter'. 2. 'Aufseher über den Holzbestand eines Waldes und die Holzvorräte'. 3. 'Kontrolleur des Holztransports auf den Flößen'
W: *Aufseher*
Syn: FORSTKNECHT, Waldaufseher
Lit: DRW 5:1443; Grimm 10:1767

Holzaufsetzer 'beeideter Holzarbeiter oder Beamter, der das geschlagene Holz in Stößen mit vorgeschriebenen Maßen aufschichtet' ❖ zu *aufsetzen*, regional für 'aufschichten'
W: Aufsetzer
Syn: Holzeinschläger, Holzleger
Lit: Adelung 2:1269; Barth 1:429; DRW 5:1443; Grimm 10:1767; Krünitz 24:956

Holzauswäscher 'Arbeiter bei den Holzflößern, der das Holz an Land bringt'
W: *Wäscher*
Lit: Adelung 2:1269; DRW 5:1444

Holzbannwart ↗ Bannwart

Holzbauer 'Bauer, der hauptsächlich Waldwirtschaft betreibt'
FN: Holzbauer
W: BAUER
Lit: Adelung 2:1269; Barth 1:429; DRW 5:1446; Grimm 10:1767; Krünitz 24:957; Linnartz 99

Holzbeschauer ↗ *Beschauer*

Holzbinder 'Arbeiter im Salzbergbau, der Holz, Schilf und Stroh zu Bündeln bindet'
W: *Binder*
Lit: Adelung 2:1269; Grimm 10:1768

Holzbitschenmacher ↗ Bitschenmacher

Holzbitzler ↗ Bitzler

Holzdörrer ↗ Dörrer

Holzdrahthobler 'Handwerker, der Holzdrähte herstellt'; drahtähnliche dünne Holzstäbchen wurden gewonnen, indem man mit einem Handhobel, der statt der Hobeleisen scharfkantige Röhrchen aus Metall hatte, über ein Holzstück hobelte. Sie wurden für Zündhölzer, Zahnstocher, Tischläufer, Untersetzer, Jalousien usw. verwendet. Das Handwerk zählte zu den typischen Handwerken in Waldgegenden, z.B. im Bayerischen Wald, und wird noch in Museumsdemonstrationen ausgeübt

Lit: Meyers Lexikon 9:1907 (Holzdraht)

Holzdrechsler ↗ *Drechsler*

Holzdreher ↗ *Dreher*

Holzeinschläger Holtzeinschläger **1.** 'Holzfäller, der beim Holzeinschlag, dem planmäßigen Fällen der Bäume, beschäftigt ist'. **2.** 'Holzarbeiter, der das geschlagene Holz in Stößen mit vorgeschriebenen Maßen aufschichtet'
W: Einschläger
Syn: Holzaufsetzer

Lit: Adelung 2:1270; Barth 1:430; DRW 5:1457; Zedler 13:694

Holzenschuemacher ↗ HOLZSCHUHMACHER

Holzer Hölzer **1.** 'Arbeiter, der im Wald Bäume fällt'; bes. oberdt. noch gebräuchlich. **2.** 'Holzschuhmacher'; selten ❖ mhd. *holzer, holzler* 'Holzhauer'
FN: Holzer, Hölzer, Holzner, Hölzner, Holzen, Hölzl, Hölzel, Hölzle
W: Bannholzer
Syn: HOLZHAUER, HOLZSCHUHMACHER

Lit: Barth 1:429; Diefenbach 329; DudenFN 337; Frühmittellat. RWb (Adj.); Grimm 10:1771; Idiotikon 2:1266; Schmeller 1:1105

Hölzer ↗ *Holzer*

Holzfactor ↗ *Holzfaktor*

Holzfaktor Holzfactor **1.** 'Bediensteter eines fürstlichen Aufbewahrungsraumes für Einkünfte und das persönliche Vermögen'. **2.** 'Aufsichtsbeamter über die Forste'
W: Faktor

Lit: DRW 5:1462

Holzfärber ↗ *Färber**

Holzförster Holtforster 'Förster, der die Aufsicht über das Holz, nicht das Wild, hat'
Syn: Waldförster

Lit: Adelung 2:1271; Barth 1:430; DRW 5:1464; Grimm 10:1772; Kehr (1964); Krünitz 24:959

Holzgäumer ↗ *Gaumer*

Holzgenoss ↗ *Holzgenosse*

Holzgenosse Holzgenoss 'Teilhaber an einer Waldgenossenschaft'
W: Genosse
Syn: MARKGENOSSE

Lit: DRW 5:1472; Idiotikon 4:821

Holzgeschworener 'Aufseher über die [Gemeinde]waldungen'; als Assistent des ↗ Holzgrafen
W: Geschworener, °Holzgeschworner

Lit: DRW 5:1475; Idiotikon 9:2113

Holzgeschworner ↗ *Holzgeschworener*

HOLZGRAF Holzgrefe **1.** 'Vorsitzender und Richter in einem Holzgericht'. **2.** 'Vorsitzender einer Markgenossenschaft'. **3.** 'Grundherr einer Holzmark'. **4.** 'Waldaufseher' — eine *Holzmark* ist ein abgegrenztes Waldgebiet im Besitz oder mit Nutzungsrechten einer Gemeinde oder von Privatpersonen ❖ mhd. *holzgrâve* 'Waldrichter'
FN: Holzgraf, Holzgrafe, Holzgräfe, Holzgraefe, Holzgrebe, Holzgreve, Holzgreff, Holtgrewe, Holdgrewe, Holtgrefe, Holtgreife, Holtgreve
W: Graf
Syn: Forstgraf, Holzherr, Holzrichter, Holzvogt, Markherr, Markrichter, Waldbote, Waldgraf, Waldherr

Lit: Adelung 2:1271; Barth 1:430; DRW 5:1496; DudenFN 336, 337; Gottschald 218; Grimm 10:1773; Kehr (1964) 188; Krünitz 24:961; Linnartz 99

Holzgrefe ↗ Holzgraf

Holzhauer Holthawer, Holthouwer, Holzhauwer 1. 'Holzarbeiter, der die Bäume fällt und ins Tal schafft'; bes. der Transport, oft über Riesen (Rutschanlagen), war gefährlich und erforderte großes Können. In Bergbaugebieten mit hohem Holzbedarf hatten die Holzhauer ein hohes Prestige und mehr Rechte. 2. 'Holzhacker, der die Scheite spaltet' ❖ mhd. *holzhouwer* 'Holzhauer'
FN: Holzhauer
W: Hauer
Syn: Baumhauer, Forstknecht, Holzer, Holzknecht, Holzmann, Holzschläger, Maißer, Waldknecht

Lit: Adelung 2:1272; Barth 1:430; DudenFN 337; Grimm 10:1774; Kretschmer 234; Krünitz 24:962; Linnartz 99; Palla (2010) 96

Holzhauwer ↗ Holzhauer

Holzhay ↗ Holzhei

Holzhei Holzhay, Holzheie 'Beamter, der einen Forstbezirk zu bewachen hat und das Wild versorgt'
FN: Holzhai, Holzhei, Holzhey, Holzheu
W: Hei
Syn: Waldhei, Waldhüter

Lit: Gottschald 257; Grimm 10:1774 (nur Holzschlägel); Heintze (1922) 139; Linnartz 99; Schmeller 1:795

Holzheie ↗ Holzhei

Holzherr 1. 'Ratsherr im Salzwesen, der für die Holzversorgung zuständig ist'. 2. 'Grundherr und Richter einer Holzmark'
W: Herr
Syn: Forstherr, Holzgraf, Markherr, Waldherr

Lit: Adelung 2:1272; Barth 1:430; Grimm 10:1774; Krünitz 24:962

Holzkämmerer ↗ Kämmerer

Holzknecht 1. 'Holzarbeiter, Holzhacker'. 2. 'Bergmann, der bei der Holzversorgung beschäftigt ist'. 3. 'unterer Forstbeamter' ❖ mhd. *holzknëht* 'Knecht, der Holz aus dem Walde führt'
FN: Holzknecht
W: Forstknecht, Knecht
Syn: Holzhauer

Lit: Adelung 2:1273; Barth 1:430; DRW 5:1489; Gottschald 257; Grimm 10:1774; Kehr (1964) 189; Krünitz 24:964; Linnartz 99; Schraml (1934) 398

Holzknopfmacher ↗ Knopfmacher

Holzleger 'Beamter, der das aufgeschichtete Holz misst und den Handel überwacht'
W: Leger
Syn: Holzaufsetzer

Lit: Adelung 2:1274 (Holzmesser); Barth 1:430; DRW 5:1493; Grimm 10:1775; Krünitz 24:964

Holzmaißer ↗ Maißer

Holzmanger ↗ Holzmenger

Holzmann lat. *lignarius* 1. 'Holzhändler'. 2. 'Holzarbeiter, Holzhacker'. 3. 'Handwerker, der mit Holz arbeitet, bes. Zimmermann' ❖ mhd. *holzman* 'Holzarbeiter, Holzhauer'
FN: Holzmann, Holtzmann, Holtmann, Holtman (meist für einen am Wald wohnenden Menschen)
W: *Mann*
Syn: Holzhauer, Holzmenger

Lit: Barth 1:430; Diefenbach 329; DRW 5:1496; DudenFN 337; Gottschald 257; Grimm 10:1776; Linnartz 100; Schmeller 1:1104

Holzmeier Holzmeyer 1. 'niederer Forstbeamter, der einen Forstbezirk betreut und zu bewachen hat'. 2. 'Totengräber' ❖ mhd. *holzmeier* 'Totengräber'
FN: Holzmeier, Holzmair, Holzmaier, Holzmayr, Holzmayer, Holzmeyer
W: *Meier*
Syn: Forstknecht, Waldhüter

Lit: DRW 5:1500; Grimm 10:1777; Linnartz 100

Holzmeister 1. 'Zimmermann'; kommt im veralteten Sprachgebrauch noch vor. 2. 'Unternehmer, der die Schlägerungen und den

Transport des Holzes besorgt'; in der Schifffahrt und Flößerei sowie in der Salzgewinnung des oberösterreichischen Salzkammergutes. 3. 'Vorarbeiter bei den Holzfällern' ❖ mhd. *holzmeister* 'Waldhüter'
FN: Holzmeister
W: *Meister*
Syn: ZIMMERMANN

Lit: Adelung 2:1274; Barth 1:430; Grimm 10:1777; Hornung (1989) 73; Krünitz 24:964; Linnartz 100; Neweklovsky (1964) 545; Patocka (1987) 273; Schraml (1932) 34, 373

Holzmenger Holzmanger 'Holzkleinhändler'
FN: Holzmenger, Holtzmenger
W: *Menger*
Syn: Holzmann

Lit: Barth 1:430; DRW 5:1502; Gottschald 257; Linnartz 100; Volckmann (1921) 160

Holzmesser 'vereidigte Person, die das Holz vor dem Verkauf misst und in Klafter legt'; Klafter war das häufigste Holzmaß (1,90 m lang, 0,9 m breit, 0,6 m hoch)
Syn: Holzrichter, Holzsetzer

Lit: Adelung 2:1274; Barth 1:430; Grimm 10:1777; Krünitz 24:622; Palla (1994) 141

Holzmeyer ↗ Holzmeier

Holzmüller Holzmüllner 1. 'Betreiber oder Vorgesetzter einer Sägemühle'. 2. 'Arbeiter, der Baumstämme zu Brettern schneidet'
FN: Holzmüller
W: *Müller*
Syn: BRETTSCHNEIDER

Lit: Barth 1:430; DudenFN 337; Gottschald 257; Linnartz 100

Holzmüllner ↗ Holzmüller

Holzreißer 'Arbeiter, der Holz zu Schindeln spaltet oder zu Spänen reißt und Spanschachteln, Siebränder u.Ä. herstellt' ❖ zu mhd. *rîʒen* 'reißen, zerreißen'
Syn: HOLZSPALTER

Lit: Barth 1:430; DRW 5:1508; Grimm 10:1778; PfälzWb 3:1163

Holzreiter Holzreuter 'berittener Forstaufseher'
W: *Reiter*
Syn: FORSTBEREITER

Holzreuter ↗ Holzreiter

Holzrichter 1. 'Richter oder Beisitzer eines Holzgerichts'. 2. 'Person, die das Holz vor dem Verkauf misst und in Klafter legt' ❖ 1.: zu *Recht*; 2.: zu *richten* i. S. v. 'in eine gerade Linie bringen, senkrecht aufstellen, aufrichten', mhd. *rihten* 'aufrichten, aufstellen'
FN: Holzrichter
W: *Richter*
Syn: DINGWART, HOLZGRAF, Holzmesser, Holzsetzer

Lit: Adelung 2:11274; Barth 1:430; DRW 5:1508; Grimm 10:1778

Holzringer Holzringler 'Arbeiter, der das vom Wasser angeschwemmte Holz einsammelt und nach gutem oder schlechtem Holz sortiert' ❖ zu mnd. *ringen* '(das Schlechte) ausschießen'

Lit: DRW 5:1509; Schiller-Lübben 3:484

Holzringler ↗ Holzringer

Holzsäger Holtsager 'Arbeiter, der in den Höfen oder auf der Straße das Brennholz oder die Meilerkohlen zerkleinert'; norddt.; als Berufsbezeichnung im Sägewerk noch heute üblich
FN: Holtsager, Holtsagers
W: *Säger*
Syn: Holzschneider

Lit: Barth 1:430; DRW 5:1510; Grimm 10:1778

Holzschachtelmacher ↗ Schachtelmacher

Holzschlager ↗ Holzschläger

Holzschläger Holzschlager 1. 'Holzfäller'. 2. 'Arbeiter, der Holz zu Brennholz hackt'. 3. 'Arbeiter, der die Pfähle vor den Deichen einschlägt'

W: *Schläger*
Syn: HOLZHAUER
Lit: Adelung 2:1275; Barth 1:430; DRW 5:1531

Holzschmied Holtsmit 'Zimmermann'; heute ist *Holzschmiede* eine Firmenbezeichnung von Tischlereien für handwerklich gefertigte [Massivholz]möbel
W: *Schmied*, ZIMMERMANN
Lit: DRW 5:1513

Holzschneider Holtsnider 1. 'in der Buchdruckerei Person, die für den Druck Figuren aus Holzplatten schneidet'; als künstlerischer Beruf auch heute gebräuchlich. 2. 'Arbeiter, der Holzstämme zu Brettern sägt'
Syn: BRETTSCHNEIDER, FORMSCHNEIDER, Holzsäger, Hylograph
Lit: Adelung 2:1275; Barth 1:431; Palla (2010) 71; Pies (2002b) 29; Reith (2008) 213

Holzschreiber Holtzschreiber 1. 'Büroangestellter im Forstamt oder bei der Verwaltung der Holzlagerstätten'. 2. 'Protokollführer bei einem Gericht für Waldangelegenheiten'
W: *Schreiber*
Syn: Forstschreiber, Waldschreiber
Lit: Adelung 2:1275; Barth 1:431; DRW 5:1514; Grimm 10:1780; Gruenbaum (1946); Krünitz 24:966; Wiener Berufe

Holzschuer ↗ Holzschuher

Holzschuher Holzschuer, Holzschuwer 'Holzschuhmacher' ❖ mhd. *holzschuoher* 'Holzschuhmacher'
FN: Holzschuher, Holtzschue, Hollschuh, vgl. auch ↗ Hölscher
Syn: Holscher, HOLZSCHUHMACHER
Lit: Barth 1:431; DudenFN 337; Gottschald 257

HOLZSCHUHMACHER Holschemacher, Holskemaker, Holtschenmaker, Holtschomaker, Holzenschuemacher, Holzschumecher; lat. *calopiator*, *calopifex Holzschuhe* wurden zur Arbeit im Freien oder im Stall verwendet sowie als Überschuhe, um in den Städten die schmutzigen Straßen überqueren zu können. Sie wurden entweder ganz aus Holz geschnitzt oder hatten eine Sohle aus Holz (bes. in Norddeutschland auch aus Kork) und einem Oberteil aus Stoff oder Leder
Syn: Holscher, Holzer, Holzschuher, Klippenmacher, Klipper, Klotzenmacher, Klotzkorkenmacher, Klumpenmacher, Klümper, Korkenmacher, Kurkeler, Patinenmacher, Patiner, Sohlenmacher, Trippenmacher, Zockelmacher
Lit: Barth 1:431; Diefenbach 91; Grimm 10:1781; Palla (2010) 104; Pies (2005) 154; Reith (2008) 217

Holzschumecher ↗ HOLZSCHUHMACHER

Holzschuwer ↗ Holzschuher

Holzsetzer 'Aufsichtsbeamter auf dem Holzmarkt, der Holz vor dem Verkauf misst und nach bestimmtem Maß stapelt' ❖ zu mhd. *setzen* i. S. v. 'festsetzen, einrichten, anordnen'
W: *Setzer*
Syn: Holzmesser, Holzrichter
Lit: Adelung 2:1274 (Holzmesser); DRW 5:1516; Idiotikon 7:1719; Krünitz 24:967

Holzspäller ↗ HOLZSPALTER

HOLZSPALTER Holzspäller, Holzspälter, Holzspeller 'Holzarbeiter, der Holz in Brennholz spaltet' ❖ zu mhd. *spëlte* 'abgespaltenes Holzstück', mnd. *spelte* 'abgespaltenes Stück'
Syn: BRETTSCHNEIDER, Grobklieber, Holzreißer, Kleinklieber, Kleuzer, Klieber
Lit: Adelung 2:1276; Barth 1:431; DRW 5:1516; Grimm 10:1781

Holzspälter ↗ HOLZSPALTER

Holzspeller ↗ HOLZSPALTER

Holzübergeher ↗ Übergeher

Holzversilberer ↗ Versilberer

Holzverwahrer 1. 'Waldaufseher'. 2. 'Beamter, der geschlagenes Holz bewacht und ver-

waltet' ❖ zu mhd. *verwarn* 'behüten, bewahren'
Syn: WALDHÜTER
Lit: DRW 5:1528

Holzvogt Holtvoged 1. 'Aufseher über einen Forst und die Jagd, der auch das Rügerecht im Holzgericht hat'. 2. 'Beamter, der das Forstwesen leitet'
W: *Vogt*
Syn: HOLZGRAF, Waldvogt
Lit: Barth 1:431; DRW 5:1529; Grimm 10:1783

Holzwart 'Aufsichtsbeamter, der den Wald, aber nicht die Jagd beaufsichtigt' ❖ zu mhd. *holzwarte* 'Waldhüter'
FN: Holzwart, Holzwarth, Holzward, Holzwardt
W: *Wart*
Syn: WALDHÜTER
Lit: Barth 1:4310; DRW 5:1530; DudenFN 337; Gottschald 257; Grimm 10:1783; Linnartz 100

Holzwärter 'niederer Forstbeamter, der auf Landgütern den Wald zu bewachen hat'
W: *Wärter*
Syn: WALDHÜTER
Lit: Adelung 2:1277; Barth 1:431; DRW 5:1531; Grimm 10:1783; Kehr (1964) 188; Krünitz 24:969

Holzwascher ↗ Holzwäscher

Holzwäscher Holzwascher 'Arbeiter bei der Flößerei, der das geflößte Holz am Bestimmungsort an Land zieht'
W: *Wäscher*
Lit: DRW 5:1531

Holzwracker ↗ Wracker

Hompler ↗ Humpler

Honigbäcker ↗ Honigkuchenbäcker

Honigkuchenbäcker Honigbäcker 'Bäcker, der Honigkuchen backt; Lebkuchenbäcker'; bes. norddt., mitteldt.
W: BÄCKER*
Syn: LEBKUCHENBÄCKER

Lit: Barth 1:432; Grimm 10:1789 (Honigkuchen); Krünitz 25:55 (Honigkuchen)

Honigküchler ↗ Honigkuchenbäcker
W: Küchler
Syn: LEBKUCHENBÄCKER
Lit: Barth 1:432; Grimm 10:1789

Honigmenger ↗ Menger

Honigmesser 'Beamter, der Honiggefäße kontrolliert und eicht'
FN: Honigmesser
W: *Messer*
Lit: Bahlow (1967) 246; Barth 1:432; DRW 5:1540; Gottschald 258; Linnartz 100

Honigsämer ↗ Honigseimer

Honigseimer Honigsämer, Honnichsemer, Honnichseymer, Honninksemer 1. 'Imker, der Honig aus den Waben gewinnt, läutert'. 2. 'Imker, der Met aus Honig herstellt' ❖ zu mhd. *honecseim* 'Honigseim, Honig'
W: *Seimer*
Lit: Barth 1:432; DRW 5:1540 (Honigsaum); Grimm 10:1792 (Honigseim); Krünitz 25:5 (Honig)

Honnichsemer ↗ Honigseimer

Honnichseymer ↗ Honigseimer

Honninksemer ↗ Honigseimer

Hontsleger ↗ Hundsschläger

Hopfenbracker Hopfenbraker 'Arbeiter, der den Hopfen auspflückt'
W: Bracker
Lit: DRW 5:1543

Hopfenbraker ↗ Hopfenbracker

Höpfener ↗ Höpfner

Hopfenführer 1. 'Hopfenhändler'; *Führer* in der Bedeutung 'Händler'. 2. 'Hopfentransporteur, Fahrer eines Hopfenwagens'
W: *Führer*
Lit: DRW 5:1543; Grönhoff (1966) 28

Hopfenmeßer ↗ Hopfenmesser

Hopfenmesser Hopfenmeßer, Hoppenmeter 'Beamter, der den Hopfenverkauf und die Maße überwacht'; die Form *Hoppenmeter* ist niederdt.
W: *Messer*
Syn: Hopfenmutter
Lit: DRW 5:1545; Grönhoff (1966) 28

Hopfenmutter Hopfenmütter m. 'Beamter, der den Hopfenverkauf und die Maße überwacht'; zu *Mutter* in der Bedeutung 'Beamter, der Waren misst'
W: *Mutter*
Syn: Hopfenmesser
Lit: DRW 5:1545

Hopfenmütter ↗ Hopfenmutter

Hopfenpacker ↗ Packer

Hopfenpflücker Hoppenplöcker 1. 'Arbeiter, der Hopfen erntet und die Dolden auslöst'. 2. 'Kleinbauer, der nur ein kleines Haus oder eine Wohnung und ein kleines Grundstück besitzt'; norddt.; der geringe Landbesitz reichte zur Existenzsicherung nicht aus, sodass auch Taglöhnerarbeiten auf Gutshöfen (z.B. Hopfenpflücken, Schafschur) oder Wanderarbeit nötig waren ❖ mhd. *hopfenpflücker*; niederdt. *Hoppenplöcker* 'Hopfenpflücker'; zu mnd. *plucken* 'pflücken, zausen, rupfen'
Syn: KLEINBAUER*
Lit: Barth 1:433; DRW 5:1545; Grimm 10:1797

Höpfl ↗ Höpfner

Hopfner ↗ Höpfner

Höpfner Hepfer, Höpfener, Höpfl, Hopfner, Hoppener, Höppener, Höppner 1. 'Bauer, der Hopfen anpflanzt'. 2. 'Hopfenhändler' ❖ mhd. *hopfener* 'Hopfenbauer'; zu mhd. *hopfe*, mnd. *hoppe* 'Hopfen'
FN: Hopfner, Höpfner, Hopfer, Höppner, Höppener, Hoeppener, Höpner, Hoepner, Höpper, Hopper, Hoppener, Hepner, Heppner, Höptner, Heptner
Lit: Barth 1:433; DRW 5:1547; DudenFN 323, 338; Gottschald 258; Krünitz 25:73; Linnartz 94; Schiller-Lübben 2:299

Hoppener ↗ Höpfner

Höppener ↗ Höpfner

Hoppenmeter ↗ Hopfenmesser

Hoppenplöcker ↗ Hopfenpflücker

Höppner ↗ Höpfner

Horbfeger 'Arbeiter, der die Straßen und Wege von Schmutz reinigt; Straßenkehrer' ❖ ↗ Horbmeister
W: *Feger*
Syn: Dreckfeger, Drecktrecker, Dreckvogt
Lit: Barth 1:433

Horbmeister 'Beamter, der für die Straßenreinigung zuständig ist' ❖ zu mnd. *hôr, hâr* 'Kot, Schmutz, Schlamm'; mhd. *hor* 'kotiger Boden, Kot, Schmutz'
W: *Meister*
Syn: Dreckmeister, Gassenvogt, Viertelmeister
Lit: Barth 1:433; DRW 5:1548; Grimm 10:1801 (Hor); Schiller-Lübben 2:299; Schmeller 1:1157 (Hor); SchwäbWb 3:1812; Volckmann (1921) 287

HÖRIGER lat. *laetus, litus* 'Untertan einer Gutsherrschaft, der zu Gehorsam und Dienstleistungen verpflichtet ist'; auch *Hofhöriger*. Hörige durften das Gut nicht verlassen („an die Scholle gebunden"), durften ohne Erlaubnis nicht heiraten oder ein Handwerk lernen; der Stand als Höriger wurde vererbt. (In Preußen 1807 aufgehoben.) Der Status des Hörigen war eine Zwischenstufe zwischen Leibeigenem und Freiem. Das Wort wird seit dem 18. Jh. in dieser Bedeutung gebraucht. – In der folgenden Synonymenliste sind alle Bezeichnungen für abhängige Bauern, gleich welchen Status von Abhängig-

keit sie haben, zusammengefasst ❖ zu mhd. *hœrec* 'hörend auf, folgsam'
Syn: Afterlehner, BAUER, Fronknecht, Grundholde, Grundsasse, Gültbauer, Hagemann, Handdienster, Handfröner, Handköter, Herrenarbeiter, Hofbauer, Hofstätter, Hulder, Kämmerling, Kapitelsbauer, Kastenbauer, Lassbauer, Lasse, Mahder, Nonnenmann, Parschalk, Patrimonialbauer, Pfarrbauer, Scharwerker, Sedelbauer, Sedelhöfer, Sedelmann, Sedelmeier, Spanndienster, Untersasse, Widemutbauer, Zehentbauer, Zehentholde, Zinsbauer, Zugroboter, Zwangdrescher, Zwingmann

Lit: Adelung 2:1285; Barth 1:433; DRW 5:1553; Frühmittellat. RWb; Grimm 10:1814; Krünitz 24:132; Paul 418

Hornarbeiter 'Handwerker oder Künstler, der Gegenstände aus Horn herstellt', z.B. Horndrechsler, -dreher, Kammmacher
W: *Arbeiter*
Syn: DRECHSLER, Dreher, KAMMMACHER

Lit: Adelung 2:1289; Barth 1:433; Grimm 10:1821; Krünitz 25:270

Hörndlbauer 'Bauer, der vor allem Viehzucht betreibt'; bayr.-österr.; mit Nebenbedeutung 'Bergbauer'; *Hörndl* ist eine Verkleinerung von *Horn*
W: BAUER
Ggs: Körndlbauer

Lit: Ebner (2009) 180; OÖWb 134; WBÖ 2:586; Zehetner (2005) 191

Horndrechsler ↗ *Drechsler*

Horndreher ↗ *Dreher*

Hornpresser 'Handwerker, der aus Ochsenhorn durch Pressen Platten als Material für Kämme, Dosen, Knöpfe usw. herstellt'
Syn: Hornrichter

Lit: Grimm 10:1830; Reith (2008) 119

Hornrichter 'Handwerker, der aus Ochsenhörnern Platten für die ↗ Kammmacher und Brillenmacher herstellt'

Syn: Hornpresser

Lit: Adelung 2:1291; Barth 1:433; Grimm 10:1830; Pies (2005) 77; Reith (2008) 119; Volckmann (1921) 178

Hornschneider 'Handwerker, der Hörner von Tieren verarbeitet; Horndrechsler'; hergestellt wurden Kämme, Schuhlöffel, Besteck, Knöpfe, Dosen usw.
W: SCHNEIDER
Syn: DRECHSLER

Lit: Barth 1:434; Palla (2010) 104

Hornstätter 'Bergmann, der in der Hornstatt die Haspel dreht'; die *Hornstatt* ist eine erweiterte Grube, die Raum für die Haspel und die Arbeiter schafft; benannt nach dem *Haspelhorn*, dem Hebel zum Drehen der Haspel
Syn: Haspeler, Haspelknecht, Haspelzieher

Lit: Fellner 276 (Hornstatt); Grimm 10:1831; Krünitz 25:277 (Hornstatt); Veith 276

Hosenarbeiter 'Schneider, der in Heimarbeit auf die Herstellung von Hosen spezialisiert ist'; diese Spezialisierung bedeutete einen Niedergang der handwerklichen Qualifikation
W: *Arbeiter*
Vgl: Rockarbeiter, Westenarbeiter

Lit: Reith (2008) 206

Hosenbletzer Hosenplätzer, Hosenpletzer 'Flickschneider'
W: Bletzer
Syn: Flickschneider

Lit: Barth 1:434; DRW 5:1568; Grimm 10:1841

Hosenknütter ↗ Hasenknütter

Hosenlapper Hosenlepper 'Hosenflicker'; meist von Frauen ausgeübt; weibliche Form *Hosenlapperin*
W: Lapper

Lit: Barth 1:434; Grimm 10:1842 (Hosenlapper, -lapperin)

Hosenlepper ↗ Hosenlapper

Hosenlismer Hosenlißmer 'Handwerker, der lange dicke Strümpfe herstellt und damit handelt'
W: Lismer
Syn: Hasenknütter, Hasennäher, Hosenstricker, Hoser, Leinhösler

Lit: Barth 1:434; DRW 5:1567; Idiotikon 3:1425

Hosenlißmer ↗ Hosenlismer

Hosennäher ↗ Hasennäher

Hosenneger ↗ Hasennäher

Hosenplätzer ↗ Hosenbletzer

Hosenpletzer ↗ Hosenbletzer

Hosenstricker 'Handwerker, der lange Strümpfe herstellt'; ↗ Hoser
W: Stricker
Syn: Hasenknütter, Hasennäher, Hosenlismer, Hoser, Leinhösler

Lit: Barth 1:435; DRW 5:1568; Grimm 10:1843; Krünitz 25:319

Hoser Hosner, Hoßner 'Handwerker, der Strümpfe herstellt' ❖ nach der urspr. Bedeutung von *Hose* 'weit über die Schenkel reichender Strumpf', während die Bekleidung des Unterleibs als *Bruch* bezeichnet wurde
FN: Hoser, Hosner, Hoßner, Hossner, Hose, Hösel, Hösl, Höseler, Hösner, Hössner, Hößner
Syn: Hasenknütter, Hasennäher, Hosenlismer, Hosenstricker, Leinhösler

Lit: DudenFN 340; Gottschald 259; Linnartz 101

Hosner ↗ Hoser

Hospes 'Gastwirt' ❖ zu lat. *hospes* 'Gast, Fremder'
FN: Hosp
Syn: WIRT

Lit: Barth 2:131; Hornung (1989) 73; Meyers Lexikon 6:573; RheinWb 3:843

Hospitalknecht 'Hilfskraft in einem Krankenhaus'
W: KNECHT
Syn: Siechenknecht, Spitalknecht, Spittelknecht

Lit: Pies (1977)

Hospitalmeister 1. 'Verwalter, Direktor eines Krankenhauses'. 2. 'Betreuer der Kranken im Hospital' ❖ zu mhd. *hospitâl* 'Spital', aus mlat. *hospitalium* 'Herberge für Pilger, Arme und Kranke', aus lat. *hospitalium* 'Gastzimmer'
W: Meister
Syn: SPITALMEISTER

Lit: Adelung 2:1297; Barth 1:435; DRW 5:1571; Grimm 10:1843; Krünitz 25:320

Hospitalpfleger 'Verwalter, Vorgesetzter eines Krankenhauses'
W: PFLEGER
Syn: SPITALMEISTER

Lit: Adelung 2:1298; Barth 1:435; DRW 5:1572; Grimm 10:1843

Hospitalsherr 'Vorsteher eines Krankenhauses'
W: Herr
Syn: SPITALMEISTER

Hoßner ↗ Hoser

Hoter ↗ Huter

Hotfilter ↗ Hutfilter

Hötger ↗ Höticher

Hothfilter ↗ Hutfilter

Höticher Hötger, Hüitger, Hütger ↗ 'Hutmacher'; niederdt. ❖ Ableitung zu mnd. *hôt*, *hût* 'Hut, Kopfbedeckung'
Syn: HUTMACHER*

Lit: Schiller-Lübben 2:307

Hotstaverer ↗ Hutstaffierer

Hotter ↗ Huter

Hotwalker ↗ Hutwalker

Hotwelker ↗ Hutwalker

Hovedman ↗ Hauptmann

Hovemester ↗ Hofmeister

Hovener ↗ Höfner

Hövener ↗ Höfner

Hubener ↗ Hauber

Hubenmacher ↗ Haubenmacher

Hubenmecher ↗ Haubenmacher

Hubenschmied ↗ HAUBENSCHMIED

Hubensmid ↗ HAUBENSCHMIED

Hubenstricker ↗ Haubenstricker

Hubenwirt 'Bauer, der eine ganze Hufe als Lehen bewirtschaftet'
W: *WIRT*
Syn: *BAUER*, Hufenwirt, VOLLBAUER

Huber Hiebler, **Hübler, Hubner, Hübner, Hueber** 'Bauer, der eine Hufe, d.h. einen halben Hof oder einen ganzen Hof besitzt'; bes. bair. Form zu *Hüfner;* die Größe des Besitzes ist regional unterschiedlich ❖ mhd. *huober, huobener, huobner* 'Inhaber einer Hube, Erblehenbauer', zu mhd. *huobe* 'Hufe, Stück Land von einem gewissen Maße'
FN: Huber, Hubner, Hübner, Hüber, Hubmer, Hübmer, Hueber, Huebner, Huebmer, Huemer, Humer, Huober, Hieber, Hiebner, Hiemer
W: Landhuber
Syn: *Hüfner*

Lit: DudenFN 341; Gottschald 263; Grimm 10:1851; Hornung (1989) 75; Kunze 111; Linnartz 102; Pies (2005); Riepl (2009) 194 (Hoffuß); Schmeller 1:1039

Hubjäger Huebjager 'Jäger, dem von der Herrschaft eine Hube zur Bewirtschaftung zur Verfügung gestellt wird'; österr.
W: *Jäger*
Vgl: Forsthuber

Lit: OÖ. Hbl 1988, H. 1:60; OÖ. Hbl 1989, H. 2:122

Hübler ↗ Huber

Hubmeister Huebmaister 'Beamter, der für den Grundherrn die Steuern von den Bauerngütern einzieht'
W: *Meister*
Syn: Hufenmeister

Lit: Barth 1:436; Höfer 2:271; Schmeller 1:1105

Hubner ↗ Huber

Hübner ↗ Huber

Hübscherin Hübschlerin 'Prostituierte' ❖ mhd. *hübeschærinne, hübeschærîn* 'Buhlerin, Conkubine', zu mhd. *hübesch* aus *hövesch* 'höfisch, zu einem Hof gehörend, fein gebildet und gesittet'
Syn: FEILDIRNE

Lit: Barth 1:436; DRW 5:1577; Grimm 10:1856; Volckmann (1921) 324

Hübschlerin ↗ Hübscherin

Hubschmid ↗ Hubschmied

Hubschmied Hubschmid, Hubsmyd 1. 'Bauer, der eine Hufe bewirtschaftet und zugleich als Schmied arbeitet'. 2. ↗ 'Hufschmied' ❖ 1.: zu *Hube, Hufe* 'eine bäuerliche Besitzgröße'; 2.: zu 'Huf des Pferdes'
FN: Hubschmid, Hubschmidt
W: *Schmied*
Syn: Hufschläger, Hufschmied, Pferdeschmied

Lit: Barth 1:436; DudenFN 342; Kunze 117

Hubschreiber 'Assistent des ↗ Hubmeisters'
W: *Schreiber*

Lit: Barth 1:436

Hubschultheiß ↗'Schultheiß, der für die Bauern, die eine Hufe bewirtschaften, zuständig ist'; ↗ Huber
W: *Schultheiß*
Lit: PfälzWb 3:1210

Hubsmyd ↗ Hubschmied

Hucke ↗ Hucker

Hucker Hucke, Hückler 'Kleinhändler mit einem Laden oder auf dem Marktplatz'; *Hucker* ist eine vorwiegend süddt. Form, *Höker* die mitteldeutsche ❖ mhd. *hucke* 'Kleinhändler'
FN: Hucke, Huck, Huckner, Hucker, Hückler, Hückner, Hickler, Hugger, Huker
Syn: Höker, KRÄMER
Lit: Barth 1:436; DudenFN 342; Gottschald 253; Grimm 10:1860; Kretschmer 269; Linnartz 102

Hückler ↗ Hucker

Huddeler ↗ Hudler

Hudekoper ↗ Häutekäufer

Hüdekoper ↗ Häutekäufer

Hüdeköper ↗ Häutekäufer

Hudeler ↗ Hudler

Hudelfärber Hudelferber 'Färber, der Lappen, Lumpen färbt'; es kann sich auch um einfache Tücher für Bekleidung oder Windeln handeln ❖ zu spätmhd. *hudel, huder* 'Hadern'
W: *Färber**
Lit: DRW 5:1579 (Hudelfärberin); Grimm 10:1860 (Hudel)

Hudelferber ↗ Hudelfärber

Hudelstricker 1. 'Schneider, der nur Ausbesserungsarbeiten durchführt'. 2. 'Händler mit Alttextilien' ❖ zu *hudel, huder* 'Hader, Lumpen'
W: *Stricker*
Lit: DRW 5:1579; Volckmann (1921) 215

Hudemecher ↗ HUTMACHER*

Hudler Huddeler, Hudeler 1. 'Lumpensammler'. 2. 'Handwerker, der seine Arbeit [ohne Berechtigung und] ohne Zunftzugehörigkeit ausübt'; Grund- und Hauptbedeutung ist 'schlampiger, heruntergekommener Mensch' ❖ 1.: zu *hudel, huder* 'Hader, Lumpen'; 2.: zu mhd. *hudeln* 'schnell und nachlässig etwas machen'
FN: Hudler, Hudel
Syn: BÖNHASE, Hodler, LUMPENSAMMLER
Lit: Barth 1:436; DRW 5:1580; Gottschald 254; Grimm 10:1865; Krünitz 25:330; Linnartz 102

Hueber ↗ Huber

Huebjager ↗ Hubjäger

Huebmaister ↗ Hubmeister

Huedtmacher ↗ HUTMACHER*

Huerenwirt ↗ Hurenwirt

Huerkutscher ↗ Heuerkutscher

Hueter ↗ Huter

Hüeter ↗ Huter

Hueterer ↗ Huter

Huetler ↗ Huter

Huetmann ↗ Hutmann

Huetschmucker ↗ Hutschmücker

Huetstopper ↗ Hutstepper

Huetstöpper ↗ Hutstepper

Hufenabschieder ↗ Abschieder

Hufener ↗ *Hüfner*

Hüfener ↗ *Hüfner*

Hufenmeister 'Beamter, der für den Grundherrn die Steuern von den Bauerngütern einzieht'
W: *Meister*
Syn: Hubmeister

Lit: Adelung 2:1304; Grimm 10:1869; Krünitz 25:610

Hufenrichter Hufrichter 1. 'Vorsitzender oder Richter in einem Gericht für die grundherrlich-bäuerlichen Angelegenheiten'. 2. 'Dorfrichter'
W: *Richter*
Syn: Dorfschulze

Lit: Adelung 2:1304; DRW 5:1599; Grimm 10:1869; Krünitz 25:610

Hufenwirt 'Bauer, der eine ganze Hufe als Lehen bewirtschaftet'
W: WIRT
Syn: BAUER, Hubenwirt, VOLLBAUER

Lit: DRW 6:1

Huffschmidt ↗ Hufschmied

Hufner ↗ *Hüfner*

Hüfner Hufener, Hüfener, Hufner 'Bauer, der einen Besitz von einer Hufe bewirtschaftet'; bes. norddt. und mitteldt. Form zu oberdt. Huber ❖ zu mhd. *huobe* 'Hufe, Stück Land von einem gewissen Maße'; mhd. *huober, huobener, huobner* 'Inhaber einer Hube, Erblehenbauer'
FN: Hüfner, Hufner, Hufer, Hufener, Hüfler, Huffer, Hüffer, Hueffer, Hüffner
W: Dreihüfner, Drittelhüfner, Einhüfner, Forsthüfner, Freihüfner, Ganzhüfner, Halbhüfner, Haupthüfner, Vierhüfner, Viertelhüfner, Vollhüfner, Zweihüfner
Syn: BAUER, Höfner, Huber

Lit: Adelung 2:1303; Barth 1:437; DRW 6:11; DudenFN 342; Gottschald 263; Grimm 10:1870; Krünitz 25:603; Kunze 111; Linnartz 102

Hufrichter ↗ Hufenrichter

Hufschlager ↗ Hufschläger

Hufschläger Hofslagher, Hofsleger, Hofslegher, Hufschlager 'Hufschmied'; niederdt.; als Berufsbezeichnung kaum noch nachzuweisen, aber als Familienname sehr häufig
❖ zu niederdt. *Hoof* 'Huf (bes. beim Pferd)'
FN: Hufschläger, Hufschlaeger, Hofschläger, Hofschlaeger, Hoffschläger, Hofsleger, Hofslager
W: *Schläger*
Syn: Hubschmied, Hufschmied, Pferdeschmied

Lit: DRW 6:18; Gottschald 255; Lindow 92; Linnartz 98

Hufschmid ↗ Hufschmied

Hufschmied Hoffsmitt, Hofsmid, Huffschmidt, Hufschmid, Hufsmyd, Huofschmied 1. 'Schmied, der Hufeisen herstellt und das Beschlagen der Pferde durchführt'; der heute noch bestehende Beruf des Pferdebeschlagers hatte historisch eine große Bedeutung und bezog sich auch auf die weitere Betreuung der Pferde bis zur Behandlung von Pferdekrankheiten. 2. 'Grobschmied, der Werkzeuge, wie Äxte, Sensen usw., herstellt sowie am Wagenbau beteiligt ist' ❖ mhd. *huofsmit* 'Hufschmied'
FN: Hufschmied, Hufschmidt, Hufschmid
W: *Schmied*
Syn: Hubschmied, Hufschläger, Pferdeschmied

Lit: Adelung 2:1304; Barth 1:437; DudenFN 342; Gottschald 264; Grimm 10:1871; Haid (1968) 183; Linnartz 102; Pies (2005) 133; Reith (2008) 110; Volckmann (1921) 117; Zedler 13:1109

Hufsmyd ↗ Hufschmied

Hühnerfänger 1. 'Jäger in herrschaftlichem Dienst, der auf das Fangen von Rebhühnern spezialisiert ist'. 2. 'Gemeindeangestellter, der Geflügel hindern soll, in die Felder zu gehen'
W: *Fänger*
Syn: Reisejäger

Lit: Adelung 2:1308; Barth 1:437; DRW 6:27; Grimm 10:1879

Hühnerkäufl ↗ Käufel

Hühnermann 'Geflügelhändler'
FN: Hühnermann, Hünermann
W: *Mann*
Syn: Hühnerträger, Hühnervogt, Kapäunler, KRÄMER
Lit: Barth 1:437; DRW 6:30; Gottschald 265; Grimm 10:1881; Linnartz 102; PfälzWb 3:1219

Hühnerträger Hienertrager 'Geflügelhändler'; *Täger* i. S. v. 'Händler'
W: *Träger*
Syn: Hühnermann, Hühnervogt, Kapäunler
Lit: DRW 6:31; Idiotikon 14:566

Hühnervogt Hünervogt 1. 'Person, die Hühner hält und damit handelt'. 2. 'Beamter, der die Zinshühner, die Leibeigene abgeben müssen, und andere Abgaben berechnet und einsammelt'. 3. 'Beamter, der das Register über die Leibeigenen oder Hörigen führt'
FN: Hünervogt, Hühnervogt
W: *Vogt*
Syn: Hühnermann, Hühnerträger, Kapäunler
Lit: Adelung 2:1309; Barth 1:437; DRW 6:32; Gottschald 264; Grimm 10:1882; Krünitz 26:294; Linnartz 102

Huissier 'Gerichtsdiener' ❖ franz. *huissier* 'Gerichtsdiener, Torsteher', aus vulgärlat. *ustiarius* 'Torsteher', lat. *ostiarius* 'Torwächter, Pförtner'
Syn: BÜTTEL
Lit: Gamillscheg 1:530; Kaltschmidt 436

Hüitger ↗ Höticher

Hulder 'Bauer, der von einem Lehensherrn abhängig ist'; zu *Hulde* 'Abhängigkeit vom Lehensherrn; Bekräftigung der Treue zum Lehensherrn durch feierliches Gelöbnis, Huldigung' ❖ zu mhd. *holde* 'Diener, Dienstmann'; mhd. *hulde* 'Freundlichkeit, Wohlwollen, Huld; Erlaubnis, Treue; Dienstbarkeit'
FN: Huld, Hulde, Hold
Syn: HÖRIGER
Lit: Bahlow (1967) 252; Barth 1:437; Brechenmacher 1:751; DRW 6:41; Gottschald 265; Heintze (1922) 198; Linnartz 98

Hüllenmacher Hüllmakerin 'Handwerker, der Hauben und Kopfputz für Frauen herstellt'; bes. norddt.; meist in der weiblichen Form *Hüllenmacherin* ❖ mnd. *hullenmaker* 'Mützenmacher', mnd. *hulle* 'Kopfbedeckung, Kopftuch'
Syn: Aufsteckerin, Haubenmacher, Haubenstecker, Hauber, Hüllenweber, Hüller
Lit: Schiller-Lübben 2:330

Hullenweber ↗ Hüllenweber

Hüllenweber Hollenweber, Hullenweber, Hullenwober 'Handwerker, der Kopfbedeckungen für Frauen herstellt' ❖ zu mhd. *hülle* 'Mantel, Tuch zur Bedeckung des Kopfes'; bes. norddt. für 'Frauenhaube'
W: WEBER
Syn: Aufsteckerin, Haubenmacher, Haubenstecker, Hauber, Hüllenmacher, Hüller
Lit: Krünitz 26:304

Hullenwober ↗ Hüllenweber

Hüller ↗ 'Hüllenmacher' ❖ zu mhd. *hülle* 'Mantel, Tuch zur Bedeckung des Kopfes'
Syn: Aufsteckerin, Haubenmacher, Haubenstecker, Hauber, Hüllenmacher, Hüllenweber
Lit: DRW 6:51; Volckmann (1921) 94

Hüllmakerin ↗ Hüllenmacher

Hultscher ↗ Holscher

Humler ↗ Humpler

Humpeler ↗ Humpler

Humpler Hompler, Humler, Humpeler, Hümpler 1. 'Handwerker, der seine Arbeit [ohne Berechtigung und] ohne Zunftzugehörigkeit ausübt'; die Grund- und Hauptbedeutung ist 'langsamer, träger Mensch'.

2. 'Hifsarbeiter am Bau'. 3. 'Salzträger, der von den Bäckern in entlegene Orte geschickt wird'; die Bäcker waren am Salzhandel des oberösterr. Salzkammergutes stark beteiligt. 4. 'Schiffer eines Leichtschiffes, der größeren Schiffen Lasten abnimmt'; bes. am Neckar. 5. 'Fuhrmann mit nur einem leichten Gespann'; der Wagen wurde als *Hompelwagen, Humpelwagen* bezeichnet ❖ Ableitung von *humpeln* 'hinken, schwerfällig gehen'; mnd. *humpeler* 'Stümper, eigentlich ein etwas hinkender Mensch'; mhd. *humpeler* 'Schiffleute, kleine Nachen ohne Segel', *hümpeler, himpeler* 'der langsam und schlecht arbeitet, Pfuscher'
Syn: BÖNHASE, SALZHÄNDLER*, Salzträger

Lit: Adelung 2:1309; Barth 1:438; DRW 6:52; Grimm 10:1909; Krünitz 26:315; Schiller-Lübben 2:332; Volckmann (1921) 270

Hümpler ↗ Humpler

Hundeknecht ↗ Hundsknecht

Hundeschläger ↗ Hundsschläger

Hundeslager ↗ Hundsschläger

Hundevogt ↗ Hundsvogt

Hundschläger ↗ Hundsschläger

Hundsknecht Hundeknecht 'niedriger herrschaftlicher Jagdgehilfe, der für die Hunde zuständig ist'
W: KNECHT

Lit: Adelung 2:1324

Hundsläufer ↗ Huntläufer

Hundsschlager ↗ Hundsschläger

Hundsschläger Hontsleger, Hundeschläger, Hundeslager, Hundschläger, Hundsschlager, Huntsleger 1. 'Abdecker'. 2. 'Gehilfe des Abdeckers, der herrenlose Hunde fängt und tötet' ❖ mhd. *huntslaher* 'der herrenlose Hunde einfängt und erschlägt; Abdecker, Schinder'
W: *Schläger*
Syn: Hundsvogt, SCHINDER

Lit: Barth 1:439; DRW 6:84; Grimm 10:1940; Zedler 34:1671

Hundstößer ↗ Huntstößer

Hundsvogt Hundevogt 1. 'herrschaftliche Hilfskraft, die die Hunde betreut'. 2. 'Kirchendiener'; hatte urspr. die Aufgabe, die Hunde von der Kirche zu verjagen. 3. 'Gehilfe des Abdeckers, der herrenlose Hunde fängt und tötet'
W: *Vogt*
Syn: Hundsschläger

Lit: Adelung 2:1326; DRW 6:85; Grimm 10:1941; Krünitz 26:482

Hünervogt ↗ Hühnervogt

Huntläufer Hundsläufer 'Arbeiter im Bergbau, der Gestein und Erz mit dem Karren abtransportiert' ❖ zu *Hund*, auch *Hunt* geschrieben, 'Förderwagen im Bergbau', vielleicht nach dem Knarren der Räder, das mit dem Hundegebell verglichen wurde
W: *Läufer*
Syn: Förderknecht, Huntstößer, Karrenläufer, Karrer

Lit: Adelung 2:1324

Huntsleger ↗ Hundsschläger

Huntstößer Hundstößer 'Bergarbeiter, der die Grubenhunde weiterschiebt' ❖ zu *Hund*, auch *Hunt* geschrieben
W: *Stößer*
Syn: Förderknecht, Huntläufer, Karrenläufer, Karrer

Lit: DRW 6:96; Fellner 277; Heilfurth (1981) 53

Huofschmied ↗ Hufschmied

Hüppenbacher ↗ Hippenbäcker

Hürdler 1. 'Fuhrmann mit einem Wagen, der Wände aus Flechtwerk hat'; typisch für

Breslau; zum Transport schwerer Lasten im Stadtgebiet; zu *Hürde* 'Flechtwerk aus Reisig und Stäben'. **2.** 'herumziehender Händler [mit einem Wagen aus Flechtwerk]' ❖ zu mhd. *hurt* 'Flechtwerk von Reisern, Hürde, namentlich um jemanden darauf zu verbrennen', oder mhd. *hurdeler* 'Krämer in einer Marktbude'
FN: Hürdler, Hürtler, Huertler, Hürtner, Hurt, Hurter, Hürter, Hürthle, Hürttle
Syn: FUHRMANN, KRÄMER
Lit: Adelung 2:1330; Barth 1:439; DRW 6:111; Gottschald 267; Grimm 10:1958; Linnartz 103

Hurenwaibel ↗ Hurenweibel

Hurenweibel Hurenwaibel **1.** 'Offizier, der die mit dem Tross mitziehenden Soldatenfrauen und Kinder der Landsknechte und der Marketenderinnen beaufsichtigt'. **2.** 'Zuhälter' ❖ zu mhd. *huore* 'Hure'
W: Weibel
Syn: Frauenmeister, Frauenwirt, Gliedenfetzer, Gliedenfetzerin, Ruffer, Ruffian, Scholderer
Lit: Barth 1:440; DRW 6:119; Grimm 10:1965; Idiotikon 15:127; Pies (2001) 38; Pies (2005) 162; SchwäbWb 6:2225

Hurenwirt Huerenwirt, Hurenwirth **1.** 'Betreiber eines Bordells'. **2.** 'Zuhälter, Kuppler' ❖ mhd. *huorenwirt* 'Hurenwirt'
W: WIRT
Syn: Frauenmeister, Frauenwirt, Gliedenfetzer, Gliedenfetzerin, Ruffer, Ruffian, Scholderer
Lit: Adelung 2:1333; DRW 6:620; Grimm 10:1965; Idiotikon 16:1645

Hurenwirth ↗ Hurenwirt

Hurpfarrer 'Priester, der als Ersatz für den abwesenden Pfarrer angeworben wird'; niederdt.; in Pfarren, die als Pfründe vergeben wurden, übte der Pfarrer sein Amt nicht selbst aus, sondern stellte einen gering bezahlten Priester, der nicht ortsgebunden war, für die Seelsorge ein; im Spätmittelalter bis zur Reformation ❖ zu mnd.

huren 'heuern, mieten (Sachen oder Personen)'
Syn: Leutpriester, Mietling
Lit: Schiller-Lübben 2:336; wikipedia

Husbecker ↗ Hausbäcker

Huselfeger ↗ Häusleinfeger

Husman ↗ Hausmann

Husmann ↗ Hausmann

Hußknecht ↗ Hausknecht

Hutaufstutzer 'Handwerker, der Hüte durch Bänder, Tressen, Federn oder Stickereien verziert und damit handelt' ❖ zu *stutzen* i. S. v. 'zurechtschneiden, putzen, schmücken', *stutzen* ist eine Intensivbildung zu *stoßen*; mhd. *stuz* 'Stoß'
W: Aufstutzer
Syn: Hutschmücker, Hutstaffierer, Hutstepper
Lit: Barth 1:441; Grimm 1:755 (aufstutzen); Kluge 896 (stutzen); Krünitz 27:149 (Hut-Aufstutzen); Pies (2005) 115; Reith (1990) 116

[1]**Huter** Hoeter, Hoter, Hotter, Hueter, Hüeter, Hueterer, Huetler, Hüter, Huterer, Hutler, Hutmer, Hutner, Hutter, Hutterer **1.** ↗ 'Hutmacher'. **2.** ↗ 'Hutwalker' ❖ mhd. *huotære, huoter* 'Hutmacher'; mnd. *hoter* 'Hutmacher'
FN: Huter, Hutter, Hutterer, Hütter, Hueter, Huther, Höter
W: °Hutermeister
Syn: HUTMACHER*
Lit: Adelung 2:1336; Barth 1:440; Brandl/Ceutzberg (1976); DRW 6:145; DudenFN 345; Gottschald 267; Grimm 10:1989; Idiotikon 2:1797; Linnartz 104; Pies (2005) 115; Schiller-Lübben 2:308; Schmeller 1:1190; Zedler 13:1296

[2]**Huter** ↗ *Hüter*

[1]**Hüter** Huter, Hütter **1.** 'Wächter, Flurhüter'. **2.** 'Aufseher' ❖ mhd. *hüetære, hüeter* 'Behüter, Wächter, Aufseher'
FN: Hüter, Hüther

W: °Auhüter, Beerhüter, Fingerhüter, Großhüter, Grubenhüter, Grünhüter, Kleinhüter, Kornhüter, Ladenhüter, Ladstatthüter, Landhüter, Torhüter, Türhüter, Turmhüter, Weinhüter, Zillenhüter
Syn: FLURSCHÜTZ

Lit: Barth 1:440; DudenFN 345; Idiotikon 2:1797; Linnartz 104; Patocka (1987) 208; Pies (2005) 115; Schmeller 1:1191

²**Hüter** ↗ Huter

Huterer ↗ Huter

Hutermeister ↗ Huter

Hutfilter Hoedtfiltere, Hoetfilter, Hoetvilter, Hotfilter, Hothfilter 1. 'Handwerker, der Filz für Hüte herstellt'. 2. ↗ 'Hutmacher, der Filzhüte herstellt' ❖ mnd. *hôtvilter* 'Filzhutmacher'
FN: Hutfilter
W: Filter
Syn: HUTMACHER*

Lit: Barth 1:441; Linnartz 104; Reith (2008) 114; Schiller-Lübben 2:308; Volckmann (1921) 59

Hütger ↗ Höticher

Huthmann ↗ Hutmann

Hutknecht 'Besatzungssoldat auf einer Festung' ❖ zu mhd. *huote, huot* 'Schaden verhindernde Aufsicht und Vorsicht, Bewachung'
W: KNECHT

Lit: Barth 1:441; DRW 6:154; Grimm 10:1990; Idiotikon 3:724; Krünitz 27:324

Hutler ↗ Huter

HUTMACHER* Hodtmaker, Hoedemaker, Hudemecher, Huedtmacher; lat. *pilator, pilearius, pileator, pillearius, pilleator* Das Gewerbe der Hutmacher entwickelte sich im 14. Jh. aus dem Gewerbe der Wollweber und Wollschlager, da das Filzen (das Fachen) eine Grundtätigkeit der Hutmacher war. Sie stellten anfangs vor allem Filze, Gamaschen, Reitsocken u. Ä. her ❖ mhd. *huotmacher* 'Hutmacher'
FN: Hutmacher, Hodemacher, Hoedemaker, Hödemaker
W: Schinnhutmacher, Spanhutmacher
Syn: Bannismaker, Bonnetier, Facher, Filter, Filzer, Filzmacher, Hinterfürmacher, Höticher, Huter, Hutfilter, Hutmann, Hutwalker, Kappenmacher, Kipsenmacher, Putzmacher, Putzmacherin, Schaubhutmacher

Lit: Adelung 2:1340; Barth 1:441; Diefenbach 434, 435; DudenFN 345; Gottschald 267; Grimm 10:1992; Krünitz 27:198; Palla (2010) 106; Pies (2005) 115; Reith (2008) 114; Zedler 13:1296

Hutmann Huetmann, Huthmann, Hütmann, Hutsmann, Hütsmann 1. 'Hirt, Schäfer, Viehhüter'. 2. 'oberster Bergmann, der die Aufsicht über die Bergleute und die Grube hat; Steiger'. 3. 'Bergmann, der die Materialien und Geräte überwacht'; er wohnte meist im *Huthaus* und hatte die Berechtigung, Getränke auszuschenken, daher auch allgemein als 'Wirt im Zechenhaus' bezeichnet. 4. 'Wächter für die öffentliche Ordnung'. 5. 'Markt- und Zollkontrolleur'. 6. 'Hutmacher' ❖ mhd. *huotman* 'Hüter, Wächter', zu mhd. *huot* 'Schaden verhindernde Aufsicht und Vorsicht, Bewachung, Behütung'
FN: Hutmann, Huthmann
W: *Mann*
Syn: Bergschaffer, Einfahrer, Fahrsteiger, *Hirt*, HUTMACHER*, Steiger

Lit: Adelung 2:1340; Barth 1:441; DRW 6:157; Fellner 277; Gottschald 267; Grimm 10:1992; Krünitz 27:200; Linnartz 104; Veith 280

Hütmann ↗ Hutmann

Hutmer ↗ Huter

Hutner ↗ Huter

Hutschmucker ↗ Hutschmücker

Hutschmücker Huetschmucker, Hutschmucker 'Handwerker, der Hüte durch Bänder,

Tressen, Federn oder Stickereien verziert und damit handelt'
W: Schmücker
Syn: Hutaufstutzer, Hutstaffierer, Hutstepper

Lit: Barth 1:441; Grimm 10:1994; Pies (2005) 115; Reith (1990) 116; Schmeller 1:1190

Hutschnurmacher 'Handwerker, der gestickte oder geflochtene Schnüre für die Hutverzierung herstellt'
Syn: POSAMENTIERER

Lit: Barth 1:441; Grimm 10:1994 (Hutschnur); Krünitz 27:151 (Hutschnur)

Hutsmann ↗ Hutmann

Hütsmann ↗ Hutmann

Hutstaffierer Hodtstofferer, Hoedtstofferer, Hoetstaffirer, Hotstaverer, Hutstaffirer 'Handwerker, der Hüte durch Bänder, Tressen, Federn oder Stickereien verziert und damit handelt' ❖ vgl. ↗ Staffierer; mnd. *hôtstofferer* 'Hutstaffierer'
W: Staffierer
Syn: Hutaufstutzer, Hutschmücker, Hutstepper

Lit: Adelung 2:1340; Barth 1:441; Grimm 10:1994; Krünitz 27:198; Schiller-Lübben 2:308; Volckmann (1921) 60; Zedler 13:1309

Hutstaffirer ↗ Hutstaffierer

Hutstepper Huetstopper, Huetstöpper, Hutstüpper 'Handwerker, der Hüte durch Bänder, Tressen, Federn oder Stickereien verziert und damit handelt'; zu *steppen* 'beim Nähen die Stiche so setzen, dass sie sich auf beiden Seiten des Stoffes lückenlos aneinanderreihen' ❖ zu mhd. *stëppen* 'stellenweise stechen, reihenweise nähen, durchnähen'
W: Stepper
Syn: Hutaufstutzer, Hutschmücker, Hutstaffierer

Lit: Barth 1:441; DRW 6:162; Grimm 10:1994

Hutstüpper ↗ Hutstepper

Hüttenarbeiter 'Bergmann, der in einer Schmelzhütte arbeitet'; im Ggs. zum Grubenarbeiter; in Schmelzhütten wurde das Erz eingeschmolzen und dadurch das Metall gewonnen
W: Arbeiter

Lit: Barth 1:441; DRW 6:165; Grimm 10:1997; Krünitz 27:355

Hüttenbedienter 'leitender Beamter und Geschäftsführer einer Schmelzhütte'
W: Bedienter

Lit: Adelung 2:1342; Barth 1:441; DRW 6:166; Grimm 10:1994

Hüttenbereiter ↗ Hüttenraiter

Hüttenfactor ↗ Hüttenfaktor

Hüttenfaktor Hüttenfactor 'Verwalter und Rechnungsführer eines Hüttenwerks'
W: Faktor

Lit: Adelung 2:1342; Barth 1:441; Grimm 10:1997; Krünitz 27:355

Hüttenherr Hüttherr 1. 'Eigentümer einer Schmelzhütte'. 2. 'Ratsherr, der für die Schmelz-, Glas- oder Ziegelhütten verantwortlich ist'
W: Herr

Lit: Adelung 2:1342; Barth 1:441; DRW 6:169, 181; Grimm 10:1997; Krünitz 27:356

Hüttenknecht 1. 'Hilfsarbeiter in einem Bergwerk oder einer Schmelzhütte'. 2. 'Arbeiter im Salztransport, der das in Hütten zwischengelagerte Salz abtransportiert'; der Transport auf der Salzach wurde als *Hüttenhallfahrt* bezeichnet. 3. 'Gehilfe des Käsers auf der Alm'. 4. 'Senner' ❖ 1.: zu Hüttenwerk; 2.–4.: zu *Hütte* 'kleines [hölzernes] Haus, Almhütte, Schuppen'
W: KNECHT
Syn: Hüttler

Lit: DRW 6:171; Idiotikon 3:724; Schmeller 1:1189

Hüttenmeister Hüttmeister 1. 'Geschäftsführer oder Inhaber eines Bergwerks oder einer Schmelz- oder Glashütte'. 2. 'Vorsitzender und Geschäftsführer einer Käsereigenossenschaft'; schweiz. 3. 'Bediensteter der Salzschifffahrt, der bei der Hüttenhallfahrt (↗ Hüttenknecht) den Abtransport des zwischengelagerten Salzes überwacht'; auf der Salzach. 4. 'Werkmeister einer Bauhütte für den Dom- oder Burgenbau'
W: *Meister*

Lit: Adelung 2:1343; Barth 1:442; DRW 6:172; Grimm 10:1998; Idiotikon 4:517; Krünitz 27:356; Schmeller 1:1189

Hüttenraiter Hüttenbereiter, Hüttenreiter 'Rechnungsführer eines Hüttenwerks' ❖ ↗ Beraiter
W: *Raiter*

Lit: Adelung 2:1343; Barth 1:442; DRW 6:175; Grimm 10:1998; Krünitz 27:358

Hüttenreiter ↗ Hüttenraiter

Hüttenschreiber 1. 'Büroangestellter in einer Schmelz- oder Glashütte, der die Übernahme der Materialien, Übergabe der Produkte, Personalabrechnungen usw. durchführt'. 2. 'Büroangestellter und Schriftführer einer Käsereigenossenschaft'; in der Schweiz. 3. 'Schriftführer bei der Salzschifffahrt, der die Hüttenhallfahrt, den Abtransport des zwischengelagerten Salzes, überwacht'; auf der Salzach
W: *Schreiber*

Lit: Adelung 2:1343; Barth 1:142; DRW 6:176, 182; Grimm 10:1998; Idiotikon 9:1542; Schmeller 1:1189

Hüttensteiger 'Bergbeamter, der die Aufsicht und Geschäftsführung einer Schmelzhütte innehat'; er ist dem Hüttenmeister untergeordnet
W: *Steiger*
Syn: Vorläufer

Lit: Adelung 2:1343; Barth 1:442; DRW 6:178; Grimm 10:1998; Krünitz 27:358

Hüttenvogt Hüttenvoigt 'Betriebsleiter in einem Schmelzwerk'
W: *Vogt*

Lit: Adelung 2:1343; Barth 1:442; DRW 6:179; Grimm 10:1999; Krünitz 27:258

Hüttenvoigt ↗ Hüttenvogt

Hutter ↗ Huter

Hütter ↗ *Hüter*

Hutterer ↗ Huter

Hüttherr ↗ Hüttenherr

Hüttler 1. 'Verkäufer in einer Verkaufsbude'. 2. 'Zimmermann, der Hütten aufbaut'. 3. 'Arbeiter bei einer Salzniederlage oder Salzschiffer'; auf der Salzach; vgl. ↗ Hüttenschreiber; wegen Hochwassergefahr musste manchmal das Salz unterwegs in Hütten zwischengelagert werden. Die Schiffer wurden deshalb als *Hüttler* oder *Hüttenknechte* bezeichnet. 4. 'Kleinbauer'; ostösterr.; ein *ganzer Hüttler* hatte Zugtiere, ein *halber Hüttler* und ein *Viertelhüttler* hatten nur Wiesen. 5. 'Holzarbeiter, der in einer Hütte im Wald lebt' ❖ Ableitung von *Hütte*, mhd. *hütte* 'Hütte, Zelt; Verlaufsladen, Gebäude zum Schmelzen der Erze'
FN: Hüttler, Hittler, Hitler
W: *Viertelhüttler*
Syn: Hüttenknecht, Hüttner

Lit: Barth 1:442; DRW 6:181; DudenFN 345; Gottschald 253; Grimm 10:1999; Linnartz 104; Popowitsch (1780) 209; Popowitsch (2004) 1:272; Schmeller 1:1189

Hüttmeister ↗ Hüttenmeister

Hüttner 1. 'Kleinbauer, der nur eine Hütte zum Wohnen oder geringen Grundbesitz hat'. 2. 'Kleinhändler, der eine Verkaufsbude besitzt' ❖ Ableitung zu *Hütte*
FN: Hüttner, Hittner, Hütter
Syn: Hüttler, KLEINBAUER*, *KRÄMER*

Lit: Barth 1:442; DRW 6:182; DudenFN 345; Grimm 10:2000

Hutwalker Hodwalker, Hotwalker, Hotwelker **1.** 'Handwerker, der Filz für Hüte herstellt'. **2.** ↗ 'Hutmacher' ❖ mhd. *walker, welker* 'Tuchwalker'
FN: Hudtwalcker, Hudtwalker, Hutwalker, Hutwelker
W: Walker
Syn: HUTMACHER*

Lit: Barth 1:442; Diefenbach 435; DudenFN 342, 346; Gottschald 267; Grimm 27:1250; Krünitz 233:217 (Walker); Linnartz 104; Volckmann (1921) 59

Hylograph 'Künstler, der Holzschnitte herstellt'; selten für *Xylograph;* zu *Hylographie* 'Holzschneidekunst' ❖ zu griech. *hýle* 'Gehölz, Wald'; in Zusammensetzungen bedeutet es allgemein 'Stoff, Materie'
Syn: Holzschneider

Lit: DudenFW 582

¹Illuminator ↗ 'Illuminist'
Syn: BRIEFMALER, Buchmaler, Illuminierer

²Illuminator ↗ Illuminist

¹Illuminierer ↗ 'Illuminist'
Syn: BRIEFMALER, Buchmaler, Illuminator

²Illuminierer ↗ Illuminist

Illuminist Illuminator, Illuminierer, Illuminista, Luminist; lat. *illuminator* 1. 'Künstler, der Initialen in Handschriften und Büchern malt'. 2. 'Künstler, der Zeichnungen, z.B. Pläne, farblich gestaltet, um sie plastischer wirken zu lassen'. 3. ↗ 'Briefmaler' ❖ mlat. *illuminator* 'Erleuchter; Handschiftenmaler, Buchmaler', mit ital. Endung *-ista*
Syn: BRIEFMALER, Buchmaler

Lit: Barth 1:617; DudenFW 601; Frühmittellat. RWb; Grimm 10:2060 (illuminieren); Neuheuser (1984) 15; Palla (2010) 36; Pies (2005) 38; Reith (2008) 159; Volckmann (1921) 256

Illuminista ↗ Illuminist

Imbenmeister ↗ Immenmeister

¹Imber 'Gewürzhändler'; zu *Imber* in der Bedeutung 'Ingwer' ❖ zu mhd. *ingewër, ingeber, imber* 'Ingwer'
Syn: GEWÜRZKRÄMER

Lit: Grimm 10:2064; Krünitz 29:483

²Imber ↗ Immer

Imiträger ↗ Immiträger

Immenmeister Imbenmeister 'Imker, Bienenzüchter'; er erzeugt und verkauft den Honig ❖ ↗ Immer
W: *Meister*
Syn: ZEIDLER

Lit: Barth 1:446; Grimm 10:2067; Idiotikon 4:514

Immer Imber, Immler 'Imker, Bienenzüchter' ❖ zu mhd. *imbe, impe, imme* 'Bienenschwarm, Biene'
FN: Immer, Immler, Imbler, Impler, Immel
Syn: ZEIDLER

Lit: Barth 1:446; DudenFN 347; Gottschald 269; Grimm 10:2067; Linnartz 104

Immimesser ↗ Immiträger

Immiträger Imiträger, Immimesser 'beamteter Küfer, der das Getreide misst'; alemannisch; zu *Immi* 'ein Hohlmaß', regional unerschiedlich, sowohl für trockene Frucht (Getreide) als auch für Flüssigkeiten (Milch, Wein) ❖ zu mhd. *imîn, imî* 'ein Getreidemaß, der neunte Teil eines Viertels', franz. *(h)émine, mine* 'altes Hohlmaß', aus lat. *hemina* 'Viertelchen'; franz. *mine* entstand aus *une emine*, zusammengzogen zu *unemine* und fälschlich getrennt zu *une mine*.
W: *Träger*

Lit: Adelung 2:1365 (Immi); Barth 1:447 (Immimesser); DRW 6:205; Gamillscheg 1:622; Grimm 10:2079 (Immi); Idiotikon 1:223 (Immi); Krünitz 29:487 (Imi, Immi); SchwäbWb 4:22

Immler ↗ Immer

Informator 'Hauslehrer' ❖ lat. *informator* 'Bildner'

Syn: Bubenmeister, Hofmeister, Kinderlehrer, Kindermeister, Schulmeister

Lit: Adelung 2:1031 (Hauslehrer), 1247 (Hofmeister); Barth 1:450; DRW 6:217; DudenFW 621; Krünitz 29:760

Infrau ↗ INMANN

Ingenieur 'Militärangehöriger der technischen Truppe; Pionier'; im 16. Jh. aus dem Italienischen und Französischen entlehnt und bis ins 18. Jh. nur in Bezug auf das Kriegswesen für 'Kriegsbaumeister, Feldmesser, Genietruppe' verwendet ❖ franz. *ingénieur*, ital. *ingegnere* 'Kriegsbaumeister', aus lat. *ingenium* 'sinnreiche Erfindung, Scharfsinn'
Syn: Kriegsbaumeister

Lit: Adelung 2:1378; Grimm 10:2115; Kluge 444; Krünitz 30:19; Meyers Lexikon 6:830

Ingesigler ↗ Insiegler

Ingrosist ↗ Ingrossator

Ingrossator Ingrosist, Ingrossist 'Gerichtsbeamter, der das Ingrossationsbuch führt'; d. i. ein öffentliches Verzeichnis, in dem die Liegenschaftsrechte eingetragen werden; Hypothekenbuch; zu *Ingrosso* 'Einlaufbuch'; im veralteten Sprachgebrauch noch vorhanden ❖ mlat. *ingrossator* 'Führer des Hypothekenbuches', aus mlat. *ingrossatus*, Partizip zu *ingrossare* 'in das Hypothekenbuch eintragen'

Lit: DRW 6:224 (Ingrossationsbuch); DudenFW 622; Gruenbaum (1946) (Ingrossist)

Ingrossist ↗ Ingrossator

Ingwünner ↗ Eingewinner

Inhausbäcker ↗ Einhausbäcker

Initialenmaler Initialmaler 'Maler, der Handschriften und Bücher mit roten Initialen ausmalt'; noch heute als Fachausdruck der Kunstgeschichte und Mittelalterkunde
W: Maler
Syn: Buchmaler, Rotmaler, Rubrikator

Initialmaler ↗ Initialenmaler

Inknecht ↗ Inneknecht

Inleute ↗ INMANN

Inlieger Inligger ↗ 'Inmann' ❖ zu mhd. *inligen* 'einliegen'
Syn: INMANN, KLEINBAUER*

Lit: Adelung 2:1380 (Inmann); DRW 6:239; Krünitz 30:417

Inligger ↗ Inlieger

INMANN lat. *inquilinus, sessor*; Fem. **Infrau, Inweib**; Plural: *Inleute* 'Tagelöhner an einem Gutshof, der in Miete wohnt'; oft im Plural; sie gehörten nicht zum Hausgesinde und bildeten die unterste soziale Ebene ❖ mhd. *inman* 'Mietsmann'
FN: Inmann
W: Mann
Syn: Hofgänger, Inlieger, Inste, Instmann, Inwohner, KLEINBAUER*, Scharwerker

Lit: Adelung 2:1380; Barth 1:451; Diefenbach 300, 531; DRW 6:239; Frühmittellat. RWb; Grimm 10:2122; Höfer 2:94; Krünitz 30:51

Inmärker 'innerhalb der Dorfgemarkung ansässiger Teilhaber an der Markgenossenschaft'; zu *Mark* in der Bedeutung 'Wohn- und Nutzungsbereich einer Siedlung als Gemeinbesitz der Mitglieder (Mark-, Hof-, Dorfgenossen)'
Syn: MARKGENOSSE
Ggs: Ausmärker

Lit: Adelung 2:1380; Barth 1:451; DRW 6:241; Grimm 10:2122; Krünitz 30:51

Innebäcker Innebecker, Innenbäcker 'Bäcker, der Schwarzbrot aus dem von den Kunden mitgebrachten Mehl oder Teig backt und keiner Innung angehört'
W: BÄCKER*
Syn: Einhausbäcker, Hausbäcker

Lit: DRW 6:255

Innebecker ↗ Innebäcker

Inneknecht Inknecht, **Innenknecht** 'Angestellter, Bediensteter für das Haus'; im Ggs. zu den Ackerknechten; ein höherer Rang unter den Knechten ❖ mhd. *inknëht* 'Knecht des Hauses'
W: KNECHT

Lit: Barth 1:451; Grimm 10:2121

Innenbäcker ↗ Innebäcker

Innenknecht ↗ Inneknecht

Innermeister 1. 'Verwalter, der für das innere Hauswesen zuständig ist'. 2. 'Vorsteher eines Krankenhauses für interne Angelegenheiten'. 3. 'Krankenpfleger'; in der Schweiz
W: Meister

Lit: DRW 6:258; Idiotikon 4:514

Insiegler Ingesigler, **Insigler** 'Beamter, der das Siegel führt'; *Insiegel* ist eine ältere Form von *Siegel*, urspr. ein eingestanztes Bildchen, seit dem Mittelalter der Stempelabdruck des Petschaftes ❖ mhd. *insigelære, insigeler* 'Sigillator'; zu mhd. *sigel* 'Siegel, Stempel', aus lat. *sigillum* 'Siegelabdruck', zusammengezogen aus *sigillum* und *insigne* 'Kennzeichen'

Lit: Barth 1:452; Grimm 10:2142 (Insiegel); Idiotikon 7:500, 502; Kluge 848 (Siegel)

Insigler ↗ Insiegler

Inste ↗ 'Inmann'; niederdt. ❖ mnd. *insate, insete, inste* 'Eingesessener'
W: °Landinste
Syn: INMANN, KLEINBAUER*

Lit: Barth 1:453; DudenGWDS; Grimm 10:2145; Schiller-Lübben 2:376

Instleute ↗ Instmann

Instmann Plural: *Instleute* ↗ 'Inmann'; meist im Plural ❖ ↗ Inste
W: Mann
Syn: INMANN

Lit: Adelung 2:1388 (Inste); Barth 1:453; DRW 6:289; DudenGWDS; Grimm 10:2146; Krünitz 30:418

Instrumentist 1. 'Hersteller von optischen, mathematischen oder chirurgischen Instrumenten sowie Musikintrumenten; Instrumentenmacher'. 2. 'Musiker oder musikalischer Begleiter auf einem Instrument'
Syn: Lasseisenmacher

Lit: Barth 1:455; Kaltschmidt 473; Petri 415

Intendant 1. 'höherer Beamter, der die Aufsicht über die öffentliche Verwaltung hat'; z.B. auch über die Salinen. 2. 'Leiter einer militärischen Verwaltungsbehörde, die für Besoldung, Bekleidung usw. zuständig ist'. 3. 'Hofbeamter, der für Gärten, Schlösser und Theater zuständig ist'; aus dieser Funktion ist die Bezeichnung heute eingeschränkt auf die Leitung eines Theaters oder einer Rundfunkanstalt erhalten ❖ franz. *intendant* 'Verwaltungsleiter', aus mlat. *superintendens*, lat. *super* 'über' und *intendere* 'seine Aufmerksamkeit auf etwas richten'; im Lateinischen vor allem ein kirchliches Amt
W: °Fabrikintendant, °Hofintendant

Lit: Barth 1:4454; DRW 5:1246 (Hofintendant); DRW 6:292; Kaltschmidt 474; Kluge 448; Krünitz 30:441; Zedler 14:768

Interimswirt 'Bauer, der ein Gut vorübergehend bis zur Volljährigkeit der Kinder bewirtschaftet'; damit kann auch eine Heirat mit der Witwe des Hofbesitzers verbunden sein ❖ zu lat. *interim* 'inzwischen, einstweilen'
W: WIRT
Syn: Setzwirt

Lit: Barth 1:454; DRW 6:298

Internist 'an einer Universität wissenschaftlich ausgebildeter Arzt im Ggs. zum handwerklich ausgebildeten Wundarzt'; seit der Trennung der medizinischen Berufe im 14. Jh.; heute Facharzt für interne Medizin ❖ zu lat. *internus* 'inwendig'
Syn: ARZT*
Ggs: Externist

Lit: Barth 1:455; Pies (2005) 14

Intradeneinnehmer 1. 'Beamter, der Einkünfte und Zölle einkassiert'. 2. 'Kassier des

Eintrittsgeldes [einer musikalischen Veranstaltung]' ❖ zu *Intrade* 'Einleitung, Vorspiel', *Intraden* 'Einnahmen, Staatseinkünfte', aus lat. *tradere* 'übergeben, darbieten'
W: Einnehmer

Lit: Barth 1:455 (Intraden); Petri 419 (Intrade); Wagner (1793) 2:470

Inventierer Inventirer 1. 'Beamter oder Beauftragter des Gerichts, der ein Inventar über einen Nachlass, eine Erbschaft anfertigt'. 2. 'Bernsteindreher, der auf das Inkrustieren, die Einlegemuster, spezialisiert ist' ❖ zu *inventieren* 'von etwas eine Bestandsaufnahme machen', aus franz. *inventer* 'erfinden; Inventur machen', aus lat. *inventio* 'Erfindung; Auffindung'

Lit: Barth 2:140; Denecke (2002) 471; DRW 6:306 (Inventar)

Inventirer ↗ Inventierer

Inweib ↗ INMANN

Inwerker 1. 'Bauer, der einen Hof bewirtschaftet, für den er keinen Zins, sondern nur Ernteerträge abliefern muss; Halbpächter'. 2. 'Verwalter, Betriebsleiter eines Hofes' — in der Schweiz
W: *Werker*
Syn: HALBBAUER, Halbpächter, Halbwinner

Lit: DRW 6:312 (Inwerk); Idiotikon 16:1190

Inwohner 1. 'Tagelöhner an einem Gutshof, der in Miete wohnt'. 2. 'Person, die in der Stadt wohnt, ohne das Bürgerrecht zu besitzen' — auch veraltend für 'Einwohner' ❖ mhd. *inwoner* 'Einwohner'
Syn: INMANN
Ggs: Bürger

Lit: Adelung 2:1391; Barth 1:456; DRW 2:1491; Grimm 10:2151; Höfer 2:94; Krünitz 30:542; Riepl (2009) 209

Ipser 1. 'Tüncher, Anstreicher'. 2. 'Stuckateur, Gipser' ❖ zu *Ips*, bes. oberdt. Form zu *Gips*, unter romanischem Einfluss entstanden, teils mit Bedeutungsunterschied: *Ips* als Dünger auf dem Feld, *Gips* als Baumaterial
Syn: TÜNCHER

Lit: Adelung 2:1391; Idiotikon 3:56; Pies (2005) 94; Schmeller 1:929 (Ips); Volckmann (1921) 270

Ircher Ercher, Irher, Iricher, Irscher 1. 'Sämischgerber, Weißgerber'. 2. 'Handwerker, der Lederhosen herstellt' ❖ mhd. *irher, irichær* 'Weißgerber'; mhd. *irch, irh* 'weißgegerbtes Leder von Gämsen, Hirschen, Rehen, bes. von den Böcken'; aus lat. *hircus, ircus* 'Bock'
FN: Ircher, Irger, Irker
Syn: Erchmacher, GERBER*

Lit: Adelung 2:414 (Gärber); DRW 3:163 (Ercher); DRW 6:316; DudenFN 348; Gottschald 270; Grimm 10:2154; Höfer 2:98; Krünitz 15:533; Linnartz 105; Pies (2005) 57; Reith (2008) 82; Schmeller 1:131; SteirWb 368; Volckmann (1921) 151

Irdentöpfer 'Töpfer, der Koch- und Tischgeschirr aus Steingut herstellt'; er arbeitet mit Ton bei bis 1000° C
W: TÖPFER
Ggs: Steinzeugtöpfer

Lit: Reith (1990) 239

Irdenzeugbrenner 'Töpfer' ❖ zu mhd. *irdîn* 'irden, aus gebrannter Erde, Ton'
W: Brenner
Syn: TÖPFER

Lit: DRW 6:316

Irher ↗ Ircher

Iricher ↗ Ircher

Irrenarzt 'Psychiater'; die Wörter wie *irr, Irrenanstalt, Irrenarzt* wurden durch sachlichere Ausdrücke wie *geisteskrank, psychisch krank, Psychiater* usw. ersetzt ❖ zu mhd. *irre* 'vom rechten Wege abgekommen, verirrt; aufgebracht, unbeständig, rasend'; später auch 'geistig behindert'
W: ARZT*

Lit: DRW 6:321 (Irrenhausarzt); DudenGWDS; Paul 434

Irrenwärter 'Pfleger in einer psychiatrischen Anstalt'; kommt im veralteten Sprachgebrauch noch vor; ↗ Irrenarzt
W: *Wärter*
Lit: DRW 6:322; DudenGWDS

Irscher ↗ Ircher

Irtengesell ↗ Ürtengeselle

Irtengeselle ↗ Ürtengeselle

Irtenmeister ↗ Ürtenmeister

Isegraber ↗ Eisengräber

Isengraber ↗ Eisengräber

Isengreber ↗ Eisengräber

Isenhuder ↗ Eisenhuter

Isensnyder ↗ EISENSCHNEIDER

Islandfahrer 'Kaufmann, der geschäftlich zur See reist'; bes. Mitglied der Islandfahrer-Brüderschaft in Hamburg, die das Privileg des Handels mit Island hatte
W: *Fahrer*

Isler ↗ Eisler

J

Jackensticker 'Handwerker, der Schecken mit Gold- und Silberfäden verziert'; *Schecken* sind eng anschließende, gesteppte Leibröcke; ↗ Scheckenmacher ❖ mhd. *jackensticker* 'Scheckensticker'
W: Sticker
Syn: Scheckensticker

Jagdbauer 'Bauer, der zu Dienstleistung bei der Jagd verpflichtet ist' ❖ zu mhd. *jagede, jaget* 'Jagd'
W: BAUER
Syn: Jagdfröner

Lit: Adelung 2:1411; Barth 1:459; DRW 6:343; Grimm 10:2206; Krünitz 28:328

Jagdbedienter 'Angestellter der Herrschaft, der (in verschiedenen hohen oder niedrigen Funktionen) im Jagdwesen tätig ist'
W: *Bedienter*
Syn: Jagdjunker

Lit: Adelung 2:1411; Barth 1:459; DRW 6:344; Grimm 10:2206; Krünitz 28:328

Jagdbereiter ↗ 'Jagdreiter'
W: *Bereiter*
Syn: FORSTBEREITER, Jagdreiter

Lit: DRW 6:345

Jagdfröhner ↗ Jagdfröner

Jagdfröner Jagdfröhner 'Bauer oder Pächter, der zu Dienstleistungen bei der Jagd (Jagdfron) verpflichtet ist'
W: *Fröner*
Syn: Jagdbauer

Lit: Adelung 2:1412; Barth 1:459; DRW 6:351; Grimm 10:2207; Krünitz 28:374

Jagdhandwerker 'Handwerker, der in irgendeiner Weise für die Jagd arbeitet'; z.B. *Jagdriemer, -sattler, -schmied, -schneider, -wagner, -büchsenmacher, -kürschner*

Lit: Adelung 2:1412; DRW 6:355; Grimm 10:2209; Krünitz 28:381

Jagdjunker 'junger adeliger Begleiter des Herrn auf der Jagd'; er absolvierte zugleich eine Ausbildung im Jagd- und Forstwesen
Syn: Jagdbedienter

Lit: Adelung 2:1413; DRW 6:357; Krünitz 28:434

Jagdknecht 'Hilfskraft im Jagd- und Forstwesen'
W: KNECHT
Syn: Jägerknecht, Rüdenknecht

Lit: DRW 6:358

Jagdlandknecht 'Beamter, der die Dorfgemeinschaft zur Jagd einberuft und gegenüber den Bauern als Gerichtsdiener und Polizei fungiert'
W: KNECHT, Landknecht
Syn: BÜTTEL

Lit: Barth 1:459; DRW 6:359; Grimm 10:2210; Krünitz 28:337

Jagdmeister 1. 'Beamter, der für das Jagdwesen zuständig ist'. 2. 'erfahrener und sachkundiger Jäger' ❖ mhd. *jagemeister* 'Jagdmeister, Leiter und Anordner der Jagd; Meister im Waidwerk'
W: *Meister*
Syn: Jägermeister

Lit: Barth 1:459; DRW 6:361; Grimm 10:2210

Jagdrat Jagdrath 'hoher Beamter, der für Jagd-, Holz- und Grenzangelegenheiten zuständig ist'
W: Rat

Lit: Adelung 2:1413; DRW 6:363; Krünitz 28:331

Jagdrath ↗ Jagdrat

Jagdreiter Jagdreuter, Jagenreuter 'berittener Jagd- und Forstaufseher'
W: Reiter
Syn: Jagdbereiter

Lit: Campe 2:835

Jagdreuter ↗ Jagdreiter

Jagdriemer ↗ Riemer

Jagdschmied ↗ Schmied

Jagdschreiber 'Büroangestellter, Sekretär in der herrschaftlichen Jagdverwaltung'
W: Schreiber
Syn: Jagdsekretär

Lit: Barth 1:459; DRW 6:367; GoetheWb 5:110; Grimm 10:2211; Krünitz 28:331

Jagdsecretär ↗ Jagdsekretär

Jagdsekretär Jagdsecretär, Jagdsekretarius 'Büroangestellter, Sekretär in der herrschaftlichen Jagdverwaltung'; er führte über erlegtes und verkauftes Wild Buch und war oft auch für das Personal zuständig
Syn: Jagdschreiber

Lit: Barth 1:459; DRW 6:368; Grimm 10:2211; Krünitz 28:331

Jagdsekretarius ↗ Jagdsekretär

Jagdzeugmeister 'herrschaftlicher Beamter, der für die Jagdausrüstung zuständig ist und die Hofküche mit Wildpret versorgt'; zum *Jagdzeug* gehörten neben den Jagdwaffen auch Netze und Tücher für das Niederwild
W: Meister, Zeugmeister

Lit: Barth 1:459; DRW 6:372; Grimm 10:2212

Jagenreuter ↗ Jagdreiter

Jager ↗ Jäger

Jäger Jager, Jeger; lat. *jaculator ferarum, venator* 1. 'Beamter, der bei der herrschaftlichen Jagd beschäftigt ist'. 2. 'herrschaftlicher Bediener, der in Jägertracht an der Jagd teilnimmt'. 3. 'Förster'. 4. 'leicht bewaffneter Soldat' ❖ mhd. *jagære, jegere, jeger* 'Jäger'
FN: Jäger, Jager, Jaeger, Jaager, Jeger, Jägers, Jaegers, Jegers, Jeghers
W: Bestandjäger, Feldjäger, Hubjäger, Kammerjäger, Landjäger, °Leibjäger, Meisterjäger, Reisejäger, Reisjäger
Syn: Weidmann, Weidner, Wildner, Windhetzer

Lit: Adelung 2:1413; Barth 1:459; Diefenbach 610; DRW 6:379; DudenFN 350; Frühmittellat. RWb; Gottschald 272; Grimm 10:2218; Idiotikon 3:20; Krünitz 28:548; Linnartz 105; Pies (2005) 76; Schmeller 1:1203

Jägerknecht Jägersknecht 'Gehilfe des Jägers'; führt auch die Hunde ❖ mhd. *jegerknëht* 'Jagdgeselle'
W: KNECHT
Syn: Jagdknecht

Lit: DRW 6:387; Grimm 10:2221

Jägermeister 1. 'oberster Jäger eines Jagdbezirks oder einer herrschaftlichen Jagd'; heute noch gebräuchlich. 2. 'Forstmeister'; die Funktionen der Jagd- und Forstaufsicht waren nicht immer klar getrennt. 3. 'erfahrener und sachkundiger Jäger' ❖ mhd. *jegermeister* 'Jagemeister, Jagdmeister'
W: °Landjägermeister, Meister
Syn: Jagdmeister, Pirschmeister

Lit: Adelung 2:1416; Barth 1:460; DRW 6:388; Grimm 10:2222; Grimm 12:120; Kehr (1964) 186; Krünitz 28:566

Jägersknecht ↗ Jägerknecht

Jahrarbeiter 1. 'Arbeiter, der sich auf ein Jahr verpflichtet hat'. 2. 'Handwerksgeselle, der ein Jahr zur Probe arbeitet'
W: Arbeiter

Syn: Jahrknecht

Lit: Adelung 2:1420; Barth 1:460; DRW 6:409; Grimm 10:2238; Krünitz 28:666

Jahrgesell ↗ Jahrgeselle

Jahrgeselle Jahrgesell 1. 'Geselle, der sich jahrweise bei einem Meister verdingt'; im Ggs. zum Wochengesellen. 2. 'Geselle, der ein Jahr arbeitet, um das Meisterrecht zu erlangen'
W: *Geselle*
Syn: Jahrschneider

Lit: Adelung 2:1421; DRW 6:428; Grimm 10:2243; Krünitz 28:668

Jahrknecht 1. 'Landarbeiter, der sich auf ein Jahr verpflichtet hat'. 2. 'Salinenarbeiter, der die Sole ins Sudhaus trägt'; in Halle; auch ein von einem Bergmann für ein Jahr verpflichteter Arbeiter, der an seiner Statt diese schwere Arbeit verrichtet
W: KNECHT
Syn: Jahrarbeiter

Lit: Adelung 2:1421; Barth 1:460; DRW 6:433; Grimm 10:2244; Krünitz 28:669; Zedler 14:171

Jahrschneider ↗ 'Jahrgeselle im Schneiderhandwerk'
W: SCHNEIDER
Syn: Jahrgeselle

Lit: Adelung 2:1422; Barth 1:461; DRW 6:462; Grimm 10:2248; Krünitz 28:670

Jakobswirt 'Wirt, der nur Bettler und Pilger beherbergt'; nach den Pilgern auf dem Jakobsweg nach Santiago de Compostella
W: WIRT
Syn: Bettelwirt

Lit: DRW 6:481; Götze 128

Janitschar 1. 'Fußsoldat einer türkischen Eliteeinheit im 14. bis 19. Jh.'. 2. 'Musiker in einer türkischen Militärmusikkapelle *(Janitscharenmusik)*' ❖ türk. *yeniçeri* 'neue Streitmacht', nach der Bezeichnung einer privilegierten Kriegerklasse im Osmanischen Reich

Lit: Adelung 2:1424; Barth 1:461; GoetheWb 5:130; Grimm 10:2263; Krünitz 29:7

Jeger ↗ Jäger*

Jellenführer ↗ Jollenführer

Jeringweib ↗ Germweib

Jochmacher 'Handwerker, der ein [Ochsen]-joch herstellt'; das *Joch* ist ein auf der Stirn aufliegender Teil des Riemenzeugs, mit dem Ochsen oder Kühe vor den Wagen gespannt werde konnten; auch *Jöchler* ❖ zu mhd. *joch* 'Joch'; Herkunft unsicher, verwandt mit lat. *iungere* 'verbinden'; indogermanisches Erbwort oder Entlehnung aus dem Indischen

Lit: Barth 1:463; Grimm 10:2328 (Joch); Kluge 457 (Joch); Schmeller 1:1200 (Joch)

Jodelbauer Jodlbauer 'Bauer, der den Gemeindestier hält' ❖ zu bair. *Jodel* 'Stier'; vermutlich urspr. Kosename für *Jodok* (Stiernamen wurden üblicherweise von Männernamen übernommen); evtl. auch von *jodeln, Jodler* nach dem Laut
W: BAUER

Lit: Höfer 2:97 (Jodel); OÖWb 141 (Jodl); Schmeller 1:1201 (Jodel); Stöckl 289; Ziller (1995) 104 (Jodel)

Jodlbauer ↗ Jodelbauer

Jollenführer Jellenführer 'Führer einer Jolle'; zu *Jolle, Jelle, Jölle* 'ein kleines flaches Boot ohne Deck', oft als Beiboot von Schiffen mitgeführt ❖ niederdt. *Jill, Joll, Jöll*, weitere Herkunft unklar
W: *Führer*

Lit: Altstaedt (2011) 12; Lindow 98

Jopenbrauer ↗ Schoppenbrauer

Jopenhauer ↗ Schoppenhauer

Joppner 'Schneider, der Joppen, Jacken herstellt' ❖ zu mhd. *jope, joppe, juppe* 'Jacke', aus ital. *giubba, gubba* 'Jacke, Wams', aus dem Arabischen
FN: Joppner, Joppe, Jopp, Jüppner, Jüptner
Syn: SCHNEIDER, Schöppner

Lit: DudenFN 357; Gottschald 275; Kluge 457 (Joppe); Linnartz 106; Palla (1994) 157; SteirWb 367

Jubelier ↗ Jubilierer

Jubilierer Jubelier, Jubilirer; lat. *gemmarius* 'Juwelier' ❖ frühnhd. *jubilirer* 'Goldschmied'; aus mittelfranz. *joelier, jouaillier*. Die Schreibungen mit -*b*- entstanden im 16. Jh. durch unterschiedliche Schreibtraditionen

Lit: Barth 1:466, 471; Diefenbach 259; Frühmittellat. RWb; Götze 129; Pfeifer 605; Volckmann (1921) 141; Zedler 14:1450

Jubilirer ↗ Jubilierer

Juchtenlederer ↗ Lederer

Judenbischof 'Vorsteher einer jüdischen Gemeinde und des Judenrates' ❖ mhd. *judenbischof* 'Archisynagogus'

Lit: Barth 1:467; DRW 6:534

Judenmeister 1. 'Vorsteher einer Judengemeinde'. 2. 'Oberrabbiner'. 3. 'Ratsherr, der die Aufsicht über die jüdischen Gemeinden hat' ❖ mhd. *judenmeister* 'jüdischer Schulmeister'
W: *Meister*

Lit: Barth 1:467; DRW 6:555

Judenrichter 1. 'Richter, der für Streitfälle zwischen Juden und Nichtjuden zuständig ist'. 2. 'Richter für Angelegenheiten innerhalb der Judengemeinde' ❖ mhd. *judenrihter*
W: *Richter*

Lit: DRW 6:559; Grimm 10:2356

Judenschreiber 1. 'vereidigter christlicher Beamter, der bei Gericht die vorgebrachten Probleme der Juden aufzunehmen hat'. 2. 'Schriftkundiger einer jüdischen Gemeinde'.
W: *Schreiber*

Lit: DRW 6:565; Idiotikon 9:1542; Juden in Linz 33

Judenschulmeister 'Lehrer an der jüdischen Schule und Kantor in der Synagoge'
W: *Schulmeister*

Lit: DRW 6:567

Jumfer ↗ Jungfer

Jumper 'Hafenarbeiter beim Kohlenumschlag, der den Korb durch Springen auf eine Planke in die Höhe reißt'; für diese Tätigkeit wurden gewöhnlich vier Jumper benötigt ❖ zu niederdt. *jumpen* 'springen'

Lit: Altstaedt (2011) 30; Hermann-Winter (2003) 132; Lindow 98

Junferknecht ↗ Jungfernknecht

Jung ↗ Junge

Junge Jung 1. 'Lehrling'. 2. 'jugendlicher, jüngster Arbeiter, Soldat' ❖ mhd. *junge* 'Jüngling, junger Mann'
FN: Jung, Jungk, Junge
W: Dienstjunge, Grubenjunge, Lüchtenjung, Luttenjunge, Menjunge, Scheidejunge, Treckjunge, Trossjunge, Waschjunge

Lit: Adelung 2:1448; Barth 1:468; DRW 6:590; DudenFN 358, 359; Gottschald 276; Grimm 10:2375; Krünitz 31:715; Veith 282

Jungensteiger 'Steiger, der die Aufsicht über die jugendlichen Bergarbeiter innehat'; die *Jungen* waren meist bei der Förderung oder Aufbereitung (als Scheide- und Wäscheknaben) eingesetzt
W: *Steiger*

Lit: Adelung 2:1449; Krünitz 31:716; Veith 282

Jungfer Jumfer 1. 'Dienerin in einem herrschaftlichen Haus'. 2. 'Haushälterin' — meist als Standesbezeichnung oder als Anrede ❖ zu mhd. *juncvrou, juncvrouwe* 'junge Herrin, vornehmes junges Fräulein, unverheiratete vornehme Dienerin, Edelfräulein', später verallgemeinert zu 'junge Frau'; die Form *Jungfer* entstand durch Abschwächung des unbetonten zweiten Wortteils
FN: Jungfer
W: Hausjungfer, Kammerjungfer, Ladenjungfer

Lit: Barth 1:468; DRW 6:596; DudenFN 359; Gottschald 276; Grimm 10:2381; Kluge 459; Krünitz 31:720

Jungferknecht ↗ Jungfernknecht

Jungfernknecht Junferknecht, Jungferknecht 'Bediener einer Hofdame oder Kammerzofe'; häufiger übertragen für einen einer Frau unterwürfig ergebenen Mann oder für einen übertrieben galant spielenden Charmeur
W: KNECHT

Lit: Adelung 2:1451; DRW 6:598; Grimm 10:2385; Krünitz 31:725

Junghäuer 'noch nicht ausgelernter Bergmann'
W: HAUER

Lit: Veith 268

Jungmann 'noch nicht fertig ausgebildeter Matrose; Leichtmatrose'; stand in der Hierarchie zwischen Schiffsjunge und Matrose ❖ mhd. *juncman* 'junger Mann, Herr'
FN: Jungmann, Jungermann
W: Mann

Lit: Barth 1:469; DudenFN 359; Gottschald 276; Grimm 10:2398; Linnartz 106

Jungmeister 1. 'der jüngste Meister einer Zunft, eines Ortes'. 2. 'Hilfslehrer'
W: Meister
Ggs: Altmeister

Lit: Adelung 2:1454; DRW 6:609; Grimm 10:2398; Krünitz 31:793

Jungmetzger 'Fleischer, der nur Jungvieh und Kleinvieh *(junges Fleisch)* schlachtet'
W: METZGER
Ggs: Altmetzger

Lit: Schmeller 1:1207

Jungwirt Jungwirth 'junger Inhaber eines Gasthauses; neuer Wirt'
FN: Jungwirt, Jungwirth
W: WIRT

Lit: DudenFN 359; Gottschald 276; Linnartz 106

Jungwirth ↗ Jungwirt

Junker 1. 'jüngster Arbeiter in einer Bäckerei, der auch für Hilfsarbeiten herangezogen wird'. 2. 'adeliger Diener, Page, Edelknabe an einem herrschaftlichen Hof'. 3. '[adeliger] Gutsherr'. 4. 'jüngster Meister der Zunft'. 5. 'Bürger, Kaufmann in gehobener Stellung' ❖ mhd. *junchêrre, junchêrre* 'junger Herr, junger (noch nicht Ritter gewordener) Adeliger, Junker, Edelknabe'
FN: Junker, Junkers, Junkert, Juncker, Junckers, Jucker
W: Salzjunker

Lit: Adelung 2:1454; Barth 1:469; DRW 6:614; DudenFN 359; Gottschald 276; Grimm 10:2399; Krünitz 31:846; Linnartz 106; Pies (2002d)

Jurat 1. 'Geschworener'. 2. 'vereidigter Wertschätzer' — im veralteten Sprachgebrauch in der Form *Jurator* noch in Verwendung ❖ lat. *iurator* 'vereidigter Geschworener, Gutachter; Gehilfe des Zensors'
FN: Jurat, Juratha
W: Kirchenjurat

Lit: Barth 2:142; DudenFW 673; Gottschald 276

Justierer Justirer 'Arbeiter in der Münzprägeanstalt, der die Münzstücke ausgleicht'; er wog dazu die Stücke einzeln ab, glich das Gewicht nach dem Musterstück aus, indem er von zu schweren etwas abfeilte und die zu leichten ausschied; heute üblich in der Bedeutung 'Facharbeiter, der Feineinstellungen vornimmt' ❖ mlat. *iustare* 'berichtigen', aus lat. *justus* 'rechtmäßig'

Lit: Adelung 2:1456 (justiren); Barth 1:470; Grimm 10:2406; Krünitz 31:860

Justirer ↗ Justierer

Justitiar Justiziar; lat. *iustitiarius, justitiarius* 'Ortsrichter oder Richter in einer Domäne im Rahmen der Patrimonialgerichtsbarkeit' ❖ mlat. *iustitiarius* 'Richter', aus lat. *iustitia* 'Recht, Gerechtigkeit'
Syn: Gerichtshalter

Lit: Barth 1:470; Diefenbach 3131; DRW 6:633; GoetheWb 5:193; Grönhoff (1966) 15

Justiziar ↗ Justitiar

Kabartsch ↗ Kawerz

Kabeldreher 'Seiler' ❖ zu franz. *câble* 'Ankertau', über das Niederld. entlehnt aus mlat. *capulum* 'Reep'; mhd. *kabel* 'Ankertau'; erst im 19. Jh. auf telegrafische und elektrische Leitungen eingeschränkt; *drehen* nach der Arbeit der Seiler
W: *Dreher*
Syn: SEILER

Lit: Diefenbach 99; Grimm 11:7 (Kabel); Paul 443; Pies (2005) 157; Reith (2008) 188; Volckmann (1921) 100

Kabelschläger 'Seiler, der die schweren Ankertrossen zum Vertäuen der Schiffe herstellt' ❖ ↗ Kabeldreher
W: *Schläger*

Lit: Barth 1:472; Volckmann (1921) 100

Kabertsch ↗ Kawerz

Kabinettmeister 1. 'Vorsteher einer Abteilung, eines Amtes'. 2. 'spezialisierter Arbeiter, der einer Abteilung in der Schmuckindustrie vorsteht' — zu *Kabinett* in der älteren Bedeutung 'abgeschlossener Arbeitsraum'
W: *Meister*

Lit: Barth 1:472; DRW 6:662

Kabinettsmaler Cabinettsmaler, Cabinettssmahler 'Maler, der Cabinettsstücke für Fürsten malt'; das sind seltene oder kuriose Stücke aus Natur und Kunst, die Fürsten in ihrer Sammlung *(Cabinett)* aufbewahrten, eine Mode in der Barockzeit; heute in der Kunstwissenschaft der Fachausdruck *Kabinettsmalerei* für ein 'Verfahren der Glasmalerei, bei dem mit Schmelzfarben gearbeitet wird'
W: *Maler*

Lit: Adelung 1:1291; DudenGWDS

Kabisbauer Kabißbauer, Kabsbauer, Kabusbauer, Kabuzenbauer 'Bauer, der Weißkohl anbaut' ❖ zu mhd. *kabeʒ, kappuʒ* 'weißer Kohlkopf', aus lat. *caput* 'Kopf'; die Form *Kabuzenbauer* kommt von mlat. *caputium* 'Kohlkopf', zu lat. *caput* 'Kopf'; *Kabis* ist das südwestdt.-schweiz. Wort für *Kohl*
W: BAUER
Syn: Kohlgärtner, Küchengärtner

Lit: Barth 1:472; DRW 6:666; Grimm 11:10

Kabismann Kappusmann 'Händler, der Kohl, Weißkraut verkauft' ❖ zu mhd. *kabeʒ, kappuʒ* 'weißer Kohlkopf', aus lat. *caput* 'Kopf'
W: *Mann*

Lit: DRW 7:666; Volckmann (1921) 3

Kabißbauer ↗ Kabisbauer

Kabsbauer ↗ Kabisbauer

Kabusbauer ↗ Kabisbauer

Kabuzenbauer ↗ Kabisbauer

Kachelbäcker Kachelbecker, Kächlinbacker, Kachlinbecker 'Töpfer, der bes. Ofenkacheln herstellt' ❖ zu mhd. *kachel, kachele* 'irdenes Gefäß; Ofenkachel'; *backen* i. S. v. 'glühend heiß machen, brennen', z. B. Ziegel backen

W: Bäcker*
Syn: Töpfer

Lit: Barth 1:472; Reith (2008) 233; Volckmann (1921) 180

Kachelbecker ↗ Kachelbäcker

Kacheler ↗ Kachler

Kächeler ↗ Kachler

Kachelmacher Kählinmacher 'Töpfer, der bes. Ofenkacheln herstellt'
FN: Kachelmacher
Syn: Kachler, Töpfer

Lit: Barth 1:472; Linnartz 106; Volckmann (1921) 180

Kachler Kacheler, Kächeler, Kächler, Kecheler 'Töpfer, der vor allem Ofenkacheln oder irdenes Geschirr herstellt' ❖ mhd. *kacheler* 'Töpfer'
FN: Kachler, Kächler, Kachel, Kacher, Kechler
Syn: Kachelmacher, Töpfer

Lit: Barth 1:472; DRW 6:667; DudenFN 361; ElsässWb 1:419; Gottschald 277; Grimm 11:14; Kretschmer 536; Linnartz 106; Pies (2005) 168; Reith (2008) 230; Volckmann (1921) 180

Kächler ↗ Kachler

Kächlinbacker ↗ Kachelbäcker

Kachlinbecker ↗ Kachelbäcker

Kaffamacher Caffamacher, Kaffamaker, Kaffhaarmacher 'Weber, der Samt oder Plüsch mit gemustertem Flor erzeugt'; *Kaffa, Caffa, Caffar* ist ein plüschartiger Stoff mit erhabenen Mustern. *Kaffamacher* kamen als niederländische Glaubensflüchtlinge Ende des 16. Jh. nach Norddeutschland, in Hamburg ist nach ihnen die *Caffamacherreihe* benannt. Das Wort *Kaffhaarmacher* ist eine volksetymologische Anlehnung an *Haar*, da bei der Erzeugung ein feiner Abfall, der wie abgeschnittene Haare aussieht, entsteht ❖ engl. *caffa* aus arabisch dialektal *kaffa, kaffiyah*, literarisch *kufiya*, franz. *al Kufa*, eine Stadt im Irak, dem Herkunftsort des Stoffes; unter Einfluss von niederdt. *Kaff* 'Spreu, Abfall, wertloses Zeug', zu mnd. *kaf, kave* 'Hülse des Getreides; ausgedroschenes Stroh; Spreu jeder Art'
Syn: Seidenwirker, Weber

Lit: Barth 1:473; Grimm 11:21 (Kaffa); HamburgWb 911; Herders Conversations-Lexikon 1:751 (Caffa, Cafard); Holsteinisches Idioticon 2:210; Krünitz 7:519; Krünitz 32:100; Pies (2005) 179; Schiller-Lübben 2:415; Volckmann (1921) 92; Webster 313

Kaffamaker ↗ Kaffamacher

Kaffawirker Caffawirker ↗ 'Kaffamacher'
W: Wirker

Lit: Barth 1:473; Riepl (2009) 215

Kaffeeriecher Kaffeeschnüffler 'Kriegsinvalider, der durch Schnüffeln feststellen soll, ob verbotener Bohnenkaffee ausgeschenkt wird'; von Friedrich II. in Preußen angestellt

Lit: DRW 6:673; Vieser/Schautz (2010) 71

Kaffeeschenk Coffeschenk, Kaffeeschenker 'Person, die Kaffee zubereitet und ausschenkt; Inhaber eines Cafés'
W: Schenk
Syn: Cafetier, Kaffeesieder, Kaffeewirt

Lit: Barth 1:473; DRW 6:673; Grimm 11:24; Grönhoff (1966) 31

Kaffeeschenker ↗ Kaffeeschenk

Kaffeeschenkwirt ↗ Kaffeewirt

Kaffeeschnüffler ↗ Kaffeeriecher

Kaffeesieder Caffeesieder 'Person, die Kaffee zubereitet und ausschenkt; Inhaber eines Cafés'; noch heute scherzhaft oder abwertend gebraucht; in Österreich amtlich
W: Sieder
Syn: Cafetier, Kaffeeschenk, Kaffeewirt

Lit: Barth 1:473; DRW 6:673; Ebner (2009) 193; Grimm 11:24; Schmeller 2:227

Kaffeewirt Kaffeeschenkwirt 'Person, die Kaffee zubereitet und ausschenkt; Inhaber eines Cafés'
W: WIRT
Syn: Cafetier, Kaffeeschenk, Kaffeesieder

Lit: Barth 1:473; DRW 6:673, 674; Grimm 11:24; Idiotikon 16:1659

Kaffhaarmacher ↗ Kaffamacher

Kaffl ↗ Käufel

Käffl ↗ Käufel

Kafiller Cafiller, Caviller, Kafler, Kaviller 'Abdecker'; urspr. rotwelsch-gaunersprachlich
❖ mittelhebräisch *kefal* 'abhäuten'
Syn: SCHINDER
Vgl: Filler

Lit: Adelung 2:1462; Barth 1:473; DudenGWDS; Gottschald 277, 506; Grimm 11:26; Höfer 1:2; Krünitz 32:279; Pies (2001) 38, 42; Pies (2005) 10

Kafler ↗ Kafiller

Kagelbruder ↗ Gugelbruder

Kählinmacher ↗ Kachelmacher

Kahlstörter ↗ Kohlenstürzer

Kahmmacher ↗ KAMMMACHER

Kahnfahrer ↗ Kahnführer

Kahnführer Kahnfahrer; lat. *scapharius, scaphiarius* 'Führer eines kleinen Schiffes auf Wasserläufen und Kanälen in der norddeutschen Binnenschifffahrt'
W: *Führer*
Syn: SCHIFFMEISTER

Lit: Barth 1:473; DRW 6:678; Grimm 11:34

Kahrbender ↗ Karrenbinder

Kahrenführer ↗ Karrenführer

Kaienmeister ↗ Kaimeister

Kaiffer ↗ Käufer

Kaimeister Kaienmeister 'für den Kai oder den ganzen Hafen Verantwortlicher'
W: *Meister*
Syn: Hafenmeister

Lit: Adelung 2:1464; DRW 6:680; Grimm 11:36; Krünitz 32:301

Kaitenbrauer ↗ Keutenbrauer

Kaitorte 'Hafenarbeiter am Kai'; norddt.; urspr. Scherzbildung

Lit: Altstaedt (2011) 169

Kalamalmacher Calamalmacher, Kalemalmacher; lat. *calamarius* 'Schreibzeugmacher; Hersteller von Schreibfedern aus Schilfrohr oder von ganzen Schreibbestecken aus Federhaltern und Tintenfässern' ❖ lat. *calamarius* 'zum Schreibrohr gehörig', zu lat. *calamus* 'Rohrfeder', aus griech. *kálamos* 'Schilfrohr, Halm'
Syn: Federschneider, Posenschaber

Lit: Barth 1:474; DudenFW 678 (Kalamit); Kaltschmidt 137; Palla (1994) 157; Pies (2005) 77; Reith (2008) 118; Volckmann (1921) 252

Kalamankmacher ↗ Kalmankmacher

Kalamanymacher ↗ Kalmankmacher

Kalchborner ↗ KALKBRENNER

Kalchbrenner ↗ KALKBRENNER

Kalcher ↗ Kalker

Kalchmesser ↗ Kalkmesser

Kalckschreiber ↗ Kalkschreiber

Kalemalmacher ↗ Kalamalmacher

Kalenstorter ↗ Kohlenstürzer

Kalfakter Kalfaktor; lat. *calefactor, calfactor*
1. 'Hausmeister, der für das Beheizen der Räume zuständig ist; Heizer'; kommt im veralteten Sprachgebrauch noch vor; oft ab-

wertend für 'Person, die allerlei untergeordnete Arbeiten und Dienste verrichtet'. 2. 'Hafenarbeiter, der für die Essenversorgung der Arbeiter zuständig ist'; meist ein Arbeiter, der körperlich nicht mehr zur Arbeit am Hafen fähig ist ❖ mlat. *calfactor, calefactor* 'Einheizer, mit dem Einheizen der Öfen betrauter Schüler, Hausmeister o. Ä.', eigentlich 'Warmmacher'
Syn: Ofenheizer, Ofner, Stubenheizer

Lit: Adelung 4:461 (Stubenheizer); Altstaedt (2011) 18, 169; Barth 1:475; Diefenbach 90; DudenFW 679; Grimm 11:64

Kalfaktor ↗ Kalfakter

Kalfaterer 'Arbeiter im Schiffsbau oder Schiffszimmermann, der die Fugen zwischen den Planken mit Werg und Pech abdichtet'; das Verb *kalfatern* ist heute noch veraltet in der Seemannssprache üblich ❖ franz. *calfater* oder ital. *calafatare* 'abdichten', aus dem Griechisch-Arabischen
Syn: Schopper

Lit: Adelung 2:1469 (kalfatern); Barth 1:475; Grimm 11:64 (kalfatern); Krünitz 32:609; Palla (2010) 109

Kalgburner ↗ KALKBRENNER

Kalitenmacher Kalitenmaker 'Handwerker, der Taschen und Beutel herstellt'; niederdt.; zu *Kalief* 'Korb mit Deckel, meist aus Spannholz oder Bast, zum Transport der Verpflegung auf das Feld', verbreitet in der Uckermark ❖ zu russ., poln. *kalita* 'Beutel, Tasche'
Syn: BEUTLER

Lit: DRW 6:729; Hermann-Winter (2003) 135

Kalitenmaker ↗ Kalitenmacher

Kalkant Calcant; lat. *calcator* 'Person, die den Blasebalg einer Orgel betätigt'; kommt im veralteten Sprachgebrauch noch vor ❖ lat. *calcans,* Partizip Präsens von *calcare* '(mit den Füßen) treten'
Syn: Balgentreter, Orgeltreter

Lit: Adelung 2:1293 (Calcant); Barth 1:475; Diefenbach 89; DudenFW 680

Kalkbauer 'Bauer, der auf seinem Land Kalksteine bricht, in Kalköfen brennt und verkauft'
W: BAUER

Lit: Ast (1977); DRW 6:730

Kalkbicker ↗ Kalkpicker

Kalkbikker ↗ Kalkpicker

Kalkborner ↗ KALKBRENNER

Kalkbrecher 'Arbeiter, der aus dem Kalksteinbruch Steine herausbricht'
Syn: Kalkpicker, Kalkschläger

Lit: Barth 1:475; DRW 6:731; Grimm 11:65

KALKBRENNER Kalchborner, Kalchbrenner, Kalgburner, Kalkborner; lat. *calcarius, cementarius* 'Handwerker, der aus Kalksteinen oder Muschelkalk gebrannten Kalk herstellt'; der in einem Kalkofen gebrannte Kalk (Kalziumoxyd, CaO) wurde für Mörtel, zum Bestreuen der Felder, zum Tünchen, in Gerbereien, Seifensiedereien und Zuckerraffinerien verwendet; oft wurde Kalk von Bauern im Nebengewerbe hergestellt und an städtische Kunden geliefert ❖ mhd. *kalcbrenner* 'Kalkbrenner'; mhd. *burnen, bornen* 'brennen'; mnd. *kalkbernere* 'Kalkbrenner'
FN: Kalkbrenner, Kalchbrenner
W: Brenner
Syn: Kalkdrescher, Kalker, Kalklöscher, Kalksieder, Röseler, Steinbrenner

Lit: Adelung 2:1470; Ast (1977); Barth 1:475; Diefenbach 111; DRW 6:731; DudenFN 363; Frühmittellat. RWb; Gottschald 278; Grimm 11:65; Linnartz 107; Pies (2002a); Schiller-Lübben 2:419; Volckmann (1921) 276

Kalkdrescher 'Bauer, der Kalk brennt und verkauft'
Syn: KALKBRENNER

Lit: DRW 6:732; Grimm 11:65

Kalker Kalcher, Kälker ↗ 'Kalkbrenner' ❖ mhd. *kalker* 'Kalkbrenner'
FN: Kalcher, Kalchner, Kelker

Syn: KALKBRENNER

Lit: Barth 1:475; DRW 6:732; Gottschald 278; Grimm 11:66; Linnartz 107

Kälker ↗ Kalker

Kalklöscher 'Bauarbeiter, der den Kalk löscht'; d. h. gebrannten Kalk mit Wasser übergießt, damit er weich wird und zu Mörtel verarbeitet werden kann ❖ zu mhd. *leschen* 'auslöschen'
FN: Kalklösch
Syn: KALKBRENNER, Kalksieder

Lit: Barth 1:475; DRW 6:734; Gottschald 278; Grimm 11:67; Pies (2005) 96

Kalkmeister Kalkmester 'Person, die im öffentlichen Bauwesen für den Kalkmörtel zuständig ist'
FN: Kalkmeister
W: *Meister*

Lit: DRW 6:735; Linnartz 107

Kalkmenger ↗ Menger

Kalkmesser Kalchmesser 'öffentlich Bediensteter, der die Kalkmenge abmisst und für Bauten zuteilt' ❖ mhd. *kalcmëʒʒer* 'Kalkmesser'
W: *Messer*
Syn: Kalkmutter

Lit: Ast (1977); DRW 6:735

Kalkmester ↗ Kalkmeister

Kalkmüller 'Betreiber einer Kalkmühle'; d. i. ein Kalkofen, in dem Gipskalk oder Düngekalk, an der Küste auch Muschelschalen, fein gemahlen oder gestoßen wird
FN: Kalkmüller
W: *Müller*

Lit: Adelung 2:1471 (Kalkmühle); Barth 1:475; Grimm 11:67; Krünitz 32:795; Linnartz 107

Kalkmutter ↗ 'Kalkmesser' ❖ zu mhd. *mutter* m. 'Fruchtmesser'
W: *Mutter*
Syn: Kalkmesser

Lit: DRW 6:736

Kalkpicker Kalkbicker, Kalkbikker 'Arbeiter, der Kalksteine aus dem Gestein bricht'
W: Picker
Syn: Kalkbrecher, Kalkschläger

Lit: DRW 6:737

Kalkschläger Kalksleger, Kalkslegher 'Arbeiter im Kalksteinbruch, der den Kalkstein zerkleinert'
W: *Schläger*
Syn: Kalkbrecher, Kalkpicker

Lit: DRW 6:737

Kalkschreiber Kalckschreiber 'Beamter, der die Kalkmesser, die Kalklagerung und den -transport überwacht'
W: *Schreiber*

Lit: Ast (1977); DRW 6:738

Kalksieder ↗ 'Kalklöscher'
W: *Sieder*
Syn: KALKBRENNER, Kalklöscher

Lit: Barth 1:475; DRW 6:738; Grimm 11:67

Kalksleger ↗ Kalkschläger

Kalkslegher ↗ Kalkschläger

Kalkulator Calculator; lat. *calculator* 'Beamter, der Rechnungen und Voranschläge prüft; Rechnungsprüfer'; noch heute im betrieblichen Rechnungswesen gebräuchlich; historisch vor allem in Zusammensetzungen, wie *Bergrechnungs-, Kreis-, Zollkalkulator* ❖ spätlat. *calculator* 'Berechner, Rechnungs-, Buchführer', zu lat. *calculare* 'berechnen'

Lit: Barth 1:475; Diefenbach 89; DRW 6:739; DudenFW 681; Kaltschmidt 138

Kalligraf ↗ Kalligraph

Kalligraph Kalligraf 'Schreiber, der auf die ästhetische Form der Schrift besonderen Wert legt'; kommt im grafischen Gewerbe im veralteten Sprachgebrauch noch vor ❖ griech. *kalligráphos* 'schön schreibend'
Syn: Modist, Schönschreiber, Schreibkünstler, Schreibmeister

Lit: Barth 1:476; DudenFW 681; Meyers Lexikon 6:34 (Schreibkunst)

Kalmankmacher Kalamankmacher, Kalamanymacher, Kalmanymacher 'Weber, der Kalmank, einen dicht gewebten Wollstoff aus hartem Kammgarn, herstellt' ❖ franz. *calmande* 'Wollzeug', im 18. Jh. entlehnt; aus ital. *calamandra*, vgl. ital. *caramandula* 'Baumwollgewebe'
Syn: WEBER

Lit: DudenGWDS (Kalmank); Gamillscheg 1:178; Kaltschmidt 140 (Calamank, Calmank), 494 (Kalamank, Kalmank); Pies (2005) 179

Kalmanymacher ↗ Kalmankmacher

Kalterer ↗ KELTERER

Kälterer ↗ KELTERER

Kaltmetzger 'Abdecker'; *kalt*, weil er kaltes, d.h. bereits totes, Vieh schlachtet, oder weil er für die Arbeit weder heißes Wasser noch Feuer verwendet
Syn: SCHINDER

Lit: Idiotikon 4:628

Kaltpfister 'Bäcker, der nicht selbst backt, sondern nur Brot verkauft'
W: Pfister

Lit: DRW 6:742; Idiotikon 5:1197

Kaltschlachter ↗ Kaltschlächter

Kaltschlächter Kaltschlachter 'Abdecker'; vgl. ↗ Kaltmetzger
W: Schlachter
Syn: SCHINDER

Lit: Adelung 2:1474; Barth 1:476; DRW 6:742; Krünitz 32:822; Pies (2001) 38; Pies (2005) 10; Zedler 34:1669

Kaltschläger 'Abdecker'; vgl. ↗ Kaltmetzger
W: Schläger
Syn: SCHINDER

Lit: Adelung 3:1474 (Schinder)

Kaltschmied 'Schmied, der das Metall nur mit Hammer u.a. Werkzeugen, aber ohne Feuer bearbeitet; Kupfer-, Messing-, Kesselschmied' ❖ mhd. *kaltsmit* 'Schmied, der ohne Feuer arbeitet: Kessel-, Kupfer-, Messingschmied'
FN: Kaltschmied, Kaltschmid, Kaltschmidt
W: *Schmied*
Syn: Hammerer, KESSELSCHMIED, KUPFERSCHMIED

Lit: Adelung 2:1474; Barth 1:476; DRW 6:742; DudenFN 363; Gottschald 278; Grimm 11:92; Hornung (1989) 80; Idiotikon 9:861; Krünitz 32:822; Pies (2005) 133; Reith (2008) 135

Kaluppner Chalupner, Chaluppner, Kalüppner 1. 'Kleinbauer'. 2. 'Besitzer eines kleinen, einfachen Hauses'; *Kaluppe* ist noch in regionaler Umgangssprache, z.B. österr., üblich; in Wiener Pfarrmatriken verzeichnet, wenn die Person aus Böhmen oder Mähren stammte ❖ zu poln. *chałupa*, tschech. *chalupa* 'baufälliges, altes Haus'
Syn: KLEINBAUER*

Lit: DudenGWDS (Kaluppe); Grimm 11:95 (Kaluppe)

Kalüppner ↗ Kaluppner

Kaminfeger Chemifeger; lat. *caminarius* 'Handwerker, der Ruß aus Schornsteinen entfernt'; heute noch in der Schweiz, Südwest- und Westmitteldeutschland gebräuchlich; die Form *Chemifeger* ist schweiz. dialektal ❖ zu mhd. *kamîn, kemîn* 'Feuerstätte, Herd, Schornstein', aus lat. *caminus* 'Esse, Feuerstelle, Herd'
W: Feger
Syn: SCHORNSTEINFEGER*

Lit: Adelung 2:1476; Barth 1:477; Grimm 11:101; Idiotikon 1:687; Kretschmer 444; Volckmann (1921) 279; VWB 382

Kaminkehrer lat. *caminarius* 'Handwerker, der Ruß aus Schornsteinen entfernt'; heute noch in Südwestdeutschland, Westösterreich und Teilen Bayerns gebräuchlich ❖ ↗ Kaminfeger
W: Kehrer
Syn: SCHORNSTEINFEGER*

Lit: Barth 1:477; Grimm 11:101; Kretschmer 444; Reith (2008) 208; VWB 382

Kammacher ↗ KAMMMACHER

Kammecher ↗ KAMMMACHER

Kammenrichter Kammrichter 'Arbeiter in der Weberei, der die Holzplättchen in die Weberkämme einrichtet'
W: *Richter*

Lit: Barth 1:477; Krünitz 33:195

Kammenscherper Kammenschirper 'Handwerker, der Kämme und Wollkämme für die Weberei herstellt' ❖ Herkunft unsicher, vermutlich zu mlat. *sarpa*, franz. *serpe* 'Hippe, Gartenmesser'
Syn: KAMMMACHER

Lit: Barth 1:477; Pies (2005) 77; Reith (2008) 118; Volckmann (1921) 83

Kammenschirper ↗ Kammenscherper

Kammenschmied Kammensmyd 1. 'Handwerker, der Wollkämme für die Weberei herstellt'. 2. ↗ 'Kammmacher' ❖ mhd. *kamme* 'Haarkamm, Wollkamm, Weberkamm'
W: *Schmied*
Syn: KAMMMACHER

Lit: Barth 1:477; Pies (2005) 77; Reith (2008) 118; Volckmann (1921) 83, 125

Kammensmyd ↗ Kammenschmied

Kämmer Kammler, Kämmler 1. 'Handwerker, der die gewaschene Wolle mit dem Wollkamm kämmt und zum Spinnen vorbereitet'. 2. 'Handwerker, der Kämme aus Horn oder Elfenbein herstellt'. 3. 'Wollverkäufer' ❖ mhd. *kemmer* 'Kämmer, Wollkämmer'
FN: Kämmer, Kemmer, Kammer, Kammler, Kämmler, Kämmle, Kemmler
W: *Rosskämmer, Wollkämmer*
Syn: KAMMMACHER

Lit: Adelung 2:1480; Barth 1:477; DRW 6:1006; DudenFN 364, 370; Gottschald 279; Grimm 11:115, 133; Linnartz 108, 113

Kammerauskultator ↗ Auskultator

Kammerbedienter 1. 'Bedienter an einem herrschaftlichen Hof; Kammerdiener'. 2. 'Beamter einer Finanz-, Wirtschafts- oder Kriegskammer' — *Kammer* bezeichnet seit dem 15. Jh. auch eine Verwaltung, bes. die Finanzverwaltung einer Behörde (des Reiches, eines Staates oder einer Provinz, einer Kommune, eines Klosters) ❖ zu lat. *camera* 'gewölbte Decke eines Zimmers, Gewölbe', im Mittelalter ausgeweitet zu 'Wohnraum, fürstliche Wohnung; Schatzkammer'
W: *Bedienter*
Syn: KAMMERDIENER

Lit: Adelung 2:1483; Barth 1:477; DRW 6:808; Grimm 11:115

KAMMERDIENER lat. *claviger, cubicularius* 1. 'Diener eines hochgestellten Herrn zur persönlichen Bedienung'. 2. 'adeliger Bedienter eines Fürsten als Berater und Verwalter des Privatvermögens'. 3. 'öffentlich Bediensteter bei einer Behörde (*Kammer*)'
W: *Diener*
Syn: Kammerbedienter, Kammerheiduck, Kammerherr, Kammerier, Kammerknecht, Kämmerling, Kammertürke, Lakai

Lit: Adelung 2:1483; Barth 1:477; Diefenbach 126, 160; DRW 6:816; Frühmittellat. RWb; Grimm 11:117; Krünitz 33:274; Vieser/Schautz (2010) 81

Kämmerer Cemmer, Cemmerer, Kemerer, Kemmer, Kemmerer, Kemner; lat. *camerarius, quaestor, questor* 1. 'Schatzmeister am Hof'; als solcher verwaltete er den Besitz des Kaiserhauses oder des Reiches. 2. 'Vorgesetzter einer Kammer am Fürstenhof'; darunter verstand man ein Zimmer oder eine Abteilung für einen bestimmten Zweck, z. B. die *Kunstkammer, Silberkammer, Gewandkammer*. 3. 'einflussreicher ständiger Rat des Herrschers und der Politiker' ❖ mhd. *kameræge, kamerer* 'Kämmerer, Schatzmeister, Vorsteher und Verwalter der Kammereinkünfte, einer der obersten Hofbeamten'; mnd. *kemener, kemmer* 'Kämmerer, der die Kammer, das ganze Rechnungswesen eines Fürsten, einer Bürgerschaft etc. unter sich hat'
FN: Kammerer, Kämmerer, Kamerer, Cammerer, Camerer, Cämmerer, Caemmerer, Kemmner
W: °Erbkämmerer, °Erzkämmerer, °Holzkämmerer, Kunstkämmerer, °Landeskäm-

merer, Lichtkämmerer, Silberkämmerer, °Stadtkämmerer
Syn: Rechenmeister, SCHATZMEISTER, Stadtrechner

Lit: Adelung 2:1484; Barth 1:477; Diefenbach 92, 479; DRW 5:1487; DudenFN 168, 364; Frühmittellat. RWb; Gottschald 279; Hornung (1989) 80; Krünitz 33:514; Linnartz 108, 113; Palla (1994) 160; Pies (2005) 165

Kammerfiskal ↗ Fiskal

Kammerfrau Kammerfräulein; lat. *cubicularia* 'Frau, die einer hochgestellten Dame für persönliche Bedienung zur Verfügung steht; Zofe'
W: *Frau*
Syn: Kammerjungfer, Kammerzofe

Lit: Adelung 2:1485; Barth 1:478; DRW 6:855; Grimm 11:119; Krünitz 32:283

Kammerfräulein ↗ Kammerfrau

Kammerfurier ↗ Fourier

Kammergraf 1. 'oberster Beamter oder Richter in der Verwaltung der Bergwerke'; im habsburgischen Verwaltungsgebiet. **2.** 'leitender Beamter der Finanzverwaltung' ❖ zu mhd. *grâve* 'königlicher Gerichtsvorsitzender', aus mlat. *grafio* 'Polizeibeamter; königlicher Beamter und Richter'
W: *Graf*

Lit: Adelung 2:1485; DRW 6:895; Fellner 281; Grimm 11:120; Veith 283

Kammerheiduck ↗ 'Heiduck, der als Kammerdiener angestellt ist, oder Kammerdiener in der Aufmachung als Heiduck'
W: *Heiduck*
Syn: KAMMERDIENER

Lit: Adelung 2:1485

Kammerherr lat. *camerarius* 'adeliger Herr, der als persönlicher Bediener des Fürsten angestellt ist'; später nur noch als Titel verwendet ❖ mhd. *kamerhërre* 'Kämmerer; Inhaber eines Kaufladens'
W: *Herr*
Syn: KAMMERDIENER

Lit: Adelung 2:1485; Barth 1:478; Diefenbach; DRW 6:905; Frühmittellat. RWb; Grimm 11:121; Krünitz 33:383

Kammerier Kämmerier, Kammerierer 'Bediener eines Fürsten, der neben persönlicher Dienstleistung auch das privat gebrauchte Geld und die Juwelen verwaltet' ❖ gebildet nach ital. *cameriere* 'Kammerdiener', später auch mit deutscher Endung *-ierer* versehen
Syn: KAMMERDIENER

Lit: Adelung 2:1486; Barth 1:478; Grimm 11:121; Krünitz 33:690

Kämmerier ↗ Kammerier

Kammerierer ↗ Kammerier

Kammerjäger 1. 'fürstlicher Jäger, der seinen Herrn auf der Jagd begleitet'. **2.** 'Person, die Ratten und Mäuse fängt'. **3.** 'befugte Person, die in Räumen Ungeziefer vernichtet'; noch heute als Berufsbezeichnung erhalten ❖ **1.** zu *Kammer* i. S. v. 'alles, was zur persönlichen Umgebung des Fürsten gehört'. **2.**, **3.** zu mhd. *kamer* 'Schlafgemach; fürstliche Wohnung', aus lat. *camera* 'Gewölbe'
W: *Jäger*
Syn: Rattenfänger

Lit: Adelung 2:1486; Barth 1:478; DRW 6:913; DudenGWDS

Kammerjungfer Kammerjungfrau 'unverheiratete [adelige] Frau, die die Herrschaft persönlich in ihren Zimmern bedient'
W: *Jungfer*
Syn: Kammerfrau, Kammerzofe, Zofe

Lit: Adelung 2:1486; Barth 1:458; DRW 6:914; Grimm 11:122; Krünitz 33:387

Kammerjungfrau ↗ Kammerjungfer

Kammerknecht 1. 'Bediener an einem herrschaftlichen Hof, ähnlich dem Kammerdiener'. **2.** 'Angestellter der Finanzverwaltung'; als solcher z.B. Strandaufseher, der Diebstahl des angeschwemmten Bernsteins verhindern soll. **3.** 'Abhängiger oder Leibeigener der Finanzkammer'; bes. die Juden

wurden in diesem Sinn als *Kammerknechte* bezeichnet (im Mittelalter) ❖ mhd. *kamerknëht* 'niederer Hofbedienter; Jude als Leibeigener der kaiserlichen Kammer'; zu mhd. *kamere, kamer* in der Bedeutung 'öffentliche Kasse, Kämmerei, Fiskus'
W: KNECHT
Syn: Hofagent, Hoffaktor, Hofjude, KAMMERDIENER

Lit: Adelung 2:1486; Barth 1:478; DRW 6:923; GoetheWb 5:240; Grimm 11:123; Krünitz 33:388

Kammerlichttrager 'Hofbedienter, der den Herrschaften das Licht vorausträgt, wenn sie in ihre Privatgemächer oder zu Bett gehen'; dem Zeremoniell gemäß durften sie sich nicht nach den Herrschaften umdrehen
W: *Träger*

Lit: Gruenbaum (1946); Wiener Berufe

Kammerling ↗ Kämmerling

Kämmerling Kammerling, Kemmerling
1. 'höherer Bediensteter, Schatzmeister an einem herrschaftlichen Hof oder einer bischöflichen Verwaltung, Kammerherr'. 2. 'Kammerdiener eines Fürsten'. 3. 'Abhängiger oder Leibeigener der Finanzkammer, Kammerknecht'. 4. 'Handwerker im Dienste der Herrschaft, bes. Schneider oder Schuster'; im Ggs. zum in der Zunft organisierten Handwerker ❖ mhd. *kemerlinc* 'Kammerdiener'
FN: Kämmerling, Kemmerling
Syn: HÖRIGER, KAMMERDIENER, SCHATZMEISTER, *SCHNEIDER*, *SCHUSTER*

Lit: Adelung 2:1486; Barth 1:478; DudenFN 364; Gottschald 279; Grimm 11:125; Krünitz 33:690; Linnartz 108; Schmeller 1:1243

Kammermeister Cammermeister 1. 'Leiter der Finanzverwaltung eines Staates'. 2. 'Beamter, der für die regelmäßigen Zahlungen und Einkünfte zuständig ist'. 3. 'Leiter der Finanzverwaltung im Bergwesen'. 4. 'Kontrollbeamter über Märkte und Gewerbe' ❖ mhd. *kamermeister* 'Schatzmeister; Vorsteher und Verwalter der Kammereinkünfte'
FN: Kammermeister

W: *Meister*
Syn: SCHATZMEISTER

Lit: Adelung 2:1487; Barth 1:479; DRW 6:941; Gottschald 179; Grimm 11:126; Krünitz 33:390; Linnartz 108

Kammerregistrator 'Angestellter der landesherrlichen Verwaltung oder des Rechnungswesens'
W: *Registrator*
Syn: Kammerschreiber

Lit: DRW 6:965; GoetheWb 5:242; Krünitz 33:409

Kammerreiter Kammerreuter 'berittener Bote, der die Schreiben der landesherrlichen Verwaltung oder der herrschaftlichen Vermögensverwaltung zuzustellen hat'
W: *Reiter*

Lit: DRW 6:966

Kammerreuter ↗ Kammerreiter

Kammerrichter 'Richter oder Gerichtsvorsitzender in einem Kammergericht'; d.i. ein königliches oder kaiserliches Hof- oder Reichsgericht oder ein Gericht eines Fürsten oder eines Bistums
W: *Richter*

Lit: Adelung 2:1487; DRW 6:969; GoetheWb 5:242; Grimm 11:128; Krünitz 33:409

Kammerschreiber Cammerschreiber 1. 'Beamter in der landesherrlichen oder fürstlichen Verwaltung oder in der Finanzverwaltung, Gehilfe des Kammermeisters'. 2. 'Vorsteher der Rentkammer, der für regelmäßige Zahlungen und Einkünfte zuständig ist'
W: *Schreiber*
Syn: Kammerregistrator, Kammerverwandter

Lit: Adelung 2:1488; Barth 1:479; DRW 6:977; Grimm 11:129; Krünitz 33:425

Kammertürke 'türkischer Kammerdiener an einem europäischen Hof'; im 17. Jh. in den Türkenkriegen aus Kriegsgefangenen rekrutiert; sie waren in verschiedenen Berufen tä-

tig und stiegen zum Teil auch zu Vertrauensstellungen auf
Syn: KAMMERDIENER

Lit: DRW 6:992; Vieser/Schautz (2010) 79

Kammerverwandter 'Angestellter einer Verwaltungsbehörde'; zu *verwandt* in der urspr. Bedeutung 'in irgendeiner Art von Beziehung stehend; zugewandt'
W: *Verwandter*
Syn: Kammerschreiber

Lit: DRW 6:995

Kammerweib 1. 'untergeordnete Bedienstete in einem herrschaftlichen Haushalt'. **2.** 'Hebamme'
W: *Weib*
Syn: HEBAMME*, Kammerzofe

Lit: Adelung 2:1488; Barth 1:479; DRW 6:998; Grimm 11:132

Kammerzofe 'weibliche Person zur persönlichen Bedienung einer vornehmen [adligen] Dame'; kommt im veralteten Sprachgebrauch noch vor
W: Zofe
Syn: Kammerfrau, Kammerjungfer, Kammerweib

Lit: Barth 2:76, 205; Diefenbach 420; DRW 6:1005; Grimm 11:132

Kammler ↗ Kämmer

Kämmler ↗ Kämmer

KAMMMACHER Kahmmacher, Kammacher, Kammecher; lat. *pectinarius* **1.** 'Handwerker, der Kämme aus Horn oder Elfenbein herstellt'. **2.** 'Handwerker, der den Riedkamm (den Rahmen für das Blatt) sowie die Blätter aus Schilf oder Draht für Webstühle herstellt'; seltener für *Blattmacher. Kamm* hat bes. in der Mechanik die Grundbedeutung 'hervorragende Teile, wie Stäbe, Zapfen', daher wurden auch die emporstehenden Stifte des Blattes am Webstuhls als *Kamm* bezeichnet
FN: Kammacher
W: Fünfkammmacher
Syn: Blattmacher, Blattsetzer, Hornarbeiter, Kammenscherper, Kammenschmied, Kämmer, Kammschneider, Kampelmacher, Reetmacher, Rietmacher, Strähler, Strählmacher

Lit: Adelung 2:1489; Barth 1:477; Diefenbach 418; Grimm 11:133; Krünitz 33:158, 193; Palla (2010) 109; Pies (2005) 77; Zedler 15:156

Kammrichter ↗ Kammenrichter

Kammschneider Cambsnider, Cambsnidere, Kampschneider ↗ 'Kammmacher'
FN: Kammschneider, Kampschneider
W: *SCHNEIDER*
Syn: KAMMMACHER

Lit: DRW 6:1076; Linnartz 109

Kammsetzer 1. 'Handwerker, der Wollkämme oder Webkämme herstellt'. **2.** 'Handwerker, der die gewaschene Wolle mit dem Wollkamm kämmt und zum Spinnen vorbereitet'
W: Setzer
Syn: KARDENMACHER

Lit: Adelung 2:1501 (Kardätschenmacher); Barth 1:479; DRW 6:1011; Grimm 11:134; Idiotikon 7:1719

Kämpe ↗ Kämpfer

Kampelmacher Kämpelmacher, Kamplmacher, Kämplmacher ↗ 'Kammmacher'; bayr.-österr. ❖ zu mhd. *kamp, kambe, kamme* 'Haarkamm, Wollkamm, Weberkamm'
FN: Kampelmacher
Syn: KAMMMACHER, Krämpler

Lit: Barth 1:480; Grimm 11:136; Idiotikon 3:296 (Chamb); Linnartz 109; Schmeller 1:1250 (Kamp, Kämpel)

Kämpelmacher ↗ Kampelmacher

Kämper ↗ Kämpfer

Kämpfe ↗ Kämpfer

Kämpfer Kämpe, Kämper, Kämpfe, Kämpferer 'Person, die von Ort zu Ort ziehend für Geld Fechtkämpfe ausführt'; sie waren rechtlos und traten im Mittelalter auf Jahrmärkten auf ❖ mhd. *kempfer* 'Kämpfer, Gladiator'

FN: Kämp, Kämper, Kämpf, Kämpfe, Kämpfer, Kemp, Kempe, Kemper, Kempf, Kempff, Kempke, Kempkes

Syn: FECHTER

Lit: Barth 1:479; DRW 6:1049; DudenFN 364, 371; Gottschald 280; Grimm 11:150; Krünitz 34:63; Linnartz 109; Schaer (1901) 13

Kämpferer ↗ Kämpfer

Kamplmacher ↗ Kampelmacher

Kämplmacher ↗ Kampelmacher

Kampschneider ↗ Kammschneider

Kanawaßweber ↗ Kanevasweber

Kändeler ↗ Kändler

Kandelgießer ↗ KANNENGIESSER

Kandelmacher ↗ Kannenmacher

Känder ↗ Kändler

Kanditer ↗ Kanditor

Kanditor Canditer, Kanditer 'Handwerker, der kandierte Früchte herstellt'; an *kandieren* angelehnte Form von *Konditor* ❖ zu franz. *candir* 'einzuckern', *candi* 'Kandiszucker', aus ital. *candi*, aus arab. *qandî* 'vom Zuckerrohr'

Syn: ZUCKERBÄCKER

Lit: Barth 1:480; Gamillscheg 1:182; Grimm 11:160; Krünitz 7:618

Kandlbinder ↗ Kannenbinder

Kandler ↗ Kändler

Kändler Kändeler, Känder, Kandler, Kandner, Kändner, Käneler, Känneler, Käntler, Kendler 1. 'Metallgießer, der Kannen, Krüge, Teller u.a. Geschirr aus Zinn herstellt; Zinngießer'. 2. 'Handwerker, der Röhren, Dachrinnen herstellt' — Die beiden etymologisch nicht verwandten Wörter *Kanne* und *Kännel* sind durch den Gleitlaut -d- vermischt worden und sind zusammengefallen ❖ mhd. *kandel, kannel* 'Kanne'; mhd. *kanel, kenel* 'Canal, Röhre, Rinne'

FN: Kandler, Kändler, Kendler, Kentler, Kentler, Kindler

Syn: Kännelgießer, KANNENGIESSER

Lit: Barth 1:480; DudenFN 364; Gottschald 280; Grimm 11:158 (Kandel), 166 (Kännel); Hornung (1989) 82; Linnartz 109; Schmeller 1:1253, 1254 (Kännel); Volckmann (1921) 146

Kandlgießer ↗ KANNENGIESSER

Kandner ↗ Kändler

Kändner ↗ Kändler

Kanefaßweber ↗ Kanevasweber

Käneler ↗ Kändler

Kanelgießer ↗ Kännelgießer, KANNENGIESSER

Känelgießer ↗ Kännelgießer

Kanevasmacher ↗ 'Kanevasweber'; mit allen Schreibvarianten

Kanevasweber Cannevaßweber, Kanawaßweber, Kanefaßweber, Kannefaßweber, Kannewasweber 'Weber, der *Kanevas* herstellt'; *Kanevas* (in verschiedenen Schreibungen vorkommend) ist 1. ein Gewebe, das unter Verwendung von Hanf hergestellt wird, 2. ein Gewebe für Segeltuch und Packleinwand, 3. ein Baumwollstoff für Kleider, 4. gitterartiges Gewebe als Unterlage für Stickereien (in dieser Bedeutung heute noch Fachwort in der Textilindustrie) ❖ franz. *canevas* 'grobes Segeltuch', zu provenzalisch *canabas* 'Tuch aus Hanffasern', zu spätlat. *cannabus*, lat. *cannabis* 'Hanf'

W: WEBER

Lit: Adelung 1:1297; DudenFW 685 (Kanevas); Grimm 11:166 (Kannefas), 168 (Kannevas); Idiotikon 15:103

Kangießer ↗ KANNENGIEßER

Kangkenmaker ↗ Kannenmacher

Känkenmaker ↗ Kannenmacher

Kannefaßweber ↗ Kanevasweber

Kannegeiter ↗ Kannengeter

Kannegeter ↗ Kannengeter

Kannegheter ↗ Kannengeter

Kannegießer ↗ KANNENGIEßER

Kannekenmaker ↗ Kannenmacher

Känneler ↗ Kändler

Kännelgießer Kanelgießer, Känelgießer 'Handwerker, der Röhren, Dachrinnen herstellt' ❖ zu mhd. *kanel, kenel, kandel* 'Kanal, Röhre, Rinne', ahd. *kanali* aus lat. *canalis* 'Röhre, Rinne'
W: *Gießer*
Syn: Kändler

Lit: Grimm 11:160; Idiotikon 3:309 (Channel); Kluge 470 (Kännel); Volckmann (1921)

Kannemacher ↗ Kannenmacher

Kannenbäcker 'Töpfer, der bes. Geschirr herstellt' ❖ zu mhd. *kanne* 'Kanne'; *backen* i. S. v. 'glühend heiß machen, brennen, z.B. Ziegel backen'
W: BÄCKER*
Syn: TÖPFER

Lit: Barth 1:481; Grimm 11:166

Kannenbinder Kandlbinder 'Handwerker, der Kannen, Kessel u. Ä. ausbessert'; mit einem Drahtgeflecht wurde das Gefäß eingebunden
W: *Binder*
Syn: KESSELFLICKER, PFANNENFLICKER

Lit: Barth 1:481

Kannendrechsler ↗ Drechsler

Kannenflicker 'Handwerker, der Kannen, Kessel u. Ä. mit Draht ausbessert'
W: *Flicker*
Syn: KESSELFLICKER, PFANNENFLICKER

Lit: Barth 1:481; PfälzWb 4:48

Kannengeter Kannegeiter, Kannegeter, Kannegheter, Kanngheter 'Zinngießer'; niederdt. Form zu *Kannengießer* ❖ mnd. *kannengeter* 'Kannengießer, Zinngießer'
W: *Geter*
Syn: KANNENGIEßER

Lit: Linnartz 109; Reith (2008) 262; Schiller-Lübben 2:425

Kanngheter ↗ Kannengeter

KANNENGIEßER Kandelgießer, Kandlgießer, Kanelgießer, Kangießer, Kannegießer, Kannengiesser, Kanngosser, Kantengießer; lat. *cantafusor, cantharius, cantrifusor* 'Metallgießer, der Kannen, Krüge, Teller u. a. Geschirr aus Zinn herstellt'; bis ins 18. Jh. Bezeichnung für die Zinngießer; *Kandelgießer* ist die süddt.-österr. Form ❖ in der Etymologie spielen die zwei etymologisch nicht verwandten Wörter *Kanne* und *Kännel* eine unterschiedliche Rolle; bei manchen Formen, wie *Kanelgießer* können die beiden vermischt worden sein; zu *Kanne:* mhd. *kannengiezer* 'Zinngießer', zu mhd. *kanne; kante, kantel*, ahd. *kanna* 'Kanne', vermutlich aus mlat. *canna* aus lat. *canna* 'Schilf, Rohr', somit ein 'Gefäß mit Ausgußöffnung'; zu *Kännel:* mhd. *kandelgiezer, kannelgiezer* 'Kannengießer'; zu mhd. *kanel, kenel* 'Canal, (Brunnen)röhre, Rinne', ahd. *kanali*, aus lat. *canalis* 'Röhre, Rinne, Wasserlauf' – bair. *Kandl* ist ein Diminutiv zu *Kanne* mit -*d*- als eingeschobenem Gleitlaut
FN: Kannengießer, Kannengiesser, Kannegießer, Kannegiesser, Kanngießer, Kanngiesser
W: *Gießer*
Syn: Becherer, Bechermacher, Kändler, Kannengeter, Kannenmacher, Kelcher, Tinnegeter, Zinngießer*

Lit: Adelung 2:1493; Barth 1:481; Diefenbach 96; DRW 6:1099; DudenFN 365; Gottschald 280; Grimm 11:159, 166, 175; Idiotikon 2:471; Kluge 469

(Kanne), 470 (Kännel); Krünitz 34:164; Krünitz 62:947 (Zinngiesser); Linnartz 109; Palla (2010) 254; Pies (2005) 190; Reith (2008) 262; Schmeller 1:1253; Volckmann (1921) 144

Kannengiesser ↗ Kannengießer

Kannengosser ↗ Kannengießer

Kannenmacher Cangkenmaker, Kandelmacher, Kangkenmaker, Känkenmaker, Kannekenmaker, Kannemacher, Kannenmaker, Kennkenmaker, Kennkenmaker; lat. *cantrifex* 'Metallgießer, der Kannen, Krüge, Teller u.a. Geschirr aus Zinn herstellt; Zinngießer'; *Kanneken* ist das niederdt. Diminutiv zu *Kanne*; zu *Kandel-* ↗ Kannengießer
FN: Kannemacher
Syn: Kannengießer

Lit: Barth 1:480; Diefenbach; Grimm 11:159

Kannenmaker ↗ Kannenmacher

Kannewasweber ↗ Kanevasweber

Kanonengießer ↗ Gießer

Kantengießer ↗ Kannengießer

Käntler ↗ Kändler

Kanzelist ↗ Kanzlist

Kanzellist ↗ Kanzlist

Kanzelschreiber lat. *cancellarius* 'Büroangestellter, der für die Erstellung von Konzepten, Kopien, Protokollen und Führung der Registratur zuständig ist' ❖ lat. *cancelli* 'Gitter, Schranken, Einzäunung'.
W: Schreiber
Syn: Kanzlist

Lit: Barth 1:482; Diefenbach 94; Frühmittellat. RWb; Grimm 11:178; Idiotikon 9:1542; Schmeller 1:1267

Kanzleiadjunkt ↗ Adjunkt

Kanzleiassessor ↗ Assessor

Kanzleiexpeditor ↗ Expeditor

Kanzleiregistrator 'höherer Verwaltungsbediensteter, der für die Registratur und die Aufbewahrung des Aktenmaterials zuständig ist'
W: Registrator

Lit: Barth 1:483; DRW 7:172

Kanzleischreiber ↗ Schreiber

Kanzleiverwandter Cantzeleyverwandter
'Person, die zur Kanzlei gehört und Schreibdienste verrichtet'
W: Verwandter
Syn: Schreibereiverwandter

Kanzler Canzellar, Kenseler; lat. *cancellarius*
1. 'Sekretär eines Fürsten'. 2. 'Büroleiter einer herrschaftlichen oder städtischen Kanzlei'. 3. '[oberster] Berater eines Fürsten'. 4. 'Präsident einer Regierung oder eines Gerichtshofes'. 5. 'Gerichtsschreiber' ❖ mhd. *kanzelære, kanzeler*, spätlat. *cancellarius* 'Amtsdiener, der den Verkehr zwischen den Beamten und dem Volk an den Schranken des Saales regelt', zu lat. *cancelli* 'Gitter, Schranken, Einzäunung'
FN: Kanzler, Kanzeler, Kanzlers, Känzler, Cantzler, Kenzler, Kenzlers
W: °Erzkanzler, Staatskanzler

Lit: Adelung 2:1496; Barth 1:482; Diefenbach 94; DRW 7:257; DudenFN 365; Frühmittellat. RWb; Gottschald 280; Grimm 11:181; Kluge 471; Linnartz 109

Kanzlist Canzellist, Canzlist, Kanzelist, Kanzellist 'Büroangestellter, Schreiber, der für die Erstellung von Konzepten, Kopien, Protokollen und Führung der Registratur zuständig ist'; kommt im veralteten Sprachgebrauch noch vor ❖ zu mhd. *kanzel* 'Kanzel', aus lat. *cancelli* 'Gitter, Schranken, Einzäunung'; nach dem abgegrenzten Bereich eines Predigers, Richters, Schreibers
W: °Kriegskanzlist, °Polizeikanzlist
Syn: Kanzelschreiber, Schreiber

Lit: Adelung 2:1495; Barth 1:482; DRW 7:277; Grimm 11:177; Krünitz 34:548; Schmeller 1:1267; Schraml (1932)

Kapäunler 'Geflügelhändler'; meist in der weiblichen Form *Kapäunlerin*, da von Frauen ausgeübt
Syn: Hühnermann, Hühnerträger, Hühnervogt, Vogler
Lit: Hartmann (1998) 136

Kapellenschläger Capellenschläger, Kupellenschläger 'Arbeiter in der Schmelzhütte, der mit der *Kapelle* arbeitet'; d. i. ein halbrundes, zylindrisches Gefäß aus Knochenasche zur Untersuchung von silberhaltigem Blei, in dem das Silber nach dem Schmelzen zurückbleibt ❖ zu franz. *coupelle*, ital. *copella*, aus spätlat. *cupula* 'kleine Tonne, Gewölbe', Diminutiv zu lat. *cupa* 'Tonne, Fass'
W: *Schläger*
Lit: Adelung 1:1302; DudenFW 689; Krünitz 7:632; Pierer 9 289

Kapitelherr ↗ Kapitelsherr

Kapitelsbauer 'Bauer, der von einem Domkapitel abhängig ist'
W: *BAUER*
Syn: HÖRIGER
Lit: DRW 7:366

Kapitelsherr Capitolsherr, Kapitelherr; lat. *canonicus* 'Mitglied eines Dom- oder Stiftskapitels; Kanonicus'; *Kapitel* in der Bedeutung 'geistliche Gemeinschaft' ❖ mhd. *kapitelhẹrre*, zu mhd. *kapitel* 'feierliche Versammlung, Konvent; Domkapitel', aus lat. *capitulum* 'Kopf; Abschnitt; Versammlung' zu *caput* 'Haupt, Kopf; Führer'
W: *Herr*
Lit: Barth 1:484; Diefenbach 95; DRW 7:371; Frühmittellat. RWb; Grimm 11:187

Kappenmacher Kappenschneider 1. 'Handwerker, der Oberkleider [mit Kapuze] herstellt'. 2. 'Handwerker, der Kopfbedeckungen herstellt, Mützenmacher'; im Oberdt., bes. in Österreich, bedeutet *Kappe* eine 'flache Mütze mit Schild' ❖ zu mhd. *kappe* 'mantelartiges Kleid, das mit einer Kapuze zugleich den Kopf bedeckt', aus mlat. *cappa* 'Mantel mit Kapuze'

FN: Kappenmacher, Kappelmacher, Kappenschneider
Syn: HUTMACHER*
Lit: Adelung 2:1497 (Kappe); Barth 1:484; Gottschald 281; Grimm 11:188 (Kappe), 199; Krünitz 34:597; Linnartz 110; Reith (2008) 227

Kappenschneider ↗ Kappenmacher

Kappusmann ↗ Kabismann

Karbender ↗ Karpenter

Karchelzieher ↗ Kärchelzieher

Kärchelzieher Karchelzieher, Karchzieher 'Lastträger, Karrenzieher, der mit einem Handwagen fährt'; zu *Kärchlein*, *Kärchel* 'kleiner Karren', zu *Karch* 'Karren', ↗ Kärcher
W: *Zieher*
Syn: Kärcher, Karrenzieher, Karrer, Kärrner
Lit: Barth 1:485; DRW 7:433 (Kärchel); Grimm 11:208; Volckmann (1921) 223

Karcher ↗ Kärcher

Kärcher Karcher, Karricher, Kercher 1. 'Fuhrmann, der gegen Entgelt mit einem zweirädrigen Karren Lasten transportiert'. 2. 'Bauer, der mit einem einspännigen Gefährt den Frondienst leistet' — südwestdt., westmitteldt. Form zu ↗ Kärrner, Karrer ❖ mhd. *karrecher, kercher* 'Karrenführer', zu *karrech, karrich* 'Karren'; aus lat. *carrucarius*, zu lat. *carruca* 'vierrädriger Staats- und Reisewagen'
FN: Kärcher, Karcher, Karch, Kercher
Syn: Kärchelzieher, Karrenzieher, Karrer, Kärrner
Lit: Barth 1:485; DRW 7:434; DudenFN 366; GoetheWb 5:276; Gottschald 281; Grimm 11:208; Linnartz 110; Pies (2005); Schmeller 1:1287; SchwäbWb 4:219; Volckmann (1921) 222

Karchzieher ↗ Kärchelzieher

Kardätschenmacher Kardetschenmacher, **Kartätschenmacher** ↗ 'Kardenmacher' ❖ zu ital. *cardeggiare* 'Wolle kämmen', aus lat. *carduus* 'Distel'
Syn: KARDENMACHER

Lit: Adelung 2:1501; Barth 1:485; Grimm 11:210; Krünitz 34:683 (Kardätsche); Palla (1994) 161; Reith (2008) 251; Zedler 15:226

Kardätscher Kartätscher 'Handwerker, der Wolle reinigt und mit einer Kardätsche streicht' ❖ ↗ Kardätschenmacher
Syn: WOLLSCHLÄGER

Lit: OÖ. Hbl 1989, H. 4:317

KARDENMACHER Kartenmacher 'Handwerker, der Weberdisteln und Wollkämme für die Tuchmacher bereitstellt'; die *Karde* oder *Kardätsche* ist ein Holzbrettchen, das mit Drahthäkchen besetzt ist, mit dem die Wolle vor dem Spinnen gerade gerichtet und gereinigt wird ❖ zu mlat. *cardus* aus lat. *carduus* 'Distel'
Syn: Kammsetzer, Kardätschenmacher, Krämpelmacher, Krämpler, Krassenmacher, Rietmacher

Lit: Barth 1:486; Krünitz 34:668

Kardensetzer Kartensetzer 'Arbeiter in der Tuchfabrik, der mit der Kardendistel das Tuch aufraut' ❖ ↗ Kardenmacher
W: Setzer

Lit: Barth 1:486; Krünitz 34:683; RheinWb 4:180

Karder Karter 'Handwerker, der die gewaschene Wolle mit der Karde (einer Kardätsche) streicht und zum Spinnen vorbereitet'; Ableitung von *Karde* 'Kardendistel, Weberdistel; Wollkamm'
FN: Karder, Karter
W: Wollkarder
Syn: WOLLSCHLÄGER

Lit: Adelung 2:1501 (Karde); Barth 1:486; Gottschald 281; Grimm 11:210; Linnartz 110

Kardetschenmacher ↗ Kardätschenmacher

Karner ↗ Kärrner

Karnführer ↗ Karrenführer

Karpe Carpe 1. 'Zimmermann'. 2. 'Wagner, Stellmacher' — norddt.; kurz für ↗ Karpenter ❖ engl. *carpenter* 'Zimmermann, Tischler', aus lat. *carpentarius* 'Fuhrmann, Wagner, Zimmermann', zu lat. *carpentum* 'zweirädriger Wagen; Kutsche'
Syn: WAGNER, ZIMMERMANN

Lit: Barth 1:486; Pies (2005) 187

Karpenter Karbender, Karvender; lat. *carpentarius* 1. 'Wagner, Stellmacher'. 2. 'Zimmermann'. 3. 'Arbeiter beim Verladen, Packknecht' ❖ engl. *carpenter* 'Zimmermann', aus lat. *carpentarius* 'Fuhrmann, Wagner, Zimmermann', zu lat. *carpentum* 'zweirädriger Wagen; Kutsche', lat. *carpentarius* 'Fuhrmann, Wagner, Zimmermann'
Syn: Karrenbinder, WAGNER, ZIMMERMANN

Lit: Barth 2:50; Diefenbach 102; Frühmittellat. RWb; Linnartz 110

Karpfenseigner ↗ Segner

Karrbinder ↗ Karrenbinder

Karreman ↗ Karrenmann

Karremann ↗ Karrenmann

Karrenbinder Kahrbender, Karrbinder 1. 'von der Stadtverwaltung angestellter oder befugter Arbeiter, der Wagen fachmännisch auflädt; Packknecht'. 2. 'Wagner, Stellmacher'; vielleicht eine Überschneidung von *Karpenter* mit *Karren* und *-binder*
W: Binder
Syn: Karpenter

Lit: DRW 7:451; Grimm 11:228; RheinWb 4:201

Karrenfahrer ↗ Karrenführer

Karrenführer Kahrenführer, Karnführer, Karrenfahrer 'städtischer Angestellter, der mit zweirädrigen Karren Lasten transportiert'; er erledigte auch die Fäkalienabfuhr

W: *Führer*
Syn: Karrenmann, Kärrner
Lit: Barth 1:486; Diefenbach 109; Volckmann (1921) 222

Karrenläufer 'bergmännischer Hilfsarbeiter oder Junge, der Erz und Gestein mit einem Karren wegschiebt'
W: *Läufer*
Syn: Förderknecht, Huntläufer, Huntstößer, Karrer
Lit: Adelung 2:1505; Grimm 11:228; Heilfurth (1981) 42; Veith 284

Karrenmann Karreman, Karremann 1. 'Person, die Transporte mit einem Karren durchführt'. 2. 'kleiner Händler, [der Waren auf einem Karren verkauft]'. 3. 'Handwerker, der Karren herstellt; Wagner, Stellmacher'; selten
FN: Karrenmann, Karremann, Karmann, Kahrmann
W: *Mann*
Syn: Karrenführer, WAGNER
Lit: Barth 1:487; DRW 7:452; DudenFN 366; Gottschald 281; Grimm 11:228; Linnartz 110

Karrenzieher 'Lastträger, der mit einem Handwagen fährt'; als *Karrenzieher* wurden im 17. Jh. auch häufig Straftäter eingesetzt ❖ mhd. *karrenzieher* 'Karrenzieher'
W: *Zieher*
Syn: Kärchelzieher, Kärcher, Karrer, Kärrner
Lit: Barth 1:487; DRW 7:456; Grimm 11:229

Karrer 1. 'Arbeiter im Bergbau, der mit dem Karren Werkzeug in den Berg und Gesteinsabfall aus dem Berg transportiert'. 2. 'Kleinhändler, der mit Karren, auf denen er seine Waren geladen hat, herumziehen'. 3. 'behördlich genehmigter Fuhrmann, der mit der Karre Waren und Lasten transportiert'. 4. 'Fuhrknecht' ❖ mhd. *karrer* 'Karrenführer'
FN: Karrer, Karr, Kahrer, Kahr
W: *Salzkarrer*
Syn: Förderknecht, Huntläufer, Huntstößer, Kärchelzieher, Kärcher, Karrenläufer, Karrenzieher, Kärrner

Lit: Barth 1:487; DRW 7:457; DudenFN 366; Gottschald; Grimm 11:229; Idiotikon 3:426; Krünitz 35:201; Linnartz 110; Patocka (1987) 38, 99

Karricher ↗ Kärcher

Kärrler ↗ Kärrner

Karrner ↗ Kärrner

Kärrner Karner, Kärrler, Karrner, Kerner; lat. *bigarius, carrucarius* 1. 'Fuhrmann, der mit einem zweirädrigen Karren Waren transportiert'; meist als Kleinhändler, Scherenschleifer u.Ä. 2. 'Lohnfuhrmann mit einspännigem Fuhrwerk' ❖ mhd. *karrer, kerner* 'Karrenführer', zu lat. *carrus* 'Wagen'
FN: Karner, Karrner, Kärrner, Kärner, Kerler, Kerner (kann auch von *Körner* kommen)
Syn: Kärchelzieher, Kärcher, Karrenführer, Karrenzieher, Karrer
Lit: Adelung 2:1505; Barth 1:487; Diefenbach 74, 109; DRW 7:457; DudenFN 366, 371; Gottschald 281; Grimm 11:230, 605; Hornung (1989) 81; Idiotikon 3:427; Krünitz 35:201; Linnartz 110; Schraml (1930) 185, 225; Schraml (1932) 163; Volckmann (1921) 222

Karspelvogt ↗ Kaspelvogt

Kartandlmacher 'Handwerker, der Behältnisse aus Karton oder Papier herstellt' ❖ Diminutiv zu zu franz. *carton* 'Karton'
Lit: Wiener Berufe; WienerWb 533 (Khartanl)

Kartätschenmacher ↗ Kardätschenmacher

Kartätscher ↗ Kardätscher

¹Kartenmacher Karttenmaker 1. 'Kunsthandwerker, der Spielkarten herstellt'. 2. 'Maler, der Landkarten malt'
W: °Spielkartenmacher
Syn: BRIEFMALER, Mappenmacher
Lit: Adelung 2:1507; Barth 1:487; Grimm 11:242; Reith (2008) 159; Volckmann (1921) 258

²Kartenmacher ↗ KARDENMACHER

Kartenmahler ↗ Kartenmaler

Kartenmaler Kartenmahler 1. 'Maler, der Spielkarten malt'. 2. 'Holzschneider, der Spielkarten und Heiligenbilder herstellt'
W: Landkartenmaler, *Maler*
Syn: BRIEFMALER, Mappenmacher

Lit: Adelung 2:1507; Barth 1:487; Grimm 11:242; Krünitz 35:204; Pies (2005) 38; Reith (2008) 159; Volckmann (1921) 258

Kartensetzer ↗ Kardensetzer

Kartenstecher 'Kupferstecher, der Land-, See- und Sternenkarten herstellt'
W: Stecher

Lit: Barth 1:488; Grimm 11:242

Karter ↗ Karder

Karttenmaker ↗ Kartenmacher

Kartzin ↗ Kawerz

Karvender ↗ Karpenter

Käscher ↗ Kesser

Käsebäcker 'Hersteller von Käse und Betreiber eines Milchbetriebs'; *backen* bezeichnet nicht nur das Backen von Brot oder Kuchen, sondern auch allgemeiner das Bearbeiten von Lebensmitteln, wie die Herstellung von Zucker, das Zubereiten von Fisch (mit Teig überbacken) oder das Dörren von Obst, die Herstellung von Käse
W: BÄCKER*

Lit: Barth 1:488; Krünitz 3:334

Käsegrempler ↗ Grempler

Käsehöke ↗ Höker

Käsehöker ↗ Höker

Käsekäufer Kesskaiffer, Keßkäufer 'Käsehändler'; zu ↗ *Käufer* i. S. v. 'Händler', vgl. ↗ Käufler
W: Käufer

Käsemann 1. 'Käsehändler'. 2. 'Käsehersteller'
FN: Käsemann, Kaesemann, Käsmann, Käßmann, Kässmann, Kaeßmann
W: *Mann*
Syn: Käsestecher, KRÄMER

Lit: DudenFN 367; Gottschald 282; Grimm 11:254; Linnartz 111

Käsemutter 'Frau in einem Gutshof, die den Käse herstellt und für Milch und Butter zuständig ist'; eine verantwortungsvolle Aufgabe, daher oft mit der Aufsicht über die Mägde verbunden
W: *Mutter*

Lit: Adelung 2:1508; Barth 1:489; Grimm 11:255; Krünitz 35:541

Käsestecher Kasstecher, Käßstecher 'Käsehändler im Detailverkauf'; Händler für Waren des täglichen Bedarfs; österr.; der *Kässtecher* war urspr. ein Messer zum Abschneiden des Käses, hier übertragen auf die Person des Händlers
W: Stecher
Syn: Käsemann, KRÄMER

Lit: Adelung 2:1509; Grimm 11:257; Gruenbaum (1946); Höfer 1:239; Höfer 2:120; Krünitz 35:541

Käskäufl ↗ Käufel

Käskäufler ↗ *Käufler*

Kaspelvagt ↗ Kaspelvogt

Kaspelvogt Karspelvogt, Kaspelvagt 'weltlicher Verwalter und Richter eines Kirchenbezirks'; bes. norddt. und mitteldt.; niederdt. Form zu *Kirchspiel* ❖ niederdt. *Kaspelvaagt* 'Vogt, Amtsvorsteher in einem Kirchspiel'; zu mnd. *kerkspel, karkspel, kerspel, karspel, kespel, kaspel* 'Kirchspiel'
W: *Vogt*
Syn: Kirchspielvogt

Lit: Barth 1:489; Grimm 11:258 (Kaspel); Kluge 493 (Kirchspiel); Krünitz 35:544; Lindow 102; Schiller-Lübben 2:451

Kasperer 1. 'Henker'. 2. 'Heilkundiger, Kurpfuscher; Betrüger mit falschen Arzneien' — Die Henker waren die einzigen, die Leich-

name öffnen durften, und hatten daher Einblick in den Körperbau. Sie mussten die Delinquenten nach den Folterungen pflegen und hatten bei der Hinrichtung für einen schnellen Tod zu sorgen. Das alles wies sie mit der Zeit als heilkundig aus, sodass sie trotz gesellschaftlicher Ächtung in medizinischen Fragen konsultiert wurden ❖ zu rotwelsch *kaspern* in vielfältiger Bedeutung: 'sich heimlich bereden; schlagen; ausfragen; betrügen; kurieren'; aus verschiedenen jiddischen Wurzeln, z.B. *kaswen* 'lügen'; *kossew sein, kaswenen* 'schreiben'; *koschaph* 'kurieren'
Syn: QUACKSALBER, SCHARFRICHTER

Lit: Pies (2001) 43; Pies (2005) 124; Wolf (1956) 154

Kassabedienter Cassabedienter 'Person, die für die Finanzen zuständig ist, Kassenführer'
W: *Bedienter*
Syn: Kassaschreiber

Kassaschreiber Kassenschreiber, Kasseschreiber 'Verwaltungsbeamter bei einer Stadtkasse; Kassenbeamter'; *Kasse* i. S. v. 'jede Stelle, die mit der der Einnahme und Auszahlung von Geld zu tun hat'
W: *Schreiber*
Syn: Kassabedienter

Lit: DRW 7:502

Kassengeter ↗ Kerzengeter

Kassengießer ↗ Kerzengießer

Kassenkeller ↗ Keller

Kassenpfleger 'Finanzverwalter einer Stadt'
W: PFLEGER
Syn: SCHATZMEISTER

Lit: Barth 1:489

Kassenschreiber ↗ Kassaschreiber

Kasseschreiber ↗ Kassaschreiber

Kassieramtsgegenschreiber ↗ Amtsgegenschreiber

Kasstecher ↗ Käsestecher

Kässtecher ↗ Käsestecher

Kastellan Castellan, Castellanus; lat. *castellanus*; Fem. **Kastellanin** 'Schloss-, Burgverwalter' ❖ mlat. *castellanus* 'Burgvogt', zu lat. *castellanus* 'Kastellbewohner', zu lat. *castellum* 'befestigtes (Grenz)lager'
FN: Castellan, Kastelan, Kastellan
Syn: Burggraf, Hausvogt, Kasteller, Schlossaufseher

Lit: Adelung 1:1313; Barth 1:489; Diefenbach 105; DudenFW 701; Gottschald 282; Idiotikon 3:535; Linnartz 111

Kastellanin ↗ Kastellan

Kasteller Kastler 'Schloss-, Burgverwalter' ❖ Ableitung von *Kastell*, spätmhd. *kastell* aus lat. *castellum* 'befestigtes (Grenz)lager'
FN: Kasteller, Kastaller, Casteller, Kasteler, Gastell
Syn: Burggraf, Hausvogt, Kastellan, Kastner, Schlossaufseher

Lit: Gottschald 282; Idiotikon 3:535; Linnartz 111

Kastenamtmann 'Beamter, der für die Berechnung und Einhebung der Einkünfte zuständig ist'; als solcher auch Vorgesetzter des Kastenamts (der Güterverwaltung) ❖ zu *Kasten* ↗ Kastner
W: Amtmann
Syn: Kastenmesser, Kastenpfleger, Kastenpropst, Kastner, RENTMEISTER

Lit: DRW 7:520; Grimm 11:269 (Kastenamt); Schmeller 1:1305 (Kastenamt)

Kastenamtmannsgegenschreiber ↗ Gegenschreiber

Kastenbauer 'Bauer, der dem Kastenamt, der landesherrlichen Güterverwaltung, zinspflichtig ist' ❖ zu *Kasten* ↗ Kastner
W: BAUER
Syn: HÖRIGER, Kastenmeier

Lit: Barth 1:490; DRW 7:521; Grimm 11:269

Kastenbereiter 'berittener Aufsichtsbeamter über die landes- oder grundherrliche Güterverwaltung, genannt *Kasten*' ❖ zu *Kasten* ↗ Kastner
W: *Bereiter*

Lit: Barth 1:490; DRW 7:522; Grimm 11:269

Kästenbrater ↗ Kestenbrater

Kästenbraterin ↗ Kestenbraterin

Kastengegenschreiber ↗ Gegenschreiber

Kastengießer ↗ Kerzengießer

Kastenherr 1. 'Ratsherr, der die Stadtkasse verwaltet'. 2. 'Verwalter der Kirchenkasse'. 3. 'Vorgesetzter eines *Kastens*'; d.i. die Güterverwaltung ❖ zu *Kasten* ↗ Kastner
W: *Herr*
Syn: Kastenmeister

Lit: Adelung 2:1510; Barth 1:490; Grimm 11:270; Krünitz 35:677

Kastenkeller **Kastkeller** 'Beamter in der herrschaftlichen Steuer- und Abgabenbehörde' — zu *Kasten* ↗ Kastner; *Keller* in der Bedeutung 'Steuerbeamter, der Steuern an Wein und Früchten einhebt'
W: *Keller*
Syn: STEUEREINNEHMER

Lit: Barth 1:490; DRW 7:544; Grimm 11:270

Kastenknecht **Castenknecht** 1. 'Gehilfe des ↗ Kastners'. 2. 'Beamter im Kloster, der den Speicher verwaltet und das Getreide verteilt' ❖ zu *Kasten* ↗ Kastner
W: *KNECHT*

Lit: Barth 1:490

Kastenmacher **Kastenmaker**; lat. *arcularius* 1. 'Schreiner, Tischler'. 2. 'Handwerker, der Kisten u.a. Holzbehälter herstellt' ❖ mhd. *kastenmacher*
Syn: TISCHLER

Lit: Barth 1:490; Diefenbach 45; Grimm 11:271

Kastenmaker ↗ Kastenmacher

Kastenmeier **Kastenmeyer** 1. 'Bauer oder Verwalter auf einem *Kastengut*'; d.i. ein Gut, dessen Grundherr der Landesfürst oder der Staat ist. 2. 'Beamter im *Kastenamt*, d.i. die Güterverwaltung' – zu *Kasten* ↗ Kastner
W: *Meier*
Syn: Kastenbauer

Lit: Barth 1:490; DRW 7:532; Grimm 11:271

Kastenmeister 1. 'Verwalter der Kirchen-, Gemeindekasse'. 2. 'Beamter in der Güterverwaltung' ❖ zu *Kasten* ↗ Kastner
W: *Meister*
Syn: Kastenherr, Kastenmesser, Kastenvogt, RENTMEISTER

Lit: Barth 1:490; DRW 7:532; Grimm 11:271

Kastenmesser 'Beamter der Güterverwaltung, der für die Berechnung und Messung der Geld- und Naturalabgaben zuständig ist'; die Bezeichnung geht auf die Messung der Naturalabgaben zurück ❖ zu *Kasten* ↗ Kastner
W: *Messer*
Syn: Kastenamtmann, Kastenmeister, Kastenpfleger, Kastenpropst, Kastenvogt, Kastner

Lit: DRW 7:533

Kastenmeyer ↗ Kastenmeier

Kastenpfleger 1. 'Beamter im *Kastenamt*, der Güterverwaltung'. 2. 'Verwalter der Kirchen-, Gemeindekasse' ❖ zu *Kasten* ↗ Kastner
W: *PFLEGER*
Syn: Kastenamtmann, Kastenmesser, Kastenpropst, Kastner, RENTMEISTER

Lit: Barth 1:490; Grimm 11:271

Kastenprobst ↗ Kastenpropst

Kastenpropst **Kastenprobst** 1. 'Beamter im Kastenamt, der landesfürstlichen Güterverwaltung'. 2. 'Aufsicht über die landesfürstlichen Getreidespeicher' ❖ zu mhd. *probst, probest, brobest* 'Aufseher, Vorgesetzter', aus altfranz. *provost*, aus mlat. *propositus*, lat. *praepositus* 'Vorgesetzter', Partizip zu lat. *praeponere* 'vorsetzen'; zu *Kasten* ↗ Kastner

Syn: Kastenamtmann, Kastenmesser, Kastenpfleger, Kastner, RENTMEISTER

Lit: Barth 1:490; Schmeller 1:466

Kastenschreiber Castenschreiber 1. 'Beamter bei einem Getreidespeicher'. 2. 'Bürokraft in einer Kasse' ❖ zu *Kasten* ↗ Kastner
W: Schreiber

Lit: Adelung 2:1510; Barth 1:490; Krünitz 35:695

Kastenvogt Kastvogt 1. 'Beamter, der für die Berechnung und Einhebung der Einkünfte der landesherrlichen Güter zuständig ist, und Vorgesetzter des *Kastenamts*, der Güterverwaltung'. 2. 'Anwalt und Schutzherr eines Klosters und Verwalter der Einkünfte'. 3. 'Schlossverwalter' ❖ ↗ Kastner
W: Vogt
Syn: Kastenmeister, Kastenmesser, Kastner, RENTMEISTER

Lit: Adelung 2:1510; Barth 1:491; DRW 7:539; Grimm 11:271; Krünitz 35:695

Kaster 'Arbeiter, der in den Pfeifenbrennereien der Pfeife ihre Form gibt und mit einem Draht das Durchzugsloch bohrt; Pfeifenformer'; benannt nach dem *Pfeifenkasten*, einer Kapsel aus Ton, in der die Pfeifen im Brennofen gebrannt wurden

Lit: Adelung 2:1511; Bergius (1780) 6:41; Heinsius 3:392; Krünitz 35:695; Reith (1999) 278

Kastkeller ↗ Kastenkeller

¹Kastler 1. 'Schloss-, Burgverwalter'. 2. 'Tischler, Schreiner' ❖ 1.: zu *Kasteller* aus spätmhd. *kastell*, aus lat. *castellum* 'befestigtes (Grenz)lager'; 2.: zum Diminutiv *Kastl* für *Kasten* 'Schrank'
FN: Kastler, Kästler
Syn: Kastner, TISCHLER

Lit: Gottschald 282; Idiotikon 3:535; Linnartz 111

²Kastler ↗ Kasteller

¹Kastner Castner, Kästner 1. 'Verwalter der Besitzungen eines Grundherrn, der für die Lagerung und den Verkauf der Vorräte sowie die Einziehung der Gefälle und Steuern verantwortlich ist'. 2. 'Schlossverwalter, Kastellan' ❖ mhd. *kastenære, kastener, kastner* 'Verwalter des Kornkastens; Einnehmer und Aufseher über die Einkünfte, Rentmeister'. Die urspr. Bedeutung von *Kasten* 'Behälter' wird im Oberdt. zu 'Getreidebehälter', daraus 'Getreidespeicher' und 'Lagerraum für die Zehentabgabe'; der Verwalter des Lagers und allgemein der Rechnungsführer wird mit *Kastner* bezeichnet
FN: Kastner, Kaster, Kaßner
W: Hofkastner
Syn: Kasteller, Kastenamtmann, Kastenmesser, Kastenpfleger, Kastenpropst, Kastenvogt, Kastler, RENTMEISTER

Lit: Barth 1:491; DudenFN 368; Gottschald 282; Grimm 11:272; Linnartz 111; Patocka (1987); Schmeller 1:1305; Schraml (1932)

²Kastner ↗ Kästner

¹Kästner Kastner 'Tischler, Schreiner' ❖ zu mhd. *kaste* 'Kasten, Behälter'
FN: Kästner, Käster, Kaster, Kastner, Kestner, Kestener
W: Haferkästner
Syn: TISCHLER

Lit: Barth 1:491; DudenFN 368; Gottschald 282; Grimm 11:273; Linnartz 111; Pies (2005) 150

²Kästner ↗ Kastner

Kastrator ↗ KASTRIERER

KASTRIERER Kastrator; lat. *castrator* 'Person, die männlichen Tieren die Hoden bzw. (seltener) weiblichen die Eierstöcke entfernt' ❖ lat. *castrare* 'verschneiden'
Syn: Bärsauter, Bärschneider, Bärstecher, Bruchschneider, Butzer, Gelter, Geltmacher, Geltschneider, Gelzenleichter, Gelzenschneider, Gelzer, Heiler, Hodenschneider, Köpfeler, Leichter, Lupper, Nonnenmacher, Nonnenmann, Pagenstecher, Pferdeleger, Rossschneider, Sauschneider, Sauter, Schweinschneider, Schweinstecher, Suboter, Suheler, Verheiler, Viehschneider, Wallacher
Vgl: Ballottierer

Lit: Barth 1:491; Palla (2010) 110; Pies (1977); Zedler 5:1376 (castriren)

Kastvogt ↗ Kastenvogt

Kätener ↗ Köter

Kater ↗ Köter

Kathener ↗ Köter

Käthener ↗ Köter

Kather ↗ Köter

Käther ↗ Köter

Kattundrucker Cartundrucker, **Cattundrucker**, **Kottondrucker** 'Handwerker, der rohes, leinwandähnliches Baumwollgewebe, Kattun, farbig bedruckt'; dazu wurden meist Modeln (Formen) verwendet ❖ *Kattun* zu niederld. *kattoen* 'Baumwolle', aus dem Arabischen
W: *Drucker*
Syn: Leindrucker, Tuchdrucker, Zeugdrucker

Lit: Adelung 2:1513; Barth 1:493; Grimm 11:278 (Kattun); Kluge 481 (Kattun); Krünitz 36:98; Neuheuser (1984) 15; Palla (2010) 110

Kattunklopfer 'Arbeiter in der Kattunfabrik, der den groben Kattun nach dem Reinigungsbad mit Klopfhölzern bearbeitet' ❖ ↗ Kattundrucker

Lit: Holsteinisches Idioticon 1:106

Kattunmaler 'Arbeiter bei der Kattunherstellung, der den Stoff mit dem Pinsel bemalt, wobei vorgezeichnete Muster mit Farbe ausgefüllt werden'; dies geschieht, wenn der Kattundruck nicht möglich ist ❖ ↗ Kattundrucker
W: *Maler*

Lit: Krünitz 36:102; Reith (2008) 58

Katzenritter 1. 'Person, die von Ort zu Ort ziehend für Geld Schaukämpfe gegen Tiere ausführt'. 2. 'herumziehender Komödiant und Artist, der bes. auf Jahrmärkten unterschiedliche Kunststücke vorführt' ❖ mhd. *katzenritter* 'der zur Schau mit Katzen kämpft'

Syn: FECHTER, GAUKLER

Lit: Adelung 2:1518; Barth 1:493; DRW 7:564; Grimm 11:299; Krünitz 36:273; Meyers Lexikon 6:762

Kauchenmeister ↗ Keichenmeister

Käuchenmeister ↗ Keichenmeister

Kauderer Kuderer 'Werg- und Flachshändler'; auch übertragen für 'wucherischer [Getreide]händler'; zu *kaudern, kauten* 'Zwischenhandel betreiben, als Makler arbeiten' ❖ mhd. *kûten, kiuten* 'tauschen'; vielleicht vermischt mit mhd. *kuder* 'Werg'
FN: Kuder, Kuderer; sowohl von 'Werg' als auch 'Zwischenhandel treiben' kann *Kauder, Kauderer* kommen
W: Geldkauderer
Syn: Kipper, Wergmann

Lit: Adelung 2:1517 (Kauder); Barth 1:493; DRW 7:565; Gottschald 309; Grimm 11:307; Linnartz 111; Palla (1994) 162; Reith (2008); Schmeller 1:1224, 1310; Volckmann (1921) 215

Kaufdiener Kaufmannsdiener 'Gehilfe oder Geselle eines Kaufmanns'
W: *Diener*
Syn: Handelsgeselle, Kaufgeselle, Kommis

Lit: Barth 1:493, 494; DRW 7:585, 631; Grimm 11:323, 341; Krünitz 36:469, 653

Kaufel ↗ Käufel

Käufel Kaffl, Käffl, Kaufel, Käufl; Fem. **Käufflin** 1. 'Händler, Makler, Zwischen-, Kommissionshändler'. 2. 'Trödler, Altwarenhändler, Pfandleiher'. 3. 'Kleinhändler' ❖ von dem Verb *käufeln* mit Suffix *-eln*, das eine abwertende Verkleinerung oder eine wiederholte Tätigkeit ausdrückt; mhd. *köufel, köufler, köufelære* 'Händler, Mäkler'
FN: Kaufel, Käufel, Käuffelin, Käufl, Keufel, Keuffel, Kaifel, Keifel, Keyfel
W: °Fischkäufel, °Hühnerkäufl, °Käskäufl, °Kornkäffl, °Kornkäufl, °Kuhkäufl, °Rosskäufl, °Salzkäufl, °Schmalzkäufl, °Wollkäufl
Syn: Käufer, KRÄMER, MAKLER
Vgl: *Käufler*

Lit: Barth 1:437 (Hühnerkäufel), 494; DRW 6:29 (Hühnerkäufel); DudenFN 368; Gottschald 283; Grimm 11:323; Linnartz 111; Volckmann (1921) 203 (Käskäufel)

Kaufer ⁊ Käufer

Käufer Kaiffer, Kaufer 1. 'Kaufmann, Händler'; *Käufer* steht allgemein für 'Kaufmann', erst später verengte sich die Bedeutung zu 'jmd., der etwas erwirbt'; *Kauf* i. S. v. 'Handel' begann im 18. Jh. zu veralten und wurde durch *Handel* ersetzt. 2. 'Trödler, Kleinhändler, Pfandleiher' ❖ mhd. *koufer* 'der kauft oder verkauft'
FN: Käufer, Käuffer, Kaufer, Keufer, Keufert
W: Häutekäufer, Käsekäufer, Kornkäufer, Krosekoper, Leinwandkäufer, °Messerkäufer, Ochsenkäufer, Pferdekäufer, Salzkäufer, Vorkäufer
Syn: Käufel, *Käufler*
Lit: Barth 1:494; DRW 7:595; DudenFN 368; Gottschald 383; Linnartz 111

Kauffahrer 'Kaufmann, der für seine Geschäfte zur See fährt'; auch für ein Schiff, das für die Fahrten ausgerüstet wird
W: *Fahrer*
Lit: Adelung 2:1522; Barth 1:493; Grimm 11:331

Käufflin ⁊ Käufel

Kaufgärtner 'abhängiger Kleinbauer, der sich in einen kleinen Besitz mit einem Garten um das Haus eingekauft hat und dem Grundherrn zu gewissen Arbeitsleistungen verpflichtet ist'; zu *Gärtner* i. S. v. 'Kleinbauer ohne Vieh'
W: Gärtner
Syn: KLEINBAUER*
Lit: DRW 7:600

Kaufgesell ⁊ Kaufgeselle

Kaufgeselle Kaufgesell 'Handelsgehilfe'; jüngerer Kaufmann oder Gesellschafter einer Handelsgesellschaft – zu *Kauf-* ⁊ Käufer
W: *Geselle*
Syn: Handelsgeselle, Kaufdiener, Kommis
Lit: Barth 1:494; DRW 7:605; Grimm 11:332

Kaufhändler Kaufshändler 'Inhaber einer Handelsfirma, Kaufmann'; im Ggs. zum *Krämer*; *Kauf* i. S. v. 'Handel' begann im 18. Jh. zu veralten und wurde durch *Handel* ersetzt, *Kaufhändler* steht am Übergang dieser Entwicklung, wobei beide Wörter gekoppelt werden
Lit: Barth 1:494; DRW 7:607; Grimm 11:333, 346

Kaufherr lat. *mercator* 'angesehener Großkaufmann, Handelsherr' ❖ zu *Kauf-* ⁊ Käufer
W: *Herr*
Syn: Handelsherr
Lit: Adelung 2:1523; Barth 1:494; Grimm 11:333; Krünitz 36:481; Stiewe (1996) 204

Käufl ⁊ Käufel

Kaufler ⁊ *Käufler*

Käufler Kaufler ⁊ 'Käufel'
FN: Käufler, Kaifler
W: °Eierkäufler, °Erdkäufler, Feilkäufler, °Fischkeuffler, Fürkäufler, °Käskäufler, °Kornkäufler, Stadtkäufler, Unterkäufler, Vorkäufer
Syn: Käufer, KRÄMER
Vgl: Käufel
Lit: Barth 1:489 (Käskäufler), 494; Döllinger (1817) 6:6 (Käskäufler); Gottschald 283; Grimm 11:335; Idiotikon 3:174; Linnartz 111; Schmeller 1:1294 (Kornkäufler)

Kaufmannsdiener ⁊ Kaufdiener

Kaufschläger 'Händler, bes. Viehhändler'; er schließt einen Kauf durch Handschlag ab ❖ zu mhd. *koufslac* 'Abschluss eines Kaufs, Kaufhandel'
W: *Schläger*
Lit: DRW 7:655 (Kaufschlag); Grimm 11:344 (Kaufschlag); Krünitz 36:663 (Kaufschlag); Volckmann (1921) 196 (Kaufschlag)

Kaufschneider 'Schneider, der auch fertige Ware auf Lager hat und sie verkauft'; zu *Kauf-* ⁊ Käufer
W: SCHNEIDER
Lit: SteirWb 382

Kaufshändler ↗ Kaufhändler

Käuler ↗ Keuler

Käuschler ↗ Keuschler

Kautscher ↗ Gautscher

Kauwarz ↗ Kawerz

Kaviller ↗ Kafiller

Kawertin ↗ Kawerz

Kawerz Cauwercini, Cowertsch, Cowerz, Gowertsch, Kabartsch, Kabertsch, Kartzin, Kauwarz, Kawertin, Kawerze, Kawetscher, Kaworze, Kowartsch 'Kaufmann, der durch Geldverleihen und Umwechseln von Münzen Geschäfte macht'; auch als Scheltwort für 'Wucherer' oder allgemeines Schimpfwort für Personen aus anderen Ländern (Schmeller) ❖ mhd. *kawërzîn*, *kauwërzîn* 'ausländischer, bes. ital. Kaufmann, Wechsler, Wucherer', aus mlat. *cavercinus*, *cawarsinus*, altfranz. *chaorsin* 'Einwohner von Cahors in Südfrankreich', ein westliches Finanzzentrum; Dante erwähnte diese Stadt als Sitz des Wuchers (Lexer)
FN: Kawerz, Kawert, Kauwertz, Kauertz
Syn: Geldgewerber, Geldmakler, Geldwechsler, Lombarde

Lit: Barth 1:472; Gottschald 284; Grimm 11:373; Linnartz 112; Palla (1994) 398; Pies (2005) 78; Schmeller 1:1215; Volckmann (1921) 190

Kawerze ↗ Kawerz

Kawetscher ↗ Kawerz

Kaworze ↗ Kawerz

Kecheler ↗ Kachler

Kedde 'Bürgermeister, Dorfrichter'; norddt.; urspr. 'Sprecher, Ansager; Vollstreckungsbeamter' ❖ zu mnd. *keder* 'Verkündiger, Ansager, allgemeine Benennung einer Gerichtsperson'
Syn: Bauermeister

Lit: DRW 7:690; Schiller-Lübben 2:438

Kehrer 1. 'Person, die fegt, kehrt, mit dem Besen reinigt'; oberdt. 2. 'Steuermann'; bair., zu *kehren* 'das Schiff kehren, wenden, lenken', ↗ Naukehrer
W: Bratenkehrer, Essenkehrer, Feueressenkehrer, Feuermauerkehrer, Gassenkehrer, Hellekehrer, Kaminkehrer, Kemmetkehrer, Kemmichkehrer, Kenderkehrer, Naukehrer, Pfannkehrer, Rahmkehrer, Rauchfangkehrer, Schlotkehrer, Stegekehrer, Wildkehrer, Zukehrer

Lit: Barth 1:496; Grimm 11:410 (kehren), 426 (Kehrer)

Kehrichtlader Kehrrichtlader 1. 'Person, die in den Städten den Hausmüll sammelt und abtransportiert'. 2. 'Person, die die Abtritte reinigt und den Unrat entfernt' ❖ zu mhd. *kerach* 'Kehricht', Kollektivum zu *kehren*
W: Lader
Syn: ABTRITTRÄUMER

Lit: Barth 1:496

Kehrrichtlader ↗ Kehrichtlader

Keibenschinder 'Abdecker' ❖ zu mhd. *keibe* 'Leichnam; Mensch, der den Galgen verdient hat; Viehseuche'
W: SCHINDER

Lit: Adelung 2:1535; Grimm 11:433; Idiotikon 3:100 (Cheib); Idiotikon 8:914; Schmeller 1:1216

Keichenmeister Kauchenmeister, Käuchenmeister, Keuchenmeister 'Gefängniswärter'; bes. oberdt.; zu *Keiche*, *Keuche* 'enges Behältnis, enger Raum; oberirdisches Gefängnis zur kurzzeitigen Verwahrung' ❖ zu mhd. *kîche* 'Ort, der einem das Atmen hemmt; Gefängnis'; zu mhd. *kîchen* 'schwer atmen, keuchen'
W: Meister
Syn: KERKERMEISTER

Lit: Adelung 2:1518; DRW 7:709; Grimm 11:439; Heydenreuter (2010) 117; Idiotikon 3:123 (Chiche); Krünitz 36:275; Schmeller 1:1219 (Keichen); SchwäbWb 4:307

Keiler ↗ Keuler

Keiper Keipper, Keyper 'Beamter, der die Aufsicht über die öffentlichen Fischteiche hat'; Ostpreußen ❖ zu niederdt. *keipe, kiep, kiepe* 'Korb, Sack; Fischreuse'
FN: Keiper (kann auch von *keifen, zanken* kommen)
Syn: Fischmeister, Weihermeister
Lit: DudenFN 370; Gottschald 201; Grimm 11:498; Hermann-Winter (2003) 145; Linnartz 112

Keipper ↗ Keiper

Keitelfischer Keutelfischer 'Fischer, der mit einer Fischreuse fischt'; ostmitteldt. ❖ mitteldt. *keutel* 'etwas Sackartiges; Sack an den Netzen, in dem sich die Fische fangen'; niederdt. *Kaute* 'Grube, Vertiefung'
W: Fischer*
Lit: Grimm 11:363 (Kaute), 503 (Keitel), 655; Krünitz 37:210 (Keutel)

Kelcher lat. *califex* 'Handwerker, der metallene Gefäße, wie Kannen, Zinnkrüge, Becher, herstellt' ❖ zu mhd. *kelch, kelich, kelech* 'Kelch'
FN: Kelch, Kelcher
Syn: Becherer, KANNENGIESSER
Lit: Barth 1:496; DudenFN 370; Gottschald 285; Linnartz 112

Keller Kellerer, Kellner, Kelner 1. 'Vorgesetzter eines Wein- oder Bierkellers'. 2. 'Verwalter und Rechnungsführer eines Gutes'. 3. 'herrschaftlicher Steuerbeamter, der Steuern an Wein und Früchten berechnet und einhebt' — Die Bedeutung 'Bedienung in einer Gastwirtschaft' für die Form *Kellner* tritt erst im 18. Jh. auf ❖ mhd. *këlnære, këlner, kellener* 'Kellermeister; herrschaftlicher Steuerbeamter, Verwalter', aus mlat. *cellenarius*, lat. *cellerarius* 'Vorsteher des Vorratshauses'
FN: Kellner, Keller, Kellert
W: Amtskeller, Hauskeller, °Kassenkeller, Kastenkeller
Syn: Kellermeister, *Schaffner*, STEUEREINNEHMER
Vgl: Kellerin

Lit: Adelung 2:1544; Barth 1:497; Diefenbach 111; DRW 7:731; DudenFN 370; Gottschald 285; Grimm 11:516, 521; Linnartz 112; Pies (2005) 165; Schmeller 1:1235

Kellerdiener ↗ Diener

Kellerer ↗ Keller

Kellerherr 1. 'Verwalter eines Vorrats- oder Weinkellers, Kellermeister'. 2. 'Ratsherr, der die städtische Schankwirtschaft leitet'
W: Herr
Lit: Barth 1:497; DRW 11:725; Grimm 11:518

Kellerin Kellerinn, Kellnerin 1. 'Haushälterin, Haushaltsführerin'. 2. 'Dienstmagd im Haushalt'. 3. 'Verwalterin eines (Wein)kellers'. 4. 'Servierkraft im Gastgewerbe, bes. eines Wein-, Bierkellers'. 5. 'Betreuerin einer Wöchnerin' ❖ mhd. *këlærinne, këlerîn* 'Hausmagd, Kindsmagd, Haushälterin'
W: Pfaffenkellerin
Vgl: Keller
Lit: Adelung 2:1545; GoetheWb 5:333; Grimm 11:518, 522

Kellerinn ↗ Kellerin

Kellerknecht Kellnerknecht 'Hilfskraft in einem Bier- oder Weinkeller'
W: KNECHT
Lit: Adelung 2:1545; Barth 1:498; Grimm 11:519; Krünitz 36:805

Kellermeister Kellnermeister; lat. *cellarius, cellerarius* 1. 'Verwalter eines Weinkellers und Fachmann für die Behandlung des Weins'; heute noch Berufsbezeichnung für einen Fachmann für die Weinbehandlung. 2. 'Verwalter des Warenlagers in einem herrschaftlichen Haushalt'; als Hofamt 3. 'Vorsteher über einen (oberirdischen) Vorrats-, Lagerraum, z.B. einen *Tuchkeller*' ❖ mhd. *këllermeister* 'der einer Kellerei, dem *këlnambete* (Kelleramt) vorsteht'
W: Meister
Syn: Keller
Lit: Adelung 2:1545; Barth 1:498; Diefenbach 111; DRW 7:727; Frühmittellat. RWb; Grimm 11:519; Krünitz 36:805; Pies (2002d) 40; Pies (2005) 87

Kellerschotte 'Kleinhändler, der in einem Kellerlokal verkauft'; ↗ Schotte; er gehörte zu den am wenigsten angesehenen Kaufleuten
W: Schotte
Syn: KRÄMER

Kellerschreiber 'Büroangestellter oder Rechnungsführer in einer Kellerei' ❖ mhd. *këllerschrîber* 'Schreiber eines Kellermeisters oder der Kellermeister selbst'
W: *Schreiber*

Lit: Adelung 2:1546; Barth 1:498; DRW 7:730; Grimm 11:520; Krünitz 36:806

Kellerwarter lat. *promus* 'Verwalter der Lebensmittelvorräte' ❖ mhd. *këllerwarter* 'promus'
W: *Wärter*

Lit: Barth 1:498; Diefenbach 464; Grimm 11:521

Kellerwirt Kellerwirth 'Wirt, der eine Gastwirtschaft in einem (öffentlichen) Bier- oder Weinkeller betreibt'
W: WIRT

Lit: Adelung 2:1546; Grimm 11:521; Grönhoff (1966) 31; Krünitz 36:807

Kellerwirth ↗ Kellerwirt

Kellner ↗ Keller

Kellnerin ↗ Kellerin

Kellnerknecht ↗ Kellerknecht

Kellnermeister ↗ Kellermeister

Kelner ↗ Keller

Kelter ↗ KELTERER

KELTERER Kalterer, Kälterer, Kelter; lat. *calcator, factor* 1. 'Arbeiter, der die Trauben presst, entweder mit der Weinpresse oder durch Treten mit den Füßen'. 2. 'Winzer' ❖ mhd. *kelterer* 'Kelterer', von lat. *calcatura* 'das Keltern', von *calcare* 'treten'
FN: Kelterer, Kelter

Syn: Kelterknecht, Mostler, Pressknecht, Torkler, Trotter, Trottknecht, WEINGÄRTNER

Lit: Adelung 2:1546; Barth 1:498; Diefenbach 89; Frühmittellat. RWb; Gottschald 285; Grimm 11:525; Krünitz 36:819; Linnartz 113; Pies (2005) 183

Kelterherr 'Eigentümer einer öffentlichen Kelter, bes. einer Bannkelter'; d.i. eine *Kelter*, in der die Winzer verpflichtet sind zu keltern, d.h. sie unterliegen dem *Kelterbann* ❖ zu mhd. *kelter* 'Kelter', von lat. *calcatura* 'das Keltern', von *calcare* 'treten'
W: *Herr*
Syn: Keltermeister, Pressmeister, Torkelmeister, Trottmann, Trottmeister

Lit: Adelung 2:1546; Barth 1:498; Grimm 11:526; Krünitz 36:818

Kelterknecht 'Arbeiter, der die Trauben presst, entweder mit der Weinpresse oder durch Treten mit den Füßen' ❖ mhd. *kelterknëht* 'Kelterer'
W: KNECHT
Syn: KELTERER

Lit: Adelung 2:1546; Grimm 11:526; Krünitz 38:819; PfälzWb 4:171

Keltermeister Kelternmeister 'Vorgesetzter einer Kelter'; es wurden Wein, Obst oder Kerne gekeltert
W: *Meister*
Syn: Kelterherr, Pressmeister, Torkelmeister, Trottmann, Trottmeister

Lit: Adelung 2:1546; Barth 1:438; DRW 7:741; Grimm 11:526

Kelternmeister ↗ Keltermeister

Kelterschreiber 'Beamter, der das Keltern überwacht'
W: *Schreiber*

Lit: Adelung 2:1547; Barth 1:498; Grimm 11:527

Kemerer ↗ Kämmerer

Kemmer ↗ Kämmerer

Kemmerer ↗ Kämmerer

Kemmerling ↗ Kämmerling

Kemmetfeger 'Handwerker, der den Ruß aus Schornsteinen entfernt' ❖ mhd. *kemetveger* 'Kaminfeger', zu mhd. *kemet* 'Kamin'
W: *Feger*
Syn: SCHORNSTEINFEGER*

Lit: Barth 1:499; Pies (2002a) 149; Pies (2005) 51; Volckmann (1921) 279

Kemmetkehrer 'Handwerker, der den Ruß aus Schornsteinen entfernt' ❖ zu mhd. *kemet* 'Kamin'
W: Kehrer
Syn: SCHORNSTEINFEGER*

Lit: Volckmann (1921) 279

Kemmichfeger Kimmichfeger 'Handwerker, der den Ruß aus Schornsteinen entfernt' ❖ zu mhd. *kemmich, kümich* 'Kamin'
W: *Feger*
Syn: SCHORNSTEINFEGER*

Lit: Adelung 2:1475; Barth 1:499; Volckmann (1921) 279

Kemmichkehrer Kimmichkehrer, Kümichkehrer 'Handwerker, der den Ruß aus Schornsteinen entfernt' ❖ zu mhd. *kemmich, kümich* 'Kamin'
W: Kehrer
Syn: SCHORNSTEINFEGER*

Lit: Grimm 11:529 (Kemmich), 706 (Kimmich); Pies (2002a) 51; Pies (2005) 149; Schmeller 1:1245; Volckmann (1921) 279

Kemner ↗ Kämmerer

Kempner ↗ KLEMPNER*

Kendelfeger ↗ Kenderfeger

Kenderfeger Kendelfeger 'Handwerker, der den Ruß aus Schornsteinen entfernt' ❖ ↗ Kenderkehrer
W: *Feger*
Syn: SCHORNSTEINFEGER*

Lit: Barth 1:499; Volckmann (1921) 336

Kenderkehrer 'Handwerker, der den Ruß aus Schornsteinen entfernt'; bayr. ❖ zu bair. *kenten* 'heizen'; ein *Kentofen, Kentl* war ein bestimmter Ofen oder Kamin, an dem der *Kentl* 'Kienspan' abgebrannt wurde. Daraus die Bezeichnung *Kender* für den ganzen Kamin
W: Kehrer
Syn: SCHORNSTEINFEGER*

Lit: Barth 1:499; Grimm 11:554; Pies (2002a) 51; Pies (2005) 149; Schmeller 1:1260; Volckmann (1921) 280

¹**Kendler** 'Salinenarbeiter, der das Feuer unter den Sudpfannen anzündet' ❖ zu bair. *kenten* 'heizen'

Lit: Fellner 286; Patocka (1987) 237 (Kentel); Schmeller 1:1260 (kenden)

²**Kendler** ↗ Kändler

Kennkenmacher ↗ Kannenmacher

Kennkenmaker ↗ Kannenmacher

Kenseler ↗ Kanzler

Kepernetzschneider 'Schneider, der den Kepernetz verfertigt'; d.i. ein Umhangmantel aus Filz für Hirten und Kutscher; in den weiten Ärmeln konnten Essvorräte usw. aufbewahrt werden ❖ zu ungarisch *köpönyeg* 'Umhängemantel', rumänisch *căpăneag* 'Mantel', aus türkisch *kepenek* 'ärmelloser Filzüberwurf der anatolischen Schäfer'
W: SCHNEIDER

Lit: Gehl (1997); Gehl (1999) 83

Kerbhäuer 'Bergmann, der Erz durch Schlitzen gewinnt'; dabei wird nach dem Schrämmen, sofern es nötig ist, ein Schlitz, Keil, eine Kerbe gestemmt und [durch einen Wasserstrahl] Erz oder Salz gewonnen ❖ zu mhd. *kërbe, kërp* 'Einschnitt, Kerbe'
W: HAUER
Syn: Schlitzhäuer

Lit: Veith 287

Kerbizäuner ↗ Korbzainer

Kerbizeuner ↗ Korbzainer

Kerbler ↗ KÖRBER

Kercher ↗ Kärcher

KERKERMEISTER lat. *carcerarius, ergastularius* 1. 'Aufseher über die Gefangenen eines Gefängnisses'. 2. 'Leiter eines Gefängnisses, Vorgesetzter über die Gefangenenwärter' ❖ zu mhd. *karkære, kerkære, karker* 'Kerker', aus lat. *carcer* 'Kerker'
W: *Meister*
Syn: Eisenamtmann, Eisenknecht, Eisenmeister, Eisenscherge, Eisenvater, FRONBOTE, Fußknecht, Keichenmeister, Lochwächter, Lochwärter, Schallenmeister, Schallenprofos, Spinnmeister, Stocker, Stockhalter, Stockknecht, Stockmeister, Stockwart, Sülzer, Torwächter, Türmer, Turmvater, Zuchtmeister

Lit: Adelung 2:1551; Barth 1:499; Diefenbach 100; DRW 7:767; Frühmittellat. RWb; Grimm 11:568; Krünitz 37:33

Kerkhere ↗ KIRCHHERR

Kernenschätzer 'amtlich eingesetzte Person, die den Wert des zum Verkauf gebrachten Getreides bestimmt'; *Kern* bedeutet bes. süddt. 'Getreide' ❖ zu mhd. *kërne kërn* 'Kern; Inhalt des Korns, das Getreide selbst'
W: *Schätzer*
Syn: KORNMESSER

Lit: DRW 7:774; Idiotikon 8:1691

Kerner ↗ Kärrner

Kernführer 'Arbeiter im Salzbergbau, der das Salzgestein, auch Kernstein genannt, auf eigens dafür konstruierten Hörnerschlitten vom Bergwerk ins Tal transportiert'; Steinsalz oder Kernstein wurde in den Hallstätter Bergwerken in großen Mengen gewonnen und vor allem für die Wildfütterung verwendet
W: *Führer*

Lit: Fellner 287; Schraml (1932) 236

Kerntragerweib 'Frau, die das Steinsalz, auch Kernstein genannt, in Stücken vom Salzberg zu Tal ins Sudhaus trägt'; in Hallstatt; wurden später von den ↗ Kernführern abgelöst
W: *Weib*

Lit: Fellner 288; Schraml (1932)

Kerschner ↗ Kürschner

Kerseimacher ↗ Kirseymacher

Kersengeter ↗ Kerzengeter

Kerssengeter ↗ Kerzengeter

Kerthzengethere ↗ Kerzengeter

Kerzengeter Kassengeter, Kersengeter, Kerssengeter, Kerthzengethere 'Kerzengießer'; niederdt. ❖ zu mnd. *kersengeter* 'Kerzengießer', zu mnd. *kerse, kers, karse* 'Kerze', vgl. niederld. *kaars* 'Kerze'
W: *Geter*
Syn: Kerzengießer

Lit: Schiller-Lübben 2:454; Volckmann (1921) 291

Kerzengießer Kassengießer, Kastengießer; lat. *fusor candelarum* 1. 'Handwerker, der Kerzen aus Wachs oder Rindertalg herstellt'; auch heute noch als Berufsbezeichnung üblich. 2. 'Seifensieder' — für Talgkerzen und Seife wurde der gleiche Rohstoff verwendet: der Rindertalg oder ähnliche Fette, sodass *Kerzengießer* auch die Seifensiederei betrieben. Die Formen *Kassen-, Kasten-* sind niederdt.
W: *Gießer*
Syn: Kerzengeter, KERZENZIEHER

Lit: Adelung 2:1557; Barth 1:500; Grimm 11:617; Grönhoff (1966) 26; Pies (2005) 186; Reith (2008) 83; Volckmann (1921) 291

Kerzenmeister 1. 'kirchlicher Angestellter, der für die verpflichtende Anlieferung der Kerzen und die Versorgung mit Kerzen zuständig ist'. 2. 'Zunftmeister, der bei kirchlichen Prozessionen die Kerzen besorgt'
W: *Meister*

Syn: ZUNFTMEISTER

Lit: Adelung 2:1557; Barth 1:500; Grimm 11:617; Idiotikon 4:518; Krünitz 37:62

KERZENZIEHER lat. *candelator, lychnopoeus* 'Handwerker, der Kerzen aus Wachs oder Rindertalg herstellt'
W: *Zieher*
Syn: Gaulichter, Kerzengießer, Kerzler, Lichtgießer, Lichtmacher, Lichtwerker, Lichtzieher, WACHSZIEHER

Lit: Barth 1:500; Grimm 11:618; Pies (2005) 83; Reith (2008) 186

Kerzler ↗ 'Kerzenzieher'; *-ler*-Ableitung zu *Kerze*
FN: Kerzler, Kerzner
W: *Wachskerzler*
Syn: KERZENZIEHER

Lit: Gottschald 286; Grimm 11:618; Palla (1994) 398; Schmeller 1:1298; SteirWb 385

Kescher ↗ Kesser

Kesselbeißer ↗ Kesselbesserer

Kesselbereiter ↗ 'Kesselschmied'
W: *Bereiter*
Syn: KESSELFLICKER

Lit: Barth 1:500; Grimm 11:623; Krünitz 37:75

Kesselbesserer Kesselbeißer ↗ 'Kesselflicker'; *bessern* noch im älteren Sinn von 'ausbessern'
Syn: KESSELFLICKER

Lit: Adelung 2:1559 (Kesselflicker); Barth 1:500; Grimm 11:623; Krünitz 37:75; Volckmann (1921) 134

Kesselboter ↗ Kesselbüßer

Kesselböter ↗ Kesselbüßer

Kesselbueter ↗ Kesselbüßer

Kesselbüßer Kesselboter, Kesselböter, Kesselbueter, Kesselbuter, Ketelboter, Ketelböter, Ketelbuter, Ketelbüter ↗ 'Kesselflicker' ❖ zu mhd. *keʒʒel* 'Kessel'; zu mhd. *buoʒ, buoʒe* 'Besserung'; *Büßer* 'Wiederhersteller, Ausbesserer' (heute nur noch im religiösen Sinn gebraucht); mnd. *ketelboter, ketelbuter* 'Kesselflicker'
FN: Ketelböter
W: *-böter, Büßer*
Syn: KESSELFLICKER

Lit: Adelung 2:1559; Barth 1:500, 501; DudenFN 372; Grimm 11:623; Krünitz 37:75; Linnartz 114; Schiller-Lübben 2:458; Volckmann (1921) 134

Kesselbuter ↗ Kesselbüßer

Kesseler ↗ Kessler

KESSELFLICKER Ketelflicker, Kettelflicker 'Handwerker, der Metallkessel repariert'; die Formen mit *Ketel-* sind niederdt. ❖ mnd. *ketel, kettel* 'Kessel'
W: *Flicker*
Syn: Kannenbinder, Kannenflicker, Kesselbereiter, Kesselbesserer, Kesselbüßer, Kessellapper, PFANNENFLICKER, Pottlapper

Lit: Adelung 2:1559; Barth 1:500; Grimm 11:624; Kretschmer 270; Krünitz 37:75; Pies (2005) 132; Schiller-Lübben 2:458; Schmeller 1:1301

Kesselführer Ketelförer 'Händler mit Metallgefäßen, Kesselhändler'; *Führer* i. S. v. 'Händler'
W: *Führer*

Lit: Grimm 11:624; Grönhoff (1966) 28

Kesselhautz ↗ Kesselhauz

Kesselhautze ↗ Kesselhauz

Kesselhauz Kesselhautz, Kesselhautze 'junger Arbeiter in der Bäckerei, der beim Brezelbacken auf das Feuer unter dem Kessel achtet' ❖ zu *Hauz*, 1. 'Bauer', abwertend, 2. gaunersprachlich-abwertend für 'Mann' oder 'Gauner, der nicht mitmachen will'; Bedeutungszusammenhang unklar

Lit: Adelung 2:1559; DRW 5:493 (Hauz); Grimm 11:625; Zedler 15:514

Kessellapper Kessellepper, Ketellapper, Ketellepper, Kettellapper ↗ 'Kesselflicker' ❖ ↗ Lapper; mnd. *ketel, kettel* 'Kessel'

W: Lapper
Syn: KESSELFLICKER

Lit: Adelung 2:1559 (Kesselflicker); Barth 1:500; Grimm 11:626; Schiller-Lübben 2:458

Kessellepper ↗ Kessellapper

Kesselmeister 1. 'Handwerker, der Kessel u.a. Haushaltsgefäße herstellt'. 2. 'Arbeiter, der die Kessel bedient'; bes. bei den Tuchmachern die Farbkessel, auch in der Bierbrauerei
W: Meister

Lit: Adelung 2:1560; Barth 1:500; DRW 7:787; Grimm 11:626; Krünitz 37:80

Kesselmenger ↗ Menger

Kesselschläger ↗ 'Kesselschmied'; zu *schlagen* nach Art der Metallbearbeitung durch Schlagen mit dem Hammer
W: Schläger
Syn: KESSELSCHMIED

Lit: Adelung 2:1560; Barth 1:500; DudenFN 372; Gottschald 286; Grimm 11:627; Krünitz 37:81; Linnartz 114; Volckmann (1921) 131

Kesselschmid ↗ KESSELSCHMIED

KESSELSCHMIED Kesselschmid, Ketelsmyt; lat. *abenarius, caldareator, caldarifex, faber abenarius* 'Kupferschmied, der vor allem täglich gebrauchtes Geschirr herstellt' ❖ mhd. *keʒʒelsmit* 'Kessler'
W: Schmied
Syn: Ausbreiter, Beckendrechsler, Beckenmacher, Beckenschläger, Beckenwerker, Kaltschmied, Kesselschläger, Kessler, KUPFERSCHMIED, Pfannenwerker

Lit: Adelung 2:1559 (Kesseler); Barth 1:500; Diefenbach 221; Grimm 11:627; Krünitz 37:71; Linnartz 114; Pies (2005) 139; Reith (2008) 135; Volckmann (1921) 131

Kesser Käscher, Kescher 'Bernsteinfischer, der mit dem Käscher fischt'; in Preußen ❖ mnd. *kesser* 'kleines Handnetz zum Herausnehmen der Fische', vgl. engl. *catcher* 'Fangnetz'

Syn: Agtsteinfischer

Lit: Grimm 11:627; Krünitz 37:83

Kessiler ↗ Kessler

Kesskaiffer ↗ Käsekäufer

Keßkäufer ↗ Käsekäufer

Keßler ↗ Kessler

Kessler Keßler, Kesseler, Kessiler, Kezzler, Kössler 'Handwerker, der Kessel u.a. Haushaltsgefäße herstellt' ❖ mhd. *keʒʒelære, keʒʒeler* 'Kessel-, Kupferschmied'
FN: Kessler, Kesseler, Keßler, Keszler, Kesler, Kettler, Kößler, Kössler
Syn: KESSELSCHMIED

Lit: Adelung 2:1559; Barth 1:500; DudenFN 372; Gottschald 286; Grimm 11:627; Linnartz 114; Pies (2005) 139; Reith (2008) 135, 139; Schmeller 1:1301; Volckmann (1921) 131; Zedler 15:516

Kestenbrater Kästenbrater 'Person, die Edelkastanien brät und auf der Straße verkauft' ❖ zu mhd. *kestene, kesten* 'Kastanie'; von lat. *castanea* führt eine ältere Entlehnung zu *Keste, Käste*, eine jüngere zu *Kastanie*
W: Bräter

Lit: Hartmann (1998) 204; Kluge 479 (Kastanie)

Kestenbraterin Kästenbraterin 1. 'Frau, die Edelkastanien röstet und in Gast- und Badehäusern verkauft'. 2. 'Prostituierte' ❖ zu mhd. *kestene, kesten* 'Kastanie'
W: Bräter

Lit: Barth 1:490; Grimm 11:269; Schmeller 1:1306 (Kesten); WBÖ 3:762

Ketelboter ↗ Kesselbüßer

Ketelböter ↗ Kesselbüßer

Ketelbuter ↗ Kesselbüßer

Ketelbüter ↗ Kesselbüßer

Ketelflicker ↗ Kesselflicker

Ketelförer ↗ Kesselführer

Ketellapper ↗ Kessellapper

Ketellepper ↗ Kessellapper

Ketelsmyt ↗ KESSELSCHMIED

Kettelflicker ↗ Kesselflicker

Kettellapper ↗ Kessellapper

Kettelmacher Kettlmacher 1. 'Handwerker, der kleine Kettchen aus Draht herstellt'. 2. 'Handwerker, der Schmuck herstellt'
Syn: Kettleinbieger, Kettler

Kettener ↗ Kettler

Kettenpanzermacher 'Waffenschmied, der Rüstungsteile aus verketteten Ringen herstellt'
Syn: Panzerschmied
Lit: Barth 1:501; Grimm 11:637 (Kettenpanzer)

Kettenschmied ↗ Schmied

Kettenvogt 'Gerichtsdiener'
W: Vogt
Syn: BÜTTEL
Lit: DRW 7:795

Kettleinbieger Kettleinbiger 'Handwerker, der kleine Kettchen aus Draht herstellt'; nach dem Biegen des Drahtes
Syn: Kettelmacher, Kettler

Kettleinbiger ↗ Kettleinbieger

Kettler Kettener, Kettner 'Handwerker, der kleine Kettchen aus Draht herstellt' ❖ zu *Kette*; mhd. *ketene, keten* 'Kette'
FN: Kettler, Ketteler, Kettner, Kittner (die Namen mit *Kett-* kommen im Oberdt. von *Kette*, im Niederdt. von *Kessel*)
W: Rosenkranzkettler
Syn: Kettelmacher, Kettleinbieger
Lit: Barth 1:501; DudenFN 372; Gottschald 286; Grimm 11:639; Linnartz 114; Volckmann (1921) 124

Kettlmacher ↗ Kettelmacher

Kettner ↗ Kettler

Ketzermeister 'Richter oder Gerichtsvorsitzender in einem Inquisitionsgericht' ❖ mhd. *ketzermeister* 'heresiarcha, Ketzermeister'
W: Meister
Lit: Adelung 2:1564; Barth 1:501; DRW 7:798; Grimm 11:644; Krünitz 37:149

Keuchenmeister ↗ Keichenmeister

Keuler Käuler, Keiler, Keulner 1. 'Fleischer, Metzger, der keiner Zunft angehört'; zu *Keule* 'Schenkel beim Schlachtvieh, Schlegel'. 2. 'Wächter, der Fluren vor Eindringlingen bewacht oder Tiere vor dem Entweichen aus Einfriedungen hindert; Flur-, Feldwächter'; zu *Keule* als Waffe der Hirten ❖ zu mhd. *kiule* 'Keule, Stock, Stange'
Syn: FLURSCHÜTZ, Freifleischer
Lit: Adelung 2:1537; DRW 7:800; Grimm 11:351, 650; Krünitz 36:735

Keulmann 'Flur-, Feldwächter' ❖ ↗ Keuler
W: Mann
Syn: FLURSCHÜTZ
Lit: DRW 7:800

Keulner ↗ Keuler

Keuschler Käuschler 'Kleinbauer'; österr.; auch für Bewohner eines kleinen, armseligen Häuschens; zu *Keusche* 'kleines Bauernhaus' ❖ aus slaw. *chyša*, slowenisch *hiša* 'Haus', aus dem deutschen *Haus* entlehnt und in neuer Bedeutung 'kleines Bauernhaus' rückentlehnt
FN: Keuschler, Keuschel, Keuschl, Keuschner, Keischer, Keischler, Keuschnig
Syn: KLEINBAUER*
Lit: Barth 1:502; Ebner (2009) 203; Gottschald 287; Linnartz 114

Keutebruer ↗ Keutenbrauer

Keutebruwer ↗ Keutenbrauer

Keutelfischer ↗ Keitelfischer

Keutenbrauer Kaitenbrauer, Keutebruer, Keutebruwer, Keutenbräuer, Kohtbruwer ↗ 'Keuter'
Syn: BIERBRAUER*, Keuter
Lit: Gottschald 287; Linnartz 114

Keutenbräuer ↗ Keutenbrauer

Keuter ↗ 'Bierbrauer, bes. von *Keut*, einer Art von Weißbier'; wurde vor allem in Westfalen und im Rheinland gebraut und verdrängte das Grutbier ❖ zu niederld. *keute, kuyte*; aus franz. *cuite*, lat. *cocta* 'Gekochtes'; mnd. *kôt, koit, kout* '(dünnes) Bier; cerevisia batavica, keute, kuyte'
FN: Keuter, Keuther, Keutner
Syn: BIERBRAUER*, Keutenbrauer
Lit: DudenFN 373; Grimm 11:47 (Kaiterling), 504 (Keiterling), 655 (Keut); Linnartz 114; Schiller-Lübben 2:550; wikipedia (Keut)

Keyper ↗ Keiper

Kezzler ↗ Kessler

Khollmesser ↗ Kohlenmesser

Kibler ↗ Kübler

Kiechlbacker ↗ Küchleinbäcker

Kiechlbäcker ↗ Küchleinbäcker

Kiechler ↗ Küchler

Kiefer ↗ Küfer

Kieffer ↗ Küfer

Kiehnrusbrenner ↗ Kienrußbrenner

Kielfedernschneider ↗ Federschneider

Kiemer ↗ Kimmer

Kiener 'Person, die Kien in die Schmelzhütten liefert'; meist Holzfäller oder Kohlenbrenner ❖ zu mhd. *kien* 'Kiefernholz; Kienspan, Fackel'; mhd. *ruoȝ* 'Ruß, Schmutz'
FN: Kiener
Lit: Adelung 2:1570; Barth 1:502; DudenFN 374; Grimm 11:683; Krünitz 37:441; Linnartz 115

Kienräucherer ↗ 'Kienrußbrenner'
Syn: Kienrußbrenner, Kienrußschweler, Schwarzballbrenner

Kienrußbrenner Kiehnrusbrenner 'Person, die Kienruß, Kienrauch herstellt'; *Kienruß* wurde für die Farbenherstellung oder als Öl für verschiedene Zwecke verwendet. Er wurde in Anlagen im Wald, die aus einem Ofen und einer Rauchkammer bestanden, aus harzreichem Holz und aus den Rückständen des Pechsiedens, meist Kiefernstockholz, langsam ohne Flamme gebrannt ❖ zu mhd. *kien* 'Kiefernholz; Kienspan, Fackel'; mhd. *ruoȝ* 'Ruß, Schmutz'
FN: Kühnruß
W: Brenner
Syn: Kienräucherer, Kienrußschweler, Schwarzballbrenner
Lit: Adelung 2:1570; Gottschald 287; Grimm 11:684; Kehr (1964) 254; Krünitz 37:407 (Kiefer), 440 (Kienruß)

Kienrußschweler ↗ 'Kienrußbrenner' ❖ zu mnd. *swelen* 'dörren; langsam ohne Flamme brennen', im 18. Jh. ins Mittel- und Oberdeutsche übernommen
W: Schweler
Syn: Kienräucherer, Kienrußbrenner, Schwarzballbrenner
Lit: Paul 778; Schiller-Lübben 4:488

Kiepenkerl 'herumziehender Lebensmittelhändler'; eine typisch westfälische Figur; zu *Kiepe*, niederdt. für 'Tragkorb' ❖ ↗ Kieper
Syn: KRÄMER
Lit: Barth 1:502; Schiller-Lübben 2:465

Kiepenmann 'Botengänger'; nach der *Kiepe*, dem Tragkorb oder der Tragtasche des Boten ❖ ↗ Kieper
W: Mann
Lit: Barth 1:502; Grimm 11:685 (Kiepe); Krünitz 37:442 (Kiepe)

Kiepenträger 'Hausierer, Händler für Waren des täglichen Bedarfs auf dem Land'; er trug die Waren in der *Kiep*, dem Rückentragkorb
❖ ↗ Kieper
W: *Träger*
Syn: KRÄMER

Kieper 1. 'Böttcher, Fassbinder'. 2. 'Handwerker, der Rückentragkörbe herstellt; Kiepenmacher'. 3. 'herumziehender Lebensmittelhändler' — niederdt., mitteldt. ❖ zu mnd. *kipe* 'Kiepe, Tragkorb'; Herkunft unklar, vielleicht zu lat. *cupa* 'Tonne'
FN: Kieper, Kiepe, Kiep
Syn: BÖTTCHER, Küper
Lit: DudenFN 374; Grimm 11:687; Kluge 490; Linnartz 115

Kieser Kiesler 'amtlich bestellter und beeideter Prüfer, bes. von Tuch, Wein' ❖ mhd. *kieser* 'Prüfer, bes. amtlich bestellter Prüfer von Getränken', zu mhd. *kür, küre* 'Prüfung, Wahl'
FN: Kieser, Kiesler, Kyser
W: *Weinkieser*
Syn: VISIERER
Lit: Barth 1:502; DudenFN 375; Grimm 11:697; Linnartz 115

Kiesler ↗ Kieser

Kiffer ↗ Küfer

Kilbigeiger Chilbigeiger 'Geiger, der auf Jahrmärkten und Kirchtagen auftritt'; schweiz. ❖ aus *Kilbi*, schweiz. *Chilchwîhi* 'Kirchweih'
Syn: Bierfiedler, Krugfiedler, Schergeiger, Scherzelgeiger
Lit: Idiotikon 3:153

Kilchenmeier ↗ Kilchmeier

Kilcher 'Ortsgeistlicher, Pfarrer der Gemeinde'; schweiz. ❖ mhd. *kilcher* 'Kirchherre', zu *kilch, kilche* Nebenform zu *Kirche*, der Wechsel von -r- zu -l- ist alemannisch
FN: Kilcher
Syn: Kircher, KIRCHHERR
Lit: Adelung 2:1587 (Kirchherr); DudenFN 375; Gottschald 289; Idiotikon 2:1533; Idiotikon 3:229 (Chilche); Linnartz 115

Kilchgangsager 'Person, die Todesfälle verkündet, zur Beerdigung einlädt und das Begräbnis organisiert'; zu *Kilch-* für *Kirch-*
↗ Kilcher
Syn: LEICHENBITTER
Lit: Idiotikon 7:420

Kilchmeier Chilchmeier, Kilchenmeier 1. 'Kirchenältester, Vorsteher der Kirchengemeinde'. 2. 'Verwalter des Kirchenvermögens' — schweiz. ❖ ↗ Meier; zu *Kilch-*
↗ Kilcher
FN: Kilchmeyer
W: *Meier*
Syn: HEILIGENMEIER, KIRCHENÄLTESTER, Kirchmeier
Lit: Barth 1:502; Idiotikon 4:12; Linnartz 115

Kilchmeister ↗ Kirchenmeister

Kimker Kimmeker, Kimmker 'Böttcher, Fassbinder'; niederdt. ❖ mnd. *kimker* 'Böttcher, der Kimken herstellt', zu mnd. *kimke* 'hölzernes Gefäß mit einem Boden, Holzeimer'
FN: Kimker
Syn: BÖTTCHER
Vgl: Kimmer
Lit: Adelung 2:1573; Gottschald 288; Linnartz 115; Schiller-Lübben 2:462

Kimmeker ↗ Kimker

Kimmer Kiemer, Kümer, Kümmer, Kümmerer, Kymer 'Böttcher, Fassbinder'; er stellt Holzgefäße her, bei denen der Boden in die Kerben (Kimmen) der Dauben eingesetzt wird, sodass die vorstehenden Dauben einen Sockel bilden. Es können sowohl große (Wein)fässer als auch kleine Gefäße, wie Holzeimer, gemeint sein ❖ mnd. *kimmer, kimer* 'Böttcher', zu mnd. *kimme* 'äußerer Rand, Horizont', davon abgeleitet 'Rand eines Fasses'
FN: Kimm, Kimme, Kiemer, Kimer, Kimmer
Syn: BÖTTCHER
Vgl: Kimker
Lit: Barth 1:502; DudenFN 375; Grimm 11:706; Kluge 488 (Kimme); Linnartz 115; Pies (2005) 34; Reith (2008) 35; Schiller-Lübben 2:462

Kimmichfeger ↗ Kemmichfeger

Kimmichkehrer ↗ Kemmichkehrer

Kimmker ↗ Kimker

Kindelmaister ↗ Kindermeister

Kindelmeister ↗ Kindermeister

Kindelmutter ↗ Kindermutter

Kinderlehrer 1. 'Lehrer, der Kinder unterrichtet oder eine Schule für Kinder unterhält'. 2. 'Katechet'
W: *LEHRER**
Syn: Bubenmeister, Hofmeister, Informator, Kindermeister, Schulmeister
Lit: Grimm 11:741

KINDERMAGD 'Kinderfrau'
W: *Magd*
Syn: Aja, Bonne, Kindermuhme, Kinderträgerin, Kinderwärterin, Kinderweib, Kindsin
Lit: Barth 1:503

Kindermeister Kindelmaister, Kindelmeister 'Lehrer' ❖ mhd. *kintmeister, kindermeister* 'pedagogus'
W: *Meister*
Syn: Bubenmeister, Hofmeister, Informator, Kinderlehrer, Schulmeister
Lit: Barth 1:503; Grimm 11:743; Schmeller 1:1261

Kindermuhme 'Kinderfrau' ❖ zu mhd. *muome* 'Schwester der Mutter', später allgemein auf 'Tante' ausgedehnt und dann auf eine ältere Person, die an die Stelle von Verwandten tritt und Betreuungsaufgaben übernimmt
W: *Muhme*
Syn: KINDERMAGD
Lit: Adelung 2:1576 (Kinderfrau); Barth 1:503; Grimm 11:744; Krünitz 37:848

Kindermutter Kindelmutter 'Hebamme'
W: *Mutter*
Syn: HEBAMME*
Lit: Adelung 2:1577; Barth 1:503; Grimm 11:744; Krünitz 37:847

Kinderträgerin 'Kinderfrau'; *tragen* stand allgemein für 'betreuen', z.B. auch für 'Taufpatin sein'
W: *Träger*
Syn: KINDERMAGD
Lit: Barth 1:503; Grimm 11:752

Kinderwärterin 'Kinderfrau'
W: *Wärter*
Syn: KINDERMAGD
Lit: Barth 1:504; Grimm 11:753; Krünitz 37:870

Kinderweib Kindlweib, Kindweib 1. 'Kinderfrau'. 2. 'Hebamme'
W: *Weib*
Syn: HEBAMME*, KINDERMAGD
Lit: Barth 1:504; Grimm 11:753

Kindlweib ↗ Kinderweib

Kindsin 'Kinderfrau'; bes. bair.; Ableitung von *kindsen* 'Kinder betreuen, beaufsichtigen'
Syn: KINDERMAGD
Lit: Grimm 11:772; Schmeller 1:1263

Kindsmensch 'Kindermädchen'; *das Mensch* steht regional für 'Mädchen'
Lit: Barth 1:505

Kindweib ↗ Kinderweib

Kipfengraber 'Schiffsbaugehilfe, der die Wälder nach geeignetem Holz für die Schiffe durchsucht'; *Kipfen* sind naturgebogene Ast- und Wurzelstücke, die das Grundgerüst für den Schiffsrumpf ergeben; zu *Kipf* 'Stemmleiste, Runge am Wagen' ❖ zu mhd. *kipf, kipfe* 'Runge, Stemmleiste am Rüstwagen'
W: *Gräber*
Lit: Fellner 290 (Kipfen); Schmeller 1:1273 (Kipf); Schraml (1932) 248

Kipp ↗ Kipper

Kipper Kipp, Kipperer 'Münzfälscher'; häufig in der Verbindung *Kipper und Wipper*. Das Wort ist seit 1619 bekannt, als minderwertige kleine Münzen aufkamen: Silbermünzen mit Kupferkern oder Goldmünzen, de-

nen die Ränder abgeschnitten wurden. *Kippen* bedeutete 'die Spitze abschneiden', Urheber dieser Münzen waren daher die *Kipper*. Die Bezeichnung *Wipper* ist von *wippen* abgeleitet, in der Grundbedeutung 'auf- und abwärts bewegen', übertragen auf die Bewegung der Waagschalen und schließlich auf das Abwägen der Münzen und (betrügerisches) Aussortieren der schwereren und wertvollen Münzen. Beide Wörter erlebten eine Bedeutungsverschlechterung und wurden schließlich allgemein für 'Betrüger' verwendet ❖ mhd. *kipper* 'nicht rechtmäßiger Kämpfer'
W: °Geldkipper, Weinkipper
Syn: Kauderer
Vgl: Wipper

Lit: Adelung 2:1580; Barth 1:505; Grimm 11:786; Krünitz 38:81; Palla (1994) 163; Volckmann (1921) 136, 188

Kipperer ↗ Kipper

Kipsenmacher 'Mützenmacher' ❖ zu *Kips* 'platte Schirmmütze' engl. *kips* 'ungegerbtes Fell'
Syn: Hutmacher*

Lit: Behrens (1829) 1:131; DudenFW 714; Grimm 11:789 (Kips)

Kirchbedienter ↗ Kirchenbedienter

Kirchenältester 'weltliche Person, die für die Verwaltung und die Güter der Kirche verantwortlich ist'; kommt in der evangelischen Kirche im veralteten Sprachgebrauch noch vor; urspr. das älteste Gemeindemitglied; ähnlich auch für jüdische Gemeinden
Syn: Gemeindemeister, Kilchmeier, Kirchenjurat, Kirchenmeister, Kirchenpfleger, Kirchenpropst, Kirchenschaffner, Kirchenschließer, Kirchenvater, Kirchenvogt, Kirchenvorsteher, Kirchmeier

Lit: Adelung 2:1583; Barth 1:505; DRW 7:841; Grimm 11:797

Kirchenbedienter Kirchbedienter 'Angestellter im Dienst einer evangelischen Kirche; Kirchenbeamter'; das konnten Beamte, Küster oder auch Geistliche sein
W: *Bedienter*
Syn: Kirchherr, Küster

Lit: DRW 7:846; Grimm 11:797

Kirchendeche 1. 'Verwalter der kirchlichen Armenfürsorge'. 2. 'Mitglied des Kirchenvorstandes'
W: *Deche*
Syn: Almosenier, Almosenpfleger, Armenpfleger, Armenvater, Spendeherr, Spendmeister, Spendvogt

Lit: Barth 1:507

Kirchendiener 1. 'Person, die verschiedene Dienste für die Kirche verrichtet, z.B. Reinigung, Schmuck; Küster'; bes. in der evangelischen Kirche. 2. 'Person, die ein Amt im Gottesdienst verrichtet, bes. Prediger, Pastor'; im gehobenen Sprachgebrauch
W: *Diener*
Syn: Kirchherr, Küster

Lit: Adelung 2:1583; Barth 1:507; DRW 7:855; Grimm 11:799; Krünitz 38:542

Kirchengeschworener Kirchgeschworener 'Mitglied des Kirchenrats; Gemeindemitglied, das in der Kirchenverwaltung tätig ist'
W: *Geschworener*

Lit: Barth 1:507; DRW 7:867; Grimm 11:803; Idiotikon 9:2113

Kirchenherr ↗ Kirchherr

Kirchenjurat Kirchjurat 'vereidigtes Gemeindemitglied, das in der Gemeinde- und Vermögensverwaltung tätig ist'
W: *Jurat*
Syn: Kirchenältester

Lit: DRW 7:875

Kirchenknecht Kirchknecht 'Angestellter der Kirche für niedere Dienste; Küster'
W: *Knecht*
Syn: Küster

Lit: Adelung 2:1584; Grimm 11:805; Krünitz 38:578

Kirchenmeister Kilchmeister, Kirchmeister 1. ↗ 'Kirchenältester'. 2. 'Baumeister bei ei-

nem Kirchenbau' ❖ mhd. *kirchenmeister, kirchmeister* 'Verwalter der ökonomischen Verhältnisse einer Kirche, Kirchenvorsteher, Kirchenpfleger'; zur Form *Kilchmeister* ↗ Kilcher; mnd. *kerkmester* 'Kirchenvorsteher, Provisor'
W: *Meister*
Syn: KIRCHENÄLTESTER

Lit: Adelung 2:1587; Barth 1:510; DRW 7:884; Grimm 11:807; Idiotikon 4:518; Krünitz 38:425; Schiller-Lübben 2:450

Kirchenpfleger lat. *vitricus* 'Person, die für die Verwaltung und die Güter der Kirche verantwortlich ist' ❖ mhd. *kirchenpflëger* 'Verwalter der ökonomischen Verhältnisse einer Kirche, Kirchenvorsteher'
W: *PFLEGER*
Syn: KIRCHENÄLTESTER

Lit: Adelung 2:1585; Barth 1:510; Diefenbach 624; Idiotikon 5:1235; Krünitz 38:605

Kirchenprobst ↗ Kirchenpropst

Kirchenpropst Kirchenprobst, Kirchprobst 1. 'Mitglied der Kirchengemeinde, das das Kirchenvermögen verwaltet'. 2. 'Vorgesetzter über die Kirchen und Schulen eines Bezirks' – in der evangelischen Kirche ❖ zu mhd. *probst, probest, brobest* 'Aufseher, Vorgesetzter', aus altfranz. *provost*, aus mlat. *propositus*, lat. *praepositus* 'Vorgesetzter', Partizip zu lat. *praeponere* 'vorsetzen'
Syn: KIRCHENÄLTESTER

Lit: Adelung 2:1585; Barth 1:510; Grimm 11:808; Krünitz 38:751; Schmeller 1:466

Kirchenschaffer ↗ Kirchenschaffner

Kirchenschäffer ↗ Kirchenschaffner

Kirchenschaffner Kirchenschaffer, Kirchenschäffer, Kirchschaffner 'Vermögensverwalter einer Kirche'; das Amt zur Vermögensverwaltung ist die *Kirchenschaffnei*
W: *Schaffer, Schaffner*
Syn: KIRCHENÄLTESTER

Lit: Barth 1:511; DRW 7:921; ElsässWb 2:397; Idiotikon 8:347

Kirchenschließer Kirchschlüter 'Kirchenvorstand, der für Vermögensangelegenheiten zuständig ist'; er hat die „Schlüsselgewalt" ❖ zu mnd. *sluter* 'Schließer'
W: *Schließer*
Syn: KIRCHENÄLTESTER

Lit: DRW 7:924

Kirchenschreiber Kirchschreiber 'Beamter in der kirchlichen [Vermögens]verwaltung'
W: *Schreiber*

Lit: Barth 1:511; DRW 7:925

Kirchenvater Kirchvater 'gewählter oder eingesetzter Gemeindeangehöriger, der im Einvernehmen mit dem Pfarrer kirchliche Verwaltungsaufgaben wahrnimmt und die wirtschaftlichen Interessen der Gemeinde vertritt'; in der evangelischen Kirche
W: *Vater*
Syn: KIRCHENÄLTESTER

Lit: Adelung 2:1586; Barth 1:511; Grimm 11:814; Krünitz 38:437

Kirchenvogt 1. 'weltlicher Schutzherr einer Kirche'. 2. 'Verwalter des Kirchengutes und Aufsicht über die Kirchendiener'. 3. 'Person, die niedrige Dienste in der Kirche, z.B. Reinigung, verrichtet; Küster, Mesner'
W: *Vogt*
Syn: HEILIGENMEIER, KIRCHENÄLTESTER, KÜSTER

Lit: Barth 1:211; Grimm 11:814; Krünitz 38:805

Kirchenvorsteher 'weltliche Person, die für die Verwaltung und die Güter der Kirche verantwortlich ist'
Syn: KIRCHENÄLTESTER

Lit: Adelung 2:1587; Barth 1:512; Grimm 11:814; Idiotikon 10:1554; Krünitz 38:805

Kircher 1. 'Küster, Mesner, Sakristan'. 2. 'Pfarrer, der selbst die Pfarre leitet, im Ggs. zum Kuraten oder Vikar' ❖ mhd. *kircher* 'Kirchherr'
FN: Kircher
Syn: Kilcher, KIRCHHERR, KÜSTER

Lit: DRW 7:659; DudenFN 376; Gottschald; Grimm 11:815; Krünitz 38:806; Linnartz 116

Kirchgeschworener ↗ Kirchengeschworener

KIRCHHERR Kerkhere, Kirchenherr 1. 'Pfarrer, der selbst die Pfarre leitet oder einen Stellvertreter ernennt, im Ggs. zum Kuraten'. **2.** 'Person, die das Patronatsrecht über eine Kirche und ein Vorschlagsrecht bei der Besetzung der Pfarrstelle hat' ❖ mhd. *kirchhërre, kirchërre, kircher* 'Patron über eine Kirche'; mnd. *kerkhere* 'Pfarrer'
W: *Herr*
Syn: Kilcher, Kirchenbedienter, Kirchendiener, Kircher

Lit: Adelung 2:1587; DRW 7:964; Grimm 11:818; Krünitz 38:338; Schiller-Lübben 2:450

Kirchjurat ↗ Kirchenjurat

Kirchknecht ↗ Kirchenknecht

Kirchmeier Kirmayr 1. 'Pächter oder Besitzer eines Pfarr-, Kirchengutes'; norddt. **2.** 'Kirchenältester, Verwalter des Kirchenvermögens'; schweiz., südwestdt. ❖ mhd. *kirchenmeier, kirchmeier* 'Verwalter des Kirchenguts'; mhd. *kirm-* 'Kirchm-'
FN: Kirchmeier, Kirchmeir, Kirchmeyer, Kirchmayer, Kirchmayr, Kirchmair, Kirchmaier
W: *Meier*
Syn: HEILIGENMEIER, Kilchmeier, KIRCHENÄLTESTER

Lit: Barth 1:510; DRW 7:883; DudenFN 376; Gottschald 289; Grimm 11:821; Idiotikon 4:12

Kirchmeister ↗ Kirchenmeister

Kirchner 'Küster, Mesner, Sakristan' ❖ mhd. *kirchenære, kirchener* 'Küster'
FN: Kirchner
W: Schlosskirchner, °Stadtkirchner
Syn: KÜSTER

Lit: Adelung 2:1588; Barth 1:512; DudenFN 376; Gottschald 289; Grimm 11:822; Krünitz 38:807; Linnartz 116

Kirchprobst ↗ Kirchenpropst

Kirchschaffner ↗ Kirchenschaffner

Kirchschlüter ↗ Kirchenschließer

Kirchschreiber ↗ Kirchenschreiber

Kirchspielschreiber Kirchspielsschreiber 'Verwaltungsbeamter eines Kirchenbezirks, der auch die Urkunden und Protokolle ausfertigt'; ↗ Kirchspielvogt
W: *Schreiber*

Lit: Barth 1:513; DRW 7:998; Krünitz 38:436

Kirchspielsschreiber ↗ Kirchspielschreiber

Kirchspielsvogt ↗ Kirchspielvogt

Kirchspielvogt Kirchspielsvogt 'weltlicher Verwalter und Richter eines Kirchspiels'; ein *Kirchspiel* ist ein 'Bezirk, in dem ein Pfarrer predigen und die kirchlichen Amtsgeschäfte ausüben kann' und hängt mit *spel* 'Rede, Botschaft' zusammen; das Wort wird sowohl für einen kirchlichen als auch einen politischen Bezirk angewandt; bes. norddt. und mitteldt. ❖ zu mhd. *kirchspil, kirchspël* 'Kirchspiel'
W: *Vogt*
Syn: Kaspelvogt

Lit: Barth 1:513; DRW 7:1000; Grimm 11:823; Kluge 493 (Kirchspiel); Krünitz 38:436

Kirchvater ↗ Kirchenvater

Kirchwart 1. 'für das Rechnungswesen zuständiger Kirchenangestellter'. **2.** 'Küster, Mesner' — bes. südwestdt., schweiz. ❖ mhd. *kirchwart, kirchwarte* 'Kirchwärter, Küster; Kirchenältester'
W: *Wart*
Syn: KÜSTER

Lit: DRW 7:1009; Grimm 11:828; Schmeller 2:1006

Kirmayr ↗ Kirchmeier

Kirmzäuner ↗ Korbzainer

Kirmzeuner ↗ Korbzainer

Kirschner ↗ Kürschner

Kirseimacher ↗ Kirseymacher

Kirseymacher Kerseimacher, Kirseimacher 'Weber, der Kirsey, einen gewirkten Wollstoff, herstellt'; *Kirsey* wurde bes. für Mantelstoffe und Uniformen verwendet; als *Kersey* noch fachsprachliche Warenbezeichnung ❖ zu engl. *kersey*, nach dem Dorf in der engl. Grafschaft Suffolk
Syn: WEBER

Lit: Barth 1:513; DudenFW 711; Grimm 11:850; Krünitz 39:207 (Kirsey); Pies (2005) 179

Kistemeker ↗ Kistenmacher

Kistener ↗ Kistler

Kistenmacher Kistemeker, Kistenmaker; lat. *cistarius, cistifex, cistinarius* 1. 'Handwerker, der [Verpackungs]kisten, Truhen, Laden herstellt'. 2. 'Schreiner, Tischler'; bes. norddt. ❖ mnd. *kistenmaker*, mhd. *kistenmacher, kistenmecher* 'Kistenmacher'
FN: Kistenmacher, Kistemaker, Kistemacker
Syn: Kistler, TISCHLER

Lit: Barth 1:513; Grimm 11:859; Krünitz 39:215; Linnartz 116; Pies (2005) 150; Schiller-Lübben 2:467; Volckmann (1921) 173

Kistenmaker ↗ Kistenmacher

Kistenmaler 'Maler, der Schränke, Schreine oder Truhen bemalt'; die Bedeutung von *Kiste* ist historisch weiter und umfasst alle Möbelstücke zur Aufbewahrung von Kleidern
W: *Maler*

Lit: Grimm 11:855 (Kiste)

Kistenschreiber 'Schreibkundiger, der auf dem Markt oder an der Straße gegen Lohn Schriftstücke verfasst'; benannt nach dem kistenförmigen Schreibmöbel mit Hocker und Pult
W: *Schreiber*
Syn: Sesselschreiber, Stuhlschreiber

Lit: Barth 1:514; DRW 7:1024; Volckmann (1921) 254

Kister ↗ Kistler

Kistler Kistener, Kister, Kistner 1. 'Handwerker, der [Verpackungs]kisten, Truhen, Laden herstellt'. 2. 'Schreiner, Tischler' ❖ mhd. *kistenære, kistener* 'Kistenmacher, Schreiner'
FN: Kistner, Kistler
W: *Silberkistler*
Syn: Kistenmacher, TISCHLER, Truher

Lit: Adelung 2:1592 (Kistenmacher); Barth 1:514; DRW 7:1025; DudenFN 377; Gottschald 289; Grimm 11:859; Hornung (1989) 83; Linnartz 116; Reith (2008) 389; SteirWb 389; Volckmann (1921) 173

Kistner ↗ Kistler

Kitter ↗ 'Glaser'; zu *kitten*, Ableitung von *Kitt* 'Masse zum Kleben und Abdichten' ❖ mhd. *küte, küt* 'Leinöl, das man zur Wagenschmiere braucht'
FN: Kitter
Syn: Glaser*

Lit: Barth 1:514; Linnartz 116

Kittler ↗ Kuttler

Klaber ↗ Kleiber

Klafterschläger 'Holzarbeiter, der Holz zu Scheitern spaltet, die nach Klaftern verkauft werden'; *Klafter* ist ein Längenmaß für 6 Fuß (nach Einführung der Dezimalteilung 10 Fuß), je nach Land oder Stadt zwischen 1,75 und 3 m. Als Volumenmaß für Brennholz urspr. (in Preußen) 4 Fuß lang, 4 Fuß hoch, 4,5 Fuß breit; je nach Land zwischen 2,9 und 3,88 m³, in Österreich 6,88 m³
W: *Schläger*
Syn: Scheiter, Scheithacker, Scheithauer, Scheitschläger

Lit: Adelung 2:1596; Grimm 11:905; Kahnt/Knorr (1987) 143; Krünitz 39:309

Klagansager 'Person, die Todesfälle verkündet, zur Beerdigung einlädt und das Begräbnis organisiert' ❖ zu mhd. *klage* 'Wehgeschrei als Ausdruck eines Schmerzes; Totenklage'
W: *Ansager*
Syn: LEICHENBITTER

Lit: Barth 1:514

Klagbote Klagbothe 1. 'Bevollmächtigter, Anwalt im Prozess'. 2. 'Gerichtsbote, der die Klage zu überbringen hat' ❖ mhd. *klagebote* 'Klage führender Bote, Kläger'
W: BOTE*
Syn: FRONBOTE
Lit: Barth 1:514; DRW 7:1033

Klagbothe ↗ Klagbote

Klageherr 'Beamter, der über geringfügige Streitigkeiten urteilt oder der die erste Prüfung der Klage durchführt'; in Köln
W: *Herr*
Lit: Adelung 2:1598; Barth 1:514; DRW 7:1042; Grimm 11:912; Krünitz 39:323

Klaiber ↗ Kleiber

Klamperer Klampferer, Klampfner, Klemperer, Klimperer ↗ 'Spengler'; die Bezeichnungen mit verschiedenen Ablautformen gehen auf schallnachahmende Wörter zurück, die den Lärm des Blechhämmerns nachahmen (*klempern, klimpern*), verbunden mit Wörtern für *klammern* (mhd. *klemberen, klamben, klampfern*); *Klampfe* bedeutet noch österr. 'Bauklammer'. Es liegt also dieselbe Vorstellung zugrunde wie bei *Spengler, Spängler*, das von *Spange* kommt. Vgl. auch ↗ Klempner
FN: Klampferer, Klampfer, Klemperer
W: Schwarzklampferer
Syn: KLEMPNER*
Lit: Adelung 2:1625 (Klempener); Barth 1:515; Gottschald 290; Grimm 11:943, 1169; Höfer 2:137; Linnartz 116; Palla (2010) 111; Paul; Pies (2005) 84; Reith (1990) 121; Reith (2008) 120; Schmeller 1:1330

Klampferer ↗ Klamperer

Klampfner ↗ Klamperer

Klämpner ↗ KLEMPNER*

Klanderer 'Handwerker, der in der Färberei die Leindwandbahnen mit der Mangel glättet und appretiert'; gelegentlich auch mit *Blaufärber* gleichgesetzt; zu *Kalander* 'Mangel, Bügelrolle' ❖ franz. *calandre* 'Walze'
Syn: Glätter, Lüstrierer
Lit: Barth 1:515; Krünitz 32:374

Klapperer Klepperer ↗ 'Spengler'; nach dem klappernden Geräusch der Metallverarbeitung ❖ zu mhd. *klaperen, klapern, klappern* 'klappern'
Syn: KLEMPNER*
Lit: Grimm 11:968 (in anderer Bedeutung); Pies (2005) 84; Reith (2008) 121

Kläremacher Klärimacher, Kleremacher 'Handwerker oder Unternehmer, der zur Herstellung von *Kläre* Knochenasche brennt'; *Kläre* wird für die Gold- und Silberschmelze sowie für Stärkeherstellung und Zuckersiederei verwendet; zu *klären* 'klar, weiß machen' ❖ zu mhd. *klære* 'Klarheit'
Syn: Stärkemacher
Lit: Adelung 2:1606 (Kläre); Barth 1:515; Grimm 11:998 (Kläre); Krünitz 39:371 (Kläre)

Klärimacher ↗ Kläremacher

¹Klauber 1. 'Arbeiter, der etwas vom Boden aufsammelt, z.B. bei der Kartoffelernte'. 2. 'Bergarbeiter, der das Erz vom tauben Gestein aussortiert' ❖ zu mhd. *klouben, klûben* 'pflücken, stückweise auflesen'
W: °Erzklauber, Wollklauber
Syn: Erzausschläger, Erzscheider, Scheidejunge
Lit: Adelung 2:1609; Barth 1:515; Fellner 291; Heilfurth (1981) 53; Krünitz 39:381; Schraml (1932)

²Klauber ↗ Kleiber

Klausenmeister ↗ Klausmeister

Klausmeister Klausenmeister 'Facharbeiter, der die Schleusen an Seen oder Flüssen für die Holztrift errichtet und betreut'; er hat den Wasserabfluss so zu regeln, dass zur Zeit der Schifffahrt genügend Überwasser vorhanden ist ❖ zu mhd. *klûse, klûs* 'Klause; Schleuse zur Aufstauung eines Gebirgsbaches für die Holzflößung', aus mlat. *clusa* 'Engpass', zu lat. *claudere* 'schließen'

W: *Meister*

Syn: Schleusenbereiter, Schleusenmeister

Lit: Barth 1:515; Grimm 11:1039; Neweklovsky (1964); Palla (2010) 164; Patocka (1987) 274; Schraml (1932) 245

Klausurmacher Clausurenmacher, Clausurmacher, Clausurmaker, Klausurmaker 'Handwerker, der Beschläge, Schnallen und bes. Buchschließen aus Metall herstellt' ❖ zu spätlat. *clausura* 'Verschluss', aus lat. *claudere* 'schließen'

Syn: GÜRTLER

Lit: Adelung 2:1609; Barth 1:516; DudenFW 716; Zedler 6:303

Klausurmaker ↗ Klausurmacher

Kleber ↗ Kleiber

Klecker Klicker 1. 'Handwerker, der das Fachwerk mit nassem Lehm, vermischt mit gehäckseltem Stroh, füllt und verstreicht'. 2. 'Tüncher, Maler'; oft abwertend ❖ zu mhd. *klecken* 'einen klac machen, sich spalten, platzen; einen Kleck, Fleck machen', also 'etwas Dickflüssiges hinwerfen'; zu mnd. *klicken* 'mit Lehm arbeiten'

FN: Klecker, Klicker

Syn: Lehmer, TÜNCHER

Lit: Adelung 2:1609; Barth 1:516; Grimm 11:1058, 1159; Kluge 494 (klacken); Krünitz 39:399; Linnartz 117; Schiller-Lübben 2:483

Klederseller ↗ Kleiderseller

Kleemeister 1. 'Abdecker'. 2. ↗ 'Feldgeschworener'

W: *Meister*

Syn: SCHINDER

Lit: Barth 1:516; DRW 7:1075; Grimm 11:1063; PfälzWb 4:286; Pies (2001) 38

Kleemetzger 'Abdecker'

W: METZGER

Syn: SCHINDER

Lit: Barth 1:516; DRW 5:1076; Grimm 11:1063

Kleenschmitt ↗ Kleinschmied

Kleensmidt ↗ Kleinschmied

Kleerseller ↗ Kleiderseller

Kleibener ↗ Kleiber

Kleiber Claiber, Clauber, Cleiber, Klaber, Klaiber, Klauber, Kleber, Kleibener 1. 'Handwerker, der das Fachwerk mit nassem Lehm, vermischt mit gehäckseltem Stroh, füllt und verstreicht'. 2. 'Estrichleger'. 3. 'Tüncher, Maler'. 4. 'Buchbinder' ❖ mhd. *klëber, kleiber* 'der eine Lehmwand macht'; *Kleiber* und *Kleber* waren synonyme Varianten, von denen sich nur *Kleber* im Neuhochdeutschen durchgesetzt hat

FN: Kleber, Kleiber, Klebert, Klaiber, Kläber, Glaiber, Klenner

Syn: Buchbinder*, Lehmer, Maler, Staker, Weißfärber

Lit: Adelung 2:1614; Barth 1:516; DRW 7:1076 (Kleibermeister); DudenFN 378, 379; Gottschald 290; Grimm 11:1049, 1068; Krünitz 39:745; Linnartz 116; Palla (1994) 164; Pies (2002a) 15; Pies (2005) 187; Reith (2008) 147

Kleiderhocke ↗ Kleiderhöker

Kleiderhocker ↗ Kleiderhöker

Kleiderhöke ↗ Kleiderhöker

Kleiderhöker Kleiderhocke, Kleiderhocker, Kleiderhöke, Kleyderhocker, Kleyderhoker 'Händler mit Alttextilien' ❖ ↗ Höker

W: Höker

Syn: Fetzentandler, KRÄMER

Lit: Barth 1:517

Kleiderseller Klederseller, Kleerseller 'Kleinhändler mit Bekleidung' ❖ die Formen *Kleer-, Kleder* sind niederdt.

W: Seller

Syn: KRÄMER

Lit: Adelung 2:617 (Kleiderkrämer); Barth 1:517; Grimm 11:1082; Lindow 107; Schiller-Lübben 2:475 (Kledersellersche)

Kleidertauscher 'Altkleiderhändler'; zu *tauschen* i S. v. 'handeln' ❖ mhd. *tûschen, tiuschen* 'Tausch treiben'

Lit: Barth 1:517

Kleiderverwahrer ↗ Verwahrer

Kleinbäcker Kleinbeck, Kleinbecker 'Bäcker, der grobes Brot backt und verkauft'
FN: Kleinbeck, Kleinbecker, Kleinböck, Kleinboeck
W: BÄCKER*
Syn: Kleinbänker

Lit: Barth 1:517; Gottschald 106; Linnartz 117; Volckmann (1921) 18

Kleinbänker 'Handwerker, bes. Bäcker, der seine Waren nur auf einem kleinen Marktstand anbieten darf' ❖ zu mhd. *banc* 'Bank, Tisch'; *Bank* in der Bedeutung 'Tisch, Buden für ausgebreitete Waren'
Syn: Kleinbäcker
Ggs: Großbänker

Lit: Adelung 2:1620; Barth 1:517; Grimm 11:1105; Hoffmann Wb 3:430; Krünitz 40:324

KLEINBAUER* lat. *aedicularius, agellarius, bonitor, campensis, casarius* Unter dem Oberbegriff *Kleinbauer*, für den eine überregionale historische Bezeichnung fehlt, wird eine große Zahl von sehr unterschiedlichen Wirtschaftsformen zusammengefasst, die regional und sozial bedingt sind. Die Bezeichnungen betreffen die Besitzgröße (z. B. *Kleinhäusler, Kleinköter, Beuntner*), die Rechtsstellung und Art der Abhängigkeit von einem Grundherrn (z. B. *Eigenköter, Handfröner, Seldner, Handdiener*), die Behausung (z. B. *Häusler, Köter, Kaluppner*), seltener den Wirtschaftszweig (z. B. *Kohlgärtner, Hopfenpflücker*) oder die Lage (z. B. *Auenhäusler, Wurtsasse*)
W: BAUER
Syn: Angerhäusler, Auengärtner, Auenhäusler, Beisasse, Beuntner, Bondenköter, Brinkköter, Brinklieger, Brinksitzer, Büdner, Drittelhüfner, Eigenköter, Einspänner, Feldgärtner, Freigärtner, Gademer, Großgärtner, Großköter, Gütler, Häger, Hägermann, Haker, Halbspänner, Handdiener, Handfröner, Handköter, Häusler, Häusling, Hausmann, Heuerling, Heuermann, Hintersasse, Hintersiedler, Hofgärtner, Hopfenpflücker, Hüttner, Inlieger, INMANN, Inste, Kaluppner, Kaufgärtner, Keuschler, Kleingütler, Kleinhäusler, Kleinköter, Köbler, Kohlgärtner, Kossat, Köter, Kotsasse, Leerhäusler, Mittelköter, Rittermann, Schupposser, Seldner, Tropfhäusler, Warfsmann, Wurtsasse, Zinshäusler, Zinsköter
Ggs: Großbauer

Lit: Barth 1:517; Diefenbach 19

Kleinbeck ↗ Kleinbäcker

Kleinbecker ↗ Kleinbäcker

Kleinbinder 'Böttcher, Fassbinder, der kleinere Gefäße aus weichem Nadelholz herstellt'
W: Binder
Syn: KLEINBÖTTCHER*, Weißbinder
Ggs: Großbinder

Lit: Adelung 2:1620; Barth 1:517; Grimm 11:1105

KLEINBÖTTCHER* 'Böttcher, der kleine Gefäße, wie Becher, kleine Eimer, herstellt'
W: BÖTTCHER
Syn: Becherer, Bechermacher, Bitschenmacher, Eimermacher, Emmerer, Emmermacher, Geltmacher, Kleinbinder, Kopenhauer, Kübler, Lägeler, Staufer, Tuffenmacher
Ggs: GROSSBÖTTCHER*

Lit: Barth 1:517; Deya (2013) 85; Linnartz 117; Reith (2008) 33

Kleindirn Kleine Dirn 'Landarbeiterin auf dem Bauernhof, die in der Rangordnung der Dienstboten an einer niedrigen Stelle steht'; österr.
W: Dirn
Syn: Kleinmagd
Ggs: Großdirn

Lit: OÖWb 66; WBÖ 5:65

Kleindrahtzieher 'Drahtzieher, der dünne, feine Drähte herstellt, bes. Gold- und Silberdrähte'

W: Drahtzieher
Syn: Feindrahtzieher, Scheibenzieher
Ggs: Grobddrahtzieher

Lit: Adelung 2:1621; Barth 1:518; Grimm 11:1107; Krünitz 40:326; Reith (2008) 60

Kleindreher ↗ Kleindreier

Kleindreier Kleindreher, Kleindreyer 'Drechsler, der kleine Gegenstände herstellt; Kleindreher'
W: Dreier

Kleindreyer ↗ Kleindreier

Kleine Dirn ↗ Kleindirn

Kleinenke 'bäuerlicher Landarbeiter, der in der Rangordnung der Dienstboten an unterster Stelle steht'; bes. ostmitteldt.
W: Enke
Syn: Kleinknecht, Unterenke, Unterknecht

Lit: Adelung 2:1621; Barth 1:518; DRW 4:1127 (Großenke); Grimm 11:1107; Krünitz 40:325

Kleingärtner 1. 'Kleinbauer mit einem Grundbesitz von weniger als einer Achtel Hufe'; in Sachsen. 2. 'Kleinbauer ohne eigenen Acker'; in Ostpreußen – Die Bezeichnung *Gärtner* steht bes. in Sachsen für 'Kleinbauer'
W: Gärtner
Ggs: Großgärtner

Lit: Adelung 2:1621; Grimm 11:1109

Kleinglöckleingießer ↗ Gießer

Kleingütler 'Kleinbauer mit sehr geringem Grundbesitz'; er konnte von diesem Besitz nicht leben und musste anderen Beschäftigungen nachgehen. Die Kleingütler bildeten ein landwirtschaftliches Proletariat
FN: Kleingütler, Kleingütl
Syn: Kleinbauer*

Lit: Barth 1:518; Gottschald 291

Kleinhäusler 'Kleinbauer'; noch heute österr.
Syn: Kleinbauer*, Zinshäusler

Lit: Barth 1:518; Ebner (2009) 207; Pies (2005) 24

Kleinhirt 1. 'Gehilfe des Hirten'; analog zu *Kleinknecht*. 2. 'Abdecker'; bayr. regional
W: Hirt
Syn: Schinder
Ggs: Großhirt

Lit: Benvenuti (1996); Grimm 11:1111; Werner (1981) 39

Kleinhüter 'Viehhüter, der Jungtiere und Kleinvieh (Schafe, Ziegen, Gänse usw.) betreut'
W: *Hüter*
Ggs: Großhüter

Lit: Riepl (2009) 230

Kleinklieber Kleinklüber, Kleinklüwer 'Arbeiter oder Gehilfe, der das vom Böttcher benötigte Holz spaltet'
W: Klieber
Syn: Holzspalter
Ggs: Grobklieber

Lit: Adelung 2:1622; Barth 1:518; Grimm 11:1114; Krünitz 40:326

Kleinklüber ↗ Kleinklieber

Kleinklüwer ↗ Kleinklieber

Kleinknecht 'bäuerlicher Landarbeiter, der in der Rangordnung der Dienstboten an unterster Stelle steht'
FN: Kleinknecht
W: Knecht
Syn: Enke, Kleinenke, Unterknecht

Lit: Adelung 2:1622; Barth 1:518; DudenFN 380; Gottschald 291; Grimm 11:1114; Krünitz 40:326

Kleinköter Kleinköther, Kleinkötner, Kleinkötter 'abhängiger Kleinbauer, der zu manueller Arbeit verpflichtet ist'; regional unterschiedliche und nicht eindeutig festgelegte Besitzgröße, meist weniger als 5 Hektar oder mit nur einem oder zwei Pferden; unterste bäuerliche Besitzklasse
W: Köter
Syn: Kleinbauer*

Lit: Adelung 2:1734 (Köthener); Barth 1:518; Grimm 11:1114

Kleinköther ↗ Kleinköter

Kleinkötner ↗ Kleinköter

Kleinkötter ↗ Kleinköter

Kleinmädchen 'Stubenmädchen für feinere Hausarbeiten'; bes. nordostdt.

Lit: Barth 1:518; Grimm 11:1117; Kretschmer 177

Kleinmagd 'junge untergeordnete Landarbeiterin auf dem Bauernhof'; selten
W: *Magd*
Syn: Kleindirn
Ggs: Großmagd

Lit: Barth 1:518

Kleinschmid ↗ Kleinschmied

Kleinschmied Kleenschmitt, Kleensmidt, Kleinschmid, Klensmede, Klensmidt, Klensmitt, Klensmyt 'Schmied, der feinere Arbeiten, bes. Schlösser, herstellt; Schlosser'; bei der Differenzierung des Schmiedehandwerks entstand die Bezeichnung *Kleinschmied*, die bes. im Norddt. zur Bezeichnung des Schlossers wurde; die Formen mit *Klen-, Kleen-* sind niederdt. ❖ mnd. *klênsmede* 'Kleinschmied, Schlosser'
FN: Kleinschmidt
W: *Schmied*
Syn: Beitelschmied, Gelötmacher, Gelötschlosser, Schlosser, Schlossschmied
Ggs: Grobschmied

Lit: Adelung 2:1623; Barth 1:516, 518; DudenFN 380; Gottschald 439; Grimm 11:1130; Krünitz 40:326; Lindow 107; Linnartz 117; Pies (2005) 130; Reith (2008) 196; Schiller-Lübben 2:479; Zedler 35:207

Kleinschnittger ↗ Kleinschnittker

Kleinschnittker Kleinschnittger, Kleinsnitker 1. 'Schreiner, Tischler, bes. für kleinere Arbeiten'. 2. 'Holzschnitzer' ❖ zu mnd. *sniddeker, snitker* 'Schnitzer, Bildner', dann: 'Tischler'
FN: Kleinsnitker, Kleinschnittker, Kleinschnitger, Kleinschnittger, Kleinsnitker
W: *Schnittker*
Syn: Kleinschnitzler, TISCHLER

Lit: Linnartz 117; Pies (2005) 150; Reith (2008) 212

Kleinschnitzler 'Schreiner, Tischler, der kleine Gebrauchsgegenstände, wie Teller, Löffel, oder Intarsienarbeiten, z.B. für Kutschen, herstellt'; bes. in Westfalen
FN: Kleinschnitzler
W: SCHNITZLER
Syn: Kleinschnittker, TISCHLER

Lit: Isenberg ; Linnartz 117

Kleinsnitker ↗ Kleinschnittker

Kleinuhrmacher 'Uhrmacher, der Taschenuhren, am Körper getragene Halsuhren, transportable Reiseuhren und Uhren für Wohnräume herstellt'
W: UHRMACHER*
Ggs: Großuhrmacher

Lit: Barth 1:519; Grimm 11:1132; Krünitz 193:463; Pies (2005) 173; Reith (2008) 240; Volckmann (1921) 130

Kleitzer ↗ Kleuzer

Kleitzler ↗ Kleuzer

Kleizer ↗ Kleuzer

Klempener ↗ KLEMPNER*

Klemperer ↗ Klamperer

KLEMPNER* Kempner, Klämpner, Klempener, Klemptner Das mittel- und norddt. Wort für den Hersteller von Waren aus Blech. Zur Bedeutung ↗ Spengler ❖ zu mhd. *klemberen, klamben, klampfern* 'fest zusammenfügen, verklammern', daraus die oberdt. Form *Klamperer, Klampferer*, die im Norddt. unter Bedeutungseinfluss von *klempern* 'hämmern, klopfen' (Geräusch des Blechhämmerns) zu *Klemperer* und schließlich im 18. Jh. zu *Klempner* wurde, mnd. *klampe* 'Haken, Spange, hölzerner Steg'
Syn: Beckenschläger, Beckenwerker, Blecharbeiter, Blechner, Blechschläger, Blechschmied, Blickenschläger, Flaschenschmied, Flaschner, Klamperer, Klapperer, Klipper, Küraßmacher, Laternenmacher, Leuchtenmacher, Löter, Luzernenmacher, Schwarz-

klampferer, Schwarzspengler, Spängler, Spengler, Stürzer, Weißarbeiter

Lit: Adelung 2:1625; Barth 1:519; DudenEtym 413; Grimm 11:1144; Krünitz 40:345; Palla (2010) 111; Pfeifer 667; Pies (2005) 84; Reith (2008) 120; Schiller-Lübben 2:470

Klemptner ↗ KLEMPNER*

Klensmede ↗ Kleinschmied

Klensmidt ↗ Kleinschmied

Klensmitt ↗ Kleinschmied

Klensmyt ↗ Kleinschmied

Klepperer ↗ Klapperer

Kleppermann 'Inhaber eines Klepperlehens'; d.i. ein Lehen, bei dem der Hörige statt der Dienstleistungen ein Pferd stellen muss ❖ zu mnd. *klepper, klöpper, klapper* 'Reitpferd', nach dem Geklapper der Hufe; das niederdt. Wort verbreitete sich bis ins 16. Jh. nach Süden und wurde später zu einem abwertenden Ausdruck für ein minderwertiges Pferd
W: *Mann*

Lit: Adelung 2:1626 (Klepperlehen); Barth 1:519; Grimm 11:1150; Krünitz 40:367; Schiller-Lübben 2:480

Kleremacher ↗ Kläremacher

Kletzler ↗ Kleuzer

Kleutzer ↗ Kleuzer

Kleutzler ↗ Kleuzer

Kleuzer **Kleitzer, Kleitzler, Kleizer, Kletzler, Kleutzer, Kleutzler, Kleuzler** 'Salinenarbeiter, der das Holz für die Salzfässer (Küfel) zurechthackt' ❖ zu bair. *kleuzen, kleuzeln, klotzen, kloizen* 'spalten, bes. Holz zu den Dauben der Salzkufen', vermutlich aus mhd. *klôʒ* 'Klumpen; plumpes Holzstück'
Syn: HOLZSPALTER

Lit: Grimm 11:1135; OÖ. Hbl 2010, H. 1:30; Patocka (1987) 280; Rieder (2006) 1:31; Schmeller 1:1342; Schraml (1932) 30; SteirWb 392

Kleuzler ↗ Kleuzer

Kleyderhocker ↗ Kleiderhöker

Kleyderhoker ↗ Kleiderhöker

Klicker ↗ Klecker

Klieber **Clieber, Klöber, Klöwer, Klüber, Klüwer** 'Person, die Holz spaltet' ❖ zu mhd. *klieben, kliuben* 'spalten'; mnd. *kloven* 'spalten', mnd. *klover* 'Diener', urspr. 'Holzspalter'
FN: Klieber, Kloiber, Klüber, Klüver, Klüwer, Kleuver, Kleiber, Kliebert, Kliever, Klievert, Kliewer
W: *Grobklieber, Kleinklieber*
Syn: HOLZSPALTER

Lit: Adelung 2:1627 (klieben); Barth 1:520; DudenFN 383; Gottschald 292; Grimm 11:1162, 1220; Hornung (1989) 84; Linnartz 118, 119; Schiller-Lübben 2:490; Schmeller 1:1323 (klieben)

Klimperer ↗ Klamperer

Klingenschmid ↗ Klingenschmied

Klingenschmidt ↗ Klingenschmied

Klingenschmied **Klingenschmid, Klingenschmidt** 'Handwerker, der Messer-, Säbel- und Degenklingen herstellt' ❖ mhd. *klingensmit* 'Degenschmied, Schwertfeger'
FN: Klingenschmied, Klingenschmidt, Klingenschmid, Klingenschmitt
W: *Schmied*
Syn: Degenschmied, Klinger, Messerschmied, SCHWERTFEGER

Lit: Adelung 2:1632; Barth 1:520; DudenFN 318; Gottschald 292; Grimm 11:1191; Krünitz 40:584; Linnartz 118; Palla (2010) 141; Pies (2005) 132; Reith (2008) 125; Volckmann (1921) 112

Klinger **Klingner** ↗ 'Klingenschmied'
FN: Klinger, Klingner
Syn: Klingenschmied, Messerschmied, SCHWERTFEGER

Lit: Barth 1:520; DudenFN 381; Linnartz 118; Pies (2005) 136; Reith (2008) 124; Volckmann (1921) 112

Klingner ↗ Klinger

Klipgenmaker ↗ Klippenmacher

Klipkenmaker ↗ Klippenmacher

Klippekenmaker ↗ Klippenmacher

Klippenmacher Klipgenmaker, Klipkenmaker, Klippekenmaker 'Holzschuhmacher'; niederdt. ❖ mnd. *klippe* 'hölzerner Schuh', Diminutiv *klipken, klippeken*
Syn: HOLZSCHUHMACHER, Klipper

Lit: Schiller-Lübben 2:484; Volckmann (1921) 162

Klipper Klipperer 1. ↗ 'Spengler'. 2. 'Holzschuhmacher'; niederdt. ❖ lautnachahmend zu mhd. *klappern* 'klappern', mnd. *klappen* 'klatschen, schallen'; vgl. *klippen* 'hell tönen', Ablautform zu niederdt. *klappen* 'zumachen, aneinanderpressen, zuklappen'
Syn: HOLZSCHUHMACHER, KLEMPNER*, Klippenmacher, Klippkrämer

Lit: Adelung 2:1625 (Klempener); Barth 1:520; DudenEtym 409; Grimm 11:1206; Kluge 501 (klippen); Linnartz 118; Pies (2005) 84; Reith (2008) 120; Schiller-Lübben 2:484

Klipperer ↗ Klipper

Klippkramer ↗ Klippkrämer

Klippkrämer Klippkramer 1. 'Holzschuhhändler'. 2. 'Kleinkrämer, der mit (minderwertigen) hölzernen Kleinwaren handelt' — niederdt. ❖ 1. mnd. *klippekramer* 'der mit *Klippen*, Holzschuhen, handelt; dann jeder Kleinkrämer'; 2. *Klipp-* allgemein als abwertender Wortbestandteil, z. B. in *Klippschule*, ↗ *Klippmeister*
Syn: Klipper, KRÄMER, Winkelkrämer

Lit: Adelung 2:1633; Barth 1:520; Grimm 11:1209; Hoffmann Wb 3:440; Krünitz 40:618; Schiller-Lübben 2:484

Klippmeister 'Lehrer an einer Klippschule'; d. i. eine private, nicht behördlich genehmigte Schule für den Anfangsunterricht. Diese entstanden in den Niederlanden und waren in den norddeutschen Handelsstädten üblich, bis ein öffentliches Schulwesen eingeführt wurde; sie wurden auch *Winkelschulen* genannt. ❖ *Klipp-* im Niederdt. allgemein als abwertender Wortbestandteil, hier svw. 'Schule für die Kleinen'
W: *Meister*
Syn: Winkelmeister

Lit: Adelung 2:1633 (Klippschule); Barth 1:520; Grimm 11:1209; Heinsius 2:574; Krünitz 40:618

Klobenmacher ↗ Klobenschmied

Klöbenmacher ↗ Klobenschmied

Klobenschmid ↗ Klobenschmied

Klobenschmied Klobenmacher, Klöbenmacher, Klobenschmid, Klöbenschmied 'Schmied, der die metallenen Rohlinge, z. B. Stangeneisen für die Maultrommelherstellung, erzeugt'; österr. ❖ zu mhd. *klobe* 'gespaltenes (Holz)stück', mhd. *kloben* 'spalten, klieben'
W: *Schmied*

Lit: Grimm 11:1220; OÖ. Hbl 1986, H. 1:81; Schmeller 1:1323 (Kloben); SteirWb 395 (Kloben)

Klöbenschmied ↗ Klobenschmied

Klöber ↗ Klieber

Klockengeter Clocgheter, Clocghiter, Clockengeiter 'Glockengießer'; niederdt. ❖ mnd. *klockengeter* 'Glockengießer, Metallgießer'
W: *Geter*

Lit: Schiller-Lübben 2:486

Klockner ↗ Klöckner

Klöckner Klockner 1. 'Glöckner'; niederdt. Form, im Standarddeutschen von *Glöckner* verdrängt. 2. 'Küster, Mesner'; im Rheinland

FN: Klöckner, Klockner, Klocker, Klöckler, Klöcker, Klöckener
Syn: KÜSTER, Läuter

Lit: DudenFN 382; Gottschald 212; Grimm 11:1220 (Klocke); Linnartz 118

Klopffechter 1. 'Person, die von Ort zu Ort ziehend für Geld Fechtkämpfe ausführt'. 2. 'Person, die eine Fechtschule führt' ❖ zu mhd. *vehten* 'kämpfen, fechten, streiten'; mhd. *klopfen* 'klopfen, pochen', mhd. *klopfære, klopfer* 'jmd., der klopft'
W: FECHTER

Lit: Barth 1:521; Diefenbach 264, 471; Frühmittellat. RWb; Grimm 11:1229; Krünitz 39:641; Schaer (1901) 102

Klöppelherr 'Unternehmer, für den Spitzenklöpplerinnen in Heimarbeit arbeiten'
W: *Herr*

Lit: Barth 1:521; Grimm 11:1233

Klossenmacher ↗ Klotzenmacher

Klostermeier 1. 'Bauer, der ein Klostergut als Lehen bewirtschaftet'. 2. 'Verwalter eines Klosters' ❖ mhd. *klôstermeier* 'Verwalter über die Einkünfte eines Klosters und Richter über die Zugehörigen desselben'
FN: Klostermeier, Klostermaier, Klostermair, Klostermayr, Klostermayer, Klostermeyer
W: *Meier*
Syn: Klostermeister

Lit: Barth 1:522; DRW 7:1109; Grimm 11:1241

Klostermeister 1. 'Vorsteher eines Klosters, Abt'. 2. 'Verwalter eines Klosters' ❖ mhd. *klôstermeister* 'Vorsteher eines Klosters'
W: *Meister*
Syn: Klostermeier

Lit: Barth 1:522; DRW 7:1110; Grimm 11:1241

Klosterschreiber 'Verwaltungsbeamter in einem Kloster oder in Klosterbesitzungen'
W: *Schreiber*

Lit: Barth 1:522; DRW 7:1117; Grimm 11:1242; Idiotikon 9:1543

Klostervogt 1. 'dem Kloster angehörender Richter'. 2. 'Klostervorsteher'. 3. 'weltlicher Verwalter und Patron eines Klosters'
W: *Vogt*

Lit: Adelung 2:1641; Barth 1:522; DRW 7:1121; Grimm 11:1243; Krünitz 40:806

Kloterer Klotter, Klutter 'herumziehender Komödiant und Artist, der bes. auf Jahrmärkten unterschiedliche Kunststücke vorführt' ❖ Herkunft unklar; vielleicht zu mhd. *kluterîe* 'Gaukelei, Täuschung'; oder zu *Klutter* 'bei den Vogelstellern eine Pfeife von Birkenschale zum Anlocken der Vögel'
Syn: GAUKLER

Lit: Adelung 2:1648; Grimm 11:1309 (Klutter); Krünitz 41:60; Pies (2005) 125; Volckmann (1921) 314

Klotter ↗ Kloterer

Klotzenmacher Glossenmaker, Glotzenmacher, Glotzkenmacher, Klossenmacher, Klotzkenmacher, Klotzmacher 'Holzschuhmacher' ❖ zu mhd. *kloz* 'Klumpen, Kugel', verwandt mit *Kloß*; nach den hölzernen Sohlen; mnd. *glotze, glosse, klotze, klosse* 'grober Schuh, Pantoffel'; mnd. *glotzenmeker* 'Pantoffelmacher'
Syn: HOLZSCHUHMACHER

Lit: Adelung 2:1641 (Klotzschuh); Barth 1:522; Grimm 11:1248 (Klotz); Schiller-Lübben 2:122; Volckmann (1921) 163

Klotzkenmacher ↗ Klotzenmacher

Klotzkorkenmacher 'Holzschuhmacher, der Sohlen aus Kork anfertigt'
W: *Korkenmacher*
Syn: HOLZSCHUHMACHER

Lit: Barth 1:522

Klotzmacher ↗ Klotzenmacher

Klöwer ↗ Klieber

Klüber ↗ Klieber

Klufenmacher ↗ Glufenmacher

Klumpenmacher 'Holzschuhmacher'; zu *Klumpen* 'unförmige Masse' in der norddt. Bedeutung 'Holzschuhe' ❖ zu mnd. *klumpe, klompe* 'Holzschuh'
Syn: HOLZSCHUHMACHER

Lit: Barth 1:522; Grimm 11:1290; Schiller-Lübben 2:493

Klümper 'Holzschuhmacher' ❖ ↗ Klumpenmacher
Syn: HOLZSCHUHMACHER

Klüngelkerl Klüngelskerl 'Person, die Lumpen oder Schrott sammelt und damit handelt'; im Rheinland noch üblich; zu *Klüngel* in der Bedeutung 'Knäuel' ❖ mhd. *klungelîn* 'kleiner Knäuel'; später übertragen zu 'gedrängter Haufen, Gruppe'
Syn: LUMPENSAMMLER

Lit: Barth 1:522; Grimm 11:1295 (Klüngel); RheinWb 4:810

Klüngelskerl ↗ Klüngelkerl

Klunte ↗ Glunte

Kluppenmacher 'Handwerker, der Wäscheklammern herstellt'; *Kluppe* bayr.-österr. für 'Wäscheklammer' ❖ zu mhd. *kluppe* 'Zange, Zwangholz'

Lit: Dimt (2008); Ebner (2009) 209 (Kluppe)

Klüttenbäcker Klüttenmacher 'Hersteller von Briketts (Klütten) aus Braunkohle'; Braunkohle wurde von Bauern im Nebenerwerb mit Wasser und Bindemittel vermengt und zu einer teigigen Masse getreten und geknetet, in Form gegossen und getrocknet; *backen* i. S. v. 'glühend heiß machen, brennen', z.B. Ziegel backen, hier bezogen auf das Trocknen des Materials oder *backen* generell für 'machen' ❖ zu mnd. *klût, klûte* 'Erdklumpen; Kloß, Knödel'; niederdt. *kluit* 'Klumpen, Scholle', im rheinischen Dialekt auch in der Bedeutung 'getrockneter Torf, Braunkohle in Topfform'
W: BÄCKER*

Lit: Palla (1994) 167; RheinWb 4:822; Schiller-Lübben 2:494

Klüttenmacher ↗ Klüttenbäcker

Klutter ↗ Kloterer

Klüwer ↗ Klieber

Knakenhauer ↗ Knochenhauer

Knakenhouwer ↗ Knochenhauer

Knakenhower ↗ Knochenhauer

Knape ↗ Knappe

Knappe Knape; lat. *armiger, famulus, puer* **1.** 'Person, die Hilfsdienste leistet; Gehilfe'; entspricht der jüngeren Bezeichnung *Knecht*. **2.** 'Gehilfe, Geselle in der Textilherstellung (Wollweber, Tuchmacher) und Müllerei'. **3.** 'junger Adeliger in der Kampfausbildung bei einem Ritter oder noch nicht zum Ritter geschlagener Edelmann'; als historischer Terminus heute noch gebräuchlich. **4.** 'Bediensteter der Stadtpolizei und des Gerichts' — in der Bedeutung 'Bergmann' heute noch die übliche Bezeichnung ❖ mhd. *knappe, knape* 'Knabe, Jüngling, Junggeselle; der noch nicht Ritter ist; junger Mann in dienender Stellung; Knecht, Geselle, bes. bei Wollwebern und Tuchmachern, bei den Müllern, Bergleuten'; mnd. *knape* 'junger, unverheirateter Mann; Knappe, der noch kein Ritter ist'. – Urspr. Nebenform zu *Knabe*, in Berufszusammenhängen hat sich die Form *Knappe* im Ggs. zu *Knabe* 'Junge, Bub' durchgesetzt
FN: Knapp, Knappe
W: Bergknappe, Erzknappe, Hausknappe, Mühlknappe, Schopfknappe, Tuchknappe, Wahlknappe, Weberknappe, Wollknappe
Syn: Heimbürge, Stadtknecht

Lit: Adelung 2:1651; Barth 1:523; Diefenbach 49, 224, 471; DRW 11:32; DudenFN 384; Frühmittellat. RWb; Gottschald 294; Grimm 11:1341; Krünitz 41:182; Linnartz 120; Marks (1950) 209; Patocka (1987) 99; Pies (2002d) 13; Schiller-Lübben 2:496; Veith 291

Knappsack 'Hausierer'; von der urspr. Bedeutung 'Ranzen, Rucksack für auf Reisen mitgenommene Speisen' auf den Träger, den Händler, übertragen

Syn: KRÄMER, TRÖDELMANN

Lit: Adelung 2:1652; Barth 1:524; Grimm 11:1350; Krünitz 41:182; Pies (2005) 78

Knaufelmacher ↗ Knaufmacher

Knäufelmacher ↗ Knaufmacher

Knauffnadelmacher ↗ Knaufnadelmacher

Knäufler ↗ 'Knopfmacher'; oberdt. ❖ zu mhd. *knouf* 'Knoten, Knopf', mhd. *knoufel, knöufel* 'kleiner Knopf [am Hemd]'
FN: Knäufler, Knäufel, Kneifel, Kneifl
Syn: Knaufmacher, KNOPFMACHER

Lit: Bahlow (1967) 285; Barth 1:524; Gottschald 294; Grimm 11:1368 (Knäufel); Krünitz 41:262; Linnartz 120; Pies (2005) 86; Schmeller 1:1349 (Knäufel); Volckmann (1921) 179

Knaufmacher Knaufelmacher, Knäufelmacher, Kneifelmacher 'Handwerker, der metallene, mit Seide übersponnene Knöpfe für Kleidungsstücke herstellt'; oberdt. ❖ zu mhd. *knouf* 'Knoten, Knopf'
FN: Knauf, Knauff
Syn: Knäufler, Knopfgießer, KNOPFMACHER

Lit: Adelung 2:1653 (Knauf); Barth 1:524; Grimm 11:1366 (Knauf), 1369; Krünitz 41:263; Schmeller 1:1349 (Knauf); Volckmann (1921) 179

Knaufnadelmacher Knauffnadelmacher 'Handwerker, der Stecknadeln herstellt' ❖ zu mhd. *knouf* 'Knoten, Knopf'
W: Nadelmacher

Lit: Grimm 11:1369 (Knaufnadel); RheinWb 4:889 (Knaufnadel)

Knebeler ↗ Knebler

Knebler Knebeler 1. 'Gerichtsbeamter, der Häftlinge nach der Verurteilung ins Gefängnis oder zur Hinrichtung bringt'. 2. 'Landarbeiter, der bei der Getreideernte die Garben bindet'; in Sachsen; häufig von Frauen ausgeübt ❖ zu mhd. *knebel* 'Knebel, Holzstück um die Haare darum zu winden (als Strafe), an einem Seile befestigte Stange, auf der die Verbrecher sitzend in die Gefängnisse hinabgelassen wurden'
FN: Knebeler, Knebler, Knewel, Knefel, Knevel, Kneveler (vielleicht auch zu ↗ *Kneveler* 'Fasstransporteur')
Syn: BÜTTEL, Garbenbinder
Vgl: Kneveler

Lit: Adelung 2:1655; Barth 1:524; DRW 7:1140 (Knebel); Gottschald 294; Grimm 11:1378; Krünitz 41:267; Linnartz 120

Knecht lat. *servus* Knecht steht als Berufsbezeichnung in Beziehung zu *Geselle*, *(Berg)knappe*, *Diener* und *(Bauern)knecht*. Das Nebeneinander der Bezeichnungen von *Knecht, Diener, Geselle* ergibt sich (nach Krünitz) daraus, dass als *Knechte* die Gehilfen derjenigen Handwerker bezeichnet wurden, die ihr Handwerk schon vor der Gründung der Städte ausübten und daher Leibeigene als Gehilfen hatten, oder bei jüngeren Arten von Handwerken, die von Unfreien betrieben wurden. Entscheidend für das höhere Ansehen der *Gesellen/Gehilfen* gegenüber früheren *Knechten* ist das Spätmittelalter mit seiner städtischen Handwerker- und Kaufmannsgesellschaft gegenüber den Handwerkern auf einem Gutshof oder in der Umgebung einer Burg. Seit dem 15. Jh. wurde *Knecht* als Untergebener des Handwerksmeisters zunehmend durch *Geselle* ersetzt; statt *Bergknecht* setzte sich *Bergknappe* durch, sodass *Knecht* – von Ausnahmen abgesehen – nur noch für niedrige Dienste verwendet wurde. – In Zusammensetzungen muss *Knecht* je nach Funktion, Tätigkeit und Branche heute mit 'Arbeiter' oder 'Facharbeiter' (z.B. *Mahlknecht, Schiffknecht, Schmelzerknecht, Ziegelknecht, Bäckerknecht*), 'Bergarbeiter' (z.B. *Hallknecht, Bergknecht*), 'Hilfskraft' (z.B. *Spittelknecht, Jagdknecht, Zunftknecht*), 'Soldat' (z.B. *Landsknecht, Büchsenknecht*) oder 'Landarbeiter' (z.B. *Ackerknecht, Futterknecht*) wiedergegeben werden, wobei neben dem Facharbeiter auch die Hilfskraft gemeint sein kann. In der bäuerlichen Sozialstruktur steht der *Knecht* in einem Dienstbotenverhältnis im

Ggs. zu einem Taglöhner bzw. zu einem Landarbeiter auf einem Gutshof, weshalb er zur Unterscheidung auch als *Bauernknecht* bezeichnet wird (z. B. *Großknecht, Kleinknecht*) ❖ mhd. *kneht* 'Knabe; junger Mann in lernender und dienender Stellung; Dienender im Ggs. zu dem Herrn; Fußsoldat; Geselle; Bergknappe'
FN: Knecht, Knechtl, Knechtel, Knechtle, Knechtli
W: Ackerknecht, Akziseknecht, Altknecht, Ambachtsknecht, Amtsknecht, Artillerieknecht, Aschknecht, Aufsatzknecht, Bäckerknecht, Badeknecht, Bankknecht, Bannknecht, Barbknecht, Bauknecht, Beiknecht, Bergknecht, Beschälknecht, Bleichknecht, Bodenknecht, Bootsknecht, Bornknecht, Brauknecht, Brennerknecht, Brückenknecht, Bruckknecht, Brunnenknecht, Büchsenknecht, Bürgerknecht, Burgknecht, Büttknecht, Büttnerknecht, Dienstknecht, Drittelknecht, Edelknecht, Eisenknecht, Fahrtknecht, Fallknecht, Färberknecht, Fastenknecht, Feldknecht, Feuerknecht, Fillerknecht, Floßknecht, Flutknecht, Folterknecht, Förderknecht, FORSTKNECHT, Freiknecht, Frischknecht, Fronknecht, Fuhrknecht, Fußknecht, Futterknecht, Gaffelknecht, Gantknecht, Garknecht, Garnknecht, Gartenknecht, Gassenknecht, Gastknecht, *Geleitsknecht*, Gemeinknecht, Gerichtsknecht, Gildeknecht, Gredknecht, Grießknecht, GROßKNECHT, Güterknecht, Gwardiknecht, Hallknecht, Hammelknecht, Hammerknecht, Hansknecht, Haspelknecht, Hausknecht, Heideknecht, Henkersknecht, Holzknecht, Hospitalknecht, Hundsknecht, Hutknecht, Hüttenknecht, Inneknecht, Jagdknecht, Jagdlandknecht, Jägerknecht, Jahrknecht, Jungfernknecht, Kammerknecht, Kastenknecht, Kellerknecht, Kelterknecht, Kirchenknecht, Kleinknecht, Kobelknecht, Kohlenknecht, Koppelknecht, Kostknecht, Kotknecht, Kramknecht, Krankknecht, Krippenknecht, Kübelknecht, Küfelknecht, Kumpknecht, Kunstknecht, Lämmerknecht, Landknecht, Landsknecht, Lehrknecht, Leibknecht, Mahlknecht, Markknecht, Marktknecht, Mattenknecht, Mehrungknecht, Meisterknecht, MENKNECHT, Mittelknecht, Mörtelknecht, Mühlknecht, Mutzenknecht, Oberknecht, Ochsenknecht, Ofenknecht, Opferknecht, Packknecht, Pestknecht, Pferdeknecht, Pfieselknecht, Pflasterknecht, Pflugknecht, Plachenknecht, Planenknecht, Platzknecht, Polizeiknecht, Postknecht, Prahmknecht, Pressknecht, Prügelknecht, Pumpenknecht, Rackerknecht, Raitknecht, Ratsknecht, Rauchknecht, Rebknecht, Rederknecht, Reinknecht, Reiseknecht, Reitknecht, Rossknecht, Rüdenknecht, Ruderknecht, Rumorknecht, Salzknecht, Sattelknecht, Schafknecht, Schalkknecht, Scheffelknecht, Scheffknecht, Scheibenknecht, Schiffknecht, Schildknecht, Schinderknecht, Schlossknecht, Schmackenknecht, Schmelzerknecht, Schmiedeknecht, Schneiderknecht, Schopperknecht, Schrannenknecht, Schreibknecht, Schuhknecht, Schürknecht, Schützenknecht, Schwepenknecht, Selknecht, Siechenknecht, Silberknecht, Sommerknecht, Spettknecht, Spitalknecht, Spittelknecht, Spleißknecht, Stadtknecht, Stampfknecht, Stockknecht, Strehnknecht, Stückknecht, Stutenknecht, Sustknecht, Torknecht, Trossknecht, Trottknecht, Trumknecht, Tuchknecht, Türknecht, Vitriolsiedeknecht, Vorknecht, Waageknecht, Wagenknecht, Waidknecht, Waldknecht, Warteknecht, Wasenknecht, Wasserknecht, Weidknecht, Weiherknecht, Werkknecht, Wetteknecht, Windeknecht, Wirtsknecht, Wittinenknecht, Zehentknecht, Zeugknecht, Ziegelknecht, Ziehknecht, Zimmerknecht, Zuknecht, Zunftknecht
Syn: Feldgärtner, Graser, Rattei, Schinagel
Vgl: Dirn, *Magd*

Lit: Adelung 2:1656; Barth 1:524; Diefenbach 530; DudenFN 384; Frühmittellat. RWb; Gottschald 294; Grimm 11:1380; Idiotikon 3:720; Krünitz 41:272; Patocka (1987) 78; Pies (2005); Schmeller 1:1346; Veith 294; Zedler 15:1065; Zwahr (1990)

Knechtswerker ↗ Knechtwerker

Knechtwerker Knechtswerker, Knechtwirker 1. 'im Bergwerk Gehilfe des Zimmermanns'. **2.** 'Bergarbeiter, der das von Hau-

ern abgeschlagene Gestein abtransportieren muss'
W: *Werker*

Lit: Patocka (1987) 100; Schraml (1932) 165; SteirWb 397

Knechtwirker ↗ Knechtwerker

Kneifelmacher ↗ Knaufmacher

Kneter 'Bäckergehilfe, der den Teig knetet'
Vgl: Schießer

Lit: Adelung 2:1660; Barth 1:525; Grimm 11:1415; Krünitz 41:372

Kneveler 'Arbeiter, der Wein- und Bierfässer auf Karren von den Lagern der Kaufleute zu den Kunden transportiert'; niederdt. Form zu *Knebeler, Knebler* ❖ mnd. *kneveler* 'Bierführer (der das Bier auf Karren etc. in die Häuser der Konsumenten führt)', zu mnd. *knevel* 'kurzes, dickes Querholz, Knebel'
Syn: Bierschröter, Fasszieher, Leiterer, Weinschröter, Weinverlasser, Weinzieher, Zuckwerker
Vgl: Knebler

Lit: Altstaedt (2011) 142; Schiller-Lübben 2:500; Volckmann (1921) 15

Kniescheibenmacher 'Schmied, der den Knieschutz für Rüstungen herstellt'
Syn: Halsberger, Harnischer, Harnischfeger, Harnischmacher, Küraßmacher, Plattner

Lit: Agricola (1970) 2:675; Zeitschrift Waffenkunde 148

Kniestreicher 'Wollkämmerer, der mit der *Kniestreiche* arbeitet'; d.i. eine fein gezähnte Kardätsche, die auf dem Knie befestigt ist
W: *Streicher*
Syn: WOLLSCHLÄGER

Lit: Adelung 2:1664 (Kniestreiche); Grimm 11:1433; Krünitz 41:416

Knochendrechsler ↗ *Drechsler*

Knochendreher ↗ *Dreher*

Knochenflicker 'Wundarzt, der auch Knochenbrüche behandelt'; noch heute dialektal für Heilpraktiker, der verstauchte Glieder behandelt; heute noch scherzhaft für 'Sanitäter'
W: *Flicker*
Syn: ARZT*, WUNDARZT

Lit: PfälzWb 4:363; Pies (1977) 24; Pies (2001) 40; RheinWb 4:975

Knochenhauer Knakenhauer, Knakenhouwer, Knakenhower 'Fleischer'; norddt., ↗ Fleischhauer ❖ mnd. *knokenhouwer* 'Knochenhauer, Fleischer, Schlachter'
FN: Knochenhauer
W: HAUER
Syn: METZGER

Lit: Adelung 2:1667; Barth 1:525; DudenFN 386; Gottschald 295; Grimm 11:1459; Linnartz 121; Pies (2002d) 35; Pies (2005) 97; Reith (2008) 153

Knöpfelmacher ↗ KNOPFMACHER

Knopfgießer 'Handwerker, der metallene Knöpfe [aus Messing], Gürtelschnallen, metallene Beschläge, Schließen u. Ä. herstellt; Gürtler'
W: *Gießer*
Syn: GÜRTLER, Knaufmacher, Knopfpresser
Vgl: KNOPFMACHER

Lit: Adelung 2:1669; Barth 1:5260; Krünitz 41:691; Reith (2008) 109

Knöpflmacher ↗ KNOPFMACHER

KNOPFMACHER Knöpfelmacher, Knöpflmacher, Knöpfmacher, Knopmaker; lat. *nodularius* **1.** 'Handwerker, der metallene, mit Seide überspannene Knöpfe für Kleidungsstücke herstellt'; dafür wurde Weißmetall (Kupferlegierungen, die durch Beimischung von Zink oder Zinn eine weißliche Farbe bekommen) und Tombak verwendet; der *Metallknopfmacher* ist als Spezialisierung aus den Gürtlern hervorgegangen. **2.** 'Handwerker, der Bänder, Quasten, Banderolen, Gehänge für Musikinstrumente und Säbel usw. herstellt'; ein *ungarischer Knopfmacher* stellte bestimmte Textilknöpfe sowie Gürtel aus Schnüren, Quas-

ten, Säbelgehänge und Gestecke für Kopfbedeckungen her; aus den Posamentierern hervorgegangen; ihre erste Zunftorganisation entstand in Ungarn
FN: Knopfmacher, Knöpfelmacher, Knöpflmacher, Knöpfler
W: °Holzknopfmacher, °Metallknopfmacher, °Seidenknopfmacher, °Tombackknopfmacher, °Zinnernknopfmacher
Syn: Bordmacher, Crepinarbeiter, Eckernmacher, Gürtler, Knäufler, Knaufmacher, Knopfspinner, Knopfstricker, Posamentierer, Seidenstricker
Vgl: Knopfgießer

Lit: Adelung 2:1670; Barth 1:526; Gottschald 295; Idiotikon 4:52; Linnartz 121; Pies (2005) 86; Reith (2008) 109, 128; Volckmann (1921) 179; Zedler 15:1160

Knöpfmacher ↗ Knopfmacher

Knopfnadelmacher ↗ Knopfnadler

Knopfnadler Knopfnadelmacher, Knopfnadtler 'Handwerker, der Stecknadeln [mit großem Kopf] (Knopfnadeln) herstellt'
W: Nadler

Lit: Barth 1:526; Grimm 11:1482 (Knopfnadel); Krünitz 41:699 (Knopfnadel)

Knopfnadtler ↗ Knopfnadler

Knopfpresser 'Handwerker, der gepresste Metallknöpfe herstellt'
Syn: Knopfgießer

Lit: Reith (2008) 110

Knopfschmied Knopfsmit 'Handwerker, der verzierte Metallteile, z.B. Griffe für Waffen und Messer, herstellt'; stellte meist im Ggs. zu den Knopfmachern keine Knöpfe, sondern Verzierungen her ❖ mhd. *knopfsmit* 'der Metallknöpfe macht'
W: Schmied

Lit: Pies (2005) 129; Reith (2008) 109

Knopfsmit ↗ Knopfschmied

Knopfspinner 1. 'Handwerker, der textile, mit Stoff überzogene Knöpfe herstellt'. 2. 'Handwerker, der die Knöpfe zu den Stecknadeln herstellt'
W: *Spinner*
Syn: Knopfmacher

Lit: Adelung 2:1670; Barth 1:526; Grimm 11:1482; Krünitz 41:700

Knopfstricker 'Handwerker, der textile, mit Stoff überzogene Knöpfe herstellt'
W: Stricker
Syn: Knopfmacher

Lit: Reith (2008) 128

Knopmaker ↗ Knopfmacher

Knötter ↗ Knütter

Knüpfauf 'Scharfrichter, Henker'; Beiname, zu *aufknüpfen* 'aufhängen'
Syn: Scharfrichter

Lit: DRW 7:1158

Knüppeldirn Knüppeldirne 'Spitzenklöpplerin'; niederdt.; bei Verheirateten auch *Knüppelfrau* ❖ zu mnd. *kluppel* 'Knüppel'; die beiden synonymen, aber etymologisch verschiedenen Wörter *Knüppel* 'Stock' und *Klüppel* (von *klopfen*), wozu auch *Klöppel* gehört, haben sich lautlich vermischt
W: Dirn
Syn: Schnurwirker

Lit: Grönhoff (1966) 78; Paul 471; Schiller-Lübben 2:493

Knüppeldirne ↗ Knüppeldirn

Knütger ↗ Knütter

Knüttelschmid ↗ Knüttelschmied

Knüttelschmied Knüttelschmid 'Handwerker, der Roheisenstücke für die Senseerzeugung herstellt'; österr.; oft in der Bezeichnung *Hammer- und Knüttelschmied* ❖ zu mhd. *knütel, knüttel* 'Knüppel, Prügel, Kolben'
W: Schmied

Knütter Knötter, Knütger 1. 'Person, die Strümpfe strickt und Netze knüpft'. 2. 'Henker'; niederdt. Form zu *Knüpfer* (zu *knutte* 'Knoten') ❖ zu mnd. *knutten* 'knüpfen; stricken'; mnd. *knutter* '(Auf)knüpfer, Henker'
FN: Knütter, Knitter
W: Hänschenknütter, Hasenknütter, °Strumpfknütter
Syn: SCHARFRICHTER

Lit: DRW 7:1159; DudenFN 385, 387; Gottschald 295; Linnartz 121; Schiller-Lübben 2:507

Kobelhirt 'Pferdehirt'; ostmitteldt.; zu *Kobel* 'Stute; schlechtes Pferd, Mähre' ❖ zu tschech. *kobyla*, russ.-poln. *kubila* 'Stute'; weitere etymologische Zusammenhänge unklar
W: Hirt

Lit: Barth 1:526; Grimm 11:1539; Schmeller 1:1217

Kobelknecht 1. 'Pferdeknecht, bes. für die Stuten'. 2. 'Arbeiter bei der Salzschifffahrt auf der Traun in Oberösterreich'; zu *Kobel* 'Schiff mit kastenartigem Aufbau', genannt „Ebenseer Kobel" ❖ 1.: ↗ Kobelhirt; 2.: mhd. *kobel* 'schlechtes Haus; Kasten zu einem Kobelwagen'
W: KNECHT

Lit: DRW 1:176 (ablohnen); Rieder (2006) 1:53; Schraml (1932) 261

Kobler ↗ Köbler

Köbler Kobler 'Kleinbauer, der nur ein *Kobelgut* besitzt'; d.i. ein Bauerngut, das nur aus einem Haus mit minimalem Grundbesitz besteht und das mit der Verpflichtung zu Frondienst belastet ist ❖ zu mhd. *kobel* 'enges, schlechtes Haus; Stall; Kasten zu einem Kobelwagen'
FN: Kobler, Köbler, Kobeler, Köbeler, Köppler, Köppeler
Syn: KLEINBAUER*

Lit: Adelung 2:1677 (Köblergut); Barth 1:527; DudenFN 387; Gottschald 295; Grimm 11:1547; Krünitz 42:191 (Köblergut); Linnartz 121; Schmeller 1:1216

Kocher 1. 'Handwerker, Arbeiter, der Arbeitsmaterial, wie Leim, Mörtel u.a., zubereitet'. 2. 'Bergarbeiter im Schmelzwerk' ❖ mhd. *kocher, kochære* Ableitung zu *kochen*
FN: Kocher
W: °Leimkocher, Mörtelkocher, °Seifenkocher, Zuckerkocher
Syn: Seifensieder

Lit: DudenFN 388; Hornung (1989) 89

Koddener ↗ Köter

Kodener ↗ Köter

Köersener ↗ Kürschner

Kofentbrauer ↗ Konventbierbrauer

Kohlbauer ↗ Kohlenbauer

Kohlbrenner ↗ Kohlenbrenner

Kohlenbauer Kohlbauer 1. 'Bauer, der [im Nebenerwerb] Kohle herstellt'. 2. 'Bauer oder Fuhrunternehmer, der die gebrannte Kohle von den Meilern zu den Abnehmern oder zum Handelsplatz transportiert'
Syn: Köhler

Lit: Adelung 2:1683; Barth 1:528; Grimm 11:1581, 1586; Krünitz 43:263

Kohlenbrenner Kohlbrenner, Kolenburner; lat. *carbonarius* ↗ 'Köhler'
FN: Kohlbrenner, Kohlenbrenner
W: Brenner
Syn: Kohlenschweler, Köhler

Lit: Adelung 2:1684; Barth 1:528; Gottschald 297; Grimm 11:1581, 1586; Hartmann (1998) 236; Krünitz 43:10; Linnartz 122; Pies (2005) 89

Kohlenknecht Kohlknecht 'Gehilfe des Köhlers'
W: KNECHT

Lit: Adelung 2:1687; Barth 1:529; Grimm 11:1588, 1594; Kehr (1964) 250; Krünitz 43:264

Kohlenmeister Kohlmeister, Kolmeister, Kolmester 'Beamter, der die Förderung von und den Handel mit Kohle beaufsichtigt'
W: Meister

Lit: DRW 7:1167; Idiotikon 4:518

Kohlenmesser Khollmesser, **Kohlmesser, Kolenmeßer** 'Beamter, der die Kohle beim Aufladen und Abladen misst'; er wurde zu gleichen Teilen vom Käufer und Verkäufer entlohnt

W: *Messer*

Lit: Adelung 2:1685; Ast/Katzer (1970) 101; Barth 1:529; Grimm 11:1589; Krünitz 43:265

Kohlenschütter Kohlschütter 'Person, die in den Hammerwerken oder Salzbergwerken für die Beschaffung der Kohle verantwortlich ist'

W: *Schütter*

Lit: Barth 1:529; Grimm 11:1590, 1598; Krünitz 43:266; Zedler 15:1424

Kohlenschweler 'Köhler, der die Kohle durch langsames Glosen herstellt'; meist gleichbedeutend mit *Köhler*, da das *Schwelen* die wichtigste Methode war ❖ mnd. *swelen* 'dörren; ohne Flamme brennen'

W: *Schweler*

Syn: Kohlenbrenner, Köhler

Lit: Barth 1:529; Grimm 11:1590

Kohlenstürzer Kahlstörter, **Kalenstorter, Kolstorter** 'Kohlenträger'; norddt. ❖ zu mhd. *stürzen, sturzen* 'stürzen, umwenden'; zu mnd. *storten* 'umstürzen, ausschütten'

W: *Stürzer*

Vgl: Ausstürzer

Kohlenvogt Kohlvogt 'beamtete Hilfskraft beim Kohlenhandel'; er führte die Aufsicht bei der Verladung und übte gewisse Aufgaben als Ordnungsmacht aus, daher auch als *Büttel* oder *Ausrufer* bekannt

W: *Vogt*

Lit: DRW 7:1168

Kohler ↗ Köhler

Köhler Kohler, Koler, Koller; lat. *carbonarius* 'Handwerker, der Holzkohle in Meilern oder Gruben durch Schwelen oder Brennen herstellt'; früher weit verbreitetes Gewerbe, in Waldnähe angelegt, heute noch in musealen Resten betrieben oder wiederbelebt ❖ mhd. *koler* 'Köhler, Kolenbrenner'

FN: Kohler, Köhler, Kohlert, Köhlert, Koller, Köller (die letzten beiden können auch zu *Goller, Koller* 'Lederharnisch' gehören), Kähler, Kählert, Kehler, Kehlert (die Formen mit *-a-, -ä-, -e-* sind niederdt.)

Syn: Kohlenbauer, Kohlenbrenner, Kohlenschweler, Meiler

Lit: Adelung 2:1686; Ast/Katzer (1970) 28; Barth 1:529; Diefenbach 99; DRW 7:1168; DudenFN 362, 389; Frühmittellat. RWb (Adj.); Gottschald 297; Grimm 11:1590; Haid (1986); Hornung (1989) 84; Kehr (1964) 250; Krünitz 43:266; Kunze 159; Linnartz 123; Palla (2010) 112; Pies (2005) 89; Reith (2008) 112, 125; Schraml (1930) 185, 225; Vieser/Schautz (2010) 91

Kohlfachter ↗ Fächter

Kohlgärtner lat. *olitor* **1.** 'Kleinbauer, der Weißkohl und Gemüse anbaut'; *Gärtner* steht regional auch für einen Kleinbauern. **2.** 'Gärtner, der mit Gemüse handelt'

FN: Kohlgardt, Kohlkart, Kolkart

W: *Gärtner*

Syn: Kabisbauer, KLEINBAUER*, Küchengärtner

Ggs: Kunstgärtner, Lustgärtner

Lit: Adelung 2:1687; Barth 1:529; Diefenbach 395; Gottschald 296; Grimm 11:1593; Krünitz 52:755

Kohlhöker ↗ Höker

Kohlknecht ↗ Kohlenknecht

Kohlmeister ↗ Kohlenmeister

Kohlmesser ↗ Kohlenmesser

Kohlschütter ↗ Kohlenschütter

Kohlvogt ↗ Kohlenvogt

Köhrherr ↗ Körherr

Kohtbruwer ↗ Keutenbrauer

Kohtsaß ↗ Kotsasse

Kokenbecker ↗ Kuchenbäcker

Kolenburner ↗ Kohlenbrenner

Kolenmeßer ↗ Kohlenmesser

Koler ↗ Köhler

Kollaborator Collaborator **1.** 'Lehrer in der unteren Rangordnung, Anfänger'; an einem Gymnasium oder einer Lateinschule, 18., 19. Jh. **2.** 'Pfarreranwärter, der bis zur Anstellung im Kirchendienst als Lehrer arbeitetet' ❖ Ableitung von lat. *collaborare* 'mitarbeiten'
Syn: LEHRER*

Lit: Barth 1:530; Grönhoff (1966) 47; Herder (1856) 2:159; Kaltschmidt 194

Kollega Collega; lat. *collega* **1.** 'Lehrer an einer Lateinschule oder an einem Gymnasium'. **2.** 'Berufskollege'; als Anrede in bestimmten Fachgebieten ❖ lat. *collega* 'Amts-, Standesgenosse'
W: °Schulcollega
Syn: LEHRER*

Lit: Adelung 1:1340; Barth 1:156; Diefenbach 132; DudenFW 725; Grimm 2:630 (College)

Kollektant ↗ Kollektor

Kollekteur ↗ Kollektor

Kollektor Collecteur, Collector, Kollektant, Kollekteur; lat. *collector* 'Person, die Geld eintreibt'; z.B. Steuern, Spenden und Lotterielose; *Lottokollektur* war bis ins 20. Jh. in Österreich üblich ❖ Ableitung von lat. *collectus*, Partizip zu lat. *colligere* 'sammeln'
W: Lottokollektor
Syn: STEUEREINNEHMER

Lit: Barth 1:530; Kaltschmidt 195

Koller ↗ Köhler

Kollermacher Gollermacher, Gollerschneider, Kollerschneider 'Handwerker, der Koller herstellt'; *Koller* bezeichnet zu verschiedenen Zeiten unterschiedliche Bekleidungsteile: im Mittelalter einen Hals- und Schulterschutz der Rüstung, für Frauen ein Tuch um Schulter und Brust, später einen breiten Kragen oder eine ganze Jacke. Im 17. Jh. wurde es in der vornehmen Gesellschaft Mode, Wams, Hose und Wehrgehänge von feinem Leder in kunstvoller Arbeit zu tragen, die von den Kollermachern hergestellt wurden. ❖ zu mhd. *koller*, beeinflusst von mhd. *kollier, gollier* 'Halsschutz, -bekleidung' und altfranz. *collier*, aus spätlat. *collarium* 'Halsschutz'
Syn: Kollerstepper

Lit: Adelung 2:1693 (Koller); Barth 1:531; Grimm 11:1617; Kluge 514 (Koller); Krünitz 43:414 (Koller)

Kollerschneider ↗ Kollermacher

Kollerstepper Gollerstepper, Gollerstöpper, Kollerstöpper ↗ 'Kollermacher'
W: Stepper
Syn: Kollermacher

Kollerstöpper ↗ Kollerstepper

Kollerwascher ↗ Kollerwäscher

Kollerwäscher Gollerwascher, Kollerwascher **1.** 'Gerber, der das Leder vor der weiteren Verarbeitung reinigt'. **2.** 'Person, die Koller (Lederjacken, Lederkragen) reinigt' ❖ ↗ Kollermacher
W: Wäscher

Lit: Barth 1:531; Grimm 11:1620

Kolletschneider ↗ Kollettschneider

Kollettschneider Collettschneider, Kolletschneider 'Schneider, der Kollets anfertigt'; das sind lederne Koller (↗ Kollermacher) oder Reiterjacken ❖ zu franz. *collet* 'Halskragen', aus franz. *col*, lat. *collum* 'Hals'
W: SCHNEIDER

Lit: DudenFW 726 (Kollett); Grimm 2:630 (Collet); Grimm 11:1620 (Kollet); Krünitz 8:224; Krünitz 43:461 (Kollet)

Köllmer ↗ Kölmer

Kolmeister ↗ Kohlenmeister

Kölmer Cölmer, Köllmer 'freier Bauer, nichtadeliger Gutsbesitzer'; der Ursprung liegt in Preußen in der Zeit des deutschen Ordens, als Bauern als Belohnung für Kriegsdienste im Ordensland Bauernhöfe mit bestimmten Rechten erhielten. Später wurden Kölmer gleich wie Freibauern behandelt und bildeten einen eigenen Stand über den Bauern. Auch in verschiedenen Verbindungen mit *Kölmisch*, z.B. *Kölmische Leute, Kölmischer Erbsasse/Freisasse, Kölmischer Gutsbesitzer/Krüger/Müller/Schulze*; zu *kulmisches Recht*, benannt nach der Stadt *Kulm*; es entspricht dem Magdeburgischen Schöffenrecht aus dem 14. Jh., das z.B. die volle Gütergemeinschaft zwischen Eheleuten bei Bürgern und Bauern gesetzlich festschreibt
FN: Kölmer, Köllmer, Koelmer
Syn: Freibauer

Lit: Barth 1:531; DRW 7:1179; Gottschald 298; Grimm 11:1621; Krünitz 43:461; Linnartz 123; Pies (2005) 24

Kolmester ↗ Kohlenmeister

Kolonialist ↗ Kolonist

Kolonieschulze 'Schulze in einer Gemeinschaft von Zuwanderern'; 18. Jh., Ostpreußen ❖ im 16. Jh. entlehnt aus lat. *colonia*, von lat. *colonus* 'Bauer, Ansiedler'
W: *Schulze*

Lit: Kluge 515 (Kolonie)

Kolonist Colonist, Kolonialist 'Siedler, der im 18. Jh. in Westdeutschland für Ost- und Westpreußen angeworben wird und einen Viertelhof zugeteilt bekommt' ❖ engl. *colonist*, Ableitung von *colony*, aus lat. *colonia* 'Kolonie'
Syn: Anbauer, *BAUER*, Neubauer, Neugebauer

Lit: Barth 1:531; Pies (2005) 24

Kolorist Colorator, Colorist; lat. *colorator* 1. 'Künstler, der Zeichnungen, Drucke und Photos mit Farben ausmalt'. 2. 'Maler, der vor allem die Farbgebung betont' ❖ zu ital. *colorire* 'färben, ausschmücken', aus lat. *colorare* 'färben'

Lit: Barth 1:532; Kluge 515 (kolorieren, Kolorit); Krünitz 8:242

Kolporteur Colporteur 'fliegender Händler, Hausierer, der Zeitungen und Bücher vertreibt'; in der Bedeutung 'Zeitungsverkäufer auf der Straße oder in Gaststätten' noch heute in Österreich üblich ❖ zu franz. *colporter* 'herumtragen, zusammentragen', aus lat. *comportare* 'zusammentragen'; die Form *Kol-* ist angelehnt an ital. *collo portare* 'am Hals tragen'

Lit: Barth 1:532; DudenGWDS; Ebner (2009) 212; Kluge 515

Kölschenweber Goelschenweber, Golschenweber, Gölschenweber, Kölschweber 'Weber, der Golsch herstellt'; d.i. ein Baumwoll- oder Leinenstoff mit blauen Streifen oder Würfelmuster, auch eine Art von Barchent, bes. in Südwestdeutschland und in der Schweiz hergestellt ❖ zu mhd. *kölnisch, köllisch, kolsch, kölsch* zu *Köln*, das im Mittelalter ein Zentrum des Handels war
W: *WEBER*

Lit: Grimm 8:878 (Golsch); Grimm 11:1622 (Kölsch); Idiotikon 3:246 (chöltsch); Idiotikon 15:103 (Kölsch); Krünitz 19:584 (Golsch); Schmeller 1:893 (Golisch, Golsch, Kölisch)

Kölschweber ↗ Kölschenweber

Kolstorter ↗ Kohlenstürzer

Koltenmacher Goltermacher, Koltenmaker, Koltenmeker, Koltermacher ↗ 'Kolterer'
Syn: Koltenschneider, Kolterer

Lit: Barth 1:532; Schiller-Lübben 2:520

Koltenmaker ↗ Koltenmacher

Koltenmeker ↗ Koltenmacher

Koltenschneider Koltensnider 'Handwerker, der Steppdecken herstellt'
W: *SCHNEIDER*
Syn: Koltenmacher, Kolterer

Koltensnider ↗ Koltenschneider

Kolterer Golterer 'Handwerker, der Kolter ([Stepp]decken) herstellt'; das Wort *Kolter* für 'Decke, gesteppte Bettdecke' ist regional noch heute gebräuchlich, im Kärntner Dialekt als *Kulter, Gulter*, dort vermutlich aus dem Friulanischen entlehnt ❖ mnd. *koltenmeker* 'der Kolten verfertigt'; mnd. *kolte* 'Decke, worauf man sitzt oder liegt, Matratze'; mhd. *kolter, kolte, kulter* 'gefütterte Steppdecke', aus altfranz. *coultre, coltre* aus lat. *culcita* 'Polster, Matratze'
FN: Kolter, Kolterer, Kulterer, Golter, Golther
Syn: Koltenmacher, Koltenschneider

Lit: Adelung 2:1695; DudenFN 391; Gottschald 298; Hornung (1989) 88; Kluge 515 (Kolter); Linnartz 80, 123; Palla (1994) 388; SteirWb 299

Koltermacher ↗ Koltenmacher

Koluchtenmaker ↗ Kuhluchtenmacher

Kolzenmacher ↗ Kolzer

Kolzenschneider 'Schneider, der einfache [Arbeits]hosen herstellt' ❖ ↗ Kolzer
W: SCHNEIDER
Syn: Kolzer

Lit: Pies (2005) 148

Kolzer Kolzenmacher, Kölzer 'Handwerker, der Kolzen herstellt'; das ist ein mittelalterliches Kleidungsstück, das sowohl die Füße als auch die Beine bedeckt. Insofern kann der Hersteller im weiteren Sinn sowohl unter die Schneider als auch unter die Schuster fallen ❖ zu mhd. *kolze, golze* 'eine Fuß- und Beinbekleidung wie Hosen, Schuh, Stiefel', aus romanisch *calezon, chausson*, altfranz. *chauce* über das Niederländische ins Deutsche; vgl. *calzo, calzone*, lat. *calceus* 'Stiefel'
FN: Kolzer, Kölzer, Koelzer, Kolzen
Syn: Kolzenschneider, SCHNEIDER, SCHUSTER

Lit: Barth 1:532; BMZ 1:858; DudenFN 391 (Kölzer); Gottschald 298 (Kölzer); Linnartz 123; Maurer / Rupp (1977) 1:337; Pies (2005) 9 (Kölzer), 146

Kölzer ↗ Kolzer

Kommeder ↗ Kummeter

Kommerzierender Commercierender, Commercirender 'Bürger, der Handel treibt'; auch *commerzierender Bürger* ❖ zu franz. *commerce* 'Handel', aus lat. *commercium, merx* 'Ware, Preis der Ware'
Syn: KRÄMER

Lit: Grönhoff (1966) 25

Kommetmecher ↗ Kummeter

Kommetsattler ↗ SATTLER

Kommis Commis 'Handelsgehilfe' ❖ franz. *commis*, Ableitung von *commettre* 'beauftragen', aus lat. *committere* 'verbinden, anvertrauen'
W: Handlungskommis
Syn: Handelsgeselle, Kaufdiener, Kaufgeselle

Lit: Barth 1:533; DudenFW 733

Kommissbäcker Commisbäcker, Commissbäcker, Commißbecker 'Bäcker, der für das Militär backt' ❖ zu *Kommiss* 'Militär', seit 16. Jh., urspr. 'Heeresvorräte', aus mlat. *commissa*, Plural von lat. *commissum* 'anvertrautes Gut'
W: BÄCKER*

Lit: Barth 1:533; DudenEtym 430

Kommissschreiber Comißschreiber 'Verwaltungsbeamter bei der Truppe' ❖ ↗ Kommissbäcker
W: Schreiber

Komödiant Comödiant; lat. *comoedus* 'Schauspieler'; urspr. allgemein für Schauspieler, heute im übertragenen Sinn für eine 'Person, die gern übertreibt' oder für Schauspieler, die bes. auf komische Wirkung abzielen, sowie für die Darsteller auf historischen Wanderbühnen ❖ ital. *commediante*, zu ital. *commedia* 'Komödie'; unter Einfluss von engl. *comedian* übernommen
Syn: Akteur, Mimus

Lit: Adelung 2:1701; Barth 1:534; DudenGWDS; Grimm 11:1683; Pies (1977) 4, 42, 195, 220

Kompasmaker ↗ Kompastmacher

¹Kompastmacher Compasmacher, Compasmaker, Kompasmaker, Kumpastenmacher 'Handwerker, der Kompasse und Messgeräte für die Schifffahrt herstellt; Kompassmacher' ❖ zu *Kompass* aus ital. *compasso* 'Zirkel'; bes. im 16. Jh. oft in der Form *Compast*

Lit: Barth 1:535; Grimm 2:632 (Compas); Krünitz 8:281 (Compaß)

²Kompastmacher ↗ Kompostmacher

Kompastor Compastor; lat. *compastor* 'einem Hauptpastor beigestellter zweiter Pastor'; kommt im veralteten Sprachgebrauch noch vor ❖ *Pastor* ist die vor allem norddt. Bezeichnung für den evangelischen Pfarrer; zu lat. *pastor* 'Hirt' und Vorsilbe *con-* 'mit-'

Lit: Barth 2:65; DudenFW 736

Komper ↗ Kumper

Kompgenger ↗ Kumpgänger

Kompknecht ↗ Kumpknecht

Kompostmacher Gumpostmacher, Kompastmacher 'Person, die die Stadt mit pflanzlichen Nahrungsmitteln, wie Kohl, Kraut und Rüben, versorgt'; dazu die verschiedenen Formen *Kumpost, Gumpost; Kompostkraut, Kumpaskraut* usw. Unter *Kompost* verstand man urspr. alles Eingelegte, bes. eingemachtes Kraut, eingemachte Früchte. *Gumpes, Gumpost* war eine Bauernspeise aus eingemachten Kohlköpfen. Die heutige Bedeutung 'Düngererde' entstand in England und bedeutete 'Mischdünger' ❖ lat. *compositum*, Partizip zu *componere* 'zusammenlegen, -stellen'; mhd. *kumpost, kompost, kompest* 'Eingemachtes überhaupt, bes. Sauerkraut'

Lit: Grimm 11:1686, 1688, 2612; Kluge 520; Palla (1994) 170; Schmeller 1:915, 1252

Komyder ↗ Kummeter

Konducteur ↗ Kondukteur

Konduktansager Conductansager 'Person, die einen Todesfall verkündet und zum Begräbnis und zum Leichenschmaus einlädt'; bes. österr. ❖ zu mlat. *conductus* 'Schutz, Geleit', Partizip zu lat. *conducere* 'geleiten'. Die Bedeutung 'feierliches Geleit, Gefolge' wurde bes. auf Begräbnisse angewandt, später aber vom Leichenzug auf das Totenmahl übertragen
W: Ansager
Syn: LEICHENBITTER

Kondukteur Conductor, Conduktor, Konducteur, Konduktor 1. 'Verantwortlicher für das öffentliche Bauwesen; Bauführer'. 2. 'Feldmesser'. 3. 'Schaffner in Post- und Eisenbahnwagen'; für 'Schaffner' in der Schweiz noch gebräuchlich. 4. 'Pächter, Lehensnehmer' — Die verschiedenen Formen bzw. Schreibungen gelten nicht immer für alle Bedeutungen und lassen sich nicht klar den Bedeutungen zuordnen ❖ 1.–3. aus franz. *conducteur* 'Leiter, Aufseher' aus *conduire* 'führen, lenken'; zu lat. *conducere* 'zusammenführen; mieten, pachten'; 4. direkt aus lat. *conductor* 'Mieter, Pächter'
W: Baukondukteur, Gartenkondukteur, Postkondukteur

Lit: Barth 1:536; DudenFW 742; Kaltschmidt 209; Kluge 521

Konduktor ↗ Kondukteur

Konfektbäcker Confectbäcker 'Konditor'; ausgehend vom Wiener Hof ersetzten die *Konfektbäcker* die *Lebzelter* ❖ zu mlat. *confectum* 'Zubereitetes', Partizip zu *conficere* 'verfertigen, ausführen'
W: BÄCKER*
Syn: ZUCKERBÄCKER

Lit: Galler (1981); Kluge 521 (Konfekt)

Konfektmacher 'Konditor, der Pralinen u.Ä. herstellt'; konnte seit dem 16. Jh. kandierte

Früchte herstellen, vorher war der Handel mit Zucker den Apotheken vorbehalten
Syn: ZUCKERBÄCKER

Lit: Barth 1:536; Galler (1981)

König 'Person, die in irgendeiner Weise eine Funktion ausübt, für die sie zuständig ist, in der sie eine gewisse Macht ausüben kann'; in Zusammensetzungen als Euphemismus gebraucht, z. B. *Nachtkönig* (Abtritträumer); noch im 20. Jh. als Geschäftsbezeichnung wie *Knopfkönig* (Kurzwarenhandlung), *Zauberkönig* (Geschäft für Zauberutensilien, Spielwaren)
W: Nachtkönig, Schelmenkönig, Schundkönig, Speckkönig, Spielleutekönig, Wappenkönig

Lit: Höfer 2:279

Konsistorialschreiber Konsistorienschreiber 'Verwaltungsbeamter, Büroangestellter in einem Konsistorium'; d. i. in der evangelischen Kirche die für die kirchliche Verwaltung zuständige landesherrliche Behörde; weitere Bedeutungen in der katholischen Kirche ❖ zu spätlat. *consistorium* 'Beratungszimmer, Kabinett', aus kirchenlat. *consistorium* 'Versammlung, Versammlungsbehörde'
W: *Schreiber*

Lit: Barth 1:539; DRW 7:1254 (Konsistorienschreiber); DudenFW 750

Konsistorienschreiber ↗ Konsistorialschreiber

Konstabel ↗ Konstabler

Konstabler Constabel, Constabler, Constafler, Constofler, Konstabel, Kunstabler, Kunstställer 1. 'Aufseher, Befehlshaber über die Geschütze'. 2. ↗ 'Feuerwerker'. 3. 'Polizist'. 4. 'Vorsteher, Leiter'; im allgemeinen Sinn ❖ mlat. *constabulus*, lat. *comes stabuli* 'oberster Stallmeister'
Syn: STÜCKMEISTER

Lit: Adelung 1:1348; Barth 1:540; Grimm 11:1742; Hansen (1975)

Konterfeier ↗ Conterfeier

Konterfetter ↗ Conterfeier

Konthormacher ↗ Kontormacher

Kontormacher Konthormacher, Kunthormaker, Kuntormaker 'Schreiner, Tischler, bes. für Büromöbel'; die urspr. Bedeutung von *Kontor* ist '[Auszieh]tisch zum Zahlen und Rechnen', die zu 'Ladentisch, Schrank für Urkunden', später 'Schreibstube, Geschäftsräume' und schließlich 'Handelsniederlassung' erweitert wurde ❖ zu franz. *comptoir* 'Schreibstube, Rechentisch', aus lat. *computare* 'rechnen', über das Niederld. und Niederdt. entlehnt; mnd. *kuntôr* 'Schreib-, Zähltisch'
Syn: TISCHLER

Lit: Adelung 1:1348 (Contor); Kluge 527 (Kontor); Krünitz 8:339 (Contoir); Pies (2005) 150; Reith (2008) 212; Schiller-Lübben 2:600; Volckmann (1921) 176; Weigand 1:325

Kontributionseinnehmer 'Beamter, der Kontributionen einkassiert'; d. s. urspr. Grund- und Verbrauchssteuern, später eine Zwangsabgabe, bes. als Kriegsentschädigung in besetzten Gebieten ❖ zu spätlat. *contributio* 'gleichmäßiger Beitrag', zu *contribuere* 'dazulegen, beisteuern', lat. *tribuere* 'zuteilen, einteilen', lat. *tribus* 'Abgabe, bes. die ein besiegtes Volk dem Sieger zu zahlen hat'
W: Einnehmer

Lit: Adelung 1:1349 (Contribution); Barth 1:542; DRW 7:1270; Krünitz 8:364 (Contribution)

Konventbierbrauer Conventbrauer, Coventbrauer, Kofentbrauer 'Brauer, der dünnes Bier durch Aufguss auf die Treber herstellt'; wurde in Klöstern oder als Haustrunk an das Gesinde ausgeschenkt ❖ zu *Konvent*, da es meist in Klöstern gebraut wurde
W: BIERBRAUER*
Syn: Halbbierschenker, Wasserbrauer

Lit: Grimm 11:1576 (Kofentbrauer); Brandl/Creutzberg (1976) 168

Konzipist Concipist, Conzipist 'untergeordneter Beamter, der Akten in ein Ordnungssystem bringt und eine Zusammenfassung erstellt; Konzipient'; kommt im veralteten Sprachgebrauch noch vor; Ableitung von *Konzept* mit der bei Personenbezeichnungen häufigen Endung *-ist* ❖ zu lat. *concipere* 'zusammenfassen'

Lit: DudenFW 763; Petri 188

Koogschreiber Koogsschreiber 'Verwaltungsbeamter in einem Koog'; d.i. ein Land, das durch Eindeichung gewonnen wurde; norddt. ❖ aus dem Niederländischen, Herkunft unklar
W: *Schreiber*

Koogsschreiber ↗ Koogschreiber

Kopdreyer ↗ Kopfdreier

Kopenhauer 'Handwerker, der Gefäße aus Holz, z.B. Becher, herstellt; Böttcher'; niederdt. ❖ zu mnd. *kop, koppe* 'Becher'; mnd. *kope, kupe* 'Kufe, großes (offenes) Fass', *kuper* 'Fassbinder'; niederdt. Form von *Küfer*
W: HAUER
Syn: KLEINBÖTTCHER*

Lit: Barth 1:543; Schiller-Lübben 2:602

Kopenschopper Koppenschopper 'Böttcher, der Holztröge herstellt'; urspr. Handwerker, Böttcher, der die Fässer abdichtet ❖ zu mnd. *kope, kupe* 'Kufe, großes (offenes) Fass', *kuper* 'Fassbinder'; niederdt. Form von *Küfer*; zu mhd. *schopper* 'Schiffszimmermann'; mhd. *schopfen, schoppen* 'stopfen'. Das *Schoppen* war das Verstopfen der Fugen beim Schiffbau
W: *Schopper*
Syn: BÖTTCHER

Lit: Barth 1:544

Koper Köper 'Händler'; niederdt. Form von *Käufer* (in der allgemeinen Bedeutung 'Händler') ❖ mnd. *kopere* 'Käufer'
W: *Krosekoper, Schullenköper, Vetkoper*

Lit: Hermann-Winter (2003) 158; Schiller-Lübben 2:528

Köper ↗ Koper

Kopfdreher 'Drechsler, der ein kugel- oder halbkugelförmiges Trinkgefäß herstellt; Kopfdrechsler'; zu *Kopf* i. S. v. 'Trinkgefäß'; zu mnd. *kop* 'Becher'
W: *Dreher*
Syn: DRECHSLER, Kopfdreier

Lit: Barth 1:534; Grimm 11:1772; Schmeller 1:1274 (Kopf)

Kopfdreier Kopdreyer ↗ 'Kopfdreher, Kopfdrechsler' ❖ zu mnd. *dreier* 'Dreher, Drechsler', zu mnd. *dreien, dreigen* 'drehen'
W: *Dreier*
Syn: Kopfdreher

Lit: Schiller-Lübben 2:524; Schmeller 1:1274 (Kopf)

Köpfeler Köpfler 1. 'Person, die Aderlässe durchführt'; zu *(Schröpf)köpfe setzen*, dabei wird ein Gefäß, der *[Schröpf]kopf*, beim Aderlassen (Schröpfen) auf die eingeritzte Wunde gesetzt. 2. 'Schweinekastrierer'
Syn: KASTRIERER, Kopfsetzer

Lit: Grimm 11:1772

Köpfler ↗ Köpfeler

Kopfsetzer Kopsedder 'Heilpraktiker, der Schröpfköpfe setzt oder zur Ader lässt'; kurz für *Schröpfköpfe-Setzer*
W: *Setzer*
Syn: Köpfeler

Lit: Grimm 11:1779 (kopfsetzen)

Kopist Copiist, Copist 'Person, die berufsmäßig Texte und Dokumente abschreibt' ❖ zu mlat. *copista* aus lat. *copia* 'Fülle, Vorrat, Menge'
Syn: Abschreiber, Bogenschreiber, Tagschreiber

Lit: Barth 1:544; Grimm 2:636; Krünitz 8:380

Koppelknecht 'Gehilfe eines Perdehändlers, der die zu einer *Koppel*, einem Verband, zusammengestellten Pferde zum Markt führt' ❖ zu mhd. *kuppel, kupel, koppel, kopel* 'Band, Verbindung; durch eine Koppel Verbundenes: Hunde; Revier, an dem mehrere

gleiches Recht haben, bes. für Weide', aus lat. *copula, copulum, cupla* 'Einigung, Verbund'
W: KNECHT

Lit: Barth 1:544; Diefenbach 149; Grimm 11:1787

Koppenschopper ↗ Kopenschopper

Kopperschläger ↗ Kupferschläger

Koppersleger ↗ Kupferschläger

Koppersmid ↗ KUPFERSCHMIED

Koppersmit ↗ KUPFERSCHMIED

Koppirsmid ↗ KUPFERSCHMIED

Kopsedder ↗ Kopfsetzer

Korallendrechsler ↗ *Drechsler*

Korallenmacher **1.** 'Beindrechsler, der aus gebeizten Knochen unechte Korallen herstellt'. **2.** 'Drechsler, der Rosenkränze herstellt'
Syn: DRECHSLER, Patermacher

Lit: Grimm 11:1795; Krünitz 44:461

Korber ↗ KÖRBER

KÖRBER Corber, Kerbler, Korber, Körbler, Körver; lat. *corbo* 'Korbmacher, Korbflechter'; die Form *Korber* ist heute bes. in der Schweiz verbreitet ❖ mhd. *korber* 'Korbmacher'
FN: Korber, Körber, Körbler, Kerber, Kerbl, Kerbler, Körver, Koerver, Körfer
Syn: Felbenweber, Flechtenmacher, Korbzainer, Krattenmacher, Kratzenmacher, Lischkenmacher, Mandenmacher, Zainenmacher, Zainer, Zeckermacher, Zistler

Lit: Barth 1:544; Diefenbach 150; DudenFN 371, 393; Gottschald 299; Grimm 11:1805; Idiotikon 3:455; Palla (1994) 400; Pies (2005) 89

Körbler ↗ KÖRBER

Körblzäuner ↗ Korbzainer

Korbwäscher 'Person, die in den Salzbergwerken die Salzkörbe reinigt'; meist von Frauen ausgeübt
W: *Wäscher*

Lit: Barth 1:544; Grimm 11:1807; Zedler 15:1511

Korbzainer Kerbizäuner, Kerbizeuner, Kirmzäuner, Kirmzeuner, Körblzäuner, Korbzäuner, Kürbenzainer, Kürbenzäuner, Kürbenzeiner, Kürbenzeinerl; lat. *vitor* 'Korbflechter, bes. für Tragkörbe' ❖ zu mhd. *zeine* 'Geflecht aus Zeinen, Korb', zu mhd. *zein* 'Reis, Rute, Rohr, Stäbchen, Stab'; zu mhd. *korp, kürbe* 'Korb'
W: Zainer
Syn: KÖRBER

Lit: Barth 1:570; Volckmann (1921) 177

Korbzäuner ↗ Korbzainer

Kordawoner ↗ Korduaner

Kordelmacher Kurdelmacher; lat. *cordarius* 'Seiler' ❖ urspr. niederdt.; zu mnd. *kordel*, aus franz. *cordelle* 'kurzes Seil', Diminutiv von *corde* 'Seil, Schnur'
Syn: SEILER

Lit: Barth 1:544; Linnartz 124; Pies (2005) 157; Schiller-Lübben 2:536

Kordewanbereder ↗ Korduanbereiter

Kordewaner ↗ Korduaner

Kordewansbereider ↗ Korduanbereiter

Kordowander ↗ Korduaner

Kordowaner ↗ Korduaner

Korduan ↗ Korduaner

Korduanbereiter Corduanbereiter, Kordewanbereder, Kordewansbereider ↗ 'Korduangerber'
W: *Bereiter*
Syn: KORDUANGERBER

Lit: Campe 1:528 (Bieren)

Korduaner Cordewander, Cordewaner, Corduaner, Kordawoner, Kordewaner, Kordowander, Kordowaner, Korduan, Kuderwanner, Kurdewaener, Kurdewaner, Kurdewener; lat. *corduanarius, corduanatarius* **1.** ↗ 'Korduangerber'. **2.** 'Schuhmacher, der vor allem feines Korduanleder verarbeitet'
FN: Kordewan, Korduan, Kordian, Cordua, Corduan, Cordonnier, Cordewener, Corduwener
Syn: Gerber*, Korduangerber, Schuster

Lit: Brandl/Ceutzberg (1976) 98; Gottschald 143; Grimm 11:1808; Krünitz 8:383; Linnartz 124; Palla (2010) 128; Pies (2005) 58; Reith (2008) 82; SteirWb 404; Volckmann (1921) 57

Korduangerber Corduangerber 'Gerber, der Korduan herstellt'; d. i. ein weiches Ziegen- oder Schafleder, das oft für Bucheinbände verwendet wurde ❖ mhd. *corduwân, kurdewân* 'Corduan[schuh]', aus altfranz. *corduan* 'Leder, Schuhwerk', zu *Cordouel*, franz. Name der spanischen Stadt *Córdoba*
W: Gerber*
Syn: Korduanbereiter, Korduaner, Lascher, Ledertauer, Löscher, Löschmacher, Raufer, Rotlöscher, Rußfärber, Schwarzfärber, Schwarzgerber

Lit: DudenFW 765; Grimm 11:1808 (Korduan); Krünitz 8:383 (Corduan)

Korduanmacher Corduanmacher **1.** ↗ 'Korduangerber'. **2.** 'Schuhmacher, der Korduanleder verarbeitet'
Syn: Gerber*, Schuster

Lit: Barth 1:545; Grimm 11:1808; Krünitz 8:384; Zedler 6:

Körer 'Vorkoster' ❖ zu mhd. *kore, küre* 'Prüfung, prüfende Wahl', zu *kiesen* 'prüfend kosten, schmeckend prüfen', verwandt mir *Kür*
W: °Hofkörer

Lit: Schmeller 1:1284 (koren, kören)

Körherr Köhrherr 'Ratsherr, der auf dem Markt die einlangenden Lebensmittel kontrolliert'; norddt.; zu *Kör* 'Wahl, Bestimmung, Satzung, Strafgeld', verwandt mit *Kür* ❖ zu mhd. *kiesen* 'prüfen, versuchen; prüfend kosten, erkennen, herausfinden; auswählen'; mnd. *kore, kôr, kure, kûr* 'Entscheidung, Schiedsspruch; Geldstrafe'
W: Herr

Lit: Adelung 2:1689; Barth 1:545; Grimm 11:1809; Krünitz 43:268; Schiller-Lübben 2:533

Korkenmacher Korkmacher **1.** 'Pantoffelmacher'. **2.** ↗ 'Korkenschneider' — nach dem urspr. Material der Sohle bedeutet in Norddeutschland *Korke* 'Pantoffel'
W: Klotzkorkenmacher
Syn: Holzschuhmacher, Kurkeler

Lit: Barth 1:545; Grimm 11:1811 (Korke), 1812; Volckmann (1921) 164

Korkenschneider Korkschneider 'Person, die Gegenstände aus der Rinde von Korkeichen schneidet'; Kork wurde für Flaschen- und Gefäßverschlüsse, Pantoffelsohlen, Schwimmer für Bojen, Schwimmgürtel usw. verwendet ❖ zu *Kork* 'Rinde der Korkeiche', aus niederld. *kurk, kork*, über span. *corcho* aus lat. *cortex* 'Rinde'
W: Schneider
Syn: Pfropfenschneider

Lit: Barth 1:545; Grimm 11:1812; Kluge 532 (Kork); Palla (2010) 114

Korkmacher ↗ Korkenmacher

Korkschneider ↗ Korkenschneider

Körndlbauer 'Bauer, der vor allem Getreidebau betreibt'; bayr.-österr.; mit Nebenbedeutung 'Flachlandbauer'; *Körndl* ist eine Verkleinerung von *Korn*
W: Bauer
Ggs: Hörndlbauer

Lit: Ebner (2009) 216; OÖWb 156; WBÖ 2:586; Zehetner (2005) 213

Korndreger ↗ Kornträger

Korndregher ↗ Kornträger

Körner lat. *annonarius, frumentarius, frumentator* **1.** 'Beamter, der die Abgaben an Feldfrüchten einkassiert'. **2.** 'Verwalter des Kas-

tens, des Getreidespeichers'. **3.** 'Getreidehändler'. **4.** 'Münzmeister' ❖ 1.–3.: mhd. *körner* 'Kornaufkäufer'; mnd. *korner* 'der für das Getreide zu sorgen hat'; **4.** zu *Korn* 'Feingehalt der Münze'; nach dem feinen Silber *(Korn)*, das bei der Prüfung ausgeschieden und gewogen wird
FN: Körner, Korner
Syn: KORNHÄNDLER*, Kornkäufer, Kornmeister

Lit: Barth 1:545; Diefenbach 36; DRW 7:1312; DudenFN 394; Frühmittellat. RWb; Gottschald 300; Linnartz 124; Schiller-Lübben 2:538; Volckmann (1921) 197

Körnermeister ↗ Kornmeister

Körnermesser ↗ KORNMESSER

Korngrempler ↗ Grempler

KORNHÄNDLER* 'Getreidehändler'
Syn: Körner, Kornherr, Kornkapitän, Kornkäufer, Kornmann, Kornmeister, Kornmenger, Kornträger, Schrannengast

Kornharder 'Wächter, der Fluren, bes. von Getreide, vor Eindringlingen bewacht oder Tiere am Entweichen aus Einfriedungen hindert; Flur-, Feldwächter' ❖ zu mnd. *herder* 'Hirte'
W: Harder
Syn: FLURSCHÜTZ, Kornhüter

Lit: DRW 7:1318

Kornherr **1.** 'Ratsherr, der für die Aufsicht über das Marktwesen und die Getreidelager zuständig ist'. **2.** 'Getreidehändler'
W: Herr
Syn: KORNHÄNDLER*

Lit: Barth 1:545; DRW 7:1318; Grimm 11:1826

Kornhüter **1.** 'Beamter, der die Aufsicht über den Kornmarkt führt'. **2.** ↗ 'Kornharder'; vgl. *Kornhut* '[Pflicht zur] Bewachung der Getreidefelder'
W: Hüter
Syn: FLURSCHÜTZ, Kornharder

Lit: DRW 7:1319; Idiotikon 2:1797

Kornkäffl ↗ Käufel

Kornkapitän 'Getreidegroßhändler'; urspr. 'Großhändler, der zur See fährt'; oft mit der negativen Wertung als Wucherer
Syn: KORNHÄNDLER*

Kornkäufer **1.** 'Getreidehändler'; meist zunftmäßig organisiert oder unter öffentlicher Aufsicht; *Käufer* in der älteren allgemeinen Bedeutung 'Händler'. **2.** 'Beamter, der die Getreidelager und den -markt beaufsichtigt' ❖ mhd. *kornköufer* 'Kornhändler'
W: Käufer
Syn: Körner, KORNHÄNDLER*

Lit: Barth 1:546; DRW 7:1322; Grimm 11:1827

Kornkäufl ↗ Käufel

Kornkäufler ↗ *Käufler*

Kornleindreher ↗ Körnleindreher

Körnleindreher **Kornleindreher** 'Drechsler, der Rosenkranzperlen und Rosenkränze herstellt'; zu *Korn* in der urspr. Bedeutung 'kleiner rundlicher harter Körper, Kügelchen', erst später eingeengt auf Samenkorn und schließlich Getreidekorn
W: Dreher
Syn: Rosenkranzmacher

Lit: Grimm 11:1828 (Körnleinmacher); Hausbuch der Nürnberger Zwölfbrüderstiftungen; Krünitz 44:600 (Korn)

Kornmann **1.** 'Getreidehändler'; meist zunftmäßig organisiert. **2.** 'Getreidebauer'
FN: Kornmann, Kornemann
W: Mann
Syn: KORNHÄNDLER*

Lit: Barth 1:546; DRW 7:1325; DudenFN 394; Gottschald 300; Grimm 11:1828; Linnartz 124; Volckmann (1921) 197

Kornmeister **Körnermeister** **1.** 'Verwalter der öffentlichen Getreidespeicher'. **2.** 'Beamter, der die Naturalabgaben einhebt und verwaltet'. **3.** 'Getreidehändler'
W: Meister

Syn: Körner, KORNHÄNDLER*

Lit: Adelung 2:1726; Barth 1:546; DRW 7:1328; Grimm 11:1829; Krünitz 45:783; Volckmann (1921) 197

Kornmenger 'Kornhändler' ❖ mhd. *kornmanger, kornmangeler* 'Kornhändler'
W: *Menger*
Syn: KORNHÄNDLER*

Lit: Barth 1:546

Kornmess ↗ KORNMESSER

KORNMESSER Körnermesser, Kornmess, Kornmeter; lat. *granarius, metator, metator frumentarius* 'städtischer vereidigter Bediensteter, der das Getreide auf dem Markt misst und die verwendeten Hohlmaße kontrolliert'; Getreide wurde in Deutschland bis 1872, als einheitliche metrische Maße eingeführt wurden, nicht gewogen, sondern gemessen ❖ mhd. *kornmeʒʒer* 'vereidigter Kornmesser'; mnd. *meter* 'Messer; der (beeidigte) Korn-, Hopfenmesser'
FN: Kornmesser, Kornmeter (niederdt.), Kornmaß
W: *Messer*
Syn: Fruchtmesser, Fruchtschätzer, Kernenschätzer, Kornmutter, Kornrichter, Kornschätzer, Kornwerfer

Lit: Adelung 2:1726; Barth 1:546; Diefenbach 268, 359; DRW 7:1330; DudenFN 394; Frühmittellat. RWb; Gottschald 300; Grimm 11:1829; Krünitz 45:783; Linnartz 125; Riepl (2009) 235; Volckmann (1921) 197

Kornmeter ↗ KORNMESSER

Kornmotter ↗ Kornmutter

Kornmüller 'Betreiber einer Getreidemühle'; im Ggs. zur Säge-, Papier- oder Ölmühle
W: *Müller*
Syn: Mahlmüller

Lit: Adelung 2:1725; Grimm 11:1829; Krünitz 45:782

Kornmutter Kornmotter, Kornmütter 'städtischer vereidigter Bediensteter, der das Getreide auf dem Markt misst'
W: *Mutter*
Syn: KORNMESSER

Lit: Barth 1:546; DRW 7:1332; Grimm 11:1829

Kornmütter ↗ Kornmutter

Kornrichter 'städtischer vereidigter Bediensteter, der das Getreide auf dem Markt misst'
❖ mhd. *kornrihter* 'Kornmesser'
W: *Richter*
Syn: KORNMESSER

Lit: Barth 1:546; DRW 7:1335; Grimm 11:1829

Kornrührer ↗ 'Kornstecher'
Syn: Kornstecher, Kornwender, Kornwerfer

Lit: Barth 1:546

Kornschätzer 'amtlich eingesetzte Person, die den Wert des zum Verkauf gebrachten Getreides bestimmt'
W: *Schätzer*
Syn: KORNMESSER

Lit: Adelung 2:1726; Barth 1:546; Grimm 11:1830; Krünitz 46:72

Kornschauer Kornschouwer 'Beamter, der die Qualität des Getreides auf dem Markt prüft'
W: *SCHAUER*

Lit: DRW 7:1335

Kornschouwer ↗ Kornschauer

Kornschreiber 'Verwaltungsangestellter, der Lagerung und Verkauf des Getreides in den öffentlichen Speichern kontrolliert und die Buchhaltung führt; Gehilfe des ↗ Kornmeisters'
W: *Schreiber*
Syn: Fruchtschreiber

Lit: Adelung 2:1726; Barth 1:546; DRW 7:1337; Idiotikon 9:1541; Krünitz 46:72

Kornstecher Kornumstecher 'Kontrolleur im Kornspeicher, der für die fachgerechte Lagerung, bes. das Umwenden zwecks Lüftung, zuständig ist'
W: *Stecher*
Syn: Kornrührer, Kornwender, Kornwerfer

Lit: Altstaedt (2011) 17; Barth 1:546

Kornträger **Korndreger, Korndregher 1.** 'vereidigte Person, die die Getreidezustellung innerhalb der Stadt besorgt'. **2.** 'Arbeiter, der das Korn aus den Schiffen in die Lager der Getreidehändler trägt'
W: *Träger*
Syn: KORNHÄNDLER*

Lit: Barth 1:546; DRW 7:1340

Kornumstecher ↗ Kornstecher

Kornut ↗ Cornut

Kornute ↗ Cornut

Kornwächter 1. 'Person, die die Getreidelager bewacht'. **2.** 'Wächter, der Fluren, bes. von Getreide, bewacht; Flur-, Feldwächter'
W: *Wächter*
Syn: FLURSCHÜTZ

Lit: DRW 7:1342

Kornwärter 'Wächter, der Fluren, bes. von Getreide, bewacht; Flur-, Feldwächter'
W: *Wärter*
Syn: FLURSCHÜTZ

Kornwender 'Kontrolleur im Kornspeicher, der für die fachgerechte Lagerung, bes. das Umwenden zwecks Lüftung, zuständig ist'; zu *umwenden* i. S. v. '(zur Lüftung) umschaufeln'
Syn: Kornrührer, Kornstecher, Kornwerfer

Lit: Barth 1:546; DRW 7:1342; Grimm 11:1832

Kornwerfer 1. ↗ 'Kornwender'. **2.** ↗ 'Kornmesser'
Syn: KORNMESSER, Kornrührer, Kornstecher, Kornwender

Lit: Barth 1:546; DRW 7:1342; Grimm 11:1832

Korrichter ↗ Chorrichter

Korschreiber ↗ Chorschreiber

Korsener **Corsener, Korssner, Körtzener, Körtzner, Kursener, Kürsener, Kursner, Kürsner, Kürßner** 'Kürschner'; niederdt. Form ❖ mnd. *Korsener* 'Kürschner', zu mnd. *korsene* 'Kleidungsstück aus Pelz'
FN: Kürsner, Kürßner, Kirsner, Kürsener, Kurzner, Kurtzner, Kürzner, Corsener
Syn: KÜRSCHNER

Lit: Barth 1:572; Gottschald 312; Grimm 11:2820 (Kürsen); Linnartz 132; Pies (2005) 90; Reith (2008) 130; Schiller-Lübben 2:540

Korsenmaker **Körsenmaker** 'Handwerker, der Pelze oder Pelzbekleidung herstellt'; niederdt. ❖ zu mnd. *korsene, korse* 'Kleidungsstück aus Pelzwerk, Pelzrock'
Syn: KÜRSCHNER

Lit: Schiller-Lübben 2:540

Körsenmaker ↗ Korsenmaker

Korsenmeister **Korssenmeister** 'Kürschnermeister' ❖ ↗ Korsener
Syn: KÜRSCHNER

Lit: Barth 1:548; Pies (2005) 90

Körsenwerchte ↗ Korsenwerker

Korsenwerder ↗ Korsenwerker

Korsenwerke ↗ Korsenwerker

Körsenwerke ↗ Korsenwerker

Korsenwerker **Corsenwerchte, Curtzenwerter, Körsenwerchte, Korsenwerder, Korsenwerke, Körsenwerke, Körsenwerker, Korsenwerte, Körsenwerter, Korssenwerte, Kortzenwerter** 'Kürschner' ❖ mnd. *korsenwerchte, kortzewerchte, korsen-, kortzewerter, kossenwerker* 'Kürschner'
W: *Werker*
Syn: KÜRSCHNER

Lit: Grimm 11:2822; Pies (2005) 90; Schiller-Lübben 2:540; Volckmann (1921) 55

Körsenwerker ↗ Korsenwerker

Korsenwerte ↗ Korsenwerker

Körsenwerter ↗ Korsenwerker

Korssenmeister ↗ Korsenmeister

Korssenwerte ↗ Korsenwerker

Korssner ↗ Korsener

Körtzener ↗ Korsener

Kortzenwerter ↗ Korsenwerker

Körtzner ↗ Korsener

Körver ↗ Körber

Koßaß ↗ Kossat

Kossat Cossat, Koßaß, Kossät, Kossate, Kossäte, Kossath, Kossätte, Kotze ↗ 'Kotsasse'; zusammengezogene Form von *Kotsass*
FN: Kossat, Cossaeth, Kußäther, Kussäther, Kosse, Kotze, Kotzte
Syn: KLEINBAUER*
Lit: Barth 1:548; DRW 7:1351; Gottschald 301; Grimm 11:1846; Pies (2005) 24

Kossät ↗ Kossat

Kossate ↗ Kossat

Kossäte ↗ Kossat

Kossath ↗ Kossat

Kossätte ↗ Kossat

Kössler ↗ Kessler

Köstebitter ↗ Köstenbitter

Köstenbidder ↗ Köstenbitter

Köstenbitter Köstebitter, Köstenbidder 'Person, die die Einladungen zu Hochzeiten überbringt [und die Hochzeit organisiert]'; niederdt. ❖ zu mnd. *kost, koste* 'Bewirtung, Schmaus, Festlichkeit (z.B. Gildenfest, Familienfest, Hochzeitsfest)'; zu *bitten* i. S. v. 'bitten zu kommen, mitzufeiern'
Syn: HOCHZEITBITTER
Lit: Schiller-Lübben 2:546

Kosthalter 'Betreiber einer Pension'; die Verköstigung der Gäste mit eingeschlossen
W: Halter
Lit: Grimm 11:1875

Kostknecht 'Landarbeiter, der gegen Kost und Verpflegung arbeitet und bes. die Schafe hütet'
W: KNECHT
Lit: Barth 1:548; Grimm 11:1876

Koter ↗ Köter

Köter Kätener, Kater, Kathener, Käthener, Kather, Käther, Koddener, Kodener, Koter, Köthener, Köther, Kothner, Köthner, Kötner, Kötter 'Besitzer einer Kate; Kleinbauer, der zu manueller Arbeit am Gut verpflichtet ist'; *Kätner* ist die heutige norddt. gebäuchliche Form für den Bewohner einer Kate ❖ mnd. *kotenere, koterer, koter* 'Kossäte, Inhaber einer Kote'; zu *Kate* 'Hütte'
FN: Köther, Köthers, Köthner, Katter, Kathner, Kattner, Kätner
W: Brinkköter, Eigenköter, °Erbköter, Großköter, Handköter, Kleinköter, °Markköter, Mittelköter, Zinsköter
Syn: KLEINBAUER*
Lit: Adelung 2:1734; Barth 1:222 (Erbkötter), 548, 635 (Markköter); DRW 7:553; Grimm 11:1888; Pies (2005) 24

Kotführer Kothfuhrer 'Person, die (nachts) die Abtritte reinigt und den Unrat entfernt; Kanalräumer' ❖ zu mhd. *quât, kât* 'Kot, Dung'
W: *Führer*, °Stadtkotführer
Syn: ABTRITTRÄUMER

Köthener ↗ Köter

Köther ↗ Köter

Kothfuhrer ↗ Kotführer

Kothknecht ↗ Kotknecht

Kothmeister ↗ Kotmeister

Kothner ↗ Köter

Köthner ↗ Köter

Kothsaß ↗ Kotsasse

Kotknecht Kothknecht 'Arbeiter in einer Salzsiederei, Gehilfe eines ↗ Kotmeisters'
W: KNECHT

Lit: Adelung 2:1735 (Kothmeister); Barth 1:548; Grimm 11:1897

Kotler 'Bergarbeiter, der Lehm zum Abdichten der Dämme beschafft'; zu *Kot* 'Erde, Lehm, Mergel' ❖ zu mhd. *kôt, quat, kât* 'Kot'

Lit: Schmeller 1:1311 (Kot); Schraml (1930) 232

Kotmeister Kothmeister 'Betriebsleiter einer Salzpfanne oder einer Salzsiederei'; er hatte auch einen Anteil an der Saline mit bestimmten Siederechten ❖ zu mhd. *kot, kote* 'Hütte'; vgl. ↗ *Kate* 'Hütte'
W: *Meister*

Lit: Adelung 2:1735; Barth 1:549; DRW 7:547; Grimm 11:1897; Krünitz 46:407

Kötner ↗ Köter

Kotsaß ↗ Kotsasse

Kotsasse Kohtsaß, Kothsaß, Kotsaß 1. 'Besitzer eines Kossätenhofes, der vom Gutsherrn angesiedelt wurde und auf dessen Gut er arbeitet'; kommt norddt. im veralteten Sprachgebrauch noch vor; der *Kotsasse* hatte ein kleines Haus mit kleinem Grundstück (*Kossätenhof)*; er hatte Abgaben und Handdienste zu verrichten, war aber nicht zur Bebauung des Ackers oder Pferdehaltung berechtigt. 2. 'Kleinbauer' ❖ mnd. *kotsete* 'Bewohner einer Kote, Kossäthe', zu mnd. *kote, kotte, kate* 'kleines, niedriges Haus, Hütte (zum Wohnen), ohne oder nur mit kleinem Grundstück'
W: *Sasse*
Syn: KLEINBAUER*

Lit: Adelung 2:1736; DRW 7:1351; Grimm 11:1898; Pies (2005) 24; Schiller-Lübben 2:550, 552

Kötter ↗ Köter

Köttler ↗ Kuttler

Kottondrucker ↗ Kattundrucker

Kotze ↗ Kossat

Kotzenführer Kutzenführer 'Händler, der grobe Wollstoffe vertreibt' ❖ ↗ Kotzenmacher
W: *Führer*

Kotzenmacher Kotzmacher, Kozenmacher, Kutzmacher; lat. *culcitarius, culcitrarius, lodex* 1. 'Handwerker, der groben Woll- oder Lodenstoff herstellt'; *Kotze, Kotzen* ist regional noch gebräuchlich für 'grober Woll- oder Lodenstoff'; die Berufsbezeichnung kommt auch in der Form *Tuch- und Kotzenmacher* vor. 2. 'Schneider, der Kutten oder Mäntel herstellt; Kuttenmacher' ❖ mhd. *kotze* 'grobes, zottiges Wollenzeug, Decke oder Kleid davon', mhd. *kotzenkleit, kotzenmantel*; ahd. *kuzzin* 'Mantel'; vielleicht aus mlat. *cotta* 'Kutte'
Syn: SCHNEIDER, WEBER

Lit: Adelung 2:1735 (Kotze); Barth 1:549; Grimm 11:1907; Kluge 535 (Kotze); Krünitz 46:426; Linnartz 125; Palla (1994) 171; Volckmann (1921) 53

Kotzenmenger Kotzmenger, Kozmenger 'Verkäufer von gekochtem Bauchfleisch vom Schwein (Wellfleisch), Kuttelverkäufer' ❖ zu mhd. *kottel, kutel* 'Kaldaune'
W: *Menger*

Lit: Grimm 11:1907, 1908

Kotzenweber Kotzweber 'Weber, der groben Woll- oder Lodenstoff herstellt'; ↗ Kotzenmacher
W: WEBER

Lit: Barth 1:549; Linnartz 126; Pies (2005) 179

Kotzmacher ↗ Kotzenmacher

Kotzmenger ↗ Kotzenmenger

Kotzweber ↗ Kotzenweber

Kowartsch ↗ Kawerz

Kozenmacher ↗ Kotzenmacher

Kozmenger ↗ Kotzenmenger

Krachsenträger ↗ Kraxenträger

Krächsenträger ↗ Kraxenträger

Krahnknecht ↗ Kranknecht

Krahnmeister ↗ Kranmeister

Krahnschreiber ↗ Kranschreiber

Kramer ↗ KRÄMER

KRÄMER Cramer, Cremer, Gromer, Kramer, Kremer, Kromer, Salzkramer; lat. *institor, nundinarius, penesticus* 'Inhaber eines kleinen Geschäftes für den täglichen Bedarf, bes. Lebensmittel' ❖ mhd. *krâmære, krâmer, kræmer* 'Handelsmann, der seine Waren in einer *krâme* feilbietet, Krämer', zu mhd. *krâm, krâme* 'aufgespanntes Tuch, Bedachung eines Verkaufsstandes, Krambude, Handelsgeschäft'
FN: Kramer, Krämer, Kremer, Kremers, Krahmer, Krähmer, Kraml, Krammel, Kramers, Cremer, Kromer, Krömer
W: Bänkelkrämer, Barettkrämer, Briefkramer, Eisenkrämer, Ellenwarenkrämer, Galanteriekrämer, GEWÜRZKRÄMER, Hadernkrämer, Heckenkrämer, Herrgottskrämer, °Kräuterkrämer, Krautkrämer, Kurzkrämer, °Lakenkrämer, Landkrämer, Mandolettikrämer, Nedenkrämer, Olitätenkrämer, Paudelkrämer, Petenettenkrämer, Plunkenkrämer, Reichkrämer, Salbenkrämer, °Salzkrämer, Schleckkrämer, Schwammstoffkrämer, Spezereikrämer, °Spitzenkrämer, Tabulettkrämer, Theriakkrämer, °Tobakskramer, Weißkrämer, Winkelkrämer, Wurzelkrämer, Würzkrämer, Zottenkrämer
Syn: Altreiß, Ankenmann, Buckelsäumer, Buttenträger, Butterträger, Debitant, Düppenträger, Dürrobsthändler, Feilträger, Fierant, Fragner, Fratschelweib, Fratschler, *Führer*, Fütterer, Gademer, Gademmann, Gänger, Gerillhändler, Gerümpler, Gewerbsmann, Gewölbeherr, Gewölber, Greißler, Grempler, Gümpler, Hafenreffer, Hafenträger, Hake, Hakenbüdner, Höker, Hucker, Hühnermann, Hürdler, Hüttner, Käsemann, Käsestecher, Käufel, *Käufler*, Kellerschotte, Kiepenkerl, Kiepenträger, Kleiderhöker, Kleiderseller, Klippkrämer, Knappsack, Kommerzierender, Krattler, Krugkramer, Ladner, Lakenhändler, MAKLER, Mehlmann, *Menger*, Merzler, Packträger, Partierer, Reffträger, Salzmann, Schacherer, Schotte, Seller, Sonnenkrämer, Standler, Stationer, Stümpler, Tagneter, Tallierer, Tandler, *Träger*, Trödeljude, TRÖDELMANN, Vendeter, Vollhöker, Vorhöker, Wandhändler, Wandkrämer, Wannenkrämer, Winkler, Zigermann, Zigertrager

Lit: Adelung 2:1746; Barth 1:577 (Lakenkrämer); Diefenbach 302, 385, 422; DudenFN 397; Frühmittellat. RWb; Gottschald 303; Hornung (1989) 87; Idiotikon 3:814; Palla (1994) 401

Kramerknecht ↗ Kramknecht

Kramknecht Kramerknecht 'Arbeiter in Handelsstädten, der Waren verpackt und zum Transport vorbereitet'
W: KNECHT
Syn: Ballenbinder

Lit: Adelung 2:1747; Barth 1:550; Grimm 11:2003; Krünitz 46:704

Krammoder 'Hebamme'; niederdt. ❖ zu mhd. *kram, krame* 'ausgespanntes Tuch; Kaufmannsware; Wochenbett', nach dem Vorhang, hinter dem die Wöchnerin liegt
Syn: HEBAMME*

Lit: Schiller-Lübben 2:556 (Kram(e))

Krämpe ↗ Grempler

Krämpeler ↗ Krämpler

Krämpelmacher Grampelmacher, Grämpelmacher, Grempelmacher, Krempelmacher 1. 'Handwerker, der Wollkämme, Weberdisteln herstellt; ↗ Kardenmacher'. 2. 'Handwerker, der aus Horn, Schildpatt oder Elfenbein Kämme herstellt; ↗ Kammmacher' ❖ zu *Krämpel*, Verkleinerung von

Krampe 'Haken', aus dem Niederdt., mnd. *krampe* 'Krampe, Haken'
Syn: KARDENMACHER

Lit: Barth 1:551; Grimm 11:2008 (Krämpel); Krünitz 46:785 (Krämpel); Pies (2005) 77; Reith (2008) 118; Schiller-Lübben 2:557

Krampenschmied 'Schmied, der Spitzhacken herstellt' ❖ zu *Krampen* 'Spitzhaue, Spitzhacke' mhd. *krampe* 'Spitzhaue'
W: *Schmied*

Lit: Schmeller 1:1370 (Krampen)

Krämper ↗ Grempler

Krämpler Grämpler, Krämpeler **1.** 'Handwerker, der Wolle reinigt, die Fasern lockert und gleichmäßig verteilt, indem er sie mit einem Bogen (Wollbogen) schlägt und mit einer Kardätsche streicht'. **2.** 'Kammmacher, Kardätschenmacher'; zu *Krämpel*, Verkleinerung von *Krampe* 'Haken', aus dem Niederdt. ❖ mnd. *krampe* 'Krampe, Haken'
FN: Krämpler
W: *Wollkrämpler*
Syn: Kampelmacher, KARDENMACHER
Vgl: Grempler

Lit: Adelung 2:1747; Barth 1:358, 551; Gottschald 303; Grimm 11:2007, 2008; Linnartz 126

Kranenmeister ↗ Kranmeister

Krankenmutter **1.** 'Leiterin eines Krankenhauses'. **2.** 'Betreuerin, Pflegerin der Kranken'
W: *Mutter*

Lit: Idiotikon 4:594

Krankenvater **1.** 'Verwalter eines Krankenhauses'. **2.** 'Sanitäter beim Militär'
W: °*Militärkrankenvater*, *Vater*
Syn: SPITALMEISTER

Lit: Barth 1:551

Kranknecht Krahnknecht 'Arbeiter am Hafenkran, Kaiarbeiter' ❖ ↗ Kranmeister
W: KNECHT

Lit: Altstaedt (2011) 141; Zedler 15:1731

Kranmeister Krahnmeister, Kranenmeister 'Verwalter des öffentlichen Krans'; d.i. ein Lastenaufzug oder eine Hebemaschine für Lasten im Hafen, benannt nach der Form, die einem Kranich ähnlich war ❖ zu mhd. *kranech, kranch, kraneche, kranche* 'Kranich; Hebezeug für Lasten, Kran'
W: *Meister*

Lit: Adelung 2:1744; Altstaedt (2011) 142; Barth 1:551; Grimm 11:2019

Kranschreiber Krahnschreiber 'Beamter, der am Kran den Warenumschlag abrechnet' ❖ ↗ Kranmeister
W: *Schreiber*

Lit: Adelung 2:1744; Krünitz 46:614

Kränzelbinder Kranzlbinder, Kränzleinbinder 'Handwerker, der Blumen, Kränze u. Ä. herstellt und verkauft'; meist als Frauenarbeit und dann in der weiblichen Form *Kränzelbinderin*
W: *Binder*

Lit: Barth 1:552; Grimm 11:2056; WBÖ 3:187

Kranzieher 'Unternehmer, der die schweren Lasten von und zu den Kränen mit Karren transportiert'
W: *Zieher*

Lit: Adelung 2:2153; Braun (2012) 57; Veith 297

Kranzlbinder ↗ Kränzelbinder

Kränzleinbinder ↗ Kränzelbinder

Kränzler 'Makler, der Anteile an einer Zeche (Kux) vermittelt' ❖ zu *kränzeln* 'in einem Kranz, Reigen umhergehen und Handel treiben'
W: *Kuxkränzler*
Syn: MAKLER

Lit: Grimm 11:2061; Veith 297

Krapfenbäcker Krapfenbecker 'Bäcker, der Pfannkuchen backt' ❖ mhd. *krapfenbacher* 'Krapfenbäcker'; zu mhd. *krapfe* 'eine Art Backwerk'; *Krapfen* 1. (Berliner) Pfannkuchen, 2. eine Mehlspeise aus Hefeteig (Bauernkrapfen), bayr.-österr.

W: BÄCKER*

Lit: Grimm 11:2065; Schmeller 1:1379

Krapfenbecker ↗ Krapfenbäcker

Krappfärber Grappfärber 'Färber, der mit dem Mark aus der Wurzel der Färberröte Tuche rot färbt' ❖ zu niederld. *krap* aus mniederld. *crappe* 'Haken', vermutlich nach den hakenförmigen Stacheln der Pflanze; mhd. *krâpfe* 'Haken, Kralle'
W: *Färber**

Lit: Adelung 2:779 (Grapp); DudenGWDS (Krapp); Grimm 11:2065 (Krapp), 2068 (Krappfärbung); Reith (2008) 68

Krassenbrettmacher ↗ Krassenmacher

Kraßenmacher ↗ Krassenmacher

Krassenmacher Kraßenmacher, Krassenbrettmacher, Kratzenmacher 'Handwerker, der Kardätschen für die Wollkämmer herstellt' ❖ zu mnd. *krassen, kratzen* 'kratzen' (nach dem Kratzen, Kämmen des Tuches)
Syn: KARDENMACHER

Lit: Blumhof (1819) 3:60; Schiller-Lübben 2:560

Krattenmacher Krättenmacher 'Handwerker, der Kratten herstellt'; d.s. tiefe Körbe, die auf dem Rücken getragen oder als Wagenkörbe verwendet wurden; etymologisch verwandt mit *Kratzenmacher* ❖ zu mhd. *kratte, gratte*, ahd. *kratto, chratto* 'Korb'
Syn: KÖRBER

Lit: Barth 1:552; Grimm 11:2070 (Kratte); Idiotikon 4:52; Kluge 538 (Kratten); Paul 487 (Kratten); Schmeller 1:1385 (Kratten)

Krättenmacher ↗ Krattenmacher

Krattler Grattler, Krattner 'Händler, der mit einem Karren Waren transportiert'; in Tirol und Bayern; wörtlich 'Karrenzieher'; zu *Kratte, Gratte* 'Karren mit zwei Rädern' ❖ zu ital. *caretta* 'Karren'
Syn: KRÄMER

Lit: Grimm 11:2070; Schmeller 1:1385; TirWb 1:251

Krattner ↗ Krattler

¹Kratzenmacher Krätzenmacher, Kretzenmacher, Krözlmacher 'Handwerker, der Kratzen herstellt'; eine *Kratze* ist ein Handkorb, Rückenkorb oder ein Tragkorb eines Lasttieres ❖ zu mhd. *kretze*, ahd. *krezzo, chrezzo* 'Tragkorb'
Syn: KÖRBER

Lit: Barth 1:552; Grimm 11:2072 (Krätze); Kluge 538 (Krätze); Krünitz 47:728 (Krätze); Schmeller 1:1388; Volckmann (1921) 177

²Kratzenmacher ↗ Krassenmacher

Krätzenmacher ↗ Kratzenmacher

Krätzewäscher ↗ Krätzwäscher

Krätzmüller 'Betreiber einer Anlage, mit der Metallabfälle der Gold- und Silberschmiede oder im Bergbau wieder verwertet werden'
W: *Müller*

Lit: Adelung 2:1755 (Krätze (2)); Barth 1:553; Grimm 11:2082 (Krätzmühle); Krünitz 47:727 (Krätzmühle)

Krätzwäscher Krätzewäscher, Kretschwäscher, Kretzenwescher, Kretzwäscher 'Hüttenarbeiter, der die Metallabbrüche im Schmelzofen reinigt und die Krätze zur Weiterverarbeitung wäscht'; die *Krätze* ist im Hüttenwesen und in der Metallverarbeitung der Rest nach dem bearbeiteten Metall, der aber nicht als Abfall gilt, sondern wiederverwertet wird
W: *Wäscher*

Lit: Adelung 2:1757; Barth 1:553; Grimm 11:2082

Kräuserin Kräuserinn 'Frau, die an einem herrschaftlichen Hof die Halskrausen an der Kleidung anbringt und pflegt' ❖ zu mhd. *krûse* 'Krausheit; krauses Haar', seit dem 16. Jh. auch 'gefältelter Stoffstreifen'
Syn: Kröslerin

Lit: Adelung 2:1760; Barth 1:523; Grimm 11:2102; Pfeifer 728

Kräuserinn ↗ Kräuserin

Krauter ↗ Kräutler, Kräuter

¹Kräuter Krauter 1. 'Gerber, der mit Färberbaum gerbt'; der Färber- oder Gerberbaum (*Schmack*, auch *Kraut* genannt) wurde von den ↗ Korduangerbern verwendet. 2. 'Gemüse- und Kräuterhändler' ❖ mhd. *krûter* 'herbarius'
Syn: GERBER*, Kräutler

Lit: Adelung 2:1762; Barth 1:553; Grimm 11:2114; Volckmann (1921) 211

²Kräuter ↗ Kräutler

Kräuterkrämer ↗ KRÄMER

Krauthobler ↗ Krautschneider

Krautkramer ↗ Krautkrämer

Krautkrämer Krautkramer, Krudkramer, Krutkramer ↗ 'Drogist, Gewürzhändler'; zu *Kraut* in der allgemeinen Bedeutung 'Pflanze'; niederdt. *krutkramer* 'Spezerei-, Gewürzhändler' dialektal noch erhalten
FN: Krautkrämer, Krautkramer, Krutkramer
W: KRÄMER
Syn: DROGIST, Kräutler

Lit: Barth 1:554; Barth 2:31; Schirmer (1911) 113

Kräutler Krauter, Kräuter, Krautner, Kreiterer, Kreutler, Krüttler 1. 'Gemüsebauer, -gärtner'. 2. 'Gemüsehändler'. 3. 'Händler mit Gewürz- und Küchenkräutern'; meist von Frauen ausgeführt und dann in der weiblichen Form *Kräutlerin*. 4. 'Apotheker' ❖ mhd. *kriutener, krûtener, krûter, kriuteler* 'Kräuterkundiger'
FN: Krauter, Kräuter, Kräuterer, Kräutter, Kräutler, Kreuder, Kreutner, Kreitner
W: Dürrkräutler
Syn: DROGIST, Kräuter, Krautkrämer

Lit: Adelung 2:1764; Barth 1:553; Diefenbach 50, 275; DudenFN 399; Gottschald 304; Grimm 11:2114, 2115, 2122; Hartmann (1998) 153; Höfer 1:239; Höfer 2:166; Krünitz 48:115; Linnartz 127; Volckmann (1921) 3

Krautmaister ↗ Krautmeister

Krautmeister Krautmaister 'Person, die die Verarbeitung des Krauts und die Herstellung von Sauerkraut überwacht'; auch ein Titel am herrschaftlichen Hof
W: *Meister*

Lit: Barth 1:554; DRW 7:1401; Grimm 11:2123; Schmeller 1:1385

Krautner ↗ Kräutler

Krautnierer Krautnirer, Kräutnirer 1. 'Drogist, Apotheker'. 2. 'Händler mit Gewürz- und Küchenkräutern' ❖ zu *Kraut* mit der Endung *-ierer*, analog zu niederld. *kruidenier*
Syn: DROGIST

Lit: Barth 1:554; Grimm 11:2123

Krautnirer ↗ Krautnierer

Kräutnirer ↗ Krautnierer

Krautschneider Krauthobler 'Arbeiter, der das Kraut, den Weißkohl, zerkleinert, damit es zu Sauerkraut weiterverarbeitet werden kann'; auch *Krauthobler*
FN: Krautschneider
W: SCHNEIDER

Lit: Barth 1:554; Gottschald 304; Grimm 11:2124; Haid (1968) 183; Linnartz 127; PfälzWb 4:568

Kraxentrager ↗ Kraxenträger

Kraxenträger Krachsenträger, Krächsenträger, Kraxentrager 1. 'Person, die Waren gegen Lohn auf Rückentragen transportiert'. 2. 'Hausierer' ❖ zu mhd. *krechse* 'Tragreff'
W: *Träger*

Lit: Grimm 11:1925; Schmeller 1:1361

Krebesser ↗ Krebser

Krebisser ↗ Krebser

Krebser Krebesser, Krebisser, Kribser 1. 'Krebsenfänger'. 2. 'Krebshändler' ❖ mhd. *krëbeȝer* 'Krebsfänger'
FN: Krebser
Syn: Kreußenhändler, Kreußler

Lit: Barth 1:555; DudenFN 399; Grimm 11:2132; Linnartz 127; Volckmann (1921) 11

Kredenzer Credenzer 1. 'Person, die die Speisen vorlegt und vorschneidet'. 2. 'Vorkoster, Mundschenk'. 3. 'Kellner' ❖ Ableitung zu *kredenzen* 'Speisen servieren, anbieten', aus ital. *credenza* 'Glauben', aus lat. *credere* 'glauben, vertrauen'; urspr. ging es um vorgekostete, also vertrauenswürdige Speisen
Syn: Aufwärter, Gastknecht, Markör

Lit: Barth 1:555; Grimm 11:2135; Kaltschmidt 238; Kluge 539 (Kredenz)

Kreideglasmacher 'Glaser, der böhmisches Kristallglas herstellt'; das ist ein aus Quarzsand, Pottasche und Kreide hergestelltes bleifreies Glas
W: Glasmacher

Lit: Jahn/Hartung (1991) 188

Kreidenschneider Kreideschneider 1. 'Handwerker, der Kreide zum Schreiben herstellt'; entweder wurde natürliche Kreide in Stangen geschnitten oder es wurde aus gebranntem Gips und Wasser künstliche Stiftkreide hergestellt. 2. 'Bleistiftmacher'
W: SCHNEIDER

Lit: Gatterer (1791) 1:186; Hausbuch der Nürnberger Zwölfbrüderstiftungen; Heinse (1801) 4:348

Kreideschneider ↗ Kreidenschneider

Kreiser Kreisser 1. 'Forstaufseher oder Jäger, der den Fährten der Tiere nachspürt'; zu *kreisen* 'den Kreisweg gehen', d.h. den Bogen, Kreis (kontrollierend) abgehen, um die Verstecke der Tiere zu finden. 2. 'Flur-, Feldwächter' ❖ zu mhd. *kreizen* 'sich kreisförmig bewegen'
FN: Kreiser
Syn: FLURSCHÜTZ

Lit: Adelung 2:1770 (kreisen); Barth 1:556; Grimm 11:2159; Heintze (1922) 218; Krünitz 48:583

Kreishauptmann ↗ Hauptmann

Kreisler ↗ Greißler

Kreisser ↗ Kreiser

Kreiterer ↗ Kräutler

Kremer ↗ KRÄMER

Krempelmacher ↗ Krämpelmacher

Krepinarbeiter ↗ Crepinarbeiter

Kressierer ↗ Gressierer

Kressirer ↗ Gressierer

Kretschmann 'Gastwirt' ❖ ↗ Kretschmer
FN: Kretschmann
Syn: Kretschmer, WIRT

Lit: DudenFN 400; Gottschald 305; Grimm 11:2174; Linnartz 128; Volckmann (1921) 229

Kretschmar ↗ Kretschmer

Kretschmer Kretschmar, Kretschner, Kretzmer 1. 'Gastwirt'; ostmitteldt.; kommt im veralteten Sprachgebrauch noch vor. 2. 'Bierbrauer'; sofern der Wirt auch selbst Bier braut — Ableitung von *Kretscham* 'Schenke' ❖ aus dem Slawischen; tschech. *krčmář*, poln. *karczma*, ostsorbisch *korčmar* 'Schenke'
FN: Kretschmer, Kretschmar, Kretzschmar, Kretzmar, Kratzschmar, Kratschmer, Krätschmer, Gretschmer, Kretzmer, Kresmer, Kreschmer, Kressmer, Kreßmer
Syn: BIERBRAUER*, Kretschmann, WIRT

Lit: Barth 1:557; DRW 7:1503; DudenFN 400, 401; Gottschald 305; Grimm 11:2174; Linnartz 128; Paul 489; Pies (2005) 185

Kretschner ↗ Kretschmer

Kretschwäscher ↗ Krätzwäscher

Kretzenmacher ↗ Kratzenmacher

Kretzenwescher ↗ Krätzwäscher

Kretzer 1. 'Schöffe in einem Gericht, das für Raufhändel zuständig ist'. 2. 'Beamter, der die Gerichtsbußen eintreibt'; er streicht, *kratzt* die Posten aus dem Schuldnerverzeichnis ❖ mhd. *kretzer* 'in Frankfurter Rechenbüchern des 14. u. 15. Jh. ist der *Kretzer*

oder *Kretzermeister* der Einnehmer der Gerichtsbußen'
FN: Kretzer
Syn: Schöffe

Lit: DRW 7:1504; DudenFN 401; Gottschald 305

Kretzmer ↗ Kretschmer

Kretzwäscher ↗ Krätzwäscher

Kreußenhändler Kroissenhändler, Kroyssenhändler 'Krebsenhändler' ❖ ↗ Kreußler
Syn: Krebser, Kreußler

Lit: Schmeller 1:1359 (Krebeß, Kroiß)

Kreußler Kroißler 'Krebsenhändler' ❖ zu mhd. *krëbez krëbeze krëbʒ krëbʒe*, Nebenformen *criuʒ, kreuʒ* 'Krebs'; *Kroiß, Kroyß* beruht auf einer steirischen Dialektform
FN: Krois, Kroiss, Kroiß, Kroissler, Kroißmeyer, Groiß, Groiss, Groißböck, Groissböck ('Krebsenbach')
Syn: Krebser, Kreußenhändler

Lit: Bahlow (1967) 296; Gottschald 304; Hornung (1989) 88; SteirWb 412

Kreutler ↗ Kräutler

Kreutzschmied ↗ Kreuzschmied

Kreuzschmied ↗ Kreuzschmied

Kreuzschmied Creutzschmied, Kreutzschmied, Kreuzschmid, Krützschmidt 'Handwerker, der Griffe für Waffen und Messer herstellt'; diese wurden an die Schwertfeger für die endgültige Montage geliefert. *Kreuzschmiede* gehörten wie die Klingenschmiede und Schwertfeger zu den „Meistern der langen Arbeit" oder „Langmesserschmieden". – Zu *Kreuz:* kurz für *Degenkreuz* 'Teil zwischen Klinge und Griff'; der Knauf (eines Degens) bildet mit dem Quereisen und der Klinge die Form eines Kreuzes
W: Schmied
Syn: MESSERBESCHALER

Lit: Adelung 2:1780; Barth 1:558; Grimm 11:2198; Krünitz 49:258; Linnartz 128; Pies (2005) 129, 136; Reith (2008) 196; Zedler 6:1638

Kribbmeister ↗ Krippmeister

Kribser ↗ Krebser

Kriegsbaumeister 'Baumeister, der militärische Befestigungsanlagen baut'
W: Baumeister
Syn: Ingenieur

Lit: Adelung 2:1787; Barth 1:559; Grimm 11:2261; Krünitz 50:1

Kriegskanzlist ↗ Kanzlist

Kriegsratexpeditor ↗ Expeditor

Kriegsratsschreiber ↗ *Schreiber*

Kriegsschreiber ↗ *Schreiber*

Kriegsschuldheiß ↗ Kriegsschultheiß

Kriegsschultheiß Kriegsschuldheiß 'Richter, Auditeur beim Militär'
W: *Schultheiß*
Syn: Regimentsschultheiß

Lit: Adelung 2:1789; Krünitz 52:1; Krünitz 149:32

Kriegssecretär ↗ Kriegssekretär

Kriegssekretär Kriegssecretär 1. 'Beamter in der Militärverwaltung'. 2. 'Schriftführer im Kriegsgericht'

Lit: Barth 1:560; DRW 7:1571; Grimm 11:2293

Kriegszahlmeister ↗ Zahlmeister

Krigierer Kriirer, Kroijerer, Kroisierer 'Herold, der im Kampf oder Turnier den Schlachtruf, das Feldgeschrei anstimmt' ❖ zu franz. *crier* 'schreien', aus vulgärlat. *critare*, lat. *quiritare* 'laut schreien'

Lit: Gamillscheg 1:284; Reallexikon 8:305

Kriirer ↗ Krigierer

Krippenknecht 'Arbeiter, der an den Uferböschungen Befestigungen aus Flechtwerk errichtet' ❖ ↗ Krippmeister
W: KNECHT

Lit: Adelung 2:1792; Grimm 11:2327; Krünitz 53:493

Krippenmandlschnitzer Kripperlschnitzer 'Holzschnitzer, der Figuren für die Weihnachtskrippe herstellt'; bayr.-österr.; *Mandl*, eigentlich Diminutiv zu *Mann*, bedeutet 'Figur'
Lit: OÖ. Hbl 1996, H. 2:97

Kripperlschnitzer ↗ Krippenmandlschnitzer

Krippgraf Krippgräfe 'Aufseher über die Uferbefestigungen aus Flechtwerk an den Deichen' ❖ ↗ Graf, ↗ Krippmeister
W: *Graf*
Syn: DEICHGRAF, Krippmeister
Lit: Adelung 1:1436 (Deichbeschauer); Barth 1:560; Grimm 11:2328; Krünitz 53:493

Krippgräfe ↗ Krippgraf

Krippmeister Kribbmeister 'Aufseher über die Uferbefestigungen aus Flechtwerk oder Pfählen'; norddt. ❖ zu mhd. *krippe* 'ein in das Wasser eingebautes Holzwerk, dessen Binnenraum mit Erde und Steinen ausgefüllt wurde; auch ein in das Wasser eingeschlagenes Pfahlwerk'; das 'Flechtwerk' ist die Grundbedeutung des Wortes, von der auch die Futter- und Weihnachtskrippe ausgeht
W: *Meister*
Syn: DEICHGRAF, Krippgraf

Kroger ↗ Krüger

Kröger ↗ Krüger

Kroijerer ↗ Krigierer

Kroisierer ↗ Krigierer

Kroissenhändler ↗ Kreußenhändler

Kroißler ↗ Kreußler

Kromer ↗ KRÄMER

Kronentuchweber Krontuchweber 'Weber, der Kronentuch, eine mit Krönlein verzierte Leinwand, herstellt'
W: *WEBER*
Lit: Grimm 11:2387 (Kronentuch), 2391 (Krontuch)

Krontuchweber ↗ Kronentuchweber

Krosekoper Krosskäufer 'Händler mit Steingutgefäßen' ❖ zu mnd. *krôs, krûs* 'Kanne, Trinkkanne, Krug'; mnd. *kopere* 'Käufer'; niederdt. *Kroos, Kraus* 'Krug, Kanne, bes. mit Deckel versehener Bierkrug'; *Krosskäufer* ist eine seltene mitteldt.-oberdt. Form
W: *Käufer, Koper*
Lit: Lindow 117; Schiller-Lübben 2:579 (krose)

Kröslerin 'Näherin, die Stoffkrausen an Kleidern und Hemden anbringt' ❖ zu *Krause* in der niederdt. Form *krôs, krös* neben *krûs*
Syn: Kräuserin
Lit: Barth 1:561; Grimm 11:2093 (Krause), 2410 (Krösler)

Krosskäufer ↗ Krosekoper

Kroyssenhändler ↗ Kreußenhändler

Krözlmacher ↗ Kratzenmacher

Krückelführer 'Bergarbeiter, der als Bohrmeister die Bohrkrücke und das Bohrgestänge einstellt'; die *Bohrkrücke*, das *Bohrkrückel* ist ein hölzerner Griff am Ende des Bohrgestänges, mit dem der Bohrer gedreht werden kann ❖ zu mhd. *krucke, krücke* 'Krücke' (Stab mit Gabelung oder Haken)
W: *Führer*
Lit: Grimm 11:2429 (Krückel); Veith 300

Krudener Cruder, Krüdener, Kruder 'Drogist, Arzneimittelhändler, Apotheker'; niederdt. ❖ mnd. *krudenere* 'Gewürz-, Spezereihändler, Apotheker', zu *kruden* 'würzen', *krût, krûde* 'Kraut, Gewürz'
FN: Krudener, Krüdener
Syn: DROGIST
Lit: Barth 1:561; Grimm 11:2430; Pies (2005) 78; Volckmann (1921) 205

Krüdener ↗ Krudener

Kruder ↗ Krudener

Krudkramer ↗ Krautkrämer

Krugbäcker Krugbecker 'Töpfer, der bes. Krüge herstellt' ❖ *backen* i. S. v. 'glühend heiß machen, brennen, z.B. Ziegel backen'
W: BÄCKER*
Syn: TÖPFER

Lit: Barth 1:561; Grimm 11:2436; Volckmann (1921) 183

Krugbecker ↗ Krugbäcker

Krugelmann 'Händler, Hausierer, der Tonwaren vertreibt'; zu *Krugel* 'großer Wasserkrug' ❖ zu mhd. *krûg, krûgelin* 'Krug'
FN: Krugelmann
W: Krugmann, *Mann*

Lit: Barth 1:561; ElsässWb 1:515; Grimm 11:2436 (Krugel); Linnartz 129; Schiller-Lübben 2:573; Schmeller 1:1367; Volckmann (1921) 183

Krügener ↗ Krüger

Kruger ↗ Krüger

Krüger Kroger, Kröger, Krügener, Kruger
1. 'Gastwirt'; norddt., heute veraltend.
2. 'Töpfer'; selten, kurz für ↗ Krugbäcker ❖ mnd. *kroger, kruger* 'Wirt, Gast-, Schenkwirt', zu mnd. *krôch, krûch* 'Wirtshaus, Schenke', weitere Herkunft unklar, nicht mit *Krug* 'Gefäß' verwandt
FN: Krüger, Kruger, Krügener, Kroger, Kröger, Krieger, Kreuger, Kroog
W: Braukrüger, Fährkrüger, Nobiskrüger, Pachtkrüger
Syn: Krugmann, TÖPFER, WIRT

Lit: Adelung 2:1803; Barth 1:561; DRW 8:8; DudenFN 402, 403; Gottschald 307; Grimm 11:2436; Kluge 544 (Krug); Krünitz 54:130; Linnartz 129; Pies (2005) 185; Schiller-Lübben 2:575; Schmeller 1:1367

Krugfiedler 'Geiger, der in einem Wirtshaus aufspielt'; zu *Krug*, norddt. für 'Wirtshaus' ❖ zu mhd. *krôch, krûch* 'Wirtshaus, Schenke'
W: Fiedler
Syn: Bierfiedler, Kilbigeiger, Schergeiger, Scherzelgeiger

Lit: Grimm 11:2437; Schiller-Lübben 2:573

Krugkramer Krugkrämer 'Händler, der Geschirr und Tonwaren vertreibt' ❖ zu mhd. *kruoc* 'Krug'
Syn: KRÄMER

Lit: Becker (1804) 2:271; Reichskammergericht

Krugkrämer ↗ Krugkramer

Krugmann 1. 'Händler, Hausierer, der Tonwaren vertreibt'. 2. 'Gastwirt'; norddt., heute veraltend ❖ 1.: zu mhd. *krûg, krûgelin* 'Krug'; 2.: ↗ Krüger
FN: Krugmann, Krogmann, Kroogmann, Krochmann
W: Krugelmann, *Mann*
Syn: Krüger

Lit: Barth 1:561; DudenFN 402; Gottschald 307; Linnartz 129

Krugvater 'Wirt einer Herberge, bes. für Gesellen'; zu *Krug*, norddt. für *Wirtshaus* ❖ ↗ Krüger
W: *Vater*

Lit: DRW 8:13; Grimm 11:2437

Krukenmacher 'Töpfer, der bes. Kruken (Tonflaschen, Krüge) herstellt' ❖ norddt.; zu mnd. *kruke* 'Krug', niederdt. *Kruuk, Kruk, Kruck* 'Krug, Kanne, irdenes Gefäß, Steintopf'; aus dem Niederdeutschen im 17. Jh. ins Neuhochdeutsche gelangt. Herkunft und eventuelle Verwandtschaft mit *Krug* ist unklar
FN: Krukenmacher
Syn: TÖPFER

Lit: DRW 8:14 (Kruke); Gottschald 308; Grimm 11:2437 (Kruke); Lindow 118; Linnartz 129; Pfeifer 738 (Kruke); Poppe 3:215; Schiller-Lübben 2:582 (Kruke)

Krummholzmann 'nicht approbierter wandernder Arzt oder Apotheker, der Kranke behandelt oder Heilmittel verkauft; Kurpfuscher'; *Krummholz* ist Bestimmungswort in manchen metaphorischen Zusammensetzungen, ausgehend von dem Holz, das der Wagner für die Radfelgen krümmt

W: *Mann*
Syn: QUACKSALBER
Lit: Ersch/Gruber (1832) 3:63; Klepsch 2:885; Vieser/Schautz (2010) 148

Krüsekerl ↗ Krüselkerl

Krüselkerl Krüsekerl 'Handwerker, Zinngießer, der Öllampen repariert'; norddt. ❖ zu mnd. *krusel, krusele* 'eine kleine hängende Lampe (von gekraustem Eisenblech)', zu mnd. *kruse* 'Krause'
Lit: Schiller-Lübben 2:584

Krutkramer ↗ Krautkrämer

Krüttler ↗ Kräutler

Krützschmidt ↗ Kreuzschmied

Kübelknecht 'Bäckergeselle, der den Teig knetet'; *Kübel* bezeichnete verschiedene Gefäße im gewerblichen Bereich
W: KNECHT
Lit: Pies (2002d) 28; Reith (1999) 265

Kübelmacher 'Böttcher, Fassbinder, der vor allem offene Holzkübel, Melkgeschirr, Butterkübel u.Ä. herstellt'
Syn: BÖTTCHER, Kübler
Lit: Heilfurth (1981) 54; Hist. Lexikon d. Schweiz (Riedern); Idiotikon 4:52

Kübler Kibler; lat. *sitularius* 'Böttcher, Fassbinder, der vor allem offene Holzkübel, Melkgeschirr, Butterkübel u.Ä. herstellt'; dazu wurden keine Dauben verwendet; südwestdt. ❖ zu mnd. *kübel* 'Kübel', aus lat. *cupella* 'Trinkgefäß'
FN: Kübler, Kübeler, Kubler, Kiebler, Kibler, Keubler
Syn: KLEINBÖTTCHER*, Kübelmacher
Lit: Adelung 2:1809; Barth 1:562; Benvenuti (1996); DudenFN 405; Gottschald 308; Grimm 11:2490; Kretschmer 144; Krünitz 54:254; Kunze 123, 190; Linnartz 130; Pies (2005) 34; Reith (2008) 33

Küchelbacher ↗ Küchleinbäcker

Küchelbäcker ↗ Küchleinbäcker

Küchelbeck ↗ Küchleinbäcker

Küchelpacher ↗ Küchleinbäcker

Kuchenbäcker Kokenbecker, **Kuchenbeck, Kuchenbecker**; lat. *libarius, placentarius* 'Bäcker, der feineres Gebäck herstellt im Ggs. zum Brot- oder Semmelbäcker'; oft in der Verbindung *Los- und Kuchenbäcker* ❖ zu mhd. *kuoche* 'Kuchen'; zu mnd. *koke* 'Kuchen'
FN: Kuchenbäcker, Kuchenbecker, Kuchenbacker, Kuchenbeck
W: BÄCKER*, Eisenkuchenbäcker
Syn: FEINBÄCKER, Mandolettibäcker, ZUCKERBÄCKER
Lit: Adelung 2:1811; Barth 1:562; Diefenbach 439; DudenFN 405; Frühmittellat. RWb; Gottschald 308; Grimm 11:2500; Krünitz 54:533; Linnartz 130; Reith (2008) 25; Schiller-Lübben 2:514

Kuchenbeck ↗ Kuchenbäcker

Kuchenbecker ↗ Kuchenbäcker

Küchengärtner 'Gärtner, der Gemüse und Kräuter anbaut'; im Ggs. zum Kunst-, Parkgärtner
W: Gärtner
Syn: Kabisbauer, Kohlgärtner
Ggs: Kunstgärtner, Lustgärtner
Lit: Barth 1:562; GoetheWb 5:772; Grimm 11:2502

Küchenmeister Kuchinmeister; lat. *tricliniarchus, tricliniarius* 'Vorgesetzter einer [herrschaftlichen] großen Küche, der die Aufsicht über das Personal hat'; heute noch als Berufsbezeichnung für einen '[als Küchenchef tätigen] Koch, der die Meisterprüfung abgelegt hat' ❖ mhd. *küchenmeister, kuchenmeister* 'Küchenmeister, Oberkoch (Hofbeamter)'
FN: Kuchenmeister, Kuchelmeister, Kuchimeister
W: *Meister*
Syn: Speisemeister
Lit: Adelung 2:1812; Barth 1:563; DudenGWDS; Gottschald 308; Grimm 11:2506; Krünitz 54:482; Linnartz 130; Zedler 15:2016

Küchenschreiber Kuchischreiber, Küchschreiber 'Verwaltungsangestellter und Rechnungsführer einer großen [herrschaftlichen] Küche' ❖ mhd. *kuchenschrîber* 'Küchenschreiber (ein Hofbeamter)'
W: *Schreiber*

Lit: Adelung 2:1813; Barth 1:563; Grimm 11:2509; Idiotikon 9:1542; Krünitz 54:498

Kuchinmeister ↗ Küchenmeister

Kuchischreiber ↗ Küchenschreiber

Küchleinbacher ↗ Küchleinbäcker

Küchleinbäcker Kiechlbacker, Kiechlbäcker, Küchelbacher, Küchelbäcker, Küchelbeck, Küchelpacher, Küchleinbacher, Küechelbacher; lat. *crustularius, cupedinarius, cupendinarius, dulciarius, pastillarius* 'Bäcker, der Kuchen und Feingebäck herstellt; Konditor'; heute ist *Küachle, Kiachl, Küachli, Küchel, Küchle, Kücherl* in Westösterreich, Süddeutschland und in der Schweiz ein in die Küchensprache aufgestiegenes Dialektwort in der Bedeutung 'Schmalzgebäck mit einer runden Vertiefung an der Oberfläche und [Apfel]füllung' ❖ zu *Küchel* 'kleiner Kuchen', mhd. *küechelîn, küechel* , Diminutiv zu *kuoche* 'Kuchen'; *küechelbecke* 'pastillarius'
FN: Küchelbecker, Kuchelbacher
W: BÄCKER*
Syn: FEINBÄCKER, ZUCKERBÄCKER

Lit: Adelung 2:1813 (Küchlein); Barth 1:562; Diefenbach 163, 415; Frühmittellat. RWb; Gottschald 308; Grimm 11:2518, 2595; Krünitz 54:536 (Küchlein); Linnartz 130; Schmeller 1:1221; Volckmann (1921) 20; VWB 443

Kuchler ↗ Küchler

Küchler Kiechler, Kuchler, Kuechler, Küechler 'Bäcker, der Kuchen und Feingebäck herstellt; Konditor' ❖ zu mhd. *kuoche* 'Kuchen'
FN: Küchler, Kuchler, Küchle, Küchli, Küchel, Kiechl, Kiechle
W: Honigküchler, Pfefferkuchenbäcker, Süßküchler

Syn: BÄCKER*, FEINBÄCKER, ZUCKERBÄCKER

Lit: Adelung 2:1811 (Kuchenbäcker); Barth 1:563; Diefenbach 415; Grimm 11:2518; Krünitz 54:536; Pies (2002d); Schmeller 1:1221; Volckmann (1921) 20

Küchschreiber ↗ Küchenschreiber

Kuderer ↗ Kauderer

Kuderwanner ↗ Korduaner

Küechelbacher ↗ Küchleinbäcker

Kuechler ↗ Küchler

Küechler ↗ Küchler

Küfelanstößer ↗ Küfelstößer

Küfelbeschlager 'Salinenarbeiter, der die Küfel zu verschließen hat'; ↗ Küfelmacher
W: *Beschläger*

Lit: OÖ. Hbl 2010, H. 1:27; Schraml (1932) 219

Küfelknecht 'Hilfsarbeiter in der Saline bei der Herstellung der kleinen Salzfässer'; ↗ Küfelmacher
W: KNECHT
Syn: BÖTTCHER

Lit: Patocka (1987) 280

Küfelmacher 'Arbeiter in der Saline, der die kleinen Salzfässer für den Salztransport herstellt'; es gab große Fässer (*Kufen*) und kleine Fässer (*Küfel*) ❖ zu mhd. *küefelîn, kuofelîn*, Diminutiv zu *Kufe*
Syn: BÖTTCHER

Lit: OÖ. Hbl 2010, H. 1:30; Patocka (1987) 280; Schraml (1932) 219

Küfelmeister ↗ 'Küfelmacher'
W: *Meister*
Syn: BÖTTCHER

Küfelstößer Küfelanstößer 'Salinenarbeiter, der das zerkleinerte Salz in die Küfel zu füllen und mit einem Stößel hineinzupressen

hat'; das *Küfel* war die älteste Form der Salzverpackung im oberösterreichischen Kammergut für den Transport auf dem Wasserweg. Es war ein einen Schuh hohes, rundes und nach oben sich erweiterndes Holzgefäß, in das Salz eingefüllt und das anschließend verschlossen wurde ❖ zu mhd. *kiefelîn, kuofelîn*, Diminutiv zu *Kufe*
W: Stößer

Lit: Fellner 303; OÖ. Hbl 2010, H. 1:21 (Küfel); Patocka (1987) 294; Schraml (1932) 227

Kufenhändler ↗ Großkufenhändler

Kufenmacher Kuffenmacher, **Kuvenmaker** 1. 'Böttcher, Fassbinder, der Kufen herstellt'; *Kufen* hatten unterschiedliche Formen und Funktionen: oben offene stehende Holzgefäße, Zuber, Wassereimer zum Feuerlöschen, Bierfässer mit zwei Böden u. Ä. 2. 'Facharbeiter in der Saline, der Salzfässer für den Salztransport, Eimer für die Schöpfräder u. Ä. herstellt; ↗ Küfer' ❖ zu mhd. *kuofe* 'Kübel, Wanne', ↗ Küfer mnd. *kuven* 'Kufe'
Syn: BÖTTCHER

Lit: Barth 1:563; Grimm 11:2532; Patocka (1987) 218; Schiller-Lübben 2:607

Kufenmeister Kufermeister 'Facharbeiter in der Saline, der Salzfässer für den Salztransport, Eimer für die Schöpfräder u. Ä. herstellt'; ↗ Kufenmacher
W: Meister

Lit: Patocka (1987) 53, 281; Schraml (1932) 220

Kufer 'Arbeiter in der Saline, der Salzfässer für den Salztransport (große Kufen oder kleine Küfel) u. Ä. herstellt'; im oberösterreichischen Salzkammergut, ↗ Kufenmacher
Syn: BÖTTCHER, Küfler

Lit: Patocka (1987) 53, 280; Schraml (1932) 220

Küfer Kiefer, Kieffer, Kiffer, Küffer, Küffner; lat. *cuparius* 1. 'Böttcher, Fassbinder, der Großgefäße, bes. Weinfässer, herstellt'. 2. 'Fachmann für Weinwirtschaft, der für die Pflege des gelagerten Weins und der Weinfässer zuständig ist und die Gäste in einer Weinschenke betreut' — westdt., südwestdt. ❖ mhd. *küefer* 'Küfer', zu mhd. *kuofe* 'Kübel, Wanne', aus lat. *cupa* 'Fass, Tonne', lat. *cuparius* 'Fassbinder'
FN: Küfer, Küffer, Kufer, Kuffer
W: °Küfermeister, °Küffermeister, Pflegküfer, Weinküfer, Weißküfer
Syn: BÖTTCHER, GROßBÖTTCHER*, Küper

Lit: Adelung 2:1814; Barth 1:563; DudenFN 405; Gottschald 309; Idiotikon 3:178; Kluge 546; Kretschmer 144; Krünitz 54:539; Linnartz 130; Pies (2005) 34; Reith (2008) 34; Volckmann (1921) 44; Zedler 15:2024

Kufermeister ↗ Kufenmeister

Küfermeister ↗ Küfer

Kuffenmacher ↗ Kufenmacher

Küffer ↗ Küfer

Küffermeister ↗ Küfer

Küffner ↗ Küfer

Küfler 1. 'Böttcher, Fassbinder'. 2. 'Arbeiter in der Saline, der Salzfässer für den Salztransport (große Kufen oder kleine Küfel) u. Ä. herstellt' ❖ ↗ Küfer
FN: Küfler, Küffler
Syn: BÖTTCHER, Kufer

Lit: Barth 1:563; Gottschald 309; Linnartz 130; Patocka (1987) 280; Schraml (1932) 220

Küfner 'Böttcher, Fassbinder, bes. der große Gefäße aus hartem Buchenholz oder rötlichem Eichenholz herstellt' ❖ ↗ Küfer
FN: Küfner, Küffner, Kufner, Kuffner, Kiefner
Syn: BÖTTCHER, Rotbinder

Lit: Adelung 2:1815; Barth 1:563; DudenFN 405; Gottschald 309; Linnartz 130; Volckmann (1921) 165

Kugelschleifer 'Glasschleifer, der halbrunde Vertiefungen schleift; Hohlglasschleifer'
W: Schleifer
Syn: Kugler

Lit: Rhein. Conversations-Lexicon 5:1005; Vilmar (1868) 42

Kugelschmied 'Handwerker, der Geschoßkugeln herstellt'
W: Schmied
Lit: Riepl (2009) 240

Kugelschneider 'Glasschleifer, der halbrunde Vertiefungen ins Glas schneidet'
W: SCHNEIDER
Syn: Glasschneider
Lit: Barth 1:564; Grimm 11:2545; Krünitz 54:668

¹Kugler 'Hohlglasschleifer'; zu *Kugel* wegen der runden kugelförmigen Einbuchtung
W: Glaskugler
Syn: Kugelschleifer
Lit: Barth 1:564; Grimm 11:2546; Krünitz 54:678

²Kugler ↗ Gugler

Kuhbauer ↗ Kühbauer

Kühbauer Kuhbauer 'Bauer, der Kühe hält und Kühe als Zugtiere verwendet'; mit dem Nebensinn eines armen, kleinen Bauern (neben den Ochsen- und Pferdebauern)
FN: Kuehbauer, Kühbauer
Syn: BAUER
Vgl: Ochsenbauer, Pferdebauer
Lit: Barth 1:564; Grimm 11:2551

Küher 'Landarbeiter, der auf der Alm für den Weidebetrieb zuständig ist'; im Ggs. zum Senner, der die Milchwirtschaft betreibt
Syn: Schwaiger
Lit: Grimm 11:2553; Werner (2000)

Kühgaumer Kühgäumer 'Viehhüter'; schweiz.
W: Gaumer
Lit: Idiotikon 2:305

Kühgäumer ↗ Kühgaumer

Kuhhalter ↗ Halter

Kuhkäufl ↗ Käufel

Kuhlengräber 'Totengräber'; norddt. ❖ mnd. *kulengrever* 'Totengräber'; mnd. *kule* 'Grube, Vertiefung, Loch, Höhle'; mhd. *kûle* 'Grube'
W: *Gräber*
Lit: Grimm 11:2569; Schiller-Lübben 2:593

Kuhluchtenmacher Koluchtenmaker ↗ 'Laternenmacher, der Stalllaternen herstellt' ❖ mnd. *koluchte* 'Stallleuchte (mit Hornscheibe)', zu mnd. *ko, ku* 'Kuh'; mhd. *liuhte, lûhte* 'Helligkeit; Leuchte'
W: Leuchtenmacher

Kuhr ↗ Kur

Kührführer ↗ Kürführer

Kuhschneiter 'Person, die von Haus zu Haus geht und Kühen die Klauen schneidet'
W: Schneiter

Kümer ↗ Kimmer

Kumeter ↗ Kummeter

Kümichkehrer ↗ Kemmichkehrer

Kummeder ↗ Kummeter

Kümmeder ↗ Kummeter

Kümmer ↗ Kimmer

Kümmerer ↗ Kimmer

Kummertmacher ↗ Kummeter

Kummeter Kommeder, Kommetmecher, Komyder, Kumeter, Kummeder, Kümmeder, Kummertmacher, Kummetmacher, Kumuder 'Handwerker, der Pferdegeschirr, Kummete herstellt' ❖ zu *Kummet* 'Halsjoch von Zugtieren, bes. Pferden', mhd. *kumet, komat* 'Kummet', aus dem Slawischen, vermutlich polnisch
FN: Kummeter, Kummeder, Komater, Kometter, Kömetter, Kammeter
Syn: SATTLER
Lit: Barth 1:565; Gottschald 311; Grimm 11:2611; Hornung (1989) 81; Krünitz 55:38; Linnartz 131; Pfeifer 744; Pies (2005) 122; Reith (2008) 182; Volckmann (1921) 156

Kummetmacher ↗ Kummeter

Kumpastenmacher ↗ Kompastmacher

Kumper Komper, Kümper, Kumpfer, Kümpfer, Kümpfler 'Färbergeselle, der die Tuche in Gefäße mit Farbe oder Wasser zum Färben oder Waschen taucht'; zu *Kumpen* 'jede Art von Vertiefung: Napf, Schüssel, Wanne; Tümpel, Zisterne', hier die Bottiche, in denen die Tuche gefärbt werden ❖ zu mhd. *kump, kumpf* 'ein Gefäß'; vgl. mnd. *kumpere, kumpen* 'Fassbinder, Küfer'
Syn: Kumpgänger

Lit: Barth 1:565; Grimm 11:2612; Krünitz 55:60; Schiller-Lübben 2:595; Volckmann (1921) 85

Kümper ↗ Kumper

Kumpfenmüller ↗ Kumpfmüller

Kumpfer ↗ Kumper

Kümpfer ↗ Kumper

Kümpfler ↗ Kumper

Kumpfmüller Kumpfenmüller 'Betreiber einer oberschlächtigen Mühle mit Kumpfrad'; d.i. ein Mühlrad, an dem Gefäße oder Vertiefungen angebracht sind, in die das Wasser fällt, wodurch das Mühlrad schneller angetrieben wird; zu *Kumpf* 'Gefäß unterschiedlicher Art', z.B. Wasserbehälter für den Wetzstein, ein Getreidemaß, Trinkschale; Kessel der Färber ❖ zu mhd. *kumpf, komph* 'Napf, Gefäß (als Maß), Zwischenräume eines oberschlächtigen Mühlrades, Wetzsteingefäß'
FN: Kumpfmüller
W: *Müller*

Lit: Barth 1:565; Grimm 11:2616 (Kumpfmühle); Höfer 2:179 (Kumpfrad); Hornung (1989) 88

Kumpgänger Kompgenger, Kumpgenger 'Färbergeselle'; ↗ Kumper
W: *Gänger*
Syn: Kumper, Kumpknecht

Lit: Volckmann (1921) 85

Kumpgenger ↗ Kumpgänger

Kumpknecht Kompknecht 'Färbergeselle'; ↗ Kumper
W: Knecht
Syn: Kumpgänger

Lit: Volckmann (1921) 85

Kumuder ↗ Kummeter

Kunigl ↗ Nachtkönig

Kunkelmacher Gunkelmacher 'Handwerker, der Spinnrocken herstellt'; *Kunkel* für 'Spinnrocken' ist regional südwestdt. noch gebräuchlich ❖ zu mhd. *kunkel* 'Kunkel', aus mlat. *conucula, colucula*, lat. *colus* 'Spinnrocken'
FN: Kunkelmacher, Kunkel, Künkel, Kunkler, Künkler, Gunkel
Syn: Rockenmacher, Spindler

Lit: Barth 1:566; DRW 8:112 (Kunkel); DudenFN 297, 407; Gottschald 312; Grimm 11:2653 (Kunkel); Linnartz 131; Volckmann (1921) 95

Kunstabler ↗ Konstabler

Kunstarbeiter 'Bergarbeiter, der die Kunst überwacht'; die *Kunst* ist im Bergbau eine Förder- und Wasserhebemaschine, an der oft am Gestänge Pumpen befestigt waren, mit denen das Wasser aus Gräben gepumpt werden konnte
W: *Arbeiter*
Syn: Kunstknecht, Kunststeiger

Lit: Barth 1:566; Fellner 305 (Kunst); Grimm 11:2685; Krünitz 55:249; Veith 306

Kunstdrechsler 'Drechsler, der kunsthandwerkliche Gegenstände aus kostbaren Materialien, wie Horn, Bein, Elfenbein, Perlmutt, Schildpatt und Edelmetallen herstellt'; im Ggs. zum gewöhnlichen Holzdrechsler
W: Drechsler
Syn: Kunstdreher

Lit: Adelung 2:1833; Barth 1:567; Pies (2005) 50; Reith (2008) 65

Kunstdreher ↗ 'Kunstdrechsler'
W: *Dreher*
Syn: Kunstdrechsler
Lit: Barth 1:567; Grimm 11:2688

Künstener ↗ *Künstler*

Künster ↗ *Künstler*

Kunstfärber 'Färber, der mit mehreren Farben färbt, im Ggs. zu den gewöhnlichen [Schwarz]färbern'
W: *Färber**
Syn: Tuchfärber
Ggs: Schwarzfärber
Lit: Adelung 2:1833; Barth 1:567; Grimm 11:2692; Krünitz 55:249; Reith (2008) 69

Kunstfechter 'Person, die von Ort zu Ort ziehend für Geld Fechtkämpfe ausführt'
W: FECHTER
Lit: Barth 1:567; Grimm 11:2692

Kunstführer 'Wanderhändler, der in Städten und Märkten Kunsthandwerk, Bilder und Schmuck anbietet'; sie kamen vielfach aus Nürnberg; *Führer* i. S. v. 'Händler'
W: *Führer*

Kunstgärtner 'Gärtner, der Ziergärten gestaltet'; im Ggs. zum Kohl- oder Küchengärtner; auch *Kunst- und Lustgärtner*
W: *Gärtner*
Syn: Lustgärtner
Ggs: Kohlgärtner, Küchengärtner
Lit: Adelung 2:1833; Barth 1:567; Grimm 11:2695; Krünitz 55:250

Kunstkämmerer 'Beamter, der die Leitung einer Kunstkammer innehat'; die *Kunstkammer* war eine fürstliche Sammlung von Schaustücken und Kuriositäten
W: *Kämmerer*
Lit: Adelung 2:1834 (Kunstkammer); Grimm 11:2704; Krünitz 55:425

Kunstknecht ↗ 'Kunstarbeiter'
W: KNECHT
Syn: Kunstarbeiter, Kunststeiger
Lit: Adelung 2:18334; Barth 1:567; GoetheWb 5:827; Grimm 11:2705; Krünitz 55:425; Veith 37

Künstler Künstener, Künster, Künstner; lat. *artifex, artista* Die urspr. Bedeutung von *Künstler* ist seit dem 15. Jh. der 'Gelehrte in einer wissenschaftlichen oder technischen Disziplin' (z.B. *Scheidekünstler* 'Chemiker', *Messkünstler* 'Geometer', *Zahnkünstler* 'Zahnbehandler'). Vom Handwerker unterschied sich der *Künstler* durch die wissenschaftliche Basis seiner Tätigkeit, wobei die Grenzen aber nicht klar zu ziehen sind. Die Verbindung zu technischen Fertigkeiten zeigten z.B. *Feuerkünstler* als 'Chemiker, der Feuer richtig einsetzen kann' und 'Gestalter von Feuerwerken', *Wasserkünstler* 'Gestalter von Springbrunnen und Wasserspielen'. Die erstaunlichen Fertigkeiten oder Fähigkeiten führten zur Bedeutung 'Gaukler, der als Fahrender Kunststücke vorführt' bis zu 'Teufelsbeschwörer', z.B. in *Schwarzkünstler*. Bestimmte handwerkliche Tätigkeiten zeigen den Übergang zum Kunsthandwerk, z.B. *Glaskünstler* als 'Glasbläser' und als 'Kunsthandwerker, der Gegenstände aus Glas gestaltet', ähnlich *Schabkünstler* als 'Kupferstecher, Radierer', *Wachskünstler* 'Kunsthandwerker, der Gegenstände aus Wachs gestaltet', *Tragantkünstler* 'Kunsthandwerker, der Figuren aus Zuckermasse gestaltet'. Die Einengung auf künstlerische Tätigkeit im heutigen Sinn setzte erst im 18. Jh. ein. Dies zeigt sich in den Familiennamen, die sich auf handwerkliche Tätigkeit beziehen ❖ mhd. *kunster* 'der Kunst, Einsicht, Verständnis, Geschicklichkeit besitzt, Künstler'
FN: Künstler, Künster, Kinstler, Kinster
W: Feuerkünstler, Glaskünstler, Schreibkünstler, Schwarzkünstler, Tragantkünstler, Wasserkünstler, Zahnkünstler
Syn: Artist
Lit: Adelung 2:1834; Barth 1:567; DudenFN 408; Gottschald 312; Grimm 11:2706; Krünitz 55:433; Paul 497

Kunstmeister 1. 'Vorgesetzter oder Verwalter einer Wasserkunst'; unter *Wasserkunst* verstand man Anlagen zum Heben des Wassers, z.B. des Grubenwassers im Bergbau, das Anlegen von Wasserleitungen sowie der im 16. Jh. aufkommenden Wasserspiele und Springbrunnen. *Kunst* war im engeren Sinn eine 'Wasserhebemaschine, die mit an Gestängen angehängten Pumpen versehen ist'; auch in der Verbindung *Kunst- und Röhrenmeister*. 2. 'Zimmermann, der als Fachmann für Brunnen und Röhren arbeitet'. 3. 'Fachmann für Mechanik in Wasserspielen und Orgeln; Orgelbauer'
W: *Meister*
Syn: ZIMMERMANN

Lit: Adelung 2:1835; Barth 1:567; Grimm 11:2718; Krünitz 55:425; Linnartz 131; Veith 307

Künstner ↗ *Künstler*

Kunstpfeifer 'städtischer, zunftmäßig organisierter Musikant, der bei öffentlichen Anlässen auftritt'; ehrenvolle Bezeichnung als Ggs. zu den Wandermusikanten; heute bekannt für Menschen, die mit dem Mund in verschiedenen Tonlagen pfeifen können
W: Pfeifer

Lit: Adelung 2:1835; Barth 1:568; Grimm 11:2720; Krünitz 55:425

Kunststäbler ↗ Konstabler

Kunststeiger 'Bergmann, der für die Wasserversorgung zuständig ist'; zur *Wasserkunst* gehören der Schacht, die Hebemaschinen, Wasserpumpen und -räder
W: *Steiger*
Syn: Kunstarbeiter, Kunstknecht

Lit: Adelung 2:1835; Barth 1:568; Fellner; Grimm 11:2728; Krünitz 55:426; Veith 307

Kunterfector ↗ Conterfeier

Kunterfektor ↗ Conterfeier

Kunthormaker ↗ Kontormacher

Kuntormaker ↗ Kontormacher

Kupellenschläger ↗ Kapellenschläger

Kuper ↗ Küper

Küper Kuper 1. 'Böttcher, Fassbinder'; sie spielten in den Häfen für die Verpackung der Waren, die meist in Fässern transportiert wurden, eine wichtige Rolle. 2. 'Person, die bei Weinhändlern die Fässer betreut'. 3. ↗ 'Fischmeister'; Ostpreußen ❖ 1., 2.: zu mnd. *kupe* 'Kufe, großes Fass', *kuper* 'Fassbinder'; niederdt. Form von *Küfer*; 3.: zu niederdt. *keipe, kiep, kiepe* 'Korb, Sack; Fischreuse'
FN: Küper, Kuper, Küpper, Küppers, Küppner, Köper
W: Baumwollküper, Brückenküper, Fassküper, Fleetküper, Hausküper
Syn: BÖTTCHER, GROßBÖTTCHER*, Kieper, Küfer

Lit: Adelung 2:1837; Altstaedt (2011) 143, 167; DudenFN 409; Gottschald 312; Grimm 11:2756; Grönhoff (1966) 30; Hermann-Winter (2003) 145; Krünitz 55:458; Lindow 104; Linnartz 131; Pies (2005) 34; Reith (2008) 33; Volckmann (1921) 165; Zedler 4:411; Zedler 15:2024

Kupferdrucker 'Handwerker, der von den Platten, die von Kupferstechern gestaltet wurden, einen sauberen Druck herstellt'; noch heute als Lehrberuf für seltene Kupferdrucke vorhanden
W: Drucker

Lit: Barth 1:569; Grimm 11:2762; Krünitz 56:227; Palla (2010) 114

Kupfergießer 'Metallgießer, der Geräte aus Kupfer, Bronze oder Kupferlegierungen gießt'
W: Gießer
Syn: ROTGIEßER

Lit: Barth 1:569; Grimm 11:2763; Krünitz 46:246

Kupferhammerschmied Hammerkupferschmied ↗ 'Hammerschmied, der für den Kupferschmied die Kupfertafeln fertigt'; er arbeitete arbeitsteilig, im Ggs. zum kleinhandwerklichen Kupferschmied ❖ zu mhd. *hamersmit* 'Schmied in einem Hammerwerk'

W: *Schmied*
Syn: KUPFERSCHMIED

Lit: Adelung 2:1839 (Kupferhammer); Barth 1:569; Grimm 11:2763; Krünitz 56:249 (Kupferhammer); Palla (2010) 115; Pies (2005) 139; Reith (2008) 135

Kupferschläger Kopperschläger, Koppersleger 'Kupferschmied' ❖ zu mhd. *slager, sleger* 'Schläger'; mnd. *koppersleger* 'Kupferschmied'
FN: Kupferschläger, Kupferschlaeger, Kopperschläger, Koperslager, Kupperschläger
W: *Schläger*
Syn: KUPFERSCHMIED

Lit: Barth 1:569; DudenFN 409; Gottschald 312; Grimm 11:2768; Linnartz 124, 132; Schiller-Lübben 2:531

Kupferschmid ↗ KUPFERSCHMIED

KUPFERSCHMIED Koppersmid, Koppersmit, Koppirsmid, Kupferschmid, Kupperschmidt; lat. *aerarius, cuprarius, cuprifaber, erarius, faber aerarius, faber cupri* 'Handwerker, der aus Kupfer Gegenstände des täglichen Gebrauchs herstellt'; er gehört zu den ↗ Kaltschmieden und wurde auch *Werkstätter* genannt, weil er in einer kleinen Werkstatt arbeitete, d.h. kein Hammerwerk benötigte. Noch heute als Berufsbezeichnung üblich ❖ mhd. *kupfersmit* 'Kupferschmied'; mnd. *kopper* 'Kupfer'
FN: Kupferschmied, Kupferschmid, Kupferschmidt
W: *Schmied*
Syn: Ausbreiter, Kaltschmied, KESSELSCHMIED, Kupferhammerschmied, Kupferschläger, Rotschmied, Werkstätter
Vgl: Kupfertreiber

Lit: Adelung 2:1841; Barth 1:569; Diefenbach 163, 207; DudenFN 409; Palla (2010) 115; Pies (2005) 139; Reith (2008) 135

Kupfertreiber 'Handwerker, der Kupfer mit dem Hammer in eine Form (als Kessel oder Becken) schlägt, austreibt'
W: *Treiber*
Vgl: Eisentreiber, KUPFERSCHMIED

Lit: Barth 1:570

Kupferwalzmeister ↗ Walzmeister

Kupperschmidt ↗ KUPFERSCHMIED

Kur Kuhr, Kürer 'Turmwächter, der als Späher vor Gefahren warnt und als Turmbläser auch Signale geben kann' ❖ mnd. *kur, kure* 'Späher, Wächter, Turmbläser', zu mnd. *kuren* 'spähend schauen; auflauern'; verwandt mit *küren* 'auswählen'
FN: Kuhr, Kühr, Kurer, Kür
Syn: Schlosstürmer, Türmer, Turmmann, Turmwächter, Turmwärter

Lit: Barth 1:570; DudenFN 406; Gottschald 311; Linnartz 132; Schiller-Lübben 2:602

Kürassiermacher ↗ Küraßmacher

Küraßmacher Kürassiermacher 'Handwerker, der Brustharnische herstellt'; gehört im weiteren Sinn zum Arbeitsgebiet des ↗ Spenglers ❖ aus franz. *cuirasse* 'Lederpanzer', aus spätlat. *coriacus* 'ledern'
Syn: Halsberger, Harnischer, Harnischfeger, Harnischmacher, KLEMPNER*, Kniescheibenmacher, Plattner

Lit: DudenFW 783; Pies (2005) 85; Reith (2008) 122

Kürassschmied ↗ *Schmied*

Kürbenzainer ↗ Korbzainer

Kürbenzäuner ↗ Korbzainer

Kürbenzeiner ↗ Korbzainer

Kürbenzeinerl ↗ Korbzainer

Kurdelmacher ↗ Kordelmacher

Kurdewaener ↗ Korduaner

Kurdewaner ↗ Korduaner

Kurdewener ↗ Korduaner

Kurer 'Prüfer, der den Wert einer Ware schätzt' ❖ mhd. *kurer, küre* 'amtlich bestellter Prüfer'; zu mhd. *kiesen* 'prüfen, wählen; prü-

fend kosten; auswählen'; die Ableitungen zu *küren* können entweder die Bedeutungsrichtung 'auswählen' oder 'prüfen' annehmen
Syn: VISIERER

Lit: Barth 1:570; DRW 8:149; Grimm 11:2804; Volckmann (1921) 302

Kürer ↗ Kur

Kürführer Kührführer 'Bergmann, der einer *Kür* vorsteht'; d.i. eine Gruppe von Arbeitern, die gemeinsam an einem Projekt arbeiten ❖ zu mhd. *kure, küre* aus *kiesen* 'auswählen'
W: *Führer*

Lit: Fellner 306 (Kür); Veith 303

Kurkeler Kurkler 'Holzschuhmacher'; in Ostpreußen; die Schuhe hatten urspr. eine Korksohle ❖ zu ostdt. *kurkel* 'Holzschuh', Ableitung von *Kork*, vgl. ↗ Korkenschneider
Syn: HOLZSCHUHMACHER, Korkenmacher

Lit: Barth 1:571; Grimm 11:2812 (Kurk)

Kurkler ↗ Kurkeler

Kurschmidt ↗ Kurschmied

Kurschmied Curschmid, Kurschmidt 'Huf-, Pferdeschmied, der zugleich Krankheiten der Pferde *kurieren*, behandeln kann' ❖ zu lat. *cura* 'Fürsorge, Pflege'
W: *Schmied*

Lit: Adelung 1:1355; Barth 1:572; Grimm 11:2820; Linnartz 132; Pies (2005) 135; Reith (2008) 112; Volckmann (1921) 117

Kurschner ↗ Kürschner

KÜRSCHNER Girschner, Kerschner, Kirschner, Köersener, Kurschner, Kürsemer; lat. *pelliciator, pellifex, pellio, pelliparius* Das Geschäftsfeld der Kürschner war in der Vergangenheit größer als heute. Es umfasste auch die Herstellung und das Einfärben von Pelzen und Rauwaren sowie den Handel mit rohen Fellen ❖ mhd. *kürsenære kürsener* 'Kürschner', frühnhd. *kürsner*, Ableitung von mhd. *kürsen, kursen* 'Pelzkleid, -rock', aus dem Slawischen entlehnt; die Pelze wurden vor allem aus Osteuropa geliefert
FN: Kürschner, Kirschner, Kierschner, Kurschner, Körschner, Kerschner, Girschner, Gürschner, Gurschner
Syn: Buntfütterer, Buntmacher, Buntwerker, Fechner, Fellwerkbereiter, Fütterer, Grauwerker, Korsener, Korsenmaker, Korsenmeister, Korsenwerker, Näher, Pelter, Pelzer, Rauchfärber, Rauchwerker, Wildwerker, Zobelfärber

Lit: Adelung 2:1844; Barth 1:572; Diefenbach 421; DudenFN 409; Gottschald 312; Krünitz 57:1; Linnartz 132; Pfeifer 750; Pies (2005) 90; Reith (2008) 130

Kürsemer ↗ Kürschner

Kursener ↗ Korsener

Kürsener ↗ Korsener

Kursner ↗ Korsener

Kürsner ↗ Korsener

Kürßner ↗ Korsener

Kurzkramer ↗ Kurzkrämer

Kurzkrämer Kurzkramer 'kleiner Kaufmann für Kurzwaren u.Ä.'
W: KRÄMER
Ggs: Reichkrämer

Lit: Zimmermann (1794) 11:32

Kurzmesserschmied 'Handwerker, der kurze Messer, z.B. Tischmesser, Dolche, herstellt'
W: Messerschmied, *Schmied*
Ggs: Langmesserschmied

Lit: Barth 1:573; Grimm 11:2852

Küstenpilot 'Lotse, der Schiffe an der Küste führt'; im Ggs. zu dem Höhenpiloten, der vor der Küste Gefahren anzeigt

Lit: Adelung 2:1850; Grimm 11:2879; Krünitz 57:219

Kuster ↗ KÜSTER

KÜSTER Kuster; lat. *aedituus, custos, edituus, sacrista* Urspr. der Wächter eines Kirchenschatzes, bes. bei großen Kirchen ein angesehenes Amt, später der Bediente einer Kirche. Die Synonyme betreffen entweder den eigentlichen Dienst beim Gottesdienst (z.B. *Küster, Mesner, Messner, Sigrist, Altarist*), die Betreuung des Kirchenraums oder Dienstleistungen für die Pfarre (z.B. *Kircher, Kirchendiener, -vogt, Kirchwart*), oder die Bedienung der Glocken (z.B. *Glöckner, Läuter*) ❖ mhd. *kuster, guster* aus mlat. *custor*, lat. *custos* 'Wächter'; der Umlaut entstand durch Angleichung an andere Substantive
FN: Küster, Küstner, Küsters, Kuster, Guster, Güster, Gusterer, Koster, Kostner, Köster, Coster
W: °Landküster, °Stadtküster
Syn: Altarist, Kirchenbedienter, Kirchendiener, Kirchenknecht, Kirchenvogt, Kircher, Kirchner, Kirchwart, Klöckner, Kustos, Läuter, Mesner, Messner, Münstermann, Opferknecht, Opfermann, Potabel, Sigrist

Lit: Barth 1:573; Diefenbach 195, 506; DudenFN 298, 410; Frühmittellat. RWb; Gottschald 227, 313; Linnartz 84, 132; Paul 498

Kustos Custer, Custerer, Custos; lat. *custos agrorum, custos carceris, custos pecorum, custos silvae, custos silvarum* **1.** 'Hausmeister an Schulen und Universitäten'. **2.** 'Verwalter in Kirchen und Klöstern, der für die liturgischen Materialien und eventuell auch für die Gebäude zuständig ist'. **3.** 'Küster, Mesner; Geistlicher, der das Amt des Küsters innehat'. **4.** 'Hirt; custos pecorum'. **5.** 'Wächter, Kerkermeister; custos carceris'. **6.** 'Wald-, Flurwächter; custos agrorum, silvarum, silvae' — Heute noch in den Bedeutungen 'wissenschaftlicher Mitarbeiter an Museen' und im veralteten Sprachgebrauch noch für 'Küster' ❖ lat. *custos* 'Wächter'
FN: Kuster, Custor
Syn: KÜSTER

Lit: Barth 1:573; Diefenbach; DRW 8:229; DudenFN 410; DudenFW; Frühmittellat. RWb; Gottschald 313; Linnartz 132; Schild (1997); Schrambke (2004)

Kuter ↗ Küter

Küter Kuter, Kütter 'Hausschlächter, der Vieh auf dem Bauernhof gegen Bezahlung schlachtet'; niederdt.; da sie die Abfälle, wie Eingeweide, Fett, erhielten und verarbeiteten, wurden sie auch in Zusammenhang mit den ↗ Kuttlern gebracht ❖ mnd. *kuter* 'Schlachter', zu mnd. *kût* 'das Weiche, Knochenlose im Tierkörper, Eingeweide', mnd. *kuten* 'das Eingeweide, die Weichteile ausnehmen und reinigen; schlachten'
FN: Küter, Küther, Kütter
Syn: HAUSSCHLACHTER, Kuttler, METZGER

Lit: Adelung 2:1850; Barth 1:573; Gottschald 313; Grimm 11:2882; Krünitz 57:233; Linnartz 132; Palla (1994) 175, 402; Pies (2002d) 36; Pies (2005) 99; Schiller-Lübben 2:606; Volckmann (1921) 24, 28

Kutler ↗ Kuttler

Kutscher* Gutscher, Gutschi, Gutschier, Kutzer, Kutzker; lat. *auriga, vector* **1.** 'Angestellter auf einem Gutshof oder herrschaftlichen Hof, der die Pferde betreut und die Kutschen lenkt'. **2.** 'Fuhrunternehmer, der mit der Kutsche Personen und Waren transportiert' ❖ vermutlich zu ungarisch *kotsi* 'Kutsche', eigentlich 'aus Kocs', dem Dorf *Kocs* bei Komárom; entweder nach den dort hergestellten gefederten Kutschen oder nach dem Wagendienst der auf halber Strecke zwischen Wien und Budapest liegenden Pferdestation; andere Vermutungen führen zu *Gutschi* 'Ruhebett', da man darin schlafen konnte
FN: Kutscher, Kutsche, Kutscherer, Gutscher, Kutzer (niederdt.), Kutzner, Kutzscher
W: Heuerkutscher, Landkutscher, Lohnkutscher, Mietkutscher, Rollkutscher, Zeiselkutscher

Lit: Adelung 2:1850; Barth 1:573; Busch (1814) 7:501; Diefenbach 62, 602; DudenFN 410; Frühmittellat. RWb; GoetheWb 5:894; Gottschald 313; Grimm 11:2889; Kluge 552; Linnartz 132; Pfeifer 752; Volckmann (1921) 224

Kuttelarius ↗ Kuttler

Kuttelflecksieder Kuttelsieder ↗ 'Kuttler'
❖ zu mhd. *kutelvlëc* 'Kuttelfleck'
W: Flecksieder, *Sieder*
Syn: Kuttler

Lit: Adelung 2:1851 (Kuttelfleck); Barth 1:573

Kuttelsieder ↗ Kuttelflecksieder

Kuttelwamper ↗ 'Kuttler' ❖ zu mhd. *wambe, wampe, wamme* 'Bauch, Wanst', urspr. allgemein für 'Mutterleib, -schoß'; heute dialektal und abwertend für 'dicker Bauch'
Syn: Kuttler

Lit: Adelung 4:1373 (Wampe); Barth 1:573; Grimm 11:2902; Schmeller 1:1312; Volckmann (1921) 24, 28

Kuttelwäsch ↗ Kuttelwascher

Kuttelwascher Kuttelwäsch, Kuttelwäscher ↗ 'Kuttler' ❖ wegen des Waschens der Gedärme und Eingeweide
FN: Kuttelwascher, Küttelwesch
Syn: Kuttler

Lit: Barth 1:573; Gottschald 313; Linnartz 133; Schmeller 1:1312

Kuttelwäscher ↗ Kuttelwascher

Kütter ↗ Küter

Kuttler Kittler, Köttler, Kutler, Kuttelarius, Küttler **1.** 'Fleischer, der die essbaren Eingeweide der Tiere und Kuhwänste (Kaldaunen) reinigt und verkauft'. **2.** 'Fleischer, der auf dem Schlachthof die Aufsicht über die Geräte führt' ❖ mhd. *kuteler* 'Wurstmacher', zu mhd. *kutel* 'Kaldaune'
FN: Kuttler, Küttler
Syn: Flecksieder, Füssler, Küter, Kuttelflecksieder, Kuttelwamper, Kuttelwascher, Sülzer, Wämpler, Wänstler

Lit: Adelung 2:1852; Barth 1:574; DudenFN 410, 411; Gottschald 313; Grimm 11:2907; Krünitz 57:613; Linnartz 133; Palla (2010) 69; Reith (2008) 157; Schmeller 1:1312

Küttler ↗ Kuttler

Kutzenführer ↗ Kotzenführer

Kutzer ↗ Kutscher*

Kutzker ↗ Kutscher*

Kutzmacher ↗ Kotzenmacher

Kuvenmaker ↗ Kufenmacher

Kuxkränzler 'Makler, der Anteile an einem Bergwerk vermittelt'; zu *Kux* 'Wertpapier über einen Anteil an einer Zeche' ❖ Etym. unsicher; entweder zu alttschech. *kúsek* 'Stückchen', oder zu *gucken, kucken* 'Ausschau halten (nach Geldgewinn)'
W: Kränzler
Syn: MAKLER

Lit: Adelung 2:1852; Barth 1:574; Fellner 307 (Kux); Kluge 552 (Kux); Pfeifer 754; Veith 312

Kymer ↗ Kimmer

L

Labschöpfer 'Salinenarbeiter, der die Mutterlauge, die löslichen Rückstände beim Salzsieden (das Lab), aus der Pfanne entfernt' ❖ zu mhd. *lap* 'Salzwasser in der siedenden Pfanne', zu mhd. *laben* 'waschen'; mhd. *schepfen, schephen* 'schöpfen, schaffen'
W: Schöpfer

Lit: Grimm 12:3; Patocka (1987) 208; Schmeller 1:1402 (Lab)

Lackey ↗ Lakai

Lademacher Lademaker, Lademechir, Ladenmacher, Lädleinmacher, Ladmacher
1. 'Schreiner, Tischler, bes. für hölzerne Behältnisse, z.B. Truhen, und Wohnmöbel'.
2. 'Handwerker, der die hölzernen Schäfte und andere Holzteile der Gewehre herstellt' ❖ zu mhd. *lade* 'Lade, Behälter, Kasten', mnd. *lade* 'Kiste, Schrein'
FN: Lademacher, Lademaker
Syn: Büchsenschäfter, Ladener, TISCHLER

Lit: DudenFN 412; Gottschald 314; Linnartz 134; Pies (2005) 35; Reith (2008) 54

Lademaker ↗ Lademacher

Lademechir ↗ Lademacher

Ladendiener 'Hilfskraft im Geschäft, Verkäufer'; zu *Laden* i. S. v. 'Geschäft' ❖ zu mhd. *lade, laden* 'Brett; Fensterladen; Kauf-, Bäckerladen'
W: *Diener*
Syn: Gewölbediener

Lit: Barth 1:575; DRW 8:264

Ladener Ladner, Ledener 'Schreiner, Tischler' ❖ zu mhd. *lade, laden* 'Brett, Bohle; Kaufladen'
FN: Lader, Ladner
Syn: Lademacher, TISCHLER
Vgl: Ladner

Lit: Barth 1:575; DudenFN 412; Gottschald 314; Linnartz 134; Pies (2005) 150; Volckmann (1921) 175

Ladenführer Ladenkarlführer 'Flößer, der mit einem aus Laden zusammengestellt Floß fährt'; das Floß war auf der Steyr in Oberösterreich eingesetzt und wurde als *Ladenkarl* bezeichnet, weil es aus nur einem Kar (Abteilung des Floßes) bestand ❖ zu mhd. *kar* 'Geschirr, Bienenkorb', im Dialekt 'Abteilung (einer Truhe o. Ä.)'
W: *Führer*

Lit: Neweklovsky (1964); OÖ. Hbl 1957, H. 2:146

Ladengaumer ↗ Gaumer

Ladenhüter Ladenhüther 'Angestellter, der die Waren im Geschäft bewacht'; auch schon früh im übertragenen Sinn für 'schwer verkäufliche Waren' ❖ Übersetzung von franz. *garde-boutique, garde-magasin*
W: *Hüter*
Syn: Ladensitzer

Lit: Adelung 2:1866; Barth 1:576; Grimm 12:49; Krünitz 58:672; Schirmer (1911) 46

Ladenhüther ↗ Ladenhüter

Ladenjungfer 'Verkäuferin, Lehrmädchen'
W: *Jungfer*

Lit: Barth 1:576; Grimm 12:49

Ladenkarlführer ↗ Ladenführer

Ladenmacher ↗ Lademacher

Ladenmamsell ↗ Mamsell

Ladenmeister 1. 'Handwerksmeister, der in der Zunft als Rechnungsführer und Kassenverwalter fungiert'. 2. 'Verwalter der Gesellenkrankenkasse'; schweiz. – zu *Laden* in der Bedeutung 'Aufbewahrungort für Schriftstücke; Kasse einer Zunft oder Vereinigung' ❖ zu mhd. *lade* 'Lade, Behälter, Kasten'
W: *Meister*
Syn: Büchsenmeister, SCHATZMEISTER, Tafelherr

Lit: Adelung 2:1866; Barth 1:576; DRW 8:265; Grimm 12:49; Idiotikon 4:518

Ladenschreiber 'Büroangestellter, Buchhalter in einem Geschäft'
W: *Schreiber*

Lit: Barth 1:576

Ladensitzer 1. 'Kleinhändler, der nur in seinem Laden verkauft'; im Ggs. zum Hausierer. 2. 'Angestellter oder Kaufmann, der die Waren im Geschäft bewacht'
Syn: Ladenhüter

Lit: Schirmer (1911) 46

Lader **Läder** 1. 'Spediteur, der ein Schiff befrachtet'. 2. 'Arbeiter, der beim Be- und Entladen von Waren beschäftigt ist'. 3. 'Rollfuhrmann'. 4. 'Bergmann im Bereich der Förderung und Aufbereitung des Materials' — meist in Zusammensetzungen wie *Auf-, Ablader* ❖ zu mhd. *laden* 'aufladen'
FN: Lader (kann auch zu *Tischler* gehören)
W: Ablader, Auflader, Auslader, Kehrichtlader, Leichenlader, Salzlader, Trockenlader, Truhenlader, Wagenlader
Syn: Ableger, Gropper, Roller, SPEDITEUR*

Lit: Adelung 2:1866; Barth 1:576; DudenFN 412; Gottschald 314; Grimm 12:50; Heilfurth (1981) 53; Krünitz 58:672; Linnartz 134; Volckmann (1921) 224

Läder ↗ *Lader*

Läderer ↗ Lederer

Ladevogt 'Vorsteher oder Beamter einer Kolonie, der Vorladungen der Justiz oder Verwaltung überbringt'; in Schleswig
W: *Vogt*

Lit: Niemann (1799) 350

Lädleinmacher ↗ Lademacher

Ladler ↗ Ladner

Lädler ↗ Ladner

Ladmacher ↗ Lademacher

¹Ladner Ladler, Lädler 1. 'Kleinhändler, Krämer'. 2. 'Verkäufer'; meist auf Frauen bezogen, dann als Femininum *Ladnerin* ❖ zu mhd. *lade, laden* 'Brett, Bohle; Kaufladen'
Syn: KRÄMER
Vgl: Ladener

Lit: Barth 1:576; DRW 8:269; Grimm 12:53; Schmeller 1:1436

²Ladner ↗ Ladener

Ladschreiber 'Schriftführer einer Zunft oder eines Vereins'; bes. österr., in Vereinen noch üblich; zu *Lade* in der Bedeutung 'Aufbewahrungort für Schriftstücke; Kasse einer Zunft oder Vereinigung'
W: *Schreiber*

Lit: Sammlung Österreich unter der Ens 2:541

Ladstatthüter 'Angestellter der Saline, der den Flößereibetrieb auf der Ladstatt, dem Platz für das Zusammenstellen und Beladen der Flöße, organisiert'
W: *Hüter*

Lit: Neweklovsky (1964); Schmeller 1:1509 (Ladstatt)

Laederaer ↗ Lederer

Lägeler Lägelner, Legeler, Legelner, Ligelner 'Böttcher, Fassbinder, der Lägel herstellt'; *Lägel, Legel* sind kleine Flüssigkeitsbehälter in regional unterschiedlicher

Ausprägung: als Fässchen, als Weinbutte mit zwei Henkeln, als ein geschlossenes Gefäß mit Trinkröhre, als rundes hölzernes Gefäß für nasse Ware usw., auch als Flüssigkeitsmaß für Wein ❖ zu mhd. *lâgel, lægel* 'Fässchen', aus lat. *lagena* 'irdenes Gefäß für Flüssigkeiten, Flasche', mlat. *lagellum*
FN: Lagler, Lägel, Lägeler, Lägler, Legeler, Legler, Lögler
Syn: KLEINBÖTTCHER*

Lit: Adelung 2:1869 (Lägel); Barth 1:576; DudenFN 420; Gottschald 320; Grimm 12:61; Idiotikon 3:1167; Krünitz 58:707; Linnartz 134; Pies (2005) 34; Schmeller 1:1453; Volckmann (1921) 167; Zedler Suppl 4:1151 (Butte)

Lägelner ↗ Lägeler

Lagerdiener ↗ *Diener*

Laggay ↗ Lakai

Laggey ↗ Lakai

Lahngoldmacher ↗ 'Lahngoldschlager'
Syn: FLITTERSCHLAGER

Lit: Isenberg ; Zimmer (2005) 85

Lahngoldschlager Lohngoldschlager, Longoldschläger 'Handwerker, der runde Goldfäden zu einem dünnen flachen Draht schlägt'; *Lahn* ist ein Fachwort aus der Textilkunde für flach gewalzten Metalldraht für Posamentierer. Die Form *Lohngoldschlager* ist vermutlich eine Vermischung von *Lahngold* und *leonisch Gold* ❖ zu franz. *lame* 'Metallfaden', aus lat. *lamina, lamna* 'Metallplatte, Sägeblatt'
W: *Schläger*
Syn: FLITTERSCHLAGER

Lit: Adelung 2:1873 (Lahn); DudenFW 789; Grimm 12:77 (Lahn); Krünitz 59:1 (Lahn)

Laimparter ↗ Lombarde

Laipriester ↗ Leutpriester

Lakai Lackey, Laggay, Laggey, Lakei, Laquai; lat. *pedisequus, satelles* 'Diener in einem herrschaftlichen Haushalt in Livree'; als historischer Terminus heute noch üblich ❖ franz. *laquais* 'Diener', urspr. 'Hilfssoldat, Armbrustschütze', aus span. *lacayo*; die urspr. Bedeutung im Provencalischen ist 'gefräßig, gierig'
Syn: KAMMERDIENER

Lit: Adelung 2:1861; Barth 1:577; Diefenbach 420, 513; Frühmittellat. RWb (Adj.); Gamillscheg 1:560; Grimm 12:79

Lakei ↗ Lakai

Lakenbereder ↗ Lakenbereiter

Lakenbereiter Lakenbereder ↗ 'Tuchbereiter'; niederdt. ❖ mnd. *lakenbereder* 'Tuchbereiter'; Näheres unter ↗ Lakenmacher
W: *Bereiter*
Syn: TUCHBEREITER

Lit: DRW 8:312; Palla (1994) 337; Schiller-Lübben 2:614

Lakenhändler 1. 'Tuchhändler'; niederdt.; in der Zunft organisiertes Handwerk. 2. 'Leinwandhändler'; im engeren Sinn ❖ ↗ Lakenmacher
Syn: KRÄMER

Lit: Barth 1:577; DRW 8:312; Grimm 12:80

Lakenkrämer ↗ KRÄMER

Lakenmacher 1. 'Tuch-, Wollzeughersteller'; niederdt.; in der Zunft organisiert. 2. 'Bettzeugweber, Leinenweber'; im engeren Sinn ❖ mnd. *lakenmaker, lakenmeker* 'Tuchmacher'; zu mnd. *laken* 'Tuch, Zeug, meist aus Wolle gewebt'. Das niederdt. Wort *Laken* bezeichnete urspr. jedes Tuch, auch grobes Wolltuch. Diese Bedeutung blieb auf das Niederdt. beschränkt. Da das feine Leinentuch nach Süden gehandelt wurde, verbreitete sich *Laken* als Leinen, vor allem für feines Bettzeug, bis ins Oberdeutsche. Daher gibt es für die Zusammensetzungen mit *Laken* eine urspr. Bedeutung für 'Tuch' und eine jüngere, allgemeinere für 'Leinen, Bettzeug'. Im heutigen Standarddeutsch ist für das oberdt. *Betttuch* oder *Leintuch* norddt. *Laken* erhalten

Lit: Barth 1:577; DRW 8:312; Grimm 12:80; Krünitz 59:22; Schiller-Lübben 2:615; Volckmann (1921) 76

Lakenscerer ↗ Lakenscherer

Lakenscherer Lakenscerer 'Handwerker, der das gewebte Tuch schert und appretiert'; niederdt. ❖ mnd. *lakenscherer* 'Tuchscherer'; Näheres unter ↗ Lakenmacher
W: Scherer
Syn: TUCHSCHERER

Lit: Barth 1:577; Schiller-Lübben 2:615

Lakenwardein Lakenwardeyn 'Tuchprüfer'; niederdt. ❖ ↗ Lakenmacher
W: Wardein
Syn: Siegler

Lit: DRW 8:313; Volckmann (1921) 87, 302

Lakenwardeyn ↗ Lakenwardein

Lakenweber 1. 'Weber, der Wollstoffe herstellt'; niederdt. **2.** 'Weber, der Bettzeug aus Leinen herstellt' ❖ ↗ Lakenmacher
W: WEBER
Syn: TUCHMACHER

Lit: Barth 1:577

Lammerknecht ↗ Lämmerknecht

Lämmerknecht Lammerknecht 'Schafhirte, der bes. für die jungen Schafe zuständig ist' ❖ zu mhd. *lamp, lam* 'Lamm'
W: KNECHT
Syn: Hammelknecht, Schafknecht

Lit: Adelung 2:1876 (Lämmerjunge); Grimm 12:85; Krünitz 59:77

Lampard ↗ Lombarde

Lampart ↗ Lombarde

Lampenmann 'Arbeiter, der die Öl- oder Gaslampen der Straßenbeleuchtung wartet'; dazu gehörten das Nachfüllen des Öls und das Anzünden, Reinigen und Löschen der Lampen
W: Mann
Syn: Lampenwärter, Lampist

Lit: Adelung 2:1877; Krünitz 59:346

Lampenputzer 'Arbeiter, der die Öl- oder Gaslampen der Straßenbeleuchtung vom Ruß reinigt'
W: Putzer

Lit: Adelung 2:1877 (Lampenmann); Barth 1:578; Grimm 12:89; Krünitz 59:446

Lampenwärter ↗ 'Lampenmann'
W: Wärter
Syn: Lampenmann, Lampist

Lit: Adelung 2:1877 (Lampenmann); Barth 1:578; Grimm 12:89; Krünitz 59:347

Lamperter ↗ Lombarde

Lampist 'Arbeiter, der die Gas- oder Petroleumlampen einer Behörde, eines Theaters oder bei der Eisenbahn wartet' ❖ Ableitung mit *-ist* nach ital. *lampista* 'Signal-, Lampenwärter'
Syn: Lampenmann, Lampenwärter

Landarzt 1. 'Wundarzt, der als Chirurg geprüft und von einem Fürsten als für das Land zuständiger Arzt angestellt ist'. **2.** 'herumziehender Quacksalber'; die negative Bedeutung entstand, weil diese Ärzte auf Jahrmärkten, in Wirtshäusern usw. operierten und durch Werbemaßnahmen auf Bühnen auf sich aufmerksam machten und weil sie der Konkurrenz (und Rufschädigung) der Hofärzte und Leibchirurgen ausgesetzt waren
W: ARZT*
Ggs: Stadtarzt

Lit: Barth 1:578; Grimm 12:97; Krünitz 59:406; Pies (1977) 26; Pies (2002c) 30

Landbäcker Landbecker 'Bäcker, der auf dem Land backt, keiner Zunft angehört und nur unter bestimmten Auflagen Brot in die Stadt bringen darf'
W: BÄCKER*
Syn: Dorfbäcker, Sudelbäcker, Wätschelbäcker

Ggs: Stadtbäcker

Lit: Adelung 2:1880; Barth 1:578; Grimm 12:98; Krünitz 59:407; WBÖ 2:772

Landbecker ↗ Landbäcker

Landbereiter Landbereuter 'berittener Beamter oder Hilfskraft im Dienste der Justiz, Polizei oder Zollverwaltung; Landpolizist'
W: *Bereiter*
Syn: Landreiter

Lit: Adelung 2:1881; DRW 8:339; Heinsius 2:709; Krünitz 59:407

Landbereuter ↗ Landbereiter

Landbote Landesbote 1. 'Bote des Gerichts oder Amts, der Ladungen zu überbringen hat; Vollstreckungsorgan in Straf- und Zivilsachen'. 2. 'über Land fahrender Briefträger'. 3. 'Abgeordneter zum Landtag'; in Preußen ❖ mhd. *lantbote* 'Gerichtsbote über Land'
W: BOTE*
Syn: BÜTTEL

Lit: Barth 1:578; DRW 8:346; Grimm 12:99; Krünitz 59:407

Landdrost Landesdrost, Landtrost 'Verwaltungsbeamter eines größeren Bezirks'; in Niedersachsen
W: Drost

Lit: Adelung 2:1881; Barth 1:578; DRW 8:363; Grimm 12:100; Krünitz 59:409

Landesbote ↗ Landbote

Landesdrost ↗ Landdrost

Landeshauptmann ↗ Hauptmann

Landeskämmerer ↗ Kämmerer

Landesmarschall ↗ Marschall

Landesmesser ↗ Landmesser

Landespfennigmeister ↗ Pfennigmeister

Landesrichter ↗ Landrichter

Landesschreiber ↗ Landschreiber

Landesschulze ↗ *Schulze*

Landesverweser ↗ Verweser

Landgraf 1. 'Vorsitzender in einem Landgericht'. 2. 'Graf, der über ein nur vom König abhängiges Land herrscht' ❖ mhd. *lantgrâve* 'königlicher Richter und Verwalter eines Landes'
FN: Landgraf, Landgraff, Landgrebe, Landgräbe, Langgraf, Langraf
W: *Graf*

Lit: Adelung 2:1886; Barth 1:580; DRW 8:441; DudenFN 414; Gottschald 316; Grimm 12:118; Krünitz 59:462; Linnartz 135

Landgutschi ↗ Landkutscher

Landhäusling ↗ Häusling

Landhuber 'Bauer, dem eine Hube zur Bewirtschaftung übergeben wurde unter der Bedingung, dass er für die Jagd und für das Landgericht bei Bedarf bewaffnet als Gehilfe zur Verfügung steht'; ↗ Huber
W: Huber

Lit: Höfer 2:194; OÖ. Hbl 1988, H. 1:60

Landhüter 'Person, die eine Lände, den Anlegeplatz für Schiffe, bewacht'
W: *Hüter*

Lit: Neweklovsky (1964)

Landinste ↗ Inste

Landjäger 1. 'Polizeigehilfe, der im Auftrag der Behörde Jagd auf Bettler und Landstreicher macht'. 2. 'Polizist, Gendarm auf dem Land'. 3. 'kantonaler Polizist'; in der Schweiz
W: *Jäger*
Syn: BETTELVOGT

Lit: Barth 1:580; Grimm 12:120; Idiotikon 3:20

Landjägermeister ↗ Jägermeister

Landkartenmaler 'Zeichner, der geografische Angaben auf Karten aus Papier oder Pergament überträgt'; diese Blätter wurden meist mit Miniaturen zu Themen der Seefahrt verziert; zu *malen* 'mit Zeichen versehen, verzieren, schmücken', also mit größerem Bedeutungsumfang als heute
W: Kartenmaler, *Maler*
Syn: Mappenmacher

Lit: Barth 1:580; Palla (2010) 117

¹Landknecht 1. 'Gerichtsdiener, Amtsgehilfe auf dem Land'. 2. 'Landarbeiter auf einem Gut, dem Land zugeteilt wird'
W: Jagdlandknecht, Knecht
Syn: Büttel, Stadtknecht

Lit: Adelung 2:1888; Barth 1:580; DRW 8:481; Grimm 12:121; Krünitz 60:305

²Landknecht ↗ Landsknecht

Landkramer ↗ Landkrämer

Landkrämer Landkramer, Landkremer 1. 'Krämer auf dem Land'. 2. 'Hausierer, der über Land unterwegs ist'
W: Krämer

Lit: Adelung 2:1888; Barth 1:580; Grimm 12:121; Krünitz 60:305

Landkremer ↗ Landkrämer

Landküster ↗ Küster

Landkutscher Landgutschi 1. 'Kutscher, der über Land, zwischen den Städten Personen transportiert'; Transportmittel für das Volk, im Ggs. zu der den Höhergestellten vorbehaltenen schnelleren Postkutsche. 2. 'auf einem Landgut angestellter Kutscher'
W: Kutscher*

Lit: Grimm 12:122

Landmann 'Bauer'; unspezifische Bezeichnung; veraltet und gehoben noch heute; historisch häufiger gebraucht i. S. v. 'Einheimischer, Landsmann; vom Land Zugezogener, auf dem Land Lebender' ❖ mhd. *lantman* 'Einwohner, Landsmann, Hintersasse'
FN: Landmann, Landtmann
W: *Mann*
Syn: Bauer

Lit: Barth 1:581; Diefenbach 19, 133, 504; DRW 8:500; DudenFN 414; Frühmittellat. RWb; Grimm 12:124; Krünitz 60:361; Linnartz 135

Landmeister 1. 'auf dem Land lebender und arbeitender Handwerksmeister, der einer städtischen Zunft angehört'. 2. 'Aufsichtsbeamter im Straßen- und Deichbau'. 3. 'Verwalter einer Provinz des Deutschen Ordens'
W: *Meister*
Syn: Gäumeister

Lit: Barth 1:581; DRW 8:519; Grimm 12:125; Meyers Lexikon 6:116

Landmesser Landesmesser 'Vermessungsingenieur, Feldmesser, der im ganzen Land arbeitet'; kommt im veralteten Sprachgebrauch noch vor
FN: Landmesser, Langmesser
W: *Messer*
Syn: Landscheider

Lit: Adelung 2:1890; Barth 1:581; DRW 8:520; Gottschald 316; Grimm 12:126; Linnartz 135

Landpfennigmeister ↗ Pfennigmeister

Landpfleger 1. 'vom Landesherrn eingesetzter Richter und Statthalter einer Provinz'. 2. 'Finanzverwalter eines Landgebietes'
W: Pfleger
Ggs: Stadtpfleger

Lit: Adelung 2:1890; Barth 1:581; DRW 8:535; Grimm 12:126; Idiotikon 5:1235; Krünitz 61:405

Landphysicus ↗ Physikus

Landprofos ↗ Profos

Landreiter Landreuter, Landtreuter 'berittener Beamter oder Hilfskraft im Dienste der Justiz, Polizei oder Zollverwaltung; Landpolizist'

W: *Reiter*
Syn: Landbereiter

Lit: Adelung 1:1891; Barth 1:581; DRW 8:561; Grimm 12:129; Höfer 3:250 (Überreiter); Krünitz 61:561

Landrenteischreiber ↗ Rentschreiber

Landrentmeister ↗ RENTMEISTER

Landreuter ↗ Landreiter

Landrichter Landesrichter 1. 'Richter in einem Gericht, in dem Landesrecht gesprochen wird'. 2. 'Richter oder Beisitzer in einem Gericht auf dem Lande'; im Ggs. zum Stadtrichter; nach Zusammenlegung der Gerichte auch *Land- und Stadtrichter* ❖ mhd. *lantrihtære, lantrihter* 'Vorstand eines Landgerichts'
W: *Richter*
Syn: DINGWART
Ggs: Stadtrichter

Lit: Adelung 2:1892; Barth 1:581; DRW 8:565; Grimm 12:129; Idiotikon 6:453; Krünitz 61:599

Landsasse Landsässe, Landsete, Lanste 1. 'im Land sesshafter Vollbürger'. 2. 'Bauer, der sein Gut auf Dauer als Lehen hat' — Die Form *Lanste* ist aus niederdt. *Landsete* zusammengezogen ❖ mnd. *lantsate, landsete* 'Landeingesessener; freier Einwohner eines Landes ohne Grundbesitz; allgemein Untertan, der dem Herrn zu Diensten verpflichtet ist, auch höheren Standes'; mhd. *lantsæʒe* 'ein im Land angesessener, Landsasse'
Syn: BAUER, Festebauer

Lit: Adelung 2:1892; DRW 8:574; Grimm 12:130, 188; Krünitz 64:689; Schiller-Lübben 2:625

Landsässe ↗ Landsasse

Landscheider Landschieder 1. 'Beamter, der Grundstücksgrenzen festsetzt und Grenzstreitigkeiten entscheidet'; zu *Landscheide* 'Landesgrenze; Grenze des Grundbesitzes'. 2. 'Beamter, der die Einhaltung der Bauvorschriften kontrolliert'. 3. 'Sachverständiger für die Vermessung von Bauten' ❖ zu mhd. *lantscheide* 'Landesgrenze'

W: Scheider
Syn: FELDSCHEIDER, Grenzscheider, Landmesser

Lit: Adelung 2:1893 (Landscheide); Barth 1:582; DRW 8:608; Grimm 12:134; Heinsius 2:710; Krünitz 61:624

Landscherge 'Gerichtsdiener und Vollstreckungsbeamter bei einem Landgericht'
W: Scherge
Syn: BÜTTEL

Lit: Barth 1:582; DRW 8:610

Landschieder ↗ Landscheider

Landschöffe ↗ Schöffe

Landschöppe ↗ Schöppe

Landschreiber Landesschreiber 1. ↗ 'Gerichtsschreiber bei einem Landgericht'. 2. 'Verwaltungsangestellter bei einer Landbehörde, bes. für Finanz- und Rechtsbereiche' ❖ mhd. *lantschrîbære, lantschrîber* 'Land-, Gerichtsschreiber'
FN: Landschreiber
W: *Schreiber*

Lit: Adelung 2:1894; Barth 1:582; DRW 8:618; DudenFN 414; Gottschald 316; Grimm 12:135; Idiotikon 9:1543; Krünitz 61:624; Linnartz 135

Landschulmeister ↗ Schulmeister

Landseiler 'Seiler, der kleinere Seile für die Landwirtschaft herstellt'; nach dem *Landseil*, dem böhmischen Längenmaß von 30,82 m
W: SEILER
Syn: SEILER, Spitzseiler

Lit: Grimm 12:136 (Landseil); Krünitz 62:220 (Landseil); Pies (2005) 157; Reith (2008) 192; Riepl (2009) 465

Landsete ↗ Landsasse

Landsiedel ↗ Landsiedler

Landsiedler Landsiedel 'Pächter oder abhängiger Bauer, der auf einem Landgut ansässig ist'; auch für das gepachtete Landgut selbst

❖ mhd. *lantsidel*, mnd. *landsedel* 'Landsasse'
FN: Landsiedel, Landsiedl, Landsiedler, Landsittel

Lit: Adelung 2:1894; Barth 1:582; DRW 8:628; Grimm 12:136; Krünitz 62:220; Schiller-Lübben 2:626

Landsknecht Landknecht, Lanthknecht 'Söldner zu Fuß'; im 15. bis 17. Jh., nach Einrichtung eines stehenden Heeres "Soldaten vom Land"
W: KNECHT
Syn: Rüter

Lit: Adelung 2:1894; Barth 1:582; Idiotikon 3:725; Krünitz 64:279; Palla (2010) 121; Pies (2005) 161

Landtreuter ↗ Landreiter

Landtrost ↗ Landdrost

Landvogt 1. 'vom König eingesetzter Statthalter eines unmittelbar dem Reich unterstehenden Gebietes'. 2. 'oberster Beamter der Herrschaft in einem Landgebiet'; bes. mit Aufsicht über Finanzen und Gerichtsbarkeit. 3. 'Verwalter eines Landgutes' ❖ mhd. *lantvoget* 'Landvogt, Statthalter des Landes'
FN: Landvogt, Landvoigt
W: *Vogt*
Ggs: Stadtvogt

Lit: Adelung 2:1897; Barth 1:583; DRW 8:677; Gottschald 316; Grimm 12:148; Krünitz 63:575; Linnartz 135

Langmesserer ↗ 'Langmesserschmied'
W: Messerer
Syn: SCHWERTFEGER

Lit: Barth 1:584

Langmesserschmied 1. 'Handwerker, der lange Messer, wie Degenklingen, Jagdmesser, herstellt'. 2. ↗ 'Schwertfeger'
W: Messerschmied, *Schmied*
Syn: SCHWERTFEGER
Ggs: Kurzmesserschmied

Lit: Adelung 2:1903; Barth 1:584; Grimm 12:176; Krünitz 64:583

Lanste ↗ Landsasse

Lanthknecht ↗ Landsknecht

Lappenmann Lappmann 'Schiffer, der für die Segel zuständig ist'; auf der Rheinschifffahrt; zu *Lappen*, das jede Art von herabhängendem Stück Stoff bezeichnen kann, auch das Segel ❖ zu mhd. *lappe* 'niederhangendes Stück Zeug, Lappen'
W: *Mann*

Lit: Adelung 2:1907; Grimm 12:194; Krünitz 64:733

Lapper Lepper; lat. *sarcinator* 'Person, die etwas flickt, bes. der Flickschuster' ❖ mnd. *lapper* 'Flicker'; mnd. *lappen* 'durch Aufsetzen eines Lappens, Fetzens ausbessern', dann allgemein für 'ausbessern'; mhd. *lappe* 'niederhangendes Stück Tuch, Lappen'; *Lappen* waren urspr. meist aus Leder, später aus Stoff
FN: Lapper, Lepper, Sterlepper, Leppers, Lepple, Läpple
W: Altlapper, Hosenlapper, Kessellapper, Pottlapper, Schuhlapper, °Strumpflapper
Syn: FLICKSCHUSTER

Lit: Barth 1:584; Diefenbach 512; Gottschald 317; Grimm 12:198; Kunze 108; Linnartz 135, 140; Paul 507; Volckmann (1921) 62

Lappmann ↗ Lappenmann

Laquai ↗ Lakai

Laquirer ↗ Loquierer

Lärhäusler ↗ Leerhäusler

Lascher 1. 'Handwerker, der eine Lasche einsetzt'; z.B. bei Schneidern, die einen Zwickel einsetzen, lederne Handschuhe oder Hosen in bestimmter Weise vernähen oder bei Schuhmachern, die Laschen anbringen. 2. 'Weißgerber, der das Lösch, ein feines rotes Leder, herstellt, ↗ Löscher'; wieweit sich *Lascher* und *Löscher* in Bedeutung und Herkunft überschneiden, ist nicht zu klären. Eine Verbindung ist insofern möglich, als das Stoffstück bei Handschuhmachern und

Schustern aus feinem Leder bestand. – Eine moderne Berufsbezeichnung ist der *Lascher* als 'Hafenarbeiter, der die Ladung sichert' ❖ 1.: zu mhd. *lasche* 'Lappen, Fetzen'; 2.: zu mhd. *lösche, lösch; las lasch læsch* 'eine Art kostbaren Leders, bes. rotes Saffian'
FN: Lascher, Lasch, Lasche
Syn: KORDUANGERBER, Löscher, Rotlöscher

Lit: Bahlow (1967) 305; Barth 1:585; DudenFN 417; Grimm 12:211; Linnartz 136

Lasiter ↗ Lasiterer

¹Lasiterer Lasiter, Lasiterer, Lasitter, Lasitterer 1. 'Salpetergräber, -sammler'. 2. 'Salpetersieder' ❖ umgeformt aus ↗ Saliterer, aus *sal niter* ↗ Salnitergraber
Syn: SALITERER

Lit: Höfer 2:195; Schmeller 1:1503; TirWb 1:374; Volckmann (1921) 220

²Lasiterer ↗ Lasiterer

Lasitter ↗ Lasiterer

Lasitterer ↗ Lasiterer

Laßbauer ↗ Lassbauer

Lassbauer Laßbauer ↗ 'Lasse'
W: BAUER
Syn: HÖRIGER, Lasse

Lit: Adelung 2:1911; Barth 1:585; Grimm 12:270; Krünitz 65:128

Lasse Lassit, Late, Lite 1. 'halbfreier Bauer, der an seinen Hof gebunden und zu Abgaben und Diensten verpflichtet ist'; in der karolingischen Zeit; seit Ende des 9. Jh. verschmolzen sie mit anderen Halbfreien zur allgemeinen Gruppe der Hörigen. 2. 'zinspflichtiger Bauer'; regional unterschiedlicher Rechtsstatus, z.B. mit Erbberechtigung auf dem Gut oder als Bauer, dem das Gut ohne weitere Verfügungsberechtigung nur zur Nutzung überlassen ist ❖ mhd. *laȝȝe* 'Höriger'; mnd. *lat* 'der hörige Diener', mnd. *lâtgut, lâthof* 'ein Hof zu Zins ausgetan'
Syn: HÖRIGER, Lassbauer

Lit: Adelung 2:1911; Barth 1:585; DRW 8:717; DudenGWDS; Grimm 12:212, 274; Krünitz 65:127; Linnartz 136; Schiller-Lübben 2:639

Laßeisenmacher ↗ Lasseisenmacher

Lasseisenmacher Laßeisenmacher 'Handwerker, der chirurgische Instrumente, bes. zum Aderlassen, herstellt'; zu *Lasser* 'Aderlasser'
Syn: Instrumentist
Vgl: Lasser

Lit: Barth 1:585; Grimm 12:271; Krünitz 65:148

Lassenherr ↗ Lassherr

Lassenrichter ↗ Lassrichter

Lasser Lässer, Leßer, Lesser 'Bader, der auch zur Ader lässt' ❖ mhd. *lâȝer, læȝer* 'Aderlasser'
FN: Lasser, Lesser, Lausser, Laußer, Löser, Loeser, Later
W: Aderlasser, Überlasser
Vgl: Lasseisenmacher

Lit: Barth 1:585; DudenFN 417, 425; Gottschald 317; Grimm 12:241; Hornung (1989) 90; Linnartz 136

Lässer ↗ Lasser

Laßherr ↗ Lassherr

Lassherr Laßherr, Lassenherr 1. 'Grundherr eines Lassgutes'. 2. 'Gerichtsherr über die Lassgüter' ❖ ↗ Lasse
W: Herr

Lit: Barth 1:585; DRW 8:727; Grimm 12:271; Krünitz 65:149

Lassit ↗ Lasse

Lassrichter Lassenrichter 'Richter in einem Gericht, das für die ↗ Lassen zuständig ist'; er wurde aus dem Kreis der *Lassen* erwählt; der Gerichtshof wurde als *Lassbank* bezeichnet
W: Richter

Lit: Barth 1:585; Krünitz 65:127

Lassschöppe ↗ Schöppe

Lästerer Lesterer 1. 'Handwerker, der seine Arbeit [ohne Berechtigung und] ohne Zunftzugehörigkeit ausübt'; bes. Fleischer. **2.** 'Dorffleischer' — zu *zerlästern* 'durch langen Gebrauch abnützen, zerreißen', auch 'Fleisch ungeschickt zerlegen', daraus 'wie ein Pfuscher Fleisch zerteilen' ❖ frühnhd. *lestern* auch 'verletzen'
Syn: BÖNHASE

Lit: Adelung 2:1920; Barth 1:585; DRW 8:7390; Götze 150; Grimm 12:256; Grimm 31:716 (zerlästern); Krünitz 112:473; Volckmann (1921) 24

Lästschneider Leistschneider 'Arbeiter im Weinberg, der die Reben schneidet'; vermutlich zu *Lass* 'Rebenstumpf mit den Fruchtaugen, den man beim Rebenschnitt belässt', weitere Herkunft ungeklärt
W: SCHNEIDER

Lit: Sanford (1975) 75; SteirWb 427 (Lass)

Late ↗ Lasse

Laternenanzünder 'städtischer Angestellter, der abends die öffentlichen Straßenlaternen anzündet und am Morgen löscht'; er war mit Ölflasche, Handlaterne und einer Leiter unterwegs; tagsüber versorgte er die Lampen mit Öl

Lit: Barth 1:586; Krünitz 65:524

Laternenmacher Laternmacher; lat. *laternarius*, *laternifex* **1.** 'Handwerker, der Laternen aus Metall herstellt'. **2.** ↗ 'Spengler'; nach dem vorrangigen Produkt dieses Handwerks: blecherne Laternen mit Wänden aus Horn oder Glas
Syn: KLEMPNER*, Leuchtenmacher

Lit: Adelung 2:1923; Barth 1:586; Diefenbach 320; Grimm 12:276; Idiotikon 4:52; Krünitz 65:525; Pies (2005) 84; Reith (2008) 120; Volckmann (1921) 178, 293

Laternenträger Laternträger 'Person, die Passanten mit einer Laterne zur Beleuchtung begleitet'; ab 17. Jh. bis zur Einführung einer Straßenbeleuchtung
W: *Träger*
Syn: Lüchtenjung

Lit: Barth 1:586; Grimm 12:277; Krünitz 65:526; Palla (2010) 124

Laternenwärter 'Person, die die öffentlichen Straßenlaternen mit Öl versorgt, wartet und reinigt'
W: *Wärter*

Lit: Barth 1:586; Grimm 12:277; Krünitz 65:524

Laternmacher ↗ Laternenmacher

Laternträger ↗ Laternenträger

Lattenhauer Lattenheuer 'Arbeiter, der im Wald Holzlatten schlägt'; junge Bäume wurden mit einer kleinen Axt zu Latten gespalten
FN: Lattenhauer
W: HAUER

Lit: Adelung 2:1924; Barth 1:587; Gottschald 318; Grimm 12:280; Krünitz 65:548; Linnartz 136

Lattenheuer ↗ Lattenhauer

Lattenreißer ↗ 'Lattenhauer'
W: Reißer

Lit: Adelung 3:1924; Barth 1:587; Grimm 12:281; Krünitz 65:548

Lattunenschläger ↗ Lattunschläger

Lattunschläger Lattunenschläger, Latunschläger 'Handwerker, der Messingblech schlägt' ❖ franz. *laitin*, span. *latón*, ital. *lattone* 'Messing, Messingblech'; aus arabisch-türkisch *lâtûn* 'Kupfer', sowohl über Italien als auch über Spanien eingedrungen
W: *Schläger*

Lit: Gamillscheg 1:556; Krünitz 65:592; Meyers Lexikon 6:230 (Lattun); Poppe 3:36

Latunschläger ↗ Lattunschläger

Latzzieher 'Handwerker, der am Webstuhl der Bortenwirker die Litzen zieht'; meist von Frauen ausgeführt, dann in der weiblichen Form *Latzzieherin* ❖ zu *Latz* in der urspr.

Bedeutung 'Schlinge, Schleife'; mhd. *laz* 'Band, Fessel; Hosenlatz' (Band, das die beiden Hosenbeine verbindet), aus ital. *laccio*, lat. *laqueus* 'Schlinge, Schnur'
W: *Zieher*

Lit: Grimm 12:282 (Latz); Reith (2008) 40

Lauenstreicher **Lauenstreker, Lewantstricker** 1. 'Leinwand-, Tuchprüfer'. 2. 'Leinwandkleinhändler' ❖ zu mnd. *lawant, luwant* 'Leinwand'; mnd. *louwantstriker, luwantstriker* 'Leinwandhändler'; mnd. *striker* 'Streicher, bes. der (geschworne) Tuchmesser'
W: *Streicher*
Syn: Siegler

Lit: Schiller-Lübben 2:640, 758; Volckmann (1921) 52

Lauenstreker ↗ Lauenstreicher

Lauer **Lawer** ↗ 'Lohgerber' ❖ mhd. *lôwer* 'Gerber'
FN: Lauer, Laur, Lauwer, Lauwers (häufiger von *lure* 'Hinterhalt', von *lure* 'hinterlistiger Mensch' oder von *lure* 'Tresterwein')
Syn: Borkmüller, GERBER*, Lober, Loher, Lohgerber, Rotgerber

Lit: Barth 1:587; DudenFN 418; Gottschald 318; Pies (2005) 57; Reith (1990) 82

Läufel **Läufl** '[laufender] Bote, Kurier' ❖ mhd. *löufel* 'Läufer; laufender Bote'
W: *Unterläufel*
Syn: *Läufer*

Lit: Grimm 12:313

Läufenschmied 'Handwerker, der Gewehre u.ä. Waffen herstellt'
W: *Schmied*
Syn: BÜCHSENSCHMIED

Lit: Barth 1:588

Läufer **Läuffer, Leuffer, Löper, Louffer, Loyfer** 1. 'Bote, der zu Fuß unterwegs ist'. 2. 'Gerichtsbote'. 3. 'livrierter Bediener, der einer Kutsche vorausläuft'. 4. 'Bergarbeiter, der in der Grube gewonnenes Material mit Hunden, Karren oder Wagen abtransportiert' ❖ mhd. *loufære, löufære, löufer* 'Läufer, laufender Bote'
FN: Läufer, Laufer, Läuffer, Lauffer, Leifer, Lauper, Löper
W: Afterläufer, Aufläufer, Ausläufer, Beiläufer, Deichläufer, Federläufer, Feldläufer, Feuerläufer, Forstläufer, Heideläufer, Hetzläufer, Hitzläufer, Huntläufer, Karrenläufer, Postläufer, Ratsläufer, Reisläufer, Riemenläufer, Rostläufer, Sandläufer, Schlackenläufer, Stadtläufer, Standesläufer, Truhenläufer, Unterläufer, Vorläufer, Wagenläufer, Wallläufer
Syn: Läufel, Renner

Lit: Adelung 2:1935; Barth 1:588; DudenFN 418; Gottschald 318; Linnartz 136; Palla (2010); Veith 320

Läuffer ↗ *Läufer*

Läufl ↗ Läufel

Laufschmid ↗ Laufschmied

Laufschmied **Laufschmid, Loofschmied** 1. 'Dorfschmied, der an verschiedenen Orten arbeitet'. 2. 'Schmied, der die Läufe von Pistolen und Gewehren herstellt' ❖ 1.: zu *laufen* i. S. v. 'an verschiedenen Orten arbeiten'; 2.: zu *(Gewehr)lauf*
W: *Schmied*
Syn: BÜCHSENSCHMIED

Lit: Adelung 2:1938; Barth 1:588; Grimm 12:334; Krünitz 25:595

Laufschneider 'Handwerker, der die hölzernen gebogenen Reifen für die ↗ Siebmacher schneidet'
W: SCHNEIDER

Lit: Adelung 2:1938; Barth 1:588; Grimm 12:334; Krünitz 66:6

Laugoldschlager ↗ Laugoldschläger

Laugoldschläger **Laugoldschlager** 'Messingschmied, der Messing zu ganz dünnem falschen Gold *(Laugold)* bearbeitet'; ↗ Laugoldschmied
W: *Schläger*

Syn: FLITTERSCHLAGER, Laugoldschmied
Lit: Adelung 2:1941; Grimm 12:343

Laugoldschmid ↗ Laugoldschmied

Laugoldschmied Laugoldschmid, Lougoldschmied ↗ 'Laugoldschläger'; *Lougold* besteht aus Messing und wird zur Imitation von Gold ganz dünn wie Blattgold geschlagen ❖ zu *lau, lou* 'falsch, unecht', vielleicht rotwelsch (Adelung)
W: *Schmied*
Syn: Laugoldschläger, Messingschläger, Messingschmied
Lit: Adelung 2:1941 (Lougold); Grimm 12:343; Krünitz 81:157; Zedler 18:586; Zedler 20:1200 (Meßingschläger)

Lautener Lautner 'Lautenspieler' ❖ ↗ Lautenist
FN: Lautner, Lauter
Syn: Lautenist, Lautenschläger
Lit: Barth 1:589; Gottschald 319; Grimm 12:377; Linnartz 137; Volckmann (1921) 312

Lautenist Lutenist, Lutinist 'Musiker, der die Laute spielt'; ein ursprünglich orientalisches Instument, das in Europa in der Renaissancezeit vom 16. bis 17. Jh. zum wichtigsten Musikinstrument wurde ❖ zu mhd. *lûte* 'Laute, Gitarre'; mnd. *lute* 'Laute'; aus altfranz. *lëut, lut, luc,* prov. *lahut,* aus dem Arabischen; altfranz. *leieur* 'Lautenspieler'
Syn: Lautener, Lautenschläger
Lit: Adelung 2:1949; Barth 1:588, 618; Gamillscheg 1:582; Grimm 12:377; Krünitz 66:381; Schiller-Lübben 2:754; Volckmann (1921) 312

Lautenmacher Ludenmaker, Lutenmecher 'Handwerker oder Künstler, der Lauten herstellt' ❖ mhd. *lûtenmacher,* mnd. *lutenmecher* 'Lautenmacher'
Lit: Adelung 2:1949; Barth 1:588; Grimm 12:377; Krünitz 66:381; Pies (2005) 75; Volckmann (1921) 300

Lautenschlager ↗ Lautenschläger

Lautenschläger Lautenschlager, Lutenslager; lat. *fidicen, lutanista, lutinista* 'Lautenspieler'; das Saiteninstrument wurde in Europa ab dem 16. Jh. mit dem Plektrum gespielt (geschlagen) und nicht mit dem Bogen gestrichen ❖ mhd. *lûtenslaher* 'Lautenschläger'
FN: Lautenschläger, Lautenschlager
W: *Schläger*
Syn: Lautener, Lautenist
Lit: Adelung 2:1949; Barth 1:589; Diefenbach 234, 340; DudenFN 418; Gottschald 319; Grimm 12:378; Krünitz 66:381; Linnartz 137; Volckmann (1921) 300, 312

Lauter ↗ Läuter

Läuter Lauter, Lautner, Läutner 1. 'Glöckner'. 2. 'Küster, Mesner' ❖ mhd. *liutener* 'der läutet'
Syn: Klöckner, KÜSTER
Lit: Barth 1:589; Grimm 12:384

Lautner ↗ Lautener, Läuter

Läutner ↗ Läuter

Lavendelweib 'Lavendelverkäuferin'; eine Wiener Volkstype, bekannt durch die charakteristischen und oft originellen Werberufe
W: *Weib*
Lit: Ebner (2009) 228 (Lavendelschmäh); Hartmann (1998) 195; Palla (2010) 125

Lawer ↗ Lauer

Layendecker ↗ Leiendecker

Laypriester ↗ Leutpriester

Lebekucher ↗ Lebküchler

LEBKUCHENBÄCKER Lebkuchenbecker 'Handwerker, der Lebkuchen backt, Met braut und Wachs zieht'; noch heute als Berufsbezeichnung üblich ❖ ↗ Lebküchler
W: *BÄCKER**
Syn: Honigkuchenbäcker, Honigküchler,

Lebküchler, Lebzelter, Pfefferkuchenbäcker, ZUCKERBÄCKER

Lit: Barth 1:591; Grimm 12:467

Lebkuchenbecker ↗ LEBKUCHENBÄCKER

Lebkucher ↗ Lebküchler

Lebkuchler ↗ Lebküchler

Lebküchler Lebekucher, Lebkucher, Lebkuchler, Lebkuchner, Lebküchner, Leckocher, Leckucher ↗ 'Lebkuchenbäcker' ❖ mhd. *lëbkuoche, lëbekuoche;* die Herkunft von *Leb-* ist nicht geklärt: entweder aus lat. *libum* '(Opfer)kuchen', volksetymologisch umgedeutet zu *Leben;* oder ein Ablaut zu *Laib*
FN: Lebküchler, Lebküchner, Lebkucher, Leibküchler
Syn: LEBKUCHENBÄCKER

Lit: Adelung 2:1961 (Lebkuchen); Barth 1:591; Gottschald 320; Grimm 12:467; Idiotikon 3:138; Krünitz 66:668; Linnartz 137; OÖ. Hbl 1952, H. 3:332; Paul 517; Pfeifer 777; Reith (2008) 141; Volckmann (1921) 21

Lebkuchner ↗ Lebküchler

Lebküchner ↗ Lebküchler

Lebzelter Lözelter 'Handwerker, der Lebkuchen backt, Met braut und Wachs zieht'; bes. bayr.-österr.; noch als Berufsbezeichnung *Lebzelter(in)* und *Wachszieher(in)* ❖ zu mhd. *zëlte* 'flaches Backwerk, Kuchen, Fladen', mhd. *lëbezëlte, lëpzëlte* 'Lebkuchen'; zu *Leb-* ↗ *Lebküchler*
FN: Lebzelter, Lezelter, Letzelter
W: Zelter
Syn: LEBKUCHENBÄCKER
Vgl: Pfannenzelter

Lit: Barth 1:591; Diefenbach 415; Gottschald 320; Grimm 12:471; Krünitz 66:668; Linnartz 136; Palla (2010) 126; Pies (2002d); Reith (2008) 141; Schmeller 1:1409; Schmeller 2:1119; Volckmann (1921) 21

Lechner ↗ *Lehner*

Leckocher ↗ Lebküchler

Leckucher ↗ Lebküchler

Leddertöger ↗ Ledertauer

Leddertower ↗ Ledertauer

Ledener ↗ Ladener

Leder ↗ Lederer

Lederbeamter ↗ 'Lederbedienter'; auch in der Form *Beamter vom Leder*
Syn: Federbedienter

Lederbedienter 'Bergbauangestellter in der Grube, im Ggs. zu den in der Verwaltung Arbeitenden'; nach dem Lederschurz, den die Bergleute beim Einfahren in die Grube trugen
W: *Bediener*
Ggs: Federbedienter

Lederbereider ↗ Lederbereiter

Lederbereiter Lederbereider, Lederbraiter, Lederbreiter 1. 'Gerber'. 2. 'Lederbearbeiter, Lederappreteur' ❖ zu mhd. *lëder* 'Leder', ↗ Bereiter
W: *Bereiter*
Syn: GERBER*, Lederzurichter

Lit: Barth 1:591; Grimm 12:492; Idiotikon 6:1645; Reith (2008) 82; Volckmann (1921) 150; Zedler 16:1335

Lederbraiter ↗ Lederbereiter

Lederbreiter ↗ Lederbereiter

Lederdauer ↗ Ledertauer

Lederer Läderer, Laederaer, Leder, Ledrer 1. 'Gerber'; kommt im veralteten Sprachgebrauch noch vor; vorwiegend südd.-österr. bes. für den Rotgerber. 2. 'Lederfärber' ❖ mhd. *lëderære, lëderer* 'Gerber'
FN: Lederer, Leder, Ledderer, Lederle

W: °Juchtenlederer, Pfundlederer, Sämischlederer, Ungarischlederer, Weißlederer
Syn: GERBER*

Lit: Adelung 2:1865 (Lederbereiter); Barth 1:591; DudenFN 419; Gottschald 320; Grimm 12:493; Kretschmer 216; Krünitz 68:783; Kunze 125; Linnartz 137; Palla (2010) 127; Pies (2005) 57; Reith (2008) 82; Schmeller 1:1440; Volckmann (1921) 151; Zedler 32:1207

Lederfärber ↗ *Färber**

Lederschmierer 1. 'Handwerker, der Leder nach dem Gerben bearbeitet, färbt, verziert oder mit Goldfirnis bestreicht'; dazu muss das Leder auch vollständig eingeschmiert werden. **2.** 'Händler, der Leder und Schuhe vertreibt' ❖ mhd. *lēdersmërer* 'Lederschmierer'
Syn: Ledervergolder

Lit: Dietz (1921) 352; Garzone (1569) 739

Lederschneider Ledersnider 'Lederhändler, der berechtigt ist, Leder nach Maß abzuschneiden und zu verkaufen; Leder-Kleinverkäufer'; *Schneider* gehört hier zum Verb *(ab)schneiden* ❖ mhd. *lēdersnîder* 'Lederbereiter'
W: *SCHNEIDER*
Vgl: Gewandschneider

Lit: Barth 1:591; Grimm 12:496; Krünitz 68:630, 658; Zedler 16:1336

Ledersnider ↗ Lederschneider

Ledertaucher ↗ Ledertauer

Ledertauer Leddertöger, Leddertower, Lederdauer, Ledertaucher, Ledertäuer, Ledertauer, Ledertower **1.** 'Gerber, bes. Gerbergeselle, der für andere Handwerke, z.B. Kürschner, arbeitet'. **2.** 'Gerber, der die gegerbten Häute zurichtet; Lederbearbeiter' ❖ mnd. *leddertouwer* 'Lederbereiter, Lohgerber'; ↗ Tauer
W: Tauer
Syn: GERBER*, KORDUANGERBER

Lit: Adelung 2:1965; Barth 1:591; Grimm 12:492; Krünitz 68:233; Reith (2008) 86; Schiller-Lübben 2:644; Volckmann (1921) 159

Ledertäuer ↗ Ledertauer

Lederthauer ↗ Ledertauer

Ledertower ↗ Ledertauer

Ledervergolder 'Handwerker oder Künstler, der mit Leder überzogene Gegenstände mit Blattgold verziert'; z.B. Schatullen, Spiegel
Syn: Lederschmierer

Lit: Barth 1:591; Grimm 12:496; Krünitz 68:679

Lederzurichter 'Handwerker, der das Leder in der Gerberei für den Schuhmacher herrichtet'
W: Zurichter
Syn: Lederbereiter

Ledrer ↗ Lederer

Leerhäusler Lärhäusler 'Kleinbauer, der nur ein Häuschen mit Garten und eventuell sehr kleinem Grundstück, aber keinen Acker besitzt'; in Bayern ❖ zu mhd. *lære, lǣr* 'leer, ledig'
W: Häusler
Syn: KLEINBAUER*

Lit: Barth 1:592; Grimm 12:515; Schmeller 1:1178

Leffeler ↗ Löffler

Legeler ↗ Lägeler

Legelner ↗ Lägeler

Legemeister Leggemeister 'behördlich beauftragter Tuchprüfer'; niederdt.; die Leinwand wurde auf einem Tisch oder einer Bank *(Leggebank, Legebank, Legetisch)* ausgebreitet und gemessen, bevor sie in den Verkauf ging ❖ zu mnd. *legge, lege* 'das Niederlegen, die Niederlage, z.B. in *linnenlege*, Ort, wo die Leinwand gelegt, gemessen, gebunden und gestempelt wird'
W: *Meister*
Syn: Siegler

Lit: Barth 1:592; Grimm 12:518; Krünitz 67:784; Linke (1982); Schiller-Lübben 2:653

Leger Legger 1. 'in der Papiermühle der Büttgeselle, der den Papierbogen, den der Gautscher auf den Filz gepresst hatte, von den Filzen trennt und ablegt'. 2. 'Verantwortlicher für das Entladen und Magazinieren des Salzes sowie das Wiederbeladen der Schiffe'
W: Holzleger, Ofenleger, Pferdeleger, Salzleger, Wegleger
Syn: Büttgeselle, Eintaucher, Gautscher, Schöpfer
Lit: Adelung 2:1972; Barth 1:592; Grimm 12:535; Pies (2002b) 18; Reith (2008) 178; Schraml (1932) 278

Legerherr 'Großhändler' ❖ mhd. *lëgerhërre* 'der ein großes Warenlager hat'
W: Herr
Syn: Fucker, Grossierer, Niederläger
Lit: Götze 148

Leggemeister ↗ Legemeister

Legger ↗ Leger

Lehener ↗ Lehner

Lehenhauer ↗ Lehenhäuer

Lehenhäuer Lehenhauer, Lehnhäuer 'Bergmann, der eine Grube oder einen Teil eines Grubenfeldes auf bestimmte Zeit gegen einen vereinbarten Gewinnanteil zum Abbau erhalten hat'; im Ggs. zum Lohnhäuer
W: HAUER
Lit: Adelung 2:1975; Barth 1:594; Fellner 317; Grimm 12:540; Krünitz 69:633; Veith 268

Lehenherr ↗ Lehensherr

Lehenmann ↗ Lehensmann

Lehenrichter ↗ Lehensrichter

Lehenrößler ↗ Lehenrössler

Lehenrössler Lehenrößler, Lehnrößler, Lehnrössler 1. 'Unternehmer, der Pferde und Fuhrwerke verleiht'. 2. 'Person, die als Mietkutscher [und Warentransporteur] tätig ist'
W: Rosser
Lit: Adelung 3:730 (Pferdeverleiher); Barth 1:594; Grimm 12:542; Idiotikon 6:1443; Volckmann (1921) 224

Lehenschulze Lehnschulze, Lehnsschulze 'Dorfschulze, der sein Amt als Lehen innehat, also nicht gewählt wird' ❖ zu mhd. *lêhen* 'geliehenes Gut, Lehen'
W: Schulze
Lit: Adelung 2:1976; Grimm 12:542; Krünitz 69:720

Lehensherr Lehenherr, Lehnsherr 1. 'oberster Eigentümer eines Lehens, von dem ein ↗ Lehensmann ein Lehen erhält'. 2. 'im Bergbau Grubenbesitzer, der eine Grube einem ↗ Lehenhäuer überlässt' ❖ mhd. *lêhenhërre* 'Lehnsherr'
W: Herr
Syn: Patron
Lit: Adelung 2:1977; DRW 8:944; Grimm 12:540

Lehensmann Lehenmann, Lehnmann, Lehnsmann 1. 'Person, die von einem ↗ Lehensherrn Güter als Lehen übernommen hat und zu bestimmten Abgaben oder Diensten verpflichtet ist'. 2. 'Bergmann, der eine Grube als Lehen übernommen hat und abbauberechtigt ist' ❖ mhd. *lêhenman* 'Lehnsmann'
FN: Lehmann, Lemann, Lehman, Leman
W: Mann
Syn: Untersasse
Lit: Adelung 2:1977; Barth 1:595; DRW 8:958; DudenFN 420; Gottschald 320; Grimm 12:541; Krünitz 69:654; Linnartz 138

Lehensrichter Lehenrichter, Lehnrichter 1. 'Richter in Lehensfragen'. 2. 'Richter auf dem Land, der sein Amt als Lehen innehat, im Ggs. zum Erbrichter'
W: Richter
Lit: Adelung 2:1977; Barth 1:594; DRW 8:978; Grimm 12:542; Krünitz 69:711

Lehensvogt Lehnsvogt, Lehnvogt 'Verwalter eines Lehens im Auftrag eines Lehensnehmers'
W: *Vogt*

Lit: DRW 8:1007

Lehmarbeiter 'Handwerker, der das Fachwerk mit nassem Lehm, vermischt mit gehäckseltem Stroh, füllt und verstreicht'
W: *Arbeiter*
Syn: Lehmer

Lit: Barth 1:595

Lehmdecker Leimendecker, Lemdecker, Lemendecker, Leymdecker 'Handwerker, der Häuser mit Lehm deckt'; im 14. Jh. durch die Ziegeldecker abgelöst ❖ mhd. *leimdecker, leimendecker* 'argillator'; mnd. *lemedecker, lêmdecker* 'der mit dem Lehm deckt, beschmiert'
W: *Decker*
Ggs: Ziegeldecker

Lit: Grimm 12:545, 699; Schiller-Lübben 2:661

Lehmdieler 'Handwerker, der den Lehmboden im Bauernhaus anlegt und feststampft'; norddt. ❖ zu mhd. *dil* 'Brett, Diele'
W: *Dieler*

Lehmentierer Lehmentirer, Leimentierer, Lementerer, Lementierer, Lementirer 'Handwerker, der das Fachwerk mit nassem Lehm, vermischt mit gehäckseltem Stroh, füllt und verstreicht'; gebildet nach bestehenden Wortbildungsmustern (-*ieren* bzw. -*ierer*) ❖ mnd. *lementerer* 'Lehmarbeiter'
Syn: Lehmer

Lit: Barth 1:601; Grimm 12:741; Schiller-Lübben 2:662

Lehmentirer ↗ Lehmentierer

Lehmer 1. 'Handwerker, der das Fachwerk mit nassem Lehm, vermischt mit gehäckseltem Stroh, füllt und verstreicht'. 2. 'Töpfer' ❖ mnd. *lemer* 'Lehmarbeiter'
FN: Lehmer
Syn: Donneker, Klecker, Kleiber, Lehmarbeiter, Lehmentierer, Lehmkleber, Lehmklecker, Lehmschläger, Placker, Töpfer, Weller

Lit: Adelung 2:1979; Barth 1:595; Grimm 12:545; Linnartz 138; Pies (2005) 168; Schiller-Lübben 2:662

Lehmkleber 'Handwerker, der das Fachwerk mit nassem Lehm, vermischt mit gehäckseltem Stroh, füllt und verstreicht' ❖ ↗ Kleber
Syn: Lehmer

Lit: Barth 1:595; Grimm 12:546

Lehmklecker Lehmklicker, Lehmlicker, Leimklicker, Leymklecker 'Handwerker, der das Fachwerk mit nassem Lehm, vermischt mit gehäckseltem Stroh, füllt und verstreicht' ❖ mnd. *lemklicker, lêmklicker* 'Lehmarbeiter, Mauermann, (auch Topfbäcker?)', zu mnd. *klicken* 'mit Lehm arbeiten'
Syn: Lehmer

Lit: Adelung 2:1979 (Lehmer); Barth 1:595; Grimm 12:546; Krünitz 70:289; Schiller-Lübben 2:662

Lehmklicker ↗ Lehmklecker

Lehmlicker ↗ Lehmklecker

Lehmschlager ↗ Lehmschläger

Lehmschläger Lehmschlager 'Handwerker, der Lehmwände herstellt'; zu *schlagen*, um den Lehm an der Wand anzubringen
W: *Schläger*
Syn: Lehmer

Lit: Barth 1:595; Grimm 12:546

Lehner Lechner, Lehener, Löhner 1. 'Bauer, der ein Bauerngut als Lehen innehat, bes. ein Viertellehen'. 2. 'im Bergbau Bergmeister, der Gruben als Lehen vergibt'; meist in Zusammensetzungen ❖ mhd. *lêhenære, lêner* 'Besitzer eines Lehn-, Bauerngutes; Bergmeister, der die Gruben lehnweise vergibt'
FN: Lehner, Lehener, Löhner (gerundete Form zu *Lehner*), Lechner (bes. bayr.-österr.)
W: Afterlehner, Drittellehner, Eigenlehner,

Ganzlehner, Halblehner, Marktlehner, Viertellehner
Syn: *BAUER*, Hofmeier

Lit: Adelung 2:1983; Barth 1:595; DudenFN 419, 420; Fellner 318 (Lehn, Lehen); Gottschald 321; Grimm 12:539; Hornung (1989) 91; Krünitz 69:893; Linnartz 137, 138; Pies (2005); Schmeller 1:1464; Veith 323

Lehnhäuer ↗ Lehenhäuer

Lehnmann ↗ Lehensmann

Lehnrichter ↗ Lehensrichter

Lehnrößler ↗ Lehenrössler

Lehnrössler ↗ Lehenrössler

Lehnschulze ↗ Lehenschulze

Lehnsherr ↗ Lehensherr

Lehnsmann ↗ Lehensmann

Lehnsschulze ↗ Lehenschulze

Lehnsvogt ↗ Lehensvogt

Lehnvogt ↗ Lehensvogt

Lehrbursch ↗ Lehrbursche

Lehrbursche Lehrbursch 'Lehrling, Auszubildender'; im 18./19. Jh. in der stilistischen Einordnung zwischen alltagssprachlichem *Lehrjunge* und gehobenem *Lehrling*

Lit: Adelung 2:1984; DRW 8:1015; Krünitz 70:319

Lehrdirne 'Lehrmädchen'; norddt. ❖ zu *Dirne* und *Dirn* ↗ Dirn
W: Dirne

Lit: Barth 1:596; DRW 8:1016; Grimm 12:554

LEHRER* lat. *praeceptor, preceptor, scholarcha* 'Person, die anderen Wissen und Fertigkeiten vermittelt'; bes. in einer öffentlichen Funktion und Anstellung ❖ mhd. *lêrære, lêrer* 'Lehrer'

W: Abclehrer, Elementarlehrer, Hauptlehrer, Kinderlehrer, Oberlehrer, Stundenlehrer, Unterlehrer
Syn: Kollaborator, Kollega, Lesemeister, Ludimagister, Ludimoderator, Ludirector, Präzeptor, Schuldiener, Schulgeselle, Schulhalter, Schulherr, Schulmeister, Schulschreiber

Lit: Adelung 2:1987; Barth 1:596; Diefenbach 451; Frühmittellat. RWb; Grimm 12:570

Lehrhauer ↗ Lehrhäuer

Lehrhäuer Lehrhauer 'Bergmann in der Lehre'
W: HAUER
Syn: Spitzhäuer

Lit: Adelung 2:1989; Barth 1:596; DRW 8:1025; Heilfurth (1981) 58, 60; Krünitz 70:344

Lehrknecht 'Lehrling in bestimmten Berufen'; z.B. Fleischer, Klempner
W: *KNECHT*

Lit: Adelung 2:1989; Barth 1:596; Grimm 12:575; Krünitz 70:363; Zedler 16:1501

Lehrmodder ↗ Lehrmutter

Lehrmödder ↗ Lehrmutter

Lehrmutter Lehrmodder, Lehrmödder 'Frau, die in einer privaten, nicht behördlich genehmigten Schule (Klippschule) Elementarunterricht erteilt'; norddt. ❖ zu niederdt. *Moder, Mudder* 'Mutter'
W: *Mutter*

Lit: Lindow 134

Lehrprincipal ↗ Lehrprinzipal

Lehrprinz 1. 'Lehrherr'; bes. bei Jägern, Forstwirten und Musikern. 2. 'Lehrling'; seltener
W: Prinz

Lit: Adelung 2:1989; DRW 8:1035; Grimm 12:577

Lehrprinzipal Lehrprincipal 'Lehrherr'
W: Prinzipal

Lit: Adelung 2:1989; Krünitz 70:363

Leibarzt 1. 'Arzt für innere Krankheiten'. 2. 'Arzt, der eine hochgestellte Persönlichkeit betreut'; wie heute ❖ *Leib* bedeutet urspr. 'Leben', später 'Körper', diese Bedeutung wurde im Frühneuhochdt. zu 'Person' erweitert
W: ARZT*
Ggs: Seelenarzt

Lit: Adelung 2:1993; Barth 1:596; Grimm 12:590; Krünitz 70:446; Pies (1977) 26

Leibbäcker Leibbecker 'Bäcker, der nur für Personen der Fürstenfamilie backt' ❖ mhd. *lîp, lîb* 'Leben; Leib, Körper', in der schon mhd. belegten Bedeutung 'Person'
W: BÄCKER*

Lit: Barth 1:596; Grimm 12:590; Krünitz 70:432 (Leib); Paul 521

Leibbecker ↗ Leibbäcker

Leibchirurgus ↗ CHIRURG

Leibfröhner ↗ Leibfröner

Leibfröner Leibfröhner 'Bauer oder Pächter, der zu persönlichen Dienstleistungen *(Leibfron)* verpflichtet ist'
W: *Fröner*

Lit: Adelung 2:1995 (Leibfrohne); DRW 8:1075 (Leibfron, Leibfronde); Grimm 12:600 (Leibfrohne); Krünitz 70:682

Leibgedinger 'Bauer, der den Hof übergeben und sich aufs Altenteil zurückgezogen hat'; zu *Leibgedinge* 'auf Lebenszeit gewährtes Nutzungsrecht', z. B. Lebensrente, bäuerliches Ausgedinge, Geldrente ❖ zu mhd. *gedinge* 'Gericht; Übereinkunft, Vertrag; Versprechen einer Zahlung'
Syn: ALTBAUER, Leibtümer

Lit: Adelung 2:1995 (Leibgedinge); Barth 1:597; DRW 8:1081; Grimm 12:600 (Leibgedinge); Schmeller 1:518 (Leibgeding), 1412 (Leibgeding)

Leibjäger ↗ Jäger

Leibknecht 1. 'Betreuer der Leibpferde des Herrn'; im Ggs. zum ↗ Sattelknecht, der die Pferde sattelt und die Aufsicht über Sattelkammer und Pferdegeschirr führt. 2. 'persönlicher Diener'
W: KNECHT
Vgl: Sattelknecht

Lit: Adelung 2:1995; Barth 1:597; Grimm 12:604; Krünitz 70:714

Leibmedicus ↗ Medicus

Leibschütz Leibschütze 1. 'Jagdhelfer, der dem Herrn das Gewehr betreuen und bereithalten muss; Leibjäger'. 2. 'Schütze einer Leibgarde' ❖ zu mhd. *lîp, lîb* 'Leben, Leib, Körper'. Vgl. ↗ Leibarzt; mhd. *schütze* 'Schütze, Bogen-, Büchsen-, Armbrustschütze', von *schießen*
W: Schütze

Lit: Adelung 2:1997; Barth 1:597; Grimm 12:608; Krünitz 71:431; Paul 521; Schmeller 2:493

Leibschütze ↗ Leibschütz

Leibsvogt ↗ Leibvogt

Leibtrabant ↗ Trabant

Leibtümer Leuthomer, Leuthümer 'Bauer, der den Hof übergeben und sich aufs Altenteil zurückgezogen hat'; auch für erbberechtigte Verwandte, die auf dem Hof ein Wohnrecht hatten; zu *Leibtum* 'Ausgedinge; Leibgedinge'; zu mhd. *lîp* 'Leben; Leib'
Syn: ALTBAUER, Leibgedinger

Lit: DRW 8:1117 (Leibtum)

Leibvogt Leibsvogt 'Verwalter, der für die Leibeigenen zuständig ist'
W: *Vogt*

Lit: DRW 8:1117

Leibzüchter 1. 'Inhaber einer Leibrente, Nutznießer auf Lebenszeit'. 2. 'Bauer, der den Hof übergeben und sich aufs Altenteil zurückgezogen hat' ❖ mhd. *lîpzühter* 'Fruchtgenießer'; zu mhd. *zühten* 'nähren, aufziehen, züchten'
Syn: ALTBAUER

Lit: Barth 1:597; DRW 8:1125; Grimm 12:610; Krünitz 71:439

Leichdornoperateur ↗ 'Leichdornschneider'
W: Operateur
Lit: Barth 1:598

Leichdornschneider 'Fußpfleger, der Hühneraugen entfernt'; zu *Leichdorn*, mitteldt. für 'Hühnerauge, Warze' ❖ zu mhd. *līhdorn* 'Dorn im Fleisch'; zu *līh* 'Leiche' in der urspr. Bedeutung 'Körper'
W: *Schneider*
Lit: Kluge 569 (Leichdorn)

Leichenbedienter Leichendiener 'Leichenbestatter, Leichenbesorger'; er war für das Waschen, Ankleiden der Leiche und die Organisation des Begräbnisses zuständig
W: *Bedienter*
Syn: Seelvater

Leichenbitter 'Person, die Todesfälle verkündet, zur Beerdigung einlädt und das Begräbnis organisiert'; kommt im veralteten Sprachgebrauch noch vor ❖ zu *Leiche* in der Bedeutung 'Beerdigung' und zu *bitten* 'einladen'
Syn: Gaffelbote, Gänger, Grabbitter, Kilchgangsager, Klagansager, Konduktansager, Leichenlader, Leidbitter, Totenbitter, Umbitter, Umsäger
Lit: Adelung 2:2001; Barth 1:598; Idiotikon 4:1854; Krünitz 73:682

Leichendiener ↗ Leichenbedienter

Leichenlader 'Person, die Todesfälle verkündet, zur Beerdigung einlädt und das Begräbnis organisiert'
W: *Lader*
Syn: Leichenbitter

Leichnamsgeschworener 'vereidigter Beamter, der für Begräbnisangelegenheiten zuständig ist'; ein Kirchengeschworener in Hamburg
W: *Geschworener*
Lit: Barth 1:599; DRW 8:1132; Grimm 12:628

Leichter 'Tierkastrierer' ❖ zu mhd. *līhten* 'glätten; kastrieren'

FN: Leichter, Leichtner, Leicht, Lichter, Lichters, Leucht, Leuchter
W: Gelzenleichter
Syn: Kastrierer
Lit: Barth 1:599; DudenFN 421; Gottschald 205, 322; Grimm 12:640; Linnartz 138

Leidbitter 'Person, die Todesfälle verkündet, zur Beerdigung einlädt und das Begräbnis organisiert' ❖ zu *Leid* und zu *bitten* 'einladen'
Syn: Leichenbitter
Lit: Adelung 2:2008; Krünitz 74:505

Leidecker ↗ Leiendecker

Leidendecker ↗ Leiendecker

Leiendecker Layendecker, Leidecker, Leidendecker, Leydecker, Leyendecker ↗ 'Schieferdecker' ❖ zu mhd. *leie, lei* 'Fels; Schieferstein'; aus rheinischen Dialekten, altsächs. *lêia* 'Fels'
W: *Decker*
Syn: Schieferdecker, Steindecker
Lit: Adelung 3:1444 (Schieferdecker); Barth 1:605; DudenFN; DudenGWDS; ElsässWb 1:538; Grimm 12:682; PfälzWb 4:912; Pies (2002a) 38; Pies (2005) 47; Reith (2008) 147; RheinWb 5:357; Schiller-Lübben 2:659; Schmeller 1:1401; Volckmann (1921) 271; Weigand 1:1086

Leierfrau ↗ Leiermann

Leiermann Leyermann; Fem. **Leierfrau** 'Drehorgelspieler'; verkürzt aus *Leierkastenmann*; bekannt fast nur durch den Titel eines Schubert-Liedes
W: *Mann*
Syn: Lyrendreier, Werkelmann
Lit: Adelung 2:2044; Barth 1:599; Grimm 12:685

Leiernzieher ↗ 'Drahtzieher, der dünne Drähte herstellt'; er arbeitete an einer einfachen Trommel mit Kurbel; zu *Leier* 'mit einer Kurbel versehene Winde', nach der Drehvorrichtung des Leierkastens
W: *Zieher*
Syn: Drahtzieher
Lit: Grimm 12:682 (Leier); Reith (2008) 63

Leimendecker ↗ Lehmdecker

Leimenführer Leimenfurer 'Fuhrmann, der für den Fachwerkbau das Rohmaterial, bes. Lehm, tansportiert' ❖ zu mhd. *leim* 'Lehm'
W: *Führer*
Lit: Barth 1:600; Volckmann (1921) 269

Leimenfurer ↗ Leimenführer

Leimenmacher 'Töpfer' ❖ zu mhd. *leim* 'Lehm'
Syn: TÖPFER
Lit: Barth 1:600; Grimm 12:697 (Leim); Pies (2005) 168; Reith (2008) 230

Leimentierer ↗ Lehmentierer

Leimer Leimmacher 1. 'Handwerker, der aus tierischen Abfällen, bes. Knochen, Horn, Häuten, Leim herstellt'. **2.** 'Buchbinder'. **3.** 'Arbeiter in der Tuchherstellung, der die Fäden mit Leim oder Stärke bestreicht'. **4.** 'Töpfer, der mit Lehm arbeitet' ❖ 1.–3.: zu mhd. *leim, leime* 'Lehm'; 4.: zu mhd. *lîm* 'Leim, Kalk'
FN: Leimer
Syn: Buchbinder*, Leimsieder, TÖPFER
Lit: Barth 1:600; Grimm 12:699; Hornung (1989) 91; Linnartz 139; Pies (2002b) 16

Leimklicker ↗ Lehmklecker

Leimkocher ↗ Kocher

Leimmacher ↗ Leimer

Leimsieder Limseder, Lymseder 'Handwerker, der aus tierischen Abfällen, bes. Knochen, Horn, Häuten, Leim herstellt'; die verschiedenen Berufe, die Leim benötigten, konnten ihn auch selbst hergestellt haben, z.B. Gerber, Pergamenter, Papiermüller, Buchbinder. Wegen des langwierigen und gleichmäßigen Arbeitsvorgangs hat sich die übertragene Bedeutung 'langsamer, teilnahmslos wirkender Mensch' entwickelt ❖ mhd. *lîm* 'Leim, Kalk', verwandt mit, aber nicht direkt abgeleitet von *Lehm* bezeichnete urspr. ein Material zum Verschmieren; die Form *-seder* von mnd. *seden* 'sieden'
W: *Sieder*
Syn: Leimer
Lit: Adelung 2:2014; Barth 1:600; Grimm 12:701; Krünitz 75:767; Palla (2010) 131; Schiller-Lübben 2:227; Zedler 16:

Leinbather ↗ Leinwander

Leindrucker Leinendrucker, Leinwanddrucker 'Handwerker, der Leinwand mit Modeln bedruckt'; dazu wurde die gebleichte Leinwand mit einer Masse aus Kupfervitriol, Ton u. Ä. bedruckt, dann mit Indigo o. Ä. eingefärbt und ausgewaschen, wobei die bedruckten Stellen die Farbe nicht annahmen, sodass ein weißes Muster auf blauem Grund erschien ❖ zu mhd. *lîn* 'Leinwand, Flachs'
W: *Drucker*
Syn: Kattundrucker, Tuchdrucker, Zeugdrucker
Lit: Adelung 2:2017; Barth 1:600 (Leinwanddrucker)

Leindweber ↗ Leinenweber

Leinenbleicher ↗ Bleicher

Leinendrucker ↗ Leindrucker

Leinenfärber ↗ *Färber**

Leinenhösler ↗ Leinhösler

Leinenmeister 'Person, die die produzierten Segeltücher vor dem Versand kontrolliert'; norddt.
W: *Meister*
Lit: Adelung 2:2018; Krünitz 76:338; Lehnemann (1993) 6

Leinenmesser ↗ Leinwandmesser

Leinenschießer Lienschießer 'Matrose auf dem Walfangschiff, der die Leine mit der

Harpune hinausschießt' ❖ zu mhd. *lîne* 'Leine, Seil'
W: Schießer

Lit: Adelung 2:2018; Barth 1:600; Grimm 12:707

Leinenweber Leindweber, Leineweber, Leinwandweber, Leinweber, Linenwober, Linwatweber, Linweber; lat. *linarius, linifex, lintearius, textor lintearius* 'Weber, der aus gesponnenem Flachs oder Hanf Leinwand herstellt'; als Berufsbezeichnung noch heute vorhanden, aber als Handwerk weitgehend verschwunden. Der Flachsanbau ging um 1900 stark zurück – Reste gab es noch nach dem 2. Weltkrieg –, da Leinen durch Baumwolle verdrängt wurde ❖ mhd. *lînwëber* 'Leinweber'; auch ↗ Leinwander
FN: Leinweber, Leineweber, Leinenweber, Leinveber
W: WEBER
Syn: Garnweber, Leinwander, Linnenweber

Lit: Adelung 2:2019; Barth 1:600, 601; Diefenbach 330, 331; DudenFN 422; Frühmittellat. RWb; Gottschald 322; Grimm 12:712; Idiotikon 15:106; Linnartz 139; Marks (1950); Palla (2010) 131; Pies (1977); Pies (2005) 179; Reith (2008) 248; Stiewe (1996) 226; Sulzenbacher (2002) 41; Volckmann (1921) 69, 334; Zedler 53:885

Leineweber ↗ Leinenweber

Leinhösler Leinenhösler 'Handwerker, der Strumpfhosen aus Leinen oder Baumwolle verfertigt'
Syn: Hasenknütter, Hasennäher, Hosenlismer, Hosenstricker, Hoser

Lit: Barth 1:600; Grimm 12:707; Linnartz 139; Palla (1994) 198; Volckmann (1921) 51

Leinreiter 'berittener Schiffsziehher, Treidler' ❖ zu *Leine*, aus mhd. *lîn* 'Flachs', das in die Bedeutung 'Strick aus Leinen, Flachs; Leitseil des anführenden Reiters' überging
Syn: Schiffreiter, Schlepper, TREIDLER

Lit: Barth 1:600; Gottschald 323; Grimm 12:708; Linnartz 139; Paul 525; Schmeller 1:1480; Volckmann (1921) 237

Leinwandbeschauer Leinwandschauer 'behördlich bestellter Beamter, der die Qualität des Leinens prüft'
W: *Beschauer*
Syn: Tuchbeschauer

Lit: DRW 8:1185, 1190; Idiotikon 8:1632

Leinwanddrucker ↗ Leindrucker

Leinwander Leinbather, Leinwather, Linweder, Linwetter, Linwoder 1. 'Leinwandhändler'. 2. 'Leinenweber' ❖ mhd. *lînwâter* 'Leinweber', aus mhd. *lîn* 'Leinwand, Flachs' und mhd. *wât* 'Kleidung'; mhd. *lînwât* 'Leinenzeug, Leinwand'
FN: Leinwander, Leinwater, Leinwather, Leinwatter, Leinwetter
Syn: Leinenweber, Leinwandtrager, Linnenweber, WEBER

Lit: Gottschald 322; Linnartz 139

Leinwandfärber ↗ Färber*

Leinwandkäufer Louwantkoper, Louwentkoper, Lowentkoper; lat. *lintearius* 'Leinenhändler'; *Käufer* in der allgemeinen Bedeutung 'Händler' ❖ mnd. *louwantkoper, luwantkoper* 'Leinwandhändler', zu mnd. *lowent, louwent* '[grobe] Leinwand [für Säcke]'
W: *Käufer*

Lit: Frühmittellat. RWb; Schiller-Lübben 2:758; Volckmann (1921) 52

Leinwandmesser Leinenmesser, Linenmesser, Linwatmesser 'behördlich beauftragte Person, die vor dem Verkauf Leinwand vermisst'
W: *Messer*

Lit: DRW 8:1178, 1188; Krünitz 76:760

Leinwandreißer 'Detailhändler für Leinwand'; er reißt das Tuch für den Verkauf in Stücke; in Schlesien; nach Adelung bedeutet das Wort 'Schlechtfärber'
Syn: Leinwandschneider, Leinwandstricker

Lit: Adelung 3:1070 (Reißer); Barth 1:600; Grimm 12:711; Krünitz 76:761

Leinwandschauer ↗ Leinwandbeschauer

Leinwandschneider Lewandtsnider, Linwatschneider, Louwentschneider, Lowensnider, Lowensnyder 1. 'Tuchhändler, der Leinwand in Stücken verkauft'. 2. 'Beamter, der den Leinwandverkauf kontrolliert' ❖ mnd. *louwantsnider* 'Leinwandhändler', zu mnd. *lowent, louwent* '[grobe] Leinwand [für Säcke]'
W: *SCHNEIDER*
Syn: Leinwandreißer, Leinwandstricker
Vgl: Gewandschneider
Lit: Barth 1:600; Idiotikon 9:1136; Schiller-Lübben 2:757, 758; Volckmann (1921) 52; Zedler 16:1603

Leinwandstricker 'Leinenhändler' ❖ mnd. *louwantstriker* 'Leinewandhändler', zu mnd. *striker* 'Streicher; bes. der (geschworene) Tuchmesser'
W: Stricker
Syn: Leinwandreißer, Leinwandschneider
Lit: Schiller-Lübben 2:758; Volckmann (1921) 52

Leinwandtrager 'herumziehender Kleinhändler, der Leinen verkauft'
W: *Träger*
Syn: Leinwander

Leinwandweber ↗ Leinenweber

Leinwather ↗ Leinwander

Leinweber ↗ Leinenweber

Leirenzieher 'Drahtzieher, der den Draht mit einer Kurbel *(Leier)* durch das Ziehelsen zieht'; die Tätigkeit wurde als *aufleiern* bezeichnet. *Leonische / Lionische / Lyonische Drahtzieher* sind ↗ Golddrahtzieher ❖ zu mhd. *līre* 'Leier'; mhd. *līrezieher* „vielleicht Drahtzieher, denn das Eisen, wodurch der Draht gezogen wird, heißt in Nürnberg die Leier" (Lexer); aus lat. *lyra*, griech. *lýra*
W: *Zieher*
Syn: *DRAHTZIEHER*
Lit: Barth 1:601

Leistenmacher ↗ Leistenschneider

Leistenschmid ↗ Leistenschmied

Leistenschmied Leistenschmid ↗ 'Leistenschneider'; *Schmied* hier noch in der alten Bedeutung als 'universeller Handwerker'
W: *Schmied*
Syn: Leistenschneider, Leister
Lit: Gerholz-Kartei 188

Leistenschneider Leistenmacher, Leistmecher, Leistschneider, Listensnider 'Handwerker, der die Leisten für Schuhmacher herstellt'; ein unzünftiges, den Schuhmachern zuarbeitendes Handwerk
W: *SCHNEIDER*
Syn: Leistenschmied, Leister
Lit: Adelung 2:2022; Barth 1:601; Grimm 12:726; Idiotikon 9:1133; Krünitz 77:63; Linnartz 139; Pies (2005) 154; Reith (2008) 217; Volckmann (1921) 296

Leister Leistner ↗ 'Leistenschneider'
FN: Leister, Leistner
Syn: Leistenschmied, Leistenschneider
Lit: DudenFN 422; Gottschald 322; Linnartz 139

Leistmecher ↗ Leistenschneider

Leistner ↗ Leister

Leistschneider ↗ Leistenschneider, Lästschneider

Leiterer 1. 'Fuhrmann mit einem Leiterwagen'. 2. 'behördlich eingesetzte Person, die Weinfässer verlädt und Wein zapft'; nach *Schrotleiter*, einer Vorrichtung aus zwei parallel liegenden Bäumen, auf der die Fässer vom Wagen gerollt wurden. 3. 'Gemeindediener' ❖ zu mhd. *leiter, leitere* 'Wagenleiter'
W: °Weinleiterer
Syn: Fassleiter, *FUHRMANN*, Kneveler, Schröter, Weibel, Weinschröter, Weinverlasser, Weinzieher, Zuckwerker
Lit: Barth 1:601; DRW 8:1212; Grimm 12:736; Krünitz 89:89

Leitgeb Leitgebe, Leitgöb, Leutgeb, Leutgieb, Litgaebe 1. 'Wirt, der geistige Getränke ausschenkt'. 2. 'Dorfwirt, Schenkwirt'; vgl. ↗ Gastgeb, der Herberge gibt, während der *Leitgeb* nur eine Ausschank betreibt. Die Formen mit *Leut-* sind volksetymologische Anlehnungen an *Leute* ❖ mhd. *lītgëbe* 'Schenkwirt', zu mhd. *līt* 'Obstwein, Gewürzwein; geistiges Getränk', verwandt mit lat. *liquor* 'Flüssigkeit' und franz. *liqueur* urspr. 'Flüssigkeit'

FN: Leitgeb, Leitgeber, Leitgebel, Leitgab, Leitgäb, Leutgäb, Leutgöb, Leutgeb, Leidgeb

W: Bierleitgeb

Syn: WIRT

Lit: Adelung 2:2041; Barth 1:601; DudenFN 422; Gottschald 329; Grimm 12:737; Höfer 2:205; Hornung (1989) 91; Linnartz 139; Pfeifer 802; Pies (2005) 185; Schmeller 1:1534; Volckmann (1921) 229

Leitgebe ↗ Leitgeb

Leitgöb ↗ Leitgeb

Leithäuser Leitheuser, Leutheuser 'Betreiber eines Wirtshauses, in dem geistige Getränke ausgeschenkt werden' ❖ mhd. *līthūsære* 'Schenkwirt', zu mhd. *līt, leit, leut* 'Obstwein, Gewürzwein', vgl. auch ↗ Leitgeb

Syn: WIRT

Lit: Barth 1:601; DRW 8:1216; Grimm 12:738; Schmeller 1:1534

Leitheuser ↗ Leithäuser

Lemdecker ↗ Lehmdecker

Lemendecker ↗ Lehmdecker

Lementerer ↗ Lehmentierer

Lementierer ↗ Lehmentierer

Lementirer ↗ Lehmentierer

Leonische Drahtzieher ↗ DRAHTZIEHER

Lepelmaker ↗ Löffelmacher

Lepper ↗ Lapper

Lerschmacher ↗ Lersener

Lersener Lerschmacher, Lersenmacher, Lersenmaker, Lersner 1. 'Handwerker, der hohe lederne Schaftstiefel für Fischer und Arbeiten im Wasser (Lersen) anfertigt'. 2. 'Handwerker, der Lederhosen anfertigt' ❖ zu mhd. *lerse* 'weiter hoher Stiefel zum Überziehen'; mnd. *lêrse* 'ledernes Beinkleid, hoher Stiefel', zusammengezogen aus *lederse*, zu *lëder* 'Leder'

FN: Lersener, Lersner, Lersch, Lerse, Lersmacher, Lerschmacher

Syn: SCHNEIDER

Lit: Barth 1:602; DudenFN 424; Gottschald 324; Grimm 12:771; Lindow 123; Linnartz 140; Palla (1994) 198; Schiller-Lübben 2:670; Volckmann (1921) 57

Lersenmacher ↗ Lersener

Lersenmaker ↗ Lersener

Lersner ↗ Lersener

Leschner ↗ Löscher

Lesemeister Lesmeister 1. 'Vorleser in einem Kloster'. 2. 'Theologie- und Philosophielehrer in einem Kloster'. 3. 'Lehrer an einer Universität oder einer Elementarschule'. 4. 'Lehrer, der eine Leseschule unterhält'; in Lübeck. 5. 'Aufsicht bei der Weinlese' ❖ mhd. *lësemeister* 'Lehrer der Theologie und Philosophie, bes. in den Klöstern; Aufseher bei der Weinlese', zu mhd. *lësen* 'aufheben, sammeln; als Lehrer vortragen, als Schüler studieren'

W: Meister

Syn: LEHRER*

Vgl: Lesemutter

Lit: Adelung 2:2041; Barth 1:602; DRW 8:1234; GoetheWb 5:1132; Grimm 12:773; Idiotikon 4:518; Krünitz 77:286

Lesemodder ↗ Lesemutter

Lesemödder ↗ Lesemutter

Lesemutter Lesemodder, Lesemödder 'Lehrerin für den Elementarunterricht, bes. für das Lesen und Beten'; norddt.; im 18. Jh.,

ohne Ausbildung zum Lehrer, der Unterricht fand in engen privaten Wohnräumen oder auf der Straße statt ❖ zu niederdt. *Moder, Mudder* 'Mutter'
W: *Mutter*
Vgl: Lesemeister

Lit: Fischer (1790) 1:215

Leser 1. 'Person, die etwas abpflückt, sammelt, aussondert'; z.B. Trauben, Beeren, Steine, Federn. 2. 'Vorleser' ❖ 1.: zu mhd. *lësen* 'auswählen, sammeln, aufheben, an sich nehmen; wahrnehmen, lesen'; 2.: mhd. *lësære, lëser* 'Lehrer, Vorleser'.
FN: Leser (kann sich auf beide Bedeutungen beziehen)
W: Bernsteinleser, Weinleser
Syn: Ableser

Lit: Adelung 2:2033; DudenFN 424; Grimm 12:787

Lesmeister ↗ Lesemeister

Leßer ↗ Lasser

Lesser ↗ Lasser

Lesterer ↗ Lästerer

Lethschlosser ↗ Lötschlosser

Lettenschlager ↗ Lettenschläger

Lettenschläger Lettenschlager 'Bergmann, der bei der Herstellung eines Dammes beschäftigt ist'; zur Abwehr gegen Wassereinbrüche im Salzbergwerk wurden künstliche Dämme errichtet, die entweder aus Holzwänden, aus einer Mauer aus Mörtel oder aus einer Lehmwand (Lettenverdämmung) bestand; der Lehm wurde festgestampft (geschlagen); *Letten* 'Lehm, Lehmboden' ist oberdt. und heute noch dialektal ❖ zu mhd. *lette* 'Lehm'.
W: *Schläger*
Syn: Verdämmer

Lit: Fellner 320; Schmeller 1:1532 (Letten); Treffer (1981) 216

Lettentrager ↗ Lettenträger

Lettenträger Lettentrager '[umherziehender] Händler, der Öle und Arzneien verkauft'; zu *Letten* 'Erde, schlammige Masse'
W: *Träger*
Syn: Mithridatträger, Olitätenkrämer, Ölträger, Pulverträger

Lit: Radlof (1821) 1:43; Schmeller 1:1533; TirWb 1:388

Lettschlosser ↗ Lötschlosser

Leuchsner Leuschner 'Wagner, Stellmacher'; zu *Leuchse, Leusche* 'Runge, hölzerne Stangen, die an der Nabe gefestigt sind und die Leitern oder Bretter seitlich halten'; als Berufsbezeichnung selten belegt, als Familienname häufig ❖ zu mhd. *liuhse* 'Stemmleiste, Lahnstange'.
FN: Leuchsner, Leuschner, Leuchner, Leuxner, Leixner, Leißl, Leux, Leisler, Leissler, Leißler, Leusler, Leussler, Leußler
Syn: WAGNER

Lit: Bahlow (1967) 309, 311; DudenFN 425; Gottschald 324; Linnartz 140, 141; Palla (1994) 403; Schmeller 1:1428 (Leuchsen)

Leuchtemacher ↗ Leuchtenmacher

Leuchtenmacher Leuchtemacher, Luchtenmacher, Luchtenmaker, Luchtenmecker 1. 'Handwerker, Rotschmied, der Laternen, Lampen, Fackeln herstellt'. 2. 'Handwerker, der Fensterrahmen herstellt'. 3. 'Spengler' – Die Form *Luchtenmacher* ist niederdt. ❖ zu mhd. *liuhte* 'Helligkeit; Apparat zum Leuchten'; mnd. *luchtmaker* 'Leuchter-, Laternenmacher'; *lucht* 'Lichtöffnung, Fenster'.
W: Kuhluchtenmacher
Syn: KLEMPNER*, Laternenmacher

Lit: Barth 1:603; DRW 8:1249; Pies (2005) 84; Schiller-Lübben 2:741, 743

Leuffer ↗ *Läufer*

Leuschner ↗ Leuchsner

Leutbitter 'Person, die die Einladungen zu Hochzeiten überbringt [und die Hochzeit organisiert]'
Syn: HOCHZEITBITTER

Leutepriester ↗ Leutpriester

Leutgeb ↗ Leitgeb

Leutgieb ↗ Leitgeb

Leutheuser ↗ Leithäuser

Leuthomer ↗ Leibtümer

Leuthümer ↗ Leibtümer

Leutpriester Laipriester, Laypriester, Leutepriester; lat. *plebanus* 1. 'Weltgeistlicher, Weltpriester im Ggs. zum Ordenspriester'. 2. 'Priester, dem eine Pfarre in Vertretung anvertraut ist, während dem ordentlich bestellten Pfarrer die Ausübung des Amtes nicht möglich ist' ❖ mhd. *liutpriester* 'Pfarrer, Weltgeistlicher, im Ggs. zum Ordensgeistlichen'
Syn.: Hurpfarrer, Mietling
Lit: Barth 1:604; Diefenbach 441; Grimm 12:850; Idiotikon 5:856; Schmeller 1:1538

Lewandtsnider ↗ Leinwandschneider

Lewantstricker ↗ Lauenstreicher

Leydecker ↗ Leiendecker

Leyendecker ↗ Leiendecker

Leyermann ↗ Leiermann

Leymdecker ↗ Lehmdecker

Leymklecker ↗ Lehmklecker

Lhorer ↗ Loher

Libber ↗ Lupper

Licenteinnehmer ↗ Lizenteinnehmer

Licentinspektor ↗ Lizentinspektor

Licentmeister ↗ Lizentmeister

Licentschreiber ↗ Lizentschreiber

Lichtermacher ↗ Lichtmacher

Lichterzieher ↗ Lichtzieher

Lichtgießer 'Handwerker, der aus Wachs oder geschmolzenem Talg und Docht Kerzen herstellt' ❖ *Licht* bes. niederdt. in der Bedeutung 'Kerze'
W: *Gießer*
Syn: KERZENZIEHER
Lit: Barth 1:605; Grimm 12:885; Krünitz 78:367; Linnartz 141

Lichthaack ↗ Lichthake

Lichthake Lichthaack 'Händler, der Lichter herstellt und verkauft'
W: Hake
Lit: Barth 1:605

Lichtkämmerer 'an einem herrschaftlichen Hof Vorsteher der Lichtkammer'; d.i. das Amt, das Wachs- und Unschlittkerzen verwaltet; da Kerzen sehr teuer waren, ein verantwortungsvoller Posten
W: Kämmerer
Lit: Adelung 2:2053; Barth 1:605; DRW 8:1295

Lichtkammerschreiber ↗ Lichtschreiber

Lichtmacher Lichtermacher, Lichtmecher, Lochtmecker ↗ 'Lichtgießer'
Syn: KERZENZIEHER
Lit: Pies (2005) 83; Reith (2008) 142, 186

Lichtmecher ↗ Lichtmacher

Lichtputzer 'Arbeiter, der im Theater für die Funktion und Reinigung der Lichtquellen verantwortlich ist'; die Beleuchtung bestand aus Wachskerzen, deren Docht geschnitten werden musste, oder aus den billigeren Talglichtern, die Gestank und

Schmutz verursachten, sodass die Reflektoren gereinigt werden mussten. Diese Arbeiten waren auch während der Vorstellung nötig, sodass die Lichtputzer zu einer bekannten Theaterfigur wurden. Mit der Erfindung der Öllampe Ende 18. Jh. erübrigte sich der Lichtputzer
W: *Putzer*
Syn: Dochtschnäuzer

Lit: Barth 1:606; Grimm 12:889; Palla (2010) 134; Vieser/Schautz (2010) 101

Lichtschreiber **Lichtkammerschreiber** 'Büroangestellter in der Lichtkammer, der für die Versorgung mit Lichtern (Kerzen) zuständig ist; Assistent des ↗ Lichtkämmerers'
W: *Schreiber*

Lit: Adelung 2:2054; Krünitz 78:388

Lichtwark ↗ Lichtwerker

Lichtwerker **Lichtwark** ↗ 'Lichtgießer' ❖ zu mnd. *Wark, Werk* 'Werk, Arbeit', *warken* 'werken, arbeiten'; niederdt. *Licht* 'Kerze'
FN: Lichtwerk, Lichtwark, Lichtwarck, Lichtwert, Lichtwardt, Lichtwaldt
W: *Werker*
Syn: KERZENZIEHER

Lit: Barth 1:606; DudenFN 427; Gottschald 326; Hermann-Winter (2003) 177, 375; Schiller-Lübben 5:682

Lichtzieher **Lichterzieher**; lat. *artifex candelarum* 'Handwerker, der Kerzen oder Lichter aus Talg herstellt'; auch von Seifensiedern durchgeführt, daher auch die Berufsbezeichnung *Lichtzieher und Seifensieder*; urspr. Handwerker der Klöster
W: *Zieher*
Syn: KERZENZIEHER

Lit: Adelung 2:2055; Barth 1:606; Grimm 12:895; Krünitz 78:392; Pies (2005) 83; Reith (2008) 186; Schraml (1934) 531; Volckmann (1921) 291

Lidlöhner **Liedlöhner** 'Tagelöhner, Dienstbote, der nach dem Lidlohn bezahlt wird'; der *Lidlohn* war ein Lohn, der unter bestimmten Bedingungen den Lohnempfänger juristisch bevorzugt, indem bei Konkurs der Lohn ausgezahlt werden muss ❖ zu mhd. *litlôn* 'Dienstbotenlohn, Liedlohn'; weitere Herkunft unsicher
W: Löhner

Lit: Adelung 2:2065 (Liedlöhner); Barth 1:606; DRW 8:1303; Grimm 12:995; Idiotikon 3:1294; Kluge 577 (Liedlohn); Schmeller 1:1442

Liedlöhner ↗ Lidlöhner

Lieger 'Angestellter eines Kaufmanns, der sich beständig an einem fremden Ort aufhält und den Handel für den Firmeninhaber abwickelt' ❖ zu mhd. *liger, léger* 'Lager', mhd. *légeraere, léger* 'der lagert'

Lit: Barth 1:607; Grimm 12:1017; Krünitz 78:646

Lienschießer ↗ Leinenschießer

Lienschläger 'Seiler, der dünnere Seile aus Leinen für Schiffe herstellt'; zu *Lien* 'Leine, dünnes Tau', schon im 18. Jh. veraltet ❖ zu mhd. *lîne* 'Seil, Leine', zu *Lein* 'Flachs, Leinwand' aus mhd. *lîn* 'Lein, Flachs'
W: *Schläger*
Syn: SEILER

Lit: Campe 3:130; Kluge 570 (Lein)

Ligelner ↗ Lägeler

Limseder ↗ Leimsieder

Lindenzer ↗ Linientänzer

Linenmesser ↗ Leinwandmesser

Linentrecker **Linentrekker, Lühnentrecker** 'Treidler, Schiffszieher' ❖ zu mnd. *lîn* 'Flachs, Leinen', das zu 'Strick aus Leinen, Flachs' i. S. v. 'Seil des Schiffsziehers' wird; ↗ Trecker
W: *Trecker*
Syn: TREIDLER

Linentrekker ↗ Linentrecker

Linenwober ↗ Leinenweber

Linientänzer Lindenzer, Lümentäntzer, Lünientäntzer 'Seiltänzer'; zu *Linie* i. S. v. 'Schnur, Seil' ❖ lat. *linea* 'Strich, Schnur'

Lit: Barth 1:608; Grimm 12:1044

Linnenweber Linner, Linneweber, Lynenweber, Lynnenwever ↗ 'Leinenweber'; urspr. niederdt. Form, in gehobener Sprache allgemein verbreitet; kommt im veralteten Sprachgebrauch noch vor ❖ mnd. *linneweber* 'Leineweber'

FN: Linneweber, Linnenweber, Linneweever

W: WEBER

Syn: Leinenweber, Leinwander

Lit: Barth 1:608; Gottschald 322; Grimm 12:1051; Krünitz 79:338 (Linnen); Linnartz 142; Pies (2005) 179; Schiller-Lübben 2:700

Linner ↗ Linnenweber

Linneweber ↗ Linnenweber

Linwatmesser ↗ Leinwandmesser

Linwatschneider ↗ Leinwandschneider

Linwatweber ↗ Leinenweber

Linweber ↗ Leinenweber

Linweder ↗ Leinwander

Linwetter ↗ Leinwander

Linwoder ↗ Leinwander

Lionischer Drahtzieher ↗ DRAHTZIEHER

Lirendreier ↗ Lyrendreier

Lirendreyer ↗ Lyrendreier

Lischkenmacher 'Handwerker, der Lischken herstellt'; d.s. zweiteilige Spankörbe aus gerissenen Holzleisten, die oft als Versandkartons verwendet wurden; in Westpreußen ❖ zu tschech. *líska* 'Hasel, Haselnuss'

Syn: KÖRBER

Lismer Lissemer 'Strumpfstricker'; bes. schweiz., *Lismer* in der Bedeutung 'Strickjacke' ist heute noch im Schweizerischen üblich ❖ zu mhd. *lismen* 'stricken', verwandt mit *lesen*

W: Hosenlismer

Syn: Sockenstricker, Strumpfstricker

Lit: Barth 1:608; Grimm 12:1061 (lismen); Idiotikon 3:1425; Linnartz 142; Pies (2005) 167; Reith (2008) 227; Schmeller 1:1513 (lismen); VWB 476

Lissemer ↗ Lismer

Listensnider ↗ Leistenschneider

Lite ↗ Lasse

Litgaebe ↗ Leitgeb

Litsenbroder ↗ Litzenbruder

Litzbruder ↗ Litzenbruder

Litzenbroder ↗ Litzenbruder

Litzenbruder Litsenbroder, Litzbruder, Litzenbroder, Liztenbruder, Lützenbruder 1. 'Person, die für den Weitertransport der ankommenden Waren sorgt; Transportvermittler'. 2. 'Arbeiter, der mit dem Auf- und Abladen der Waren beauftragt ist und für deren Sicherheit sorgt'. 3. 'Ballenbinder und Packer'. 4. 'Zusteller von Paketpost' – In norddt. Handelsstädten; die Transportvermittler und Verlader bildeten eine Bruderschaft (Innung), typisch für sie waren die Schnüre für die Verpackung *(Litzen)* ❖ zu mhd. *litze* 'Litze, Schnur', aus lat. *licium* 'Faden, Schlinge'

Syn: Ballenbinder, GUTFERTIGER

Lit: Adelung 2:2081; Barth 1:609; Grimm 12:1073; Grönhoff (1966) 5; Krünitz 79:715

Litzenmacher ↗ Litzenwirker

Litzenweber 1. 'Handwerker, der Borten und Bänder herstellt'. 2. 'Handwerker, der Schnüre und Gurte für die Pakete der Litzenbrüder herstellt' ❖ zu mhd. *litze* 'Litze,

Schnur; Tuchleiste', aus lat. *licium* 'Faden, Schlinge'
W: *WEBER*
Syn: Litzenwirker, POSAMENTIERER
Lit: Barth 1:609; Grimm 12:1073

Litzenwirker Litzenmacher, Lützenmacher 1. 'Bortenmacher, Posamentierer'. 2. 'Handwerker, der Schnüre und Gurte für die ↗ Litzenbrüder herstellt' ❖ zu mhd. *litze* 'Litze, Schnur; Tuchleiste', aus lat. *licium* 'Faden, Schlinge'
W: *Wirker*
Syn: Litzenweber, POSAMENTIERER
Lit: Barth 1:609; Grimm 12:1072, 1073; Krünitz 79:714 (Litze)

Lizenteinnehmer Licenteinnehmer 'Beamter, der die Hafengebühren und Ausfuhrzölle einhebt' ❖ zu mlat. *licentia* 'Erlaubnis', lat. *licentia* 'Freiheit, Ungebundenheit'
W: *Einnehmer*
Syn: Hafenschreiber, Portorienverwalter
Lit: Diefenbach 327; DRW 8:1356; Krünitz 77:532 (Licent)

Lizentinspektor Licentinspektor 'höherer Beamter in der Zoll- und Seebehörde' ❖ ↗ Lizenteinnehmer
Lit: DRW 8:1359

Lizentmeister Licentmeister 'Finanzbeamter, der die Licent einhebt'; d.i. eine Warenausfuhrsteuer, später jeder Zoll auf ein- und ausgeführte Waren ❖ ↗ Lizenteinnehmer
W: *Meister*
Lit: Barth 1:605; DRW 8:1360; Krünitz 77:532 (Licent)

Lizentschreiber Licentschreiber, Lizenzschreiber 'Büroangestellter im Zollamt' ❖ ↗ Lizenteinnehmer
W: *Schreiber*

Lizenzschreiber ↗ Lizentschreiber

Liztenbruder ↗ Litzenbruder

Lober Löber, Louwer, Löwer ↗ 'Lohgerber' ❖ mhd. *lôwer* 'Gerber'; Formvariante zu *Loher*
FN: Lober, Löber, Lobe, Löbler, Lobner, Leuwer, Löwer
Syn: GERBER*, Lauer, Loher, Rotgerber
Lit: Barth 1:610; DudenFN 432; Linnartz 142; Schmeller 1:1545

Löber ↗ Lober

Lochschreiber 'Verwaltungsbeamter, Protokollant des Schöffengerichts und Gefängnisaufseher'; zu *Loch* in der Bedeutung 'enges, niedriges Gefängnis' ❖ zu mhd. *loch* 'verborgener Wohnungs- oder Aufenthaltsort; Gefängnis'
W: *Schreiber*
Lit: Adelung 2:2085; DRW 8:1378; Grimm 12:1039 (Loch); Krünitz 80:79

Lochtmecker ↗ Lichtmacher

Lochwächter 'Gefängnisaufseher' ❖ ↗ Lochschreiber
W: *Wächter*
Syn: KERKERMEISTER

Lochwärter 'Gefängnisaufseher' ❖ ↗ Lochschreiber
W: *Wärter*
Syn: KERKERMEISTER
Lit: DRW 8:1378

Lodenfärber ↗ *Färber**

Lodenwalker ↗ 'Walker, der Lodenstoffe herstellt'; das sind einfache grobe Wollstoffe oder ungewalkte Tuche ❖ zu mhd. *lode* 'grobes Wollenzeug, Loden'
W: *Walker*
Lit: Sulzenbacher (2002) 42

Lodenweber Lodweber 'Weber, der Lodenstoff herstellt'; urspr. nur durch Filzen hergestellt, später als gewebtes Tuch ❖ ↗ Lodenwalker

W: *WEBER*
Syn: Marner

Lit: Barth 1:611; Palla (1994) 200; Pies (2005) 197; Reith (2008) 248; Volckmann (1921) 77

Loder **Loderer, Lodler, Lodner, Lodrer, Lodtner** ↗ 'Lodenweber'; in Bayern ❖ mhd. *lodære, loder* 'Wollenweber, der Loden macht'
FN: Loder, Loderer
Syn: *WEBER*

Lit: Barth 1:611; DudenFN 432; Gottschald 330; Linnartz 143; Pies (2005) 115, 179; Reith (2008) 248; Schmeller 1:1444; SteirWb 441; Volckmann (1921) 77

Loderer ↗ Loder

Lodler ↗ Loder

Lodner ↗ Loder

Lodrer ↗ Loder

Lodtner ↗ Loder

Lodweber ↗ Lodenweber

Loeher ↗ Loher

Loer ↗ Loher

Löer ↗ Loher

Loerer ↗ Loher

Löffelmacher Lepelmaker ↗ 'Löffler'; die niederdt. Form *Leplmaker* zu mnd. *lepel, leppel* 'Löffel'
FN: Löffelmacher
Syn: Löffelschneider, Löffler
Vgl: Gabelmacher, Tellermacher

Lit: Dimt (2008); Grimm 12:1125; OÖ. Hbl 1996, H. 2:206; Schraml (1934) 392, 416

Löffelschmid ↗ Löffelschmied

Löffelschmied Löffelschmid 'Handwerker, der Löffel oder ähnliche Gegenstände aus Metall herstellt'
W: *Schmied*

Lit: DRW 8:1383; Grimm 12:1126; Pierer 10:464

Löffelschneider 'Handwerker, der hölzerne Löffel herstellt; Löffelschnitzer'
FN: Löffelschneider
W: *SCHNEIDER*
Syn: Löffelmacher

Lit: Lengerke 3:573; Linnartz 143; Poppe (1839) 311

Löffler Leffeler; lat. *cochlearius, coclearius* 'Handwerker, der aus Holz oder Horn Löffel und Schöpfkellen herstellt'; in Berggegenden war die Herstellung von Holzlöffeln eine typische Arbeit für den Winter ❖ mhd. *leffeler* 'Löffelmacher'
FN: Löffler, Löffeler, Loeffeler, Löfler, Loefler; Lepler, Leppler, Lepel
Syn: Löffelmacher

Lit: Barth 1:611; Diefenbach 129; DudenFN 432; Gottschald 330; Grimm 12:1127; Linnartz 143; Palla (1994) 404

Logarver ↗ Lohgerber

Logenmeister 'oberster Platzanweiser für die Logen im Theater'; die heute noch gültige Bedeutung ist 'Vorsitzender einer Freimaurerloge'
W: *Meister*

Lit: Barth 1:611

Logerwer ↗ Lohgerber

Loher Lhorer, Loeher, Loer, Löer, Loerer, Löher, Lojer, Lore, Lorer, Lörer ↗ 'Lohgerber'
❖ mhd. *lôwer, lôer* 'Gerber', mnd. *loer, lower, lorer* 'Gerber'
FN: Loher, Löher, Loer, Löhr, Lehr, Lühr, Lührs, Lorer, Lohrer, Löhrer, Löhrl, Lehrl
Syn: Borkmüller, *GERBER**, Lauer, Lober, Lohgerber, Rotgerber

Lit: Adelung 2:2094 (Lohgärber); Barth 1:611; DudenFN 432; Gottschald 331; Grimm 12:1131; Hornung (1989) 91, 92, 93; Linnartz 143; Palla (2010)

135; Pies (2005) 57; Reith (2008) 82; Schiller-Lübben 2:714; Volckmann (1921) 152

Löher ↗ Loher

Lohestößer ↗ Lohstößer

Lohgarber ↗ Lohgerber

Lohgärber ↗ Lohgerber

Lohgerber Logarver, Logerwer, Lohgarber, Lohgärber, Lohgerwer, Lowgärber 'Gerber, der die schweren Tierhäute mit pflanzlichen Gerbstoffen aus junger Eichen- und Fichtenrinde (Lohe) gerbt'; das Leder wurde vor allem für Sattel- und Zaumzeug, Sohlen und Schuhe verwendet. Als Berufsbezeichnung noch heute üblich ❖ zu mhd. lô 'Gerberlohe', mnd. lo, low 'Lohe, Baumrinde, bes. der Eiche zum Gerben'
W: GERBER*
Syn: Borkmüller, Lauer, Loher, Rotgerber
Ggs: Weißgerber

Lit: Adelung 2:2094; Barth 1:611; Grimm 10:1131; Hanisch (1905) 15; Krünitz 80:201; Pfeifer 810; Pies (2005) 57; Reith (2008) 82; Schiller-Lübben 2:710; Schmeller 1:1467; Volckmann (1921) 152

Lohgerwer ↗ Lohgerber

Lohmüller Lomöller 'Betreiber einer Lohmühle'; d.i. eine wasserbetriebene Stampfmühle, mit der Rinden und Hölzer zerkleinert wurden, um Gerberlohe zu gewinnen ❖ mhd. lômüle, zu mhd. lô 'Gerberlohe', mnd. lo, low 'Lohe, Baumrinde, bes. der Eiche zum Gerben'; mnd. lomole 'Lohmühle'
FN: Lohmüller, Lohmiller, Lochmüller
W: Müller
Syn: Borkmüller

Lit: Adelung 2:2095 (Lohmühle); Barth 1:611; DudenFN 433; Gottschald 331; Grimm 12:1132; Linnartz 143; Schiller-Lübben 2:719

Lohnbauer 'Landarbeiter, der für einen Jahreslohn die Feldarbeit auf einem Landgut verrichtet oder beaufsichtigt'

W: BAUER

Lit: Adelung 2:2096; Barth 1:611; Grimm 12:1137; Krünitz 80:236

Lohnbedienter ↗ Lohndiener

Lohndiener Lohnbedienter 'Diener, der einen Posten auf befristete Zeit einnimmt'; im Ggs. zum fest angestellten Bedienten
W: Bedienter, Diener

Lit: Barth 1:611; Grimm 12:1137

Lohner ↗ Löhner

¹Löhner Lohner 1. 'Lohnempfänger, Tagelöhner'; meist in Zusammensetzungen, z.B. Schichtlöhner. 2. 'Bauer'; in Hinblick auf die Besitzgröße und Abhängigkeit vom Grundherrn gab es Ganz-, Halb-, Viertellöhner ❖ Ableitung von Lohn; mhd. lôner 'der um Lohn arbeitet, Taglöhner'
FN: Lohner, Löhner
W: Lidlöhner, Schichtlöhner

Lit: Adelung 2:2097; Barth 1:612; DudenFN 433; Gottschald 331; Grimm 12:1137; Krünitz 79:239; Linnartz 143

²Löhner ↗ Lehner

Lohnfechter 'Person, die von Ort zu Ort ziehend für Geld Fechtkämpfe ausführt'
W: FECHTER

Lit: Barth 1:612

Lohngoldschlager ↗ Lahngoldschlager

Lohnherr 1. 'Auftraggeber, der für Arbeiten Lohn zu zahlen hat'. 2. 'Verantwortlicher für Bauwesen, Auftragsvergabe und Rechnungswesen in der städtischen oder kirchlichen Verwaltung'
W: Herr

Lit: Barth 1:612; DRW 8:1395; Grimm 12:1141

Lohnkutscher 1. 'Kutscher, der Kunden gegen Bezahlung transportiert'; kommt im veralteten Sprachgebrauch noch vor. 2. 'Besitzer eines Gespanns, der Kutschen mit Pferden vermietet'

W: Kutscher*
Syn: Heuerkutscher, Mietkutscher

Lit: Adelung 2:2097; Barth 1:612; GoetheWb 5:1279; Grimm 12:1141; Palla (2010) 136

Lohnschäfer 'Schafhirt, der für eine bestimmte Zeit gegen Lohn arbeitet'; er ist nicht am Ertrag beteiligt und nicht fest angestellt
W: Schäfer
Ggs: Mengeschäfer, Setzschäfer, Triftschäfer

Lit: Adelung 2:2098; Grimm 12:1142; Krünitz 80:239

Lohnschnitter 'Arbeiter bei der Getreideernte, der gegen Lohn arbeitet'; im Ggs. zu den Schnittern, die aufgrund ihrer Lehensverpflichtungen arbeiteten
W: Schnitter

Lit: Adelung 2:2098; Barth 1:612

Lohstößer Lohestößer, Lostöter 'Arbeiter in der Gerberei, der die Rinde zerstampft'; ↗ Lohgerber ❖ zu mhd. *stœzer, stôzer* 'der das Salz in die Kufen stößt'
FN: Lohstöter
W: Stößer

Lit: Barth 1:612; Palla (1994) 405

Loischmecher ↗ Löschmacher

Lojer ↗ Loher

Lokator 'Person, die im Auftrag des Grund- oder Landesherrn die Besiedlung eines Gebietes vorbereitet'; im Mittelalter; er war für Vermessung, Rodung und Zuteilung des Landes an Siedler zuständig ❖ lat. *locator* 'Vermieter, Verpachter'

Lit: Barth 1:612; wikipedia

Lombarde Laimparter, Lampard, Lampart, Lamperter, Lombarder, Lombardier, Lumbert, Lumpard, Lumpart 'Geldwechsler, Pfandleiher'; häufig mit dem Nebensinn des Wucherers; urspr. Bezeichnung für Italiener, die sich ab dem 13. Jh. in Frankreich als Bankiers niedergelassen und sich außerhalb des kanonischen Zinsverbots gestellt haben. Heute in der Fachsprache der Wirtschaft: *Lompard* für 'Kredit gegen bewegliche Werte' ❖ ital. *lombardo* 'Lombarde', aus mlat. *langobardus* 'Langobarde'; franz. *maison de Lombard* 'Leihhaus'
FN: Lamparter, Lampart, Lampeter, Lamperter, Lamberder, Lampader, Lampater, Lombard, Lompert, Lumpert (bei einigen kommt auch der Ortsname *Lampaden* bei Trier in Frage)
Syn: Geldgewerber, Geldmakler, Geldwechsler, Kawerz, Wechsler

Lit: Barth 1:578, 613, 617; DRW 8:1401; DudenFN 414; Gamillscheg 1:576; Gottschald 315; Linnartz 134; Volckmann (1921) 190

Lombarder ↗ Lombarde

Lombardier ↗ Lombarde

Lombardschreiber 'Büroangestellter im Pfand-, Leihhaus' ❖ ↗ Lombarde
W: Schreiber

Lit: Grönhoff (1966) 44

Lomöller ↗ Lohmüller

Longoldschläger ↗ Lahngoldschlager

Loofschmied ↗ Laufschmied

Löper ↗ *Läufer*

Loquierer Laquirer, Loquirer 1. 'Lumpensammler'. 2. 'Lackierer' ❖ 1.: franz. *loque* 'Lumpen, Fetzen', aus altfranz. *locu* 'mit zerzaustem Haar'; 2.: franz. *laque* 'Lack', aus arabisch-persisch *lakk* 'rote Farbe'
Syn: LUMPENSAMMLER

Lit: Gamillscheg 1:560

Loquirer ↗ Loquierer

Lorbeerer Lorberer 'Gewürzhändler' ❖ zu mhd. *lôrber* 'Lorbeere'
FN: Lorber, Lorbeer
Syn: GEWÜRZKRÄMER

Lit: DudenFN 434; Grimm 12:1146 (Lorbeer, Lorber); Palla (1994) 405

Lorberer ↗ Lorbeerer

Lore ↗ Loher

Lorer ↗ Loher

Lörer ↗ Loher

Lorrendreier ↗ Lurdendreier

Lorrendreyer ↗ Lurdendreier

Losbäcker Losbecker, Losebecker 1. 'Bäcker, der lockeres Brot, Weißbrot backt'; niederdt. 2. 'Bäcker, der Kuchen und Feingebäck herstellt' ❖ mhd. *lôs* 'frei, ledig; locker, veränderlich'; für 'lockeres Brot, lockerer Teig'
W: BÄCKER*
Syn: FEINBÄCKER, Weißbäcker
Ggs: Fastbäcker, Festbäcker

Lit: Adelung 2:2101; Barth 1:613; Grimm 12:1175; Krünitz 80:702; Pies (2002d) 26; Reith (2008) 25; Volckmann (1921) 18

Losbecker ↗ Losbäcker

Löscher Leschner 'Weißgerber, der das Lösch, ein feines rotes Leder, herstellt' ❖ mhd. *lösche, lösch* 'eine Art kostbaren Leders, bes. roter Saffian'
FN: Löscher, Loscher, Löschner, Losch, Lösche, Lesch, Leschner
W: Witlöscher
Syn: GERBER*, KORDUANGERBER, Lascher

Lit: DudenFN 435; Gottschald 322; Linnartz 144

Löschmacher Loischmecher, Löschmaker 'Weißgerber, der feines rotes Leder herstellt' ❖ mhd. *lösche, lösch* 'eine Art kostbaren Leders, bes. roter Saffian'
FN: Löschmacher, Loschmecher
Syn: GERBER*, KORDUANGERBER

Lit: Gottschald 332; Linnartz 144; Pies (2005) 58; Reith (2008) 82

Löschmaker ↗ Löschmacher

Losebecker ↗ Losbäcker

Losfrau ↗ Losmann

Losmann Fem. Losfrau, Losweib 'landwirtschaftlicher Tagelöhner, Gelegenheitsarbeiter ohne feste Anstellung'; urspr. ein Pächter eines kleinen, neu gerodeten Ackerlandes in Ostpreußen, das aber nicht für den Familienunterhalt ausreichte, sodass sich der Pächter im Nebenerwerb als Taglöhner in der Land- oder Forstwirtschaft verdingte. Ein *Losgut* ist ein Gut, das durch Ablösung des Pfandrechtes erworben werden konnte ❖ zu mhd. *lôs* 'frei, ledig'
FN: Losmann (kann auch zu *Aderlasser, Weinleser, Loser* 'Horcher' oder andere gehören)
W: *Mann*

Lit: Barth 1:614; DRW 8:1435; Grimm 12:1198; Linnartz 144

Lostöter ↗ Lohstößer

Losunger Lösunger, Losungner 'Beamter, der Steuern festsetzt und einnimmt'; zu *Losung* 'eine Art von Vermögenssteuer'; die Steuerbehörde war daher das *Losungsamt, Losungeramt* ❖ mhd. *lôsunger* 'der die Steuer einnimmt und verwaltet', zu mhd. *lôsunge, lœsunge* 'Kaufsumme; gelöstes Geld, Geldeinnahme; Geldeinnahme durch Steuererhebung'
Syn: Losungsherr, STEUEREINNEHMER

Lit: Adelung 2:2111; Barth 1:614; DRW 8:1458; Grimm 12:1199; Krünitz 80:736

Lösunger ↗ Losunger

Losungerschreiber ↗ Losungsschreiber

Losungherr ↗ Losungsherr

Losungner ↗ Losunger

Losungsherr Losungherr ↗ 'Losunger'
W: *Herr*
Syn: Losunger, STEUEREINNEHMER

Lit: Adelung 2:2111; Barth 1:614; DRW 8:1460; Grimm 12:1203; Krünitz 80:734, 736

Losungsschreiber Losungerschreiber 'Verwaltungsangestellter bei der Steuerbehörde' ❖ ↗ Losunger

W: *Schreiber*

Lit: DRW 8:1459, 1461; Grimm 12:1203; Krünitz 80:734, 738

Losweib ↗ Losmann

Löter 1. ↗ 'Spengler'. 2. 'Kesselflicker'; nach der vorrangigen Arbeitsweise, dem Löten. 3. 'Arbeiter, der etwas lötet' ❖ zu mhd. *lœten* 'mit übergossenem Metall fest machen'
Syn: KLEMPNER*

Lit: Idiotikon 3:1501; Pies (2005) 84; Reith (2008) 120

Lothschlosser ↗ Lötschlosser

Löthschlosser ↗ Lötschlosser

Lothsmann ↗ Lotsmann

Lotschlosser ↗ Lötschlosser

Lötschlosser **Lethschlosser, Lettschlosser, Lothschlosser, Löthschlosser, Lotschlosser** 'Schlosser, Kleinschmied, der Vorhangschlösser herstellt'; bei diesen werden die Metallteile zusammengelötet ❖ mhd. *lôt* 'Blei'; die Bedeutung 'Lötmetall, Bleigewicht' entstand erst, als *Lot* durch *Blei* verdrängt worden war
W: *Schlosser*
Syn: Frümmschlosser, Gelötmacher, Gelötschlosser, Schlossschmied

Lit: Barth 1:614; Grimm 12:1208; Kluge 585 (Lot); Krünitz 80:740 (Loth); Stolberg (1979) 82

Lotsmann **Lothsmann** 'Lotse' ❖ engl. *loadsman* 'Steuermann'; das moderne Wort *Lotse* ist eine verkürzte Form von *Lotsmann*
W: *Mann*

Lit: Adelung 2:2114; Barth 1:614; DRW 8:1477; Grimm 12:1209

Lotter 'herumziehender Komödiant und Artist, der bes. auf Jahrmärkten unterschiedliche Kunststücke vorführt; Taschenspieler'; die Bedeutung umfasst den abwertenden Gebrauch für 'Taugenichts' u. Ä. bis zur Berufsbezeichnung *Gaukler, Spielmann* ❖ mhd. *loter, lotter, loder* 'Taugenichts, Schelm; Gaukler, Possenreißer'; mnd. *lodder, loder, loderer* 'lockerer Mensch, Taugenichts; Possenreißer, Spielmann, Gaukler'
FN: Lotter, Lotterer, Lötterle, Lodder, Loder, Loderer
Syn: GAUKLER

Lit: Barth 1:1614; DRW 8:1471; DudenFN 435; Gottschald 332; Grimm 12:1210; Schiller-Lübben 2:712; Schmeller 1:1541; Volckmann (1921) 314

Lotteriecollecteur ↗ Lottokollektor

Lotteriecollector ↗ Lottokollektor

Lottocollector ↗ Lottokollektor

Lottocollectrice ↗ Lottokollektor

Lottokollektor **Lotteriecollecteur, Lotteriecollector, Lottocollector;** Fem. **Lottocollectrice** 'Inhaber einer Lotto-Geschäftsstelle'; *Lottokollektur* für 'Lotto-Annahmestelle' war bis ins 20. Jh. in Österreich üblich ❖ ↗ Kollektor
W: Kollektor

Lit: Ebner (2009) 235 (Lottokollektur)

Louffer ↗ Läufer

Lougoldschmied ↗ Laugoldschmied

Louwantkoper ↗ Leinwandkäufer

Louwentkoper ↗ Leinwandkäufer

Louwentschneider ↗ Leinwandschneider

Louwer ↗ Lober

Lowensnider ↗ Leinwandschneider

Lowensnyder ↗ Leinwandschneider

Lowentkoper ↗ Leinwandkäufer

Löwer ↗ Lober

Lowgärber ↗ Lohgerber

Loyfer ↗ *Läufer*

Lözelter ↗ Lebzelter

Lucernenmacher ↗ Luzernenmacher

Lüchtenjung 'Junge, der mit einer Laterne oder Fackel Personen auf dem Heimweg leuchtet'; niederdt. ❖ zu mnd. *luchte, lochte* 'Leuchte, Laterne'
W: *Junge*
Syn: Laternenträger
Lit: Grönhoff (1966) 64; Schiller-Lübben 2:742

Luchtenmacher ↗ Leuchtenmacher

Luchtenmaker ↗ Leuchtenmacher

Luchtenmecker ↗ Leuchtenmacher

Lückpötter 'Person, die eine kleine Lotterie mit Warenpreisen (einen Glückstopf) veranstaltet'; niederdt. Form zu *Glückstöpfer* ❖ mnd. *luckepot* 'Glückstopf', *lücken* aus *gelücken* 'glücken'; Formen ohne Vorsilbe *ge-* sind im Niederdt. häufig; zu mnd. *potter* 'Töpfer'
W: Potter
Syn: Glücksbüdner, Glückshafner, Glückstöpfer
Lit: Schiller-Lübben 2:744

Ludelmacher ↗ Ludler

Ludenmaker ↗ Lautenmacher

Ludimagister lat. *ludimagister* 'Lehrer'; in der Antike Ausbilder in der Gladiatorenschule, also für die Spiele. In der frühen Neuzeit Bedeutungwandel zu Elementarlehrer; oft noch zugleich Küster, Organist und in anderen Berufen tätig ❖ zu lat. *ludus* 'Spiel' und *magister* 'Meister, Lehrer'; mlat. *ludimagister* 'Schulmeister'
W: Magister
Syn: LEHRER*, Ludimoderator, Ludirector
Lit: Barth 2:154; Diefenbach 338; Thesaurus professionum

Ludimoderator ↗ 'Ludimagister' ❖ lat. *moderator* 'Lenker, Leiter'
Syn: LEHRER*, Ludimagister, Ludirector
Lit: Thesaurus professionum

Ludirector lat. *ludidirector* 1. 'Lehrer'. 2. 'Schulleiter, Rektor der Elementarschule' ❖ zu lat. *rector* 'Lenker, Leiter'
Syn: LEHRER*, Ludimagister, Ludimoderator
Lit: Barth 2:155; Thesaurus professionum

Ludler Ludelmacher 'Handwerker, der seine Arbeit [ohne Berechtigung und] ohne Zunftzugehörigkeit ausübt'; bes. bei den Tuchmachern; zu *Ludel* 'Lumpen, zerfetztes Zeug; untüchtige Arbeit'; gemeint ist ein stümperhafter, ungenauer Arbeiter
Syn: BÖNHASE
Lit: Adelung 2:2121; Barth 1:617; Grimm 12:1231, 1236; Krünitz 81:246; Schmeller 1:1444

Luftführer 'Bergarbeiter, der die Blasbälge für die Frischluftzufuhr der Grube bedient'
W: *Führer*
Lit: Fellner 323; Schraml (1932) 130

Lühnentrecker ↗ Linentrecker

Lumbert ↗ Lombarde

Lümentäntzer ↗ Linientänzer

Luminist ↗ Illuminist

Lumpard ↗ Lombarde

Lumpart ↗ Lombarde

Lumpenmann Luntenmann 'Person, die Textilabfälle sammelt und an die Papiermühlen liefert'
W: *Mann*
Syn: LUMPENSAMMLER
Lit: Adelung 2:2131; Grimm 12:1298; Krünitz 81:684

Lumpenreißer 'Arbeiter in der Papiermühle, der die Textilien für die Papierherstellung

sortiert und zerstückelt'; meist von Frauen durchgeführt
W: Reißer

Lit: Pies (2002b) 16; Reith (2008) 180

Lumpensammler 'Person, die Textilabfälle sammelt und an die Papiermühlen liefert'; wichtige Voraussetzung für die Papierherstellung; häufig von Frauen durchgeführt oder von gesellschaftlichen Randgruppen; später gewerbsmäßig betriebene Altkleidersammlung
Syn: Haderer, Hadernkrämer, Hadernsammler, Hodler, Hudler, Klüngelkerl, Loquierer, Lumpenmann, Plundermann, Plünnmann, Strazzensammler, Zottenkrämer

Lit: Adelung 2:2131; Barth 1:617; Grimm 12:1299; Krünitz 81:684; Palla (1994) 202; Pies (2002b) 15; Pies (2005) 110; Vieser/Schautz (2010) 119

Lünientäntzer ↗ Linientänzer

Luntenmann ↗ Lumpenmann

Lupper Libber 1. 'Tierkastrierer'; eigentlich 'Zauberer, Giftmischer', über die Bedeutungen 'Helfer, Heilkundiger' im Westfälischen und Niederländischen zu 'Kastrierer' und andere regionale Berufsbezeichnungen weiterentwickelt; vgl. *Lüüer* im Rheinland für 'verschnittener Jungochse'. 2. 'Käser'; zu *luppen, lüppen* 'Milch gerinnen machen zur Käsebereitung' ❖ zu mhd. *lüppen, luppen* 'mit Gift bestreichen; heilen, vertreiben'; mhd. *lüppe, luppe* 'Salbe, zusammenziehender Saft; Vergiftung, Zauberei'; mhd. *kæselap, kæseluppe* 'geronnene Milch'
Syn: Kastrierer

Lit: Barth 1:617; Diefenbach 128; DRW 8:1509; Grimm 12:1312; RheinWb 5:634

Lurdendreher Lurrendreher 'Seiler, der dünne geteerte Stricke für die Seefahrt herstellt'; norddt., schon im 18. Jh. nur noch im übertragenen Sinn als 'Schleichhändler, Zollbetrüger im Hafen' bekannt ❖ zu *Lör, Löre* 'Riemen, Band', in Zusammensetzungen *Schiltlör, Helmlör, Brünlör*, zum lat. Adjektiv *loreus* 'aus Riemen bestehend'
W: *Dreher*
Syn: Lurdendreier

Lit: Adelung 2:2133 (Lurde); Campe 3:172; Grimm 12:1152, 1313 (Lurre); Heinsius 2:832; Hoffmann Wb 3:760 (Lurde); Weigand 1:1132

Lurdendreier Lorrendreier, Lorrendreyer, Lurrendraier, Lurrendreier ↗ 'Lurdendreher'
W: *Dreier*
Syn: Lurdendreher

Lit: Adelung 2:2099; Grimm 12:1313; Heinsius 2:812 (Lorrendreier); Weigand 2:1148

Lurrendraier ↗ Lurdendreier

Lurrendreher ↗ Lurdendreher

Lurrendreier ↗ Lurdendreier

Lustdirne 'Prostituierte'; Neuprägung des 18. Jh., um dem zu derben Wort *Hure* und dem beschönigenden Wort *Freudenmädchen* auszuweichen ❖ zu mhd. *lust* 'Freude, Vergnügen; Verlangen, Begierde'; vgl. mhd. *lustwîp* 'Konkubine'
W: Dirne, Feildirne

Lit: Adelung 2:2136; Barth 1:617; Grimm 12:1329

Lustfeuerwerker 'Feuerwerker, der zur Unterhaltung der Gäste bei Festlichkeiten Feuerwerke veranstaltet'; im Ggs. zu den militärischen oder zur Beleuchtung eingesetzten Feuerwerke. Die Lustfeuerwerke enwickelten sich zur Kunstform an Fürstenhöfen; *Lust* in der älteren Bedeutung 'Vergnügen, Belustigung' ❖ zu mhd. *lust* 'Wohlgefallen, Freude, Vergnügen'
W: Feuerwerker, *Werker*

Lit: Adelung 2:2137 (Lustfeuer); Barth 1:617; Grimm 12:1335; Krünitz 81:775 (Lustfeuerwerk); Palla (2010) 138

Lustgartenierer ↗ Lustgärtner

Lustgartner ↗ Lustgärtner

Lustgärtner Lustgartenierer, Lustgartner 'Gärtner, der Gärten zur Zierde und Erholung anlegt oder pflegt'; im Ggs. zum Kohl-

oder Küchengärtner; auch *Kunst- und Lustgärtner*; *Lust* wurde im 19. Jh. noch vorwiegend für 'Vergnügen, Erholung' verwendet
W: Gärtner
Syn: Kunstgärtner
Ggs: Kohlgärtner, Küchengärtner
Lit: Adelung 2:2137; Grimm 12:1336; Gruenbaum (1946); Krünitz 81:780

Lustrierer ↗ Lüstrierer

Lüstrierer Lustrierer 'Textilarbeiter, der Stoffe glättet und appretiert, damit sie glänzend werden' ❖ zu franz. *lustre* 'Oberflächenglanz', aus ital. *lustro* 'Glanz', aus lat. *lustrare* 'erleuchten'
Syn: Glätter, Klanderer
Lit: Barth 1:617; Gamillscheg 1:582

Lutenist ↗ Lautenist

Lutenmecher ↗ Lautenmacher

Lutenslager ↗ Lautenschläger

Lutinist ↗ Lautenist

Luttenjunge 'im Goldergbau jugendlicher Arbeiter, der den Goldschlamm in die Lutte schüttet und umrührt'; die *Lutte, Lotte* ist ein aus Brettern hergestellter Kanal oder eine Röhre zur Wasser- oder Luftzufuhr, hier ein Kanal, in dem der Goldschlamm gewaschen wird ❖ Ablautform zu *Lade*, mhd. *lade* 'Lade, Behälter, Kasten'
W: Junge
Lit: Adelung 2:2140 (Lutte); Krünitz 82:36

Lützenbruder ↗ Litzenbruder

Lützenmacher ↗ Litzenwirker

Luzernenmacher Lucernenmacher ↗ 'Laternenmacher' ❖ lat. *lucerna* 'Leuchte'
Syn: KLEMPNER*
Lit: Barth 1:618; Grimm 12:1222 (Lucerne); Pies (2005) 84; Volckmann (1921) 178, 293

Lyerndreier ↗ Lyrendreier

Lymseder ↗ Leimsieder

Lyndreier ↗ Lyrendreier

Lynenweber ↗ Linnenweber

Lynnenwever ↗ Linnenweber

Lyonischer Drahtzieher ↗ DRAHTZIEHER

Lyrendreier Lirendreier, Lirendreyer, Lyerndreier, Lyndreier, Lyrendreyer 'Person, die [zum Erwerb] die Drehleier spielt'; niederdt. ❖ zu mnd. *lire* 'Leier'; aus griech. *lýra* 'Leier'
W: Dreier
Syn: Leiermann, Werkelmann
Lit: Adelung 2:2044 (Leiermann)

Lyrendreyer ↗ Lyrendreier

Maaßner ↗ Maßner

Maassner ↗ Maßner

Mächtiger 'bevollmächtigter Rechtsbeistand, Anwalt'
Syn: Prokurator
Lit: DRW 8:1557; Grimm 12:1413

Machtmann Machtsmann 1. 'bevollmächtigter Vertreter, Sachwalter, Vormund'. **2.** 'öffentlicher Ankläger' ❖ mhd. *mahtliute* (Plural) 'Bevollmächtigte'
W: *Mann*
Syn: PFLEGER, Pflegsmann, Pflegvogt
Lit: Barth 1:619; DRW 2:1560; Grimm 12:1415

Machtsmann ↗ Machtmann

Mackler ↗ MAKLER

Mäckler ↗ MAKLER

Mädchenschulhalter ↗ Schulhalter

Mader ↗ Mahder

Mäder ↗ Mahder

Magasinier ↗ Magazinier

Magaziner ↗ Magazinier

Magazineur ↗ Magazinier

Magazinier Magasinier, Magaziner, Magazineur 'Lagerverwalter, Arbeiter in einem Speicher'; die Formen *Magaziner* und *Magazineur* sind vorwiegend schweizerisch bzw. österreichisch ❖ zu *Magazin* 'Vorratsraum, Lagerhalle', aus ital. *magazzino* 'Speicher, Warenlager', aus dem Arabischen; im 18. Jh. über franz. *magasin* 'Warenhalle' übernommen, daher gibt es im Deutschen einige franz. Formen
Lit: Barth 1:620; Ebner (2009) 236; Meyer (2006) 178

Magazinoffiziant ↗ Offiziant

Magd Maid, Meyd; lat. *ancilla, famula* **1.** 'Landarbeiterin in einem Dienstbotenverhältnis im Ggs. zu einer Taglöhnerin'. **2.** 'Haushaltshilfe in einem (bürgerlichen) Haushalt' — Die gleichbedeutende kontrahierte Form *Maid* aus *maget* wurde ab dem 17. Jh. von *Mädchen* verdrängt, wurde aber im 19. Jh. als historisierende Form wieder aufgenommen, in der NS-Zeit in der Zusammensetzung *Arbeitsmaid* 'junge Frau im Arbeitsdienst' ❖ mhd. *maget, magt* 'Jungfrau; unfreies Mädchen, dienende Jungfrau einer vrouwe, Dienerin'; mhd. *mait, meit*
W: Bademagd, Dienstmagd, Grasmagd, Großmagd, Gürtelmagd, Hausmagd, KINDERMAGD, Kleinmagd, Milchmagd, Mittelmagd, Zofmagd
Syn: Dirn, Dirne, Garberin, Stütze, Zuspringerin
Vgl: KNECHT
Lit: Adelung 3:12; Barth 1:620; Diefenbach 33, 224; DRW 8:1566; Frühmittellat. RWb; Grimm 12:1430; Krünitz 82:210; Pies (2005) 24, 87; Riesener (1991)

Mägdemutter 'Frau, die Unterkünfte für weibliche Dienstboten vermietet' ❖ ↗ Magd, ↗ Mutter
W: *Mutter*
Lit: Gegel (1769) 1:643

Mägdeschickerin 'Frau, die Dienstboten an Arbeitgeber vermittelt'; zu *verschicken* 'aussenden'
Syn: Mägdeverdingerin, Mägdeverschafferin

Lit: DRW 8:1572

Mägdeverdingerin 'Frau, die Dienstboten an Arbeitgeber vermittelt'; zu *verdingen* 'in Dienst nehmen'
Syn: Mägdeschickerin, Mägdeverschafferin

Mägdeverschafferin 'Frau, die Dienstboten an Arbeitgeber vermittelt'; zu *jmdm. etwas verschaffen*
Syn: Mägdeschickerin, Mägdeverdingerin

Lit: DRW 8:1572; Grimm 12:1433 (Mägdeverschaffer)

Mägdleinschulhalter ↗ Schulhalter

Magister 1. 'hervorragender Kenner, Meister seines Faches, z.B. Geistlicher, Arzt'. 2. 'Doktor der Philosophie, wenn an der Universität kein Doktor verliehen wird'. 3. 'Universitätsdozent'. 4. 'Lehrer'. 5. 'Apotheker'; früher in Österreich. 6. 'Anführer, Vorgesetzter'; in der römischen Antike ❖ lat. *magister* 'Leiter; Lehrer', zu *magis* 'mehr, in höherem Grade'
FN: Magister (latinisiert von *Meister*)
W: Ludimagister
Syn: Schulmeister

Lit: Adelung 3:17; Barth 1:621; Diefenbach 343; Frühmittellat. RWb; Gottschald 337; Grimm 12:1446; Krünitz 82:299; Linnartz 145; Pies (2005) 91; RheinWb 5:734

Mahder Mader, Mäder, Mähder, Meder 'Landarbeiter oder abhängiger Bauer, der Gras oder Getreide gegen Lohn oder aus Dienstverpflichtung mäht; Mäher'; der *Mäher*, der Gras mäht, kann vom *Schnitter*, der Getreide mäht, unterschieden werden; die nicht umgelautete Form ist die ältere ❖ mhd. *mâdære, mâder, mæder* 'Mäher, Mäder', zu mhd. *mæjer, mæjen* 'Mäher, mähen'
FN: Mahder, Mähder, Mader, Mäder, Maehder, Maader, Mater, Mäter, Maeter, Meder, Mederus (die beiden letzten können auch von *Metbrauer* kommen)
W: Vormahder
Syn: Höriger, Schnitter

Lit: Adelung 3:19; Barth 1:622; DRW 8:1597; DudenFN 440; Gottschald 337; Grimm 12:1428, 1450; Krünitz 82:481; Kunze 111; Linnartz 145

Mähder ↗ Mahder

¹Mahler 'Müller'; seltene Ableitung von *mahlen* 'zu Mehl zerreiben' ❖ zu mhd. *maln, malen* 'Getreide mahlen'
W: Malzmahler
Syn: *Müller*

Lit: Barth 1:622; Grimm 12:1456

²Mahler ↗ Maler

Mahlknecht 'Hilfskraft des Müllers, Müllerbursch'
FN: Mahlknecht, Malknecht
W: Knecht
Syn: Mahlmann

Lit: DudenFN 441; Gottschald 338; Idiotikon 3:726; Linnartz 145

Mahlleute ↗ Mahlmann

Mahlmann Malmann; Plural: *Mahlleute* 1. ↗ 'Markgenosse'. 2. 'Exekutivorgan und Beisitzer eines Markgerichts'. 3. 'Aufseher in einer Holzmark'. 4. 'Gehilfe des Müllers' — In Westfalen und am Niederrhein ❖ Etymologie von 1.–3. unklar. *Mal-* kann von *Mahl* 'Gerichtsversammlung, Thing' oder von *Mal* 'Zeichen; durch Zeichen abgegrenztes Gebiet' kommen; mnd. *mâlman* 'Mitglied des Gerichts; Aufseher in der Mark', zu ahd. *mahal* 'Gerichtsplatz, Versammlung'
FN: Mahlmann (zu 'Mitglied des Gerichts' oder zu 'Gehilfe des Müllers')
Syn: Mahlknecht, Markgenosse

Lit: Adelung 3:30; Barth 1:622; DRW 9:3; DudenFN 441; Grimm 12:1457; Linnartz 145

Mahlmüller 'Müller, der nur Getreide mahlt'; im Ggs. zur Säge-, Öl-, Papiermühle
W: *Müller*

Syn: Kornmüller
Ggs: Stampfmüller

Lit: Adelung 3:29 (Mahlmühle); Barth 1:622; Grimm 12:1457; Krünitz 82:734

Mähnbube ↗ Menbub

Mähnjunge ↗ Menjunge

Maid ↗ Magd

Maier ↗ Meier

Maior ↗ Major

Mair ↗ Meier

Maischaufseher 'Person, die die Bereitung der Maische aus den Trauben bzw. aus dem Obst beaufsichtigt, die verarbeitete Menge kontrolliert und die Besteuerung feststellt'
W: Aufseher

Lit: Grimm 12:1944 (Meisch); Krünitz 87:785 (Meisch); Schmeller 1:1680 (maischen)

Maißer Meißer 'Arbeiter, der Rodungsarbeiten durchführt, indem Sträucher und Stöcke entfernt werden'; bes. bayr.-österr.; zu *Mais* 'Holzschlag'; die Schreibung mit *-ai-* ist die bairische ❖ zu mhd. *meiȝen* 'hauen, schneiden, ab-, einschneiden'
FN: Meisser, Meißer, Maisser, Maißer, Meiß, Meißl, Maiß, Maißl, Mais
W: °Holzmaißer
Syn: HOLZHAUER

Lit: DRW 5:1500; DudenFN 442, 455; Gottschald 338; Grimm 12:1986 (meißen); Schmeller 1:1663

Maister ↗ Meister

Major Maior 1. 'höherer städtischer Beamter'. 2. 'Bürgermeister'. 3. 'Gutsverwalter, Meier' — Die Hauptverwendung des Wortes ist ein militärischer Rang ❖ franz. *maire* 'Vorsteher', altfranz. *maior* 'Herr, Verwalter, Gemeindevorsteher'
Syn: Hofmeier, Hofmeister, Meier

Lit: Barth 1:623; DRW 9:44; Gamillscheg 1:590

Majordomus 'oberster Beamter und Verwalter des königlichen Haushalts'; im frühen Mittelalter bei den Merowingern, Burgundern, Franken u. a. ❖ spätlat. *maior domus* 'königlicher Hausverwalter', zu lat. *maior* 'größer, älter'; lat. *domus* 'Haus'
Syn: Hausmeier, *Meier*

Lit: Barth 1:624; Frühmittellat. RWb; GoetheWb 5:1388; Krünitz 83:15

MAKLER Mackler, Mäckler, Mäkler, Meckler, Mekeler 1. 'amtlich bestellter gewerbsmäßiger Geschäftsvermittler'; auch in einer Zunft organisiert; wurde oft als Zeuge oder Gutachter herangezogen. 2. 'Kleinhändler'; oft abwertend ❖ zu mnd. *maken* 'machen; festsetzen, bestimmen; herbeischaffen, zusammenrufen'
FN: Makler, Mäkler, Machler, Mächler, Mechler, Mecheler, Meckler
W: Geldmakler
Syn: Bestäter, Cargadeur, Käufel, KRÄMER, Kränzler, Kuxkränzler, Sensal, Unterkäufler

Lit: Barth 1:624; DRW 9:50; DudenFN 442, 452; Gottschald 339; Grimm 12:1490; Linnartz 146; Volckmann (1921) 196

Mäkler ↗ MAKLER

Malefizrichter 'Richter, der für Vergehen zuständig ist, auf die die Todesstrafe steht'; zu *Malefiz* 'schweres Verbrechen, das unter die Hochgerichtsbarkeit fällt; Gericht für diese Fälle' ❖ zu lat. *maleficium* 'Verbrechen'
W: Richter
Syn: Bannrichter, Blutrichter, Halsrichter, Offenrichter

Lit: Adelung 3:37 (Malefiz); Barth 1:625; DRW 9:77; Grimm 12:1500 (Malefiz); Idiotikon 6:453; Krünitz 83:147 (Malefiz)

Malefizschreiber 'Verwaltungsbeamter und Protokollant in einem Gericht für schwere Verbrechen' ❖ ↗ Malefizrichter
W: Schreiber

Lit: DRW 9:78; Idiotikon 9:1646

Maler Mahler, Moler; lat. *pictor* Wie auch heute noch kann *Maler* einen Handwerker

bezeichnen, der Innen- und Außenwände streicht, als auch den Künstler, der mit Farbe arbeitet. Dazwischen liegt der Kunsthandwerker, der Wände oder Gegenstände mit Figuren oder Dekorationen bemalt, meist nach vorgegebenen Mustern oder Schablonen. Die Handwerker sind unter ↗ Tüncher zusammengestellt. Die vielen Komposita mit -maler bezeichnen entweder das bearbeitete Material (z. B. *Porzellan-, Töpfer-, Kisten-, Puppenmaler*), das Produkt (*Brief-, Schild-, Tapeten-, Schrift-, Heiligenmaler*) oder die Technik (*Haar-, Leimfarben-, Grob-, Flachmaler*) ❖ mhd. *mâlære, mâler* 'Maler'
FN: Mahler, Mähler, Mehler, Meler, Mohler, Möhler
W: Ätzmaler, Bataillenmaler, Behangmaler, °Bildleinmaler, °Bildnismaler, Briefmaler, Buchmaler, Dekorationsmaler, Dosenmaler, Fassmaler, °Fayencemaler, Feuermaler, Flachmaler, Fratzenmaler, Freihandmaler, Geschichtsmaler, Gesellschaftsmaler, Grobmaler, Haarmaler, Handmaler, Hausmaler, Heiligenmaler, Initialenmaler, Kabinettsmaler, Kartenmaler, Kattunmaler, Kistenmaler, Landkartenmaler, Miniaturmaler, Puppenmaler, Rotmaler, Schachtelmaler, Schmelzmaler, Schriftmaler, °Seidenmaler, Staffiermaler, Stubenmaler, Tafelmaler, °Tapetenmaler, Theatermaler, °Tiermaler, Töpfermaler, °Wagenmaler, °Wandmaler, Wappenmaler, Weißmaler, Wismutmaler, Zehentmaler, Zimmermaler
Syn: Kleiber, Schilder
Lit: Adelung 3:27; Barth 1:625; Diefenbach 433; DudenFN 441; Frühmittellat. RWb; Gottschald 338, 339; Grimm 12:1506; Linnartz 145, 149; Pies (2002b) 12; Pies (2005) 94; Reith (2008) 143

Malmann ↗ Mahlmann

Malschlosser Malschlossmacher 'Handwerker, der Malschlösser herstellt'; das sind Vorhängschlösser oder [Vexier]schlösser an Reisetaschen ❖ Herkunft unklar, vielleicht zu mhd. *malhe* 'Ledertasche, Mantelsack'
W: *Schlosser*
Lit: Adelung 3:30 (Mahlschloß); Barth 1:626; Grimm 12:1510; Volckmann (1921) 125

Malschlossmacher ↗ Malschlosser

Malter ↗ Mälzer

Mältzer ↗ Mälzer

Malzaussacker ↗ Malzsacker

Malzbrecher 'Müller, der Malz schrotet'; zu *brechen* i. S. v. '(Körner) zermahlen, schroten, zerstampfen'
Syn: Braumüller, Malzmahler, Malzmüller, Schrotmüller
Lit: Döllinger (1817) 6:68

Mälzenbräuer 1. 'Bierbrauer'. 2. 'Bürger, der ein Haus mit Brauberechtigung besitzt und Bier von Arbeitern brauen lässt'; ihr Bier durfte nur über Zwischenhandel verkauft werden
W: *Brauer*
Lit: Krünitz 70:545

Malzer ↗ Mälzer

Mälzer Malter, Mältzer, Malzer, Meltzer, Melzer, Molter, Mülter, Multzer, Mulzer, Mülzer; lat. *brasiator, braxator, cambasius, prasiator, praxator* 1. 'Person, die aus Getreide Malz herstellt'. 2. 'Brauknecht, der für die Malzaufbereitung zuständig ist'. 3. 'Bräuer, der für einen ↗ Mälzenbräuer arbeitet' — für 'Arbeiter in einer Mälzerei' auch heute noch gebräuchlich ❖ mhd. *malzer, melzer, mulzer* 'Mälzer'
FN: Mälzer, Mälzner, Maelzner, Malzer, Malzner, Melzer, Meltzer, Melzl, Mölzer, Melter, Molter, Mölter
Syn: *Brauer*
Lit: Adelung 3:41; Barth 1:626; Diefenbach 81, 451; DudenFN 443, 455; Gottschald 339, 348; Grimm 12:1516; Krünitz 83:498; Linnartz 146; Volckmann (1921) 40; Zedler 19:167

Malzmahler 1. 'Facharbeiter, der die Aufsicht über das Malz und seine Verarbeitung hat'. 2. 'Müller, der eine Malzmühle betreibt' ❖ zu mhd. *maler* 'der Getreide malt'
W: Mahler

Syn: Braumüller, Malzbrecher, Malzmüller, Schrotmüller

Lit: Adelung 3:41; DRW Belegarchiv; Krünitz 96:453 (Mühle)

Malzmüller 1. 'Müller, der eine Malzmühle betreibt'; darin wurde Getreide, bes. Gerste, zu Malz geschrotet. 2. 'Inhaber einer Malzdarre'; d.i. ein Ofen im Brauhaus, in dem Malz gedörrt wird. 3. 'Müller, der eine Schrotmühle betreibt'
FN: Malzmüller
W: *Müller*
Syn: Braumüller, Malzbrecher, Malzmahler, Schrotmüller

Lit: Adelung 3:41; Barth 1:626; Döllinger (1817) 6:68; Gottschald 339; Grimm 12:1514; Krünitz 83:83; Linnartz 146

Malzsacker Malzaussacker 'Arbeiter in einer Brauerei oder Malzmühle, der beim Malzmessen oder als Malzträger beschäftigt ist'; ein *Malzsack* war ein Sack in festgelegter Größe zum Messen und Transportieren von Malz
W: Sacker

Lit: DRW 9:98 (Malzsack); Grimm 12:1517

Mamsell 1. 'junge Angestellte im Haushalt oder Geschäft'. 2. 'Wirtschafterin' — Im Deutschen zuerst ehrenvolle Bezeichnung für bürgerliche Mädchen, dann für übergeordnetes Dienstmädchen, schließlich gleich verwendet wie *Fräulein*, *Mädchen*. Heute noch in der Gastronomie als Berufsbezeichnung ❖ aus franz. ugs. *mam'selle*, Kurzform für franz. *mademoiselle*, Zusammenschreibung von *ma demoiselle* 'mein Fräulein'
W: °Frisiermamsell, °Ladenmamsell, °Nähmamsell, Probiermamsell, Putzmamsell, Schneidermamsell

Lit: Barth 1:627; DudenFW 834; DudenGWDS; Grönhoff (1966) 79; Kluge 597

Mandenmacher Mandmacher 'Korbflechter, Korbmacher'; niederdt. ❖ mnd. *mande* 'Korb ohne Henkel'
Syn: KÖRBER

Lit: Barth 1:627; Grimm 12:1534 (Mand); Pies (2005) 89; Schiller-Lübben 3:21; Volckmann (1921) 178

Mandler 1. 'Weber oder Färber, der das Tuch durch die Mangel dreht'. 2. 'Handwerker, der Wäscherollen (Mangeln, Mandeln) herstellt' — Nebenform zu ↗ *Mangler*
FN: Mandler, Mandeler, Mändler, Maendler
Syn: Mangler, Tuchglätter

Lit: Adelung 3:49; Barth 1:627; Gottschald 339; Grimm 12:1534; Krünitz 83:560 (Mandel), 594; Linnartz 146

Mandmacher ↗ Mandenmacher

Mandolettibäcker 'Bäcker, der süße Mehlspeisen backt'; sie gehörten nicht zu den Zuckerbäckern; im Wiener Volksmund auch *Golatschenbäcker* oder *Datscherlbäcken* genannt ❖ ital. *mandorlato* 'Mandelgebäck'
W: BÄCKER*
Syn: FEINBÄCKER, Kuchenbäcker, Süßbäcker

Lit: Hartmann (1998) 144

Mandolettikrämer 'Händler, der auf den Straßen süße Backwaren verkauft'; Ende 18. und frühes 19. Jh. eine Wiener Volkstype, die neue Formen von Süßgebäck nach italienischer Art verkaufte. „Kasperl, der Mandolettikrämer" hieß ein Stück von Ferdinand Eberl, 1789. Als eine Art von Keksen finden sich *Mandoletti* heute noch in traditionellen Kochbüchern
W: KRÄMER

Lit: Palla (2010) 140

Manga ↗ Mango

Mangeler ↗ Mangler

Manger ↗ Mangler, *Menger*

¹Mangler Mangeler, Manger 1. 'Tuchwalker oder -färber, der die Tuche in einer Tuchpresse (Mangel) glättet'. 2. 'Kleinhändler, Altwarenhändler' ❖ 1.: zu mnd. *mangeln* 'Wäsche glätten', mnd. *mange, mangel* 'Walze zum Glätten der Gewirke und namentlich der Wäsche'; 2.: aus lat. *mangeo* 'betrügerischer Händler, Rosstäuscher', vgl. ↗ Mango

FN: Mangel, Mangeler
Syn: Mandler, TRÖDELMANN, Tuchglätter

Lit: Barth 1:628; DudenFN 443; Grimm 12:1550; Linnartz 146; Schiller-Lübben 3:23, 24; Volckmann (1921) 86

²**Mangler** ↗ Menger

Mangmeister 1. 'Vorsteher der öffentlichen Bügelmaschine'; die städtische *Mange* wurde an Handwerker zum Bügeln und Pressen von Tuch verliehen. **2.** 'Färber'; die Färber verwendeten wie die Tuchmacher Bügelmaschinen ❖ mhd. *mangmeister* 'Vorstand des manghûses'; zu mnd. *mangeln* 'Wäsche glätten'
W: *Meister*
Syn: *Färber**, Mangschauer

Lit: Barth 1:628; DRW 9:113; Grimm 12:1550; Krünitz 83:600

Mango Manga **1.** 'Hausierer, Bettler'. **2.** 'Pferdehändler'; aus der Gaunersprache ❖ zu lat. *mango* 'Händler, der seine Ware durch künstliche Mittel verschönert und verfälscht; Sklavenhändler', vgl. span. *mangón* 'Krämer', wallonisch *māgō* 'Metzger'; vermutlich urspr. aus der Studentensprache
Syn: Maquignon, *Menger*, Rosstauscher

Lit: Barth 2:161; Burnadz 67; Diefenbach 346; Frühmittellat. RWb; Meyer-Lübke 432

Mangschauer 'Aufsichtsbeamter, Kontrolleur der öffentlichen Bügelmaschine'
W: SCHAUER
Syn: Mangmeister

Lit: DRW 9:113

Mann In Berufsbezeichnungen ist *Mann* ein universell einsetzbarer Wortbestandteil. Er kann in Zusammensetzungen ohne eigenständige Bedeutung ähnlich wie die Nachsilbe *-er* stehen, z.B. *Backmann* für 'Bäcker', *Floßmann* für 'Flößer', *Fördermann* für 'Förderer'. In einigen Bereichen sind die Bildungen mit *-mann* besonders häufig: für '[umherziehender] Händler' z.B. *Ankenmann, Biermann, Bildermann, Figurimann, Flachsmann, Fleischmann, Gademmann, Glasmann, Holzmann, Kabismann, Lumpenmann, Speckmann, Tuchmann*, wobei teils Händler und Erzeuger in einem gesehen werden; im Bereich 'Bauer, Pächter, Höriger' z.B. *Baumann, Bolsmann, Dienstmann, Erbmann, Rebmann, Landmann, Zehentmann*, dazu die 'Altenteiler' mit *Abnahmemann, Abschiedmann, Auszugsmann* usw.; unter den Bezeichnungen für 'Henker, Scharfrichter, Abdecker' z.B. *Angstmann, Feldweidmann, Feimann*; Beispiele aus dem Bereich 'Beamter, Richter': *Amtmann, Dingmann, Geleitsmann, Gerichtsmann, Pflegsmann*; auch verschiedenste Arbeiterbezeichnungen können mit *-mann* gebildet werden, z.B. *Bergmann, Donkeymann, Hengstmann, Pochermann, Werkmann, Wagenmann* ❖ mhd. *man* 'Mensch männlichen Geschlechtes in gereiftem Alter, Mann; Krieger; Ehemann; Vasall'
FN: Mann
W: Abnahmemann, Abschiedsmann, Achtmann, Altarmann, Ältermann, Ammann, Amtmann, Angstmann, Ankenmann, Arbeitsmann, Artmann, Aschenmann, Aumann, Auszugsmann, Backmann, Baumann, Beiermann, Bergzimmermann, Bestandmann, Bestmann, Biermann, Bildermann, Bolsmann, Börtmann, Burgmann, Dienstmann, Dingmann, Donkeymann, Dörrmann, °Erbmann, Erzmann, Fahrensmann, Feldweidmann, Feuermann, Figurimann, Flachsmann, Fleischmann, Floßmann, Fludermann, Freimann, FUHRMANN, Gademmann, Gaimann, Geleitsmann, Gerichtsmann, Gewerbsmann, Glasmann, Gottshausmann, Grubenmann, Guckkastenmann, Habermann, Hagemann, Hägermann, Halbmann, Haldenmann, Hausmann, Heiratsmann, Hengstmann, Heuermann, Hippenmann, Hofmann, Holzmann, Hühnermann, Hutmann, INMANN, Instmann, Jungmann, Kabismann, Karrenmann, Käsemann, Keulmann, Kiepenmann, Kleppermann, Kornmann, Krugelmann, Krugmann, Krummholzmann, Lampenmann, Landmann, Lappenmann, Lehensmann, Leiermann, Losmann, Lotsmann, Lumpenmann, Machtmann, Markmann, Mauermann, Mehlmann, Meier-

mann, Merzmann, Mietmann, Milchmann, Münstermann, Murmann, Opfermann, Orlogsmann, Pechölmann, Pfändemann, Pflegsmann, Plundermann, Plünnmann, Pochermann, Quartiersmann, Radmann, Rebmann, Rittermann, Rottmann, Rußbuttenmann, Rutenmann, Saalmann, Salzmann, Scheuermann, Scheunemann, Schiemann, Schlagmann, Schnickmann, Schossmann, Sedelmann, Seidenmann, Seldmann, Sessmann, Setzmann, °Speckmann, Spielmann, Spruchmann, Talemann, Tallymann, Teidingsmann, TRÖDELMANN, Trottmann, Tuchmann, Turmmann, Urbarmann, Verlehensmann, Vormann, Vorwerksmann, Wagenmann, Wagenschmiermann, Währmann, Waldmann, Warfsmann, Wartmann, Wasenmann, Watmann, Weinmann, Wergmann, Werkmann, Widmann, Wingertsmann, Wirtsmann, Wurzelmann, Wurzmann, Zehentmann, Zigermann, Zuckermann, Zwingmann

Lit: Adelung 3:51; Barth 1:628; DRW 3:107 (Erbmann); DudenFN 444; Gottschald 340; Grimm 12:1553; Paul 555

Mannrichter 'Richter in einem Manngericht'; d.i. ein Gericht oder eine Versammlung der Lehensnehmer über Rechtsfälle des Lehenswesens; zu *Mannen* i. S. v. *Lehensmannen* 'auf Männer beschränktes Lehen' ❖ mhd. *manrihter* 'Richter über die *burcman* (Verwalter oder Lehensnehmer einer Burg)'
W: *Richter*

Lit: Adelung 3:64; Barth 1:629; DRW 9:134; Grimm 12:1602; Krünitz 83:758

Mäntler Menteler, Mentler; lat. *culcitarius, culcitrarius, vestiarius* 1. 'Angestellter in einem adeligen Haus, der für die Kleiderkammer zuständig ist'. 2. 'Schneider [der Mäntel anfertigt]'. 3. 'Altkleiderhändler' ❖ mhd. *manteler, menteler* 'Kleiderhändler, Trödler'
FN: Mäntler, Mentler, Mantler, Mänteler
Syn: Altgewander, SCHNEIDER, TRÖDELMANN

Lit: Barth 1:630; DudenFN 445; Gottschald 340; Grimm 12:1615; Linnartz 147; Palla (1994) 208; Schmeller 1:1630; Volckmann (1921) 52

Mantzaler ↗ Manzeler

Manufaktorist ↗ Manufakturier

Manufakturier Manufaktorist, Manufakturierer, Manufakturist 1. 'Besitzer einer Manufaktur'. 2. 'Kaufmann, der Waren aus der Manufaktur verkauft' ❖ zu franz. *manufacture* 'Manufaktur', aus lat. *manus* 'Hand'

Lit: Barth 1:630; DRW 9:182

Manufakturierer ↗ Manufakturier

Manufakturist ↗ Manufakturier

Manzaler ↗ Manzeler

Manzeler Mantzaler, Manzaler, Manzler 'Beamter, der das Manzelkorn einhebt'; d.i. die Getreideabgabe der zinspflichtigen Bauern ❖ mhd. *manzeler* 'der die Abgabe Manzalkorn erhebt'; mhd. *manzalkorn* (ohne Bedeutungangabe); Herkunft unklar; zu lat. *mansus* 'Hufe' oder zu *mengen* 'mischen'
Syn: ZEHENTNER

Lit: DRW 9:184

Manzler ↗ Manzeler

Mappenmacher ↗ 'Landkartenmaler' ❖ zu schweiz. *Mappe* 'Landkarte', aus frühnhd. *mappe* 'Umschlag(tuch) für Landkarten; Landkarte', aus mlat. *mappa mundi* 'Weltkarte', eigentlich 'Tuch mit einer Darstellung der Welt', zu lat. *mappa* 'Tuch, Serviette' und lat. *mundus* 'Welt'
Syn: Kartenmacher, Kartenmaler, Landkartenmaler

Lit: DudenGWDS; Grimm 12:1615 (Mappe); Idiotikon 4:52

Maquignon 'Pferdehändler' ❖ franz. *maquignon* 'Rosskamm; Heiratsvermittler; Pferdehändler', aus altfranz. *maquerel* 'Makler'
Syn: Mango, Rosstauscher

Lit: DudenFW 848; Gamillscheg 1:597; Kaltschmidt 543

Marbalier ↗ Marmelierer

Märbelmüller 'Betreiber einer Märbelmühle'; d.i. eine Mühle, in der Marmor- oder Kalksteinkugeln geschliffen werden ❖ zu mhd. *marmel, mermel* 'Marmor', aus lat. *marmor*
W: *Müller*

Lit: Grimm 12:1618 (Märbel, Marbel); Vieser/Schautz (2010) 132

Märbelpicker 'Person, die Kalkstein für Steinkugeln (Murmeln) klopft' ❖ ↗ Märbelmüller
W: *Picker*

Lit: Grimm 12:1618 (Märbel, Marbel); Vieser/Schautz (2010) 127

Marchand 'Kaufmann'; häufig in der Verbindung *Marchande de modes* 'Putzmacherin' ❖ franz. *marchand* 'Kaufmann', über das Galloromanische und Provencalische aus lat. *mercari* 'Handel treiben'
FN: Marchand, Marchandt, Marquand, Marschan, Marschang

Lit: DudenFN 445; Gamillscheg 1:598; Gottschald 342; Kaltschmidt 543; Linnartz 147

Marchrichter ↗ Markrichter

Marchstaller ↗ Marstaller

Märcker ↗ Märker

Marckschieffer ↗ Marktschiffer

Marckschiffer ↗ Marktschiffer

Marcour ↗ Markör

Marderfärber Martenfärber ↗ 'Rauchfärber, der bes. Marderfelle behandelt und färbt' ❖ zu mnd. *mart, marte* 'Marder'
W: *Färber**
Syn: Zobelfärber

Lit: Schiller-Lübben 3:38

Margschalg ↗ Marschall

Markedender ↗ Marketender

Markenherr ↗ Markherr

Markenrichter ↗ Markrichter

Markentender ↗ Marketender

Märker Märcker 1. 'beeidetes Gemeindemitglied, das für die Richtigkeit der Grenzsteine zuständig ist'. **2.** 'Mitglied und Teilhaber einer Markgenossenschaft, bes. einer Holz- oder Weidemark mit Nutzungsrecht'; zu *Mark* in der Bedeutung 'Wohn- und Nutzungsbereich einer Siedlung als Gemeindebesitz der Mitglieder (Mark-, Hof-, Dorfgenossen)' ❖ mhd. *merkære, merker* 'Märker, Bewohner der Marke; Berechtigter an einer Marke (Wald)', zu mhd. *marke, march, mark, marc* 'Grenze, Grenzgebiet; abgegrenzter Landesteil, Bezirk; Gesamteigentum einer Gemeinde an Grund und Boden, bes. an Wald'
FN: Märker, Merker
W: *Ausmärker*
Syn: Feldgeschworener, FELDSCHEIDER, MARKGENOSSE

Lit: Adelung 3:75; Barth 1:635; DudenFN 446; Gottschald 349; Grimm 12:1637; Krünitz 84:468; Linnartz 147

Märkerförster ↗ Markförster

Maretänder ↗ Marketender

Marketender Markedender, Markentender, Maretänder, Marquetender, Marquetenter; lat. *copa* 'Kleinhändler, der den Soldaten bei einer Armee oder im Lager Lebensmittel oder Getränke verkauft oder sie verköstigt'; er untersteht der militärischen Aufsicht; häufig in der weiblichen Form *Marketenderin* ❖ ital. *mercatante* 'Händler' aus ital. *mercato* 'Markt, Handel', aus lat. *mercatus*. Das ital. Wort wurde im 16. Jh. durch deutsche Landsknechte übernommen und in der Soldatensprache verändert
Syn: Vivandierer

Lit: Adelung 3:75; Barth 1:635; DRW 9:217; GoetheWb 5:1453; Grimm 12:1638; Krünitz 84:470; Volckmann (1921) 34, 220

Markförster Märkerförster 'oberster Forstbeamter einer Markgenossenschaft'

Lit: Barth 1:635; DRW 9:214, 218

Markgenoß ↗ Markgenosse

Markgenoss ↗ Markgenosse

Markgenosse Markgenoß, Markgenoss 'Mitglied und Teilhaber einer Markgenossenschaft, bes. einer Holz- oder Weidemark mit Nutzungsrecht'; bes. in Westfalen und Niederrhein; zu *Mark* in der Bedeutung 'Wohn- und Nutzungsbereich einer Siedlung als Gemeinbesitz der Mitglieder (Mark-, Hof-, Dorfgenossen)'

Syn: Ausmärker, Erbexe, Gereuter, Gereutgenosse, Holzgenosse, Inmärker, Mahlmann, Märker, Markmann, Währmann, Waldmann

Lit: Adelung 3:75; Barth 1:635; DRW 9:219; Grimm 12:1639

Markgraf 'Graf, der eine Grenzmark verwaltet und deshalb besondere Vollmachten hat'; seit der karolingischen Zeit, als Grenzmarken eingerichtet wurden; später nur noch ein Titel ❖ mhd. *marcgrâve* 'königlicher Richter und Verwalter eines Grenzlandes, Markgraf'; mlat. *marchio*; häufig latinisierte Formen: *marggravius, marchicomes*

FN: Markgraf, Markraf, Marggraf, Margraf, Marggraff, Markgräfe, Markgref, Markgreff

W: *Graf*

Lit: Adelung 3:76; Barth 1:635; DRW 9:220; DudenFN 446; Gottschald 342; Grimm 12:1639; Krünitz 84:476; Linnartz 147

Markherr Markenherr 'Grundherr und Richter einer Holzmark'; d. i. ein abgegrenztes Waldgebiet im Besitz oder mit Nutzungsrechten einer Gemeinde oder Privatperson

W: *Herr*

Syn: Holzgraf, Holzherr, Waldherr

Lit: Adelung 3:76; Barth 1:635; DRW 9:227; Grimm 12:1640

Markknecht 'Arbeiter, Waldhüter in einer Holzmark'; ↗ Markherr

W: Knecht

Lit: Barth 1:635; DRW 9:228; Grimm 12:1641

Markköter ↗ Köter

Markmann 1. 'Person, die zur Bewachung einer Grenzmark verpflichtet ist'; oft waren es bewaffnete Siedler. 2. 'Mitglied und Teilhaber einer Markgenossenschaft, bes. einer Holz- oder Weidemark mit Nutzungsrecht' ❖ mhd. *marcman* 'Grenzmann, Grenzhüter; Bewohner einer Mark'

FN: Markmann, Marckmann

W: *Mann*

Syn: Granitzer, Grenzwächter, Markgenosse

Lit: Barth 1:635; DRW 9:231; DudenFN 446; Gottschald 342; Linnartz 147

Markmeister 1. 'Aufseher und Ordnungskraft in einer Markgenossenschaft'. 2. 'Ratsherr, der für Sicherheit und Ordnung in der Stadt zuständig ist'

W: *Meister*

Lit: Barth 1:635; DRW 9:228; Grimm 12:1642; Riepl (2009) 266

Markör Marcour, Marquer, Marqueur 1. 'Kellner'. 2. 'Person, die bei Ballspielen oder Billard die Spieler bedient, Punkte zählt usw'. 3. 'Hilfskraft bei Feldmessern, die Markierungen anbringt'. 4. 'Zollbeamter' ❖ franz. *marqueur* zu franz. *marquer*, aus ital. *marcare* 'kennzeichnen', *marca* 'Marke, Zeichen'; das ital. Wort ist aus dem Germanischen entlehnt

Syn: Aufwärter, Gastknecht, Kredenzer

Lit: DudenFW 851; GoetheWb 5:1464; Grönhoff (1966) 66; Kaltschmidt 545; Krünitz 85:13; Meyers Lexikon 6:320; Wiener Berufe

Markrichter Marchrichter, Markenrichter 'Vorsitzender des Markgerichts einer Dorf-, Feld- oder Holzmark'

Syn: Allmendsvogt, Holzgraf, Scharherr, Scharmann, Scharmeister, Währmeister

Lit: Adelung 3:77; Barth 1:635; DRW 9:235; Grimm 12:1642; Idiotikon 6:453; Krünitz 84:482

Markschiffer ↗ Marktschiffer

Marktfierant ↗ Fierant

Markthelfer ↗ Helfer*

Marktherr 'Ratsherr, der auf dem Markt die einlangenden Lebensmittel kontrolliert'
W: *Herr*
Lit: Adelung 3:80; Barth 1:636; DRW 9:267; Grimm 12:1653; Krünitz 84:588

Marktknecht 'Hilfskraft des Marktherrn auf dem Markt, der für Sauberkeit und Ordnung zu sorgen hat'
W: KNECHT
Lit: Adelung 3:80; Barth 1:636; DRW 9:289; Grimm 12:1653; Krünitz 84:589

Marktlehner 'Inhaber eines Marktlehens'; *Marktlehen* waren Lehen in einem Ort mit Marktrecht; sie waren durch die Freiheiten des Marktrechts bevorzugt und verschafften den Marktlehnern große wirtschaftliche Vorrechte
W: *Lehner*
Lit: Kötztinger Geschichte

Marktmeister 'dem Marktherrn untergeordneter Beamter, der auf dem Markt die Aufsicht über die Qualität und Preise der Waren innehat' ❖ mhd. *marketmeister* 'Marktaufseher, Marktpolizei'
W: *Meister*
Syn: Marktvogt
Lit: Adelung 3:80; Barth 1:636; DRW 9:271; Grimm 12:1653; Krünitz 84:589

Marktrichter 1. 'Richter, der für die Messe zuständig ist; Handelsrichter'. 2. 'Richter in einem Ort mit Marktrecht'; bes. bayr.-österr.; er stand aufgrund der Freistellung eines Marktes von der allgemeinen Gerichtsbarkeit außerhalb der Landesgerichtsbarkeit. 3. 'Aufsichts- und Polizeiorgan in einem Markt' ❖ zu mhd. *market, markt* 'Marktplatz, Markt; Ort mit Marktgerechtigkeit, Marktflecken'
W: *Richter*
Syn: Marktvogt
Lit: DRW 9:279; Grimm 12:1654; Krünitz 84:592; Schild (1997); Schraml (1932) 45, 483

Marktschiffer Marckschieffer, Marckschiffer, Markschiffer 'konzessionierter Betreiber eines Marktschiffes'; d. i. ein Transportschiff für den Waren- und Personenverkehr zu einem Markt, das von der Obrigkeit eingerichtet und verliehen wurde
Lit: Adelung 3:79 (Marktschiff); DRW 9:283; Grimm 12:1655; Krünitz 84:592 (Marktschiff)

Marktschreiber '[juristisch gebildeter] Verwaltungsbeamter eines Ortes mit Marktrecht'; häufig in der Verbindung *Stadt- und Marktschreiber*
W: *Schreiber*
Vgl: Stadtschreiber
Lit: Barth 1:636; DRW 9:284

Marktschreier Marktschreyer 1. 'Händler auf einem Jahrmarkt'. 2. 'nicht approbierter wandernder Arzt oder Apotheker, der Kranke behandelt oder Heilmittel verkauft; Kurpfuscher' — mit dem Nebensinn des lauten Anpreisens der Waren oder von Behandlungen und einer betrügerischen Absicht
W: *Schreier*
Syn: QUACKSALBER, Storger
Lit: Adelung 3:81; Barth 1:636; DRW 9:284; GoetheWb 5:1458; Grimm 12:1655; Pies (1977) 105, 220

Marktschreyer ↗ Marktschreier

Marktvendeter ↗ Vendeter

Marktversecher ↗ Marktverseher

Marktverseher Marktversecher 'städtischer Bediensteter in der Marktverwaltung'
W: *Verseher*
Lit: DRW 9:290

Marktvogt 'Aufseher auf dem Markt'; oft mit polizeilicher oder richterlicher Funktion
W: *Vogt*
Syn: Marktmeister, Marktrichter
Lit: Adelung 3:81; Barth 1:636; DRW 9:290; Grimm 12:1656; Krünitz 84:625

Marmeler ↗ Marmelierer

Marmelierer Marbalier, Marmeler, Marmler 'Maler, der marmorartig bemalt; Marmorierer' ❖ zu mhd. *marmel* 'Marmor'

Lit: Grimm 12:1659 (Marmel); Gruenbaum (1946); SteirWb 451

Marmelschleifer ↗ Schleifer

Marmler ↗ Marmelierer

Marmordreher ↗ Dreher

Marner Morner 1. 'Schiffsführer, Steuermann'. 2. 'Weber, der einen groben Wollstoff oder Lodenstoff herstellt'; oberdt.; urspr. scherzhafte Übertragung auf den Weber, der mit dem Schiff (Weberschiff) arbeitet ❖ mhd. *marnære, marner* 'Seemann, Schiffsherr', aus ital. *marinario*, mlat. *marinarius* 'Seemann'
FN: Marner, Morner
Syn: Lodenweber, SCHIFFMEISTER, WEBER
Vgl: Mehringer

Lit: Adelung 3:362 (Steuermann); Barth 1:637; Brandl/Ceutzberg (1976) 262; DRW 9:303; Gottschald 342; Grimm 12:1669; Höfer 2:236, 254; Krünitz 173:686; Linnartz 147; Pies (2005) 179; Reith (2008) 249; Schmeller 1:1654

Marquer ↗ Markör

Marquetender ↗ Marketender

Marquetenter ↗ Marketender

Marqueur ↗ Markör

Marqventer ↗ Vendeter

Marschalk ↗ Marschall

Marschall Margschalg, Marschalk; lat. *marescalcus, mariscalcus, merscalcus* 1. 'für die Pferde und das Stallpersonal verantwortlicher Stallmeister'; daraus entwickelte sich der militärische Rang Feldmarschall. 2. 'einer der vier Erzbeamten des Reiches, der für Pferde und Reiterei zuständig ist'. 3. 'einer der höchsten Hofbedienten, der für die ganze innere Haushaltung des Hofes und die Aufsicht über die Hofbedienten verantwortlich ist'; ↗ Hofmarschall. 4. 'auf Reichs- und Landtagen der Höchste unter den Reichs- oder Landständen, der die äußere Ordnung aufrecht hält und die Tagungen organisiert (Reichsmarschall, Landmarschall usw.)' ❖ mhd. *marschalk* 'Pferdeknecht, Aufseher über das Gesinde, Befehlshaber', aus ahd. *marah* 'Pferd' und ahd. *scalc* 'Diener'
FN: Marschall, Marschalk, Marschalck, Marschlich
W: °Erzmarschall, Futtermarschall, Hausmarschall, Hofmarschall, °Landesmarschall, Reisemarschall
Syn: Marstaller, Marstallherr, Staller, Stallherr

Lit: Adelung 3:83; Barth 1:637; Diefenbach 350; DudenFN 447; Frühmittellat. RWb; Gottschald 342; Grimm 12:1673; Linnartz 147; Palla (1994) 209

Marstaller Marchstaller, Marställer; lat. *equararius* 1. 'höherer Hofbeamter, der für die Stallungen verantwortlich ist; Stallmeister'; in größeren herrschaftlichen Höfen stand über dem Stallmeister ein Marschall. 2. 'Pferdeknecht'. 3. 'Tierarzt für die Pferde der Hofstallungen' ❖ mhd. *marstallære, marstaller* 'Pferdeknecht, Aufseher über den Marstall'
Syn: Marschall, Marstallherr, Staller, Stallherr

Lit: Adelung 3:85 (Marstall); Barth 1:637; DRW 9:314; Grimm 12:1676; Idiotikon 11:24; Neweklovsky (1954) 123

Marställer ↗ Marstaller

Marstallherr 'Ratsherr, der für die städtischen oder herrschaftlichen Pferdestallungen verantwortlich ist' ❖ zu mhd. *marstal, marcstal* 'Pferdestall'; mlat.
W: Herr
Syn: Marschall, Marstaller, Staller, Stallherr

Lit: Adelung 3:85 (Marstall); Krünitz 85:72

Marstallmeister 'Verantwortlicher für die städtischen oder herrschaftlichen Pferdestallungen'
W: Meister

Lit: DRW 9:315

Marstallreiter Marstallreuter 'Reiter, Reitknecht im städtischen oder herrschaftlichen Pferdestall'
W: Reiter

Marstallreuter ↗ Marstallreiter

Marstallvorreiter Marstallvorreuter 'Reiter im städtischen oder herrschaftlichen Pferdestall, der die Tiere zureitet'
W: Vorreiter

Marstallvorreuter ↗ Marstallvorreiter

Martenfärber ↗ Marderfärber

Marterer 'Gehilfe des Scharfrichters, der die Folter ausführt'
Syn: Folterknecht, Peiniger, Peinlein, Racker

Lit: Grimm 12:1682; Vieser/Schautz (2010) 177

Maschenbläser ↗ Massenbläser

Maschinenmeister 1. 'Verantwortlicher für die Maschinen und Vorgesetzter der Maschinisten'; z.B. bei der Eisenbahn, in der Druckerei. **2.** 'technischer Leiter eines Theaters'
W: Meister

Lit: Adelung 3:92; Barth 1:639; Grimm 12:1698; Krünitz 85:206; Meyers Lexikon 6:386

Maschores 'Gehilfe des Henkers, Scharfrichters' ❖ jidd. *meschores* 'Knecht, Gehilfe, Diener' aus einem hebräischen Wort für 'Diener' ins Jiddische entlehnt
Syn: SCHARFRICHTER

Lit: Burnadz 67; Klepsch 2:993; Pies (2001) 42

Masculierer ↗ Damaszierer

Masselanmacher ↗ Mesolanmacher

Massenbläser Maschenbläser **1.** 'Handwerker, der Roheisen weiter verarbeitet'; im Siegerland. **2.** 'Arbeiter am Hochofen'; zu *Massenofen*, ältere Form des Hochofens ❖ zu *Massel*, ital. *masello*, Diminutiv zu *massa* 'Masse', aus lat. *massa* 'Teig, Klumpen'; *Bläser* von den Blasvorrichtungen in der Werkstatt oder Fabrik

Lit: DRW 9:342; Kluge 605 (Masse)

Maßerfecker ↗ Messfecker

Maßfecker ↗ Messfecker

Maßmeister 'Beamter der Marktaufsicht, der Gewicht und richtiges Maß der Waren überprüft'; mit *Maß* ist die geltende Maßeinheit und das einheitliche Messen gemeint; eine Bereinigung der vielfältigen Maße in den Ländern und Städten erfolgte erst im 19. Jh. ❖ zu mhd. *mâʒ* 'eine bestimmte Qualität und Gefäß zum Messen derselben'
W: Meister

Lit: DRW 9:350

Maßner Maaßner, Maassner 'im Bergbau Besitzer einer oder mehrerer Flächen (Maße), die zu einer Fundgrube gehören'; im Ggs. zum *Fundgrüber*, der einen Bereich nur als Lehen hatte ❖ zu mhd. *mâʒe* 'zugemessene Menge; abgegrenzte Ausdehnung im Raum'
Syn: Stöllner
Ggs: Fundgrübner

Lit: Adelung 3:102; Fellner 327; Grimm 12:1750; Krünitz 85:351; Veith 323

Masthirt 'Schweinehirt, der die Schweine hütet, die zur Mast in die Eichenwälder getrieben werden' ❖ zu mhd. *mast* 'Futter; Eichelmast, Mastrecht; Mästung'
Syn: Hirt

Lit: Adelung 3:105; Grimm 12:1717; Krünitz 85:375

Mastmeister 1. 'Hirt, der die zur Mast in die Wälder getriebenen Tiere beaufsichtigt'. **2.** 'im Hafen der Aufseher über die Mastbäume für die Schiffe'; er kontrolliert die Lagerung und bestimmt, welche Stämme zu welchem Schiff geeignet sind ❖ 1.: zu mhd. *mast* 'Mästung'; 2.: zu mhd. *mast, mastboum* 'Stange, Mastbaum'
W: Meister
Syn: Fehmmeister

Lit: Grimm 12:1719; Krünitz 85:429

Materialienmeister 'Person, die Material und Geräte verwaltet und an die Arbeiter ausgibt'; z.B. beim Deichbau
W: *Meister*
Syn: Materialienschreiber

Lit: Benzler (1792) 1:274; Eytelwein (1800) 115; Krünitz 85:438

Materialienschreiber 'Person, die in einem Betrieb Material und Geräte verwaltet und an die Arbeiter ausgibt'; im Krankenhaus führen sie auch die Register über Aufnahmen, Entlassungen und Todesfälle
W: *Schreiber*
Syn: Materialienmeister

Lit: Adelung 3:107 (Materialien); Krünitz 47:460

Materialist **Materialwarenhändler** 'Kaufmann, der mit Gewürzen, Spezereien und Apothekerwaren, manchmal auch mit Kolonialwaren (Kaffee, Zucker u.Ä.) sowie Haushaltswaren (z.B. Farben) handelt' ❖ Ableitung von *Material* (15. Jh.), aus mlat. *materialis* 'stofflich'
Syn: DROGIST, Pigmentarius

Lit: Adelung 3:107; Barth 1:640; DudenFW 513; Kaltschmidt 547; Kretschmer 267; Krünitz 85:438; Pies (1977); Pies (2002c) 49; Pies (2005); Reith (2008) 79

Materialwarenhändler ↗ Materialist

Materiemeister **Materienmeister** 'Handwerksmeister, der die Meisterprüfung abnimmt'; bes. bei den Schneidern; zu *Materie* 'Meisterstück'
W: *Meister*

Lit: Adelung 3:107 (Materien); DRW 9:360

Materienmeister ↗ Materiemeister

Mattenbinder ↗ Mattenflechter

Mattenflechter **Mattenbinder, Mattenvlechter** 'Arbeiter, der Matten aus Bast, Binsen u.Ä. flicht, bes. als Unterlage für Schiffsladungen'
Syn: Mattenmacher

Lit: Barth 1:641; Grimm 12:1765; Krünitz 85:486

Mattenknecht 'Arbeiter in der Mühle, der das Mahlgeld kassiert'; zu *Matt*, niederdt. für ein Hohlmaß ❖ mnd. *matte, mette, mat* 'Metze; das Maß Getreide, welches der Müller für das Mahlen erhält'; mhd. *metze, mezze* 'kleineres Trockenmaß, Metze'
W: KNECHT

Lit: Hermann-Winter (2003) 192; Schiller-Lübben 3:46

Mattenmacher **Mattenmaker, Matzenmacher** 1. 'Handwerker, der grobe Decken aus Binsen, Bast oder Stroh herstellt'. 2. 'Handwerker, der Matratzen herstellt, Polsterer' — *Matze* ist die oberdt., bis ins 16. Jh. gebrauchte Form für *Matte* ❖ zu mhd. *matte, matze* 'Decke aus Binsen- oder Strohgeflecht', mnd. *matte* 'Decke, Matte von Stroh oder Weiden geflochten'; aus mlat. *matta*, über die Klöster entlehnt aus lat. *matta* 'Binsendecke, -matte'
Syn: Mattenflechter

Lit: Barth 1:641; Schiller-Lübben 3:46; Volckmann (1921) 102

Mattenmaker ↗ Mattenmacher

Mattenvlechter ↗ Mattenflechter

Mätz ↗ Metze

Matzenmacher ↗ Mattenmacher

Matzner ↗ Metzner

Mauermann 'Maurer' ❖ mitteldt.-oberdt. Form für niederdt. ↗ *Murmann*
FN: Mauermann
W: *Mann*
Syn: Murer, Murmann

Lit: Barth 1:642; DudenFN 451; Gottschald 344; Grimm 12:1778; Linnartz 148

Mauersteiger 'Bergbeamter, der die Aufsicht über die Bergmaurer führt'
W: *Steiger*

Lit: Barth 1:642; Grimm 12:1780; Krünitz 85:533

Mäuler ↗ Meiler

Maurerpalier ↗ Polier*

Mauser 'amtlich beauftragter Mäuse- und Maulwurffänger' ❖ Ableitung von *Maus*, mhd. *mûs*; zu unterscheiden ist *Mauser* 'Jagdvogel nach dem Federwechsel; Dieb', aus mhd. *mûʒære, mûʒer*
FN: Mauser, Mäuser, Mäusser, Mäußer, Meuser, Muser, Müser, Mueser

Lit: Barth 1:643; DudenFN 451; Gottschald 354; Hornung (1989) 95; Idiotikon 4:481; Linnartz 149

Mautamtsbeschauer ↗ Mautbeschauer

Mautamtsgegenschreiber ↗ Mautgegenschreiber, Amtsgegenschreiber

Mautaufseher 'Beamter, der den Warenverkehr an der Grenze und die Entrichtung der Zölle überwacht' ❖ zu mhd. *mûte* 'Maut, Zoll'
W: *Aufseher*
Syn: Mautbeschauer, Mautüberreiter, Überreiter

Lit: Höfer 3:250

Mautbedienter 'Angestellter bei der Zollverwaltung'
W: *Bedienter*

Lit: Barth 1:643; DRW 9:385; Grimm 12:1835

Mautbeschauer Mautamtsbeschauer 'Beamter, der das Zollwesen beaufsichtigt' ❖ ↗ Beschauer, zu mhd. *mûte* 'Maut, Zoll'
W: *Beschauer*
Syn: Mautaufseher, Mautüberreiter, Überreiter

Lit: DRW 9:384, 385; Neweklovsky (1964) 371

Mauter ↗ Mautner

Mautgegenhandler 'Zollbeamter, der als Kontrolleur mitverrechnet und die Gegenrechnung führt'
W: *Gegenhandler*
Syn: Mautgegenschreiber

Lit: Neweklovsky (1964) 372

Mautgegenschreiber Mautamtsgegenschreiber 'Beamter, der im Zollwesen die Kontrolle ausübt' ❖ zu mhd. *mûte* 'Maut, Zoll'
W: *Gegenschreiber*, Mautschreiber
Syn: Mautgegenhandler

Lit: DRW 9:384, 387; Patocka (1987) 77, 282

Mautmüller Mautmüllner 'Müller, der eine Mautmühle betreibt'; d. i. eine Mühle, in der gegen Gebühr bzw. Getreideanteil gemahlen wurde, im Ggs. zur Hausmühle (für den Hausbedarf) ❖ zu mhd. *mûte* 'Maut, Zoll'; mlat. *muta* 'Torzoll'
W: *Müller*

Lit: DRW 9:389; Grimm 12:1836; Schmeller 1:1687 (Mautmül); SteirWb 543

Mautmüllner ↗ Mautmüller

Mautner Mauter, Mautterer; lat. *portitor, praefectus vectigalium* 1. 'Zolleinnehmer, Zöllner'; heute für 'Angestellter der Straßenverwaltung, der die [Autobahn]maut kassiert'. 2. 'Verantwortlicher für den Salzvertrieb, der u.a. die Mauteinnahmen verrechnet'; im Salzkammergut, Oberösterreich; *Maut* war im Salzwesen die Stelle, an der das Salz bezahlt wurde ❖ mhd. *mûtære, mûter, mûtener* 'Zöllner, Mauteinnehmer', aus got. *mota* 'Zoll'
FN: Mauter, Mautner, Mauthner, Mäutner, Mauthe
W: *Pflastermautner*
Syn: Plombeur, Portner, Zoller, Zollheber

Lit: Adelung 3:128; Barth 1:643; Diefenbach 448; DudenFN 451; Fellner 328; Frühmittellat. RWb; Gottschald 345; Grimm 12:1836, 1837; Hornung (1989) 95; Kluge 610 (Maut); Linnartz 149; Neweklovsky (1964) 370; Patocka (1987) 12, 282; Pies (2005) 165; Schraml (1932) 289

Mautschreiber 'Verwaltungsbeamter im Zollwesen'
W: Mautgegenschreiber, *Schreiber*

Lit: DRW 9:391; Neweklovsky (1964) 373

Mautterer ↗ Mautner

Mautüberreiter 'berittener Beamter, der als Zollwache eingesetzt ist'; bes. auf den Salz- und Eisenstraßen
W: Überreiter
Syn: Mautaufseher, Mautbeschauer

Mayer ↗ *Meier*

Mechanicus ↗ Mechaniker

Mechaniker Mechanicus, Mechanikus; lat. *mechanicus* **1.** 'Handwerker, der feinmechanische mathematische und physikalische Instrumente oder Uhrwerke baut'; entspricht dem heutigen Feinmechaniker und nicht z. B. dem Automechaniker. *Mechanikus* war im Deutschen als Fremdwort bis ins 19. Jh. vor *Mechaniker* üblich. **2.** 'Wissenschaftler, Fachmann für Bewegungslehre'; nur in der Form *Mechanikus* ❖ lat. *mechanicus* substantiviertes Adjektiv 'Mechaniker', aus griech. *mēchanikḗ (téchnē)* 'die Kunst, Maschinen gemäß der Wirkung von Naturkräften zu entwickeln'

Lit: Adelung 3:131 (Mechanik); Barth 1:644; Diefenbach 352; DudenEtym 517; Frühmittellat. RWb; Krünitz 86:360; Pies (2005) 145, 172; Reith (2008) 261; Stiewe (1996) 231

Mechanikus ↗ Mechaniker

Meckler ↗ MAKLER

Medebruer ↗ Metbrauer

Medebruwer ↗ Metbrauer

Medebruwere ↗ Metbrauer

Meder ↗ Mahder

Medicochirurg Medico-Chirurg 'Chirurg, Wundarzt, der zugleich die Berechtigung zur Behandlung innerer Krankheiten hat'
W: CHIRURG

Lit: Herder (1856) 4:138; Pies (2002c) 27

Medico-Chirurg ↗ Medicochirurg

Medicus Medikus; lat. *medicus* 'akademisch ausgebildeter Arzt'; im Ggs. zum ↗ Bader; urspr. bes. ein Klosterarzt; der *Medicus practicus* war ein praktischer Arzt, heute Allgemeinmediziner ❖ lat. *medicus* 'Arzt', zu lat. *mederi* 'heilen'
FN: Medick, Medicke
W: Bademedicus, Feldmedicus, °Leibmedicus, °Pestmedicus
Ggs: ARZT*, CHIRURG

Lit: Adelung 1:444 (Arzt); Adelung 3:1247 (Hofmedicus); Diefenbach 353; DudenEtym 517 (Medizin); DudenFN 452; Frühmittellat. RWb; Krünitz 70:750 (Leinmedicus); Krünitz 86:520, 700; Linnartz 149; Neweklovsky (1964); Pies (2005) 14; Reddig (2000) 36

Medikaster 'nicht approbierter wandernder Arzt oder Apotheker, der Kranke behandelt oder Heilmittel verkauft; Kurpfuscher'; gebildet nach dem Muster von *Kritikaster*; kommt im veralteten Sprachgebrauch noch vor
Syn: QUACKSALBER

Lit: Barth 1:645; DudenGWDS

Medikus ↗ Medicus

Medizinapotheker 'Apotheker, der Arzneien verkauft, im Ggs. zum Apotheker, der mit Gewürzen und Spezereien handelt'; in Preußen

Lit: Grattenauer (1810) 1:212, 258

Megsder ↗ METZGER

Mehlbeschauer Mehlschauer 'Beamter, der Qualität und Gewicht des Mehls prüft'
W: *Beschauer*
Syn: Mehlschätzer

Lit: DRW 9:400, 401

Mehlhöker ↗ Höker

Mehlmann 'Kleinhändler, der Mehl verkauft'
FN: Mehlmann
W: *Mann*
Syn: KRÄMER, Melber

Lit: DudenFN 453; Gottschald 345; Linnartz 149

Mehlreder Melreder 1. 'Mühlenarbeiter, der das Mehl siebt'. 2. 'Mehlhändler' ❖ mhd. *mëlrëder* 'Sieber, Mehlsieber'; zu mhd. *rëden* 'sieben, durch das Sieb schütteln'
Syn: Melber

Lit: Barth 2:10; Diefenbach 4

Mehlschätzer 'Beamter, der den Mehlverkauf überwacht und Qualität und Gewicht prüft'
W: Schätzer
Syn: Mehlbeschauer

Lit: DRW 9:401; Idiotikon 8:1692

Mehlschauer ↗ Mehlbeschauer

Mehlschreiber Mehlwaagschreiber 'Schreibkraft bei der öffentlichen Mehlwaage'
W: Schreiber

Lit: DRW 9:402

Mehlwaagschreiber ↗ Mehlschreiber

Mehlwäger Mehlwieger 'städtischer Angestellter, der die öffentliche Mehlwaage bedient'
W: Wäger

Lit: DRW 9:402

Mehlwieger ↗ Mehlwäger

Mehner ↗ Mener

Mehringer Mehrunger, Merigamer, Meringer 'Seemann, Ruderer im vorderen Schiffsteil hinter dem Steuermann'; in Oberösterreich bes. für Schiffer, die [mit Salztransporten] traunabwärts fuhren; zu ↗ Marner in Anlehnung an oberdt. *anmeren, abmeren* 'das Schiff an Land befestigen bzw. losbinden' ❖ zu mhd. *merren, meren, mern, marren, marn* 'befestigen, anbinden'; vgl. mhd. *merruoder* 'Meer-, Schiffsruder'
FN: Mehrunger, Mehringer
Vgl: Marner

Lit: Fellner 129; Höfer 2:254; Neweklovsky (1954) 119, 123; Schmeller 1:1640

Mehringknecht ↗ Mehrungknecht

Mehringräumer ↗ Mehrungräumer

Mehrunger ↗ Mehringer

Mehrungknecht Mehringknecht 1. 'Arbeiter am Abwässerkanal'. 2. 'Person, die die Abtritte des Hauses reinigt und den Unrat entfernt' ❖ zu *Mehrung* 'Kanal, Kloake'; oberdt., zu *merren* 'rühren, wühlen'; mhd. *merren* 'aufhalten, behindern'; mhd. *merrunge* 'Zögerung, Aufenthalt'
W: KNECHT
Syn: ABTRITTRÄUMER

Lit: Schmeller 1:1641 (Merung)

Mehrungräumer Mehringräumer ↗ 'Mehrungknecht'
Syn: ABTRITTRÄUMER

Lit: Gruenbaum (1946); Macher (1847) 2:

Mehtsieder ↗ Metsieder

Meier Maier, Mair, Mayer, Meyer, Meyger; lat. *vilicus, villanus, villicus* 1. 'grundherrlicher Verwaltungsbeamter als Vorsteher eines Fronhofes und Leiter des Hofgerichts'. 2. 'Orts- oder Bezirksvorsteher mit Gerichtsbarkeit; Vogt, Schultheiß'. 3. 'persönlich freier Bauer als Pächter eines unfreien Bauerngutes, ↗ Zinsbauer'; in Niedersachsen, Westfalen. 4. 'Verwalter eines landwirtschaftlichen Gutes'. 5. 'Vorgesetzter des Gesindes auf dem Gutshof; Großknecht'. 6. 'Melker, Wirtschafter auf einem Milchbetrieb'. 7. 'Mäher, Schnitter'; niederdt. — Ausgehend von den Hausmeiern der fränkischen Könige (↗ Majordomus) entwickelten sich je nach Stand des Lehenswesens und der Güterverwaltung sehr verschiedene Bedeutungen, die den Übergang von grundherrlicher zu politischer Verwaltung sowie von Grundabhängigkeit zu freiem Bauerntum zeigen ❖ 1.–6.: mhd. *meier, meiger* 'Meier, Oberbauer, der im Auftrage des Grundherrn die Aufsicht über die Bewirtung der Güter führt, in dessen Namen die niedere Gerichtsbarkeit ausübt und auch nach Umständen die Jahresgerichte abhält'; aus lat. *maior*, verkürzt aus *maior domus* 'der Größere des Hauses, Vorsteher des Perso-

nals eines Hauses'; 7. zu mnd. *meier, meiger* 'Mäher'
FN: Meyer, Meyr, Meyers, Meier, Meir, Mayr, Mayer, Mayers, Maier, Mair, Maiers, Majer (die Formen mit *-e-* sind vorwiegend nord-, mittel- und südwestdt., die mit *-a-* bayr.-österr.)
W: Alpmeier, Dorfmeier, °Erbmeier, Gereutmeier, Gescheidmeier, Halbmeier, HEILIGENMEIER, Hofmeier, Holzmeier, Kastenmeier, Kilchmeier, Kirchmeier, Klostermeier, Obermeier, Pfarrmeier, Schlossmeier, Sedelmeier, Strohmeier, Vollmeier, Waldmeier, Weinmeier, Zehentmeier, Zinsmeier
Syn: Gastalde, Hofmeister, Major, Majordomus, Meiermann, Moar, Zinsbauer

Lit: Adelung 3:153; Barth 1:646; Diefenbach 619; DRW 3:110 (Ernmeier); DRW 9:415; DudenFN 442, 452, 453, 460; Frühmittellat. RWb; Gottschald 346; Grimm 12:1902; Höfer 2:228; Krünitz 87:612; Kunze 66, 132; Linnartz 149; Pies (2005) 26; Pohl/Schwaner (2007) 86; Schiller-Lübben 3:58; Schmeller 1:1552

Meierleute ↗ Meiermann

Meiermann Plural: *Meierleute* 'freier Bauer, der ein Meiergut bewirtschaftet'; häufiger im Plural
W: *Mann*
Syn: *Meier*

Lit: DRW 9:426

Meiler Mäuler, Meuler 'Köhler'; seltene Übertragung vom Kohlenmeiler auf den Betreiber ❖ mhd. *meiler* 'Holzstoß des Köhlers'
Syn: Köhler

Lit: DudenFN 453; Reith (2008) 112

Meilerköhler 'Köhler, der Holz in Meilern im Ggs. zur Grube verkohlt'; unter *Köhler* wird meist der *Meilerköhler* verstanden
Ggs: Grubenköhler

Lit: Adelung 3:155; Kleineres conversations-Lexicon 3:68; Krünitz 87:755

Meinheitsmeister ↗ Meinmeister

Meinmeister Meinheitsmeister 'Vertreter und Sprecher einer Gemeinde, Bürgerschaft'; zu *Meinheit* 'Bürgerschaft, Versammlung; Zunft'; zu *mein* in der Bedeutung 'allgemein', d.h. 'legitim, öffentlich' ❖ zu mhd. *meine* 'gemeine, communis'
W: *Meister*

Lit: DRW 9:458, 460

Meißelschmied ↗ Schmied

Meißer ↗ Maißer

Meister Maister, Mester; lat. *artifex, effector, magister, opifex, praeceptor* Die Bezeichnung *Meister* wurde im Mittelalter zuerst im Bereich von Schule und Universität für Gelehrte, für Autoren literarischer Werke sowie allgemein für Personen gebraucht, die in Lehre und Forschung vorbildlich waren. Ausgehend von der höfischen Verwendung des lat. *magister* wurde *Meister* für verschiedene Hof- und militärische Würdenträger, Vorsteher von Zünften und der Bürgerschaft verwendet, in der Kunst i. S. v. 'Könner, Künstler, Fachmann'. Seit dem 13. Jh. steht *Meister* für den 'zunftgebundenen Handwerker', der die Anforderungen zur selbstständigen Ausübung des Berufs erfüllt hat, verbunden mit ehrlicher Herkunft, gutem Leumund, Meisterprüfung und Bürgerrecht. Vom 14. Jh. an aber auch für einen ausgelernten Gewerbetreibenden ohne Organisation in Zünften, oft im Gegensatz zu *Geselle, Bursche*. In Zusammensetzungen gibt es *-meister* so gut wie in allen Berufen. Seit dem ausgehenden 19. Jh. wird das Wort auch im Sport verwendet. – In den Berufsbezeichnungen findet sich *Meister* daher als 'Handwerksmeister' im engeren Sinn (z. B. wie heute noch in *Schmiedemeister, Sägemeister*), als 'Fachmann und Verantwortlicher einer Anlage oder eines Arbeitsbereiches' (z. B. *Schleusenmeister, Pressmeister, Jagdmeister, Alpmeister*), als 'Vorgesetzter und Aufseher' (z. B. *Kerkermeister, Zunftmeister, Schulmeister, Schrannenmeister*) sowie als 'Verwalter' (z. B. *Klostermeister, Spitalmeister, Schatzmeister*). – In festen Fügungen kommt das Wort in

Meister Venturi, Meister vom Wald, Meister Aichelin für 'Abdecker' bzw. 'Scharfrichter' und *Meister Fix, Meister Hans, Meister Pfriem* für 'Schuster' vor ❖ mhd. *meister* 'Lehrer, Magister, Schullehrer; Künstler, Handwerksmeister; Aufseher, Bürgermeister'; mnd. *mester* 'Meister, Vorsteher, Aufseher'
FN: Meister, Meisteres, Maister, Mester, Meester, Meesters
W: Akzisemeister, Allmendmeister, Alpmeister, Altmeister, Appreturmeister, Bachmeister, Backmeister, Bademeister, Bakenmeister, Ballastmeister, Ballenmeister, Ballmeister, Bankmeister, Bannmeister, Barmeister, Barsemeister, Bauermeister, Baumeister, Bergmeister, Bettmeister, Bickelmeister, Bienenmeister, Billetmeister, Blähmeister, Blaufarbenmeister, Blechmeister, Bleichmeister, Bleidenmeister, Bodenmeister, Bornmeister, Botenmeister, Bratenmeister, Bräumeister, Brennmeister, Brettmeister, Brotmeister, Brückenmeister, Brudermeister, Brunnenmeister, Bubenmeister, Büchsenmeister, Bühnenmeister, Burgmeister, Burmeister, Bütmeister, Dammmeister, Deichmeister, Dorfmeister, Dreckmeister, Drillmeister, EICHMEISTER, Einungsmeister, Eisenmeister, Essmeister, Exerziermeister, Fabrikmeister, °Fächtermeister, Fahrtmeister, Falkenmeister, Fallmeister, Farbenmeister, Fasanenmeister, Fechtmeister, Fehmmeister, Feldmeister, Femmeister, Feuermeister, Fischmeister, Floßmeister, Fludermeister, Flügelmeister, Forstmeister, Frauenmeister, Freimeister, Frischmeister, Fürmeister, Futtermeister, Gadenmeister, Gaffelmeister, Galgenmeister, Gantmeister, Garnmeister, Gartenmeister, Gassenmeister, Gastmeister, Gäumeister, Gemeindemeister, Germeister, Geschaumeister, Geschirrmeister, Gestütmeister, Gewaltmeister, Gewandmeister, Gewerkmeister, Gildemeister, Glasmeister, Gnadenmeister, Grabenmeister, Gredmeister, Grießmeister, Grottenmeister, Grubenmeister, Hachmeister, Hafenmeister, Hagenmeister, Halbmeister, Hallmeister, Hammermeister, Harnischmeister, Haspelmeister, Haumeister, Haushofmeister, Hausmeister, Heiligenmeister, Hengstmeister, Hetzmeister, Heumeister, Hofmeister, Holzmeister, Horbmeister, Hospitalmeister, Hubmeister, Hufenmeister, Hüttenmeister, Immenmeister, Innermeister, Jagdmeister, Jagdzeugmeister, Jägermeister, Judenmeister, Jungmeister, Kabinettmeister, Kaimeister, Kalkmeister, Kammermeister, Kastenmeister, Keichenmeister, Kellermeister, Keltermeister, Kerkermeister, Kerzenmeister, Kesselmeister, Ketzermeister, Kindermeister, Kirchenmeister, Klausmeister, Kleemeister, Klippmeister, Klostermeister, Kohlenmeister, Kornmeister, Kotmeister, Kranmeister, Krautmeister, Krippmeister, Küchenmeister, Küfelmeister, Kufenmeister, Kunstmeister, Ladenmeister, Landmeister, Legemeister, Leinenmeister, Lesemeister, Lizentmeister, Logenmeister, Mangmeister, Markmeister, Marktmeister, Marstallmeister, Maschinenmeister, Maßmeister, Mastmeister, Materialienmeister, Materiemeister, Meinmeister, Mühlenbaumeister, Mühlmeister, Münzmeister, Mustermeister, Nachthüttenmeister, Nachtmeister, Nauenmeister, Niederwassermeister, Ofenmeister, Ormeister, Packmeister, Pagamentsmeister, Pagenhofmeister, Pfannenmeister, Pfeifenmeister, Pfennigmeister, Pferchmeister, Pirschmeister, Platzmeister, Poltmeister, Postmeister, Pottmeister, Prahmmeister, Pressmeister, Pritschenmeister, Proviantmeister, Punzmeister, Püttenmeister, Rabischmeister, Radmeister, Rahmmeister, Rasenmeister, Rauchmeister, Rechenmeister, Reidemeister, Reihermeister, RENTMEISTER, Reutemeister, Riedemeister, Riesenmeister, Rodmeister, Rohrmeister, Rossmeister, Rostmeister, Rottmeister, Rudermeister, Rügemeister, Rumormeister, Rüstmeister, Saalmeister, Säckelmeister, Sägemeister*, Salzmeister, Sangmeister, Schachtmeister, Schafmeister, Schallenmeister, Schanzmeister, Scharmeister, Schatullmeister, SCHATZMEISTER, Schaumeister, Scheffelmeister, Scheidmeister, Schermeister, Schichtmeister, Schienmeister, Schiffbruckenmeister, SCHIFFMEISTER, Schirrmeister, Schlachtmeister, Schlammmeister, Schleusenmeister, Schlichtmeister,

Schmelzmeister, Schmiedemeister, Schöffenmeister, Schoppermeister, Schossmeister, Schrannenmeister, Schreibmeister, Schuhmeister, Schulmeister, Schüttmeister, Schützenmeister, Schwaigmeister, Schwefelmeister, Schweinmeister, Schwemmmeister, Schwendmeister, Segelmeister, Siechenmeister, Siegelmeister, Singmeister, Sittenmeister, Sodmeister, Solmeister, Speisemeister, Spendmeister, Spinnmeister, SPITALMEISTER, Spittelmeister, Spleißmeister, Sprachmeister, Spritzenmeister, Stäbelmeister, Stadelmeister, Stakmeister, Stempelmeister, Sterzermeister, Stockmeister, Strehnmeister, Stubenmeister, STÜCKMEISTER, Stutenmeister, Sülfmeister, Sustmeister, Tafelmeister, Takelmeister, Tanzmeister, Teichmeister, Tennmeister, Treibemeister, Treidelmeister, Triftmeister, Trottmeister, Tschaikenmeister, Turmmeister, Uhrmeister, Untermeister, Ürtenmeister, Viehmeister, Viertelmeister, Vitriolmeister, Vormeister, Waagemeister, Wachtmeister, Waffenmeister, Wagenmeister, Währmeister, Waldmeister, Walkmeister, Wallmeister, Walzmeister, Wasenmeister, Wassermeister, Watenmeister, Watmeister, Wegmeister, Weinmeister, Weldemeister, Werkmeister, Wildenmeister, Wildmeister, Winkelmeister, Wrasenmeister, Wührmeister, Wuppenmeister, Zechmeister, Zeichenmeister, Zeidelmeister, Zeugmeister, Ziegelmeister, Ziesemeister, Zinkenmeister, Zinsmeister, Zuchtmeister, ZUNFTMEISTER

Lit: Adelung 3:165; Barth 1:647; Diefenbach 51, 192, 343, 397, 451; DRW 9:476; DudenFN 455, 459; Frühmittellat. RWb; Gottschald 348; Grimm 12:1970; Linnartz 150; Patocka (1987) 79; Pies (2001) 37; Schild (1997); Schiller-Lübben 3:81; Schmeller 1:1683

Meistergesell ↗ Meistergeselle

Meistergeselle Meistergesell 1. 'Handwerksgeselle, der bei einer Handwerkswitwe den Meister vertritt'. 2. 'oberster Geselle, der die Aufsicht über die Werkstatt hat'. 3. 'unselbständig beschäftigter Meister' ❖ mhd. *meistergeselle* 'Schüler'
W: *Geselle*

Syn: Tafelmeister, Tafelschneider, Winkelmeister

Lit: Adelung 3:167; DRW 9:488

Meisterjäger 1. 'oberster Jäger und Organisator einer herrschaftlichen Jagd'. 2. 'Beamter, der für das gesamte Jagdwesen zuständig ist'
W: *Jäger*

Lit: Adelung 3:168; Barth 1:647; DRW 9:490; Grimm 12:1970; Krünitz 88:97

Meisterknecht 1. 'bäuerlicher Landarbeiter, der in der Rangordnung der Dienstboten an erster Stelle steht'. 2. 'oberster Hirt einer [Schaf]herde oder ältester Gehilfe des Schäfers'. 3. 'Arbeiter in der Werkstatt, auf dem Bauernhof oder in einem Betrieb, der die Aufsicht über die Arbeiter hat'. 4. 'in der Salinenverwaltung Schiffer, der die verschiedenen Ladstätten an der Traun und Donau mit Salz beliefert'. 5. 'Hilfskraft bei der Holztrift, der den ↗ Triftmeister unterstützt' ❖ mhd. *meisterknëht* 'Geselle'
W: KNECHT
Syn: Ausrichter, GROßKNECHT

Lit: Adelung 3:168; Barth 1:647; DRW 9:491; Fellner 330; Grimm 12:1970; Idiotikon 3:726; Krünitz 88:97; Neweklovsky (1964) 545

Meisterkoch 'oberster Koch in einem herrschaftlichen Haushalt'; *Meister-* drückt im historischen Sprachgebrauch die Funktion als Vorgesetzter aus, im heutigen Sprachgebrauch eine Qualitätsbeurteilung (sehr guter Koch)

Lit: Adelung 3:168; Barth 1:647; DRW 9:491; Grimm 12:1970; Krünitz 88:97

Mekeler ↗ MAKLER

Mekser ↗ METZGER

Melber Melbler 'Mehlhändler' ❖ mhd. *mëlbære, mëlber, mëlwære, mëlwer* 'Mehlhändler'
FN: Melber, Milber, Meller, Mölber, Mölbert
W: Gipsmelber
Syn: Mehlmann, Mehlreder

Lit: Barth 1:648; DudenFN 455; Gottschald 345; Krünitz 88:132; Linnartz 150; Palla (1994) 209; Pies (2002d) 14, 25

Melbler ↗ Melber

Melreder ↗ Mehlreder

Meltzer ↗ Mälzer

Melzer ↗ Mälzer

Menbub Mähnbube, Mennbube 'junger ↗ Menknecht' ❖ mhd. *menbuobe* 'das Zugvieh leitender buobe'
Syn: MENKNECHT

Lit: Barth 1:622; DRW 9:522; Grimm 12:1461; Schmeller 1:1614

Mener Mehner, Menner ↗ 'Menknecht' ❖ mhd. *mener* 'Viehtreiber'
FN: Mener, Menner, Menter, Männer
Syn: MENKNECHT

Lit: DRW 9:524; Gottschald 348; Linnartz 150; Schmeller 1:1614; Stöckl 375

Ménestrel ↗ Minstrel

Menge ↗ Menger

Mengeler ↗ Menger

Menger Manger, Mangler, Menge, Mengeler, Mengler, Mengling, Menkeler, Menker, Menkler; 'Kleinhändler, Einzelhändler'; oft abwertend i. S. v. 'betrügerischer Verkäufer' ❖ mhd. *mangære, mengære, manger, menger* 'Händler', aus lat. *mango* 'Händler'
FN: Manger, Menger, Menge, Menges, Mengers, Mengel, Mengele, Meng, Mengner
W: Anmenger, Äpfelmenger, °Buttermenger, °Eiermenger, Eisenmenger, °Essigmenger, Fischmenger, Fleischmenger, °Getreidemenger, °Glasmenger, Habermenger, Heringsmenger, Holzmenger, °Honigmenger, °Kalkmenger, °Kesselmenger, Kornmenger, Kotzenmenger, Obismenger, Salzmenger, °Scherenmenger, °Senfmenger, °Stahlmenger, Tuchmenger, Wachsmenger, Waidmenger, Watmenger, Widmenger, Wurzmenger
Syn: KRÄMER, Mango

Lit: Adelung 3:176; Barth 1:208, 228, 432, 475, 972; Diefenbach 346; DRW 9:521, 522; DudenFN 443, 456; Frühmittellat. RWb; Gottschald 339; Grimm 12:2018, 2020; Linnartz 151; Volckmann (1921) 206, 207 (Glasmenger)

Mengeschäfer 'Schafhirt, der in der herrschaftlichen Herde auch eigene Schafe mithütet und aus dem Erlös der Wolle einen gewissen Anteil erhält'; zu *mengen*, d.h. 'eigene Schafe daruntermischen'
W: Schäfer
Syn: Setzschäfer
Ggs: Lohnschäfer

Lit: Krünitz 88:358

Mengler ↗ Menger

Mengling ↗ Menger

Menjunge Mähnjunge ↗ Menknecht
W: Junge
Syn: MENKNECHT

Lit: Adelung 3:748 (Pflughalter); Grimm 12:1465

Menkeler ↗ Menger

Menker ↗ Menger

Menkler ↗ Menger

MENKNECHT Mennknecht 'junger Landarbeiter, der ein Zugtier führt, das nicht mit einem Leitseil geht'; bes. beim Pflügen ❖ mhd. *menknëht* 'das Zugvieh leitender Knecht', zu mhd. *menen, mennen* 'vorwärts treiben und führen (bes. das Zug- oder Reittier mit der Gerte); auf dem Wagen führen, Fronfuhre leisten'; aus ital. *menare*, franz. *mener* 'führen'; aus lat. *minare* 'Vieh durch Schreien und Prügeln antreiben', aus lat. *minari* 'drohen'
W: KNECHT
Syn: Menbub, Mener, Menjunge, Pflughalter, Pflugknecht, Pflugtreiber, Schwepenknecht

Lit: Barth 1:649; DRW 9:525; Gamillscheg 1:614; Höfer 2:252 (menen); Schmeller 1:1614; Stöckl 375

Mennbube ↗ Menbub

Menner ↗ Mener

Mennigbrenner 'Handwerker, der Mennig herstellt'; d.i. rote Bleiasche, die eine orangerote Farbe ergibt; heute noch als rote Farbe in Verwendung ❖ zu mhd. *minig* 'Mennig', aus lat. *minium* 'Zinnober'
W: Brenner

Lit: Adelung 3:176 (Mennig); Grimm 12:2020 (Mennig); Krünitz 88:360 (Mennigbrennerey); Poppe 3:36

Mennknecht ↗ MENKNECHT

Menteler ↗ Mäntler

Mentler ↗ Mäntler

Merigamer ↗ Mehringer

Meringer ↗ Mehringer

Mertelrürer ↗ Mörtelrührer

Merzler Mezler 'Kleinhändler mit einem Laden oder auf dem Marktplatz' ❖ mhd. *mërzeler, mërzer* 'Kleinhändler, Krämer', aus mlat. *mercellarius* 'Kaufmann'
FN: Merzler, Merzer, Märzler
Syn: KRÄMER, Merzmann

Lit: Barth 1:650; Gottschald 349; Linnartz 151; Schmeller 1:1657; Volckmann (1921) 205

Merzmann 1. 'Kleinhändler mit einem Laden oder auf dem Marktplatz'. 2. 'Person, die von Ort zu Ort ziehend für Geld Fechtkämpfe ausführt' ❖ ↗ Merzler
W: Mann
Syn: FECHTER, Merzler

Lit: Barth 1:650; DRW 9:552

Meselanmacher ↗ Mesolanmacher

Mesmer ↗ Mesner

Mesner Mesmer 1. 'Person, die die Kirche und die Glocken versorgt, den Gottesdienst u.a. kirchliche Feiern vorbereitet'; teilweise auch als Totengräber oder Schulmeister tätig; heute die übliche Bezeichnung in großen Teilen Süddeutschlands und Österreichs. 2. 'Gehilfe in der jüdischen Gemeinde' ❖ mhd. *messenære, mesnære, mesener, mesner*, spätahd. *mesinâri*, aus mlat. *mansionarius* 'Kirchenhüter', aus lat. *mansio* 'Wohnung, Unterkunft'
FN: Mesner, Mesmer
Syn: KÜSTER
Vgl: Messner

Lit: Barth 1:650; Diefenbach 195, 506; DRW 9:553; DudenEtym 522; DudenFN 458; Frühmittellat. RWb; Gottschald 350; Linnartz 151; Schmeller 1:1668; Schrambke (2004)

Mesolanmacher Masselanmacher, Meselanmacher 'Weber, der Beiderwand, ein beidseitig verwendbares Gewebe aus Leinen und Baumwolle, herstellt' ❖ ital. *mezzalana* 'Halbwolle'
Syn: WEBER

Lit: Krünitz 89:96

Messenschlager ↗ Messingschläger

Messer lat. *mensurator* 1. 'Person, die etwas misst oder vermisst'; bes. Holz, Getreide; meist in Zusammensetzungen, wie Getreide-, Mehl-, Kohlen-, Erd-, Feldmesser. 2. 'Beamter in der Eichbehörde'. 3. 'Beamter, der die Maße und Gewichte von Händlern kontrolliert'. 4. 'Person, die Vermessungen im Bergbau durchführt; Markscheider' ❖ mhd. *mëʒʒære, mëʒʒer* 'der Messer'
FN: Messer
W: Aschmesser, Deichmesser, Erdreichsmesser, Fruchtmesser, Grenzmesser, Heumesser, Honigmesser, Hopfenmesser, Kalkmesser, Kastenmesser, Kohlenmesser, KORNMESSER, Landmesser, Leinwandmesser, Ölmesser, Salzmesser, Weinmesser

Lit: Adelung 3:185; Diefenbach 356; DRW 9:564; DudenFN 458; Gottschald 350; Grimm 12:2123; Krünitz 89:226; Linnartz 151; Schraml (1932) 447

Messerbereder ↗ Messerbereiter

Messerbereiter Messerbereder, Messetbereder, Mestbereder 'Handwerker, der Griffe für Waffen und Messer herstellt';

↗ Bereiter ❖ mnd. *messetbereder, mestbereder* 'Messerschmied'; zu mnd. *messet* 'Messer', aus *metsahs* 'Messer zum Zerkleinern der Speisen'
W: *Bereiter*
Syn: MESSERBESCHALER

Lit: Pies (2005) 136; Schiller-Lübben 3:80

MESSERBESCHALER Messerschalenmacher, Messerschaler 'Handwerker, der Messerhefte herstellt bzw. Messer mit Heften versieht'; die Schalen sind die beiden Teile des Hefts, die den Metallstiel des Messers umgeben
W: *Beschaler*
Syn: Heftdrechsler, Heftdreher, Kreuzschmied, Messerbereiter, Reider

Lit: Grimm 12:2129

Messerer 'Handwerker, der Essbesteck und Scheren aus Metall herstellt; Messerschmied' ❖ mhd. *meʒʒerære, meʒʒerer* 'Messerschmied'
FN: Messerer, Messerle
W: *Langmesserer, Scheidmesserer*
Syn: MESSERSCHMIED

Lit: Barth 1:650; Diefenbach 162; DRW 9:568; DudenFN 458; Gottschald 350; Grimm 12:2131; Krünitz 89:243; Kunze 109, 117; Linnartz 151; Volckmann (1921) 113

Messerkäufer ↗ Käufer

Messermacher Meßmacher, Meßmaker, Mestmaker, Metzemaker 'Handwerker, der Messer herstellt'; sowohl die Klingen als auch die Hefte, oder er kaufte die Klingen zu und gestaltete vor allem die Hefte ❖ mnd. *mestmaker, mesmaker, mesmeker, messetmaker* 'Messerschmied'
FN: Messermaker, Meßmacher, Mesmaker, Meßmaker, Mesmacker, Mestmacher, Metzmacher
Syn: MESSERSCHMIED

Lit: Barth 1:651, 652; DRW 9:569; DudenFN 459; Gottschald 350; Grimm 12:2130; Haid (1986) 196; Linnartz 151; Reith (2008) 126; Schiller-Lübben 3:80

Messerreider ↗ Reider

Messerschalenmacher ↗ MESSERBESCHALER

Messerschaler ↗ MESSERBESCHALER

Messerschleifer Messersliffer
W: *Schleifer*
Syn: Gassenschleifer

Lit: Barth 1:651

Messerschmid ↗ Messerschmied

Messerschmidt ↗ Messerschmied

MESSERSCHMIED Messerschmid, Messerschmidt, Messersmitt; lat. *cultellarius, cultellifex, cultrarius, faber cultrarius, gladiarius* 'Handwerker, der Essbesteck und Scheren aus Metall herstellt'; auch in der Verbindung *Messer- und Klingenschmied* ❖ mhd. *meʒʒersmit* 'Messerschmied'
FN: Messerschmid, Messerschmidt, Messerschmitt
W: *Kurzmesserschmied, Langmesserschmied, Schmied*
Syn: Degener, Degenschmied, Feitelmacher, Klingenschmied, Klinger, Messerer, Messermacher, Messerwerker, Metzer, Plötzenmacher, Reider, Scharsacher, Scherenschmied, Schermesserer

Lit: Adelung 3:187; Barth 1:651; Diefenbach 162, 221; DudenFN 458; Gottschald 350; Haid (1968) 183; Krünitz 89:243; Kunze 107, 117; Linnartz 151; Palla (2010) 141; Volckmann (1921) 112

Messersliffer ↗ Messerschleifer

Messersmitt ↗ Messerschmied

Messerträger 'Kleinhändler, der Messer o. a. Metallwaren als Hausierer oder auf dem Markt verkauft'; *Träger* i. S. v. 'Händler'
W: *Träger*

Lit: Krünitz 89:304

Messerwerder ↗ Messerwerker

Messerwerker Messerwerder, Messerwerte, Mestwerder 'Handwerker, der Messer her-

stellt' ❖ mnd. *messetwert, mestwert, mestwercht, mestwerk* 'Messerschmied'
W: *Werker*
Syn: MESSERSCHMIED

Lit: Schiller-Lübben 3:81

Messerwerte ↗ Messerwerker

Messetbereder ↗ Messerbereiter

Messfecker **Maßerfecker, Maßfecker** 'Beamter, der die Maße und Messgeräte kontrolliert; Eichmeister'; verdeutlichendes Kompositum zu *Fecker*
W: *Fecker*

Lit: DRW 9:345, 573; Idiotikon 1:728

Messingbereiter 'Arbeiter, der Messing durch Legierung von Kupfer und Galmei (Zink) herstellt'; auch in der Verbindung *Messing- und Kupferbereiter*
W: *Bereiter*

Messingbrenner **Missingbrenner** 'Facharbeiter in den Messinghütten, der Kupfer und Galmey (Zinkerz) verschmilzt und dadurch Messing herstellt'; das Material wurde von den ↗ Gelbgießern weiter verarbeitet
W: *Brenner*

Lit: Adelung 3:189; Barth 1:651; Grimm 12:2132; Palla (1994) 210, 213

Messingdrahtzieher ↗ DRAHTZIEHER

Messingdreher ↗ *Dreher*

Messingfeiler 'Arbeiter in der Gewehrfabrik, der die Metallbeschläge für die Gewehrläufe herstellt und anbringt'
W: *Feiler*
Syn: Rohrfeiler, Zeugfeiler

Lit: Adelung 3:189; Grimm 12:2133; Krünitz 89:500; Poppe 3:636

Messingschaber **Missingschaber** 'Arbeiter, der das aus den Messinghämmern kommende Messing beizt und mit dem Schabeisen abschabt, um es glänzend zu machen' ❖ zu mhd. *schaben* 'kratzen, radieren'
W: Schaber

Lit: Adelung 3:189; Barth 1:651; DRW 9:577; Grimm 12:2133; Krünitz 89:501; Zedler 20:1200

Messingschlager ↗ Messingschläger

Messingschläger **Messenschlager, Messingschlager, Messingslaher, Messingsleger, Messinksleger, Messinsleger, Missinglager, Missingsleger, Missinksleger**; lat. *auricalcifaber* ↗ 'Messingschmied' ❖ mhd. *messingslaher* 'Metallgoldschläger'
FN: Messingschlager
W: *Schläger*
Syn: GELBGIESSER, Laugoldschmied, Messingschmied

Lit: Adelung 3:190; Barth 1:651; DRW 9:577; Grimm 12:2133; Krünitz 89:501; Linnartz 151; Reith (2008) 122; Volckmann (1921) 133

Messingschmid ↗ Messingschmied

Messingschmied **Messingschmid** 'Handwerker, der Gegenstände aus Messing herstellt'; er gehörte zu den ↗ Kaltschmieden ❖ mhd. *messincsmit* 'Messingschmied, Gelbgießer'
W: *Schmied*
Syn: GELBGIESSER, Laugoldschmied, Messingschläger

Lit: Adelung 3:190; Barth 1:651; DRW 9:578; Grimm 12:2133; Krünitz 89:501; Pies (2005) 139; Volckmann (1921) 113

Messingschneider 'Arbeiter in den Messingwerken, der das in Platten gegossene Messing in Stäbe oder Stücke schneidet, aus denen das Messingblech hergestellt wird'
W: SCHNEIDER

Lit: Adelung 3:190; Barth 1:651; Grimm 12:2133; Krünitz 89:501; Zedler 20:1201

Messingschröder ↗ Schröter

Messingslaher ↗ Messingschläger

Messingsleger ↗ Messingschläger

Messinksleger ↗ Messingschläger

Messinsleger ↗ Messingschläger

Messkünstler 1. 'Feldmesser, Landvermesser'. **2.** 'Mathematiker, der Geometrie betreibt'. **3.** 'fahrender Künstler, der auf Jahrmärkten auftritt' ❖ 1., 2.: zu mhd. *mëʒʒen* 'messen, ab-, ausmessen'; 3.: zu mhd. *mësse* 'Messe, Gottesdienst; Jahrmarkt'
Syn: GAUKLER
Lit: Barth 1:652; Grimm 12:2137; Krünitz 89:516

Meßmacher ↗ Messermacher

Meßmaker ↗ Messermacher

Meßmer ↗ Messner

Messmer ↗ Messner

Meßner ↗ Messner

Messner Meßmer, Meßner, Messmer, Mößmer, Mößner, Myssener **1.** 'Person, die die Kirche und die Glocken versorgt, den Gottesdienst u.a. kirchliche Feiern vorbereitet'; an *Messe* angelehnte Form von *Mesner*. **2.** 'Priester, der die Messe hält'. **3.** 'Landvermesser' ❖ 1., 2.: zu mhd. *mësse* 'Gottesdienst' bzw. ↗ Mesner; 3.: zu mhd. *mëʒʒen* '(ab)messen'
FN: Messner, Meßner, Messnar, Meßnar, Messemer Meßemer, Messmer, Meßmer, Mäßner, Mossner, Mößner, Mössmer, Mößmer
Syn: KÜSTER
Vgl: Mesner
Lit: Adelung 3:189; DRW 9:579; DudenFN 459; Gottschald 350; Grimm 12:2138; Idiotikon 4:464; Linnartz 151; Schrambke (2004)

Messpfaff ↗ Messpfaffe

Messpfaffe Messpfaff ↗ 'Messpriester'; abwertend gebraucht; Näheres unter ↗ Pfaffe
W: Pfaffe
Lit: Adelung 3:190; Barth 1:652; Idiotikon 5:1063; Zedler 29:425

Meßpriester ↗ Messpriester

Messpriester Meßpriester 'katholischer Priester, der nur zum Messelesen gegen Entgelt zugelassen ist und keine feste Pfarrerstellung mit Einkommen hat'
Lit: Adelung 3:190; Barth 1:657; DRW 9:580; Grimm 12:2139; Zedler 29:425

Mestbereder ↗ Messerbereiter

Mester ↗ *Meister*

Mestmaker ↗ Messermacher

Mestwerder ↗ Messerwerker

Metalldrechsler ↗ *Drechsler*

Metalldreher ↗ *Dreher*

Metallknopfmacher ↗ KNOPFMACHER

Metallschlager Metallschläger 'Kunsthandwerker, der Blattmetall aus einer Zink-Kupfer-Legierung herstellt'
W: *Schläger*
Syn: Tombakschlager
Lit: Barth 1:652; Reith (2008) 97

Metallschläger ↗ Metallschlager

Metbeschauer ↗ *Beschauer*

Metbräu ↗ Metbrauer

Metbrauer Medebruer, Medebruwer, Medebruwere, Metbräu, Metpreu 'Brauer, der Met aus Honig, Hopfen und Gewürzen herstellt' ❖ mhd. *mëtbriuwer* 'Metsieder', zu mhd. *mëte, mët*, aus lat. *medus* 'Honigwein'
W: *Brauer*
Syn: Meter
Lit: Barth 1:652; Grimm 12:2145

Meter Metler, Metter 'Metbrauer, Metfabrikant' ❖ zu mhd. *mëte, mët*, aus lat. *medus* 'Honigwein'
FN: Meter, Meeter, Metter, Meth, Mether, Methler
Syn: Metbrauer
Lit: DRW 9:587; Gottschald 350; Idiotikon 4:554; Linnartz 152

Metler ↗ Meter

Metpreu ↗ Metbrauer

Metschenk ↗ Schenk

Metsieder Mehtsieder, Möthsieder; lat. *mulsarius* 1. 'Brauer, der Honigwein herstellt'. 2. 'Wirt, der Met ausschenkt' ❖ mhd. *mëtsieder* 'Metsieder'
W: *Sieder*

Lit: Barth 1:653; Grimm 12:2146; Palla (2010) 143; Schmeller 2:227

Metter ↗ Meter

Metze Mätz 'Prostituierte'; urspr. für Mädchen niedrigen Standes, später Bedeutungsverschlechterung zu 'liederliche weibliche Person, Konkubine [eines Pfarrers]' und schließlich zu 'Prostituierte' ❖ mhd. *Metze* 'Koseform für Mechtild; als Appelativum s. v. a. Mädchen niedern Standes, oft mit dem Nebenbegriffe der Leichtfertigkeit'
Syn: FEILDIRNE

Lit: Barth 1:653; DRW 9:592; Grimm 12:2149; Idiotikon 4:612

Metzeler ↗ Metzler

Metzemaker ↗ Messermacher

Metzener ↗ Metzner

Metzer 'Handwerker, der Essbesteck und Scheren aus Metall herstellt' ❖ zu mhd. *metze*, *metz* 'Messer'
Syn: MESSERSCHMIED, SCHWERTFEGER

Lit: Pies (2005) 136

METZGER Megsder, Mekser, Metziger, Metzjer, Metzscher; lat. *carnarius*, *carnifex*, *lanio*, *lanius*, *macellarius*, *macellator* 'Fleischer, der Altvieh, d.h. Ochsen und Kühe, schlachtet'; die Bezeichnungen für den Fleischer sind im deutschen Sprachraum sehr verschieden. Die dialektalen Großräume haben *Schlachter* und *Schlächter* in Nordwestdeutschland, *Fleischer* im Ostmittel- und Nordostdeutschen, *Metzger* im Westmittel- und Südwestdeutschen, *Fleischhacker* im Südostdeutschen. Verstreut über kleinere Gebiete sind *Metzler* im Rheinland und *Wurster* in Südwestdeutschland vertreten. Die dialektale Verteilung stimmt aber nicht mit den Bezeichnungen in der regionalen Standardsprache überein. Im Mittelalter waren *Knochenhauer* im Norddeutschen und *Fleischhäckel* im Süddeutschen weit verbreitet, sind aber nicht mehr in der Standardsprache vertreten, während *Fleischhauer* in die österreichische Verwaltungssprache übernommen wurde (↗ Fleischhauer). *Metzger* ist auch heute in West- und Süddeutschland mit der Schweiz und Westösterreich das übliche Standardwort ❖ mhd. *metzjære*, *metzjer*, *metziger* 'Metzger, Fleischer'; Enlehnung aus dem Mittellateinischen, wohl eine Vermischung von mlat. *mattiarius* 'Wurster' und *macellarius* 'Fleischwarenhändler'
FN: Metzger, Mezger, Metzker, Metzjer
W: Altmetzger, Brandmetzger, Burenmetzger, Feilmetzger, Feldmetzger, Gäumetzger, Griesmetzger, Hausmetzger, Jungmetzger, Kleemetzger, Pflastermetzger, Rasenmetzger, Wasenmetzger
Syn: Bossertfetzer, Charcutier, Fleischhacker, Fleischhauer, Fleischmann, Fleischmenger, Geisler, Knochenhauer, Küter, Metzler, Schlachter, Selcher, Wurster

Lit: Adelung 3:195; Barth 1:653; Diefenbach 102, 317, 341; dtv-Atlas dt. Spr. 196; DudenFN 248, 460; Frühmittellat. RWb; Gottschald 350; Kluge 620; Kretschmer 415; Krünitz 90:32; Linnartz 152; Pies (2005) 97; Reith (2008) 153; Schrambke (2004); Volckmann (1921) 24; VWB 500; Zedler 9:1210

Metziger ↗ METZGER

Metzjer ↗ METZGER

Metzler Metzeler 'Fleischer'; bes. westmitteldt. ❖ mhd. *metzeler*, *metzler* 'Metzger', aus mlat. *macellarius* 'Fleischwarenhändler', zu lat. *macellum* 'Fleischmarkt'
FN: Metzler, Metzeler, Mezler, Mätzler
W: Feldmetzler
Syn: METZGER

Lit: Adelung 3:195 (metzeln); Barth 1:653; DudenFN 460; Gottschald 350; Grimm 12:2158; Idiotikon 4:613; Kluge 620 (metzeln); Krünitz 90:32; Linnartz 152; Pies (2002d) 35; Pies (2005) 97; Volckmann (1921) 24

Metzner Matzner, Metzener **1.** 'Gehilfe des Müllers, der das Abmessen des Mahllohnes des Müllers mit der Metze (Maß) durchführt'. **2.** 'Händler, der nach Metzen gemessene Waren verkauft, bes. Mehl, Grütze, Salz'. **3.** 'Beamter, der für das Eichen der Metze (Hohlmaß) zuständig ist'. **4.** 'Handwerker, der Metzen (Hohlmaße) herstellt' ❖ zu mhd. *metze, mezze* 'kleineres Trockenmaß, Metze'
FN: Metzner

Lit: Barth 1:653; DudenFN 460; Gottschald 350; Grimm 12:2159; Heydenreuter (2010) 143 (Metzen); Linnartz 152

Metzscher ↗ METZGER

Meuler ↗ Meiler

Meyd ↗ Magd

Meyer ↗ Meier

Meyger ↗ Meier

Mezler ↗ Merzler

Miethkutscher ↗ Mietkutscher

Miethling ↗ Mietling

Miethmann ↗ Mietmann

Mietkutscher Miethkutscher 'Kutscher, der Kunden gegen Bezahlung transportiert'
W: Kutscher*
Syn: Heuerkutscher, Lohnkutscher

Lit: Adelung 3:203; Grimm 12:2180

Mietling Miethling; lat. *mercenarius* **1.** 'Person, die kurzfristig für eine Arbeit eingestellt und bezahlt wird; Taglöhner'. **2.** 'Priester, der gegen Bezahlung die Aufgaben des Pfarrers übernimmt'; bes. bei Pfarren, die als Pfründe an Pfarrherrn vergeben wurden, die selbst die Pfarre nicht betreuten ❖ mhd. *mietelinc, mietlinc* 'Mietling'
Syn: Heuerling, Hurpfarrer, Leutpriester, Mietmann

Lit: Adelung 3:203; Barth 1:655; Diefenbach 357; DRW 9:623; Grimm 12:2180

Mietmann Miethmann, Mietsmann 'Tagelöhner' ❖ mhd. *mietman* 'der für Lohn arbeitet, Taglöhner'
W: *Mann*
Syn: Heuerling, Mietling

Lit: Barth 1:655; DRW 9:624

Mietsmann ↗ Mietmann

Milchfecker 'Milchkontrolleur in Sennhütten'
W: Fecker

Lit: Idiotikon 1:728

Milchfrau **1.** 'Frau, die Milch von Bauern auf den Markt bringt und verkauft'. **2.** 'Frau, die ein Geschäft für Molkereiprodukte führt'; kommt im veralteten Sprachgebrauch noch vor; durch den Roman „Milchfrau in Ottakring" von Alja Rachmanowa literarisch verewigt
W: *Frau*
Syn: Milchweib

Lit: Adelung 3:207; Barth 1:656; Grimm 12:2193; Krünitz 90:615; Zedler 21:155

Milchmädchen 'junge Bauernmagd, die die Milch auf den Markt in die Stadt trägt und verkauft'
Syn: Milchmagd

Lit: Barth 1:656; Bezirksmuseum; Sulzenbacher (2002) 53

Milchmagd **1.** 'Landarbeiterin, die die Kühe zu melken hat'. **2.** 'Bauernmagd, die die Milch auf den Markt in die Stadt trägt'
W: *Magd*
Syn: Milchmädchen

Lit: Adelung 3:208; Grimm 12:2196; Krünitz 90:644

Milchmann 1. 'Händler, der die Milch von Bauern auf den Markt bringt und verkauft'. 2. 'Kleinbauer in Stadtnähe, der die Milch in der Stadt selbst verkauft'
W: *Mann*

Lit: Barth 1:656; Grimm 12:2196

Milchverschleißer ↗ Verschleißer

Milchweib 'Frau, die Milch von Bauern auf den Markt bringt und verkauft'; ältere Form für *Milchfrau*, galt schon im 18. Jh. als umgangssprachlich oder derb
W: *Weib*
Syn: Milchfrau

Lit: Adelung 3:209; Barth 1:656; Grimm 12:2200; Krünitz 90:615

Milchzieher 'Person, die aus den verschiedenen Sennhütten die Milch sammelt und auf Schlitten ins Tal zur Verarbeitung transportiert'; im Allgäu
W: *Zieher*

Lit: Werner (1981) 46

Miles 1. 'Scharfrichter'; im fränkischen Reich. 2. 'Lehensmann zu Pferd, Ritter'; im Mittelalter. 3. 'Soldat'; die Bedeutung wandelte sich vom Ritter zum gewöhnlichen Soldaten und wurde als Fremdwort vereinzelt noch bis ins 18. Jh. in diesem Sinn verwendet ❖ lat. *miles* 'Soldat'

Lit: Barth 1:656; Pies (2001) 37; Schild (1997)

Militärkrankenvater ↗ Krankenvater

Milizfourier ↗ Fourier

Millner ↗ *Müller*

Mimus 'Schauspieler, der in Mimen auftritt'; d.s. in der Antike derb-komische Szenen; als Fremdwort kommt *Mime* 'Schauspieler' noch im 18. Jh. vor ❖ lat. *mimus* 'Nachahmer, Gaukler'
Syn: Akteur, GAUKLER, Komödiant

Lit: DudenFW 884

Mineur 'Pionier beim Militär, der unter feindlichen Stellungen oder Festungen Tunnels gräbt, um sie sprengen zu können'; heute noch Berufsbezeichnung für Facharbeiter beim Tunnel- und Bergbau ❖ franz. *mineur* 'Bergarbeiter'
Syn: Minierer

Lit: Barth 1:658; DudenGWDS

Miniator **Miniaturist** ↗ 'Miniaturmaler' ❖ mlat. *miniator*, aus lat. *minium* 'Zinnober'
Syn: Buchmaler

Lit: Barth 1:658; DudenFW 885

Miniaturist ↗ Miniator

Miniaturmahler ↗ Miniaturmaler

Miniaturmaler **Miniaturmahler** 1. 'Maler, der Illustrationen für Bücher und Handschriften malt'. 2. 'Maler, der kleine Bilder, bes. kleine Portraits, malt' ❖ zu mlat.-ital. *miniatura* 'Kunst, mit Zinnoberrot zu malen', aus lat. *minium* 'Zinnoberrot', das unter Einfluss von lat. *minium* 'kleiner' die Bedeutung 'Kleinmalerei' annahm
W: *Maler*
Syn: Buchmaler

Lit: Barth 1:685; Krünitz 91:189

Minier ↗ Minierer

Minierer **Minier, Minirer** 1. 'Pionier beim Militär, der unter feindlichen Stellungen oder Festungen Tunnels gräbt, um sie sprengen zu können'. 2. 'Soldat oder Arbeiter, der Schanzen gräbt'; Ableitung zu *minieren* 'Minen graben' ❖ zu franz. *miner* 'unterhöhlen'
Syn: Mineur

Lit: Adelung 3:215; Barth 1:685; Grimm 12:2238; Krünitz 91:189

Minirer ↗ Minierer

Minister lat. *minister* 1. 'Angehöriger der Kirche, der unterschiedliche religiöse oder verwaltungstechnische Aufgaben zu erfüllen hat'. 2. 'Vorsteher eines Klosters oder Ordens' — Aus der Grundbedeutung 'Diener' entwickelte sich später (über franz. *ministre*) die politische Bedeutung eines Staatsdieners und Regierungsmitglieds ❖ lat. *minister* 'Diener', aus lat. *minor* (Komparativ zu einer nicht vorhandenen Grundstufe) 'kleiner, geringer'

Lit: Barth 1:685; Diefenbach 362; DRW 9:650; Frühmittellat. RWb; Grimm 12:2238; Krünitz 91:448

Ministerial ↗ Ministeriale

Ministeriale Ministerial; lat. *ministerialis* 1. 'Beamter, der seinen Dienst am Hof des Herrschers ausübt'; im Mittelalter; aus bloßen Knechten am Hof über Verwaltungs- und Kriegsdienste in den Dienstadel aufgestiegen, sodass sie schließlich mit urspr. adeligen Rittern gleichgestellt waren. 2. 'untergeordneter Beamter bei Gerichts- und Polizeibehörden'. 3. 'Bediener' ❖ mlat. *ministerialis* 'Dienstmann; dienstlich', spätlat. *ministerialis* 'kaiserlicher Beamter', aus lat. *minister* 'Gehilfe, Diener'
Syn: Dienstknecht

Lit: Barth 1:658; Barth 2:173; Diefenbach 362; DRW 9:651; DudenGWDS; Frühmittellat. RWb; Krünitz 91:449

Minstrel Ménestrel 'Spielmann und Gaukler in adeligem Dienst'; nach den *Ménestrels*, den altfranzösischen Spielleuten, den Troubadors ❖ engl. *minstrel* 'Spielmann'; aus altfranz. *menestrel* 'Spielmann', später auch 'Beamter, Diener'; vgl. mlat. *ministerialis* 'Beamter'
Syn: GAUKLER, Spielmann

Lit: Barth 1:659; Gamillscheg 1:614

Mintzmeister ↗ Münzmeister

Minzmeister ↗ Münzmeister

Missingbrenner ↗ Messingbrenner

Missingschaber ↗ Messingschaber

Missingslager ↗ Messingschläger

Missingsleger ↗ Messingschläger

Missinksleger ↗ Messingschläger

Mitamtmann 'dem Verwalter als Mitarbeiter und zur Kontolle beigestellter Beamter'; im Salzbergwerk
Syn: Amtsgegenschreiber, Mitverweser

Lit: Patocka (1987) 11

Mithridatmacher 'Person, die Mithridat herstellt und vertreibt'; *Mithridat* ist eine aus 54 meist erhitzten Zutaten hergestellte breiige Arznei, die als Gegenmittel gegen Gift verwendet wurde; sie soll auf König Mithridates VI. von Pontos (132–63 v. Chr.) zurückgehen. Der *Mithridatträger* ist ein Händler mit dieser Arznei
Syn: DROGIST

Lit: Adelung 3:237 (Mithridat); Grimm 12:2353 (Mithridat); Grünn (1960) 103; sagen.at (Zillertal)

Mithridatträger 1. 'Händler, der Medikamente und Öle vertreibt'. **2.** ↗ 'Mithridatmacher; Mithridat wurde allgemein für 'Medikament' verwendet; *Träger* i. S. v. 'Händler''
W: *Träger*
Syn: Lettenträger, Olitätenkrämer, Ölträger, Pulverträger, Theriakkrämer

Lit: Radlof (1821) 1:43; Steub (1846) 553

Mitnachbar 'vollwertiges Mitglied der Dorfgemeinde'; d.h. ein Bauer, der einen ganzen Bauernhof bewirtschaftet
Syn: VOLLBAUER

Lit: Grimm 12:2362; Gruenbaum (1946)

Mitteldrahtzieher 'Drahtzieher, der Drähte mittlerer Stärke herstellt'
W: DRAHTZIEHER

Lit: Reith (2008) 61

Mittelenke 'bäuerlicher Landarbeiter, der in der Rangordnung der Dienstboten an mittlerer Stelle zwischen Groß- und [Klein]enke steht'; bes. ostmitteldt.; ↗ Enke
Syn: Mittelknecht

Lit: Adelung 3:244; Grimm 12:2396; Krünitz 92:86

Mittelknecht Mitterknecht 'bäuerlicher Landarbeiter, der in der Rangordnung der

Dienstboten an mittlerer Stelle zwischen Groß- und Kleinknecht steht'; die Form *Mitterknecht* ist bair.
W: *KNECHT*
Syn: Mittelenke

Lit: Adelung 3:246; Barth 1:662; Grimm 12:2400; Krünitz 92:101; OÖWb 189

Mittelköter Mittelkötner, Mittelkötter 'Kleinbauer der kleinsten noch als vollbäuerlich einzustufenden Besitzklasse zwischen ↗ Groß- und ↗ Kleinköter'
W: Köter
Syn: KLEINBAUER*

Lit: Barth 1:662

Mittelkötner ↗ Mittelköter

Mittelkötter ↗ Mittelköter

Mittelmagd 'bäuerliche Landarbeiterin, die in der Rangordnung der Dienstboten an mittlerer Stelle zwischen Groß- und Kleinmagd steht'
W: *Magd*
Syn: Mitterdirn

Lit: Barth 1:662; Krünitz 92:101

Mittelreiter 'Reiter, der eines der beiden in der Mitte gehenden Pferde eines Sechsergespannes reitet'
W: *Reiter*

Lit: Meyers Lexikon 6:924

Mittelscharrer 'Person, die die Fahrrinne für Schiffe vertieft, indem sie Geröll und Schotter wegscharrt'; an der oberen Donau, Traun, Save; Näheres ↗ SCHARRER
W: SCHARRER

Lit: Neweklovsky (1964) 51

Mitter ↗ *Mutter*

Mitterdirn 'bäuerliche Landarbeiterin, die in der Rangordnung der Dienstboten an mittlerer Stelle steht'; bair.; ↗ Dirn
W: Dirn
Syn: Mittelmagd

Lit: Schmeller 1:541; WBÖ 5:66

Mitterknecht ↗ Mittelknecht

Mitverweser 'dem Verwalter als Mitarbeiter und zur Kontolle beigestellter Beamter'
W: Verweser
Syn: Mitamtmann

Lit: Fellner 335; Patocka (1987) 11

Moar 1. 'oberster Dienstbote als Vertreter des Bauern'. 2. 'Gutsverwalter eines herrschaftlichen Gutshofes'. 3. 'Großbauer' — *Moar* ist die lexikalisierte bairische Dialektform zu *Meier*
Syn: *Meier*

Lit: Girtler (2012) 117, 187; OÖWb 189; Schmeller 1:1552 (Maier)

Modelmacher 'Kunsthandwerker, der Muster und Formen für Abgüsse herstellt; Modellmacher'
Syn: FORMSCHNEIDER

Modelreißer ↗ 'Form-, Holzschneider'; zu *reißen* in der kunstgeschichtlichen Bedeutung 'Zeichnungen in eine Metall- oder Holzplatte ritzen'; der *Holzriss* ist eine Art des Holzschnitts
Syn: FORMSCHNEIDER

Lit: Grimm 14:763 (Reißer)

Modelschneider 'Kunsthandwerker, der die Formen für Abgüsse in Holz schnitzt; Modellschneider' ❖ ↗ Modelstecher
W: *SCHNEIDER*
Syn: FORMSCHNEIDER

Lit: Adelung 3:255; Barth 1:664; Grimm 12:2442; Krünitz 92:579

Modelstecher 'Kunsthandwerker, der Hohlgussmodelle für Wachsfiguren, Lekuchenformen, Kacheln usw. schnitzt'; das Wort *Model* wurde über frühmittelalterliche romanische Baumeister ins Deutsche übernommen. Später erfolgten weitere Entlehnungen aus dem Französischen *(Modell)* und aus dem Englischen *(Model)* ❖ zu mhd. *model* 'Maß, Form, Vorbild, Modell', aus lat. *modulus* 'Maß, Maßstab' aus lat. *modus* 'Maß'

W: Stecher
Syn: FORMSCHNEIDER
Lit: Grimm 12:2438 (Model); Kluge 629 (Model); Krünitz 92:579; Reith (2008) 141, 160

Modist Modiste; Fem. **Modistin 1.** 'Lehrer, der Kinder und Erwachsene im Schreiben und Lesen unterrichtet'; im Spätmittelalter, als im Bürgertum aus wirtschaftlichen Gründen diese Kenntnisse wichtig wurden. **2.** 'Schreiber, der Muster und kunstvolle Schriften anfertigt; Kalligraph'. **3.** 'Modewarenhändler'; meist in der weiblichen Form *Modistin;* kommt im veralteten Sprachgebrauch noch vor. **4.** 'Musikant, Sänger, Musiklehrer' ❖ 1., 2.: zu lat. *modus* 'Maß, Vorschrift, Regel; Art, Weise'; 3.: franz. *modiste* zu franz. *mode* 'Art, Weise; Brauch; zeitgemäße Kleidertracht', aus lat. *modus*; 4.: zu lat. *modus* in der Bedeutung 'Takt, Rhythmus, Melodie'
Syn: Kalligraph, Putzmacher, Putzmacherin, Schönschreiber, Schreibkünstler, Schreibmeister
Lit: Barth 1:665; Grimm 12:2448; Krünitz 92:590; Pies (2005) 115; Volckmann (1921) 256

Modiste ↗ Modist

Modistin ↗ Modist

Moldenbinder ↗ Muldenbinder

Moldenbinner ↗ Muldenbinder

Moldenhauer ↗ Muldenhauer

Moldenhawer ↗ Muldenhauer

Moldenhower ↗ Muldenhauer

Molenknecht ↗ Mühlknecht

Moler ↗ Maler

Molher ↗ Mühlherr

Mollenbinder ↗ Muldenbinder

Mollenhauer ↗ Muldenhauer

Möllenvogt ↗ Mühlenvogt

Moller ↗ *Müller*

Mollmeister ↗ Mühlmeister

Molmeister ↗ Mühlmeister

Molner ↗ *Müller*

Moltenhauer ↗ Muldenhauer

Molter ↗ Mälzer

Moluckendreher 'Person, die Molucken herstellt'; d.s. Strohhülsen zum Schutz für Flaschen ❖ nach der Inselgruppe *Molukken;* wie auch die Pflanze *Moluccane,* dt. *Molucke*
W: Dreher
Lit: Barth 1:665; Krünitz 39:57 (Moluccane)

Moorfahrer 'Schiffer, der den Torf aus dem Moor transportiert'; an der Weser
W: Fahrer
Lit: Adelung 3:277; Grimm 12:2517

Moorvogt 'Beamter, der das Torfmoor beaufsichtigt'
W: Vogt
Lit: Adelung 3:277; Freese (1789) 173; Grimm 12:2518; Krünitz 92:796

Morgensprachsherr 'Ratsherr, der als Vorsitzender einer Zunft an den Versammlungen teilnimmt und in Konflikte regelnd eingreift'; die *Morgensprache* war eine Versammlung, in der alle Angelegenheiten des Handwerks, die nicht der Obrigkeit unterstanden, geregelt wurden ❖ mnd. *morgensprakeshere,* zu mnd. *morgensprake* 'Besprechung, Zusammenkunft, urspr. des Morgens, später auch zu einer anderen Tageszeit'; mhd. *morgensprâche* 'Besprechung, Beratung am Morgen'
W: Herr
Lit: Adelung 3:289 (Morgensprache); Barth 1:669; DRW 9:908; Grimm 12:2581; Schiller-Lübben 3:119

Morner ↗ Marner

Mörsergießer 'Kanonengießer' ❖ zu mhd. *morsære, morser* 'Gefäß zum Zerstoßen; Geschütz'
W: *Gießer*
Syn: Büchsengießer, Geschützgießer, Stückgießer

Mörtelknecht 'Hilfsarbeiter am Bau, der den Mörtel anrührt oder trägt' ❖ zu mhd. *mertel, morter* 'Mörtel', aus lat. *mortarium* 'Mörser, Gefäß'
W: KNECHT
Lit: Barth 1:669; DRW Belegarchiv; Grimm 12:2594

Mörtelkocher lat. *cementarius* 'Hilfsarbeiter am Bau, der den Mörtel zubereitet' ❖ ↗ Mörtelknecht
W: *Kocher*
Syn: Mörtrer
Lit: Barth 2:44; Diefenbach 111; DRW Belegarchiv; Frühmittellat. RWb (Adj.)

Mörtelrührer Mertelrürer, Mörtelrürer 'angelernte Hilfskraft am Bau, die den Mörtel anrichtet' ❖ ↗ Mörtelknecht
Syn: Mörtrer
Lit: Grimm 12:2595; Pies (2005) 96; Reith (2008) 148

Mörtelrürer ↗ Mörtelrührer

Mörtrer 'Hilfsarbeiter am Bau, der den Mörtel zubereitet' ❖ ↗ Mörtelknecht
Syn: Mörtelkocher, Mörtelrührer
Lit: Barth 1:670; Grimm 12:2595

Moshake 'Gemüsehändler mit einem Laden oder auf dem Marktplatz'; niederdt. ❖ mnd. *môs* 'Kohl, Gemüse, breiartige Speise'; mnd. *hake* 'Höker, Kleinhändler'
Lit: Schiller-Lübben 3:123

Mößmer ↗ Messner

Mößner ↗ Messner

Mostler 1. 'Bauer, der Obstmost und Obstsäfte erzeugt'. 2. 'Arbeiter, der die Trauben presst, entweder mit der Weinpresse oder durch Treten mit den Füßen' — *Most* bezeichnet sowohl den Wein aus Trauben als auch (bes. oberdt.) den Obstwein ❖ zu mhd. *most* 'gärender junger Wein, Weinmost', aus lat. *mustum (vinum)* 'junger Wein', zu lat. *mustus* 'jung'
Syn: KELTERER
Lit: Adelung 3:293; Barth 1:670; Grimm 12:2600; Krünitz 94:588

Möthsieder ↗ Metsieder

Motter ↗ *Mutter*

Mötter ↗ *Mutter*

Motzenbäcker ↗ Mutzenbäcker

Mühlarbeiter ↗ Mühlenarbeiter

Mühlarzt Mühlenarzt 'Müller oder Zimmermann, der als Spezialist für Mühlenbau Mühlen repariert'; *Arzt* übertragen auf Geräte und Anlagen
W: ARZT*
Syn: Schirrwerker, ZIMMERMANN
Lit: Adelung 3:301; Barth 1:670; Grimm 12:2636; Krünitz 22:68; Pies (2002a) 32; Pies (2002d) 10; Pies (2005) 102, 187; Zedler 22:68

Mühlbereiter Mühlenbereiter 'Facharbeiter in der Papiermühle, der das Lumpenstampfwerk und das Mühlwerk überwacht und repariert'
W: *Bereiter*
Lit: Barth 1:671; Grimm 12:2636; Krünitz 94:747; Pies (2002b) 16; Reith (2008) 180; Zedler 22:68

Mühlbursch Mühlbursche, Mühlenbursche, Mühlpursche, Müllerbursch, Müllerbursche 'Lehrling oder Geselle in einer Mühle'; die Form *Müllerbursch(e)* kommt heute noch vor, ist aber veraltet
Syn: Mühlknappe, Mühlknecht
Lit: Adelung 3:301; Barth 1:671; Grimm 12:2636, 2655 (Müllerbursch); Krünitz 94:748; Zedler 22:178

Mühlbursche ↗ Mühlbursch

Mühlenamtmann 'Beamter, der für die Mühlen eines bestimmten Gebietes zuständig ist'
W: Amtmann
Lit: Adelung 3:302; Barth 1:671; DRW 9:915 (Mühlenamt); Grimm 12:2639; Krünitz 96:626

Mühlenarbeiter Mühlarbeiter 1. 'Arbeiter im Pochwerk'; d.i. im Berg- oder Hüttenwerk eine Anlage, in der Erz zerkleinert wird, häufig in Mühlen, da das Erz gewaschen wurde. **2.** 'Arbeiter in einer Getreidemühle'
W: Arbeiter
Lit: Adelung 3:302; Barth 1:671; DRW 9:916; Grimm 12:2636; Zedler 22:68

Mühlenarzt ↗ Mühlarzt

Mühlenbauer ↗ Mühlenbaumeister

Mühlenbaumeister Mühlenbauer 'Fachmann, der Wasser-, Wind- und Schöpfmühlen errichtet'
W: Baumeister, Meister
Lit: Grimm 12:2639; Palla (2010); Sulzenbacher (2002) 49

¹Mühlenbereiter Mühlenbereuter 1. 'berittener Aufsichtsbeamter bei den Mühlen'. **2.** 'Beamter mit polizeilichen Aufgaben'
W: Bereiter
Lit: DRW 9:917; Krünitz 96:627

²Mühlenbereiter ↗ Mühlbereiter

Mühlenbereuter ↗ Mühlenbereiter

Mühlenbeschauer Mühlschauer 'Beamter, der für die behördliche Kontrolle der Mühlenordnung zuständig ist'
W: Beschauer
Lit: Adelung 3:301 (Mühlenbeschau); Barth 2:175; DRW 9:918

Mühlenbescheider ↗ Bescheider

Mühlenbursche ↗ Mühlbursch

Mühlenherr ↗ Mühlherr

Mühlenknapp ↗ Mühlknappe

Mühlenmeister ↗ Mühlmeister

Mühlenschreiber Mühlschreiber 'Beamter, der an der Mühlwaage das Gewicht des gelieferten Getreides und des Mehls für die Festsetzung der Gebühren und Steuern aufschreibt'
W: Schreiber
Lit: Adelung 3:302; Barth 1:671; DRW 9:945; Krünitz 96:629

Mühlensteiger ↗ Mühlsteiger

Mühlenvogt Möllenvogt, Mühlvogt, Mühlvoigt '[berittener] Beamter, der für die Mühlen zuständig ist'; bes. obliegt ihm die Einhaltung des Mühlzwangs: die Bauern mussten in einer ihnen zugeordneten Mühle mahlen
W: Vogt
Lit: DRW 9:949; Krünitz 96:553

Mühlenziechner Mühlenzüchner 'Handwerker, der Getreide- und Mehlsäcke sowie den Stoff für Siebe und Mehlbeutel herstellt' ❖ zu mhd. *ziech, zieche* 'Zieche, Bettdecken-, Kissenüberzug', über das Romanische aus mlat. *theca* 'Hülle, Büchse'
W: Ziechner
Lit: Staßewsky – Stein

Mühlenzüchner ↗ Mühlenziechner

Mühler ↗ *Müller*

Mühlgraf 1. 'Beamter, der die Mühlen und Einhaltung der Mühlenordnung kontrolliert'. **2.** 'Vorsitzender oder Geschworener des Mühlengerichts'; d.i. ein niedriges Gericht für Mühlenangelegenheiten
W: Graf
Lit: Barth 1:671; DRW 9:932

Mühlherr Molher, Mühlenherr 'Besitzer einer Mühle' ❖ die niederdt. Form *Molher* zu mnd. *mole, molle* 'Mühle'
FN: Mühlherr, Müllherr, Mühler

W: *Herr*
Syn: Müllerherr

Lit: Adelung 3:303; Barth 1:671; Grimm 12:2641; Linnartz 155

Mühlischer Mühlscher, Mülscher 'Müllergeselle'; zu *mühlisch* 'zur Mühle gerhörend'
FN: Mühlisch, Muehlisch
Syn: Mühlknappe, Mühlknecht

Lit: Adelung 3:303 (Mühlknappe); Grimm 12:2642 (mühlisch); Krünitz 96:630 (Mühlisch); Zedler 22:178

Mühlknappe Mühlenknapp 'Gehilfe eines Müllers'; die Stellung ist unterschiedlich, es kann sich um einen Gesellen oder Lehrling handeln
W: Knappe
Syn: Mühlbursch, Mühlischer, Mühlknecht

Lit: Adelung 3:303; Barth 1:671; Zedler 22:178

Mühlknecht Molenknecht 'Gehilfe eines Müllers'; *Molen-* ist die niederdt. Form ❖ mhd. *mülknëht, müllerknëht* 'Mühlknecht, -geselle'; zu mnd. *mole, molle* 'Mühle'
W: Knecht
Syn: Mühlbursch, Mühlischer, Mühlknappe

Lit: Adelung 3:303 (Mühlknappe); Barth 1:671; Schiller-Lübben 3:112

Mühlmeister Mollmeister, Molmeister, Mühlenmeister, Müllenmeister 1. 'Vorgesetzter einer Mühle'. 2. 'Aufsichtsbeamter über das Mühlenwesen'. 3. 'Bergmann, der die Aufsicht über die Erz- und Hammermühlen in den Hüttenwerken führt' ❖ mhd. *mülmeister* 'Müller, Müllermeister'; mnd. *mole, molle* 'Mühle'
W: Meister
Syn: Mühlsteiger

Lit: Adelung 3:303; Barth 1:671; Grimm 12:2642; Krünitz 96:631; Zedler 22:180

Mühlner ↗ Müller

Mühlpursche ↗ Mühlbursch

Mühlschauer ↗ Mühlenbeschauer

Mühlscher ↗ Mühlischer

Mühlschreiber ↗ Mühlenschreiber

Mühlsteiger Mühlensteiger 'Bergmann, der in den Hüttenwerken die Aufsicht über die Erz- und Hammermühlen führt'
W: Steiger
Syn: Mühlmeister

Lit: Adelung 3:303; Barth 1:671; Grimm 12:2643; Krünitz 96:632; Zedler 22:180

Mühlvogt ↗ Mühlenvogt

Mühlvoigt ↗ Mühlenvogt

Mühlzurichter ↗ Zurichter

Muhme 1. 'Frau, die im Gesundheitswesen oder in der Haus- oder Viehwirtschaft tätig ist'. 2. 'Erzieherin, Pflegerin' — Die Grundbedeutung ist 'Schwester des Vaters oder der Mutter' ❖ mhd. *muome* 'Schwester der Mutter', später allgemein auf 'Tante' ausgedehnt und dann auf eine ältere Person, die an die Stelle von Verwandten tritt und Betreuungsaufgaben übernimmt
W: Bademuhme, Kindermuhme, Viehmuhme

Lit: Adelung 3:304; Barth 1:671; DRW 9:954; Grimm 12:2644; Krünitz 96:633

Mulchengrämpler ↗ Mulchengrempler

Mulchengrempler Mulchengrämpler 'Händler mit Milchprodukten; Butter- und Käsehändler'; *Mulch* ist eine schweiz. Form für *Milch* ❖ zu mhd. *molchen, molken; mulchen, mulken* 'Milch und was aus der Milch zubereitet wird (Käse, Zieger, Butter)'
W: Grempler

Lit: Idiotikon 2:739

Muldenbinder Moldenbinder, Moldenbinner, Mollenbinder 'Handwerker, der flache Körbe oder Holzgefäße (Mulden), die im Stall beim Füttern oder auf dem Feld bei der Kartoffelernte verwendet werden, herstellt oder ausbessert'; eine *Mulde* ist ein ausgehöhltes hölzernes Gefäß, das als Back- oder Mehltrog (*Backmulde*), als Fleischbehälter (*Fleischmulde*) oder als Badetrog für Kinder (*Bademulde*) verwendet wird ❖ ↗ Muldenhauer

W: *Binder*
Syn: Muldenhauer
Lit: Adelung 3:305; Barth 1:665; Lindow 134

Muldener ↗ Multerer

Muldenhauer Moldenhauer, Moldenhawer, Moldenhower, Mollenhauer, Moltenhauer, Muldenhower 'Handwerker, der flache Körbe oder Holzgefäße, die im Stall beim Füttern oder auf dem Feld bei der Kartoffelernte verwendet werden, sowie hölzerne Wurfschaufeln und Löffel herstellt' ❖ zu mhd. *mulde* 'Mulde, halbrundes ausgehöhltes Gefäß, namentlich zum Reinigen des Getreides, Mehl-, Backtrog u.dgl.'; niederdt. *Moll, Mull* 'Mulde, flacher Holztrog, flacher Korb'; mnd. *molle, molde* 'länglich ausgehöhltes Gefäß'
FN: Muldenhauer, Moldenhauer, Moldenhawer, Mollenhauer, Mollhauer
W: HAUER
Syn: Muldenbinder, Multerer
Lit: Adelung 3:305 (Mulde); Barth 1:665; DRW 9:957; DudenFN 465; Gottschald 354; Grimm 12:2652 (Mulde); Krünitz 96:639; Lengerke 3:573; Lindow 124; Volckmann (1921) 164

Muldenhower ↗ Muldenhauer

Müllenmeister ↗ Mühlmeister

Müller Millner, Moller, Molner, Mühler, Mühlner, Müllner, Mulner; lat. *molendinarius, molendinator, molinarius, molitor Müller* bezeichnet in erster Linie den Handwerker, der Getreide und Hülsenfrüchte mahlt, kann aber auch, meist in Zusammensetzungen, alle Materialien betreffen, die durch Mahlen und Reiben gewonnen oder bearbeitet werden, wie *Ölmüller, Pulvermüller, Erzmüller, Kalkmüller, Papiermüller*. Die Zusammensetzungen zeigen die verschiedenen Verfahren, wie *Mahlmüller, Schleifmüller, Stampfmüller, Wassermüller*. Die Geschichte des Mahlens beginnt mit dem Zerstoßen in einem Mörser und mit dem Zerreiben auf einem Stein. Das Drehen des Steines wurde durch eine Handmühle, wobei der Stein mit einer Handkurbel gedreht wurde, oder eine Tretmühle erleichtert. Als Antrieb wurden schließlich stärkere als die menschlichen Kräfte verwendet: das fließende Wasser bei den Wasserrädern der *Wassermühlen* und *Schiffmühlen*; Tiere, die einen Göpel im Kreis drehten; der Wind bei den *Windmühlen* ❖ mhd. *müler, mülner, mülnære*, mnd. *molner* 'Müller'
FN: Müller, Müllener, Muellener, Müllers, Muellers, Mühlner, Milner, Miller, Molner, Muller
W: Bannmüller, Bestandmüller, Borkmüller, Braumüller, Breinmüller, Brettmüller, Drahtmüller, Erzmüller, Färbeholzmüller, Fleckenmüller, Graupenmüller, Grützmüller, Holzmüller, Kalkmüller, Kornmüller, Krätzmüller, Kumpfmüller, Lohmüller, Mahlmüller, Malzmüller, Märbelmüller, Mautmüller, ÖLMÜLLER, Papiermüller, Plättmüller, Poliermüller, Pulvermüller, Rossmüller, Sägemüller, Schiffmüller, Schleifmüller, Schmiedemüller, Schneidemüller, Schrotmüller, Seidenmüller, °Senfmüller, Sichtemüller, Stampfmüller, Tabakmüller, Waidmüller, Walkmüller, Wassermüller, Weißmüller, Windmüller
Syn: Mahler
Lit: Adelung 3:305; Barth 1:671; Diefenbach 365; DudenFN 462, 470; Frühmittellat. RWb; Gottschald 357; Linnartz 156; Pies (2005) 100; Reith (2008) 162

Müllerbursch ↗ Mühlbursch

Müllerbursche ↗ Mühlbursch

Müllerherr 'Beamter, der die Aufsicht über die Mühlen hat'
W: *Herr*
Syn: Mühlherr
Lit: Idiotikon 2:1536

Müllner ↗ *Müller*

Mulner ↗ *Müller*

Mülscher ↗ Mühlischer

Multeler ↗ Multerer

Mülter ↗ Mälzer

Multerer Muldener, Multeler, Multermacher
'Handwerker, der Mulden anfertigt'; d.s. hölzerne Messgefäße, die zugleich eine Maßeinheit waren; die Form *Multer* ist die ältere Form für *Mulder* ❖ zu mhd. *multer, muolter* 'Mulde, halbrundes ausgehöhltes Gefäß, namentlich zum Reinigen des Getreides; Mehl-, Backtrog', aus lat. *mulctra* 'Melkkübel'
FN: Multerer, Mülterer, Multer, Mülter, Multner, Mültner, Muldner, Müldner, Müldener, Mulder, Mülder, Milterer, Moltner, Möldner, Möltner, Molterer
Syn: Muldenhauer

Lit: Barth 1:672; DudenFN 470; Gottschald 357; Linnartz 156

Multermacher ↗ Multerer

Multzer ↗ Mälzer

Mulzer ↗ Mälzer

Mülzer ↗ Mälzer

Mundarzt 'Zahnarzt [an einem herrschaftlichen Hof]'; oft in den Zusammensetzungen *Zahn- und Mundarzt, Kammer-Zahn- und Mundarzt*
W: ARZT*

Lit: Adelung 3:311; Barth 1:672; Pies (1977) 48

Mundbäcker Mundbecker 'Bäcker, der für die persönliche Tafel des Fürsten backt'
W: BÄCKER*
Ggs: Hofbäcker

Lit: Adelung 3:311; Barth 1:672; Grimm 12:1684; Krünitz 96:

Mundbecker ↗ Mundbäcker

Mundkoch 'Koch, der für die persönliche Tafel des Fürsten kocht'

Lit: Adelung 3:313; Barth 1:673; Grimm 12:2689; Krünitz 96:723

Mundschencke ↗ Mundschenk

Mundschenk Mundschencke 'Hofbeamter, der für die Getränke an der Hoftafel verantwortlich ist'; auch eine hohe symbolische Würde
Syn: Schenk

Lit: Adelung 3:314; Barth 1:673; DRW 9:994; Grimm 12:2692; Krünitz 96:736; Meyers Lexikon 6:257; Pies (2002d) 40; Pies (2005) 87; Zedler 22:810

Mundwäscherin Mundwäschin 'Wäscherin, die die Tischwäsche, Tafeltücher und Mundtücher in einem herrschaftlichen Haushalt wäscht'; am Wiener Hof; auch in der Verbindung *Leib- und Mundwäscherin*

Lit: DRW Belegarchiv; Grünn (1978) 48; Keller (2005) 19; Neweklovsky (1964) 151; Rink (1709) 1:152; Schneider (2010) 77

Mundwäschin ↗ Mundwäscherin

Münstermann ↗ Kirchendiener in einer Domkirche
W: *Mann*
Syn: KÜSTER

Lit: Barth 1:673; DRW 9:1000

Muntemester ↗ Münzmeister

Munter ↗ Münzer

Muntner ↗ Münzer

Münzbedienter 'Angestellter in einer Münzprägestätte'
W: *Bedienter*

Lit: Adelung 3:316; DRW 9:1004; Krünitz 96:758

Münzeisenschneider 'Handwerker im Münzamt, der die Prägestempel anfertigt'
W: SCHNEIDER
Syn: Prägschneider

Lit: Barth 1:673; DRW 9:1011; Grimm 12:2706 (Münzeisen); Krünitz 98:2

Munzer ↗ Münzer

Münzer Munter, Muntner, Munzer, Münzner, Mynter; lat. *monetarius, trapezeta, trapezita, trapiseta* **1.** ↗ 'Münzmeister'. **2.** 'Geldwechsler'. **3.** 'Handwerker, der Münzen prägt'

❖ mhd. *münzære, münzer* 'Münzer, der Geld prägt oder das Recht hat, Geld zu prägen und zu wechseln'; mnd. *munter, müntere, münter* 'Münzer, der das Recht hat, Münzen zu schlagen und zu wechseln; oder der von der Obrigkeit dazu bestellt ist (Münzmeister); der mit Geldwechsel oder -handel zu tun hat'
FN: Münzer, Munzer, Müntzer, Münzner, Minzer, Müntscher, Munter, Münter
Syn: Eisenhalter, Münzherr, Münzmeister, Münzschläger, Stanzer, Wechsler

Lit: Adelung 3:318; Barth 1:673; Diefenbach 366, 593; DRW 9:1014; DudenFN 471; Frühmittellat. RWb; Gottschald 359; Grimm 12:2708; Linnartz 156; Pies (2005) 103; Volckmann (1921) 135

Münzgegenschreiber ↗ Gegenschreiber

Münzguardein ↗ Münzwardein

Münzherr 'Besitzer der Münzhoheit in einem bestimmten Territorium'; in Deutschland die geistlichen und weltlichen Fürsten
W: *Herr*
Syn: Eisenhalter, Münzer, Münzmeister

Lit: Adelung 3:319; Barth 1:674; Grimm 12:2709; Idiotikon 2:1536; Kahnt/Knorr (1987) 389; Krünitz 98:4

Münzmeister Mintzmeister, Minzmeister, Muntemester 'verantwortlicher Leiter der Münzanstalt, der für die Zusammensetzung und Prägung der Münzen verantwortlich ist'; als Beamter oder Pächter einer Münzstätte ❖ mhd. *münzmeister* 'Münzmeister, -pächter'
W: *Meister*
Syn: Eisenhalter, Münzer, Münzherr

Lit: Adelung 3:319; Barth 1:674; DRW 9:1027; Grimm 12:2710; Idiotikon 4:519; Kahnt/Knorr (1987) 389; Krünitz 98:49; Pies (2005) 103

Münzner ↗ Münzer

Münzschauer 'Beamter, der Gewicht und Feingehalt der Münzen untersucht; Münzprüfer'
W: *Schauer*
Syn: Münzwardein

Lit: Barth 1:674; DRW 9:1038; Idiotikon 8:1628

Münzschlager ↗ Münzschläger

Münzschläger Münzschlager 'Arbeiter in der Münze, der die Münzen schlägt'; eine andere Methode wäre das Pressen der Münze
W: *Schläger*
Syn: Münzer, Stanzer

Lit: Barth 1:674; Grimm 12:2710

Münzschlosser 'Arbeiter in der Münzstätte, der die Metallgrundlage für die Münze herstellt'
W: *Schlosser*

Lit: Barth 1:674; Grimm 12:2710; Krünitz 98:61

Münzschneider 'Handwerker, der Prägestöcke für die Münzprägung herstellt'
Syn: Prägschneider, SCHNEIDER

Lit: Barth 1:674

Münzschreiber 'Verwaltungsangestellter in einer Münzstätte'
W: *Schreiber*

Lit: Adelung 3:319; DRW 9:1039

Münzschroter ↗ Münzschröter

Münzschröter Münzschroter 'Münzpräger, der die runden Münzplättchen aus dem Metallrand schneidet'
W: *Schröter*

Lit: Adelung 3:1663 (Schröter); Barth 1:674; Volckmann (1921) 50

Münzwardein Münzguardein 'Beamter, Münzmeister, der den Feingehalt und das Gewicht der Münzen prüft' ❖ ↗ Wardein
W: Wardein
Syn: Münzschauer, Versucher

Lit: Adelung 3:320; Barth 1:674; Grimm 12:2711; Krünitz 98:69

Murer Murner 'Maurer'; bes. schweiz. ❖ mhd. *mûræ̂re* 'Maurer'
FN: Murer, Mürer, Muhr, Gmür
Syn: Mauermann, Murmann

Lit: Gottschald 344; Idiotikon 4:384; Linnartz 156; Volckmann (1921) 272

Murmann Mürmann 'Maurer'; niederdt. ❖ mnd. *mûrman* 'Maurer', zu mnd. *mure* 'Mauer'

FN: Murmann, Muhrmann, Mürmann, Muermann
W: *Mann*
Syn: Mauermann, Murer

Lit: DudenFN 471; Gottschald 344; Linnartz 156; Schiller-Lübben 3:138

Mürmann ↗ Murmann

Murner ↗ Murer

Musemeister Müsemeister 'Verwalter des Arsenals, Zeughauses'; zu *Muserie, Muserei* 'Zeughaus, Arsenal'
Syn: Zeugwart

Lit: Dreyer (1769) 115 (Muserei), 121; DRW 9:1051; Krünitz 98:448

Müsemeister ↗ Musemeister

Mushafenschaffner Musschaffner 'Verwalter eines Unterstützungsfonds'; schweiz.; zu *Mushafen* 'Breitopf, Suppenschüssel', übertragen für einen 'Fonds, mit dem Naturalspenden finanziert werden', später allgemein ein 'Almosen- und Stipendienfonds'
W: *Schaffner*

Lit: Idiotikon 2:1014; Idiotikon 8:347

Musicus ↗ Musikus

Musikalis ↗ Musikus

Musikus Musicus, Musikalis 'Musiker, der die Musik künstlerisch oder wissenschaftlich betreibt'; urspr. im Ggs. zum Musikanten, der handwerklich gegen Lohn musizierte; man unterschied *musicus instrumentalis* (Kirchenmusiker) und *musicus vocalis*; heute noch ironisch-scherzhaft für 'Musikant' gebraucht ❖ lat. *musicus* 'Tonkünstler, Komponist'
W: °Stadtmusikus
Syn: Zinkenist

Lit: Adelung 3:325 (Musikant); Adelung 4:626 (Tonkunst); Barth 1:674; DudenFW 911; Grimm 12:2743; Pies (2005) 105

Musketier Musketierer, Musquetier 'Fußsoldat, der mit einem Luntenschlossgewehr (Muskete) bewaffnet ist'; die Bezeichnung wurde auch beibehalten, als im 17. Jh. die Muskete durch Gewehre ersetzt wurde; im preußischen Heer wurde der Infanterist (Schütze) bis zum 1. Weltkrieg als *Musketier* bezeichnet ❖ franz. *musquetier*, zu *mousquet*; aus ital. *moschetto* 'Sperber' im 16./17. Jh. übertragen auf 'Luntengewehr'; im Mittelalter wurden Waffen oft mit Raubvogelnamen bezeichnet
Syn: BÜCHSENSCHÜTZE

Lit: Adelung 3:327; Barth 1:675; Gamillscheg 1:636; Grimm 12:2747; Krünitz 99:55; Pies (1977) 86

Musketierer ↗ Musketier

Musquetier ↗ Musketier

Musschaffner ↗ Mushafenschaffner

Musterer 1. 'Inspektor der städtischen Milizen'. 2. 'Person, die die Musterung und Aushebung der Soldaten durchführt'
Syn: Musterherr

Lit: Barth 1:675; DRW 9:1066; Grimm 12:2764

Musterherr 1. 'Militärinspektor oder Offizier, der die Truppen und die Bewaffnung kontrolliert und die Entlohnung der Soldaten organisiert'. 2. 'Vorsitzender der Kommission, die die Untersuchung der Wehrpflichtigen auf ihre Militärtauglichkeit durchführt'; zu *Musterung* ❖ zu mhd. *mustern* 'mustern, untersuchen', zu mlat. *monstra* 'Muster', aus lat. *monstrare* 'zeigen'
W: *Herr*
Syn: Musterer, Mustermeister

Lit: Adelung 3:333; Barth 1:675; Grimm 12:2764; Idiotikon 2:1537; Krünitz 99:227

Mustermeister 'Mitarbeiter des ↗ Musterherrn, der bes. für die Besoldung der Truppen zuständig ist'
W: *Meister*
Syn: Musterherr, Zahlmeister

Lit: Barth 1:675; DRW 9:1067; Grimm 12:2766

Musterreiter '[berittener] Geschäftsreisender, der Warenproben vorlegt und Aufträge annimmt'

W: *Reiter*
Syn: Probenreiter, Probenträger
Lit: Barth 1:675; Grimm 12:2769; Schmeller 1:1685

Musterschreiber 1. 'Militärbeamter, der bei der militärischen Musterung das Protokoll führt'. **2.** 'Militärbeamter, der das Verzeichnis über Truppen, Bewaffnung und Ausstattung führt'
W: *Schreiber*
Syn: Feldschreiber, Zeugschreiber
Lit: Adelung 3:334; Barth 1:675; DRW 9:1070; Grimm 12:2769; Krünitz 99:230

Muter Muther **1.** 'Bergmann, der eine *Mutung* beantragt'; d.i. eine Bewilligung, ein Recht, zu *muten* 'einen Anspruch geltend machen', z.B. um Zuteilung eines Lehens. Im Bergbau hatte der erste Finder das Recht, eine neue Fundgrube bei der Bergbaubehörde anzumelden und nach der Bewilligung abzubauen bzw. eine Gebühr für den Abbau zu verlangen. **2.** 'Handwerksgeselle, der das Meisterrecht beantragt'; dazu hatte er eine Frist, das Meisterstück anzufertigen; teils gehörten auch die Wanderjahre zur *Mutung* ❖ zu mhd. *muoten, mûten* 'haben wollen, begehren, verlangen'; das Wort ist im Nhd. verschwunden und nur in Fachsprachen oder in Resten, wie *zumuten*, erhalten
Lit: Barth 1:675; DRW 10:80; Fellner 338; Grimm 12:2796; Veith 345

Muther ↗ Muter

Mutschelbäcker ↗ Mutzenbäcker

Mutter Mitter, Motter, Mötter, Mütter **1.** 'Zollbeamter, der die indirekten Steuern einhebt'. **2.** 'Beamter, der Waren misst, z.B. Korn, Salz, Kalk'. **3.** 'Frau, die andere betreut oder pflegt'; *weise Mutter* 'Hebamme' ↗ Weismutter. **4.** 'Frau, die eine Anstalt, Unterkunft o. Ä. [für Frauen] leitet' ❖ **1.**, **2.**: zu mhd. *mutter* m. 'Fruchtmesser', frühnhd. *mutter* 'Beamter, der misst', mhd. *mütte, mutte, müt, mut* 'Scheffel', aus lat. *modius* 'Fruchtmaß'; **3.**, **4.**: zu mhd. *muoter* 'Mutter'

FN: Mutter, Muttner, Mütter, Mitter, Motter, Mudder, Müdder
W: Bademutter, Gastmutter, Hopfenmutter, Kalkmutter, Käsemutter, Kindermutter, Kornmutter, Krankenmutter, Lehrmutter, Lesemutter, Mägdemutter, °Pensionsmutter, Salzmutter, °Stadtmitter, Tollmutter, Viehmutter, Waisenmutter, Wehmutter, Zuchthausmutter, Zuchtmutter
Lit: Barth 1:675; DRW 9:1095; DudenFN 472; Gottschald 360; Grimm 12:2804; Linnartz 153, 155, 157; Pies (2005) 165

Mütter ↗ Mutter

Mutzenbäcker Motzenbäcker, Mutschelbäcker 'Bäcker, der Mutzen, Mutscheln backt'; *Mutzen, Mutscheln:* **1.** 'ein feines zwiebackartiges Gebäck in bestimmter Form, oft zur Fastnacht', **2.** 'ungeformtes Gebäck, kleiner Laib aus Teigresten'; regional noch heute üblich. Vgl. schweiz. *Mutschli, Mütschli* 'kleines, rundes Gebäck [aus Brotmehl]' ❖ mhd. *mutsche* 'ein Brot von geringer Größe und Beschaffenheit'
FN: Mutzenbecker, Mutzenbach, Mutzenbacher, Mutzenbecher, Mutzenbäcker, Mutschler, Mutscheler, Mischler, Müschler, Mitscheler, Mütschele, Mitzel
W: *Bäcker**
Lit: DudenFN 472; ElsässWb 1:742; Gottschald 360; Grimm 12:2802 (Mutsche, Mütsche), 2837 (Mutz); Linnartz 157; Palla (1994) 217; PfälzWb 4:1487; VWB 516

Mutzenknecht 'Fährmann eines *Mutzen*'; d.i. ein kleiner Nachen, bes. für Fährdienste, oder ein Floßfahrzeug ❖ zu mhd. *mutzen* 'abschneiden, stutzen', davon abgeleitet die Bedeutung für verschiedenes Abgestumpftes, Abgeschnittenes, z.B. ein Tier mit abgeschnittenem Schwanz, ein kurzes Oberkleid, ein kleines Schiff
W: *Knecht*
Lit: Neweklovsky (1964) 77, 346; Schmeller 1:1706 (Mutzen)

Mynter ↗ Münzer

Myssener ↗ Messner

N

Nabegerschmied ↗ Naberschmied

Nabenhauer 'Handwerker, der Radnaben für den hölzernen Wagen herstellt' ❖ zu mhd. *nabe* 'Nabe'; mhd. *houwen* 'hauen, hacken, umhauen, bearbeiten', mhd. *houwer* 'jmd. der haut'. *Hauer* entwickelte sich zur Bezeichnung verschiedener Berufe manueller Arbeiten, wie *Erzhauer, Steinhauer, Fleischhauer* usw. ↗ Hauer
FN: Nabenhauer, Nahnhauer (siehe auch unter *Naber*)
W: HAUER

Lit: Adelung 2:1005 (Hauer); Gottschald 361; Grimm 10:581 (Hauer); Kunze 136; Linnartz 157

Nabenschmied ↗ Naberschmied

Naber Näber, Neber; lat. *faber terebrarum* 'Schmied, der vor allem Bohrer herstellt'; das Wort ist eine Ableitung von *Nabe* 'hülsenförmiges Mittelstück eines Rades, einer Drehscheibe o. Ä., durch das die Achse geschoben ist [und in dem die Speichen befestigt sind]'. Die Grundbedeutung des Wortes ist 'Mittelpunkt, Ursprung, Nabel', die auf den Mittelpunkt des Rades, die Radnabe, übertragen wurde. Eine weitere Bedeutungsübertragung erfolgte auf den Bohrer, mit dem das Loch, die *Nabe*, gebohrt wurde, und auf den Bohrerschmied, den *Naberschmied*, verkürzt *Naber* ❖ zu mhd. *nabegêr* 'spitzes Eisengerät zum Umdrehen; Bohrer', weitere mhd. Formen *nebiger, nebegêr, nagber, nägber, negwer, neg(e)bor* u.a.
FN: Newer, Nehwer, Neiber, Naber, Näber (vgl. auch unter *Nabiger*). Der Familienname *Naber, Naaber* kommt nicht von *Nabe*, sondern von *Nachbar* oder als Herkunftsname vom Ortsnamen *Naber(n)*. Zusammengesetzte Familiennamen: Nabholz (Übername für den Wagner), Nahmmacher, Nahmacher (auch ↗ Nabenhauer)
Syn: Bohrerschmied

Lit: Barth 1:678; DudenFN 472; DudenGWDS; Gottschald 361; Grimm 13:8, 511; Linnartz 157; Pfeifer 905; Volckmann (1921) 118

Näber ↗ Naber

Näberschmid ↗ Naberschmied

Naberschmidt ↗ Naberschmied

Naberschmied Nabegerschmied, Nabenschmied, Näberschmid, Naberschmidt, Näberschmied, Nabingerschmied, Näpperschmied, Neberschmied, Nepperschmied 1. 'Schmied, der vor allem Bohrer herstellt'; bes. den *Nabenbohrer* (Bohrer zum Ausbohren der Nablöcher). 2. 'Wagner, Stellmacher'; vom Hersteller der Bohrer und Bohrlöcher auf den Handwerker des Gesamtprodukts übertragen; *Schmied* bezeichnet hier nicht nur den metallverarbeitenden, sondern einen universellen Handwerker ❖ mhd. *nabegêrsmit; nabingerschmed* ist eine bair. Form, vgl. *Nabingerloch* 'Bohrloch'; das -a- resultiert aus dem Sekundärumlaut
FN: Nepperschmid, Nepperschmidt
W: *Schmied*
Syn: Bohrerschmied, Eberschmied, WAGNER

Lit: Adelung 3:358; Ast/Katzer (1970) 186; Barth 1:678; DRW 9:1121; Gottschald 361; Grimm 13:4, 8; Idiotikon 9:863; Krünitz 99:663 (Näberschmied); Linnartz 157; Reith (2008) 258

Näberschmied ↗ Naberschmied

Nabiger Näbiger, Nebiger 'Schmied, der vor allem Bohrer herstellt' ❖ ↗ Naber
FN: Näbiger, Näbinger, Nebinger, Näwiger, Newger, Newiger, Negwer (vgl. auch unter *Naber*)
Syn: Bohrerschmied
Lit: DudenFN 472; Gottschald 361; Grimm 13:8, 511; Linnartz 157; Schmeller 1:1713; Volckmann (1921) 118

Näbiger ↗ Nabiger

Nabingerschmied ↗ Naberschmied

Nachfahr ↗ Nachfahrer

¹**Nachfahrer** Nachfahr 'Grubenbeamter, der die vereidigten Arbeiter kontrolliert; Vorgesetzter der Steiger'; oberdt. Sonderbedeutung aus dem Bergbau, die Hauptbedeutung ist 'Nachfahr, Nachkomme' ❖ zu mhd. *varn, varen* 'sich von einem Ort zum anderern bewegen'
Syn: Nachgänger
Lit: Barth 1:679; DRW 9:1155; Grimm 13:48; Krünitz 99:784; Veith 348

²**Nachfahrer** ↗ Nachtfahrer

Nachgänger Nachgeher 1. 'Aufseher'; zu *nachgehen* i. S. v. 'einer Sache nachgehen, sie beaufsichtigen'. 2. 'untergeordneter Zollbeamter'. 3. 'Pferdeknecht, der Kutschen und Gespanne begleitet'. 4. 'Anwalt vor Gericht' — Die Formen mit *-geher* statt *-gänger* sind die älteren und heute noch im österr. Standarddeutsch erhalten, z.B. *Fußgeher* für *Fußgänger* ❖ 1.–3.: zu mhd. *nachgên* 'nachfolgen, nachgehen'; *nâchgenger* 'der auf dem Fuß Folgende; Diener'; 4.: zu mhd. *nâchgëhe, nâchjëhe* 'Beistimmer, Verteidiger'
W: Gänger
Syn: Nachfahrer, Nachschauer
Lit: Barth 1:679; DRW 9:1171; Grimm 13:57 (nur für Nachfolger); PfälzWb 5:11

Nachgangsschreiber ↗ 'Gerichtsschreiber an einem Straf- oder bei einem Untersuchungsgericht'; schweiz.; zu *Nachgang* 'Überprüfung, Nachforschung' ❖ zu mhd. *nâchganc* 'Nachfolge; Untersuchungsgericht der Nachgänger' (Verhörrichter mit Geleit und Schreiber); in der bair. Kanzleisprache auch 'Nachtrag zu einem Aktenstück'
W: *Schreiber*
Syn: Aktuar, Gerichtsschreiber, Pflegschreiber, Schrannenschreiber, Stuhlschreiber
Lit: Grimm 13:57; Idiotikon 9:1539

Nachgeher ↗ Nachgänger

Nachigeher 'Arbeiter in der Schifffahrt, der als Zweiter Geröll und Sandbänke aus der Fahrrinne wegräumt'; an der oberen Donau, Traun, Save; er folgte dem Ersten, dem ↗ *Scharrer (Anwater)* ❖ bair. *nachhin, nach* 'nachfolgend', eigentlich *Nachhingeher*
Syn: SCHARRER
Lit: Neweklovsky (1964) 51

Nachmelker 'Melker, der bei der Milchmessung auf der Alp nachzusehen hat, ob alle Kühe richtig ausgemolken sind'; schweiz. ❖ zu mhd. *mëlchen, melken* 'melken'
Lit: Idiotikon 4:197

Nachrichter 1. 'Person, die das Urteil vollstreckt (Scharfrichter oder Henker)'; im Ggs. zur bis ins 15. Jh. vorkommenden Urteilsvollstreckung durch Geschädigte oder deren Verwandte. 2. 'untergeordneter Richter oder Hilfskraft im Gericht' ❖ mhd. *nâchrihter* 'Scharfrichter, Henker; Scherge, Gerichtsdiener'; niederdt. *narechter, narichter*, eigentlich 'der nach dem Richter agiert'
Syn: SCHARFRICHTER
Lit: Adelung 3:383; Barth 1:680; DRW 9:1229; Idiotikon 6:454; Krünitz 100:14; Pies (2001) 37; Pies (2005) 117; Schild (1997); Volckmann (1921) 329

Nachschauer Nachschauwer 'Aufseher, Kontrolleur, z.B. über städtische Waldungen' ❖ zu mhd. *nach schouwen* zu *nachschauen* in der Bedeutung 'forschend und prüfend nachsehen'; *Nachschau* 'Überprüfung'

Syn: Nachgänger, SCHAUER

Lit: Adelung 3:384; DRW 9:1239; Grimm 13:110; Idiotikon 8:1615

Nachschauwer ↗ Nachschauer

Nachschmied 'Schmied, der die Werkstücke mit Hämmern nachbearbeitet, dass sie die endgültige schöne Form und Oberfläche erhalten' ❖ zu niederdt. *nahsmeden, nahsmäden* 'nachschmieden', zu mnd. *smeden* 'schmieden'
W: *Schmied*

Lit: Lindow 189; Schiller-Lübben 4:260

Nachtarbeiter 'Person, die die Abtritte reinigt'; die Arbeit musste in der Nacht verrichtet werden
Syn: ABTRITTRÄUMER

Lit: Adelung 3:394; Barth 1:681; Grimm 13:168; Krünitz 100:32

Nachtfahrer Nachfahrer 'Person im Bergbau, die die Arbeiter nachts kontrolliert, ob sie rechtzeitig ein- und ausfahren und ihre Arbeit verrichtet haben'
W: *Fahrer*
Syn: Nachthüttenmeister, Nachtmeister, Nachtschichter

Lit: Barth 1:681; Grimm 13:175; Zedler 23:264

Nachtführer 'Person, die (nachts) die Abtritte reinigt und den Unrat entfernt'; *führen* wird regional wie *fahren* i. S. v. 'transportieren' verwendet. Die Arbeit wurde meist nachts durchgeführt
W: *Führer*
Syn: ABTRITTRÄUMER

Nachthirt ↗ Nachthirte

Nachthirte Nachthirt 1. 'Hirte, der nachts arbeitet, bes. Person, die nachts die Pferde hütet'; Bauern hielten wegen der Spanndienste, zu denen sie vom Grundherrn verpflichtet waren, mehr Pferde als für die eigene Wirtschaft nötig, diese trieben sie nachts auf die Weide. 2. 'Nachtwächter'
W: *Hirt*
Ggs: Taghirte

Lit: Adelung 3:396; DRW 9:1289; Grimm 13:186; Henning (1969)

Nachthüttenmeister 'Hüttenmeister, der die Schmelzhütten und die darin Beschäftigten in der Nacht kontrolliert'; ein *Hüttenmeister* ist der oberste Aufseher in einem Hüttenwerk; zu *Hütte* in der Bedeutung 'Aufbewahrungsort für Werkzeuge und Material, bes. für Steinmetze, im Bergbau ❖ mhd. *hütte* 'Gebäude, in dem die Erze geschmolzen werden'
W: *Meister*
Syn: Nachtfahrer, Nachtmeister
Vgl: Nachtschichter

Lit: Adelung 3:396 (Nachthütte); Barth 1:681; Grimm 10:1998 (Nachthütte); Grimm 13:188; Krünitz 100:139

Nachtkönig Kunigl, Nachtkünig 'Person, die (nachts) die Abtritte reinigt und den Unrat entfernt'; Euphemismus; die Bezeichnung *König* wurde verwendet, wenn eine Person in irgendeiner Weise eine Funktion ausübte, für die sie zuständig war, z.B. der *Kirchkönig* vertrieb die Hunde vor der Kirche ❖ *König* hier auch zu lat. *cuniculus* 'Kanal'
W: *König*
Syn: ABTRITTRÄUMER

Lit: Barth 1:681; DRW 9:1291; Grimm 13:195; Höfer 2:279; Schmeller 1:592; Volckmann (1921) 288

Nachtkünig ↗ Nachtkönig

Nachtmann 1. 'Person, die (nachts) die Abtritte reinigt und den Unrat entfernt'. 2. 'Nachtwächter'
FN: Nachtmann
Syn: ABTRITTRÄUMER

Lit: DudenFN 472; Gottschald 361; Grimm 13:201; Linnartz 157

Nachtmeister 1. 'Person, die (nachts) die Abtritte reinigt und den Müll entfernt'. 2. 'Hüttenmeister, der die Schmelzhütten und die darin Beschäftigten in der Nacht kontrolliert'; im Bergbau, verkürzt für ↗ Nachthüt-

tenmeister ❖ mhd. *nahtmeister* 'Abtrittträumer'
FN: Nachtmeister
W: *Meister*
Syn: ABTRITTRÄUMER, Nachtfahrer, Nachthüttenmeister, Nachtschichter

Lit: Adelung 3:398; Barth 1:681; Gottschald 361; Grimm 13:201; Krünitz 100:245; Linnartz 157

Nachtpocher 'Arbeiter in einem Bergwerk, der das Pochwerk in der Nacht betreut'; ein Pochwerk ist eine Anlage in einem Bergwerk, in der das Erz klein gestampft wird ❖ mhd. *pochen* 'pochen, trotzen', lautmalendes Wort nach dem Lärm des Stampfens
W: Pocher
Ggs: Tagepocher

Lit: Adelung 3:399; Grimm 13:203; Krünitz 100:248

Nachtreufer ↗ Nachtrufer

Nachtrodelschreiber 'Beamter, der alle sich nachts in den Wirtshäusern aufhaltenden Fremden verzeichnet'; zu *Rodel* 'Urkunde' (südwestdeutsch, schweizerisch) ❖ zu mhd. *rodel* aus lat. *rotula* 'Schriftrolle'
W: Rodelschreiber
Syn: Nachtschreiber

Lit: DRW 9:1296; Idiotikon 6:512; Idiotikon 9:1548, 1550

Nachtrufer Nachtreufer 'Nachtwächter'; Aufgabe der Nachtwächter war es auch, die Stunden auszurufen ❖ zu mhd. *ruofen* 'rufen'
Syn: NACHTWÄCHTER, Stundenrufer, Stundenwächter

Lit: DRW 9:1297

Nachtschichter 'Bergmann, der in der Grube oder in der Hütte in der Nachtschicht arbeitet' ❖ zu *Schicht* 'zeitlich wechselnde Arbeitsgruppe', aus niederdt. *schift*, verwandt mit *Scheibe*; mhd. *schiht* 'Ordnung, Einteilung; Zeit, die zum Abbau einer Gesteinsschicht notwendig ist', Fachwort des Bergbaus
Syn: Nachtfahrer, Nachtmeister
Ggs: Tagschichter

Vgl: Nachthüttenmeister

Lit: Adelung 3:401; Kluge 802 (Schicht); Krünitz 100:277; Pfeifer 1195; Veith 411; Zedler 23:286

Nachtschlackenläufer 'Arbeiter im Hüttenwerk, der nachts die Schlacken vom Schmelzofen wegräumt' ❖ *Läufer* in der bergmännischen Bedeutung 'Förderarbeiter, der Material in Karren abtransportiert'
W: Schlackenläufer

Lit: Grimm 13:214; Krünitz 100:277

Nachtschmelzer 'Person, die in den Schmelzhütten nachts beim Schmelzen beschäftigt ist'
W: Schmelzer

Lit: Adelung 3:401; Barth 1:681; Grimm 13:214; Krünitz 100:283

Nachtschreiber 1. 'Person, die nachts am Stadttor die ankommenden Fremden aufschreibt'. 2. 'Beamter, der die Fremden in Gasthöfen erhebt'; in der Schweiz
W: Schreiber
Syn: Nachtrodelschreiber
Ggs: Tagschreiber

Lit: Adelung 3:401; DRW 9:1301; Idiotikon 9:1547; Krünitz 100:278

Nachtsteiger 'Bergmann, der während der Nachtschicht Dienst hat'
W: *Steiger*
Ggs: Tagsteiger

Lit: Grimm 13:217; Veith 350

Nachtstuter Nachtstutter 'Person, die die Pferde nachts bewacht' ❖ zu mhd. *stuot* 'Herde von Zuchtpferden; Stute; weibliches Tier überhaupt'
W: Stuter

Lit: Grimm 13:218; Pfeifer 1389

Nachtstutter ↗ Nachtstuter

Nachtwachter ↗ NACHTWÄCHTER

NACHTWÄCHTER Nachtwachter; lat. *noctianus, nocticustos* 'Person, die beauftragt ist, nachts für die öffentliche Sicherheit zu wa-

chen und die Stunden auszurufen'; das Ausrufen der Stunden erfolgte nach einem bestimmten Ritual. Der Nachtwächter war besonders auch für Überwachung der Feuersicherheit zuständig. Bis um 1900 in den Städten üblich. Heute vielfach als Fremdenverkehrsattraktion wiederbelebt ❖ mhd. *nahtwahter* 'Nachtwächter'
Syn: Nachtrufer, Rasselwächter, Röper, Scharwächter, Schnurrer, Stillwächter, Stundenrufer, Stundenwächter, Zirkler

Lit: Adelung 3:403; Barth 1:681; DRW 9:1306; Grimm 13:222; Idiotikon 15:407; Krünitz 100:323; Palla (2010) 145; Pies (2005) 46; Volckmann (1921) 332

Nachvogt naher Vogt 1. 'Gerichtsdiener'; seine Aufgabe waren Verhaftungen, Bewachung der Gefangenen und Verwaltung der Gerichtsstube. 2. 'untergeordneter Vogt'
W: *Vogt*
Syn: BÜTTEL

Lit: DRW 9:1311; Pies (2001) 24

Nachwächter 'Nachtwächter, der in der zweiten Nachthälfte Dienst hat'
W: *Wächter*
Syn: Stundenwächter
Ggs: Vorwächter

Lit: Idiotikon 15:407

Nachzähler 'Bergarbeiter, der die Menge des geförderten Erzes kontrolliert und dafür sorgt, dass die festgesetzte Anzahl von Tonnen aus der Grube gefördert wird'

Lit: Adelung 3:404; Grimm 13:235; Krünitz 100:439

Nadelbeinmacher 'Handwerker, der aus Bein Behälter für Nadeln herstellt' ❖ zu mhd. *nâdelbein* 'Nadelbüchse aus Knochen', zu *Bein* 'Knochen'

Lit: Grimm 13:253 (Nadelbein)

Nadeler ↗ NADLER

Nadelmacher 'Handwerker, der Näh- und Stricknadeln und verwandte Metallarbeiten herstellt'; heute noch als Beruf in der industriellen Nadelproduktion vorhanden
W: Knaufnadelmacher

Syn: NADLER, Noldener

Lit: Barth 1:682; DRW 9:1323; Grimm 13:255; Krünitz 100:579; Pies (2005) 106; Volckmann (1921) 121

Nadelschaftschneider ↗ Schaftschneider

Nadelschmied Nadelsmyd 'Handwerker, der Näh- und Stricknadeln und verwandte Metallarbeiten herstellt'
W: *Schmied*
Syn: NADLER

Lit: Grönhoff (1966) 26

Nadelsmyd ↗ Nadelschmied

Nader ↗ Nähter

Naderin ↗ Nähterin, Nähterin

NADLER Nadeler, Nädler, Näteler, Natler, Nätler, Nattler, Nättler, Neteler, Netler, Nodler; lat. *acicularius, acuarius, acufex* 1. ↗ 'Näher'. 2. 'Handwerker, der Näh- und Stricknadeln und verwandte Metallarbeiten herstellt'; die Tätigkeit wird unterschiedlich beschrieben: Neben der eigentlichen Erzeugung von Nähnadeln produzierten die Nadler auch Haken und Ösen, Ketten, Schnallen, Gardinenringe, Stuhlfedern, Angelhaken, Mausefallen, Drahtgeflechte, Drahtkörbe usw. Daraus erklärt sich der Übergang zum Berufsfeld des *Drahtziehers* und *Drahtgeflechtmachers* sowie des *Gürtlers* und *Heftelmachers*, die andere Berufe sind. Die Differenzierung scheint sehr ausgeprägt gewesen zu sein, denn Zedler unterscheidet sogar zwischen *Nähnadler (Nehennadler)* und *Stecknadler*. – Die Berufsbezeichnung *Nadler* ist heute noch üblich als ein moderner Ausbildungsberuf im Rahmen der Fachrichtung Verfahrensmechaniker (Nichteisen-Umformung und Stahl-Umformung). ❖ 1.: mhd. *nâdelære, nâdeler* 'Nadelmacher', später als Ableitung von *nadeln* 'mit Nadeln arbeiten, nähen'; 2.: mhd. *nâdelære, nâdeler*, umgelautet *nêdelner* 'Nadelmacher'
FN: Nadler, Nädler, Nedler, Nadeler, Nateler, Näteler, Neteler, Näthler, Naethler, Nätler, Nattler, Nettler
W: Knopfnadler, Nähnadler, Stecknadler

Syn: Ahlenschmied, Glufenmacher, Glufner, Gufener, GÜRTLER, Heftelmacher, Hefter, Nadelmacher, Nadelschmied, Näher, Noldener, Spenelmacher, Spener

Lit: Adelung 3:409; Barth 1:682; DudenFN 473; Gottschald 361; Grimm 13:257; Grönhoff (1966) 26; Krünitz 99:573; Linnartz 158; Palla (2010) 146; Reith (2008) 167; Volckmann (1921) 121; Zedler 23:343

Nädler ↗ NADLER

Nageler ↗ Nagler

Nagelschmid ↗ NAGELSCHMIED

NAGELSCHMIED Nagelschmid, Nagelsmid, Naglschmidt; lat. *acufex, clavarius, clavicularius, faber clavarius* 'Schmied, der eiserne Nägel herstellt'; das Handwerk wird in *Grob-* oder *Schwarznagelschmiede* und *Klein-* oder *Weißnagelschmiede* eingeteilt ❖ mhd. *smit* 'Metallarbeiter, Schmied'; mhd. *nagel*
FN: Nagelschmied, Nagelschmidt, Naglschmidt
W: Schmied, Schwarznagelschmied, Weißnagelschmied
Syn: Buthelor, Cloutier, Nagler, Neiler, Neilschmied, Zweckschmied

Lit: Adelung 3:413; Barth 1:682; Diefenbach 126; Grimm 13:269; Idiotikon 9:862; Krünitz 100:646; Palla (2010) 147; Pies (2005) 140; Reith (2008) 271; Schmeller 1:1732; Volckmann (1921) Zedler 23:438

Nagelschneider Nägelschneider 'Arbeiter, der die hölzernen Nägel für den Schiffbau zuschneidet' ❖ mhd. *snîdaere, snîder* 'Schneider' in der urspr. allgemeinen Bedeutung 'jemand, der etwas (zu)schneidet'
W: SCHNEIDER

Lit: Barth 1:682; Grimm 13:269; Krünitz 100:644

Nägelschneider ↗ Nagelschneider

Nagelsmid ↗ NAGELSCHMIED

Nagler Nageler, Negeler 1. 'Schmied, der eiserne Nägel herstellt'; oberdt. 2. 'Handwerker, der den metallenen Harnisch an das Leder nietet' ❖ mhd. *nageler* 'Nagelschmied'
FN: Nagler, Nägler
W: Schwarznagelschmied
Syn: NAGELSCHMIED, Neiler

Lit: Barth 1:682; DudenFN 473; Gottschald 361; Grimm 13:275; Idiotikon 4:692; Linnartz 158; Pies (2005) 140; Reith (2008) 271; Schmeller 1:1732; Volckmann (1921) 121

Naglschmidt ↗ NAGELSCHMIED

Nahderin ↗ Nähterin

Näher Neger, Neher, Neyer, Neyger; lat. *netor* 1. 'Schneider'. 2. 'Posamentierer'. 3. 'Kürschner' — Seltene männliche Form zu ↗ Näherin; die allgemeine Bedeutung *einer, der näht* kann sich auf die Schneiderei, aber auch auf die Lederverarbeitung beziehen und kann daher auch 'Schuhmacher' oder 'Kürschner' bedeuten
FN: Näher, Neher, Nähr, Nehr, Neyer, Neier, Naier, Neiger
W: Bulgennäher, Hasennäher, °Segelnäher, °Segelneger, °Segelneyer, Seidennäher, Störnäher
Syn: KÜRSCHNER, NADLER, Nähter, POSAMENTIERER, SCHNEIDER, Segelwardener

Lit: Adelung 3:417; Barth 1:683, 688; DudenFN 475; Gottschald 362; Krünitz 100:713

naher Vogt ↗ Nachvogt

Näherin Negerin, Neherin, Neyerin, Neygerin; lat. *netrix, sartrix* 'meist angelernte Frau, die in einer größeren Schneiderei oder in Heimarbeit näht'; einer der wenigen Frauenberufe auf dem Land. Dort ging sie auch „auf die Stör", wo sie in den Bauern- und Bürgerhäusern die feine Wäsche für die Aussteuer anfertigte ❖ mhd. *næjerinne*, Ableitung zu *næjen, nêgen* 'nähen'; mnd. *neien, neigen* 'nähen'
Syn: Nähterin

Lit: Adelung 3:417 (Näher); Barth 1:682; Diefenbach 379, 513; Grimm 13:269; Krünitz 100:713; Reith (2008) 201; Sulzenbacher (2002) 30

Nähmamsell ↗ Mamsell

Nähnadler 'Handwerker, der Näh- und Stricknadeln herstellt'
W: NADLER
Lit: Reith (2008) 167

Nähter Nader, Nater, Näter, Nather, Näther; lat. *netor* 1. 'Seidensticker'. 2. 'Schneider'. 3. 'Kürschner, der Näharbeiten durchführt'; seltene männliche Form zu *Nähterin* in spezieller Bedeutung ❖ zu mhd. *næjen* 'kunstvoll nähen, sticken, stricken'
FN: Nather, Näter, Näther, Natter, Natterer, Nattermann, Nether, Neder
W: Seidennäher, Zunäher
Syn: Näher
Vgl: Nähterin
Lit: Barth 1:683; DRW 9:1351; DudenFN 473; Gottschald 362; Linnartz 158

Nähterin Naderin, Naderin, Nahderin, Nähterinn, Naterin, Näterin, Nätherin, Neterin; lat. *netrix, sartrix* ↗ 'Näherin'; verrichtete auch Kürschnerarbeiten ❖ mhd. *nâtærîn, nâtærinne* 'Näherin, Schneiderin, Stickerin'
Syn: Näherin
Vgl: Nähter
Lit: Adelung 3:426; Barth 1:683; Diefenbach 379, 513; DRW 9:1352; Grimm 13:320; Schmeller 1:1769; Zedler 23:224

Nähterinn ↗ Nähterin

Naldener ↗ Noldener

Näpperschmied ↗ Naberschmied

Nardenmacher 'Handwerker, der hölzerne Behälter, Teller u.Ä. herstellt'; zu *Narde, Narte* 'muldenartiges hölzernes Gefäß, bes. mit dem Fleisch oder Fisch angeboten wird; Trog' ❖ zu mhd. *narte* 'Trog, Mulde'
Lit: ElsässWb 1:781 (a); Grimm 13:392; PfälzWb 5:67; RheinWb 6:85

Näteler ↗ NADLER

Nater ↗ Nähter

Näter ↗ Nähter

Naterin ↗ Nähterin

Näterin ↗ Nähterin

Nather ↗ Nähter

Näther ↗ Nähter

Nätherin ↗ Nähterin

Natler ↗ NADLER

Nätler ↗ NADLER

Nattler ↗ NADLER

Nättler ↗ NADLER

Nauenmacher ↗ Nauer

Nauenmeister Nauwenmeister 'Führer, Steuermann eines Schiffes'; schweiz., ↗ Nauer
W: *Meister*
Syn: Nauferge, SCHIFFMEISTER
Lit: Idiotikon 4:519

Nauer Nauenmacher, Nauwenmacher, Nauwer; lat. *naupegus* 'Schiffbauer'; zu schweiz. *Nauen* 'größeres Lastschiff mit flachem Boden, Fährschiff' ❖ mhd. *nâwe, næwe* 'kleines Schiff, bes. Fährschiff', aus lat. *navis* 'Schiff'
FN: Nau (kann sich sowohl auf *Naue* als auch auf *neu* 'Neusiedler' beziehen)
Syn: Schaluppenbauer, Schiffmacher, Schiffwerker, Schutenmacher
Lit: Barth 1:686; Diefenbach 376; DudenFN 473; Gottschald 363; Grimm 13:473 (Naue); Idiotikon 4:53, 880, 882; Kluge 650 (Naue); Linnartz 158; Schmeller 1:1708

Naufahrer 'Schiffsführer auf stromabwärts fahrenden [Salz]schiffen' ❖ ↗ Nauer
W: *Fahrer*
Syn: Fahrensmann, Nauferge
Lit: Grimm 13:473 (Naufahrt); Höfer 2:281; Neweklovsky (1954) 118

Naufähring ↗ Nauferge

Naufährtler ↗ Nauferge

Naufehring ↗ Nauferge

Nauferg ↗ Nauferge

Nauferge Naufähring, Naufährtler, Naufehring, Nauferg, Nauförge, Naufürg 'verantwortlicher Leiter eines Schiffszuges, der nauwärts (stromabwärts) fährt'; er legt für den Steuermann die sicherste Stromrinne fest oder lenkt selbst das Schiff als Steuermann ❖ mhd. *verge, vere* 'Schiffer, Fährmann', wörtlich 'der überführt', verwandt mit *Fähre* und *fahren*, zu *Nau-* ↗ Nauer
W: Ferge
Syn: Auferge, Ausferge, Nauenmeister, Naufahrer, Nauflößer, Nauführer, Naureiter, Vorreiter
Vgl: Afterreiter

Lit: DRW 9:1389; Fellner 342; Grimm 3:1332 (Färge), 1529 (Ferge); Grimm 13:473 (Nauferge); Neweklovsky (1954) 118; Neweklovsky (1964) 346; OÖ. Hbl 1955, H. 3:114; Schmeller 1:3, 754; Schraml (1932) 239, 283

Naufletzer ↗ Nauflößer

Nauflezer ↗ Nauflößer

Nauflößer Naufletzer, Nauflezer, Nauflötzer 'Flößer, Schiffsführer für den Salztransport' ❖ ↗ Nauer
W: Flößer*
Syn: Nauferge, Nauführer

Lit: DRW 9:1389; Neweklovsky (1954) 118

Nauflötzer ↗ Nauflößer

Nauförge ↗ Nauferge

Nauführer 'Befehlshaber eines Schiffes, Schiffsführer' ❖ ↗ Nauer
W: Führer
Syn: Nauferge, Nauflößer, SCHIFFMEISTER

Naufürg ↗ Nauferge

Naukehrer 'Schiffer, der hinten am Steuerruder Dienst tut'; zu *kehren* 'das Schiff steuern, wenden', *naukehren* 'das Schiff stromabwärts dirigieren' ❖ zu mhd. *kêren* 'kehren, wenden, umwenden, eine Richtung geben'; ↗ Nauer
W: Kehrer

Lit: Barth 1:686; Grimm 11:410 (kehren), 426 (Kehrer); Schmeller 2:1281, 1282

Naureiter 'der erste Reiter bei einem Schiffszug' ❖ ↗ Nauer
W: *Reiter*
Syn: Nauferge, Vorreiter
Ggs: Afterreiter

Lit: Fellner 342

Nauwenmacher ↗ Nauer

Nauwenmeister ↗ Nauenmeister

Nauwer ↗ Nauer

Nayler ↗ Neiler

Neber ↗ Naber

Neberschmied ↗ Naberschmied

Nebiger ↗ Nabiger

Nedenkramer ↗ Nedenkrämer

Nedenkrämer Nedenkramer 'einfacher Krämer' ❖ niederdt. *nedden* 'unten', *nedder* 'nieder, gering'
W: KRÄMER

Lit: Hermann-Winter (2003); Schiller-Lübben 3:164

Negeler ↗ Nagler

Neger ↗ Näher

Negerin ↗ Näherin

Negociant ↗ Negoziant

Negotiant ↗ Negoziant

Negotiarius ↗ Negoziant

Negoziant Negociant, Negotiant, Negotiarius; lat. *negotians*, *negotiator* 'Kaufmann, Geschäftsmann'; unter *Negoziant* verstand man im Allgemeinen den international agierenden Großkaufmann in Waren- oder Geldgeschäften ❖ gleichbedeutend franz. *négociant* aus lat. *negotiari* 'Großhanhdel, Geldgeschäfte betreiben', *negotiator* 'Großhändler, Bankier'

Lit: Barth 2:182; Diefenbach 378; Frühmittellat. RWb; Krünitz 36:496; Krünitz 102:55; Wiener Berufe

Neher ↗ Näher

Neherin ↗ Näherin

Neigerschmid ↗ Neigerschmied

Neigerschmied Neigerschmid 'Schmied, der vor allem Bohrer herstellt'; zu *Neiger*, bair. für 'Bohrer' ❖ mhd. *nabegêrsmit*, zu *nabeger* 'spitzes Gerät zum Umdrehen, Bohrer'; dieselbe Etymologie wie *Naberschmied*, nur in anderer Form kontrahiert
W: *Schmied*
Syn: Bohrerschmied

Lit: Schmeller 1:1733

Neiler Nayler, Neler ↗ 'Nagler' ❖ mhd. *neil*, kontrahierte Form zu *nagel*, mhd. *nageler* 'Nagelschmied'
FN: Nehler, Nailer; der Name *Neller* kann zu *Nadler* oder *Nagler* gehören
Syn: NAGELSCHMIED, Nagler

Lit: Gottschald 365; Linnartz 159

Neilschmied Neilschmieder, Nelesmid, Nelsmid 'Schmied, der eiserne Nägel herstellt' ❖ mhd. *nêlen*, zu *nagelen* 'nageln'; mhd. *nail*, *neil* kontrahierte Form zu *nagel*
Syn: NAGELSCHMIED

Lit: Barth 1:688

Neilschmieder ↗ Neilschmied

Neldener ↗ Noldener

Neler ↗ Neiler

Nelesmid ↗ Neilschmied

Nelsmid ↗ Neilschmied

Nepperschmied ↗ Naberschmied

Nestelbeschlager ↗ 'Nestler'; ein *Nestelbeschlag* ist ein Stück gerolltes Material zur Versteifung am Ende eines Bandes oder Riemens, um dadurch leichter einfädeln zu können ❖ zu mhd. *nesteln* 'festbinden, schnüren', mhd. *nestel* 'Bandschleife, Schnürriemen, Binde'; mhd. *beslagen* 'beschlagen, umschlagen'
Syn: GÜRTLER, Riemer

Lit: Barth 1:689; Grimm 13:625 (Nestelbeschlag); Krünitz 102:441

Nestelmacher ↗ 'Nestler' ❖ zu mhd. *nestel* 'Bandschleife, Schnürriemen, Binde'
Syn: GÜRTLER, Riemer

Lit: Barth 1:689; Grimm 13:628; Volckmann (1921) 123

Nestler Nöstler 'Handwerker, der Schnüre, Bänder für Hauben, Mieder usw. sowie Schuhbänder oder Riemen mit den entsprechenden Beschlägen herstellt; Riemenmacher, Heftelmacher'; bei der Berufsbezeichnung kann die Betonung auf *Bänder* oder auf die dazugehörigen *Beschläge* (Metallenden von Schuhbändern, Haken und Ösen, Riemenschnallen) gelegt werden, daher auch die Bezeichnung *Nestelbeschlager* ❖ mhd. *nesteler* zu mhd. *nesteln* 'festbinden, schnüren', mhd. *nestel* 'Bandschleife, Schnürriemen, Binde'
FN: Nestler, Nesseler, Nessler, Neßeler, Neßler, Neßlinger, Nestelmann, Nesselmann
Syn: GÜRTLER, Heftelmacher, Riemenschläger, Riemer

Lit: Adelung 3:472; Barth 1:689; DRW 9:1439; DudenFN 475; Gottschald 365; Grimm 13:630; Krünitz 102:442; Linnartz 159; Palla (1994) 222; Schmeller 1:1768; Volckmann (1921) 123; Zedler 12:1963

Neteler ↗ NADLER

Neterin ↗ Näherin

Netler ↗ NADLER

Netzer lat. *cassarius, retiator* 'Person, die Netze strickt oder mit Netzen fischt' ❖ zu mhd. *netze* 'Netz'
FN: Netzer

Lit: Barth 1:689; Diefenbach 104; DudenFN 476; Frühmittellat. RWb; Grimm 13:642; Linnartz 159

Neubauer 1. 'neu zugezogener Bauer'. 2. 'Mitbürger, Nachbar'; das mhd. Wort bezieht sich urspr. auf jeden Bürger oder Dorfgenossen und wurde erst später auf den Landwirtschaft Betreibenden eingeengt. In Preußen bes. auch für einen Bauern, der einen verwüsteten Hof übernommen hat ❖ mhd. *bûre* 'Bauer'; mhd. *niuwe* 'neu, frisch'; nd. *niebûr* 'neuer Mitbürger; neu zugezogener Bauer'
FN: Neubauer, Neubert (bes. süddt.), Niebur, Niebauer, Niebur, Niebuhr (norddt.), Neybauer, Naibauer, Neibauer
W: *BAUER*
Syn: Anbauer, Kolonist, Neugebauer

Lit: Barth 1:689; DRW 9:1442; DudenFN 476; Gottschald 366; Grimm 13:656

Neugebauer ↗ 'Neubauer' ❖ mnd. *gebûr, gebûre* 'Mitbewohner, Mitbürger, Dorfgenosse, Bauer'; die Form mit -ge- hat sich als Berufs- und Standesbezeichnung nicht erhalten, wohl aber als Familienname
FN: Neugebauer, Niegebauer, Nigbur, Nigebur, Nigebuhr
W: Gebauer
Syn: Anbauer, Kolonist, Neubauer

Lit: DudenFN 476; Gottschald 366; Linnartz 160

Neyer ↗ Näher

Neyerin ↗ Näherin

Neyger ↗ Näher

Neygerin ↗ Näherin

Niderwassermeister ↗ Niederwassermeister

Niedergerichtsrichter **Niederrichter** 'Vorsitzender eines untergeordneten Gerichts (Niedergerichts)'; schweiz.; *nieder* i. S. v. 'niedrig', hier in Bezug auf den Rang ❖
W: Richter

Lit: Barth 1:691 (Niedergericht); DRW 9:1486, 1507; Idiotikon 4:671; Idiotikon 6:365, 458

Niederläger 1. 'Großhändler'; bes. österr. 2. 'mit besonderen religiösen Freiheiten ausgestatteter ausländischer (nicht katholischer) Großhändler'. 3. 'Inhaber einer Geschäftsniederlassung' ❖ zu mhd. *niderlâge* 'das Sichniederlassen, Aufenthalt', Bedeutungswandel zu *Niederlage* in der Bedeutung 'Ort, an dem Waren ein- und ausgeladen und eingelagert werden'
Syn: Fucker, Grossierer, Legerherr, Niederlagsverwandter

Lit: Barth 1:692; Grimm 13:769; Krünitz 102:549

Niederlagsverwandter 'privilegierter Kaufmann'; mit besonderen Freiheiten ausgestatteter ausländischer Großhändler in Wien, bes. auch mit dem Privileg der religiösen Freiheit nichtkatholischer Kaufleute; seit Maximilian I. bis 1774
W: *Verwandter*
Syn: Niederläger

Lit: DRW 9:1493; Krünitz 102:547

Niederrichter ↗ Niedergerichtsrichter

Niederwassermeister **Niderwassermeister** 'Schiffmeister auf der Limmat in Zürich'; schweiz.; *Niederwasser* bezeichnet in Schifffahrt und Fischerei den Flussabschnitt abwärts ❖ zu mhd. *nider* 'hinunter, herunter'
W: *Meister*

Lit: DRW 9:1516; Idiotikon 4:535; Idiotikon 5:535; Idiotikon 16:1823

Nobiskrieger ↗ Nobiskrüger

Nobiskrüger **Nobiskrieger** 'Wirt eines abgelegenen oder Grenzwirtshauses'; *Nobiskrug* ist eine norddt. Bezeichnung für Wirtshaus; die Bedeutung 'Hölle' ist eine Umdeutung im Volksglauben ❖ mnd. *nobiskrôch* 'Wirtshaus, Schenke'; zu mnd. *nouwe, nau* 'eng, schmal'; mnd. *nouwen* 'beengen, bedrän-

gen, nötigen'; der Wirt saß also an einer verkehrsmäßig engen Staustelle an der Grenzdurchfahrt
W: Krüger

Lit: DudenEtym 456; DudenGWDS 2746; Schiller-Lübben 3:190, 205, 2060; Schmeller 1:1714; Volckmann (1921) 234

Nodelmacher ↗ Noldener

Nodler ↗ Nadler

Nofeler ↗ Nufeler

Noldener Naldener, Neldener, Nodelmacher, Noldenmacher, Noldmacher, Noldner, Nuldener 'Handwerker, der Näh- und Stricknadeln und verwandte Metallarbeiten herstellt' ❖ zu ↗ *Nadler;* abgeleitet von mnd., mhd. *nôlde, nulde* 'Nadel'
FN: Noldner, Nolder, Nöldner, Noldener, Nöldener, Nöller, Nöllner, Nollner, Nölner, Nöltner, Neldener, Neller, Nellner (nicht zu verwechseln mit dem Namen *Nolde, Nolle, Nölle,* der von *Arnold* abgeleitet ist)
Syn: Nadelmacher, Nadler

Lit: Barth 1:693; DudenFN 482; Gottschald 361; Grimm 13:878, 978 (Nulde); Linnartz 161, 162; Pohl (2005) 106; Volckmann (1921) 121

Noldenmacher ↗ Noldener

Noldmacher ↗ Noldener

Noldner ↗ Noldener

Nollbruder Nollenbruder 'Laienbruder, der niedrige Dienste verrichtet'; oft abwertend; urspr. Mitglied einer geistlichen Laiengemeinschaft aus dem 14. Jh. in England (Lollarde), die als Häretiker verfolgt wurde ❖ vermischt mit niederdt. *nöhlen, nölen* 'langsam sein im Reden und Arbeiten, zaudern'; oberdt. *nöln, nôln* 'eine unnütze Arbeit tun'; tirolisch *nollen* 'rütteln, hin und her bewegen; etwas Unnützes, Schädliches tun', *nôle, nolle* 'Narr, täppischer, dummer Mensch', dazu auch bair. *nollen* 'hin und her bewegen; koitieren'

Lit: Barth 1:693; DRW 9:1531; Grimm 13:878; Schmeller 1:1737; TirWb 2:454

Nollenbruder ↗ Nollbruder

Nonnemann ↗ Nonnenmann

Nonnenmacher Nonner, Nunnenmacher 'Schweinekastrierer' ❖ mhd. *nonne, nunne* in der übertragenen Bedeutung 'verschnittenes weibliches Schwein'
FN: Nonnenmacher, Nonnemacher, Nonner, Nunner
Syn: Kastrierer

Lit: Barth 1:694; DRW 9:1536; DudenFN 483; Gottschald 368; Grimm 13:885; Linnartz 161, 169; Schmeller 1:1750; Volckmann (1921) 10

Nonnenmann Nonnemann 1. 'von einem Nonnenkloster Abhängiger, Höriger'. **2.** 'Schweinekastrierer' ❖ zu 1. mlat. *nonna,* mhd. *nunne, nonne* 'Nonne'; zu 2. ↗ Nonnenmacher
FN: Nonnenmann, Nonnemann
Syn: Höriger, Kastrierer

Lit: DudenFN 483; Linnartz 161

Nonner ↗ Nonnenmacher

Nopper 'Hilfskraft des Tuchmachers, der das Tuch von Noppen (Knoten in einem Gewebe) reinigt'; dazu wurde ein Noppeisen verwendet ❖ mhd. *noppen* 'das Tuch von den Noppen reinigen'; mhd. *noppe* 'Wollknötchen am Tuch, Tuchflocke'
FN: Nopper, Noppers, Nopp, Noppel
Syn: Schorer, Schorlaker, Tuchscherer

Lit: Barth 1:694; DudenFN 483; Grimm 13:887; Linnartz 161; Schiller-Lübben 3:197; Schmeller 1:1751; Volckmann (1921) 82

Nordenfahrer Norderfahrer, Nordfahrer 'Kaufmann, der in nordeuropäischen Gewässern geschäftlich unterwegs ist'
W: *Fahrer*

Lit: Barth 1:694; DRW 9:1538; Grimm 13:891

Norderfahrer ↗ Nordenfahrer

Nordfahrer ↗ Nordenfahrer

Nöstler ↗ Nestler

Notscher ↗ Nüscheler

Nowgorodfahrer 'norddeutscher Kaufmann, der in Nowgorod eine Handelsniederlassung hat'; die Nowgorodfahrer-Gesellschaft hatte das Privileg auf den Nowgorodhandel
W: *Fahrer*

Nubeler ↗ Nufeler

Nudelbacher ↗ Nudelbeck

Nudelbäck ↗ Nudelbeck

Nudelbeck Nudelbacher, Nudelbäck 'Bäcker, der Nudeln herstellt'; gemeint ist die flache, in Schmalz gebackene Mehlspeise aus Hefeteig (heute meist Bauernkrapfen genannt), deren Aussehen sehr unterschiedlich sein konnte und als Speise regional unterschiedliche Funktionen hatte, z. B. als Weizenflade, die der Wirt als Beilage zum Getränk verabreichte
W: *Beck*
Lit: Schmeller 1:1728; SteirWb 479; WBÖ 2:773

Nufeler Nofeler, **Nubeler**, **Nufiler** 'Weber einfacher, grober Stoffe'; die Stoffe waren ungefärbt und wurden zur gewöhnlichen Kleidung ärmerer Bevölkerungsschichten des späten Mittelalters verarbeitet ❖ Herkunft unbekannt
FN: Nufeler, Nyfeler
Syn: WEBER, Zauer
Lit: DRW Belegarchiv; Pies (2005) 179; Volckmann (1921) 82

Nufiler ↗ Nufeler

Nuldener ↗ Noldener

Numerellmacher '[Regen]schirmmacher'; in Grazer Pfarrmatriken des 18. Jh. ❖ Herkunft unklar, vielleicht dialektales Fremdwort aus ital. *ombrella, ombrello* aus lat. *umbra* 'Schatten'
Syn: Dachmacher, Parapluiemacher, Parasolmacher, Schirmmacher
Lit: SteirWb 480

Nunnenmacher ↗ Nonnenmacher

Nuscheler ↗ Nüscheler

Nüscheler Notscher, Nuscheler, Nüschenmacher, Nüschler, Nutzscher 'Handwerker, der Schnallen und Spangen für Bänder und Kleidungsstücke herstellt'; zum Teil überschneidet sich die Bedeutung mit *Nestler* und *Gürtler*; wie bei *Nestler* fällt der Beruf sowohl in die Metallverarbeitung (Spangen, Schnallen) als auch in die Schneiderei ❖ mhd. *nusche, nüschel* 'Spange, Schnalle, die den Mantel um den Hals festhält'. Aus dem Althochdeutschen ins Mittellateinische und Französische übernommenes Wort aus dem mittelalterlichen Bekleidungswesen
FN: Nuschler, Nuscheler, Nüscheler, Nüschler, Nusche, Neuschler, Neuschl
Syn: GÜRTLER
Lit: Barth 1:697; Gottschald 370; Grimm 13:1009 (Nusche, Nüsche); Linnartz 162; Palla (1994) 409; Volckmann (1921) 123

Nüschenmacher ↗ Nüscheler

Nüschler ↗ Nüscheler

Nusser 1. 'Handwerker, der die Nüsse an der Armbrust herstellt'; die *Nuss* ist eine Kerbe in der Form einer halben Nuss, in die die Sehne liegt. 2. 'Person, die Nüsse oder Mandeln verarbeitet und verkauft'
FN: Nusser, Nüsseler, Nüssler, Nüßler, Nüsser, Nüssner, Nüßner
Lit: Barth 1:697; DudenFN 485; Gottschald 370; Grimm 13:1010; Krünitz 103:91; Linnartz 162

Nutzscher ↗ Nüscheler

O

Obenthürer ↗ Abenteurer

Obentürer ↗ Abenteurer

Oberdirn 'Landarbeiterin, die in der Rangordnung der bäuerlichen Dienstboten an erster Stelle steht'; bair.
W: Dirn
Syn: Großdirn, Großmagd

Lit: WBÖ 5:66

Oberenke 'bäuerlicher Landarbeiter, der in der Rangordnung der Dienstboten an erster Stelle steht'; ostmitteldt.
W: Enke
Syn: GROßKNECHT

Lit: Adelung 3:560; Barth 1:700; DRW 10:106; Grimm 13:1084; Krünitz 103:138

Oberknecht 'bäuerlicher Landarbeiter, der in der Rangordnung der Dienstboten an erster Stelle steht'
W: KNECHT
Syn: GROßKNECHT
Ggs: Unterknecht

Lit: Adelung 3:563; Barth 1:701; DRW 10:142, 142; Grimm 13:1094; Krünitz 103:150; RheinWb 6:321

Oberlehrer 1. 'oberster Lehrer einer Schule, Leiter einer Volksschule'. 2. 'Lehrer an höheren Schulen'. 3. 'Lehrer der drei oberen Klassen der Volksschule'; schweiz. 4. 'Sekundarschullehrer'; schweiz.
W: LEHRER*
Syn: Hauptlehrer
Vgl: Unterlehrer

Lit: Barth 1:701; Grimm 13:1096; Idiotikon 3:1369

Obermeier 'Verwaltungsbeamter und Vertreter des Grundherrn mit größeren Kompetenzen'
❖ mhd. *obermeier*, zu mhd. *meier* 'Meier, Oberbauer, der im Auftrage des Grundherrn die Aufsicht über die Bewirtschaftung der Güter führt, in dessen Namen die niedere Gerichtsbarkeit ausübt und auch nach Umständen die Jahresgerichte abhält'
FN: Obermeier, Obermayer, Obermayr, Obermeyer, Obermair, Obermaier (die Namen beziehen sich auf die höhere Lage des Hofes)
W: *Meier*

Lit: DRW 10:156; DudenFN 486; Gottschald 371; Grimm 13:1098; Linnartz 162

Obermeister 'Vorsitzender unter den Handwerksmeistern, Zunftmeister'
Syn: ZUNFTMEISTER
Ggs: Untermeister

Lit: Adelung 3:565; Barth 1:702; DRW 10:156; Grimm 13:1098; Zedler 25:140

Oberschenk 1. 'oberster Hofbeamter, Vorgesetzter der Mundschenke'. 2. 'Verwalter der Weinkeller'
W: Schenk

Lit: Adelung 3:566; DRW 10:169; Grimm 13:1101; Krünitz 103:156

Obersteiger 'Vorgesetzter der ↗ Steiger'; fachsprachlich auch heute noch gebräuchlich
W: *Steiger*
Ggs: Untersteiger

Lit: Adelung 3:567; Fellner 347; Grimm 13:1102; Krünitz 103:158; Veith 354

Oberwasserseher ↗ Wasserseher

Obesser ↗ Obiser

Obeszer ↗ Obiser

Obiser Obßer, Obesser, Obeszer, Obiszer, Obser, Öbser, Öbsner, Obsser, Obzer
'Obsthändler' ❖ zu mhd. *obeʒ* 'Obst', mhd. *obeʒære, obeʒer* 'Öbster, Obsthändler'
FN: Obesser, Obeßer, Obser, Öbser, Oebser, Öbsle, Öbse, Abesser, Abeßer
Syn: Obismenger, Obster, Obsthöker
Lit: Barth 1:703; DudenFN 78, 486; Gottschald 371; Götze 169; Linnartz 17, 163; Schmeller 1:18; Volckmann (1921) 211

Obismenger 'Obst-, Gemüsehändler' ❖ ↗ Menger, ↗ Obiser; frühnhd. *obismenger* 'Obsthändler'
W: *Menger*
Syn: Obiser, Obster, Obsthöker
Lit: Götze 169

Obiszer ↗ Obiser

Obser ↗ Obiser

Öbser ↗ Obiser

Öbsner ↗ Obiser

Obßer ↗ Obster, Obiser

Obsser ↗ Obiser

Obster Obßer, Öbster, Obstler, Öbstler
1. 'Obsthändler'; war auch in einer Zunft organisiert. 2. 'Obstbauer'. 3. 'Obstgartenhüter' ❖ zu mhd. *obeʒ* 'Obst', seit dem 16. Jh. mit auslautendem *-t*
FN: Obster, Obstner
Syn: Bäumer, Baumgärtner, Obiser, Obismenger, Obsthöker
Lit: Adelung 3:573; Barth 1:704; DRW 10:233; DudenFN 486; Gottschald 371; Höfer 1:239 (Fragner); Krünitz 103:509; Linnartz 163; Volckmann (1921) 211

Öbster ↗ Obster

Obsthocker ↗ Obsthöker

Obsthoke ↗ Obsthöker

Obsthöke ↗ Obsthöker

Obsthöker Obsthocker, Obsthoke, Obsthöke
'Detailhändler mit Obst' ❖ ↗ Höker; frühnhd. *obshocke* 'Verkäufer(in) von Obst'
W: Höker
Syn: Apfelhöker, Obiser, Obismenger, Obster
Lit: Adelung 3:573 (Obsthändler); Barth 1:704; Götze 169

Obstler ↗ Obster

Öbstler ↗ Obster

Obzer ↗ Obiser

Occlist ↗ Okulist

Ochsenbauer 'Bauer, der Ochsen als Zugtiere hält'; mit dem Nebensinn eines ärmeren Bauern als die Pferdebauern
W: *BAUER*
Syn: Ochsner
Vgl: Kühbauer, Pferdebauer
Lit: Adelung 3:576; Barth 1:705; Diefenbach 83; Frühmittellat. RWb; Grimm 13:1132; Krünitz 103:725; Schmeller 1:25

Ochsener ↗ Ochsner

Ochsenkäufer Oßenkoper, Ossenkoper
'Viehhändler'; *Käufer* i. S. v. 'Händler' ❖ die Form *Ossen-* zu mnd. *osse* '[verschnittener] Stier'
W: Käufer
Lit: Schiller-Lübben 3:243

Ochsenknecht 'Landarbeiter, der für die Ochsen zuständig ist' ❖ mhd. *ohsenknëht* 'Ochsenknecht'
FN: Ochsenknecht, Oschenknecht
W: *KNECHT*
Syn: Ochsner
Vgl: Pferdeknecht, Rossknecht
Lit: Barth 1:705; DudenFN 486; Gottschald 371; Grimm 13:1136; Krünitz 103:734; RheinWb 6:338

Ochsenschlager Ochsenschläger 'Fleischer, der vor allem Rinder schlachtet'

FN: Ochsenschläger
W: *Schläger*
Lit: Gottschald 371; Grimm 13:1137; Linnartz 163

Ochsenschläger ↗ Ochsenschlager

Ochsentreiber Ossendriber; lat. *bossequus* 'Landarbeiter, der Ochsen auf die Weide oder im Auftrag eines Viehhändlers zum Markt treibt' ❖ mhd. *ohsentrîber* 'Ochsentreiber'; zu mnd. *osse* '[verschnittener] Stier'
W: Treiber
Lit: Barth 1:705; Diefenbach 79; Grimm 13:1138; PfälzWb 5:218; Pfister (1812) 141, 147; RheinWb 6:340; Schiller-Lübben 3:243

Ochserer ↗ Ochsner

Ochsler ↗ Ochsner

Öchsler ↗ Ochsner

Ochsner Ochsener, Ochserer, Ochsler, Öchsler, Öchsner, Ossener; lat. *bubulcus* 1. 'Landarbeiter oder Hirt, der die Ochsen betreut'. 2. '[Klein]bauer, der Ochsen hält'. 3. 'Angestellter eines Grundherrn, der für den Viehbestand verantwortlich ist' ❖ mhd. *ohsenære, ohsener* 'Ochsenhirt, -bauer'; *ossener* ist eine mitteldt. und niederdt. Form, mnd. *osse* '[verschnittener] Stier'; mhd. *osse, ossener* 'Ochse'
FN: Ochsner, Öchsner, Oechsner, Öchsler, Oechsler, Öchßler, Öchssler, Öxler, Oxenius (latinisiert), Exner, Ossner, Oßner
Syn: Ochsenbauer, Ochsenknecht
Lit: Barth 1:705; Diefenbach 83; DRW 10:240; DudenFN 486, 487; Frühmittellat. RWb; Gottschald 371; Grimm 13:1139; Idiotikon 1:77; Linnartz 163; Schiller-Lübben 3:243; Schmeller 1:25

Öchsner ↗ Ochsner

Oculist ↗ Okulist

Oeconom ↗ Ökonom

Oehlsäumer ↗ Ölsäumer

Oehlschläger ↗ Ölschläger

Oekonom ↗ Ökonom

Oekonomiekommissarius ↗ Ökonomiekommissar

Oelmacher ↗ Ölmacher

Oelmann ↗ Ölmann

Oelmüller ↗ Ölmüller

Oelschlager ↗ Ölschläger

Oelschläger ↗ Ölschläger

Oelstampfer ↗ Ölstampfer

Ofener ↗ Ofner

Ofengräber 'Heizer, der Wohnräume beheizt'; das Brennmaterial wurde von der Grube vor dem Ofenloch (Ofengrube) ins den Ofen geschaufelt
W: *Gräber*
Lit: Barth 1:706

Ofenheitzer ↗ Ofenheizer

Ofenheizer Ofenheitzer 'Hausmeister, der in größeren Gebäuden für das Beheizen der Räume zuständig ist'
W: Heizer
Syn: Kalfakter, Ofner, Stubenheizer
Lit: Grimm 13:1160

Ofenknecht 1. 'Gehilfe des Heizers'. 2. 'Bäckergeselle, der für den Backofen zuständig ist'. 3. 'in den Hüttenwerken Arbeiter an den Schmelzöfen' ❖ mhd. *ovenknëht* 'Ofen-, Bäckerknecht'
W: KNECHT
Lit: DRW Belegarchiv

Ofenleger 'im Salzbergwerk Ofensetzer, der für Bau und Instalthaltung des Pfannhausofens zuständig ist'; zu *legen* i. S. v. 'setzen' im Bauwesen, z. B. Platten, Steine legen
W: Leger
Lit: Fellner 348; Patocka (1987) 217, 218

Ofenmeister 1. 'Angestellter im Hüttenwerk, der den Schmelzofen (Hohen Ofen) und den Schmelzvorgang zu kontrollieren hat'; beim *Hohen Ofen* als *Hoher Ofenmeister* bezeichnet. **2.** 'Aufseher über einen öffentlichen Backofen' ❖ mhd. *ovenmeister* 'Heizer'
W: *Meister*
Lit: Adelung 3:582; Barth 1:706; Grimm 13:1161; Idiotikon 4:514; Krünitz 104:378; Zedler 13:590; Zedler 25:841

Ofenraumer 'Arbeiter im Salzbergbau, der aus den Öfen unter der Salzpfanne und im Dörrhaus die Asche zu entfernen hat und für die Beheizung der Öfen zuständig ist' ❖ zu mhd. *oven* 'Ofen' und mhd. *rûmære, rûmer* 'Räumer'
Lit: Fellner 348; Patocka (1987) 208

Ofenschauer 'Beamter, der Öfen kontrolliert'
W: *SCHAUER*
Lit: Idiotikon 8:1623

Ofentürer ↗ Abenteurer

Offdinger ↗ Aufdinger

Offenbarschreiber ↗ Offenschreiber

Offenrichter 'Richter über Leben und Tod'; schweiz. ❖ ↗ Offenschreiber
W: *Richter*
Syn: Bannrichter, Blutrichter, Halsrichter, Malefizrichter
Lit: DRW Belegarchiv; Idiotikon 6:450

Offenschreiber Offenbarschreiber, **Offenschriber** 'öffentlicher Notar; Schriftführer im öffentlichen Auftrag'; *offen, offenbar* i. S. v. 'allgemein bekannt, öffentlich verkündet, mit öffentlichem Glauben versehen, beweiskräftig, formell, den Formvorschriften gemäß'; insbesondere mit Bezug auf Rechtsakte ❖ mhd. *offenschrîber*, zu mhd. *offen* 'offen, öffentlich', mhd. *offenbære, offenbâr, offenbar* 'öffentlich'
W: *Schreiber*
Lit: DRW 10:265, 268

Offenschriber ↗ Offenschreiber

Offermann ↗ Opfermann

Official ↗ Offizial

Officiant ↗ Offiziant

Officier ↗ Offizier

Offizial Official; lat. *officialis* **1.** 'Verwaltungsbeamter als Vertreter einer Behörde'. **2.** 'Vorsitzender eines geistlichen Gerichts in der katholischen Kirche als Vertreter des Bischofs' ❖ lat. *officialis* 'Diener einer Behörde', zu mlat. *officium* 'Amt, Dienst', lat. *officium* 'Dienstleistung, Pflicht'
Syn: *Vogt*
Lit: Adelung 3:586; Barth 1:707; Diefenbach 394; DRW 10:274; Frühmittellat. RWb; Grimm 13:1183; Krünitz 104:388; RheinWb 6:358

Offiziant Officiant 'Beamter, Amtsträger in einem niedrigen Rang' ❖ zu mlat. *officium* 'Amt, Dienst', mlat. *officiatus* 'Amtsträger'
W: °*Magazinoffiziant*
Lit: Adelung 3:586; Barth 1:707; Diefenbach 394; DRW 10:276; Kaltschmidt 601; Krünitz 104:388

Offizier Officier 'Verwaltungsbeamter'; seit dem Mittelalter auch ein militärischer Rang ❖ franz. *officier*, aus mlat. *officiarius*, zu lat. *officium* 'Amt'
Lit: Barth 1:707

Offstoszer ↗ Afstöter

Ofner Ofener, Öfner; lat. *clibanarius, fornacarius, furnarius* **1.** 'Ofensetzer'. **2.** 'Töpfer'; in der Schweiz und im Süden Österreichs belegt. **3.** 'Bäcker'. **4.** 'Hausmeister, der in größeren Gebäuden für das Beheizen der Räume zuständig ist' ❖ mhd. *ovenære, ovener* 'Ofenmacher, Bäcker'
FN: Ofner, Ofener, Offner, Öfner, Oefner, Öffner, Oeffner, Öfler, Effner
Syn: Kalfakter, Ofenheizer, Stubenheizer
Lit: Barth 1:706; Diefenbach 127; DudenFN 487, 489; Frühmittellat. RWb (clibanus); Gottschald 373; Grimm 13:1159; Kretschmer 536; Linnartz 163; Pies (2005) 168; Reith (2008); Schmeller 1:44; Volckmann (1921) 182, 278

Öfner ↗ Ofner

Öhlbrenner ↗ Ölbrenner

Ohlemüller ↗ ÖLMÜLLER

Ohlenmacher 'Töpfer' ❖ ↗ Ohler
  FN: Ohlenmacher, Ohlemacher
  Syn: TÖPFER
  Lit: Gottschald 176; Linnartz 163; Pies (2005) 168; Volckmann (1921) 181

¹Ohler 'Töpfer' ❖ zu mhd. *ûle* 'Topf', aus lat. *olla*
  FN: Ohler, Ohlmann, Ollner, Öller
  Syn: Auler, Euler, TÖPFER, Ulner
  Lit: Linnartz 163

²Ohler ↗ Öler

Öhler ↗ Öler

Öhlerer ↗ Öler

Öhlmann ↗ Ölmann

Öhlmüller ↗ ÖLMÜLLER

Öhlschläger ↗ Ölschläger

Ohmenträger Ohmträger, Omenträger 'Fassträger'; urspr. Träger eines geeichten Fasses, dann allgemein für Lastträger ❖ ↗ Ohmer
  W: Träger
  Lit: DRW 10:394

Ohmer Ahmer, Amer 'Beamter, der die Dimensionen der Getränkefässer kontrolliert und eicht, Eicher' ❖ mhd. *æmen, âmen* 'visieren', zu mhd. *âme, ôme* 'Ohm, Maß', aus spätlat. *ama* 'Gefäß', griech. *ámē* 'Eimer'
  FN: Ahmer, Amer, Ohmer, Omer
  Syn: EICHMEISTER
  Lit: Barth 1:27; DRW 10:292; DudenFN 490; Gottschald 84; Grimm 13:12010; Kluge 667 (Ohm); Linnartz 18, 163

Ohmgelder ↗ Ungelder

Ohmträger ↗ Ohmenträger

Ökonom Oeconom, Oekonom; lat. *oeconomicus, oeconomus* 1. 'Verwalter und Wirtschafter eines Armen- oder Waisenhauses, einer Schule u. Ä.'. 2. 'Verwalter eines landwirtschaftlichen Gutes' — Heute gebräuchlich in der Bedeutung 'Wirtschaftswissenschaftler' und noch scherzhaft für 'Bauer' ❖ lat. *oeconomus* 'Wirtschafter, Verwalter', aus griech. *oikonómos* 'Hausverwalter', zu griech. *õikos* 'Haus'
  Lit: Adelung 3:604; Barth 1:709; Diefenbach 194; DudenFW 956; Frühmittellat. RWb

Ökonomieausreiter Ökonomieausreuter 'berittener Polizeibeamter der Finanzverwaltung zur Überwachung der Güter'
  W: Ausreiter

Ökonomieausreuter ↗ Ökonomieausreiter

Ökonomiebürger 'Bauer in einer Kleinstadt, der von der Landwirtschaft lebt und eine Hube bewirtschaftet'
  W: Bürger
  Syn: Ackerbürger, BAUER, Gärtner

Ökonomieinspektor 'Beamter, der die Verwaltung der öffentlichen Güter kontrolliert'
  Lit: Barth 1:709

Ökonomiekommissar Oeconomiekommissarius 'Beamter, der im Rahmen einer Kommission die Verhältnisse zwischen Gutsherren und Bauern regelt'; in Preußen
  Lit: Barth 1:709

Okulist Occlist, Oculist 'Augenarzt' ❖ lat. *oculus* 'Auge'
  Syn: ARZT*
  Lit: Adelung 3:578; Barth 1:710; Pies (1977) 23; Pies (2002c) 31; Pies (2005) 20

Ölbrenner Öhlbrenner 'Handwerker, der Öl aus heilkräftigen Pflanzen destilliert'
  W: Brenner
  Lit: Sulzenbacher (2002) 58; Zedler 7:671 (destillatio oleorum)

Oldbinner ↗ Altbinder

Oldboter ↗ Oltbuter

Oldbuter ↗ Oltbuter

Oldermann ↗ Ältermann

Oldeschomaker 'Flickschuster' ❖ ↗ Schomaker, *old*, niederdt. Form von *alt*
Syn: FLICKSCHUSTER

Oldkitter Altkitter 'Flickschuster' ❖ zu *Kitt* (niederdt.) 'Krempel, unnützes Zeug'; *old*, niederdt. Form von *alt*
Syn: FLICKSCHUSTER
Lit: Barth 1:37, 710; Lindow 105

Oleier ↗ Öler

Oleiger ↗ Öler

Oleistampfer ↗ Ölstampfer

Öler Ohler, Öhler, Öhlerer, Oleier, Oleiger, Ölerer, Olier, Öller, Öllerer 1. ↗ 'Ölmüller'. 2. 'hausierender Händler mit Öl, Kerzen, Seife, Unschlitt; Spezereihändler'. 3. 'Handwerker, der Seifen und Kerzen herstellt' ❖ mhd. *öler, oleier* 'Ölmüller, -schläger'
FN: Öller, Oeller, Öllerer, Ölliger, Oelliger, Öhler, Oehler, Ohler, Ohleyer, Oehlert, Ohliger; die Form *Ohler* kann auch zu *Euler* 'Töpfer' gehören
Syn: ÖLMÜLLER
Lit: Barth 1:710; DRW 10:311; DudenFN 487, 489; Gottschald 374; Gruenbaum (1946); Höfer 2:97; Hornung (1989) 100; Idiotikon 1:182; Linnartz 163; Palla (2010) 148; SteirWb 484

Ölerer ↗ Öler

Oleslager ↗ Ölschläger

Oleyensleger ↗ Ölschläger

Oleymann ↗ Ölmann

Oleysleger ↗ Ölschläger

Olier ↗ Öler

Oligsleger ↗ Ölschläger

Oligslegher ↗ Ölschläger

Olitätenkrämer '[umherziehender] Händler, der wohlriechende Öle, Olitäten und Arzneien verkauft'; *Olitäten* sind ölige und balsamische Volksarzneimittel, die nach alter mündlicher Tradition hergestellt wurden und in der ärmeren Bevölkerung beliebt waren ❖ zu lat. *oleum* 'Öl', lat. *oletum* 'Ölbau, -garten'
W: KRÄMER
Syn: Lettenträger, Mithridattträger, Ölträger, Pulverträger, Theriakkrämer
Lit: Barth 1:711; Grimm 13:1281; Kaltschmidt 603; Krünitz 105:97; Meyers Lexikon 6:40; Petri 543; Pies (2002c); Pies (2005) 49

Öller ↗ Öler

Öllerer ↗ Öler

Olmacher ↗ Ölmacher

Ölmacher Oelmacher, Olmacher ↗ 'Ölmüller' ❖ mhd. *ölmacher, oleimecher* 'Ölmacher'
Syn: ÖLMÜLLER
Lit: Barth 1:711; Grimm 13:1823; Idiotikon 4:50; Pies (2005) 101

¹**Ölmann Oelmann, Öhlmann, Oleymann, Ölmann** 'Handwerker, der Öl in einer Ölpresse herstellt und mit Öl handelt' ❖ mhd. *oleiman* 'Ölhändler'
FN: Ölmann, Oelmann, Oehlmann
Syn: ÖLMÜLLER
Lit: Adelung 3:593; Barth 1:711; DRW 10:313; DudenFN 487, 488; Gottschald 374; Grimm 13:1284; Linnartz 163; Volckmann (1921) 293

²**Ölmann** ↗ Ölmann

Ölmesser 'Beamter, der das Öl bei den städtischen Waagen misst und die Gebühren einkassiert'
W: Messer
Lit: DRW 10:314

ÖLMÜLLER Oelmüller, Ohlemüller, Öhlmüller; lat. *olearius, oleator* 'Betreiber einer Mühle, mit der fetthaltige Früchte gemahlen, geschlagen oder ausgepresst werden und dadurch Speiseöl gewonnen wird'; in südlichen Ländern Oliven, in Mitteleuropa bes. Raps, Leinsamen, Nüsse oder Rübsamen. Die Ölmühlen wurden mit Göpel und Zugtieren betrieben
FN: Oelmüller, Öhlmüller, Ohlenmüller, Ohlemüller, Ohligmüller, Öhlmiller
W: *Müller*
Syn: Öler, Ölmacher, Ölmann, Ölschläger, Ölstampfer

Lit: Adelung 3:593; Barth 1:711; Diefenbach 394; DudenFN 488; Frühmittellat. RWb; Gottschald 374; Grimm 13:1284; Linnartz 163; Pies (2005) 100

Ölsäumer Oehlsäumer 'Händler, der mit Lasttieren Öl transportiert'
W: *Säumer*

Lit: Barth 1:711; DRW 10:315 (Ölsaum); Grimm 13:1285; Höfer 2:298

Ölschlägel ↗ Ölschläger

Ölschläger Oehlschläger, Oelschlager, Oelschläger, Öhlschläger, Oleslager, Oleyensleger, Oleysleger, Oligsleger, Oligslegher, Ölschlägel, Ölschlegler ↗ 'Ölmüller'; bes. westdt., rheinisch ❖ mhd. *ölslaher, olschlaher* 'Ölschläger, -müller'
FN: Ölschläger, Ölschlager, Oelschläger, Ohlschläger, Öhlschläger, Oehlschläger, Oehlschlaeger, Oehlenschläger, Oehlenschlager, Ölschleger, Oelschleger, Oehlschlager, Ohlenschlager, Olenschlager, Oeljeschlager, Öhlschläger, Ohligschläger, Ohligschlager, Olligschläger, Ölsleher, Oehlschlägel, Oelschlägel, Ölschlegel, Oelschlegel, Olsler, Ahlschläger
W: *Schläger*
Syn: ÖLMÜLLER

Lit: Adelung 3:594; Barth 1:711; DRW 10:315; DudenFN 487, 488; Gottschald 374; Grimm 13:1286; Linnartz 18, 163; Pies (2002d) 14; Volckmann (1921) 304, 304; Zedler 25:732

Ölschlegler ↗ Ölschläger

Ölstampfer Oelstampfer, Oleistampfer ↗ 'Ölmüller'; nach der Stampfmühle, die urspr. verwendet wurde
Syn: ÖLMÜLLER

Lit: Barth 1:711; DRW 10:315 (Ölstampfe); Grimm 13:1286 (Ölstampf)

Oltbinder ↗ Altbinder

Oltboter ↗ Oltbuter

Oltböter ↗ Oltbuter

Oltbuter Oldboter, Oldbuter, Oltboter, Oltböter 'Flickschuster'; niederdt. Form von *Altbüßer* ❖ mnd. *oltboter, oltbuter* 'Altflicker'
FN: Olbeter, Olboeter, Olböter, Olpeter
W: *-böter*
Syn: Altbüßer, FLICKSCHUSTER

Lit: DudenFN 490; Gottschald 139, 374; Kunze 108; Schiller-Lübben 3:225; Volckmann (1921) 61

Oltlapper ↗ Altlapper

Oltmaker ↗ Altmacher

Öltrager ↗ Ölträger

Ölträger Öltrager 1. 'Hausierer, der mit wohlriechenden Ölen, Arzneimitteln und Steinöl handelt'; *Träger* i. S. v. 'Händler". 2. 'Arbeiter, der das Pechöl (Harz) an die Kunden verkauft oder zustellt'
W: *Träger*
Syn: Lettenträger, Mithridattträger, Olitätenkrämer, Pechölmann, Pechölträger, Rußbuttenmann, Theriakkrämer

Lit: Grimm 13:1286; Grünn (1960) 104; Haid (1968) 183; Idiotikon 14:572

Oltrüse ↗ Altreiß

Oltschöster ↗ Altschuster

Omenträger ↗ Ohmenträger

Operateur Operator; lat. *operator* 1. ↗ 'Chirurg, Arzt, der Operationen durchführt; Augen-, Bruch-, Zahnarzt'. 2. 'Vorführer in einem Kino'. 3. 'Fotograf, der eine Auf-

nahme macht' ❖ franz. *opérateur*, aus lat. *operator* 'Arbeiter; wer etwas durchführt'
W: Leichdornoperateur
Syn: CHIRURG, WUNDARZT

Lit: Barth 1:713; Kaltschmidt 606; Krünitz 105:163; Meyers Lexikon 6:72; PetriFWb 546; Pies (1977) 45, 91

Operator ↗ Operateur

Operist 'Opernsänger'; Ableitung von *Oper*, Formen mit der Endung *-ist* durch ital. Einfluss; noch im 19. Jh. gebräuchlich

Lit: Grimm 13:1291; Kaltschmidt 606; Krünitz 105:167; PetriFWb 546; Volckmann (1921) 320

Opferknecht 1. 'Hilfsarbeiter im Baugewerbe'. 2. 'Gehilfe beim Opfer am Altar; Küster, Mesner' ❖ ↗ Opfermann
W: KNECHT
Syn: KÜSTER

Lit: DRW 10:323; Grimm 13:1303

Opfermann Offermann, Oppermann 1. 'Küster, Mesner'; bes. in Hinblick auf das Einsammeln der Opfergabe während des Gottesdienstes. 2. 'Hilfskraft, Handlanger im Baugewerbe' ❖ 1.: mhd. *opferman* 'der an die Kirche ein Opfer zu entrichten hat'; mnd. *opperman, offerman* 'Messner, der beim Messopfer behilfliche Diener, Glöckner, Kirchendiener, Küster'; die Form *Offermann* gehört direkt zu lat. *offerre* 'opfern'; 2.: zu lat. *operarius* 'Arbeiter', von *operari* 'arbeiten'
FN: Oppermann, Opper, Opfermann; Offermann, Offermanns, Auffermann, Aufermann (im Rheinland)
W: Mann
Syn: Beiläufer, Handreicher, KÜSTER, Pflegsmann

Lit: Adelung 3:606; Barth 1:707; DRW 10:323; DudenFN 491; Gottschald 94, 375; Grimm 13:1304; Kunze 131; Linnartz 21, 163, 164; Schiller-Lübben 3:229

Oppermann ↗ Opfermann

Ordner Ortner 'Salinenarbeiter, der das Salz aus der Pfanne mit einer Krucke zusammenschiebt und weiterbefördert'; der Aufgabenbereich ist nicht ganz eindeutig und je nach Ort unterschiedlich
Syn: Auspehrer, Pehrer

Lit: Fellner 350; Patocka (1987) 50, 209

Orelmacher ↗ Orleymacher

Orgeler ↗ Orgler

Orgelist ↗ Orgler

Orgelschläger 'Organist'
W: Schläger

Lit: Barth 1:715; Grimm 13:1344; LothWb 1:396

Orgeltreter 'Person, die den Blasebalg einer Orgel betätigt'
Syn: Balgentreter, Kalkant

Lit: Adelung 3:615; Diefenbach 89; Grimm 13:1344; Krünitz 105:432

Orgenist ↗ Orgler

Orgenlist ↗ Orgler

Orgler Orgeler, Orgelist, Orgenist, Orgenlist, Urgeler; lat. *artifex organorum, organarius, organicen, organicus, organista, organoedus* 1. 'Orgelspieler'. 2. 'Orgelbauer' ❖ mhd. *organiste, orgeler* 'Organist', aus lat. *organum* 'Musikinstrument, Orgelpfeife', aus griech. *órganon* 'Werkzeug; Musikinstrument'
FN: Orgler, Orgeler

Lit: Barth 1:715; Diefenbach 400; DudenFN 491; Gottschald 375; Grimm 13:1342; Idiotikon 1:448; Linnartz 164; Volckmann (1921) 301; Zedler 25:1867

Orglockener ↗ Orglockner

Orglockner Orglockener 'Uhrmacher' ❖ *or-* nach lat. *horologium, -glockner* zur Angabe des Zwecks, des Stundenschlags
Syn: UHRMACHER*

Lit: Pies (2005) 172; Reith (2008) 239

Orleymacher Orelmacher, Orleymaker 'Uhrmacher' ❖ zu mhd. *ôrolei, ôrlei* 'Uhrwerk, Uhr', aus lat. *horologium*
Syn: UHRMACHER*

Lit: Volckmann (1921) 129

Orleymaker ↗ Orleymacher

Orlogmatrose ↗ Orlogsmann

Orlogsmann Orlogmatrose 'Matrose auf einem Kriegsschiff' ❖ zu mnd. *orloge, orlage, orlege* 'Krieg'; niederdt. Form zu mhd. *urliuge, urlouge* 'Krieg, Kampf', entstellt aus ahd. *urlag* 'Grundgesetz, Schicksal'
W: Mann

Lit: Barth 1:716; Grimm 13:1349; Krünitz 105:506

Orloimeister ↗ Ormeister

Ormeister Orloimeister 'Uhrmacher' ❖ angelehnt an lat. *horologium* 'Uhr, Sonnenuhr'
W: Meister
Syn: UHRMACHER*, Uhrmeister

Lit: Pies (2005) 172; Reith (2008) 239; Schmeller 1:134

Orpandtmacher ↗ Ortbandmacher

Ortbandmacher Orpandtmacher 'Handwerker, der Ortbänder herstellt'; d.s. eiserne Beschläge an Schwertern oder Messern, um die Spitze der Scheide vor Beschädigung zu schützen, oft auch nur Zierde; *Ortband* ist heute ein Fachbegriff aus der Heraldik ❖ zu mhd. *ortbant* 'eisernes Band an der Spitze der Schwertscheide'
Syn: Ortschmied

Lit: Adelung 3:622; DRW 10:412 (Ortband); Grimm 13:1362

Ortengesell ↗ Ürtengeselle

Ortengeselle ↗ Ürtengeselle

Örtergeselle ↗ Ürtengeselle

Ortgeselle ↗ Ürtengeselle

Orthäuer Ortshäuer 'Bergmann, der vor Ort arbeitet und das Erz in den Gruben mit Schlägel und Eisen gewinnt'; *Ort* bedeutet in der Fachsprache des Bergbaus 'das Ende eines Grubenbaues', auch eines 'streckenartigen Baues' im Gegensatz zum *Schacht*; zu *Ort* i. S. v. 'Endpunkt'
W: HAUER

Lit: Adelung 3:623; Barth 1:717; Fellner 351; Grimm 13:1364; Krünitz 105:523; Veith 360

Orthschmid ↗ Ortschmied

Ortner ↗ Ordner

Ortschmied Orthschmid 'Werkzeugschmied'; kurz für *Orteisenschmied*, zu *Orteisen, Ortband* 'Bandeisen, Eisen- oder Blechbeschläge, z.B. für die Schwertscheidenspitze' ❖ zu mhd. *ortîsen* 'Ortband'; mhd. *ort* 'der äußerste (Anfangs- oder Ausgangs-)punkt nach Raum und Zeit; Anfang, Ende'
W: Schmied
Syn: Ortbandmacher

Lit: Beckmann (1791) 12:298; DRW 10:412; Riepl (2009) 297

Ortshäuer ↗ Orthäuer

Öscheie ↗ Eschhei

Ossendriber ↗ Ochsentreiber

Ossener ↗ Ochsner

Oßenkoper ↗ Ochsenkäufer

Ossenkoper ↗ Ochsenkäufer

Oßmeister ↗ Essmeister

Osterling Österling 'hanseatischer Kaufmann, der besonders in die Ostsee fährt'
Vgl: Fahrer

Lit: Grimm 13:1377; Hammel-Kiesow (2008)

Österling ↗ Osterling

Ostindienfahrer 'Kaufmann, der Handelsfahrten nach Ostindien unternimmt'; auch für ein Schiff, das für diese Fahrten ausgerüstet wird
W: *Fahrer*

Lit: Hoffmann Wb 4:300; Krünitz 105:573

Otterstecher 'Jäger, der Fischottern fängt'
W: Stecher

Lit: Grimm 13:1386; Schmeller 1:177

P

Paanarbeiter ↗ Bannarbeiter

Paanknecht ↗ Bannknecht

Paanmeister ↗ Bannmeister

Pachtherr 'Eigentümer, Verpächter eines verpachteten Gutes'
W: *Herr*
Lit: Adelung 3:635; Barth 1:271; DRW 10:84; Grimm 13:1397; Krünitz 106:64

Pachtkrüger 'Wirt, der den Betrieb in Zeitpacht von einem Gutsherrn bewirtschaftet'; im Ggs. zum *Erbkrüger*
W: *Krüger*
Lit: Schlegel (1824) 127

Pachtschäfer 'Schäfer, der die Schäferei gegen Pachtgebühr und Naturalabgabe gepachtet hat'
W: *Schäfer*
Lit: Adelung 3:635; DRW 10:463; Grimm 16:694; Krünitz 106:65

Packamor ↗ Pakmor

Packenträger ↗ Packträger

Packer 1. 'Arbeiter im Hafen, der Waren aus- und einpackt'. 2. 'behördlich befugte Person, die Waren in Ballen verpackt und zum Transport fertigmacht' ❖ mnd. *packer* 'Packknecht, Packträger'; zu mnd. *pack, packe* 'Packen, Bündel', über den flämischen Leinwandhandel ins Deutsche gelangt, weitere Herkunft unklar
W: Heringspacker, °Hopfenpacker, Salzpacker, °Tobakspacker
Syn: Ballenbinder
Lit: Adelung 3:637; Barth 1:721; DRW 10:469; Grimm 13:1402; Krünitz 106:140; Pies (2002b) 16; Zedler 3:231

Packhausaufseher 'Verwalter eines öffentlichen Warenlagers für Handelswaren'; Waren wurden dort verpackt oder für den Zoll ausgepackt
W: *Aufseher*
Lit: DRW 10:470 (Packhaus); Grimm 13:1403 (Packhaus)

Packknecht 1. 'Soldat, der beim Gepäcktransport beschäftigt ist'. 2. 'Arbeiter im Hafen oder in einem Kaufhaus, der Waren aus- und einpackt'
W: *Knecht*
Syn: Ballenbinder, Trossknecht
Lit: Adelung 1:705 (Ballenbinder); Barth 1:721; Grimm 13:1404

Packmeister 1. 'Post- oder Bahnbediensteter, der für die Gepäcklagerung und den -transport zuständig ist'. 2. 'Vorgesetzter der Warenpacker'
W: *Meister*
Lit: Adelung 3:638; Barth 1:721; DRW 10:471; Krünitz 106:

Packmohr ↗ Pakmor

Packträger Packenträger 1. 'Gepäckträger'; zu *Packen* 'großer Pack; Gepäck'. 2. 'Kleinhändler, Hausierer'; zu *Packen* 'Bündel zusammengelegter und zum Tragen oder Verschicken fest verbundener Dinge; Paket' — Die unterschiedlichen Formen *Packträger*

und *Packenträger* können nicht klar den Bedeutungen zugeordnet werden ❖ zu mnd. *pack, packe* 'Packen, Bündel', aus dem Niederld. über den Wollhandel ins Deutsche gelangt
W: *Träger*
Syn: KRÄMER

Lit: Barth 1:721; Grimm 13:1402 (Packenträger), 1406 (Packträger); Krünitz 106:140

Pädagogiarch Paedagogiarch 'Rektor des Pädagogiums'; das *Pädagogium* war eine Lateinschule (16. Jh.), eine Vorbereitungsschule auf das Gymnsasium (17. Jh.), später das Gymnasium, ein Internat (18. Jh.) oder allgemein eine Erziehungsanstalt ❖ aus griech. *pais, paidós* 'Kind', griech. *agogós* 'Führer, Leiter', zu *ágein* 'führen', griech. *árchein* 'an der Spitze stehen, herrschen'

Lit: Barth 1:722; Thesaurus professionum

Padknecht ↗ Badeknecht

Paedagogiarch ↗ Pädagogiarch

Pafeser ↗ Pafesner

Pafesner Pafeser 1. 'Handwerker, der Schutzschilder herstellt'. 2. 'Soldat oder Wachebeamter, der einen Schild trägt; Schütze, der einen Schild zum Schutz verwendet' – Die *Pafese* war ein Schild, den der Schütze vor sich in die Erde steckte oder vor sich zum Schutz trug; heute noch österr. als eine Mehlspeise aus in Teig getunkten gebackenen Semmelschnitten („Armer Ritter") ❖ mhd. *pavesener* 'Pavesenträger', zu *pavese, pafese* 'eine Art großen Schildes, mit einer langen eisernen Spitze versehen, mit welcher er in der Erde feststehen und so zur Deckung des Schützen dienen konnte'; nach der ital. Stadt *Pavia* als urspr. Herstellungsort

Lit: Ebner (2009) 268; Grimm 13:1407; Schmeller 1:383; SteirWb 45; WBÖ 2:85

Pagamentsherr Paimentsherr 'Ratsherr, der für das Münzwesen zuständig ist'; ↗ Pagamentsmeister
W: *Herr*

Lit: DRW 10:476; GLOGEMIS

Pagamentsmeister Paimeister, Paimentsmeister 'Münzprüfer, der die Güte des in Umlauf befindlichen Geldes kontrolliert'; zu *Pagament, Paiment* 'Zahlungsmittel, Währung, Münzgeld' ❖ zu mlat. *pagamentum*, altfranz. *paiement* 'Bezahlung', zu lat. *pacare* 'zum Frieden bringen; (Kriegsentschädigung) zahlen', aus *pax* 'Frieden'
W: *Meister*

Lit: DRW 10:474, 476; Gamillscheg 2:688; GLOGEMIS; Krünitz 106:151

Page 'junger Adliger an einem Fürstenhof zur Dienstleistung und zugleich Ausbildung'; heute noch als junger Hoteldiener ❖ franz. *page* 'Edelknabe', im 13. Jh. aus ital. *paggio*, aus griech. *paidíon* 'Junge, kleiner Diener'

Lit: Adelung 3:639; Barth 1:722; Gamillscheg 1:669

Pagenhoffmeister ↗ Pagenhofmeister

Pagenhofmeister Pagenhoffmeister 'Lehrer und Erzieher der ↗ Pagen an einem herrschaftlichen Hof'
W: *Hofmeister, Meister*

Lit: Adelung 3:639; Krünitz 106:153; Thesaurus professionum

Pagenstecher 1. 'Fleischer, der Pferde schlachtet und verarbeitet'. 2. 'Person, die Tierkörper beseitigt und verwertet'. 3. 'Pferdekastrierer' – zu niederdt. *Paag, Page* 'Mähre, altes Pferd' ❖ mnd. *page* 'Pferd', zu *stechen* '(durch einen Stich) töten, schlachten'
FN: Pagenstecher
W: *Stecher*
Syn: KASTRIERER, SCHINDER

Lit: Barth 1:722; DudenFN 495; Gottschald 377; Lindow 145; Linnartz 165

Paimeister ↗ Pagamentsmeister

Paimentsherr ↗ Pagamentsherr

Paimentsmeister ↗ Pagamentsmeister

Pakmor Packamor, Packmohr 1. 'Polizeigehilfe im Dienste des Schulzen'. 2. 'Amtsbote, der die Amtsbescheide den Bauern zustellt' — in Ostpreußen, Litauen ❖ prussisch *packamor* 'Amtsdiener, Kämmerer', zu prussisch *paka, pakke* 'Frieden'; *pakmos* 'Friedensreiter, Vermittler'; litauisch *pakamore* 'Fronvogt'

FN: Pakmor, Packmohr, Packemor, Packmor

Syn: Amtsvogt

Lit: DRW 10:479; Gottschald 377

Palatinmacher 'Handwerker, der Palatinen herstellt'; die *Palatine*, eigentlich „die Pfälzische", ist ein Halstuch oder eine Stola aus Samt oder Pelz; nach einer franz. Mode, deren Vorbild die pfälzische Prinzessin Elisabeth Charlotte (gest. 1722), Herzogin von Orleans, war ❖ franz. *palatine*, aus lat. *palatina* 'Pfalzgräfin'

Lit: Adelung 3:639 (Palatin); Grimm 13:1411 (Palatin); Krünitz 106:67 (Palatin)

Palbierer ↗ BARBIER

Palbinder ↗ Ballenbinder

Palestermacher ↗ Ballestermacher

Palier ↗ Polier*

Pallenbinder ↗ Ballenbinder

Pallier ↗ Polier*

Panachier 'Handwerker, der Federn färbt und daraus Verzierungen für Kleider, Hüte usw. herstellt'; vgl. *Panasch* 'Federbusch, Helmbusch' ❖ zu franz. *panache* 'Helmbusch, Federbusch', aus franz. *panaché* 'bunt gestreift'

Syn: FEDERSCHMÜCKER

Lit: Kaltschmidt 622

Pander ↗ Pfänder

Paneelenmacher ↗ Panelenmacher

Panelenmacher Paneelenmacher, Panelenmaker, Pannelenmacher, Pannelenmaker 'Schreiner, Tischler, bes. von Wandvertäfelungen und Dielen'; eine jüngere Technik in der Tischlerei, die im Wechsel von festen Platten zu Rahmen mit eingeschobenen Füllungen bestand; der *Kunthor- und Panelenmacher* war ein 'Tischler für die Büroeinrichtung' ❖ mnd. *pannelmaker* 'der Panele macht, Tischler'; aus altfranz. *panel* 'Lappen, Kissen, Tafel'

Syn: TISCHLER

Lit: Adelung 3:643 (Panele); Barth 1:723; Kluge 680 (Paneel); Krünitz 106:343 (Panele); Pies (2005) 150; Reith (2008) 211; Schiller-Lübben 3:297; Volckmann (1921) 176

Panelenmaker ↗ Panelenmacher

Pannelenmacher ↗ Panelenmacher

Pannelenmaker ↗ Panelenmacher

Pannenbäcker Pannenbecker **1.** 'Töpfer'. **2.** 'Handwerker, der Dachziegel herstellt' ❖ mnd. *pannebacker* 'Töpfer'; niederdt. *pann* 'Dachziegel'; mhd. *pfanne*, aus lat. *patina* 'Schüssel'. Die Bedeutung 'Dachziegel' ist übertragen von der Form des Hohlziegels, der auf der Unterseite eine Vertiefung hat (vgl. *Dachpfanne*); *backen* i. S. v. 'glühend heiß machen, brennen, z.B. Ziegel backen'

FN: Pannenbecker, Pannenbäcker, Pannbacker, Pannebacker, Pannenbekker

W: BÄCKER*

Syn: TÖPFER

Vgl: Pfannenbäcker

Lit: Barth 1:724; DudenFN 496; Gottschald 383; Lindow 146; Linnartz 166; Paul 646; Schiller-Lübben 3:296

Pannenbecker ↗ Pannenbäcker

Pannenschmidt ↗ Pfannenschmied

Pannensmed ↗ Pfannenschmied

Pannensmid ↗ Pfannenschmied

Panner ↗ Pfänder, Pfänner, Pfanner

Pansenklopper 'Hafenarbeiter, der die Felle von Salz reinigt und dadurch für den Weitertransport und die Verarbeitung vorbereitet' ❖ zu mnd. *panse* 'der zweite Magen des Rindviehs', mnd. *kloppen* 'klopfen'

Lit: Altstaedt (2011) 20; Schiller-Lübben 2:488; Schiller-Lübben 3:298

Pansermaker ↗ Panzermacher

Pansmyd ↗ Pfannenschmied

Pantbereiter ↗ Bandbereiter

Pantinenmacher ↗ Patinenmacher

Pantinist 'Handwerker, der Holzpantoffeln herstellt'; norddt.; Ableitung von *Pantine* 'Holzschuh, -pantoffel' ❖ mnd. *patine, pottine* 'Holzschuh; Pantoffel [für Frauen], hoher Frauenschuh'; über das Niederländische aus altfranz. *patin* 'Schuh mit Holzsohle'; das eingeschobene -n- nach dem Muster von *Pantoffel*
Syn: Pantoffelmacher, Parisermacher, Tüffelmacher

Lit: Barth 1:724; Pfeifer 966 (Pantine)

Pantoffelmacher Bantoffelmacher, Pantoffelnmacher, Pantuffelmaker, Tofelmacher 'Handwerker, der Pantoffeln anfertigt'; ein selbstständiges, von den Schuhmachern getrenntes Gewerbe ❖ zu ital. *pantofola*, älter *pantufola* 'Pantoffel, Hausschuh', weitere Herkunft unsicher, vermutlich urspr. sizilianisch in der Bedeutung 'Korkschuh, Korkziegel', aus dem Griechischen
Syn: Pantinist, Parisermacher, Tüffelmacher

Lit: Barth 1:724; Gamillscheg 2:676; Grimm 13:1427; Idiotikon 4:53; Kluge 680 (Pantoffel); Pies (2005) 154; Reith (2008) 2178

Pantoffelnmacher ↗ Pantoffelmacher

Pantuffelmaker ↗ Pantoffelmacher

Panzerer ↗ Panzermacher

Panzerhemdenmacher Panzerhemdmacher 'Waffenschmied, der Rüstungsteile aus verketteten Ringen herstellt'
Syn: Panzerschmied

Lit: Barth 1:725

Panzerhemdmacher ↗ Panzerhemdenmacher

Panzermacher Pansermaker, Panzerer ↗ 'Panzerschmied'
Syn: Panzerschmied

Lit: Barth 1:724; DRW 10:492; Grimm 13:1431; Idiotikon 4:53; Pies (2005) 138; Volckmann (1921) 107

Panzerschmied lat. *lorifex* 'Waffenschmied, der bewegliche Panzer für die Rüstung und das Pferd herstellt'; gehört zu den ↗ Kaltschmieden; die Rüstungen waren Ringelpanzer, die aus verflochtenen Eisenringen bestanden, später wurden sie durch Plattenpanzer ersetzt ❖ zu mhd. *panzier, panzer* 'Panzer', aus franz. *pancier* 'Rüstung für den Unterleib', verwandt mit *Pansen*
W: *Schmied*
Syn: Brünner, Kettenpanzermacher, Panzerhemdenmacher, Panzermacher, Salwerker, Sarwerker

Lit: Barth 2:154; Diefenbach 336; Palla (2010) 150; Pies (2005) 137

Papierdrucker 'Handwerker, der in Holz geschnittene oder metallene Formen auf Papier druckt; Buntpapierdrucker'; Muster aus dem Stoffdruck wurden später auch für Papier verwendet
W: *Drucker*

Lit: Barth 1:725; Grimm 13:1437; Krünitz 107:3

Papierer Babyrer, Papirer, Pappierer, Papyrer ↗ 'Papiermacher'; bes. oberdt. ❖ mhd. *papierer*, Ableitung von *papier*, aus lat. *papyrus* 'Papyrusstaude'
Syn: Papiermacher, Papiermüller

Lit: Adelung 3:651 (Papiermacher); Barth 1:725; DRW 10:495; Grimm 13:1438; Krünitz 107:4; Palla (2010) 150; Pies (2002d) 20; Pies (2005) 108; Reith (2008) 176; Volckmann (1921) 250

Papierfärber ↗ Färber*

Papiermacher Bappiermacher; lat. *bapirifex, chartarius, opifex chartarius, papyarius, papyrifex* 'Handwerker, der aus Lumpen Papier herstellt'; früher durch Zerkleinern und Stampfen in Bütten, später in wasserbetriebenen Papiermühlen

W: Türkischpapiermacher
Syn: Papierer, Papiermüller

Lit: Adelung 3:651; Barth 1:726; Diefenbach 103; DRW 10:496; Grimm 13:1440; Krünitz 107:115; Palla (2010) 150; Pies (2002d) 15; Pies (2005) 108; Reith (2008) 176; Volckmann (1921) 250; Zedler 26:646

Papiermüller 'Betreiber einer Papiermühle'; eine wasserbetriebene Anlage, in der Lumpen und Textilabfälle zerstampft und zu Papier verarbeitet wurden
W: *Müller*
Syn: Papierer, Papiermacher

Lit: Adelung 3:651; Barth 1:726; DRW 10:497; Grimm 13:1440; Krünitz 107:218; Pies (2002d) 15; Pies (2005) 108

Papirer ↗ Papierer

Pappenhammer ↗ Pappenheimer

Pappenheimer Pappenhammer 'Person, die (nachts) die Abtritte reinigt und den Unrat entfernt; Kanalräumer'; nach Lexer schon im 14. Jh. in Handwerkerverzeichnissen so genannt, später noch in Nürnberg; vielleicht stammten die ersten dieser Unternehmer aus Pappenheim
Syn: ABTRITTRÄUMER

Lit: Barth 1:726; Grimm 13:1447; Krünitz 107:419; Schmeller 1:398

Pappierer ↗ Papierer

Papyrer ↗ Papierer

Paplüemacher ↗ Parapluiemacher

Parapluenmacher ↗ Parapluiemacher

Parapluiemacher Paraplüemacher, Parapluenmacher, Parapluimacher, Paraplümacher '[Regen]schirmmacher'; eine stehende Figur im Wiener Volkstheater des 18. Jh.; *Parapluie* ist veraltet, aber scherzhaft-ironisch noch in Gebrauch ❖ zu franz. *parapluie* 'Regenschirm', zu lat. *pluvia* 'Regen'; Analogiebildung zu *parasol* 'Sonnenschirm'

Syn: Dachmacher, Numerellmacher, Parasolmacher, Schirmmacher

Lit: Barth 1:727; Gamillscheg 2:679

Parapluimacher ↗ Parapluiemacher

Paraplümacher ↗ Parapluiemacher

Parasolmacher Parisolimacher 'Sonnen- oder Regenschirmmacher' ❖ zu franz. *parasol* 'Sonnenschirm', aus ital. *parasole*, aus *parare* 'abwehren' und *sole* 'Sonne'
Syn: Dachmacher, Numerellmacher, Parapluiemacher, Schirmmacher

Lit: Adelung 3:657 (Parasoll); Barth 1:727; Gamillscheg 1:679 (parasol); Idiotikon 4:53

Parchanter ↗ Barchenter

Parchendweber ↗ Barchentweber

Parchener ↗ Barchner

Parchenmacher ↗ Barchentweber

Parchenter ↗ Barchenter

Parchentmacher ↗ Barchentweber

Parchetweber ↗ Barchentweber

Parchner ↗ Barchner

Pareskenmacher Pariskenmacher 'Handwerker, der Schuhe und Sandalen aus Lindenbast oder geflochtenen jungen Baumrinden herstellt'; zu *Paresken* 'Bastsandalen'; von den alten Preußen in Litauen und in Masuren getragen ❖ zu preußisch *rist, reist* 'binden', *perreist* 'verbinden'; litauisch *paristi* 'binden'
Syn: SCHUSTER

Lit: Frischbier 2:122; Haas (1994) 62

Paretmacher ↗ Barettmacher

Pärgamenter ↗ Pergamenter

Parillenmacher ↗ Brillenmacher

Parischenmacher ↗ Parisermacher

Pariserarbeiter 'Handwerker, der feine modische Gebrauchsgegenstände, modische Accessoires herstellt'; die Herstellung der Galanteriewaren kam aus Frankreich
W: *Arbeiter*
Syn: Galanteriearbeiter, Galanteriespengler, Stahlarbeiter

Lit: Barth 1:727

Parisermacher Parischenmacher, Parisgenmacher 'Hersteller von Filzpantoffeln'; urspr. gestickte Morgenschuhe [nach französischer Mode], genannt *Filzpariser*
Syn: Pantinist, Pantoffelmacher, Tüffelmacher

Lit: Kaltschmidt 629 (Parischen); Petri 570 (Parischen); Trachsel (1873) 41 (Pariser)

Parisgenmacher ↗ Parisermacher

Pariskenmacher ↗ Pareskenmacher

Parisolimacher ↗ Parasolmacher

Parlier ↗ Polier*

Parochian ↗ Parochiepfaffe

Parochiepfaffe Parochian; lat. *parochus* 'Pfarrer einer Parochialkirche'; d.i. eine Kirche, die einem Kirchensprengel (Parochie) zugeordnet ist ❖ lat. *parochia* 'Pfarre', aus griech. *para* 'bei' und *oikéin* 'wohnen'
W: *Pfaffe*

Lit: Barth 1:728 (Parochie); Diefenbach 414; DRW 10:512; RheinWb 6:520 (Parochie)

Parschalch ↗ Parschalk

Parschalk Barschalk, Parschalch 'halbfreier Bauer'; war nur zu wenigen Diensten verpflichtet; bair. ❖ mhd. *barschalc* 'eine Art zinsgebender Leute'; zu *bar* 'frei von etwas' und *Schalk* 'Knecht, Unfreier'
FN: Parschalk, Paschalk
Syn: HÖRIGER

Lit: Gottschald 379; Schmeller 1:254

Partierer 'Händler, der mit einer begrenzten Menge und begrenztem Sortiment Handel treiben darf'; oft mit dem Nebensinn des betrügerischen Handels ❖ zu mhd. *partieren* 'betrügen, bes. durch Handel und Tausch', aus altfranz. *barater* 'Geschäfte machen; betrügerisch handeln'
Syn: KRÄMER

Lit: Barth 1:728; DRW 10:523; Gamillscheg 1:82

Parucker ↗ Peruquier

Parukenmacher Paruquenmacher, Peroggenmacher 'Perückenmacher'
Syn: Haararbeiter, Peruquier

Paruquenmacher ↗ Parukenmacher

Paruquier ↗ Peruquier

Pasementenmacher ↗ Posamentmacher

Pasimentenmacher ↗ Posamentmacher

Pasimetmacher ↗ Posamentmacher

Passamenter ↗ POSAMENTIERER

Passamentweber ↗ Posamentenweber

Passementenmacher ↗ Posamentmacher

Passführer 'Vorarbeiter einer Holzarbeitergruppe'; eine *Pass* ist eine für eine bestimmte Arbeit zusammengestellte Gruppe von Arbeitern, bes. Holzarbeitern. Sie bestand gewöhnlich aus 6 bis 12 Mann; auch allgemein eine Gruppe, die eine Gemeinschaft bildet. Zu *passen* in der Bedeutung 'richtig sein, den Gegebenheiten entsprechen, zueinanderstimmen' ❖ mnd. *passen* 'angemessen machen', aus franz. *passer* '(weiter)gehen'; über niederdt. *(ge)passen* 'zum Ziel kommen, erreichen' über das ganze Sprachgebiet verbreitet
W: *Führer*

Lit: WBÖ 2:424; Wiesenhofer

Paßmontirer ↗ POSAMENTIERER

Paßschreiber ↗ Passschreiber

Passschreiber Paßschreiber 'Beamter, der Pässe ausstellt'
W: *Schreiber*
Lit: Grimm 13:1499

Pastelmacher ↗ Patermacher

Pastemintenmacher ↗ Posamentenmacher

Pastetenbacher ↗ Pastetenbäcker

Pastetenbäcker Pastetenbacher, Pastetenbeck, Pastetenbecker, Posteidenbecker, Posteyenbecker **1.** 'Bäcker, der feines Gebäck herstellt, Konditor'. **2.** 'Handwerker, der aus Fleisch, Gemüse, Früchten u. Ä. Pasteten herstellt' ❖ zu mhd. *pastête, pastêde* 'Pastete', über mlat. *pastata* aus lat. *pasta* 'Teig'
W: *BÄCKER**
Lit: Adelung 3:669; Barth 1:730; DudenEtym 593 (Pastete); Grimm 13:1492; Krünitz 108:96; Reith (2008) 25; Zedler 26:1253 (Pastetenbäckerin)

Pastetenbeck ↗ Pastetenbäcker

Pastetenbecker ↗ Pastetenbäcker

Päterleinmacher ↗ Patermacher

Paterlemacher ↗ Patermacher

Paterlmacher ↗ Patermacher

Patermacher Baterleinmacher, Pastelmacher, Päterleinmacher, Paterlemacher, Paterlmacher, Patterlmacher 'Drechsler, der Rosenkranzschnüre herstellt'; Dialektform zu *Paternostermacher*, das Bestimmungswort meist im Diminutiv
Syn: Bernsteindreher, Korallenmacher, Rosenkranzmacher
Lit: Barth 1:86; Grimm 13:1501 (Pater); Schmeller 1:413; Volckmann (1921) 172; WBÖ 2:464 (Pater)

Paternoster ↗ Paternosterer

Paternosterer Paternoster **1.** 'Drechsler, der Rosenkranzschnüre herstellt'. **2.** 'Drechsler, der Bernstein verarbeitet' ❖ nach dem *Paternoster*, lat. 'Vaterunser', das im Rosenkranzgebet ständig wiederkehrt
FN: Paternoster, Paternosterer, Paternoß, Paternoss, Nosterer, Nusterer, Noster, Nuster
Syn: Rosenkranzmacher
Lit: Adelung 3:669 (Paternoster); Barth 1:731; DudenFN 499; Gottschald 379; Grimm 13:1503; Linnartz 167; Reith (2008) 128; Volckmann (1921) 171; WBÖ 2:467

Paternostermacher Paternostermaker ↗ 'Paternosterer'
Syn: Bernsteindreher, Rosenkranzmacher
Lit: Krünitz 108:128; Pies (2005) 49; Reith (2008) 64; Vieser/Schautz (2010) 135; Volckmann (1921) 171; Zedler 26:1290

Paternostermaker ↗ Paternostermacher

Patinenmacher Pantinenmacher, Patinenmaker, Pattinenmaker, Patynenmaker 'Schuhmacher, der Holzschuhe oder Holzpantoffeln herstellt' ❖ mnd. *pattinenmaker* 'Verfertiger von Holzschuhen', zu mnd. *patine, pattine, pottine* 'Holzschuh', aus niederld. *patijn*, franz. *patin* 'Schuh mit Holzsohle'. Die heutige Form *Pantine* entstand unter Einfluss von *Pantoffel*
Syn: HOLZSCHUHMACHER
Lit: Barth 1:732; DudenGWDS 2844 (Pantine); Schiller-Lübben 3:310; Volckmann (1921) 162

Patinenmaker ↗ Patinenmacher

Patiner Pattiner ↗ 'Patinenmacher'
FN: Patein
Syn: HOLZSCHUHMACHER
Lit: Bahlow (1967) 369; Barth 1:732

Patrimonialbauer 'abhängiger Bauer von einem Patrimonialgut'; d.i. ein Gut, welches ein Fürst durch Erbschaft, Kauf usw. erworben hat und als Privatmann besitzt ❖ lat. *patrimonium* 'Privatvermögen des Herrschers'

W: *Bauer*
Syn: Höriger

Lit: Barth 1:732; DRW 10:565; Krünitz 108:143 (Patrimonialgut); Pies (2005) 24

Patrimonialrichter 'Jurist, der vom Grundherrn eines adeligen Gutes mit der Rechtspflege beauftragt ist'; zu *Patrimonium* 'Privatvermögen des Herrschers; väterliches Erbgut' ❖ lat. *patrimonium* 'vom Vater ererbtes Vermögen'
W: *Richter*

Lit: Barth 2:201; DudenGWDS

Patron 1. 'oberster Eigentümer eines Lehens, von dem ein Lehensmann ein Lehen erhält'. 2. 'Rechtsvertreter, Advokat'. 3. 'Eigentümer und Kapitän eines Schiffes'. 4. 'Firmenchef' – Die Grundbedeutung ist 'Schutzherr einer Kirche, einer Stiftung, einer Gesellschaft' ❖ mhd. *patrôn, patrône* 'patronus; Schiffspatron, Kapitän', aus lat. *patronus* 'Schutzherr', zu *pater* 'Vater'
W: °Schiffspatron
Syn: Lehensherr, Schiffherr

Lit: Adelung 3:673; Barth 1:733, 872; DRW 10:567; DRW 12:602; DudenGWDS; Grimm 13:1505

Patronierer Patronist 'Schreiber religiöser Bücher, der mit Schablonen, Musterformen, arbeitet' ❖ zu franz. *patronner* 'Farben mit einer Form auftragen', franz. *patron* 'Form, Muster, Modell', aus lat. *patronus* 'Schutzherr', das daneben auch die Bedeutung 'Musterform' erhält, wörtlich die 'Vaterform, nach der etwas entsteht'
Syn: Briefmaler

Lit: Adelung 3:673 (Patrone); Barth 1:733; Grimm 13:1506 (Patrone, paronieren); Heydenreuter (2010) 159; Pfeifer 982

Patronist ↗ Patronierer

Patterlmacher ↗ Patermacher

Pattinenmaker ↗ Patinenmacher

Pattiner ↗ Patiner

Patynenmaker ↗ Patinenmacher

Paudelkramer ↗ Paudelkrämer

Paudelkrämer Paudelkramer ↗ 'Paudler'
W: *Krämer*
Syn: Paudler

Lit: Frischbier 2:127; Grimm 13:1510 (Paudel); Schiller-Lübben 3:384

Paudeltrager ↗ Paudelträger

Paudelträger Paudeltrager ↗ 'Paudler'
W: *Träger*
Syn: Paudler

Lit: Frischbier 2:127

Paudler 1. 'herumziehender Händler, Hausierer'. 2. 'kleiner Kaufmann' — Zu *Paudel*, ostpreußisch, 'Kästchen aus Lindenrinde und Bast zur Aufbewahrung von Gewürzen u. a. Waren', dann jede Schachtel oder jedes Kästchen aus Holz oder Blech ❖ aus litauisch *púdlas*, poln. *pudło* 'Kasten aus Holz'
FN: Paudler
Syn: Paudelkrämer, Paudelträger

Lit: Frischbier 2:127; Gottschald 380; Linnartz 167

Paukenschläger lat. *timpanator, tympanator* 'Musiker, der Pauken spielt; Pauker'; noch selten für *Pauker* gebräuchlich; sie spielten beim Militär und den Bürgergarden eine große Rolle ❖ mhd. *pûkenslaher* 'timpanator'
W: *Schläger*
Syn: Bungenschlager, Bunger

Lit: Barth 1:734; Diefenbach 583; Grimm 13:1512

Paurschneider ↗ Bauernschneider

Pautler ↗ Beutler

Pawr ↗ Bauer

Pechbrenner 'Person, die in den Pechhütten das von den Bäumen gesammelte Harz erhitzt und so vom Pechöl trennt und Pech gewinnt'; die Arbeit wurde manchmal von den Teerbrennern mit erledigt; Pech wurde vielfältig eingesetzt, bes. zum Abdichten gegen Wasser ❖ ↗ Pecher

FN: Pechbrenner
W: Brenner
Syn: Harzbrenner, Harzer, Pecher, Pechölbrenner, Pechsieder

Lit: Adelung 3:678; Barth 1:735; Gottschald 380; Grimm 13:1518; Idiotikon 5:636; Krünitz 108:208; Linnartz 167

Pecher Becherer, Bechler, Pecherer, Pechler, Picher 1. 'Person, die Harz sammelt'. 2. 'Person, die Harz verarbeitet, ↗ Pechsieder' — Das Rohprodukt wird als *Harz* bezeichnet, das ausgesottene Harz als *Pech*, bes. im oberdeutschen Raum wurden die beiden Bedeutungen gleichgesetzt ❖ Ableitung von mhd. *pech, bech* 'Harz, Pech'
FN: Pecher, Pechler, Pechner, Pechmann, Picher, Bicher, Pichmann, Bichmann (vgl. auch ↗ Becherer)
W: Wachspecher
Syn: PECHBRENNER, PECHHACKER, Scharrer

Lit: Adelung 3:679; Ast (1977); Barth 1:735; DudenFN 501; Gottschald 380; Grimm 13:1518; Grünn (1960) 39; Kehr (1964) 253; Krünitz 108:207; Linnartz 167; Palla (2010) 159; SteirWb 57; Zedler 27:15

Pecherer ↗ Pecher

PECHHACKER 'Person, die Harz sammelt'; oberdt. Form für ↗ Pechhauer ❖ zu mhd. *pěch, běch* 'Harz, Pech'; Hacker: mhd. *hecker* '(Holz)hacker; Weinhacker, Weinbauer'
FN: Pechhacker, Pöchhacker
W: Hacker
Syn: Harzer, Harzreißer, Harzschaber, Harzscharrer, Pecher, Pechhauer, Pechkratzer, Pechscharrer, Scharrer

Lit: Grünn (1960) 21; Linnartz 167

Pechhauer 'Person, die Harz sammelt' ❖ zu mhd. *pěch, běch* 'Harz, Pech'; Hauer: mhd. *houwer* 'Holzfäller, Bergmann', mhd. *houwen* 'hauen, hacken, umhauen, bearbeiten'
W: HAUER
Syn: PECHHACKER, Scharrer

Lit: Adelung 3:679; Barth 1:735; Grimm 13:1519; Krünitz 108:208; Zedler 27:15

Pechkratzer 'Person, die Harz mit einem Werkzeug von den Bäumen scharrt'
Syn: PECHHACKER, Pechscharrer

Lit: Grünn (1960)

Pechler ↗ Pecher

Pechölbrenner 'Person, die aus dem harzreichen Föhrenholz Pechöl gewinnt'; es wurde als Heilmittel bei Menschen für Geschwüre, Schwellungen und Verstauchungen verwendet, bei Tieren für Verletzungen. Zur Gewinnung wurde auf Pechölsteinen zerkleinertes Föhrenholz aufgeschichtet, das wie bei einem Kohlenmeiler mit Erde überdeckt wurde. Das Pechöl rann nach dem Anfeuern in die Rillen des Pechölsteines, sammelte sich in der Mittelrinne und floss in ein untergestelltes Gefäß
W: Brenner
Syn: PECHBRENNER

Lit: Adelung 3:679 (Pechöhl); Grünn (1960) 100; OÖ. Hbl 1986, H. 2:159; Zedler 27:16 (Pechöl)

Pechölmann 'Händler, der mit einem Karren über Land fährt und hartes Pech vertreibt'; es konnte durch Erhitzen verflüssigt und beim Pfropfen der Bäumen verwendet werden oder wurde als Rohstoff für Arzneimittel verwendet, ↗ Pechölmann
W: *Mann*
Syn: Ölträger, Pechölträger, Rußbuttenmann

Lit: Grünn (1960) 28; Zedler 27:16 (Pechöl)

Pechöltrager ↗ Pechölträger

Pechölträger Pechöltrager ↗ 'Pechölmann'; *Träger* i. S. v. 'Händler'
W: *Träger*
Syn: Ölträger, Pechölmann, Rußbuttenmann

Lit: Grünn (1960) 21; Sulzenbacher (2002) 61

Pechscharrer 'Person, die Harz mit einem Werkzeug von den Bäumen scharrt' ❖ zu mhd. *pech, bech* 'Harz, Pech'; zu mhd. *scharren* 'scharren, kratzen'
W: Scharrer

Syn: PECHHACKER, Pechkratzer

Lit: Adelung 3:679 (Pechscharrre); Barth 1:735; Grimm 13:1521; Krünitz 108:212 (Pechscharre); Pfeifer 511

Pechsieder 'Person, die in den Pechhütten das von den Bäumen gesammelte Harz durch Sieden vom Pechöl trennt und so Pech gewinnt' ❖ ↗ Pecher
W: *Sieder*
Syn: PECHBRENNER

Lit: Barth 1:735; Grimm 13:1521; Grünn (1960) 34, 89; Palla (2010) 159

Peckenknecht ↗ Bäckerknecht

Peckh ↗ Beck

Pedell lat. *bedellus, pedellus* **1.** 'Bote oder Diener eines weltlichen oder geistlichen Gerichts'. **2.** 'Bote oder Hausmeister einer Universität'; kommt im veralteten Sprachgebrauch noch vor. **3.** 'Schulwart eines Gymnasiums' ❖ mhd. *bedell, pedell* 'Gerichtsbote; Pedell der Universität, frühnhd. pedell* '(Kirchen)diener', aus mlat. *pedellus, bedellus, bidellus* 'Diener, Bote', dieses aus ahd. *bitil* 'Freier, Werber' zu *biten* 'bitten', vermischt mit *bütel* 'Büttel'
FN: Pedell, Bedel
W: °Amtspedell
Syn: Amtsknecht

Lit: Adelung 3:681; Barth 1:736; Diefenbach 420; DRW 10:574; Gottschald 380; Götze 23; Grimm 13:523; Kluge 691; Krünitz 108:218; Linnartz 167

Pehrer Behrer, Berer **1.** 'verantwortlicher Salinenarbeiter, der das Salz, das sich in der Sudpfanne durch Kristallisation abgelagert hat, mit einer Schaufel oder Krucke herausstreift'. **2.** 'Salinenarbeiter, der das herausgezogene Salz in den Pehrsack und von dort in die Behälter (Kufen) schaufelt'; aufgrund der Lautungen und der Etymologie ist nicht eindeutig, ob es sich um denselben oder zwei verschiedene Berufe handelt ❖ zu mhd. *bern* 'schlagen, klopfen, stoßen'; vielleicht zu *Pörer* 'Mensch, der etwas emporhebt', zu mhd. *bœren* 'erheben'; die beiden etymologischen Formen haben sich heute vermischt
W: *Auspehrer, Zupehrer*
Syn: Ordner

Lit: Fellner 355; Patocka (1987) 50, 216, 218; WBÖ 2:1076; WBÖ 3:622, 626

Peidtler ↗ BEUTLER

Peiniger lat. *tortor* **1.** 'Scharfrichter'. **2.** 'Gehilfe des Scharfrichters, der die Folter ausführt' ❖ mhd. *pîneger, pîniger* 'Quäler, Peiniger'
FN: Peiniger
Syn: Folterknecht, Marterer, Peinlein, Racker

Lit: Adelung 3:682; Diefenbach 589; DRW 10:583; Frühmittellat. RWb; Gottschald 381; Grimm 13:1527; Linnartz 168

Peinlein Peinling 'Gehilfe des Scharfrichters, der die Folter ausführt'; im fränkischen Rechtsbereich übernahm er auch die Rolle des Anklägers im Inquisitionsprozess ❖ zu mhd. *pîn* 'Strafe, Leibesstrafe', aus lat. *poena* 'Strafe'
Syn: Folterknecht, Marterer, Peiniger, Racker

Lit: DRW 10:585; Grimm 13:1528; Pies (2001) 38; Schild (1997); Schmeller 1:393

Peinling ↗ Peinlein

Peitscher 'Handwerker, der Peitschen herstellt'
FN: Peitscher, Beischer
Syn: Geißelmacher, Schmitzer

Lit: Gottschald 381; Linnartz 28, 168

Pek ↗ Beck

Pelser ↗ Pelter

Pelsmaker ↗ Pelzer

Pelster ↗ Pelter

Pelter Pelser, Pelster, Pilser, Pölter, Pylser 'Kürschner'; niederdt. ❖ mnd. *pelser* 'Kürschner, Pelzbereiter', mnd. *pelter, pilter, pelster* 'Pelzhändler', zu mnd. *pels* 'Tierhaut, Pelz'

FN: Pelser, Pelters, Pelster
Syn: KÜRSCHNER, Pelzer
Lit: DudenFN 502, 510; Linnartz 168; Pies (2005) 90; Volckmann (1921) 54

Peltzer ↗ Pelzer

Pelzer Bältzer, Pelsmaker, Peltzer, Pelzmacher, Pylsmaker **1.** 'Kürschner'; bes. norddt. **2.** 'Gärtner, der Bäume veredelt, die Obstbäume betreut' ❖ 1.: mhd. *belzer* 'Kürschner'; 2.: mhd. *belzer, pelzer*, zu mhd. *belzen, pelzen* 'pelzen, pfropfen'
FN: Pelzer, Peltzer, Pelzner, Pelz, Pilz, Pölz, Belzer, Belzner, Beltz, Beltzer, Beltzner, Pils, Piltzer, Pilster
Syn: KÜRSCHNER, Pelter
Lit: Adelung 3:685; Barth 1:737; DudenFN 502; Gottschald 381; Grimm 13:1536; Grönhoff (1966) 20; Hornung (1989) 103; Krünitz 108:330 (pelzen, Pelzer); Linnartz 168; Pies (2005) 90; Reith (2008) 130; Schmeller 1:389; Volckmann (1921) 54

Pelzmacher ↗ Pelzer

Penner ↗ Pfänner, Pfänder

Penseler Benseler 'Maler, Anstreicher' ❖ zu mhd. *pënsel, bënsel* 'Pinsel'
FN: Benseler, Penseler
Syn: TÜNCHER
Lit: DudenFN 123; Grimm 1:1475 (Bensel); Grimm 13:1542 (Pensel)

Pensionair ↗ Pensionär

Pensionär Pensionair, Pensionist 'Pächter eines Gutes'; er hatte als Pacht eine *Pension* zu bezahlen, im Ggs. zur heutigen Bedeutung (seit dem 19. Jh.), in der ein *Pensionär* (in Österreich *Pensionist*) ein Ruhegehalt bezieht; eine ältere Bedeutung (ab 18. Jh.) ist 'Kostgänger' (als Schüler oder Pensionsbewohner) ❖ franz. *pensionnaire* 'Ruheständler'
Lit: Barth 1:738; Grönhoff (1966) 41

Pensionist ↗ Pensionär

Pensionsmutter ↗ Mutter

Perckhmaister ↗ Bergmeister

Perckmeister ↗ Bergmeister

Perdeköper ↗ Pferdekäufer

Perelhefter ↗ Perlenhefter

Pergamener ↗ Pergamenter

Pergamenter Bergamener, Bergamenter, Bergaminter, Bermenter, Bermiter, Bermitter, Bermuterer, Birmenter, Pärgamenter, Pergamener, Pergamenterer, Pergamentirer, Pergmenter, Pergmentierer, Permenner, Permennter, Permenter, Permentirer, Perminter, Permiter, Permizter, Pirmeider, Pirmenter, Pirmiter; lat. *pergamenarius, pergamenista, pergamentarius* 'Handwerker, der aus Kalb-, Schaf- und Ziegenfellen Pergament herstellt'; Pergament war vom frühen Mittelalter bis zum 14. Jh. das übliche Material für Schriftstücke ❖ mhd. *pergamënter* 'Pergamentmacher'
FN: Pergamenter, Bergamenter, Bermenter, Permenter, Perementer, Perminter, Permeter, Parmenter, Bermitter, Bermeter, Bermter
Syn: Buchfeller, GERBER*, Pergamentmacher
Lit: Adelung 3:687; Barth 1:99, 739; Diefenbach 426; DudenFN 497; Gottschald 381; Krünitz 108:514; Linnartz 168; Pies (2002b) 7; Pies (2005) 111; Volckmann (1921) 249; Zedler 27:392

Pergamenterer ↗ Pergamenter

Pergamentirer ↗ Pergamenter

Pergamentmacher Pergimetmacher, Permentmacher 'Handwerker, der Pergament herstellt' ❖ mhd. *pergamëntmacher* 'pergamentista'
Syn: GERBER*, Pergamenter
Lit: Barth 1:738; Grimm 13:1545; Krünitz 108:514; Palla (2010) 160; Zedler 27:392

Pergamentschaber 'Handwerker, der die Tierhaut, die zu Pergament verarbeitet wird, abschabt und enthaart'
W: Schaber
Lit: Grimm 13:1545; Krünitz 108:514

Pergimetmacher ↗ Pergamentmacher

Pergmaister ↗ Bergmeister

Pergmenter ↗ Pergamenter

Pergmentierer ↗ Pergamenter

Perköper ↗ Pferdekäufer

Perleinmach ↗ Perlenmacher

Perleinmacher ↗ Perlenmacher

Perlenfänger 'Perlenfischer'
W: Fänger
Lit: Adelung 3:688; Grimm 13:1552 (Perlenfang); Krünitz 108:570

Perlenhefter Perelhefter, Perlhefter, Perlhöffter 'Handwerker, der Perlenschmuck anfertigt oder Stoffe mit Perlen verziert' ❖ zu mhd. *heftel, heftelîn* 'Spange, Agraffe'
FN: Perlhefter, Perlhöfter, Perlhoefter
W: Hefter
Lit: Barth 1:739; Linnartz 169; Schellenberg (1933)

Perlenmacher Perleinmach, Perleinmacher
1. 'Handwerker, der Glasperlen herstellt'.
2. 'Handwerker, der Rosenkranzschnüre oder Perlen für Rosenkranzschnüre herstellt'
Lit: Barth 1:738; Grimm 13:1554; Krünitz 108:572; Reith (2008)

Perlhefter ↗ Perlenhefter

Perlhöffter ↗ Perlenhefter

Perlmutterdrechsler ↗ Drechsler

Permenner ↗ Pergamenter

Permennter ↗ Pergamenter

Permenter ↗ Pergamenter

Permentirer ↗ Pergamenter

Permentmacher ↗ Pergamentmacher

Perminter ↗ Pergamenter

Permiter ↗ Pergamenter

Permizter ↗ Pergamenter

Peroggenmacher ↗ Parukenmacher

Perruquier ↗ Peruquier

Persetter ↗ Präzeptor

Perspectivmacher ↗ Perspektivmacher

Perspektivmacher Perspectivmacher 'Handwerker, der optische Geräte, bes. Brillen, herstellt'
Syn: Brillenmacher
Lit: Adelung 3:693 (Perspectiv); Palla (2010) 36; Zedler Suppl 4:664

Perugierer ↗ Peruquier

Peruquier Barucker, Parucker, Paruquier, Perruquier, Perugierer, Perüquier 'Perückenmacher' ❖ zu franz. *perruque* 'Haarschopf' aus span. *pelo* 'Haar'
FN: Parucker, Barucker, Paraker, Purucker, Purrucker
Syn: Haararbeiter, Parukenmacher
Lit: Gottschald 382; Palla (1994) 410; Pies (2005) 112; Reith (2008) 21

Perüquier ↗ Peruquier

Pestarzt 'Arzt, der Pestkranke behandelt und Tote beerdigt'
W: ARZT*
Syn: Brechbader, Pestbarbier
Lit: Adelung 3:694; Barth 1:740; Grimm 13:1572; Krünitz 109:294

Pestbalbier ↗ Pestbarbier

Pestbarbier Pestbalbier, Pestilenzbalbierer ↗ 'Pestarzt, Bader, der Pestkranken Hilfe leistet'
W: BARBIER
Syn: Brechbader, Pestarzt
Lit: Barth 1:740; Grimm 13:1572

Pestchirurg ↗ CHIRURG

Pestilentialis ↗ Pestilentiar

Pestilentiar Pestilentialis; lat. *pestilentiarius* 'Pfarrer, der Pestkranke betreut'; seltener auch für andere Personen, die mit Pestkranken zu tun haben (Ärzte, Hebammen, Leichenträger) ❖ zu lat. *pestilentia* 'ansteckende Krankheit, Seuche', zu lat. *pestis* 'ungesund'

Lit: Barth 2:207

Pestilenzbalbierer ↗ Pestbarbier

Pestknecht 'Person, die Pestkranke in den Pesthäusern versorgt und Tote in Pestgräbern beerdigt'; ein Beispiel für einen Pestknecht war der „liebe Augustin", das Wiener Original aus dem 17. Jh., der der Sage nach in eine Pestgrube fiel und dort seinen Rausch ausschlief
W: KNECHT

Pestmedicus ↗ Medicus

Petenettenkrämer 'Händler mit Kleinwaren, Hausierer'; zu *Petenetten*, *Petenettenkram* 'Kleinkram' ❖ zu franz. *petit* 'klein'
W: KRÄMER

Lit: Frischbier 2:136

Petenmacher ↗ Betenmacher

Petlitzenmacher ↗ Podlitzenmacher

Petschaftschneider 'Graveur, der Handstempel und Wappen anfertigt' ❖ zu *Petschaft* 'Stempel zum Versiegeln' altslowenisch *pečát* 'Siegel, Stempel' mit der deutschen Nachsilbe *-schaft*; die frühe und stärkere Verbreitung in Österreich legt eine slowenische Entlehnung nahe, vielleicht durch die Prager Kanzlei gefördert
W: SCHNEIDER
Syn: PETSCHIERER

Lit: Adelung 3:697 (Petschaft); Barth 1:741; Kluge 695 (Petschaft); Palla (1994) 310; Pfeifer 993

Petschaftstecher Pettschaftstecher 'Graveur, Künstler, der Zeichnungen in Stein oder Metall graviert; Stein-, Stempelschneider' ❖ ↗ Petschaftschneider
W: Stecher
Syn: PETSCHIERER, Wappenstecher

Lit: Adelung 3:697; Barth 1:741; Idiotikon 10:1282; Pfeifer 993

Petschier ↗ PETSCHIERER

PETSCHIERER Petschier, Pettschierer, Pitschier, Pitzirer; lat. *caelator*, *celator* 'Handwerker, der Siegel graviert und Stempel schneidet'; umfasst die die Technik unterscheidenden Bezeichnungen *Petschierschneider*, *-stecher* und *-gräber* ❖ zu slowenisch *pečát* 'Siegel, Stempel', mhd. *pitschieren* 'siegeln'; *Petschier-* ist eine Rückbildung vom Verb
Syn: FORMSCHNEIDER, Petschaftschneider, Petschaftstecher, Petschiergraber, Petschierschneider, Petschierstecher, Siegelgräber, Siegelschneider, Siegelstecher, Siegler, Stöckelschneider

Lit: Adelung 3:697 (petschieren); Barth 1:741; Barth 2:44; Diefenbach 110; Grimm 13:1579, 1580; Idiotikon 4:1932

Petschiergraber Pötschiergraber 'Graveur, Künstler, der Zeichnungen in Stein oder Metall graviert; Stein-, Stempelschneider' ❖ ↗ Petschierer
W: *Gräber*
Syn: PETSCHIERER

Lit: Barth 1:742; Grimm 13:1580; Steir. Handwerk 163

Petschierschneider Pitzersnider, Pitzirsnider ↗ 'Petschaftschneider' ❖ ↗ Petschierer
W: SCHNEIDER
Syn: PETSCHIERER

Lit: Idiotikon 9:1133; WBÖ 2:1155 (petschieren)

Petschierstecher Pitschierstecher, Pötschirstecher, Pütschierstecher ↗ 'Petschaftstecher' ❖ ↗ Petschierer
W: Stecher
Syn: PETSCHIERER

Lit: Adelung 3:697; Barth 1:741; Grimm 13:1580; Idiotikon 10:1282; Krünitz 109:344; Palla (1994) 310

Pettenmacher ↗ Betenmacher

Pettschaftstecher ↗ Petschaftstecher

Pettschierer ↗ Petschierer

Peutler ↗ Beutler

Pfadler ↗ Pfeidler

Pfaffe 'Pfarrer'; urspr. die übliche Bezeichnung für den Ortsgeistlichen, seit der Reformation abwertend gebraucht ❖ mhd. *phaffe* 'Geistlicher, Weltgeistlicher, Priester allgemein' (im Ggs. zum Mönch); mnd. *pape* 'Pfaffe'; aus der griech. Kirchensprache, griech. *papās* 'niedriger Geistlicher', über die gotisch-arianische Mission nach Süddeutschland gelangt und von dort allgemein verbreitet
FN: Pfaff, Pfaffe, Pfaffl, Pfaffner, Pfäffel, Pfäffl, Pfeffel, Paff, Päffgen, Peffgen, Paape, Pape, Papke; die Namen bezeichneten urspr. einen Träger mit irgendeiner Beziehung zu einem Geistlichen (als abhängiger Bauer, als unehelicher Sohn eines Geistlichen oder als aus dem Amt Geschiedener). Die Häufigkeit des Namens rührt auch daher, dass Berufe wie Studenten oder Schreiber zu den Pfaffen gerechnet wurden
W: Messpfaffe, Parochiepfaffe
Syn: Antistes

Lit: Adelung 3:699; Barth 1:742; DudenFN 505; Gottschald 382; Grimm 13:1584; Idiotikon 5:1058; Linnartz 169; Peifer 994; Pies (2005) 113; Schiller-Lübben 3:300; Schrambke (2004)

Pfaffenkellerin Pfaffenkellnerin 'Haushälterin eines Pfarrers, Pfarrerskōchin'; ↗ Pfaffe, ↗ Kellerin ❖ mhd. *phaffenkellerin* 'Haushälterin eines Pfaffen'
W: Kellerin
Syn: Pfaffenköchin

Lit: DRW 10:643; Grimm 13:589

Pfaffenkellnerin ↗ Pfaffenkellerin

Pfaffenköchin 'Haushälterin eines Pfarrers, Pfarrerskōchin'; ↗ Pfaffe
Syn: Pfaffenkellerin

Lit: DRW 10:644; Grimm 13:1589; PfälzWb 1:783

Pfaffenrichter 'Mitglied eines Gerichts, das über Vergehen von Geistlichen urteilt'; schweiz.; ↗ Pfaffe
W: Richter

Lit: DRW 10:645; Idiotikon 6:457

Pfahlbauer 1. 'Bauer, der die gegenseitigen Rechte der Dorfgemeinschaften genießt'; z.B. darf die Grundgrenzen überlaufendes Vieh nicht gepfändet werden; die Rechtslage ist mit der der städtischen ↗ Pfahlbürger vergleichbar'. 2. ↗ 'Pfahlbürger'. 3. 'Bewohner von Pfahlbauten in der Jungsteinzeit und Bronzezeit'
W: *Bauer*
Syn: Pfahlbürger

Lit: Adelung 3:701; DRW 10:655; Krünitz 109:373; Meyers Lexikon 6:679

Pfahlbürger 'Bürger, der außerhalb der Stadt wohnt, aber den Schutz und weitgehend die Rechte der Stadtbürger genießt'; er wohnte innerhalb der äußeren, aus Pfählen errichteten, Palisaden und Wälle; auch für Bewohner der Vorstadt oder überhaupt 'Landbewohner'; zu *Pfahl* i. S. v. 'Bereich, der durch Pfähle abgegrenzt ist' ❖ mhd. *phâlburgære, phâlburger* 'Bürger, der außerhalb der Stadtmauer wohnt'
W: Bürger
Syn: Pfahlbauer, Pfähler, Pflugbürger

Lit: Adelung 3:701; Barth 1:742; DRW 10:655; Grimm 13:1598; Krünitz 109:374

Pfahler ↗ Pfähler

Pfähler Pfahler 1. 'Handwerker, der Pfähle herstellt'. 2. 'Beamter oder Gemeindemitglied, das die Gütergrenze festsetzt und das für die Richtigkeit der Grenzsteine verantwortlich ist; Feldgeschworener'; z.B. bei einer Erbteilung. 3. ↗ 'Pfahlbürger'. 4. 'Arbeiter im Weinberg, der die Reben auf Pfähle aufbindet' ❖ zu mhd. *phælen* 'Pfähle

machen; das Pfahlstecken im Weinberg'; zu *phâl Pfahl*; aus lat. *palus* 'Pfahl'
FN: Pfahler, Pfähler, Pfaehler, Pfaller
Syn: FELDSCHEIDER, Pfahlbürger

Lit: Barth 1:742; DudenFN 505; Gottschald 383; Linnartz 169

Pfahlherr 'Person, die das Land vermisst und die Gütergrenze festsetzt'; zu *Pfahl* i. S. v. 'Grenzzeichen, Grenzpfahl'
W: Herr
Syn: FELDSCHEIDER

Lit: Barth 1:742; DRW 10:660

Pfaidler ↗ Pfeidler

Pfaidmacher ↗ Pfeidler

Pfaitler ↗ Pfeidler

Pfändemann 'Pfänder'
W: Mann
Syn: FLURSCHÜTZ

Lit: Adelung 3:706; Krünitz 109:444; Linnartz 169

Pfander ↗ Pfänder

Pfänder Pander, Panner, Penner, Pfander, Pfender 1. 'Feld-, Flurhüter (mit Recht der Pfändung)'. 2. 'Beamter mit juristischen Vollmachten, Pfändungsbeamter, Fronbote'; süddt. noch heute üblich ❖ zu mhd. *phender, phander* 'Pfandgläubiger; obrigkeitlicher Pfänder'; mnd. *panden* 'pfänden'; vgl. niederdt. *Panner* 'Gerichtsvollzieher, Geldeintreiber'
FN: Pfänder, Pfändner, Pfander, Pfändler, Pfender, Fänder, Pander
W: Auspfänder
Syn: EXEKUTOR, Feldhüter, FLURSCHÜTZ

Lit: Adelung 3:706; Barth 1:732; DudenEtym 601; DudenFN 505; Gottschald 383; Grimm 13:1608; Krünitz 109:445; Lindow 146; Linnartz 169; Schiller-Lübben 3:296

Pfannenbäcker 'Handwerker, der Dachziegel herstellt'; seltenere Form für niederdt. *Pannenbäcker*; die Bedeutung 'Dachziegel' ist bedingt durch die Form (vgl. *Dachpfanne*); *backen* i. S. v. 'glühend heiß machen, brennen, z.B. Ziegel backen' ❖ mhd. *pfanne*, aus lat. *patina* 'Schüssel'
FN: Pfannebäcker, Pfannebecker, Pfannenbäcker, Pfannenbecker
W: BÄCKER*
Syn: ZIEGLER
Vgl: Pannenbäcker

Lit: Grimm 2:665 (Dachpfanne); Grimm 13:1614 (Pfanne); Linnartz 169; Pies (2002a) 17

Pfannenbletzer 'Handwerker, der Pfannen, Blechgefäße u.Ä. ausbessert' ❖ zu mhd. *bletzer* 'Flicker'
W: Bletzer
Syn: PFANNENFLICKER

Lit: Barth 1:744; DRW 10:758; Grimm 13:1616; Idiotikon 5:289

PFANNENFLICKER Pfannflicker; lat. *refector aerarius, veteramentarius* 'umherziehender Handwerker, der Blechgeschirr, Pfannen u.Ä. sowie Glasgefäße ausbessert'
W: Flicker
Syn: Drahtbinder, Hafenbinder, Kannenbinder, Kannenflicker, KESSELFLICKER, Pfannenbletzer, Rastelbinder, Topfbinder, Topfstricker

Lit: Adelung 3:709; Barth 1:744; Grimm 13:1616; Kretschmer 271; Krünitz 109:460; Palla (2010) 47

Pfannenherr Pfannherr 1. 'Person, die Salzgüter oder Anteile an Salinen besitzt'. 2. 'Vorarbeiter, Geschäftsführer in der Saline' — zu *Salzpfanne* 'Salzwerk, Salzsiederei' ❖ zu mhd. *phanne* 'Pfanne', aus spätlat. *panna*, verkürzt aus lat. *patina* 'Schüssel'
W: Herr
Syn: Pfänner, Pfannhauser, SALZPFÄNNER

Lit: Barth 1:744; DRW 10:764; Grimm 13:1616

Pfannenmeister Pfannmeister 'Person, die in den Salinen die Arbeiten koordiniert und für die Salzpfannen und Gebäude verantwortlich ist'; zu *Salzpfanne* 'Salzwerk, Salzsiederei' ❖ ↗ Pfannenherr
FN: Pfannenmeister
W: Meister
Syn: Pfannhauser, Pfannhausschaffer

Lit: Adelung 3:709; Barth 1:744; Fellner 360, 363; Gottschald 383; Grimm 13:1617; Krünitz 109:463; Linnartz 169; Patocka (1987) 210, 216; Rieder (2006) 1:30; Schraml (1934) 142

Pfannenschläger Pfannschläger ↗ 'Pfannenschmied'
FN: Pfannenschläger
W: *Schläger*
Syn: Blechschläger, Blechschmied, Pfannenschmied, Pfanner

Lit: Gottschald 383; Linnartz 169

Pfannenschmid ↗ Pfannenschmied

Pfannenschmied Pannenschmidt, Pannensmed, Pannensmid, Pansmyd, Pfannenschmid, Pfannschmied, Pfansmyd; lat. *faber pastellarum, faber patellarum, patellarius* 'Handwerker, der eiserne Pfannen für den Haushalt oder Blechpfannen für Salzsiedereien und Brauereien herstellt' ❖ mhd. *phannensmit* 'Pfannenschmied'; niederdt. *pan* 'Pfanne'
FN: Pfannenschmidt, Pfannenschmied
W: *Schmied*
Syn: Blechschläger, Blechschmied, Pfannenschläger, Pfanner

Lit: Adelung 3:709; Barth 1:724; Diefenbach 416; Gottschald 383; Grimm 13:1617; Lindow 146; Linnartz 169; Pies (2005) 132; Volckmann (1921) 120

Pfannenwerker Pfannenwirker 'Handwerker, der Kessel u.a. Haushaltsgefäße aus Metall herstellt'
W: *Werker*
Syn: KESSELSCHMIED

Lit: DRW 10:768

Pfannenwirker ↗ Pfannenwerker

Pfannenzelter Pfannzelter 'Pfannkuchenbäcker'; zu *Pfannenzelte* 'Pfannkuchen' ❖ mhd. *phanzëlte* 'Pfannkuchen', zu mhd. *zëlte* 'flaches Backwerk, Kuchen, Fladen'
FN: Pfanzelter, Pfanzelt, Pfandzelter
Vgl: Lebzelter

Lit: Bahlow (1967) 374; DRW 10:768 (Pfannzelte); DudenFN 505; Gottschald 383; Grimm 13:1617 (Pfann(en)zelte); Linnartz 170; Pohl (2007)

¹**Pfanner** Panner, Pfänner 1. ↗ 'Pfannenschmied'. 2. ↗ 'Pfannhauser'
FN: Pfänner, Pfanner, Pfannerer
Syn: Blechschläger, Blechschmied, Pfannenschläger, Pfannenschmied, SALZPFÄNNER

Lit: Adelung 3:710; Barth 1:744; DudenFN 505; Gottschald 383; Grimm 13:1618; Idiotikon 5:1108; Linnartz 169; SteirWb 74

²**Pfanner** ↗ Pfänner

¹**Pfänner** Panner, Penner, Pfanner 1. 'Person, die Salzgüter oder Anteile an Salinen besitzt'. 2. 'Salinenarbeiter, der an der Pfanne arbeitet' ❖ zu *Salzpfanne* 'Salzwerk, Salzsiederei' mnd. *penner* 'Salzpfannenbesitzer'
FN: Penner (niederdt.), Pfänner, Pfanner, Pfannerer
W: SALZPFÄNNER
Syn: Pfannenherr, Pfannhauser

Lit: Adelung 3:709; Barth 1:744; DudenFN 502; Gottschald 383; Krünitz 109:464; Linnartz 169; Schiller-Lübben 3:316

²**Pfänner** ↗ Pfanner

Pfannflicker ↗ PFANNENFLICKER

Pfannhauser Pfannhäuser, Pfannhäusler 'Facharbeiter in der Saline, der im Pfannhaus beschäftigt ist'; ein *Pfannhaus* ist eine Salzgewinnungsanlage (Sudhaus) mit mehreren Pfannen, d.s. große runde oder viereckige, mit Eisenblech beschlagene Gefäße, die auf Ständern stehen. Darunter brannte ein starkes Feuer, das die eingeleitete Sole zum Sieden brachte ❖ mhd. *phanhûs* 'Siedehaus in einem Salzwerke'
FN: Pfannhauser (bes. in Österreich verbreitet)
Syn: Pfannenherr, Pfannenmeister, Pfänner

Lit: DRW 10:762 (Pfannhaus); Fellner 361; Grimm 13:1616 (Pfannenhaus); Krünitz 109:462 (Pfannhaus); Patocka (1987) 48, 211; Schraml (1930) 189; Schraml (1932) 213; Treffer (1981) 216

Pfannhäuser ↗ Pfannhauser

Pfannhäusler ↗ Pfannhauser

Pfannhausschaffer 'Verwalter des Pfannhauses'; ↗ Pfannhauser
W: Schaffer
Syn: Pfannenmeister
Lit: DRW 10:764; Fellner 362

Pfannherr ↗ Pfannenherr

Pfannkehrer 'Salinenarbeiter im Pfannhaus, der die Sudpfanne reinigt'
W: Kehrer
Lit: Patocka (1987) 212; SteirWb 74

Pfannmeister ↗ Pfannenmeister

Pfannschläger ↗ Pfannenschläger

Pfannschmied ↗ Pfannenschmied

Pfannzelter ↗ Pfannenzelter

Pfansmyd ↗ Pfannenschmied

Pfarradjunkt ↗ Adjunkt

Pfarrbauer 'Bauer, der in einem Abhängigkeitsverhältnis zur Pfarre steht'
W: BAUER
Syn: HÖRIGER
Lit: Barth 1:744; Grimm 13:1619; Krünitz 109:475; Pies (2005) 24; Zedler 7:1352 (Dotales)

Pfarrcolonus 'Verwalter, Wirtschafter im Pfarrgut'; bes. in Preußen
Syn: Pfarrmeier
Lit: Brüggemann (1784) 272

Pfarrergesell ↗ Pfarrgeselle

Pfarrgeselle Pfarrergesell 'den Pfarrer unterstützender Geistlicher; Kaplan, Vikar'; Geselle i. S. v. 'Gehilfe eines Handwerkers, Schulmeisters, Pfarrers o. Ä.'
W: Geselle
Lit: Grimm 13:1622; Idiotikon 7:725

Pfarrmeier 'Wirtschafter des Pfarrgutes'
W: Meier
Syn: Pfarrcolonus

Pfattenschauer 'Beamter oder amtlich beauftragter Kontrolleur der Zäune, Grenzmarkierungen und Wege um privates Land'; zu *Pfatte* 'Zaun um Privatland', von *Pfad*, dazu *Pfadschau* 'Kontrolle der Wege' ❖ zu mhd. *phatte, vade* 'Zaun, Umzäunung', aus mhd. *phat* 'Fußweg, Pfad'
W: SCHAUER
Syn: Pfattschätzer
Lit: Adelung 3:699 (Pfadschau); Barth 1:745; DRW 10:817; Grimm 13:1584 (Pfadschau); Heinsius 4:388; Krünitz 109:508

Pfattschätzer 'Beamter oder amtlich beauftragter Kontrolleur der Zäune, Grenzmarkierungen und Wege um privates Land'
W: Schätzer
Syn: Pfattenschauer
Lit: DRW 10:817; Heinsius 3:388

Pfätzer ↗ Fetzer

Pfefferkuchenbäcker Pfefferkuchenbecker, Pfefferkuchler, Pfefferküchler 'Bäcker, der Lebkuchen backt'; bes. norddt., mitteldt. ❖ zu mhd. *pheffekuoche* 'Pfefferkuchen'; zu lat. *piper* 'Pfeffer', steht stellvertrend für die verwendeten kräftigen Gewürze
W: BÄCKER*, Küchler
Syn: LEBKUCHENBÄCKER
Lit: Adelung 3:715 (Pfefferkuchen); Barth 1:745; DRW 10:821; Grimm 13:1637; Krünitz 109:563 (Pfefferküchler); OÖ. Hbl 1952, H. 3:332; Paul 646; Reith (2008) 25

Pfefferkuchenbecker ↗ Pfefferkuchenbäcker

Pfefferkuchler ↗ Pfefferkuchenbäcker

Pfefferküchler ↗ Pfefferkuchenbäcker

Pfeidler Feitler, Pfadler, Pfaidler, Pfaidmacher, Pfaitler, Pfeidmacher, Pfoadler
1. 'Hemdenmacher, Weißnäher'. 2. 'Mieder- und Wäschehändler' — *Pfeid, Pfaid* ist das bairische Wort für 'Hemd', in den ältesten Mundarten bedeutete *Pfeid* noch 'Rock, Jacke für Männer' ❖ zu mhd. *pheit* 'Hemd, hemdähnliches Kleidungsstück', aus griech. *paida* 'Rock, Hemd'

FN: Pfeider, Pfeidler, Pfadler, Feidler, Feitler
Syn: Hembder, Hemdenmacher, Hemdenspinner
Lit: Barth 1:745; Gottschald 383; Grimm 13:1641; Krünitz 109:583; Linnartz 169; Palla (1994) 249; Schmeller 1:444; Volckmann (1921) 51; Wiener Berufe

Pfeidmacher ↗ Pfeidler

Pfeifenbäcker 1. 'Töpfer, der Pfeifenköpfe aus weißem Ton herstellt'. **2.** 'Arbeiter in der Porzellanfabrik' ❖ zu *backen* i. S. v. 'glühend heiß machen, brennen, z. B. Ziegel backen'
W: BÄCKER*
Syn: TÖPFER
Lit: Barth 1:746; Krünitz 109:583 (Pfeife); Reith (2008) 233

Pfeifenbäumer 'Arbeiter, der Wasserleitungen herstellt oder repariert'; norddt.; zu *Pfeife* i. S. v. 'Wasserleitung', *Pfeifenbaum* 'hölzernes Rohr für Wasserleitungen' ❖ zu mhd. *phîfe* 'Pfeife', aus lat. *pipa* 'Pippe'; vgl. mnd. *pipe* 'Pfeife, Röhre; Röhre, um Flüssigkeiten durchlaufen zu lassen'
Lit: DRW 10:822 (Pfeife); Schiller-Lübben 3:330

Pfeifenbohrer Pfeifenrohrbohrer, Pipenbohrer 'Arbeiter, der hölzerne [Wasserleitungs]rohre aus Baumstämmen bohrt'; norddt.; ↗ Pfeifenbäumer; auch für ein Werkzeug, mit dem hölzerne Röhren für Tabakspfeifen gebohrt werden
W: *Bohrer**
Lit: Grimm 13:1650

Pfeifenbrenner 'Arbeiter, der am Brennofen der Tabakpfeifenfabrik arbeitet'
W: Brenner
Lit: DRW Belegarchiv; Krünitz 109:590; Poppe (1839) 346

Pfeifendrechsler ↗ Drechsler

Pfeifendreher Phyfendreger, Pifendrewer **1.** 'Drechsler, der Orgelpfeifen, Flöten herstellt'. **2.** 'Gaukler, der auf Jahrmärkten seine Blasinstrumente anbietet'
W: *Dreher*
Lit: Barth 1:746; DRW Belegarchiv; Grimm 13:1650

Pfeifenglaser 'Arbeiter, der die tönernen Tabakpfeifen vor dem endgültigen Brennen im Tonofen glasiert'
W: Glaser*
Lit: Adelung 3:718; Barth 1:746; Heinsius 4:347

Pfeifenherr 'Verantwortlicher für die städtischen Wasserleitungen'; norddt.; zu *Pfeife* i. S. v. 'Wasserleitung' ❖ zu mhd. *pipe* 'Pfeife, Röhre, um Flüssigkeiten durchlaufen zu lassen'
W: *Herr*
Syn: Pfeifenmeister
Lit: DRW 10:822 (Pfeife), 823; Schiller-Lübben 3:330

Pfeifenmacher Pfeiffenmacher, Piepenmaker, Pifenmecher; lat. *tibiarius* **1.** 'Handwerker, der Tabakpfeifen [aus Ton] herstellt'. **2.** 'Handwerker, der Orgelpfeifen, Flöten herstellt' ❖ zu mhd. *phîfe*, *phîf* 'Blasinstrument, Pfeife', über vulgärlat. *pipa* 'Rohrpfeife, Röhre' aus lat. *pipare* 'pfeifen'; die weiteren Bedeutungen sind spätere Übertragungen, für die Tabakpfeife seit dem 17. Jh.
Lit: Adelung 3:717; Barth 1:746; DudenEtym 601; Grimm 13:651; Haid (1968) 209; Krünitz 109:604; Volckmann (1921) 299

Pfeifenmeister Pfeifmeister 'Verantwortlicher für die städtischen Wasserleitungen'; norddt.; ↗ Pfeifenbäumer
W: *Meister*
Syn: Pfeifenherr
Lit: DRW 10:823

Pfeifenposer 'Händler, der Federkiele (Posen) verkauft'; diese wurden zum Reinigen von Pfeifenmundstücken oder als Schreibfedern benutzt; zum Spitzen verwendete man den *Posenschraper* ❖ niederdt. *Poos, Pose* 'Feder, bes. Federkiel zum Schreiben'
Syn: Posenhändler
Lit: Grimm 13:2012; Heinsius 4:396 (Pose); Krünitz 115:655 (Pose)

Pfeifenrohrbohrer ↗ Pfeifenbohrer

Pfeifenschneider 'Drechsler, der Tabakpfeifen herstellt'; als Spezialhandwerk noch vereinzelt erhalten
FN: Pfeifenschneider, Pfeiffenschneider
W: SCHNEIDER
Syn: DRECHSLER

Pfeifer Pfeiffer, Pfeifner, Phiffer, Phyfer, Phyfer, Pifer, Piffer, Piper; lat. *fistulator*
1. 'Person, die die Pfeife bläst'; die Pfeife war eine mit einem Loch oder mehreren Löchern versehene Röhre aus Knochen oder Schilfrohr, später aus abgestreiften Holzrinden oder Metall. 2. 'Spielmann, fahrender Musikant'; als solcher oft zu den unehrlichen Berufen gerechnet. 3. 'Musiker bei einer Stadt-, Hof- oder Militärmusik'; mit fester Anstellung und Besoldung ❖ mhd. *phîfer* 'Pfeifer, Spielmann'; mnd. *piper* 'Pfeifer'; mhd. *statphîfer* 'Stadtpfeifer, -musikant'
FN: Pfeifer, Pfeiffer, Pfeifert, Pfeufer, Pfeuffer, Pfiffer, Pfyfer, Pfyffer, Piefer, Pfiffer, Peifer, Peiffer, Piper, Pieper, Piepers, Peiper, Peipers
W: °Feldpfeifer, °Hofpfeifer, Kunstpfeifer, °Querpfeifer, °Stadtpfeifer
Syn: Zinkenmeister

Lit: Adelung 3:719; Barth 1:746; Diefenbach 237; DRW 10:823; DudenFN 506; Gottschald 383; Grimm 13:1641; Hornung (1989) 105; Idiotikon 5:1084 (Stadtpfeifer); Linnartz 170; Pies (2005) 104, 162; Schiller-Lübben 3:331; Volckmann (1921) 307

Pfeiffenmacher ↗ Pfeifenmacher

Pfeiffer ↗ Pfeifer

Pfeifmeister ↗ Pfeifenmeister

Pfeifner ↗ Pfeifer

Pfeiler Pfeilmacher 1. 'Bogenschütze'. 2. 'Handwerker, der Pfeile herstellt' – Ableitungen von *Pfeil*
FN: Pfeiler, Pfeil, Pfeilmacher, Pfeilmann
Syn: Pfeilschäfter

Lit: Barth 1:746; Diefenbach 507; DudenFN 506; Frühmittellat. RWb; Grimm 13:1659; Linnartz 170

Pfeilmacher ↗ Pfeiler

Pfeilschäffter ↗ Pfeilschäfter

Pfeilschäfter Pfeilschäffter 'Handwerker, der Pfeile und Pfeilschäfte herstellt'; die Stöcke für die Pfeile wurden geschnitzt oder geschmiedet und mit Federn versehen
W: Schäfter
Syn: Pfeiler, Pfeilschifter, Pfeilsticker

Lit: Barth 1:746; Diefenbach 507; Frühmittellat. RWb; Grimm 13:1662; Volckmann (1921) 115

Pfeilschiffer ↗ Pfeilschifter

Pfeilschiffter ↗ Pfeilschifter

Pfeilschifter Pfeilschiffer, Pfeilschiffter ↗ 'Pfeilschäfter'
W: Schifter
Syn: Pfeilschäfter, Pfeilsticker

Lit: Barth 1:746; DudenFN 507; Grimm 13:1663; Volckmann (1921) 115

Pfeilschmied Pilsmid, Pylesmid, Pylsmid; lat. *sagittarius* 'Schmied, der eiserne Pfeilspitzen herstellt'
FN: Pfeilschmidt
W: Schmied

Lit: Barth 1:746; DudenFN 507; Frühmittellat. RWb; Gottschald 383; Grimm 13:1663; Linnartz 170; Volckmann (1921) 115

Pfeilsticker Pfeylsticker, Philsticker, Pilesticker, Pilsticker, Pylsticker ↗ 'Pfeilschäfter' ❖ zu mhd. *stickel* 'spitzer Pfahl'; mnd. *pîlsticker* 'Pfeilspitzer, Pfeildrechsler'
FN: Pielsticker
W: Sticker
Syn: Pfeilschäfter, Pfeilschifter

Lit: Barth 1:746; DudenFN 509; Grimm 13:1663; Schiller-Lübben 3:326; Volckmann (1921)

Pfender ↗ Pfänder

Pfennigmeister Pfenningmeister, Pfettnigmeister 1. 'Zahlmeister beim Militär'. 2. 'Schatzmeister, Kassenverwalter und Steuereinnehmer'
W: °Deichpfennigmeister, °Landespfennigmeister, °Landpfennigmeister, Meister, °Stadtpfennigmeister

Syn: SCHATZMEISTER, STEUEREINNEHMER

Lit: Adelung 1:1438 (Deichpfennigmeister); Adelung 3:723; Barth 1:746, 968; Krünitz 9:77 (Deichpfennigmeister); Krünitz 109:652; Pies (2005) 161

Pfennigschreiber 'Bürokraft bei einem ↗ Pfennigmeister'
W: *Schreiber*

Lit: Barth 1:746; DRW 10:852; Grimm 13:1670; Krünitz 109:653

Pfenningmeister ↗ Pfennigmeister

Pferchmeister 'Beamter, der für die Schafhaltung zuständig ist'; zu *Pferch* 'eingegrenzter Bereich, in dem die Schafe durch Zäune eingeschlossen werden' ❖ zu mhd. *pherrich, pferich* 'Einfriedigung', aus mlat. *parcus, parricus*
W: *Meister*

Lit: DRW 10:865

Pferdebauer 'Bauer, der als Zugtiere Pferde hält'; mit dem Nebensinn, dass der Bauer ein so großes Gut hat, dass er Pferde halten kann
W: BAUER
Syn: Pferdner
Vgl: Kühbauer, Ochsenbauer

Lit: Adelung 3:727; Barth 1:746; Grimm 13:1681; Krünitz 111:2

Pferdefröhner ↗ Pferdefröner

Pferdefröner Pferdefröhner 'Bauer oder Pächter, der zu Dienstleistungen mit Pferdefuhrwerken (Pferdefron[dienst], Pferddienst) verpflichtet ist'
W: *Fröner*
Syn: Spannfröner

Lit: Adelung 3:727 (Pferdefrohne); DRW 10:879; Grimm 13:1683; Krünitz 111:10 (Pferdefrohne)

Pferdekäufer Perdeköper, Perköper, Pferdkäufer 'Pferdehändler'; zu *Kauf* im älteren Sinn für 'Handel'
W: *Käufer*

Lit: DRW 10:883; Grimm 13:1686

Pferdeknecht Pferdknecht; lat. *caballarius*
1. 'Landarbeiter, der für die Wartung der Pferde zuständig ist'. 2. 'Landarbeiter, der den Acker mit Pferden bearbeitet'
W: KNECHT
Syn: Rosser, Rossknecht, Rossmeister
Vgl: Ochsenknecht

Lit: Adelung 3:728; Barth 1:747; Diefenbach 86; Frühmittellat. RWb; Grimm 13:1686; Neweklovsky (1964)

Pferdeleger 'Person, die Pferde kastriert'; bes. in der preußischen Amtssprache; möglicherweise weil die Pferde liegend verschnitten wurden
W: *Leger*
Syn: KASTRIERER

Lit: Zeller (1831) 228

Pferdener ↗ Pferdner

Pferdeschmied 'Schmied, der Hufeisen herstellt und das Beschlagen der Pferde durchführt'
W: *Schmied*
Syn: Hubschmied, Hufschläger, Hufschmied

Lit: Barth 1:747; Pies (2005) 133; Reith (2008) 111

Pferdkäufer ↗ Pferdekäufer

Pferdknecht ↗ Pferdeknecht

Pferdner Pferdener 1. 'abhängiger Bauer, der mit Pferden Frondienst leistet'. 2. 'Großbauer, der Pferde als Zugtiere halten kann'
Syn: Pferdebauer, VOLLBAUER

Lit: Adelung 3:729; Barth 1:746; DRW 10:886; Grimm 13:1693; Krünitz 111:217

Pfettenhauer Fettenhauer 1. 'Zimmermann, der Dachstühle herstellt'; da er die Pfetten (parallel zum Dachfirst verlaufende Balken) im Dachstuhl zurichtet. 2. 'Zimmermann'. 3. 'Handwerker, der Zäune für Grundstücke herstellt' ❖ 1., 2.: zu spätmhd. *pfette*; aus mlat. *patena* 'Firstbaum', aus lat. *patena* 'Krippe' nach der vergleichbaren Bauweise; 3.: zu mhd. *phatte, vade, vatte* 'Zaunpfahl, Umzäunung'

FN: Pfettenhauer, Fetchenhauer, Fettgenhauer, Fettkenhauer, Fettchenhauer, Pfadhauer, Pfadenhauer, Pfatenhauer, Pfattenhauer, Pfotenhauer, Pfodenhauer. (Die Namen gehören im Allgemeinen zu 'Pfette', vereinzelt ist auch eine Zuordnung zu 'Zaunpfahl' möglich.)
W: Hauer
Syn: Zimmermann

Lit: Bahlow (1967) 375; Barth 1:747; Brechenmacher 119, 122, 130; Gottschald 383; Grimm 3:1573 (Fette); Grimm 13:1694 (Pfette); Kluge 698 (Pfette); Linnartz 170; Schmeller 1:326 (Fette), 445 (Pfette); Volckmann (1921) 269

Pfettnigmeister ↗ Pfennigmeister

Pfetzer ↗ Fetzer

Pfeylsticker ↗ Pfeilsticker

Pfieselheizer 'Salinenarbeiter, der die Pfiesel heizt'; d. i. eine Dörrstube, in der das aus der Pfanne kommende oder auf dem Transportweg feucht gewordene Salz getrocknet wurde ❖ zu mhd. *phiesel* 'Dörrgewölbe; heizbares Frauengemach', mnd. *pisel, pesel* 'Pfiesel', aus mlat. *balneum pensile* 'auf gemauerten Bögen ruhende geheizte Badestube', aus lat. *pensilis* 'hängend'; *Pfiesel* ist die bair. Form, in die Standardsprache ist die niederdt. Form *Piesel, Pisel* gelangt
W: Heizer

Lit: Fellner 364; Grimm 13:1696; Kluge 698 (Pfiesel); Patocka (1987) 217, 219; Schiller-Lübben 3:332; Schraml (1932) 214

Pfieselknecht 'Salinenarbeiter, der die nassen Salzfuder zur Dörre trägt und von dort in die Schiffe oder Lagerstätten' ❖ ↗ Pfieselheizer
W: Knecht
Syn: Fuderheber, Fudertrager

Lit: Fellner 365; Patocka (1987) 213

Pfieselschreiber 'Salinenangestellter, der das Trocknen und Abfüllen des Salzes überwacht und den Salzverkauf abwickelt' ❖ ↗ Pfieselheizer
W: Schreiber

Lit: DRW 10:892; Rieder (2006) 1:30; Schraml (1932)

Pfister Pfisterer, Pfistner, Phister, Pister; lat. *pistor* 1. 'Bäcker, der bes. Feingebäck und Kuchen herstellt'. 2. 'Kloster- oder Hofbäcker'; im Ggs. zum gewerblichen Bäcker; oberdt. ❖ mhd. *phister* 'Bäcker', Lehnwort aus lat. *pistor* 'Müller, Bäcker, Kuchenbäcker'
FN: Pfister, Pfisterer, Pfistner, Fister, Pister
W: Kaltpfister, °Pfistermeister
Syn: Bäcker*

Lit: Barth 1:748; Diefenbach 436; DudenFN 507, 510; Frühmittellat. RWb; Gottschald 387; Grimm 13:1707; Höfer 2:327; Hornung (1989) 55, 105; Idiotikon 5:1193; Linnartz 171; Pies (2002d) 26; Pies (2005) 22; Schmeller 1:443; SteirWb 78; Volckmann (1921) 18; WBÖ 3:62

Pfisterer ↗ Pfister

Pfistermeister ↗ Pfister

Pfistner ↗ Pfister

Pflasterknecht 'Hilfsarbeiter am Bau, der den Mörtel bereitet und trägt'
W: Knecht

Lit: Idiotikon 3:728

Pflastermautner 'Beamter, der die Abgabe für das Benutzen einer gepflasterten Straße einhebt'
W: Mautner

Lit: DRW 10:906

Pflastermetzger 'Fleischer, der die Berechtigung hat, Tiere bei den Bauern auf dem Hof zu schlachten und zu verarbeiten'; nach dem Platz im oder vor dem Hof, auf dem geschlachtet wurde
W: Metzger
Syn: Hausschlachter, Pflasterstecher

Pflasterstecher ↗ 'Pflastermetzger'
W: Stecher
Syn: Brandmetzger, Pflastermetzger

Lit: Barth 1:749; Ludovici 27:1575

Pflasterübergeher ↗ Übergeher

Pflegbeamter Pflegeamtmann, Pflegebeamter 1. 'Beamter in der Verwaltungs- und Ge-

richtsbehörde, die von einem ↗ Pfleger verwaltet wird'; bes. in Bayern und Österreich. **2.** 'Beamter in der Sozialbehörde, der für die Vormundschaften und Armenversorgung zuständig ist'
Syn: *PFLEGER*

Lit: Adelung 3:737 (Pflegamt)

Pflegeamtmann ↗ Pflegbeamter

Pflegebeamter ↗ Pflegbeamter

PFLEGER **Pleger**; lat. *curator, praefectus, prefectus, satrapa* **1.** 'Verwalter und Vorgesetzter einer Behörde, einer kirchlichen oder politischen Institution, eines Schlosses, einer Grundherrschaft'; bes. oberdt., sonst schon im 18. Jh. veraltet; entspricht dem norddt. *Amtmann;* der Stellenwert der Funktion divergiert nach Größe und Bedeutung der Institution. **2.** 'Gerichtsbeamter, der den Landrichter in der Amtsführung vertritt'; bes. in Bayern und Österreich. **3.** 'Vormund, Sachwalter, der unmündige oder abwesende Personen vertritt'. **4.** 'Geschäftsführer eines Betriebes, z.B. einer Saline'
W: Allmendpfleger, Almosenpfleger, Armenpfleger, Büchsenpfleger, Gemeindepfleger, Hauspfleger, Heiligenpfleger, Hospitalpfleger, Kassenpfleger, Kastenpfleger, Kirchenpfleger, Landpfleger, Schulpfleger, Seelpfleger, Siechenpfleger, Spitalpfleger, Spittelpfleger, Stadtpfleger, °Stiftspfleger, Waisenpfleger, Zechpfleger, Zuchthauspfleger, Zunftpfleger
Syn: Ammann, Amtmann, Hofschreiber, Machtmann, Pflegbeamter, Pflegsmann, Pflegvogt, Salzmeier, Verseher, Versorger

Lit: Adelung 3:739; Barth 1:749; Diefenbach 453, 514; DRW 10:925; DudenFN; Frühmittellat. RWb; Grimm 13:1747; Höfer 2:328; Idiotikon 5:1227, 1237 (Stiftspfleger); Patocka (1987) 34, 80, 82; WBÖ 3:81

Pflegeschreiber ↗ Pflegschreiber

Pflegevogt ↗ Pflegvogt

Pflegküfer 'Küfer, der in einem Amtsbezirk die Weinwirtschaft beaufsichtigt und leitet'; ↗ Küfer ❖ mhd. *phlëge* 'Amts-, Herrschaftsbezirk'
W: Küfer

Pflegrichter 'Richter in einem Pfleggericht'; d.i. ein Gericht in einem Verwaltungsbezirk, es umfasste gewöhnlich Verwaltung, Gericht und Finanzverwaltung
W: *Richter*

Pflegschaftsgegenschreiber 'Kontrollbeamter in der Verwaltung'
W: *Gegenschreiber*

Lit: Schraml (1932) 49

Pflegschreiber Pflegeschreiber **1.** 'Beamter in der Verwaltung einer Burg oder eines Grundherrn'. **2.** 'Verwaltungsbeamter bei Gericht oder bei der Gerichtsorganisation' ❖ ↗ Pfleger
W: *Schreiber*
Syn: Aktuar, Gerichtsschreiber, Nachgangsschreiber, Schrannenschreiber, Stuhlschreiber

Lit: Adelung 3:741; Barth 1:750; Grimm 13:1752; Krünitz 112:151

Pflegsmann Pfleysmann, Plegesman, Plegesmann **1.** 'Vertreter, Sachwalter'. **2.** 'Beamter in der Verwaltungs- und Gerichtsbehörde'. **3.** 'Hilfsarbeiter am Bau' ❖ mnd. *plegesman* 'der einen anderen verpflegt; der einem anderen „zupflegt", Handlanger'
W: *Mann*
Syn: Beiläufer, Handreicher, Machtmann, Opfermann, *PFLEGER*, Pflegvogt

Lit: DRW 10:943; Grönhoff (1966) 40; Schiller-Lübben 3:344

Pflegvogt Pflegevogt **1.** 'Vormund, Sachwalter, der unmündige oder abwesende Personen vertritt'. **2.** 'Beamter, der für die Kranken- und Armenfürsorge verantwortlich ist'
W: *Vogt*
Syn: Machtmann, *PFLEGER*, Pflegsmann

Lit: Adelung 3:742; DRW 10:953

Pfleysmann ↗ Pflegsmann

Pflugbürger 'Bürger, der außerhalb der Stadt wohnt, aber den Schutz und weitgehend die Rechte der Stadtbürger genießt'
W: Bürger
Syn: Ackerbürger, Pfahlbürger

Lit: Barth 1:750; Grimm 13:1778; Krünitz 112:328

Pfluger Pflüger, Pflügner, Pluger 1. 'Handwerker, der Pflüge herstellt; Pflugschmied'. 2. 'Ackerbauer, der den Frondienst mit dem Pflug abarbeitet'. 3. 'Bauer oder Landarbeiter, der pflügt' ❖ mhd. *phluoger* 'Pflugmacher', zu *phluoc, plûc* 'Pflug'
FN: Pfluger, Pflüger, Pflügner, Pflügler, Pflug, Flüger, Pflügl, Pflieger, Pfliegler, Pfliegner, Pfliegl, Plöger, Pflöger, Ploger, Plügler, Pleuger
Syn: Pflugmacher, Pflugschmied

Lit: Adelung 3:747; Barth 1:750; DRW 10:993; DudenFN 508; Gottschald 384; Grimm 13:1780; Idiotikon 5:1246; Linnartz 171

Pflüger ↗ Pfluger

Pflughaber ↗ Pflughalter

Pflughalter Pflughaber; lat. *stivarius* 'Hilfskraft beim Pflügen, der den Pflug führt'; im Ggs. zum *Pflugknecht*, der die Pferde führt ❖ zu mhd. *phluochalter, phluochaber* 'Pflüger, Pflughalter'
Syn: MENKNECHT

Lit: Adelung 3:747; Barth 1:750; Diefenbach 554; DRW 10:996, 997; Krünitz 112:388

Pflugknecht 1. 'Hilfskraft beim Pflügen, die den Pflug führt'; war beim Pflügen bei tiefem Boden und größerem Pferdegespann nötig. 2. 'Landarbeiter, der pflügt' ❖ mhd. *phluocknëht*
W: KNECHT
Syn: Ackerknecht, MENKNECHT

Lit: Barth 1:750; DRW 10:998; Grimm 13:1782

Pflugmacher 'Handwerker, Stellmacher, der Pfluggestelle herstellt'; kann auch zugleich ↗ Pflugschmied sein
FN: Pflugmacher, Flugmacher
Syn: Pfluger, Pflugschmied

Lit: Barth 1:750; DRW 10:999; DudenFN 508; Gottschald 384; Grimm 13:1782

Pflügner ↗ Pfluger

Pflugschmied lat. *faber aratrorum* 'Schmied, der die Metallteile eines Pfluges herstellt'
W: Schmied
Syn: Pfluger, Pflugmacher

Lit: Barth 1:750; Pies (2005) 132; Volckmann (1921) 118

Pflugtreiber '[jugendliche] landwirtschaftliche Hilfskraft, die beim Pflügen die Pferde lenkt'
W: Treiber
Syn: MENKNECHT

Lit: Adelung 4:666 (Treiber); Barth 1:750; Grimm 13:1784

Pfoadler ↗ Pfeidler

Pfragner ↗ Fragner

Pfregner ↗ Fragner

Pfreiter ↗ Bereiter

Pfretzner ↗ Fragner

Pfriemenmacher 'Werkzeugmacher, der Ahlen und Nadeln für Schuster, Buchbinder, Sattler usw. herstellt'; zu *Pfriem, Pfriemensetzer* 'Werkzeug mit Eisenspitze, mit dem Löcher in Leder o. Ä. gesetzt werden können' ❖ zu mhd. *phrieme, phriem* 'Pfriem'
Syn: Ahlenschmied

Lit: Barth 1:751; Grimm 13:1793 (Pfriem)

Pfropfenschneider Proppenschneider 'Handwerker, der aus Kork Flaschenstöpsel herstellt'; *Pfropfen* ist eine norddt. Bezeichnung für den Flaschenkorken, niederdt. *Proppen*; *Pfropfen* ist eine ins Mittel- und Oberdeutsche übertragene Form ❖ zu mnd. *prop* 'Pfropf, Stöpsel'
W: SCHNEIDER
Syn: Korkenschneider

Lit: Krünitz 166:463; Poppe 3:291; Schiller-Lübben 3:378

Pfunder ↗ Pfünder

Pfünder Pfunder, Pfundner, Punder, Pünniger 'Person, die an der Stadtwaage Waren abwiegt oder an Ort und Stelle das Gewicht einer Ware feststellt'; norddt. ❖ mnd. *pundere* 'der öffentlich angestellte Wäger', zu *punder* 'eine große Schnellwaage'

Lit: Barth 1:751; Grimm 13:1812; Krünitz 112:479; Schiller-Lübben 3:386; Zedler 27:1707

Pfundherr Pfunther 1. 'Beamter, der den Pfundzoll einhebt'; d.i. eine landesherrliche Abgabe auf Schiffe und Schiffsgüter; norddt. 2. 'Beamter, der das Pfundgeld einhebt'; d.i. eine Abgabe, die bei Eigentumsveränderungen (Kauf, Erbe oder Wechsel der Grundherrschaft) gezahlt werden muss; in Österr., 18. Jh. ❖ vgl. mnd. *puntgelt* 'eine Abgabe'
W: Herr

Lit: Barth 1:751; DRW 10:1042; Grimm 13:1814 (Pfundzoll); Popowitsch (2004) 2:464 (Pfundgeld); Schiller-Lübben 3:388

Pfundlederer 'Gerber, der Pfundleder herstellt und verkauft'; *Pfundleder* ist starkes Ochsenleder für Sohlen, das nach Gewicht (Pfund) verkauft wurde
W: Lederer

Lit: Adelung 3:761 (Pfundleder); Grimm 13:1813 (Pfundleder); Krünitz 112:471 (Pfundleder)

Pfundner ↗ Pfünder

Pfundschreiber Pfundzollschreiber 'Verwaltungsbeamter im Zollamt für Schiffsfrachten (Pfundkammer)'; norddt.
W: Schreiber

Lit: Barth 1:751

Pfundzollschreiber ↗ Pfundschreiber

Pfunther ↗ Pfundherr

Pfuscher Fuscher 'Handwerker, der seine Arbeit [ohne Berechtigung und] ohne Zunftzugehörigkeit ausübt'; heute noch üblich für 'Stümper' und österr. für 'Schwarzarbeiter' ❖ vermutlich lautmalend zu *futsch* oder *pfutsch*, das schnell abbrennendes Pulver und später andere schnelle Bewegungen bzw. Geräusche nachahmt; hängt demnach mit der schnellen, aber unsorgfältigen Arbeit zusammen
FN: Pfuscher, Pfusch
Syn: BÖNHASE

Lit: Adelung 3:762; Barth 1:751; DRW 10:1051; DudenEtym 605; Ebner (2009) 281; Grimm 13:1815; Idiotikon 5:1193; Krünitz 112:473

Pfützer 'Bergarbeiter, der Wasser ohne Verwendung von Pumpen aus der Grube schöpft'; zu *pfützen* 'Wasser aus der Grube schöpfen', *Pfütze* 'Grube für Fäkalien, Senkgrube; Sumpf; Brunnen', *pfützen* 'aus einer Pfütze schöpfen' ❖ zu mhd. *phütze* 'Brunnen', aus lat. *puteus* 'Brunnen; Pfütze'

Lit: Adelung 3:764 (pfützen); DRW 10:1052 (Pfütz, Pfütze); Fellner 367; Grimm 13:1817 (pfützen); Veith 365

Phiffer ↗ Pfeifer

Philsticker ↗ Pfeilsticker

Phister ↗ Pfister

Phyfendreger ↗ Pfeifendreher

Phyfer ↗ Pfeifer, Pfeifer

Physicus ↗ Physikus

Physikus lat. *fisicus, phisicus, physicus* 'Amtsarzt, Gerichtsarzt'; als Amtstitel noch heute vereinzelt üblich; urspr. die lat. Form für *Physiker*, später in der Bedeutung erweitert zu 'Arzt' ❖ lat. *physicus* 'Naturkundiger'
W: °Landphysicus, Stadtphysicus

Lit: Barth 1:753; Diefenbach 236; Frühmittellat. RWb; Krünitz 112:717; Pies (1977) 205; Pies (2002c) 12; Pies (2005) 15

Picher ↗ Pecher

Pickeleinmacher Pickleinmacher 'Handwerker, der Sturmhauben aus Drahtgeflecht als Kopfschutz (Ringelsturmhauben) her-

stellt' ❖ zu mhd. *beckelhûbe* 'beckenförmiger Helm'
Syn: HAUBENSCHMIED, Pickeler

Lit: Barth 1:754; Pies (2005); Schmeller 1:202 (Beckelhaube)

Pickeler Pickler 1. 'Handwerker, der Helme herstellt'. **2.** 'Handwerker, der Pickelhauben, Sturmhauben herstellt' ❖ zu mhd. *beckelhûbe* 'beckenförmiger Helm'
Syn: HAUBENSCHMIED, Pickeleinmacher

Lit: Grimm 1:1809 (Bickelhaube); Pies (2005) 132

Picker Pickler 'Steinhauer, Steinmetz' ❖ zu mhd. *bicken* 'stechen, picken'; mnd. *bicken* 'mit einer Spitze klopfen, picken'
FN: Picker, Bicker
W: Kalkpicker, Märbelpicker, Steinpicker
Syn: Steinmetz

Lit: DudenFN 131, 509; Grimm 18:2138; Linnartz 31

Pickleinmacher ↗ Pickeleinmacher

Pickler ↗ Pickeler, Picker

Piependreiher ↗ Pipendreier

Piepenmaker ↗ Pfeifenmacher

Pierbrew ↗ BIERBRAUER*

Pierversilberer ↗ Bierversilberer

Pifendrewer ↗ Pfeifendreher

Pifenmecher ↗ Pfeifenmacher

Pifer ↗ Pfeifer

Piffer ↗ Pfeifer

Pigmentarius 1. 'Farbenhändler'. **2.** 'Händler mit Salben und Spezereien' ❖ zu lat. *pigmentum* 'Färbstoff, Gewürz', zu lat. *pingere* 'sticken, malen'
Syn: DROGIST, Materialist, Theriakkrämer

Lit: Barth 2:209; Diefenbach 434; Frühmittellat. RWb (Adj.); Heyne (1903) 178; Kaltschmidt 662

Pilesticker ↗ Pfeilsticker

Pillendreher 'Apotheker, der Pillen herstellt'; oft abwertend für Arzt oder Apotheker
W: Dreher

Lit: Barth 1:755; Galler (1981); Grimm 13:1856

Pilser ↗ Pelter

Pilsmid ↗ Pfeilschmied

Pilsticker ↗ Pfeilsticker

Pinter 1. 'Fassbinder, Böttcher, der Pinten herstellt'; d.s. Maße und Gefäße für Flüssigkeiten. **2.** 'Wirt einer einfachen Schenke, der nur Getränke und kalte Speisen ausschenken, aber nicht beherbergen darf'; schweiz.; nach der *Pinte* (Krug oder Kanne) als Wirtshauszeichen ❖ zu mhd. *pint, pinte* 'Flüssigkeitsmaß', franz. *pinte*, Herkunft unsicher, wohl aus lat. *pincta, pinta*, Partizip zu *pingere* 'malen'
Syn: WIRT

Lit: Adelung 3:773 (Pinte); DRW 10:1063; Gamillscheg 2:704; Grimm 13:1866 (Pinte); Idiotikon 4:1399; WBÖ 3:192 (Pint, Pinte)

Pipenbohrer ↗ Pfeifenbohrer

Pipendreier Piependreiher, Pipendreiger 'Drechsler, der Pfeifen herstellt' ❖ zu mnd. *pipe* 'Pfeife, Röhre'
W: Dreier

Lit: Schiller-Lübben 3:330

Pipendreiger ↗ Pipendreier

Pipenmacher ↗ Pippenmacher

Piper ↗ Pfeifer

Pippenmacher Pipenmacher 'Handwerker, der Fasshähne, Zapfhähne herstellt'; zu *Pippe, Pipe* 'Fasshahn' ❖ zu ital. *pipa* 'Pfeife', das im 15. Jh. im bair. Raum entlehnt wurde. Die Röhrenform des Pfeifenstiels war für die Bezeichnung ausschlaggebend

Lit: Ebner (2009) 284 (Pipe); Gottscheer Wb 2:130 (Pipe); OÖ. Hbl 1996, H. 2:206; WBÖ 3:195 (Pippe)

Piretmacher ↗ Barettmacher

Pirmeider ↗ Pergamenter

Pirmenter ↗ Pergamenter

Pirmiter ↗ Pergamenter

Pirschmeister Birschmeister, Bürschmeister, Pürschmeister, Pürstmeister 1. 'oberster Jäger eines Jagdbezirks oder einer herrschaftlichen Jagd'. 2. 'Jäger, der die Herrschaft bei der Jagd anführt' ❖ zu mhd. *birsen, pirsen* 'mit Spürhunden jagen', vermutlich aus altfranz. *berser*, mlat. *bersare* 'mit dem Pfeil jagen'
W: *Meister*
Syn: Jägermeister

Lit: Adelung 1:1270; Barth 1:756; Grimm 2:41; Krünitz 119:3

Pisser ↗ Bisser

Pissmacher ↗ Bisser

Pister ↗ Pfister

Pitschier ↗ Petschierer

Pitschierstecher ↗ Petschierstecher

Pitzersnider ↗ Petschierschneider

Pitzirer ↗ Petschierer

Pitzirsnider ↗ Petschierschneider

Pixenmacher ↗ Büchsenmacher

Pixenschiffter ↗ Büchsenschifter

Plachenknecht Plahenknecht 'Jäger bei einer herrschaftlichen Jagd, der an den Plachen arbeitet'; Teile des Jagdgebietes wurden mit groben Planen (Plachen) abgegrenzt; die dazu nötigen Jäger waren *Plachenknechte*, sie bildeten die *Plachenpartie*; zu *Plache*, oberdt. für 'Plane' ❖ zu mhd. *blahe* 'grobes Leintuch; das über einen Wagen gespannte Tuch'
W: Knecht
Syn: Planenknecht, Tuchknecht

Lit: Adelung 3:773 (Plache); Barth 1:756

Placker 'Handwerker, der Schäden am Fachwerk ausbessert' ❖ zu *Placker* i. S. v. 'Fleck, Klecks'; mhd. *placken* 'flicken'; mnd. *plack, placke* 'Schmutzfleck, Fetzen', *placken* 'placke machen, flecken, vom Lehm- oder Kalkarbeiter'
Syn: Lehmer

Lit: Adelung 2:755; Barth 1:756; Schiller-Lübben 3:334; Volckmann (1921) 269

Placzbeck ↗ Platzbäcker

Pladtner ↗ Plattner

Plahenknecht ↗ Plachenknecht

Planenknecht ↗ 'Plachenknecht'
W: Knecht
Syn: Plachenknecht, Tuchknecht

Lit: Heinsius 4:403 (Tuchknecht)

Planerer ↗ Planierer

Planierer Duchplaner, Planerer, Tuchplanierer 'Tuchscherer, der das rohe Tuch presst und glättet' ❖ mhd. *plânierer* 'Glätter, Polierer'
Syn: Tuchbereiter

Lit: Barth 1:757, 1045; Grimm 13:1892; Grimm 22:1487; Pies (2005) 171; Reith (2008) 236

Planner ↗ Plattner

Planteur 'Person, die Bäume, Pflanzen anpflanzt oder züchtet, bes. Maulbeerbäume, Tabak' ❖ franz. *planteur* 'Pflanzer', Ableitung von *planter* 'pflanzen', aus lat. *plantare*
W: °Tabakplanteur, °Tabaksplanteur

Lit: Barth 1:1012 (Tabakplanteur); Gamillscheg 2:709; Kaltschmidt 667

Platener ↗ Plattner

Platenmakere ↗ Plattenmacher

Platenmeker ↗ Plattenmacher

Platenslegher ↗ Plattenschläger

Platner ↗ Plattner

Plattenmacher Platenmakere, Platenmeker, Plattenmaker ↗ 'Plattenschläger'
Syn: Plattenschläger, Plattner
Lit: Barth 1:758

Plattenmaker ↗ Plattenmacher

Plattenschlager ↗ Plattenschläger

Plattenschläger Platenslegher, Plattenschlager 'Schmied, der Plattenharnische u.a. Rüstungsteile herstellt'; *Plattenharnische* sind Harnische mit einer eisernen Brust- und Rückenplatte, die in die Form getrieben (geschlagen) wurde
W: *Schläger*
Syn: Plattenmacher, Plattner
Lit: Barth 1:758; Diefenbach 588; DRW 10:1084; Grimm 13:1911

Platter ↗ Plattner, Plätter

Plätter Platter, Plattner 1. 'Handwerker oder Arbeiter in den Gold und Silberfabriken, der den Draht zu dünnen Plättchen (Lahn) schlägt'. 2. 'Bügler' ❖ zu mnd. *pletten* 'plätten, platt machen', zuerst auf Metall bezogen, ab dem 18. Jh. auch in der Bedeutung 'bügeln'
Syn: FLITTERSCHLAGER, Plattierer
Lit: Adelung 3:785; Barth 1:758 (Plätterin); Grimm 13:1911; Kluge 710; Krünitz 113:405; Schiller-Lübben 3:346

Platteur ↗ Plattierer

Plattierer Blattierer, Platteur, Plättierer, Plattirer 'Handwerker, der unedles Metall mit Gold- oder Silberplättchen überzieht'; z.B. für Beschläge, Kutschen; *Plattieren* ist heute ein technisches Verfahren für das 'Vereinigen verschiedenartiger Metalle zu einem fest aneinander haftenden Ganzen'; zu *Platte* mit Verbendung -*ieren*
Syn: FLITTERSCHLAGER, Plätter
Lit: Barth 1:758; Wiener Berufe

Plättierer ↗ Plattierer

Plattirer ↗ Plattierer

Plattmüller ↗ Plättmüller

Plättmüller Blattmüller, Blättmüller, Plattmüller 'Betreiber einer Plättmühle, Plättmaschine'; d.i. ein Mühlwerk zum Plätten von Papier sowie Gold- und Silberdraht ❖ zu mnd. *pletten* 'plätten, platt machen'
W: *Müller*
Syn: FLITTERSCHLAGER
Lit: Grimm 13:1914 (Plättmühle); Krünitz 113:412 (Plätt-, Plattmühle)

¹Plattner Blatner, Blattener, Pladtner, Planner, Platener, Platner, Platter, Plättner; lat. *faber laminarius, thorifex* 'Schmied, der Harnische u.a. Rüstungsteile herstellt'; zu *Platte* in der Bedeutung 'eiserner Brustpanzer' ❖ mhd. *blate, plate* 'Platte, eiserne Brustbedeckung'
FN: Platter, Plattner, Plathner, Platner, Plater, Blattner, Plättner, Plettner, Blättner, Blaettner, Blettner, Blottner (die Namen können auch von 'Felsplatte' oder 'Glatzen-, Tonsurträger' kommen)
W: °Beinschienenplattner
Syn: Halsberger, Harnischer, Harnischfeger, Harnischmacher, Kniescheibenmacher, Küraßmacher, Plattenmacher, Plattenschläger
Lit: Adelung 3:787; Barth 1:758; Diefenbach 221, 588; DudenFN 511, 512; Gatterer (1791) 1:574; Gottschald 387; Grimm 13:1914; Idiotikon 5:202; Krünitz 113:415; Linnartz 173; Palla (2010) 164; Pies (2005) 132; Reith (2008) 122; Schmeller 1:462; Zedler 28:747

²Plattner ↗ Plätter

Plättner ↗ Plattner

Platzbäcker Placzbeck, Platzbecke, Platzbecker 1. 'Bäcker, der kein ordentliches Backhaus hat, keine Gehilfen halten und

nur Schwarzbrot backen darf'. 2. 'Bäcker, der Fladen [aus Schwarzbrot] backt'. 3. 'Feinbäcker' — Die Bedeutungen dürften insofern ineinandergeflossen sein, als der Bäcker ohne eigenes Backhaus nur zum Backen einfachen Schwarzbrotes (Fladen) berechtigt war, daraus entwickelte sich die Bedeutung 'Fladenbäcker' und schließlich 'Feinbäcker, Konditor' ❖ mhd. *plazbecke*, zu mhd. *platz*, thüringisch für 'Brotkuchen', regional für 'Fladen', vgl. das heute noch übliche *Plätzchen*
FN: Platzbäcker, Platzbecker
W: BÄCKER*
Syn: Stutenbäcker, Stutner

Lit: Adelung 3:789; Barth 1:758; Gottschald 388; Grimm 13:1916; Krünitz 113:424; PfälzWb 1:989; Pies (2002d) 26; Pies (2005) 22; RheinWb 6:960

Platzbecke ↗ Platzbäcker

Platzbecker ↗ Platzbäcker

Platzknecht 1. 'Gehilfe des ↗ Platzmeisters, der bei öffentlichen Veranstaltungen und Jahrmärkten als Ordner fungiert'. 2. 'Ordner, Vortänzer und Organisator der Tänze auf dem Tanzplatz'
W: KNECHT
Syn: Platzmeister

Lit: Adelung 3:791; Barth 1:758; Grimm 13:1925; Krünitz 113:428

Platzmeister 1. 'Person, die auf öffentlichen Bauplätzen die Ab- und Zufuhr kontrolliert und den Materialplatz bewacht'. 2. 'Person, die bei öffentlichen Veranstaltungen und Jahrmärkten als Ordner fungiert'. 3. 'Ordner, Vortänzer und Organisator der Tänze auf dem Tanzplatz'. 4. 'Person, die die Einladungen zu Hochzeiten überbringt [und die Hochzeit organisiert]'
W: *Meister*
Syn: HOCHZEITBITTER, Platzknecht

Lit: Adelung 3:791; Barth 1:759; DRW 10:1090; Grimm 13:1925; Krünitz 113:428; SteirWb 88

Playcher ↗ Bleicher

Pläyer ↗ Bläher

Plechschmied ↗ Blechschmied

Pleger ↗ PFLEGER

Plegesman ↗ Pflegsmann

Plegesmann ↗ Pflegsmann

Pleicher ↗ Bleicher

Pleier ↗ Bläher

Pleister ↗ Pliesterer

Pleitner ↗ Bleidner

Plettersetzer ↗ Blattsetzer

Pleyer ↗ Bläher

Pließter ↗ Pliesterer

Pliester ↗ Pliesterer

Pliesterer Pleister, Pließter, Pliester 1. 'Tüncher, Anstreicher'. 2. 'Handwerker, der Wände, Decken mit Kalk verputzt'. 3. 'Handwerker, der Klingen, z. B. Rasiermesser, auf Hochglanz poliert' ❖ niederdt., ostfries. *pleister* 'Kalkverputz', aus mlat. *plastrum* 'Gips, Estrich, Verputz', altfranz. *plaistre* 'Estrich', nhd. *Pflaster*
FN: Pleister, Plaister, Pliester, Pliesterer, Plister, Plisterer
Syn: Staker, TÜNCHER

Lit: Barth 1:759; Gottschald 388; Grimm 13:1934; Linnartz 174; Pies (2005) 94; Reith (2008) 196

Plinsenbäcker Blinzenbäcker, Plinsenbecker, Plinzenbäcker, Plinzenbecker 'Bäcker, der Plinzen backt'; d. s. flache Pfannkuchen aus einem Teig aus Mehl und Eiern, die in einer Pfanne gebacken werden; bes. ostmitteldt. ❖ seit dem 16. Jh. entlehnt aus sorbisch *blinc* 'dünner Buchweizenkuchen'
W: BÄCKER*

Lit: Adelung 3:792 (Plinse); Grimm 2:128 (Blinzebeckerin); Grimm 13:1934; Kluge 711 (Plinse); Krünitz 113:441 (Plinse); Schmeller 1:329 (Blinze)

Plinsenbecker ↗ Plinsenbäcker

Plinzenbäcker ↗ Plinsenbäcker

Plinzenbecker ↗ Plinsenbäcker

Plombeur 'Zollbeamter'; er plombiert die abgefertigten Waren mit einer amtlichen Plombe ❖ zu franz. *plomber*, altfranz. *plomer* 'mit Blei versehen, einfassen', aus lat. *plumbum* 'Blei'
Syn: Mautner, Zoller, Zollheber

Lit: Barth 1:759

Plötzenmacher 'Handwerker, der lange Messer u.ä. Metallwaren herstellt'; zu *Blotz*, *Blotze* 'Arbeitsmesser der Bauern', im 16. Jh., z.B. zum Abschneiden der Krautköpfe, beim Fischfang und bei der Jagd; 'kurzer, breiter Säbel' oder abwertend für Säbel allgemein; 'schwerer Holzklotz, Prügel' ❖ zu mhd. *plotze* 'ein Stück Roheisen'
Syn: MESSERSCHMIED

Lit: Barth 1:759; DRW 10:1094 (Plotz, Plötze); Grimm 2:152 (Blotz); Grimm 11:2198 (Kreuzschmied); Heinsius 2:650 (Kreuzschmied); Schmeller 1:466 (Plotzen); WBÖ 3:443 (Plotz, Plotzen); Zedler 28:858

Pluger ↗ Pfluger

Plumassier 'Handwerker, der Federn färbt und daraus Verzierungen für Kleider, Hüte usw. herstellt'; als Beruf heute noch in Resten erhalten, aber ohne Ausbildungsmöglichkeit ❖ franz. *plumassier* 'Schmuckfederarbeiter', zu franz. *plume* 'Feder', *plumas* 'Federbusch, Hutfeder', aus lat. *pluma* 'Feder', *plumaceum* 'Federkissen'
Syn: FEDERSCHMÜCKER

Lit: Gamillscheg 2:711

Plumpenbohrer ↗ Pumpenbohrer

Plundermann 'Person, die Textilabfälle sammelt und an die Papiermühlen liefert' ❖ zu *Plunder* in der Bedeutung 'Hausrat, Bettzeug, Kleidung'; mhd. *blunder, plunder* 'Hausgerät, Kleider, Wäsche, Bettzeug'; mnd. *plunde, plunne* 'schlechtes Zeug, bes. von Kleidern, Lappe, Lumpe'
W: *Mann*
Syn: LUMPENSAMMLER

Lit: Adelung 3:795; DRW 10:1096 (Plunder); Grimm 13:1945; Krünitz 112:465; Schiller-Lübben 3:354

Plunkenkrämer 'Trödler' ❖ zu *Plunken*, niederdt. für 'Lumpen, Plunder'
W: *KRÄMER*
Syn: TRÖDELMANN

Lit: Adelung 4:687 (Trödeler); Stöger (2011) 23

Plünnmann 'Lumpenhändler'; niederdt. ❖ mnd. *plunde, plunne* 'schlechtes Zeug, Gerät, Gerümpel, bes. von Kleidern, Bettzeug etc., Lappe, Lumpe'
W: *Mann*
Syn: LUMPENSAMMLER

Lit: Schiller-Lübben 3:355

Plüschfärber ↗ *Färber**

Pocher Pochermann, Pucher, Pücher, Puchner 'Arbeiter in einem Pochwerk'; d.i. ein Werk, in dem erzhaltiges Gestein zerstampft wird; in den Glashütten mussten die Arbeiter den zuvor gebrannten Quarz zu feinem Staub im Stampfwerk zerkleinern lassen und den zu Mehlstaub gemachten Quarz für den Transport in die Glashütte einfassen; wegen der Gesundheitsgefahr wurde die Arbeit oft von gesellschaftlichen Außenseitern übernommen ❖ zu mhd. *bochen* 'pochen, trotzen; schlagen, (an die Tür) pochen'
FN: Pocher, Pochert, Bocher (auch zur übertragenen Bedeutung 'Prahler'), Pucher, Puchner (beide meist zu *Buche*)
W: Erzpocher, *Mann*, Nachtpocher, Tagepocher
Syn: Pochknecht

Lit: Adelung 3:797; Bahlow (1967) 70; Barth 1:760; DRW 10:1102; Gottschald 389; Grimm 13:1961, 2202; Heilfurth (1981) 53; Krünitz 113:515; Linnartz 174; OÖ. Hbl 1967, H. 1:28; SteirWb 123

Pocherknecht ↗ Pochknecht

Pochermann ↗ Pocher

Pochgeschworener 'Bergbeamter, unter dessen Aufsicht das Pochwerk steht'; ↗ Pocher
W: *Geschworener*
Lit: Adelung 3:797; Grimm 13:1962; Heinsius 3:439

Pochherr 'Besitzer eines Pochwerks'; ↗ Pocher
W: *Herr*
Lit: DRW 10:1103

Pochknecht Pocherknecht, Pucherknecht, Puchknecht 'Hilfskraft im Pochwerk'
Syn: Pocher
Lit: Adelung 3:797; Grimm 13:1963; Heinsius 3:439; Krünitz 113:517

Pochschreiber 'Verwaltungsbeamter in einem Pochwerk, der für das Rechnungswesen zuständig ist'
W: *Schreiber*
Lit: Barth 1:760; Henschke (1974) 82, 266, 270

Pochsteiger Pochwerksteiger 'Bergmann, der ein Pochwerk leitet'; ein *Pochwerk* ist eine Anlage zur Zerkleinerung von Erz durch Zerstampfen mit *Pochstempeln* ❖ zu mhd. *bochen, puchen* 'klopfen, wiederholt an eine Stelle schlagen; trotzen'; lautmalend
W: *Steiger*
Lit: Adelung 3:797; Barth 1:760; Grimm 13:1963; Heinsius 3:440; Krünitz 113:518

Pochwerksteiger ↗ Pochsteiger

Podlitzenmacher Bettlitzenmacher, Petlitzenmacher 'Handwerker, der Schnüre und Borten als Besatz für Kleider oder Möbel herstellt'; er fertigte die Schnüre und Troddeln, die die Polen für ihre traditionelle Kleidung brauchten ❖ zu poln. *podołek, padołek*, russ. *podol*, tschech. *podolek* 'Troddeln; Saum des Kleides'
Syn: POSAMENTIERER
Lit: Frischbier 2:165

Podtinger ↗ Bötticher

Pogatscher 'Bäcker, der Pogatschen backt'; d.i. ein meist kleines rundes Gebäck aus Hefeteig, das auf dem Herd oder im Backrohr gebacken wird, oft mit Grammeln (Fettgrieben) vermischt; heute noch in Österreich bekannt als *Pogatscherl*. Als Berufsbezeichnung kaum belegt, aber als Familienname erhalten ❖ aus tschech. *pagáč* über ungar. *pagácsa* aus ital. *fogaccia, fogazza* 'auf offenem Herd zubereitetes Gebäck', zu lat. *focus* 'Feuerstätte'; mhd. *bugetsche, vochenze, vochenz* 'eine Art Kuchen oder Weißbrot'
FN: Pogatscher, Bogatscher, Pogatschnig
Syn: BÄCKER*
Lit: Barth 1:761; Ebner (2009) 286 (Pogatsche); WBÖ 3:547 (Pogatsche)

Pogener ↗ Bogner

Pogner ↗ Bogner

Pointler ↗ Beuntner

Pointner ↗ Beuntner

Polier* **Balier, Ballier, Palier, Pallier, Parlier** 'Facharbeiter, der eine Baustelle leitet' ❖ mhd. *parlier, parlierer* 'Werkgeselle, der die Arbeit anzuordnen und die Aufsicht zu führen hat', Ableitung von mhd. *parlieren* 'reden'; also der 'Sprecher, Wortführer unter den Maurern und Zimmerleuten'. Die Form *Polier* entstand im 19. Jh. durch volksetymologische Angleichung an *polieren*
W: Brunnenpolier, °Maurerpalier
Lit: Barth 1:79; DudenEtym 617; Grimm 13:1977 (Polier); Idiotikon 4:1155

Polierer Balierer, Ballier, Ballierer; lat. *politor* 'Handwerker, der Harnische, Schwerter sowie Glas oder Möbel schleift und poliert' ❖ mhd. *polierer, palierer* 'Glätter, Schleifer'
W: Glaspolierer, Harnischpolierer
Syn: Glätter, Glattmacher, Poliermüller
Lit: Adelung 3:802; Barth 1:79; Diefenbach 445; Gatterer (1791) 1:576; Grimm 13:1978; Krünitz 114:124

Poliermüller 'Betreiber einer Poliermühle'; mit einem wasserbetriebenen *Polierrad* wurden Metallwaren, z.B. Harnische, glänzend poliert ❖ zu mhd. *polieren* 'glätten, abschleifen, polieren'

W: *Müller*
Syn: Polierer

Lit: Adelung 3:803 (Polier-Mühle); Krünitz 114:132 (Papiermühle); Zedler 22:134 (Poliermühle)

Polizeidiener 'Polizeibeamter niedrigen Ranges im städtischen Dienst'; z.B. als Bettelvogt, Botengänger, Ordnungsdienst
W: *Diener*

Lit: Barth 1:762

Polizeikanzlist ↗ Kanzlist

Polizeiknecht ↗ 'Polizeidiener'
W: Knecht

Lit: DRW Belegarchiv

Polmetmaker ↗ Pultmacher

Pölter ↗ Pelter

Poltmeister 1. 'Person, die (nachts) die Abtritte reinigt und den Unrat entfernt'. 2. 'Abdecker'
W: *Meister*
Syn: Abtritträumer, Schinder

Polzer ↗ Bolzer

Polzmacher ↗ Bolzer

Pölzner ↗ Bolzer

Poolrichter 'Person, die von der Gemeinde für die Pflege der Wege und Wassergräben beauftragt ist'; norddt. ❖ zu mnd. *pôl, pûl* 'Vertiefung, mit Wasser gefüllt'; niederdt. *Pohl, Pool* 'Pfuhl, Pfütze, Tümpel; Wasserloch, Sumpf'
W: *Richter*

Lit: Lindow 151; Rüther (1999); Schiller-Lübben 3:359

Portechaisenträger 'Sänftenträger' ❖ zu franz. *chaise à porteurs* 'Stuhl für Träger; Sänfte' zu *porte-* '-träger' und *chaise* 'Stuhl; Sessel', wohl Analogiebildung zu *Portefeuille, Portemonnaie*

W: *Träger*
Syn: Porteur, Sänftener, Sänftenträger

Lit: DudenFW 1079; Krünitz 115:182, 185

Portefeuillemacher Portefeuiller 'Handwerker, der Etuis oder Taschen für verschiedene Gegenstände aus feinem Leder herstellt; Feintäschner'; z.B. für Messer, Zigaretten, Taschentücher, Geld, Schreibutensilien; zu *Portefeuille*, heute veraltet für 'Brieftasche, Aktenmappe' ❖ franz. *portefeuille* 'Brieftasche', aus *porter* 'tragen' und *feuille* 'Blatt'
Syn: Beutler

Lit: Palla (2010) 166

Portefeuiller ↗ Portefeuillemacher

Portener ↗ Portner

Portenmacher ↗ Bortenmacher

Portenwürker ↗ Bortenwirker

Porteur 'Sänftenträger'
Syn: Portechaisenträger, Sänftener, Sänftenträger

Lit: Grönhoff (1966) 61; Kaltschmidt 618; Krünitz 115:186

Portner Portener, Pörtner, Portzner 'Torwächter an einem Stadttor; Pförtner'; er hatte auch die Maut einzuheben ❖ mhd. *portenære, portener* 'Pförtner'; mnd. *portenere* 'Pförtner, Türhüter'
FN: Portner, Portener, Pörtner, Pörtener, Porzer, Porzner
Syn: Mautner, Torhüter, Torwächter, Torwart

Lit: Barth 1:764; DudenFN 515; Gottschald 385; Linnartz 175; Schiller-Lübben 3:363

Pörtner ↗ Portner

Portorienverwalter 'Verwalter der Hafengebühren und Warenzölle' ❖ lat. *portorium* 'Abgabe für ein- und ausgeführte Waren, Zoll bei der Ein- und Ausfuhr; Fährgeld'
Syn: Hafenschreiber, Lizenteinnehmer

Lit: Barth 2:214

Portzner ↗ Portner

Porzellandreher ↗ *Dreher*

Posamenierer ↗ Posamentierer

Posamentenmacher Pasementenmacher, Pasimentenmacher, Pasimetmacher, Passementenmacher, Pastemintenmacher, Posamentmacher, Postementmaker, Postmentemaker 'Handwerker, der Schnüre und Borten als Besatz für Kleider oder Möbel herstellt' ❖ zu franz. *passement* 'Borte, Tresse', im 15. Jh. entlehnt, mhd. *pasmënt* 'Einfassung, Verzierung'
Syn: Posamentierer

Lit: Barth 1:765; Grimm 13:2009 (Posament); Palla (2010) 166; Paul 660; Pies (2005) 114; Reith (2008) 38; Volckmann (1921) 94

Posamentenweber Passamentweber ↗ Posamentenmacher
W: Weber
Syn: Posamentierer

Posamenter ↗ Posamentierer

Posamenterer ↗ Posamentierer

Posamentier ↗ Posamentierer

Posamentierer Boßementier, Passamenter, Paßmontirer, Posamenierer, Posamenter, Posamenterer, Posamentier, Posamentirer, Posementierer, Posementirer, Possementierer, Possementirer; lat. *limbolarius, segmentarius, sericarius* 'Handwerker, der Schnüre und Borten als Besatz für Kleider oder Möbel herstellt' ❖ zu franz. *passement* 'Borte, Tresse', im 15. Jh. entlehnt, mhd. *pasmënt* 'Einfassung, Verzierung'
Syn: Bandmacher, Bandweber, Bandwirker, Bordeler, Bordierer, Bortenmacher, Bortenwirker, Brämelmacher, Breiser, Gimpenstricker, Goldsticker, Hutschnurmacher, Knopfmacher, Litzenweber, Litzenwirker, Näher, Podlitzenmacher, Posamentenmacher, Posamentenweber, Presswirker, Schanilienmacher, Schnurdreher, Schnürer, Schnurmacher, Stolenmacher, Stolenwirker

Lit: Adelung 3:811; Barth 1:765; Diefenbach 330; Grimm 13:2009; Krünitz 115:621; Palla (2010) 166; Pies (2005) 114; Reith (2008) 38; Volckmann (1921) 94; Zedler 4:783

Posamentirer ↗ Posamentierer

Posamentmacher ↗ Posamentenmacher

Posauner Bassuner 'Posaunenbläser, Posaunist' ❖ mhd. *busînære, busûnære, busûnerer* 'Posauner'
FN: Posauner, Basüner, Bassüner, Bosuner, Prasuhn, Presuhn

Lit: Adelung 3:811; Barth 1:765; Gottschald 390; Grimm 13:2011; Krünitz 115:654; Volckmann (1921) 310

Posementierer ↗ Posamentierer

Posementirer ↗ Posamentierer

Posenhändler 'Händler, der Federkiele (Posen) als Schreibfedern verkauft'; zu niederdt. *Poos, Pose* 'Feder, bes. Federkiel zum Schreiben'
Syn: Pfeifenposer

Lit: Grimm 13:2012 (Pose); Heinsius 4:396 (Pose); Krünitz 115:655 (Pose)

Posenmacher ↗ Posenschaber

Posenschaber Posenmacher 'Handwerker, der aus Gänsefedern Schreibfedern herstellt'; niederdt.; man schabte mit der Messerklinge die Haut der erhitzten Kiele ab ❖ niederdt. *Poos, Pose* 'Feder, bes. Federkiel zum Schreiben'
Syn: Federschneider, Kalamalmacher

Lit: Barth 1:765; Grimm 13:2012 (Pose); Lindow 151 (Posensteel); Palla (2010) 64

Possementierer ↗ Posamentierer

Possementirer ↗ Posamentierer

Possenreißer Bossenreißer 'herumziehender Komödiant und Artist, der bes. auf Jahrmärkten unterschiedliche Kunststücke vorführt'; allgemein für 'Spaßmacher' noch heute be-

kannt ❖ zu franz. *bosse* 'Erhabenheit' nach der urspr. Bedeutung 'in Stein gemeißelte Figur; Fratze'; -*reißer* verweist auf den Bereich der Steinbildhauerei
Syn: GAUKLER

Lit: Adelung 3:813; Barth 1:765; Grimm 2:266; Grimm 13:2015

Possessor lat. *possessor* 'Besitzer von Grund und Häusern, der von der Miete daraus lebt' ❖ lat. *possessor* 'Besitzer'

Lit: Barth 2:214; Diefenbach 449; DRW 10:1158; Frühmittellat. RWb

Possierer ↗ Bossierer

Poßilirer ↗ Bossler

Poßler ↗ Bossler

Possler ↗ Bossler

Poseidenbecker ↗ Pastetenbäcker

Postementmaker ↗ Posamentenmacher

Poseyenbecker ↗ Pastetenbäcker

Postführer 'Fuhrmann, der Fuhrdienste für die Post und den Personenverkehr leistet'
W: *Führer*

Lit: DRW 10:1167 (Postfuhre); DRW Belegarchiv; Grimm 13:2026 (Postfuhre)

Posthalter lat. *postarius* 'Unternehmer, der für die staatliche Post und die Kuriere Pferde und Kutschen bereit hält'; er führte eine Posthalterei, war zugleich Postmeister seiner Station und musste auch hohe Staatsgelder befördern; meist betrieb er zugleich ein Wirtshaus; heute noch für einen Betreiber einer Posthilfsstelle
Syn: Postwärter

Lit: Adelung 3:815; Barth 1:766; Benker (1974) 73; DRW 10:1169; Grimm 13:2026; Krünitz 116:240

Postillion Postillon 'Fuhrmann oder Reiter der amtlichen Post'; er hatte einheitliche Dienstkleidung, eine Legitimation für gewisse Vorrechte im Verkehr und als Kennzeichen sein Posthorn ❖ franz. *postillon* bzw. ital. *postiglione* zu franz. *poste* bzw. ital. *posta* 'Post'
Syn: Postknecht

Lit: Adelung 3:815; Barth 1:766; DudenGWDS; Palla (2010) 168

Postillon ↗ Postillion

Postknecht 1. 'Gehilfe des Posthalters oder Postmeisters'. **2.** 'Lenker einer Postkutsche, Postillion'
W: KNECHT
Syn: Postillion

Lit: Adelung 3:816; Barth 1:766; DRW 10:1172; Grimm 13:2030; Idiotikon 3:727; Krünitz 116:243

Postkonducteur ↗ Postkondukteur

Postkondukteur Postkonducteur 'Postbeamter, der die Post begleitet und mit den Fahrgästen die Kosten abrechnet'
W: Kondukteur
Syn: Schaffner

Lit: Barth 1:766

Postläufer 1. 'Postbote, der zu Fuß seinen Dienst versieht'. **2.** 'Bote, Lakai, der Nachrichten zustellt'
W: *Läufer*
Vgl: Postreiter

Lit: Barth 1:766; DRW 10:1172; Grimm 13:2031

Postler ↗ Bossler

Postmeister lat. *praefectus postarum* **1.** 'Leiter eines örtlichen Postamtes einschließlich untergeordneter Poststellen'. **2.** 'Vorgesetzter des überregionalen Postwesens'; Verantwortlicher des Postwesens eines ganzen Landes ist der *Generalpostmeister*
W: Meister

Lit: Adelung 3:815; Barth 1:766; DRW 10:1173; Grimm 13:2032; Grönhoff (1966) 44; Krünitz 116:243

Postmentemaker ↗ Posamentenmacher

Postreiter Postreuter 'berittener Postbote'
W: *Reiter*
Vgl: Postläufer
Lit: Barth 1:767; DRW 10:1176; Idiotikon 6:1702

Postrenner 'Eilbote'; die Eilpost wurde als *Postrennen* bezeichnet
W: *Renner*
Lit: DRW 10:1176 (Postrennen); Idiotikon 6:969

Postreuter ⁊ Postreiter

Postschaffner 1. 'Postbeamter im einfachen [Verwaltungs]dienst'. **2.** 'Briefträger'
W: *Schaffner*
Lit: Barth 1:767; Grimm 13:2034

Postschreiber 'Bürokraft beim Postmeister oder in einem Postamt'
W: *Schreiber*
Lit: Adelung 3:816; Barth 1:767; DRW 10:1177; Krünitz 116:244

Postwärter 1. 'Postbediensteter in einer kleineren Posthilfsstelle, die einem Postamt untersteht'. **2.** 'untergeordneter Postbedienter'
W: *Wärter*
Syn: Posthalter
Lit: DRW 10:1182

Potabel 'Hilfskraft in der Kirche für organisatorische und liturgische Dienste'; kurzfristig in Litauen bis 1724 ❖ litauisch *patóbelis* 'Kirchendiener'
Syn: KÜSTER
Lit: DRW 10:1182; Frischbier 2:172; Jacobsen (1839) 2:98; Schiller (2012) 56; Schimmelpfennig (1831) 1:19

Potgeiter ⁊ Pottgeter

Pötger ⁊ Pottger

Potgeter ⁊ Pottgeter

Potker ⁊ Pottger

Pötker ⁊ Pottger

Pötschiergraber ⁊ Petschiergraber

Pötschirstecher ⁊ Petschierstecher

Pottaschbrenner ⁊ Pottaschebrenner

Pottaschebrenner Pottaschbrenner
⁊ 'Pottaschesieder'
W: *Brenner*
Lit: Barth 1:767

Pottaschensieder ⁊ Pottaschesieder

Pottaschesieder Pottaschensieder 'Handwerker, der Holzasche in einem aufwendigen Verfahren auslaugt und zu Pottasche (Kaliumkarbonat) brennt'; sie wurde für die Glas- und Seifenherstellung verwendet ❖ zu älterem niederld. *potasch* 'Laugensalz, das durch Eindampfen von Asche in einem *Pott* (Topf) gewonnen wurde'
W: *Sieder*
Syn: Flusssieder
Lit: Adelung 3:817 (Pottasche); Gatterer (1791) 1:577; Krünitz 116:376; Palla (2010) 169

Pottbacker ⁊ Pottbäcker

Pottbäcker Pottbacker, Pottbecker 'Töpfer'; ostfriesisch ❖ zu mnd. *potter* 'Töpfer'; *backen* i. S. v. 'glühend heiß machen, brennen' z. B. Ziegel backen
FN: Pottbacker, Pottbäcker, Pottbecker, Pottebacker
W: BÄCKER*
Syn: TÖPFER
Lit: Adelung 4:629 (Töpfer); Barth 1:768; DudenFN 516; Krünitz 116:371 (Pott); Lindow 152; Linnartz 175

Pottbecker ⁊ Pottbäcker

Pöttenmacher ⁊ Betenmacher

Pottenmaister ⁊ Botenmeister

Potter Pötter 'Töpfer'; urspr. rheinisch, niederdt. ❖ mnd. *potter* 'Töpfer'
FN: Pott, Potter, Pötter, Poetter, Petter, Pooter

W: Lückpötter
Syn: Pottger, TÖPFER

Lit: Barth 1:768; DudenFN 516; Gottschald 391; Pies (2005) 168; Reith (2008); Schiller-Lübben 3:368; Volckmann (1921) 181

Pötter ↗ Potter

Pottger Pötger, Potker, Pötker, Pottier, Pöttjer, Pottker, Pütger, Pütjer 'Töpfer' ❖ mnd. *potker* 'Töpfer'
FN: Pöttger, Pütjer, Püttcher, Pütger, Püttjer, Püttger, Püttker
Syn: Potter, TÖPFER

Lit: Adelung 4:629 (Töpfer); DudenFN 516, 520; Gottschald 391, 394; Linnartz 178; Pies (2005) 168; Reith (2008) 230; Schiller-Lübben 3:368

Pottgeter Potgeiter, Potgeter, Pottgieter 'Handwerker, der metallene Töpfe herstellt' ❖ mnd. *potgeter* 'Töpfer'
FN: Potgeter, Potgieter, Pottgüter
W: *Geter*
Syn: TÖPFER
Vgl: Pottgießer

Lit: Barth 1:768; DudenFN 515; Gottschald 391; Schiller-Lübben 3:367

Pottgießer 'Handwerker, der metallene Töpfe herstellt' ❖ zu mnd. *pot, put* 'Topf'
FN: Pottgießer, Pottgiesser
W: *Gießer*
Vgl: Pottgeter

Lit: Barth 1:768; Grimm 13:2039 (Pott); Linnartz 175; Schiller-Lübben 3:365

Pottgieter ↗ Pottgeter

Pottier ↗ Pottger

Pöttjer ↗ Pottger

Pottker ↗ Pottger

Pottlapper 'Handwerker, der Metallkessel repariert'
W: Lapper
Syn: KESSELFLICKER

Lit: Adelung 2:1559 (Kesselflicker); Barth 1:768

Pottmeister 1. 'Töpfermeister'. 2. 'Verwalter eines Armenfonds, Kassenverwalter'; zu *Pott* i. S. v. 'Kasse, bes. Armenkasse, Armenfonds'. 3. 'Vorarbeiter bei Erdbewegungsarbeiten'; zu *Pott* als Raummaß (24,1 m³) ❖ zu mhd. *pot, put* 'Topf, bes. irdener'
W: *Meister*
Syn: Schachtmeister, TÖPFER

Lit: DRW 10:1185; Gerholz-Kartei 234; Grimm 13:2039 (Pott); Langenheim/Prillwitz (1962); Schiller-Lübben 3:365

Pousierer ↗ Bossierer

Poussierer ↗ Bossierer

Poussirer ↗ Bossierer

Präceptor ↗ Präzeptor

Prachervagd ↗ Prachervogt

Prachervogt Brachvogt, Prachervagd ↗ 'Bettelvogt' ❖ zu *Pracher* '[zudringlicher] Bettler, Landstreicher; armer Mensch'; mnd. *prachervoget* 'Bettlervogt', zu mnd. *pracher* 'der Geld zusammenscharrt und bettelt; Geizhals'
W: *Vogt*
Syn: BETTELVOGT

Lit: Adelung 3:819 (Pracher); Barth 1:768; DRW 10:1187; Grimm 13:2041 (Pracher); Lindow 152; Schiller-Lübben 3:368; Volckmann (1921) 322

Prädicant ↗ Prädikant

Prädikant Prädicant, Praedicant, Predicant, Predikant; lat. *praedicans*, *praedicator* 1. 'Prediger, Hilfsprediger'; auch im Ggs. zum amtierenden Pfarrer. 2. 'Geistlicher'; bes. in Bezug auf die evangelische Kirche oder bei den Mennoniten; seit der Reformation von Katholiken auch gebraucht mit dem Nebensinn des nicht vollwertigen Priesters, sondern eben nur (protestantischen) Predigers ❖ lat. *praedicans*, Partizip zu *praedicare* 'öffentlich ausrufen, rühmen'

Lit: Adelung 3:821; Barth 1:769; DRW 10:1188; Frühmittellat. RWb; Grimm 13:2055; Idiotikon 5:408; Schmeller 1:468

Prädikaturamtsschaffner ↗ Prädikaturschaffner

Prädikaturschaffner Prädikaturamtsschaffner, Predikaturamtsschaffner, Predikaturschaffner 'Verwalter der Einkünfte und Abgaben einer Pfarre'; schweiz.; die *Prädikatur* war ein kirchliches Amt, das der Predigt im Gottesdienst zu einem höheren Stellenwert verhelfen sollte: die Inhaber des Amtes waren besser ausgebildet als der Klerus ❖ zu mlat. *praedicare* 'predigen'
W: *Schaffner*
Lit: Idiotikon 8:346, 347

Praeceptor ↗ Präzeptor

Praedicant ↗ Prädikant

Praezeptor ↗ Präzeptor

Prägschneider 'Handwerker, der Prägestempel herstellt'
W: SCHNEIDER
Syn: Münzeisenschneider, Münzschneider
Lit: Barth 1:769

Prahmenführer ↗ Prahmführer

Prahmführer Prahmenführer 'Unternehmer, der Transportgeschäfte mit einem eigenen oder fremden Prahm durchführt'; norddt.; *Prahm* ist ein 'flaches Wasserfahrzeug für Lastentransporte' ❖ zu mnd. *prâm* 'ein flaches Fahrzeug (ohne Kiel), das auf Flüssen zum Transport schwerer Güter (z.B. Steine) und Personen eingesetzt wurde'; aus tschech. *prám* 'Fahrzeug, Schiff'
W: *Führer*
Syn: Prahmschieber, SCHIFFMEISTER
Lit: Adelung 3:823 (Prahm); Barth 1:769; DRW 10:1194; Grimm 13:2061 (Prahm)

Prahmknecht Pramknecht 'Arbeiter auf einem Lastkahn'; ↗ Prahmführer
W: KNECHT
Lit: Barth 1:769

Prahmmeister Prammeister 'Schiffsführer, Kapitän eines Prahms'; ↗ Prahmführer
W: *Meister*
Syn: Prahmschieber, SCHIFFMEISTER
Lit: Barth 1:769; DRW 10:1195

Prahmschieber Prahmschuver 'Schiffsführer, die den Prahm zu oder von den Schiffen treiben'; in Travemünde; große Seeschiffe konnten bei geringer Wassertiefe nicht in den Hafen einfahren. Daher wurden sie entladen, die Fracht wurde von leichten Fährschiffen in den Hafen transportiert ❖ ↗ Prahmführer; zu mnd. *schuver* 'Schieber'
W: *Schieber*
Syn: Prahmführer, Prahmmeister
Lit: DRW 10:1195; Schiller-Lübben 4:160

Prahmschreiber Pramschreiber 'Angestellter einer Kaufmannsgesellschaft, der den Frachtverkehr überwacht und die Lager- und Transportgebühren verrechnet'; norddt.; ↗ Prahmführer
W: *Schreiber*
Lit: DRW 10:1195

Prahmschuver ↗ Prahmschieber

Pramknecht ↗ Prahmknecht

Prammeister ↗ Prahmmeister

Pramschreiber ↗ Prahmschreiber

Prantweiner ↗ Branntweiner

Prater ↗ Bräter

Präzeptor Persetter, Präceptor, Praeceptor, Praezeptor 1. 'Lehrer, Lehrmeister'; von unterschiedlicher Ausbildung und unterschiedlichem Status; vom unausgebildeten Handwerker (oft Kriegsinvaliden) bis zum Theologen; ein höherer Volksschullehrer oder untergeordneter Lehrer an Lateinschulen; als Titel des Elementarlehrers in der Schweiz bis Mitte des 19. Jh. 2. 'Hauslehrer [in einer höhergestellten Familie]' ❖ lat.

praeceptor 'Lehrer', von *praecipere* 'vorausnehmen'
Syn: LEHRER*, Schulhalter

Lit: Barth 1:772; Diefenbach 451; Frühmittellat. RWb; Idiotikon 5:1037; Kaltschmidt 684; Meyers Lexikon 6:270; PfälzWb 1:1179; RheinWb 6:1091

Predicant ↗ Prädikant

Predikant ↗ Prädikant

Predikaturamtsschaffner ↗ Prädikaturschaffner

Predikaturschaffner ↗ Prädikaturschaffner

¹Prenter 1. 'Beamter, der die Qualitäts- und Unterscheidungszeichen an Webstühlen und Tuchen anbringt'. 2. 'Buchdrucker' ❖ zu mnd. *prenten* 'drücken, drucken', vgl. engl. *print*
Syn: Buchdrucker

Lit: DRW 10:1242

²Prenter ↗ Brentler

Presser 'Buchdrucker' ❖ zu mhd. *presse* 'Kelter'; die Bedeutung 'Buchdruckerpresse' über franz. *presse* aus mlat. *pressa*, Partizip zu lat. *premere* 'drücken, pressen'
FN: Presser (gehört meist zu Obst-, Öl-, Weinpresser)
Syn: Buchdrucker

Lit: Adelung 3:835; Barth 1:772; DudenFN 517; Grimm 13:2108; Kluge 722; Linnartz 176; Pies (2002b) 39; Pies (2005) 41

Pressknecht 'Arbeiter, der die Trauben presst, entweder mit der Weinpresse oder durch Treten mit den Füßen' ❖ zu mhd. *prësse* 'Presse, bes. die Weinpresse'
W: KNECHT
Syn: KELTERER

Lit: Barth 1:773; Grimm 13:2111

Preßmeister ↗ Pressmeister

Pressmeister Preßmeister ↗ 'Buchdrucker, der für das Einrichten der Presse, das Einlegen der Bögen und den gleichmäßigen Druck zuständig ist'
W: *Meister*
Syn: Buchdrucker, Kelterherr, Keltermeister, Torkelmeister, Trottmann, Trottmeister

Lit: Adelung 3:837; Barth 1:773; Krünitz 117:327; Pies (2002b) 39; Pies (2005) 41; Zedler 29:330

Presswerker ↗ Presswirker

Presswerkmacher ↗ Presswirker

Presswirker Presswerker, Presswerkmacher
1. 'Posamentierer, Bortenmacher'. 2. 'Handwerker, der Schnürriemen herstellt' – nach der Tuchpresse, mit der die Appreturen aufgebracht wurden; heute ein Beruf in der Metallindustrie
Syn: POSAMENTIERER

Lit: Grimm 22:1487 (Tuchpresse); Krünitz 189:180 (Tuch)

Pretmeister ↗ Brettmeister

Preuknecht ↗ Brauknecht

Preumeister ↗ Bräumeister

Prevost ↗ Profos

Prevot ↗ Profos

Prew ↗ Brauer

Priechler ↗ Brüchler

Prieffkramer ↗ Briefkramer

Prieffmaller ↗ Briefmaler

Primissar 'katholischer Priester, der den Gottesdienst am frühen Morgen halten muss' ❖ zu lat. *primissarius* aus *prima missa* 'erste Messe'
Syn: Frühmesser

Lit: Barth 1:773; Diefenbach 459

Principal ↗ Prinzipal

Prinz 1. 'nicht regierendes Mitglied eines regierenden Fürstenhauses, bes. als Nachfolger des Herrschers'. 2. 'Handwerksmeister und Lehrherr'. 3. 'Vorsitzender, z. B. bei den Jägern' ❖ lat. *princeps* 'der Vornehmste' über franz. *prince* 'Prinz' oder direkt aus dem Lateinischen
W: Lehrprinz

Lit: Adelung 3:838; Barth 1:774; DRW 10:1274; Gamillscheg 2:727; Krünitz 117:399

Prinzipal Principal; lat. *principalis* 1. 'Eigentümer oder Teilhaber eines Handelshauses und Chef des Personals'. 2. 'Lehrherr' ❖ franz. *principal* 'hauptsächlich', aus lat. *principalis* 'Erster, Vornehmster'
W: Lehrprinzipal

Lit: Adelung 3:837; Barth 1:774; Diefenbach 459; DRW 10:1275; Frühmittellat. RWb; Grimm 13:2129; Idiotikon 5:768

Prisilgstoßer ↗ Brasilholzstoßer

Pritschenmeister Britschenmeister, Britschmeister, Brütschenmeister, Pritschmeister, Pritzenmeister 'Zeremonienmeister, der zugleich als Spaßmacher und Stegreifdichter auftritt'; bis ins 18. Jh. an Fürstenhöfen oder in Schützenvereinen. Er hatte eine eigene Tracht und eine Holzkeule, in die Lamellen geschnitten waren und mit der er Lärm machte und zum Spaß züchtigte. Noch heute in manchen Gegenden Bestandteil des Brauchtums ❖ mhd. *britzelmeister* 'die Pritsche führende lustige Person, um die Ordnung beim Spiel zu handhaben', zu mhd. *britze, brütsche* 'Pritsche'; ahd. *britissa*, Kollektivbildung zu *Brett*
W: Meister

Lit: Adelung 1:1201; Barth 1:128; DudenGWDS; Grimm 2:393; Idiotikon 4:523; Schmeller 1:375

Pritschmeister ↗ Pritschenmeister

Pritzenmeister ↗ Pritschenmeister

Probenreiter 'Geschäftsreisender, der Warenproben vorlegt und Aufträge annimmt'
W: Reiter

Syn: Musterreiter, Probenträger

Lit: Barth 1:776; Grimm 13:2147

Probenträger 'Vertreter, der Proben des angekommenen Getreides den Kaufleuten anbietet'
W: Träger
Syn: Musterreiter, Probenreiter

Lit: Grimm 13:2147

Probierer 1. 'Chemiker, Beamter im Bergbau, der den Feingehalt durch Schmelzen kleiner Proben ermittelt'; seit dem 13. Jh.; der Silbergehalt von Erzen wurde vor dem Schmelzen festgestellt, um Betrug zu verhindern. 2. 'Beamter, der den Feingehalt von Münzen oder Goldschmiedearbeiten überprüft'. 3. 'in Salzbergwerken Beamter, der die Sole untersucht' – zu *probieren* i. S. v. 'eine Probe entnehmen'
W: °Bergprobierer
Syn: Aufsetzer, Scheider, Verschläger, Wardein

Lit: Adelung 3:843; Barth 1:776; DRW 10:1338; Heilfurth (1981) 158; Idiotikon 5:305; Krünitz 117:678

Probiermamsell 'Verkäuferin [in einem Bekleidungsgeschäft]'
W: Mamsell

Probst ↗ Propst

Pröbstin ↗ Propst

Procurator ↗ Prokurator

Professionist 'Fachmann, gelernter Handwerker, Gewerbetreibender'; noch bes. österr. veraltend; Ableitung von *Profession* 'Beruf' ❖ über franz. *profession* 'Beruf', aus lat. *professio* 'öffentliche Erklärung', zu lat. *profiteri* 'bekennen', gemeint ist das Bekenntnis zu einem Beruf; die Endung *-ist* nach ital. *-ista*

Lit: Adelung 3:845 (Profession); DudenFW 1102; Ebner (2009) 292; Idiotikon 5:504

Professor lat. *professor* 'Lehrer an einer höheren Schule'; seit dem Mittelalter für Lehrer an Universitäten, seit dem 16. Jh. Lehrer an einer Lateinschule mit fester Anstellung. In oberdeutschen Gegenden (bes. mit katholischem Schulwesen) früher allgemein für Gymnasiallehrer (Gymnasial-, Studienprofessor), in anderen deutschen Ländern Berufsbezeichnung unter bestimmten Bedingungen; heute noch offizieller Berufstitel und Anrede in Österreich ❖ aus lat. *professio* 'öffentliches Bekenntnis', zu lat. *profiteri* 'bekennen'

Lit: Adelung 3:845; Barth 2:224; DRW 10:1349; Ebner (2009) 292; Frühmittellat. RWb; Grimm 13:2160; Krünitz 117:707; Pies (2005)

Profos Prevost, Prevot, Profoß, Provos 1. 'Mitglied der Militärpolizei'. 2. 'Henker und Richter bei den Landsknechten'. 3. 'Richter für leichtere Kriminalfälle beim Militär'. 4. 'Gerichtsdiener'; schweiz. 5. 'Aufsicht über das Bettelwesen, Bettelvogt'; schweiz. ❖ mit Ausfall des ausautenden *-t* über mittelniederld. *provoost* aus altfranz. *prévost*, aus spätlat. *propos(i)tus*, lat. *praepositus* 'Vorsteher, Aufseher', zu lat. *praeponere*; *Prevot, Prevost* sind als Fremdwörter aus dem Französischen übernommen
W: °Landprofos, Prügelprofos, Schallenprofos, °Wasserprofos
Syn: BÜTTEL, Generalgewaltiger, Gewaltiger, SCHARFRICHTER

Lit: Adelung 3:845; Barth 1:777; Gamillscheg 2:726; Grimm 13:2163; Idiotikon 5:507; Kaltschmidt 690; Pies (2001) 38; Pies (2005) 117, 161; Zedler 29:349 (Prevot), 776

Profoß ↗ Profos

Profumierer 'Handwerker, der Parfüm herstellt; Parfümierer, Parfumeur' ❖ zu ital. *profumo* 'Duft; Parfüm', aus lat. *fumus* 'Rauch'

Lit: Palla (2010) 154

Prograder ↗ Prokurator

Progroder ↗ Prokurator

Progroderer ↗ Prokurator

Prokrater ↗ Prokurator

Prokurator Procurator, Prograder, Progroder, Progroderer, Prokrater 1. 'Rechtsbeistand vor Gericht'. 2. 'Stellvertreter im Lehensrecht'. 3. 'Verwalter, bes. in kirchlichen Institutionen'. 4. 'Person, die die Einladungen zu Hochzeiten überbringt [und die Hochzeit organisiert]'; meist in den dialektalen Formen *Prograder, Progroder, Progroderer* ❖ mhd. *procurâte* 'Procurator', lat. *procurator* 'Stellvertreter, Mandatar, Verwalter'
W: Schuldenprokurator
Syn: Advokat, HOCHZEITBITTER, Mächtiger

Lit: Barth 1:778; Diefenbach 462; DRW 10:1355; Frühmittellat. RWb; Idiotikon 5:565; Pies (2001) 24; Pies (2005) 10; WBÖ 3:1040

Proppenschneider ↗ Pfropfenschneider

Propst Probst, Provest; lat. *praepositus, prepositus*; Fem. **Pröbstin, Pröpstin** 'Vorsteher verschiedener politischer oder kirchlicher Güter oder Einrichtungen'; Aufgaben waren bes. die Verwaltung und die Gerichtsbarkeit; heute noch als kirchlicher Titel hoher Würdenträger, z.B. für den Dompropst, oder in Norddeutschland für den Pfarrer einer evangelischen Hauptkirche; ein *Holzpropst* oder *Getreidepropst* war ein Aufseher über die landesherrlichen Vorratslager ❖ mhd. *probst, probest, brobest* 'Aufseher'; mnd. *provest, prôst* 'Vorsteher eines Domkapitels, Klosters etc.', aus spätlat. *propositus, propostus*, aus lat. *praepositus* 'Vorsteher', Partizip zu *praeponere* 'vorsetzen, voranstellen'
FN: Propst, Probst, Probster, Pröbst, Probs, Prost, Prabst, Prast
W: Siechenpropst, °Weinprobst, Zechprobst

Lit: Adelung 3:847; Barth 1:776; Diefenbach 455; DRW 10:1367; DudenFN 518, 519; Frühmittellat. RWb; Gottschald 393; Grimm 13:2169; Krünitz 117:759; Linnartz 177; Schiller-Lübben 3:381; Schmeller 1:466

Pröpstin ↗ Propst

Provant-Commissär ↗ Proviantkommissar

Provest ↗ Propst

Proviantcommissar ↗ Proviantkommissar

Proviantcommissarius ↗ Proviantkommissar

Proviantgegenschreiber ↗ Gegenschreiber

Proviantkommissar Provant-Commissär, Proviantcommissar, Proviantcommissarius 'Beamter, der für Einkauf und Verteilung der Lebensmittel- und Futtervorräte zuständig ist' ❖ zu Kommissar 'Geschäftsführer', mlat. *commissarius* 'Beauftragter', aus lat. *commissus*, Partizip zu *committere* 'übergeben, anvertrauen'
Syn: Fourier, Proviantmeister
Lit: Adelung 3:850; DRW 10:1395; Krünitz 118:27

Proviantmeister 'Vorsteher des Proviantamtes, das für Beschaffung und Lagerung des Proviants zuständig ist'
W: *Meister*
Syn: Fourier, Proviantkommissar
Lit: Adelung 3:850; Barth 1:781; Diefenbach 36; DRW 10:1396; Frühmittellat. RWb; Idiotikon 4:522; Krünitz 118:28; Pies (2005) 161

Proviantschreiber 'Verwaltungsbeamter im Proviantamt'
W: *Schreiber*
Lit: DRW 10:1398; Grimm 13:2179; Krünitz 118:27

Proviser ↗ Provisor

Provisor Proviser 1. 'Sachwalter, Stellvertreter'. 2. 'Geistlicher, der vertretungsweise eine Pfarre führt'. 3. 'Verwalter einer Apotheke; Stellvertreter des Apothekers'. 4. 'Hilfslehrer'; schweiz. 5. 'Lehrer der obersten Klasse der Lateinschule'; schweiz. ❖ lat. *provisor* 'der Vorsehende, Vorsorgende'
W: °Schulprovisor
Syn: Adstant, Behelfer, Schulgehilfe, Schulgeselle, Verweser
Lit: Adelung 3:851; Barth 1:782; Diefenbach 468; DudenFW 1115; Frühmittellat. RWb; Idiotikon 5:506; Schrambke (2004)

Provos ↗ Profos

Pruckmeister ↗ Brückenmeister

Pruckschreiber ↗ Brückenschreiber

Prüfeherr 'Beamter, der für die Qualitätsprüfung von Waren zuständig ist'; bes. von Bier und Lebensmitteln
W: *Herr*
Syn: VISIERER
Lit: DRW 10:1424

Prügelknecht 1. 'Bedienter, der bei Turnieren Ritter bei Regelverletzungen bestraft und die Zuschauer vom Betreten des Turnierplatzes abhält'. 2. 'Landarbeiter'; als zweiter in der Knechtehierarchie; regional. 3. 'Gefängniswärter, der die Prügelstrafe vollzieht' ❖ zu mhd. *brügel* 'Prügel, Knüttel'
W: KNECHT
Lit: Barth 1:782; Girtler (2012) 187; Grimm 13:2190; Schmeller 1:468

Prügelprofos 'Gehilfe des Scharfrichters, der die Prügelstrafen zu vollziehen hat'
W: *Profos*
Lit: Vargha (1897) 364, 585

Pucher ↗ Pocher

Pücher ↗ Pocher

Pucherknecht ↗ Pochknecht

Puchfeller ↗ Buchfeller

Puchknecht ↗ Pochknecht

Puchner ↗ Pocher

Puchsenmeister ↗ Büchsenmeister

Püchsenmeister ↗ Büchsenmeister

Puchsetzer ↗ Buchsetzer

Puchveler ↗ Buchfeller

Puckelmacher ↗ Buckelmacher

Puddelmeister ↗ Puddler

Puddler Pudler 'Arbeiter in einem Stahlwerk, der das schwerflüssige Roheisen umrührt'; in dem 1784 in England entwickelten und bis Mitte des 19. Jh. verwendeten Puddlerverfahren wurde das Roheisenbad mit Stangen umgerührt, damit der Kohlenstoff durch die Berührung mit Heißluft verbrennt, ohne dass das Eisen durch Kohle verunreinigt wird; dabei entstand Stahl ❖ zu engl. *puddle* 'Pfütze', *to puddle* 'rühren'
W: °Puddelmeister

Lit: Paulinyi (1987)

Pudler ↗ Puddler

Puetner ↗ Büttner

Puffer Buffer 'Abdecker'; zu *auspuffen* 'einem toten Tier die Haut abziehen'; diese Tätigkeit erfolgte in kurzen Stößen ❖ zu frühnhd. *buf, puff* 'Stoß, Schlag, dumpfer Schall'
Syn: SCHINDER

Lit: Grimm 2:492; Höfer 1:3; Pfeifer 1057; Schmeller 1:213

Pulgennäher ↗ Bulgennäher

Pulmetmaker ↗ Pultmacher

Pulsant 'Glöckner'; auch für Bewerber um Aufnahme in ein Kloster (sie mussten an der Pforte klopfen) ❖ zu lat. *pulsare* 'schlagen, stoßen'

Lit: Barth 1:784; DRW 10:1437 (Pulsantengeld); Kaltschmidt 706

Pultmacher Polmetmaker, Pulmetmaker 'Handwerker, der Pulte herstellt' ❖ zu mnd. *pulmet, polmet, pulmt* 'Pult (zum Auflegen der Bücher etc.)'
Syn: TISCHLER

Lit: Hammer-Purgstall (1822) 2:508; Schiller-Lübben 3:385 (Pulmet)

Pulvermacher 'Handwerker, der aus Salpeter, Schwefel und Kohle Schießpulver herstellt'; wurde im 15. Jh. durch die Pulvermühlen abgelöst
FN: Pulvermacher

Lit: Barth 1:784; DRW 10:1439; DudenFN 520; Gottschald 394; Grimm 13:2222; Idiotikon 4:53; Linnartz 178; Palla (2010) 170

Pulvermüller 'Betreiber, Vorgesetzter einer Pulvermühle'; dort wurde Schießpulver hergestellt, indem die Bestandteile gestampft und gemischt wurden ❖ mhd. *pulvermül* 'Pulvermühle'
FN: Pulvermüller
W: *Müller*

Lit: Adelung 3:861 (Pulvermühle); Barth 1:784; DudenFN 520; Gottschald 394; Grimm 13:2223; Krünitz 118:680; Linnartz 178

Pulvertrager ↗ Pulverträger

Pulverträger Pulvertrager 'Händler, der Rohstoffe für die Arzneiherstellung anbietet'; *Träger* i. S. v. 'Händler'
W: *Träger*
Syn: GEWÜRZKRÄMER, Lettenträger, Mithridatträger, Olitätenkrämer, Theriakkrämer

Lit: Idiotikon 14:584; Sulzenbacher (2002) 61

Pulverwärter 'Arbeiter im Pulvermagazin'; eine gefährliche Tätigkeit mit besonderen Vorschriften, die jede Erschütterung beim Gehen verhindern sollten
W: *Wärter*

Lit: Sammlung Lübeck 2:42

Pumpenbohrer Plumpenbohrer 'Handwerker, der in einen hölzernen Stock oder Baumstamm das Loch für die Pumpe bohrt'; auch die Bezeichnung für das Werkzeug; die Form *Plumpe* ist niederdt.
W: *Bohrer**
Syn: Rohrbohrer

Lit: Krünitz 118:715

Pumpenknecht 'Bergarbeiter, der das Wasser aus Grubenbauten mit einer Pumpe oder Eimern schöpft'
W: KNECHT
Syn: Pumper

Lit: Barth 1:784; Grimm 13:2229; Veith 295

Pumper 1. 'Bergarbeiter, der das Wasser aus Grubenbauten mit einer Pumpe oder Eimern schöpft'. 2. 'Arbeiter, der Wasser aus einem Fluss mit einer Schöpfvorrichtung, z. B. einem Tretrad, in die Häuser pumpt'
Syn: Pumpenknecht

Lit: Adelung 3:863; Barth 1:784; Veith 369

Punder ↗ Pfünder

Pünniger ↗ Pfünder

Punzmeister 'Handwerker, der Figuren, Schriften usw. in Stahlplatten schneidet' ❖ zu mhd. *punze* 'Stichel, Meißel', aus ital. *punzone* 'Stoß, Stempel', aus lat. *punctio* 'Stich', zu lat. *pungere* 'stechen'
W: Meister
Syn: EISENSCHNEIDER

Lit: Dennert (1979)

Pupillenraithandler Pupillenreithandler, **Pupillenreithändler** 'Rechnungsbeamter im Waisenamt'; die *Pupillenraitkammer* in Wien war für die Verwaltung der Mündel- und Waisengelder zuständig; zu *Pupille* 'Waise, Mündel' ❖ zu lat. *pupillus, pupilla*, Diminutiv von lat. *pupus, pupa* 'Knabe bzw. Mädchen'; zu mhd. *reite* 'Rechnung, Abrechnung, Rechnungslegung'; *-rait-* ist die etymologische bair. Schreibung, *raiten* 'rechnen, Rechnung stellen'
W: Raithandler
Syn: Pupillenschreiber

Lit: DRW 10:1450 (Pupillenreitung, Pupillenreitkammer); Sanford (1975) 102

Pupillenreithandler ↗ Pupillenraithandler

Pupillenreithändler ↗ Pupillenraithandler

Pupillenschreiber 'Verwaltungsbeamter im Waisenamt oder Vormundschaftsgericht' ❖ zu lat. *pupillus, pupilla*, Diminutiv von lat. *pupus, pupa* 'Knabe bzw. Mädchen'
W: Schreiber
Syn: Pupillenraithandler

Lit: DRW Belegarchiv; Gesetzessammlung Oldenburg 1:232

Puppenmaler Boppenmaler 1. 'Maler, der Puppen oder Marionetten bemalt'. 2. 'Maler, der Heiligenbilder und Heiligenfiguren vergoldet und bemalt'; die dargestellten Personen waren Puppen ähnlich ❖ die Form *Boppenmaler* zu niederdt. *Popp* 'Puppe' lat. *pupa* '(Spiel)puppe, kleines Mädchen'
W: Maler

Lit: Barth 1:785; Grimm 13:2248; Hermann-Winter (2003) 234 (Popp); Lindow 151 (Popp); Volckmann (1921) 248

Purgknecht ↗ Burgknecht

Pürgknecht ↗ Burgknecht

Pürschmeister ↗ Pirschmeister

Pürstmeister ↗ Pirschmeister

Pusterflicker Püsterflicker 'Handwerker, der Blasebälge repariert'; norddt.; zu *Püster, Puster* 'Blasebalg, Blasrohr' ❖ zu mnd. *pûster* 'ein Blasrohr oder (kleiner) Blasbalg, um das Feuer anzufachen', mhd. *pûster* 'Blasbalg'
W: Flicker

Lit: Grimm 13:2278 (Püster)

Püsterflicker ↗ Pusterflicker

Pustermacher Pustermaker, Püstermaker 'Handwerker, der Blasebälge herstellt' ❖ ↗ Pusterflicker
Syn: Pusterschmied

Pustermaker ↗ Pustermacher

Püstermaker ↗ Pustermacher

Pusterschmied 1. 'Nagelschmied, der mit dem Blasebalg arbeitet und nicht mit einem Schmelzofen'. 2. 'Handwerker, der Blasebälge herstellt' ❖ zu mnd. *pusten* 'blasen', das im 18. Jh. ins Mittel- und Oberdeutsche übernommen wurde; *pfustern* 'fauchen, schnauben' ist eine lautmalende Variante
FN: Pusterschmied, Püsterschmied, Pfusterschmied, Pfusterschmid, Pfusterschmidt (die Formen mit *Pfuster-* sind bes. österr.)
W: Schmied

Syn: Pustermacher

Lit: DRW Belegarchiv; Linnartz 178; Schiller-Lübben 3:392; SteirWb 132; WBÖ 3:126 (pfustern), 1524 (pusten, pusen)

Pütger ↗ Pottger

Pütjer ↗ Pottger

Pütmacher ↗ Püttmacher

Putner ↗ Büttner

Pütner ↗ Büttner

Pütschierstecher ↗ Petschierstecher

Puttenmeister ↗ Püttenmeister

Püttenmeister Puttenmeister, Puttmeister, Püttmeister 1. 'Zimmermann im Bergbau, der die Pütte in der Grube baut'; eine *Pütte* ist ein senkrechter Schacht im Salzbergwerk, durch den die Grube mit Wasser gefüllt wird, damit sich das Salz aus dem Gestein löst; über die westmitteldt. Bergmannssprache ist das Wort *Pütt* für 'Bergwerk, Schacht' noch heute üblich. 2. 'Brunnenbauer'; norddt. 3. 'Aufseher über die Erdarbeiten am Deich'; norddt.; zu *Putte, Pütte* 'Grube im Marschland, die für einen Deich ausgegraben wurde' ❖ zu mnd. *putte* 'Grube; bes. eine Grube, worin Wasser steht, sei es, dass es sich selbst sammelt (Pfütze) oder künstlich gesammelt wird (Zisterne, Ziehbrunnen)'; zu lat. *puteus* 'Brunnen, Brunnenschacht', über das Niederdeutsche in die bergmännische Fachsprache gelangt
W: *Meister*
Syn: Püttenrüster

Lit: Barth 1:786; Fellner 380; Grimm 13:2280; Krünitz 119:16; Patocka (1987) 41, 164 (Pütte); Schiller-Lübben 3:392; Veith 369 (Pütte); WBÖ 3:1547 (Pütte)

Püttenrüster ↗ 'Püttenmeister' ❖ zu mhd. *rüsten* 'bereiten, rüsten, ein Gerüst machen', mhd. *rüster* 'Gerüstemacher'

W: Rüster
Syn: Püttenmeister

Lit: Fellner 380; Treffer (1981) 112

Puttigler ↗ Butigler

Püttmacher Pütmacher, Pützmacher 'Arbeiter, der Brunnen durch Graben oder Bohren anlegt'; zu niederdt. *Pütte* 'Brunnen' ❖ zu lat. *puteus* 'Brunnen, Brunnenschacht'
Syn: Borngräber, Bornmacher, Brunnengräber

Lit: RheinWb 6:1242; Volckmann (1921) 285

Puttmeister ↗ Püttenmeister

Püttmeister ↗ Püttenmeister

Puttner ↗ Büttner

Püttner ↗ Büttner

Puttwerker ↗ Püttwerker

Püttwerker Puttwerker 'Arbeiter, der bei Erdarbeiten beim Deichbau (Püttwerk) beschäftigt ist'
W: *Werker*

Lit: Grimm 13:2280 (Putte, Pütte)

Putzarbeiterin 'Frau, die modische Kleidungsstücke, wie Hauben oder Accessoires für Kleider, herstellt'; in vielen historischen Adressbüchern nachweisbar ❖ ↗ Putzmacher
W: *Arbeiter*
Syn: Putzmacherin, Putzmamsell

Putzer 1. 'Person, die etwas reinigt; Putzfrau, -mann'; auch kurz für Schuh-, Stiefelputzer, Bartputzer (Barbier) usw. 2. 'Offiziersdiener'. 3. 'Gehilfe des Müllers'. 4. 'Maurer, der Wände verputzt'. 5. 'Landarbeiter, der auf der Alm den Weideboden pflegt, indem er störende Sträucher und Gestrüpp beseitigt, Zäune repariert usw.' 6. 'Holzarbeiter, der gefällte Bäume entastet' ❖ 1.–4.: zu mhd. *butze* 'Kobold; abgeschnittenes Stück, Klumpen', eigentlich 'einen Klumpen, eine

Unreinheit (in der Nase, am Kerzendocht) entfernen', in der Bedeutung 'reinigen' erst im 15. Jh.; 5., 6.: zu lat. *putare, amputare* 'ausschneiden'
FN: Putzer (bes. österr.)
W: Alpputzer, Bartputzer, Lampenputzer, Lichtputzer
Syn: Putzmaurer, TÜNCHER

Lit: DudenEtym 641; DudenFN 521; Kluge 733; Linnartz 179; SteirWb 127; TirWb 1:124; WBÖ 3:1593

Putzhändler 'Händler, der Modewaren und Accesssoires verkauft'
Syn: Galanteriekrämer

Lit: Grimm 2:596

Putzmacher lat. *exornator pileorum* seltenere männliche Form zu ↗ *Putzmacherin*
W: Federputzmacher
Syn: HUTMACHER*, Modist

Lit: Barth 1:787; Pfeifer 1062; Pies (2005) 115

Pützmacher ↗ Püttmacher

Putzmacherin 1. 'Person, die mit Modewaren handelt'. 2. 'Person, die modische Kleidungsstücke, wie Hauben oder Accesoires für Kleider, herstellt' ❖ zu frühnhd. *butzen* 'reinigen; schmücken, festlich kleiden'; vielleicht zu *butz* 'Unreinigkeit', d.h. 'von Unreinigkeit befreien'; Herkunft nicht eindeutig; *Putz* i. S. v. 'schöne Kleidung, Aufmachung' seit dem 18. Jh.
Syn: HUTMACHER*, Modist, Putzarbeiterin, Putzmamsell

Lit: Adelung 3:872; Barth 1:787; Grimm 2:597; Krünitz 119:24; Pfeifer 1062; Pies (2005) 115; Reith (2008) 116

Putzmamsell 1. ↗ 'Putzmacherin'. 2. 'Putzfrau'; heute im abwertenden Sinn gebraucht
W: Mamsell
Syn: Putzarbeiterin, Putzmacherin

Lit: DRW Belegarchiv

Putzmaurer 1. 'Maurer, der Wände verputzt; Verputzer'. 2. 'Stuckateur, Gipser'
Syn: Putzer, TÜNCHER

Lit: Barth 1:787; Grimm 13:2285

Putzwäscherin 'Wäscherin, die feine Stoffe und Wäsche wäscht; Feinwäscherin'; bes. in Österreich
W: Wäscherin

Lit: Grünn (1978) 144

Pylesmid ↗ Pfeilschmied

Pylser ↗ Pelter

Pylsmaker ↗ Pelzer

Pylsmid ↗ Pfeilschmied

Pylsticker ↗ Pfeilsticker

Q

Quacksalber 'Person, die mit fragwürdigen Mitteln und großem Werbeaufwand [auf Jahrmärkten u.Ä.] Krankheiten zu heilen verspricht; Kurpfuscher' ❖ niederld. *kwakzalver* 'quakender Salber', niederld. *quaken* 'prahlen', *kwakender Salber* war ein Marktschreier; denkbar auch eine Ausgangsform *Qicksalber*, zu *quick, keck* 'lebendig, rege', also eine Parallele zu *Gesundbeter*
Syn: Kasperer, Krummholzmann, Marktschreier, Medikaster, Storger, Winkelarzt, Wurmschneider

Lit: Adelung 3:875; Barth 1:788; DudenGWDS; Grimm 13:2293; Kluge 735; Krünitz 119:203; Pies (1977) 28, 50; Vieser/Schautz (2010) 143

Quaestor ↗ Quästor

Quardein ↗ Wardein

Quartierherr 1. 'Mitglied des Rates, der die Aufsicht über ein Stadtviertel innehat und dieses auch im Rat vertritt'. **2.** 'für Quartiere und Versorgung Zuständiger beim Militär; Quartiermeister'
W: Herr

Lit: Barth 1:789; DRW 10:1480; Grimm 13:2324

Quartiersmann 'Hafenarbeiter, der Waren übernimmt, für die Auslieferung an die Kaufleute verpackt und selbstständig auf Lager hält'; gewöhnlich in Arbeitsgruppen zu viert; entweder zu *quart* (wegen der Vierergruppe) oder zu *Quartier*, weil sie sich dort aufhielten
W: Mann

Lit: Altstaedt (2011) 11, 13; DRW 10:1481

Quästor Quaestor, Questor 'hoher Beamter für Finanz- und Archivangelegenheiten'; in der römischen Republik; heute noch üblich an Universitäten für 'Leiter einer Quästur', in Südtirol für 'Polizeipräsident', in der Schweiz für 'Vereinskassierer' ❖ lat. *quaestor* 'Untersuchungsricher', aus lat. *quaerere* 'befragen, untersuchen'
Syn: SCHATZMEISTER

Lit: Barth 1:790; Diefenbach 479; Frühmittellat. RWb

Quatzner 'Bootsführer oder -bauer eines Fischerbootes, auf dem sich ein Behälter für lebende Fische befindet'; norddt.; *Quaas, Quass* 'für den Lebendfischfang und -transport gebautes Segelschiff'; zu *Quatze* 'Zugnetz' ❖ zu schwedisch *kvassar* 'ein kleines Fischerboot'

Lit: DRW Belegarchiv; Ekström (1835) 36; Lindow 153

Querpfeifer ↗ Pfeifer

Questor ↗ Quästor

Quickharder 'Viehhüter'; niederdt. ❖ zu mnd. *quek, quik* 'Vieh'; altsächsisch *quic* 'lebend'; gemeint ist die bewegliche, lebende Habe im Ggs. zur unbeweglichen; mhd. *quëc, këc* 'lebendig, frisch'; vgl. *keck*, engl. *quick;*, mnd. *herder* 'Hirte'
W: Harder
Syn: Hirt

Lit: DRW 10:1508 (Quick); Grimm 13:2334; Schiller-Lübben 2:246; Schiller-Lübben 3:400

R

Rabischaufseher 'Bergmann, der die Aufsicht über eine Schicht führt'; der *Rabisch* war ein Kerbholz, das als Urkunde verwendet wurde und mit dem man die Entlohnung berechnete; im 12. und 13. Jh. aus dem Slawischen über den meißnischen Bergbau verbreitet, aber im Bairischen noch am längsten erhalten; auch in Redewendungen, z. B. *in die Rabusche gehen* 'ins Kerbholz schneiden, schulden', *auf Rabisch borgen* 'Geld ohne Pfand leihen' ❖ tschech. *rabuše*, slowenisch *rovash,* mhd. *rabusch* 'Kerbholz'
W: *Aufseher*
Syn: Rabischmeister

Lit: Adelung 3:906 (Rabisch); Barth 1:792; Bergmännisches Wb 406; DRW 10:1537 (Rabisch); Fellner 385; Grimm 14:12; Höfer 3:3; Krünitz 120:232; KtnWb 201 (Rabisch, Rabusch); Schmeller 2:4 (Rabisch); Veith 371 (Rabisch)

Rabischmeister ↗ 'Rabischaufseher'
W: *Meister*
Syn: Rabischaufseher

Lit: Barth 1:792; Bergmännisches Wb 407; Grimm 14:12; Krünitz 120:232; Schraml (1930) 233 (Rabisch)

Rabulist lat. *rabula* 'Rechtsvertreter ohne akademischen Abschluss, der den Sinn des Gesetzes durch Tricks und Geschwätzigkeit zu drehen versucht'; abwertend gebraucht; i. S. v. 'Wortverdreher, Haarspalter' noch heute gebräuchlich ❖ lat. *rabula* 'schreiender Advokat, Rechtsanwalt', zu *rabere* 'toll sein, toben'
Syn: Advokat

Lit: Adelung 3:905; Barth 1:792; Diefenbach 482; DudenFW 1137; Pies (2005) 11

Racher ↗ Racker

Rachimburge ↗ Rachinbürge

Rachinbürge Rachimburge 'Beisitzer beim Dinggericht, Berater des Richters'; als Mitglied eines Gremiums von meist sieben Personen; in fränkischen Rechtstexten, bis 8. Jh.; später vom *Schöffen* abgelöst ❖ ahd. *rahha,* mhd. *rache* 'Rede, Sache, Rechenschaft', ahd. *burgo,* mhd. *bürge* 'Bürge'; eigentlich 'der schätzende Bürge'
Syn: DINGWART, Schöffe

Lit: Barth 1:793; DRW 10:1548; Weitzel (1985) 447

Racker Racher, Rakker, Recker **1.** 'Abdecker'. **2.** 'Gehilfe des Henkers'. **3.** 'Person, die (nachts) die Abtritte reinigt und den Unrat entfernt'; niederdt. ❖ mnd. *racker, racher* 'der den Unrat fortschafft, daher Schinder, Abdecker, Abtrittfeger, Totengräber', zu niederdt. *racke* 'Kot, Unflat'
FN: Racker, Ragger
Syn: ABTRITTRÄUMER, Folterknecht, Marterer, Peiniger, Peinlein, SCHINDER

Lit: Barth 1:793; Gottschald 397; Idiotikon 6:766; Kluge 740; Krünitz 120:288; Linnartz 179; Pies (2005) 10; Schiller-Lübben 3:411; Volckmann (1921) 331

Rackerieknecht ↗ Rackerknecht

Rackerknecht Rackerieknecht 'Gehilfe des Abdeckers'; *Rackerie* ist die Wohnung, Arbeitsstätte des Abdeckers ❖ zu mnd. *rackerknecht* 'Schinderknecht'; *rackerie* 'Schinderei, Abdeckerei'
W: KNECHT

Lit: Schiller-Lübben 3:411

Rädecker ↗ Rädker

Rädeker ↗ Rädker

Radelmann ↗ Radmann

Radelmeister ↗ Radmann

Rademacher Rademächer, Rademaker; lat. *rotarius* 'Wagner, Stellmacher'; norddt. und westmitteldt.; die Bezeichnung spiegelt die urspr. Arbeitsteilung bei der Herstellung von Rädern und des Wagengestells ❖ mhd. *rademacher, rademecher* 'Radmacher'
FN: Rademacher, Rademaker, Radermacher, Rademecher, Rademechers, Rademächers, Rahmacher, Rammacher, Ramakers
Syn: WAGNER

Lit: Adelung 3:913; Barth 1:793; Diefenbach 501; DudenFN 525; Gottschald 397; Grimm 14:47; Kretschmer 486; Krünitz 120:359; Pies (2005) 176; Reith (2008) 244; Volckmann (1921) 161; Zedler 30:521

Rademächer ↗ Rademacher

Rademaker ↗ Rademacher

Rader Räder, Roder 1. 'Handwerker, der Wagenräder herstellt'. 2. 'Drechsler, der Spinnräder herstellt'. 3. 'Handwerker, der Siebe herstellt'
FN: Rader, Räder, Raderer, Räderer, Radler, Rädler, Redler
Syn: DRECHSLER, Rädermacher, Rädker, SIEBMACHER, Spinnradmacher, Wehldreher

Lit: Adelung 3:914; Barth 1:739; DudenFN 525; Gottschald 397; Grimm 14:48; Krünitz 120:365; Linnartz 179, 181; SteirWb 488

Räder ↗ Rader, Reder

Rädermacher Radlmacher, Radmacher, Redelmacher 1. 'Handwerker, der Wagenräder herstellt'; wenn das Gewerbe wenig spezialisiert war, stellte er auch ganze Wagen her. 2. 'Drechsler, der Spinnräder herstellt'. 3. 'Handwerker, der Siebe herstellt' — Die Formen mit *Rade-* sind in erster Linie in Nord- und Mitteldeutschland als *Rademacher* für den 'Wagner, Stellmacher' verbreitet; die oberdt. Formen (*Rad-, Rädermacher*, bair. *Radlmacher*) bedeuten meist 'Spinnradmacher', da der Stellmacher als *Wagner* bezeichnet wird ❖ mhd. *redermacher* 'Rademacher'
FN: Radmacher
Syn: DRECHSLER, Rader, Rädker, SIEBMACHER, Spinnradmacher, Wehldreher

Lit: Adelung 3:913; Barth 1:793; DRW 10:1565; DudenFN 525; Grimm 14:47; Schmeller 2:50

Radker ↗ Rädker

Rädker Rädecker, Rädeker, Radker 1. 'Wagner, Stellmacher, der Wagenräder herstellt'. 2. 'Handwerker, Drechsler, der Spinnräder herstellt' ❖ mnd. *radeker* 'Radmacher'
FN: Radecker, Radtker, Rädecker, Rädeker, Redeker, Redecker, Räcker, Räckers
Syn: DRECHSLER, Rader, Rädermacher, Spinnradmacher, WAGNER, Wehldreher

Lit: Adelung 3:915; Barth 1:793; DudenFN 524, 532; Grimm 14:51; Krünitz 120:391; Linnartz 180; Palla (1994) 415; Zedler 30:567

Radlmacher ↗ Rädermacher

Radlmann ↗ Radmann

Radmacher ↗ Rädermacher

Radmann Radelmann, Radelmeister, Radlmann 'Henker, Scharfrichter'; zu *Rad* als Folterinstrument
W: *Mann*
Syn: SCHARFRICHTER

Lit: Linnartz 180; Pies (2001) 38

Radmeister 'Unternehmer, der ein Radwerk besitzt'; ein *Radwerk* war ein Unternehmen, zu dem eine Eisenhütte, urspr. ein Schmelzwerk, und dazugehörende Güter gehörten
W: *Meister*

Lit: Ast/Katzer (1970) 163; DRW 10:1565; Fellner 386; SteirWb 488

Radspinner 'Flachsspinner, der mit dem Spinnrad spinnt'; im Ggs. zum Spinnen mit der Wirtel; meist von Frauen ausgeübt und dann in der Form *Radspinnerin*
W: *Spinner*

Radtsdener ↗ Ratsdiener

Rahmbrenner 'Handwerker, der Ruß zur Farbenherstellung zubereitet'; zu *Rahm, Ram* 'Ruß' ❖ ↗ Rahmkehrer
W: *Brenner*
Syn: Rußbrenner
Lit: Grimm 14:62 (Rahm); Krünitz 120:439

Rahmenmacher **Remenmacher** 'Handwerker, der Rahmen für Bilder, Spiegel, Stickarbeiten usw. sowie Gestelle, Regale und Stützen herstellt' ❖ zu mnd. *reme, rame* 'Rähm, Wandrahm der Tuchbereiter'
Lit: Barth 1:794; Schiller-Lübben 3:458; Volckmann (1921) 176

Rahmfeger ↗ 'Rahmkehrer'
W: *Feger*

Rahmkehrer 'Handwerker, der den Ruß aus Schornsteinen entfernt'; niederdt. ❖ zu mhd. *râm, rân* 'staubiger Schmutz, bes. auf dem Metall der Rüstung', später auch in den allgemeinen Bedeutungen 'Schmutz' (so auch noch bes. in bair. Dialekten) und 'Ruß'
W: *Kehrer*
Syn: SCHORNSTEINFEGER*
Lit: Adelung 3:917 (Rahm); Grimm 14:62 (Rahm); Kluge 743 (Rahm); Kretschmer 384; Schmeller 2:88

Rahmmeister **Rähmmeister** 1. 'Vorarbeiter in der Tuchfabrik, der die Rahmen für die Stickerinnen und Näherinnen zuteilt'; die *Rahmen* waren Holzgestelle in der Weberei, in die Tücher zum Nähen und Sticken eingespannt wurden und die bestimmten Normen unterlagen. 2. 'städtischer Beamter, der das Tuchmachergewerbe überwacht' ❖ zu mhd. *ram, rame* 'Stütze, Gestell, Rahmen zum Sticken, Weben, Bortenwirken'
W: *Meister*
Syn: Appreturmeister, Schermeister
Lit: Barth 1:794; DRW 10:1571

Rähmmeister ↗ Rahmmeister

Raisjäger ↗ Reisjäger

Raiter **Raitter, Reiter, Reuter** 'Beamter des Rechnungswesens'; oberdt. ❖ zu mhd. *reite* 'Rechnung, Abrechnung, Rechnungslegung'; mhd. *reiten* 'bereiten, zählen, rechnen, berechnen'; -*rait*- ist die etymologisch richtige bair. Schreibung
FN: Reiter
W: *Ausraiter, Beraiter, Hüttenraiter*
Syn: Rechner
Lit: Adelung 3:1075 (Reiter); Barth 1:812; DRW 11:810; DudenFN 540; Gottschald 406

Raithandler **Raithändler, Reithändler** 1. 'Steuerbeamter'. 2. 'Beamter im Salzbergbau, der die Besoldung der Bergleute durchführt'. 3. 'Mitglied der jüdischen Gemeinde, das die gemeindeinternen Abgaben [für die Armenfürsorge] abrechnet'. 4. 'Beamter im Waisenamt, der für die Abrechnung des Vermögens Minderjähriger zuständig ist' ❖ ↗ Raiter
W: *Pupillenraithandler*
Lit: Adelung 3:955 (Händler); DRW 11:815; Keil; Schmeller 2:171

Raithändler ↗ Raithandler

Raitherr **Reitherr** 'Stadtrat, der für die Finanzen zuständig ist; Rechnungsführer' ❖ ↗ Raiter
W: *Herr*
Lit: Adelung 3:1077 (Reitherr); Barth 1:813; Csendes/Opll 2:2 (67); DRW 11:817; Grimm 14:787

Raitknecht **Ratknecht, Reitknecht** 'Angestellter im Rechnungswesen' ❖ ↗ Raiter
W: KNECHT

¹Raitmeister **Reitemeister, Reitmeister** 1. 'Finanz- und Güterverwalter einer Stiftung oder Stadt'. 2. 'städtischer hoher Beamter mit unterschiedlichen Aufgaben, z.B. Stadtverteidigung' ❖ mhd. *reitemeister* 'Vorsteher des Rechenamtes, Stadtrechner'

FN: Reitmeister, Reitemeister, Reidemeister

Syn: Rechenmeister

Lit: Barth 1:812; DRW 11:821; DudenFN 536, 540; Gottschald 406; Grimm 14:789; Linnartz 182

²Raitmeister ↗ Reidemeister

Raitrat Reitrat, Reitrath 'Kontrollbeamter im Rechnungswesen'; oberdt. ❖ ↗ Raiter

W: Rat

Lit: Adelung 3:1178; Barth 1:794; DRW 11:824; Grimm 14:789; Gruenbaum (1946)

Raitter ↗ Raiter

Raitvogt Reitvogt 'Beamter, der die landesherrlichen Einkünfte von den Bauernvögten entgegennimmt und abrechnet' ❖ ↗ Raiter

W: Vogt

Lit: Adelung 3:1079; Barth 1:813; Grimm 14:790; Krünitz 122:501

Rakker ↗ Racker

Rammer Rammler 'Arbeiter, der Pfähle in Ufer und Flussbetten rammt' ❖ zu mhd. *ramme* 'Fallklotz, Ramme zum Einstoßen von Pfählen, Steinen'

FN: Ramler, Rammler (häufiger als Übername zu *Ramm, Rammler* 'Widder')

Lit: Brohm (2001); DudenFN 526, 527; Grimm 14:79

Rammler ↗ Rammer

Ranzeler ↗ Renzeler

Raschenmacher ↗ Raschmacher

Rascher Roscher, Röscher 'Weber, der Rasch (Arras) herstellt'; ein locker gewebter Stoff, der oft als Unterfutter für Teppiche und Borten verwendet wurde ❖ zu mnd. *ras* 'Rasch', verkürzt aus mnd. *arrasch, arras, arres, arresch, arsch, ardesch* 'dünnes, wollenes Gewebe', nach dem urspr. niederld. (heute franz.) Herstellungsort *Arras*

FN: Rascher, Rasch, Raßler, Räßler

Syn: Weber

Lit: Adelung 3:939 (Rasch); Barth 1:795; DudenFN 528; Gottschald 400; Grimm 14:125; Kluge 746 (Rasch); Linnartz 180; Pies (2005) 179; Schiller-Lübben 3:422; Volckmann (1921) 81

Raschmacher Raschenmacher, Räßmacher ↗ 'Rascher'

Syn: Weber

Lit: Adelung 3:941; Gatterer (1791) 1:578; Grimm 14:130; Krünitz 120:665; Palla (1994) 261; Volckmann (1921) 81

Raschweber ↗ 'Rascher, Raschmacher'

W: Weber

Lit: Barth 1:795; DRW Belegarchiv; Grimm 14:130; Krünitz 6:248 (Borten)

Rasenmeister 'Abdecker'; verrichtet seine Arbeit meist im Freien auf dem Rasen (vgl. Feld-, Kleemeister, Griesmetzger)

W: Meister

Syn: Schinder

Lit: Adelung 3:943; Grimm 14:137; Krünitz 120:692

Rasenmetzger 'Abdecker'

W: Metzger

Syn: Schinder

Raseur 'Friseur'; kommt im veralteten Sprachgebrauch noch vor ❖ franz. *raseur* 'Rasierer', zu vulgärlat. *rasare* aus lat. *radere* 'kratzen, schaben, abscheren'

Lit: DudenFW 1144

Raspelhauer 'Handwerker, der Raspeln macht'; bei der Erzeugung von Raspeln wurden mit einem Meißel in ein vorgeformtes Eisen Vertiefungen geschlagen ❖ zu mhd. *raspeln*, Iterativum zu *raspen* 'zusammenraffen, sammeln'

W: Hauer

Syn: Feilenhauer, Feilenschmied, Feiler

Lit: Adelung 3:944 (Raspel); Grimm 14:141

Rasselbinder ↗ Rastelbinder

Rasselwächter Ratelwächter 'Wächter (Flur-, Nachtwächter), der mit einer Rassel Lärm zur Warnung macht'
W: *Wächter*
Syn: FLURSCHÜTZ, NACHTWÄCHTER

Lit: Adelung 3:944 (Rassel); Grimm 14:148; Krünitz 120:711

Räßmacher ↗ Raschmacher

Rastelbinder Rasselbinder, Rastlbinder; lat. *reparator sitularum* 1. 'umherziehender Handwerker, der Blechgeschirr, Pfannen u.Ä. verkauft oder ausbessert, indem er sie mit Drahtgeflecht umwickelt'. 2. 'Handwerker, der Gegenstände aus Draht herstellt, z.B. Mausefallen, Kinderspielzeug, Bügeleisengestelle, Messingkettchen' — urspr. österr. wegen der slowakischen Kesselflicker, dann weiter verbreitet ❖ zu *Rastel*, von *Röstlein*, Diminutiv zu *Rost* 'Gitter', wobei -ö- entsprechend bair. Lautentwicklung zu -a- wird
W: *Binder*
Syn: PFANNENFLICKER

Lit: Barth 1:796; Diefenbach 492 (reparator); Grimm 14:152 (Rastel); Hartmann (1998) 200; Wiener WB 621; Kretschmer 271; Reith (2008) 47; WBÖ 3:187

Rastlbinder ↗ Rastelbinder

Rat Rath; lat. *consiliarius* 1. 'hoher Beamter einer Regierung'. 2. 'Person, die als Berater eines Fürsten, einer Regierung – meist als Mitglied eines Gremiums – fungiert'; *Rat des kurzen Rockes* 'aus dem Adel oder Militär stammendes Mitglied des Provinzialrates in Luxemburg'; *Rat des langen Rockes* 'juristisches oder geistliches Mitglied'; *der kurzweilige Rat* 'Hofnarr' ❖ mhd. *rât* 'Rat, Ratschlag, Berater'
FN: Rath
W: *Deichrat, Domänenrat, Jagdrat, Raitrat*
Syn: Ratgebe

Lit: Barth 1:796; Brentano (2012) 314 (kurzweilige Rat); Diefenbach 144; DRW 11:15; DudenFN 528; Frühmittellat. RWb; Gottschald 401; Grimm 14:156; Linnartz 180

Ratelwächter ↗ Rasselwächter

Ratgeb ↗ Ratgebe

Ratgebe Ratgeb, Ratgeve, Rathgeb 1. 'Mitglied eines [städtischen] Rates; Ratsherr'. 2. 'juristischer Berater im Gerichtsverfahren' — ältere Form für *Ratgeber*, *Rathgeber*, noch in einigen juristischen Termini erhalten ❖ mhd. *râtgëbe* 'Ratgeber; Ratsherr'
FN: Rathgeb
Syn: Rat

Lit: Adelung 3:954; DRW 11:44; Grimm 14:184

Ratgeve ↗ Ratgebe

Rath ↗ Rat

Rathausschließer ↗ Schließer

Rathgeb ↗ Ratgebe

Rathsdiener ↗ Ratsdiener

Rathsherr ↗ Ratsherr

Rathsknecht ↗ Ratsknecht

Rathsläufer ↗ Ratsläufer

Rathsschreiber ↗ Ratsschreiber

Rathsverwandter ↗ Ratsverwandter

Ratknecht ↗ Raitknecht

Ratleute ↗ Ratmann

Ratmann Ratsmann; Plural: *Ratleute, Ratmänner* 1. 'Ratsherr, Mitglied des Stadtrats'. 2. 'Beisitzer eines Land- oder Dorfgerichts'. 3. 'Henker' ❖ mhd. *râtman* 'Ratgeber, Rat; Ratsherr; Schiedsmann'
FN: Rathmann, Ratmann, Rathsmann
Syn: DINGWART, SCHARFRICHTER

Lit: Adelung 3:955; Barth 1:797; DRW 11:77; DudenFN 528; Gottschald 401; Grimm 14:202; Idiotikon 4:277

Ratmänner ↗ Ratmann

Ratsausreiter Ratsausreuter 'berittener städtischer Bote'
W: Ausreiter, *Reiter*
Lit: DRW 11:19

Ratsausreuter ↗ Ratsausreiter

Ratsbüßer Ratsbüßner 'Beamter, der die vom Rat verhängten Geldstrafen einhebt'; schweiz.
W: Büßer
Lit: DRW 11:29 (Ratsbuße); Idiotikon 4:1755

Ratsbüßner ↗ Ratsbüßer

Ratschirurg ↗ CHIRURG

Ratsdiener Radtsdener, Rathsdiener 'Angestellter mit unterschiedlichen Verpflichtungen des Rates oder der Verwaltung einer Stadt'
W: *Diener*
Syn: Ratsknecht
Lit: Adelung 3:957; Barth 1:796; DRW 11:30; Grimm 14:194; Krünitz 120:731

Ratsherr Rathsherr; lat. *buleuta* 1. 'Mitglied einer Stadtregierung'; Amt mit hohem Ansehen; die Mitglieder stammten gewöhnlich aus einem festen Kreis von Familien. 2. 'Mitglied von verschiedenen Verbänden, Zünften, beratenden Gremien, Gerichten usw.'; je nach der lokalen Verfassung ❖ mhd. *râthërre* 'Ratsherr, Senator'
W: *Herr*
Syn: Ratsverwandter
Lit: Adelung 3:956; Barth 1:797; DRW 11:63; Grimm 14:200; Krünitz 120:731

Ratsknecht Rathsknecht 'Angestellter für unterschiedliche Hilfsdienste im Rat oder der Verwaltung einer Stadt, bei Gerichten u. Ä.'
W: KNECHT
Syn: Ratsdiener
Lit: Adelung 2:990 (Hascher); Barth 1:797; DRW 11:72; Grimm 14:201

Ratsläufer Rathsläufer 'Bote, Bediensteter des Rates'
W: *Läufer*
Vgl: Stadtläufer
Lit: Bartel (2006) 6; Idiotikon 3:1147

Ratsmann ↗ Ratmann

Ratsschreiber Rathsschreiber 1. 'juristisch ausgebildeter Sekretär eines Stadtrates'. 2. 'Verwaltungsbeamter in einem Rat'
W: *Schreiber*
Lit: Adelung 3:959; DRW 11:107; Grimm 14:202; Idiotikon 9:1550; Krünitz 120:733; Pies (2005) 11

Ratsverwandter Rathsverwandter 'Mitglied des Stadtrats oder eines beratenden Gremiums'
W: *Verwandter*
Syn: Ratsherr
Lit: Barth 1:797; DRW 11:129; Grimm 14:203; Grönhoff (1966) 37

Ratsvorsprach ↗ Fürsprech

Ratswäger ↗ Wäger

Ratsweibel ↗ Weibel

Rattei Rattey, Ratteyer 'in der Landwirtschaft oder als Gärtner angestellter Arbeiter' ❖ poln., tschech. *rataj* 'Bauer, Pflüger, Ackerkecht'
FN: Rattei, Ratej, Ratai, Rataj, Rattaj, Radey, Raddey, Rathey, Rattay, Ratay
Syn: *Knecht*, Feldgärtner, Rattei, Schinagel
Lit: DRW 11:126; DudenFN 528; Gottschald 401; Linnartz 180

Rattenfänger Ratzenfänger, Roddenfenger 'Person, die gewerbsmäßig Ratten und andere Schädlinge fängt'; fast nur noch als Sagenfigur, vor allem in Zusammenhang mit der Stadt Hameln, aber auch in Sagen anderer Städte bis Wien bekannt
W: Fänger
Syn: Kammerjäger
Lit: Adelung 3:961; Barth 1:797; Grimm 14:206; Krünitz 121:2; PfälzWb 5:394

Rattey ↗ Rattei

Ratteyer ↗ Rattei

Ratzenfänger ↗ Rattenfänger

Rauarbeiter ↗ Raucharbeiter

Raucharbeiter Rauarbeiter, Rauharbeiter 'Taglöhner bei den Berg- und Hüttenwerken'; in Tirol; zu *Rauarbeiter* 'Arbeiter für grobe Arbeiten, Schwerarbeiter' ❖ zu mhd. *rûch* 'haaricht, struppig, zottig, rauh'
W: Arbeiter
Syn: Rauchknecht
Lit: Fellner 290; TirWb 2:474; Veith 375; WBÖ 1:316

Rauchfangkehrer Raufenkehrer 'Handwerker, der den Ruß aus Schornsteinen entfernt'; heute noch in Österreich gebräuchlich, dialektal auch in Bayern; ein *Rauchfang* war urspr. jede Vorrichtung in Werkstätten usw., um den Rauch aufzufangen und abzuleiten. Als Schornstein in einem Wohnhaus seit dem 14. Jh. in Österreich, als im Ggs. zum offenen Feuer, von dem der Rauch durch Haus und Dachstuhl entweicht, der Rauch durch den Kamin aufgefangen wurde
W: Kehrer
Syn: SCHORNSTEINFEGER*
Lit: Adelung 3:969 (Rauchfang); Barth 1:798; Ebner (2009) 299; Grimm 14:248; Kretschmer 444; Pies (2002a) 51; Pies (2005) 149; Reith (2008); Volckmann (1921) 279; VWB 612

Rauchfärber 'Kürschner, der auf das Färben von Pelzen spezialisiert ist'; *Rauch* bzw. *rauh* bezog sich urspr. auf die rauen Wollzotteln der Schafe, im Deutschen noch bis ins 19. Jh. als 'behaart, haarig' gebräuchlich. Die Bedeutung 'Pelz' ist in Zusammensetzungen wie *Rauchware, Rauchwerk* erhalten ❖ zu mhd. *rûch* 'rau'
W: Färber*
Syn: KÜRSCHNER, Zobelfärber
Lit: Adelung 3:670; DudenEtym 654; Grimm 14:248 (rauchfarb, Rauchfarbe); Krünitz 121:90

Rauchknecht Rauhknecht, Rauknecht 1. 'Arbeiter für grobe, schwere Arbeiten'. 2. 'Arbeiter im Hafen, z. B. Sackträger, Ballenbinder'. 3. 'Bediensteter an einem herrschaftlichen Hof, der für das Räuchern des Fleisches und die Verwaltung der Lebensmittel zuständig ist' ❖ 1., 2.: mhd. *rûchknëht* 'Handlanger', zu mhd. *rûch* 'haaricht, struppig, zottig, rauh'; 3.: zu mhd. *rouch* 'Dampf, Dunst, Rauch', mhd. *rouchen* 'riechen; rauchen, räuchern'
W: KNECHT
Syn: Raucharbeiter
Lit: Adelung 3:971; Barth 1:798; Grimm 14:250; Idiotikon 3:729; Krünitz 121:93; Pies (2005) 96; Reith (2008) 148

Rauchmeister 'Bediensteter an einem herrschaftlichen Hof, der für das Räuchern des Fleisches und die Verwaltung der Lebensmittel zuständig ist'
W: Meister
Lit: Adelung 3:972; Barth 1:798; Grimm 14:252; Krünitz 121:93

Rauchwerker 'Kürschner' ❖ zu mhd. *rûchwërc* 'Kürschnerhandwerk'
W: Werker
Syn: KÜRSCHNER
Lit: Barth 1:798; Grimm 14:253 (Rauchwerk), 275 (rauhwerken)

Rauer Rauher 'Arbeiter in der Tuchmacherei, der das getrocknete Tuch mit der Distelkarde aufraut, bevor es geschoren wird'; in weniger spezialisierten Betrieben wurde Scheren und Rauen von denselben Personen durchgeführt ❖ zu mhd. *rûch* 'haaricht, struppig, zottig, rauh'
Syn: Scherer
Lit: Adelung 3:975 (rauhen); Reith (2008) 236

Raufenkehrer ↗ Rauchfangkehrer

Raufer Rauffer 1. 'Korduangerber'; übertragen von dem Werkzeug der Weißgerber, mit dem die Haare der Felle ausgerauft wurden. 2. 'Wollweber, der mit der Raufe die Flocken und Noppen entfernt' ❖ mhd. *roufen* 'raufen, (Haare) ausreißen'

Syn: KORDUANGERBER, Wollweber

Lit: Grimm 14:261; Linnartz 181

Rauffer ↗ Raufer

Rauharbeiter ↗ Raucharbeiter

Rauher ↗ Rauer

Rauhknecht ↗ Rauchknecht

Rauhschleifer ↗ Rauschleifer

Rauhschleiffer ↗ Rauschleifer

Rauknecht ↗ Rauchknecht

Raumgast 'Arbeiter beim Walfang, der die nötigen Arbeiten im Schiffsraum, wie Platzeinteilung und Platzierung der Fässer, durchführt'; zu *raumen*, Nebenform zu *räumen*, in der urspr. Bedeutung 'Raum schaffen'
W: Gast

Lit: Adelung 3:980; Grimm 14:291; Krünitz 121:166

Rauschfärber 'Färber, der dunkle Farben (Schwarz, Blau, Braun) färbt, urspr. grobe Stoffe wie Leinwand und Loden'; der *Rausch* ist dem Preiselbeer- und Heidelbeerstrauch ähnlich und wurde zum Schwarzfärben verwendet ❖ zu spätmhd. *rusch, rusche* 'Binse, Brüsch', aus lat. *ruscus* 'Mäusedorn'
W: *Färber**
Syn: Schlechtfärber, Schwarzfärber

Lit: Barth 1:799; Grimm 14:302; Krünitz 121:255; Pies (2005) 52; Reith (2008) 69; Riepl (2009) 334

Rauschgoldschlager ↗ Goldschlager

Rauschleifer Rauhschleifer, Rauhschleiffer 'Schleifer, der nur große und grobe Gegenstände, z.B. Äxte, große Messer, schleift'; dabei drehte sich der Schleifstein so, dass er sich zum Schleifer hin bewegte
W: Schleifer
Syn: Grobschleifer

Ggs: Schwertschleifer

Lit: Adelung 3:977; Barth 1:798; Grimm 14:275; Krünitz 121:153; Volckmann (1921) 125

Räuter ↗ *Reiter*

Rebbannwart 'Wächter im Weinberg und während der Traubenernte'; manche Zusammensetzungen mit *Rebe* statt *Wein* (Rebberg, Rebgarten, Rebhang, Rebbauer, Rebland, Rebbesitzer) sind bes. schweiz.
W: Bannwart, *Wart*
Syn: FLURSCHÜTZ

Lit: Idiotikon 16:1582

Rebenbeschauer Rebenschauer, Rebschauer 'behördlich beauftragter Kontrolleur der Weinberge und ihrer ordnungsgemäßen Bearbeitung'
W: *Beschauer*

Lit: DRW 11:216; Idiotikon 8:1620, 1630

Rebenmann ↗ Rebmann

Rebenschauer ↗ Rebenbeschauer

Rebenterer 'Person, die für den Speisesaal zuständig ist'; *Rebent* ist eine vereinfachte volkstümliche Form zu *Refektorium* 'Speisesaal', eine von vielen ähnlichen Formen ❖ zu mhd. *rebent, rebenter, revent, reventer* 'Speisezimmer der Mönche'

Lit: Grimm 14:333 (Rebent)

Reber 'Winzer'; im Rheinland ❖ zu mhd. *rëbe* 'Rebe'
FN: Reber, Reeb
Syn: WEINGÄRTNER

Lit: Barth 1:800; DudenFN 530; Gottschald 402; Grimm 14:333; Linnartz 181; PfälzWb 5:424

Rebknecht 1. 'Arbeiter im Weinberg'. 2. 'Wächter im Weinberg vor und während der Weinlese' — bes. schweiz.
W: KNECHT

Lit: DRW 11:215; Idiotikon 3:728; PfälzWb 5:424

Rebleute ↗ Rebmann

Rebmann Rebenmann; Plural: *Rebleute* 1. 'Winzer'. 2. 'Person, die die Reben eines anderen gegen Lohn bearbeitet'; schweiz. ❖ mhd. *rëbman* 'Weinbauer'
FN: Rebmann
W: *Mann*
Syn: WEINGÄRTNER

Lit: Barth 1:800; DudenFN 530; Gottschald 402; Idiotikon 4:276; Krünitz 121:317; Linnartz 181; Pies (2005)

Rebschauer ↗ Rebenbeschauer

Receßschreiber ↗ Rezessschreiber

Recessschreiber ↗ Rezessschreiber

Rechenherr 'behördlich eingesetzter Kontrolleur der Einnahmen-Ausgaben-Rechnungen, Revisor' ❖ zu mhd. *rechenen, rechen* 'zählen, rechnen; Rechenschaft ablegen'
W: *Herr*
Syn: Rechner

Lit: Adelung 3:992; DRW 11:223; Grimm 14:343; Idiotikon 2:1540; Krünitz 121:326

Rechenmacher 'Handwerker, der Rechen (Harken) und Gabeln herstellt'; oberdt. ❖ zu mhd. *rëche* 'Rechen', mhd. *rëchen* 'mit den Händen zusammenkratzen, raffen, scharren'
FN: Rechenmacher
Syn: Rechner

Lit: Barth 1:800; Dimt (2008); DudenFN 531; Gottschald 403; Haid (1986); Sulzenbacher (2002) 63

Rechenmeister lat. *arithmeticus* 1. 'Lehrer im Rechnen, der den in den Schulen vernachlässigten Rechenunterricht [in eigenen Rechenschulen] ergänzt'; Handel und Verwaltung erforderten ab dem 15. Jh. größere mathematische Kenntnisse; auch in der Verbindung *Schreib- und Rechenmeister* 'Lehrer für die Grundfertigkeiten im Schreiben und Rechnen'. 2. 'Mathematiker'. 3. 'Leiter der städtischen Finanzverwaltung'. 4. 'Buchhalter'. 5. 'Verantwortlicher für den *Rechen*'; d.i. eine gitterähnliche Vorrichtung in einem Schwemmbach, die die vom Wasser mitgeführten Gegenstände abfangen soll. Der *Rechenmeister* hatte z.B. in der Saline, Mühle oder beim Holztransport auf Flüssen auf Wasserstand, Schutz der Wasserbauten, Triftholzmengen und Triften zu achten ❖ 1.–4.: mhd. *rechenmeister* 'Rechenmeister, Rentamtmann'; 5.: zu *Rechen* 'Harke', mhd. *rëchen* 'mit den Händen zusammenkratzen, raffen, scharren, häufeln'
W: *Meister*
Syn: Kämmerer, Raitmeister

Lit: Adelung 3:992; Barth 1:800, 893; DRW 12:1177; Grönhoff (1966) 47; Krünitz 121:324 (Rechen), 337

Rechenpfennigmacher ↗ Rechenpfennigschlager

Rechenpfennigschlager Rechenpfennigmacher, Rechenpfennigschläger 'Handwerker, der kleine Blechmünzen, Rechenpfennige herstellt'; *Rechenpfennige* (Flittermünzen) sind kleine Münzen ohne Wert, die beim Rechnen als Hilfsmittel auf dem Rechentisch verwendet wurden ❖ zu mhd. *rechenphenninc* 'Rechenmarke'
Syn: FLITTERSCHLAGER

Lit: Adelung 3:992 (Rechenpfennig); Gatterer (1791) 1:579; Isenberg ; Krünitz 121:337

Rechenpfennigschläger ↗ Rechenpfennigschlager

Rechenschreiber 1. 'Finanzbeamter'. 2. 'Sekretär der Rechenherren'; d.i. ein Gremium, das für die Finanzverwaltung und -prüfung zuständig war; schweiz.
W: *Schreiber*
Syn: Rodelschreiber

Lit: Adelung 3:991; Barth 1:800; DRW 11:229; Idiotikon 9:1548

Rechner 1. 'Beamter, der die [Finanz]verwaltung führt'. 2. 'Rechnungsprüfer'. 3. 'Handwerker, der Rechen (Harken) herstellt'; selten — heute üblich i. S. v. 'jmd., der [gut, schlecht usw.] rechnet' ❖ 1., 2.: mhd. *rechenære* 'Rechner, Berechner'; 3.: zu mhd. *rëche* 'Rechen'
FN: Rechner

W: Gegenrechner, Stadtrechner
Syn: Raiter, Rechenherr, Rechenmacher

Lit: Adelung 3:995; Barth 1:800; DudenFN 531; Gottschald 403; Grimm 14:354; Idiotikon 6:127; Krünitz 121:339; Linnartz 181

Rechtsitzer 1. 'Beisitzer [und Urteiler] bei Gericht'. 2. 'Mitglied der Gemeindeversammlung, bes. als Vertreter gegenüber der Herrschaft' ❖ mhd. *rëhtsitzer* 'Gerichtsbeisitzer, Schöffe'
Syn: DINGWART

Lit: Barth 1:801; DRW 11:413

¹Recker 1. ↗ 'Reckschmied'. 2. 'Schiffszieher, Treidler'; schweiz. ❖ 1.: zu mhd. *recken* 'dehnen, ausdehnen, strecken, sich ausdehnen, sich ausstrecken, ragen'; 2.: zu schweiz. *recken* in der Bedeutung 'ein Schiff ziehen', ausgehend von 'ein Seil ausstrecken'
FN: Recker
Syn: Reckschmied, TREIDLER

Lit: DudenFN 531; Gottschald 403, 403; Grimm 14:449; Idiotikon 6:809, 812; Linnartz 181; Pies (2001) 38

²Recker ↗ Racker

Reckschmied 'Arbeiter in der Metallindustrie, der die Stahlstäbe durch Hämmern oder Walzen in die richtige Länge bringt' ❖ zu mhd. *recken* 'dehnen, ausdehnen, strecken, sich ausdehnen, sich ausstrecken, ragen'
W: Schmied
Syn: Recker

Lit: Grimm 14:445 (recken)

Redder ↗ Reder

Redelmacher ↗ Rädermacher

Reder Räder, Redder; lat. *abrotator, tarantarisator* 1. 'Mühlenarbeiter, der das Mehl siebt'. 2. 'Mehlhändler'; zu *Reder, Räder* 'Sieb für Getreide oder im Bergbau' ❖ mhd. *rëder* 'Sieber', zu mhd. *rëden* 'durch das Sieb schütteln, sieben, sichten'

FN: Reder

Lit: Adelung 3:914; Barth 1:802; Diefenbach 4, 573; DRW 11:470; DudenFN 532; Krünitz 120:365

Rederknecht 'Mehlsieber, Gehilfe des Müllers'
W: KNECHT

Lit: DRW 11:470

Redner 1. 'Anwalt, Fürsprecher vor Gericht'. 2. 'Sprecher einer politischen Institution, z.B. des Stadtrates'; heute nur in der Bedeutung 'jmd., der eine Rede hält' ❖ mhd. *redenære* 'Redner, Anwalt vor Gericht, Verteidiger'

Lit: Adelung 3:1016; Barth 1:802; Grimm 14:484; Krünitz 121:400

Reeper Reper 'Seiler, der schwere geteerte Taue für die Schiffe herstellt'; niederdt.; in Hafenstädten, veraltet auch heute noch in Gebrauch ❖ mnd. *reper* 'Reifschläger, Seiler', zu mnd. *rêp, repe* 'Reif, Seil, Tau'
FN: Reper
Syn: Röper, SEILER, Tauschläger

Lit: Barth 1:802; Gottschald 407; Krünitz 122:673; Linnartz 183; Pies (2005) 157; Schiller-Lübben 3:464; Volckmann (1921) 99

Reepschläger Reepsleghere, Reffenschläger, Repschläger, Riepschleger, Riffschleger, Röpschläger ↗ 'Reeper'; in Hafenstädten ❖ mnd. *rêpsleger* 'Tauschläger, Seiler'
FN: Reepschläger, Repschläger, Reppschläger, Reefschläger, Rebschläger
W: Schläger
Syn: Reifschläger, SEILER

Lit: Barth 1:802; Diefenbach 252; DudenFN 542; Gottschald 407; Grönhoff (1966) 17; Linnartz 183; Pies (2005) 157; Schiller-Lübben 3:466; Volckmann (1921) 99; Zedler 32:448

Reepsleghere ↗ Reepschläger

Reetmacher Rethmacher ↗ 'Kammmacher'; auch in der Form *Reet- und Kammmacher*; die Weberkämme wurden urspr. aus Schilf hergestellt ❖ zu mnd. *rêt, reit* 'Schilfrohr'

Syn: KAMMMACHER

Lit: Schiller-Lübben 3:468

Reffdreger ↗ Reffträger

Reffenschläger ↗ Reepschläger, *Schläger*

Reffler ↗ Refler

Reffträger Reffdreger, Reftrager, Reftreger, Reifträger 1. 'Lastträger, der mit einem Rückenkorb beim Ent- und Beladen von Schiffen und Fuhrwerken tätig ist'. 2. 'wandernder Händler, der seine Ware in einem Traggestell auf dem Rücken mit sich führt'
❖ zu mhd. *rëf* 'Stabgestell zum Tragen auf dem Rücken'
W: *Träger*
Syn: Buttenträger, Hafenreffer, KRÄMER, Tabulettkrämer

Lit: Barth 1:803; Grimm 14:491; Palla (1994) 186

Refler Reffler 'Flickschuster' ❖ mhd. *rëveler* 'Schuhflicker', zu mhd. *rëvelen* 'nähen, flicken'
FN: Reffler, Refler, Räffler, Raeffler
Syn: FLICKSCHUSTER

Lit: DudenFN 533; Gottschald 397; Grimm 14:489; Linnartz 182; Schmeller 2:66; SteirWb 496

Reftrager ↗ Reffträger

Reftreger ↗ Reffträger

Regenschirmmacher ↗ Schirmmacher

Regimenter 'Leiter einer Arbeitsgruppe, bes. der Holzfäller und Flößer'; zur urspr. Bedeutung von *Regiment* 'Leitung, Regierung, konkrete Ausübung der Leitungsgewalt' (in den Dialekten noch erhalten); die militärische Bedeutung hat sich ab dem 16. Jh. allmählich mit dem Landsknechtwesen eingebürgert ❖ spätlat. *regimentum* 'Leitung, Regierung'

Lit: Barth 1:805; DRW 11:525; Grimm 14:538; Krünitz 121:645; Pfeifer 1102

Regimentsschuldheiß ↗ Regimentsschultheiß

Regimentsschultheiß Regimentsschuldheiß 'Auditeur, Richter eines Regiments'
W: *Schultheiß*
Syn: Kriegsschultheiß

Lit: Barth 1:805; Grimm 14:540; Krünitz 121:646; Schmeller 2:404

Registrator 1. 'Angestellter der landesherrlichen Verwaltung oder des Rechnungswesens'. 2. 'Beamter in einem Archiv, Aktenregister, Verwalter der Registratur'; kommt im veralteten Sprachgebrauch noch vor ❖ zu mlat. *registrum* 'Verzeichnis', aus lat. *regesta, regestum* zu lat. *regere* 'eintragen, einschreiben'
W: Kammerregistrator, Kanzleiregistrator
Syn: *Schreiber*

Lit: Barth 1:806; Barth 2:238; Diefenbach 490; Schraml (1932) 16

Rehmer ↗ Riemer

Reiber Riber 1. 'Angestellter in der Badstube, bes. zum Trockenreiben und Massieren'. 2. 'Betreiber einer Reibmühle, mit der Flachs und Hanf von den harten Fasern befreit werden'; schweiz. in der Form *Riber* ❖ mhd. *rîber* 'Reiber, Badeknecht, dann überhaupt Bube, schlechter Kerl', zu mhd. *rîben* 'reiben, einreiben'
FN: Reiber
W: Badreiber, Farbenreiber, Schabinreiber, Stuckreiber, Tabakreiber
Syn: Badeknecht, Wasserzieher
Vgl: Reiberin

Lit: Barth 1:806; DudenFN 535; Gottschald 404; Grimm 14:571; Idiotikon 6:63; Jirlow (1926); Linnartz 182

Reiberin 'Angestellte in der Badstube, bes. zum Trockenreiben und Massieren' ❖ mhd. *rîberinne* 'Reiberin, Bademagd'
Syn: Ambubaya, Badefrau, Bademagd, Badeweib, Badreiberin
Vgl: Reiber

Lit: Barth 1:806; Grimm 14:571; Idiotikon 6:65; Schmeller 2:7

Reichkrämer 'größerer Kaufmann, der mit Eisen, Blei, Spezereien, Gewürzen u. Ä. handelt'; in Schlesien; zu *reicher* Kaufmann
W: *KRÄMER*
Ggs: Kurzkrämer
Lit: Barth 1:806; DRW 11:656; Grimm 14:592

Reichsverweser ↗ Verweser

¹Reidemeister Raitmeister, Reidmeister, Reitmeister 1. 'Unternehmer, der Eisen fördert oder verarbeitet'. 2. 'Handwerker, der Draht und andere Eisenwaren herstellt' ❖ ↗ Reider
W: *Meister*
Syn: DRAHTZIEHER
Lit: Barth 1:810; DRW 11:821; RheinWb 7:341

²Reidemeister ↗ Riedemeister

Reider 'Handwerker, der die Klingen an hölzernen Messer-, Schwert- und Degengriffen anbringt' ❖ zu mhd. *rîden* 'winden, drehen', mhd. *reide* 'Drehung; was gedreht wird'; *Reit, Reide* bezeichnet somit etwas Rundes, Ringförmiges wie einen Ring am Schlüssel, einen Fenster- oder Degengriff
W: °Messerreider
Syn: MESSERBESCHALER, MESSERSCHMIED
Lit: Barth 1:651 (Messerreider), 8100; Idiotikon 6:588; Linnartz 182; Palla (2010) 126; Pies (2005) 132, 136; Reith (2008) 126; Schmeller 2:58

Reidmeister ↗ Reidemeister

Reidschmidt ↗ Reitschmied

Reifbinder 'Hilfskraft im Salzbergbau, die aus Haselruten die Reifen für die Salzfässer herstellt'; meist von Frauen ausgeführt, daher meist in der weiblichen Form *Reifbinderin* ❖ zu mhd. *reif* 'Seil; Band; Reif, Ring; Gebinde, Fass'
W: *Binder*
Lit: OÖ. Hbl 2010, H. 1:30; Schraml (1932) 220

Reifenmacher Reiffenmacher 1. 'Handwerker, der Fassreifen für Böttcher herstellt'. 2. 'Handwerker, der hölzerne Umrandungen für große Siebe und Salzscheiben herstellt' – auch in der Form *Reifenmacher und Bandschneider*; die heutige Berufsbezeichnung bezieht sich auf Gummireifen für Fahrzeuge ❖ zu mhd. *reif* 'Seil; Ring, Reif; Fass'
Syn: Bandhauer, Bandmacher, Bandreißer, Bandschneider, Reifschneider, Siebreifschneider
Lit: Barth 1:810

Reifenschneider ↗ Reifschneider

Reifer Reiffer, Reifner 'Seiler, der Schiffstaue herstellt'; niederdt. ❖ zu mhd. *reif* 'geschlungenes Seil, Strick'. Während niederdt. *Reep* die urspr. Bedeutung 'Seil' bewahrte, verlagerte *Reif* die Bedeutung auf 'ringförmiges Schmuckstück oder Spielzeug'
FN: Reifer, Reifner
Syn: SEILER
Lit: Adelung 3:1049; Barth 1:810; DudenFN 536; Grimm 14:632; Krünitz 122:72; Linnartz 182; Pfeifer 1105; Pies (2005) 157; Volckmann (1921)

Reiffenmacher ↗ Reifenmacher

Reiffer ↗ Reifer

Reifmesserschmied ↗ Schmied

Reifner ↗ Reifer

Reifschläger Reipfschläger 'Seiler, der Schiffstaue herstellt' ❖ mitteldt.-oberdt. Form für niederdt. *Reepschläger*
FN: Reifschläger
W: *Schläger*
Syn: Reepschläger, SEILER
Lit: Adelung 3:1049; Barth 1:810; Gottschald 405; Grimm 14:634; Krünitz 122:74; Linnartz 182

Reifschneider Reifenschneider, Reyffschneyder 'Handwerker, der Holzreifen für den Böttcher und für den Verschluss von Fässern liefert'; es wurde spezielles Reifholz verwendet; die Salzfässer wurden mit Haselruten und Weidenästen verschlossen

❖ zu mhd. *reif* 'Seil; Band; Reif, Ring; Gebinde, Fass'
FN: Reifschneider, Reifenschneider
W: SCHNEIDER
Syn: Bandhauer, Bandmacher, Bandreißer, Bandschneider, Reifenmacher

Lit: Barth 1:810; Gottschald 405; Grünn (1968) 17; Linnartz 182; Schraml (1932) 225; Schraml (1934) 399

Reifträger ↗ Reffträger

Reihefahrer 'Fuhrmann, der berechtigt oder verpflichtet ist, regelmäßig in einem bestimmten Turnus Personen oder Gepäck zu befördern'; norddt.
Syn: Börtfahrer, Reihefuhrmann, Rollfuhrmann

Lit: Grimm 14:641 (Reihefuhre)

Reihefuhrmann ↗ 'Reihefahrer'
W: FUHRMANN
Syn: Börtfahrer, Reihefahrer, Rollfuhrmann

Reihenschulze 'Dorfschulze, der das Amt in einem Turnus übernimmt'; im Ggs. zum *Erbschulzen* wurde in manchen Gegenden das Amt des Schulzen der *Reihe* nach vergeben
W: Schulze

Lit: Adelung 3:1052; Grimm 14:655; Krünitz 122:75

Reihermeister 'Jäger an einem herrschaftlichen Hof, der für die Reiherbeize zuständig ist'; die *Reiherbeize* ist die Jagd auf Reiher mit Jagdvögeln (Falken) ❖ zu mhd. *reiger* 'Reiher', vgl. mhd. *reigervalke* 'Falke, welcher Reiher jagt'
W: Meister

Lit: Adelung 3:1053; Barth 1:810; Grimm 14:661; Krünitz 122:90

Reimensprecher ↗ Reimsprecher

Reimsprecher Reimensprecher; lat. *ganeo*, *gannio* 'herumziehender Dichter, der gereimte Verse öffentlich vorträgt'; im Mittelalter; sie galten als anrüchig, ihre rechtliche Stellung war gering; die Verse waren teilweise kritisch oder verletzend; später traten sie auch bei Hochzeiten und anderen Feierlichkeiten auf ❖ zu mhd. *rîm* 'Reim, Reimzeile, Reimpaar'
W: Sprecher
Syn: Spruchsprecher

Lit: Barth 1:810; Diefenbach 257; DRW 11:756; Ersch/Gruber (1838) 31:421; Grimm 14:677; Vieser/Schautz (2010) 46; Volckmann (1921) 99

Reinknecht 'Pferdeknecht'; zu *Rein* 'Wallach'; vgl. *Reinmesser* 'schaufelartiges Messer des Schmiedes, mit dem er den inneren Pferdehuf reinigt' (Rhein. Wb. 7,315); als Berufsbezeichnung kaum belegbar, aber als Familienname häufig ❖ zu mhd. *rein, reine* 'Hengst'; mnd. *rune* 'verschnittener Hengst', weitere Herkunft unklar
FN: Reinknecht
W: KNECHT

Lit: DudenFN 539; Grimm 14:294 (Raun, Raune); Höfer 3:25 (Rein); Linnartz 182

Reipfschläger ↗ Reifschläger

Reisefurier ↗ Fourier

Reisehofbäcker Reisehofbecker 'Hofbäcker, der nur auf den Reisen seines Herrn backt'
W: BÄCKER*, Hofbäcker

Lit: Adelung 3:1063 (Reisemarschall); Grimm 14:727

Reisehofbecker ↗ Reisehofbäcker

¹Reisejäger 1. 'Jäger, der Kleintiere jagt'. 2. 'Jäger, der den Herrn auf Reisen begleitet'. 3. 'herumziehender Soldat' ❖ ↗ Reiseknecht
W: Jäger
Syn: Federschütz, Feldjäger, Flugschütz, Hühnerfänger

Lit: Adelung 3:1062; Barth 1:811; Grimm 14:727; Krünitz 122:216

²Reisejäger ↗ Reisjäger

Reiseknecht 1. 'Gehilfe, Angestellter eines Fuhrmanns'. 2. 'Bediener, der auf Reisen

begleitet' ❖ zu mhd. *reise* 'Aufbruch, Zug, Reise, bes. Kriegs-, Heereszug'
W: KNECHT
Syn: Fuhrknecht, Wagenknecht

Lit: Barth 1:811; Grimm 14:728

Reiseläufer ↗ Reisläufer

Reisemarschall 'Hofbeamter, der den Herrn auf Reisen begleitet und die Reise organisiert'
W: Marschall

Lit: Adelung 3:1063; Barth 1:811; Grimm 14:730; Krünitz 122:217

Reisener ↗ Reiser

Reisenweber Reißenweber, Reissenweber 'Weber, der den feinen Schleier für das Kopfgebinde der Frauen herstellt' ❖ ↗ Reiser
FN: Reisenweber, Reissenweber, Reißenweber, Riesenweber
W: WEBER
Syn: Reiser, Rieser

Lit: DudenFN; Gottschald 410; Linnartz 182

Reiser Reisener, Reisner 1. 'Handwerker, der das Kopfgebinde der Frauen herstellt'; es bestand aus einer Stirnbinde und einem Kinn- und Wangentuch, verziert mit Stickereien und Krausen. 2. 'Handwerker, der Zeichnungen und Verzierungen an Helmen anfertigt; Zeichner, Holzschneider' ❖ 1.: mhd. *rîsenære, rîsener* 'der rîsen anfertigt', zu mhd. *rîse* 'herabfallender Schleier'; 2.: zu mhd. *rîʒen* 'reißen; einritzen, schreiben, zeichnen'
FN: Reiser, Reisner, Reisser, Reißer, Reißner
Syn: Reisenweber, Rieser

Lit: DudenFN 539, 540; Linnartz 182; Palla (1994) 261, 416

Reisiger Reisner 1. 'Soldat zu Pferd zum Schutz eines Reise- oder Kaufmannszugs'. 2. 'schwer bewaffneter Soldat, Söldner zu Pferd' ❖ zu mhd. *reis, reise* 'Aufbruch, Zug, Reise, bes. Kriegs-, Heereszug'; mhd. *reisinc* 'Reisiger, Kriegsknecht'
FN: Reisig, Reißig, Reissig, Reisiger, Reissiger, Reising, Reißinger, Reissinger, Raiser, Raißer, Reiser

Lit: Adelung 3:1065; Barth 1:811; DRW 11:784; DudenFN 540; Gottschald 406; Linnartz 183

Reisjäger Raisjäger, Reisejäger, Reissjäger 'Jäger, der nur Niederwild jagen darf'; *Niederjagd* oder *Reisjagd* ist die Jagd im niederen Gebüsch, z.B. auf Füchse, Hasen, Enten; zu *Reis, Reisig* i. S. v. 'Unterholz' ❖ zu mhd. *rîs* 'Reis, Zweig'
W: Jäger

Lit: Adelung 3:1061; Barth 1:811; DRW 11:785; Grimm 14:749

Reisläufer Reiseläufer 'Schweizer Söldner im Dienst fremder Staaten'; vom Mittelalter bis ins 19. Jh.; im Ggs. zum obrigkeitlich bewilligten Dienst als Söldner ließen sich Reisläufer individuell oder in Gruppen engagieren und unterlagen keinem festgelegten Reglement ❖ mhd. *die reis louffen* 'in den Krieg ziehen', zu mhd. *reis, reise* 'Aufbruch, Zug, Reise, bes. Kriegs-, Heereszug'
W: Läufer

Lit: Grimm 14:728; Hist. Lexikon d. Schweiz (Reisläufer)

Reisner ↗ Reisiger, Reiser

Reißenweber ↗ Reisenweber

Reissenweber ↗ Reisenweber

Reißer 'Künstler, der den Riss (die Zeichnung) für den Holzschnitt auf die Holzplatte einritzt' ❖ *rîʒen* 'reißen, einritzen, schreiben, zeichnen'
FN: Reißer, Reisser, Reiser, Reisner
W: Bandreißer, Fischbeinreißer, Hechtreißer, Lattenreißer, Lumpenreißer, Splittreißer, Stabreißer

Lit: Barth 1:812; DudenFN 539, 540; Grimm 14:763; Linnartz 183; Pies (2002b) 29; Pies (2005) 56

Reissjäger ↗ Reisjäger

Reitemeister ↗ Raitmeister

reitende Diener ↗ Reitendiener

Reitendediener ↗ Reitendiener

Reitendiener reitende Diener, Reitendediener, Ridendener 'Angehöriger einer berittenen Stadtwache'; in Hamburg; Aufgaben waren der Schutz des Rates, auch Polizei- und Kurierdienst ❖ mitteldt.-oberdt. Form zu niederdt. *ridendener*
W: *Diener*
Syn: Riedemeister

Lit: Barth 1:812; DRW 11:808; Grimm 14:777; Schiller-Lübben 3:478; Volckmann (1921) 304

¹Reiter Räuter, Reuter; lat. *eques* 1. 'Ritter'. 2. 'berittener Beamter, der Kontrollen durchführt'. 3. 'Soldat zu Pferd' ❖ mhd. *rîtære, rîter, riter, ritter* 'Ritter, Reiter, Kämpfer'
FN: Reiter, Reitter, Reither, Reuter
W: Ausreiter, *Bereiter*, Feuerreiter, Forstreiter, Freireiter, Gehegereiter, Geleitsreiter, Grabenreiter, Handgrafenamtsüberreiter, Hegereiter, Heidebereiter, Heidereiter, Holzreiter, Jagdreiter, Kammerreiter, Landreiter, Marstallreiter, Mittelreiter, Musterreiter, Naureiter, Postreiter, Probenreiter, Ratsausreiter, Salzausreiter, Spettreiter, Standesreiter, Stangenreiter, Strandreiter, Waldreiter
Syn: Rüter

Lit: Adelung 3:1075; Barth 1:812; Diefenbach 206; DRW 11:808; DudenFN 540; Frühmittellat. RWb; Gottschald 406; Grimm 14:777; Krünitz 122:296; Linnartz 183

²Reiter ↗ Raiter, Reuter

Reiterer Reitermacher 'Handwerker, der große Siebe herstellt'; zu *die Reiter* 'Sieb zur Getreidereinigung oder zum Sortieren von Sand' ❖ mhd. *rîter* 'Sieb, Reiter'
FN: Reiterer, Reiter, Reitter, Reitterer
Syn: SIEBMACHER

Lit: Barth 1:813; DudenFN 540; Gottschald 406; Idiotikon 4:53; Linnartz 183; Schmeller 2:180 (Reiter); SteirWb 498

Reitermacher ↗ Reiterer

Reithändler ↗ Raithandler

Reitherr ↗ Raitherr

¹Reitknecht Reutknecht 1. 'Bediensteter, der die Reitpferde [und Ausrüstungen] betreut'. 2. 'berittener Bote' ❖ zu mhd. *rîten* 'sich fortbewegen, fahren, bes. zu Pferde'
W: KNECHT
Syn: Sattelknecht

Lit: Adelung 3:1077; Barth 1:813; DRW 11:818; Grimm 14:788; Krünitz 122:300; Zedler 31:403

²Reitknecht ↗ Raitknecht

Reitmeister ↗ Raitmeister, Reidemeister

Reitrat ↗ Raitrat

Reitrath ↗ Raitrat

Reitschmid ↗ Reitschmied

Reitschmidt ↗ Reitschmied

Reitschmied Reidschmidt, Reitschmid, Reitschmidt, Reutschmied, Ridensmidt, Ridensmit 'Hufschmied'
W: *Schmied*
Syn: Fahnenschmied

Lit: Adelung 3:1178; Barth 1:813; Grimm 3:1078; Idiotikon 9:863; Krünitz 122:496

Reitvogt ↗ Raitvogt

Reizler 'Vogelfänger' ❖ mhd. *reizelære* 'der Lockspeisen legt, Verführer, Verlocker', zu mhd. *reizel, reizzel* 'Reizmittel, Lockspeise, bes. die im Vogelkoben angebrachte'
FN: Reizler, Reitzler, Reizner, Reißler, Reitzl, Reizl
Syn: Vogelsteller, Vogler

Lit: Barth 1:813; Gottschald 406; Götze 176; Linnartz 183

Remenmacher ↗ Rahmenmacher

Remenschlager ↗ Riemenschläger

Remenschläger ↗ Riemenschläger

Remenschleger ↗ Riemenschläger

Remensleger ↗ Riemenschläger

Remensnider ↗ Riemenschneider

Remensnyder ↗ Riemenschneider

Renner Rönner 1. 'Stallbursche, der die Pferde besorgt; Reitknecht'. **2.** 'reitender Bote, Gerichtsbote'. **3.** 'leicht bewaffneter Reiter beim Militär oder für Bewachungsaufgaben' — im älteren Sprachgebrauch für *Läufer* ❖ mhd. *rennære, renner* 'Reit-, Stallknecht, reitender Bote; Rennpferd'; mnd. *renner, ronner* 'leicht bewaffneter Reiter'
FN: Renner, Rennert
W: Postrenner
Syn: *Läufer*

Lit: Adelung 3:1085; Barth 1:814; DRW 11:873; Grimm 14:812; Krünitz 122:619; Schiller-Lübben 3:462

Rennschmied 'Schmied, der mit einem Zerrfeuer oder Rennfeuer das Eisen aus Erz selbst schmiedet'; ein *Rennfeuer* oder *Rennofen* ist eine Vorrichtung zum Schmelzen von Erz ❖ zu mhd. *rennen* 'rinnen, gerinnen machen; schnell laufen'
FN: Rennschmied, Rennschmid, Rennschmidt
W: *Schmied*

Lit: DRW Belegarchiv; Grimm 14:813 (Rennfeuer); Krünitz 122:620 (Rennschmiede); Riepl (2009) 340; Rinmann (1785) 1:321

Renovator 1. 'Beamter, der im landesherrlichen Auftrag Renovaturen durchführt'; d.s. neue Festlegungen der Besitz- und Herrschaftsverhältnisse aufgrund von Urkunden, Dokumenten und Beweisen. **2.** 'Flickschneider, -schuster' ❖ lat. *renovator* 'Erneuerer, Hersteller'
Syn: Altbüßer, Flickschneider, FLICKSCHUSTER

Lit: Barth 2:239; Diefenbach 492; DRW 11:875; Zedler 31:613

Rentamtmann 'Beamter des *Rentamts*'; d.i. die Behörde, die die regelmäßigen Einkünfte durch Grundstücke und Geld verwaltet und teilweise auch eine Aufsichts- und Gerichtsfunktion ausübt ❖ ↗ Rentmeister

W: Amtmann
Syn: Gültherr, RENTMEISTER

Lit: Adelung 3:1087 (Rentamt); Barth 1:816; DRW 11:878; Grimm 14:816 (Rentbeamte); Schmeller 2:126 (Rentbeamte)

Renteischreiber ↗ Rentschreiber

Renteiverwandter 'Person, die im Rentamt beschäftigt ist'; zu *Rentei* 'Verwaltungsbehörde der landesherrlichen Einkünfte; Rentamt'
W: *Verwandter*

Rentemester ↗ RENTMEISTER

Renteneyschreiber ↗ Rentschreiber

Rentenier ↗ Rentier

Rentenierer ↗ Rentier

Rentenirer ↗ Rentier

Rentgegenschreiber ↗ Gegenschreiber

Rentier Rentenier, Rentenierer, Rentenirer 'Person, die von einer Rente lebt'; kommt im veralteten Sprachgebrauch noch vor; das deutsche Wort *Rentner* ist in dieser Bedeutung veraltet und wird heute nur für einen Rentenbezieher aus der Sozialversicherung verwendet ❖ franz. *rentier* 'Rentner'

Lit: Barth 1:816; DRW 11:895; Grimm 14:817

RENTMEISTER Rentemester 1. 'Beamter, der für die Berechnung und Einhebung der Einkünfte zuständig ist'. **2.** 'Vorsteher der Rechnungsbehörde, Schatzmeister' ❖ mhd. *rëntmeister* 'Rentmeister', zu mhd. *rënte, rënt* 'Einkünfte, Ertrag', aus altfranz. *rente*, lat. *reddere* 'zurückgeben'
W: °Deichrentmeister, °Landrentmeister, *Meister*, °Stadtrentmeister
Syn: Kastenamtmann, Kastenmeister, Kastenpfleger, Kastenpropst, Kastenvogt,

Kastner, Rentamtmann, SCHATZMEISTER, Schlüter, STEUEREINNEHMER, Viztum

Lit: Adelung 3:1087; Barth 1:816; DRW 2:769 (Deichrentmeister); DRW 11:899; Grimm 14:817; Kahnt/Knorr (1987) 44; Krünitz 9:77 (Deichrentmeister); Krünitz 122:652; Pies (2005) 165

Rentschreiber Renteischreiber, Renteneyschreiber; lat. *quaestor aerarius* 'Büroangestellter bei einem Rentamt'; d. i. die für die Verwaltung der herrschaftlichen Einkünfte zuständige Behörde, oft mit gerichtlicher Vollmacht ❖ zu mhd. *rënte, rënt* 'Einkünfte, Ertrag'
W: °Landrenteischreiber, Schreiber

Lit: Adelung 3:1088; Barth 1:816; DRW 11:907; Grimm 14:817

Rentzeler ↗ Renzeler

Renzeler Ranzeler, **Rentzeler, Renzler** 'Handwerker, der Reisesäcke, Ranzen herstellt'; niederdt.; zu *der Renzel;* die Form *Ränzel, Ranzel* ist eine volksetymologische Umdeutung als Diminutiv zu *Ranzen* 'Schultasche, Tornister' ❖ mnd. *renzel, rensel* 'Reisesack (für Speisen etc.)'
FN: Renzler, Ranzler, Ranzeler, Ränzler

Lit: Adelung 3:933 (Ränzel); Gottschald 400; Grimm 14:109 (Ränzel), 817 (Renzel); Linnartz 180, 183; Schiller-Lübben 3:462 (Renzel)

Renzler ↗ Renzeler

Reparierer Reparirer 1. 'Büchsenmacher, der die Beschläge montiert und das Gewehr endgültig zusammensetzt'. 2. 'Büchsenmacher im Haus des Gewehrhändlers, der die gelieferten Büchsen kontrolliert und bei Bedarf repariert'
Syn: BÜCHSENSCHMIED

Lit: Reith (2008) 57

Reparirer ↗ Reparierer

Reper ↗ Reeper

Repetent 'Person, die auf Hochschulen den Stoff für die Studenten wiederholt; Repetitor'; österr. und schweiz. noch für 'Schüler, der eine Klasse wiederholt' ❖ lat. *repetens*, Partizip Präsens von *repetere* 'wiederholen'

Lit: Barth 1:816; Krünitz 122:673

Repetitor 'Hilfslehrer an einem Gymnasium oder Privatlehrer, der den Stoff wiederholt'; noch heute als Leiter eines Repetitoriums, eines Wiederholungskurses für eine [juristische] Universitätsprüfung ❖ Ableitung zu *repetieren* 'wiederholen', aus lat. *repetere* 'wiederholen', zu *petere* 'nach etwas greifen'

Lit: Barth 1:817

Repschläger ↗ Reepschläger

Reseler ↗ Resler

Resident lat. *residens* 1. 'Person, die sich im Auftrag der Regierung in einem anderen Land aufhält'. 2. 'Geschäftsträger im diplomatischen Dienst'; kommt im veralteten Sprachgebrauch noch vor ❖ franz. *résident* 'Statthalter', aus mlat. *residens*, Partizip zu *residere* 'sich niederlassen'

Lit: Barth 1:817; Diefenbach 494; DudenGWDS

Resler Reseler 'Flickschuster' ❖ mhd. *reseler* 'Schuhwerker'
FN: Resler, Rösler
Syn: FLICKSCHUSTER

Lit: Brechenmacher 2:402; Gottschald 407; Linnartz 184; Pies (2005) 154

Restaurateur 'Besitzer eines Restaurants'; zu dem heute veralteten *Restauration* für 'Restaurant'; noch in der allgemeinen Bedeutung 'Wiederhersteller' bekannt ❖ franz. *restaurateur*, spätlat. *restaurator*, zu lat. *restauratio* 'Wiederherstellung' mit dem späteren Nebensinn 'durch Nahrung'

Lit: Barth 1:818; Ebner (2009) 304

Retbinder ↗ Riedbinder

Rethmacher ↗ Reetmacher

Reusenmacher Rüsenmacher 'Handwerker, der Fischreusen herstellt'; d. s. Körbe oder

Netze mit engem Eingang, in denen Fische gefangen werden ❖ mhd. *riusenmacher* 'Verfertiger von Fischreusen', zu mhd. *riuse, rûse, reuse* 'Fischreuse'

Lit: Grimm 14:848; Krünitz 123:172 (Reuse); Volckmann (1921) 178

Reuß Reuße, Reuss, Reusse, Reuzze, Ruße, Russe, Rusze, Rütze 'Flickschuster' ❖ zu *Reuß, Reuße* 'Riester, Lederfleck auf dem Schuh', mhd. *riuʒe* ist aber nicht als 'Lederfleck', sondern bereits als 'Schuhflicker' belegt
FN: Reuss, Reuß, Reis, Reiss, Reiß, Ruse, Ruß, Russ
Syn: FLICKSCHUSTER
Vgl: Altreiß

Lit: Barth 1:818; DudenFN 540, 542; Gottschald 408; Linnartz 184; Volckmann (1921) 62

Reuss ↗ Reuß

Reuße ↗ Reuß

Reusse ↗ Reuß

Reutemeister 'Person, die im Auftrag des Grund- oder Landesherrn die Besiedlung eines Gebietes vorbereitet'; bes. süddt., im Mittelalter; er war für Vermessung, Rodung und Zuteilung des Landes an Siedler zuständig ❖ zu mhd. *riuten* 'reuten, ausreuten, urbar machen'
W: *Meister*

Lit: Sastrow (1824) 3:44; wikipedia

¹Reuter Reiter 'Bauer, der Flächen rodet, urbar macht' ❖ zu mhd. *riuten* 'reuten, ausreuten, urbar machen'
FN: Reuter, Reutter, Reuther, Reutner, Roiter, Roithner, Roitinger
W: *Ausreuter*
Syn: Schwender

Lit: Adelung 3:1095; Barth 1:818; DudenFN 543; Gottschald 408; Grimm 14:850; Linnartz 184

²Reuter ↗ Raiter, *Reiter*

Reutknecht ↗ Reitknecht

Reutschmied ↗ Reitschmied

Reuzze ↗ Reuß

Revalfahrer 1. 'norddeutscher Kaufmann, der in Tallinn eine Handelsniederlassung hat'. 2. 'Fernhändler'
W: *Fahrer*

Revenierer Revenirer 'Konditor' ❖ franz. *raffineur* 'Zuckersieder, Läuterer', zu franz. *raffiner* 'reinigen, läutern, verfeinern', Ableitung von franz. *fin* 'fein, zart, ausgezeichnet'
Syn: ZUCKERBÄCKER

Lit: Barth 1:819; Pfeifer 1075; Pies (2002d) 26; Pies (2005) 22

Revenirer ↗ Revenierer

Revierstöllner ↗ Stöllner

Reyffschneyder ↗ Reifschneider

Rezeptor 'Beamter, der die Steuern einnimmt'; bes. in Preußen ❖ lat. *receptor* 'wer schützend aufnimmt; Hehler', zu lat. *recipere* 'zurücknehmen; wiedererlangen; Geld einnehmen'
W: °Steuerrezeptor
Syn: STEUEREINNEHMER

Lit: Barth 1:820; Frühmittellat. RWb; Meyers Lexikon 6:857

Rezeßschreiber ↗ Rezessschreiber

Rezessschreiber Receßschreiber, Recessschreiber, Rezeßschreiber 'Beamter im Bergbau, der die Abrechnungen prüft und die Berichte über alle betrieblichen Vorgänge erstellt'; er leitete sie vierteljährlich an die Bergbehörde weiter; zu *Rezess, Recess, Receß* 'durch Einzahlung von Zubußen entstandene Grubenschuld, eine Forderung der Gewerken'; auch in der Verbindung *Zehnt- und Rezessschreiber*; bes. in Sachsen; das Amt erforderte große mathematische und bergmännische Kenntnisse, auch Adam Ries hatte diesen Beruf ❖ zu lat. *recessus* 'Auseinandersetzung, Vergleich',

Partizip zu lat. *recedere* 'zurückgehen, -weichen'
W: *Schreiber*

Lit: Adelung 3:991; DRW 11:987; Fellner 397 (Rezess); Veith 376

Rheingraf 1. 'Beamter, der Schifffahrt und Fischerei auf dem Oberrhein beaufsichtigt'. 2. 'Reichsgraf, dessen Grafschaft am Rhein liegt'
W: *Graf*

Lit: Adelung 3:1097; Barth 1:821; Grimm 14:857; Krünitz 123:257

Rheinzoller 'Beamter, der den Rheinzoll einhebt'; d.s. die Zollabgaben für die Handelsfahrten auf dem Rhein
W: *Zoller*

Lit: DRW 11:993; Grimm 14:861 (Rheinzoll)

Riber ↗ Reiber

Richter lat. *iudex, judex* 1. 'Richter, Rechtsprecher'; in verschiedenen Zuständigkeiten je nach Gerichtsorganisation, oft verbunden mit der Stellung im Lehenswesen (z.B. *Landrichter, Gantrichter, Hofrichter, Rügerichter, Femrichter, Chorrichter*), zugleich auch 'Henker' (z.B. *Nachrichter*); in manchen Regionen verbunden mit dem Amt des Gemeindevorstehers. 2. 'Person, die etwas einrichtet, von einem gebrochenem Glied bis zu einer technischen Anlage'; (z.B. *Beinrichter, Drahtrichter, Kammenrichter, Uhrrichter, Zitgloggenrichter*). 3. 'Beamter in einer Aufsichtsfunktion'; (z.B. *Kornrichter, Sielrichter, Poolrichter, Bergrichter, Bettelrichter*) ❖ mhd. *rihter* 'Lenker, Ordner, Oberherr, Regent; Scharfrichter; Pedell'
FN: Richter, Rychter, Richters
W: Abrichter, Beinrichter, Bergrichter, Chorrichter, Deichamtsrichter, Deichrichter, Dorfrichter, Drahtrichter, Eherichter, °Erbrichter, Femrichter, Fleckenrichter, Frevelrichter, Gantrichter, Gastrichter, Gescheidrichter, Gewaltrichter, Gotteshausrichter, Grodrichter, Hakenrichter, Hofrichter, Holzrichter, Hufenrichter, Judenrichter, Kammenrichter, Kammerrichter, Kornrichter, Landrichter, Lassrichter, Lehensrichter, Malefizrichter, Mannrichter, Marktrichter, Niedergerichtsrichter, Offenrichter, Patrimonialrichter, Pfaffenrichter, Pflegrichter, Poolrichter, Rügerichter, SCHARFRICHTER, Sendrichter, Sielrichter, Sittenrichter, Stadtrichter, Stetrichter, Stuhlrichter, Teidingsrichter, Uhrrichter, Urbarrichter, Waisenrichter, Zeidelrichter, Zentrichter, Zitgloggenrichter
Syn: Asega, Atte, Einungsmeister, Stabhalter, Urteiler

Lit: Adelung 3:1099; Barth 1:822; Diefenbach 311; DRW 3:124 (Erbrichter); DudenFN 543; Frühmittellat. RWb; Gottschald 408; Idiotikon 6:445; Linnartz 184; Pies (2001); Pies (2005)

Richtevoget ↗ Gerichtsvogt

Richtherr ↗ Gerichtsherr

Ridemeister ↗ Riedemeister

Ridendener ↗ Reitendiener

Ridensmidt ↗ Reitschmied

Ridensmit ↗ Reitschmied

Riedbinder Retbinder, Rietbender, Rietbinder, Riethbinder 'Arbeiter, der Schilf und Schilfgras abschneidet und bündelt' ❖ zu mhd. *riet* 'Schilfrohr, Sumpf-, Riedgras'
W: *Binder*
Syn: Blattbinder

Lit: Adelung 3:1116

Riedemeister Reidemeister, Ridemeister 'städtischer Beamter und Ratsmitglied mit unterschiedlichen Aufgaben'; urspr. wohl mit der Aufsicht über die Pferde betraut, dann mit der Organisation der Stadtverteidigung, schließlich im Gefolge des Bürgermeisters für die Vertretung der Stadt in auswärtigen Angelegenheiten zuständig ❖ mnd. *ridemester* 'Rittmeister, Anführer der Reiterei'
W: *Meister*
Syn: Reitendiener

Lit: DRW 11:821 (Reitmeister); Grimm 14:919; Schiller-Lübben 3:478

Riegeler Riegler 'Handwerker, der Riegel an Türen oder Zäunen herstellt'; auch in der Fügung *Schlösser- und Riegelmacher* ❖ zu mhd. *rigelen* 'den Riegel vorschieben, verriegeln, verschließen', mhd. *rigel, riegel* 'Riegel (von Eisen oder Holz), Querholz; Querstange zum Absperren einer Straße'
FN: Riegler, Riegel, Rigel, Rigler (häufiger als Wohnstättenname für 'kleine Anhöhe, Hügel')
Lit: DudenFN 545; Gottschald 409; Linnartz 185

Riegler ↗ Riegeler

Riemenläufer 1. 'Arbeiter im Salzwerk, der die Sole mit Eimern abschöpfen muss'; vielleicht nach den Riemen, an denen die Eimer hängen, zu *Läufer*, bergmännisch für 'Arbeiter, der Mineralmassen fortschafft'. 2. 'Arbeiter im Salzwerk, der nur bei Bedarf arbeitet'; zu *Läufer* i. S. v. 'Einspringer'
W: *Läufer*
Lit: Adelung 3:1111; Barth 1:822; Krünitz 123:373; Veith 320 (Läufer)

Riemenmacher 'Handwerker, der Gürtel und Lederriemen herstellt' ❖ mhd. *riemenmecher* 'Gürtler'
Syn: GÜRTLER
Lit: Barth 1:822; Diefenbach 153; DRW 11:1082

Riemenschläger Remenschlager, Remenschläger, Remenschleger, Remensleger; lat. *corrigiarius, corrigiator* 'Handwerker, der Beschläge für Gürtel herstellt' ❖ *schlagen* in der Bedeutung 'schmieden'; mnd. *remensleger* 'Riemenschläger, Gürtler'
W: *Schläger*
Syn: GÜRTLER, Nestler
Lit: Barth 1:822; Diefenbach 153; Linnartz 185; Schiller-Lübben 3:459

Riemenschneider Remensnider, Remensnyder, Riemensnider, Riemschneider ↗ 'Riemer' ❖ mhd. *riemensnîder*, mnd. *remensnider* 'Riemer, Weißgerber'
FN: Riemenschneider, Rimschneider, Riemschneider
W: SCHNEIDER
Syn: Riemer
Lit: Adelung 3:1112; Barth 1:822; DudenFN; Grimm 14:928; Idiotikon 9:1134; Schiller-Lübben 2:459; Volckmann (1921) 153

Riemensnider ↗ Riemenschneider

Riemer Rehmer, Riemerer, Riemner, Rimner; lat. *corrigiarius, frenarius, lorarius, scytotomus* 'Handwerker, der Lederwaren herstellt, bes. Sattel, Riemen, Pferdegeschirr, Beutel'; die Häute aus Wildleder gerbte er meist selbst ❖ mhd. *riemer* 'coriarius, corrigarius', zu mhd. *riem* 'Band, schmaler Streifen, Riemen, Gürtel'
FN: Riemer, Riehmer, Rymer, Riem, Riehm, Rihm, Remer, Rehmer, Remers
W: Grobriemer, °Jagdriemer, Schwarzriemer, Weißriemer
Syn: Belter, Gordeler, GÜRTLER, Nestelbeschlager, Nestelmacher, Nestler, Riemenschneider, Senkler, Strickmacher
Vgl: SATTLER
Lit: Adelung 3:1111; Barth 1:822; Diefenbach 121, 153; DRW 11:1084; DudenFN 534, 540, 541, 546; Gottschald 409; Grimm 14:928; Kastner (1974); Krünitz 31:1554 (Riemer-Arbeit); Krünitz 123:374; Linnartz 185; Palla (2010) 176; Pies (2005) 122; Reith (2008) 182; Volckmann (1921) 153

Riemerer ↗ Riemer

Riemner ↗ Riemer

Riemschneider ↗ Riemenschneider

Riepschleger ↗ Reepschläger

Riesener ↗ Rieser

Riesenmeister Riesmeister 'Leiter beim Bau einer Holzriese'; d.i. eine hölzerne Bahn, auf der gefällte Baumstämme ins Tal rutschen können ❖ zu mhd. *rise* 'Wasser-, Stein-, Holzrinne an einem Berge'
W: *Meister*
Lit: Wiesenhofer 13

Rieser Riesener ↗'Reiser' ❖ zu mhd., mnd. *rise* 'herabfallender Schleier um Wangen und Kinn; Haarbinde'
FN: Rieser, Riesener
Syn: Reisenweber, Reiser

Lit: DudenFN 547; Gottschald 410; Linnartz 185; Schiller-Lübben 3:488

Riesmeister ↗ Riesenmeister

Rietbender ↗ Riedbinder

Rietbinder ↗ Riedbinder

Riethbinder ↗ Riedbinder

Rietmacher Rietmecher 'Handwerker, der die Rietkämme und Rietblätter für den Webstuhl anfertigt' ❖ zu mhd. *riet* 'Schilfrohr, Sumpf-, Riedgras' (daraus wurden die Weberkämme urspr. hergestellt)
FN: Rietmacher, Riethmacher, Rietmecher, Riethmecher
Syn: KAMMMACHER, KARDENMACHER

Lit: Barth 1:823; Gottschald 410; Linnartz 185

Rietmecher ↗ Rietmacher

Riffelmacher 'Handwerker, der *Riffeln* herstellt'; d.s. hölzerne Kämme zum Abraffeln der Samenknospen beim Flachs ❖ zu mhd. *rifel, riffel* 'rastrum'; *rifelen, riffeln* 'durchkämmen, durchhecheln'
FN: Riffelmacher, Riffel, Riffeler, Riffler

Lit: Adelung 3:1117; DudenFN 547; Gottschald 410; Grimm 14:956 (Riffel); Krünitz 123:444 (Riffel); Linnartz 185

Riffian ↗ Ruffian

Riffschleger ↗ Reepschläger

Rimner ↗ Riemer

Rinckmaker ↗ Ringmacher

Rindschuster Rindsschuster, Rintschuhster 'Schuster, der vor allem Rindsleder verarbeitet' ❖ mhd. *rintsûter* 'der Rindschuhe macht'
W: SCHUSTER
Syn: Rindsuter

Lit: Barth 1:823; Grimm 14:976; Schmeller 2:118, 341

Rindsschuster ↗ Rindschuster

Rindsuter Rindsüter 1. 'Schuster, der vor allem Rindsleder verarbeitet'. 2. 'Gerber, der Rindsleder herstellt'; urspr. gerbte der Schuhmacher das Leder für den Eigenbedarf selbst
W: Suter
Syn: GERBER*, Rindschuster, SCHUSTER

Lit: Volckmann (1921) 149

Rindsüter ↗ Rindsuter

Ringbeschlagmacher Ringbeschlägmacher 'Handwerker, der große Ringe für Beutel, Schlüsselringe und -haken sowie andere Beschläge für Taschenverschlüsse usw. herstellt'; auch in der Verbindung *Ring-und Taschen-Beschlagmacher*
W: Beschlagmacher
Syn: GÜRTLER, Taschenbeschlagmacher

Lit: Campe 4:777; Zedler 31:1668

Ringbeschlägmacher ↗ Ringbeschlagmacher

Ringdrechsler ↗ Drechsler

Ringdreher 'Handwerker, der Fingerringe herstellt'
W: Dreher
Syn: Fingeler, Fingerleindreher, Fingermacher, Ringleindreher, Ringler, Ringmacher

Ringdreier ↗ Dreier

Ringelpanzermacher ↗ 'Ringharnischer'
Syn: Ringelschmied, Ringharnischer

Lit: Barth 1:823

Ringelschmid ↗ Ringelschmied

Ringelschmied Ringelschmid, Rüngelschmied 'Handwerker, der aus kleinen Metallringen Kettenpanzer und -hemden herstellt'
W: Schmied

Syn: Ringelpanzermacher, Ringharnischer, Ringschmied, Rinkenschmied

Ringer ↗ Ringler

Ringfeiler ↗ Rinkenfeiler

Ringharnischer 'Handwerker, der Ringelpanzer, Ketten-, Panzerhemden herstellt'
Syn: Ringelpanzermacher, Ringelschmied
Lit: Barth 1:823; Grimm 14:1011

Ringkmaker ↗ Ringmacher

Ringleindreher 'Handwerker, der kleine Ringe aus Horn oder Messing drechselt'; sie wurden für Vorhänge und für das Beringen von Vögeln benötigt
W: *Dreher*
Syn: Ringdreher

Ringler Ringer 'Handwerker, der Fingerringe herstellt'
Syn: *Dreher*, Ringdreher
Lit: Barth 1:823; Diefenbach 39; Grimm 14:1012; Schmeller 2:121

Ringmacher Rinckmaker, Ringkmaker, Ringmaker; lat. *anularius, anulator* 1. 'Handwerker, der Fingerringe herstellt'. 2. 'Handwerker, der Schmuckringe aus verschiedenen Materialien (Horn, Elfenbein usw.) drechselt'
W: °Fingerringmacher
Syn: Ringdreher
Lit: Barth 1:823; Diefenbach 39; Grimm 14:1013

Ringmaker ↗ Ringmacher

Ringschmied ↗ 'Rinkenschmied'
W: *Schmied*
Syn: Ringelschmied, Rinkenschmied
Lit: Barth 1:824; Grimm 14:1014

Ringviler ↗ Rinkenfeiler

Rinkelfeiler ↗ Rinkenfeiler

Rinkelmacher ↗ Rinkenmacher

Rinkenfeiler Ringfeiler, Ringviler, Rinkelfeiler 'Handwerker, der Ringe und Schnallen anfertigt' ❖ mhd. *rinkelvîler* 'Schnallenfeiler, -glätter'; mnd. *rinkviler* 'der Schnallen feilt'
W: Feiler
Syn: GÜRTLER
Lit: Barth 1:824; DRW Belegarchiv; Schiller-Lübben 3:485

Rinkenmacher Rinkelmacher 'Handwerker, der Agraffen, Spangen u. Ä. herstellt' ❖ mhd. *rinkenmacher* 'Hersteller von Rinken'; ↗ Rinkenschmied; mhd. *rinkelmacher* 'Verfertiger von messingenen Ringlein oder Schnallen für die Gürtler'
Syn: Rinkenschmied, Rinker
Lit: Adelung 3:1125; Barth 1:824; Grimm 14:1018; Linnartz 186; Volckmann (1921) 123

Rinkenschmid ↗ Rinkenschmied

Rinkenschmidt ↗ Rinkenschmied

Rinkenschmied Rinkenschmid, Rinkenschmidt, Rinkensmyd, Rinkschmied 1. 'Handwerker, der große eiserne Ringe für Beschläge, Wagen oder Geschirre herstellt; Kettenschmied'. 2. 'Handwerker, der Schnallen, Spangen, Agraffen usw. herstellt' ❖ zu *Rinke*, Vergrößerungsform zu *Ring*, das Verb *rinken* ist eine Ablautform zu *ranken* 'krümmen, drehen'; mnd. *rink* 'Ring', mnd. *rinke* 'Schnalle an einem Gürtel'; mhd. *rinke, ringge* 'Spange, Schnalle am Gürtel oder Schuh', mhd. *rinkensmit* 'Verfertiger von starken eisernen Ketten für die Fuhrleute etc.'
W: *Schmied*
Syn: Ringelschmied, Ringschmied, Rinkenmacher, Rinker
Lit: Adelung 3:1125 (Rinken); Barth 1:824; Gatterer (1791) 1:580; Grimm 14:1016; Krünitz 125:38; Schiller-Lübben 3:485; Schmeller 2:124; Volckmann (1921) 123

Rinkensmyd ↗ Rinkenschmied

Rinker 'Handwerker, der große eiserne Ringe für Beschläge, Wagen oder Geschirre herstellt; Kettenschmied' ❖ ↗ Rinkenschmied

FN: Rinker
Syn: Rinkenmacher, Rinkenschmied
Lit: Barth 1:824; DudenFN 548; Gottschald 411; Linnartz 186; Pies (2005) 137; Volckmann (1921) 109

Rinkschmied ↗ Rinkenschmied

Rinnenhauer Ronenhover, Ronenhower 'Zimmermann, der hölzerne Tröge, Kännel und Abflussrinnen herstellt' ❖ zu mhd. *rinne* 'Dachtraufe, Wasserleitung, -rinne, -röhre'; die niederdt. Formen zu mnd. *renne, ronne, runne* 'Renne, Kanal'
W: HAUER
Syn: ZIMMERMANN
Lit: DRW Belegarchiv; Gatterer (1791) 1:580; Schiller-Lübben 3:460

Rintschuhster ↗ Rindschuster

Rippelreier Rippelreiger, Rippelreyer, Ryppelreyer 'Spaßmacher, Tänzer oder Seiltänzer auf Jahrmärkten'; ein *Rippelrei* ist eine einfältige Reimerei; bezog sich urspr. auf einen als derb oder obszön geltenden Tanz (zu *rippeln* 'reiben') ❖ zu mhd. *reie, reige, rei* 'Art Reigen, Tanz'; vgl. mhd. *rippelreiger* 'Hurer'; mhd. *rippeln*, Iterativform zu *reiben*
Syn: GAUKLER
Lit: Grimm 14:1033; Volckmann (1921) 316

Rippelreiger ↗ Rippelreier

Rippelreyer ↗ Rippelreier

Rittermann 'Tagelöhner, der auf dem Boden eines Rittergutes lebt und Frondienste leisten muss'; in Sachsen
W: Mann
Syn: KLEINBAUER*
Lit: Adelung 3:1133; Barth 1:826; Grimm 14:1064

Robater ↗ Roboter

Robather ↗ Roboter

Robbenschläger 'Jäger, der zum Seehundfang aufbricht'; in Norddeutschland; die Robben wurden erschlagen, um das Fell nicht zu zerstören
W: Schläger
Lit: Barth 1:829; Grimm 14:688; Krünitz 125:740

Robotbauer ↗ Roboter

Roboter Robater, Robather, Robother 'Bauer oder Pächter, der zu Dienstleistungen (Frondiensten) für die Herrschaft verpflichtet ist' ❖ tschech. *robota* 'Arbeit; Frondienst'
W: Fußroboter, Handroboter, °Robotbauer, °Robothäusler, Zugroboter
Syn: Fröner, Tagwaner
Lit: Adelung 3:1136 (Robath); Barth 1:828; DRW Belegarchiv (Robotbauer); Grimm 14:1087; Schmeller 2:10

Robothäusler ↗ Roboter

Robother ↗ Roboter

Rockarbeiter 'Schneider, der in Heimarbeit auf die Anfertigung von Röcken spezialisiert ist'; diese Spezialisierung bedeutete einen Niedergang der handwerklichen Qualifikation ❖ zu *Rock* 'Sakko', mhd. *roc*
W: Arbeiter
Vgl: Hosenarbeiter, Westenarbeiter
Lit: Reith (2008) 206

Rockener ↗ Roggener

Rockenmacher 'Handwerker, der Spinnrocken herstellt; Spindler'; ein traditionelles Produkt der Drechsler und Holzwarenmacher; auf dem Spinnrocken war das zu verspinnende Material (der Flachs) aufgewickelt und wurde beim Spinnen herausgezogen
W: °Spinnrockenmacher
Syn: Kunkelmacher

Roddenfenger ↗ Rattenfänger

Rodelschreiber 'Sekretär der Finanzverwaltung'; schweiz.; zu *Rodel* 'Urkunde, Rolle, Register'; südwestdt., schweiz. ❖ mhd. *rodel* aus lat. *rotula* 'Schriftrolle'
W: Nachtrodelschreiber, *Schreiber*

Syn: Rechenschreiber

Lit: Barth 1:829; DRW 11:1178; Grimm 14:1108; Idiotikon 9:1550

Roder ↗ Rader

Rodlöscher ↗ Rotlöscher

¹Rodmeister Rottmeister 1. 'Organisator der alpinen Transportgenossenschaft, der die Transporte und Wegstrecken auf die Fuhrleute verteilt'. **2.** 'Aufseher einer Arbeitergruppe bei turnusmäßig zu verrichtenden gemeinnützigen Arbeiten' – zu *Rod, Rott* 'Ordnung, Reihe, Tour'; bezieht sich z. B. auf den Wasserbezug aus den Bewässerungsanlagen, auf den Salztransport mit Flößen, den abschnittweisen Gütertransport auf der Straße ❖ 1.: zu romanisch *roda*, aus lat. *rota* 'Rad'; 2.: nicht klar zu trennen von ↗ Rottmeister; mhd. *rotte, rote, rot* 'Rotte; Reihe, Tour, in welcher unter mehreren von jedem eine Verrichtung vorzunehmen ist'
FN: Rodmeister
W: *Meister*
Vgl: Rottmeister

Lit: DRW 11:1172 (Rod), 1184; Idiotikon 4:524; Kaiser (1833) 59; Schmeller 2:187 (Rott, Rod); TirWb 2:488 (Rod)

²Rodmeister ↗ Rottmeister

Rodtlesker ↗ Rotlöscher

Roesser ↗ Rosser

Roetloschere ↗ Rotlöscher

Roggenbäcker 'Bäcker, der Brot aus Roggenmehl backt' ❖ zu mhd. *rocke, rogge* 'Roggen'
W: BÄCKER*
Syn: GROBBÄCKER

Lit: Reith (2008) 25

Roggener Rockener ↗ 'Roggenbäcker'; die urspr. Schreibung *Rocken* (noch bei Adelung) wurde zur Unterscheidung von *(Spinn)rocken* auf *Roggen* geändert ❖ mhd. *rockener* 'der Roggenbrot backt', zu mhd. *rocke, rogge* 'Roggen'
FN: Rogner, Rögner, Regner
Syn: BÄCKER*, GROBBÄCKER

Lit: DudenFN 552; Pies (2002d) 26; Pies (2005) 22

Rohledder ↗ Rohleder

Rohleder Rohledder 'Gerber'; übertragen von *Rohleder* 'rohes Leder, ungegerbte Haut'; davon ausgehend als Berufsübername für den 'Gerber' und abwertend für einen ungehobelten Menschen
FN: Rohleder, Rohlederer, Roleder, Rolleder
Syn: GERBER*

Lit: DudenFN 552; Gottschald 412; Grimm 14:1120; Linnartz 187

Rohrbohrer Röhrbohrer, Rohrenbohrer, Röhrenbohrer 'Handwerker, der Holzröhren sowie Zapfhähne u. Ä. herstellt'; häufiger wird mit dem Wort das Werkzeug zum Bohren bezeichnet
W: *Bohrer*
Syn: Pumpenbohrer, Teuchelbohrer, Teuchler

Lit: Adelung 3:1146; Barth 1:830; Grimm 14:1129; Krünitz 126:123; Schraml (1932) 181

Röhrbohrer ↗ Rohrbohrer

Rohrenbohrer ↗ Rohrbohrer

Röhrenbohrer ↗ Rohrbohrer

Röhrengießer ↗ *Gießer*

Röhrenmeister ↗ Rohrmeister

Röhrenschmied ↗ Rohrschmied

Rohrfeiler 'Arbeiter in der Gewehrfabrik, der die Gewehrläufe schleift und poliert sowie die letzten Feinmontagen durchführt'; *Rohr* hier in der Bedeutung 'Lauf einer Schusswaffe'
W: Feiler

Syn: Messingfeiler, Zeugfeiler

Lit: Adelung 3:1145; Allgemeine deutsche Real-Encyklopädie 4:886; Grimm 14:1130; Krünitz 126:593

Rohrflechter 'Handwerker, der Schilfmatten herstellt'; diese wurden bes. als Untergrund für den Verputz verwendet; *Rohr* in der Bedeutung 'Schilf' ❖ zu mhd. *rôr* 'Rohr, etwas aus Rohr Gemachtes; Röhricht'
W: Flechter

Lit: Grimm 14:1130 (Rohrflechte)

Rohrmacher Röhrmeister, Rormacher
1. 'Handwerker, der Holz- oder Metallrohre sowie Zapfhähne u.Ä. herstellt'. 2. 'Brunnenbauer'. 3. 'Handwerker, der Gewehre, lange Feuerwaffen herstellt' — Als Bezeichnung des metallverarbeitenden Berufes (Waffen, Ofenrohre) noch heute gebräuchlich
Syn: BÜCHSENSCHMIED, Rohrschmied

Lit: DRW Belegarchiv

Rohrmeister Röhrenmeister, Röhrmeister
1. 'Person, die für die Instandhaltung der Wasserleitungen und Pumpen zuständig ist'. 2. 'Person, die die öffentlichen Brunnen und Wasserspiele einrichtet und betreut'. 3. 'Brunnenbauer'. 4. 'Waffenmeister, der für die Instandhaltung der langen Feuerwaffen verantwortlich ist' ❖ mhd. *rœrenmeister* 'Röhren-, Brunnenmeister'
W: Meister
Syn: Brunnenmeister, Wasserkünstler

Lit: Adelung 3:1146; Barth 1:830; Diefenbach 44; DRW 11:1197; Frühmittellat. RWb; Grimm 14:1130, 1132; Krünitz 126:123; Zedler 2:1053

Röhrmeister ↗ Rohrmeister, Rohrmacher

Rohrrüster Rohrrüstmeister 'Handwerker, der Gewehrläufe und Büchsenrohre herstellt'
Syn: BÜCHSENSCHMIED, Rohrschmied

Rohrrüstmeister ↗ Rüstmeister, Rohrrüster

Rohrschäfter 'Handwerker, der die hölzernen Schäfte und andere Holzteile der Gewehre herstellt'; norddt.
Syn: Büchsenschäfter, Büchsenschifter

Lit: Adelung 1:1241 (Büchsenschaft); Barth 1:830; Grimm 14:1133; Heinsius 1:659

Rohrschmid ↗ Rohrschmied

Rohrschmied Röhrenschmied, Rohrschmid
1. 'Arbeiter in der Gewehrfabrik, der Gewehrläufe und Büchsenrohre herstellt'.
2. 'Handwerker, der Metallrohre herstellt'
W: Schmied
Syn: BÜCHSENSCHMIED, Rohrmacher, Rohrrüster

Lit: Adelung 3:1148; Barth 1:830; Grimm 14:1133; Krünitz 126:602; Linnartz 187

Rohrstuhlflechter 'Handwerker, der Sitze und Lehnen für Stühle aus spanischem Rohr flicht'; vereinzelt noch heute ausgeübt; zu *Rohr* i. S. v. 'Schilf'
W: Stuhlflechter

Lit: Barth 1:830; Krünitz 126:611

Rohtgüsser ↗ ROTGIEßER

Roitfärber ↗ Rotfärber

Rojer ↗ Royer

Rojgast 'Matrose, der zum Rudern eingeteilt ist; Rudergänger'; niederdt. ❖ zu mnd. *roien, rojen, roen* 'rudern'; *roier* 'Ruderer', zu *-gast* ↗ Gast
W: Gast
Syn: Rudergast

Lit: Barth 1:830; Meyers Lexikon 17:64; Schiller-Lübben 3:498

Rollenmacher 'Handwerker, Rotschmied oder Gelbgießer, der kleine Glocken und Schellen gießt'; *Rolle* in der oberdt. Bedeutung 'runde Schelle am Pferdegeschirr'; in der runden Schelle rollen die Klöppel frei herum

Syn: Bellenmacher, Schellengießer, Schellenschmied

Lit: Barth 1:830; DRW 11:1203; Grimm 14:1137 (Rolle); Poppe 3:38; Schmeller 2:87

Roller 1. 'Fuhrunternehmer, der Güter oder Personen transportiert'; kurz für ↗ *Rollfuhrmann*. 2. 'Fuhrmann, der Güter auf- und ablädt'. 3. 'Handwerker, der mit Rollen arbeitet, z. B. Buchbinder, der Ziermuster auf Einbänden anbringt; Arbeiter in der Tabakpfeifenfabrik, der dünne Tonwalzen formt; Bügler, der Wäsche in der Mangel (Rolle) glättet'
FN: Roller
Syn: FUHRMANN, Gropper, *Lader*

Lit: Adelung 3:1153; Barth 1:830; DRW 11:1203; DudenFN 553; Gottschald 413; Grimm 14:1147; Krünitz 126:672; Linnartz 187; Volckmann (1921) 224

Rollfuhrleute ↗ Rollfuhrmann

Rollfuhrmann Plural: *Rollfuhrleute* 'Transportunternehmer, der in der *Fuhrrolle* verzeichnet ist'; d.i. das Verzeichnis der zugelassenen Fuhrunternehmer, das die Reihenfolge der Tranporteure festlegt, ↗ Reihefahrer; norddt.
W: FUHRMANN
Syn: Börtfahrer, Reihefahrer, Reihefuhrmann

Lit: Barth 1:830; Grimm 14:1148 (Rollfuhre); Grönhoff (1966) 10

Rollkutscher 'Kutscher mit einem leichten, schnellen Wagen'; *Rollkutsche* oder *Rollwagen* sind urspr. nach der Fuhrrolle (↗ Rollfuhrmann) benannt, später ging die Bezeichnung auf einen leichten Wagen zur schnellen Beförderung über
W: Kutscher*

Lit: Barth 1:831; Grimm 14:1149

Romormaister ↗ Rumormeister

Ronenhover ↗ Rinnenhauer

Ronenhower ↗ Rinnenhauer

Rönner ↗ Renner

Röper 1. 'Seiler, der Schiffstaue herstellt'. 2. 'Ausrufer, Herold'; niederdt. 3. 'Nachtwächter'; niederdt. ❖ 1.: zu mnd. *ropen, roppen, rofen* 'rupfen, zausen' (nach der Herstellung der Seile aus Flachs, ↗ Reeper); 2., 3.: zu mnd. *ropen* 'rufen', *roper* 'Gerichtsdiener; Ausrufer auf dem Markt'
FN: Röper, Roper (zu *Rufer*)
Syn: NACHTWÄCHTER, Reeper, SEILER

Lit: Barth 1:831; DudenFN 554; Gottschald 416; Linnartz 187; Volckmann (1921) 99, 100; Zedler 32:448

Röpschläger ↗ Reepschläger

Rormacher ↗ Rohrmacher

Roscher ↗ Rascher

Röscher ↗ Rascher

Röseler 1. 'Handwerker, der Kalk oder Gips in einem Meiler brennt'; zu niederdt. *Kalkrose*, ein schichtweise aufgesetzter Stoß von Kalksteinen und Holz, oben mit einer Rasenschicht bedeckt, in dem wie in einem Meiler Kalk gebrannt wurde. 2. 'Rosenhändler, -züchter' ❖ 1.: zu mnd. *rose, kalkroste* 'Stoß von Kalksteinen und Holz schichtweise aufgesetzt zum Behuf des Kalkbrennens'
FN: Röseler, Rösener (zu *Rose*)
Syn: KALKBRENNER

Lit: Barth 1:831; DudenFN 555, 556; Linnartz 187; Schiller-Lübben 3:509; Volckmann (1921) 276

Rosenkränzer ↗ Rosenkranzmacher

Rosenkranzkettler ↗ 'Rosenkranzmacher'; häufig von Frauen ausgeübt, dann in der weiblichen Form *Rosenkranzkettlerin*
W: Kettler
Syn: Rosenkranzmacher

Lit: Benvenuti (1996); Idiotikon 3:567

Rosenkranzmacher Rosenkränzer; lat. *rosarius* 'Handwerker, der Rosenkranzschnüre, die Gebetsschnüre für das katholische Ro-

senkranzgebet, verfertigt'; für die Perlen wurde Holz oder Bein verwendet
Syn: Betenmacher, Körnleindreher, Patermacher, Paternosterer, Paternostermacher, Rosenkranzkettler

Lit: Barth 1:831; Reith (2008) 128

Rosogliobrenner 'Handwerker, der einen Likör mit Rosenöl herstellt'; das Gewerbe ging aus den Lebzeltereien hervor, Likörbrenner und Lebzelter hatten oft denselben Arbeitsbereich ❖ zu ital. *rosolio* 'Rosenöl', aus lat. *rosa* 'Rose' und *oelum* 'Öl'
W: Brenner

Lit: Palla (2010) 171

Rossbauer 'Bauer, der für den Schiffstransport flussaufwärts auf der Traun in Oberösterreich von Hallstatt bis Gmunden ständig Pferde für den Gegenzug bereit halten muss'; die Verpflichtungen und Vergütungen waren durch Verträge mit der Salzbehörde geregelt
W: *BAUER*
Syn: Fallbauer, Traunbauer

Lit: Schraml (1932) 266; Schraml (1934) 263, 270

Roßbereiter ↗ Rossbereiter

Rossbereiter Roßbereiter 'Person, die Pferde zureitet' ❖ ↗ Rosser
W: Bereiter
Syn: Rosszähmer

Lit: Barth 1:832; Grimm 14:1253; Krünitz 127:323

Rossdeuscher ↗ Rosstauscher

Rossduscher ↗ Rosstauscher

Rösseler ↗ Rössler, Rosser

Rösselschnitzer Rösslschnitzer 'Holzschnitzer, der Pferdefiguren schnitzt'; teils waren in die Figuren am Schwanz kleine Pfeifen eingebaut; der Rösselschnitzer gehörte zum Holzschnitzergewerbe, wie z.B. die Herrgottschnitzer, Schachtelmacher, Pfeifer-schnitzer, Gadelmacher, Löffel- und Muldenschnitzer, Schaukelpferdmacher

Lit: Bühler (1870) 14; Dimt (2008)

¹Rosser Rößler, Roesser, Rösseler, Rösser, Rossinger, Rössler **1.** ↗ 'Pferdeknecht'. **2.** 'Fuhrmann, der gegen Bezahlung Transporte mit Pferden durchführt'. **3.** 'Person, die Pferde [für Transporte oder Landwirtschaft] verleiht' – Im Bairischen ist *Ross* (Plural *Rösser*) das normale Wort für 'Pferd', im heutigen Standarddeutsch ist das Wort gehoben (Plural *Rosse*) ❖ zu mhd. *ros, ors* 'Ross, bes. Streitross (auch Reitpferd) und Wagenpferd'
FN: Rossler, Roßler, Rössler, Rößler, Rossner, Roßner, Rössner, Rößner
W: Lehenrössler
Syn: Pferdeknecht

Lit: Barth 1:832; DudenFN 557; Grimm 14:1259, 1264; Idiotikon 6:1438; Schmeller 2:152; Volckmann (1921) 223

²Rosser ↗ Rössler

Rösser ↗ Rosser

Rossgefälleinnehmer ↗ Gefälleinnehmer

Rossinger ↗ Rosser

Rosskamm ↗ Rosskämmer

Rosskämmer Rosskamm, Rosskemmer 'Pferdehändler'; urspr. der Pferdeknecht, der die Mähne kämmte, übertragen auf den Händler; auch mit dem negativen Nebensinn des Betrügens ❖ zu mhd. *roskamp* 'Striegel'
W: Kämmer

Lit: Adelung 3:1156 (Roßkamm); Barth 1:832; DRW 11:1224; Krünitz 127:327; Volckmann (1921) 220

Rosskäufl ↗ Käufel

Rosskemmer ↗ Rosskämmer

Rossknecht ↗ 'Pferdeknecht'; bes. bayr.-österr. ❖ mhd. *roskneht* 'Pferdeknecht'
W: *KNECHT*
Syn: Pferdeknecht, Rossmeister

Vgl: Ochsenknecht

Lit: Grimm 14:1266; Schmeller 2:152

Rößler ↗ Rössler, Rosser

¹Rössler Rößler, Rösseler, Rosser 'Weißgerber, der die Felle mit Messern statt mit Schabeisen bearbeitet' ❖ Herkunft unklar
Syn: GERBER*

Lit: Adelung 3:1165; Grimm 14:1269; Krünitz 126:181

²Rössler ↗ Rosser

Rösslschnitzer ↗ Rösselschnitzer

Rossmeister 'Bediensteter, der mit der Pflege und Betreuung der Pferde beschäftigt ist; Stallknecht'
W: *Meister*
Syn: Pferdeknecht, Rossknecht

Lit: Barth 1:833; Grimm 14:1271

Rossmiller ↗ Rossmüller

Roßmüller ↗ Rossmüller

Rossmüller Roßmüller, Rossmiller 'Betreiber einer Mühle, die von einem von Pferden gezogenen Göpel betrieben wird'; zu *Göpel* ↗ Göpeltreiber ❖ zu mhd. *rosmül* 'Rossmühle'
FN: Rossmüller, Roßmüller, Rossmiller, Roßmiller
W: *Müller*

Lit: Adelung 3:1165 (Rosmühle); Barth 1:833; Grimm 14:1271; Krünitz 127:333; Linnartz 187

Rossschätzer 'Person, die die Pferde vor dem Trieb auf die Weide auf Krankheiten hin untersucht'
W: *Schätzer*

Lit: Stadler-Planzer (1989) 9

Roßschinder ↗ Rossschinder

Rossschinder Roßschinder 'Abdecker, der vor allem Pferde verwertet'; bezeichnet auch eine mittelalterliche Stangenwaffe
W: SCHINDER

Lit: DRW Belegarchiv; Volckmann (1921) 331; Wernet (1967) 170

Roßschneider ↗ Rossschneider

Rossschneider Roßschneider 'Pferdekastrierer'
FN: bes. bayr.-österr., Roßschneider
W: SCHNEIDER
Syn: KASTRIERER

Lit: DRW Belegarchiv; Krünitz 7:4 (Bruch); Sedlmaier (1999) 48

Rosstauscher Rossdeuscher, Rossduscher, Rosstäuscher, Rosstuscher 'Pferdehändler'; zu *tauschen* 'handeln'; wegen häufigen Betrugs umgedeutet zu *Rosstäuscher* (zu *täuschen*) ❖ mhd. *rostûscher* 'Rosstauscher, -händler'
FN: Rossteuscher, Roßteuscher, Rossteutscher, Roßteutscher, Rossdeutscher, Roßdeutscher
Syn: Mango, Maquignon

Lit: Barth 1:883; DRW 11:1228; DudenFN 557; Gottschald 414; Grimm 14:1276; Linnartz 188; Palla (2010) 171; Vieser/Schautz (2010) 163; Volckmann (1921) 220

Rosstäuscher ↗ Rosstauscher

Rosstuscher ↗ Rosstauscher

Rosszähmer Rosszämer 'Person, die Pferde zureitet' ❖ zu mhd. *zemen* 'zahm machen, zähmen'
Syn: Rossbereiter

Lit: Barth 1:833; Grimm 14:1279

Rosszämer ↗ Rosszähmer

Rostbrenner Röster 'Arbeiter im Hüttenwerk, der für das Rösten des Erzes verantwortlich ist'; zu *Rost* i. S. v. 'Feuerungsvorrichtung zum Ausbrennen (Rösten) des Erzes' und übertragen auf 'das im Rost aufgeschüttete Material'; mhd. *rœsten* 'rösten, braten, auf den Rost legen' ❖ zu *rôst* 'Rost, Scheiterhaufen'
W: Brenner

Lit: Adelung 3:1170; Bergmännisches Wb 425; Grimm 14:284, 1282; Heilfurth (1981) 57; Höpfner 16:289; Krünitz 126:212; Krünitz 127:385; Zedler 32:1054

Röster ↗ Rostbrenner

Rostläufer 'Arbeiter im Hüttenwerk, der das geröstete Erz in den Schmelzofen transportiert' ❖ ↗ Rostbrenner
W: *Läufer*
Lit: Adelung 3:1172; Grimm 14:1285; Krünitz 127:387; Zincke 1:1089 (Bd 1, Teil 2)

Rostmeister 'Vorarbeiter der ↗ Rostbrenner'
W: *Meister*
Lit: Grimm 14:1285; Krünitz 127:387

Rostschläger 'Arbeiter im Hüttenwerk, der die zusammengeschmolzenen Erzstücke zerschlägt, damit sie wieder geröstet werden können' ❖ ↗ Rostbrenner
W: *Schläger*
Lit: Grimm 14:1286; Krünitz 127:396

Rostwender Röstwender 'Arbeiter im Hüttenwerk, der das unter dem Rost liegende Erz wieder nach oben bringt, damit das Material gleichmäßig geröstet wird'; er hat auch für die richtige, vor allem trockene Lagerung des Materials zu sorgen ❖ ↗ Rostbrenner; mhd. *wender* 'Wender, Umwender'
Lit: Adelung 3:1172; Barth 1:833; Garney (1801) 2:159; Grimm 14:1286; Krünitz 127:397

Röstwender ↗ Rostwender

Rotbierbrauer Rotbrauer, Rotbrouwer, Rotbruwer, Roterbierbrauer, Rothbrauer 'Bierbrauer, der dunkles, untergäriges Bier braut'; auch *Braun-, Schwarzbier*
W: BIERBRAUER*
Syn: Braunbierbrauer
Ggs: Weißbierbrauer

Rotbinder Rothbinder 'Böttcher, Fassbinder, der große Gefäße aus hartem Buchenholz oder (rötlichem) Eichenholz herstellt' ❖ mhd. *rôt* 'rot'; wegen des rötlichen Holzes
W: *Binder*
Syn: Küfner
Ggs: Weißbinder
Lit: Adelung 3:1174; Barth 1:833; Grimm 14:1301; Krünitz 127:583; Paul 700; Pies (2005) 34; Reith (2008) 34; Sulzenbacher (2002) 62; Zedler 32:578

Rotbrauer ↗ Rotbierbrauer

Rotbrouwer ↗ Rotbierbrauer

Rotbruwer ↗ Rotbierbrauer

Rotdrechsler ↗ Rotschmieddrechsler

Roterbierbrauer ↗ Rotbierbrauer

Rotfärber Roitfärber, Rotverwer 'Färber, der vor allem rot färbt und dazu das Rotfärberkraut, die Färberröte, verwendet'
W: *Färber**
Lit: Barth 1:834; Grimm 14:1307; Krünitz 126:211 (Röthe)

Rotgerber Rotgerwer, Rothgärber, Rothgerber 'Gerber, der die schweren Tierhäute mit pflanzlichen Gerbstoffen aus junger Eichen- und Fichtenrinde (Lohe) gerbt'; durch die Lohe entsteht eine rötliche Farbe
FN: Rothgerber
W: GERBER*
Syn: Borkmüller, Lauer, Lober, Loher, Lohgerber
Ggs: Weißgerber
Lit: Adelung 3:1175; Barth 1:834; DudenFN 559; Grimm 14:1308; Hanisch (1905) 15; Krünitz 127:604; Linnartz 188; Pies (2005) 57; Reith (2008) 82; Volckmann (1921) 152; Zedler 32:1207

Rotgerwer ↗ Rotgerber

Rotgeter 'Metallgießer, der Geräte aus Kupfer, Bronze oder Kupferlegierungen gießt; Rotgießer'; niederdt. ❖ mnd. *geter* 'Gießer'
W: *Geter*
Syn: ROTGIESSER

ROTGIEßER Rohtgüsser, Rotgiesser, Rothgieser, Rothgießer, Rottgießer; lat. *fusor aeramentarius, fusor aerarius* 'Metallgießer, der Geräte aus Kupfer, Bronze oder Kupferlegierungen gießt'
FN: Rothgießer, Rothgiesser
W: *Gießer*
Syn: Affengießer, Apengeter, Apengießer, GELBGIESSER, Kupfergießer, Rotgeter, Rotschmied

Lit: Adelung 3:1176; Barth 1:834; Grimm 14:1309; Idiotikon 2:471; Palla (1994) 263; Pies (2005) 64; Reith (2008) 110, 135; Volckmann (1921) 142; Zedler 32:1209

Rotgiesser ↗ Rotgießer

Rothbinder ↗ Rotbinder

Rothbrauer ↗ Rotbierbrauer

Rothgärber ↗ Rotgerber

Rothgerber ↗ Rotgerber

Rothgieser ↗ Rotgießer

Rothgießer ↗ Rotgießer

Rothlösch ↗ Rotlöscher

Rothmaler ↗ Rotmaler

Rothschmid ↗ Rotschmied

Rothschmied ↗ Rotschmied

Rotlascher ↗ Rotlöscher

Rotlöscher Rodlöscher, Rodtlesker, Roetloschere, Rothlösch, Rotlascher 'Gerber, der feines rotes Leder herstellt'; auf der einen Seite weiß, auf der anderen rot, oft für Bucheinbände verwendet ❖ mhd. *rôtloscher, -lescher* 'Handwerker, der mit rotem Leder arbeitet, Corduanarbeiter', zu *rôtlosch, -lesch, -lasch* 'rotgegerbtes Leder, Corduan'
Syn: GERBER*, KORDUANGERBER, Lascher

Lit: Barth 1:834; Linnartz 188; Pies (2005) 57; Reith (2008) 82; Volckmann (1921) 152

Rotmaler Rothmaler; lat. *rubricator* 'Maler, der Bücher und Handschriften mit roten Initialen ausmalt'
FN: Rothmaler
W: Maler
Syn: Buchmaler, Initialenmaler, Rubrikator

Lit: Barth 1:834; Diefenbach 502; DudenFN 559; Gottschald 415; Grimm 14:1313 (rotmalen); Linnartz 188

Rotschmied Rothschmid, Rothschmied 'Handwerker, der mit Kupfer, seltener auch mit Messing, arbeitet'; die Synonyme mit *Rot-* beziehen sich gewöhnlich auf Kupfer, die mit *Gelb-* auf Messing ❖ mhd. *rôtsmit* 'Rot-, Gelbgießer'
FN: Rothschmidt, Rothschmitt, Rotschmidt
W: Schmied
Syn: KUPFERSCHMIED, ROTGIESSER, Zapfenmacher
Vgl: Rotschmieddrechsler

Lit: Adelung 3:1179; Barth 1:834; DudenFN 559; Gottschald 415; Grimm 14:1314; Idiotikon 9:863; Krünitz 128:11; Linnartz 188; Pies (2005) 139

Rotschmieddrechsel ↗ Rotschmieddrechsler

Rotschmieddrechsler Rotdrechsler, Rotschmieddrechsel, Rotschmiededrechsler 'Drechsler, der Kupfer- und Messinggeräte herstellt'; die Metallbezeichnungen mit *Rot-* beziehen sich gewöhnlich auf Kupfer
W: DRECHSLER
Vgl: Rotschmied

Lit: Barth 1:834; Pies (2005) 49; Reith (2008) 64

Rotschmiededrechsler ↗ Rotschmieddrechsler

Rotschmiedformer 'Handwerker, der Gussformen für den Messingguss herstellt'; ↗ Rotschmied

Lit: Hausbuch der Nürnberger Zwölfbrüderstiftungen

Rottenmacher 'Handwerker, der ein mittelalterliches Saiteninstrument (Rotta, Rotte) herstellt'; urspr. ein britannisches gitarrenartiges Instrument, heute Fachausdruck für ein historisches Instrument, eine Leier mit Griffbrett; in erster Linie wurde mit *Rottenmacher* eine Person bezeichnet, die heimlich aufrührerische Verbindungen aufbaut („zusammenrottet") ❖ zu mhd. *rotte, rote* 'ein harfenartiges Saiteninstrument', aus gleichbedeutend franz. *rote*, mlat. *rotta*
FN: Rottenmacher

Lit: Adelung 3:1181; Gamillscheg 2:780; Grimm 14:1315 (Rotte).

Rottenmeister ↗ Rottmeister

Rottgießer ↗ Rotgießer

Rottler 'Gerichtsbeamter, der Häftlinge nach der Verurteilung ins Gefängnis bringt'; zu *Rotte* 'Schar' ❖ zu mhd. *rot, rotte* 'Schar, Abteilung', aus altfranz. *rote*, mlat. *rupta, rutta* 'Abteilung', zu lat. *rumpere* 'brechen'
FN: Rottler
Syn: BÜTTEL

Lit: Gottschald 415; Kluge 774 (Rotte); Linnartz 188; Riepl (2009) 348

Rottleute ↗ Rottmann

Rottmaister ↗ Rottmeister

Rottmann Plural: *Rottleute* 1. ↗ 'Rottmeister'. 2. 'Fuhrmann'; bes. im Postdienst in Tirol. 3. 'Floßführer eines Holzfloßes'; bes. an der Weichsel ❖ ↗ Rottmeister
FN: Rottmann
W: *Mann*

Lit: Barth 1:835; DRW 11:1247; DudenFN 559; Idiotikon 4:277

¹Rottmeister Rodmeister, Rottenmeister, Rottmaister; lat. *decurio, satelles* 1. 'Vorsteher eines Verwaltungsbezirks'. 2. 'Aufseher einer Arbeitergruppe bei den Fronarbeiten'. 3. 'Anführer einer Einheit von Soldaten, der Bürgerwehr'. 4. 'Vorarbeiter der Holzarbeiter, der Bergleute in einer Schicht u.Ä.'. 5. 'Vorarbeiter einer Gruppe von Eisenbahnarbeitern beim Gleisbau'; kommt im veralteten Sprachgebrauch noch vor ❖ mhd. *rotemeister, rottenmeister* 'Schar-, Rottenführer; Vorsteher einer Gemeinde, einer Markgenossenschaft'; zu mhd. *rotte, rote, rot* 'Schar, Abteilung, Rotte; Gemeinde'; aus mlat. *rupta* 'Abteilung', zu lat. *rumpere* 'brechen'
FN: Rottmeister
W: *Meister*
Vgl: Rodmeister

Lit: Adelung 3:1181; Barth 1:834; Diefenbach 169, 513; DRW 11:1248; Fellner 406; Frühmittellat. RWb; Gottschald 415; Grimm 14:1323; Grönhoff (1966) 38; Idiotikon 4:524; Krünitz 128:48; Linnartz 188; Neweklovsky (1964) 91; Pies (2005) 161

²Rottmeister ↗ Rodmeister

Rotverwer ↗ Rotfärber

Rötzer 1. 'Person, die Flachs röstet, beizt'; der Flachs wurde in die Sonne oder in eine *Röste* (Flachsteich) gelegt, damit er mürbe wird und sich der Bast leichter löst. 2. 'Handwerker, der Leder beizt' ❖ zu mhd. *rœʒen, rôʒen, roʒʒen* 'welch, bleich, faul werden, faul machen', mhd. *rœʒe* 'Hanf-, Flachsröste'
FN: Rötzer, Rotzer
Syn: Beizer

Lit: DudenFN 559; Gottschald 227; Grimm 14:1327 (Rötze); Hornung (1989) 113; Linnartz 188; PfälzWb 5:618 (rözen, rötzen); SteirWb 508

Royer Rojer 'beeideter Beamter, der den Inhalt an Flüssigkeit (Wein, Schnaps, Tran) in den Fässern prüft' ❖ zu norddt. *royen* 'die Flüssigkeit in einem Fass mit dem Visierstock von außen messen'
W: °Branntweinroyer, °Tranroyer, °Weinroyer
Syn: VISIERER

Lit: Barth 1:835; Krünitz 128:157; Linnartz 188; Pierer 14:413

Rubrikator 'Maler, der Bücher und Handschriften mit roten Initialen ausmalt'; als Fachwort für 'mittelalterlicher Maler von Rubriken' noch üblich ❖ mlat. *rubricator* aus lat. *rubricatus* 'mit roter Tinte gemalt'
Syn: Buchmaler, Initialenmaler, Rotmaler

Lit: Adelung 3:1185 (Rubrik); Barth 2:244; Diefenbach 502; DudenFW 1197

Rüdenknecht 'Bediensteter bei einem herrschaftlichen Jagdbesitz, der für die Jagdhunde zuständig ist'; betraf bes. die Saurüden, die auf die Sauen gehetzt wurden ❖ zu mhd. *rüde, rude* 'großer Hatzhund'
W: KNECHT
Syn: Jagdknecht

Lit: Adelung 3:1193; Grimm 14:1386; Kubelka (2008) 67

Rudergast 'Matrose, der stellvertretend für den Steuermann am Steuer steht'; noch heute in der Seemannssprache

W: Gast
Syn: Rojgast

Lit: Barth 1:836; DudenGWDS

Ruderknecht lat. *remex* 'Person, die zum Rudern angestellt ist'; auch für Sträflinge, die ihre Strafe als Ruderer abbüßten
W: KNECHT

Lit: Adelung 3:1193; Barth 1:836; Diefenbach 491; DRW 11:1276; Frühmittellat. RWb; Grimm 14:1389; Krünitz 128:431

Rudermeister 1. 'Aufseher über die Ruder-, Galeerensträflinge'. 2. 'Vorgesetzter der Ruderknechte'
W: Meister

Lit: Adelung 3:1194; Barth 1:836; Grimm 14:1390; Krünitz 128:433

Ruffer Fem. **Ruffersche** 'Zuhälter, Kupplerin, Bordellbetreiber' ❖ ↗ Ruffian
Syn: Frauenmeister, Frauenwirt, Gliedenfetzer, Gliedenfetzerin, Hurenweibel, Hurenwirt, Ruffian, Scholderer

Lit: DRW 11:1288

Ruffersche ↗ Ruffer

Ruffian Riffian, **Ruffianer**; Fem. **Ruffianin** 'Betreiber[in] eines Bordells' ❖ mhd. *ruffiân, ruffer* 'Lotterbube, Kuppler, Hurenwirt', aus ital. *ruffiano* 'Kuppler, Zuhälter', nach einem ital. mundartlichen Schimpfwort *rofia* 'Schorf'
Syn: Frauenmeister, Frauenwirt, Gliedenfetzer, Gliedenfetzerin, Hurenweibel, Hurenwirt, Ruffer, Scholderer

Lit: Barth 1:837; DRW 11:1288; Gamillscheg 2:784; Grimm 14:1408; Volckmann (1921) 326

Ruffianer ↗ Ruffian

Ruffianin ↗ Ruffian

Rügegraf 'Gerichtsvorsitzender in einem Rügegericht [das den Status eines Landgerichts hat]'; ↗ Rügerichter
W: Graf

Lit: Adelung 3:1199; Grimm 14:1411; Krünitz 128:452

Rügemeister Rügmeister 1. 'Vorsitzender eines Rügegerichts oder eines Gerichtsbezirks'. 2. 'Schultheiß'. 3. 'Hofmeister, der die Aufsicht über die Sitten am Hof führt' ❖ ↗ Rügerichter
W: Meister

Lit: Adelung 3:1199; DRW 11:1311; Grimm 14:1412

Rügenschreiber ↗ Rügeschreiber

Rüger 'amtlich beauftragte und beeidete Person, die kleine Straftaten anzeigt' ❖ mhd. *rüegære, rüeger* 'Ankläger, gerichtlich bestellter Angeber'
FN: Rüger, Rueger, Rüegger, Rieger, Röger (niederdt.), Ruger
W: Forstrüger, Waldrüger
Syn: Wröger

Lit: Barth 1:832; DRW 11:1304; DudenFN 562; Gottschald 416; Grimm 14:1416; Idiotikon 6:764; Linnartz 189

Rügerichter Rügrichter 'Richter in einem Rügegericht'; d.i. ein Gericht unterer Ebene für geringe Vergehen; regional unterschiedlich organisiert ❖ zu mhd. *rüege* 'Anklage, gerichtliche Anzeige, Tadel, Rüge; Gerichtsbarkeit, Gerichtsbezirk'
W: Richter

Lit: Adelung 3:1200; Barth 1:837; DRW 11:1313; Grimm 14:1416; Krünitz 128:456

Rügeschreiber Rügenschreiber 'Verwaltungsbeamter am Rügegericht, der das Verzeichnis der Angeklagten führt'
W: Schreiber

Lit: Adelung 3:1200; Barth 1:837; Grimm 14:1416

Rügmeister ↗ Rügemeister

Rügrichter ↗ Rügerichter

Rumorknecht 'Polizist, Gehilfe des ↗ Rumormeisters'
W: KNECHT

Lit: Barth 1:837; Grimm 14:1483; Schmeller 2:98

Rumormaister ↗ Rumormeister

Rumormeister Romormaister, Rumormaister 1. 'Polizeibeamter, der für öffentliche Ruhe und Ordnung zu sorgen hat'. 2. 'Militärpolizist, der die Soldaten auf dem Marsch beaufsichtigt und die Straßen kontrolliert'. 3. 'Gehilfe des Hurenweibels'; d.i. ein Offizier, der die mit dem Tross mitziehenden Soldatenfrauen und Kinder der Landsknechte und der Marketenderinnen beaufsichtigt ❖ zu mhd. *rumôr, rumôre* 'Lärm, Aufstand', aus mlat. *rumor* 'Lärm, Tumult', aus lat. *rumor* 'dumpfes Geräusch; Gerücht'
W: *Meister*
Syn: Rumorwächter

Lit: Barth 1:837; DRW 11:1332; Grimm 14:1486; Krünitz 128:677; Pies (2001) 38; Pies (2005) 162; Schmeller 2:98; Zedler 32:1801

Rumorwächter 'städtischer Polizist, der Unruhe auf den Straßen und Bettelei bekämpfen und bei Pfändungen helfen soll'
W: *Wächter*
Syn: Rumormeister

Lit: Adelung 3:1209 (Rumorwache); DRW 11:1333 (Rumorwacht); Grimm 14:1486 (Rumorwache); Krünitz 128:678

Rüngelschmied ↗ Ringelschmied

Rupfer 'Arbeiter in der Hutfabrik, der das grobe Haar von den Fellen entfernt' ❖ zu mhd. *rupfen, rüpfen* 'zupfen, zausen'
Vgl: Steifer

Lit: Grimm 14:1532

Rusbrenner ↗ Rußbrenner

Rüsenmacher ↗ Reusenmacher

Rusfarver ↗ Rußfärber

Rußbrenner Rusbrenner 1. 'Handwerker, der Ruß zur Farbenherstellung zubereitet'. 2. ↗ 'Rußfärber'
W: *Brenner*
Syn: Rahmbrenner

Lit: Barth 1:838

Rußbuttenmann 'Händler, der mit einem Karren über Land fährt und Kienruß vertreibt'; im Vogtland; ↗ Kienbrußbrenner ❖ zu mhd. *büte, bütte* 'Gefäß, Bütte', mhd.-bair. *putte* 'Holzgefäß', aus spätromanisch *butta* aus romanisch *buttis* 'Fass'
W: *Mann*
Syn: Ölträger, Pechölmann, Pechölträger

Lit: Adelung 3:1217 (Rußbutte); Grimm 14:1556 (Ruszbutte); Grünn (1960) 102; Krünitz 128:743 (Rußbutte); WBÖ 3:1545

Ruße ↗ Reuß

Russe ↗ Reuß

Rußfärber Rusfarver 'Gerber, der feines schwarzes Korduanleder herstellt'; Korduanleder ist innen rau und geschwärzt und wurde für Schuhe und Kopfbedeckungen verwendet. Bei farblich bearbeiteten Ledersorten überschneiden sich manchmal die Berufsangaben *Gerber* und *Färber* ❖ zu mhd. *ruoʒ* 'Ruß, Schmutz'; mnd. *rußverwer* 'Rußfärber'
W: *Färber**
Syn: GERBER*, KORDUANGERBER

Lit: Barth 1:838; Grimm 14:1556 (Ruszfarbe); Pies (2005) 52; Schiller-Lübben 3:536; Volckmann (1921) 63, 153

Russlandfahrer 1. 'norddeutscher Kaufmann, der in Russland eine Handelsniederlassung hat'. 2. 'Sammler und Händler mit Blutegeln'; ab Anfang 19. Jh. wurden medizinische Behandlungen mit Blutegeln häufig eingesetzt, sodass der Handel mit Blutegeln lukrativ war und wegen der großen Nachfrage bis an den Ural ausgedehnt werden musste. 3. 'Facharbeiter, der zum technologischen Aufbau in die Sowjetunion zieht'; in den 1920er und 1930er Jahren
W: *Fahrer*

Lit: Kaiser (2000)

Rüster 'Arbeiter, der die Bergwerksstollen mit Holzgerüsten befestigt, damit sie nicht einstürzen; Gerüster'
W: *Püttenrüster*

Syn: Zimmerhäuer

Lit: Patocka (1987) 40, 66, 100; Schraml (1930) 188, 225; Schraml (1934) 126; Treffer (1981) 216; Veith 389

Rüstmeister 1. 'Verwalter eines Waffenarsenals und Ausrüstungslagers (Rüstkammer, Zeughaus)'. **2.** 'Handwerker, der Bogen und Armbrüste herstellt'
W: *Meister*, °Rohrrüstmeister
Syn: ARMBRUSTMACHER

Lit: Adelung 3:1221; Barth 1:838; Grimm 14:1552; Idiotikon 4:524; Krünitz 129:109; Thesaurus professionum; Zedler 32:1777

Rusze ↗ Reuß

Rutenbinder lat. *virgulator* 'Handwerker, der Besen u.Ä. herstellt'; Besen wurden aus einem Bündel abgeschnittener Ruten gebunden ❖ zu mhd. *ruote* 'Gerte, Rute'
W: *Binder*
Syn: Besenbinder, Rutenmacher

Lit: Barth 1:839; Diefenbach 622

Rutenfischer 'Fischer, der mit der Angel fischt'; *Rute* kurz für *Angelrute* ❖ zu mhd. *ruote* 'Gerte, Rute'
W: *Fischer**

Lit: Adelung 3:1223; Barth 1:839; Grimm 14:1567

Rutenmacher 1. 'Handwerker, der Besen oder Rutenbündel herstellt'. **2.** 'Handwerker, der feine Ruten herstellt, die für die Seidenmanufaktur gebraucht werden' ❖ zu mhd. *ruote* 'Gerte, Rute'
Syn: Rutenbinder

Lit: Barth 1:839; DRW Belegarchiv; Halle (1762) 2:52; Volckmann (1921) 178, 295

Rutenmann Ruthenmann 'Wünschelrutengänger'; *Rute* in der Bedeutung 'Wünschelrute zum Auffinden von Quellen oder Erzen' ❖ zu mhd. *ruote* 'Gerte, Rute'
W: *Mann*

Lit: Adelung 3:1223; Barth 1:839; Grimm 14:1567; Veith 390

Rutenschlager ↗ Rutenschläger

Rutenschläger Rutenschlager, Ruthenschläger 'Wünschelrutengänger'; zu *schlagen* i. S. v. 'ausschlagen, sich neigen' ❖ zu mhd. *ruote* 'Gerte, Rute'
W: *Schläger*

Lit: Barth 1:839; Fellner 410; Veith 390

¹Ruter 'Beamter, der den Inhalt von Fässern für die Berechnung der Verbrauchssteuern prüft'; dazu wurde eine dünne genormte Rute als Messstab verwendet ❖ zu mhd. *ruote* 'Gerte, Rute'

Lit: DRW 11:1355; Grimm 14:1568

²Ruter ↗ Rüter

Rüter Ruter **1.** 'Reiter'; niederdt. Form. **2.** 'Soldat, der gegen Bezahlung Kriegsdienst leistet'; auch mit der abwertenden Nebenbedeutung 'Straßenräuber' ❖ mnd. *ruter* 'Reiter, Ritter'
FN: Rüter, Rüther, Rüder
Syn: Landsknecht, *Reiter*, Söldner

Lit: DudenFN 564, 565; Gottschald 408; Linnartz 189; Schiller-Lübben 3:537

Ruthenmann ↗ Rutenmann

Ruthenschläger ↗ Rutenschläger

Rütze ↗ Reuß

Ryppelreyer ↗ Rippelreier

S

Saagmeister ↗ Sägemeister*

¹Saalmann 'Verwalter an einem herrschaftlichen Hof oder Landgut; Hofbedienter' ❖ zu mhd. *sal* 'Wohnsitz, Haus; als gesellschaftlicher Treffpunkt dienende Halle'
W: *Mann*
Lit: Adelung 3:1231; Barth 1:842; Krünitz 129:222

²Saalmann ↗ Salmann

Saalmeister lat. *aulicus* 'Bediensteter eines herrschaftlichen Hauses, der die Aufsicht über das Hauswesen innehat' ❖ mhd. *salmeister* 'Hofmeister'
W: *Meister*
Syn: Hofmarschall
Lit: Barth 1:840; Diefenbach 61; DRW 11:1363; Grimm 14:579; Krünitz 129:223

Saamer ↗ Säumer

Sachfaller ↗ Sägenfeiler

Sachführer 'Sachwalter, Parteienvertreter in einem Verfahren' ❖ zu mhd. *sach, sache* 'Streit, Streitsache, Rechtshandel'
W: *Führer*
Syn: Advokat
Lit: DRW 11:1381; Grimm 14:1603

Sackdreger ↗ Sackträger

Säckelmeister Seckelmeister, Seckhelmayster, Sekkelmeister 'Vermögensverwalter und Finanzreferent einer Stadt'; heute noch veraltend in der Schweiz, Österreich und Süddeutschland i. S. v. 'Kassenwart, Schatzmeister' gebräuchlich ❖ zu mhd. *seckel* 'Geldbeutel', aus lat. *sac(c)ellus*, Diminutiv zu lat. *saccus* 'Sack', mhd. *seckelmeister* 'Geldwechsler'
W: *Meister*
Syn: Einnehmer, Säckler, SCHATZMEISTER
Lit: Adelung 4:4 (Seckel); Barth 1:842; DRW 11:1404; Gottschald 419; Grimm 14:1620; Idiotikon 4:525; Linnartz 190

Säckelschneider Seckelschneider 'Handwerker, der Beutel und Taschen anfertigt'; häufig in der übertragenen Bedeutung 'Taschendieb' ❖ mhd. *seckelsnîder* 'Beutelschneider'; ↗ Säckelmeister
W: SCHNEIDER
Syn: BEUTLER
Lit: Barth 1:842; DRW 11:1406; Grimm 15:2806

Sackeltrager Säckeltrager, Sackltrager 'Händler, der auf Rückentragen oder auf Saumtieren Waren, vor allem Salz, transportiert und auf Märkten verkauft' ❖ mhd. *seckel* 'Geldbeutel', urspr. Diminutiv zu *sac* 'Sack, Tasche'. Die Formen mit *-a-* kommen aus dem bair. Sekundärumlaut *-ä-*.
W: *Träger*
Syn: Sackträger, Säumer
Lit: Fellner 411; Schraml (1932) 235, 323, 329

Säckeltrager ↗ Sackeltrager

Sacker Säcker 1. 'Handwerker, der Beutel herstellt'. 2. 'Taglöhner, Hafenarbeiter, der das Getreide beim Ausladen in die Säcke füllt' ❖ zu mhd. *sac* 'Sack, Tasche'
FN: Sacker, Säcker, Saecker
W: Aussacker, Malzsacker
Syn: BEUTLER
Lit: Barth 1:842; Grimm 14:1622; Linnartz 190

Säcker ↗ Sacker

Sackfischer 'Fischer, der eine Fischreuse verwendet'; d.i. ein sackartiges Netz, das durch Reifen offengehalten wird
W: Fischer*
Lit: Barth 1:842; Grimm 14:1622

Sackfuhrer ↗ Sackführer

Sackführer Sackfuhrer 1. 'Person, die Säcke auf Wagen transportiert'. 2. 'Arbeiter, der Säcke aus den Schiffen in die Magazine trägt' ❖ zu mhd. *sac* 'Sack, Tasche'; mhd. *vüeren* 'in Bewegung setzen, treiben, fortschaffen, führen, leiten, herbeiführen, bringen'; mhd. *vüerer* 'Führer'
W: *Führer*
Lit: Barth 1:842; Grimm 14:1623; Krünitz 129:444

Säckler Seckeler, Seckler, Sekler; lat. *bursarius* 1. ↗ 'Säckelmeister'. 2. 'Spendeneinsammler in der Kirche'; zu ostdt. *Säckel* 'Klingelbeutel'. 3. 'Handwerker, der Taschen und Beutel herstellt'; bes. süddt.; vielfach waren die Säckler oder Beutler zugleich Handschuhmacher; der Beruf ist aus der Lederverarbeitung hervorgegangen und stellte z.B. auch noch Lederhosen, alpenländische Lederbekleidung und Ranzen her. 4. 'Arbeiter, der Säcke füllt' ❖ zu 1., 2.: zu mhd. *seckel* 'Geldbeutel', aus lat. *sac(c)ellus*, Diminutiv zu lat. *saccus* 'Sack'; 3., 4.: zu mhd. *sac* 'Sack, Tasche'
FN: Seckler, Sekler, Säckler (möglich ist sowohl ein Bezug zu 'Schatzmeister' als auch 'Beutelmacher' sowie mnd. *sekele* 'Sichel')
W: °Stadtseckler
Syn: BEUTLER, Säckelmeister, Sackmann, SCHATZMEISTER, Taschner
Lit: Adelung 4:3 (Seckel); Barth 1:842; Diefenbach; DRW 11:1407; Gottschald 419, 419, 454; Grimm 14:1624; Grimm 15:2806; Idiotikon 7:678; Kluge 781 (Säckel); Linnartz 190, 190; Pies (2005); Riepl (2009) 350; Schmeller 2:222; Volckmann (1921) 157

Sackltrager ↗ Sackeltrager

Sackmann 1. 'Trossknecht, der den Geldsack trägt'. 2. 'Plünderer, Räuber'; bes. in der Wendung *einen Sackmann machen* 'plündern'. 3. 'Drescharbeiter, der die Getreidesäcke an der Dreschmaschine an- und abhängt und die Säcke wiegt'; in Siebenbürgen ❖ mhd. *sacman* 'Trossknecht, Plünderer, Räuber'
FN: Sackmann, Sakmann
Syn: Säckler
Lit: Barth 1:842; DRW 11:1408; DudenFN 566; Gehl (2003) 791; Gottschald 419; Grimm 14:1624; Linnartz 190; Schmeller 2:220

Sacktrager ↗ Sackträger

Sackträger Sackdreger, Sacktrager, Sacktreger; lat. *saccarius, saccifer, saccularius* 'Arbeiter bei Getreidemärkten oder in Seestädten beim Verladen der Säcke'; sie waren nicht nur Träger, sondern hatten auch zu messen und halfen bei der Beaufsichtigung des Getreidehandels; auch Träger in anderen Branchen, z.B. Mühlen ❖ mhd. *sactrager, sactreger, sactregel* 'Sackträger, Art zünftiger Leute bei Getreidemärkten oder Schrannen'
W: *Träger*
Syn: Sackeltrager
Lit: Adelung 3:1241; Barth 1:843; Diefenbach 506; DRW 11:1409; Frühmittellat. RWb; Grimm 14:1627; Krünitz 129:453; Schmeller 2:221

Sacktreger ↗ Sackträger

Sackzieher 1. 'Arbeiter im Bergbau, der Säcke mit Erz auf Schlitten oder Wagengestellen zu befördern hat'. 2. 'Arbeiter im Bergbau in steilem Gelände, der das Erz in ledernen Säcken mit Seilen in die Hütten bringt' ❖ zu mhd. *sac* 'Sack, Tasche'
W: *Zieher*
Lit: Grimm 14:1628; Krünitz 129:457; Veith 391

Sadeler ↗ SATTLER

Sadelhöfer ↗ Sedelhöfer

Sadelknecht ↗ Sattelknecht

Sadelmaker ↗ Sattelmacher

Sadelmann ↗ Sedelmann

Sadler ↗ SATTLER

Saelmaker ↗ Sattelmacher

Saffianfärber 'Färber, der Saffianleder (rot, gelb oder blau gefärbtes Ziegenleder) herstellt' ❖ *Saffian* 'feines, weiches, bunt gefärbtes Ziegenleder', zu russ. *saf'jan*, dies über das Turkotatarische aus pers. *sahtiyan* 'Ziegenfell'
W: *Färber**

Lit: Adelung 3:1243 (Saffian); DudenFW 1201; Grimm 14:1635; Krünitz 130:50

Saffiangerber 'Gerber, der Saffianleder (rot, gelb oder blau gefärbtes Ziegenleder) herstellt' ❖ ↗ Saffianfärber
W: GERBER*

Lit: Krünitz 130:116

Sageder ↗ Säger

Sägefeiler ↗ Sägenfeiler

Sagemacher ↗ Sayenmacher

Sägemeister* Saagmeister, Sägenmeister, Sagmeister, Sagmester 'Betreiber oder Vorgesetzter einer Sägemühle' ❖ mhd. *segemeister* 'Sägemeister'
FN: Sagmeister
W: *Meister*
Syn: BRETTSCHNEIDER

Lit: Adelung 3:1246; Barth 1:843; Diefenbach 530; DRW 11:1416; Grimm 14:1650; Krünitz 130:540

Sagemöller ↗ Sägemüller

Sägemüller Sagemöller, Sagmüller, Sägmüller 1. 'Betreiber oder Vorgesetzter eines Sägewerks'. 2. 'Arbeiter, der gemeinsam mit einem unten in einer Grube stehenden Arbeiter mit einer Rahmensäge ein senkrecht stehendes Brett in der Mitte durchsägt'; später wurden Pferde oder Wasserkraft als Energiequelle eingesetzt ❖ mhd. *segemüller* 'Sägmüller, Besitzer einer Sägmühle'

FN: Sagmüller, Sagmueller, Sägmüller, Sägemüller, Segmiller
W: *Müller*
Syn: BRETTSCHNEIDER

Lit: Adelung 3:1245; Barth 1:843; DRW 11:1417; Gottschald 419; Grimm 14:1650; Krünitz 130:533; Pies (2005)

Sägenfeiler Sachfaller, Sägefeiler, Sagenfiler, Sägnfiler, Sagfeiler 'Sägenschärfer' ❖ zu mhd. *sege, sage* 'Säge und Sägenähnliches'; mhd. *vîle* 'Feile'; mnd. *sage* 'Säge'; mnd. *vile* 'Feile'
W: Feiler

Lit: Haid (1968) 183; Hartmann (1998) 199; TirWb 2:500

Sagenfiler ↗ Sägenfeiler

Sägnfiler ↗ Sägenfeiler

Sägenmeister ↗ Sägemeister*

Sägenschmid ↗ Sägenschmied

Sagenschmied ↗ Sägenschmied

Sägenschmied Sägenschmid, Sagenschmied, Sägeschmied, Segeschmidt; lat. *faber serrarius, serrarius* 1. 'Handwerker, der Sägen und Sägeblätter herstellt oder ausbessert'. 2. 'Sensenschmied' ❖ mhd. *sëgenssmit* 'Sensenschmied'
FN: Sägeschmidt (selten)
W: *Schmied*

Lit: Adelung 3:1248; Barth 1:843; DRW 11:1422; Grimm 14:1661; Idiotikon 9:863; Linnartz 190

Sagenschneider ↗ Sägenschneider

Sägenschneider Sagenschneider, Sagenschnider, Sagensnider, Sagschneider, Segensnider 1. 'Betreiber eines Sägewerks; Sägemüller'; in Tirol. 2. 'Arbeiter in einer Sägemühle'; ↗ Sägemüller ❖ zu mhd. *sege, sage* 'Säge und Sägenähnliches'
FN: Sagenschneider, Sagenschnitter, Sägenschnitter, Sägeschneider

W: SCHNEIDER
Syn: BRETTSCHNEIDER
Lit: Barth 1:843; Schmeller 2:2350; TirWb 2:500

Sagenschnider ↗ Sägenschneider

Sagensnider ↗ Sägenschneider

Sager ↗ Säger

Säger Sageder, Sager, Sagerer, Sageter, Sagher, Seeger, Seger; lat. *serrator* 'Arbeiter, der Baumstämme zu Brettern oder Bauholz sägt' ❖ mhd. *seger, sager* 'Sägemüller'; zu mnd. *sage* 'Säge'
FN: Säger, Seger, Sager, Seeger, Sageder, Saget, Sageter, Segeter (*Sager* kann auch von den Bedeutungen 'Erzähler' und 'Ankläger' kommen)
W: Furniersäger, Holzsäger, Schragensäger
Syn: BRETTSCHNEIDER
Lit: Barth 1:843; Diefenbach 530; DRW 11:1421; DudenFN 567; Gottschald 419; Grimm 14:1661; Linnartz 190

Sagerer ↗ Säger

Sägeschmied ↗ Sägenschmied

Sageter ↗ Säger

Sagfeiler ↗ Sägenfeiler

Sagher ↗ Säger

Sagmeister ↗ Sägemeister*

Sagmester ↗ Sägemeister*

Sagmüller ↗ Sägemüller

Sägmüller ↗ Sägemüller

Sagschneider ↗ Sägenschneider

Sahlmann ↗ Salmann

Saiffensieder ↗ Seifensieder

Saiger ↗ Seiger

Saigerabtreiber ↗ Seigerabtreiber

Saigeranrichter ↗ Seigeranrichter

Sailer ↗ SEILER

Saitenmacher 'Handwerker, der Saiten aus Messing, Stahl oder Darm für Musikinstrumente herstellt' ❖ zu mhd. *seite* 'Strick, Schlinge, Darm'
FN: Saitenmacher, Seiter
Lit: Barth 1:844; Gottschald 420; Grimm 14:1688; Krünitz 130:662; Linnartz 191; Palla (2010); Volckmann (1921) 300

Salbenbereiter Salbenmacher; lat. *pigmentarius, unguentarius* 'Hersteller von Salben und Balsam' ❖ mhd. *salbenmacher* 'Salbenmacher'
W: *Bereiter*
Lit: Barth 1:845; Diefenbach 627; Frühmittellat. RWb (Adj.); Grimm 14:1692; Krünitz 131:29

Salbenhändler 1. 'Salbenverkäufer auf dem Jahrmarkt'. 2. 'Apotheker' ❖ zu mhd. *salbe* 'Salbe'
Syn: Apotheker, Salbenkrämer
Lit: Barth 1:845; Diefenbach 434; Frühmittellat. RWb (Adj.); Grimm 14:1692; Krünitz 131:29

Salbenkramer ↗ Salbenkrämer

Salbenkrämer Salbenkramer ↗ 'Salbenhändler'
W: KRÄMER
Syn: Apotheker, Salbenhändler
Lit: Barth 1:845; DRW 11:1433; Grimm 14:1693

Salbenmacher ↗ Salbenbereiter

Salburch ↗ Salwerker

Salbürge ↗ 'Salmann' ❖ mhd. *salbürge* 'Zeuge bei einer Übergabe und Bürge dafür'
Syn: Salmann
Lit: Barth 1:845; Grimm 14:1695

Salburt ↗ Salwerker

Salinist 'Autor von Fachliteratur über die Salzgewinnung' ❖ zu lat. *sal* 'Salz'

Lit: Palla (2010) 264; Walter (2011)

Saliter ↗ SALITERER

SALITERER Saliter, Salitter, Salniter; lat. *salitor* 'Person, die Salpeter durch Sieden erzeugt oder auch ausgräbt' ❖ mhd. *salniter, saliter* 'Salpeter', aus lat. *[sal] nitrum* 'Natron'
FN: Saliter, Salitter, Salliter, Saniter
Syn: Lasiterer, Salitergräber, Salitersieder, Salpeterer, Salpetergräber, Salpetermacher, Salpetersieder

Lit: Adelung 3:1255 (Saliter); Barth 1:845; Diefenbach 508; DRW 11:1439; Gottschald 420; Grimm 14:1696; Höfer 2:195; Linnartz 191; Palla (1994) 267; SteirWb 516; Volckmann (1921) 220

Salitergraber ↗ Salitergräber

Salitergräber Salitergraber, Sallitergraber, Salnitergraber 'Person, die Salpeter ausgräbt'; ↗ Salpetergräber ❖ ↗ Saliterer
W: *Gräber*
Syn: SALITERER

Lit: Barth 1:845; Krünitz 131:253; Schmeller 2:254

Salitersieder Sallitersieder, Salnitersieder; lat. *nitrarius, salitor* 'Person, die Salpeter verarbeitet'; ↗ Salpetersieder ❖ ↗ Saliterer
W: *Sieder*
Syn: SALITERER

Lit: Adelung 3:1256 (Saliter); Barth 1:845; Diefenbach 508; DRW 11:1440; Gottschald 420; Krünitz 131:253; Schmeller 2:254

Salitter ↗ SALITERER

Salleute ↗ Salmann

Sallitergraber ↗ Salitergräber

Sallitersieder ↗ Salitersieder

Sallwerk ↗ Salwerker

Sallwürk ↗ Salwerker

Salmann Saalmann, Sahlmann; Plural: *Salleute* 1. 'freier oder adeliger Mann, der als Mittels- und Gewährsmann die Übergabe eines geschenkten oder gekauften Gutes rechtskräftig vollzieht; Testamentsvollstrecker; Vormund, Schutzherr; Vogt, Anwalt; Sachwalter, Bürge; Zeuge bei einer Verhandlung'. 2. 'Schlossaufseher' ❖ mhd. *salmann, salemann* 'die Mittelsperson bei Übergaben, dann auch Testamentsvollstrecker, Schutzherr' (Lexer); mhd. *salemann* 'die Mittelsperson bei Übergaben' (BMZ); zu mhd. *sal* m. 'Gut, das laut Testament zu übergeben ist, Vermächtnis', *sal* f. 'rechtliche Übergabe eines Gutes'. Das Adjektiv *sal* oder *salmanisch* bedeutet daher 'rechtmäßig und bevorrechtet'
FN: Sallmann, Seelmann, Sellmann, Salmen
Syn: Salbürge

Lit: Adelung 3:1231; DudenFN 567; Gottschald 420; Grimm 14:1698; Linnartz 191; Schmeller 2:251

Salniter ↗ SALITERER

Salnitergraber ↗ Salitergräber

Salnitersieder ↗ Salitersieder

Salpeterer 'Person, die Salpeter durch Sieden erzeugt oder auch ausgräbt'; Salpeter war ein wichtiger Bestandteil des Schießpulvers ❖ zu mhd. *salpeter* 'Salpeter', aus mlat. *sal petra* 'an Stein sich bildendes Salz'
FN: Salveder
Syn: SALITERER

Lit: Adelung 3:1257 (Salpeter); Barth 1:846; Gottschald 420; Idiotikon 7:869; Linnartz 191

Salpetergräber 'Person, die Salpeter schürft'; Salpeter wurde vor allem in Höhlen gewonnen, wurde aber auch aus dem Erdboden von Ställen und Wohnhäusern ausgegraben; er entstand dort aus Vermischung von dem im Boden vorhandenen Kalk mit den Exkrementen und dem Urin von Tieren und Menschen ❖ ↗ Salpeterer
W: *Gräber*
Syn: SALITERER

Lit: Barth 1:846; DRW 11:1445 (Salpetergraben)

Salpetermacher Salpetermecher, Salpettermacher ↗ 'Salpetersieder'
Syn: SALITERER
Lit: Barth 1:846; DRW Belegarchiv; Thiele (1905)

Salpetermecher ↗ Salpetermacher

Salpetersieder Salpetersüder; lat. *nitrarius, salitor* 'Person, die aus der salzhaltigen Salpeterlösung durch Sieden eine gesättigte Lösung herstellt'; *Salpetersieder* zogen mit Vollmacht und im Auftrag des Landesherrn von Bauer zu Bauer und gruben in den Häusern nach Salpeter, was den Beruf unbeliebt machte ❖ ↗ Salpeterer; zu mhd. *sieden* 'sieden, wallen, kochen'
W: *Sieder*
Syn: SALITERER
Lit: Adelung 3:1257; Barth 1:846; Diefenbach 508; DRW 11:1446; Grimm 14:1702; Idiotikon 7:316; Krünitz 132:92; Palla (1994) 267

Salpetersüder ↗ Salpetersieder

Salpettermacher ↗ Salpetermacher

Salsemer ↗ Salsensieder

Salsener ↗ Salsensieder

Salsensieder Salsemer, Salsener 'Person, die Salsen erzeugt'; eine *Salse* ist '[säuerliches] Fruchtgelee, eingekochter Saft, [salzige] Tunke' ❖ zu mhd. *salse* 'gesalzene Brühe'; ital. *salsa*, verwandt mit *Sauce*; mhd. *sieden* 'sieden, wallen, kochen'
W: *Sieder*
Lit: Grimm 14:1702 (Salse); Schmeller 2:271; SteirWb 516

Salsitzenmacher Saltzitzienmacher; lat. *salsuciarius* 'Handwerker, der Würste herstellt'; 17. Jh.; bezog sich urspr. nur auf *Salzzutzen*, eine Art kleiner Würstchen, später allgemein für 'Wurst' ❖ ital. *salsiccia* 'pikant gewürzte Mettwurst'
Syn: Wurster
Lit: Barth 2:247

Saltner lat. *saltuarius* 1. 'Bewacher des Weingartens, eines Feldes, Waldes'; in Tirol. 2. 'Vorsitzender der Alpkorporation, Alpmeister'; in der Schweiz ❖ spätmhd. *saltner* 'Feld-, Wald-, Weinberghüter', ital. *saltaro*, mlat. *saltuarius* 'Aufseher über die Wirtschaft, Feld und Wald, Förster', zu lat. *saltus* 'waldiges Gebiet, das zum Weiden des Viehs benützt wurde'
FN: Saltner, Salter
Syn: FLURSCHÜTZ
Lit: Barth 1:846; Diefenbach 509; DRW 11:1449; Frühmittellat. RWb; Galler (1979); Gottschald 420; Grimm 14:1704; Idiotikon 7:871; Linnartz 191; Schmeller 2:271; TirWb 2:503

Saltzitzienmacher ↗ Salsitzenmacher

Salunenmacher Salunenmaker, Salunmaker 'Weber, der Salunen (grobe Wolldecken) herstellt; Bettdeckenmacher'; in Lübeck, danach ist die *Schlumacherstraße* (im 14. Jh. noch *Salunenmakerstrate*) in Lübeck benannt
Syn: Deckenflechter, Deckenmacher, Schalaunenmacher, Schalauner
Lit: Groth (1999); Volckmann (1921) 78

Salunenmaker ↗ Salunenmacher

Salunmaker ↗ Salunenmacher

Salwerke ↗ Salwerker

Salwerker Salburch, Salburt, Sallwerk, Sallwürk, Salwerke, Salwirke, Salwirt, Salwirth, Salwirthe, Salwort, Salwurch, Salwürch, Salwürcher, Salwurchter, Salwürk, Salwürker 'Handwerker, der Teile der Rüstungen herstellt; Waffenschmied, Panzermacher, Plattner' ❖ ↗ Sarwerker
FN: Sallwerk, Salweck, Salwirk, Sallwirk, Salwirker, Sallwirker, Savirch, Saalwirt, Saalwirth
W: *Werker*
Syn: Panzerschmied, Sarwerker
Lit: Barth 1:846; DudenFN 567; Gottschald 420; Grimm 14:1705; Linnartz 191; Schmeller 2:254, 320

Salwirke ↗ Salwerker

Salwirt ↗ Salwerker

Salwirth ↗ Salwerker

Salwirthe ↗ Salwerker

Salwort ↗ Salwerker

Salwurch ↗ Salwerker

Salwürch ↗ Salwerker

Salwürcher ↗ Salwerker

Salwurchter ↗ Salwerker

Salwürk ↗ Salwerker

Salwürker ↗ Salwerker

Salzadmodiateur ↗ Salzadmodiator

Salzadmodiator Salzadmodiateur 'Unternehmer, der im Namen des Fiskus das Salzmonopol bewirtschaftet'; zu *Admodiator*, veraltet für 'Pächter' ❖ zu mlat. *admodiator* 'Verpächter, Pächter', zu mlat. *admodiare* 'pachten', aus lat. *modius* 'Fruchtmaß, Scheffel'
Lit: Barth 2:13

Salzamtmann lat. *praefectus salinarum, praefectus salis* 'Vorsteher des Salzamtes, der Behörde zur Verwaltung eines Salzbergwerkes und des Salzhandels'; in Österreich der oberste kaiserliche Beamte im (Salz-)Kammergut, der nur der Hofkammer in Wien verantwortlich war ❖ zu mhd. *ambetman, amtman* 'der ein Amt zu verwalten hat, Diener, officialis'
W: Amtmann
Lit: Barth 2:218; DRW 11:1456; Fellner 422; Patocka (1987) 11; Rieder (2006) 1:30; Schneller (1819) 4:274; Schraml (1932) 53

Salzaufgeber 'Beamter des bürgerlichen Salzlagers, der den Ein- und Verkauf des Fudersalzes besorgt'; in Gmunden, Salzkammergut; *Fudersalz* ist das in kegelförmigen Salzstöcken *(Fuder)* gelagerte Salz
W: Aufgeber
Syn: Aufschüttkassier
Lit: Fellner 423

Salzausreiter Salzausreuter 'ein Angestellter des Salzamtes, der die Salzverkaufsstellen (↗ Salzseller) kontrolliert'
W: Ausreiter, *Reiter*
Lit: Barth 1:847

Salzausreuter ↗ Salzausreiter

Salzausrichter 1. 'Arbeiter im Salzbergwerk, der den Schacht und die Förderseile ausrichtet'. 2. 'Beamter, der das Salz an die Absatzgebiete der Salzhändler ausliefert' ❖ zu mhd. *ûȝrihten* 'ausglätten, schlichten, in Ordnung bringen'
W: Ausrichter
Lit: Fellner 424

Salzbereiter 1. 'Person, die Salz herstellt'. 2. '[berittener] Beamter, der die Straßen für den Salztransport überwacht und Betrug beim Salztransport verhindert'; speziell in Österreich ein kaiserlicher Beamter, der aufgrund der 1664 herausgegebenen Instruktion innerhalb eines abgegrenzten Aufsichtsbezirks die Ausfuhr von Salz zu überwachen und Schmuggler gefangen zu nehmen hatte ❖ 2. zu mhd. *berîten* 'reiten auf; reitend besichtigen'; *berîter* 'jmd., der reitet'
W: *Bereiter*
Syn: Salzüberreiter, Salzwerker, Überreiter
Lit: Adelung 3:1259; Barth 1:847; DRW 11:1458; Fellner 426; Grimm 14:1710

Salzdiener 'Angestellter des städtischen Salzamts'; schweiz.
W: *Diener*
Syn: Salzknecht
Lit: DRW 11:1460; Idiotikon 13:208

Salzdörrer 'Arbeiter im Sudhaus der Saline, der das Salz trocknet' ❖ zu mhd. *derren* 'dörren, austrocknen'
W: Dörrer
Lit: Fellner 431; Palla (2010) 267; Patocka (1987) 253 (salzdörren)

Salzer Sälzer, Salzner, Selzer 1. 'Person, die Salz herstellt'. 2. 'Person, die (Lebensmittel) salzt; Arbeiter, der den Käse zu salzen hat'. 3. 'Salzhändler'. 4. 'Person, die mit eingesalzenen Speisen (Salzfleisch, -fischen, -heringen) handelt' ❖ zu mhd. *salzer, selzer*, mnd. *solter* 'Salzverkäufer'
FN: Salzer, Saltzer, Selzer, Salzler, Salzner, Salzl, Sälzle, Solter, Sölter

Lit: Barth 1:847; DRW 11:1462; DudenFN 568; Fellner 432; Gottschald 420; Grimm 14:1713; Idiotikon 7:899; Linnartz 191; Palla (1994) 418; Schiller-Lübben 4:288; Schmeller 2:273; Volckmann (1921) 199

Sälzer ↗ Salzer

Salzfactor ↗ Salzfaktor

Salzfahrer ↗ Salzführer

Salzfaktor Salzfactor 'Beamter, der die Salzmagazine und die Verteilung von Salz an die Kleinhändler leitet'
W: *Faktor*
Syn: Salzinspektor

Lit: DRW 11:1463; DudenFW 445

Salzfertiger Salzförtiger 1. 'Beamter, der den Abtransport des Salzes und die Verteilung an die Händler besorgt'. 2. 'Salzspediteur' ❖ mhd. *salzvertiger* 'Salzsender', zu mhd. *vertigen* 'fertig machen, zur Fahrt ausrüsten'
W: Fertiger
Syn: GUTFERTIGER, Salzsender, SPEDITEUR*

Lit: Barth 1:847; DRW 11:1464; Fellner 432; Grimm 14:1714; Höfer 1:212; Schmeller 1:761

Salzförtiger ↗ Salzfertiger

Salzführer Salzfahrer, Soltforer, Soltvorer 1. 'Transportunernehmer, Fuhrmann, der Salz transportiert'. 2. 'Schiffseigner, der Salz als Großhändler weiter vertreibt'. 3. 'Salzhändler, der als Hausierer unterwegs ist' ❖ mhd. *salzvüerer* 'Salzführer, -händler'
W: *Führer*
Syn: SALZHÄNDLER*, Salzmann

Lit: Barth 1:847; DRW 11:1463, 1466; Linnartz 191; Volckmann (1921) 199

Salzfuhrmann lat. *carrucarius salarius, vector salis* 'Salzhändler, fahrender Salzverkäufer'
W: FUHRMANN
Syn: SALZHÄNDLER*

Lit: Barth 2:246; DRW 11:1467

Salzfüller 'Zollbeamter, der das Salz misst' ❖ zu mhd. *vüller* 'der den Mörtel einfüllt und den Maurern zuträgt', *vüllen* 'anfüllen, voll machen'
Syn: Salzmesser, Salzstapler

Lit: Volckmann (1921) 199

Salzgademer Salzgadner 'Beamter, der für den Verkauf von Salz verantwortlich ist'; er stand unter Eid und hatte sich an die Dienstinstruktionen zu halten
W: Gademer

Lit: DRW 11:1467; Schmeller 1:871 (Gaden, Gadem)

Salzgadner ↗ Salzgademer

Salzgegenschreiber 'kurbayerischer Beamter, der die gesamte Halleiner Salzproduktion überwacht'; in Salzburg. Mit den Salzverträgen von 1611/12 wurde die Halleiner Salzproduktion von Bayern übernommen, und ein weiß-blau uniformierter ↗ Gegenschreiber kontrollierte den gesamten Arbeitsablauf. ❖ zu mhd. *gegenschrîber* 'Gegenrechner, Kontrolleur'
W: *Gegenschreiber*

Lit: DRW 11:1467; Fellner 437; Krünitz 16:620

Salzgenoss ↗ Salzgenosse

Salzgenosse Salzgenoss; lat. *particeps salinarum* 'Teilhaber an einem Salzwerk' ❖ zu mhd. *genôz* 'Genosse, Gefährte; Mitglied einer Genossenschaft'
W: *Genosse*
Syn: Salzgewerke

Lit: Barth 1:847; Grimm 14:1715

Salzgewerber Salzgwerber 'Salzhändler'; im Schweizerdeutschen bedeutet *Gewerber* sowohl 'Kleinunternehmer' als auch 'Geschäftsmann, Händler' ❖ zu mhd. *gewerbe* 'der ein Gewerbe betreibt'
W: Gewerber
Syn: SALZHÄNDLER*
Lit: DRW 11:469; Idiotikon 6:1140

Salzgewerk ↗ Salzgewerke

Salzgewerke Salzgewerk 'Teilhaber an einem Salzwerk' ❖ zu mhd. *gewërke* 'Handwerks-, Zunftgenosse'
W: Gewerke
Syn: Salzgenosse
Lit: Grimm 14:1715; Pierer 14:825

Salzgraf Salzgräfe, Salzgrave, Salzgräve, Salzgrebe; lat. *praefectus salinarum, praefectus salis* 1. 'oberster Vorgesetzter eines Salzwerks'. 2. 'Vorsteher und Richter innerhalb des Salzwesens'; im oberösterreichischen Salzkammergut. 3. 'Aufseher über den städtischen Salzhandel' ❖ mhd. *salzgrâve, salzgrêve* 'Verwalter, Vorsteher eines Salzwerks'
W: Graf
Lit: Adelung 3:1259; Barth 1:847; DRW 11:1469; Grimm 14:1715; Krünitz 134:570; Linnartz 191

Salzgräfe ↗ Salzgraf

Salzgrämpler ↗ Salzgrempler

Salzgrave ↗ Salzgraf

Salzgräve ↗ Salzgraf

Salzgrebe ↗ Salzgraf

Salzgrempler Salzgrämpler 'Kleinhändler, der illegal mit Salz handelt'
W: Grempler
Syn: SALZHÄNDLER*
Lit: DRW 11:1470; Idiotikon 2:739

Salzgwerber ↗ Salzgewerber

Salzhandler ↗ SALZHÄNDLER*

SALZHÄNDLER* Salzhandler; lat. *mercator salarius, salarius* 'Person, die mit Salz handelt' ❖ zu mhd. *handeler, handler* 'der etwas tut, vollbringt, verrichtet, Unterhändler'
Syn: Hingeber, Humpler, Salzführer, Salzfuhrmann, Salzgewerber, Salzgrempler, Salzkarrer, Salzkäufer, Salzmann, Salzmenger, Salzschießer, Salzseller, Salzstößer, Salzträger, Salzversilberer
Lit: Barth 1:847; DRW 11:1472; Fellner 440; Frühmittellat. RWb; Grimm 14:1715; Schraml (1932) 308

Salzherr lat. *salinator* 1. 'adeliger Pfannhausbetreiber im Ostalpenraum'. 2. 'Eigentümer einer Saline'. 3. 'Ratsherr, der die Oberaufsicht über das Salzhaus und das städtische Salzamt hat' ❖ zu mhd. *hêrre, hërre* 'Herr, Gebieter, vornehmer Vasall oder Dienstherr; Adeliger'
W: Herr
Syn: SALZPFÄNNER
Lit: Barth 1:848; Diefenbach 508; DRW 11:1472; Fellner 440; Grimm 14:1716

Salzinspektor 'Beamter, der den Salzhandel und die Niederlassungen kontrolliert'
Syn: Salzfaktor
Lit: Barth 1:848; DRW 11:1474; Fellner 442

Salzjuncker ↗ Salzjunker

Salzjunker Salzjuncker 'Erbberechtigter, der einen Anteil an einem Salzwerk besitzt; adeliger Pfannhausbetreiber im Ostalpenraum' ❖ zu mhd. *junchêrre, junchërre* 'junger Adeliger'
W: Junker
Syn: SALZPFÄNNER
Lit: Adelung 3:1260; Barth 1:848; DRW 11:1474; Grimm 14:1716; Krünitz 134:547; Zedler 33:798

Salzkärner ↗ Salzkarrer

Salzkarrer Salzkärner, Salzkärrner; lat. *carrucarius salarius* 1. 'fahrender Salzhändler'. 2. 'Hausierer, der mit Salz handelt' ❖ zu mhd. *karrer* 'Karrenführer'

W: Karrer
Syn: SALZHÄNDLER*

Lit: Barth 1:8480; DRW 11:1475; Grimm 14:1716; Idiotikon 3:427; Volckmann (1921) 199

Salzkärrner ↗ Salzkarrer

Salzkäufer Soltkoper 1. 'Salzhändler'; ↗ Käufer i. S. v. 'Händler', vgl. auch *Salzkäufl* (↗ Käufel). **2.** 'Beamter, der Salzhandel und -versorgung beaufsichtigt' ❖ die niederdt. Form zu mnd. *solt* 'Salz', mnd. *kopere* 'Käufer'
W: Käufer
Syn: SALZHÄNDLER*

Lit: DRW 11:1476; Grimm 14:1717; Schiller-Lübben 2:528; Schiller-Lübben 4:288

Salzkäufl ↗ Käufel

Salzknecht 1. 'Arbeiter in einem Salzsiedehaus, dem ↗ Wirker untergeordnet'. **2.** 'Angestellter in einem obrigkeitlichen Salzverkaufsmagazin'
W: KNECHT
Syn: Salzdiener

Lit: Adelung 3:1260; Barth 1:848; DRW 11:1477; Fellner 443; Idiotikon 3:729; Krünitz 134:575

Salzkramer ↗ KRÄMER

Salzkrämer ↗ KRÄMER

Salzlader 1. 'Fuhrmann, der Salz transportiert; Unternehmer, der Verladung und Versand von Salz durchführt'. **2.** 'Angestellter im Salzlager, der das Salz verlädt' ❖ zu mhd. *laden* 'aufladen'
W: *Lader*
Syn: Salzmann, Salzsender

Lit: Barth 1:848; DRW 11:1478; Grimm 14:1718; Schmeller 2:273; Volckmann (1921) 224

Salzleger 'Verantwortlicher für das Entladen und Magazinieren des Salzes sowie das Wiederbeladen der Schiffe'; im oberösterreichischen Salzkammergut; er legte aufgrund der Anzahl der Küfel (kleine Salzfässer) die Transportgebühren fest ❖ zu mhd. *lëgeræere, lëgerer* 'jmd., der lagert'

W: Leger
Syn: Salzsender

Lit: Fellner 446; Schraml (1932) 278

Salzmaier ↗ Salzmeier

Salzmann 1. 'Arbeiter in der Saline, der aus der Sole durch Sieden das Salz gewinnt'. **2.** 'Salzhändler'. **3.** 'Fuhrmann, der Salz transportiert'
FN: Salzmann
W: *Mann*
Syn: KRÄMER, Salzführer, SALZHÄNDLER*, Salzlader, Salzsieder

Lit: Barth 1:848; DRW 11:1479; DudenFN 568; Fellner 447; Gottschald 420; Grimm 14:1718; Volckmann (1921) 199

Salzmayr ↗ Salzmeier

Salzmeier Salzmaier, Salzmayr, Salzmeyer 1. 'oberster Beamter, Vorsteher einer Saline'. **2.** 'Vorarbeiter im Pfannhaus' ❖ mhd. *salzmeier* 'Salzgraf'; zu mhd. *meier* 'Oberbauer, der im Auftrag des Grundherrn die Bewirtschaftung der Güter führt und die niedere Gerichtsbarkeit ausübt', aus mlat. *maior domus* 'Vorsteher über die Dienerschaft des Hauses'
Syn: Hofschreiber, PFLEGER, Salzverweser

Lit: Barth 1:848; DRW 11:1481; Fellner 448; Grimm 14:1719; Kluge 610; Patocka (1987) 80; Schmeller 2:273; Schraml (1932)

Salzmeieramtsgegenschreiber ↗ Amtsgegenschreiber

Salzmeister Soltmester; lat. *praefectus salinarum, praefectus salis* 'Beamter im Dienst des Salzherrn, der das Salzwerk oder Sudhaus beaufsichtigt'
W: Meister

Lit: Barth 1:848

Salzmenger Soltmenger 'Salzhändler, -verkäufer' ❖ ↗ Menger; mnd. *soltmenger* 'Salzverkäufer'
W: Menger
Syn: SALZHÄNDLER*

Lit: DRW 11:1482; Schiller-Lübben 4:288

Salzmesser Soltmeter 'Beamter im Salzhandel, der den Käufern das Salz misst und zuteilt' ❖ die niederdt. Form zu mnd. *meter* 'Messer, der (beeidigte) Korn-, Hopfenmesser'
W: *Messer*
Syn: Salzfüller, Salzmutter

Lit: Adelung 3:1261; Barth 1:848; DRW 11:1482; Fellner 448; Grimm 14:1719; Krünitz 134:595; Schiller-Lübben 3:84

Salzmeyer ↗ Salzmeier

Salzmödder ↗ Salzmutter

Salzmöder ↗ Salzmutter

Salzmudder ↗ Salzmutter

Salzmuter ↗ Salzmutter

Salzmutter Salzmödder, Salzmöder, Salzmudder, Salzmuter, Salzmütter 'Beamter, der das Salz bei Kauf und Verkauf misst; Zollbeamter, der das Salz zu messen hat'; *der Salzmutter* ist nicht zu verwechseln mit *die Salzmutter,* so wurde der 'Schleim und Schlamm, der sich in den Gefäßen von der Sole bildet', bezeichnet ❖ mhd. *salzmütter, salzmüttære* 'Salzmesser', zu mhd. *mutter* m. 'Fruchtmesser'; aus lat. *modius* 'Maß, Scheffel'
W: *Mutter*
Syn: Salzmesser, Salzstapler

Lit: Barth 1:848; DRW 11:1483; Grimm 14:1720; Linnartz 192; Volckmann (1921) 199

Salzmütter ↗ Salzmutter

Salzner ↗ Salzer

Salzpacker 'Angesteller des Salzmessers, der die Salztonnen in den Salzspeichern füllt bzw. die richtige Füllung kontrolliert' ❖ zu mnd. *paken, packen* 'bündeln, packen'; seit dem 16. Jh. bekannt
W: *Packer*

Lit: Barth 1:848; Kluge 677 (packen); Schiller-Lübben 3:290 (packen)

Salzpfänner 1. ↗ 'Salzjunker'. 2. 'Teilhaber an einem Salzwerk'; zu *Salzpfanne* 'Metallpfanne im Sudwerk', übertragen auf 'Anteil an einem Salzwerk'
W: Pfänner
Syn: Pfannenherr, Pfanner, Salzherr, Salzjunker, Sülfmeister, Sültherr

Lit: Adelung 3:1261 (Salzpfanne); Barth 1:848; DRW 11:1486; Grimm 14:1720

Salzrodfuhrmann Salzrodler 'Salztransporteur, der nach einer *Rod* fährt'; d. i. eine Reihenfolge und Ordnung, in der im Rahmen einer alpinen Transportgenossenschaft die Fuhren zugeteilt wurden ❖ ↗ Rodmeister
W: FUHRMANN

Lit: DRW 11:1487

Salzrodler ↗ Salzrodfuhrmann

Salzschaffner 'Verwalter des staatlichen Salzhandels' ❖ zu mhd. *schaffenære, schaffener* 'Aufseher, Verwalter'
W: *Schaffner*

Lit: DRW 11:1488; Idiotikon 8:347

Salzschießer 'bürgerlicher Salzhändler in einem bestimmten Rayon'; in Wien; zu *schießen* i. S. v. 'schieben, (über den Tisch) weggeben, werfen', vgl. Brot einschießen ❖ zu mhd. *schieʒen* 'werfen, schießen, stoßen'
Syn: SALZHÄNDLER*

Lit: Fellner 454; Grimm 15:30 (schießen); Schmeller 2:478; Srbik (1917) 206; Treffer (1981) 146

Salzschiffer 'Schiffer, der den Salztransport bewerkstelligt'; auf Inn, Salzach, Traun, Moldau ❖ zu mhd. *schiffer*

Lit: Fellner 454

Salzschifter ↗ Schifter

Salzschreiber Salzschriber; lat. *salinarius, scriba salinarium* 1. 'untergeordneter Beamter an einem Salzamt'. 2. 'Verwalter eines Salzwerks'; verkürzt aus *Salzhausschreiber* ❖ zu mhd. *schrîbære, schrîber* '[geistlicher] Schreiber niederen Grades'
W: *Schreiber*

Lit: Adelung 3:1262; Barth 1:848; DRW 11:1489; Fellner 454; Frühmittellat. RWb; Grimm 14:1722; Idiotikon 9:1552; Krünitz 135:45

Salzschriber ↗ Salzschreiber

Salzseller 'konzessionierter Salzhändler'; bes. von der Regierung bestellter kleiner Salzhändler auf dem Land, der das Salz vorrätig haben musste und nur zu einem festgesetzten Preis verkaufen durfte
W: Seller
Syn: SALZHÄNDLER*

Lit: Barth 1:849; DRW 11:1489; Grimm 14:1722; Krünitz 135:45; Schiller-Lübben 4:184

Salzsender 1. 'Unternehmer, der Salzhandel betreibt'. 2. 'Salzspediteur' — Aus Bad Reichenhall wurde das Salz nach Westen transportiert und im Gegenzug von dort der Getreidebedarf gedeckt ❖ mhd. *salzsender* 'Salzspediteur'; zu *Sender* in der Bedeutung 'Absender, Versender'
W: Sender
Syn: Salzfertiger, Salzlader, Salzleger, SPEDITEUR*

Lit: Barth 1:848; DRW 11:1490; Fellner 455; Grimm 14:1722; Linnartz 192; Schmeller 2:273; Volckmann (1921) 200

Salzsieder lat. *coctor salis, salinator* 1. 'Unternehmer oder Pächter einer Saline'. 2. 'Arbeiter in der Saline, der aus der Sole durch Sieden das Salz gewinnt' ❖ zu mhd. *salzsiede* 'Saline'
FN: Salzsieder
W: *Sieder*
Syn: Salzmann, Salzwerker, Siedeherr, Soder, Sülzer, *Wirker*

Lit: Adelung 3:1262; Barth 1:849; Diefenbach 508; DRW 11:1490; DudenFN 568; Fellner 455; Frühmittellat. RWb; Krünitz 135:45; Patocka (1987) 255

Salzsoder ↗ Soder

Salzstapler 1. 'Beamter, der die Salzfässer stapelt'. 2. 'Zollbeamter, der das Salz misst' ❖ zu mnd. *stapel* 'Säule; Unterlage, auf der etwas aufliegt, Block; Stapelplatz, Verkaufsstelle'

Syn: Salzfüller, Salzmutter

Lit: Barth 1:849; DRW Belegarchiv; Grimm 14:1723; Schiller-Lübben 4:363

Salzstößel ↗ Salzstößer

Salzstoßer ↗ Salzstößer

Salzstößer Salzstößel, Salzstoßer, Salzstößler 1. 'Arbeiter, der den Salzstock zerstößt, zerhackt und das Salz für den Transport in Fässer stampft'. 2. 'Krämer, der die Berechtigung hat, Salz im Kleinen zu verkaufen' ❖ mhd. *salzstœʒel, salzstœʒer* 'der zum Verkauf im Kleinen berechtigt ist'
W: Stößer
Syn: SALZHÄNDLER*

Lit: Barth 1:849; DRW 11:1492; Fellner 458; Grimm 14:1723; Grimm 19:485; Kretschmer 269; Linnartz 192; OÖ. Hbl 2010, H. 1:27; Schmeller 2:273; Volckmann (1921) 200

Salzstößler ↗ Salzstößer

Salztrager ↗ Salzträger

Salzträger Salztrager, Soltdreger 1. 'Person, die das Salz aus den Booten auf die Wagen der Salzfuhrleute oder zu den Kaufmannslagern trägt'. 2. 'Salzhändler, der das Salz in entlegene Gegenden trägt'
W: *Träger*
Syn: Humpler, SALZHÄNDLER*

Lit: Barth 1:849; DRW 11:1493; Fellner 460; Grimm 14:1724

Salzübergeher 'Wachebeamter, der zu Fuß unterwegs ist, um den Salzschmuggel zu verhindern'; dem ↗ Salzbereiter oder ↗ Salzüberreiter beigestellt
W: Übergeher

Lit: Adelung 4:1150 (überreiten); Fellner 461

Salzüberreiter 'berittener Aufseher über das Salzwesen; Kontrollor des Salzamtes' ❖ zu mhd. *überrîten* 'darüber reiten'
W: Überreiter
Syn: Salzbereiter

Lit: Adelung 4:1150 (überreiten); Barth 1:849; Grimm 14:1723; Schneller (1819) 4:274

Salzverlägerer ↗ Salzverleger, Verleger

Salzverleger Salzverlägerer 'Salzverkäufer'; für das Salz aus dem Kammergut benötigte man eine kaiserliche Lizenz
W: Verleger
Syn: Salzverschleißer

Lit: DRW 11:1494 (Salzverlag); Fellner 462; Idiotikon 3:1171

Salzverschleißer 'Salzhändler im Detailverkauf' ❖ zu mhd. *verslīȝen* 'sich abnutzen, zerreißen', daraus die Bedeutung 'in Stücke aufgeteilt in den Handel bringen', *Verschleiß* 'Kleinverkauf'
W: Verschleißer
Syn: Salzverleger

Lit: Barth 1:849; DRW 11:1494 (Salzverschleiß); Fellner 462

Salzversilberer 1. 'kaiserlicher Beamter oder lizenzierter Händler, der den Salzverkauf durchführt oder den Salzhandel verwaltet'.
2. 'Einzelhändler mit Salz' — *versilbern* bedeutet wörtlich 'zu Silber (Geld) machen'
W: Versilberer
Syn: SALZHÄNDLER*

Lit: Barth 1:849; Fellner 462; Grimm 14:1724; Krünitz 135:62; Schraml (1934) 358

Salzverwalter 'Verwalter und Aufseher eines Salzwerks [der auch die Rechnung führt]'
Syn: Salzverweser

Lit: Barth 1:849; Grimm 14:1724; Krünitz 135:62

Salzverweser 1. 'Betreiber oder Betriebsleiter einer Sudhütte'. **2.** 'Verwalter des städtischen Salzwesens' — bes. im oberösterreichischen Salzkammergut ❖ zu mhd. *verwëser* 'Stellvertreter'
W: Verweser
Syn: Hofschreiber, Salzmeier, Salzverwalter

Lit: DRW 11:1494; Fellner 463

Salzwerker Salzwirker, Salzwürker **1.** 'Unternehmer oder Pächter eines Salzwerks (Bergwerk und Saline)'. **2.** 'Arbeiter in der Saline, der aus der Sole durch Sieden das Salz gewinnt' ❖ zu mhd. *wirker, würker* 'jmd., der etwas bewirkt, tätig ist, schafft, bearbeitet'. *Wirken* bedeutet im Bergbau aber auch *abbauen, gewinnen*
W: Werker
Syn: Hallor, Salzbereiter, Salzsieder, Sülzer

Lit: Adelung 3:1263 (Salzwerk); Barth 1:849; DRW 11:1496; Fellner 464; Grimm 14:1724; Krünitz 135:210

Salzwirker ↗ Salzwerker

Salzwürker ↗ Salzwerker

Salzzahleinnehmer 'Beamter im Salzamt, dem die Kassenführung obliegt'; in Aussee, Steiermark; im Gmundner Salzamt (Oberösterreich) übte diese Funktion der ↗ *Einnehmer* aus ❖ zu mhd. *zal* 'Anzahl, Zählung, Berechnung, Rechnung etc.'; mhd. *înnemære* 'Einnehmer'
W: Einnehmer
Vgl: Schosseinnehmer

Lit: DRW 11:1497; Patocka (1987) 81

Salzzahler ↗ Salzzähler

Salzzähler Salzzahler 'Hilfskraft in der Administration des Salzamts'; in Gmunden (Oberösterreich). Er hatte Beschädigungen der Salzfuder anzuzeigen und am Wochenschluss genaue Abrechnung vorzulegen

Lit: Fellner 464; Schraml (1932) 314

Samer ↗ Sämer

¹Sämer Samer 'Händler mit Saatgut' ❖ zu mhd. *sâme, sâm* 'Same, Samenkorn'

Lit: DRW 11:1500

²Sämer ↗ Säumer

Sametweber ↗ Sammetweber

Sämischbereiter Sämischlederbereiter 'Hersteller von Sämischleder; Weiß-, Sämischgerber' ❖ zu mhd. *bereiten* 'bereit machen, ausrüsten'; *sämisch* vermutlich aus franz. *chamois* 'Gämse; Gämsenleder'

W: *Bereiter*
Syn: Sämischgerber
Lit: Barth 1:849; DRW 11:1500 (Sämischbereiteramt); Kluge 785 (Sämischbereiter)

Sämischgärber ↗ Sämischgerber

Sämischgerber Sämischgärber, **Seemgerber, Sehmeschgerwer, Sehmgerber, Sehmischgerber, Semeschgerwer, Semischgerber** 'Weißgerber, der durch Walken mit Fett oder Tran wasserdichtes Leder (Waschleder) aus Schaf- oder Ziegenhäuten herstellt'; heute noch als Berufsbezeichnung üblich ❖ ↗ Sämischbereiter
W: GERBER*
Syn: Sämischbereiter, Sämischlederer, Sämischmacher
Lit: Adelung 3:1268; Barth 1:849; DRW 11:1500; Grimm 16:148 (sehmisch); Hanisch (1905) 28; Krünitz 135:424; Krünitz 152:22; Pies (2005) 57; Reith (2008) 82

Sämischlederbereiter ↗ Sämischbereiter

Sämischlederer ↗ 'Sämischgerber' ❖ zu mhd. *lederære, lederer* 'Gerber'; ↗ Sämischbereiter
W: Lederer
Syn: GERBER*, Sämischgerber, Sämischmacher
Lit: Barth 1:849; Grimm 14:1739; Kluge 785 (Sämischleder); Schmeller 1:1440

Sämischmacher Sämischmächer, **Sehmischmacher** ↗ 'Sämischgerber'
Syn: GERBER*, Sämischgerber, Sämischlederer
Lit: Berndt (1959) 11; DRW 11:1500; Grimm 14:1739

Sämischmächer ↗ Sämischmacher

Sammetmacher ↗ Sammetweber

Sammetweber Sametweber, **Sammetmacher, Sammtmacher, Samtmacher, Samtweber** 'Weber, der aus Seide Samt herstellt; Samtweber'; eine Untergruppe der Seidenwirker. Die Form *Sammet* ist eine ältere, gehobene Form ❖ zu mhd. *samît* 'Samt', aus mlat. *sametum* oder altfranz. *samit*
FN: Samweber (bes. in Bayern verbreitet), Samwer, Sammet, Samme, Sambeth
W: WEBER
Syn: Trippmacher
Lit: Adelung 3:1270; Barth 1:849; Gottschald 421; Grimm 14:1750, 1751; Idiotikon 15:104; Kluge 786 (Samt); Krünitz 135:499; Linnartz 192; Palla (1994) 418

Sammtmacher ↗ Sammetweber

Samtmacher ↗ Sammetweber

Samtweber ↗ Sammetweber

Sandböter 'Flussschiffer, der Ballastsand zu den Überseeschiffen transportiert'; norddt. ❖ -böter ist eine Ableitung von mnd. *bôt* 'Boot'
W: -böter
Syn: Ballastfahrer
Lit: Schiller-Lübben 1:404

Sander Sandsäer, **Sandsaier** 1. 'Person, die weißen Sand wäscht und verkauft'; der Sand wurde zum Bestreuen und Reinigen der Dielen und Stuben verwendet. 2. 'zum Salzstreuen beauftragter Arbeiter'; in der Schweiz ❖ zu mhd. *sant* '(Ufer)sand'
FN: Sander, Sanders, Sandner (häufiger zu Ortsnamen oder zu *Alexander*)
Syn: Sandwerfer
Lit: DRW 11:1538 (sanden); DudenFN 569; Gottschald 421; Grimm 14:1764 (sanden); Idiotikon 7:1150; Linnartz 192; Volckmann (1921) 296

Sandfahrer Santfahrer 1. 'Flussschiffer, der Ballastsand zu den Überseeschiffen transportiert'; norddt. 2. 'Person, die weißen Streusand verkauft'
Syn: Ballastfahrer
Lit: Grönhoff (1966) 8

Sandführer 1. 'Flussschiffer, der Ballastsand zu den Überseeschiffen transportiert'. 2. 'Sandhändler' ❖ zu mhd. *vüerer* 'einer, der führt'

FN: Sandführer
W: *Führer*
Syn: Ballastfahrer

Lit: DRW 11:1538 (Sandfuhre); Gottschald 431; Linnartz 192

Sandfuhrmann ↗ FUHRMANN

Sandläufer Sandlöper 'Person, die weißen Sand wäscht und verkauft'; der Sand wurde zum Bestreuen und Reinigen der Dielen und Stuben verwendet; seltene Bedeutung des Wortes, meist wird es für bestimmte Tierarten verwendet ❖ mhd. *loufære* 'Läufer', wobei hier die urspr. Bedeutung *laufender Bote* erhalten ist; mnd. *loper* 'Läufer, Bote'
W: *Läufer*

Lit: DudenEtym 473; Schiller-Lübben 4:721

Sandler 'Sandalenmacher' ❖ Ableitung von *Sandale*, zu lat. *sandalium* 'Holzsohle mit Riemen über den Knöcheln', über das Griechische aus dem Persischen
FN: Sandler
Syn: SCHUSTER

Lit: Barth 1:850; Linnartz 192

Sandlöper ↗ Sandläufer

Sandmann Santman 1. 'Händler, der weißen Sand wäscht und verkauft'. **2.** 'Person, die in der Glashütte für die Bereitstellung des Sandes zuständig ist'. **3.** 'Richter oder Beisitzer in der holsteinischen Gerichtsverfassung' ❖ 3.: zu mnd. *santman, sandeman* 'aus den freien Landeigentümern erwählter Geschworener oder Richter (in Holstein)', wörtlich 'Wahrsprecher', dänisch *sandemand*, zu dänisch *sand* 'wahr'
FN: Sandmann
Syn: DINGWART, Sandwerfer

Lit: Adelung 3:1276; Barth 1:850; DRW 11:1538; DudenFN 569; Gottschald 421; Grimm 14:1769; Grimm 16:571 (Send); Kluge 843 (Sendgericht); Krünitz 136:204; Linnartz 192; Schiller-Lübben 4:25; Schiller-Lübben 6:260; Vieser/Schautz (2010) 169

Sandsäer ↗ Sander

Sandsaier ↗ Sander

Sandtwerffer ↗ Sandwerfer

Sanduhrmacher 'Hersteller von Sanduhren'; dazu musste man feinen Sand durch Waschen, Färben und Sieben aufbereiten, die Glasbehälter durch einen Probelauf eichen und das Glas in ein Gehäuse einbauen
W: UHRMACHER*

Lit: Grimm 14:1733; Krünitz 136:262; Zedler 33:1991

Sandwerfer Sandtwerffer, Sandwerffer 1. 'Strassenarbeiter, Wegmacher, der Sand streut'. **2.** 'Arbeiter in einer Schotter- oder Sandgrube'. **3.** 'Person, die weißen Sand wäscht und verkauft' ❖ zu mhd. *wërfære, wërfer* 'Werfer'
Syn: Sander, Sandmann

Lit: DRW Belegarchiv

Sandwerffer ↗ Sandwerfer

Sänftener ↗ 'Sänftenträger' ❖ Ableitung von *Sänfte*, Abstraktum zu *sanft*, mhd. *senfte, semfte* 'leicht, bequem, weich, zart, sanft', übertragen auf den Gegenstand
Syn: Portechaisenträger, Porteur, Sänftenträger

Lit: Barth 1:850

Sänftenträger lat. *lecticarius* 'Bediener, der Personen in einer Sänfte trägt'; meist in Städten mit Straßen, die für Equipagen zu eng waren; gewöhnlich in Livree; sie arbeiteten auch für Personen, die eine Sänfte besaßen, aber keinen Träger anstellten
W: *Träger*
Syn: Portechaisenträger, Porteur, Sänftener

Lit: Adelung 3:1279; Barth 1:850; Diefenbach 322; Frühmittellat. RWb; Grimm 14:1784; Krünitz 136:280

Sangmeister Sankmeister 'Gesangslehrer; Leiter einer Gesangsschule; Kantor' ❖ mhd. *sancmeister* 'Kantor, Musiker'
FN: Sangmeister
W: *Meister*

Lit: Adelung 3:1280; Barth 1:850; DRW 11:1540; Grimm 14:1792; Krünitz 136:390

Sankmeister ↗ Sangmeister

Santfahrer ↗ Sandfahrer

Santman ↗ Sandmann

Sarburcher ↗ Sarwerker

Sardoicher ↗ Sartuchweber

Sardokwever ↗ Sartuchweber

Sargedromacher ↗ Sergedrommacher

Sargedrömacher ↗ Sergedrommacher

Sargedrommacher ↗ Sergedrommacher

Sargenweber ↗ Sergenweber

Sarschendrömacher ↗ Sergedrommacher

Sarschenweber ↗ Sergenweber

Sartuchsweber ↗ Sartuchweber

Sartuchweber Sardoicher, Sardokwever, Sartuchsweber 'Weber, der Sartuch, ein grobes, starkes Tuch aus Wolle und Leinen, herstellt; Barchentweber'; wegen der verschiedenen Herstellungsarten ist die Abgrenzung von *Sartuch* und *Serge* nicht eindeutig ❖ mhd. *sartuoch* 'Serge?', mnd. *sârdôk, sarok, sarrok, saderdô* 'Barchent'
W: WEBER
Syn: Garnweber
Vgl: Sergenweber
Lit: DRW 11:1545; Grimm 14:1802 (Sartuch); Schiller-Lübben 4:26

Sarwerke ↗ Sarwerker

Sarwerker Sarburcher, Sarwerke, Sarwetter, Sarwirt, Sarworchter, Sarworte, Sarwürch, Sarwürchte, Sarwürchter, Sarwürcker, Sarwürk, Sarwürker 'Handwerker, der Teile der Rüstungen herstellt; Waffenschmied, Panzermacher, Plattner' ❖ mhd. *salwërke, salwërker, salwërich, salwirt, salburch* 'wer Rüstungen, Panzer oder Teile derselben verfertigt', Variante zu mhd. *sar*, ahd. *saro* 'Kriegsrüstung', verwandt mit lat. *servare* 'erhalten, retten, schützen'
FN: Sarwürker, Sarwerter, Sarwetter
W: *Werker*
Syn: Panzerschmied, Salwerker
Lit: Barth 1:845; DRW 11:1546; Gottschald 422; Grimm 14:1803; Schmeller 2:320

Sarwetter ↗ Sarwerker

Sarwirt ↗ Sarwerker

Sarworchter ↗ Sarwerker

Sarworte ↗ Sarwerker

Sarwürch ↗ Sarwerker

Sarwürchte ↗ Sarwerker

Sarwürchter ↗ Sarwerker

Sarwürcker ↗ Sarwerker

Sarwürk ↗ Sarwerker

Sarwürker ↗ Sarwerker

-säß ↗ *Sasse*

Sasse -säß, -seß 'Ansässiger, Einwohner, Landbesitzer, Pächter'; fast nur in Komposita, z.B. *Altsasse, Holzsasse, Landsasse*; sonst nur ein Wort der Jägersprache für 'Sitz, Liegeplatz des Hasen' ❖ mhd. *sâȝe* 'Sitz, Wohnsitz', *sâȝe, sæȝe* 'der Sitzende, Sasse'
W: Altsasse, Beisasse, Freisasse, Grundsasse, Hintersasse, Kotsasse, Wurtsasse
Lit: Grimm 14:1803; Schmeller 2:331 (Seß)

Sattelhöfer ↗ Sedelhöfer

Sattelknecht Sadelknecht 'Bediensteter in einem großen Pferdestall, der die Pferde sattelt und die Aufsicht über die Sattelkammer und das Pferdegeschirr führt'; im Ggs. zum ↗ Leibknecht; ein angesehener Beruf ❖ mhd. *satelknëht* 'Sattel-, Reitknecht'

FN: Sattelknecht (selten)
W: KNECHT
Syn: Reitknecht
Vgl: Leibknecht

Lit: Adelung 3:1286; Barth 1:852; Gottschald 422; Grimm 14:1826; Krünitz 136:671; Linnartz 193

Sattelmacher Sadelmaker, Saelmaker 'Sattler'; die Wörter *Sadelhöfer* und *Sadelmann* sind nicht mit niederdt. *Sadelmaker* verwandt ❖ mhd. *satelmacher* 'Sattler'; mnd. *sadelmaker* 'Sattler'
Syn: SATTLER

Lit: Barth 1:852; Gottschald 422; Schiller-Lübben 4:7; Volckmann (1921) 155

Sattelmann ↗ Sedelmann

Sattelmeyer ↗ Sedelmeier

SATTLER Sadeler, Sadler, Seddeler, Sedeler, Seteler; lat. *ephippiarius, lorarius, sellarius, sellator, stratarius* 'Handwerker, der Sättel, Zaumzeug für Pferde und Polsterungen aus Leder herstellt'; ↗ Riemer und *Sattler* sind nahe verwandt und überschneiden sich teilweise, prinzipiell stellten die Riemer das Zaumzeug, die Sattler die Sattel her. Urspr. war das Sattlerhandwerk auf den herrschaftlichen Hof beschränkt. Mit dem Rückgang der Sattelherstellung (heute noch als Bedarfsartikel für den Reitsport) weiteten Sattler ihren Arbeitsbereich auf Möbel-, Kutschen- und Schlittenpolsterung, Koffer und Reisetaschen aus. – Die Form *Sadler* ist niederdt. ❖ zu mhd. *sadel,* Nebenform zu *satel* 'Sattel'; mnd. *sadel, sedel* 'Sattel'; *sadeler, sedeler* 'Sattler'
FN: Sattler, Sättler, Sadler, Sadeler, Sädler, Sedler, Sättele
W: °Kommetsattler
Syn: Kummeter, Sattelmacher, Zäumer, Zaummacher, Zaumschläger, Zaumstricker
Vgl: Hamenmacher, Riemer

Lit: Adelung 3:1288; Barth 1:843, 852; Diefenbach 525; DRW 11:1567; DudenFN 570, 614; Frühmittellat. RWb; Gottschald 419, 422; Grimm 14:1834; Grönhoff (1966) 18; Hornung (1989) 115; Idiotikon 7:1442 (Kummetsattler); Kastner (1974); Krünitz 136:710; Linnartz 190, 193; Palla (1994) 418; Palla (2010) 176; Pies (2005) 122; Reith (2008) 182; Schiller-Lübben 4:6; Volckmann (1921) 155; Zedler 34:200

Säuberer 1. 'Arbeiter, der die auf dem Boden verbleibende Tonmasse (den Laist) aus dem Salzbergwerk wegzuschaffen hat, nachdem die Sole bereits in das Pfannhaus abgeleitet wurde'. 2. 'Abdecker' ❖ zu mhd. *siubern* 'säubern, reinigen'
W: Aufsäuberer
Syn: SCHINDER

Lit: Gruber/Ludwig (1982); Schraml (1932) 163; Schraml (1934) 126

Saubrüher ↗ Brüher

Sauerbäck ↗ Sauerbäcker

Sauerbäcker Sauerbäck, Sauerbeck, Sauerpeckh 'Bäcker, der Schwarzbrot mit Sauerteig backt' ❖ mhd. *sûrbecke* 'Sauerbrotbäcker', zu mhd. *siure* 'Säure, Schärfe, Bitterkeit'
FN: Sauerbeck
W: BÄCKER*
Ggs: Süßbäcker

Lit: DRW 12:8; Grimm 14:1870; Linnartz 193; Reith (2008) 25; Schmeller 2:320; SteirWb 518; WBÖ 2:773

Sauerbeck ↗ Sauerbäcker

Sauerpeckh ↗ Sauerbäcker

Sauersenfer 'Person, die Sauerampfer oder Senf verkauft'; zu *Sauersenf* 'Sauerkraut', später auch Bezeichnung für den Senf
FN: Sauersenf

Lit: Barth 1:853; Grimm 14:1874; Heintze (1922) 47

Saugamme ↗ Säugamme

Säugamme Saugamme, Söugamm 'Frau, die fremde Kinder gegen Bezahlung säugt' ❖ mhd. *sôugamme* 'Amme'

Lit: Adelung 3:1299; Barth 1:853; DRW 12:11; Grimm 14:1887; Krünitz 137:316

Säugner ↗ Segner

Sauhalter ↗ Halter

Sauhirt Säuhirt, Sewhührdt, Suhirte; lat. *subulcus* 'Schweinehirt' ❖ zu mhd. *sû* 'Sau'; *hirte* 'Hirt'
W: *Hirt*
Syn: Schweiner

Lit: Adelung 3:1301; Barth 1:853; Diefenbach 562; Grimm 14:1898; Idiotikon 2:1648; Krünitz 137:446; Schmeller 2:199

Säuhirt ↗ Sauhirt

Saumer ↗ Säumer

Säumer Saamer, Sämer, Saumer 1. 'Frächter, Fuhrmann mit Saumtieren; Führer von Saumtieren und Frachtwagen'; eingesetzt z. B. zum Transport von Betriebsmitteln zur Grube oder zum Vertrieb des Salzes im Land. Der *Saum* war eine Gewichtseinheit, urspr. die Last, die ein Saumtier zu tragen hatte. 2. 'Bote, Verkäufer'; in der Schweiz ❖ zu mhd. *soum* 'Last eines Saumtieres'; mhd. *soumære, söumære* 'Saumtier'; mnd. *somere, somer* aus mlat. *sauma* 'Packsattel'; die Formen mit -*a*- sind vor allem bairisch
FN: Saum, Saumer, Säumer, Seumer, Sohm, Sohmer, Suhm, Samer, Sammer (beide bes. bayr.-österr.)
W: Ankensäumer, Buckelsäumer, Ölsäumer
Syn: Hodler, Sackeltrager

Lit: Adelung 3:1306; Barth 1:853; DRW 12:21; DudenFN 568, 571; Gottschald 423; Grimm 14:1915; Idiotikon 7:951; Kluge 789 (säumen); Linnartz 192, 193; Palla (1994) 268; Palla (2010) 178; Patocka (1987) 302; Schiller-Lübben 4:289; Schraml (1932) 234, 328; Schraml (1934) 231

Sauschneider Säuschneider, Sawschneider, Suschneider, Susnider 'Schweinekastrierer'; *Sau* bedeutete allgemein 'Schwein', nicht nur das weibliche ❖ mhd. *sûversnîder* 'Sauschneider', zu mhd. *sû* 'Sau'; mhd. *snîden* 'schneiden'
FN: Sauschneider
W: SCHNEIDER
Syn: KASTRIERER, Schweinschneider, Schweinstecher

Lit: Adelung 3:1308; Barth 1:853; DRW 12:33; Gottschald 422; Grimm 14:1928; Idiotikon 9:1134; Haid (1968) 183; Krünitz 151:141; Krünitz 215:518; Linnartz 194; Schmeller 2:199

Säuschneider ↗ Sauschneider

Sauter Sautner, Sautter, Seuter 1. 'Handwerker, der nähen kann; Schneider, Schuster'. 2. 'Schweinekastrierer'; südwestdt. ❖ diphthongierte Form zu *Suter*; mhd. *sûter* 'Näher, Schneider, Schuster', lat. *sutor* 'Flickschuster'; urspr. waren Schuster und Schneider dieselben Berufe, da das Nähen des Leders die Hauptarbeit des Schuhmachers war
FN: Sauter, Sautner, Sautter (bes. südwestdt.), Seiter, Seiterle
W: Bärsauter
Syn: KASTRIERER, SCHUSTER
Vgl: Suter

Lit: Barth 1:853; DudenFN 571; Gottschald 423, 484; Grimm 20:1358 (Suter); Hornung (1989) 115; Linnartz 194; Palla (1994) 418; Pies (2005) 154; Schmeller 2:341

Sautner ↗ Sauter

Sautreiber Säutreiber, Sudriber 'Schweinehändler' ❖ zu mhd. *sû* 'Sau'
W: Treiber
Syn: Farcher, Schweintreiber

Lit: Barth 1:853; ElsässWb 2:739; Grimm 14:1938; Idiotikon 14:163; PfälzWb 5:815; RheinWb 7:782; Schmeller 2:200

Säutreiber ↗ Sautreiber

Sautter ↗ Sauter

Sawschneider ↗ Sauschneider

Sayenmacher Sagemacher, Zagenmacher, Zagmacher, Zajemacher, Zajenmacher, Zayemacher ↗ 'Sayenweber'
Syn: WEBER

Sayenweber 'Weber, der Saye herstellt'; *Saye* ist eine Art von fein geköperter Serge, die nur aus Wolle besteht und vor allem für Un-

terfutter verwendet wurde; in Brügge hergestellt ❖ zu mnd. *sage, saie, saige* 'leichtes Zeug von feiner Wolle', ital. *saja*, franz. *saie*, aus lat. *saga, sagum* 'Wolltuch, Mantel'
FN: Sayer (kann auch zu *Säer* oder zu engl. *Sayer* 'Schiedsrichter, Prüfer' gehören)
W: WEBER

Lit: Barth 1:853; DRW 12:35; Krünitz 138:105 (Saye, Soye, Sayegarn); Linnartz 194 (Sayer); Schiller-Lübben 4:9; Zedler 34:460 (Saye)

Sayler ↗ SEILER

Scatlmacher ↗ Stattelmacher

Schaarmacher ↗ Scharmacher

Schaarschmidt ↗ Scharschmied

Schaarschmied ↗ Scharschmied

Schaber 1. 'Kupferstecher'; abgeleitet aus *Schabkunst*, einer Art des Kupferstichs. 2. 'Badeknecht, der rasiert und Haare schneidet'. 3. 'Person, die Tierkadaver beseitigt, häutet und entsorgt; Abdecker' ❖ zu mhd. *schaben* 'kratzen, radieren'
FN: Schaber, Schaberer
W: Messingschaber, Pergamentschaber
Syn: BARBIER, SCHINDER

Lit: Barth 1:854; DudenFN 571; Gottschald 423; Grimm 14:1955 (Schabkunst); Linnartz 194; Reddig (2000) 120

Schabinreiber Schawinreiber 'Handwerker in der Goldbearbeitung, der den Abfall der geschlagenen Goldplättchen zu Bronze verarbeitet' ❖ ↗ Schabinschlager
W: Reiber

Lit: Reith (2008) 98

Schabinschlager Schawinschlager 'Handwerker in der Goldbearbeitung, der den Abfall abschlägt und dem ↗ Schabinreiber zur Verarbeitung übergibt'; zu *Schawine, Schabin* 'Krätze, Abgang von geschlagenen Goldplättchen' (fachsprachlich)
W: Schläger

Lit: Kaltschmidt 760 (Schawine); Reith (2008) 98

Schabkünstler 'Kupferstecher, Radierer' ❖ zu mhd. *schaben* 'kratzen, radieren'
Syn: Schwarzkünstler

Lit: Barth 1:854; Grimm 14:1955 (Schabkunst)

Schacher ↗ Schacherer

Schacherer Schacher 'Hausierer'; als abwertende Bezeichnung für jmdn., der durch Feilschen Geschäfte macht, heute noch üblich ❖ aus dem Rotwelschen über westjidd. *sachern* 'Handel treiben', beeinflusst von mhd. *schâchen* 'auf Raub ausgehen' und *Schächer* 'Räuber'
FN: Schacherer
Syn: KRÄMER

Lit: Barth 1:854; Gottschald 423; Grimm 14:1960 (abwertend); Linnartz 194; PfälzWb 5:828; Schmeller 2:364

Schachtelmacher Schachtelmaker; lat. *capsularius* 'Handwerker, der hölzerne oder papierene Schachteln als Verpackung oder Futterale sowie biegsame Zargen für den Siebmacher herstellt'; die Schachteln waren aus dünnem Fichten-, Tannen- oder Weidenholz und wurden für Hut- und Perückenschachteln sowie für die runden Zargen der Siebe verwendet ❖ zu mhd. *scatel, schahtel* 'Schachtel', aus ital. *scatola*, mlat. *scatula* 'Geldschrein'; vgl. Schatulle
W: °Haubenschachtelmacher, °Holzschachtelmacher
Syn: Futteralmacher, Gadelmacher, Stattelmacher

Lit: Adelung 3:1318; Barth 1:855; Grimm 14:1965; Krünitz 138:478; Pies (2005); Zedler 34:692

Schachtelmaker ↗ Schachtelmacher

Schachtelmaler 'Person, die die vom Schachtelmacher gelieferten hölzernen Schachteln bemalt' ❖ ↗ Schachtelmacher
W: Maler

Lit: Adelung 3:1318; Barth 1:855; Grimm 14:1965; Krünitz 138:487

Schachter Schächter 'Handwerker, der Schäfte herstellt; Drechsler' ❖ mnd. *schacht* 'Schaft; runde Holzstange (zum Messen),

Lanzen-, Speerschaft'; *Schacht* ist die niederdt. Form von *Schaft*
FN: Schachter, Schachtler, Schachtner, Schächtl, Schächtele, Schechterle
Syn: DRECHSLER, Schachtschneider

Lit: DudenFN 572; Gottschald 423; Lindow 171; Linnartz 194; Schiller-Lübben 4:34

Schächter ↗ Schachter

Schachtfeger 'Person, die (nachts) die Abtritte reinigt und den Unrat entfernt' ❖ zu mhd. *schaht* 'Schacht im Bergbau'; mhd. *vegen* 'reinigen, putzen, scheuern'
W: *Feger*
Syn: ABTRITTRÄUMER

Lit: Barth 1:855; Grimm 14:1966 (nur für 'Schachtreiniger' und Bezeichnung für einen Fisch); Höfer 2:279

Schachthauer Schachtzimmerhauer 'Bergmann, der die Auszimmerung (den Ausbau) des Schachtes mit Holz durchführt' ❖ zu mhd. *schaht* 'Schacht im Bergbau'; *zimber-* 'Zimmerer-, Zimmermanns-'
W: HAUER

Lit: Krünitz 138:491 (Schachtzimmerung); Krünitz 241:309

Schachtmeister 'Vorarbeiter bei Erdarbeiten, wie Teiche oder Gräben anlegen'; als Vorarbeiter im Tiefbau (Polier) heute noch gebäuchlich ❖ zu mhd. *schaht* 'Schacht im Bergbau'
FN: Schachtmeister
W: *Meister*
Syn: Pottmeister

Lit: Adelung 3:1318; Barth 1:855; Gottschald 423; Grimm 14:1966; Krünitz 138:489; Linnartz 194

Schachtschneider Schachtsnider, Schatsnider 1. 'Drechsler, der Schäfte, Holzstangen herstellt'. 2. 'Handwerker, der Schaufeln und Mulden herstellt' ❖ mnd. *schachtsnider* 'Schaftschneider, Drechsler, der geschnitzte Holzwaren herstellt'; mnd. *schacht* 'Schaft; runde Holzstange (zum Messen), Lanzen-, Speerschaft'; *Schacht* ist die niederdt. Form von *Schaft*
FN: Schachtschneider, Schatschneider, Schattschneider
W: SCHNEIDER
Syn: DRECHSLER, Schachter, Schaftschneider

Lit: Barth 1:855; Gottschald 423; Kunze 109; Lindow 171; Linnartz 196; Pies (2005) 49; Reith (2008) 64; Schiller-Lübben 4:34; Volckmann (1921) 170

Schachtsnider ↗ Schachtschneider

Schachtzimmerhauer ↗ Schachthauer

Schacketier ↗ Charcutier

Schader ↗ Schaderer

Schaderer Schader 1. 'Bote im Dienste eines Gerichts oder einer Stadt'. 2. 'Henker'; zu den verschiedenen Aufgaben gehörte gelegentlich auch die Vollstreckung eines Todesurteils ❖ zu mhd. *schaden* 'jmdm. schaden'; mhd. *schade* 'Schaden, Schädigung', urspr. 'jmd., der Schaden verursacht, jmdm. feind ist'
FN: Schaderer
Syn: BÜTTEL, SCHARFRICHTER

Lit: Barth 1:855; Gottschald 424; Grimm 14:1969 (Schaden); Pies (2001) 37

Schädler Schedler 'Person, die Holzgefäße herstellt; Küfer, Böttcher, Fassbinder'; alemannisch ❖ mhd. *schedeler* 'Schüssler, Küfer', zu mhd. *schëdel* 'ein Trockenmaß; Holzbecher'; vermutlich urspr. die Bezeichnung eines Gefäßes
FN: Schädler, Schädla, Schädtler, Schedtler, Schädel, Schedel, Schedler
Syn: GROSSBÖTTCHER*

Lit: Barth 1:855; DudenFN 572; Gottschald 424, 427; Hornung (1989) 115; Idiotikon 8:188; Kluge 792 (Schädel); Krünitz 138:501; Linnartz 194, 197

Schäfer Schäffer, Schaper, Schäper, Scheffer; lat. *bergarius, opilio, oviliarius, ovilio* 'Person, die Schafe hütet und betreut'; je nach ihren Aufgaben und Zuständigkeiten unterschied man *Menge-* oder *Setzschäfer, Hälfteschäfer, Pachtschäfer, Triftschäfer, Deputatschäfer* und *Lohnschäfer*. Schäfer wa-

ren auch als Abdecker mit der Verarbeitung von toten Tieren befasst und galten daher als unehrlich. Andererseits wurden sie in der bukolischen Literatur als naturverbundenes und idyllisches Ideal zärtlicher Liebe dargestellt ❖ mhd. *schæfære, schæfer* 'Schäfer'; mnd. *schaper* 'Schäfer'
FN: Schäfer, Schaefer, Schafer, Schafler, Schäfle, Schaper (niederdt.), Schaap (niederdt.)
W: Lohnschäfer, Mengeschäfer, Pachtschäfer, Setzschäfer, °Vorwerksschäfer

Lit: Adelung 3:1324; Barth 1:856; Diefenbach 403; DRW 12:101; DudenFN 572, 573; Frühmittellat. RWb; Gottschald 424, 425; Grimm 14:2002; Idiotikon 8:301; Linnartz 195; Palla (2010) 178; Schiller-Lübben 4:48

Schäferknecht ↗ Schafknecht

Schäfermeister ↗ Schafmeister

Schaffbinder Schaffelbinder 'Böttcher, Fassbinder' ❖ zu mhd. *schaf* 'Schaff, Gefäß für Flüssigkeiten'
W: *Binder*
Syn: BÖTTCHER

Lit: Barth 1:856; Dimt (2008); Schmeller 2:375 (Schaff); WBÖ 3:188

Schaffelbinder ↗ Schaffbinder

Schaffelmacher ↗ Scheffelmacher

Schaffener ↗ *Schaffner*

¹Schaffer lat. *instructor, oeconomicus, oeconomus* **1.** 'Verwalter bes. von klösterlichen oder öffentlichen Gütern'. **2.** 'Person, die die Aufsicht über das Hauswesen führt; Haushofmeister; Kellermeister'. **3.** 'Person, die in den Gilden oder Bruderschaften eine Mahlzeit ausrichtet'; norddt. **4.** 'bäuerlicher Landarbeiter, der in der Rangordnung der Dienstboten an erster Stelle steht'. **5.** 'Stewart auf Kriegsschiffen'. **6.** 'Zunftvorsteher'. **7.** 'Grubenaufseher, der die Arbeit in der Grube und die Bergleute beaufsichtigt; Steiger'; kurz für *Bergschaffer* — Alle Bedeutungen gehen auf das vor allem oberdeutsche Verb *schaffen* 'anschaffen, befehlen' zurück; die Bedeutung 'befehlen' ist bes. bayr.-österr., die Bedeutung 'arbeiten' südwestdeutsch ❖ mhd. *schaffære, schaffer* 'Schöpfer; Anordner, Aufseher; der für das Hauswesen sorgende Verwalter,' zu mhd. *schaffen* 'in Ordnung bringen, einrichten, besorgen; bestimmen, befehlen'
FN: Schaffer, Schafferer, Schäffer, Schefer; Schoffer, Schöffer (diese beiden können auch zu *Schäfer* gehören)
W: Anschaffer, Aufschaffer, Bergschaffer, Kirchenschaffner, Pfannhausschaffer, Waldschaffer
Syn: GROßKNECHT
Vgl: *Schaffner*

Lit: Adelung 3:1328; Barth 1:856; DRW 12:131; DudenFN 573; Frühmittellat. RWb; Gottschald 424; Grimm 14:2033; Hartmann (1998) 329; Hornung (1989) 115; Idiotikon 8:342; Krünitz 139:589; Schmeller 2:380; Schraml (1932) 148, 152; Veith 403

²Schaffer ↗ *Schaffner*

Schäffer ↗ Schäfer

Schaffler ↗ Scheffler

Schäffler ↗ Scheffler

Schafflmacher ↗ Scheffelmacher

Schaffmacher ↗ Scheffelmacher

Schaffner Schaffener, Schaffer, Scheffener; lat. *procurator* **1.** 'Bevollmächtigter, Vertreter in rechtlichen und wirtschaftlichen Belangen'. **2.** 'Verwalter der Einnahmen einer öffentlichen Institution, wie einer Gemeinde, eines Klosters'. **3.** 'Kellermeister' — seit dem 19. Jh. Beamtenbezeichnung bei Bahn und Post, bes. der *Fahrkartenkontrollor*, der heute zunehmend durch *Zugbegleiter* ersetzt wird ❖ mhd. *schaffenære, schaffener* 'Anordner, Aufseher, Verwalter'
FN: Schaffner, Schäffner, Scheffner, Schöffner
W: Fischenzenschaffner, Gemeinschaffner, Kirchenschaffner, Mushafenschaffner, Post-

schaffner, Prädikaturschaffner, Salzschaffner, Spitalschaffner
Syn: Keller, Postkondukteur, Sommelier
Vgl: Schaffer

Lit: Adelung 3:1328; Barth 1:856; Diefenbach 462; DRW 12:140; DudenFN 573; Frühmittellat. RWb; Gottschald 424; Grimm 14:2035; Idiotikon 8:344; Kluge 792; Krünitz 139:589; Linnartz 194

Schaffscherer ↗ Schafscherer

Schafhalter ↗ Halter

Schafhälter ↗ Halter

Schafknecht Schäferknecht 'Schafhirt; Hilfskraft des Schäfers' ❖ zu mhd. *schâf*; mhd. *knëht* 'Knecht'
FN: Schafknecht
W: KNECHT
Syn: Hammelknecht, Lämmerknecht

Lit: Adelung 3:1329; Barth 1:857; DRW 12:109, 149; Gottschald 424; Grimm 14:2040; Krünitz 139:561

Schäfler ↗ Scheffler

Schafmeister Schäfermeister 1. 'Vorgesetzter der Schäfer, Verwalter einer Herde'. 2. 'selbstständig arbeitender Schäfer'
FN: Schafmeister, Schaffmeister
W: Meister

Lit: Adelung 3:1330; Barth 1:157; DRW 12:109; Grimm 14:2043; Krünitz 139:622; Linnartz 195

Schafscherer Schaffscherer 'Person, die Schafen die Haare abschneidet' ❖ zu mhd. *schërn* 'abschneiden, scheren'
FN: Schafscher, Schafscherer
W: Scherer

Lit: Adelung 3:1331; Barth 1:857; Brandl/Ceutzberg (1976) 408; Grimm 14:2045; Haid (1986) 262; Idiotikon 8:1120, 1137

Schäftemacher ↗ Schaftmacher

Schäfter Schäftner 'Handwerker, der Schäfte für Büchsen oder Stiefel herstellt' ❖ zu mhd. *schaft* 'Speerschaft; Büchsenschaft; Stiefelschaft', vgl. ↗ Schifter

FN: Schäfter, Schaefter, Schäffter, Schafter, Schaffter, Schaftner, Schefter
W: Büchsenschäfter, Pfeilschäfter
Syn: Schaftmacher, Schifter

Lit: Adelung 3:1333 (schäften); Barth 1:857; DRW 12:160; Gottschald 424; Grimm 14:2051; Idiotikon 8:399; Krünitz 139:654; Linnartz 195

Schafthauer 'Arbeiter in der Gewehrfabrik, der aus Buchenholz Gewehrschäfte herstellt' ❖ zu mhd. *schaft* 'Speerschaft; Büchsenschaft; Stiefelschaft'; mhd. *houwen* 'hauen, schlagen; behauen, bearbeiten, zuschneiden'; *houwer* 'jmd., der haut; Holzfäller'
W: HAUER

Lit: Barth 1:857; Grimm 14:2051; Krünitz 139:656

Schaftmacher Schäftemacher, Schäftmacher 'Handwerker, der Schäfte für Büchsen oder Stiefel herstellt'; *Schäftemacher* ist heute noch Ausbildungsberuf im Bereich der Schuhherstellung und Schuhmacherei ❖ zu mhd. *schaft* 'Speerschaft; Büchsenschaft; Stiefelschaft'; mhd. *macher* 'Person, die etwas bewirkt, schafft; Handwerker'
Syn: Schäfter

Lit: Barth 1:857; Grimm 14:2051

Schäftmacher ↗ Schaftmacher

Schäftner ↗ Schäfter

Schaftschneider 1. 'Handwerker, der Holzwaren herstellt'. 2. 'Handwerker, der bei der Nadelherstellung aus Draht die Metallschäfte der Stecknadeln schneidet' ❖ zu mhd. *schaft* 'Speerschaft; Büchsenschaft; Stiefelschaft'; mhd. *snîdære, snîder* 'Schneider'
W: °Nadelschaftschneider, SCHNEIDER
Syn: Schachtschneider

Lit: Adelung 3:1334; Barth 1:857; Grimm 14:2052; Krünitz 139:656; Schiller-Lübben 4:34

Schaider ↗ Scheider

Schaidmeister ↗ Scheidmeister

Schaidmesser ↗ Scheidmesserer

Schaikenmeister ↗ Tschaikenmeister

Schakutier ↗ Charcutier

Schalaunenmacher Schallaunenmacher 'Hersteller von Mänteln oder Wolldecken aus Schalaune, einem geköperten Wollstoff' ❖ nach Châlons-sur-Marne, dem Ursprungsort des Stoffes; mhd. *schalûne* 'leichte wollene Bettdecke'
Syn: Deckenflechter, Deckenmacher, Salunenmacher, Schalauner
Lit: Adelung 3:1336 (Schalaune); Barth 1:857; Grimm 14:2059 (Schalaune); Schmeller 2:393 (Schalaun)

Schalauner Schaläuner, Schaleiner, Schallauner, Schaluner 1. 'Hersteller von [ärmellosen] Mänteln oder Wolldecken aus Schalaune, einem geköperten Wollstoff'. 2. 'Tuchhändler, der den Wollstoff *Schalaune* verkauft oder verarbeitet' ❖ nach Châlons-sur-Marne, dem Ursprungsort des Stoffes; mhd. *schalûne* 'leichte wollene Bettdecke'
Syn: Deckenflechter, Deckenmacher, Salunenmacher, Schalaunenmacher
Lit: Adelung 3:1336 (Schalaune); Barth 1:857; Grimm 14:2059 (Schalaune); Linnartz 195; Schmeller 2:393 (Schalaun)

Schaläuner ↗ Schalauner

Schalbelehnter 'Person, die die städtische Waage als Lehen innehat'; in Ostpreußen; ein Untergebener des Wägers wurde als *Schalbediener* bezeichnet ❖ zu mhd. *schal*, *schâl* 'Schale' in der Bedeutung 'Waagschale' als pars pro toto für die ganze Waage; *belêhenen* 'belehnen'
W: Belehnter
Lit: Grimm 14:2059

Schaleiner ↗ Schalauner

Schalenschneider 'Handwerker, der für den Messer- und Klingenschmied die Hefte herstellt'; die Hefte waren aus Horn, Holz, Elfenbein, Perlmutt oder Silber ❖ zu mhd. *schal(e)*, *schâl(e)* 'Schale' in der Bedeutung 'Hülse'
W: SCHNEIDER

Syn: Schalenschröter, Schaler
Lit: Barth 1:857; Grimm 14:2066

Schalenschroder ↗ Schalenschröter

Schalenschröder ↗ Schalenschröter

Schalenschroter ↗ Schalenschröter

Schalenschröter Schalenschroder, Schalenschröder, Schalenschroter, Schallenschroter, Schalnschröter 'Handwerker, der für Messer- und Klingenschmiede die Hefte herstellt'; sie zersägten auf einer feststehenden Säge Holzplatten, -prügel, Röhrenknochen und Geweihstangen in passende Teile; die Hefte (Griffschalen) waren aus Horn, Holz, Elfenbein, Perlmutt oder Silber ❖ zu mhd. *schal(e)*, *schâl(e)* 'Schale'; in der Bedeutung 'Hülse'; mhd. *schrôtære*, *schrôter* 'Schneider, Zuschneider'
W: Schröter
Syn: Schalenschneider, Schaler
Lit: Adelung 3:1339; Barth 1:857; Grimm 14:2066; Krünitz 140:68; Volckmann (1921) 50

Schaler 1. ↗ 'Schalenschröter'. 2. 'Person, die den Fleischverkauf beaufsichtigt' ❖ mhd. *schal, schale, schâl, schâle*, zu 1. in der Bedeutung 'Hülse', zu 2. in der Bedeutung 'Fleischbank', dies aus ital. *scala* 'Treppe', wegen der erhöht gelegenen Verkaufsstände
FN: Schaler
Syn: Schalenschneider, Schalenschröter
Lit: Gottschald 425; Idiotikon 8:530 (Schal); Linnartz 195

Schäler Scheler 1. 'Person, die die Rinde von Eichenbäumen für die Gerberlohe schält; Lohschäler'. 2. 'Abdecker'; zu *schälen* wegen der Arbeit des Hautabziehens. 3. 'Scharfrichter' ❖ zu mhd. *schelen, scheln* 'abstreifen, schälen'
FN: Scheler, Scheeler
Syn: SCHARFRICHTER, SCHINDER
Lit: Adelung 3:1337 (schälen); Barth 1:857; DRW 12:171; DudenFN 577; Gottschald 429; Linnartz 198

Schalknecht 'Hilfskraft des ↗ Schalbelehnten, der auf öffentlichen Waagen die Gewichte aufstellt'; in Ostpreußen ❖ ↗ Schalbelehnter
W: KNECHT

Schallaunenmacher ↗ Schalaunenmacher

Schallauner ↗ Schalauner

Schallenmeister ↗ 'Schallenprofos'
W: Meister
Syn: KERKERMEISTER, Schallenprofos
Lit: Idiotikon 2:1728; Idiotikon 4:527

Schallenprofos Schellenprofos 'Gefängnisaufseher im Schallenhaus, einer Strafanstalt für Schwerverbrecher'; in der Schweiz; zu *Schallenhaus* 'Zuchthaus'; nach den Schellen, die an einem eisernen Halsring der Häftlinge befestigt waren ❖ mhd. *schalle, schëlle* 'Glöckchen [an der Kleidung]'; *Profos*: 'Verwalter der Militärgerichtsbarkeit; Stockmeister', aus mniederl. *provoost*, altfranz. *prévost*, spätlat. *propos(i)tus*, lat. *praepositus* 'Vorsteher, Aufseher'
W: Profos
Syn: KERKERMEISTER, Schallenmeister
Lit: DudenFW 1103; Grimm 13:2163; Idiotikon 5:509

Schallenschlager ↗ Schellenschläger

Schallenschlaher ↗ Schellenschläger

Schallenschroter ↗ Schalenschröter

Schallerer ↗ Scholderer

Schalnschröter ↗ Schalenschröter

Schaluner ↗ Schalauner

Schaluppenbauer 'Schiffszimmermann, bes. für Schaluppen'; das sind kleinere einmastige [Fracht]schiffe mit Riemen oder einem Segel ❖ zu franz. *chaloupe* 'Schaluppe', aus niederl. *sloepe* 'Ruderkahn', zu niederl. *sluipen* 'gleiten'
W: BAUER
Syn: Nauer, Schiffmacher, Schiffwerker, Schutenmacher
Lit: Adelung 3:1321 (Chaluppe); DudenFW; Gamillscheg 1:207; Grimm 14:2106; Krünitz 8:9 (Chaluppe)

Schaluppier ↗ Schaluppner

Schaluppner Chalupner, Schaluppier 'Führer einer Schaluppe' ❖ ↗ Schaluppenbauer
Syn: SCHIFFMEISTER
Lit: Barth 1:858

Schanilienmacher 'Handwerker, der Schnüre und Borten als Besatz für Kleider oder Möbel herstellt; Bortenmacher' ❖ zu *Chenille* 'Garn mit flauschig abstehenden Fasern', aus franz. *chenille* 'Raupe', lat. *canicula* 'Hündchen'
Syn: POSAMENTIERER
Lit: DudenGWDS; Wiener Berufe

Schanker ↗ Schenker

Schänker ↗ Schenker

Schankwirt ↗ Schenkwirt

Schantzgraber ↗ Schanzgräber

Schantzmeister ↗ Schanzmeister

Schanzeherr ↗ Schanzenherr

Schanzengräber ↗ Schanzgräber

Schanzenherr Schanzeherr, Schanzherr 'Ingenieur, der den Bau von Festungsbauwerken leitet und beaufsichtigt' ❖ ↗ Schanzer
W: Herr
Syn: Schanzmeister
Lit: Barth 1:859; Grimm 14:2168; Idiotikon 2:1544; Krünitz 140:184

Schanzenschlosser Schanzeschlosser 'Schlosser für Arbeiten an Schanzen'; schweiz. ❖ ↗ Schanzer
W: Schlosser
Lit: Idiotikon 9:740

Schanzenschreiber Schanzschreiber 'Beamter beim Schanzenamt, der Aufsichtsbehörde über die Befestigungsanlagen'; schweiz. ❖ ↗ Schanzer
W: *Schreiber*

Lit: Idiotikon 9:1553

Schanzer 'Arbeiter, der im Festungsbau Grabungsarbeiten verrichtet'; später allgemein für 'schwer Arbeitender' ❖ zu mhd. *schanze* 'Reisigbündel; Schutzbefestigung'; die Befestigungen bestanden urspr. aus Faschinen (Reisigbündeln). Die weitere Herkunft des Wortes ist unklar
FN: Schanzer, Schänzer, Schänzler, Schaenzler (Die Namen *Schanz, Schantz, Tschanz* gehören zur Bedeutung 'Arbeitskittel')
Syn: Schanzgräber

Lit: Adelung 3:1356 (Schanzgräber); Barth 1:859; Gottschald 425; Idiotikon 8:985; Kluge 794 (Schanze); Krünitz 140:184; Linnartz 195

Schanzeschlosser ↗ Schanzenschlosser

Schanzgräber Schantzgraber, Schanzengräber; lat. *munitor* 'Arbeiter, der im Festungsbau Grabungsarbeiten verrichtet' ❖ ↗ Schanzer
W: *Gräber*
Syn: Schanzer

Lit: Adelung 3:1356; Barth 1:859; DRW 12:324; Grimm 14:2168; Hoyer (1797) 1:100; Krünitz 140:184

Schanzherr ↗ Schanzenherr

Schanzmaister ↗ Schanzmeister

Schanzmeister Schantzmeister, Schanzmaister 'Ingenieur, der für den Befestigungsbau und -erhalt zuständig ist' ❖ ↗ Schanzer
W: *Meister*
Syn: Schanzenherr

Lit: Barth 1:859; DRW 12:224; Grimm 14:2169; Hoyer (1797) 1:142; Schmeller 1:433

Schanzschreiber ↗ Schanzenschreiber

Schaper ↗ Schäfer

Schäper ↗ Schäfer

Schappalemacher ↗ Schappelmacher

Schappeler ↗ Schappler

Schappelmacher Schappalemacher, Schappelmecher ↗ 'Schappler'; meist von Frauen ausgeübt, dann die Form *Schappelmacherin*
Syn: Schappler

Lit: Barth 1:895; Benvenuti (1996); DRW 12:225 (Schappel); Grimm 14:2170

Schappelmecher ↗ Schappelmacher

Schappler Schappeler, Scheppeler, Scheppler 'Person, die ein Schapel, eine Art von Kopfputz (meist für Frauen) herstellt'; das *Schapel* besteht aus einem natürlichen Blumen- oder Laubkranz oder einem Goldreif oder Band, das wie ein Kranz um den Kopf geschlungen wurde und einen hohen mit Perlen besetzten Aufsatz auf dem Kopf bildete ❖ mhd. *schapëlære schapëler* 'Hersteller oder Träger eines Schapels', zu mhd. *schapël, schappël* 'Kranz von Laub, Blumen als Kopfschmuck'
FN: Schapeler, Schappeler, Schäbler, Schebler, Scheppler, Schepeler, Scheppelmann, Schöppler
Syn: Schappelmacher

Lit: Barth 1:867; DRW 12:225; DudenFN 574; Gottschald 425; Grimm 14:2169; Linnartz 198

Scharcutié ↗ Charcutier

Schärer ↗ Scherer

Scharewechter ↗ Scharwächter

SCHARFRICHTER lat. *carnifex* 1. 'Person, die gerichtlich festgelegte Todesstrafen vollzieht; Henker'; Scharfrichter vollzogen teils auch die Folterung; der Beruf galt als unehrlich. 2. 'Person, die Tierkadaver beseitigt, häutet und entsorgt; Abdecker' — Seit dem 14. Jh. Bezeichnung für einen Richter, der die Todesstrafe verhängen kann, später für Henker. Urspr. hatte der jüngste Richter oder Beisitzer den Verurteilten hinzurichten

❖ Aus dem Niederdeutschen, mnd. *scharprichter*, seit dem 16. Jh. allgemein verbreitet; zu *scharf* wegen des scharfen Schwerts oder Beils
W: *Richter*
Syn: Abpeitscher, Angstmann, Blutrichter, Blutvogt, Dieler, EXEKUTOR, Faber, Faustrichter, Femer, Femmeister, Freimann, Frone, Gabler, Galgenmeister, Gewaltiger, Haher, Halbmeister, Hämmerlein, Henkersknecht, Kasperer, Knüpfauf, Knütter, Maschores, Nachrichter, Profos, Radmann, Ratmann, Schaderer, Schäler, Schelm, Scherge, SCHINDER, Schürpfer, Züchtiger

Lit: Adelung 3:1363; Barth 1:859; Diefenbach 102; DRW 12:240; Frühmittellat. RWb; Grimm 14:2196; Kluge 795; Palla (2010); Pfeifer 1182; Pies (2001); Vieser/Schautz (2010) 1770

Scharherr 1. ↗ 'Tuchscherer'. 2. 'Anführer einer kleineren Heeresabteilung'. 3. 'Aufseher und Vertreter der Gemeinde in Angelegenheiten der Allmende, des Gemeindewaldes' ❖ mhd. *scharhërre* 'Anführer einer Schar, einer Heeresabteilung'
W: *Herr*
Syn: Allmendsvogt, Markrichter, Scharmann, Scharmeister, TUCHSCHERER, Währmeister

Lit: Barth 1:860; DRW 12:251

Schärkind ↗ Scherkind

Scharlachfärber 'Färber, der in Scharlach, einer kräftigen hellroten Farbe, färbt' ❖ zu mhd. *scharlach, scharlât* 'rot gefärbter Wollstoff, rotes Gewand', mnd. *scharlaken*, über das Altfranz., Niederld. und Niederdt. aus mlat. *scarlatum* 'rot gefärbtes Gewand'
W: *Färber**

Lit: Adelung 3:1365 (Scharlachfarbe); Barth 1:860; Grimm 14:2204; Kluge 795; Pfeifer 323; Schiller-Lübben 4:51

Schärler Scherler 1. 'Anführer einer kleineren Heeresabteilung, einer Stadtwache'. 2. 'Schiffer, der die mit Salz gefüllten Fässer für den Transport übernimmt und diese an Bord verstaut'. 3. 'Taglöhner bei der Schifffahrt als Ruderer und Gehilfe beim Steuern' ❖ zu mhd. *schar* 'zugeteilte Arbeit, Frondienst, bes. Beförderungsdienst', wörtlich 'die Schardienst Leistenden'
FN: Schärler, Scherler
Syn: Scharmann, Scharmeister

Lit: Barth 1:860; DRW 12:227; Fellner 483; Gottschald 430; Grimm 14:2208; Linnartz 196, 199; Neweklovsky (1954) 122

Scharmacher Schaarmacher, Scharrmacher 1. 'Handwerker, der Pflugscharen herstellt'. 2. 'Wagner, Stellmacher' ❖ zu mhd. *schar* 'schneidendes Eisen, Pflugschar'
FN: Scharmacher
Syn: Scharschmied, WAGNER

Lit: Barth 1:860; DudenFN 574; Gottschald 426; Grimm 14:2176 (Schar); Linnartz 196; Pies (2005) 176

Scharmann 1. 'Mitglied der Scharwache (Stadtwache)'. 2. 'Person, die die Nutzung der Weide und der Wald- oder Holzmark (gemeinsam genutzter Wald) verwaltet' ❖ 1.: zu mhd. *schar* 'Truppenabteilung beim Heer', später allgemein eine Gruppe von Soldaten, Arbeitern usw.; zu 2.: mnd. *scharmann* 'Aufseher über die Hutung, Vorsteher der Waldmark'
FN: Scharmann
Syn: Allmendsvogt, Markrichter, Scharherr, Schärler, Scharmeister, Scharwächter, Währmeister

Lit: Barth 1:860; DRW 12:2530; DudenFN 574; Gottschald 426; Grimm 14:2170; Linnartz 196; Schiller-Lübben 4:51

Scharmeister 1. 'Anführer einer kleineren Heeresabteilung'. 2. 'Person, die die Nutzung der Weide und der Wald- oder Holzmark (gemeinsam genutzter Wald) verwaltet' ❖ zu mhd. *schar* 'Truppenabteilung beim Heer', später allgemein eine Gruppe von Soldaten, Arbeitern usw.; vgl. mnd. *scharmeister* 'Aufseher über die Hutung, Vorsteher der Waldmark'
W: *Meister*
Syn: Allmendsvogt, Markrichter, Scharherr, Schärler, Scharmann, Währmeister

Lit: Barth 1:860; DRW 12:254; Grimm 14:2169 (Schar); Idiotikon 4:528; Linnartz 196; Schiller-Lübben 4:51; Schmeller 2:442

Scharnemann Scharnmann 'Verkäufer auf einer Schranne (Markt)' ❖ ↗ Scharner
Syn: Scharner, Schranner
Lit: Barth 1:860; DRW 12:255 (Scharn, Scharne); Grimm 14:2211 (Scharn); Schiller-Lübben 4:52

Scharner Scherner 'Fleisch- oder Brotverkäufer auf einer Schranne' ❖ zu mhd., mnd. *scharne* 'Fleischbank', durch Lautumstellung aus mhd. *schranne* 'Bank, Tisch als Verkaufsstelle für Fleisch, Brot usw.'
FN: Scharner, Scherner, Schern
Syn: Scharnemann, Scharnschlächter, Schranner
Lit: Barth 1:860; DRW 12:255 (Scharn, Scharne); Grimm 14:2211 (Scharn); Linnartz 196

Scharnmann ↗ Scharnemann

Scharnschlächter Scharrenschlächter 'Fleischer, der gegen eine feste Gebühr an einem bestimmten Platz und zu bestimmter Zeit seine Verkaufsbank (Scharne) aufstellen darf (das Scharnenrecht besitzt)'; niederdt. ❖ ↗ Scharner; mhd. *slahtære* 'Schlachter, Metzger'
W: Schlachter
Syn: Scharner
Ggs: HAUSSCHLACHTER
Lit: Grimm 14:2211; Pies (2005) 98; Reith (2008) 154, 157; Schmeller 2:449

Scharrenschlächter ↗ Scharnschlächter

SCHARRER Schärrer, Schorrer 1. 'Person, die Harz mit einem Werkzeug von den Bäumen scharrt'; kurz für *Harz-* oder *Pechscharrer*. Das Werkzeug wurde ebenfalls als *Scharrer* bezeichnet. 2. 'Person, die die Fahrrinne für Schiffe vertieft, indem sie Geröll und Schotter wegscharrt'; die Scharrer arbeiteten in einer bestimmten Reihenfolge, die Spitze bildete der *Anwater*, es folgten *Einscharrer*, *Mittelscharrer* und *Nachigeher* ❖ zu mhd. *scharren* 'scharren, kratzen'
FN: Scharrer (kann aber auch ein Übername für einen geizigen Menschen oder ein Herkunftsname sein)
W: Einscharrer, Harzscharrer, Mittelscharrer, Pechscharrer

Syn: Anwater, Einscharrer, Harzreißer, Harzschaber, Mittelscharrer, Nachigeher, Pecher, PECHHACKER, Pechhauer
Lit: Adelung 3:1308; Barth 1:861; Grimm 14:2218; Krünitz 140:280; Linnartz 196; Neweklovsky (1964) 50, 51; Schmeller 2:448

Schärrer ↗ Scharrer

Scharrmacher ↗ Scharmacher

Scharrwächter ↗ Scharwächter

Scharsacher 'Handwerker, der Messer-, Säbel- und Degenklingen herstellt'; er erzeugte Rasiermesser, Klappmesser, Kneipe (Messer für Schuster, Riemer und Gärtner) ❖ zu mhd. *scharsahs* 'Schermesser', mhd. *sahs* 'langes Messer, kurzes Schwert'
FN: Scharsach
Syn: MESSERSCHMIED
Lit: Grimm 14:2220; OÖ. Hbl 1998, H. 1:87

Scharschmid ↗ Scharschmied

Scharschmied Schaarschmidt, Schaarschmied, Scharschmid 'Schmied, der Pflugscharen herstellt' ❖ zu mhd. *schar* 'schneidendes Eisen, Pflugschar'; mhd. *smit* 'Schmied'
FN: Scharschmied, Scharschmidt, Schaarschmidt, Scharfschmidt
W: Schmied
Syn: Scharmacher
Lit: DRW Belegarchiv; DudenFN 571; Gottschald 426

Scharwächter Scharewechter, Scharrwächter, Scharwechter 1. 'Mitglied der Scharwache (Stadtwache)'. 2. 'Bediener des Stadtrates, manchmal zugleich Nachtwächter' ❖ mhd. *scharwahter*, *scharwehter* 'Scharwächter', zu mhd. *scharwahte* 'patrouillierende, aus mehreren Personen bestehende Wache'
FN: Scharwächter, Schaarwächter
Syn: NACHTWÄCHTER, Scharmann, Schirmer
Lit: Adelung 3:1369; Barth 1:861; DRW 12:260; DudenFN 574; Gottschald 426; Grimm 14:2228; Idiotikon 15:411; Krünitz 140:368; Linnartz 196

Scharwechter ↗ Scharwächter

Scharwerker 1. 'Unfreier, der mit Familie und Dienstboten auf dem Gut des Landesherrn arbeitet'. 2. 'Instmann (Tagelöhner auf einem Gut), der Arbeiten für den Gutsherren verrichten muss'; norddt. 3. 'Bauer oder Pächter, der zu Dienstleistungen (Frondiensten) für die Herrschaft verpflichtet ist, Fronarbeiter'; bayr. 4. 'Handwerker, bes. Zimmermann oder Maurer, der Arbeiten außerhalb der verpflichtenden Arbeitszeit verrichtet'. 5. 'Handwerker, der keiner Zunft angehört' ❖ zu mhd. *scharwërc* 'Fronarbeit', zu *Schar* 'Abteilung, Gruppe (von Arbeitern)'
FN: Scharwerker
W: *Werker*
Syn: HÖRIGER, INMANN

Lit: Adelung 3:1370 (Scharwerk); Barth 1:861; DRW 12:265; Grimm 14:2231; Krünitz 139:368; Linnartz 197; Schmeller 2:444

Scharwerksbauer 'Bauer, dem vom Grundherrn ein Bauernhof zur Nutzung überlassen wird und der statt Zins Arbeitsdienst verrichtet'
W: *BAUER*
Syn: Dienstbauer

Lit: Barth 1:861; Grimm 14:2231; Schmeller 2:444

Schatilger ↗ Schattilier

Schatilier ↗ Schattilier

Schatsnider ↗ Schachtschneider

Schattelmacher ↗ Stattelmacher

Schattenreißer lat. *adumbrator* 'Kunsthandwerker, der Schattenrisse bes. von Personen mit schwarzem Papier oder schwarzer Tusche anfertigt'; die Figuren wurden mit einem Federmesser ausgeschnitten ❖ zu mhd. *rîzen* 'reißen, einritzen'
Syn: Silhouettenschneider, Silhouetteur

Lit: Adelung 3:1373 (Schattenriß); Barth 1:861; Grimm 14:2264

Schatter 1. 'Person, deren Aufgabe es ist, Geld oder Steuern einzuheben'. 2. 'Person, deren Aufgabe es ist, Münzen in Hinblick auf Gewicht und Feingehalt sowie Waren zu prüfen' ❖ mnd. *schatter* 'Geldeintreiber', zu mnd. *schat* 'Schatz; Schätzung, Besteuerung'; *schaten* 'Geld, Steuern eintreiben'
FN: Schatter, Schätter, Schetter
Syn: Schattmann, Schätzer, VISIERER

Lit: Barth 1:861; Gottschald 426; Grimm 14:2258; Linnartz 196; Schiller-Lübben 4:54

Schättermacher ↗ Schettermacher

Schattilier Schatilger, Schatilier, Schottilger, Schottilier, Schottiliger 'Tischler, Schreiner für feine Arbeiten, Täfelungen'; norddt. ❖ franz. *chatouille* 'Schatulle', aus mlat. *scatula* 'Schrein'
Syn: Schotteler, TISCHLER

Lit: Adelung 3:1655; Barth 1:861; DRW 12:269; Grönhoff (1966) 41; Krünitz 185:241; Schiller-Lübben 4:128

Schattmann lat. *exactor, taxator* 1. 'Person, deren Aufgabe es ist, Geld oder Steuern einzuheben'. 2. 'Person, deren Aufgabe es ist, Münzen in Hinblick auf Gewicht und Feingehalt sowie Waren zu prüfen' ❖ zu mnd. *schatter* 'Geldeintreiber', zu mnd. *schat* 'Schatz; Schätzung, Besteuerung'; *schaten* 'Geld, Steuern eintreiben'
FN: Schattmann
Syn: Schatter, Schätzmann, VISIERER

Lit: Barth 1:861; Diefenbach 213, 574; Frühmittellat. RWb; Linnartz 196

Schatullbauer 'Bauer auf einem Schatullgut'; d.s. Güter, die durch Besiedlung von Waldgelände entstanden und deren Erträge an die königliche Kasse (Schatulle) entrichtet werden mussten; in Preußen ❖ zu franz. *chatouille* 'Schatulle', aus mlat. *scatula* 'Schrein', in der Bedeutung 'Kasse, Privateigentum des Herrschers (im Gegensatz zur Staatskasse)'
W: *BAUER*

Syn: Schatullwirt

Lit: Barth 1:861; Grimm 14:2273; Krünitz 8:44 (Chatoullgüter); Staßewski-Stein (1991)

Schatullenbeschläger 'Handwerker, der die zierlichen Metallbeschläge für Schatullen herstellt' ❖ zu franz. *chatouille* 'Schatulle', aus mlat. *scatula* 'Schrein'; zu mhd. *beslahen* 'beschlagen'
W: Beschläger

Schatullmeister 'Verwalter des fürstlichen Privatvermögens' ❖ ↗ Schatullbauer
W: Meister

Schatullwirt 'Siedler, der die Abgaben an die königliche Privatkasse (Schatulle) abführen muss'; in Preußen ❖ ↗ Schatullbauer
W: WIRT
Syn: Schatullbauer

Lit: Barth 1:861

Schatzer ↗ Schätzer

Schätzer Schatzer, Schätzler; lat. *aestimator, taxator* 1. 'Person, deren Aufgabe es ist, Waren oder Tiere zu prüfen'. 2. 'Person, deren Aufgabe es ist, Geld oder Steuern einzuheben' ❖ mhd. *schatzære, schetzære, schatzer* 'Schatz-, Geldsammler'
FN: Schätz, Schatzer, Schätzer, Schätzler, Schetzer
W: Brotschätzer, Bücherschätzer, Fleischschätzer, Fruchtschätzer, Kernenschätzer, Kornschätzer, Mehlschätzer, Pfattschätzer, Rossschätzer, Schriftschätzer, Waidschätzer, Weinschätzer
Syn: Estimateur, Schatter, Schätzherr, Schätzmann, Setzer, VISIERER

Lit: Adelung 3:1376; Barth 1:862; Diefenbach 574; DRW 12:287; DudenFN 574, 575; Frühmittellat. RWb; Gottschald 426; Grimm 14:2258; Idiotikon 8:1688; Krünitz 140:504; Linnartz 196

Schatzherr ↗ Schätzherr

Schätzherr Schatzherr, Schetzherr ↗ Schätzer
W: Herr
Syn: Schätzer, VISIERER

Lit: Adelung 3:1377; Grimm 14:2286; Idiotikon 6:1544; Krünitz 140:530

Schätzler ↗ Schätzer

Schatzmaister ↗ SCHATZMEISTER

Schätzmann ↗ 'Schätzer'
FN: Schatzmann
Syn: Schattmann, Schätzer, VISIERER

Lit: DRW 12:299; Grimm 14:2288; Linnartz 196

SCHATZMEISTER Schatzmaister; lat. *bursarius, quaestor* 1. 'Beamter, der mit der Verwaltung des königlichen oder staatlichen Vermögens betraut ist'; heute noch als Kassenverwalter bei einem Verein, einer Partei u. Ä. 2. ↗ 'Schätzer'
W: °Erbschatzmeister, *Meister*
Syn: Beutelherr, Büchsenherr, Büchsenmeister, Büchsenpfleger, Dispensator, Kämmerer, Kämmerling, Kammermeister, Kassenpfleger, Ladenmeister, Pfennigmeister, Quästor, RENTMEISTER, Säckelmeister, Säckler, Thesaurar, Tresler, Tresorier, Zahlmeister, Zunftpfleger

Lit: Adelung 3:1377; Barth 1:862; Diefenbach 85, 479; DRW 3:131 (Erbschatzmeister); DRW 12:299; Frühmittellat. RWb; Grimm 14:2289; Krünitz 140:540

Schatzsetzer 'Beamter, der die Höhe der Steuern festsetzt und sie eintreibt'; zu *Schatz* in der Bedeutung 'Steuer, Abgabe; Besteuerung' ❖ zu mhd. *schaz* 'Geld und Gut; Auflage, Tribut, Steuer'
W: Setzer

Lit: Barth 1:862

Schaubdeck ↗ Schaubdecker

Schaubdecker Schaubdeck, Schaubedecker, Schaubendecker, Schobendecker, Schuwerdecker 'Dachdecker, der mit Stroh deckt' ❖ mhd. *schoup, schoub* 'Bund, Bün-

del, bes. Strohbund'; mhd. *schoupdach* 'Strohdach'
W: *Decker*

Lit: Grimm 14:2297; Grimm 15:1426; Idiotikon 12:1207 (Schaubdeck); Schmeller 2:353 (Schaubdach)

Schaubedecker ↗ Schaubdecker

Schaubendecker ↗ Schaubdecker

Schauber 1. 'Handwerker, der Schauben herstellt'; eine *Schaube* ist ein langer Rock, Kittel für Frauen, meist aus schwarzer Wolle, oder ein bis zu den Füßen reichendes weites mantelartiges Obergewand für Männer, vorne offen und mit weiten Ärmeln. **2.** 'Handwerker, der Strohbünde für Dächer herstellt'. **3.** 'Fuhrmann, der mit dem Schubkarren Frachten transportiert' ❖ 1. spätmhd. *schoube, schûbe* 'langes und weites Überkleid', aus ital. *giubba* 'Jacke, Wams', dieselbe Herkunft wie *Joppe*; 2., 3. zu mhd. *schoup* 'Schaub, Gebund, Bündel'
FN: Schauber, Schaub, Scheubel, Schaubner, Schaupner, Scheubner, Schaupp, Schäuble, Schäublin, Scheupel, Scheuplein (dabei ist aber auch eine Herkunft zu *Schaub* als Übername für 'dürrer, magerer Mensch' möglich)

Lit: Barth 1:862; DRW 12:324; DudenFN 575; Gottschald 426, 427; Grimm 14:2294 (Schaub, Schaube); Kluge 797 (Schaub(e)); Linnartz 196; Schmeller 2:354; SchwäbWb 5:719

Schaubhütler ↗ Schaubhutmacher

Schaubhutmacher **Schaubhütler, Schobhutmacher 1.** 'Strohhutflechter'. **2.** 'Wanderhändler mit Strohhüten' — zu *Schaub* 'breitrandiger Strohhut' ❖ zu mhd. *schoup, schoub* 'Bund, Bündel, bes. Strohbund'
Syn: HUTMACHER*

Lit: Adelung 3:1379 (Schaubhut); DRW 12:324; Grimm 14:2301 (Schaubhut); Grimm 15:1429 (Schobhut); Idiotikon 2:1790; Krünitz 139:546 (Schaubhut); Krünitz 147:598 (Schobhut)

SCHAUER Schaur, Schauwer; lat. *visitator* **1.** 'Beamter, der Waren vor dem Verkauf kontrolliert, bes. Lebensmittel, Tuch'.

2. 'Vertreter der Zünfte bei der amtlichen Kontrolle der Waren'. **3.** 'Inspektor in einem Bergwerk'. **4.** 'Aufseher; Kontrolleur, Zensor'. **5.** 'Hafenarbeiter beim Löschen und Beladen der Schiffe'; niederdt. **6.** 'Hilfsarbeiter auf einem Schiff'; niederdt ❖ mhd. *schouwære, schouwer* 'der auf obrigkeitlichem Geheiß etwas besichtigt, prüft'
FN: Schauer
W: Barchentschauer, Fleetschauer, Kornschauer, Mangschauer, Münzschauer, Ofenschauer, Pfattenschauer, Wegschauer, Wollschauer, Wundenschauer
Syn: *Beschauer*, Nachschauer, Schauermann, Schauherr, Sinker, Sinkergeschworener, VISIERER

Lit: Adelung 3:1381; Barth 1:862; Diefenbach 623; DRW 12:328; DudenFN 575; Gottschald 427; Grimm 14:2319; Idiotikon 8:1621; Krünitz 140:553; Linnartz 197; Volckmann (1921) 86, 302

Schauermann 'Hafenarbeiter beim Löschen und Beladen der Schiffe'; in Hamburg, Bremen; häufiger im Plural *Schauerleute*, niederdt. *Schauerlüd* ❖ zu niederld. *sjouwer, sjouwerman* 'Lastenträger', aus niederld. *sjouwen* 'schleppen, hart arbeiten', aus dem Friesischen
FN: Schauermann, Schaumann
Syn: SCHAUER

Lit: Altstaedt (2011) 11, 27; Barth 1:863; Gottschald 427; Grimm 14:1334; Kluge 797; Linnartz 197

Schaufechter 1. 'Person, die von Ort zu Ort ziehend für Geld Fechtkämpfe ausführt'. **2.** 'Person, die eine Fechtschule führt' ❖ zu mhd. *vehten* 'kämpfen, fechten, streiten'; zu mhd. *schouwe* 'Besichtigung', zu mhd. *schouwen* 'sehen, schauen, betrachten', auch in Komposita, z. B. *schouwekram* 'zum Beschauen ausgelegte Ware'
W: FECHTER

Lit: Barth 1:863

Schaufeler ↗ Schaufler

Schäufeler ↗ Schaufler

Schaufelhacker 'zu den Zimmerleuten gehörender Handwerker, der hölzere Schaufeln herstellt' ❖ zu mhd. *hacken* 'hacken, hauen'; südd.-österr. bedeutet *hacken* auch 'mit dem Beil (Hacke) bearbeiten'; zu mhd. *schûvel, schûfel, schûvele, schûfele* 'Schaufel'
Syn: Schaufelmacher, Schaufler
Lit: OÖ. Hbl 1989, H. 2:

Schaufelmacher 'Handwerker, der Schaufeln, Schippen aus Holz herstellt'; meist als Hausindustrie im Familienbetrieb ❖ zu mhd. *schûvel, schûfel, schûvele, schûfele* 'Schaufel'
Syn: Schaufelhacker, Schaufler
Lit: Dimt (2008)

Schaufler Schaufeler, Schäufeler, Schäufler 1. 'Handwerker, der Schaufeln aus Holz (Schaufelmacher) oder Metall (Schmied) herstellt'. 2. 'Person, die mit Saumpferden handelt'. 3. 'Person, die [auf Saumtieren herumzieht und] Handel mit Getreide, Früchten und Wein treibt' ❖ 1.: zu mhd. *schûvel, schûfel, schûvele, schûfele* 'Schaufel'; mhd. *schûveln, schûfeln* 'schaufeln'; 2., 3.: schwäb. *Schäufler* 'Händler, der Frucht aufkauft und wieder verkauft; Getreidehändler'
FN: Schaufler, Schäufler, Schäufele, Scheifele, Scheifler, Scheufler
Syn: Schaufelhacker, Schaufelmacher
Lit: Barth 1:863; DRW 12:332; DudenFN 575; Gottschald 427; Grimm 14:2342; Linnartz 197; Schmeller 2:384; SchwäbWb 5:724

Schäufler ↗ Schaufler

Schauherr 1. 'Ratsherr oder beauftragte Person, die Waren vor dem Verkauf kontrolliert'. 2. 'Person, die manuelle oder operative Behandlungen äußerer Krankheiten, bes. von Wunden, durchführt'; in der Schweiz; zu *Wundgeschau*, eine erste Untersuchung vor der Aufnahme in ein Spital
W: Herr
Syn: SCHAUER, Schiefergeschworener, WUNDARZT
Lit: Adelung 3:1386; DRW 12:334; Grimm 14:2345; Idiotikon 2:1543

Schauleute ↗ Schaumann

Schaumann Plural: *Schauleute* 1. 'Schuhmacher'; niederdt. 2. 'vereidigte Person, die Waren vor dem Verkauf kontrolliert, bes. Lebensmittel, Tuche'. 3. 'Aufseher' ❖ 1.: zu mnd. *scho* 'Schuh'; 2.: mhd. *schouwære, schouwer* 'der auf obrigkeitlichem Geheiß etwas besichtigt, prüft'
FN: Schaumann
Syn: VISIERER
Lit: DRW 12:334; DudenFN 575; Gottschald 427; Linnartz 197; Schiller-Lübben 4:106

Schaumeister 1. 'Beamter, der die Waren vor dem Verkauf kontrolliert, bes. Lebensmittel, Tuch'. 2. 'Vertreter der Zünfte bei der amtlichen Kontrolle der Waren' ❖ mhd. *schoumeister* 'obrigkeitlicher Beschauer, Untersucher'
W: Meister
Syn: Geschaumeister, VISIERER
Lit: Adelung 3:1388; Barth 1:863; DRW 12:334; Grimm 14:2360; Idiotikon 4:528; Volckmann (1921) 302

Schaur ↗ SCHAUER

Schaut Schout 1. 'Schultheiß, Schulze'; auch in der Form *Stadt- und Gerichtsschaut*. 2. 'Polizeidiener' ❖ niederld. *schout* 'aufsichtführender Schultheiß'; mittelniederld. *schouthet(e)* ist eine zusammengezogene Form aus niederld. *schuld* 'Schuld' und *heten* 'heißen'
W: °Gerichtsschaut, °Stadtschaut
Syn: *Schultheiß, Schulze*

Schauwer ↗ SCHAUER

Schawinreiber ↗ Schabinreiber

Schawinschlager ↗ Schabinschlager

Scheckeler ↗ Scheckenmacher

Scheckenmacher Scheckeler, Scheckenmächer 1. 'Hersteller von Schecken'; d.i. ein eng anschließender, gesteppter Leibrock, der auch als Schutz unter dem Panzer getrangen wurde; im 14./15. Jh. 2. 'Schneider, der Joppen, Jacken herstellt' ❖ zu mhd. *schecke, schegge* 'gesteppter Leibrock', vermutlich franz. Wort des Rittertums, franz. *jaque*, verwandt mit *Jacke*
FN: Scheck, Schecke, Schecker, Scheckeler, Schegg (zu *Scheck*; bei manchen ist auch eine Herkunft von *scheckig, Schecke* 'geflecktes Tier' möglich)
Syn: Scheckensticker

Lit: Barth 1:863; DRW 12:340; DudenFN 576; Gottschald 427; Grimm 14:2381; Linnartz 197; Schmeller 2:366 (Schecken); Volckmann (1921) 52

Scheckenmächer ↗ Scheckenmacher

Scheckensticker 'Handwerker, der die *Schecken* (↗ Scheckenmacher) mit Gold- und Silberfäden verziert'
W: Sticker
Syn: Jackensticker, Scheckenmacher

Lit: Barth 1:864; Grimm 14:2382

Schedemaker ↗ Scheidenmacher

Schedenmacher ↗ Scheidenmacher

Schedler ↗ Schädler

Scheerenschmid ↗ Scherenschmied

Scheergeiger ↗ Schergeiger

Scheermeister ↗ Schermeister

Scheffel 1. 'Böttcher, Fassbinder'. 2. 'Schöffe' ❖ 1.: Diminutiv zu mhd. *schaf* 'Schaff, Gefäß für Flüssigkeiten'; vgl. mhd. *scheffel, schepfel* 'Scheffel, Getreidemaß'; 2.: zu mhd. *scheffel* 'Schöffe'
FN: Scheffel, Schöffel
Syn: BÖTTCHER, Scheffelmacher, Scheffler

Lit: Adelung 3:1391; DudenFN 576, 596; Grimm 14:2383

Scheffeler ↗ Scheffler

Scheffelknecht 1. 'Gehilfe des ↗ Scheffelmeisters'. 2. 'Gehilfe des ↗ Scheffelmachers, Böttchers' ❖ zu mhd. *scheffel, schepfel* 'Scheffel, Getreidemaß'; mhd. *knëht* 'Knecht'
W: KNECHT

Scheffelmacher Schaffelmacher, Schafflmacher, Schaffmacher 'Böttcher, Fassbinder' ❖ ↗ Scheffel; die Formen mit *Schaff* und das Diminutiv *Schaffl* sind süddt.-österr.
Syn: BÖTTCHER, Scheffel, Scheffler

Lit: Barth 1:856, 864; Grimm 14:2383 (Scheffel); Linnartz 197

Scheffelmeister 'Aufseher über das im Speicher gelagerte Getreide' ❖ zu mhd. *scheffel, schepfel* 'Scheffel, Getreidemaß'
W: Meister

Lit: Barth 1:864; Grimm 14:2384

Scheffener ↗ Scheffler, *Schaffner*

Scheffer ↗ Schäfer, Scheffler

Scheffknecht 'Arbeiter auf einem Schiff' ❖ zu mhd. *schëff* 'Schiff', noch bes. im Bairischen erhalten
FN: Scheffknecht
W: KNECHT
Vgl: Schiffknecht

Lit: Hornung (1989) 116; Schmeller 2:384

Scheffler Schaffler, Schäffler, Schäfler, Scheffeler, Scheffener, Scheffer, Schöffler; lat. *cuparius, vascularius* 'Böttcher, Fassbinder'; die Formen mit -a- sind besonders bairisch; vgl. süddt.-österr. *Schaff* 'oben offenes hölzernes Gefäß', *Schäffler* in Teilen Bayerns heute die regionale Berufsbezeichnung ❖ mhd. *scheffelære, scheffeler* 'Schäffler, Fassbinder'
FN: Schaffler, Schäffler, Scheffler, Schöffler, Scheffeler, Scheffner
Syn: BÖTTCHER, GROSSBÖTTCHER*, Scheffel, Scheffelmacher

Lit: Barth 1:864; Diefenbach 607; DudenFN 576; Gottschald 424; Grimm 14:2035, 2385; Hornung (1989) 116; Kretschmer 145; Kunze 123; Linnartz 195, 197; Reith (2008) 34; Schmeller 2:376; SteirWb 531; Volckmann (1921) 165

Scheffmeister ↗ SCHIFFMEISTER

Scheffwürcher ↗ Schiffwerker

Schefwürcher ↗ Schiffwerker

Scheibenführer 'Fuhrmann, der Salz transportiert' ❖ zu mhd. *schîbe* 'Kugel, Scheibe, Kreis'; das Salz wurde in Form von Scheiben transportiert. *Scheib, Scheiben* bezeichnete eine Salzmasse, die durch Einstoßen in die hölzerne Kufe die Form einer Scheibe erhält; zu mhd. *vüerer* 'einer, der führt'
W: *Führer*

Lit: Grimm 14:2390 (Scheibe Salz); Patocka (1987) 291; Schmeller 2:357 (Scheibe Salz)

Scheibenknecht 'Hilfsarbeiter an der Töpferscheibe' ❖ zu mhd. *schîbe* 'Kugel, Scheibe, Kreis; Töpferscheibe'
W: KNECHT

Scheibenmacher 1. 'Hersteller von Glasscheiben'. 2. 'Hersteller von Schießscheiben'. 3. 'Hersteller der runden Formen, in denen das Salz verpackt und transportiert wird'; das Salz wurde in Form von Scheiben transportiert ❖ zu mhd. *schîbe* 'Kugel, Scheibe, Kreis'
Syn: Scheiber

Lit: Barth 1:864; DRW 12:352; Grimm 14:2394

Scheibenreißer Schievenriter 1. 'Hersteller von Glasscheiben'; die Glasscheiben wurden mit einem Diamanten oder ähnlichem Gegenstand eingerissen, sodass sie gebrochen werden konnten. Das Fensterglas bestand im 14.–16. Jh. aus runden Butzenscheiben. 2. ↗ 'Scheibenzieher' ❖ zu mhd. *schîbe* 'Kugel, Scheibe, Kreis'; mhd. *rîʒen* 'reißen, einritzen'
Syn: DRAHTZIEHER, Glaser*, Scheibenzieher

Lit: Barth 1:864; Grimm 14:14 (scheibenreißen); Volckmann (1921) 278

Scheibenzieher Scheubenzieher 'Arbeiter in der Drahtherstellung, der den groben Messingdraht auf einer Scheibe so zieht, dass er für Klaviersaiten, Tressen usw. fein genug ist' ❖ zu mhd. *schîbe* 'Kugel, Scheibe, Kreis'
W: *Zieher*
Syn: DRAHTZIEHER, Kleindrahtzieher, Scheibenreißer
Ggs: Grobddrahtzieher

Lit: Adelung 3:1394; Barth 1:864; Grimm 14:2395; Krünitz 141:522; Volckmann (1921) 124

Scheiber Scheibler, Scheibner, Scheipner 1. 'Tellermacher'. 2. 'Schießscheibenmacher'. 3. 'Glasscheibenmacher'. 4. 'Fuhrmann, der die Salzscheiben transportiert'; meist in der Form *Scheibler* ❖ mhd. *schîbe* 'Kugel, Scheibe, Kreis'; zu 4.: auch ↗ Scheibenführer
FN: Scheiber, Scheibner, Scheibler
Syn: Scheibenmacher

Lit: Barth 1:864; DudenFN 577; Gottschald 428; Grimm 14:2395, 2396; Linnartz 197; Schmeller 2:357; Volckmann (1921) 200

Scheibler ↗ Scheiber

Scheibner ↗ Scheiber

Scheidejunge Scheidjunge 'junger Bergarbeiter oder Knabe, der das Erz vom tauben Gestein durch Klopfen trennen muss'
W: *Junge*
Syn: Erzausschläger, Erzscheider, Klauber

Lit: Adelung 3:1396; Barth 1:864; Bergmännisches Wb 454; Grimm 14:2400; Krünitz 141:553

Scheidekünstler 'Chemiker' ❖ zu mhd. *schîden, scheiden* 'scheiden, trennen'. *Scheidekunst* (für griech. *chymia*) ist eine Wortschöpfung Philipp von Zesens von 1645, im 17. und 18. Jh. gebräuchlich
Syn: Chemicus, Scheider

Lit: Barth 1:864; Grimm 14:2400; Krünitz 141:642; Paul 725

Scheidemacher ↗ Scheidenmacher

Scheidemeister ↗ Scheidmeister

Scheidenbusser ↗ Scheidenbüßer

Scheidenbüßer Scheidenbusser 'Handwerker, der Messer schleift und die Scheide ausbessert'; zu *Büßer* 'Wiederhersteller, Ausbesserer' ❖ mhd. *scheidenbüeʒer* 'Messerschleifer, der auch die Messerscheiden ausbessert'
W: Büßer
Lit: Barth 1:864; Grimm 14:2411

Scheidenmacher Schedemaker, Schedenmacher, Scheidemacher, Scheidenmecher, Schiedenmacher; lat. *vaginator* 'Handwerker, der Messer- oder Schwertscheiden herstellt' ❖ mhd. *scheidenmacher*, zu mhd. *scheide* 'Scheide des Schwertes'
Syn: Scheider, Scheidler, Scheidmeister
Lit: Barth 1:864; Diefenbach 605; DRW 12:368; Grimm 14:2412; Volckmann (1921) 113

Scheidenmecher ↗ Scheidenmacher

Scheider Schaider 1. 'Chemiker'. 2. 'Bergarbeiter, der das Erz durch Schlagen vom Gestein scheidet (trennt)'. 3. 'Person, die Metalle, bes. Gold und Silber, mittels Scheidewasser trennt'. 4. 'Person, die in einer Mühle die Mehlsorten durch Sieben trennt'. 5. 'Beamter, der Konflikte wegen Grundstücksgrenzen u.Ä. regelt; Schiedsrichter'. 6. 'Handwerker, der Scheiden für Messer und Schwerter herstellt' ❖ 6.: mhd. *scheidære, scheider* 'Scheidenmacher'; die übrigen Bedeutungen zu mhd. *schîden, scheiden* 'scheiden, trennen'
FN: Scheder, Scheider, Scheyder, Schöder
W: Abscheider, Erzscheider, Eschscheider, FELDSCHEIDER, Goldscheider, Grenzscheider, Landscheider, Silberscheider
Syn: Probierer, Scheidekünstler, Scheidmacher, Scheidler, Scheidmeister
Lit: Adelung 3:1398; Barth 1:865; DRW 12:365; DudenFN 577; Gottschald 428; Grimm 14:2413; Heilfurth (1981) 53; Idiotikon 8:260, 261; Krünitz 141:672; Linnartz 198

Scheidesteiger ↗ Scheidsteiger

Scheidjunge ↗ Scheidejunge

Scheidler 'Handwerker, der Messer- oder Schwertscheiden herstellt' ❖ Ableitung zu mhd. *scheide* 'Scheide des Schwertes'; mhd. *scheidære scheider* 'Scheidenmacher'
FN: Scheidler
Syn: Scheidenmacher, Scheider
Lit: DudenFN 577; Gottschald 428

Scheidmeister Schaidmeister, Scheidemeister 1. 'Messerschmied, der auch Messerscheiden herstellt'. 2. 'Beamter, der Münzen und Edelmetalle auf ihre Qualität und Echtheit prüft'. 3. 'Schiedsrichter in Streitfällen über Grenzstreitigkeiten oder unter Bergleuten' ❖ 1.: zu mhd. *scheide* 'Trennung; Scheide des Schwerts'; 2., 3.: zu mhd. *schîden, scheiden* 'scheiden, trennen'
W: Meister
Syn: Scheidenmacher, Scheider, Wardein
Lit: Adelung 3:1396; Barth 1:864; DRW 12:370; Grimm 14:2401; Krünitz 141:650

Scheidmesserer Schaidmesser 'Handwerker, der Taschenmesser herstellt'; die Messer steckten in einer Scheide ❖ zu mhd. *scheide* 'Scheide des Schwertes'; mhd. *meʒʒerære, meʒʒerer* 'Messerschmied'
W: Messerer
Lit: Grimm 12:2129 (Messerer); Grimm 14:2396 (Scheide)

Scheidsteiger Scheidesteiger 'Bergmann, der das Scheiden von Erz und Gestein beaufsichtigt' ❖ zu mhd. *scheiden* 'trennen, sondern, scheiden'
W: Steiger
Lit: Barth 1:865; Grimm 14:2413

Scheikenmeister ↗ Tschaikenmeister

Scheipner ↗ Scheiber

Scheiter 'Holzarbeiter, der das Holz in Scheite spaltet' ❖ zu mhd. *schîten* 'spalten, hauen'
FN: Scheiter, Scheiterer, Scheitter, Scheitterer

Syn: Klafterschläger, Scheithacker, Scheithauer, Scheitschläger

Lit: Adelung 3:1403 (Scheit); Barth 1:865; DudenFN 577; Gottschald 428; Grimm 14:2481; Linnartz 198

Scheiterhacker ↗ Scheithacker

Scheiterhauer ↗ Scheithauer

Scheithacker Scheiterhacker ↗ 'Scheithauer'; bes. bayr.-österr.; zu *hacken* i. S. v. 'durch Hacken, mit dem Beil zerlegen' ❖ zu mhd. *hacken* 'hacken, hauen'
FN: Scheithacker
W: Hacker
Syn: Klafterschläger, Scheiter, Scheithauer, Scheitschläger

Lit: Immigrant Ships Transcribers Guild ; Reiner (1996)

Scheithauer Scheiterhauer, Schiederhauer 1. 'Holzarbeiter, der das Holz in Scheite spaltet, bes. in der Glashütte und Salzverarbeitung'. 2. 'Holzfäller' ❖ zu mhd. *schît* 'Scheit, Stück gespaltenen Holzes'; mhd. *houwer* 'Holzfäller; Bergmann'
FN: Scheithauer, Scheidthauer, Scheidhauer, Scheitenhauer (kann sich auch auf Bergleute, die Scheidewände im Bergwerk errichten, beziehen)
W: Hauer
Syn: Klafterschläger, Scheiter, Scheithacker, Scheitschläger

Lit: Adelung 3:1407; Barth 1:865; DRW 12:409; DudenFN 577; Gottschald 428; Grimm 14:2484; Krünitz 142:13; Linnartz 198

Scheitschläger ↗ 'Scheithauer'
W: Schläger
Syn: Klafterschläger, Scheiter, Scheithacker, Scheithauer

Lit: Adelung 3:1407 (Scheithauer); Barth 1:865; DRW Belegarchiv; Grimm 14:2484; Krünitz 142:13; Zedler 34:1172

Schelchener ↗ Schelcher

Schelcher Schelchener 'Schiffsführer auf einem von zwei Personen bedienten Flussschiff (Schelch), von dem aus man fischen kann'; im Maingebiet ❖ mhd. *schelch* 'Flussfahrzeug, Nachen'
FN: Schelcher (kann auch zu *schelch* 'schielend' gehören)

Lit: Adelung 3:1407 (Schelch); Barth 1:866; DRW 12:412; Grimm 14:2488 (Schelch); Krünitz 142:15 (Schelch); Linnartz 198; Schmeller 2:405 (Schelch), 415 (Schelch); Volckmann (1921) 237

Scheler ↗ Schäler

Schellendreger ↗ Schellenträger

Schellengießer Schellenmacher 'Handwerker, der Schellen aus Metall herstellt'; als zünftiges Handwerk bes. in Nürnberg vertreten; ein „gesperrtes Handwerk", d. h. die Gesellen durften nicht wandern. Schellen wurden an der Kleidung, bes. an Narrenkostümen und -kappen, oder an Tieren befestigt ❖ zu mhd. *schëlle* 'Schelle, Glöckchen'
W: *Gießer*
Syn: Bellenmacher, Rollenmacher, Schellenschmied

Lit: Barth 1:866; DRW 12:417; Grimm 14:2498; Isenberg ; Krünitz 142:19; Volckmann (1921) 313

Schellenmacher ↗ Schellengießer

Schellenprofos ↗ Schallenprofos

Schellenschlager ↗ Schellenschläger

Schellenschläger Schallenschlager, Schallenschlaher, Schellenschlager, Schellenschlaher, Schellensleger 'Musikant, der das Glockenspiel schlägt und mit Trommlern, Pfeifern usw. zusammenspielt' ❖ mhd. *schëllenslaher* 'Schellenschläger'; zu mhd. *schalle, schëlle* 'Schelle, Glöckchen'
FN: Schellenschläger
W: *Schläger*

Lit: Barth 1:866; Gottschald 429; Grimm 14:2499; Idiotikon 9:496; Volckmann (1921) 313

Schellenschlaher ↗ Schellenschläger

Schellenschmid ↗ Schellenschmied

Schellenschmied ↗ 'Schellengießer'
FN: Schellenschmidt, Schellenschmitt
W: °Schellenschmid, *Schmied*
Syn: Bellenmacher, Rollenmacher, Schellengießer

Lit: DRW 12:418; Gottschald 429; Linnartz 198; Sulzenbacher (2002) 20

Schellensleger ↗ Schellenschläger

Schellenträger Schellendreger 'Spielmann, der ein Glockenspiel bedient und mit Schellen und anderen scherzhaften Verzierungen auf der Kleidung auftritt'
FN: Schellenträger
W: *Träger*
Syn: GAUKLER

Lit: Gottschald 429; Volckmann (1921) 313

Schelm 1. 'Henker, Scharfrichter'. 2. 'Schinder, Abdecker' — beide galten als unehrliche Berufe; die urspr. Bedeutung ist 'toter Körper', die zu 'Pest, Seuche' und zu einer Bezeichnung für jeden ehrlosen Menschen führte; metonymisch kam es zur Bedeutung 'Abdecker' und schließlich zu 'Henker'. Erst später veränderten sich die negativen Bedeutungen zu 'Narr, Spaßmacher' und seit dem 17. Jh. zu 'Schalk, liebenswürdiger Spaßvogel' ❖ mhd. *schëlm, schëlme* 'Pest, (Vieh)seuche'
FN: Schelm (bezieht sich wohl weniger auf den Beruf als auf einen ehrlosen Menschen oder auf einen Spaßmacher)
Syn: SCHARFRICHTER, SCHINDER

Lit: Adelung 3:1409; Barth 1:866; DRW 12:421; Grimm 14:2506; Kluge 800; Krünitz 142:25; Linnartz 198; Paul 727

Schelmenkönig 'Abdecker'; zur Wortbildung ↗ König ❖ ↗ Schelmenschinder
W: König
Syn: SCHINDER

Schelmenschinder Schelmschinder 'Abdecker'; zu *Schelm* in der alten norddt. Bedeutung 'toter Körper, Aas' ❖ zu mhd. *schëlme, schëlm* 'Pest, Seuche; toter Körper, Aas, Kadaver'
W: SCHINDER

Lit: Adelung 3:1410 (Schelm (1)); Barth 1:866; Grimm 14:2515; Schmeller 2:412

Schelmschinder ↗ Schelmenschinder

Schelter Scheltner; lat. *conviciator* 'fahrender Sänger oder Spaßmacher, der gegen Bezahlung öffentliche Rügen erteilt, bes. gegen säumige Schuldner' ❖ mhd. *schëltære, schëlter* 'Schelter, Tadler; herumziehender Sänger, der das *schëlten* für Lohn übt'
FN: Schelter
Syn: Flucher, GAUKLER, Tadler

Lit: Barth 1:866; DRW 12:440; Grimm 14:2530; Linnartz 198; Volckmann (1921) 317

Scheltner ↗ Schelter

Schenk Schenke; lat. *pincerna, pincernarius* 1. 'Hofbeamter, der den Weinkeller verwaltet und bei Tisch für die Getränke sorgt; Mundschenk'. 2. 'Wirt, der Getränke ausschenkt' ❖ zu mhd. *schenken* 'einschenken, tränken, zu trinken geben'; mhd. *schenke* 'einschenkender Diener, Mundschenk (Hofamt)'
FN: Schenk, Schenck (meist zu *(Mund)schenk*, er kommt daher oft in Adelsfamilien vor)
W: Bierschenk, °Erbschenk, Kaffeeschenk, °Metschenk, Oberschenk, Unterschenk
Syn: Bottelier, Butigler, Buttler, Mundschenk, WIRT
Vgl: Schenker

Lit: Adelung 3:1413; Barth 1:866; Diefenbach 435; DRW 9:587; DRW 12:463; DudenFN 578; Frühmittellat. RWb; Gottschald 429; Grimm 12:2146 (Metschenke); Grimm 14:2539; Hornung (1989) 116; Linnartz 198; Palla (1994) 277

Schenke ↗ Schenk

Schenker Schanker, Schänker 1. 'Wirt, der nur zum Ausschank von Getränken berechtigt ist'. 2. 'Bedienung, die Getränke ausschenkt'. 3. 'Bierhändler; Zwischenhändler zwischen Brauherren und Verbauchern' ❖ zu mhd. *schenken* 'einschenken, tränken, zu trinken geben'; mhd. *schenk, schenke*

'Gabe; Mahl; Wirtshaus'; zu mhd. *schanc* 'Gefäß, aus dem eingeschenkt wird'
FN: Schenker, Schencke, Schencke, Schenkmann
W: Halbbierschenker
Syn: Bierhake, Bierhöker, Bierversilberer, WIRT
Vgl: Schenk

Lit: Barth 1:866; DRW 12:464; DudenFN 578; Gottschald 429; Grimm 14:2555; Linnartz 198; Pfeifer 1192; Pies (2005) 185

Schenkwirt Schankwirt, Schenkwirth 'Wirt, der nur zum Ausschank von Getränken (nicht von Speisen) berechtigt ist' ❖ zu mhd. *schanc* 'Gefäß, aus dem eingeschenkt wird'; die Form mit *-e-* ist eine Rückbildung zu *schenken* in der Bedeutung 'ausschenken'
W: WIRT
Ggs: Speisewirt

Lit: Adelung 3:1418; Barth 1:859, 866; Grimm 14:2558; Krünitz 142:143; Pies (2005) 185

Schenkwirth ↗ Schenkwirt

Schepe ↗ Schöppe

Schepp ↗ Schöppe

Scheppe ↗ Schöppe

Scheppeler ↗ Schappler

Scheppler ↗ Schappler

Scher 1. 'Tuchscherer'. 2. 'Haar-, Bartschneider' ❖ mhd. *schërære, schërer* 'Scherer, Barbier', zu mhd. *schern* '(ab)schneiden, Haare scheren'
FN: Scher, Scheer
Syn: Scherer

Lit: DudenFN 576; Gottschald 428; Grimm 14:2559 (Scher); Linnartz 199

Scherenmenger ↗ Menger

Scherenschleifer Scherensliffer, Scherslifer 'herumziehender Handwerker, der Scheren, Messer u. Ä. schärft'; er war wie alle Herumziehenden gering geachtet. Der Beruf war bis ins 20. Jh. üblich ❖ zu mhd. *schëre, scher* 'Schere'; mhd. *slīfen* 'schleifen, schleifen machen, schärfen'
W: Schleifer
Syn: Gassenschleifer

Lit: Adelung 3:1424; Barth 1:867; Grimm 14:2578; Linnartz 199; Volckmann (1921) 296

Scherenschmied Scheerenschmid, Scherensmid, Scherschmied 'Handwerker oder Fabriksarbeiter, der Scheren herstellt'; er gehört zu den Messerschmieden ❖ zu mhd. *schëre, scher* 'Schere'
W: Schmied
Syn: MESSERSCHMIED, Schermesserer

Lit: Barth 1:867; Grimm 14:2579; Krünitz 141:478

Scherensliffer ↗ Scherenschleifer

Scherensmid ↗ Scherenschmied

Scherer Schärer; lat. *tonsor* 1. 'Person, die Haare schneidet, bes. Schafe schert'. 2. 'Barbier'. 3. 'Bader, Arzt'; der Übergang von *Barbier* zu *Bader* ist fließend, da die Barbiere vor allem in Bädern tätig waren und auch gewisse medizinische Behandlungen durchführten. 4. 'Handwerker, der das gewebte Tuch schert und appretiert; Tuchscherer' ❖ mhd. *schëræres, schërer* 'Scherer, Barbier', zu mhd. *schërn* '(ab)schneiden, Haare scheren'
FN: Scheerer, Scherer
W: Bartscherer, Drögscherer, Feldscherer, Fickelscherer, Haarscherer, Lakenscherer, Schafscherer, Siechenscherer, Trockenscherer, TUCHSCHERER, Wandscherer
Syn: Anzettler, Rauer, Scher

Lit: Adelung 3:1424; Barth 1:867; Diefenbach; DRW 12:483; DudenFN 579; Frühmittellat. RWb; Gottschald 429; Grimm 14:2579; Idiotikon 8:1129; Linnartz 199; Reddig (2000) 119

Scherermeister ↗ Schermeister

Scherfanger Schernfanger 'Maulwurfsfänger'; bair.; sie jagten die Maulwürfe im Auftrag von Bauern oder um die feinen Felle zu

verarbeiten oder zu verkaufen ❖ ↗ Schermauser
W: Fänger
Syn: Schermauser

Lit: Grimm 14:2559 (Scher)

Scherg ↗ Scherge

Scherge Scherg, Scherger, Schörge; lat. *accensus* **1.** 'obrigkeitlich Beauftragter, der Untergebene zur Pflicht anhält, bes. Amtleute, Vögte, Finanzbeamte'. **2.** 'Gerichts- und Polizeibediensteter'. **3.** 'Henker, Scharfrichter'; heute nur noch im abwertenden Sinn für 'jmdn., der unter Anwendung von Gewalt Aufträge einer politischen Macht, bes. in einem Unrechtsstaat, erfüllt; Handlanger'. Das Wort erfuhr eine immer stärker werdende Bedeutungsverschlechterung ❖ mhd. *scherge, scherje* 'Gerichtsdiener, Büttel', aus ahd. *scario* 'Anführer einer Schar'
FN: Scherg, Scherge, Schergel
W: Blutscherge, Eisenscherge, Landscherge
Syn: BÜTTEL, Häscher, SCHARFRICHTER

Lit: Adelung 3:1425; Barth 1:867; DRW 12:487; DudenFN 579; Gottschald 430; Grimm 14:2485; Höfer 3:81; Idiotikon 8:1252; Krünitz 142:149; Linnartz 199; Paul 729; Schmeller 2:465; Volckmann (1921) 332

Schergeiger Scheergeiger, Scherrgeiger 'Musikant ohne Konzession, der gegen geringes Entgelt in Bierwirtschaften auftritt'; vermutlich zu *scherren* 'scharren, kratzen', für einen Geiger, der kratzende Töne hervorbringt
Syn: Bierfiedler, Kilbigeiger, Krugfiedler, Scherzelgeiger

Lit: Adelung 3:1009 (Bierfiedler); Barth 1:867; DRW Belegarchiv; Grimm 14:2586; Schmeller 2:472

Scherger ↗ Scherge

Scherkind Schärkind 'Geselle des Tuchscherers' ❖ zu mhd. *schërn* 'schneiden, abscheren, scheren'
Syn: TUCHSCHERER

Lit: Adelung 3:1426; Barth 1:867; Grimm 14:2589

Scherler ↗ Schärler

Schermauser Schermäuser 'Maulwurfsfänger' ❖ zu mhd. *schër* 'Maulwurf', der sich von mhd. *schërn* 'schneiden' i. S. v. 'die Erde durchtrennen' ableitet; mhd. *mûser, mûsar* 'vom Mäusefang lebender kleiner Falke'
Syn: Scherfanger

Lit: Adelung 3:1425 (Schermaus); Idiotikon 4:481; Linnartz 199; Schmeller 2:453

Schermäuser ↗ Schermauser

Schermeister Scheermeister, Scherermeister **1.** 'Vorarbeiter in der Tuchfabrik, der die Tuchscherer und Appretierer überwacht'. **2.** 'Facharbeiter, der Schafe schert' ❖ zu mhd. *schërn* '(ab)schneiden, Haare scheren'
W: Meister
Syn: Appreturmeister, Rahmmeister

Lit: Barth 1:867

Schermer ↗ Schirmer

Schermesserer 'Handwerker, der Rasiermesser oder Scheren herstellt' ❖ zu mhd. *schëre scher* 'Schere'; mhd. *meʒʒerære, meʒʒerer* 'Messerschmied'
FN: Schermesser
Syn: MESSERSCHMIED, Scherenschmied

Lit: Grimm 12:2129 (Messerer); Krünitz 89:238

Scherner ↗ Scharner

Schernfanger ↗ Scherfanger

Scherrgeiger ↗ Schergeiger

Scherschmied ↗ Scherenschmied

Schersliffer ↗ Scherenschleifer

Scherzelgeiger Scherzlgeiger 'Musikant ohne Konzession, der gegen geringes Entgelt in Bierwirtschaften auftritt'; bayr.; zu *(Brot)scherzel* 'Brotendstück'; als Entlohnung erhielt er nur ein Stück Brot ❖ zu mhd. *schërze, schërzel* 'abgeschnittenes Stück; Schnittchen'

Syn: Bierfiedler, Kilbigeiger, Krugfiedler, Schergeiger

Lit: Adelung 1:1009 (Bierfiedler); Delling (1820) 1:130; Schmeller 2:472

Scherzer 'Spaßmacher' ❖ zu mhd. *schërzen* 'fröhlich springen, sich vergnügen'
FN: Scherzer, Schertzer
Syn: GAUKLER

Lit: DudenFN 579; Gottschald 426; Grimm 14:2600; Linnartz 199

Scherzlgeiger ↗ Scherzelgeiger

Schettermacher Schättermacher 'Weber, der den Schetter herstellt'; d.i. eine gesteifte glänzende Leinwand, die z.B. für Planen verwendet wurde ❖ zu mhd. *schëter, schëtter* 'feine Leinwand, Glanz-, Steifleinwand'

Lit: Adelung 3:1429 (Schetter); Barth 1:868 (Schetterermeister); Grimm 14:2603 (Schetter); Krünitz 142:165 (Schetter); SteirWb 530

Schetzherr ↗ Schätzherr

Scheubenzieher ↗ Scheibenzieher

Scheuermann Scheurmann 'Verwalter der Gutsscheune, in der die Abgaben der Bauern gelagert sind' ❖ zu mhd. *schiure, schiur* 'Scheune, Scheuer, Stadel'; mit *Scheune* verwandt, aber aus einem anderen Wortstamm (ahd. *scuiura, scûra*) – Die weiblichen Formen *Scheuerfrau, -magd, -weib* beziehen sich auf das Verb *scheuern* und bezeichnen eine Putzfrau
FN: Scheuermann, Scheurmann, Schürmann, Schuirmann, Schiermann, Schirmann.
W: *Mann*
Syn: Scheunemann, Scheunevogt

Lit: Adelung 3:1431 (Scheuer); Barth 1:868; DRW 12:499; DudenFN 580; Gottschald 430; Idiotikon 14:2618 (Scheuer); Kluge 802; Linnartz 199

Scheunemann ↗ 'Scheuermann' ❖ zu mhd. *schiune, schiun* 'Scheune'; mit *Scheuer* verwandt, aber aus einem anderen Wortstamm (ahd. *scugina*)
FN: Scheunemann, Schünemann, Schünmann
W: *Mann*
Syn: Scheuermann, Scheunenvogt

Lit: DudenFN 580; Gottschald 430; Grimm 14:2625 (Scheune); Kluge 802 (Scheune); Linnartz 200

Scheunenvogt Scheunevogt, Scheurenvogt 'Aufseher über die Scheunen'
W: *Vogt*
Syn: Scheuermann, Scheunemann

Lit: DRW 12:502

Scheunevogt ↗ Scheunenvogt

Scheurenvogt ↗ Scheunenvogt

Scheurmann ↗ Scheuermann

Scheverdecker ↗ Schieferdecker

Scheverdekker ↗ Schieferdecker

Scheverstendecker ↗ Schieferdecker

Scheverstendekker ↗ Schieferdecker

Schichtarbeiter Schichtenarbeiter 'Bergarbeiter, der nach Anzahl der gearbeiteten Schichten (Stunden) bezahlt wird'; im Ggs. zum Geding (Akkordarbeit)
W: *Arbeiter*
Syn: Schichter

Lit: Barth 1:868; Fellner 487; Veith 411

Schichtenarbeiter ↗ Schichtarbeiter

Schichtenschreiber 'Beamter, der die Löhne der Waldarbeiter zu berechnen und auszubezahlen hat'; im oberösterreichischen Salzkammergut ❖ ↗ Schichter
W: *Schreiber*

Lit: OÖ. Hbl 1955, H. 2:196; Starke (1991)

Schichter Schichtler 1. 'Bergarbeiter, der nach Anzahl der gearbeiteten Schichten (Stunden) bezahlt wird, im Gegensatz zum Geding (Akkordarbeit)'. 2. 'Arbeiter im Hafen, der die Stückgüter richtig verpackt und

im Schiff lagert' ❖ zu mhd. *schiht* 'Ereignis, Begebenheit; Schickung, Zufall; Anordnung, Einteilung; übereinandergelegte Dinge; bestimmte bergmännische Arbeitszeit'. Aus der mitteldeutschen Bergbausprache. Die Herkunft ist nicht eindeutig. Fraglich ist, ob die bergmännische Bedeutung ebenfalls zu mhd. *schiht* gehört, oder vielmehr eine niederdt. Variante von *Schift* ist und mit *Scheibe* zusammenhängt
FN: Schichter
W: Tagschichter
Syn: Schichtarbeiter, Schichtlöhner

Lit: Adelung 3:1433 (Schicht); Barth 1:868; Fellner 488; Gottschald 431; Grimm 14:2634 (Schicht), 2639; Kluge 801 (Schicht); Krünitz 142:220 (Schicht), 227; Paul 730; Schmeller 2:365 (Schicht); Veith 411; Zedler 34:705

Schichthäuer 'Bergmann, der gegen festen Lohn arbeitet' ❖ ↗ Schichter, ↗ Häuer
W: HAUER
Syn: Schmeißer

Lit: Barth 1:869; Grimm 14:2641; Veith 269, 411

Schichtler ↗ Schichter

Schichtlöhner ↗ Schichter
W: Löhner
Syn: Schichter

Lit: Barth 1:869; DRW 12:511 (Schichtlohn); Grimm 14:2642; Veith 411

Schichtmeister 1. 'Vorgesetzter der in der Schicht Arbeitenden'. **2.** 'Rechnungsführer im Bergbau, der für Bezahlung der ↗ Schichter und für Materialbeschaffung usw. zuständig ist' ❖ ↗ Schichter
W: Meister

Lit: Adelung 3:1436; Fellner 489; Grimm 14:2642; Heilfurth (1981) 57; Krünitz 142:228; Veith 412; Zedler 34:1383

Schicketanz 1. 'Tanzlehrer'. **2.** 'Person, die Tanzveranstaltungen leitet und die Tänzer beaufsichtigt' — nach einem Satznamen *Schicke den Tanz* 'Richte den Tanz aus'
FN: Schicketanz, Schickedanz, Schickendantz, Schickedantz, Schickentanz

Syn: Tanzmeister

Lit: DudenFN 580; Gottschald 431; Grimm 14:2657; Linnartz 200; Palla (1994) 419

Schieber 1. 'Arbeiter bei den Drahtziehern, der den groben Draht durch das Zieheisen zieht, sodass ein dünner Draht entsteht'. **2.** 'Arbeiter im Salzbergbau, der in der Sudhütte das auskristallisierte Salz mit einem Holzwerkzeug zusammenschiebt' ❖ zu mhd. *schieben* 'schieben, stoßen'
FN: Schieber
W: Prahmschieber

Lit: Adelung 3:1441; DudenFN 581; Fellner 491; Gottschald 431; Grimm 14:2673; Pies (2005) 48

Schiedenmacher ↗ Scheidenmacher

Schiederhauer ↗ Scheithauer

Schieferdecker Scheverdecker, Scheverdekker, Scheverstendecker, Scheverstendekker, Schiefferdecker, Schifferdecker 'Dachdecker [der mit Schiefer deckt]'; seit dem 13. Jh. wurden in Mitteldeutschland die Dächer mit Schieferplatten gedeckt, da Stroh und Holzschindeln wegen der Brandgefahr verboten wurden. Das Wort *Schieferdecker* konnte auch für 'Ziegeldecker' und allgemein für 'Dachdecker' verwendet werden, obwohl es urspr. im Ggs. zum Ziegeldecker stand. Heute noch regional verbreitet für 'Dachdecker' sowie fachsprachlich für 'Dachdecker, der nur mit Schiefer arbeitet' ❖ zu mhd. *schiver, schëver* 'Splitter von Holz oder Stein'. Während *Schiefer* urspr. nur das abgesplittete Gestein bezeichnete, galt die Bezeichnung später auch für die Gesteinsart. Im Bayr.-Österr. bezeichnet *Schiefer* noch einen 'Holzsplitter'; mnd. *scheverdecker* 'Schieferdecker, Dachdecker'
FN: Schieferdecker, Schiefferdecker, Schifferdecker
W: Decker
Syn: Leiendecker, Steindecker
Ggs: Strohdecker, Ziegeldecker

Lit: Adelung 3:1444; Barth 1:869; DudenFN 581; DudenGWDS; Gottschald 431; Grimm 15:4; Idiotikon 12:1222; Krünitz 142:475; Linnartz 200; Paul

731; Reith (1990) 148; Schiller-Lübben 4:85 (scheverstên); Volckmann (1921) 271

Schiefergeschworener Schiefergeschworner 'Beamter im Schieferbergbau, der eine Zeche beaufsichtigt'; während *Schiefer* urspr. nur das abgesplitterte Gestein bezeichnete, ging die Bezeichnung später auf die Gesteinsart über ❖ ↗ Schieferdecker
W: *Geschworener*
Syn: Schauherr, Sinker, Sinkergeschworener
Lit: Adelung 3:1445; Barth 1:870; Grimm 15:4; Krünitz 142:481

Schiefergeschworner ↗ Schiefergeschworener

Schieferhauer Schieferhäuer 'Bergmann in einem Schieferbruch oder in einem Kupferbergwerk, um aus Kupfer-Schiefer-Flözen Schiefer zu gewinnen' ❖ ↗ Schieferdecker
W: HAUER
Lit: Adelung 3:1445; DRW 12:542; Grimm 15:5; Krünitz 142:482

Schieferhäuer ↗ Schieferhauer

Schiefferdecker ↗ Schieferdecker

Schieman ↗ Schiemann

Schiemann Schieman, Schiman, Schimman, Schimmann, Schümann, Schymman 'Deckoffizier mit verschiedenen Aufgaben auf dem Schiff, wie die Takelung des Fockmastes oder die Aufsicht über die Pumpen'; urspr. Matrose im Ggs. zum Kapitän ❖ zu mnd. *schimman* 'Steuermann'; aus dem Niederländischen
FN: Schiemann, Schimann, Schiman, Schimman, Schimmann
W: *Mann*
Lit: Barth 1:870; DRW 12:542; DudenFN 581; Gottschald 531; Grimm 15:15; Krünitz 142:501; Linnartz 200; Schiller-Lübben 4:93, 100; Volckmann (1921) 241

Schiener Schiner, Schinner 'Bergarbeiter, der den Grubenplan erstellt; Vermesser, Markscheider'; bayr.-österr. ❖ mhd. *schiner* 'Markscheider'; Ableitung zu *schin, schine* 'Schiene'; durch die häufig vorkommende Wendung *mit Schiene, Waage und Maß* lässt sich ersehen, dass *Schiene* 'Werkzeug beim Vermessen' und auch 'die Vermessung' bedeutete
FN: Schiener, Schiner, Schinner
W: Abschiener
Syn: Schienmeister, Vermesser
Lit: Ast (1977); Barth 1:875; DRW 12:544; Fellner 499; Grimm 15:18; Gruber/Ludwig (1982) 142; Linnartz 200; Patocka (1987) 45, 110; Schmeller 2:425, 425; Veith 415

Schienjünger Schinjünger 'Lehrling des Markscheiders'; ↗ Schiener
Lit: Barth 1:875; Grimm 15:203; Schmeller 2:425; Veith 415

Schienmeister Schinmeister 1. 'Markscheider'. 2. ↗ 'Schiener'
W: *Meister*
Syn: Abschiener, Schiener
Lit: Barth 1:875; Fellner 499; Patocka (1987) 80, 110; Veith 415

Schierer ↗ Schürer

Schiermacher ↗ Schirrmacher

Schießer Schüsser 1. 'Bäckergehilfe, der das Brot in den Ofen schiebt'; er *schießt* das Brot ein. 2. 'Bergmann, der die Sprengungen durchführt'; im Bergbau bedeutet *schießen* auch 'sprengen'. 3. 'Schütze' ❖ mhd. *schieʒer* 'Schütze'
FN: Schießer, Schiesser
W: Büchsenschießer, Leinenschießer
Syn: Schießsteiger
Vgl: Kneter
Lit: DudenFN 581; Grimm 15:48; Krünitz 142:550; Linnartz 200; Pies (2002d); Zedler 35:1374

Schießsteiger 'Bergmann, der das Sprengen des Gesteins durchführt oder beaufsichtigt' ❖ zu mhd. *schieʒen* 'schießen', im Bergbau für 'sprengen'
W: *Steiger*

Syn: Schießer

Lit: Adelung 3:1453; Barth 1:870; Fellner 494; Grimm 15:52; Krünitz 142:684; Veith 414

Schievenriter ↗ Scheibenreißer

Schiffbeschauer Schiffbeschauwer 'Kontrolleur der Schiffe, der Sicherheit und Zustand überprüft' ❖ zu mhd. *beschouwære, beschouwer* 'der auf obrigkeitlichem Geheiß etwas besichtigt'
W: *Beschauer*

Lit: DRW 12:565; Grimm 1:1547 (Beschau); Idiotikon 8:1620

Schiffbeschauwer ↗ Schiffbeschauer

Schiffbruckenmeister Schiffbruggenmeister 'Fachmann im Brückenbau, der Pontonbrücken oder Landungsstege baut' ❖ zu mhd. *bruckenmeister* 'Brückenmeister, der die Brücken zu beaufsichtigen und auszubessern hat'; *Bruck* ist die oberdt. Form zu *Brücke*
W: *Meister*

Lit: Idiotikon 4:522

Schiffbruggenmeister ↗ Schiffbruckenmeister

Schifferdecker ↗ Schieferdecker

Schifferknecht ↗ Schiffknecht

Schiffhalter 'Eigentümer, Betreiber eines Schiffes' ❖ zu mhd. *haltære, halter* 'Inhaber, Bewahrer'
W: *Halter*

Lit: Barth 1:870; Grimm 15:81

Schiffherr Schiffsherr 1. 'Eigentümer eines Schiffes'. 2. 'Kapitän, Führer eines Schiffes'. 3. 'Aufseher über die Schifffahrt'; in der Schweiz ❖ mhd. *schifhêrre, schifhërre* 'Schiffsführer, -eigentümer'
W: *Herr*
Syn: Patron, SCHIFFMEISTER

Lit: Adelung 3:1458; Barth 1:870; DRW 12:587; Grimm 15:81, 97; Idiotikon 2:1543; Krünitz 144:349; Volckmann (1921) 237

Schiffknecht Schifferknecht, Schiffsknecht 1. 'Hilfsarbeiter auf einem Schiff, einfacher Matrose'. 2. 'Ruderer'; in der Schweiz ❖ mhd. *schifknëht* 'Matrose'
W: KNECHT
Vgl: Scheffknecht

Lit: Adelung 3:1456; DRW 12:591; Grimm 15:82, 98; Idiotikon 3:729; Krünitz 144:308; Linnartz 200; Neweklovsky (1964)

Schiffmacher Schiffmecher; lat. *navicularius* 'Schiffbauer'; bes. schweiz.
FN: Schiffmacher
Syn: Nauer, Schaluppenbauer, Schiffwerker, Schutenmacher

Lit: Gottschald 432; Grimm 15:88; Idiotikon 4:54; Neweklovsky (1964)

Schiffmann 1. 'Besitzer eines Schiffes'. 2. 'Schiffsführer, Schiffer' ❖ mhd. *schifmann* 'Schiffseigentümer, Steuermann'
FN: Schiffmann, Schippmann (niederdt.), Nauclerus (Humanistenname für *Fährmann*)
Syn: SCHIFFMEISTER, Schöffmann

Lit: DudenFN 582, 584; Gottschald 432; Linnartz 158, 200; Neweklovsky (1964); Palla (1994) 420; Palla (2010) 183 (Schiffleute); Pies (2005) 127; Volckmann (1921) 237

Schiffmecher ↗ Schiffmacher

SCHIFFMEISTER Scheffmeister, Schiffsmeister; lat. *nauclerus, naustrologus, proreta* 1. 'Schifffahrtsunternehmer'. 2. 'Schiffsführer, Kapitän, Steuermann'; er konnte Reeder, Schiffbauer und Großkaufmann in einer Person sein ❖ mhd. *schifmeister* 'Schiffseigentümer, Steuermann'; zu mhd. *schëff* 'Schiff', noch bes. im Bair. erhalten
FN: Nauclerus (latinisiert)
W: *Meister*
Syn: Ewerführer, Kahnführer, Marner, Nauenmeister, Nauführer, Prahmführer, Prahmmeister, Schaluppner, Schiffherr, Schiffmann, Steurer, Trümler

Lit: Barth 1:871; Diefenbach 376, 377, 466; DRW 12:598; Frühmittellat. RWb; Grimm 15:90, 99; Hansen (1975); Idiotikon 4:527; Neweklovsky (1964); Schmeller 2:384

Schiffmüller Schiffsmüller; lat. *molitor navalis* 'Müller auf einer Schiffsmühle, Eigentümer einer Schiffsmühle'; d.i. eine auf zwei Zillen im Fluss betriebene Mühle, wobei sich das Mühlrad zwischen beiden Schiffen dreht **FN:** Schiffermüller, Schiefermüller (bes. österr.)
W: *Müller*
Lit: Adelung 3:1457 (Schiffmühle); Barth 1:871; DRW 12:600; Grimm 15:90; Krünitz 144:328; Neweklovsky (1964) 81, 82, 361; Palla (2010) 185 (Schiffsmüller)

Schiffreiter Schöffreiter 'Reiter in einem Schiffszug, mit dem die Schiffe im Gegenzug flussaufwärts gezogen werden'; an der Donau und an Nebenflüssen ❖ die Form *Schöff-* zu mhd. *schéf* 'Schiff'
Syn: Leinreiter, Schlepper, TREIDLER
Lit: Neweklovsky (1964); Palla (2010) 186

Schiffsabrechner 'Person, die für den Kapitän die Fracht abwickelt und Zollangelegenheiten erledigt'
Syn: Cargadeur, Schiffsklarierer
Lit: Grimm 15:92

Schiffsankerschmied ↗ Ankerschmied

Schiffsansager 'Bote im Hafen, der den Reedern und Kaufleuten die Ankunft der Schiffe verkündet'; in Hamburg
W: *Ansager*

Schiffschlepper ↗ Schiffsschlepper

Schiffsclarirer ↗ Schiffsklarierer

Schiffsherr ↗ Schiffherr

Schiffsklarierer Schiffsclarirer 'Schiffsmakler, der Ladungen und Anlegeplätze vermittelt und die Abfertigung der Ladung bei Zoll- und Hafenbehörden abwickelt'; zu *klarieren* 'beim Einlaufen *(einklarieren)* und Auslaufen *(ausklarieren)* eines Schiffes die Zollformalitäten erledigen' (aus der Seemannssprache) ❖ zu lat. *clarare* 'deutlich machen, zeigen'
Syn: Cargadeur, Schiffsabrechner
Lit: DRW 12:591; DudenFW 715; Meyers Lexikon 6:781

Schiffsknecht ↗ Schiffknecht

Schiffsmeister ↗ SCHIFFMEISTER

Schiffsmüller ↗ Schiffmüller

Schiffspatron ↗ Patron

Schiffsschlepper Schiffschlepper 'Reiter in einem Schiffszug, mit dem die Schiffe im Gegenzug flussaufwärts gezogen werden'
W: *Schlepper*
Syn: TREIDLER

Schiffstakelmeister ↗ Takelmeister

Schiffswerker ↗ Schiffwerker

Schiffter ↗ Schifter

Schiffwerker Scheffwürcher, Schefwürcher, Schiffswerker, Schifwehrer 'Schiffszimmermann, der selbstständig Schiffe baut'; bes. im oberösterreichischen Salzkammergut ❖ zu mhd. *scheff* 'Schiff', noch bes. im Bairischen erhalten; mhd. *wirken würken wurken* 'tätig sein, handeln, arbeiten, wirken, verfahren', mit *-ch-*, ausgehend vom Präteritum *worhte*, mhd. *wirker, würker* 'der etwas bewirkt'
W: *Werker*
Syn: Nauer, Schaluppenbauer, Schiffmacher, Schutenmacher, ZIMMERMANN
Lit: DRW 12:612 (Schiffwerk); Koller (1970); OÖ. Hbl 2010, H. 1:34; Schmeller 2:987 (würchen); Schraml (1932) 255 (u.a.)

Schiffzieher lat. *helciarius* 'Person, die zu Pferd das Ziehen der Schiffe (Treideln) besorgt'
W: *Zieher*
Syn: TREIDLER
Lit: Barth 1:872; DRW 12:613 (Schiffziehen); Grimm 15:107

Schifter Schiffter, Schiftner, Schüfter
1. 'Handwerker, der Schäfte für Büchsen oder Stiefel herstellt'. 2. 'im Salzbergbau Arbeiter, der Holzröhren aneinanderfügt' ❖ zu mhd. *schiften, scheften* 'einen Schaft machen, mit einem Schaft versehen'; vgl. Schäfter
FN: Schifter, Schiftner
W: Pfeilschifter, °Salzschifter, Spießschifter
Syn: Schäfter

Lit: Barth 1:872; DRW 12:615; Fellner 498 (schiften); Grimm 15:108; Linnartz 200; Neweklovsky (1964) 346; Schmeller 2:387 (schiften)

Schiftner ↗ Schifter

Schifwehrer ↗ Schiffwerker

Schildbrenner Schiltbränner 'Glasmaler'; schweiz. ❖ zu mhd. *schilt* 'Schild, Wappen'; *schildern* 'bemalen, anstreichen', mhd. *schiltære, schilter* 'Schildermacher; Wappenmaler, Maler'
W: Brenner

Lit: Idiotikon 5:636

Schildemacher ↗ Schildermacher

Schilder Schilderer, Schilter; lat. *clipeator, clippeator, scutarius* 1. 'Schildermaler, Wappenmaler'. 2. 'Maler'; niederdt. 3. 'Schildermacher' ❖ zu mhd. *schilt* 'Schild, Wappen'; mhd. *schiltære, schilter* 'Schildermacher; Wappenmaler, Maler'
FN: Schilder, Schilter, Schild, Schildt, Schiller (niederdt.)
Syn: Maler, Schildhauer

Lit: Barth 1:873; DRW 12:629; DudenFN 582; Gottschald 432; Grimm 15:126, 128; Krünitz 144:393; Linnartz 201; Palla (1994) 281; Pies (2002a) 43; Reith (2008) 92; Volckmann (1921) 244

Schilderer ↗ Schilder

Schilderknecht ↗ Schildknecht

Schildermacher Schildemacher, Schildermaker, Schildmacher 1. 'Sattler, der Schutzschilder aus Leder herstellt'; diese waren nach der Erfindung der Feuerwaffen nicht mehr brauchbar, daher wurden die Schildermacher oft Sattler. 2. 'Schildermaler' ❖ zu mhd. *schilt* 'Schild, Wappen'
Syn: Schildhauer

Lit: Barth 1:873; Grimm 15:137 (Schildmacher); Palla (1994) 281; Pies (2005) 122; Reith (1990) 188

Schildermädchen 'Arbeiterin in einer Textilfabrik, die die Textilmuster zeichnet' ❖ zu *schildern* 'bemalen, anstreichen', vgl. mhd. *schiltære, schilter* 'Schildermacher; Wappenmaler, Maler'

Lit: Allgemeine deutsche Real-Encyklopädie 5:282; DRW Belegarchiv; Krünitz 36:102 (Kattun)

Schildermaker ↗ Schildermacher

Schildhauer 'Hersteller von Schutzschildern' ❖ zu mhd. *schilt* 'Schild, Wappen'
FN: Schildhauer
W: Hauer
Syn: Schilder, Schildermacher

Lit: DudenFN 582; Gottschald 432

Schildknecht Schilderknecht 1. 'Diener, der Schilder und Waffen trägt'. 2. 'Soldat, der einen Schild führt'. 3. 'Wachtposten mit Schild und Speer' ❖ zu mhd. *schilt* 'Schild, Wappen'
FN: Schildknecht, Schildtknecht
W: Knecht

Lit: Grimm 15:134; Idiotikon 3:730; Linnartz 201; Schmeller 2:406

Schildmacher ↗ Schildermacher

Schildwächter 'bewaffneter und gerüsteter Wächter' ❖ mhd. *schiltwahter* 'Schildwächter'
FN: Schildwächter, Schildwaechter, Schildwechter
W: *Wächter*

Lit: Barth 1:874; DRW 12:639; DudenFN 582; Gottschald 432; Idiotikon 15:411; Linnartz 201

Schiltbränner ↗ Schildbrenner

Schilter ↗ Schilder

Schiman ↗ Schiemann

Schimman ↗ Schiemann

Schimmann ↗ Schiemann

Schinagel Schinagl 1. 'Salinenarbeiter, der für das Fuhrwerk zuständig ist'. **2.** 'bäuerlicher Landarbeiter niedrigen Ranges' — bes. bayr.-österr.; das Wort wird entweder von *Schiene* oder von *Schindel* abgeleitet. Das Grundwort *Nagel* bedeutet offenbar eine für verschiedene (untergeordnete) Arbeiten eingesetzte Arbeitskraft, z.B. Fuhrwerke betreuen, Schindeln befestigen, urspr. übertragen von einer bestimmten Art von Nägeln mit halbem Kopf, mit denen *Schienen* (Radschiene auf der Felge) oder Dach*schindeln* befestigt werden konnten; vielleicht auch Parallele zu *Notnagel* ❖ zu mhd. *schindel* 'Schindel' oder zu mhd. *schin, schine* 'Schiene; schmale Metall- oder Holzplatte, -streifen'
FN: Schinagel, Schinagl, Schinnagel, Schinnagl, Schienagel
Syn: *Knecht*, Feldgärtner, Graser, Rattei

Lit: Adelung 3:1473 (Schindelnagel); DudenFN 583; Hornung (1989) 117; Schmeller 2:426; Ziller (1995) 170

Schinagl ↗ Schinagel

Schindeldecker lat. *scandularius, scindularius* 'Dachdecker, der mit [Holz]schindeln deckt' ❖ zu mhd. *schindel* 'Schindel'
FN: Schindeldecker
W: *Decker*

Lit: Adelung 3:1473; Barth 1:874; Grimm 15:188; Krünitz 144:579

Schindelhauer lat. *scandularius, scindularius* 'Person, die das Holz für die Schindelerzeugung fällt und zurechthackt' ❖ zu mhd. *schindel* 'Schindel'; ↗ Hauer
FN: Schindelhauer
W: Hauer
Syn: Schindelmacher, Schindler

Lit: Adelung 3:1473; Barth 1:875; DudenFN 583; Grimm 15:188; Krünitz 144:580; Linnartz 201; Volckmann (1921) 271

Schindelmacher 'Handwerker, der Holz spaltet und zu Dach- oder Wandschindeln (mit dem Reifmesser) zurechtschneidet'; eine typische Winterarbeit oder von Wanderhandwerkern ausgeführt ❖ zu mhd. *schindel* 'Schindel'
Syn: Schindelhauer, Schindler

Lit: Adelung 3:1473; Ast (1981); Barth 1:875; Benvenuti (1996); DRW 12:660; Grimm 15:189; Krünitz 144:580; Linnartz 201; Volckmann (1921) 271

SCHINDER Schindter, Schinner, Schynner; lat. *carnifex, deglubitor, excoriator* **1.** 'Henker'. **2.** 'Person, die Tierkadaver beseitigt, häutet und entsorgt'; als Lohn erhielt er meist die Haut. Er hatte auch weitere Aufgaben, wie die Reinigung der Kloaken, das Fangen herrenloser Hunde oder das Begraben von Selbstmördern; manchmal war er auch Scharfrichter. Die große Zahl von Synonymen ist Ausdruck der Bedeutung des Berufs aus Gründen der Vermeidung von Seuchen und zugleich für seine Bewertung und den Drang zu verschleiernder Ausdrucksweise eines unehrenhaften Gewerbes. Deshalb decken sich die Bezeichnungen weitgehend auch mit denen des Henkers und Scharfrichters. – Die Form *Schinner* ist niederdt. Über die Bedeutung 'die Haut abziehen' konnte niederdt. auch die Bedeutung 'Kürschner' entstehen. ❖ mhd. *schinder* 'jmd., der die Haut abzieht; Rindenschäler', zu mhd. *schinden, schinten* 'die Haut oder Rinde abziehen'; die Bedeutung von *schinden* als 'Rinden abschälen' ist im Dialekt noch erhalten, in der Standardsprache in übertragenen Bedeutungen wie 'jmdn. quälen, sich plagen'; mnd. *schinden, schinnen* 'enthäuten'
FN: Schinder, Schiner, Schinner
W: Keibenschinder, Rossschinder, Schelmenschinder
Syn: Abdecker, Abstreifer, Abzieher, Amplatzer, Balger, Bärenhäuter, Bornschlegel, Faber, Fallknecht, Fallmeister, Fastenknecht, Feldknecht, Feldmeister, Feldmetzger, Feldmetzler, Feldweider, Feldweidmann, Fellschlachter, Fetzer, Filler, Flurer, Freiknecht, Freimann, Füller, Griesmetzger, Halbmeister, Hundsschläger, Kafiller, Kalt-

metzger, Kaltschlächter, Kaltschläger, Kleemeister, Kleemetzger, Kleinhirt, Pagenstecher, Poltmeister, Puffer, Racker, Rasenmeister, Rasenmetzger, Säuberer, Schaber, Schäler, SCHARFRICHTER, Schelm, Schelmenkönig, Schinderknecht, Schoband, Schürfer, Schürpfer, Tierhäuter, Wasenknecht, Wasenmeister, Wasenmetzger, Wasner, Weißriemer, Wrasenmeister

Lit: Adelung 3:1474; Barth 1:875; Diefenbach 102, 215; DRW 12:663, 669; Frühmittellat. RWb; Gottschald 433; Grimm 15:195; Höfer 3:88; Idiotikon 8:911; Krünitz 144:582; Lindow 176; Linnartz 201; Pies (2001) 38; Pies (2005) 10; Schiller-Lübben 4:97; Volckmann (1921) 331; Zedler 34:1597

Schinderknecht Schindersknecht 'Gehilfe des Abdeckers oder Scharfrichters'; ↗ Schinder
W: KNECHT
Syn: SCHINDER, Schoband

Lit: Adelung 3:1475; Barth 1:875; DRW 12:666; Grimm 15:198; Krünitz 144:143; Schild (1997)

Schindersknecht ↗ Schinderknecht

Schindler 'Handwerker, der Holz spaltet und zu Dach- oder Wandschindeln (mit dem Reifmesser) zurechtschneidet' ❖ mhd. *schindeler* 'Schindelmacher', zu mhd. *schindel* 'Schindel'
FN: Schindler, Schindel, Schindele
Syn: Schindelhauer, Schindelmacher

Lit: Barth 1:875; DRW 12:668; DudenFN 583; Gottschald 433; Grimm 15:202; Idiotikon 8:924; Linnartz 201; Pies (2005) 47; Schmeller 2:430; Volckmann (1921) 271

Schindter ↗ SCHINDER

Schiner ↗ Schiener

Schinjünger ↗ Schienjünger

Schinmeister ↗ Schienmeister

Schinner ↗ Schiener, SCHINDER

Schinnhütler ↗ Schinnhutmacher

Schinnhutmacher Schinnhütler 'Handwerker, der Schinnhüte herstellt'; ein *Schinnhut* ist ein Strohhut mit Holzbändern oder ein wasserdichter Hut mit Wachstuchüberzug ❖ zu *Schine* 'Holzstreifen zum Flechten', mhd. *schin, schine* 'Schiene, Streifen, schmale Metall- oder Holzplatte'
W: HUTMACHER*

Lit: Idiotikon 2:1791

Schirer ↗ Schürer

Schiringer ↗ Schüringer

Schirmacher ↗ Schirrmacher

Schirmeister ↗ Schirmmeister

Schirmer Schermer 1. 'Person, die eine Fechtschule führt; Fechtmeister'. 2. 'Person, die von Ort zu Ort ziehend für Geld Fechtkämpfe ausführt'; abwertende Bezeichnung; er gehört zu den Gauklern. 3. 'Verteidiger, Retter, Beschützer'. 4. 'Mitglied der Scharwache (Stadtwache)' ❖ mhd. *schirmære, schërmære, schirmer* 'Fechter, Fechtmeister'; mhd. *schirmen, schërmen* 'mit dem Schirme schützen; allgemein schützen, verteidigen'
FN: Schirmer, Schermer, Schirmers, Schürmer
Syn: FECHTER, Gerichtsschirmer, Scharwächter

Lit: Adelung 3:1477; DudenFN 579, 584; Gottschald 430, 433; Grimm 15:217; Idiotikon 8:1299; Linnartz 129, 201; Volckmann (1921) 315

Schirmmacher lat. *umbrellarius* 'Handwerker, der Regen-, Sonnenschirme herstellt'
W: °Regenschirmmacher, °Sonnenschirmmacher
Syn: Dachmacher, Numerellmacher, Parapluiemacher, Parasolmacher

Lit: Barth 1:876; Grimm 15:221

Schirmmeister Schirmeister 'Person, die eine Fechtschule führt; Fechtmeister' ❖ mhd. *schirmære, schërmære, schirmer* 'Fechter, Fechtmeister', zu mhd. *schirmen*,

schërmen 'gegen die gegnerischen Hiebe abschirmen; fechten'
FN: Schirmeister
Syn: Fechtmeister

Lit: Barth 1:876; Grimm 15:221; Linnartz 201; Volckmann (1921) 315

Schirrarbeiter 'Bediensteter, der für das Riemenzeug, mit dem Zugtiere vor den Wagen gespannt werden, sowie für Wagen und Pflüge zuständig ist'
W: *Arbeiter*

Lit: Barth 1:876; Grimm 15:225

Schirrmacher Schiermacher, Schirmacher 1. 'Handwerker, der Riemenzeug, mit dem Zugtiere vor den Wagen gespannt werden, herstellt'. 2. 'Handwerker, der Wagen und Schlitten baut; Wagner, Stellmacher' ❖ zu mhd. *geschirre* 'Geschirr, Gerät, Werkzeug'
FN: Schirrmacher, Schirmacher
Syn: WAGNER
Vgl: Geschirrmacher

Lit: Barth 1:876; DRW 12:711; DudenFN 584; Gottschald 434; Grimm 15:226; Linnartz 201

Schirrmeister 1. 'Person, die die Aufsicht über Wagenpark und Geschirr in Gütern, bei der Post oder beim Militär hat'. 2. 'Schmied, der den kleinen Vorschlaghammer führt' ❖ zu mhd. *geschirre* 'Geschirr, Gerät, Werkzeug'
FN: Schirrmeister, Schirmeister
W: *Meister*
Syn: Vorschläger, Wagenmeister
Vgl: Geschirrmeister

Lit: Adelung 3:1478; Barth 1:876; DRW 12:711; DudenFN 584; Gottschald 434; Grimm 15:226; Krünitz 17:477; Krünitz 144:639; Linnartz 201

Schirrschreiber 'Verwalter über das Küchengeschirr in Fürstenhöfen' ❖ zu mhd. *geschirre* 'Geschirr, Gerät, Werkzeug'
W: *Schreiber*
Vgl: Geschirrschreiber

Lit: Adelung 2:609; Barth 1:876; Krünitz 17:477

Schirrwerker 'Fachmann, der Mühlen errichtet und repariert' ❖ zu mhd. *geschirre* 'Ge-

schirr, Gerät, Werkzeug'; mhd. *wërker* 'Arbeiter, Handwerker'
W: *Werker*
Syn: Mühlarzt

Lit: Gerstner (1834) 3:17; Pies (2002d) 13

Schlachter Schlächter, Slachter 1. 'Handwerker, der Tiere in einem Schlachthaus oder gegen Lohn als Hausschlächter schlachtet'; heute norddt. allgemein für 'Metzger, Fleischer'; früher lag das Schwergewicht auf der Tätigkeit des Schlachtens für Lohn, bes. des Hausschlachtens, eine unzünftige Tätigkeit. 2. 'Person, die eine Uferbefestigung mit Pfosten (*Schlacht*) errichtet und repariert' ❖ 1.: mhd. *slahter*, *slahtære* 'Schlächter'; mhd. *vleischslahter* 'Fleischer, Metzger'; 2.: zu mhd. *slahen* 'schlagen; durch Schlagen befestigen'
FN: Schlachter, Schlechter (zu 1. und 2.); Schlacht, Schlachtl (zu 2.)
W: Feilschlächter, Fellschlachter, Freischlachter, HAUSSCHLACHTER, Kaltschlächter, Scharnschlächter
Syn: METZGER, Schlachtherr, Schlachtmeister, Schlachtvogt

Lit: Adelung 3:1481; Barth 1:877; DRW 12:717; DudenFN 584; Gottschald 434; Grimm 15:242; Grönhoff (1966) 17; Krünitz 145:5; Linnartz 201; Pies (2002d); Pies (2005); Schönfeldt (1965); Volckmann (1921) 24; Zedler 34:1668

Schlächter ↗ Schlachter

Schlachtgewandner Geschlachtgewandner, Geschlachtgewandtner, Geschlachtwander, Geschlachtwanderer, Gewandschlachter, Gschlachtgwandtner, Schlachtgewanter, Schlachtgwander, Slachtgewanter 1. 'Weber feiner Tuche'. 2. 'Großhändler für [feine] Tuche' ❖ zu mhd. *geslaht* 'geartet, bes. von guter Art, edel; artig, fein, schön'; mhd. *gesleht* 'glatt, nicht rau', zu mhd. *sleht* 'eben, gerade, nicht krumm'; gehört zu *schlecht*, bevor das Wort eine Bedeutungsverschlechterung zu 'übel, nicht gut' erfahren hat

Syn: WEBER

Lit: Barth 1:332; DRW 12:719; Grimm 15:247; Paul 739; Schmeller 2:500; Westenrieder (1783) 90

Schlachtgewanter ⁊ Schlachtgewandner

Schlachtgwander ⁊ Schlachtgewandner

Schlachtherr Slachther 'Ratsherr oder Beamter, der die Aufsicht über die Uferbefestigungen und Dämme führt' ❖ zu mhd. *slahen* 'schlagen; durch Schlagen befestigen'
W: *Herr*
Syn: Schlachter, Schlachtmeister, Schlachtvogt

Lit: Adelung 3:1481; Barth 1:877; DRW 12:720; Grimm 15:248; Krünitz 145:27

Schlachtmeister 'Person, die Aufsicht über die Uferbefestigungen und Dämme führt' ❖ zu mhd. *slahen* 'schlagen; durch Schlagen befestigen'
W: *Meister*
Syn: Schlachter, Schlachtherr, Schlachtvogt

Lit: Adelung 3:1481; Barth 1:877; DRW 12:720; Krünitz 145:28

Schlachtschreiber Slagtschriver 'Beamter in Hafenstädten, der über die ein- und ausgehenden Güter Buch führt und Gebühren abrechnet' ❖ zu *Schlacht* in der Bedeutung 'Uferbefestigung', zu mhd. *slahen* 'schlagen; durch Schlagen befestigen'
W: *Schreiber*

Lit: Adelung 3:1482; Grimm 15:252; Krünitz 145:61

Schlachtvogt 'Beamter, der die Aufsicht über die Uferbefestigungen und Dämme führt' ❖ ⁊ Schlachtschreiber
W: *Vogt*
Syn: Schlachter, Schlachtherr, Schlachtmeister

Lit: Adelung 3:1482; DRW 12:877; Grimm 15:254; Krünitz 145:62

Schlackenläufer 'Bergarbeiter, der die Schlacken im Karren wegführt und auf die Halde bringt' ❖ *Läufer* in der bergmännischen Bedeutung 'Förderarbeiter, der Material in Karren abtransportiert'
W: *Läufer*, Nachschlackenläufer

Lit: Adelung 3:1483; Barth 1:877; Grimm 15:259; Krünitz 145:71; Veith 320

Schläckkoch ⁊ Schleckkoch

Schläckkrämer ⁊ Schleckkrämer

¹Schlafbaas 'Vermieter von Unterkünften, Herbergsvater für Matrosen' ❖ zu mittelniederld. *baas, baes* 'Herr, Aufseher, Meister', weitere Herkunft unsicher
W: Baas
Syn: Schlafwirt

Lit: Barth 1:877; Benker (1974) 83; Grimm 15:273

²Schlafbaas ⁊ Baas

Schlafwirt 'Unterkunftgeber für Matrosen' ❖ zu mhd. *wirt* 'Bewirter, Gastfreund'
Syn: Schlafbaas

Lit: Paul 1051

Schlägelarbeiter 'mit Schlägel (Hammer) und Meißel arbeitender Bergmann' ❖ zu mhd. *slegel* 'Werkzeug zum Schlagen (Schlägel, Keule, schwerer Hammer)'
Syn: Schlägelhauer

Lit: Fellner 501; Grimm 15:344 (Schlägelarbeit); Veith 418

Schlägelhauer Schlägelhäuer 'mit Schlägel (Hammer) und Meißel arbeitender Bergmann' ❖ zu mhd. *slegel* 'Werkzeug zum Schlagen (Schlägel, Keule, schwerer Hammer)'
W: HAUER
Syn: Schlägelarbeiter

Lit: Barth 1:878; Grimm 15:344 (Schlägelhäuer); Veith 418

Schlägelhäuer ⁊ Schlägelhauer

Schlager ⁊ *Schläger*

Schläger Schlager Häufig als Grundwort in Bezeichnungen für Handwerker, deren Ar-

beit schlagend ausgeführt wurde ❖ mhd. *slager, sleger* 'Schläger, bes. Wollschläger'
FN: Schläger, Schlager
W: Ausschläger, Balkenschläger, Bartenschlager, Beckenschläger, Blechschläger, Blickenschläger, Bungenschlager, Dünnschlager, Flinderschlager, Flinserlschlager, Goldschlager, Herdschläger, Holzschläger, Hufschläger, Hundsschläger, Kabelschläger, Kalkschläger, Kaltschläger, Kapellenschläger, Kaufschläger, Kesselschläger, Klafterschläger, Kupferschläger, Lahngoldschlager, Lattunschläger, Laugoldschläger, Lautenschläger, Lehmschläger, Lettenschläger, Lienschläger, Messingschläger, Metallschlager, Münzschläger, Ochsenschlager, Ölschläger, Orgelschläger, Paukenschläger, Pfannenschläger, Plattenschläger, Reepschläger, °Reffenschläger, Reifschläger, Riemenschläger, Robbenschläger, Rostschläger, Rutenschläger, Schabinschlager, Scheitschläger, Schellenschläger, Schwertschlager, Silberschlager, Stabschläger, Steinschläger, Stückschläger, Tauschläger, Tombakschlager, Trommelschläger, Vorschläger, Wachsschläger, Wandschläger, Wehrschläger, WOLLSCHLÄGER, Zaumschläger, Ziegelschläger, Zuschläger
Syn: Anschläger
Lit: Barth 1:878; DRW 12:763; Gottschald 434; Grimm 15:414; Linnartz 202; Zedler 34:1671

Schlagmann 'Schrankenwärter, der auch die Zölle einhebt' ❖ spätmhd. *slacman* 'Schlagbaumwärter, Zollerheber'
FN: Schlagmann
W: Mann
Syn: Zolleinnehmer
Lit: Barth 1:879; DRW 12:768; Grimm 15:421; Linnartz 202

Schlagschließer 'Beamter, der die Absperrungen der Hafeneinfahrt besorgt; Schlagbaumwärter' ❖ zu mhd. *slac* 'Schlag', in der jüngeren Bedeutung 'Gegenstand, durch dessen Bewegung man einen Verschluss herstellt oder löst'; mhd. *slieʒen* 'schließen'
W: Schließer
Syn: TORSCHREIBER
Lit: Paul 736 (Schlag)

Schlagschreiber 'Beamter an einem Schlagbaum, bes. am Stadttor' ❖ ↗ Schlagschließer
W: *Schreiber*
Syn: TORSCHREIBER
Lit: Adelung 3:1501; Grimm 15:424

Schlammeister ↗ Schlammmeister

Schlämmer Schlemmer 'Hüttenarbeiter, der beim Schlämmen (Auswaschen) des Erzes beschäftigt ist' ❖ zu mhd. *slam* 'Schlamm, Kot'
FN: Schlämmer, Schlemmer
Lit: Adelung 3:1503; Barth 1:879; Gottschald 436; Grimm 15:4310; Krünitz 145:195

Schlammmeister Schlammeister 'Person, die die Arbeiten für die Austiefung und Reinigung eines Flusses oder einer Hafeneinfahrt durchführt; Baggerführer'; norddt. ❖ zu mhd. *slam* 'Schlamm, Kot'
W: Meister

Schlechtbäcker Schlechtbeck, Schlechtbecker, Schlichtbäcker, Slechtbecker 'Bäcker, der einfaches, billiges Brot [aus grobem Mehl] backt' ❖ frühnhd. *schlechtbecker* 'Bäcker von einfachem Brot'; zu mhd. *sleht* 'schlicht; einfach'; parallele Bildung zum häufigeren ↗ Schlechtfärber
W: BÄCKER*
Ggs: Schönbäcker
Lit: Götze 189; Linnartz 202; Volckmann (1921) 19

Schlechtbeck ↗ Schlechtbäcker

Schlechtbecker ↗ Schlechtbäcker

Schlechtfärber Schlichtfärber 'Färber, der dunkle Farben (schwarz, blau, braun), urspr. grobe Stoffe wie Leinwand und Loden, färbt' ❖ zu mhd. *sleht* 'schlicht; einfach, ungekünstelt'
W: Färber*

Syn: Rauschfärber

Lit: Adelung 3:1513; Barth 1:879; Krünitz 145:311; Neuheuser (1984) 15; Reith (2008) 69

Schleckkoch Schläckkoch 'Koch für Süßspeisen und Leckereien' ❖ zu mhd. *slëcken* 'naschen'

Lit: Grimm 15:554

Schleckkrämer Schläckkrämer 'Krämer, der Süßigkeiten verkauft' ❖ zu mhd. *slëcken* 'naschen'
W: KRÄMER

Lit: Grimm 15:554

Schleiermacher Schleyermacher 'Handwerker, der feine Schleier (durch Wirken oder Stricken) herstellt' ❖ zu mhd. *sloier, sleier* 'Schleier, Kopftuch'
FN: Schleiermacher, Schleyermacher, Schleyer, Schleier
Syn: Fatzelwirker, Schleierwirker, Schmalweber

Lit: DudenFN 586; Gottschald 435; Grimm 15:584; Linnartz 202

Schleierwirker ↗ 'Schleiermacher'; meist von Frauen ausgeübt, dann die weibliche Form *Schleierwirkerin*
W: Wirker
Syn: Fatzelwirker, Schleiermacher, Schmalweber

Lit: Barth 1:880; Reith (2008) 254

Schleifer Schleiffer, Sleiffer, Sliffer; lat. *acuciator, acuminator, acutiator, cotiarius, lapsator, samiator* **1.** 'Handwerker, der den von den Schmieden bezogenen Rohklingen Form und Schärfe verpasst oder für besondere Verwendungen (für Ärzte, Sattler, Barbiere; Waffen für Jagd und Militär usw.) zurechtschleift'. **2.** 'fahrender Handwerker, der Messer, Scheren u. Ä. schärft'. **3.** 'Handwerker, der Glas, Edelsteine, Bernstein o. Ä. durch Schleifen eine bestimmte Gestalt gibt'. **4.** 'Handwerker, der das gewebte Tuch schert und appretiert; Tuchscherer' — Für 'industrieller Facharbeiter, der Schleifmaschinen bedient' noch heute eine Berufsbezeichnung ❖ mhd. *slîfære, slîfer* 'Schleifer, Werkführer in einer Schleifmühle'
FN: Schleifer, Schleiffer, Schleipfer, Schlaifer
W: Agtschleifer, Gassenschleifer, Granatroschenschleifer, Grobschleifer, Kugelschleifer, °Marmelschleifer, Messerschleifer, Rauschleifer, Scherenschleifer, Schwertschleifer, Tuchscherenschleifer
Syn: Adoucisseur, Wetzer

Lit: Adelung 3:1518; Barth 1:880; Diefenbach 318; DRW 12:800; DudenFN 586; Gottschald 436; Grimm 15:602; Krünitz 145:407; Linnartz 202; Paul 740; Pies (2005) 128, 136; Reith (1990) 199; Zedler 35:28

Schleiffer ↗ Schleifer

Schleifmüller 'Betreiber einer Schleifmühle'; mit wassergetriebenen radförmigen Schleifsteinen wurden Klingen, Glas sowie Werkzeuge geschliffen ❖ zu mhd. *slîfmül* 'Schleifmühle'
W: Müller

Lit: Adelung 3:1519 (Schleifmühle); DRW 12:801 (Schleifmühle); Grimm 15:605 (Schleifmühle); Krünitz 145:410 (Schleifmühle)

Schleifsteinbrecher ↗ Steinbrecher

Schleifsteinhauer ↗ Steinhauer

Schleißenmacher ↗ Schleißenschnitzer

Schleißenschnitzer Schleißenmacher 'Handwerker, der Holzspäne herstellt, die für Beleuchtung verwendet werden'; *Schleißen* sind Holzspäne, die von einem Holzscheit abgespalten, in einen Halter (Leuchter) gesteckt und als Beleuchtung (Leuchtspan) abgebrannt wurden; *Schleißenschnitzer* ist ein Messer zum Schleißen ❖ zu mhd. *slîzen* 'spalten, reißen, zerreißen, lösen, abstreifen'

Lit: Adelung 3:1522; Barth 1:880; Grimm 15:622

Schlemmer ↗ Schlämmer

Schlepper **1.** 'Bergmann, der im Stollen fördert oder das geförderte Material abtransportiert'. **2.** 'Reiter in einem Schiffszug, mit dem die Schiffe im Gegenzug flussaufwärts

gezogen werden'; auch *berittener Schlepper* genannt ❖ zu mhd. *slêpen* 'schleifen, schleppen', wörtlich 'auf dem Boden nachziehen'
FN: Schlepper
W: Schiffsschlepper
Syn: Leinreiter, Schiffreiter, TREIDLER

Lit: Agricola (1969) 1:570; Altstaedt (2011) 10; Barth 1:880; DRW 12:813; Grimm 15:674; Heilfurth (1981) 53; Linnartz 202; Paul 741; Veith 420

Schleusemeister ↗ Schleusenmeister

Schleusenbereiter 'berittener Kontrolleur der Schleusen' ❖ ↗ Schleusenmeister
W: *Bereiter*
Syn: Klausmeister, Schleusenmeister

Schleusenmeister Schleusemeister, Slusemester 'Person, die für die Instandhaltung der Damm- und Schleusenanlagen zuständig ist' ❖ zu mnd. *slûse* 'Schleuse', über das Niederländische und Altfranzösische aus mlat. *exclusa* 'Wehr, Pass; Sperre einer Bergstrecke, kanalisierter Flussarm'
W: *Meister*
Syn: Klausmeister, Schleusenbereiter

Lit: Adelung 3:1525; Barth 1:881; DRW 12:817; Frühmittellat. RWb; Grimm 15:661; Krünitz 146:9

Schleusenräumer 'Arbeiter, der die Abzugsgräben in Städten reinigt'

Lit: Adelung 3:1526; Barth 1:881; Grimm 15:661

Schleuser ↗ Schließer

Schleußer ↗ Schließer

Schleyermacher ↗ Schleiermacher

Schlichtbäcker ↗ Schlechtbäcker

Schlichter Slichter 1. 'Textilarbeiter in Webereien, der das Tuch glättet und kämmt'. 2. 'Vermittler, Schiedsrichter, Bürgermeister' ❖ zu mhd. *slihten* 'gerade machen, glätten, in Ordnung bringen'
FN: Schlichter

Syn: Schlichtmeister, TUCHBEREITER

Lit: Adelung 3:1529; Barth 1:881; DRW 12:822; DudenFN 586; Grimm 15:672; Idiotikon 9:76; Krünitz 146:26; Linnartz 203; Palla (1994) 337; Reith (2008) 235; Volckmann (1921) 83

Schlichtermeister ↗ Schlichtmeister

Schlichtfärber ↗ Schlechtfärber

Schlichtmeister Schlichtermeister 'Aufseher über die ↗ Schlichter in Baumwollwebereien'
W: *Meister*
Syn: Schlichter

Lit: Idiotikon 4:529

Schlichwäger Schliegwäger 'Arbeiter im Hüttenwerk, der den Schlich vor der Lieferung an die Schmelzhütte wiegt'; der *Schlich* ist das feinkörnige Erz, das nach dem Zerkleinern und Waschen übrig bleibt ❖ zu mhd. *slich, slîch* 'Schlick, Schlamm'; mhd. *wæger* 'Wäger, Waagemeister an der Stadtwaage'
W: *Wäger*

Lit: Grimm 15:661 (Schlich); Schmeller 2:498 (Schlich)

Schlickgeschworener 'beeideter Vertrauensmann, dem die Kontrolle der Abflüsse in den Niederungen obliegt'; in einem Zusammenschluss von westpreußischen Gemeinden und Gutsbesitzern in überschwemmungsgefährdeten Niederungen hatte der *Schlickgeschworene* die Aufsicht über die Reinigung und Instandhaltung von Dämmen, Gräben und Kanälen ❖ zu mnd. *slîk, slick* 'Schlick, Schlamm, bes. der bei Ebbe zurückbleibende Uferschlamm'
W: *Geschworener*

Lit: Adelung 3:1529 (Schlick); DRW 12:825; Grimm 15:679; Schiller-Lübben 4:238

Schliegwäger ↗ Schlichwäger

Schließer Schleuser, Schleußer; lat. *ianitor, janitor, promus* 1. 'Person, die im Haushalt absperrt und die Nahrungsmittelvorräte in Speisekammer und Keller verschließt'.

2. 'Gefängniswärter'. 3. 'Vorsitzender eines Kirchspiels und Verwalter des Kirchenschatzes'. 4. 'Vorsitzender beim Dorfgericht'. 5. 'Torwächter, Torschließer, Pförtner' ❖ zu mhd. *sliezen* 'schließen, verschließen'; mnd. *sluter* 'Schließer'
FN: Schließer, Schliesser
W: Baumschließer, Kirchenschließer, °Rathausschließer, Schlagschließer, °Schulschließer, Torschließer, Wasserschließer, Zingelschließer
Syn: KERKERMEISTER, Schließvogt, Schlüter, Sommelier, Sperrer
Vgl: Schließerin

Lit: Adelung 3:1531; Barth 1:881; Diefenbach 283, 464; DRW 12:834; DudenFN 587; Frühmittellat. RWb; Gottschald 437; Grimm 15:707; Krünitz 146:44; Linnartz 203; Schiller-Lübben 4:254

Schließerin lat. *janitrix* 1. 'Hausangestellte, die im Haushalt absperrt und die Nahrungsmittelvorräte in Speisekammer und Keller verschließt'. 2. 'Dienstmädchen'
Vgl: Schließer

Lit: Adelung 3:1531; Barth 1:881; Grimm 15:709

Schließvogt 1. 'Wächter am Stadttor, der die Passanten zu kontrollieren und evtl. auch aufzuschreiben hat'. 2. 'Gefängnisaufseher' — bes. in Ostpreußen ❖ zu mhd. *sliezen* 'schließen, verschließen'
W: *Vogt*
Syn: KERKERMEISTER, Schließer, Torwächter, Torwart

Schlitzhäuer 'Bergmann, der Erz durch Schlitzen gewinnt'; dabei wurde nach dem Schrämmen, sofern es nötig war, mit einem Keil ein Schlitz, eine Kerbe, gestemmt und [durch einen Wasserstrahl] Erz oder Salz gewonnen ❖ mhd. *sliz, slitz* 'Spalte, Schlitz'
W: HAUER
Syn: Kerbhäuer

Lit: Fellner 507; Grimm 15:763; Veith 422

Schlossaufseher 'Verwalter oder Hausmeister eines Schlosses'

Syn: Burggraf, Hausvogt, Kastellan, Kasteller

Lit: Barth 1:882; Grimm 15:773

Schlosser Schlösser, Slosser; lat. *claustrarius, serarius, serator* Die Arbeit der Schlosser wurde urspr. von den Schmieden als universellen Metallbearbeitern durchgeführt. Die Schlosser bildeten erst im 15. Jh. ein eigenständiges Gewerbe für feinere Metallarbeiten und wurden als *Kleinschmiede* bezeichnet. Sie fertigten neben Schlössern auch Beschläge, Türangeln, Türklopfer und -griffe, Bratpfannen, Treppengeländer u. Ä. an ❖ zu mhd. *sloʒ, slôʒ* 'Schloss, Riegel, Band, Fessel', mhd. *sloʒʒer*. Die Formen *Schlösser* und *Schlosser* standen anfangs nebeneinander, bis sich die urspr. oberdt. umlautlose Form im 19. Jh. durchsetzte
FN: Schlosser, Schlösser, Schlossar, Schlesser, Schlötzer, Schlössel, Schlössl
W: Frümmschlosser, Gelötschlosser, Lötschlosser, Malschlosser, Münzschlosser, Schanzenschlosser
Syn: Kleinschmied, Schlotter

Lit: Adelung 3:1540; Barth 1:882; Diefenbach 126, 529; DRW 12:851; DudenFN 587; Gottschald 437; Grimm 15:776; Grönhoff (1966) 41; Linnartz 203; Palla (1994) 420; Palla (2010) 187; Pies (2005) 130; Reith (2008) 196; Stolberg (1979) 81; Volckmann (1921) 174

Schlösser ↗ *Schlosser*

Schlosshauptmann ↗ Hauptmann

Schlosskirchner 'Verwalter, Betreuer einer zu einem Schloss gehörenden Kirche' ❖ zu mhd. *kirchenære, kirchener* 'Küster'
W: Kirchner

Lit: Barth 1:882; Grimm 15:778

Schlossknecht 'Soldat der Schlosswache'; schweiz.
W: KNECHT

Lit: DRW 12:858; Idiotikon 3:730

Schloßmacher ↗ Schlossmacher

Schlossmacher Schloßmacher, Sloßmecher 'Arbeiter in einer Gewehrfabrik, der die Schlösser an Feuerwaffen herstellt' ❖ zu mhd. *sloʒ, slôʒ* 'Schloss, Riegel, Band, Fessel'
FN: Schloßmacher, Schlossmacher
W: Feuerschlossmacher

Lit: Adelung 3:1539; Barth 1:882; DRW 12:859; Gottschald 437; Grimm 15:779; Linnartz 203

Schlossmeier Schlossmeyer 'Verwalter eines zum Schloss gehörenden Gutes'
W: *Meier*

Lit: DRW 12:859; Idiotikon 4:13

Schlossmeyer ↗ Schlossmeier

Schlossschmied ↗ 'Schlosser'; im Ggs. zum ↗ Grobschmied
W: *Schmied*
Syn: Gelötmacher, Gelötschlosser, Kleinschmied, Lötschlosser

Lit: RheinWb 7:1374

Schloßthürmer ↗ Schlosstürmer

Schlosstürmer Schloßthürmer 'Türmer, [Feuer]wächter auf einem Schlossturm' ❖ zu mhd. *turner, türner, turnære* 'Türmer, Turmwächter auf dem Wacht- oder Gefängnisturm'
W: Türmer
Syn: Kur, Turmmann, Turmwächter, Turmwärter

Lit: Barth 1:882; Grimm 15:780

Schlossvogt lat. *castellanus* 'Schlossverwalter' ❖ zu mhd. *voget, vogt, voit* 'Rechtsbeistand; Statthalter; beaufsichtigender Beamter'
W: *Vogt*

Lit: Adelung 3:1222 (Vogt); Barth 1:882; Diefenbach 105; DRW 12:861; Grimm 15:780

Schlosswächter 'Aufseher und Nachtwächter eines Schlosses'
W: *Wächter*

Lit: DRW 12:862; Grimm 15:780

Schlotfeger 'Handwerker, der den Ruß aus Schornsteinen entfernt'; noch in Thüringen, Nordbayern gebräuchlich ❖ mhd. *slâtfeger* 'Schlotfeger'
W: *Feger*
Syn: SCHORNSTEINFEGER*

Lit: Adelung 3:1541 (Schlot); Barth 1:883; DRW 12:864; Grimm 15:784; Kretschmer 444; Pies (2005) 149; Reith (2008) 208; Schmeller 2:537; VWB 672

Schlotkehrer 'Handwerker, der den Ruß aus Schornsteinen entfernt'; regional bayr. ❖ zu mhd. *slâte* 'Schilfrohr'; mhd. *kern, keren* 'kehren, fegen'
W: *Kehrer*
Syn: SCHORNSTEINFEGER*

Lit: Adelung 3:1541 (Schlot); Grimm 15:784; Pies (2005) 149; Reith (2008) 208

Schlotter 'Schlosser' ❖ zu niederdt. *Schlott, Slott* '(Tür)schloss'
FN: Schlotter, Schloter, Schlöter, Schlötter, Schletter (Die Namen können auch mit *Schlot, Schlat* 'Schlamm, Sumpf, Graben' zusammenhängen)
Syn: *Schlosser*

Lit: Adelung 3:1541; DudenFN 588; Gottschald 437; Hermann-Winter (2003) 276; Linnartz 203

Schlüsselherr 'Beamter, der die Schlüssel zur Schatzkammer hat'; schweiz.
W: *Herr*

Lit: Barth 1:883; DRW 12:881; Idiotikon 2:1543

Schluter ↗ Schlüter

Schlüter Schluter, Schlütter, Sluter 1. 'Beamter, der für die Berechnung und Einhebung der Einkünfte zuständig ist; Schatzmeister'. 2. ↗ 'Schließer'; niederdt. Form ❖ mnd. *sluter* 'Schließer, Gefängniswärter, Kirchenspielvorstand', zu *sluten* 'schließen'
FN: Schlüter, Schlütter, Schluiter, Schluyter, Slüter, Schlieter, Schlitter, Schleuter
Syn: RENTMEISTER, Schließer

Lit: Barth 1:883; DudenFN 588; Gottschald 437; Linnartz 204; Pies (2005) 165; Schiller-Lübben 4:254

Schlütter ↗ Schlüter

Schmackenfahrer ↗ Schmackenführer

Schmackenführer Schmackenfahrer
↗ 'Schmackenschiffer'
W: *Führer*
Syn: Schmackenschiffer

Lit: DRW 12:901; Grimm 15:899; Meyers Lexikon 6:880 (Schmack)

Schmackenknecht 'Matrose auf einer *Schmacke*, einem für die Flussschifffahrt geeigneten flach gebauten Schiff' ❖ ↗ Schmackenschiffer
W: KNECHT

Lit: Grimm 15:896

Schmackenreeder Schmackenröder 'Inhaber einer *Schmacke*, eines für die Flussschifffahrt geeigneten flach gebauten Schiffes' ❖ ↗ Schmackenschiffer

Lit: Grimm 15:896 (Schmacke); Krünitz 146:485 (Schmacke); Meyers Lexikon 6:880 (Schmack)

Schmackenröder ↗ Schmackenreeder

Schmackenschiffer Schmackenschipper, Schmakenschiffer 'Schiffsführer einer *Schmacke*, eines für die Flussschifffahrt geeigneten flach gebauten Schiffes' ❖ zu mittelnld., niederdt. *smacken* 'schlagen. klopfen', engl. *smack*, daraus niederld. *smak*, *smakship*, engl. *smac* 'Fischkutter'
Syn: Schmackenführer

Lit: Grimm 15:896 (Schmacke); Krünitz 146:485 (Schmacke); Meyer-Lübke 664; Meyers Lexikon 6:880 (Schmack)

Schmackenschipper ↗ Schmackenschiffer

Schmakenschiffer ↗ Schmackenschiffer

Schmalhirt Schmalhirte 'Hirt für kleinere Nutztiere'; zum *Schmalvieh* gehörten Ziegen, Schafe, Schweine ❖ mhd. *smalhirte* 'Hirte des Schmalviehs'

W: *Hirt*

Lit: Adelung 3:1555 (Schmalvieh); DRW 12:912; Grimm 15:923

Schmalhirte ↗ Schmalhirt

Schmalmacher ↗ Schmaltuchmacher

Schmaltuchmacher Schmalmacher 'Hersteller von Tuch in einer Breite von einer dreiviertel Elle'
W: TUCHMACHER

Lit: Foltz (1912) 206; Grimm 15:926

Schmalweber Smalwewer 'Weber, der feine Stoffe herstellt'; bis ins 16. Jh. vorwiegend von Frauen ausgeübt; heute noch fachsprachlich als 'Weber für Borten und Bänder' üblich
W: WEBER
Syn: Fatzelwirker, Schleiermacher, Schleierwirker

Lit: DRW 12:915 (Schmalweben); Reith (2008) 248

Schmalzer ↗ Schmälzler

Schmälzer ↗ Schmälzler

Schmalzkäufl ↗ Käufel

Schmalzler ↗ Schmälzler

Schmälzler Schmalzer, Schmälzer, Schmalzler 1. 'Schmalz-, Butter-, Speckverkäufer'. 2. 'Schnupftabakhändler' ❖ zu mhd. *smalz* 'ausgelassenes Fett, Schmalz, Butter'
FN: Schmalzer, Schmälzer, Schmelzler
Syn: Schmalztrager

Lit: Barth 1:883; DRW 12:919; Gottschald 438; Grimm 15:933; Linnartz 204; Palla (1994) 284; Schmeller 2:551; Volckmann (1921) 24, 34

Schmalztrager 'herumziehender Kleinhändler, der Schmalz von Haus zu Haus oder auf den Markt trägt'; *Träger* in der Bedeutung 'Händler'
W: *Träger*
Syn: Schmälzler

Schmalzversilberer ↗ Versilberer

Schmeidler ↗ Geschmeidler

Schmeidmacher ↗ Geschmeidemacher

Schmeißer 1. 'Handwerker, der Hauswände verputzt'. 2. 'Bergmann'; die Bedeutung 'Bergmann' geht auf die Synonymik von *schmeißen* und *hauen* zurück, die sich in den Berufsbezeichnungen niederschlägt ❖ zu mhd. *smîȝen* 'hauen, schlagen; schmieren, streichen'
FN: Schmeißer, Schmeisser, Schmeiser, Schmeißner
Syn: HAUER, Schichthäuer
Lit: DudenFN 589; Fellner 508 (Schmeißwerk); Gottschald 438; Linnartz 204; Veith 423

Schmelter ↗ Schmelzer

Schmeltzer ↗ Schmelzer

Schmeltzerknecht ↗ Schmelzerknecht

Schmelzer Schmelter, Schmeltzer, Schmölzer; lat. *conflator, flator, fusor* 1. 'Hüttenarbeiter, der für das Schmelzen des Erzes zuständig ist'. 2. 'Arbeiter, der bei den Goldschlägern oder in der Münzherstellung für das Schmelzen des Edelmetalls und die Legierungen zuständig ist'. 3. 'Handwerker bei der Kerzenerzeugung, der Wachs einschmilzt' ❖ mhd. *smelzer* 'Schmelzer'; mhd. *smelzen* 'in Fluss bringen, schmelzen'; mnd. *smelten* 'schmelzen'
FN: Schmelzer, Schmölzer, Schmelz, Schmelzle, Schmelter, Schmölder
W: Gekrätzschmelzer, Glasschmelzer, Goldschmelzer, Nachtschmelzer, Silberschmelzer, Wachsschmelzer
Syn: Abtreiber, Bläher
Lit: Adelung 3:1567; Barth 1:884; Diefenbach 141, 254; DRW 12:926; DudenFN 589; Frühmittellat. RWb; Gottschald 439; Grimm 15:1025; Heilfurth (1981) 57; Idiotikon 9:964; Krünitz 146:630; Linnartz 204; Reith (2008) 97; Schiller-Lübben 4:261; Volckmann (1921) 117; Zedler 35:308

Schmelzerknecht Schmeltzerknecht, Schmelzknecht 'Hilfskraft des ↗ Schmelzers'
W: KNECHT
Lit: Barth 1:884; Zedler 35:311

Schmelzknecht ↗ Schmelzerknecht

Schmelzmahler ↗ Schmelzmaler

Schmelzmaler Schmelzmahler 'Handwerker, der Schmuckgegenstände mit Ornamenten aus Email überzieht; Emailmaler' ❖ ↗ Schmelzer
W: Maler
Lit: Adelung 3:1567; Barth 1:884; Grimm 15:1028; Krünitz 146:633

Schmelzmeister 1. 'Meister im Hüttenwerk, der für das Schmelzen des Erzes zuständig ist'. 2. 'Meister in der Glasschmelze' ❖ ↗ Schmelzer
W: Meister
Syn: Blähmeister, Frischmeister
Lit: DRW 12:928

Schmelzwerker 1. 'Hüttenarbeiter, der für das Schmelzen des Erzes zuständig ist'. 2. 'Emailleur' ❖ zu mhd. *smelzer* 'Schmelzer'; mhd. *smelzen* 'in Fluss bringen, schmelzen'
W: Werker
Lit: Barth 1:884; DRW 12:929 (Schmelzwerk); Grimm 15:1030

Schmerber 'Fett- und Salbenhändler' ❖ zu mhd. *smër* 'das weiche Fett der Tiere'
FN: Schmerber
Syn: Schmerhöker, Schmerschneider
Lit: Barth 1:884; DudenFN 589; Gottschald 439

Schmerhöker 'Fetthändler'; niederdt. ❖ zu mnd. *hoker* 'Kleinhändler, Krämer'; mhd. *smër* 'Fett'
W: Höker
Syn: Schmerber, Schmerschneider
Lit: Schiller-Lübben 2:284; Schiller-Lübben 4:262

Schmerschneider Smersnider **1.** 'Verkäufer von Fett, Schmalz, Speck'. **2.** 'Person, die Fett als Heilmittel schneidet; Salbenverkäufer; Apotheker' ❖ zu mhd. *smër* 'Fett'; mnd. *smêrsnider* 'Fettverkäufer, Fetthändler'
FN: Schmerschneider
W: SCHNEIDER
Syn: Schmerber, Schmerhöker, Speckschneider

Lit: DudenFN 589; Grimm 15:1036; Linnartz 204; Schiller-Lübben 4:262; Volckmann (1921) 34

Schmid ↗ *Schmied*

Schmidt ↗ *Schmied*

Schmied Schmid, Schmidt, Schmit, Schmitt, Smede, Smitt, Smyt, Smyth; lat. *clusor, faber Schmied* bezeichnete urspr. jeden Handwerker; sein Material war anfänglich Holz, nach dem Aufkommen von Metall das Eisen, sodass sich die Bedeutung zu einem metallverarbeitenden Beruf jeder Art änderte. Erst im Hochmittelalter begann eine Spezialisierung des Handwerks, vor allem durch das Verkehrswesen, das Kriegswesen und die Verfeinerung der Lebensformen. Es entstanden die vielfach wieder unterteilten Großgruppen *Huf-* oder *Grobschmiede, Waffenschmiede, Nadelschmiede, Zeugschmiede* u.a. Das Simplex *Schmied* bezog sich bis heute nur noch auf den *Hufschmied*. Wegen seiner Kenntnisse durch den Umgang mit Pferden wurde er auch als Tierarzt herangezogen. – Als Handwerk für die Landwirtschaft weitgehend ausgestorben, spielt es für den Reitsport noch die alte Rolle. ❖ mhd. *smit* 'Metallarbeiter, Schmied'
FN: Schmied, Schmid, Schmidt, Schmitt, Schmitter, Schmiedt, Schmedt, Schmitz, Schmidl, Schmiedl, Schmieder, Schmidtke, Schmies, Schmith
W: Ahlenschmied, °Ambossschmied, Angelschmied, Ankerschmied, Bandschmied, Beilschmied, Beitelschmied, Bergschmied, Bestandschmied, Bissschmied, Blankschmied, Blankwaffenschmied, Blechschmied, Bogenschmied, Bohrerschmied, BÜCHSENSCHMIED, Degenschmied, Drahtschmied, Eberschmied, Edelschmied, Eisenschmied, Fahnenschmied, Faustschmied, Feilenschmied, Flachschmied, Flaschenschmied, Fleckenschmied, Freischmied, Glockenschmied, Grobschmied, Hackenschmied, Hakenschmied, HAMMERSCHMIED, HAUBENSCHMIED, Hauenschmied, Helmschmied, Herdschmied, Hofschmied, Holzschmied, Hubschmied, Hufschmied, °Jagdschmied, Kaltschmied, Kammenschmied, KESSELSCHMIED, °Kettenschmied, Kleinschmied, Klingenschmied, Klobenschmied, Knopfschmied, Knüttelschmied, Krampenschmied, Kreuzschmied, Kugelschmied, Kupferhammerschmied, KUPFERSCHMIED, °Kürassschmied, Kurschmied, Kurzmesserschmied, Langmesserschmied, Läufenschmied, Laufschmied, Laugoldschmied, Leistenschmied, Löffelschmied, °Meißelschmied, Messerschmied, Messingschmied, Naberschmied, Nachschmied, Nadelschmied, NAGELSCHMIED, Neigerschmied, Ortschmied, Panzerschmied, Pfannenschmied, Pfeilschmied, Pferdeschmied, Pflugschmied, Pusterschmied, Reckschmied, °Reifmesserschmied, Reitschmied, Rennschmied, Ringelschmied, Ringschmied, Rinkenschmied, Rohrschmied, Rotschmied, Sägenschmied, Scharschmied, Schellenschmied, Scherenschmied, Schlossschmied, Schnallenschmied, Schwarzhammerschmied, Schwarznagelschmied, Schwertschmied, Seigerschmied, Sensenschmied, Sichelschmied, Spießschmied, Sporenschmied, Stabschmied, Stahlschmied, Stangenschmied, Strahlschmied, °Strohmesserschmied, Vorschmied, Waffenschmied, Wagenschmied, Waldschmied, °Werkzeugschmied, Windenschmied, Zahnschmied, Zainschmied, Zangenschmied, Zaumschmied, Zeugschmied, Zirkelschmied, Zwecksschmied, Zwingenschmied
Syn: Beiler, Faber, Zengener

Lit: Adelung 3:1571; Barth 1:884; Diefenbach 141, 221; DRW 12:935; DudenFN 590; Frühmittellat. RWb; Gottschald 439; Grimm 15:1053; Kunze 116; Linnartz 205; Palla (2010) 91; Patocka (1987) 213; Pfeifer 1223; Pies (2005) 132; Reith (2008) 110, 124; Schraml (1932); Volckmann (1921) 104

Schmiedeknecht Schmiedknecht 'Geselle, Hilfskraft des Grobschmieds, in der Saline des Hofschmieds' ❖ mhd. *smitknëht, smideknëht* 'Schmiedgeselle'
W: KNECHT

Lit: Adelung 3:1572; DRW 12:942; Krünitz 147:19; Patocka (1987) 213

Schmiedemeister 1. 'Vorarbeiter auf dem Stabhammer, d.i. das Hammerwerk, auf dem das Roheisen zu den Stäben geschmiedet wird'. **2.** 'Meister im Schmiedehandwerk' ❖ zu mhd. *smiden* 'hämmern, schmieden'
W: *Meister*

Lit: Adelung 3:1571; Grimm 15:1062; Krünitz 147:20

Schmiedemüller Schmiedmühle 'Schmied, der eine Schmiedemühle betreibt'; d.i. eine Schmiede mit einem durch Wasserkraft betriebenen Hammer ❖ zu mhd. *smiden* 'hämmern, schmieden'
W: *Müller*

Lit: Grimm 15:1062 (Schmiedemühle)

Schmiedknecht ↗ Schmiedeknecht

Schmiedmühle ↗ Schmiedemüller

Schmierer 1. 'Bediensteter, der die Wagen, Achsen oder Maschinen schmiert'. **2.** 'Angestellter [der Zollverwaltung], der die Waren auf- und ablädt und die Ein- und Ausfuhren kontrolliert'. **3.** 'Beamter, der Weinfässer eicht und die Weinmaße kontrolliert'. **4.** 'Handwerker, der Wild- oder Sämischleder bearbeitet; Appreteur' ❖ mhd. *smirwer*, zu mhd. *smirwen, smirn, smërn* 'schmieren, salben', zu *smër* 'Fett'
FN: Schmierer
Syn: Auflader, Aufleger, VISIERER

Lit: DRW 12:950; Gottschald 440; Grimm 15:1086; Linnartz 205; TirWb 2:540

Schmit ↗ Schmied

Schmitt ↗ Schmied

Schmitzer Schmizer, Schmützer **1.** 'Schwarzfärber für Lederhosen und Felle'. **2.** 'Peitschenmacher' ❖ **1.**: zu *schmitzen* 'färben (dass es wie Samt aussieht)', zu mhd. *smuz* 'Schmutz'. **2.**: zu mhd. *smiz, smitz* 'Spitze; Streich mit der Rute'; mhd. *smutzen, smitzen* 'streichen, schlagen', Intensivform zu *schmeißen*
FN: Schmitzer, Schmützer, Schmitz (bes. im Rheinland)
W: Fellschmitzer
Syn: Geißelmacher, Peitscher, Schwarzfärber

Lit: Adelung 3:1577 (Schmitz, Schmitze); DudenFN 591; Gottschald 440; Grimm 15:1104; Hornung (1989) 117; Krünitz 147:103; Linnartz 205; Schmeller 2:562

Schmizer ↗ Schmitzer

Schmölzer ↗ Schmelzer

Schmucker ↗ Schmücker

Schmücker Schmucker, Schmuckler, Schmückler; lat. *ornatrix* **1.** 'Person, die Personen oder Dinge verschönert'; meist kurz für ↗ *Federschmücker*; oft von Frauen ausgeübt, dann als Femininum *Schmückerin*. **2.** 'Schmuckerzeuger' ❖ zu mhd. *smuc* 'das Anschmiegen, die Umarmung', mhd. *smücken, smucken* 'sich drücken, schmiegen'. *Schmuck* ist eine Rückbildung von *schmücken*; seit dem 16. Jh. Bedeutungsänderung von 'eng Anliegendes' zu 'hübsch Aussehendes'
FN: Schmucker, Schmücker (diese hängen mit *Schmuck* zusammen, aber nicht direkt mit dem Beruf)
W: FEDERSCHMÜCKER, Hutschmücker

Lit: Barth 1:885; Diefenbach 401; DudenFN 592; Grimm 15:1127; Kluge 817 (schmücken); Linnartz 205

Schmuckler ↗ Schmücker

Schmückler ↗ Schmücker

Schmützer ↗ Schmitzer

Schnaiter ↗ Schneiter

Schnaitler ↗ Schneiter

Schnallenschmied 'Handwerker, der Schnallen für Gürtel und Pferdegeschirr herstellt'; *Schmied* in der älteren allgemeineren Verwendung für jede Art von Metallverarbeitung ❖ zu mhd. *snalle* '(Schuh)schnalle'
W: *Schmied*

Lit: Barth 1:885; Grimm 15:1165

Schneckenmacher 'Handwerker, der Schnecken herstellt'; im technischen Sinn sind *Schnecken* Geräte oder Teile, die einer Schnecke ähneln: eine kegelförmige Walze in Taschenuhren, ein Bohrer mit gewundener Bohrspitze, ein Teil der Geige usw. ❖ mhd. *snecke, snegge* 'Schnecke'

Lit: Grimm 15:1213; Krünitz 147:165 (Schnecke)

Schnefler Schnifler 'Holzschnitzer; Person, die kleinere hölzerne Gegenstände (z.B. Rechen, Gabeln) herstellt'; schweiz. ❖ zu *Schnefel* 'Schnitzel, Abfall von Leder, Papier, Stoff', *schnefen, schnefeln* 'in kleine Stücke zerschneiden', alemannisches Dialektwort. Vielleicht verwandt mit *schnippeln, schnipfeln* 'in kleine Stücke schneiden', *Schnippel, Schnipsel* 'abgeschnittenes kleines Stück'
Syn: SCHNITZLER

Lit: Grimm 15:1337 (schnippen); Idiotikon 9:1154; Paul 758 (schnippen); SchwäbWb 5:1050 (Schnefel); VorarlbWb 2:1008 (Schnefel)

Schnegerer 'Person, die Holzwaren herstellt, z.B. Holzlöffel, Krippenfiguren'; im oberösterreichischen Salzkammergut ❖ zu bair. *schnecken, schneckern, schnegern* 'hauen, klein hacken; schlecht schneiden, schnitzen'; vgl. bair. *Schneger, Schnegerer* 'Schnitzmesser'; vermutlich verwandt mit *Schnecke* i. S. v. ' sich langsam bewegen'
Syn: SCHNITZLER

Lit: OÖWb 252; Schmeller 2:567 (schnecke(r)n)

Schneidarzt Schnittarzt ↗ 'Chirurg'; bes. in der Verbindung *Stein- und Bruchschneider* üblich, häufig als Wanderarzt unterwegs
W: *ARZT**

Lit: DRW 12:969; Grimm 15:1245, 1350; Schmeller 2:571

Schneidemüller Schneidmüller 1. ↗ 'Sägemüller'; selten. 2. 'Arbeiter in einem Sägewerk'
W: *Müller*
Syn: BRETTSCHNEIDER

Lit: Adelung 3:1597 (Schneidemühle); Grimm 15:1251; Krünitz 147:383; Zedler 22:266

SCHNEIDER Schneytter, Sneider, Snider, Snyder; lat. *sarcinator, sartor* 1. 'Person, die etwas zurechtschneidet, z.B. Futter, Bretter'. 2. 'Person, die durch Schneiden etwas gestaltet, z.B. Steinschneider, Stempelschneider, Formenschneider'. 3. 'Handwerker, der aus Tuch Kleider herstellt'; das Schneiderhandwerk gibt es seit dem 12. Jh., als im Hochmittelalter differenziertere Formen von Kleidung aufkamen; seit dem 14. Jh. ist das Handwerk in Zünften organisiert. Durch Beschränkung auf wenige Gesellen, durch Verbot der Vorratshaltung und Verbot zu handeln waren seine Möglichkeiten sehr eingeschränkt. *Schneiden* bezeichnete urspr. das Zuschneiden, das wegen der kostspieligen Stoffe nur vom Meister durchgeführt wurde. Daher waren *Schneider* nur Männer, während die Frauen als *Näherinnen* beschäftigt waren. *Weißnäherinnen*, die Bett- und Tischwäsche herstellten, zählten nicht zu den Schneidern. Die Einführung des Verlagswesens mit Heimarbeit im 19. Jh., die Erfindung der Nähmaschine und die Umstellung auf Konfektionsware verursachten den Niedergang des Handwerks, das heute nur noch in Resten als Änderungsschneiderei sowie als teure Maßschneiderei existiert. – Ein *ungarischer Schneider* war ein Schneider in Wien, der vor allem auch ungarische Kleidung, wie abgesteppte Wettermäntel und Röcke, anfertigte ❖ mhd. *snîdære, snîder* 'Schneider'

FN: Schneider, Schneyder, Schneiders, Schnider, Schnieder, Schnidrig, Schnier, Schneyer
W: Alabasterschneider, Augenschneider, Bandschneider, Bärschneider, Bauernschneider, Beinschneider, Beutelschneider, Bleiweißschneider, Bletzlischneider, BRETTSCHNEIDER, Brotschneider, Bruchschneider, Dielenschneider, Doppenschneider, Drahtschneider, EISENSCHNEIDER, Federschneider, Fesselschneider, Fibelbrettschneider, Figurenschneider, Fistelschneider, Flickschneider, FORMSCHNEIDER, Freischneider, Fürschneider, Futterschneider, Gäuschneider, Geltschneider, Gewandschneider, Gippenschneider, Glasschneider, Granatrosenschneider, Häckselschneider, Handschneider, Hasenhaarschneider, Heiligenschneider, Hodenschneider, Hornschneider, Jahrschneider, Kammschneider, Kaufschneider, Kepernetzschneider, Kollettschneider, Koltenschneider, Kolzenschneider, Korkenschneider, Krautschneider, Kreidenschneider, Kugelschneider, Lästschneider, Laufschneider, Lederschneider, Leichdornschneider, Leinwandschneider, Leistenschneider, Löffelschneider, Messingschneider, Modelschneider, Münzeisenschneider, Nagelschneider, Petschaftschneider, Petschierschneider, Pfeifenschneider, Pfropfenschneider, Prägschneider, Reifschneider, Riemenschneider, Rossschneider, Säckelschneider, Sägenschneider, Sauschneider, Schachtschneider, Schaftschneider, Schalenschneider, Schmerschneider, Schriftschneider, Schweinschneider, Siebreifschneider, Siegelschneider, Silhouettenschneider, Speckschneider, Spillenschneider, Stakenschneider, Steinschneider, Stempelschneider, Störschneider, Strohschneider, Tagschneider, Tuchschneider, Viehschneider, Visierschneider, Vorschneider, Wandschneider, Wappenschneider, Wurmschneider, Zargenschneider, Zeltschneider, Zeugschneider, Zundelschneider
Syn: Brustschneider, Gugler, Hoiker, Joppner, Kämmerling, Kolzer, Kotzenmacher, Lersener, Mäntler, Münzschneider, Näher, Schrader, Schröter, Stahlschneider, Stepper, Stöckelschneider, Suter, Tafelschneider, Wamser, Winkelmeister

Lit: Adelung 3:1597; Barth 1:886; Diefenbach 512, 513; DRW 12:976; DudenFN 595; Gottschald 441; Grimm 15:1268; Idiotikon 9:1122; Krünitz 147:395; Linnartz 205; Pies (2005) 146; Reith (2008) 201; Volckmann (1921) 48, 335; Zedler 35:535

Schneiderknecht 'Schneidergeselle'; *Knecht* wurde im 16. Jh. durch *Geselle* ersetzt
W: KNECHT

Lit: DRW 12:983; Idiotikon 3:730; SteirWb 551

Schneidermamsell 'Näherin'; im 19. Jh. häufig als literarische Figur in der Komödie oder [Trivial]literatur
W: Mamsell

Lit: Grimm 15:1275

Schneidmüller ↗ Schneidemüller

Schneiteler ↗ Schneiter

Schneiter Schnaiter, Schnaitler, Schneiteler, Schneitler, Schneyetter 1. 'Arbeiter, der die Äste eines gefällten Baumes mit einem starken Haumesser abschlägt'. 2. 'Person, die Bäume und Reben schneidet' ❖ zu mhd. *sneiten*, *sneiteln* 'beschneiden, entästen', Intensivform zu *snîden* 'schneiden'
FN: Schneiter, Schneitler, Schneidler, Schnaiter, Schnaitler, Schnaitl, Schneitl, Schneyter
W: Kuhschneiter

Lit: Grimm 15:1285; Hornung (1989) 117; Idiotikon 9:1350; Kluge 820 (schneiteln)

Schneitler ↗ Schneiter

Schnetzer 'Person, die kleinere hölzerne Gefäße herstellt'; Nebenform zu *Schnitzer*; bes. schweiz. ❖ mhd. *snitzære*, *snitzer* 'Schnitzer'
FN: Schnetzer, Schnetzler, Schnetz
Syn: SCHNITZLER

Lit: Barth 1:886; DudenFN 595; Gottschald 442; Grimm 15:1320; Idiotikon 9:1397; Linnartz 206

Schneytter ↗ SCHNEIDER, Schneiter

Schnickmann **Schniggmann** 'Inhaber oder Führer einer Schnick'; d.i. ein kurzes, rundes Segelschiff mit einem Mast zum Fisch- und Austernfang oder für militärische Zwecke ❖ zu mnd. *snicke* 'ein kleines (Kriegs)schiff'
FN: Schnickmann
W: *Mann*

Lit: Barth 1:886; DRW 12:994 (Schnicke); Grimm 15:1326 (Schnick(e)); Krünitz 147:503 (Schnick); Linnartz 206; Schiller-Lübben 4:274 (snicke)

Schniddeker ↗ Schnittker

Schnideger ↗ Schnittker

Schnifler ↗ Schnefler

Schniggmann ↗ Schnickmann

Schnitger ↗ Schnittker

Schnitker ↗ Schnittker

Schnittarzt ↗ Schneidarzt

Schnitter lat. *messor* 1. 'Arbeiter in der Landwirtschaft, der das Gras (mit der Sense) mäht'. 2. 'Arbeiter in der Landwirtschaft, der Getreide (mit der Sichel) schneidet' ❖ mhd. *snitære, sniter* 'Schnitter'
FN: Schnitter, Schniter, Schnyter
W: *Lohnschnitter*
Syn: Mahder

Lit: Adelung 3:1605; Barth 1:886; Diefenbach 359; Frühmittellat. RWb; Grimm 15:1352; Idiotikon 9:1365; Krünitz 147:520

Schnittger ↗ Schnittker

Schnittjer ↗ Schnittker

Schnittker **Schniddeker, Schnideger, Schnitger, Schnitker, Schnittger, Schnittjer, Schnitzger, Schnitzker, Snidekker, Snitger, Snitker, Snydtker** 1. 'Holzschnitzer'. 2. 'Tischler, Schreiner' — Diese niederdt. Handwerksbezeichnung setzte sich in der Standardsprache nicht durch und wurde von *Tischler* bzw. *Schreiner* verdrängt ❖ mnd. *sniddeker, snitker* 'Schnitzer, Bildner', dann: 'Tischler'
FN: Schnittker, Schnittger, Schnittcher, Schnittjer, Schnettker, Schnetker, Schnetger
W: *Kleinschnittker*
Syn: SCHNITZLER, TISCHLER

Lit: Barth 1:886; DRW 12:1001; Gottschald 442; Grimm 15:1368; Linnartz 206; Palla (2010) 211; Pies (2005) 150; Reith (2008) 212; Schiller-Lübben 4:274; Volckmann (1921) 175

Schnitzger ↗ Schnittker

Schnitzker ↗ Schnittker

SCHNITZLER lat. *abietarius, sculptor* 1. 'Holzschnitzer, Bildschnitzer'; bes. noch schweiz. 2. 'Tischler, Schreiner, der Gegenstände mit Schnitzereien anfertigt'. 3. 'Handwerker, der Bogen und Armbrüste herstellt' ❖ mhd. *snitzeler* 'Schnitzler'
FN: Schnitzler, Schnizler
W: *Kleinschnitzler*
Syn: Bitzler, Bossler, Heiligenschneider, Schnefler, Schnegerer, Schnetzer, Schnittker, TISCHLER

Lit: Diefenbach 3, 521; DRW 12:1005; DudenFN 595; Frühmittellat. RWb; Gottschald 442; Grimm 15:1368; Idiotikon 9:1426; Linnartz 206; Pies (2005) 150; Volckmann (1921) 175

Schnorrer ↗ Schnurrer

Schnuermacher ↗ Schnurmacher

Schnuerwürker ↗ Schnurwirker

Schnurdreher **Schnürdreher, Schnurendreher** 'Handwerker, der Schnüre und Borten herstellt' ❖ zu mhd. *snuor* 'Schnur, Band, Seil'; mhd. *dræhen, dræjen* 'drehen'
Syn: POSAMENTIERER, Schnürer

Lit: Linnartz 206

Schnürdreher ↗ Schnurdreher

Schnurendreher ↗ Schnurdreher

Schnurer ↗ Schnürer

Schnürer Schnurer 'Handwerker, der Schnüre und Borten herstellt' ❖ mhd. *snüerer* 'Gürtelmacher'
FN: Schnürer, Schnurer, Schnürle
Syn: Posamentierer, Schnurdreher, Schnurmacher

Lit: DudenFN 595; Gottschald 442; Grimm 15:1408; Linnartz 207

Schnürlmacher ↗ Schnurmacher

Schnurmacher Schnuermacher, Schnürlmacher, Schnürmacher, Schnurmaker, Snormaker, Snormecher, Snurmecher 'Handwerker, der Schnüre und Borten herstellt' ❖ mhd. *snüermacher* 'Schnurmacher'; die niederdt. Formen zu mnd. *snôr* 'Schnur (als Schmuck)'
Syn: Posamentierer, Schnürer

Lit: Grimm 15:1412; Krünitz 147:589; Reith (1990) 38; Schiller-Lübben 4:278; Volckmann (1921) 94

Schnürmacher ↗ Schnurmacher

Schnurmaker ↗ Schnurmacher

Schnurrer Schnorrer 1. 'Spaßmacher'. 2. 'Nachtwächter'; *die Schnurre* bezeichnete urspr. ein Lärminstrument; die Spaßmacher und Nachtwächter zogen mit einem Gerät zum Lärmerzeugen (Klapper, Ratsche) umher ❖ mhd. *snurræere* 'Possenreißer', zu mhd. *snurren* 'rauschen, sausen'
FN: Schnurrer, Schnorrer, Schnurr
Syn: Gaukler, Nachtwächter

Lit: DudenFN 595; Gottschald 442; Grimm 15:1189 (Schnarre), 1414 (Schnurre); Kluge 823 (Schnurre); Krünitz 147:591; Linnartz 206; Volckmann (1921) 323

Schnurwirker Schnuerwürker 'Spitzenklöppler'; schweiz. ❖ zu mhd. *snuor* 'Schnur, Band, Seil'
W: *Wirker*
Syn: Knüppeldirn

Lit: Idiotikon 16:1486

Schoband Schobant 1. 'Abdecker'. 2. 'Gehilfe des Abdeckers oder Henkers' — niederdt. ❖ mnd. *schobant* 'Abdecker, Schinderknecht, die niedrigste Klasse der Büttel'; weitere Herkunft unklar
Syn: Schinder, Schinderknecht

Lit: Barth 1:888; DRW 12:1016; Grimm 15:1426; Linnartz 206; Pies (2001) 38; Schiller-Lübben 4:107; Volckmann (1921) 331

Schobant ↗ Schoband

Schobendecker ↗ Schaubdecker

Schobhutmacher ↗ Schaubhutmacher

Schockendrahtzieher ↗ Schockenzieher

Schockenzieher Schockendrahtzieher ↗ 'Drahtzieher'; er saß auf einer *Schocke* (Schaukel), während er den Draht durch die Öse zog ❖ zu mhd. *schoc, schocke* 'Schaukel'; mhd., mnd., mnl. *schocken* 'sich hin und her bewegen, schaukeln; stoßen, erschüttern'; verwandt mit dem später neu entlehnten franz. *choc* 'Stoß, Erschütterung', zu *chocer* 'anstoßen, beleidigen'
Syn: Drahtzieher

Lit: DRW 12:1019; DudenFW 1218; Grimm 15:1430 (Schock); Krünitz 147:602 (schocken); Palla (2010) 48; Paul 760; Reith (2008) 60; Schiller-Lübben 4:107

Schoenknecht ↗ Schuhknecht

Schöffe lat. *assessor, scabinus* 1. 'an der Urteilsfindung beteiligter Beisitzer im Gericht'. 2. 'Ratgeber und Vertreter des Schulzen oder Gemeindevorstehers' ❖ mhd. *scheffe, scheffene, schepfe, schepfene* 'beisitzender Urteilssprecher', zu mhd. *schaffen* 'anordnen, befehlen'
FN: Schöffe (kann auch von *Scheffel* 'Schaff; Getreidehohlmaß' kommen), Schöpp, Schöppe
W: °Gerichtsschöffe, °Landschöffe, Schöffenmeister, Sendschöffe, Zentschöffe
Syn: Dingwart, Kretzer, Rachinbürge, Schöffmann, Schöpf, Schöppe

Lit: Barth 1:888; Diefenbach 55, 515; DRW 8:613 (Landschöffe); Frühmittellat. RWb; Grimm 5:3672 (Gerichtsschöffe); Grimm 12:135 (Landschöffe); Grimm 15:1441; Krünitz 147:604; Linnartz 206; Pies (2001)

Schöffenmeister Schöppenmeister; lat. *magister scabinorum* 'oberster Schöffe im Schöffengericht'
W: *Meister*, Schöffe, Schöppe

Lit: Barth 1:888; DRW 12:1049; Grimm 15:1445

Schöffler ↗ Scheffler

Schöffmann 1. 'Schiffer'; bair. Form von ↗ *Schiffmann*. 2. 'Schöffe' ❖ 1.: zu mhd. *schëf* 'Schiff'; 2.: zu mhd. *scheffe, scheffene, schepfe, schepfene* 'beisitzender Urteilssprecher'
Syn: Schiffmann, Schöffe

Lit: Linnartz 207; Schmeller 2:384

Schoffner 'Böttcher, Fassbinder'; bair. verdumpfte Form von *Schaffner* mit unorganischem eingeschobenem *-n-* (vermischt mit *schaffen* 'befehlen') ❖ zu *Schaff* 'Bottich', mhd. *schaf* 'Schaff, Gefäß für Flüssigkeiten'; mhd. *schaffære, schaffer* 'Schöpfer'
Syn: BÖTTCHER

Lit: Pies (2005) 34

Schöffreiter ↗ Schiffreiter

Schohknecht ↗ Schuhknecht

Schohlepper ↗ Schuhlapper

Schoknecht ↗ Schuhknecht

Scholapper ↗ Schuhlapper

Scholarch 1. 'Ratsherr, der für das Schulwesen zuständig ist'. 2. 'Aufsicht über die Schule oder das Schulwesen; Vorsteher, Verwalter einer Schule, bes. einer Dom- oder Klosterschule' ❖ mlat. *scholarcha*, spätgriech. *scholarchês* 'Schulaufseher', vgl. *Scholar*, im Mittelalter Bezeichnung für 'Schüler'
Syn: Schulherr
Vgl: Scholaster

Lit: Adelung 3:1617; Barth 1:888; DRW 12:1068; DudenFW 1219; Grimm 15:1448; Krünitz 147:605; Linnartz 207

Scholaster Scholastikus 1. 'Domherr, Kanonikus, der für die Domschule verantwortlich ist'. 2. 'Lehrer an einer Domschule' ❖ verkürzt aus mlat. *scholasticus* 'Schulleiter', zu lat. *scholasticus*, Adj., 'zur Schule gehörend'; mnd. *scholaster* 'Schulmeister'
Syn: Schulschreiber
Vgl: Scholarch

Lit: Adelung 3:1619; Barth 1:888; DRW 12:1068; Grimm 15:1449; Krünitz 147:605; Linnartz 207; Schiller-Lübben 4:111

Scholastikus ↗ Scholaster

Scholcze ↗ *Schulze*

Scholder ↗ Scholderer

Scholderer Schallerer, Scholder, Scholler, Schollerer, Schollierer; lat. *exercitor alearum, susceptor aleatorum* 1. 'Veranstalter, Aufseher, Bankhalter bei Glücksspielen'; Ableitung von *Scholder* 'Veranstaltung mit Glücksspielen'. 2. 'Schiedsrichter, Punktezähler bei Würfelspielen oder beim Kegeln'. 3. 'Betreiber eines Bordells'. 4. 'Henker, Scharfrichter'; diese hatten die Berechtigung, ein Wirtshaus mit Scholderspielen zu betreiben ❖ mhd. *scholderer, schollerer* 'Veranstalter von Glücksspielen, Aufseher'; weitere Herkunft unklar
FN: Scholder, Scholderer, Scholler, Schollerer, Scholter, Schelderer
Syn: Frauenmeister, Frauenwirt, Gliedenfetzer, Gliedenfetzerin, Hurenweibel, Hurenwirt, Ruffer, Ruffian

Lit: Barth 1:888; DRW 12:1070; Gottschald 443; Grimm 15:1449; Idiotikon 8:639; Linnartz 207; Sanford (1975); Schmeller 2:407

Scholemester ↗ Schulmeister

Scholepper ↗ Schuhlapper

Scholler ↗ Scholderer

Schollerer ↗ Scholderer

Schollierer ↗ Scholderer

Schollmester ↗ Schulmeister

Scholmester ↗ Schulmeister

Scholz ↗ *Schulze*

Scholze ↗ *Schulze*

Schomaker ↗ Schuhmacher

Schomester ↗ Schuhmeister

Schönbäcker Schönbeck 'Bäcker, der Gebäck aus Weizenmehl herstellt'; bes. oberdt. ❖ zu mhd. *schœne, schœn* 'schön; glänzend, hell'; die Bezeichnung geht von der im Mittelhochdeutschen weiter gefassten Bedeutung von *schön* aus
FN: Schönbeck, Schönböck (bes. im Bairischen häufiger Name, in anderen deutschen Gegenden ist der Name eher von Ortsnamen abgeleitet)
W: BÄCKER*
Syn: FEINBÄCKER
Ggs: Schlechtbäcker

Lit: DudenFN 597; Idiotikon 4:1108; Linnartz 207; Reith (2008) 25; Schmeller 1:201; Zehetner (2005) 65

Schönbeck ↗ Schönbäcker

Schonenfahrer 1. 'norddeutscher Kaufmann, der meist als Mitglied einer Genossenschaft in Südschweden eine Handelsniederlassung hat'; am Beginn stand der Heringshandel mit Schonen. 2. 'Fernhändler'
W: *Fahrer*

Lit: DRW 12:1080; Grimm 15:1506

Schönfärber lat. *tinctor sericorum* 'Färber, der mit hellen oder bunten Farben und in besonderen Mustern färbt, bes. wollene oder seidene Stoffe'; verwendet wurden vor allem Blau (aus Färberwaid), Rot (aus Krappwurzeln, Färberröte) und Gelb (aus Gelbkraut, Fisethölzern oder wildem Safran)
❖ ↗ Schönbecker
W: *Färber**

Ggs: Schwarzfärber

Lit: Adelung 3:1625; Barth 1:889; DRW 12:1081; Grimm 15:1507; Krünitz 147:648; Linnartz 207; Palla (2010) 58; Reith (2008) 68; Riepl (2009) 367; Volckmann (1921) 84

Schönschreiber lat. *calligraphus* 'Person, die in schönen (Zier)buchstaben schreibt'
Syn: Kalligraph, Modist, Schreibkünstler, Schreibmeister

Lit: Barth 1:889; Meyers Lexikon 6:34

Schoolapper ↗ Schuhlapper

Schooster ↗ SCHUSTER

Schopenbrauer ↗ Schoppenbrauer

Schopenbruer ↗ Schoppenbrauer

Schopenhauer ↗ Schoppenhauer

Schopenhouwer ↗ Schoppenhauer

Schöpf 'Schöffe, an der Urteilsfindung beteiligter Beisitzer im Gericht'; oberdt. ❖ mhd. *scheffe, schepfe* 'beisitzender Urteilssprecher', frühnhd. *schöpf* 'Schöffe'
FN: Schöpf, Schöpfe, Schöpfle
Syn: DINGWART, Schöffe, Schöppe

Lit: DudenFN 599; Gottschald 444; Linnartz 208

Schöpfer 1. 'Arbeiter im Salzbergwerk, der die Sole aus der Grube herausschöpft bzw. die mit Eimern heraufgezogene Sole in den Schöpftrog bzw. die Solerinne schüttet'. 2. 'Arbeiter in der Papiermühle, der den Brei aus Lumpen mit einem Sieb aus der Bütte in die Form schöpft'; *Schöpfer, Gautscher* und *Leger* sind die drei Büttgesellen ❖ Ableitung von *schepfen* '(Wasser) schöpfen', mnd. *scheppen* 'schöpfen'. Die beiden Verben *schaffen* 'erschaffen, gestalten' und *schöpfen* '(Wasser) schöpfen' (zu *Schaff*) sind in der Bedeutung zusammengeflossen
FN: Schöpfer, Schopfer
W: Glutschöpfer, Labschöpfer

Syn: Büttgeselle, Eintaucher, Gautscher, Leger

Lit: Adelung 3:1629; Barth 1:889; Gottschald 444; Grimm 15:1548; Krünitz 147:726; Linnartz 208; Patocka (1987) 102; Pfeifer 1237; Pies (2002b) 18; Reith (2008) 178; Schraml (1932) 163, 166, 181

Schopfhäuer 'Bergmann, der die Schöpfe im Stollen nachzuarbeiten hat'; durch das Aufblähen des Salztons entstanden Ausbuchtungen, die von Zeit zu Zeit abgeschlagen werden mussten. Dies wurde oft von ausgedienten Bergleuten durchgeführt, die zum Streckenvortrieb nicht mehr geeignet waren
Syn: Schopfknappe

Lit: Fellner 511 (Schopf); Veith 269, 426

Schopfknappe 'Bergmann, der die Schöpfe im Stollen abzuschlagen hat'; ↗ Schopfhäuer ❖ übertragene Bedeutung von *Haarschopf*, mhd. *schopf* 'Haarschopf'
W: Knappe
Syn: Schopfhäuer, Tschanderer
Ggs: Wahlknappe

Lit: Fellner 511 (Schopf); Grimm 15:1555; Schraml (1932) 163; Schraml (1934) 125; Veith 269

Schöpp ↗ Schöppe

Schöppe Schepe, Schepp, Scheppe, Schöpp 'Schöffe; an der Urteilsfindung beteiligter Beisitzer im Gericht'; niederdt. Form zu *Schöffe* ❖ mnd. *schepene, schepe* 'Schöffe, Beisitzer des Gerichts'; mhd. *scheffe, schepfe* 'beisitzender Urteilssprecher, Schöffe'
FN: Schöpp, Schöppe, Schepper, Schepe, Scheppe
W: °Amtsschöppe, Feldschöppe, °Gerichtsschöppe, °Landschöppe, °Lassschöppe, Schöffenmeister
Syn: DINGWART, Schöffe, Schöpf, Schöppenschreiber

Lit: Adelung 3:1631; Barth 1:889; DudenFN 579, 600; Gottschald 443; Grimm 15:1564; Krünitz 146:732; Linnartz 198, 206; Schiller-Lübben 4:74

Schoppenbrauer Jopenbrauer, Schopenbrauer, Schopenbruer, Schoppenbräuer, Schöppenbrauer, Schuffenbrauer, Schuffenbräuer 'selbstständig arbeitender Brauarbeiter, der gegen Bezahlung für verschiedene Brauereien arbeitet'; sie waren häufig auf Wanderschaft und kreierten bedeutende Bierarten, z.B. das Danziger *Jopenbier*; urspr. norddt. ❖ mnd. *schopenbruer* 'Schopenbrauer'; zu mnd. *schope*, mhd. *schuff, schuffe, schuofe*, frühnhd. *schuffe, schufe, schouff* 'Schöpfkelle mit langem Stiel, mit der das Bier aus dem Bottich geschöpft wird', sein wichtigstes Arbeitsgerät; mundartlich bes. im Raum Danzig *jope*
W: *Brauer*
Vgl: Schoppenhauer

Lit: Adelung 3:1631 (Schoppen); Barth 1:889; DRW 12:1090; Grimm 15:1567, 1832 (Schuffe); Krünitz 148:624; Pfeifer 1237; Schiller-Lübben 4:117, 118; Volckmann (1921) 37, 39, 41 (Jopenbier)

Schoppenbräuer ↗ Schoppenbrauer

Schöppenbrauer ↗ Schoppenbrauer

Schoppenhauer Jopenhauer, Schopenhauer, Schopenhouwer 'Handwerker, der Holztröge und Schöpfkellen aus Holz herstellt'; norddt.; das niederdt. Wort breitete sich bis ins Mitteldeutsche aus, es ist verwandt mit frühnhd. *schuoff, schuff*, bair. *Schaff*; *jope* ist eine in Danzig übliche mundartliche Nebenform ❖ zu mnd. *schope* 'Schöpfkelle'
FN: Schoppenhauer, Schopenhauer, Schuppenhauer, Schüppenhauer; Schuffenhauer (mittel- und oberdt. Form)
W: HAUER
Vgl: Schoppenbrauer

Lit: Adelung 3:1631 (Schoppen); Barth 1:889; DudenFN 599; Gottschald 444; Grimm 15:1564 (Schoppen); Linnartz 207; Pfeifer 1237 (Schoppen); Volckmann (1921) 39, 164

Schöppenmeister ↗ Schöffenmeister

Schöppenschreiber 'Schreiber, Protokollführer in einem Schöffengericht' ❖ mhd. *scheffe, schepfe*, mnd. *schepe* 'beisitzender Urteilssprecher, Schöffe'
W: Schreiber
Syn: Schöppe

Lit: Adelung 3:1633

Schopper 1. 'Schiffszimmermann, Bootbauer'; bes. oberdt.; der Schiffbau- und Reparaturplatz ist der *Schopperplatz*; das *Schoppen* 'Verstopfen der Fugen' war die wichtigste und heikelste Arbeit beim Schiffbau, daher wurde diese Bezeichnung für den Schiffsbauer und -zimmermann verallgemeinert. 2. 'bäuerlicher Landarbeiter, der das Heu auf dem Wagen oder auf dem Heuboden festtreten muss'; bair. 3. 'Totengräber'; alemannisch ❖ mhd. *schopper* 'Schiffszimmermann'; mhd. *schopfen, schoppen* 'stopfen', Intensivbildung zu *schieben*
FN: Schopper
W: Kopenschopper, Zillenschopper
Syn: Kalfaterer, Schopperknecht, Stopfer, ZIMMERMANN
Vgl: Schopperin

Lit: Barth 1:889; DRW 12:1091; Gottschald 444; Grimm 15:1568; Hornung (1989) 118; Krünitz 147:733 (schoppen); Linnartz 208; Neweklovsky (1964) 94; OÖWb 255; Palla (2010) 189; SalzbWb 177; Schmeller 2:437; VorarlbWb 2:1036

Schopperin 1. 'Landarbeiterin, die das Mästen des Geflügels durchführt'. 2. 'Wärterin, Krankenschwester für eine Wöchnerin'; in Bayern ❖ zu mhd. *schopfen, schoppen* 'stopfen', zu 1.: i. S. v. 'nudeln, Nahrungsmittel hineinstopfen', zu 2.: 'saugendes Material für Wöchnerinnen anlegen'
Vgl: Schopper

Lit: Grimm 15:1568; Schmeller 2:437

Schopperknecht 'Hilfskraft beim Schiffbau'; ↗ Schopper
W: KNECHT
Syn: Schopper

Lit: DRW 12:1091; Neweklovsky (1964) 346

Schoppermeister 'Schiffbaumeister'; ↗ Schopper
W: Meister

Lit: Barth 1:1091; Neweklovsky (1964) 95

Schöppner 'Handwerker, der Joppen, Jacken herstellt' ❖ zu mhd. *schope, schoppe, jope, joppe* 'Jacke'
FN: Schöppner, Schöpner

Syn: Joppner

Lit: DudenFN 600; Grimm 15:1564; Schmeller 2:438 (Schoppe)

¹Schorer Schorrer 'Arbeiter in der Weberei, der vom Stoff Unebenheiten (Knötchen, Risse usw.) entfernt' ❖ zu mnd. *schoren* 'zerreißen, zerbrechen; Risse bekommen'
FN: Schorer, Schor, Schorrer, Schorr, Schorre
Syn: Nopper, Schorlaker, TUCHSCHERER

Lit: DudenFN 600; Gottschald 444; Grimm 15:1572; Linnartz 208; Palla (1994) 287; Pies (2005) 170; Reith (2008) 235; Schiller-Lübben 4:119; Volckmann (1921) 82

²Schorer ↗ Schorrer

Schörge ↗ Scherge

Schorlaker 'Handwerker, der das gewebte Tuch schert und appretiert' ❖ aus ↗ Schorer und *Laken*; mnd. *laken* 'Tuch (aus Wolle)', vgl. mnd. *schōrwulle* und mnd. *lakenscherer* 'Tuchscherer'
Syn: Nopper, Schorer, TUCHSCHERER

Lit: Linnartz 208; Volckmann (1921) 83, 89

SCHORNSTEINFEGER* Schorsteinfeger Das urspr. ostmitteldt. Wort ist seit dem 17. Jh. die am weitesten verbreitete Bezeichnung für diesen Beruf, den es als Handwerk gibt, seit die Reinigung der Kamine von der Obrigkeit überwacht wird (15. Jh.). Vorher erledigten die *Schieferdecker* diese Aufgabe. Wegen der großen Feuergefahr standen die *Schornsteinfeger* unter besonderer Kontrolle der Polizei. Die Bezeichnungen sind regional unterschiedlich, wobei *Kaminkehrer* (Westösterreich, Bayern), *Kaminfeger* (Schweiz, Südwest- und Mittelwestdeutschland), *Essenkehrer* (Ostmitteldeutschland), *Essenfeger* (Nordbayern, Ostmitteldeutschland) sowie *Rauchfangkehrer* (Ostösterreich) heute noch standardsprachlich sind. – Der *Schornstein* war urspr. der 'Stützstein für die Feuerstelle' und wurde später auf die ganze Feuerstelle und dann auf den Kamin übertragen. – Heute ist der *Schornsteinfeger* ein 'Dienstleister, der die Funktion von Heizungsanlagen sowie ihren Aus-

stoß an Schadstoffen überprüft [und den Ruß aus Schornsteinen fegt]' ❖ zu mhd. *schornstein, schorstein* 'Schornstein', zu mhd. *schorren* 'schroff emporragen', mnd. *schorstên* 'die ganze Vorrichtung im Haus, um Feuer zu machen und zu unterhalten'
W: *Feger*
Syn: Essenfeger, Essenkehrer, Feueressenkehrer, Feuermauerkehrer, Hellefeger, Hellekehrer, Kaminfeger, Kaminkehrer, Kemmetfeger, Kemmetkehrer, Kemmichfeger, Kemmichkehrer, Kenderfeger, Kenderkehrer, Rahmkehrer, Rauchfangkehrer, Schlotfeger, Schlotkehrer, Winkelfeger

Lit: Adelung 3:1634; Barth 1:890; DRW 12:1094; dtv-Atlas dt. Spr. 221 (Schornstein); Grimm 15:1581; Kretschmer 443; Krünitz 148:94; Pfeifer 1238; Pies (2005) 149; Reith (2008) 208; Schiller-Lübben 4:120; Volckmann (1921) 279; VWB 687

¹**Schorrer** Schorer 1. 'Arbeiter in der *Schorrenmühle* (Schlackenpochwerk), einer Eisenhütte, in der Schlacke recycelt wird, indem sie zu Sand zerkleinert wird und die Eisenreste herausgesiebt werden'. 2. 'Person, die die Straße oder den Hof reinigt' ❖ zu mhd. *schorn* 'scheren, kratzen, kehren, mit der Schaufel arbeiten', zu mhd. *scharren* 'scharren, kratzen'
FN: Schorer, Schor, Schoer, Schoor, Schorrer, Schorr, Schorre

Lit: DudenFN 600; Gottschald 444; Linnartz 208; Pohl (2005) (Schorrmühle)

²**Schorrer** ⌐ Scharrer, Schorer

Schorsteinfeger ⌐ SCHORNSTEINFEGER*

Schoß-Cassierer ⌐ Schosskassierer

Schoßdirn ⌐ Schossdirn

Schossdirn Geschossdirn, **Schoßdirn** 'Landarbeiterin für geringe Arbeiten'; bayr.-österr. ❖ ⌐ Schosser
W: Dirn
Syn: Schosserin

Lit: Grimm 5:3961; TirWb 2:550

Schosseinnehmer 'Beamter, der Steuern berechnet und einkassiert'; ⌐ Schosser
W: Einnehmer
Syn: STEUEREINNEHMER
Vgl: Salzzahleinnehmer

¹**Schosser** Schösser 1. 'Beamter, der die Steuern berechnet und eintreibt'; der *Schoss* ist urspr. eine Grundsteuer, später eine städtische Vermögens- oder Gewerbesteuer. 2. 'Beamter'; verallgemeinernde Bedeutung. 3. 'Flur-, Feldwächter, der unberechtigt weidendes Vieh beschlagnahmt'. 4. 'Landarbeiter auf der Alm, der für die Beseitigung des Mists und für Reinigung zuständig ist; Helfer des Melkers' ❖ 1.–3. *Schoss* 'Steuer'; zu *schießen*. Der *Schoss* ist daher 'das von den Bürgern für gemeinsame Ausgaben zusammengeschossene Geld', aus dem Niederdt. (auch von Luther verwendet); mitteldt. und oberdt. meist *Zins, Steuer*; mnd. *schot, schote* 'Schoß, direkte Steuer'; mhd. *schoʒʒer* 'Steuereinnehmer'; 4.: zu mhd. *schoʒʒen* 'keimen, sprießen, aufschießen', urspr. '(die Alm) von den aufkeimenden Bäumen und Sträuchern reinigen'
FN: Schosser, Schösser, Schößer
W: °Amtsschösser
Syn: FLURSCHÜTZ, Geschosser, Schossmann, STEUEREINNEHMER
Vgl: Schosserin

Lit: Adelung 3:1635 (Schösser); Barth 1:41 (Amtsschösser), 890; DRW 4:456; Gottschald 444; Grimm 5:3958; Grimm 15:1596 (Schoss), 1600; Krünitz 148:100; Linnartz 208; Pies (2005) 165

²**Schosser** ⌐ Geschosser

Schösser ⌐ Schosser

Schosserin Geschosserin, **Gschossnerin** 'Landarbeiterin [auf der Alm] für geringe Arbeiten, wie Kochen, Schweine- und Hühnerfüttern usw.; Gehilfin des Melkers oder der Melkerin' ❖ ⌐ Schosser
Syn: Schossdirn
Vgl: Schosser

Lit: Schmeller 2:479; TirWb 2:550

Schossfänger Schoßfenger 'Steuereinnehmer'; zu *Schoss* ↗ Schosser; ↗ *Fänger* i. S. v. 'Häscher, Gerichtsdiener'
W: Fänger
Syn: STEUEREINNEHMER

Schoßfenger ↗ Schossfänger

Schoßherr ↗ Schossherr

Schossherr Geschoßherr, Schoßherr 'Ratsherr, Gutsbeamter, der die Steuern oder Abgaben auf Grundstücke einhebt' ❖ mnd. *schothere* 'Schossherr, Schosseinnehmer'; mhd. *schoʒhërre* 'Quästor', ↗ Schosser
Syn: STEUEREINNEHMER
Lit: DRW 4:456; Grimm 15:1602; Schiller-Lübben 4:126

Schosskassierer Schoß-Cassierer 'Beamter, der Steuern berechnet und einkassiert'; ↗ Schosser
Syn: STEUEREINNEHMER

Schossmann Geschossmann, Gschoßmann 1. 'Beamter, der Steuern berechnet und einkassiert'. 2. 'Steuerpflichtiger'. 3. 'Landarbeiter, der als Gehilfe [des Melkers] oder für andere Hilfsarbeiten eingesetzt ist' ❖ mhd. *schoʒman* 'Akziseneinnehmer, Kassierer der Torsteuer', ↗ Schosser
FN: Schoßmann, Schossmann
W: Mann
Syn: Geschosser, Schosser, STEUEREINNEHMER
Lit: Grimm 15:1605

Schossmeister 1. 'Beamter oder Ratsmitglied, das für die Einhebung von [Vermögens]steuern zuständig ist'. 2. 'Beauftragter der Stadt, der für Waffen und Verteidigungsanlagen zuständig ist'. 3. 'Aufseher über die Fluren, bes. die Weingärten' ❖ ↗ Schosser
W: Meister
Syn: FLURSCHÜTZ, STEUEREINNEHMER
Lit: DRW 12:1110, 1111; Kuske (1904) 73

Schoster ↗ SCHUSTER

Schotte Schotten 1. 'Hausierer, Wanderhändler'. 2. 'Handwerker, der seine Arbeit [ohne Berechtigung und] ohne Zunftzugehörigkeit ausübt'; bes. Weißgerber ❖ mnd. *schotte* 'ein Schotte; herumziehender Krämer'; die Bezeichnung für schottische Händler wurde auf alle Wanderhändler verallgemeinert
FN: Schott, Schottel (kann auch zu *Schotte* 'Quark, Topfen' oder *Schott* 'Absperrung' gehören)
W: Kellerschotte
Syn: BÖNHASE, KRÄMER
Lit: Adelung 3:1638; Gottschald 445; Grimm 15:1610; Krünitz 148:114; Schiller-Lübben 4:126

Schotteldreier Schötteldreyer 'Drechsler, Hersteller von Holzschüsseln' ❖ zu mnd. *schottel, schotel* 'Schüssel'; mnd. *dreien* 'drehen'; mnd. *dreier* 'Dreher, Drechsler'
Syn: Schotteler, Schöttler, Schüsseldreher, Schüssler
Lit: Linnartz 208

Schötteldreyer ↗ Schotteldreier

Schotteler 'Drechsler, der Schüsseln und Tiegel herstellt' ❖ mnd. *schotteler* 'Schüssler'; mnd. *schottel, schotel, schuttel* 'Schüssel'
FN: Schottler, Schöttler, Schötteler, Schottel, Schöttel, Schettler, Schüttler
Syn: Schattilier, Schotteldreier, Schöttler, Schüsseldreher, Schüssler
Lit: DudenFN 600; Gottschald 449; Linnartz 208; Volckmann (1921) 171

Schotten ↗ Schotte

Schottilger ↗ Schattilier

Schottilier ↗ Schattilier

Schottiliger ↗ Schattilier

Schöttler 1. 'Handwerker, der Schüsseln und Tiegel herstellt; Drechsler, Schüssler'. 2. 'Molkenhändler'; schweiz. ❖ 1. mnd. *schotteler* 'Schüssler'; 2. zu mhd. *schotten* 'Molke, Quark, Topfen'
FN: Schöttler, Schöttner

Syn: Schotteldreier, Schotteler, Schüsseldreher, Schüssler

Lit: DudenFN 601; Gottschald; Idiotikon 8:1538; Linnartz 208

Schout ↗ Schaut

Schowerchte ↗ Schuhwerker

Schowerte ↗ Schuhwerker

Schrader 'Schneider' ❖ mhd. *schrâder*, Nebenform zu *schrôter*; mnd. *schrader, schroder* 'Schneider, Zuschneider'
FN: Schrader (vor allem im südlichen Niedersachsen, sonst kleinräumig verstreut), Schräder, Schraer
Syn: SCHNEIDER, Schröter

Lit: Barth 1:891; DudenFN 601; Gottschald 445; Grimm 15:1617; Linnartz 209; Palla (1994) 297; Pies (2005) 146; Schiller-Lübben 4:140; Volckmann (1921) 48, 50

Schräffer ↗ Schröpfer

Schragensäger Schragsäger 'Holzarbeiter, der mit der *Schragensäge* arbeitet'; d.i. eine händisch gezogene Säge zum senkrechten Zersägen von Baumstämmen zu Brettern; vor Einführung der Sägemühle, auch im Gelände verwendet; zu *Schragen* 'Gestell (mit kreuzweise angeordneten Pfählen oder Füßen)' ❖ zu mhd. *schrage* 'schräge oder kreuzweise eingefügte Pfähle'
W: Säger

Lit: Adelung 3:1639 (Schragen); Benvenuti (1996); Grimm 15:1620 (Schragen); Idiotikon 7:430

Schragsäger ↗ Schragensäger

Schrämer ↗ Schrämhauer

Schrämhauer Schrämer, Schrämhäuer, Schrammhauer 'Bergmann, der als Vorbereitung zur Erzgewinnung eine enge Vertiefung in die Gesteinsmasse (*Schram*) schlägt' ❖ zu *Schramme*, mhd. *schram* 'Felsspalt, Loch', vgl. mhd. *schram, schramme* 'Schramme, Schwertwunde'
W: HAUER

Vgl: Ganghauer

Lit: Adelung 3:1640; DRW 12:1127 (Schram); Schmeller 2:601 (Schram); Veith 428

Schrämhäuer ↗ Schrämhauer

Schrammhauer ↗ Schrämhauer

Schraner ↗ Schranner

Schrankenschreiber 'Beamter, der an Straßen- oder Zollschranken die Passanten kontrolliert, registriert und Gebühren einhebt' ❖ zu mhd. *schranke* 'Schranke, Gitter, Zaun'
W: *Schreiber*
Syn: TORSCHREIBER

Lit: DRW 12:1132

Schrannegast ↗ Schrannengast

Schrannengast Schrannegast 'Händler auf der Schranne, bes. Getreidehändler' ❖ ↗ Schrannenschreiber
W: Gast
Syn: KORNHÄNDLER*, Schranner

Lit: Barth 1:892; Grimm 4:1454; Volckmann (1921) 198

Schrannenknecht lat. *servus annonarius* 1. 'Bediensteter auf dem Markt'. 2. 'Vollzugsbeamter, Scherge des Pflegers oder Richters' ❖ ↗ Schrannenschreiber
W: KNECHT

Lit: Barth 1:892

Schrannenmeister 'Handwerker, der einen Stand auf der Schranne hat' ❖ ↗ Schrannenschreiber
W: *Meister*

Schrannenschreiber 1. ↗ 'Gerichtsschreiber'. 2. 'Richter' ❖ zu mhd. *schranne* 'Verkaufsstand bes. für Fleischer, Bäcker, Getreide; Schranken [bei Gericht]'. Die älteste Bedeutung von *Schranne* ist 'Bank', meist zu einem besonderen Zweck, z.B. für Richter und Rechtssprecher. Daraus verallgemeinert für das Gericht
W: *Schreiber*

Syn: Aktuar, Gerichtsschreiber, Nachgangsschreiber, Pflegschreiber, Stuhlschreiber

Lit: Barth 1:892; DRW 12:1139; Grimm 15:1642

Schrannensitzer 'Beisitzer bei Gericht'; zu *Schranne* in der Bedeutung 'Gerichtsschranke' ❖ mhd. *schrannesitzer* 'Gerichtsbeisitzer'
Syn: DINGWART

Schranner Schraner 'Verkäufer, Händler auf der Schranne (Lebensmittelmarkt)' ❖ ↗ Schrannenschreiber
FN: Schranner (denkbar ist aber auch ein Zusammenhang mit *Schrande* 'Schlucht' oder *Schranke* 'Schöffe bei Gericht')
Syn: Scharnemann, Scharner, Schrannengast

Lit: DudenFN 601; Gottschald 445; Linnartz 209; Schmeller 2:602

Schrapfer ↗ Schröpfer

Schreffer ↗ Schröpfer

Schreibekünstler ↗ Schreibkünstler

Schreibemeister ↗ Schreibmeister

***Schreiber* Schriber, Schriver, Schriyber, Scriffer, Scriver**; lat. *actuarius, grammateus, notarius, notarius publicus, scriba, scriptor* **1.** 'Person, die die Kunst des Schreibens ausübt'. **2.** 'Lehrer, der das Schreiben unterrichtet'. **3.** 'höherer Beamter in der Verwaltung'; bei Behörden, Firmen, Zünften, Notaren usw.; die Tätigkeit konnte auch als Selbstständiger ausgeführt werden. **4.** 'niedriger Beamter, Protokollant, Sekretär' ❖ mhd. *schrîbære, schrîber* 'Schreiber, Notar, Schreiblehrer, Schriftlehrer'
FN: Schreiber, Schreber, Schriber, Schrieber, Schrüber, Schriefer, Schriever, Schriewer, Schryver
W: Almosenschreiber, Ambachtsschreiber, Amtsschreiber, Bahnschreiber, Baumschreiber, Bauschreiber, Beischreiber, Bergschreiber, Bierschreiber, Billetschreiber, Bogenschreiber, Bornschreiber, Brückenschreiber, Chorschreiber, Consumtionsschreiber, Deichschreiber, Dingschreiber, Ehegerichtsschreiber, Einfüllschreiber, Fährschreiber, Feldgerichtsschreiber, Feldschreiber, Floßschreiber, Forstschreiber, Fruchtschreiber, Futterschreiber, Gantschreiber, Garnschreiber, *Gegenschreiber*, Geheimschreiber, Gemeinschreiber, Gerichtsschreiber, Geschirrschreiber, Glasschreiber, Grodschreiber, Grundschreiber, Guldenschreiber, Hafenschreiber, Hallschreiber, Hausschreiber, Hofschreiber, Holzschreiber, Hubschreiber, Hüttenschreiber, Jagdschreiber, Judenschreiber, Kalkschreiber, Kammerschreiber, Kanzelschreiber, °Kanzleischreiber, Kassaschreiber, Kastenschreiber, Kellerschreiber, Kelterschreiber, Kirchenschreiber, Kirchspielschreiber, Kistenschreiber, Klosterschreiber, Kommissschreiber, Konsistorialschreiber, Koogschreiber, Kornschreiber, Kranschreiber, °Kriegsratsschreiber, °Kriegsschreiber, Küchenschreiber, Ladenschreiber, Ladschreiber, Landschreiber, Lichtschreiber, Lizentschreiber, Lochschreiber, Lombardschreiber, Losungsschreiber, Malefizschreiber, Marktschreiber, Materialienschreiber, Mautschreiber, Mehlschreiber, Mühlenschreiber, Münzschreiber, Musterschreiber, Nachgangsschreiber, Nachtschreiber, Offenschreiber, Passschreiber, Pfennigschreiber, Pfieselschreiber, Pflegschreiber, Pfundschreiber, Pochschreiber, Postschreiber, Prahmschreiber, Proviantschreiber, Pupillenschreiber, Ratsschreiber, Rechenschreiber, Rentschreiber, Rezessschreiber, Rodelschreiber, Rügeschreiber, Salzschreiber, Schanzenschreiber, Schichtenschreiber, Schirrschreiber, Schlachtschreiber, Schlagschreiber, Schöppenschreiber, Schrankenschreiber, Schrannenschreiber, Schuldenschreiber, Schulschreiber, Seeschreiber, Sesselschreiber, Silberschreiber, Stadelschreiber, Stadtschreiber, Stallschreiber, Steinschreiber, Steuerschreiber, Stuhlschreiber, Tagschreiber, Tagwanschreiber, TORSCHREIBER, Totenschreiber, Urbarschreiber, Viehschreiber, Waageschreiber, Wachtschreiber, Waisenschreiber, Waldschreiber, Wechselschreiber, Weinschreiber, Wetteschreiber, Winkelschreiber, Ze-

hentgegenschreiber, Zehentschreiber, Zettelschreiber, Zeugschreiber, Zollschreiber
Syn: Kanzlist, Registrator, Skribent

Lit: Adelung 3:1652; Barth 1:893; Diefenbach 11, 520, 521; DRW 7:1571 (Kriegsschreiber); DRW 12:1161; DudenFN 601; Frühmittellat. RWb; Gottschald 446; Grimm 15:1698; Hornung (1989) 118; Idiotikon 9:1543 (Kriegsschreiber), 1552 (Kriegsratsschreiber); Krünitz 148:366; Linnartz 209; Pies (2002b) 12; Schmeller 2:595; Volckmann (1921) 254

Schreibereibeflissener Schreibereybeflissener 'Bürogehilfe, der einen Verwaltungsposten anstrebt'
W: Beflissener

Lit: Grimm 15:1700 (Schreiberei)

Schreibereiverwandter Schreibereyverwanther 'Person, die zum Schreibbüro, zur Kanzlei gehört' ❖ zu mhd. *schrîberîe* 'Schreib-, Amtsstube'; mhd. *verwant*, Partizip zu *verwenden*
W: *Verwandter*
Syn: Kanzleiverwandter

Lit: DRW 12:1169; Grimm 15:1700 (Schreiberei)

Schreibereybeflissener ↗ Schreibereibeflissener

Schreibereyverwanther ↗ Schreibereiverwandter

Schreibknecht 'Gehilfe in der Schreiberei, untergeordneter Büroangestellter';
↗ Schreiber
W: KNECHT

Lit: Grimm 15:1704; Idiotikon 3:730; Schmeller 1:1347

Schreibkünstler Schreibekünstler 'Schreiber, der auf Schönheit und Deutlichkeit der Schrift besonderen Wert legt'
W: *Künstler*
Syn: Kalligraph, Modist, Schönschreiber, Schreibmeister

Lit: Adelung 3:1651 (Schreibekunst); DRW 12:1176 (Schreibkunst); Grimm 15:1689; Meyers Lexikon 6:34

Schreibmeister Schreibemeister; lat. *calligraphus* 1. 'Lehrer für den Basisunterricht im Schreiben an den deutschen Schulen'; auch in der Form *Schreib- und Rechenmeister* 'Lehrer für die Grundfertigkeiten im Schreiben und Rechnen'. 2. 'Lehrer im Schönschreiben'. 3. 'Fachmann, Künstler im Schönschreiben' ❖ mhd. *schrîbmeister* 'Schreibmeister, Schriftgelehrter'
W: *Meister*
Syn: Kalligraph, Modist, Schönschreiber, Schreibkünstler

Lit: Adelung 3:1651; Grimm 15:1705; Idiotikon 4:529; Krünitz 148:

Schreier 1. 'Ausrufer, Herold'. 2. 'professioneller Redner'. 3. '(Gerichts)bote, Büttel; öffentlicher Ankläger' — später nur noch abwertend als Marktschreier oder Quacksalber ❖ mhd. *schrîære, schrîer* 'Ausrufer, Herold, Schreier'
FN: Schreier, Schreyer, Schreyger
W: Marktschreier

Lit: Barth 1:893; DRW 12:1188; DudenFN 601; Gottschald 446; Linnartz 209

SCHREINER Schriner Etwa seit dem 14. Jh. entwickelte sich aus dem Zimmermannshandwerk ein Handwerk für die feineren Möbel und Vertäfelungen. Die Bezeichnungen dafür wurden nach dem vorrangigen Produkt gewählt: *Kistler, Kistenmacher* (Kisten-, Truhenmacher), *Kästner* (Kasten-, Schrankmacher), *Kontormacher* (Zahltischmacher), *Panelenmacher* (Vertäfelungsmacher), *Ladener* (Schrank-, Kommodenmacher), *Schnittker* (Schnitzer [für Vertäfelungen]); *Schattilier* (Schatullen-, Feinmöbelmacher). Alle diese Bezeichnungen sind verschwunden, nur *Tischler* (Tischmacher) im Osten des Sprachgebiets und *Schreiner* (Schrein-, Truhenmacher) im Westen sind erhalten. Die Möbelbezeichnung *Schrein* ist im Gegensatz zur abgeleiteten Berufsbezeichnung verschwunden, sie ist nur noch ein gehobenes Wort für ein Behältnis für kostbare Dinge ❖ mhd. *schrînære, schrîner* 'Tischler', aus lat. *scrinium* 'rundes Behältnis'

FN: Schreiner, Schreinert, Schreindl, Schriener, Schrienert
Syn: TISCHLER

Lit: Adelung 3:1655; Barth 1:893; DRW 12:1193; DudenFN 602; Gottschald 446; Grimm 15:1725; Idiotikon 9:1625; Kretschmer 526; Krünitz 148:410; Linnartz 209; Pies (2005) 150; Pohl (2005) 150; Reith (2008) 211; Volckmann (1921) 174; Zedler 44:413

Schreinmacher Schrinmaker 'Schreiner, Tischler' ❖ mnd. *schrindemeker* 'Schreiner, Tischler'
FN: Schreinemacher (bes. im Rheinland), Schreinermacher, Schreinemachers, Schreinemaker
Syn: TISCHLER

Lit: Gottschald 446; Grimm 15:1729; Linnartz 209; Schiller-Lübben 4:138

Schrepfer ↗ Schröpfer

Schrepffer ↗ Schröpfer

Schriber ↗ Schreiber

Schrifftgüsser ↗ Schriftgießer

Schriftenschätzer ↗ Schriftschätzer

Schriftgießer Schrifftgüsser 'Handwerker oder Künstler, der die metallenen Buchstaben für den Buchdruck herstellt'; nach der Erfindung des Buchdrucks wurden alle Arbeitsgänge vom Drucker selbst erledigt. Bald setzte wegen des Ansteigens der Aufträge eine Spezialisierung ein, wodurch – nicht zuletzt wegen der hohen Kosten bei der Herstellung einer neuen Schrift – das Gewerbe des *Schriftgießers* entstand, der Drucktypen für mehrere Drucker erstellte
W: *Gießer*

Lit: Adelung 3:1657; Barth 1:894; DRW 12:1211; Grimm 15:1744; Krünitz 148:520; Palla (2010) 191; Pies (2002b); Pies (2005) 41; Reith (2008) 46; Volckmann (1921); Zedler 35:1199

Schriftmaler 'Grafiker, der die Prototypen für Schriftformen entwirft'; nach dem Aufkommen des Buchdrucks und der Schriftgießerei aus den Schönschreibern hervorgegangen
W: *Maler*

Lit: Palla (1994) 288; Pies (2002d) 24

Schriftschätzer Schriftenschätzer 'Begutachter, Zensor eines zum Druck eingereichten Werkes'
W: Schätzer

Lit: DRW 12:1215; Grimm 15:1747; Idiotikon 8:1692

Schriftschneider 'Graveur, der die von den Schriftmalern entworfenen Zeichen aus Metall herausarbeitet und zu Stempeln formt'; durch Spezialisierung aus dem Druckergewerbe hervorgegangen; für 'Facharbeiter in der Industrie, der mit einer Graviermaschine arbeitet' noch heute eine Berufsbezeichnung
W: *SCHNEIDER*
Syn: FORMSCHNEIDER

Lit: Barth 1:894; DudenGWDS 3441; Grimm 15:1747; Krünitz 148:534; Palla (2010) 192; Pies (2002b) 24

Schriftsetzer lat. *typographus*, *typotheta* 'Handwerker, der aus beweglichen Lettern und Bildstöcken Druckformen zusammensetzt'; der Setzer arbeitete zunächst als *Handsetzer* mit dem Setzkasten (einem Kasten mit den nach einem bestimmten Prinzip angeordneten Bleilettern) und dem Winkelhaken; im späten 19. Jh. wurde er vom *Maschinensetzer,* der an Setzmaschinen (Linotype und Monotype) arbeitete, abgelöst. Mit der elektronischen Texterfassung starb das Handwerk gegen Ende des 20. Jh. endgültig aus (abgesehen von künstlerischen und musealen Zwecken). Nachfolger des Schriftsetzers ist der *Mediengestalter für Digital- und Printmedien*
W: Setzer

Lit: Barth 1:895; Grimm 15:1747; Krünitz 148:534; Pies (2002b) 35; Zedler 37:618

Schriftstecher 'Graveur, Schriftschneider, der die Schrift mit Sticheln herausarbeitet'
W: Stecher

Syn: FORMSCHNEIDER

Lit: Barth 1:894; Grimm 15:1748; Palla (2010) 88; Pies (2002b) 24

Schriner ↗ SCHREINER

Schrinmaker ↗ Schreinmacher

Schriver ↗ *Schreiber*

Schriyber ↗ *Schreiber*

Schrobber Schrober 'Arbeiter, der die Wolle durch Streichen mit einem *Schrobel* für die Tuchherstellung vorbereitet'; ↗ Schrobelmacher; die Tätigkeit heißt *schrobeln* ❖ zu mnd. *schrobben* 'reiben, kratzen', aus dem Niederländischen; verwandt mit *schrubben* 'mit einer Bürste kräftig reiben'
Syn: Wollbereiter
Vgl: Schrobelmacher

Lit: Grimm 15:1760; Krünitz 148:588; Linnartz 209; Pfeifer 1245; Reith (2008) 251

Schrobelmacher 'Handwerker, der die *Schrobel*, ein Werkzeug für die Wollvorbereitung, herstellt'; die *Schrobel* ist eine Art Kartätsche, ein Brett mit eisernen Haken. Je nach Dichte der Haken wurde Wolle feiner oder gröber gestrichen.
Vgl: Schrobber

Lit: Krünitz 148:588 (Schrobel)

Schrober ↗ Schrobber

Schroder ↗ Schröter

Schröder ↗ Schröter

Schroll Schrolle 'Hilfsarbeiter im Gewerbe, bes. in der Brauerei'; übertragen von *Scholle, Schrolle* i. S. v. 'Klumpen, grob gebrochenes Stück', dann 'grober Mensch' ❖ mhd. *scholle* 'Klumpen, Scholle'

Lit: Grimm 15:1766; Höfer 3:115

Schrolle ↗ Schroll

Schröpfer Schräffer, Schrapfer, Schreffer, Schrepfer, Schrepffer 'Bader oder Wundarzt, der [in Bädern] durch Schröpfen Blut abzapft, zur Ader lässt' ❖ mhd. *schreffer* 'Schröpfer', zu mhd. *schrëffen, schrëven* 'reißen, ritzen, kratzen'
FN: Schröpfer, Schröpfler, Schröffer, Schröper, Schröpf, Schröffel, Schröppel, Schräpfer

Lit: Barth 1:895; DRW 12:1221 (Schröpferlohn); DudenFN 604; Grimm 15:1771; Linnartz 210; Volckmann (1921) 65

Schroter ↗ Schröter

Schröter Schroder, Schröder, Schroter, Schrotter, Schrötter, Scroder 1. 'Handwerker, der etwas zerschneidet, abschneidet'; z.B. der in der Münzprägung die runden Münzplättchen aus dem Metallrand, bei den Messerschmieden die Knochen oder das Elfenbein zu Heften schneidet; Böttcher, der die Fassbretter zerschneidet; Tuchhändler, der das Tuch zum Verkauf abschneidet. 2. 'Arbeiter, der die Bier- und Weinfässer in die Keller oder aus den Kellern rollt'; bes. süddt., 15. Jh. 3. 'Schneider'; niederdt. ❖ mhd. *schrôtære, schrôter, schrâder* 'Schneider; Goldpräger; der Wein- und Bierfässer auf- und ablädt'; zu mhd. *schrôten, schrâden* 'hauen, schneiden, abschneiden; Stoffe zuschneiden; rollen, wälzen, Fässer auf- und abladen'; mnd. *schroder, schrader* 'Schneider', *schrôt* 'abgeschnittenes Stück'. – Aus der Grundbedeutung 'abgeschnittenes Stück' bzw. 'abtrennen, abschneiden' entstanden unterschiedliche Bedeutungen von *Schrot*, wie 'grob gemahlenes Getreide', 'Bleikugeln' usw., aber auch für die Berufsbezeichnung *Schröter*.
FN: Schröder, Schroter, Schröter, Schröther, Schrödel, Schroedel, Schrötel, Schrotter, Schrötter, Schröteler, Schroer, Schröer, Schroers, Schreurs
W: Bierschröter, °Messingschröder, Münzschröter, Schalenschröter, Weinschröter, Zuschroter
Syn: Fasszieher, Leiterer, SCHNEIDER, Schrader, Weinverlasser, Weinzieher, Zuckwerker

Lit: Adelung 3:1663; Barth 1:895; DRW 12:1230; DudenFN 603; Gottschald 447; Grimm 15:1790 (Schröter); Kluge 827; Krünitz 148:606 (Schröter); Kunze 107; Linnartz 209; Palla (1994) 297; Paul 768; Reith (2008) 241; Schiller-Lübben 4:140; Schmeller 2:614; Volckmann (1921) 50

Schrotmüller Schrottmüller 'Müller, der eine Schrotmühle betreibt'; d.i. eine Mühle, in der Getreide, Mais usw. nicht gemahlen, sondern für Viehfutter geschrotet (zerbrochen) wird ❖ zu mhd. *schrôten, schrôden* 'hauen, zerhauen, zerteilen'; vgl. *Schröter*
FN: Schrotmüller, Schrottmüller (die Namen zu *Schröter* können vereinzelt auch auf den *Schrotmüller* zurückgehen)
W: *Müller*
Syn: Braumüller, Malzbrecher, Malzmahler, Malzmüller

Lit: Barth 1:895; Gottschald 446, 447; Grimm 15:1795 (Schrotmühle); Krünitz 95:7 (Schrotmühle); Linnartz 210; Meyers Lexikon 6:49

Schrotter ↗ Schröter

Schrötter ↗ Schröter

Schrottmüller ↗ Schrotmüller

Schublätzer ↗ Schuhbletzer

Schubletzer ↗ Schuhbletzer

Schuchart ↗ Schuhwerker

Schucher ↗ Schuhwerker

Schuchert ↗ Schuhwerker

Schuchmecher ↗ Schuhmacher

Schuchmeister ↗ Schuhmeister

Schuchter 'Schuhmacher'; zusammengezogen aus *Schuh* und *Suter* ❖ mhd. *schuochsûtære, schuochsûter* 'Schuhnäher, Schuster'
FN: Schuchter, Schuechter, Schüchter, Schüchtner, Schucker, Schüchzger
Syn: Schuhmacher, SCHUSTER

Lit: Gottschald 447; Kunze 125; Linnartz 211; Schmeller 2:393

Schuchwerte ↗ Schuhwerker

Schuchwirte ↗ Schuhwerker

Schuchworte ↗ Schuhwerker

Schuchwürk ↗ Schuhwerker

Schuchwurte ↗ Schuhwerker

Schueflicker ↗ Schuhflicker

Schuehbüezer ↗ Schuhbüßer

Schueknecht ↗ Schuhknecht

Schuelhalter ↗ Schulhalter

Schuemacher ↗ Schuhmacher

Schuepesser ↗ Schupposser

Schueplisser ↗ Schupposser

Schuester ↗ SCHUSTER

Schuffenbrauer ↗ Schoppenbrauer

Schuffenbräuer ↗ Schoppenbrauer

Schüfter ↗ Schifter

Schuhblätzer ↗ Schuhbletzer

Schuhbletzer Schublätzer, Schubletzer, Schuhblätzer, Schuhplätzer 'Flickschuster' ❖ mhd. *schuochbletzer* 'Schuhflicker'
W: Bletzer
Syn: FLICKSCHUSTER

Lit: Barth 1:896; DRW 12:1256; Grimm 15:1854, 1863

Schuhbüezer ↗ Schuhbüßer

Schuhbüßer Schuehbüezer, Schuhbüezer 'Flickschuster' ❖ mhd. *schuochbüeʒer* 'Schuhflicker'
FN: Schuhbisser, Schuhbißer, Schuppiser, Schuppisser, Schuhbiesser, Schuhbießer, Schubisser, Schupisser

W: Büßer
Syn: FLICKSCHUSTER

Lit: Bahlow (1967) 461; Barth 1:896; Gottschald 447; Grimm 15:1855; Idiotikon 4:2034

Schuhflicker Schueflicker 'Schuhmacher, der nur Schuhe repariert oder aus altem Leder neue Schuhe macht'
W: *Flicker*
Syn: FLICKSCHUSTER
Vgl: Flickschneider

Lit: Adelung 3:1672; Barth 1:896; DRW 12:1257; Grimm 15:1857; Krünitz 148:750; Reith (2008) 217

Schuhknecht Schoenknecht, Schohknecht, Schoknecht, Schueknecht, Schuoknecht 'Schustergeselle, -gehilfe' ❖ mhd. *schuochknëht* 'Schustergeselle'; mnd. *schoknecht* 'Schustergeselle'
W: KNECHT

Lit: Adelung 3:1672; Barth 1:896; DRW 12:1260; Krünitz 148:751; Schiller-Lübben 4:111

Schuhlapper Schohlepper, Scholapper, Scholepper, Schoolapper, Schulapper, Schulepper, Schuwelepper 'Flickschuster' ❖ mhd. *schuochlepper* 'Schuhflicker'; mnd. *scholapper* 'Schuhflicker'; mnd. *lapper* 'Flicker'
W: Lapper
Syn: FLICKSCHUSTER

Lit: Barth 1:896; DRW 12:1261; Schiller-Lübben 4:111; Volckmann (1921) 62

Schuhmacher Schomaker, Schuchmecher, Schuemacher, Schumacher, Schuwemechter; lat. *calcearius, calceator, calciarius, calcifex, pictaciarius* Das heute übliche standardsprachliche Wort war urspr. norddeutsch; es verdrängte die mitteldeutschen Bezeichnungen *Schuhwirker* und *Schuhmann* und war schon seit dem 18. Jh. mit höherem gesellschaftlichen Ansehen verbunden als *Schuster*. Bis ins 14. Jh. erzeugten die Schuhmacher auch das Leder, dann waren sie nur für die Verarbeitung zuständig und die Ledererzeugung ging auf die Gerber über ❖ mhd. *schuochmacher, schuochme-cher*, mnd. *schomaker, schomeker* 'Schuhmacher'
FN: Schuhmacher, Schumacher, Schumach, Schomaker, Schomacker, Schoemaker, Schomaeker, Schomäker, Schomecker, Schoenmaeker, Schonmaker, Schaumäker
W: Eckenschuhmacher
Syn: Schuchter, SCHUSTER

Lit: Adelung 3:1673; Barth 1:896; Diefenbach 89, 433; DRW 12:1261; DudenFN 597, 605, 606; Gottschald 447; Grimm 15:1860; Idiotikon 4:53; Krünitz 148:751; Linnartz 210; Pies (2005) 154; Reith (2008) 217 (u. a.); Schiller-Lübben 4:113; Volckmann (1921) 57; Zedler 35:

Schuhmann 'Schuhmacher'; im Neuhochdt. als Berufsbezeichnung bereits verschwunden, aber als Familienname noch in vielen Formen erhalten ❖ mhd. *schuochman* 'Schuster'
FN: Schömann, Schomann, Schumann, Schuhmann, Schümann, Schuchmann, Schumm, Schuckmann, Schoemann
Syn: SCHUSTER

Lit: Barth 1:896; DRW 12:1269; DudenFN 597, 605, 606; Gottschald 448; Grimm 15:1862; Linnartz 207, 211; Volckmann (1921) 57

Schuhmeister Schomester, Schuchmeister 'Schuhmachermeister' ❖ mhd. *schuochmeister* 'Schuster'; mnd. *schomester* 'Schuster, Schuhmachermeister'
W: *Meister*
Syn: SCHUSTER

Lit: Barth 1:896; DRW 12:1269; Grimm 15:1862; Schiller-Lübben 4:113

Schuhplätzer ↗ Schuhbletzer

Schuhwerker Schowerchte, Schowerte, Schuchart, Schucher, Schuchert, Schuchwerte, Schuchwirte, Schuchworte, Schuchwürk, Schuchwurte, Schuhwirker, Schuhwürchte, Schuwarte, Scowerte 'Schuhmacher'; als Bezeichnung vor allem in verschiedenen Namensformen erhalten, als Handwerksbezeichnung durch *Schuster* (vom Süden) und *Schuhmacher* (vom Norden) verdrängt ❖ mhd. *schuochwürhter*,

schuochworhter 'Schuhmacher'; mnd. *schowercht, schowert, schowart* 'Schuhmacher'
FN: Schuhwirt, Schubert, Schubart, Schuhboth, Schubot, Schubath, Schubat, Schuchard, Schuchardt, Schuchert, Schuckert, Schuhardt, Schuhbäck, Schuffert, Schuff, Schurig, Schuricht, Schowert
W: *Werker*
Syn: SCHUSTER

Lit: Barth 1:896; DRW 12:1272; DudenFN 607; Gottschald 447; Kunze 125; Linnartz 210; Schiller-Lübben 4:130; Schmeller 2:393

Schuhwirker ↗ Schuhwerker

Schuhwürchte ↗ Schuhwerker

Schuitenmaker ↗ Schutenmacher

Schuladjunkt ↗ Adjunkt

Schuladstant ↗ Adstant

Schulapper ↗ Schuhlapper

Schulbedienter 1. 'Lehrer im Schuldienst'; verbunden mit dem Dienst als Schulwart oder Küster. 2. 'Bediensteter in der Synagoge'
W: *Bedienter*
Syn: Schuldiener

Lit: Barth 1:897; DRW 12:1276; Grimm 15:1867

Schulcollega ↗ Kollega

Schuldbote ↗ Schuldenbote

Schuldeche ↗ Deche

Schuldenbot ↗ Schuldenbote

Schuldenbote **Schuldbote, Schuldenbot, Schuldenbott** 'Gerichtsvollzieher, Exekutor, Schuldeintreiber'; in der Schweiz
W: BOTE*
Syn: EXEKUTOR

Lit: Barth 1:897; DRW 12:1296; Grimm 15:1849, 1897; Idiotikon 4:1889

Schuldenbott ↗ Schuldenbote

Schuldenprokurator 'Bevollmächtigter zur Eintreibung von Schulden'; in der Schweiz
W: *Prokurator*
Syn: EXEKUTOR

Lit: Gesetze Bern (1805) 239; Idiotikon 5:567

Schuldenschreiber 'Beamter, der die Eintreibung einer Schuld veranlasst'
W: *Schreiber*
Syn: EXEKUTOR

Lit: Grimm 15:1898; Idiotikon 9:1553

Schuldenvogt ↗ Schuldvogt

Schuldhaiß ↗ *Schultheiß*

Schuldheiß ↗ *Schultheiß*

Schuldiener 1. 'Lehrer an einer Elementar- oder Lateinschule, bes. einer kleineren Schule auf dem Land'. 2. 'Bediensteter, Hausmeister einer Schule'
W: *Diener*
Syn: LEHRER*, Schulbedienter

Lit: Barth 1:897; DRW 12:1322; Grimm 15:1901; Krünitz 149:32

Schuldvogt **Schuldenvogt** 'Beamter, der Schulden einzutreiben hat'
W: *Vogt*
Syn: EXEKUTOR

Lit: DRW 12:1371; Grimm 15:1927

Schulepper ↗ Schuhlapper

Schulgehilfe **Schulgehülfe** 'Hilfslehrer, nicht fest angestellter Lehrer'
Syn: Adstant, Behelfer, Provisor, Schulgeselle

Lit: Barth 1:898; DRW 12:1388; Grimm 10:1330

Schulgehülfe ↗ Schulgehilfe

Schulgesell ↗ Schulgeselle

Schulgeselle **Schulgesell** 1. 'Hilfslehrer'. 2. 'Lehrer an Lateinschulen'; im Ggs. zum

Rektor oder *Schulmeister* ❖ mhd. *schuolgeselle* 'Mitschüler'; mnd. *scholegeselle* '(Hilfs)lehrer'
W: *Geselle*
Syn: Adstant, Behelfer, LEHRER*, Provisor, Schulgehilfe

Lit: Adelung 3:1680; Grimm 15:1950; Krünitz 149:475

Schulhalter Schuelhalter 1. 'Betreiber einer (ländlichen) Elementarschule'. **2.** 'Lehrer an einer Landschule (Trivialschule)'
W: Halter, °Mädchenschulhalter, °Mägdleinschulhalter
Syn: LEHRER*, Präzeptor, Schulmeister

Lit: Barth 1:898; DRW 12:1390; Grimm 15:1951; Krünitz 149:475

Schulherr 1. 'Stifter, Erhalter einer Schule'. **2.** 'Mitglied der Schulaufsicht'. **3.** 'Schulleiter, Rektor'. **4.** 'Lehrer an einer höheren Schule' ❖ mhd. *schuolhërre* 'Lehrer, Professor'
W: *Herr*
Syn: LEHRER*, Scholarch, Schulvorsteher

Lit: Adelung 3:1680; Barth 1:898; DRW 12:1392; Grimm 15:1952; Idiotikon 2:1543; Krünitz 149:476; Linnartz 211

Schullenköper 'Fisch-, Schollenhändler'; niederdt. ❖ zu mnd. *schulle, scholle* 'Plattfisch'; *kopere* 'Käufer'
W: *Koper*

Lit: Schiller-Lübben 2:528; Schiller-Lübben 4:148

Schulmeister Scholemester, Schollmester, Scholmester; lat. *rector scholarum, scholasticus* **1.** 'Lehrer an einer Landschule (Trivialschule)'; auch ↗ Dorfschulmeister. **2.** 'Lehrer an einer höheren öffentlichen Schule, z.B. Domschule, Lateinschule'; auch ↗ Scholaster. **3.** 'Schulleiter einer Volksschule'; konnte auch Besitzer der Schule sein — schon im 18. Jh. veraltet oder abwertend ❖ mhd. *schuolmeister, schuolemeister* 'Schulmeister, Schuldirektor'; mnd. *scholemester* 'Schulmeister'
W: Dorfschulmeister, Judenschulmeister, °Landschulmeister, *Meister*

Syn: Bubenmeister, Guldenschreiber, Informator, Kinderlehrer, Kindermeister, LEHRER*, Magister, Schulhalter

Lit: Adelung 3:1680; Barth 1:898; Diefenbach 488, 519; DRW 12:1403; Frühmittellat. RWb; Grimm 15:1958; Hartmann (1998) 245; Idiotikon 4:527; Krünitz 149:526; Linnartz 211; Schiller-Lübben 4:111; Schmeller 1:1261; Schmeller 2:404

Schulpfleger 1. 'Verwalter der Schule'. **2.** 'Mitglied der Schulbehörde, Schulinspektor' — schweiz.
W: PFLEGER

Lit: Barth 1:899; DRW 12:1410; Grimm 15:1964 (Schulpflege); Idiotikon 5:1236

Schulprovisor ↗ Provisor

Schulschließer ↗ Schließer

Schulschreiber 1. '[Volksschul]lehrer'. **2.** 'Lehrer der scholastischen Philosophie'
W: *Schreiber*
Syn: LEHRER*, Scholaster

Lit: Barth 1:899; DRW 12:1413; Grimm 15:1969

Schulte ↗ *Schulze*

Schultheiß Schuldhaiß, Schuldheiß; lat. *scultetus* **1.** 'ein vom Grafen eingesetzter Beamter und Richter, der die Verpflichtungen der Gemeindemitglieder gegenüber der Obrigkeit (Landesherrn) wahrzunehmen hat'. **2.** 'Gemeindevorsteher, Bürgermeister, gewählter Gemeindevertreter'. **3.** 'Amtsschreiber, Verwaltungsbeamter'. **4.** 'Richter beim Militär'; in der Schweiz — Die urspr. Bedeutung 'Beamter, Richter' wurde später auf die gewählten Gemeindevertreter übertragen; kommt im veralteten Sprachgebrauch noch heute in Norddeutschland vor; in der Schweiz (Kanton Luzern) für 'Präsident der Kantonsregierung' ❖ mhd. *schultheiʒe* 'wer Verpflichtungen (Schuld) befiehlt', mhd. *schulde, schult* 'Schuld, Verpflichtung', mhd. *heiʒen* 'befehlen, auffordern'
FN: Scholte, Scholten, Scholtes, Schuldheiß, Schult, Schulte, Schulten, Schultes, Schultge, Schultheis, Schultheiß, Schultheiss, Schülting, Schultis, Schults

W: Dorfschultheiß, Feldschultheiß, Gerichtsschultheiß, Hubschultheiß, Kriegsschultheiß, Regimentsschultheiß, Stadtschultheiß
Syn: Grebe, Hauptmann, Heimbürge, Schaut, *Schulze*, *Vogt*
Lit: Adelung 3:1675; Barth 1:42, 899; Diefenbach 521; DRW 12:1416; DudenFN 596, 605; Frühmittellat. RWb; Gottschald 448; Grimm 15:1982; Idiotikon 2:1683; Krünitz 149:29; Linnartz 207, 211; Meyer (2006) 232; Palla (1994) 297; Pies (2001) 23; Pies (2005) 152; Schmeller 2:403, 417

Schultze ↗ *Schulze*

Schulvogt 'Verwalter der Schulfinanzen'; schweiz.
W: *Vogt*
Lit: DRW 12:1442; Idiotikon 1:708

Schulvorsteher 1. 'Schulleiter'. 2. 'Mitglied der Schulaufsicht und -verwaltung'
Syn: Schulherr
Lit: Barth 1:900; DRW 12:1441; Grimm 15:1990

Schulz ↗ *Schulze*

Schulze Scholcze, Scholz, Scholze, Schulte, Schultze, Schulz; lat. *scultetus* 'Gemeindevorsteher, Schultheiß'; urspr. ein vom Grafen eingesetzter Beamter und Richter, später auf den gewählten Gemeindevertreter übertragen; veraltet heute noch in Norddeutschland. *Scholze* ist die ostmitteldeutsche Form ❖ mhd. *schultz*, gekürzt aus *schultheize* 'wer Verpflichtungen (Schuld) befiehlt'
FN: Schulz, Schulze, Schultze, Scholz, Scholze, Scholzen, Scholtze, Schölzgen, Schölzke
W: Bauschulze, Berittschulze, Deichschulze, Dorfschulze, °Erbschulze, Fischerschulze, Freischulze, Gerichtsschulze, Halbschulze, Kolonieschulze, °Landesschulze, Lehenschulze, Reihenschulze, Setzschulze, Wasserschulze
Syn: Schaut, *Schultheiß*, Stabhalter, Starost
Lit: Adelung 3:1682; Barth 1:9000; Diefenbach 521; DRW 12:1442; DudenFN 596, 605; Frühmittellat. RWb; Gottschald 448; Grimm 12:542 (Erbschulze); Grimm 15:1992; Krünitz 9:411 (Dorfobrigkeit); Krünitz 11:169 (Erbschulze); Krünitz 149:29; Linnartz 207, 211; Paul 771; Pies (2005) 152; Schmeller 2:417

Schumacher ↗ Schuhmacher

Schümann ↗ Schiemann

Schundfeger 'Person, die (nachts) die Abtritte reinigt und den Unrat entfernt'
W: *Feger*
Syn: ABTRITTRÄUMER
Lit: Grimm 15:2003; Höfer 2:279; Krünitz 149:587

Schundkönig 'Person, die (nachts) die Abtritte reinigt und den Unrat entfernt'
W: *König*
Syn: ABTRITTRÄUMER
Lit: Grimm 15:2003; Höfer 2:279; Krünitz 149:587

Schuoknecht ↗ Schuhknecht

Schuopasser ↗ Schupposser

Schuopisser ↗ Schupposser

Schuoposer ↗ Schupposser

Schupposer ↗ Schupposser

Schupposser Schuepesser, Schueplisser, Schuopasser, Schuopisser, Schuoposer, Schupposer 'Inhaber einer *Schuposs* oder *Schuppose*'; d.i. ein kleineres Bauerngut, auch ein bestimmtes Maß für Bodenfläche (ca. 1/3 Hube) ❖ mhd. *schuopoʒer* 'Inhaber einer schuopoʒe'; mhd. *schuopoʒe* 'ein kleineres Grundstück, der dritte oder vierte Teil einer Hube', weitere Herkunft ungeklärt
Syn: KLEINBAUER*
Lit: DRW 12:1450; Gottschald; Grimm 15:2029; Idiotikon 8:1031, 1043; Linnartz 210

Schürer Schierer, Schirer 1. 'Person, die das Feuer, die Asche schürt; Heizer'. 2. 'Facharbeiter in der Glasfabrik, der für das Feuer und die Glut sorgt und die Glut vom Schutt reinigt; Schmelzer'. 3. 'Salinenarbeiter, der die Sudkessel im Pfannhaus der Saline beheizt'; er gehörte zu den ↗ Ordnern ❖ zu

mhd. *schürn* 'einen Anstoß geben; entzünden, das Feuer unterhalten, schüren', wörtlich 'durch Rütteln entfachen'
FN: Schürer, Schurer, Schierer
W: Glasschürer
Vgl: Schürger, Schüringer

Lit: DudenFN 607; Gottschald 449; Grimm 15:2038 (Schürer); Krünitz 149:595 (Schürer); Linnartz 212; OÖ. Hbl 1967, H. 1:27; Patocka (1987) 209; Paul 771; Pfeifer 1249; Schraml (1934) 162; Treffer (1981) 113; Zedler 35:1355

Schürfer 1. 'Bergmann, der nach Gängen und Flözen gräbt'. 2. 'Person, die Tierkadaver beseitigt, häutet und verscharrt; Abdecker'. 3. 'Gehilfe, der die Folter durchführt' ❖ zu mhd. *schürfen, schürpfen* 'aufritzen, aufschneiden'
Syn: SCHINDER

Lit: Adelung 3:1685; Grimm 15:2043; Heilfurth (1981) 27; Veith 432

Schürger 1. 'Arbeiter, der bei einer Tätigkeit etwas anschiebt, z.B. einen Hobel, einen Karren'. 2. 'in der Saline Gehilfe, der schiebt, wenn der Pfannmeister (Pehrer) das Salz in die Kufen schlägt' ❖ zu mhd. *schürgen, schurgen* 'schieben, stoßen, treiben'
FN: Schürger, Schurger, Schurgers, Schürg, Schürk
Vgl: Schürer

Lit: Grimm 15:2046; Linnartz 212; Schmeller 1:258; Schmeller 2:467

Schürgeselle ↗ Schürknecht

Schüringer Schiringer 1. 'Salinenarbeiter, der im Pfannhaus verschiedene Dienste versieht, z.B. die Pfanne zurichten und das gefüllte Fuder umleeren'. 2. ↗ 'Schürer in der Glashütte' ❖ Ableitung von *Schürer*; *Schiringer* ist eine entrundete Variante
Vgl: Schürer

Lit: Patocka (1987) 216, 219; Treffer (1981) 114

Schürknecht Schürgeselle 'im Hüttenwesen Hilfskraft des ↗ Schürers'
W: KNECHT

Lit: Adelung 3:1685; Grimm 15:2051; Krünitz 149:604

Schürpfer 1. 'Abdecker'. 2. 'Henker' — schweiz. ❖ mhd. *schürpfer* 'Schinder, Marterknecht', zu mhd. *schürpfen, schürfen* 'aufschneiden, ausweiden'
Syn: SCHARFRICHTER, SCHINDER

Lit: Idiotikon 8:1250

Schüsseldreher 'Drechsler, der hölzerne Schüsseln, Teller u.Ä. herstellt'
W: *Dreher*
Syn: Schotteldreier, Schotteler, Schöttler, Schüssler

Schusseler ↗ Schüssler

Schüsseler ↗ Schüssler

Schüsser ↗ Schießer

Schussler ↗ Schüssler

Schüßler ↗ Schüssler

¹Schüssler Schüßler, Schusseler, Schüsseler, Schussler; lat. *scutellifex* 'Drechsler, der hölzerne Schüsseln, Tiegel u.Ä. herstellt' ❖ mhd. *schüʒʒeler* 'Schüssler, Drechsler'
FN: Schüssler, Schüssel, Schüsseler, Schüßler, Schüßeler, Schießler, Schößler
Syn: Schotteldreier, Schotteler, Schöttler, Schüsseldreher

Lit: DudenFN 607; Gottschald 449; Grimm 15:2074; Linnartz 212; SteirWb 560

²Schüssler ↗ Schüssler

SCHUSTER Schooster, Schoster, Schuester; lat. *caligator, sutor* 'Schuhmacher'; heute meist als leicht abwertend empfunden. *Ungarischer Schuster* ↗ Zischmenmacher ❖ mhd. *schuoster, schuochsûter* 'Schuhnäher, Schuster'; mnd. *schôster* 'Schuster'
FN: Schuster, Schusther, Schüsterl, Schiesterl, Schiestl, Schoster, Scheuzger
W: Bauernschuster, FLICKSCHUSTER, Freischuster, Gäuschuster, Rindschuster, °Schusterknecht, Störschuster, Wasserstiefelschuster
Syn: Brettmeister, Eckenschuhmacher,

Kämmerling, Kolzer, Korduaner, Korduanmacher, Pareskenmacher, Rindsuter, Sandler, Sauter, Schuchter, Schuhmacher, Schuhmann, Schuhmeister, Schuhwerker, Suter, Zischmenmacher

Lit: Adelung 3:1691; Barth 1:901; Diefenbach 570; DRW 12:1467; Frühmittellat. RWb; Grimm 15:2077; Krünitz 149:664; Kunze 125; Linnartz 211; Pies (2005) 154; Reith (2008) 217; Schiller-Lübben 4:122; Volckmann (1921) 57

Schusterknecht ↗ SCHUSTER

Schutenbaas 'Inhaber einer Schute'; ↗ Schutenführer
W: Baas
Lit: Altstaedt (2011) 12

Schutenführer 'Schiffsführer, der eine Schute oder einen Prahm führt'; eine *Schute* ist ein Kahn unerschiedlicher Bauart, z.B. ein kleines Schiff ohne Segel zum Überqueren der Flüsse oder ein größeres Schiff für die Flussschifffahrt. Heute noch als 'Wasserfahrzeug ohne Eigenantrieb zum Transport von Schüttgut' verwendet ❖ mnd. *schutenmeker* 'der Schuten baut', zu mnd. *schute, schutte* 'kleines Schiff, Boot'
W: *Führer*
Syn: Schutenschiffer
Lit: Adelung 3:1692 (Schüte); DRW 12:1474; DudenGWDS; Grimm 15:2103 (Schute); Krünitz 149:667 (Schut); Schiller-Lübben 4:154

Schutenmacher Schuitenmaker, Schütenmacher, Schutenmaker 'Schiffbauer, der Schuten herstellt'; ↗ Schutenführer
Syn: Nauer, Schaluppenbauer, Schiffmacher, Schiffwerker
Lit: Barth 1:901

Schütenmacher ↗ Schutenmacher

Schutenmaker ↗ Schutenmacher

Schutenschiffer Schutenschipper ↗ Schutenführer
Syn: Ewerführer, Schutenführer
Lit: Altstaedt (2011) 17

Schutenschipper ↗ Schutenschiffer

Schuther ↗ Schütter

Schutte ↗ Schütte

Schütte Schutte 1. 'Flurwächter, der die Früchte von Feldern oder Weinbergen vor Diebstahl schützt'. 2. 'Schütze, Wächter'; niederdt. ❖ mnd. *schutte* 'Schütze'
FN: Schütt, Schütte, Schutte
Syn: FLURSCHÜTZ
Lit: DudenFN 608; Gottschald 449; Palla (1994) 422; Schiller-Lübben 4:154

Schüttemeister ↗ Schüttmeister

Schutter ↗ Schütter

Schütter Schuther, Schutter 1. 'Wächter, der Fluren vor Eindringlingen bewacht oder Tiere am Entweichen aus Einfriedungen hindert'. 2. 'Wächter, der Deiche, Dämme bewacht'; niederdt. 3. 'Beamter, der die Weiderechte überwacht und unberechtigt weidende Tiere konfisziert' ❖ mnd. *schutter* 'der Vieh schützt', zu mnd. *schutten* 'schützen, einschließen; einfrieden, um etwas vor Eindringen oder Entweichen zu wehren', oder von mnd. *schutten* 'stauen, einsperren, abwehren'
FN: Schutter, Schütter
W: Deichschütter, Kohlenschütter, °Stadtschütter
Syn: FLURSCHÜTZ
Lit: DudenFN 608; Linnartz 212; Schiller-Lübben 4:158

Schuttmeester ↗ Schüttmeister

Schüttmeister Schüttemeister, Schuttmeester, Scuttemester 1. 'Beamter, der die Müllablagerungsstätten überwacht'. 2. 'Beamter, der für den Getreidespeicher, die *Schütte*, zuständig ist'. 3. 'Beamter, der für die Wehre und Wasserschleusen zuständig ist'. 4. 'Wächter der Fluren und Vertreter der Nutzungsberechtigten der Gemeindeweide' ❖ 1., 2.: zu mhd. *schüte, schüt* 'ange-

schwemmtes Erdreich, Schutt, Unrat; Ort, wo etwas abgeladen wird, Kornboden'; 3.: mnd. *schuttemester* 'Aufseher über die Wasserschüttungen, Abwässerungen', zu mnd. *schutte* 'Schott, Vorrichtung zum Stauen und Abhalten des Wassers'; 4. mnd. *schutten* 'schützen, einschließen; einfrieden, um etwas vor Eindringen oder Entweichen zu wehren'. Die Bedeutungen haben verschiedene etymologische Wurzeln, eine niederdeutsche zu *schützen* und eine mitteldeutsch-oberdeutsche zu *schütten*
W: *Meister*
Syn: Schutzmeister

Lit: Barth 1:902; Grimm 15:2119; Krünitz 149:668 (Schütt, Schütte); Rüther (1999) 32; Schiller-Lübben 4:156; Schmeller 2:489 (Schütt); Volckmann (1921) 288

Schütz ↗ Schütze

Schütze Schütz; lat. *sagittarius* 1. '[bewaffnetes] Mitglied einer Stadtwache'. 2. 'Wildschütz, Wildjäger'. 3. 'Jäger, der für ein an der Jagdgrenze liegendes Revier zuständig ist [und der bes. das überwechselnde Wild abschießen soll]'. 4. 'Wächter, der Fluren vor Eindringlingen bewacht oder Tiere vor dem Entweichen aus Einfriedungen hindert; Flur-, Feldwächter'. 5. 'Viehhirt'. 6. 'Geschäftsinhaber, Meister (bei Schuhmachern, Schreinern, Küfern)'; regional südwestdt., schweiz. ❖ 1.–3.: mhd. *schütze* 'Schütze, Bogen-, Büchsen-, Armbrustschütze', von *schießen*. 4., 5.: mhd. *schütze* 'Wächter, Flur-, Waldschütze', entweder zu mhd. *schützen* 'aufstauen, eindämmen', oder zu mnd. *schutten* 'schützen, einschließen; einfrieden, um etwas vor Eindringen oder Entweichen zu wehren'; 6.: Herkunft unklar
FN: Schütz, Schütze, Schützinger
W: °Amtsschütze, Brettschütz, BÜCHSENSCHÜTZE, °Bürgerschütze, Deichschütz, Eibenschütz, Federschütz, Feldschütz, Fleckenschütz, Fliegenschütze, Flugschütz, FLURSCHÜTZ, Fourierschütz, Grenzschütz, Hakenschütze, Leibschütz, °Stadtschütze, Stahlschütze, Waldschütz, Wildschütz, Wingertschütz

Lit: Adelung 3:1697; Diefenbach 507; DudenEtym 743; DudenFN 608; Frühmittellat. RWb; Gottschald 449; Grimm 15:2125; Grimm 17:500 (Stadtschütze); Idiotikon 8:1736; Kluge 830; Krünitz 149:684; Schiller-Lübben 4:156

Schützemeister ↗ Schützenmeister

Schützenhauptmann ↗ Hauptmann

Schützenknecht 1. 'Gehilfe des Flurwächters'. 2. 'Jagdgehilfe'
W: KNECHT

Schützenmeister Schützemeister 1. 'Fachmann im Geschützwesen'. 2. 'Vorgesetzter der Schützen, die als Stadtpolizei auftreten'. 3. 'Obmann der Schützengesellschaft'. 4. ↗ 'Schüttmeister' ❖ mhd. *schützemeister* 'Meisterschütze'
W: *Meister*

Lit: Adelung 3:1698; Grimm 15:2132; Idiotikon 4:528; Krünitz 149:700

Schützer 'Bergarbeiter, der das zum Betrieb der Räder verwendete Wasser (Aufschlagwasser) regelt und damit die Maschine in oder außer Gang setzt'; das Fachwort *Schütze* kommt überall in technischen Anlagen vor, wo an einem Rad die Sperre aufgehoben werden muss, so in der Mühle, im Bergbau oder bei der Windmühle ❖ zu mhd. *schützen, schutzen* 'das Wasser mit dem Schutzbrett stauen' oder mnd. *schutten* 'stauen, einsperren, abwehren'

Lit: Adelung 3:1697; Grimm 15:2133; Krünitz 149:689 (schützen), 710; Schiller-Lübben 4:156; Veith 437

Schutzmeister 1. 'Beamter, der für die Wehre, Wasserschleusen und andere Wasserbauten zuständig ist'. 2. 'Ratsherr oder Beamter, der für die Waffen und Verteidigungsanlagen zuständig ist' ❖ zu mhd. *schutte* 'Schott, bes. Vorrichtung zum Stauen oder Abhalten des Wassers'
Syn: Schüttmeister

Lit: DRW 12:1538; Schiller-Lübben 4:156

Schuwarte ↗ Schuhwerker

Schuwelepper ↗ Schuhlapper

Schuwemechter ↗ Schuhmacher

Schuwerdecker ↗ Schaubdecker

Schwabenweber 'Barchentweber'; in Nürnberg, da viele Weber im 15. Jh. aus Augsburg, Schwaben, eingewandert sind
W: WEBER
Syn: Barchenter, Barchentweber, Barchner
Lit: Adelung 3:1699; Barth 1:905; DRW 12:1554; Grimm 15:2147; Krünitz 149:716; Schmeller 2:618

Schwager 'Kutscher, Postillion, Postreiter'; die Verwandtschaftsbezeichnung wurde in ihrer Bedeutung ausgeweitet auf im weiteren Sinne verwandte und befreundete Personen und in manchen Berufen auf Berufskollegen; bei den Studenten auf 'Bruder der Geliebten', dann auf 'Kommilitonen' und von dort auf den '(Post)kutscher' ❖ mhd. *swâger* 'Schwager, Schwiegervater, -sohn'
Lit: Adelung 3:1703; Barth 1:905; DRW 12:1563; Grimm 15:2176; Kluge 831; Schmeller 2:626

Schwagerin ↗ Schwaigerin

Schwagrin ↗ Schwaigerin

Schwaiger Schweiger; lat. *pecorarius, pecuarius* 1. 'Bauer auf einem Hof mit Vieh- und Milchwirtschaft'. 2. 'Hirt, der auf der Alm die Milch zu Butter und Käse verarbeitet; Senn, Senner, Almer' — zu *Schwaige* 'Bauernhof mit Milchwirtschaft; Almhütte mit dazugehöriger Alm' ❖ mhd. *sweiger* 'Bewirtschafter einer Schwaige, Senne', zu *sweige* 'Viehhof, Sennerei und dazugehöriger Weideplatz'
FN: Schwaiger, Schwaier, Schwair, Schwaigert, Schweigert, Schweiger, Schweigger (diese Namen können auch von einem im Bairischen häufigen Ortsnamen *Schwaig* bzw. von *schweigen* kommen)
Syn: Küher
Lit: Adelung 3:1731 (Schweige); Barth 1:909; Diefenbach 418, 419; DRW 12:1569; DudenFN 608; Frühmittellat. RWb; Gottschald 450; Linnartz 212; Schmeller 2:627; Werner (1981) 205

Schwaigerin Schwagerin, Schwagrin 'Frau, die auf der Alm das Vieh betreut und die Milch zu Butter und Käse verarbeitet'; in vielen Gegenden typischer Frauenberuf ❖ mhd. *sweigerinne* Femininum zu *sweiger*
Lit: Adelung 3:1731 (Schweige); Girtler (2012); 166; Haid (1986); Höfer 3:124; Schmeller 2:627

Schwaigmeister Schweigmeister 'Wirtschaftsführer in einen Hof mit Vieh- und Milchwirtschaft'; ↗ Schwaiger ❖ mhd. *sweigmeister* 'der als Eigentümer, Pächter oder Knecht eine *sweige* bewirtschaftet, bes. Käse bereitet, Senne'
W: Meister
Lit: Adelung 3:1731 (Schweige); Barth 1:909; Grimm 15:2435; Idiotikon 4:529

Schwammdrucker Schwammdrücker 'Bediensteter an einem herrschaftlichen Hof'; er musste bei Gelagen den Urin der Damen unter dem Stuhl mit einem Schwamm auffangen; auch allgemein abwertende Bezeichnung für 'Bedienter'; der Vater des Barockdichters Johannes Beer war Schwammdrucker im Schloss Kogl im Attergau, Oberösterreich
W: Drucker
Lit: Barth 1:906; Grimm 15:2198; Pachler (1999) 71

Schwammdrücker ↗ Schwammdrucker

Schwammenhändler ↗ Schwammhändler

Schwammhändler Schwammenhändler 'Händler mit Feuerschwamm'; d.i. ein Baumschwamm (vor allem der Birkenschwamm), der als Zunder benutzt wurde. Dazu wurde er in einer scharfen Salpeterlauge gekocht, im Backofen getrocknet und dann zurechtgeklopft. Schwammhändler gibt es heute noch für Naturschwämme aus dem Meer
Syn: Schwammtrager
Vgl: Schwammweib

Schwammstoffkrämer 'Bauer, der im Nebenerwerb Stoff aus Baumschwämmen gewinnt und damit Kleidungsstücke oder Kopfbedeckungen herstellt und verkauft'; Baumschwämme wurden geklopft und in Aschenlauge gelegt, damit sie weich und dehnbar wurden und wie Textilien verarbeitet werden konnten
W: *KRÄMER*
Lit: Palla (2010) 198

Schwammtrager 'Feuerschwammhändler'; schweiz.; zu *Trager* i. S. v. 'Händler'
W: *Träger*
Syn: Schwammhändler
Vgl: Schwammweib
Lit: Idiotikon 14:566

Schwammweib 'Feuerschwammhändlerin'; schweiz.
W: *Weib*
Vgl: Schwammhändler, Schwammtrager
Lit: Idiotikon 15:161; Schäffer (1760) 2

Schwarter ↗ Schwärzer

Schwartzdrahtzieher ↗ Schwarzdrahtzieher

Schwartzferber ↗ Schwarzfärber

Schwarzbäck ↗ Schwarzbäcker

Schwarzbäcker Schwarzbäck, Schwarzbeck, Schwarzbecker 'Bäcker, der nur Schwarz-, Roggenbrot backen darf' ❖ mhd. *swarz* 'schwarz', *becker* 'Bäcker'
FN: Schwarzbeck (*Beck* kann auch von *Bach* kommen)
W: *BÄCKER**
Syn: GROBBÄCKER
Ggs: Weißbäcker
Lit: Adelung 3:1721; Barth 1:906; DRW 12:1590; Gottschald 451; Grimm 15:2321; Krünitz 150:343; Linnartz 213; Pies (2002d); Reith (2008) 22; SteirWb 562; WBÖ 2:773

Schwarzballbrenner ↗ 'Kienrußbrenner'; bes. Ost- und Westpreußen; *Schwarzball* ist eine Bezeichnung für 'Ruß'

W: Brenner
Syn: Kienräucherer, Kienrußbrenner, Kienrußschweler
Lit: Frischbier 2:328; Grimm 15:2321 (Schwarzball); Hahnemann (1799) 2:84

Schwarzbeck ↗ Schwarzbäcker

Schwarzbecker ↗ Schwarzbäcker

Schwarzbinder 'Böttcher, Fassbinder, der Gefäße, Fässer aus hartem Eichenholz herstellt'
❖ zu mhd. *swarz* 'dunkelfarbig, schwarz'; das Eichenholz gilt als dunkles Holz
W: *Binder*
Syn: GROSSBÖTTCHER*, Hartbinder, Schwarzbüttner
Ggs: Weißbinder
Lit: Adelung 3:1721; Barth 1:906; Grimm 15:2322; Krünitz 150:343; Pies (2005) 34; Reith (2008) 34

Schwarzbüttner 'Böttcher, Fassbinder, der große Gefäße, Fässer aus hartem Eichenholz herstellt'
W: Büttner
Syn: BÖTTCHER, Schwarzbinder
Ggs: Weißbüttner

Schwarzdrahtzieher Schwartzdrahtzieher 'Drahtzieher, der Eisendrähte herstellt'
W: *DRAHTZIEHER*
Lit: Hinze (1963) 197

Schwärzer Schwarter, Swarter ↗ 'Schwarzfärber'; südd.-österr. bedeutet *Schwärzer* auch 'Schmuggler' ❖ zu mhd. *swerzen* 'schwarz machen, schwärzen', *swerzer* 'Schwärzer'
FN: Schwarzer, Schwärzer, Schwärtzer, Schwärzler, Schwerzer
Syn: Schwarzfärber
Lit: Barth 1:907; DRW 12:1591; DudenFN 610; Gottschald 451; Linnartz 213; Volckmann (1921) 84

Schwarzfärber Schwartzferber, Swarzferber; lat. *denigrator* 'Färber, der dunkle Farben (schwarz, blau, braun) färbt, urspr. grobe Stoffe wie Leinwand und Loden'; für die schwarze Farbe verwendete man Eisenoxyde oder Eisenfeilspäne mit Gerbsäure in

Wasser, später auch eine Brühe aus Galläpfeln ❖ zu mhd. *swarz* 'dunkelfarbig, schwarz'
W: *Färber**
Syn: Fellschmitzer, KORDUANGERBER, Rauschfärber, Schmitzer, Schwärzer
Ggs: Kunstfärber, Schönfärber, Tuchfärber

Lit: Adelung 3:1722; Barth 1:907; DRW 12:1591; Grimm 15:2332; Palla (2010) 58; Pies (2005) 53; Reith (2008) 70; Riepl (2009) 371; Volckmann (1921) 84

Schwarzfirm ↗ Schwertfirm

Schwärzfirm ↗ Schwertfirm

Schwarzgerber 'Gerber, der schwarzes Korduanleder herstellt'; bei farblich bearbeiteten Ledersorten überschneiden sich manchmal die Berufsangaben *Gerber* und *Färber*
W: GERBER*
Syn: KORDUANGERBER

Lit: DRW 11:1336 (Rußfärber)

Schwarzgießer 'Metallgießer, der Gegenstände aus Eisen herstellt'; bei der Beschreibung des Farbtons eines Metalls gilt *schwarz* meist für Eisen
W: *Gießer*
Ggs: Weißgießer

Lit: Barth 1:907

Schwarzhafner 'Töpfer, Hafner, der unglasierte Eisentonwaren (aus mit Grafit vermischtem Ton) herstellt'; sie wurden im Brennofen bei schwelendem Feuer und gedrosseltem Luftabzug gebrannt. Das Material wurde für schwarz geschmauchtes Geschirr (Eisentongeschirr) sowie für Schmelztiegel (Passauer Tiegel) verwendet, da sie Temperaturunterschiede vertragen; das Geschirr war oft verziert, höherwertig und für städtische Abnehmer gedacht
W: *Hafner*
Ggs: Weißhafner

Lit: Barth 1:907; SteirWb 562; Wiesinger (1937) 90

Schwarzhammerschmid ↗ Schwarzhammerschmied

Schwarzhammerschmied Schwarzhammerschmid 'Schmied, der nur mit Hammer und Amboss arbeitet, nicht mit Feilen'; ↗ Grobschmied
W: HAMMERSCHMIED, *Schmied*

Lit: Idiotikon 9:861

Schwarzklampferer ↗ 'Spengler, der nur unverzinntes Eisenblech verarbeitet, das durch Ausglühen schwarz erscheint'
W: Klamperer
Syn: KLEMPNER*, Schwarzspengler

Lit: Schindler (2001) 282; SteirWb 562

Schwarzkunster ↗ Schwarzkünstler

Schwarzkunstiger ↗ Schwarzkünstler

Schwarzkünstler Schwarzkunster, Schwarzkunstiger, Schwarzkünstner; lat. *alchimista, nigromanticus* 1. 'Person, die übernatürliche Wirkungen durch Teufelsbeschwören, Magie usw. anstrebt'. 2. 'Kupferstecher, Radierer'
W: *Künstler*
Syn: Schabkünstler

Lit: Adelung 3:1723; Barth 1:908; Diefenbach 21, 380; DRW 12:1594; Krünitz 150:363

Schwarzkünstner ↗ Schwarzkünstler

Schwarznagelschmid ↗ Schwarznagelschmied

Schwarznagelschmied Schwarznagelschmid, Schwarznagler, Schwarznegelschmied ↗ 'Grobschmied, der schwarze, nicht verzinnte Nägel herstellt'
W: NAGELSCHMIED, *Nagler*, *Schmied*
Ggs: Weißnagelschmied

Lit: Adelung 3:1723; Grimm 15:2341; Idiotikon 4:692; Idiotikon 9:863; Krünitz 100:604; Pies (2005) 140; Poppe 3:719; Reith (2008) 171

Schwarznagler ↗ Schwarznagelschmied

Schwarznegelschmied ↗ Schwarznagelschmied

Schwarzriemer 'Gerber, der schwarzgares Leder herstellt'; d.i. Leder, das beim Gerben geschwärzt wurde
W: Riemer
Syn: Grobriemer
Ggs: Weißriemer
Lit: Barth 1:908

Schwarzspengler ↗ 'Spengler, der nur unverzinntes Eisenblech verarbeitet, das durch Ausglühen schwarz erscheint'
W: Spengler
Syn: KLEMPNER*, Schwarzklampferer
Lit: SteirWb 563; Trenkle (1874) 130

Schwedeler ↗ Schwedler

Schwedler Schwedeler, Schweideler, Schweidler, Sweideler 'Handwerker, der Reise-, Satteltaschen [aus rauem, behaartem Leder] herstellt' ❖ mnd. *swedeler, sweideler* 'Tasche, lederner Beutel, Mantelsack, Satteltasche (bes. um Speisen und andere Reisebedürfnisse darin aufzubewahren)'
FN: Schweidler, Schwedler
Syn: Taschner
Lit: Barth 1:908; DudenFN 610; Gottschald 451; Linnartz 213; Schiller-Lübben 4:488

Schwefelmeister 'im Bergbau Betriebsleiter einer Schwefelhütte'
W: Meister
Lit: Adelung 3:1728; Barth 1:908; Grimm 15:2400; Krünitz 150:617

Schwefelträger 'Händler, der Schwefel u.a. Produkte zur Arzneimittelherstellung verkauft'
W: Träger
Lit: Sulzenbacher (2002) 60

Schwegler lat. *spondealis* 'Musiker, der die Schwegel, ein mittelalterliches Holzblasinstrument, bläst' ❖ mhd. *swëgeler* 'Flötenspieler', zu mhd. *swëgele, swëgel* 'eine Art Flöte'

FN: Schwegler, Schwegeler, Schwägler, Schwögler, Schweigler
Lit: Barth 1:908; Barth 2:266; Diefenbach 548; DudenFN 611; DudenGWDS; Gottschald 451; Grimm 15:2410; Linnartz 213; Volckmann (1921) 308

Schweideler ↗ Schwedler

Schweidler ↗ Schwedler

Schweiger ↗ Schwaiger

Schweigmeister ↗ Schwaigmeister

Schwein ↗ Schweiner

Schweinbeschauer Schweinsbeschauer, Schweinschauer 'Beamter, der Schweine in Hinblick auf Krankheiten untersucht' ❖ mhd. *swînschouwer* 'Schweinebeschauer'
W: *Beschauer*
Lit: Adelung 3:1734; Barth 1:910; Grimm 15:2442; Idiotikon 8:1630; Krünitz 151:141

Schweinemeister ↗ Schweinmeister

Schweiner Schwein, Swän, Sween 'Schweinehirt' ❖ mnd. *swener, sweiner* 'Hirt, bes. Schweinehirt'; mnd. *swên, swein* 'Hirt, Knecht, bes. Schweinehirt'
Syn: Sauhirt
Lit: Barth 1:909; Grimm 15:2445; Schiller-Lübben 4:490

Schweineschneider ↗ Schweinschneider

Schweinestecher ↗ Schweinstecher

Schweinetreiber ↗ Schweintreiber

Schweinmeister Schweinemeister, Sweinmeister 'Betriebsleiter der Schweinezucht auf großen Landgütern'
W: *Meister*
Lit: Adelung 3:1734; Barth 1:910; Grimm 15:2450

Schweinsbeschauer ↗ Schweinbeschauer

Schweinschauer ↗ Schweinbeschauer

Schweinschneider Schweineschneider, Schweinsschneider, Swinsnider, Swynesnider 'Schweinekastrierer'
W: SCHNEIDER
Syn: KASTRIERER, Sauschneider, Schweinstecher

Lit: Adelung 3:1735; Barth 1:910; Grimm 15:2452

Schweinsschneider ↗ Schweinschneider

Schweinstecher Schweinestecher 'Schweinkastrierer'
W: Stecher
Syn: KASTRIERER, Sauschneider, Schweinschneider

Schweinstreiber ↗ Schweintreiber

Schweintreiber Schweinetreiber, Schweinstreiber, Swindriber 1. 'Schweinehändler'; er trieb Schweine von den verschiedenen Orten zusammen. 2. 'Landarbeiter, der Schweine zum Markt treibt'; abwertende Bezeichnung ❖ mhd. *swîntrîber* 'der Schweine auf den Markt treibt'
W: Treiber
Syn: Farcher, Sautreiber

Lit: Adelung 3:1736; Grimm 15:2453; Krünitz 151:135

Schweitzer ↗ Schweizer

Schweizer Schweitzer 1. 'Söldner aus der Schweiz in ausländischen Diensten'. 2. 'Leibwächter oder Türsteher an einem ausländischen Fürstenhof'. 3. 'Bauer oder Pächter, der Viehzucht mit Milchwirtschaft betreibt; Betreiber einer Meierei'. 4. 'Melker'. 5. 'Konditor'; auch *Schweizer-Conditor*; feines Gebäck wurde in Norddeutschland als Schweizer Besonderheit angesehen — Für alle diese Bedeutungen war zuerst die Schweizer Herkunft der Personen (Soldaten oder Fachleute der Landwirtschaft) maßgeblich, später das wirtschaftliche Vorbild, schließlich konnten die Bezeichnungen ohne jeden Bezug zur Schweiz verwendet werden, z. B. für den Melker

Lit: Adelung 3:1738; Barth 1:910; Grimm 15:2471; Riesener (1991); Schmeller 2:653

Schweizerdegen 'Facharbeiter in der Druckerei, der sowohl Drucker als auch Schriftsetzer ist'; da die Druckersprache auch sonst sehr phantasievolle Bezeichnungen erfunden hat, ist es fraglich, ob die Bezeichnung von der 'zweihändigen Stichwaffe der Schweizer Söldner' abgeleitet ist (mit Bezug auf den doppelten Beruf)

Lit: Barth 1:910; Grimm 15:2473; Idiotikon 12:1097; Kluge 834; Pies (2005) 42

Schweler 'Handwerker, der etwas durch Brennen oder langsames Glosen herstellt'; nur als Grundwort in Zusammensetzungen
W: Aschenschweler, Kienrußschweler, Kohlenschweler, Teerschweler

Schwellenhauer 'Holzarbeiter, der die hölzernen Eisenbahnschwellen mit einem Breitbeil zurechthackt'; amtssprachlich noch vereinzelt üblich; zu ↗ Schwelle in der Grundbedeutung 'waagrechter Grundbalken, der einen Aufbau trägt', bes. im Bergbau und später bei der Eisenbahn ❖ zu mhd. *swelle* 'Balken zum Hemmen, Schwellen des Wassers; Balken überhaupt, bes. Grundbalken, Schwelle'
W: HAUER

Lit: Spessart-Projekt

Schwemmeister ↗ Schwemmmeister

Schwemmmeister Schwemmeister 1. 'Beamter oder Angesteller der Herrschaft, der das Schwemmen des Holzes, die Holztrift, überwacht'. 2. 'Nebenerwerbslandwirt, der in der Lüneburger Heide die Bewässerung der Wiesen durchführt'
W: Meister

Lit: Grotian (2001); Österreich-Lexikon 541 (Huebmer)

Schwender Schwendner 'Arbeiter, der auf der Alm die Weideflächen von nachwachsenden Sträuchern und Bäumen befreit' ❖ zu mhd. *swenden* 'ausreuten, bes. das Unterholz eines Waldes'
FN: Schwender, Schwendner, Schwendener, Schwendler, Schwenter, Schwendtner

Syn: Reuter

Lit: DudenFN 612; Gottschald 452; Grimm 15:2522; Idiotikon 9:1946; Linnartz 213; Schmeller 2:636

Schwendmeister 'Vorarbeiter, Aufseher bei den Schwend- und Rodungsarbeiten'
W: *Meister*

Lit: Idiotikon 4:529; RepÖstRG

Schwendner ↗ Schwender

Schwepenknecht Schwepker, Schweppenknecht, Sweppenknecht, Swöpenknecht, Swöpker **1.** 'Landarbeiter, der die Pferde treibt, während ein anderer den Pflug führt'; niederdt., zu *Schwepe* 'Peitsche'. **2.** 'Fuhrmann' ❖ zu mnd. *swepe, swope, swoppe* 'Peitsche'
FN: Schweppe, Schwepe
W: KNECHT
Syn: MENKNECHT

Lit: Adelung 3:1743 (Schwepe); Barth 1:910; DudenFN 612; Gottschald 452; Grimm 15:2540

Schwepker ↗ Schwepenknecht

Schweppenknecht ↗ Schwepenknecht

Schwerdtschleiffer ↗ Schwertschleifer

SCHWERTFEGER Swertfeger, Swertfegher, Swertveghere; lat. *gladiarius, gladiator, samiator* **1.** 'Handwerker, der roh geschmiedeten Schwertern und Degen den Feinschliff gibt'. **2.** 'Handwerker, der Teile eines Schwertes oder Gewehrs zusammensetzt, sie poliert und verschiedene Verzierungen und Zubehör (Scheide, Riemen usw.) anfertigt'. **3.** 'Handwerker, der Messer-, Schwerter- und Degenklingen herstellt; Langmesserschmied; Schwertschmied'. **4.** 'Gladiator, Schwertkämpfer' — Das Handwerk entwickelte sich von der Waffenproduktion zu Montage, Ausfertigung und Vertrieb bzw. von den Hieb- und Stichwaffen bis zur Produktion von Feuerwaffen ❖ mhd., mnd. *swertveger* 'Schwertfeger, Waffenschmied'
FN: Schwertfeger, Schwerdtfeger
W: *Feger*

Syn: Degener, Degenschmied, Harnischwischer, Klingenschmied, Klinger, Langmesserer, Langmesserschmied, Metzer, Schwertfirm, Schwertner, Schwertschlager, Schwertschleifer, Schwertschmied

Lit: Adelung 3:1746; Barth 1:911; Diefenbach 510; DudenFN 612; Frühmittellat. RWb; Gottschald 452; Grimm 15:2587; Krünitz 151:350; Linnartz 214; Pies (2005) 128, 136; Reith (2008) 193; Schiller-Lübben 4:494; Volckmann (1921) 112; Wiener Berufe

Schwertfirm Schwarzfirm, Schwärzfirm 'Handwerker, der Schwerter, Degen, Scheren u. Ä. schleift'; volksetymologische Umdeutung für *Schwertfürbe* 'Schwertfeger', zu *furben, fürgen* 'fegen, putzen, (Waffen) polieren'; die Formen *Schwarz-, Schwärzfirm* sind eine Anlehnung an *Schwarzfärber, Schwarzgießer* usw. ❖ mhd. *swertvürbe* 'Schwertfeger', zu mhd. *vürben, vurben* 'reinigen, säubern, fegen, putzen', mhd. *vürber* 'Reiniger, Putzer'
FN: Schwertfirm, Schwärzfirm, Schwarzfirm
Syn: SCHWERTFEGER, Schwertschleifer

Lit: DudenFN 613; Gottschald 453; Grimm 4:662 (fürben, Fürber); Linnartz 213; Schmeller 1:751 (Schwertfurbe); Volckmann (1921) 112

Schwertner Swerter; lat. *spatharius* 'Handwerker, der Messer-, Schwert- und Degenklingen herstellt; Schwertschmied'
FN: Schwertner, Schwerter, Schwerdter, Schwerdtner
Syn: SCHWERTFEGER

Lit: Barth 1:911; Diefenbach 545; DudenFN 612; Gottschald 452; Linnartz 214; Volckmann (1921) 112

Schwertschlager 'Handwerker, der Schwerter herstellt'
W: *Schläger*
Syn: SCHWERTFEGER

Lit: Barth 1:911

Schwertschleifer Schwerdtschleiffer 'Handwerker, der feine Gegenstände, wie Schwerter, Degen, Scheren, schleift'; dabei drehte sich der Schleifstein so, dass er sich vom Schleifer weg bewegte; auch als Wandergewerbe ❖ zu mhd. *slīfære, slīfer* 'Schleifer'

W: Schleifer
Syn: SCHWERTFEGER, Schwertfirm
Ggs: Rauschleifer
Lit: Adelung 3:1747; Barth 1:911; Grimm 15:2591; Idiotikon 9:156 (Schwertschliffer); Krünitz 151:368; Volckmann (1921) 125; Zedler 35:28

Schwertschmied 'Handwerker, Schmied, der Schwerter herstellt'; meist rohe Schwerter, denen der Schwertfeger den Feinschliff gibt
W: *Schmied*
Syn: SCHWERTFEGER
Lit: Barth 1:911; Pies (2005)

Schwertträger 'an Fürstenhöfen ein Beamter, der einer anderen Person bei zeremoniellen Anlässen das Schwert trägt'; ein Ehrenamt ❖ mhd. *swërttrager* 'Schwertträger'
W: *Träger*
Lit: Adelung 3:1747; Barth 2:156; Grimm 15:2592; Krünitz 151:370

Schwödler 'Weißgerber, der die Felle mit gelöschtem Kalk oder Schwefelnatrium bestreicht, um die Haare zu entfernen'; zu *schweden, schwöden* 'die Felle in den Kalkäscher setzen, um sie leichter abhaaren zu können' ❖ mhd. *swëden*, ahd. *swëdan* 'brennen'
Syn: GERBER*
Lit: Grimm 15:2385 (schweden), 2732 (Schwöde); Krünitz 68:68 (229)

Schymman ↗ Schiemann

Schynner ↗ SCHINDER

Scowerte ↗ Schuhwerker

Scribent ↗ Skribent

Scriffer ↗ *Schreiber*

Scriver ↗ *Schreiber*

Scroder ↗ Schröter

Scuttemester ↗ Schüttmeister

Seckeler ↗ Säckler

Seckelmeister ↗ Säckelmeister

Seckelschneider ↗ Säckelschneider

Seckhelmayster ↗ Säckelmeister

Seckler ↗ Säckler

Secretair ↗ Sekretär

Secretär ↗ Sekretär

Seddeler ↗ SATTLER

Sedelbauer ↗ 'Sedelhöfer'
FN: Sedelbauer, Sedlbauer
Syn: HÖRIGER, Sedelhöfer, Sedelmann, Sedelmeier
Vgl: Wurtsedel
Lit: Barth 1:915; Gottschald 454; Grimm 15:2807; Linnartz 214; Schmeller 2:224

Sedeler ↗ SATTLER

Sedelhöfer Sadelhöfer, Sattelhöfer 'Bauer, Pächter auf einem Sattelhof, Sedelhof'; d. i. ein von Frondiensten und Abgaben freier Hof mit Gerichtsbarkeit ❖ zu mhd. *sadelhof, sedelhof* 'Herrenhof, -sitz'; mnd. *sedelhove, sadhove, selhove* 'Hof mit Gerichtsbarkeit, dem Abgaben geleistet werden', zu mhd. *sëdel* 'Sitz, Sessel; Sitz, Land-, Wohnsitz', aus lat. *sedile* 'Sitz' (urverwandt mit 'Sattler')
FN: Sattelhöfer, Sedelhofer, Sedlhofer, Seelhöfer
W: Hofer
Syn: HÖRIGER, Sedelbauer, Sedelmann, Sedelmeier
Lit: Adelung 3:1286 (Sattelhof); Barth 1:852, 915; DRW 11:1563 (Sattelhof); Gottschald 454; Grimm 14:1826 (Sattelhof); Grimm 15:2806 (Sedelhof); Heinsius 3:708; Krünitz 136:666, 667; Salzburger Exulanten Index; Schiller-Lübben 4:6; Schmeller 2:224

Sedelmaier ↗ Sedelmeier

Sedelmann Sadelmann, Sattelmann 'Bauer auf einem urspr. adeligen Hof; Pächter auf einem Sedelhof' ❖ ↗ Sedelhöfer

FN: Sedelmann, Zettelmann
W: *Mann*
Syn: HÖRIGER, Sedelbauer, Sedelhöfer, Sedelmeier

Lit: Barth 1:915; Gottschald 544; Grimm 15:2806 (Sedelbauer); Linnartz 214

Sedelmayer ↗ Sedelmeier

Sedelmayr ↗ Sedelmeier

Sedelmeier Sattelmeyer, Sedelmaier, Sedelmayer, Sedelmayr, Sedelmeyer, Sedlmayer, Sedlmayr 'Pächter, Verwalter auf einem Sedelhof'; ↗ Sedelhöfer ❖ mhd. *sëdelmeier* 'Pächter eines Sedelhofes'
FN: Sedelmaier, Sedlmair, Sedelmayr, Sedlmayer, Settelmaier, Zettelmeyer
W: *Meier*
Syn: HÖRIGER, Sedelbauer, Sedelhöfer, Sedelmann

Lit: Barth 1:95; DudenFN 614; Gottschald 454; Grimm 15:2807; Linnartz 214; Schmeller 2:223

Sedelmeyer ↗ Sedelmeier

Sedlmayer ↗ Sedelmeier

Sedlmayr ↗ Sedelmeier

Seeferge ↗ Ferge

Seefiaker 'Gondelführer für den Personenverkehr auf dem Traunsee'; von *Fiaker* 'Pferdefuhrwerk [für Touristen in Wien und Salzburg]', auf die Schiffahrt übertragen

Lit: Häuser-Verzeichniß ; Mayer/Winkler (1992)

Seeger ↗ Säger

Seegersteller ↗ Seigersteller

Seegeschworener 'behördlich eingesetzter Aufseher über Seen und Teiche, der für Reinigung, Abwässer und die Versorgung, der Fische zuständig ist'
W: *Geschworener*

Lit: Barth 1:916; Grimm 15:2834; Krünitz 151:676

Seegraber ↗ Seegräber

Seegräber Seegraber 'Arbeiter, der Gräben aushebt, Deiche anlegt und die Ufer absticht'; norddt.
W: *Gräber*

Lit: Grimm 15:2835

Seelenarzt 1. 'Psychoanalytiker, Psychiater; Arzt, der auch auf die Psyche eingeht'. 2. 'Priester'; gehoben — In der Bedeutung unscharf, da es bis Mitte des 19. Jh. keine Psychiatrie gab
W: ARZT*
Ggs: Leibarzt

Lit: Barth 1:916; Grimm 16:3

Seelenpfleger ↗ Seelpfleger

Seelenvater ↗ Seelvater

Seelenwarter ↗ Seelwärter

Seelenwärter ↗ Seelwärter

Seeler ↗ SEILER

Seelknecht ↗ Selknecht

Seelmann ↗ Seldmann

Seelpfleger Seelenpfleger 'Verwalter eines Krankenhauses'; schweiz.; das *Seelenhaus* war das 'Krankenhaus für Nichtbürger und Fahrende'
W: PFLEGER

Lit: Grimm 16:26; Idiotikon 5:1236

Seelvater Seelenvater 1. 'Vorsteher eines Armenhauses'; oberdt.; das Armenhaus wurde als *Seelenhaus* bezeichnet. 2. 'Person, die den Friedhof besorgt, Gräber öffnet und Leichen aus den Häusern abholt'; in der Schweiz
W: *Vater*
Syn: Leichenbedienter

Lit: Adelung 4:14; Grimm 16:56; Idiotikon 1:1130

Seelwarter ↗ Seelwärter

Seelwärter Seelenwarter, Seelenwärter, Seelwarter **1.** 'Seelsorger'. **2.** 'Testamentsvollstrecker' ❖ mhd. *sêlwarter, sêlwerter* 'Testamentsvollstrecker'
W: *Wärter*
Lit: Barth 1:917; Grimm 16:56; Idiotikon 16:1614

Seemgerber ↗ Sämischgerber

Seeschreiber Seezollschreiber **1.** 'Sekretär des ↗ Seevogts'; bes. schweiz. **2.** 'Verwaltungsangestellter, der im Hafen für die Zollbehörde die ankommenden Schiffe registriert'; norddt.
W: *Schreiber*
Lit: Idiotikon 9:1553

Seevogt 'Verwalter und Aufsichtsorgan über einen See und den Fischfang'; bes. schweiz.
W: *Vogt*
Lit: Grimm 16:77; Idiotikon 1:708

Seezollschreiber ↗ Seeschreiber

Segelmeister 1. 'Person, die auf dem Schiff die Veranwortung für die Segel und das Segelwerk trägt'. **2.** 'Handwerksmeister, der Segel herstellt'
W: *Meister*
Syn: Segelwardener
Lit: Adelung 4:19; Grimm 16:93; Krünitz 152:7

Segelnäher ↗ Näher

Segelneger ↗ Näher

Segelneyer ↗ Näher

Segelwardener 'Handwerker, der Segel herstellt; Segelmacher'; norddt. ❖ zu mnd. *warden* 'warten, achten auf, besorgen'
Syn: Näher, Segelmeister
Lit: Schiller-Lübben 5:600

Segener ↗ Segner

Segenfischer 'Fischer, der das Recht hat, mit Netzen zu fischen; Großfischer'
W: Fischer*
Syn: Segner

Segensenschmied ↗ Sensenschmied

Segensnider ↗ Sägenschneider

Seger ↗ Säger

Segermaker ↗ Seigermacher

Segeschmidt ↗ Sägenschmied

Segesenschmidt ↗ Sensenschmied

Segisser 'Handwerker, der Sensen, Sicheln und Strohmesser herstellt' ❖ zu alemannisch *Sägese*, bair. *Segense* 'Säge'; mhd. *seges, segesse* 'Sense'
FN: Segisser, Sägesser, Saegesser, Sägenser, Segenser
Syn: Sensenschmied
Lit: Gottschald 457; Idiotikon 9:863 (Segensenschmied); Palla (1994) 423; Volckmann (1921) 118

Segner Säugner, Segener, Seigner, Seuner **1.** 'Fischer, der das Recht hat, mit Netzen zu fischen'. **2.** 'Großfischer im Ggs. zu den Kleinfischern, die nur mit der Angel usw. fischen'. **3.** 'Hochseefischer'; Schiffsführer eines Frachtschiffes für Fässer, bes. auf dem Bodensee ❖ mhd. *segener* 'der mit der Segen fischt', zu mhd. *segene, segen, sege* 'großes Zugnetz'; es bestand aus zwei starken Wänden und einem Sack in der Mitte; mnd. *seiner, segene* 'großes Zug- oder Schleppnetz'
FN: Segner
W: °Karpfenseigner
Syn: Segenfischer
Lit: Barth 1:918; Gottschald 455; Grimm 16:127; Linnartz 215; Schiller-Lübben 4:168; Schmeller 2:240; Volckmann (1921) 11

Segretari ↗ Sekretär

Seheler ↗ SEILER

Sehler ↗ SEILER

Sehmeschgerwer ↗ Sämischgerber

Sehmgerber ↗ Sämischgerber

Sehmischgerber ↗ Sämischgerber

Sehmischmacher ↗ Sämischmacher

Seidemann ↗ Seidenmann

Seidenarbeiter 1. 'Schneider, der mit Seidenstoffen arbeitet'. 2. 'Arbeiter, der in der Seidenproduktion bei Seidenraupen oder in der Seidenspinnerei arbeitet'; sowohl in Manufakturen als auch in Fabriken
W: *Arbeiter*
Lit: Barth 1:918; Grimm 16:180; Zedler 36:1411

Seidenbandmacher ↗ Bandmacher

Seidenbandweber ↗ Bandweber, WEBER

Seidenbereiter 'Handwerker, der Seide für die Verarbeitung zurichtet'
W: *Bereiter*
Syn: Seidenzurichter
Lit: Barth 1:918; Grimm 16:180; Pfeiffer (1783) 2:388

Seidendreher 'Person, die Seide zu Fäden dreht, zwirnt'
W: *Dreher*
Lit: Barth 1:918; Grimm 16:181

Seidendrucker 'Handwerker, der Seidenstoffe mit Mustern oder Figuren bedruckt'; vgl. ↗ Kattun-, Leindrucker
W: *Drucker*
Lit: Adelung 4:29; Barth 1:918; Grimm 16:181; Krünitz 152:344

Seidenfärber ↗ *Färber**

Seidenfergger 'Seidenhändler, der zwischen Kleinbetrieben und Verlegern vermittelt'; schweiz.
W: *Fergger*
Lit: Idiotikon 1:1012

Seidenherr 'Besitzer einer Seidenfabrik oder eines Seidenvertriebs'
W: *Herr*
Lit: Barth 1:918; Grimm 16:183; Idiotikon 2:1542

Seidenknopfmacher ↗ KNOPFMACHER

Seidenmaler ↗ *Maler*

Seidenmann Seidemann 1. 'Seidenproduzent, Seidenfabrikant oder -weber'. 2. 'Seidenhändler' ❖ zu mhd. *sîd, side* 'Seide'
FN: Seidemann, Seidmann
W: *Mann*
Syn: Seidenweber
Lit: DudenFN 616; Gottschald 455; Idiotikon 4:277; Linnartz 215

Seidenmüller 'Betreiber einer Seidenmühle'; d.i. eine Maschine, mit der Seidenzwirn hergestellt wird
W: *Müller*
Syn: Seidenzwirner
Lit: Adelung 4:29 (Seidenmühle); Grimm 16:183 (Seidenmühle); Idiotikon 4:186

Seidennäher Seidenneger, Sidenneher 'Handwerker, der auf Seidenstoff oder mit Seide stickt'
W: *Näher*
Syn: Seidensticker
Lit: Barth 1:918; Grimm 16:183; Volckmann (1921) 95

Seidennäther Seidennater ↗ 'Seidennäher'
FN: Seidenader, Seidenader, Seidenather
W: *Näther*
Syn: Seidensticker
Lit: Barth 1:918; Gottschald 455; Grimm 16:183; Palla (1994) 300, 423

Seidennater ↗ Seidennäther

Seidenneger ↗ Seidennäher

Seidenspinner 'Handwerker, der mit Seidenfäden Figuren und Muster in Stoffe stickt'
W: *Spinner*
Lit: Adelung 4:211 (Spinner); Barth 1:918; Krünitz 152:448; Schmeller 2:225

Seidensticker Seidenstücker, Sidensticker; lat. *acupictor, sericarius* 'Handwerker, der auf Seidenstoff oder mit Seide stickt'; meist von Frauen ausgeübt und dann in der weiblichen Form *Seidenstickerin* ❖ mhd. *sîdensticker*, mnd. *sidensticker* 'Seidensticker'
FN: Seidensticker
W: Sticker
Syn: Seidennäher, Seidennähter

Lit: Adelung 4:31; Barth 1:919; DudenFN 616; Gottschald 455; Grimm 16:185; Idiotikon 10:1671; Krünitz 152:449; Linnartz 215; Pies (2005); Schiller-Lübben 4:205; Volckmann (1921) 96

Seidenstricker Seydenstricker, Sydenstricker; lat. *sericarius* 'Handwerker, der mit Seide strickt, bes. Knöpfe, Borten' ❖ mhd. *sîdenstricker* 'Seidenstricker'
FN: Seidenstricker
Syn: KNOPFMACHER

Lit: Barth 1:919; Gottschald 455; Idiotikon 10:1671; Linnartz 215; Schmeller 2:225; Volckmann (1921) 95; Zedler 4:783

Seidenstücker ↗ Seidensticker

Seidenweber 'Weber, der Seidenstoffe herstellt'; dazu gehören Taft, Serge, Bombasin, Satin, Atlas, Samt, Plüsch, Flor, Marly u. a.
W: WEBER
Syn: Seidenmann, Seidenwirker

Lit: Adelung 4:31; Barth 1:919; Benvenuti (1996); Linnartz 215; Palla (2010) 199; Pies (2005) 179; Reith (2008) 248

Seidenwickler 1. 'Arbeiter, der die Seide von den Kokons abwickelt'. 2. 'Arbeiter, der die gezwirnte Seide mit einer Maschine auf Rollen aufwickelt'
Syn: Seidenwinder

Lit: Barth 1:919; Grimm 16:187; Krünitz 152:450

Seidenwinder 'Person, die in der Seidenspinnerei die Seide auf Rollen wickelt; Seidenspinner' ❖ zu mhd. *winden* 'winden, wickeln, drehen'
W: Winder
Syn: Seidenwickler

Lit: Barth 1:919; Grimm 16:187; Idiotikon 16:589

Seidenwirker Seidenwürcker 1. 'Handwerker oder Unternehmer, der Seidenstoffe herstellt'; meist mit *Seidenweber* gleichgesetzt. 2. 'Handwerker, der aus der fertigen Seide verschiedene Waren, wie Bänder, Stoffe, Handschuhe usw., anfertigt' ❖ mhd. *sîdenwërker* 'Seidenspinner, -sticker'
W: *Wirker*
Syn: Kaffamacher, Seidenweber, Taffetweber, WEBER

Lit: Adelung 4:1574 (Wirker); Barth 1:919; Grimm 16:187; Krünitz 152:457; Volckmann (1921) 95; Zedler 36:1444

Seidenwürcker ↗ Seidenwirker

Seidenzurichter 1. 'Arbeiter in der Weberei, der Seidenfäden trennt und aufspult'. 2. 'Arbeiter in der Weberei, der Seidenstoffe glänzend macht und appretiert'
W: Zurichter
Syn: Seidenbereiter

Lit: Barth 1:919; Grimm 16:188

Seidenzwirner 'Handwerker, der Seidenfäden zu Zwirn zusammendreht'
W: Zwirner
Syn: Seidenmüller

Lit: Barth 1:919; Grimm 16:188

Seiermaker ↗ Seigermacher

Seifenarbeiter ↗ 'Seifer'
W: Arbeiter

Lit: Barth 1:919; Bergmännisches Wb 494; Grimm 16:191

Seifener ↗ Seifer

Seifenkocher ↗ Kocher

Seifensieder Saiffensieder; lat. *saponarius* 'Handwerker, der Seife und Talglichter herstellt'; wegen des gleichen Grundmaterials (Talg von Rindern und Schafen, Fett von Pferden, Schweinen usw.) verfließen die Grenzen zwischen Seifensiedern und Lichterherstellern, daher auch die Doppelform *Lichtzieher und Seifensieder*. Die Fette wur-

den in einer Lauge aus Pottasche und Natron zu einer gallertartigen Masse gekocht und dann in Formen geschöpft, aus denen die Seifenstücke geschnitten wurden. Die Verarbeitung von Bienenwachs fällt in den Arbeitsbereich der ↗ Wachszieher. Als Handwerk entstand die Seifensiederei erst im Hochmittelalter, urspr. war die Seifenherstellung eine Haushaltstätigkeit, die bis ins 19. Jh., in Kriegszeiten noch bis ins 20. Jh., andauerte
W: *Sieder*
Syn: Kocher

Lit: Adelung 4:33; Barth 1:919; Brandl/Ceutzberg (1976); Frühmittellat. RWb; Grimm 16:194; Hartmann (1998) 155; Isenberg ; Krünitz 152:672; Palla (2010) 201; Pies (2005) 83; Reith (2008) 186; Sulzenbacher (2002) 45; Volckmann (1921) 294; Zedler 36:1507

Seifer Seifener, Seifner, Seuffner 'Bergmann, der die nutzbaren Mineralien aus Ablagerungen von Gerbirgsmassen durch Auswaschen in fließendem Wasser gewinnt'; heute noch Berufsbezeichnung für eine bestimmte Chemiehilfskraft ❖ zu mhd. *sîfe* 'langsam fließender sumpfartiger Bach; durch Sickerwasser durchzogenes Gelände; das Herauswaschen der Metalle; Ort, wo sich das Waschmetall befindet'
FN: Seifer, Seifner, Seif (kann auch zu *Seifensieder* gehören)
W: °Zinnseifner
Syn: Erzwäscher, *Wäscher*

Lit: Adelung 3:32; Barth 1:919; Bergmännisches Wb 494; Fellner 534; Gottschald 455; Götze 199; Grimm 16:188 (Seife), 195; Krünitz 152:686; Linnartz 215; Paul 786; Veith 441

Seifner ↗ Seifer

Seiger Saiger, Seigerer 1. 'Mitarbeiter im Bergwerk, der die Aufsicht über die Brunnen hat'. 2. 'Prüfer in der Münzstätte, der Gewicht und Größe der Münzen kontrolliert' ❖ mhd. *seigen* 'senken, *sîgen* machen' vermischte sich mit *sîhen*, Nebenform *seigen* 'seihen', so entstanden zwei Bedeutungsstränge: 1.: bair. *Seigen* 'vertiefte Stelle auf dem Feld, wo sich das Regenwasser sammelt; Vertiefung im Gelände', daraus 'Brunnen'; 2.: mhd. *sîgen* 'sich senken, sinken' und über das Senken der Waagschale die Bedeutung 'prüfen'; vgl. mhd. *seigære, seiger* 'Waage zur Prüfung des Wertes der Münzsorten', mhd. *seigerer* 'der die schlechten Münzsorten von den guten aussondert', dazu das Adjektiv *seiger* in der Bedeutung 'lotrecht'; vgl. auch die Wörter mit *Seiger-* für 'Uhr-'
FN: Seign, Seigner, Seiger
Syn: Bornmeister

Lit: Adelung 4:33; Barth 1:844, 919, 9200; Bergmännisches Wb 494 (seiger); Gottschald 455; Grimm 16:197; Paul 786; Schmeller 2:241

Seigerabtreiber Saigerabtreiber 'Arbeiter im Hüttenwerk, der mit Blei das Silber von Kupfer scheidet'; in der Metallurgie geht es darum, Metalle durch Erhitzen zu trennen. Da sich Blei mit Silber legieren lässt, verwendete man es in Kupferwerken, um Silber von Kupfer zu scheiden. In einem Ofen *(Seigerofen)* wurde mit einer Temperatur, die zwar die Blei-Silber-Legierung, aber nicht Kupfer schmelzen lässt, erreicht, dass das Silber mit dem Blei heraustropft, das Kupfer aber zurückbleibt. Diese Arbeit führt der *Seigerabtreiber* durch ❖ mhd. *seiger* Adj. 'langsam oder zäh tröpfelnd, zähflüssig'
W: Abtreiber, Silberabtreiber
Vgl: Garmacher

Lit: Adelung 4:34; Barth 1:919; Grimm 16:200; Krünitz 130:618

Seigeranrichter Saigeranrichter, Seigerhüttenanrichter 'Arbeiter im Hüttenwerk, der die Seigerarbeit (↗ Seigerabtreiber) vorbereitet'
W: Anrichter

Lit: Barth 1:919; Grimm 16:200; Krünitz 152:687

Seigerer ↗ Seiger

Seigerhüttenanrichter ↗ Seigeranrichter

Seigermacher Segermaker, Seiermaker, Seyermacher, Seyermaker ↗ 'Seigerschmied'
Syn: Seigerschmied, UHRMACHER*

Lit: Barth 1:920; Pies (2005) 172; Reith (2008) 238

Seigerschmied 'Uhrmacher, der große Turmuhren herstellt' ❖ zu mhd. *seiger* 'Waage'; ältere Turmuhren hatten eine einer Waage ähnliche Unruhe mit horizontal schwingenden, an beiden Enden mit Gewichten beschwerten Waagebalken
FN: Seigerschmied, Seigerschmid, Seigerschmidt
W: *Schmied*
Syn: Seigermacher, UHRMACHER*

Lit: Barth 1:920; DudenFN 616; Gottschald 456; Grimm 16:197 (Seiger); Krünitz 152:686 (Seiger); Linnartz 216; Volckmann (1921) 128, 130

Seigersteller Seegersteller 'städtischer Angestellter, der die öffentlichen Uhren aufzieht und stellt' ❖ mnd. *seigersteller, seiersteller* 'der die Uhr zu stellen hat'
Syn: Uhrsteller

Lit: Barth 1:920; Grimm 16:203; Schiller-Lübben 4:174

Seigner ↗ Segner

Seildreher 'Seiler'; nach der Drehbewegung bei der Herstellung
W: *Dreher*
Syn: SEILER, Seilwinder

Lit: Grimm 16:219

SEILER Sailer, Sayler, Seeler, Seheler, Sehler, Seyler; lat. *cordarius, funarius, funicularius, funifex, restiarius, resticularius, restio* 'Handwerker, der dünne, kurze Seile und Schnüre herstellt'; ein anderes Handwerk als das der Reepschläger; die Seile wurden aus Hanf, Flachs oder Pferdehaaren hergestellt. Da die Seile geteert waren und dazu Pech benötigt wurde, erzeugten sie auch Wagenschmiere und Pechfackeln ❖ mhd. *seiler* 'Seiler'; mnd. *sêl* 'Seil', *selen* 'seilen'
FN: Seiler, Seiller, Sailer, Seyler, Sayler, Seeler
W: *Landseiler, Spitzseiler*
Syn: Gordeler, Kabeldreher, Kordelmacher, Landseiler, Lienschläger, Reeper, Reepschläger, Reifer, Reifschläger, Röper, Seildreher, Seilmacher, Seilwinder, Sieler, Spitzarbeiter, Stockarbeiter, Stricker, Strickmacher, Tauschläger

Lit: Adelung 4:37; Barth 1:920; Diefenbach 252, 495; DudenFN 614, 616; Gottschald 456; Grimm 16:221; Grönhoff (1966) 17; Heydenreuter (2010) 194; Hornung (1989) 119; Krünitz 153:9; Linnartz 216; Palla (2010) 204; Pies (2005) 157; Reith (2008) 188; Schiller-Lübben 4:182; Volckmann (1921) 98

Seilfahrer Seilfarer, Seilgänger, Seilgeher 'herumziehender Artist, der bes. auf Jahrmärkten seine Kunst als Seiltänzer vorführt'; zu *fahren* 'auf Reisen sein, wandern, reisen', vgl. *fahrende Leute* 'herumziehende Spielleute, Gaukler, Seiltänzer usw.'
W: *Fahrer*
Syn: GAUKLER

Lit: Barth 1:920; Grimm 16:223; Krünitz 153:20 (Seiltänzer); Zedler 36:1540

Seilfarer ↗ Seilfahrer

Seilgänger ↗ Seilfahrer

Seilgeher ↗ Seilfahrer

Seilmacher Seilmaker, Zelenmecker 1. 'Seiler, Reeper'. 2. 'Segelmacher' ❖ 1. mnd. *selemeker* 'Seiler'; 2. zu mnd. *seil*, kontrahiert aus *segel*
Syn: SEILER

Lit: Barth 1:921; Grimm 16:224; Heilfurth (1981) 54; Linnartz 216 (Seiler); Schiller-Lübben 4:174

Seilmaker ↗ Seilmacher

Seiltrager ↗ Seilträger

Seilträger Seiltrager 1. 'herumziehender Händler, der Seilerwaren verkauft'. 2. 'Treidler, der die Schiffe flussaufwärts zieht'. 3. 'ein Mitglied der Schiffsbesatzung in der Flussschifffahrt'
W: *Träger*
Syn: TREIDLER

Lit: Idiotikon 14:589; Neweklovsky (1964) 121, 346

Seilwinder Zelewinder 'Seiler'; nach der Drehbewegung bei der Herstellung ❖ zu mhd. *winden* 'winden, drehen', *winder* 'Arbeiter an einem Kran'; niederdt. *sele-, zele-* zu mnd. *selen* 'seilen'

FN: Seelbinder, Seelenbinder
W: Winder
Syn: Seildreher, SEILER

Lit: Gottschald 456; Schiller-Lübben 4:182

Seimer Semer 1. 'Handwerker, der aus den Honigwaben den Honig gewinnt'. 2. 'Handwerker, der aus Honig Met herstellt' ❖ zu mhd. *seim* 'Honigseim, Honig'; urspr. bedeutet *Seim* eine 'klebrige Flüssigkeit'
W: Honigseimer

Lit: Adelung 4:37 (seimen); Barth 1:921; Grimm 16:228; Krünitz 153:25 (Seim); Volckmann (1921) 36

Seitzweber ↗ Zitzweber

Sekkelmeister ↗ Säckelmeister

Sekler ↗ Säckler

Sekretär Secretair, Secretär, Segretari; lat. *secretarius* 'herrschaftlicher oder städtischer Beamter, der die vertraulichen Schriften verwaltet'; seit dem 18. Jh. allgemein für *Schreiber*; für *Sekretär* setzte sich *Geheimschreiber* durch ❖ mlat. *secretarius* 'Geheimschreiber, der das Geheimsiegel führt', aus lat. *secretus* 'abgesondert, getrennt, geheim', zu lat. *secernere* 'trennen, ausscheiden'
Syn: Geheimschreiber

Lit: Adelung 4:5; Barth 1:921; Diefenbach 523; Idiotikon 7:680

Sekretfäger ↗ Sekretfeger

Sekretfeger Sekretfäger 'Person, die (nachts) die Abtritte reinigt und den Unrat entfernt'; zu *Sekret* 'Geheimnis; Geheimsiegel', auch 'geheimer Ort', davon die Bedeutung 'Abtritt' ❖ lat. *secretum* 'Geheimes, Abgeschlossenes'
W: Feger
Syn: ABTRITTRÄUMER

Lit: Adelung 4:5 (Secret); Barth 1:922; Grimm 16:403 (Sekret); Krünitz 151:643 (Secret)

Sekretgraber ↗ Sekretgräber

Sekretgräber Sekretgraber ↗ 'Sekretfeger'
W: *Gräber*
Syn: ABTRITTRÄUMER

Lit: Barth 1:922

Selcher 'Fleischer, der vor allem geräuchertes Fleisch produziert'; noch heute im bayr.-österr. Standarddeutsch ❖ zu mhd. *sëlhen* 'trocken sein, dürr machen'
FN: Selcher, Selchert, Silcher
W: Fischselcher, Fleischselcher
Syn: METZGER

Lit: Adelung 4:51 (selchen); Barth 1:923; Gottschald 456; Grimm 16:510; Linnartz 216; Schmeller 2:266; Volckmann (1921) 24, 34

Seldener ↗ Seldner

Selder ↗ Seldner

Selderer ↗ Seldner

Seldmann Seelmann, Selmann, Sölmann ↗ 'Seldner' ❖ mhd. *selman, seldenman* 'Seldener'
FN: Seltmann, Sellmann, Seldmann, Seltmann, Seldenmann
W: *Mann*
Syn: Seldner

Lit: Barth 1:923; DudenFN 618; Gottschald 456; Linnartz 216

Seldner Seldener, Selder, Selderer, Soldener, Söldener, Sölder, Söldner, Söllner 1. 'Besitzer eines kleinen Hauses ohne landwirtschaftlichen Grund, der zugleich als Taglöhner arbeitet'; eine *Sölde* war entweder ein Häuschen für landwirtschaftliche Taglöhner oder ein sehr kleines Gut (Sechzehntel- oder Achtelhof), das als Einkommen nicht ausreichte; urspr. Herberge, die der Besitzer für die Taglöhner errichtete. 2. 'Besitzer einer Salzsölde'; d.i. ein kleines Haus nahe einem Salzbergwerk mit dem Recht, eine gewisse Menge Salz zu sieden; in der Gegend von Halle ❖ zu mhd. *selde, selede, sölde* 'Wohnung, Haus, Herberge; Bauernhaus, Hütte sowie der dazugehörige Grund und Boden'

FN: Seldner, Söldner (selten zu *Söldner* 'Soldat'), Seltner, Söltner, Selter, Sellner, Söllner, Söller
Syn: KLEINBAUER*, Seldmann

Lit: Adelung 4:131; Barth 1:923; DudenFN 617, 628; Gottschald 456; Grimm 16:513, 1445; Höfer 3:144; Krünitz 155:451; Linnartz 216; Schmeller 2:268, 269, 270

Selknecht Seelknecht 1. 'Beamter, der im Auftrag des Rates oder des Gerichts Botendienste erledigt'. 2. 'Gerichtsbeamter, der Häftlinge nach der Verurteilung ins Gefängnis bringt' ❖ zu mhd. *selde* ↗ Seldner
W: KNECHT
Syn: BÜTTEL

Lit: Barth 1:923; Grimm 16:537; Schmeller 2:255

Seller 'Altwarenhändler, Trödler'; Kleinhändler — niederdt.; bes. in Zusammensetzungen ❖ zu mnd. *sellen* 'als Eigentum übergeben; veräußern, im Einzelnen verkaufen', vgl. engl. *to sell*
FN: Seller, Sellerer
W: Bierseller, °Fischseller, Gorteseller, Kleiderseller, Salzseller
Syn: KRÄMER

Lit: Barth 1:923; DRW 3:561 (Fischseller); DudenFN 618; Gottschald 456; Grimm 16:539; Linnartz 216; Schiller-Lübben 4:183; Schiller-Lübben 5:260 (vischseller)

Selmann ↗ Seldmann

Selzer ↗ Salzer

Semeler ↗ Semmler

Semer ↗ Seimer

Semeschgerwer ↗ Sämischgerber

Semischgerber ↗ Sämischgerber

Semmelbäcker Semmelbeck, **Semmelbecker** 'Weißbrotbäcker'
FN: Semmelbeck
W: BÄCKER*
Syn: Semmler, Weißbäcker

Lit: Barth 1:924; Grimm 16:563; Volckmann (1921) 20

Semmelbeck ↗ Semmelbäcker

Semmelbecker ↗ Semmelbäcker

Semmler Semeler, Simeler, Simmeler 'Weißbrotbäcker' ❖ mhd. *sëmeler* 'Weißbrotbäcker', zu mhd. *sëmele sëmel* 'feines Weizenmehl; Weizenbrot'; aus lat. *simila* 'feines Weizenmehl'; die urspr. Bedeutung bezieht sich auf das Mehl und geht erst später auf das daraus Gebackene über
FN: Semler, Semeler, Semmel, Semmler, Simeler, Simmler, Simmeler, Simmel, Sämel, Semle
Syn: BÄCKER*, Semmelbäcker, Weißbäcker

Lit: Barth 1:924; DudenFN 618, 625; Gottschald 456; Grimm 16:568; Kluge 843 (Semmel); Linnartz 216; Pies (2002d) 26; Reith (2008) 25; Volckmann (1921) 20

Sender 'Fuhrunternehmer'; bes. im Kompositum ↗ Salzsender ❖ mhd. *sender* 'Absender'
FN: Sender, Sendtner
W: Salzsender
Syn: SPEDITEUR*

Lit: DudenFN 618; Grimm 16:577; Linnartz 217; Schmeller 2:305

Sendherr ↗ 'Sendrichter, der den Vollzug des Urteils veranlasst'
W: Herr
Syn: Sendrichter

Lit: Adelung 4:55; Barth 1:924; Grimm 16:577; Krünitz 153:209

Sendrichter 'Richter in einem Sendgericht'; d.i. ein geistliches Gericht, das über Verfehlungen im Zusammenhang mit kirchlichen Verpflichtungen urteilte ❖ zu *Send*, kurz für *Sendgericht*, aus lat. *synodus* 'geistliche Versammlung', später 'Rügegericht'
W: Richter
Syn: Sendherr

Lit: Adelung 4:55; Barth 1:925; Grimm 16:578; Koeniger (1907) 1; Krünitz 153:210

Sendschöffe Sendschöppe 'Beisitzer, Schöffe in einem Sendgericht' ❖ ↗ Sendrichter
W: Schöffe

Lit: Adelung 4:56; Barth 1:925; Pies (2001) 24; Pies (2005) 113

Sendschöppe ↗ Sendschöffe

Senfer Senfmacher, Senfmecher 'Handwerker, der Senf herstellt und damit handelt'; vereinzelt auch heute noch vorkommend

Lit: Grimm 16:582; Volckmann (1921) 294

Senfmacher ↗ Senfer

Senfmecher ↗ Senfer

Senfmenger ↗ Menger

Senfmüller ↗ Müller

Sengstschmied ↗ Sensenschmied

Senkeler ↗ Senkler

Senkelmacher ↗ Senkler

Senker 'Fischer, der mit dem Senknetz fischt'; *Senker* sind 1. Metallgewichte zum Beschweren des Fischnetzes, 2. Fischnetze an Stangen, mit denen sie ins Wasser gesenkt werden können
Syn: Fischer*

Lit: Adelung 4:58; Barth 1:9250; Grimm 16:595

Senkler Senkeler, Senkelmacher 1. 'Handwerker, der Schuhbänder, Schnürsenkel und Riemen herstellt'. 2. 'Handwerker, der Metallbeschläge und Schnallen für die Riemen herstellt'. 3. 'Fischer, der das Senknetz verwendet' — Die Tätigkeiten gingen oft ineinander über, sodass die Senkler sowohl zu den *Riemern* und *Nestlern* (arbeiteten mit Leder und Bändern) als auch zu den *Gürtlern* (arbeiteten mit Metall) gehören konnten ❖ zu mhd. *senkel* 'Senkel, Nestel', verwandt mit dem Verb *senken*; der *Senkel* ist urspr. ein 'Mittel zum Senken, um etwas ins Lotrechte zu bringen', wozu ein Stück Metall (das Lot) am Ende diente; ebenso wurde der Schnürsenkel mit einem Metall am Ende ausgestattet
FN: Senkler, Senckler
Syn: GÜRTLER, Riemer

Lit: Adelung 4:58; Barth 1:925; Grimm 16:596; Kluge 843 (Senkel); Krünitz 153:236; Linnartz 217; Pies (2005) 122; Volckmann (1921) 123

Sensal 'Makler für Kurs- und Warengeschäfte'; heute noch österr. ❖ ital. *sensale* 'Handelsmakler', über arab. *simsâr* aus dem Persischen
W: °Wechselsensal
Syn: MAKLER

Lit: Adelung 4:59; Barth 1:926; DudenFW 1229; Ebner (2009) 343; Grimm 16:604; Krünitz 153:253

Sensenschmid ↗ Sensenschmied

Sensenschmied Segensenschmied, Segesenschmidt, Sengstschmied, Sensenschmid, Sensensmyd; lat. *falcarius* 'Handwerker, der Sensen, Sicheln und Strohmesser herstellt'; nach der Schmiedetechnik unterscheidet man blaue (aus Österreich) und weiße (aus dem Bergischen Land) Sensen; die Formen mit *Segensen-* sind vor allem schweizerisch, mit *Sengst-* vor allem österreichisch ❖ zu mhd. *sëgense* 'Sense', mhd. *sëgensmit* 'Sensenschmied'
FN: Sensenschmidt, Sensenschmitt, Seissenschmidt, Seißenschmidt
W: Schmied
Syn: Happenmacher, Segisser

Lit: Adelung 4:59; Ast/Katzer (1970) 134; Barth 1:926; Diefenbach 223; DudenFN 619; Frühmittellat. RWb; Gottschald 457; Grimm 16:111 (Segense), 611; Haid (1968) 183; Idiotikon 9:863; Krünitz 152:257; Linnartz 217; Palla (2010) 207; Pies (2005) 144; Reith (2008) 258

Sensensmyd ↗ Sensenschmied

Sergedrommacher Sargedromacher, Sargedrömacher, Sargedrommacher, Sarschendrömacher ↗ 'Sergenweber' ❖ zusammengezogen aus *Serge de Rome*, das meist zu *Serge* verkürzt wurde
Syn: Sergenmacher, Sergenweber

Lit: Jacobson (1784) 4:146 (Serge de Rome)

Sergenmacher ↗ 'Sergenweber'
Syn: Sergedrommacher, Sergenweber

Lit: Barth 1:927

Sergenweber Sargenweber, Sarschenweber, Sergeweber, Serschweber 'Weber, der Serge, einen leichten, geköperten Wollstoff mit Leinen und Seide gemischt, herstellt' ❖ mhd. *sergenwëber* 'Sarschenweber', zu mhd. *serge, scharse*, aus franz. *serge*, lat. *serica* 'Seidenstoffe', griech. *sērikós*, nach dem ostasiatischen Volksstamm der Serer, der für die Seidenherstellung bekannt war
W: WEBER
Syn: Sergedrommacher, Sergenmacher
Vgl: Sartuchweber

Lit: Adelung 3:1282 (Sarsche); Barth 1:927; Duden-FW 1232; Grimm 14:1802 (Sarsche); Grimm 16:626; Krünitz 136:615; Palla (1994) 309; Pies (2005) 179; Volckmann (1921) 78

Sergeweber ↗ Sergenweber

Serschweber ↗ Sergenweber

-seß ↗ Sasse

Sesselschreiber 'Schreibkundiger, der auf dem Markt gegen Bezahlung Briefe und andere Texte verfasst'; schweiz.; *Sessel* in der in Österreich heute noch üblichen Bedeutung 'Stuhl'
W: Schreiber
Syn: Kistenschreiber, Stuhlschreiber

Lit: Barth 1:928; Grimm 16:634; Idiotikon 9:1553

Sesselträger 'Träger, der Personen in Sänften transportiert'
W: Träger

Lit: Barth 1:928; de Luca (1787) 330; Grimm 16:635; Hartmann (1998) 206; Palla (2010) 208; Schmeller 2:332; Vieser/Schautz (2010) 187; Wiener Berufe

Seßmann ↗ Sessmann

Sessmann Seßmann 1. 'Besitzer eines Sesslehens'; d.i. ein Lehen, das zur Anwesenheit verpflichtet, im Ggs. zum Lehen, dessen Besitzer z.B. zum Kriegsdienst berufen ist. 2. ↗ 'Hintersasse' ❖ mhd. *sëʒman* 'Eingesessener, Einwohner; Inhaber eines *sëʒlêhens*'
W: Mann

Lit: Barth 1:928

Seßstaller ↗ Sessstaller

Sessstaller Seßstaller, Seßtaler, Seßthaler, Sestaller, Sößstaller, Sößtaler, Sößthaler 1. 'Schiffer, der in der Bootsmitte oder vorne am Kranz steht oder sitzt und das Schiff steuert'. 2. 'Schiffsführer eines Salzschiffes'. 3. 'Treidler, der vom ersten Schiff des Schiffszugs aus Anweisungen für das Ziehen der Seile mit den Pferden gibt'; zu *Sessstall* 'die offengelassene Stelle im Schiff, die sich in der Mitte an der breitesten Stelle befindet, um hier eingedrungenes Wasser zu schöpfen', dazu verwendete man die *Sess*, ein löffel- bzw. schaufelförmigen Gerät ❖ zu ital. *sessola* 'Schaufel' und mhd. *stal* 'Stall; Stelle'
Syn: TREIDLER

Lit: Barth 1:928; Grimm 16:641; Neweklovsky (1952) 122; Neweklovsky (1964) 93, 346; Riepl (2009) 378; Schmeller 2:332; Volckmann (1921) 237; WBÖ 4:492

Seßtaler ↗ Sessstaller

Seßthaler ↗ Sessstaller

Sestaller ↗ Sessstaller

Sester ↗ Sesterer

Sesterer Sester 'Böttcher, Fassbinder' ❖ zu mhd. *sëhster, sëster* 'ein Trocken- oder Flüssigkeitsmaß', aus lat. *sextarius* 'Sechstel, bes. eines Flüssigkeitsmaßes'
FN: Sester, Sesterer, Sister, Sisterer
Syn: BÖTTCHER

Lit: Adelung 4:62 (Sester); Barth 1:928; Gottschald 457; Grimm 16:635 (Sester); Idiotikon 7:1412; Krünitz 153:466 (Sester); Kunze 123; Linnartz 217; Pies (2005) 34

Seteler ↗ SATTLER

Setzer Sezer 1. 'Komponist, Tonsetzer'. 2. 'Schriftsetzer'. 3. 'Person, die die Preise und Gewichte überwacht'. 4. 'Beamter, der die Höhe der Steuern festsetzt und eintreibt'. 5. 'Landarbeiter, der das Heu aufschichtet'. 6. 'Bergmann, der Gestein gewinnt, indem er es durch Feuer erhitzt'; er

setzt Feuer ❖ mhd. *setzer* 'Setzer, Aufsteller, taxator'; mhd. *setzen*
FN: Setzer
W: Aufsetzer, Buchsetzer, Dammsetzer, Fleischsetzer, Fudersetzer, Granatrosensetzer, Haufensetzer, Holzsetzer, Kammsetzer, Kardensetzer, Kopfsetzer, Schatzsetzer, Schriftsetzer, Siebsetzer, Stakensetzer, Steinsetzer, Steuersetzer, Tonsetzer, Wegsetzer
Syn: Schätzer

Lit: Adelung 4:66; Barth 1:928; DudenFN 619; Gottschald 458; Grimm 16:688; Krünitz 37:618; Krünitz 153:489; Linnartz 218; Werner (2000)

Setzmann 'Schiedsrichter, Vermittler' ❖ zu mhd. *setzen* 'ihn in einer Sache zum Schiedsrichter wählen'
W: Mann

Lit: Hoffmann Wb 5:223

Setzschäfer 'Schafhirt, der in der herrschaftlichen Herde auch eigene Schafe hütet und aus dem Erlös der Wolle einen festgesetzten Anteil erhält' ❖ zu mhd. *setzen* 'verordnen, bestimmen', vgl. mhd. *setzunge* 'Satzung'
W: Schäfer
Syn: Mengeschäfer
Ggs: Lohnschäfer, Triftschäfer

Lit: Adelung 4:67; Barth 1:928; Grimm 16:694; Krünitz 153:459, 474 (setzen)

Setzschiffer Setzschipper 1. 'Schiffsführer in einem Schiff eines anderen Besitzers oder auf fremde Rechnung'. 2. 'Schiffsführer in Stellvertretung des Steuermannes' ❖ zu *setzen* in der Bedeutung 'stellvertretend (in ein Amt) einsetzen'

Lit: Adelung 4:67; Barth 1:928; Hoffmann Wb 5:223; Krünitz 153:495

Setzschipper ↗ Setzschiffer

Setzschulze 'Schulze, der vom Grundherrn eingesetzt wurde und wieder abgesetzt werden kann'; Vorläufer des gewählten oder mit Richterbefugnis ausgestatteten Dorfschulzen (18. Jh.); zu *setzen* in der Bedeutung '(in ein Amt) einsetzen' ❖ mhd. *setzen* 'ihm eine Sache übertragen, ihn bevollmächtigen'

W: *Schulze*
Vgl: Dorfschulze

Lit: Grimm 16:643

Setzwirt 'Bauer, der eine Wirtschaft stellvertretend für die Kinder führt'; damit konnte auch eine Heirat mit der Witwe des Hofbesitzers verbunden sein
W: WIRT
Syn: Interimswirt

Lit: Barth 1:928

Seuffner ↗ Seifer

Seuner ↗ Segner

Seuter ↗ Sauter

Sevemaker ↗ SIEBMACHER

Sewhührdt ↗ Sauhirt

Seydenstricker ↗ Seidenstricker

Seyermacher ↗ Seigermacher

Seyermaker ↗ Seigermacher

Seyler ↗ SEILER

Sezer ↗ Setzer

Sibber ↗ Sieber

Siber ↗ Sieber

Siberer ↗ Sieber

Sichelschmied Sichelsmit; lat. *falcarius* 'Handwerker, der Sicheln herstellt' ❖ mhd. *sichelsmit* 'Sichelschmied'
FN: Sichelschmidt
W: *Schmied*
Syn: Happenmacher, Sichler

Lit: Barth 1:931; Gottschald 458; Grimm 16:717; Linnartz 218; Pies (2005) 132; Reith (2008) 171

Sichelsmit ↗ Sichelschmied

Sichler ↗ 'Sichelschmied' ❖ Ableitung von mhd. *sichel* 'Sichel', aus lat. *sicilis* zu lat. *secare* 'schneiden'
Syn: Sichelschmied
Lit: Idiotikon 7:190

Sichtemüller 'Müller, der durch Trennen von groben Bestandteilen Feinmehl herstellt' ❖ zu *sichten* 'sieben', mnd. *sichten* 'das Mehl beuteln'
W: *Müller*
Lit: Adelung 4:81 (sichten); Grimm 16:744; Paul 797 (sichten); Schiller-Lübben 4:203

Sichter 1. 'Bäckergeselle, der das von der Mühle geschrotete Mehl siebt'. 2. 'Schnitter, der mit Sichel Getreide schneidet' ❖ 1.: ↗ Sichtemüller; 2.: mnd. *sichter* 'der mit der *sichte* Korn abmäht', mnd. *sichte* 'Sichel'
Lit: Adelung 4:81; Barth 1:931; Grimm 16:747; Krünitz 153:568; Schiller-Lübben 4:203

Sidenneher ↗ Seidennäher

Sidensticker ↗ Seidensticker

Sidler ↗ Sudler

Siebemecher ↗ SIEBMACHER

Siebener ↗ Siebner

Sieber Sibber, Siber, Siberer, Sieberer, Siebler 1. ↗ 'Siebmacher'. 2. 'Person, die siebt'
FN: Sieber, Siber, Sibber, Sieberer, Siebler, Siberer
W: *Haarsieber*
Syn: SIEBMACHER
Lit: Barth 1:932; DudenFN 621; Gottschald 458; Grimm 16:835; Hornung (1989) 120; Linnartz 218; Palla (2010) 209; Pies (2005) 160; Reith (2008) 58; SteirWb 595; Volckmann (1921) 164

Sieberer ↗ Sieber

Siebler ↗ Sieber

SIEBMACHER Sevemaker, Siebemecher, Sübmacher; lat. *cribrarius* 'Handwerker, der aus Pferdehaaren oder Draht feine Siebe herstellt'; die Siebe wurden in einen Holzrahmen eingespannt. Siebe nur aus Draht stellten die Kupferschmiede her
FN: Siebmacher
Syn: Rader, Rädermacher, Reiterer, Sieber, Siebner, Simmer, Simmermacher
Lit: Adelung 4:86; Diefenbach 157; Frühmittellat. RWb (cribrare); Grimm 16:837; Palla (2010) 209; Pies (2005) 160; Reith (1990) 58; Volckmann (1921) 164

Siebner Siebener 1. 'Landvermesser'. 2. 'Beamter oder beeidetes Gemeindemitglied, das Grundstücksgrenzen festsetzt und Grenzstreitigkeiten beilegt'; Kontrollgremien, wie die ↗ Feldgeschwornen, bestanden meist aus sieben Personen, daher hießen in manchen Gegenden die Mitglieder *Siebener*. 3. 'Handwerker, der Siebe herstellt'
Syn: FELDSCHEIDER, SIEBMACHER
Lit: Adelung 4:84; Grimm 16:804; Krünitz 153:701

Siebreifschneider 'Handwerker, der die Reifen für die Umrandungen großer Siebe herstellt'
W: *SCHNEIDER*
Syn: Reifenmacher, Zargenschneider
Lit: Riepl (2009) 379

Siebsetzer 'Arbeiter im Hüttenwerk, der das gewonnene Erz siebt, um Erz vom tauben Gestein zu trennen'
W: *Setzer*
Lit: Adelung 4:85; Grimm 16:837; Krünitz 153:721

Siechenknecht 'Hilfskraft in einem Krankenhaus'; bei Pestepidemien auch als Leichenträger eingesetzt ❖ zu mhd. *siech* 'krank, aussätzig'
W: *KNECHT*
Syn: Hospitalknecht, Spitalknecht, Spittelknecht

Siechenmeister Siechmeister; lat. *aegrotarius* 1. 'Vorsteher eines Krankenhauses'. 2. 'Krankenpfleger in einem Kloster' ❖ mhd. *siechmeister* 'Aufseher eines *siechhûses* (in einem Mönchskloster)'
W: *Meister*
Lit: Adelung 4:87 (Siechhaus); Barth 1:932; Grimm 16:852; Idiotikon 4:525

Siechenpfleger 'Verwalter eines Krankenhauses' ❖ mhd. *siechenphlëger* 'Aufseher, Vorstand eines Sondersiechenhauses'
W: PFLEGER
Syn: SPITALMEISTER

Lit: Idiotikon 5:1236

Siechenpropst 'Vorstand eines Krankenhauses' ❖ zu mhd. *probst, probest, brobest* 'Aufseher'
W: Propst
Syn: SPITALMEISTER

Lit: Schmeller 1:466

Siechenscherer 'Arzt in einem Krankenhaus'; der *Scherer* ist urspr. ein 'Barbier', der Übergang zu 'Bader' und 'Arzt' ist fließend ❖ zu mhd. *schërære, schërer* 'Scherer, Barbier'
W: ARZT*, Scherer

Lit: Idiotikon 8:1137

Siechmeister ↗ Siechenmeister

Siedeherr 'Besitzer einer Saline'; bezeichnet nach der Produktionsart, dem *Salzsieden*
W: Herr
Syn: Salzsieder

Lit: Fellner 540

Sieder 'Handwerker, der durch Sieden etwas produziert'; nur in Zusammensetzungen; bes. häufig im Zusammenhang mit Salinen (*Salzsieder*), weiters mit Produkten aus alten chemischen Verfahren (wie Seife, Tran, Salpeter, Leim, Alaun), seltener mit Lebensmitteln (Kutteln, Met, Zucker) ❖ zu mhd. *sieden* 'sieden, wallen, kochen'
W: Alaunsieder, Beinsieder, Essigsieder, Fischbeinsieder, Flecksieder, Flusssieder, Garnsieder, Germsieder, Kaffeesieder, Kalksieder, Kuttelflecksieder, Leimsieder, Metsieder, Pechsieder, Pottaschesieder, Salitersieder, Salpetersieder, Salsensieder, Salzsieder, Seifensieder, Transieder, Vitriolsieder, Weißsieder, ZUCKERSIEDER

Lit: Adelung 4:89; Barth 1:932; Grimm 16:881; Krünitz 154:15; Schmeller 2:227; Schraml (1932); Schraml (1934) 126

Siegelbewahrer ↗ Siegelverwahrer

Siegeler ↗ Siegler

Siegelgraber ↗ Siegelgräber

Siegelgräber Siegelgraber, Siegelgreber, Sigillgraber 'Graveur, Künstler, der Zeichnungen in Stein oder Metall graviert; Stein-, Stempelschneider'; zu *graben* in der schon alten Bedeutung 'gravieren, ritzen, schneiden', mhd. *sigelgreber* 'Siegel-, Stempelgraber'
W: *Gräber*
Syn: PETSCHIERER

Lit: Barth 1:933; Grimm 8:1566 (graben); Grimm 16:905, 964 (Sigill); Krünitz 154:53; Volckmann (1921) 135

Siegelgreber ↗ Siegelgräber

Siegelmeister 'Beamter, der Waren vor dem Verkauf kontrolliert, bes. Lebensmittel, Tuch'; die Waren wurden mit dem Siegel des Kontrollamts versehen ❖ zu mhd. *sigel* 'Siegel, Stempel', aus lat. *sigillum*, Diminutiv zu *signum* 'Zeichen'
W: *Meister*
Syn: Siegler, VISIERER

Lit: Volckmann (1921) 86

Siegelschneider Sigelschneider 'Graveur, der Handstempel und Wappen anfertigt'; auch in der Verbindung *Siegel- und Wappenschneider*
W: SCHNEIDER
Syn: PETSCHIERER

Lit: Barth 1:933; Grimm 16:910; Idiotikon 9:1134; Palla (1994) 310

Siegelstecher 'Graveur, Künstler, der Zeichnungen in Stein oder Metall graviert; Stein-, Stempelschneider'
W: Stecher
Syn: PETSCHIERER

Lit: Barth 1:933; de Luca (1787) 332

Siegelverwahrer Siegelbewahrer 'Leiter einer Kanzlei'; urspr. 'der das Siegel einer Gemeinschaft verwahrt'

W: Verwahrer
Syn: Siegler
Lit: Adelung 4:90; Barth 1:933

Siegler Siegeler, **Sigler** 1. 'Kanzleibeamter, der Schriftstücke zu siegeln hat'. 2. 'Beamter, der die auf den Markt gebrachten Tuche prüft und mit dem Siegel versieht'. 3. 'Handwerker, der Siegel graviert und Stempel schneidet; Graveur' ❖ mhd. *sigeler* 'sigillator, sigillefer'
FN: Siegler
Syn: Lakenwardein, Lauenstreicher, Legemeister, PETSCHIERER, Siegelmeister, Siegelverwahrer
Lit: Adelung 4:90; Barth 1:934; DudenFN 622; Gottschald 460; Grimm 16:941; Idiotikon 7:505; Krünitz 154:87; Linnartz 219; Volckmann (1921) 86

Sieler 1. 'Handwerker, der das Riemenwerk für Zugtiere herstellt'. 2. 'Person, die die Entwässerungsanlagen und Schleusen betreut'; norddt., zu *Siel* 'Schleuse, Abzugsgraben' ❖ 1.: Ablautform zu *Seil*; 2.: zu mnd. *sîl* 'Siel, Vorrichtung, um Wasser zu stauen oder durchzulassen'; aus dem Friesischen, verwandt mit *seihen*
FN: Sieler, Siller
Syn: SEILER
Lit: DudenFN 623, 625; Gottschald 461; Grimm 16:952, 953; Kluge 848 (Siel, Siele); Linnartz 219; Schiller-Lübben 4:206

Sielgeschworener 'behördlich beauftragter Aufseher über die Deichschleusen'; norddt. ❖ ↗ Sieler
W: Geschworener
Syn: Wassergeschworener, Wassergraf
Lit: Adelung 4:93; Barth 1:934; Grimm 16:957; Krünitz 154:91

Sielrichter 'von der Gemeinde gewählter Aufseher über die Deichschleusen'; norddt. ❖ ↗ Sieler
W: Richter
Lit: Barth 1:934; Grimm 16:957

Sielzimmermann 'Zimmermann, der die Schleusentore in Deichen baut und repariert'; niederdt. ❖ ↗ Sieler
W: ZIMMERMANN
Lit: Grimm 16:952 (Siel); Kluge 848 (Siel)

Sigelschneider ↗ Siegelschneider

Sigillgraber ↗ Siegelgräber

Sigler ↗ Siegler

Sigrist 'Person, die die Kirche und die Glocken versorgt, den Gottesdienst u.a. kirchliche Feiern vorbereitet'; heute noch schweiz. ❖ mhd. *sigriste, sigrist* 'Küster', aus mlat. *sacrista*, zu lat. *sacrum* 'das Heilige'
FN: Sigrist
Syn: KÜSTER
Lit: Adelung 3:1242 (Sacristan); Barth 1:935; Grimm 16:966; Idiotikon 7:508; Schmeller 2:244

Silberabtreiber 'Hüttenarbeiter, der Silber von Blei scheidet'; zur Trennung von Silber und Kupfer wurde Silber mit Blei legiert (↗ Seigerabtreiber). Durch Erhitzen konnte das Silber-Blei-Gemisch vom Kupfer, das sich bei geringer Temperatur nicht verflüssigen lässt, getrennt werden. Um das Silber zu gewinnen, ließ man das Blei oxidieren
W: Abtreiber, Seigerabtreiber
Lit: Barth 1:935; Grimm 16:984

Silberauspracker 'Handwerker, der Silberblech zu feinen Blättchen schlägt' ❖ zu mhd. *bræchen, præchen* 'prägen', wobei eine bair. Nebenform *braeken* anzunehmen ist
W: Auspracker
Syn: Silberschlager
Lit: WBÖ 3:715

Silberblätter ↗ Silberplätter

Silberborner ↗ Silberbrenner

Silberbote Silberbothe, Silberbott 1. 'Amtsbote'; angeblich nach dem silbernen Amtsabzeichen. 2. 'im Bergbau der Bote, der die

Beiträge der Gewerken (Zubußen) einzieht und zustellt'
Syn: Bergbote, BOTE*

Lit: Barth 1:935; Bergmännisches Wb 63; Grimm 16:992; Krünitz 154:224; Veith 449

Silberbothe ↗ Silberbote

Silberbott ↗ Silberbote

Silberbrenner Silberborner, Sulverberner
1. 'Hüttenarbeiter, der Silber durch Schmelzen reinigt'. 2. 'Beamter des Landesherren, der den Ertrag des silberhaltigen Erzes schätzt sowie Gewicht und Wert von Silber feststellt'; diese Aufgabe hatte zugleich auch der Schmelzer ❖ mhd. *silberbrenner*; die Form '-borner' zu mnd. *bernen* 'brennen'; mnd. *sulverberner, -borner* 'der das Silber brennt; Silber-, Goldschmied'
FN: Silberbrenner
W: Brenner
Syn: Silberschmelzer

Lit: Adelung 4:95; Barth 1:935; Gottschald 461; Grimm 16:993; Krünitz 154:224; Linnartz 219; Schiller-Lübben 1:397; Schiller-Lübben 4:464; WBÖ 3:890; Zedler 37:1252

Silber-Cämmerling ↗ Silberkämmerer

Silberdiener 'Bediener in der fürstlichen Silberkammer, der für die Pflege des Silbers und Silbergeschirrs verantwortlich ist'
W: *Diener*
Syn: Silbergehilfe, Silberknecht

Lit: Adelung 4:95; Barth 1:935; Grimm 16:994; Krünitz 154:227

Silberdrahtzieher ↗ 'Drahtzieher, der Silberdrähte herstellt'; häufig in der Zusammensetzung *Gold- und Silberdrahtzieher*; über unechte (leonische) Silberdrähte ↗ Golddrahtzieher
W: DRAHTZIEHER

Lit: Reith (2008) 60

Silberdrechsler ↗ *Drechsler*

Silbergehilfe Silbergehülfe; lat. *argentarius* 'Gehilfe des ↗ Silberkämmerers oder des Silberdieners'
Syn: Silberdiener, Silberknecht

Lit: Adelung 4:96; Barth 1:935; Diefenbach 47; Frühmittellat. RWb; Grimm 16:1002

Silbergehülfe ↗ Silbergehilfe

Silbergradierer 'Silberschmied, der darauf spezialisiert ist, Gravuren auf der Metalloberfläche anzubringen'; zu *gradieren* 'in eine höhere Qualitätsstufe (Grad) bringen, veredeln, konzentrieren'; bei Gold und Silber ist gemeint, 'durch eine Veränderung des Farbtons eine gesteigerte ästhetische Wirkung erzielen'

Lit: Grimm 8:1686 (gradieren); Reith (2008) 106

Silberkämmerer Silber-Cämmerling 'fürstlicher Angestellter, der die Silberkammer verwaltet'; in der Silberkammer wurden Silbergeschirr, Silbergegenstände und Silbergeld verwaltet
W: Kämmerer

Lit: Adelung 4:97; Barth 1:935; Grimm 16:1015; Krünitz 154:294

Silberkistler 'Silberschmied, der Behälter für Silbergeräte (Dosen u.Ä.) oder die Grundkonstruktion für Altäre oder Möbel herstellt'; dazu gehörte auch die Innenausstattung der Gefäße mit Schildkrot u.Ä.
W: Kistler

Lit: Barth 1:936; Grimm 16:1016; Reith (2008) 106

Silberknecht ↗ 'Silbergehilfe'
W: KNECHT
Syn: Silberdiener, Silbergehilfe

Lit: Barth 1:936; Grimm 16:1017

Silberplätter Silberblätter ↗ 'Goldplätter'

Lit: Barth 1:936; Grimm 16:1035

Silberscheider 'Handwerker, der Silber von anderen Metallen, bes. Blei, trennt'; oft in der Verbindung *Gold- und Silberscheider* ❖ zu mhd. *schîden, scheiden* 'scheiden, trennen'

FN: Silberscheider
W: Scheider
Syn: Silberschmelzer
Vgl: Goldscheider

Lit: Barth 1:936; Grimm 16:1040

Silberschlager Silberschläger 'Handwerker, der Silberblech zu feinen Blättchen schlägt'
W: *Schläger*
Syn: Auspracker, Dünnschlager, Silberauspracker
Vgl: Goldschlager

Lit: Barth 1:936; Grimm 16:1042; Krünitz 154:310

Silberschläger ↗ Silberschlager

Silberschmelzer Silbersmelzer 'Arbeiter im Hüttenwerk, der das Silber durch Schmelzen von Fremdkörpern reinigt'; auch in der Verbindung *Gold- und Silberschmelzer*
FN: Silberschmelzer
W: Schmelzer
Syn: Silberbrenner, Silberscheider
Vgl: Goldschmelzer

Lit: Barth 1:936; Grimm 16:1043; Krünitz 154:310

Silberschreiber 'Angestellter in der Silberkammer, der die Rechnungsbücher und Inventare führt'
W: *Schreiber*

Lit: Adelung 4:99; Barth 1:936; Grimm 16:1044; Krünitz 154:310

Silbersmelzer ↗ Silberschmelzer

Silberspinner 'Handwerker, der seidene Fäden mit einem feinen Silberdraht überspinnt'; oft in der Form *Gold- und Silberspinner*
W: Spinner
Syn: Goldspinner, Goldsticker, Goldwirker, Silbersticker

Lit: Adelung 4:99; Barth 1:936; Grimm 16:1045

Silberstecher 'Graveur, der Verzierungen in Silberflächen arbeitet; Silberarbeiter'
W: Stecher

Lit: Conversations-Lexikon 6:355; Krünitz 56:299 (Kupferstecher); SteirWb 596

Silbersticker 'Person, die Verzierungen mit Goldfäden auf Textilien stickt'; häufig in der Verbindung *Gold- und Silbersticker*
W: Sticker
Syn: Goldspinner, Goldsticker, Goldwirker, Silberspinner

Lit: Barth 1:936; Grimm 16:1046

Silberwascher ↗ Silberwäscher

Silberwäscher Silberwascher 1. 'Bediener am herrschaftlichen Hof, der das Silbergeschirr der Silberkammer reinigt'. 2. 'Bergmann, der Feinsilber aus dem Erz auswäscht'; häufig von Frauen ausgeübt, dann in der weiblichen Form *Silberwäscherin*
W: *Wäscher*

Lit: Adelung 4:100; Barth 1:936; Grimm 16:1052

Silhouettenschneider 'Kunsthandwerker, der Schattenrisse bes. von Personen ausschneidet, für die schwarzes Papier oder schwarze Tusche verwendet wird'; die Silhouetten waren Ende des 18. Jh. große Mode und wurden teils auch als Kupferstiche oder Holzschnitte verbreitet; die *Silhouette* galt als preisgünstige Variante des Portraits ❖ zu franz. *silhouette* 'Schattenriss', nach dem wegen seiner Sparsamkeit bekannten franz. Minister Etienne de Silhouette
W: SCHNEIDER
Syn: Schattenreißer, Silhouetteur

Lit: Barth 1:936; Kluge 849 (Silhouette); Krünitz 140:409 (Schattenriss); Palla (2010) 210; Vieser/Schautz (2010) 193

Silhouetteur Silhuetteur ↗ 'Silhouettenschneider'
Syn: Schattenreißer, Silhouettenschneider

Lit: Barth 1:936; Vieser/Schautz (2010) 198

Silhuetteur ↗ Silhouetteur

Simeler ↗ Semmler

Simmeler ↗ Semmler

Simmer 1. 'Handwerker, der aus Pferdehaaren oder Draht feine Siebe herstellt'. 2. 'Hand-

werker, der *Simmer*, aus Holzspänen geflochtene [Mess]gefäße für Getreide, herstellt' ❖ 1.: zusammengezogen aus *Siebener*; 2.: frühnhd. *simer, sumer*, mhd. *sumber* 'Geflecht, Korb; Hohlmaß für Getreide, feste Stoffe'
FN: Simmer, Simmerer, Sumper, Sumperl, Summerer, Sumer, Sümmerer
Syn: SIEBMACHER, Simmermacher

Lit: DudenFN 625; Gottschald 483; Götze 201, 212; Grimm 16:1059; Krünitz 154:325; Linnartz 219; Palla (2010) 209

Simmermacher 1. 'Handwerker, der *Simmer*, aus Holzspänen geflochtene [Mess]gefäße für Getreide, herstellt'. 2. ↗ 'Siebmacher' ❖ ↗ Simmer
FN: Simmacher
Syn: SIEBMACHER, Simmer

Lit: Barth 1:937; Gottschald 458; Linnartz 219

Singemeister ↗ Singmeister

Singmeister Singemeister; lat. *cantor* 1. 'Gesangslehrer'. 2. 'Chorleiter' ❖ mhd. *singermeister* 'sancmeister'
FN: Singmeister
W: Meister

Lit: Barth 1:938; Diefenbach 96; Frühmittellat. RWb; Grimm 16:1093; Krünitz 154:360

Sinker Sinkler 1. 'Beamter im Bergbau, der eine Zeche beaufsichtigt, ↗ Berggerschworener'. 2. 'Bergmann, der vor allem beim Absinken der Schächte eingesetzt ist' — zu *sinken*, im Bergbau 'absinken, absenken, mit einem Schacht niedergehen'
Syn: SCHAUER, Schiefergeschworener, Sinkergeschworener

Lit: Adelung 4:104; Barth 1:938; Grimm 16:1102; Veith 449

Sinkergeschworener 'Beamter im Bergbau, der eine Zeche beaufsichtigt'
W: Geschworener
Syn: SCHAUER, Schiefergeschworener, Sinker

Lit: Barth 1:938; Grimm 16:1102; Krünitz 154:391

Sinkler ↗ Sinker

Sinner 1. 'Eichmeister'. 2. 'Warenprüfer' ❖ zu frühnhd. *sinnen* '(Fässer) eichen', aus lat. *signare* 'signieren, siegeln'
FN: Sinner
Syn: EICHMEISTER, VISIERER

Lit: DudenFN 626; Gottschald 462; Götze 202; Grimm 16:1174; Linnartz 220; Palla (1994) 423

Sinteler ↗ Zindeler

Sittengaumer Sittengäumer 'Mitglied des Kirchgemeinderates, das die Kontrolle über das sittliche Verhalten der Gemeindemitglieder ausübt; Sittenrichter'; bes. in der Schweiz und in reformierten Kirchen
W: Gaumer
Syn: Chorrichter, Ehegaumer, Eherichter, Sittenrichter

Lit: Barth 1:939; Grimm 16:1250; Idiotikon 2:305

Sittengäumer ↗ Sittengaumer

Sittenmeister 1. 'Erzieher und Hauslehrer der Kinder'. 2. 'Person, die über richtiges Verhalten in der Öffentlichkeit wacht' — älter als *Hofmeister*
W: Meister
Syn: Hofmeister

Lit: Barth 1:939; Grimm 16:1253

Sittenrichter ↗ 'Sittengaumer'
W: Richter
Syn: Chorrichter, Ehegaumer, Eherichter, Sittengaumer

Lit: Barth 1:939; Grimm 16:1254; Idiotikon 6:368; Krünitz 154:530

Sitzgeselle 'Handwerksgeselle ohne Gewerbeschein, der die Arbeit für Heimarbeit nach Hause oder in die Unterkunft nimmt oder in einer fremden Werkstatt selbstständig arbeitet'; meist bei Schuhmacher- oder Schneidergesellen; Zeichen sozialen Abstiegs und großer Notlage
W: Geselle

Lit: Barth 1:939; Csendes/Opll 3:32; Steir. Handwerk 165

Skribent Scribent 1. 'Beamter, Sekretär in der Verwaltung für Behörden, Firmen, Zünfte usw.'. 2. 'Schriftsteller'; oft abwertend ❖ aus lat. *scribens*, Partizip zu *scribere* 'schreiben'
Syn: Schreiber

Lit: Barth 1:940; DudenGWDS; Grimm 16:1331

Slachter ↗ Schlachter

Slachtgewanter ↗ Schlachtgewandner

Slachther ↗ Schlachtherr

Slagtschriver ↗ Schlachtschreiber

Slechtbecker ↗ Schlechtbäcker

Sleiffer ↗ Schleifer

Slichter ↗ Schlichter

Sliemer 'Handwerker, der Fenster aus dünner Haut oder ölgetränktem Papier anfertigt' ❖ zu mhd. *slieme, sliem* 'Netzhaut; eine Art dünn gegerbter Haut in einem Fenster; Fenster allgemein'

Lit: Palla (1994) 311; Schmeller 2:523

Sliffer ↗ Schleifer

Slosser ↗ *Schlosser*

Sloßmecher ↗ Schlossmacher

Slune 'Prostituierte' ❖ mnd. *slune* 'Beischläferin, gemeines Weib'
Syn: FEILDIRNE

Lit: Mittelaltergazette; Schiller-Lübben 4:252

Slusemester ↗ Schleusenmeister

Sluter ↗ Schlüter

Smalwewer ↗ Schmalweber

Smede ↗ *Schmied*

Smersnider ↗ Schmerschneider

Smitt ↗ *Schmied*

Smyt ↗ *Schmied*

Smyth ↗ *Schmied*

Sneider ↗ SCHNEIDER

Snidekker ↗ Schnittker

Snider ↗ SCHNEIDER

Snitger ↗ Schnittker

Snitker ↗ Schnittker

Snormaker ↗ Schnurmacher

Snormecher ↗ Schnurmacher

Snurmecher ↗ Schnurmacher

Snyder ↗ SCHNEIDER

Snydtker ↗ Schnittker

Sockelmacher ↗ Zockelmacher

Sockenstricker 'Handwerker, der Strümpfe, Socken oder Hausschuhe strickt'; seltener für ↗ Strumpfstricker; heute als Bezeichnung für 'Hobbystricker' gebräuchlich ❖ zu mhd. *soc, socke* 'Socke'
Syn: Lismer, Strumpfstricker

Lit: Höfer 2:114 (Kardel)

Soder Söder 'behördlich befugter Betreiber einer Saline' ❖ zu mhd. *sôt* 'das Sieden; Wasser, worin etwas gesotten ist, Brühe', Ablaut zu *sieden*; kommt in verschiedenen Herstellungsformen vor, z.B. bei der Salzgewinnung, beim Bierbrauen, bei der Schwefelerzeugung
W: °Salzsoder
Syn: Salzsieder

Lit: Barth 1:941; Schmeller 2:228; Volckmann (1921) 199 (Salzsoder)

Söder ↗ Soder

Sodherr Soether, Sootherr 'Person, die die beim Brauen verwendete Wassermenge kontrolliert' ❖ ↗ Soder
W: *Herr*

Lit: Grimm 16:1394 (Sod)

Sodmacher Sodmaker, Sotmeker 'Brunnenbauer'; niederdt. ❖ zu mnd. *sôt* 'aufwallendes Wasser, dann überhaupt Brunnen'

Lit: Schiller-Lübben 4:296

Sodmaker ↗ Sodmacher

Sodmeister Sothmeister, Sotmeister, Sotmester **1.** 'Beamter oder Ratsherr, der die Aufsicht über die Brunnen hat'. **2.** 'Vorarbeiter in der Salzsiederei, der für das Schöpfen der Sole verantwortlich ist' ❖ 1. zu mnd. *sôt* 'aufwallendes Wasser, dann überhaupt Brunnen' (meist *Sot-* geschrieben); 2.: zu mhd. *sôt* 'das Sieden; Wasser, worin etwas gesotten ist, Brühe; Brunnen, Ziehbrunnen', dazu auch der 'Salzbrunnen in der Saline', Ablaut zu *sieden* (meist *Sod-* geschrieben)
W: *Meister*
Syn: Barmeister, Bornmeister, Brunnenmeister

Lit: Adelung 4:121 (Sod); Barth 1:942, 946; Schiller-Lübben 4:297

Soether ↗ Sodherr

Sohlenmacher Solemaker, Solenmacher, Solenmaker, Solenmecher **1.** 'Schuhmacher, der Sohlen herstellt'. **2.** 'Schuhmacher, der Holzpantoffeln herstellt'; da die Sohlen urspr. in Norddeutschland aus Kork waren, ging die Bezeichnung der Sohlenmacher auf die Pantoffel- und Holzschuhmacher über
Syn: HOLZSCHUHMACHER

Lit: Barth 1:942; Grimm 16:1417

Sohlmeister ↗ Solmeister

Sohlzieher ↗ Solzieher

Soldener ↗ Seldner

Söldener ↗ Seldner

Sölder ↗ Seldner

¹Söldner 'Soldat, der gegen Bezahlung Kriegsdienst leistet'; im Ggs. zum dienstverpflichteten Soldaten; später vor allem für Soldaten in fremden Diensten ❖ mhd. *soldenære, soldener* 'der um Sold dient, Söldner'; zu mhd. *solt* 'Lohn für geleistete Dienste, Sold', aus altfranz. *solde,* ital. *soldo* 'Münze', aus lat. *solidus* 'Goldmünze'
W: Doppelsöldner
Syn: Rüter

Lit: Barth 1:943; Grimm 16:1446; Krünitz 155:451

²Söldner ↗ Seldner

Solemaker ↗ Sohlenmacher

Solenmacher ↗ Sohlenmacher

Solenmaker ↗ Sohlenmacher

Solenmecher ↗ Sohlenmacher

Solicitador ↗ Sollizitator

Solizitator ↗ Sollizitator

Sollicitator ↗ Sollizitator

Sollizitator Solicitador, Solizitator, Sollicitator **1.** 'juristische Hilfskraft in einer Anwaltskanzlei'. **2.** 'Anwalt, Rechtsberater und -fürsprecher, Sachwalter' ❖ zu mhd. *sollicitieren* 'ansuchen, um Rechtshilfe bitten', aus lat. *sollicitator* 'Aufwiegler, Verführer'
Syn: Advokat

Lit: Barth 1:943 (Solicitor); DudenGWDS; Grimm 16:1505 (sollicitieren); Sanford (1975)

Söllner ↗ Seldner

Sölmann ↗ Seldmann

Solmeister Sohlmeister 'Vorarbeiter der Salinenarbeiter beim Schöpfen der Sole' ❖ zu mnd. *sole* '(Salz)sole', frühnhd. *sul, sol*

'Salzwasser, Salzbrühe'; verwandt mit *Salz;* urspr. galt niederdt. *sole* für die Lüneburger Salzquellen, im 16. Jh. ins Mittel- und Oberdeutsche statt *sol, sul* übernommen
W: *Meister*

Lit: Adelung 4:126; DudenEtym 775; Grimm 16:1505; Pfeifer 1305

Soltdreger ↗ Salzträger

Soltforer ↗ Salzführer

Soltkoper ↗ Salzkäufer

Soltmenger ↗ Salzmenger

Soltmester ↗ Salzmeister

Soltmeter ↗ Salzmesser

Soltvorer ↗ Salzführer

Solzieher Sohlzieher 'Salinenarbeiter, der die Sole aus dem Brunnen schöpft' ❖ ↗ Solmeister
W: *Zieher*

Lit: Grimm 16:1507; Hübner / Zincke (1762) 335, 1950; Krünitz 155:472

Sommelier Soumelier, Sumilier 1. 'Person, die für das Haus zuständig und als Pförtner und Schlüsselverwalter tätig ist'. 2. 'Kellermeister'; daraus enwickelte sich die heutige Bedeutung 'Weinfachmann; für Getränke zuständiger Kellner' ❖ altfranz. *sommelier* 'Saumtierführer', aus altfranz. *sommier* 'Saumtier'; später 'höfischer Beamter, der auf Reisen für das Gepäck zuständig ist'; seit dem 16. Jh. für das Amt des Beschließers
Syn: Beschließer, *Schaffner*, Schließer

Lit: Barth 1:944; DudenGWDS; Gamillscheg 2:814; Neweklovsky (1964) 151

Sommerknecht 'Arbeiter, der zeitlich befristet nur für den Sommer angestellt wird'; z.B. in der Brauerei, Landwirtschaft
W: KNECHT

Lit: Grimm 16:1537; OÖ. Hbl 1992, H. 3:322

Sonnenkrämer 'Krämer, der seine Waren im Freien oder an einem einfachen Stand verkauft; Hausierer, Trödler'; nach dem Verkauf „an der Sonne" (im Freien)
Syn: KRÄMER

Lit: Adelung 3:1638 (Schotte); Adelung 4:688 (Trödeler); Barth 1:945; Grimm 16:1660; Krünitz 155:643

Sonnenschirmmacher ↗ Schirmmacher

Sonnenuhrmacher 'Hersteller von Messinstrumenten, wie Sonnenuhren, Kompasse u.a.'
W: UHRMACHER*

Lit: Krünitz 155:715

Sootherr ↗ Sodherr

Sößstaller ↗ Sessstaller

Sößtaler ↗ Sessstaller

Sößthaler ↗ Sessstaller

Sothmeister ↗ Sodmeister

Sotmeister ↗ Sodmeister

Sotmeker ↗ Sodmacher

Sotmester ↗ Sodmeister

Söugamm ↗ Säugamme

Soumelier ↗ Sommelier

Spähnmacher ↗ Spanhauer

Spänehauer ↗ Spanhauer

Spaner ↗ Spanner

Spängeler ↗ Spängler

Spangenmacher 'Handwerker, der Spangen und Schnallen herstellt'
Syn: GÜRTLER

Lit: Adelung 4:160; Barth 1:947; Grimm 16:1880; Krünitz 156:166

Spänger ↗ Spängler

Spangler ↗ Spängler

Spängler Spängeler, Spangler, Spänger ↗ 'Spengler'; oberdt.; nach der *Spange*, einem wichtigen Produkt dieses Handwerks; die Form *Spänger* ist bes. schweiz. ❖ zu mhd. *spange* 'was zum Zusammenhalten dient: Balken, Riegel, Band, Spange, Beschlag'. Die bair. Form *Spangler* beruht auf der Lautung -a- für den Sekundärumlaut -ä-
FN: Spängler, Spangler, Spenger, Spanger, Spang
Syn: KLEMPNER*

Lit: Adelung 4:160; Barth 1:947; Gottschald 466; Grimm 16:1881; Idiotikon 10:362; Krünitz 156:166; Linnartz 222; Pies (2005) 120; Reith (2008) 84; Schmeller 2:678; Volckmann (1921) 126; Zedler 9:

Spanhauer Spähnmacher, Spänehauer, Spanhouwer, Spanmacher, Spanmaker, Spenhauer, Sponmacher 'Handwerker, der Späne herstellt'; diese wurden bes. von Böttchern zum Abdichten von Spalten oder für Kienspäne verwendet ❖ zu mhd. *span* 'Span, bes. Holzspan', und *houwer* 'der haut; Holzfäller'
FN: Spanhauer, Sponhauer, Sponheuer
W: HAUER

Lit: Barth 1:946; Gottschald 465; Grimm 16:1872, 1873; Linnartz 222

Spanhouwer ↗ Spanhauer

Spanhutmacher Sponhutmacher 'Handwerker, der aus Spanholz Sommerhüte herstellt'
W: HUTMACHER*

Spanmacher ↗ Spanhauer

Spanmaker ↗ Spanhauer

Spanndienster 'abhängiger Bauer oder Pächter, der seinen Frondienst dadurch ableistet, dass er Pferdegespanne zur Verfügung stellt'
Syn: HÖRIGER, Spannfröner

Ggs: Handdienster

Lit: Adelung 4:161; Barth 1:947; Grimm 16:1893 (Spanndienst); Krünitz 156:282

Spanner Spaner 'Arbeiter im Transportwesen, der Waren verpackt und zum Transport vorbereitet' ❖ mhd. *spanner* 'Ballenbinder, Wagenlader'
FN: Spanner
W: Wagenspanner, Watenspanner
Syn: Ballenbinder

Lit: Adelung 4:163; Barth 1:947; DudenFN 631; Grimm 16:1909; Idiotikon 10:270, 273; Linnartz 222; Volckmann (1921) 225

Spänner 1. Bezeichnung eines Bauern nach den ihm zur Verfügung stehenden Pferdegespannen als Ausdruck der Besitzgröße und Dienstverpflichtung (nur als Grundwort in Zusammensetzungen). 2. 'Bergmann, der eine Zeche gemeinschaftlich mit anderen betreibt' ❖ zu mhd. *spannen* 'dehnen, straff anziehen'; die urspr. Bedeutung hängt mit dem Straffziehen der Bogensehne zusammen. Hier wird *spannen* auf das Einspannen der Zugtiere angewandt und übertragen auf das Eingebundensein in eine Gruppe gleicher Interessen
W: Anspänner, Ausspänner, Doppelspänner, Dreispänner, Dreiviertelspänner, Einspänner, Halbspänner, Viertelspänner, Vollspänner

Lit: Adelung 4:164; Grimm 16:1909; Krünitz 156:288; Pfeifer 1315

Spannfröhner ↗ Spannfröner

Spannfröner Spannfröhner 'Bauer oder Pächter, der zu Dienstleistungen mit Pferdefuhrwerken verpflichtet ist'
W: Fröner
Syn: Pferdefröner, Spanndienster

Lit: Adelung 4:163 (Spanfrohne); Grimm 16:1910 (Spannfrohne); Krünitz 156:289 (Spannrhohne)

Spanzieher 'Handwerker, der Späne herstellt'; sie wurden von Buchbindern, Schwertfegern, Schustern usw. benötigt; wegen der

ziehenden Bewegung des Spanmachers mit dem Reifmesser
W: *Zieher*

Lit: Adelung 4:166; Grimm 16:1919; Hartig (1827) 3:104

Sparer ↗ Sporer

Sparrer ↗ Sporer

Spatauffasser 'Salinenarbeiter, der das Spatsalz zur Sulzstube zu tragen hat'; beim *Spatsalz* handelte es sich um die Rückstände in der Pfanne (meist Glaubersalz), die zur Anreicherung der Sole wieder in das Soleresservoir (die Sulzstube) geschüttet wurden ❖ zu mhd. *spât* 'blättrig brechendes Gestein' und eine Ableitung mhd. *vazzen* 'fassen, ergreifen, ein-, zusammenfassen; aufladen'
W: *Fasser*

Lit: Patocka (1987) 213

Spatknecht ↗ Spettknecht

Specereihändler ↗ Spezereihändler

Specionarius 'Apotheker, der auf Gewürzwaren spezialisiert ist' ❖ zu lat. *species* 'Art, Gestalt', im Plural auch 'Gewürze'
Syn: Apotheker
Vgl: Herbarius

Lit: Pies (2002c) 46

Speckkönig 'jüngster, unerfahrener Matrose beim Walfischfang, der nach der Verarbeitung der Tiere das Fett einpacken und wegräumen muss'; urspr. Scherzbezeichnung
W: *König*

Lit: Adelung 4:175; Grimm 16:2045; Höfer 2:279; Krünitz 156:729

Speckmann ↗ Mann

Speckschneider Specsnider 1. 'Fachmann beim Walfang, der für das Zerlegen des Wals und das Abtrennen des Specks zuständig ist'. 2. 'Händler, der Speck in kleinen Stücken verkauft' ❖ mnd. *specksnider* 'Speckschneider, d.h. der Speck schnittweise (pfundweise etc.) verkauft'
W: SCHNEIDER
Syn: Schmerschneider

Lit: Adelung 4:176; Barth 1:948; Grimm 16:2049; Krünitz 156:729; Schiller-Lübben 4:309

Specsnider ↗ Speckschneider

SPEDITEUR* 'Unternehmer, der die Beförderung von Gütern durchführt'; er beauftragte einen ↗ Fuhrmann oder Schiffsinhaber mit dem Transport. Es gibt Überschneidungen mit den ↗ Güterbestätern und ↗ Fuhrleuten, da diese dann auch als selbstständige Spediteure tätig waren
Syn: Ableger, Bestäter, Frachter, Fretter, FUHRMANN, Güterbestäter, GUTFERTIGER, *Lader*, Salzfertiger, Salzsender, Sender, Spetter, Trockenlader

Lit: Adelung 4:175 (spedieren)

Speelmann ↗ Spielmann

Spegelmaker ↗ Spiegler

Spegheler ↗ Spiegler

Speghelmaker ↗ Spiegler

Speicherherr 'Ratsherr, der die Aufsicht über die Getreidespeicher und Lagerhallen hat'
W: *Herr*

Lit: Adelung 4:179; Barth 1:949; Grimm 16:2072; Krünitz 157:80

Speilmacher 'Heimarbeiter, der Wäscheklammern herstellt'; zu *Speil* 'Zwickel, Splitter, Span', regional auch für 'Wäscheklammer' ❖ zu mhd. *spîl* 'Spitze'

Lit: Grimm 16:2084 (Speil); Grünn (1978) 124

Speisemeister Speisenmeister; lat. *tricliniarchus, tricliniarius* 1. 'Vorgesetzter einer [herrschaftlichen] großen Küche, der die Aufsicht über das Personal hat'. 2. 'Person, die in einem Kranken-, Armen-, Zuchthaus o. Ä. für die Verpflegung der Insassen zuständig ist'

W: *Meister*
Syn: Küchenmeister, Speiser, Truchsess

Lit: Adelung 4:181; Barth 1:949; Grimm 16:2108; Krünitz 157:149

Speisenmeister ↗ Speisemeister

Speiser 1. 'Person, die für die Versorgung mit Speisen verantwortlich ist'; bes. in Klöstern, Spitälern. 2. 'Bediener an einem herrschaftlichen Hof, der Speisen aufträgt' ❖ mhd. *spîsære, spîser* 'der Speisen verabreicht oder austeilt, Speise-, Proviantmeister, Truchsess'
FN: Speiser, Speißer, Speisser
W: Ausspeiser
Syn: Speisemeister, Truchsess

Lit: Barth 1:949; DudenFN 632; Gottschald 466; Grimm 16:2121; Linnartz 223

Speisewirt Speisewirth 'Gastwirt, der Speisen anbietet, aber keine Beherbergung'
W: WIRT
Ggs: Schenkwirt

Lit: Adelung 4:183; Barth 1:950; Grimm 16:2126; Grönhoff (1966) 18; Krünitz 157:168

Speisewirth ↗ Speisewirt

Spekendreier 1. 'Drechsler, der Speichen herstellt'. 2. 'Wagner, Stellmacher'; niederdt. ❖ mnd. *speke* 'Speiche'
W: Dreier

Lit: Schiller-Lübben 4:310

Spelmann ↗ Spielmann

Spendeherr ↗ 'Spendmeister'
W: Herr
Syn: Almosenier, Almosenpfleger, Armenpfleger, Armenvater, Kirchendeche, Spendmeister, Spendvogt

Lit: Barth 1:950; Grimm 16:2147

Spendeler ↗ Spener

Spendelmacher ↗ Spenelmacher

Spendemeister ↗ Spendmeister

Spendenmeister ↗ Spendmeister

Spendmeister Spendemeister, Spendenmeister 'Verwalter der Gelder für die Armenfürsorge'
W: *Meister*
Syn: Almosenier, Almosenpfleger, Armenpfleger, Armenvater, Kirchendeche, Spendeherr, Spendvogt

Lit: Barth 1:950; Grimm 16:2148

Spendvogt ↗ 'Spendmeister'; schweiz.
W: *Vogt*
Syn: Almosenier, Almosenpfleger, Armenpfleger, Armenvater, Kirchendeche, Spendeherr, Spendmeister

Lit: Idiotikon 1:709

Spenelmacher Spendelmacher, Spennelmacher 'Handwerker, der Stecknadeln herstellt' ❖ ↗ Spener
Syn: NADLER, Spener

Lit: Barth 1:950

Spener Spendeler 'Handwerker, der Stecknadeln herstellt' ❖ zu mhd. *spënel* 'Stecknadel', aus lat. *spinula*
FN: Spener, Spehner, Spendler, Spenler
Syn: NADLER, Spenelmacher

Lit: Barth 1:950; Gottschald 467; Grimm 16:2155 (Spenel); Linnartz; Palla (1994) 424; Pies (2005) 106; Schmeller 2:674 (Spenel)

Spengler lat. *laminarius* Die heutige, vor allem oberdeutsche Bezeichnung des Handwerks; die historische Form ist ↗ Spängler. Im modernen Sprachgebrauch sind *Klempner* und *Spengler* insofern nicht bedeutungsgleich, als *Klempner* sowohl den Handwerker, der Dachrinnen usw. herstellt, als auch den Handwerker für Wasser, Gas, Heizung usw. umfasst, die im Süden des Sprachgebiets als *Spengler* bzw. *Installateur* getrennt werden. – Die Spengler führten alle Arbeiten mit dem Material *Blech* durch, wobei *Weißblech* (verzinntes Eisenblech) oder *Schwarzblech* (unverzinnt) verwendet wurde. Die Handwerksbezeichnungen richteten sich nach dem in der jeweiligen Region vorran-

gigen Produkt: Spange, Klammer, Flasche, Becken, Laterne (*Spängler, Spangler, Spänger, Flaschner, Flaschenschmied, Beckenschläger, -schmied, Laternenmacher, Klamperer, Klampferer, Klämpner*), nach der Tätigkeit und dem bei der Arbeit erzeugten Lärm: hämmern, klempern (*Klemperer, Klimperer, Klipper*, evtl. auch *Klempner*), nach dem verarbeiteten Material (*Blechschläger, -schmied, Blickenschläger*), nach der Arbeitsweise: löten, stürzen (*Löter, Stürzer*). Die Arbeiten konnten meist auch von ähnlichen Handwerken (*Kesselflicker, Kupferschmied, Schlosser*) durchgeführt werden, wodurch es zu Überschneidungen und Konflikten kam. Die Handwerke konnten regional mehr oder weniger spezialisiert sein. Vielfach wurde eine Bezeichnung für einen speziellen Zweig wegen der Dominanz der Tätigkeit oder des Produkts die generelle Bezeichnung. Deswegen sind in den Wörterbuchartikeln oft zwei getrennte Bedeutungen angegeben, z.B. für *Laternenmacher* eine spezifische: 'Laternenhersteller', und eine generelle: 'Spengler, Klempner'
FN: Spengler, Spengeler. – Die Verbreitung der Familiennamen weicht vielfach von der sprachgeografischen Verbreitung der Berufsbezeichnung ab. Die am weitesten verbeiteten Berufsbezeichnungen *Klempner* und *Spengler* sind als Familiennamen kaum vertreten, weil sich die Bezeichnungen erst spät durchgesetzt haben, während in den Dialekten ausgestorbene oder nur in Resten vorhandene Bezeichnungen, wie *Klampferer* oder *Flaschner*, als Familiennamen erhalten sind
W: Galanteriespengler, Schwarzspengler
Syn: KLEMPNER*
Lit: Barth 1:950; DudenFN 632; Gottschald 467; Idiotikon 10:364; Kretschmer 283; Kunze 119; Linnartz 223; Pies (2005) 84; Reith (2008) 120; VWB 731

Spenhauer ↗ Spanhauer

Spennelmacher ↗ Spenelmacher

Sperrer 'Person, die Tore oder Häuser abzuschließen hat und die Schlüssel verwahrt' ❖ mhd. *sperrer* 'Verschließer'
FN: Sperrer, Sperr (beide bes. bayr.-österr.)
Syn: Schließer
Lit: Bahlow (1967) 482; Grimm 16:2184; Linnartz 223

Spetknecht ↗ Spettknecht

Spetter 1. 'Stellvertreter in einem Geschäft'. 2. 'Hilfskraft bei Fuhrleuten'. 3. 'Spediteur'. 4. 'Markthelfer, der Waren verpackt oder auflädt' – schweiz. ❖ aus einem Verb *spetten* 'spedieren; vorspannen; helfen, unterstützen'; seit dem 17. Jh., Herkunft unklar
W: Waldspetter
Syn: SPEDITEUR*
Lit: Barth 1:951; Grimm 16:2195; Idiotikon 10:603; Volckmann (1921) 225

Spettknecht Spatknecht, Spetknecht 1. 'Arbeiter für Hilfsdienste, bes. beim Auf- und Abladen von Waren'. 2. 'Arbeiter für untergeordnete [manuelle] Arbeiten'; verallgemeinernde Bedeutung
W: KNECHT
Lit: Barth 1:951; Grimm 16:1998, 2195; Idiotikon 3:730

Spettreiter 'Reiter, der gegen Lohn Botenritte durchführt' ❖ ↗ Spetter
W: Reiter
Lit: Barth 1:951

Spetzger ↗ Spezier

Spetzkrämer ↗ Spezereikrämer

Spezereihändler Specereihändler, Spezereyhändler 1. 'Händler mit Gewürzen, Apothekerwaren und aromatischen Ölen'. 2. 'Gemischtwarenhändler' ❖ zu mhd. *spēcierīe* 'Spezerei', zu ital. *spezerie* 'Gewürz, Gewürzhandel', aus spätlat. *species* 'äußere Erscheinung, Art, Gestalt', im Plural auch 'Gewürz'; über den Plural 'Arten' entstand die Bedeutung 'Waren'
Syn: Apotheker, DROGIST
Lit: Adelung 4:190; Barth 1:951; DudenGWDS; Grimm 16:2198; Kluge 866 (Spezerei); Kretschmer 268; Krünitz 156:672; Pies (2005) 78

Spezereikrämer Spetzkrämer, **Spezereykrämer** ↗ Spezereihändler
W: KRÄMER
Syn: Apotheker, DROGIST

Lit: Adelung 4:190; Idiotikon 3:815; Sulzenbacher (2002) 62

Spezereyhändler ↗ Spezereihändler

Spezereykrämer ↗ Spezereikrämer

Spezger ↗ Spezier

Spezial ↗ 'Spezereihändler' ❖ spätlat. *specialis* 'eigentümlich, besonders'
Syn: Apotheker, GEWÜRZKRÄMER

Lit: Barth 1:951; Grimm 16:2201

Spezier Spetzger, Spezger, Spezierer ↗ 'Spezereihändler' ❖ mhd. *spëcier* 'Spezereihändler'
Syn: Apotheker, DROGIST

Lit: Barth 1:951; Grimm 16:2203; Idiotikon 10:671; TirWb 2:585

Spezierer ↗ Spezier

Spiegeler ↗ Spiegler

Spiegelfutteralmacher ↗ Futteralmacher

Spiegelglasmacher ↗ Glasmacher

Spiegelmacher ↗ Spiegler

Spiegler Spegelmaker, Spegheler, Speghelmaker, Spiegeler, Spiegelmacher, Spigler; lat. *specularius* 'Handwerker oder Inhaber einer Manufaktur, der Glasspiegel herstellt'; die Rückseite des Glases wurde mit Blei- oder Zinnamalgan beschichtet, ab dem 16. Jh. wurde die in Venedig entwickelte Quecksilbeschichtung üblich ❖ mhd. *spiegelære, spiegeler* 'Spiegelmacher'
FN: Spiegler, Spigler, Spiegl, Spiegelmacher

Lit: Adelung 4:194; Barth 1:952; DudenFN 633; Gottschald 467; Grimm 16:2256 (Spiegelmacher), 2271; Krünitz 157:478 (Spiegelmacher); Linnartz 224; Palla (2010) 211; Pies (2005) 61; Reith (2008) 92; Volckmann (1921) 298

Spielgraf Spielgreve, Spilgrav 'Beamter, der die Aufsicht über die Schauspieler und Musikanten führt'; er war für einen bestimmten Sprengel zur Aufsicht der Spielleute zuständig und auch zu Strafen berechtigt; die Behörde hieß *Spielgrafenamt;* in Österreich bis Anfang 17. Jh. als Erbbeamter des Reiches; als Standesvertretung der Spielleute bestand die St.-Nikolaus-Bruderschaft in Wien
W: *Graf*
Syn: Spielleutekönig

Lit: Adelung 4:202; Barth 1:952; Grimm 16:2398; Krünitz 158:204; Perger 30; Schaer (1901) 104

Spielgreve ↗ Spielgraf

Spielkartenmacher ↗ Kartenmacher

Spielleutekönig ↗ 'Spielgraf'; zur Bedeutung von *-könig* siehe den entsprechenden Wörterbuchartikel
W: König
Syn: Spielgraf

Lit: Barth 1:952; Schaer (1901) 104, 131

Spielmann Speelmann, Spelmann, Spilman, Spilmann; Plural: *Spielleu̯te*; lat. *harpator, histrio, iocator, ioculator, jocator, joculator, mimus, scenicus, scurra* 1. 'Spaßmacher, der das Publikum durch diverse Künststücke, wie Seiltanzen, Kunstreiten, Taschenspielereien, Musik usw. unterhält'. 2. 'umherziehender Musikant, der gegen Entgelt zur Unterhaltung spielt' ❖ mhd. *spilman* 'Spielmann, fahrender Sänger, Musikant, Gaukler'; mnd. *spelman, speleman, spilman, spoleman* 'Spielmann'
FN: Spielmann, Spielmanns, Spillmann, Spielman
W: *Mann*
Syn: Aufspieler, GAUKLER, Histrione, Hofierer, Minstrel, Sprecher, Zinkenist

Lit: Adelung 4:202; Barth 1:952; Barth 2:141; Diefenbach 279, 307, 361; DudenFN 633; Frühmittellat. RWb; Gottschald 467; Grimm 16:2408; Höfer 3:160; Linnartz 224; Pies (2001) 32; Schaer (1901) 86; Schiller-Lübben 4:314; Volckmann (1921) 307

Spießdreher 'Person, die in Großküchen den Braten über dem Feuer wendet und dreht,

damit das Fleisch gleichmäßig gebraten wird'
W: *Dreher*
Syn: Bratenwender, Spießtreiber, Spießwender
Lit: Barth 1:953; Grimm 16:2456

Spießmacher 'Handwerker, der verschiedene Arten von Spießen, Spießstangen und Pfeilen herstellt'
Lit: Barth 1:953; Grimm 16:2471; Idiotikon 4:54; Krünitz 158:376; OÖ. Hbl 1999, H. 3:220

Spießschifter 'Handwerker, der Schäfte für Spieße herstellt'
W: Schifter

Spießschmied ↗'Spießmacher'; das Handwerk des Spießmachers ging allmählich in den metallverarbeitenden Berufen, wie Schmied, Schlosser oder Sporer, auf
W: Schmied
Lit: Barth 1:953; Krünitz 158:397

Spießtreiber ↗'Spießdreher'
W: Treiber
Syn: Bratenwender, Spießdreher, Spießwender
Lit: Adelung 4:207; Barth 1:953; Grimm 16:2475; Krünitz 158:397

Spießwender ↗'Spießdreher'
Syn: Bratenwender, Spießdreher, Spießtreiber
Lit: Barth 1:953; Grimm 16:2476

Spigler ↗ Spiegler

Spilgrav ↗ Spielgraf

Spilkendreher ↗ Spillendreher

Spilkendreier ↗ Spillendreier

Spilkendreiher ↗ Spillendreier

Spilker ↗ Spiller

Spilldreher ↗ Spillendreher

Spilleker ↗ Spiller

Spillendreher Spilkendreher, **Spilldreher**
'Drechsler, der Spindeln herstellt' ❖ zu mnd. *spille* 'Spindel'; zu *Spilke*, niederdt. Diminutiv zu *Spille* 'Spindel'
W: *Dreher*
Syn: SPINDLER
Lit: Barth 1:954; Paul 824; Schiller-Lübben 4:326

Spillendreier Spilkendreier, Spilkendreiher, **Spillendreyer** ↗'Spillendreher' ❖ mnd. *spillendreier* 'Spindeldrechsler'
W: Dreier
Syn: SPINDLER
Lit: Schiller-Lübben 4:327

Spillendreyer ↗ Spillendreier

Spillenschneider 'bei der Nadelherstellung Arbeiter, der den Draht für Nadelköpfe zuschneidet'; zu *Spille* 'Spindel'; der Draht wurde dafür auf einer Spindel zusammengedreht
W: SCHNEIDER
Lit: Adelung 4:208; Krünitz 158:402

Spiller Spilker, Spilleker ↗'Spillendreher' ❖ zu mnd. *spille* 'Spindel', ältere kontrahierte Form zu *Spindel*, mhd. *spinnel, spille* 'Spindel'
FN: Spiller, Spillner
Syn: SPINDLER
Lit: DudenFN 634; Grimm 16:2486; Idiotikon 10:336; Palla (1994) 424; Schiller-Lübben 4:326

Spillmacher 'Drechsler, der Spindeln herstellt, Spindelmacher' ❖ ↗ Spiller
Syn: SPINDLER
Lit: Barth 1:954

Spilman ↗ Spielmann

Spilmann ↗ Spielmann

Spindeldrechsler ↗ *Drechsler*

Spindeldreier ↗ Dreier

SPINDLER Spinnler 'Drechsler, der Spindeln herstellt; Spindelmacher'; d.i. ein beidseits zugespitztes stabförmiges Holz, auf das beim Spinnen von Flachs oder Wolle der Faden aufgewickelt wird ❖ mhd. *spinneler, spinler* 'Spindelmacher'
FN: Spindler, Spindeler, Spintler, Spindtler, Spinnler, Spinneler
Syn: Kunkelmacher, Spillendreher, Spillendreier, Spiller, Spillmacher
Lit: Barth 1:954; DudenFN 634; Gottschald 467; Grimm 16:2504; Idiotikon 10:336; Linnartz 224

Spinner 'Handwerker, der aus kurzen tierischen oder pflanzlichen Fasern Fäden herstellt, die von den Webern weiter verarbeitet werden'; als Arbeitsgerät verwendete man die in der Hand rotierende Spindel, seit dem 12. Jh. auch das Spinnrad. Spinnen gehört zu den ältesten Handwerken, das aber durch die seit dem 18. Jh. in England erfundenen Spinnmaschinen, die anfangs in der Hausindustrie, dann in Textilfabriken verwendet wurden, zurückgedrängt wurde. Die Umstellung der Produktion war wie bei den Webern von Elend und sozialen Unruhen begleitet ❖ zu mhd. *spinnen* 'spinnen', verwandt mit *spannen*
FN: Spinner
W: Goldspinner, Hanfspinner, Hemdenspinner, Knopfspinner, Radspinner, Seidenspinner, Silberspinner, Tabakspinner, Wollspinner
Lit: Adelung 4:211; Barth 1:954; DudenFN 634; Gottschald 467; Grimm 16:2536; Krünitz 159:8; Linnartz 224; Palla (2010) 217; Pies (2005) 179; Reith (2008) 249

Spinnler ↗ SPINDLER

Spinnmeister 1. 'Aufseher in einem Gefangenenhaus'; norddt.; urspr. bes. für weibliche Häftlinge; ein Gefängnis wurde als *Spinnhaus* bezeichnet, weil Gefangene zum Spinnen eingesetzt wurden. 2. 'Aufseher über die Arbeiter in einer Wollwarenmanufaktur'
W: Meister
Syn: KERKERMEISTER
Lit: Barth 1:954; Grimm 16:2544; Idiotikon 4:529

Spinnraddrechsler ↗ Drechsler

Spinnraddreher ↗ Dreher

Spinnrademacher ↗ Spinnradmacher

Spinnrädermacher ↗ Spinnradmacher

Spinnradmacher Spinnrademacher, Spinnrädermacher 'Drechsler, der Spinnräder herstellt'; entwickelte sich vor allem in ländlichen Gebieten aus dem Drechslerhandwerk
Syn: DRECHSLER, Rader, Rädermacher, Rädker
Lit: Reith (2008) 67; Volckmann (1921) 173

Spinnrockenmacher ↗ Rockenmacher

Spitalherr 'Vorsteher eines Krankenhauses'; auch Bezeichnung für die Mitglieder des Malteser- oder Johanniterordens
W: Herr
Syn: SPITALMEISTER
Lit: Barth 1:955; Grimm 16:2559; Idiotikon 2:1545; Krünitz 159:367

Spitalknecht 'Hilfskraft in einem Krankenhaus'
W: KNECHT
Syn: Hospitalknecht, Siechenknecht, Spittelknecht
Lit: Barth 1:955; Grimm 16:2560

SPITALMEISTER 'Verwalter, Direktor eines Krankenhauses oder Pflegeheims' ❖ mhd. *spitâlmeister* 'Aufseher, Verwalter eines Spitals'
W: Meister
Syn: Hospitalmeister, Hospitalpfleger, Hospitalsherr, Krankenvater, Siechenpfleger, Siechenpropst, Spitalherr, Spitalpfleger, Spitalschaffner, Spittelherr, Spittelmeister, Spittelpfleger, Spittler
Lit: Adelung 4:214; Barth 1:955; Grimm 16:2560; Krünitz 159:367; Schraml (1932) 124

Spitalpfleger lat. *praefectus ptochii, praefectus xenodochii, xenodocharius* 'Verwalter, Vorgesetzter eines Krankenhauses'
W: PFLEGER
Syn: SPITALMEISTER, Spittelpfleger

Lit: Adelung 4:214 (Spitalmeister); Barth 1:955; Barth 2:301; Diefenbach 633; Grimm 16:2560; Idiotikon 5:1237; Krünitz 159:367

Spitalschaffner 'Verwalter eines Krankenhauses'
W: *Schaffner*
Syn: SPITALMEISTER

Lit: Barth 1:955; Idiotikon 8:347

Spitler ↗ Spittler

Spitteler ↗ Spittler

Spittelherr 'Vorsteher eines Krankenhauses'
W: *Herr*
Syn: SPITALMEISTER

Lit: Barth 1:955; Grimm 16:2562; Idiotikon 2:1545

Spittelknecht 'Hilfskraft in einem Krankenhaus'
W: KNECHT
Syn: Hospitalknecht, Siechenknecht, Spitalknecht

Lit: Barth 1:955; Grimm 16:2562

Spittelmeister 'Verwalter, Direktor eines Krankenhauses'; bes. schweiz.
W: *Meister*
Syn: SPITALMEISTER

Lit: Barth 1:956; Grimm 16:2562; Idiotikon 4:529

Spittelpfleger 'Verwalter, Geschäftsführer eines Krankenhauses'
W: PFLEGER
Syn: SPITALMEISTER, Spitalpfleger

Lit: Campe 4:231

Spittelvogt 'Vorsteher des Armenhauses'; schweiz.
W: *Vogt*

Lit: Idiotikon 1:709

Spittler Spitler, Spitteler 'Geschäftsführer eines Krankenhauses oder eines Hospizes'; auch für Mitglied des Ordens der Hospitaliter ❖ zu mhd. *spitel, spittel* 'Spital'; *Spittler, Spitteler* ist zusammengezogen aus mhd. *spitâlære, spitâler* 'Vorsteher eines Spitals der Johanniter'
FN: Spitteler, Spittler, Spiteller, Spitaler, Spitäller
Syn: SPITALMEISTER

Lit: Barth 1:956; Gottschald 468; Grimm 16:2561; Idiotikon 10:614; Linnartz 224

Spitzarbeiter 'Seiler, der kürzere Seile [für die Landwirtschaft] herstellt'
W: *Arbeiter*
Syn: SEILER, Spitzseiler

Lit: Adelung 4:214; Barth 1:956; Grimm 16:2574; Krünitz 159:370

Spitzenherr ↗ *Herr*

Spitzenkrämer ↗ KRÄMER

Spitzenwirker ↗ *Wirker*

Spitzer 1. 'Handwerker, der Waffen o. Ä. schärft, wetzt'. 2. 'Handwerker, der etwas zuspitzt, bes. Pfähle [für Weinberge]'. 3. 'Klöppler'; meist in der weiblichen Form *Spitzerin, Spitzlerin* ❖ mhd. *spitzer* 'der die Weinbergpfähle zuspitzt'
FN: Spitzer, Spitzler, Spitzner
W: *Zuspitzer*

Lit: Barth 1:957; DudenFN 634; Grimm 16:2615; Idiotikon 10:707; Linnartz 224

Spitzhäuer 'Bergmann, der noch in der Lehre ist oder zwischen Lehr- und Vollhäuer steht'; entweder Ableitung zu *Spitzhaue* oder *spitz* als Ggs. zu *voll*
W: HAUER
Syn: Lehrhäuer

Lit: Barth 1:957; Grimm 16:2625; Veith 455

Spitzseiler 'Seiler, der kurze Seile [für die Landwirtschaft] herstellt'; sie wurden von einem zum anderen Ende immer dünner, d. h. sie hatten ein *spitz* zulaufendes Ende

W: SEILER
Syn: Landseiler, Spitzarbeiter

Lit: Palla (2010) 204 (kurze Seile); Pies (2005) 157; Reith (2008) 192

Spleißknecht 'Arbeiter im Kupferwerk beim Schmelzofen'; ↗ Spleißmeister
W: KNECHT

Lit: Barth 1:957; Grimm 16:2655; Krünitz 159:579

Spleißmeister 'Vorarbeiter am Schmelzofen eines Kupferwerkes, der den Schmelzvorgang leitet'; zu *spleißen*, '(Holz) spalten, splittern', im Hüttenwesen regional angewandt für das wiederholte Schmelzen der Metalle, um Kupfer abzuspalten ❖ zu mhd. *splîʒen* 'spalten, trennen'
W: Meister

Lit: Adelung 4:219; Barth 1:957; Grimm 16:2655; Krünitz 159:579

Splettreißer ↗ Splittreißer

Splettstößer ↗ Splittstößer

Splissenreißer ↗ Splittreißer

Splissreißer ↗ Splittreißer

Splittenreißer ↗ Splittreißer

Splittgerber 'Handwerker, der Späne oder Dachschindeln herstellt' ❖ zu mhd. *spëlter*, *spilter* 'abgespaltenes Holzstück, Scheit'; mnd. *spliten* 'spleißen, spalten', *splittere* 'abgespaltenes Stück'; *gerben* aus *gerwen*, *garwen* hier noch in der urspr. Bedeutung 'gar machen, zubereiten', die später auf das Zubereiten von Leder eingeengt wurde
FN: Splitgerber, Splittgerber
W: GERBER*

Lit: Barth 1:957; DudenEtym 791; Gottschald 468; Grimm 16:2661 (Splitt); Krünitz 159:584 (Splittholz); Volckmann (1921) 271

Splittreißer Splettreißer, Splissenreißer, Splissreißer, Splittenreißer 1. 'Handwerker, der Dachspäne herstellt'; d.s. schmale Dachschindeln, die in die Ritzen zwischen die Dachziegel oder Steine des Spließdaches gelegt wurden. 2. 'Handwerker, der Weidenruten zu Reifen und Bändern für die Böttcher spaltet' ❖ zu mnd. *spliten*, *spleten* 'spleißen, auseinanderreißen, in Stücke spalten', *spletten* ist eine Intensivform; *Splisse* ist eine nordwestdt. Nebenform zu *Spleiß* 'Splitter'
W: Reißer

Lit: Barth 1:957; Lindow 196; Schiller-Lübben 4:334

Splittstößer Splettstößer 'Händler, der Dachschindeln vertreibt' ❖ zu mnd. *spliten* 'spleißen, spalten', mnd. *splete* 'Spliss, Spalt'; mnd. *stoter* 'Stößer, Stampfer'
FN: Splittstößer, Splitstößer, Splettstößer, Splistösser
W: Stößer

Lit: Barth 1:957; DudenFN 635; Gottschald 468; Linnartz 225

Spoler ↗ Spuler

Sponhutmacher ↗ Spanhutmacher

Sponmacher ↗ Spanhauer

Sporeker ↗ Sporer

Sporenmacher Spormacher, Spornmacher 'Handwerker, der Sporen, Gebissstangen, Steigbügel, Halfter, Striegel u.Ä. herstellt' ❖ zu mhd. *spor*, *spore* 'Sporn'
FN: Spormacher, Spormächer, Sparmacher, Sparmaker
Syn: Sporenschmied, Sporer

Lit: Barth 1:958; Krünitz 159:678; Linnartz 225

Sporenschmied Sporsmyt; lat. *calcariator*, *calcarifex*, *calcarius*, *faber calcarius* ↗ 'Sporenmacher'
W: Schmied
Syn: Sporenmacher, Sporer

Lit: Diefenbach 89, 221; Linnartz 225

Sporer Sparer, Sparrer, Sporeker, Spörer, Sporker, Sporner, Sporrer ↗ 'Sporenmacher'; er gehört zu den ↗ Kleinschmieden ❖

mhd. *sporære* 'Sporenmacher'; mnd. *spare* 'Sporn'
FN: Spohr, Sporer, Spörer, Spoerer, Spohrer, Spöhrer, Spöhrle, Spoehrle, Sporrer, Sporner, Spörner, Spoerner, Spoor, Spörrer, Sporn, Sparer, Spöri, Spörri, Spoerri, Spörner, Spehr, Spehrer
Syn: Sporenmacher, Sporenschmied
Lit: Adelung 4:222; Bahlow (1967) 483; Barth 1:958; DudenFN 635; Gottschald 468; Grimm 16:2685; Linnartz 222, 225; Palla (1994) 320; Pies (2005) 37, 66, 130; Reith (2008) 55, 97; Schiller-Lübben 4:304; Stolberg (1979) 81

Spörer ↗ Sporer

Sporker ↗ Sporer

Spormacher ↗ Sporenmacher

Sporner ↗ Sporer

Spornmacher ↗ Sporenmacher

Sporrer ↗ Sporer

Sporsmyt ↗ Sporenschmied

Sprachmeister Spragmeister 'Sprachlehrer, Sprachwissenschaftler'; meist unterrichtete er eine lebende Fremdsprache privat gegen Entgelt; bes. im 17. und 18. Jh., später durch das höherwertige *Sprachlehrer* ersetzt, dieser unterrichtete in Schulen
W: *Meister*
Lit: Adelung 4:229; Barth 1:959; Grimm 16:2771; Krünitz 161:572

Spragmeister ↗ Sprachmeister

Sprecher Sprücher **1.** 'fahrender Vortragskünstler und Dichter'. **2.** 'Person, die für eine Gruppe, eine Zunft, einen Verein, vor Gericht usw. als Wortführer auftritt' ❖ mhd. *sprëchære, sprëcher* 'Sprecher, Schwätzer; Lied-, Spruchsprecher, der Gedichte (anderer oder eigene aus dem Stegreif) hersagt'
FN: Sprecher, Sprechert
W: Reimsprecher, Spruchsprecher
Syn: Spielmann
Lit: Adelung 4:232; Barth 1:959; DudenFN 635; Gottschald 468; Idiotikon 10:817, 851; Krünitz 161:690; Linnartz 225

Springer lat. *saltator, saltatrix* 'Person, die als fahrender Spaßmacher Kunststücke beim Tanzen und Springen vorführt'; dazu gehörten auch Seiltänzer, Luftspringer (Saltos) usw. ❖ mhd. *springer, sprënger* 'Springer, Tänzer, Gaukler'; mhd. *sprangen* 'springen, aufspringen'
FN: Springer, Spranger, Sprenger, Sprengert
Syn: Gaukler, Treter
Lit: Adelung 4:240; Barth 1:959; DudenFN 635, 636; Frühmittellat. RWb (saltatrix); Gottschald 468; Linnartz 225; Volckmann (1921) 316

Spritzenmeister Sprützenmeister 'Verantwortlicher für die Feuerspritzen und Kommandant der Feuerwehr'; kommt im veralteten Sprachgebrauch noch vor
W: *Meister*
Lit: Adelung 4:240; Barth 1:959; Grimm 17:135; Idiotikon 4:530; Krünitz 162:143

Sprücher ↗ Sprecher

Spruchmann lat. *arbiter* **1.** 'Schiedsrichter'. **2.** 'Minnesänger, der Gedichte mit moralischem oder politischem Inhalt verfasst; Spruchdichter' ❖ mhd. *spruchman, spruchliute* 'Schiedsrichter'
W: *Mann*
Lit: Adelung 4:246; Barth 1:959; Diefenbach 44; Frühmittellat. RWb; Grimm 17:179; Krünitz 162:168

Spruchsprecher 'Person, die bei Festen, wie Hochzeiten, Zunftfesten, zur Unterhaltung der Gäste Reime [aus dem Stegreif] vorträgt'; bes. in Nürnberg, Augsburg; sie waren eher Gelegenheitsdichter, aber nicht mit Meistersingern vergleichbar; zu *Spruch* i. S. v. 'Gedicht' ❖ zu mhd. *spruch* 'was gesprochen wird, Wort, Rede, spec. vom schönen dichterischen Ausdrucke gebraucht'
W: Sprecher
Syn: Reimsprecher
Lit: Adelung 4:246; Grimm 17:180; Idiotikon 10:821; Volckmann (1921) 318

Sprützenmeister ↗ Spritzenmeister

Spuhlenzieher ↗ Spulenzieher

Spulenmacher 'Handwerker, der Spulen für die Weberei herstellt' ❖ zu mhd. *spuol, spuole* 'Spule, bes. die Weberspule'
Lit: Barth 1:960; Campe 4:561; Grimm 17:225

Spulenzieher Spuhlenzieher 'Arbeiter im Salzwerk, der die Spule reinigt'; in den Salzwerken von Halle war die *Spule* ein Stollen, mit dem das Tagewasser abgeleitet wurde, damit es den Salzbrunnen nicht schädigt ❖ zu mhd. *spuole* 'Spule'; mhd. *spüelen* 'spülen'
W: *Zieher*
Lit: Adelung 4:250 (Spule); Barth 1:960; Grimm 17:225; Krünitz 162:194

Spuler Spoler, Spuoler 1. 'Arbeiter in der Weberei, der das Garn aufspult'; häufig von Frauen ausgeübt, dann in der weiblichen Form *Spulerin*. 2. 'Drechsler, der Spulen herstellt' ❖ zu mhd. *spuole, spuol* 'Spule, bes. die Weberspule'
FN: Spuler, Spuhler
Lit: Barth 1:960; Reith (1990) 248; Reith (2008) 229

Spunder ↗ Spünder

Spünder Spunder 1. 'Handwerker, der Spunde für Fässer herstellt'. 2. 'Person, die volle Fässer verschließt und in die Keller der Kaufleute transportiert' ❖ zu mhd. *spunt* 'Spund, Spundloch, Zapfen an einer Brunnenröhre'
W: Bierspünder, °Weinspünder
Lit: Adelung 4:253; Grimm 17:233; Krünitz 162:230

Spuoler ↗ Spuler

Staarstecher ↗ Starstecher

Staatskanzler 'Vorsitzender der Staatskanzlei; Regierungschef'; bes. in Preußen (1807–1850) und Österreich (1813–1848 sowie am Beginn der Republik 1918–1920) verwendet

W: Kanzler
Lit: Adelung 4:260 (Staatskanzelley); Barth 1:962; Grimm 17:305; Krünitz 164:503

Stabelherr ↗ Stäbelherr

Stäbelherr Stabelherr ↗ Stäbelmeister
W: *Herr*
Syn: Stäbelmeister
Lit: Adelung 4:263; Grimm 17:360; Krünitz 167:593

Stabelmeister ↗ Stäbelmeister

Stäbelmeister Stabelmeister 1. 'hoher Beamter, der bei einem Turnier Anfang und Ende durch ein Zeichen mit einem Stab anzeigt'. 2. 'hoher kaiserlicher Zeremonialbeamter an der Seite des Hofmeisters, Hofmarschalls und Mundschenks'. 3. 'Person, die bei kirchlichen Umzügen den Stab voranträgt' — zu *Stäbel*, Diminutiv zu *Stab* ❖ mhd. *stebelmeister* 'Stabträger', *stebelære stebeler* 'stabttragender Beamter oder Diener'
W: °Erbstäbelmeister, *Meister*
Syn: Stäbelherr
Lit: Adelung 4:263; Grimm 17:360; Hirschbiegel / Wettlaufer (2005); Krünitz 167:593; SteirWb 567

Stabhalter 1. 'Ortsvorsteher'. 2. 'Verwaltungsbeamter in regional unterschiedlicher Funktion'. 3. 'Richter, Gerichtsvorsitzender' — Urspr. trug ein Amtsträger als Zeichen seiner Würde oder Befehlsgewalt einen Stab
W: Halter
Syn: *Richter, Schulze*, Stäbler
Lit: Adelung 4:264; Barth 1:962; Grimm 17:369; Idiotikon 2:1241; Krünitz 167:594; PfälzWb 6:391

Stabler ↗ Stäbler

Stäbler Stabler ↗ 'Stabhalter' ❖ mhd. *stebelære, stebeler* 'stabtragender Beamter oder Diener'
FN: Stäbler, Stäble, Stäbli, Stabler, Staab, Stebler, Stebel

Syn: Stabhalter

Lit: Adelung 4:264; Barth 1:963; DudenFN 636; Gottschald 469; Grimm 17:373; Krünitz 167:598; Linnartz 226

Stabreißer ↗ 'Stabschläger'
W: Reißer
Syn: Stabschläger, Staffhauer

Lit: Adelung 4:265; Grimm 17:377; Krünitz 167:599

Stabschläger 'Forstarbeiter, der das Holz im Wald zu Stabholz schlägt'; d.i. Holz in Form von Brettern oder Leisten, die für Fassdauben zugerichtet wurden
W: Schläger
Syn: Stabreißer, Staffhauer

Lit: Barth 1:963; Grimm 17:377; Krünitz 167:599

Stabschmied 'Schmied, der Metall (Eisen, Kupfer, Gold) mit einem wasserbetriebenen Hammer zu Stäben verarbeitet, die das Basismaterial von Kleinschmieden bilden'
W: Schmied
Syn: HAMMERSCHMIED, Zainschmied

Lit: Nicolai (1784) 169

Stachelschütze ↗ Stahlschütze

Stacker ↗ Staker

Stäcker ↗ Stecher

Stackmeister ↗ Stakmeister

Stadelmeister Stadlmeister 1. 'Verantwortlicher für die Scheunen oder Lagerhallen'. 2. 'Besitzer einer Herberge' ❖ mhd. *stadelmeister* 'Besitzer eines Stalles, einer Herberge'
FN: Stadelmeister
W: Meister

Lit: Barth 1:9640; Gottschald 469; Grimm 17:419; Linnartz 226

Stadelschreiber Stadlschreiber 1. 'verantwortlicher Leiter eines Schiffsanlegeplatzes'; an der Traun, Oberösterreich; ein Anlegeplatz wurde ein Ortsname *Stadl*; *Stadel* 'Scheune' bedeutet österr. auch 'Lagerhalle, bes. für Salz', daher das Kompositum *Salzstadel*. 2. 'Beamter im Sudhaus' ❖ zu mhd. *stadel* 'Scheune, scheunenartiges Gebäude'
W: Schreiber
Syn: Stadler

Lit: Schraml (1932)

Stadler 1. 'Verwalter der Lager und Scheunen, Inhaber eines Herrenhofes (Stadelhofes)'. 2. 'bäuerlicher Landarbeiter, der den Heuboden im Bauernhof in Ordnung hält' ❖ mhd. *stadelære, stadeler* 'Aufseher über den Stadel, Inhaber eines Stadelhofes'
FN: Stadler
Syn: Stadelschreiber

Lit: Barth 1:964; DudenFN 637; Gottschald 469; Grimm 17:420; Schmeller 2:733; SteirWb 420

Stadlmeister ↗ Stadelmeister

Stadlschreiber ↗ Stadelschreiber

Stadtamtmann ↗ Amtmann

Stadtarzt 'vereidigter Arzt im Dienst der Stadt'; anfangs war der Stadtarzt ein unterer Bediensteter, später eine angesehene Person mit öffentlichen Funktionen
W: ARZT*
Syn: Stadtphysicus
Ggs: Landarzt

Lit: Adelung 4:269; Barth 1:965; Grimm 17:440; Krünitz 167:679

Stadtassessor ↗ Assessor

Stadtbäcker Stadtbecker 'Bäcker, der in der Stadt backt (und der Zunft angehört)'
W: BÄCKER*
Ggs: Landbäcker

Lit: Grimm 17:440; Krünitz 3:337

Stadtbannwart 1. 'städtischer Flur- und Weinberghüter'. 2. 'Aufseher in einem städtischen Bezirk mit verschiedenen Ordnungsfunktionen, u.a. eines Gerichtsdieners'
W: Bannwart, Wart

Syn: FLURSCHÜTZ

Lit: Adelung 1:722 (Bannwart); Grimm 17:441 (Stadtbann)

Stadtbecker ↗ Stadtbäcker

Stadtbrunnenmeister ↗ Brunnenmeister

Stadtbrunnknecht ↗ Brunnenknecht

Stadthauptmann ↗ Hauptmann

Stadtherr 'Mitglied des Stadtrates'
W: *Herr*

Lit: Barth 1:967; Grimm 17:467; Krünitz 167:683

Stadtkämmerer ↗ Kämmerer

Stadtkäufler 'städtischer Beamter, der die Aufsicht über Zwangsverkäufe führt'; schweiz.
W: *Käufler*
Syn: Gantmeister

Lit: Idiotikon 3:174

Stadtkirchner ↗ Kirchner

Stadtknecht Statknecht; lat. *accensus, lictor, minister rei publicae* 1. 'Bediensteter der Stadtpolizei und des Gerichts'. 2. 'Rats- und Gerichtsbediensteter für niedrige Dienste wie Botengänge'. 3. 'Straßenaufseher' ❖ mhd. *statknëht* 'Stadtknecht'
W: KNECHT
Syn: Gassenknecht, Heimbürge, Knappe, Landknecht

Lit: Adelung 4:270; Diefenbach 328; Frühmittellat. RWb; Grimm 19:917; Idiotikon 3:731; Krünitz 167:684

Stadtkotführer ↗ Kotführer

Stadtküster ↗ KÜSTER

Stadtläufer 'Beamter im Dienste der Stadtverwaltung'; urspr. für einen Boten
W: *Läufer*
Vgl: Ratsläufer

Lit: Idiotikon 3:1147

Stadtmitter ↗ *Mutter*

Stadtmusikus ↗ Musikus

Stadtpfeifer ↗ Pfeifer

Stadtpfennigmeister ↗ Pfennigmeister

Stadtpfleger 'hoher Beamter einer Stadtverwaltung; Aufsicht über die Gerichtsbarkeit'; bes. in Augsburg für einen Bürgermeister
W: PFLEGER
Ggs: Landpfleger

Lit: Barth 1:968; Grimm 17:489

Stadtphysicus 'vereidigter Arzt im Dienst der Stadt'
W: Physicus
Syn: Stadtarzt

Lit: Barth 1:969; Grimm 17:440; Krünitz 167:687; Pies (1977) 205

Stadtrechner 'städtischer Beamter, der für Steuern und das Rechnungswesen verantwortlich ist'
W: Rechner
Syn: Kämmerer

Lit: Grimm 17:492; Pies (2005) 165

Stadtrentmeister ↗ RENTMEISTER

Stadtrichter 'für eine Stadt zuständiger Richter, Vorsitzender des Stadtgerichts'; oft verbunden mit einem politischen Amt; konnte vom Landesherrn oder von der Bürgerschaft eingesetzt sein ❖ mhd. *statrihtære, statrihter* 'Stadtrichter'
W: Richter
Ggs: Landrichter

Lit: Adelung 4:270; Barth 1:969; Grimm 17:495; Idiotikon 6:460; Krünitz 167:699; Schild (1997)

Stadtschaut ↗ Schaut

Stadtschreiber lat. *graphiarius* 'juristisch gebildeter Schriftführer und Sekretär des Stadtrats' ❖ mhd. *statschrîbære, statschrîber* 'Stadtschreiber, städtischer Kanzler'
W: *Schreiber*

Vgl: Marktschreiber

Lit: Adelung 4:271; Barth 1:969; Grimm 17:498; Idiotikon 9:1555; Krünitz 167:699; Pies (2005) 11

Stadtschuldheiß ↗ Stadtschultheiß

Stadtschultheiß Stadtschuldheiß 'Vorsteher und Richter einer Stadtgemeinde'
W: *Schultheiß*
Syn: Stadtvogt
Ggs: Dorfschultheiß, Dorfschulze

Lit: Adelung 4:271; Barth 1:969; Grimm 17:500; Krünitz 167:700; Pies (2005) 152

Stadtschütter ↗ Schütter

Stadtschütze ↗ Schütze

Stadtseckler ↗ Säckler

Stadttambour 'Trommler, der unter Trommelschlag amtliche Verlautbarungen ankündigt'; er war auch Mitglied der Bürgerwehr
W: Tambour

Lit: Barth 1:970; Grimm 17:504; Grönhoff (1966) 38; Schraml (1932)

Stadtumgelder ↗ Ungelder

Stadtvogt 'vom Landesherrn eingesetztes Stadtoberhaupt'; er war mit richterlicher Gewalt ausgestattet und wurde daher vielfach vor allem als Richter wahrgenommen; die Funktion ist regional unterschiedlich ausgeprägt als Politiker, Richter oder Polizeichef ❖ mhd. *statvoget* 'Stadtvogt'
W: *Vogt*
Syn: Hauptmann, Stadtschultheiß
Ggs: Landvogt

Lit: Adelung 4:271; Barth 1:970; Grimm 17:508; Krünitz 168:69

Stadtwäger ↗ Wäger

Stadtweibel ↗ Weibel

Stadtzinkenist ↗ Zinkenist

Stadtzinkenmeister ↗ Zinkenmeister

Staffhauer 'Holzarbeiter, der Stabholz schlägt'; d.i. Holz in Form von Brettern oder Leisten (Stäben), die für Fassdauben zugerichtet sind ❖ zu niederdt. *staff* 'Stab, Stock'
W: Hauer
Syn: Stabreißer, Stabschläger

Lit: Lindow 198 (Staff); RheinWb 8:496 (Staff)

Staffierer 1. 'Handwerker, der an Gegenständen oder Stoffen Verzierungen oder Detailarbeiten verrichtet, bes. auf Hüte bezogen'. 2. 'Handwerker, der Gegenstände (z. B. einen Altar) aus rohem Werkstoff vergoldet oder übermalt'; als Berufsbezeichnung heute noch üblich ❖ zu mhd. *staffieren* 'womit versehen, ausschmücken', aus mnd. *stoffieren, stafferen* 'ausstatten', zu altfranz. *estoffe* 'Zeug, Material'
W: Hutstaffierer, Teppichstaffierer
Syn: Aufstutzer

Lit: Barth 1:971; Idiotikon 10:1417; Kluge 874 (staffieren); Krünitz 168:461; Reith (2008) 116

Staffiermaler Staffirmaler 'Handwerker, der Holz, Möbel, Kutschen usw. sowie Gebäude mit Hilfe von Schablonen bemalt und verziert'; dazu gehörte auch das Vergolden ❖ ↗ Staffierer
W: *Maler*

Lit: Barth 1:971; Grimm 17:536; Krünitz 168:461; Pies (2005) 94; Reith (2008) 143

Staffirmaler ↗ Staffiermaler

Stahlarbeiter 'Handwerker, der aus Eisen Galanteriewaren oder Instrumente herstellt und sie so bearbeitet, dass sie wie Stahl aussehen'; die Härte wurde durch Zementieren erreicht, eine spezielle Politur verschönerte das Aussehen
W: *Arbeiter*
Syn: Galanteriearbeiter, Galanteriespengler, Pariserarbeiter

Lit: Adelung 4:274; Barth 1:971; Grimm 17:556; Krünitz 168:641

Stahlbrenner 'Arbeiter in der Stahlhütte, der durch Schmieden und Schmelzen Eisen in Stahl umwandelt'
W: Brenner

Lit: Adelung 4:274; Barth 1:971; Grimm 17:558; Krünitz 168:649

Stahldrahtzieher ↗ DRAHTZIEHER

Stahlmenger ↗ Menger

Stahlschmied 'Schmied, der Stahl verarbeitet' ❖ mhd. *stahelsmit*
FN: *Stahlschmidt*
W: *Schmied*
Vgl: Eisenschmied

Lit: DudenFN 638

Stahlschneider 'Handwerker oder Künstler, der Figuren, Schriften usw. in Stahlplatten schneidet'
Syn: EISENSCHNEIDER, FORMSCHNEIDER, SCHNEIDER

Lit: Adelung 4:275; Barth 1:972; Grimm 17:582; Krünitz 168:719

Stahlschütz ↗ Stahlschütze

Stahlschütze Stachelschütze, Stahlschütz 'Armbrust-, Bogenschütze mit Stahlbogen' ❖ zu mhd. *stahel* 'Stahl', in der speziellen oberdt. Bedeutung 'stählerner Bogen einer Armbrust' und später für die 'Armbrust' selbst
W: Schütze

Lit: Adelung 4:275 (Stahlschießen); Barth 1:972; Grimm 17:540 (Stahl), 582; Krünitz 168:719 (Stahlschießen); OÖ. Hbl 1947, H. 1:78; Schmeller 2:744

Stahrenstecher ↗ Starstecher

Stainschneider ↗ Steinschneider

Stakenschneider 'Handwerker, der aus Holz Stangen oder Pfähle schneidet'; darunter auch die Stangen, die in Fachwerkhäusern oder im Deichbau verwendet wurden ❖ zu mnd. *stake* 'Stange'

W: SCHNEIDER

Lit: Barth 1:972; Schiller-Lübben 4:351

Stakensetzer 'Handwerker, der Zäune aus Stangen herstellt' ❖ ↗ Staker
W: Setzer

Staker Stacker 1. 'Anstreicher, Tüncher'. 2. 'Estrichmacher' ❖ zu mnd. *staken* 'Stäbe in eine lehmverstrichene Flechtwand einsetzen', zu mnd. *stake* 'Stange'
FN: Stacker, Staker, Stäcker, Stäker
Syn: Kleiber, Pliesterer, TÜNCHER

Lit: Barth 1:972; Grimm 17:409, 591; Pies (2005) 94; Schiller-Lübben 4:352, 353

Stakmeister Stackmeister 'Fachmann oder Baumeister im Deichbau'; niederdt.; er legte die Äste und Zweige zur Deichbefestigung und rammte die Pfähle in den Boden für den Bau von Dämmen; der *Stack* oder die *Buhne* ist ein schräg ins Wasser hineinragender Damm, mit dem das Ufer geschützt und das Wasser abgeleitet werden kann ❖ zu niederdt. *stack* 'Steg, Damm zur Ufersicherung, Buhne'
W: Meister

Lit: Barth 1:972; Benzler (1792) 2:178; Grimm 17:414; Krünitz 167:642; Lindow 198

Staler 'Tuchprüfer, der nach der Färbung die Qualität prüft und sie mit einem Stempel bestätigt' ❖ mnd. *staler* 'Prüfer der Tücher'; zu mnd. *stâl*, *stale* 'jedes Muster, nach dem etwas gemacht wird, Probe; Zeugmuster; eine Probe Zeug, so die Kalkenhändler den Käufern vorlegen'; vermutlich aus franz. *étal* 'Verkaufstisch', *estal* 'Aufenthalt, Platz, Verkaufsplatz'; über altfränkisch *stal* 'Wohnort, Standort', verwandt mit deutsch *Stall*

Lit: Gamillscheg 1:398; Schiller-Lübben 4:356

Staller 1. 'Ratsherr, der die Aufsicht über den Marstall führt'. 2. 'hoher Beamter, Statthalter' ❖ mnd. *staller* 'eine hohe obrigkeitliche Würde in Holstein und bei den Eiderfriesen'

Syn: Marschall, Marstaller, Marstallherr, Stallherr

Lit: Adelung 4:277; Barth 1:972; Grimm 17:619; Schiller-Lübben 4:357

Stallherr 'Ratsherr, der für die städtischen Pferdestallungen zuständig ist'
W: *Herr*
Syn: Marschall, Marstaller, Marstallherr, Staller

Lit: Adelung 4:278; Barth 1:973; Grimm 17:622; Idiotikon 2:1545; Krünitz 169:236

Stallschreiber 'Verwaltungsbeamter in den Pferdestallungen'
W: *Schreiber*

Lit: Adelung 4:278; Barth 1:973; Idiotikon 9:1554

Stämpelmeister ↗ Stempelmeister

Stampfer 1. 'Arbeiter in der Papiermühle, der das Papier mit dem Stampfwerk oder dem Hammer stampft und glättet'. 2. 'Arbeiter in der Färberei, der das Stoßen der Färberröte oder des Krapps überwacht'. 3. 'Arbeiter in der Nadelherstellung, der die Nadelköpfe mit dem Schaft vernietet' — In weiteren Berufen für Arbeiter, die etwas stoßen oder in einem Mörser zerkleinern ❖ mhd. *stampfen* 'stampfen, zerstoßen'
FN: Stampfer, Stempfer, Stampf

Lit: Adelung 4:285; Barth 1:975, 976; DudenFN 638; Gottschald 471; Grimm 17:680; Krünitz 169:524; Linnartz 227; Pies (2002b) 16; Reith (2008)

Stampfknecht 'Hilfsarbeiter, der an einer Stampfvorrichtung oder einem Mörser arbeitet'; z.B. in einer Öl-, Papier-, Pulvermühle oder Gerberei
W: Knecht

Lit: Grimm 17:681; Krünitz 169:525; SteirWb 569

Stampfmüller 'Betreiber einer Stampfmühle'; d.i. eine Mühle, in der Körner oder Früchte zerstampft, zerstoßen wurden, im Ggs. zur Mahlmühle, in der zwischen Mühlsteinen zerrieben wurde ❖ mhd. *stampfmül*
W: *Müller*

Ggs: Mahlmüller

Lit: Adelung 4:286 (Stampfmühle); Grimm 17:682 (Stampfmühle); Zedler 22:137 (Stampfmühle)

Standesläufer 'Bote im Dienst eines Kantons'; in der Schweiz; zu *Stand* i. S. v. 'Kanton'
W: *Läufer*
Syn: Standesreiter

Lit: Idiotikon 3:1147; VWB 748

Standesreiter Standesreuter 'berittener Bote im Dienste eines Kantons'
W: *Reiter*
Syn: Standesläufer

Lit: Idiotikon 6:1705

Standesreuter ↗ Standesreiter

Standesweibel ↗ 'Weibel im Dienste eines Kantons'; in der Schweiz; zu *Stand* i. S. v. 'Kanton'
W: *Weibel*

Lit: Idiotikon 15:132

Standler Ständler 'Händler, der einen Verkaufsstand auf Jahrmärkten, Kirchweihfesten o. Ä. betreibt'; zu *Stand*, das Diminutiv *Standl* steht für 'Verkaufsstand, -bude'
Syn: Krämer

Lit: Grimm 17:683 (Stand); Riepl (2009) 389

Ständler ↗ Standler

Stangendreger ↗ Stangenträger

Stangenreiter Stanglreiter 1. 'Reiter, der bei einem Pferdegespann neben dem linken, dem kräftigsten Pferd, reitet'; er ritt an der Gabelstange und musste das Pferd lenken. 2. 'Reiter, der große Salzschiffe am Ufer begleitet'
W: *Reiter*
Syn: Vorreiter

Lit: Grimm 17:818

Stangenschmied Stangschmied ↗ 'Stabschmied'
W: *Schmied*
Syn: Hammerschmied

Stangentrager ↗ Stangenträger

Stangenträger Stangendreger, Stangentrager 'Lastträger im Hafen'; norddt.; sie trugen Lasten meist zu zweit an einer Stange
W: *Träger*

Stanglreiter ↗ Stangenreiter

Stangschmied ↗ Stangenschmied

Stanitzelmacher 'Handwerker, der Papiertüten herstellt'; bes. bayr.-österr.; zu *Stanitzel* 'spitz zulaufende Tüte' ❖ zu bayr.-österr. *Scharmützel* aus ital. *scartoccio*, Nebenform von *cartoccio* 'Kartusche', unter Einfluss von tschech. *kornout* 'Tüte'

Lit: DudenGWDS; WienerWb 668

Stanzer 1. 'Arbeiter, der Metalle locht oder nietet'. 2. 'Arbeiter in einer Münzanstalt, der beim Prägen von Münzen beschäftigt ist'
Syn: Münzer, Münzschläger

Lit: Grimm 17:845

Stariot Starioth 'Hilfskraft des Leiters eines Schiffszugs (↗ Nauferge) oder des zur Erkundung des Weges Vorausfahrenden (↗ Fürfahrer)'; bayr.-österr.; sie schlugen die Pflöcke als Markierung der Fahrrinne in das Flussbett;

Lit: Neweklovsky (1954) 122; Riepl (2009) 389; Schmeller 2:776

Starioth ↗ Stariot

Stärkemacher Stärkmacher, Störckhmacher 'Handwerker, der Wäschestärke aus pflanzlichen Rohstoffen herstellt'; Stärke hatte in der Mode des 19. Jh. eine große Bedeutung; als Berufsbezeichnung oft in der Verbindung *Stärke- und [Haar]pudermacher*
Syn: Amidammacher, Kläremacher

Lit: Adelung 4:301; Grimm 17:895; Krünitz 170:18; Palla (2010) 219

Stärkmacher ↗ Stärkemacher

Starlmacher ↗ Stattelmacher

Starost 1. 'Ältester oder Vorsteher eines Bezirks, der die Regierungsgeschäfte und Gerichtsbarkeit ausübt'; seit dem Mittelalter; in Polen, Westpreußen und Russland. 2. 'Verwaltungsbeamter und Statthalter einer Stadt im Dienst des Königs'; bes. in Polen und Litauen; auch als Titel im Heiligen Römischen Reich; heute noch in Polen und Tschechien in unterschiedlicher Bedeutung gebräuchlich ❖ poln., russ. *starosta* 'Ältester', zu poln. *stary*, russ. *staryj* 'alt'
Syn: *Schulze*

Lit: Adelung 4:301; Barth 1:977; DudenGWDS

Starstecher Staarstecher, Stahrenstecher; lat. *ocularius* 'Wundarzt, der den grünen Star operiert'; oft von fahrenden Ärzten auf Jahrmärkten als Spektakel vor Publikum durchgeführt; erst ab Mitte des 18. Jh. setzte sich eine moderne Augenchirurgie durch
W: *Stecher*

Lit: Adelung 4:258; Grimm 17:270; Krünitz 162:351

Stationer Stationierer; lat. *stationarius, stationator* 1. 'Bettelmönch, der mit Reliquien herumzieht und mit ihnen körperliche Heilung und religiöse Rettung verspricht'; meist mit dem Nebensinn des Schwindlers. 2. 'Händler, der auf offener Straße eine Verkaufsstelle einrichtet'; z.B. Buchhändler und Apotheker, vgl. engl. *stationer* 'Schreibwarenhändler' ❖ mlat. *stationarius* 'Händler, Hausierer'; mlat. *stationarius* (Adj.) 'stillstehend, zum Standort gehörend'; *Stationer, Stationierer*; zu mlat. *statio*, das zwei gegenläufige Bedeutungsrichtungen hat: einerseits den festen Standort (für den Garnisonssoldaten, Postmeister u. Ä.), andererseits das Herumziehen (hier wohl als Hausierer, Bettelmönch), wohl zu *Station machen*
Syn: *KRÄMER*

Lit: Barth 1:977; Diefenbach 550; Frühmittellat. RWb; Grimm 17:944; Schubert (1995) 288; Volckmann (1921) 204

Stationierer ↗ Stationer

Statknecht ↗ Stadtknecht

Statteler ↗ Stattelmacher

Stattelmacher Gestattelmacher, Gstadelmacher, Gstadlmacher, Scatlmacher, Schattelmacher, Starlmacher, Statteler 'Handwerker, der Schachteln und Tüten aus breiten Holzspänen herstellt'; oberdt.; oft als Nebenberuf von Waldarbeitern des oberösterreichischen Salzkammergutes; *Starl, Scatl, Schattel* wurden aus bestem, geradfaserigem Holz *(Starlholz),* wie es in dicht geschlossenen windgeschützten Wäldern wächst, hergestellt ❖ zu bair. *stattel, gstattl* 'Schachtel, Tüte', aus ital. *scatola,* mlat. *scatula* 'Schachtel'
Syn: Futteralmacher, Gadelmacher, Schachtelmacher

Lit: Barth 1:338; Denzel (1998) 166; Grimm 5:4177 (Gestadel), 4203 (Gestattelmacher); Grimm 17:1016 (Stattel); Idiotikon 12:1816 (Statteler); Koller (1970) 243; KtnWb 239 (Stattl, Gstattl); Schmeller 2:796 (Stattel, Gestattel); SteirWb 287 (Gestatel)

Statthalter lat. *vicarius* 1. 'Stellvertreter eines Herrschers oder einer Regierung in einer Provinz'. 2. 'Aufseher und Verwalter eines Gutshofs'. 3. 'Stellverteter eines Richters' ❖ mhd. *stathalter* 'Statthalter, Sellvertreter (des Fürsten etc.)', zu mhd. *stat* 'Ort, Stelle, Stätte'
Syn: Viztum

Lit: Adelung 4:306; Barth 1:978; Diefenbach 617; Frühmittellat. RWb; Grimm 17:1024; Krünitz 170:198

Statzauner 'Apotheker' ❖ mhd. *statzûner* 'Krämer, Apotheker', *statzionierer* 'Reliquienkrämer', zu *statziân* 'Station des Kreuzwegs; Krämerbude, Apotheke'; eigentlich 'Verkaufslager bei einer Station'
Syn: Apotheker

Lit: Barth 1:978; Grimm 17:1066; Volckmann (1921) 204

Stäuber 'Handwerker, der Betten und Bettfedern reinigt'; zu *stäuben* i. S. v. 'Staub aufwirbeln', mhd. *stieben, stiuben* 'stieben, als oder wie Staub umherfliegen'

Lit: Adelung 4:309; Grimm 17:1104; Krünitz 151:58

Stauer 'Unternehmer oder Arbeiter, der das Beladen oder Löschen der Schiffe besorgt'; niederdt., *stauen* bedeutet in der Seemannssprache 'auf einem Schiff sachgemäß laden, unterbringen' ❖ zu mnd. *stouwen* 'aufhäufen, einen Damm bilden'
Syn: Ballenbinder

Lit: Altstaedt (2011) 10; Barth 1:978; Grimm 17:1168; Krünitz 171:72; Schiller-Lübben 4:420

Stauerbaas Stauereibaas 'Anführer einer Gruppe von Arbeitern bei Lade- und Löscharbeiten'; ↗ Stauer; sein Sellvertreter hieß *Stauervize*
W: Baas

Lit: Altstaedt (2011) 29

Stauereibaas ↗ Stauerbaas

Staufer 'Böttcher, Fassbinder, der kleine hölzerne Trinkgefäße, wie Becher, Humpen, Kelche, herstellt' ❖ mhd. *stoufære, stoufer* zu mhd. *stouf* 'Becher ohne Fuß'
Syn: KLEINBÖTTCHER*

Lit: Barth 1:978; Grimm 17:1169 (Stauf); Krünitz 171:73 (Stauff); Linnartz 228; Pies (2005) 34; Schmeller 2:735 (Stauff); Volckmann (1921) 170

Stavener 1. 'freier Bauer'; norddt.; zu *Staven* 'Bauerngut mit Haus und Grund'. 2. 'Bader, Inhaber einer Badstube'; vgl. ↗ Stuber; zu niederdt. *Stave* 'Stube' ❖ zu mnd. *stove, stave* 'Badestube', mnd. *stovehûs, stofhûs* 'Badehaus, Wirtshaus'
Syn: Bademeister, Badstuber, Balneator, BAUER, Freibauer, Stuber, Stupenator

Lit: Barth 1:979; Grimm 17:1214 (Stave); Schiller-Lübben 4:421

Stäver ↗ Stuber

Staynmetz ↗ Steinmetz

Staynmetzer ↗ Steinmetz

Stecher Stäcker 1. 'Person, die durch Stechen etwas erlegt oder schlachtet'; z.B. *Otterstecher, Aalstecher, Pagenstecher.* 2. 'Kastrierer'; z.B. *Schweinstecher, Bärstecher.* 3. 'Person, die durch Hineinstechen eines Messstabs

etwas überprüft'; z.B. *Bier-, Weinstecher*.
4. 'Graveur, Künstler, der Zeichnungen in Stein oder Metall graviert; Stein-, Stempelschneider'; z.B. *Bildstecher, Petschaftstecher, Wappenstecher* ❖ zu mhd. *stëchen* 'stechen'; vgl. mhd. *stëchære, stëcher* 'Stecher, gedungener Mörder; Ritter, der im Turnier ausgezeichnet ist'
FN: Stecher, Stechert, Stäcker, Sticher
W: Aalstecher, Bärstecher, Bierstecher, Bildstecher, Formstecher, Kartenstecher, Käsestecher, Kornstecher, Modelstecher, Otterstecher, Pagenstecher, Petschaftstecher, Petschierstecher, Pflasterstecher, Schriftstecher, Schweinstecher, Siegelstecher, Silberstecher, Starstecher, Stempelstecher, Uhrblätterstecher, Wappenstecher, Weinstecher

Lit: Adelung 4:317; Barth 1:979; DudenFN 640; Gottschald 472; Grimm 17:1272; Krünitz 171:109; Palla (1994) 425

Steckenförster ↗ Stockförster

Steckenknecht ↗ Stockknecht

Steckförster ↗ Stockförster

Stecknadelmacher ↗ Stecknadler

Stecknadler Stecknadelmacher 'Handwerker, der Stecknadeln, Sicherheitsnadeln u.Ä. herstellt'
W: Nadler
Syn: Glufenmacher, Glufner, Gufener

Lit: Grimm 17:1370; Krünitz 171:131; Reith (2008) 168; Zedler 39:1429

Steenbicker ↗ Steinpicker

Steenbrugger ↗ Steinbrücker

Steenbrügger ↗ Steinbrücker

Stefftenmacher ↗ Stiftmacher

Steftenmacher ↗ Stiftmacher

Stegekehrer Steigekehrer, Steigkehrer 'Arbeiter, der Wege und Stege reinigt'; bes. in den sächsischen Salzwerken, wo er die Stege oder Bohlen, auf denen die Sole in die Kote getragen wurde, reinigt; zu *Steig* i. S. v. 'schmaler Weg für Fußgänger'; bes. im Norddt. werden *Steig* und *Steg* in gleicher Bedeutung verwendet, sie haben als gemeinsames Bedeutungselement die schmale, längliche Ausdehnung
W: Kehrer
Syn: Stegeschäufler

Lit: Adelung 4:324; Grimm 17:1386; Krünitz 171:146, 213

Stegeschaufler ↗ Stegeschäufler

Stegeschäufler Stegeschaufler, Stegschäufler, Steigschaufler 'Arbeiter, der Wege und Stege ausschaufelt und reinigt'; im Norddt. werden *Steig* und *Steg* in gleicher Bedeutung verwendet
Syn: Stegekehrer

Lit: Adelung 4:324; Grimm 17:1386; Krünitz 171:175

Stegraiffer ↗ Stegreifer

Stegreifer Stegraiffer, Stegriffer 'Handwerker, der Steigbügel, eine Fußstütze für Reiter, herstellt; Steigbügelmacher'; die Riemen waren aus Leder, die Fußstützen aus Metall, daher gehörten sie zu den ↗ Kleinschmieden; Ableitung von *Stegreif*, urspr. ein über den Rücken des Pferdes gelegtes Seil mit Schlaufen (*Reif* hatte die Bedeutung 'Seil') ❖ zu mhd. *stëgen* 'steigen'; mhd. *stëgreif, stëgereif* 'vom Sattel hangender Ring zum Einsetzen des Fußes beim Besteigen des Pferdes und beim Reiten, Steigbügel';

Lit: Adelung 4:323 (Stegereif); Kluge 879 (Stegreif); Palla (2010) 220; Volckmann (1921) 113

Stegriffer ↗ Stegreifer

Stegschäufler ↗ Stegeschäufler

Steifer 'Arbeiter bei den Hutmachern, der für das Steifen des Filzes zuständig ist'
Vgl: Rupfer

Lit: Grimm 18:1841

Steigbereiter Steigebereiter 'Verantwortlicher für die Wege und Straßen'
W: *Bereiter*

Lit: Adelung 4:331

Steigebereiter ↗ Steigbereiter

Steigekehrer ↗ Stegekehrer

Steiger Steyger 'technisch ausgebildeter Bergmann, der die Aufsicht über die Arbeiter im Bergwerk, die Gebäude oder die Schmelzhütte hat' ❖ mhd. *stîger* 'Steiger', zu mhd. *stîc* 'Steig, Pfad'; er beaufsichtigte urspr. den *Steig* (Einstieg) in die Grube
FN: Steiger, Steigert, Staiger, Steyger
W: Fahrsteiger, Grabensteiger, Grubensteiger, Hängebanksteiger, Heinzensteiger, Hüttensteiger, Jungensteiger, Kunststeiger, Mauersteiger, Mühlsteiger, Nachtsteiger, Obersteiger, Pochsteiger, Scheidsteiger, Schießsteiger, Tagsteiger, Untersteiger, Waschsteiger, Zapfensteiger, Zimmersteiger
Syn: Bergschaffer, Einfahrer, Hutmann

Lit: Adelung 4:333; Barth 1:980; DudenFN 641; Fellner 566; Gottschald 472; Krünitz 171:220; Linnartz 229; Pies (2005) 28; Veith 459

Steigkehrer ↗ Stegekehrer

Steigschaufler ↗ Stegeschäufler

Steinbäcker Steynbecker ↗ 'Ziegelbäcker'
W: BÄCKER*
Syn: ZIEGLER

Lit: Grimm 31:908 (Ziegelbäcker); Linnartz 229

Steinbrech ↗ Steinbrecher

Steinbrecher Steinbrech 'Arbeiter in einem Steinbruch'; heute vor allem für eine 'Maschine, die Gestein zerkleinert' und einen 'Facharbeiter, der auf das Brechen und Rohbearbeiten von Gestein spezialisiert ist' ❖ mhd. *steinbrëcher* 'Steinbrecher'
FN: Steinbrecher, Steinbrech
W: °Schleifsteinbrecher

Syn: Gressierer, Steinhauer, Steinklopfer, Steinmetz, Steinpicker, Steinwerker

Lit: Adelung 4:338; DudenFN 642; DudenGWDS; Gottschald 473; Grimm 18:2025; Idiotikon 5:339; Linnartz 229; Palla (2010) 221; Pies (2002a) 13

Steinbrenner 'Handwerker, der aus Kalksteinen gebrannten Kalk herstellt'; als Berufsbezeichnung selten, aber sehr häufig als Familienname
FN: Steinbrenner
W: *Brenner*
Syn: KALKBRENNER

Lit: DudenFN 642; Gottschald 473; Linnartz 229

Steinbrücher ↗ Steinbrücker

Steinbrücker Steenbrugger, Steenbrügger, Steinbrücher, Steinbrügger, Stenbrugger 'Handwerker, der Straßen pflastert'; anfangs wurden nur Toreinfahrten und Abflussrinnen in der Straßenmitte gepflastert. Unter *Brücke* versteht man hier den sicheren Weg durch Morast und Schmutz
FN: Steinbrucker, Steinbrücker, Steinbrückner, Steinbrück, Steinbrücke, Steinbrugger, Steinbrügger (häufiger nach einem Wohnort an einer steinernen Brücke)
Syn: Dammsetzer, Steiner, Steinsetzer

Lit: Barth 1:980; Gottschald 473; Grimm 18:2057; Linnartz 229; Volckmann (1921) 283

Steinbrügger ↗ Steinbrücker

Steindecker Stendecker 1. 'Dachdecker, der mit Schiefer deckt'. 2. 'Dachdecker, der mit Ziegeln deckt' ❖ zu mhd. *steindecker* 'Ziegeldachdecker'
FN: Steindecker
W: *Decker*
Syn: Leiendecker, Schieferdecker, Ziegeldecker

Lit: DudenFN 642; Gottschald 473; Grimm 18:2062; Linnartz 229; Pies (2005) 47; Reith (2008) 147; Volckmann (1921) 271

Steindrechsler ↗ *Drechsler*

Steindrucker 'Künstler, der Bilder oder Grafiken im Steindruck herstellt; Lithograph';

die Lithographie wurde im 20. Jh. weitgehend durch den Offsetdruck abgelöst, wird aber regional und im künstlerischen Bereich noch angewandt
W: *Drucker*

Lit: Grimm 18:2063; Krünitz 172:291 (Steindruck)

Steiner 1. 'Beamter, der für die richtige Setzung der Grenzsteine zuständig ist'. 2. 'Handwerker, der Straßen pflastert und Wege baut'. 3. 'Handwerker, der etwas mit Edelsteinen besetzt, Goldschmied' ❖ mhd. *steiner* 'lapidator'
FN: Steiner, Steinert
Syn: Dammsetzer, FELDSCHEIDER, Steinbrücker

Lit: Barth 1:981; DudenFN 643; Grimm 18:2070

Steinhauer Steinhauwer, Stenhouwer, Stenhover, Stenhower 1. 'Handwerker, der in einem Steinbruch Steine herausbricht; Steinbrecher'. 2. 'Handwerker, der Steine in eine bestimmte Form schlägt; Steinmetz'. 3. 'im Bergbau Arbeiter, der am Gestein selbst arbeitet' — kommt im veralteten Sprachgebrauch noch vor ❖ mhd. *steinhouwer* 'Steinmetze, -hauer, -brecher'
FN: Steinhauer, Steinhauber, Steinheuer
W: HAUER, °Schleifsteinhauer
Syn: Steinbrecher, Steinklopfer, Steinmetz, Steinpicker, Steinwerker

Lit: Adelung 4:340; DudenFN 643; Gottschald 473; Grimm 18:2090; Linnartz 230; Reith (2008) 223; Volckmann (1921) 274

Steinhauwer ↗ Steinhauer

Steinklopfer 'Arbeiter, der Steine in einem Steinbruch für den Wege- oder Bahnbau herausbricht'
FN: Steinklopfer
Syn: Steinbrecher, Steinhauer, Steinpicker, Steinwerker

Lit: Barth 1:981; Grimm 18:2111

Steinmassl ↗ Steinmeißel

Steinmayssl ↗ Steinmeißel

Steinmeißel Steinmassl, Steinmayssl 'Steinmetz' ❖ mhd. *steinmeizel, steinmeize* 'Steinmetz, Bildhauer; Meißel'; im 15. Jh. durch *Steinmetz* verdrängt
FN: Steinmeißel, Steinmassl, Steinmaßl, Steinmaßler
Syn: Steinmetz

Lit: Adelung 4:341; Bahlow (1967) 489; Gottschald 473; Linnartz 230

Steinmetz Staynmetz, Staynmetzer, Steinmetzer; lat. *lapicida, lapidarius* Die heute vorherrschende Berufsbezeichnung hat sich seit dem 15. Jh. an Stelle von *Steinmeißel* durchgesetzt. Sie bezeichnet die Arbeit des Gestaltens von Steinblöcken, z.B. für Bauten oder für Grabsteine. Die Abgrenzung zwischen *Steinmetz* und *Steinhauer* wird nicht immer klar gezogen ❖ zu mhd. *steinmetze, steinmetzer, steinmetzel*, Steinmetzeler 'Steinmetz'; der Wortteil -metz kommt von einem galloromanischen Wort für 'machen'
FN: Steinmetz, Steinmatz, Steinmetzer, Steinmetzger, Steinmetzler, Steinmetzner, Steinmitzer, Stamitz
Syn: Picker, Steinbrecher, Steinhauer, Steinmeißel, Steinschläger, Steinwerker

Lit: Adelung 4:342; Diefenbach 318; DudenFN 644; Frühmittellat. RWb; Gottschald 473; Grimm 18:2126; Kluge 881; Krünitz 172:625; Linnartz 230; Palla (2010) 222; Pies (2005) 163; Reith (2008) 223

Steinmetzer ↗ Steinmetz

Steinpicker Steenbicker, Steinpickler, Stenbicker ↗ 'Steinhauer' ❖ mhd. *steinbicker* 'Steinbrecher'; ↗ Picker
FN: Steinbicker, Steinbick, Steinbiecker, Steinbieck
W: Picker
Syn: Steinbrecher, Steinhauer, Steinklopfer

Lit: DudenFN 642; Gottschald 473; Grimm 18:2024; Linnartz 229

Steinpickler ↗ Steinpicker

Steinschläger 'Handwerker, der Steine in eine bestimmte Form schlägt'
W: *Schläger*
Syn: Steinmetz

Lit: Grimm 18:2032

Steinschneider Stainschneider, Stensnyder 1. 'Künstler, der Edelsteine und Kristalle zu Formen schneidet'. 2. 'Künstler, der figürliche oder plastische Darstellungen auf Edel- und Halbedelsteinen herausschneidet; Graveur'. 3. ↗'Chirurg, Wundarzt, der bes. Gallen- und Nierensteine operiert'; auch in der Form *Stein- und Bruchschneider*
W: SCHNEIDER
Syn: CHIRURG, Edelsteinhauer, Steinwerker, Wappenschneider, WUNDARZT
Vgl: Bruchschneider

Lit: Adelung 4:345; Grimm 18:2033; Idiotikon 9:1134; Krünitz 173:4; Palla (2010) 226; Pies (1977) 32; Pies (2005) 20

Steinschreiber 1. 'Person, die in einem Friedhof ein Verzeichnis der Gräber und Grabsteine führt'. 2. 'Buchhalter in einer Ziegelei'
W: *Schreiber*

Lit: Adelung 4:345; Krünitz 173:45

Steinsetzer 1. 'Beamter, der behördlich beauftragt ist, Grenzsteine zu setzen oder zu kontrollieren'. 2. 'Handwerker, der Straßen und Gassen mit Steinen pflastert; Pflasterer'; noch heute als Berufsbezeichnung üblich. 3. 'Straßen- und Wegebauer'. 4. 'Goldschmied, der Schmucksteine einfasst' ❖ mhd. *steinsetzer* 'Grenzsteinsetzer'
W: Setzer
Syn: Dammsetzer, Fasser, FELDSCHEIDER, Steinbrücker

Lit: Adelung 4:345; Grimm 18:2153; Krünitz 173:47; Linnartz 230; Reith (2008) 105; Volckmann (1921) 282

Steinstreicher 1. 'Bergmann, der für die Errichtung und Instandhaltung der Sole- und Wasserleitungen in der Grube zuständig ist'. 2. 'Bergmann, der im tauben Gestein, außerhalb der abzubauenden Lagerstätten, arbeitet; Gesteinshäuer'
W: *Streicher*
Syn: Strehnwerker

Lit: Fellner 571; Kirnbauer (1964); Schraml (1930) 235; Schraml (1934) 158

Steinwerker Steinwerther, Steinwirker, Steinworte, Steinwürcher, Steinwürk, Steinwürker, Stenwerther, Steynwerte 1. 'Steinhauer, Steinbrecher'. 2. 'Maurer'. 3. ↗'Steinschneider' — heute noch als Berufsbezeichnung für 'Handwerker, der Naturstein mit verschiedenen Maschinen bearbeitet'
FN: Steinwirker
W: *Werker*
Syn: Edelsteinhauer, Steinbrecher, Steinhauer, Steinklopfer, Steinmetz, Steinschneider, Wappenschneider

Lit: Grimm 18:2023; Linnartz 230

Steinwerther ↗ Steinwerker

Steinwirker ↗ Steinwerker

Steinworte ↗ Steinwerker

Steinwürcher ↗ Steinwerker

Steinwürk ↗ Steinwerker

Steinwürker ↗ Steinwerker

Steinzeugtöpfer 'Töpfer, der Koch- und Tischgeschirr aus Steinzeug und Porzellan herstellt'; Steinzeug und Porzellan wurden im Brennofen bei über 1200° gebrannt
W: TÖPFER
Ggs: Irdentöpfer

Lit: Reith (1990) 239

Stellemaker ↗ Stellmacher

Stellenbesitzer 'freier oder dienstverpflichteter Bauer, der ein Gut mit Ackerland und Gespannen bewirtschaftet'; bes. in Schlesien
Syn: VOLLBAUER

Stellmacher Stellemaker 'Wagner'; urspr. norddt., später ins Ostmitteldeutsche vorgedrungen; heute noch die nord- und teilweise mitteldt. Bezeichnung ❖ mhd. *stellemacher* 'Stellmacher'; *Stelle* in der älteren Bedeutung 'Gestell, Gerüst, Sitz, Stuhl', z. B. in *Bettstelle*
FN: Stellmacher, Stellmaker, Stelmecke, Stellmach, Stallmach
Syn: WAGNER
Vgl: Gestellmacher

Lit: Adelung 4:350; Barth 1:982; DudenFN 644; Gottschald 474; Grimm 18:2172 (Stelle), 2262; Kretschmer 485; Krünitz 173:89; Linnartz 230; Palla (1994) 426; Palla (2010) 241; Pies (2005) 176; Reith (2008) 244; VWB 753

Stempelmeister Stämpelmeister 1. 'Beamter, der Manufakturwaren wie Textilien prüft und mit einem Stempel versieht'. **2.** 'Direktor des Stempelamts (Stempelkammer), in dem die Abgaben in Form von Stempelgebühren organisiert werden'; stempelpflichtig waren Waren, wie Papier, Spielkarten, Zeitungen ❖ zu mnd. *stempel*, niederdt. Form zu *stempfel* 'Prägestock', bzw. zu dem ital. Fremdwort *Stampiglie* 'Stempel', das in Österreich noch länger verbreitet war
W: *Meister*
Syn: VISIERER

Lit: Adelung 4:284; DudenFW 1280; Ebner (2009) 355; Grimm 18:2337; Krünitz 169:474

Stempelschneider Stempfschneider; lat. *caelator, celator* 'Graveur, der Stempel aus Stahl zur Prägung von Münzen und Medaillen anfertigt; Medailleur' ❖ zu mhd. *stempfel* 'Stempel, Stößel; Münzstempel, Prägstock'
W: SCHNEIDER
Syn: EISENSCHNEIDER

Lit: Adelung 4:284; Barth 1:982; Diefenbach 110; Grimm 18:2343; Palla (1994) 330

Stempelstecher ↗ 'Stempelschneider'
W: Stecher
Syn: EISENSCHNEIDER

Lit: Barth 1:982; Grimm 18:2344

Stempfschneider ↗ Stempelschneider

Stenbicker ↗ Steinpicker

Stenbrugger ↗ Steinbrücker

Stendecker ↗ Steindecker

Stenhouwer ↗ Steinhauer

Stenhover ↗ Steinhauer

Stenhower ↗ Steinhauer

Stensnyder ↗ Steinschneider

Stenwerther ↗ Steinwerker

Stepper Stopper, Stöpper 1. 'Näher'. **2.** 'Flickschneider' ❖ zu mhd. *stëppen* 'stellenweise stechen, reihenweise nähen, durchnähen'
FN: Stepper
W: Hutstepper, Kollerstepper
Syn: Flickschneider, SCHNEIDER

Lit: DudenFN 645; Grimm 18:2387; Linnartz 230; SteirWb 579

Sterbeherr 'Ratsherr, der die Aufsicht über die Erbschaftsfälle hat und die Erbschaftssteuer einzieht'
W: *Herr*

Lit: Adelung 4:353; Grimm 18:2408; Krünitz 173:215

Sterzelmeister ↗ Sterzermeister

Sterzermeister Sterzelmeister, Sterzler, Sterzmeister 'Beamter, der die Aufsicht über das Bettelwesen hat'; zu *Sterzer, Störzer, Sterrer* 'Vagabund, Bettler, Landstreicher' ❖ mhd. *stërzer* 'der müßig umherfährt, Vagabund, Bettler'
W: *Meister*
Syn: BETTELVOGT

Lit: Barth 1:985; Grimm 18:2542; Schmeller 2:786 (störzen); Volckmann (1921) 322

Sterzler ↗ Sterzermeister

Sterzmeister ↗ Sterzermeister

Stetrichter 'Richter mit einer festen Dauerstelle im Amt'; bes. schweiz.; zu *stät* 'fest, unbeweglich; beständig' ❖ zu mhd. *stæte, stæt* 'beständig'
W: *Richter*

Lit: Idiotikon 6:460

Steueramtsgegenschreiber ↗ Amtsgegenschreiber

STEUEREINNEHMER lat. *collector, exactor* 'Beamter, der Steuern berechnet und einkassiert' ❖ zu mhd. *înnëmære* 'Einnehmer'
W: *Einnehmer*
Syn: Akziseeinnehmer, Aufnehmer, Aufschlageinnehmer, Aufschläger, Eingewinner, Gefälleinnehmer, Geschosser, Hebungsbeamter, Hebungsbedienter, Kastenkeller, Keller, Kollektor, Losunger, Losungsherr, Pfennigmeister, RENTMEISTER, Rezeptor, Schosseinnehmer, Schosser, Schossfänger, Schossherr, Schosskassierer, Schossmann, Schossmeister, Steuerherr, Steurer, Täzer, Ungelder, Ziesemeister

Lit: Adelung 4:362; Barth 1:985; Diefenbach 213; Frühmittellat. RWb; Grimm 18:2618; Krünitz 173:657; Pies (2005) 165

Steuerer ↗ Steurer

Steuergegenhandler Steuergegenhändler 'Steuerkontrolleur, der vor allem buchhalterische Agenden führt'
W: *Gegenhandler*

Lit: Csendes/Opll 2:67

Steuergegenhändler ↗ Steuergegenhandler

Steuerherr 'Beamter oder Ratsherr, der die Steuern einhebt'
W: *Herr*
Syn: STEUEREINNEHMER

Lit: Barth 1:985; Grimm 18:2626

Steuerrezeptor ↗ Rezeptor

Steuerschreiber 'Verwaltungsbeamter im Steueramt'
W: *Schreiber*

Lit: Adelung 3:1652 (Schreiber); Barth 1:986; Grimm 18:2663

Steuersetzer Stürsetzer 'Beamter, der die kommunalen Steuern und Abgaben festsetzt; Steuerschätzer'
W: *Setzer*

Lit: Barth 1:987; Grimm 18:2663

Steurer Steuerer, Stoirer, Stora, Stoyrer
1. 'Finanzbeamter, der Steuern festsetzt und einhebt'. 2. 'Steuermann, der bei einem kleineren Schiff das Steuer führt'; er steht am hinteren Ende des Schiffes; nach seiner Abschaffung rückten die Nauführer als Schiffsführer auf. 3. 'bei den Flößern der hintere Steuermann'. 4. 'letzter Reiter in einem Schiffszug' ❖ mhd. *stiuræere* 'Steuereinnehmer; Steuermann', zu mhd. *stiure, stiur* 'Steuerruder; Unterstützung, Hilfe, Abgabe; Unterstützung des Herrn durch Abgabe, Steuer'; die beiden Grundbedeutungen 'Geldabgabe' und 'Steuerruder' stammen vermutlich vom gleichen Verb ab
FN: Steurer, Steuer, Steuerer
Syn: Afterreiter, SCHIFFMEISTER, STEUEREINNEHMER

Lit: Adelung 4:362; Barth 1:987; DudenFN 646; Gottschald 464; Grimm 18:2668; Krünitz 173:684; Linnartz 231; Neweklovsky (1954) 119

Steyger ↗ Steiger

Steynbecker ↗ Steinbäcker

Steynwerte ↗ Steinwerker

Sticker 1. 'Handwerker, der Textilien mit Stickereien verziert'; auch heute noch als Berufsbezeichnung; häufig von Frauen ausgeübt, dann Femininum *Stickerinn*; seit dem 17. Jh. bis ins 20. Jh. 2. 'Person, die etwas zuspitzt, auf oder in etwas sticht; Graveur'; als Nebenform zu ↗ Stecher in Zusammensetzungen, z. B. *Aalsticker, Biersticker, Silbersticker* ❖ zu mhd. *sticken* 'sticken, nähen; mit Pfählen, Stecken versehen', Intensivform zu *stechen*

W: Goldsticker, Jackensticker, Pfeilsticker, Scheckensticker, Seidensticker, Silbersticker, Zeugsticker

Lit: Adelung 4:368; Barth 1:987; Krünitz 174:1

Stieber ↗ Stuber

Stiefelblockmacher 'Handwerker, der hölzerne Stiefelspanner herstellt'; ein *Stiefelblock* ist ein hölzerner Leisten in Form eines Unterschenkels, um den Stiefelschäften die richtige Form geben zu können

Lit: Grimm 18:2787 (Stiefelblock); Krünitz 174:50

Stiefelwichser 'Person, die Stiefel einfettet und glänzend reibt'; eine untergeordnete Tätigkeit, die auch als Nebenjob lukrativ sein konnte, bes. für die Reitstiefel; die Wichse bestand aus Kienruß, der mit zerlassenem Wachs, Terpentinöl u.a. vermischt wurde ❖ zu *wichsen*, Variante zu *wächsen* 'mit Wachs einreiben', das Umlaut-*ä* ist in -*i*- übergegangen
Syn: Stiefelwischer

Lit: Barth 1:988; Grimm 18:2799; Krünitz 174:62 (Stiefelwichse); Pfeifer 1563

Stiefelwischer 'Person, die Stiefel reinigt; Stiefelputzer'
Syn: Stiefelwichser

Lit: Barth 1:988; Grimm 18:2799

Stiftmacher Stefftenmacher, Steftenmacher 1. 'Bleistiftmacher'. 2. 'Handwerker, der Nadeln, Hefte u. Ä. herstellt' ❖ zu mhd. *stift*, *stëft* 'Stachel, Dorn, Stift'
W: Bleiweißstiftmacher

Lit: Barth 1:980; Krünitz 174:162; Poppe 5:146

Stiftspfleger ↗ Pfleger

Stillwächter 'Nachtwächter, der kein Horn mit sich führt; Begleiter des Nachtwächters'
Syn: Nachtwächter

Lit: Adelung 3:403 (Nachtwächter); RheinWb 8:694

Stimpler ↗ Stümpler

Stockar ↗ Stocker

Stockarbeiter 'Seiler, der ohne Läufer arbeitet und daher nur bestimmte Arbeiten erledigen kann'; er wickelte das Produkt um einen Stock und verkaufte es ellenweise. Der *Läufer* ist ein Seilerrad, das auch von einer Person bedient werden kann
W: *Arbeiter*
Syn: Seiler

Lit: Adelung 4:391

Stöckelschneider 'Handwerker, der Handstempel (Petschaften) mit kleinen Postamenten aus Holz herstellt'; zu *Stöckel* i. S. v. *Holzstock*
Syn: Petschierer, Schneider

Lit: Riepl (2009) 393; SteirWb 579

Stocker Stockar, Stöcker, Stucker 1. 'Gefängnisaufseher'; zu *Stock* in der Bedeutung 'Block um den Fuß Gefangener; Gefängnis'. 2. 'Waldarbeiter, der die Stöcke und Wurzeln gefällter Bäume entfernt'; zu *Stock* 'Baumstamm, -stumpf'. 3. 'in der Saline Arbeiter an der Sudpfanne'; zu *Stock* 'Salzstock' ❖ mhd. *stocker* 'Stockmeister'
FN: Stocker, Stöcker, Stöckel, Stöckl, Stöckli, Stöcklin, Stöckle, Stöcklein, Stöggl
Syn: Kerkermeister

Lit: Barth 1:991; DudenFN 648; Grimm 19:85; Idiotikon 10:1780; Linnartz 232; PfälzWb 6:609; Volckmann (1921) 332

Stöcker ↗ Stocker

Stöckerknecht ↗ Stockknecht

Stockförster Steckenförster, Steckförster 'niederer Förster, der nur mit einem Stock ausgerüstet ist'; er konnte somit nicht mit einem Gewehr jagen
Syn: Forstknecht

Lit: Adelung 4:322; Barth 1:991; Grimm 17:1349; Grimm 19:99; Kehr (1964) 188; Schmeller 2:727, 729

Stockhalter ↗ 'Stockmeister'
Syn: Kerkermeister

Lit: Grimm 19:102

Stockholmfahrer 'norddeutscher Kaufmann, der in Schweden als Mitglied einer Gesellschaft eine Handelsniederlassung hat'
W: *Fahrer*

Stockknecht Steckenknecht, Stöckerknecht
1. 'Gehilfe des ↗Profos bei den Landsknechten'; er hatte die Prügelstrafen mit dem Stock, Stecken vorzunehmen. 2. 'Gefängniswärter'; er setzte den Gefangenen in den *Stock*, d. i. ein Holzblock, in dem der Häftling festgehalten ist
W: KNECHT
Syn: KERKERMEISTER

Lit: Adelung 4:322; Barth 1:979; Grimm 19:109; Idiotikon 3:731; Krünitz 171:125; Pies (2001) 38; Pies (2005) 162; Schmeller 2:727

Stockmeister 'Gefängniswärter'
W: *Meister*
Syn: KERKERMEISTER

Lit: Adelung 4:395; Barth 1:991; Grimm 19:112; Krünitz 174:420; Pies (2001) 38; Pies (2005) 162

Stockwart Stockwärter 'Gefängniswärter'; schweiz.; der Holzklotz, mit dem Häftlinge gefesselt wurden, ist auf das Gefängnis übertragen ❖ zu mhd. *stoc* 'Stock, Stab; Baumstrunk; Block um die Füße der Gefangenen'; mhd. *stocwarte, stockwarter* 'Stockmeister'
W: *Wart*
Syn: KERKERMEISTER

Lit: Adelung 4:396 (Stockwache); Barth 1:991; Grimm 19:133; Idiotikon 16:1583, 1614

Stockwärter ↗ Stockwart

Stöhrer ↗ Störer

Stoirer ↗ Steurer

Stolemaker ↗ Stuhlmacher

Stolenmacher 'Posamentierer, Bortenmacher' ❖ zu mhd. *stôle, stôl* 'Teil der liturgischen Kleidung in Form eines Stoffstreifens', aus lat. *stola* 'langes Frauenoberkleid'. Da die Posamentenmacher zu einem großen Teil mit kirchlichem Schmuck und kirchlicher Kleidung beschäftigt waren, wurde die liturgische Bezeichnung *Stola* auf den ganzen Beruf übertragen
Syn: POSAMENTIERER, Stolenwirker

Stolenwirker ↗ 'Stolenmacher'
W: *Wirker*
Syn: POSAMENTIERER, Stolenmacher

Lit: Barth 1:992; Reith (2008) 38

Stollenarbeiter 'Bergarbeiter, der beim Forttrieb, der Zimmerung und der Erhaltung der Stollen tätig ist'
W: *Arbeiter*

Lit: Grimm 19:210; Krünitz 174:473; Zedler 40:381

Stollenbäcker Stollenbecker 'Bäcker, der besonders Stollen (ein länglich geformtes Weißbrotgebäck mit Rosinen) backt' ❖ zu mhd. *stolle* 'Stütze, Pfosten', zu *stellen*; das Gebäck ist wegen der länglichen Form so benannt
W: BÄCKER*

Lit: Grimm 19:210; Kluge 887 (Stollen); Linnartz 233

Stollenbecker ↗ Stollenbäcker

Stollengeschworener 'Bergarbeiter, der einen Stollen unter seiner Aufsicht hat'
W: *Geschworener*

Lit: Adelung 4:399; Grimm 19:211; Krünitz 174:474

Stollner ↗ Stöllner

Stöllner Erbstollner, Erbstöllner, Stollner
1. 'Betreiber eines Bergwerks, Eigentümer eines Stollens'. 2. 'Bergmann, der in einem Stollen arbeitet'; Ableitung zu *Stollen*; Grundbedeutung ist 'Stütze, Pfosten'; der *Stollen* im Bergwerk ist nach den Stützpfosten in den Gängen benannt ❖ mhd. *stollen* 'waagrechter Gang, der ins Gebirge getrieben wird'
FN: Stöllner, Stollner, Stolle, Stoller
W: °Erbstollner, °Erbstöllner, °Revierstöllner
Syn: Maßner

Ggs: Fundgrübner

Lit: Adelung 4:440; DudenFN 649; Grimm 19:215; Kluge 887; Krünitz 174:480; Linnartz 233; Veith 156, 381, 469

Stolmaker ↗ Stuhlmacher

Stopfer Stopper 1. 'Handwerker, der Löcher verschließt und Schadstellen ausbessert'; z.B. ein Dachdecker, Schiffsbauer, der Lecks verstopft. **2.** 'Handwerker, der Textilien ausbessert; Flickschneider'. **3.** 'Arbeiter, der etwas mit Druck einfüllt'; z.B. Futter in Geflügel zur Mast, Wurstmasse in den Darm ❖ zu mhd. *stopfen* 'stopfen, verstopfen', verwandt mit mhd. *stupfen, stüpfen* 'stechend stoßen'

Syn: Flickschneider, Schopper

Lit: Adelung 4:403; Grimm 19:328; Krünitz 174:498

Stoppelvogt 'Aufseher oder Vorarbeiter über die Erntearbeiter und Fröner in großen Gütern' ❖ mnd. *stoppel*, niederdt. Form zu mhd. *stupfel* 'Halm' aus spätlat. *stupula* 'Strohhalm'
W: *Vogt*
Syn: Feldvogt

Lit: Adelung 4:405; Grimm 19:351; Heinsius 4:242; Krünitz 174:508; Schiller-Lübben 4:414

Stopper ↗ Stopfer, Stepper

Stöpper ↗ Stepper

Stora ↗ Steurer

Störarbeiter ↗ Störer

Störckhmacher ↗ Stärkemacher

Störer Stöhrer, Störarbeiter 1. 'Handwerker, der seine Arbeit ohne Berechtigung und ohne Zunftzugehörigkeit ausübt'; abwertend. **2.** 'Handwerker, bes. Schneider, Schuster, Sattler, der seine Arbeit [im Winter] auf dem Bauernhof des Kunden ausübt'; bes. bayr.-.-österr. ❖ mhd. *stœrære, stœrer* 'der unbefugt sein Handwerk treibt; Handwerker, der in fremden Häusern gegen Kost und Taglohn arbeitet'
FN: Störer, Stöhr, Storer, Störi (schweiz.), Stoeri (schweiz.), Stehr
W: Zustörer
Syn: BÖNHASE, Störschneider, Störschuster, Störweber

Lit: Adelung 4:408; Barth 1:992; DudenFN 649, 650; Gottschald 477; Grimm 19:409; Krünitz 174:626; Linnartz 233; Schmeller 2:779; Volckmann (1921) 336

Storger Störger 1. 'Wanderhändler, der auf Jahrmärkten verkauft; Hausierer'; auch allgemein für 'Landstreicher'. **2.** 'wandernder Arzt oder Apotheker, der Kranke behandelt oder Heilmittel verkauft; Kurpfuscher' ❖ Herkunft nicht sicher; vermutlich zu *Storge* 'Geschichte, Erzählung', aus ital. *storia*, lat. *historia*
Syn: Marktschreier, QUACKSALBER

Lit: Adelung 4:408; Barth 1:993; Grimm 19:416; Krünitz 174:626; Schmeller 2:781

Störger ↗ Storger

Störnäher ↗ 'Störschneider'
W: Näher

Störschneider 'Schneider, der auf dem Land im Haus des Kunden arbeitet' ❖ ↗ Störschuster
W: SCHNEIDER
Syn: Bauernschneider, Gäuschneider, Störer

Lit: Idiotikon 9:1135; OÖWb 282 (Stör); Schmeller 2:779 (Stör); Sulzenbacher (2002) 30

Störschuster 'Schuster, der auf dem Land im Haus des Kunden arbeitet' ❖ zu mhd. *stœren* 'zerstreuen, zerstören'; *stören* bezieht sich auf die Störung, den Auftragsentgang des in seiner Werkstatt arbeitenden Handwerkers
W: SCHUSTER
Syn: Bauernschuster, Gäuschuster, Störer

Lit: Grimm 19:437; OÖWb 282 (Stör); Schmeller 2:779 (Stör); Sulzenbacher (2002) 26

Störweber 'Weber, der auf dem Land im Haus des Kunden arbeitet' ❖ ↗ Störschuster
W: WEBER
Syn: Gäuweber, Störer
Lit: Sulzenbacher (2002) 41

Stößel ↗ Stößer

Stoßer ↗ Stößer

Stößer Stößel, Stoßer, Stösser 1. 'Arbeiter, der etwas in einem Mörser zerkleinert'; z.B. in einer Apotheke oder Gewürzhandlung. 2. 'Arbeiter in der Saline, der das Salz zerkleinert und in die Salzfässer einfüllt'. 3. 'Salzhändler'. 4. 'Bergarbeiter, der Fördergefäße durch Schieben fortbewegt' ❖ mhd. *stôzer, stoezer* 'der das Salz in die Kufen stößt'
FN: Stößer, Stösser, Stößer, Stösser, Stoßer, Stoß
W: Brasilholzstoßer, °Erbstosser, °Erbstösser, Fasselstößer, Fuderstößer, Gipsstoßer, Huntstößer, Küfelstößer, Lohstößer, Salzstößer, Splittstößer, Wagenstößer, Wendtstößer
Lit: Adelung 4:411; DudenFN 651; Fellner 577; Gottschald 477; Idiotikon 11:650; Linnartz 233; Patocka (1987) 279, 283; Schraml (1932) 226; Treffer (1981) 114; Veith 470

Stösser ↗ Stößer

Stover ↗ Stuber

Stöver ↗ Stuber

Stoyrer ↗ Steurer

Strahlenmann ↗ Strahler

Strahlensucher ↗ Strahler

Strahler 'Person, die im Gebirge nach Kristallen sucht'; schweiz.; zu *Stral* 'Bergkristall, Quarzkristall'; zu *strahlen* 'blitzen'
W: °Strahlenmann, °Strahlensucher
Lit: Barth 1:993; Idiotikon 11:2213

Strähler Strehler, Streler 1. 'Handwerker, der die gewaschene Wolle mit dem Krempel (dem Wollkamm) kämmt und zum Spinnen vorbereitet'. 2. ↗ 'Kammmacher; Kardätschenmacher' ❖ zu mhd. *strælen* 'kämmen', mhd. *strælære, stræler* 'Kamm'
FN: Strähler, Strehler, Strähl, Strehl
W: °Wollsträhler
Syn: KAMMMACHER, Strählmacher, Wollkämmer
Lit: Barth 1:993; Brechenmacher 2:686; Gottschald 478; Grimm 19:809; Idiotikon 11:2231; Linnartz 233; Reith (2008) 118; Schmeller 2:813; Volckmann (1921) 83

Strählmacher Strälmacher, Strehlmacher, Strelmacher 1. 'Handwerker, der aus Horn Kämme herstellt; Kammmacher'. 2. 'Handwerker, der die Kardätschen und Wollkämme für die Wollverarbeitung und Tucherzeugung herstellt' ❖ mhd. *strælære, stræler* 'Kamm', zu mhd. *strælen* 'kämmen'
Syn: KAMMMACHER, Strähler
Lit: Barth 1:993; Pies (2005) 77; Reith (2008) 118; Volckmann (1921) 83

Strahlschmied Stralschmied 'Handwerker, der Pfeile für Bogen und Armbrüste herstellt' ❖ zu mhd. *strâle, strâl* 'Pfeil'
FN: Strahlschmidt
W: Schmied
Lit: Riepl (2009) 395

Strähnknecht ↗ Strehnknecht

Strähnmeister ↗ Strehnmeister

Strähnvorgeher ↗ Strehnvorgeher

Strähnwehrer ↗ Strehnwerker

Strähnwerker ↗ Strehnwerker

Strälmacher ↗ Strählmacher

Stralschmied ↗ Strahlschmied

Strandbauer 'Bauer, der an der Küste wohnt'; er war zum Bergen von Strandgut und in

Ostpreußen bes. zum Einsammeln des Bernsteins verpflichtet
W: BAUER

Lit: Adelung 4:421; Grimm 19:840; Krünitz 175:187

Strandbedienter 'behördlich Angestellter, der die Aufsicht über das Bersteinsammeln hat'
W: *Bedienter*
Syn: Strandreiter

Lit: Adelung 4:421; Grimm 19:840; Krünitz 175:187

Strandgeschworener 'vereidigter Bauer oder Schulze, der für Ordnung an den Stränden, wie Bewachung von Standgütern oder Verfolgung von Dieben, zuständig ist'; in Preußen
W: *Geschworener*

Strandherr 'von der Obrigkeit eingesetzter Beamter, der für den Strand und das gestrandete Gut im Sinne des Strandrechts zuständig ist'
W: *Herr*

Lit: Adelung 4:421; Barth 1:993; Grimm 19:846; Krünitz 175:190

Strandreiter **Strandreuter** 'berittener Polizist, der den Strand bewacht, bes. vor Bernstein- oder Strandgutdieben'
W: *Reiter*
Syn: Strandbedienter

Lit: Adelung 4:422; Barth 1:993

Strandreuter ↗ Strandreiter

Strandvogt 1. 'Beamter, der am Strand Überreste nach Schiffbrüchen, wie Gepäckstücke, Dokumente, einsammelt und dem Handelsgericht übergibt'. 2. 'Verantwortlicher für die Deiche am Strand'. 3. 'Beamter, der die Einkünfte des Bernsteinsammelns verwaltet'; in Preußen
W: *Vogt*

Lit: Adelung 4:423; Grimm 19:852; Krünitz 175:229

Strännwerker ↗ Strehnwerker

Straschneider ↗ Strohschneider

Straßenbereiter 'berittener Beamter, der die Straßen kontrolliert und für Sicherheit auf den Straßen zu sorgen hat'
W: *Bereiter*

Lit: Adelung 4:424; Barth 1:994; Grimm 19:907; Krünitz 175:345

Straßenbeschauer **Straßenschauer** 'Beamter, der für die Kontrolle der Straßen und ihre Instandhaltung zuständig ist'; bes. schweiz.
W: *Beschauer*
Syn: Wegschauer

Lit: Barth 1:994; Idiotikon 8:1620

Straßenschauer ↗ Straßenbeschauer

Straubenbacher ↗ Straubenbäcker

Straubenbäcker **Straubenbacher, Straubenbecker** 'Bäcker, der bes. Strauben backt'; *Strauben* sind ein Schmalzgebäck aus Hefe- oder Brandteig mit gekräuselter Oberfläche, die durch das Einspritzen des Teiges in siedendes Fett entsteht (bes. süddt.-österr.) ❖ zu mhd. *strûbe* 'eine Art Backwerk, Spritzkrapfen'; der *Straubenbacher* ist das 'Werkzeug zum Straubenbacken'
W: BÄCKER*

Lit: Adelung 4:425 (Straube); Grimm 19:955; Krünitz 175:461 (Straube); Paul 859; Schmeller 2:803 (Strauben); SteirWb 582

Straubenbecker ↗ Straubenbäcker

Strauschneider ↗ Strohschneider

Strazzensammler 'Person, die Textilabfälle sammelt und an die Papiermühlen liefert' ❖ zu venezianisch *strazzo* 'Textilabfall, Lumpen'
Syn: LUMPENSAMMLER

Lit: Wiener Berufe; WienerWb 681

Streckenhäuer 'Bergmann im Salzbergbau, der den Vortrieb am Anfang des Stollens manuell ausführt'
W: HAUER

Lit: Fellner 581; Grimm 19:1135

Strecker 1. 'Arbeiter, der bei der Herstellung etwas spannt, streckt, z.B. Schuhe, Handschuhe'. 2. 'Arbeiter in der Glasherstellung, der Glaswalzen durch Glühen und Strecken in eine flache rechteckige Form bringt, Hersteller von Fensterglas'
FN: Strecker
Syn: Glaser*

Lit: Barth 1:995; DudenFN 653; Grimm 19:1139; Idiotikon 11:2177; Linnartz 234; SteirWb 582

Strehler ↗ Strähler

Strehlmacher ↗ Strählmacher

Strehnknecht Strähnknecht ↗ 'Strähnwerker'
W: KNECHT
Syn: Strehnwerker

Lit: Fellner 578; Schraml (1934)

Strehnmeister Strähnmeister ↗ 'Strähnvorgeher'
W: Meister
Syn: Strehnvorgeher

Lit: Fellner 578; Rieder (2006) 1:23 (Strehn), 25; Schraml (1934) 204

Strehnvorgeher Strähnvorgeher, Strennvorgeher, Strenvorgeher 'Vorarbeiter der ↗ Strähnwerker'
Syn: Strehnmeister

Lit: Fellner 579

Strehnwehrer ↗ Strehnwerker

Strehnwerker Strähnwehrer, Strähnwerker, Strännwerker, Strehnwehrer, Strennwerker, Strenwerker 'Salinenarbeiter, der mit der Herstellung und Instandhaltung der Wasser- und Soleleitungen beschäftigt ist'; zu *Strähne, Strehn* 'Rohrleitung für die Salzsole' ❖ zu mhd. *strēn, strēne* 'Strähne, Flechte von Haaren, Flachs etc'
W: Werker
Syn: Steinstreicher, Strehnknecht

Lit: Fellner 578; Grimm 19:812; Patocka (1987) 187 (Sulzstrenn); Treffer (1981) 217; Veith 471 (Stränn, Strännwerk)

Streicher Streiger, Stricher 1. 'Beamter, der auf Tuchmessen die verkauften Tücher zu messen hat'. 2. 'Arbeiter in der Tuchherstellung, der die Wolle streicht oder kämmt'. 3. 'Maler, Anstreicher'. 4. 'Arbeiter in der Ziegelherstellung, der den Lehm in die hölzerne Form drückt und das Überstehende abstreicht' ❖ zu mhd. *strîchen* 'glatt streichen; streichend darüberfahren, um etwas zu prüfen; streichend auftragen'; *strîcher* 'Prüfer, Messer'
FN: Streicher, Stricher, Streichert
W: Dachsteinstreicher, Gewandstreicher, Kniestreicher, Lauenstreicher, Steinstreicher, Stuckstreicher, Tuchstreicher, Wandstreicher, Weinstreicher, Wollstreicher, Ziegelstreicher

Lit: Adelung 4:437; Barth 1:995; DudenFN 653; Gottschald 479; Grimm 19:1225; Krünitz 175:564; Linnartz 234

Streifer 1. 'bewaffneter Polizist oder Militärangehöriger, der nachts für Ordnung auf den Straßen sorgt'. 2. 'Aufseher im Forst, bes. im Einsatz gegen Wildschütze'. 3. 'Bergarbeiter, der das Laugwerk eines Salzbergwerks von tauben Rückständen, dem Werkslaist, säubert' ❖ zu mhd. *streifen* 'streifen, ziehen, marschieren'

Lit: Adelung 4:440; Fellner 582; Grimm 19:1285; Krünitz 175:583

Streiger ↗ Streicher

Streler ↗ Strähler

Strelmacher ↗ Strählmacher

Strennvorgeher ↗ Strehnvorgeher

Strennwerker ↗ Strehnwerker

Strenvorgeher ↗ Strehnvorgeher

Strenwerker ↗ Strehnwerker

Stricher ↗ Streicher

Strickenmacher ↗ Strickmacher

Stricker Strigger 1. 'Person, die Kleidungsstücke aus Wolle oder Netze strickt'; häufig von Frauen ausgeübt und dann in der Form *Strickerin*. 2. 'Seiler'; ältere Bezeichnung. 3. 'Person, die Schlingen zum Fangen von Tieren auslegt'. 4. 'Handwerker, der Geflechte und Gitter aus Eisen herstellt'
FN: Stricker, Strickert
W: Eisenstricker, Futterhemdstricker, Garnstricker, Gatterstricker, Gimpenstricker, Haubenstricker, Hosenstricker, Hudelstricker, Knopfstricker, Leinwandstricker, Strumpfstricker, Topfstricker, Zaumstricker
Syn: SEILER

Lit: Adelung 4:449; Barth 1:996; DudenFN 653; Gottschald 479; Grimm 19:1581; Linnartz 234

Strickmacher Strickenmacher 1. 'Handwerker, der dünne, kurze Seile und Schnüre herstellt'. 2. 'Handwerker, der Lederriemen oder -stricke herstellt'; bes. in Tirol
Syn: Riemer, SEILER

Lit: Barth 1:996; Grimm 19:1585; TirWb 2:613

Striezelbäcker ↗ Strützelbäcker

Strigger ↗ Stricker

Strimpfstricker ↗ Strumpfstricker

Stritzelbäcker ↗ Strützelbäcker

Strohdachdecker ↗ Strohdecker

Strohdecker Strohdachdecker 'Dachdecker, der mit Stroh deckt' ❖ zu mhd. *strôdach* 'Strohdach'
W: *Decker*
Ggs: Schieferdecker, Ziegeldecker

Lit: Adelung 4:453; Barth 1:997; Grimm 19:1653; Linnartz 234; Sulzenbacher (2002) 47

Strohflechter 'Kunsthandwerker, der aus Roggenstroh Gegenstände und Kleidungsstücke herstellt'; z.B. Körbe, Taschen, Schuhe; besonders häufig war die Produktion von Strohhüten. Strohflechterei wurde in Heimarbeit betrieben, später auch industriell. Zentren waren das Allgäu und der Schweizer Aargau
W: Flechter

Lit: Jahn/Hartung (1991) 120 (Strohhutflechter)

Strohmaier ↗ Strohmeier

Strohmeier Strohmaier, Stromar, Stromer 1. 'Gutsverwalter, der für die Strohwirtschaft verantwortlich ist'. 2. 'Beamter, der bei der Einhebung des Zehents für die Garben und das Stroh zuständig ist'
FN: Strohmaier, Strohmayer, Strohmayr, Strohmeier, Strohmeyer, Ströhmeier, Strömeier, Strömeyer, Stromeiger, Strohmer, Stromer
W: *Meier*

Lit: Barth 1:997; DudenFN 654; Gottschald 480; Grimm 19:1674; Linnartz 234; Schmeller 2:803

Strohmesserschmied ↗ *Schmied*

Strohschneider Straschneider, Strauschneider, Stroschneid 'Arbeiter, der Stroh zu Häcksel, Pferdefutter schneidet'; auch als Besitzer eines Strohschneidestuhls
W: SCHNEIDER

Lit: Adelung 4:454; Barth 1:997; Grimm 19:1678; Idiotikon 9:1135; Krünitz 176:87

Strohseildreher 1. 'Handwerker, der aus Stroh oder Dünengras Seile als Handelsartikel herstellt'. 2. 'Person, die ein Strohband zum Garbenbinden herstellt'
W: *Dreher*

Lit: Grimm 19:1678 (Strohseil)

Stromar ↗ Strohmeier

Stromer ↗ Strohmeier

Stroschneid ↗ Strohschneider

Strossenhäuer Strosshäuer, Strossner 'Bergmann, der das Erz stufenweise abbaut'; die *Strosse* ist ein stufenförmiger Absatz im Gruben- oder Tagbau

W: Hauer

Lit: Adelung 4:457; Fellner 583; Grimm 20:78; Krünitz 176:122; Veith 477

Strosshäuer ↗ Strossenhäuer

Strossner ↗ Strossenhäuer

Strumpffaktor ↗ Faktor

Strumpfknütter ↗ Knütter

Strumpflapper ↗ Lapper

Strumpfstricker Strimpfstricker 'Handwerker, der gestrickte Strümpfe, Hosen, Handschuhe, Teppiche u.Ä. herstellt'; in der 1. Hälfte des 16. Jh. kam die spanische Mode der gestrickten Kleider auf und in der Folge das Gewerbe der *Strumpfstricker*, das ab dem 17. Jh. dem *Strumpfwirker* weichen musste. Die Strickarbeit ging großteils auf Frauen über, während die Männer die Arbeit des Appretierens übernahmen oder andere Produkte, wie Barette, herstellten
W: Stricker
Syn: Lismer, Sockenstricker

Lit: Adelung 4:459; Barth 1:998; Grimm 20:127; Pies (2005) 167; Reith (2008) 227; Volckmann (1921) 95; Zedler 40:1086

Strumpfverleger ↗ Verleger

Strumpfwalker ↗ Walker

Strumpfwirker Strumpfwürcher, Strumpfwürker, Stumpfwirker; lat. *reticulator* 'Handwerker, der Textilien (Strümpfe, Hauben, Hosen, Handschuhe usw.) durch Verschlingen von Fäden auf einem Strumpfwirkerstuhl herstellt'; das Handwerk der *Strumpfwirker* löste im 16. Jh. durch die Erfindung des Strickapparats von William Lee (1589), mit dem eine größere Anzahl von Maschen auf einmal verarbeitet werden konnte, die *Strumpfstricker* ab. Bereits im 17. Jh. geht das Handwerk in ein Verlegersystem, bei dem die Produkte in Heimarbeit erzeugt wurden, über. Heute noch als Berufsbezeichnung üblich, aber in einem anderen industriellen Arbeitsfeld. – Die Form *Stumpf* ist eine bairische dialektale Nebenform zu *Strumpf*
W: Wirker

Lit: Adelung 4:459; Barth 1:998; Grimm 20:129; Idiotikon 16:1486; Palla (2010) 227; Pies (2005) 167; Reith (2008) 227; Schmeller 2:761; Volckmann (1921) 95

Strumpfwürcher ↗ Strumpfwirker

Strumpfwürker ↗ Strumpfwirker

Strützelbäck ↗ Strützelbäcker

Strützelbäcker Striezelbäcker, Stritzelbäcker, Strützelbäck 'Bäcker, der feines Gebäck herstellt'; österr.; zu *Strützel*, Diminutiv zu *Strutz* 'Brot in länglicher Form, Wecken'
W: Bäcker*

Lit: SteirWb 585; WBÖ 2:774

Stubanator ↗ Stupenator

Stubenambtmann ↗ Stubenamtmann

Stubenamtmann Stubenambtmann 'unterer Beamter in der Exekutive eines Pflegegerichts; Polizeibeamter'; zu *Stube* i. S. v. 'Versammlungs- und Gemeinschaftsraum in Städten' ❖ zu mhd. *stube* 'heizbares Gemach; Trinkstube einer Zunft, Zunftstube, -herberge'
W: Amtmann
Syn: Eisenamtmann

Lit: Grimm 20:171 (Stubenamt)

Stubenheißer ↗ Stubenheizer

Stubenheitzer ↗ Stubenheizer

Stubenheizer Stubenheißer, Stubenheitzer 'Arbeiter, der in einem großen Haus die einzelnen Zimmeröfen heizt und sie mit Brennstoff versorgt'
W: Heizer
Syn: Kalfakter, Ofenheizer, Ofner

Lit: Adelung 4:463; Barth 1:998; Krünitz 176:332

Stubenherr 'Vorsitzender oder Mitglied einer exklusiven Gesellschaft von eingesessenen Bürgern oder Adeligen' ❖ ↗ Stubenamtmann
W: *Herr*
Syn: Stubenmeister

Lit: Barth 1:998; Benker (1974) 36; Idiotikon 2:1545

Stubenmaler 1. 'Maler, der Zimmer mit Leimfarben streicht; Anstreicher'. 2. 'Maler, der Dekorationen an Häusern, in Wohnungen, Kirchen oder Kulissen ausführt'
W: *Maler*
Syn: Dekorationsmaler, Hausmaler, Hausschreiber, TÜNCHER, Weißbinder

Lit: Barth 1:999; Grimm 20:183; Krünitz 176:345; Pies (2005) 94; Reith (2008) 144

Stubenmeister 'Vorsteher einer Zunft oder Gesellschaft und Aufseher über die Trinkstuben' ❖ ↗ Stubenamtmann
W: *Meister*
Syn: Gaffelmeister, Stubenherr

Lit: Barth 1:999; Grimm 20:183; Idiotikon 4:530

Stubenwirt 'von einer Zunft oder Bruderschaft angestellter Wirt, der für die Ordnung in der Zunftstube und die Bewirtung bei Festlichkeiten verantwortlich ist'
W: WIRT

Lit: Barth 1:999; Benker (1974) 33; Idiotikon 16:1650

Stuber Stäver, Stieber, Stover, Stöver, Stüber, Stüberer, Stübler, Stubner, Stübner, Stubrer 'Bader, der eine eigene Badstube besitzt' ❖ mhd. *stuberer* 'Bader'; mnd. *stover* 'Bader'. Die Grundbedeutung von *Stube* ist 'geheizter Raum', dieser wurde neben dem Wohnraum auch besonders als Baderaum und als Raum, in dem Flachs und Getreide gedörrt wurden, benützt
FN: Stuber, Stüber, Stubner, Stübner, Stieber, Stiebler, Stöber, Stöbner, Stover, Stöver, Stöwer
Syn: Badstuber, Balneator, Stavener, Stupenator

Lit: Adelung 4:461 (Stube); Barth 1:999; DudenFN 655; Gottschald 481; Grimm 20:157 (Stube); Jirlow (1926); Linnartz 235

Stüber ↗ Stuber

Stüberer ↗ Stuber

Stübler ↗ Stuber

¹Stubner 'Bergarbeiter, der in einer Stube arbeitet'; unter *Stube* versteht man im Bergbau einen unterirdischen Raum oder ein Gebäude, in dem technische Anlagen (Radwerk, Göpel, Bremswerk) aufgestellt sind

Lit: Fellner 584; Patocka (1987) 185 (Stube); Veith 477 (Stube)

²Stubner ↗ Stuber

Stübner ↗ Stuber

Stubrer ↗ Stuber

Stückegießer ↗ Stückgießer

Stückenhauptmann ↗ Stückhauptmann

Stucker ↗ Stocker

Stuckgießer ↗ Stückgießer

Stuckgiesser ↗ Stückgießer

Stückgießer Stückegießer, Stuckgießer, Stuckgiesser 1. 'Handwerker, der Kanonen, Mörser u. Ä. gießt; Geschützgießer'. 2. 'Glockengießer' — Die Abgrenzung zwischen den beiden Arbeiten ist fließend, da die Gießer je nach Bedarf verschiedene Aufträge ausführten und dieselbe Technik anwendeten; oft synonym zu *Rotgießer* gebraucht ❖ zu mhd. *stück, stuck* 'Teil, Stück; Ding, Sache'; aus der Bedeutung 'Teil' entwickelte sich die Bedeutung eines selbstständigen Ganzen, darunter im 16. Jh. 'Geschütz, Kanone'
W: *Gießer*
Syn: Büchsengießer, Geschützgießer, Mörsergießer

Lit: Adelung 4:467; Grimm 20:237; Krünitz 176:540; Linnartz 235; Reith (2008) 94; Volckmann (1921) 148; Zedler 40:1326

Stuckhauptmann ↗ Stückhauptmann

Stückhauptmann Stückenhauptmann, Stuckhauptmann 'Hauptmann der Artillerie und Geschützführer' ❖ ↗ Stückgießer
W: Hauptmann
Syn: STÜCKMEISTER
Lit: Grimm 20:238; Idiotikon 4:262

Stuckknecht ↗ Stückknecht

Stückknecht Stuckknecht; lat. *tormentarius* **1.** 'Soldat, der die Geschütze bedient; Artillerist'. **2.** 'Jagdgehilfe bei der Parforcejagd' ❖ ↗ Stückgießer
W: KNECHT
Lit: Barth 1:1000; Grimm 20:239; Idiotikon 3:731; Krünitz 176:543; Schmeller 2:730

Stuckmaister ↗ STÜCKMEISTER

Stuckmeister ↗ STÜCKMEISTER

STÜCKMEISTER Stuckmaister, Stuckmeister **1.** 'Handwerker, der einem anderen mit einem Teil der Arbeit zuarbeitet, z.B. ein Färber oder Tuchscherer dem Weber, oder der solche Teilarbeiten vergibt'. **2.** 'Handwerksmeister, der seine Gesellen stückweise, nach Akkordlohn, bezahlt'. **3.** 'Geselle, der sein Meisterstück macht oder gemacht hat, voll handwerksfähig ist, aber noch im Betrieb seines Meisters arbeitet; Altgeselle'. **4.** 'militärischer Anführer, Offizier, der die Geschütze befehligt und für sie zuständig ist; Geschützführer' ❖ ↗ Stückgießer
W: Meister
Syn: Altgeselle, Büchsenmeister, Feuerwerker, Konstabler, Stückhauptmann
Lit: Grimm 20:245; Krünitz 176:545; Pies (2002b) 16; Pies (2002d) 10, 13; Schmeller 2:730; Zedler 40:1327

Stuckreiber 'Stuckateur' ❖ zu mhd. *rîben* 'reiben', hier i. S. v. *verreiben* 'durch Reibebewegungen aufbringen, z.B. Putz, Gipsmasse'
W: Reiber
Lit: Barth 1:1000

Stuckschlager ↗ Stückschläger

Stückschläger Stuckschlager **1.** 'Metallarbeiter, der aus kleinen Eisenstücken Werkzeuge herstellt'. **2.** 'Salinenarbeiter, der die auswechselbaren Bleche für die Salzpfanne herstellt'
W: *Schläger*
Lit: Barth 1:1000; Grimm 20:248; Patocka (1987) 213; SteirWb 586

Stuckstreicher 'Arbeiter in der Saline, der die Salzpfanne abdichtet'; *Stuck* ist eine Kurzform für *Pfannstuck* 'auswechselbarer, aus Pfannblechen hergestellter Teil der Salzpfanne' ❖ mhd. *stuck, stucke* 'Teil wovon, Stück'
W: *Streicher*
Lit: Patocka (1987) 214

Stückweber **1.** 'Weber, der Lodenstoffe [aus qualitativ schlechter Wolle] herstellt'. **2.** 'Weber, der Leinen in kleineren Stücken, bes. für den eigenen Gebrauch, webt'
W: WEBER
Lit: Barth 1:1000; Grimm 20:249; Pies (2005) 179

Stückwerker 'Handwerker, der seine Arbeit nach dem Stück liefert und demnach bezahlt wird'; oft in schlecht bezahlter Akkordarbeit
W: *Werker*
Lit: Barth 1:1000; Grimm 20:254; Jahn/Hartung (1991) 84; Reith (2008) 135

Studiosi ↗ Studiosus

Studiosus Plural: *Studiosi* **1.** 'Schüler einer Schule mit Lateinunterricht'; bes. der oberen Klassen. **2.** 'Universitätsstudent'; scherzhaft noch heute ❖ lat. *studiosus* 'eifrig, wissbegierig, strebsam', zu lat. *studere* 'sich um etwas bemühen, streben'
Lit: DudenGWDS; Grimm 20:285

Stuhlaufsetzer 'Handwerker in der Weberei, der den Strumpfwirkerstuhl plant und zusammenbaut'
W: Aufsetzer
Lit: Krünitz 177:241; Reith (2008) 229

Stuhldreher 'Drechsler, der Stuhl- und Tischbeine herstellt'
FN: Stuhldreher, Stuhldreer, Stuhlträger
W: *Dreher*
Syn: Stuhldreier

Lit: Barth 1:1001; DudenFN 655; Gottschald 481; Grimm 20:349; Linnartz 235; Volckmann (1921) 171

Stuhldreier ↗ 'Stuhldreher'
FN: Stuhldreier, Stohldreyer
W: *Dreier*
Syn: Stuhldreher

Lit: DudenFN 655; Gottschald 481; Linnartz 235

Stuhler Stühler, Stuler 'Handwerker, der Stühle herstellt' ❖ mhd. *stuoler* 'Stuhlflechter'
FN: Stuhler, Stuler, Stuller, Stühler, Stüler, Stieler, Stiehler

Lit: Barth 1:1002; DudenFN 647, 655; Gottschald 481; Grimm 20:352; Linnartz 235; Volckmann (1921) 176

Stühler ↗ Stuhler

Stuhlflechter 'Handwerker, der Sitze und Lehnen für Stühle flicht'; wird zusammen mit den Korbmachern heute noch ausgeübt
W: *Flechter, Rohrstuhlflechter*

Lit: Barth 1:1002; Gehl (2000) 850; Grimm 20:354; Krünitz 177:242

Stuhlherr 1. 'Gerichtsvorsitzender'. 2. 'Eigentümer eines Freigerichts; Herr eines Femegerichts' — zu *Stuhl* i. S. v. 'Richterstuhl' ❖ mhd. *stuolhërre* 'Besitzer eines Freigerichts'
W: *Herr*
Syn: Femrichter, Gerichtsherr, Gerichtsmann, Stuhlrichter

Lit: Adelung 4:473; Barth 1:1002; Grimm 20:358

Stuhlmacher Stolemaker, Stolmaker; lat. *sedarius* 'Handwerker, der Stühle oder Bänke herstellt'; sie bildeten ein eigenes Gewerbe und führten auch die Drechslerarbeiten für die Stuhlbeine und Flechtarbeiten für die Sitze und Lehnen durch. Im 18. Jh. etablierten sich die *Englischen Stuhlmacher* als ein eigenes Gewerbe, das der Möbelmode entsprach. Nach Einführung der Gewerbefreiheit wurden sie ins Tischlergewerbe einverleibt ❖ mhd. *stuolmacher, stuolmecher* 'Stuhlmachermeister'; zu mnd. *stol* 'Stuhl'
FN: Stuhlmacher, Stühlmacher, Stöhlmaker
Syn: TISCHLER

Lit: Barth 1:1002; DudenFN 655; Gehl (2000) 850; Gottschald 481; Grimm 20:360; Krünitz 177:263; Linnartz 235; Schiller-Lübben 4:411; Volckmann (1921) 176

Stuhlrichter 1. 'Richter eines Gerichtsbezirks'; bes. in Siebenbürgen. 2. 'Vorsitzender eines Femegerichts'
W: *Richter*
Syn: Gerichtsherr, Gerichtsmann, Stuhlherr

Lit: Adelung 4:473; Barth 1:1002; Grimm 20:362; Höfer 3:200

Stuhlschreiber 1. 'Beamter bei einem Gericht, der die Korrespondenz und Protolle des Gerichts führt'. 2. ↗ 'Stadtschreiber'. 3. 'Schreibkundiger, der gegen Bezahlung Texte, bes. Briefe, verfasst'. 4. 'Lehrer im Schreiben und Rechnen'. 5. 'Person, die die Kirchenstühle verwaltet und sie vermietet' ❖ mhd. *stuolschrîber* 'Gerichtsschreiber oder der für die Rechtsparteien Schriften verfasst'
W: *Schreiber*
Syn: Aktuar, Gerichtsschreiber, Kistenschreiber, Nachgangsschreiber, Pflegschreiber, Schrannenschreiber, Sesselschreiber

Lit: Adelung 4:473; Barth 1:1002; Grimm 20:363; Idiotikon 9:1555; Krünitz 177:269; Schmeller 2:753; Volckmann (1921) 254

Stuler ↗ Stuhler

Stülpner 'Handwerker, der Helme und Sturmhauben herstellt' ❖ zu mnd. *stulper* 'Deckel', mnd. *stulpen* 'einen Deckel über etwas legen'; im Niederdt. bezeichnet *Stülpe* oder *Stulpe* einen 'oben offenen Hohlkörper'
Syn: HAUBENSCHMIED

Lit: Adelung 4:473 (Stülpe); Grimm 20:369 (Stülpe, Stulpe); Krünitz 177:280; Linnartz 235; Schiller-Lübben 4:448

Stümper ↗ Stümpler

Stumpfwirker ↗ Strumpfwirker

Stumpler ↗ Stümpler

Stümpler Stimpler, Stümper, Stumpler
1. 'Handwerker, der seine Arbeit [ohne Berechtigung und] ohne Zunftzugehörigkeit ausübt'. 2. 'Kleinhändler, kleiner Handwerker' ❖ mnd. *stumper, stumpere* 'Schwächling, Elender', mnd. *stump* 'stumpf'
Syn: BÖNHASE, KRÄMER
Lit: Adelung 4:475 (Stümper); Grimm 20:482; Idiotikon 11:471; Schiller-Lübben 4:449; Schmeller 2:759

Stundenausrufer ↗ Stundenrufer

Stundenlehrer 'Privatlehrer ohne volle Anstellung, der nur nach Stunden bezahlt wird'
W: LEHRER*
Lit: Adelung 4:479; Barth 1:1004; Grimm 20:532; Krünitz 177:436

Stundenrufer Stundenausrufer, Stundtrieffer ↗ 'Nachtwächter, der die Stunden ausruft'
Syn: Nachtrufer, NACHTWÄCHTER, Stundenwächter
Lit: Adelung 4:479; Barth 1:1003; Grimm 20:534; Idiotikon 6:713

Stundenwächter ↗ 'Nachtwächter, der die Stunden ausruft'
W: *Wächter*
Syn: Nachtrufer, NACHTWÄCHTER, Nachwächter, Stundenrufer
Lit: Idiotikon 15:412

Stundtrieffer ↗ Stundenrufer

Stuparius ↗ Stupenator

Stupator ↗ Stupenator

Stupenator Stubanator, Stuparius, Stupator 'Besitzer einer Badstube' ❖ mlat. *stupenator* 'Bader', aus mlat. *stuba* 'heizbare Stube, Gast-, Badestube'
Syn: Bademeister, Badstuber, Balneator, Stavener, Stuber
Lit: Habel / Gröbel (1989) 381; Pies (2005) 16

Stürsetzer ↗ Steuersetzer

Sturzer ↗ Stürzer

Stürzer Sturzer, Sturzner, Stürzner 1. 'Bergarbeiter, der vor allem das Fördergefäß mit dem Stürzhaken in den Karren kippt, sobald die Fördermaschine vom Bremser arretiert wird'. 2. ↗ 'Spengler'; schweiz.; benannt nach den Blechstürzen (Topfdeckeln); zu *Sturz* 'dünnes Eisenblech, Weißblech'; die Blechplatten wurden bei der Produktion im Walzwerk *gestürzt* (umgedreht) — ❖ mhd. *stürzen, sturzen* 'stürzen, umwenden'
FN: Stürzer, Stürzner, Stürtzer, Stürtzner, Sturzer (kann auch von *Störzer* 'Landstreicher' kommen)
W: Ausstürzer, Kohlenstürzer, Zustürzer
Syn: KLEMPNER*
Lit: Adelung 4:488; Grimm 20:689, 722; Heilfurth (1981) 42; Idiotikon 11:1569; Linnartz 235; Pies (2005) 84; Reith (2008) 120; Veith 483; Volckmann (1921) 127

Sturzner ↗ Stürzer

Stürzner ↗ Stürzer

Stutenbäcker Stutenbecker 'Bäcker, der vor allem Stuten (ein feines Weißbrot) backt'; bes. in Westfalen ❖ zu mnd. *stût, stute* 'der dicke Teil eines Schenkels, Oberschenkel, Steiß', benannt nach der Form als 'schenkelförmiges Weißbrot', ein Festgebäck der Bauern
W: BÄCKER*
Syn: Platzbäcker, Stutner
Lit: Barth 1:1004; Linnartz 236; Schiller-Lübben 4:454; Volckmann (1921) 20

Stutenbecker ↗ Stutenbäcker

Stutenknecht Stutereiknecht, Stutknecht, Stuttknecht 'Hilfskraft im Gestüt'; zu *Stut, Stuterei*, ältere Formen von *Gestüt*

W: KNECHT

Lit: Barth 1:1005; Krünitz 177:525

Stutenmeister Stutmeister, Stuttmeister 1. 'Betriebsleiter eines Gestüts'. 2. 'Angestellter, der die Stuten und das Beschälen betreut'
W: Meister
Vgl: Hengstmeister

Lit: Adelung 4:488; Barth 1:1005; Grimm 20:734; Krünitz 177:525

Stuter 'Pferdeknecht'; er betreute die Pferdeherde oder das Gestüt; *Stute* bezeichnet urspr. eine Herde bzw. den Platz der Pferdeherde (wie *Gestüt*), erst im 14. Jh. als Singular für das weibliche Pferd ❖ mhd. *stuot* 'Herde von Zuchtpferden'; mhd. *stuotære* 'Maultiertreiber'
W: Nachtstuter

Lit: Grimm 20:732

Stutereiknecht ↗ Stutenknecht

Stutknecht ↗ Stutenknecht

Stutmeister ↗ Stutenmeister

Stutner ↗ 'Stutenbäcker'
Syn: Platzbäcker, Stutenbäcker

Lit: Barth 1:1005; Volckmann (1921) 20

Stuttknecht ↗ Stutenknecht

Stuttmeister ↗ Stutenmeister

Stütze 'Haushaltshilfe, die die Hausfrau unterstützt [und über dem niedrigen Personal steht]'; übertragen von der konkreten Bedeutung 'tragender Bauteil' auf einen 'Menschen, der Beistand leistet'; kommt im veralteten Sprachgebrauch noch vor
Syn: *Magd*, Zuspringerin

Lit: Adelung 4:489; DudenGWDS; Grimm 20:743; Krünitz 177:561

Sübmacher ↗ SIEBMACHER

Suboter Zuboter 'Schweinekastrierer'; niederdt.; eigentlich *Saubüßer* ❖ mnd. *suboter* 'Schweineschneider', zu *su* 'Sau', *boter* 'Besserer, Flicker; Büßer', zu *boten, buten* 'flicken; heilen', vgl. *Oldbuter / Altbüßer*
Syn: KASTRIERER
Vgl: Suheler

Lit: Barth 1:1005; Linnartz 236; Schiller-Lübben 4:458

Suckerbecker ↗ ZUCKERBÄCKER

Sudelbäck ↗ Sudelbäcker

Sudelbäcker Sudelbäck 1. 'Bäcker, der nicht der Zunft angehört, daher keine Zunftsteuern entrichtet'. 2. 'Bauer, der im Haus backt'; die Wörter mit *Sudel-* können Berufsbezeichnungen sein oder eine abwertende Bedeutung im Zusammenhang mit Schmutz haben, z.B. in *Sudelmaler, Sudelkoch* ❖ ↗ Sudler
W: BÄCKER*
Syn: Dorfbäcker, Landbäcker, Wätschelbäcker

Lit: Grimm 20:931; SteirWb 599

Sudeler ↗ Sudler

Sudelkoch ↗ 'Sudler' ❖ frühnhd. *sidelkoch* 'Sudelkoch'
Syn: Auskoch, Garbereiter, Garbrater, Garkoch, Garküchner, Sudler

Lit: Adelung 4:497; Barth 1:1006; Grimm 20:935; Krünitz 178:226; Volckmann (1921) 33; Zedler 40:1726 (Sudelköchin)

Sudler Sidler, Sudeler, Südler 1. 'Koch, der eine einfache Speisegaststätte betreibt und ständig warme Speisen, Würstchen u.Ä. anbietet'. 2. 'Hilfskraft für untergeordnete oder schmutzige Arbeiten, z.B. Küchenjunge, Kleinknecht' ❖ Ableitung von *sieden* 'sieden, aufwallen, brodeln'; vermischt mit mhd. *sudelen* 'beschmutzen, hinschmieren, schlecht arbeiten'; frühnhd. *sudler* 'schlechter Koch'; mnd. *sudeler, suteler* 'Marketender, der die Märkte etc. mit Speisen oder Ge-

tränken versorgt oder die Soldaten mit Ess- und Trinkwaren in den Krieg begleitet'
Syn: Auskoch, Garbereiter, Garbrater, Garkoch, Garküchner, Sudelkoch
Lit: Adelung 4:498; Barth 1:1006; Götze 212; Grimm 20:965, 970; Krünitz 178:358; Schiller-Lübben 4:459; TirWb 2:619; Volckmann (1921) 33

Südler ↗ Sudler

Sudriber ↗ Sautreiber

Suheler 'Tierkastrierer'; niederdt.; eigentlich *Sauheiler* ❖ mnd. *suheler* 'Schweineschneider'; vgl. ↗ Heiler
Syn: KASTRIERER
Vgl: Suboter
Lit: Schiller-Lübben 4:460

Suhirte ↗ Sauhirt

Sulengießer 'Arbeiter in der Saline, der das Salzwasser aus dem Salzbrunnen schöpft und in die Rinne gießt, durch die das Wasser in die Salzhäuser geleitet wird' ❖ zu mhd. *sul, sol* 'Salzwasser, Sole'
W: *Gießer*
Lit: Barth 1:1007; Grimm 20:1044; Krünitz 178:365

Sulffmeister ↗ Sülfmeister

Sülfherr ↗ Sültherr

Sulfmeister ↗ Sülfmeister

Sülfmeister Sulffmeister, Sulfmeister, Sulfmester 'Besitzer oder Pächter eines Salzwerkes'; norddt. (Lübeck) ❖ zu mnd. *sulf, sulve* 'selbst; selbstständig (von einem Handwerker)'; auch ↗ Sültherr
W: *Meister*
Syn: SALZPFÄNNER, Sültherr
Lit: Barth 1:1008; Grimm 20:1045

Sulfmester ↗ Sülfmeister

Sulter ↗ Sülzer

Sülter ↗ Sülzer

Sultherr ↗ Sültherr

Sültherr Sülfherr, Sultherr 'Besitzer oder Pächter eines Salzwerkes'; norddt.; *Sültherr* und *Sülfherr* bezeichnen im Wesentlichen dasselbe, die Herkunft ist aber verschieden. *Sültherr* kommt von mnd. *sulte* 'Salzquelle, Salzwerk, Saline', *Sülfherr* von mnd. *sulf* 'selbst'. Möglicherweise sind die beiden Bezeichnungen vermischt worden
W: *Herr*
Syn: SALZPFÄNNER, Sülfmeister
Lit: Barth 1:1008

Sulverberner ↗ Silberbrenner

Sulzer ↗ Sülzer

Sülzer Sulter, Sülter, Sulzer, Sulzmacher, Sülzmacher 1. 'Salzsieder, Salinenarbeiter'. 2. 'Handwerker, der die Eingeweide von Rindern reinigt und verkauft'. 3. 'Handwerker, Innereien u. a. Tierteile zu Sülze verarbeitet'. 4. 'Gefängniswärter' ❖ 1.–3.: Ablautform zu *Salz*, mhd. *sulze, sülze* 'Salzwasser, -sole; gallertartige Speise und die dazu verwendeten Fleischstücke'; die Formen mit *-t-* sind niederdt: mnd. *sulte* 'Salzquelle, Salzwerk, Saline'; 4.: mhd. *sulzer* 'Hüter oder Wärter von Gefangenen', weitere Herkunft unklar
FN: Sulzer, Sülzer, Sülzner, Sulser, Sültzner, Sülter
Syn: KERKERMEISTER, Kuttler, Salzsieder, Salzwerker
Lit: Adelung 4:499 (Sülze); Barth 1:1008; DudenFN 657; Gottschald 483; Grimm 20:1060; Krünitz 178:376 (sulzen); Linnartz 236; Palla (1994) 332; Pfeifer 1396; Schmeller 2:274 (Sulz, Sultzer); Volckmann (1921)

Sulzmacher ↗ Sülzer

Sülzmacher ↗ Sülzer

Sumilier ↗ Sommelier

Supercargo Superkargo 'Aufseher über die Ladung auf Schiffen und den Ein- und Verkauf im Seehandel' ❖ engl. *supercargo*, nie-

derld. *supercarga*, aus span. *sobrecargo*; *kargo, karg, karck* 'Schiffladung' aus mlat. *carga* 'Last', zu *carrus* 'Wagen'
Syn: Cargadeur

Lit: Grimm 20:1208; Krünitz 178:444

Superkargo ↗ Supercargo

Suschneider ↗ Sauschneider

Susnider ↗ Sauschneider

Süßbäck ↗ Süßbäcker

Süßbäcker Süßbäck 'Bäcker, der Weißbrot, feines Gebäck oder Kuchen backt' ❖ mhd. *süeʒbecke*, im Ggs. zum 'Sauerbrotbäcker'; *süß* hier in der auf das Brot bezogenen Bedeutung 'wohlschmeckend, bekömmlich', auch: 'mit Hefe (nicht Sauerteig) hergestellt'
FN: Süßebäcker, Süßebecker, Süssebecker, Süßbeck (*Süß-* kann auch mit ahd. *siaʒa, sioʒa* 'Weidegut' zusammenhängen)
W: BÄCKER*
Syn: FEINBÄCKER, Mandolettibäcker, ZUCKERBÄCKER
Ggs: Sauerbäcker

Lit: Gottschald 484; Grimm 20:1325; Linnartz 237; Reith (2008) 25

Süßküchler 'Konditor'; seine Produkte sind süße Bällchen, Kugeln und Konfekt
W: Küchler
Syn: ZUCKERBÄCKER

Lit: Barth 1:563, 1010

Sustbestäter 'Beamter der *Sust*'; d.i. eine öffentliche Halle zum Einstellen der Saumtiere und Wagen der Kaufleute, zugleich Lagerhaus für die Waren im Transitverkehr über die Schweizer Alpen ❖ aus dem Romanischen; vgl. rätoromanisch *susta, suosta* 'Warenlager'; verwandt mit ital. *sosta* 'Ruhe, Rast', zu lat. *substare* 'standhalten'
W: Bestäter

Lit: Idiotikon 7:1415; Idiotikon 11:1834

Sustherr 'Aufseher über die Sust'; ↗ Sustbestäter
W: Herr

Lit: Idiotikon 2:1543

Sustknecht 'Angestellter der Sust, der das Warenlager beaufsichtigt'; ↗ Sustbestäter
W: KNECHT

Lit: Idiotikon 3:729

Sustmeister 'Verwalter der Sust'; ↗ Sustbestäter
W: Meister

Lit: Idiotikon 4:526

Suter Sutor, Sutoris 1. 'Handwerker, der nähen kann; Schneider'. 2. 'Schuhmacher'. 3. 'Gerber'; bes. in Norddeutschland gerbte der Schuster früher das Leder für den Eigenbedarf selbst ❖ mhd. *sûter* 'Näher, Schneider, Schuster', lat. *sutor* 'Flickschuster'; urspr. waren Schuster und Schneider derselbe Beruf, da das Nähen im Vordergrund stand und das Nähen des Leders die Hauptarbeit des Schuhmachers war
FN: Suter, Sutter, Sütter, Sitterle, Sütterle, Sütterlin, Sutor, Sutorius, Sutoris, Suttor
W: Rindsuter, °Suterknecht
Syn: GERBER*, SCHNEIDER, SCHUSTER
Vgl: Sauter

Lit: Barth 1:1010; DudenFN 657; Grimm 20:1358; Hornung (1989) 115; Idiotikon 3:729 (Suterknecht); Idiotikon 7:1477; Kunze 125; Schmeller 2:341

Suterknecht ↗ Suter

Sutor ↗ Suter

Sutoris ↗ Suter

Swän ↗ Schweiner

Swarter ↗ Schwärzer

Swarzferber ↗ Schwarzfärber

Sween ↗ Schweiner

Sweideler ↗ Schwedler

Sweinmeister ↗ Schweinmeister

Sweppenknecht ↗ Schwepenknecht

Swerter ↗ Schwertner

Swertfeger ↗ SCHWERTFEGER

Swertfegher ↗ SCHWERTFEGER

Swertveghere ↗ SCHWERTFEGER

Swindriber ↗ Schweintreiber

Swingensmyd ↗ Zwingenschmied

Swinsnider ↗ Schweinschneider

Swöpenknecht ↗ Schwepenknecht

Swöpker ↗ Schwepenknecht

Swynesnider ↗ Schweinschneider

Sydenstricker ↗ Seidenstricker

Symphoniemacher Symphoniemaker 'Orgelbauer'; norddt.; *Symphonie* war im Mittelalter urspr. eine Bezeichnung für Musikinstrumente, vor allem solcher mit Klaviatur, später nur noch für musikalische Werke ❖ zu mlat. *symphonia* 'Zusammenklang, Harmonie'; mhd. *symphonîe* 'ein musikalisches Instrument'

Lit: Grimm 20:1410

Symphoniemaker ↗ Symphoniemacher

Syseherr ↗ Akziseherr

T

Tabackspinner ↗ Tabakspinner

Tabagiehändler ↗ Tabagist

Tabagieinhaber ↗ Tabagist

Tabagist 1. 'Inhaber eines Tabakladens'. 2. 'Wirt, der zum Verkauf von Tabakwaren und zum Ausschank von Getränken berechtigt ist' — Ausssprache [...3...]; die beiden Geschäftsbereiche sind oft gekoppelt. Die *Tabagie*, urspr. ein Lokal zum Tabakrauchen, wurde zu einer allgemeinen Unterhaltungsstätte mit Spielen, Essen und Trinken bis zu einem Bordell, wobei das Tabakrauchen in den Hintergrund trat. An Stelle der Tabagie trat später in höheren Kreisen das Kaffeehaus ❖ franz. *tabagie* 'Raucherlokal'; urspr. im 17. Jh. in der Bedeutung 'Festmahl' (aus der Sprache der Algonquin), seit 1656 mit Tabak in Verbindung gebracht
W: °Tabagiehändler, °Tabagieinhaber

Lit: Barth 1:1012; Gamillscheg 2:831; Krünitz 179:3 (Tabagie); Petri 780; Pies (2005) 185

Tabakmüller 'Betreiber einer Tabakmühle, in der feiner Schnupftabak gemahlen wird'; es handelte sich um eine Wassermühle mit Mühlrad oder um eine Stampfmühle
W: *Müller*

Lit: Gerholz-Kartei 314; Krünitz 179:235 (Tabaksmühle).

Tabakplanteur ↗ Planteur

Tabakreiber 'Arbeiter, der Tabak zu feinem Schnupftabak zerreibt'; eine *Tabakreibe*, ein Gerät zum Tabakzerkleinern, gehörte auch vielfach zum Haushalt der ländlichen Bevölkerung
W: Reiber

Lit: Gerholz-Kartei 314

Tabakspinner Tabackspinner, Tobackspinner, Tobakspinner 'Facharbeiter in der Tabakfabrik, der die getrockneten Tabakblätter zu festen Schnüren oder Rollen von ca. 4 cm Dicke zusammendreht'; diese Schnüre waren die übliche Vertriebsform von Tabak
W: *Spinner*

Lit: Barth 1:1012; Grönhoff (1966) 27; Krünitz 179:268

Tabaksplanteur ↗ Planteur

Tabaktrafikant Trafikant 'Inhaber einer Tabaktrafik'; d.i. ein Laden für Tabakwaren, Zeitungen und Utensilien des täglichen Bedarfs. Noch in Österreich gebräuchlich ❖ zu franz. *trafic* '[Außen]handel', aus ital. *traffico* 'Handel', aus lat. *tra-* 'hinüber' und *ficcare* 'stecken, bringen', also 'hinüberbringen, in Verkehr bringen'

Lit: Barth 1:1013; Ebner (2009) 369; Gamillscheg 2:860

Tabaküberreiter 'Grenzbeamter, der vor allem den Tabakschmuggel zu überwachen hat'
W: Überreiter

Lit: Schraml (1932) 351; Zirngibl (1817) 476, 478

Tabakverleger ↗ Verleger

Tabakverschleißer ↗ Verschleißer

Tabelitkrämer ↗ Tabulettkrämer

Taberner ↗ Taferner

Tabernierer ↗ Taferner

Tablettenkrämer ↗ Tabulettkrämer

Tablettkrämer ↗ Tabulettkrämer

Tablettträger ↗ Tabulettkrämer

Tabuletkrämer ↗ Tabulettkrämer

Tabulettenkrämer ↗ Tabulettkrämer

Tabulettkrämer Tabelitkrämer, Tablettenkrämer, Tablettkrämer, Tablettträger, Tabuletkrämer, Tabulettenkrämer, Tabulettträger, Tabuletträger, Tassellittenkramer 'Wanderhändler, der einen Bauchkasten oder eine Rückentrage mit Riemen umgehängt hat'; in den verschiedenen Schubladen und Fächern des Kastens konnte die Ware verstaut oder auch präsentiert werden; kommt im veralteten Sprachgebrauch noch vor ❖ zu *tablette* 'Holzbrett'; mlat. *tabuleta* 'Tischchen'; zu lat. *tabula* 'Brett'
W: KRÄMER
Syn: Buttenträger, Hafenreffer, Refftträger
Lit: Adelung 4:512 (Tabulet); Barth 1:1013; DudenGWDS; Grimm 21:8 (Tablett); Krünitz 179:315; Volckmann (1921) 210; Zedler 41:1309 (Tablettträger)

Tabulettträger ↗ Tabulettkrämer

Tabuletträger ↗ Tabulettkrämer

Tackelmeister ↗ Takelmeister

Tadiger ↗ Teidinger

Tädigsherr ↗ Teidingsherr

Tädigsmann ↗ Teidingsmann

Tädinger ↗ Teidinger

Tädingsmann ↗ Teidingsmann

Tädingsrichter ↗ Teidingsrichter

Tadler lat. *conviciator* 'fahrender Sänger oder Spaßmacher, der gegen Bezahlung öffentliche Rügen erteilt, bes. gegen säumige Schuldner'
Syn: Flucher, GAUKLER, Schelter
Lit: Grimm 21:13; Volckmann (1921) 317

Tafeldecker 1. 'Bediener in einem herrschaftlichen Haushalt, der für die Tischwäsche verantwortlich ist und die Tafel für Festessen deckt'. 2. 'Dachdecker, der Dächer mit Platten, wie Schieferplatten oder Ziegel, deckt'
W: *Decker*
Lit: Adelung 4:515; Barth 1:1013; Grimm 21:18; Heinsius 1:481; Krünitz 179:335; Wiener Berufe

Tafeldiener 'Bediener, der bei einem Festessen aufwartet'
W: *Diener*
Syn: Tafelsteher
Lit: Barth 1:1013

Tafelenschneider ↗ Tafelschneider

Tafelglasmacher ↗ Glasmacher

Tafelherr 'Handwerksmeister, der in der Zunft als Rechnungsführer und Kassenverwalter fungiert'
W: *Herr*
Syn: Ladenmeister

Tafelmacher Tafelmaker, Tafelmecher 1. 'Schreiner, Tischler, bes. für Vertäfelungen'. 2. 'Handwerker, Tischler, der Brettspiele herstellt' ❖ mhd. *tavelmacher* 'tabellarius', zu mhd. *tavel, tavele* 'Tafel, Tisch, Schreibtafel'; mnd. *tafel* 'Tafel, jede Platte', lat. *tabula* 'Brett, Platte'
Syn: TISCHLER
Lit: Barth 1:1014; Grimm 21:21; Linnartz 238; Schiller-Lübben 4:504; Volckmann (1921) 175

Tafelmaker ↗ Tafelmacher

Tafelmaler 'Maler, der auf Holztafeln malt'
W: *Maler*
Lit: Barth 1:1014; Grimm 21:21 (Tafelmalerei)

Tafelmecher ↗ Tafelmacher

Tafelmeister 1. 'Schneidergeselle, der nach dem Tod des Meisters dessen Stelle in der Werkstatt einnimmt'. **2.** 'Kürschnergeselle, der sich auf das Zuschneiden der Felle spezialisiert hat'. **3.** 'Bediener an der Hoftafel, der den Nachtisch oder das Obst serviert'
W: *Meister*
Syn: Meistergeselle, Tafelschneider, Winkelmeister

Lit: Barth 1:1014; Grimm 21:21; Reith (2008) 134

Tafelschneider Tafelenschneider, **Taffelschneider 1.** 'Schneidergeselle, der die Kleider auf der Tafel (dem großen Tisch) zuschneidet; Zuschneider'; eine hochwertige Arbeit. **2.** 'Schneidergeselle, der für eine Schneiderswitwe den Betrieb führt'. **3.** 'Handwerker, der Steine und Halbedelsteine für Schmuck und Galanteriewaren schneidet'; *Tafel* hier in der Bedeutung 'obere Fläche eines geschliffenen Edelsteins'
Syn: Meistergeselle, SCHNEIDER, Tafelmeister, Winkelmeister

Lit: Adelung 4:516; Grimm 21:13 (Tafel), 23; Idiotikon 9:1135; Krünitz 179:360; SteirWb 137; Zedler 41:1438

Tafelsteher Taffelsteher 'Bediener, der bei einem Festessen aufwartet und die Speisen vorlegt'
Syn: Tafeldiener

Lit: Barth 1:1014; Zedler 41:1438

Taferner Taberner, Tabernierer, Taverner; lat. *tabernarius, tabernator* **1.** 'Inhaber einer Taverne, Schankwirt'; oft verbunden mit einer Krämerei. **2.** 'Bedienung in einer Taverne' ❖ mhd. *tavërnære, tavërnër, tavërniere, tavërnierer* 'Schenkwirt', aus franz. *tavernier* 'Schenkwirt', lat. *taberna* 'Bretterbude, Wirtshaus'
FN: Taferner, Tafferner, Taberner, Daferner, Dafferner
Syn: WIRT

Lit: Adelung 4:511 (Taberne); Barth 1:1013; Diefenbach 571; DudenFN 181, 658; Frühmittellat. RWb; Gamillscheg 2:842; Gottschald 485; Grimm 21:7, 26, 228; Hornung (1989) 125; Idiotikon 12:548; Krünitz 179:295; Linnartz 237; Pies (2005) 185; Schmeller 1:587 (Taferner); Volckmann (1921) 228; Zedler 41:1303

Taffelschneider ↗ Tafelschneider

Taffelsteher ↗ Tafelsteher

Taffetmacher ↗ Taffetweber

Taffetweber Taffetmacher 'Weber, der Taft herstellt'; *Taffet* ist eine alte Form für *Taft*; aus ital. *taffettà* 'Taft', aus persisch *tafta* 'das Gewebte'
W: WEBER
Syn: Seidenwirker

Lit: Adelung 4:517; Barth 1:1014; DudenFW 1323 (Taffet, Taft); Grimm 21:26 (Taffet); Krünitz 179:385

Tagener ↗ Tagwaner

Tagepocher Tagpocher 'Bergarbeiter, der bei Tag in der Grube arbeitet'
W: Pocher
Ggs: Nachtpocher

Lit: Adelung 4:522; Grimm 21:83

Tageschichter ↗ Tagschichter

Tagesschichter ↗ Tagschichter

Tagesschreiber ↗ Tagschreiber

Tagesteiger ↗ Tagsteiger

Tagewercker ↗ Tagwerker

Tagewerker ↗ Tagwerker

Taghirte 'Hirte, der tagsüber die Tiere hütet'; selten
W: *Hirt*
Ggs: Nachthirte

Lit: Frühnhd. Wb 5:63; SchwäbWb 2:27

Tagmer ↗ Tagwaner

Tagneter Tangneter 'Altwarenhändler, Trödler'; zu westpreußisch *Tagnet* 'Trödelmarkt'

❖ zu poln. *tandeta* 'Ramsch, Schund, Plunder', poln. *tani, tania* 'billig'
Syn: KRÄMER, Vendeter

Lit: Barth 1:1014; Frischbier 2:391; Grimm 21:83 (Tagnet); Volckmann (1921) 217

Tagpocher ↗ Tagepocher

Tagschichter Tageschichter, Tagesschichter 'Bergmann, der in der Grube oder in der Hütte in der Tagschicht (meist 4 Uhr bis 20 Uhr) arbeitet'
W: Schichter
Ggs: Nachtschichter

Lit: Barth 1:1014; Veith 487

Tagschneider 'als Taglöhner arbeitender Schneider'
W: SCHNEIDER

Lit: Idiotikon 9:1135

Tagschreiber Tagesschreiber 'Kopist, der als Taglöhner arbeitet' ❖ zu mhd. *tagelôn, taglôn* 'Taglohn, diarium'
W: Schreiber
Syn: Abschreiber, Bogenschreiber, Kopist
Ggs: Nachtschreiber

Lit: Barth 1:1014; Grimm 21:72, 85

Tagsteiger Tagesteiger 1. ↗ 'Steiger, der die Arbeiten über Tage (an der Oberfläche) beaufsichtigt'. 2. ↗ 'Steiger, der während der Tagschicht Dienst verrichtet'
W: Steiger
Ggs: Grubensteiger, Nachtsteiger

Lit: Barth 1:1014; Grimm 21:85; Veith 487

Tagwaner Tagener, Tagmer, Tagwener, Tauner, Tauwer, Tauwner 1. 'Tagelöhner; tageweise bei einem Bauern arbeitender Kleinbauer'; bes. schweiz. 2. 'Bauer oder Pächter, der zu Frondiensten für die Herrschaft verpflichtet ist' ❖ mhd. *tagewaner, tagewener, tagewoner* 'Fröner, Taglöhner'; *wan* (vielleicht abgeleitet vom Präteritum des Verbs *winnen*) 'Tagewerk; ein Landmaß: wie viel an einem Tag bearbeitet werden kann; Arbeit um Taglohn, Frohnarbeit von einem Tage'; die Formen *Tagner, Tagmer* sind kontrahierte Formen
Syn: Frone, *Fröner*, Roboter, Tagwerker

Lit: Barth 1:1014, 1020; BMZ 4:479; Grimm 21:83, 87; Idiotikon 16:46; Schmeller 2:917; Schrambke (2004)

Tagwanschreiber 'Gemeindebeamter, -schreiber'; schweiz.
W: Schreiber

Lit: Idiotikon 9:1557

Tagwener ↗ Tagwaner

Tagwerker Tagewercker, Tagewerker 'Arbeiter, der tageweise angestellt und entlohnt wird; Taglöhner' ❖ mhd. *tagewërker* 'Taglöhner'
FN: Tagwerker
W: Werker
Syn: Tagwaner

Lit: Barth 1:1014; Gottschald 486; Grimm 21:90; Linnartz 238; Patocka (1987) 81; Schraml (1934)

Taidinger ↗ Teidinger

Taidingsherr ↗ Teidingsherr

Taidingsmann ↗ Teidingsmann

Taidingsrichter ↗ Teidingsrichter

Taillierer ↗ Tallierer

Takelmeister Tackelmeister 'Schiffbauer, der ein neu gebautes oder überholtes Schiff auftakelt' ❖ zu *Takel* 'Segelwerk', im 16. Jh. aus dem Niederdt., mnd. *takel* 'Segelausrüstung, Takelage'
W: Meister, °Schiffstakelmeister

Lit: Adelung 4:525; Barth 1:1015; DudenEtym 835; Krünitz 179:526; Schiller-Lübben 4:505 (Takel)

Taleman ↗ Talemann

Talemann Taleman, Talesman; Plural: Talemänner 1. 'Sprecher vor Gericht, in der Gemeinde'. 2. 'Dolmetscher' ❖ mnd. *taleman* 'Sprachmann', zu mnd. *tale* 'Rede, Sprache'

W: *Mann*
Syn: Tolk

Lit: Barth 1:1015; Schiller-Lübben 4:507

Talemänner ↗ Talemann

Tälerer ↗ Tallierer

Talesman ↗ Talemann

Talierer ↗ Tallierer

Tälierer ↗ Tallierer

Tallierer Taillierer, Tälerer, Talierer, Tälierer, Tellrer 1. 'Händler, der Textilien nach Meterware verkauft'. 2. 'Hausierer' ❖ zu franz. *taille* 'Schnitt, Schneide', *tailler* 'zerschneiden, zerteilen', aus lat. *taliare* 'spalten'
Syn: KRÄMER

Lit: Barth 1:1015; Gamillscheg 2:835; Schmeller 1:598; Volckmann (1921) 214

Tallymann 'Angestellter im Hafen, der die ein- und ausgehende Ladung kontrolliert und für eine fachgerechte Beladung des Schiffes zuständig ist'; das Wort ist noch bekannt, aber keine Berufsbezeichnung mehr (dafür heute *Seegüterkontrolleur*) ❖ engl. *tallyman*, zu *tally* 'Warenposten'
W: *Mann*

Lit: Altstaedt (2011) 16; DudenFW 1325

Tambour 'Trommler'; kommt im veralteten Sprachgebrauch, bes. beim Militär, noch vor ❖ mhd. *tamburære, tambûrer* 'der die *tambûr* spielt', zu mhd. *tambûr, tambûre* 'Handtrommel, Tamburin', aus franz. *tambour*, aus dem Persisch-Arabischen. Die Bedeutung 'Trommel' ging seit dem 17. Jh. auf den 'Trommler' über
W: *Stadttambour*

Lit: Adelung 4:527; Barth 1:1015; DudenEtym 836; Krünitz 179:587

Tändeler ↗ Tandler

Tandler Daentler, Dandel, Dander, Dandl, Dantler, Däntler, Dentler, Tändeler, Tändler, Täntler, Tendeler; lat. *circulator* 'Gebraucht-, Altwarenhändler, Trödler'; auch als Hausierer ❖ mhd. *tendeler* 'Trödler', zu mhd. *tant* 'leeres Geschwätz', aus lat. *tantum* 'soviel', aus der Kaufmannssprache
FN: Tandler, Tändler, Tendler, Dendler, Dentler, Dandler, Dandl
W: Fetzentandler
Syn: KRÄMER, TRÖDELMANN

Lit: Barth 1:1015, 1022; DudenFN 184, 659; Ebner (2009) 371; Gottschald 486; Grimm 21:107; Hornung (1989) 46; Linnartz 238; Pies (2005) 78; Schmeller 1:610; WBÖ 4:560

Tändler ↗ Tandler

Tangneter ↗ Tagneter

Täntler ↗ Tandler

Tanzmeister Dantzmeister 1. 'Tanzlehrer'. 2. 'Person, die Tanzveranstaltungen leitet und die Tänzer beaufsichtigt'; auf Fürstenhöfen auch als Konzert- und Ballettmeister eingesetzt
W: *Meister*
Syn: Schicketanz
Vgl: Fechtmeister

Lit: Adelung 4:531; Barth 1:1016; Grimm 21:129; Idiotikon 4:531; Krünitz 180:102

Tapetenmaler ↗ Maler

Tapetenweber 'Teppichweber'; zu *Tapete* in der älteren Bedeutung 'Teppich' ❖ zu mlat. *tapetia* 'Wandteppich, Teppich' aus griech. *tápēs* 'Teppich' (iranisches Fremdwort)
W: WEBER
Syn: Teppichmacher

Lit: Barth 1:1016; Grimm 21:132 (Tapete); Kluge 906 (Tapete); Krünitz 180:190; Petri 764 (Tapete)

Tapetenwirker ↗ Wirker

Taschenbeschlagmacher Taschenbeschlägmacher 'Handwerker, der Schnallen für Taschen herstellt'; es konnten Verschlüsse sein oder goldene oder silberne Verzierungen

W: Beschlagmacher
Syn: Ringbeschlagmacher
Lit: Barth 1:1017; Zedler 31:1668

Taschenbeschlägmacher
↗ Taschenbeschlagmacher

Taschenmacher ↗ Taschner

Täschler ↗ Taschner

Taschner Däschler, Daschner, Deschener, Deschenmacher, Deschenmecker, Descher, Deschler, Desener, Taschenmacher, Täschler, Täschner, Taskenmaker, Teschner, Theschinmeckere; lat. *perator* 'Handwerker, der Taschen sowie metallene Ringe und Schlösser für Taschen und Beutel herstellt'; das Arbeitsfeld überschneidet sich mit den anderen Lederverarbeitern, wie Riemer, Beutler, Sattler; die ältere Form *Taschner* ist noch heute die bes. österr. Form ❖ mhd. *taschener, taschner* 'Taschenmacher'
FN: Taschner, Täschner, Taeschner, Täschener, Tascher, Taschler, Täscher, Täschler, Daschner, Däschner, Däschler, Döschner, Teschner, Teschler, Deschner, Descher
Syn: BEUTLER, Säckler, Schwedler

Lit: Adelung 4:536; Barth 1:1017; Diefenbach 424; DudenFN 660; Gottschald 487; Grimm 21:152, 155; Krünitz 180:459; Linnartz 239; Pies (2005) 30; Reith (2008) 183; Volckmann (1921) 158; Zedler 41:1374

Täschner ↗ Taschner

Taskenmaker ↗ Taschner

Tassellittenkramer ↗ Tabulettkrämer

Taubener ↗ Täuber

Täubener ↗ Täuber

Taubenvogt 'Angestellter in einem großen Haushalt, der für die Tauben verantwortlich ist'
W: *Vogt*
Syn: Täuber
Lit: Adelung 4:541; Barth 1:1018

[1]**Tauber** 'Musiker, der ein der Tuba ähnliches Instrument bläst'; gleichbedeutend mit dem späteren Trompeter; meist als Begleiter des Herrschers oder im Dienst der Stadt ❖ mhd. *töuber* 'ein blasender Musikant, Pfeifer', aus lat. *tuba* 'Röhre; Blasinstrument, Trompete, Posaune,'; *Tuba* ist im 18. Jh. aus ital. *tuba* 'Röhre, Blasinstrument, Trompete', aus lat. *tubus* 'Röhre, Wasserrohr', entlehnt
FN: Tauber, Täuber, Taubert

Lit: DudenFN 179, 660; Gottschald 147, 487; Kluge 933 (Tube); Linnartz 52, 239; Volckmann (1921) 309

[2]**Tauber** ↗ Täuber

Täuber Deibler, Deubler, Taubener, Täubener, Tauber, Taubler, Täubler, Täubner
1. 'Taubenzüchter, Taubenhändler'. 2. 'Angestellter in einem großen Haushalt, der für die Tauben verantwortlich ist' ❖ zu mhd. *tûbe, toube* 'Taube', mhd. *tûber, tiuber* 'Täuberich'
FN: Täuber, Tauber, Taubert, Täubler, Dauber, Däuber, Däubler, Däuble, Teuber, Teubert, Teubner, Taiber, Deubler, Deibler, Duve, Duwe, Dube
Syn: Taubenvogt

Lit: Adelung 4:541 (Taubenvogt); Barth 1:1018; DudenFN 179, 204, 207, 660; Gottschald 147, 487; Linnartz 52, 239; Palla (1994) 381

Taubler ↗ Täuber

Täubler ↗ Täuber

Täubner ↗ Täuber

Tauer Dauer, Tauwer, Thauer, Touwer 'Gerber'; niederdt., meist in der Zusammensetzung *Ledertauer* ❖ zu mnd. *touwen* 'bereiten, fertig machen', die Bezeichnung bezieht sich auf die Vorbereitung der Häute zum Gerben
FN: Dauer, Tauer
W: Ledertauer
Syn: GERBER*

Lit: Adelung 2:413 (Gärber); Barth 1:1018; DudenFN 180; Gottschald 147, 487; Linnartz 52, 239; Schiller-Lübben 4:596 (touwen)

Taumacher ↗ Tauschläger

Tauner ↗ Tagwaner

Tauschlager ↗ Tauschläger

Tauschläger Taumacher, Tauschlager 'Seiler, der schwere geteerte Taue für die Schiffe herstellt'; niederdt.; parallele Bildung zu ↗ Reep-, Reffenschläger
W: *Schläger*
Syn: Reeper, SEILER

Lit: Barth 1:1019; Linnartz 239

Tauwer ↗ Tauer, Tagwaner

Tauwner ↗ Tagwaner

Taverner ↗ Taferner

Täzer Datz, Däzer 'Beamter, der die Verbrauchs- oder Verkehrsabgabe von Lebensmitteln, besonders Wein, einhebt'; in Wien gab es das *Taz-* oder *Tatzamt* (Steueramt) ❖ zu mhd. *taz* 'Abgabe, Aufschlag'; aus ital. *dazio*, mlat. *dacia* aus lat. *datium*, Partizip zu *dare* 'geben'
W: °Weintäzer, Zapfenmaßamtstäzer
Syn: STEUEREINNEHMER

Lit: Adelung 4:537 (Tätz); DRW 2:723 (Datz); Grimm 2:829 (Datz); Höfer 1:145 (Daz); Höfer 3:219 (Taz); Schmeller 1:558 (Dätz)

Techentinne ↗ Dechentinne

Teerbrenner Theerbrenner ↗ 'Teerschweler'
W: Brenner
Syn: Teerschweler

Lit: Adelung 4:570; Barth 1:1020; Krünitz 183:85

Teerschwäler ↗ Teerschweler

Teerschweler Teerschwäler, Theerschweler 'Handwerker, der harzreiche Nadelhölzer durch trockene Destillation zu Holzteer verarbeitet'; in Meilern oder fest gemauerten Teeröfen; Holzteer wurde als Wagenschmiere und zum Teeren der Schiffstaue verwendet ❖ zu mnd. *tere, ter* 'der zum Baum Gehörende; Eiche'; im 16. Jh. ins Mittel- und Oberdeutsche übernommen statt *Pech*; mnd. *swelen* 'dörren; ohne Flamme brennen'
W: Schweler
Syn: Teerbrenner

Lit: Adelung 4:571; Krünitz 183:85; Palla (1994) 332; Schiller-Lübben 4:489

Tegeler Teygeler, Thegeler, Theygeler, Ticheler, Tichler, Tiegler, Tigler, Tüegler, Tychgeler 'Handwerker, der Dachziegel herstellt; Ziegelbrenner'; niederdt. Form zu *Ziegler* ❖ mnd. *tegelere* 'Ziegler'; die Form *Tichler* ist abgeleitet von mnd. *tichel* 'Tegel'
FN: Tegler, Tegeler, Teegler, Teigeler, Tigeler, Tiggeler, Tigler, Tichler, Ticheler
Syn: ZIEGLER

Lit: Barth 1:1021; DudenFN 661; Gottschald 545; Linnartz 239, 241; Pies (2002a) 17; Pies (2005) 186; Schiller-Lübben 4:517, 537

Tegelknecht ↗ Ziegelknecht

Tegelmester ↗ Ziegelmeister

Tegelslegher ↗ Ziegelschläger

Tegetherr ↗ Zehentherr

Teichbase ↗ Deichbaas

Teichelbohrer ↗ Teuchelbohrer

Teichgeschworener ↗ Deichgeschworener

Teichgräber Teichgreber 1. 'Arbeiter, der Burg- und Schützengräben anlegt oder reinigt'. 2. 'Arbeiter, der Teiche gräbt oder schlämmt und instandsetzt'
W: *Gräber*

Lit: Adelung 4:551; Barth 1:1021; Grimm 21:232; Krünitz 181:489; Zedler 42:600

Teichgreber ↗ Teichgräber

Teichler ↗ Teuchler

Teichmeister 'Verantwortlicher für die Fischteiche in einem großen Gut'; er schützte den Teich vor Diebstahl und Beschädigungen und sorgte für die Qualität des Wassers
FN: Teichmeister
W: Meister
Vgl: Deichmeister

Lit: Adelung 4:551; Barth 1:1021; Grimm 21:232; Krünitz 181:489

Teidiger ↗ Teidinger

Teidigungsherr ↗ Teidingsherr

Teidinger Tadiger, Tädinger, Taidinger, Teidiger 'Vermittler oder Schiedsrichter zwischen Streitparteien vor Gericht' ❖ zu mhd. *tagedinc, tegedinc, tagedinge, tagedinc*, kontrahiert *teidinc* 'auf einen Tag anberaumte gerichtliche Verhandlung (dinc), Gerichtstag, Gericht'
FN: Tadinger
Syn: Teidingsmann, Teidingsrichter

Lit: Barth 1:1021; Grimm 21:235; Hornung (1989) 125

Teidingsherr Tädigsherr, Taidingsherr, Teidigungsherr ↗ 'Teidinger'
W: Herr
Syn: Teidingsmann

Lit: Barth 1:1021; Grimm 21:235; Idiotikon 2:1545

Teidingsmann Tädigsmann, Tädingsmann, Taidingsmann ↗ 'Teidinger'
W: Mann
Syn: Teidinger, Teidingsherr, Teidingsrichter

Lit: Barth 1:1021; Grimm 21:235; Idiotikon 4:281

Teidingsrichter Tädingsrichter, Taidingsrichter 'Richter im Verfahren, der eine Vermittlung zwischen den Parteien herstellen soll'
W: Richter
Syn: Teidinger, Teidingsmann

Lit: Idiotikon 6:561

Teigelbäcker ↗ Ziegelbäcker

Teigeldecker ↗ Ziegeldecker

Tellerdreher ↗ Dreher

Tellermacher 'Handwerker, der Holzteller herstellt'; in Berggegenden war die Herstellung von hölzernen Haushaltsgegenständen eine typische Winterarbeit
Vgl: Gabelmacher, Löffelmacher

Lit: Grimm 21:241; OÖ. Hbl 1996, H. 2:205; Schraml (1934) 392, 416

Tellrer ↗ Tallierer

Tendeler ↗ Tandler

Tennenmaister ↗ Tennmeister

Tennenmeister ↗ Tennmeister

Tennmeister Tennenmaister, Tennenmeister 'Landarbeiter, der die Arbeit der Drescher überwacht'; die *Tenne* ist ein abgegrenzter Platz aus Holz oder gestampftem Lehm im Bauernhaus oder vor dem Haus, auf dem das Getreide gedroschen, zum Teil auch gelagert wurde
W: Meister

Lit: Adelung 4:555; Barth 1:1022; Grimm 21:255; Krünitz 182:68; Schmeller 1:608

Teppichmacher 1. 'Handwerker, der Teppiche mit der Hand flicht'; im Ggs. zum Teppichweber. 2. 'Teppichweber'
Syn: Tapetenweber, WEBER

Lit: Barth 1:1023; Krünitz 182:76; Pies (2005) 179; Zedler 42:919

Teppichstaffierer 'Tapezierer, Raumausstatter, der Wandteppiche herstellt'
W: Staffierer

Lit: Adelung 4:556 (Teppichwirker); Barth 1:1023; Grimm 21:258

Teppichwirker ↗ Wirker

Teriakskrämer ↗ Theriakkrämer

Teryackskremer ↗ Theriakkrämer

Teschner ↗ Taschner

Testamentsexekutor ↗ Exekutor

Teuchelbohrer Deuchelbohrer, Teichelbohrer, Teuchelmacher ↗ 'Teuchler'
FN: Deichelbohrer
W: *Bohrer**
Syn: Rohrbohrer, Teuchler
Lit: Benvenuti (1996); Grimm 2:1036

Teuchelmacher ↗ Teuchelbohrer

Teuchler Deichler, Deuchler, Teichler, Teuker 'Handwerker, der Brunnenrohre bohrt' ❖ zu mhd. *tiuchel* 'Röhre, bes. für Wasserleitungen'
FN: Deuchler, Daichler, Deichler, Deichl, Deichner, Düchler, Teichler, Teichtler, Teuchner
Syn: *Bohrer**, Rohrbohrer, Teuchelbohrer
Lit: Adelung 4:550 (Teichel); DudenFN 187; Gottschald 149; Grimm 2:1036 (Deuchel); Linnartz 53

Teuker ↗ Teuchler

Textor lat. *textor* 'Weber'; lateinisches Fremdwort, das im Humanismus auch als Name eingeführt wurde ❖ lat. *textor* zu *textus* 'Gewebe', Partizip von lat. *texere* 'weben'
FN: Textor, Textoris, Textorius, Texter, Text
Syn: Weber
Lit: Diefenbach 582; DudenFN 663; Frühmittellat. RWb; Gottschald 490; Linnartz 241

Teygeler ↗ Tegeler

Thauer ↗ Tauer

Theatermaler 'Maler, der Dekorationen für die Bühne malt; Bühnenmaler'; Bühnenbilder bestanden gewöhnlich aus gemalten Prospekten und Kulissen
W: *Maler*
Syn: Behangmaler, Dekorationsmaler
Lit: Grimm 21:337

Theerbrenner ↗ Teerbrenner

Theerschweler ↗ Teerschweler

Thegeler ↗ Tegeler

Theriakkrämer Teriakskrämer, Teryackskremer, Theriakskrämer, Thyriakskrämer, Triakskrämer, Tyriakskrämer 'Händler mit Theriak'; d. i. ein mittelalterliches, als Brei zubereitetes Universalheilmittel, das aus verschiedenen, angeblich giftabwehrenden Substanzen zusammengemischt war ❖ zu mlat. *theriaca, theriace* 'Medikament gegen den Biss giftiger Tiere', griech. *thēriakós* 'gegen das Gift wilder Tiere (vor allem Schlangen)'; eingedeutscht wurde es zu *Dreiaker*
W: Krämer
Syn: Mithridatträger, Olitätenkrämer, Ölträger, Pigmentarius, Pulverträger, Triakler
Lit: Adelung 4:577 (Theriak); Barth 1:1025, 1048; DudenGWDS; Grimm 2:1373 (Dreiaker); Grimm 21:367 (Theriak); Idiotikon 3:815, 815; Palla (2010) 228; Pies (2005) 78

Theriakskrämer ↗ Theriakkrämer

Thesaurar lat. *thesaurarius* 'Finanzverwalter'; bes. auch Einsammler und Verwalter von Kirchenschätzen und Spendengeldern einer Kirche oder eines jüdischen Tempels ❖ lat. *thesaurus* 'Schatz, Schatzkammer', aus griech. *thesaurós*, zu griech. *tithénai* 'setzen, stellen, legen'
Syn: Schatzmeister
Lit: Barth 2:281; Kaltschmidt 816; Krünitz 183:312

Theschinmeckere ↗ Taschner

Theygeler ↗ Tegeler

Thielenschnitter ↗ Dielenschneider

Thommaker ↗ Zaummacher

Thoommaker ↗ Zaummacher

Thoomslegher ↗ Zaumschläger

Thorhüter ↗ Torhüter

Thornmann ↗ Turmmann

Thorschließer ↗ Torschließer

Thorschreiber ↗ TORSCHREIBER

Thorwächter ↗ Torwächter

Thorwart ↗ Torwart

Thorwärtel ↗ Torwärtel

Thorwärter ↗ Torwart

Thosleger ↗ Zuschläger

Thoslegher ↗ Zuschläger

Thranaicher ↗ Traneicher

Thransieder ↗ Transieder

Thriackel ↗ Triakler

Thürhüter ↗ Türhüter

Thürknecht ↗ Türknecht

Thürmer ↗ Türmer

Thurmherr ↗ Turmherr

Thurmhüter ↗ Turmhüter

Thurmwächter ↗ Turmwächter

Thurmwart ↗ Turmwärter

Thurmwärter ↗ Turmwärter

Thurmweibel ↗ Turmweibel

Thurner ↗ Türmer

Thurnhüter ↗ Turmhüter

Thurnmann ↗ Turmmann

Thurnweibel ↗ Turmweibel

Thyriakskrämer ↗ Theriakkrämer

Ticheler ↗ Tegeler

Tichler ↗ Tegeler

Tiefherr 'Ratsherr, der für das Ausgraben des Hafens und Fahrwassers zu sorgen hat'; bes. in Hamburg; zu *Tief* i. S. v. 'Fahrwasser'
❖ zu mnd. *dêp* 'Fahrwasser, Fluss, Kanal'
W: *Herr*

Lit: Adelung 4:602; Grimm 21:480 (Tief); Krünitz 184:728; Schiller-Lübben 1:506

Tiegelbrenner **Tiegelmacher** 'Töpfer, der Schmelztiegel brennt'
W: *Brenner*
Syn: TÖPFER

Lit: Grimm 21:495; Pies (2005) 168; Reith (2008) 230

Tiegelgießer 1. 'Handwerker, der Tiegel herstellt'; meist feuerfeste Gefäße zum Schmelzen von Metallen oder zum Kochen. 2. 'Arbeiter im Stahlwerk, der flüssigen Stahl aus Kübeln in die Gussformen gießt'
W: *Gießer*

Lit: Barth 1:1028; Grimm 21:495 (Tiegelgießerei); Krünitz 184:733 (Gießtiegel)

Tiegelmacher ↗ Tiegelbrenner

Tiegler ↗ Tegeler

Tierhäuter 'Abdecker'; vgl. ↗ Hunds-, Bärenhäuter
W: *Häuter*
Syn: SCHINDER

Tiermaler ↗ *Maler*

Tigler ↗ Tegeler

Tiller ↗ Dieler

Timmermann ↗ ZIMMERMANN

Tingeter ↗ Tinnegeter

Tingheter ↗ Tinnegeter

Tingschreiber ↗ Dingschreiber

Tinnegeter Tingeter, Tingheter, Tinngeter 'Zinngießer'; niederdt. ❖ zu mnd. *tin* 'Zinn'
W: *Geter*
Syn: KANNENGIESSER, Zinngießer*

Lit: Pies (2005) 190; Reith (2008) 262; Schiller-Lübben 4:545

Tinngeter ↗ Tinnegeter

Tintener Dintener, Dinter, Tintenmacher, Tyntener 'Handwerker, der Tinte herstellt' ❖ zu mhd. *tinte, tincte* 'Tinte', aus mlat. *aqua tincta* 'gefärbtes Wasser', zu lat. *tinctus*, Partizip zu *tingere* 'färben, wässern'
FN: Dinter, Dintner, Tinter, Tintler

Lit: DudenFN 193; Gottschald 155, 493; Volckmann (1921) 252

Tintenmacher ↗ Tintener

Tircherchmacher ↗ Tirchermacher

Tirchermacher Tircherchmacher ↗ 'Tirteyweber';
Syn: Tirteyweber, WEBER

Lit: Palla (1994) 333; Reith (1990) 261

Tirteier Dirreteier, Dirtheuer ↗ 'Tirteyweber'
❖ zu mnd. *dirdendei* 'halb leinenes, halb wollenes Zeug', aus franz. *tiretaine* 'halb wollenes, halb hanfenes Zeug'
FN: Tirtei, Tirtey, Tirteyer, Dirtheuer
Syn: Tirteyweber, WEBER

Lit: Barth 1:181; Gottschald 493; Linnartz 242; Pies (2005) 179; Schiller-Lübben 1:526

Tirteiweber ↗ Tirteyweber

Tirteyweber Tirteiweber 'Weber, der Tirtey, ein Mischgewebe aus Leinen oder Hanf und Wolle bzw. Baumwolle, herstellt'; im 18. Jh. war *Tirtaine* ein Modestoff, später wurde er von Landwebern als strapazierfähiger, für Winterkleider, Unterröcke, Schürzen usw. verwendeter Stoff hergestellt ❖ franz. Fremdwort *Tiretaine* 'halb wollenes, halb hanfenes Zeug'; altfranz. *tire* 'Stoff aus Tyrus, Seidenstoff', nach der Stadt *Tyrus* in Phönikien

W: WEBER
Syn: Tirchermacher, Tirteier

Lit: Gamillscheg 2:850; Kaltschmidt 818; Krünitz 185:198 (Tiretaine); PfälzWb 2:297; Reith (2008) 253; RheinWb 8:1204 (Tirtei)

Tischer ↗ TISCHLER

TISCHLER Tischer, Tischmacher; lat. *arcularius*, *cistarius*, *faber lignarius*, *mensator*, *scriniarius* Zur Wortgeschichte ↗ Schreiner; die Form *Tischler* ist seit dem 15. Jh. statt des älteren *Tischer* üblich; die Zusammensetzung *Tischmacher* ist vorwiegend schweizerisch ❖ mhd. *tischer*, mnd. *discher, disker* 'Tischler'
FN: Tischler, Tischner, Tischer, Discher, Dischler, Tischmacher
W: Ebentischler
Syn: Ebenist, Fenstermacher, Fibelbrettschneider, Kastenmacher, Kastler, Kästner, Kistenmacher, Kistler, Kleinschnittker, Kleinschnitzler, Kontormacher, Lademacher, Ladener, Panelenmacher, Pultmacher, Schattilier, Schnittker, SCHNITZLER, SCHREINER, Schreinmacher, Stuhlmacher, Tafelmacher, Truher

Lit: Adelung 4:608; Barth 1:1029; Diefenbach 45, 356, 521; Frühmittellat. RWb; Gottschald 156, 493; Grimm 21:513, 517; Grönhoff (1966) 24; Idiotikon 4:54; Kretschmer 526; Krünitz 185:231, 241; Linnartz 242; Paul 888; Pies (2005) 150; Reith (2008); Schiller-Lübben 1:526; Stiewe (1996); Volckmann (1921) 174; Zedler 44:413

Tischmacher ↗ TISCHLER

Tobackspinner ↗ Tabakspinner

Tobakshöke ↗ Höker

Tobakskramer ↗ KRÄMER

Tobakspacker ↗ Packer

Tobakspinner ↗ Tabakspinner

Tockenmacher ↗ Dockenmacher

Todtenbeschauer ↗ Totenbeschauer

Todtenbitter ↗ Totenbitter

Todtenschauer ↗ Totenbeschauer

Toemsleger ↗ Zaumschläger

Tofelmacher ↗ Tüffelmacher, Pantoffelmacher

Tolk Tolke 'Dolmetscher'; in Ostpreußen, bes. in der Ordenszeit; auch in kirchlichen Diensten zur Übersetzung der Predigten ❖ entlehnt aus litauisch *tulkas*, lettisch *tulks* 'Dolmetscher'; preußisch, mhd. *tolke, tolc*, mnd. *tolk, tollik* 'Dolmetscher'
FN: Tolk, Tolke, Tölke, Tolck
Syn: Talemann

Lit: Barth 1:1030; DudenFN 670; Gottschald 494; Grimm 21:631; Linnartz 242; Schiller-Lübben 4:571

Tolke ↗ Tolk

Tollenschriver ↗ Zollschreiber

Tollmutter Dollmutter 'Aufseherin in einer Anstalt für Geisteskranke'; in Preußen; *toll* in der älteren Bedeutung 'geistesgestört, tollwütig' ❖ zu mhd. *tol, dol* 'töricht, unsinnig'
W: Mutter
Vgl: Tollvater

Lit: Grimm 21:646

Tollvater Dollvater 'Aufseher in einer Anstalt für Geisteskranke'; ↗ Tollmutter
W: Vater
Vgl: Tollmutter

Lit: Grimm 21:647

Tombachschläger ↗ Tombakschlager

Tombackknopfmacher ↗ Knopfmacher

Tombackschlager ↗ Tombakschlager

Tombakschlager Dombackschläger, Tombachschläger, Tombackschlager, Tombakschläger 'Kunsthandwerker, der Gold- und Silberblätter aus Tombak, einer Zink-Kupfer-Legierung, herstellt' ❖ zu niederld. *tombak* aus malaiisch *tombaga* 'Kupfer'
W: *Schläger*
Syn: Flitterschlager, Metallschlager

Lit: Adelung 1:1513 (Domback); Barth 1:1030; DudenFW 1356; Grimm 21:680 (Tombackschläger); Krünitz 185:640; Reith (2008)

Tombakschläger ↗ Tombakschlager

Tommaker ↗ Zaummacher

Tomsleger ↗ Zaumschläger

Tonnenbinder Tunnenbinder 'Böttcher, Fassbinder, der größere Fässer herstellt' ❖ ↗ Tonnenmacher
W: Binder
Syn: Böttcher, Grossböttcher*

Lit: Grimm 21:794

¹Tonnenmacher Tonnemacher, Tunnenmacher, Tunnenmaker 'Böttcher, Fassbinder, der große Fässer herstellt'; norddt.; *Tonne* bedeutete urspr. 'großes Fass', heute Bedeutungsveränderung zu 'zylindrischem Metallbehälter' ❖ zu mhd. *tonne, tunne* 'Tonne', aus mlat. *tunna*, franz. *tonne*; urspr. keltisch
FN: Tonnenmacher, Tonnemacher, Tonner
Syn: Böttcher, Grossböttcher*

Lit: DudenFN 671; Gottschald 494; Grimm 21:21 (799); Kluge 920 (Tonne); Kretschmer 143; Linnartz 243

²Tonnenmacher ↗ Tonnemacher

Tonsetzer 'Komponist'; zu *in Noten setzen*, *Satz* 'nach Regeln der Tonkunst in Noten Gesetztes'; kommt im veralteten Sprachgebrauch noch vor
W: Setzer

Lit: Barth 1:1030; DudenGWDS; Grimm 21:805; Krünitz 186:1

Tonsor 'Barbier, Friseur' ❖ lat. *tonsor* 'Scherer, der zugleich Nägel und Haare schneidet'
Syn: Barbier

Topfbinder 'umherziehender Handwerker, der Blechgeschirr, Pfannen u. Ä. ausbessert, in-

dem er sie mit Drahtgeflecht umwickelt'; ostmitteldt.
W: *Binder*
Syn: PFANNENFLICKER
Lit: Barth 1:1031; Kretschmer 270

Topfer ↗ TÖPFER

TÖPFER Depner, Deppner, Deptner, Topfer, Topffer; lat. *figulus, lutifigulus, ollarius, plastes* **1.** 'Handwerker, der Tongefäße herstellt'. **2.** 'Handwerker, der Kachelöfen herstellt; Ofensetzer' ❖ mhd. *töpfer, topfer* 'Töpfer'
FN: Topfer, Töpfer, Töpfert, Töpfner, Töpper, Dopfer, Döpfer, Döpfner, Tepfer, Depper, Deppner, Depner, Döppner
W: *Glückstöpfer, Irdentöpfer, Steinzeugtöpfer*
Syn: Aulenbäcker, Auler, Düppenbäcker, Düppengießer, Erdbäcker, Euler, Formenbäcker, Groper, Hafenmacher, Hafner, Irdenzeugbrenner, Kachelbäcker, Kachelmacher, Kachler, Kannenbäcker, Krugbäcker, Krüger, Krukenmacher, Lehmer, Leimenmacher, Leimer, Ohlenmacher, Ohler, Pannenbäcker, Pfeifenbäcker, Pottbäcker, Potter, Pottger, Pottgeter, Pottmeister, Tiegelbrenner, Ulenbäcker, Ulner, Weißhafner, *Wirker*

Lit: Adelung 4:629; Barth 1:1031; Brandl/Ceutzberg (1976); Diefenbach 234, 340, 395; DudenFN 185, 198, 671; Frühmittellat. RWb; Gottschald 494; Grimm 21:850; Grönhoff (1966) 25; Kretschmer 535; Linnartz 54, 243; Pies (2005) 168; Reith (2008) 230; Sulzenbacher (2002) 6; Volckmann (1921) 180; Zedler 44:900

Töpfermaler Topfmaler 'Handwerker, der ungebrannte Vasen vor dem Brennen bemalt'; meist waren antike griechische Handwerker gemeint, die Materialien auftrugen, die nach dem Brennen schwarz oder rot wurden
W: *Maler*
Lit: Barth 1:1031

Topffer ↗ TÖPFER

Topfführer '[fahrender] Händler mit Tongeschirr'
W: *Führer*
Syn: Topfträger

Topfmaler ↗ Töpfermaler

Topfstricker 'umherziehender Handwerker, der Töpfe und Glasgefäße ausbessert, indem er sie mit Drahtgeflecht umwickelt; Topfflicker'
W: *Stricker*
Syn: PFANNENFLICKER
Lit: Barth 1:1031; Grimm 21:863

Topfträger 'hausierender Kleinhändler, der Tongeschirr verkauft'; *Täger* i. S. v. 'Händler'
W: *Träger*
Syn: Topfführer

Toppeler ↗ Doppler

Torbärtl ↗ Torwärtel

Torfahrer 'Fuhrmann, der die Ware am Kai annimmt und zu den Empfängern bringt'; norddt.
W: *Fahrer*
Lit: Grönhoff (1966) 10

Torfvogt 'Beamter, der die Aufsicht über den Torfstich führt'
W: *Vogt*

Torherr 'Ratsherr, der die Aufsicht über die Stadttore hat'
W: *Herr*

Torhüter Thorhüter 'Torwächter an einem Stadttor und Gehilfe des Torschreibers' ❖ mhd. *torhüeter* 'Türhüter, -wächter'
W: °*Erbtorhüter*, *Hüter*
Syn: Portner, Torwächter, Torwart
Lit: Adelung 4:584 (Thorwärter); Grimm 21:401; Idiotikon 2:1797; Krünitz 184:476

Torkelmeister 'Geschäftsführer einer Kelter'; bes. Südtirol; zu *Torkel, Torggel* 'Kelter, Wein- oder Ölpresse' ❖ mhd. *torkelmeister*, zu *torkel* 'Kelter'; aus mlat. *torcula*, lat. *torculum* 'Weinpresse'; spätlat. *torculare* 'keltern', aus lat. *torquere* 'drehen, winden'; mlat. *torculator* 'Kelterer'

Syn: Kelterherr, Keltermeister, Pressmeister, Trottmann, Trottmeister

Lit: Adelung 4:632 (Torkel); Diefenbach 589; Grimm 21:892

Torkler 'Arbeiter, der die Trauben presst, entweder mit der Weinpresse oder durch Treten mit den Füßen'; bes. in Südtirol ❖ mhd. *torkelære* 'Kelterer'; ↗ Torkelmeister
FN: Torkler, Torgler, Torgeler, Torggler
Syn: KELTERER

Lit: Gottschald 494; Grimm 21:895; Hornung (1989) 127; Linnartz 243; TirWb 2:643

Torknecht 'Gehilfe des Torwarts'
W: KNECHT

Tornemann ↗ Turmmann

Tornhoder ↗ Turmhüter

Torpächter 'Person, die die Einnahmen am Stadttor gegen eine jährliche Summe gepachtet hat'

Lit: Grönhoff (1966) 13

Torschließer Thorschließer 'Person, die die Stadt- oder Burgtore abends zu schließen und morgens zu öffnen hat'; seltener bei privaten Anwesen oder Amtshäusern
W: Schließer

Lit: Adelung 4:584; Idiotikon 9:725; Krünitz 184:477

TORSCHREIBER Thorschreiber 1. 'Beamter am Stadttor, der die Personen, Pässe und Waren kontrolliert und aufschreibt'. 2. 'Zöllner am Stadttor'
W: Schreiber
Syn: Baumschließer, Baumschreiber, Baumwärter, Schlagschließer, Schlagschreiber, Schrankenschreiber, Torwächter, Torwart

Lit: Adelung 4:584; Barth 1:1026; Grimm 21:405; Idiotikon 9:1557; Krünitz 184:478

Tortenbäcker Tortenbecker 'Bäcker, der speziell Torten und Torteletten herstellt'; das Gewerbe ist später im Konditorgewerbe aufgegangen

W: BÄCKER*
Syn: ZUCKERBÄCKER

Lit: Adelung 4:633; Grimm 21:897; Krünitz 186:380

Tortenbecker ↗ Tortenbäcker

Torwächter Thorwächter 1. 'Wächter am Stadttor, der die Passanten zu kontrollieren und eventuell auch aufzuschreiben hat'. 2. 'Beamter, der am Stadttor die Zölle einhebt'. 3. 'Gefängniswärter' ❖ mhd. *torwahter, torwehter* 'Torwächter, -hüter'
FN: Thorwächter
W: Wächter
Syn: KERKERMEISTER, Portner, Schließvogt, Torhüter, TORSCHREIBER, Torwart

Lit: Adelung 4:584 (Thorwache); Gottschald 494; Grimm 21:405; Idiotikon 15:413; Pies (2005) 165

Torwart Dorwarter, Thorwart, Thorwärter, Torwarter, Torwärter; lat. *ianitor* 1. 'Wächter am Stadttor, der die Passanten zu kontrollieren und eventuell auch aufzuschreiben hat'. 2. 'Pförtner in einem Kloster' ❖ zu mhd. *wart, warte* 'Wärter, Wächter, Hüter'; md. *warter, werter* 'Wärter, Hüter, Aufseher'; mhd. *torwartel, torwertel* 'Torwächter, -hüter'
FN: Thorwart, Thorwarth
W: Wart
Syn: Portner, Schließvogt, Torhüter, TORSCHREIBER, Torwächter, Torwärtel

Lit: Adelung 4:584 (Thorwärter); Diefenbach 283; DudenFN 667; Frühmittellat. RWb; Gottschald 494; Grimm 21:405; Idiotikon 16:1538, 1614; Krünitz 184:479; Linnartz 241; Schmeller 2:1006

Torwartel ↗ Torwärtel

Torwärtel Thorwärtel, Torbärtl, Torwartel ↗ 'Torwart' ❖ mhd. *torwartel, torwertel*
FN: Thorwartl, Thorwärtl (bes. österr.)
W: Wärtel
Syn: Torwart

Lit: Grimm 21:406; Schmeller 2:1007

Torwarter ↗ Torwart

Torwärter ↗ Torwart

Torzöller ↗ Zoller

Totenbeschauer Todtenbeschauer, Todtenschauer, Totenschauer 'Leichenbeschauer'; vorwiegend noch österr. und schweiz.
W: *Beschauer*

Lit: Barth 1:1033; Grimm 21:598, 620 (Todtenschau); Idiotikon 8:1631; Krünitz 185:532 (Todtenschau)

Totenbitter Dodenbidder, Dodenbitersche, Todtenbitter 'Person, die Todesfälle verkündet, zur Beerdigung einlädt und das Begräbnis organisiert'; häufig in der weiblichen Form *Totenbitterin*
Syn: LEICHENBITTER

Lit: Adelung 4:617; Barth 1:1033; Grimm 21:598

Totenschauer ↗ Totenbeschauer

Totenschreiber 'Beamter, der der Behörde die täglichen Todesfälle mitzuteilen hat'; in Wien
W: *Schreiber*

Touwer ↗ Tauer

Trabant 1. 'Fußsoldat'. 2. 'Mitglied der bewaffneten Leibwache zu Fuß eines Fürsten oder einer anderen hochgestellten Persönlichkeit'. 3. 'Mitglied des Gefolges, Lakai' — Die Reihenfolge der Bedeutungen spiegelt die Wortgeschichte vom Soldaten über den bewaffneten Leibwächter bis zum Lakaien ❖ Herkunft unklar; da zuerst im Ostmitteldeutschen belegt, wird eine Herkunft aus dem Tschechischen angenommen: tschech. *drabant* oder *drab* 'Fußsoldat'. Es könnte sich aber auch um eine Ableitung aus deutsch *traben* handeln; die Form *Trabant* wäre dann mit einer latinisierten Endung versehen. Genaueres zu den Theorien in Grimm 21, 941
FN: Trabant, Trabandt, Traband, Drabant, Drabandt
W: °Leibtrabant

Lit: Adelung 4:634; Barth 1:597 (Leibtrabant), 1034; DudenFN 672; Gottschald 494; Grimm 21:941; Kluge 923; Krünitz 186:531; Linnartz 243; Pies (2005) 161; Schmeller 1:639

Trachtenfärber ↗ *Färber**

Tracteur ↗ Traiteur

Trafikant ↗ Tabaktrafikant

Tragantdockenmacher 'Kunsthandwerker, der Puppen aus Tragantmasse (Zuckerpuppen) herstellt'; ↗ Dockenmacher, ↗ Tragantkünstler
W: *Dockenmacher*
Syn: ZUCKERBÄCKER

Lit: Wernet (1967) 118

Tragantkünstler 'Kunsthandwerker, der Figuren aus Zuckermasse herstellt'; *Tragant* ist ein aus der gleichnamigen Pflanze gewonnener Gummi, der in verschiedenen medizinischen, technischen oder künstlerischen Bereichen verwendet wurde, auch in der Zuckermasse, mit der Figuren hergestellt wurden
W: *Künstler*

Lit: Adelung 4:638 (Traganth); DudenGWDS; Grimm 21:1026 (Tragant); Krünitz 186:560

Trager ↗ *Träger*

Träger Drager, Dräger, Dreger, Dreghere, Trager, Trägler; lat. *lator, portator* 1. 'Kleinhändler, der seine Waren von Haus zu Haus oder auf den Markt trägt'. 2. 'Person, die Reisenden gegen Bezahlung auf dem Bahnhof Gepäckstücke transportiert; Gepäckträger'; nur in der Form *Träger;* heute selten; in der allgemeineren Bedeutung 'Lastträger' noch gebräuchlich. 3. 'vereidigte Person, die die Güterzustellung innerhalb der Stadt besorgt'; sie waren auch in Vereinigungen organisiert
FN: Trager, Träger, Traeger, Treger, Tragler, Trägler, Dräger, Draeger, Dreger
W: Aufträger, Brillenträger, Brottträger, Buttenträger, Butterträger, Dielenträger, Düppenträger, Farbenträger, Feiltträger, Fellträger, °Fischtrager, °Fischträger, Fruchtträger, Fudertrager, Germträger, Geschirrtrager, Glasträger, Gradelträger, Grätelträger, Guckkastenträger, Harttrager,

Hühnerträger, Immiträger, Kammerlichtträger, Kiepenträger, Kinderträgerin, Kornträger, Kraxenträger, Laternenträger, Leinwandtrager, Lettenträger, Messerträger, Mithridattträger, Ohmenträger, Ölträger, Packträger, Paudelträger, Pechölträger, Portechaisenträger, Probenträger, Pulverträger, Reffträger, Sackeltrager, Sackträger, Salzträger, Sänftenträger, Schellenträger, Schmalztrager, Schwammtrager, Schwefelträger, Schwertträger, Seilträger, Sesselträger, Stangenträger, Topfträger, Treuträger, Tücheltrager, Vogeltrager, Wasserträger, Weichtrager, Weittrager, Widtrager, Zettelträger, Zigertrager

Syn: KRÄMER

Lit: Adelung 4:642; Barth 1:1035; Diefenbach 320, 448; DRW 3:561 (Fischträger); DudenFN 200, 201, 672; Frühmittellat. RWb; Gottschald 495; Grimm 21:1118; Hornung (1989) 127; Idiotikon 14:574 (Fischtrager); Krünitz 186:595; Linnartz 243; Volckmann (1921) 226

Tragetmaker ↗ Tragholzmacher

Tragholzmacher Dragehtmacher, Dragehtmaker, Draietmacher, Drygettmacher, Tragetmaker 'Handwerker, der Schulterjoche zum Tragen von Lasten herstellt' ❖ zu mnd. *dragen* 'tragen'

Lit: Grimm 21:1149 (Tragholz); Schiller-Lübben 1:563

Trägler ↗ *Träger*

Traiteur Tracteur, Traitteur, Trakteur, Tratteur 1. 'professioneller Koch für die feinere Küche'. 2. 'Wirt, der auch Speisen verabreicht' — heute selten i. S. v . 'Leiter einer Großküche', in der Schweiz für 'Lieferant von Fertiggerichten' ❖ franz. *traiteur* 'Wirt' (seit dem 17. Jh.), Ableitung von franz. *traiter* 'behandeln, mit etwas umgehen', aus lat. *tractare* 'behandeln; handhaben, führen, gebrauchen'

Syn: WIRT

Lit: Barth 1:1035; DudenGWDS; Gamillscheg 2:861; Grönhoff (1966) 18; Hartmann (1998) 63, 73; Wiener Berufe

Traitteur ↗ Traiteur

Trakteur ↗ Traiteur

Tranbrenner ↗ 'Transieder'
W: Brenner
Syn: Transieder

Lit: Grimm 21:407 (Thranbrennerei); Krünitz 184:498 (Thranbrennerey); Kürtz (1980)

Tranckführer ↗ Trankfahrer

Traneicher Thranaicher 'Beamter, der die Tranfässer in den Tranbrennereien eicht'
W: Eicher

Lit: Adelung 4:585; Krünitz 184:498

Trankfahrer Drangfahrer, Drankfahrer, Tranckführer, Trankfohrer, Trankführer 'Person, die die flüssigen Küchenabfälle, die als Schweinefutter verwendet werden, abtransportiert' ❖ zu mhd. *tranc* 'Trank, Getränke'; *Trank* in der speziellen Bedeutung 'dickliches Getränk für Schweine aus dem Spülwasser der Küche und Speisenabfällen'
W: Fahrer

Lit: Adelung 4:646 (Trank); Grimm 21:1189 (Trank); Schmeller 1:667 (Trank); WBÖ 5:308 (Trank)

Trankfohrer ↗ Trankfahrer

Trankführer ↗ Trankfahrer

Tranroyer ↗ Royer

Transieder Thransieder 'Person, die den Speck des Wals oder anderer Fische auslässt und Tran herstellt' ❖ zu mnd. *trân* 'Träne, Tropfen'; mhd. *sieden* 'sieden, wallen, kochen'
W: Sieder
Syn: Tranbrenner

Lit: Adelung 4:588 (Thransiederey); Barth 1:1036; Grimm 21:426 (Thransiederei); Krünitz 184:532 (Thransiederey); Schiller-Lübben 4:606

Translateur ↗ Translator

Translator Translateur; lat. *translator* 'Übersetzer, Dolmetscher'; kommt im veralteten Sprachgebrauch noch vor ❖ franz. *translateur* aus lat. *translator* 'Übersetzer', zu lat. *translatum*, Partizip zu *transferre* 'hinübertragen, übertragen, übersetzen'

Lit: Barth 1:1036; Diefenbach 593; DudenGWDS; Krünitz 186:715

Träpfhäusler ↗ Tropfhäusler

Tratteur ↗ Traiteur

Tratzircher ↗ DRAHTZIEHER

Traubenweber 'Weber einer Tuchart'
W: WEBER

Lit: Pies (2005) 179

Traunbauer 'Bauer an der *Traun* in Oberösterreich, der für den Schiffstransport flussaufwärts vom Traunfall bis zur Donau ständig Pferde für den Gegenzug bereit halten muss'; die Verpflichtungen und Vergütungen waren durch Verträge mit der Salzbehörde geregelt
W: BAUER
Syn: Fallbauer, Rossbauer

Lit: Schraml (1934) 272

Träxel ↗ Drechsler

Träxl ↗ Drechsler

Trecker 1. 'Bergarbeiter oder Junge, der das gewonnene Material mit Karren oder Hunten wegtransportiert'. 2. 'Treidler, Schiffszieher' ❖ zu mnd. *trecken* 'ziehen, schleppen'
W: Bärentrecker, Drahttrecker, Drecktrecker, Linentrecker
Syn: TREIDLER

Lit: Adelung 4:658 (trecken); Barth 1:1038; Grimm 21:1581; Veith 499

Treckjunge 'jugendlicher Bergarbeiter, der den Steiger unterstützt und den Hunt oder Karren zieht'; niederdt. ❖ zu mnd. *trecken* 'ziehen, schleppen'
W: Junge

Lit: Adelung 4:658 (trecken); Barth 1:1038; Grimm 21:1580; Krünitz 187:347; Veith 499

Treibeherr Treibherr 'Eigentümer einer *Treibehütte*'; d. i. ein Gebäude, in dem der *Treibeherd* steht, eine Anlage, mit der Silber von Blei getrennt wurde
W: Herr

Lit: Adelung 4:662; Grimm 22:86; Krünitz 187:401

Treibemeister Treibmeister 1. 'Maschinenwärter im Bergbau'. 2. 'Meister in der Silberhütte, der Silber von Blei scheidet'. 3. 'Handwerker, der getriebene Arbeiten aus Metall herstellt'; Bilder aus Silber, Kupfer, Gold wurden durch Bearbeiten mit dem Hammer gestaltet
W: Meister

Lit: Barth 1:1039; Grimm 22:91; Heilfurth (1981) 57; Pies (2005) 28; Veith 499

Treiber Triber 1. 'Bergarbeiter, der das Erz aus der Grube fördert'. 2. 'Arbeiter in der Kupfer- oder Goldschmiede, der das Metall zu dünnem Blech verarbeitet, dünne Plättchen austreibt oder getriebene Arbeiten mit erhabenen Figuren herstellt'. 3. 'Hüttenarbeiter, der das Trennen von Blei und Silber im Treibherd durchführt'. 4. 'Person, die Tiere treibt'; z. B. Lasttiere, Vieh auf den Markt oder auf die Weide, das Wild bei der Jagd ❖ mhd. *trîber* 'Treiber'
FN: Treiber
W: Abtreiber, Eintreiber, Eisentreiber, Geschirrtreiber, Göpeltreiber, Kupfertreiber, Ochsentreiber, Pflugtreiber, Sautreiber, Schweintreiber, Spießtreiber, Viehtreiber

Lit: Adelung 4:666; Barth 1:1038; Benvenuti (1996); DudenFN 674; Fellner 602 (Treibarbeit, treiben); Gottschald 496; Grimm 22:77; Hornung (1989) 127; Krünitz 187:466; Linnartz 244; Veith 500

Treibherr ↗ Treibeherr

Treibmeister ↗ Treibemeister

Treidelmeister 'Vorgesetzter der Treidler eines Schiffszuges und Verantwortlicher für die Treidelwege'; norddt.
W: Meister
Syn: TREIDLER

Treidler Treiler 'Person, die (in einer Gruppe von Männern) Schiffe vom Land aus mit Muskelkraft oder mit Hilfe von Pferden stromaufwärts zieht'; niederdt.; zu mnd. *treiler*, Ableitung von *treilen, troilen* 'mit dem Zugseil das Schiff ziehen', aus franz. *traille* 'Fähre', älter 'Seil zum Einholen des Schiffes', aus lat. *tragula* 'Ziehnetz'
Syn: Bruckknecht, Geschirrtreiber, Leinreiter, Linentrecker, Recker, Schiffreiter, Schiffsschlepper, Schiffzieher, Schlepper, Seilträger, Sessstaller, Trecker, Treidelmeister

Lit: Barth 1:1039; DudenGWDS; Gamillscheg 2:861; Grimm 22:101; Krünitz 187:483; Schiller-Lübben 4:609

Treiler ↗ Treidler

Tresler Treßler, Tressler, Triesler, Triserer, Trißler 'Beamter, der mit der Verwaltung des königlichen oder staatlichen Vermögens betraut ist'; bes. auch als Amtsbezeichnung im Deutschen Orden ❖ mhd. *trëseler, triseler, triesler* 'Schatzmeister', spätmhd. *tressler*; Ableitung von mhd. *trësem, trësen, trësel, trisel, trisol, trësor, trisor* 'Schatz'; aus franz. *trésor*, lat. *thesaurus*
FN: Treseler, Tressler, Treßler, Tresemer, Trissler, Trißler, Drisler, Drissner, Drißner, Trisler
Syn: Schatzmeister, Tresorier

Lit: Barth 1:1039; Gottschald 161, 497; Götze 55; Grimm 22:180, 489; Linnartz 244

Tresorer ↗ Tresorier

Tresorier Tresorer ↗ 'Tresler'; direkte deutsche Übernahme von franz. *trésorier* 'Schatzmeister', aus lat. *thesaurarius*
Syn: Schatzmeister, Tresor

Lit: Barth 1:1039; Gamillscheg 2:867; Grimm 22:171; Krünitz 187:560

Treßler ↗ Tresler

Tressler ↗ Tresler

Treter Drötter, Tretner 1. 'Tänzer'. 2. 'Arbeiter, der bei der Arbeit treten muss'; z.B. zertreten der Weintrauben beim Keltern, Bedienen eines Blasbalgs, einer Pumpe ❖ mhd. *trëter* 'saltator'
FN: Treter, Tretter
Syn: Springer

Lit: Adelung 4:672; Barth 1:1039; DudenFN 675; Grimm 22:238; Krünitz 187:610; Linnartz 244; Schmeller 1:679

Tretner ↗ Treter

Treudelfrau ↗ Trödelfrau

Treudelmann ↗ Trödelmann

Treugescherer ↗ Trockenscherer

Treustrager ↗ Treuträger

Treusträger ↗ Treuträger

Treuträger Treustrager, Treusträger, Trewstrager; lat. *curator* 1. 'Vormund, Treuhänder, der als Sachwalter das Vermögen anderer vertritt'. 2. 'Stellvertreter, Vogt, Verwalter' ❖ mhd. *triuwetrager, triuwetreger* 'Treuhänder'
W: Träger

Lit: Barth 1:1039; Diefenbach 163; Frühmittellat. RWb; Grimm 22:391; Schmeller 1:637

Trewstrager ↗ Treuträger

Trexler ↗ Drechsler

Triackers ↗ Triakler

Triakelstunnekenmaker Driakelstunnekenmaker 'Handwerker, der kleine Gefäße für Theriak herstellt'; niederdt. ❖ zu mnd. *driakel*, mhd. *driakel, triakel* 'Theriak, Gegengift', aus lat. *theriacum* 'Arzneimittel gegen Schlangengift'; zu mnd. *tunnemaker* 'Tonnenmacher', mit niederdt. Diminutiv *tunneken*

Lit: Schiller-Lübben 1:575; Schiller-Lübben 4:632

Triakler Thriackel, Triackers, Trujaker 'Hersteller und Verkäufer von Theriak'; einge-

deutschte Form zu *Theriak*, Näheres ↗ Theriakkrämer ❖ zu mhd. *drîakel, trîakel* 'Theriak'
Syn: Theriakkrämer

Lit: Barth 1:1040; Grimm 22:401; Schmeller 1:639

Triakskrämer ↗ Theriakkrämer

Triber ↗ Treiber

Triebmacher ↗ Trippmacher

Triepmacher ↗ Trippmacher

Triepmaker ↗ Trippmacher

Triesler ↗ Tresler

Trifter Triftler 'Holzarbeiter, der loses Holz in die Triftbäche oder Wasserriesen wirft und weiterbefördert' ❖ zu mhd. *trift* 'das Treiben, Schwemmen oder Flötzen des Holzes', zu mhd. *trîben* 'wenden, treiben'
Syn: Flößer*

Lit: Fellner 604; Grimm 22:502; Neweklovsky (1964) 546, 582; Schmeller 1:653

Triftler ↗ Trifter

Triftmaister ↗ Triftmeister

Triftmeister Triftmaister 'Aufseher über die Holztrift' ❖ ↗ Trifter
W: *Meister*

Lit: Neweklovsky (1964) 545; Schmeller 1:653; Wiesenhofer 6

Triftschäfer 'Schäfer, der eine eigene Herde besitzt'; zu *Trift* i. S. v. 'was gemeinsam getrieben wird', z.B. eine Herde Schafe ❖ zu mhd. *trift* 'was getrieben wird, Trift, Weide', zu mhd. *trîben* 'wenden, treiben'
Ggs: Lohnschäfer, Setzschäfer

Lit: Adelung 4:681; Grimm 22:512; Krünitz 188:67

Triller ↗ Trüller

Trillmeister ↗ Drillmeister

Trimmer 1. 'Träger, Schlepper'. 2. 'Kohlenschaufler auf dem Schiff, der die Kohlen zum Kessel transportiert' — norddt. Seemannssprache ❖ im 19. Jh. entlehnt aus engl. *to trim* 'das Schiff in Ordnung halten'

Lit: Barth 1:1040; Grimm 22:543; Meyers Lexikon 6:719

Trinkglasmacher ↗ Glasmacher

Tripmacher ↗ Trippmacher

Tripmaker ↗ Trippmacher

Trippenmacher 'Schuhmacher, der Holzschuhe oder Holzpantoffel herstellt'; norddt. ❖ mnd. *trippe* 'Pantoffel mit hölzerner Sohle und ohne Fersenleder'
FN: Trippenmacher, Trippenmaker, Trippenmecher, Trippenmecker, Trippenmeker, Dripp, Drippe, Trippner
Syn: HOLZSCHUHMACHER

Lit: Barth 1:1041; DudenFN 675; Gottschald 497; Linnartz 245; Schiller-Lübben 4:613 (Trippe); Volckmann (1921) 162

Trippmacher Triebmacher, Triepmacher, Triepmaker, Tripmacher, Tripmaker, Trippsamtmacher 'Weber, der Trippsamt, ein Leinengewebe mit Wollflor, herstellt' ❖ zu mnd. *trip* 'sammetartiges Zeug mit leinerner Kette und sammetartiger, aufgeschnittener Oberfläche von feiner Wolle', aus ital. *trippa* 'Pansen, Kaldaunen'
FN: Trippmacher, Tripmacher, Tripmaker, Tripmacker
Syn: Sammetweber

Lit: Barth 1:1041; DudenFN; Gottschald 497; Holsteinisches Idioticon 3:281; Linnartz 245; Pies (2005) 179; Schiller-Lübben 4:612; Volckmann (1921) 93

Trippsamtmacher ↗ Trippmacher

Triserer ↗ Tresler

Trißler ↗ Tresler

Trockenlader Druckenlader, Druckhenlader, Truckenlader, Truckhenlader 'Spedi-

teur für trockene Handelsgüter' ❖ zu mhd. *trucken* 'trocken'
W: *Lader*
Syn: SPEDITEUR*
Vgl: Truhenlader

Lit: Pies (2005) 80; Volckmann (1921) 224

Trockenscherer Treugescherer, Truckenscherer 1. 'Barbier, der rasiert, ohne vorher durch Bäder den Bart weich gemacht zu haben'; nach der Erfindung des Seifenschaums. 2. 'Tuchscherer' ❖ mhd. *truckenscherer* 'Barbitonsor'
W: *Scherer*
Syn: BARBIER, TUCHSCHERER

Lit: Grimm 22:759; Pies (2005) 170; Reith (2008) 237

Trödelfrau Treudelfrau, Trödelweib 'Gebraucht-, Altwarenhändlerin, Trödlerin' ❖ das Wort *Trödel* ist seit dem 15. Jh. bekannt, die Herkunft ist unklar
W: *Frau*
Syn: TRÖDELMANN

Lit: Adelung 4:688; Grimm 22:775, 780; Krünitz 168:564; Krünitz 188:572

Trödeljude 'jüdischer Altwarenhändler'
Syn: KRÄMER, TRÖDELMANN

Lit: Barth 1:1041; Grimm 22:776; Krünitz 188:565

TRÖDELMANN Treudelmann 'Gebraucht-, Altwarenhändler, Trödler'; bis Anfang 19. Jh. üblich
W: *Mann*
Syn: Altgewander, Altreiß, Gerümpler, Knappsack, KRÄMER, Mangler, Mäntler, Plunkenkrämer, Tandler, Trödelfrau, Trödeljude

Lit: Adelung 4:688; Grimm 22:777; Krünitz 188:567

Trödelweib ↗ Trödelfrau

Trommelschlager ↗ Trommelschläger

Trommelschläger Trommelschlager, Tromschläger, Truminenschläger, Trummelschlager, Trummelschläger; lat. *timpanator, tympanator* 1. 'Musiker, der die Trommel spielt; Trommler, Tambour'.

2. 'Pauker' — Trommler und Pfeifer waren wichtige Mitglieder des Heeres ❖ mhd. *trumbensleger, trumpensleger* 'Trommelschläger'
FN: Trommelschläger
W: *Schläger*

Lit: Adelung 4:692; Barth 1:1041; Diefenbach 583; Grimm 22:826; Krünitz 188:618; Pies (2005) 162

Trommeter ↗ Trummeter

Trompter ↗ Trummeter

Tromschläger ↗ Trommelschläger

Tropfhäusler Träpfhäusler 'Besitzer oder Mieter eines Häuschens mit kleinem Grundstreifen'; eigentlich Haus, zu dem nur so viel Grund gehört, so weit die Dachtraufe reicht *(tropft)*
W: *Häusler*
Syn: KLEINBAUER*

Lit: Barth 1:1042; Grimm 22:885 (Tropfhaus); Pies (2005) 24; Schmeller 1:673; WBÖ 5:576 (Dachtropfen)

Trossbube ↗ Trossknecht

Lit: Adelung 4:696; Barth 1:1042

Trosshauptmann ↗ Hauptmann

Trossjunge ↗ 'Trossknecht'
W: *Junge*
Syn: Trossknecht

Lit: Adelung 4:696

Trossknecht lat. *calo* 'Soldat, der beim Tross, dem Gepäck, beschäftigt ist'; seit 19. Jh., älter *Trossbub* oder *Trossjunge* ❖ zu mhd. *trosse* 'Gepäck; Heeresgepäck', aus franz. *trousse* 'Bündel', aus lat. *torquere* 'zusammendrehen'
W: KNECHT
Syn: Packknecht, Trossjunge

Lit: Barth 1:1042; Diefenbach 91; Grimm 22:1070

Trottenmann ↗ Trottmann

Trotter 'Arbeiter, der die Trauben presst'; entweder mit der Weinpresse oder durch Treten mit den Füßen; zu *Trotte*, südwestdt.-schweiz. für 'Weinpresse' ❖ zu mhd. *trote, trotte* 'Weinpresse, Kelter', ahd. *trotôn* 'treten, keltern', Lehnübersetzung von lat. *calcare* 'mit der Ferse treten' (dessen direkte Entlehnung führte zu *Kelter*)
Syn: KELTERER, Trottknecht

Lit: Adelung 4:700 (trotten); Barth 1:1043; Grimm 22:1081; Meyer (2006) 263

Trottermeister ↗ Trottmeister

Trottknecht ↗ 'Trotter'
W: KNECHT
Syn: KELTERER, Trotter

Lit: Adelung 4:700; Barth 1:1043; Grimm 22:1082; Krünitz 188:702

Trottmann Trottenmann 'Eigentümer einer Kelter, Aufsicht über das Keltern'; schweiz. ❖ ↗ Trotter
W: *Mann*
Syn: Kelterherr, Keltermeister, Pressmeister, Torkelmeister, Trottmeister

Lit: Idiotikon 4:282

Trottmeister Trottermeister 'Geschäftsführer einer Kelter' ❖ ↗ Trotter
W: *Meister*
Syn: Kelterherr, Keltermeister, Pressmeister, Torkelmeister, Trottmann

Lit: Adelung 4:700; Barth 1:1043; Grimm 22:1082; Idiotikon 4:532; Krünitz 188:702

Truchenlader ↗ Truhenlader

Trüchler ↗ Truher

Truchner ↗ Truher

Truchses ↗ Truchsess

Truchseß ↗ Truchsess

Truchsess Truchseß, Truchses; lat. *dapifer*
1. 'im Mittelalter einer der vier Erzbeamten des Reiches, der für Küche und festliche Tafel zuständig ist'. 2. 'Bediener in einem herrschaftlichen Hof, der die Speisen aufträgt' ❖ mhd. *truhtsæȝe, truhsæȝe* 'der die Speisen aufsetzt', eigentlich 'wer im Gefolge sitzt, dem Gefolge vorsteht', zu mhd. *truht* 'Trupp, Schar'
FN: Truchsess, Truchseß, Trucksäß, Trucksess, Truckseß Trucksitz, Truckses, Trucks, Trux, Drux, Drucks, Druckseis
W: °Erbtruchsess, °Erztruchsess
Syn: Speisemeister, Speiser

Lit: Adelung 4:705; Barth 1:1043; Diefenbach 166; DudenFN 677; Gottschald 498; Grimm 3:742; Grimm 22:1228; Höfer 3:239; Linnartz 246; Palla (1994) 336

Truckenlader ↗ Trockenlader

Truckenscherer ↗ Trockenscherer

Truckhenlader ↗ Trockenlader

Truhenlader Truchenlader 'Person, die Waren auf- und ablädt'; da *Truhe* und *trucken* in manchen Dialekten lautlich zusammenfallen, konnten sich ↗ *Trockenlader* und *Truhenlader* in der Bedeutung vermischen. *Truhe* ist hier ein tragbarer Behälter, vor allem für weiche oder flüssige Materialien, wie Mörtel
W: *Lader*
Syn: Auflader
Vgl: Trockenlader

Lit: Riepl (2009) 411; Schmeller 1:660

Truhenlaufer ↗ Truhenläufer

Truhenläufer Truhenlaufer 'Bergarbeiter, der mit der *Truhe*, einem Kasten mit vier Rädern, fördert'; *laufen* i. S. v. 'gewonnenes Material fortschaffen'
W: *Läufer*

Lit: Barth 1:1043; Schraml (1932) 165; Veith 503

Truher Trüchler, Truchner, Trüher 'Schreiner, Tischler, der vor allem Truhen herstellt' ❖ zu mhd. *truhe* 'Lade, Kiste, Schrank'
Syn: Kistler, TISCHLER

Lit: Barth 1:1043; Grimm 22:1332

Trüher ↗ Truher

Trujaker ↗ Triakler

Trüller Triller 'herumziehender Komödiant und Artist, der bes. auf Jahrmärkten unterschiedliche Kunststücke vorführt' ❖ mhd. *trüller* 'Gaukler, Spielmann', zu mhd. *trüllen, trollen* 'gaukeln, spielen; betrügen, betören'; vgl. mhd. *truller* 'Penis', mhd. *trüllerinne* 'Kupplerin'
Syn: GAUKLER

Lit: DudenFN 675; Gottschald 497, 498; Schmeller 1:661

Trüllmeister ↗ Drillmeister

Trumetter ↗ Trummeter

Truminenschläger ↗ Trommelschläger

Trumknecht 'Ruderknecht auf Zillen, mit denen Salz flussabwärts transportiert wird'; ↗ Trümler
W: KNECHT

Lit: Fellner 606; Zeller (2013)

Trümler 'Steuermann'; bair.; auf Salzschiffen auf der Salzach; zu *Trumm* in der Bedeutung 'Ende, Endstück', hier als 'vorderes Ende des Salzschiffes' ❖ mhd. *drum* 'Endstück, Ende'
Syn: SCHIFFMEISTER

Lit: Grimm 22:1336 (Trumm); Schmeller 1:664

Trummacher ↗ Trummenmacher

Trummelschlager ↗ Trommelschläger

Trummelschläger ↗ Trommelschläger

Trummenmacher Trummacher 'Trommelmacher' ❖ zu mhd. *trumbel, trumel* 'Trommel'

Trummer Trummler, Trümper, Trümpler 'Trommler' ❖ frühnhd. *drummer* 'Trommler'; zu mhd. *trumbel, trumel* 'Trommel'
FN: Trummer, Trummler, Trümpler, Trümmler, Tromler, Trommler, Trompler
Vgl: Trummeter

Lit: DudenFN 677; Gottschald 497; Götze 56; Linnartz 246; Palla (1994) 428; Schmeller 1:664 (Trummel)

Trummeter Drummeter, Drumpeter, Trommeter, Trompter, Trumetter, Trummitter, Trumper, Trumpter 'Trompeter' ❖ mhd. *trumeter, trummeter, trumpter*, zu altfranz. *trompe* 'Trompete'
FN: Trummeter, Trumeter, Trümper, Trümpter, Trompter, Trometer, Drommeter, Drometer
Vgl: Trummer

Lit: Barth 1:1044; DudenFN 677; Gottschald 497; Grimm 22:1363 (Trumper); Linnartz 58; Volckmann (1921) 310

Trummitter ↗ Trummeter

Trummler ↗ Trummer

Trumper ↗ Trummeter

Trümper ↗ Trummer

Trümpler ↗ Trummer

Trumpter ↗ Trummeter

Tschaikenmeister Schaikenmeister, Scheikenmeister, Tscheikenmeister 'kaiserlicher Schiffsbauer im Salzkammergut'; in seinem Dienst standen kaiserliche Arbeiter, d. h. Arbeiter mit Beamtenstatus. *Tschaiken, Schaiken* waren leichte, mit Segeln, Rudern und Kanonen ausgerüstete Boote, die im österreichisch-ungarischen Militärgrenzland an Donau, Save und Theiß zur Sicherung der Wassergrenze gegen die Türken dienten. Vorbild waren ähnliche Schiffe der Türken; sie wurden im 16. Jh. in Gmunden, Oberösterreich, gebaut ❖ ungarisch *csaika* 'Boot', aus türkisch, serbisch 'şayka'
FN: Czaika, Czeika, Czajka, Czeike, Tscheik, Tscheickner, Tscheikner

W: *Meister*

Lit: Kaltschmidt 829 (Tschaiken); Krünitz 189:130; Meyers Lexikon 6:763 (Tschaiken); Neweklovsky (1964) 418, 421; Schraml (1932) 247; Schraml (1934) 261

Tschanderer Tschänderer 'alter, ausgedienter Bergknappe österreichischer Salzbergwerke, der noch zu leichteren Arbeiten eingesetzt wird'; Etymologie unklar; ob ein Zusammenhang mit dem Südtiroler Wort *Tschanderer* für 'Fuhrmann, fahrender Händler' besteht, ist nicht sicher
Syn: Schopfknappe

Lit: Fellner 606; Schraml (1930) 235; Treffer (1981) 112; WBÖ 5:720

Tschänderer ↗ Tschanderer

Tscheikenmeister ↗ Tschaikenmeister

Tschismenmacher ↗ Zischmenmacher

Tübbeckenmacher ↗ Tubbekenbinder

Tubbekenbinder Dubbekenbinder, Tübbeckenmacher, Tubbekenmacher, Tübbichenbinder, Tübbker 'Böttcher, Fassbinder, der *Tuppen* herstellt'; d.s. kleinere Bottiche, Zuber ❖ Diminutiv zu mnd. *duppe, doppe* 'kleines Gefäß [aus Holz]'; niederdt. *tubbe, tuppen* 'Zuber, Bottich, Waschfass'
W: *Binder*
Syn: BÖTTCHER

Lit: Barth 1:1044; Lindow 220

Tubbekenmacher ↗ Tubbekenbinder

Tübbichenbinder ↗ Tubbekenbinder

Tübbker ↗ Tubbekenbinder

Tübler ↗ Dübler

Tuchbereider ↗ TUCHBEREITER

TUCHBEREITER Dokbereder, Duchbereider, Tuchbereider, Tuchbraiter, Tuchbreiter, Tuchpraiter; lat. *parator panni* 'Handwerker, der das Tuch presst, appretiert und oft auch färbt'; die Tätigkeiten von *Tuchbereiter* und *Tuchscherer* überschnitten sich teilweise, wodurch es auch zu Konflikten kam. Die Tuchbereiter waren für feine, die Tuchscherer für grobe Stoffe zuständig. Der Unterschied liegt darin, dass die Tuchbereiter die feineren Stoffe appretierten, d.h. in Hinblick auf Glätte, Glanz, Dichte usw. bearbeiteten
FN: Tuchbreiter
W: *Bereiter*
Syn: Gewandbereiter, Lakenbereiter, Planierer, Schlichter, Tucher, Tuchfrisierer, Tuchglätter, Tuchschlichter, Wandbereiter, Zauer, Zeugbereiter

Lit: Adelung 4:714; Barth 1:1044; Gottschald 499; Grimm 22:1473; Idiotikon 6:1645; Palla (1994) 337; Pies (2005); Reith (2008); Volckmann (1921) 83

Tuchbeschauer Tuchschauer 'Beamter, der die Qualität des fertigen Tuchs prüft'
W: *Beschauer*
Syn: Leinwandbeschauer

Lit: Barth 1:1045; Grimm 22:1473, 1488; Idiotikon 8:1631; Krünitz 189:385 (Tuchschau)

Tuchbraiter ↗ TUCHBEREITER

Tuchbreiter ↗ TUCHBEREITER

Tuchdrucker 'Handwerker, der Stoffe mit Mustern im Blaudruck verziert'
W: *Drucker*
Syn: Kattundrucker, Leindrucker, Zeugdrucker

Lit: Neuheuser (1984)

Tücheltrager Tüchelträger 'Händler, Hausierer mit Stoff, Tuch' ❖ frühnhd. *tücheltrager* 'umziehender Leinenhändler'
W: *Träger*

Lit: Götze 57; Idiotikon 14:591

Tüchelträger ↗ Tücheltrager

Tucher Tuchler, Tüchler, Tuecher, Tuechler 1. ↗ 'Tuchmacher'. 2. ↗ 'Tuchscherer'. 3. ↗ 'Walker'. 4. 'Händler mit Tuch oder Leinen' ❖ mhd. *tuocher* 'Tuchmacher, -händler'
FN: Tucher, Tuchler, Tüchler, Düchler

Syn: Tuchbereiter, Tuchhändler, Tuchscherer, Tuchwalker, *Weber*

Lit: Barth 1:1045; DudenFN 677; Gottschald 499; Grimm 22:1476, 1484; Linnartz 246; Palla (2010) 230; Pies (2005) 170; Reith (2008) 235, 249; SteirWb 180; Volckmann (1921) 76; WBÖ 5:862

Tucherknecht ↗ Tuchknecht

Tücherknecht ↗ Tuchknecht

Tuchermatrose Tuggermatrose 'Matrose eines Fischerbootes, der die Netze schleppt'; zu niederdt. *tucken, tuckern* 'eine spezielle Fangmethode mit zwei Fischerbooten, bei der ein *Tuck* (Schleppnetz zum Herings- und Flunderfang) verwendet wird'

Lit: Hermann-Winter (2003) 332 (tuckern, Tuck)

Tuchfärber 'Färber, der Stoffe mit hellen und wertvollen Farben (Purpur, Scharlach, Indigo usw.) färbt'; im Ggs. zu den gewöhnlichen (Schwarz)färbern
W: *Färber**
Syn: Kunstfärber
Ggs: Schwarzfärber

Lit: Adelung 4:714; Barth 1:1045; Grimm 22:1478; Krünitz 189:369

Tuchfrisierer 'Arbeiter bei den ↗ Tuchscherern, der den Wollstoff aufraut'
Syn: Tuchbereiter, Tuchkratzer, Tuchrauer, Tuchscherer, Tuchstreicher

Lit: Adelung 4:714; Grimm 22:1478

Tuchgewander Duchgewender, Tuchgewänder, Tuchgewender 1. ↗ 'Tuchmacher'. 2. 'Tuchhändler' ❖ mhd. *tuochgewender* 'Tuchhändler'; frühnhd. *duchgewenter* 'Tuchhändler'
W: Gewander
Syn: Tuchhändler, Tuchmacher

Lit: Götze 57; Grimm 22:1479; Pies (2005) 171; Reith (2008) 236; Volckmann (1921) 193

Tuchgewänder ↗ Tuchgewander

Tuchgewender ↗ Tuchgewander

Tuchglätter 'Textilarbeiter in Webereien, der das Tuch glättet und kämmt'
W: Glätter
Syn: Mandler, Mangler, Tuchbereiter

Tuchhändler 'Kaufmann, der mit Tuch in ganzen Ballen oder größeren Mengen handelt'; im Ggs. zu den Gewandschneidern, die den Stoff ellenweise verkaufen
Syn: Gewandführer, Gewandschneider, Handschneider, Tucher, Tuchgewander, Tuchherr, Tuchmann, Tuchmenger, Tuchschneider, Wandhändler, Wandkrämer, Wandschneider, Watmann, Watmenger

Lit: Adelung 4:715; Barth 1:1045; Grimm 22:1480; Krünitz 189:370; Pies (2005) 170; Reith (2008) 235; Volckmann (1921) 89

Tuchhefter 'Angestellter eines Tuchhändlers, der das Tuch an den Rahmen anschlägt und fachgerecht lagert, bevor es ungeschoren in den Handel kommt'
FN: Tuchhefter
Syn: Tuchscherer

Lit: Grimm 22:1480; Reith (2008) 235; Westenrieder (1783) 69, 90

Tuchherr 'Inhaber eines Handelshauses für Tuche'
W: Herr
Syn: Tuchhändler

Lit: Grimm 22:1480; Idiotikon 2:1545

Tuchknappe Duchknappe 'Geselle eines Tuchmachers'
W: Knappe

Lit: Adelung 4:715; Barth 1:1045; Grimm 22:1481; Krünitz 189:377

Tuchknecht Tucherknecht, Tücherknecht 'Jäger bei der herrschaftlichen Jagd, der an den Tüchern, Planen arbeitet, mit denen das Jagdgebiet abgegrenzt wird'
W: *Knecht*
Syn: Plachenknecht, Planenknecht

Lit: Adelung 4:715; Barth 1:1045; Grimm 22:1477; Heinsius 4:403; Krünitz 189:368, 377

Tuchkratzer 'Arbeiter bei den Tuchscherern, der den Wollstoff aufraut'
Syn: Tuchfrisierer, Tuchrauer, TUCHSCHERER, Tuchstreicher
Lit: Grimm 22:1481

Tuchler ↗ Tucher

Tüchler ↗ Tucher

TUCHMACHER lat. *pannifex* 'Handwerker, der Wollstoffe webt' ❖ mhd. *tuochmacher, tuochmecher* 'Weber'
FN: Tuchmacher
W: Breittuchmacher, Grobtuchmacher, Schmaltuchmacher
Syn: Gewandmeister, Lakenweber, Tuchgewander, Tuchweber, Tuchwirker, Wandmacher, WEBER, Wollweber, Wollwirker
Lit: Adelung 4:715; DudenFN 677; Grimm 22:1485; Höfer 2:114; Linnartz 246; Palla (2010) 230; Pies (2005) 170; Reith (2008) 248; Volckmann (1921) 76

Tuchmanger ↗ Tuchmenger

Tuchmann Duchmann 'Tuchhändler' ❖ mhd. *tuochman* 'Tuchweber'
W: Mann
Syn: TUCHHÄNDLER
Lit: Barth 1:1045; Grimm 22:1486; Idiotikon 4:280

Tuchmenger Tuchmanger 'Tuchhändler' ❖ ↗ Menger; mhd. *tuochmanger* 'Tuchhändler'
W: Menger
Syn: TUCHHÄNDLER
Lit: Barth 1:1045; Grimm 22:1486; SteirWb 180

Tuchplanierer ↗ Planierer

Tuchpraiter ↗ TUCHBEREITER

Tuchrauer Tuchrauher 'Arbeiter bei den Tuchscherern, der die gewalkte Stoffbahn auf der rechten Seite mit der Weberdistel aufraut'
Syn: Tuchfrisierer, Tuchkratzer, TUCHSCHERER, Tuchstreicher
Lit: Barth 1:1045; OÖ. Hbl 1998, H. 1:226

Tuchrauher ↗ Tuchrauer

Tuchschauer ↗ Tuchbeschauer

Tuchscheerenschleifer ↗ Tuchscherenschleifer

Tuchscherenschleifer Tuchscheerenschleifer 'Handwerker, der die großen Scheren der Tuchscherer schärft'; wurde meist als Wandergewerbe ausgeübt
W: Schleifer
Lit: Krünitz 189:385; Reith (2008) 235

TUCHSCHERER Dockscherer, Dokscherer, Duchscherer, Tuechscherer; lat. *pannicida, pannirasor, pannitonsor, rasor panni* 'Handwerker, der das gewebte Tuch schert und appretiert'; dazu wurde es nach dem Waschen feucht in einen Rahmen gespannt und geradegezogen, dann mit Distelkarden (später Raumaschinen) aufgeraut; mit der Tuchschere wurden die ungleichen Fasern abgeschoren. Zum Teil wurden auch Färbearbeiten von den Tuchscherern übernommen ❖ mhd. *tuochschërer* 'Tuchscherer', zu mhd. *schërn* 'abschneiden, scheren'
FN: Tuchscherer, Tuchscher, Duchscherer, Duchscheer
W: Scherer
Syn: Anzettler, Drögscherer, Lakenscherer, Nopper, Scharherr, Scherkind, Schorer, Schorlaker, Trockenscherer, Tucher, Tuchfrisierer, Tuchhefter, Tuchkratzer, Tuchrauer, Tuchstreicher, Wandscherer
Lit: Adelung 4:715; Barth 1:1045; Diefenbach 409; DudenFN 677; Gottschald 499; Grimm 22:1488; Idiotikon 8:1137; Linnartz 246; Palla (2010); Pies (2005) 170; Reith (2008) 235; Volckmann (1921) 85

Tuchschlichter 'Textilarbeiter in Webereien, der das Tuch glättet und kämmt' ❖ ↗ Schlichter
Syn: TUCHBEREITER
Lit: Barth 1:1045; Grimm 22:1489

Tuchschneider lat. *pannicida* 'Tuchhändler, der berechtigt ist, die Stoffe nach Maß (ellenweise) abzuschneiden und zu verkaufen'

W: *SCHNEIDER*
Syn: Gewandschneider, TUCHHÄNDLER

Lit: Barth 1:1045; Diefenbach 409; Grimm 22:1489; Linnartz 246; Palla (1994) 297

Tuchsticker ↗ Zeugsticker

Tuchstreicher Tuechstricher 1. 'Beamter, der das zum Verkauf aufliegende Tuch vermisst'. 2. 'Arbeiter bei den Tuchscherern, der Tuch aufraut' ❖ zu 1. ↗ Streicher; zu 2.: 'streichen, mit der Karde bearbeiten': mhd. *strîchen* 'glattstreichen, glätten, ordnen'
W: *Streicher*
Syn: Tuchfrisierer, Tuchkratzer, Tuchrauer, TUCHSCHERER

Lit: Barth 1:1046; Grimm 22:1490; Idiotikon 11:2023

Tuchwalcher ↗ Tuchwalker

Tuchwalker Tuchwalcher; lat. *fullo, lavandarius* 'Handwerker, der Gewebe durch Bearbeiten zum Verfilzen bringt'
W: *Walker*
Syn: Tucher

Lit: Barth 1:1046; Diefenbach 251; Frühmittellat. RWb; Grimm 22:1515

Tuchweber 'Weber, der Wollstoffe herstellt'; oft mit *Weber* gleichgesetzt; als Berufsbezeichnung in der maschinellen Herstellung noch heute gebräuchlich
W: *WEBER*
Syn: TUCHMACHER

Lit: Adelung 4:716; Barth 1:1046; Grimm 22:1515; Krünitz 189:389

Tuchwirker ↗ 'Tuchweber'
W: *Wirker*
Syn: TUCHMACHER

Lit: Barth 1:1046

Tuecher ↗ Tucher

Tuechler ↗ Tucher

Tuechscherer ↗ TUCHSCHERER

Tuechstricher ↗ Tuchstreicher

Tüegler ↗ Tegeler

Tüffelmacher Tofelmacher, Tüffelmaker, Tuffenmacher, Tüffenmacher, Tüftelmacher 'Handwerker, der Pantoffeln, Holzschuhe anfertigt'; ein selbstständiges Gewerbe, unabhängig von den Schuhmachern; *Tuffel* ist eine niederdt. Verkürzung von *Pantoffel* ❖ zu mnd. *tuffel*, gekürzt aus *pantufelen* 'Pantoffeln'
Syn: Pantinist, Pantoffelmacher, Parisermacher

Lit: Barth 1:1046; Grimm 22:1549; Lindow 220; Schiller-Lübben 3:300; Schiller-Lübben 4:627

Tüffelmaker ↗ Tüffelmacher

¹Tuffenmacher Tüffenmacher, Tüppker 'Handwerker, der Tüffen, Tubben herstellt'; d.s. kleinere hölzerne Gefäße; norddt. ❖ zu mnd. *tubbe* 'hölzernes Gefäß', aus lat. *tubus* 'Röhre'; vgl. engl. *tub* 'Kübel'
Syn: KLEINBÖTTCHER*, Weißbinder

Lit: Barth 1:1046; Grimm 22:1550; Schiller-Lübben 4:623

²Tuffenmacher ↗ Tüffelmacher

Tüffenmacher ↗ Tüffelmacher, Tuffenmacher

Tüftelmacher ↗ Tüffelmacher

Tuggermatrose ↗ Tuchermatrose

TÜNCHER Düncher, Tünker 1. 'Maler, der Flächen mit Farbe streicht; Anstreicher'. 2. 'Maurer, der die Wände verputzt'. 3. 'Handwerker, der den Außenanstrich von Häusern mit Leim- oder Kalkfarbe besorgt' ❖ mhd. *tüncher* 'Tüncher', aus mhd. *tünchen* 'verputzen', aus ahd. *tunihhôn* 'mit Kalk bestreichen', übertragen aus ahd. *tunihha* 'Kleid', entlehnt aus lat. *tunica* 'ärmelloses Untergewand'
Syn: Ausweißer, Donneker, Flachmaler, Grobmaler, Hausschreiber, Ipser, Klecker, Penseler, Plierterer, Putzer, Putzmaurer, Staker, Stubenmaler, Weißarbeiter, Weiß-

binder, Weißbüttner, Weißer, Weißfärber, Weißmaler, Wißler, Zimmermaler

Lit: Adelung 4:722; Barth 1:1046; Grimm 22:1783; Pfeifer 1475; Pies (2002a) 29, 43; Pies (2005) 94; Reith (2008) 144; Zedler 45:1623

Tunderkeerl ↗ Zunderkerl

Tunderkerl ↗ Zunderkerl

Tünker ↗ Tüncher

Tunnenbinder ↗ Tonnenbinder

Tunnenmacher ↗ Tonnenmacher

Tunnenmaker ↗ Tonnenmacher

Tüppker ↗ Tuffenmacher

Türhüter Thürhüter; lat. *apparitor, ianitor, ostiarius* 'Bediener, der die Ein- und Ausgehenden beobachtet' ❖ mhd. *türhüeter* 'Pförtner, Türwächter'
W: °Erbtürhüter, *Hüter*
Syn: Türknecht

Lit: Adelung 4:597; Diefenbach 42, 403; Frühmittellat. RWb; Grimm 3:742; Grimm 21:456

Türkischpapiermacher 'Handwerker, der marmoriertes buntes Papier herstellt'; dabei wurden natürliche Farben flüssig auf einen mit Leimwasser behandelten Papierbogen aufgetragen, damit er die Farbe annimmt; dann wurde das Papier getrocknet und geglättet
W: Papiermacher

Lit: Krünitz 190:460 (türkisches Papier)

Türknecht Thürknecht 'Ratsdiener, der immer an der Tür steht; untergeordneter Türhüter'
W: KNECHT
Syn: Türhüter

Lit: Adelung 4:597; Barth 1:1027; Grimm 21:466

Türmer Durner, Thürmer, Thurner, Turner, Türner 1. ↗ 'Turmwächter'. 2. 'Gefängnisaufseher (auf dem Gefängnisturm)' ❖ mhd. *turner, türner, turnære* 'Türmer, Turmwächter auf dem Wacht- oder Gefängnisturm'; die heutige Form mit -m- ist eine etymologisch nicht gerechtfertigte Variante
FN: Türmer, Thürmer, Törmer, Thörmer, Dörmer, Termer, Turner, Türner, Thurner, Thürner, Thurnher, Dürner, Dörner
W: Schlosstürmer
Syn: Hausmann, KERKERMEISTER, Kur, Turmmann, Turmwächter

Lit: Adelung 4:598; Barth 1:1027; DudenFN 668; Gottschald 499; Grimm 21:471; Hornung (1989) 126; Linnartz 246; Schraml (1932); Stolberg (1979) 82

Turmherr Thurmherr 'Beamter, der für die Gefangenen, die in einem Turm untergebracht sind, zuständig ist'
W: Herr
Syn: Turmhüter, Turmmeister, Turmvater, Turmweibel

Lit: Adelung 4:598; Barth 1:1027

Turmhüter Thurmhüter, Thurnhüter, Tornhoder, Turnhüter 'Beamter, der den Turm und das darin untergebrachte Gefängnis bewacht' ❖ mnd. *tornhoder* 'Turmhüter'
W: Hüter
Syn: Turmherr, Turmmeister, Turmvater, Turmweibel

Lit: Barth 1:1047; Schiller-Lübben 4:581

Turmmann Thornmann, Thurnmann, Tornemann, Turnmann ↗ 'Turmwächter' ❖ zu mhd. *turn* 'Turm'
W: Mann
Syn: Kur, Schlosstürmer, Türmer, Turmwächter, Turmwärter

Lit: Barth 1:1027; Grimm 21:474; Grönhoff (1966) 17

Turmmeister ↗ 'Turmherr'
W: Meister
Syn: Turmherr, Turmhüter, Turmvater

Lit: Adelung 4:598

Turmvater 'Aufseher über die Gefängnisse im Turm'
W: Vater
Syn: KERKERMEISTER, Turmherr, Turmhüter, Turmmeister, Turmweibel

Turmwächter Thurmwächter 'städtischer Angestellter, der auf einem Turm Wache hält und der für Feuerwache sowie auch für den Glockenschlag zuständig ist'
W: *Wächter*
Syn: Kur, Schlosstürmer, Türmer, Turmmann, Turmwärter

Lit: Barth 1:1028; Brandl/Ceutzberg (1976); Hoedl (2003); Palla (2010) 232

Turmwart ↗ Turmwärter

Turmwärter Thurmwart, Thurmwärter, Turmwart ↗ 'Turmwächter'
W: *Wärter*
Syn: Kur, Schlosstürmer, Turmmann, Turmwächter

Lit: Barth 1:1028

Turmweibel Thurmweibel, Thurnweibel, Turnweibel 'Beamter, der den Turm und das darin untergebrachte Gefängnis bewacht'; schweiz. ❖ zu mhd. *weibel* 'Gerichtsbote, -diener'
W: *Weibel*
Syn: Turmherr, Turmhüter, Turmvater

Lit: Idiotikon 15:133

Turner ↗ Türmer

Türner ↗ Türmer

Turnhüter ↗ Turmhüter

Turniervogt 'Leiter und Schiedsrichter eines mittelalterlichen Turniers'
W: *Vogt*

Lit: Adelung 4:724 (Turnier); Grimm 22:1894

Turnmann ↗ Turmmann

Turnweibel ↗ Turmweibel

Twingherr ↗ Zwingherr

Twingmann ↗ Zwingmann

Twingverwalter ↗ Zwingverwalter

Tychgeler ↗ Tegeler

Tyntener ↗ Tintener

Typograph Typographius, Typographus ↗ 'Buchdrucker'; für 'Schriftsetzer' veraltet noch üblich ❖ franz. *typographe* 'Schriftsetzer', aus griech. *týpos* 'Schlag, Stoß' und griech. *gráphein* 'schreiben'
Syn: Buchdrucker

Lit: Barth 1:1048; Krünitz 191:532; Zedler 4:1754 (Buchdrucker)

Typographius ↗ Typograph

Typographus ↗ Typograph

Tyriakskrämer ↗ Theriakkrämer

U

Überfahrer **Überführer** 'Fährmann'
W: *Fahrer*

Lit: Barth 1:1049; Grimm 23:200, 238; Grönhoff (1966) 8

Überführer ↗ Überfahrer

Übergeher 'Wachebeamter, der in seinem Bezirk zu Fuß unterwegs ist'; nach dem Muster von *Überreiter* gebildet, als die Beamten nicht mehr beritten waren; zu *übergehen* i. S. v. 'über etwas gehen, um es zu besichtigen, Acht darauf haben' ❖ mhd. *übergân, übergên* 'über, durch etwas gehen, durchschreiten'
W: °Bauübergeher, °Forstübergeher, °Holzübergeher, °Pflasterübergeher, Salzübergeher, °Waldübergeher, °Wegübergeher, °Weingartenübergeher
Syn: FLURSCHÜTZ

Lit: Adelung 4:754; Grimm 23:264; Höfer 3:250 (Überreiter); Krünitz 192:356

Überlasser 'Flößer oder Fährmann bei den Holzflößern, der das Holz von einem Gatter in ein anderes leitet'; auf der Elbe
W: *Lasser*

Lit: Grimm 23:367; Krünitz 192:415

Überreiter **Überreuter** 1. 'berittener Beamter, der den Warenverkehr an der Grenze und die Entrichtung der Zölle überwacht'. 2. '[berittener] Beamter, der auf den Straßen den Salztransport überwacht und Betrug beim Salztransport verhindert'. 3. 'berittener Beamter, bes. im Auftrag des Magistrats oder des Gerichts'. 4. 'berittener Forstaufseher' — zu *überreiten* i. S. v. 'zu Pferde besichtigen, die Aufsicht führen', bes. oberdt., *über* bedeutet hier 'landauf-landab' (nicht zu mhd. *überreiter* 'Verrechner, Rentamtmann')
FN: Überreiter, Übereuter, Ueberreiter, Uebereuter
W: Handgrafenamtsüberreiter, Mautüberreiter, Salzüberreiter, Tabaküberreiter
Syn: FORSTBEREITER, Mautaufseher, Mautbeschauer, Salzbereiter

Lit: Adelung 4:768; Grimm 23:470; Höfer 3:250; Idiotikon 6:1680; Krünitz 192:483; Linnartz 247; Riepl (2009) 414; Schraml (1932) 331, 347

Überreuter ↗ Überreiter

Überseher 1. 'Aufseher'. 2. 'Korrektor, der etwas zusätzlich durchsieht und korrigiert'

Lit: Barth 1:1049; Grimm 23:542; Krünitz 192:594 (übersehen)

Übersteher 'Aufseher'; zu *über etwas stehen*, im 16., 17. Jh.; z.B. Aufseher bei den Holzflößern über die Arbeiter, die Holz aus dem Wasser schaffen

Lit: Barth 1:1050; Grimm 23:575; Neweklovsky (1964) 546

Überzieher 'Salinenarbeiter in einem Pfannhaus, der das auskristallisierte Salz aus der Salzpfanne herauszieht'
W: *Zieher*

Lit: Patocka (1987) 216, 219

Uertengeselle ↗ Ürtengeselle

Uferförg ↗ Urfahrferge

Uffdinger ↗ Aufdinger

Uffstoszer ↗ Afstöter

Uhermecher ↗ Uhrmacher*

Uhrblätterstecher 'Handwerker, der Zifferblätter herstellt'; zu *Uhrblatt* 'Zifferblatt'
W: Stecher
Lit: Grimm 23:739 (Uhrblatt)

Uhrengehäusemacher ↗ Uhrgehäusemacher

Uhrenmacher ↗ Uhrmacher*

Uhrenrichter ↗ Uhrrichter

Uhrfedermacher 'Handwerker, der Uhrfedern herstellt'; spezialisierter Zulieferer für die Uhrmacher
Syn: Uhrmacher*
Lit: Krünitz 193:438; Reith (2008) 241

Uhrgehäusemacher Uhrengehäusemacher, Uhrgehäusmacher 'Handwerker, der Uhrgehäuse und Uhrkästen herstellt'
Syn: Uhrmacher*
Lit: Barth 1:1050; Grimm 23:741; Krünitz 193:445; Reith (2008) 241

Uhrgehäusmacher ↗ Uhrgehäusemacher

Uhrglockendreher ↗ Dreher

Uhrglockenmacher Uirecklockenmecher
1. 'Handwerker, der die kleinen Glocken für die Zeitangabe in Uhren herstellt'. 2. 'Handwerker, der die Glasstürze, die fein gearbeitete Stutzuhren schützen, herstellt'
Lit: Grimm 23:741; Reith (2008) 239

Uhrmacher* Uhermecher, Uhrenmacher, Urmecher, Uwermecher; lat. *horologiarius*
Die Bezeichnungen für den Uhrmacher sind entweder Komposita für die Art der Uhr (z.B. *Sanduhrmacher, Großuhrmacher*), die Bauweise (*Seiger*) oder Eindeutschung des lateinischen *horologium* (Orley-, Urleimacher), nur selten gehen sie auf deutsch *Uhr* zurück, wie in *Auer(macher)*. Der größere Teil der Bezeichnungen bezieht sich auf Turmuhren. In der Schweiz stellte der *Uhrenmacher* nur Taschenuhren her im Ggs. zum ↗ *Zeitmacher*. Urspr. zählte der Uhrmacher zu den Kleinschmieden
W: Großuhrmacher, Kleinuhrmacher, Sanduhrmacher, Sonnenuhrmacher
Syn: Auer, Auermacher, Orglockner, Orleymacher, Ormeister, Seigermacher, Seigerschmied, Uhrfedermacher, Uhrgehäusemacher, Urleimacher, Zeitmacher, Zitgloggener, Zitgloggenmacher
Lit: Adelung 4:790; Barth 1:1050; Idiotikon 4:55; Palla (2010); Pies (2005) 172; Reith (2008) 238; Stolberg (1979); Volckmann (1921) 128, 130; Wendel (1923) 50; Zedler 48:507

Uhrmeister 'Uhrmacher oder andere Person, die die Turmuhren wartet, repariert und einstellt'
W: Meister
Syn: Ormeister
Lit: Grimm 23:744

Uhrrichter Uhrenrichter 'Person, oft Beamter, der eine Uhr betreut und sie einstellt'; bes. eine Kirchen- oder Klosteruhr; zu *richten* i. S. v. 'einstellen, einrichten'
W: Richter
Lit: Barth 1:1051; Grimm 23:740, 745; Idiotikon 6:450

Uhrsteller 'Person, die die öffentlichen Uhren aufzieht und stellt'
Syn: Seigersteller
Lit: Barth 1:1051; Grimm 23:746

Uirecklockenmecher ↗ Uhrglockenmacher

Ulenbäcker Ulenbecker 'Töpfer'; westdt. ❖ zu mhd. *ûle* 'Topf', aus gleichbedeutend lat. *olla*; *backen* i. S. v. 'glühend heiß machen, brennen, z.B. Ziegel backen'
W: Bäcker*
Syn: Töpfer, Ulner
Vgl: Aulenbäcker
Lit: Barth 1:1051; Grimm 23:752 (Ule); Pies (2005) 168; Volckmann (1921) 181

Ulenbecker ↗ Ulenbäcker

Ulener ↗ Ulner

Ullner ↗ Ulner

Ulner Ulener, Ullner 'Töpfer'; westdt. ❖ mhd. *ûlner* 'Töpfer'
FN: Uhler, Uler, Ulner, Ullner, Ülner, Üllner, Uellner, Uhlmann, Uhlemann
Syn: Auler, Euler, Ohler, TÖPFER, Ulenbäcker

Lit: Barth 1:1051; DudenFN 680; Gottschald 176 (Euler); Grimm 23:754; Linnartz 247; Pies (2005) 168; Reith (2008) 230

Umbgelder ↗ Ungelder

Umbitter 'Person, die die Einladungen zu Hochzeiten oder Begräbnissen überbringt'; zu *reihum* gehen mit der Einladung; zu *bitten* i. S. v. 'bitten zu kommen, mitzufeiern'
Syn: HOCHZEITBITTER, LEICHENBITTER

Lit: Barth 1:1051; Grimm 23:821

Umensäger ↗ Umsäger

Umesäger ↗ Umsäger

Umgänger 1. 'Beamter oder beeidetes Gemeindemitglied, das Grundstücksgrenzen festsetzt und Grenzstreitigkeiten beilegt'. 2. 'Beauftragter des Magistrats, der Kontrollgänge durchführt'; schweiz.
W: Gänger
Syn: FELDSCHEIDER
Vgl: Umgeher

Lit: Adelung 4:803; Grimm 23:898; Idiotikon 2:358

Umgeher 1. 'Kontrolleur'. 2. 'Beamter, der die Aufsicht über die Schifffahrt führt'; an der Salzach; zu *umgehen* i. S. v. 'herumgehen'
Vgl: Umgänger

Lit: Adelung 4:804 (umgehen); Barth 1:1052; Grimm 23:918

Umgelder ↗ Ungelder

Umgeldgegenschreiber ↗ Ungeldgegenschreiber

Umgelter ↗ Ungelder

Umgeltherr ↗ Ungeldherr

Umsager ↗ Umsäger

Umsäger Umensäger, Umesäger, Umsager
1. 'öffentlicher Ausrufer, der mit einer Glocke im Dorf herumgeht und verschiedene Informationen verkündet'. 2. 'Person, die die Einladungen zu Hochzeiten oder Begräbnissen überbringt' — schweiz.; wörtlich *Herumsager*
Syn: HOCHZEITBITTER, LEICHENBITTER

Lit: Idiotikon 7:405; Riepl (2009) 415

Underkauffer ↗ Unterkäufler

Underkeufel ↗ Unterkäufler

Underkeufer ↗ Unterkäufler

Underkoufer ↗ Unterkäufler

Ungargerber ↗ Ungarischgerber

ungarischer Knopfmacher ↗ Knopfmacher

ungarischer Schneider ↗ Schneider

ungarischer Schuster ↗ Zischmenmacher

Ungarischgerber Ungargerber, Ungersgerwer ↗ 'Weißgerber, der beim Gerben nach ungarischer Art Alaun und Talg verwendet'
W: GERBER*
Syn: Alaungerber, Ungarischlederer

Lit: Krünitz 196:12 (ungarisches Leder); Volckmann (1921) 153

Ungarischlederer ↗ 'Ungarischgerber'
W: Lederer
Syn: GERBER*, Ungarischgerber

Ungelder Ohmgelder, Umbgelder, Umgelder, Umgelter, Ungelter 'Finanzbeamter, der das Ungeld einnimmt; Steuereinnehmer'; das *Ungeld* ist eine indirekte Steuer auf Lebensmittel, bes. auf Bier und Wein,

eine alte Form der Getränkesteuer. Die Vorsilbe *un-* bezeichnet urspr. das Gegenteil von *Geld* i. S. v. 'nicht verpflichtete Abgabe', die nicht zu den Pflichtleistungen eines abhängigen Bauern gehörte, wie Robot- oder Spanndienste. Die Form *Umgelt* hat lautliche Gründe und bezeichnet keinen Bedeutungsunterschied. Die Form *Ohm* ist eine Anlehnung an das Getränkemaß und Messgefäß *Ohm* im Rheinland, die insofern naheliegt, als in Weinbaugebieten die Getränkesteuer hauptsächlich eine Weinsteuer war ❖ mhd. *ungëlter* 'Einnehmer des Ungeldes', Ableitung von *ungëlt* 'Abgabe von Einfuhr und Verkauf der Lebensmittel-, Zehr-, Verbrauchsteuer, Accise' (die Verbrauchsteuer ist rein fiskalisch, es liegt ihr weder ein Vertrag noch eine Gegenleistung noch ein Vermögen zugrunde, daher wurde sie *ungelt* genannt, d. h. 'was man nicht schuldig ist, für dessen Zahlung es keinen Rechtsgrund gibt'). Vgl. auch das Verhältnis von *Schuld* und *Unschuld*
FN: Umgelter, Ungelter, Ungelder
W: °Stadtumgelder
Syn: STEUEREINNEHMER, Weinknecht

Lit: Adelung 4:857 (Ungeld); Barth 1:1053; DRW 10:293 (Ohmgelter); DudenFN 680, 681; Gottschald 501; Grimm 24:732; Idiotikon 2:244; Krünitz 194:314; Linnartz 248; Volckmann (1921) 44

Ungeldgegenschreiber Umgeldgegenschreiber 'Beamter, der die Einhebung der indirekten Steuern kontrolliert'; ↗ Ungelder
W: *Gegenschreiber*

Ungeldherr Umgeltherr 'Verwalter und Einnehmer des Ungeldes'; ↗ Ungelder
W: *Herr*

Lit: Barth 1:1053; Grimm 24:737; Idiotikon 2:244

Ungelter ↗ Ungelder

Ungersgerwer ↗ Ungarischgerber

Unschlittbeschauer Unschlittschauer 'Beamter, der das von den Fleischern gelieferte Unschlitt vor dem Weiterverkauf an Seifensieder oder Lichtzieher kontrolliert'; *Unschlitt* ist tierisches Fett, das zu gewerblichen Zwecken verwendet wurde ❖ zu mhd. *unslit* 'Unschlitt, Talg', verwandt mit *schlachten* (Schlachtabfall)
W: *Beschauer*

Lit: Barth 1:1054; Grimm 24:1337; Krünitz 199:238

Unschlittschauer ↗ Unschlittbeschauer

Unterenke 'bäuerlicher Landarbeiter, der in der Rangordnung der Dienstboten an unterster Stelle steht'; bes. ostmitteldt.
W: *Enke*
Syn: Kleinenke, Unterknecht

Lit: Adelung 4:906

Untergänger 1. 'Beamter oder beeidetes Gemeindemitglied, das Grundstücksgrenzen festsetzt und Grenzstreitigkeiten beilegt'. 2. 'Landvermesser' — zu *Untergang* in der Bedeutung 'Untersuchung, Prüfung' ❖ zu mhd. *underganc* 'Untergang; Begegnung, Umgang; Begehung und Festsetzung der Grenze; Schiedsgericht'
W: *Feldunterganger*
Syn: FELDSCHEIDER

Lit: Adelung 4:908; Barth 1:1055; Grimm 24:1562; Idiotikon 2:359; Krünitz 199:379

Unterkäufel ↗ Unterkäufler

Unterkäufer ↗ Unterkäufler

Unterkäufl ↗ Unterkäufler

Unterkäufler Underkauffer, Underkeufel, Underkeufer, Underkoufer, Unterkäufel, Unterkäufer, Unterkäufl, Unterverkäufer, Unterverkäufler 1. 'Zwischenhändler, Makler'. 2. 'Stellenvermittler'. 3. 'Unterhändler, Vermittler, Bote'
W: *Käufler*
Syn: MAKLER

Lit: Adelung 4:913; Barth 1:1052; Grimm 24:1633, 1635; Idiotikon 3:173; Krünitz 199:432; Volckmann (1921) 196

Unterknecht 'bäuerlicher Landarbeiter, der in der Rangordnung der Dienstboten an niedriger Stelle steht'

Syn: Kleinenke, Kleinknecht, Unterenke
Ggs: Oberknecht

Lit: Adelung 4:913; Barth 1:1055; Grimm 24:1639; Krünitz 199:442; OÖ. Hbl 2010, H. 1:26

Unterläufel Unterläufl 1. 'Unterhändler'. 2. 'Person, die in einem Geschäft als Aushilfskraft arbeitet'
W: Läufel

Lit: Grimm 24:1656

Unterläufer 1. 'Salinenarbeiter, der (stellvertretend für einen gewinnbeteiligten Arbeiter) die Sole in die Kote trägt'. 2. 'untergeordneter Läufer, der in einer Gruppe vor einer herrschaftlichen Equipage läuft'. 3. 'Bote, Gerichtsbote'. 4. 'niederer Forstbeamter, der seinen Bezirk zu Fuß kontrolliert' ❖ mhd. *underloufer* 'subambulus, Unterknecht'
W: *Läufer*

Lit: Adelung 4:915; Grimm 24:1660; Kehr (1964) 189; Krünitz 199:454

Unterläufl ↗ Unterläufel

Unterlehrer 1. 'nachrangiger Lehrer, der nur Elementarunterricht erteilt oder zweitrangige Fächer (Schreiben, Zeichnen, Gesang) unterrichtet'. 2. 'Lehrer der unteren drei Klassen der Primarschule'; in der Schweiz
W: LEHRER*
Vgl: Oberlehrer

Lit: Adelung 4:916; Grimm 24:1669; Idiotikon 3:1369; Krünitz 199:457

Untermeister 1. 'einem Obermeister unterstehender Meister; Vertreter des Leiters'. 2. 'Hilfslehrer'. 3. 'Wundarzt auf einem Kriegsschiff' ❖ mhd. *undermeister* 'wahrscheinlich der zweite Lehrer oder Hilfslehrer der Domschule'
W: Meister
Ggs: Obermeister

Lit: Adelung 4:917; Barth 1:1055; Grimm 24:1684; Krünitz 199:492

Untersaß ↗ Untersasse

Untersasse Untersaß 1. 'Person, die von einem Lehnsherrn Güter als Lehen übernommen hat und zu bestimmten Abgaben oder Diensten verpflichtet ist'. 2. 'Untertan' ❖ mhd. *undersâʒe, undersæʒe, undersëʒʒe* 'Untergebener, Untertan'; mnd. *undersate* 'Untersaße, Untertan'
Syn: HÖRIGER, Lehensmann

Lit: Barth 1:1056; Grimm 24:1743; Krünitz 199:622; Schiller-Lübben 4:33

Unterschenk Unterschenke 'der zweite, untergeordnete Mundschenk an einem herrschaftlichen Hof'
W: Schenk

Lit: Adelung 4:922; Grimm 24:1758; Krünitz 200:12

Unterschenke ↗ Unterschenk

Untersteiger 'einem Obersteiger untergeordneter ↗ Steiger, der meist für Holzkonstruktionen zuständig ist'
W: *Steiger*
Syn: Fahrbursche
Ggs: Obersteiger

Lit: Adelung 4:928; Barth 1:1056; Grimm 24:1833; Krünitz 200:67; Veith 516

Unterverkäufer ↗ Unterkäufler

Unterverkäufler ↗ Unterkäufler

Unterwasserseher ↗ Wasserseher

Unterwinder 'Unternehmer'; Ableitung von *unterwinden* 'sich einer Sache annehmen, sich mit etwas beschäftigen'
W: Winder

Lit: Grimm 24:1911; Idiotikon 16:575

Unzüchter 'Ratsherr, der über leichtere Vergehen urteilt; Polizeirichter'; im Ggs. zu den schweren Vergehen (Frevel, Malefiz). *Unzucht* war urspr. ein Verstoß gegen feine Lebensart, Anstand; die Einengung auf sexuelle Vergehen ist erst neuhochdeutsch. *Unzüchter* bedeutete aber auch 'Fervler, Verbrecher' ❖ zu mhd. *unzuht* 'Betragen gegen die *zuht*, Ungezogenheit, Rohheit'

Lit: Adelung 4:953; Grimm 24:2311; Krünitz 200:293

Upleger ↗ Aufleger

Upslager ↗ Aufschläger

Urbarer **Urbührer, Urburer, Urbürer** 'Bergwerksbeamter, der das *Urbar* einkassiert'; d.i. der abzuliefernde Anteil vom Bruttoertrag eines Bergwerks, der Bergzehent, die Bergwerksfrohne ❖ mhd. *urborer* 'Zinseinnehmer, Rentamtmann', ↗ Urbarmann

Lit: Adelung 4:958 (Urbar); Fellner 616; Grimm 24:2379; Krünitz 200:352; SteirWb 611; Veith 517

Urbarleute ↗ Urbarmann

Urbarmann **Urbarsmann, Urmann**; Plural: *Urbarleute* 'Bauer, der ein ertragbringendes und zinspflichtiges Gut bewirtschaftet'; von den vielen Komposita mit *Urbar* ist heute noch das historische Fachwort *Urbar* für ein Güter- und Einkünfteverzeichnis (auch *Urbarbuch, Urbarium*) üblich ❖ mhd. *urborliute* 'Zinspflichtige'; zu mhd. *urbor, urbar* 'zinstragendes Grundstück, Zins von einem solchen, Rente, Einkünfte'; aus mhd. *erbërn* 'geboren werden; hervorbringen, gebären'; mhd. *bërn* 'hervorbringen, Frucht oder Blüte tragen, gebären'
W: *Mann*

Lit: Adelung 4:958 (Urbar); Grimm 24:2376; Krünitz 200:353

Urbarrichter 'Richter über die zinspflichtigen Bauern (Urbarleute), Dorfrichter' ❖ ↗ Urbarmann, dazu mhd. *urborgerihte* 'Urbargericht'
W: *Richter*

Lit: Adelung 4:959 (Urbar); Barth 1:1058; Grimm 24:2376; Krünitz 200:370

Urbarschreiber **Urbührschreiber, Urburschreiber** 'Beamter im Bergbau, der die Einhebung des Bergzehents und die Aufteilung auf Werksteilhaber überwacht'
W: *Schreiber*

Lit: Veith 518

Urbarsmann ↗ Urbarmann

Urbührer ↗ Urbarer

Urbührschreiber ↗ Urbarschreiber

Urburer ↗ Urbarer

Urbürer ↗ Urbarer

Urburschreiber ↗ Urbarschreiber

Urfahrer **Urfarer** 'Fährmann, der gegen Gebühr Transporte über den Fluss übernimmt'; oberdt.; bes. im Bairischen noch in vielen Ortsnamen erhalten ❖ zu *Urfar* 'Landeplatz an beiden Flussseiten, Ufer'; mhd. *urvar* 'Stelle am Ufer, wo man an- oder überfährt, Landeplatz, Überfahrt, Fähre'
Syn: Fehring, Ferge

Lit: Adelung 4:960 (Urfahr); Barth 1:1058; Grimm 24:2408; Schmeller 1:737

Urfahrferg ↗ Urfahrferge

Urfahrferge **Uferförg, Urfahrferg** 'Fährmann' ❖ ↗ Urfahrer, ↗ Ferge
W: *Ferge*

Lit: Fellner 616 (Urfahr); Grimm 24:2408 (Urfahrer); Krünitz 202:143 (Urfahr); Neweklovsky (1964) 61, 135 (Urfahr), 346; Schmeller 1:737 (Urfarer)

Urfahrherr 'Besitzer eines Landungsplatzes für eine Fähre und der Überfahrtsrechte mit Recht auf Überfahrtsgebühren'
W: *Herr*

Lit: Adelung 4:960 (Urfahr); Grimm 24:2408; Krünitz 202:143

Urfarer ↗ Urfahrer

Urgeler ↗ Orgler

Urinwäscher 'Wäscher, der Urin als Waschmittel verwendet'; in der römischen Antike
W: *Wäscher*
Syn: Fullone

Lit: Vieser/Schautz (2010) 63

Urleimacher **Urleinmacher** 'Uhrmacher' ❖ zu mhd. *ûrlei* 'Uhrwerk, Uhr' aus lat. *horologium*
Syn: UHRMACHER*

Lit: Pies (2005) 172; Reith (2008) 239

Urleinmacher ↗ Urleimacher

Urmann ↗ Urbarmann

Urmecher ↗ UHRMACHER*

Urteiler Urtheiler 'Jurist, der ein Urteil spricht und abfasst'; das konnte ein Richter, Beisitzer, Urteilsverfasser sein; bes. in den niederen Gerichten ❖ mhd. *urteilære, urteiler* 'Urteiler, Richter'
Syn: *Richter*
Lit: Adelung 4:971; Barth 1:1060; Grimm 24:2590; Krünitz 202:449

Urtelweib Urthelweib 'Moritatensängerin, die am Tag der öffentlichen Hinrichtung das Ereignis verkündet und medial ausschlachtet'; auch Unglücksfälle, Feuer- und Überschwemmungskatastrophen, Verbrechen wurden von ihr auf schnell gedruckten Blättern vermarktet ❖ mhd. *urteil, urteile, urtel* 'Urteil'; *Urtel* ist eine zusammengezogene Form von *Urteil*
W: *Weib*
Lit: Hartmann (1998) 192; Krünitz 202:369 (Urtel); OÖ. Hbl 2001, H. 3:129

Urtengeselle ↗ Ürtengeselle

Ürtengeselle Ertengeselle, Erthgesell, Erthgesell, Irtengesell, Irtengeselle, Ortengesell, Ortengeselle, Örtergeselle, Ortgeselle, Uertengeselle, Urtengeselle 'Geselle, der in der Herberge die neu angekommenen Handwerksgesellen bei der Unterkunft und Arbeitsbeschaffung unterstützt' ❖ zu mhd. *ürte, urte, irte* 'Wirtshausrechnung, Zeche; Gesellschaft, Gemeinde'
W: *Geselle*
Syn: Altgeselle
Lit: DRW 10:416; Grimm 10:2181; Grimm 24:2562 (Ürte); Idiotikon 7:723; Krünitz 30:809; Schmeller 1:152

Urtenmeister ↗ Ürtenmeister

Ürtenmeister Irtenmeister, Urtenmeister 1. 'Handwerker, der die neu angekommenen Gesellen begrüßt und einführt'. 2. 'Angestellter einer Zunft, der für die Unterkunft der Gesellen zuständig ist und die Kasse verwaltet' ❖ mhd. *ürtenmeister* 'Zechmeister einer Zunft'; ↗ Ürtengeselle
W: *Meister*
Syn: Zechmeister
Lit: Grimm 10:2181; Grimm 24:2562; Idiotikon 4:515; Krünitz 30:809

Urtheiler ↗ Urteiler

Urthelweib ↗ Urtelweib

Ürtivogt 'Angestellter einer Allmendgenossenschaft, der den Wald und das Vieh bewacht'; schweiz.; zu *Ürte* 'Anteil, Beitrag einzelner Mitglieder; Rechnung; Gesellschaft im Wirtshaus; Allmendgenossenschaft' ❖ mhd. *ürte, urte, irte* 'Wirtshausrechnung, Zeche; Gesellschaft, Gemeinde'
W: *Vogt*
Lit: Idiotikon 1:488 (Ürte), 705; Idiotikon 10:1554 (Ürtivorsteher)

Urwäller ↗ Urweller

Urweller Urwäller 'Hammerschmied, ↗ Herdschmied, der dem Meister assistiert'; Ableitung zu *urwellen* 'schlagen, schmieden; ausschmieden dicker Eisenstücke zu Blech' ❖ zu mhd. *erwëllen* 'aufrollen, aufwogen'; die urspr. Form des Präfixes *ur-*, das zu *er-* geworden ist, ist in der Berufsbezeichnung als Rest erhalten
Syn: HAMMERSCHMIED
Lit: Adelung 4:972 (urwellen); Grimm 24:2606; Krünitz 202:494

Utrider ↗ Ausreiter

Uwermecher ↗ UHRMACHER*

Uzbäcker Uzbecker 'Bäcker aus dem Umland der Stadt, der die Ware nicht vom festen Stand, sondern nur vom Karren aus verkaufen darf'; vgl. mnd. *ûtsellen* 'im Kleinen verkaufen'
W: BÄCKER*
Lit: Schiller-Lübben 5:171

Uzbecker ↗ Uzbäcker

V

Vagdt ↗ *Vogt*

Vagett ↗ *Vogt*

Vartknecht ↗ Fahrtknecht

Vartmeister ↗ Fahrtmeister

Vartmester ↗ Fahrtmeister

Varver ↗ *Färber**

Vasall Vavasser; lat. *vasallus* **1.** 'Freier, der sich unter den Schutz eines Herrn gestellt hat, daher zum Gefolge gehört und mit einem Lehen versorgt wird'; im Mittelalter. **2.** 'Besitzer eines adeligen Gutes'; in Ostpreußen bis ins 19. Jh. ❖ altfranz. *vasall* 'Lehensmann', aus mlat. *vasallus* 'Mann im Dienstgefolge', Ableitung von galloromanisch *vassus* 'Mann'.

Lit: Adelung 4:976; Barth 1:1062; Diefenbach 607; Frühmittellat. RWb; Gamillscheg 2:884; Grimm 25:10; Krünitz 203:243

Vasser ↗ Fasser

Vastbeker ↗ Fastbäcker

Vater Vatter 'Leiter oder Betreiber einer Herberge, eines Waisenhauses oder Krankenhauses; Betreuer der ihm Anvertrauten'
W: Armenvater, Bienenvater, Blattervater, Brechvater, Eisenvater, Gottesvater, Herbergsvater, Kirchenvater, Krankenvater, Krugvater, Seelvater, Tollvater, Turmvater, Waisenvater, Zuchthausvater, Zuchtvater

Lit: Barth 1:1062; Grimm 25:13; Krünitz 203:253

Vathouwer ↗ Fasshauer

Vatter ↗ Vater

Vavasser ↗ Vasall

Vechgewerber ↗ Viehgewerber

Veddeler ↗ Fiedler

Veder ↗ Fiedler

Velbereider ↗ Fellwerkbereiter

Veldmezger ↗ Feldmetzger

Veldwaibl ↗ Feldweibel

Velehauer ↗ Feilenhauer

Velkener ↗ Falkner

Veltscheerer ↗ Feldscherer

Veltweywel ↗ Feldweibel

Vemer ↗ Femer

Vendeter Venter, Ventler 'Händler, der vorwiegend fertige Kleider sowie Altwaren verkauft'; im 18. Jh., von den Niederländern übernommen; *Vendeter* standen in Konkurrenz zu den *Schneidern*; zu *Vendet* 'Trödelmarkt' ❖ niederl. *venter* 'Hausierer', zu niederl. *venten* 'hausieren', aus lat. *vendere* 'verkaufen'.
W: °Marktvendeter, °Marqventer
Syn: KRÄMER, Tagneter

Lit: Linnartz 249; Volckmann (1921) 217

Venter ↗ Vendeter

Ventler ↗ Vendeter

Verber ↗ *Färber**

Verboter Verbotter 'Bote, der den Bürgern die Vorladung zu Sitzungen überbringt'; Ableitung von *verboten* 'durch Boten Mitteilung machen', *Bote*; *Verbotung* 'Berufung zur Versammlung' ❖ zu mhd. *verboten* 'einem durch mündliche Botschaft etwas zu wissen tun; durch Boten rufen lassen'

Lit: Grimm 25:152 (verboten)

Verbotter ↗ Verboter

Vercher ↗ Ferge

Verdämmer 'Bergmann, der bei der Herstellung eines Dammes beschäftigt ist'; zur Abwehr gegen Wassereinbrüche im Salzbergwerk wurden künstliche Dämme errichtet, die entweder aus Holzwänden, Mauern aus Mörtel oder aus einer Lehmwand (Lettenverdämmung) bestand

Syn: Lettenschläger

Lit: Fellner 619; Schraml (1934) 160 (u.a.); Treffer (1981) 218

Verganter 'Auktionator, Versteigerer' ❖ ↗ Ganter

Syn: Ausmiener, Ganter, Gantmeister

Lit: Grimm 25:376; Idiotikon 2:380

Verge ↗ Ferge

Verheiler Verheyler 'Schweinekastrierer' ❖ mhd. *verheilen* 'heilen'

Syn: KASTRIERER

Lit: Adelung 4:1062 (verheilen); Barth 1:1065; Krünitz 22:763; PfälzWb 2:1177

Verheyler ↗ Verheiler

Verleger Salzverlägerer 1. 'Großhändler, der Produkte, die er in Heimarbeit gegen Stücklohn produzieren lässt, weiter vertreibt'; der *Verleger* lieferte das Rohmaterial und die nötigen Arbeitsmittel, zahlte Vorschüsse und nahm die Ware zu einem Fixpreis ab. Vielfach ging das Handwerk in die Heimarbeit für einen Verleger und schließlich in die industrielle Fertigung über, z.B. die Weberei. Heute nur noch in einzelnen Branchen, z.B. Tabakvertrieb, im wesentlichen aber eingeschränkt auf das Buchwesen. 2. 'im Bergbau der Bevollmächtigte eines nicht am Ort des Bergwerks wohnenden Bergwerksbesitzers oder -teilhabers' ❖ mhd. *verleger* 'Unternehmer'

W: °Glasverleger, Salzverleger, °Strumpfverleger, °Tabakverleger

Lit: Adelung 4:1081; Barth 1:1013 (Tabakverleger), 1066; Grimm 25:762; Jahn/Hartung (1991) (Strumpfverleger); Krünitz 210:246; Pies (2005) 106; Reith (2008) 228; Veith 526

Verlehensmann 'Bauer, der den Hof übergeben und sich aufs Altenteil zurückgezogen hat'; zu *Verlehen*, 'ein kleines Haus mit Wiese für eigene Tierhaltung, das die Altbauern als Lehen von den Eigentümern erhielten' ❖ zu mhd. *verlêhenen, verlênen* 'als Lehen hingeben, verleihen'

W: *Mann*

Syn: ALTBAUER

Lit: Barth 1:1066; Grimm 25:764 (verlehen)

Verler ↗ Farcher

Vermesser 'Bergarbeiter, der das Grubenfeld vermisst und den Grubenplan erstellt; Markscheider'; heute in der Bedeutung 'Land-, Feldvermesser' gebäuchlich ❖ zu mhd. *vermëʒʒen* 'ausmessen, abmessen'

Syn: Schiener

Lit: Barth 1:1067; Veith 531 (vermessen)

Verschläger 'in Salzbergwerken Beamter, der die Sole untersucht'; *verschlagen* i. S. v. 'überschlagen, eine Kostenberechnung machen'

Syn: Probierer

Lit: Adelung 4:1121; Grimm 25:1092; Krünitz 215:456

Verschleißer 'Kaufmann im Kleinhandel'; heute noch österr. in der Amtssprache üb-

lich, bes. für Produkte des (früheren) Staatsmonopols, wie Salz und Tabak ❖ zu mhd. *verslîȝen* 'sich abnutzen, verderben, zugrunde gehen; verbrauchen, verzehren'
W: °Milchverschleißer, Salzverschleißer, °Tabakverschleißer

Lit: Adelung 4:1121; Barth 1:1013, 1068; Ebner (2009) 369, 401; Grimm 25:1098; Megerle (1824) 2:87, 241

Verseher 1. 'Verwalter'. **2.** 'Verweser, der ein Amt als Stellvertreter ausübt' ❖ mhd. *versëher* 'Stellvertreter'
W: Marktverseher
Syn: PFLEGER

Lit: Barth 1:1068; Grimm 25:1258; Idiotikon 7:576

Versilberer 1. 'Handwerker, der Gegenstände mit Silber überzieht'. **2.** 'Händler, Verkäufer'; *versilbern* bedeutet wörtlich *zu Silber (Geld) machen* ❖ mhd. *versilbern* 'den Wein verkaufen'
W: Bierversilberer, °Holzversilberer, Salzversilberer, °Schmalzversilberer, °Ziegelversilberer, °Zillenversilberer

Lit: Adelung 4:1140; Barth 1:1069; DRW 5:1527 (Bierversilberer); Grimm 25:1324; Krünitz 217:70; Wiener Berufe (Schmalzversilberer)

Versorger 1. 'Verwalter'; bes. der Kirchengüter; zu *versorgen*, heute in der Bedeutung 'für jmds. Unterhalt sorgen' üblich. **2.** 'im Bergbau Angestellter der ↗ Eigenlehner, der die Angelegenheiten des Schichtmeisters besorgt'. **3.** 'Verantwortlicher für Haus und Küche eines herrschaftlichen Haushalts' ❖ mhd. *versorger* 'curator, provisor'
Syn: PFLEGER

Lit: Adelung 4:1142; Grimm 25:1362; Idiotikon 7:1312; Krünitz 217:205

Versprechherr ↗ Verspruchsherr

Verspruchsherr Versprechherr 'Anwalt, Fürsprecher vor Gericht' ❖ zu mhd. *verspruch* 'Fürsprache, Verteidigung, Schutz'
W: Herr

Lit: Grimm 25:1501; Schmeller 2:700

Versucher 1. 'Person, die etwas püft, kostet'. **2.** 'amtlicher Münzprüfer'
Syn: Münzwardein

Lit: Grimm 25:1839; Idiotikon 7:226; Krünitz 217:509

Verwahrer 1. 'Gerichtsbeamter, der die gerichtlich aufbewahrten Gelder, Urkunden, Wertgegenstände verwaltet'. **2.** 'Verwalter'; z.B. der Naturaliensammlung oder der fürstlichen Kleiderkammer; meist in Zusammensetzungen
W: °Kleiderverwahrer, Siegelverwahrer

Lit: Adelung 4:1169; Grimm 25:2083; Krünitz 218:557

Verwandter 'Mitglied, Angehöriger oder Beisitzer einer Institution oder Verwaltungsbehörde'; nur als Grundwort in Zusammensetzungen ❖ zu mhd. *verwenden* 'sich hinwenden, miteinander verkehren', mhd. *verwant* 'in Beziehung, in Verbindung stehend', Partizip zu *verwenden* '(um)wenden, verwandeln', das im 15. Jh. als selbstständiges Wort neben der heutigen verschiedene andere Bedeutungen aufweist; hier in der Grundbedeutung 'zugewandt'; erst seit dem 16. Jh. eingeschränkt auf die Familienzugehörigkeit
W: Brauverwandter, Gerichtsverwandter, Kammerverwandter, Kanzleiverwandter, Niederlagsverwandter, Ratsverwandter, Renteiverwandter, Schreibereiverwandter

Lit: Adelung 4:1171; Barth 1:1070; Grimm 25:2121; Paul 990

Verwer ↗ *Färber**

Verweser lat. *provisor, vicarius* **1.** 'Stellvertreter; Regierender und Richter in Vertretung eines Herrschers'. **2.** 'öffentlicher oder herrschaftlicher Verwaltungsbeamter'. **3.** 'Geschäftsführer, Betriebsleiter'; bes. einer Saline
W: Amtsverweser, Gefällverweser, Gerichtsverweser, °Landesverweser, Mitverweser, °Reichsverweser, Salzverweser
Syn: Provisor

Lit: Ast/Katzer (1970) 149; Barth 1:1071; Diefenbach 468, 617; Frühmittellat. RWb; Gruber/Ludwig (1982) 124; Patocka (1987) 14, 34, 81, 82; Rieder (2006) 1:31; Schraml (1932) 51, 174, 201; Starke (1991)

Verzierer 1. 'Bildhauer, der verzierende Bauteile anfertigt, z. B. Kapitelle'. 2. 'Dekorateur von barocken Festen (mit Triumphbögen, Umzügen usw.)'

Lit: Adelung 4:1189 (verzieren); Grimm 25:2622

Verzinner 'Handwerker, der Bleche mit Zinn überzieht' ❖ zu mhd. *verzinen* 'verzinnen'
W: Zinner

Lit: Adelung 4:1189 (verzinnen); Grimm 25:2633; Krünitz 219:584; Zedler 48:229

Vetingmacher Vetingmaker, Vetinkmacher 'Hersteller eines kleinen verdeckten Wagens für zwei Personen' ❖ mnd. *vetinge, vetink* 'Bahre, [Jagd]wagen für zwei Personen'
Syn: WAGNER

Lit: Schiller-Lübben 5:249

Vetingmaker ↗ Vetingmacher

Vetinkmacher ↗ Vetingmacher

Vetkoper Fettkäufer 'Händler mit fettem Vieh'; niederdt., wörtlich „Fettkäufer"; bes. in Friesland; auch als Bezeichnung für eine Partei ❖ zu mnd. *vet* 'fett', mnd. *kopere* 'Käufer'
W: Koper

Lit: Heimatkundlicher Arbeitskreis; Schiller-Lübben 2:528; Schiller-Lübben 5:249

Vezzelsneider ↗ Fesselschneider

Vice ↗ Vize

Vichhandler Vichhändler, Viechhandler 'Viehhändler'; nach der dialektalen oberdt. Form ❖ zu mhd. *vihe, viech, vech* 'Vieh, Tier'
Lit: Barth 1:1074

Vichhändler ↗ Vichhandler

Vichmeister ↗ Viehmeister

Victualienhändler ↗ Viktualienhändler

Viechhandler ↗ Vichhandler

Viehgewerber Vechgewerber 'Viehhändler'; *Vech, Vich* ist die schweiz. Dialektform zu *Vieh* ❖ zu mhd. *viech, vech* 'Vieh'
W: Gewerber

Lit: Grimm 26:74 (Viehgewerbe); Idiotikon 16:1140

Viehmeister Vichmeister; lat. *armentarius, pecorarius* 1. 'auf großen Gütern Verantwortlicher für das Vieh und die Viehhirten'. 2. 'Viehhirt'
W: Meister

Lit: Barth 1:1074; Diefenbach 49, 418; Grimm 26:26; Idiotikon 4:515

Viehmuhme 'Frau, die auf einem Gutshof die Aufsicht über das Vieh und die Mägde hat' ❖ zu mhd. *muome* 'Schwester der Mutter', später allgemein auf 'Tante' ausgedehnt und dann auf eine ältere Person, die Betreuungsaufgaben übernimmt
W: Muhme
Syn: Viehmutter

Lit: Adelung 4:1196; Barth 1:1074; Grimm 26:92; Krünitz 220:470

Viehmutter '[höhergestellte] Aufseherin über das Vieh in einem größeren Betrieb'
W: *Mutter*
Syn: Viehmuhme

Lit: Barth 1:1074; Grimm 26:93

Viehschneider 'Viehkastrierer, der Hengste, Stiere usw. kastriert'
W: SCHNEIDER
Syn: KASTRIERER

Lit: Krünitz 220:474

Viehschreiber 'Beamter, der auf dem Viehmarkt Protokoll über den Handelsverlauf führt und eventuell auch die Kaufsumme kassiert'
W: *Schreiber*

Lit: Grimm 26:95; Krünitz 220:475

Viehtreiber 1. 'Viehhändler, der das Vieh von Ort zu Ort treibt und dabei Vieh ver- oder einkauft'. 2. 'Viehhirt, der das Vieh auf die Weide teibt'; er hatte die Berechtigung, die

Wege und die Weide zu benutzen ❖ mhd. *vihetrîber* 'Viehtreiber'
W: Treiber

Lit: Barth 1:1074; Grimm 26:99; Krünitz 223:42; Zedler 48:1063

Vierdrahtmacher ↗ Vierdrahtweber

Vierdrahtweber Vierdrahtmacher, Viererweber 'Weber, der Vierdraht herstellt'; d. i. ein Wollstoff, der aus vierdrähtigem Garn gewebt wird
Syn: WEBER

Lit: Grimm 26:282 (Vierdraht); Krünitz 224:303; Pies (2005) 179

Vierer Fiehrer 1. 'Mitglied eines Gemeindevorstandes'. 2. 'Soldat in einem niedrigen militärischen Rang' — urspr. nach einem Ausschuss mit vier Mitgliedern, später auch an das dialektal gleichlautende Wort *Führer* angelehnt
W: Dorfvierer

Lit: Grimm 26:290

Viererweber ↗ Vierdrahtweber

Vierhüfner 'Großbauer, der vier Hufen besitzt'; ↗ Hüfner
W: *Hüfner*
Syn: VOLLBAUER

Lit: Barth 1:1075

VIERTELBAUER Viertelsbauer 'Kleinbauer, der nur eine Viertelhufe besitzt'; d.s. in Österreich 12–16 Joch
W: *BAUER*
Syn: *BAUER*, Dreiviertelbauer, Dreiviertelspänner, Eigenlehner, Viertelhüfner, Viertelhüttler, Viertellehner, Viertelspänner

Lit: Barth 1:1075; Grimm 26:326; Heinsius 4:603; Krünitz 224:401; OÖ. Hbl 1948, H. 4:301; WBÖ 2:584

Viertelhufner ↗ Viertelhüfner

Viertelhüfner Viertelhufner, Viertelshüfner 'Kleinbauer, der nur eine Viertelhufe besitzt'; ↗ Hüfner
W: *Hüfner*
Syn: VIERTELBAUER

Lit: Adelung 4:1210 (Viertelsbauer); Barth 1:1076; Grimm 26:328; Heinsius 4:603; Krünitz 224:401

Viertelhüttler 'Kleinbauer, der nur Wiesen (keine Zugtiere) hat'; ostösterr.
W: Hüttler
Syn: VIERTELBAUER

Lit: Popowitsch (1780) 209; Schweickhardt (1834) 256

Viertellehner Viertellöhner 'abhängiger Bauer, der ein Viertel Lehen besitzt und die Robot nur durch manuelle Arbeit verrichten kann'; bes. österr.
W: *Lehner*
Syn: VIERTELBAUER

Lit: Adelung 4:1210 (Viertellöhner); Barth 1:1076; Grimm 26:330; Heinsius 4:603

Viertellöhner ↗ Viertellehner

Viertelmeister Viertelsmeister 'Bürger, der in einem Stadtviertel Polizeiaufgaben innehat und bes. die Feuersicherung und Straßenreinigung überprüft'
W: *Meister*
Syn: Dreckmeister, Gassenvogt, Horbmeister

Lit: Adelung 4:1211; Barth 1:1076; Zedler 48:1166

Viertelsbauer ↗ VIERTELBAUER

Viertelshüfner ↗ Viertelhüfner

Viertelsmeister ↗ Viertelmeister

Viertelspänner Viertelsspänner, Virtelspänner 'Kleinbauer, der eine Viertelhufe besitzt'
W: *Spänner*
Syn: VIERTELBAUER

Lit: Krünitz 224:422

Viertelsspänner ↗ Viertelspänner

Viktualienhändler Victualienhändler, Vitalienhändler 'Inhaber eines Lebensmittelgeschäftes für den täglichen Bedarf'; veraltet noch gebräuchlich; die Form *Vitalien-* ist niederdt. ❖ spätlat. *victualia* 'Lebensmittel', aus *victualis* 'zum Lebensunterhalt gehörend', über lat. *victus* 'Lebensunterhalt' zu *vivere* 'leben'; mnd. *vitalie, vittalie, vetalie* 'Victualien, Lebensmittel'

Lit: Adelung 4:11940 (Victualien); Barth 1:1073; DudenGWDS; Grimm 26:359; Krünitz 220:259; Schiller-Lübben 5:262

Vilter ↗ Filter

Viltere ↗ Filter

Virtelspänner ↗ Viertelspänner

Vischer ↗ Fischer*

Vischweker ↗ Fischweicher

VISIERER 1. 'vereidigte Person, die Waren vor dem Verkauf kontrolliert, bes. Lebensmittel, Tuch'. 2. 'Beamter des Eichamts, der Fässer eicht; Eichmeister' ❖ mhd. *visierer* 'Eicher, Eichmeister'; zu franz. *viser* 'aufmerksam beobachten', aus lat. *visum* 'das Gesehene'
W: Weinvisierer
Syn: *Beschauer*, Beseher, Bierstecher, Bracker, Geschaumeister, Heringsbracker, Kieser, Kurer, Prüfeherr, Royer, Schatter, Schattmann, Schätzer, Schätzherr, Schätzmann, SCHAUER, Schaumann, Schaumeister, Schmierer, Siegelmeister, Sinner, Stempelmeister, Visitator, Wardein, Weinemmerer, Weinkieser, Weinmesser, Weinstecher, Wracker

Lit: Adelung 4:1215; Barth 1:1078; Grimm 26:378; Krünitz 226:68; Palla (1994) 345; Volckmann (1921) 302

Visierschneider 'Handwerker, der Sturmhauben herstellt'; österr.; zu *Visier* 'beweglicher, das Gesicht bedeckender, mit Sehschlitzen versehener Teil des Helms', später übertragen auf verschiedene Kopfbedeckungen ❖ mhd. *visiere, visier* aus ital. *visiera*, franz. *visière*
W: SCHNEIDER
Syn: HAUBENSCHMIED

Lit: Adelung 4:1214 (Visier); Grimm 26:375; Gruenbaum (1946); Schmeller 1:849; SteirWb 237

Visitator Visitierer; lat. *visitator* 1. 'Beamter, der Güter kontrolliert'. 2. 'Beamter, der die Aufgabe hat, Maße und Gewichte der Kaufleute sowie die städtischen Waagen zu kontrollieren'. 3. 'Zoll-, Steuerkontrolleur' — heute noch für einen kirchlich Beauftragten, der kirchliche Einrichtungen überprüft ❖ spätlat. *visitator* 'Besucher', zu lat. *visitare* 'besuchen, besichtigen, kontrollieren'; als Lehnwort mhd. *visitieren, visitierer*
Syn: EICHMEISTER, VISIERER

Lit: Adelung 4:1216; Barth 1:1078; Diefenbach 623; DudenFW 1417; Frühmittellat. RWb; Grimm 26:382 (visitieren); Krünitz 226:72

Visitierer ↗ Visitator

Vitalienhändler ↗ Viktualienhändler

Vitriolmeister 'im Bergbau Betriebsleiter einer Vitriolsiederei (Anlage zur Vitriolherstellung, Vitriolwerk)'; auch in der Verbindung *Schwefel- und Vitriolmeister*
W: Meister

Lit: Bergmännisches Wb 580

Vitriolsiedeknecht 'Arbeiter in der Vitriolherstellung (Vitriolsiederei)'
W: KNECHT

Lit: Bergmännisches Wb 580

Vitriolsieder 'Handwerker, der aus Erzen Vitriol herstellt'
W: Sieder

Lit: Adelung 4:1217; Bergmännisches Wb 580 (Vitriolsieden)

Vitzthum ↗ Viztum

Vitztum ↗ Viztum

Vivandierer 'Kleinhändler, der den Soldaten bei einer Armee oder im Lager Lebensmittel oder Getränke verkauft oder sie verköstigt' ❖ franz. *vivandier* 'Marketender', Ableitung von *viande* 'Lebensmittel'
Syn: Marketender

Lit: Barth 1:1079; Gamillscheg 2:899; Grimm 26:384; Schmeller 1:852; Volckmann (1921) 33, 220

Vizdum ↗ Viztum

Vize Vice 1. 'Stellvertreter des Hausknechts [in einem Gasthof]'. 2. 'Gehilfe eines Handwerkers, z.B. des Zuckerbäckers'. 3. 'verantwortlicher Vorarbeiter im Hafen'; oft in Zusammensetzungen, z.B. *Lukenvize, Stauervize*. 4. 'Stellvertreter des ↗ Quartiersmanns'; im Hamburger Hafen – heute noch gebräuchlich als Kurzwort für Zusammensetzungen, wie Vizekanzler, Vizepräsident ❖ aus spätlat. *vice* 'an Stelle von', zu lat. *vicis* 'Wechsel, Stellvertretung'

Lit: Altstaedt (2011) 21; Barth 1:1079; Grimm 26:385; Kluge 961; Schmeller 1:852; SteirWb 237

Vizedom ↗ Viztum

Vizedomer ↗ Viztum

Viztum Vitzthum, Vitztum, Vizdum, Vizedom, Vizedomer; lat. *vicedomus* 1. 'Stellvertreter eines geistlichen oder weltlichen Fürsten'. 2. 'Vorsteher der Rechnungsbehörde, Vermögensverwalter geistlicher oder weltlicher Herrschaften' ❖ mhd. *viztuom* 'Statthalter, Verwalter', aus lat. *vicedominus* 'Lehensherr, Statthalter, Stellvertreter eines Fürsten', aus lat. *vice* 'an Stelle von' und *dominus* 'Herr'
FN: Vitzthum, Vitztum, Vicedom, Vizdum, Vizidum, Vizedum, Fitzthum, Witztum
Syn: RENTMEISTER, Statthalter

Lit: Barth 1:1079; Diefenbach 617; DudenFN 688; DudenGWDS; Gottschald 507, 535; Grimm 26:387; Linnartz 251; Schmeller 1:852; Schraml (1932) 60; SteirWb 237

Vlaschendreyger ↗ Flaschendreier

Vlechtemaker ↗ Flechtenmacher

Vleshower ↗ Fleischhauer

Voetknecht ↗ Fußknecht

Vogeler ↗ Vogler

Vogelhändler lat. *aviarius* 'Händler, der als Hausierer oder auf dem Vogelmarkt Vögel verkauft'; typisch für ihn war der Tragkorb oder Käfig auf dem Rücken
Syn: Vogeltrager

Lit: Barth 1:1080; Grimm 26:411; Haid (1986) 183

Vogelsteller 'Vogelfänger'; kommt im veralteten Sprachgebrauch noch vor ❖ zu mhd. *vogelstellen, vogelgestelle* 'Vogelfang'
FN: Vogelsteller
Syn: Finkler, Reizler, Vogler
Vgl: Entensteller

Lit: Adelung 4:1221; Barth 1:1080; Palla (2010) 235

Vogeltrager Vogelträger ↗ 'Vogelhändler'; schweiz.
W: *Träger*
Syn: Vogelhändler

Lit: Idiotikon 14:573

Vogelträger ↗ Vogeltrager

Vogler Vogeler, Vögler; lat. *auceps* 1. 'Vogelfänger'; gefangen wurden Sing- und Speisevögel mit leimbestrichenen Reisigbündeln, Käfigen mit Lockvögeln, Netzen usw. 2. 'Geflügelhändler' ❖ mhd. *vogelære, vogeler* 'Vogelfänger'
FN: Vogler, Vogeler, Vögler, Vögeler, Vöckler, Fogler, Föckeler, Fögeler, Fögler, Vagel
Syn: Finkler, Kapäunler, Reizler, Vogelsteller

Lit: Adelung 4:1222; Barth 1:1080; DudenFN 689; Gottschald 508; Grimm 26:435; Linnartz 251; Palla (1994) 428; Palla (2010) 235; Volckmann (1921) 14, 212

Vögler ↗ Vogler

Vogt Vagdt, Vagett, Voigt; lat. *advocatus, praefectus, prefectus* 1. 'Schirmherr, Schutzherr bei Kirchen und Klöstern'; in der karolingischen Zeit, aus der römischen Rechtssprache. 2. 'Verwalter der königlichen Besitzungen und Heerführer [in den Grenzmarken]'; ab dem 11. Jh.; sie hatten auch die Gerichtsbarkeit inne. 3. 'Vormund, Sachwalter'. 4. 'Statthalter einer Provinz'. 5. 'Beamter, der die Aufsicht über etwas führt, z.B. ein Schloss, eine Burg, eine Brü-

cke'. 6. 'Arbeiter in einem landwirtschaftlichen Betrieb, der die Aufsicht über einen Teilbereich führt, z.B. *Ackervogt, Scheunenvogt*, oder die Aufsicht über die Fröhner innehat' ❖ mhd. *voget, vogt, voit, vout* 'Schirmherr, Beschützer; Landesherr; Statthalter, beaufsichtigender Beamter; höherer weltlicher Richter'
FN: Vogt, Voget, Voogt, Vogth, Vogd, Voigt, Voit, Voith, Voight, Vögt, Voegt, Vöckt, Vaget, Vagt, Vagd, Vaagt, Vagedes, Vagts, Vait, Vaigt, Vaid, Vath, Väth, Vegt, Vaut, Vaugth, Vaut, Fogt, Fögt, Foit, Foith, Faget, Faut, Fauth, Faudt
W: Ackervogt, Akzisevogt, Allmendsvogt, Alpvogt, Amtsvogt, Armenvogt, Ausvogt, Bannvogt, Bannwaldvogt, °Bauernvogt, °Bauervogt, Bauvogt, Bergvogt, BETTELVOGT, Blutvogt, Bruchvogt, Brückenvogt, Brunnenvogt, Burgvogt, Deichvogt, Dingvogt, Domvogt, Dorfvogt, Dreckvogt, °Erbvogt, Feldvogt, Fischvogt, Fronvogt, Gassenvogt, Gerichtsvogt, Hardesvogt, Hasenvogt, Hausvogt, Hofvogt, Holzvogt, Hühnervogt, Hundsvogt, Hüttenvogt, Kaspelvogt, Kastenvogt, Kettenvogt, Kirchenvogt, Kirchspielvogt, Klostervogt, Kohlenvogt, Ladevogt, Landvogt, Lehensvogt, Leibvogt, Marktvogt, Moorvogt, Mühlenvogt, Nachvogt, Pflegvogt, Prachervogt, Raitvogt, Scheunenvogt, Schlachtvogt, Schließvogt, Schlossvogt, Schuldvogt, Schulvogt, Seevogt, Spendvogt, Spittelvogt, Stadtvogt, Stoppelvogt, Strandvogt, Taubenvogt, Torfvogt, Turniervogt, Ürtivogt, Waisenvogt, Wasservogt, Wiesenvogt, Wildvogt, Zehentvogt
Syn: Faut, Gastalde, Offizial, *Schultheiß*

Lit: Adelung 4:1222; Barth 1:1080; Diefenbach 15, 453; DudenFN 684; Frühmittellat. RWb; Gottschald 503, 508; Linnartz 248; Pies (2001) 23; Pies (2005) 118, 153; Schild (1997); Schrambke (2004)

Vogteiherr Vogteyherr 1. 'Inhaber einer Vogtei'; d.i. das Gebiet, für das ein *Vogt* zuständig ist, und über dessen Einkünfte er verfügt. 2. 'Landesherr, Grundherr als Schutzherr, der den Vogt eingesetzt hat'
W: *Herr*

Lit: Adelung 4:1223 (Vogtey); Barth 1:1081

Vogteyherr ↗ Vogteiherr

Voigt ↗ Vogt

VOLLBAUER 'Bauer, der einen ganzen Bauernhof einer bestimmten Größe und mit entsprechenden Zugtieren bewirtschaftet'; die Größe war regional unterschiedlich, z.B. 2 oder 3 Hufe, bedeutete aber die höchstmögliche Besitzgröße; er war meist zu Frohndiensten mit Pferdegespann verpflichtet
Syn: Ackermann, Anspänner, Ausspänner, *BAUER*, Bauschulze, Bonde, Doppelspänner, Einspänner, Ganzhüfner, Ganzlehner, Großbauer, Haupthüfner, Hofbauer, Hubenwirt, Hufenwirt, Mitnachbar, Pferdner, Stellenbesitzer, Vierhüfner, Vollerbe, Vollhöfner, Vollhüfner, Vollmeier, Vollspänner, Zeller

Lit: Barth 1:1082; Grimm 26:593; Krünitz 231:246; Pies (2005) 24

Vollbürger 'alteingesessener Bürger einer Stadt mit allen Rechten und Pflichten eines Bürgers'; meist auch Mitglied einer Zunft
W: Bürger

Lit: Barth 1:1082; Grimm 26:615; Krünitz 231:251

Vollerbe 'Bauer, der ein ganzes freies Erbe antritt und somit ein Vollbauer ist'
Syn: VOLLBAUER

Lit: Barth 1:1082; Pies (2005) 24

Vollhauer ↗ Vollhäuer

Vollhäuer Vollhauer 'ausgelernter Bergmann, der den vollen Lohn bekommt'
W: HAUER
Syn: Wahlknappe

Lit: Barth 1:1083; Grimm 26:665; Veith 269

Vollhöfner 'Bauer, der einen ganzen Bauernhof besitzt'
W: Höfner
Syn: VOLLBAUER

Lit: Barth 1:1083; Pies (2005) 24

Vollhöker Faulhäker 'Kleinhändler mit vollem Verkaufsrecht'; unabhängig von Warenangebot und Markttagen; norddt.

W: Höker
Syn: KRÄMER
Lit: Grimm 26:666

Vollhufner ↗ Vollhüfner

Vollhüfner Vollhufner 'Bauer, der eine ganze Hufe besitzt'
W: *Hüfner*
Syn: VOLLBAUER
Lit: Barth 1:1083; Grimm 26:667

Vollmeier 'Bauer, der einen ganzen Bauernhof besitzt und mit vier Pferden Spanndienst leisten muss'; niederdt.
FN: Vollmeier, Vollmeyer, Vollmair, Vollmaier, Vollmer
W: *Meier*
Syn: VOLLBAUER
Lit: Adelung 4:1236; Barth 1:1083; DudenFN 691; Gottschald 509; Pies (2005) 24

Vollspänner 'Bauer, der einen ganzen Bauernhof besitzt und zu Frondiensten mit Pferdegespann verpflichtet ist'
W: *Spänner*
Syn: VOLLBAUER
Lit: Adelung 4:1236; Barth 1:1083; Grimm 26:710; Krünitz 231:262; Pies (2005) 24

Voltisierer 'Person, die von Ort zu Ort ziehend für Geld Fechtkämpfe ausführt' ❖ zu franz. *volter* 'beim Fechten eine kreisförmige Wendung mit dem Körper durchführen', Ableitung von *volte* 'Kreisdrehung des Pferdes', aus ital. *volta* 'Wendung', aus lat. *volvere* 'drehen'
Syn: FECHTER
Lit: Barth 1:1084; Gamillscheg 2:901; Grimm 26:737 (voltesieren)

Vorausreiter ↗ Vorreiter

Vorbläser 'Glasbläser, der ein Werkstück mit der Pfeife vorbläst und es dann zur Fertigstellung weitergibt'
Syn: Anfänger
Vgl: Fertigmacher
Lit: Barth 1:1084

Vordinger ↗ Fürdinger

Vorfahrer 'Bergmann, der bei Schichtwechsel vorausfährt, um festzustellen, ob schlagende Wetter vorhanden sind'
W: *Fahrer*
Syn: Vormann
Lit: Grimm 26:1017; Veith 547

Vorflößer 'Anführer eines Floßes'; er sprang z. B. als Erster vom Floß, um es an der Länder zu befestigen
W: Flößer*
Lit: Neweklovsky (1964) 260

Vorgänger ↗ Vorgeher

Vorgeher Vorgänger 1. 'hoher Beamter, Ratsherr in der städtischen Verwaltung'. 2. 'Vorsteher einer Zunft'. 3. 'herrschaftlicher Diener, der vorangeht, um dem Herrn Platz zu machen'
Lit: Adelung 4:1267; Barth 1:1085; Grimm 26:1060, 1096

Vorhauer 'Vorarbeiter im Bergwerk'
W: HAUER
Lit: Grimm 26:1172; Starke (1991)

Vorhöcker ↗ Vorhöker

Vorhöker Vorhöcker 'Händler, der Waren ankauft, um sie weiterzuverkaufen; Zwischenhändler'; durch das Aufkaufen der Ware bei den Bauern und die daraus resultierende Verknappung stiegen die Preise, weswegen der Stadtrat in Hamburg strenge Vorschriften gegen die „Vorhökerei" erließ ❖ mnd. *vorhoker* 'Vorhöker, Vorkäufer'
W: Höker
Syn: KRÄMER, Vorkäufer
Lit: Barth 1:1086; Grimm 26:1212; Schiller-Lübben 5:369

Vorkäufer Vorkäufler, Vorkoper, Vorköper 1. 'Kleinhändler, der das Recht hatte, auf dem Markt nicht verkaufte Ware aufzukaufen und mit Gewinn wiederzuverkaufen'. 2. 'Zwischenhändler, bes. für Lebensmittel und Getreide' ❖ mnd. *vorkoper* 'Vorkäufer'

FN: Vorkauf, Vorkoeper, Vorköper
W: Käufer, *Käufler*
Syn: Fürkäufler, Vorhöker

Lit: Adelung 4:1275; DudenFN 692; Gottschald 510; Grimm 26:1226, 1227; Krünitz 231:395 (Vorkauf); Linnartz 252; Schiller-Lübben 5:381

Vorkäufler ↗ Vorkäufer

Vorknecht 1. 'Vorarbeiter, z. B. bei den Flößern'. **2.** 'Landarbeiter, der in der Rangordnung der Dienstboten an erster Stelle steht'
W: KNECHT
Syn: GROßKNECHT

Lit: Barth 1:1086; Grimm 26:1234; Neweklovsky (1964) 346

Vorkoch 'Küchenchef, Oberkoch'

Lit: Grimm 26:1234

Vorkoper ↗ Vorkäufer

Vorköper ↗ Vorkäufer

Vorkosthändler 'Gemüsehändler'; 'norddt.; als *Vorkost* wurde nach der Suppe und vor dem Fleisch Gemüse gegessen

Lit: Adelung 4:1276 (Vorkost); Barth 1:1086; Brandl/Ceutzberg (1976) 357; Grimm 26:1243; Krünitz 231:407 (Vorkost)

Vorläufer Fürläufer **1.** 'Bergbeamter, der die Geschäftsführung einer Schmelzhütte innehat'. **2.** 'Arbeiter in den Hüttenwerken, der für die Beschickung der Schmelzöfen mit Erzen zuständig ist'. **3.** 'Bergarbeiter, der die gewonnenen Mineralien zum Füllort transportiert'; der *Füllort* war ein neben dem Schacht eingerichteter Raum, in dem die Mineralien für den Abtransport gelagert wurden. **4.** 'Diener einer hochgestellten Person, der dem Herrn vorausläuft, um seine Ankunft zu melden' ❖ mhd. *vorloufer, vorlöufer* 'Vorläufer, -gänger'
W: *Läufer*
Syn: Hüttensteiger

Lit: Adelung 4:1278; Barth 1:1086; Grimm 26:1263; Krünitz 231:407; Veith 320

Vormahder Vormähder, Vormäher 'Landarbeiter, der beim Mähen vorangeht und das Tempo angibt' ❖ zu mhd. *mâdære, mâder, mæder* 'Mäher, Mäder'
W: Mahder

Lit: Adelung 4:1280; Grimm 26:1303; Krünitz 231:413

Vormähder ↗ Vormahder

Vormäher ↗ Vormahder

Vorman ↗ FUHRMANN

¹Vormann 'Bergmann, der bei Schichtwechsel vorausfährt, um festzustellen, ob schlagende Wetter vorhanden sind' ❖ mhd. *vorman* 'Vormann'
W: *Mann*
Syn: Vorfahrer

Lit: Veith 584

²Vormann ↗ FUHRMANN

Vormeister 'Vorsitzender unter den Handwerksmeistern'
W: *Meister*
Syn: ZUNFTMEISTER
Vgl: Fürmeister

Lit: Adelung 4:1281; Grimm 26:1315; Krünitz 231:415

Vorreiter Vorausreiter, Vorreuter **1.** 'Reitknecht, der bei einem Gespann aus mehreren Pferden in der vordersten Reihe reitet'. **2.** 'erster Reiter in einem Schiffszug'. **3.** 'Reiter, der vor einer herrschaftlichen Kutsche oder vor einem Schiffszug reitet, um vor Gefahren zu warnen oder den Weg freizumachen'
FN: Vorreiter, Vorreuter
W: Marstallvorreiter
Syn: Nauferge, Naureiter, Stangenreiter
Ggs: Afterreiter

Lit: Adelung 4:1287; Barth 1:1087; Linnartz 252; Neweklovsky (1952) 123; Vieser/Schautz (2010) 168

Vorreuter ↗ Vorreiter

Vorschlager ↗ Vorschläger

Vorschläger Vorschlager 'Schmied, der den kleinen Vorschlaghammer führt und durch seine Schläge anzeigt, wohin die anderen schlagen sollen'
W: *Schläger*
Syn: Schirrmeister
Lit: Adelung 4:1293; Barth 1:1087; Grimm 26:1483; Krünitz 231:441

Vorschmid ↗ Vorschmied

Vorschmied Vorschmid 'Vorarbeiter in einem Hammerwerk'
W: *Schmied*
Syn: HAMMERSCHMIED
Lit: Adelung 4:1293; Grimm 26:1491

Vorschneider 1. 'Hofbeamter, der Speisen schneidet und vorlegt'; da mit den Fingern gegessen wurde, mussten die Speisen vorher entsprechend tranchiert werden. 2. 'Schnitter bei der Getreideernte, der beim Schneiden mit der Sichel vorangeht'
W: SCHNEIDER
Syn: Fürschneider
Lit: Adelung 4:1293; Barth 1:1087; Grimm 26:1495

Vorsprach ↗ Fürsprech

Vorsprache ↗ Fürsprech

Vorsprake ↗ Fürsprech

Vorsprech ↗ Fürsprech

Vorsprecher ↗ Fürsprech

Vorwächter 'Nachtwächter, der in der ersten Nachthälfte Dienst hat'
Ggs: Nachwächter
Lit: Idiotikon 15:405; Idiotikon 16:407

Vorwerker ↗ Vorwerksmann

Vorwerksherr 1. 'Besitzer eines Vorwerks'. 2. 'von der Stadt eingesetzter Inspektor der Vorwerke' — ↗ Vorwerksmann
W: *Herr*
Lit: Barth 1:1088; Grimm 26:1933; Krünitz 231:496 (Vorwerk)

Vorwerkshirte ↗ Vorwerksmann

Vorwerksmagd ↗ Vorwerksmann

Vorwerksmann Vorwerker 'Bauer oder Pächter auf einem Vorwerk'; d.i. urspr. ein 'Zinshof, der vor dem Herrenhof gelegen ist', später ein 'Landgut vor der Stadt'; der Plural *Vorwerksleute* bezeichnet das Personal eines Vorwerks ❖ mhd. *vorwërc* 'vor der Stadt gelegenes Gehöft, Landgut'
W: *Mann*, °Vorwerkshirte, °Vorwerksmagd, °Vorwerksmeier, °Vorwerksschäfer, °Vorwerksverwalter
Lit: Barth 1:1088; Grimm 26:1933

Vorwerksmeier ↗ Vorwerksmann

Vorwerksschäfer ↗ Schäfer, Vorwerksmann

Vorwerksverwalter ↗ Vorwerksmann

Vrägner ↗ Fragner

Vriebecker ↗ Freibäcker

Vurboter ↗ Feuerböter

Vysker ↗ Fischer*

Vysscher ↗ Fischer*

Waageherr Waagherr 'Ratsherr, der die Aufsicht über die öffentliche Waage hat'
W: *Herr*

Waageknecht Wageknecht, Wägeknecht, Wagenknecht, Wagknecht 1. 'Bediener an der öffentlichen Waage'. 2. 'Arbeiter in der Fleischerei, der die geschlachteten Tiere zerteilt und die Fleischstücke abwiegt' ❖ mhd. *wâgekneht* 'Knecht des Waagemeisters'
FN: Waagenknecht
W: *Knecht*

Lit: Adelung 4:1334; Barth 1:1094; Grimm 27:375; SteirWb 615

Waagemeister Wagemeister, Wägemeister, Wagemester, Wagenmeister, Wagmeister, Wägmeister, Wogemeister; lat. *librarius, libripens, ponderator, zygostata* 'Beamter, der für die öffentliche Stadtwaage zuständig ist und die Gewichte der Händler kontrolliert'; eine differenzierende Schreibung von *Waage* und *Wagen* wurde erst 1927 durch behördlichen Erlass eingeführt ❖ mhd. *wâgemeister, wâgmeister, wâgenmeister* 'librarius'
FN: Waagenmeister, Wagmeister
W: *Meister*
Syn: Wäger

Lit: Adelung 4:1334; Diefenbach 327; Frühmittellat. RWb; Gottschald 511; Grimm 27:378; Idiotikon 4:533; Linnartz 253, 254

Waagenmacher Wagemacher, Wagenmacher, Wagmacher 'Rotschmied, der Waagen, meist aus Messing, herstellt'
Syn: Wägleinmacher

Lit: Barth 1:1094; Grimm 27:378, 462; Reith (2008) 135; Wendel (1923)

Waageschreiber Waagschreiber, Wageschreiber, Wagschreiber 'Verwaltungsbeamter bei der öffentlichen städtischen Waage'
W: *Schreiber*

Lit: Grimm 27:484; Krünitz 232:472

Waagfecker ↗ Fecker

Waagherr ↗ Waageherr

Waagschreiber ↗ Waageschreiber

Wachbüdner 'Inhaber einer Wachbude'; d.i. ein kleines Anwesen, dessen Inhaber verpflichtet war, während der Eiswache und der Arbeiten an den Dämmen Lebensmittel und Getränke an die Arbeiter auszuschenken; an der Ostsee; zu *Wache* und ↗ *Büdner* 'Inhaber einer Verkaufsbude; Kleinbauer'
W: Büdner

Lit: Frischbier 2:450; Grimm 27:24

Wachmeister ↗ Wachtmeister

Wachsbleicher 'Handwerker, der Bienenwachs bleicht, um weißes Wachs für Kerzen zu gewinnen'; dazu wurde Wachs eingeschmolzen, gereinigt und dann zum Bleichen in der Sonne aufgelegt
W: Bleicher

Lit: Barth 1:1090; Grimm 27:77; Krünitz 232:60 (Wachsbleiche); Volckmann (1921) 73

Wachsbosseler ↗ Wachsbossierer

Wachsbosser ↗ Wachsbossierer

Wachsbossierer Wachsbosseler, Wachsbosser, Wachsbossirer, Wachspossierer, Wachspoussierer, Wachspoussirer; lat. *ceroplasta* 'Person, die Wachs mit freier Hand modelliert; Wachsbildhauer, Wachsbildner'; er stellte Plastiken aus Wachs, das mit Terpentin, Kolophonium und eventuell mit Färbemittel vermischt war, her; sie wurden für Devotionalien, anatomische Präparate, Medaillons usw. verwendet
W: Bossierer
Syn: Wachsformer, Wachskünstler

Lit: Adelung 4:1323; Barth 1:1090; Grimm 27:78; Krünitz 232:63 (Wachsbossiren); Palla (2010) 236; Reith (2008) 142 (Wachs bossieren); Zedler 52:252 (Wachsposiren)

Wachsbossirer ↗ Wachsbossierer

Wachschreiber ↗ Wachtschreiber

Wachsformer ↗ 'Wachskünstler'
Syn: Wachsbossierer, Wachskünstler

Lit: Barth 1:1090; Grimm 27:134

Wachsgießer 'Handwerker, der Wachsgegenstände durch Gießen in Hohlgussmodelle herstellt'; vor allem für religiöse Motive gebräuchlich
W: *Gießer*

Lit: Barth 1:1090; Grimm 27:135; Reith (2008) 141

Wachskerzer ↗ Wachskerzler

Wachskerzler Wachskerzer, Waxkerzler ↗ 'Wachszieher' ❖ zu mhd. *wahskerze* 'Wachskerze'
W: Kerzler
Syn: WACHSZIEHER

Lit: Barth 1:1090; Grimm 27:138 (Wachskerzer); Palla (2010) 237

Wachskünstler 'Kunsthandwerker oder Künstler, der plastische Werke aus Wachs herstellt'
Syn: Wachsbossierer, Wachsformer

Lit: Barth 1:1090; Grimm 27:140

Wachsler Wächsler ↗ 'Wachszieher'; bayr.-österr. ❖ zu mhd. *wahs* 'Wachs' mit *-ler*-Ableitung
FN: Wachs, Wachsler, Waxler, Wachsner
Syn: WACHSZIEHER

Lit: Barth 1:1091; DudenFN; Gottschald 511; Linnartz 253; Schmeller 2:837; SteirWb 613

Wächsler ↗ Wachsler

Wachslichtzieher ↗ WACHSZIEHER

Wachsmanger ↗ Wachsmenger

Wachsmann 1. 'Händler, der Bienenwachs verkauft'. 2. ↗ 'Wachszieher'
FN: Wachsmann
Syn: WACHSZIEHER

Lit: Diefenbach 113; DudenFN 693; Gottschald 511; Grimm 27:142; Linnartz 253; Volckmann (1921) 207

Wachsmenger Wachsmanger 'Wachshändler'
W: *Menger*

Lit: Barth 1:1091; Grimm 27:142 (Wachsmanger)

Wachspecher Wachspicher 'Handwerker, der Wachspech herstellt'; d. i. eine Salbe aus Kolophonium und Bienenwachs, eventuell mit Kienruß und Leinöl; sie wurde von Sattlern zum Steifmachen der Fäden, mit denen Leder genäht wird, oder als Heilmittel verwendet
W: Pecher

Lit: Grimm 27:144 (Wachspec)

Wachspicher ↗ Wachspecher

Wachspossierer ↗ Wachsbossierer

Wachspoussierer ↗ Wachsbossierer

Wachspoussirer ↗ Wachsbossierer

Wachsschläger 'Handwerker, der durch Pressen und Schlagen reines Wachs gewinnt'; aus bereits ausgeschleuderten Honigwaben wurde der Resthonig herausgeschlagen, damit das Wachs übrigbleibt, oder Unreinhei-

ten im Wachs wurden durch Schlagen beseitigt
W: *Schläger*

Lit: Adelung 4:1325; Barth 1:1091; Grimm 27:145; Krünitz 232:76

Wachsschmelzer 'Handwerker bei der Kerzenerzeugung, der Wachs einschmilzt'; auch Bezeichnung für eine Vorrichtung der Imker zum Auslassen des Wachses ❖ mhd. *smelzer* 'Schmelzer'
W: Schmelzer

Lit: Barth 1:1091; Grimm 27:145; Idiotikon 9:965; PfälzWb 6:983

Wachsstapler 'Handwerker, der Wachsstöcke herstellt'; zu *Wachsstapel* 'lange dünne Wachsschnüre, die in Rollen aufgewickelt sind'

Lit: Grimm 27:146 (Wachsstapel); Krünitz 232:77 (Wachsstapel)

Wachszelter 'Handwerker, der Kerzen aus Bienenwachs herstellt'; urspr. wurden sie von Mönchen für liturgische Zwecke hergestellt, seit dem 12. Jh. auch von bürgerlichen Handwerkern. Billige Kerzen für die einfache Bevölkerung wurden von Metzgern und Seifensiedern aus Talg oder Unschlitt hergestellt ❖ zu mhd. *zëlte* 'flaches Backwerk, Kuchen, Fladen'; die flache Fladenform wurde später auf andere Gegenstände übertragen, z.B. auf die Honigwabe und folglich auf das Wachs
Syn: WACHSZIEHER

Lit: Grimm 31:625; Pies (2005) 83; Reith (2008) 140

WACHSZIEHER Wachslichtzieher; lat. *cerarius* 'Handwerker, der Kerzen oder aus dünn gezogenen Wachsfäden Wachsstöcke herstellt'; durch das geschmolzene Wachs wurde ein Docht gezogen; auch in der Verbindung *Wachs- und Talglicht-Zieher* ❖ zu mhd. *wahs* 'Wachs'; mhd. *wahslieht* 'Wachslicht'
W: *Zieher*
Syn: KERZENZIEHER, Wachskerzler, Wachsler, Wachsmann, Wachszelter

Lit: Adelung 4:1326; Barth 1:1091; Grimm 27:142 (Wachslichtzieher), 158; Krünitz 232:71 (Wachslichtzieher), 115; Palla (2010) 237; Pies (2005) 83; Reith (2008) 141; Zedler 52:320

Wachter ↗ *Wächter*

Wächter Wachter, Wechter; lat. *vigil, vigilator* 1. 'städtischer Beamter, der für die öffentliche Ordnung zuständig ist und als Polizist fungiert'; z.B. *Nacht-, Feuerwächter*. 2. 'Person, die eine Einrichtung, ein Objekt bewacht'; z.B. *Tor-, Burg-, Flurwächter*; ein *durstender Wächter* ist ein 'Torwächter' (von *Tor stehender* Wächter). 3. 'Salinenarbeiter, der das Sudhaus bewacht'; von Montag bis Freitag der ↗ *Wochner*, am Samstag der *Samstaghüter* ❖ mhd. *wahtære, wehtære, wahter* 'Wächter'
FN: Wächter, Waechter, Wachter, Wechter, Wächtner
W: Armenwächter, Buschwächter, Feldwächter, Feuerwächter, Flurwächter, Grenzwächter, Kornwächter, Lochwächter, Nachwächter, Rasselwächter, Rumorwächter, Schildwächter, Schlosswächter, Stundenwächter, Torwächter, Turmwächter
Syn: Wachtgänger

Lit: Adelung 4:1327; Barth 1:1091; Diefenbach 619; DudenFN 694; Frühmittellat. RWb; Gottschald 511; Grimm 27:184; Hornung (1989) 133; Idiotikon 15:379; Jahn/Hartung (1991); Krünitz 232:138; Linnartz 253; Patocka (1987) 214; Schraml (1932)

Wachtgänger 'Wächter, der seine festgelegten Routen geht; Stadtpolizist'
W: Gänger
Syn: *Wächter*

Lit: Barth 1:1091

Wachtmeister Wachmeister; lat. *praefectus excubiarum* 1. 'Zunftmeister, der die Einteilung der Nachtwachen vornimmt'. 2. 'Anführer und Ausbildner der städtischen Bürgerwache'. 3. 'Gehilfe des Stadtrichters bei Aufgaben zur Sicherung der öffentlichen Ordnung' — Daraus entwickelten sich Bezeichnungen verschiedener Funktionen in der Armee; vereinzelt heute noch Dienstgrad bei Heer und Polizei ❖ mhd. *wachemeister*
W: *Meister*

Lit: Adelung 4:1321; Barth 1:1092; Grimm 27:197; Idiotikon 4:532; Krünitz 232:44; Pies (2005) 161

Wachtschreiber Wachschreiber 'Verwaltungsbeamter, der für die Bürgerwache zuständig ist'
W: *Schreiber*

Lit: Adelung 4:1323 (Wachschreiber); Barth 1:1092; Grimm 27:78; Idiotikon 9:1557

Wadenmeister ↗ Watenmeister

Waderlmacher Wäderlmacher 'Handwerker, der Fächer herstellt'; bes. österr.; zu *Waderl* 'kleiner Wedel, Fächer', Diminutiv zu *Wedel* ❖ zu mhd. *wadel, wedel* 'Büschelartiges zum Hin- und Herbewegen, Pinsel, Spreng-, Weihwedel'
Syn: Wedeler

Lit: Barth 1:1092; Gruenbaum (1946); SteirWb 613

Wäderlmacher ↗ Waderlmacher

Wadmann ↗ Watmann

Waffenmeister lat. *magister armorum* 1. 'Person, die in den Gebrauch der Waffen einführt'. 2. 'im Militär ein Offizier, der für Instandhaltung und Reparatur der Waffen zuständig ist'
W: *Meister*

Lit: Barth 1:1093; DudenGWDS; Grimm 27:311

Waffenschmid ↗ Waffenschmied

Waffenschmied Waffenschmid, Waffensmidt, Waffensmyd; lat. *ensifex* 1. 'Grobschmied, der Waffen (Schwerter u. Ä.) aus Eisen herstellt'; neben dem Hufschmied die älteste Ausprägung dieses Handwerks. 2. 'Handwerker, der Kettenhemden aus geflochtenem Eisendraht oder Harnische aus Eisenblech herstellt'. 3. 'Handwerker, der landwirtschaftliche Geräte aus Eisen (Pflüge, Beile) herstellt'; die Waffenschmiede waren auf dem Land nicht eindeutig von den Hufschmieden abgrenzbar. 4. 'Besitzer eines Waffenhammerwerks oder Arbeiter in dem Werk'. 5. 'Handwerker, der Gewehre, Büchsen herstellt'; jüngere Bedeutung. 6. 'Person, die auf Schiffen dafür zu sorgen hat, dass die Gewehre bereit sind'
W: Blankwaffenschmied, *Schmied*

Lit: Adelung 4:1332; Barth 1:1093; DudenFN; Grimm 27:317; Krünitz 232:373; Pies (2005) 135; Reith (2008) 110, 126; Zedler 52:557

Waffensmidt ↗ Waffenschmied

Waffensmyd ↗ Waffenschmied

Wageknecht ↗ Waageknecht

Wägeknecht ↗ Waageknecht

Wagemacher ↗ Waagenmacher

Wagemeister ↗ Waagemeister

Wägemeister ↗ Waagemeister

Wagemester ↗ Waagemeister

Wagenbestäter Wagenbestätter 1. 'Arbeiter in Handelsstädten, der Waren verpackt, zum Transport vorbereitet und Schiffe befrachtet'. 2. 'Packer und Paketzusteller bei der Post' ❖ ↗ Bestäter
Syn: Ballenbinder, GUTFERTIGER

Lit: Archiv für das Handelsrecht 1:17; Barth 1:1093; Grimm 27:444

Wagenbestätter ↗ Wagenbestäter

Wagener ↗ WAGNER

Wagenführer 'Kutscher, Wagenlenker'; heute noch als Zugführer einer [Straßen]bahn gebräuchlich
FN: Wagenführer, Wagenführ, Wagenföhr
W: *Führer*

Lit: Barth 1:1094; DudenFN 694; DudenGWDS; Gottschald 512; Grimm 27:452; Linnartz 253

Wagenhalter 'Bediener an einem herrschaftlichen Hof, der die Wagen, bes. die Repräsentationswagen, betreut'; Untergebener des ↗ Wagenmeisters
W: *Halter*

Lit: Adelung 4:1336; Barth 1:1094; Grimm 27:454

Wagenhauptmann 'Vorgesetzter des Trosses beim Militär'; schweiz.
W: Hauptmann
Lit: Idiotikon 4:262

¹**Wagenknecht** 1. 'Hilfskraft bei den herrschaftlichen Kutschen'. 2. 'Landarbeiter auf einem Gut, der für die Wagen und Zugtiere zuständig ist'. 3. 'Landarbeiter, der die Getreidetranporte zur Mühle durchführt' ❖ mhd. *wagenknëht*
FN: Wagenknecht
W: KNECHT
Syn: Ackerknecht, Fuhrknecht, Reiseknecht
Lit: Adelung 4:1337; Barth 1:1094; DudenFN 694; Gottschald 512; Grimm 27:456; Linnartz 254

²**Wagenknecht** ↗ Waageknecht

Wagenlader Wagenleder 'Transportarbeiter, der Waren be- und ablädt'; bes. in Salzwerken
FN: Wagenlader
W: Lader
Syn: FUHRMANN
Lit: Adelung 4:1337; Barth 1:1094; Grimm 27:458; Linnartz 254

Wagenläufer 'Bergarbeiter, der das geförderte Material mit dem Wagen abtransportiert'
W: Läufer
Syn: Wagenstößer
Lit: Veith 550

Wagenleder ↗ Wagenlader

¹**Wagenmacher** 'Handwerker, der Wagen und Kutschen herstellt; Stellmacher'
Syn: WAGNER
Lit: Adelung 4:1337; Barth 1:1094; Grimm 27:462; Grönhoff (1966) 35; Krünitz 232:446

²**Wagenmacher** ↗ Waagenmacher

Wagenmaister ↗ Wagenmeister

Wagenmaler ↗ Maler

Wagenmann 1. 'Transportunternehmer, der Warentransporte mit einem Pferdegespann durchführt'. 2. 'Kutscher, Lenker eines Wagens' ❖ mhd. *wagenman* 'Fuhrmann, Kutscher'
W: Mann
Syn: FUHRMANN
Lit: Barth 1:1094; Grimm 27:462; Idiotikon 4:283; Schmeller 2:867; Volckmann (1921) 221

¹**Wagenmeister** Wagenmaister 'Verantwortlicher für den Wagenpark'; in einem herrschaftlichen Gut, bei der Jagd, Armee, Post usw. ❖ mhd. *wagenmeiser* 'Fuhrmann'
FN: Wagenmeister
W: Meister
Syn: Schirrmeister
Lit: Adelung 4:1337; Barth 1:1094; Grimm 27:462; Grönhoff (1966) 10; Krünitz 232:446

²**Wagenmeister** ↗ Waagemeister

Wagenschmid ↗ Wagenschmied

Wagenschmied Wagenschmid 'Schmied, der Eisenteile für Transportgeräte (Beschläge, Reifen) herstellt'; es gab sie vor allem an Durchfahrtsstraßen; *Huf- und Wagenschmied* war eine übliche Geschäftsaufschrift; später entwickelten sich daraus die Landmaschinenhändler
W: Schmied
Lit: Barth 1:1094; Sulzenbacher (2002) 20

Wagenschmiermann 'fahrender Händler, der die in den Pechhütten erzeugte Wagenschmiere verkauft bzw. die Räder der Kutschen schmiert'
W: Mann
Lit: Palla (2010) 240

Wagenschossbracker
↗ Wagenschosswracker

Wagenschoßwracker
↗ Wagenschosswracker

Wagenschosswracker Wagenschoßwracker, Wagenschossbracker 'Beamter, der

das geflößte Holz prüft und das astfreie Holz zum Weitertransport auf Wagen aussondert'; dieses hochwertige Holz wurde für feine Tischlerarbeiten verwendet; niederdt. ❖ zu mnd. *wagenschot* 'ausgesuchtes, feines, astfreies, zu Brettern verschiedener Länge zersägtes Eichenholz, zu feineren Arbeiten, bes. Vertäfelung, gebraucht'; zu engl. *wainscot* 'Vertäfelung'; zu *Wasserschoss* 'Wassertrieb an Bäumen'
W: Wracker

Lit: Adelung 4:1804; Krünitz 232:447 (Wagenschoß); Schiller-Lübben 5:575

Wagenspanner 'Arbeiter im Transportwesen, der die Wagen für den Transport belädt oder ablädt'
W: Spanner

Lit: Idiotikon 10:273

Wagenstößer Wagenstösser 'Bergarbeiter, der das Erz mit Wagen abtransportiert, indem er die Wagen vor sich herschiebt'
W: Stößer
Syn: Wagenläufer

Lit: Barth 1:1094; Grimm 27:475; Pies (2005) 28; Veith 550

Wagenstösser ↗ Wagenstößer

Wäger Wieger 'behördlich beauftragte Person, die die städtische öffentliche Waage bedient' ❖ mhd. *wæger* 'Wäger, Waagemeister an der Stadtwaage'
FN: Wäger, Wager, Wieger, Wiegner, Wagerer, Wägerer, Weger
W: Brotwäger, Mehlwäger, °Ratswäger, Schlichwäger, °Stadtwäger
Syn: Waagemeister

Lit: Adelung 4:1338; Altstaedt (2011) 22; Barth 1:970, 1094; DRW 11:131 (Ratswaage); DudenFN 694, 720; Gottschald 511; Grimm 14:204; Grimm 27:480; Grimm 29:1555; Grönhoff (1966) 12; Linnartz 254, 263

Wageschreiber ↗ Waageschreiber

Wagknecht ↗ Waageknecht

Wägleinmacher 1. 'Handwerker, der Waagen herstellt'. 2. 'Handwerker, der Wagen herstellt'; *Wäglein* ist Diminutiv zu *Waage* und *Wagen*
Syn: Waagenmacher, WAGNER

Lit: Barth 1:1095; Grimm 27:376 (Wägelein, Wäglein); Wendel (1923) 51

Wagmacher ↗ Waagenmacher

Wagmeister ↗ Waagemeister

Wägmeister ↗ Waagemeister

WAGNER Wagener; lat. *aurigifex, currarius, currifex, faber carrucarius, plaustrarius, rhedarius* Die Bezeichnungen des Wagners oder Wagenbauers entstanden durch Verallgemeinerung einzelner auf bestimmte Wagenteile spezialisierter Handwerker, z. B. auf die Räder (*Radmacher, Rademacher*), die Naben (*Nabenschmied*), das Riemenzeug (*Schirrmacher*), die Felgen (*Felgenhauer, Felger*), das Gestell (*Stellmacher*), die Achsen (*Esser, Assenmacher*), die Leuchsen (*Leuchsner, Leuschner*). Die Bezeichnung *Wagner* kommt vor allem im Süden des Sprachraums vor ❖ mhd. *wagener* 'Wagner'
FN: Wagner, Wagener, Wägner, Wägener, Wagners; zu zusammengezogenen Formen ↗ Wegener, ↗ Weiner
Syn: Achsenmacher, Assenmacher, Bennenmacher, Benner, Chaisenmacher, Deichsler, Distler, Dübler, Esser, Felgenhauer, Felger, Gestellmacher, Karpe, Karpenter, Karrenmann, Leuchsner, Naberschmied, Rademacher, Rädker, Scharmacher, Schirrmacher, Stellmacher, Vetingmacher, Wagenmacher, Wägleinmacher, Wegener, Weiner

Lit: Adelung 4:1338; Barth 1:1095; Diefenbach 164, 441; DudenFN 694; Grimm 27:493; Kretschmer 485; Krünitz 232:448; Palla (2010) 241; Pies (2005) 176; Reith (2008) 244; Volckmann (1921) 160

Wagschreiber ↗ Waageschreiber

Wahlknappe 'Bergarbeiter, der am Gestein arbeitet und den Streckenvortrieb besorgt'; nach der *Wahl* der Standorte, die abwech-

selten, um für alle gleichwertige Arbeitsbedingungen zu schaffen
W: Knappe
Syn: Vollhäuer
Ggs: Schopfknappe

Lit: Fellner 636; Schraml (1932) 160; Schraml (1934) 125; Veith 292

Währmann Wermann 'Mitglied und Teilhaber einer Markgenossenschaft, bes. einer Holz- oder Weidemark, mit Nutzungsrecht'; ↗ Währmeister; häufiger in der Bedeutung 'Gewährsmann, Bürge' ❖ mhd. *werman* 'Gewährsmann, Bürge', zu mhd. *gewer* 'Gewähr, Sicherstellung, Bürgschaft', urspr. ein Rechtswort; als solches bis ins 17. Jh. in Verwendung
W: *Mann*
Syn: MARKGENOSSE

Lit: Adelung 4:1348; Barth 1:1096; Grimm 27:938; Krünitz 232:140; Pfeifer 444

Währmeister Wehrmeister, Wermeister 1. 'Aufsicht über das Gemeindegut, z.B. an Wiesen, Weiden, Wäldern, Fischereigründen'. 2. 'Förster, der die Nutzung des Waldes und die Verteilung des geschlagenen Holzes überwacht'; zu *die Währe* i. S. v. 'Besitzrecht', verwandt mit *Gewähr* ❖ zu mhd. *gewære, gewêre* 'wahr, zuverlässig'
W: Meister
Syn: Allmendsvogt, Markrichter, Scharherr, Scharmann, Scharmeister

Lit: Barth 1:1096, 1117; Grimm 27:940

Waibel ↗ Weibel

Waidbauer 'Bauer, der auf den Anbau des *Färberwaids* spezialisiert ist'; im 13. Jh. gab es *Waidbauern* in ganz Deutschland, Zentrum war Thüringen. Sie pflanzten den Färberwaid und verkauften ihn an die Waidhändler, die daraus den Farbstoff herstellten, ein grobes Pulver, das in Tannenholzfässern verpackt wurde ❖ ↗ Waidfärber
W: BAUER
Syn: Waidherr

Lit: Adelung 4:1350; Barth 1:1097; Grimm 27:1036; Krünitz 232:566; Neuheuser (1984) 32

Waider Waidner, Waiter, Weiter 'Färber, der mit Waid Stoffe blau färbt' ❖ mhd. *weitære* 'Blaufärber'
FN: Waider, Waidler, Waidner, Waidener, Weiter, Weitert
Syn: *Färber**, Waidfärber

Lit: DudenFN 710; Gottschald 513; Grimm 27:1038; Linnartz 254; Schmeller 2:850; Volckmann (1921) 85

Waidfärber Weidfärber, Weydtfarber 'Färber, der mit Waid Stoffe blau färbt'; *Waid* ist eine Pflanze, die ein blaues Pigment enthält, aus dem man eine blaue Farbe für die Wollfärberei gewinnt ❖ zu mhd. *weit, weid* 'Waid, die Färberpflanze; Sandix'
W: *Färber**
Syn: Blaufärber, Waider

Lit: Adelung 4:1351; Barth 1:1097; Pies (2005); Reith (2008)

Waidgast 'Händler, der Waid an- und verkauft'; zu *Gast* in der Bedeutung 'fremder Kaufmann' ❖ ↗ Waidfärber
W: Gast
Syn: Waidmenger

Lit: Adelung 4:1351; Grimm 27:1039; Krünitz 232:568; Volckmann (1921) 85

Waidgießer Weidgießer 1. ↗ 'Waidfärber'. 2. 'Beamter, der die Aufsicht über die Herstellung des Waids hat'
W: Gießer
Syn: *Färber**

Lit: Grimm 27:1039; Kaufbold / Reininghaus (2000) 227; Krünitz 232:560 (Waid)

Waidherr 1. 'Ratsherr, der für die Kontrolle der Waidfärberei in der Stadt zuständig ist'. 2. 'Großbauer, der Waid anbaut und damit handelt' ❖ ↗ Waidfärber
W: Herr
Syn: Waidbauer

Lit: Adelung 4:1351; Barth 1:1097; Grimm 27:1040; Krünitz 232:

Waidknecht 'Arbeiter in der Waidfärberei'; ↗ Waidfärber
W: KNECHT

Lit: Adelung 4:1351; Barth 1:1097; Grimm 27:1040

Waidmenger Waidtmenger, Waitmenger 'Händler, der mit Färberwaid handelt' ❖ zu mhd. *weit, weid* 'Waid, die Färberpflanze; Sandix'
W: *Menger*
Syn: Waidgast

Lit: Barth 1:1097; Grimm 27:1042; Linnartz 254

Waidmesser 'Beamter, der den Verkauf von Färberwaid überwacht'; ↗ Waidfärber
Syn: Waidschätzer

Lit: Barth 1:1097; Grimm 27:1042; Volckmann (1921) 85

Waidmüller 'Müller, der die Farbe durch Zerreiben und Zerstoßen des Färberwaids herstellt' ❖ ↗ Waidfärber
W: *Müller*

Lit: Adelung 4:1351 (Waidmühle); Barth 1:1097; Grimm 27:1042 (Waidmühle)

Waidner ↗ Waider

Waidschätzer 'Beamter, der den Verkauf von Färberwaid überwacht'; ↗ Waidfärber
W: *Schätzer*
Syn: Waidmesser

Lit: Barth 1:1097; Volckmann (1921) 85

Waidtmenger ↗ Waidmenger

Waisenherr 'Ratsmitglied, der für das Waisenhaus und die Waisenversorgung zuständig ist'
W: *Herr*

Lit: Adelung 4:1352; Barth 1:1097; Grimm 27:1075; Idiotikon 2:1549; Krünitz 233:4

Waisenmutter 'Leiterin eines Waisenhauses' ❖ zu mhd. *weise, weisekint* 'Waise'
W: *Mutter*

Lit: Adelung 4:1352; Barth 1:1097; Grimm 27:1058; Krünitz 233:4

Waisenpfleger lat. *orphanotrophus* 1. 'Verwalter eines Waisenhauses'. 2. 'Mitglied der Behörde für die Versorgung der Waisen'
W: Pfleger

Lit: Barth 1:1097; Grimm 27:1059

Waisenrichter 1. 'Person, die die Rechte von Waisen vor Gericht vertritt'. 2. 'Beamter, der in der Waisenbehörde tätig ist und Waisen juristisch betreut, z.B. in Vormundschaftsangelegenheiten'
W: *Richter*

Lit: Grimm 27:1059; Idiotikon 6:461

Waisenschreiber Waysenschreiber 'Verwaltungsbeamter in einem Waisenhaus oder in der Waisenbehörde'
W: *Schreiber*

Lit: Adelung 4:1352; Idiotikon 9:1557; Krünitz 233:5

Waisenvater 'Leiter eines Waisenhauses'
W: *Vater*

Lit: Adelung 4:1352; Barth 1:1097; Grimm 27:1060

Waisenvogt 'Beamter, der für Angelegenheiten der Waisenversorgung zuständig ist'
W: *Vogt*

Lit: Grimm 27:1061

Waiter ↗ Waider

Waitmenger ↗ Waidmenger

Walcker ↗ Walker

Walckmüller ↗ Walkmüller

Waldaufseher 'Aufseher über den Holzbestand eines Waldes'; im Dienste der Gemeinde oder der Interessenten
W: *Aufseher*
Syn: Holzaufseher

Lit: Barth 1:1098; Grimm 27:693; Idiotikon 7:552; Kehr (1964) 188

Waldbereiter Waldbereuter 'berittener Forstaufseher, Förster'
W: *Bereiter*
Syn: Forstbereiter, Waldreiter

Lit: Adelung 4:1354; Barth 1:1098; Kehr (1964) 189

Waldbereuter ↗ Waldbereiter

¹**Waldbote Waldboth, Waldbott** 1. 'Vorsitzender oder Beamter einer Waldgenossenschaft'. 2. 'Waldaufseher' — Das Wort entstand aufgrund der vergleichbaren Tätigkeit durch Umdeutung von *Walt* (aus *Gewalt*) zu *Wald* ❖ ↗ Waltbote
W: *BOTE**
Syn: HOLZGRAF, WALDHÜTER

Lit: Adelung 4:1354; Barth 1:1098; Grimm 27:1101

²**Waldbote** ↗ Waltbote

Waldboth ↗ Waldbote

Waldbott ↗ Waldbote

Waldener ↗ Waldner

Waldförster 'Förster, der die Aufsicht über das *Holz* im Ggs. zum *Wild* hat'
Syn: Holzförster

Lit: Adelung 4:1356; Barth 1:1098; Grimm 27:1126; Kehr (1964) 187; Krünitz 233:175

Waldgaumer Waldgäumer 'Aufseher im Wald'; schweiz.
W: Gaumer
Syn: WALDHÜTER

Lit: Barth 1:1099; Grimm 27:1130; Idiotikon 2:305

Waldgäumer ↗ Waldgaumer

Waldgeschworener 'beeideter Beamter der Waldaufsicht'
W: *Geschworener*
Syn: WALDHÜTER

Lit: Barth 1:1099; Grimm 27:1137

Waldgraf Waldgreve 1. 'Vorsitzender einer Markgenossenschaft'; vgl. ↗ Markgenosse. 2. 'Grundherr und Richter einer Holzmark' ❖ ↗ Graf
FN: Waldgraf, Waldgrebe
Syn: HOLZGRAF

Lit: Adelung 4:1357; Barth 1:1099; Gottschald 513; Grimm 27:1140; Kehr (1964) 188; Krünitz 233:179; Linnartz 255

Waldgreve ↗ Waldgraf

Waldhei Waldheie 'Aufseher über ein Forstrevier' ❖ zu mhd. *heie* 'Hüter, Pfleger', *heien* 'wachsen, aufziehen, hegen'
FN: Waldeyer, Waldeier
W: Hei
Syn: Holzhei, WALDHÜTER

Lit: Gottschald 513; Grimm 27:1146; Palla (1994) 429

Waldheie ↗ Waldhei

Waldherr 1. 'Eigentümer eines Waldes'. 2. 'von der Markgenossenschaft oder dem Rat eingesetzter Aufseher über den Wald' ❖ mhd. *walthërre* 'Waldaufseher'
FN: Waldherr
W: *Herr*
Syn: Forstherr, HOLZGRAF, Holzherr, Markherr

Lit: Adelung 4:1357; Barth 1:1099; DudenFN 697; Gottschald 513; Grimm 27:1147; Idiotikon 2:1548; Kehr (1964) 186; Krünitz 233:180; Linnartz 255

WALDHÜTER Waldhüther 'Forstbeamter, der einen Forstbezirk zu bewachen hat und das Wild versorgt'
Syn: Bannmeister, Bannwart, Forstläufer, Forstwart, Heger, Heidewärter, Holzhei, Holzmeier, Holzverwahrer, Holzwart, Holzwärter, Waldbote, Waldgaumer, Waldgeschworener, Waldhei, Waldmann, Waldmeier, Waldner, Waldrüger, Waldschütz, Waldvogt, Waldwart, Waldwärter
Vgl: Bannvogt

Lit: Adelung 4:1358; Barth 1:1099; Grimm 27:1152; Krünitz 233:183

Waldhüther ↗ WALDHÜTER

Waldknecht 1. 'Gehilfe des Försters bei der Aufsicht über die Wälder'. 2. 'Holzarbeiter'
W: FORSTKNECHT, *KNECHT*
Syn: HOLZHAUER

Lit: Adelung 4:1358; Barth 1:1099; Grimm 27:1158; Krünitz 233:184

Waldmann 1. 'Waldaufseher'. 2. 'Mitglied der Markgenossenschaft'. 3. 'herumziehender Händler mit selbst gesammelten Wurzeln

und Kräutern und daraus gewonnenen Heilmitteln' — meist allgemein für 'Waldbewohner' oder für ein Sagenwesen verwendet
FN: Waldmann, Waldemann
W: *Mann*
Syn: MARKGENOSSE, WALDHÜTER

Lit: Adelung 4:1359; Barth 1:1100; DudenFN 697; Grimm 27:1165; Linnartz 255

Waldmeier 'Forstbeamter, der einen Forstbezirk betreut und zu bewachen hat'
W: *Meier*
Syn: WALDHÜTER

Lit: Barth 1:1100; Grimm 27:1169; Kehr (1964) 208

Waldmeister 1. 'hoher Forstbeamter als Vorgesetzter der Förster und Waldarbeiter; Revierförster'. 2. 'Beamter im Salzbergbau, dem die Beschaffung von Holz für Schiffs- und Kufenbau sowie für Brenn- und Bauholz obliegt' ❖ mhd. *waltmeister* 'Vorsteher der Waldungen, des Forstmeisteramtes'
W: *Meister*
Syn: Forstmeister

Lit: Adelung 4:1359; Ast (1977); Barth 1:1100; Grimm 27:1169; Idiotikon 4:533; Neweklovsky (1964); Schmeller 2:897; Schraml (1932) 372, 401

Waldner **Waldener** 'Waldaufseher' ❖ mhd. *waldenære, waldnære* 'Waldbewohner, -aufseher'
FN: Waldner, Waldener
Syn: WALDHÜTER

Lit: Adelung 4:1359; Barth 1:1100; DudenFN 697; Grimm 27:1175

Waldreiter **Waldreuter** ↗ 'Waldbereiter'
W: *Reiter*
Syn: FORSTBEREITER, Waldbereiter

Lit: Barth 1:1100; Grimm 27:1184

Waldreuter ↗ Waldreiter

Waldrüger 1. 'Person, die behördlich beauftragt ist, Übertretungen der Forstgesetze zu ahnden'. 2. 'Waldhüter' ❖ ↗ Forstrüger
W: *Rüger*
Syn: Forstrüger, WALDHÜTER

Lit: Barth 1:1100; Grimm 27:1187

Waldschaffer 'Forstbeamter, der unter dem Waldmeister steht'; in Österreich
W: Schaffer
Syn: FORSTKNECHT

Lit: Adelung 4:1360; Barth 1:1100; Heinsius 4:665; Weber (1838) 2:631

Waldschmied **Waltsmyt** 1. 'Erzgräber, der das Erz in einer im Wald gelegenen Werkstätte schmilzt und verarbeitet'. 2. 'Bergmann'. 3. 'Schmied am Waldrand oder im Wald'
FN: Waldschmidt
W: *Schmied*

Lit: Barth 1:1100; DudenFN 697; Gottschald 513; Grimm 27:1191; Linnartz 255; Schmeller 2:897

Waldschreiber 'Verwaltungsbeamter in der Forstverwaltung'
W: *Schreiber*
Syn: Forstschreiber, Holzschreiber

Lit: Adelung 4:1361; Barth 1:1100; Grimm 27:1192

Waldschütz 'Forstaufseher' ❖ zu mhd. *schütze* 'Wächter, Flur-, Waldschütze'
FN: Waldschütz
W: *Schütze*
Syn: WALDHÜTER

Lit: Barth 1:1100; Gottschald 513; Grimm 27:1193; Kehr (1964) 188; Linnartz 255

Waldspetter 'Forstbeamter, der die Holztransporte der Fuhrleute zu überwachen hat'; schweiz.
W: Spetter

Lit: Grimm 27:1195; Idiotikon 10:603

Waldübergeher ↗ Übergeher

Waldvogt **Woldfaget** 1. 'Forstverwalter'. 2. 'Verwaltungsbeamter in Waldbezirken'. 3. 'Forstaufseher, Waldhüter'; schweiz.
W: Bannwaldvogt
Syn: Holzvogt, WALDHÜTER

Lit: Adelung 2:252 (Forstmeister); Barth 1:1100; Grimm 27:1207; Idiotikon 1:709

Waldwart 'Forstaufseher'
W: *Wart*
Syn: Forstwart, WALDHÜTER
Lit: Grimm 27:1207

Waldwärter 'niederer Forstbeamter, der auf Landgütern den Wald zu bewachen hat'
W: *Wärter*
Syn: WALDHÜTER
Lit: Barth 1:1101; Grimm 27:1208

Walger ↗ Walker

Walgmoller ↗ Walkmüller

Walker Walcker, Walger, Welcker, Welker, Wolker 'Handwerker, der Gewebe durch Bearbeiten zum Verfilzen bringt'; früher durch Einweichen in Seifenlauge und verdünnten Harn und Stampfen mit den Füßen oder Kneten mit der Hand, später in einer wasserbetriebenen *Walkmühle*; heute noch als Berufsbezeichnung erhalten ❖ mhd. *walker, welcker* 'fullo', zu mhd. *walken* 'schlagen, durchbläuen, verprügeln'
FN: Walker, Walk, Walkner, Walcher, Walger, Wolker, Welker, Welger
W: Altwalker, Hutwalker, Lodenwalker, °Strumpfwalker, Tuchwalker
Syn: Walkmeister, Walkmüller
Lit: Adelung 4:1363; Barth 1:1125; DudenEtym 908; DudenFN 697; Gottschald 514; Grimm 27:1250; Krünitz 233:217; Linnartz 255; Palla (2010) 244; Reith (2008) 235; Volckmann (1921) 83

Walkmeister 'Handwerksmeister, der Gewebe durch Bearbeiten zum Verfilzen bringt'; ↗ Walker
FN: Walkmeister
W: *Meister*
Syn: Walker, Walkmüller
Lit: Barth 1:1101; Gottschald 514; Grimm 27:1253; Hermbstaedt (1815) 6:274, 275, 276; Linnartz 255

Walkmüller Walckmüller, Walgmoller, Walmüller 'Betreiber einer Walkmühle'; d.i. eine Anlage, in der Tuch verfilzt oder Leder geschmeidig gemacht wird ❖ mhd. *walkmül, walkmüle* ↗ Walker

W: *Müller*
Syn: Fuller, Walker, Walkmeister
Lit: Adelung 4:1364; Barth 1:1101; DudenFN 697; DudenGWDS; Gottschald 514; Grimm 27:1254; Krünitz 233:219; Linnartz 255

Wallacher 'Person, die Hengste kastriert'; auch allgemein für Rinder, Schafe, Schweine ❖ abgeleitet von *Wallach* 'verschnittenes Pferd', nach der *Walachei*, slawisch für Rumänien (die Technik des Kastrierens von Pferden kommt aus dem Osten)
Syn: KASTRIERER
Lit: Adelung 4:1365; Grimm 27:1266; Kluge 969 (Wallacher); Krünitz 215:514 (Verschneiden); Zedler 52:1618

Walläufer ↗ Wallläufer

¹Wallbote Wallbothe, Wallverboter 'Aufseher über die Befestigungswälle und zugleich Bote der Wegebaudeputation'; die Boten luden zur Versammlung über den Bau von Befestigungen und Wällen
W: *Bote**

²Wallbote ↗ Waltbote

Wallbothe ↗ Wallbote

Wallläufer Walläufer 'Person, die den Wall der Befestigungsanlagen kontrolliert und die Bepflanzungen, die dem Schutz vor Beschädigung dienen, betreut'; norddt.; der *Walllauf* ist ein Weg, der vom Wall der Befestigung in die Stadt führt
W: *Läufer*
Lit: Grimm 27:1307

Wallmeister Wallmeyster, Walmeister 'zum Festungsbaupersonal gehörender Verantwortlicher für die Instandhaltung der Schanzen, Wege und Gräben'
W: *Meister*
Lit: Barth 1:1101; Grimm 27:1308; Idiotikon 4:533

Wallmeyster ↗ Wallmeister

Wallverboter ↗ Wallbote

Walmeister ↗ Wallmeister

Walmüller ↗ Walkmüller

Walneator ↗ Balneator

Walpot ↗ Waltbote

Waltbote Waldbote, Wallbote, Walpot, Waltbothe 'Beamter, der im Auftrag eines Grafen handelt und die Vollmacht zu Verordnungen und zum Eintreiben von Abgaben hat; Statthalter, Gesandter'; die Schreibung *Waldbote* ist eine fälschliche Anlehnung an *Wald* ❖ mhd. *waltbote* 'abgesandter Stellvertreter des Herrschers, Bevollmächtigter', zu *walt*, verkürzt aus *gewalt*
FN: Waldbott, Walbott, Wallbott, Waldboth (meist zu einem Namen *Walbodo*)
W: Bote*

Lit: Adelung 4:1370; Barth 1:1102; Gottschald 514; Grimm 27:1369; Krünitz 233:286; Linnartz 254; Pies (2001) 24

Waltbothe ↗ Waltbote

Waltsmyt ↗ Waldschmied

Walzmeister 'Vorarbeiter, Meister im Walzwerk beim Auswalzen des Eisens oder Kupfers'
W: °Kupferwalzmeister, *Meister*

Lit: Ersch/Gruber (1832) 2:114; Grimm 27:1440

Wambescher ↗ Wamser

Wameser ↗ Wamser

Wämpler 'Handwerker, der die Eingeweide von Rindern reinigt und verkauft' ❖ mhd. *wambe, wampe, wamme* 'Bauch, Wanst; Bauchteil am Tierfell; Eingeweide geschlachteter Tiere'
Syn: Kuttler, Wänstler

Lit: Adelung 4:1373; Grimm 27:1442 (Wampe, Wamme)

Wamser Wambescher, Wameser, Wämsler 'Handwerker, der Wämser herstellt'; ein *Wams* ist ein eng anliegendes Kleidungsstück, das Ritter unter der Rüstung trugen; später bei Bauern als Obergewand; seit dem 14. Jh. im Bürgertum ein enger Rock mit kurzen Schößen; heute noch im veralteten Sprachgebrauch ein Kleidungsstück für den Oberkörper mancher Trachten ❖ mhd. *wambeiser* 'Verfertiger von Wamsen', zu mhd. *wambeis, wambîs, wambas, wambes* 'Bekleidung des Rumpfes unter dem Panzer', aus altfranz. *wambais*, mlat. *wambasium* 'gesteppter Rock unter dem Panzer', aus griech. *bámbax* 'Baumwolle'
FN: Wamser, Wamsler, Wameser, Wammes, Wambescher, Wambesser
Syn: SCHNEIDER

Lit: DudenFN 699; DudenGWDS; Gottschald 515; Grimm 27:1469; Kluge 970; Linnartz 256

Wämsler ↗ Wamser

Wamstler ↗ Wänstler

Wämstler ↗ Wänstler

Wandbereder ↗ Wandbereiter

Wandbereiter Wandbereder ↗ 'Tuchbereiter'; zu *Wand*, älter und bes. norddt. für 'Gewand' ❖ zu mnd. *want* 'Gewand, Tuch, Zeug'; in der urspr. Bedeutung 'das Gewendete, Tuchballen'; mnd. *beredenen, bereden* 'fertig machen'
W: *Bereiter*
Syn: TUCHBEREITER

Lit: Barth 1:1102; Grimm 27:1522; Pies (2005) 170

Wanderarzt ↗ ARZT*

Wandfärber Wantfarver 'Färber, der den von den Tuchscherern vorbereiteten Stoff färbt'; zu *Wand*, älter und bes. norddt. für 'Gewand' ❖ mnd. *wantvarwer, wantverwer* 'Tuchfärber', zu mnd. *want* 'Gewand, Tuch, Zeug'
W: *Färber**

Lit: Grimm 27:1711; Schiller-Lübben 5:596

Wandhändler 'Tuchhändler'; zu *Wand*, älter und bes. norddt. für 'Gewand' ❖ zu mnd. *want* 'Gewand, Tuch, Zeug'; in der urspr. Bedeutung 'das Gewendete, Tuchballen'
Syn: KRÄMER, TUCHHÄNDLER, Wandkrämer
Lit: Barth 1:1104; Grimm 27:1713

Wandkramer ↗ Wandkrämer

Wandkrämer Wandkramer, Wendkrämer 'Händler mit Textilien, Bändern, Strümpfen, Wäsche'; zu *Wand*, älter und bes. norddt. für 'Gewand'
Syn: KRÄMER, TUCHHÄNDLER, Wandhändler
Lit: Barth 1:1104, 1126; Grimm 27:1716

Wandmacher Gewandmacher, Wandmaker, Wantmaker 'Tuchweber'; zu *Wand*, älter und bes. norddt. für 'Gewand' ❖ zu mhd. *gewant* 'Kleidung, Gewandstoff, Zeug'; mnd. *want* 'Gewand, Tuch, Zeug'; in der urspr. Bedeutung 'das Gewendete, Tuchballen'
FN: Wandmacher, Wandmaker
Syn: TUCHMACHER, *WEBER*
Lit: Barth 1:1104; DudenFN 700; Gottschald 516; Grimm 27:1733; Linnartz 256; Pies (2005); Reith (2008); Schiller-Lübben 5:594

Wandmaker ↗ Wandmacher

Wandmaler ↗ *Maler*

Wandrahmmacher 'Handwerker, der Rahmen zum Spannen von Tuch herstellt'; die Tuchbereiter spannten das Tuch zum Trocknen und Bürsten ein; zu mnd. *want* 'Gewand, Tuch, Zeug'
Lit: Barth 1:114; Grimm 27:1736 (Wandrahmen); Krünitz 233:313 (Wandrahmen)

Wandscher ↗ Wandscherer

Wandscherer Wandscher, Wantscher, Wantscherer ↗ 'Tuchscherer'; zu *Wand*, älter und bes. norddt. für 'Gewand' ❖ mnd. *wantscherer* 'Tuchbereiter', ↗ Wandschneider
FN: Wandscher, Wanscher, Wantscher, Wantscherer

W: Scherer
Syn: TUCHSCHERER
Lit: Barth 1:1104; DudenFN 700; Gottschald 516; Grimm 27:1738; Linnartz 257; Schiller-Lübben 5:595

Wandschläger 'Bergarbeiter, der die Erzwände zerschlägt und das erzhaltige Gestein aussortiert'
W: *Schläger*
Lit: Barth 1:1104; Grimm 27:1739; Veith 553

Wandschneider Wandsnider, Wantsnider ↗ 'Gewandschneider'; niederdt. ❖ mnd. *wantsnider* 'der Gewand im Detail verkauft, Tuchhändler', zu mnd. *want* 'Gewand, Tuch, Zeug'
FN: Wandschneider
W: SCHNEIDER
Syn: Gewandschneider, TUCHHÄNDLER
Lit: Barth 1:1104; DudenFN 700; Gottschald 516; Grimm 27:1739; Linnartz 78; Schiller-Lübben 5:594, 596; Volckmann (1921) 193

Wandsnider ↗ Wandschneider

Wandstreicher 'Beamter, der Tuch und Leinwand prüft, die Aufsicht über den Tuchhandel hat'; ostdt.; zu *Wand* n. 'grober Wollstoff' ❖ mnd. *want* n. 'Gewand, Tuch, Zeug'
W: *Streicher*
Syn: Gewandstreicher
Lit: Barth 1:1105; Grimm 27:1518 (Wand), 1743; Linnartz 256; Schiller-Lübben 5:594

Waner ↗ Wegener

Wannenbletzer ↗ Bletzer

Wannenkramer ↗ Wannenkrämer

Wannenkrämer Wannenkramer 'herumziehender Händler, der seine Waren in einem geflochtenen Korb mit sich trägt'; zu *Wanne* ↗ Wannenmacher
Syn: KRÄMER
Lit: Barth 1:1105; Grimm 27:1907

Wannenmacher 1. 'Böttcher, Fassbinder, der vor allem Wannen herstellt'. 2. 'Handwer-

ker, der geflochtene Getreideschwingen herstellt' — eine *Wanne* war urspr. ein Gefäß aus geflochtenen Spänen, in dem Getreide durch Schwingen gereinigt wurde; später auch zum Tragen verwendet, sodass es zu einem vom Böttcher hergestellten Gefäß für unterschiedlichen Gebrauch wurde ❖ zu mhd. *wanne*, aus lat. *vannus* 'Getreide-, Futterschwinge'
FN: Wannemacher, Wannenmacher, Wannmacher, Wennmacher
Syn: BÖTTCHER, Wanner

Lit: Barth 1:1105; DudenFN 700; Gottschald 516; Idiotikon 4:55; Linnartz 256; Pfeifer 1538; Volckmann (1921) 168

¹Wanner Wanner, Wenner ↗ Wannenmacher
FN: Wanner, Wenner
Syn: BÖTTCHER, Wannenmacher

Lit: Barth 1:1105; DudenFN 700; Gottschald 516; Grimm 27:1910; Idiotikon 16:102; Linnartz 256; Volckmann (1921) 168

²Wanner ↗ Wanner

Wänstler Wamstler, Wämstler, Wärmstler, Wenster 'Handwerker, der die Eingeweide von Rindern reinigt und verkauft'; oft zugleich Fleischer; oberdt. ❖ zu *Wanst* 'dicker Bauch', mhd. *wanst* 'Bauch, Bauchstück, Wanst', ahd. *wanast* 'Fettablagerung am Tierbauch'
Syn: Kuttler, Wämpler

Lit: Grimm 27:471; Linnartz 256; Pies (2002d) 36; Pies (2005) 98; Reith (2008) 157; Volckmann (1921) 24

Wantfarver ↗ Wandfärber

Wantmaker ↗ Wandmacher

Wantscher ↗ Wandscherer

Wantscherer ↗ Wandscherer

Wantsnider ↗ Wandschneider

Wapener ↗ Wappner

Wapenkönig ↗ Wappenkönig

Wapenmahler ↗ Wappenmaler

Wapenschneider ↗ Wappenschneider

Wappenherold 1. 'Beamter, der bei feierlichen Anlässen die Wappen der Adeligen überprüft'. 2. 'mit dem Wappen geschmückter herrschaftlichen Ausrufer, Bote' ❖ zu mhd. *wâfen, wâpen* 'Waffe, bes. Schwert, Rüstung; Wappen (am Schild, an der Rüstung)'
W: Herold

Lit: Barth 1:1106; Grimm 27:1960

Wappenkönig Wapenkönig 'Fachmann für Wappenkunde, der die Wappen und adeligen Geschlechterregister überprüft und selbst Wappen entwirft'; gab es an einzelnen Fürstenhöfen oder in der Reichshofkanzlei vom 17. bis 19. Jh. ❖ übersetzt aus franz. *roi d'armes*
W: König

Lit: Adelung 4:1386; Barth 1:1106; Grimm 27:1961; Krünitz 233:331

Wappenmaler Wapenmahler 'Fachmann für Wappen, der auch Wappen entwirft und malt'
W: Maler

Lit: Adelung 4:1386; Barth 1:1107; Grimm 27:1963; Krünitz 233:

Wappenschneider Wapenschneider, Wappensteinschneider 'Künstler, der Wappen in Stein und Metall schneidet'
W: SCHNEIDER
Syn: Edelsteinhauer, Steinschneider, Steinwerker

Lit: Adelung 4:1386; Barth 1:1107; Grimm 27:1969; Palla (1994)

Wappenstecher 'Künstler, der Wappen in Metall graviert'
W: Stecher
Syn: Petschaftstecher

Lit: Barth 1:1107; Grimm 27:1970

Wappensteinschneider ↗ Wappenschneider

Wappner Wapener **1.** 'im Rittertum ein Knappe, der seinem Herrn die Waffen nachträgt'; kann auch mit *wâpen* 'Schild' zusammenhängen. **2.** 'in der mittelalterlichen Stadt ein schwerbewaffneter Bürger als Ordnungshüter'. **3.** 'Soldat, Bewaffneter'; schweiz. ❖ mhd. *wâpenære, wæpenære, wâpener* 'Gewaffneter, Kämpfer zu Fuß'; zu mnd. *wapen* 'Waffen, Rüstung'
FN: Wappner, Wappler, Wapler, Weppner, Weppler

Lit: Barth 1:1108; DudenFN 700; Gottschald 512; Grimm 27:1979; Idiotikon 16:780; Linnartz 256

Waradein ↗ Wardein

Wardein Guardein, Gvardian, Gwardein, Gwardin, Quardein, Waradein, Wardeiner, Wardin, Wardune, Werdein; lat. *guardianus, probator, zygostata* **1.** 'Beamter, der Münzen auf den Gehalt von Metallen prüft; Münzprüfer'. **2.** 'Beamter, der die Qualität von Waren, bes. Tuch, vor dem Verkauf kontrolliert'. **3.** 'Bergbaubeamter, der die Erze auf ihren Metallgehalt überprüft' ❖ über mittelniederld. *wardijn* und nordfranz. *wardien* aus mlat. *guardianus* 'der die Aufsicht führt', dieses urspr. aus dem Germanischen
W: Bergwardein, °Gerichtswardein, Lakenwardein, Münzwardein
Syn: Probierer, Scheidmeister, VISIERER, Wardierer, Wardiersmann

Lit: Adelung 4:1387; Barth 1:1108; DudenGWDS; Frühmittellat. RWb; Grimm 27:1986; Krünitz 233:334; Pies (2005) 103; Volckmann (1921) 86, 302

Wardeiner ↗ Wardein

Wardierer Wardiger, Wardirer 'Beamter, der Münzen auf den Edelmetallgehalt überprüft'; zu *wardieren* 'bewerten, schätzen'; in Anlehnung an *Wardein* bes. für 'Münzprüfer' verwendet ❖ mnd. *warden* 'vom Gelde, wardieren, taxieren'
Syn: Wardein, Wardiersmann

Lit: Adelung 4:1387; Barth 1:1108; Grimm 27:1988; Krünitz 233:334 (wardiren)

Wardiersleute ↗ Wardiersmann

Wardiersmann Wardierungsmann, Wardirsmann; Plural: *Wardiersleute* 'Beamter, der den Wert von Waren und Gebäuden schätzt'
Syn: Wardein, Wardierer

Lit: Barth 1:1108

Wardierungsmann ↗ Wardiersmann

Wardiger ↗ Wardierer

Wardin ↗ Wardein

Wardirer ↗ Wardierer

Wardirsmann ↗ Wardiersmann

Wardune ↗ Wardein

Warfsmann 'Kleinbauer, der ein Haus mit Grund auf einer Warf besitzt'; d.i. ein Erdhügel in der Marsch, der zur Sicherung gegen Sturmfluten angelegt wurde, sowie das darauf gebaute Gehöft ❖ zu mnd. *werf, warf* 'von Erde aufgeworfener Hügel zur Sicherung gegen Überschwemmungen; bes. die erhöhte Hausstelle, Hofplatz'
W: *Mann*
Syn: KLEINBAUER*

Lit: Barth 1:1108; Grimm 27:2016; Schiller-Lübben 5:690

Wärmstler ↗ Wänstler

Wart 'Wächter, Hüter'; kommt fast nur in Komposita vor ❖ mhd. *wart, warte* 'Wärter' (mhd. bereits vor allem in Komposita)
W: Bannwart, DINGWART, Eschwart, Forstwart, Gartenbannwart, Grießwart, Holzwart, Kirchwart, Rebbannwart, Stadtbannwart, Stockwart, Torwart, Waldwart, Zeugwart, Zimmerwart
Syn: Wärtel, *Wärter*

Lit: Barth 1:1109; Grimm 27:2110; Schmeller 2:1006

Wartefrau Wartfrau, Wartsfrau, Wartsweib 'Frau, die zur Pflege von Kranken und Wöchnerinnen oder zur Beaufsichtigung von Kindern angestellt ist' ❖ zu mhd. *warten* 'acht haben, spähen, wahrnehmen; sorgen für, pflegen'

W: *Frau*
Syn: *Wärter*

Lit: Adelung 4:1391; Barth 1:1109; Grimm 27:2121; Krünitz 233:371

Warteknecht Wartknecht 1. 'Wächter, Büttel'. 2. 'Bediener, der etwas zu versorgen hat, z. B. Pferde' — zu *warten* i. S. v. 'auf etwas schauen, acht geben, für etwas sorgen';
↗ Wartefrau
W: KNECHT

Lit: Barth 1:1109; Grimm 27:2176; Schmeller 2:1006

Wartel ↗ Wärtel

Wärtel Wartel 'Arbeiter, Bediener, der für verschiedene Arbeiten zuständig ist'; die Endung -el ist ein Wortbildungs- und kein Diminutivsuffix
W: Torwärtel
Syn: *Wart*

Lit: Grimm 9:285

Warter ↗ Wärter

Wärter Warter Das Wort ist heute vor allem i. S. v. 'Wächter' *(Tierwärter, Gefängniswärter)* üblich, im älteren Sprachgebauch mehr als 'Pfleger, Betreuer' *(Irrenwärter, Kranken-, Kinderwärterin)* sowie für 'eine Person, die etwas bewacht und dafür verantwortlich ist' *(Torwarter, Zeugwarter, Turmwärter)*; im Pflegebereich hauptsächlich von Frauen ausgeübt ❖ mhd. *warter, werter* 'Wärter, Hüter, Aufseher'
W: Aufwärter, Bahnwärter, Baumwärter, Büchsenwärter, Fasanenwärter, Grießwart, Heidewärter, Holzwärter, Irrenwärter, Kellerwarter, Kinderwärterin, Kornwärter, Lampenwärter, Laternenwärter, Lochwärter, Postwärter, Pulverwärter, Seelwärter, Turmwärter, Waldwärter, Zimmerwart
Syn: *Wart*, Wartefrau

Lit: Adelung 4:1391; Barth 1:1109; Grimm 27:2168; Idiotikon 16:1612; Krünitz 232:321

Wartfrau ↗ Wartefrau

Wartknecht ↗ Warteknecht

Wartleute ↗ Wartmann

Wartmann Plural: *Wartleute* 'Wächter auf einem Wachtposten, Kundschafter, Späher'
❖ zu *Warte* 'Vorposten, Aussichtspunkt'; mhd. *wartman* 'Mann auf der Warte, Wächter, Aufpasser, Vorposten'
FN: Wartmann, Warthmann, Wartemann
W: Mann

Lit: Barth 1:1109; DudenFN 701; Gottschald 518; Grimm 27:2176; Linnartz 257; Schmeller 2:1007

Wartsfrau ↗ Wartefrau

Wartsweib ↗ Wartefrau

Wascher ↗ Wäscher

Wäscher Wascher, Wescher, Weszer, Wischer, Wiszer, Wöscher; lat. *fullo, lotor*
1. 'Bergarbeiter, der die nutzbaren Mineralien aus Ablagerungen von Gerbirgsmassen mit Hilfe von fließendem Wasser gewinnt'.
2. 'Arbeiter in den Hüttenwerken, der das Edelmetall (Gold, Silber) vor der Verarbeitung wäscht'. 3. 'Kleinunternehmer, der einen Wäschereibetrieb führt'. 4. 'Arbeiter in einer Wäscherei'. 5. 'Arbeiter in einer Papiermühle, der die Lumpen vor der Verarbeitung wäscht' ❖ mhd. *wescher* 'Wäscher'
FN: Wäscher, Wascher, Wescher, Wöscher, Wäsch, Wesch, Wäschle, Wäschler
W: Erzwäscher, Goldwäscher, Heringswäscher, Holzauswäscher, Holzwäscher, Kollerwäscher, Korbwäscher, Krätzwäscher, Silberwäscher, Urinwäscher, Zinnwäscher
Syn: Seifer

Lit: Adelung 4:1397; Diefenbach 251, 337; DudenFN 701; Frühmittellat. RWb; Gottschald 518; Grimm 27:2264; Grünn (1978); Heilfurth (1981) 53, 57; Krünitz 232:324; Linnartz 257; Pies (2002b) 16; Veith 553

Wäscherin Wäschersche, Waschfrau, Wäschin, Waschweib, Wescherin, Weschin; lat. *lotrix* 1. 'Frau, die in verschiedenen Häusern gegen Entlohnung das Waschen der Wäsche übernimmt'. 2. 'Frau, die in der Tuchfabrik die gewebten Tuche wäscht' ❖

mhd. *wescherin, wescherinne; weschinne, weschin* 'Wäscherin'
W: Putzwäscherin

Lit: Adelung 4:1397; Barth 1:1110; Diefenbach 337; Grimm 27:2250; Grönhoff (1966) 78; Grünn (1978); Krünitz 232:324; Sulzenbacher (2002) 44

Wäschermädel Wäschermensch, Waschmädchen 1. 'junge Frau, die in verschiedenen Häusern gegen Entlohnung das Waschen der Wäsche übernimmt'. 2. 'junge Arbeiterin in einer Wäscherei' — auch eine (Wiener) Volkstype

Lit: Grünn (1978) 144

Wäschermensch ↗ Wäschermädel

Wäschersche ↗ Wäscherin

Waschfrau ↗ Wäscherin

Waschgeschworener 'Beamter in den Hüttenwerken, der das Waschen der Erze beaufsichtigt'
W: *Geschworener*

Lit: Adelung 4:1397; Barth 1:1110; Grimm 27:2255

Wäschin ↗ Wäscherin

Waschjunge 'jugendlicher Bergarbeiter, der zum Waschen der Erze eingesetzt wird'
W: *Junge*

Lit: Adelung 4:1398; Grimm 27:2259; Veith 282

Waschmädchen ↗ Wäschermädel

Waschsteiger Wäschsteiger 'Bergarbeiter, der die Arbeit im Waschwerk, wo die Erze gewaschen werden, beaufsichtigt'
W: *Steiger*

Lit: Adelung 4:1398; Barth 1:1110; Grimm 27:2267; Krünitz 233:448

Wäschsteiger ↗ Waschsteiger

Waschweib ↗ Wäscherin

Wasenknecht 1. 'Gehilfe des Abdeckers'. 2. 'Abdecker' ❖ ↗ Wasenmeister

W: KNECHT
Syn: SCHINDER

Lit: Barth 1:1110; Grimm 27:2286

Wasenmann 'Scharfrichter'; schweiz. ❖ ↗ Wasenmeister
W: *Mann*
Syn: Wasenmeister

Lit: Idiotikon 4:286

Wasenmeister 1. 'Abdecker'. 2. 'Scharfrichter'; *Wasen* oberdt. für 'Rasen', auch 'der Rasenplatz, wo der Abdecker sein Geschäft ausübt'; die Arbeit des Abdeckers wurde im Freien auf der Wiese durchgeführt ❖ mhd. *wasenmeister* 'Abdecker', zu mhd. *wase* 'grasbewachsene Erdfläche, Rasen'
W: *Meister*
Syn: SCHINDER, Wasenmann

Lit: Adelung 4:1399; Barth 1:1110; Grimm 27:2286; Idiotikon 4:534; Krünitz 233:454; Pies (2001) 38; Pies (2005) 10; Schmeller 2:1017; Volckmann (1921) 331

Wasenmetzger 'Abdecker'; schweiz.
W: METZGER
Syn: SCHINDER

Lit: Barth 1:1110; Idiotikon 4:628

Wasner 'Abdecker' ❖ ↗ Wasenmeister
FN: Waser, Wasner, Wasener, Waaser, Wassener, Waasner, Wahsner, Waßner (häufig auch ein Herkunftsname nach einem Ort *Wasen*)
Syn: SCHINDER

Lit: Gottschald 418; Linnartz 257

Wasserbrauer Wasserbräuer, Wasserbrüwer 1. 'Brauer, der dünnes Bier durch Aufguss auf die Treber herstellt'. 2. 'Likörfabrikant'
W: *Brauer*
Syn: Halbbierschenker, Konventbierbrauer

Lit: Barth 1:1111; Idiotikon 5:1036

Wasserbräuer ↗ Wasserbrauer

Wasserbrenner Wasserprenner 1. 'Person, die Branntwein und Liköre herstellt; Des-

tillateur'; urspr. auch Kaffee, bis um 1700 das Kaffeesieden ausschließlich den ↗ Kaffeesiedern vorbehalten war; das Wasserbrennergewerbe ging schließlich im Kaffeesiedergewerbe auf. **2.** 'Person, die aus Rosenblättern Duftwasser herstellt'; meist abwertend
Syn: Branntweiner, Weinbrenner

Lit: Barth 1:1111; Grimm 27:2374; Wagner (1835) 94

Wasserbrüwer ↗ Wasserbrauer

Wasserdiener 'Stellenvermittler für Seeleute'; norddt. ❖ niederdt. *warterdeiner*
W: *Diener*
Syn: Heuerbaas

Lit: Barth 1:1111; Grimm 27:2379; Kluge, Seemannssprache 823

Wasserdreger ↗ Wasserträger

Wasserer ↗ Wässerer

Wässerer Wasserer, Wesserer; lat. *aquarius*
1. 'beim Laugwerksbetrieb beschäftigter Salzarbeiter'; er wachte über die Wässerung und die Grädigkeit der Lauge. **2.** 'Schiffmann in einer unteren Rangstufe'. **3.** 'Flößer, der bei zu niedrigem Wasserstand das Wasser aus der Wasserstube ablässt'; eine *Wasserstube* ist ein Wasserbecken mit aufgestautem Wasser. **4.** 'Person, die mit der Bewässerung von Land beauftragt ist und die Bewässerungsgräben beaufsichtigt' ❖ mhd. *weʒʒerer* 'Bewässerer'
FN: Wasserer, Wässerer

Lit: Barth 1:1111; Diefenbach 44; Fellner 638; Frühmittellat. RWb; Gottschald 518; Grimm 27:2384; Linnartz 257; Schraml (1934) 127

Wasserfahrer ↗ Wasserführer

Wasserfärber Watervarwer 'Maler, der einfache Innenanstriche mit Wasserfarben (statt Ölfarben) macht'
W: *Färber**

Lit: Barth 1:1111; Grimm 4:1404 (Wasserfarbe); Krünitz 234:172 (Wasserfarbe)

Wasserführer Wasserfahrer, Watervorer
1. 'Person, die Wasser aus den städtischen Wasserläufen zu den Kunden bringt'.
2. 'Person, die im Brandfall Löschwasser mit einem Pferdefuhrwerk transportiert'
FN: Wasserführer, Wasserfuhr (auch von Ortsnamen i. S. v. 'Wasserfurt')
W: *Führer*

Lit: Barth 1:1111; DudenFN 701; Gottschald 518; Grimm 27:2385, 2401; Linnartz 257; PfälzWb 6:1093

Wassergeber 1. 'Arbeiter in einem Hütten- oder Hammerwerk, der für die Versorgung des Radwerks mit Wasser zuständig ist'; dazu wurde das Wasser in Wehren gestaut und über Rohre o. Ä. an die entsprechende Stelle geleitet. **2.** 'Arbeiter in der Hammerschmiede, der Wasser auf Kohlen und Eisen gießt'. **3.** 'Bediener in einem herrschaftlichen Haushalt, der bei der Tafel das Wasser reicht'

Lit: Barth 1:1111; Grimm 27:2406; SteirWb 619

Wassergeschworener 1. 'Beamter, der die Aufsicht über das Deichwesen führt'. **2.** 'Beamter, der an Mühlen den Wasserverbrauch kontrolliert'; dies geschah durch Pfähle, die im Wasser eingeschlagen und mit Zeichen versehen waren
W: *Geschworener*
Syn: Dammgeschworener, Deichgeschworener, Sielgeschworener

Lit: Barth 1:1111; Grimm 27:2410; Riepl (2009) 437

Wassergraf 1. 'Richter oder Beisitzer in einem Wassergericht'; d.i. ein Gericht, das Angelegenheiten über fließendes Wasser oder Mühlenanlagen behandelt. **2.** 'Sachverständiger in Wasserangelegenheiten'. **3.** 'behördlich beauftragter Aufseher über die Deichschleusen' ❖ mhd. *waʒʒergrâve* 'geschworener Kunstverständiger in Sachen des Wasserbau- und Mühlwesens'
W: *Graf*
Syn: Dingwart, Sielgeschworener, Wassermeister

Lit: Adelung 4:1406; Barth 1:1112; Grimm 27:2409; Krünitz 234:189

Wasserhalter 'Bergarbeiter, der das Wasser mit Tonnen und Tauen aus den Schächten und tiefsten Stellen im Bergwerk zieht'; *halten* in der spezifisch bergmännischen Bedeutung '(Wasser, Gestein) aus dem Grubenbau herausschaffen', auch *gewältigen*, verwandt mit *bewältigen*
Syn: Halter, Wasserknecht

Lit: Adelung 4:1406; Barth 1:1112; Grimm 27:2418; Krünitz 234:190; Veith 557

Wasserheber 'Berghilfsarbeiter, der das Wasser aus tiefen Gruben an die Oberfläche bringt'; das Wasser wurde in Kübeln von einem Mann zum nächsten gehoben
W: Heber

Lit: Fellner 639; Veith 558

Wasserknecht 1. 'Hifskraft zum Wasserschöpfen und -tragen'. **2.** 'Hilfskraft des ↗ Wasserkünstlers'. **3.** 'Bergarbeiter, der das Wasser in den Salzberg und die Sole in hölzernen Rinnen vom Berg in das Pfannhaus leitet'. **4.** 'Bergarbeiter, der das Wasser aus den tiefsten Stellen der Gruben mit Eimern schöpft'; eine sehr mühsame Arbeit ❖ mhd. *wazzerknëht*
W: *Knecht*
Syn: Wasserhalter, Wasserzieher

Lit: Adelung 4:1407; Fellner 640; Grimm 27:2436; Heilfurth (1981) 53; Krünitz 234:204; Patocka (1987) 102; Schraml (1930) 225; Veith 295

Wasserkünstler 1. 'Fachmann für barocke Springbrunnen und Wasserspiele'. **2.** 'herumziehender Komödiant und Artist, der Kunststücke im Wasser vorführt'
W: *Künstler*
Syn: Grottier, Rohrmeister

Lit: Adelung 4:1408 (Wasserkunst); Barth 1:1112; Grimm 27:2442; Krünitz 234:248 (Wasserkunst); Paulus (1837) 65

Wassermeister 1. 'Beamter der Wasserbehörde, der für das gesamte Wasserwesen zuständig ist'; z.B. für die Aufsicht über die Bäche für die Mühlen und die Wiesenbewässerung. **2.** ↗ 'Bergmeister eines Bergwerks, bei dem zur Erzgewinnung fließendes Wasser eingesetzt werden muss' ❖ mhd. *wazzermeister* 'rectores aquarum'
W: *Meister*
Syn: Wassergraf

Lit: Barth 1:1112; DRW Belegarchiv; Galler (1984); Grimm 27:2458; Veith 559

Wassermüller 'Betreiber einer wasserbetriebenen Mühle'; die Handmühlen wurden in Norddeutschland durch Windmühlen, in Mittel- und Oberdeutschland durch die von den Römern übernommenen Wassermühlen ersetzt ❖ mhd. *wazzermül* 'Wassermühle'
W: *Müller*
Ggs: Windmüller

Lit: Adelung 4:1410; Barth 1:1112; Grimm 27:2461; Krünitz 234:298

Wasserprenner ↗ Wasserbrenner

Wasserprofos ↗ Profos

Wasserschaut ↗ Wasserschulze

Wasserschließer 1. 'Beamter bei den Wasserspielen, der durch Schließen und Öffnen der Rohre für die Verteilung des Wassers sorgt'. **2.** 'Beamter, der über die Leitungen der Stadt die Aufsicht führt, Reparaturen durchführt und bei Bedarf die Rohre schließt oder öffnet (z.B. bei Feuer)'
W: *Schließer*

Lit: Behrens (1839) 2:184, 185, 186

Wasserschout ↗ Wasserschulze

Wasserschulze Wasserschaut, Wasserschout, Waterschulte 'Hafenbeamter, der bes. für die Personalfragen zuständig ist; Vorsteher des Seemannsamts'; das Amt wurde nach holländischem Vorbild 1691 in Hamburg eingerichtet ❖ niederld. *waterschout*
W: *Schulze*
Syn: Wasservogt

Lit: Altstaedt (2011) 146; Barth 1:1113; Grimm 27:2502

Wasserseher 'Beamter, der das Flussgerinne beaufsichtigt und die für die ungehinderte

Schifffahrt nötigen Arbeiten durchführt' ❖ zu mhd. *gesëher, sëher* 'Besichtiger'
W: °Oberwasserseher, °Unterwasserseher
Syn: Fürfahrer

Lit: Grimm 27:2505; Schraml (1932) 239 (ff.); Schraml (1934) 252

Wasserstiefelschuster 'Schuhmacher, der sich auf die Herstellung von Wasserstiefeln spezialisiert'; sie wurden bei Flussregulierungen, Kanalbauten usw. verwendet und erforderten wegen der nötigen Wasserdichte sehr genaue Arbeit
W: SCHUSTER

Lit: Grimm 27:2516 (Wasserstiefel); Palla (2010) 245

Wassertrager ↗ Wasserträger

Wasserträger Wasserdreger, Wassertrager
1. 'Händler, der in wasserarmen Gebieten Trinkwasser liefert'. 2. 'Person, die Wasser trägt'; z.B. bei Bränden das Löschwasser oder in der Badstube
W: *Träger*

Lit: Adelung 4:1416; Barth 1:1113; Grimm 27:2535

Wasservogt 'Beamter, der die Wasserbauten, wie Dämme, zu beaufsichtigen hat'
W: *Vogt*
Syn: Wasserschulze

Lit: Barth 1:1113; Grimm 27:2544; Idiotikon 1:710

Wasserzieher Wasserzoger,   Wazsirzuger
1. 'Person, die Wasser aus dem Brunnen heraufzieht und weiter verteilt, um die Haushalte mit Wasser zu versorgen'. 2. 'Bergarbeiter, der das Wasser aus den tiefsten Stellen der Gruben mit Eimern schöpft oder pumpt'. 3. 'Bediener in den Badstuben, der das Wasser vom Brunnen holt'
FN: Wasserzieher, Wasserzier
W: *Zieher*
Syn: Badeknecht, Badreiber, Reiber, Wasserknecht

Lit: Barth 1:1114; DudenFN 701; Gottschald 518; Grimm 27:2556; Linnartz 257, 285; Veith 562

Wasserzoger ↗ Wasserzieher

Watenmeister Wadenmeister 'Vorsteher einer Fischerei'; zu *Wate* 'an zwei Stangen befestigtes Zugnetz' ❖ ↗ Water
W: *Meister*

Lit: Grimm 27:2570; Schiller-Lübben 5:572; SteirWb 613

Watenspanner 'Fischer, der mit Netzen fischt' ❖ ↗ Water
FN: Wadenspanner
W: Spanner

Lit: Gottschald 511; Linnartz 253; Palla (1994) 429

Water Watter 'Fischer, der mit einem Zugnetz arbeitet' ❖ zu mhd. *wate, wade* 'großes, aus zwei Wänden und einem Sack in der Mitte bestehendes Zugnetz'; zu mnd. *wade* 'großes Zugnetz; eine Art Fischernetz, welches man im Wasser gehend nach sich schleppt'
Syn: Fischer*

Lit: Grimm 27:2583

Waterclerc 'Außendienstmitarbeiter und Vertrauensmann einer Reederei und des Schiffsmaklers, der das Schiff während der Liegezeit im Hafen betreut'; norddt.; er war u.a. für die Abfertigung des Schiffes bei den Behörden zuständig; fachsprachlich noch heute üblich ❖ zu mnd. *clerc, klerke, klerik* 'Schreiber', entlehnt aus altfranz. *clerc*, aus lat. *clericus* 'Priester'; die Kleriker waren ausgebildete Schreiber

Lit: Altstaedt (2011) 14

Waterschulte ↗ Wasserschulze

Watervarwer ↗ Wasserfärber

Watervorer ↗ Wasserführer

Watmanger ↗ Watmenger

Watmann Wadmann, Wattmann 'Tuchhändler, Kleiderhändler' ❖ mhd. *wâtman* 'Tuchhändler'
FN: Watmann, Wattmann
W: *Mann*
Syn: TUCHHÄNDLER

Lit: Barth 1:1114; Gottschald 518; Grimm 27:2586; Idiotikon 4:287; Linnartz 257

Watmeister 'Verwalter der Kleider in einem Fürstenhof oder einem Kloster' ❖ zu mhd. *wât* 'Kleidung, Kleidungsstück'
W: *Meister*
Syn: Gewandmeister

Lit: Idiotikon 4:535

Watmenger Watmanger, Wattmenger, Waytmenger 'Tuchhändler' ❖ mhd. *wâtmangenære, wâtmangære* 'Tuchmanger'; zu mhd. *wât* 'Kleidung, Kleidungsstück'; ↗ Menger
FN: Wadmenger
W: *Menger*
Syn: Tuchhändler

Lit: Barth 1:1114; Gottschald 518; Linnartz 257; Palla (1994) 297; Volckmann (1921) 195

Watsackmacher 'Handwerker, der Watsäcke herstellt'; d.s. Säcke oder Rucksäcke, in denen Kleider und andere Reiseutensilien transportiert wurden, entweder auf dem Rücken oder auf einem Pferd ❖ zu mhd. *wâtsac* 'Reisetasche, Mantelsack'; mnd. *wâtsack* 'Gewandsack, Reisetasche'
FN: Wadsack, Watsack
Vgl: Wätschgermacher

Lit: Adelung 4:417 (Watsack); Barth 1:1114; DudenFN 694; Linnartz 253; Schiller-Lübben 5:617

Wätschelbäcker Wetschelbäcker, Wetzelbäcker, Wetzelbecker 1. 'Schwarzbäcker, der keiner Zunft angehört und nur unter bestimmten Auflagen Brot in die Stadt bringen darf'. 2. 'Bäcker, der seine Arbeit [ohne Berechtigung und] ohne Zunftzugehörigkeit ausübt' ❖ Herkunft unklar; vermutlich zu *watscheln* wegen des langsamen schwerfälligen Ganges, wenn die Last auf dem Rücken vom Dorf in die Stadt trug; oder auch wegen der Form der Brote: *Wetzel* 'steinernes Krüglein; kugelfömiges Kinderspielzeug'
W: Bäcker*
Syn: Bönhase, Dorfbäcker, Landbäcker, Sudelbäcker

Lit: Barth 1:1114; Grimm 27:2592; Grimm 29:658; Hill / Kösling (2012) 34

Wätschgermacher Watschkermacher, Wetschenmacher, Wetschenmaker, Wetschgemacher, Wetzgermacher 'Handwerker, der Wätschgen, Watschken herstellt'; d.s. Geldtaschen, meist mit einem Metallbügel und einer Feder zum Zuschnappen; urspr. schlesisch ❖ zu poln. *wacek*, tschech. *váček* 'Tasche, Sack', dieses aus deutsch *Watsack* 'Kleidersack für die Reise'
Syn: Beutler
Vgl: Watsackmacher

Lit: Barth 1:1114; Grimm 27:2596

Watschkermacher ↗ Wätschgermacher

Wattenmacher 'Handwerker, der Watte herstellt'; *Watten* ist eine seit dem 17. Jh. bezeugte ältere Form für *Watte* ❖ zu niederld. *watten*, aus mlat. *wadda*
FN: Wattenmacher

Lit: Adelung (1778) 1:360; Grimm 27:2602; Kluge 973 (Watte)

Watter ↗ Water

Wattmann ↗ Watmann

Wattmenger ↗ Watmenger

Waxkerzler ↗ Wachskerzler

Wayner ↗ Weiner

Waysenschreiber ↗ Waisenschreiber

Waytmenger ↗ Watmenger

Wazsirzuger ↗ Wasserzieher

Webel ↗ Weibel

Weber Wobber, Wober, Wöber; lat. *textor*
Die wirtschaftliche Bedeutung der Weberei spiegelt sich in der Vielfalt von Synonymen und Komposita zu *Weber* sowie der Fachbegriffe für verschiedene Tucharten, die vielfach nicht mehr genau zu klären sind (z.B. *Kanevasweber, Tirteier, Kirseymacher, Kalmankmacher, Zitzweber*). Grundtypen der Weber sind die Wollweber (z.B. *Tuchweber, Sergeweber, Wobber*), Barchentweber (z.B.

Barchenter, Barchner), die Leinenweber (z. B. *Linnenweber, Leinwander, Leinenreider*), Baumwollweber (z. B. *Baumwollküper, Kölschenweber*), Seidenweber (z. B. *Baumseidenweber, Seidenwirker*) sowie Teppichweber (z. B. *Tapetenweber, Teppichwirker*). Daneben gibt es Bezeichnungen für die Hersteller verschiedener Nebenprodukte, z. B. *Fazinettliweber* für Taschentücher, *Litzenweber* für Borten und Bänder, *Ziechenweber, Ziechner* 'Bettzeugweber' ❖ mhd. *wëbære, wëber* 'Weber'
FN: Weber, Weeber, Webers, Waber, Wäber, Waeber, Wober, Wöber, Wobbe
W: Bandweber, Barchentweber, Baumseidenweber, BETTZIECHENWEBER, Bührenweber, Deckweber, Dickenweber, Distelweber, Drellweber, Dreyerweber, Fazenetliweber, Felbenweber, Garnweber, Gäuweber, Gingangweber, Haartuchweber, Hüllenweber, Kanevasweber, Kölschenweber, Kotzenweber, Kronentuchweber, Lakenweber, Leinenweber, Linnenweber, Litzenweber, Lodenweber, Posamentenweber, Raschweber, Reisenweber, Sammetweber, Sartuchweber, Sayenweber, Schmalweber, Schwabenweber, °Seidenbandweber, Seidenweber, Sergenweber, Störweber, Stückweber, Taffetweber, Tapetenweber, Tirteyweber, Traubenweber, Tuchweber, Weberknappe, Wollweber, Zeugweber, Ziechenweber, Zitzweber
Syn: Bandbereiter, Barchenter, Barchner, Breittuchmacher, Decklakener, Decktucher, Drapier, Dunker, Etoffemacher, Fitzer, Futtermacher, Grautucher, Grobgrünmacher, Grobtuchmacher, Heidenwirker, Kaffamacher, Kalmankmacher, Kirseymacher, Kotzenmacher, Leinwander, Loder, Marner, Mesolanmacher, Nufeler, Rascher, Raschmacher, Sayenmacher, Schlachtgewandner, Seidenwirker, Teppichmacher, Textor, Tirchermacher, Tirteier, Tucher, TUCHMACHER, Vierdrahtweber, Wandmacher, Wever, Zauer, Zeugmacher, Zeugwirker, Ziechner, Zindeler, Zwirner

Lit: Adelung 4:1419; Barth 1:1114; Diefenbach 582; DudenFN 693, 702; Frühmittellat. RWb; Gottschald 518; Grimm 27:2655; Grönhoff (1966) 26; Krünitz 235:186 (Weberei); Pies (2005) 179; Reith (2008) 248; Stutzer (1988); Zedler 53:885

Weberknabe ↗ Weberknappe

Weberknappe Weberknabe, Weferknape, Weverknape 'Leinenweber- oder Tuchmachergeselle' ❖ die niederdt. Form zu mnd. *wever* 'Weber'; mnd. *knape* 'junger, unverheirateter Mann'
W: Knappe, WEBER, Wever

Lit: Grimm 27:2663; Schiller-Lübben 2:496 (knape); Schiller-Lübben 5:703 (wever); SteirWb 621

Wechselherr 'Wechselhändler mit größerem Geschäftsumfang; Bankier'
W: Herr

Lit: Adelung 4:1421 (Wechselhändler); Barth 1:1115; Grimm 27:

Wechselschreiber 'Angestellter bei einem Bankier, der die Wechsel ausstellt'; er musste gebildet sein, da die Wechsel lateinisch geschrieben waren
W: Schreiber

Lit: Grimm 27:2760

Wechselsensal ↗ Sensal

Wechselwirt 1. 'Landwirt, der Wechselwirtschaft betreibt'; d. h. in der Fruchtfolge zwischen Bebauung des Bodens und Brache abwechselt. 2. 'Wirt, der in einem von der Gemeinde bestätigten Turnus geöffnet hat'; schweiz.
W: WIRT

Lit: Grimm 27:2778; Idiotikon 16:1652

Wechsler Wesseler, Weßler 1. 'Händler, der auf öffentlichen Plätzen Münzen umwechselt'. 2. 'Kaufmann, der Geldgeschäfte durchführt; Bankier'. 3. 'Zöllner'. 4. 'Leiter der Münzanstalt'. 5. 'Beamter einer herrschaftlichen Verwaltung, der den fälligen Zins einzieht' ❖ mhd. *wëhselære, wëhseler* 'Wechsler, Geldwechsler'; mnd. *wesseler* 'Wechsler'
FN: Wechsler, Wechseler, Wexler, Wexeler, Weksler, Wesseler
W: Geldwechsler
Syn: Geldgewerber, Geldmakler, Lombarde, Münzer

Lit: Adelung 4:1423; Barth 1:1115; DudenFN 702; Gottschald 519; Grimm 27:2780; Gruber/Ludwig (1982) 12; Hornung (1989) 133; Krünitz 235:364; Linnartz 258; Pies (2005) 68; Schiller-Lübben 5:698; SteirWb 622

Wechter ↗ *Wächter*

Weckbäcker Weckenbäcker, Wecker, Weckler 'Bäcker, der nur Weißbrot backt'; zu *Wecken*, regional unterschiedliches Gebäck, z.B. als länglich geformter Laib oder als längliches Brötchen. Die Form leitet sich von der Grundbedeutung 'Keil' ab ❖ mhd. *wecke, wegge* 'Keil; keilförmiges Backwerk, Brotweck'
FN: Wecker, Weckler
W: BÄCKER*
Syn: Weißbäcker
Vgl: Wegglibeck

Lit: Adelung 4:1423; Barth 1:1115; DudenFN 702; Gottschald 519; Grimm 27:2794; Krünitz 235:366 (Weck); Linnartz 258

Weckenbäcker ↗ *Weckbäcker*

Wecker ↗ *Weckbäcker*

Weckler ↗ *Weckbäcker*

Weddedener ↗ *Wettediener*

Weddeherr ↗ *Wetteherr*

Weddeknecht ↗ *Wetteknecht*

Weddeler ↗ *Wedeler*

Weddeschreiber ↗ *Wetteschreiber*

Wedeler Weddeler, Wedelmacher, Wedler, Wideler 1. 'Handwerker, der Wedeln herstellt'; bes. Weihwedeln für kirchliche Zwecke. 2. 'Bürstenbinder' ❖ zu mhd. *wadel, wedel* 'Büschelartiges zum Hin- und Herbewegen, Pinsel, Spreng-, Weihwedel'
FN: Wedler, Wedeler
Syn: Bürstenbinder, Waderlmacher

Lit: Barth 1:1115; DudenFN 703; Gottschald 519; Grimm 27:2826; Linnartz 258; Volckmann (1921) 296

Wedelmacher ↗ *Wedeler*

Wedemann ↗ *Widmann*

Wedler ↗ *Wedeler*

Wefer ↗ *Wever*

Weferknape ↗ *Weberknappe*

Wegbereiter ↗ *Wegebereiter*

Wegebereiter Wegbereiter 1. 'Beamter, der für die Erhaltung der öffentlichen Wege zu sorgen hat'; zu *bereiten* 'herrichten, vorbereiten'. 2. 'berittenes Aufsichtsorgan, das die Sicherheit auf den Straßen überwacht'; zu *Bereiter* 'Beamter, der seine Kontrollen zu Pferde durchführt' ❖ zu mhd. *wëc, wëg* 'Weg'; 1.: zu mhd. *bereiten* 'bereit machen, rüsten, bilden, ausrüsten'; 2.: zu mhd. *berîten* 'reiten auf (Weg, Pferd)'
W: *Bereiter*

Lit: Adelung 4:1427; Grimm 27:3074

Wegemacher ↗ *Wegmacher*

Wegemecher ↗ *Wegmacher*

Wegemeister ↗ *Wegmeister*

Wegener Waner, Wegner, Wehener, Wener, Weyner 'Wagner, Stellmacher'; norddt.; ältere Form für *Wagener* ❖ mnd. *wegener* 'Wagner, Wagenmacher'
FN: Wegener, Wegner, Wehner, Wenert, Wener, Weener, Wegeler, Wegler, Wechner
Syn: WAGNER

Lit: DudenFN 696, 704; Gottschald 520; Grimm 27:3105; Linnartz 258; Pies (2005) 176; Volckmann (1921) 160

Wegesetzer ↗ *Wegsetzer*

Weggeschauer ↗ *Wegschauer*

Wegglibeck 'Bäcker für Kleingebäck'; zu schweiz. *Weggli* 'Semmel, Brötchen'
W: Beck

Syn: BÄCKER*
Vgl: Weckbäcker
Lit: Idiotikon 4:1110

Wegleger 'Bergarbeiter, der im Stollen die Grubenschienen für die Fahrbahn der Hunte auflegt'
W: Leger
Lit: Fellner 644; Schraml (1934) 127

Wegmacher Wegemacher, Wegemecher 'Straßenarbeiter, der Straßen reinigt und ausbessert'; in ländlichen Gemeinden bis ins 20. Jh. üblich
Lit: Grimm 27:3126; Idiotikon 4:55; Volckmann (1921) 286

Wegmeister Wegemeister 1. 'Beamter, der für die Erhaltung der Wege und Straßen zuständig ist'; noch heute bes. schweiz. 2. 'Straßenarbeiter'
FN: Wegmeister, Wegemeister
W: Meister
Lit: Grimm 27:3128; Idiotikon 4:533; Linnartz 258

Wegner ↗ Wegener

Wegschauer Weggeschauer 1. 'Beamter, der für die Kontrolle der Wege und deren Instandhaltung zuständig ist'; schweiz. 2. 'behördlich beauftragter Kontrolleur der Deiche und der Wege darauf'; norddt.
W: SCHAUER
Syn: DEICHGRAF, Straßenbeschauer
Lit: Barth 1:1116; Idiotikon 8:1631

Wegsetter ↗ Wegsetzer

Wegsetzer Wegesetzer, Wegsetter 1. 'Handwerker, der Pflastersteine setzt'. 2. 'Handwerker, der Wege und Straßen baut'
FN: Wegsetzer
W: Setzer
Lit: Bothe (1906) 58, 154; Grimm 27:3139; Volckmann (1921) 286

Wegübergeher ↗ Übergeher

Wehemutter ↗ Wehmutter

Wehener ↗ Wegener

Wehenmutter ↗ Wehmutter

Wehfrau 'Hebamme' ❖ jüngere und seltenere Entsprechung zu ↗ Wehmutter
W: Frau
Syn: HEBAMME*
Lit: Adelung 4:1437; Barth 1:1116; Grimm 28:99

Wehldreher Wehlendreher 'Drechsler'; zum niederdt. Wort für 'Spinnrad', dem Hauptprodukt der Drechsler ❖ bes. ostfries. *weel*, mnd. *wêl* 'Rad, Spinnrad', verwandt mit engl. *wheel* 'Rad'
W: Dreher
Syn: DRECHSLER, Rader, Rädermacher, Rädker
Lit: Grimm 28:116; Lindow 243 (Weel); Schiller-Lübben 5:659

Wehldreier Wehldreyer, Welendreier ↗ 'Wehldreher'
W: Dreier
Lit: Schiller-Lübben 5:659

Wehldreyer ↗ Wehldreier

Wehlendreher ↗ Wehldreher

Wehmutter Wehemutter, Wehenmutter, Wemotter 'Hebamme'; *Mutter* wird auch allgemein für eine Person verwendet, die für jemanden besondere Sorge trägt ❖ zu mhd. *wê* 'Schmerz, Wehen'
W: Mutter
Syn: HEBAMME*
Lit: Adelung 4:1437; Barth 1:1116; Grimm 28:97, 143; Höfer 2:39; Kluge 975; Pies (2002c) 10; Pies (2005) 71; Zedler 15:651

Wehrer 'Arbeiter, der beim Bau von Wehranlagen und Uferschutzbauten beschäftigt ist'; zu *das Wehr* 'Stauwerk in einem fließenden Gewässer' ❖ zu mhd. *wer* 'Waffe; Wehr in einem Fluss'
Lit: Fellner 645

Wehrmeister ↗ Währmeister

Wehrschläger Wöhrschläger 'Bergarbeiter im Salzbergbau, der bei der Herstellung eines Wehres beschäftigt ist'; *Wöhr-* ist eine hyperkorrekte Lautung von *Wehr*
W: *Schläger*

Lit: Fellner 646 (Wöhrschlagen); Veith 567

Weib Soweit es berufliche Tätigkeiten betrifft, hat *Weib* im Wesentlichen drei Bedeutungen: 'Händlerin' (z.B. *Aschenweib, Beinerweib, Fratschelweib, Lawendelweib, Milchweib, Schwammweib*), 'Betreuerin' (z.B. *Kammerweib, Wartsweib*) und im Besonderen 'Hebamme' (z.B. *Badeweib, Kinderweib*). *Weib* ist urspr. das allgemeine Wort und erfuhr die Abwertung erst im 19. Jh., vereinzelt begann aber schon im Mittelalter die Entwicklung, dass *Weib* eher für Frauen niedrigeren Standes verwendet wurde. – *Fahrende Weiber* waren 'Frauen unter dem fahrenden Volk; Prostituierte' ❖ mhd. *wîp, wîb* 'Weib allgemein, und zwar: Gegensatz zu *Mann*; Gemahlin; Gegensatz zu *Frau, Herrin, Dame*'
W: Aschenweib, Badeweib, Beinerweib, Fratschelweib, Germweib, Kammerweib, Kerntragerweib, Kinderweib, Lavendelweib, Milchweib, Schwammweib, Urtelweib

Lit: Adelung 4:1440; Barth 1:1117; Grimm 28:329; Krünitz 235:546; Volckmann (1921) 324

Weibel Waibel, Webel 1. 'Gerichtsdiener, Gehilfe des Gerichts bei der Vorbereitung der Verhandlung'. 2. 'Bote des Gerichts, der das Urteil zu überbringen hat, Vollstreckungsorgan in Straf- und Zivilsachen'. 3. 'untergeordneter Angestellter in einem Amt, bei Gericht'; noch heute schweiz. 4. 'mit der Administration in bestimmten öffentlichen Einrichtungen, Vereinen, Dorfgemeinschaften Betrauter'; noch heute schweiz. 5. 'Verwaltungsbeamter, Leiter der Behörde eines Amtsbezirks oder einer Gemeinde' ❖ mhd. *weibel* 'Gerichtsbote, -diener'
FN: Waibel, Waibl, Webel, Waible
W: Älperweibel, °Amtsweibel, Chorweibel, Dingweibel, Feldweibel, Gerichtsweibel, Gescheidweibel, Hurenweibel, °Ratsweibel, °Stadtweibel, Standesweibel, Turmweibel

Syn: BÜTTEL, FRONBOTE, Leiterer, Weisbote

Lit: Adelung 4:1442; Barth 1:1117; DRW 1:598 (Amtsweibel); DudenFN 695; Gottschald 520; Grimm 28:377; Idiotikon 15:109, 122, 132; Linnartz 259; Pies (2001) 37; Pies (2005) 46

Weichbinder 'Böttcher, Fassbinder, der Gefäße, Fässer aus weichem Tannenholz herstellt'; Benennung nach dem verwendeten Weichholz
W: *Binder*
Ggs: Hartbinder

Lit: Gehl (2000) 113

Weicher 'Fischer, der die hart gedörrten Fische einweicht, kochfertig vorbereitet und verkauft' ❖ zu mhd. *weichen* 'weich werden, weich machen'
W: Fischweicher

Lit: Barth 1:1118; Grimm 28:509

Weichtrager 'Arbeiter in der Saline, der das zerstoßene, „weiche" Salz aus den Trockenkammern auf die die Schiffe trägt'
W: *Träger*
Ggs: Harttrager

Lit: Schmeller 2:833

Weideknecht ↗ Weidknecht

Weidemann ↗ Weidmann

Weidener ↗ Weidner

Weidfärber ↗ Waidfärber

Weidgaumer Weidgäumer 'Aufseher über die Alp' ❖ zu mhd. *goumen, göumen* 'Wache halten, beobachten, hüten'
W: Gaumer
Syn: Alpmeister, Alpschirmer, Alpvogt

Lit: Idiotikon 2:305

Weidgäumer ↗ Weidgaumer

Weidgießer ↗ Waidgießer

Weidknecht Weideknecht 1. 'Gehilfe des Försters'. 2. 'Gehilfe des Sennen auf der Alp'; er hatte die Wiesen von Steinen zu säubern, Vieh zu hüten usw.
W: KNECHT
Lit: Barth 1:1118; Grimm 28:560; Idiotikon 3:732

Weidmann Weidemann, Weydmann 1. 'Jäger'. 2. 'Fischer'; *Weide* hatte urspr. eine allgemeinere Bedeutung und bezog sich auf Fischfang und Jagd, heute gilt sie vor allem für die Viehweide ❖ mhd. *weideman* 'Jäger'
FN: Weidmann, Weidemann, Waidmann
W: Feldweidmann
Syn: Fischer*, *Jäger**
Lit: Adelung 4:1448; Barth 1:1118; DudenFN 706; Gottschald 521; Grimm 28:611; Idiotikon 4:283; Linnartz 259; Paul 1029; Pies (2005) 76

Weidner Weidener 1. 'Jäger'; dazu gehört die häufigere Bedeutung 'Jagdmesser'. 2. 'Viehhirt' ❖ mhd. *weidenære, weidener* 'Jäger; Jagdmesser'
FN: Weidner, Weidener, Weydner, Weydener
Syn: *Jäger**
Lit: Barth 1:1118; DudenFN 706; Gottschald 521; Grimm 28:619; Idiotikon 15:537; Linnartz 259; Schmeller 2:853

Weiherknecht 1. 'Gehilfe des ↗ Weihermeisters'. 2. 'Person, die die Teiche einer Fischzucht oder einer Mühle betreut'
W: KNECHT
Lit: Hüster Plogmann (2006) 157

Weihermeister Weyermeister 'Beamter, der die Aufsicht über die Fischteiche hat'; zu *Weiher* 'Teich' allgemein oder 'für Fischzucht, Bewässerung angelegter künstlicher Teich' ❖ zu mhd. *wîwære, wîwer, wîher, wîger, wîære, wîer* 'Weiher' aus lat. *vivarium* 'Fischbehälter', zu lat. *vivus* 'lebendig'
Syn: Fischherr, Fischmeister, Keiper
Lit: Barth 1:1119; Grimm 28:698

Weilarbeiter 'Bergmann, der Arbeit außer seiner Schicht als Überstunden (Weilarbeit) verrichtet'; zu *in der Weile*, d.h. in der Freizeit
W: Arbeiter

Lit: Adelung 4:1455 (Weilarbeit); Fellner 646; Grimm 28:787; Veith 568

Weinamer ↗ Weinemmerer

Weinaufschläger ↗ Aufschläger

Weinbeschauer ↗ *Beschauer*

Weinborner ↗ Weinbrenner

Weinbrenner Weinborner 'Branntweinbrenner'; Branntwein wurde auch als Arznei verwendet, daher hatte der Beruf eine Nähe zu den Badern ❖ mhd. *wînbrenner*; zu mhd. *burnen, bornen*, einer Nebenform zu *brennen, bernen* 'brennen' (vgl. engl. *burn*)
FN: Weinbrenner, Weinbörner
W: Brenner
Syn: Branntweiner, Wasserbrenner
Lit: Barth 1:1119; DudenFN 708; Gottschald 521; Grimm 28:874; Linnartz 259; Volckmann (1921) 46

Weinemmerer Weinamer 1. 'Beamter, der die Weinmenge misst und die Fässer eicht'. 2. 'Arbeiter in einer Weinhandlung, der Weinfässer verlädt' — in Bayern; zu *Emmer* 'Eimer', als Flüssigkeitsmaß für Wein ❖ zu mhd. *eimer, eimber, einber* 'Eimer', aus lat. *amphora* 'Gefäß mit zwei Handhaben'
W: Emmerer
Syn: VISIERER
Lit: Barth 1:1119; Grimm 28:878; Schmeller 1:75

Weiner Wayner, Weyner 'Wagner, Stellmacher'; nach einer zusammengezogenen mitteldt. Form für *Wagner*
FN: Weiner, Weinert, Weyner, Wayner
Syn: WAGNER
Lit: DudenFN 696, 708; Gottschald 522; Linnartz 258, 260, 262

Weinfahrer ↗ Weinführer

Weinfaktor ↗ *Faktor*

Weinführer Weinfahrer 1. 'Weinhändler und Inhaber einer Weinschenke'. 2. 'Fuhrmann, der Wein transportiert'

W: *Führer*
Syn: Weinhöker

Lit: Barth 1:1120; Grimm 28:916

Weingartenübergeher ⌐ Übergeher

Weingartner ⌐ WEINGÄRTNER

WEINGÄRTNER Weingartner; lat. *vindemiator* 'Winzer'; selten ❖ mhd. *wîngartener, wîngertener, wîngarter, wîngerter* 'Weinbauer'
FN: Weingärtner, Weingartner, Weingärtler, Weingartler, Weingerter
W: Gärtner
Syn: Baumann, Hacker, HAUER, KELTERER, Reber, Rebmann, Weinhauer, Weinmann, Weinzettl, Weinzettler, Weinzierl, Weinzüger, Wimmer, Wingerter, Wingertsmann

Lit: Adelung 4:1458; Barth 1:1120; Diefenbach 620; DudenFN 708; Frühmittellat. RWb; Gottschald 522; Grimm 28:923; Linnartz 260; Pies (2005) 183

Weingewerber 'Weinhändler'; schweiz.
W: Gewerber

Lit: Grimm 28:930; Idiotikon 16:1140

Weinhäcker Weinhecker 1. 'Arbeiter, der zur Arbeit auf dem Weinberg angestellt ist'. **2.** 'Weingärtner' — zu *hacken* 'mit der Hacke den Boden bearbeiten' ❖ zu mhd. *wînhacken* 'umgraben'; zu mhd. *hecker* 'Hacker, Holzhacker; Weinhacker, Weinbauer'
W: Hacker

Lit: Barth 1:1120; Grimm 28:934

Weinhauer 'Winzer'; heute noch österr.; dazu das Wort *Hauerwein* 'direkt vom Winzer ausgeschenkter oder vermarkteter Wein'
W: HAUER
Syn: WEINGÄRTNER
Vgl: Fleischhauer

Lit: Ebner (2009) 165, 415; Grimm 28:936

Weinhecker ⌐ Weinhöker, Weinhäcker

Weinhegker ⌐ Weinhöker

Weinherr Winherr 1. 'Ratsherr, der für die städtischen Weingärten und Keller zustän-dig ist'. **2.** 'Besitzer eines großen Weinbergs, Weinguts'. **3.** 'Weingroßhändler' ❖ mnd. *wînhere* 'Weinherr, den den Ratswein zu besorgen hat'
W: Herr

Lit: Adelung 4:1458; Barth 1:1120; Grimm 28:939; Schiller-Lübben 5:727; Volckmann (1921) 44

Weinhöker Weinhecker, Weinhegker 'Kleinhändler, der mit Wein handelt'
W: Höker
Syn: Weinführer, Weinmann

Lit: Barth 1:1120

Weinhüter Weinhüther 'Wächter in einem Weinberg'; verkürzt aus *Weinberghüter*
W: Hüter

Lit: Adelung 4:1459; Barth 1:1120; Galler (1979); Grimm 28:941; Grünn (1968)

Weinhüther ⌐ Weinhüter

Weinkieper ⌐ Weinküfer

Weinkieser 'Beamter, der den Wein prüft und die Steuern festsetzt' ❖ zu mhd. *wînkieser* 'amtlich bestellter Weinprüfer', zu mhd. *kiesen* 'prüfend kosten, schmeckend prüfen'
W: Kieser
Syn: VISIERER, Weinmesser, Weinschätzer, Weinvisierer

Lit: Barth 1:1120; Grimm 28:951; Heinsius 4:717

Weinkipper 'Händler, der Wein in kleinen Mengen verkauft'; oft mit dem Nebensinn des Betrügens oder Verfälschens; übertragen von *Kipper* 'Münzfälscher'
W: Kipper

Lit: Barth 1:1121; Grimm 28:951; Heinsius 4:717; Volckmann (1921) 136

Weinknecht 1. 'Finanzbeamter, der die Wirte beim Weinverkauf kontrolliert und die indirekte Steuer auf Getränke einnimmt'. **2.** 'Arbeiter im Weinberg oder in der Kellerei' ❖ mhd. *wînknëht* 'Weinzapfer'

FN: Weinknecht
Syn: Ungelder

Lit: Barth 1:1121; Gottschald 521; Grimm 28:951; Linnartz 260; Volckmann (1921) 45

Weinküfer Weinkieper, Weinküper **1.** 'Böttcher, der Weinfässer herstellt oder bindet'. **2.** 'Weinfachmann, der die Kellerei und Weinfässer betreut und die Gäste in der Weinschenke bedient'; *Weinküper* ist die niederdt. Form
W: Küfer
Syn: BÖTTCHER

Lit: Barth 1:1121; Grimm 28:954; Krünitz 236:517

Weinküper ↗ Weinküfer

Weinleiterer ↗ Leiterer

Weinleser 'Bauer, Arbeiter, der in der Weinlese arbeitet, Trauben abpflückt' ❖ mhd. *wînlëser* 'Winzer'
W: Leser

Lit: Barth 1:1121; Grimm 28:962

Weinleute ↗ Weinmann

Weinmann Plural: *Weinleute* **1.** 'Winzer'. **2.** 'Wirt einer Weinschenke'. **3.** 'Weinhändler'. **4.** 'Beamter, der die Aufsicht über den Weinhandel innehat; Weinprüfer'; norddt. ❖ mhd. *wînman* 'Weinbauer, Weinhändler, -schenke'
FN: Weinmann, Weimann
W: Mann
Syn: WEINGÄRTNER, Weinhöker

Lit: Barth 1:1121; DudenFN 708; Gottschald 521; Grimm 28:965; Hornung (1989) 134; Idiotikon 4:286; Linnartz 260; Schiller-Lübben 5:730; Volckmann (1921) 43

Weinmeier 'Pächter oder Betriebsleiter eines Weinguts'
FN: Weinmeier, Weinmeyer, Weinmeyr, Weinmayer, Weinmayr, Weinmair, Weinmaier
W: Meier

Lit: Barth 1:1121; Heinsius 4:717; Linnartz 260

Weinmeister **1.** 'in einem Weingut angestellter Fachmann im Weinbau'. **2.** 'höfischer Beamter oder Ratsherr, der für die Weingärten und Kellereien zuständig ist' ❖ mhd. *wînmeister*
FN: Weinmeister
W: Meister

Lit: Adelung 4:1460; Barth 1:1121; Gottschald 521; Linnartz 260; Pies (1977) 102

Weinmesser lat. *mensurator vini* 'behördlich Beauftragter, der die Weinmenge misst und die Fässer eicht'; in manchen Gegenden durften der Wirt und seine Helfer den Wein nicht selbst ausmessen, sondern mussten dies von einem *Weinmesser* besorgen lassen, der auch andere Kellerarbeiten übernahm. Die Schankgefäße mussten amtlich markiert sein und durften nur offen auf dem Schanktisch gehandhabt werden ❖ mhd. *wînmëʒʒer* 'amtlich bestellter Weinmesser'
FN: Weinmesser
W: Messer
Syn: VISIERER, Weinkieser, Weinschätzer, Weinvisierer

Lit: Barth 1:1121; Benker (1974) 175; Gottschald 521; Grimm 28:967; Krünitz 236:520; Zedler 54:1029

Weinprobst ↗ Propst

Weinriefer ↗ Weinrufer

Weinroyer ↗ Royer

Weinrufer Weinriefer, Weinrüffer, Weinsager, Weinschreier **1.** 'Person, die öffentlich verkündet, wo neuer Wein ausgeschenkt oder verkauft wird'. **2.** 'städtischer Beamter, der den Weinausschank kontrolliert und die Steuern festsetzt'
FN: Weinrufer, Weinriefer
Vgl: Bierrufer

Lit: Barth 1:1122; Gottschald 521; Grimm 28:985; Idiotikon 6:713; Idiotikon 7:422; Linnartz 260; PfälzWb 6:1201 (Weinschreier); Volckmann (1921) 45

Weinrüffer ↗ Weinrufer

Weinsager ↗ Weinrufer

Weinschänk ↗ Weinschenk

Weinschanker ↗ Weinschenk

Weinschänker ↗ Weinschenk

Weinschätzer 'Beamter, der den Wein prüft und den Preis festsetzt' ❖ mhd. *wînschatzer* 'Weintaxierer'
W: Schätzer
Syn: Weinkieser, Weinmesser, Weinvisierer
Lit: Barth 1:1122; Grimm 28:987; Idiotikon 8:1692

Weinschenk Weinschänk, Weinschanker, Weinschänker, Weinschenke, Weinschenker, Winschenke; lat. *viniarius, vinitor* 1. 'Wirt, der nur Wein ausschenkt, meist aus Eigenbau; Inhaber einer Weinschenke'. 2. 'Weinhändler'. 3. 'Hofbeamter, der an der Tafel für den Weinausschank zuständig ist' ❖ mhd. *wînschenke, wînschenker* 'Weinschenker'; auch ↗ Schenk
FN: Weinschenk, Weinschenker
Syn: WIRT
Lit: Adelung 4:1461; Barth 1:1122; Diefenbach 620; DudenFN 708; Frühmittellat. RWb; Gottschald 521; Grimm 28:989; Idiotikon 8:934; Krünitz 236:570 (Weinschank); Linnartz 260; Pies (2005) 185; Volckmann (1921) 45; Zedler 54:780

Weinschenke ↗ Weinschenk

Weinschenker ↗ Weinschenk

Weinschreiber Winscrivere 'Beamter, der den [auf Schiffen] angelieferten Wein nach Art und Menge aufnimmt'
W: *Schreiber*
Lit: Grimm 28:990; Idiotikon 9:1557

Weinschreier ↗ Weinrufer

Weinschrod ↗ Weinschröter

Weinschröder ↗ Weinschröter

Weinschrödter ↗ Weinschröter

Weinschröer ↗ Weinschröter

Weinschröter Weinschrod, Weinschröder, Weinschrödter, Weinschröer, Weinschrotter, Winschroder, Winschröter, Winscroder 1. 'Arbeiter, der Weinfässer transportiert'. 2. 'Arbeiter, der Weinfässer in den Kellern lagert und von dort wieder an die Abnehmer bringt' ❖ ↗ Schröter; zu mnd. *wînschroden* 'Wein schröten; rollen, auf- und abladen'
FN: Weinschröder, Weinschroeder
W: Schröter
Syn: Fasszieher, Kneveler, Leiterer, Weinverlasser, Weinzieher, Zuckwerker
Vgl: Bierschröter
Lit: Adelung 4:1461; Barth 1:1122; Gottschald 521; Grimm 28:990; Krünitz 236:571; Linnartz 260; PfälzWb 6:1201; Schiller-Lübben 5:733; Wendel (1923) 108

Weinschrotter ↗ Weinschröter

Weinspünder ↗ Spünder

Weinstecher Weinsticher 1. 'Beamter, der Wein vor dem Verkauf kostet und prüft zwecks Qualitätskontrolle oder Abgabenbemessung für die Steuer'. 2. 'Weinhändler' — häufiger verwendet als Bezeichnung für eine Käferart ❖ mhd. *wînstëcher, wînsticher* 'Weinmakler'
FN: Weinsticher, Weinstecher, Weinstich
W: Stecher
Syn: VISIERER
Vgl: Bierstecher
Lit: Adelung 4:1461; Bahlow (1967) 539; Barth 1:1122; Brechenmacher 2:771; Gottschald 521; Linnartz 260; PfälzWb 6:1202; Seebach / Halfer (1991); Volckmann (1921) 44

Weinsticher ↗ Weinstecher

Weinstreicher 'Weinprüfer'; der Prüfer strich mit einem Streichholz über das gefüllte Hohlmaß
W: *Streicher*
Lit: Idiotikon 11:1986 (strîchen), 2023

Weintapper ↗ Weinzapfer

Weintäzer ↗ Täzer

Weintzer ↗ Weinzierl

Weinverlasser 1. 'Weinverlader und -händler'. 2. 'Weinabzapfer' — norddt. ❖ zu mhd. *verlâʒen verlân* 'fort-, loslassen, fahren lassen; überlassen, übergeben'
Syn: Fasszieher, Kneveler, Leiterer, Schröter, Weinschröter, Weinzieher, Zuckwerker
Lit: Barth 1:1122; Grimm 28:1003

Weinvisierer Weinvisitierer 1. 'vereidigte Person, die Wein vor dem Verkauf kostet und prüft zwecks Qualitätskontrolle oder Abgabenbemessung für die Steuer'. 2. 'Beamter des Eichamts, der die Weinfässer eicht'; der Inhalt von Weinfässern wurde für Steuerzwecke mit *Visierruten* ermittelt. Diese wurden durch das obere Spundloch des Fasses schräg zu den beiden geraden Seitenwänden zum inneren unteren Ansatz der Dauben geführt. ❖ zu mhd. *visierer* 'Eicher, Eichmeister'; zu franz. *viser* 'aufmerksam beobachten', aus lat. *visum*, Partizip zu *videre* 'sehen'
W: VISIERER
Syn: Weinkieser, Weinmesser, Weinschätzer
Lit: Adelung 4:1461; Barth 1:1119; Echo Online; Grimm 28:1003; Krünitz 236:574; Zedler 54:1029

Weinvisitierer ↗ Weinvisierer

Weinzapfer Weintapper, Weinzapper 1. 'Wirt, der Wein ausschenkt oder verkauft'. 2. 'Böttcher, der Weinfässer mit Zapfen versieht' ❖ mhd. *wînzapfer* 'Weinverzapfer, -schenk'
FN: Weinzapper, Weintapper
W: Zapfer
Lit: Barth 1:1122; Grimm 28:1008; Matheus (2003) 108; Volckmann (1921) 45

Weinzapper ↗ Weinzapfer

Weinzettl 'Weinhauer, Winzer'; die Herkunft ist nicht eindeutig; entweder besteht ein Zusammenhang mit *zetten* 'das Heu zum Trocknen ausbreiten', in Ostösterreich ausgeweitet auf Tätigkeiten im Weinberg, oder mit *Sedel* 'Siedler', vgl. ↗ Sedelhöfer, Sedelmann; ❖ zu mhd. *zetten, zeten* 'streuen, zerstreut fallen lassen, ausbreiten' (Bahlow); oder zu mhd. *sëdel* 'Sitz, Sessel; Sitz, Land-, Wohnsitz', aus lat. *sedile* 'Sitz'; oder zu slawisch *sedlak* 'Bauer', das auch in eingedeutschten Familiennamen, wie *Zedlach, Zedlich* vorkommt (Gottschald)
FN: Weinzettl, Weinzettel, Weinzettler
Syn: WEINGÄRTNER
Lit: Bahlow (1967) 539; Gottschald 544

Weinzettler 'Winzer, Weinhauer' ❖ bair. mhd. *wînzürl, wînzürle* 'Winzer', ↗ Weinzierl; im 14./15. Jh. ins Ungarische entlehnt als *vincellér* (mit der Endung -*er*, nach dem Muster anderer Berufsbezeichnungen). Bei der Rückentlehnung ins Deutsche volksetymologische Anlehnung an die Wortform *Zettel*
FN: Weinzettl, Weinzettel, Weinzettler
W: Zettler
Syn: WEINGÄRTNER
Lit: Bahlow (1967) 539; Gehl (2003) 1058; Gehl (2005) 1144; Gottschald 544; Schmeller 2:928

Weinzieher 'Person, die Weinfässer verlädt'
W: Zieher
Syn: Fasszieher, Kneveler, Leiterer, Schröter, Weinschröter, Weinverlasser, Zuckwerker
Lit: Barth 1:1122; Grimm 28:1008

Weinzierl Weintzer, Weinzirl 1. 'Weinhauer, Winzer'. 2. 'Aufsicht über die Hilfskräfte im Weinberg' ❖ mhd. *wînzürl, wînzürle, wînzürler* 'Winzer', aus lat. *vinitor* 'Winzer', angelehnt an mhd. *zeran* 'zupfen'
FN: Weinzierl, Weinzirl, Weinzierle, Weinziehr
Syn: WEINGÄRTNER
Lit: Barth 1:1122; DudenFN 708; Gottschald 522; Kluge 979; Palla (2010); Pies (2005) 183; Schmeller 2:928; Volckmann (1921) 3, 42; WienerWb 769; Zedler 57:1027

Weinzirl ↗ Weinzierl

Weinzüger Weinzügler 'Winzer'; bes. schweiz., entspricht bair. ↗ Weinzierl

Syn: WEINGÄRTNER

Lit: Balthasar (1785) 1:93; Campe 5:737; Häußler (2008) 202; Nas (1573) 1:260

Weinzügler ↗ Weinzüger

Weisbot ↗ Weisbote

Weisbote Weisbot, Weisbothe 'Beamter, der im Auftrag des Rates oder des Gerichts Botendienste erledigt und Urteile zustellt' ❖ mhd. *wîsbote*; zu mhd. *wîsen* 'anweisen, belehren; warnen, abmahnen'
W: BOTE*
Syn: BÜTTEL, Weibel

Lit: Barth 1:1123; Grimm 28:1011; Paul 1032; SteirWb 628; Wiesand (1762) 1249

Weisbothe ↗ Weisbote

weise Frau ↗ Weisfrau

weise Mutter ↗ Weismutter

Weisemutter ↗ Weismutter

Weisfrau weise Frau, Weißfrau 'Hebamme'; *weise* in der Bedeutung 'kundig und erfahren, bes. auch in geheimem Wissen'; Hebammen galten als erfahren in allen Belangen der Geburtshilfe, aber auch in anderen gesundheitlichen Fragen
W: *Frau*
Syn: HEBAMME*, Weismutter

Lit: Grimm 28:1022, 1109; Hartmann (1998) 213; Pies (2005) 71

Weismutter weise Mutter, Weisemutter 'Hebamme'
Syn: HEBAMME*, Weisfrau

Lit: Grimm 28:1022 (weise), 1078; RheinWb 9:388

Weißarbeiter 1. 'Anstreicher, Tüncher'. 2. 'Handwerker, der mit verzinnten oder verzinkten Materialien, z.B. Weißblech, arbeitet'; *weiß* zur Bezeichnung heller im Ggs. zu dunkelfarbigen Metallen. Vgl. ↗ Weißnagelschmied
Syn: KLEMPNER*, TÜNCHER, Weißbinder

Weißbäck ↗ Weißbäcker

Weißbäcker Weißbäck, Weißbeck, Weißbecker 'Bäcker, der Gebäck aus Weizenmehl herstellt'
FN: Weissbeck, Weißbeck, Weissbecker, Weißbecker
W: BÄCKER*
Syn: FEINBÄCKER, Losbäcker, Semmelbäcker, Semmler, Weckbäcker, Weizenbäcker
Ggs: Fastbäcker, Festbäcker, Schwarzbäcker

Lit: Adelung 4:1467; Barth 1:1123; Grimm 28:1200; Linnartz 215, 261; Pies (2002d) 26; Reith (2008) 22; WBÖ 2:792

Weißbänder ↗ Weißbinder

Weißbeck ↗ Weißbäcker

Weißbecker ↗ Weißbäcker

Weißbender ↗ Weißbinder

Weißbierbrauer Weißbrauer, Witbruwer, Wittbrouwer 'Bierbrauer, der obergäriges Weizenbier braut'; im Ggs. zum *Braunbier* ❖ zu mhd. *wîȝ* 'weiß; glänzend hell', verwandt mit *Weizen*; *weiß* bezeichnet urspr. nicht nur den Farbwert, sondern das silbrig Glänzende und Helle im Ggs. zum Dunkeln; mnd. *witbrouwer* 'Weißbierbrauer'
W: BIERBRAUER*
Ggs: Braunbierbrauer, Rotbierbrauer

Lit: Adelung 4:1467 (Weißbier); Barth 1:1123; Dicklberger 539; Grimm 28:1201 (Weißbier); Hoffmann Wb 6:640; Schiller-Lübben 5:747

Weißbinder Weißbänder, Weißbender 1. 'Böttcher, Fassbinder, der kleinere Gefäße aus weichem Nadelholz herstellt'. 2. 'Anstreicher, Maler; bes. mitteldt. ❖ 1.: zu mhd. *wîȝ* 'weiß', auch allgemein 'relativ hell', z.B. von Brot, Holz; 2.: zu *weiß binden* 'anstreichen, tünchen'
Syn: Bender, Kleinbinder, Stubenmaler, Tuffenmacher, TÜNCHER, Weißarbeiter

Ggs: Rotbinder, Schwarzbinder

Lit: Adelung 4:1468; Barth 1:1123; Grimm 28:1201; Paul 1032; Pies (2002a) 43; Pies (2005) 32; Reith (2008) 34; Sulzenbacher (2002) 62; Zedler 54:1245

Weißbitner ↗ Weißbüttner

Weißbrauer ↗ Weißbierbrauer

Weißbüttner Weißbitner 1. 'Böttcher, Büttner, der kleinere Gefäße aus weichem Fichtenholz herstellt'. 2. 'Anstreicher, Maler' ❖ mhd. wîʒ 'weiß', auch allgemein 'relativ hell', z. B. von Brot, Holz
W: Büttner
Syn: Tüncher
Ggs: Schwarzbüttner

Lit: Barth 1:1123

Weißdreher 'Arbeiter in der Porzellanfabrik, der die Porzellanpaste auf der Töpferscheibe zu Tellern, Schüsseln usw. formt'
W: Dreher

Lit: Keess (1824) 2:819

Weißer Weißger, Weißler, Weißner 'Tüncher, Anstreicher'; zu weißen, weißeln (oberdt.), weißnen, weißigen 'weiß anstreichen' ❖ mhd. wîʒen 'weiß machen, tünchen'
FN: Weißer, Weisser, Weißler, Weißner, Weiser
Syn: Ausweißer, Tüncher, Wißler

Lit: Adelung 4:1468; Barth 1:1124; DudenFN 709; Gottschald 522, 523; Grimm 28:1208, 1220; Linnartz 261; Pies (2005) 94; Reith (2008) 144

Weißfärber 1. 'Tüncher, Maler'. 2. 'Handwerker, der das Fachwerk mit nassem Lehm, vermischt mit gehäckseltem Stroh, füllt und verstreicht'. 3. 'Handwerker, der aus Wachs, Garn und Gewebe die Farbe entfernt' ❖ mhd. wîʒ 'weiß', auch allgemein 'relativ hell'.
W: Färber*
Syn: Bleicher, Kleiber, Tüncher

Lit: Grimm 28:1209

Weißfrau ↗ Weisfrau

Weißgärber ↗ Weißgerber

Weißger ↗ Weißer

Weißgerber Weißgärber, Weissgerber, Weußgärber, Witgerber, Witgerwer, Wittgarver, Wittgarwer, Wittger, Wittgerber; lat. albicerdo, alutarius, candidarius 'Gerber, der mit Alaun durch Salzgerbung feinere Ledersorten für Bekleidung herstellt'; verwendet wurden bes. Kalbs-, Ziegen- und Schaffelle ❖ mhd. wîʒgerwer, wîʒgerber 'Weißgerber'; mnd. witgerwer, witgerer 'Weißgerber', zu mnd. wit 'weiß'
FN: Weißgerber, Weissgerber, Weißgärber, Weissgärber
W: Gerber*
Syn: Alaungerber, Weißkircher
Ggs: Lohgerber, Rotgerber

Lit: Adelung 4:1469; Barth 1:1124; Diefenbach 27, 94; DudenFN 710; Gottschald 522; Grimm 28:1212; Hanisch (1905) 29; Linnartz 261; Pies (2005) 57; Reith (2008) 82; Schiller-Lübben 5:749; Volckmann (1921) 121

Weissgerber ↗ Weißgerber

Weißgießer 'Zinngießer'; seltener, analog zu den Farben der Rot-, Schwarz-, Gelbgießer
W: Gießer
Ggs: Schwarzgießer

Lit: Barth 1:1124; Grimm 28:1214; Zedler 62:947 (Zinngiesser)

Weißhafner 'Töpfer, Hafner, der Tonwaren aus unvermischtem Ton im Brennofen bei gutem Luftzug in der Naturfarbe des Tons hellrot oder hellgelb brennt'; hergestellt wurde bes. Geschirr (Schüsseln, Krüge, Töpfe) in einfacher Ausführung für ländliche Abnehmer
W: Hafner
Syn: Töpfer
Ggs: Schwarzhafner

Lit: Barth 1:1124; Wiesinger (1937) 90

Weißkircher ↗ 'Weißgerber'
Syn: Gerber*, Weißgerber

Lit: Barth 1:1124

Weißkramer ↗ Weißkrämer

Weißkrämer Weißkramer 'Krämer, der mit weißer Leinwand, Bett- und Tischwäsche handelt'
W: KRÄMER

Lit: Adelung 4:1469 (Weißkram); Grimm 28:1219

Weißküfer ↗ 'Küfer, der vor allem Holzbehälter für Haushalt und Milchwirtschaft herstellt'; bes. schweiz.; *weiß* bezieht sich auf das verwendete helle, weiche Holz; der Beruf ist regional als Hersteller von Gegenständen für die Sennerei noch erhalten
W: Küfer
Syn: BÖTTCHER

Lit: Benvenuti (1996)

Weißlederer Wisslederer ↗ 'Weißgerber'; schweiz.
W: Lederer
Syn: GERBER*

Lit: Grimm 28:1220; Idiotikon 3:1074

Weißler ↗ Weißer

Weißmacher 'Handwerker, der aus hellem, weißem Holz (Birke, Ahorn) Kästchen und Schatullen herstellt'; sie waren Grundlage für die ↗ Wismutmaler

Lit: Hausbuch der Nürnberger Zwölfbrüderstiftungen

Weißmaler 1. 'Anstreicher, Tüncher, der den Außenanstrich eines Hauses mit Kalk besorgt'. 2. ↗ 'Weißgerber'. 3. 'Handwerker, der das von den Weißgerbern hergestellte Fell weiter verarbeitet' ❖ 3.: zu mhd. *wîʒmâler* 'Weißgerber', vermutlich von der hellen Farbe des Leders
W: Maler
Syn: TÜNCHER

Lit: Barth 1:1124; Grimm 28:1222; Pies (2002a) 43; Pies (2005) 94; Reith (2008) 144

Weißmüller Weissmüller 'Müller, der Weizenmehl mahlt'
FN: Weißmüller, Weissmüller
W: Müller

Lit: DudenFN 710; Grimm 28:1223 (Weißmühle)

Weissmüller ↗ Weißmüller

Weißnagelschmid ↗ Weißnagelschmied

Weißnagelschmied Weißnagelschmid, Weißnagler ↗ 'Nagelschmied, der verzinnte oder verzinkte Nägel herstellt'
W: NAGELSCHMIED
Ggs: Schwarznagelschmied

Lit: Adelung 4:1470; Idiotikon 4:692; Krünitz 100:616; Pies (2005) 140; Reith (2008) 171

Weißnagler ↗ Weißnagelschmied

Weißner ↗ Weißer

Weißriemer Weißriemler 1. 'Riemer, der weißgares, mit Alaun gefärbtes Leder verarbeitet'. 2. 'Abdecker'; aus den von den Abdeckern gewonnenen Tierhäuten wurden Lederriemen geschnitten
W: Riemer
Syn: SCHINDER
Ggs: Grobriemer, Schwarzriemer

Lit: Barth 1:1124; Grimm 28:1225

Weißriemler ↗ Weißriemer

Weißsieder 'Arbeiter in der Münzanstalt, der die Metallrohlinge verflüssigt, um das Metall weißer zu machen'
W: *Sieder*

Lit: Adelung 4:1470 (Weißsieden); Barth 1:1124; Eberhard (1827) 4:108

Weitbandtrager ↗ Weittrager

Weiter ↗ Waider

Weittrager Weitbandtrager 'Arbeiter in der Saline, der die Salzbehälter (Kufen) oder Salzscheiben auf die Schiffe trägt'; zu *Weitband, Weitenband* 'Salzfass, Salzscheibe', verkürzt aus *Salz weiten Bandes*, d.h. in einem großen Fass mit einem großen Reifen
W: *Träger*

Lit: Grimm 28:1316; Patocka (1987) 283; Schmeller 1:246 (Band); Schmeller 2:1052

Weizenbäcker Weizenbeck 'Bäcker, der nur Brot aus Weizenmehl backt, Weißbrotbäcker'
FN: Weitzenbeck, Weitzenböck
W: BÄCKER*
Syn: FEINBÄCKER, Weißbäcker
Lit: Reith (2008) 25

Weizenbeck ↗ Weizenbäcker

Welcker ↗ Walker

Weldemeister Weldemester 'Polizist'; wörtlich Gewaltmeister ❖ mnd. weldemeister 'Gewaltmeister, Befehlshaber', zu mnd. welde 'Gewalt'
W: Meister
Lit: Barth 1:1125; Schiller-Lübben 5:660

Weldemester ↗ Weldemeister

Welendreier ↗ Wehldreier

Welker ↗ Walker

Weller Wellerer 'Handwerker, der aus Stroh und Lehm Ballen macht und mit diesen die Hohlräume im Fachwerk ausfüllt'; zu wellen 'rollen, wälzen'
Syn: Lehmer
Lit: Adelung 4:1478; Grimm 28:1446 (wellern)

Wellerer ↗ Weller

Wemmer ↗ Wimmer

Wemotter ↗ Wehmutter

Wendenmacher ↗ Windenmacher

Wendkrämer ↗ Wandkrämer

Wendter 'Holzarbeiter, der Rundholz zu ofengerechten Scheitern zerkleinert'; Wendter arbeiteten für die Pfannenbeheizung im Salinenbetrieb; zu wenden 'das Salinenholz aufspalten' ❖ vielleicht zu ahd. hwenjan, wenjan, wennen 'schütteln, schwingen, wirbeln, schleudern; hin und her zerren; wetzen'
Lit: Fellner 647; Grimm 28:1801; Schmeller 2:945; Splett, Ahd. 1:1092

Wendtstößer 'Kleinhändler, der Salz aufkauft, in Küfeln verpackt und damit handelt'; zu Stößer 'Arbeiter in der Saline, der das Salz zerkleinert und in die Salzfässer einfüllt'; zu wenden 'das Salinenholz für die Verpackung aufspalten', ↗ Wendter
W: Stößer
Lit: Fellner 647

Wener ↗ Wegener

Wenner ↗ Wanner

Wenster ↗ Wänstler

Wenturier ↗ Abenteurer

Werber 'Soldat, Offizier, der Männer für den Kriegsdienst als Söldner anwirbt'; dabei wurde ein Handgeld geboten; oft wurden unlautere Mittel angewandt
Lit: Adelung 4:1494; Barth 1:1126; Grimm 29:188

Werchmann ↗ Wergmann

Werdein ↗ Wardein

Werftenzähler ↗ Werftzähler

Werftzähler Werftenzähler 'Arbeiter in der Weberei, der die Gänge und Fäden der Kette zählt'; die Werft oder Kette ist die Gesamtheit der in Längsrichtung verlaufenden Fäden in einem Gewebe oder der in Längsrichtung aufgespannten Fäden auf einem Webstuhl; zu werfen in der älteren Bedeutung 'drehen' (der Kettenstrang wurde bei der Vorbereitung aufgewunden) ❖ zu mhd. warf 'Aufzug oder die Kette eines Gewebes, Werfte, Zettel, Zettelgarn'
Lit: Adelung 4:1502; DudenGWDS (Kette); Grimm 29:310; Kluge 983 (Werft); Krünitz 238:421 (Werft)

Wergmann Werchmann 'Händler, der Werg aufkauft und damit handelt'; *Mann* i. S. v. 'Händler'
W: *Mann*
Syn: Kauderer
Lit: Grimm 29:325; Schmeller 2:983

Werkelfrau ↗ Werkelmann

Werkelmann Werkelfrau 'Drehorgelspieler'; österr.; zu *Werkel* i. S. v. 'Leierkasten'
Syn: Leiermann, Lyrendreier
Lit: Ebner (2009) 417; Grimm 29:354

Werker Berufsbezeichnungen mit *-werker* sind Ableitungen von *werken* 'tätig sein, arbeiten' und bedeuten vor allem entweder 'Handwerker' (z.B. *Bartenwerker, Glaswerker, Lichtwerker, Messerwerker, Sarwerker, Schirrwerker, Schuhwerker*) oder 'Arbeiter' (z.B. *Dingwerker, Knechtwerker, Salzwerker, Schmelzwerker, Tagwerker, Zuckwerker*) sowie 'Kürschner', da abgeleitet von *Rauwerk, Pelzwerk* (z.B. *Rauchwerker, Korsenwerker, Grauwerker, Buntwerker*). Es gibt auch Überschneidungen von *Werker* und ↗ *Wirker*; grundsätzlich sind die *Werker* auf Arbeit im Allgemeinen bezogen, die *Wirker* auf die Herstellung von Textilien ❖ mhd. *wërker* 'Arbeiter, Handwerker'
FN: Werker
W: Altwerker, Bartenwerker, Beckenwerker, Blaufarbenwerker, Buntwerker, Dingwerker, Frümmwerker, Glaswerker, Grauwerker, Inwerker, Knechtwerker, Korsenwerker, Lichtwerker, Lustfeuerwerker, Messerwerker, Pfannenwerker, Püttwerker, Rauchwerker, Salwerker, Salzwerker, Sarwerker, Scharwerker, Schiffwerker, Schirrwerker, Schmelzwerker, Schuhwerker, Steinwerker, Strehnwerker, Stückwerker, Tagwerker, Wildwerker, Zuckwerker
Syn: *Wirker*
Lit: Adelung 4:1504; Barth 1:1127; DudenFN 735; Gottschald 525; Grimm 29:363

Werkknecht 1. 'Hilfskraft für verschiedene gewöhnliche Arbeiten'. 2. 'Handwerksgeselle' — ↗ Werk
W: KNECHT
Lit: Barth 1:1127; Grimm 29:375

Werkmann Werksmann 1. 'Handwerker'; kurz für *Handwerksmann*. 2. 'Arbeiter'; seit dem 16. Jh. von *Arbeiter* zurückgedrängt — Der Plural *Werkleute* fasst alle an einem Bau beschäftigten Arbeiter und Handwerker zusammen ❖ mhd. *wërcman, wërcliute* 'Werk-, Baumeister, Künstler (bes. in Schmiedearbeit), Handwerker, Arbeiter'; mnd. *werkman* 'Handwerksmeister'
W: *Mann*
Lit: Barth 1:1127; Grimm 29:383; Krünitz 238:426; Schiller-Lübben 5:685

Werkmeister 1. 'im Kriegswesen der für Kriegsmaschinen und Geschütze Verantwortliche'. 2. 'Handwerksmeister'. 3. 'oberster Geselle in einer Werkstatt, der die Arbeit leitet'. 4. 'Vorarbeiter in einer Manufaktur'. 5. 'Person, die bei einem Bau die Aufsicht über Arbeiter und Handwerker hat'. 6. 'Baumeister, der für das gesamte Bauwesen einer Stadt oder eines herrschaftlichen Hofes verantwortlich ist'. 7. 'Bauleiter bei Uferbefestigungen'. 8. 'Verantwortlicher über Rechnungswesen und Gebäudeverwaltung einer Kirche'. 9. 'verantwortlicher Vorarbeiter bei einem Holzwerk'; d.i. die gesamte Anlage zum Holztransport aus dem Gebirge ❖ mhd. *wërcmeister* 'Schöpfer; Werk-, Baumeister; Maschinenmeister'; mnd. *werkmester* 'Innungs-, Gildenvorsteher'
FN: Werkmeister, Warkmeister, Werckmeister
W: *Meister*
Lit: Adelung 4:1505; Barth 1:1127; DudenFN 714; Gottschald 525; Grimm 29:385; Krünitz 238:427; Linnartz 262; Patocka (1987) 277; Schiller-Lübben 5:685; Schmeller 2:983

Werksmann ↗ Werkmann

Werkstätter Werkstetter 'Kupferschmied, der als Kaltschmied in der Werkstatt arbeitet (im Ggs. zum Kupferhammerschmied, der im Freien arbeiten muss)'; zu spätmhd. *wercstat* 'handwerkliche Arbeitsstätte'

FN: Werkstätter, Werkstetter
Syn: KUPFERSCHMIED

Lit: Adelung 4:1505; DudenEtym 924; Grimm 29:402; Linnartz 262; Pies (2005) 139; Reith (2008) 135

Werkstetter ↗ Werkstätter

Werkzeugschmied ↗ Schmied

Wermann ↗ Währmann

Wermeister ↗ Währmeister

Wescher ↗ Wäscher

Wescherin ↗ Wäscherin

Weschin ↗ Wäscherin

Wesseler ↗ Wechsler

Wesserer ↗ Wässerer

Weßler ↗ Wechsler

Westenarbeiter 'Schneider, der in Heimarbeit auf die Anfertigung von Westen spezialisiert ist'; Spezialisierung bedeutete einen Niedergang der handwerklichen Qualifikation
W: Arbeiter
Vgl: Hosenarbeiter, Rockarbeiter

Lit: Reith (2008) 206

Weszer ↗ Wäscher

Wetschelbäcker ↗ Wätschelbäcker

Wetschenmacher ↗ Wätschgermacher

Wetschenmaker ↗ Wätschgermacher

Wetschgemacher ↗ Wätschgermacher

Wettdiener ↗ Wettediener

Wettediener Weddedener, Wettdiener 'Hilfskraft bei den ↗ Wetteherren'
W: Diener

Wetteherr Weddeherr, Wettherr 1. 'Ratsbeamter, der für die Polizei und die Eintreibung von Strafgeldern zuständig ist'. 2. 'von der Obrigkeit eingesetzte Person, die den Handwerksversammlungen beiwohnt' — niederdt. ❖ mnd. *weddeheren* 'eine Exekutivbehörde über die vom Rat verhängten Strafen, später Inhaber der Gewerbepolizei'; zu mnd. *wedde* 'Vertrag; Pfandvertrag, Pfand; das dem Richter zu erlegende Strafgeld; Polizeigericht'
W: Herr

Lit: Adelung 4:1511 (Wette); Barth 1:1129; Grimm 29:665 (Wette); Schiller-Lübben 5:622

Wetteknecht Weddeknecht, Wettknecht 'Exekutivorgan der Finanz- und Polizeibehörde'; Näheres ↗ Wetteherr ❖ mnd. *weddeknecht* 'Diener der Wetteherren, der Strafgelder einzieht; Gerichts-, Polizeidiener'
W: KNECHT
Syn: BÜTTEL

Lit: Barth 1:1129; Schiller-Lübben 5:623

Wetterglasmacher 'Glasmacher, der Barometer oder Thermometer herstellt'; seit Ende des 18. Jh. nur noch für Barometerherstellung
W: Glasmacher

Lit: Adelung 4:1513; Grimm 29:728 (Wetterglas); Krünitz 238:521 (Wetterglas)

Wetteschreiber Weddeschreiber, Wettschreiber 'Verwaltungsbeamter der Finanz- und Polizeibehörde'; ↗ Wetteherr
W: Schreiber

Lit: Barth 1:1129

Wettherr ↗ Wetteherr

Wettknecht ↗ Wetteknecht

Wettschreiber ↗ Wetteschreiber

Wetzelbäcker ↗ Wätschelbäcker

Wetzelbecker ↗ Wätschelbäcker

Wetzer Wetzler; lat. *cotiarius, lapsator* 'Handwerker, der Werkzeuge oder Waffen mit dem Wetzstein schärft' ❖ zu mhd. *wetzen* 'schärfen, schleifen, wetzen'
Syn: Schleifer

Lit: Barth 1:1129; Volckmann (1921) 125

Wetzgermacher ↗ Wätschgermacher

Wetzler ↗ Wetzer

Weußgärber ↗ Weißgerber

Wever Wefer, Wewer 'Weber'; niederdt. Form ❖ mnd. *wever* 'Weber'
FN: Wefer, Wefers, Wever, Wewer, Wewers
W: Weberknappe
Syn: WEBER

Lit: DudenFN 703, 717; Gottschald 518; Linnartz 262; Schiller-Lübben 5:702

Weverknape ↗ Weberknappe

Wewer ↗ Wever

Weydmann ↗ Weidmann

Weydtfarber ↗ Waidfärber

Weyermeister ↗ Weihermeister

Weyner ↗ Weiner, Wegener

Wicker 1. 'herumziehender Komödiant und Artist, der bes. auf Jahrmärkten unterschiedliche Kunststücke vorführt'. 2. 'Wahrsager' ❖ mhd. *wicker* 'Wahrsager'
FN: Wicker, Wiecker
Syn: GAUKLER

Lit: Barth 1:1129; DudenFN 718; Grimm 29:859; Linnartz 263

Wideler ↗ Wedeler

Widemmann ↗ Widmann

Widemutbauer Widmutbauer, Widmutsbauer, Wiedemutbauer; Plural: *Widemutsleute* 'Bauer oder Pächter, der ein Pfarrgut bewirtschaftet, oder Bauer, der zu Dienstleistungen auf dem Pfarrgut verpflichtet ist' ❖ *Widemut* ist die bes. schlesische ältere Form zu Wid(em)-, einer urspr. Abstraktbildung auf *-ôt* zu ahd. *widimôn* 'widmen'
FN: Wiedemut, Wiedemuth
Syn: HÖRIGER, Widmann

Lit: Ehrhardt (1783) 3:275; Grimm 29:1436; Heinsius 4:745

Widemutsleute ↗ Widemutbauer

Widführer Witführer 'Bauer, der im Rahmen der Spanndienste Wid transportiert'; *Wid* ist Brennholz oder Reisig von abgeschlagenen Ästen ❖ zu mhd. *wid, wit* f. 'Flechtreis, Strang aus gedrehten Reisern', mhd. *wit, wite* m. 'Brennholz'
W: *Führer*

Lit: Grimm 30:808 (Wit)

Widhacker 'Arbeiter, der Astwerk zu Brennholz hackt und bündelt' ❖ ↗ Widführer
W: Hacker

Lit: Grimm 30:808 (Wit); Schraml (1932)

Widmann Wedemann, Widemmann, Widmer, Wiedemann 'Bauer oder Pächter, der einen der Kirche gehörenden Hof bewirtschaftet'; zu *Widum, Widem, Wittum* 'Schenkung von Grundstücken an eine kirchliche Institution' ❖ mhd. *wideme, widem, widen* 'Brautgabe; Dotierung einer Kirche, eines Klosters bes. mit Grundstücken; die zur Dotation einer Pfarrkirche gestifteten Grundstücke oder Gebäude, bes. der Pfarrhof'; mnd. *wedem, wedeme* 'Dotation für die Kirche'
FN: Widmann, Widmer, Widner, Wiedner, Wimmer, Wiedemann, Wiedenmann, Wiemann, Wedemann, Wittmann (oberdt., sonst zu *Witwer*), Wehmann (niederdt.), Wemer (niederdt.)
W: *Mann*
Syn: Widemutbauer

Lit: Barth 1:1130; DudenFN 703, 719, 721, 725, 729; Gottschald 534; Grimm 30:837; Schiller-Lübben 5:644

Widmenger Witmanger, Witmenger 'Holzhändler' ❖ zu mhd. *wit, wite* 'Holz, Brennholz'
W: *Menger*
Lit: Barth 1:1138; Grimm 30:808 (Wit, Wid)

Widmer ↗ Widmann

Widmutbauer ↗ Widemutbauer

Widmutsbauer ↗ Widemutbauer

Widtrager Witttrager 'Salinenarbeiter, der das Brennholz für das Pfannhaus und das Dörrhaus herbeischafft' ❖ zu mhd. *wit, wite m.* 'Brennholz'
W: *Träger*
Lit: Patocka (1987) 48, 277

Wiedemacher ↗ Wiedenmacher

Wiedemann ↗ Widmann

Wiedemutbauer ↗ Widemutbauer

Wiedenmacher Wiedemacher 'Handwerker, der Ruten zum Binden herstellt'; dünne Tannen- und Fichtenzweige wurden weichgekocht und zusammengedreht; die Schnüre wurden vielfältig verwendet, z.B. zum Zusammenbinden von Flößen ❖ mhd. *wit, wide, wid* 'Flechtreis, Strang aus gedrehten Reisern'
Lit: Grimm 29:1510; Krünitz 239:4 (Wieden); Riepl (2009) 443

Wieger ↗ Wäger

Wiesenbauer 'Bauer, der Bewässerungsanlagen errichtet'; in der Lüneburger Heide ein einträgliches Geschäft
W: *BAUER*
Lit: Grimm 29:1585; Grotian (2001)

Wiesenvogt 'Person, die auf großen Landgütern für die Wiesen zuständig ist'
W: *Vogt*
Lit: Adelung 4:1542; Grimm 29:1624

Wieshei Wiesheie, Wiesheu, Wieshey 'Flurhüter'
FN: Wieshei, Wiesheu, Wisheu
W: Hei
Syn: FLURSCHÜTZ
Lit: Gottschald 242; Heintze (1922) 139; Linnartz 263

Wiesheie ↗ Wieshei

Wiesheu ↗ Wieshei

Wieshey ↗ Wieshei

Wikgraf 'Anführer der hanseatischen Kaufleute bei Fahrten ins Ausland'; er wurde vor Antritt der Fahrt von den Gildemitgliedern gewählt, führte die Gruppe der Kaufleute an, war für ihren Schutz verantwortlich, hob die Gebühren ein und hielt Gericht ❖ mnd. *wîkgrave* 'Stadtvogt'; vielleicht zu mnd. *wîk* 'Bezeichnung eines festen Ortes, einer Stadt'
W: *Graf*
Lit: Barth 1:113 (Wik); Hammel-Kiesow (2008); Schiller-Lübben 5:713

Wildener ↗ Wildner

Wildenhirt Wildenhirte 'Angestellter in einem Gestüt, der für das Beschälen der Stuten zuständig ist'; zu *Wilde*, Substantivierung von *wild*, für 'halbwild gefangene Stute'
W: *Hirt*
Syn: Hengstmann, Hengstmeister, Wildenmeister
Lit: Adelung 4:1545; Barth 1:1131; Grimm 30:60; Heinsius 4:757

Wildenhirte ↗ Wildenhirt

Wildenmeister ↗ 'Wildenhirt'; zu *Wilde* 'Stute'
W: *Meister*
Syn: Hengstmann, Hengstmeister, Wildenhirt
Lit: Adelung 4:1545 (Wildenhirt); Barth 1:1131; Grimm 30:67; Heinsius 4:757

Wildheuer 'Bauer, der das Gras auf steilen Berghängen der Hochalpen mäht und ern-

tet'; schweiz. ❖ zu *wild* i. S. v. 'nicht kultiviert, entlegen, urwüchsig' zu mhd. *höuwer, houwer* 'Mäher'; mhd. *wilde* 'Wildnis'
W: *Heuer*

Lit: Barth 1:1132; Grimm 30:94

Wildhirt 'Angestellter einer Gemeinde oder Herrschaft, der das Wild oder den Wald und die umliegenden Felder beaufsichtigt und betreut; Wildhüter'
FN: Wildhirt, Wildhirth
W: *Hirt*
Syn: Wildvogt

Lit: Grimm 30:94; Heinsius 4:757; Weber (1838) 2:657

Wildkehrer 'Wächter, der das Wild von den Äckern fernhalten muss und Wildschäden meldet'; zu *Wild* 'jagdbare, wild lebende Tiere'
W: *Kehrer*
Syn: FLURSCHÜTZ

Lit: Barth 1:1133; Zanthier (1799) 2:103

Wildmeister 'Forstbeamter, der die Aufsicht über den Forst, besonders aber über das Wild führt'; zu *Wild* 'jagdbare wild lebende Tiere'
FN: Wildmeister
W: *Meister*

Lit: Adelung 4:1547; Barth 1:1133; Grimm 30:105; Linnartz 264; Weber (1838) 2:657

Wildner Wildener 1. 'Jäger, der die Berechtigung für die Jagd auf Niederwild hat'; schon seit dem 16. Jh. auch abwertend für 'Wilddieb', in der Gaunersprache auch für 'Kaufmann'. 2. 'Wildbrethändler' — zu *Wild* 'jagdbare, wild lebende Tiere' ❖ mhd. *wildenære, wildener* 'Jäger; Wildbrethändler'
FN: Wildner, Willner
Syn: *Jäger**

Lit: Barth 1:1133; DudenFN 723, 724; Gottschald 530; Grimm 30:106; Idiotikon 15:1543; Linnartz 264

Wildnisbereiter Wildnisbereuter 'berittener Forstbeamter, der in einem Waldrevier Aufsicht führt'; zu *Wildnis* i. S. v. 'dichter Wald'. Urspr. in Ostpreußen Bauern, die für diese Tätigkeit geringere Zinsverpflichtungen hatten; später auch als Grenzwächter tätig, dann erhielten sie den Rang eines (Ober)försters
W: *Bereiter*

Lit: Barth 1:1133; Grimm 30:113; Mager (1960) 160 (u. a.)

Wildnisbereuter ↗ Wildnisbereiter

Wildrufdrechsler Wildrufmacher 'Drechsler, der den *Wildruf* herstellt'; d. i. ein Blasinstrument, eine Pfeife, mit der Jäger Vögel und Wild anlocken; zu *Wild* und *(Lock)ruf*
W: DRECHSLER
Syn: Wildrufdreher

Lit: Grimm 30:116 (Wildruf)

Wildrufdreher Wildruffdreher ↗ 'Wildrufdrechsler'; sie stellten auch Jagd- und Pulverhörner her
W: *Dreher*
Syn: Wildrufdrechsler

Lit: Grimm 30:116; Heinsius 4:758; Krünitz 239:207; Zedler 56:945

Wildruffdreher ↗ Wildrufdreher

Wildrufmacher ↗ Wildrufdrechsler

Wildschütz Wiltschutz 'Jäger' ❖ mhd. *wiltschütze* 'Jäger'; seit dem 17. Jh. auch für 'Wilderer, Wilddieb'
FN: Wildschütz
W: *Schütze*

Lit: Barth 1:1133; DudenFN 723; Gottschald 539; Grimm 30:121; Linnartz 264; Palla (2010) 248

Wildtwerker ↗ Wildwerker

Wildvogt 'Wildhüter'; zu *Wild* 'jagdbare Tiere'
W: *Vogt*
Syn: Wildhirt

Lit: Barth 1:1133; Grimm 30:129; Heinsius 4:758

Wildwercher ↗ Wildwerker

Wildwerker Wildtwerker, Wildwercher 'Kürschner'; zu *Wild* 'jagdbare Tiere' ❖ zu

mhd. *wërker* 'Arbeiter, Handwerker', mhd. *wilt* 'Wild'
W: *Werker*
Syn: KÜRSCHNER

Lit: Linnartz 264; Pies (2005) 90; Reith (2008) 130

Willenweber ↗ Wollweber

Wiltschutz ↗ Wildschütz

Wimmer Wemmer 'Arbeiter bei der Weinlese'; nur in Weinbaugebieten, bes. Schweiz, sonst bezeichnet das Wort einen 'Inhaber eines Widums', d. h. einer Widmung ❖ mhd. *windemer* 'Weinleser', aus lat. *vindemiator* 'Winzer'
FN: Wimmer, Wemmer (kann auch zu *Wagen* gehören)
Syn: WEINGÄRTNER

Lit: Barth 1:1134; DudenFN 725; Gottschald 512, 531; Grimm 30:222; Idiotikon 15:1726; Linnartz 262, 264

Windehitzer ↗ Windhetzer

Windeknecht 'Bauhilfsarbeiter, der an der Winde zum Heben von Lasten arbeitet'; ↗ Windenmacher
W: KNECHT

Lit: Pies (2005) 96; Reith (2008) 148

Windener ↗ 'Windenmacher' ❖ zu mhd. *winden* 'winden, wickeln, drehen'
Syn: Windenmacher, Windenschmied

Lit: Volckmann (1921) 297

Windenmacher Wendenmacher 'Handwerker, der Winden für Wagen, Windenschrauben, Spindeln, Flaschenzüge u. Ä. herstellt'; das Handwerk gehörte zu den Schlossern; eine *Winde* war eine gezahnte Stange, die durch ein Zahnrad und eine Kurbel bewegt wurde, um Lasten zu heben, die Armbrust zu spannen oder Wagen aufzurichten ❖ zu mhd. *winden* 'winden, wickeln, drehen'
Syn: Windener, Windenschmied

Lit: Adelung 4:1555; Grimm 28:1797; Grimm 30:279; Idiotikon 4:55; Palla (2010) 250; Pies (2005) 37; Reith (2008) 55, 197; Volckmann (1921) 297

Windenschmied ↗ 'Windenmacher'
W: *Schmied*
Syn: Windener, Windenmacher

Lit: Barth 1:1134; Idiotikon 9:864

Winder 1. 'Posamentierer, Bortenmacher'. 2. 'Person, die Seide spult'. 3. 'Frachtarbeiter im Hafen, der an der Winde arbeitet' ❖ 1., 2.: zu mhd. *winden* 'winden, wickeln, drehen'; 3.: zu mhd. *winder* 'Arbeiter an einem Kran'
FN: Winder, Windeler
W: *Garnwinder, Seidenwinder, Seilwinder, Unterwinder*

Lit: Barth 1:1134; Idiotikon 16:587; Linnartz 264

Windhetzer Windehitzer, Windhitzer 1. 'berittener Jäger, der zur Hetzjagd mit Windhunden eingesetzt wird'. 2. 'Person, die Windhunde abrichtet'
Syn: *Jäger**

Lit: Adelung 4:1557; Barth 1:1134; Grimm 30:305; Zedler 57:709

Windhitzer ↗ Windhetzer

Windmüller 'Betreiber einer Windmühle'; im Ggs. zur Wassermühle ❖ zu mhd. *wintmül* 'Windmühle', niederdt. *Windmöller*
FN: Windmüller, Windmöller, Windmiller
W: *Müller*
Ggs: Wassermüller

Lit: Adelung 4:1558; DudenFN 726; Gottschald 532; Grimm 28:1222 (Windmühle); Hermann-Winter (2003) 309; Lindow 247; Linnartz 264

Wingart ↗ Wingerter

Wingert ↗ Wingerter

Wingerter Wingart, Wingert 'Winzer'; Ableitung von *Wingart, Wingert* 'Weingarten' ❖ mhd. *wîngartener, wîngertener, wîngarter, wîngerter* 'Winzer'
FN: Wingert, Wingerter, Wingeter, Wingerder, Wingender, Wengerter, Wiengarn
Syn: WEINGÄRTNER

Lit: Barth 1:1134; Gottschald 522; Grimm 30:337; Linnartz 264

Wingertschütz 'Wächter im Weingarten'; bes. südwestdt. ❖ mhd. *wîngart, wîngarte* 'Weinberg'
W: Schütze
Syn: FLURSCHÜTZ

Lit: Galler (1979); Grimm 30:337 (Wingert)

Wingertsmann 'Winzer' ❖ ↗ Wingerter
W: *Mann*
Syn: WEINGÄRTNER

Lit: Grimm 30:337

Winherr ↗ Weinherr

Winkeladvokat 'Person, die juristische Beratung und Vertretung vor Gericht erledigt, ohne selbst eine Rechtsanwaltsbefugnis zu haben; Rechtskonsulent'; informelle Bezeichnung; heute noch abwertend für einen Anwalt, der [ohne rechtliche Befugnis] mit fragwürdigen Mitteln arbeitet; benannt nach der Fügung *im Winkel*, d.h. 'geheim'
W: Advokat

Lit: Barth 1:1135; DudenGWDS; Grimm 30:364; Meyers Lexikon 16:667

Winkelarzt 'Arzt, der ohne richtige Ausbildung oder ohne Berechtigung tätig ist'; ↗ Winkeladvokat
Syn: QUACKSALBER

Lit: Grimm 30:365

Winkelfeger 'Kaminkehrer, ↗ Schornsteinfeger'; eigentlich 'Eckenauskehrer', übertragen auf den ganze Kamin
W: *Feger*
Syn: SCHORNSTEINFEGER*

Lit: Grimm 30:368; Reith (2008) 208

Winkelkrämer 'Kleinkrämer, der in einem abgelegenen Winkel seinen Laden hat'
W: KRÄMER
Syn: Klippkrämer

Lit: Barth 1:1135

Winkelmeister 1. 'Schneidergeselle, der für eine Schneiderswitwe den Betrieb führt'. 2. 'Lehrer an einer privaten, nicht behördlich genehmigten Schule'; vgl. ↗ Winkeladvokat
W: *Meister*
Syn: Klippmeister, Meistergeselle, SCHNEIDER, Tafelmeister, Tafelschneider

Lit: Adelung 4:1562

Winkelschreiber 'Person, die für andere behördliche oder juristische Schriftstücke verfasst, ohne selbst Anwalt zu sein'; vgl. ↗ Winkeladvokat
W: *Schreiber*
Syn: Guldenschreiber

Lit: Barth 1:1135; Grimm 30:379; Idiotikon 9:1557

Winkelschulmeister ↗ Winkelmeister (2)

Winkler 'Krämer, Kleinhändler'; nordwestdt. ❖ zu *Winkel* 'Kramladen', urspr. 'ein Winkel des Hauses'; mnd. *winkeler* 'der noch einen *winkel*, d.h. einen Laden, hat; Kleinkrämer'
FN: Winkler, Winckler
Syn: KRÄMER

Lit: Barth 1:1135; DudenFN 726; Gottschald 532; Linnartz 265; Schiller-Lübben 5:727; Volckmann (1921) 207

Winschenke ↗ Weinschenk

Winschroder ↗ Weinschröter

Winschröter ↗ Weinschröter

Winscrivere ↗ Weinschreiber

Winscroder ↗ Weinschröter

Wipper 'Münzfälscher, betrügerischer Geldwechsler'; meist in der Fügung *Kipper und Wipper*
Vgl: Kipper

Lit: Adelung 4:1570; Barth 1:1136; Grimm 30:520; Idiotikon 16:781; Volckmann (1921) 136

Wirker 1. 'Handwerker, der Textilien herstellt'; kurz für *Strumpf-, Tapeten-, Teppich-, Tuch-, Seidenwirker* usw. Bes. in Komposita wurde *Wirker* meist mit *Weber* gleichgesetzt; zu *wirken, würken* 'tätig sein, wirken' in der

speziellen Bedeutung 'nähend, stickend, webend verfertigen'; erst nach dem Mittelalter Einengung der Bedeutung auf die Herstellung von Textilien. **2.** 'Töpfer'. **3.** 'Bäckergeselle, der den Teig ausrollt, auswalkt'. **4.** 'Bergmann im Salzbergwerk, der das Gestein aushaut'. **5.** 'Arbeiter in der Saline, der aus der Sole durch Sieden das Salz gewinnt; Salzsieder' ❖ mhd. *wirker, würker, wirkerinne, würkerinne* 'wer etwas ins Werk setzt, schafft'
FN: Wirker, Würker, Würcher, Würger, Wülker
W: Bandwirker, Bortenwirker, Fatzelwirker, Florwirker, Goldwirker, Gürtelwirker, Hochwirker, Kaffawirker, Litzenwirker, Schleierwirker, Schnurwirker, Seidenwirker, °Spitzenwirker, Stolenwirker, Strumpfwirker, °Tapetenwirker, °Teppichwirker, Tuchwirker, Wollwirker, Zeugwirker
Syn: HAUER, Salzsieder, TÖPFER, *Werker*

Lit: Adelung 4:531 (Tapenwirker), 556 (Teppichwirker), 1574; Barth 1:957, 1016, 1023, 1136; DudenFN 735; Gottschald 525; Grimm 16:2615 (Spitzenwirker); Grimm 21:259 (Teppichwirker); Grimm 30:572; Kluge 991 (wirken); Krünitz 180:190; Krünitz 182:76; Krünitz 237:370; Patocka (1987) 205; Pies (2005) 167; Veith 580

WIRT Wirth, Würth; lat. *caupo, hospes, hospitalarius* Die Bedeutung von *Wirt* entwickelte sich von 'Gastgeber' zu 'Vorsteher eines Haushalts, Gatte' und 'Besitzer; Führer der Wirtschaft'. Die Berufsbezeichnungen gehen von *Gastgeber* aus und betreffen den 'Besitzer eines Gasthauses' (z. B. *Badwirt, Gäuwirt, Stubenwirt, Schenkwirt, Brauwirt*) oder den 'Betreiber einer Herberge', wobei die Betreuung der Gäste oft mit eingeschlossen ist (z. B. *Gesellenwirt, Bettelwirt, Jakobswirt*). Die Bedeutung 'Wirtschafter, Besitzer, Bauer' zeigt sich (heute noch in *Landwirt* und *Holzwirt*) in Zusammensetzungen (z. B. *Ackerwirt, Hubenwirt, Schatullenwirt, Setzwirt*) ❖ mhd. *wirt* 'Ehemann; Haus-, Burgherr; Gastfreund; Inhaber eines Wirtshauses, Gastwirt'
FN: Wirth
W: Ackerwirt, Badwirt, Bestandwirt, Bettelwirt, Bierwirt, Brauwirt, Frauenwirt, Gasenwirt, Gäuwirt, Gesellenwirt, Heckenwirt, Hubenwirt, Hufenwirt, Hurenwirt, Interimswirt, Jakobswirt, Jungwirt, Kaffeewirt, Kellerwirt, Schatullwirt, Schenkwirt, Setzwirt, Speisewirt, Stubenwirt, Wechselwirt, Zapfenwirt
Syn: Aubergist, Gastgeb, Gasthalter, Herberger, Herbergsvater, Hospes, Kretschmann, Kretschmer, Krüger, Leitgeb, Leithäuser, Pinter, Schenk, Schenker, Taferner, Traiteur, Weinschenk

Lit: Adelung 4:1576; Barth 1:1136; Diefenbach 108, 281; Frühmittellat. RWb; Grimm 30:629; Idiotikon 16:1643; Krünitz 239:371; Paul 1051; Pies (2005) 185; Volckmann (1921) 220

Wirth ↗ WIRT

Wirtsknecht 'Gehilfe des Gastwirts, Kellner'
W: KNECHT

Lit: Barth 1:1137; Grimm 30:703

Wirtsleute ↗ Wirtsmann

Wirtsmann Plural: *Wirtsleute* 'Gastwirt'
W: Mann

Lit: Barth 1:1137; Grimm 30:703

Wischer ↗ *Wäscher*

Wismuthmaler ↗ Wismutmaler

Wismutmaler Wismuthmaler, Wißmuthmaler 'Handwerker, der hölzerne Gegenstände mit Kreide oder Ton grundiert, mit einer dünnen Wismutschicht überzieht und dann mit Lackfarben bemalt'; die Wismutschicht ergibt einen grauen, metallisch schillernden Ton. *Wismutmalerei* ist als kunsthistorischer Terminus für die im 16. bis 18. Jh. angewandte Methode der Möbeldekoration noch in Gebrauch ❖ Herkunft unklar, weil das Material nicht eindeutig geklärt ist; zu lat. *bismutum*, aus griech. *psimýthion* 'Stoff für Salben und Schminke; Bleiweiß'; spätmhd. *wismât*, mnd. *wesemod, wesemunt* 'Wismut'. Erst im Spätmittelalter wurde Bismutsubnitrat von Bleiweiß getrennt, sodass die Bezeichnung eindeutig

wurde. Die spätmhd. Form dürfte an mhd. *wisemât, wismat* 'Wiese, die gemäht wird' volksetymologisch angelehnt sein
W: *Maler*

Lit: Adelung 4:1583 (Wißmuth); Barth 1:1138; DudenGWDS; Grimm 30:732; Kluge 992 (Wismut); Palla (1994) 361; Pies (2005) 94; Reith (2008) 143; Schiller-Lübben 5:695; Schmeller 2:1039

Wisslederer ↗ Weißlederer

Wißler 'Tüncher, Anstreicher' ❖ zu *weißeln* 'weiß anstreichen', mit alemannischem Monophthong -*î*- für -*ei*-
FN: Wißler, Wiesler, Wießler, Wissler, Wisseler
Syn: Tüncher, Weißer

Lit: Barth 1:1138; ElsässWb 2:869; Gottschald 534; Linnartz 265; LothWb 1:546; Pies (2005) 94

Wißmuthmaler ↗ Wismutmaler

Wiszer ↗ *Wäscher*

Witbruwer ↗ Weißbierbrauer

Witführer ↗ Widführer

Witgerber ↗ Weißgerber

Witgerwer ↗ Weißgerber

Witlöscher Wittlöscher, Wyttlöscher, Wyttlosker ↗ 'Weißgerber'; niederdt. ❖ zu mnd. *wit* 'weiß', mhd. *lösche, lösch* 'eine Art kostbaren Leders, bes. roter Saffian'
W: *Löscher*
Syn: Gerber*

Witmanger ↗ Widmenger

Witmenger ↗ Widmenger

Wittbrouwer ↗ Weißbierbrauer

Wittgarver ↗ Weißgerber

Wittgarwer ↗ Weißgerber

Wittger ↗ Weißgerber

Wittgerber ↗ Weißgerber

Wittinenknecht 'Angestellter des ↗ Wittinenschiffers'
W: Knecht

Wittinenschiffer Wittiniker 'Schiffer auf einer Wittine'; d.i. ein Segelboot in Litauen und Ostpreußen, das zum Warentransport eingesetzt wurde. Es war aus dünnem Holz gefertigt und wurde nach der Fahrt zur Holzgewinnung abgebrochen ❖ litauisch *vytine* 'aus Weiden geflochener Kahn'

Lit: Korn (1774) 554; wikipedia

Wittiniker ↗ Wittinenschiffer

Wittlöscher ↗ Witlöscher

Witttrager ↗ Widtrager

Wobber ↗ Weber

Wober ↗ Weber

Wöber ↗ Weber

Wochengeselle 'Geselle, der gegen Wochenlohn arbeitet'; im Ggs. zum ↗ Jahrgesellen
W: *Geselle*

Lit: Adelung 4:1589; Grimm 30:941; Zedler 58:15

Wochner 'Salinenarbeiter, der von Montag bis Freitag an der Sudpfanne Aufsicht hat'; im Ggs. zum *Samstaghüter*, ↗ Wächter ❖ mhd. *wochenære, wochener* 'der den Wochendienst hat'

Lit: Patocka (1987) 215

Wogemeister ↗ Waagemeister

Wohlschläger ↗ Wollschläger

Wöhrschläger ↗ Wehrschläger

Woldfaget ↗ Waldvogt

Wolker ↗ Walker

Wollarbeiter lat. *lanarius, lanifex* 'Handwerker, der Wolle bearbeitet' ❖ dazu gehört waschen, reinigen, kämmen, streichen, spinnen, weben der Wolle
W: *Arbeiter*
Syn: Wollbereiter
Lit: Adelung 4:1606; Diefenbach 317; Grimm 30:1314; Zedler 58:1344

Wollbereiter Wollenbereiter 'Handwerker, der die Wolle für den Wollweber und Tuchmacher vorbereitet'; dazu gehören ↗ Wollkämmerer, ↗ Wollspinner, ↗ Schrobber, ↗ Wollschläger usw. ❖ zu mhd. *bereiten* 'bereit machen, rüsten'
W: *Bereiter*
Syn: Schrobber, Wollarbeiter, Wollner, WOLLSCHLÄGER
Lit: Adelung 4:1606; Barth 1:1141; Diefenbach 102; Grimm 30:1316; Krünitz 240:35; Linnartz 209

Wollenbereiter ↗ Wollbereiter

Wollener ↗ Wollner

Wollenfärber ↗ *Färber**

Wollenkämmer ↗ Wollkämmer

Wollenschauer ↗ Wollschauer

Wollenschläger ↗ WOLLSCHLÄGER

Wollensleger ↗ WOLLSCHLÄGER

Wollenspinner ↗ Wollspinner

Wollenstreicher ↗ Wollstreicher

Wollenweber ↗ Wollweber

Wollenwober ↗ Wollweber

Woller ↗ 'Wollschläger' ❖ mhd. *woller, wollære* 'Wollenschläger, -weber'
FN: Woller, Wöller, Wüller
Syn: Wollner, WOLLSCHLÄGER
Lit: Barth 1:1141; DudenFN 732; Grimm 30:1366

Wolleschlager ↗ WOLLSCHLÄGER

Wollezupfer ↗ Wollzauser

Wollfärber ↗ *Färber**

Wollkämmer Wollenkämmer, Wollkämmerer, Wollkämmler, Wollkämper 'Handwerker, der die gewaschene Wolle mit dem Wollkamm kämmt und zum Spinnen vorbereitet' ❖ mhd. *wollenkemmer* 'Wollarbeiter'
W: *Kämmer*
Syn: Strähler, WOLLSCHLÄGER
Lit: Adelung 4:1609; Barth 1:1141; Diefenbach 102; Grimm 30:1372; Palla (2010) 251; Reith (2008) 248; Volckmann (1921) 83

Wollkämmerer ↗ Wollkämmer

Wollkämmler ↗ Wollkämmer

Wollkämper ↗ Wollkämmer

Wollkarder 'Handwerker, die die gewaschene Wolle mit der Karde (einer Kardätsche) streicht und zum Spinnen vorbereitet'; ↗ Karder; meist von Frauen ausgeübt und dann in der weiblichen Form *Wollkarderin*
W: *Karder*
Syn: WOLLSCHLÄGER, Wollstreicher
Lit: Grimm 30:1373 (Wollkarde)

Wollkäufl ↗ Käufel

Wollklauber 'Arbeiter in der Wollfabrik, der die Wolle von Fremdkörpern reinigt'
W: *Klauber*
Lit: Barth 1:1141; Grimm 30:1373; OÖ. Hbl 1989, H. 4:317

Wollknappe Wullenknape 1. 'Tuchmachergeselle'. 2. 'Hilfskraft im Wollmagazin' ❖ mnd. *wullenknape* 'Tuchmachergesell'
W: *Knappe*
Lit: Barth 1:1141; Grimm 30:1343; Schiller-Lübben 5:785

Wollkrämpler Wollkrempler ↗ Wollkämmer
W: *Krämpler*

Syn: WOLLSCHLÄGER

Lit: Adelung 4:1609 (Wollkrämpel); Barth 1:1141; DudenFN 732; Grimm 11:2015 (Krämpler); Hoffmann Wb 6:820; Krünitz 46:785 (Krämpel)

Wollkratzer Wullkratzer 'Handwerker, der die gewaschene Wolle mit dem Wollkamm kämmt und zum Spinnen vorbereitet'
Syn: WOLLSCHLÄGER

Lit: Barth 1:1141; Grimm 30:1374

Wollkrempler ↗ Wollkrämpler

Wollmacher 'Person, die Wolle für die Strumpfwirkerei vorbereitet'
FN: Wollmacher, Wohlmacher

Lit: Gottschald 537; Linnartz 266; Reith (1990) 236

Wollner Wollener, Wullner, Wüllner, Wülner
1. 'Handwerker, der die Wolle für das Weben vorbereitet'. 2. 'Wollweber' ❖ mnd. *wullenere, wulner* 'Wollebereiter, Wollenweber'; mhd. *wollener, wollære* 'Wollenschläger'
FN: Wollner, Wöllner, Wüllner, Willner
Syn: Wollbereiter, Woller

Lit: DudenFN 732, 734; Gottschald 537; Grimm 30:1377; Linnartz 266; Schiller-Lübben 5:785; Volckmann (1921) 75

Wollschauer Wollenschauer 'beamteter Tuch- und Wollprüfer' ❖ mhd. *wollenschouwer, wolnschauer*
W: SCHAUER

Lit: Grimm 30:1379

Wollschlager ↗ WOLLSCHLÄGER

WOLLSCHLÄGER Wohlschläger, Wollenschläger, Wollensleger, Wolleschlager, Wollschlager, Wollschlaher, Wullensleger; lat. *carminarius, carminator* 'Handwerker, der Wolle reinigt, die Fasern lockert und gleichmäßig verteilt, indem er sie mit einem Bogen (Wollbogen) schlägt und mit einer Kardätsche streicht'; der Wollbogen bestand aus einer ca. 2 m langen biegsamen Stange, deren Enden mit einer gespannten Darmsaite verbunden waren. Das Haar wurde beim Streichen in die Höhe geschnellt und dadurch gelockert ❖ mhd. *wolle[n]slaher, -sleher, wollensleger, wolle[n]slaher* 'Wollarbeiter', zu mhd. *slahen, slagen* 'schlagen'; mnd. *wullensleger* 'Wollbereiter'
FN: Wollschläger, Wollenschläger, Wollschlegel, Wullschleger, Wohlschlager, Wohlschläger, Woldschläger, Wallschläger, Wohlschlegel
W: *Schläger*
Syn: Distelweber, Flocker, Kardätscher, Karder, Kniestreicher, Wollbereiter, Woller, Wollkämmer, Wollkarder, Wollkrämpler, Wollkratzer, Wollschlumper, Wollstreicher, Wollzauser, Zeiser

Lit: Bartel (2006) 1141; Diefenbach 102; DudenFN 732; Gottschald 537; Grimm 30:1380; Palla (2010) 251; Reith (2008) 248; Volckmann (1921) 82

Wollschlaher ↗ WOLLSCHLÄGER

Wollschlumper 'Handwerker, der die gewaschene Wolle kämmt und zum Spinnen vorbereitet'; zu *schlumpen* 'unreinlich sein, lose, locker sein; schlampig sein'; *schlumpig* 'nachlässig in der Kleidung, sodass die Kleider am Leibe schlaff hängen und flattern'; *Schlumper* 'langes Kleid mit Schleppe'. Die Bedeutung 'schlaff herabhängend' ging über in die abwertende Bedeutung 'schleppend, nachlässig einhergehen' und weiter zu 'unreinlich unordentlich sein'. Verwandt mit *Schlampe*. Der *Wollschlumper* entfernte eigentlich die Unreinlichkeiten aus der Wolle. Vgl. pfälzisch *Schlumpe* 1. 'Vorrichtung zum Auskämmen kurzer Wolle', 2. 'schlampige, liederliche weibliche Person' ❖ zu mhd. *slump, slimp* 'schief, träge, verkehrt'
Syn: WOLLSCHLÄGER

Lit: Adelung 3:1545 (schlumpen); Grimm 15:827 (schlumpen); Grimm 30:1380; Krünitz 146:426 (Schlumper); PfälzWb 6:1121, 1455; Schmeller 2:525

Wollspinner Wollenspinner, Wullenspinner; lat. *lanifica, lanipendia* 'Arbeiter, der Wolle zu Garn spinnt'; häufig als Heimarbeiter, der Garn zu Wolle spann und sie an Manufakturen lieferte; meist von Frauen ausgeführt und dann in den Formen *Wollen-, Wullenspinnerin*; auch allgemein für 'Wollarbeiter(in)'

W: *Spinner*

Lit: Adelung 4:1610; Barth 1:1142; Diefenbach 317; Grimm 30:1380, 1381; Idiotikon 10:324; Stiewe (1996) 226; Zedler 58:1404

Wollsträhler ↗ Strähler

Wollstreicher Wollenstreicher **1.** 'Arbeiter in der Tuchherstellung, der die Wolle streicht oder kämmt, bevor sie von den Webern weiterverarbeitet wird'. **2.** 'Wollprüfer' ❖ zu mhd. *strîchen* 'glattstreichen, glätten, ordnen'
FN: Wohlstreicher
W: °Baumwollstreicher, *Streicher*
Syn: Wollkarder, WOLLSCHLÄGER

Lit: Adelung 4:1610; Barth 1:1142; Gottschald 537; Grimm 30:1382; Idiotikon 11:2023; Krünitz 175:564; Linnartz 266; Palla (1994) 35 (Baumwollstreicher)

Wollweber Willenweber, Wollenweber, Wollenwober, Wuldenweber, Wullenweber, Wullenwever, Wullenwewer, Wullinweber; lat. *lanifex, lanificus, lanitextor* 'Weber, der Wollstoffe herstellt'
FN: Wollweber, Wollenweber, Wullenweber, Willenweber, Wüllenweber
W: WEBER
Syn: Raufer, TUCHMACHER
Ggs: Garnweber

Lit: Adelung 4:1609; Barth 1:1142; Diefenbach 317; DudenFN 732; Gottschald 537; Grimm 30:1414; Isenberg ; Krünitz 240:95; Palla (1994) 431; Pies (2005) 179; Reith (2008) 254

Wollwirker ↗ 'Wollweber'
W: *Wirker*
Syn: TUCHMACHER

Lit: Barth 1:1142; Grimm 30:1415

Wollzauser Wollezupfer, Wollzäuser, Wollzeiser, Wollzupfer 'Arbeiter in der Tuchherstellung, der die Wolle reinigt' ❖ zu mhd. *zûsen* in *er-*, *zerzûsen* 'zerzausen,-zupfen', zu mhd. *zûsach* 'Gestrüpp'
Syn: WOLLSCHLÄGER

Lit: Barth 1:1142; Grimm 30:1415, 1416; SteirWb 638

Wollzäuser ↗ Wollzauser

Wollzeiser ↗ Wollzauser

Wollzupfer ↗ Wollzauser

Worfeler ↗ Worfler

Worfer ↗ Worfler

Worfler Worfeler, Worfer 'Person, die Getreide von der Spreu reinigt'; entweder dadurch, dass er das Getreide mit einer Schaufel in die Höhe wirft, wodurch die leichte Spreu verweht wird, oder mit einer Windmaschine; zu *Worf* 'Wurfschaufel', *worfen*, regional für 'werfen' ❖ zu mhd. *warf, warp* 'Drehung, Wendung', zu *werfen*

Lit: Adelung 4:1613 (worfeln, Worfschaufel); Barth 1:1142; Grimm 30:1458, 1460

Worpelmaker ↗ Würfelmacher

Worthalter 1. 'Fürsprecher und Verteidiger vor Gericht'. **2.** 'Vorsteher der Bürgerschaft; Sprecher der Stadtgemeinde, der die Interessen der Bürger vertritt'
W: Halter

Lit: Barth 1:1142; Grimm 30:1583; Hammel-Kiesow (2008)

Wöscher ↗ Wäscher

Wracker Wraker 'amtlicher Warenprüfer, der bes. Flachs, Hanf oder Vieh vor der Ausfuhr begutachtet'; niederdt. ❖ mnd. *wraker* 'Beamter, der das *wraken* zu tun hat', *wraken* 'erklären, verwerfen; Waren auf die Güte hin untersuchen und das Schlechte aussondern'
FN: Wragger
W: °Holzwracker, Wagenschosswracker
Syn: Bracker, VISIERER

Lit: Adelung 1:1154 (Bracker); Barth 1:1143; Grimm 30:1677

Wraker ↗ Wracker

Wrasemeister ↗ Wrasenmeister

Wrasenmeister Wrasemeister ↗ 'Wasenmeister' ❖ zu mnd. *wrase* 'Rasen'; dieses niederdt. Wort ist in der Form *Rasen* in die deutsche Standardsprache eingedrungen und hat *Wasen* verdrängt
W: *Meister*
Syn: SCHINDER

Lit: Grimm 30:1680 (Wrasen); Schiller-Lübben 5:778 (wrase); Stiewe (1996) 226

Wröcherr ↗ Wröger

Wröchherr ↗ Wröger

Wröger Wröcherr, Wröchherr, Wröherr, Wröhher, Wröhherr, Wrüger 1. 'Ankläger im Rügegericht; Mitglied des Feldgerichts'. 2. 'Mitglied einer Kommission, die Gefäße und Gewichte kontrolliert'. 3. 'Vorsteher der Ackergilde' ❖ mnd. *wroger* 'Rüger, Ankläger', zu *Wroge*, niederdt., verwandt mit 'Rüge'
Syn: Rüger

Lit: Adelung 4:1617 (Wroge); Grimm 30:1688 (wrögen); Schiller-Lübben 5:783

Wröherr ↗ Wröger

Wröhher ↗ Wröger

Wröhherr ↗ Wröger

Wrüger ↗ Wröger

Wuermeister ↗ Führmeister

Wuhrmeister ↗ Führmeister

Führmeister Wuermeister, Wuhrmeister 'Verantwortlicher für die Instandhaltung des Flussgerinnes'; bes. bayr.-österr.; *Wuhr, Wühr* ist eine bes. oberdt. Form zu *Wehr* ❖ zu mhd. *wuor, wuore, wüer, wüere* 'Damm im Wasser, Wehr zum Abhalten oder Ableiten des Wassers'; mhd. *wer, were* 'Wehr in einem Fluss'
W: *Meister*

Lit: Idiotikon 4:534; Schraml (1932) 245 (u.a.)

Wuldenweber ↗ Wollweber

Wullenknape ↗ Wollknappe

Wullensleger ↗ WOLLSCHLÄGER

Wullenspinner ↗ Wollspinner

Wullenweber ↗ Wollweber

Wullenwever ↗ Wollweber

Wullenwewer ↗ Wollweber

Wullinweber ↗ Wollweber

Wullkratzer ↗ Wollkratzer

Wullner ↗ Wollner

Wüllner ↗ Wollner

Wülner ↗ Wollner

WUNDARZT Wundenarzt; lat. *vulnerarius* 'Person, die manuelle oder operative Behandlung äußerer Krankheiten, bes. von Wunden, durchführt'; ↗ Chirurg; die Ausbildung der Wundärzte oder Chirurgen erfolgte gemäß der handwerklichen Zunftordnung in Lehr- und Gesellenzeit, die Meisterprüfung wurde aber vor einem akademischen Medicus abgelegt. Ab 1825 wurde zwischen Wundärzten I. Klasse (Absolvierung einer medizinisch-chirurgischen Lehranstalt, Erlaubnis zu interner und chirurgischer Praxis) und II. Klasse (Lehre bei einem Meister, Erlaubnis zu kleinen Behandlungen wie Aderlass, Verbinden) unterschieden ❖ mhd. *wundenarzet, wuntarzet, wuntarzât* 'Wundarzt, Chirurg'
W: ARZT*, °Feldwundarzt
Syn: Accoucheur, CHIRURG, Externist, Fistelschneider, Flietner, Knochenflicker, Operateur, Schauherr, Steinschneider

Lit: Adelung 4:1620; Barth 1:1143; Grimm 30:1769; Grönhoff (1966) 21; Krünitz 240:166; Pies (1977); Pies (2001) 69; Pies (2002c) 24; Pies (2005); Reith (2008) 17

Wundenarzt ↗ WUNDARZT

Wundenschauer Wundschauer 'behördlich beauftragter Begutachter von Wunden'; z. B. wegen Schadenersatzforderungen
W: SCHAUER

Wundschauer ↗ Wundenschauer

Wuppenmeister 'Pächter von Lastkähnen im Hafen'; zu *Wuppe*, Nebenform zu *Wippe* 'schwenkbarer Ladekran, mit dem die Ladung auf ein Schiff gehoben wird' ❖ zu mnd. *wippe, wuppe* 'Maschine, um Güter ins Schiff und aus demselben zu bringen'
W: *Meister*

Lit: Barth 1:1144; Grimm 30:2059; Schiller-Lübben 5:736 (wippe, wuppe)

Wurfeler ↗ Würfeler

Würfeler Wurfeler, Würfler 'Handwerker, der Würfel für ein Würfelspiel aus Knochen, Elfenbein oder Metall herstellt' ❖ mhd. *würfelære, würfeler* 'Würfelspieler; Würfelmacher'; zu mhd. *worfel* 'Würfel'
FN: Würfler, Wurfler, Wirfel, Würfel, Würfele
Syn: Doppenschneider, Doppler, Würfelmacher

Lit: Barth 1:1144; DudenFN 735; Gottschald 539; Grimm 30:2167; Idiotikon 16:1449; Linnartz 267; Volckmann (1921) 173

Würfelmacher Worpelmaker 'Handwerker, der Würfel für das Würfelspiel herstellt'
Syn: Doppenschneider, Doppler, Würfeler

Lit: Barth 1:1144; Grimm 30:2170; Volckmann (1921) 297

Würfler ↗ Würfeler

Wurmarzt 'herumziehender Arzt oder Quacksalber, der Mittel gegen Würmer im Leib anbietet'
W: ARZT*
Syn: Wurmdoktor

Lit: Adelung 4:1631; Grimm 30:2257

Wurmdoctor ↗ Wurmdoktor

Wurmdoktor Wurmdoctor ↗ 'Wurmarzt'
Syn: Wurmarzt

Lit: Adelung 4:1631 (Wurmarzt); Grimm 30:2261

Wurmschneider 'Quacksalber, der Menschen oder Hunde durch Operationen von Würmern befreit'
W: SCHNEIDER
Syn: QUACKSALBER

Lit: Adelung 4:1632; Barth 1:1145; Grimm 30:2286

Wurster Wurstler, Würstler, Wurstmacher; lat. *fartor, matiarius, salsuciarius* 'Fleischer, der Würste herstellt'; süddt.
FN: Wurster, Wurstner, Wurst, Worst, Worster, Würster, Würstl, Würstle, Würstlin
Syn: METZGER, Salsitzenmacher

Lit: Barth 1:1145; Diefenbach 226; dtv-Atlas dt. Spr. 197; DudenFN 735; Gottschald 539; Grimm 30:2310; Hornung (1989) 136; Idiotikon 16:1573; Linnartz 267; Pies (2002d); Pies (2005); Reith (2008) 157; Volckmann (1921) 24

Wurstler ↗ Wurster

Würstler ↗ Wurster

Wurstmacher ↗ Wurster

Würth ↗ WIRT

Wurtsasse 'auf einem Wurt, einer Anschüttung an der Küste, ansässiger Kleinbauer mit einer Viertelhufe'; norddt.
W: *Sasse*
Syn: KLEINBAUER*

Lit: Grimm 30:2326

Wurtsedel Wurtsete, Wurtsitzer ↗ 'Wurtsasse'
❖ ↗ Sedelhöfer
Vgl: Sedelbauer

Lit: Kaak/Schattkowsy (2003) 124

Wurtsete ↗ Wurtsedel

Wurtsitzer ↗ Wurtsedel

Würzcrämer ↗ Würzkrämer

Wurzeler ↗ Wurzer

Wurzelgraber Wurzelgräber 'Person, die heilkräftige Wurzelpflanzen sammelt, mit ihnen handelt oder sie als Heilmittel verwendet'; er stand wie der ↗ Köhler oder der ↗ Ameisler in engem Kontakt mit der Natur, aber außerhalb der Gesellschaft
W: *Gräber*

Lit: Ast/Katzer (1970) 68; Barth 1:1146; Grimm 30:2368

Wurzelgräber ↗ Wurzelgraber

Würzelhändler ↗ Würzhändler

Wurzelkramer ↗ Wurzelkrämer

Wurzelkrämer Wurzelkramer, Wurzenkrämer 'Krämer, Hausierer, der heilende Wurzeln oder Heilkräuter verkauft'; auch mit dem Nebensinn 'Quacksalber'
W: *KRÄMER*
Syn: Wurzer

Lit: Barth 1:1146; Grimm 30:2372; Idiotikon 3:816

Wurzelmann Plural: *Wurzelmänner* 'Sammler von Heilkräutern und Händler damit'
W: *Mann*

Lit: Adelung 4:1635; Barth 1:1146; Grimm 30:2373

Wurzelmänner ↗ Wurzelmann

Wurzemenger ↗ Wurzmenger

Wurzenhändler ↗ Würzhändler

Wurzenkrämer ↗ Wurzelkrämer

Würzenmann ↗ Wurzmann

Wurzenmenger ↗ Wurzmenger

Wurzer Wurzeler, Wurzler, Würzler 1. 'Händler mit Gewürzen und Spezereien'. 2. 'Kräutersammler und -verkäufer' — häufig von Frauen ausgeübt ❖ mhd. *wurzeler* 'Kräutersammler'
FN: Wurzer, Wurzler, Wurzner, Wurzel, Worzel, Würz, Würzler, Würzner, Würtz, Würtzer, Würtzler
Syn: GEWÜRZKRÄMER, Wurzelkrämer

Lit: Barth 1:1146; DudenFN 735; Gottschald 539; Grimm 30:2395; Linnartz 267

Würzhändler Würzelhändler, Wurzenhändler 'hausierender Gewürzhändler'
Syn: GEWÜRZKRÄMER

Lit: Adelung 4:1636; Grimm 30:2340

Wurzkrämer ↗ Würzkrämer

Würzkrämer Würzcrämer, Wurzkrämer 'hausierender Gewürzhändler'
W: *KRÄMER*
Syn: GEWÜRZKRÄMER

Lit: Adelung 4:1635; Grimm 30:2393; Idiotikon 3:816; Krünitz 18:364; Volckmann (1921) 207

Wurzler ↗ Wurzer

Würzler ↗ Wurzer

Wurzmann Würzenmann 'Gewürz- und Spezereihändler, Drogist'
W: *Mann*
Syn: DROGIST, GEWÜRZKRÄMER

Lit: Barth 1:1146; Idiotikon 4:286; Volckmann (1921) 207

Wurzmenger Wurzemenger, Wurzenmenger 'Gewürz- und Kräuterhändler, Drogist'
❖ zu mhd. *wurz* 'Pflanze, Kraut'; ↗ Menger
W: *Menger*
Syn: DROGIST

Lit: Barth 1:1146; Volckmann (1921) 207

Wyttlöscher ↗ Witlöscher

Wyttlosker ↗ Witlöscher

Y

Ycher ↗ Eicher

Ychher ↗ Eicher

Yngwinner ↗ Eingewinner

Yngwünner ↗ Eingewinner

Ysenfurer ↗ Eisenführer

Ysenfürer ↗ Eisenführer

Ysenhuter ↗ Eisenhuter

Z

Zaahweber ↗ Zauer

Zachweber ↗ Zauer

Zagenmacher ↗ Sayenmacher

Zagmacher ↗ Sayenmacher

Zahlmeister 'Beamter, der für das Finanzwesen zuständig ist und Auszahlungen durchführt, bes. beim Militär'
W: °Kriegszahlmeister
Syn: Auszahler, Mustermeister, SCHATZMEISTER

Lit: Adelung 4:1646; Barth 1:560 (Kriegszahlmeister), 1149; Grimm 11:2301 (Kriegszahlmeister); Grimm 31:65; Pies (2005) 161

Zahnbrecher Zanbrecher, Zandbrecher 'umherziehender, nicht ausgebildeter Zahnbehandler'; die Behandlung bestand meist aus dem Ziehen der Zähne, diese wurde auch von handwerklich ausgebildeten Chirurgen durchgeführt. Vielfach wurden die Zahnbrecher den Quacksalbern gleichgesetzt ❖ zu mhd. *brëchen* 'brechen, reißen'
FN: Zahnbrecher

Lit: Adelung 4:1648; Barth 1:1149; Brandl/Ceutzberg (1976) 249; DudenFN 738; Gottschald 541; Idiotikon 5:340; Linnartz 268; Pies (1977); Pies (2002c) 39; Pies (2005) 20; Schmeller 2:1126 (Zanbrecher); Sulzenbacher (2002) 60; Vieser/Schautz (2010) 143

Zahnkünstler 1. 'Zahnbehandler, der vor allem künstliche Zähne einsetzt'. 2. 'Zahnheilkundiger, der den Titel Zahnarzt nicht führen darf' — auch allgemein für 'Zahnarzt'
W: *Künstler*

Lit: Adelung 4:1649; Barth 1:1149; Grimm 31:171; Krünitz 240:552

Zahnschmid ↗ Zahnschmied

Zahnschmied Zahnschmid 'Schmied in den Hammerwerken, der gezähnte Werkzeuge oder Beschläge aus Eisen (Zahneisen) herstellt'
W: *Schmied*

Lit: Adelung 4:1649

Zahweber ↗ Zauer

Zainenflicker Zeinenflicker 'Korbflicker' ❖ ↗ Zainer
W: *Flicker*

Lit: Idiotikon 4:288

Zainenmacher Zeinenmacher 'Korbflechter, bes. für große Tragkörbe' ❖ ↗ Zainer
Syn: KÖRBER

Lit: Barth 1:1154; Idiotikon 4:55

Zainer Zainler, Zayner, Zeiner 1. ↗ 'Zainschmied'; zu *zeinen* 'Holz spalten; Eisen strecken'. 2. 'Korbflechter'; zu *Zain* 'Geflecht von Ruten, Hürde, Korb' ❖ 1.: mhd. *zeiner* 'Zainschmied'; 2.: zu mhd. *zeine* 'Geflecht aus Zeinen, Korb', zu mhd. *zein* 'Reis, Rute, Rohr, Stäbchen, Stab'
FN: Zainer, Zaynler, Zeiner, Zeinert, Zeinler
W: *Korbzainer*
Syn: HAMMERSCHMIED, KÖRBER, Zainschmied

Lit: Adelung 4:1651; Barth 1:1150; DudenFN 740; Gottschald 543; Grimm 31:212; Isenberg ; Linnartz 268, 270; Pies (2005) 66; Reith (2008) 98; Schmeller 2:1128; Volckmann (1921) 177

Zainhammerschmied ↗ Zainschmied

Zainler ↗ Zainer

Zainschmid ↗ Zainschmied

Zainschmied Zainhammerschmied, Zainschmid, Zeinhammerschmied, Zeinschmied 'Schmied, der Metall (Eisen, Kupfer, Gold) mit einem wassergetriebenen Hammer zu Stäben verarbeitet, die das Basismaterial von Kleinschmieden bilden' ❖ mhd. *zeinsmite*, zu mhd. *zein* 'Reis, Rute, Rohr, Stäbchen, Stab'; mhd. *zeinen* 'Metall in Zeine schmieden'
W: *Schmied*
Syn: HAMMERSCHMIED, Stabschmied, Zainer

Lit: Adelung 4:1651 (Zainhammer); Barth 1:1154; Grimm 31:212 (Zainhammer), 214; Palla (1994) 361; Schmeller 2:1128; Volckmann (1921) 177; Zedler 60:1415

Zaiser ↗ Zeiser

Zajemacher ↗ Sayenmacher

Zajenmacher ↗ Sayenmacher

Zanbrecher ↗ Zahnbrecher

Zandbrecher ↗ Zahnbrecher

Zangener ↗ Zengener

Zangenmacher ↗ Zangenschmied

Zangenschmied Zangenmacher 'Werkzeugschmied'
W: *Schmied*
Syn: Zengener, Zeugschmied

Lit: Pies (2005) 132; Reith (2008) 258; Volckmann (1921) 120

Zapfenledermacher Zapffenledermacher 'Handwerker, der Zapfenleder herstellt'; *Zapfenleder (Zapp, Zappleder, Zappa)* ist ein feines genarbtes Leder, es wurde aus Fischhaut hergestellt und u.a. beim Binden von Büchern verwendet

Lit: Barth 1:1150; Grimm 31:271 (Zapfenleder), 275 (Zapp); Schmeller 2:1141 (Zappleder); SteirWb 641 (Zap, Zappa)

Zapfenmacher Zapffenmacher, Zappenmacher 1. 'Handwerker, der Zapfen für Fässer, Leuchter und Röhren aus Messing herstellt'. 2. 'Handwerker, der Zapfen oder Dübel als Holzverbindungen herstellt'
Syn: Rotschmied, Zapfer

Lit: Barth 1:1150; Grimm 31:271

Zapfenmaßamtstäzer 'Beamter, der die Getränkesteuern oder -steuerzuschläge kassiert'; das *Zapfenmaßamt* war in Wien das 'Amt für die Einhebung der Getränkesteuer', die nach dem Zapfenmaß berechnet wurde
W: *Täzer*

Lit: Sanford (1975) 136

Zapfensteiger 'ausgebildeter Forstarbeiter, der auf fruchtreife Nadelbäume bis in die Kronen steigt, um die Samen, die für die Saat benötigt werden, einzusammeln'; bis Ende des 20. Jh. noch vereinzelt in Thürigen ausgeübt; in einer Sendung des BR am 30.3.2012 gewürdigt ❖ zu mhd. *stîgen* 'steigen'
W: *Steiger*

Zapfenwirt 'Wirt eines einfachen Gasthauses, in dem nur Getränke [und kalte Speisen] angeboten werden'
W: WIRT

Lit: Adelung 3:1418; Barth 1:1150; Grimm 31:273; Idiotikon 16:1652; Krünitz 142:143

Zapfer Zäpfer, Zapfler, Zäpfler, Zapfner, Zepper 1. 'Person, die Getränke aus dem Fass zieht und verkauft; Schankwirt'; als Berufsbezeichnung für Schankpersonal noch üblich. 2. 'Handwerker, der Zapfen herstellt'. 3. 'Arbeiter in der Saline, der die aus dem Salzbrunnen gezogene Sole in den Bottich fasst' ❖ mhd. *zapfer*, nur in *wînzapfer* ↗ Weinzapfer
FN: Zapf, Zapfe, Zapfler, Zapfner, Zapfl, Zäpfler, Zäpfel, Zapp, Zappe, Zapper, Zepfel, Zepfl

W: Bierzapfer, Weinzapfer
Syn: Zapfenmacher

Lit: Adelung 4:1655; Barth 1:1150; DudenFN 739; Gottschald 542; Grimm 31:273, 274; Linnartz 268; SteirWb 641

Zäpfer ↗ Zapfer

Zapffenledermacher ↗ Zapfenledermacher

Zapffenmacher ↗ Zapfenmacher

Zapfler ↗ Zapfer

Zäpfler ↗ Zapfer

Zapfner ↗ Zapfer

Zappenmacher ↗ Zapfenmacher

Zargenschneider 'Handwerker, der die biegsamen Umrandungen für Flechtarbeiten, z.B. große Siebe, herstellt'
W: SCHNEIDER
Syn: Siebreifschneider

Lit: Grimm 31:282; SteirWb 643

Zauer Zaahweber, Zachweber, Zahweber, Zaur, Zauweber, Zawer, Zawr, Zöwerer **1.** ↗ 'Tuchbereiter, der das Waschen, Walken und Trocknen der Stoffe durchführt'. **2.** ↗ 'Tuchweber, Zeugweber' — Ausgangspunkt ist ein erloschenes Verb *zauen* 'bereiten, fertig machen', dazu *die Zaue* 'Werkzeug, Gerät'. Die allgemeinen Bedeutungen wurden eingeschränkt auf den jeweils wichtigsten Arbeitsbereich, z.B. auf die Geräte im Bergbau und besonders auf die Weberei, sodass mit *das Zau* der 'Webstuhl' bezeichnet wurde. Das vom Verb abgeleitete Substantiv *Zauer* bedeutete zuerst allgemein 'Bereiter; jmd. der etwas für einen anderen Arbeitsgang vorbereitet', z.B. für Gerber, dann eingeengt auf die Wollweberei. Im Zusammenhang steht auch das Wort *Gezau*, jünger *Gezähe* 'Gezeug; jedes Arbeitsgerät [der Bergleute]; Gesamtheit der Webstühle' ❖ mhd. *zouwer* 'eine Art Tuchweber', zu mhd. *zouwen, zöuwen* 'fertig machen, bereiten, rüsten'; mhd. *gezouwe, zouwe* 'Gerät, Werkzeug'; frühnhd. *zauer, zauwer* 'Aufbereiter von Wolle; Weber'
FN: Zauer, Zauber, Zauwer, Zöberer
Syn: Nufeler, TUCHBEREITER, *WEBER*

Lit: Barth 1:1150; Gottschald 542; Götze 234; Grimm 7:6877 (Gezähe); Grimm 31:396, 397; Linnartz 268; Pies (2005) 179; Reith (1990) 261; Schmeller 2:1067; Volckmann (1921) 81, 82

Zäumer Zeumer **1.** 'Handwerker, der Pferdezäume, -zügel herstellt'. **2.** 'Person, die Pferden das Zaumzeug anlegt und die Pferde am Zaum führt' ❖ mhd. *zoumer* 'Zaummacher'
FN: Zäumer, Zaumer, Zeumer
Syn: SATTLER, Zaummacher

Lit: Barth 1:1151; Gottschald 542; Götze 236; Grimm 31:406; Linnartz 268

Zaummacher Thommaker, Thoommaker, Tommaker, Zommacher; lat. *stratarius* 'Handwerker, der das Zaumzeug für Pferde herstellt' ❖ mhd. *zoummacher* 'lorifex'; frühnhd. *zamacher;* die niederdt. Formen entsprechen mnd. *tôm* 'Zaum'
Syn: SATTLER, Zäumer

Lit: Barth 1:1151; Diefenbach 555; Götze 233; Reith (2008) 182; Schiller-Lübben 4:572

Zaumschläger Thoomslegher, Toemsleger, Tomsleger 'Handwerker, der Riemen und Zaumzeug für das Pferdegeschirr herstellt' ❖ zu mhd. *zoum* 'Zaum, Zügel'; die niederdt. Formen zu mnd. *tôm* 'Zaum'
FN: Tomschläger, Thomschläger
W: *Schläger*
Syn: SATTLER

Lit: Barth 1:1151; Grimm 31:404; Palla (1994) 427; Schiller-Lübben 4:572; Volckmann (1921) 154

Zaumschmid ↗ Zaumschmied

Zaumschmied Zaumschmid 'Kleinschmied, der das eiserne Mundstück des Zaumzeugs (Trense) herstellt'
W: *Schmied*
Syn: Bisser

Lit: Barth 1:1151; Palla (2010) 251

Zaumstricker 'Handwerker, der Sättel und Kummete herstellt'; *Stricker* in der älteren Bedeutung 'Handwerker, der Seile u. Ä. herstellt'
W: *Stricker*
Syn: SATTLER
Lit: Grimm 31:404

Zauner Zäuner, Zeuner 'Handwerker, der Zäune herstellt' ❖ zu mhd. *ziunen* 'zäunen, flechten'
FN: Zauner, Zäuner, Zeuner, Zeunert
Lit: Barth 1:1151; DudenFN 739; Gottschald 542; Linnartz 268

Zäuner ↗ Zauner

Zaur ↗ Zauer

Zauweber ↗ Zauer

Zawer ↗ Zauer

Zawr ↗ Zauer

Zayemacher ↗ Sayenmacher

Zayner ↗ Zainer

Zechenmeister ↗ Zechmeister

Zechmaister ↗ Zechmeister

Zechmeister Zechenmeister, Zechmaister
1. 'im Bergbau Betriebsleiter einer Zeche'.
2. 'Zunftmeister'; bes. österr. 3. 'Verwalter des Kirchenvermögens in einer Kirchengemeinde; ↗ Zechprobst'. 4. 'Beamter in der herrschaftlichen Gemeindeverwaltung' ❖ mhd. *zëchmeister* 'Vorstand und Verwalter einer Zeche'
FN: Zechmeister
W: *Meister*
Syn: Ürtenmeister, Zechpfleger, Zechprobst, ZUNFTMEISTER
Lit: Adelung 4:1663; Barth 1:1152; DudenFN 740; Gottschald 542; Grimm 31:428, 431; Krünitz 241:79; Linnartz 269; Schmeller 2:1078; SteirWb 645; Veith 585

Zechpfleger 'Verwalter des Kirchenvermögens in einer Kirchengemeinde' ❖ zu mhd. *zëche, zëch* 'Verrichtung, die in einer bestimmten Folge unter mehreren umgeht; Vereinigung mehrerer zu gemeinsamen Zwecken, auf gemeinschaftliche Kosten; Geldbeitrag zu einer Zeche, Vermögen derselben'
W: *PFLEGER*
Syn: Zechmeister, Zechprobst
Lit: Grimm 31:431

Zechprobst 'Verwalter des Kirchenvermögens in einer Kirchengemeinde' ❖ mhd. *zëchprobest* 'Vorstand einer Zeche'; ↗ Propst
W: *Propst*
Syn: Zechmeister, Zechpfleger
Lit: Barth 1:1152; Schmeller 1:467

Zeckermacher Zegermacher, Zögermacher 'Handwerker, der geflochtene Handkörbe oder Handtaschen aus Stroh o. Ä. verfertigt'; zu einem Verb *zecken*, Ablaut von *ziehen*; die Formen mit *-g-* entsprechen der mittelbair. Lautung
FN: Zegermacher
Syn: KÖRBER
Lit: Grimm 31:438 (Zecker); OÖWb 342; Palla (1994) 362; Schmeller 2:1081; SteirWb 645; WienerWb 289

Zegermacher ↗ Zeckermacher

Zehendhold ↗ Zehentholde

Zehentbauer Zehntbauer 'Bauer oder Pächter, der zur Abgabe des Zehents verpflichtet ist' ❖ ↗ Zehentherr
FN: Zehetbauer, Zehentbauer
W: *BAUER*
Syn: HÖRIGER, Zehentfröner, Zehentholde, Zehentmeier
Lit: Barth 1:1153; DudenFN 740; Gottschald 543; Linnartz 269

Zehentbereiter Zehentenreiter, Zehentreiter, Zehntbereiter 'berittener Beamter, der den Zehent schätzt und festlegt'
W: *Bereiter*
Lit: Barth 1:1153; Grimm 31:459; Idiotikon 6:1705

Zehentenreiter ↗ Zehentbereiter

Zehenter ↗ ZEHENTNER

Zehentfröhner ↗ Zehentfröner

Zehentfröner Zehentfröhner, Zehntfröner
'Bauer oder Pächter, der zur Leistung des Zehents verpflichtet ist'; dieser konnte durch verschiedene Dienstleistungen abgegolten werden, z. B. als *Zehentdrescher* oder *Zehentschnitter* durch Arbeiten bei der Ernte
W: *Fröner*
Syn: Zehentbauer, Zehentholde

Lit: Adelung 4:1665; Barth 1:1153; Grimm 31:460

Zehentgänger Zehntgänger 'Beamter, der im Namen des Zehentherrn den Zehent einnimmt'
W: *Gänger*
Syn: ZEHENTNER

Lit: Barth 1:1153; Grimm 31:460; Veith 586

Zehentgegenschreiber Zehntgegenschreiber 'im Bergwesen Beamter, der den Zehenteinnehmer kontrolliert'
W: *Gegenschreiber, Schreiber*

Lit: Barth 1:1153; Grimm 31:460; Krünitz 241:105; Veith 586

Zehentherr Tegetherr, Zehntherr 'Grundherr oder anderer Bewirtschafter eines Gutes, dem das Recht zusteht, den Zehent einzuheben' ❖ zu mhd. *zëhende, zëhente, zënde, zëhent* 'der zehnte Teil, bes. als Abgabe von Vieh und Früchten'; mnd. *teget-* 'Zehent-'
W: *Herr*
Vgl: Zentherr

Lit: Adelung 4:1667; Barth 1:1153; Grimm 31:460; Idiotikon 2:1549; Krünitz 241:105; Schiller-Lübben 4:518

Zehentholde Zehendhold 'Bauer, der einem Grundherrn zur Leistung des Zehents verpflichtet ist'; oberdt. ❖ zu mhd. *holde* 'Freund; Dienstmann; der einem treu dient'; ↗ Zehentherr
Syn: HÖRIGER, Zehentbauer, Zehentfröner, Zehentmeier

Vgl: Grundholde

Lit: Adelung 4:1667; Grimm 31:461; Höfer 1:330

Zehentknecht Zehntknecht 'Zehenteinnehmer'
W: *KNECHT*
Syn: ZEHENTNER

Lit: Barth 1:1153; Grimm 31:461; Idiotikon 3:733

Zehentmahler ↗ Zehentmaler

Zehentmaler Zehentmahler, Zehntmaler 'Person, die den Zehent eintreibt'; während der Ernte wurde bereits markiert (aufgemalt), was als Zehent abzuführen ist
W: *Maler*
Syn: ZEHENTNER

Lit: Adelung 3:25; Adelung 4:1665 (Zeheter); Barth 1:1152; Grimm 31:461, 461

Zehentmann Zehntenmann, Zehntmann 'Bauer oder Pächter, der zur Leistung des Zehents verpflichtet ist'
W: *Mann*

Lit: Barth 1:1154; Grimm 31:461; Idiotikon 4:287

Zehentmeier Zehntmeier 'Bauer oder Pächter auf einem Zehenthof'; bes. bayr.-österr.; er hatte die Aufgabe, von den Bauern seines Bereiches den Zehent einzusammeln und zu lagern, daher war ein *Zehenthof* meist ein großer Bauernhof ❖ zu mhd. *zëhende, zëhente, zënde, zëhent* 'der zehnte Teil, bes. als Abgabe von Vieh und Früchten'; mnd. *teget-* 'Zehent-'
FN: Zehentmaier, Zehentmair, Zehentmeier, Zehetmaier, Zehetmair, Zehetmayer, Zehetmayr, Zehetmeier, Zechetmayer, (niederdt.:) Tegetmeier, Tegetmeyer, Tegtmeier, Tegtmeyer, Tägetmeier, Techtmeier
W: *Meier*
Syn: Zehentbauer, Zehentholde

Lit: Barth 1:1154; DudenFN 661, 740; Gottschald 488, 543; Krünitz 241:85; Linnartz 239, 269; Schiller-Lübben 4:518

ZEHENTNER Zehenter, Zehntner 'Beamter, der im Namen des Zehentherrn den Zehent einnimmt' ❖ mhd. *zëhendenære, zëhentnære,*

zëhendære, *zëhentner* 'Zehntmann, Zehntpflichtiger; Zehnteinnehmer'
FN: Zehetner, Zehentner, Zehender, Zehendner, Zender, Zeeder, Zechentner, Zechenter, Zehnder, Zehnter, Zehner, Zendler, Ziender, Zientner, Zintner
W: Bergzehentner
Syn: Manzeler, Zehentgänger, Zehentknecht, Zehentmaler, Zehentsammler, Zinser

Lit: Adelung 4:1666; Barth 1:1154; DudenFN 740; Fellner 662; Gottschald 543; Linnartz 269; Veith 586

Zehentreiter ↗ Zehentbereiter

Zehentsammler 'Beamter, der im Namen des Zehentherrn den Zehent einnimmt'
Syn: ZEHENTNER

Lit: Adelung 4:1667; Barth 1:1154; Grimm 31:462

Zehentschreiber Zehntschreiber 'Beamter im Zehentamt, das für die Berechnung und Einhebung des Zehents zuständig ist'
W: *Schreiber*

Lit: Adelung 4:1667; Barth 1:1154; Grimm 31:463; Veith 586

Zehentvogt Zehntvogt 'Beamter, der den Zehent eintreibt'
W: *Vogt*

Lit: Barth 1:1154; Grimm 31:463

Zehnstündner 'Bergarbeiter, der eine Schicht von zehn Stunden arbeitet'
Vgl: Achtstündner, Zwölfstündner

Lit: Veith 585

Zehntbauer ↗ Zehentbauer

Zehntbereiter ↗ Zehentbereiter

Zehntenmann ↗ Zehentmann

Zehntfröhner ↗ Zehentfröner

Zehntgänger ↗ Zehentgänger

Zehntgegenschreiber ↗ Zehentgegenschreiber

Zehntherr ↗ Zehentherr

Zehntknecht ↗ Zehentknecht

Zehntmaler ↗ Zehentmaler

Zehntmann ↗ Zehentmann

Zehntmeier ↗ Zehentmeier

Zehntner ↗ ZEHENTNER

Zehntschreiber ↗ Zehentschreiber

Zehntvogt ↗ Zehentvogt

Zehrgademer Zehrgadner, Zehrgärtner 'Verwalter der herrschaftlichen Lebensmittellager (*Zehrgaden*)'; *Zehrgarten, Zehrgärtner* ist eine volksetymologische Umdeutung ❖ mhd. *zergademer* zu *zergadem* 'Speisekammer, -magazin'; zu mhd. *zeren, zern* 'für Essen und Trinken Aufwand machen, leben; auf-, verzehren, sich nähren von, verbrauchen'; mhd. *gadem* 'Haus mit nur einem Gemach; Kammer; Stockwerk'
W: *Gademer*

Lit: Adelung 4:1669; Grimm 31:471; SteirWb 646

Zehrgadner ↗ Zehrgademer

Zehrgärtner ↗ Gärtner, Zehrgademer

Zeichenmeister 1. 'Beamter einer Zunft, der die Prüfzeichen an der Ware anbringt'; z.B. an Tuchen, Goldschmiedarbeiten. 2. 'Beamter, der die Maße und Gewichte überprüft und Eichzeichen anbringt'. 3. 'Lehrer im Zeichnen' ❖ mhd. *zeichenmeister*
W: *Meister*

Lit: Adelung 4:1670; Barth 1:1154; Grimm 31:484

Zeidelmeister Zeidlermeister 1. 'Imker'. 2. ↗ 'Zeidelrichter' ❖ ↗ Zeidler
W: *Meister*
Syn: Zeidelrichter, ZEIDLER

Lit: Adelung 4:1671; Barth 1:1154; Grimm 31:489, 499; Krünitz 241:118

Zeidelrichter 1. 'Richter im Zeidelgericht'; d.i. ein Gericht über die Imker, die zur Bienenzucht in Reichsforsten berechtigt waren. 2. 'Imker' ❖ ↗ Zeidler
W: *Richter*
Syn: Zeidelmeister

Lit: Adelung 4:1672; Grimm 31:498; Schmeller 2:1085 (Zeidelgericht)

ZEIDLER Zeitler; lat. *apiarius, mellicida* 'Bienenzüchter, Imker'; er betrieb die Imkerei oft großflächig in den Wäldern ❖ mhd. *zîdelære, zîdler* 'Zeidler, Bienenzüchter, zur Bienenzucht im Walde Berechtigter'; zu mhd. *zîdel-* 'Honig-' (in Zusammensetzungen)
FN: Zeidler, Zeitler, Ziedler, Zitler, Zidler, Zedler
Syn: Beutner, Bienenmeister, Bienenvater, Biener, Immenmeister, Immer, Zeidelmeister

Lit: Adelung 4:1672; Barth 1:1154; BMZ 4:874; DudenFN 740, 741; Frühmittellat. RWb; Gottschald 543; Grimm 31:499; Kehr (1964) 256; Linnartz 269; Schmeller 2:1085; Vieser/Schautz (2010) 209; Volckmann (1921) 14

Zeidlermeister ↗ Zeidelmeister

Zeigschmied ↗ Zeugschmied

Zeinenflicker ↗ Zainenflicker

Zeinenmacher ↗ Zainenmacher

Zeiner ↗ Zainer

Zeinhammerschmied ↗ Zainschmied

Zeinschmied ↗ Zainschmied

Zeiselbauer 'Bauer, Kutscher, der mit dem Zeiselwagen fährt'
W: *BAUER*
Syn: Zeiselkutscher

Lit: Hartmann (1998) 278; WBÖ 2:589

Zeiselkutscher 'Kutscher, der mit einem Zeiselwagen fährt'; d.i. in Wien ein von zwei Pferden gezogener Mietwagen, der die Verbindung von der Stadt zu den Vororten herstellte ❖ Etymogie nicht eindeutig; entweder nach dem grün-gelben Anstrich oder zu einem (nicht belegten) mhd. *zîselen* 'schnell und ungenau oder langsam arbeiten' oder zu lat. *cisium* 'leichter, offener zweirädriger Reisewagen', ein Wort keltischen Ursprungs
W: *Kutscher**
Syn: Zeiselbauer

Lit: Stifter (2005); WienerWb 291

Zeisemeister ↗ Ziesemeister

Zeiser Zaiser 'Handwerker, der die gewaschene Wolle mit dem Krempel (dem Wollkamm) kämmt und zum Spinnen vorbereitet' ❖ zu mhd. *zeisen* 'zausen, zupfen, bes. Wolle', mhd. *zeisel* 'Distel, Weberkarde'
FN: Zeiser, Zaiser, Zeißer, Zeissler, Zeißner, Zeissner
Syn: WOLLSCHLÄGER

Lit: DudenFN 740; Gottschald 543; Grimm 31:519; Linnartz 270

Zeitler ↗ Zeidler

Zeitmacher 'Handwerker, der Wand- und Turmuhren herstellt'; schweiz.
Syn: UHRMACHER*

Lit: Idiotikon 4:55

Zeitungssänger Zeitungssinger 'Person, die von Ort zu Ort zieht, Neuigkeiten verkündet, zur Drehorgel singt und Blätter mit Liedern verkauft'; seit dem 16. Jh. wurden Flugblattdrucke zum Kauf angeboten und von den *Zeitungssängern* vorgetragen, sie waren Vorgänger der Bänkelsänger; *Zeitung* i. S. v. 'Nachricht, Neuigkeit'
Syn: GAUKLER

Lit: Barth 1:1155

Zeitungssinger ↗ Zeitungssänger

Zelenmecker ↗ Seilmacher

Zelewinder ↗ Seilwinder

Zeller 'Bauer, der ein großes Gut mit entsprechenden Zugtieren bewirtschaftet'; südwestdt.; kurz für *Zellhuber* oder *Zellmeier*. Eine *Zelle* war ein von einem Mutterkloster abhängiger oder ihm als Eigentum gehörender Hof, ein *Zeller* führte den Hof als Besitzer oder Verwalter ❖ zu mhd. *zëlle, cëlle* 'Kammer; kleines Nebenkloster, Klostergut', aus lat. *cella, cellarium* 'Klosterzelle'
FN: Zeller
Syn: VOLLBAUER

Lit: Barth 1:1155; SchwäbWb 6:1117

Zellner ↗ Zoller

Zelner ↗ Zoller

Zelter 'Bäcker, der flache Kuchen, Fladen herstellt'; als Berufsbezeichnung selten belegt (dafür *Lebzelter*), als Familienname häufig ❖ zu mhd. *zëlte* 'flaches Backwerk, Kuchen, Fladen'
FN: Zelter, Zeltner
W: Lebzelter

Lit: DudenFN 741; Gottschald 544; Grimm 31:623 (Zelten); Linnartz 270; Schmeller 2:1118 (Zelten)

Zeltschneider Gezeltschneider 'Schneider, der aus Leinen Zelte herstellt, bes. für Truppen' ❖ zu mhd. *gezelt*, ahd. *gizelt* 'Zelt', erst im Mittelalter zu *Zelt* verkürzt
W: SCHNEIDER

Lit: Adelung 4:1682; Grimm 7:6946 (Gezelt); Grimm 31:618; Krünitz 18:380 (Gezelt)

Zender ↗ Zentner

Zendner ↗ Zentner

Zengener Zangener 'Werkzeugschmied'; Ablautform zu *Zange*
Syn: Schmied, Zangenschmied, Zeugschmied

Lit: Barth 1:1155; Götze 234; Volckmann (1921) 120

Zenner ↗ Zentner

Zentbüttel 'Gerichtsdiener eines Zentgerichts oder Amtsdiener der Zent'; er hatte Gebühren und Steuern einzuheben und Bürger zu Arbeitsleistungen einzuteilen; zu *Zent* ↗ Zentherr, Zentner ❖ mhd. *zëntbütel*
W: BÜTTEL

Lit: Barth 1:1156; Grimm 31:636

Zentener ↗ Zentner

Zentgraf Centgraf, Zincgreve, Zingrefe; lat. *centenarius* 1. 'Richter, Vorsteher in einem Zentgericht'; diese mittelalterlichen Gerichte behandelten niedrige Rechtsfälle, die weder Leben, Freiheit noch Grundeigentum betrafen. 2. 'Dorfvorsteher'; seit 14. Jh. ❖ mhd. *zëntgrâve*, zu mhd. *zent* 'Hundertschaft' (aus der merowingisch-karolingischen Rechtssprache), aus mlat. *centa* 'Hundertschaft', zu lat. *centum* 'hundert'
FN: Zentgraf, Zentgreve, Zentgrebe, Zenkgraf, Zintgraf, Zinkgraf, Zingraf, Zickgraf, Zickgraff, Zincgref, Zinkgref, Zinkgräf, Zinkgreff, Zinngrebe, Zinngrefe, Zinngreve, Zingrefe
W: Graf
Syn: Bauermeister, Dorfschulze, Zentner, Zentrichter
Vgl: Bannrichter

Lit: Adelung 4:1684; Barth 1:1156; Diefenbach 112; DudenFN 741; Gottschald 544; Grimm 31:636; Linnartz 270; Palla (1994) 364; Schmeller 2:1139

Zentherr 1. 'Grundherr, Eigentümer der Zent'; d.i. im Mittelalter die Gesamtheit der zu einer Hundertschaft gehörenden Männer und die Verwaltung der Allmende. 2. 'Gerichtsherr eines Zentbezirks mit Blutgerichtsbarkeit'; mhd. *zëntherre*
W: Herr
Vgl: Zehentherr

Lit: Adelung 4:1684; Barth 1:1156; Grimm 31:637; Schmeller 2:1140

Zentner Zender, Zendner, Zenner, Zentener 1. 'Führer des militärischen Aufgebots im fränkischen Rechtsbereich'. 2. 'von der Gemeinde oder den Schöffen gewählte Person, die auf Befehl des Gerichts beschuldigte Personen verhaften und Pfändungen vorzunehmen hat'; zum Teil durfte sie selbst Ver-

höre durchführen, Urteile fällen und Hinrichtungen vollstrecken lassen; die seltene Berechtigung zur Blutgerichtsbarkeit ist ein Rest der urspr. merowingisch-karolingischen Rechtsordnung. **3.** 'Vorsteher und Richter einer Dorfgemeinde' ❖ mhd. *zentenære, zëntener, zëntner* 'Centner, Centerichter', aus lat. *centenarius, centurio* 'Hauptmann der Zentschaft, Hundertschaft', aus lat. *centena* 'Gerichtsbezirk, Hundertschaft'; die eingedeutschte Form *Zentner* ist vor allem moselfränkisch
FN: Zentner, Zender, Zänder, Zintner, Zenner
Syn: Dorfschulze, Zentgraf

Lit: Adelung 4:1685; Barth 1:1155, 1156; DudenFN 742; Gottschald 544; Linnartz 270; Pies (2001) 23

Zentrichter 'Richter in einem Zentgericht'; d.i. ein mittelalterliches Gericht für niedrige Rechtsfälle, die weder Leben, Freiheit noch Grundeigentum betrafen, urspr. Gericht einer Hundertschaft aus der merowingisch-karolingischen Rechtsordnung ❖ zu mhd. *zëntgerihte* 'Centgericht'
W: *Richter*
Syn: Bauermeister, Zentgraf

Lit: Adelung 4:1685; Barth 1:1157; Grimm 31:637

Zentschöffe Centschöffe, Zentschöppe 'Schöffe bei einem Zentgericht'
W: Schöffe

Lit: Barth 1:1157; Grimm 31:637

Zentschöppe ↗ Zentschöffe

Zepper ↗ Zapfer

Zerenner ↗ Zerrenner

Zerrener ↗ Zerrenner

Zerrenner Zerenner, Zerrener, Zerrer, Zerrner, Zrenner 'Arbeiter in den Eisenhütten, der das Schmelzen des Eisens besorgt'; *zerrennen* (verkürzt auch *zerren*) war das zweite Schmelzen des (Alt)eisens, wobei Luft zugeführt wurde ❖ zu mhd. *zerrennen* 'zerrinnen, gerinnen machen'

FN: Zerrenner, Zerenner, Zrenner
Syn: Frischer

Lit: Adelung 4:1689; Barth 1:1157; Gottschald 544; Grimm 31:749; Linnartz 270; Volckmann (1921) 117

Zerrer ↗ Zerrenner

Zerrner ↗ Zerrenner

Zeterschreier Zeterschreyer, Zetterschreier, Zetterschreyer 'Gerichtsbote, der beim Halsgericht das Zetergeschrei über einen Mörder erhebt'; das *Zetergeschrei* war ein Klageruf der älteren Rechtssprache, entweder als Ritual bei Gericht, oder bei Abwesenheit des Beschuldigten, eine Art öffentlicher Vorladung
Syn: Blutredner, Blutschreier

Lit: Adelung 4:1694; Barth 1:1157; Grimm 31:808 (Zeter); Zedler 61:1813

Zeterschreyer ↗ Zeterschreier

Zettelausträger ↗ Zettelträger

Zetteler ↗ Zettler

Zettelschreiber 'Schreibkraft bei verschiedenen Behörden und Institutionen'; z.B. für Zoll-, Steuerbescheinigungen, Quartieranweisungen für Soldaten, Totenscheine
W: *Schreiber*
Syn: Zettler

Lit: Barth 1:1158; Grimm 31:818

Zettelträger Zettelausträger 'Person, die Mitteilungen, Ankündigungen zustellt'; z.B. auch Werbeprospekte und Theaterprogramme; manchmal auch zugleich ↗ Ausrufer
W: *Träger*

Lit: Barth 1:1158; Grimm 31:818; Grönhoff (1966) 58

Zetterschreier ↗ Zeterschreier

Zetterschreyer ↗ Zeterschreier

Zettler Zetteler **1.** 'Schreibkraft bei verschiedenen Behörden und Institutionen'; zu *Zettel* 'ein Stück Papier'; *zetteln* 'ein schriftliches

Dokument ausfertigen'. **2.** 'Arbeiter, der etwas auseinandernimmt, zerstreut'; z.B. Kraut-, Kohlköpfe zur Einlagerung für die Sauerkrautproduktion, bei der Flachsbearbeitung. **3.** 'Webermeister, der das Musterpapier für die Fadenfolge (Gewebezettel) anfertigt'. **4.** 'Weber, der das Garn auf dem Webstuhl anbringt' ❖ **1.:** zu mhd. *zëdele, zëdel, zëtel* 'beschriebenes oder zu beschreibendes Blatt, Zettel, schriftliches Instrument'; **2.:** zu mhd. *zetten, zeten* 'streuen, zerstreut fallen lassen, ausbreiten'; **3., 4.:** zu mhd. *zettel* 'Aufzug oder Kette eines Gewebes'; mhd. *zettelen, zetteln* 'den Zettel machen, zu einem Gewebe aufziehen'
FN: Zettler, Zettel, Zettl, Zeddel, Zedler (kann auch zu *Sedel* gehören)
W: Weinzettler
Syn: Zettelschreiber

Lit: Barth 1:1158; DudenFN 742; Gottschald 544; Grimm 31:824; Linnartz 271; Schmeller 2:1160

Zeuchmeister ↗ Zeugmeister

Zeuchwirker ↗ Zeugwirker

Zeugbereiter 'Handwerker in der Weberei, der das Tuch presst, appretiert und oft auch färbt'; auch in der Verbindung *Tuch- und Zeugbereiter*
W: *Bereiter*
Syn: TUCHBEREITER

Lit: Beier/Struve (1722) 423

Zeugbewahrer Zeugverwahrer 'Materialverwalter, der die Aufsicht über die Einrichtungen hat'; z.B. beim Militär, in einem Bergwerk

Lit: Groeben (1781) 10:46; Schraml (1932) 34

Zeugdrucker 'Handwerker, der Stoffe mit Mustern bedruckt' ❖ zu *Zeug* i. S. v. 'Tuch'
W: *Drucker*
Syn: Kattundrucker, Leindrucker, Tuchdrucker

Lit: Barth 1:1158; Grimm 31:839; Pies (2005) 52, 57; Reith (2008) 160

Zeugfeiler 'Arbeiter in der Gewehrfabrik, der die Metallbeschläge für die Gewehrläufe herstellt und anbringt'
W: Feiler
Syn: Messingfeiler, Rohrfeiler

Lit: Adelung 4:1699; Grimm 31:856; Heinsius 4:837; Poppe 3:636

Zeugherr 'Ratsherr, der für die Waffen und das Arsenal zuständig ist'; zu *Zeug* i. S. v. 'Material, Gerät'
W: Herr

Lit: Adelung 4:1699; Grimm 31:857; Heinsius 4:837; Hist. Lexikon d. Schweiz

Zeugknecht 'Gehilfe bei der herrschaftlichen Jagd'; er spannte die Tücher und Netze, schaffte das erlegte Wild fort usw.
W: KNECHT

Lit: Adelung 4:1700; Barth 1:1159; Grimm 31:859; Heinsius 4:837

Zeugmacher 'Weber, der leichte wollene Stoffe herstellt'; im Ggs. zu den Tuchmachern oder Leinenwebern ❖ ↗ Zeugweber
Syn: WEBER

Lit: Adelung 4:1700; Barth 1:1159; Grimm 31:859; Reith (2008) 248; Stiewe (1996) 226; Zedler 19:2028; Zedler 62:262

Zeugmaister ↗ Zeugmeister

Zeugmeister Zeuchmeister, Zeugmaister **1.** 'Jäger der herrschaftlichen Jagd, der für die Ausrüstung und das Jagdpersonal zuständig ist'. **2.** 'Verwalter des Kriegsmaterials und des Arsenals'; heute noch österr. als Funktionsbezeichnung bei der Feuerwehr ❖ mhd. *ziugmeister* 'Aufseher über Kriegs- oder Handwerksgerät', zu mhd. *ziuc* 'Handwerksgerät; Rüstung und Waffen aller Art; Zeug, Stoff, Material'
W: Jagdzeugmeister, *Meister*

Lit: Adelung 4:1700; Barth 1:1159; Grimm 31:859; Idiotikon 4:535; Schmeller 2:1090

Zeugschmid ↗ Zeugschmied

Zeugschmidt ↗ Zeugschmied

Zeugschmied Zeigschmied, Zeugschmid, Zeugschmidt, Zeugschmitt, Zigensmit
1. 'Schmied, der Werkzeuge unterschiedlicher Art herstellt, z.B. Beile, Bohrer, Hämmer, Ambosse, Sägen, Zangen, Sensen'; auch in der Verbindung *Zeug- und Zirkelschmied*. 2. 'Schmied, der das Werkzeug für den Bergmann herstellt und schärft' ❖ zu mhd. *ziuc, ziug* 'Handwerkszeug, Gerät, Ausrüstung'
W: *Schmied*
Syn: Bergschmied, Zangenschmied, Zengener, Zirkelschmied

Lit: Adelung 4:1700; Barth 1:1159; Grimm 31:867; Idiotikon 9:864; Linnartz 271; Palla (2010) 252; Pies (2005) 144; Reith (2008) 258; Volckmann (1921) 124; Zedler 62:6 (Zeug)

Zeugschmitt ↗ Zeugschmied

Zeugschneider 'Schneider, der Jagdkleidung und -utensilien anfertigt und ausbessert'; *Zeug* in der älteren Bedeutung 'Gerätschaft, Ausstattungsstück, Tuch'
W: *SCHNEIDER*

Lit: Adelung 4:1700; Barth 1:1159; Grimm 10:2212; Paul 1074 (Zeug)

Zeugschreiber 1. 'Verwaltungsbeamter in einem Zeughaus'. 2. 'Militärbeamter, der das Verzeichnis über Truppen, Bewaffnung und Ausstattung führt'
W: *Schreiber*
Syn: Feldschreiber, Musterschreiber

Lit: Adelung 4:1700; Barth 1:1159; Grimm 31:857; Idiotikon 9:1541

Zeugsticker Tuchsticker 'Handwerker, der Pferdegeschirre mit aufgesteckten Ziernägeln verziert'; niederdt., die Form *Tuchsticker* gehört zu niederdt. *tuch* 'Zeug' ❖ mnd. *tuchsticker* 'Zeugsticker, eine Art Lederarbeiter, die das Pferdegeschirr bestickten, d.h. sie verzierten das Pferdegeschirr (Zaum und Zeug) mit Messingnägeln und nähten Wappen darauf'; mnd. *sticken* 'stecken, aufstecken'
W: *Sticker*

Lit: Barth 1:1159; Schiller-Lübben 4:623, 625

Zeugverwahrer ↗ Zeugbewahrer

Zeugwahrter ↗ Zeugwart

Zeugwart Zeugwahrter, Zeugwärter 'Verwalter des Waffenarsenals und der Geschütze'; heute noch als Verwalter der Geräte in Sportvereinen; zu *Zeug* i. S. v. 'Werkzeug, Ausrüstung'
W: *Wart*
Syn: Musemeister

Lit: Adelung 4:1701; Barth 1:1159; Grimm 31:872; Idiotikon 16:1584

Zeugwärter ↗ Zeugwart

Zeugweber 'Weber, der Stoffe, Tuch herstellt' ❖ zu mhd. *ziuc* 'Gerät, Ausrüstung; Stoff, Material'; in der älteren Bedeutung 'Tuch, Stoff, Gewebe'
W: *WEBER*

Lit: Adelung 4:1419 (Weber); Barth 1:1159; Grimm 31:873; Pies (2005) 179; Reith (2008) 248

Zeugwirker Zeuchwirker, Zeugwürcker ↗ 'Zeugweber'
W: *Wirker*
Syn: *WEBER*

Lit: Adelung 4:1700 (Zeugmacher); Barth 1:1159; Grimm 31:873; Jahn/Hartung (1991) 78; Pies (1977)

Zeugwürcker ↗ Zeugwirker

Zeumer ↗ Zäumer

Zeuner ↗ Zauner

Zichner ↗ Ziechner

Zichorienbrenner 'herumziehender Handwerker oder Kleinfabrikant, der Zichorienwurzeln (Wegwarte) zu Würfeln schneidet und röstet'; sie wurden in der Handmühle zu Pulver als Kaffeeersatz gerieben; bes. im 19. Jh.
W: *Brenner*

Lit: hams-online

Ziechenweber ↗ 'Ziechner'

W: WEBER
Syn: BETTZIECHENWEBER

Lit: Barth 1:1160; Palla (1994) 367; Volckmann (1921) 73

Ziecher ↗ Ziechner

Ziechner Zichner, Ziecher, Züchner 'Bettzeugweber'; oberdt.; häufig von Frauen ausgeübt ❖ mhd. *ziechener* 'Ziechenweber', zu mhd. *ziech, zieche*, über das Romanische aus mlat. *theca* 'Hülle, Büchse'
FN: Ziechner, Zichner, Züchner
W: Mühlenziechner
Syn: BETTZIECHENWEBER, WEBER

Lit: Barth 1:1160; DudenFN 743; DudenGWDS; Gottschald 545; Linnartz 271; Pies (2005) 179; Reith (2008) 250; Volckmann (1921) 73

Ziegelbacher ↗ Ziegelbäcker

Ziegelbäcker Teigelbäcker, Ziegelbacher, Ziegelbecker 'Ziegelbrenner' ❖ *backen* i. S. v. 'glühend heiß machen, brennen, z. B. Ziegel backen'; die niederdt. Form *Teigelbäcker* zu mnd. *tegel, teigel* 'Ziegel'
FN: Ziegelbecker, Ziegelbacher
W: BÄCKER*
Syn: ZIEGLER

Lit: Barth 1:1160; Gottschald 545; Grimm 31:908; Linnartz 240, 271; Schiller-Lübben 4:517

Ziegelbecker ↗ Ziegelbäcker

Ziegeldecker Teigeldecker; lat. *strator laterum* 'Dachdecker, der mit Ziegeln deckt' ❖ mhd. *ziegeldecker*; die niederdt. Form *Teigeldecker* zu mnd. *tegel, teigel* 'Ziegel'
FN: Ziegeldecker
W: Decker
Syn: Steindecker
Ggs: Lehmdecker, Schieferdecker, Strohdecker

Lit: Adelung 4:1702; Barth 1:1160; DudenFN 743; Gottschald 545; Grimm 31:910; Linnartz 271; Pies (2005); Reith (2008); Schiller-Lübben 4:517; Wendel (1923) 76

Ziegeler ↗ ZIEGLER

Ziegelherr 1. 'Ratsherr, der die Aufsicht über die städtischen Ziegeleien führt'. 2. 'Inhaber einer Ziegelei'
W: Herr

Lit: Grimm 31:911

Ziegelknecht Tegelknecht 'Arbeiter in einer Ziegelbrennerei'
W: KNECHT

Lit: Grönhoff (1966) 39

Ziegelmeister Tegelmester 1. 'Facharbeiter in der Ziegelbrennerei, der die technische Leitung innehat'. 2. 'Ratsherr oder Bürger, der die Aufsicht über die städtischen Ziegeleien hat'
W: Meister

Lit: Grimm 31:913; Grönhoff (1966) 4

Ziegelschläger Tegelslegher 'Arbeiter in einer Ziegelhütte, der die Tonerde für die Ziegel schlägt und für die Form vorbereitet; Ziegelstreicher' ❖ ↗ Ziegler, Ziegelbrenner; mnd. *tegelsleger* 'Ziegelstreicher'
W: Schläger
Syn: ZIEGLER

Lit: Adelung 4:1703; Grimm 31:915 (Ziegelschlag); Schiller-Lübben 4:517

Ziegelstreicher 1. 'Arbeiter in der Ziegelherstellung, der das Tongemisch in die hölzerne Form drückt und das Überstehende abstreicht'; das Tongemisch wurde in hölzerne Formen gegossen, die vorher mit Sand ausgestreut wurden, um das Herauslösen des Materials zu erleichtern. Bis ins 19. Jh. wurden Ziegel manuell geformt und im Feldbrandofen gebrannt. 2. 'Handwerker, der Ziegel herstellt; Ziegelbrenner'
W: Streicher
Syn: Dachsteinstreicher, ZIEGLER

Lit: Adelung 4:1703; Barth 1:1160; Grimm 31:917; Werner (2000); Zedler 62:472

Ziegelversilberer ↗ Versilberer

Ziegerer ↗ Zigerer

ZIEGLER Cygeler, Cziegler, Ziegeler, Züegler; lat. *laterarius, latericius, laterifex, latrifex, tegularius, tegulator* **1.** 'Ziegelbrenner'; kommt im veralteten Sprachgebrauch noch vor. **2.** 'Arbeiter in der Ziegelherstellung, der das Tongemisch in die hölzerne Form drückt und das Überstehende abstreicht; Ziegelstreicher'. **3.** 'Vorsteher einer Ziegelbrennerei' ❖ mhd. *ziegeler, ziegler* 'Ziegelbrenner'
FN: Ziegler, Cziegler, Zügler (auch ↗ Tegeler)
Syn: Pfannenbäcker, Steinbäcker, Tegeler, Ziegelbäcker, Ziegelschläger, Ziegelstreicher

Lit: Adelung 4:1704; Barth 1:1160; Diefenbach 320, 575; DudenFN 743; Gottschald 545; Grimm 31:934; Pies (2002a) 17; Pies (2005) 186; Reith (2008) 234; SteirWb 651; Volckmann (1921) 274; Werner (2000); Zedler 62:472

Zieher 1. 'Bergarbeiter, der mit Hilfe der Haspel fördert'; bei dieser Fördermaschine wurde ein Seil durch Menschenkraft über eine Welle gezogen. **2.** 'Person, die etwas zieht (in vielen Komposita)' ❖ mhd. *zieher* 'der, welcher zieht'
FN: Zieher, Ziehr
W: Bornzieher, Fasszieher, Garnzieher, Haspelzieher, Kärchelzieher, Karrenzieher, KERZENZIEHER, Kranzieher, Latzzieher, Leiernzieher, Leirenzieher, Lichtzieher, Milchzieher, Sackzieher, Scheibenzieher, Schiffzieher, Solzieher, Spanzieher, Spulenzieher, Überzieher, WACHSZIEHER, Wasserzieher, Weinzieher, Zuzieher

Lit: Adelung 4:1708; Barth 1:1161; Gottschald 545; Linnartz 271; Pies (2005) 28; Veith 589

Ziehknecht 1. 'Ruderer'; er zog das Ruder. **2.** 'Totengräber während der Pestzeit'; er zog die Karren, auf denen die Pesttoten transportiert wurden
W: KNECHT

Lit: Idiotikon 3:733; Schweickhardt (1836) 1836; SteirWb 651

Ziehner ↗ Zinner

Ziener ↗ Zinner

Ziengieser ↗ Zinngießer*

Zieschenmacher ↗ Zischmenmacher

Ziesemeister Zeisemeister 'vorgesetzter Beamter, der für die Einhebung der Verbrauchssteuern zuständig ist'; zu *Ziese* 'Verbrauchssteuer', eingedeutscht aus *Akzise*
W: Meister
Syn: Akziseeinnehmer, STEUEREINNEHMER

Lit: Barth 1:1162; Grimm 31:516 (Zeise)

Zigensmit ↗ Zeugschmied

Zigerer Ziegerer 'Person, die *Ziger* herstellt'; d.i. ein Käse aus Molke und Quark/Topfen, als Nebenprodukt der Käseherstellung; zu schweiz. *Ziger*, auch *Zieger*; als Berufsbezeichnung selten, erhalten als Familienname ❖ zu mhd. *ziger* 'die festere Masse, die sich beim Gerinnen der Molken ausscheidet, Quark'; aus der vorromanischen Alpensprache
FN: Zieger, Ziegerer, Ziegner

Lit: Barth 1:1160; DudenFN 743; Gottschald 545; Grimm 31:930 (Zieger); Linnartz 271; Schmeller 2:1094; VorarlbWb 2:1708

Zigermann 'Hausierer, der mit Ziger handelt'; ↗ Zigerer
W: Mann
Syn: KRÄMER

Lit: Idiotikon 4:287

Zigertrager Zigerträger 'Händler, der Ziger vertreibt'; ↗ Zigerer; *Träger* in der Bedeutung 'Händler'
W: Träger
Syn: KRÄMER

Lit: Idiotikon 14:566

Zigerträger ↗ Zigertrager

Zillenführer Zillfierer 'Schiffsführer einer Zille'; ↗ Zillner
W: Führer
Syn: Zillner

Lit: Grimm 31:1273 (Zille); Neweklovsky (1952) 123; Neweklovsky (1964) 121; Palla (2010) 184

Zillenhüter 'Person, die an den Landestellen die Zillen bewacht und entwässert'; ↗ Zillner
W: *Hüter*

Lit: Fellner 667 (Zizlau); Grimm 31:1273 (Zille); Neweklovsky (1964) 346; Palla (2010) 184; Schraml (1932) 258

Zillenräumer Zillnrämer 'Person, die für die Instandhaltung der Schiffe und ihre Aufbewahrung im Winter sorgt'; ↗ Zillner

Lit: Neweklovsky (1964) 124

Zillenschopper Zillnschopper 'Arbeiter, der die Fugen der Kähne ausstopft und abdichtet' ❖ mhd. *schopper* 'Schiffszimmermann'; mhd. *schopfen, schoppen* 'stopfen'
W: *Schopper*

Lit: Grimm 31:1273; Schraml (1932) 258

Zillenversilberer ↗ Versilberer

Zillfierer ↗ Zillenführer

Zillner 'Schiffsführer einer Zille'; eine *Zille* ist ein langer, schmaler Kahn für die Flussschifffahrt; bes. ostdt., bayr., österr. ❖ zu mhd. *zulle, zülle* 'Flussnachen, -schiff', aus dem Slawischen
FN: Ziller, Zillner, Züller, Züllner
Syn: Zillenführer

Lit: Adelung 4:1715; DudenFN 745; Linnartz 272; Neweklovsky (1964) 346; Schmeller 2:1115 (Züllen)

Zillnrämer ↗ Zillenräumer

Zillnschopper ↗ Zillenschopper

Zimenter Zimentierer 1. 'Beamter, der die Hohlmaße der Händler kontrolliert'; *das Ziment* hat sich bayr.-österr. noch länger als geeichtes Flüssigkeitsmaß gehalten. 2. 'Bergarbeiter, der für die Messung und Abgabe der Sole am Salzberg zuständig ist' ❖ ital. *cimento* 'Zement; Probe', aus spätlat. *cimentum*; verwandt mit mhd. *zîmënte, zîmënt* 'Zement'; aus der Bedeutung 'Masse zur Lösung von Metallen' entwickelte sich regional die Bedeutung 'Eichmaß'
Syn: Angießer

Lit: DudenGWDS; Ebner (2009) 428; Schraml (1930) 236

Zimentierer ↗ Zimenter

Zimmerhauer ↗ Zimmerhäuer

Zimmerhäuer Zimmerhauer 'Zimmermann im Bergbau, der die Stollen mit Holz ausbaut' ❖ ↗ Hauer
W: Hauer
Syn: Auswechselhauer, Bergbinder, Rüster, Zimmerling, Zimmersteiger

Lit: Adelung 4:1716; Barth 1:1162; Grimm 31:1322; Patocka (1987) 66; Pies (2005) 28; Veith 589

Zimmerknecht 'Gehilfe oder Geselle eines Zimmermanns'
W: Knecht

Lit: Grimm 31:1326; Idiotikon 3:733

Zimmerling 1. 'Zimmermann'. 2. ↗ 'Zimmerhäuer' — saloppe Bezeichnung
FN: Zimmerling
Syn: Zimmerhäuer, Zimmermann, Zimmersteiger

Lit: Adelung 4:1717; Barth 1:1162; DudenFN 746; Gottschald 546; Linnartz 272; Veith 589

Zimmermaler 1. 'Anstreicher, Tüncher, der Räume streicht'. 2. 'Maler, der Räume mit Bildern oder Ornamenten schmückt'
W: Maler
Syn: Tüncher

Lit: Barth 1:1162; Hoffmann Wb 6:965

Zimmermann Timmermann; lat. *abietarius, carpentarius, carpentator, lignarius, lignifaber, xylocopus* Arbeitsgebiet des Zimmermanns (Zimmerers) war bis ins 18. Jh. der gesamte Hausbau, da Häuser bis dahin weitgehend aus Holzbalken oder Fachwerk gebaut wurden. Heute beschränkt sich die Arbeit des Zimmermanns auf den Dachstuhl. Wichtige Gruppen bildeten die *Schiffszimmerleute* sowie die *Bergzimmerleute* für die Grubenauskleidung ❖ mhd.

zimbermann 'Zimmermann'; mnd. *timberman, timmerman* 'Zimmermann'
FN: Zimmermann, Timmermann (niederdt.)
W: Holzschmied, Sielzimmermann
Syn: Baumhauer, Bergzimmermann, Dübler, Gademer, Holzmeister, Karpe, Karpenter, Kunstmeister, Mühlarzt, Pfettenhauer, Rinnenhauer, Schiffwerker, Schopper, Zimmerling

Lit: Adelung 4:1717; Barth 1:1162; Diefenbach 102, 329; DudenFN 669, 746; Gottschald 546; Grimm 31:1330; Hornung (1989) 137; Krünitz 241:309; Linnartz 272; Pies (2005) 187; Schiller-Lübben 4:544

Zimmersteiger 1. ↗ 'Steiger, der die Holzbauten (Zimmerung) eines Bergwerks beaufsichtigt'. 2. 'Bergmann, der bei der Zimmerung arbeitet' ❖ zu mhd. *zimbern, zimpern, zimmern* 'mit der Axt behauen, bauen'
W: *Steiger*
Syn: Zimmerhäuer, Zimmerling

Lit: Adelung 4:1717; Barth 1:1162; Grimm 31:1353; Krünitz 241:356; Veith 589

Zimmerwart Zimmerwärter 'herrschaftlicher Angestellter, der die Aufsicht über die Zimmer des Schlosses führt'
W: *Wart, Wärter*

Lit: Barth 1:1162; Grimm 31:1356

Zimmerwärter ↗ Zimmerwart

Zincgreve ↗ Zentgraf

Zindeler Sinteler, Zindelmacher, Zindler 'Weber, der Zindel herstellt'; *Zindel, Zendel* ist ein Taftgewebe, das als Futterstoff verwendet wurde ❖ zu mhd. *zindâl, zindel, zëndâl, zëndel, sindâl, sëndel* 'Zindel, eine Art Taft', mnd. *sindel, sindal, zindel* '(leichterer) Seidenstoff, Taffent'; aus mlat. *sindalum*, griech. *sindṓn* 'vom Indus, Sindhu, stammend'
FN: Zindler, Zindel, Zintel, Zintl
Syn: WEBER

Lit: DudenFN 746; Gottschald 546; Grimm 31:631 (Zendel), 1387; Kluge 1011 (Zindel); Linnartz 272; Volckmann (1921) 93

Zindelmacher ↗ Zindeler

Zindelschließer ↗ Zingelschließer

Zindler ↗ Zindeler

Zingelschließer Zindelschließer 'Beamter, der die Stadt- oder Befestigungstore schließt'; zu *Zingel* 'Befestigungsgürtel einer Stadt, Schanzen vor dem Stadttor'; die Form *Zindel-* ist ostmitteldeutsch ❖ zu altfranz. *cengle* 'Bauchgurt eines Reitpferdes', später militärische Bedeutung 'Außenmauer, Wall einer Stadt'; aus lat. *cingula* 'Gürtel'
W: Schließer

Lit: Dreyer (1769) 20; Grimm 31:1390

Zingknist ↗ Zinkenist

Zingrefe ↗ Zentgraf

Zinkenblaser ↗ Zinkenbläser

Zinkenbläser Zinkenblaser, Zinkenbleser, Zinkhenbleser ↗ 'Zinkenist, Musiker'
Syn: Zinkenist

Lit: Barth 1:1163; Grimm 31:1420

Zinkenbleser ↗ Zinkenbläser

Zinkenist Zingknist, Zinkhenist, Zinkist 1. 'Musiker, der den Zink spielt'. 2. 'Stadtpfeifer'; solange der *Zink* das Hauptinstrument der Stadtmusikanten war — Der *Zink* ist ein historisches Blasinstrument in Form eines konisch sich verjüngenden Rohrs mit sieben Grifflöchern. Bis zum 17. Jh. gehörte er zu den wichtigsten Blasinstrumenten, dann wurde er von der Geige verdrängt ❖ zu mhd. *zinke* 'Blashorn; allgemein für einen spitzen Gegenstand'
W: °Stadtzinkenist
Syn: Musikus, Spielmann, Zinkenbläser

Lit: Barth 1:971, 1163; Grimm 17:514; Grimm 31:1402 (Zinken), 1421; Krünitz 241:401 (Zinken); MEL 25:727; Moeck/Mönkemeyer (1973); Pies (2005) 105

Zinkenmeister 'Musiker, Leiter der Musikergilde'; ↗ Zinkenist
W: *Meister*, °Stadtzinkenmeister
Syn: Pfeifer

Lit: Pies (2005) 105

Zinkhenbleser ↗ Zinkenbläser

Zinkhenist ↗ Zinkenist

Zinkist ↗ Zinkenist

Zinnengießer ↗ Zinngießer*

Zinner Ziehner, Ziener 1. 'Handwerker, der Gegenstände aus Zinn (Kannen, Besteck usw.) herstellt, indem er erhitztes Zinn in Formen gießt; Zinngießer'. 2. 'Handwerker, der Bleche verzinnt' ❖ mhd. *ziner* 'Zinngießer'
FN: Zinner, Zinnert, Tinner
W: Verzinner

Lit: Adelung 4:1719; Barth 1:1163; DudenFN 746; Gottschald 546; Grimm 31:1438; Linnartz 272; Pies (2005) 190; Volckmann (1921) 145; Zedler 62:944

Zinnernknopfmacher ↗ KNOPFMACHER

Zinngießer* Ziengieser, Zinnengießer, Zühngießer, Züngiesser *Zien* ist eine ältere Schriftform für *Zinn* ❖ zu mhd. *zin, cin, zien, ziene* 'Zinn'
W: *Gießer*
Syn: KANNENGIESSER, Tinnegeter

Lit: Barth 1:1161; Paul 1080

Zinnseifner ↗ Seifer

Zinnwäscher 1. 'Arbeiter, der den Zinnstein mit Wasser auswäscht'; daraus entstand ein Erzkonzentrat, das in den Schmelzhütten zu reinem Zinn verschmolzen wurde. 2. 'Bediener am herrschaftlichen Hof, der das Zinngeschirr reinigt'; häufig von Frauen ausgeübt, dann in der weiblichen Form *Zinnwäscherin*
W: *Wäscher*

Lit: Adelung 4:1722

Zinsbauer 1. 'abhängiger Bauer, der für die Nutzung der Grundstücke dem Grundbesitzer Abgaben entrichten muss'. 2. 'abhängiger Bauer, der statt der Fron- oder Spanndienste Zins zahlt' ❖ zu mhd. *zins* 'Abgabe, Tribut, Zins', aus lat. *census* 'Abgabe, Tribut'
W: *BAUER*

Syn: HÖRIGER, *Meier*, Zinser

Lit: Adelung 4:1722; Barth 1:1164; Grimm 31:1505; Krünitz 241:496

Zinser 1. 'abhängiger Bauer, der Zins zahlt, sonst aber frei ist'. 2. 'Beamter, der den Zins einkassiert' ❖ mhd. *zinsære, zinser* 'Zinsgeber, Zinspflichtiger; Zinseinnehmer, -einforderer'
FN: Zinser, Zinsler, Zinßer, Zintz
W: Hochzinser
Syn: ZEHENTNER, Zinsbauer, Zinshäusler, Zinsköter, Zinsmeister

Lit: Adelung 4:1723; Barth 1:1164; DudenFN 747; Gottschald 546; Grimm 31:1514; Krünitz 241:507; Linnartz 272

Zinshäusler 'Kleinbauer, der zur Zinszahlung verpflichtet ist'
W: *Häusler*
Syn: KLEINBAUER*, Kleinhäusler, Zinser, Zinsköter

Lit: Adelung 4:1723 (Zinshaus); Jahrbücher Preußen 55:496

Zinsherr 'Grundherr, der berechtigt ist, Abgaben einzuheben'
W: *Herr*

Lit: Adelung 4:1723; Barth 1:1164; Grimm 31:1524; Idiotikon 2:1550

Zinskätner ↗ Zinsköter

Zinsköter Zinskätner 'Kleinbauer, der zur Zinszahlung verpflichtet ist'
W: *Köter*
Syn: KLEINBAUER*, Zinser, Zinshäusler

Zinsmeier 'Bauer als Pächter eines unfreien Bauerngutes, der für den Grundherrn die Abgaben einzieht' ❖ mhd. *zinsmeier* 'Meier, der für den Herrn den Zins einnimmt oder einfordert'
W: *Meier*

Lit: Barth 1:1165; Grimm 31:1531; Idiotikon 4:14

Zinsmeister 'Beamter, der die herrschaftlichen Abgaben einhebt' ❖ mhd. *zinsmeister* 'Zinseinnehmer, -einforderer'

FN: Zinsmeister
W: *Meister*
Syn: Zinser

Lit: Adelung 4:1724; Barth 1:1165; DudenFN 747; Gottschald 546; Idiotikon 4:14; Linnartz 272

Zippler 'Biertransporteur'; ostmitteldt. ❖ Herkunft unklar
Syn: Bierschröter

Lit: Adelung 1:1011 (Bierschröter); Barth 1:1165; Grimm 31:1570

Zirkeler ↗ Zirkelschmied, Zirkler

Zirkelschmid ↗ Zirkelschmied

Zirkelschmied Circkelschmidt, Zirkeler, Zirkelschmid; lat. *circinarius* **1.** 'Handwerker, der feinere Werkzeuge, wie Bohrer, Sägen, Zangen, Hämmer, Scheren, Beile, Spindeln, Zirkel, für den Zimmermann herstellt'. **2.** 'Feinmechaniker, der Reißzeug, Zirkel herstellt'; seltener für Zirkelhersteller im engeren Sinn ❖ mhd. *zirkel* 'Kreis, Zirkel'
W: *Schmied*
Syn: Zeugschmied

Lit: Adelung 4:1726; Barth 1:1165; Grimm 31:1611; Krünitz 242:18; Palla (2010) 252; Pies (2005) 144; Reith (2008) 258; Stolberg (1979); Volckmann (1921) 124

Zirker ↗ Zirkler

Zirkler Zirkeler, Zirker 'Wächter, der Patrouillen durchführt; Nachtwächter' ❖ mhd. *zirkære, zirkeler* 'der die Runde macht, Patrouille'
FN: Zirker, Zirkler, Zirkl
Syn: NACHTWÄCHTER

Lit: Barth 1:1166; DudenFN 747; Gottschald 547; Pies (2005) 144; Reith (2008) 258; Schmeller 2:1150

Zischmenmacher Czismenmacher, Tschismenmacher, Zieschenmacher 'Schuster, der Zischmen herstellt'; d.s. sind leichte, anliegende Stiefel mit einem Schaft aus Korduanleder; durch die rege ungarische Zuwanderung nach Wien im 18. Jh. aufgekommen; die Schuster hießen daher auch *ungarische Schuster*; heute noch in der Form *Tschisma* für 'niedriger farbiger ungarischer [Frauen]stiefel [aus Juchtenleder]' ❖ zu ungarisch *czizma* 'Stiefel'
Syn: SCHUSTER

Lit: DudenFW 1382; Grimm 31:1643 (Zischmen); Palla (1994) 369; Schmeller 2:1158 (Zischmen); Wiener Berufe

Ziseherr ↗ Akziseherr

Ziseknecht ↗ Akziseknecht

Zisevogt ↗ Akzisevogt

Zistler 'Handwerker, der geflochtene Körbe herstellt'; bes. bayr.-österr. ❖ zu mhd. *zistel* 'Korb', aus lat. *cistella* 'Kistchen, Kästchen'
FN: Zistler
Syn: KÖRBER

Lit: Gottschald 547; Linnartz 273; Schmeller 2:1159; Zehetner (2005) 383

Zitgloggener Zitgloggner 'Uhrmacher'; schweiz.
Syn: UHRMACHER*

Lit: Idiotikon 2:619; Pies (2005) 172; Reith (2008) 239

Zitgloggenmacher Zitgloggenmecher 'Uhrmacher'; zu schweiz. *Zîtglogge* 'Turmuhr'
Syn: UHRMACHER*

Lit: Idiotikon 4:51; Reith (2008) 239

Zitgloggenmecher ↗ Zitgloggenmacher

Zitgloggenrichter 'Person, die die Turmuhr richtet und wartet'; schweiz. ❖ vgl. mhd. *zîtglockenturn*
W: *Richter*

Lit: Idiotikon 6:451

Zitgloggner ↗ Zitgloggener

Zitzdrucker 'Arbeiter in der Weberei, der *Zitz*, einen feinen Kattun, bedruckt'; ↗ Zitzweber
W: *Drucker*

Lit: Barth 1:1167; Grimm 31:1715

Zitzenmacher ↗ Zitzweber

Zitzenweber ↗ Zitzweber

Zitzmacher ↗ Zitzweber

Zitzweber Seitzweber, Zitzenmacher, Zitzenweber, Zitzmacher 'Weber, der Kattun oder Zitz herstellt'; urspr. mehrfarbig bemalter Baumwollstoff aus Indien, ab dem 18. Jh. Bezeichnung für bedruckten Kattun ❖ zu hindi *chint* 'bedrucktes Baumwollgewebe', über niederld. *sits*, *chits* und engl. *chints* ins Deutsche übernommen
W: WEBER
Lit: Adelung 4:1728 (Zitz); Barth 1:1167; DudenGWDS; Grimm 31:1714 (Zitz); Kluge 1014 (Zitz); Linnartz 273; Pies (2005) 179; Reith (2008) 167

Zobelfärber 'Kürschner, der auf das Färben von Pelzen spezialisiert ist'; auch als *Zobel- und Marderfärber* ❖ zu mhd. *zobel* 'Zobel, Marder', aus dem Slawischen entlehnt
W: *Färber**
Syn: KÜRSCHNER, Marderfärber, Rauchfärber
Lit: Adelung 4:1729; Grimm 32:6

Zockelmacher Sockelmacher, Zöckler, Zokelmacher, Zuckelmacher 1. 'Holzschuhmacher'. 2. 'Handwerker, der *Zockel*, eine Kombination von Socke und Schuh, herstellt' ❖ zu ital. *zoccolo* 'Holzschuh'
FN: Zöckler, Zöckel, Zoeckel, Zuckel
Syn: HOLZSCHUHMACHER
Lit: DudenFN 747; Gottschald 547; Grimm 32:15 (Zockel); KtnWb 266; Linnartz 273; Palla (1994) 369; Schmeller 2:1084 (Zuckel); TirWb 2:733

Zöckler ↗ Zockelmacher

Zofe Zoffe, Zohfe, Zoofe; lat. *cubicularia*, *pedissequa* 'Bedienstete einer vornehmen Dame für den persönlichen Dienst'; kommt im veralteten Sprachgebrauch noch vor ❖ zu mhd. *zâfen*, *zâven* 'ziehen, passend einrichten, pflegen, schmücken'; Ausgangspunkt ist 'beim Ankleiden behilflich sein und schmücken', dann 'ein Kleid nachschleppen'; die Bezeichnung könnte urspr. eine Spottbezeichnung sein für 'Frau, die hinterherzottelt und die Schleppe trägt'. Ähnlich die lat. Bezeichnung *pedissequa* 'die auf dem Fuß Folgende'
W: Kammerzofe
Syn: Kammerjungfer, Zofmagd
Lit: Adelung 4:1729; Barth 1:1169; Barth 2:76, 205; Diefenbach 420; Grimm 32:17; Pfeifer 1621

Zoffe ↗ Zofe

Zoffmagd ↗ Zofmagd

Zofmagd Zoffmagd ↗ 'Zofe'; ältere Form, 16. Jh.
W: *Magd*
Syn: Zofe
Lit: Adelung 4:1729 (Zofe); Barth 1:1169; Grimm 32:20; Höfer 3:339

Zögermacher ↗ Zeckermacher

Zogkermacher ↗ Zuckermacher

Zohfe ↗ Zofe

Zokelmacher ↗ Zockelmacher

Zollaufseher 'Beamter der Zollwache'
W: *Aufseher*
Lit: Grimm 32:48; Krünitz 242:80

Zollbedienter 'Zollbeamter in einem niedrigen Rang, bes. im Außendienst'
W: *Bedienter*
Lit: Adelung 4:1731; Barth 1:1169; Grimm 32:49; Krünitz 242:80

Zollbereiter Zollbereuter 'berittener Beamter, der die Straßen beaufsichtigt und Zollkontrollen durchführt'
W: *Bereiter*
Lit: Adelung 4:1731; Barth 1:1169; Grimm 32:50; Krünitz 242:80

Zollbereuter ↗ Zollbereiter

Zollbeseher ↗ Beseher

Zolleinnehmer lat. *exactor vectigalium* 'Beamter, der an Zollstationen (Brücken, Grenzen, Häfen) den Zoll kassiert'
W: Einnehmer
Syn: Schlagmann

Lit: Adelung 4:1731 (Zöllner); Barth 1:1169; Grimm 32:52

Zoller Zellner, Zelner, Zöller, Zollner, Zolner 'Zollbeamter, Zöllner' ❖ mhd. *zoller* 'Zolleinnehmer, Zöllner'; mnd. *toller* 'Zollerheber'
FN: Zöllner, Zoller, Zöller, Zollner, Toller, Töller
W: Rheinzoller, °Torzöller
Syn: Mautner, Plombeur, Zollheber

Lit: Barth 1:1155, 1169; DudenFN 671, 748; Gottschald 494, 547; Linnartz 242, 273; Palla (1994) 370; Schiller-Lübben 4:571; Zedler 25:417

Zöller ↗ Zoller

Zollgegenschreiber ↗ Gegenschreiber

Zollheber 'Zöllner'; kurz für *Zolleinheber*, zu *einheben* 'einziehen, einkassieren' (österr. Verwaltungssprache)
W: Heber
Syn: Mautner, Plombeur, Zoller

Lit: Barth 1:1169; Palla (1994) 370

Zollherr 'Grundherr, der die Berechtigung hat, Zölle einzuheben'
W: Herr

Lit: Adelung 4:1731; Barth 1:1169; Grimm 32:61; Idiotikon 2:1550

Zollner ↗ Zoller

Zollschreiber Dollenschriver, Tollenschriver 'Verwaltungsbeamter der Zollstelle'
W: Schreiber

Lit: Adelung 4:1731; Barth 1:1170; Grimm 32:68; Idiotikon 9:1558

Zolner ↗ Zoller

Zommacher ↗ Zaummacher

Zoofe ↗ Zofe

Zopfmacher Zöpfmacher 1. 'Perückenmacher'; der Zopf galt im 18./19. Jh. als Symbol der Rückständigkeit für die gesamte Perücke. 2. 'Handwerker, der schöne Zöpfe aus wollenem Garn herstellt'; sie waren oft mit Flittergold besetzt und wurden im Volk von Bräuten getragen oder als Schmuck für Pferde verwendet

Lit: Barth 1:1171; Grimm 32:88; Hausbuch der Nürnberger Zwölfbrüderstiftungen; Krünitz 242:142; Pies (2005) 112

Zöpfmacher ↗ Zopfmacher

Zottenkrämer Zotter 1. 'Händler mit alten Kleidern'. 2. 'Person, die Textilabfälle sammelt' ❖ zu mhd. *zote, zotte* 'was zotticht herabhangt, Zotte, Flausch'
W: KRÄMER
Syn: LUMPENSAMMLER

Lit: Abraham a Santa Clara (1835) 6:442; Grimm 32:137

Zotter ↗ Zottenkrämer

Zöwerer ↗ Zauer

Zrenner ↗ Zerrenner

Zubereiter 'Facharbeiter, der das Material für die weitere Verarbeitung vorbereitet'; bes. in der Malerei
Syn: Zurichter

Lit: Barth 1:1171; Grimm 32:244 (1171)

Zuboter ↗ Suboter

Züchner ↗ Ziechner

Zuchthausmutter 'Aufseherin in einem Gefängnis und Erzieherin der einsitzenden Mädchen'
W: Mutter

Lit: Barth 1:1172; Corvinus (1739) 1756; Grimm 32:267

Zuchthauspfleger 'Gefängnisverwalter'; zu *Zuchthaus*, urspr. für 'Erziehungsanstalt', später 'Anstalt für schwer Erziehbare oder

Arbeitsscheue', dann für 'Strafanstalt', heute veraltet
W: P FLEGER
Syn: Zuchthausvater

Lit: Frey (1997) 249; Grimm 32:266 (Zuchthaus)

Zuchthausvater 'Gefängnisverwalter';
↗ Zuchthauspfleger
W: *Vater*
Syn: Zuchthauspfleger

Lit: Barth 1:1172; Grimm 32:267; Wagnitz (1792) 2:52, 117, 195

Züchtiger 'Henker, Scharfrichter' ❖ mhd. *zühteger, zühtiger* 'Scharfrichter, Henker'
Syn: S CHARFRICHTER

Lit: Grimm 32:271; Pies (2001) 38; Schild (1997)

Zuchtmeister 1. 'Erzieher und Lehrer als Privatlehrer oder in einer Schule'. **2.** 'literarischer Zensor oder Kritiker'. **3.** 'Aufseher in einem Gefängnis oder in einem Arbeitshaus' — auch übertragen allgemein für 'jmd., der Zwang ausübt' ❖ mhd. *zuhtmeister* 'Erzieher'
W: *Meister*
Syn: K ERKERMEISTER

Lit: Adelung 4:1743; Barth 1:1172; Grimm 32:275; Idiotikon 4:535; Pies (2001) 38

Zuchtmutter 'Erzieherin' ❖ mhd. *zuhtmuoter* 'Zuchtmutter, Erzieherin'
W: *Mutter*

Lit: Grimm 32:276

Zuchtvater 1. 'Erzieher'. **2.** 'Vorsteher eines Waisenhauses'
W: *Vater*

Lit: Grimm 32:279; Idiotikon 1:1130

Zuckelmacher ↗ Zockelmacher

Zuckerbacher ↗ Z UCKERBÄCKER

Z UCKERBÄCKER Suckerbecker, Zuckerbacher, Zuckerbeck, Zuckerbecker, Zuckerpacher; lat. *conditor* **1.** 'Bäcker, der feine Kuchen backt; Konditor'. **2.** 'Hersteller von Zuckerwaren, Zuckerhut, Kandiszucker';

↗ Zuckersieder — Das Wort deutet noch auf die urspr. Bedeutung 'Hersteller von Zuckerwaren' hin, was sich auf die primäre berufliche Tätigkeit bezog, erst später kam die Herstellung von Kuchen, Torten u.Ä. dazu, die urspr. den Bäckern vorbehalten war. *Zuckerbäcker* ist in Österreich als Berufsbezeichnung für 'Konditor' noch amtlich, sonst ist sie veraltet. – Die Form *Sucker-* ist niederdt.
W: B ÄCKER*
Syn: Confiturier, Kanditor, Konfektbäcker, Konfektmacher, Kuchenbäcker, Küchleinbäcker, Küchler, L EBKUCHENBÄCKER, Revenierer, Süßbäcker, Süßküchler, Tortenbäcker, Tragantdockenmacher, Z UCKERSIEDER
Vgl: F EINBÄCKER

Lit: Adelung 4:1744; Barth 1:1172; Ebner (2009) 431; Galler (1981); Krünitz 242:181 (Zuckerbäckerei); Pies (2002d) 25; Reith (2008) 22; Volckmann (1921) 21

Zuckerbeck ↗ Z UCKERBÄCKER

Zuckerbecker ↗ Z UCKERBÄCKER

Zuckerkocher ↗ 'Zuckersieder'; selten, bes. norddt.
W: *Kocher*
Syn: Z UCKERSIEDER

Lit: Barth 1:1173

Zuckermacher Zogkermacher 'Hersteller von Zuckerwaren, Zuckerhut, Kandiszucker'
Syn: Z UCKERSIEDER

Lit: Barth 1:1173; Galler (1981); Grimm 32:307; Volckmann (1921) 21

Zuckermann 1. 'Handwerker, der Zucker- oder Konditorwaren herstellt'. **2.** 'Händler, der Zucker vertreibt'
FN: Zuckermann, Zuckermandl
W: *Mann*
Syn: Z UCKERSIEDER

Lit: DudenFN 749; Gottschald 548; Grimm 32:307; Linnartz 273; Palla (1994) 432; Volckmann (1921) 21

Zuckerpacher ↗ ZUCKERBÄCKER

Zuckerraffinadeur ↗ 'Zuckersieder' ❖ abgeleitet von *Zuckerraffinerie*
Syn: ZUCKERSIEDER

ZUCKERSIEDER 'Arbeiter oder Unternehmer, der den aus den Kolonien kommenden Rohrzucker gebrauchsfertig macht'; dabei wurde der Saft des Zuckerrohrs raffiniert, gesotten, gereinigt und getrocknet und meist in eine spitze Form zu einem Zuckerhut gegossen ❖ zu mhd. *sieden*, heute meist durch das Lehnwort *kochen* ersetzt
W: *Sieder*
Syn: ZUCKERBÄCKER, Zuckerkocher, Zuckermacher, Zuckermann, Zuckerraffinadeur

Lit: Adelung 4:1745; Barth 1:1173; Grimm 32:311; Krünitz 242:181 (Zuckerbäckerei)

Zuckwerker 'Person, die Weinfässer verlädt'; zu *Zuckwerk* 'Ziehpumpe', zu *zucken* in der urspr. Bedeutung 'ziehen, zerren, reißen'
W: *Werker*
Syn: Fasszieher, Kneveler, Leiterer, Schröter, Weinschröter, Weinverlasser, Weinzieher

Lit: Schmeller 2:1084

Zueberer ↗ Zupehrer

Züegler ↗ ZIEGLER

Zueleger ↗ Zuleger

Zueschratter ↗ Zuschroter

Zuezircher ↗ Zuzieher

Zugrobather ↗ Zugroboter

Zugroboter **Zugrobather** 'Bauer, der mit Zugtier und Wagen Frondienst zu leisten hat'
W: *Roboter*
Syn: HÖRIGER

Lit: Schnabel (1826) 106

Zugstuhlbauer 'Handwerker, der Zugstühle herstellt'; d.s. Webstühle, mit denen Muster mittels eines gezogenen Kegels in den Stoff eingewebt wurden
W: *BAUER*

Lit: Adelung 4:1755 (Zugstuhl); Grimm 32:444 (Zugstuhl); Pies (2005) 181; Reith (2008) 255

Zühngießer ↗ Zinngießer*

Zuischlager ↗ Zuschläger

Zukehrer 'Salinenarbeiter, der beim Füllen der Salzfässer beschäftigt ist'
W: *Kehrer*
Syn: Aufheber, Zuschläger

Lit: Fellner 669; Treffer (1981) 114

Zuknecht 'jugendlicher Landarbeiter, der für verschiedene Hilfsdienste eingesetzt wird'
W: *KNECHT*

Lit: Grimm 32:466; Werner (1981) 40

Zuleger **Zueleger** 'in der Saline Facharbeiter, der die Aufsicht über den Pfannhausbetrieb führt; Sudmeister'

Lit: Fellner 669; Treffer (1981) 114

Zunähter **Zunäther** 'Handwerker, der seine Arbeit [ohne Berechtigung und] ohne Zunftzugehörigkeit ausübt'; meist ein Kürschner
W: *Näther*
Syn: BÖNHASE

Lit: Adelung 4:1760; Grimm 32:549

Zunäther ↗ Zunähter

Zundelmacher ↗ Zundermacher

Zundelschneider 'Person, die Zunder herstellt und verkauft'; von Birken und Buchen wurden Zunderschwämme abgenommen, in Salpeter getränkt und in Scheiben geschnitten
W: *SCHNEIDER*
Syn: Zunderkerl, Zundermacher

Lit: Riepl (2009) 455

Zunderkerl Tunderkeerl, Tunderkerl, Zunterer 'Person, die Zunderschwämme sammelt, Zunder zum Feueranzünden herstellt und verkauft' ❖ zu mnd. *tunder* 'Zunder, Zündschwamm'
Syn: Zundelschneider, Zundermacher

Lit: Adelung 4:1760 (Zunder); Barth 1:1046; Schiller-Lübben 4:630

Zundermacher Zundelmacher 'Handwerker, der Zunder, Feuerschwamm zum Anzünden herstellt'; *Zundel* ist eine ältere, alemannische Form zu *Zunder* ❖ zu mhd. *zunder* 'Feuerschwamm, Zunder, bes. brennender, daher auch Feuer, Brand'; mhd. *zundel* 'Zunder'
Syn: Zundelschneider, Zunderkerl

Lit: Adelung 4:1760 (Zunder); Barth 1:1174; Grimm 32:553; Volckmann (1921) 294

Zunftherr 'Ratsherr, der einer Zunft vorsteht'
W: *Herr*

Lit: Adelung 4:1762; Grimm 32:582

Zunftknecht 'Angestellter einer Zunft'
W: KNECHT

Lit: Grimm 32:583; Idiotikon 3:733

ZUNFTMEISTER 1. 'Vorsitzender einer Zunft'. 2. 'Handwerksmeister, der Mitglied der Zunft ist' ❖ zu mhd. *zunft, zumft* 'Regel, Schicklichkeit; nach bestimmten Regeln eingerichtete Gesellschaft, Zunft, Verein', ab 13. Jh. für Handwerkerverband; urspr. oberdt.; verwandt mit *ziemen*
FN: Zunftmeister
W: *Meister*
Syn: Ältermann, Ammeister, Fürmeister, Germeister, Gewerkmeister, Gildemeister, Hauptmann, Kerzenmeister, Obermeister, Vormeister, Zechmeister

Lit: Adelung 4:1763; Barth 1:1175; DudenFN 750; Grimm 32:584; Idiotikon 4:535; Kluge 1017 (Zunft)

Zunftpfleger 'Schatzmeister einer Zunft'
W: PFLEGER
Syn: SCHATZMEISTER

Lit: Barth 1:1175; Grimm 32:585

Züngiesser ↗ Zinngießer*

Zunterer ↗ Zunderkerl

Zupehrer Zueberer, Zuperer, Zuperrer 'Mitarbeiter und Stellvertreter des ↗ Pehrers'
W: Pehrer
Syn: Auspehrer

Lit: Fellner 671; Patocka (1987) 217, 219

Zuperer ↗ Zupehrer

Zuperrer ↗ Zupehrer

Zurichter 1. 'Facharbeiter, der das Material für die weitere Verarbeitung vorbereitet'; z. B. das Leder für den Schuster, Silberstäbe für den Silberdrahtzieher. 2. 'Facharbeiter, der Maschinen usw. für den Betrieb einrichtet und nachjustiert'
W: Lederzurichter, °Mühlzurichter, Seidenzurichter
Syn: Zubereiter

Lit: Adelung 4:1767 (zurichten); Barth 1:1175; Idiotikon 6:445; Reith (2008) 100

Zuschlager ↗ Zuschläger

Zuschläger Thosleger, Thoslegher, Zuischlager, Zuschlager, Zusleger 1. 'Arbeiter in der Münzprägeanstalt, der mit dem Hammer auf den oberen Stempel des Prägestocks schlägt'. 2. 'Salinenarbeiter, der die Füllung in den Salzfässern glatt klopft und die Salzkufen verschließt'. 3. 'Hafenarbeiter, der Kisten und große Pakete für den Fernverkehr verpackt'. 4. 'Gehilfe des Schmieds, der mit dem schweren Hammer auf das glühende Eisen schlägt' ❖ zu mhd. *zuo slahen* 'zuschlagen'; mnd. *tosleger* 'Zuschläger'
W: *Schläger*
Syn: Zukehrer

Lit: Adelung 4:1772; Barth 1:1176; Grimm 32:799; Schiller-Lübben 4:589; Treffer (1981) 114

Zuschrader ↗ Zuschroter

Zuschroter Zueschratter, Zuschrader 'Handwerker, der Tiere ausnimmt, Fleisch zerlegt; Fleischer'; österr.; zu *Zuschrot* 'Fleischbank' ❖ zu mhd. *schrôten, schraden* 'hauen, schneiden, abschneiden'
FN: Zuschrader (nur in Oberösterreich)
W: Schröter

Lit: Barth 1:1176; Grimm 32:814; Volckmann (1921) 50; WienerWb 309

Zuseher 1. 'Aufseher im Salzbergwerk, ↗ Geschworener'. **2.** 'Salinenarbeiter, der als Untergebener des Pfannmeisters eine Arbeitsgruppe an der Sudpfanne leitet'. **3.** 'Aufsichtsbeamter, der auf Märkten die Qualität der Ware prüft' – im österr. Deutsch ist *Zuseher* noch für 'Zuschauer' üblich
W: °Bergzuseher
Syn: *Geschworener*

Lit: Ebner (2009) 433; Grimm 32:822; Rieder (2006) 1:30; Schraml (1934) 158

Zusenn Zusenne 'Gehilfe des Sennen auf der Alm'; zu *Senn* 'Bewirtschafter einer Alm'

Lit: Grimm 32:825; Werner (1981) 39

Zusenne ↗ Zusenn

Zusleger ↗ Zuschläger

Zuspitzer 'Arbeiter bei den Nadlern, der die Nadeln zuspitzt'; dazu gab es eine *Zuspitzbank* und als Werkzeug ein *Zuspitzrad*
W: Spitzer

Lit: Grimm 32:836

Zuspringerin 'Putzfrau, Haushaltshilfe'; vgl. die ähnliche Bildung von gleichbedeutend süddt. *Zugeherin* ❖ zu mhd. *zuo springen*
Syn: *Magd*, Stütze

Lit: Allgemeines Intelligenzblatt (1824) 113 (u. a.); Grimm 32:839 (Zuspringer); Kretschmer 97

Zustörer 'Salinenarbeiter, der dem Meister an der Sudpfanne Hilfsdienste leistet'; zu *stören* i. S. v. 'in etwas herumstochern' ❖ zu mhd. *stürn, stüren* 'stochern'
W: Störer

Lit: Grimm 32:854; Zedler 64:826

Zustürzer 'Salinenarbeiter, der als Hilfskraft bei den Pfannhausern arbeitet'; vielleicht zu *stürzen* i. S. v. 'umkippen und ausschütten (der Salzbehälter)'; manchmal auch gleichgesetzt mit *Zuzieher*
W: Stürzer
Syn: Zuzehrer, Zuzieher
Vgl: Ausstürzer

Lit: Palla (2010) 176; Patocka (1987) 215; SteirWb 657

Zutschenbäcker Zutschenpacher **1.** 'Bäcker, der längliche Gebäcke (in Form von Fruchtzapfen) backt'. **2.** 'Bäcker, der Süßigkeiten zum Lutschen macht' ❖ Herkunft unsicher, wohl zu *Zutsche, Zutschen, Zuschkel* 'Fruchtzapfen der Nadelbäume'; *zuschen, zutschen* 'ziehen, saugen', verwandt mit *zutzeln*
W: BÄCKER*

Lit: Grimm 32:876; SalzbWb 223; Schmeller 2:1158 (zuschen), 1166 (Zutschen)

Zutschenpacher ↗ Zutschenbäcker

Zuzehrer ↗ 'Zuzieher'; zu *zerren* 'ruckweise ziehen'
Syn: Zustürzer

Lit: Fellner 673; Treffer (1981) 114

Zuzieher Zuezircher, Zuzircher 'Salinenarbeiter, der den Pfannofen reinigt'; zu *zuziehen*, weil sie das Salz mit langen Ziehkrücken heranzogen und auspehrten
W: *Zieher*
Syn: Auspehrer, Zustürzer

Lit: Fellner 673; Patocka (1987) 220; Rieder (2006) 1:30; Schraml (1934) 162; Treffer (1981) 114

Zuzircher ↗ Zuzieher

Zwangdrescher 'abhängiger Kleinbauer, der für den Grundherrn das Getreide dreschen muss'
Syn: HÖRIGER

Lit: Adelung 4:1781; Krünitz 9:565 (Dreschen)

Zweckenschmied ↗ Zweckschmied

Zweckschmid ↗ Zweckschmied

Zweckschmied Zweckenschmied, Zweckschmid 'Handwerker, der bes. Zwecken (kurze Nägel mit breitem Kopf) herstellt'; *Zweck* war im 15. Jh. der 'Nagel, an dem die Zielscheibe aufgehängt wird', schließlich 'Zielpunkt der Scheibe', woraus sich die übertragene Bedeutung 'was man beabsichtigt; Sinn einer Handlung' entwickelte ❖ zu mhd. *zwec* 'Nagel aus Holz oder Eisen, Bolzen', verwandt mit *zwei*, *Zweig*, urspr. 'gegabelter Ast'
W: *Schmied*
Syn: NAGELSCHMIED

Lit: DudenEtym 954; Grimm 32:965; Krünitz 242:449 (Zwecke)

Zweihüfner 'Bauer, der zwei Hufen besitzt'
W: *Hüfner*

Lit: Barth 1:1176

Zwingenschmied Swingensmyd 'Handwerker, der Schraubzwingen herstellt'
W: *Schmied*

Lit: Gerholz-Kartei 260

Zwingherr Twingherr 'Grund- und Gerichtsher'; er hat die Gewalt über Verwaltung und Gericht; bes. schweiz ❖ zu mhd. *twingen*, *dwingen* 'drücken; zwängen, drängen; beherrschen'
W: *Herr*

Lit: Idiotikon 2:1547

Zwingmann Twingmann, Zwingsmann 'abhängiger Bauer oder Höriger, der einem Zwinghof angehört'; ein *Zwinghof* ist ein 'Herrenhof, der an Hörige verliehene Güter unter sich hat'
FN: Zwingmann, Twingmann
W: *Mann*
Syn: HÖRIGER

Lit: DudenFN 751; Gottschald 549; Idiotikon 4:288

Zwingsmann ↗ Zwingmann

Zwingverwalter Twingverwalter 'Vertreter des Grundherrn als Inhaber der niederen Gerichtsbarkeit'; zu *Zwing*, *Twing* 'Gebots- und Gerichtsgewalt eines Grundherrn'; schweiz.
Syn: Gerichtsherr

Lit: Idiotikon 15:1673

Zwirndreher ↗ *Dreher*

Zwirner 'Handwerker, der aus Flachs, Hanf oder Seide Garn herstellt'; für Arbeiter in der maschinellen Herstellung noch heute als Berufsbezeichnung üblich ❖ zu mhd. *zwirnen* 'zwei Fäden zusammendrehen'
FN: Zwirner, Zwirn, Zwerner, Zwörner
W: *Seidenzwirner*
Syn: Fadenmacher, WEBER

Lit: Barth 1:1177; DudenFN 751; Gottschald 550; Linnartz 274; Pies (2005) 179; Volckmann (1921) 98

Zwölfstündner 'Bergarbeiter, der eine Schicht von zwölf Stunden arbeitet'
Vgl: Achtstündner, Zehnstündner

Lit: Adelung 4:1796; Grimm 32:1445; Veith 600

Zythepsa ↗ Zythopola

Zythopepta ↗ Zythopola

Zythopoeus ↗ Zythopola

Zythopola Zythepsa, Zythopepta, Zythopoeus 'Bierbrauer'; oft mit Bierausschank verbunden; zu *Zythopöie* 'Bierbrauerei' ❖ lat. *zythum*, griech. *zythos* 'aus Gerste bereitetes bierähnliches Getränk', von den Ägyptern übernommen nach babylonischem Rezept
Syn: BIERBRAUER*

Lit: Gemoll 356 (zythos); Kaltschmidt 855 (Zythopöie); Klotz 2:1844 (zythum); Stryk (1743) 2:Index

Register

Register der Familiennamen

(Die Pfeile verweisen auf die Wörterbuchartikel)

Abeßer ↗ Obiser
Abesser ↗ Obiser
Abteker ↗ Apotheker
Abzieher ↗ Abzieher
Achermann ↗ Ackermann
Achtmann ↗ Achtmann
Acker ↗ Ackerer
Äcker ↗ Ackerer
Ackerer ↗ Ackerer
Ackerknecht ↗ Ackerknecht
Ackerl ↗ Ackerer
Äckerle ↗ Ackerer
Ackermann ↗ Ackermann
Ackers ↗ Ackerer
Aecker ↗ Ackerer
Aeckerle ↗ Ackerer
Agsteiner ↗ Agtsteinfischer
Ahlreep ↗ Aalrep
Ahlrep ↗ Aalrep
Ahlschläger ↗ Ölschläger
Aicher ↗ Eicher
Aierer ↗ Eierer
Albeißer ↗ Altbüßer
Albietz ↗ Altbüßer
Albiez ↗ Altbüßer
Altbießer ↗ Altbüßer
Altbüßer ↗ Altbüßer
Altbutzer ↗ Altbüßer
Altermann ↗ Ältermann
Aman ↗ Ammann
Amann ↗ Ammann
Amman ↗ Ammann
Ammann ↗ Ammann
Ammeister ↗ Ammeister
Ammon ↗ Ammann
Amon ↗ Ammann
Amschel ↗ Amsler
Amschl ↗ Amsler
Amschler ↗ Amsler
Amsler ↗ Amsler
Amtmann ↗ Amtmann
Apengeter ↗ Apengeter
Appentegger ↗ Apotheker
Apteiker ↗ Apotheker
Apteker ↗ Apotheker
Aptheker ↗ Apotheker

Arbeiter ↗ Arbeiter
Arbter ↗ Arbeiter
Armborst ↗ Armbruster
Armbrister ↗ Armbruster
Armbröster ↗ Armbruster
Armbrust ↗ Armbruster
Armbruster ↗ Armbruster
Armbrüster ↗ Armbruster
Armburster ↗ Armbruster
Armster ↗ Armbruster
Artmann ↗ Artmann
Artz ↗ Arzt
Artzt ↗ Arzt
Arz ↗ Arzt
Arzet ↗ Arzt
Arzt ↗ Arzt
Arztmann ↗ Arzt
Aschbrenner ↗ Aschenbrenner
Aschenberner ↗ Aschenbrenner
Aschenborn ↗ Aschenbrenner
Aschenbrenner ↗ Aschenbrenner
Assemacher ↗ Esser, Assenmacher
Assemaker ↗ Assenmacher
Assenmacher ↗ Assenmacher
Assmacher ↗ Assenmacher
Auch ↗ Auchter
Auchner ↗ Auchter
Auchter ↗ Auchter
Aufermann ↗ Opfermann
Auffermann ↗ Opfermann
Aufleger ↗ Aufleger
Aufschlaeger ↗ Aufschläger
Aufschlager ↗ Aufschläger
Aufschläger ↗ Aufschläger
Aufschnaiter ↗ Aufschneiter
Augstein ↗ Agtsteinfischer
Aul ↗ Auler
Auler ↗ Auler
Aulmann ↗ Auler
Aulner ↗ Auler
Ayrer ↗ Eierer
Baader ↗ Bader
Baas ↗ Baas
Baasch ↗ Baas
Back ↗ Beck
Backer ↗ Bäcker

Bäcker ↗ Bäcker
Backert ↗ Bäcker
Backmeister ↗ Backmeister
Bacmeister ↗ Backmeister
Bädeker ↗ Boddeker
Badenheuer ↗ Bartenhauer
Bader ↗ Bader
Bäder ↗ Bader
Bädker ↗ Boddeker
Badstieber ↗ Badstuber
Badstuber ↗ Badstuber
Badstübner ↗ Badstuber
Badstuebner ↗ Badstuber
Baedeker ↗ Boddeker
Baeder ↗ Bader
Bahder ↗ Bader
Bahmann ↗ Baumann
Bahnholzer ↗ Bannholzer
Baigler ↗ Beiler
Bail ↗ Beiler
Bailer ↗ Beiler
Bailner ↗ Beiler
Baitler ↗ Beutler
Bakker ↗ Bäcker
Bäkker ↗ Bäcker
Bakmeister ↗ Backmeister
Balbier ↗ Barbier
Balbierer ↗ Barbier
Balist ↗ Ballester
Balistier ↗ Ballester
Ballester ↗ Ballester
Ballist ↗ Ballester
Balster ↗ Ballester
Bamann ↗ Baumann
Bammert ↗ Bannwart
Bandhauer ↗ Bandhauer
Banholzer ↗ Bannholzer
Banner ↗ Bannwart
Bannert ↗ Bannwart
Bannholzer ↗ Bannholzer
Bannwart ↗ Bannwart
Bannwarth ↗ Bannwart
Barber ↗ Barbier
Barbier ↗ Barbier
Barbknecht ↗ Barbknecht
Bardenheier ↗ Bartenhauer
Bardenheuer ↗ Bartenhauer
Bardenhewer ↗ Bartenhauer
Bardenwerper ↗ Bartenwerker
Bardstübner ↗ Badstuber

Barfknecht ↗ Barbknecht
Bärstecher ↗ Bärstecher
Bartenheier ↗ Bartenhauer
Bartenheuer ↗ Bartenhauer
Bartenhewer ↗ Bartenhauer
Bartenschlager ↗ Bartenschlager
Bartenschläger ↗ Bartenschlager
Bartenwerfer ↗ Bartenwerker
Bartenwerffer ↗ Bartenwerker
Bartenwerper ↗ Bartenwerker
Barthauer ↗ Bartenhauer
Bartheier ↗ Bartenhauer
Barthenheier ↗ Bartenhauer
Bartheuer ↗ Bartenhauer
Barthewer ↗ Bartenhauer
Bartknecht ↗ Barbknecht
Bartscheer ↗ Bartscherer
Bartscher ↗ Bartscherer
Bartscherer ↗ Bartscherer
Barucker ↗ Peruquier
Bas ↗ Baas
Baß ↗ Baas
Baßüner ↗ Bassunmacher
Bassüner ↗ Posauner, Bassunmacher
Basüner ↗ Posauner
Bättger ↗ Böttger
Bauer ↗ Bauer
Bauermeister ↗ Bauermeister
Baumann ↗ Baumann
Baumanns ↗ Baumann
Baumeister ↗ Baumeister
Baumer ↗ Bäumer
Bäumer ↗ Bäumer
Baumers ↗ Bäumer
Bäumers ↗ Bäumer
Baumert ↗ Bäumer
Baumgard ↗ Baumgärtner
Baumgardt ↗ Baumgärtner
Baumgart ↗ Baumgärtner
Baumgarte ↗ Baumgärtner
Baumgärtel ↗ Baumgärtner
Baumgarten ↗ Baumgärtner
Baumgarth ↗ Baumgärtner
Baumgartl ↗ Baumgärtner
Baumgartner ↗ Baumgärtner
Baumgärtner ↗ Baumgärtner
Baumgertel ↗ Baumgärtner
Baumhauer ↗ Baumhauer
Baumheier ↗ Baumhauer
Baumheuer ↗ Baumhauer

Baumheyer ↗ Baumhauer
Baumhower ↗ Baumhauer
Bäumler ↗ Bäumer
Bäummer ↗ Bäumer
Baur ↗ Bauer
Baurmeister ↗ Bauermeister
Bauschulte ↗ Bauschulze
Bauwermeister ↗ Bauermeister
Bauwmann ↗ Baumann
Becher ↗ Becherer
Becherer ↗ Becherer
Beck ↗ Beck
Becke ↗ Beck
Beckenschlager ↗ Beckenschläger
Becker ↗ Bäcker
Beckers ↗ Bäcker
Beckert ↗ Bäcker
Beckerth ↗ Bäcker
Beckh ↗ Beck
Beckle ↗ Beck
Bedel ↗ Pedell
Beder ↗ Bader
Beerschneider ↗ Bärschneider
Beerstecher ↗ Bärstecher
Behrenstecher ↗ Bärstecher
Behrmann ↗ Biermann
Behrstecher ↗ Bärstecher
Beielschmidt ↗ Beilschmied
Beigler ↗ Beiler
Beikler ↗ Beiler
Beil ↗ Beiler
Beiler ↗ Beiler
Beilschmidt ↗ Beilschmied
Beilschmied ↗ Beilschmied
Beinberger ↗ Beinberger
Beischer ↗ Peitscher
Beitl ↗ Beutler
Beitler ↗ Beutler
Bekerer ↗ Becherer
Bekker ↗ Bäcker
Belstler ↗ Ballester
Belstner ↗ Ballester
Belter ↗ Belter
Beltz ↗ Pelzer
Beltzer ↗ Pelzer
Beltzner ↗ Pelzer
Belzer ↗ Pelzer
Belzner ↗ Pelzer
Bender ↗ Bender
Bendheuer ↗ Bandhauer

Bendschneider ↗ Bandschneider
Bennenmacher ↗ Bennenmacher
Benner ↗ Benner
Bennert ↗ Benner
Benseler ↗ Penseler
Bentschneider ↗ Bandschneider
Bergamenter ↗ Pergamenter
Bermenter ↗ Pergamenter
Bermeter ↗ Pergamenter
Bermitter ↗ Pergamenter
Bermter ↗ Pergamenter
Bernschneider ↗ Bärschneider
Bernstecher ↗ Bärstecher
Bersauter ↗ Bärsauter
Berschneider ↗ Bärschneider
Berstecher ↗ Bärstecher
Bersuder ↗ Bärsauter
Bersuter ↗ Bärsauter
Besemer ↗ Besemer
Besmer ↗ Besemer
Bessemer ↗ Besemer
Bettziech ↗ Bettziechenweber
Bettziehe ↗ Bettziechenweber
Bettzüge ↗ Bettziechenweber
Beunder ↗ Beuntner
Beuntner ↗ Beuntner
Beutel ↗ Beutler
Beuter ↗ Beutner
Beuther ↗ Beutner
Beuthner ↗ Beutner
Beutler ↗ Beutler
Beutner ↗ Beutner, Beuntner
Beutter ↗ Beutner
Beuttner ↗ Beutner
Bicher ↗ Pecher
Bichmann ↗ Pecher
Bichsenmeister ↗ Büchsenmeister
Bicker ↗ Picker
Bidel ↗ Büttel
Bidell ↗ Büttel
Bidtel ↗ Büttel
Biener ↗ Biener
Bienert ↗ Biener
Bierhake ↗ Bierhake
Biermann ↗ Biermann
Biersauter ↗ Bärsauter
Bierschneider ↗ Bärschneider
Bierschröder ↗ Bierschröter
Bierwert ↗ Bierwirt
Bierwerth ↗ Bierwirt

Bierwirt ↗ Bierwirt
Bierwirth ↗ Bierwirt
Bierwirtz ↗ Bierwirt
Binder ↗ Binder
Binner ↗ Binder
Birner ↗ Brenner
Bisser ↗ Bisser
Bitel ↗ Büttel
Bittel ↗ Büttel
Bittner ↗ Büttner
Blaettner ↗ Plattner
Blattner ↗ Plattner
Blättner ↗ Plattner
Blechner ↗ Blechner
Blechschmid ↗ Blechschmied
Blechschmidt ↗ Blechschmied
Blechschmied ↗ Blechschmied
Blecker ↗ Bleker
Bleeker ↗ Bleker
Bleidner ↗ Bleidner
Bleidtner ↗ Bleidner
Bleier ↗ Bleier
Bleimeister ↗ Bleidenmeister
Bleitner ↗ Bleidner
Bleker ↗ Bleker
Blettner ↗ Plattner
Bletz ↗ Bletzer
Bletzer ↗ Bletzer
Bleydner ↗ Bleidner
Blickschlager ↗ Blickenschläger
Bliedner ↗ Bleidner
Bliedtner ↗ Bleidner
Bliemeister ↗ Bleidenmeister
Blikslager ↗ Blickenschläger
Blottner ↗ Plattner
Blüthner ↗ Bleidner
Bocher ↗ Pocher
Böcherer ↗ Becherer
Bochmann ↗ Burgmann
Bochsler ↗ Bossler
Böck ↗ Beck
Böcker ↗ Böker
Böckh ↗ Beck
Böddecker ↗ Boddeker
Böddeker ↗ Boddeker
Böddicker ↗ Boddeker
Böddiker ↗ Boddeker
Bode ↗ Bote
Bodecker ↗ Boddeker
Bödecker ↗ Boddeker

Bodeker ↗ Boddeker
Bödeker ↗ Boddeker
Bodenbender ↗ Bodenbender
Bödicker ↗ Boddeker
Bödiker ↗ Boddeker
Boeck ↗ Beck
Boecker ↗ Böker
Boeckh ↗ Beck
Boeddecker ↗ Boddeker
Boedeker ↗ Boddeker
Boedicker ↗ Boddeker
Boeger ↗ Bogner
Boegler ↗ Bogner
Boemer ↗ Bömer
Boesler ↗ Bossler
Boeßler ↗ Bossler
Bogatscher ↗ Pogatscher
Bogel ↗ Bogner
Bögel ↗ Bogner
Bogener ↗ Bogner
Bogenmacher ↗ Bogenmacher
Boger ↗ Bogner
Böger ↗ Bogner
Bögl ↗ Bogner
Bögle ↗ Bogner
Bogler ↗ Bogner
Bögler ↗ Bogner
Bogner ↗ Bogner
Bögner ↗ Bogner
Böhmer ↗ Bömer, Bäumer
Bohmgarn ↗ Baumgärtner
Bohr ↗ Bohrer
Bohrer ↗ Bohrer
Böhrer ↗ Bohrer
Bohschulte ↗ Bauschulze
Böker ↗ Böker
Bolter ↗ Bolzer
Boltzer ↗ Bolzer
Boltzner ↗ Bolzer
Bolz ↗ Bolzer
Bölzel ↗ Bolzer
Bolzer ↗ Bolzer
Bomer ↗ Bömer
Bömer ↗ Bömer
Bömers ↗ Bäumer
Bonde ↗ Bonde
Bongardt ↗ Baumgärtner
Bongart ↗ Baumgärtner
Bongarten ↗ Baumgärtner
Bongarts ↗ Baumgärtner

Bongartz ↗ Baumgärtner
Bongert ↗ Baumgärtner
Bonholzer ↗ Bannholzer
Bonschlegel ↗ Bornschlegel
Boomgarn ↗ Baumgärtner
Borger ↗ Bürger
Börger ↗ Bürger
Borgers ↗ Bürger
Borggräfe ↗ Burggraf
Borggräwer ↗ Burggraf
Borggrefe ↗ Burggraf
Borgman ↗ Burgmann
Börgmann ↗ Burgmann
Borkmann ↗ Burgmann
Bormann ↗ Burgmann
Bornschlegel ↗ Bornschlegel
Bornschlegell ↗ Bornschlegel
Bornschlegl ↗ Bornschlegel
Borrmann ↗ Burgmann
Bortenschlager ↗ Bartenschlager
Bortstieber ↗ Badstuber
Boschulte ↗ Bauschulze
Boschulze ↗ Bauschulze
Bosler ↗ Bossler
Bösler ↗ Bossler
Boßel ↗ Bossler
Bossel ↗ Bossler
Boßler ↗ Bossler
Bossler ↗ Bossler
Bößler ↗ Bossler
Bostler ↗ Bossler
Bosuner ↗ Posauner
Bote ↗ Bote
Both ↗ Bote
Bothe ↗ Bote
Botstieber ↗ Badstuber
Bott ↗ Bote
Böttger ↗ Böttger
Böttjer ↗ Böttger
Böttle ↗ Bote
Böttner ↗ Büttner
Bräcker ↗ Bracker
Brainbauer ↗ Breinbauer
Bräker ↗ Bracker
Bräu ↗ Brauer
Brauer ↗ Brauer
Bräuer ↗ Brauer
Braumiller ↗ Braumüller
Braumueller ↗ Braumüller
Braumüller ↗ Braumüller

Brauwer ↗ Brauer
Brauwers ↗ Brauer
Brawer ↗ Brauer
Brechelmacher ↗ Brechenmacher
Brechenmacher ↗ Brechenmacher
Brechmacher ↗ Brechenmacher
Breier ↗ Brauer
Breinbauer ↗ Breinbauer
Brenner ↗ Brenner
Bretschneider ↗ Brettschneider
Brettschneider ↗ Brettschneider
Breu ↗ Brauer
Breuel ↗ Brauer
Breuer ↗ Brauer
Breuers ↗ Brauer
Brey ↗ Brauer
Brodback ↗ Brotbäcker
Brodbeck ↗ Brotbäcker
Brodführer ↗ Führer
Brodtbeck ↗ Brotbäcker
Brotback ↗ Brotbäcker
Bruckeier ↗ Bruckhei
Brucker ↗ Bruckner
Brücker ↗ Brückner
Bruckhei ↗ Bruckhei
Bruckhey ↗ Bruckhei
Brückler ↗ Brückner
Bruckner ↗ Bruckner
Brückner ↗ Brückner
Bruer ↗ Brauer
Bruggaier ↗ Bruckhei
Bruggeier ↗ Bruckhei
Brugger ↗ Bruckner
Bruggey ↗ Bruckhei
Brunenmeister ↗ Brunnenmeister
Brunmeister ↗ Brunnenmeister
Brunnenmeister ↗ Brunnenmeister
Brünner ↗ Brünner
Brunnmeister ↗ Brunnenmeister
Brüwer ↗ Brauer
Buchbender ↗ Buchbinder
Buchbinder ↗ Buchbinder
Buchdrucker ↗ Buchdrucker
Buchfeller ↗ Buchfeller
Buchfellner ↗ Buchfeller
Büchsenmeister ↗ Büchsenmeister
Büchsenschmidt ↗ Büchsenschmied
Büchsenschuß ↗ Büchsenschütze
Büchsenschusss ↗ Büchsenschütze
Büchsenschutz ↗ Büchsenschütze

Büchsenschütz ↗ Büchsenschütze
Büchsenspanner ↗ Büchsenspanner
Büdeker ↗ Boddeker
Budenbender ↗ Büttenbinder
Büdenbender ↗ Büttenbinder
Büdenbinder ↗ Büttenbinder
Buder ↗ Büdner
Buderus ↗ Büdner
Büdner ↗ Büdner
Buedeker ↗ Boddeker
Buengeler ↗ Bunger
Buengener ↗ Bunger
Buettenbender ↗ Büttenbinder
Buhr ↗ Bauer
Buhrmeister ↗ Bauermeister
Bunde ↗ Bonde
Bungard ↗ Baumgärtner
Bungart ↗ Baumgärtner
Bungarten ↗ Baumgärtner
Bungartz ↗ Baumgärtner
Bungatz ↗ Baumgärtner
Bunge ↗ Bunger
Büngeler ↗ Bunger
Büngener ↗ Bunger
Bunger ↗ Bunger
Bünger ↗ Bunger
Bungers ↗ Bunger
Bungert ↗ Baumgärtner, Bunger
Büngner ↗ Bunger
Bur ↗ Bauer
Burger ↗ Bürger
Bürger ↗ Bürger
Burggraaf ↗ Burggraf
Burggraaff ↗ Burggraf
Burggraeve ↗ Burggraf
Burggraf ↗ Burggraf
Burggräfe ↗ Burggraf
Burggrebe ↗ Burggraf
Burggrefe ↗ Burggraf
Burggreve ↗ Burggraf
Burgknecht ↗ Burgknecht
Burgmann ↗ Burgmann
Burgmeister ↗ Burgmeister
Burkraf ↗ Burggraf
Burmeister ↗ Bauermeister, Burmeister, Baumeister
Burmester ↗ Bauermeister, Burmeister, Baumeister
Burrmann ↗ Burgmann
Büssenschütt ↗ Büchsenschütze

Büttel ↗ Büttel
Buttenbender ↗ Büttenbinder
Büttenbender ↗ Büttenbinder
Büttener ↗ Büttner
Büttner ↗ Büttner
Caemmerer ↗ Kämmerer
Camerer ↗ Kämmerer
Cammerer ↗ Kämmerer
Cämmerer ↗ Kämmerer
Cantzler ↗ Kanzler
Castellan ↗ Kastellan
Casteller ↗ Kasteller
Cordewener ↗ Korduaner
Cordonnier ↗ Korduaner
Cordua ↗ Korduaner
Corduan ↗ Korduaner
Corduwener ↗ Korduaner
Corsener ↗ Korsener
Cossaeth ↗ Kossat
Coster ↗ Küster
Credner ↗ Greder
Cremer ↗ Krämer
Cressierer ↗ Gressierer
Cressirer ↗ Gressierer
Custor ↗ Kustos
Czaika ↗ Tschaikenmeister
Czajka ↗ Tschaikenmeister
Czeika ↗ Tschaikenmeister
Czeike ↗ Tschaikenmeister
Cziegler ↗ Ziegler
Daferner ↗ Taferner
Dafferner ↗ Taferner
Daiber ↗ Täuber
Daichler ↗ Teuchler
Daißler ↗ Deichsler
Dandl ↗ Tandler
Dandler ↗ Tandler
Dangler ↗ Dengler
Darbecker ↗ Daubäcker
Däschler ↗ Taschner
Daschner ↗ Taschner
Däschner ↗ Taschner
Dauber ↗ Täuber
Däuber ↗ Tauber, Täuber
Däuble ↗ Täuber
Däubler ↗ Täuber
Dauenhauer ↗ Daubenhauer
Dauer ↗ Tauer
Deck ↗ Decker
Decker ↗ Decker

Deckers ↗ Decker
Deckert ↗ Decker
Deckler ↗ Decker
Deckner ↗ Decker
Deffner ↗ Taferner
Degenschmid ↗ Degenschmied
Degenschmidt ↗ Degenschmied
Deibler ↗ Täuber
Deichelbohrer ↗ Teuchelbohrer
Deichl ↗ Teuchler
Deichler ↗ Teuchler
Deichner ↗ Teuchler
Deichsel ↗ Deichsler
Deichsler ↗ Deichsler
Deisler ↗ Deichsler
Deißler ↗ Deichsler
Deissler ↗ Deichsler
Deixler ↗ Deichsler
Dekker ↗ Decker
Dekner ↗ Decker
Dendler ↗ Tandler
Dengler ↗ Dengler
Denkler ↗ Dengler
Dentler ↗ Tandler
Depner ↗ Töpfer
Depper ↗ Töpfer
Deppner ↗ Töpfer
Derrer ↗ Dörrer
Descher ↗ Taschner
Deschner ↗ Taschner
Deubler ↗ Täuber
Deubner ↗ Täuber
Deuchler ↗ Teuchler
Deychsler ↗ Deichsler
Diehler ↗ Dieler
Dielenschneider ↗ Dielenschneider
Dieler ↗ Dieler
Dielschneider ↗ Dielenschneider
Diener ↗ Diener
Dieners ↗ Diener
Dienert ↗ Diener
Dienstmann ↗ Dienstmann
Dienzmann ↗ Dienstmann
Diestel ↗ Distler
Diestler ↗ Distler
Dill ↗ Dieler
Diller ↗ Dieler
Dillschneider ↗ Dielenschneider
Dinggreve ↗ Dinggraf
Dingler ↗ Dengler

Dinkgraeve ↗ Dinggraf
Dinkgräfe ↗ Dinggraf
Dinkgräve ↗ Dinggraf
Dinkgrefe ↗ Dinggraf
Dinkgreve ↗ Dinggraf
Dinter ↗ Tintener
Dintner ↗ Tintener
Dirtheuer ↗ Tirteier
Discher ↗ Tischler
Dischler ↗ Tischler
Distel ↗ Distler
Disteler ↗ Distler
Distler ↗ Distler
Dobecker ↗ Daubäcker
Doeppenbecker ↗ Düppenbäcker
Dopfer ↗ Töpfer
Döpfer ↗ Töpfer
Döpfner ↗ Töpfer
Döppenbäcker ↗ Düppenbäcker
Döppenbecker ↗ Düppenbäcker
Döppengießer ↗ Düppengießer
Döppner ↗ Töpfer
Dorfmeister ↗ Dorfmeister
Dörmer ↗ Türmer
Dörner ↗ Türmer
Dörrer ↗ Dörrer
Dörrmann ↗ Dörrmann
Döschner ↗ Taschner
Drabandt ↗ Trabant
Drabant ↗ Trabant
Drachsel ↗ Drechsler
Drachsler ↗ Drechsler
Drächsler ↗ Drechsler
Draeger ↗ Träger
Dräger ↗ Träger
Drahtschmid ↗ Drahtschmied
Drahtschmidt ↗ Drahtschmied
Drahtschmied ↗ Drahtschmied
Draier ↗ Dreher
Draper ↗ Drapier
Drapier ↗ Drapier
Draschl ↗ Drechsler
Dratschmidt ↗ Drahtschmied
Dratzieher ↗ Drahtzieher
Draxl ↗ Drechsler
Draxler ↗ Drechsler
Dräxler ↗ Drechsler
Drayer ↗ Dreier
Drechsel ↗ Drechsler
Drechsler ↗ Drechsler

Dreer ↗ Dreher
Dreger ↗ Dreier, Träger
Dregger ↗ Dreier
Dreher ↗ Dreher
Dreier ↗ Dreier
Dreiger ↗ Dreier
Dreseler ↗ Dressler
Dresler ↗ Dressler
Dressel ↗ Dressler
Dresseler ↗ Dressler
Dreßler ↗ Dressler
Dressler ↗ Dressler
Drexel ↗ Drechsler
Drexl ↗ Drechsler
Drexler ↗ Drechsler
Dreyer ↗ Dreier
Dripp ↗ Trippenmacher
Drippe ↗ Trippenmacher
Drisler ↗ Tresler
Drißler ↗ Dressler
Drissler ↗ Dressler
Drißner ↗ Dressler, Tresler
Drissner ↗ Dressler, Tresler
Droesler ↗ Dressler
Drögsler ↗ Drechsler
Drometer ↗ Trummeter
Drommeter ↗ Trummeter
Drösler ↗ Dressler
Drosse ↗ Drost
Drössel ↗ Dressler
Drößler ↗ Dressler
Drössler ↗ Dressler
Drost ↗ Drost
Droste ↗ Drost
Drosten ↗ Drost
Drucks ↗ Truchsess
Druckseis ↗ Truchsess
Drux ↗ Truchsess
Dube ↗ Täuber
Dübler ↗ Dübler
Düchler ↗ Tucher, Teuchler
Duchscheer ↗ Tuchscherer
Duchscherer ↗ Tuchscherer
Dueppenbäcker ↗ Düppenbäcker
Düll ↗ Dieler
Düppenbecker ↗ Düppenbäcker
Düppengießer ↗ Düppengießer
Düppengiesser ↗ Düppengießer
Dürner ↗ Türmer
Duve ↗ Täuber

Duwe ↗ Täuber
Echsle ↗ Ochsner
Effner ↗ Ofner
Ehalt ↗ Ehehalt
Ehehalt ↗ Ehehalt
Eibenschuetz ↗ Eibenschütz
Eibenschutz ↗ Eibenschütz
Eibenschütz ↗ Eibenschütz
Eibschütz ↗ Eibenschütz
Eicher ↗ Eicher
Eichert ↗ Eicher
Eichherr ↗ Eichherr
Eichter ↗ Auchter
Eierer ↗ Eierer
Eiler ↗ Euler
Eimermacher ↗ Eimermacher
Einschütz ↗ Eibenschütz
Eisele ↗ Eisler
Eisemenger ↗ Eisenmenger
Eisenführ ↗ Eisenführer
Eisenführer ↗ Eisenführer
Eisengraber ↗ Eisengräber
Eisengräber ↗ Eisengräber
Eisenhauer ↗ Eisenhäuer
Eisenheuer ↗ Eisenhäuer
Eisenhower ↗ Eisenhäuer
Eisenhut ↗ Eisenhuter
Eisenhuth ↗ Eisenhuter
Eisenkraemer ↗ Eisenkrämer
Eisenkramer ↗ Eisenkrämer
Eisenkrämer ↗ Eisenkrämer
Eisenkremer ↗ Eisenkrämer
Eisenmenger ↗ Eisenmenger
Eisenschmid ↗ Eisenschmied
Eisenschmidt ↗ Eisenschmied
Eisenschmied ↗ Eisenschmied
Eisenschmitt ↗ Eisenschmied
Eisenschneider ↗ Eisenschneider
Eisler ↗ Eisler
Eisner ↗ Eisler
Eldermann ↗ Ältermann
Eltermann ↗ Ältermann
Emmerer ↗ Emmerer
Emmermacher ↗ Emmermacher
Enke ↗ Enke
Ertzmann ↗ Erzmann
Erzmann ↗ Erzmann
Esch ↗ Escher, Eschhei
Eschay ↗ Eschhei
Eschenbrenner ↗ Aschenbrenner

Escher ↗ Escher
Eschey ↗ Eschhei
Eßer ↗ Esser
Esser ↗ Esser
Essers ↗ Esser
Euler ↗ Euler
Eulers ↗ Euler
Eulner ↗ Euler
Exle ↗ Ochsner
Exler ↗ Ochsner
Exner ↗ Ochsner
Eyerer ↗ Eierer
Eyrer ↗ Eierer
Faaber ↗ Faber
Faber ↗ Faber
Fabert ↗ Faber
Faget ↗ Vogt
Fahnenschmidt ↗ Fahnenschmied
Fahnschmidt ↗ Fahnenschmied
Fährer ↗ Fährer
Failer ↗ Feiler, Feiler
Failner ↗ Feiler
Falchner ↗ Falkner
Falger ↗ Falger
Falgner ↗ Falkner, Falger
Falk ↗ Falkner
Falke ↗ Falkner
Fälker ↗ Falkner
Falkner ↗ Falkner
Fälkner ↗ Falkner
Fallger ↗ Falger
Familiant ↗ Familiant
Fänder ↗ Pfänder
Farber ↗ Färber
Färber ↗ Färber
Farwer ↗ Färber
Faßauer ↗ Fasshauer
Fassauer ↗ Fasshauer
Faßbaender ↗ Fassbinder
Faßbänder ↗ Fassbinder
Faßbender ↗ Fassbinder
Fassbender ↗ Fassbinder
Faßbind ↗ Fassbinder
Fassbind ↗ Fassbinder
Faßbinder ↗ Fassbinder
Fassbinder ↗ Fassbinder
Faßer ↗ Fasser
Fasser ↗ Fasser
Fäßer ↗ Fasser
Fässer ↗ Fasser

Faßhauer ↗ Fasshauer
Fasshauer ↗ Fasshauer
Faßler ↗ Fässler
Fäßler ↗ Fässler
Fässler ↗ Fässler
Faudt ↗ Vogt
Faut ↗ Vogt
Fauth ↗ Vogt
Fawer ↗ Faber
Fechler ↗ Fechner
Fechner ↗ Fechner
Fecht ↗ Fechter
Fechte ↗ Fechter
Fechter ↗ Fechter
Fechtler ↗ Fechter
Feddeler ↗ Fiedler
Fedeler ↗ Fiedler
Feger ↗ Feger
Fegers ↗ Feger
Fegert ↗ Feger
Feher ↗ Fechner
Fehlhauer ↗ Feilenhauer
Fehr ↗ Fechner
Fehre ↗ Ferge
Fehrer ↗ Fährer
Feidler ↗ Pfeidler
Feiler ↗ Feiler
Feilhauer ↗ Feilenhauer
Feilner ↗ Feiler
Feitler ↗ Pfeidler
Felgenauer ↗ Felgenhauer
Felgener ↗ Felger
Felgeneyer ↗ Felgenhauer
Felgenhauer ↗ Felgenhauer
Felgenheier ↗ Felgenhauer
Felgenheuer ↗ Felgenhauer
Felger ↗ Felger, Falger
Felgler ↗ Felger
Felgner ↗ Felger
Fellger ↗ Felger
Fellhauer ↗ Felgenhauer
Fenstermacher ↗ Fenstermacher
Ferber ↗ Färber
Ferch ↗ Ferge
Ferche ↗ Ferge
Fercher ↗ Ferge
Ferfers ↗ Färber
Ferg ↗ Ferge
Ferge ↗ Ferge
Ferger ↗ Ferge

Fergg ↗ Ferge
Fervers ↗ Färber
Fesseler ↗ Fässler
Fesser ↗ Fasser
Feßler ↗ Fässler
Fetchenhauer ↗ Pfettenhauer
Fettchenhauer ↗ Pfettenhauer
Fettgenhauer ↗ Pfettenhauer
Fettkenhauer ↗ Pfettenhauer
Fetzer ↗ Fetzer
Fetzner ↗ Fetzer
Feuermann ↗ Feuermann
Feuler ↗ Feiler
Feulner ↗ Feiler
Feyler ↗ Feiler
Fezer ↗ Fetzer
Fichelscher ↗ Fickelscherer
Fichtlscherer ↗ Fickelscherer
Fickelscheer ↗ Fickelscherer
Fickelscher ↗ Fickelscherer
Fickelscherer ↗ Fickelscherer
Fickenscher ↗ Fickelscherer
Fickentscher ↗ Fickelscherer
Ficklscherer ↗ Fickelscherer
Fiddeler ↗ Fiedler
Fideler ↗ Fiedler
Fidler ↗ Fiedler
Fiedeler ↗ Fiedler
Fiedler ↗ Fiedler
Fiedlers ↗ Fiedler
Fikenscher ↗ Fickelscherer
Filler ↗ Filler
Fillner ↗ Filler
Filser ↗ Filzer
Filter ↗ Filter
Filz ↗ Filzer
Filzer ↗ Filzer
Finger ↗ Fingeler
Fingerhut ↗ Fingerhüter
Fingerl ↗ Fingeler
Fingerle ↗ Fingeler
Fingerlin ↗ Fingeler
Fingerling ↗ Fingeler
Finkel ↗ Finkler
Finkener ↗ Finkler
Finkl ↗ Finkler
Finkler ↗ Finkler
Finkner ↗ Finkler
Fischel ↗ Fischer
Fischer ↗ Fischer

Fischers ↗ Fischer
Fischl ↗ Fischer
Fischler ↗ Fischer
Fister ↗ Pfister
Fitzer ↗ Fitzer
Fitzthum ↗ Viztum
Flaadt ↗ Flader
Flachsner ↗ Flechser
Flächsner ↗ Flechser
Flad ↗ Flader
Flader ↗ Flader
Fladerer ↗ Flader
Fladner ↗ Flader
Fladt ↗ Flader
Flaschner ↗ Flaschner
Fläschner ↗ Flaschner
Flechsler ↗ Flechser
Flechsner ↗ Flechser
Flechtenmacher ↗ Flechtenmacher
Flechter ↗ Flechter
Flechtner ↗ Flechter
Fleder ↗ Flader
Fledl ↗ Flader
Fledler ↗ Flader
Fleischacker ↗ Fleischhacker
Fleischauer ↗ Fleischhauer
Fleischhäckel ↗ Fleischhacker
Fleischhacker ↗ Fleischhacker
Fleischhackl ↗ Fleischhacker
Fleischhaker ↗ Fleischhacker
Fleischhauer ↗ Fleischhauer
Fleischheckel ↗ Fleischhacker
Fleischmann ↗ Fleischmann
Fleschner ↗ Flaschner
Fleßner ↗ Flechser
Flexer ↗ Flechser
Flexler ↗ Flechser
Flick ↗ Flicker
Flicker ↗ Flicker
Flickinger ↗ Flicker
Flidtner ↗ Flietner
Fliedener ↗ Flietner
Fliedner ↗ Flietner
Flierl ↗ Flurer
Fliether ↗ Flietner
Fliethner ↗ Flietner
Flietner ↗ Flietner
Flitner ↗ Flietner
Flittner ↗ Flietner
Flöder ↗ Fluderer

Floeder ↗ Fluderer
Floetzer ↗ Flößer
Flohrer ↗ Flurer
Flohrschütz ↗ Flurschütz
Florschuetz ↗ Flurschütz
Florschütz ↗ Flurschütz
Flöschner ↗ Flaschner
Flößer ↗ Flößer
Flösser ↗ Flößer
Floßmann ↗ Floßmann
Flossmann ↗ Floßmann
Flößner ↗ Flößer
Flother ↗ Fluderer
Flöther ↗ Fluderer
Flottmann ↗ Floßmann
Flötzer ↗ Flößer
Flözer ↗ Flößer
Fluder ↗ Fluderer
Fluderer ↗ Fluderer
Flüger ↗ Pfluger
Flugmacher ↗ Pflugmacher
Fluhr ↗ Flurer
Fluhrer ↗ Flurer
Flurer ↗ Flurer
Flurl ↗ Flürl
Flürl ↗ Flurer
Flurschutz ↗ Flurschütz
Flurschütz ↗ Flurschütz
Föckeler ↗ Vogler
Fögeler ↗ Vogler
Fogler ↗ Vogler
Fögler ↗ Vogler
Fogt ↗ Vogt
Fögt ↗ Vogt
Föhl ↗ Feiler
Föhler ↗ Feiler
Föhr ↗ Ferge
Foit ↗ Vogt
Foith ↗ Vogt
Folgner ↗ Falkner
Förg ↗ Ferge
Formstecher ↗ Formstecher
Forsthuber ↗ Forsthuber
Fragler ↗ Fragner
Fragner ↗ Fragner
Fratschner ↗ Fragner
Frätschner ↗ Fragner
Fratzer ↗ Fragner
Frätzer ↗ Fragner
Fratzscher ↗ Fragner

Freiknecht ↗ Freiknecht
Freimann ↗ Freimann
Fretschner ↗ Fragner
Fretter ↗ Fretter
Fretzer ↗ Fragner
Frohn ↗ Frone
Frohne ↗ Frone
Frohner ↗ Fröner
Fröhner ↗ Fröner
Frohnert ↗ Fröner
Fröhnert ↗ Fröner
Frohning ↗ Fröner
Fröhning ↗ Fröner
Fron ↗ Frone
Frone ↗ Frone
Froning ↗ Fröner
Fronius ↗ Fröner
Fröschner ↗ Fragner
Frötscher ↗ Fragner
Frötschner ↗ Fragner
Frühmesser ↗ Frühmesser
Fucker ↗ Fucker
Fuderer ↗ Fütterer
Fugger ↗ Fucker
Führer ↗ Führer
Fuhrmann ↗ Flurschütz
Fuhrmanns ↗ Flurschütz
Fuller ↗ Fuller
Füller ↗ Füller, Fuller
Fürböter ↗ Feuerböter
Fürböther ↗ Feuerböter
Futter ↗ Fütterer
Fütter ↗ Fütterer
Futterer ↗ Fütterer
Fütterer ↗ Fütterer
Futterknecht ↗ Futterknecht
Futtermeister ↗ Futtermeister
Futterschneider ↗ Futterschneider
Fytterer ↗ Fütterer
Gabauer ↗ Gebauer
Gabler ↗ Gabler
Gäbler ↗ Gabler
Gadamer ↗ Gademer
Gademann ↗ Gademmann
Gädemann ↗ Gademmann
Gademer ↗ Gademer
Gadenmann ↗ Gademmann
Gader ↗ Gademer
Gäder ↗ Gademer
Gadner ↗ Gademer

Gaebler ↗ Gabler
Gaedemann ↗ Gademmann
Gaenßler ↗ Ganser
Gahbauer ↗ Gebauer
Gahbler ↗ Gabler
Gaiß ↗ Geißer
Gais ↗ Geißer
Gaiser ↗ Geißer
Gaiss ↗ Geißer
Gaißer ↗ Geißer
Gaisser ↗ Geißer
Gaißert ↗ Geißer
Gaissert ↗ Geißer
Galz ↗ Gelzer
Galzer ↗ Gelzer
Gänge ↗ Gänger
Gangeler ↗ Gänger
Gänger ↗ Gänger
Gangler ↗ Gänger
Gängler ↗ Gänger
Ganser ↗ Ganser
Gansler ↗ Ganser
Gänsler ↗ Ganser
Gansner ↗ Ganser
Gänßler ↗ Ganser
Ganter ↗ Ganter, Gantner
Ganther ↗ Ganter
Gantner ↗ Ganter
Gänzler ↗ Ganser
Gapler ↗ Gabler
Gäpler ↗ Gabler
Garb ↗ Gerber
Garber ↗ Gerber
Gärber ↗ Gerber
Gardeler ↗ Gärtner
Gardener ↗ Gärtner
Gardler ↗ Gärtner
Gartler ↗ Gärtner
Gärtler ↗ Gärtner
Gartner ↗ Gärtner
Gärtner ↗ Gärtner
Garver ↗ Gerber
Gastell ↗ Kasteller
Gaugrebe ↗ Gaugraf
Gaumer ↗ Gaumer
Gbur ↗ Gebauer
Gebauer ↗ Gebauer
Gebauhr ↗ Gebauer
Gebler ↗ Gabler
Gebor ↗ Gebauer

Gebuhr ↗ Gebauer
Gebühr ↗ Gebauer
Gebür ↗ Gebauer
Gehbauer ↗ Gebauer
Geiseler ↗ Geißer
Geiser ↗ Geißer
Geisler ↗ Geißer
Geiß ↗ Geißer
Geiss ↗ Geißer
Geißer ↗ Geißer
Geisser ↗ Geißer
Geißler ↗ Geißer, Geißler
Geissler ↗ Geißer, Geißler
Geißner ↗ Geißer
Geldmacher ↗ Geltmacher
Geldner ↗ Gelter
Gelser ↗ Gelzer
Gelzer ↗ Gelzer
Genger ↗ Gänger
Gengler ↗ Gänger
Genseler ↗ Ganser
Genser ↗ Ganser
Gensler ↗ Ganser
Gentner ↗ Ganter
Gepauer ↗ Gebauer
Gerber ↗ Gerber
Gertler ↗ Gürtler, Gärtner
Gertner ↗ Gärtner
Gerwer ↗ GERBER
Giertler ↗ Gürtler
Gießer ↗ Gießer
Giesser ↗ Gießer
Ginzler ↗ Ganser
Girschner ↗ Kürschner
Girtler ↗ Gürtler
Glaiber ↗ Kleiber
Glasbrenner ↗ Glasbrenner
Gläsel ↗ Glaser
Glasemacher ↗ Glasmacher
Gläsener ↗ Glaser
Glaser ↗ Glaser
Gläser ↗ Glaser
Glasewerter ↗ Glaswerker
Glasmacher ↗ Glasmacher
Glasner ↗ Glaser
Gläsner ↗ Glaser
Glassbrenner ↗ Glasbrenner
Glaßer ↗ Glaser
Gläßer ↗ Glaser
Glässer ↗ Glaser

Glassl ↗ Glaser
Glaßner ↗ Glaser
Glassner ↗ Glaser
Gleser ↗ Glaser
Gleßner ↗ Glaser
Glessner ↗ Glaser
Glufer ↗ Glufner
Glufner ↗ Glufner
Gmür ↗ Murer
Gogler ↗ Gugler
Gögler ↗ Gugler
Gogräfe ↗ Gaugraf
Gogrefe ↗ Gaugraf
Gogreve ↗ Gaugraf
Goldener ↗ Gulder
Golder ↗ Gulder
Golderer ↗ Gulder
Goldner ↗ Gulder
Göldner ↗ Gulder
Goldschlager ↗ Goldschlager
Goldschläger ↗ Goldschlager
Göller ↗ Gulder
Göllner ↗ Gulder
Golter ↗ Kolterer
Golther ↗ Kolterer
Gölzer ↗ Gelzer
Gonser ↗ Ganser
Gordeler ↗ Gordeler
Gördeler ↗ Gordeler
Görder ↗ Gärtner
Görner ↗ Gärtner
Görtler ↗ Gordeler, Gürtler
Grab ↗ Grebe
Gräb ↗ Grebe
Grabengeter ↗ Gropengeter
Graber ↗ Gräber
Gräber ↗ Gräber
Grabert ↗ Gräber
Grabher ↗ Grabenherr
Grabmer ↗ Grabner
Grabner ↗ Grabner
Gräbner ↗ Grabner
Grädler ↗ Greder
Graef ↗ Graf
Graefe ↗ Graf
Graeffe ↗ Graf
Graeper ↗ Groper
Graeter ↗ Greder
Graeupner ↗ Graupner
Graeve ↗ Graf

Graf ↗ Graf
Gräf ↗ Graf
Grafe ↗ Graf
Gräfe ↗ Graf
Graff ↗ Graf
Gräff ↗ Graf
Graffe ↗ Graf
Gräffe ↗ Graf
Gramp ↗ Grempler
Grampp ↗ Grempler
Grapengeter ↗ Gropengeter
Grapengießer ↗ Gropengießer
Grapengiessser ↗ Gropengießer
Gräper ↗ Groper
Gräsel ↗ Graser
Graser ↗ Graser
Gräser ↗ Graser
Gräsle ↗ Graser
Gräsler ↗ Graser
Grässer ↗ Graser
Gräter ↗ Greder
Grauber ↗ Graupner
Graubner ↗ Graupner
Graupner ↗ Graupner
Gräupner ↗ Graupner
Grav ↗ Graf
Grave ↗ Graf
Gräve ↗ Graf
Greb ↗ Grebe
Grebe ↗ Grebe
Greber ↗ Gräber
Grebner ↗ Grabner
Greder ↗ Greder
Gredler ↗ Greder
Gredner ↗ Greder
Greeven ↗ Graf
Grefen ↗ Graf
Greff ↗ Graf
Greiser ↗ Greißler
Greisler ↗ Greißler
Greißler ↗ Greißler
Greissler ↗ Greißler
Gremper ↗ Grempler
Grempler ↗ Grempler
Grempner ↗ Grempler
Gresser ↗ Graser
Gressierer ↗ Gressierer
Gressirer ↗ Gressierer
Greter ↗ Greder
Gretler ↗ Greder

Gretschmer ↗ Kretschmer
Greupner ↗ Graupner
Greußer ↗ Greißler
Greuter ↗ Gruter
Greve ↗ Graf
Greven ↗ Graf
Grew ↗ Graf
Grewe ↗ Graf
Gritzmacher ↗ Grützmacher
Grobbecker ↗ Grobbäcker
Grobecker ↗ Grobbäcker
Grobengieser ↗ Gropengießer
Gröber ↗ Gräber
Groeper ↗ Groper
Groepler ↗ Groper
Groepper ↗ Gropper
Groeppner ↗ Groper
Groiser ↗ Greißler
Groiß ↗ Kreußler
Groiss ↗ Kreußler
Groißböck ↗ Kreußler
Groissböck ↗ Kreußler
Gropengießer ↗ Gropengießer
Gropengiessser ↗ Gropengießer
Gröper ↗ Groper
Gropius ↗ Groper
Gröpler ↗ Groper
Gropner ↗ Groper
Gropper ↗ Gropper, Groper
Gröpper ↗ Gropper, Groper
Groppner ↗ Gropper, Groper
Gröppner ↗ Gropper, Groper
Großbauer ↗ Großbauer
Grossbauer ↗ Großbauer
Großbeck ↗ Großbäcker
Großbecker ↗ Großbäcker
Grosssbeck ↗ Großbäcker
Grosssbecker ↗ Großbäcker
Grötzner ↗ Grützner
Grueters ↗ Gruter
Gruiter ↗ Gruter
Grundherr ↗ Grundherr
Gruppengießer ↗ Gropengießer
Gruter ↗ Gruter
Grüter ↗ Gruter
Grüters ↗ Gruter
Grütter ↗ Gruter, Grützner
Grütters ↗ Grützner
Grüttner ↗ Grützner
Grützemacher ↗ Grützmacher

Grützmacher ↗ Grützmacher
Grützmüller ↗ Grützmüller
Grützner ↗ Grützner
Gruyter ↗ Gruter
Grüzmüller ↗ Grützmüller
Gschmeidler ↗ Geschmeidler
Gufer ↗ Gufener
Guffer ↗ Gufener
Guffner ↗ Gufener
Gufler ↗ Gufener
Gufner ↗ Gufener
Gugel ↗ Gugler
Gugeler ↗ Gugler
Gugler ↗ Gugler
Gulder ↗ Gulder
Guldner ↗ Gulder
Güldner ↗ Gulder
Güler ↗ Gulder
Gunkel ↗ Kunkelmacher
Gurschner ↗ Kürschner
Gürschner ↗ Kürschner
Gürteler ↗ Gürtler
Gürtler ↗ Gürtler
Gürtner ↗ Gürtler
Guster ↗ Küster
Güster ↗ Küster
Gusterer ↗ Küster
Gütl ↗ Gütler
Gütle ↗ Gütler
Gütler ↗ Gütler
Gutscher ↗ Kutscher
Güttel ↗ Gütler
Güttler ↗ Gütler
Haack ↗ Hake
Haacke ↗ Hake
Haacker ↗ Hake
Haak ↗ Hake
Haake ↗ Hake
Haarer ↗ Harrer
Habermann ↗ Habermann
Hächel ↗ Hechler
Hachemeister ↗ Hachmeister
Hachler ↗ Hechler
Hächler ↗ Hechler
Hachmeister ↗ Hachmeister, Hagenmeister
Hachmester ↗ Hachmeister
Hackel ↗ Hacker
Häckel ↗ Hacker
Hackenschmid ↗ Hackenschmied
Hackenschmidt ↗ Hackenschmied

Hackenschmied ↗ Hackenschmied
Hacker ↗ Hacker
Häcker ↗ Hacker
Hackert ↗ Hacker
Hackl ↗ Hacker
Hackmeister ↗ Hachmeister
Hader ↗ Haderer
Haderer ↗ Haderer
Haeger ↗ Häger
Haemmerlein ↗ Hämmerlein
Häfele ↗ Hafner
Hafenreffer ↗ Hafenreffer
Haffner ↗ Hafner
Häffner ↗ Hafner
Hafner ↗ Hafner
Häfner ↗ Hafner
Haft ↗ Hefter
Haftel ↗ Hefter
Hafter ↗ Hefter
Hagemeister ↗ Hagenmeister
Hagen ↗ Häger
Hagener ↗ Häger
Hager ↗ Häger
Häger ↗ Häger
Haggenmacher ↗ Hakenmacher
Hägi ↗ Häger
Hagmeister ↗ Hagenmeister
Hagner ↗ Häger
Hailer ↗ Heiler
Hainzler ↗ Heinzeler
Haitzler ↗ Heinzeler
Hak ↗ Hake
Hake ↗ Hake
Hakenmacher ↗ Hakenmacher
Halbarter ↗ Hellebardier
Halbauer ↗ Halbbauer
Halbaur ↗ Halbbauer
Halbbauer ↗ Halbbauer
Halbgebauer ↗ Halbbauer
Halbhuber ↗ Halbhüfner
Halbmaier ↗ Halbmeier
Halbmair ↗ Halbmeier
Halbmann ↗ Halbmann
Halbmeister ↗ Halbmeister
Halbmeyer ↗ Halbmeier
Haldemann ↗ Haldenmann
Half ↗ Halfe
Halfe ↗ Halfe
Halfen ↗ Halfe
Halfer ↗ Halfe
Halfmann ↗ Halbmann
Halhuber ↗ Halbhüfner
Hallbauer ↗ Halbbauer
Hallbaur ↗ Halbbauer
Hallenbarter ↗ Hellebardier
Hallgebauer ↗ Halbbauer
Hallhuber ↗ Halbhüfner
Hallmaier ↗ Halbmeier
Hallmann ↗ Halbmann
Hallmayer ↗ Halbmeier
Hallmeier ↗ Halbmeier
Hallmeister ↗ Halbmeister
Hallmeyer ↗ Halbmeier
Halmann ↗ Halbmann
Halmeyer ↗ Halbmeier
Halter ↗ Halter
Hamacher ↗ Hamenmacher
Hamaekers ↗ Hamenmacher
Hamaker ↗ Hamenmacher
Hamberger ↗ Heimbürge
Hamburger ↗ Heimbürge
Hamecher ↗ Hamenmacher
Hameister ↗ Hachmeister
Hameker ↗ Hamenmacher
Hamer ↗ Hammerer
Hamerl ↗ Hammerer
Hamerle ↗ Hammerer
Hämerling ↗ Hämmerlein
Hammacher ↗ Hamenmacher
Hammäcker ↗ Hamenmacher
Hammer ↗ Hammerer
Hammerer ↗ Hammerer
Hämmerer ↗ Hammerer
Hammerl ↗ Hammerer
Hämmerl ↗ Hammerer
Hammerle ↗ Hammerer
Hämmerle ↗ Hammerer
Hämmerlein ↗ Hämmerlein
Hammerling ↗ Hammerer
Hämmerling ↗ Hämmerlein
Hammermeister ↗ Hammermeister
Hammerschmidt ↗ Hammerschmied
Hammerschmied ↗ Hammerschmied
Hammersen ↗ Hammerer
Handscher ↗ Hantscher
Handschu ↗ Handschuher
Handschuch ↗ Handschuher
Handschuer ↗ Handschuher
Handschuh ↗ Handschuher
Handschuher ↗ Handschuher

Handschuhmacher ↗ Handschuhmacher
Handschumacher ↗ Handschuhmacher
Hantsch ↗ Hantscher
Hantsche ↗ Hantscher
Hantscher ↗ Hantscher
Hapmacher ↗ Happenmacher
Happenmacher ↗ Happenmacher
Harde ↗ Harder
Harder ↗ Harder
Haring ↗ Heringer
Harnasch ↗ Harnischer
Harnascher ↗ Harnischer
Harnaß ↗ Harnischer
Harnes ↗ Harnischer
Harnest ↗ Harnischer
Harnisch ↗ Harnischer
Harnischer ↗ Harnischer
Harnischfeger ↗ Harnischfeger
Harnischmacher ↗ Harnischmacher
Harnisfeger ↗ Harnischfeger
Harnister ↗ Harnischer
Harrer ↗ Harrer
Hartzer ↗ Harzer
Harzer ↗ Harzer
Härzer ↗ Harzer
Haspel ↗ Haspeler
Haspeler ↗ Haspeler
Haspler ↗ Haspeler
Hauber ↗ Hauber
Häubl ↗ Hauber
Haubner ↗ Hauber
Haubtmann ↗ Hauptmann
Hauer ↗ Hauer
Haunschmid ↗ Hauenschmied
Haunschmidt ↗ Hauenschmied
Haunschmied ↗ Hauenschmied
Haupmann ↗ Hauptmann
Hauptmann ↗ Hauptmann
Hausler ↗ Häusler
Häusler ↗ Häusler
Hausmann ↗ Hausmann
Häussermann ↗ Hausmann
Häußler ↗ Häusler
Häussler ↗ Häusler
Haußmann ↗ Hausmann
Haussmann ↗ Hausmann
Havemann ↗ Hofmann
Havemeister ↗ Hofmeister
Havemester ↗ Hofmeister
Hayer ↗ Heier

Heber ↗ Heber
Hechler ↗ Hechler
Heckel ↗ Hacker
Hecker ↗ Hacker
Heckner ↗ Höker
Heeger ↗ Heger
Heerberger ↗ Herberger
Hefele ↗ Hafner
Heffner ↗ Hafner
Heffter ↗ Hefter
Hefftler ↗ Hefter
Hefner ↗ Hafner
Hefter ↗ Hefter
Heftler ↗ Hefter
Heftner ↗ Hefter
Heger ↗ Häger, Heger
Hegers ↗ Heger
Hegi ↗ Häger
Hei ↗ Hei
Heibel ↗ Hauber
Heidenreiter ↗ Heidereiter
Heidenreuther ↗ Heidereiter
Heier ↗ Heier
Heiler ↗ Heiler
Heimberger ↗ Heimbürge
Heimburg ↗ Heimbürge
Heimbürge ↗ Heimbürge
Heimburger ↗ Heimbürge
Heimbürger ↗ Heimbürge
Heintzeler ↗ Heinzeler
Heinzeler ↗ Heinzeler
Heinzler ↗ Heinzeler
Heißler ↗ Häusler
Heitzer ↗ Heizer
Heitzler ↗ Heinzeler
Helfer ↗ Helfer
Helfert ↗ Helfer
Helffer ↗ Helfer
Helmer ↗ Helmer
Helmschläger ↗ Helmschläger
Helmschmid ↗ Helmschmied
Helmschmidt ↗ Helmschmied
Helmschmied ↗ Helmschmied
Heltscher ↗ Holscher
Hemburger ↗ Heimbürge
Hemerlein ↗ Hämmerlein
Hemeter ↗ Himpter
Hemmer ↗ Hammerer
Hemmerle ↗ Hammerer
Hemmerlein ↗ Hämmerlein

Hemmerling ↗ Hämmerlein
Hemmermeister ↗ Hammermeister
Hemmeter ↗ Himpter
Hemptenmacher ↗ Himptenmacher
Hemptenmaker ↗ Himptenmacher
Hempter ↗ Himpter
Hemtler ↗ Himpter
Hengstmann ↗ Hengstmann
Henschler ↗ Hantscher
Hentscher ↗ Hantscher
Henzeler ↗ Heinzeler
Hepner ↗ Höpfner
Heppner ↗ Höpfner
Heptner ↗ Höpfner
Herberg ↗ Herberger
Herberger ↗ Herberger
Herde ↗ Harder
Herder ↗ Harder
Herderer ↗ Harder
Heret ↗ Herold
Hereth ↗ Herold
Heringer ↗ Heringer
Herold ↗ Herold
Herr ↗ Herr
Herrchen ↗ Herr
Herre ↗ Herr
Herrel ↗ Herr
Herrl ↗ Herr
Herrle ↗ Herr
Herter ↗ Harder
Herzer ↗ Harzer
Hespel ↗ Haspeler
Hespeler ↗ Haspeler
Heubel ↗ Hauber
Heuber ↗ Hauber
Heubner ↗ Hauber
Heuer ↗ Heuer
Heuermann ↗ Heuermann
Heuler ↗ Heiler
Heumesser ↗ Heumesser
Heusler ↗ Häusler
Hey ↗ Hei
Heyer ↗ Heger, Heier
Heyler ↗ Heiler
Hickler ↗ Hucker
Hieber ↗ Huber
Hiebner ↗ Huber
Hiemer ↗ Huber
Hiepler ↗ Hipper
Hieret ↗ Herold

Hiereth ↗ Herold
Hilscher ↗ Holscher
Hiltscher ↗ Holscher
Himptemacher ↗ Himptenmacher
Himptenmacher ↗ Himptenmacher
Hindemacher ↗ Himptenmacher
Hingstmann ↗ Hengstmann
Hipler ↗ Hipper
Hipp ↗ Hipper
Hippe ↗ Hipper
Hipper ↗ Hipper
Hippler ↗ Hipper
Hippner ↗ Hipper
Hirt ↗ Hirt
Hirte ↗ Hirt
Hirter ↗ Hirt
Hirth ↗ Hirt
Hirthe ↗ Hirt
Hirtl ↗ Hirt
Hitler ↗ Hüttler
Hittler ↗ Hüttler
Hittner ↗ Hüttner
Höber ↗ Heber
Hochgrafe ↗ Gaugraf
Hochgreve ↗ Gaugraf
Hock ↗ Höker
Höck ↗ Höker
Hocke ↗ Höker
Höcke ↗ Höker
Höckel ↗ Höker
Hocker ↗ Höker
Höcker ↗ Höker
Höckl ↗ Höker
Hockler ↗ Höker
Höckler ↗ Höker
Höckner ↗ Höker
Hodemacher ↗ Hutmacher
Hödemaker ↗ Hutmacher
Hodl ↗ Hodler
Hödl ↗ Hodler
Hodler ↗ Hodler
Hödler ↗ Hodler
Hoeckner ↗ Höker
Hoedemaker ↗ Hutmacher
Hoeltschi ↗ Holscher
Hoepner ↗ Höpfner
Hoeppner ↗ Höpfner
Hofbauer ↗ Hofbauer
Hofer ↗ Hofer
Höfer ↗ Hofer

Hoferer ↗ Hofer
Hoferichter ↗ Hofrichter
Hoffer ↗ Hofer
Höffer ↗ Hofer
Hoffmann ↗ Hofmann
Hoffmeister ↗ Hofmeister
Höffner ↗ Höfner
Hoffrichter ↗ Hofrichter
Hoffschlaeger ↗ Hufschläger
Hoffschläger ↗ Hufschläger
Hofgärtner ↗ Hofgärtner
Hofmann ↗ Hofmann
Hofmeister ↗ Hofmeister
Hofner ↗ Höfner
Höfner ↗ Höfner
Hofrichter ↗ Hofrichter
Hofschlaeger ↗ Hufschläger
Hofschläger ↗ Hufschläger
Hofslager ↗ Hufschläger
Hofsleger ↗ Hufschläger
Höger ↗ Heger
Hogräfer ↗ Gaugraf
Hogrebe ↗ Gaugraf
Hogrefe ↗ Gaugraf
Hogreve ↗ Gaugraf
Hogrewe ↗ Gaugraf
Hohmann ↗ Hofmann
Hoke ↗ Höker
Höke ↗ Höker
Höker ↗ Höker
Hökner ↗ Höker
Hold ↗ Hulder
Holdgrewe ↗ Holzgraf
Höllischer ↗ Holscher
Hollschuh ↗ Holzschuher
Holscher ↗ Holscher
Hölscher ↗ Holscher
Holtgrefe ↗ Holzgraf
Holtgreife ↗ Holzgraf
Holtgreve ↗ Holzgraf
Holtgrewe ↗ Holzgraf
Holtman ↗ Holzmann
Holtmann ↗ Holzmann
Holtsager ↗ Holzsäger
Holtsagers ↗ Holzsäger
Höltschi ↗ Holscher
Holtzmann ↗ Holzmann
Holtzmenger ↗ Holzmenger
Holtzschue ↗ Holzschuher
Holzbauer ↗ Holzbauer

Hölzel ↗ Holzer
Holzen ↗ Holzer
Holzer ↗ Holzer
Hölzer ↗ Holzer
Holzgraefe ↗ Holzgraf
Holzgraf ↗ Holzgraf
Holzgrafe ↗ Holzgraf
Holzgräfe ↗ Holzgraf
Holzgrebe ↗ Holzgraf
Holzgreff ↗ Holzgraf
Holzgreve ↗ Holzgraf
Holzhai ↗ Holzhei
Holzhauer ↗ Holzhauer
Holzhei ↗ Holzhei
Holzheu ↗ Holzhei
Holzhey ↗ Holzhei
Holzknecht ↗ Holzknecht
Hölzl ↗ Holzer
Hölzle ↗ Holzer
Holzmaier ↗ Holzmeier
Holzmair ↗ Holzmeier
Holzmann ↗ Holzmann
Holzmayer ↗ Holzmeier
Holzmayr ↗ Holzmeier
Holzmeier ↗ Holzmeier
Holzmeister ↗ Holzmeister
Holzmenger ↗ Holzmenger
Holzmeyer ↗ Holzmeier
Holzmüller ↗ Holzmüller
Holzner ↗ Holzer
Hölzner ↗ Holzer
Holzrichter ↗ Holzrichter
Holzschuher ↗ Holzschuher
Holzward ↗ Holzwart
Holzwardt ↗ Holzwart
Holzwart ↗ Holzwart
Holzwarth ↗ Holzwart
Homeister ↗ Hofmeister
Honigmesser ↗ Honigmesser
Hooke ↗ Höker
Hopfer ↗ Höpfner
Hopfmeister ↗ Hofmeister
Hopfner ↗ Höpfner
Höpfner ↗ Höpfner
Höpner ↗ Höpfner
Hoppener ↗ Höpfner
Höppener ↗ Höpfner
Hopper ↗ Höpfner
Höpper ↗ Höpfner
Höppner ↗ Höpfner

Höptner ↗ Höpfner
Höret ↗ Herold
Höreth ↗ Herold
Hornischer ↗ Harnischer
Hörter ↗ Harder
Hose ↗ Hoser
Hösel ↗ Hoser
Höseler ↗ Hoser
Hoser ↗ Hoser
Hösl ↗ Hoser
Hosner ↗ Hoser
Hösner ↗ Hoser
Hosp ↗ Hospes
Hoßner ↗ Hoser
Hossner ↗ Hoser
Hößner ↗ Hoser
Hössner ↗ Hoser
Höter ↗ Huter
Hovemann ↗ Hofmann
Hoyler ↗ Heiler
Huber ↗ Huber
Hüber ↗ Huber
Hubmer ↗ Huber
Hübmer ↗ Huber
Hubner ↗ Huber
Hübner ↗ Huber
Hubschmid ↗ Hubschmied
Hubschmidt ↗ Hubschmied
Huck ↗ Hucker
Hucke ↗ Hucker
Hucker ↗ Hucker
Hückler ↗ Hucker
Huckner ↗ Hucker
Hückner ↗ Hucker
Hudel ↗ Hudler
Hudler ↗ Hudler
Hudtwalcker ↗ Hutwalker
Hudtwalker ↗ Hutwalker
Hueber ↗ Huber
Huebmer ↗ Huber
Huebner ↗ Huber
Hueffer ↗ Hüfner
Huemer ↗ Huber
Huertler ↗ Hürdler
Huesmann ↗ Hausmann
Hueter ↗ Huter
Hufener ↗ Hüfner
Hufer ↗ Hüfner
Huffer ↗ Hüfner
Hüffer ↗ Hüfner

Hüffner ↗ Hüfner
Hüfler ↗ Hüfner
Hufner ↗ Hüfner
Hüfner ↗ Hüfner
Hufschlaeger ↗ Hufschläger
Hufschläger ↗ Hufschläger
Hufschmid ↗ Hufschmied
Hufschmidt ↗ Hufschmied
Hufschmied ↗ Hufschmied
Hugger ↗ Hucker
Hühnermann ↗ Hühnermann
Hühnervogt ↗ Hühnervogt
Huismann ↗ Hausmann
Huker ↗ Hucker
Huld ↗ Hulder
Hulde ↗ Hulder
Hülscher ↗ Holscher
Hultsch ↗ Holscher
Humer ↗ Huber
Hünermann ↗ Hühnermann
Hünervogt ↗ Hühnervogt
Huober ↗ Huber
Hüpenbecker ↗ Hippenbäcker
Hürdler ↗ Hürdler
Hurt ↗ Hürdler
Hurter ↗ Hürdler
Hürter ↗ Hürdler
Hürthle ↗ Hürdler
Hürtler ↗ Hürdler
Hürtner ↗ Hürdler
Hürttle ↗ Hürdler
Husemann ↗ Hausmann
Huter ↗ Huter
Hüter ↗ Hüter
Hutfilter ↗ Hutfilter
Huther ↗ Huter
Hüther ↗ Hüter
Huthmann ↗ Hutmann
Hutmann ↗ Hutmann
Hutter ↗ Huter
Hütter ↗ Hüttner
Hutterer ↗ Huter
Hüttler ↗ Hüttler
Hüttner ↗ Hüttner
Hutwalker ↗ Hutwalker
Hutwelker ↗ Hutwalker
Icher ↗ Eicher
Imbler ↗ Immer
Immel ↗ Immer
Immer ↗ Immer

Immler ↗ Immer
Impler ↗ Immer
Inmann ↗ Inmann
Ircher ↗ Ircher
Irger ↗ Ircher
Irker ↗ Ircher
Iser ↗ Eiser
Jaager ↗ Jäger
Jaeger ↗ Jäger
Jaegers ↗ Jäger
Jager ↗ Jäger
Jäger ↗ Jäger
Jägers ↗ Jäger
Jeger ↗ Jäger
Jegers ↗ Jäger
Jeghers ↗ Jäger
Jopp ↗ Joppner
Joppe ↗ Joppner
Joppner ↗ Joppner
Jucker ↗ Junker
Juncker ↗ Junker
Junckers ↗ Junker
Jung ↗ Junge
Junge ↗ Junge
Jungermann ↗ Jungmann
Jungfer ↗ Jungfer
Jungk ↗ Junge
Jungmann ↗ Jungmann
Jungwirt ↗ Jungwirt
Jungwirth ↗ Jungwirt
Junker ↗ Junker
Junkers ↗ Junker
Junkert ↗ Junker
Jüppner ↗ Joppner
Jüptner ↗ Joppner
Jurat ↗ Jurat
Juratha ↗ Jurat
Kachel ↗ Kachler
Kachelmacher ↗ Kachelmacher
Kacher ↗ Kachler
Kachler ↗ Kachler
Kächler ↗ Kachler
Kaesemann ↗ Käsemann
Kaeßmann ↗ Käsemann
Kähler ↗ Köhler
Kählert ↗ Köhler
Kahr ↗ Karrer
Kahrer ↗ Karrer
Kahrmann ↗ Karrenmann
Kaifel ↗ Käufel

Kaifler ↗ Käufler
Kalbörner ↗ Kalkbrenner
Kalchbrenner ↗ Kalkbrenner
Kalcher ↗ Kalker
Kalchner ↗ Kalker
Kalkberner ↗ Kalkbrenner
Kalkbrenner ↗ Kalkbrenner
Kalklösch ↗ Kalklöscher
Kalkmüller ↗ Kalkmüller
Kaltschmid ↗ Kaltschmied
Kaltschmidt ↗ Kaltschmied
Kaltschmied ↗ Kaltschmied
Kamerer ↗ Kämmerer
Kammacher ↗ Kammmacher
Kammer ↗ Kämmer
Kämmer ↗ Kämmer
Kammerer ↗ Kämmerer
Kämmerer ↗ Kämmerer
Kämmerling ↗ Kämmerling
Kammermeister ↗ Kammermeister
Kammeter ↗ Kummeter
Kämmle ↗ Kämmer
Kammler ↗ Kämmer
Kämmler ↗ Kämmer
Kammschneider ↗ Kammschneider
Kämp ↗ Kämpfer
Kampelmacher ↗ Kampelmacher
Kämper ↗ Kämpfer
Kämpf ↗ Kämpfer
Kämpfe ↗ Kämpfer
Kämpfer ↗ Kämpfer
Kampschneider ↗ Kammschneider
Kandler ↗ Kändler, Kendler
Kändler ↗ Kändler
Kannegießer ↗ Kannengießer
Kannegiessser ↗ Kannengießer
Kannemacher ↗ Kannenmacher
Kannengießer ↗ Kannengießer
Kannengiessser ↗ Kannengießer
Kanngießer ↗ Kannengießer
Kanngiessser ↗ Kannengießer
Kanzeler ↗ Kanzler
Kanzler ↗ Kanzler
Kanzlers ↗ Kanzler
Kapaurer ↗ Gebauer
Kappelmacher ↗ Kappenmacher
Kappenmacher ↗ Kappenmacher
Kappenschneider ↗ Kappenmacher
Karch ↗ Kärcher
Karcher ↗ Kärcher

Kärcher ↗ Kärcher	**Keischer** ↗ Keuschler
Karder ↗ Karder	**Keischler** ↗ Keuschler
Karmann ↗ Karrenmann	**Kelch** ↗ Kelcher
Karner ↗ Kärrner	**Kelcher** ↗ Kelcher
Kärner ↗ Kärrner	**Kelker** ↗ Kalker
Karr ↗ Karrer	**Keller** ↗ Keller
Karremann ↗ Karrenmann	**Kellert** ↗ Keller
Karrenmann ↗ Karrenmann	**Kellner** ↗ Keller
Karrer ↗ Karrer	**Kelter** ↗ Kelterer
Karrner ↗ Kärrner	**Kelterer** ↗ Kelterer
Kärrner ↗ Kärrner	**Kemmer** ↗ Kämmer
Karter ↗ Karder	**Kemmerling** ↗ Kämmerling
Käsemann ↗ Käsemann	**Kemmler** ↗ Kämmer
Käsmann ↗ Käsemann	**Kemmner** ↗ Kämmerer
Käßmann ↗ Käsemann	**Kemp** ↗ Kämpfer
Kässmann ↗ Käsemann	**Kempe** ↗ Kämpfer
Kaßner ↗ Kastner	**Kemper** ↗ Kämpfer
Kastaller ↗ Kasteller	**Kempf** ↗ Kämpfer
Kastelan ↗ Kastellan	**Kempff** ↗ Kämpfer
Kasteler ↗ Kasteller	**Kempke** ↗ Kämpfer
Kastellan ↗ Kastellan	**Kempkes** ↗ Kämpfer
Kasteller ↗ Kasteller	**Kendler** ↗ Kändler, Kendler
Kaster ↗ Kastner, Kästner	**Kentler** ↗ Kendler, Kändler
Käster ↗ Kästner	**Kenzler** ↗ Kanzler
Kästler ↗ Kastler	**Kenzlers** ↗ Kanzler
Kastner ↗ Kastner, Kästner	**Kerber** ↗ KÖRBER
Kästner ↗ Kästner	**Kerbl** ↗ KÖRBER
Kathner ↗ Köter	**Kerbler** ↗ KÖRBER
Kätner ↗ Köter	**Kercher** ↗ Kärcher
Katter ↗ Köter	**Kerler** ↗ Kärrner
Kattner ↗ Köter	**Kerner** ↗ Kärrner
Kauder ↗ Kauderer	**Kerschner** ↗ Kürschner
Kauderer ↗ Kauderer	**Kerzler** ↗ Kerzler
Kauertz ↗ Kawerz	**Kerzner** ↗ Kerzler
Kaufel ↗ Käufel	**Kesler** ↗ Kessler
Käufel ↗ Käufel	**Kesseler** ↗ Kessler
Kaufer ↗ Käufer	**Kesselschläger** ↗ Kesselschläger
Käufer ↗ Käufer	**Keßler** ↗ Kessler
Käuffelin ↗ Käufel	**Kessler** ↗ Kessler
Käuffer ↗ Käufer	**Kestener** ↗ Kästner
Käufl ↗ Käufel	**Kestner** ↗ Kästner
Käufler ↗ Käufler	**Keszler** ↗ Kessler
Kauwertz ↗ Kawerz	**Ketelböter** ↗ Kesselbüßer
Kawert ↗ Kawerz	**Ketteler** ↗ Kettler
Kawerz ↗ Kawerz	**Kettler** ↗ Kessler, Kettler
Kechler ↗ Kachler	**Kettner** ↗ Kettler
Kehler ↗ Köhler	**Keubler** ↗ Kübler
Kehlert ↗ Köhler	**Keufel** ↗ Käufel
Keifel ↗ Käufel	**Keufer** ↗ Käufer
Keiper ↗ Keiper	**Keufert** ↗ Käufer

Keuffel ↗ Käufel
Keuschel ↗ Keuschler
Keuschl ↗ Keuschler
Keuschler ↗ Keuschler
Keuschner ↗ Keuschler
Keuschnig ↗ Keuschler
Keuter ↗ Keuter
Keuther ↗ Keuter
Keutner ↗ Keuter
Keyfel ↗ Käufel
Kibler ↗ Kübler
Kiebler ↗ Kübler
Kiechl ↗ Küchler
Kiechle ↗ Küchler
Kiefner ↗ Küfner
Kiemer ↗ Kimmer
Kiener ↗ Kiener
Kiep ↗ Kieper
Kiepe ↗ Kieper
Kieper ↗ Kieper
Kierschner ↗ Kürschner
Kieser ↗ Kieser
Kiesler ↗ Kieser
Kilcher ↗ Kilcher
Kilchert ↗ Kilcher
Kilchmeyer ↗ Kilchmeier
Kimer ↗ Kimmer
Kimker ↗ Kimker
Kimm ↗ Kimmer
Kimme ↗ Kimmer
Kimmer ↗ Kimmer
Kindler ↗ Kändler
Kinster ↗ Künstler
Kinstler ↗ Künstler
Kircher ↗ Kircher
Kirchmaier ↗ Kirchmeier
Kirchmair ↗ Kirchmeier
Kirchmayer ↗ Kirchmeier
Kirchmayr ↗ Kirchmeier
Kirchmeier ↗ Kirchmeier
Kirchmeir ↗ Kirchmeier
Kirchmeyer ↗ Kirchmeier
Kirchner ↗ Kirchner
Kirschner ↗ Kürschner
Kirsner ↗ Korsener
Kistemaker ↗ Kistenmacher
Kistemecher ↗ Kistenmacher
Kistenmacher ↗ Kistenmacher
Kistler ↗ Kistler
Kistner ↗ Kistler

Kitter ↗ Kitter
Kittner ↗ Kettler
Kläber ↗ Kleiber
Klaiber ↗ Kleiber
Klampfer ↗ Klamperer
Klampferer ↗ Klamperer
Kleber ↗ Kleiber
Klebert ↗ Kleiber
Klecker ↗ Klecker
Kleiber ↗ Klieber, Kleiber
Kleinbeck ↗ Kleinbäcker
Kleinbecker ↗ Kleinbäcker
Kleinböck ↗ Kleinbäcker
Kleinboeck ↗ Kleinbäcker
Kleingütl ↗ Kleingütler
Kleingütler ↗ Kleingütler
Kleinknecht ↗ Kleinknecht
Kleinschmidt ↗ Kleinschmied
Kleinschnitker ↗ Kleinschnittker
Kleinschnittger ↗ Kleinschnittker
Kleinschnittker ↗ Kleinschnittker
Kleinschnitzler ↗ Kleinschnitzler
Klemperer ↗ Klamperer
Klenner ↗ Kleiber
Kleuver ↗ Klieber
Klicker ↗ Klecker
Klieber ↗ Klieber
Kliebert ↗ Klieber
Kliever ↗ Klieber
Klievert ↗ Klieber
Kliewer ↗ Klieber
Klingenschmid ↗ Klingenschmied
Klingenschmidt ↗ Klingenschmied
Klingenschmied ↗ Klingenschmied
Klingenschmitt ↗ Klingenschmied
Klinger ↗ Klinger
Klingner ↗ Klinger
Klöckener ↗ Klöckner
Klocker ↗ Klöckner
Klöcker ↗ Klöckner
Klöckler ↗ Klöckner
Klockner ↗ Klöckner
Klöckner ↗ Klöckner
Kloiber ↗ Klieber
Klostermaier ↗ Klostermeier
Klostermair ↗ Klostermeier
Klostermayer ↗ Klostermeier
Klostermayr ↗ Klostermeier
Klostermeier ↗ Klostermeier
Klostermeyer ↗ Klostermeier

Klüber ↗ Klieber	**Kölmer** ↗ Kölmer
Klüver ↗ Klieber	**Kolter** ↗ Kolterer
Klüwer ↗ Klieber	**Kolterer** ↗ Kolterer
Knapp ↗ Knappe	**Kolzen** ↗ Kolzer
Knappe ↗ Knappe	**Kolzer** ↗ Kolzer
Knauf ↗ Knaufmacher	**Kölzer** ↗ Kolzer
Knäufel ↗ Knäufler	**Komater** ↗ Kummeter
Knauff ↗ Knaufmacher	**Kometer** ↗ Kummeter
Knäufler ↗ Knäufler	**Kometter** ↗ Kummeter
Knebeler ↗ Knebler	**Kömetter** ↗ Kummeter
Knebler ↗ Knebler	**Kommeter** ↗ Kummeter
Knecht ↗ Knecht	**Köper** ↗ Küper
Knechtel ↗ Knecht	**Koperslager** ↗ Kupferschläger
Knechtl ↗ Knecht	**Köppeler** ↗ Köbler
Knechtle ↗ Knecht	**Kopperschläger** ↗ Kupferschläger
Knechtli ↗ Knecht	**Köppler** ↗ Köbler
Knefel ↗ Knebler	**Korber** ↗ Körber
Kneifel ↗ Knäufler	**Körber** ↗ Körber
Kneifl ↗ Knäufler	**Körbler** ↗ Körber
Knevel ↗ Knebler	**Kordewan** ↗ Korduaner
Kneveler ↗ Knebler	**Kordian** ↗ Korduaner
Knewel ↗ Knebler	**Korduan** ↗ Korduaner
Knitter ↗ Knütter	**Körfer** ↗ Körber
Knochenhauer ↗ Knochenhauer	**Kornemann** ↗ Kornmann
Knöpfelmacher ↗ Knopfmacher	**Korner** ↗ Körner
Knöpfler ↗ Knopfmacher	**Körner** ↗ Körner
Knöpflmacher ↗ Knopfmacher	**Kornführer** ↗ Führer
Knopfmacher ↗ Knopfmacher	**Kornmann** ↗ Kornmann
Knütter ↗ Knütter	**Kornmaßl** ↗ Kornmesser
Kobeler ↗ Köbler	**Kornmesser** ↗ Kornmesser
Köbeler ↗ Köbler	**Kornmeter** ↗ Kornmesser
Kobler ↗ Köbler	**Körschner** ↗ Kürschner
Köbler ↗ Köbler	**Körver** ↗ Körber
Kocher ↗ Kocher	**Kossat** ↗ Kossat
Koelmer ↗ Kölmer	**Kosse** ↗ Kossat
Koelzer ↗ Kolzer	**Kößler** ↗ Kessler
Koerver ↗ Körber	**Kössler** ↗ Kessler
Kögler ↗ Gugler	**Koster** ↗ Küster
Kohlbrenner ↗ Kohlenbrenner	**Köster** ↗ Küster
Kohlenbrenner ↗ Kohlenbrenner	**Kostner** ↗ Küster
Kohler ↗ Köhler	**Köther** ↗ Köter
Köhler ↗ Köhler	**Köthers** ↗ Köter
Kohlert ↗ Köhler	**Köthner** ↗ Köter
Köhlert ↗ Köhler	**Kotze** ↗ Kossat
Kohlgardt ↗ Kohlgärtner	**Kotzte** ↗ Kossat
Kohlkart ↗ Kohlgärtner	**Krahmer** ↗ Krämer
Kolkart ↗ Kohlgärtner	**Krähmer** ↗ Krämer
Koller ↗ Köhler	**Kramer** ↗ Krämer
Köller ↗ Köhler	**Krämer** ↗ Krämer
Köllmer ↗ Kölmer	**Kramers** ↗ Krämer

Kraml ↗ Krämer
Krammel ↗ Krämer
Krämper ↗ Grempler
Krämpler ↗ Grempler, Krämpler
Krämpner ↗ Grempler
Kratschmer ↗ Kretschmer
Krätschmer ↗ Kretschmer
Kratzschmar ↗ Kretschmer
Kraupner ↗ Graupner
Krauter ↗ Kräutler
Kräuter ↗ Kräutler
Kräuterer ↗ Kräutler
Krautkramer ↗ Krautkrämer
Krautkrämer ↗ Krautkrämer
Kräutler ↗ Kräutler
Krautschneider ↗ Krautschneider
Kräutter ↗ Kräutler
Krebser ↗ Krebser
Kredner ↗ Greder
Kreiser ↗ Kreiser
Kreitner ↗ Kräutler
Kremer ↗ Krämer
Kremers ↗ Krämer
Kremp ↗ Grempler
Krempel ↗ Grempler
Kremper ↗ Grempler
Krempl ↗ Grempler
Krempler ↗ Grempler
Krempner ↗ Grempler
Kreschmer ↗ Kretschmer
Kresmer ↗ Kretschmer
Kressierer ↗ Gressierer
Kressirer ↗ Gressierer
Kreßmer ↗ Kretschmer
Kressmer ↗ Kretschmer
Kretschmar ↗ Kretschmer
Kretschmer ↗ Kretschmer
Kretzer ↗ Kretzer
Kretzmar ↗ Kretschmer
Kretzmer ↗ Kretschmer
Kretzschmar ↗ Kretschmer
Kreuder ↗ Kräutler
Kreuger ↗ Krüger
Kreutner ↗ Kräutler
Krieger ↗ Krüger
Kritzler ↗ Grützner
Kritzner ↗ Grützner
Krochmann ↗ Krugmann
Kroger ↗ Krüger
Kröger ↗ Krüger
Krogmann ↗ Krugmann
Krois ↗ Kreußler
Kroiß ↗ Kreußler
Kroiss ↗ Kreußler
Kroissler ↗ Kreußler
Kroißmeyer ↗ Kreußler
Kromer ↗ KRÄMER
Krömer ↗ KRÄMER
Kroog ↗ Krüger
Kroogmann ↗ Krugmann
Krudener ↗ Krudener
Krüdener ↗ Krudener
Krugelmann ↗ Krugelmann
Krügener ↗ Krüger
Kruger ↗ Krüger
Krüger ↗ Krüger
Krugmann ↗ Krugmann
Krukenmacher ↗ Krukenmacher
Krutkramer ↗ Krautkrämer
Krützner ↗ Grützner
Krüzner ↗ Grützner
Kübeler ↗ Kübler
Kubler ↗ Kübler
Kübler ↗ Kübler
Küchel ↗ Küchler
Kuchelbacher ↗ Küchleinbäcker
Küchelbecker ↗ Küchleinbäcker
Kuchelmeister ↗ Küchenmeister
Kuchenbacker ↗ Kuchenbäcker
Kuchenbäcker ↗ Kuchenbäcker
Kuchenbeck ↗ Kuchenbäcker
Kuchenbecker ↗ Kuchenbäcker
Kuchenmeister ↗ Küchenmeister
Kuchimeister ↗ Küchenmeister
Küchle ↗ Küchler
Kuchler ↗ Küchler
Küchler ↗ Küchler
Küchli ↗ Küchler
Kuder ↗ Kauderer
Kuderer ↗ Kauderer
Kuehbauer ↗ Kühbauer
Kufer ↗ Küfer
Küfer ↗ Küfer
Kuffer ↗ Küfer
Küffer ↗ Küfer
Küffler ↗ Küfler
Kuffner ↗ Küfner
Küffner ↗ Küfner
Küfler ↗ Küfler
Kufner ↗ Küfner

Küfner ↗ Küfner
Kugeler ↗ Gugler
Kügeler ↗ Gugler
Kugler ↗ Gugler
Kügler ↗ Gugler
Kühbauer ↗ Kühbauer
Kühnruß ↗ Kienrußbrenner
Kuhr ↗ Kur
Kühr ↗ Kur
Kulterer ↗ Kolterer
Kummeder ↗ Kummeter
Kummeter ↗ Kummeter
Kumpfmüller ↗ Kumpfmüller
Kunkel ↗ Kunkelmacher
Künkel ↗ Kunkelmacher
Kunkelmacher ↗ Kunkelmacher
Kunkler ↗ Kunkelmacher
Künkler ↗ Kunkelmacher
Künster ↗ Künstler
Künstler ↗ Künstler
Kuper ↗ Küper
Küper ↗ Küper
Kupferschlaeger ↗ Kupferschläger
Kupferschläger ↗ Kupferschläger
Küpper ↗ Küper
Küppers ↗ Küper
Kupperschläger ↗ Kupferschläger
Küppner ↗ Küper
Kür ↗ Kur
Kurer ↗ Kur
Kurschner ↗ Kürschner
Kürschner ↗ Kürschner
Kürsener ↗ Korsener
Kürsner ↗ Korsener
Kürßner ↗ Korsener
Kurtzner ↗ Korsener
Kurzner ↗ Korsener
Kürzner ↗ Korsener
Kußäther ↗ Kossat
Kussäther ↗ Kossat
Kuster ↗ Kustos, Küster
Küster ↗ Küster
Küsters ↗ Küster
Küstner ↗ Küster
Küter ↗ Küter
Küther ↗ Küter
Kutsche ↗ Kutscher
Kutscher ↗ Kutscher
Kutscherer ↗ Kutscher
Kuttelwascher ↗ Kuttelwascher

Küttelwesch ↗ Kuttelwascher
Kütter ↗ Küter
Kuttler ↗ Kuttler
Küttler ↗ Kuttler
Kutzer ↗ Kutscher
Kutzner ↗ Kutscher
Kutzscher ↗ Kutscher
Kyser ↗ Kieser
Lademacher ↗ Lademacher
Lademaker ↗ Lademacher
Lader ↗ Ladener
Ladner ↗ Ladener
Lägel ↗ Lägeler
Lägeler ↗ Lägeler
Lagler ↗ Lägeler
Lägler ↗ Lägeler
Lamberder ↗ Lombarde
Lampader ↗ Lombarde
Lampart ↗ Lombarde
Lamparter ↗ Lombarde
Lampater ↗ Lombarde
Lamperter ↗ Lombarde
Lampeter ↗ Lombarde
Landgräbe ↗ Landgraf
Landgraf ↗ Landgraf
Landgraff ↗ Landgraf
Landgrebe ↗ Landgraf
Landmann ↗ Landmann
Landmesser ↗ Landmesser
Landsiedel ↗ Landsiedler
Landsiedl ↗ Landsiedler
Landsiedler ↗ Landsiedler
Landsittel ↗ Landsiedler
Landtmann ↗ Landmann
Landvogt ↗ Landvogt
Landvoigt ↗ Landvogt
Langgraf ↗ Landgraf
Langmesser ↗ Landmesser
Langraf ↗ Landgraf
Lapper ↗ Lapper
Läpple ↗ Lapper
Lasch ↗ Lascher
Lasche ↗ Lascher
Lascher ↗ Lascher
Lasser ↗ Lasser
Later ↗ Lasser
Lattenhauer ↗ Lattenhauer
Lauer ↗ Lauer
Laufer ↗ Läufer
Läufer ↗ Läufer

Lauffer ↗ Läufer
Läuffer ↗ Läufer
Lauper ↗ Läufer
Laur ↗ Lauer
Laußer ↗ Lasser
Lausser ↗ Lasser
Lautenschlager ↗ Lautenschläger
Lautenschläger ↗ Lautenschläger
Lauter ↗ Lautener
Lautner ↗ Lautener
Lauwer ↗ Lauer
Lauwers ↗ Lauer
Lebkucher ↗ Lebküchler
Lebküchler ↗ Lebküchler
Lebküchner ↗ Lebküchler
Lebzelter ↗ Lebzelter
Lechner ↗ Lehner
Ledderer ↗ Lederer
Leder ↗ Lederer
Lederer ↗ Lederer
Lederle ↗ Lederer
Legeler ↗ Lägeler
Legler ↗ Lägeler
Lehener ↗ Lehner
Lehman ↗ Lehensmann
Lehmann ↗ Lehensmann
Lehmer ↗ Lehmer
Lehner ↗ Lehner
Lehr ↗ Loher
Lehrl ↗ Loher
Leibküchler ↗ Lebküchler
Leicht ↗ Leichter
Leichter ↗ Leichter
Leichtner ↗ Leichter
Leidgeb ↗ Leitgeb
Leifer ↗ Läufer
Leimer ↗ Leimer
Leinenweber ↗ Leinenweber
Leineweber ↗ Leinenweber
Leinveber ↗ Leinenweber
Leinwander ↗ Leinwander
Leinwater ↗ Leinwander
Leinwather ↗ Leinwander
Leinwatter ↗ Leinwander
Leinweber ↗ Leinenweber
Leinwetter ↗ Leinwander
Leisler ↗ Leuchsner
Leißl ↗ Leuchsner
Leissl ↗ Leuchsner
Leißler ↗ Leuchsner
Leissler ↗ Leuchsner
Leister ↗ Leister
Leistner ↗ Leister
Leitgab ↗ Leitgeb
Leitgäb ↗ Leitgeb
Leitgeb ↗ Leitgeb
Leitgebel ↗ Leitgeb
Leitgeber ↗ Leitgeb
Leitgöb ↗ Leitgeb
Leixner ↗ Leuchsner
Leman ↗ Lehensmann
Lemann ↗ Lehensmann
Lepel ↗ Löffler
Lepler ↗ Löffler
Lepper ↗ Lapper
Leppers ↗ Lapper
Lepple ↗ Lapper
Leppler ↗ Löffler
Lersch ↗ Lersener
Lerse ↗ Lersener
Lersener ↗ Lersener
Lersner ↗ Lersener
Lesch ↗ Löscher
Leschner ↗ Löscher
Lesser ↗ Lasser
Letzelter ↗ Lebzelter
Leuchner ↗ Leuchsner
Leuchsner ↗ Leuchsner
Leucht ↗ Leichter
Leuchter ↗ Leichter
Leuschner ↗ Leuchsner
Leusler ↗ Leuchsner
Leußler ↗ Leuchsner
Leussler ↗ Leuchsner
Leutgäb ↗ Leitgeb
Leutgeb ↗ Leitgeb
Leutgöb ↗ Leitgeb
Leuwer ↗ Lober
Leux ↗ Leuchsner
Leuxner ↗ Leuchsner
Lezelter ↗ Lebzelter
Lichter ↗ Leichter
Lichters ↗ Leichter
Lichtwaldt ↗ Lichtwerker
Lichtwarck ↗ Lichtwerker
Lichtwardt ↗ Lichtwerker
Lichtwark ↗ Lichtwerker
Lichtwerk ↗ Lichtwerker
Lichtwert ↗ Lichtwerker
Linnenweber ↗ Linnenweber

Register der Familiennamen — 897

Linneweber ↗ Linnenweber
Linneweever ↗ Linnenweber
Lobe ↗ Lober
Lober ↗ Lober
Löber ↗ Lober
Löbler ↗ Lober
Lobner ↗ Lober
Lochmüller ↗ Lohmüller
Lodder ↗ Lotter
Loder ↗ Lotter
Loderer ↗ Lotter
Loeffeler ↗ Löffler
Loefler ↗ Löffler
Loer ↗ Loher
Loeser ↗ Lasser
Löffeler ↗ Löffler
Löffelmacher ↗ Löffelmacher
Löffelschneider ↗ Löffelschneider
Löffler ↗ Löffler
Löfler ↗ Löffler
Lögler ↗ Lägeler
Loher ↗ Loher
Löher ↗ Loher
Lohmiller ↗ Lohmüller
Lohmüller ↗ Lohmüller
Lohner ↗ Löhner
Löhner ↗ Lehner, Löhner
Löhr ↗ Loher
Lohrer ↗ Loher
Löhrer ↗ Loher
Löhrl ↗ Loher
Lohstöter ↗ Lohstößer
Lombard ↗ Lombarde
Lompert ↗ Lombarde
Löper ↗ Läufer
Lorbeer ↗ Lorbeerer
Lorber ↗ Lorbeerer
Lorer ↗ Loher
Losch ↗ Löscher
Lösch ↗ Löscher
Lösche ↗ Löscher
Loscher ↗ Löscher
Löscher ↗ Löscher
Löschmacher ↗ Löschmacher
Loschmecher ↗ Löschmacher
Löschner ↗ Löscher
Löser ↗ Lasser
Losmann ↗ Losmann
Lotter ↗ Lotter
Lotterer ↗ Lotter

Lötterle ↗ Lotter
Löwer ↗ Lober
Lühr ↗ Loher
Lührs ↗ Loher
Lumpert ↗ Lombarde
Maader ↗ Mahder
Machler ↗ Makler
Mächler ↗ Makler
Mader ↗ Mahder
Mäder ↗ Mahder
Maehder ↗ Mahder
Maelzner ↗ Mälzer
Maendler ↗ Mandler
Maeter ↗ Mahder
Mahder ↗ Mahder
Mähder ↗ Mahder
Mahler ↗ Maler
Mähler ↗ Maler
Mahlknecht ↗ Mahlknecht
Mahlmann ↗ Mahlmann
Maier ↗ Meier
Maiers ↗ Meier
Mair ↗ Meier
Mais ↗ Maißer
Maiß ↗ Maißer
Maißer ↗ Maißer
Maisser ↗ Maißer
Maißl ↗ Maißer
Maister ↗ Meister
Majer ↗ Meier
Makler ↗ Makler
Mäkler ↗ Makler
Malknecht ↗ Mahlknecht
Malzer ↗ Mälzer
Mälzer ↗ Mälzer
Malzner ↗ Mälzer
Mälzner ↗ Mälzer
Mandeler ↗ Mandler
Mandler ↗ Mandler
Mändler ↗ Mandler
Mangeler ↗ Mangler
Manger ↗ Menger
Mangler ↗ Mangler
Männer ↗ Mener
Mäntele ↗ Mäntler
Mantler ↗ Mäntler
Mäntler ↗ Mäntler
Marchand ↗ Marchand
Marchandt ↗ Marchand
Marckmann ↗ Markmann

Marggraf ↗ Markgraf
Marggraff ↗ Markgraf
Margraf ↗ Markgraf
Märker ↗ Märker
Markgraf ↗ Markgraf
Markgräfe ↗ Markgraf
Markgref ↗ Markgraf
Markgreff ↗ Markgraf
Markmann ↗ Markmann
Markraf ↗ Markgraf
Marner ↗ Marner
Marquand ↗ Marchand
Marschalck ↗ Marschall
Marschalk ↗ Marschall
Marschall ↗ Marschall
Marschan ↗ Marchand
Marschang ↗ Marchand
Marschlich ↗ Marschall
Märzler ↗ Merzler
Mäßner ↗ Messner
Mater ↗ Mahder
Mäter ↗ Mahder
Mätzler ↗ Metzler
Mauser ↗ Mauser
Mäuser ↗ Mauser
Mäußer ↗ Mauser
Mäusser ↗ Mauser
Mauter ↗ Mautner
Mauthe ↗ Mautner
Mauthner ↗ Mautner
Mautner ↗ Mautner
Mäutner ↗ Mautner
Mayer ↗ Meier
Mayers ↗ Meier
Mayr ↗ Meier
Mecheler ↗ Makler
Mechler ↗ Makler
Meckler ↗ Makler
Meder ↗ Mahder
Mederus ↗ Mahder
Medick ↗ Medicus
Medicke ↗ Medicus
Meester ↗ Meister
Meesters ↗ Meister
Meeter ↗ Meter
Mehler ↗ Maler
Mehringer ↗ Mehringer
Mehrunger ↗ Mehringer
Meier ↗ Meier
Meir ↗ Meier

Meiß ↗ Maißer
Meißer ↗ Maißer
Meisser ↗ Maißer
Meißl ↗ Maißer
Meister ↗ Meister
Meisters ↗ Meister
Melber ↗ Melber
Meler ↗ Maler
Meller ↗ Melber
Melter ↗ Mälzer
Meltzer ↗ Mälzer
Melzer ↗ Mälzer
Melzl ↗ Mälzer
Mener ↗ Mener
Meng ↗ Menger
Menge ↗ Menger
Mengel ↗ Menger
Mengele ↗ Menger
Menger ↗ Menger
Mengers ↗ Menger
Menges ↗ Menger
Mengner ↗ Menger
Menner ↗ Mener
Menter ↗ Mener
Mentler ↗ Mäntler
Merker ↗ Märker
Merzer ↗ Merzler
Merzler ↗ Merzler
Mesmacker ↗ Messermacher
Mesmaker ↗ Messermacher
Mesmer ↗ Mesner
Mesner ↗ Mesner
Meßemer ↗ Messner
Messemer ↗ Messner
Messer ↗ Messer
Messerer ↗ Messerer
Messerle ↗ Messerer
Messermaker ↗ Messermacher
Messerschmid ↗ Messerschmied
Messerschmidt ↗ Messerschmied
Messerschmitt ↗ Messerschmied
Messingschlager ↗ Messingschläger
Meßmacher ↗ Messermacher
Meßmaker ↗ Messermacher
Meßmer ↗ Messner
Messmer ↗ Messner
Meßnar ↗ Messner
Messnar ↗ Messner
Meßner ↗ Messner
Messner ↗ Messner

Mester ↗ Meister
Mestmacher ↗ Messermacher
Meter ↗ Meter
Meth ↗ Meter
Mether ↗ Meter
Methler ↗ Meter
Metter ↗ Meter
Metzeler ↗ Metzler
Metzger ↗ Metzger
Metzjer ↗ Metzger
Metzker ↗ Metzger
Metzler ↗ Metzler
Metzmacher ↗ Messermacher
Meuser ↗ Mauser
Meyer ↗ Meier
Meyers ↗ Meier
Meyr ↗ Meier
Mezger ↗ Metzger
Mezler ↗ Metzler
Milber ↗ Melber
Miller ↗ Müller
Milner ↗ Müller
Milterer ↗ Multerer
Minzer ↗ Münzer
Mischler ↗ Mutzenbäcker
Mitschele ↗ Mutzenbäcker
Mitter ↗ Mutter
Mitzel ↗ Mutzenbäcker
Mohler ↗ Maler
Möhler ↗ Maler
Mölber ↗ Melber
Mölbert ↗ Melber
Moldenhauer ↗ Muldenhauer
Moldenhawer ↗ Muldenhauer
Möldner ↗ Multerer
Mollenhauer ↗ Muldenhauer
Mollhauer ↗ Muldenhauer
Molner ↗ Müller
Molter ↗ Mälzer
Mölter ↗ Mälzer
Molterer ↗ Multerer
Moltner ↗ Multerer
Möltner ↗ Multerer
Mölzer ↗ Mälzer
Morner ↗ Marner
Mößmer ↗ Messner
Mössmer ↗ Messner
Mößner ↗ Messner
Mössner ↗ Messner
Motter ↗ Mutter

Mudder ↗ Mutter
Müdder ↗ Mutter
Muehlisch ↗ Mühlischer
Muellener ↗ Müller
Muellers ↗ Müller
Muermann ↗ Murmann
Mueser ↗ Mauser
Mühlher ↗ Mühlherr
Mühlherr ↗ Mühlherr
Mühlisch ↗ Mühlischer
Mühlner ↗ Müller
Muhr ↗ Murer
Muhrmann ↗ Murmann
Müldener ↗ Multerer
Muldenhauer ↗ Muldenhauer
Mulder ↗ Multerer
Mülder ↗ Multerer
Muldner ↗ Multerer
Müldner ↗ Multerer
Müllener ↗ Müller
Muller ↗ Müller
Müller ↗ Müller
Müllers ↗ Müller
Müllherr ↗ Mühlherr
Multer ↗ Multerer
Mülter ↗ Multerer
Multerer ↗ Multerer
Mülterer ↗ Multerer
Multner ↗ Multerer
Mültner ↗ Multerer
Munter ↗ Münzer
Münter ↗ Münzer
Müntscher ↗ Münzer
Müntzer ↗ Münzer
Munzer ↗ Münzer
Münzer ↗ Münzer
Münzner ↗ Münzer
Murer ↗ Murer
Mürer ↗ Murer
Mürmann ↗ Murmann
Muschler ↗ Mutzenbäcker
Muser ↗ Mauser
Müser ↗ Mauser
Mütschele ↗ Mutzenbäcker
Mutscheler ↗ Mutzenbäcker
Mutschler ↗ Mutzenbäcker
Mutter ↗ Mutter
Mütter ↗ Mutter
Muttner ↗ Mutter
Mutzenbach ↗ Mutzenbäcker

Mutzenbacher ↗ Mutzenbäcker
Mutzenbecher ↗ Mutzenbäcker
Nabegerschmied ↗ Naberschmied
Nabenhauer ↗ Nabenhauer
Naber ↗ Naber
Näber ↗ Naber
Naberschmied ↗ Naberschmied
Nabholz ↗ Naber
Näbiger ↗ Nabiger
Näbinger ↗ Nabiger
Nachtmann ↗ Nachtmann
Nachtmeister ↗ Nachtmeister
Nadeler ↗ Nadler
Nadler ↗ Nadler
Nädler ↗ Nadler
Naethler ↗ Nadler
Nagelschmidt ↗ Nagelschmied
Nagelschmied ↗ Nagelschmied
Nagler ↗ Nagler
Nägler ↗ Nagler
Naglschmidt ↗ Nagelschmied
Näher ↗ Näher
Nahmacher ↗ Naber
Nahmmacher ↗ Naber
Nahnhauer ↗ Nabenhauer
Nähr ↗ Näher
Naibauer ↗ Neubauer
Naier ↗ Näher
Nailer ↗ Neiler
Nateler ↗ Nadler
Näteler ↗ Nadler
Näter ↗ Nähter
Nather ↗ Nähter
Näther ↗ Nähter
Näthler ↗ Nadler
Nätler ↗ Nadler
Natter ↗ Nähter
Natterer ↗ Nähter
Nattermann ↗ Nähter
Nattler ↗ Nadler
Nau ↗ Nauer
Nauclerus ↗ Schiffmeister
Näwiger ↗ Nabiger
Nebinger ↗ Nabiger
Neder ↗ Nähter
Nedler ↗ Nadler
Negwer ↗ Nabiger
Neher ↗ Näher
Nehler ↗ Neiler
Nehr ↗ Näher

Nehwer ↗ Naber
Neibauer ↗ Neubauer
Neiber ↗ Naber
Neier ↗ Näher
Neiger ↗ Näher
Neldener ↗ Noldener
Neller ↗ Neiler, Noldener
Nellner ↗ Noldener
Nesseler ↗ Nestler
Nesselmann ↗ Nestler
Neßler ↗ Nestler
Nessler ↗ Nestler
Neßlinger ↗ Nestler
Nestelmann ↗ Nestler
Nestler ↗ Nestler
Neteler ↗ Nadler
Nether ↗ Nähter
Nettler ↗ Nadler
Netzer ↗ Netzer
Neubauer ↗ Neubauer
Neubert ↗ Neubauer
Neugebauer ↗ Neugebauer
Neuschl ↗ Nüscheler
Neuschler ↗ Nüscheler
Newer ↗ Naber
Newger ↗ Nabiger
Newiger ↗ Nabiger
Neybauer ↗ Neubauer
Neyer ↗ Näher
Niebauer ↗ Neubauer
Niebuhr ↗ Neubauer
Niebur ↗ Neubauer
Niegebauer ↗ Neugebauer
Nigbur ↗ Neugebauer
Nigebuhr ↗ Neugebauer
Nigebur ↗ Neugebauer
Noldener ↗ Noldener
Nöldener ↗ Noldener
Nolder ↗ Noldener
Noldner ↗ Noldener
Nöldner ↗ Noldener
Nöller ↗ Noldener
Nollner ↗ Noldener
Nöllner ↗ Noldener
Nölner ↗ Noldener
Nöltner ↗ Noldener
Nonnemacher ↗ Nonnenmacher
Nonnemann ↗ Nonnenmann
Nonnenmacher ↗ Nonnenmacher
Nonnenmann ↗ Nonnenmann

Nonner ↗ Nonnenmacher
Nopp ↗ Nopper
Noppel ↗ Nopper
Nopper ↗ Nopper
Noppers ↗ Nopper
Noster ↗ Paternosterer
Nosterer ↗ Paternosterer
Nufeler ↗ Nufeler
Nunner ↗ Nonnenmacher
Nusche ↗ Nüscheler
Nuscheler ↗ Nüscheler
Nüscheler ↗ Nüscheler
Nuschler ↗ Nüscheler
Nüschler ↗ Nüscheler
Nüsseler ↗ Nusser
Nusser ↗ Nusser
Nüsser ↗ Nusser
Nüßler ↗ Nusser
Nüssler ↗ Nusser
Nüßner ↗ Nusser
Nüssner ↗ Nusser
Nuster ↗ Paternosterer
Nusterer ↗ Paternosterer
Nyfeler ↗ Nufeler
Obeßer ↗ Obiser
Obesser ↗ Obiser
Obser ↗ Obiser
Öbser ↗ Obiser
Öbsle ↗ Obiser
Obster ↗ Obster
Obstner ↗ Obster
Ochsenknecht ↗ Ochsenknecht
Öchsle ↗ Ochsner
Öchsler ↗ Ochsner
Ochsner ↗ Ochsner
Öchsner ↗ Ochsner
Öchßler ↗ Ochsner
Öchssler ↗ Ochsner
Oebser ↗ Obiser
Oechsle ↗ Ochsner
Oechsler ↗ Ochsner
Oechsner ↗ Ochsner
Oeffner ↗ Ofner
Oefler ↗ Ofner
Oefner ↗ Ofner
Oehlenschlager ↗ Ölschläger
Oehlenschläger ↗ Ölschläger
Oehler ↗ Öler
Oehlert ↗ Öler
Oehlmann ↗ Ölmann

Oehlschlaeger ↗ Ölschläger
Oehlschlägel ↗ Ölschläger
Oehlschlager ↗ Ölschläger
Oehlschläger ↗ Ölschläger
Oeljeschlager ↗ Ölschläger
Oeller ↗ Öler
Oelliger ↗ Öler
Oelmann ↗ Ölmann
Oelmüller ↗ Ölmüller
Oelschlägel ↗ Ölschläger
Oelschläger ↗ Ölschläger
Oelschlegel ↗ Ölschläger
Oelschleger ↗ Ölschläger
Oesch ↗ Escher
Ofener ↗ Ofner
Offermann ↗ Opfermann
Offermanns ↗ Opfermann
Offner ↗ Ofner
Öffner ↗ Ofner
Öfler ↗ Ofner
Ofner ↗ Ofner
Öfner ↗ Ofner
Ohlemacher ↗ Ohlenmacher
Ohlemüller ↗ Ölmüller
Ohlenmacher ↗ Ohlenmacher
Ohlenmüller ↗ Ölmüller
Ohlenschlager ↗ Ölschläger
Ohler ↗ Öler, Ohler
Öhler ↗ Öler
Ohleyer ↗ Öler
Ohliger ↗ Öler
Ohligmüller ↗ Ölmüller
Ohligschlager ↗ Ölschläger
Ohligschläger ↗ Ölschläger
Öhlmiller ↗ Ölmüller
Öhlmüller ↗ Ölmüller
Ohlschläger ↗ Ölschläger
Öhlschläger ↗ Ölschläger
Olbeter ↗ Oltbuter
Olboeter ↗ Oltbuter
Olböter ↗ Oltbuter
Oldermann ↗ Ältermann
Olenschlager ↗ Ölschläger
Öller ↗ Öler, Ohler
Öllerer ↗ Öler
Ollermann ↗ Ältermann
Olliger ↗ Öler
Olligschläger ↗ Ölschläger
Ollner ↗ Ohler
Ölmann ↗ Ölmann

Olner ↗ Ohler
Olpeter ↗ Oltbuter
Ölschlager ↗ Ölschläger
Ölschläger ↗ Ölschläger
Ölschlegel ↗ Ölschläger
Ölschleger ↗ Ölschläger
Ölsleher ↗ Ölschläger
Olsler ↗ Ölschläger
Opfermann ↗ Opfermann
Opper ↗ Opfermann
Oppermann ↗ Opfermann
Orgeler ↗ Orgler
Orgler ↗ Orgler
Ösch ↗ Escher
Oschenknecht ↗ Ochsenknecht
Oßner ↗ Ochsner
Ossner ↗ Ochsner
Oxenius ↗ Ochsner
Öxle ↗ Ochsner
Öxler ↗ Ochsner
Paape ↗ Pfaffe
Packemor ↗ Pakmor
Packmohr ↗ Pakmor
Packmor ↗ Pakmor
Pader ↗ Bader
Paff ↗ Pfaffe
Päffgen ↗ Pfaffe
Pailer ↗ Beiler
Paintner ↗ Beuntner
Pakmor ↗ Pakmor
Pallester ↗ Ballester
Pamer ↗ Bäumer
Pammer ↗ Bäumer
Pander ↗ Pfänder
Panholzer ↗ Bannholzer
Pannbacker ↗ Pannenbäcker
Pannebacker ↗ Pannenbäcker
Pannenbäcker ↗ Pannenbäcker
Pannenbecker ↗ Pannenbäcker
Pannenbekker ↗ Pannenbäcker
Pape ↗ Pfaffe
Papke ↗ Pfaffe
Paraker ↗ Peruquier
Parmenter ↗ Pergamenter
Parschalk ↗ Parschalk
Parucker ↗ Peruquier
Paschalk ↗ Parschalk
Patein ↗ Patiner
Paternoß ↗ Paternosterer
Paternoss ↗ Paternosterer

Paternoster ↗ Paternosterer
Paternosterer ↗ Paternosterer
Pauer ↗ Bauer
Paumann ↗ Baumann
Paumgarten ↗ Baumgärtner
Paumgartner ↗ Baumgärtner
Paumgartten ↗ Baumgärtner
Paur ↗ Bauer
Payler ↗ Beiler
Pecher ↗ Pecher
Pecherer ↗ Becherer
Pechhacker ↗ Pechhacker
Pechler ↗ Pecher
Pechmann ↗ Pecher
Pechner ↗ Pecher
Peck ↗ Beck
Pedell ↗ Pedell
Peffgen ↗ Pfaffe
Peidtler ↗ Beutler
Peifer ↗ Pfeifer
Peiffer ↗ Pfeifer
Peiler ↗ Beiler
Peintner ↗ Beuntner
Peiper ↗ Pfeifer
Peipers ↗ Pfeifer
Peitler ↗ Beutler
Peitscher ↗ Peitscher
Pelser ↗ Pelter
Pelster ↗ Ballester, Pelter
Pelters ↗ Pelter
Peltz ↗ Pelzer
Peltzer ↗ Pelzer
Pelz ↗ Pelzer
Pelzer ↗ Pelzer
Pelzl ↗ Pelzer
Pelzner ↗ Pelzer
Penner ↗ Pfänner
Penseler ↗ Penseler
Perementer ↗ Pergamenter
Pergamenter ↗ Pergamenter
Perlhefter ↗ Perlenhefter
Perlhoefter ↗ Perlenhefter
Perlhöfter ↗ Perlenhefter
Permenter ↗ Pergamenter
Permeter ↗ Pergamenter
Perminter ↗ Pergamenter
Petter ↗ Potter
Peutler ↗ Beutler
Pfadenhauer ↗ Pfettenhauer
Pfadhauer ↗ Pfettenhauer

Pfadler ↗ Pfeidler
Pfaehler ↗ Pfähler
Pfaff ↗ Pfaffe
Pfaffe ↗ Pfaffe
Pfäffel ↗ Pfaffe
Pfaffl ↗ Pfaffe
Pfäffl ↗ Pfaffe
Pfaffner ↗ Pfaffe
Pfahler ↗ Pfähler
Pfähler ↗ Pfähler
Pfaller ↗ Pfähler
Pfander ↗ Pfänder
Pfänder ↗ Pfänder
Pfändler ↗ Pfänder
Pfändner ↗ Pfänder
Pfandzelter ↗ Pfannenzelter
Pfannebäcker ↗ Pfannenbäcker
Pfannebecker ↗ Pfannenbäcker
Pfannenbäcker ↗ Pfannenbäcker
Pfannenbecker ↗ Pfannenbäcker
Pfannenmeister ↗ Pfannenmeister
Pfannenschläger ↗ Pfannenschläger
Pfannenschmid ↗ Pfannenschmied
Pfannenschmidt ↗ Pfannenschmied
Pfanner ↗ Pfanner, Pfänner
Pfänner ↗ Pfanner, Pfänner
Pfannerer ↗ Pfänner, Pfanner
Pfanzelt ↗ Pfannenzelter
Pfanzelter ↗ Pfannenzelter
Pfatenhauer ↗ Pfettenhauer
Pfattenhauer ↗ Pfettenhauer
Pfeffel ↗ Pfaffe
Pfeider ↗ Pfeidler
Pfeidler ↗ Pfeidler
Pfeifenschneider ↗ Pfeifenschneider
Pfeifer ↗ Pfeifer
Pfeifert ↗ Pfeifer
Pfeiffenschneider ↗ Pfeifenschneider
Pfeiffer ↗ Pfeifer
Pfeil ↗ Pfeiler
Pfeiler ↗ Pfeiler
Pfeilmacher ↗ Pfeiler
Pfeilmann ↗ Pfeiler
Pfeilschmidt ↗ Pfeilschmied
Pfender ↗ Pfänder
Pfettenhauer ↗ Pfettenhauer
Pfetzer ↗ Fetzer
Pfeufer ↗ Pfeifer
Pfeuffer ↗ Pfeifer
Pfiffer ↗ Pfeifer

Pfister ↗ Pfister
Pfisterer ↗ Pfister
Pfistner ↗ Pfister
Pflaschner ↗ Flaschner
Pflieger ↗ Pfluger
Pfliegl ↗ Pfluger
Pfliegler ↗ Pfluger
Pfliegner ↗ Pfluger
Pflöger ↗ Pfluger
Pflöschner ↗ Flaschner
Pflug ↗ Pfluger
Pfluger ↗ Pfluger
Pflüger ↗ Pfluger
Pflügl ↗ Pfluger
Pflügler ↗ Pfluger
Pflugmacher ↗ Pflugmacher
Pflügner ↗ Pfluger
Pflurer ↗ Flurer
Pfodenhauer ↗ Pfettenhauer
Pfotenhauer ↗ Pfettenhauer
Pfragner ↗ Fragner
Pfretzschner ↗ Fragner
Pfretzschner ↗ Fragner
Pfrogner ↗ Fragner
Pfrötschner ↗ Fragner
Pfusch ↗ Pfuscher
Pfuscher ↗ Pfuscher
Pfusterschmid ↗ Pusterschmied
Pfusterschmidt ↗ Pusterschmied
Pfusterschmied ↗ Pusterschmied
Pfyfer ↗ Pfeifer
Pfyffer ↗ Pfeifer
Picher ↗ Pecher
Pichmann ↗ Pecher
Picker ↗ Picker
Piefer ↗ Pfeifer
Pielsticker ↗ Pfeilsticker
Pieper ↗ Pfeifer
Piepers ↗ Pfeifer
Pils ↗ Pelzer
Pilster ↗ Pelzer
Piltzer ↗ Pelzer
Pilz ↗ Pelzer
Piper ↗ Pfeifer
Pittel ↗ Büttel
Pittl ↗ Büttel
Pittner ↗ Büttner
Plaister ↗ Pliesterer
Plater ↗ Plattner
Plathner ↗ Plattner

Platner ↗ Plattner
Platter ↗ Plattner
Plattner ↗ Plattner
Plättner ↗ Plattner
Platzbäcker ↗ Platzbäcker
Platzbecker ↗ Platzbäcker
Pleidner ↗ Bleidner
Pleister ↗ Pliesterer
Pleitner ↗ Bleidner
Plettner ↗ Plattner
Pletz ↗ Bletzer
Pletzer ↗ Bletzer
Pleuger ↗ Pfluger
Pleyer ↗ Bleier
Pliester ↗ Pliesterer
Pliesterer ↗ Pliesterer
Plister ↗ Pliesterer
Plisterer ↗ Pliesterer
Ploger ↗ Pfluger
Plöger ↗ Pfluger
Plügler ↗ Pfluger
Pocher ↗ Pocher
Pochert ↗ Pocher
Pöchhacker ↗ Pechhacker
Poetter ↗ Potter
Pogatscher ↗ Pogatscher
Pogatschnig ↗ Pogatscher
Pogner ↗ Bogner
Pögner ↗ Bogner
Pointner ↗ Beuntner
Poitner ↗ Beuntner
Polz ↗ Bolzer
Pölz ↗ Pelzer
Polzer ↗ Bolzer
Polzmacher ↗ Bolzer
Ponschlegel ↗ Bornschlegel
Pooter ↗ Potter
Pormann ↗ Burgmann
Portener ↗ Portner
Pörtener ↗ Portner
Portner ↗ Portner
Pörtner ↗ Portner
Porzer ↗ Portner
Porzner ↗ Portner
Posauner ↗ Posauner
Posler ↗ Bossler
Poßler ↗ Bossler
Possler ↗ Bossler
Pößler ↗ Bossler
Postler ↗ Bossler

Potgeter ↗ Pottgeter
Potgieter ↗ Pottgeter
Pott ↗ Potter
Pottbacker ↗ Pottbäcker
Pottbäcker ↗ Pottbäcker
Pottbecker ↗ Pottbäcker
Pottebacker ↗ Pottbäcker
Potter ↗ Potter
Pötter ↗ Potter
Pöttger ↗ Pottger
Pottgießer ↗ Pottgießer
Pottgiessser ↗ Pottgießer
Pottgüter ↗ Pottgeter
Pöttker ↗ Pottger
Pottstüber ↗ Badstuber
Prabst ↗ Propst
Prast ↗ Propst
Prasuhn ↗ Posauner
Prenner ↗ Brenner
Prenter ↗ Brentler
Prentler ↗ Brentler
Presser ↗ Presser
Presuhn ↗ Posauner
Preu ↗ Brauer
Preuer ↗ Brauer
Prey ↗ Brauer
Preyer ↗ Brauer
Probs ↗ Propst
Probst ↗ Propst
Pröbst ↗ Propst
Probster ↗ Propst
Propst ↗ Propst
Prost ↗ Propst
Pruckner ↗ Bruckner
Prückner ↗ Brückner
Pucher ↗ Pocher
Puchner ↗ Pocher
Pulvermacher ↗ Pulvermacher
Pur ↗ Bauer
Purrmann ↗ Burgmann
Purrucker ↗ Peruquier
Purucker ↗ Peruquier
Pusterschmied ↗ Pusterschmied
Püsterschmied ↗ Pusterschmied
Pütger ↗ Pottger
Pütjer ↗ Pottger
Püttcher ↗ Pottger
Püttger ↗ Pottger
Püttjer ↗ Pottger
Püttker ↗ Pottger

Püttner ↗ Büttner
Racker ↗ Racker
Räcker ↗ Rädker
Räckers ↗ Rädker
Raddey ↗ Rattei
Radecker ↗ Rädker
Rädecker ↗ Rädker
Rädeker ↗ Rädker
Rademacher ↗ Rademacher
Rademächers ↗ Rademacher
Rademaker ↗ Rademacher
Rademecher ↗ Rademacher
Rademechers ↗ Rademacher
Rader ↗ Rader
Räder ↗ Rader
Raderer ↗ Rader
Räderer ↗ Rader
Radermacher ↗ Rademacher
Radey ↗ Rattei
Radler ↗ Rader
Rädler ↗ Rader
Radmacher ↗ Rademacher, Rädermacher
Radtker ↗ Rädker
Raeffler ↗ Refler
Räffler ↗ Refler
Ragger ↗ Racker
Rahmacher ↗ Rademacher
Raiser ↗ Reisiger
Raißer ↗ Reisiger
Ramakers ↗ Rademacher
Rammacher ↗ Rademacher
Ranzeler ↗ Renzeler
Ranzler ↗ Renzeler
Ränzler ↗ Renzeler
Rasch ↗ Rascher
Rascher ↗ Rascher
Raßler ↗ Rascher
Räßler ↗ Rascher
Ratai ↗ Rattei
Rataj ↗ Rattei
Ratay ↗ Rattei
Ratej ↗ Rattei
Rath ↗ Rat
Rathey ↗ Rattei
Rathgeb ↗ Ratgebe
Rathmann ↗ Ratmann
Rathsmann ↗ Ratmann
Ratmann ↗ Ratmann
Rattaj ↗ Rattei
Rattay ↗ Rattei

Rattei ↗ Rattei
Reber ↗ Reber
Rebschläger ↗ Reepschläger
Rechner ↗ Rechner
Recker ↗ Recker
Redecker ↗ Rädker
Redeker ↗ Rädker
Reder ↗ Reder
Redler ↗ Rader
Reeb ↗ Reber
Reefschläger ↗ Reepschläger
Reepschläger ↗ Reepschläger
Reesler ↗ Resler
Reffler ↗ Refler
Refler ↗ Refler
Regger ↗ Recker
Rehmer ↗ Riemer
Reiber ↗ Reiber
Reidemeister ↗ Raitmeister
Reifenschneider ↗ Reifschneider
Reifer ↗ Reifer
Reifner ↗ Reifer
Reifschläger ↗ Reifschläger
Reifschneider ↗ Reifschneider
Reinknecht ↗ Reinknecht
Reis ↗ Reuß
Reisenweber ↗ Reisenweber
Reiser ↗ Reisiger, Reiser, Reißer
Reisig ↗ Reisiger
Reisiger ↗ Reisiger
Reising ↗ Reisiger
Reisner ↗ Reiser, Reißer
Reiß ↗ Reuß
Reiss ↗ Reuß
Reißenweber ↗ Reisenweber
Reissenweber ↗ Reisenweber
Reißer ↗ Reiser, Reißer
Reisser ↗ Reiser, Reißer
Reißig ↗ Reisiger
Reissig ↗ Reisiger
Reissiger ↗ Reisiger
Reißinger ↗ Reisiger
Reissinger ↗ Reisiger
Reißler ↗ Reizler
Reißner ↗ Reiser
Reitemeister ↗ Raitmeister
Reiter ↗ Reiter, Reiterer, Raiter
Reiterer ↗ Reiterer
Reither ↗ Reiter
Reitmeister ↗ Raitmeister

Reitter ↗ Reiter, Reiterer
Reitterer ↗ Reiterer
Reitzl ↗ Reizler
Reitzler ↗ Reizler
Reizl ↗ Reizler
Reizler ↗ Reizler
Reizner ↗ Reizler
Remer ↗ Riemer
Remers ↗ Riemer
Renner ↗ Renner
Rennert ↗ Renner
Rennschmid ↗ Rennschmied
Rennschmidt ↗ Rennschmied
Rennschmied ↗ Rennschmied
Renzler ↗ Renzeler
Reper ↗ Reeper
Reppschläger ↗ Reepschläger
Repschläger ↗ Reepschläger
Resler ↗ Resler
Reßler ↗ Resler
Reuß ↗ Reuß
Reuss ↗ Reuß
Reuter ↗ Reuter, Reiter
Reuther ↗ Reuter
Reutner ↗ Reuter
Reutter ↗ Reuter
Richter ↗ Richter
Richters ↗ Richter
Rieger ↗ Rüger
Riehm ↗ Riemer
Riehmer ↗ Riemer
Riem ↗ Riemer
Riemenschneider ↗ Riemenschneider
Riemer ↗ Riemer
Riemschneider ↗ Riemenschneider
Riesenweber ↗ Reisenweber
Riethmacher ↗ Rietmacher
Riethmecher ↗ Rietmacher
Rietmacher ↗ Rietmacher
Rietmecher ↗ Rietmacher
Riffel ↗ Riffelmacher
Riffeler ↗ Riffelmacher
Riffelmacher ↗ Riffelmacher
Riffler ↗ Riffelmacher
Rihm ↗ Riemer
Rimschneider ↗ Riemenschneider
Rinker ↗ Rinker
Rodmeister ↗ Rodmeister
Röger ↗ Rüger
Rohleder ↗ Rohleder

Rohlederer ↗ Rohleder
Roier ↗ Royer
Roiter ↗ Reuter
Roithner ↗ Reuter
Roitinger ↗ Reuter
Rojer ↗ Royer
Roleder ↗ Rohleder
Rolleder ↗ Rohleder
Roper ↗ Röper
Röper ↗ Röper
Röseler ↗ Röseler
Rösener ↗ Röseler
Rösler ↗ Resler
Roßdeutscher ↗ Rosstauscher
Rossdeutscher ↗ Rosstauscher
Roßler ↗ Rosser
Rossler ↗ Rosser
Rößler ↗ Rosser
Rössler ↗ Rosser
Roßmiller ↗ Rossmüller
Rossmiller ↗ Rossmüller
Roßmüller ↗ Rossmüller
Rossmüller ↗ Rossmüller
Roßner ↗ Rosser
Rossner ↗ Rosser
Rößner ↗ Rosser
Rössner ↗ Rosser
Roßteuscher ↗ Rosstauscher
Rossteuscher ↗ Rosstauscher
Roßteutscher ↗ Rosstauscher
Rossteutscher ↗ Rosstauscher
Rothgerber ↗ Rotgerber
Rothgießer ↗ Rotgießer
Rothgiesser ↗ Rotgießer
Rothmaler ↗ Rotmaler
Rothschmidt ↗ Rotschmied
Rothschmitt ↗ Rotschmied
Rotschmidt ↗ Rotschmied
Rottler ↗ Rottler
Rottmeister ↗ Rottmeister
Rotzer ↗ Rötzer
Rötzer ↗ Rötzer
Royer ↗ Royer
Rüder ↗ Rüter
Rüeger ↗ Rüger
Rüegger ↗ Rüger
Ruger ↗ Rüger
Rüger ↗ Rüger
Ruse ↗ Reuß
Ruß ↗ Reuß

Russ ↗ Reuß
Rüter ↗ Rüter
Rüther ↗ Rüter
Rychter ↗ Richter
Rymer ↗ Riemer
Saalwirt ↗ Salwerker
Saalwirth ↗ Salwerker
Sacker ↗ Sacker
Säcker ↗ Sacker
Säckler ↗ Säckler
Sackmann ↗ Sackmann
Saddelmacher ↗ Sattelmacher
Sadeler ↗ Sattler
Sadler ↗ Sattler
Sädler ↗ Sattler
Saecker ↗ Sacker
Saegesser ↗ Segisser
Sageder ↗ Säger
Sägemüller ↗ Sägemüller
Sagenschneider ↗ Sägenschneider
Sagenschnitter ↗ Sägenschneider
Sägenschnitter ↗ Sägenschneider
Sägenser ↗ Segisser
Sager ↗ Säger
Säger ↗ Säger
Sägeschmidt ↗ Sägenschmied
Sägeschneider ↗ Sägenschneider
Sägesser ↗ Segisser
Saget ↗ Säger
Sageter ↗ Säger
Sagmeister ↗ Sägemeister
Sagmueller ↗ Sägemüller
Sagmüller ↗ Sägemüller
Sägmüller ↗ Sägemüller
Sailer ↗ Seiler
Saitenmacher ↗ Saitenmacher
Sakmann ↗ Sackmann
Saliter ↗ Saliterer
Salitter ↗ Saliterer
Salliter ↗ Saliterer
Sallmann ↗ Salmann
Sallwerk ↗ Salwerker
Sallwirk ↗ Salwerker
Sallwirker ↗ Salwerker
Sallwürk ↗ Salwerker
Salmen ↗ Salmann
Salter ↗ Saltner
Saltner ↗ Saltner
Saltzer ↗ Salzer
Salveder ↗ Salpeterer

Salvirch ↗ Salwerker
Salweck ↗ Salwerker
Salwirk ↗ Salwerker
Salwirker ↗ Salwerker
Salzer ↗ Salzer
Salzl ↗ Salzer
Sälzle ↗ Salzer
Salzler ↗ Salzer
Salzmann ↗ Salzmann
Salzner ↗ Salzer
Salzsieder ↗ Salzsieder
Sambeth ↗ Sammetweber
Sämel ↗ Semmler
Samer ↗ Sämer
Samme ↗ Sammetweber
Sammer ↗ Sämer
Sammet ↗ Sammetweber
Samweber ↗ Sammetweber
Samwer ↗ Sammetweber
Sander ↗ Sander
Sanders ↗ Sander
Sandführer ↗ Sandführer
Sandler ↗ Sandler
Sandmann ↗ Sandmann
Sandner ↗ Sander
Sangmeister ↗ Sangmeister
Saniter ↗ Saliterer
Sarwerter ↗ Sarwerker
Sarwetter ↗ Sarwerker
Sarwürker ↗ Sarwerker
Sättele ↗ Sattler
Sattelhöfer ↗ Sedelhöfer
Sattelknecht ↗ Sattelknecht
Sattler ↗ Sattler
Sättler ↗ Sattler
Sauerbeck ↗ Sauerbäcker
Sauersenf ↗ Sauersenfer
Saum ↗ Säumer
Saumer ↗ Säumer
Säumer ↗ Säumer
Sauschneider ↗ Sauschneider
Sauter ↗ Sauter
Sautner ↗ Sauter
Sautter ↗ Sauter
Sayer ↗ Sayenweber
Sayler ↗ Seiler
Schaap ↗ Schäfer
Schaarschmidt ↗ Scharschmied
Schaarwächter ↗ Scharwächter
Schaber ↗ Schaber

Schaberer ↗ Schaber
Schäbler ↗ Schappler
Schacherer ↗ Schacherer
Schächtele ↗ Schachter
Schachter ↗ Schachter
Schächtl ↗ Schachter
Schachtler ↗ Schachter
Schachtmeister ↗ Schachtmeister
Schachtner ↗ Schachter
Schachtschneider ↗ Schachtschneider
Schädel ↗ Schädler
Schaderer ↗ Schaderer
Schädla ↗ Schädler
Schädler ↗ Schädler
Schädtler ↗ Schädler
Schaefer ↗ Schäfer
Schaefter ↗ Schäfter
Schaenzler ↗ Schanzer
Schafer ↗ Schäfer
Schäfer ↗ Schäfer
Schaffer ↗ Schaffer
Schäffer ↗ Schaffer
Schafferer ↗ Schaffer
Schaffler ↗ Scheffler
Schäffler ↗ Scheffler
Schaffmeister ↗ Schafmeister
Schaffner ↗ Schaffner
Schäffner ↗ Schaffner
Schaffter ↗ Schäfter
Schäffter ↗ Schäfter
Schafknecht ↗ Schafknecht
Schäfle ↗ Schäfer
Schafler ↗ Schäfer
Schafmeister ↗ Schafmeister
Schafscher ↗ Schafscherer
Schafscherer ↗ Schafscherer
Schafter ↗ Schäfter
Schäfter ↗ Schäfter
Schaftner ↗ Schäfter
Schaifele ↗ Schaufler
Schaler ↗ Schaler
Schanzer ↗ Schanzer
Schänzer ↗ Schanzer
Schänzler ↗ Schanzer
Schanzmann ↗ Schanzer
Schapeler ↗ Schappler
Schaper ↗ Schäfer
Schappeler ↗ Schappler
Scharfschmidt ↗ Scharschmied
Schärler ↗ Schärler

Scharmacher ↗ Scharmacher
Scharmann ↗ Scharmann
Scharner ↗ Scharner
Scharrer ↗ Scharrer
Schärrer ↗ Scharrer
Scharsach ↗ Scharsacher
Scharschmidt ↗ Scharschmied
Scharschmied ↗ Scharschmied
Scharwächter ↗ Scharwächter
Scharwerker ↗ Scharwerker
Schatschneider ↗ Schachtschneider
Schatter ↗ Schatter
Schätter ↗ Schatter
Schattmann ↗ Schattmann
Schattschneider ↗ Schachtschneider
Schätz ↗ Schätzer
Schatzer ↗ Schätzer
Schätzer ↗ Schätzer
Schätzler ↗ Schätzer
Schatzmann ↗ Schätzmann
Schaub ↗ Schauber
Schauber ↗ Schauber
Schäuble ↗ Schauber
Schäublin ↗ Schauber
Schaubner ↗ Schauber
Schauer ↗ Schauer
Schauermann ↗ Schauermann
Schäufele ↗ Schaufler
Schaufler ↗ Schaufler
Schäufler ↗ Schaufler
Schaumäker ↗ Schuhmacher
Schaumann ↗ Schaumann, Schauermann
Schaupner ↗ Schauber
Schaupp ↗ Schauber
Schebler ↗ Schappler
Schechterle ↗ Schachter
Scheck ↗ Scheckenmacher
Schecke ↗ Scheckenmacher
Scheckeler ↗ Scheckenmacher
Schecker ↗ Scheckenmacher
Schedel ↗ Schädler
Scheder ↗ Scheider
Schedler ↗ Schädler
Schedtler ↗ Schädler
Scheeler ↗ Schäler
Scheer ↗ Scher
Scheerer ↗ Scherer
Scheffeler ↗ Scheffler
Scheffer ↗ Schaffer
Scheffknecht ↗ Scheffknecht

Scheffler ↗ Scheffler
Scheffner ↗ Schaffner, Scheffler
Schefter ↗ Schäfter
Schegg ↗ Scheckenmacher
Scheiber ↗ Scheiber
Scheibler ↗ Scheiber
Scheibner ↗ Scheiber
Scheider ↗ Scheider
Scheidhauer ↗ Scheithauer
Scheidler ↗ Scheidler
Scheidthauer ↗ Scheithauer
Scheifele ↗ Schaufler
Scheifler ↗ Schaufler
Scheitenhauer ↗ Scheithauer
Scheiter ↗ Scheiter
Scheiterer ↗ Scheiter
Scheithacker ↗ Scheithacker
Scheithauer ↗ Scheithauer
Scheitter ↗ Scheiter
Scheitterer ↗ Scheiter
Schelcher ↗ Schelcher
Schelderer ↗ Scholderer
Scheler ↗ Schäler
Schellenschläger ↗ Schellenschläger
Schellenschmidt ↗ Schellenschmied
Schellenschmitt ↗ Schellenschmied
Schellenträger ↗ Schellenträger
Schelm ↗ Schelm
Schelter ↗ Schelter
Schencke ↗ Schenker
Schencker ↗ Schenker
Schenk ↗ Schenk
Schenker ↗ Schenker
Schenkmann ↗ Schenker
Schepe ↗ Schöppe
Schepeler ↗ Schappler
Scheppe ↗ Schöppe
Scheppelmann ↗ Schappler
Schepper ↗ Schöppe
Scheppler ↗ Schappler
Scher ↗ Scher
Scherer ↗ Scherer
Scherg ↗ Scherge
Scherge ↗ Scherge
Schergel ↗ Scherge
Scherler ↗ Schärler
Schermer ↗ Schirmer
Schermesser ↗ Schermesserer
Schern ↗ Scharner
Scherner ↗ Scharner

Schertzer ↗ Scherzer
Scherzer ↗ Scherzer
Schetter ↗ Schatter
Schettler ↗ Schotteler
Schetz ↗ Schätzer
Schetzer ↗ Schätzer
Scheubel ↗ Schauber
Scheubner ↗ Schauber
Scheuermann ↗ Scheuermann
Scheufler ↗ Schaufler
Scheunemann ↗ Scheunemann
Scheupel ↗ Schauber
Scheuplein ↗ Schauber
Scheurmann ↗ Scheuermann
Scheuzger ↗ Schuster
Scheyder ↗ Scheider
Schichter ↗ Schichter
Schickedantz ↗ Schicketanz
Schickedanz ↗ Schicketanz
Schickendantz ↗ Schicketanz
Schickentanz ↗ Schicketanz
Schicketanz ↗ Schicketanz
Schieber ↗ Schieber
Schieferdecker ↗ Schieferdecker
Schiefermüller ↗ Schiffmüller
Schiefferdecker ↗ Schieferdecker
Schiemann ↗ Schiemann
Schienagel ↗ Schinagel
Schiener ↗ Schiener
Schierer ↗ Schürer
Schiermann ↗ Scheuermann
Schießer ↗ Schießer
Schiesser ↗ Schießer
Schießler ↗ Schüssler
Schiesterl ↗ Schuster
Schiestl ↗ Schuster
Schifferdecker ↗ Schieferdecker
Schiffermüller ↗ Schiffmüller
Schiffmacher ↗ Schiffmacher
Schiffmann ↗ Schiffmann
Schifter ↗ Schifter
Schiftner ↗ Schifter
Schild ↗ Schilder
Schilder ↗ Schilder
Schildhauer ↗ Schildhauer
Schildknecht ↗ Schildknecht
Schildt ↗ Schilder
Schildtknecht ↗ Schildknecht
Schildwächter ↗ Schildwächter
Schildwaechter ↗ Schildwächter

Schildwechter ↗ Schildwächter
Schiller ↗ Schilder
Schilter ↗ Schilder
Schiman ↗ Schiemann
Schimann ↗ Schiemann
Schimman ↗ Schiemann
Schimmann ↗ Schiemann
Schinagel ↗ Schinagel
Schinagl ↗ Schinagel
Schindel ↗ Schindler
Schindeldecker ↗ Schindeldecker
Schindele ↗ Schindler
Schindelhauer ↗ Schindelhauer
Schinder ↗ Schinder
Schindler ↗ Schindler
Schiner ↗ Schiener
Schinnagel ↗ Schinagel
Schinnagl ↗ Schinagel
Schinner ↗ Schinder, Schiener
Schippmann ↗ Schiffmann
Schirmacher ↗ Schirrmacher
Schirmann ↗ Scheuermann
Schirmeister ↗ Schirrmeister, Schirmmeister
Schirmer ↗ Schirmer
Schirmers ↗ Schirmer
Schirrmacher ↗ Schirrmacher
Schirrmeister ↗ Schirrmeister
Schlacht ↗ Schlachter
Schlachter ↗ Schlachter
Schlachtl ↗ Schlachter
Schläger ↗ Schläger
Schlagmann ↗ Schlagmann
Schlaifer ↗ Schleifer
Schlämmer ↗ Schlämmer
Schlechter ↗ Schlachter
Schleifer ↗ Schleifer
Schleiffer ↗ Schleifer
Schleipfer ↗ Schleifer
Schlemmer ↗ Schlämmer
Schlepper ↗ Schlepper
Schlesser ↗ Schlosser
Schletter ↗ Schlotter
Schleußer ↗ Schließer
Schleuter ↗ Schlüter
Schlichter ↗ Schlichter
Schließer ↗ Schließer
Schliessser ↗ Schließer
Schlieter ↗ Schlüter
Schlitter ↗ Schlüter
Schlossar ↗ Schlosser

Schlössel ↗ Schlosser
Schlosser ↗ Schlosser
Schlösser ↗ Schlosser
Schlössl ↗ Schlosser
Schloßmacher ↗ Schlossmacher
Schlossmacher ↗ Schlossmacher
Schloter ↗ Schlotter
Schlöter ↗ Schlotter
Schlotter ↗ Schlotter
Schlötter ↗ Schlotter
Schlötzer ↗ Schlosser
Schluiter ↗ Schlüter
Schlumacherstraße ↗ Salunenmacher
Schlüter ↗ Schlüter
Schlütter ↗ Schlüter
Schluyter ↗ Schlüter
Schmalzer ↗ Schmälzler
Schmälzer ↗ Schmälzler
Schmedt ↗ Schmied
Schmeidl ↗ Geschmeidler
Schmeidler ↗ Geschmeidler
Schmeiser ↗ Schmeißer
Schmeißer ↗ Schmeißer
Schmeißner ↗ Schmeißer
Schmeissser ↗ Schmeißer
Schmelter ↗ Schmelzer
Schmelz ↗ Schmelzer
Schmelzer ↗ Schmelzer
Schmelzle ↗ Schmelzer
Schmelzler ↗ Schmälzler
Schmerschneider ↗ Schmerschneider
Schmid ↗ Schmied
Schmidl ↗ Schmied
Schmidt ↗ Schmied
Schmidtke ↗ Schmied
Schmied ↗ Schmied
Schmiedel ↗ Schmied
Schmieder ↗ Schmied
Schmiedl ↗ Schmied
Schmiedt ↗ Schmied
Schmierer ↗ Schmierer
Schmies ↗ Schmied
Schmith ↗ Schmied
Schmitt ↗ Schmied
Schmitter ↗ Schmied
Schmitz ↗ Schmitzer, Schmied
Schmitzer ↗ Schmitzer
Schmölder ↗ Schmelzer
Schmölzer ↗ Schmelzer
Schmucker ↗ Schmücker

Schmücker ↗ Schmücker
Schmützer ↗ Schmitzer
Schnaiter ↗ Schneiter
Schnaitl ↗ Schneiter
Schnaitler ↗ Schneiter
Schneider ↗ Schneider
Schneiders ↗ Schneider
Schneidler ↗ Schneiter
Schneiter ↗ Schneiter
Schneitl ↗ Schneiter
Schneitler ↗ Schneiter
Schnetger ↗ Schnittker
Schnetker ↗ Schnittker
Schnettker ↗ Schnittker
Schnetz ↗ Schnetzer
Schnetzer ↗ Schnetzer
Schnetzler ↗ Schnetzer
Schneyder ↗ Schneider
Schneyer ↗ Schneider
Schneyter ↗ Schneiter
Schnickmann ↗ Schnickmann
Schnider ↗ Schneider
Schnidrig ↗ Schneider
Schnieder ↗ Schneider
Schnier ↗ Schneider
Schniter ↗ Schnitter
Schnittcher ↗ Schnittker
Schnitter ↗ Schnitter
Schnittger ↗ Schnittker
Schnittjer ↗ Schnittker
Schnittker ↗ Schnittker
Schnitzler ↗ Schnitzler
Schnizler ↗ Schnitzler
Schnorrer ↗ Schnurrer
Schnurer ↗ Schnürer
Schnürer ↗ Schnürer
Schnürle ↗ Schnürer
Schnurr ↗ Schnurrer
Schnurrer ↗ Schnurrer
Schnyter ↗ Schnitter
Schöder ↗ Scheider
Schoemaker ↗ Schuhmacher
Schoemann ↗ Schuhmann
Schoenmaeker ↗ Schuhmacher
Schoer ↗ Schorrer
Schöffel ↗ Schöffe
Schoffer ↗ Schaffer
Schöffer ↗ Schaffer
Schöffler ↗ Scheffler
Schöffner ↗ Schaffner

Scholder ↗ Scholderer
Scholderer ↗ Scholderer
Scholler ↗ Scholderer
Schollerer ↗ Scholderer
Scholte ↗ Schultheiß
Scholten ↗ Schultheiß
Scholter ↗ Scholderer
Scholtes ↗ Schultheiß
Scholtze ↗ Schulze
Scholz ↗ Schulze
Scholze ↗ Schulze
Scholzen ↗ Schulze
Schölzgen ↗ Schulze
Schölzke ↗ Schulze
Schomacker ↗ Schuhmacher
Schomaeker ↗ Schuhmacher
Schomaker ↗ Schuhmacher
Schomäker ↗ Schuhmacher
Schomann ↗ Schuhmann
Schömann ↗ Schuhmann
Schomecker ↗ Schuhmacher
Schönbeck ↗ Schönbäcker
Schönböck ↗ Schönbäcker
Schonmaker ↗ Schuhmacher
Schooman ↗ Schuhmann
Schoor ↗ Schorrer
Schopenhauer ↗ Schoppenhauer
Schöpf ↗ Schöpf
Schöpfe ↗ Schöpf
Schopfer ↗ Schöpfer
Schöpfer ↗ Schöpfer
Schöpfle ↗ Schöpf
Schöpner ↗ Schöppner
Schöpp ↗ Schöppe
Schöppe ↗ Schöppe
Schoppenhauer ↗ Schoppenhauer
Schopper ↗ Schopper
Schöppler ↗ Schappler
Schöppner ↗ Schöppner
Schor ↗ Schorer, Schorrer
Schorer ↗ Schorrer, Schorer
Schorr ↗ Schorer, Schorrer
Schorre ↗ Schorer, Schorrer
Schorrer ↗ Schorer, Schorrer
Schosser ↗ Schosser
Schößer ↗ Schosser
Schösser ↗ Schosser
Schößler ↗ Schüssler
Schoßmann ↗ Schossmann
Schossmann ↗ Schossmann

Schoster ↗ Schuster
Schottel ↗ Schotteler
Schöttel ↗ Schotteler
Schötteler ↗ Schotteler
Schottler ↗ Schotteler
Schöttler ↗ Schotteler, Schöttler
Schöttner ↗ Schöttler
Schowert ↗ Schuhwerker
Schrader ↗ Schrader
Schräder ↗ Schrader
Schraer ↗ Schrader
Schranner ↗ Schranner
Schräpfer ↗ Schröpfer
Schreber ↗ Schreiber
Schreiber ↗ Schreiber
Schreier ↗ Schreier
Schreindl ↗ Schreiner
Schreinemacher ↗ Schreinmacher
Schreinemachers ↗ Schreinmacher
Schreinemaker ↗ Schreinmacher
Schreiner ↗ Schreiner
Schreinermacher ↗ Schreinmacher
Schreinert ↗ Schreiner
Schreitmüller ↗ Schrotmüller
Schreurs ↗ Schröter
Schreyer ↗ Schreier
Schreyger ↗ Schreier
Schriber ↗ Schreiber
Schrieber ↗ Schreiber
Schriefer ↗ Schreiber
Schriener ↗ Schreiner
Schrienert ↗ Schreiner
Schriever ↗ Schreiber
Schriewer ↗ Schreiber
Schrödel ↗ Schröter
Schroder ↗ Schröter
Schröder ↗ Schröter
Schrödter ↗ Schröter
Schroedel ↗ Schröter
Schroer ↗ Schröter
Schröer ↗ Schröter
Schroers ↗ Schröter
Schröffel ↗ Schröpfer
Schröffer ↗ Schröpfer
Schröper ↗ Schröpfer
Schröpf ↗ Schröpfer
Schröpfer ↗ Schröpfer
Schröpfler ↗ Schröpfer
Schröppel ↗ Schröpfer
Schrötel ↗ Schröter

Schröteler ↗ Schröter
Schroter ↗ Schröter
Schröter ↗ Schröter
Schröther ↗ Schröter
Schrotmüller ↗ Schrotmüller
Schrotter ↗ Schröter
Schrötter ↗ Schröter
Schrottmüller ↗ Schrotmüller
Schrüber ↗ Schreiber
Schryver ↗ Schreiber
Schubart ↗ Schuhwerker
Schubat ↗ Schuhwerker
Schubath ↗ Schuhwerker
Schubert ↗ Schuhwerker
Schubisser ↗ Schuhbüßer
Schubot ↗ Schuhwerker
Schuchard ↗ Schuhwerker
Schuchardt ↗ Schuhwerker
Schuchert ↗ Schuhwerker
Schuchmann ↗ Schuhmann
Schuchter ↗ Schuchter
Schüchter ↗ Schuchter
Schüchtner ↗ Schuchter
Schüchzger ↗ Schuchter
Schucker ↗ Schuchter
Schuckert ↗ Schuhwerker
Schuckmann ↗ Schuhmann
Schuechter ↗ Schuchter
Schuff ↗ Schuhwerker
Schuffenhauer ↗ Schoppenhauer
Schuffert ↗ Schuhwerker
Schuhardt ↗ Schuhwerker
Schuhbäck ↗ Schuhwerker
Schuhbießer ↗ Schuhbüßer
Schuhbiesser ↗ Schuhbüßer
Schuhbißer ↗ Schuhbüßer
Schuhbisser ↗ Schuhbüßer
Schuhboth ↗ Schuhwerker
Schuhmacher ↗ Schuhmacher
Schuhmann ↗ Schuhmann
Schuhwirt ↗ Schuhwerker
Schuirmann ↗ Scheuermann
Schuldheiß ↗ Schultheiß
Schult ↗ Schultheiß
Schulte ↗ Schultheiß
Schulten ↗ Schultheiß
Schultes ↗ Schultheiß
Schultge ↗ Schultheiß
Schultheis ↗ Schultheiß
Schultheiß ↗ Schultheiß

Schultheisss ↗ Schultheiß
Schülting ↗ Schultheiß
Schultis ↗ Schultheiß
Schults ↗ Schultheiß
Schultze ↗ Schulze
Schulz ↗ Schulze
Schulze ↗ Schulze
Schumach ↗ Schuhmacher
Schumacher ↗ Schuhmacher
Schumann ↗ Schuhmann
Schümann ↗ Schuhmann
Schumm ↗ Schuhmann
Schünemann ↗ Scheunemann
Schünmann ↗ Scheunemann
Schupisser ↗ Schuhbüßer
Schuppenhauer ↗ Schoppenhauer
Schüppenhauer ↗ Schoppenhauer
Schuppiser ↗ Schuhbüßer
Schuppisser ↗ Schuhbüßer
Schurer ↗ Schürer
Schürer ↗ Schürer
Schürg ↗ Schürger
Schurger ↗ Schürger
Schürger ↗ Schürger
Schurgers ↗ Schürger
Schuricht ↗ Schuhwerker
Schurig ↗ Schuhwerker
Schürk ↗ Schürger
Schürmann ↗ Scheuermann
Schürmer ↗ Schirmer
Schüssel ↗ Schüssler
Schüßeler ↗ Schüssler
Schüsseler ↗ Schüssler
Schüßler ↗ Schüssler
Schüßler ↗ Schüssler
Schuster ↗ Schuster
Schüsterl ↗ Schuster
Schusther ↗ Schuster
Schütt ↗ Schütte
Schutte ↗ Schütte
Schütte ↗ Schütte
Schutter ↗ Schütter
Schütter ↗ Schütter
Schüttler ↗ Schotteler
Schütz ↗ Schütze
Schütze ↗ Schütze
Schützinger ↗ Schütze
Schwägler ↗ Schwegler
Schwaier ↗ Schwaiger
Schwaiger ↗ Schwaiger

Schwaigert ↗ Schwaiger
Schwair ↗ Schwaiger
Schwärtzer ↗ Schwärzer
Schwarzbeck ↗ Schwarzbäcker
Schwarzer ↗ Schwärzer
Schwärzer ↗ Schwärzer
Schwarzfärber ↗ Schwarzfärber
Schwärzler ↗ Schwärzer
Schwedler ↗ Schwedler
Schwegeler ↗ Schwegler
Schwegler ↗ Schwegler
Schweidler ↗ Schwedler
Schweiger ↗ Schwaiger
Schweigert ↗ Schwaiger
Schweigger ↗ Schwaiger
Schweigler ↗ Schwegler
Schwendener ↗ Schwender
Schwender ↗ Schwender
Schwendler ↗ Schwender
Schwendner ↗ Schwender
Schwendtner ↗ Schwender
Schwenter ↗ Schwender
Schwepe ↗ Schwepenknecht
Schweppe ↗ Schwepenknecht
Schwerdter ↗ Schwertner
Schwerdtfeger ↗ Schwertfeger
Schwerdtner ↗ Schwertner
Schwerter ↗ Schwertner
Schwertfeger ↗ Schwertfeger
Schwertfirm ↗ Schwertfirm
Schwertner ↗ Schwertner
Schwerzer ↗ Schwärzer
Schwögler ↗ Schwegler
Seckler ↗ Säckler
Sedelbauer ↗ Sedelbauer
Sedelhofer ↗ Sedelhöfer
Sedelhöfer ↗ Sedelhöfer
Sedelmaier ↗ Sedelmeier
Sedelmann ↗ Sedelmann
Sedelmayr ↗ Sedelmeier
Sedlbauer ↗ Sedelbauer
Sedler ↗ Sattler
Sedlhofer ↗ Sedelhöfer
Sedlmaier ↗ Sedelmeier
Sedlmayr ↗ Sedelmeier
Seeger ↗ Säger
Seelbinder ↗ Seilwinder
Seelenbinder ↗ Seilwinder
Seeler ↗ Seiler
Seelhöfer ↗ Sedelhöfer

Seelmann ↗ Salmann
Segenser ↗ Segisser
Seger ↗ Säger
Segeter ↗ Säger
Segisser ↗ Segisser
Segmiller ↗ Sägemüller
Segner ↗ Segner
Seidemann ↗ Seidenmann
Seidenader ↗ Seidennäher
Seidennader ↗ Seidennäher
Seidennather ↗ Seidennäher
Seidensticker ↗ Seidensticker
Seidenstricker ↗ Seidenstricker
Seidmann ↗ Seidenmann
Seif ↗ Seifer
Seifer ↗ Seifer
Seifner ↗ Seifer
Seiger ↗ Seiger
Seigerschmid ↗ Seigerschmied
Seigerschmidt ↗ Seigerschmied
Seigerschmied ↗ Seigerschmied
Seign ↗ Seiger
Seigner ↗ Seiger
Seiler ↗ Seiler
Seiller ↗ Seiler
Seißenschmidt ↗ Sensenschmied
Seissenschmidt ↗ Sensenschmied
Seiter ↗ Saitenmacher, Sauter
Seiterle ↗ Sauter
Sekler ↗ Säckler
Selcher ↗ Selcher
Selchert ↗ Selcher
Seldenmann ↗ Seldmann
Seldmann ↗ Seldmann
Seldner ↗ Seldner
Seller ↗ Seller
Sellerer ↗ Seller
Sellmann ↗ Salmann, Seldmann
Sellner ↗ Seldner
Selter ↗ Seldner
Seltmann ↗ Seldmann
Seltner ↗ Seldner
Selzer ↗ Salzer
Semeler ↗ Semmler
Semle ↗ Semmler
Semler ↗ Semmler
Semmel ↗ Semmler
Semmelbeck ↗ Semmelbäcker
Semmler ↗ Semmler
Senckler ↗ Senkler

Sender ↗ Sender
Sendtner ↗ Sender
Senkler ↗ Senkler
Sensenschmidt ↗ Sensenschmied
Sensenschmitt ↗ Sensenschmied
Sester ↗ Sesterer
Sesterer ↗ Sesterer
Settelmaier ↗ Sedelmeier
Setzer ↗ Setzer
Seumer ↗ Säumer
Seuter ↗ Sauter
Seutter ↗ Sauter
Seyler ↗ Seiler
Sibber ↗ Sieber
Siber ↗ Sieber
Siberer ↗ Sieber
Sichelschmidt ↗ Sichelschmied
Sieber ↗ Sieber
Sieberer ↗ Sieber
Siebler ↗ Sieber
Siebmacher ↗ Siebmacher
Sieler ↗ Sieler
Sigrist ↗ Sigrist
Silberbrenner ↗ Silberbrenner
Silberscheider ↗ Silberscheider
Silberschmelzer ↗ Silberschmelzer
Silcher ↗ Selcher
Siller ↗ Sieler
Simeler ↗ Semmler
Simmacher ↗ Simmermacher
Simmel ↗ Semmler
Simmeler ↗ Semmler
Simmer ↗ Simmer
Simmerer ↗ Simmer
Simmler ↗ Semmler
Singmeister ↗ Singmeister
Sinner ↗ Sinner
Sister ↗ Sesterer
Sisterer ↗ Sesterer
Sitterle ↗ Suter
Slüter ↗ Schlüter
Sohm ↗ Säumer
Sohmer ↗ Säumer
Söldner ↗ Seldner
Söller ↗ Seldner
Söllner ↗ Seldner
Solter ↗ Salzer
Sölter ↗ Salzer
Söltner ↗ Seldner
Spang ↗ Spängler

Spanger ↗ Spängler
Spangler ↗ Spängler
Spängler ↗ Spängler
Spanhauer ↗ Spanhauer
Spanner ↗ Spanner
Sparer ↗ Sporer
Sparmacher ↗ Sporenmacher
Sparmaker ↗ Sporenmacher
Spehner ↗ Spener
Spehr ↗ Sporer
Spehrer ↗ Sporer
Speiser ↗ Speiser
Speißer ↗ Speiser
Speisser ↗ Speiser
Spendler ↗ Spener
Spener ↗ Spener
Spengeler ↗ Spengler
Spenger ↗ Spängler
Spengler ↗ Spengler
Spenler ↗ Spener
Sperr ↗ Sperrer
Sperrer ↗ Sperrer
Spiegelmacher ↗ Spiegler
Spiegl ↗ Spiegler
Spiegler ↗ Spiegler
Spielman ↗ Spielmann
Spielmann ↗ Spielmann
Spielmanns ↗ Spielmann
Spigler ↗ Spiegler
Spilcher ↗ Spiller
Spileker ↗ Spiller
Spilker ↗ Spiller
Spiller ↗ Spiller
Spillker ↗ Spiller
Spillmann ↗ Spielmann
Spillner ↗ Spiller
Spindeler ↗ Spindler
Spindler ↗ Spindler
Spindtler ↗ Spindler
Spinneler ↗ Spindler
Spinner ↗ Spinner
Spinnler ↗ Spindler
Spintler ↗ Spindler
Spitaler ↗ Spittler
Spitäller ↗ Spittler
Spiteller ↗ Spittler
Spitteler ↗ Spittler
Spittler ↗ Spittler
Spitzer ↗ Spitzer
Spitzler ↗ Spitzer

Spitzner ↗ Spitzer
Splettstößer ↗ Splittstößer
Splistösser ↗ Splittstößer
Splitgerber ↗ Splittgerber
Splitstößer ↗ Splittstößer
Splittgerber ↗ Splittgerber
Splittstößer ↗ Splittstößer
Spoehrle ↗ Sporer
Spoerer ↗ Sporer
Spoerner ↗ Sporer
Spoerri ↗ Sporer
Spohr ↗ Sporer
Spohrer ↗ Sporer
Spöhrer ↗ Sporer
Spöhrle ↗ Sporer
Sponhauer ↗ Spanhauer
Sponheuer ↗ Spanhauer
Spoor ↗ Sporer
Sporer ↗ Sporer
Spörer ↗ Sporer
Spöri ↗ Sporer
Spormacher ↗ Sporenmacher
Spormächer ↗ Sporenmacher
Sporn ↗ Sporer
Sporner ↗ Sporer
Spörner ↗ Sporer
Sporrer ↗ Sporer
Spörrer ↗ Sporer
Spörri ↗ Sporer
Spranger ↗ Springer
Sprecher ↗ Sprecher
Sprechert ↗ Sprecher
Sprenger ↗ Springer
Sprengert ↗ Springer
Springer ↗ Springer
Spuhler ↗ Spuler
Spuler ↗ Spuler
Staab ↗ Stäbler
Stäble ↗ Stäbler
Stabler ↗ Stäbler
Stäbler ↗ Stäbler
Stäbli ↗ Stäbler
Stacker ↗ Staker
Stäcker ↗ Stecher, Staker
Stadelmeister ↗ Stadelmeister
Stadler ↗ Stadler
Stahlschmidt ↗ Stahlschmied
Staiger ↗ Steiger
Staker ↗ Staker
Stäker ↗ Staker

Stallmach ↗ Stellmacher
Stamitz ↗ Steinmetz
Stampf ↗ Stampfer
Stampfer ↗ Stampfer
Stebel ↗ Stäbler
Stebler ↗ Stäbler
Stebli ↗ Stäbler
Stecher ↗ Stecher
Stechert ↗ Stecher
Stehr ↗ Störer
Steiger ↗ Steiger
Steigert ↗ Steiger
Steinbick ↗ Steinpicker
Steinbicker ↗ Steinpicker
Steinbieck ↗ Steinpicker
Steinbiecker ↗ Steinpicker
Steinbrech ↗ Steinbrecher
Steinbrecher ↗ Steinbrecher
Steinbrück ↗ Steinbrücker
Steinbrücke ↗ Steinbrücker
Steinbrucker ↗ Steinbrücker
Steinbrücker ↗ Steinbrücker
Steinbrückner ↗ Steinbrücker
Steinbrugger ↗ Steinbrücker
Steinbrügger ↗ Steinbrücker
Steindecker ↗ Steindecker
Steiner ↗ Steiner
Steinert ↗ Steiner
Steinhauber ↗ Steinhauer
Steinhauer ↗ Steinhauer
Steinheuer ↗ Steinhauer
Steinklopfer ↗ Steinklopfer
Steinmaßl ↗ Steinmeißel
Steinmassl ↗ Steinmeißel
Steinmaßler ↗ Steinmeißel
Steinmatz ↗ Steinmetz
Steinmeißel ↗ Steinmeißel
Steinmetz ↗ Steinmetz
Steinmetzer ↗ Steinmetz
Steinmetzger ↗ Steinmetz
Steinmetzler ↗ Steinmetz
Steinmetzner ↗ Steinmetz
Steinmitzer ↗ Steinmetz
Steinwirker ↗ Steinwerker
Stellmach ↗ Stellmacher
Stellmacher ↗ Stellmacher
Stellmaker ↗ Stellmacher
Stelmecke ↗ Stellmacher
Stempfer ↗ Stampfer
Stepper ↗ Stepper

Sterlepper ↗ Lapper
Steuer ↗ Steurer
Steuerer ↗ Steurer
Steurer ↗ Steurer
Steyger ↗ Steiger
Sticher ↗ Stecher
Stieber ↗ Stuber
Stiebler ↗ Stuber
Stiehler ↗ Stuhler
Stieler ↗ Stuhler
Stöber ↗ Stuber
Stöbner ↗ Stuber
Stöckel ↗ Stocker
Stocker ↗ Stocker
Stöcker ↗ Stocker
Stöckl ↗ Stocker
Stöckle ↗ Stocker
Stöcklein ↗ Stocker
Stöckli ↗ Stocker
Stöcklin ↗ Stocker
Stoeri ↗ Störer
Stöggl ↗ Stocker
Stohldreyer ↗ Stuhldreier
Stöhlmacher ↗ Stuhlmacher
Stöhr ↗ Störer
Stolle ↗ Stöllner
Stoller ↗ Stöllner
Stollner ↗ Stöllner
Stöllner ↗ Stöllner
Storer ↗ Störer
Störer ↗ Störer
Störi ↗ Störer
Stoß ↗ Stößer
Stößel ↗ Stößer
Stössel ↗ Stößer
Stoßer ↗ Stößer
Stößer ↗ Stößer
Stösser ↗ Stößer
Stover ↗ Stuber
Stöver ↗ Stuber
Stöwer ↗ Stuber
Strähl ↗ Strähler
Strähler ↗ Strähler
Strahlschmidt ↗ Strahlschmied
Strecker ↗ Strecker
Strehl ↗ Strähler
Strehler ↗ Strähler
Streicher ↗ Streicher
Streichert ↗ Streicher
Stricher ↗ Streicher

Strickert ↗ Stricker
Strohmaier ↗ Strohmeier
Strohmayer ↗ Strohmeier
Strohmayr ↗ Strohmeier
Strohmeier ↗ Strohmeier
Ströhmeier ↗ Strohmeier
Strohmer ↗ Strohmeier
Strohmeyer ↗ Strohmeier
Strömeier ↗ Strohmeier
Stromeiger ↗ Strohmeier
Stromer ↗ Strohmeier
Strömeyer ↗ Strohmeier
Stuber ↗ Stuber
Stüber ↗ Stuber
Stubner ↗ Stuber
Stübner ↗ Stuber
Stuhldreer ↗ Stuhldreher
Stuhldreher ↗ Stuhldreher
Stuhldreier ↗ Stuhldreier
Stuhler ↗ Stuhler
Stühler ↗ Stuhler
Stuhlmacher ↗ Stuhlmacher
Stühlmacher ↗ Stuhlmacher
Stuhlträger ↗ Stuhldreher
Stuler ↗ Stuhler
Stüler ↗ Stuhler
Stuller ↗ Stuhler
Stürtzer ↗ Stürzer
Stürtzner ↗ Stürzer
Sturzer ↗ Stürzer
Stürzer ↗ Stürzer
Stürzner ↗ Stürzer
Suhm ↗ Säumer
Sulser ↗ Sülzer
Sülter ↗ Sülzer
Sültzner ↗ Sülzer
Sulzer ↗ Sülzer
Sülzer ↗ Sülzer
Sülzner ↗ Sülzer
Sumer ↗ Simmer
Summerer ↗ Simmer
Sümmerer ↗ Simmer
Sumper ↗ Simmer
Sumperl ↗ Simmer
Süßbeck ↗ Süßbäcker
Süßebäcker ↗ Süßbäcker
Süßebecker ↗ Süßbäcker
Süssebecker ↗ Süßbäcker
Suter ↗ Suter
Sutor ↗ Suter

Sutoris ↗ Suter
Sutorius ↗ Suter
Sutter ↗ Suter
Sütter ↗ Suter
Sütterle ↗ Suter
Sütterlin ↗ Suter
Suttor ↗ Suter
Taberner ↗ Taferner
Tadinger ↗ Teidinger
Taeschner ↗ Taschner
Taferner ↗ Taferner
Tafferner ↗ Taferner
Tägetmeier ↗ Zehentmeier
Taiber ↗ Täuber
Tandler ↗ Tandler
Tändler ↗ Tandler
Tappe ↗ Zapfer
Täschener ↗ Taschner
Tascher ↗ Taschner
Täscher ↗ Taschner
Taschler ↗ Taschner
Täschler ↗ Taschner
Taschner ↗ Taschner
Täschner ↗ Taschner
Tauber ↗ Tauber, Täuber
Täuber ↗ Täuber, Tauber
Taubert ↗ Tauber, Täuber
Täubler ↗ Täuber
Tauer ↗ Tauer
Techtmeier ↗ Zehentmeier
Teegler ↗ Tegeler
Tegeler ↗ Tegeler
Tegetmeier ↗ Zehentmeier
Tegetmeyer ↗ Zehentmeier
Tegler ↗ Tegeler
Tegtmeier ↗ Zehentmeier
Tegtmeyer ↗ Zehentmeier
Teichler ↗ Teuchler
Teichmeister ↗ Teichmeister
Teichtler ↗ Teuchler
Teigeler ↗ Tegeler
Tendler ↗ Tandler
Tengel ↗ Dengler
Tepfer ↗ Töpfer
Termer ↗ Türmer
Teschler ↗ Taschner
Teschner ↗ Taschner
Teuber ↗ Täuber
Teubert ↗ Täuber
Teubner ↗ Täuber

Teuchner ↗ Teuchler
Text ↗ Textor
Texter ↗ Textor
Textor ↗ Textor
Textoris ↗ Textor
Textorius ↗ Textor
Thomschläger ↗ Zaumschläger
Thörmer ↗ Türmer
Thorwächter ↗ Torwächter
Thorwart ↗ Torwart
Thorwarth ↗ Torwart
Thorwartl ↗ Torwärtel
Thorwärtl ↗ Torwärtel
Thürmer ↗ Türmer
Thurner ↗ Türmer
Thürner ↗ Türmer
Thurnher ↗ Türmer
Ticheler ↗ Tegeler
Tichler ↗ Tegeler
Tigeler ↗ Tegeler
Tiggeler ↗ Tegeler
Tigler ↗ Tegeler
Tiller ↗ Dieler
Timmermann ↗ Zimmermann
Tingler ↗ Dengler
Tinner ↗ Zinner
Tinter ↗ Tintener
Tintler ↗ Tintener
Tirtei ↗ Tirteier
Tirtey ↗ Tirteier
Tirteyer ↗ Tirteier
Tischer ↗ Tischler
Tischler ↗ Tischler
Tischmacher ↗ Tischler
Tischner ↗ Tischler
Tistel ↗ Distler
Tolck ↗ Tolk
Tolk ↗ Tolk
Tolke ↗ Tolk
Tölke ↗ Tolk
Toller ↗ Zoller
Töller ↗ Zoller
Tomschläger ↗ Zaumschläger
Tonnemacher ↗ Tonnenmacher
Tonnenmacher ↗ Tonnenmacher
Tonner ↗ Tonnenmacher
Töper ↗ Töpfer
Topfer ↗ Töpfer
Töpfer ↗ Töpfer
Töpfert ↗ Töpfer

Töpfner ↗ Töpfer
Töpper ↗ Töpfer
Torgeler ↗ Torkler
Torggler ↗ Torkler
Torgler ↗ Torkler
Torkler ↗ Torkler
Törmer ↗ Türmer
Traband ↗ Trabant
Trabandt ↗ Trabant
Trabant ↗ Trabant
Trachsel ↗ Drechsler
Trachsler ↗ Drechsler
Traeger ↗ Träger
Trager ↗ Träger
Träger ↗ Träger
Trägler ↗ Träger
Traxel ↗ Drechsler
Traxl ↗ Drechsler
Traxler ↗ Drechsler
Träxler ↗ Drechsler
Treger ↗ Träger
Treiber ↗ Treiber
Treseler ↗ Tresler
Tresemer ↗ Tresler
Treßler ↗ Tresler
Tressler ↗ Tresler
Treter ↗ Treter
Tretter ↗ Treter
Trexler ↗ Drechsler
Tripmacher ↗ Trippmacher
Tripmacker ↗ Trippmacher
Tripmaker ↗ Trippmacher
Trippenmacher ↗ Trippenmacher
Trippenmaker ↗ Trippenmacher
Trippenmecher ↗ Trippenmacher
Trippenmecker ↗ Trippenmacher
Trippenmeker ↗ Trippenmacher
Trippmacher ↗ Trippmacher
Trippner ↗ Trippenmacher
Trisler ↗ Tresler
Trißler ↗ Tresler
Trissler ↗ Tresler
Trometer ↗ Trummeter
Tromler ↗ Trummer
Trommelschläger ↗ Trommelschläger
Trommler ↗ Trummer
Trompler ↗ Trummer
Trompter ↗ Trummeter
Troxler ↗ Drechsler
Truchseß ↗ Truchsess

Truchsess ↗ Truchsess
Trucks ↗ Truchsess
Trucksäß ↗ Truchsess
Truckses ↗ Truchsess
Truckseß ↗ Truchsess
Trucksess ↗ Truchsess
Trucksitz ↗ Truchsess
Trumeter ↗ Trummeter
Trummer ↗ Trummer
Trummeter ↗ Trummeter
Trummler ↗ Trummer
Trümmler ↗ Trummer
Trümper ↗ Trummeter
Trümpler ↗ Trummer
Trümpter ↗ Trummeter
Trux ↗ Truchsess
Tscheickner ↗ Tschaikenmeister
Tscheik ↗ Tschaikenmeister
Tscheikner ↗ Tschaikenmeister
Tuchbreiter ↗ Tuchbereiter
Tucher ↗ Tucher
Tuchhefter ↗ Tuchhefter
Tuchler ↗ Tucher
Tüchler ↗ Tucher
Tuchmacher ↗ Tuchmacher
Tuchscher ↗ Tuchscherer
Tuchscherer ↗ Tuchscherer
Türmer ↗ Türmer
Turner ↗ Türmer
Türner ↗ Türmer
Twingmann ↗ Zwingmann
Überreiter ↗ Überreiter
Überreuter ↗ Überreiter
Ueberreiter ↗ Überreiter
Ueberreuter ↗ Überreiter
Uellner ↗ Ulner
Uhlemann ↗ Ulner
Uhler ↗ Ulner
Uhlmann ↗ Ulner
Uler ↗ Ulner
Ullner ↗ Ulner
Üllner ↗ Ulner
Ulner ↗ Ulner
Ülner ↗ Ulner
Umgelter ↗ Ungelder
Ungelder ↗ Ungelder
Ungelter ↗ Ungelder
Upleger ↗ Aufleger
Uppleger ↗ Aufleger
Upplegger ↗ Aufleger

Vaagt ↗ Vogt
Vächter ↗ Fechter
Vagd ↗ Vogt
Vagedes ↗ Vogt
Vagel ↗ Vogler
Vaget ↗ Vogt
Vagt ↗ Vogt
Vagts ↗ Vogt
Vaid ↗ Vogt
Vaigt ↗ Vogt
Vait ↗ Vogt
Vasser ↗ Fasser
Vath ↗ Vogt
Väth ↗ Vogt
Vaugth ↗ Vogt
Vaut ↗ Vogt
Vedeler ↗ Fiedler
Veeger ↗ Feger
Veelhauer ↗ Feilenhauer
Vegt ↗ Vogt
Veiler ↗ Feiler
Verber ↗ Färber
Ververs ↗ Färber
Verwer ↗ Färber
Vesseler ↗ Fässler
Vicedom ↗ Viztum
Vielhauer ↗ Feilenhauer
Vietor ↗ Binder, Böttcher
Vilder ↗ Filler
Viller ↗ Filler
Vilser ↗ Filzer
Vilter ↗ Filter
Vischer ↗ Fischer
Visscher ↗ Fischer
Vitzthum ↗ Viztum
Vitztum ↗ Viztum
Vizdum ↗ Viztum
Vizedum ↗ Viztum
Vizidum ↗ Viztum
Vlosser ↗ Flößer
Vöckler ↗ Vogler
Vöckt ↗ Vogt
Voegt ↗ Vogt
Voerch ↗ Ferge
Vogd ↗ Vogt
Vogeler ↗ Vogler
Vögeler ↗ Vogler
Vogelsteller ↗ Vogelsteller
Voget ↗ Vogt
Voght ↗ Vogt

Vogler ↗ Vogler
Vögler ↗ Vogler
Vogt ↗ Vogt
Vögt ↗ Vogt
Vohrmann ↗ Fuhrmann
Voight ↗ Vogt
Voigt ↗ Vogt
Voit ↗ Vogt
Voith ↗ Vogt
Voller ↗ Fuller
Völler ↗ Fuller
Vollert ↗ Fuller
Volles ↗ Fuller
Vollmaier ↗ Vollmeier
Vollmair ↗ Vollmeier
Vollmeier ↗ Vollmeier
Vollmer ↗ Vollmeier
Vollmeyer ↗ Vollmeier
Voogt ↗ Vogt
Vörg ↗ Ferge
Vorkauf ↗ Vorkäufer
Vorkoeper ↗ Vorkäufer
Vorköper ↗ Vorkäufer
Vormann ↗ Fuhrmann
Vorreiter ↗ Vorreiter
Vorreuter ↗ Vorreiter
Waagenknecht ↗ Waageknecht
Waagenmeister ↗ Waagemeister
Waaser ↗ Wasner
Waasner ↗ Wasner
Waber ↗ Weber
Wäber ↗ Weber
Wachs ↗ Wachsler
Wachsler ↗ Wachsler
Wachsner ↗ Wachsler
Wachter ↗ Wächter
Wächter ↗ Wächter
Wächtner ↗ Wächter
Wadmenger ↗ Watmenger
Wadsack ↗ Watsackmacher
Waeber ↗ Weber
Waechter ↗ Wächter
Wagener ↗ Wagner
Wägener ↗ Wagner
Wagenföhr ↗ Wagenführer
Wagenführ ↗ Wagenführer
Wagenführer ↗ Wagenführer
Wagenknecht ↗ Wagenknecht
Wagenmeister ↗ Wagenmeister
Wager ↗ Wäger

Wäger ↗ Wäger
Wagerer ↗ Wäger
Wägerer ↗ Wäger
Wagmeister ↗ Waagemeister
Wagner ↗ Wagner
Wägner ↗ Wagner
Wagners ↗ Wagner
Wahsner ↗ Wasner
Waidener ↗ Waider
Waider ↗ Waider
Waidler ↗ Waider
Waidmann ↗ Weidmann
Waidner ↗ Waider
Walbott ↗ Waltbote
Walcher ↗ Walker
Waldboth ↗ Waltbote
Waldbott ↗ Waltbote
Waldeier ↗ Waldhei
Waldemann ↗ Waldmann
Waldener ↗ Waldner
Waldeyer ↗ Waldhei
Waldgraf ↗ Waldgraf
Waldgrebe ↗ Waldgraf
Waldherr ↗ Waldherr
Waldmann ↗ Waldmann
Waldner ↗ Waldner
Waldschmidt ↗ Waldschmied
Walger ↗ Walker
Walk ↗ Walker
Walker ↗ Walker
Walkmeister ↗ Walkmeister
Walkner ↗ Walker
Wallbott ↗ Waltbote
Wallschläger ↗ Wollschläger
Wambescher ↗ Wamser
Wambesser ↗ Wamser
Wameser ↗ Wamser
Wammes ↗ Wamser
Wamser ↗ Wamser
Wamsler ↗ Wamser
Wandmacher ↗ Wandmacher
Wandmaker ↗ Wandmacher
Wandscher ↗ Wandscherer
Wandschneider ↗ Wandschneider
Wannemacher ↗ Wannenmacher
Wannenmacher ↗ Wannenmacher
Wanner ↗ Wanner
Wannerer ↗ Wanner
Wannmacher ↗ Wannenmacher
Wanscher ↗ Wandscherer

Wantscher ↗ Wandscherer
Wantscherer ↗ Wandscherer
Wapler ↗ Wappner
Wappler ↗ Wappner
Wappner ↗ Wappner
Warkmeister ↗ Werkmeister
Wartemann ↗ Wartmann
Warthmann ↗ Wartmann
Wartmann ↗ Wartmann
Wäsch ↗ Wäscher
Wascher ↗ Wäscher
Wäscher ↗ Wäscher
Wäschle ↗ Wäscher
Wäschler ↗ Wäscher
Wasener ↗ Wasner
Waser ↗ Wasner
Wasner ↗ Wasner
Wassener ↗ Wasner
Wasserer ↗ Wässerer
Wässerer ↗ Wässerer
Wasserfuhr ↗ Wasserführer
Wasserführer ↗ Wasserführer
Wasserzieher ↗ Wasserzieher
Wasserzier ↗ Wasserzieher
Waßner ↗ Wasner
Watmann ↗ Watmann
Watsack ↗ Watsackmacher
Wattenmacher ↗ Wattenmacher
Wattmann ↗ Watmann
Waxler ↗ Wachsler
Weber ↗ Weber
Webers ↗ Weber
Wechner ↗ Wegener
Wechseler ↗ Wechsler
Wechsler ↗ Wechsler
Wechter ↗ Wächter
Wecker ↗ Weckbäcker
Weckler ↗ Weckbäcker
Wedeler ↗ Wedeler
Wedemann ↗ Widmann
Wedler ↗ Wedeler
Weeber ↗ Weber
Weener ↗ Wegener
Wefer ↗ Wever
Wefers ↗ Wever
Wegeler ↗ Wegener
Wegemeister ↗ Wegmeister
Wegener ↗ Wegener
Weger ↗ Wäger
Wegler ↗ Wegener

Wegmeister ↗ Wegmeister
Wegner ↗ Wegener
Wegsetzer ↗ Wegsetzer
Wehmann ↗ Widmann
Wehner ↗ Wegener
Weidemann ↗ Weidmann
Weidener ↗ Weidner
Weidmann ↗ Weidmann
Weidner ↗ Weidner
Weimann ↗ Weinmann
Weinbörner ↗ Weinbrenner
Weinbrenner ↗ Weinbrenner
Weingartler ↗ Weingärtner
Weingärtler ↗ Weingärtner
Weingartner ↗ Weingärtner
Weingärtner ↗ Weingärtner
Weingerter ↗ Weingärtner
Weinknecht ↗ Weinknecht
Weinmaier ↗ Weinmeier
Weinmair ↗ Weinmeier
Weinmann ↗ Weinmann
Weinmayer ↗ Weinmeier
Weinmayr ↗ Weinmeier
Weinmeier ↗ Weinmeier
Weinmeister ↗ Weinmeister
Weinmesser ↗ Weinmesser
Weinmeyer ↗ Weinmeier
Weinmyr ↗ Weinmeier
Weinriefer ↗ Weinrufer
Weinrufer ↗ Weinrufer
Weinschröder ↗ Weinschröter
Weinschroeder ↗ Weinschröter
Weinstecher ↗ Weinstecher
Weinstich ↗ Weinstecher
Weinsticher ↗ Weinstecher
Weintapper ↗ Weinzapfer
Weinzapper ↗ Weinzapfer
Weinzettel ↗ Weinzettl
Weinzettl ↗ Weinzettl
Weinzettler ↗ Weinzettl
Weinziehr ↗ Weinzierl
Weinzierl ↗ Weinzierl
Weinzierle ↗ Weinzierl
Weinzirl ↗ Weinzierl
Weiser ↗ Weißer
Weißbeck ↗ Weißbäcker
Weißbecker ↗ Weißbäcker
Weißer ↗ Weißer
Weisser ↗ Weißer
Weißgärber ↗ Weißgerber

Weißgerber ↗ Weißgerber
Weißler ↗ Weißer
Weißmüller ↗ Weißmüller
Weissmüller ↗ Weißmüller
Weißner ↗ Weißer
Weisssbeck ↗ Weißbäcker
Weisssbecker ↗ Weißbäcker
Weisssgärber ↗ Weißgerber
Weisssgerber ↗ Weißgerber
Weiter ↗ Waider
Weitert ↗ Waider
Weitzenbeck ↗ Weizenbäcker
Weitzenböck ↗ Weizenbäcker
Weksler ↗ Wechsler
Welger ↗ Walker
Welker ↗ Walker
Wemer ↗ Widmann
Wemmer ↗ Wimmer
Wener ↗ Wegener
Wenert ↗ Wegener
Wengerter ↗ Wingerter
Wenner ↗ Wanner
Wennmacher ↗ Wannenmacher
Weppler ↗ Wappner
Weppner ↗ Wappner
Werckmeister ↗ Werkmeister
Werker ↗ Werker
Werkmeister ↗ Werkmeister
Werkstätter ↗ Werkstätter
Werkstetter ↗ Werkstätter
Wesch ↗ Wäscher
Wescher ↗ Wäscher
Wesseler ↗ Wechsler
Wever ↗ Wever
Wewer ↗ Wever
Wexeler ↗ Wechsler
Wexler ↗ Wechsler
Weydener ↗ Weidner
Weydner ↗ Weidner
Wicker ↗ Wicker
Widmann ↗ Widmann
Widmer ↗ Widmann
Widner ↗ Widmann
Wiecker ↗ Wicker
Wiedemann ↗ Widmann
Wiedenmann ↗ Widmann
Wiedner ↗ Widmann
Wieger ↗ Wäger
Wiegner ↗ Wäger
Wiemann ↗ Widmann

Wiengarn ↗ Wingerter
Wieshei ↗ Wieshei
Wiesheu ↗ Wieshei
Wiesler ↗ Wißler
Wießler ↗ Wißler
Wildhirt ↗ Wildhirt
Wildhirth ↗ Wildhirt
Wildmeister ↗ Wildmeister
Wildner ↗ Wildner
Willenweber ↗ Wollweber
Willner ↗ Wollner, Wildner
Wimmer ↗ Widmann, Wimmer
Windeler ↗ Winder
Winder ↗ Winder
Windmiller ↗ Windmüller
Windmöller ↗ Windmüller
Windmüller ↗ Windmüller
Wingender ↗ Wingerter
Wingerder ↗ Wingerter
Wingert ↗ Wingerter
Wingerter ↗ Wingerter
Wingeter ↗ Wingerter
Wirfel ↗ Würfeler
Wirker ↗ Wirker
Wisheu ↗ Wieshei
Wisseler ↗ Wißler
Wißler ↗ Wißler
Wissler ↗ Wißler
Wittmann ↗ Widmann
Witztum ↗ Viztum
Wöber ↗ WEBER
Wohlschlager ↗ Wollschläger
Wohlschläger ↗ Wollschläger
Wohlschlegel ↗ Wollschläger
Wohlstreicher ↗ Wollstreicher
Woldschläger ↗ Wollschläger
Wolker ↗ Walker
Wollenschläger ↗ Wollschläger
Wollenweber ↗ Wollweber
Woller ↗ Woller
Wöller ↗ Woller
Wollner ↗ Wollner
Wöllner ↗ Wollner
Wollschläger ↗ Wollschläger
Wollschlegel ↗ Wollschläger
Wollweber ↗ Wollweber
Worst ↗ Wurster
Worster ↗ Wurster
Worzel ↗ Wurzer
Wöscher ↗ Wäscher

Wragger ↗ Wracker
Wülker ↗ Wirker
Wullenweber ↗ Wollweber
Wüllenweber ↗ Wollweber
Wüller ↗ Woller
Wüllner ↗ Wollner
Wullschleger ↗ Wollschläger
Wullweber ↗ Wollweber
Wüllweber ↗ Wollweber
Würcher ↗ Wirker
Würfel ↗ Würfeler
Würfele ↗ Würfeler
Wurfler ↗ Würfeler
Würfler ↗ Würfeler
Würger ↗ Wirker
Würker ↗ Wirker
Wurst ↗ Wurster
Wurster ↗ Wurster
Würster ↗ Wurster
Würstl ↗ Wurster
Würstle ↗ Wurster
Würstlin ↗ Wurster
Wurstner ↗ Wurster
Würtz ↗ Wurzer
Würtzer ↗ Wurzer
Würtzler ↗ Wurzer
Würz ↗ Wurzer
Wurzel ↗ Wurzer
Wurzer ↗ Wurzer
Wurzler ↗ Wurzer
Würzler ↗ Wurzer
Wurzner ↗ Wurzer
Würzner ↗ Wurzer
Ycher ↗ Eicher
Zahnbrecher ↗ Zahnbrecher
Zainer ↗ Zainer
Zaiser ↗ Zeiser
Zänder ↗ Zentner
Zapf ↗ Zapfer
Zapfe ↗ Zapfer
Zäpfel ↗ Zapfer
Zapfl ↗ Zapfer
Zäpfle ↗ Zapfer
Zapfler ↗ Zapfer
Zäpfler ↗ Zapfer
Zapfner ↗ Zapfer
Zapp ↗ Zapfer
Zappe ↗ Zapfer
Zapper ↗ Zapfer
Zauber ↗ Zauer

Zauer ↗ Zauer
Zaumer ↗ Zäumer
Zäumer ↗ Zäumer
Zauner ↗ Zauner
Zäuner ↗ Zauner
Zauwer ↗ Zauer
Zaynler ↗ Zainer
Zechenter ↗ Zehentner
Zechentner ↗ Zehentner
Zechetmayer ↗ Zehentmeier
Zechmeister ↗ Zechmeister
Zeddel ↗ Zettler
Zedler ↗ Zettler, Zeidler
Zeender ↗ Zehentner
Zegermacher ↗ Zeckermacher
Zehender ↗ Zehentner
Zehendner ↗ Zehentner
Zehentmaier ↗ Zehentmeier
Zehentmair ↗ Zehentmeier
Zehentmeier ↗ Zehentmeier
Zehentner ↗ Zehentner
Zehetmaier ↗ Zehentmeier
Zehetmair ↗ Zehentmeier
Zehetmayer ↗ Zehentmeier
Zehetmayr ↗ Zehentmeier
Zehetmeier ↗ Zehentmeier
Zehetner ↗ Zehentner
Zehnder ↗ Zehentner
Zehner ↗ Zehentner
Zehnter ↗ Zehentner
Zeidler ↗ Zeidler
Zeiner ↗ Zainer
Zeinert ↗ Zainer
Zeinler ↗ Zainer
Zeiser ↗ Zeiser
Zeißler ↗ Zeiser
Zeißner ↗ Zeiser
Zeisssler ↗ Zeiser
Zeisssner ↗ Zeiser
Zeitler ↗ Zeidler
Zeller ↗ Zeller
Zelter ↗ Zelter
Zeltner ↗ Zelter
Zender ↗ Zentner, Zehentner
Zendler ↗ Zehentner
Zenkgraf ↗ Zentgraf
Zenner ↗ Zentner
Zentgraf ↗ Zentgraf
Zentgrebe ↗ Zentgraf
Zentgreve ↗ Zentgraf

Zentner ↗ Zentner
Zepfel ↗ Zapfer
Zepfl ↗ Zapfer
Zerenner ↗ Zerrenner
Zerrenner ↗ Zerrenner
Zettel ↗ Zettler
Zettelmann ↗ Sedelmann
Zettelmeyer ↗ Sedelmeier
Zettl ↗ Zettler
Zettler ↗ Zettler
Zeumer ↗ Zäumer
Zeuner ↗ Zauner
Zeunert ↗ Zauner
Zichner ↗ Ziechner
Zickgraf ↗ Zentgraf
Zickgraff ↗ Zentgraf
Zidler ↗ Zeidler
Ziechner ↗ Ziechner
Ziedler ↗ Zeidler
Ziegelbacher ↗ Ziegelbäcker
Ziegelbecker ↗ Ziegelbäcker
Ziegeldecker ↗ Ziegeldecker
Zieger ↗ Zigerer
Ziegerer ↗ Zigerer
Ziegler ↗ Ziegler
Ziegner ↗ Zigerer
Zieher ↗ Zieher
Ziehr ↗ Zieher
Ziender ↗ Zehentner
Zientner ↗ Zehentner
Ziller ↗ Zillner
Zillner ↗ Zillner
Zimmermann ↗ Zimmermann
Zincgref ↗ Zentgraf
Zindeler ↗ Zindeler
Zindler ↗ Zindeler
Zingraf ↗ Zentgraf
Zingrefe ↗ Zentgraf
Zinkgraf ↗ Zentgraf
Zinkgräf ↗ Zentgraf
Zinkgref ↗ Zentgraf
Zinkgreff ↗ Zentgraf

Zinner ↗ Zinner
Zinnert ↗ Zinner
Zinngrebe ↗ Zentgraf
Zinngrefe ↗ Zentgraf
Zinngreve ↗ Zentgraf
Zinser ↗ Zinser
Zinsler ↗ Zinser
Zinßer ↗ Zinser
Zintel ↗ Zindeler
Zintgraf ↗ Zentgraf
Zintl ↗ Zindeler
Zintner ↗ Zentner, Zehentner
Zintz ↗ Zinser
Zirker ↗ Zirkler
Zirkl ↗ Zirkler
Zirkler ↗ Zirkler
Zistler ↗ Zistler
Zitler ↗ Zeidler
Zöberer ↗ Zauer
Zöckel ↗ Zockelmacher
Zöckler ↗ Zockelmacher
Zoeckel ↗ Zockelmacher
Zoller ↗ Zoller
Zöller ↗ Zoller
Zollner ↗ Zoller
Zöllner ↗ Zoller
Zrenner ↗ Zerrenner
Züchner ↗ Ziechner
Zuckel ↗ Zockelmacher
Zuckermandl ↗ Zuckermann
Zuckermann ↗ Zuckermann
Zügler ↗ Ziegler
Züller ↗ Zillner
Züllner ↗ Zillner
Zunftmeister ↗ Zunftmeister
Zuschrader ↗ Zuschroter
Zwerner ↗ Zwirner
Zwingmann ↗ Zwingmann
Zwirn ↗ Zwirner
Zwirner ↗ Zwirner
Zwörner ↗ Zwirner

Register der lateinischen Bezeichnungen

(Die Pfeile verweisen auf die Wörterbuchartikel)

abenarius ↗ Kesselschmied
abietarius ↗ Zimmermann, Schnitzler
abrotator ↗ Reder
accensus ↗ Stadtknecht, Scherge
acicularius ↗ Heftelmacher, Nadler
actuarius ↗ Aktuar, Schreiber
acuarius ↗ Nadler
acuciator ↗ Schleifer
acufex ↗ Nadler, Nagelschmied
acuminator ↗ Schleifer
acupictor ↗ Seidensticker
acutiator ↗ Schleifer
adeptus ↗ Adept
adiunctus ↗ Adjunkt
adumbrator ↗ Schattenreißer
advocatus ↗ Vogt, Advokat, Fürsprech
advocatus fisci ↗ Advokat
aedicularius ↗ Kleinbauer
aedilis ↗ Aedil, Baumeister
aedilis cerealis ↗ Brotbeschauer
aedituus ↗ Küster
aegrotarius ↗ Siechenmeister
aerarius ↗ Glockenschmied, Kupferschmied
aestimator ↗ Schätzer
agellarius ↗ Kleinbauer
agonitheta ↗ Grießwart
agonotheta ↗ Grießwart
agrestis ↗ Bauer
agricola ↗ Bauer
alabastrarius ↗ Alabasterer
albator ↗ Bleicher
albicerdo ↗ Weißgerber
alchimista ↗ Schwarzkünstler
alendus ↗ Altbauer
altarista ↗ Altarist
alutarius ↗ Weißgerber
ampullarius ↗ Flaschner
ancilla ↗ Aufwärterin, Magd
angarus ↗ Fröner
annonarius ↗ Körner
antigrapheus ↗ Gegenschreiber
antigraphus ↗ Gegenschreiber
antistes ↗ Antistes
anularius ↗ Ringmacher
anulator ↗ Ringmacher
apiarius ↗ Beutner, Zeidler

apologista ↗ Fürsprech
apothecarius ↗ Apotheker
apparitor ↗ Türhüter, Büttel
apricator ↗ Bleicher
aquarius ↗ Wässerer, Brunnenmeister
arbalista ↗ Bogner
arbiter ↗ Spruchmann
arbitrator ↗ Arbiter
arborator ↗ Baumgärtner
archipresbyter ↗ Erzpriester
arcibusarius ↗ Arkebusier
arcuarius ↗ Bogner
arcufex ↗ Bogner
arcularius ↗ Kastenmacher, Tischler
argentarius ↗ Silbergehilfe, Geldwechsler
arithmeticus ↗ Rechenmeister
armentarius ↗ Hirt, Viehmeister
armiger ↗ Knappe
aromatarius ↗ Drogist
aromatopola ↗ Drogist
artifex ↗ Künstler, Meister
artifex candelarum ↗ Lichtzieher
artifex organorum ↗ Orgler
artista ↗ Künstler
assator ↗ Garbrater, Bräter
assessor ↗ Schöffe, Assessor
auceps ↗ Vogler
aulicus ↗ Saalmeister
auricalcifaber ↗ Messingschläger
aurifaber ↗ Goldmacher
aurifex ↗ Goldmacher
auriga ↗ Kutscher, Fuhrmann
aurigifex ↗ Wagner
aurilegulus ↗ Goldgräber
aurilegus ↗ Goldgräber
auscultator ↗ Auskultator
aviarius ↗ Vogelhändler
balistarius ↗ Armbrustmacher, Büchsenschmied
balistifex ↗ Armbrustmacher, Büchsenschmied
balistrarius ↗ Armbrustmacher, Büchsenschmied
ballistarius ↗ Armbrustmacher, Büchsenschmied
ballistrarius ↗ Armbrustmacher, Büchsenschmied

balneator ↗ Balneator, Badstuber, Bader
bannarius ↗ Flurschütz
bapirifex ↗ Papiermacher
barbaricarius ↗ Goldsticker
barbaricus ↗ Goldsticker
barbirasor ↗ Barbier
barbitonsor ↗ Barbier
becharius ↗ Bechermacher
bedellus ↗ Pedell
bergarius ↗ Schäfer
bibliopegus ↗ Buchbinder
bibliopola ↗ Buchführer
bigarius ↗ Kärrner
bonitor ↗ Gütler, Kleinbauer
bossequus ↗ Ochsentreiber
bractearius ↗ Goldschlager
bracteator ↗ Goldschlager
brasiator ↗ Mälzer, Bierbrauer
braxator ↗ Bierbrauer, Mälzer
bubulcus ↗ Ochsner
buleuta ↗ Ratsherr
bursarius ↗ Beutler, Säckler, Schatzmeister
buticularius ↗ Butigler
caballarius ↗ Pferdeknecht
caduceator ↗ Brückner
caelator ↗ Petschierer, Bildstecher, Stempelschneider
caesor ↗ Hauer
calamarius ↗ Kalamalmacher
calcariator ↗ Sporenschmied
calcarifex ↗ Sporenschmied
calcarius ↗ Kalkbrenner, Sporenschmied
calcator ↗ Kelterer, Kalkant
calcearius ↗ Schuhmacher
calceator ↗ Schuhmacher
calciarius ↗ Schuhmacher
calcifex ↗ Schuhmacher
calculator ↗ Kalkulator
caldareator ↗ Kesselschmied
caldarifex ↗ Kesselschmied
calefactor ↗ Kalfakter, Heizer
calfactor ↗ Heizer, Kalfakter
califex ↗ Kelcher, Bechermacher
caligator ↗ Schuster
calligraphus ↗ Schreibmeister, Schönschreiber
calo ↗ Trossknecht
calopiator ↗ Holzschuhmacher
calopifex ↗ Holzschuhmacher
cambasius ↗ Bierbrauer, Mälzer

camerarius ↗ Kammerherr, Kämmerer
caminarius ↗ Kaminfeger, Kaminkehrer
campensis ↗ Kleinbauer, Hacker
campsor ↗ Geldwechsler
cancellarius ↗ Kanzler, Gerichtsschreiber, Kanzelschreiber
candelator ↗ Kerzenzieher
candidarius ↗ Weißgerber, Bleicher
canonicus ↗ Kapitelsherr
cantafusor ↗ Kannengießer
canthararius ↗ Kannengießer
cantor ↗ Singmeister
cantrifex ↗ Kannenmacher
cantrifusor ↗ Kannengießer
capitaneus ↗ Hauptmann
capsularius ↗ Schachtelmacher
carbonarius ↗ Kohlenbrenner, Köhler
carcerarius ↗ Kerkermeister
carinarius ↗ Färber
carminarius ↗ Wollschläger
carminator ↗ Wollkämmer
carnarius ↗ Metzger
carnifex ↗ Metzger, Scharfrichter, Schinder
carpentarius ↗ Karpenter, Zimmermann
carpentator ↗ Zimmermann
carrucarius ↗ Kärrner, Fuhrmann
carrucarius salarius ↗ Salzfuhrmann, Salzkarrer
casarius ↗ Kleinbauer
cassarius ↗ Netzer
castellanus ↗ Kastellan, Schlossvogt, Burgvogt
castrator ↗ Kastrierer, Gelzer
castrensis ↗ Burgvogt
caupo ↗ Wirt
celator ↗ Bildstecher, Petschierer, Stempelschneider
cellarius ↗ Kellermeister
cellerarius ↗ Kellermeister
cementarius ↗ Mörtelkocher, Kalkbrenner
centenarius ↗ Zentgraf
cerarius ↗ Wachszieher
cerdo ↗ Gerber
cerevisiarius ↗ Bierbrauer
ceroplasta ↗ Wachsbossierer
chartarius ↗ Papiermacher
chemicus ↗ Chemicus
chirologus ↗ Chirurg
chirothecarius ↗ Handschuhmacher
chirurgus ↗ Chirurg
choragus ↗ Chorag

cingularius ↗ Gürtler
cingulator ↗ Gürtler
circinarius ↗ Zirkelschmied
circulator ↗ Tandler
cistarius ↗ Tischler, Kistenmacher
cistifex ↗ Kistenmacher
cistinarius ↗ Kistenmacher
civis ↗ Bürger
claustrarius ↗ Schlosser
clavarius ↗ Nagelschmied
clavicularius ↗ Nagelschmied
claviger ↗ Kammerdiener, Beschließer
clibanarius ↗ Ofner
clipeator ↗ Schilder
clippeator ↗ Schilder
cloacarius ↗ Abtritträumer
clusor ↗ Schmied
cochlearius ↗ Löffler
coclearius ↗ Löffler
coctor salis ↗ Salzsieder
cocus ↗ Garkoch
collector ↗ Kollektor, Steuereinnehmer
collega ↗ Kollega
colonus ↗ Bauer
colorator ↗ Färber, Kolorist
comoedus ↗ Komödiant
compastor ↗ Kompastor
concionator [aulicus] ↗ Hofprediger
condimentarius ↗ Gewürzkrämer
conditor ↗ Zuckerbäcker
conflator ↗ Schmelzer
consiliarius ↗ Rat
contionator ↗ Hofprediger
conviciator ↗ Tadler, Schelter, Flucher
copa ↗ Marketender
corbo ↗ Körber
cordarius ↗ Seiler, Kordelmacher
corduanarius ↗ Korduaner
corduanatarius ↗ Korduaner
coreator ↗ Gerber
coriarius ↗ Gerber
corrigiarius ↗ Riemer, Riemenschläger
corrigiator ↗ Riemenschläger
cotiarius ↗ Wetzer, Schleifer
craterarius ↗ Bechermacher
cribrarius ↗ Siebmacher
crustularius ↗ Küchleinbäcker
cubicularia ↗ Kammerfrau, Zofe
cubicularius ↗ Kammerdiener
culcitarius ↗ Mäntler, Kotzenmacher

culcitrarius ↗ Mäntler, Kotzenmacher
cultellarius ↗ Messerschmied
cultellifex ↗ Messerschmied
cultor ↗ Bauer
cultrarius ↗ Messerschmied
cuparius ↗ Küfer, Scheffler
cupedinarius ↗ Küchleinbäcker
cupendinarius ↗ Küchleinbäcker
cuprarius ↗ Kupferschmied
cuprifaber ↗ Kupferschmied
curator ↗ Treuträger, Pfleger
currarius ↗ Wagner
currifex ↗ Wagner
custos ↗ Küster
custos agrorum ↗ Kustos, Flurschütz
custos carceris ↗ Kustos
custos pecorum ↗ Kustos
custos silvae ↗ Kustos
custos silvarum ↗ Kustos
dapifer ↗ Truchsess
deaurator ↗ Fassmaler
decurio ↗ Rottmeister
deglubitor ↗ Schinder
denigrator ↗ Schwarzfärber
dietarius ↗ Diätar
dispensator ↗ Dispensator
doleator ↗ Böttcher, Büttner
doliator ↗ Böttcher, Büttner
domesticus ↗ Hausknecht
doryphoros ↗ Hartschier
dulciarius ↗ Küchleinbäcker
edilis ↗ Aedil, Baumeister
edituus ↗ Küster
effector ↗ Meister
eleemosynarius ↗ Almosenpfleger
elemosynarius ↗ Almosenpfleger
ensifex ↗ Waffenschmied
ephippiarius ↗ Sattler
ephorus ↗ Ephor
equararius ↗ Marstaller
eques ↗ Reiter
erarius ↗ Kupferschmied, Glockenschmied
ergastularius ↗ Kerkermeister
exactor ↗ Steuereinnehmer, Schattmann
exactor vectigalium ↗ Zolleinnehmer
excolonus ↗ Altbauer
excoriator ↗ Schinder
executor ↗ Exekutor
exercitor alearum ↗ Scholderer
exornator pileorum ↗ Putzmacher

expeditor ↗ Expeditor
faber ↗ Schmied
faber abenarius ↗ Kesselschmied
faber aerarius ↗ Kupferschmied
faber aratrorum ↗ Pflugschmied
faber calcarius ↗ Sporenschmied
faber carrucarius ↗ Wagner
faber clavarius ↗ Nagelschmied
faber cultrarius ↗ Messerschmied
faber cupri ↗ Kupferschmied
faber ferrarius ↗ Eisenschmied, Grobschmied
faber galearum ↗ Helmschmied
faber grossarius ↗ Grobschmied
faber laminarius ↗ Plattner
faber lignarius ↗ Tischler
faber limarum ↗ Feilenhauer
faber pastellarum ↗ Beckenschläger, Pfannenschmied
faber patellarum ↗ Beckenschläger, Pfannenschmied
faber sclopetarius ↗ Büchsenschmied
faber serrarius ↗ Sägenschmied
faber terebrarum ↗ Naber
faber vascularius ↗ Bechermacher
factor ↗ Kelterer, Faktor
falcarius ↗ Sensenschmied, Sichelschmied
famula ↗ Magd, Aufwärterin
famulus ↗ Knappe
fartor ↗ Wurster
fenestrarius ↗ Fenstermacher, Glaser
fibularius ↗ Gürtler, Hefter
fibulator ↗ Gürtler, Hefter
fictor ↗ Bossierer
fidicen ↗ Lautenschläger
figellator ↗ Fiedler
figulus ↗ Töpfer
fisicus ↗ Physikus
fistulator ↗ Pfeifer
flator ↗ Schmelzer, Gießer
flebotomator ↗ Flietner
fornacarius ↗ Ofner
fossator ↗ Grabenmacher
frenarius ↗ Riemer
frumentarius ↗ Körner
frumentator ↗ Körner
fullo ↗ Tuchwalker, Wäscher
funarius ↗ Seiler
funicularius ↗ Seiler
funifex ↗ Seiler
furnarius ↗ Ofner, Bäcker

fusor ↗ Gießer, Schmelzer
fusor aeramentarius ↗ Rotgießer
fusor aerarius ↗ Rotgießer
fusor candelarum ↗ Kerzengießer
fusor tormentarius ↗ Geschützgießer
fusor tormentorum ↗ Geschützgießer
ganeo ↗ Reimsprecher
gannio ↗ Reimsprecher
gastaldus ↗ Gastalde
gemmarius ↗ Jubilierer
geometra ↗ Feldscheider
geometricus ↗ Feldscheider
gladiarius ↗ Schwertfeger, Messerschmied
gladiator ↗ Fechter, Schwertfeger
glutinator ↗ Buchbinder
grammateus ↗ Schreiber
granarius ↗ Korn
graphiarius ↗ Gerichtsschreiber, Stadtschreiber
grutarius ↗ Grützner
guardianus ↗ Wardein
gubernator ↗ Gubernator
harpator ↗ Spielmann
helciarius ↗ Schiffzieher
herbarius ↗ Apotheker, Drogist
histrio ↗ Spielmann
horologiarius ↗ Uhrmacher
hospes ↗ Wirt
hospitalarius ↗ Wirt
ianitor ↗ Türhüter, Schließer, Torwart
illuminator ↗ Illuminist
indusiarius ↗ Hemdenmacher
infector ↗ Färber
inquilinus ↗ Inmann
institor ↗ Höker, Krämer
instructor ↗ Schaffer
iocator ↗ Spielmann
ioculator ↗ Spielmann
iudex ↗ Richter
iudex mendicantium ↗ Bettelrichter
iustitiarius ↗ Justitiar
jaculator ↗ Flurschütz
jaculator ferarum ↗ Jäger
janitor ↗ Schließer
janitrix ↗ Schließerin
jocator ↗ Spielmann
joculator ↗ Spielmann
judex ↗ Richter
justitiarius ↗ Justitiar
laborator ↗ Arbeiter

laetus ↗ Höriger
laminarius ↗ Spengler, Blechschmied
lanarius ↗ Wollarbeiter
lanifex ↗ Wollweber, Wollarbeiter
lanifica ↗ Wollspinner
lanificus ↗ Wollweber
lanio ↗ Metzger
lanipendia ↗ Wollspinner
lanista ↗ Fechtmeister
lanitextor ↗ Wollweber
lanius ↗ Metzger
lapicida ↗ Steinmetz
lapidarius ↗ Steinmetz
lapsator ↗ Wetzer, Schleifer
laterarius ↗ Ziegler
latericius ↗ Ziegler
laterifex ↗ Ziegler
laternarius ↗ Laternenmacher
laternifex ↗ Laternenmacher
lator ↗ Träger
latrifex ↗ Ziegler
latrinarum mundator ↗ Abtritträumer
lavandarius ↗ Tuchwalker
lecticarius ↗ Sänftenträger
libarius ↗ Kuchenbäcker
liber rusticus ↗ Freibauer
libertinus ↗ Freibauer
librarius ↗ Waagemeister
libripens ↗ Waagemeister
lictor ↗ Stadtknecht
ligator ↗ Buchbinder
lignarius ↗ Holzmann, Zimmermann
lignifaber ↗ Zimmermann
ligularius ↗ Heftelmacher
limator ↗ Feiler
limbolarius ↗ Posamentierer
linarius ↗ Leinenweber
linifex ↗ Leinenweber
lintearius ↗ Leinwandkäufer, Leinenweber
litus ↗ Höriger
lixinarius ↗ Gerichtsdiener
lodex ↗ Kotzenmacher
lorarius ↗ Riemer, Harnischmacher, Sattler
loricarius ↗ Harnischmacher
lorifex ↗ Harnischmacher, Panzerschmied
lotor ↗ Wäscher
lotrix ↗ Wäscherin
ludidirector ↗ Ludirector
ludimagister ↗ Ludimagister
lutanista ↗ Lautenschläger

lutifigulus ↗ Töpfer
lutinista ↗ Lautenschläger
lychnopoeus ↗ Kerzenzieher
macellarius ↗ Metzger
macellator ↗ Metzger
magister ↗ Meister
magister armorum ↗ Waffenmeister
magister scabinorum ↗ Schöffenmeister
malleator ↗ Dengler, Hammerschmied
marescalcus ↗ Marschall
marinarius ↗ Fahrensmann
mariscalcus ↗ Marschall
matiarius ↗ Wurster
mechanicus ↗ Mechaniker
mediastinus ↗ Hausknecht
medicus ↗ Medicus
mellicida ↗ Zeidler
mensator ↗ Tischler
mensor ↗ Feldscheider
mensurator ↗ Messer
mensurator frumentorum ↗ Fruchtmesser
mensurator vini ↗ Weinmesser
mercator ↗ Handelsherr, Kaufherr
mercator salarius ↗ Salzhändler
mercenarius ↗ Mietling
meretrix ↗ Feildirne
merscalcus ↗ Marschall
messor ↗ Schnitter
metator ↗ Fourier, Kornmesser
metator frumentarius ↗ Kornmesser
mimus ↗ Spielmann
minister ↗ Minister
minister rei publicae ↗ Stadtknecht
ministerialis ↗ Ministeriale
minutor ↗ Aderlasser
molendinarius ↗ Müller
molendinator ↗ Müller
molinarius ↗ Müller
molitor ↗ Müller
molitor navalis ↗ Schiffmüller
monetarius ↗ Münzer
mulsarius ↗ Metsieder
munitor ↗ Schanzgräber
nauclerus ↗ Schiffmeister
naupegus ↗ Nauer
naustrologus ↗ Schiffmeister
navicularius ↗ Schiffmacher
negotians ↗ Negoziant
negotiator ↗ Negoziant
netor ↗ Nähter, Näher

netrix ↗ Nähterin, Näherin
nigromanticus ↗ Schwarzkünstler
nitrarius ↗ Salitersieder, Salpetersieder
noctianus ↗ Nachtwächter
nocticustos ↗ Nachtwächter
nodularius ↗ Knopfmacher
notarius ↗ Schreiber
notarius publicus ↗ Schreiber
nummularius ↗ Geldwechsler
nundinarius ↗ Krämer
nuntius ↗ Bote
obstetrix ↗ Hebamme
ocularius ↗ Starstecher
oeconomicus ↗ Ökonom, Schaffer
oeconomus ↗ Ökonom, Schaffer
officialis ↗ Offizial
olearius ↗ Ölmüller
oleator ↗ Ölmüller
olitor ↗ Kohlgärtner
ollarius ↗ Töpfer
ollifusor ↗ Gropengießer
operarius ↗ Arbeiter
operator ↗ Operateur
opifex ↗ Meister
opifex chartarius ↗ Papiermacher
opilio ↗ Schäfer
optio ↗ Feldweibel
organarius ↗ Orgler
organicen ↗ Orgler
organicus ↗ Orgler
organista ↗ Orgler
organoedus ↗ Orgler
ornatrix ↗ Schmücker
orphanotrophus ↗ Waisenpfleger
ostiarius ↗ Türhüter
oviliarius ↗ Schäfer
ovilio ↗ Schäfer
pabularius ↗ Futterknecht
pabulator ↗ Futterknecht
panifex ↗ Bäcker
pannicida ↗ Tuchscherer, Tuchschneider
pannifex ↗ Tuchmacher
pannirasor ↗ Tuchscherer
pannitonsor ↗ Tuchscherer
papyrarius ↗ Papiermacher
papyrifex ↗ Papiermacher
paranymphus ↗ Hochzeitlader
parator panni ↗ Tuchbereiter
parochus ↗ Parochiepfaffe
partiarius ↗ Halbbauer

particeps salinarum ↗ Salzgenosse
pastillarius ↗ Küchleinbäcker
pastor ↗ Hirt
patellarius ↗ Beckenschläger, Pfannenschmied
pecorarius ↗ Schwaiger, Viehmeister
pectinarius ↗ Kammmacher
pecuarius ↗ Schwaiger
pedellus ↗ Pedell, Amtsknecht
pedisequus ↗ Lakai
pedissequa ↗ Zofe
pelliciator ↗ Kürschner
pellifex ↗ Kürschner
pellio ↗ Kürschner
␣elliparius ↗ Kürschner
pelvifex ↗ Beckenschläger
penesticus ↗ Krämer, Höker
perator ↗ Taschner
perceptor ↗ Einnehmer
pergamenarius ↗ Pergamenter
pergamenista ↗ Pergamenter
pergamentarius ↗ Pergamenter
pestilentiarius ↗ Pestilentiar
pharmacopoeus ↗ Apotheker
pharmacopola ↗ Apotheker
phasianarius ↗ Fasanenwärter
phisicus ↗ Physikus
physicus ↗ Physikus
picariator ↗ Bechermacher
picator ↗ Bechermacher
pictaciarius ↗ Schuhmacher
pictor ↗ Maler
pigmentarius ↗ Apotheker, Salbenbereiter
pilator ↗ Hutmacher
pilearius ↗ Hutmacher
pileator ↗ Hutmacher
pillearius ↗ Hutmacher
pilleator ↗ Hutmacher
pincerna ↗ Schenk
pincernarius ↗ Schenk
piscarius ↗ Fischmenger
piscator ↗ Fischer
pistor ↗ Pfister, Bäcker
placentarius ↗ Fladenbäcker, Kuchenbäcker
plastes ↗ Töpfer
plaustrarius ↗ Wagner
plebanus ↗ Leutpriester
plumarius ↗ Federschmücker
plumbarius ↗ Bleigießer
politor ↗ Polierer, Harnischfeger

ponderator ↗ Waagemeister
portator ↗ Träger
portitor ↗ Mautner
possessor ↗ Possessor
postarius ↗ Posthalter
praeceptor ↗ Lehrer, Meister
praeco ↗ Büttel
praedicans ↗ Prädikant
praedicator ↗ Prädikant
praefectus vectigalium ↗ Mautner
praefectus ↗ Amtmann, Pfleger, Vogt
praefectus excubiarum ↗ Wachtmeister
praefectus postarum ↗ Postmeister
praefectus ptochii ↗ Spitalpfleger
praefectus salinarum ↗ Salzmeister, Salzamtmann, Salzgraf
praefectus salis ↗ Salzmeister, Salzamtmann, Salzgraf
praefectus xenodochii ↗ Spitalpfleger
praepositus ↗ Propst
praetorianus ↗ Hartschier
prasiator ↗ Mälzer
praxator ↗ Bierbrauer, Mälzer
preceptor ↗ Lehrer
prefectus ↗ Amtmann, Pfleger, Vogt
prepositus ↗ Propst
primissarius ↗ Frühmesser
principalis ↗ Prinzipal
probator ↗ Wardein
procurator ↗ Hochzeitlader, Schaffner, Fürsprech
professor ↗ Professor
prolocutor ↗ Fürsprech
promus ↗ Schließer, Kellerwarter
propinator ↗ Garkoch
proreta ↗ Schiffmeister
provisor ↗ Verweser
puer ↗ Knappe
pugnator ↗ Fechter
purgator cloacarum ↗ Abtrittträumer
purgator latrinarum ↗ Abtrittträumer
pyrotechnicus ↗ Feuerwerker
quaestor ↗ Kämmerer, Schatzmeister
quaestor aerarius ↗ Rentschreiber
questor ↗ Kämmerer
rabula ↗ Rabulist
raedarius ↗ Fuhrmann
rasor panni ↗ Tuchscherer
receptor ↗ Einnehmer
rector scholarum ↗ Schulmeister

redarius ↗ Fuhrmann
refector aerearius ↗ Pfannenflicker
remex ↗ Ruderknecht
renovator ↗ Flickschneider, Flickschuster
reparator sitularum ↗ Drahtbinder, Rastelbinder
residens ↗ Resident
restiarius ↗ Seiler
resticularius ↗ Seiler
restio ↗ Seiler
retiarius ↗ Haubenstricker
retiator ↗ Netzer
reticulator ↗ Strumpfwirker
rhedarius ↗ Wagner, Fuhrmann
rosarius ↗ Rosenkranzmacher
rotarius ↗ Rademacher
rubricator ↗ Rotmaler
ruricola ↗ Ackermann
rusticus ↗ Bauer
saccarius ↗ Sackträger
saccifer ↗ Sackträger
saccularius ↗ Sackträger
sacrista ↗ Küster
sagittarius ↗ Pfeilschmied, Schütze, Bogner
salarius ↗ Salzhändler
salinarius ↗ Salzschreiber
salinator ↗ Salzsieder, Salzherr
salitor ↗ Salpetersieder, Salitersieder, Saliterer
salsuciarius ↗ Salsitzenmacher, Wurster
saltator ↗ Springer
saltatrix ↗ Springer
saltuarius ↗ Saltner, Flurschütz
samiator ↗ Schwertfeger, Schleifer
saponarius ↗ Seifensieder
sarcinator ↗ Schneider, Lapper, Flicker
sartor ↗ Schneider
sartrix ↗ Näherin, Nähterin
satelles ↗ Rottmeister, Lakai
satrapa ↗ Pfleger
scabinus ↗ Schöffe
scandularius ↗ Schindeldecker, Schindelhauer
scapharius ↗ Kahnführer
scaphiarius ↗ Kahnführer
scenicus ↗ Spielmann
scholarcha ↗ Lehrer
scholasticus ↗ Schulmeister
scindularius ↗ Schindeldecker, Schindelhauer
sclopetarius ↗ Büchsenschütze
scoparius ↗ Besenbinder, Feger

scriba ↗ Schreiber
scriba salinarium ↗ Salzschreiber
scriniarius ↗ Tischler
scriptor ↗ Schreiber
sculptor ↗ Schnitzler, Bossierer
scultetus ↗ Schulze, Schultheiß
scurra ↗ Spielmann
scutarius ↗ Schilder
scutellifex ↗ Schüssler
scytotomus ↗ Riemer
secretarius ↗ Sekretär, Geheimschreiber
sedarius ↗ Stuhlmacher
segmentarius ↗ Posamentierer
sellarius ↗ Sattler
sellator ↗ Sattler
semirusticus ↗ Feldgärtner
serarius ↗ Schlosser
serator ↗ Schlosser
sericarius ↗ Posamentierer, Seidenstricker, Seidensticker
serrarius ↗ Sägenschmied
serrator ↗ Säger, Brettschneider
servus ↗ Diener, Knecht, Bedienter
servus annonarius ↗ Schrannenknecht
sessor ↗ Inmann
setarius ↗ Bürstenbinder
sitularius ↗ Kübler
sodalis ↗ Geselle
spatharius ↗ Schwertner
specularius ↗ Spiegler
spondealis ↗ Schwegler
stationarius ↗ Stationer
stationator ↗ Stationer
stivarius ↗ Pflughalter
stratarius ↗ Sattler, Zaummacher
strator laterum ↗ Ziegeldecker
studiosus ↗ Beflissener
subulcus ↗ Sauhirt
susceptor aleatorum ↗ Scholderer
sutor ↗ Schuster
sutor veteramentarius ↗ Altbüßer
tabernarius ↗ Taferner
tabernator ↗ Taferner
tarantarisator ↗ Reder
taxator ↗ Schätzer, Schattmann
tector ↗ Decker
tegularius ↗ Ziegler
tegulator ↗ Ziegler
textor ↗ Textor, Weber
textor lintearius ↗ Leinenweber

thesaurarius ↗ Thesaurar
thorifex ↗ Plattner
tibiarius ↗ Pfeifenmacher
timpanator ↗ Trommelschläger, Paukenschläger
tinctor ↗ Färber
tinctor sericorum ↗ Schönfärber
tonsor ↗ Barbier, Scherer
tormentarius ↗ Stückknecht
tornarius ↗ Dreher, Drechsler
tornator ↗ Drechsler, Dreher
tortor ↗ Folterknecht, Peiniger
translator ↗ Translator
trapezeta ↗ Münzer
trapezita ↗ Münzer
trapiseta ↗ Münzer
tricliniarchus ↗ Küchenmeister, Speisemeister
tricliniarius ↗ Küchenmeister, Speisemeister
tympanator ↗ Trommelschläger, Paukenschläger
typographus ↗ Schriftsetzer
typotheta ↗ Schriftsetzer
umbrellarius ↗ Schirmmacher
unguentarius ↗ Salbenbereiter
vaginator ↗ Scheidenmacher
vasallus ↗ Vasall
vascularius ↗ Bechermacher, Scheffler
vector ↗ Kutscher, Fuhrmann
vector salis ↗ Salzfuhrmann
venator ↗ Jäger
vervicarius ↗ Hammelknecht
vestiarius ↗ Mäntler, Gewandmeister
vestimentarius ↗ Altgewander
veteramentarius ↗ Pfannenflicker, Altbüßer
vicarius ↗ Statthalter, Verweser
vicedomus ↗ Viztum
vietor ↗ Büttner, Böttcher
vigil ↗ Wächter
vigilator ↗ Wächter
vilicus ↗ Meier
villanus ↗ Meier
villicus ↗ Meier, Hofbauer
vinctor ↗ Büttner, Böttcher
vindemiator ↗ Weingärtner
viniarius ↗ Weinschenk
vinitor ↗ Weinschenk
virgulator ↗ Rutenbinder
visitator ↗ Schauer, Visitator
vitor ↗ Korbzainer
vitrarius ↗ Glaser

vitriarius ↗ Glaser
vitriator ↗ Glaser
vitricus ↗ Kirchenpfleger
vitrifactor ↗ Glaser
vitriferus ↗ Glasträger
vitrifex ↗ Glaser

vulnerarius ↗ Wundarzt
xenodocharius ↗ Spitalpfleger
xylocopus ↗ Zimmermann
zonarius ↗ Gürtler
zygostata ↗ Wardein, Waagemeister

Rückläufiges Register aller Wortformen

Collega	Wartsweib	Stralschmied
Schulcollega	Leitgöb	Nadelschmied
Kollega	Menbub	Edelschmied
Asega	Waterclerc	Löffelschmied
Manga	Dreckfaged	Nagelschmied
Aja	Brockfoged	Weißnagelschmied
Zythopola	Brokfoged	Schwarznagelschmied
Famula	Holtvoged	Schwarznegelschmied
Stora	Glied	Angelschmied
Zythepsa	Schmied	Ringelschmied
Zythopepta	Stabschmied	Rüngelschmied
Bombardista	Grobschmied	Kugelschmied
Illuminista	Hubschmied	Sichelschmied
Aya	Jagdschmied	Zirkelschmied
Ambubaya	Waldschmied	Kesselschmied
Drab	Laugoldschmied	Meißelschmied
Amtsdrab	Lougoldschmied	Beitelschmied
Rathgeb	Bandschmied	Knüttelschmied
Ratgeb	Bestandschmied	Ahlschmied
Leitgeb	Herdschmied	Strahlschmied
Bierleitgeb	Pferdeschmied	Stahlschmied
Gastgeb	Sägeschmied	Beilschmied
Leutgeb	Hofschmied	Feilschmied
Bierleutgeb	Loofschmied	Pfeilschmied
Leutgieb	Huofschmied	Neilschmied
Weib	Knopfschmied	Helmschmied
Kindweib	Laufschmied	Zaumschmied
Badeweib	Hufschmied	Nabenschmied
Jeringweib	Zeigschmied	Klobenschmied
Milchweib	Stangschmied	Klöbenschmied
Waschweib	Ringschmied	Haubenschmied
Kindlweib	Messingschmied	Hubenschmied
Lavendelweib	Bergschmied	Windenschmied
Trödelweib	Zeugschmied	Waffenschmied
Fratschelweib	Grobzeugschmied	Blankwaffenschmied
Urthelweib	Werkzeugschmied	Läufenschmied
Urtelweib	Pflugschmied	Sagenschmied
Schwammweib	Flachschmied	Sägenschmied
Germweib	Nachschmied	Wagenschmied
Aschenweib	Blechschmied	Degenschmied
Inweib	Plechschmied	Haggenschmied
Kinderweib	Rothschmied	Stangenschmied
Kerntragerweib	Freischmied	Zangenschmied
Fratschlerweib	Reckschmied	Klingenschmied
Kammerweib	Zweckschmied	Zwingenschmied
Beinerweib	Blankschmied	Bogenschmied
Losweib	Rinkschmied	Blechenschmied

Flaschenschmied	Zainhammerschmied	Kleinmagd
Hakenschmied	Zeinhammerschmied	Kindermagd
Hackenschmied	Kupferhammerschmied	Grasmagd
Fleckenschmied	Schwarzhammerschmied	Vorwerksmagd
Zweckenschmied	Näpperschmied	Großmagd
Glockenschmied	Nepperschmied	Hausmagd
Rinkenschmied	Bohrerschmied	Dienstmagd
Ahlenschmied	Messerschmied	Prachervagd
Feilenschmied	Reifmesserschmied	Eschaid
Schnallenschmied	Langmesserschmied	Maid
Schellenschmied	Strohmesserschmied	Bädermeid
Kammenschmied	Kurzmesserschmied	Stroschneid
Fahnenschmied	Pusterschmied	Schmid
Pfannenschmied	Panzerschmied	Grobschmid
Krampenschmied	Bohrschmied	Hubschmid
Scherenschmied	Rohrschmied	Laugoldschmid
Röhrenschmied	Vorschmied	Herdschmid
Sporenschmied	Kurschmied	Hofschmid
Büchsenschmied	Kürassschmied	Laufschmid
Eisenschmied	Spießschmied	Hufschmid
Segensenschmied	Bissschmied	Messingschmid
Sensenschmied	Ambossschmied	Bergschmid
Leistenschmied	Schlossschmied	Zeugschmid
Kettenschmied	Drahtschmied	Flachschmid
Hauenschmied	Reitschmied	Blechschmid
Fahnschmied	Kaltschmied	Rothschmid
Zahnschmied	Rotschmied	Orthschmid
Zainschmied	Schwertschmied	Zweckschmid
Kleinschmied	Ortschmied	Löffelschmid
Zeinschmied	Sengstschmied	Nagelschmid
Pfannschmied	Faustschmied	Weißnagelschmid
Rennschmied	Reutschmied	Schwarznagelschmid
Schaarschmied	Freyschmied	Ringelschmid
Bärschmied	Holzschmied	Zirkelschmid
Scharschmied	Creutzschmied	Kesselschmid
Näberschmied	Kreutzschmied	Knüttelschmid
Naberschmied	Kreuzschmied	Zaumschmid
Eberschmied	Anckerschmed	Klobenschmid
Neberschmied	Pannensmed	Haubenschmid
Kupferschmied	Bussensmed	Waffenschmid
Hammerkupferschmied	Drattsmed	Sägenschmid
Nabegerschmied	Magd	Wagenschmid
Neigerschmied	Bademagd	Klingenschmid
Seigerschmied	Grasemagd	Flaschenschmid
Nabingerschmied	Zoffmagd	Hackenschmid
Scherschmied	Zofmagd	Fleckenschmid
Ankerschmied	Milchmagd	Rinkenschmid
Schiffsankerschmied	Beimagd	Feilenschmid
Hammerschmied	Gürtelmagd	Schellenschmid
Eisenhammerschmied	Mittelmagd	Fahnenschmid

Pfannenschmid	Lampard	Deichgräfe
Scheerenschmid	Lumpard	Diekgräfe
Sensenschmid	Bumberd	Krippgräfe
Leistenschmid	Faud	Salzgräfe
Fahnschmid	Meyd	Grefe
Zahnschmid	Glyd	Deichgrefe
Zainschmid	Hubsmyd	Zingrefe
Kleinschmid	Hufsmyd	Hogrefe
Scharschmid	Nadelsmyd	Holzgrefe
Näberschmid	Pfansmyd	Pfaffe
Eberschmid	Pansmyd	Parochiepfaffe
Kupferschmid	Waffensmyd	Messpfaffe
Neigerschmid	Swingensmyd	Schöffe
Ankerschmid	Rinkensmyd	Landschöffe
Hammerschmid	Kammensmyd	Sendschöffe
Schwarzhammerschmid	Sensensmyd	Gerichtsschöffe
Messerschmid	Weberknabe	Centschöffe
Rohrschmid	Litgaebe	Zentschöffe
Vorschmid	Ratgebe	Zoffe
Curschmid	Leitgebe	Zohfe
Dratschmid	Bierleitgebe	Halfe
Reitschmid	Grebe	Schulgehilfe
Faustschmid	Hansegrebe	Silbergehilfe
Freyschmid	Deichgrebe	Schulgehülfe
Kreuzschmid	Salzgrebe	Silbergehülfe
Nelesmid	Vollerbe	Zoofe
Pylesmid	Mähnbube	Zofe
Hofsmid	Mennbube	Kammerzofe
Nagelsmid	Trossbube	Kämpfe
Nelsmid	Actrice	Page
Pilsmid	Lottocollectrice	Fege
Pylsmid	Aktrice	Deichedige
Hubensmid	Vice	Biereige
Pannensmid	Kedde	Braueige
Scherensmid	Gliede	Menge
Ankersmid	Smede	Junge
Koppersmid	Klensmede	Scheidjunge
Koppirsmid	Gleide	Scheidejunge
Anwald	Gastalde	Waschjunge
Zehendhold	Grundholde	Treckjunge
Grundhold	Zehentholde	Grubenjunge
Herold	reitende	Menjunge
Wappenherold	Bonde	Luttenjunge
Schoband	Glonde	Mähnjunge
Marchand	Glunde	Trossjunge
Schärkind	Lombarde	Dienstjunge
Scherkind	Herde	Färge
Bond	Hofjude	Heimberge
Glond	Trödeljude	Ferge
Weinschrod	Gräfe	Seeferge

Urfahrferge	Heie	Glasewerke
Ausferge	Escheie	Salwerke
Auferge	Öscheie	Körsenwerke
Nauferge	Waldheie	Korsenwerke
Scherge	Eschheie	Sarwerke
Landscherge	Fischheie	Salwirke
Eisenscherge	Bruckheie	Kammertürke
Blutscherge	Wiesheie	Ministeriale
Verge	Holzheie	Schmiedmühle
Förge	Scharcutié	Geselle
Nauförge	Hake	Kaufgeselle
Schörge	Bierhake	Berggeselle
Salbürge	Moshake	Schulgeselle
Heimbürge	Lichthake	Wochengeselle
Rachimburge	Vorsprake	Ertengeselle
Rachinbürge	Hacke	Uertengeselle
Vorsprache	Becke	Irtengeselle
Deche	Platzbecke	Ortengeselle
Schuldeche	Mundschencke	Ürtengeselle
Kirchendeche	Hocke	Urtengeselle
Armendeche	Höcke	Örtergeselle
Ferche	Fischhocke	Meistergeselle
Leonische	Kleiderhocke	Jahrgeselle
Ruffersche	Heiducke	Pfarrgeselle
Wäschersche	Heyducke	Schürgeselle
Dodenbitersche	Hucke	Handelsgeselle
Mühlbursche	Hogke	Hausgeselle
Mühlenbursche	Tolke	Altgeselle
Müllerbursche	Enke	Ortgeselle
Fahrbursche	Schenke	Büttgeselle
Lehrbursche	Weinschenke	Sitzgeselle
Mühlpursche	Winschenke	Damoiselle
Hantsche	Unterschenke	Demoiselle
Eschweihe	Mittelenke	Schrolle
Bothe	Kleinenke	Hofdame
Klagbothe	Oberenke	Bademöhme
Dingbothe	Unterenke	Muhme
Bergbothe	Großenke	Badmuhme
Deichbothe	Höke	Bademuhme
Gaffelbothe	Hoke	Viehmuhme
Wallbothe	Käsehöke	Kindermuhme
Frohnbothe	Kleiderhöke	Hebamme
Silberbothe	Häringshöke	Afterhebamme
Weisbothe	Heringshoke	Hefamme
Fußbothe	Tobakshöke	Säugamme
Hausbothe	Obsthoke	Saugamme
Waltbothe	Obsthöke	Bademome
Dienstbothe	Gewerke	Bademöme
Salwirthe	Hammergewerke	Frohne
Associé	Salzgewerke	Gerichtsfrohne

Zusenne	Carpe	Gereidengenosse
Dechantinne	Karpe	Handwerksgenosse
Dechentinne	Cambsnidere	Handelsgenosse
Techentinne	Ghordere	Gereutgenosse
Halbwinne	Roetloschere	Salzgenosse
Bonne	Reepsleghere	Holzgenosse
Histrione	Dreghere	Reuße
Dalljone	Swertveghere	Reusse
Fullone	Kerkhere	Ruße
Frone	Kerthzengethere	Russe
Gerichtsfrone	Cafetière	Accoucheuse
Dirne	Harnschmakere	Oltrüse
Knüppeldirne	Platenmakere	Late
Dritteldirne	Theschinmeckere	Kossate
Buhldirne	Hoedtfiltere	Kossäte
Feildirne	Viltere	Landsete
Lehrdirne	Winscrivere	Arsete
Lustdirne	Baumhovere	Wurtsete
Wardune	Bathstovere	Corsenwerchte
Slune	Medebruwere	Körsenwerchte
Knape	Lore	Schowerchte
Wullenknape	Hallore	Schuhwürchte
Weferknape	Gabenherre	Sarwürchte
Weverknape	Abenture	Lite
Schepe	Teichbase	Schulte
Kämpe	Bänhase	Boschulte
Krämpe	Beenhase	Waterschulte
Grempe	Böhnhase	Bauschulte
Knappe	Bühnhase	Gouvernante
Schopfknappe	Beinhase	Glunte
Bergknappe	Bönhase	Klunte
Duchknappe	Altreise	Bote
Tuchknappe	Orlogmatrose	Waldbote
Wahlknappe	Tuggermatrose	Schuldbote
Mühlknappe	Tuchermatrose	Landbote
Wollknappe	Lasse	Klagbote
Weberknappe	Sasse	Dingbote
Hausknappe	Landsässe	Bergbote
Erzknappe	Landsasse	Deichbote
Ertzknappe	Grundsasse	Freibote
Scheppe	Beisasse	Gaffelbote
Hippe	Freisasse	Wallbote
Schöppe	Hintersasse	Schuldenbote
Feldschöppe	Untersasse	Frohnbote
Landschöppe	Altsasse	Fronbote
Sendschöppe	Kotsasse	Silberbote
Lassschöppe	Wurtsasse	Landesbote
Gerichtsschöppe	Genosse	Weisbote
Amtsschöppe	Gereidegenosse	Fußbote
Zentschöppe	Markgenosse	Hausbote

Waltbote	Meierleute	Rusze
Dienstbote	Rollfuhrleute	Metze
Schuwarte	Wardiersleute	Schultze
Glazewerte	Gerichtsleute	Kotze
Schuchwerte	Wirtsleute	Kesselhautze
Beckenwerte	Widemutsleute	Schütze
Korsenwerte	Gotteshausleute	Leibschütze
Korssenwerte	Ratleute	Feldschütze
Steynwerte	Wartleute	Stachelschütze
Scowerte	Instleute	Stahlschütze
Schowerte	Rottleute	Eibenschütze
Messerwerte	Schauleute	Fliegenschütze
Hirte	Kornute	Hakenschütze
Feldhirte	Salzgrave	Büchsenschütze
Taghirte	Salzgräve	Federschütze
Schmalhirte	Ratgeve	Bürgerschütze
Wildenhirte	Greve	Fourierschütze
Vorwerkshirte	Zincgreve	Flurschütze
Nachthirte	Waldgreve	Amtsschütze
Suhirte	Hochgreve	Stadtschütze
Schuchwirte	Diekgreve	Grenzschütze
Kaitorte	Spielgreve	Rütze
Schuchworte	Gogreve	Stütze
Steinworte	Feuergreve	Reuzze
Sarworte	Altfrouwe	Graf
Schuchwurte	Erbexe	Waldgraf
Modiste	Erfexe	Handgraf
Lanste	Scholcze	Landgraf
Inste	Vize	Rügegraf
Landinste	Scholze	Femegraf
Droste	Schulze	Hansegraf
Arste	Halbschulze	Hofgräf
Atte	Erbschulze	Hofgraf
Kossätte	Kolonieschulze	Dinggraf
Ette	Dorfschulze	Dinggräf
Schotte	Deichschulze	Burggraf
Kellerschotte	Freischulze	Deichgraf
Schutte	Lehenschulze	Hochgraf
Schütte	Reihenschulze	Freigraf
Hakenschutte	Lehnschulze	Kalligraf
Bussenschutte	Fischerschulze	Wikgraf
Bussenschütte	Wasserschulze	Markgraf
Rebleute	Landesschulze	Spielgraf
Feldweidleute	Lehnsschulze	Mühlgraf
Salleute	Gerichtsschulze	Femgraf
Mahlleute	Berittschulze	Fehmgraf
Inleute	Bauschulze	Rheingraf
Weinleute	Setzschulze	Gograf
Ärnleute	Kawerze	Krippgraf
Urbarleute	Kaworze	Kammergraf

Wassergraf	Häuerling	Paedagogiarch
Feuergraf	Heuerling	Gymnasiarch
Hansgraf	Heurling	Scholarch
Centgraf	Häusling	Salburch
Zentgraf	Landhäusling	Salwürch
Forstgraf	Mietling	Salwurch
Gaugraf	Fläming	Sarwürch
Amtsgaugraf	Fähring	Kuttelwäsch
Freygraf	Naufähring	Wäschermensch
Salzgraf	Donaufähring	Kindsmensch
Holzgraf	Fehring	Rothlösch
Gref	Naufehring	Mühlbursch
Feuergref	Jung	Hallbursch
Feurgref	Lüchtenjung	Müllerbursch
Messpfaff	Ferg	Lehrbursch
Hofgräff	Urfahrferg	Kabartsch
Greff	Ausferg	Kowartsch
Führgreff	Auferg	Kabertsch
Groif	Nauferg	Cowertsch
Judenbischof	Scherg	Gowertsch
Bierzapf	Eisenscherg	Peckh
Schöpf	Uferförg	Sauerpeckh
Knüpfauf	Naufürg	Hayduckh
Chorag	Chirurg	Kalligraph
König	Feldchirurg	Hylograph
Schundkönig	Brunnenchirurg	Typograph
Spielleutekönig	Medicochirurg	Rath
Speckkönig	Medico-Chirurg	Jagdrath
Schelmenkönig	Ratschirurg	Hofrath
Wapenkönig	Pestchirurg	Deichrath
Wappenkönig	Chyrurg	Heimrath
Nachtkönig	Perleinmach	Geheimrath
Nachtkünig	Vorsprach	Deichheimrath
Ferig	Bürgervorsprach	Domainenrath
Margschalg	Ratsvorsprach	Reitrath
Hefang	Fürsprach	Kossath
Höfang	Steinbrech	Waldboth
Mengling	Vorsprech	Freyboth
Miethling	Fürsprech	Starioth
Peinling	Parschalch	Glazewerth
Silber-Cämmerling	Mundkoch	Wirth
Hämmerling	Schläckkoch	Speisewirth
Kammerling	Schleckkoch	Jungwirth
Kämmerling	Sudelkoch	Schenkwirth
Hemmerling	Gaarkoch	Salwirth
Kemmerling	Garkoch	Hurenwirth
Zimmerling	Meisterkoch	Ackerwirth
Bergzimmerling	Vorkoch	Kellerwirth
Österling	Auskoch	Brauwirth
Osterling	Pädagogiarch	Würth

Fauth	Feilbeck	Sarwürk
Smyth	Heimbeck	Fiscal
Hai	Kuchenbeck	Official
Eschai	Pastetenbeck	Ministerial
Eschhai	Weizenbeck	Spezial
Fischhai	Kleinbeck	Offizial
Lakai	Schönbeck	Fiskal
Laquai	Zuckerbeck	Kammerfiskal
Hei	Sauerbeck	Principal
Waldhei	Weißbeck	Lehrprincipal
Feldhei	Großbeck	Prinzipal
Eschhei	Hausbeck	Lehrprinzipal
Fischhei	Schlechtbeck	Sensal
Bruckhei	Brotbeck	Wechselsensal
Brückenhei	Gäubeck	Veldwaibl
Flurhei	Gaubeck	Dandl
Wieshei	Placzbeck	Potabel
Esshei	Schwarzbeck	Constabel
Holzhei	Schaubdeck	Konstabel
Lakei	Boddeck	Webel
Rattei	Böck	Feldwebel
Gutschi	Heiduck	Waibel
Landgutschi	Kammerheiduck	Feldwaibel
Cauwercini	Boddek	Dingwaibel
Segretari	Pek	Hurenwaibel
Studiosi	Barschalk	Gerichtswaibel
Apfelmoj	Marschalk	Feldtwaibel
Haak	Futtermarschalk	Weibel
Lichthaack	Parschalk	Gescheidweibel
Bäck	Tolk	Gscheidweibel
Feldbäck	Weinschänk	Feldweibel
Nudelbäck	Enk	Dingweibel
Sudelbäck	Schenk	Thurmweibel
Strützelbäck	Erbschenk	Turmweibel
Feilbäck	Mundschenk	Hurenweibel
Heimbäck	Kaffeeschenk	Thurnweibel
Sauerbäck	Coffeschenk	Turnweibel
Weißbäck	Weinschenk	Älperweibel
Süßbäck	Oberschenk	Chorweibel
Gäubäck	Bierschenk	Standesweibel
Schwarzbäck	Unterschenk	Ratsweibel
Fleischhack	Metschenk	Gerichtsweibel
Knappsack	Lichtwark	Amtsweibel
Beck	Gewerk	Stadtweibel
Wegglibeck	Salzgewerk	Wäschermädel
Nudelbeck	Sallwerk	Landsiedel
Küchelbeck	Schuchwürk	Hintersiedel
Semmelbeck	Salwürk	Hintersedel
Bretzelbeck	Sallwürk	Wurtsedel
Failbeck	Steinwürk	Dandel

Bodel	Unterkäufl	Klüngelskerl
Hödel	Käskäufl	Kürbenzeinerl
Hodel	Rosskäufl	Weinzirl
Scheffel	Schmalzkäufl	Flürl
Kaufel	Salzkäufl	Drachsl
Käufel	Läufl	Steinmassl
Fischkäufel	Unterläufl	Steinmayssl
Unterkäufel	Schinagl	Torbärtl
Läufel	Kunigl	Baumgärtl
Unterläufel	Aedil	Weinzettl
Underkeufel	Fleischhäckl	Drittl
Ölschlägel	Fleischhackl	Träxl
Schinagel	Marschall	Schelm
Bornschlegel	Reisemarschall	Sougamm
Thriackel	Hofmarschall	Rosskamm
Fleischhaeckel	Futtermarschall	Vizedom
Geimel	Landesmarschall	Oeconom
Gaumel	Hausmarschall	Oekonom
Gäumel	Erzmarschall	Ökonom
Ménestrel	Vasall	Gendarm
Minstrel	Pedell	Gendsdarm
Drächsel	Amtspedell	Schwertfirm
Rotschmieddrechsel	Kaufgesell	Schwärzfirm
Beckdrechsel	Erthgesell	Schwarzfirm
Beckendrechsel	Schulgesell	Vizdum
Beindrechsel	Irtengesell	Vitzthum
Steinmeißel	Ortengesell	Viztum
Stößel	Pfarrergesell	Vitztum
Salzstößel	Meistergesell	Gvardian
Wärtel	Jahrgesell	Riffian
Wartel	Bothsgesell	Ruffian
Thorwärtel	Bootsgesell	Parochian
Torwärtel	Altgesell	Castellan
Torwartel	Mamsell	Kastellan
Grieswärtel	Nähmamsell	Aman
Grießwärtel	Ladenmamsell	Hovedman
Büttel	Schneidermamsell	Hobeman
Zentbüttel	Probiermamsell	Hofeman
Veltweywel	Frisiermamsell	Schieman
Träxel	Putzmamsell	Taleman
Kaffl	Schroll	Karreman
Käffl	Tunderkeerl	Schiman
Kornkäffl	Flierl	Spilman
Bierzäpfl	Weinzierl	Amman
Höpfl	Krüsekerl	Schimman
Käufl	Klüngelkerl	Schymman
Kuhkäufl	Krüselkerl	Vorman
Wollkäufl	Kiepenkerl	Plegesman
Kornkäufl	Tunderkerl	Talesman
Hühnerkäufl	Zunderkerl	Husman

Santman	Reiberin	Kinderwärterin
Buwman	Badreiberin	Neyerin
Donkeyman	Garberin	Gliedenfetzerin
Hafencapitän	Naderin	Glidenvetzerin
Hafenkapitän	Nahderin	Aufmützerin
Kornkapitän	Mägdeverschaffern	Schwagrin
Korduan	Kinderträgerin	Kindsin
Swän	Schwagerin	Gouvernantin
Sween	Negerin	Kawertin
Schweizerdegen	Schwaigerin	Pröbstin
Biereigen	Mägdeverdingerin	Modistin
Braueigen	Zuspringerin	Pröpstin
Milchmädchen	Neygerin	Kartzin
Waschmädchen	Näherin	Mann
Kleinmädchen	Putzmacherin	Rebmann
Schildermädchen	Wäscherin	Halbmann
Dechen	Mundwäscherin	Erbmann
Haken	Putzwäscherin	Gewerbmann
Becken	Hübscherin	Radmann
Altreußen	Wescherin	Wadmann
Schotten	Neherin	Weidmann
Frohn	Beseherin	Feldweidmann
Gerichtsfrohn	Nätherin	Feltweidmann
Garbin	Hüllmakerin	Widmann
Wardin	Aufsteckerin	Waldmann
Gwardin	Mägdeschickerin	Seldmann
Waradein	Hübschlerin	Landmann
Guardein	Kellerin	Sandmann
Münzguardein	Pfaffenkellerin	Bestandmann
Quardein	Kröslerin	Weydmann
Wardein	Brentlerin	Gewerbemann
Gwardein	Brenntlerin	Gademann
Bergwardein	Kellnerin	Wiedemann
Lakenwardein	Pfaffenkellnerin	Wedemann
Gerichtswardein	Gschossnerin	Seidemann
Münzwardein	Schopperin	Weidemann
Werdein	Schließerin	Pfändemann
Peinlein	Beschließerin	Hoefemann
Hämmerlein	Schosserin	Hofemann
Hemmerlein	Geschosserin	Hagemann
Kammerfräulein	Kräuserin	Schiemann
Schwein	Näterin	Talemann
Pfaffenköchin	Naterin	Abnahmemann
Wäschin	Kästenbraterin	Nonnemann
Mundwäschin	Kestenbraterin	Scharnemann
Weschin	Neterin	Tornemann
Käufflin	Gesellschafterin	Scheunemann
Ruffianin	Nähterin	Hippemann
Kastellanin	Putzarbeiterin	Karremann
Ausgeberin	Aufwärterin	Käsemann

Buwemann	Gaukelmann	Weinmann
Schiffmann	Oelmann	Plünnmann
Hoffmann	Spelmann	Scharnmann
Schöffmann	Selmann	Thornmann
Halfmann	Sattelmann	Kornmann
Hofmann	Wurzelmann	Thurnmann
Schlagmann	Mahlmann	Turnmann
Schniggmann	Sahlmann	Lappmann
Dingmann	Mehlmann	Hippmann
Twingmann	Öhlmann	Urbarmann
Zwingmann	Spilmann	Scharmann
Jungmann	Ölmann	Altarmann
Wergmann	Pechölmann	Habermann
Burgmann	Sölmann	Aldermann
Krugmann	Keulmann	Bildermann
Milchmann	Ammann	Oldermann
Werchmann	Gademmann	Plundermann
Aschmann	Gaddemmann	Fördermann
Fleischmann	Widemmann	Fludermann
Kretschmann	Schimmann	Offermann
Duchmann	Turmmann	Opfermann
Spruchmann	Rebenmann	Hägermann
Tuchmann	Grubenmann	Hegermann
Miethmann	Gadenmann	Zigermann
Huthmann	Seidenmann	Pochermann
Schuhmann	Haldenmann	Biermann
Gaimann	Hagenmann	Beiermann
Geimann	Wagenmann	Leiermann
Freimann	Aschenmann	Meiermann
Figurimann	Lehenmann	Wagenschmiermann
Backmann	Ruthenmann	Ackermann
Sackmann	Ankenmann	Zuckermann
Speckmann	Strahlenmann	Timmermann
Schnickmann	Nonnenmann	Zimmermann
Markmann	Kiepenmann	Bergzimmermann
Werkmann	Lampenmann	Sielzimmermann
Saalmann	Lumpenmann	Hühnermann
Malmann	Lappenmann	Kleppermann
Salmann	Hippenmann	Oppermann
Radlmann	Karrenmann	Altermann
Radelmann	Wasenmann	Ältermann
Sadelmann	Zehntenmann	Eltermann
Sedelmann	Luntenmann	Münstermann
Trödelmann	Guckkastenmann	Rittermann
Treudelmann	Trottenmann	Häuermann
Speelmann	Rußbuttenmann	Schauermann
Seelmann	Rutenmann	Mauermann
Krugelmann	Würzenmann	Feuermann
Spielmann	Lehnmann	Heuermann
Werkelmann	Inmann	Scheuermann

Wermann	Wardiersmann	Rentamtmann
Leyermann	Quartiersmann	Salzamtmann
Währmann	Ackersmann	Zehentmann
Fuhrmann	Heuersmann	Zehntmann
Sandfuhrmann	Wardirsmann	Hauptmann
Salzrodfuhrmann	Sessmann	Dorfhauptmann
Reihefuhrmann	Seßmann	Berghauptmann
Rollfuhrmann	Schossmann	Burghauptmann
Frachtfuhrmann	Geschossmann	Deichhauptmann
Salzfuhrmann	Gschoßmann	Stückhauptmann
Fhormann	Floßmann	Stuckhauptmann
Vormann	Ratsmann	Hallhauptmann
Dörrmann	Heiratsmann	Wagenhauptmann
Urmann	Arbetsmann	Stückenhauptmann
Scheurmann	Mietsmann	Gassenhauptmann
Furmann	Achtsmann	Schützenhauptmann
Mürmann	Machtsmann	Bürgerhauptmann
Murmann	Gerichtsmann	Bannerhauptmann
Glasmann	Glaitsmann	Landeshauptmann
Gewerbsmann	Arbeitsmann	Kreishauptmann
Abschiedsmann	Geleitsmann	Schlosshauptmann
Bestandsmann	Lotsmann	Trosshauptmann
Plegesmann	Wingertsmann	Amtshauptmann
Hofsmann	Wirtsmann	Stadthauptmann
Warfsmann	Hutsmann	Artmann
Pflegsmann	Hütsmann	Wartmann
Tädigsmann	Hausmann	Börtmann
Tädingsmann	Gotteshausmann	Beurtmann
Taidingsmann	Husmann	Bestmann
Teidingsmann	Kappusmann	Angstmann
Zwingsmann	Pfleysmann	Hengstmann
Wardierungsmann	Ratmann	Dienstmann
Orlogsmann	Watmann	Instmann
Auszugsmann	Ambtmann	Schattmann
Flachsmann	Stubenambtmann	Wattmann
Wachsmann	Bueßambtmann	Rottmann
Heirathsmann	Mietmann	Trottmann
Lothsmann	Huetmann	Hutmann
Kabismann	Achtmann	Hütmann
Werksmann	Machtmann	Aumann
Vorwerksmann	Nachtmann	Baumann
Boelsmann	Amtmann	Schaumann
Bohlsmann	Pflegeamtmann	Schümann
Bolsmann	Stubenamtmann	Bawmann
Lehensmann	Mühlenamtmann	Buwmann
Verlehensmann	Eisenamtmann	Donkeymann
Fahrensmann	Kastenamtmann	Oleymann
Lehnsmann	Bußamtmann	Freymann
Losmann	Stadtamtmann	Tallymann
Urbarsmann	Mitamtmann	Salzmann

Holzmann	Altnachbar	Teichgräber
Krummholzmann	Janitschar	Siegelgraber
Erzmann	Justitiar	Siegelgräber
Merzmann	Pestilentiar	Wurzelgraber
Wurzmann	Justiziar	Wurzelgraber
Schätzmann	Stockar	Sigillgraber
Setzmann	Canzellar	Ofengräber
Zusenn	Kretschmar	Kipfengraber
Kellerinn	Stromar	Kuhlengraber
Kräuserinn	Pensionär	Brunnengraber
Nähterinn	Moar	Brunnengräber
Postillion	Thesaurar	Isengraber
Archidiakon	Primissar	Eisengraber
Postillon	Proviantcommissar	Eisengräber
Maquignon	Provant-Commissär	Schanzengräber
Fron	Ökonomiekommissär	Brunngraber
Freifron	Proviantkommissar	Borngräber
Freyfron	Diätar	Petschiergraber
Patron	Secretär	Pötschiergraber
Schiffspatron	Jagdsecretär	Salpetergräber
Dritteldiern	Kriegssecretär	Salitergräber
Dirn	Sekretär	Salitergraber
Knüppeldirn	Jagdsekretär	Sallitergraber
Dritteldirn	Kriegssekretär	Salnitergraber
Kleindirn	Aktuar	Sekretgraber
Oberdirn	Bläer	Sekretgräber
Mitterdirn	Laederaer	Schanzgräber
Schoßdirn	Sandsäer	Erzgraber
Schossdirn	Faber	Erzgräber
Geschossdirn	Schaber	Schantzgraber
Großdirn	Messingschaber	Libber
Lakenwardeyn	Missingschaber	Sibber
Mango	Posenschaber	Schrobber
Supercargo	Pergamentschaber	Wobber
Superkargo	Harzschaber	Aufgeber
Gastaldio	Aufhaber	Salzaufgeber
Ajo	Pflughaber	Hingeber
Ayo	Tabagieinhaber	Wassergeber
Aalrep	Gewalthaber	Ausgeber
Ahlrep	Klaber	Gastgeber
Ahlreip	Naber	Heber
Gremp	Näber	Aufheber
Bergknapp	Gräber	Zollheber
Mühlenknapp	Graber	Einheber
Schepp	Bildgraber	Fuderheber
Hipp	Goldgräber	Wasserheber
Kipp	Seegraber	Schieber
Schöpp	Seegräber	Prahmschieber
Baar	Isegraber	Ballastschieber
Mitnachbar	Deichgräber	Clieber

Klieber	Distelweber	Felberweber
Grobklieber	Drellweber	Viererweber
Kleinklieber	Drillweber	Dreyerweber
Sieber	Wollweber	Störweber
Haarsieber	Giganweber	Kanevasweber
Stieber	Schwabenweber	Kannewasweber
Badstieber	Felbenweber	Sartuchsweber
Kleber	Traubenweber	Kanefaßweber
Lehmkleber	Seidenweber	Kannefaßweber
Neber	Baumseidenweber	Cannevaßweber
Reber	Wuldenweber	Kanawaßweber
Teichgreber	Lodenweber	Linwatweber
Siegelgreber	Sargenweber	Taffetweber
Isengreber	Sergenweber	Barchetweber
Eisengreber	Ziechenweber	Parchetweber
Borngreber	Bettziechenweber	Sametweber
Galtgreber	Barchenweber	Sammetweber
Goltgreber	Goelschenweber	Vierdrahtweber
Hueber	Gölschenweber	Samtweber
Weber	Golschenweber	Barchentweber
Felbaweber	Kölschenweber	Passamentweber
Bandweber	Sarschenweber	Gäuweber
Seidenbandweber	Bettziehenweber	Zauweber
Leinwandweber	Lakenweber	Tirteyweber
Parchendweber	Dickenweber	Seitzweber
Leindweber	Willenweber	Zitzweber
Lodweber	Hollenweber	Kotzweber
Sergeweber	Wollenweber	Claiber
Leineweber	Hüllenweber	Klaiber
Linneweber	Hullenweber	Scheiber
Garneweber	Wullenweber	Cleiber
Gingangweber	Leinenweber	Kleiber
Zeugweber	Linnenweber	Reiber
Zaahweber	Lynenweber	Farbreiber
Zahweber	Buhrenweber	Badreiber
Zachweber	Bührenweber	Schreiber
Raschweber	Bürenweber	Kassaschreiber
Kölschweber	Reisenweber	Abschreiber
Serschweber	Reißenweber	Hubschreiber
Tuchweber	Reissenweber	Ladschreiber
Kronentuchweber	Tapetenweber	Jagdschreiber
Krontuchweber	Posamentenweber	Waldschreiber
Haartuchweber	Sayenweber	Feldschreiber
Sartuchweber	Litzenweber	Landschreiber
Tirteiweber	Zitzenweber	Gemeindschreiber
Fazenetliweber	Kotzenweber	Pfundschreiber
Deckweber	Leinweber	Grundschreiber
Stückweber	Linweber	Grodschreiber
Schmalweber	Wullinweber	Lombardschreiber
Bändelweber	Garnweber	Weddeschreiber

Seeschreiber
Waageschreiber
Wageschreiber
Pflegeschreiber
Rügeschreiber
Kasseschreiber
Wetteschreiber
Hofschreiber
Waagschreiber
Mehlwaagschreiber
Schlagschreiber
Tagschreiber
Wagschreiber
Pflegschreiber
Pfennigschreiber
Dingschreiber
Tingschreiber
Koogschreiber
Bergschreiber
Zeugschreiber
Wachschreiber
Deichschreiber
Lochschreiber
Pochschreiber
Kirchschreiber
Küchschreiber
Viehschreiber
Beischreiber
Kanzleischreiber
Renteischreiber
Landrenteischreiber
Kuchischreiber
Kalckschreiber
Pruckschreiber
Kalkschreiber
Konsistorialschreiber
Stadlschreiber
Stadelschreiber
Rodelschreiber
Nachtrodelschreiber
Kirchspielschreiber
Winkelschreiber
Pfieselschreiber
Wechselschreiber
Sesselschreiber
Zettelschreiber
Kanzelschreiber
Mehlschreiber
Mühlschreiber
Stuhlschreiber

Hallschreiber
Stallschreiber
Zollschreiber
Pfundzollschreiber
Seezollschreiber
Einfüllschreiber
Schulschreiber
Pramschreiber
Prahmschreiber
Geheimschreiber
Baumschreiber
Kranschreiber
Tagwanschreiber
Ladenschreiber
Guldenschreiber
Schuldenschreiber
Judenschreiber
Hafenschreiber
Offenschreiber
Gegenschreiber
Umgeldgegenschreiber
Ungeldgegenschreiber
Aufschlaggegenschreiber
Berggegenschreiber
Zollgegenschreiber
Kastengegenschreiber
Einnehmergegenschreiber
Getreideaufschlagsgegen-
    schreiber
Kastenamtmannsgegen-
    schreiber
Pflegschaftsgegenschreiber
Amtsgegenschreiber
Salzmeieramtsgegenschreiber
Kassieramtsgegenschreiber
Einnehmeramtsgegen-
    schreiber
Steueramtsgegenschreiber
Mautamtsgegenschreiber
Amtgegenschreiber
Proviantgegenschreiber
Zehentgegenschreiber
Rentgegenschreiber
Zehntgegenschreiber
Mautgegenschreiber
Salzgegenschreiber
Münzgegenschreiber
Bogenschreiber
Rügenschreiber
Rechenschreiber

Kirchenschreiber
Küchenschreiber
Materialienschreiber
Konsistorienschreiber
Brückenschreiber
Schrankenschreiber
Mühlenschreiber
Pupillenschreiber
Schrannenschreiber
Schöppenschreiber
Waisenschreiber
Almosenschreiber
Kassenschreiber
Waysenschreiber
Schichtenschreiber
Totenschreiber
Castenschreiber
Kastenschreiber
Kistenschreiber
Hüttenschreiber
Schanzenschreiber
Bahnschreiber
Krahnschreiber
Gemeinschreiber
Steinschreiber
Weinschreiber
Schönschreiber
Garnschreiber
Bornschreiber
Kornschreiber
Offenbarschreiber
Urbarschreiber
Silberschreiber
Losungerschreiber
Bierschreiber
Billettierschreiber
Kellerschreiber
Cammerschreiber
Kammerschreiber
Lichtkammerschreiber
Kelterschreiber
Klosterschreiber
Musterschreiber
Futterschreiber
Steuerschreiber
Fährschreiber
Urbührschreiber
Chorschreiber
Thorschreiber
Korschreiber

Torschreiber	Forstschreiber	Gipsmelber
Schirrschreiber	Wettschreiber	Gewölber
Geschirrschreiber	Mautschreiber	Imber
Urburschreiber	Bauschreiber	Lober
Glasschreiber	Beyschreiber	Löber
Landesschreiber	Renteneyschreiber	Klöber
Tagesschreiber	Malefizschreiber	Schrober
Kriegsschreiber	Salzschreiber	Wober
Nachgangsschreiber	Holzschreiber	Wöber
Losungsschreiber	Schanzschreiber	Wollenwober
Koogsschreiber	Lizenzschreiber	Hullenwober
Rathsschreiber	Münzschreiber	Linenwober
Kirchspielsschreiber	Holtzschreiber	Barber
Consumtionsschreiber	Tabakreiber	Färber
Consumptionsschreiber	Stuckreiber	Waidfärber
Passschreiber	Farbenreiber	Weidfärber
Paßschreiber	Schabinreiber	Wandfärber
Recessschreiber	Schawinreiber	Leinwandfärber
Receßschreiber	Treiber	Scharlachfärber
Rezeßschreiber	Abtreiber	Rauschfärber
Rezessschreiber	Silberabtreiber	Plüschfärber
Kommissschreiber	Saigerabtreiber	Rauchfärber
Comißschreiber	Seigerabtreiber	Tuchfärber
Floßschreiber	Schweinetreiber	Zobelfärber
Ratsschreiber	Pflugtreiber	Hudelfärber
Kriegsratsschreiber	Viehtreiber	Wollfärber
Ambachtsschreiber	Göpeltreiber	Saffianfärber
Gerichtsschreiber	Ochsentreiber	Seidenfärber
Feldgerichtsschreiber	Eisentreiber	Lodenfärber
Ehegerichtsschreiber	Eintreiber	Wollenfärber
Amtsschreiber	Schweintreiber	Leinenfärber
Hausschreiber	Kupfertreiber	Trachtenfärber
Stadtschreiber	Geschirrtreiber	Martenfärber
Billetschreiber	Schweinstreiber	Schönfärber
Schlachtschreiber	Spießtreiber	Garnfärber
Nachtschreiber	Säutreiber	Grünfärber
Wachtschreiber	Sautreiber	Grobgrünfärber
Lichtschreiber	Riber	Grappfärber
Gerichtschreiber	Ossendriber	Krappfärber
Fruchtschreiber	Swindriber	Federfärber
Marktschreiber	Sudriber	Lederfärber
Amtschreiber	Schriber	Marderfärber
Gantschreiber	Nachtrodelschriber	Papierfärber
Proviantschreiber	Guldenschriber	Wasserfärber
Licentschreiber	Offenschriber	Weißfärber
Zehentschreiber	Salzschriber	Rußfärber
Rentschreiber	Triber	Weydtfarber
Lizentschreiber	Siber	Schlechtfärber
Zehntschreiber	Quacksalber	Schlichtfärber
Postschreiber	Melber	Roitfärber

Rotfärber	Vechgewerber	Druckenlader
Kunstfärber	Viehgewerber	Truckenlader
Blaufarber	Weingewerber	Hochzeitslader
Blaufärber	Salzgewerber	Auslader
Graufärber	Salzgwerber	Kehrichtlader
Holzfärber	Corber	Kehrrichtlader
Schwarzfärber	Körber	Hochzeitlader
Garber	Korber	Salzlader
Gärber	Hauber	Mader
Aufgarber	Schauber	Mäder
Sämischgärber	Clauber	Nader
Lohgärber	Klauber	Räder
Lohgarber	Wollklauber	Rader
Rothgärber	Erzklauber	Garbrader
Alaungärber	Täuber	Prograder
Weißgärber	Tauber	Schrader
Weußgärber	Stäuber	Zuschrader
Lowgärber	Federstäuber	Bestäder
Ferber	Huber	Hembder
Hudelferber	Halbhuber	Bedder
Swarzferber	Landhuber	Rohledder
Schwartzferber	Forsthuber	Redder
Gerber	Klüber	Kopsedder
Aufgerber	Grobklüber	Dodenbidder
Sämischgerber	Kleinklüber	Köstenbidder
Semischgerber	Fundgrüber	Lesemödder
Sehmischgerber	Harrsüber	Lesemodder
Ungarischgerber	Stüber	Lehrmodder
Lohgerber	Stuber	Lehrmödder
Rothgerber	Badstüber	Salzmödder
Seemgerber	Badstuber	Salzmudder
Sehmgerber	Schriyber	Beder
Saffiangerber	Baader	Balbeeder
Corduangerber	Brechbaader	Schmackenreeder
Korduangerber	Bader	Sageder
Alaungerber	Brechbader	Anbieder
Ungargerber	Schader	Abschieder
Weißgerber	Läder	Hufenabschieder
Weissgerber	Lader	Feldschieder
Witgerber	Abläder	Landschieder
Rotgerber	Ablader	Neilschmieder
Bastgerber	Flader	Sieder
Splittgerber	Auflader	Caffeesieder
Wittgerber	Wagenlader	Kaffeesieder
Schwarzgerber	Leichenlader	Pottaschesieder
Schmerber	Truchenlader	Essigsieder
Verber	Druckhenlader	Pechsieder
Werber	Truckhenlader	Möthsieder
Gewerber	Truhenlader	Flecksieder
Geldgewerber	Trockenlader	Kuttelflecksieder

Kalksieder	Lymseder	Tuchschneider
Kuttelsieder	Besteder	Viehschneider
Vitriolsieder	Veder	Strohschneider
Leimsieder	Linweder	Freischneider
Germsieder	Mähder	Bletzlischneider
Thransieder	Mahder	Speckschneider
Transieder	Vormahder	Flickschneider
Gerbensieder	Vormähder	Korkschneider
Saiffensieder	Schaider	Zundelschneider
Seifensieder	Geraider	Modelschneider
Pottaschensieder	Waider	Tafelschneider
Salsensieder	Beider	Taffelschneider
Beinsieder	Scheider	Löffelschneider
Fischbeinsieder	Abscheider	Nagelschneider
Garnsieder	Goldscheider	Nägelschneider
Alaunsieder	Landscheider	Siegelschneider
Zuckersieder	Bescheider	Sigelschneider
Salpetersieder	Mühlenbescheider	Kugelschneider
Salitersieder	Gescheider	Hackelschneider
Sallitersieder	Gscheider	Säckelschneider
Salnitersieder	Eschscheider	Seckelschneider
Hintersieder	Silberscheider	Stöckelschneider
Weißsieder	Gränzscheider	Stempelschneider
Flusssieder	Grenzscheider	Häckselschneider
Metsieder	Erzscheider	Heckselschneider
Mehtsieder	Pirmeider	Fesselschneider
Salzsieder	Schneider	Fistelschneider
Leder	Straschneider	Beutelschneider
Rohleder	Feldschneider	Hexelschneider
Wagenleder	Geldschneider	Stahlschneider
Meder	Bandschneider	Dillschneider
Kommeder	Handschneider	Riemschneider
Kummeder	Wandschneider	Kammschneider
Kümmeder	Gewandschneider	Formschneider
Reder	Leinwandschneider	Wurmschneider
Garbreder	Beschneider	Gewanschneider
Wandbereder	Kreideschneider	Kreidenschneider
Dokbereder	Schweineschneider	Geldenschneider
Felbereder	Reifschneider	Hodenschneider
Kordewanbereder	Siebreifschneider	Pfeifenschneider
Lakenbereder	Stempfschneider	Reifenschneider
Garbereder	Kaufschneider	Pfropfenschneider
Messerbereder	Laufschneider	Sagenschneider
Messetbereder	Prägschneider	Sägenschneider
Mestbereder	Sagschneider	Heiligenschneider
Greder	Tagschneider	Zargenschneider
Melreder	Häckerlingschneider	Augenschneider
Mehlreder	Messingschneider	Stakenschneider
Belligentreder	Zeugschneider	Korkenschneider
Limseder	Bruchschneider	Schalenschneider

Delenschneider	Kollerschneider	Freyschneider
Tafelenschneider	Schmerschneider	Holzschneider
Dielenschneider	Alabasterschneider	Münzschneider
Spillenschneider	Bretterschneider	Kepernetzschneider
Riemenschneider	Futterschneider	Sneider
Formenschneider	Bauerschneider	Vezzelsneider
Wapenschneider	Jahrschneider	Reider
Kappenschneider	Behrschneider	Bereider
Wappenschneider	Störschneider	Duchbereider
Gippenschneider	Vorschneider	Tuchbereider
Doppenschneider	Paurschneider	Velbereider
Proppenschneider	Fürschneider	Lederbereider
Figurenschneider	Figurschneider	Kordewansbereider
Eisenschneider	Glasschneider	Messerreider
Münzeisenschneider	Schweinsschneider	Feldweider
Granatrosenschneider	Bleiweißschneider	Feltweider
Granatenschneider	Roßschneider	Gudelider
Geltenschneider	Rossschneider	Sagenschnider
Koltenschneider	Granatschneider	Snider
Leistenschneider	Linwatschneider	Cambsnider
Silhouettenschneider	Bredtschneider	Specsnider
Gälzenschneider	Gwandtschneider	Wandsnider
Gelzenschneider	Kolletschneider	Bendsnider
Kolzenschneider	Bretschneider	Swynesnider
Gülzenschneider	Schaftschneider	Delsnider
Stainschneider	Nadelschaftschneider	Sagensnider
Beinschneider	Petschaftschneider	Segensnider
Steinschneider	Schriftschneider	Hilgensnider
Wappensteinschneider	Drahtschneider	Riemensnider
Schweinschneider	Schachtschneider	Remensnider
Bärnschneider	Geltschneider	Formensnider
Bernschneider	Zeltschneider	Koltensnider
Federnschneider	Gezeltschneider	Listensnider
Kielfedernschneider	Bentschneider	Lowensnider
Bauernschneider	Louwentschneider	Swinsnider
Leichdornschneider	Brotschneider	Ledersnider
Hornschneider	Lästschneider	Smersnider
Kampschneider	Leistschneider	Pitzersnider
Hasenhaarschneider	Brustschneider	Pitzirsnider
Bärschneider	Collettschneider	Schatsnider
Berschneider	Kollettschneider	Lewandtsnider
Federschneider	Brettschneider	Bretsnider
Lederschneider	Fibelbrettschneider	Schachtsnider
ungarischer Schneider	Krautschneider	Holtsnider
Bierschneider	Gäuschneider	Wantsnider
Petschierschneider	Strauschneider	Gewantsnider
Furnierschneider	Sauschneider	Bentsnider
Fournierschneider	Säuschneider	Susnider
Visierschneider	Suschneider	Utrider
Gollerschneider	Sawschneider	Gerbensider

Halder	Fassbender	Besembinder
Umbgelder	Weißbender	Garbenbinder
Ohmgelder	Rietbender	Moldenbinder
Umgelder	Markedender	Muldenbinder
Stadtumgelder	Pfender	Häfenbinder
Ungelder	Commercierender	Hafenbinder
Selder	Kommerzierender	Hefenbinder
Gortelselder	Fahrender	Tübbichenbinder
Schilder	Commercirender	Heckenbinder
Golder	Sender	Dubbekenbinder
Gölder	Salzsender	Tubbekenbinder
Ledervergolder	Marketender	Ballenbinder
Scholder	Marquetender	Pallenbinder
Grundholder	Markentender	Mollenbinder
Sölder	Karvender	Kannenbinder
Gulder	Gewender	Tonnenbinder
Hulder	Duchgewender	Tunnenbinder
Bänder	Tuchgewender	Karrenbinder
Weißbänder	Beingewender	Besenbinder
Dander	Altgewender	Borstenbinder
Pfander	Schwender	Bürstenbinder
Pfänder	Bratenwender	Mattenbinder
Auspfänder	Kornwender	Büttenbinder
Känder	Spießwender	Bütenbinder
Hauländer	Altwender	Rutenbinder
Pander	Rostwender	Kleinbinder
Sander	Röstwender	Kränzleinbinder
Marketänder	Zender	Blätterbinder
Beständer	Binder	Karrbinder
Fährbeständer	Grobbinder	Flasbinder
Cordewander	Riedbinder	Glasbinder
Gewänder	Bürstebinder	Heringsbinder
Gewander	Schaffbinder	Flachsbinder
Tuchgewander	Reifbinder	Fassbinder
Tuchgewänder	Topfbinder	Weißbinder
Beingewander	Heringbinder	Großbinder
Altgewander	Bergbinder	Rietbinder
Altgewänder	Weichbinder	Retbinder
Schlachtgwander	Buchbinder	Drahtbinder
Leinwander	Riethbinder	Dichtbinder
Kordowander	Rothbinder	Altbinder
Geschlachtwander	Beckibinder	Oltbinder
Bender	Palbinder	Rotbinder
Buchbender	Kandlbinder	Hartbinder
Bodenbender	Schaffelbinder	Blattbinder
Borstenbender	Rasselbinder	Heubinder
Burstenbender	Rastelbinder	Holzbinder
Büttenbender	Kränzelbinder	Schwarzbinder
Karbender	Rastlbinder	Abfinder
Kahrbender	Kranzlbinder	Schinder

Schelmschinder	Lombarder	Briefer
Keibenschinder	Harder	Weinriefer
Schelmenschinder	Härder	Wefer
Rossschinder	Quickharder	Schaffer
Roßschinder	Kornharder	Schäffer
Winder	Karder	Waldschaffer
Zelewinder	Wollkarder	Aufschaffer
Seilwinder	Herder	Bergschaffer
Seidenwinder	Glasewerder	Anschaffer
Garnwinder	Korsenwerder	Kirchenschäffer
Gahrnwinder	Messerwerder	Kirchenschaffer
Unterwinder	Mestwerder	Pfannhausschaffer
Frönder	Megsder	Schräffer
Handfrönder	Hauder	Scheffer
Pfunder	Isenhuder	Marckschieffer
Pfünder	Kumuder	Kieffer
Ausmünder	Kagelbruder	Stundtrieffer
Punder	Gugelbruder	Schreffer
Spunder	Nollbruder	Hafenreffer
Spünder	Nollenbruder	Kaiffer
Weinspünder	Liztenbruder	Kesskaiffer
Berspünder	Litzenbruder	Stegraiffer
Beerspünder	Lützenbruder	Pfeiffer
Bierspunder	Litzbruder	Schleiffer
Bierspünder	Cruder	Rauhschleiffer
Laternenanzünder	Gruder	Schwerdtschleiffer
Buntfoder	Kruder	Sleiffer
Tornhoder	Bersuder	Reiffer
Loder	Salpetersüder	Abstreiffer
Krammoder	Reyffschneyder	Marckschiffer
Salzmöder	Komyder	Markschiffer
Roder	Snyder	Pfeilschiffer
Litsenbroder	Budelsnyder	Schmakenschiffer
Litzenbroder	Hakkelsnyder	Schmackenschiffer
Scroder	Hodensnyder	Wittinenschiffer
Winscroder	Remensnyder	Schutenschiffer
Progroder	Doppensnyder	Marktschiffer
Schröder	Isensnyder	Börtschiffer
Schroder	Stensnyder	Salzschiffer
Messingschröder	Lowensnyder	Setzschiffer
Schalenschröder	Beryder	Phiffer
Schalenschroder	Schäfer	Kiffer
Weinschröder	Mengeschäfer	Sliffer
Winschroder	Lohnschäfer	Scherensliffer
Bierschröder	Vorwerksschäfer	Schersliffer
Schmackenröder	Triftschäfer	Messersliffer
Söder	Pachtschäfer	Piffer
Soder	Setzschäfer	Scriffer
Salzsoder	Glückshäfer	Stegriffer
Linwoder	Kiefer	Hafferschriffer

Schrepffer	Steifer	Worfer
Topffer	Pifer	Schürfer
Farffer	Halfer	Käufer
Sandwerffer	Helfer	Kaufer
Sandtwerffer	Abhelfer	Leinwandkäufer
Underkauffer	Behelfer	Pferdkäufer
Fürkäuffer	Aufhelfer	Pferdekäufer
Läuffer	Markthelfer	Käsekäufer
Rauffer	Jumfer	Häutekäufer
Buffer	Hänfer	Ochsenkäufer
Leuffer	Senfer	Kornkäufer
Guffer	Sauersenfer	Messerkäufer
Küffer	Höfer	Unterkäufer
Louffer	Hofer	Unterverkäufer
Puffer	Sadelhöfer	Vorkäufer
Ruffer	Sedelhöfer	Fürkäufer
Weinrüffer	Sattelhöfer	Keßkäufer
Jungfer	Heringshöfer	Krosskäufer
Ladenjungfer	Schrapfer	Fettkäufer
Kammerjungfer	Zapfer	Salzkäufer
Hausjungfer	Zäpfer	Läufer
Pfeifer	Weinzapfer	Feldläufer
Feldpfeifer	Bierzapfer	Sandläufer
Hofpfeifer	Hepfer	Heideläufer
Querpfeifer	Schrepfer	Reiseläufer
Stadtpfeifer	Kämpfer	Aufläufer
Kunstpfeifer	Stampfer	Deichläufer
Schleifer	Oleistampfer	Beiläufer
Grobschleifer	Oelstampfer	Walläufer
Rauhschleifer	Ölstampfer	Wallläufer
Kugelschleifer	Kumpfer	Wagenläufer
Marmelschleifer	Kümpfer	Truhenläufer
Tuchscheerenschleifer	Schöpfer	Truhenlaufer
Scherenschleifer	Labschöpfer	Schlackenläufer
Tuchscherenschleifer	Glutschöpfer	Nachtschlackenläufer
Granatenrosenschleifer	Steinklopfer	Riemenläufer
Granatrosenschleifer	Kattunklopfer	Karrenläufer
Gassenschleifer	Schröpfer	Federläufer
Granatenschleifer	Topfer	Afterläufer
Gropschleifer	Töpfer	Unterläufer
Messerschleifer	Steinzeugtöpfer	Feuerläufer
Granatschleifer	Irdentöpfer	Vorläufer
Agtschleifer	Stopfer	Fürläufer
Schwertschleifer	Glückstöpfer	Hundsläufer
Rauschleifer	Schürpfer	Standesläufer
Reifer	Rupfer	Rathsläufer
Stegreifer	Wollezupfer	Reisläufer
Streifer	Wollzupfer	Ratsläufer
Abstreifer	Sandwerfer	Ausläufer
Seifer	Kornwerfer	Stadtläufer

Huntläufer	Lahngoldschlager	Oehlschläger
Postläufer	Lohngoldschlager	Öhlschläger
Rostläufer	Longoldschläger	Wohlschläger
Forstläufer	Blattgoldschlager	Metallschläger
Forstlaufer	Laugoldschlager	Metallschlager
Beyläufer	Laugoldschläger	Wollschlager
Hetzläufer	Wandschläger	Wollschläger
Hitzläufer	Hundschläger	Ölschläger
Raufer	Herdschläger	Flinserlschlager
Staufer	Beschlager	Lehmschlager
Underkeufer	Beschläger	Lehmschläger
Nachtreufer	Küfelbeschlager	Helmschläger
Gufer	Nestelbeschlager	Tromschläger
Forsthufer	Schatullenbeschläger	Zaumschläger
Küfer	Hundeschläger	Anschläger
Kufer	Wolleschlager	Robbenschläger
Pflegküfer	Reifschläger	Reffenschläger
Weinküfer	Reipfschläger	Bungenschlager
Weißküfer	Aufschläger	Blechenschläger
Glufer	Kaufschläger	Ruthenschläger
Underkoufer	Weinaufschläger	Lienschläger
Stundenrufer	Bieraufschläger	Beckenschläger
Weinrufer	Hufschlager	Beckenschlager
Bierrufer	Hufschläger	Bleckenschläger
Stundenausrufer	Rechenpfennigschlager	Blickenschläger
Nachtrufer	Rechenpfennigschläger	Balkenschläger
Phyfer	Messingschläger	Paukenschläger
Loyfer	Messingschlager	Schallenschläger
Sekretfäger	Tombachschläger	Schellenschläger
Häger	Blechschläger	Schellenschlager
Jager	Zuischlager	Capellenschläger
Jäger	Tombakschlager	Kapellenschläger
Huebjager	Tombakschläger	Kupellenschläger
Leibjäger	Dombackschläger	Wollenschläger
Hubjäger	Tombackschlager	Riemenschläger
Feldjäger	Beckschläger	Remenschläger
Landjäger	Beckschlager	Remenschlager
Bestandjäger	Stückschläger	Truminenschläger
Reisejäger	Stuckschlager	Pfannenschläger
Kammerjäger	Kalkschläger	Lattunenschläger
Meisterjäger	Kabelschläger	Ochsenschläger
Raisjäger	Ziegelschläger	Ochsenschlager
Reisjäger	Orgelschläger	Messenschlager
Reissjäger	Trommelschläger	Bartenschlager
Schläger	Trommelschlager	Bortenschlager
Schlager	Trummelschläger	Bortenschläger
Stabschläger	Trummelschlager	Plattenschläger
Goldschläger	Oelschläger	Plattenschlager
Goldschlager	Oelschlager	Lettenschlager
Rauschgoldschlager	Kesselschläger	Lettenschläger

Lautenschlager	Münzschlager	Fellträger
Lautenschläger	Münzschläger	Öltrager
Rutenschlager	Niederläger	Ölträger
Rutenschläger	Hundeslager	Pechöltrager
Schabinschlager	Oleslager	Pechölträger
Einschläger	Missingslager	Füderlträger
Flinderleinschlager	Blickslager	Füderltrager
Flinderleinschläger	Bungenslager	Fuderltrager
Steinschläger	Beckenslager	Ohmträger
Holzeinschläger	Lutenslager	Schwammtrager
Holtzeinschläger	Upslager	Germträger
Schawinschlager	Drager	Probenträger
Pfannschläger	Dräger	Farbentrager
Dünnschlager	Träger	Hafenträger
Latunschläger	Trager	Hefentrager
Lattunschläger	Widtrager	Heffentrager
Reepschläger	Weitbandtrager	Stangentrager
Repschläger	Leinwandtrager	Stangenträger
Röpschläger	Reftrager	Packenträger
Silberschlager	Refftrager	Dielenträger
Silberschläger	Reifträger	Dehlenträger
Flinderschlager	Topfträger	Schellenträger
Flinderschläger	Aufträger	Brillenträger
Kupferschläger	Weichtrager	Ohmenträger
Kopperschläger	Fischtrager	Omenträger
Klafterschläger	Fischträger	Laternenträger
Flitterschläger	Imiträger	Kiepenträger
Flitterschläger	Immiträger	Düppenträger
Verschläger	Packträger	Krächsenträger
Wehrschläger	Sackträger	Krachsenträger
Wöhrschläger	Sacktrager	Portechaisenträger
Vorschläger	Gradelträger	Sänftenträger
Vorschlager	Paudeltrager	Guckkastenträger
Hundsschlager	Paudelträger	Lettenträger
Hundsschläger	Schwefeltrager	Lettentrager
Wachsschläger	Vogeltrager	Buttenträger
Ausschläger	Vogelträger	Büttenträger
Erzausschlager	Tücheltrager	Kraxentrager
Erzausschläger	Tücheltrager	Kraxenträger
Scheitschläger	Grätheltrager	Laternträger
Kaltschläger	Sackeltrager	Kornträger
Goltschlager	Säckeltrager	Fudertrager
Schwertschlager	Sesselträger	Zigertrager
Rostschläger	Grätelträger	Zigerträger
Tauschläger	Grateltrager	Hienertrager
Tauschlager	Zettelträger	Hühnerträger
Zuschlager	Feiltrager	Gläsertrager
Zuschläger	Seiltrager	Wasserträger
Holzschlager	Seilträger	Wassertrager
Holzschläger	Sackltrager	Messerträger

Butterträger	Wäger	Heringsheger
Pulverträger	Schliegwäger	Kettleinbieger
Pulvertrager	Schlichwäger	Lieger
Geschirrtrager	Schwager	Brinklieger
Geschirrträger	Mehlwäger	Inlieger
Glastrager	Ratswäger	Einlieger
Glasträger	Stadtwäger	Nobiskrieger
Zettelausträger	Brotwäger	Wieger
Fuderaustrager	Schnideger	Mehlwieger
Treusträger	Seeger	Brotwieger
Treustrager	Feger	Jeger
Trewstrager	Horbfeger	Leger
Mithridatträger	Schundfeger	Ableger
Tabuletträger	Hellefeger	Pferdeleger
Kammerlichttrager	Höllefeger	Zueleger
Fruchtträger	Bachfeger	Pfleger
Fruchttrager	Kemmichfeger	Landpfleger
Weittrager	Kimmichfeger	Allmendpfleger
Brotträger	Harnischfeger	Gemeindepfleger
Harttrager	Chemifeger	Heiligpfleger
Schwertträger	Dreckfeger	Heilingpfleger
Tabletträger	Kendelfeger	Zechpfleger
Tabuletträger	Winkelfeger	Spitalpfleger
Witttrager	Häuselfeger	Hospitalpfleger
Treuträger	Huselfeger	Seelpfleger
Schmalztrager	Häuslfeger	Spittelpfleger
Salzträger	Rahmfeger	Schulpfleger
Salztrager	Grabenfeger	Heiligenpfleger
Säger	Brunnenfeger	Siechenpfleger
Sager	Gassenfeger	Kirchenpfleger
Umesäger	Essenfeger	Seelenpfleger
Schragsäger	Häusleinfeger	Armenpfleger
Kilchgangsager	Schornsteinfeger	Büchsenpfleger
Dillsäger	Schorsteinfeger	Waisenpfleger
Umsäger	Kaminfeger	Almosenpfleger
Umsager	Bornfeger	Kassenpfleger
Ansager	Burnfeger	Kastenpfleger
Klagansager	Kenderfeger	Stiftspfleger
Fuderansager	Feuermauerfeger	Hauspfleger
Schiffsansager	Heimlichkeitsfeger	Zuchthauspfleger
Conductansager	Kemmetfeger	Stadtpfleger
Konduktansager	Sekretfeger	Zunftpfleger
Schragensäger	Schachtfeger	Aufleger
Dielensäger	Heimlichkeitfeger	Wegleger
Umensäger	Schlotfeger	Beschleger
Weinsager	Schwertfeger	Riffschleger
Furniersäger	Swertfeger	Remenschleger
Holtsager	Abtrittfeger	Riepschleger
Brettsäger	Heger	Ofenleger
Holzsäger	Hasenheger	Einleger

Pleger	Bolzdreger	Scheidesteiger
Upleger	Reftreger	Tagesteiger
Verleger	Sacktreger	Tagsteiger
Strumpfverleger	Seger	Pochsteiger
Tabakverleger	Dillenseger	Waschsteiger
Glasverleger	Legger	Wäschsteiger
Salzverleger	Brinkligger	Hängebanksteiger
Goldsleger	Inligger	Pochwerksteiger
Hofsleger	Strigger	Mühlsteiger
Oligsleger	Fergger	Grabensteiger
Messingsleger	Seidenfergger	Grubensteiger
Missingsleger	Gutfergger	Zapfensteiger
Blicksleger	Fugger	Jungensteiger
Kalksleger	Brügger	Mühlensteiger
Messinksleger	Brugger	Hüttensteiger
Missinksleger	Steenbrügger	Heinzensteiger
Toemsleger	Steenbrugger	Obersteiger
Tomsleger	Stenbrugger	Zimmersteiger
Blickensleger	Steinbrügger	Untersteiger
Schellensleger	Saiger	Mauersteiger
Wollensleger	Schwaiger	Fahrsteiger
Wullensleger	Näbiger	Schießsteiger
Remensleger	Nabiger	Nachtsteiger
Oleyensleger	Nebiger	Kunststeiger
Messinsleger	Kettleinbiger	Schweiger
Thosleger	Tadiger	Schottiliger
Koppersleger	Hofprediger	Flämiger
Hontsleger	Deicheidiger	Peiniger
Huntsleger	Teidiger	Getränkeleitungsreiniger
Zusleger	Wardiger	Einspänniger
Oleysleger	Chilbigeiger	Einspenniger
Zuleger	Kilbigeiger	Pünniger
Salzleger	Scherzelgeiger	Höriger
Holzleger	Scherzlgeiger	Reisiger
Neger	Scheergeiger	Gassenschlachtiger
Segelneger	Schergeiger	Mächtiger
Seidenneger	Scherrgeiger	Züchtiger
Hasenneger	Oleiger	Gewaltiger
Hosenneger	Dreiger	Generalgewaltiger
Dreger	Flaschendreiger	Fertiger
Reffdreger	Flaskendreiger	Gutsfertiger
Sackdreger	Pipendreiger	Gutfertiger
Phyfendreger	Bussendreiger	Salzfertiger
Stangendreger	Büssendreiger	Salzförtiger
Dilendreger	Boltendreiger	Schwarzkunstiger
Schellendreger	Rippelreiger	Güterbestättiger
Butendreger	Streiger	Bottiger
Korndreger	Seiger	Metziger
Wasserdreger	Steiger	Balger
Soltdreger	Scheidsteiger	Blasbälger

Falger	Honigmenger	Hödlinger
Walger	Essigmenger	Klinger
Blasbelger	Heringmenger	Ausklinger
Felger	Fleischmenger	Dallinger
Schatilger	Fischmenger	Hallinger
Schottilger	Tuchmenger	Hällinger
Fänger	Kalkmenger	Fläminger
Anfanger	Äpfelmenger	Einspänninger
Anfänger	Epfelmenger	Ringer
Perlenfänger	Appelmenger	Haringer
Rattenfänger	Eppelmenger	Häringer
Ratzenfänger	Kesselmenger	Hofhäringer
Schernfanger	Stahlmenger	Heringer
Scherfanger	Anmenger	Meringer
Hühnerfänger	Scherenmenger	Mehringer
Schossfänger	Eisenmenger	Schiringer
Gänger	Wurzenmenger	Springer
Hofgänger	Kotzenmenger	Schüringer
Nachgänger	Kornmenger	Holzringer
Seilgänger	Habermenger	Zeitungssinger
Umgänger	Eiermenger	Rossinger
Kumpgänger	Buttermenger	Podtinger
Untergänger	Glasmenger	Bottinger
Felduntergänger	Heringsmenger	Hanfschwinger
Vorgänger	Wachsmenger	Bünger
Wachtgänger	Obismenger	Bunger
Zehentgänger	Watmenger	Schienjünger
Zehntgänger	Waidtmenger	Schinjünger
Einhänger	Waitmenger	Mehrunger
Manger	Witmenger	Losunger
Fleischmanger	Soltmenger	Lösunger
Tuchmanger	Wattmenger	Heringshöger
Eisenmanger	Waytmenger	Kroger
Wachsmanger	Salzmenger	Kröger
Watmanger	Holzmenger	Wröger
Witmanger	Kozmenger	Leddertöger
Holzmanger	Wurzmenger	Bankzöger
Spänger	Kotzmenger	Wasserzoger
Zeitungssänger	Tädinger	Drotzoger
Anfenger	Gedinger	Heimberger
Roddenfenger	Leibgedinger	Frimberger
Schoßfenger	Fürgedinger	Fromberger
Kompgenger	Ausgedinger	Beinberger
Kumpgenger	Offdinger	Herberger
Menger	Uffdinger	Halsberger
Waidmenger	Aufdinger	Ferger
Widmenger	Taidinger	Gutferger
Getreidemenger	Teidinger	Scherger
Wurzemenger	Vordinger	Frimwerger
Senfmenger	Fürdinger	Versorger

Störger	Steyger	Zuckerbacher
Storger	Veldmezger	Facher
Bürger	Spezger	Hächer
Ökonomiebürger	Metzger	Hacher
Pflugbürger	Feldmetzger	Schacher
Pfahlbürger	Brandmetzger	Decklacher
Vollbürger	Kleemetzger	Wallacher
Heimbürger	Jungmetzger	Caffamacher
Heimburger	Feilmetzger	Kaffamacher
Ackerbürger	Burenmetzger	Hamacher
Schürger	Rasenmetzger	Grabmacher
Weißger	Wasenmetzger	Triebmacher
Bitger	Pflastermetzger	Siebmacher
Schnitger	Griesmetzger	Farbmacher
Snitger	Hausmetzger	Sübmacher
Hüitger	Altmetzger	Ladmacher
Bötger	Kaltmetzger	Radmacher
Hötger	Gaumetzger	Spinnradmacher
Pötger	Gäumetzger	Bomsiedmacher
Schnittger	Spetzger	Pfaidmacher
Kleinschnittger	Schnitzger	Pfeidmacher
Wittger	Haher	Schmeidmacher
Böttger	Häher	Geschmeidmacher
Pottger	Bläher	Geldmacher
Büttger	Wollschlaher	Schildmacher
Hütger	Schallenschlaher	Goldmacher
Knütger	Schellenschlaher	Lahngoldmacher
Pütger	Goldslaher	Noldmacher
Heuger	Messingslaher	Hemdmacher
Pfluger	Vormäher	Panzerhemdmacher
Pflüger	Näher	Bandmacher
Pluger	naher	Seidenbandmacher
Rüger	Segelnäher	Ortbandmacher
Brüger	Seidennäher	Mandmacher
Waldrüger	Bulgennäher	Wandmacher
Kruger	Pulgennäher	Gewandmacher
Krüger	Hasennäher	Bundmacher
Fährkrüger	Hosennäher	Sodmacher
Nobiskrüger	Störnäher	Bordmacher
Pachtkrüger	Bacher	Lademacher
Braukrüger	Nudelbacher	Rademächer
Forstrüger	Ziegelbacher	Rademacher
Wrüger	Küechelbacher	Spinnrademacher
Weinzüger	Küchelbacher	Baumsiedemacher
Wazsirzuger	Feilbacher	Wiedemacher
Auszüger	Straubenbacher	Scheidemacher
Meyger	Hohlhippenbacher	Geschmeidemacher
Neyger	Hüppenbacher	Schildemacher
Flaschendreyger	Pastetenbacher	Etoffemacher
Vlaschendreyger	Küchleinbacher	Sagemacher

Wagemacher	Wegmacher	Blockmacher
Wegemacher	Rechenpfennigmacher	Stiefelblockmacher
Wetschgemacher	Fertigmacher	Fischbeinrockmacher
Holschemacher	Balgmacher	Hoikmacher
Symphoniemacher	Blasebalgmacher	Kalamankmacher
Parapluiemacher	Blasbalgmacher	Kalmankmacher
Zajemacher	Ringmacher	Vetinkmacher
Stärkemacher	Fingerringmacher	Stärkmacher
Schappalemacher	Vetingmacher	Presswerkmacher
Portefeuillemacher	Zeugmacher	Korkmacher
Paterlemacher	Pflugmacher	Calamalmacher
Kannemacher	Dachmacher	Kalamalmacher
Bennemacher	Teppichmacher	Kalemalmacher
Kläremacher	Bottichmacher	Schmalmacher
Kleremacher	Jochmacher	Futteralmacher
Glasemacher	Erchmacher	Spiegelfutteralmacher
Uhrengehäusemacher	Tircherchmacher	Strälmacher
Uhrgehäusemacher	Raschmacher	Radlmacher
Schäftemacher	Sämischmacher	Gstadlmacher
Leuchtemacher	Sämischmächer	Bandlmacher
Büttemacher	Sehmischmacher	Kartandlmacher
Gruttemacher	Harnischmacher	Gabelmacher
Schuemacher	Tischmacher	Schrobelmacher
Holzenschuemacher	Löschmacher	Kübelmacher
Paraplüemacher	Lerschmacher	Gadelmacher
Zayemacher	Tuchmacher	Nadelmacher
Schaffmacher	Grobtuchmacher	Knauffnadelmacher
Schiffmacher	Schmaltuchmacher	Knopfnadelmacher
Senfmacher	Breittuchmacher	Knaufnadelmacher
Knopfmacher	Döckhmacher	Stecknadelmacher
Knöpfmacher	Störckhmacher	Gstadelmacher
Tombackknopfmacher	Rethmacher	Redelmacher
Metallknopfmacher	Schuhmacher	Wedelmacher
Seidenknopfmacher	Handschuhmacher	Kandelmacher
Zinnernknopfmacher	Eggenschuhmacher	Bendelmacher
ungarischer Knopfmacher	Eckenschuhmacher	Blendelmacher
Holzknopfmacher	Hentschuhmacher	Spendelmacher
Zopfmacher	Holzschuhmacher	Schindelmacher
Zöpfmacher	Urleimacher	Zindelmacher
Knaufmacher	Kerseimacher	Zundelmacher
Wildrufmacher	Kirseimacher	Modelmacher
Beschlägmacher	Dächlimacher	Nodelmacher
Beschlagmacher	Parisolimacher	Kordelmacher
Ringbeschlägmacher	Häftlimacher	Kurdelmacher
Ringbeschlagmacher	Klärimacher	Ludelmacher
Taschenbeschlagmacher	Parapluimacher	Tafelmacher
Taschenbeschlägmacher	Watsackmacher	Schaffelmacher
Einschlagmacher	Deckmacher	Scheffelmacher
Wagmacher	Hardeckmacher	Riffelmacher
Zagmacher	Strickmacher	Löffelmacher

Bantoffelmacher
Pantoffelmacher
Tüffelmacher
Kneifelmacher
Tofelmacher
Knöpfelmacher
Würfelmacher
Schaufelmacher
Knaufelmacher
Knäufelmacher
Küfelmacher
Spiegelmacher
Tiegelmacher
Angelmacher
Hächelmacher
Hachelmacher
Kachelmacher
Geischelmacher
Drischelmacher
Teuchelmacher
Sockelmacher
Zockelmacher
Buckelmacher
Puckelmacher
Zuckelmacher
Senkelmacher
Rinkelmacher
Gunkelmacher
Kunkelmacher
Zokelmacher
Brämelmacher
Bremelmacher
Spenelmacher
Spennelmacher
Oelmacher
Kampelmacher
Kämpelmacher
Grämpelmacher
Grampelmacher
Krämpelmacher
Grempelmacher
Krempelmacher
Schappelmacher
Orelmacher
Strelmacher
Fasselmacher
Geißelmacher
Haftelmacher
Heftelmacher
Tüftelmacher

Schachtelmacher
Haubenschachtelmacher
Holzschachtelmacher
Feitelmacher
Pastelmacher
Nestelmacher
Schattelmacher
Sattelmacher
Stattelmacher
Gestattelmacher
Kettelmacher
Beutelmacher
Stanitzelmacher
Schafflmacher
Knöpflmacher
Strählmacher
Hächlmacher
Heychlmacher
Strehlmacher
Stuhlmacher
Pfeilmacher
Speilmacher
Seilmacher
Numerellmacher
Stellmacher
Gestellmacher
Spillmacher
Wollmacher
Olmacher
Ölmacher
Parasolmacher
Kämplmacher
Kamplmacher
Starlmacher
Wäderlmacher
Waderlmacher
Paterlmacher
Patterlmacher
Schnürlmacher
Scatlmacher
Haftlmacher
Blentlmacher
Kettlmacher
Krözlmacher
Amidammacher
Amdammacher
Ahmdammacher
Hammacher
Kammacher
Fünfkammacher

Kahmmacher
Wandrahmmacher
Leimmacher
Bansimmacher
Helmmacher
Hammmacher
Kammmacher
Fünfkammmacher
Sargedrommacher
Sergedrommacher
Zommacher
Schirmmacher
Regenschirmmacher
Sonnenschirmmacher
Zaummacher
Trummacher
Meselanmacher
Masselanmacher
Mesolanmacher
Spanmacher
Corduanmacher
Korduanmacher
Grabenmacher
Scheibenmacher
Kniescheibenmacher
Salbenmacher
Klöbenmacher
Klobenmacher
Farbenmacher
Blaufarbenmacher
Daubenmacher
Haubenmacher
Hubenmacher
Fadenmacher
Ladenmacher
Schedenmacher
Schiedenmacher
Wiedenmacher
Scheidenmacher
Bomseidenmacher
Baumseidenmacher
Bomsidenmacher
Noldenmacher
Hemdenmacher
Panzerhemdenmacher
Mandenmacher
Blendenmacher
Wendenmacher
Windenmacher
Fletzbodenmacher

Kardenmacher	Bethenmacher	Rollenmacher
Nardenmacher	Schanilienmacher	Hüllenmacher
Hafenmacher	Bomsienmacher	Solenmacher
Pfeiffenmacher	Saltzitzienmacher	Stolenmacher
Reiffenmacher	Zajenmacher	Perlenmacher
Etoffenmacher	Hakenmacher	Spulenmacher
Zapffenmacher	Lakenmacher	Hamenmacher
Kuffenmacher	Beckenmacher	Riemenmacher
Tuffenmacher	Tübbeckenmacher	Pfriemenmacher
Tüffenmacher	Deckenmacher	Remenmacher
Pfeifenmacher	Haardeckenmacher	Rahmenmacher
Reifenmacher	Scheckenmacher	Zischmenmacher
Zapfenmacher	Scheckenmächer	Leimenmacher
Gufenmacher	Schneckenmacher	Hammenmacher
Kufenmacher	Strickenmacher	Trummenmacher
Glufenmacher	Dockenmacher	Tschismenmacher
Klufenmacher	Tragantdockenmacher	Czismenmacher
Waagenmacher	Uhrglockenmacher	Beinschienenmacher
Bagenmacher	Rockenmacher	Zainenmacher
Wagenmacher	Spinnrockenmacher	Zeinenmacher
Zagenmacher	Tockenmacher	Patinenmacher
Haggenmacher	Bekenmacher	Pantinenmacher
Zitgloggenmacher	Tubbekenmacher	Kannenmacher
Peroggenmacher	Lischkenmacher	Wannenmacher
Heiligenmacher	Heikenmacher	Bennenmacher
Spangenmacher	Hoikenmacher	Nonnenmacher
Zangenmacher	Rinkenmacher	Tonnenmacher
Bungenmacher	Kennkenmacher	Nunnenmacher
Bogenmacher	Korkenmacher	Tunnenmacher
Sergenmacher	Klotzkorkenmacher	Ballonenmacher
Parisgenmacher	Pareskenmacher	Lucernenmacher
Daugenmacher	Pariskenmacher	Laternenmacher
Rechenmacher	Heukenmacher	Luzernenmacher
Brechenmacher	Parukenmacher	Schalaunenmacher
Barchenmacher	Krukenmacher	Schallaunenmacher
Parchenmacher	Heykenmacher	Salunenmacher
Flaschenmacher	Glotzkenmacher	Pipenmacher
Raschenmacher	Klotzkenmacher	Gumpenmacher
Taschenmacher	Messerschalenmacher	Klumpenmacher
Deschenmacher	Paneelenmacher	Happenmacher
Zieschenmacher	Panelenmacher	Kappenmacher
Parischenmacher	Pannelenmacher	Mappenmacher
Kardätschenmacher	Ohlenmacher	Zappenmacher
Kartätschenmacher	Sohlenmacher	Hippenmacher
Kardetschenmacher	Korallenmacher	Klippenmacher
Wetschenmacher	Bellenmacher	Pippenmacher
Bitschenmacher	Schellenmacher	Trippenmacher
Holzbitschenmacher	Barillenmacher	Kluppenmacher
Hantschenmacher	Parillenmacher	Uhrenmacher
Nüschenmacher	Brillenmacher	Sporenmacher

Clausurenmacher
Asenmacher
Achsenmacher
Buchsenmacher
Büchsenmacher
Chaisenmacher
Laßeisenmacher
Lasseisenmacher
Dosenmacher
Posenmacher
Kipsenmacher
Lersenmacher
Assenmacher
Krassenmacher
Kraßenmacher
Bressenmacher
Schleißenmacher
Klossenmacher
Reusenmacher
Rüsenmacher
Betenmacher
Petenmacher
Steftenmacher
Stefftenmacher
Flechtenmacher
Leuchtenmacher
Luchtenmacher
Kuhluchtenmacher
Saitenmacher
Kalitenmacher
Koltenmacher
Himtenmacher
Blentenmacher
Posamentenmacher
Pasementenmacher
Passementenmacher
Pasimentenmacher
Pastemintenmacher
Tintenmacher
Hemptenmacher
Himptenmacher
Kartenmacher
Spielkartenmacher
Bohrtenmacher
Bortenmacher
Portenmacher
Kastenmacher
Kumpastenmacher
Leistenmacher
Kistenmacher

Plattenmacher
Mattenmacher
Krattenmacher
Krättenmacher
Wattenmacher
Bettenmacher
Pettenmacher
Pöttenmacher
Rottenmacher
Büttenmacher
Klüttenmacher
Lautenmacher
Schütenmacher
Schutenmacher
Rutenmacher
Nauenmacher
Parapluenmacher
Paruquenmacher
Nauwenmacher
Bixenmacher
Pixenmacher
Sayenmacher
Kolzenmacher
Kozenmacher
Matzenmacher
Kratzenmacher
Krätzenmacher
Bretzenmacher
Kretzenmacher
Litzenmacher
Podlitzenmacher
Petlitzenmacher
Bettlitzenmacher
Salsitzenmacher
Zitzenmacher
Kotzenmacher
Glotzenmacher
Klotzenmacher
Plötzenmacher
Lützenmacher
Spähnmacher
Nadelbeinmacher
Lädleinmacher
Pickeleinmacher
Wägleinmacher
Pickleinmacher
Perleinmacher
Baterleinmacher
Päterleinmacher
Gitterleinmacher

Urleinmacher
Häftleinmacher
Heftleinmacher
Häfftleinmacher
Schreinmacher
Bomseinmacher
Kählinmacher
Crepinmacher
Chagrinmacher
Palatinmacher
Pantoffelnmacher
Amidonmacher
Ballonmacher
Sponmacher
Eckernmacher
Laternmacher
Bornmacher
Spornmacher
Grobgrünmacher
Groffgrünmacher
Bassunmacher
Sargedrömacher
Sargedromacher
Sarschendrömacher
Hapmacher
Triepmacher
Tripmacher
Happmacher
Trippmacher
Schaarmacher
Kaffhaarmacher
Garmacher
Scharmacher
Gräbermacher
Rädermacher
Spinnrädermacher
Uhrfedermacher
Zapffenledermacher
Zapfenledermacher
Schildermacher
Zundermacher
Zegermacher
Wätschgermacher
Seigermacher
Fingermacher
Zögermacher
Wetzgermacher
Bechermacher
Tirchermacher
Schleiermacher

Schiermacher	Sonnenuhrmacher	Draietmacher
Papiermacher	Kleinuhrmacher	Rietmacher
Türkischpapiermacher	Großuhrmacher	Gletmacher
Bappiermacher	Schirmacher	Pergimetmacher
Kürassiermacher	Konthormacher	Pasimetmacher
Zeckermacher	Spormacher	Sammetmacher
Zuckermacher	Rormacher	Kummetmacher
Zogkermacher	Kontormacher	Baretmacher
Watschkermacher	Scharrmacher	Paretmacher
Tellermacher	Gesperrmacher	Biretmacher
Gollermacher	Schirrmacher	Piretmacher
Kollermacher	Geschirrmacher	Barretmacher
Eimermacher	Heugeschirrmacher	Schaftmacher
Emmermacher	Hinterfürmacher	Schäftmacher
Simmermacher	Schnurmacher	Bleiweißsteftmacher
Parisermacher	Schnürmacher	Stiftmacher
Messermacher	Hutschnurmacher	Bleiweißstiftmacher
Patermacher	Clausurmacher	Vierdrahtmacher
Betermacher	Klausurmacher	Dichtmacher
Salpetermacher	Glasmacher	Lichtmacher
Lichtermacher	Kreideglasmacher	Dragehtmacher
Reitermacher	Trinkglasmacher	Breitmacher
Goltermacher	Tafelglasmacher	Zeitmacher
Koltermacher	Spiegelglasmacher	Konfektmacher
Multermacher	Flaschenglasmacher	Altmacher
Balestermacher	Wetterglasmacher	Geltmacher
Palestermacher	Compasmacher	Filtmacher
Ballestermacher	Kanevasmacher	Feinfiltmacher
Fenstermacher	Grauwerksmacher	Pultmacher
Paternostermacher	Feirschlosmacher	Samtmacher
Pustermacher	Räßmacher	Trippsamtmacher
Schättermacher	Küraßmacher	Sammtmacher
Blättermacher	Spießmacher	Barchentmacher
Bettermacher	Meßmacher	Parchentmacher
Schettermacher	Bissmacher	Pergamentmacher
Salpettermacher	Gebissmacher	Posamentmacher
Futtermacher	Weißmacher	Permentmacher
Flaschenfuttermacher	Pissmacher	Buntmacher
Auermacher	Schloßmacher	Gelötmacher
Schnuermacher	Schlossmacher	Kummertmacher
Pulvermacher	Malschlossmacher	Kompastmacher
Schleyermacher	Feuerschlossmacher	Kompostmacher
Seyermacher	Feurschloßmacher	Gumpostmacher
Panzermacher	Uhrgehäusmacher	Wurstmacher
Ringelpanzermacher	Mithridatmacher	Armbrustmacher
Kettenpanzermacher	Glatmacher	Blattmacher
Gahrmacher	Huedtmacher	Glattmacher
Rohrmacher	Orpandtmacher	Drygettmacher
Uhrmacher	Reetmacher	Glettmacher
Sanduhrmacher	Taffetmacher	Barettmacher

Krassenbrettmacher	Loischmecher	Modelstecher
Frittmacher	Schuchmecher	Siegelstecher
Püttmacher	Tafelmecher	Stempelstecher
Bütmacher	Schappelmecher	Formstecher
Hutmacher	Hammecher	Kornumstecher
Schobhutmacher	Kammecher	Pagenstecher
Schaubhutmacher	Haubenmecher	Formenstecher
Spanhutmacher	Hubenmecher	Wappenstecher
Schinnhutmacher	Scheidenmecher	Berenstecher
Sponhutmacher	Pifenmecher	Stahrenstecher
Pütmacher	Zitgloggenmecher	Kartenstecher
Taumacher	Uirecklockenmecher	Weinstecher
Schumacher	Solenmecher	Schweinstecher
Paraplümacher	Lutenmecher	Kornstecher
Perspectivmacher	Bornmecher	Staarstecher
Perspektivmacher	Uhermecher	Bärstecher
Orleymacher	Salpetermecher	Starstecher
Kirseymacher	Uwermecher	Silberstecher
Kalamanymacher	Snormecher	Bierstecher
Kalmanymacher	Urmecher	Petschierstecher
Pelzmacher	Snurmecher	Pitschierstecher
Filzmacher	Sloßmecher	Pütschierstecher
Tragholzmacher	Rietmecher	Pflasterstecher
Polzmacher	Kommetmecher	Uhrblätterstecher
Sülzmacher	Lichtmecher	Otterstecher
Sulzmacher	Leistmecher	Pötschirstecher
Rosenkranzmacher	Holzschumecher	Kasstecher
Zitzmacher	Pecher	Kässtecher
Kotzmacher	Wachspecher	Petschaftstecher
Klotzmacher	Zandbrecher	Pettschaftstecher
Kutzmacher	Kalkbrecher	Schriftstecher
Pützmacher	Zanbrecher	Tuecher
Putzmacher	Zahnbrecher	Aicher
Federputzmacher	Steinbrecher	Blaicher
Grützmacher	Schleifsteinbrecher	Thranaicher
Küchelpacher	Malzbrecher	Eicher
Zutschenpacher	Handrecher	Deicher
Zuckerpacher	Sprecher	Bleicher
Racher	Spruchsprecher	Leinenbleicher
Scharsacher	Reimsprecher	Flachsbleicher
Guliecher	Reimensprecher	Wachsbleicher
Kaffeeriecher	Vorsprecher	Gleicher
Ziecher	Fürsprecher	Pleicher
Deckelecher	Marktversecher	Traneicher
Decklecher	Stecher	Handreicher
Siebemecher	Bildstecher	Streicher
Hudemecher	Schweinestecher	Wandstreicher
Wegemecher	Käsestecher	Gewandstreicher
Schiffmecher	Bachstecher	Kniestreicher
Senfmecher	Aalstecher	Tuchstreicher

Stuckstreicher	Kärcher	Krätzwäscher
Ziegelstreicher	Karcher	Kretzwäscher
Wollstreicher	Ercher	Feldscher
Baumwollstreicher	Kercher	Wandscher
Wollenstreicher	Vercher	Escher
Lauenstreicher	Wildwercher	Wambescher
Steinstreicher	Ircher	Descher
Dachsteinstreicher	Kircher	Kescher
Weinstreicher	Weißkircher	Flescher
Weicher	Zuezircher	Zwangdrescher
Fischweicher	Tratzircher	Kalkdrescher
Fischbeinweicher	Zuzircher	Wescher
Dönnicher	Sarburcher	Harincwescher
Sardoicher	Schefwürcher	Kretzenwescher
Picher	Scheffwürcher	Freifleischer
Wachspicher	Strumpfwürcher	Freyfleischer
Iricher	Salwürcher	Fischer
Karricher	Steinwürcher	Bestandfischer
Stricher	Scher	Freifischer
Tuechstricher	Ascher	Sackfischer
Höticher	Hascher	Keitelfischer
Weinsticher	Häscher	Keutelfischer
Biersticher	Käscher	Segenfischer
Bötticher	Lascher	Rutenfischer
Butticher	Rotlascher	Agsteinfischer
Kalcher	Harnäscher	Agtsteinfischer
Tuchwalcher	Harnascher	Grünfischer
Schelcher	Rascher	Agtfischer
Kelcher	Wäscher	Freyfischer
Selcher	Wascher	Mühlischer
Fleischselcher	Korbwäscher	Harnischer
Fischselcher	Goldwäscher	Ringharnischer
Kilcher	Krätzewäscher	Frischer
Düncher	Kretschwäscher	Tischer
Tüncher	Haringhwascher	Vischer
Focher	Kuttelwäscher	Wischer
Kocher	Kuttelwascher	Harnischwischer
Leckocher	Urinwäscher	Stiefelwischer
Mörtelkocher	Zinnwäscher	Felscher
Leimkocher	Silberwascher	Fickelscher
Seifenkocher	Silberwäscher	Mühlscher
Zuckerkocher	Gollerwascher	Hölscher
Decklocher	Kollerwascher	Holscher
Pocher	Kollerwäscher	Mülscher
Tagepocher	Heringswäscher	Döscher
Tagpocher	Heringswascher	Löscher
Nachtpocher	Holzauswäscher	Rodlöscher
Erzpocher	Holzwascher	Kalklöscher
Archer	Holzwäscher	Witlöscher
Farcher	Erzwäscher	Rotlöscher

Wittlöscher	Lebkucher	Scheibenzieher
Wyttlöscher	Leckucher	Scheubenzieher
Roscher	Lebekucher	Schockenzieher
Röscher	Flucher	Spuhlenzieher
Wöscher	Pucher	Spulenzieher
Irscher	Pücher	Leirenzieher
Vysscher	Erzpucher	Karrenzieher
Kardätscher	Steinbrücher	Kerzenzieher
Pogatscher	Sprücher	Weinzieher
Kartätscher	Strahlensucher	Garnzieher
Kawetscher	Versucher	Leiernzieher
Peitscher	Tucher	Bornzieher
Abpeitscher	Decktucher	Überzieher
Holtscher	Grautucher	Wasserzieher
Hultscher	Grautücher	Lichterzieher
Hantscher	Ycher	Wachszieher
Wantscher	Playcher	Fasszieher
Hentscher	Nachgeher	Faßzieher
Notscher	Nachigeher	Dratzieher
Bartscher	Seilgeher	Drahtzieher
Gautscher	Umgeher	Grobddrahtzieher
Kautscher	Übergeher	Golddrahtzieher
Abpäutscher	Waldübergeher	Messingdrahtzieher
Gutscher	Wegübergeher	Mitteldrahtzieher
Kutscher	Weingartenübergeher	Stahldrahtzieher
Landkutscher	Pflasterübergeher	Schockendrahtzieher
Miethkutscher	Forstübergeher	Eisendrahtzieher
Zeiselkutscher	Bauübergeher	Feindrahtzieher
Rollkutscher	Salzübergeher	Kleindrahtzieher
Lohnkutscher	Holzübergeher	Silberdrahtzieher
Heuerkutscher	Vorgeher	Leonischer Drahtzieher
Huerkutscher	Strenvorgeher	Lionischer Drahtzieher
Mietkutscher	Strähnvorgeher	Lyonischer Drahtzieher
Kleidertauscher	Strehnvorgeher	Schwarzdrahtzieher
Rosstauscher	Strennvorgeher	Schwartzdrahtzieher
Rosstäuscher	Ausgeher	Lichtzieher
Rossduscher	Zieher	Wachslichtzieher
Rossdeuscher	Abzieher	Zuzieher
Fuscher	Goldzieher	Latzzieher
Pfuscher	Schiffzieher	Neher
Rosstuscher	Milchzieher	Sidenneher
Metzscher	Karchzieher	Loeher
Nutzscher	Sackzieher	Dreher
Bottcher	Karchelzieher	Spinnraddreher
Böttcher	Kärchelzieher	Wildruffdreher
Kleinböttcher	Haspelzieher	Kopfdreher
Großböttcher	Sohlzieher	Wildrufdreher
Eintaucher	Solzieher	Ringdreher
Ledertaucher	Spanzieher	Messingdreher
Schucher	Kranzieher	Blockdreher

Kabeldreher	Aufseher	Irher
Schüsseldreher	Waldaufseher	Leinbather
Wehldreher	Maischaufseher	Robather
Stuhldreher	Rabischaufseher	Handrobather
Seildreher	Gefällaufseher	Zugrobather
Strohseildreher	Zollaufseher	Fußrobather
Metalldreher	Armenaufseher	Kather
Spilldreher	Gefällsaufseher	Käther
Porzellandreher	Schlossaufseher	Nather
Seidendreher	Packhausaufseher	Näther
Lurdendreher	Mautaufseher	Zunäther
Pfeifendreher	Holzaufseher	Leinwather
Knochendreher	Überseher	Soether
Flaschendreher	Wasserseher	Slachther
Uhrglockendreher	Oberwasserseher	Schreibereyverwanther
Moluckendreher	Unterwasserseher	Pfunther
Spilkendreher	Verseher	Robother
Wehlendreher	Marktverseher	Bierböther
Pillendreher	Zuseher	Köther
Spillendreher	Bergzuseher	Kleinköther
Lurrendreher	Tafelsteher	Großköther
Schnurendreher	Taffelsteher	Aufwarther
Büchsendreher	Übersteher	Aufwärther
Eisendreher	Schulvorsteher	Stenwerther
Bolzendreher	Kirchenvorsteher	Steinwerther
Beindreher	Hofslagher	Anbüther
Elfenbeindreher	Sagher	Schuther
Ringleindreher	Swertfegher	Waldhüther
Kleindreher	Goldslegher	Grubenhüther
Körnleindreher	Hofslegher	Ladenhüther
Kornleindreher	Oligslegher	Weinhüther
Fingerleindreher	Kalkslegher	Muther
Bernsteindreher	Tegelslegher	Hauher
Birnsteindreher	Helmslegher	Rauher
Zwirndreher	Thoomslegher	Tuchrauher
Horndreher	Blikkenslegher	Handschuher
Tellerdreher	Platenslegher	Holzschuher
Marmordreher	Thoslegher	Küher
Schnürdreher	Korndregher	Brüher
Schnurdreher	Ychher	Bierbruher
Spießdreher	Wröhher	Birbruher
Weißdreher	Spilkendreiher	Saubrüher
Heftdreher	Piependreiher	Truher
Kunstdreher	Apodekher	Trüher
Bolzdreher	Bortenwürkher	Maier
Holzdreher	Molher	Strohmaier
Flaschentreher	Hoher	Sedelmaier
Beseher	Heringshöher	Gereutmaier
Fischbeseher	Löher	Salzmaier
Zollbeseher	Loher	Lurrendraier

Sandsaier
Balbier
Pestbalbier
Barbier
Pestbarbier
Officier
Hellebardier
Bombardier
Lombardier
Contrefeier
Conterfeier
Konterfeier
Heier
Baumheier
Bleier
Oleier
Pleier
Meier
Halbmeier
Erbmeier
Gescheidmeier
Gscheidmeier
Waldmeier
Halfmeier
Hofmeier
Dorfmeier
Chilchmeier
Kilchmeier
Kirchmeier
Strohmeier
Sedelmeier
Vollmeier
Heiligenmeier
Kilchenmeier
Kastenmeier
Weinmeier
Alpmeier
Obermeier
Klostermeier
Pfarrmeier
Vorwerksmeier
Zinsmeier
Schlossmeier
Hausmeier
Zehentmeier
Zehntmeier
Gereutmeier
Salzmeier
Holzmeier
Dreier

Kopfdreier
Ringdreier
Blockdreier
Spindeldreier
Schotteldreier
Wehldreier
Stuhldreier
Lurdendreier
Flaschendreier
Spekendreier
Spilkendreier
Welendreier
Spillendreier
Pipendreier
Lirendreier
Lorrendreier
Lurrendreier
Lyrendreier
Bussendreier
Büssendreier
Kleindreier
Bernsteindreier
Birnsteindreier
Lyerndreier
Lyndreier
Schreier
Weinschreier
Zeterschreier
Zetterschreier
Marktschreier
Blutschreier
Rippelreier
Dirreteier
Tirteier
Herbergier
Aubergier
Panachier
Hatschier
Petschier
Pitschier
Hartschier
Hertschier
Gutschier
Balier
Brunnenbalier
Marbalier
Palier
Brunnenpalier
Brunenpalier
Maurerpalier

Glaspalier
Jubelier
Sommelier
Soumelier
Bottelier
Sumilier
Schatilier
Schattilier
Schottilier
Ballier
Glasballier
Pallier
Olier
Polier
Brunnenpolier
Brunenpolier
Parlier
Falkenier
Drapenier
Almosenier
Rentenier
Minier
Magasinier
Magazinier
Falkonier
Drapier
Drappier
Schaluppier
Kämmerier
Kammerier
Forier
Tresorier
Furier
Reisefurier
Hoffurier
Kammerfurier
Fourier
Milizfourier
Confiturier
Manufakturier
Adventurier
Wenturier
Aufschüttkassier
Plumassier
Huissier
Arkebusier
Arquebusier
Cafetier
Caffetier
Coffetier

Schacketier	Holskemaker	Etoffenmaker
Musketier	Stellemaker	Heiligenmaker
Billetier	Solemaker	Klipgenmaker
Bonnetier	Stolemaker	Butgenmaker
Musquetier	Bornemaker	Wetschenmaker
Bouquetier	Asemaker	Holtschenmaker
Gantier	Glasemaker	Dockenmaker
Posamentier	Assemaker	Kannekenmaker
Boßementier	Bussemaker	Driakelstunnekenmaker
Rentier	Vlechtemaker	Triakelstunnekenmaker
Halbartier	Postmentemaker	Klippekenmaker
Pottier	Gortemaker	Cangkenmaker
Grottier	Gruttemaker	Kangkenmaker
Charcutier	Grutemaker	Känkenmaker
Chakutier	Sevemaker	Kennkenmaker
Schakutier	Metzemaker	Klipkenmaker
Charkutier	Groffmaker	Taskenmaker
Cloutier	Ringmaker	Buttkenmaker
Paruquier	Vetingmaker	Panelenmaker
Perüquier	Erchmaker	Pannelenmaker
Peruquier	Harnaschmaker	Solenmaker
Perruquier	Löschmaker	Hamenmaker
Spezier	Rinckmaker	Patinenmaker
Offizier	Ringkmaker	Pattinenmaker
Bierbrüejer	Blokmaker	Kannenmaker
Lojer	Saelmaker	Tunnenmaker
Rojer	Sadelmaker	Salunenmaker
Bötjer	Bendelmaker	Patynenmaker
Schnittjer	Budelmaker	Piepenmaker
Pöttjer	Büdelmaker	Lersenmaker
Pütjer	Tafelmaker	Korsenmaker
Metzjer	Tüffelmaker	Körsenmaker
Haaker	Pantuffelmaker	Bressenmaker
Haker	Spegelmaker	Glossenmaker
Häker	Speghelmaker	Luchtenmaker
Halbhäker	Lepelmaker	Koluchtenmaker
Faulhäker	Worpelmaker	Kalitenmaker
Seefiaker	Schachtelmaker	Schuitenmaker
Trujaker	Seilmaker	Koltenmaker
Schorlaker	Stolmaker	Himptenmaker
Kaffamaker	Amidammaker	Kastenmaker
Hamaker	Thommaker	Kistenmaker
Bandmaker	Thoommaker	Plattenmaker
Wandmaker	Tommaker	Mattenmaker
Sodmaker	Spanmaker	Bonnettenmaker
Lademaker	Bohmsidenmaker	Karttenmaker
Rademaker	Bomsidenmaker	Schutenmaker
Schedemaker	Bordenmaker	Farvenmaker
Hoedemaker	Ludenmaker	Kuvenmaker
Symphoniemaker	Bomsydenmaker	Grofgreinmaker

Schrinmaker	Postementmaker	Bretzelbäcker
Salunmaker	Buntmaker	Wetzelbäcker
Bassunmaker	Grotmaker	Stritzelbäcker
Schomaker	Mestmaker	Strützelbäcker
Oldeschomaker	Grütmaker	Kiechlbacker
Holtschomaker	Orleymaker	Kiechlbäcker
Triepmaker	Bremlitzmaker	Feilbäcker
Tripmaker	Banitzmaker	Heimbäcker
Knopmaker	Bonnitzmaker	Straubenbäcker
Haarmaker	Braker	Fladenbäcker
Harmaker	Aschbraker	Gnadenbäcker
Schildermaker	Hopfenbraker	Pfeifenbäcker
Segermaker	Heringsbraker	Krapfenbäcker
Fingermaker	Wraker	Roggenbäcker
Seiermaker	Aschwraker	Zutschenbäcker
Bekermaker	Staker	Kuchenbäcker
Pansermaker	Tübbker	Lebkuchenbäcker
Paternostermaker	Aschbraacker	Honigkuchenbäcker
Püstermaker	Backer	Eisenkuchenbäcker
Pustermaker	Bäcker	Pfefferkuchenbäcker
Seyermaker	Leibbäcker	Weckenbäcker
Kunthormaker	Grobbäcker	Stollenbäcker
Snormaker	Feldbäcker	Ulenbäcker
Kuntormaker	Landbäcker	Aulenbäcker
Aurmaker	Bestandbäcker	Formenbäcker
Schnurmaker	Mundbäcker	Pfannenbäcker
Clausurmaker	Erdbäcker	Kannenbäcker
Klausurmaker	Erdebäcker	Pannenbäcker
Compasmaker	Innebäcker	Innenbäcker
Kompasmaker	Käsebäcker	Hiepenbäcker
Bannismaker	Hofbäcker	Hippenbäcker
Grawerksmaker	Reisehofbäcker	Hohlhippenbäcker
Bremelsmaker	Dorfbäcker	Düppenbäcker
Pelsmaker	Honigbäcker	Plinsenbäcker
Pylsmaker	Krugbäcker	Pastetenbäcker
Harnsmaker	Frischbäcker	Tortenbäcker
Feirschlosmaker	Freibäcker	Klüttenbäcker
Meßmaker	Mandolettibäcker	Stutenbäcker
Bannissmaker	Weckbäcker	Weizenbäcker
Bußmaker	Sudelbäcker	Blinzenbäcker
Hodtmaker	Ziegelbäcker	Plinzenbäcker
Tragetmaker	Teigelbäcker	Bretzenbäcker
Polmetmaker	Kachelbäcker	Motzenbäcker
Pulmetmaker	Wätschelbäcker	Mutzenbäcker
Dichtmaker	Wetschelbäcker	Feinbäcker
Dragehtmaker	Mutschelbäcker	Küchleinbäcker
Bonnitmaker	Küchelbäcker	Kleinbäcker
Oltmaker	Semmelbäcker	Steinbäcker
Wantmaker	Striezelbäcker	Kächlinbacker
Bentmaker	Brezelbäcker	Schönbäcker

Zuckerbäcker	Racker	Kokenbecker
Sauerbäcker	Bracker	Stollenbecker
Commisbäcker	Aschbracker	Ulenbecker
Losbäcker	Hopfenbracker	Aulenbecker
Fassbäcker	Heringsbracker	Pannenbecker
Weißbäcker	Flachsbracker	Hiepenbecker
Commissbäcker	Wagenschossbracker	Düppenbecker
Kommissbäcker	Auspracker	Plinsenbecker
Großbäcker	Silberauspracker	Pastetenbecker
Süßbäcker	Wracker	Tortenbecker
Hausbäcker	Heringswracker	Stutenbecker
Inhausbäcker	Wagenschosswracker	Posteyenbecker
Einhausbäcker	Wagenschoßwracker	Plinzenbecker
Confectbäcker	Holzwracker	Kleinbecker
Stadtbäcker	Säcker	Kachlinbecker
Schlechtbäcker	Sacker	Steynbecker
Schlichtbäcker	Aussacker	Dobecker
Konfektbäcker	Malzaussacker	Suckerbecker
Brotbäcker	Malzsacker	Zuckerbecker
Fastbäcker	Stäcker	Losbecker
Festbäcker	Stacker	Weißbecker
Pottbacker	Becker	Commißbecker
Pottbäcker	Dabecker	Großbecker
Daubäcker	Leibbecker	Husbecker
Gäubäcker	Feldbecker	Stadtbecker
Freybäcker	Landbecker	Schlechtbecker
Schwarzbäcker	Mundbecker	Slechtbecker
Platzbäcker	Vriebecker	Brotbecker
Uzbäcker	Innebecker	Fastbecker
Hacker	Losebecker	Festbecker
Häcker	Dorffbecker	Pottbecker
Fleyschacker	Hofbecker	Daubecker
Widhacker	Reisehofbecker	Freybecker
Aufhacker	Dorfbecker	Schwarzbecker
Pechhacker	Krugbecker	Platzbecker
Fleischhacker	Frischbecker	Uzbecker
Gäufleischhacker	Freibecker	Decker
Schaufelhacker	Ziegelbecker	Rädecker
Weinhäcker	Kachelbecker	Abdecker
Fuderhacker	Semmelbecker	Schaubdecker
Scheiterhacker	Wetzelbecker	Schaubedecker
Scheithacker	Straubenbecker	Strohdachdecker
Flacker	Fladenbecker	Strohdecker
Placker	Gnadenbecker	Leidecker
Altplacker	Posteidenbecker	Bleidecker
Packer	Krapfenbecker	Blidecker
Hopfenpacker	Kuchenbecker	Schindeldecker
Heringspacker	Lebkuchenbecker	Tafeldecker
Tobakspacker	Eisenkuchenbecker	Ziegeldecker
Salzpacker	Pfefferkuchenbecker	Teigeldecker

Lemdecker	Strecker	Gimpenstricker
Lehmdecker	Drahttrecker	Eisenstricker
Leymdecker	Bachstecker	Hosenstricker
Schobendecker	Anstecker	Garnstricker
Schaubendecker	Haubenstecker	Gatterstricker
Leidendecker	Wecker	Lewantstricker
Leiendecker	Kalkbicker	Sticker
Lemendecker	Steenbicker	Goldsticker
Leimendecker	Stenbicker	Pilesticker
Stendecker	Ficker	Zeugsticker
Scheverstendecker	Flicker	Tuchsticker
Layendecker	Schueflicker	Aalsticker
Leyendecker	Schuhflicker	Pfeilsticker
Steindecker	Kesselflicker	Philsticker
Schieferdecker	Ketelflicker	Pilsticker
Schiefferdecker	Kettelflicker	Pfeylsticker
Schifferdecker	Knochenflicker	Pylsticker
Scheverdecker	Zainenflicker	Seidensticker
Schuwerdecker	Zeinenflicker	Sidensticker
Leydecker	Pfannenflicker	Jackensticker
Bleydecker	Kannenflicker	Scheckensticker
Blydecker	Hasenflicker	Silbersticker
Fecker	Pfannflicker	Biersticker
Waagfecker	Pusterflicker	Wicker
Milchfecker	Püsterflicker	Bartzwicker
Maßerfecker	Altflicker	Walcker
Maßfecker	Klicker	Welcker
Messfecker	Lehmklicker	Döncker
Hecker	Leimklicker	Duncker
Weinhecker	Lehmlicker	Salzjuncker
Klecker	Hoicker	Böcker
Lehmklecker	Picker	Hocker
Leymklecker	Kalkpicker	Höcker
Hamecker	Märbelpicker	Kleiderhocker
Blaßbalkmecker	Steinpicker	Kleyderhocker
Bogenmecker	Stricker	Vorhöcker
Deschenmecker	Futterhemdstricker	Obsthocker
Zelenmecker	Leinwandstricker	Flocker
Boßenmecker	Strimpfstricker	Hoppenplöcker
Luchtenmecker	Strumpfstricker	Stöcker
Brelnmecker	Knopfstricker	Stocker
Bornmecker	Topfstricker	Märcker
Lochtmecker	Hudelstricker	Tagewercker
Donnecker	Zaumstricker	Feuerwercker
Recker	Haubenstricker	Bortenwircker
Trecker	Hubenstricker	Zeugwürcker
Drecktrecker	Seidenstricker	Seidenwürcker
Lühnentrecker	Seydenstricker	Sarwürcker
Linentrecker	Sydenstricker	Ducker
Bärentrecker	Sockenstricker	Dücker

Deckducker	Rädeker	Hokker
Fucker	Schniddeker	Kalker
Hucker	Boddeker	Kälker
Fellpflücker	Bodeker	Walker
Hopfenpflücker	Bödeker	Hodwalker
Schmucker	Bleeker	Strumpfwalker
Schmücker	Fischweeker	Tuchwalker
Federschmucker	Apotheker	Lodenwalker
Federschmücker	Medizinapotheker	Altwalker
Huetschmucker	Aptheker	Hotwalker
Hutschmucker	Dieker	Hutwalker
Hutschmücker	Fleetenkieker	Nachmelker
Barucker	Fleetkieker	Welker
Parucker	Bleker	Hotwelker
Brücker	Spilleker	Spilker
Brucker	Assemeker	Wolker
Steinbrücker	Kistemeker	Kimker
Drücker	Erchmeker	Kimmker
Drucker	Kimmeker	Kleinbänker
Leinwanddrucker	Platenmeker	Großbänker
Bokedrucker	Koltenmeker	Schänker
Briefdrucker	Sotmeker	Schanker
Zeugdrucker	Dinneker	Weinschänker
Buchdrücker	Donneker	Weinschanker
Buchdrucker	Sporeker	Schenker
Tuchdrucker	Lauenstreker	Kaffeeschenker
Bokdrucker	Apoteker	Weinschenker
Bookdrücker	Apteker	Bierschenker
Schwammdrucker	Alesteker	Halbbierschenker
Schwammdrücker	Alsteker	Menker
Seidendrucker	Fischweker	Senker
Leinendrucker	Vischweker	Finker
Leindrucker	Weinhegker	Rinker
Steindrucker	Fergker	Sinker
Kottondrucker	Gutfergker	Dunker
Cartundrucker	Heiker	Junker
Cattundrucker	Atteiker	Jagdjunker
Kattundrucker	Chymiker	Salzjunker
Kupferdrucker	Mechaniker	Tünker
Papierdrucker	Wittiniker	Böker
Blaudrucker	Hoiker	Höker
Zitzdrucker	Bakker	Käsehöker
Stucker	Rakker	Fischhöker
Goldstücker	Dekker	Apfelhöker
Seidenstücker	Snidekker	Appelhöker
Radker	Scheverstendekker	Mehlhöker
Rädker	Scheverdekker	Kohlhöker
Bodker	Linentrekker	Vollhöker
Beker	Bärentrekker	Weinhöker
Vastbeker	Kalkbikker	Gröönhöker

Grönhöker	Bartenwerker	Stolenwirker
Grünhöker	Strähnwerker	Pfannenwirker
Kleiderhöker	Strehnwerker	Tapetenwirker
Kleyderhoker	Inwerker	Bortenwirker
Bierhöker	Steinwerker	Litzenwirker
Schmerhöker	Strännwerker	Spitzenwirker
Vorhöker	Strennwerker	Steinwirker
Häringshöker	Scharwerker	Edelsteinwirker
Heringshöker	Sarwerker	Schleierwirker
Brothöker	Glaserwerker	Borduirwirker
Obsthöker	Messerwerker	Florwirker
Gesthöker	Feuerwerker	Schnurwirker
Gewürzhöker	Lustfeuerwerker	Presswirker
Schwepker	Vorwerker	Knechtwirker
Swöpker	Schirrwerker	Buntwirker
Tüppker	Glaswerker	Salzwirker
Arker	Schiffswerker	Zirker
Märker	Heidenswerker	Sporker
Freimärker	Presswerker	Strumpfwürker
Inmärker	Knechtswerker	Salwürker
Ausmärker	Wildtwerker	Portenwürker
Freymärker	Knechtwerker	Steinwürker
Holzarker	Lichtwerker	Edelsteinwürker
Gutferker	Altwerker	Sarwürker
Aufmerker	Buntwerker	Schnuerwürker
Werker	Bartwerker	Salzwürker
Wildwerker	Püttwerker	Gläsker
Jagdhandwerker	Puttwerker	Rodtlesker
Tagewerker	Grauwerker	Fisker
Glasewerker	Salzwerker	Wyttlosker
Schiffwerker	Schmelzwerker	Vysker
Tagwerker	Wirker	Harnswysker
Dingwerker	Caffawirker	Snydtker
Rauchwerker	Kaffawirker	Schnitker
Schuhwerker	Goldwirker	Snitker
Stückwerker	Bandwirker	Kleinsnitker
Zuckwerker	Strumpfwirker	Botker
Salwerker	Stumpfwirker	Potker
Frommwerker	Zeugwirker	Pötker
Frümmwerker	Teppichwirker	Schnittker
Frümwerker	Hochwirker	Kleinschnittker
Frumwerker	Zeuchwirker	Böttker
Blaufarbenwerker	Tuchwirker	Pottker
Heidenwerker	Schuhwirker	Teuker
Bordenwerker	Gürtelwirker	Heyker
Beckenwerker	Fatzelwirker	Schnitzker
Pfannenwerker	Wollwirker	Kutzker
Strenwerker	Heidenwirker	Schaler
Körsenwerker	Seidenwirker	Schäler
Korsenwerker	Bordenwirker	Beschaler

Messerbeschaler	Bildnismaler	Dübler
Messerschaler	Dekorationsmaler	Deubler
Seßthaler	Faßmaler	Hübler
Sößthaler	Fassmaler	Kübler
Maler	Weißmaler	Freigrübler
Grobmaler	Gesellschaftsmaler	Tübler
Handmaler	Geschichtsmaler	Stübler
Freihandmaler	Cabinettsmaler	Pfadler
Wandmaler	Kabinettsmaler	Schädler
Fayencemaler	Hausmaler	Ladler
Briefmaler	Schriftmaler	Lädler
Brefmaler	Zehentmaler	Nadler
Brieffmaler	Zehntmaler	Nädler
Topfmaler	Rotmaler	Knopfnadler
Behangmaler	Wismutmaler	Nähnadler
Flachmaler	Schmelzmaler	Stecknadler
Buchmaler	Ätzmaler	Pfoadler
Rothmaler	Etzmaler	Sadler
Wismuthmaler	Aetzmaler	Tadler
Wißmuthmaler	Staler	Stadler
Initialmaler	Seßtaler	Puddler
Tafelmaler	Sößtaler	Schedler
Schachtelmaler	Teerschwäler	Fiedler
Stubenmaler	Manzaler	Krugfiedler
Seidenmaler	Mantzaler	Bierfiedler
Wagenmaler	Gabler	Landsiedler
Heiligenmaler	Gäbler	Hintersiedler
Hilgenmaler	Stäbler	Gredler
Initialenmaler	Stabler	Hintersedler
Bataillenmaler	Constabler	Wedler
Wappenmaler	Konstabler	Schwedler
Boppenmaler	Kunstabler	Pfaidler
Puppenmaler	Kunststäbler	Pfeidler
Dosenmaler	Diebler	Scheidler
Tapetenmaler	Hiebler	Schmeidler
Kartenmaler	Siebler	Geschmeidler
Landkartenmaler	Knebler	Gschmeidler
Kistenmaler	Deibler	Treidler
Fratzenmaler	Scheibler	Schweidler
Bildleinmaler	Kibler	Zeidler
Kattunmaler	Melbler	Sidler
Haarmaler	Döbler	Wandhändler
Töpfermaler	Holzdrahthobler	Tabagiehändler
Staffiermaler	Krauthobler	Kaufhändler
Tiermaler	Kobler	Viechhandler
Zimmermaler	Köbler	Vichhandler
Theatermaler	Kerbler	Vichhändler
Feuermaler	Körbler	Tuchhändler
Staffirmaler	Taubler	Specereihändler
Miniaturmaler	Täubler	Spezereihändler

Vogelhändler	Tandler	Gördeler
Würzelhändler	Tändler	Büdeler
Gerillhändler	Fetzentandler	Budeler
Schwammhändler	Ständler	Hudeler
Barmhändler	Standler	Sudeler
Salbenhändler	Kendler	Fydeler
Kufenhändler	Schindler	Heeler
Großkufenhändler	Spindler	Seeler
Großkufenhandler	Zindler	Scheffeler
Gegenhändler	Hödler	Leffeler
Gegenhandler	Hodler	Nofeler
Steuergegenhandler	Lodler	Köpfeler
Steuergegenhändler	Nodler	Worfeler
Mautgegenhandler	Salzrodler	Wurfeler
Drogenhändler	Schwödler	Würfeler
Bergenhändler	Hürdler	Schäufeler
Vitalienhändler	Paudler	Schaufeler
Victualienhändler	Hudler	Nufeler
Viktualienhändler	Ludler	Lägeler
Lakenhändler	Pudler	Nageler
Ellenhändler	Südler	Thegeler
Schwammenhändler	Sudler	Spiegeler
Materialwarenhändler	Gabeler	Riegeler
Ellenwarenhändler	Knebeler	Siegeler
Posenhändler	Nubeler	Ziegeler
Kroissenhändler	Deler	Legeler
Kreußenhändler	Nadeler	Negeler
Kroyssenhändler	Sadeler	Tegeler
Droguenhändler	Seddeler	Tychgeler
Wurzenhändler	Veddeler	Gängeler
Kornhändler	Weddeler	Mangeler
Kaufshändler	Fiddeler	Spängeler
Arbesshändler	Huddeler	Dengeler
Raithandler	Fedeler	Gengeler
Raithändler	Fiedeler	Mengeler
Pupillenraithandler	Sedeler	Fingeler
Reithändler	Wedeler	Vogeler
Pupillenreithändler	Schwedeler	Orgeler
Pupillenreithandler	Schweideler	Urgeler
Dürrobsthändler	Sweideler	Cygeler
Vorkosthändler	Fideler	Theygeler
Spezereyhändler	Wideler	Teygeler
Salzhändler	Kändeler	Kacheler
Salzhandler	Tändeler	Kächeler
Würzhändler	Spendeler	Kecheler
Putzhändler	Tendeler	Ticheler
Kandler	Zindeler	Scheler
Kändler	Hodeler	Nüscheler
Mandler	Bordeler	Nuscheler
Sandler	Gordeler	Seheler

Spegheler	Schüsseler	Halbhöfler
Butheler	Schusseler	Ganzhöfler
Suheler	Gyseler	Constofler
Dieler	Näteler	Zapfler
Lehmdieler	Neteler	Zäpfler
Aufspieler	Seteler	Bierzapfler
Dockenspieler	Schneiteler	Kümpfler
Sieler	Multeler	Köpfler
Scheckeler	Menteler	Worfler
Seckeler	Sinteler	Würfler
Pickeler	Gorteler	Schäufler
Mekeler	Gurteler	Schaufler
Menkeler	Statteler	Stegeschaufler
Senkeler	Zetteler	Stegeschäufler
Finkeler	Spitteler	Stegschäufler
Zirkeler	Schotteler	Steigschaufler
Kurkeler	Kneveler	Kaufler
Semeler	Puchveler	Käufler
Simeler	Schweler	Erdkäufler
Simmeler	Aschenschweler	Feilkäufler
Marmeler	Kohlenschweler	Kornkäufler
Neler	Theerschweler	Eierkäufler
Käneler	Teerschweler	Unterkäufler
Känneler	Kienrußschweler	Unterverkäufler
Krämpeler	Heizeler	Vorkäufler
Humpeler	Manzeler	Fürkäufler
Gerümpeler	Ranzeler	Fürkaufler
Gröpeler	Renzeler	Käskäufler
Schappeler	Einzeler	Stadtkäufler
Scheppeler	Heinzeler	Knäufler
Doppeler	Wurzeler	Küfler
Toppeler	Metzeler	Nagler
Haspeler	Feltmetzeler	Weißnagler
Häspeler	Rentzeler	Schwarznagler
Hespeler	Schäfler	Fragler
Bareler	Kafler	Trägler
Streler	Constafler	Austrägler
Reseler	Briefler	Spiegler
Deichseler	Schnefler	Riegler
Geiseler	Refler	Siegler
Benseler	Schaffler	Insiegler
Kenseler	Schäffler	Tiegler
Penseler	Scheffler	Ziegler
Röseler	Reffler	Cziegler
Drießeler	Schöffler	Ölschlegler
Kesseler	Löffler	Tüegler
Wesseler	Fürkäuffler	Züegler
Geißeler	Fischkeuffler	Schwegler
Wachsbosseler	Kaffeeschnüffler	Spigler
Rösseler	Schnifler	Sigler

Ingesigler	Wollsträhler	Pfefferküchler
Insigler	Nachzähler	Süßküchler
Tigler	Fadenzähler	Brüchler
Puttigler	Werftenzähler	Trüchler
Butigler	Auszahler	Tüchler
Dängler	Werftzähler	Tuchler
Gangler	Salzzahler	Diehler
Gängler	Salzzähler	Strehler
Mangler	Hächler	Sehler
Spangler	Kächler	Öhler
Spängler	Kachler	Ohler
Dengler	Bechler	Kohler
Formendengler	Fechler	Köhler
Gengler	Hechler	Grubenköhler
Mengler	Flachshechler	Meilerköhler
Spengler	Kiechler	Buhler
Galanteriespengler	Briechler	Mühler
Schwarzspengler	Priechler	Stuhler
Dingler	Blechler	Stühler
Ausgedingler	Pechler	Bailer
Ringler	Kuechler	Hailer
Bainringler	Küechler	Sailer
Beinringler	Brüechler	Beiler
Holzringler	Tuechler	Feiler
Vögler	Deichler	Sägefeiler
Vogler	Teichler	Sagfeiler
Orgler	Sichler	Ringfeiler
Äugler	Tichler	Messingfeiler
Gugler	Fochler	Zeugfeiler
Kugler	Däschler	Rinkelfeiler
Glaskugler	Täschler	Sägenfeiler
Weinzügler	Deschler	Rinkenfeiler
Auszügler	Tischler	Pfeiler
Pfähler	Ebentischler	Rohrfeiler
Pfahler	Frätschler	Heiler
Mahler	Fratschler	Verheiler
Briefmahler	Fischfratschler	Urtheiler
Flachmahler	Käuschler	Erztheiler
Wapenmahler	Keuschler	Keiler
Kartenmahler	Nüschler	Meiler
Fratzenmahler	Gäuchler	Neiler
Miniaturmahler	Deuchler	Treiler
Cabinettssmahler	Geuchler	Seiler
Geschichtmahler	Teuchler	Landseiler
Zehentmahler	Küchler	Spitzseiler
Malzmahler	Kuchler	Altenteiler
Schmelzmahler	Lebküchler	Urteiler
Grützmahler	Lebkuchler	Erzteiler
Strahler	Honigküchler	Federweiler
Strähler	Pfefferkuchler	Sägenfiler

Sagenfiler	Seßstaller	Sagemöller
Nufiler	Sößstaller	Walgmoller
Kessiler	Urwäller	Borkmöller
Ringviler	Buchfeller	Lomöller
Bäkler	Puchfeller	Roller
Häkler	Ausscheller	Woller
Hakler	Keller	Zoller
Triakler	Kassenkeller	Zöller
Makler	Kastenkeller	Rheinzoller
Mäkler	Amtskeller	Torzöller
Geldmäkler	Hauskeller	Füller
Geldmakler	Kastkeller	Fuller
Bäckler	Gepeller	Einfüller
Häckler	Holzspeller	Salzfüller
Mackler	Seller	Hüller
Mäckler	Gorteseller	Müller
Säckler	Fischseller	Waidmüller
Deckler	Klederseller	Schneidmüller
Meckler	Kleiderseller	Bestandmüller
Seckler	Kleerseller	Windmüller
Stadtseckler	Bierseller	Schmiedemüller
Weckler	Salzseller	Schneidemüller
Fickler	Kasteller	Sägemüller
Pickler	Briefbesteller	Ohlemüller
Steinpickler	Briefsteller	Sichtemüller
Seidenwickler	Vogelsteller	Schiffmüller
Zöckler	Entensteller	Schleifmüller
Hückler	Seegersteller	Senfmüller
Schmückler	Seigersteller	Stampfmüller
Schmuckler	Uhrsteller	Kumpfmüller
Sekler	Weller	Sägmüller
Menkler	Urweller	Sagmüller
Senkler	Zeller	Lohmüller
Finkler	Diller	Tabakmüller
Sinkler	Filler	Walckmüller
Winkler	Cafiller	Kalkmüller
Zirkler	Kafiller	Walkmüller
Torkler	Gefiller	Borkmüller
Kurkler	Flintfiller	Walmüller
Gäukler	Rossmiller	Märbelmüller
Gaukler	Spiller	Oelmüller
Sachfaller	Triller	Mahlmüller
Prieffmaller	Tiller	Öhlmüller
Holzspäller	Portefeuiller	Ölmüller
Staller	Caviller	Seidenmüller
Sestaller	Kaviller	Kumpfenmüller
Marchstaller	Öller	Fleckenmüller
Marställer	Scholler	Graupenmüller
Marstaller	Koller	Breinmüller
Sessstaller	Moller	Bannmüller

Kornmüller	Koler	Kiesler
Poliermüller	Moler	Triesler
Papiermüller	Helgenmoler	Resler
Wassermüller	Spoler	Tresler
Pulvermüller	Spuoler	Drächsler
Schiffsmüller	Wachsstapler	Drachsler
Weißmüller	Salzstapler	Wächsler
Weissmüller	Grampler	Wachsler
Roßmüller	Grämpler	Drechsler
Rossmüller	Mulchengrämpler	Spinnraddrechsler
Drahtmüller	Ankengrämpler	Rotschmieddrechsler
Schrotmüller	Salzgrämpler	Rotschmiededrechsler
Blattmüller	Krämpler	Wildrufdrechsler
Blättmüller	Wollkrämpler	Ringdrechsler
Plättmüller	Ankenkrämpler	Beckdrechsler
Plattmüller	Wämpler	Blockdrechsler
Brettmüller	Grempler	Spindeldrechsler
Schrottmüller	Käsegrempler	Metalldrechsler
Mautmüller	Mulchengrempler	Pfeifendrechsler
Braumüller	Ankengrempler	Knochendrechsler
Malzmüller	Garngrempler	Beckendrechsler
Holzmüller	Korngrempler	Korallendrechsler
Färbeholzmüller	Buttergrempler	Kannendrechsler
Erzmüller	Brotgrempler	Büchsendrechsler
Krätzmüller	Salzgrempler	Eisendrechsler
Grützmüller	Wollkrempler	Bolzendrechsler
Trüller	Stimpler	Beindrechsler
Gädemler	Hompler	Elfenbeindrechsler
Gedemler	Gümpler	Steindrechsler
Weißriemler	Hümpler	Bernsteindrechsler
Kämmler	Humpler	Birnsteindrechsler
Kammler	Gerümpler	Horndrechsler
Wollkämmler	Trümpler	Hirschhorndrechsler
Rammler	Stumpler	Silberdrechsler
Frevelsammler	Stümpler	Perlmutterdrechsler
Lumpensammler	Gröpler	Heftdrechsler
Strazzensammler	Schappler	Rotdrechsler
Hadernsammler	Scheppler	Kunstdrechsler
Zehentsammler	Hippler	Holzdrechsler
Semmler	Hohlhippler	Wechsler
Immler	Zippler	Geldwechsler
Trummler	Doppler	Deichsler
Marmler	Häspler	Öchsler
Gäumler	Haspler	Ochsler
Humler	Schärler	Isler
Trümler	Ferler	Eisler
Zainler	Fingerler	Geisler
Spinnler	Scherler	Ameisler
Kapäunler	Verler	Breisler
Öler	Kärrler	Greisler

Kreisler	Auenhäusler	Öbstler
Amsler	Kleinhäusler	Obstler
Wämsler	Pfannhäusler	Nestler
Hensler	Lärhäusler	Distler
Leinenhösler	Leerhäusler	Kistler
Leinhösler	Angerhäusler	Silberkistler
Fässler	Zinshäusler	Epistler
Gassler	Robothäusler	Zistler
Gaßler	Auhäusler	Wämstler
Feßler	Gräusler	Wamstler
Grießler	Nätler	Wärmstler
Keßler	Natler	Wänstler
Kessler	Knopfnadtler	Herrengünstler
Dressler	Peidtler	Künstler
Beindressler	Metler	Schabkünstler
Tressler	Netler	Schreibkünstler
Treßler	Huetler	Schreibekünstler
Weßler	Haftler	Scheidekünstler
Geißler	Häftler	Grottenkünstler
Greißler	Büchsenschäftler	Zahnkünstler
Weißler	Heftler	Wasserkünstler
Kroißler	Triftler	Feuerkünstler
Trißler	Schichtler	Glaskünstler
Wißler	Pfaitler	Wachskünstler
Gänßler	Schnaitler	Messkünstler
Bössler	Beitler	Tragantkünstler
Bossler	Feitler	Schwarzkünstler
Boßler	Schneitler	Mostler
Kössler	Zeitler	Nöstler
Flößler	Spitler	Postler
Possler	Däntler	Wurstler
Poßler	Dantler	Würstler
Rößler	Käntler	Nattler
Rössler	Mäntler	Nättler
Lehenrößler	Täntler	Grattler
Lehenrössler	Daentler	Krattler
Lehnrössler	Dentler	Sattler
Lehnrößler	Mentler	Hintersättler
Salzstößler	Brentler	Hintersattler
Gräußler	Ventler	Kommetsattler
Greußler	Pointler	Kettler
Kreußler	Beuntler	Rosenkranzkettler
Füßler	Kotler	Zettler
Füssler	Hemptler	Anzettler
Schüßler	Himptler	Weinzettler
Schussler	Gärtler	Fittler
Schüssler	Naufährtler	Kittler
Häusler	Girtler	Spittler
Träpfhäusler	Gürtler	Drittler
Tropfhäusler	Kastler	Abtrittler

Schöttler	Henzler	Theriakkrämer
Köttler	Renzler	Schläckkrämer
Rottler	Heinzler	Schleckkrämer
Buttler	Kerzler	Bandlkramer
Hüttler	Wachskerzler	Bandelkrämer
Viertelhüttler	Waxkerzler	Bandelkramer
Küttler	Merzler	Paudelkrämer
Kuttler	Sterzler	Paudelkramer
Krüttler	Würzler	Bänkelkrämer
Pautler	Wurzler	Winkelkrämer
Kräutler	Schätzler	Wurzelkrämer
Dürrkräutler	Kletzler	Wurzelkramer
Beutler	Metzler	Salbenkrämer
Peutler	Feldmetzler	Salbenkramer
Kreutler	Wetzler	Nedenkrämer
Gütler	Bitzler	Nedenkramer
Kleingütler	Holzbitzler	Lakenkrämer
Hutler	Kleitzler	Heckenkrämer
Schaubhütler	Schnitzler	Heckenkramer
Schinnhütler	Kleinschnitzler	Plunkenkrämer
Kutler	Kleutzler	Ellenkrämer
Auler	Kleuzler	Wannenkrämer
Käuler	Kezzler	Wannenkramer
Mäuler	Amer	Sonnenkrämer
Euler	Saamer	Ellenwarenkrämer
Keuler	Gadamer	Eisenkrämer
Meuler	Merigamer	Eisenkramer
Spuler	Weinamer	Olitätenkrämer
Stuler	Cramer	Tablettenkrämer
Drexler	Würzcrämer	Tabulettenkrämer
Trexler	Schrämer	Petenettenkrämer
Beintrexler	Krämer	Tassellittenkramer
Deixler	Kramer	Zottenkrämer
Nayler	Bandkrämer	Wurzenkrämer
Sayler	Landkrämer	Spitzenkrämer
Verheyler	Landkramer	Hadernkrämer
Seyler	Wandkramer	Klippkrämer
Mezler	Wandkrämer	Klippkramer
Heizler	Wendkrämer	Bänderkrämer
Reizler	Krudkramer	Kräuterkrämer
Galzler	Heggekramer	Tobakskramer
Schmälzler	Galanteriekrämer	Theriakskrämer
Schmalzler	Briefkramer	Teriakskrämer
Gelzler	Prieffkramer	Triakskrämer
Kanzler	Schwammstoffkrämer	Thyriakskrämer
Staatskanzler	Krugkramer	Tyriakskrämer
Erzkanzler	Krugkrämer	Weißkrämer
Manzler	Reichkrämer	Weißkramer
Kränzler	Spezereikrämer	Herrgottskrämer
Kuxkränzler	Mandolettikrämer	Herrgottskramer

Tabuletkrämer	Kürsemer	Schlämmer
Baretkramer	Lissemer	Rammer
Baretkrämer	Vemer	Cemmer
Tabelitkrämer	Tagmer	Kemmer
Tablettkrämer	Ahmer	Rosskemmer
Tabulettkrämer	Barett-Crahmer	Schlemmer
Baretttkrämer	Rosszähmer	Wemmer
Baretttkramer	Kretschmer	Aufschwemmer
Krautkrämer	Fehmer	Immer
Krautkramer	Lehmer	Kimmer
Krutkramer	Abnehmer	Trimmer
Spezereykrämer	Aufnehmer	Simmer
Salzkrämer	Deichannehmer	Wimmer
Salzkramer	Einnehmer	Kümmer
Kurzkramer	Chausseegeldeinnehmer	Trummer
Kurzkrämer	Chausseeeinnehmer	Bomer
Würzkrämer	Gefälleeinnehmer	Bömer
Wurzkrämer	Acciseeinnehmer	Vizedomer
Gewürzkrämer	Akziseeinnehmer	Leuthomer
Gewürzkramer	Aufschlageinnehmer	Gromer
Spetzkrämer	Salzzahleinnehmer	Kromer
Gewürtzkrämer	Gefälleinnehmer	Stromer
Zillnrämer	Rossgefälleinnehmer	Schermer
Sämer	Zolleinnehmer	Schirmer
Samer	Intradeneinnehmer	Alpschirmer
Honigsämer	Steuereinnehmer	Gerichtsschirmer
Buckelsamer	Aufschlagseinnehmer	Rotschmiedformer
Rosszämer	Kontributionseinnehmer	Wachsformer
Widmer	Schosseinnehmer	Thürmer
Gädemer	Geleitseinnehmer	Schloßthürmer
Gademer	Licenteinnehmer	Türmer
Zehrgademer	Lizenteinnehmer	Schlosstürmer
Salzgademer	Ausnehmer	Besmer
Femer	Rehmer	Mesmer
Kiemer	Ohmer	Lismer
Sliemer	Böhmer	Hosenlismer
Riemer	Pappenheimer	Meßmer
Grobriemer	Leimer	Messmer
Jagdriemer	Seimer	Hosenlißmer
Weißriemer	Honigseimer	Mößmer
Schwarzriemer	Helmer	Hutmer
Cremer	Köllmer	Bäumer
Kremer	Cölmer	Baumer
Landkremer	Kölmer	Pfeifenbäumer
Teryackskremer	Verdämmer	Gaumer
Semer	Pappenhammer	Gäumer
Besemer	Kämmer	Weidgaumer
Honnichsemer	Wollkämmer	Weidgäumer
Honninksemer	Wollenkämmer	Waldgaumer
Salsemer	Rosskämmer	Waldgäumer

Ehegaumer
Ehegäumer
Kühgaumer
Kühgäumer
Ladengaumer
Sittengaumer
Sittengäumer
Holzgäumer
Mehringräumer
Mehrungräumer
Ofenraumer
Zillenräumer
Schleusenräumer
Abtritträumer
Saumer
Säumer
Buckelsaumer
Buckelsäumer
Oehlsäumer
Ölsäumer
Ankensäumer
Ankensaumer
Zäumer
Zeumer
Leuthümer
Kümer
Ehegoumer
Leibtümer
Honnichseymer
Kymer
Kretzmer
Ruffianer
Spaner
Schraner
Corduaner
Korduaner
Waner
Cordewaner
Kordewaner
Kurdewaner
Tagwaner
Kordowaner
Grabner
Siebner
Scheibner
Haubner
Täubner
Hübner
Hubner
Forsthübner

Fundgrübner
Freigrübner
Stübner
Stubner
Badstübner
Zehrgadner
Salzgadner
Ladner
Fladner
Fliedner
Redner
Gredner
Blutredner
Waidner
Bidner
Bleidner
Weidner
Waldner
Geldner
Seldner
Wildner
Noldner
Söldner
Doppelsöldner
Doppelsoldner
Kandner
Kändner
Beständner
Fahrbeständner
Schlachtgewandner
Geschlachtgewandner
Schwendner
Zendner
Pfundner
Zwölfstündner
Zehnstündner
Achtstündner
Bödner
Lodner
Böödner
Pferdner
Ordner
Büdner
Wachbüdner
Hakenbüdner
Glücksbüdner
Kurdewaener
Grabener
Siebener
Grebener

Kleibener
Haubener
Täubener
Taubener
Hubener
Badstubener
Badener
Gadener
Ladener
Fladener
Koddener
Weddedener
Ledener
Fledener
Weidener
Naldener
Waldener
Neldener
Seldener
Wildener
Noldener
Soldener
Söldener
Muldener
Nuldener
Ridendener
Windener
Bodener
Bödener
Kodener
Segelwardener
Pferdener
Gherdener
Radtsdener
Büdener
Krüdener
Krudener
Hafener
Glückshafener
Hefener
Glefener
Schaffener
Scheffener
Hoffener
Guffener
Seifener
Ofener
Höfener
Hofener
Höpfener

Gufener	Gewölbsdiener	Wassergeschworener
Hüfener	Rathsdiener	Feuergeschworener
Hufener	Kaufmannsdiener	Leichnamsgeschworener
Halbhüfener	Ratsdiener	Gotteshausgeschworener
Haupthüfener	Gerichtsdiener	Holzgeschworener
Glufener	Amtsdiener	Zerrener
Tagener	Wettdiener	Desener
Wagener	Salzdiener	Riesener
Degener	Schiener	Ochsener
Segener	Abschiener	Reisener
Wegener	Kiener	Salsener
Zitgloggener	Ausmiener	Lersener
Roggener	Ziener	Köersener
Zangener	Decklakener	Corsener
Zengener	Hockener	Korsener
Bogener	Orglockener	Kursener
Pogener	Rockener	Kürsener
Krügener	Falkener	Beflissener
Schelchener	Velkener	Schreibereibeflissener
Parchener	Glener	Handlungsbeflissener
Deschener	Wollener	Schreibereybeflissener
Lehener	Ulener	Ossener
Wehener	Mener	Myssener
Kathener	Bergamener	Blüsener
Käthener	Pergamener	Kätener
Köthener	Drapener	Platener
Büthener	Wapener	Sänftener
Biener	Klempener	Zentener
Diener	Höppener	Dintener
Gewölbediener	Hoppener	Tintener
Reitendediener	Spener	Tyntener
Wettediener	Geschworener	Portener
Kaufdiener	Waldgeschworener	Kistener
Polizeidiener	Feldgeschworener	Künstener
Tafeldiener	Strandgeschworener	Blattener
Heildiener	Seegeschworener	Kettener
Schuldiener	Dorfgeschworener	Lautener
Ladendiener	Berggeschworener	Beutener
Leichendiener	Deichgeschworener	Stavener
Kirchendiener	Teichgeschworener	Hövener
Fleckendiener	Pochgeschworener	Hovener
Armendiener	Kirchgeschworener	Wener
Herrendiener	Waschgeschworener	Kurdewener
Reitendiener	Schlickgeschworener	Tagwener
Lohndiener	Sielgeschworener	Metzener
Silberdiener	Dammgeschworener	Körtzener
Lagerdiener	Kirchengeschworener	Hafner
Kellerdiener	Stollengeschworener	Häfner
Kammerdiener	Schiefergeschworener	Glückshafner
Wasserdiener	Sinkergeschworener	Weißhafner

Schwarzhafner	Vollhufner	Daschner
Gläfner	Einhüfner	Flaschner
Hefner	Vierhüfner	Fläschner
Glefner	Viertelshüfner	Taschner
Haffner	Haupthüfner	Täschner
Schaffner	Forsthüfner	Leschner
Gemeindschaffner	Freyhüfner	Fleschner
Kirchschaffner	Ganzhüfner	Teschner
Spitalschaffner	Küfner	Kerschner
Mushafenschaffner	Glufner	Girschner
Kirchenschaffner	Fragner	Kirschner
Fischenzenschaffner	Pfragner	Kürschner
Gemeinschaffner	Vrägner	Kurschner
Prädikaturschaffner	Wagner	Kretschner
Predikaturschaffner	Pfregner	Leuschner
Prädikaturamtsschaffner	Segner	Lebkuchner
Predikaturamtsschaffner	Wegner	Lebküchner
Musschaffner	Zitgloggner	Garküchner
Postschaffner	Biereigner	Puchner
Salzschaffner	Seigner	Truchner
Heffner	Karpfenseigner	Züchner
Höffner	Braueigner	Mühlenzüchner
Schoffner	Felgner	Ziehner
Seuffner	Klingner	Lehner
Küffner	Losungner	Halblehner
Pfeifner	Bogner	Viertellehner
Reifner	Pogner	Drittellehner
Seifner	Säugner	Eigenlehner
Zinnseifner	Pflügner	Afterlehner
Öfner	Halblahner	Marktlehner
Ofner	Halblähner	Ganzlehner
Höfner	Fechner	Mehner
Halbhöfner	Ziechner	Löhner
Vollhöfner	Mühlenziechner	Lohner
Zapfner	Lechner	Halblöhner
Klampfner	Blechner	Liedlöhner
Höpfner	Rechner	Lidlöhner
Hopfner	Schiffsabrechner	Viertellöhner
Gufner	Gegenrechner	Eigenlöhner
Hüfner	Stadtrechner	Schichtlöhner
Hufner	Eichner	Ganzlöhner
Halbhüfner	Zichner	Frohner
Dreihüfner	Wochner	Fröhner
Freihüfner	Barchner	Leibfröhner
Zweihüfner	Farchner	Jagdfröhner
Viertelhufner	Parchner	Handfröhner
Viertelhüfner	Kirchner	Pferdefröhner
Drittelhüfner	Schlosskirchner	Spannfröhner
Drittelhufner	Stadtkirchner	Zehentfröhner
Vollhüfner	Äschner	Zehntfröhner

Inwohner	Zillner	Einspänner
Bondenkäthner	Söllner	Viertelsspänner
Bothner	Stöllner	Ausspänner
Kothner	Stollner	Schiltbränner
Köthner	Erbstöllner	Schranner
Brinkköthner	Erbstollner	Wanner
Zainer	Revierstöllner	Kuderwanner
Korbzainer	Wollner	Benner
Kürbenzainer	Zollner	Menner
Wardeiner	Ullner	Permenner
Schaleiner	Müllner	Penner
Ausmeiner	Mautmüllner	Renner
Schreiner	Holzmüllner	Brenner
Steiner	Wüllner	Aquavitabrenner
Weiner	Wullner	Farbbrenner
Schweiner	Molner	Schildbrenner
Brantweiner	Zolner	Aschebrenner
Prantweiner	Ulner	Pottaschebrenner
Branntweiner	Äulner	Mennigbrenner
Zeiner	Aulner	Messingbrenner
Kürbenzeiner	Eulner	Missingbrenner
Schiner	Keulner	Irdenzeugbrenner
Abschiner	Mulner	Pechbrenner
Schriner	Wülner	Kalchbrenner
Patiner	Riemner	Aschbrenner
Pattiner	Kemner	Pottaschbrenner
Brandewiner	Rimner	Kalkbrenner
Magaziner	Pfänner	Tiegelbrenner
Häkner	Pfanner	Eschelbrenner
Halbhäkner	Salzpfänner	Stahlbrenner
Deckner	Planner	Öhlbrenner
Flickner	Talemänner	Kohlbrenner
Orglockner	Wurzelmänner	Schwarzballbrenner
Klockner	Fludermanner	Ölbrenner
Klöckner	Ratmänner	Pechölbrenner
Bruckner	Panner	Anisölbrenner
Brückner	Spanner	Rahmbrenner
Falkner	Spänner	Tranbrenner
Buchfelner	Halbspänner	Farbenbrenner
Lägelner	Dreispänner	Pfeifenbrenner
Legelner	Doppelspänner	Aschenbrenner
Ligelner	Viertelspänner	Eschenbrenner
Kelner	Dreiviertelspänner	Zichorienbrenner
Zelner	Virtelspänner	Kohlenbrenner
Mühlner	Vollspänner	Steinbrenner
Feilner	Anspanner	Weinbrenner
Kellner	Anspänner	Rosogliobrenner
Hauskellner	Wagenspanner	Silberbrenner
Zellner	Büchsenspanner	Theerbrenner
Millner	Watenspanner	Teerbrenner

Bierbrenner	Halbwinner	Karner
Wasserbrenner	Eingewinner	Salzkärner
Glasbrenner	Halfwinner	Marner
Gipsbrenner	Yngwinner	Taberner
Rußbrenner	Zinner	Aschenberner
Kienrußbrenner	Verzinner	Sulverberner
Flammenrußbrenner	Nonner	Taferner
Rusbrenner	Rönner	Scherner
Kiehnrusbrenner	Berspünner	Kerner
Aquavitbrenner	Brünner	Taverner
Rostbrenner	Eingewünner	Zwirner
Harzbrenner	Ingwünner	Seidenzwirner
Zerenner	Yngwünner	Kalchborner
Wasserprenner	Schynner	Kalkborner
Zerrenner	Stationer	Aschenborner
Postrenner	Froner	Einbörner
Zrenner	Fröner	Weinborner
Wenner	Leibfröner	Silberborner
Zenner	Jagdfröner	Körner
Binner	Handfroner	Morner
Oldbinner	Handfröner	Sporner
Bokbinner	Pferdefröner	Feldgeschworner
Moldenbinner	Spannfröner	Dorfgeschworner
Besenbinner	Zehentfröner	Berggeschworner
Bessenbinner	Kordawoner	Deichgeschworner
Bössenbinner	Depner	Dammgeschworner
Flaßbinner	Scheipner	Schiefergeschworner
Schinner	Stülpner	Gotteshausgeschworner
Linner	Klämpner	Holzgeschworner
Spinner	Kempner	Kärrner
Radspinner	Klempner	Karrner
Goldspinner	Wappner	Salzkärrner
Hemdspinner	Deppner	Zerrner
Hanfspinner	Hippner	Kalgburner
Knopfspinner	Höppner	Aschenburner
Hemmichspinner	Schöppner	Kolenburner
Tabakspinner	Joppner	Durner
Tobakspinner	Groppner	Thurner
Tabackspinner	Gröppner	Murner
Tobackspinner	Chaluppner	Turner
Wollspinner	Schaluppner	Türner
Seidenspinner	Kaluppner	Gläsner
Hemdenspinner	Kalüppner	Wasner
Wollenspinner	Graupner	Öbsner
Wullenspinner	Gräupner	Pafesner
Hennepspinner	Greupner	Mesner
Berspinner	Chalupner	Ochsner
Silberspinner	Arner	Öchsner
Golddrahtspinner	Ärner	Büchsner
Sinner	Scharner	Leuchsner

Eisner	Bergzehentner	Kistner
Reisner	Zentner	Künstner
Hosner	Zehntner	Schwarzkünstner
Gschosner	Bergzehntner	Plattner
Lersner	Pointner	Plättner
Kursner	Beuntner	Goldplattner
Kürsner	Muntner	Beinschienenplattner
Maaßner	Kötner	Krattner
Maassner	Handkötner	Confettner
Fassner	Mittelkötner	Conterfettner
Gläßner	Kleinkötner	Kettner
Maßner	Großkötner	Bittner
Meßner	Deptner	Erzschlittner
Messner	Klemptner	Bottner
Frühmessner	Gärtner	Böttner
Geißner	Gartner	Büttner
Weißner	Feldgärtner	Buttner
Hoßner	Hofegärtner	Weißbüttner
Geschoßner	Hofgärtner	Schwarzbüttner
Gschossner	Kaufgärtner	Hüttner
Mößner	Dreschgärtner	Puttner
Strossner	Freigärtner	Püttner
Korssner	Kohlgärtner	Läutner
Kürßner	Baumgartner	Lautner
Ratsbüßner	Baumgärtner	Mautner
Bondenkätner	Küchengärtner	Pflastermautner
Eigenkätner	Auengärtner	Krautner
Zinskätner	Kleingärtner	Sautner
Blatner	Weingartner	Butner
Platner	Weingärtner	Bütner
Pladtner	Zehrgärtner	Beutner
Gandtner	Großgärtner	Hutner
Geschlachtgewandtner	Kunstgärtner	Flutner
Gschlachtgwandtner	Lustgartner	Pütner
Lodtner	Lustgärtner	Putner
Flietner	Augärtner	Stutner
Tretner	Freygärtner	Schalauner
Puetner	Schwertner	Schaläuner
Haftner	Ortner	Schallauner
Schäftner	Portner	Bräuner
Schiftner	Pörtner	Posauner
Hälftner	Castner	Tauner
Flechtner	Kästner	Zäuner
Bitner	Kastner	Zauner
Weißbitner	Hofkastner	Korbzäuner
Pleitner	Guckkästner	Kerbizäuner
Saltner	Haferkastner	Körblzäuner
Scheltner	Haferkästner	Kirmzäuner
Gantner	Leistner	Kürbenzäuner
Zehentner	Pfistner	Statzauner

Seuner	Wollschlumper	Schiffschlepper
Zeuner	Klümper	Schiffsschlepper
Kerbizeuner	Pumper	Schohlepper
Kirmzeuner	Trumper	Kessellepper
Schaluner	Trümper	Ketellepper
Brüner	Stümper	Hosenlepper
Bassuner	Koper	Scholepper
Tauwner	Köper	Schulepper
Wayner	Perdeköper	Fellnepper
Zayner	Hüdeköper	Stepper
Weyner	Hüdekoper	Gollerstepper
Salzner	Hudekoper	Kollerstepper
Pölzner	Krosekoper	Hutstepper
Münzner	Schullenköper	Zepper
Sturzner	Ossenkoper	Keipper
Stürzner	Oßenkoper	Hipper
Matzner	Perköper	Schmackenschipper
Quatzner	Vorköper	Schutenschipper
Metzner	Vorkoper	Setzschipper
Pfretzner	Vetkoper	Hohlhipper
Körtzner	Soltkoper	Kipper
Portzner	Louwantkoper	Geldkipper
Grützner	Lowentkoper	Brüggenkipper
Baumhöer	Louwentkoper	Brückenkipper
Löer	Löper	Weinkipper
Loer	Sandlöper	Klipper
Weinschröer	Hitzlöper	Wipper
Schäper	Röper	Schopper
Schaper	Groper	Zillenschopper
Draper	Gröper	Kopenschopper
Gräper	Lapper	Koppenschopper
Reeper	Strumpflapper	Zillnschopper
Kieper	Schuhlapper	Pansenklopper
Brückenkieper	Kessellapper	Nopper
Weinkieper	Ketellapper	Gropper
Reper	Kettellapper	Gröpper
Keiper	Hosenlapper	Stopper
Bruggekiper	Scholapper	Stöpper
Piper	Schoolapper	Gollerstöpper
Kämper	Altlapper	Kollerstöpper
Wollkämper	Oltlapper	Huetstopper
Krämper	Pottlapper	Huetstöpper
Kuttelwamper	Schulapper	Lupper
Gremper	Fellnapper	Hutstüpper
Hanfgremper	Fellnäpper	Kammenscherper
Komper	Weintapper	Bartenwerper
Gumper	Weinzapper	Kammenschirper
Jumper	Lepper	Küper
Kümper	Schuwelepper	Kuper
Kumper	Schlepper	Flethküper

Baumwollküper	Scholderer	Fellscherer
Brückenküper	Tschanderer	Siechenscherer
Weinküper	Tschänderer	Lakenscherer
Fassküper	Klanderer	Fickenscherer
Hausküper	Geschlachtwanderer	Trockenscherer
Fleetküper	Flinderer	Truckenscherer
Keyper	Geflinderer	Haarscherer
Haarer	Buntfoderer	Feldtscherer
Urbarer	Loderer	Wantscherer
Seilfarer	Progroderer	Bartscherer
Urfarer	Förderer	Harzscherer
Schärer	Hauderer	Kienräucherer
Feldschärer	Kauderer	Balbierer
Sparer	Geldkauderer	Pestilenzbalbierer
Stubrer	Fuderer	Palbierer
Ledrer	Kuderer	Probierer
Lodrer	Fluderer	Bergprobierer
Berer	Lorbeerer	Barbierer
Sieberer	Veltscheerer	Damascierer
Zueberer	Auspeerer	Silbergradierer
Siberer	Ferer	Vivandierer
Balberer	Hoedtstofferer	Hellebardierer
Versilberer	Hodtstofferer	Bombardierer
Ziegelversilberer	Kämpferer	Wardierer
Zillenversilberer	Klampferer	Bordierer
Bierversilberer	Schwarzklampferer	Eierer
Pierversilberer	Salzverlägerer	Staffierer
Schmalzversilberer	Sagerer	Teppichstaffierer
Salzversilberer	Ziegerer	Hutstaffierer
Holzversilberer	Schnegerer	Zillfierer
Barberer	Seigerer	Hofierer
Lorberer	Zigerer	Krigierer
Ausberer	Schacherer	Herbergierer
Säuberer	Becherer	Perugierer
Aufsäuberer	Pecherer	Schierer
Cloaksäuberer	Scherer	Damaschierer
Stüberer	Äscherer	Hatschierer
Lakenscerer	Ascherer	Petschierer
Haderer	Feldscherer	Pettschierer
Schaderer	Wandscherer	Balierer
Läderer	Treugescherer	Talierer
Lederer	Schafscherer	Tälierer
Pfundlederer	Schaffscherer	Marmelierer
Sämischlederer	Drögscherer	Bosselierer
Ungarischlederer	Tuechscherer	Jubilierer
Juchtenlederer	Duchscherer	Ballierer
Weißlederer	Tuchscherer	Tallierer
Wisslederer	Dockscherer	Taillierer
Selderer	Dokscherer	Schollierer
Schilderer	Fickelscherer	Polierer

Harnischpolierer	Poussierer	Wollkämmerer
Glaspolierer	Wachspoussierer	Silberkämmerer
Masculierer	Pousierer	Landeskämmerer
Damasculierer	Musketierer	Stadtkämmerer
Schmierer	Billetierer	Lichtkämmerer
Lederschmierer	Visitierer	Kunstkämmerer
Profumierer	Weinvisitierer	Holzkämmerer
Planierer	Posamentierer	Erzkämmerer
Tuchplanierer	Lementierer	Emmerer
Posamenierer	Posementierer	Cemmerer
Rentenierer	Possementierer	Kemmerer
Gartenierer	Pergmentierer	Weinemmerer
Lustgartenierer	Lehmentierer	Kümmerer
Revenierer	Leimentierer	Planerer
Minierer	Zimentierer	Duchplanerer
Illuminierer	Inventierer	Loerer
Stationierer	Halbartierer	Klamperer
Patronierer	Partierer	Klemperer
Tabernierer	Justierer	Klimperer
Gubernierer	Armbrustierer	Klapperer
Gartnierer	Blattierer	Klepperer
Krautnierer	Plättierer	Kipperer
Papierer	Plattierer	Klipperer
Drapierer	Ballettierer	Kasperer
Pappierer	Ballottierer	Zuperer
Schiffsklarierer	Exequierer	Glaserer
Reparierer	Loquierer	Ochserer
Kammerierer	Vierer	Triserer
Forierer	Dorfvierer	Ganserer
Kastrierer	Spezierer	Wässerer
Lüstrierer	Verzierer	Wasserer
Lustrierer	Damaszierer	Kesselbesserer
Furierer	Kroijerer	Messerer
Manufakturierer	Ackerer	Scheidmesserer
Kroisierer	Fuckerer	Langmesserer
Tuchfrisierer	Bekerer	Schermesserer
Voltisierer	Tälerer	Wesserer
Visierer	Öhlerer	Gaißerer
Weinvisierer	Schallerer	Geißerer
Grosierer	Kellerer	Kalfaterer
Schoß-Cassierer	Wellerer	Salpeterer
Schosskassierer	Öllerer	Hueterer
Gressierer	Schollerer	Leiterer
Kressierer	Ölerer	Weinleiterer
Bossierer	Riemerer	Reiterer
Wachsbossierer	Kemerer	Kreiterer
Possierer	Hämmerer	Saliterer
Wachspossierer	Hammerer	Lasiterer
Grossierer	Kämmerer	Galterer
Großierer	Erbkämmerer	Kälterer

Kalterer	Sandfahrer	Behrer
Kelterer	Nowgorodfahrer	Fiehrer
Filterer	Nordfahrer	Kehrer
Golterer	Reihefahrer	Wildkehrer
Kolterer	Kauffahrer	Stegekehrer
Multerer	Drangfahrer	Steigekehrer
Rebenterer	Nachfahrer	Hellekehrer
Pergamenterer	Bockfahrer	Essekehrer
Posamenterer	Drankfahrer	Steigkehrer
Lementerer	Trankfahrer	Rauchfangkehrer
Geflinterer	Revalfahrer	Kemmichkehrer
Zunterer	Seilfahrer	Kimmichkehrer
Kloterer	Stockholmfahrer	Kümichkehrer
Marterer	Bornholmfahrer	Rahmkehrer
Alabasterer	Nordenfahrer	Raufenkehrer
Lästerer	Bergenfahrer	Gassenkehrer
Pliesterer	Ostindienfahrer	Essenkehrer
Lesterer	Schmackenfahrer	Feueressenkehrer
Sesterer	Bennenfahrer	Bratenkehrer
Pfisterer	Schonenfahrer	Kaminkehrer
Armbosterer	Karrenfahrer	Pfannkehrer
Paternosterer	Kahnfahrer	Kenderkehrer
Armborsterer	Einfahrer	Feuermauerkehrer
Custerer	Weinfahrer	Feuermäuerkehrer
Musterer	Flandernfahrer	Feyermeyerkehrer
Bestätterer	Überfahrer	Kemmetkehrer
Buntfuetterer	Norderfahrer	Schlotkehrer
Flitterer	Wasserfahrer	Naukehrer
Lasitterer	Everfahrer	Zukehrer
Mautterer	Ewerfahrer	Lehrer
Fütterer	Moorfahrer	Abclehrer
Futterer	Torfahrer	Abc-Lehrer
Bundfütterer	Vorfahrer	Stundenlehrer
Buntfütterer	Urfahrer	Elementarlehrer
Buntfutterer	Fürfahrer	Oberlehrer
Hutterer	Nachtfahrer	Kinderlehrer
Huterer	Frachtfahrer	Unterlehrer
Bermuterer	Santfahrer	Hauptlehrer
Steuerer	Börtfahrer	Pehrer
Fluerer	Beurtfahrer	Auspehrer
Hotstaverer	Ballastfahrer	Zupehrer
Zöwerer	Naufahrer	Wehrer
Abentuwerer	Salzfahrer	Schifwehrer
Panzerer	Zeugbewahrer	Strähnwehrer
Fahrer	Siegelbewahrer	Strehnwehrer
Fährer	Verwahrer	Zuzehrer
Englandfahrer	Zeugverwahrer	Buchfihrer
Grönlandfahrer	Siegelverwahrer	Bohrer
Islandfahrer	Kleiderverwahrer	Teichelbohrer
Russlandfahrer	Holzverwahrer	Deuchelbohrer

Teuchelbohrer	Kahnführer	Krautnirer
Pfeifenbohrer	Weinführer	Kräutnirer
Pipenbohrer	Karnführer	Stoirer
Plumpenbohrer	Kernführer	Papirer
Pumpenbohrer	Überführer	Schiffsclarirer
Röhrenbohrer	Fuderführer	Reparirer
Rohrenbohrer	Bierführer	Kressirer
Röhrbohrer	Bierfuhrer	Wachsbossirer
Rohrbohrer	Gläserführer	Poussirer
Pfeifenrohrbohrer	Wasserführer	Wachspoussirer
Trankfohrer	Everführer	Pergamentirer
Stöhrer	Ewerführer	Posamentirer
Urbührer	Bührführer	Lementirer
Führer	Kührführer	Posementirer
Widführer	Chorführer	Possementirer
Sandführer	Geschirrführer	Lehmentirer
Gewandführer	Kürführer	Permentirer
Topfführer	Glasführer	Inventirer
Dorfführer	Fassführer	Paßmontirer
Sachführer	Passführer	Justirer
Fischführer	Geleitsführer	Plattirer
Buchführer	Gleitsführer	Laquirer
Kothfuhrer	Luftführer	Exequirer
Sackfuhrer	Nachtführer	Loquirer
Sackführer	Frachtführer	Pitzirer
Tranckführer	Witführer	Tellrer
Trankführer	Kotführer	Boickforer
Krückelführer	Stadtkotführer	Bockforer
Kesselführer	Brotführer	Keteförer
Ladenkarlführer	Ballastführer	Beerförer
Prahmführer	Gestführer	Soltforer
Scheibenführer	Kunstführer	Schorer
Ladenführer	Postführer	Lhorer
Hopfenführer	Nauführer	Körer
Wagenführer	Salzführer	Hofkörer
Schmackenführer	Fluhrer	Lorer
Ankenführer	Mörtelrührer	Lörer
Jellenführer	Kornrührer	Sporer
Zillenführer	Wardirer	Spörer
Jollenführer	Eirer	Tresorer
Prahmenführer	Hoetstaffirer	Störer
Leimenführer	Hutstaffirer	Zustörer
Bennenführer	Schirer	Bervorer
Bärenführer	Kriirer	Watervorer
Kahrenführer	Jubilirer	Soltvorer
Karrenführer	Poßilirer	Darrer
Eisenführer	Falkenirer	Fleckenpfarrer
Schutenführer	Rentenirer	Hurpfarrer
Kotzenführer	Revenirer	Harrer
Kutzenführer	Minirer	Schärrer

Scharrer	Ofentürer	Obiser
Pechscharrer	Ayrer	Eiser
Mittelscharrer	Babyrer	Geiser
Einscharrer	Stoyrer	Speiser
Harzscharrer	Papyrer	Ausspeiser
Karrer	Glasaufbläser	Reiser
Salzkarrer	Maschenbläser	Breiser
Sparrer	Zinkenbläser	Kreiser
Sperrer	Zinkenblaser	Altreiser
Zuperrer	Massenbläser	Anweiser
Zerrer	Vorbläser	Zeiser
Dörrer	Gläser	Wollzeiser
Salzdörrer	Glaser	Briser
Holzdörrer	Bleiglaser	Proviser
Schorrer	Pfeifenglaser	Anwiser
Schnorrer	Bleyglaser	Mekser
Sporrer	Gräser	Pelser
Schnurrer	Graser	Pilser
Mörtrer	Krebser	Pylser
Putzmaurer	Kribser	Wamser
Urbürer	Obser	Bremser
Urburer	Öbser	Ganser
Ebentheurer	Pafeser	Zinser
Abenteurer	Gieser	Hochzinser
Ebenteurer	Rothgieser	Hoser
Steurer	Ziengieser	Pfeifenposer
Leimenfurer	Kieser	Schuoposer
Ysenfurer	Weinkieser	Schupposer
Ysenfürer	Rieser	Ipser
Eysenfurer	Brieser	Fässer
Bierfurer	Leser	Fasser
Bierfürer	Ableser	Spatauffasser
Gleytsfürer	Zinkhenbleser	Büchsenfasser
Schürer	Zinkenbleser	Fuderfasser
Glasschürer	Gleser	Lasser
Ebenthürer	Bernsteinleser	Lässer
Obenthürer	Weinleser	Ablasser
Kürer	Wameser	Ablässer
Kurer	Erdtrichsmeser	Einlaßer
Flurer	Verweser	Einlasser
Murer	Gefällverweser	Überlasser
Schnürer	Landesverweser	Aderlasser
Schnurer	Reichsverweser	Weinverlasser
Mertelrürer	Gerichtsverweser	Aufpasser
Mörtelrürer	Amtsverweser	Schuopasser
Abentürer	Mitverweser	Harasser
Abenturer	Salzverweser	Beisäßer
Ebentürer	Flechser	Hinersäßer
Ebenturer	Stiefelwichser	Hintersässer
Obentürer	Zaiser	Vasser

Vavasser	Duppengießer	Messer
Obßer	Düppengießer	Schaidmesser
Obsser	Röhrengießer	Waidmesser
Esser	Büchsengießer	Landmesser
Krebesser	Kassengießer	Leinwandmesser
Obesser	Bossengießer	Erdmesser
Gießer	Bussengießer	Honigmesser
Gelbgießer	Kantengießer	Deichmesser
Waidgießer	Kastengießer	Erdreichmesser
Weidgießer	Kerzengießer	Kalchmesser
Bildgießer	Zühngießer	Aschmesser
Geschmeidegießer	Kleinglöckleingießer	Frühmesser
Stückegießer	Zinngießer	Immimesser
Kannegießer	Züngiesser	Kalkmesser
Knopfgießer	Bildergießer	Kohlmesser
Aufgießer	Kupfergießer	Khollmesser
Estrichgießer	Mörsergießer	Ölmesser
Rothgießer	Wachsgießer	Hopfenmeßer
Bleigießer	Weißgießer	Hopfenmesser
Stuckgießer	Schriftgießer	Kohlenmesser
Stuckgiesser	Lichtgießer	Kolenmeßer
Stückgießer	Rotgiesser	Leinenmesser
Kandlgießer	Rotgießer	Linenmesser
Kandelgießer	Pottgießer	Kastenmesser
Hagelgießer	Rottgießer	Weinmesser
Tiegelgießer	Bleygießer	Kornmesser
Känelgießer	Schwarzgießer	Körnermesser
Kanelgießer	Geschützgiesser	Vermesser
Kännelgießer	Geschützgießer	Landesmesser
Angießer	Schießer	Erdreichsmesser
Kangießer	Lienschießer	Erdrichsmesser
Buchstabengießer	Leinenschießer	Ertrichsmesser
Bombengießer	Büchsenschießer	Linwatmesser
Hafengießer	Salzschießer	Fruchtmesser
Affengießer	Schließer	Heumesser
Glockengießer	Beschließer	Salzmesser
Schellengießer	Schlagschließer	Holzmesser
Sulengießer	Zindelschließer	Gränzmesser
Kannengiesser	Zingelschließer	Grenzmesser
Kannengießer	Schulschließer	Roesser
Zinnengießer	Baumschließer	Schuepesser
Kanonengießer	Kirchenschließer	Presser
Apengießer	Wasserschließer	Knopfpresser
Grapengiesser	Thorschließer	Hornpresser
Grapengießer	Torschließer	Expresser
Gropengießer	Rathausschließer	Gaißer
Doeppengiesser	Kesser	Maißer
Doppengießer	Lesser	Holzmaißer
Döppengießer	Leßer	Bisser
Groppengießer	Flesser	Krebisser

Kesselbeißer	Floßer	Büßer
Geißer	Flösser	Schuhbüßer
Geisser	Flößer	Kesselbüßer
Stubenheißer	Vorflößer	Scheidenbüßer
Federschleißer	Nauflößer	Scheidenbusser
Verschleißer	Schlösser	Ratsbüßer
Milchverschleißer	Schlosser	Altbüßer
Tabakverschleißer	Schanzeschlosser	Altbüsser
Salzverschleißer	Lethschlosser	Schleußer
Meißer	Lothschlosser	Schrifftgüsser
Schmeißer	Löthschlosser	Rohtgüsser
Reißer	Frimwerkschlosser	Schüsser
Breisser	Malschlosser	Baumschlüsser
Stabreißer	Frimschlosser	Nusser
Bandreißer	Frümmschlosser	Pfannhäuser
Leinwandreißer	Schanzenschlosser	Pfannhauser
Kreisser	Lotschlosser	Leithäuser
Modelreißer	Lötschlosser	Mauser
Scheibenreißer	Gelötschlosser	Schermäuser
Lumpenreißer	Glötschlosser	Schermauser
Splissenreißer	Lettschlosser	Wollzäuser
Bossenreißer	Glöttschlosser	Wollzauser
Possenreißer	Münzschlosser	Leitheuser
Schattenreißer	Slosser	Leutheuser
Lattenreißer	Schupposser	Schleuser
Splittenreißer	Rösser	Altreuser
Fischbeinreißer	Stoßer	Blüser
Splissreißer	Stößer	Fluser
Hechtreißer	Stösser	Gyser
Altreißer	Erbstösser	Bater
Bücheraltreißer	Erbstosser	Robater
Splettreißer	Hundstößer	Archiater
Splittreißer	Lohestößer	Kater
Holzreißer	Prisilgstoßer	Aderlater
Harzreißer	Lohstößer	Nater
Weißer	Küfelstößer	Näter
Erweißer	Fasselstößer	Seidennater
Ausweißer	Küfelanstößer	Bräter
Segisser	Wagenstößer	Brater
Schueplisser	Wagenstösser	Brätelbrater
Pisser	Fuderstößer	Bratelbrater
Schuopisser	Gipsstoßer	Kästenbrater
Bosser	Wendtstößer	Kestenbrater
Wachsbosser	Huntstößer	Garbrater
Kannengosser	Splettstößer	Garbräter
Schosser	Splittstößer	Prokrater
Schösser	Salzstößer	Heimrater
Geschosser	Salzstoßer	Prater
Geschösser	Brasilholzstoßer	Bestäter
Amtsschösser	Brasilholzstößer	Wagenbestäter

Güterbestäter	Geelgeter	Balgentreter
Sustbestäter	Gelgeter	Bälgentreter
Vater	Gählgeter	Belgentreter
Herbergvater	Klockengeter	Kesselbueter
Krugvater	Kannengeter	Hueter
Brechvater	Apengeter	Hüeter
Kirchvater	Grapengeter	Schäfter
Seelvater	Gropengeter	Pfeilschäfter
Dollvater	Kersengeter	Büchsenschäfter
Tollvater	Kassengeter	Büchsenschafter
Turmvater	Kerssengeter	Rohrschäfter
Kirchenvater	Bussengeter	Hefter
Krankenvater	Kerzengeter	Goldhefter
Militärkrankenvater	Tingeter	Tuchhefter
Seelenvater	Tinngeter	Perelhefter
Armenvater	Potgeter	Perlhefter
Bienenvater	Rotgeter	Perlenhefter
Waisenvater	Pottgeter	Pfeilschäffter
Eisenvater	Clocgheter	Büchsenschäffter
Blattervater	Kannegheter	Heffter
Gottesvater	Kannengheter	Schiffter
Herbergsvater	Apengheter	Pfeilschiffter
Zuchthausvater	Gropengheter	Pixenschiffter
Zuchtvater	Tingheter	Perlhöffter
Altvater	Anbieter	Büchsenschüffter
Water	Abtrittanbieter	Büxenschüffter
Anwater	Gieter	Schifter
Brädtlpradter	Gropengieter	Pfeilschifter
Hofstädter	Pottgieter	Büchsenschifter
Verwandter	Billeter	Bixenschifter
Kanzleiverwandter	Meter	Spießschifter
Schreibereiverwandter	Hemeter	Salzschifter
Renteiverwandter	Himmeter	Trifter
Kammerverwandter	Trommeter	Schüfter
Niederlagsverwandter	Kummeter	Näher
Rathsverwandter	Drummeter	Seidennäher
Ratsverwandter	Trummeter	Zunäher
Gerichtsverwandter	Hoppenmeter	Fächter
Brauverwandter	Kornmeter	Fachter
Cantzeleyverwandter	Soltmeter	Kohlfachter
Wendter	Kumeter	Schachter
Schindter	Tagneter	Schächter
Weinschrödter	Tangneter	Schlächter
Vendeter	Kneter	Schlachter
Marktvendeter	Hoeter	Gewandschlachter
Geeter	Drumpeter	Freischlachter
Geter	Treter	Freischlächter
Sageter	Bälgetreter	Feilschlächter
Kannegeter	Balgtreter	Fellschlachter
Tinnegeter	Orgeltreter	Scharrenschlächter

Gassenschlachter	Lohnfechter	Pflegrichter
Gassenschlächter	Kunstfechter	Bergrichter
Scharnschlächter	Schaufechter	Rügrichter
Hausschlachter	Gulliechter	Nachrichter
Hausschlächter	Flechter	Deichrichter
Kaltschlächter	Strohflechter	Marchrichter
Kaltschlachter	Stuhlflechter	Markrichter
Freyschlächter	Rohrstuhlflechter	Patrimonialrichter
Freyschlachter	Deckenflechter	Zeidelrichter
Slachter	Mattenflechter	Sielrichter
Halbpachter	Rohrflechter	Bettelrichter
Halbpächter	Hausschlechter	Frevelrichter
Gefällpächter	Freyschlechter	Stuhlrichter
Baumpächter	Mattenvlechter	Poolrichter
Gefällenpächter	Schuwemechter	Femrichter
Barrierenpächter	Wechter	Fehmrichter
Torpächter	Scharewechter	Kammrichter
Frachter	Scharwechter	Anrichter
Frächter	Leichter	Seigerhüttenanrichter
Wächter	Gelzenleichter	Saigeranrichter
Wachter	Gölzenleichter	Seigeranrichter
Feldwächter	Schichter	Judenrichter
Schildwächter	Tageschichter	Pfaffenrichter
Nachwächter	Tagschichter	Offenrichter
Lochwächter	Tagesschichter	Hufenrichter
Buschwächter	Nachtschichter	Zitgloggenrichter
Rasselwächter	Gudelichter	Lehenrichter
Ratelwächter	Schlichter	Hakenrichter
Stillwächter	Tuchschlichter	Fleckenrichter
Thurmwächter	Gelzenlichter	Markenrichter
Turmwächter	Golichter	Kammenrichter
Stundenwächter	Slichter	Uhrenrichter
Armenwächter	Gäulichter	Waisenrichter
Kornwächter	Gaulichter	Lassenrichter
Scharwächter	Gulichter	Sittenrichter
Feuerwächter	Richter	Lehnrichter
Fluerwächter	Abrichter	Beinrichter
Thorwächter	Erbrichter	Bannrichter
Rumorwächter	Gescheidrichter	Mannrichter
Torwächter	Gscheidrichter	Hornrichter
Vorwächter	Feldrichter	Kornrichter
Scharrwächter	Landrichter	Urbarrichter
Flurwächter	Sendrichter	Niederrichter
Schlosswächter	Grodrichter	Kammerrichter
Nachtwächter	Rügerichter	Uhrrichter
Nachtwachter	Eherichter	Chorrichter
Gränzwächter	Hofrichter	Korrichter
Grenzwächter	Scharfrichter	Landesrichter
Fechter	Dorfrichter	Tädingsrichter
Klopffechter	Hufrichter	Taidingsrichter

Teidingsrichter
Halsrichter
Lehensrichter
Lassrichter
Niedergerichtsrichter
Deichamtsrichter
Ausrichter
Gotteshausrichter
Salzausrichter
Stadtrichter
Stetrichter
Drahtrichter
Marktrichter
Gewaltrichter
Gantrichter
Zentrichter
Gastrichter
Faustrichter
Blutrichter
Zurichter
Mühlzurichter
Seidenzurichter
Lederzurichter
Malefizrichter
Holzrichter
Sichter
Freitochter
Freytochter
Beckenwerchter
Sarworchter
Salwurchter
Sarwürchter
Harnaschter
Harnischter
Auchter
Äuchter
Gelzenleuchter
Geltzenleuchter
Göltzenleuchter
Schuchter
Leibzüchter
Unzüchter
Conterfehter
Schnaiter
Raiter
Tuchbraiter
Lederbraiter
Ausbraiter
Beraiter
Bergberaiter

Hüttenraiter
Tuchpraiter
Ausraiter
Waiter
Arbiter
Canditer
Kanditer
Arbeiter
Gedingearbeiter
Galanteriearbeiter
Hofarbeiter
Gedingarbeiter
Blecharbeiter
Raucharbeiter
Rauharbeiter
Beiarbeiter
Rockarbeiter
Stockarbeiter
Schlägelarbeiter
Stahlarbeiter
Mühlarbeiter
Weilarbeiter
Wollarbeiter
Lehmarbeiter
Paanarbeiter
Farbenarbeiter
Seidenarbeiter
Bodenarbeiter
Seifenarbeiter
Mühlenarbeiter
Stollenarbeiter
Herrenarbeiter
Hosenarbeiter
Schichtenarbeiter
Westenarbeiter
Hüttenarbeiter
Bahnarbeiter
Beinarbeiter
Gesteinarbeiter
Crepinarbeiter
Krepinarbeiter
Bannarbeiter
Hornarbeiter
Haararbeiter
Hammerarbeiter
Pariserarbeiter
Alabasterarbeiter
Feuerarbeiter
Jahrarbeiter
Störarbeiter

Schirrarbeiter
Gesteinsarbeiter
Weißarbeiter
Drahtarbeiter
Nachtarbeiter
Schichtarbeiter
Kunstarbeiter
Büttarbeiter
Rauarbeiter
Erzarbeiter
Aufsatzarbeiter
Spitzarbeiter
Conterfeiter
Kannegeiter
Clockengeiter
Apengeiter
Potgeiter
Scheiter
Bärenleiter
Schneiter
Aufschneiter
Kuhschneiter
Reiter
Tuchbreiter
Lederbreiter
Ausbreiter
Jagdreiter
Heidreiter
Waldreiter
Landreiter
Strandreiter
Bereiter
Jagdbereiter
Waldbereiter
Bandbereiter
Landbereiter
Wandbereiter
Gewandbereiter
Heidebereiter
Hägebereiter
Gehägebereiter
Hegebereiter
Gehegebereiter
Wegebereiter
Steigebereiter
Hanfbereiter
Hägbereiter
Gehegbereiter
Wegbereiter
Steigbereiter

Messingbereiter	Hägreiter	Halter
Zeugbereiter	Freireiter	Hälter
Sämischbereiter	Mittelreiter	Stabhalter
Tuchbereiter	Stanglreiter	Schafhalter
Fellwerkbereiter	Marstallreiter	Schafhälter
Kesselbereiter	Grabenreiter	Schiffhalter
Mühlbereiter	Probenreiter	Pflughalter
Fellbereiter	Stangenreiter	Kuhhalter
Wollbereiter	Zehentenreiter	Stockhalter
Zollbereiter	Hüttenreiter	Schuelhalter
Dammbereiter	Leinreiter	Schulhalter
Corduanbereiter	Überreiter	Mädchenschulhalter
Korduanbereiter	Tabaküberreiter	Mägdleinschulhalter
Salbenbereiter	Handgrafenamtsüberreiter	Wagenhalter
Seidenbereiter	Mautüberreiter	Eisenhalter
Lakenbereiter	Salzüberreiter	Wasserhalter
Mühlenbereiter	Kammerreiter	Gerichtshalter
Wollenbereiter	Afterreiter	Haushalter
Straßenbereiter	Musterreiter	Haushälter
Schleusenbereiter	Feuerreiter	Worthalter
Kastenbereiter	Vorreiter	Gasthalter
Hüttenbereiter	Marstallvorreiter	Kosthalter
Alaunbereiter	Standesreiter	Posthalter
Haarbereiter	Geleitsreiter	Statthalter
Garbereiter	Ausreiter	Sauhalter
Lederbereiter	Ökonomieausreiter	Malter
Sämischlederbereiter	Vorausreiter	Holzspalter
Messerbereiter	Ratsausreiter	Holzspälter
Flachsbereiter	Salzausreiter	Twingverwalter
Wildnisbereiter	Geleitreiter	Zwingverwalter
Roßbereiter	Zehentreiter	Gefällverwalter
Rossbereiter	Postreiter	Portorienverwalter
Geleitsbereiter	Forstreiter	Vorwerksverwalter
Ausbereiter	Spettreiter	Gerichtsverwalter
Pantbereiter	Naureiter	Salzverwalter
Zehentbereiter	Freyreiter	Belter
Zehntbereiter	Holzreiter	Gelter
Forstbereiter	Weiter	Umgelter
Zubereiter	Clocghiter	Ungelter
Salzbereiter	Saliter	Schelter
Gränzbereiter	Bermiter	Kelter
Grenzbereiter	Permiter	Schmelter
Heidereiter	Pirmiter	Pelter
Hägereiter	Salniter	Zelter
Gehägereiter	Bandriter	Lebzelter
Hegereiter	Schievenriter	Pfannenzelter
Gehegereiter	Lasiter	Pfannzelter
Schiffreiter	Kalfakter	Lözelter
Schöffreiter	Dönkter	Wachszelter
Pfreiter	Freimärkter	Filter

Hothfilter	Geleitsbedienter	Oltboter
Hoetfilter	Forstbedienter	Ballastböter
Hotfilter	Mautbedienter	Suboter
Hutfilter	Münzbedienter	Zuboter
Schilter	Pärgamenter	Hoter
Vilter	Bergamenter	Koter
Hoetvilter	Pergamenter	Köter
Floßbestallter	Posamenter	Erbköter
Floßbestellter	Passamenter	Handköter
Molter	Pergmenter	Brinkköter
Pölter	Regimenter	Markköter
Mülter	Zimenter	Mittelköter
Sülter	Bermenter	Bondenköter
Sulter	Permenter	Eigenköter
Pflegebeamter	Birmenter	Kleinköter
Pflegbeamter	Pirmenter	Zinsköter
Federbeamter	Karpenter	Großköter
Lederbeamter	Prenter	Löter
Hebungsbeamter	Marquetenter	Schröter
Ganter	Venter	Schroter
Verganter	Marqventer	Schalenschroter
Barchanter	Belehnter	Schalenschröter
Parchanter	Schalbelehnter	Schallenschroter
Schlachtgewanter	Dinter	Weinschröter
Slachtgewanter	Bergaminter	Winschröter
Barchenter	Perminter	Schalnschröter
Parchenter	Pinter	Bierschröter
Zehenter	Permennter	Zuschroter
Bedienter	Munter	Münzschroter
Cassabedienter	Mynter	Münzschröter
Kassabedienter	–boter	Afstöter
Jagdbedienter	–böter	Lostöter
Strandbedienter	Oldboter	Himpter
Artilleriebedienter	Sandböter	Trompter
Hofbedienter	Kesselboter	Trumpter
Bergbedienter	Kesselböter	Härter
Deichbedienter	Ketelboter	Karter
Kirchbedienter	Ketelböter	Laimparter
Zollbedienter	Roboter	Wärter
Schulbedienter	Handroboter	Warter
Leichenbedienter	Zugroboter	Waldwärter
Kirchenbedienter	Fußroboter	Heidewärter
Hüttenbedienter	Bierböter	Aufwarter
Lohnbedienter	Feuerböter	Aufwärter
Federbedienter	Füerböter	Zeugwärter
Lederbedienter	Verboter	Lochwärter
Kammerbedienter	Wallverboter	Schwarter
Hebungsbedienter	Fürböter	Stockwärter
Handlungsbedienter	Vurboter	Seelwärter
Floßbedienter	Oltböter	Seelwarter

Thurmwärter	Schuttmeester	Zeugmaister
Turmwärter	Pliester	Zechmaister
Baumwärter	Armbriester	Perckhmaister
Seelenwarter	Leutepriester	Stuckmaister
Seelenwärter	Laipriester	Kindelmaister
Fasanenwärter	Gsöllpriester	Drillmaister
Bahnenwärter	Gesellenpriester	Wagenmaister
Laternenwärter	Meßpriester	Tennenmaister
Lampenwärter	Messpriester	Pottenmaister
Irrenwärter	Leutpriester	Romormaister
Büchsenwärter	Laypriester	Rumormaister
Bahnwärter	Erzpriester	Geschirrmaister
Bahnwarter	Ballester	Griesmaister
Kornwärter	Mester	Triftmaister
Kellerwarter	Weldemester	Rottmaister
Zimmerwärter	Wagemester	Krautmaister
Pulverwärter	Scholemester	Gäumaister
Dorwarter	Garnemester	Schanzmaister
Thorwärter	Barsemester	Schatzmaister
Torwarter	Slusemester	Leister
Torwärter	Rentemester	Pleister
Swarter	Muntemester	Meister
Griesswarter	Scuttemester	Blämeister
Grießwärter	Hauemester	Grabmeister
Postwärter	Hovemester	Kribbmeister
Holzwärter	Sulfmester	Schreibmeister
Wingerter	Sagmester	Treibmeister
Lamperter	Kalkmester	Halbmeister
Glasewerter	Tegelmester	Horbmeister
Glazewerter	Schollmester	Hubmeister
Beckenwerter	Scholmester	Bacmeister
Körsenwerter	Kolmester	Badmeister
Kortzenwerter	Blidenmester	Radmeister
Curtzenwerter	Bussenmester	Gredmeister
Swerter	Gravenmester	Jagdmeister
Zeugwahrter	Schomester	Schaidmeister
Hirter	Barmester	Scheidmeister
Kahlstörter	Burmester	Reidmeister
Kolstorter	Soltmester	Waldmeister
Kalenstorter	Sotmester	Feldmeister
Buntwörter	Vartmester	Wildmeister
Kaster	Gastmester	Landmeister
Medikaster	Sester	Gewandmeister
Ballaster	Kirchenältester	Allmendmeister
Scholaster	Schuester	Spendmeister
Öbster	Rintschuhster	Schwendmeister
Obster	Maister	Rodmeister
Barsemeester	Huebmaister	Sodmeister
Blidenmeester	Brodmaister	Schreibemeister
Burmeester	Pergmaister	Treibemeister

Bademeister
Gademeister
Schmiedemeister
Riedemeister
Scheidemeister
Reidemeister
Blidemeister
Ridemeister
Weldemeister
Gildemeister
Spendemeister
Gemeindemeister
Kleemeister
Waagemeister
Hagemeister
Sägemeister
Wagemeister
Wägemeister
Legemeister
Wegemeister
Leggemeister
Singemeister
Wogemeister
Rügemeister
Materiemeister
Schweinemeister
Garnemeister
Wrasemeister
Ziesemeister
Lesemeister
Accisemeister
Speisemeister
Zeisemeister
Akzisemeister
Barsemeister
Schleusemeister
Müsemeister
Musemeister
Reitemeister
Schüttemeister
Reutemeister
Buwemeister
Schützemeister
Schafmeister
Scheffmeister
Schiffmeister
Sulffmeister
Pagenhoffmeister
Pfeifmeister
Sulfmeister

Sülfmeister
Hofmeister
Erbhofmeister
Pagenhofmeister
Haushofmeister
Dorfmeister
Saagmeister
Hagmeister
Spragmeister
Sagmeister
Wagmeister
Wägmeister
Wegmeister
Schwaigmeister
Schweigmeister
Pfennigmeister
Landpfennigmeister
Deichpfennigmeister
Landespfennigmeister
Stadtpfennigmeister
Pfettnigmeister
Mangmeister
Sangmeister
Pfenningmeister
Singmeister
Jungmeister
Bergmeister
Burgmeister
Zeugmeister
Jagdzeugmeister
Rügmeister
Blähmeister
Bachmeister
Hachmeister
Sprachmeister
Wachmeister
Siechmeister
Blechmeister
Zechmeister
Aichmeister
Eichmeister
Deichmeister
Bleichmeister
Teichmeister
Vichmeister
Kilchmeister
Pferchmeister
Kirchmeister
Rabischmeister
Fischmeister

Harnischmeister
Frischmeister
Birschmeister
Pirschmeister
Bürschmeister
Pürschmeister
Britschmeister
Pritschmeister
Rauchmeister
Zeuchmeister
Schuchmeister
Viehmeister
Kothmeister
Sothmeister
Schuhmeister
Kaimeister
Paimeister
Geimeister
Freimeister
Orloimeister
Stakmeister
Backmeister
Packmeister
Stackmeister
Dreckmeister
Stockmeister
Perckmeister
Pruckmeister
Stuckmeister
Stückmeister
Fabrikmeister
Kalkmeister
Walkmeister
Bankmeister
Sankmeister
Markmeister
Werkmeister
Gewerkmeister
Haalmeister
Saalmeister
Spitalmeister
Hospitalmeister
Walmeister
Stadlmeister
Stäbelmeister
Stabelmeister
Erbstäbelmeister
Radelmeister
Stadelmeister
Puddelmeister

Treidelmeister	Winkelschulmeister	Galgenmeister
Zeidelmeister	Judenschulmeister	Logenmeister
Kindelmeister	Ammeister	Siechenmeister
Tafelmeister	Dammeister	Rechenmeister
Schwefelmeister	Schlammeister	Zechenmeister
Gaffelmeister	Prammeister	Keichenmeister
Scheffelmeister	Femmeister	Zeichenmeister
Küfelmeister	Schwemmeister	Kirchenmeister
Siegelmeister	Rahmmeister	Britschenmeister
Ziegelmeister	Rähmmeister	Pritschenmeister
Segelmeister	Prahmmeister	Brütschenmeister
Flügelmeister	Fehmmeister	Käuchenmeister
Takelmeister	Ammmeister	Kauchenmeister
Schiffstakelmeister	Dammmeister	Keuchenmeister
Säckelmeister	Schlammmeister	Küchenmeister
Tackelmeister	Schwemmmeister	Bothenmeister
Seckelmeister	Schirmmeister	Kaienmeister
Bickelmeister	Turmmeister	Schienmeister
Sekkelmeister	Paanmeister	Materialienmeister
Winkelmeister	Kranmeister	Materienmeister
Torkelmeister	Fasanmeister	Bakenmeister
Stämpelmeister	Grabenmeister	Backenmeister
Stempelmeister	Imbenmeister	Brückenmeister
Haspelmeister	Farbenmeister	Bruckenmeister
Kesselmeister	Blaufarbenmeister	Schiffbruckenmeister
Viertelmeister	Bubenmeister	Schaikenmeister
Spittelmeister	Grubenmeister	Tschaikenmeister
Sterzelmeister	Stubenmeister	Scheikenmeister
Zahlmeister	Gadenmeister	Tscheikenmeister
Kriegszahlmeister	Ladenmeister	Falkenmeister
Kohlmeister	Gnadenmeister	Zinkenmeister
Sohlmeister	Wadenmeister	Stadtzinkenmeister
Mühlmeister	Bleidenmeister	Kohlenmeister
Ballmeister	Blidenmeister	Mühlenmeister
Fallmeister	Wildenmeister	Ballenmeister
Hallmeister	Spendenmeister	Schallenmeister
Marstallmeister	Bodenmeister	Müllenmeister
Wallmeister	Judenmeister	Immenmeister
Drillmeister	Hafenmeister	Kranenmeister
Trillmeister	Waffenmeister	Fasanenmeister
Mollmeister	Schöffenmeister	Bienenmeister
Trüllmeister	Pfeifenmeister	Bühnenmeister
Schatullmeister	Ofenmeister	Buhnenmeister
Vitriolmeister	Hufenmeister	Leinenmeister
Kolmeister	Kufenmeister	Maschinenmeister
Molmeister	Hagenmeister	Pfannenmeister
Solmeister	Sägenmeister	Schrannenmeister
Schulmeister	Wagenmeister	Tennenmeister
Landschulmeister	Schiffbruggenmeister	Brunnenmeister
Dorfschulmeister	Heiligenmeister	Stadtbrunnenmeister

Schöppenmeister
Wuppenmeister
Röhrenmeister
Rasenmeister
Wrasenmeister
Wasenmeister
Riesenmeister
Büchsenmeister
Püchsenmeister
Puchsenmeister
Eisenmeister
Speisenmeister
Korsenmeister
Gassenmeister
Korssenmeister
Bussenmeister
Klausenmeister
Schleusenmeister
Bratenmeister
Watenmeister
Botenmeister
Gartenmeister
Irtenmeister
Ürtenmeister
Urtenmeister
Kastenmeister
Sittenmeister
Rottenmeister
Grottenmeister
Hüttenmeister
Nachthüttenmeister
Puttenmeister
Püttenmeister
Stutenmeister
Nauenmeister
Frauenmeister
Havenmeister
Nauwenmeister
Bixenmeister
Kerzenmeister
Pritzenmeister
Spritzenmeister
Schützenmeister
Sprützenmeister
Krahnmeister
Strähnmeister
Strehnmeister
Meinmeister
Weinmeister
Schweinmeister

Sweinmeister
Schinmeister
Kuchinmeister
Bannmeister
Pfannmeister
Brennmeister
Tennmeister
Spinnmeister
Brunnmeister
Garnmeister
Kelternmeister
Bauernmeister
Bornmeister
Kornmeister
Alpmeister
Klippmeister
Krippmeister
Baarmeister
Barmeister
Scharmeister
Gräbermeister
Obermeister
Badermeister
Kindermeister
Fludermeister
Rudermeister
Brudermeister
Scheermeister
Schäfermeister
Küffermeister
Küfermeister
Kufermeister
Germeister
Jägermeister
Landjägermeister
Schermeister
Fischermeister
Reihermeister
Weihermeister
Exerciermeister
Exerziermeister
Kerkermeister
Zeidlermeister
Gordelermeister
Kellermeister
Cammermeister
Hammermeister
Kammermeister
Kellnermeister
Innermeister

Körnermeister
Forstnermeister
Schoppermeister
Scherermeister
Wassermeister
Niederwassermeister
Niderwassermeister
Fächtermeister
Schlichtermeister
Keltermeister
Untermeister
Pfistermeister
Klostermeister
Mustermeister
Trottermeister
Futtermeister
Hutermeister
Bauermeister
Feuermeister
Wuermeister
Wermeister
Weyermeister
Sterzermeister
Ketzermeister
Bahrmeister
Währmeister
Gehrmeister
Wehrmeister
Rohrmeister
Röhrmeister
Uhrmeister
Wührmeister
Wuhrmeister
Schirmeister
Ormeister
Rumormeister
Vormeister
Schirrmeister
Geschirrmeister
Burmeister
Fürmeister
Appreturmeister
Glasmeister
Riesmeister
Griesmeister
Lesmeister
Schiffsmeister
Einungsmeister
Gewerksmeister
Viertelsmeister

Zinsmeister	Brotmeister	Tanzmeister
Maßmeister	Sotmeister	Minzmeister
Essmeister	Gartmeister	Münzmeister
Grießmeister	Vartmeister	Punzmeister
Pressmeister	Fahrtmeister	Sterzmeister
Preßmeister	Gastmeister	Schatzmeister
Spleißmeister	Ballastmeister	Erbschatzmeister
Ößmeister	Mastmeister	Platzmeister
Schossmeister	Hengstmeister	Hetzmeister
Floßmeister	Kunstmeister	Dantzmeister
Rossmeister	Postmeister	Schantzmeister
Meinheitsmeister	Rostmeister	Mintzmeister
Pagamentsmeister	Forstmeister	Schutzmeister
Paimentsmeister	Pürstmeister	Pfister
Gestütsmeister	Rüstmeister	Kaltpfister
Hausmeister	Rohrrüstmeister	Magister
Gasthausmeister	Sustmeister	Ludimagister
Klausmeister	Bettmeister	Phister
Bratmeister	Kabinettmeister	Kister
Watmeister	Brettmeister	Gulister
Feldtmeister	Grettmeister	Minister
Billetmeister	Pottmeister	Pister
Bretmeister	Rottmeister	Pelster
Pretmeister	Trottmeister	Handdienster
Triftmeister	Hüttmeister	Spanndienster
Zunftmeister	Schüttmeister	Wenster
Schachtmeister	Püttmeister	Herrengünster
Schlachtmeister	Puttmeister	Künster
Nachtmeister	Stuttmeister	Schwarzkunster
Wachtmeister	Krautmeister	Schoster
Fechtmeister	Bütmeister	Oltschöster
Schichtmeister	Stutmeister	Paternoster
Schlichtmeister	Gestütmeister	Schooster
Zuchtmeister	Baumeister	Röster
Raitmeister	Mühlenbaumeister	Erbförster
Reitmeister	Kriegsbaumeister	Waldförster
Marktmeister	Gäumeister	Steckförster
Altmeister	Haumeister	Stockförster
Gewaltmeister	Schaumeister	Markförster
Feltmeister	Geschaumeister	Steckenförster
Poltmeister	Bräumeister	Märkerförster
Gantmeister	Heumeister	Holtforster
Proviantmeister	Preumeister	Holzförster
Licentmeister	Freymeister	Gränzförster
Rentmeister	Salzmeister	Grenzforster
Landrentmeister	Walzmeister	Grenzförster
Deichrentmeister	Kupferwalzmeister	Wurster
Stadtrentmeister	Schmelzmeister	Pließter
Lizentmeister	Holzmeister	Custer
Kotmeister	Schanzmeister	Schuster

Rindschuster	Bestetter	Wemotter
Freischuster	Gutherbestetter	Kornmotter
Flickschuster	Gütherbestetter	Knötter
Wasserstiefelschuster	Güterbestetter	Hänschenknötter
ungarischer Schuster	Werkstetter	Pötter
Bauernschuster	Linwetter	Potter
Bauerschuster	Sarwetter	Lückpötter
Störschuster	Raitter	Drötter
Rindsschuster	Grabbitter	Frötter
Altschuster	Leidbitter	Schrotter
Gäuschuster	Grabebitter	Schrötter
Freyschuster	Köstebitter	Weinschrotter
Kuster	Umbitter	Bierschrötter
Küster	Leichenbitter	Trotter
Landküster	Todtenbitter	Zotter
Stadtküster	Totenbitter	Aufwärtter
Rüster	Köstenbitter	Sautter
Armbruster	Hochzeitsbitter	Fütter
Armbrüster	Hochzeitbitter	Bundfutter
Püttenrüster	Leutbitter	Buntfutter
Rohrrüster	Bereitter	Hütter
Seckhelmayster	Kitter	Hutter
Wallmeyster	Oldkitter	Schütter
Schatter	Altkitter	Schutter
Goldblätter	Salitter	Deichschutter
Silberblätter	Erzschlitter	Deichschütter
Glätter	Mitter	Kohlschütter
Tuchglätter	Trummitter	Kohlenschütter
Plätter	Bermitter	Stadtschütter
Platter	Stadtmitter	Grubenhütter
Goldplätter	Schnitter	Kütter
Silberplätter	Bruchschnitter	Schlütter
Zueschratter	Dielenschnitter	Klutter
Bestätter	Thielenschnitter	Mütter
Wagenbestätter	Lohnschnitter	Mutter
Güterbestätter	Katzenritter	Badmutter
Hofstätter	Lasitter	Hebemutter
Werkstätter	Verbotter	Bademutter
Hornstätter	Hotter	Mägdemutter
Vatter	Kötter	Wehemutter
Watter	Handkötter	Käsemutter
Conterfetter	Mittelkötter	Lesemutter
Konterfetter	Eigenkötter	weise Mutter
Metter	Kleinkötter	Weisemutter
Trumetter	Großkötter	Viehmutter
Spetter	Lotter	Wehmutter
Waldspetter	Schlotter	Kalkmutter
Fretter	Klotter	Kindelmutter
Wegsetter	Mötter	Dollmutter
Persetter	Motter	Tollmutter

Hopfenmutter	Waldbereuter	Torhüter
Hopfenmütter	Landbereuter	Erbtorhüter
Wehenmutter	Zollbereuter	Thürhüter
Krankenmutter	Mühlenbereuter	Türhüter
Waisenmutter	Wildnisbereuter	Erbtürhüter
Kornmütter	Forstbereuter	Großhüter
Kornmutter	Heidereuter	Ladstatthüter
Kindermutter	Gereuter	Auhüter
Lehrmutter	Hegereuter	Kuter
Weismutter	Gehegereuter	Küter
Pensionsmutter	Marstallreuter	Exkuter
Zuchthausmutter	Jagenreuter	Schluter
Zuchtmutter	Überreuter	Schlüter
Gastmutter	Hegerreuter	Kirchschlüter
Salzmütter	Kammerreuter	Sluter
Salzmutter	Vorreuter	Muter
Knütter	Marstallvorreuter	Salzmuter
Strumpfknütter	Standesreuter	Rüter
Hänschenknütter	Ausreuter	Ruter
Hasenknütter	Ökonomieausreuter	Grüter
Hosenknütter	Ratsausreuter	Gruter
Grütter	Salzausreuter	Suter
Nachtstutter	Landtreuter	Rindsüter
Schneytter	Postreuter	Rindsuter
Häuter	Freyreuter	Bersuter
Bärenhäuter	Holzreuter	Stuter
Tierhäuter	Seuter	Nachtstuter
Läuter	Huter	Archipresbyter
Lauter	Hüter	Geyter
Mauter	Waldhüter	Permizter
Räuter	Feldhüter	Auer
Krauter	Landhüter	Bauer
Kräuter	Thurmhüter	Abbauer
Sauter	Turmhüter	Halbbauer
Bärsauter	Grubenhüter	Jagdbauer
Berzauter	Ladenhüter	Waidbauer
–buter	Zillenhüter	Halbscheidbauer
Oldbuter	Eisenhüter	Feldbauer
Kesselbuter	Eisenhuter	Strandbauer
Ketelbuter	Ysenhuter	Pferdebauer
Ketelbüter	Kleinhüter	Gebauer
Oltbuter	Weinhüter	Neugebauer
Feuerbeuter	Kornhüter	Festebauer
Keuter	Thurnhüter	Hofbauer
Reuter	Turnhüter	Austragbauer
Jagdreuter	Grünhüter	Fischbauer
Waldreuter	Beerhüter	Kuhbauer
Landreuter	Fingerhüter	Kühbauer
Strandreuter	Fingerhuter	Beibauer
Bereuter	Thorhüter	Freibauer

Kalkbauer	Gültbauer	Tuchschauer
Patrimonialbauer	Zehentbauer	Flethschauer
Hörndlbauer	Zehntbauer	Mehlschauer
Körndlbauer	Robotbauer	Mühlschauer
Jodlbauer	Dienstbauer	Wollschauer
Sedelbauer	Widmutbauer	Rebenschauer
Jodelbauer	Wiedemutbauer	Wundenschauer
Zeiselbauer	Widemutbauer	Ofenschauer
Viertelbauer	Neubauer	Wollenschauer
Dreiviertelbauer	Freybauer	Straßenschauer
Drittelbauer	Holzbauer	Todtenschauer
Pfahlbauer	Dauer	Totenschauer
Kohlbauer	Lederdauer	Pfattenschauer
Zugstuhlbauer	Häuer	Schweinschauer
Fallbauer	Hauer	Kornschauer
Vollbauer	Erbhäuer	Feuerschauer
Schatullbauer	Kerbhäuer	Fleetschauer
Anbauer	Schauer	Barchentschauer
Beckenbauer	Rebschauer	Brotschauer
Kohlenbauer	Leinwandschauer	Unschlittschauer
Mühlenbauer	Wundschauer	Münzschauer
Domänenbauer	Beschauer	Heidhauer
Schaluppenbauer	Leinwandbeschauer	Schildhauer
Wiesenbauer	Schiffbeschauer	Bandhauer
Ochsenbauer	Deichbeschauer	Gedingehäuer
Kastenbauer	Fischbeschauer	Velehauer
Grottenbauer	Tuchbeschauer	Feilehauer
Kabuzenbauer	Mehlbeschauer	Spänehauer
Lohnbauer	Rebenbeschauer	Staffhauer
Kleinbauer	Mühlenbeschauer	Schopfhäuer
Breinbauer	Straßenbeschauer	Aufhauer
Traunbauer	Todtenbeschauer	Ganghäuer
Fischerbauer	Totenbeschauer	Gänghäuer
Pfarrbauer	Weinbeschauer	Ganghauer
Kabsbauer	Schweinbeschauer	Gedinghäuer
Austragsbauer	Bierbeschauer	Gedinghauer
Auszugsbauer	Güterbeschauer	Junghäuer
Kabisbauer	Feuerbeschauer	Pechhauer
Scharwerksbauer	Schweinsbeschauer	Fleischhauer
Kapitelsbauer	Mautamtsbeschauer	Schindelhauer
Viertelsbauer	Metbeschauer	Schlägelhäuer
Zinsbauer	Brotbeschauer	Schlägelhauer
Laßbauer	Unschlittbeschauer	Doppelhäuer
Lassbauer	Mautbeschauer	Doppelhauer
Kabißbauer	Holzbeschauer	Raspelhauer
Rossbauer	Weggeschauer	Auswechselhauer
Großbauer	Wegschauer	Feilhauer
Widmutsbauer	Mangschauer	Fellhauer
Kabusbauer	Nachschauer	Vollhauer
Altbauer	Deichschauer	Vollhäuer

Schrämhäuer	Fahrhäuer	Bierbrauer
Schrämhauer	Lehrhäuer	Braunbierbrauer
Schrammhauer	Lehrhauer	Roterbierbrauer
Bomhauer	Vorhauer	Weißbierbrauer
Baumhauer	Aßhauer	Konventbierbrauer
Spanhauer	Asshauer	Rotbierbrauer
Nabenhauer	Fasshauer	Wasserbräuer
Daubenhauer	Strosshäuer	Wasserbrauer
Moldenhauer	Ortshäuer	Weißbrauer
Muldenhauer	Aushauer	Metbrauer
Bardenhauer	Thauer	Kofentbrauer
Felgenhauer	Schafthauer	Conventbrauer
Knochenhauer	Schachthauer	Coventbrauer
Lehenhauer	Schichthäuer	Rotbrauer
Lehenhäuer	Scheithauer	Tuchrauer
Knakenhauer	Althäuer	Tauer
Streckenhäuer	Ganthauer	Ledertauer
Balkenhauer	Barthauer	Ledertäuer
Feilenhauer	Lederthauer	Stauer
Schwellenhauer	Orthäuer	Zauer
Mollenhauer	Holzhauer	Heuer
Rinnenhauer	Färbeholzhauer	Wildheuer
Schopenhauer	Schlitzhäuer	Baumheuer
Jopenhauer	Spitzhäuer	Bartenheuer
Kopenhauer	Lauer	Lattenheuer
Schoppenhauer	Blauer	Aßheuer
Spenhauer	Nauer	Dirtheuer
Eisenhäuer	Hirseknauer	Hierskneuer
Eisenhauer	Hiersknauer	Breuer
Erbeisenhäuer	Hierskäuer	Holzschuer
Assenhauer	Hirsknauer	Marquer
Strossenhäuer	Hirskäuer	Bruer
Moltenhauer	Rauer	Medebruer
Bartenhauer	Brauer	Keutebruer
Lattenhauer	Bräuer	Schopenbruer
Fettenhauer	Essigbrauer	Bierbruer
Pfettenhauer	Rothbrauer	Draver
Dauenhauer	Schuffenbrauer	Stäver
Lehnhäuer	Schuffenbräuer	Badstäver
Steinhauer	Frillenbrauer	Ambachtsschriever
Schleifsteinhauer	Schopenbrauer	Glever
Edelsteinhauer	Jopenbrauer	Dikgrever
Weinhauer	Schöppenbrauer	Wever
Schiederhauer	Schoppenbräuer	Sardokwever
Schieferhäuer	Schoppenbrauer	Wullenwever
Schieferhauer	Kaitenbrauer	Lynnenwever
Zimmerhauer	Keutenbräuer	Scriver
Zimmerhäuer	Keutenbrauer	Schriver
Schachtzimmerhauer	Mälzenbräuer	Dollenschriver
Scheiterhauer	Bierbräuer	Tollenschriver

Glasschriver	Ungersgerwer	Hofmeyer
Ambachtsschriver	Witgerwer	Sedelmeyer
Slagtschriver	Rotgerwer	Sattelmeyer
Ronenhover	Verwer	Kastenmeyer
Stenhover	Rotverwer	Schlossmeyer
Stover	Schauwer	Salzmeyer
Stöver	Schiffbeschauwer	Holzmeyer
Badstöver	Nachschauwer	Neyer
Badstover	Felehauwer	Segelneyer
Batstover	Fellhauwer	Dreyer
Farver	Feulenhauwer	Blockdreyer
Rusfarver	Steinhauwer	Schötteldreyer
Wantfarver	Holzhauwer	Wehldreyer
Logarver	Nauwer	Spillendreyer
Wittgarver	Tauwer	Lirendreyer
Varver	Gebuwer	Lorrendreyer
Ferver	Holzschuwer	Lyrendreyer
Körver	Klüwer	Büssendreyer
Prahmschuver	Kleinklüwer	Boltendreyer
Bawer	Kornschouwer	Kleindreyer
Gebawer	Spanhouwer	Kopdreyer
Moldenhawer	Knakenhouwer	Zeterschreyer
Holthawer	Schopenhouwer	Zetterschreyer
Lawer	Stenhouwer	Marktschreyer
Zawer	Vathouwer	Blutschreyer
Pifendrewer	Holthouwer	Rippelreyer
Wewer	Louwer	Ryppelreyer
Smalwewer	Essigbrouwer	Ratteyer
Wullenwewer	Frillenbrouwer	Royer
Birbriwer	Rotbrouwer	Tranroyer
Gwelwer	Wittbrouwer	Weinroyer
Moldenhower	Touwer	Branntweinroyer
Muldenhower	Bruwer	Däzer
Knakenhower	Medebruwer	Fochazer
Ronenhower	Keutebruwer	Täzer
Stenhower	Bierbruwer	Weintäzer
Vleshower	Wasserbrüwer	Zapfenmaßamtstäzer
Löwer	Kohtbruwer	Obzer
Klöwer	Witbruwer	Herczer
Leddertower	Rotbruwer	Nauflezer
Ledertower	Flexer	Sezer
Garwer	Pläyer	Schuehbüezer
Wittgarwer	Mayer	Schuhbüezer
Watervarwer	Sedlmayer	Altbüezer
Ferwer	Sedelmayer	Beizer
Gerwer	Contrafeyer	Heizer
Semeschgerwer	Conterfeyer	Pfieselheizer
Sehmeschgerwer	Bleyer	Stubenheizer
Lohgerwer	Pleyer	Ofenheizer
Logerwer	Meyer	Kleizer

Schweizer	Harzer	Bossertfetzer
Schmizer	Schwärzer	Forgetzer
Galzer	Scherzer	Windhetzer
Mälzer	Wachskerzer	Bletzer
Malzer	Sturzer	Schuhbletzer
Schmalzer	Stürzer	Pfannenbletzer
Schmälzer	Kohlenstürzer	Wannenbletzer
Salzer	Ausstürzer	Hosenbletzer
Sälzer	Zustürzer	Altbletzer
Gelzer	Wurzer	Schubletzer
Melzer	Obeszer	Fletzer
Schmelzer	Weszer	Naufletzer
Goldschmelzer	Obiszer	Hosenpletzer
Silberschmelzer	Wiszer	Metzer
Glasschmelzer	Offstoszer	Steinmetzer
Wachsschmelzer	Uffstoszer	Staynmetzer
Nachtschmelzer	Büszer	Netzer
Gekrätzschmelzer	Ätzer	Schnetzer
Silbersmelzer	Aufbatzer	Kretzer
Pelzer	Pfätzer	Setzer
Selzer	Schatzer	Siebsetzer
Filzer	Schätzer	Besetzer
Bolzer	Waidschätzer	Gassenbesetzer
Golzer	Fleischschätzer	Wegesetzer
Gölzer	Mehlschätzer	Kopfsetzer
Hölzer	Kernenschätzer	Aufsetzer
Holzer	Schriftenschätzer	Stuhlaufsetzer
Bannholzer	Weinschätzer	Holzaufsetzer
Kolzer	Kornschätzer	Wegsetzer
Kölzer	Bücherschätzer	Fleischsetzer
Schmölzer	Rossschätzer	Buchsetzer
Polzer	Schriftschätzer	Puchsetzer
Mulzer	Fruchtschätzer	Dammsetzer
Mülzer	Brotschätzer	Kammsetzer
Sülzer	Pfattschätzer	Buchstabensetzer
Sulzer	Schuhblätzer	Kardensetzer
Schanzer	Schublätzer	Hauffensetzer
Finanzer	Schuhplätzer	Haufensetzer
Grenzfinanzer	Amplatzer	Stakensetzer
Rosenkränzer	Hosenplätzer	Granatenrosensetzer
Linientänzer	Eisenätzer	Granatrosensetzer
Stanzer	Pechkratzer	Cranatensetzer
Credenzer	Tuchkratzer	Kartensetzer
Kredenzer	Wollkratzer	Steinsetzer
Lindenzer	Wullkratzer	Tonsetzer
Fochenzer	Glasätzer	Gassenpsetzer
Munzer	Aetzer	Fudersetzer
Münzer	Fetzer	Blättersetzer
Flözer	Gliedenfetzer	Plettersetzer
Härzer	Pfetzer	Steuersetzer

Stürsetzer	Lümentäntzer	Assessor
Granatsetzer	Weintzer	Kanzleiassessor
Schriftsetzer	Nauflötzer	Stadtassessor
Blattsetzer	Rötzer	Possessor
Holzsetzer	Butzer	Balneator
Schatzsetzer	Altbutzer	Walneator
Boßhartvetzer	Kleutzer	Salzadmodiator
Wetzer	Pfützer	Miniator
Heitzer	Schützer	Rubrikator
Stubenheitzer	Kutzer	Lokator
Ofenheitzer	Schmützer	Translator
Kleitzer	Putzer	Calculator
Schweitzer	Lampenputzer	Kalkulator
Fitzer	Alpputzer	Estimator
Windhitzer	Federputzer	Informator
Windehitzer	Lichtputzer	Stubanator
Schmitzer	Altputzer	Stupenator
Fellschmitzer	Bartputzer	Illuminator
Granitzer	Aufstutzer	Dessinatör
Krippenmandlschnitzer	Hutaufstutzer	Gubernator
Rösselschnitzer	Federstutzer	Stupator
Kripperlschnitzer	Dochtschnäuzer	Ludimoderator
Rösslschnitzer	Altbuzer	Operator
Schleißenschnitzer	Kleuzer	Collaborator
Beinschnitzer	Dochtschneuzer	Kollaborator
Spitzer	Alpuzzer	Colorator
Feinspitzer	Nachfahr	Kastrator
Besserspitzer	Bergefohr	Registrator
Zuspitzer	Packmohr	Kanzleiregistrator
Brodsitzer	Kuhr	Kammerregistrator
Stellenbesitzer	Fluhr	Procurator
Freisitzer	Mair	Prokurator
Brinksitzer	Pensionair	Schuldenprokurator
Ansitzer	Secretair	Dispensator
Ladensitzer	Lademechir	Ingrossator
Schrannensitzer	Cargador	Sollicitator
Brodtsitzer	Solicitador	Visitator
Rechtsitzer	Carrigardör	Sollizitator
Altsitzer	Ephor	Solizitator
Brotsitzer	Maior	Auscultator
Wurtsitzer	Major	Auskultator
Bältzer	Markör	Kammerauskultator
Mältzer	Buthelor	Renovator
Geltzer	Hallor	Factor
Meltzer	Packamor	Hoffactor
Schmeltzer	Pakmor	Bergfactor
Peltzer	Provisor	Hüttenfactor
Multzer	Schulprovisor	Engrosfactor
Finantzer	Tonsor	Salzfactor
Lünientäntzer	Professor	Holzfactor

Kunterfector	Sutor	Eichherr
Collector	Textor	Pochherr
Lotteriecollector	Herr	Wröchherr
Lottocollector	Gabherr	Kirchherr
Ludirector	Grabherr	Fleischherr
Wurmdoctor	Treibherr	Fischherr
Conductor	Gewelbherr	Tuchherr
Expeditor	Gewölbherr	Wröhherr
Kanzleiexpeditor	Wröcherr	Vogteiherr
Kriegsratexpeditor	Waidherr	Markherr
Kanditor	Gescheidherr	Gewerkherr
Repetitor	Gscheidherr	Spitalherr
Faktor	Waldherr	Stabelherr
Hoffaktor	Ungeldherr	Stäbelherr
Strumpffaktor	Brandherr	Tafelherr
Bergfaktor	Strandherr	Gaffelherr
Kalfaktor	Allmendherr	Ziegelherr
Eisenfaktor	Sendherr	Klöppelherr
Hüttenfaktor	Pfundherr	Wechselherr
Weinfaktor	Grundherr	Schlüsselherr
Bierfaktor	Sodherr	Kapitelherr
Glasfaktor	Treibeherr	Spittelherr
Engrosfaktor	Gewölbeherr	Beutelherr
Salzfaktor	Sterbeherr	Pfahlherr
Holzfaktor	Weddeherr	Mühlherr
Kunterfektor	Siedeherr	Stuhlherr
Kollektor	Spendeherr	Stallherr
Lottokollektor	Prüfeherr	Marstallherr
Ökonomieinspektor	Waageherr	Zollherr
Berginspektor	Klageherr	Schulherr
Licentinspektor	Artillerieherr	Thurmherr
Lizentinspektor	Düpeherr	Turmherr
Salzinspektor	Acciseherr	Gabenherr
Wurmdoktor	Ziseherr	Grabenherr
Conduktor	Akziseherr	Stubenherr
Konduktor	Syseherr	Seidenherr
Präceptor	Wetteherr	Pfeifenherr
Praeceptor	Schanzeherr	Rechenherr
Präzeptor	Tiefherr	Kirchenherr
Praezeptor	Schiffherr	Lehenherr
Rezeptor	Sülfherr	Apothekenherr
Steuerrezeptor	Kaufherr	Markenherr
Compastor	Waagherr	Mühlenherr
Kompastor	Twingherr	Pfannenherr
Quästor	Zwingherr	Büchsenherr
Quaestor	Losungherr	Waisenherr
Questor	Bergherr	Eisenherr
Executor	Burgherr	Lassenherr
Exekutor	Zeugherr	Gartenherr
Testamentsexekutor	Versprechherr	Kastenherr

Hüttenherr	Kapitelsherr	Schanzherr
Schanzenherr	Capitolsherr	Münzherr
Spitzenherr	Lehensherr	Schätzherr
Lohnherr	Lehnsherr	Schatzherr
Weinherr	Zinsherr	Schetzherr
Winherr	Lassherr	Schaur
Bannherr	Laßherr	Zaur
Pfannherr	Schoßherr	Plombeur
Garnherr	Schossherr	Cargadeur
Bornherr	Geschoßherr	Zuckerraffinadeur
Kornherr	Floßherr	Accoucheur
Wröherr	Ratsherr	Ingenieur
Scharherr	Billetsherr	Appareilleur
Hägerherr	Gerichtsherr	Akzisecontrolleur
Hegerherr	Erbgerichtsherr	Accisekontrolleur
Legerherr	Halsgerichtsherr	Akzisekontrolleur
Speicherherr	Geleitsherr	Mineur
Billetierherr	Amtsherr	Magazineur
Quartierherr	Pagamentsherr	Gouverneur
Billettierherr	Paimentsherr	Bläseur
Kellerherr	Stadtherr	Raseur
Müllerherr	Tegetherr	Adoucisseur
Hammerherr	Billetherr	Adoussisseur
Kammerherr	Zunftherr	Salzadmodiateur
Bannerherr	Schlachtherr	Translateur
Kelterherr	Pachtherr	Estimateur
Musterherr	Richtherr	Dessinateur
Feuerherr	Raitherr	Operateur
Erbfeuerherr	Reitherr	Leichdornoperateur
Steuerherr	Marktherr	Restaurateur
Fährherr	Umgeltherr	Acteur
Urfahrherr	Giltherr	Tracteur
Köhrherr	Gültherr	Collecteur
Körherr	Sültherr	Lotteriecollecteur
Torherr	Sultherr	Bauconducteur
Gescheidsherr	Amtherr	Konducteur
Schiffsherr	Zehentherr	Postkonducteur
Tädigsherr	Zentherr	Billeteur
Taidingsherr	Zehntherr	Traiteur
Teidingsherr	Sootherr	Spediteur
Teidigungsherr	Forstherr	Akteur
Losungsherr	Sustherr	Trakteur
Morgensprachsherr	Wettherr	Kollekteur
Verspruchsherr	Hüttherr	Kondukteur
Rathsherr	Grutherr	Gartenkondukteur
Gewerksherr	Schauherr	Postkondukteur
Vorwerksherr	Brauherr	Baukondukteur
Halsherr	Vogteyherr	Planteur
Hospitalsherr	Salzherr	Tabakplanteur
Handelsherr	Holzherr	Tabaksplanteur

Porteur	Schallenprofos	Markgenoss
Colporteur	Schellenprofos	Handelsgenoss
Kolporteur	Wasserprofos	Handelsgenoß
Platteur	Custos	Gereutgenoss
Tratteur	Kustos	Salzgenoss
Silhuetteur	Provos	Holzgenoss
Silhouetteur	Triackers	Reuss
Traitteur	–säß	Reuß
Marqueur	Kothsaß	Altreuß
Kur	Freisaß	Medicus
Tambour	Freisäß	Leibmedicus
Stadttambour	Hindersaß	Feldmedicus
Marcour	Hintersaß	Bademedicus
Pawr	Hintersäß	Pestmedicus
Zawr	Untersaß	Chemicus
Sedlmayr	Koßaß	Cimicus
Sedelmayr	Kohtsaß	Chimicus
Kirmayr	Kotsaß	Chymicus
Salzmayr	Freysaß	Mechanicus
Baas	Kornmess	Musicus
Schlafbaas	–seß	Physicus
Hellingbaas	Truchsess	Landphysicus
Deichbaas	Truchseß	Stadtphysicus
Stauereibaas	Erbtruchsess	Zythopoeus
Helgenbaas	Erztruchsess	Chirorgus
Schutenbaas	Freiseß	Chirurgus
Stauerbaas	Schuldhaiß	Leibchirurgus
Heuerbaas	Schuldheiß	Feldchirurgus
Böhnhaas	Feldschuldheiß	Chyrurgus
Deichbas	Dorfschuldheiß	Typographus
Heuerbas	Kriegsschuldheiß	Typographius
Miles	Gerichtsschuldheiß	Herbarius
Hospes	Regimentsschuldheiß	Negotiarius
Maschores	Stadtschuldheiß	Kuttelarius
Truchses	Schultheiß	Specionarius
Antistes	Hubschultheiß	Stuparius
Altreis	Feldschultheiß	Proviantcommissarius
Bücheraltreis	Dorfschultheiß	Oekonomiekommissarius
Pestilentialis	Kriegsschultheiß	Diätarius
Musikalis	Gerichtsschultheiß	Jagdsekretarius
Choralis	Regimentsschultheiß	Pigmentarius
Edilis	Stadtschultheiß	Frigravius
Commis	Altreiß	Medikus
Handlungscommis	Bücheraltreiß	Chemikus
Kommis	Bücheraltreiss	Mechanikus
Handlungskommis	Handlungscommiss	Musikus
Sutoris	Profoß	Stadtmusikus
Profos	Genoss	Physikus
Landprofos	Geraidgenoss	Scholastikus
Prügelprofos	Markgenoß	Famulus

Mimus	Naberschmidt	Fischvogt
Majordomus	Hammerschmidt	Brüchvogt
Castellanus	Kupperschmidt	Bruchvogt
Pfarrcolonus	Messerschmidt	Ürtivogt
Ephorus	Kurschmidt	Dreckvogt
Studiosus	Reitschmidt	Kirchspielvogt
Advocat	Krützschmidt	Stoppelvogt
Eschat	Ridensmidt	Kaspelvogt
Advokat	Kleensmidt	Karspelvogt
Winkeladvokat	Waffensmidt	Bettelvogt
Armenadvokat	Klensmidt	Spittelvogt
Rat	Sewhührdt	Frevelvogt
Jagdrat	Woldfaget	Kohlvogt
Hofrat	Richtevoget	Mühlvogt
Deichrat	Kaspelvagt	Schulvogt
Heimrat	Voigt	Domvogt
Geheimrat	Dingvoigt	Taubenvogt
Deichheimrat	Bruchvoigt	Schuldenvogt
Domänenrat	Mühlvoigt	Kirchenvogt
Raitrat	Hüttenvoigt	Brückenvogt
Reitrat	Blutfogt	Kohlenvogt
Jurat	Vogt	Mühlenvogt
Kirchjurat	Leibvogt	Möllenvogt
Kirchenjurat	Erbvogt	Armenvogt
Feldkurat	Waldvogt	Brunnenvogt
Cossat	Bannwaldvogt	Scheunenvogt
Kossat	Feldvogt	Scheurenvogt
Kossät	Wildvogt	Hasenvogt
Arzat	Schuldvogt	Wiesenvogt
Adjunct	Landvogt	Waisenvogt
Vagdt	Strandvogt	Gassenvogt
Schmidt	Spendvogt	Kastenvogt
Grobschmidt	Ladevogt	Kettenvogt
Reidschmidt	Hundevogt	Hüttenvogt
Heerdschmidt	Seevogt	Lehnvogt
Segeschmidt	Pflegevogt	Frohnvogt
Groffschmidt	Brüggevogt	Bannvogt
Huffschmidt	Scheunevogt	Fronvogt
Zeugschmidt	Zisevogt	Bauernvogt
Circkelschmidt	Akzisevogt	Alpvogt
Naglschmidt	Hofvogt	Prachervogt
Klingenschmidt	Dorfvogt	Turniervogt
Rinkenschmidt	Torfvogt	Ackervogt
Ahlenschmidt	Pflegvogt	Bettlervogt
Pannenschmidt	Dingvogt	Hühnervogt
Bohrenschmidt	Bergvogt	Hünervogt
Segesenschmidt	Burgvogt	Wasservogt
Büchsenschmidt	Nachvogt	Klostervogt
Fahnschmidt	Brachvogt	Bauervogt
Schaarschmidt	Deichvogt	Moorvogt

Leibsvogt	Windeknecht	Stutereiknecht
Allmendsvogt	Hundeknecht	Freiknecht
Hundsvogt	Pferdeknecht	Polizeiknecht
Hardesvogt	Waageknecht	Packknecht
Hofsvogt	Wägeknecht	Stockknecht
Kirchspielsvogt	Wageknecht	Bruckknecht
Lehensvogt	Rackerieknecht	Stückknecht
Lehnsvogt	Artillerieknecht	Stuckknecht
Schließvogt	Inneknecht	Bankknecht
Schlossvogt	Garneknecht	Benkknecht
Gerichtsvogt	Reiseknecht	Markknecht
Amtsvogt	Ziseknecht	Werkknecht
Ausvogt	Akziseknecht	Haalknecht
Hausvogt	Warteknecht	Schalknecht
Stadtvogt	Wetteknecht	Beschälknecht
Schlachtvogt	Schueknecht	Spitalknecht
Raitvogt	Schafknecht	Hospitalknecht
Reitvogt	Scheffknecht	Kobelknecht
Marktvogt	Schiffknecht	Kübelknecht
Zehentvogt	Stampfknecht	Sadelknecht
Zehntvogt	Barfknecht	Edelknecht
Kastvogt	Wagknecht	Seelknecht
Blutvogt	Bruggknecht	Gaffelknecht
Bauvogt	Mehringknecht	Scheffelknecht
Holzvogt	Mehrungknecht	Küfelknecht
Knecht	Bergknecht	Ziegelknecht
Rebknecht	Burgknecht	Tegelknecht
Leibknecht	Bürgknecht	Prügelknecht
Schreibknecht	Pürgknecht	Hammelknecht
Barbknecht	Purgknecht	Koppelknecht
Badknecht	Zeugknecht	Haspelknecht
Padknecht	Pflugknecht	Selknecht
Schmiedknecht	Blaichknecht	Pfieselknecht
Gredknecht	Bleichknecht	Mörtelknecht
Jagdknecht	Pochknecht	Sattelknecht
Waidknecht	Kirchknecht	Mittelknecht
Weidknecht	Aschknecht	Spittelknecht
Waldknecht	Frischknecht	Drittelknecht
Feldknecht	Rauchknecht	Mahlknecht
Schildknecht	Puchknecht	Kohlknecht
Landknecht	Tuchknecht	Mühlknecht
Jagdlandknecht	Ziehknecht	Fallknecht
Pferdknecht	Schohknecht	Hallknecht
Badeknecht	Lanthknecht	Kramknecht
Weddeknecht	Kothknecht	Pramknecht
Schmiedeknecht	Fluthknecht	Prahmknecht
Vitriolsiedeknecht	Rauhknecht	Trumknecht
Heideknecht	Schuhknecht	Paanknecht
Weideknecht	Gwardiknecht	Kranknecht
Gildeknecht	Beiknecht	Scheibenknecht

Heidenknecht	Kleinknecht	Kramerknecht
Bodenknecht	Gemeinknecht	Hammerknecht
Rüdenknecht	Reinknecht	Kammerknecht
Ofenknecht	Weinknecht	Lammerknecht
Wagenknecht	Bannknecht	Lämmerknecht
Plahenknecht	Mennknecht	Zimmerknecht
Plachenknecht	Brennknecht	Sommerknecht
Siechenknecht	Brunnknecht	Kellnerknecht
Kirchenknecht	Stadtbrunnknecht	Brennerknecht
Schmackenknecht	Fronknecht	Büttnerknecht
Beckenknecht	Garnknecht	Buttnerknecht
Peckenknecht	Jungfernknecht	Schopperknecht
Steckenknecht	Bornknecht	Wasserknecht
Brückenknecht	Schoknecht	Kelterknecht
Kohlenknecht	Schuoknecht	Folterknecht
Molenknecht	Kompknecht	Unterknecht
Menknecht	Kumpknecht	Pflasterknecht
Planenknecht	Garknecht	Meisterknecht
Wittinenknecht	Silberknecht	Schusterknecht
Schrannenknecht	Oberknecht	Mitterknecht
Innenknecht	Färberknecht	Futterknecht
Brunnenknecht	Baderknecht	Güterknecht
Schoenknecht	Bäderknecht	Suterknecht
Schwepenknecht	Bederknecht	Brauerknecht
Pumpenknecht	Rederknecht	Feuerknecht
Swöpenknecht	Schneiderknecht	Brawerknecht
Schweppenknecht	Schilderknecht	Schmelzerknecht
Sweppenknecht	Schinderknecht	Schmeltzerknecht
Krippenknecht	Förderknecht	Jahrknecht
Wasenknecht	Ruderknecht	Lehrknecht
Ochsenknecht	Schäferknecht	Fuhrknecht
Büchsenknecht	Schifferknecht	Rumorknecht
Eisenknecht	Jungferknecht	Torknecht
Gassenknecht	Junferknecht	Vorknecht
Bussenknecht	Opferknecht	Furknecht
Gartenknecht	Jägerknecht	Schürknecht
Castenknecht	Burgerknecht	Thürknecht
Fastenknecht	Bürgerknecht	Türknecht
Kastenknecht	Pocherknecht	Landsknecht
Mattenknecht	Pucherknecht	Hundsknecht
Hüttenknecht	Tücherknecht	Griesknecht
Stutenknecht	Tucherknecht	Schiffsknecht
Schützenknecht	Weiherknecht	Rathsknecht
Mutzenknecht	Ackerknecht	Bothsknecht
Bahnknecht	Bäckerknecht	Hansknecht
Krahnknecht	Rackerknecht	Schindersknecht
Strähnknecht	Beckerknecht	Jägersknecht
Strehnknecht	Stöckerknecht	Henkersknecht
Frohnknecht	Kellerknecht	Grießknecht
Inknecht	Fillerknecht	Pressknecht

Spleißknecht	Reutknecht	Negociant
Floßknecht	Hutknecht	Comödiant
Schlossknecht	Flutknecht	Komödiant
Rossknecht	Stutknecht	Familiant
Großknecht	Bauknecht	Dikasteriant
Trossknecht	Rauknecht	Negotiant
Fußknecht	Brauknecht	Offiziant
Hußknecht	Bräuknecht	Magazinoffiziant
Ratsknecht	Preuknecht	Negoziant
Ambachtsknecht	Zuknecht	Prädikant
Gerichtsknecht	Buwknecht	Predikant
Geleitsknecht	Beyknecht	Trafikant
Amtsknecht	Salzknecht	Tabaktrafikant
Bootsknecht	Schmelzknecht	Kalkant
Wirtsknecht	Holzknecht	Fiarant
Hausknecht	Platzknecht	Fierant
Spatknecht	Aufsatzknecht	Marktfierant
Ratknecht	Gelait	Pulsant
Statknecht	Bedermeit	Debitant
Stadtknecht	Schmit	Kollektant
Voetknecht	Fleschenschmit	Auscultant
Spetknecht	Knopfsmit	Auskultant
Zunftknecht	Flachsmit	Adstant
Raitknecht	Sichelsmit	Schuladstant
Geleitknecht	Ridensmit	Executant
Reitknecht	Zigensmit	Scribent
Marktknecht	Büssensmit	Skribent
Altknecht	Koppersmit	Resident
Gantknecht	Holtsmit	Hofagent
Zehentknecht	Drotsmit	Dechent
Zehntknecht	Lassit	Repetent
Kotknecht	Adjunkt	Glunt
Bootknecht	Kanzleiadjunkt	Freibot
Vartknecht	Schuladjunkt	Schuldenbot
Wartknecht	Pfarradjunkt	Fronbot
Fahrtknecht	Ehalt	Weisbot
Gastknecht	Ehehalt	Dienstbot
Pestknecht	Anwalt	Stariot
Dienstknecht	Afteranwalt	Höhenpilot
Kunstknecht	Trabant	Küstenpilot
Kostknecht	Leibtrabant	Walpot
Postknecht	Schobant	Fronpot
Forstknecht	Prädicant	Prevot
Sustknecht	Praedicant	Adept
Spettknecht	Predicant	Baumgart
Grettknecht	Calcant	Bangart
Wettknecht	Intendant	Wingart
Trottknecht	Hofintendant	Schuchart
Büttknecht	Fabrikintendant	Lampart
Stuttknecht	Officiant	Lumpart

Wart	Schankwirt	Kolonialist
Waldwart	Schenkwirt	Materialist
Dingwart	Kaffeeschenkwirt	Choralist
Zeugwart	Salwirt	Occlist
Kirchwart	Wechselwirt	Orgelist
Eschwart	Bettelwirt	Göpelist
Stockwart	Schatullwirt	Kanzelist
Thurmwart	Hubenwirt	Canzellist
Turmwart	Stubenwirt	Kanzellist
Bannwart	Zapfenwirt	Orgenlist
Rebbannwart	Hufenwirt	Rabulist
Feldbannwart	Heckenwirt	Oculist
Gartenbannwart	Gesellenwirt	Okulist
Stadtbannwart	Huerenwirt	Canzlist
Holzbannwart	Hurenwirt	Kanzlist
Zimmerwart	Gassenwirt	Polizeikanzlist
Thorwart	Frauenwirt	Kriegskanzlist
Torwart	Sarwirt	Alchemist
Grießwart	Bierwirt	Alchimist
Forstwart	Ackerwirt	Chymist
Holzwart	Kellerwirt	Alchymist
Lumbert	Jakobswirt	Ebenist
Wingert	Interimswirt	Orgenist
Schuchert	Ackerswirt	Zinkhenist
Bammert	Gäuwirt	Zinkenist
Bannert	Brauwirt	Stadtzinkenist
Hirt	Setzwirt	Lautenist
Feldhirt	Salwort	Lutenist
Wildhirt	Salburt	Salinist
Eschhirt	Gast	Luminist
Galtihirt	Waidgast	Illuminist
Schmalhirt	Schrannegast	Pantinist
Kobelhirt	Rojgast	Lutinist
Wildenhirt	Raumgast	Zingknist
Kleinhirt	Schrannengast	Pensionist
Gemeinhirt	Rudergast	Professionist
Großhirt	Probst	Colonist
Nachthirt	Zechprobst	Kolonist
Galthirt	Kirchprobst	Patronist
Masthirt	Kirchenprobst	Internist
Säuhirt	Kastenprobst	Externist
Sauhirt	Weinprobst	Diurnist
Wirt	Provest	Hoboist
Badwirt	Modist	Hautboist
Bestandwirt	Tabagist	Concipist
Badewirt	Drogist	Conzipist
Kaffeewirt	Herbergist	Konzipist
Speisewirt	Aubergist	Lampist
Schlafwirt	Copiist	Copist
Jungwirt	Zinkist	Kopist

Daguerreotypist	Wasserschout	Infrau
Altarist	Smyt	Grünfrau
Operist	Ketelsmyt	Leierfrau
Sigrist	Klensmyt	Kammerfrau
Colorist	Sporsmyt	Abschiedsfrau
Kolorist	Waltsmyt	Weisfrau
Manufaktorist	Arzt	Losfrau
Figurist	Hebarzt	Weißfrau
Miniaturist	Leibarzt	Arbetsfrau
Manufakturist	Schneidarzt	Arbeitsfrau
Ingrosist	Feldarzt	Amtsfrau
Accessist	Landarzt	Wartsfrau
Akzessist	Mundarzt	Altfrau
Ingrossist	Wundarzt	Amtfrau
Instrumentist	Feldwundarzt	Wartfrau
Artist	Brucharzt	Wiesheu
Droguist	Winkelarzt	Bierpreu
Starost	Mühlarzt	Metpreu
Drost	Wurmarzt	Spilgrav
Landdrost	Wundenarzt	Pierbrew
Landesdrost	Seelenarzt	Prew
Landtrost	Mühlenarzt	Bierprew
Prevost	Armenarzt	Erbex
Propst	Irrenarzt	Erfex
Siechenpropst	Wanderarzt	Laggay
Kirchenpropst	Afterarzt	Hay
Kastenpropst	Stadtarzt	Feldhay
Alchimyst	Pestarzt	Eschhay
Vagett	Schnittarzt	Bruckhay
Schmitt	Artzt	Flurhay
Zeugschmitt	Brau	Holzhay
Kleenschmitt	Bräu	Laggey
Smitt	Bierbräu	Hey
Hoffsmitt	Bierbrau	Feldhey
Klensmitt	Metbräu	Eschhey
Messersmitt	Frau	Flurhey
Waldbott	Badfrau	Wieshey
Schuldenbott	Badefrau	Lackey
Silberbott	Abnahmefrau	Rattey
Deichschütt	Wartefrau	Altbüez
Faut	Kammerjungfrau	Scholz
Außfaut	Hausjungfrau	Gerichtsscholz
Ausfaut	Milchfrau	Schulz
Schaut	Aschfrau	Gerichtsschulz
Wasserschaut	Waschfrau	Berittschulz
Gerichtsschaut	Wehfrau	Schicketanz
Stadtschaut	Trödelfrau	Prinz
Cornut	Treudelfrau	Lehrprinz
Kornut	Werkelfrau	Kauwarz
Schout	Gadenfrau	Kawerz

Cowerz	Waldschütz	Federschütz
Bücheraltreisz	Feldschütz	Furierschütz
Altreusz	Wildschütz	Fourierschütz
Datz	Flugschütz	Flurschütz
Mätz	Deichschütz	Wiltschutz
Steinmetz	Stahlschütz	Wingertschütz
Staynmetz	Eibenschütz	Brettschütz
Forierschitz	Fliegenschütz	Gränzschütz
Kesselhautz	Fleugenschütz	Grenzschütz
Schütz	Fleckenschütz	Kesselhauz
Leibschütz	Büchsenschütz	

www.ingramcontent.com/pod-product-compliance
Lightning Source LLC
Chambersburg PA
CBHW060406300426
44111CB00018B/2837